KICKER-ALMANACH 2004

Zusammenstellung und Bearbeitung

Gerd Heuser

Robert Hohensee

Ulrich Mathoja

Wolfgang Riedel

Peter Schütz

COPRESS VERLAG MÜNCHEN

INHALTSVERZEICHNIS

Kapitel 10: Die Europapokale

Kapitel 11: Der Jugendfußball

Kapitel 12: Der Frauen-Fußball

Kapitel 13: UEFA Intertoto-Cup

Kapitel 14: Anhang

Die Fotos für den KICKER-Almanach 2004 stammen von Sven Simon

Nymphenburger Straße 86, 80636 München
Herausgegeben in Zusammenarbeit mit der Redaktion des kicker-sportmagazin

www.copress.de
Gesamtherstellung: Stiebner, München Printed in Germany ISBN 3-7679-0803-4

Vorwort

Eines war von vornherein klar. Nach dem Meisterschaftsfinale 2001 mit einer Entscheidung in der letzten Minute zu Gunsten des FC Bayern und dem unerwartet positiven Abschneiden der Nationalmannschaft bei der WM 2002 in Japan/Korea würde es für das Jahr 2003 schwer werden, sich nachhaltig in der Geschichte des deutschen Fußballs zu plazieren.

Die Bundesliga profitierte von der Dynamik, die das Auftreten der Nationalmannschaft in Fernost hier in Deutschland verursachte. Der Fußball-Boom hält weiter an.

Den Schwung aus dem Turnier konnte die Völler-Truppe allerdings nicht übernehmen. Die Pflichtaufgabe EM-Qualifikation bereitet dem Team zwar keine große Mühe, von einer Kür gegen vermeintlich schwächere Gegner wie die Färöer oder Litauen konnte aber leider keine Rede sein. Spielerisch läuft es in der deutschen Auswahl derzeit nicht .

Und auch bei der nach der Nationalelf zweiten deutschen Vorzeigemannschaft, dem FC Bayern, lief nicht alles rund. Gut, die Münchner schlossen die Spielzeit 2002/03 mit dem Double ab, aber das war nach 1969, 1986 und 2000 schon das vierte Mal. Also nichts Besonderes, zumal auch der internationale Auftritt der Bayern mit dem kläglichen, weil erstmaligen, Ausscheiden in der Vorrunde der Champions League nicht der Rede wert war. Wenigstens taugte die abgelaufene Saison den Bayern-Verantwortlichen, die Mannschaft und den Trainer für die neue Saison unter Erfolgsdruck zu setzen: Meisterschaft und Pokalsieg müssen wieder her, dazu ein respektables internationales Ergebnis, was nur das Erreichen des Endspiels in der Champions League heißen kann. Mit dem Brasilianer Giovane Elber stellten die Bayern auch einen der beiden Torschützenkönige, sein Kollege Thomas Christiansen, der „dänische Spanier" vom VfL Bochum, erzielte ebenfalls 21 Saisontore.

Für die vermeintlichen Bayern-Jäger Borussia Dortmund, Schalke 04, Hertha BSC, HSV und die Überraschungsmannschaft der vergangenen Saison, den VfB Stuttgart, bleibt da nicht viel über. Dranbleiben an den Bayern heißt die Saisonaufgabe, den Rekordmeister zu übertreffen scheint unmöglich.

Dass der Weg ans untere Ende der Tabelle nicht sehr weit ist, bewies der viermalige Vizemeister Bayer Leverkusen im vergangenen Jahr. Was nicht sein kann, darf nicht sein – nach diesem Motto wollten die Bayer-Oberen lange nicht wahrhaben, dass ihre Truppe auf einem zweistelligen Tabellenplatz herumkrebste und nach 21 Spielen auf einem Abstiegsplatz lag. Erst Saisontrainer Nummer drei und ausgerechnet der Ex-Bayer Klaus Augenthaler holte die Bayer-Elf aus der Abstiegsgefahr. Dafür erwischte es im verflixten dritten Bundesligajahr Energie Cottbus, die Multi-Kulti-Truppe von Erich Geyer. Die beiden anderen Absteiger Arminia Bielefeld und 1. FC Nürnberg haben damit reichlich Erfahrung, beide gingen zum sechsten Mal aus der Oberklasse in die Zweite Liga und halten damit einen Bundesliga-Rekord.

Mit dem 1. FC Köln, SC Freiburg und Eintracht Frankfurt kehren drei alte Bekannte zurück, immerhin können alle drei Klubs zusammengerechnet auf 81 Jahre Erstliga-Erfahrung zurückblicken.

Mit Spielerverpflichtungen mussten sich nicht nur die Neulinge zurückhalten. Verkaufen statt einkaufen heißt die Parole auf dem Transfermarkt. Mehr denn je sind den Vereinen die Hände gebunden, weil die Kassen leer sind. Durch die Kirch- und andere Krisen müssen die Klubs

Giovane Elber (vorne links, Bayern München) und Thomas Christiansen (hinten rechts, VfL Bochum) waren mit je 21 Toren die treffsichersten Schützen der Saison 2002/2003.

auch zukünftig mit deutlich weniger Geld auskommen, zum Teil aber noch die Verpflichtungen und Gehälter aus goldenen Tagen bezahlen. So werden auch weiterhin Begriffe wie Konkurs, Pleite, Insolvenz, Zahlungsunfähigkeit, Liquiditätsprobleme etc. in der Fußball-Berichterstattung auftauchen. Worte, die der Fan eigentlich nicht lesen will, muss er doch selbst genauer auf seinen Geldbeutel schauen. Dass ihm trotzdem die Bundesliga lieb und nicht zu teuer ist, beweist der neue Besucherrekord: Fast zehn Millionen Zuschauer waren in der vergangenen Saison in den Stadien, so viel wie nie zuvor. Der Fan weiß also, wo er den Bundesliga-Fußball findet. Und auch derjenige, der den Fußball hauptsächlich vom Fernsehsessel aus verfolgt, drückt nun eine andere Taste seiner Fernbedienung. Nach vielen Bundesligajahren bei den privaten Sendern RTL und SAT.1 sind die öffentlichen-rechtlichen Sender wieder im Bundesligageschäft, das sie aber auch nur über hohe Werbeeinnahmen finanzieren können. Die Zeiten der guten alten sachlichen und werbefreien Sportschau sind ein für allemal vorbei, und vielleicht würde diese nüchterne Präsentation gar nicht mehr in die heutige Zeit passen.

Immer noch modern und für jeden Fußballfan ein unverzichtbares Nachschlagewerk bleibt auch die neueste Ausgabe des kicker-Almanachs. Der Jugend gehört die Zukunft, und deshalb hat das Redaktionsteam die Einführung der A-Junioren-Bundesliga zum Anlass genommen, einmal die regionalen Jugendmeister aufzulisten. Dies war mit großen Schwierigkeiten verbunden, da selbst bei manchem Regional- und Landesverband zum Teil erhebliche Lücken vorhanden sind. In diesem Punkt wären wir daher über Ergänzungen und Korrekturen besonders dankbar. Auf Grund der starken Nachfrage aus der Leserschaft wollen wir im nächsten Almanach 2005 auch noch einmal das Kapitel „DDR-Fußball" veröffentlichen – 15 Jahre nach Fall der Mauer ist das Interesse am Fußball im Osten besonders bei jüngeren Lesern sehr groß.

Auch die vergangene Bundesliga-Saison verdient einen besonderen Platz in den Fußball-Annalen, denn sie war eine Jubiläumsausgabe: Nach 12 182 Spielen mit 38 049 Toren, 48 Vereinen, 4137 eingesetzten Spielern und 283 Cheftrainern feierte Deutschlands Eliteliga ihren 40. Geburtstag.

Die Bundesliga ist also in den besten Jahren und dies soll auch so bleiben.

Nürnberg, im August 2003 **-ps-**

KAPITEL 1

DIE SAISON

Die deutschen Länderspiele

Die A-Nationalmannschaft

21. August 2002 gegen **Bulgarien** in Sofia	2:2 (1:1)
7. September 2002 gegen **Litauen** in Kaunas (EM-Qualifikation)	2:0 (1:0)
11. Oktober 2002 gegen **Bosnien-Herzegowina** in Sarajevo	1:1 (0:1)
16. Oktober 2002 gegen **Färöer** in Hannover (EM-Qualifikation)	2:1 (1:1)
20. November 2002 gegen **Niederlande** in Gelsenkirchen	1:3 (1:1)
12. Februar 2003 gegen **Spanien** in Palma de Mallorca	1:3 (1:1)
29. März 2003 gegen **Litauen** in Nürnberg (EM-Qualifikation)	1:1 (1:0)
30. April 2003 gegen **Serbien und Montenegro** in Bremen	1:0 (0:0)
1. Juni 2003 gegen **Kanada** in Wolfsburg	4:1 (1:1)
7. Juni 2003 gegen **Schottland** in Glasgow (EM-Qualifikation)	1:1 (1:0)
11. Juni 2003 gegen **Färöer** in Torshavn (EM-Qualifikation)	2:0 (0:0)

Das Team 2006 (bisher Nationalmannschaft A2)

6. September 2002 gegen **Türkei (A2-Team)** in Mönchengladbach	1:2 (0:1)
17. Dezember 2002 gegen **Schottland** in Mainz	3:3 (1:1)
30. April 2003 gegen **Türkei (A2-Team)** in Ankara	0:0

Die Junioren-Nationalmannschaft U 21

20. August 2002 gegen **Italien** in Grosseto	2:0 (1:0)
6. September 2002 gegen **Litauen** in Vilnius, EM-Qualifikation	4:1 (1:1)
10. Oktober 2002 gegen **Bosnien-Herzegowina** in Zenica	1:5 (1:3)
19. November 2002 gegen **Niederlande** in Aachen	4:1 (4:1)
11. Februar 2003 gegen **Spanien** in Sa Pobla	1:3 (1:3)
28. März 2003 gegen **Litauen** in Fürth, EM-Qualifikation	1:0 (0:0)
29. April 2003 gegen **Serbien und Montenegro** in Wilhelmshaven	3:2 (0:1)
2. Juni 2003 gegen **Irland** in Cork	2:2 (2:1)
6. Juni 2003 gegen **Schottland** in Kilmarnock, EM-Qualifikation	2:2 (2:2)

Die Junioren-Nationalmannschaft U 20

21. August 2002 gegen **Schweiz** in Fribourg	1:3 (0:1)
18. September 2002 gegen **Slowakei** in Dubnica	2:2 (0:1)
23. Oktober 2002 gegen **England** in Dessau	1:2 (1:1)
11. Dezember 2002 gegen **Italien** in Torre Annunziata	1:2 (1:1)
13. Januar 2003 gegen **Katar** in Doha	2:1 (1:1)
15. Januar 2003 gegen **Schweiz** in Doha	3:2 (2:2)
17. Januar 2003 gegen **Thailand** in Doha	6:0 (2:0)
19. Januar 2003 gegen **Japan** in Doha	0:4 (0:2)
24. Januar 2003 gegen **Brasilien** in Doha	2:4 (2:0)
6. Februar 2003 gegen **England** in Reading	1:2 (1:1)
19. März 2003 gegen **Italien** in Trier	3:4 (1:1)
23. April 2003 gegen **Spanien** in Oberhausen	0:2 (0:0)
28. Mai 2003 gegen **Schweiz** in Freiburg	1:1 (1:0)

Die Junioren-Nationalmannschaft U 19/U 18

27. August 2002 gegen **Polen** (u18) in Kolin	0:0
28. August 2002 gegen **Schweden** (U18) in Kutna Hora	1:1 (1:0)
29. August 2002 gegen **Österreich** in Weismain	1:2 (1:1)
30. August 2002 gegen **Slowakei** (U18) in Noy Byzdov	3:2 (1:1)
31. August 2002 gegen **Ungarn** (U18) in Horni Pocernice	4:2 (3:0)
3 Oktober 2002 gegen **San Marino** in Bad Hersfeld, EM-Qualifikation	10:0 (4:0)
5 Oktober 2002 gegen **Aserbaidschan** in Hünfeld, EM-Qualifikation	7:0 (1:0)
7. Oktober 2002 gegen **Israel** in Fulda, EM-Qualifikation	4:1 (3:0)
12. November 2002 gegen **Schottland** (U18) in Herzlake	1:0 (0:0)
14. November 2002 gegen **Schottland** (U18) in Barsinghausen	2:0 (0:0)
18. Februar 2003 gegen **Griechenland** in Agrinio	1:4 (0:2)
20. Februar 2003 gegen **Griechenland** in Navpaktos	1:1 (0:1)
11. März 2003 gegen **Lettland** in Osnabrück	5:0 (5:0)
11. März 2003 gegen **Frankreich** (U18) in Düsseldorf	0:2 (0:2)
13. März 2003 gegen **Lettland** in Spelle	3:0 (1:0)
13. März 2003 gegen **Frankreich** (U18) in Grevenbroich	0:1 (0:0)
24. April 2003 gegen **England** in Elversberg	3:2 (1:1)

19. Mai 2003 gegen **Belgien** in Plauen, EM-Qualifikation	2:2 (0:1)
20. Mai 2003 gegen **Griechenland** (U18) in Herxheim	1:0 (1:0)
21. Mai 2003 gegen **Tschechien** in Aue, EM-Qualifikation	1:2 (1:1)
22. Mai 2003 gegen **Griechenland** (U18) in Kelsterbach	2:0 (2:0)
23. Mai 2003 gegen **Slowakei** in Chemnitz, EM-Qualifikation	8:4 (3:0)

Die Junioren-Nationalmannschaft U 17

21. August 2002 gegen **Österreich** in Arnoldstein	2:2 (1:0)
23. August 2002 gegen **Schweiz** in St. Magdalen	2:0 (0:0)
25. August 2002 gegen **Slowenien** in Villach	4:0 (0:0)
24. September 2002 gegen **Nordirland** in Schönberg	5:0 (2:0)
26. September 2002 gegen **Nordirland** in Wismar	6:0 (5:0)
21. Oktober 2002 gegen **Irland** in Cobh, EM-Qualifikation	3:0 (1:0)
23. Oktober 2002 gegen **Slowenien** in Buttevant, EM-Qualifikation	3:1 (2:0)
25. Oktober 2002 gegen **Frankreich** in Cobh, EM-Qualifikation	0:0
18. Februar 2003 gegen **Ukraine** in Antalya	4:2 (1:2)
20. Februar 2003 gegen **Türkei** in Antalya	2:0 (0:0)
24. März 2003 gegen **Aserbaidschan** in St. Vith, EM-Qualifikation	3:0 (2:0)
26. März 2003 gegen **Italien** in Honsfeld, EM-Qualifikation	1:1 (1:1)
28. März 2003 gegen **Belgien** in Eupen, EM-Qualifikation	1:2 (1:1)

Die Junioren-Nationalmannschaft U 16

26. August 2002 gegen **Schweiz** in Eggingen	1:1 (1:1)
28. August 2002 gegen **Schweiz** in Embrach	3:1 (1:0)
20. Oktober 2002 gegen **Wales** in Eschweiler	2:1 (2:1)
22. Oktober 2002 gegen **Wales** in Nettetal-Kaldenkirchen	3:0 (2:0)
12. November 2002 gegen **Niederlande** in Darlington	2:1 (1:1)
15. November 2002 gegen **Spanien** in Gateshead	1:1 (0:1)
18. November 2002 gegen **England** in Sunderland	2:2 (0:1)
18. März 2003 gegen **Frankreich** in Hyères	1:3 (0:0)
20. März 2003 gegen **Frankreich** in Lavandou	2:3 (1:3)
8. April 2003 gegen **Österreich** in Berlin	1:2 (1:2)
10. April 2003 gegen **Österreich** in Ludwigsfelde	1:1 (0:1)
16. Juni 2003 gegen **USA** in Salerno	3:0 (1:0)
17. Juni 2003 gegen **Italien** in Salerno	0:2 (0:1)
19. Juni 2003 gegen **Japan** in Salerno	1:4 (1:0)

Die Frauen-A-Nationalmannschaft

14. September 2002 gegen **Norwegen** in Grimstad	3:1 (1:0)
17. Oktober 2002 gegen **Dänemark** in Ulm	2:0 (1:0)
14. November 2002 gegen **Russland** in Lüdenscheid	4:0 (2:0)
23. Januar 2003 gegen **China** in Yiwu/Zhejian	0:0
26. Januar 2003 gegen **Norwegen** in Wuhan	2:2 (1:1)
29. Januar 2003 gegen **USA** in Shanghai	0:1 (0:1)
4. März 2003 gegen **China** in Gütersloh	2:2 (1:2)
6. März 2003 gegen **China** in Arnsberg	3:1 (1:0)
27. März 2003 gegen **Schottland** in Potsdam, EM Qualifikation	5:0 (2:0)
17. April 2003 gegen **Frankreich** in Ozoir-la-Ferriere	0:1 (0:0)
22. Mai 2003 gegen **Dänemark** in Schönberg	1:1 (1:0)
25. Mai 2003 gegen **Dänemark** in Haderslev	6:2 (2:2)

Die Frauen U 21

10. Juli 2003 gegen **Dänemark** in Heide	2:1 (0:1)
13. Juli 2003 gegen **Dänemark** in Kropp	3:1 (1:1)
21. Juli 2003 gegen **Finnland** in Randers, Nordic Cup	4:0 (0:0)
23. Juli 2003 gegen **Schweden** in Randers, Nordic Cup	0:1 (0:1)
25. Juli 2003 gegen **Griechenland** in Randers, Nordic Cup	1:0 (1:0)
27. Juli 2003 gegen **Dänemark** in Randers, Nordic Cup (Spiel um den 3. Platz)	2:3 (1:2)

Die Frauen U 19

7. August 2002 gegen **Dänemark** in Nakskov	0:4 (0:0)
17. August 2002 gegen **Frankreich** in Vancouver, WM-Vorrunde	2:0 (1:0)
20. August 2002 gegen **Brasilien** in Vancouver, WM-Vorrunde	0:1 (0:0)
21. August 2002 gegen **Mexiko** in Vancouver, WM-Vorrunde	3:1 (1:1)
26. August 2002 gegen **Japan** in Edmonton, WM-Viertelfinale	i. V. 2:1 (1:1, 0:1)
29. August 2002 gegen **USA** in Edmonton, WM-Halbfinale	1:4 (1:3)

1. September 2002 gegen **Brasilien** in Edmonton, WM (Spiel um den 3. Platz)	1:1 (1:0), Elfmeterschießen 4:3
16. Oktober 2002 gegen **Schweden** in Schwabach	1:0 (1:0)
6. November 2002 gegen **Italien** in Haldensleben	4:0 (2:0)
19. Februar 2003 gegen **Italien** in Florenz	1:2 (0:2)
26. März 2003 gegen **Schweiz** in Sursee	3:0 (1:0)
7. Mai 2003 gegen **Schweiz** in Leipzig	0:1 (0:1)
2. Juli 2003 gegen **USA** in Duisburg	0:4 (0:4)
15. Juli 2003 gegen **Kanada** in Gifhorn	2:1 (2:1)
17. Juli 2003 gegen **Kanada** in Rotenburg/Wümme	2:0 (1:0)
25. Juli 2003 gegen **Italien** in Taucha, EM-Vorrunde	0:2 (0:2)
27. Juli 2003 gegen **Schweden** in Leipzig, EM-Vorrunde	1:2 (0:1)
29. Juli 2003 gegen **England** in Torgau, EM-Vorrunde	6:0 (4:0)

Die Juniorinnen U 17

16. Oktober 2002 gegen **Schweden** in Feucht	4:3 (1:0)
29. Oktober 2002 gegen **Frankreich** in Clairefontaine	5:0 (3:0)
1. November 2002 gegen **Frankreich** in Clairefontaine	0:1 (0:0)
8. März 2003 gegen **USA U16** in Bradenton	1:1 (0:0)
9. März 2003 gegen **USA** in Bradenton	0:3 (0:1)
11. März 2003 gegen **USA U16** in Bradenton	2:2 (1:2)
13. März 2003 gegen **USA** in Bradenton	0:2 (0:1)
8. April 2003 gegen **Dänemark** in Plön	2:0 (0:0)
10. April 2003 gegen **Dänemark** in Bad Oldesloe	4:0 (0:0)
14. Mai 2003 gegen **Niederlande** in Hennef	1:2 (1:1)
15. Mai 2003 gegen **Niederlande** in Hennef	2:1 (2:1)
11. Juni 2003 gegen **Schweden** in Kumla	2:1 (1:1)
30. Juni 2003 gegen **Niederlande** in Hudiksvall, Nordic Cup	2:1 (2:0)
2. Juli 2003 gegen **Norwegen** in Vallsta, Nordic Cup	3:0 (1:0)
4. Juli 2003 gegen **Dänemark** in Söderhamn, Nordic Cup	3:0 (3:0)
6. Juli 2003 gegen **Schweden** in Hudiksvall, Nordic Cup (Endspiel)	n. V. 1:1 (1:1, 0:1), Elfmeterschießen 4:5

Die Juniorinnen U 15

6. Mai 2003 gegen **Niederlande** in Solingen	1:0 (1:0)
8. Mai 2003 gegen **Niederlande** in Kevelaer	6:0 (2:0)

Die Spiele der A-Nationalmannschaft

Bulgarien – Deutschland 2:2 (1:1) am 21. 8. 2002 in Sofia

Bulgarien: Zdravkov (Tscherno More Varna), 76. Ivankov (Levski Sofia) – Kirilov (Litex Lovetsch), Pazin (Beijing Guoan), 52. Zagorchich (Litex Lovetsch), I. Petkov (Istanbulspor), Kishishev (Charlton Athletic) – Peev (Dynamo Kiew), 61. G. Petrov (Lokomotive Plovdiv), S. Petrov (Celtic Glasgow), 76. Janchev (ZSKA Sofia), M. Petkov (AEK Athen), 61. Ivanov (Stade Rennes) – Balakov (VfB Stuttgart), 83. Bachkov (Levski Sofia) – Berbatov (Bayer Leverkusen), 61. Jankovic (Dalian Shide), M. Petrov (VfL Wolfsburg), 46. Manchev (OSC Lille).

Deutschland: Lehmann (Borussia Dortmund) – Metzelder (Borussia Dortmund), 46. Friedrich (Hertha BSC Berlin), Ramelow (Bayer Leverkusen), Hertzsch (Hamburger SV) – Freier (VfL Bochum), 46. Asamoah (FC Schalke 04), Jeremies (Bayern München), Bierofka (Bayer Leverkusen), 46. Kehl (Borussia Dortmund) – Schneider (Bayer Leverkusen), 83. Ernst (Werder Bremen), Ballack (Bayern München), 46. Zickler (Bayern München) – Klose (1. FC Kaiserslautern), 78. Borowski (Werder Bremen), Jancker (Udinese Calcio).

Tore: 1:0 Berbatov (21.), 1:1 Ballack (23., Foulelfmeter), 2:1 Balakov (50., Foulelfmeter), 2:2 Jancker (57.). – SR: Bre (Frankreich) – Z: 10 000.

Anmerkung: Bei den weiteren Länderspielen sind die Vereinsnamen nur noch bei neu hinzukommenden Spielern angegeben.

Litauen – Deutschland 0:2 (0:1) am 07.09.2002 in Kaunas (EM-Qualifikation)

Litauen: Stauce (APO Fostiras) – Skarbalius (Bröndby IF), Stankevicius (Brescia Calcio), Gleveckas (Schachtjor Donezk), Dedura (Skonto Riga) – Semberas (ZSKA Moskau), Zutautas (Maccabi Haifa), Razanauskas (Akratitos Liosiu), 72. Morinas (FSV Mainz 05), Mikalajunas (Fackel Woronesch) – Poskus (Krylia Sowjetow Samara), Jankauskas (FC Porto), 77. Fomenko (FK Rostow).

Deutschland: Kahn (Bayern München) – Linke (Bayern Müchen), Ramelow, Metzelder – Frings (Borussia Dortmund), Hamann (FC Liverpool), Böhme (FC Schalke 04), Schneider, 86. Jeremies, Ballack – Klose, Jancker, 69. Neuville (Bayer Leverkusen).
Tore: 0:1 Ballack (27.), 0:2 Stankevicius (59., Eigentor). – SR: Poll (England) – Z: 8500

Bosnien-Herzegowina – Deutschland 1:1 (1:0) am 11. 10. 2002 in Sarajevo

Bosnien-Herzegowina: Tolja (Schwarz-Weiß Bregenz) – Bosnjak (Dinamo Zagreb), Hibic (Atletico Madrid), Konjic (Coventry City), 71. Halihodzic (Zeljeznicar Sarajevo), Papac (FC Kärnten), 63. Miskovic (Partizan Belgrad) – Sabic (Celik Zenica), 66. Krunic (Leotar Trebinje), Salihamidzic (Bayern München, Mujcin (Dinamo Zagreb), 61. Hota (FC Kärnten), Music (Como Calcio), Bajramovic (SC Freiburg) – Baljic (Galatasaray Istanbul), 75. Huric (Primorje Ajdovscina).
Deutschland: Kahn, 46. Lehmann – Rehmer (Hertha BSC Berlin), 46. Friedrich, Wörns (Borussia Dortmund), Ramelow, Frings – Asamoah, 46. Freier, Jeremies, Borowski, 46. Schneider, Kehl – Klose, 76. Zickler, Jancker.
Tore: 1:0 Baljic (21.), 1:1 Jancker (56.) – SR: De Santis (Italien) – Rote Karten: Wöns (49.), Salihamidzic (49.) – Z: 5000.

Deutschland – Färöer 2:1 (1:1) am 16. 10. 2002 in Hannover (EM-Qualifikation)

Deutschland: Kahn – Friedrich, Ramelow, 46. Freier, Wörns, Frings – Schneider, 87. Kehl, Hamann, Ballack, Jeremies – Jancker, 69. Neuville, Klose.
Färöer: Mikkelsen (Molde FK) – Thorsteinsson (NSI Runavik), Johannesen (TB Tvöroyri), Roi Jacobsen (HB Torhavn), J. K. Hansen (B36 Torshavn) – A Borg (B36 Torshavn), 71. Elltör (KI Klaksvik), Johnsson (B36 Torshavn), – Hansen (B68 Töftir), Benjaminsen (B68 Töftir) – J. Petersen (B36 Torshavn), 87. H. L. Petersen (NSI Runavik), Av Flötum (HB Torhavn), 78. C. H. Jacobsen (Vejle BK).
Tore: 1:0 Ballack (2., Foulelfmeter), 1:1 Friedrich (45., Eigentor), 2:1 Klose (59.) – SR: Koren (Israel) – Z: 36 000.

Deutschland – Niederlande 1:3 (1:1) am 20. 11. 2002 in Gelsenkirchen

Deutschland: Kahn – Rehmer, Baumann (Werder Bremen), Friedrich – Frings, Jeremies, 46. Kehl, Ballack, Böhme, 78. Neuville – Schneider – Bobic (Hannover 96), 68. Asamoah, Klose, 46. Freier.
Niederlande: Van der Sar (FC Fulham) – Ricksen (Glasgow Rangers), Stam (Lazio Rom), F. de Boer (FC Barcelona), 46. Van der Vaart (Ajax Amsterdam), Zenden (FC Chelsea) – Seedorf (AC Mailand), Bosvelt (Feyenoord Rotterdam), Cocu (FC Barcelona), 46. Reiziger (FC Barcelona), Davids (Juventus Turin) – Makaay (Deportivo La Coruna), 65. Hasselbaink (FC Chelsea), Kluivert (FC Barcelona), 46. Van Nistelrooy (Manchester United).
Tore: 0:1 Kluivert (22.), 1:1 Bobic (34.), 1:2 Hasselbaink (69.), 1:3 van Nistelrooy (79.) – SR: Dallas (Schottland) – Z: 60 601.

Spanien – Deutschland 3:1 (1:1) am 12. 2. 2003 in Palma de Mallorca

Spanien: Casillas (Real Madrid), 84. Canizares (FC Valencia) – Michel Salgado (Real Madrid), Puyol (FC Barcelona), César (Deportivo La Coruna), 46. Helguera (Real Madrid), Aranzabal – (Real Sociedad San Sebastian) – Joaquin (Real Betis Sevilla), 69. Etxeberria (Athletic Bilbao), Albelda(FC Valencia), Baraja (FC Valencia), 75. Guti (Real Madrid), Vicente (FC Valencia) – Raul (Real Madrid), 84. Jose Mari (Atletico Madrid), Diego Tristan (Deportivo La Coruna), 75. Xavi (FC Barcelona).
Deutschland: Kahn – Friedrich, Wörns, Metzelder, Rau (VfL Wolfsburg), 51. Baumann, 62. Balitsch (Bayer Leverkusen) – Schneider, 74. Freier, Jeremies, Ramelow, Böhme – Bobic, 59. Lauth (TSV München 1860), Klose, 82. Neuville.
Tore: 1:0 Raul (31.), 1:1 Bobic (38.), 2:1 Raul (76., Foulelfmeter), 3:1 Guti (82.) – SR: Riley (England) – Z: 20 000.

Deutschland – Litauen 1:1 (1:0) am 29. 3. 2003 in Nürnberg (EM-Qualifikation)

Deutschland: Kahn – Friedrich, Wörns, Rau, 82. Freier – Frings, Ramelow, Schneider, Hamann, Böhme, 46. Rehmer – Bobic, 72. Kuranyi (VfB Stuttgart), Klose.
Litauen: Stauce (APO Fostiras) – Semberas (ZSKA Moskau), Zvirgzdauskas (Halmstads BK), Dedura (Skonto Riga), Barasa (Lada Togliatti) – Morinas (FSV Mainz 05), Petrenko (FBK Kaunas), 87. Dziaukstas (Saturn Ramenskoje), Pukelevicius (Sviesa Vilnius), 46. Maciulevicius (Sviesa Vilnius), Mikalajunas (ohne Verein) – Razanauskas (Akratitos Liosiu), Jankauskas (FC Porto), 90. Fomenko (ohne Verein).
Tore: 1:0 Ramelow (8.), 1:1 Razanauskas (73.) – SR: Esquinas Torres (Spanien) – Z: 40 754.

Deutschland – Serbien und Montenegro 1:0 (0:0) am 30. 4. 2003 in Bremen

Deutschland: Rost (FC Schalke 04) – Friedrich, 66. Hinkel (VfB Stuttgart), Baumann, Wörns, Hartmann (Hertha BSC Berlin) – Freier, 72. Asamoah, Ramelow, Kehl – Frings – Bobic, 46. Klose, Kuranyi, 76. Lauth.

Serbien und Montenegro: Jevric (Vitesse Arnheim) – Vidic (Roter Stern Belgrad), Krstajic (Werder Bremen), Stefanovic (Vitesse Arnheim), Malbasa (Partizan Belgrad), 80. Markoski (FK Zeleznik) – Mirkovic (Fenerbahce Istanbul), 46. Lazetic (Lazio Rom), Trobok (Partizan Belgrad), 84. Iliev (Partizan Belgrad), Vukic (Partizan Belgrad), 72. Boskovic (Roter Stern Belgrad), N. Kovacevic (Roter Stern Belgrad), 78. Brnovic (Zeta Golubovci) – Jestrovic (RSC Anderlecht), 61. Mijatovic (UD Levante), Milosevic (Espanyol Barcelona).

Tore: 1:0 Kehl (60.) – SR: De Bleeckere (Belgien) – Z: 26 000.

Deutschland - Kanada 4:1 (1:1) am 1. 6. 2003 in Wolfsburg

Deutschland: F. Rost, 46. J. Butt (Bayer Leverkusen) – Wörns, Baumann, 59. Rehmer – Friedrich, 46. Hinkel, Rau – Ramelow, 46. Freier, Kehl – Frings – Schneider, 75. Hartmann – Bobic, 69. Kuranyi, Lauth, 46. Neuville.

Kanada: Onstad (San José Earthquakes) – Fenwick (Hibernian Edinburgh), Pizzolitto (Montreal Impact), Hastings (Grazer AK) – Nsaliwa (1. FC Saarbrücken), 82. Fletcher (Atlanta Silverhawks), Imhof (FC St. Gallen), Dasovic (Vancouver Whitecaps), De Guzman (Hannover 96) – Nash (Macclesfield Town), 77. Canizales (Werder Bremen) – Stalteri (Werder Bremen) – McKenna (Heart of Midlothian)

Tore: 0:1 McKenna (20.), 1:1 Ramelow (41.), 2:1 Freier (53.), 3:1 Bobic (61.), 4:1 Rau (90+1.) – SR: Poulat (Frankreich) – Z: 24 000.

Schottland - Deutschland 1:1 (0:1) am 7. 6. 2003 in Glasgow (EM-Qualifikation)

Schottland: Douglas (Celtic Glasgow) – Ross (Glasgow Rangers), 73. McNamara (Celtic Glasgow), Pressley (Heart of Midlothian), Webster (Heart of Midlothian), Naysmith (FC Everton) – Devlin (Birmingham City), 60. Rae (FC Dundee), Lambert (Celtic Glasgow), Cameron (Wolverhampton Wanderers), Dailly (West Ham United) – Miller (Wolverhampton Wanderers), 89. Thompson (Glasgow Rangers), Crawford (Dunfermline Athletic).

Deutschland: Kahn – Friedrich, Ramelow, Wörns – Frings, Jeremies, Rau, 57. Freier – Schneider, 86. Kehl, Ballack – Bobic, Klose, 74. Neuville.

Tore: 0:1 Bobic (22.), 1:1 Miller (69.) – SR: Messina (Italien) – Z: 52 000.

Färöer - Deutschland 0:2 (0:0) am 11. 6. 2003 in Torshavn (EM-Qualifikation)

Färöer: Mikkelsen (Molde FK) – Joensen (FS Vagar), Johannesen (Hvidovre IF), Jon Roi Jacobsen (Bröndby IF), Thorsteinsson (FS Vagar) – Borg (B36 Torshavn) 61. Elttör (KI Klakksvik), Johnsson (B36 Torshavn), Benjaminsen (B68 Toftir), Rogvi Jacobsen (HB Torshavn) – John Petersen (B36 Torshavn), Christian Högni Jacobsen (Vejle BK), 77. Jann Ingi Petersen (B68 Toftir).

Deutschland: Kahn, 46. Rost – Friedrich, Ramelow, Wörns – Freier, Jeremies, 65. Klose, Kehl, Rau, 72. Hartmann) – Schneider – Bobic, Neuville.

Tore: 0:1 Klose (89.), 0:2 Bobic (90.+2) – SR: Wegereef (Niederlande) – Z: 6500

Die Spiele des Teams 2006

Deutschland – Türkei (A2) 1:2 (0:1) am 6. 9. 2002 in Mönchengladbach

Deutschland: Hildebrand (VfB Stuttgart) – Lense (Arminia Bielefeld), 46. Kern (Waldhof Mannheim), Friedrich (Hertha BSC Berlin), 46. Fahrenhorst (VfL Bochum), Wenzel (VfB Stuttgart), Meichelbeck (VfL Bochum), 67. Kling (Hamburger SV) – Korzynietz (Borussia Mönchengladbach), Fritz (Karlsruher SC), Kreuz (1. FC Köln), 46. Borowski (Werder Bremen), Dabrowski (Arminia Bielefeld), 83. Voss (MSV Duisburg) – Daun (Werder Bremen), Bierofka (Bayer Leverkusen).

Türkei: Tokgöz (Genclerbirligi Ankara) – Tandogan (Denizlispor), Dogantez (Besiktas Istanbul), Yildirim (Besiktas Istanbul), Karaca (Fenerbahce Istanbul) – Karadeniz (Trabzonspor), Günes (Fenerbahce Istanbul), Gürsel (Genclerbirligi Ankara), 85. Özbey (Bursaspor) – Metin (Besiktas Istanbul) – Ates (Adanaspor), Cihan (Genclerbirligi Ankara).

Tore: 0:1 Ates (17.), 0:2 Ates (51.), 1:2 Korzynietz (54.) – SR: McDonald (Schottland) – Z: 9460.

Anmerkung: Bei den weiteren Länderspielen sind die Vereinsnamen nur noch bei neu hinzukommenden Spielern angegeben.

Deutschland – Schottland 3:3 (1:1) am 17. 12. 2002 in Mainz

Deutschland: Jentzsch (TSV München 1860), 46. Borel (Werder Bremen) – Hinkel, 59. Kringe (1. FC Köln), Franz (VfL Wolfsburg), Preuß (Bayer Leverkusen), Voigt (1. FC Köln) – Schiendzielorz (VfL Bochum), Ernst (Werder Bremen) – Bierofka, Frommer (SSV Reutlingen), 69. Meyer (Bayer Leverkusen) – Daun, Kuranyi (VfB Stuttgart) – 46 Meier (FC St. Pauli).

Schottland: Gallacher (Dundee United) – Rae (FC Dundee), 88. Kennedy (Celtic Glasgow), S. Caldwell (Newcastle United), Malcolm (Glasgow Rangewrs), G. Caldwell (Newcastle United) – I.

Murray (Hibernian Edinburgh), Nicholson (Dunfermline Athletic), 46. Hughes (Glasgow Rangers), Crainey (Celtic Glasgow), 67. Canero (FC Kilmarnock) – Glass (FC Watford), 41. S. Murray (Bristol City) – Miller (Wolverhampton Wanderers), 81. Harper (FC Portsmouth), Kyle (FC Sunderland).

Tore: 1:0 Kuranyi (15.), 1:1 Kyle (44.), 2:1 Meier (60.), 2:2 Hughes (61.), 2:3 Malcolm (84.), 3:3 Voigt (90.) – SR: Duhamel (Frankreich) – Z: 5200.

Türkei (A2) – Deutschland 0:0 am 30. 4. 2003 in Ankara

Türkei: Tokgöz (Genclerbirligi Ankara) – Erdogan (Diyarbakirspor), Bozkurt (Genclerbirligi Ankara), Yavuz (Trabzonspor) – Dogantez (Besiktas Istanbul), Cimsir (Trabzonspor), A. Yildirim (Besiktas Istanbul), 68. Ö Yildirim (MKE Ankaragücü), Bekiroglu (Adanaspor) – Metin (Besiktas Istanbul), 51. Gürsel (Genclerbirligi Ankara) – Yilmaz (Trabzonspor), 46. Cihan (Genclerbirligi Ankara), Ates (Adanaspor).

Deutschland: Jentzsch – Kleine (Bayer Leverkusen), Hertzsch (Hamburger SV), Dogan (Fenerbahce Istanbul), Wenzel – Borowski, Maltritz (Hamburger SV), 70. Müller (VfL Wolfsburg), Streit (Eintracht Frankfurt), 46. Hofmann (Rapid Wien) – Daun, 46. Engelhardt (Karlsruher SC), Rösler (SpVgg Greuther Fürth), Timm (1. FC Kaiserslautern)

SR: Liba (Tschechien) – Z: 7000.

Die Spiele der Junioren-Nationalmannschaft U 21

Italien – Deutschland 0:2 (0:1) am 20. 8. 2002 in Grosseto

Italien: Borni (FC Wimbledon), 54. Pegolo (Hellas Verona) – Cannavaro (AC Parma), 46. Gamberini (FC Bologna), Zaccardo (FC Bologna), Moretti (AC Florenz), 64. Ferri (US Triestina) – Maggio (AC Parma), Pinzi (Udinese Calcio), 59. Guana (Brescia Calcio), Dalla Bona (AC Mailand), Pasquale (Inter Mailand), 54 Balzaretti (Turin Calcio) – Beati (Inter Mailand), 59. Zanetti (Vicenza Calcio) – Caracciolo (Brescia Calcio), 46. Borriello (AC Mailand), Cassano (AS Rom), 64. Gilardino (AC Parma).

Deutschland: Starke (Bayer Leverkusen) – Hinkel (VfB Stutgart), 88. Afriyie (AC Horsens), Zepek (LR Ahlen), Franz (VfL Wolfsburg), Rau (VfL Wolfsburg), 83. Schlicke (SpVgg Greuther Fürth) – Balitsch (Bayer Leverkusen), Preuß (Bayer Leverkusen), 65. Marx (Hertha BSC Berlin), Gemiti (Udinese Calcio), 65. Mikolajczak (LR Ahlen) – Hitzlsperger (Aston Villa), 46. Feulner (Bayern München) – Kuranyi (VfB Stutgart), 65. Lauth (TSV München 1860), Auer (Borussia Mönchengladbach).

Tore: 0:1 Auer (33.), 0:2 Auer (48.) – SR: Ledentu (Frankreich) – Z: 7500.

Anmerkung: Bei den weiteren Länderspielen sind die Vereinsnamen nur noch bei neu hinzukommenden Spielern angegeben.

Litauen – Deutschland 1:4 (1:1) am 6. 9. 2002 in Wilna (EM-Qualifikation)

Deutschland: Starke – Hinkel, Franz (69. Schlicke), Zepek, Rau – Gemiti (75. Mikolajczak), Balitsch, 83. Vorbeck (Hansa Rostock), Marx – Hitzlsperger – Auer, Jones (Eintracht Frankfurt).

Litauen: Skinderis (Atlantas Klaipeda) – Petreikis (Atlantas Klaipeda), Aleksa (Ekranas Panevyzis), Tarvydas (Ekranas Panevyzis), Kazlauskas (Atlantas Klaipeda) – Kucys (Ekranas Panevyzis), Tamasauskas (Atlantas Klaipeda), 76. Mizigurskis (Spartak Moskau), Savenas (Ekranas Panevyzis), 64. Slavickas (Suduva Marijampole), Cesnauskis (Ekranas Panevyzis) – Kalonas (Dynamo Moskau) – Kavaliauskas (Ekranas Panevyzis), 57. Radzinevicius (Suduva Marijampole).

Tore: 1:0 Kalonas (15.), 1:1 Skinderis (40., Eigentor), 1:2 Zepek (53.), 1:3 Aleksa (59., Eigentor), 1:4 (69., Eigentor) – SR: Skjerven (Norwegen) – Z: 3500.

Bosnien-Herzegowina – Deutschland 5:1 (3:1) am 10. 10. 2002 in Zenica

Bosnien-Herzegowina: Avdukic (Celik Zenica) – Berberovic (FK Sarajevo), 85. Galic (Siroki Brijeg), Jamic (Zeljeznicar Sarajevo), 61. Grozdanic (FC Antwerpen), Trivunovic (Borac Banja Luka), 88. Zeba (Olimpik Sarajevo), Nirvic (FK Sarajevo), 87. Karoglan (Kamen Ingrad) – Grujic (Borac Banja Luka), 75. Sarajlic (Sloboda Tuzla), Bucinski (NK Osijek), 46. Skaljic (Velez Mostar) – Terkes (Zrinjski Mostar), 65. Muslimovic (Ascoli Calcio), Pelak (FK Sarajevo), 78. Lamesic (NK Zadar), Blatnjak (NK Zadar), 75. Dabic (NK Orasje) – Stajic (Rudar Ugljevik).

Deutschland: Heimeroth (FC Schalke 04) – Hinkel, Zepek (46. Franz), Schlicke, Gemiti, 46. Kling (Hamburger SV) – Lauth, Preuß, 79. Tiffert (VfB Stuttgart), Marx (60. Afriyie), Mikolajczak – Jones, Kuranyi, 70. Jungnickel (Energie Cottbus).

Tore: 0:1 Jones (9.), 1:1 Blatnjak (37., Foulelfmeter), 2:1 Terkes (43.), 3:1 Terkes (45.), 4.1 Grujic (58.), 5:1 Muslimovic (72.) – SR: Kandare (Slowenien) – gelb-rote Karte: Jones (26.), Lauth (50.) – rote Karte: Stajic (28.) – Z: 1500.

Deutschland – Niederlande 4:1 (4:1) am 19. 11. 2002 in Aachen

Deutschland: Starke – Preuß, 88. Rolfes (Werder Bremen), Franz, Schlicke, Rau – Feulner (75. Jungnickel), Tiffert (88. Afriyie), Hitzlsperger, Gemiti, 88. Broich (Wacker Burghausen) – Auer, Kuranyi (82. Vorbeck).

Niederlande: Budziak (TOP Oss) – Boulahronz (RKC Waalwijk), Loovens (Feyenoord Rotterdam), Schut (FC Utrecht), 46. De Jong (ajax Amsterdam), Dingsdag (Vitesse Arnheim) – Molhoek (RKC Waalwijk), Hersi (NEC Nijmegen), 46. Da Silva (Sparta Rotterdam), Van Persie (Feyenoord Rotterdam) – Kolk (SC Heerenveen), 87. Oost (RKC Waalwijk), Putter (RKC Waalwijk), 78. Huntelaar (PSV Eindhoven), Robben (PSV Eindhoven), 46. Boutahar (Excelsior Rotterdam).

Tore: 1:0 Kuranyi (12.), 2:0 Kuranyi (16.), 3:0 Gemiti (39.), 3:1 Robben (40.), 4:1 Hitzlsperger (44.) – SR: Ersoy (Türkei) – gelb-rote Karte: Molhoek (45.) – Z: 3150.

Spanien – Deutschland 3:1 (3:1) am 11. 2. 2003 in Sa Pobla

Spanien: Reina (FC Villareal) – Angel (UD Las Palmas), Pablo (Albacete Balompie), Mario (Real Valladolid), 78. Murillo (Athletic Bilbao), Asier (Athletic Bilbao) – Julio Alvarez (Rayo Vallecano), Arzu (Real Betis Sevilla), 64. Robles (RCD Mallorca), Arteta (Glasgow Rangers), 76. Corona (Real Saragossa) – Riera (RCD Mallorca), 46. Jorge (Atletico Madrid) – Fernando Torres (Atletico Madrid), 68. Portillo (Real Madrid), Reyes (FC Sevilla).

Deutschland: Starke (46. Heimeroth) – Afriyie (27. Hinkel), Franz (82. Preuß), Schlicke, Achenbach (Borussia Dortmund) – Feulner (58. Broich), Tiffert, Hitzlsperger, Gemiti (86. Mikolajczak) – Auer, Kuranyi (86. Vorbeck).

Tore: 0:1 Auer (6.), 1:1 Reyes (12.), 2:1 Riera (16.), 3:1 Julio Alvarez (26., Foulelfmeter – SR: Douros (Griechenland) – gelb-rote Karte: Robles (90.) – rote Karte: Mikolajczak (90.) – Z: 4000.

Deutschland – Litauen 1:0 (0:0) am 28. 3. 2003 in Fürth (EM-Qualifikation)

Deutschland: Wiese (1. FC Kaiserslautern) – Preuß, 63. Westermann (SpVgg Greuther Fürth), Schlicke, Zepek, Achenbach – Marx, Balitsch, Hitzlsperger, 59. Hanke (FC Schalke 04), Feulner (83. Broich) – Auer, Teber

Litauen: Kacemarskas – Petreikis, Klimavicius, Mikuckis, Paulaskas – Mikollunas (55. Tamosauskas), Micelka, Cesnauskis – Savenas – Stankevicius, Radzinevicius (80. Kavaliauskas).

Tore: 1:0 Hanke (90.) – SR: Ryszka (Polen) – Z: 6400.

Deutschland – Serbien & Montenegro 3:2 (0:1) am 29. 4. 2003 in Wilhelmshaven

Deutschland: Wiese – Preuß, Madlung (Hertha BSC Berlin), 77. Abel (FSV Mainz 05), Schlicke, Gemiti, 74. Burkhardt (SpVgg Greuther Fürth) – Feulner, Lapaczinski (Hertha BSC Berlin), 83. Männer (SC Freiburg), Balitsch, 46. Marx, Hitzlsperger (46. Hanke) – Jones, Tiffert.

Serbien & Montenegro: Disljenkovic (Roter Stern Belgrad) – Markovic (Roter Stern Belgrad), 67. Nastic (FK Zemun), Jokic (OFK Belgrad), Pekovic (Zeta Golubovci), Mijailovic (Zeleznik Belgrad), 74. Pekaric (Radnicki Obrenovac) – Lovre (RSC Anderlecht), 61. Bihorac (Vojvodina Novi Sad), Novakovic (Cukaricki Belgrad), 89. Neziri (Vojvodina Novi Sad), Matic (FK Zemun), 49. Krasic (Vojvodina Novi Sad) – Milovanovic (Roter Stern Belgrad), 54. Maric (Zeta Golubovci) – Lazovic (Partizan Belgrad), Delibasic (Partizan Belgrad).

Tore: 0:1 Lazovic (45.), 1:1 Madlung (70.), 1:2 Krasic (76.), 2:2 Hanke (84.), 3:2 Jones (88.) – SR: Allaerts (Belgien) – Z: 5650.

Irland – Deutschland 2:2 (1:2) am 2. 6. 2003 in Cork

Deutschland: Starke – Preuß, Lapaczinski (80. Madlung), Schlicke – Kringe (1. FC Köln), 46. Burkhardt, Balitsch, Hitzlsperger – Feulner (46. Gemiti), Tiffert, Azaouagh (FSV Mainz 05), 64. Franz – Auer.

Tore: 1:0 O'Flynn (20.), 1:1 Auer (29.), 1:2 Hitzlsperger (32.), 2:2 Miller (85.) – SR: Eriksson (Schweden) – Z: 7000.

Schottland – Deutschland 2:2 (2:2) am 6. 6. 2003 in Kilmarnock (EM-Qualifikation)

Schottland: Soutar (FC Dundee) – Kennedy (Celtic Glasgow), Caldwell (Newcastle United), Crainey (Celtic Glasgow), Kerr (Manchester United) – Canero (FC Kilmarnock), Fletcher (Manchester United), 86. Gallagher (Blackburn Rovers), Pearson (FC Motherwell), Murray (Hibernians Edinburgh) – Kyle (FC Sunderland), Lynch (Preston North End), 60. McManus (Hibernians Edinburgh).

Deutschland: Starke – Preuß, Madlung, Lapaczinski, Gemiti – Feulner (85. Schlicke), Balitsch, Tiffert, Hitzlsperger (46. Azaouagh) – Auer (69. Kringe), Lauth.

Tore: 0:1 Lauth (10.), 1:1 Lynch (16.), 2:1 Caldwell (25.), 2:2 Balitsch (28.) – SR: Cantalejo (Spanien) – Z: 5000.

Die Spiele der Frauen-A-Nationalelf

Norwegen – Deutschland 1:3 (0:1) am 14. 9. 2002 in Grimstad

Deutschland: Angerer (1. FFC Turbine Potsdam), 46. Rottenberg (FFC Brauweiler Pulheim 2000) – Minnert (1. FFC Frankfurt), Rech (1. FFC Frankfurt), Zerbe (1. FFC Frankfurt), Stegemann (FFC Heike Rheine) – Omilade (1. FFC Turbine Potsdam), Lingor (1. FFC Frankfurt), 72. Bresonik (FCR Duisburg), Wiegmann (Boston Breakers), Kliehm (1. FFC Frankfurt), 46. Garefrekes (FFC Heike Rheine) – M. Müller (SC Bad Neuenahr), 46. Pohlers (1. FFC Turbine Potsdam).

Tore: 0:1 M. Müller (22.), 0:2 Wiegmann (47.) 1:2 Riise (50.), 1:3 Pohlers (53). – SR: Jonsson (Schweden) – Z: 3000.

Anmerkung: Bei den weiteren Länderspielen sind die Vereinsnamen nur noch bei neu hinzukommenden Spielerinnen angegeben.

Deutschland – Dänemark 2:0 (1:0) am 17. 10. 2002 in Ulm

Deutschland: Rottenberg, 46. Angerer – Stegemann, Rech, 46. Grings, Omilade, 46. Bresonik – P. Wunderlich (1. FFC Frankfurt), 65. Hagedorn (SC Bad Neuenahr),Lingor, Hingst (1. FFC Turbine Potsdam), Smisek (FCR Duisburg), 81. M. Müller, Minnert, 65. Kliehm – Prinz (1. FFC Frankfurt), 81. Bachor (FSV Frankfurt), Wiegmann.

Tore: 1:0 Prinz (42.), 2:0 Lingor (50.) – SR: Günthner (Bamberg) – Z: 4360.

Deutschland – Russland 4:0 (2:0) am 14. 11. 2002 in Lüdenscheid

Deutschland: Rottenberg (46. Angerer) – Stegemann, Rech (46. P. Wunderlich), Omilade (46. Bresonik), Minnert – Smisek (73. M. Müller), Lingor, 46. Wimbersky (1. FFC Turbine Potsdam), Wiegmann, Hingst – Prinz, Grings (73. Pohlers)

Tore: 1:0 Prinz (8.), 2:0 Grings (31.), 3:0 Bresonik (88.), 4:0 Pohlers (90.) – SR: Storch-Schäfer (Petersberg – Z: 4500.

China – Deutschland 0:0 am 23. 1. 2003 in Yiwu

Deutschland: Rottenberg – Stegemann, Hingst (46. Zerbe), Minnert, Bresonik – Omilade (46. Hagedorn), P. Wunderlich, Kliehm, Wimbersky (46. Garefrekes), Wiegmann – Prinz.

SR: Hunt (USA) – Z: 30 000.

Deutschland – Norwegen 2:2 (1:1) am 26. 1. 2003 in Wuhan

Deutschland: Rottenberg – Minnert, T. Wunderlich (1. FFC Frankfurt), 46. Stegemann, Bresonik, Zerbe – Wiegmann (46. Wimbersky), P. Wunderlich, Odebrecht (1. FFC Turbine Potsdam), Garefrekes – Prinz, M. Müller (70. Kliehm)

Tore: 0:1 Mellgren (28.), 1:1 M. Müller (36.), 1:2 Rapp (73.), 2:2 Bresonik (87., Foulelfmeter) – SR: Xiudi (China) – Z: 20 000.

Deutschland – USA 0:1 (0:1) am 29. 1. 2003 in Schanghai

Deutschland: Angerer – Bresonik, Minnert (46. Hagedorn), Stegemann, Zerbe – Odebrecht (78. Omilade), P. Wunderlich, Prinz, Garefrekes – Wimbersky (66. Kliehm) – M. Müller

Tore: 0:1 Hawkins – SR: Skogvang (Norwegen) – Z: 10 000.

Deutschland – China 2:2 (1:2) am 4. 3. 2003 in Gütersloh

Deutschland: Angerer – Stegemann, Hagedorn (68. Zerbe), Minnert; Künzer (1. FFC Frankfurt), 75. Rech – P. Wunderlich, Grings (82. Garefrekes), Wiegmann, Lingor (68. Omilade), Bresonik – M. Müller

Tore: 1:0 M. Müller (7.), 1:1 Zhang Ou Ying (12.), 1:2 Pu Wei (42.), 2.2 M. Müller (48.) – SR: Fray (Bremen) – Z: 2940.

Deutschland – China 3:1 (1:0) am 6. 3. 2003 in Arnsberg

Deutschland: Rottenberg – Stegemann, Rech (72. T. Wunderlich), Minnert Zerbe – P. Wunderlich (46. Odebrecht), Grings, Wiegmann, Lingor (60. Künzer), Bresonik (60. Garefrekes) – M. Müller

Tore: 1:0 M. Müller (36.), 2:0 Wiegmann (54., Handelfmeter), 3:0 Grings (79.), 3:1 Bi Yan (80.) – SR: Steinhaus (Hannover) – Z: 5300.

Deutschland – Schottland 5:0 (2:0) am 27. 3. 2003 in Potsdam (EM-Qualifikation)

Deutschland: Rottenberg – Stegemann, Hingst, Minnert, Bresonik – P. Wunderlich (61. Odebrecht), Wiegmann, Lingor (73. Smisek), Grings – Prinz – M. Müller (46. Wimbersky)

Tore: 1:0 Prinz (25., Foulelfmeter), 2:0 Grings (40.), 3:0 Grings (58.), 4:0 Grings (65.), 5:0 Prinz (69.) – SR: Karlsen (Norwegen) – Z: 4783.

Frankreich – Deutschland 1:0 (0:0) am 17. 4. 2003 in Ozoir-la-Ferrière
Deutschland: Angerer – Stegemann, Minnert, Hingst, Bresonik (46. Rech) – Wiegmann, Lingor (46. Künzer), Odebrecht (78. Omilade) – Grings (46. Zerbe), M. Müller, Wimbersky
Tore: 1:0 Herbert (76.) – SR: unbekannt – Z: 2218.

Deutschland – Dänemark 1:1 (1:0) am 22. 5. 2003 in Schönberg
Deutschland: Rottenberg – Stegemann, Minnert, Hingst, Künzer – Wiegmann (65. Garefrekes), Lingor, S. Gottschlich (WSV Wendschott), Odebrecht (46. Omilade) – Prinz, Grings (68. Hagedorn)
Tore: 1:0 Prinz (22.), 1:1 L. Jensen (73.) – SR: Frai (Bremen) – Z: 2480.

Dänemark – Deutschland 2:6 (2:2) am 25. 5. 2003 in Haderslev
Deutschland: Angerer – Stegemann, Minnert, Hingst (77. Zerbe), Künzer, 46. Günther (ATS Buntentor) – Lingor, S. Gottschlich, Odebrecht, Garefrekes – Wiegmann, Prinz
Tore: 0:1 Garefrekes (2.), 1:1 Hansen (16.), 2:1 Lund-Johansen (41.), 2:2 Prinz (45.), 2:3 Prinz (53.), 2:4 Wiegmann (85.), 2:5 Lingor (88.), 2:6 Prinz (90.) – SR: Karlsen (Norwegen) – Z: 1100.

Die Spiele der 7 deutschen Klubs im Europapokal 2002/2003

Der Weg von Borussia Dortmund in der Champions League

Vorrunde:

FC Arsenal – Borussia Dortmund 2:0 (0:0) am 17. 9. 2002
Arsenal: Seaman – Lujni (74. Lauren), Keown, Campbell, Cole – Gilberto Silva, Vieira – Wiltord (90. TourÈ), Ljungberg (85. Cygan) – Bergkamp – Henry – Trainer: Wenger.
Dortmund: Lehmann – Metzelder, Madouni – Evanilson, Dede – Heinrich, Kehl – Frings – Ewerthon (72. Reina), Fernandez (72. Herrlich), Koller – Trainer: Sammer.
Tore: 1:0 Bergkamp (62.), 2:0 Ljungberg (77.) – SR: Frisk (Schweden) – Z: 34 907.

Borussia Dortmund – AJ Auxerre 2:1 (1:0) am 25. 9. 2002
Dortmund: Lehmann – Wörns, Metzelder – Evanilson, Heinrich – Reuter, Kehl, Frings (74. Ricken) – Rosicky (66. Amoroso) – Ewerthon (84. Dede), Koller – Trainer: Sammer.
Auxerre: Cool – Radet, Mexes, Boumsong, Jaures – Lachuer, Tainio, Amdy Faye, Fadiga – Kapo – Mwaruwari – Trainer: Roux.
Tore: 1:0 Koller (6.), 2:0 Amoroso (78.), 2:1 Mwaruwari (83.) – SR: Hauge (Norwegen) – Z: 46 500.

PSV Eindhoven – Borussia Dortmund 1:3 (0:1) am 2. 10. 2002
Eindhoven: Waterreus – Bögelund, Ooijer, Faber, Bouma – Vogel – Van Bommel – Van der Schaaf – Rommedahl, Leandro (55. Robben) – Kezman (75. Vennegoor of Hesselink) – Trainer: Hiddink.
Dortmund: Lehmann – Metzelder, Madouni, Wörns, Dede – Reuter (90+1. Ricken), Frings – Rosicky (79. Kehl) – Heinrich – Ewerthon (65. Amoroso), Koller – Trainer: Sammer.
Tore: 0:1 Koller (21.), 0:2 Rosicky (69.), 1:2 van der Schaaf (74.), 1:3 Amoroso (90+2.) – SR: Collina (Italien) – Z: 25 000.

Borussia Dortmund – PSV Eindhoven 1:1 (1:0) am 22. 10. 2002
Dortmund: Lehmann – Evanilson, Madouni, Wörns, Dede – Reuter (78. Frings), Kehl – Rosicky – Ricken (71. Amoroso) – Ewerthon, Koller – Trainer: Sammer.
Eindhoven: Waterreus – Bögelund, Ooijer, Faber, Heintze (46. Robben) – Vogel – Van Bommel – Rommedahl, Bruggink (79. Ramzi), Bouma – Kezman (85. Vennegoor of Hesselink) – Trainer: Hiddink.
Tore: 1:0 Koller (10.), 1:1 Bruggink (47.) – SR: Cortez Batista (Portugal) – Z: 47 000.

Borussia Dortmund – FC Arsenal 2:1 (1:1) am 30. 10. 2002
Dortmund: Lehmann – Wörns, Metzelder – Evanilson, Dede – Kehl (69. Reuter), Frings – Rosicky (90. Madouni) – Ricken (84. Heinrich), Ewerthon – Koller – Trainer: Sammer.
Arsenal: Seaman – Lauren, Campbell, Cygan, Cole – Gilberto Silva (80. Edu), Vieira – Wiltord (79. Kanu), Pires (67. TourÈ) – Ljungberg, Henry – Trainer: Wenger.
Tore: 0:1 Henry (18.), 1:1 Gilberto Silva (38., Eigentor), 2:1 Rosicky (63., Foulelfmeter) – SR: Mejuto Gonzales (Spanien) – Z: 51 200.

AJ Auxerre – Borussia Dortmund 1:0 (0:0) am 12. 11. 2002

Auxerre: Cool – Radet, Boumsong, Grichting, Jaures – Tainio (46. Mwaruwari), Amdy Faye – Mathis, Lachuer, Fadiga – CissÈ – Trainer: Roux.

Dortmund: Lehmann – Madouni, Reuter – Heinrich (27. Demel), Dede – Frings, Kehl – Ricken, Leandro (81. Reina) – Ewerthon (65. Amoroso), Koller – Trainer: Sammer.

Tore: 1:0 Mwaruwari (76.) – SR: Corpodean (Rumänien) Z: 20 000.

Zwischenrunde:

Lokomotive Moskau – Borussia Dortmund 1:2 (1:2) am 26. 11. 2002

Moskau: Owtschinnikow – Nijegorodow, Paschinin, Sennikow – Jewsejew, Ignaschewitsch, Leksetho – Maminow (46. Obradovic) – Loskow – Pimenow (75. Adamu), Obiorah (65. Busnikin) – Trainer: Sjemin

Dortmund: Lehmann – Wörns, Reuter, Metzelder – Kehl (89. Madouni), Frings, Dede – Heinrich, Rosicky (90+2. Reina) – Koller, Ewerthon (82. Ricken) – Trainer: Sammer.

Tore: 1:0 Ignaschewitsch (31.), 1:1 Frings (33.), 1:2 Koller (43.) – SR: Temmink (Niederlande) – Z: 17 000.

Borussia Dortmund – AC Mailand 0:1 (0:0) am 11. 12. 2002

Dortmund: Lehmann – Wörns, Metzelder – Heinrich (71. Evanilson), Dede – Kehl (83. Reina), Frings – Rosicky – Ewerthon (64. Ricken), Koller, Amoroso – Trainer: Sammer.

Mailand: Dida – Simic, Nesta, Maldini, Kaladse – Pirlo – Seedorf, Ambrosini – Rui Costa (78. Serginho) – Inzaghi (86. Rivaldo), Schewtschenko (90+1.) – Trainer: Ancelotti.

Tore: 0:1 Inzaghi (49.) – SR: Frisk (Schweden) – Z: 52 000.

Real Madrid – Borussia Dortmund 2:1 (1:1) am 19. 2. 2003

Madrid: Casillas – Salgado – Helguera, Pavon, Roberto Carlos – Flavio Conceicao, Makelele – Luis Figo, Raul, Zidane (81. Solari) – Ronaldo (74. Guti) – Trainer: Del Bosque.

Dortmund: Lehmann – Evanilson (83. Ricken), Metzelder, Wörns, Dede – Reuter (76. Kehl), Frings – Rosicky – Ewerthon, Koller, Amoroso (67. Reina) – Trainer: Sammer.

Tore: 0:1 Koller (30.), 1:1 Raul (43.), 2:1 Ronaldo (55.) – SR: Michel (Slowakei) – Z: 65 000.

Borussia Dortmund – Real Madrid 1:1 (1:0) am 25. 2. 2003

Dortmund: Lehmann – Wörns, Madouni – Metzelder, Dede (90. Amoroso) – Reuter, Kehl – Evanilson (80. Ricken), Frings – Koller, Ewerthon (87. Reina) – Trainer: Sammer.

Madrid: Casillas – Salgado, Helguera, Pavon (90. Portillo), Roberto Carlos – Flavio Conceicao (68. Guti), Makelele – Luis Figo (72. Minambres), Raul, Zidane – Ronaldo – Trainer: Del Bosque.

Tore: 1:0 Koller (23.), 1:1 Portillo (90+2.) – SR: Poll (England) – Z: 52 400.

Borussia Dortmund – Lokomotive Moskau 3:0 (1:0) am 12. 3. 2003

Dortmund: Lehmann – Evanilson, Metzelder, Wörns, Dede (20. Madouni) – Reuter, Kehl – Frings – Ewerthon, Koller (70. Ricken), Amoroso (88. Herrlich) – Trainer: Sammer.

Moskau: Owtschinnikow – Paschinin, Ignaschewitsch, Sennikow – Obradovic (40. Cesar), Miguni, Leksetho – Jewsejew, Maminow – Ismailow, Pimenow – Trainer: Sjemin.

Tore: 1:0 Frings (39.), 2:0 Koller (58.), 3:0 Amoroso (66.) – SR: De Bleeckere (Belgien) – Z: 48 000.

AC Mailand – Borussia Dortmund 0:1 (0:0) am 18. 3. 2003

Mailand: Abbiati – Simic, Laursen, Nesta, Maldini (46. Costacurta) – Gattuso, Redondo, Brocchi (82. Pirlo) – Rui Costa (62. Inzaghi) – Rivaldo, Tomasson – Trainer: Ancelotti.

Dortmund: Lehmann – Wörns, Metzelder – Evanilson, Dede (83. Madouni) – Reuter (50. Ricken), Kehl – Frings – Ewerthon (74. Odonkor), Amoroso – Koller – Trainer: Sammer.

Tore: 0:1 Koller (80.) – SR: Barber (England) – Z: 50 000.

Der Weg von Bayer Leverkusen in der Champions League

Vorrunde:

Olympiakos Piräus – Bayer Leverkusen 6:2 (3:1) am 18. 9. 2002

Piräus: Eleftheropoulos – Patzatzoglu, Anatolakis, Antzas, Venetidis – Karembeu, Zé Elias – Zetterberg – Giannakopulos (83. Ofori-Quaye), Djordjevic (88. Dracena) – Giovanni (83. Alexandris) – Trainer: Lemonis.

Leverkusen: Juric – Balitsch (71. Ojigwe), Kleine (51. Brdaric), Lucio, Zivkovic – Ramelow, Vranjes – Schneider, Bastürk, Simak – Neuville – Trainer: Toppmöller.

Tore: 0:1 Eleftheropoulos (22., Eigentor), 1:1 Kleine (27., Eigentor), 2:1 Giannakopulos (38.), 3:1 Djordjevic (44.,), 4:1 Djordjevic (64., Foulelfmeter), 5:1 Djordjevic (73.), 5:2 Schneider (78., Foulelfmeter), 6:2 Zetterberg (88.) – SR: Dauden Ibanez (Spanien) – Z: 15 000.

Bayer Leverkusen – Manchester United 1:2 (0:2) am 24. 9. 2002
Leverkusen: Juric – Zivkovic, Ramelow, Lucio – Balitsch (81. Franca), Ojigwe (64. Simak) – Schneider – Neuville (22. Berbatov), Bastürk, Babic – Brdaric – Trainer: Toppmöller.
Manchester: Barthez – O'Shea (46. G. Neville), Ferdinand, Blanc, Silvestre – P. Neville, Butt, Veron (88. Solskjaer) – Beckham – Giggs – van Nistelrooy (46. Forl·n) – Trainer: Ferguson.
Tore: 0:1 van Nistelrooy (31.), 0:2 van Nistelrooy (44.), 1:2 Berbatov (52.) – SR: Wegereef (Niederlande) – Z: 22 500.

Maccabi Haifa – Bayer Leverkusen 0:2 (0:1) am 1. 10. 2002
Haifa: Awat – Zano, Benado, Ejiofor, Keise – Zutautas – Badir (61. Zandberg), Pralija (70. Israelovitz) – Katan (61. Cohen) – Rosso, Aiyegbeni – Trainer: Shum.
Leverkusen: Butt – Ramelow, Lucio – Zivkovic, Ojigwe – Balitsch – Schneider (85. Bierofka) – Neuville, Bastürk, Babic (77. Vranjes) – Brdaric (70. Berbatov) – Trainer: Toppmöller.
Tore: 0:1 Babic (31.), 0:2 Babic (64.) – SR: Granat (Polen) – Z: 6000 (in Nikosia).

Bayer Leverkusen – Maccabi Haifa 2:1 (1:0) am 23. 10. 2002
Leverkusen: Butt – Sebescen, Lucio (5), Juan (3), Placente (4,5) – Ramelow (5) – B. Schneider (4,5), Bastürk (3,5), Babic (3,5) – Franca (60. Simak), Brdaric (46. Neuville) – Trainer: Toppmöller.
Haifa: Awat – Zano (80. Sivilia), Benado, Harazi, Keise – Badir, Zutautas, Pralija (74. Israelovitz) – Rosso, Zandberg (74. Katan) – Aiyegbeni – Trainer: Shum.
Tore: 1:0 Babic (45.), 1:1 Pralija (53.), 2:1 Juan (67.) – SR: Poulat (Frankreich) – Z: 22 500.

Bayer Leverkusen – Olympiakos Piräus 2:0 (1:0) am 29. 10. 2002
Leverkusen: Butt – Zivkovic, Lucio, Juan (45. Ojigwe), Placente – Balitsch – Schneider, Bastürk, Babic – Berbatov (90. Brdaric), Neuville (62. Simak) – Trainer: Toppmöller.
Piräus: Eleftheropoulos – Antzas (63. OforiñQuaye) – Mavrogenidis, Anatolakis (46. Zetterberg), Dracena, Venetidis – Patzatzoglu, Karembeu – Giannakopulos, Djordjevic – Chutos (24. Giovanni) – Trainer: Kollias.
Tore: 1:0 Juan (14.), 2:0 Schneider (90.) – SR: Trentalange (Italien) – Z: 22 500.

Manchester United – Bayer Leverkusen 2:0 (1:0) am 13. 11. 2002
Manchester: R. Lopez – O'Shea, Ferdinand, Blanc (79. G. Neville), Silvestre – Veron, Fortune – Beckham (79. Solskjaer), Scholes, Giggs (81. Chadwick) – Van Nistelrooy – Trainer: Ferguson.
Leverkusen: J. Butt – Sebescen, Ramelow, Kleine, Zivkovic – Balitsch (81. Preufl), Babic – Brdaric, Simak, Bierofka (79. Dogan) – Berbatov (62. Franca) – Trainer: Toppmöller.
Tore: 1:0 Veron (42.), 2:0 Van Nistelrooy (69.) – SR: Hrinak (Slowakei) – Z: 66 185.

Zwischenrunde:

Bayer Leverkusen – FC Barcelona 1:2 (1:0) am 27. 11. 2002
Leverkusen: J. Butt – Zivkovic, Ramelow, Lucio, Placente – Balitsch – Schneider, Bastürk, Babic (66. Bierofka) – Berbatov (83. Simak), Brdaric (55. Neuville) – Trainer: Toppmöller.
Barcelona: Bonano – Reiziger, Cocu, Navarro – Corbacho – Puyol, Rochemback, Garcia (46. Riquelme) – Mendieta (46. Saviola), Xavi, Motta (75. Overmars) – Kluivert – Trainer: Van Gaal.
Tore: 1:0 Berbatov (39.), 1:1 Saviola (48.), 1:2 Overmars (88.) – Vassaras (Griechenland) – Z: 22 500.

Inter Mailand – Bayer Leverkusen 3:2 (2:0) am 10. 12. 2002
Mailand: Toldo – J. Zanetti, Cordoba, Gamarra, P. Giovanni – Di Biagio (71. Beati) – Almeyda, Emre – Recoba – Vieri (74. Sergio Conceicao), Crespo (88. Kallon) – Trainer: Cuper.
Leverkusen: J. Butt – Kleine, Ramelow, Juan – Zivkovic, Placente – Balitsch (78. Bierofka) – Schneider – Bastürk (83. Simak) – Neuville, Berbatov (75. Franca) – Trainer: Toppmöller.
Tore: 1:0 Di Biagio (15.), 2:0 Di Biagio (27.), 2:1 Zivkovic (63.), 3:1 J. Butt (80., Eigentor), 3:2 Franca (90.) – SR: Dallas (Schottland) – Z: 36 342.

Bayer Leverkusen – Newcastle United 1:3 (1:3) am 18. 2. 2003
Leverkusen: J. Butt – Preufl (46. Schneider), Kleine, Cris (72. Callsen-Bracker), Ojigwe – Balitsch (79. Kaluzny) – Simak, Bastürk – Neuville, Brdaric, Franca – Trainer: Hörster.
Newcastle: Given – Hughes, A. O'Brien, Bramble, Bernard – Jenas, Dyer, Speed, Robert – Ameobi (84. Cort), Lualua (84. Chopra) – Trainer: Robson.
Tore: 0:1 Ameobi (6.), 0:2 Ameobi (16.), 1:2 Franca (26.), 1:3 Lualua (33.) – SR: Hauge (Norwegen) – Z: 22 500.

Newcastle United – Bayer Leverkusen 3:1 (3:0) am 26. 2. 2003
Newcastle: Given – Griffin, G. Caldwell, Bramble, Bernard – Kerr (82. Viana), Dyer (70. Solano), Speed, Robert – Ameobi, Shearer (81. Lualua) – Trainer: Robson.

Leverkusen: J. Butt (3) – Preufl, Kleine, Cris (30. Zivkovic), Placente – Ramelow (46. Babic), Kaluzny – Bastürk – Neuville (61. Brdaric), Simak – Franca – Trainer: Hörster.
Tore: 1:0 Shearer (5.), 2:0 Shearer (11.), 3:0 Shearer (36., Foulelfmeter), 3:1 Babic (73.) – SR: Larsen (Dänemark) – Z: 40 508.

FC Barcelona – Bayer Leverkusen 2:0 (1:0) am 11. 3. 2003

Barcelona: Bonano – Gabri, Andersson, De Boer (62. Oleguer), Reiziger – Xavi, Mendieta – Overmars (68. Iniesta), Riquelme – Saviola (46. Motta), Kluivert – Trainer: Antic.
Leverkusen: J. Butt – Cris, Kaluzny, Kleine – Ojigwe, Babic (33. Dogan) – Balitsch – Bastürk (74. Schneider), Simak – Berbatov (58. Brdaric), Franca – Trainer: Hörster.
Tore: 1:0 Saviola (17.), 2:0 Kleine (50.) – SR: Bré (Frankreich) – Z: 62 228.

Bayer Leverkusen – Inter Mailand 0:2 (0:1) am 19. 3. 2003

Leverkusen: J. Butt – Placente, Kaluzny, Kleine – Ojigwe, Ramelow – Brdaric (46. Neuville), Bastürk (46. B. Schneider), Simak (63. Cris), Bierofka – Franca – Trainer: Hörster.
Mailand: Toldo – J. Zanetti, Cordoba, Cannavaro, Coco – Sergio Conceicao (84. Guglielminpietro), Okan (19. C. Zanetti), Di Biagio, Morfeo (75. Pasquale) – Emre – Martins (3) – Trainer: Cuper.
Tore: 0:1 Martins (36.), 0:2 Emre (90.) – SR: Ivanow (Russland) – Z: 22 500.

Der Weg von Bayern München in der Champions League

Qualifikation, 3. Runde:

Partizan Belgrad – Bayern München 0:3 (0:1) am 14. 8. 2002

Belgrad: Radakovic – Savic, Bajic – Trobok, Duljaj, Jeremic – Ivic (80. Rusmir), Ilic (72. Cakar) – Vukic – Lazovic, Iliev – Trainer: Tumbakovic.
München: Kahn – Sagnol, R. Kovac, Linke, Tarnat – Jeremies – Ballack (80. Thiam) – Hargreaves (82. Feulner), Scholl – Pizarro, Elber (72. Zé Roberto) – Trainer: Hitzfeld.
Tore: 0:1 Tarnat (22.), 0:2 Jeremies (71.), 0:3 Pizarro (78.) – SR: Dougal (Schottland) – Gelb-Rote Karte: Duljaj (76.) – Z: 30 000.

Bayern München – Partizan Belgrad 3:1 (1:0) am 27. 8. 2002

München: Kahn – Hargreaves, Kuffour, Linke, Lizarazu (77. Tarnat) – Jeremies (77. Fink) – Ballack – Salihamidzic (80. Feulner), Zé Roberto – Pizarro, Elber – Trainer: Hitzfeld.
Belgrad: Radakovic – Bajic, Savic – Cirkovic, Miskovic – Trobok – Ivic (74. Rusmir), Vukic (64. Cakar), Ilic – Iliev (76. Delibasic), Lazovic – Trainer: Tumbakovic
Tore: 1:0 Ballack (26.), 2:0 Elber (71.), 2:1 Cakar (72.), 3:1 Salihamidzic (74., Foulelfmeter) – SR: Colombo (Frankreich) – Z: 40 000.

Vorrunde:

Bayern München – Deportivo La Coruna 2:3 (0:2) am 10. 9. 2002

München: Kahn – Sagnol (46. Hargreaves), Kuffour, Linke, Tarnat – Jeremies (79. N. Kovac) – Ballack – Salihamidzic, Zé Roberto (81. Zickler) – Pizarro, Elber – Trainer: Hitzfeld.
La Coruna: Juanmi – Hector, Donato, Naybet, Romero – Mauro Silva – Victor (71. R. Acuna), Sergio, Fran (67. Capdevila) – Valeron – Makaay (86. Luque) – Trainer: Irureta.
Tore: 0:1 Makaay (12.), 0:2 Makaay (45+1.), 1:2 Salihamidzic (57.), 2:2 Elber (64.), 2:3 Makaay (77.) – SR: Poll (England) – Z: 40 000.

RC Lens – Bayern München 1:1 (0:1) 24. 9. 2002

Lens: Warmuz – Coly, Bak, Song, Rool – Diop – Blanchard (68. Bakari), Keita – Sibierski – Moreira, Utaka – Trainer: Muller
München: Kahn – Salihamidzic, R. Kovac, Linke, Tarnat (77. Kuffour) – Jeremies – Hargreaves, Ballack – Zé Roberto – Pizarro, Elber (74. Zickler) – Trainer: Hitzfeld.
Tore: 0:1 Linke (22.), 1:1 Utaka (76.) – SR: Cortez Batista (Portugal) – Z: 40 000.

Bayern München – AC Mailand 1:2 (0:0) am 1. 10. 2002

München: Kahn – R. Kovac, Linke – Tarnat (86. Zickler) – Salihamidzic, Jeremies – Hargreaves, Ballack – Zé Roberto – Pizarro, Elber – Trainer: Hitzfeld.
Mailand: Dida – Simic, Nesta, Maldini, Kaladse – Pirlo (77. Serginho) – Gattuso, Seedorf – Rui Costa (86. Laursen) – Rivaldo (66. Ambrosini) – Inzaghi – Trainer: Ancelotti.
Tore: 0:1 Inzaghi (52.), 1:1 Pizarro (54.), 1:2 Inzaghi (84.) – SR: Dallas (Schottland) – Z: 60 000.

AC Mailand – Bayern München 2:1 (1:1) am 23. 10. 2002

Mailand: Dida – Simic, Nesta, Maldini, Kaladse – Pirlo – Ambrosini (46. Gattuso), Seedorf – Rui Costa (85. Laursen) – Serginho (79. Dalla Bona) – Inzaghi – Trainer: Ancelotti.

München: Kahn (51. Wessels) – Sagnol, Kuffour, R. Kovac, Tarnat – Jeremies – Ballack – Salihamidzic (71. Scholl), Zé Roberto – Pizarro (72. Santa Cruz), Elber – Trainer: Hitzfeld.
Tore: 1:0 Serginho (11.), 1:1 Tarnat (23.), 2:1 Inzaghi (64.) – SR: Michel (Slowakei) – Z: 75 611.

Deportivo La Coruna – Bayern München 2:1 (0:0) am 29. 10. 2002

La Coruna: Juanmi – Scaloni, Naybet, Cesar, Romero – Sergio, Mauro Silva – Fran (66. R. Acuna) – Victor (84. Diego Tristan), Capdevila – Makaay (90+1. Donato) – Trainer: Irureta.
München: Wessels – Sagnol, R. Kovac, Kuffour, Tarnat (60. Lizarazu) – Jeremies, Ballack (52. Fink) – Scholl, Zé Roberto – Salihamidzic (46. Santa Cruz) – Elber – Trainer: Hitzfeld.
Tore: 1:0 Victor (54.), 1:1 Santa Cruz (77.), 2:1 Makaay (89.) – SR: Frisk – Z: 30 000.

Bayern München – RC Lens 3:3 (2:1) am 13. 11. 2002

München: Wessels – Salihamidzic, R. Kovac, Linke, Lizarazu – N. Kovac, Fink – Scholl (76. Schweinsteiger) – Feulner (90+2. Lahm), Zickler, Pizarro (46. Elber) – Trainer: Hitzfeld.
Lens: Warmuz – Coulibaly, Bak, R. Song, Rool (69. Keita) – Blanchard, Coridon (29. A. Faye) – Utaka, Sibierski, Moreira – Bakari (76. Thomert) – Trainer: Muller.
Tore: 1:0 N. Kovac (6.), 2:0 Warmuz (18., Eigentor), 2:1 Fink (20., Eigentor), 2:2 Bakari (54.), 3:2 Feulner (87.), 3:3 Blanchard (90.) – SR: Allaerts (Belgien) – Z: 22 000.

Der Weg von Hertha BSC im UEFA-Cup

UEFA-Pokal, 1. Runde:

FC Aberdeen – Hertha BSC Berlin 0:0 am 17. 9. 2002

Aberdeen: Kjaer – McNaughton, Anderson, McGuire, McAllister (75. Fabiano) – Deloumeaux – Bisconti, Da. Young, De. Young (83. Mike) – Mackie (70. Michie) – D'Jaffo – Trainer: Skovdahl.
Berlin: Kiraly – A. Friedrich, Madlung, Sverrisson, Hartmann – Dardai, Tretschok (64. Marx) – Neuendorf (89. Mladenov), Marcelinho, Goor – Luizao – Trainer: Stevens.
SR: Esquinas Torres (Spanien) – Z: 10 180.

Hertha BSC Berlin – FC Aberdeen 1:0 (0:0) am 1. 10. 2002

Berlin: Kiraly – Friedrich, Rehmer (81. Lapaczinski), Van Burik, Hartmann – Marx (58. Dardai), Neuendorf – Marcelinho – Pinto, Goor – Luizao (86. Preetz) – Trainer: Stevens.
Aberdeen: Kjaer – Rutkiewicz, Anderson, McGuire, McAllister – Deloumeaux – Bisconti (90+1. Billio), Da. Young – Mackie, De. Young (81. Fabiano), D'Jaffo (60. Mike) – Trainer: Skovdahl.
Tore: 1:0 Preetz (89.) – SR: Gilewski (Polen) – Gelb-rote Karte: Deloumeaux (66.) – Rote Karte: Neuendorf (38., Tätlichkeit) – Z: 30 770.

2. Runde:

APOEL Nikosia – Hertha BSC Berlin 0:1 (0:0) am 31. 10. 2002

Nikosia: Morfis – Georgiou, Usunidis, Okkaridis, Charalambous (56. Sirakov) – Petros Petrou I – Satsias, Ilias (76. Petros Petrou II) – Charalampidis (4,5) – Szipanovics (42. Agathokleous), Alexandrou – Trainer: Gerards.
Hertha BSC: Kiraly – Friedrich, Sverrisson, Nené – Schmidt, Hartmann – Beinlich – Marcelinho – Pinto (68. Karwan), Goor (78. Preetz), Alex Alves (53. Luizao) – Trainer: Stevens.
Tore: 0:1 Karwan (90+2.) – SR: Gallagher (England) – Z: 4178.

Hertha BSC Berlin – APOEL Nikosia 4:0 (2:0) am 7. 11. 2002

Hertha BSC: Kiraly – Friedrich, Rehmer, Nené – Hartmann (65. Rafael) – Schmidt – Marx – Beinlich – Alex Alves (19. Pinto), Preetz (46. Luizao), Marcelinho – Trainer: Stevens.
Nikosia: Morfis – Okkaridis, Daskalakis, Usunidis, Ilias – Petros Petrou I (46. Alexandrou) – Georgiou (72. Sirakov), Kachandrian, Charalambous - Charalampidis - Agathokleous (84. Petrou II) – Trainer: Gerards.
Tore: 1:0 Preetz (8.), 2:0 Marcelinho (13.), 3:0 Beinlich (61.), 4:0 Luizao (67.) – SR: Vollquartz, Nicolai (Dänemark) – Z: 10 083.

3. Runde:

Hertha BSC Berlin – FC Fulham 2.1 (1:0) am 26. 11. 2002

Hertha BSC: Kiraly – Friedrich, Van Burik, Nené – Schmidt (58. Simunic), Hartmann – Dardai – Beinlich (90+1. Pinto) – Marcelinho – Goor, Alex Alves (58. Preetz) – Trainer: Stevens.
Fulham: Van der Sar - Finnan, Melville, Goma, Brevett - Goldbaek (46. Boa Morte), Djetou, Davis, Malbranque (79. Inamoto) – Marlet, Sava – Trainer: Tigana.

Tore: 1:0 Beinlich (28.), 1:1 Marlet (53.), 2:1 Sava (68., Eigentor) – SR: Van Egmont (Niederlande) – Z: 14 447.

FC Fulham – Hertha BSC Berlin 0:0 am 12. 12. 2002

Fulham: Taylor – Finnan, Melville, Goma, Brevett (72. Goldbaek) – Malbranque, Djetou (46. Legwinski), Davis (62. Inamoto), Womè – Marlet, Boa Morte – Trainer: Tigana.

Hertha BSC: Kiraly – Rehmer, Friedrich, Simunic (8. Van Burik), Nené – Dardai, Neuendorf (73. Schmidt) – Goor, Hartmann – Marcelinho – Luizao (81. Preetz) – Trainer: Stevens.

SR: Collina (Italien) – Z: 15 161.

Achtelfinale

Hertha BSC Berlin – Boavista Porto 3:2 (2:1) am 20.02.2003

Hertha BSC: Kiraly – Friedrich, Van Burik, Simunic, Hartmann – Dardai – Marx (46. Madlung), Goor (81. Pinto) – Marcelinho – Alex Alves (78. Luizao), Preetz – Trainer: Stevens.

Porto: Ricardo – Rui Oscar, Paulo Turra, Eder, Santos – Avalos – Anunciacao, Pedrosa – Martelinho (88. Bosingwa), Erivan (73. Alexandre Goulart) – Silva (46. Caf') – Trainer: Pacheco.

Tore: 1:0 Alex Alves (15.), 1:1 Rui Oscar (37.), 2:1 Alex Alves (43.), 2:2 Alexandre Goulart (80.), 3:2 Van Burik (90+3.) – SR: Barber (England) – Z: 15 559.

Boavista Porto – Hertha BSC Berlin 1:0 (0:0) am 27.02.2003

Porto: Ricardo – Rui Oscar (64. Luiz Claudio), Paulo Turra, Avalos, Loja (46. Alexandre Goulart) – Anunciacao – Santos – Martelinho, Pedrosa (76. Yuri), Couto – Silva – Trainer: Pacheco.

Hertha BSC: Kiraly – Friedrich, Van Burik, Simunic, Hartmann – Dardai – Marx, Marcelinho, Goor (88. Sverrisson) – Alex Alves (71. Pinto), Preetz – Trainer: Stevens.

Tore: 1:0 Avalos (85.) – SR: Hamer (Luxemburg) – Gelb-rote Karten: Dardai (66.), Anunciacao (81.) – Z: 5500.

Der Weg des FC Schalke 04 im UEFA-Cup

1. Runde:

FC Gomel – FC Schalke 04 1:4 (0:0) am 19. 9. 2002

Gomel: Dusmanow – Lukaschenko, Iwanow, Schmykow, Cherepnew – Nikitenko, Razumow, Danilow – Blizniuk – Nazarow (80. Borel), Tovkatsky (86. Morozow) – Trainer: Podpaly.

Schalke: Rost – Oude Kamphuis, Hajto, Matellan, Rodriguez – Poulsen (78. Kmetsch) – Varela, Vermant, Trojan (86. Pander) – Asamoah, Sand (78. Möller) – Trainer: Neubarth.

Tore: 0:1 Sand (58.), 1:1 Iwanow (61.), 1:2 Poulsen (67.), 1:3 Sand (72.), 1:4 Rodriguez (73.) – SR: Slupik (Polen) – Z: 5000.

FC Schalke 04 – FC Gomel 4:0 (1:0) am 3. 10. 2002

Schalke: Rost – Oude Kamphuis, Hajto (46. Van Hoogdalem), Matellan, Büskens – Kmetsch – Vermant – Asamoah (46. Varela), Trojan (64. Rodriguez) – Wilmots – Hanke – Trainer: Neubarth.

Gomel: Dusmanow – Schmykow, Iwanow, Charapinow – Haratsow – Nikitenko (77. Karsakow), Lukaschenko – Razumow, Danilow – Blizniuk (68. Borel) – Tovkatsky (53. Nazarow) – Trainer: Podpaly.

Tore: 1:0 Wilmots (10.), 2:0 Hanke (62.), 3:0 Kmetsch (67.), 4:0 Hanke (72.) – SR: Ingvarsson (Schweden) – Z: 52 441.

2. Runde:

Legia Warschau – FC Schalke 04 2:3 (0:0) am 29. 10. 2002

Warschau: Stanev – Zielinski – Omelianchuk, Jozwiak – Szala (46. Dudek), Surma, Majewski (88. Magiera), Kielbowicz – Vukovic – Svitlica (84. Wroblewski), Kucharski – Trainer: Okuka.

Schalke: Rost – Oude Kamphuis, Hajto, van Hoogdalem, Rodriguez – Kmetsch, Poulsen – Varela, Wilmots (63. Mpenza), Böhme (76. Asamoah) – Sand – Trainer: Neubarth.

Tore: 0:1 Varela (50.), 0:2 Varela (54.), 1:2 Dudek (58.), 2:2 Svitlica (63., Foulelfmeter), 2:3 Sand (90.) – SR: Esquinas Torres (Spanien) – Z: 13 000.

FC Schalke 04 – Legia Warschau 0:0 am 14. 11. 2002

Schalke: F. Rost – Oude Kamphuis, Hajto, Van Hoogdalem, Rodriguez – Vermant, Poulsen – Möller – Asamoah, Mpenza, Sand – Trainer: Neubarth.

Warschau: Stanev – Zielinski – Jozwiak, Omelianchuk – Szala (60. Dudek), Kielbowicz – Surma – Majewski, Vukovic (83. Saganowski) – Svitlica (71. Wroblewski), Kucharski – Trainer: Okuka.

SR: D' Urso (England) – Z: 52 260.

3. Runde:

Wisla Krakau – FC Schalke 04 1:1 (1:0) am 28.11.2002

Krakau: Hugues – Baszczynski, Glowacki, Jop, Stolarczyk – Uche, Strak, Szymkowiak (70. Pater), Kosowski – Zurawski, Kuzba – Trainer: Kasperczak.

Schalke: Rost – Oude Kamphuis, Hajto, Van Hoogdalem, Rodriguez – Kmetsch, Poulsen – Asamoah, Sand, Böhme – Mpenza (86. Hanke) – Trainer: Neubarth.

Tore: 1:0 Poulsen (38., Eigentor), 1:1 Mpenza (81.) – SR: Kaznaferis (Griechenland) – Z: 10 300.

FC Schalke 04 – Wisla Krakau 1:4 (1:1) am 10.12.2002

Schalke: Rost – Hajto, Van Hoogdalem, Matellan, Van Kerckhoven (65. Agali) – Poulsen – Möller – Asamoah (77. Wilmots), Sand, Böhme (82. Hanke) – Mpenza – Trainer: Neubarth.

Krakau: Hugues – Baszczynski, Glowacki, Jop, Stolarczyk – Szymkowiak, Strak – Uche (90. Paszulewicz), Kosowski – Kuzba (78. Pater), Zurawski – Trainer: Kasperczak.

Tore: 0:1 Zurawski (40.), 1:1 Hajto (41.), 1:2 Uche (51.), 1:3 Zurawski (85.), 1:4 Kosowski (89.) – SR: Ovrebo (Norwegen) – Z: 50 830.

Der Weg von Werder Bremen im UEFA-Cup

1. Runde:

Metalurg Donezk – Werder Bremen 2:2 (1:2) am 19. 9. 2002

Donezk: Virt – Ponomarenko (71. Alexejenko), Yaksmanitski, Alegbe – Checher – Arhire (81. Zgura), Jamarauli, Zotov, Zakarlyuka – Dranov (76. Seleznov), Tchoutang – Trainer: Altman.

Bremen: Borel – Baumann, Verlaat, Krstajic (44. Magnin) – Skripnik, F. Ernst, Stalteri – Micoud, Lisztes – Ailton (78. Klasnic), Charisteas – Trainer: Schaaf.

Tore: 0:1 Lisztes (10.), 0:2 Verlaat (13.), 1:2 Tchoutang (39.), 2:2 Tchoutang (54.) – SR: Braamhaar (Niederlande) – Z: 18 000.

Werder Bremen – Metalurg Donezk 8:0 (3:0) am 3. 10. 2002

Bremen: Borel – Verlaat (55. Magnin), Krstajic – Stalteri, F. Ernst, Skripnik – Lisztes (68. Rolfes), Borowski – Micoud – Charisteas (59. Klasnic), Ailton – Trainer: Schaaf.

Donezk: Virt – Checher, Yaksmanitski, Kotov – Tkachenko, Alegbe, Kovalenko, Zakarlyuka (59. Arhire) – Zotov (59. Seleznov), Ponomarenko – Tchoutang – Trainer: Altman.

Tore: 1:0 Verlaat (14.), 2:0 Micoud (43.), 3:0 Borowski (45+1.), 4:0 Micoud (46.), 5:0 Charisteas (51.), 6:0 Klasnic (66.), 7:0 Borowski (78.), 8:0 Klasnic (90+3.) – SR: Hanacsek (Ungarn) – Z: 16 300.

2. Runde:

Vitesse Arnheim – Werder Bremen 2:1 (1:1) am 31. 10. 2002

Arnheim: Jevric – Cornelisse, Zeman, Stefanovic, Fränkel – Rankovic (73. Janssen), Levchenko, Claessens – Mustapha (78. Hofs) – Amoah, Peeters – Trainer: Snoel.

Bremen: Borel – Baumann, Verlaat, Krstajic – Stalteri, F. Ernst, Skripnik – Micoud, Lisztes – Charisteas, Ailton (60. Daun) – Trainer: Schaaf.

Tore: 1:0 Amoah (37.), 1:1 Verlaat (43.), 2:1 Verlaat (63., Eigentor) – SR: McCurry (Schottland) – Z: 25 000.

Werder Bremen – Vitesse Arnheim 3:3 (1:1) am 14. 11. 2002

Bremen: Borel – Baumann (76. Charisteas), Verlaat, Krstajic – Stalteri, Ernst, Magnin (87. Klasnic) – Borowski (65. Lisztes), Micoud – Ailton, Daun – Trainer: Schaaf.

Arnheim: Jevric – Cornelisse, Stefanovic, Zeman (36. Mustapha) – Rankovic, Levchenko, Claessens, Fränkel – Janssen – Amoah (90+1. Mbamba), Peeters (73. Dingsdag) – Trainer: Snoel.

Tore: 1:0 Baumann (24.), 2:0 Krstajic (49.), 2:1 Levchenko (50., Foulelfmeter), 2:2 Claessens (72.), 3:2 Charisteas (76.), 3:3 Mbamba (90+3.) – Schiedsrichter: Irvine (Nordirland) – Rote Karte: Rankovic (69.) – Z: 19 300.

Der Weg des VfB Stuttgart im UEFA-Cup

1. Runde:

VfB Stuttgart – FK Ventspils 4:1 (3:0) am 19. 9. 2002

Stuttgart: Hildebrand – Hinkel, Marques, Bordon, Carnell – Hleb (83. Mutzel), Soldo – Amanatidis (73. Tiffert), Balakov (46. Meiflner), Seitz – Kuranyi – Trainer: Magath.

Ventspils: Romanovs (53. Vanins) – Zavoronkovs, Troickis, Smirnovs, Korablovs – Zangareew, Stepanovs, Stukalinas (76. Agafonow), Bicka – Butriks (65. Landyrew), Rimkus – Trainer: Ashworth.

Tore: 1:0 Amanatidis (22.), 2:0 Kuranyi (32.), 3:0 Kuranyi (40.), 4:0 Hleb (59., Handelfmeter), 4:1 Rimkus (66.) – SR: Salomir (Rumänien) – Z: 6000.

FK Ventspils – VfB Stuttgart 1:4 (1:1) am 3. 10. 2002

Ventspils: Vanins – Zavoronkovs, Troickis, Smirnovs, Korablovs – Zizilevs (69. Zangareew), Butriks (78. Agafonow), Stukalinas, Bicka – Landyrew, Rimkus (64. Luchiancicov) – Trainer: Ashworth.

Stuttgart: T. Ernst (75. Benaglio) – T. Schneider, Meira, Wenzel – Hinkel, Soldo, Carnell – Mutzel (61. Amanatidis), Hleb – Tiffert, Kuranyi (46. Ganea) – Trainer: Magath.

Tore: 1:0 Landyrew (16.), 1:1 Tiffert (22.), 1:2 Ganea (53.), 1:3 Amanatidis (88.), 1:4 Tiffert (90+1.) – SR: Hyytiä (Finnland) – Z: 2000.

2. Runde:

Ferencvaros Budapest – VfB Stuttgart 0:0 am 31. 10. 2002

Budapest: Szücs – Vukmir, Dragoner, Gyepes – Kapic – Kriston, Szkukalek – Lipcsei – Szili (74. Penksa), Gera, Tököli – Trainer: Garami.

Stuttgart: T. Ernst – Hinkel, Meira, Bordon (54. Wenzel), Gerber – Soldo, Meiflner – Tiffert (89. Mutzel), Balakov, Seitz (60. Hleb) – Kuranyi – Trainer: Magath.

SR: Vuorela (Finnland) – Z: 16 000.

VfB Stuttgart – Ferencvaros Budapest 2:0 (0:0) am 12. 11. 2002

Stuttgart: T. Ernst – Hinkel, Meira, Bordon, Gerber – Soldo, Meiflner (46. Amanatidis) – Hleb, Balakov (84. Mutzel), Seitz – Ganea (46. Kuranyi) – Trainer: Magath.

Budapest: Szücs – Dragoner, Gyepes – Bognar (87. Jovic), Szkukalek – Vukmir – Kapic (81. Balog) – Lipcsei – Szili (74. Leonardo), Gera, Tököli – Trainer: Garami.

Tore: 1:0 Amanatidis (65.), 2:0 Meira (90.) – SR: Kapitanis (Zypern) – GelbñRote Karte: Lipcsei (90.) – Z: 15 000.

3. Runde:

FC Brügge – VfB Stuttgart 1:2 (1:0) am 28.11.2002

Brügge: Verlinden – Ristic (56. Lesnjak), Maertens, Clement, Van der Heyden – Simons – Englebert – Ceh (81. Roelandts) – Verheyen, Martens, Mendoza (78. Geraerts) – Trainer: Sollied.

Stuttgart: T. Ernst – Hinkel, Meira, Bordon, Gerber (90+3. Wenzel) – Soldo, Meiflner (46. Amanatidis) – Hleb, Balakov, Seitz (73. Ganea) – Kuranyi – Trainer: Magath.

Tore: 1:0 Van der Heyden (42.), 1:1 Balakov (72.), 1:2 Kuranyi (90.) – SR: Messina (Italien) – Rote Karte: Maertens (71., Notbremse) – Z: 18 000.

VfB Stuttgart – FC Brügge 1:0 (0:0) am 12.12.2002

Stuttgart: Hildebrand – Hinkel, Meira, Bordon, Gerber – Soldo, Meiflner – Amanatidis (46. Hleb), Balakov, Seitz (76. T. Schneider) – Kuranyi (87. Dundee) – Trainer: Magath.

Brügge: Verlinden – De Cock, Lesnjak (83. Serebrennikow), Clement, Van der Heyden – Simons – Englebert, Ceh – Verheyen (83. Smolders), Mendoza – Martens – Trainer: Sollied.

Tore: 1:0 Hleb (90+2.) – Schiedsrichter: Dauden Ibanez (Spanien) – Z: 34 000.

Achtelfinale

Celtic Glasgow – VfB Stuttgart 3:1 (2:1) am 20. 2. 2003

Glasgow: Douglas – McNamara, Balde (88. Laursen), Valgaeren – Lennon – Agathe, Lambert, Petrov – Thompson (68. Smith) – Sutton, Maloney – Trainer: O'Neill.

Stuttgart: Hildebrand – Hinkel, Meira, Bordon, Gerber – Soldo – Meiflner (77. Rundio), Hleb (51. Carnell) – Balakov – Amanatidis (19. Dangelmayr), Kuranyi – Trainer: Magath.

Tore: 0:1 Kuranyi (27.), 1:1 Lambert (37.), 2:1 Maloney (45.), 3:1 Petrov (68.) – SR: Collina (Italien) – Rote Karte: Bordon (17.) – Z: 60 832.

VfB Stuttgart – Celtic Glasgow 3:2 (1:2) am 27. 2. 2003

Stuttgart: Hildebrand – Hinkel, Dangelmayr (46. Ganea), Wenzel, Gerber (80. Seitz) – Soldo – Hleb – Tiffert (65. Mutzel), Balakov – Kuranyi, Amanatidis – Trainer: Magath.

Glasgow: Douglas – Valgaeren, Balde, Laursen – Lambert (82. Maloney), Lennon – Agathe, Thompson – Petrov – Hartson, Sutton (87. McNamara) – Trainer: O'Neill.

Tore: 0:1 Thompson (13.), 0:2 Sutton (15.), 1:2 Tiffert (38.), 2:2 Hleb (75.), 3:2 Mutzel (87.) – SR: Wegereef (Niederlande) – Z: 50 348.

Die Bundesliga 2002/2003 (40. Saison):

Alle Einsätze und alle Tore

Bayern München (26 Spieler eingesetzt):
Elber, Kahn (je 33), Linke (32), Pizarro, Zé Roberto (je 31), Jeremies (29), Ballack, Lizarazu (je 26), Har greaves (25), R. Kovac (24), Sagnol (23), Kuffour (20), N. Kovac, Scholl (je 18), Santa Cruz, Schweinsteiger (je 14), Salihamidzic, Zickler (je 12), Tarnat (11), Feulner, Fink (je 10), Deisler (8), Thiam (4), Trochowski (3), Misimovic, Wessels (je 1).
13 Spieler erzielten 69 Tore:
Elber (21), Pizarro (15), Ballack (10), Santa Cruz (5), Scholl, Zickler (je 4), Lizarazu, Sagnol, Salihamid zic (je 2), Hargreaves, N. Kovac, Kuffour, Zé Roberto (je 1). – Hinzu kommt ein Eigentor von Kovar (Hansa Rostock).

VfB Stuttgart (25 Spieler eingesetzt):
Hleb (34), Hinkel (33), Kuranyi (32), Fernando Meira (31), Balakov, Ger ber, Meißner, Soldo (je 28), Amanatidis (27), Bordon (26), Ganea (23), Seitz (21), Hildebrand (20), Tiffert, Wenzel (je 18), Mutzel (16), Ernst (14), Marques (12), Dundee (9), Carnell (6), Dangelmayr (5), Heldt, Schneider (je 4), Rundio, Todt (je 3).
13 Spieler erzielten 52 Tore:
Kuranyi (15), Ganea (9), Dundee (6), Amanatidis (5), Hleb, Meißner (je 4), Balakov, Bordon (je 2), Fernando Meira, Heldt, Schneider, Seitz, Soldo (je 1). – Hinzu kommt ein Eigentor von Ste fulj (Hannover 96).

Borussia Dortmund (25 Spieler eingesetzt):
Koller (34), Ewerthon (33), Frings, Reuter (je 31), Dede, Rosicky, Wörns (je 30), Kehl, Madouni (je 28), Amoroso, Evanilson, Lehmann, Metzelder, Ricken (je 24), Heinrich (17), Reina (12), Weidenfeller (11), Leandro, Odonkor (je 6), Herrlich (5), Addo, Demel, Fernandez (je 4), Oliseh (2), Thorwart (1).
10 Spieler erzielten 51 Tore:
Koller (13), Ewerthon (11), Amoroso, Frings (je 6), Ricken, Rosicky (je 4), Dede (3), Reina (2), Leandro, Madouni (je 1).

Hamburger SV (26 Spieler eingesetzt):
Pieckenhagen (34), Ujfalusi (31), Fukal (28), Hoogma (27), Mahdavikia, Romeo, Wicky (je 26), Hollerbach (25), Barbarez (24), Maltritz (23), Cardoso (22), Meijer (21), Benjamin (20), Hertzsch (19), Ledesma, Takahara (je 16), Jacobsen (12), Heinz (11), Baur (10), Rahn (9), Christensen (8), Antar, Kitzbichler (je 7), Kling (6), Albertz (4), Groth (1).
16 Spieler erzielten 45 Tore:
Romeo (14), Barbarez (6), Meijer (4), Cardoso, Takahara (je 3), Albertz, Fukal, Mahdavikia, Ujfalusi (je 2), Antar, Benjamin, Christensen, Hoogma, Jacobsen, Maltritz, Rahn (je 1). – Hinzu kommt ein Eigentor von Hain (Arminia Bielefeld).

Hertha BSC Berlin (28 Spieler eingesetzt):
Friedrich, Goor, Kiraly, Marcelinho (je 33), Preetz (31), Dardai, Hartmann (je 29), Marx (26), Beinlich (23), Simunic (22), Alex Alves, Rehmer (je 21), Luizao, Schmidt (je 19), Van Burik (16), Karwan (14), R. Pinto (13), Neuendorf (11), Nene (10), Madlung (9), Rafael, Sverrisson (je 6), Lapaczinski, Maas, Tretschok (je 3), Mladenov (2), Fiedler, Konstantinidis (je 1).
11 Spieler erzielten 49 Tore:
Marcelinho (14), Preetz (7), Alex Alves (6), Friedrich, Goor (je 5), Dardai (4), Luizao, Marx, Rafael (je 2), Neuendorf, Simunic (je 1). – Hinzu kommt je ein Eigentor von Matellan (FC Schalke 04), Jentzsch (TSV München 1860) und Ballack (Bayern München).

Werder Bremen (23 Spieler eingesetzt):
Stalteri (33), Ailton, Borel, Charisteas, Ernst, Krstajic, Lisztes (je 31), Verlaat (29), Micoud (28), Daun (27), Skripnik (25), Baumann (24), Borowski (18), Banovic, Reich (je 15), Klasnic (13), Magnin (12), Schulz (11), Tjikuzu (8), Barten (7), Wierzchowski (3), Haedo-Valdez, Wehlage (je 2).

12 Spieler erzielten 47 Tore:
Ailton (16), Charisteas (9), Micoud (5), Krstajic (4), Daun (3), Ernst, Klasnic, Verlaat (je 2), Banovic, Magnin, Skripnik, Wehlage (je 1). – Hinzu kommt je ein Eigentor von Piplica (Energie Cottbus), Klose (1. FC Kaiserslautern), Marques (VfB Stuttgart) und Korzynietz (Borussia Mönchengladbach).

FC Schalke 04 (24 Spieler eingesetzt):
Rost, Sand (je 33), Hajto (29), Asamoah (27), Oude Kamphuis (26), Van Hoogdalem (25), Böhme, Poulsen (je 24), Kmetsch, Varela, Vermant (je 23), Möller (22), Mpenza (21), Agali, Matellan (je 20), Van Kerckhoven (16), Rodriguez, Waldoch (je 14), Wilmots (10), Hanke (9), S. Pinto (8), Iyodo (4), Trojan (3), Reck (2).
15 Spieler erzielten 45 Tore:
Agali (7), Sand (6), Böhme, Mpenza (je 5), Varela, Vermant (je 4), Asamoah, Hajto (je 3), Oude Kamphuis (2), Van Hoogdalem, Van Kerckhoven, Kmetsch, Möller, Poulsen, Waldoch (je 1). – Hinzu kommt ein Eigentor von Kalla (VfL Bochum).

VfL Wolfsburg (26 Spieler eingesetzt):
Karhan (32), Schnoor (31), Ponte (30), Reitmaier (29), Maric, Rau (je 27), Petrov, Rytter (je 26), Klimowicz, Präger (je 25), Sarpei (21), Biliskov, Weiser (je 20), Effenberg (19), Munteanu (18), Thiam (16), Akonnor, S. Müller (je 14), Franz, K. Madsen (je 13), Quattrocchi (10), Ramovic (5), P. Madsen (4), Janicki (2), Greiner, Lorenz (je 1).
12 Spieler erzielten 39 Tore:
Maric (12), Klimowicz (7), Ponte (5), Effenberg (3), Munteanu, Petrov, Präger, Thiam (je 2), Biliskov, K. Madsen, Sarpei, Schnoor (je 1).

VfL Bochum (26 Spieler eingesetzt):
Christiansen, Colding, Hashemian (je 34), Freier (32), Buckley, Wosz (je 30), Gudjonsson (29), Van Duijnhoven (28), Fahrenhorst, Kalla (je 26), Bemben, Schindzielorz (je 24), Meichelbeck (22), Tapalovic (20), Reis (18), Vriesde (17), Oliseh (11), Graulund (8), Mandreko, Vander (je 7), Fiel (6), Fischer, Thamm, Velardi (je 2), Dickhaut, Zajas (je 1).
11 Spieler erzielten 55 Tore:
Christiansen (21), Hashemian (10), Freier (7), Buckley, Fahrenhorst, Gudjonsson (je 3), Graulund, Schindzielorz, Wosz (je 2), Reis, Tapalovic (je 1).

TSV München 1860 (27 Spieler eingesetzt):
Jentzsch, Lauth, Schroth (je 32), Cerny (31), Meyer (28), Borimirov, Hoffmann, Kurz, Rodrigo Costa, Weissenberger (je 26), Häßler, Max (je 21), Votava (20), Stranzl (19), Wiesinger (16), Agostino, Ehlers, Shao (je 12), Suker (11), Pürk (10), Schwarz (8), Tyce (7), Rafael (5), Pfuderer (4), Riseth (3), Görlitz, Hofmann (je 2).
11 Spieler erzielten 43 Tore:
Schroth (14), Lauth (13), Max (6), Borimirov, Stranzl (je 2), Cerny, Rodrigo Costa, Shao, Suker, Weissenberger, Wiesinger (je 1). – Hinzu kommt ein Eigentor von Van Hoogdalem (FC Schalke 04).

Hannover 96 (29 Spieler eingesetzt):
Cherundolo (33), Krupnikovic, Lala, Stajner (je 32), Stendel (31), Idrissou (30), Bobic (27), Jaime, Stefulj (je 22), Konstantinidis (21), Schuler (20), De Guzman, Tremmel (je 18), Sievers, Vinicius (je 17), Linke (15), Popescu, Zuraw (je 14), Kaufman (12), Van Hintum (10), N'Kufo (9), Diouf (6), N'Diaye (5), Casey (4), Fernando, Nehrbauer, Oswald (je 2), Gorges, José Manuel (je 1).
14 Spieler erzielten 46 Tore :
Bobic (14), Idrissou (9), Krupnikovic (5), Stajner (4), Konstantinidis, Stendel, Vinicius, Zuraw (je 2), Casey, Kaufman, Linke, N'Diaye, Popescu, Stefulj (je 1).– Hinzu kommt ein Eigentor von Kuffour (Bayern München).

Borussia Mönchengladbach (30 Spieler eingesetzt):
Stiel (31), Aidoo, Ulich (je 29), Demo, Strasser (je 28), Eberl (27), Pletsch (26), Kluge (24), Skoubo (21), Korzynietz (20), Ketelaer, Korell (je 19), Hausweiler, Van Houdt, Münch, Witeczek (je 17), Forssell,

Van Hout (je 16), Van Lent (13), Asanin (12), Stassin (10), Embers, Felgenhauer (je 9), Küntzel (6), Schlaudraff (4), Melka (3), Schulz-Winge (2), Gaede, Plate, Spann (je 1).

14 Spieler erzielten 42 Tore:

Demo, Forssell (je 7), Van Hout (6), Skoubo (4), Aidoo, Münch (je 3), Van Houdt, Kluge, Pletsch, Ulich (je 2), Asanin, Felgenhauer, Korzynietz, Strasser (je 1). – Hinzu kommt ein Eigentor von Schnoor (VfL Wolfsburg).

Hansa Rostock (22 Spieler eingesetzt):

Schober (34), Jakobsson (33), Aduobe (29), Lantz (28), Prica (27), Persson, Wimmer (je 26), Wibran (25), Maul, Salou (je 24), Arvidsson, Rydlewicz, Vorbeck (je 22), Hill, Kovar, Meggle (je 20), Hirsch (18), Di Salvo (16), Kientz (14), Hansen (8), Lange, Möhrle (je 2).

14 Spieler erzielten 35 Tore:

Prica (7), Rydlewicz (6), Salou, Vorbeck (je 4), Wibran (3), Hill, Di Salvo (je 2), Aduobe, Arvidsson, Hirsch, Jakobsson, Kientz, Lantz, Meggle (je 1).

1. FC Kaiserslautern (27 Spieler eingesetzt):

Klose (32), Lokvenc (30), Grammozis, H. Koch (je 27), Basler, Sforza (je 23), Bjelica, Dominguez, Wiese (je 21), Lincoln (20), Anfang, Riedl (je 19), Klos, Timm (je 18), Knavs, Mifsud, Ramzy, Tchato (je 16), Lembi, Teber (je 15), G. Koch (13), Hengen (10), Hristov (8), Ratinho, Reuter (je 7), Adzic, Malz (je 4).

15 Spieler erzielten 39 Tore:

Klose (9), Lokvenc (8), Dominguez, H. Koch (je 3), Klos, Knavs, Lincoln, Mifsud, Timm (je 2), Basler, Bjelica, Hristov, Ramzy, Riedl, Sforza (je 1). – Hinzu kommt ein Eigentor von Hujdurovic (Energie Cottbus).

Bayer Leverkusen (28 Spieler eingesetzt):

Butt, Neuville (je 33), Ramelow (32), Balitsch, Bierofka, Zivkovic (je 30), Schneider (28), Bastürk (26), Babic (25), Berbatov, Juan (je 24), Placente (23), Simak (22), Lucio (21), Brdaric, Franca, Ojigwe (je 16), Schoof, Sebescen (je 7), Kleine (6), Kaluzny, Preuß, Vranjes (je 4), Kirsten (3), Cris (2), Dzaka, Juric, Nowotny (je 1).

17 Spieler erzielten 45 Tore:

Bierofka (7), Berbatov, Brdaric, Neuville (je 4), Babic, Balitsch, Bastürk, Lucio, Simak (je 3), Juan, Schneider, Schoof (je 2), Butt, Franca, Placente, Ramelow, Zivkovic (je 1). – Hinzu kommt je ein Eigentor von Wimmer (Hansa Rostock) und Stalteri (Werder Bremen).

Arminia Bielefeld (23 Spieler eingesetzt):

Diabang, Hain, Reinhardt (je 34), Hansén, Kauf (je 31), Brinkmann, Dammeier, Wichniarek (je 30), Vata (29), Dabrowski (27), Cha (22), Porcello (20), Bogdanovic (19), Rauw (18), Albayrak (16), Bogusz, Heinz, Lense (je 14), Murawski (12), Borges (11), Janic, Sinisterra, Van der Ven (je 1).

10 Spieler erzielten 33 Tore:

Wichniarek (12), Diabang (10), Reinhardt (3), Brinkmann (2), Albayrak, Cha, Dabrowski, Kauf, Lense, Porcello (je 1). – Hinzu kommt je ein Eigentor von Vander (VfL Bochum) und Waldoch (FC Schalke 04).

1. FC Nürnberg (27 Spieler eingesetzt):

Kampa (34), Müller (33), Jarolim (32), Larsen (30), Nikl (29), Cacau, Ciric (je 27), Kos (26), Popovic (23), Petkovic (22), Junior (19), Driller (18), Frey, Krzynowek, Stehle (je 17), Michalke, Sanneh (je 15), Paßlack, A. Wolf (je 14), Belic, Todorovic (je 7), Villa (5), David (3), Kügler (2), Kießling, Reinhardt, Schäfer (je 1).

11 Spieler erzielten 33 Tore:

Ciric (12), Jarolim, Junior (je 3), Cacau, Driller, Müller, Nikl, Petkovic, Sanneh, Stehle (je 2), Krzynowek (1).

Energie Cottbus (30 Spieler eingesetzt):

Löw (31), Reghecampf (30), Topic (29), Da Silva (28), Rost (27), Latoundji, Schröter (je 25), Juskowiak (24), Berhalter, Jungnickel, Lenz (je 23), Vagner (20), Gebhardt (18), Ko bylanski (17), Beeck,

Rozgonyi (je 16), Kaluzny (15), Rink (13), Hujdurovic, Reichenberger (je 11), Piplica (9), Akrapovic, Miriuta, Thielemann (je 7), Mattuschka (4), Feldhoff, Franklin, Sebök (je 3), Bernt sen, Jahn (je 2).

14 Spieler erzielten 33 Tore:

Topic (6), Juskowiak (5), Gebhardt, Reghecampf, Rink (je 3), Jungnickel, Kaluzny, Rost, Vagner (je 2), Beeck, Kobylanski, Latoundji, Sebök, Da Silva (je 1). – Hinzu kommt ein Eigentor von Idrissou (Hannover 96).

5 Spieler spielten bei zwei Vereinen :

Fünf Spieler kamen in der Saison 2002/03 bei zwei Vereinen der Bundesliga zum Einsatz: Marek Heinz (Hamburger SV und Arminia Bielefeld), Radoslaw Kaluzny (Energie Cottbus und Bayer Leverkusen), Kostas Konstantinidis (Hertha BSC Berlin und Hannover 96), Sunday Oliseh (Borussia Dortmund und VfL Bochum) und Pablo Thiam (Bayern München und VfL Wolfsburg).

BUNDESLIGA 2002/03

	Bayern München	VfB Stuttgart	Borussia Dortmund	Hamburger SV	Hertha BSC	Werder Bremen	FC Schalke 04	VfL Wolfsburg	VfL Bochum	1860 München	Hannover 96	Bor. M'gladbach	Hansa Rostock	1. FC Kaiserslautern	Bayer Leverkusen	Arminia Bielefeld	1. FC Nürnberg	Energie Cottbus	Heimbilanz Auswärtsbilanz g.	u.	v.	Tore	Pkt.	Gesamt Tore	Punkte
1. Bayern München	K	2:1 3:0	2:1 0:1	1:1 3:0	2:0 6:3	0:1 0:2	0:0 0:1	1:0 2:0	4:1 4:1	3:1 5:0	3:3 2:2	3:0 0:0	1:0 1:0	1:0 2:0	3:0 1:2	6:2 0:0	2:0 2:1	3:1 2:0	13 10	3 3	1 4	37:12 33:13	42 33	70:25	75
2. VfB Stuttgart	0:3 1:2	I	1:0 1:3	1:1 2:3	3:1 1:1	0:1 1:3	1:1 0:2	2:0 2:1	3:2 1:3	4:1 1:0	3:0 2:1	4:0 1:1	1:1 1:1	1:1 2:1	3:0 1:0	3:0 1:0	0:2 2:1	0:0 3:2	9 8	5 3	3 6	30:14 23:25	32 27	53:39	59
3. Borussia Dortmund	1:0 1:2	3:1 0:1	C	1:1 1:1	2:2 1:2	1:2 4:1	1:1 2:2	2:2 0:2	4:1 0:0	1:0 0:0	2:0 3:0	1:0 0:1	2:0 1:0	3:1 0:0	2:0 1:1	0:0 0:0	4:1 2:1	1:1 4:0	10 5	6 7	1 5	31:13 20:14	36 22	51:27	58
4. Hamburger SV	0:3 1:1	3:2 1:1	1:1 1:1	K	1:0 0:2	1:0 1:2	3:1 0:3	2:0 1:2	1:1 1:1	1:0 1:1	2:1 2:2	1:0 0:2	2:0 0:0	2:0 0:2	4:1 3:2	1:0 1:2	4:0 3:1	1:1 0:0	13 2	3 8	1 7	30:11 16:25	42 14	46:36	56
5. Hertha BSC	3:6 0:2	1:1 1:3	2:1 2:2	2:0 0:1	E	0:1 2:4	4:2 0:0	2:2 0:2	1:0 0:3	6:0 0:1	2:0 1:0	1:2 2:0	3:1 1:0	2:0 1:2	1:1 1:4	0:0 1:0	2:1 3:0	3:1 2:0	10 6	4 2	3 9	35:19 17:24	34 20	52:43	54
6. Werder Bremen	2:0 1:0	3:1 1:0	1:4 2:1	2:1 0:1	4:2 1:0	R	2:1 1:1	0:1 1:3	2:0 4:1	1:2 0:3	1:2 4:4	2:0 1:4	0:0 0:1	5:3 0:1	3:2 0:3	2:2 0:3	4:1 0:1	0:1 1:0	10 6	2 2	5 9	34:23 17:27	32 20	51:50	52
7. FC Schalke 04	1:0 0:0	2:0 1:1	2:2 1:1	3:0 1:3	0:0 2:4	1:1 1:2	S	1:0 2:1	1:2 2:0	1:1 0:3	0:2 2:0	2:1 2:2	2:2 1:3	2:2 3:1	0:1 3:1	1:1 1:2	1:1 0:0	3:0 1:0	6 6	8 5	3 6	23:16 23:24	26 23	46:40	49
8. VfL Wolfsburg	0:2 0:1	1:2 0:2	2:0 2:2	2:1 0:2	2:0 2:2	3:1 1:0	1:2 0:1	P	2:0 2:4	1:1 2:2	1:0 1:3	1:0 0:2	1:0 0:1	2:2 0:2	2:0 1:1	2:0 0:1	0:2 1:1	3:2 1:0	11 2	2 5	4 10	26:15 13:27	35 11	39:42	46
9. VfL Bochum	1:4 1:4	3:1 2:3	0:0 1:4	1:1 1:1	3:0 0:1	1:4 0:2	0:2 2:1	4:2 0:2	O	1:1 4:2	1:2 2:2	1:1 2:2	0:1 1:1	1:1 2:0	2:1 4:2	0:3 3:1	2:1 3:1	5:0 1:2	6 6	5 4	6 7	26:25 29:31	23 22	55:56	45
10. 1860 München	0:5 1:3	0:1 1:4	0:0 0:1	1:1 0:1	1:0 0:6	3:0 2:1	3:0 1:1	2:2 1:1	2:4 1:1	R	0:1 3:1	2:0 1:0	0:2 4:1	0:0 0:0	0:3 0:3	3:1 1:2	2:2 2:1	3:0 4:3	6 6	5 4	6 7	22:22 22:30	23 22	44:52	45
11. Hannover 96	2:2 3:3	1:2 0:3	0:3 0:2	2:2 1:2	0:1 0:2	4:4 2:1	0:2 2:0	3:1 0:1	2:2 2:1	1:3 1:0	T	2:2 0:1	3:1 2:1	2:1 1:0	1:2 3:1	0:0 1:0	4:2 1:3	1:3 0:3	4 8	6 1	7 8	28:33 19:24	18 25	47:57	43
12. Bor. M'gladbach	0:0 0:3	1:1 0:4	1:0 0:1	2:0 0:1	0:2 2:1	4:1 0:2	2:2 1:2	2:0 0:1	2:2 1:1	0:1 0:2	1:0 2:2	M	3:0 1:3	3:0 0:2	2:2 2:2	3:0 1:4	2:0 1:2	3:0 1:1	10 1	5 4	2 12	31:11 12:34	35 7	43:45	42
13. Hansa Rostock	0:1 0:1	1:1 1:1	0:1 0:2	0:0 0:2	0:1 1:3	1:0 0:0	3:1 2:2	1:0 0:1	1:1 1:0	1:4 2:0	1:2 1:3	3:1 0:3	A	2:2 0:1	1:3 2:1	3:0 0:3	2:0 1:0	0:0 4:0	6 5	5 3	6 9	20:18 15:23	23 18	35:41	41
14. 1. FC Kaiserslautern	0:2 0:1	1:2 1:1	0:0 1:3	2:0 0:2	2:1 0:2	1:0 3:5	1:3 2:2	2:0 2:2	0:2 1:1	0:0 0:0	0:1 1:2	2:0 0:3	1:0 2:2	G	1:0 0:1	1:1 1:1	5:0 0:1	4:0 3:1	9 1	3 7	5 9	23:12 17:30	30 10	40:42	40
15. Bayer Leverkusen	2:1 0:3	0:1 0:3	1:1 0:2	2:3 1:4	4:1 1:1	3:0 2:3	1:3 1:0	1:1 0:2	2:4 1:2	3:0 3:0	1:3 2:1	2:2 2:2	1:2 3:1	1:0 0:1	A	3:1 2:2	0:2 1:0	0:3 1:1	6 5	3 4	8 8	27:28 20:28	21 19	47:56	40
16. Arminia Bielefeld	0:0 2:6	0:1 0:3	0:0 0:0	2:1 0:1	0:1 0:0	3:0 2:2	2:1 1:1	1:0 0:2	1:3 3:0	2:1 1:3	0:1 0:0	4:1 0:3	3:0 0:3	1:1 1:1	2:2 1:3	Z	0:1 0:0	2:2 1:2	7 1	5 7	5 9	23:16 12:30	26 10	35:46	36
17. 1. FC Nürnberg	1:2 0:2	1:2 2:0	1:2 1:4	1:3 0:4	0:3 1:2	1:0 1:4	0:0 1:1	1:1 2:0	1:3 1:2	1:2 2:2	3:1 2:4	2:1 0:2	0:1 0:2	1:0 0:5	0:1 2:0	0:0 1:0	I	2:2 1:2	4 4	4 2	9 11	16:24 17:36	16 14	33:60	30
18. Energie Cottbus	0:2 1:3	2:3 0:0	0:4 1:1	0:0 1:1	0:2 1:3	0:1 1:0	0:1 0:3	0:1 2:3	2:1 0:5	3:4 0:3	3:0 3:1	1:1 0:3	0:4 0:0	1:3 0:4	1:1 3:0	2:1 2:2	2:1 2:2	N	4 3	3 6	10 8	17:30 17:34	15 15	34:64	30

Ewige Bundesliga-Tabelle (1963–2002)

Verein	Sais.	Sp.	gew.	un.	verl.	Tore	Pkt.
1. Bayern München	38	1296	719	307	270	2776:1543	2464
2. Hamburger SV	40	1356	560	372	424	2286:1924	2052
3. Werder Bremen	39	1322	558	332	432	2176:1888	2006
4. 1. FC Köln	37	1254	539	319	396	2224:1813	1936
5. VfB Stuttgart	38	1288	538	316	434	2225:1884	1930
6. 1. FC Kaiserslautern	39	1322	527	333	462	2147:2054	1914
7. Borussia Mönchengladbach	36	1228	517	330	381	2256:1805	1881
8. Borussia Dortmund	36	1220	507	317	396	2122:1834	1838
9. Eintracht Frankfurt	36	1220	470	305	445	2043:1892	1713
10. FC Schalke 04	35	1186	429	307	450	1723:1812	1594
11. Bayer Leverkusen	24	820	323	246	251	1315:1127	1215
12. VfL Bochum	28	956	296	249	411	1329:1557	1137
13. MSV Duisburg	26	880	283	242	355	1221:1402	1091
14. Hertha BSC Berlin	22	740	281	178	281	1104:1161	1021
15. 1. FC Nürnberg	23	778	252	192	334	1027:1260	948
16. Fortuna Düsseldorf	22	752	238	206	308	1121:1329	920
17. Karlsruher SC	22	744	222	215	307	1025:1301	881
18. Eintracht Braunschweig	20	672	236	170	266	908:1026	878
19. TSV München 1860	19	638	230	162	246	990:1004	852
20. Hannover 96	15	506	148	127	231	730:892	571
21. KFC Uerdingen 05	14	476	138	129	209	644:844	543
22. Arminia Bielefeld	11	374	109	90	175	465:622	417
23. Hansa Rostock	9	310	97	84	129	376:450	375
24. SC Freiburg	8	272	91	66	115	365:404	339
25. Waldhof Mannheim	7	238	71	72	95	299:378	285
26. VfL Wolfsburg	6	204	76	54	74	299:297	282
27. Kickers Offenbach	7	238	77	51	110	368:486	282
28. Rot-Weiß Essen	7	238	61	79	98	346:483	262
29. FC St. Pauli	7	238	50	75	113	261:417	225
30. SG Wattenscheid 09	4	140	34	48	58	186:248	150
31. 1. FC Saarbrücken	5	166	32	48	86	202:336	144
32. Dynamo Dresden	4	140	33	45	62	132:211	140
33. Rot-Weiß Oberhausen	4	136	36	31	69	182:281	139
34. Alemannia Aachen	3	102	34	21	47	140:200	123
35. Energie Cottbus	3	102	28	20	54	108:176	104
36. Wuppertaler SV	3	102	25	27	50	136:200	102
37. Borussia Neunkirchen	3	98	25	18	55	109:223	93
38. FC Homburg	3	102	21	27	54	103:200	90
39. SpVgg Unterhaching	2	68	20	19	29	75:101	79
40. Stuttgarter Kickers	2	72	20	17	35	94:132	77
41. SV Darmstadt 98	2	68	12	18	38	86:157	54
42. Tennis Borussia Berlin	2	68	11	16	41	85:174	49
43. SSV Ulm 1846	1	34	9	8	17	36:62	35
44. Fortuna Köln	1	34	8	9	17	46:79	33
45. Preußen Münster	1	30	7	9	14	34:52	30
46. Blau-Weiß 90 Berlin	1	34	3	12	19	36:76	21
47. VfB Leipzig	1	34	3	11	20	32:69	20
48. Tasmania 1900 Berlin	1	34	2	4	28	15:108	10

Tabelle wurde nach dem Drei-Punkte-System errechnet.

Dynamo Dresden wurden in der Saison 1993/1994 vier Punkte und Eintracht Frankfurt in der Saison 1999/2000 zwei Punkte abgezogen.

In der Saison 1971/72 wurden alle Spiele von Arminia Bielefeld nur für den Gegner gewertet.

Arminia Bielefeld	34	6	7	21	41:75	25

2. Bundesliga 2001/02: Alle Einsätze, alle Tore

SC Freiburg (25 Spieler eingesetzt):
Golz (34), A. Zeyer (32), Bajramovic, Berner (je 31), Coulibaly, Zkitischwili (je 30), Kobiaschwili (28), Iaschwili (25), Diarra, Kondé (je 24), Ramdane, Riether (je 23), Müller (22), Tanko (21), Männer (17), But, Guié-Mien (je 15), Hermel (14), Schumann (12), Willi (9), Anicic (4), Sellimi (3), Kruse (2), Bruns, Gerber (je 1).
12 Spieler erzielten 56 Tore:
Bajramovic (15), Kobiaschwili (10), Coulibaly (9), Ramdane (5), Iaschwili (4), Müller (3), Berner, Willi, Zeyer, Zkitischwili (je 2), Diarra, Gerber (je 1). – Hinzu kommt je ein Eigentor von Klitzpera (Alemannia Aachen) und Nascimento (FC St. Pauli).

1. FC Köln (20 Spieler eingesetzt):
Kringe (33), Bade, Cullmann, Kurth, Lottner, Scherz (je 32), Ci chon, Voigt (je 31), Kioyo (28), Happe (26), Sichone (25), Kreuz, Springer (je 22), Sinkala (21), Helbig (19), Schröder (17), Dworrak, Federico (je 7), Nessou (3), Pröll (2).
11 Spieler erzielten 61 Tore:
Scherz (18), Lottner (13), Kringe (7), Springer (6), Kioyo (5), Kurth (3), Cichon, Cullmann, Happe, Voigt (je 2), Kreuz (1). – Hinzu kommt je ein Eigentor von Bindewald (Eintracht Frankfurt) und Kowalik (Waldhof Mannheim).

Eintracht Frankfurt (23 Spieler eingesetzt):
Nikolov, Tsoumou-Madza (je 34), Keller, Skela (je 33), Bindewald, Bürger, Streit (je 32), Schur (31), Montero (29), Kryszalowicz, Wiedener (je 23), Branco, Jones (je 17), Diakité, Guié-Mien, Toppmöller (je 16), Beierle (15), Günther (14), Weißenfeldt (10), Cimen (4), Vivian (2), Hengemühle, Wenczel (je 1).
15 Spieler erzielten 57 Tore:
Skela (10), Guié-Mien (9), Beierle, Jones (je 6), Schur (4), Diakité, Keller, Kryszalowicz, Montero, Toppmöller, Tsoumou-Madza (je 3), Bindewald, Branco, Streit, Wiedener (je 1). – Hinzu kommt je ein Eigentor von Stanislawski (FC St. Pauli) und Tavcar (Wacker Burghausen).

FSV Mainz 05 (25 Spieler eingesetzt):
Wache (34), Rose (32), Babatz, Thurk, D. Weiland, Woronin (je 31), Kramny (28), Auer (26), Azaouagh, Schwarz (je 24), Abel (23), Bulajic (21), Nikolic (20), Christ (19), Morinas (16), Hock (13), N. Weiland (12), Bodog, Buck (je 11), Neustädter (10), Melunovic (9), Muftawu (6), Gibson (4), Duhaney (3), Kühne (1).
13 Spieler erzielten 61 Tore:
Woronin (20), Auer (10), Thurk (8), Babatz (5), N. Weiland (4), Azaouagh, Bodog (je 3), Buck, Rose (je 2), Abel, Bulajic, Kramny, Morinas (je 1). – Hinzu kommt je ein Eigentor von Adamu (FC St. Pauli), Haffner (Karlsruher SC) und Beierle (Eintracht Frankfurt).

SpVgg Greuther Fürth (25 Spieler eingesetzt):
Schlicke, Surmann (je 33), Reichel, Rösler (je 32), Ruman, Weber (je 30), Burkhardt, Caillas (je 28), Policella (26), Azzouzi, Birlik (je 23), Mamic (22), Boy (21), Reichold (19), Birk (17), Westermann (16), Neuhaus (15), Hillebrand (14), Xie (8), Eigler, Mölzl (je 7), Reisinger (5), Dekanosidse, Puscher (je 2), Kümmerle (1).
16 Spieler erzielten 54 Tore:
Rösler (13), Policella, Ruman (je 6), Caillas (5), Azzouzi (4), Birk, Eigler, Surmann (je 3), Birlik, Reichel, Schlicke (je 2), Burkhardt, Hillebrand, Reisinger, Weber, Xie (je 1). – Hinzu kommt ein Eigentor von Cichon (1. FC Köln).

Alemannia Aachen (21 Spieler eingesetzt) :
Straub (34), Spizak (33), Grlic, Ivanovic (je 32), Landgraf, Van der Luer (je 31), Klitzpera, Mbwando (je 28), Lanzaat (27), Heeren (24), Bediako, Pflipsen (je 23), Zimmermann (19), Krontiris, Lämmermann, Rosin (je 15), Bayock (14), Ferl (11), Caspers, F. Schmidt (je 10), Keller (3).
15 Spieler erzielten 57 Tore:
Ivanovic (18), Krontiris, Spizak (je 6), Grlic (5), Lanzaat, Pflipsen (je 4), Mbwando (3), Bayock, Klitzpera, Rosin (je 2), Bediako, Caspers, Heeren, Van der Luer, Zimmermann (je 1).

Eintracht Trier (26 Spieler eingesetzt):
M. Keller (33), Benschneider (30), Braham, Pekovic (je 29), Dragusha, Thömmes (je 28), Lösch, Winkler (je 27), Kevric, Labak, Prus (je 26), Latinovic (25), Grzeskowiak (24), Ischdonat, Marell (je 22), Drageljevic (20), Aziz, A. Keller (je 12), Divic (10), Bauer, Koster (je 7), Repplinger (2), Habte, Kresic, Wagner, Zimmer (je 1).

14 Spieler erzielten 52 Tore:
Braham (13), Labak, Winkler (je 7), Benschneider (5), Pekovic (4), Kevric (3), Aziz, Dragusha, M. Keller, Koster, Thömmes (je 2), Latinovic, Lösch, Wagner (je 1). – Hinzu kommt ein Eigentor von Drsek (MSV Duisburg).

MSV Duisburg (25 Spieler eingesetzt):
P. Bönig (33), Kienle, Voss, M. Zey er (je 32), Ebbers (31), Keidel (30), Langerbein, Wolters (je 29), Gruev (26), Drsek, Gomis (je 25), Tweed (24), Gövenisik (16), Rasmussen (15), Vana (14), Schröder (13), Miriuta (12), Fakaj, Jansen, Monteiro (je 6), Bobel, Mihci (je 5), Backer, Steffen (je 4), Spitali (2).
12 Spieler erzielten 41 Tore:
Ebbers (15), Keidel, Voss (je 4), Drsek, Gruev, Zeyer (je 3), Gomis, Güvenisik, Wolters (je 2), Bönig, Kienle, Monteiro (je 1). – Hinzu kommt ein Eigentor von Hoffmann (SSV Reutlingen).

1. FC Union Berlin (23 Spieler eingesetzt):
Baumgart, Nikol (je 32), Balcarek, Molata (je 29), Vidolov (28), Menze, Ristic (je 27), Keita (26), Igwe, Wulnikowski (je 22), Ernemann, Persich, Sandmann (je 21), Koilov (19), Okeke (16), Fiel, Veit, Wehlage (je 15), Beuckert (13), Bruns, El-Akchaoui (je 11), Backhaus (8), Divic (4).
13 Spieler erzielten 35 Tore:
Baumgart (9), Vidolov (6), Keita, Ristic (je 5), Igwe (2), Fiel, Koilov, Menze, Molata, Okeke, Sandmann, Veit, Wehlage (je 1). – Hinzu kommt ein Eigentor von Grlic (Alemannia Aachen).

Wacker Burghausen (23 Spieler eingesetzt):
Örüm (33), Broich, Oslislo (je 32), Bonimeier, Mokhtari, Younga-Mouhani (je 30), Wehner (29), Frühbeis (28), Hertl (27), Forkel (26), Lützler (24), Berger (23), R. Schmidt (21), Burghartswieser (17), Grzybowski, Konetzke (je 16), Tavcar (13), Agu, Stark (je 11), Dione (6), Kutner (5), Böhme (3), Wise (2).
14 Spieler erzielten 47 Tore:
Younga-Mouhani (9), Örüm, R. Schmidt (je 5), Frühbeis, Mokhtari (je 4), Bonimeier, Broich, Konetzke, Lützler (je 3), Agu, Berger, Oslislo (je 2), Hertl, Tavcar (je 1). – Hinzu kommt ein Eigentor von Boy (SpVgg Greuther Fürth).

VfB Lübeck (26 Spieler eingesetzt):
Kullig (33), Wilde (32), Plaßhenrich (31), Scharping (30), Kruppke (29), Bärwolf, Thioune, Türkmen (je 28), Laaser (27), Mbidzo, Weißhaupt, Zandi (je 25), Schweißing (21), Kunze, Petersen (je 20), Zallmann (16), Arens (13), Hasse (11), Achilles (9), Przondziono, Rinal (je 8), Cassel, Neumann, Oberbeck, Wehlmann, Zaborowski (je 1).
13 Spieler erzielten 51 Tore:
Bärwolf (11), Scharping (7), Zandi (6), Kruppke (5), Thioune, Weißhaupt (je 4), Kullig, Schweißing (je 3), Hasse, Plaßhenrich, Türkmen (je 2), Kunze, Mbidzo (je 1).

LR Ahlen (28 Spieler eingesetzt):
S. Bönig (32), Meier (31), Bamba, Mikolajczak (je 30), Bella (29), Feinbier (20), Fengler, Rath, Sopic (je 26), Cissé (23), Chiquinho (22), Daschner, Djenic, Zepek (je 19), Vasiljevic (16), Stanic, Velkoborsky (je 15), Anic, Arnold (je 12), Dama (11), Ipoua (8), Prymula (6), Gorschlüter, Kronenberg (je 4), Batista (3), Cerci (2), Ghigani, Hajou (je 1).
16 Spieler erzielten 48 Tore:
Bella (11), Bamba (8), Feinbier (7), Rath (5), Anic (3), Cissé, Mikolajczak, Sopic (je 2), Arnold, Bönig, Chiquinho, Daschner, Fengler, Gorschlüter, Ipoua, Zepek (je 1).

Karlsruher SC (24 Spieler eingesetzt):
Fritz (30), Kracht, Saenko, Waterink (je 29), Labbadia, Rothenbach, Trares (je 27), Engelhardt (26), Cetin, Graf (je 25), Eggimann, D. Fuchs, G. Melkam (je 24), Haffner (22), Walter (20), Hassa (16), Ouakili, Wawrzyczek (je 12), Jezek (11), Grimm (10), Fischer (8), Hoelt (4), Adam, Becker (je 3).
11 Spieler erzielten 35 Tore:
Labbadia (12), Saenko (6), Cetin (5), Eggimann (4), Fritz (2), Engelhardt, Graf, Fuchs, Melkam, Rothenbach, Trares (je 1).

Rot-Weiß Oberhausen (23 Spieler eingesetzt):
Adler (34), Langeneke, Scharpenberg (je 33), Beliakov, Judt, Wojtala (je 32), Çiuca (31), Luginger (29), Catic (27), Obad, Radulovic (je 26), Raickovic (25), Rietpietsch (22), Tiéku (18), Adao, Cartus, Radoki (je 13), Hayer, Salifou (je 11), Wildmann (6), Hallerbach, Ouro-Akpo (je 2), Reichert (1).
11 Spieler erzielten 37 Tore:
Beliakov (11), Radulovic (8), Obad, Rietpietsch, Scharpenberg (je 3), Cartus, Catic, Langeneke (je 2), Adao, Luginger, Salifou (je 1). – Hinzu kommt ein Eigentor von Arens (VfB Lübeck).

Eintracht Braunschweig (28 Spieler eingesetzt):
Rische (32), Thiam (31), Mazingu-Dinzey (30), Dziwior (29), Da Silva (28), Choji, Thomas (je 23), Schanda (22), Karp (20), Teixeira (18), Kunze (17), Küpper, Schuchardt (je 16), Eigner, Hutwelker (je 15), Gorges (13), Hörster (12), Nadj, Niang (je 11), Piorunek (10), L. Fuchs, Lutz, Ridder, Spoelder (je 9), Laux, Sümnich (je 8), Osthoff (6), Barton (2).

9 Spieler erzielten 30 Tore:
Choji (8), Rische (6), Mazingu-Din zey, Teixeira (je 4), Thomas (3), Hutwelker (2), Dziwior, Schanda, Thiam (je 1). – Hinzu kommt je ein Eigentor von Örüm (Wacker Burghausen), Kullig (VfB Lübeck) und Sinkala (1. FC Köln).

SSV Reutlingen (26 Spieler eingesetzt):
Gambo (33), Kies (32), Becker (31), Curko (30), Frommer (29), Ogungbure, Rehm (je 26), Hoffmann, Weigl (je 25), Sbordone (24), Garcia (23), Unsöld (22), Endress, Spanier (je 20), Gerster, Würll (je 19), Rolfes (13), Malchow, Paeslack, Schmiedel (je 12), Novacic (8), Hollerieth (3), Rodrigues, Schuska (je 2), Krieglmeier, Urban (je 1).

10 Spieler erzielten 43 Tore:
Frommer (18), Becker, Würll (je 5), Hoffmann (4), Gambo, Ogungbure (je 3), Garcia (2), Novacic, Paeslack, Spanier (je 1).

FC St. Pauli (36 Spieler eingesetzt):
Inceman (28), Stanislawski (27), Rasiejewski (26), Adamu, Gruszka (je 25), Meier (23), Patschinski (22), Gibbs (21), Yang (20), Gerber, Held (je 17), Fröhlich, Müller, N'Diaye, Traub (je 16), Nascimento (14), Bulat, Chris, Kolinger, Kurbjuweit, Lotter (je 13), Blank (12), Brückner, Ofodile (je 10), Racanel (7), Henzler, Kacan (je 6), Marcao, Sager, Scheinhardt (je 5), Albrecht (4), Basic, Cenci (je 2), Amadou, Matthies, Miethe (je 1).

14 Spieler erzielten 47 Tore:
Gerber, Patschinski (je 8), Meier (7), Stanislawski (4), Chris, Fröh lich, N'Diaye (je 3), Blank, Held, Ofodile, Yang (je 2), Inceman, Kurbjuweit, Rasiejewski (je 1). – Hinzu kommt ein Eigentor von Spoelder (Eintracht Braunschweig).

Waldhof Mannheim (35 Spieler eingesetzt):
Everaldo (30), Ifejiagwa, Kern, Ratkowski (je 28), Nulle, Zinnow (je 27), Plassnegger (26), Fickert (24), Hoersen, Kowalik (je 23), Camus, Mea Vitali (je 16), Otto (15), Mamoum (13), Licht, Rus (je 12), Maximow (11), Beisel, Fall, Ivanov (je 10), Urdaneta (9), A. Göhring, Kocak, F. Schmidt (je 8), Nwosu, Rechner (je 7), Bopp, Kaul (je 6), Popovits, Santos (je 4), Bekir, Erdogan, Göttlicher (je 3), Asaeda, V. Göhring (je 1).

13 Spieler erzielten 32 Tore:
Plassnegger (10), Kern (6), Camus (4), Fickert, Zinnow (je 2), Bekir, Everaldo, Hoersen, Ivanov, Kowalik, Licht, Mamoum, Popovits (je 1).

5 Spieler spielten bei zwei Vereinen :
Fünf Spieler kamen in der Saison 2002/03 bei zwei Vereinen der 2. Bundesliga zum Einsatz: Florian Bruns (SC Freiburg und 1. FC Union Berlin), Petar Divic (1. FC Union Berlin und Eintracht Trier), Fabian Gerber (SC Freiburg und FC St. Pauli), Rolf-Christel Guié-Mien (Eintracht Frankfurt und SC Freiburg) und Frank Schmidt (Alemannia Aachen und Waldhof Mannheim).

2. BUNDESLIGA 2002/03

	SC Freiburg	1. FC Köln	Eintracht Frankfurt	FSV Mainz 05	Greuther Fürth	Alemannia Aachen	Eintracht Trier	MSV Duisburg	1. FC Union Berlin	Wacker Burghausen	VfB Lübeck	LR Ahlen	Karlsruher SC	RW Oberhausen	Eintr. Braunschweig	SSV Reutlingen	FC St. Pauli	Waldhof Mannheim	Heimbilanz Auswärtsbilanz g.	u.	v.	Tore	Pkt.	Gesamt Tore	Punkte
1. SC Freiburg	K	3:0 0:1	0:2 1:1	1:0 0:0	1:1 0:4	1:1 1:0	1:0 1:0	3:1 2:3	4:0 1:1	2:1 2:1	2:1 0:2	4:0 3:1	3:1 1:1	5:2 0:1	2:0 2:0	1:4 2:0	1:1 1:0	4:1 3:0	12 8	3 4	2 5	38:16 20:16	39 28	58:32	67
2. 1. FC Köln	1:0 0:3	I	3:2 1:1	1:4 2:2	3:2 0:2	3:3 0:0	1:3 3:2	4:3 2:2	7:0 3:0	1:0 0:2	2:1 1:1	2:1 0:0	3:0 1:0	2:0 2:2	1:1 1:1	1:1 2:1	2:1 3:2	3:1 2:1	12 6	3 8	2 3	40:23 23:22	39 26	63:45	65
3. Eintr. Frankfurt	1:1 2:0	1:1 2:3	C	1:0 2:3	2:0 1:0	1:1 0:1	2:3 2:2	2:1 2:0	0:0 1:1	0:2 3:3	3:1 3:1	4:1 1:1	2:1 2:0	1:0 2:0	0:0 0:0	6:3 0:1	4:0 1:1	4:1 1:0	10 7	5 6	2 4	34:16 25:17	35 27	59:33	62
4. FSV Mainz 05	0:0 0:1	2:2 4:1	3:2 0:1	K	1:3 0:2	3:1 0:3	2:0 1:2	3:1 0:1	1:0 2:0	2:0 2:0	5:1 3:1	1:0 3:4	2:2 0:0	2:1 0:1	3:1 4:1	1:3 2:1	1:1 4:1	2:0 5:1	11 8	4 1	2 8	34:18 30:21	37 25	64:39	62
5. SpVgg Greuther Fürth	4:0 1:1	2:0 2:3	0:1 0:2	2:0 3:1	E	0:0 0:0	1:2 2:[illegible]	1:0 0:1	1:1 2:2	2:2 3:1	2:1 2:1	1:1 0:3	0:0 1:2	2:2 3:2	3:0 1:1	2:0 4:2	2:1 1:1	5:0 0:0	9 6	6 6	2 5	30:11 25:24	33 24	55:35	57
6. Alemannia Aachen	0:1 1:1	0:0 3:3	1:0 1:1	3:0 1:3	0:0 0:0	R	0:[illegible] 1:4	1:0 3:3	3:0 2:3	2:3 2:2	4:1 0:2	3:0 2:1	2:0 2:1	2:0 1:1	1:3 3:2	3:1 0:5	4:1 4:1	1:2 1:2	10 4	2 7	5 6	30:13 27:35	32 19	57:48	51
7. Eintracht Trier	0:1 0:1	2:3 3:1	2:2 3:2	2:1 0:2	1:2 2:1	4:1 1:0	S	3:0 4:2	0:1 3:1	2:1 1:1	1:3 1:3	2:1 1:2	3:0 1:1	1:0 1:2	0:1 1:1	1:2 2:3	1:2 0:0	2:2 2:0	7 7	2 4	8 6	27:23 26:23	23 25	53:46	48
8. MSV Duisburg	3:2 1:3	2:2 3:4	0:2 1:2	1:0 1:3	1:0 0:1	3:3 0:1	2:4 0:3	P	0:1 0:0	0:0 1:1	1:0 1:1	2:1 0:0	2:0 1:1	3:0 1:3	1:1 1:0	2:0 4:2	2:1 0:4	0:0 2:1	9 3	5 5	3 9	25:17 17:30	32 14	42:47	46
9. 1. FC Union Berlin	1:1 0:4	0:3 0:7	1:1 0:0	0:2 0:1	2:2 1:1	3:2 0:3	1:3 1:[illegible]	0:0 1:0	O	2:2 1:0	3:1 1:0	1:1 1:1	0:0 2:3	0:0 2:2	0:1 2:1	0:0 1:0	4:2 2:2	1:1 2:1	3 7	10 5	4 5	19:22 17:26	19 26	36:48	45
10. Wacker Burghausen	1:2 1:2	2:0 0:1	3:3 2:0	0:2 0:2	1:3 2:2	2:2 3:2	1:[illegible] 1:2	1:1 0:0	0:1 2:2	R	0:0 1:3	3:1 4:2	0:0 1:2	3:0 0:0	4:2 0:0	1:0 0:0	1:1 2:2	2:0 4:0	6 4	7 7	4 6	25:19 23:22	25 19	48:41	44
11. VfB Lübeck	2:0 1:2	1:1 1:2	1:3 1:3	1:3 1:5	1:2 1:2	2:0 1:4	3:[illegible] 3:[illegible]	1:1 0:1	0:1 1:3	3:1 0:0	T	4:1 0:1	2:0 2:1	1:0 1:3	2:1 1:1	0:0 3:1	6:0 0:2	3:1 1:2	10 3	3 2	4 12	33:16 18:34	33 11	51:50	44
12. LR Ahlen	1:3 0:4	0:0 1:2	1:1 1:4	4:3 0:1	3:0 1:1	1:2 0:3	2:[illegible] 1:2	0:0 1:2	1:1 1:1	2:4 1:3	1:0 1:4	M	2:2 4:2	2:1 1:2	1:2 0:1	2:0 2:1	3:2 4:1	1:4 2:0	7 4	5 2	5 11	27:26 21:34	26 14	48:60	40
13. Karlsruher SC	1:1 1:3	0:1 0:3	0:2 1:2	0:0 2:2	2:1 0:0	1:2 0:2	1:[illegible] 0:3	1:1 0:2	3:2 0:0	2:1 0:0	1:2 0:2	2:4 2:2	A	2:1 1:3	1:0 2:1	0:0 3:0	1:1 2:1	1:1 2:0	5 4	7 5	5 8	19:21 16:26	22 17	35:47	39
14. RW Oberhausen	1:0 2:5	2:2 0:2	0:2 0:1	1:0 1:2	2:3 2:2	1:1 0:2	2:[illegible] 0:[illegible]	3:1 0:3	2:2 0:0	0:0 0:3	3:1 0:1	2:1 1:2	3:1 1:2	G	2:0 1:2	3:1 0:2	3:0 0:0	0:1 0:1	10 0	4 3	3 14	30:17 8:31	34 3	38:48	37
15. Eintr. Braunschweig	0:2 0:2	1:1 1:1	0:0 0:0	1:4 1:3	1:1 0:3	2:3 3:1	1:[illegible] 1:0	0:1 1:1	1:2 1:0	0:0 2:4	1:1 1:2	1:0 2:1	1:2 0:1	2:1 0:2	A	1:2 1:0	0:1 1:7	4:2 1:1	3 5	6 4	8 8	17:24 16:29	15 19	33:53	34
16. SSV Reutlingen	0:2 4:1	1:2 1:1	1:0 3:6	1:2 3:1	2:4 0:2	5:0 1:3	3:2 2:[illegible]	2:4 0:2	0:1 0:0	0:0 0:1	1:3 0:0	1:2 0:2	0:3 0:0	2:0 1:3	0:1 2:1	Z	2:0 2:1	3:2 0:0	6 5	1 5	10 7	24:28 19:25	19 20	43:53	33
17. FC St. Pauli	0:1 1:1	2:3 1:2	1:1 0:4	1:4 1:1	1:1 1:2	1:4 1:4	0:0 2:[illegible]	4:0 1:2	2:2 2:4	2:2 1:1	2:0 0:6	1:4 2:3	1:2 1:1	0:0 0:3	7:1 1:0	1:2 0:2	I	2:1 5:2	4 3	6 4	7 10	28:28 20:39	18 13	48:67	31
18. Waldhof Mannheim	0:3 1:4	1:2 1:3	0:1 1:4	1:5 0:2	0:0 0:5	2:1 2:1	0:2 2:2	1:2 0:0	1:2 1:1	0:4 0:2	2:1 1:3	0:2 4:1	0:2 1:1	1:0 1:0	1:1 2:4	0:0 2:3	2:5 1:2	N	3 3	3 4	11 10	12:33 20:38	12 13	32:71	25

Ewige Tabelle der 2. Bundesliga (1974–2003)

In dieser Tabelle sind alle Vereine enthalten, die in der zweigeteilten 2. Liga seit 1974/75 und in der „eingleisigen" Liga seit 1981/82 spielten.

Verein	Sais.	Sp.	gew.	un.	verl.	Tore	Pkt.
1. Fortuna Köln	26	970	371	263	336	1589:1432	1376
2. Stuttgarter Kickers	23	864	350	214	300	1400:1199	1264
3. Hannover 96	22	818	341	232	245	1398:1105	1255
4. Alemannia Aachen	20	748	295	195	258	1087:1050	1080
5. Waldhof Mannheim	20	736	287	203	246	1102:985	1064
6. SG Wattenscheid 09	20	748	272	205	271	1168:1156	1021
7. SV Darmstadt 98	17	650	272	158	220	1057:929	974
8. VfL Osnabrück	19	724	263	183	278	1111:1165	972
9. SC Freiburg	17	642	255	184	203	986:875	949
10. 1. FC Saarbrücken	17	630	248	178	204	952:884	922
11. FC St. Pauli	16	586	234	184	168	887:760	886
12. FC Homburg/Saar	15	570	230	151	189	895:765	841
13. SpVgg Fürth/Greuther Fürth	15	548	216	149	183	808:694	797
14. FSV Mainz 05	16	574	205	172	197	820:813	787
15. Arminia Bielefeld	12	440	205	119	116	768:533	734
16. Hertha BSC Berlin *)	13	488	196	144	148	792:606	729
17. 1. FC Nürnberg *)	11	400	199	98	103	694:477	689
18. Rot-Weiß Essen*)	13	494	186	122	186	832:785	680
19. Union Solingen	14	536	175	145	216	762:910	670
20. Karlsruher SC	11	404	195	84	125	739:547	669
21. Kickers Offenbach *)	11	416	178	108	130	757:602	640
22. SpVgg Bayreuth	12	458	174	100	184	727:741	622
23. Bayer/KFC 05 Uerdingen	11	400	170	107	123	626:499	617
24. MSV Duisburg	11	410	156	115	139	598:560	583
25. Rot-Weiß Oberhausen	13	478	147	129	202	640:746	570
26. SV Meppen	11	404	124	139	141	495:547	511
27. Preußen Münster	9	346	139	93	114	516:484	510
28. Eintracht Braunschweig	9	344	127	91	126	522:473	472
29. Hessen Kassel	8	304	129	74	101	457:408	461
30. TSV München 1860	7	260	130	63	67	468:293	453
31. Tennis Borussia Berlin	9	338	113	91	134	485:519	430
32. Blau-Weiß 90 Berlin	7	260	98	85	77	405:350	379
33. SSV Ulm 1846	8	298	96	77	125	427:492	365
34. SpVgg Unterhaching	7	254	86	81	87	316:309	339
35. Wuppertaler SV	7	274	88	74	112	393:410	338
36. FSV Frankfurt	8	302	93	59	150	430:611	338
37. FC Schalke 04	5	190	94	54	42	356:211	336
38. VfL Wolfsburg	7	262	85	78	99	363:437	333
39. Chemnitzer FC	7	252	81	73	98	289:358	316
40. Fortuna Düsseldorf	6	224	83	62	79	331:303	311
41. FC Augsburg	7	266	82	63	121	389:477	309
42. Wormatia Worms	6	230	84	50	96	326:372	302
43. VfB Leipzig	6	214	78	58	78	271:285	292
44. Eintracht Trier	6	226	81	48	97	331:344	291
45. Carl Zeiss Jena	6	218	70	70	78	275:300	280
46. VfL Bochum	4	140	77	31	32	260:161	262
47. Freiburger FC	5	192	64	45	83	322:392	237
48. Bayer Leverkusen	4	152	66	38	48	250:204	236
49. Eintracht Frankfurt	4	136	61	45	30	204:155	228
50. Bayern Hof	4	152	61	35	56	231:217	218
51. DJK/FC Gütersloh *)	5	178	58	46	74	234:268	217
52. Westfalia Herne	4	152	59	39	54	255:236	216
53. VfB Oldenburg	5	192	52	59	81	268:338	215
54. Schwarz-Weiß Essen	4	152	52	36	64	226:268	192

55.	BVL/FC Remscheid	5	192	47	51	94	232:358	192
56.	1. SC Göttingen 05	4	156	50	39	67	247:285	189
57.	Röchling Völklingen	4	154	52	29	73	224:291	185
58.	Hansa Rostock	3	118	51	29	38	171:138	182
59.	VfR Bürstadt	4	154	50	30	74	207:258	180
60.	SC Herford	4	156	46	40	70	209:255	178
61.	1. FC Köln	3	102	49	28	25	177:137	175
62.	FV Würzburg 04	4	154	46	37	71	183:278	175
63.	Arminia Hannover	4	152	48	29	75	223:297	173
64.	Viktoria Köln	3	118	40	39	39	197:191	159
65.	Rot-Weiß Lüdenscheid	4	156	39	38	79	207:337	155
66.	FSV Zwickau	4	136	39	37	60	137:201	154
67.	Wacker 04 Berlin	4	152	41	30	81	181:316	153
68.	SSV Reutlingen *	4	140	44	22	74	195:261	148
69.	Energie Cottbus	3	102	38	30	34	148:120	144
70.	FK Pirmasens	4	152	38	30	84	209:345	144
71.	LR Ahlen	3	102	40	22	40	169:183	142
72.	1. FC Schweinfurt 05	4	148	36	33	79	171:296	141
73.	Borussia Dortmund	2	76	39	20	17	158:81	137
74.	Holstein Kiel	3	118	38	23	57	149:210	137
75.	VfB Stuttgart	2	76	40	13	23	167:96	133
76.	KSV Baunatal	3	114	36	21	57	168:229	129
77.	Viktoria Aschaffenburg	3	114	32	29	53	151:191	125
78.	VfB Lübeck	3	102	34	22	46	123:148	124
79.	Borussia Mönchengladbach	2	68	31	23	14	122:74	116
80.	SpVgg Erkenschwick	3	118	26	28	64	140:230	106
81.	1. FC Union Berlin	2	68	26	23	19	97:89	101
82.	Borussia Neunkirchen	3	114	26	23	65	140:242	101
83.	Werder Bremen	1	42	30	8	4	97:33	98
84.	DSC Wanne-Eickel	2	76	26	19	31	129:137	97
85.	1. FC Bocholt	2	80	27	16	37	131:140	97
86.	ESV Ingolstadt	2	78	27	11	40	119:181	92
87.	MTV Ingolstadt	2	78	27	10	41	120:163	91
88.	1. FC Mülheim	2	76	22	22	32	101:140	88
89.	OSC Bremerhaven	2	76	21	17	38	113:167	80
90.	OSV Hannover	2	80	20	15	45	96:187	75
91.	1. FC Kaiserslautern	1	34	19	11	4	74:28	68
92.	Jahn Regensburg	2	76	15	19	42	90:161	64
93.	Bonner SC	1	38	14	5	19	53:72	47
94.	Wacker Burghausen	1	34	10	14	10	48:41	44
95.	FC Hanau 93	1	38	11	7	20	72:98	40
96.	VfR Heilbronn	1	38	10	10	18	51:78	40
97.	SC Charlottenburg	1	38	10	9	19	49:68	39
98.	Olympia Wilhelmshaven	1	38	10	7	21	54:81	37
99.	Hallescher FC	1	32	7	13	12	35:47	34
100.	VfR Mannheim	1	38	8	10	20	43:85	34
101.	Stahl Brandenburg	1	32	8	7	17	37:53	31
102.	Eintracht Bad Kreuznach	1	38	8	7	23	49:83	31
103.	VfB Eppingen	1	38	7	8	23	44:86	29
104.	TuS Schloß Neuhaus	1	38	7	8	23	43:92	29
105.	HSV Barmbek-Uhlenhorst	1	38	6	8	24	34:86	26
106.	TSV Havelse	1	38	6	7	25	44:82	25
107.	FSV Salmrohr	1	38	4	13	21	48:94	25
108.	Rot-Weiß Erfurt	1	32	5	7	20	36:75	22
109.	Kickers Würzburg	1	38	4	9	25	38:93	21
110.	BSV Schwenningen 07	1	38	4	7	27	31:102	19
111.	SV Babelsberg 03	1	34	4	6	24	39:82	18
112.	Spandauer SV	1	38	2	4	32	33:115	10

*) Kickers Offenbach wurden 1984/85 zwei Punkte abgezogen, dem 1. FC Nürnberg und Hertha BSC Berlin 1995/96 sechs bzw. drei Punkte, dem FC Gütersloh 1996/97 drei und dem SSV Reutlingen 2002/03 sechs. Rot-Weiß Essens Spiele aus der Saison 1993/94 wurden alle für den Gegner gewertet.

Rot-Weiß Essen	38	9	11	18	44:60	38

DFB-Vereinspokal Männer 2002/03

Endspiel am 31. Mai 2003 in Berlin:

Bayern München – 1. FC Kaiserslautern 3:1 (2:0)

Bayern: Kahn – Sagnol, Kuffour, Linke, Lizarazu (84. Tarnat) – Jeremies (76. Fink) – Hargreaves Ballack, Zé Roberto (76. Scholl) – Elber, Pizarro – Trainer: Hitzfeld.

Kaiserslautern: Wiese – H. Koch (46. Riedl), Klos, Lembi, Tchato – Anfang – Hristov, Lincoln (63. Timm) – Klose, Dominguez (81. Teber) – Lokvenc – Trainer: Gerets.

Tore: 1:0 Ballack (3.), 2:0 Ballack (10., Foulelfmeter), 3:0 Pizarro (50.), 3:1 Klose (79.) – SR: Fröhlich (Berlin) – Rote Karte: Hristov (78.) – Z.: 70 490.

- **Alle Runden und alle Ergebnisse siehe Kapitel 4.**

Aufstieg zur 2. Bundesliga 2002/03

Automatisch: Der Aufstieg erfolgt über die Platzierungen in der Abschlusstabelle der beiden Regionalligen. Aus der Regionalliga Nord steigen Erzgebirge Aue und VfL Osnabrück, aus der Regionalliga Süd SpVgg Unterhaching und Jahn Regensburg auf.

Deutsche A-Junioren-Meisterschaft 2003 der U 19

Endspiel am 6. Juli 2003 in Leverkusen:

VfB Stuttgart – Bayer Leverkusen 5:2 (1:1)

Stuttgart: Bonertz – Aslantas, Caligiuri, Schaschko, Franz – Jarosch, Gentner, Ricciardi, Mamajev (88. Walter) – G. Müller, Gomez – Trainer: Kleitsch.

Leverkusen: Adler – Canatta (79. Olivier), Callsen-Bracker, Hergesell, Schaffrath – Cozza, Wolff, Öztürk (65. Becker) – Röttger, Sahin, D. Müller – Trainer: Schaefer.

Tore: 0:1 Wolff (41.), 1:1 G. Müller (44.), 1:2 D. Müller (57., Foulelfmeter), 2:2 Caligiuri, 3:2 G. Müller (76.), 4:2 Gomez (86.), 5:2 Jarosch (90.) – SR: Weiner (Gießen) – Z.: 12 000.

- **Alle Runden, alle Ergebnisse siehe Kapitel 11.**

Deutsche B-Junioren-Meisterschaft 2003 der U 17

Endspiel am 5. Juli 2003 in Stuttgart:

Hertha BSC Berlin – VfB Stuttgart 4:1 (1:1)

Hertha: Lennard – Binder, Müller, Bieler – Thomas (71. Eberl), Cankaya, Boateng, Altin (79. Hinze), Cubukcu – Dejagah (80. El-Kadi), Schrödter (78. Steinwarth) – Trainer: Kunert.

Stuttgart: Knöpfler – Beck, Huber, Aust, Cutura (75. Schill) – Leschinski (66. Prediger), Khedira, Heber, Kalkan (38. Hess) – Nehrig (78. Biyik), Galm – Trainer: Leicht.

Tore: 0:1 Galm (12.), 1:1 Schrödter (24.), 2:1 Schrödter (59., Foulelfmeter), 3:1 Dejagah (68.), 4:1 Binder (77.) – SR: Kinhöfer (Herne) – Z.: 1905.

- **Alle Runden, alle Ergebnisse siehe Kapitel 11.**

DFB-Junioren-kicker-Pokal 2003

Endspiel am 30. Mai 2003 in Berlin (Stadion Alte Försterei)

1. FC Kaiserslautern – Bayer Leverkusen n. V. 4:1 (1:1, 0:0)

Kaiserslautern: Fromlowitz – Schunck, Henn, J. Müller, Garlinski – Lehmann – Gaebler (75. Angel), Bzducha – Akten (118. Roth), Moritz (72. Wischang), Kumbela (108. Nazarov) – Trainer: Dusek.

Leverkusen: Adler – Cannata (69. Wolff), Pauls, Schaffrath, Hergesell – Cozza, Callsen-Bracker – Röttger (54. Beckers), Öztürk, D. Müller (83. Olivier) – Sahin (60. Reichwein) – Trainer: Schaefer.

Tore: 1:0 Akten (49.), 1:1 Schaffrath (84.), 2:1 Wischang (91.), 3:1 Kumbela (93.), 4:1 Wischang (95.) – SR: Perl (München) – Z.: 1500

- **Alle Runden, alle Ergebnisse siehe Kapitel 11.**

FC Bayern München Double – Meisterschaft und DFB-Pokal 2002/2003

DFB-Vereinspokal Frauen 2002/03

Endspiel am 31. Mai 2003 in Berlin:

1. FFC Frankfurt – FCR Duisburg 1:0 (0:0)

Frankfurt: Wissink – T. Wunderlich, Zerbe (35. Weichelt), Minnert, Rech –Hansen, Künzer – Barucha (25. Woog), Lingor, Affeld (71. P. Wunderlich) – Meier – Trainerin: Staab.

Duisburg: Wasems – Chojnacki, Schubert, Hauser, Van Bonn – Oster (86. Krohnen), Voss, Bresonik (51. Hauer), Kothe (65. Schröder) – Grings, Thompson – Trainer: Krust.

Tor: 1:0 Voss (89., Eigentor) – SR: Steinhaus (Hannover) – Z.: 25000.

• Alle Runden und alle Ergebnisse siehe Kapitel 12.

Aufstiegsrunde zur Frauen-Bundesliga 2003

1. Spieltag am 25. Mai 2003:
1. FC Saarbrücken – USV Jena 2:0 (1:0); Hamburger SV – FC Gütersloh 2000 1:1 (1:0).

2. Spieltag am 29. Mai 2003:
FC Gütersloh 2000 – 1. FC Saarbrücken 0:2 (0:0); USV Jena – SC Sand 2:1 (2:1).

3. Spieltag am 1. Juni 2003:
1. FC Saarbrücken – Hamburger SC 0:0; SC Sand – FC Gütersloh 2000 3:1 (2:1).

4. Spieltag am 8. Juni 2003:
FC Gütersloh 2000 – USV Jena 0:4 (0:1); Hamburger SV – SC Sand 3:0 (1:0).

5. Spieltag am 15. Juni 2003:
SC Sand – 1. FC Saarbrücken 0:1 (0:0); USV Jena – Hamburger SV 0:2 (0:1).

Aufsteiger: 1. FC Saarbrücken und Hamburger SV.

Titel verteidigt: Nia Künzer (1. FFC Frankfurt) präsentiert stolz den DFB-Pokal.

RL NORD 2002/03

	Erzgebirge Aue	VfL Osnabrück	Rot-Weißt Essen	SG Wattenscheid 09	Bor. Dortmund Am.	Werder Bremen Am.	Dynamo Dresden	SC Paderborn 07	1. FC Köln Am.	KFC Uerdingen 05	Chemnitzer FC	Preußen Münster	Holstein Kiel	Hamburger SV Am.	SC Verl	SV Babelsberg 03	Bayer Leverkusen Am.	Dresdner SC	Heimbilanz / Auswärtsbilanz g.	u.	v.	Tore	Pkt.	Gesamt Tore	Punkte
1. Erzgebirge Aue **	**K**	1:1 1:4	0:0 0:1	3:2 1:2	2:1 2:3	1:0 3:2	1:1 1:0	1:2 1:0	1:1 3:2	2:0 0:2	3:0 2:2	2:0 2:0	2:0 0:1	4:2 2:0	3:0 0:0	2:0 3:0	2:0 1:4	3:0 4:1	12 8	4 2	1 7	33:10 26:24	40 26	**59:34**	**66**
2. VfL Osnabrück **	4:1 1:1	**I**	0:0 3:1	2:0 1:2	1:0 4:2	1:2 3:0	0:0 3:0	3:2 1:1	0:1 1:1	1:0 1:0	5:1 2:0	3:1 1:2	2:0 1:0	1:0 0:0	1:2 0:1	3:1 1:0	3:2 2:2	0:2 1:1	11 8	2 6	4 3	30:15 26:14	35 30	**56:29**	**65**
3. Rot-Weiß Essen	1:0 0:0	1:3 0:0	**C**	0:4 1:2	4:1 1:1	5:3 0:0	0:0 1:1	2:1 2:0	1:1 1:2	1:0 1:2	0:0 1:1	1:0 3:0	4:0 1:1	2:0 4:0	4:5 2:1	3:1 1:1	2:0 3:0	2:2 1:0	10 6	4 8	3 3	33:21 23:12	34 26	**56:33**	**60**
4. SG Wattenscheid 09	2:1 2:3	2:1 0:2	2:1 4:0	**K**	1:1 0:0	2:2 5:3	3:1 0:1	4:0 3:0	3:3 2:0	0:1 4:0	1:3 0:2	0:0 3:3	0:2 4:3	0:2 2:1	3:2 1:1	3:1 3:5	2:1 0:1	2:2 3:0	8 8	5 3	4 6	30:24 36:25	29 27	**66:49**	**56**
5. Bor. Dortmund Am.	3:2 1:2	2:4 0:1	1:1 1:4	0:0 1:1	**E**	2:2 3:1	2:1 2:0	2:0 0:5	1:1 0:3	5:2 2:2	2:2 3:2	0:2 5:2	0:0 2:2	2:2 1:1	3:0 2:1	0:2 1:1	1:0 1:0	6:1 0:1	7 6	7 5	3 6	32:22 25:29	28 23	**57:51**	**51**
6. Werder Bremen Am.	2:3 0:1	0:3 2:1	0:0 3:5	3:5 2:2	1:3 2:2	**R**	0:0 3:2	0:0 2:0	1:2 1:1	2:1 2:0	3:1 0:1	1:1 2:2	2:2 2:3	1:1 3:2	1:0 3:1	2:3 4:1	3:2 2:0	1:1 3:1	4 9	7 4	6 4	23:28 36:25	19 31	**59:53**	**50**
7. Dynamo Dresden	0:1 1:1	0:3 0:0	1:1 0:0	1:0 1:3	0:2 1:2	2:3 0:0	**S**	1:0 1:0	1:3 1:1	1:1 1:2	2:1 0:3	3:2 2:0	2:1 1:2	0:0 0:0	2:0 0:0	3:2 1:0	3:0 1:0	1:0 0:0	9 4	3 8	5 5	23:20 11:14	30 20	**34:34**	**50**
8. SC Paderborn 07	0:1 2:1	1:1 2:3	0:2 1:2	0:3 0:4	5:0 0:2	0:2 0:0	0:1 0:1	**P**	4:1 3:0	2:2 1:1	3:4 2:0	2:0 1:4	2:2 2:1	6:2 0:0	1:2 1:0	4:3 2:2	6:1 1:1	2:0 2:0	7 6	3 5	7 6	38:27 20:22	24 23	**58:49**	**47**
9. 1. FC Köln Am.	2:3 1:1	1:1 1:0	2:1 1:1	0:2 3:3	3:0 1:1	1:1 2:1	1:1 3:1	0:3 1:4	**O**	0:2 0:1	3:1 0:2	4:1 0:1	1:3 1:1	1:0 3:4	0:2 1:0	2:2 2:4	3:4 2:1	3:1 3:1	6 6	4 5	7 6	27:28 25:27	22 23	**52:55**	**45**
10. KFC Uerdingen 05	2:0 0:2	0:1 0:1	2:1 0:1	0:4 1:0	2:2 2:5	0:2 1:2	2:1 1:1	1:1 2:2	1:0 2:0	**R**	1:1 0:0	2:0 0:5	2:0 0:3	2:4 3:1	1:2 6:0	1:0 2:3	0:4 1:0	2:0 1:2	8 5	3 3	6 9	21:23 22:28	27 18	**43:51**	**45**
11. Chemnitzer FC	2:2 0:3	0:2 1:5	1:1 0:0	2:0 3:1	2:3 2:2	1:0 1:3	3:0 1:2	0:2 4:3	2:0 1:3	0:0 1:1	**T**	2:0 0:0	3:1 3:2	1:4 0:0	2:4 2:3	0:1 2:4	2:0 0:2	1:0 2:1	8 4	3 5	6 8	24:20 23:35	27 17	**47:55**	**44**
12. Preußen Münster	0:2 0:2	2:1 1:3	0:3 0:1	3:3 0:0	2:5 2:0	2:2 1:1	0:2 2:3	4:1 0:2	1:0 1:4	5:0 0:2	0:0 0:2	**M**	6:4 0:0	2:1 1:3	2:1 1:0	3:2 0:2	1:2 1:1	1:0 1:0	9 3	3 4	5 10	34:29 11:26	30 13	**45:55**	**43**
13. Holstein Kiel	1:0 0:2	0:1 0:2	1:1 0:4	3:4 2:0	2:2 0:0	3:2 2:2	2:1 1:2	1:2 2:2	1:1 3:1	3:0 0:2	2:3 1:3	0:0 4:6	**A**	1:1 3:0	1:1 4:2	1:1 4:1	1:2 1:1	3:1 1:1	5 5	7 5	5 7	26:23 28:31	22 20	**54:54**	**42**
14. Hamburger SV Am.	0:2 2:4	0:0 0:1	0:4 0:2	1:2 2:0	1:1 2:2	2:3 1:1	0:0 0:0	0:0 2:6	4:3 0:1	1:3 4:2	0:0 4:1	3:1 1:2	0:3 1:1	**G**	3:1 0:2	2:1 2:0	1:0 2:2	3:1 0:0	6 4	5 6	6 7	21:25 23:27	23 18	**44:52**	**41**
15. SC Verl *	0:0 0:3	1:0 2:1	1:2 5:4	1:1 2:3	1:2 0:3	1:3 0:1	0:0 0:2	0:1 2:1	0:1 2:0	0:6 2:1	3:2 4:2	0:1 1:2	2:4 1:1	2:0 1:3	**A**	3:4 2:1	4:3 3:2	0:2 1:3	4 8	3 1	10 8	19:32 28:33	15 25	**47:65**	**40**
16. SV Babelsberg 03 *	0:3 0:2	0:1 1:3	1:1 1:3	5:3 1:3	1:1 2:0	1:4 3:2	0:1 2:3	2:2 3:4	4:2 2:2	3:2 0:1	4:2 1:0	2:0 2:3	1:4 1:1	0:2 1:2	1:2 4:3	**Z**	1:1 1:5	3:3 0:2	5 4	5 2	7 11	29:34 25:39	20 14	**54:73**	**34**
17. B. Leverkusen Am. *	4:1 0:2	2:2 2:3	0:3 0:2	1:0 1:2	0:1 0:1	0:2 2:3	0:1 0:3	1:1 1:6	1:2 4:3	0:1 4:0	2:0 0:2	1:1 2:1	1:1 2:1	2:2 0:1	2:3 3:4	5:1 1:1	**I**	1:2 1:0	4 5	5 1	8 11	23:24 23:35	17 16	**46:59**	**33**
18. Dresdner SC *	1:4 0:3	1:1 2:0	0:1 2:2	0:3 2:2	1:0 1:6	1:3 1:1	0:0 0:1	0:2 0:2	1:3 1:3	2:1 0:2	1:2 0:1	0:1 0:1	1:1 1:3	0:0 1:3	3:1 2:0	2:0 3:3	0:1 2:1	**N**	4 3	4 4	9 10	14:24 18:34	16 13	**32:58**	**29**

**) = Aufsteiger in die 2. Bundesliga – *) = Absteiger in die Oberligen. Aufsteiger aus den Oberligen: Wuppertaler SV, FC Schalke 04 Am., VfR Neumünster, Sachsen Leipzig. Dazu kommen aus der 2. Bundesliga: Eintracht Braunschweig, FC St. Pauli.

RL SÜD 2002/03

	SpVgg Unterhaching	Jahn Regensburg	FC Augsburg	Bayern München Am.	TSG Hoffenheim	1. FC Saarbrücken	SV Wehen	Kickers Offenbach	Rot-Weiß Erfurt	VfR Aalen	SC Pfullendorf	1. FC Schweinfurt 05	1. FC K'lautern Am.	SV Elversberg	Stuttgarter Kickers	Spfr. Siegen	SV Darmstadt 98	Eintr. Frankfurt Am.	Bor. Neunkirchen	Heimbilanz Auswärtsbilanz g.	u.	v.	Tore	Pkt.	Gesamt Tore	Punkte
1. SpVgg Unterhaching **	K	2:1 0:2	1:0 0:1	5:1 2:0	2:2 0:1	1:1 1:1	2:1 0:1	2:1 3:2	3:0 3:1	4:1 1:3	3:0 3:0	1:1 2:2	3:1 1:1	3:0 0:[illegible]	3:[illegible] 3:1	2:2 3:1	4:0 1:0	3:1 1:2	5:0 2:0	14 8	4 3	0 7	49:14 26:20	46 27	75:34	73
2. Jahn Regensburg **	2:0 1:2	I	1:0 1:1	2:1 0:1	4:0 3:1	0:0 2:1	2:0 0:1	1:1 1:1	3:0 0:1	2:0 3:1	3:0 1:2	2:1 2:0	4:1 1:0	2:0 1:0	1:2 0:0	3:1 1:3	5:0 3:1	2:0 1:1	6:1 0:0	15 7	2 5	1 6	45:8 21:17	47 26	66:25	73
3. FC Augsburg	1:0 0:1	1:1 0:1	C	1:1 0:2	3:2 1:1	3:0 2:1	1:3 2:4	0:2 0:2	0:0 2:2	3:0 2:3	4:0 0:2	1:1 0:1	3:0 1:0	2:[illegible] 1:1	2:1 1:1	2:1 2:4	2:0 2:0	2:1 3:0	4:0 1:0	12 5	4 4	2 9	35:13 20:26	40 19	55:39	59
4. Bayern München Am.	0:2 1:5	1:0 1:2	2:0 1:1	K	1:1 0:0	0:1 1:3	1:1 0:2	1:1 0:1	1:1 0:0	2:0 2:0	2:0 4:0	3:2 2:0	0:0 2:1	0:2 2:0	5:0 2:4	2:0 3:1	0:1 0:1	4:0 0:0	2:0 3:2	9 7	5 4	4 7	27:12 24:23	32 25	51:35	57
5. TSG Hoffenheim	1:0 2:2	1:3 0:4	1:1 2:3	0:0 1:1	E	2:2 [illegible]:1	2:0 1:2	1:1 0:1	1:0 1:2	0:1 2:4	4:2 2:3	1:0 2:0	2:1 5:0	4:2 0:0	2:0 1:1	3:0 1:0	1:2 1:0	7:1 1:3	1:1 3:0	10 5	5 5	3 8	34:17 26:27	35 20	60:44	55
6. 1. FC Saarbrücken	1:1 1:1	1:2 0:0	1:2 0:3	3:1 1:0	1:1 2:2	R	2:1 0:2	3:1 3:2	1:3 0:0	1:0 0:2	1:5 2:2	1:1 3:1	1:0 0:1	0:2 1:0	3:0 1:1	0:0 2:0	1:0 2:0	2:0 1:0	1:1 0:0	8 7	5 7	5 4	24:21 19:17	29 28	43:38	53
7. SV Wehen	1:0 1:2	1:0 0:2	4:2 3:1	2:0 1:1	2:1 0:2	2:0 1:2	●	1:1 0:0	0:0 2:3	4:1 0:3	3:2 1:2	3:4 2:3	3:1 1:1	1:0 1:1	0:0 1:1	1:2 1:1	1:1 0:3	2:0 1:1	5:2 0:1	12 1	4 7	2 10	36:17 16:30	40 10	52:47	50
8. Kickers Offenbach	2:3 1:2	1:1 1:1	2:0 2:0	1:0 1:1	1:0 1:1	2:3 1:3	0:0 1:1	S	1:1 2:1	1:1 1:1	2:4 3:2	0:2 2:1	1:1 0:0	0:0 2:3	0:0 1:3	2:0 0:0	1:1 1:1	0:0 2:0	1:0 2:0	5 6	9 8	4 4	18:17 24:21	24 26	42:38	50
9. Rot-Weiß Erfurt	1:3 0:3	1:0 0:3	2:2 0:0	0:0 1:1	2:1 0:1	0:0 3:[illegible]	3:2 0:0	1:2 1:1	P	5:0 1:1	0:0 0:0	2:1 1:3	2:1 0:2	2:0 1:2	3:2 2:4	3:1 1:1	2:1 0:0	1:1 1:0	0:2 2:2	10 2	5 9	3 7	30:19 14:25	35 15	44:44	50
10. VfR Aalen	3:1 [illegible]:4	1:3 0:2	3:2 0:3	0:2 0:2	4:2 1:0	2:0 0:1	3:0 [illegible]:4	1:1 1:1	1:1 0:5	O	2:3 0:3	2:1 1:3	2:3 2:4	0:0 4:0	1:2 2:1	2:0 0:1	4:0 0:0	2:0 0:0	1:0 1:0	10 4	3 3	5 11	34:21 14:34	33 15	48:55	47
11. SC Pfullendorf	[illegible]:3 [illegible]:3	2:1 0:3	2:0 0:4	0:4 0:2	3:2 2:4	2:2 5:1	2:1 2:3	2:3 4:2	0:0 0:0	3:0 3:2	R	1:0 0:4	0:0 1:1	0:1 0:1	2:1 3:1	1:1 0:2	2:1 1:3	2:3 1:1	4:0 1:1	9 4	4 4	5 10	28:23 23:38	31 16	51:61	47
12. 1. FC Schweinfurt 05	2:2 1:1	0:2 1:2	1:0 1:1	0:2 2:3	0:2 0:1	1:3 1:1	3:2 1:3	1:2 2:0	3:1 1:2	3:1 1:2	4:0 0:1	T	1:1 0:2	1:2 2:1	1:0 1:2	3:3 0:2	1:3 3:2	1:0 1:2	5:0 4:0	8 5	3 3	7 10	31:26 25:28	27 18	56:54	45
13. 1. FC Kaiserslautern Am.	[illegible]:1 1:3	0:1 1:4	0:1 0:3	1:2 0:0	0:5 1:2	1:0 0:1	[illegible]:1 [illegible]:3	0:0 1:1	2:0 1:2	4:2 3:2	1:1 0:0	2:0 1:1	M	0:1 2:0	1:1 1:0	2:0 1:4	1:1 2:2	1:1 1:0	3:0 2:1	6 5	7 5	5 8	21:18 22:29	25 20	43:47	45
14. SV Elversberg	1:0 0:3	0:1 0:2	1:1 0:2	[illegible]:2 2:0	0:0 2:4	0:1 2:0	1:1 0:1	3:2 0:0	2:1 0:2	0:4 0:0	1:0 1:0	1:2 2:1	0:2 1:0	A	2:2 0:1	4:2 1:2	1:0 0:3	4:1 3:4	2:0 1:4	8 5	4 2	6 11	23:22 15:29	28 17	38:51	45
15. Stuttgarter Kickers	1:[illegible] 1:[illegible]	0:0 2:1	1:1 1:2	4:2 0:5	1:1 0:2	1:1 0:3	1:[illegible] 0:0	3:1 0:0	4:2 2:3	1:2 2:1	1:3 1:2	2:1 0:1	0:4 1:1	1:0 2:2	G	1:0 1:[illegible]	2:1 1:1	0:3 1:0	0:0 1:0	7 4	6 6	5 8	24:26 16:28	27 18	40:54	45
16. Spfr. Siegen	1:[illegible] 2:[illegible]	3:1 1:3	4:2 1:2	1:3 0:2	0:1 0:3	0:2 0:0	1:1 2:1	0:0 0:2	1:1 1:3	1:0 0:2	2:0 1:1	2:0 3:3	4:1 0:2	2:1 2:4	1:1 0:[illegible]	A	2:1 2:4	3:1 0:0	4:1 0:0	10 1	4 6	4 11	32:20 15:35	34 9	47:55	43
17. SV Darmstadt 98 *	0:[illegible] 0:4	1:3 0:5	0:2 0:2	1:0 1:0	0:1 2:1	0:2 0:1	3:0 1:[illegible]	1:1 1:1	0:0 1:2	0:0 0:4	3:1 1:2	2:3 3:1	2:2 1:1	3:0 0:1	1:1 1:2	4:2 1:2	Z	2:2 4:2	1:0 1:0	6 5	6 3	6 10	24:21 18:32	24 18	42:53	42
18. Eintracht Frankfurt Am. *	2:1 1:3	1:1 0:2	0:3 1:2	0:0 0:4	3:1 1:7	0:1 0:2	1:[illegible] 0:2	0:2 0:0	0:1 1:1	0:0 0:2	1:1 3:2	2:1 0:1	0:1 1:1	4:3 1:4	0:1 3:0	0:0 1:3	2:4 2:2	I	4:3 1:1	5 2	6 5	7 11	20:25 16:39	21 11	36:64	32
19. Borussia Neunkirchen *	0:2 0:5	0:0 1:6	0:1 0:4	2:[illegible] 0:2	0:3 1:1	0:0 1:1	1:0 2:5	0:2 0:1	2:2 2:0	0:1 0:1	1:1 0:4	0:4 0:5	1:2 0:3	4:1 0:2	0:1 0:0	0:0 1:4	0:1 0:1	1:1 3:4	N	2 1	6 3	10 14	12:25 11:49	12 6	23:74	18

**) = Aufsteiger in die 2. Bundesliga – *) = Absteiger in die Oberligen. Aufsteiger aus den Oberligen: 1. SC Feucht, VfB Stuttgart Am., 1. FC Eschborn, FSV Mainz 05 Am. Den Zweitliga-Absteigern SSV Reutlingen und Waldhof Mannheim wurde die Regionalliga-Lizenz verweigert. Sie spielen 2003/04 in der Oberliga – Wegen Verstößen gegen Lizenzierungsauflagen wurde dem 1. FC Saarbrücken vier, dem VfR Aalen ein Punkt abgezogen.

Die Abschlußtabellen der Amateur-Oberligen 2002/03

Bayern

1. 1. SC Feucht **	34	107:37	84
2. TSV München 1860 Am.	34	83:35	71
3. FC Ismaning	34	77:42	66
4. SpVgg Bayreuth	34	55:46	62
5. SC Fürstenfeldbruck (N)	34	63:43	60
6. 1. FC Nürnberg Am.	34	70:51	59
7. TSV Aindling	34	58:59	53
8. SpVgg Unterhaching II	34	56:56	50
9. SpVgg Greuther Fürth Am.	34	66:69	48
10. SpVgg Weiden	34	43:53	42
11. Jahn Regensburg II (N)	34	58:63	41
12. Bayern Hof	34	52:69	41
13. SpVgg Ansbach (A)	34	54:57	40
14. SC 04 Schwabach	34	43:58	36
15. Quelle Fürth *	34	49:67	35
16. Schwaben Augsburg (N) *	34	36:67	35
17. Falke Markt Schwaben *	34	37:81	24
18. TSV Gerbrunn (N) *	34	32:86	18

Aufsteiger: Würzburger FV, TSV Großbardorf, SpVgg Landshut, 1. FC Passau, FC Memmingen.

Baden-Württemberg

1. VfB Stuttgart Am. (A) **	34	72:24	78
2. SSV Ulm 1846 (N)	34	71:44	69
3. SC Freiburg Am.	34	52:23	65
4. SV Sandhausen	34	59:46	56
5. SpVgg Ludwigsburg	34	57:49	50
6. FV Lauda	34	42:40	49
7. Stuttgarter Kickers II	34	37:41	49
8. FC Nöttingen (N)	34	50:47	47
9. SV Bonlanden (N)	34	49:46	47
10. SV Waldhof Am. *	34	44:49	43
11. SGV Freiberg	34	51:57	41
12. 1. FC Pforzheim	34	52:69	41
13. SpVgg Au/Iller	34	44:44	39
14. Bahlinger SC	34	41:57	39
15. Karlsruher SC Am.	34	49:56	38
16. FC Teningen (N) *	34	43:69	35
17. FC Villingen 08 *	34	36:68	33
18. Spfr. Dorfmerkingen *	34	37:57	29

Aufsteiger: TSV Crailsheim, TSG 62/09 Weinheim, TSG Hoffenheim II, SV Linx – Dazu kommen aus der 2. Bundesliga: SSV Reutlingen, Waldhof Mannheim (dadurch Zwangsabstieg der Waldhof Amateure) – Die Liga spielt 2003/04 mit 18 Vereinen.

Hessen

1. 1. FC Eschborn **	34	78:38	79
2. Hessen Kassel (N)	34	76:32	74
3. FSV Frankfurt	34	90:36	73
4. Eintr. Wald-Michelbach (N)	34	57:52	56
5. Borussia Fulda (A)	34	55:47	54
6. KSV Baunatal	34	68:58	51
7. VfB Marburg	34	62:56	49
8. SV Erzhausen	34	50:43	44
9. SV Bernbach	34	46:45	44
10. KSV Klein-Karben	34	54:49	43
11. SC Neukirchen *	34	61:82	43
12. FV Bad Vilbel	34	49:54	42
13. Buchonia Flieden	34	41:68	41
14. TSG Wörsdorf	34	48:50	40
15. OSC Vellmar *	34	33:59	34
16. Viktoria Aschaffenburg *	34	57:84	34
17. FSC Lohfelden (N) *	34	35:79	30
18. SC Waldgirmes (N) *	34	33:61	25

Aufsteiger: Hünfelder SV, FSV Braunfels, Viktoria Griesheim, Germania Ober-Roden – Dazu kommen aus der Regionalliga: SV Darmstadt 98, Eintracht Frankfurt Am. – Der SC Neukirchen erhielt für die kommende Saison keine Oberliga-Zulassung.

Südwest

1. FSV Mainz 05 Am. **	36	70:23	73
2. SC Hauenstein	36	73:45	66
3. Wormatia Worms	36	71:47	65
4. SC Idar-Oberstein	36	70:49	61
5. FSV Salmrohr	36	62:49	60
6. TuS Mayen	36	60:50	56
7. SV Weingarten (N)	36	51:46	56
8. Glas/Chemie Wirges	36	63:53	54
9. SpVgg Ingelheim	36	45:52	49
10. Eintracht Bad Kreuznach	36	38:46	49
11. TuS Koblenz	36	50:42	48
12. FC Homburg	36	48:51	48
13. FK Pirmasens	36	46:53	48
14. 1. FC Saarbrücken II (N)	36	53:61	48
15. FV Engers (N)	36	45:57	43
16. VfL Hamm *	36	38:53	40
17. Röchling Völklingen (N) *	36	41:66	33
18. SC Halberg-Brebach *	36	31:64	25
19. Sportfreunde Eisbachtal *	36	34:82	21

Aufsteiger: Hassia Bingen, SV Klausen, Sportfreunde Köllerbach – Dazu kommt aus der Regionalliga: Borussia Neunkirchen – Die Liga spielt 2003/04 mit 18 Vereinen.

Nordrhein

1. Wuppertaler SV **	32	77:22	75
2. Bor. Mönchengladbach Am.	32	65:22	63
3. SSVg Velbert	32	60:35	58
4. Adler Osterfeld	32	58:43	58
5. Borussia Wuppertal	32	70:50	55
6. Schwarz-Weiß Essen	32	41:35	49
7. 1. FC Bocholt	32	49:56	48
8. Fortuna Düsseldorf (A)	32	47:49	46
9. GFC Düren 09 (N)	32	45:49	38
10. Fortuna Köln (A)	32	35:46	38
11. SCB Viktoria Köln	32	36:57	36
12. Bonner SC	32	39:54	35
13. Germania Ratingen 04/19	32	43:63	35
14. Union Solingen (N)	32	31:48	32
15. Borussia Freialdenhoven	32	40:62	32
16. Alemannia Aachen Am. *	32	43:68	29
17. MSV Duisburg Am. *	32	38:58	28
18. Rheydter SV *	0	0:0	0

Aufsteiger: 1. FC Kleve, Yurdumspor Köln, SSG Bergisch Gladbach – Dazu kommt aus der Regionalliga: Bayer Leverkusen Am.

Westfalen

1. FC Schalke 04 Am. **	34	103:35	86
2. VfL Bochum Am.	34	79:35	77
3. FC Gütersloh 2000	34	77:39	69
4. SV Lippstadt 08	34	74:46	66
5. Eintracht Rheine	34	63:60	51
6. Wattenscheid 09 II	34	54:59	48
7. VfB Hüls	34	55:48	46
8. SuS Stadtlohn	34	37:47	44
9. VfB Fichte Bielefeld	34	49:48	43
10. Sportfreunde Siegen II (N)	34	49:61	43
11. SC Hassel	34	36:55	41
12. SV Emsdetten 05	34	45:57	39
13. Lüner SV	34	55:66	38
14. Arminia Bielefeld Am. (N)	34	41:63	37
15. TSG Sprockhövel (N)	34	46:72	35
16. DJK TuS Hordel *	34	52:62	33
17. Westfalia Herne *	34	39:61	28
18. TSG Dülmen *	34	40:80	27

Aufsteiger: LR Ahlen Am., SV Schermbeck, Vorwärts Kornharpen – Dazu kommt aus der Regionalliga: SC Verl.

Niedersachsen/Bremen

1. Kickers Emden	34	83:43	71
2. SV Wilhelmshaven	34	70:40	69
3. VfL Wolfsburg Am.	34	69:31	68
4. Eintracht Nordhorn	34	80:48	65
5. BV Cloppenburg	34	59:28	61
6. VfB Oldenburg (M)	34	65:36	59
7. Arminia Hannover	34	69:50	56
8. SV Meppen	34	51:37	54
9. Eintr. Braunschweig Am. (N)	34	61:49	54
10. FC Oberneuland	34	53:59	44
11. SC Langenhagen	34	40:43	42
12. VfV Hildesheim (N)	34	45:71	35
13. Rotenburger SV	34	45:64	30
14. Concordia Ihrhove	34	37:58	30
15. Lüneburger SK	34	37:70	30
16. SC Göttingen 05 *	34	27:59	26
17. FC Schüttorf *	34	36:79	24
18. FC Bremerhaven (N) *	34	40:102	23

Aufsteiger: Hannover 96 Am., SSV Vorsfelde, SC Weyhe.

Hamburg/Schleswig-Holstein

1. FC St. Pauli Am.	32	82:31	76
2. VfR Neumünster **	32	75:40	66
3. Concordia Hamburg	32	68:34	64
4. ASV Bergedorf 85	32	72:41	62
5. SV Lurup	32	65:40	54
6. Meiendorfer SV (N)	32	64:53	51
7. Rasensport Elmshorn	32	40:55	47
8. FC Altona 93 (N)	32	66:50	46
9. VfL Pinneberg	32	64:55	45
10. Husumer SV	32	41:47	45
11. SV Flensburg 00	32	50:68	43
12. TSV Altenholz *	32	51:73	41
13. Heider SV	32	41:53	34
14. Vorwärts/Wacker Billstedt	32	51:76	32
15. Holstein Kiel II (N)	32	49:66	29
16. Eimsbütteler TV *	32	39:84	19
17. TSB Flensburg (N) *	32	41:93	14

Aufsteiger: Victoria Hamburg, TSV Sasel, Wedeler TSV, Eider Büdelsdorf, TSV Kropp – TSV Altenholz zieht sich freiwillig in die Bezirks-Oberliga zurück – Die Liga spielt 2003/04 mit 18 Vereinen.

Nordost, Staffel Nord

1. FC Schönberg 95	36	122:29	91
2. Hertha BSC Am. (M)	36	121:22	89
3. Hansa Rostock Am.	36	93:24	89
4. Tennis Borussia Berlin	36	63:39	67
5. EFC Stahl	36	62:50	61
6. VfB Lichterfelde	36	53:42	57
7. MSV Neuruppin	36	55:60	52
8. Brandenburger SC Süd	36	49:50	49
9. Lichtenberg 47	36	49:51	49
10. Motor Eberswalde	36	44:66	48
11. Reinickendorfer Füchse	36	60:56	46
12. Türkiyemspor Berlin	36	54:71	44
13. TSG Neustrelitz (N)	36	44:67	42
14. Optik Rathenow	36	41:64	42
15. Berliner AK 07	36	46:61	41
16. 1. FC Lok Stendal *	36	51:81	40
17. Eintracht Schwerin *	36	35:77	32
18. Köpenicker SC (N) *	36	31:78	21
19. Eintracht Oranienburg (N) *	36	25:110	10

Aufsteiger: SV Yesilyurt, Viktoria Frankfurt/Oder, Sievershäger SV – Dazu kommt aus der Regionalliga: SV Babelsberg 03.

Nordost, Staffel Süd

1. Sachsen Leipzig **	34	77:19	83
2. Carl Zeiss Jena	34	87:22	82
3. VFC Plauen	34	76:23	73
4. VfB Leipzig	34	57:23	67
5. Hallescher FC	34	49:29	59
6. FSV Zwickau	34	59:41	54
7. FV Dresden-Nord	34	49:36	50
8. Energie Cottbus Am.	34	56:58	46
9. SV 1919 Grimma	34	39:44	43
10. 1. FC Magdeburg	34	36:47	42
11. OFC Neugersdorf	34	52:50	41
12. FV Dresden 06 (N)	34	46:65	37
13. VfB Pößneck (N)	34	45:65	36
14. Eintracht Sondershausen	34	40:75	35
15. Anhalt Dessau (N)	34	40:69	32
16. Wacker Gotha *	34	25:59	28
17. VfB Chemnitz *	34	25:61	27
18. Lausitz Hoyerswerda *	34	21:93	21

Aufsteiger: Germania Halberstadt, FC Erfurt-Nord, VfB Auerbach – Dazu kommt aus der Regionalliga: Dresdner SC.

Erklärungen zu den Tabellen:
A = Vorjahresabsteiger aus der Regionalliga
N = Neuling
** = Aufsteiger in die Regionalliga
* = Absteiger in die Verbands- bzw. Landesliga

Aufstiegsspiele zur Regionalliga:

FC Schönberg 95 - Sachsen Leipzig	0:2, 0:1
VfR Neumünster - Kickers Emden	1:2, 3:2

KAPITEL 2

UNSERE LÄNDERSPIELE

Die Bilanz der 732 deutschen A-Länderspiele

(Stand: 1.8.2003

Gegner	Zahl der Spiele	Gesamtbilanz				Spiele in Deutschland			im Lande des Gegners oder neutraler Platz			WM- und EM-Endrunden Olympische Spiele		
		Siege	Unentsch.	Niederl.	Tore	Siege	Unentsch.	Niederl.	Siege	Unentsch.	Niederl.	Siege	Unentsch.	Niederl.
Ägypten	1	–	–	1	1:2	–	–	–	–	–	1	–	–	–
Albanien	14	13	1	–	38:10	7	–	–	6	1	–	–	–	–
Algerien	2	–	–	2	1:4	–	–	–	–	–	1	–	–	1
Argentinien	14	5	2	7	18:19	2	–	3	1	1	3	2	1	1
Armenien	2	2	–	–	9:1	1	–	–	1	–	–	–	–	–
Australien	1	1	–	–	3:0	–	–	–	–	–	–	1	–	–
Belgien	21	16	1	4	49:25	5	1	1	7	–	3	4	–	–
Böhmen-Mähren	1	–	1	–	4:4	–	1	–	–	–	–	–	–	–
Bolivien	1	1	–	–	1:0	–	–	–	–	–	–	1	–	–
Bosnien-Herzegowina	1	–	1	–	1:1	–	–	–	1	1	–	–	–	–
Brasilien	18	3	4	11	18:33	3	–	5	–	4	5	–	–	1
Bulgarien	21	16	2	3	56:24	9	–	–	7	2	2	1	–	1
Chile	6	4	–	2	11:7	1	–	–	–	–	2	3	–	–
Dänemark	23	14	2	7	49:32	8	1	1	5	1	4	1	–	2
DDR	1	–	–	1	0:1	–	–	–	–	–	–	–	–	1
England	29	9	6*)	14	34:63	3	3	6	5	–	6	1	3*)	2
Estland	3	3	–	–	11:1	2	–	–	1	–	–	–	–	–
Färöer	2	2	–	–	4:1	1	–	–	1	–	–	–	–	–
Finnland	20	15	4	1	76:15	6	1	1	9	3	–	–	–	–
Frankreich	21	7	5*)	9	39:35	5	2	2	1	2	6	1	1*)	1
Georgien	2	2	–	–	6:1	1	–	–	1	–	–	–	–	–
Ghana	1	1	–	–	6:1	1	–	–	–	–	–	–	–	–
Griechenland	8	5	3	–	17:7	2	1	–	3	1	–	–	1	–
Iran	1	1	–	–	2 0	–	–	–	–	–	–	1	–	–
Irland	14	6	3	5	24:21	4	1	2	2	1	3	–	1	–

Gegner	Zahl der Spiele	Gesamtbilanz				Spiele in Deutschland			im Lande des Gegners oder neutraler Platz			WM- und EM-Endrunden Olympische Spiele		
		Siege	Unentsch.	Niederl.	Tore	Siege	Unentsch.	Niederl.	Siege	Unentsch.	Niederl.	Siege	Unentsch.	Niederl.
Island	2	2	–	–	8:1	–	–	–	2	–	–	–	–	–
Israel	3	3	–	–	10:1	1	–	–	2	–	–	–	–	–
Italien	26	7	8	11	32:37	3	3	3.	4	1	6	–	4	2
Jugoslawien	25	14	4	7	46:31	5	3	2	4	–	4	5	1	1
Kamerun	1	1	–	–	2:0	–	–	–	–	–	–	1	–	–
Kanada	2	2	–	–	6:1	1	–	–	1	–	–	–	–	–
Kolumbien	3	1	2	–	7:5	1	–	–	–	1	–	–	1	–
Kroatien	6	4	1	1	15:7	2	–	–	1	1	–	1	–	1
Kuwait	1	1	–	–	7:0	1	–	–	–	–	–	–	–	–
Lettland	2	2	–	–	6:1	1	–	–	1	–	–	–	–	–
Liechtenstein	2	2	–	–	17:3	2	–	–	–	–	–	–	–	–
Litauen	2	1	1	–	3:1	–	1	–	1	–	–	–	–	–
Luxemburg	12	11	–	1	53:11	5	–	–	5	–	1	1	–	–
Malta	7	6	1	–	28:3	3	–	–	3	1	–	–	–	–
Marokko	4	4	–	–	12:3	1	–	–	1	–	–	2	–	–
Mexiko	9	3	5*)	1	16:6	1	1	–	–	3	1	2	1*)	–
Moldawien	4	4	–	–	18:3	2	–	–	2	–	–	–	–	–
Neuseeland	1	1	–	–	2:0	–	–	–	1	–	–	–	–	–
Niederlande	35	13	12	10	69:60	4	6	5	6	5	3	3	1	2
Nigeria	1	1	–	–	1:0	1	–	–	–	–	–	–	–	–
Nordirland	13	7	4	2	28:12	3	2	1	4	1	1	–	1	–
Norwegen	19	13	5	1	50:16	6	2	–	7	3	–	–	–	1
Österreich	32	18	6	8	69:50	8	4	2	7	2	4	3	–	2
Oman	1	1	–	–	2:0	–	–	–	1	–	–	–	–	–
Paraguay	1	1	–	–	1:0	–	–	–	–	–	–	1	–	–
Peru	1	1	–	–	3:1	–	–	–	–	–	–	1	–	–
Polen	14	10	4	–	26:7	4	2	–	5	1	–	1	1	–

Gegner	Zahl der Spiele	Gesamtbilanz				Spiele in Deutschland			im Lande des Gegners oder neutraler Platz			WM- und EM-Endrunden Olympische Spiele		
		Siege	Unentsch.	Niederl.	Tore	Siege	Unentsch.	Niederl.	Siege	Unentsch.	Niederl.	Siege	Unentsch.	Niederl.
Portugal	14	6	5	3	18:13	2	2	1	4	2	1	–	1	1
Rumänien	11	7	3	1	34:12	4	1	–	2	1	1	1	1	–
Russland (Sowjetunion/GUS)	16	12	1	3	43:12	5	–	1	3	–	2	4	1	–
Saarland	2	2	–	–	6:1	1	–	–	1	–	–	–	–	–
Saudi-Arabien	2	2	–	–	11:0	–	–	–	1	–	–	1	–	–
Schottland	14	5	5	4	19:19	2	2	2	1	3	2	2	–	–
Schweden	31	12	7*)	12	56:53	6	4*)	3	3	3	8	3	–	1
Schweiz	47	33	6	8	126:59	13	4	4	17	1	3	3	1	1
Serbien & Montenegro	1	1	–	–	1:0	1	–	–	–	–	–	–	–	–
Slowakei	6	5	–	1	15:5	3	–	–	2	–	1	–	–	–
Spanien	19	8	6	5	27:21	4	2	1	1	3	3	3	1	1
Südafrika	2	1	1	–	3:0	1	–	–	–	1	–	–	–	–
Südkorea	2	2	–	–	4:2	–	–	–	–	–	–	2	–	–
Tschechien	3	3	–	–	7:3	1	–	–	–	–	–	2	–	–
Tschechoslowakei	17	10	4*)	3	36:24	5	1	1	3	1	1	2	2*)	1
Türkei	16	11	3	2	39:8	4	2	1	5	1	1	2	–	–
Tunesien	2	–	2	–	1:1	–	–	–	–	1	–	–	1	–
Ukraine	4	2	2	–	7:2	2	–	–	–	2	–	–	–	–
Ungarn	31	11	10	10	66:62	7	4	2	3	6	6	1	–	2
Uruguay	9	6	2	1	24:9	2	1	–	2	–	–	2	1	1
USA	7	5	–	2	14:10	1	–	–	2	–	2	2	–	–
Verein. Arabische. Emirate	2	2	–	–	7:1	–	–	–	1	–	–	1	–	–
Wales	13	6	5	2	21:10	3	3	–	3	2	2	–	–	–
Zypern	4	4	–	–	24:0	2	–	–	2	–	–	–	–	–
Gesamtbilanz	732	416	150	166	1624:890	184	62	50	164	62	89	68	26	27

*) Darunter ein 2:2 n. V. am 20.6.1976 in Belgrad gegen CSSR, ein 3:3 n. V. am 8.7.1982 in Sevilla gegen Frankreich, ein 0:0 n. V. am 21.6.1986 in Monterrey gegen Mexiko, ein 1:1 am 31.3.1988 in Berlin gegen Schweden, ein 1:1 n. V. am 4.7.1990 in Turin gegen England und ein 1:1 n. V. am 26.6.1996 in London gegen England. Die Spiele werden mit diesen Torergebnissen in allen Bilanzen gewertet, aber unabhängig vom Ausgang des Elfmeterschießens als Unentschieden gewertet. Die Tore aus dem Elfmeterschießen zählen nicht in der Torübersicht; sie dienen lediglich der Ermittlung des Siegers.

Die A-Nationalmannschaften

1908: 3 Spiele: 3 Niederlagen

1 **Schweiz,** 5.4., Basel, 3:5 verloren: Baumgarten – Hempel, Jordan – Ludwig, Hiller II, Weymar – Hensel, Förderer (1), Kipp, Becker (2), Baumgärtner – Kapitän: Hiller II – Schiedsrichter: H.P. Devitte (Schweiz).

2 **England,** 20.4., Berlin, 1:5 verloren: Eichelmann – Hantschick, P. Fischer – Poppe, Hiller II, Weymar – Gehrts, Neumann, Förderer (1), Matthes, Baumgärtner – K.: Hiller II – SR: P. Neumann (Deutschland).

3 **Österreich,** 7.6., Wien, 2:3 verloren: Eichelmann – Riso I, Tänzer – Poetsch, Hiller II, Weymar – Schmidt, Garrn, Kipp (1), Jäger (1), Baumgärtner – K.: Kipp – SR: G. Wagstaffe Simmons (England).

1909: 3 Spiele: 1 Sieg, 1 Unentschieden, 1 Niederlage

4 **England,** 16.3., Oxford, 0:9 verloren: Ad. Werner – Hantschick, Massini – Ugi, Dr. Glaser, Hunder – Albrecht, Garrn, Jäger, Röpnack, Baumgärtner – K.: Dr. Glaser. SR: T. Kyle (England).

5 **Ungarn,** 4.4., Budapest, 3:3 unentschieden: Ad. Werner – Hirth, Riso I – Poetsch, Ugi (1), Hunder – Dutton, Richter, Worpitzky (2), Queck, Schulz – K.: Ugi – SR: H. Meisl (Österreich).

6 **Schweiz,** 4.4., Karlsruhe, 1:0 gewonnen: Illmer – Dr. Nicodemus, Neumaier – Burger, Dr. Glaser, Hiller II – Schweikert, Förderer, Löble, Kipp (1), Oberle – K.: Dr. Glaser – SR: A. Sohn (Deutschland).

1910: 4 Spiele: 1 Sieg, 3 Niederlagen

7 **Schweiz,** 3.4., Basel, 3:2 gewonnen: Riso II – Hempel, Kühnle – Burger, Trautmann, Hunder – Wegele, Hiller III (1), Löble, Kipp (2), Philipp – K.: Hunder – SR: H. P. Devitte (Schweiz).

8 **Niederlande,** 24.4., Arnheim, 2:4 verloren: Chr. Schmidt – Hempel, Hollstein – Poetsch, Breunig, Unfried – Wegele, Gehrts, Fick (1), Kipp (1), Philipp – K.: Chr. Schmidt – SR: J. T. Howcroft (England).

9 **Belgien,** 16.5., Duisburg, 0:3 verloren: Faas – Neumaier, Berghausen – Ugi, Dr. Glaser, Budzinski – Gablonsky, Schilling, Bauwens (Breynk), Reißlant, Bert (Adalbert Friedrich) – K.: Dr. Glaser – SR: H.J. Willing (Niederlande).

10 **Niederlande,** 16.10., Kleve, 1:2 verloren: Ad. Werner – Neiße, Hense – Ugi, Bülte, Weymar – Hanssen, Schilling, Worpitzky, Umbach, Queck (1) – K.: Ugi – SR: H. Istace (Belgien).

1911: 7 Spiele: 2 Siege, 1 Unentschieden, 4 Niederlagen

11 **Schweiz,** 26.3., Stuttgart, 6:2 gewonnen: Ad. Werner – Kühnle, Hollstein – Burger, Breunig (1), Krauß – Gablonsky, Förderer (2), Fuchs (2), Kipp (1), W. Fischer – K.: Breunig – SR: H. Istace (Belgien).

12 **England,** 14.4., Berlin, 2:2 unentschieden: Ad. Werner – Neiße, Hempel – Burger, Ugi, Hunder – Hanssen, Hiller III, Worpitzky, Kipp, Möller (2) – K.: Ugi – SR: H. J. Willing (Niederlande).

13 **Belgien,** 23.4., Lüttich, 1:2 verloren: Ad. Werner – Neiße, Hollstein – Ugi, Breunig, Burger – Hanssen, Förderer (1), Fuchs, Reiser, W. Fischer – K.: Breunig – SR: J. P. Schumacher (England).

14 **Schweden,** 18.6., Stockholm, 4:2 gewonnen: Ad. Werner – Wiggers, Hempel – Burger, Ugi, Hunder – Dumke (3), Droz, Worpitzky, Kipp (1), Möller – K.: Ugi – SR: C. Buchwald (Dänemark).

15 **Österreich,** 9.10., Dresden, 1:2 verloren: Ad. Werner – Röpnack, Hempel – Burger, Breunig, Hunder – Gablonsky, Hiller III, Worpitzky (1), Kipp, Möller – K.: Breunig – SR: H. J. Willing (Niederlande).

16 **Schweden,** 29.10., Hamburg, 1:3 verloren: Ad. Werner – Burger, Hempel – Sorkale, Ugi, Hunder – Gablonsky, Dumke, Jäger, P. Kugler, Möller (1) – K.: Ugi – SR: H. J. Willing (Niederlande).

17 **Ungarn,** 17.12., München, 1:4 verloren: Borck – Hempel, Koenen – Ugi, Knesebeck, Hunder – Wegele, Förderer, Worpitzky (1), Hirsch, Thiel – K.: Ugi – SR: H. Meisl (Österreich).

1912: 8 Spiele: 2 Siege, 2 Unentschieden, 4 Niederlagen

18 **Niederlande,** 24.3., Zwolle, 5:5 unentschieden: Ad. Werner – Röpnack, Hollstein – Burger, Breunig, Gros – Wegele, Förderer, Fuchs (1), Hirsch (4), Oberle – K.: Breunig – SR: J. T. Howcroft (England).

19 **Ungarn,** 14.4., Budapest, 4:4 unentschieden: Ad. Werner – Röpnack, Hempel – Krogmann, Ugi, Krauß – Wegele, Jäger (1), Worpitzky (1), Kipp (1), Möller (1) – K.: Jäger – SR: H. Meisl (Österreich).

20 **Schweiz,** 5.5., St. Gallen, 2:1 gewonnen: Alb. Weber – Hempel, Neumaier – Burger, Dr. Glaser, Ugi – Wegele, Mechling (1), Löble, Kipp (1), Oberle – K.: Dr. Glaser – SR: H. P. Devitte (England).

21 **Österreich,** 29.6. (Olymp. Fußballturnier), Stockholm, 1:5 verloren: Alb. Weber – Röpnack, Hollstein – Krogmann, Breunig, Bosch – Wegele, Jäger (1), Worpitzky, Kipp, Hirsch – K.: Breunig – SR: H. J. Willing (Niederlande).

22 **Rußland,** 1.7. (Olymp. Fußballturnier), Stockholm, 16:0 gewonnen: Ad. Werner – Reese, Hempel – Burger (1), Dr. Glaser, Ugi – Uhle, Förderer (4), Fuchs (10), Oberle (1), Thiel – K.: Ugi – SR: C. J. Groothoff (Niederlande).

23 **Ungarn,** 3.7. (Olymp. Fußballturnier), Stockholm, 1:3 verloren: Ad. Werner – Röpnack, Hollstein – Krogmann, Ugi, Bosch – Wegele, Förderer (1), Fuchs, Hirsch, Oberle – K.: Ugi – SR: C. J. Groothoff (Niederlande).

24 **Dänemark,** 6.10., Kopenhagen, 1:3 verloren: Alb. Weber – Möller, Diemer – Ugi, Knesebeck, Bosch – Wegele, Jäger (1), Worpitzky, Kipp, Wolter – K.: Ugi – SR: H. J. Willing (Niederlande).

25 **Niederlande,** 17.11., Leipzig, 2:3 verloren: Hofmeister – Röpnack, Diemer – Ugi, Breunig, Bosch – Wegele, Förderer, Jäger (2), Kipp, Gaebelein – K.: Breunig – SR: E. Herzog (Ungarn).

1913: 4 Spiele: 4 Niederlagen

26 **England,** 21.3., Berlin, 0:3 verloren: Chr. Schmidt – Diemer, Möller – Völker, Edy, Jungtow – Wegele, Jäger, Löble, Kipp, Fischer – K.: Jäger – SR: H. J. Willing (Niederlande).

27 **Schweiz,** 18.5., Freiburg, 1:2 verloren: Chr. Schmidt – Röpnack, Diemer – Bosch, P. Kugler, H. Schmidt – Wegele, Mechling, Fürst, Kipp (1), Hirsch – K.: Kipp – SR: C. Barette (Frankreich).

28 **Dänemark,** 26.10., Hamburg, 1:4 verloren: J. Schneider – Röpnack, Möller – Kipp, Breunig, Schümmelfelder – Wegele, Förderer, Jäger (1), Hirsch, Zilgas – K.: Breunig – SR: H. J. Willing (Niederlande).

29 **Belgien,** 23.11., Antwerpen, 2:6 verloren: J. Schneider – Röpnack, Möller – Kipp, Breunig, Schümmelfelder – Wegele (1), Jäger, Fuchs (1), Hirsch, Fischer – K.: Röpnack – SR: H. A. M. Terwogt (Niederlande).

1914: 1 Spiel: 1 Unentschieden

30 **Niederlande,** 5.4., Amsterdam, 4:4 unentschieden: Hofmeister – Dr. W. Völker, Rokosch – Schümmelfelder, Ludewig, Bollmann – Wegele (1), Jäger (1), Harder (1), Queck (1), Fischer – K.: Jäger – SR: J. T. Howcroft (England).

1920: 3 Spiele: 1 Sieg, 2 Niederlagen

31 **Schweiz,** 27.6., Zürich, 1:4 verloren: Stuhlfauth – Höschle, Schneider – H. Schmidt, Kalb, Riegel – Wunderlich, Harder, Jäger (1), Seiderer, Wolter – K.: Jäger – SR: L. Ballint (Ungarn).

32 **Österreich,** 26.9., Wien, 2:3 verloren: Stuhlfauth – Mohns, Lohneis – Hagen, Tewes, Riegel – Wunderlich, Harder, Jäger, Seiderer (1), Sutor (1) – K.: Jäger – SR: L. Fehery (Ungarn).

33 **Ungarn,** 24.10., Berlin, 1:0 gewonnen: Lohrmann – Gg. Schneider, Mohns – Krause, Tewes, Riegel – L. Fiederer, Harder, Jäger (1), Popp, Forell – K.: Jäger – SR: Hicscz (Jugoslawien).

1921: 3 Spiele: 2 Unentschieden, 1 Niederlage

34 **Österreich,** 5.5., Dresden, 3:3 unentschieden: Stuhlfauth – Mohns, Fritzsche – Riegel, Tewes, Schümmelfelder – Wunderlich, Popp (1), Seiderer (1), Träg (1), Sutor – K.: Tewes – SR: W. Eymers (Niederlande).

35 **Ungarn,** 5.6., Budapest, 0:3 verloren: Stuhlfauth – Gg. Schneider, H. Müller – Marohn, Tewes, Schümmelfelder – Höger, Schnürle – Jäger, Gröner, Kreß – K.: Jäger – SR: H. Retschury (Österreich).

36 **Finnland,** 18.9., Helsingfors, 3:3 unentschieden: Schwedler – Mohns, J. Müller – Au, Tewes, Krause – Höger, Herberger (2), Kalb (1), Hutter, Wolter – K.: Tewes – SR: E. Albihn (Schweden).

1922: 3 Spiele: 1 Sieg, 2 Unentschieden

37 **Schweiz,** 26.3., Frankfurt a.M., 2:2 unentschieden: Lohrmann – Wellhöfer, J. Müller – Lang, Edy, Hagen – Retter, Franz (1), Seiderer (1), Hutter, Altvater – K.: Seiderer – SR: W. Boas (Niederlande).

38 **Österreich,** 23.4., Wien, 2:0 gewonnen: Mauch – Edy, H. Müller – Wetzel, Kalb, Riegel – Strobel, Weißenbacher (1), Jäger (1), Träg, Sutor – K.: Jäger – SR: F. Gerö (Ungarn).

39 **Ungarn,** 2.7., Bochum, 0:0 unentschieden: Lohrmann – H. Müller, Mohns – Flink, Tewes, H. Schmidt – Strobel, Franz, Jäger, Träg, Esser – K.: Jäger – SR: H. Retschury (Österreich).

1923: 6 Spiele: 2 Siege, 1 Unentschieden, 3 Niederlagen

40 **Italien,** 1.1., Mailand, 1:3 verloren: Stuhlfauth – T. Kugler, J. Müller – Hagen, Lang, H. Schmidt – Wunderlich, Franz, Seiderer (1), Träg, Sutor – K.: Träg – SR: E. Stutz (Schweiz).

41 **Niederlande,** 10.5., Hamburg, 0:0 unentschieden: Dr. Zörner – Risse, H. Müller – Pohl, Eikhof, Krause – Wunderlich, Lüke, Hartmann, Claus-Oehler, Maneval – K.: Wunderlich – SR A. Björklund (Schweden).

42 **Schweiz,** 3.6., Basel, 2:1 gewonnen: Dr. Zörner – Risse, H. Müller – H. Schmidt, Eikhof, Riegel – Montag, Sobeck, Hartmann (2), Wieder, Sutor – K.: Riegel – SR: G. Mauro (Italien).

43 **Schweden,** 29.6., Stockholm, 1:2 verloren: Dr. Zörner – Risse, H. Müller – Hagen, Popp, Riegel – Montag, Franz, Seiderer (1), Wieder, Sutor – K.: Riegel – SR: R. Smedvik (Norwegen).
44 **Finnland,** 12.8., Dresden, 1:2 verloren: Dr. Zörner – Risse, H. Müller – Krause, Eikhof, Pohl – Leip, Lüke, Hartmann, Claus-Oehler (1), Sutor – K.: Eikhof – SR: J. Mutters (Niederlande).
45 **Norwegen,** 4.11., Hamburg, 1:0 gewonnen: Stuhlfauth – Risse, Bache – H. Schmidt, Kalb, Krause – Leip, Reißmann, Harder (1), Wieder, Sutor – K.: Stuhlfauth – SR: Th. van Zwieteren (Niederlande).

1924: 7 Spiele: 3 Siege, 1 Unentschieden, 3 Niederlagen

46 **Österreich,** 13.1., Nürnberg, 4:3 gewonnen: Stuhlfauth – T. Kugler, J. Müller – Hagen, Kalb, H. Schmidt – Auer (1), Franz (3), Seiderer, Wieder, Sutor – K.: Seiderer – SR: E. Hebak (Tschechoslowakei).
47 **Niederlande,** 21.4., Amsterdam, 1:0 gewonnen: Stuhlfauth – J. Müller, Kugler – Hagen, Kalb, H. Schmidt – Auer (1), Franz, Seiderer, Träg, Ascherl – K.: Seiderer – SR: F. Herren (Schweiz).
48 **Norwegen,** 15.6., Christiania, 2:0 gewonnen: Stuhlfauth – Risse, T. Kugler – Lang, Kalb, H. Schmidt – Strobel, Hochgesang, Harder, Wieder (1), Sutor (1) (Krause) – K.: Stuhlfauth – SR: A. Björklund (Schweden).
49 **Schweden,** 31.8., Berlin, 1:4 verloren: Kuhnt – Risse, Bache – Eschenlohr, Lux, Lang – Leip, Hartmann, Harder (1), Kirsei, Paulsen (Schumann) – K.: Harder – SR: F. Herren (Schweiz).
50 **Ungarn,** 21.9., Budapest, 1:4 verloren: Stuhlfauth – Popp, Roller – Lang, Kalb, H. Schmidt – Strobel, Hochgesang, Harder (1), Bantle, Sutor – K.: Harder – SR: H. Retschury (Österreich).
51 **Italien,** 23.11., Duisburg, 0:1 verloren: Stuhlfauth – J. Müller, T. Kugler (H. Müller) – Hagen, Kalb, H. Schmidt – Höger, Fleischmann, Herberger (Franz), Meißner, Paulsen – K.: H. Schmidt – SR: Th. van Zwieteren (Niederlande).
52 **Schweiz,** 14.12., Stuttgart, 1:1 unentschieden: Stuhlfauth – Beier, J. Müller – Hagen, Kalb, H. Schmidt – Höger, Franz, Jäger, Harder (1), Paulsen – K.: Jäger – SR: J. Mutters (Niederlande).

1925: 4 Spiele: 2 Siege, 2 Niederlagen

53 **Niederlande,** 29.3., Amsterdam, 1:2 verloren: Zolper – Beier, J. Müller – Lang, Lux, Hagen – Voß (1), Sobeck, Herberger, Harder, Paulsen – K.: Harder – SR: F. Herren (Schweiz).
54 **Schweden,** 21.6., Stockholm, 0:1 verloren: Ertl – Beier (Aug. Werner), Kutterer – Lang, Niederbacher, Martwig – Ruch, Montag, Karl Schulz, Ritter, Paulsen – K.: Lang – SR: L. Andersen (Dänemark).
55 **Finnland,** 26.6. Helsingfors, 5:3 gewonnen: Ertl – Aug. Werner, Kutterer – Lang, Lux, Martwig – Voß (1), Montag, K. Schulz, Paulsen (3), Ruch (1) – K.: Paulsen – SR: O. Benzer (Schweden).
56 **Schweiz,** 25.10., Basel, 4:0 gewonnen: Ertl – J. Müller, Kutterer – Lang, Köhler, H. Schmidt – Martwig, Franz, Harder (3), Hochgesang (1), Sutor – K.: Harder – SR: E. Braun (Österreich).

1926: 4 Spiele: 2 Siege, 1 Unentschieden, 1 Niederlage

57 **Niederlande,** 18.4., Düsseldorf, 4:2 gewonnen: Ertl – J. Müller, Kutterer – Nagelschmitz, Köhler, Lang – Schröder, Gedlich, Harder (1), Pöttinger (3), L. Hofmann – K.: Harder – SR: L. Andersen (Dänemark).
58 **Schweden,** 20.6., Nürnberg, 3:3 unentschieden: Stuhlfauth – Popp, Kutterer – Martwig, Köhler, Schmidt – Auer, Franz, Harder (3), Pöttinger, L. Hofmann – K.: Harder – SR: L. Andersen (Dänemark)
59 **Niederlande,** 31.10., Amsterdam, 3:2 gewonnen: Ertl – J. Müller, Kutterer – Martwig (Geiger), Kalb, H. Schmidt – Scherm, Hochgesang, Harder (2), Wieder (1), Träg – K.: Harder – SR: A. J. Prince Cox (England).
60 **Schweiz,** 12.12., München, 2:3 verloren: Ertl – Beier, Kutterer – Geiger, Köhler, H. Schmidt – Scherm (1), Hochgesang (1), Harder, Wolpers, L. Hofmann – K.: Harder – SR: J. Mutters (Niederlande).

1927: 3 Spiele: 1 Sieg, 1 Unentschieden, 1 Niederlage

61 **Dänemark,** 2.10., Kopenhagen, 1:3 verloren: Ertl – Brunke, Kling – Mantel, Leinberger, Blum – Haftmann, R. Hofmann, Gedlich, Frank, Kießling (1) – K.: Blum – SR: R. Smedvik (Norwegen).
62 **Norwegen,** 23.10., Altona, 6:2 gewonnen: Stuhlfauth – Brunke, T. Kugler – Köpplinger, Kalb (1), Martwig – Reinmann, Hochgesang (2), Pöttinger (2), R. Hofmann, L. Hofmann (1) – K.: Kalb – SR: L. Andersen (Dänemark).
63 **Niederlande,** 20.11., Köln, 2:2 unentschieden: Stuhlfauth – Falk, T. Kugler – J. Weber, Kalb, Heidkamp – Reinmann, R. Hofmann, Pöttinger (2), Kuzorra, L. Hofmann – K.: Kalb – SR: A. J. Prince Cox (England).

1928: 6 Spiele: 4 Siege, 2 Niederlagen

64 **Schweiz,** 15.4., Bern, 3:2 gewonnen: Wentorf – J. Müller, Kutterer – Knöpfle, Leinberger, Berthold – E. Albrecht (1), Hornauer (1), Pöttinger, R. Hofmann (1), L. Hofmann – K.: J. Müller – SR: S. F. Rous (England).

65 **Schweiz,** 28.6. (Olymp, Fußballturnier), Amsterdam, 4:0 gewonnen: Stuhlfauth – Beier, H. Weber – Knöpfle, Kalb, Leinberger – E. Albrecht, Hornauer (1), Pöttinger, R. Hofmann (3), L. Hofmann – K.: Kalb – SR: W. Eymers (Niederlande).

66 **Uruguay,** 3.6. (Olymp. Fußballturnier), Amsterdam, 1:4 verloren: Stuhlfauth – Beier, H. Weber – Knöpfle, Kalb, Leinberger – E. Albrecht, Hornauer, Pöttinger, R. Hofmann (1), L. Hofmann – K.: Kalb – SR: Youssef Mohammed (Ägypten).

67 **Dänemark,** 16.9., Nürnberg, 2:1 gewonnen: Wentorf – Beier, H. Weber – Knöpfle, Leinberger, Heidkamp (1) – Reinmann, Horn, J. Schmitt, Pöttinger, L. Hofmann (1) – K.: Beier – SR: P. Ruoff (Schweiz).

68 **Norwegen,** 23.9., Oslo, 2:0 gewonnen: Stuhlfauth – H. Müller, Risse – Knöpfle, Leinberger, Heidkamp – E. Albrecht, Winkler, J. Schmitt (1), Kuzorra (1), Kießling – K.: Stuhlfauth – SR: L. Andersen (Dänemark).

69 **Schweden,** 30.9., Stockholm, 0:2 verloren: Gehlhaar – Beier, H. Weber – Knöpfle, Köhler, Heidkamp – E. Albrecht, Sobeck, Pöttinger, Kuzorra, L. Hofmann – K.: Beier – SR: S. Hansen (Dänemark).

1929: 5 Spiele: 4 Siege, 1 Unentschieden

70 **Schweiz,** 10.2., Mannheim, 7:1 gewonnen: Kreß – Schütz, H. Weber – Geiger, Leinberger, Knöpfle – Reinmann, Sobeck (2), Pöttinger (1), Frank (4), L. Hofmann – K.: Pöttinger – SR: L. Andersen (Dänemark).

71 **Italien,** 28.4., Turin, 2:1 gewonnen: Stuhlfauth – Beier, H. Weber – Geiger, Leinberger, Knöpfle – E. Albrecht, Hornauer (1), Pöttinger, Frank (1), L. Hofmann – K.: Stuhlfauth – SR: E. Gray (England).

72 **Schottland,** 1.6., Berlin, 1:1 unentschieden: Stuhlfauth – Schütz, Brunke – Geiger, Gruber, Heidkamp – Ruch (1), Sobeck, Pöttinger, R. Hofmann, L. Hofmann – K.: Stuhlfauth – SR: O. Olssen (Schweden).

73 **Schweden,** 23.6., Köln, 3:0 gewonnen: W. Kreß – Schütz, H. Weber – Geiger, Leinberger, Knöpfle – E. Albrecht, Sobeck, Horn, R. Hofmann (3), L. Hofmann – K.: L. Hofmann – SR: E. Braun (Österreich).

74 **Finnland,** 20.10., Altona, 4:0 gewonnen: Blunk – Beler, Hagen – Flick, K. Schulz, W. Völker – E. Albrecht, Szepan (1), Horn, R. Hofmann (1), Sackenheim (2) – K.: Hagen – SR: B. H. Bech (Norwegen).

1930: 6 Spiele, 2 Siege, 2 Unentschieden, 2 Niederlagen

75 **Italien,** 2.3., Frankfurt a. M., 0:2 verloren: Stuhlfauth – Hagen, H. Weber – Knöpfle (Mantel), Leinberger, Heidkamp – E. Albrecht, Szepan, Pöttinger, Frank, L. Hofmann – K.: Stuhlfauth – SR: P. Ruoff (Schweiz).

76 **Schweiz,** 4.5., Zürich, 5:0 gewonnen: W. Kreß – Schutz, Stubb (Hagen) – Hergert, Leinberger, Heidkamp – Bergmaier, Sackenheim, Kuzorra (3), R. Hofmann (2), A. Huber – K.: Leinberger – SR: S. F. Rous (England).

77 **England,** 10.5., Berlin, 3:3 unentschieden: W. Kreß – Schutz, Stubb – Heidkamp, Leinberger, Mantel – Bergmaier, Pöttinger, Kuzorra, R. Hofmann (3), L. Hofmann – K.: L. Hofmann – SR: J. Mutters (Niederlande).

78 **Dänemark,** 7.9., Kopenhagen, 3:6 verloren: Wenz – Brunke, Stubb – Hergert, Münzenberg, Mantel – Straßburger, Sobeck, Hohmann (1), R. Hofmann (1), Kund (1) – K.: R. Hofmann – SR: O. Olssen (Schweden).

79 **Ungarn,** 28.9., Dresden, 5:3 gewonnen: Kreß – Schütz, Burkhardt – Hergert, Leinberger, Heidkamp – Albrecht, Lachner (1), Ludwig (1), R. Hofmann (1), L. Hofmann (2) – K.: R. Hofmann – SR: L. Andersen (Dänemark).

80 **Norwegen,** 2.11., Breslau, 1:1 unentschieden: Jakob – Weber, Stubb – Kauer, Münzenberg, Wendl – Albrecht, Lachner, Hohmann (Hanke(1), R. Hofmann, Straßburger – K.: R. Hofmann – SR: H. S. Boekmann (Niederlande).

1931: 7 Spiele: 1 Sieg, 3 Unentschieden, 3 Niederlagen

81 **Frankreich,** 15.3., Paris 0:1 verloren: Kreß – Schütz, Weber – Münzenberg, Leinberger, Knöpfle – Bergmaier, Haringer, Hergert, R. Hofmann, L. Hofmann (Welker) – K.: R. Hofmann – SR: T. Crew (England).

82 **Niederlande,** 26.4., Amsterdam, 1:1 unentschieden: Kreß – Schröder, Weber – Stößel, Kauer, Knöpfle – Albrecht, Lachner, Schlösser (1), R. Hofmann, F. Müller – K.: H. Weber – SR: A. Bergquist (Schweden).

83 **Österreich,** 24.5., Berlin, 0:6 verloren: Gehlhaar – Beier, Weber – Knöpfle, Münzenberg, E. Müller – Bergmaier, Sobeck, Hohmann, R. Hofmann, F. Müller – K.: H. Weber – SR: O. Olssen (Schweden).

84 **Schweden,** 17.6., Stockholm, 0:0 unentschieden: Kreß – Emmerich, Brunke – Kauer, Leinberger, Knöpfle – Bergmaier, Sobeck, Ludwig, Widmayer, Sackenheim – K.: Leinberger – SR: J. Langenus (Belgien).

85 **Norwegen,** 21.6., Oslo, 2:2 unentschieden: Kreß – Emmerich, Brunke – Kauer, Leinberger, Knöpfle – Bergmaier (1), Sobeck, Ludwig (1), Widmayer, Sackenheim – K.: Leinberger – SR: I. Eklind (Schweden).

86 **Österreich,** 13.9., Wien, 0:5 verloren: Kreß – Emmerich, Brunke – Kauer, Leinberger, Knöpfle – Weiß, Hornauer, Kuzorra, R. Hofmann, Kund – K.: Leinberger – SR: O. Olssen (Schweden).

87 **Dänemark,** 27.9., Hannover, 4:2 gewonnen: Kreß – Schütz, Stubb – Gramlich, Leinberger, Knöpfle – H. Tibulski, Szepan, Kuzorra (1), R. Hofmann (3), Kobierski – K.: Leinberger – SR: A. Miesz (Österreich).

1932: 5 Spiele: 3 Siege, 2 Niederlagen

88 **Schweiz,** 6.3., Leipzig, 2:0 gewonnen: Kreß – Schütz, Stubb – Gramlich, Leinberger, Knöpfle – Langenbein, Rohr, Kuzorra, R. Hofmann (2), Kobierski – K.: Leinberger – SR: H. S. Boekmann (Niederlande).

89 **Finnland,** 1.7., Helsingfors, 4:1 gewonnen: Jakob – Schütz, Stubb – Gramlich, Leinberger, Knöpfle – Fischer, R. Hofmann (3), Rutz (1), Kuzorra, Kobierski – K.: Leinberger – SR: J. Anderssen (Schweden).

90 **Schweden,** 25.9., Nürnberg, 4:3 gewonnen: Jakob – Haringer, Stubb – Knöpfle, Leinberger, Oehm – Bergmaier, Krumm (1), Rohr (2), R. Hofmann, Kobierski (1) – K.: Leinberger – SR: R. Barlassina (Italien).

91 **Ungarn,** 30.10., Budapest, 1:2 verloren: Jakob – L. Huber, Wendl – Janes, Leinberger (Joppich), Knöpfle – Albrecht, Lachner, Malik (1), R. Hofmann, Kobierski – K.: Leinberger – SR: A. Carraro (Italien).

92 **Niederlande,** 4.12., Düsseldorf, 0:2 verloren: Buchloh – Schütz, Stubb – Mahlmann, Leinberger, Knöpfle – Albrecht, Wigold, Kuzorra, R. Hofmann, Kobierski – K.: Leinberger – SR: O. Olssen (Schweden).

1933: 6 Spiele: 3 Siege, 2 Unentschieden, 1 Niederlage

93 **Italien,** 1.1., Bologna, 1:3 verloren: Jakob (Buchloh) – Haringer, Wendl – Gramlich, Leinberger, Knöpfle – Bergmaier, Krumm, Rohr (1), Malik, Kobierski – K. Leinberger – SR: L. Baert (Belgien).

94 **Frankreich**, 19.3., Berlin, 3:3 unentschieden: Jakob – Haringer, Wendl – Gramlich, Hergert, Mantel – Fischer, Lachner (1), Rohr (2), Lindner (R. Hofmann), Kobierski – K.: Hergert – SR: T. Crew (England).

95 **Belgien**, 22.10., Duisburg, 8:1 gewonnen: Buchloh – Busch, Hundt – Janes, Bender, Breuer – Albrecht (1), Wigold (2), Hohmann (3), Rasselnberg (1), Kobierski (1) – K.: E. Albrecht – SR: O. Olssen (Schweden).

96 **Norwegen**, 5.11., Magdeburg, 2:2 unentschieden: Buchloh – Hundt, Busch – Janes, Bender, Breuer – Albrecht (1), Wigold, Hohmann (1), Rasselnberg, Kobierski – K.: E. Albrecht – SR: J. F. van Moorsel (Niederlande).

97 **Schweiz**, 19.11., Zürich, 2:0 gewonnen: Jakob – Haringer, Wendl – Gramlich, Goldbrunner, Eiberle – Lehner, Lachner (1), Hohmann (1), Rasselnberg, Heidemann – K.: Gramlich – SR: R. Barlassina (Italien).

98 **Polen**, 3.12., Berlin, 1:0 gewonnen: Jakob – Haringer, Krause – Janes, Bender, Appel – Lehner, Lachner, Hohmann, Rasselnberg (1), Kobierski – K.: Kobierski – SR: O. Olssen (Schweden).

1934: 8 Spiele: 7 Siege, 1 Niederlage

99 **Ungarn**, 14.1., Frankfurt a. M., 3:1 gewonnen: Kreß – Haringer (Schäfer), Stubb (1) – Gramlich, Goldbrunner, Oehm – Lehner, Lachner (1), Conen (1), Noack, Politz – K.: Gramlich – SR: L. Baert (Belgien).

100 **Luxemburg**, 11.3., Luxemburg, 9:1 gewonnen (WM-Qualifikation): Buchloh – Hundt, Haringer – Janes, Szepan, Oehm – Albrecht (1), Wigold (1), Hohmann (3), Rasselnberg (4), Kobierski – K.: E. Albrecht – SR: Th. de Wolf (Niederlande).

101 **Belgien**, 27.5. (Weltmeisterschaft - Vorrunde), Florenz, 5:2 gewonnen: Kreß - Haringer, Schwartz - Janes, Szepan, Zielinski - Lehner, Hohmann, Conen (3), Siffling (1), Kobierski (1) - K.: Szepan - SR: F. Mattea (Italien).

102 **Schweden**, 31.5. (Weltmeisterschaft - Zwischenrunde), Mailand, 2:1 gewonnen: Kreß - Haringer, Busch - Gramlich, Szepan, Zielinski - Lehner, Hohmann (2), Conen, Siffling, Kobierski - K.: Szepan - SR: R. Barlassina (Italien).

103 **Tschechoslowakei**, 3.6. (Weltmeisterschaft - Halbfinale), Rom, 1:3 verloren: Kreß - Haringer, Busch - Zielinski, Szepan, Bender - Lehner, Siffling, Conen, Noack (1), Kobierski - K.: Szepan - SR: R. Barlassina (Italien).

104 **Österreich**, 7.6. (Weltmeisterschaft - Spiel um den 3. und 4. Platz), Neapel, 3:2 gewonnen: Jakob - Janes, Busch - Zielinski, Münzenberg, Bender - Lehner (2), Siffling, Conen (1), Szepan, Heidemann - K.: Szepan - SR: A. Carraro (Italien).

105 **Polen**, 9.9., Warschau, 5:2 gewonnen: Buchloh - Janes, Busch - Zielinski, Münzenberg, Bender - Lehner (2), Siffling (1), Hohmann (1), Szepan (1), Fath - K.: Szepan - SR: O. Olssen (Schweden).

106 **Dänemark**, 7.10., Kopenhagen, 5:2 gewonnen: Buchloh - Janes, Schwartz - Gramlich, Münzenberg, Zielinski - Lehner, Hohmann (1), Rohwedder (1), Szepan, Fath (3) - K.: Szepan - SR: R. Bäckström (Schweden).

1935: 17 Spiele: 13 Siege, 1 Unentschieden, 3 Niederlagen

107 **Schweiz**, 27.1., Stuttgart, 4:0 gewonnen: Buchloh - Stührk, Busch - Gramlich, Goldbrunner, Appel - Lehner (1), Siffling, Conen (3), Rohwedder, Kobierski - K.: Goldbrunner - SR: L. Leclercq (Frankreich).

108 **Niederlande**, 17.2., Amsterdam, 3:2 gewonnen: Buchloh - Stührk, Busch - Gramlich, Münzenberg, Zielinski (Janes) - Lehner, Hohmann (1), Conen (1), Rohwedder, Kobierski (1) - Gramlich - SR: O. Olssen (Schweden).

109 **Frankreich**, 17.3., Paris, 3:1 gewonnen: Jakob - Janes, Busch - Gramlich, Münzenberg, Zielinski - Lehner (1), Hohmann (1), Conen, Siffling, Kobierski (1) - K.: Gramlich - SR: L. Baert (Belgien).

110 **Belgien**, 28.4., Brüssel, 6:1 gewonnen: Jakob - Munkert, Busch - Gramlich, Goldbrunner, W. Schulz - Lehner, Siffling, Lenz (2), Damminger (2), Fath (2) - K.: Gramlich - SR: Dr. J. F. van Moorsel (Niederlande).

111 **Irland**, 8.5., Dortmund, 3:1 gewonnen: Buchloh - Janes, Tiefel - Zielinski, Goldbrunner, Bender - Lehner (1), Siffling, Lenz, Damminger (2), Fath - K.: Buchloh - SR: A. Krist (Tschechoslowakei).

112 **Spanien**, 12.5., Köln, 1:2 verloren: Buchloh - Janes, Busch - Gramlich, Münzenberg, Bender - Lehner, Hohmann, Conen (1), Rasselnberg, Fath - K.: Gramlich - SR: J. Langenus (Belgien).

113 **Tschechoslowakei**, 26.5., Dresden, 2:1 gewonnen: Jakob - Janes, Tiefel - Gramlich, Goldbrunner, Zielinski - Lehner, Lenz (2), Conen, Siffling, Fath - K.: Gramlich - SR: J. Langenus (Belgien).

114 **Norwegen**, 27.6., Oslo, 1:1 unentschieden: Jakob - Janes, Tiefel - Gramlich, Goldbrunner, Zielinski - Lehner, Lenz (1), Conen, Siffling, Fath - K.: Gramlich - SR: S. Flisberg (Schweden).

115 **Schweden**, 30.6., Stockholm, 1:3 verloren: Buchloh - Janes, Tiefel - Zielinski, Münzenberg, Bender - Lehner, Siffling, Conen, Rohwedder (1), Kobierski - K.: Münzenberg - SR: E. Ulrich (Dänemark).

116 **Finnland**, 18.8., München, 6:0 gewonnen: Jakob - Janes, Munkert - Gramlich, Goldbrunner, Schulz - Lehner (3), Siffling, Conen (3), Szepan, Fath - K.: Szepan - SR: B. Pfitzner (Tschechoslowakei).

117 **Luxemburg**, 18.8., Luxemburg, 1:0 gewonnen: Jürissen - Busch, H. Gramlich - Zielinski, Sold, Stephan - Elbern, Gellesch, Fricke, Urban, Günther (1) - K.: Busch - SR: L. Baert (Belgien).

118 **Rumänien**, 25.8., Erfurt, 4:2 gewonnen: Buchloh - Münzenberg, H. Gramlich - Werner, Deike, Kitzinger - Malecki, Lenz (1), Hohmann (1), Rasselnberg (1), Simetsreiter (1) - K.: Hohmann - SR: Dr. J. F. van Moorsel (Niederlande).

119 **Polen**, 15.9., Breslau, 1:0 gewonnen: Jakob - Haringer, H. Gramlich - R. Gramlich, Goldbrunner, Zielinski - Lehner, Lenz, Conen (1), Siffling, Fath - K.: Rudolf Gramlich - SR: O. Olssen (Schweden).

120 **Estland**, 15.9., Stettin, 5:0 gewonnen: Sonnrein - Münzenberg, Tiefel - Sukop, Mathies, W. Schulz - Malecki (1), Hohmann, Damminger (1), Rasselnberg (1), Simetsreiter (2) - K.: Hohmann - SR: E. Malmström (Schweden).

121 **Lettland**, 13.10., Königsberg, 3:0 gewonnen: Jürissen - Stührk, Tiefel - Ruchay, Mathies, Appel - Langenbein (1), Lenz (1), Panse (1), Bökle, Heidemann - K.: Tiefel - SR: M. Rutkowski (Polen).

122 **Bulgarien**, 20.10., Leipzig, 4:2 gewonnen: Buchloh – Münzenberg, Haringer – Gramlich, Goldbrunner, Warnken – Lehner (1), Siffling, Poertgen (1), Szepan, Simetsreiter (2) – K.: Szepan – SR: M. Ivancsics (Ungarn).
123 **England**, 4.12., London, 0:3 verloren: Jakob – Haringer, Münzenberg – Janes, Goldbrunner, Gramlich – Lehner, Szepan, Hohmann, Rasselnberg, Fath – K.: Szepan – SR: O. Olssen (Schweden).

1936: 11 Spiele: 5 Siege, 2 Unentschieden, 4 Niederlagen

124 **Spanien**, 23.2., Barcelona, 2:1 gewonnen: Jakob – Münzenberg, Munkert – Janes, Goldbrunner, R. Gramlich – Lehner, Siffling, Lenz, Szepan, Fath (2) – K.: Szepan – SR: J. Langenus (Belgien).
125 **Portugal**, 27.2., Lissabon, 3:1 gewonnen: Buchloh (Jakob) – Münzenberg, Tiefel – Janes, Goldbrunner, Kitzinger (1) – Lehner (1), Hohmann (1), Siffling, Szepan, Simetsreiter – K.: Szepan – SR: P. Escartin (Spanien).
126 **Ungarn**, 15.3., Budapest, 2:3 verloren: Sonnrein – Münzenberg, Munkert – Janes, Sold, Kitzinger – Elbern, Gellesch, Lenz (1), Szepan, Urban (1) – K.: Szepan – SR: A. Krist (Tschechoslowakei).
127 **Luxemburg**, 4.8., Berlin (Olymp. Fußballturnier), 9:0 gewonnen: Buchloh – Münzenberg, Ditgens – Mehl, Goldbrunner, Bernard – Elbern (1), Gauchel (2), Hohmann, Urban (3), Simetsreiter (3) – K.: Münzenberg – SR: P. von Hertzka (Ungarn).
128 **Norwegen**, 7.8., Berlin (Olymp. Fußballturnier), 0:2 verloren: Jakob – Münzenberg, Ditgens – Gramlich, Goldbrunner, Bernard – Lehner, Siffling, Lenz, Urban, Simetsreiter – K.: Gramlich – SR: Dr. A. W. Barton (England).
129 **Polen**, 13.9., Warschau, 1:1 unentschieden: Buchloh – Janes, Münzenberg – Mehl, Rodzinski, Kitzinger – Elbern, Gauchel, Hohmann (1), Euler, Günther – K.: Münzenberg – SR: R. Eklöw (Schweden).
130 **Tschechoslowakei**, 27.9., Prag, 2:1 gewonnen: Jakob – Münzenberg, Munkert – Rodzinski, Goldbrunner, Kitzinger – Elbern (1), Gellesch, Siffling (1), Lenz, Kobierski – K.: Münzenberg – SR: Dr. J. F. Moorsel (Niederlande).
131 **Luxemburg**, 27.9., Krefeld, 7:2 gewonnen: Jürissen – Busch, Sievert – O. Tibulski, Rohde, Zielinski – Malecki (1), Billen, Poertgen (3), Kuzorra (2), Günther (1) – K.: Busch – SR: O. Olssen (Schweden).
132 **Schottland**, 14.10., Glasgow, 0:2 verloren: Jakob – Münzenberg, Munkert – Janes, Goldbrunner, Kitzinger – Elbern, Gellesch, Siffling, Szepan, Urban – K.: Szepan – SR: H. Nattras (England).
133 **Irland**, 17.10., Dublin, 2:5 verloren: Jakob – Münzenberg, Munkert – Rodzinski, Goldbrunner, Kitzinger – Lehner, Siffling, Hohmann, Szepan (1), Kobierski (1) – K.: Szepan – SR: W. Webb (Schottland).
134 **Italien**, 15.11., Berlin, 2:2 unentschieden: Jakob – Münzenberg, Munkert – Janes, Goldbrunner, Kitzinger – Elbern, Gellesch, Siffling (2), Szepan, Urban – K.: Szepan – SR: R. Eklöw (Schweden).

1937: 11 Spiele: 10 Siege, 1 Unentschieden

135 **Niederlande**, 31,1., Düsseldorf, 2:2 unentschieden: Jakob – Janes, Münzenberg – Gellesch, Goldbrunner, Kitzinger – Lehner (2), Hohmann, Friedel, Szepan, Günther – K.: Szepan – SR: I Leclercq (Frankreich).
136 **Frankreich**, 21.3., Stuttgart, 4:0 gewonnen: Jakob – Janes, Münzenberg – Gellesch, Goldbrunner, Kitzinger – Lehner (1), Siffling, Lenz (1), Szepan, Urban (2) – K.: Szepan – SR: R. Barlassina (Italien).
137 **Luxemburg**, 21.3., Luxemburg, 3:2 gewonnen: Köhl – Appel, Klaas – Kupfer, Sold, Schädler – Malecki, Gauchel, Poertgen (1), Hohmann, Striebinger (2) – K.: Hohmann – SR: K. Wunderlin (Schweiz).
138 **Belgien**, 25.4., Hannover, 1:0 gewonnen: Jakob – Haringer, Münzenberg – Kupfer, Goldbrunner, Kitzinger – Lehner, Rohwedder, Lenz, Hohmann (1), Striebinger – K.: Münzenberg – SR: A. J. Jewell (England).
139 **Schweiz**, 2.5., Zürich, 1:0 gewonnen: Jakob – Billmann, Münzenberg – Kupfer, Goldbrunner, Kitzinger (1) – Lehner, Szepan, Eckert, Noack, Urban – K.: Szepan – SR: L. Baert (Belgien).
140 **Dänemark**, 16.5., Breslau, 8:0 gewonnen: Jakob – Janes, Münzenberg – Kupfer, Goldbrunner, Kitzinger – Lehner (1), Gellesch, Siffling (5), Szepan (1), Urban (1) – K.: Szepan – SR: A. Krist (Tschechoslowakei).
141 **Lettland**, 25.6., Riga, 3:1 gewonnen: Jürissen – Welsch, Münzenberg – Männer, Sold, Schädler – Elbern, Siffling, Berndt (2), Hohmann (1), Simetsreiter – K.: Hohmann – SR: A. Krist (Tschechoslowakei).

142 **Finnland**, 29.6., Helsinki, 2:0 gewonnen (WM-Qualifikation): Jakob – Janes, Münzenberg – Kupfer, Goldbrunner, Kitzinger – Lehner (1), Gellesch, Siffling, Szepan, Urban (1) – K.: Szepan – SR: Dr. Remke (Dänemark).

143 **Estland**, 29.8., Königsberg, 4:1 gewonnen (WM-Qualifikation): Jakob – Janes, Münzenberg – Rose, Goldbrunner, Schädler – Lehner (2), Gauchel (2), Berndt, Szepan, Simetsreiter – K.: Szepan – SR: B. Pfitzner (Tschechoslowakei).

144 **Norwegen**, 24.10., Berlin, 3:0 gewonnen: Jakob – Janes, Münzenberg – Kupfer, Goldbrunner, Kitzinger – Lehner, Gellesch, Siffling (3), Szepan, Urban – K.: Szepan – SR: P. Snape (England).

145 **Schweden**, 21.11., Hamburg, 5:0 gewonnen (WM-Qualifikation): Jakob – Janes, Münzenberg – Kupfer, Goldbrunner, Gellesch – Lehner, Schön (2), Siffling (2), Szepan (1), Urban – K.: Szepan – SR: B. Pfitzner (Tschechoslowakei).

1938: 9 Spiele: 3 Siege, 4 Unentschieden, 2 Niederlagen

146 **Schweiz**, 6.2., Köln, 1:1 unentschieden: Jürissen – Janes, Münzenberg – Kupfer, Sold, Gellesch – Lehner, Urban, Siffling, Szepan (1), Striebinger – K.: Szepan – SR: R. G. Rudd (England).

147 **Ungarn**, 20.3., Nürnberg, 1:1 unentschieden: Jakob – Billmann, Münzenberg – Kitzinger, Goldbrunner, Mengel – Lehner, Siffling (1), Berndt, Kuzorra, Fath – K.: Münzenberg – SR: J. Langenus (Belgien).

148 **Luxemburg**, 20.3., Wuppertal, 2:1 gewonnen: H. Klodt – Schulz, Ditgens – Berg, Sold, Schädler – Winkler, Gauchel (2), Lenz, Heibach, Holz – K.: Sold – SR: Wüthrich (Schweiz).

149 **Portugal**, 24.4., Frankfurt, 1:1 unentschieden: Jakob – Janes, Münzenberg – Kupfer, Goldbrunner, Kitzinger – Lehner, Gellesch, Siffling (1), Szepan, Fath – K.: Szepan – SR: R. Barlassina (Italien).

150 **England**, 14.5., Berlin, 3:6 verloren: Jakob – Janes, Münzenberg – Kupfer, Goldbrunner, Kitzinger – Lehner, Gellesch (1), Gauchel (1), Szepan, Pesser (1) – K.: Szepan – SR: J. Langenus (Belgien).

151 **Schweiz**, 4.6., Paris (Weltmeisterschaft), 1:1 nach Verlängerung: Raftl – Janes, Schmaus – Kupfer, Mock, Kitzinger – Lehner, Gellesch, Gauchel (1), Hahnemann, Pesser – K.: Mock – SR: J. Langenus (Belgien).

152 **Schweiz**, 9.6., Paris (Weltmeisterschaft, Wiederholungsspiel), 2:4 verloren: Raftl – Janes, Streitle – Kupfer, Goldbrunner, Skoumal – Lehner, Stroh, Hahnemann (1), Szepan, Neumer (1 Selbsttor Lörtscher) – K.: Szepan – SR: Eklind (Schweden).

153 **Polen**, 18.9., Chemnitz, 4:1 gewonnen: Jakob – Janes, Münzenberg – Kupfer, Goldbrunner, Kitzinger – Hahnemann, Stroh, Gauchel (3), Schön (1), Pesser – K.: Münzenberg – SR Wüthrich (Schweiz).

154 **Rumänien**, 25.9., Bukarest, 4:1 gewonnen: Raftl – Appel, Schmaus – Wagner, Mock, Skoumal – Biallas, Hahnemann, Stroh (1), Schön (1), Pesser (1) (Eigentor Albu) – K.: Mock – SR: Popovich (Jugoslawien).

1939: 15 Spiele: 9 Siege, 2 Unentschieden, 4 Niederlagen

155 **Belgien**, 25.1., Brüssel, 4:1 gewonnen: Platzer – Streitle, Schmaus – Rohde, Goldbrunner, Gellesch – Lehner (1), Hahnemann (1), Binder (1), Schön (1), Arlt – K.: Goldbrunner – SR: Eklöw (Schweden).

156 **Jugoslawien**, 26.2., Berlin, 3:2 gewonnen: H. Klodt – Janes (1), Streitle – Kupfer, O. Tibulski, Kitzinger – Biallas (1), Stroh, Gauchel, Hahnemann, Urban (1) – K.: Janes – SR: Rutkowski (Polen).

157 **Italien**, 26.3., Florenz, 2:3 verloren: Platzer – Janes (1), Schmaus – Kupfer, Goldbrunner, Kitzinger – Lehner, Hahnemann (1), Gauchel, Schön, Pesser – K.: Janes – SR: Baert (Belgien).

158 **Luxemburg**, 26.3., Differdingen, 1:2 verloren: Flotho – Münzenberg, Immig – Rohde, Picard, Männer – Malecki, Pöhler, Hänel (1), Fiederer, Arlt – K.: Münzenberg – SR: Charlier (Belgien).

159 **Irland**, 23.5., Bremen, 1:1 unentschieden: Jakob – Janes, Streitle – Kupfer, Rohde, Kitzinger – Lehner, Hahnemann, Gauchel, Schön (1), Arlt – K.: Janes – SR: Dr. Remke (Dänemark).

160 **Norwegen**, 22.6., Oslo, 4:0 gewonnen: H. Klodt – Janes (1), Schmaus – Kupfer, Goldbrunner, Kitzinger – Lehner, Gellesch, Schön (2), Schaletzki, Urban (1) – K.: Janes – SR: Eklind (Schweden).

161 **Dänemark**, 25.6., Kopenhagen, 2:0 gewonnen: H. Klodt – Janes, Streitle – Kupfer, Rohde, Kitzinger – Biallas, Hahnemann, Conen (1), Gauchel (1), Arlt – K.: Janes – SR: Johansen (Norwegen).

162 **Estland**, 29.6., Tallinn, 2:0 gewonnen: Deyhle – Janes, Moog – Jakobs, Rohde, Männer – Lehner (1), Schaletzki (1), Hänel, Gauchel, Arlt – K.: Janes – SR: Jürgens (Lettland).

163 **Slowakei**, 27.8., Preßburg, 0:2 verloren: Jürissen – Immig, Marischka – Sabeditsch, Pekarek, Merkel – Hofer, Reitermaier, Binder, Kaburek, Gärtner – K.: Binder – SR: Popovich (Jugoslawien).

164 **Ungarn**, 24.9., Budapest, 1:5 verloren: Jakob – Janes, Schmaus – Kupfer, Goldbrunner, Kitzinger – Lehner (1), Gellesch, Schön, Szepan, Pesser – K.: Szepan – SR: Dattilo (Italien).

165 **Jugoslawien**, 15.10., Zagreb, 5:1 gewonnen: H. Klodt – Janes, Billmann – Kupfer, Sold, Kitzinger – Lehner, Schön (3), Conen, Szepan (2), Urban – K.: Szepan – SR: Barlassina (Italien).
166 **Bulgarien**, 22.10., Sofia, 2:1 gewonnen: H. Klodt – Janes, Billmann – Kupfer, Sold, Kitzinger – Lehner, Gellesch, Conen (1), Szepan, Urban (1) – K.: Szepan – SR: Stefanowitsch (Jugoslawien).
167 **Böhmen-Mähren**, 12.11., Breslau, 4:4 unentschieden: Raftl – Janes (1), Billmann – Kupfer, Sold, Männer – Lehner, Schön, Binder (3), Urban, Arlt – K.: Janes – SR: Popovich (Jugoslawien).
168 **Italien**, 26.11.. Berlin, 5:2 gewonnen: Raftl – Janes, Billmann – Kupfer, Rohde, Kitzinger – Lehner (1), Hahnemann, Conen (1), Binder (3), Pesser – K.: Janes – SR: Escartin (Spanien).
169 **Slowakei**, 3.12., Chemnitz, 3:1 gewonnen: Jahn – Billmann, Kubus – Goede, Rohde, Kitzinger – Lehner (1), Schön (1), Hänel, Fiederer (1), Arlt – K.: Lehner – SR: Dr. Remke (Dänemark).

1940: 10 Spiele: 5 Siege, 2 Unentschieden, 3 Niederlagen

170 **Ungarn**, 7.4., Berlin, 2:2 unentschieden: H. Klodt – Janes, Billmann – Kupfer, Rohde, Kitzinger – Lehner, Gauchel (1), Conen, Binder (1), Pesser – K.: Janes – SR: Baert (Belgien).
171 **Jugoslawien**, 14.4., Wien, 1:2 verloren: Raftl – Janes, Schmaus – Hanreiter, Hofstätter, Skoumal – Lehner (1), Hahnemann, Binder, Gauchel, Pesser – K.: Janes – SR: Dattilo (Italien).
172 **Italien**, 5.5., Mailand, 2:3 verloren: H. Klodt – Janes, Billmann – Kupfer, Rohde, Kitzinger – Lehner, Hahnemann, Binder (2), Urban, Pesser – K.: Janes – SR: Ivancsics (Ungarn).
173 **Rumänien**, 14.7., Frankfurt, 9:3 gewonnen: Martinek – Janes, Moog – Kupfer, Krüger, Kitzinger – Plener (2), Hahnemann (2), F. Walter (3), Fiederer (2), Arlt – K.: Janes – SR: Scorzoni (Italien).
174 **Finnland**, 1.9., Leipzig, 13:0 gewonnen: H. Klodt – Schneider, Moog – Kupfer, Dzur, Kitzinger – Plener, Hahnemann (6), F. Walter (2), Conen (4), Arlt (1) – K.: Kitzinger – SR: Dr. Remke (Dänemark).
175 **Slowakei**, 15.9., Preßburg, 1:0 gewonnen: Jahn – Janes, Moog – Zwolanowski, Dzur, Männer – Eppenhoff, Hahnemann, Conen, Jellinek, Durek (1) – K.: Janes – SR: Scarpi (Italien).
176 **Ungarn**, 6.10., Budapest, 2:2 unentschieden: H. Klodt – Janes, Moog – Kupfer, Goldbrunner, Kitzinger – Lehner (1), Hahnemann (1), F. Walter, Conen, Pesser – K.: Janes – SR: Dattilo (Italien).
177 **Bulgarien**, 20.10., München, 7:3 gewonnen: H. Klodt – Streitle, Moog – Kupfer (1), Goldbrunner, Hammerl – Lehner (1), F. Walter, Conen (4), Sing, Gärtner (1) – K.: Goldbrunner – SR: Kiss (Ungarn).
178 **Jugoslawien**, 3.11., Zagreb, 0:2 verloren: H. Klodt – Janes, Streitle – Kupfer, Rohde, Kitzinger – Lehner, Zwolanowski, F. Walter, Fiederer, Arlt – K.: Janes – SR: Scarpi (Italien).
179 **Dänemark**, 17.11., Hamburg, 1:0 gewonnen: Jahn – Janes, Moog – Kupfer, Rohde, Kitzinger – Lehner, F. Walter, Binder, Schön (1), Pesser – K.: Janes – SR: Ahlfors (Finnland).

1941: 9 Spiele: 6 Siege, 1 Unentschieden, 2 Niederlagen

180 **Schweiz**, 9.3., Stuttgart, 4:2 gewonnen: H. Klodt – Janes, Streitle Kupfer, Rohde, Kitzinger – Hanreiter, Hahnemann, F. Walter (1), Schön (2), Kobierski (1) – K.: Janes – SR: Scorzoni (Italien).
181 **Ungarn**, 6.4., Köln, 7:0 gewonnen: H. Klodt – Janes (1), Miller – Kupfer, Rohde, Kitzinger – Hanreiter, Hahnemann (2), F. Walter (1), Schön (2), Kobierski (1) – K.: Janes – SR: Escartin (Spanien)
182 **Schweiz**, 20.4., Bern, 1:2 verloren: H. Klodt – Janes, Miller – Kupfer, Rohde, Kitzinger – Hanreiter, Hahnemann (1), F. Walter, Schön, Kobierski – K.: Janes – SR: Scarpi (Italien).
183 **Rumänien**, 1.6., Bukarest, 4:1 gewonnen: H. Klodt – Janes, Billmann – Kupfer, Rohde, Kitzinger – Lehner, F. Walter (1), Binder, Willimowski (2), Kobierski (1) – K.: Janes – SR: Bizic (Slowakei).
184 **Kroatien**, 15.6., Wien, 5:1 gewonnen: Jahn – Sesta, Schmaus – Urbanek, Mock, Hanreiter – Lehner (2), Hahnemann, F. Walter (2), Willimowski (1), Fiederer – K.: Hahnemann – SR: Mieß (Deutschland), Wüthrich (Schweiz) nicht erschienen.
185 **Schweden**, 5.10., Stockholm, 2:4 verloren: H. Klodt – Janes, Billmann – Kupfer, Rohde, Kitzinger – Lehner (1), Hahnemann, F. Walter ((1), Schön, Gärtner – K.: Janes – SR: Laursen (Dänemark).
186 **Finnland**, 5.10., Helsinki, 6:0 gewonnen: Jahn – Richter, Miller – Pohl, Dzur, Schubert – H. Burdenski, Gellesch, Eppenhoff (3), Willimowski (3), Kobierski – K.: Gellesch – SR: Eklind (Schweden).
187 **Dänemark**, 16.11., Dresden, 1:1 unentschieden: Jahn – Janes, Miller – Kupfer, Rohde, Schubert – Hahnemann (1), F. Walter, Conen, Willimowski, Fiederer – K.: Janes – SR: Eklind (Schweden).
188 **Slowakei**, 7.12, Breslau, 4:0 gewonnen: Jahn – Janes, Miller – Pohl, Rohde, Schubert – Riegler, Hahnemann, Conen (2), F. Walter (1), Durek (1) – K.: Janes – SR: Kroner (Rumänien).

1942: 10 Spiele: 7 Siege, 1 Unentschieden, 2 Niederlagen

189 **Kroatien**, 10.1., Agram, 2:0 gewonnen: Jahn – Sesta, Schmaus – Wagner, Mock, Hanreiter – Riegler, Decker (1), Conen, F. Walter, Durek (1 Selbsttor Bocovic) – K.: Mock – SR: Moler (Slowakei).

190 **Schweiz**, 1.2., Wien, 1:2 verloren: Jahn – Sesta, Schmaus – Wagner, Mock, Hanreiter – Fitz, Decker (1), Eppenhoff, F. Walter, Durek – K.: Mock – SR: Scarpi (Italien).

191 **Spanien**, 12.4., Berlin, 1:1 unentschieden: Jahn – Janes, Miller – Kitzinger, Rohde, Sing – F. Dörfel, Decker (1), Conen, F. Walter, Durek – K.: Janes – SR: Barlassina (Italien).

192 **Ungarn**, 3.5., Budapest, 5:3 gewonnen: Jahn – Janes (1), Miller – Kitzinger, Rohde, Sing (1) – F. Dörfel (1), Decker, Conen, F. Walter (2), Durek – K.: Janes. SR: Barlassina (Italien).

193 **Bulgarien**, 19.7., Sofia, 3:0 gewonnen: Jahn – Janes, Miller – Kupfer, Sold, Sing – H. Burdenski, Decker (2), F. Walter, Gauchel, Arlt (1) – K.: Janes – SR: Moler (Slowakei).

194 **Rumänien**, 16.8., Beuthen, 7:0 gewonnen: Jahn – Janes, Miller – Kupfer, Sold, Sing – H. Burdenski (1), Decker (1), F. Walter (3), Willimowski (1), Klingler (1) – K.: Janes – SR: Moler (Slowakei).

195 **Schweden**, 20.9., Berlin, 2:3 verloren: Jahn – Janes, Miller – Kupfer, Sold, Rohde – Lehner, Decker (1), F. Walter, Sing, Klingler (1) – K.: Janes – SR: Laursen (Dänemark).

196 **Schweiz**, 18.10., Bern, 5:3 gewonnen: Jahn – Janes, Miller – Kupfer, Rohde, Sing – Lehner, F. Walter (1), Willimowski (4), Klingler, Urban – K.: Janes – SR: Escartin (Spanien).

197 **Kroatien**, 1.11., Stuttgart, 5:1 gewonnen: Jahn – Janes (1), Adamkiewicz – Kupfer, Rohde, Sing – Lehner, F. Walter (1), Willimowski (2), Urban, Klingler (1) – K.: Janes – SR: Palasti (Ungarn).

198 **Slowakei**, 22.11., Preßburg, 5:2 gewonnen: Jahn – Janes, Miller – Kupfer, Rohde, Sing – Adamkiewicz (1), Decker (1), Willimowski, F. Walter, Klingler (3) – K.: Janes – SR: Bazant (Kroatien).

1950: 1 Spiel: 1 Sieg

199 **Schweiz**, 22.11., Stuttgart, 1:0 gewonnen: Turek – H. Burdenski (1), Streitle – Kupfer, Baumann, Barufka (Röhrig) – B. Klodt, Morlock, O. Walter, Balogh, Herrmann – K.: Kupfer – SR: Ellis (England).

1951: 6 Spiele: 4 Siege, 2 Niederlagen

200 **Schweiz**, 15.4., Zürich, 3:2 gewonnen: Turek – H. Burdenski, Streitle – Mebus, Baumann, Barufka – Gerritzen (1), Röhrig, O. Walter (1), F. Walter (1), B. Klodt (Schade) – K.: Fritz Walter – SR: Ellis (England).

201 **Türkei**, 17.6., Berlin, 1:2 verloren: Turek – Streitle, Kohlmeyer – Posipal, Liebrich, Haferkamp (1) – Gerritzen, F. Walter, Schade, Röhrig (Schanko), Herrmann – K.: Fritz Walter – SR: Carpani (Italien).

202 **Österreich**, 23.9., Wien, 2:0 gewonnen: Turek – Streitle, Kohlmeyer – Mebus, Posipal, Schanko – Gerritzen (Haferkamp(1), Preißler, Morlock (1), F. Walter, Barufka (Herrmann) – K.: Fritz Walter – SR: Evans (England).

203 **Irland**, 17.10., Dublin, 2:3 verloren: Turek – Streitle, Kohlmeyer – Mebus, Posipal, Schanko – Gerritzen, Preißler, Morlock (1), F. Walter (1), Herrmann – K.: Fritz Walter – SR: Ling (England).

204 **Türkei**, 21.11., Istanbul, 2:0 gewonnen: Adam – Streitle, Kohlmeyer – Mebus, Posipal, Schanko – Rahn, Morlock (2), F. Walter, Haferkamp, Termath – K.: Fritz Walter – SR: Ellis (England).

205 **Luxemburg**, 23.12., Essen, 4:1 gewonnen: Bögelein – Juskowiak, Bauer – Mebus, Wewers, Schanko – Rahn (1), Stollenwerk (1), Schröder, F. Walter, Termath (2) – K.: Fritz Walter – SR: Baert (Belgien).

1952: 6 Spiele: 4 Siege, 1 Unentschieden, 1 Niederlage

206 **Luxemburg**, 20.4., Luxemburg, 3:0 gewonnen: Adam – Retter, Bauer – Wientjes (Haferkamp), Posipal, Schanko – B. Klodt (1), Stollenwerk (1), Zeitler (1), Schröder, Ehrmann – K.: Posipal – SR: Bauwens (Belgien).

207 **Irland**, 4.5., Köln, 3:0 gewonnen: Adam – Retter, Kohlmeyer – Posipal (1), Streitle, Schanko – B. Klodt, Röhrig, O. Walter (1), Herrmann (Stollenwerk), Termath (1) – K.: Streitle – SR: Ellis (England).

208 **Frankreich**, 5.10., Paris, 1:3 verloren: Turek – Retter, Borkenhagen – Posipal, Liebrich, Schanko – Rahn, Wientjes, O. Walter (1), (Stollenwerk), F. Walter, Termath – K.: Fritz Walter – SR: Evans (England).

209 **Schweiz**, 9.11., Augsburg, 5:1 gewonnen: Turek – Retter, Kohlmeyer – Eckel, Posipal, Schanko – B. Klodt, Morlock (1), O. Walter (1), F. Walter (1), Schäfer (2) – K.: Fritz Walter – SR: Orlandini (Italien).

210 **Jugoslawien**, 21.12., Ludwigshafen, 3:2 gewonnen: Turek – Retter, Kohlmeyer – Eckel, Posipal, Schanko – Rahn (1), Morlock (1), O. Walter, F. Walter (1), Termath – K.: Fritz Walter – SR: Ellis (England).

211 **Spanien**, 28.12., Madrid, 2:2 unentschieden: Turek – Retter, Kohlmeyer – Eckel, Posipal, Schanko – Rahn, Morlock, O. Walter (1) (Metzner), F. Walter, Termath (1) – K.: Fritz Walter – SR: Orlandini (Italien).

1953: 4 Spiele: 2 Siege, 2 Unentschieden

212 **Österreich**, 22.3., Köln, 0:0 unentschieden: Turek – Retter, Kohlmeyer – Eckel (Harpers), Posipal, Schanko – Rahn, Morlock, O. Walter (Röhrig), F. Walter, Schäfer – K.: Fritz Walter – SR: Bauwens (Belgien).

213 **Norwegen**, 19.8., Oslo, 1:1 unentschieden (WM-Qualifikation): Turek – Retter, Kohlmeyer – Eckel, Posipal, Schanko – Rahn, Morlock, O. Walter, F. Walter (1), Schäfer (Pfaff) – K.: Fritz Walter – SR: Aussum (Niederlande).

214 **Saarland**, 11.10., Stuttgart, 3:0 gewonnen (WM-Qualifikation): Turek – Retter, Erhardt – Mai, Posipal, Göttinger (Eckel) – Rahn, Morlock (2), Schade (1), Metzner, Schäfer – K.: Posipal – SR: van der Meer (Niederlande).

215 **Norwegen**, 22.11., Hamburg, 5:1 gewonnen (WM-Qualifikation): Turek – Retter, Kohlmeyer – Eckel, Posipal, Mai – Rahn (1), Morlock (2), O. Walter (1), F. Walter (1), Herrmann – K.: Fritz Walter – SR: Luty (England).

1954: 12 Spiele: 8 Siege, 4 Niederlagen

216 **Saarland**, 28.3., Saarbrücken, 3:1 gewonnen (WM-Qualifikation): Turek – Retter, Kohlmeyer – Posipal, Liebrich, Schanko – Rahn, Morlock (2), F. Walter (O. Walter), Röhrig, Schäfer (1) – K.: Fritz Walter – SR: Bronkhorst (Niederlande).

217 **Schweiz**, 25.4., Basel, 5:3 gewonnen: Kubsch – Retter (Kohlmeyer), Laband – Eckel, Posipal, Mai – Herrmann (B. Klodt), Morlock (1), O. Walter, F. Walter (2), Schäfer (2) – K.: Fritz Walter – SR: Griffiths (Wales).

218 **Türkei**, 17.6., Bern, 4:1 gewonnen (Weltmeisterschafts-Vorrunde): Turek – Laband, Kohlmeyer – Eckel, Posipal, Mai – B. Klodt (1), Morlock (1), O. Walter (1), F. Walter, Schäfer (1) – K.: Fritz Walter – SR: da Costa (Portugal).

219 **Ungarn**, 20.6., Basel, 3:8 verloren (Weltmeisterschafts-Vorrunde): Kwiatkowski – Bauer, Kohlmeyer – Posipal, Liebrich, Mebus – Rahn (1), Eckel, F. Walter, Pfaff (1), Herrmann (1) – K.: Fritz Walter – SR: Ling (England).

220 **Türkei**, 23.6., Zürich, 7:2 gewonnen (Weltmeisterschafts-Vorrunde, Entscheidung um Platz 2 der Gruppe 2): Turek – Laband, Bauer – Eckel, Posipal, Mai – B. Klodt, Morlock (3), O. Walter (1), F. Walter (1), Schäfer (2) – K.: Fritz Walter – SR: Vincenti (Frankreich).

221 **Jugoslawien**, 27.6., Genf, 2:0 gewonnen (Weltmeisterschafts-Zwischenrunde): Turek – Laband, Kohlmeyer – Eckel, Liebrich, Mai – Rahn (1), Morlock, O. Walter, F. Walter, Schäfer (Selbsttor Horvat) – K.: Fritz Walter – SR: Zsolt (Ungarn).

222 **Österreich**, 30.6., Basel, 6:1 gewonnen (Weltmeisterschafts-Vorschlußrunde): Turek – Posipal, Kohlmeyer – Eckel, Liebrich, Mai – Rahn, Morlock (1), O. Walter (2), F. Walter (2), Schäfer (1) – K.: Fritz Walter – SR: Orlandini (Italien).

223 **Ungarn**, 4.7., Bern, 3:2 gewonnen (Endspiel um die Weltmeisterschaft): Turek – Posipal, Kohlmeyer – Eckel, Liebrich, Mai – Rahn (2), Morlock (1), O. Walter, F. Walter, Schäfer – K.: Fritz Walter – SR: Ling (England).

224 **Belgien**, 26.9., Brüssel, 0:2 verloren: Herkenrath – Erhardt, Kohlmeyer – Posipal, Liebrich, Mai – Rahn, Morlock, O. Walter, Biesinger, B. Klodt – K.: Posipal – SR: Bronkhorst (Niederlande).

225 **Frankreich**, 16.10., Hannover, 1:3 verloren: Turek – Erhardt, Kohlmeyer – Posipal, Liebrich, Mai – B. Klodt, Stürmer (1), O. Walter, Islacker, Termath (Seeler) – K.: Posipal – SR: Griffiths (Wales).

226 **England**, 1.12., London, 1:3 verloren: Herkenrath – Posipal, Kohlmeyer – Erhardt, Liebrich, Harpers – Kaufhold, Pfeiffer, Seeler, Derwall, Beck (1) – K.: Posipal – SR: Orlandini (Italien).

227 **Portugal**, 19.12., Lissabon, 3:0 gewonnen: Herkenrath – Posipal, Juskowiak (1) – Erhardt (1), Liebrich, Harpers – B. Klodt, Miltz, Kreß (Waldner), Derwall, Pfaff (1) – K.: Posipal – SR: van der Meer (Niederlande).

1955: 6 Spiele: 2 Siege, 4 Niederlagen

228 **Italien**, 30.3., Stuttgart, 1:2 verloren: Herkenrath – Juskowiak (1), Kohlmeyer – Mai, Posipal, Harpers – Rahn (Waldner), Morlock, Seeler, F. Walter, Schäfer – K.: Fritz Walter – SR: Zsolt (Ungarn).

229 **Irland**, 28.5., Hamburg, 2:1 gewonnen: Kubsch – Retter, Erhardt – Schlienz, R. Hoffmann, Mai (1) Waldner (1), Weilbächer, Biesinger, Röhrig, Schäfer – K.: Röhrig – SR: van der Meer (Niederlande).

230 **Sowjetunion**, 21.8., Moskau, 2:3 verloren: Herkenrath – Juskowiak, Posipal – Eckel, Liebrich, Harpers – Rahn, F. Walter (1), Morlock (Schröder), Röhrig, Schäfer (1) – K.: Fritz Walter – SR: Ling (England).

231 **Jugoslawien**, 25.9., Belgrad, 1:3 verloren: Herkenrath – K. Schmidt, Posipal – Eckel, Liebrich, Röhrig – Waldner (Kraus), Morlock (1), O. Walter, F. Walter, Schäfer – K.: Fritz Walter – SR: Zsolt (Ungarn).

232 **Norwegen**, 16.11., Karlsruhe, 2:0 gewonnen: Herkenrath – Posipal, K. Schmidt – Eckel, Liebrich, Harpers – Kraus, F. Walter (1), Biesinger (Schröder), Röhrig (1), Waldner – Fritz Walter – SR: Seipelt (Österreich).

233 **Italien**, 18.12. Rom, 1:2 verloren: Herkenrath – Posipal (Juskowiak), K. Schmidt – Eckel, Liebrich, Mai – Rahn, F. Walter, Stollenwerk, Röhrig (1), Schäfer – K.: Fritz Walter – SR: Ellis (England).

1956: 8 Spiele: 2 Siege, 1 Unentschieden, 5 Niederlagen

234 **Niederlande**, 14.3., Düsseldorf, 1:2 verloren: Herkenrath – Posipal, Juskowiak – Eckel, Schlienz, K. Schmidt – B. Klodt, F. Walter, Seeler (Waldner), Röhrig, Schäfer (Selbsttor v. d. Hart) – K.: Fritz Walter – SR: Leafe (England).

235 **England**, 26.5., Berlin, 1:3 verloren: Herkenrath – Retter, Juskowiak – Schlienz, Wewers, Mai – Waldner, Morlock (Pfaff), O. Walter, F. Walter (1), Schäfer – K.: Fritz Walter – SR: Zsolt (Ungarn).

236 **Norwegen**, 13.6., Oslo, 3:1 gewonnen: Sawitzki – Erhardt, Juskowiak – Dörner, Wewers Mai – Bäumler (1), Schröder, Biesinger (1), Pfaff, Schönhöft (1) – K.: Pfaff – SR: van der Meer (Niederlande).

237 **Schweden**, 30.6., Stockholm, 2:2 unentschieden: Sawitzki – Erhardt, Juskowiak – Eckel, Wewers, Dörner – B. Klodt, Schröder (1), Biesinger (1), Pfaff, Vollmar – K.: Pfaff – SR: Schippers (Niederlande).

238 **Sowjetunion**, 15.9., Hannover, 1:2 verloren: Herkenrath – K. Schmidt, Juskowiak – Eckel, Posipal, Erhardt – Waldner, Schröder (1), Biesinger (Schäfer), F. Walter, Vollmar – K.: Fritz Walter – SR: Ellis (England).

239 **Schweiz**, 21.11., Frankfurt, 1:3 verloren: Kubsch – K. Schmidt, Juskowiak – Eckel, Liebrich, Szymaniak (Mai) – Vollmar, F. Walter, Neuschäfer (1), Pfaff, Schäfer – K.: Fritz Walter – SR: Seipelt (Österreich).

240 **Irland**, 25.11., Dublin, 0:3 verloren: Kwiatkowski – Erhardt, Juskowiak – Schlebrowski, Wewers, Mai – Rahn, Morlock, Miltz, Schäfer (Eckel), Vollmar – K.: Morlock – SR: Murdock (England).

241 **Belgien**, 23.12., Köln, 4:1 gewonnen: Kwiatkowski – Juskowiak, Köchling – Schlebrowski, Wewers (1), Szymaniak – Waldner, Geiger, Kelbassa (1), Schröder (1), Vollmar (1) – K.: Juskowiak – SR: Bronkhorst (Niederlande).

1957: 5 Spiele: 4 Siege, 1 Niederlage

242 **Österreich**, 10.3., Wien, 3:2 gewonnen: Herkenrath – Juskowiak, K. Schmidt – Szymaniak, Wewers, Erhardt – Rahn (2), Schröder, Kraus (1), Schäfer, Vollmar (Waldner) – K.: Hans Schäfer – SR: Bronkhorst (Niederlande).

243 **Niederlande**, 3.4., Amsterdam, 2:1 gewonnen: Tilkowski – Juskowiak, K. Schmidt – Erhardt, Wewers, Szymaniak – Rahn, Schröder, Kraus, A. Schmidt (1), Siedl (1) – K.: Rahn – SR: Leafe (England).

244 **Schottland**, 22.5., Stuttgart, 1:3 verloren: Tilkowski – Gerdau, Juskowiak – Stollenwerk, Wewers, Szymaniak – Rahn, Schröder, Kelbassa, A. Schmidt, Siedl (1) – K.: Rahn – SR: Dienst (Schweiz).

245 **Schweden**, 20.11., Hamburg, 1:0 gewonnen: Sawitzki – Erhardt, K. Schmidt – Mai, Herb. Schäfer, Szymaniak – Peters, A. Schmidt (1), Kelbassa, Schröder, Hans Schäfer (Klodt) – K.: Hans Schäfer – SR: Zsolt (Ungarn).

246 **Ungarn**, 22.12., Hannover, 1:0 gewonnen: Herkenrath – Erhardt (Stollenwerk), Juskowiak – Eckel, Wewers, Szymaniak – Cieslarczyk, A. Schmidt, Kelbassa (1), Schäfer, Vollmar – K.: Hans Schäfer – SR: Martens (Niederlande).

1958: 14 Spiele: 5 Siege, 5 Unentschieden, 4 Niederlagen

247 **Belgien**, 2.3., Brüssel, 2:0 gewonnen: Herkenrath – Erhardt, Juskowiak – Eckel, Wewers, Szymaniak – Waldner, A. Schmidt (1), Kelbassa, Schäfer (1), B. Klodt – K.: Hans Schäfer – SR: Leafe (England).

248 **Spanien**, 19.3., Frankfurt, 2:0 gewonnen: Herkenrath – Stollenwerk, Juskowiak – Eckel, Erhardt, Szymaniak – B. Klodt (1), A. Schmidt, F. Walter, Schäfer, Cieslarczyk (1) – K.: Hans Schäfer – SR: Ellis (England).

249 **Tschechoslowakei**, 2.4., Prag, 2:3 verloren: Sawitzki – Erhardt, Juskowiak – Eckel, A. Schmidt (Waldner), Schnellinger – Steffen, Sturm, F. Walter, Schäfer, Cieslarczyk (1) (Selbsttor Stacho) – K.: Hans Schäfer – SR: Latyschew (Sowjetunion).

250 **Argentinien**, 8.6., Malmö, 3:1 gewonnen (Weltmeisterschaft – Vorrunde): Herkenrath – Stollenwerk, Juskowiak – Eckel, Erhardt, Szymaniak – Rahn (2), F. Walter, Seeler (1), A. Schmidt, Schäfer – K.: Hans Schäfer – SR: Leafe (England).

251 **Tschechoslowakei**, 11.6., Hälsingborg, 2:2 unentschieden (Weltmeisterschaft – Vorrunde): Herkenrath – Stollenwerk, Juskowiak – Schnellinger, Erhardt, Szymaniak – Rahn (1), F. Walter, Seeler, Schäfer (1), B. Klodt – K.: Hans Schäfer – SR: Ellis (England).

252 **Nordirland**, 15.6., Malmö, 2:2 unentschieden (Weltmeisterschaft - Vorrunde): Herkenrath - Stollenwerk, Juskowiak - Eckel, Erhardt, Szymaniak - Rahn (1), F. Walter, Seeler (1), Schäfer, B. Klodt - K.: Hans Schäfer - SR: Campos (Portugal).

253 **Jugoslawien**, 19.6., Malmö, 1:0 gewonnen (Weltmeisterschaft - Viertelfinale): Herkenrath - Stollenwerk, Juskowiak - Eckel, Erhardt, Szymaniak - Rahn (1), F. Walter, Seeler, A. Schmidt, Schäfer - K.: Hans Schäfer - SR: Wyssling (Schweiz).

254 **Schweden**, 24.6., Göteborg, 1:3 verloren (Weltmeisterschaft - Halbfinale): Herkenrath - Stollenwerk, Juskowiak - Eckel, Erhardt, Szymaniak - Rahn, F. Walter, Seeler, Schäfer (1), Cieslarczyk - K.: Hans Schäfer - SR: Zsolt (Ungarn).

255 **Frankreich**, 28.6., Göteborg, 3:6 verloren (Weltmeisterschaft - Spiel um 3. und 4. Platz): Kwiatkowski - Stollenwerk, Erhardt - Schnellinger, Wewers, Szymaniak - Rahn (1), Sturm, Kelbassa, Schäfer (1), Cieslarczyk (1) - K.: Hans Schäfer - SR: Brozzi (Argentinien).

256 **Dänemark**, 24.9., Kopenhagen, 1:1 unentschieden: Herkenrath - Stollenwerk, Juskowiak - Erhardt, Jäger, Szymaniak - Kraus, Haller (Cieslarczyk), Seeler, A. Schmidt, Rahn (1) - K.: Rahn - SR: Fencl (Tschechoslowakei).

257 **Frankreich**, 26.10., Paris, 2:2 unentschieden: Tilkowski - Stollenwerk, Bauer - A. Schmidt, Erhardt, Szymaniak - Rahn (1), Haller, Seeler (1), Geiger, Cieslarczyk - K.: Rahn - SR: Ellis (England).

258 **Österreich**, 19.11., Berlin, 2:2 unentschieden: Tilkowski - Stollenwerk, Schnellinger - Eckel, Erhardt, Szymaniak - Rahn (2), Haller, Seeler, A. Schmidt, Kapitulski - K.: Rahn - SR: Fencl (Tschechoslowakei).

259 **Bulgarien**, 21.12., Augsburg, 3:0 gewonnen: Sawitzki - Stollenwerk, Schnellinger - Mai, Erhardt, Benthaus - Waldner (1), Geiger, Seeler (2), Haller (Morlock), Rahn - K.: Rahn - SR: Seipelt (Österreich).

260 **Ägypten**, 28.12., Kairo, 1:2 verloren: Tilkowski - Zastrau, Schnellinger - Mai (Kördell), Pyka, Benthaus - Rahn, Morlock (1), Biesinger (Ringel), Faeder, Klöckner - K.: Rahn - SR: Lo Bello (Italien).

1959: 6 Spiele: 2 Siege, 2 Unentschieden, 2 Niederlagen

261 **Schottland**, 6.5., Glasgow, 2:3 verloren: Sawitzki - Juskowiak (1), Schnellinger - Benthaus, Erhardt, Szymaniak - Rahn, Geiger, Seeler (1), A. Schmidt, Schäfer - K.: Rahn - SR: Ellis (England).

262 **Polen**, 20.5., Hamburg, 1:1 unentschieden: Sawitzki - Mauritz, Juskowiak - Mai, Erhardt, Szymaniak - B. Klodt (Stein (1)), Geiger, Haller, A. Schmidt, Klöckner - K.: Erhardt - SR: Campos (Portugal).

263 **Schweiz**, 4.10., Bern, 4:0 gewonnen: Tilkowski - Stollenwerk, Juskowiak (1) - Benthaus, Erhardt, Szymaniak - Rahn (1), Seeler (A. Schmidt), Brülls (1), Siedl, Vollmar (1) - K.: Erhardt - SR: Seipelt (Österreich).

264 **Niederlande**, 21.10., Köln, 7:0 gewonnen: Ewert - Stollenwerk, Juskowiak - Benthaus, Erhardt, Szymaniak - Rahn, A. Schmidt (2), Seeler (3), Brülls (1), Siedl (1) - K.: Erhardt - SR: Galba (Tschechoslowakei).

265 **Ungarn**, 8.11., Budapest, 3:4 verloren: Tilkowski - Stollenwerk, Juskowiak - Benthaus, Erhardt, Szymaniak - Rahn, A. Schmidt. Seeler (2), Brülls (1), Siedl - K.: Erhardt - SR: Sar (Sowjetunion).

266 **Jugoslawien**, 20.12., Hannover, 1:1 unentschieden: Sawitzki - Stollenwerk, Schnellinger - Schulz, Erhardt, Szymaniak - Rahn, A. Schmidt (1), Seeler, Brülls (Vollmar), Siedl - K.: Erhardt - SR: Martens (Niederlande).

1960: 7 Spiele: 5 Siege, 2 Niederlagen

267 **Chile**, 23.3., Stuttgart, 2:1 gewonnen: Tilkowski - Stollenwerk, Schnellinger - Benthaus, Erhardt (Wilden), Sundermann - Rahn, Haller (1), Seeler (1), A. Schmidt (Schütz), Brülls - K.: Erhardt - SR: Dienst (Schweiz).

268 **Portugal**, 27.4., Ludwigshafen, 2:1 gewonnen: Tilkowski - Erhardt, Schnellinger - Schulz, Wilden, Szymaniak - Rahn (1), Schütz, Seeler (1), Haller, Brülls - K.: Erhardt - SR: Howley (England).

269 **Irland**, 11.5., Düsseldorf, 0:1 verloren: Sawitzki - Giesemann, Erhardt - Schulz, Wenauer, Porges - Steffen, A. Schmidt, Brülls, Haller, Vollmar - K.: Erhardt - SR: Ellis (England).

270 **Island**, 3.8., Reykjavik, 5:0 gewonnen: Tilkowski - Lutz, Schnellinger - Schulz, Erhardt, Szymaniak - Reitgaßl (1), Brülls (Marx(1), Seeler (1), Haller, G. Dörfel (2) - K.: Erhardt - SR: Wharton (Schottland).

271 **Nordirland**, 26.10., Belfast, 4:3 gewonnen (WM-Qualifikation): Tilkowski Erhardt, Schnellinger - Giesemann, Wilden, Szymaniak - Kreß, Brülls (1), Seeler (1), Herrmann, G. Dörfel (2) - K.: Erhardt - SR: Horn (Niederlande).

272 **Griechenland**, 20.11., Athen, 3:0 gewonnen (WM-Qualifikation): Tilkowski - Lutz, Schnellinger - Giesemann, Erhardt, Szymaniak - Kreß, Haller (1), Seeler, Brülls (1), G. Dörfel (1) - K.: Erhardt - SR: Ehrlich (Jugoslawien).

273 **Bulgarien**, 23.11., Sofia, 1:2 verloren: Ewert - Lutz, Schnellinger - Giesemann, Erhardt, Szymaniak (Benthaus) - Kreß (G. Dörfel), Haller, Brülls, Herrmann, Vollmar (1.) - K.: Erhardt - SR: Kowal (Polen).

1961: 6 Spiele: 5 Siege, 1 Niederlage

274 **Belgien**, 8.3., Frankfurt, 1:0 gewonnen: Tilkowski - Lutz, Schnellinger (Wilden) - Giesemann, Erhardt, Szymaniak - Vollmar, Haller, Seeler, Brülls, G. Dörfel (1) - K.: Erhardt - SR: Gulde (Schweiz).

275 **Chile**, 26.3., Santiago, 1:3 verloren: Tilkowski - Lutz, Erhardt - Giesemann (Werner), Wilden, Szymaniak - Kreß, Brülls, Seeler, Herrmann (1), G. Dörfel - K.: Erhardt - SR: Praddaude (Argentinien).

276 **Nordirland**, 10.5., Berlin, 2:1 gewonnen (WM-Qualifikation): Tilkowski - Erhardt, Schnellinger - Werner, Wilden, Szymaniak - Kreß (1), Herrmann, Seeler, Stürmer, Brülls (1) - K.: Erhardt - SR: Lindberg (Schweden).

277 **Dänemark**, 20.9., Düsseldorf, 5:1 gewonnen: Tilkowski - Nowak, Schnellinger - Schulz, Wenauer, Giesemann - Kreß (1), Herrmann, Seeler (3), Haller, Brülls (1) - K.: Seeler - SR: Martens (Niederlande).

278 **Polen**, 8.10., Warschau, 2:0 gewonnen: Tilkowski - Nowak, Erhardt - Schulz, Wenauer, Giesemann - Olk (Kreß), Herrmann, Seeler, Haller (1), Brülls (1) - K.: Erhardt - SR: Galba (Tschechoslowakei).

279 **Griechenland**, 22.10., Augsburg, 2:1 gewonnen (WM-Qualifikation): Tilkowski - Nowak, Schnellinger - Schulz, Erhardt, Giesemann - Kreß, Herrmann, Seeler (2), Haller, Brülls - K.: Erhardt - SR: Nilsen (Norwegen).

1962: 8 Spiele: 5 Siege, 2 Unentschieden, 1 Niederlage

280 **Uruguay**, 11.4., Hamburg, 3:0 gewonnen: Fahrian - Schnellinger, Kurbjuhn - Schulz, Wenauer, Szymaniak - Koslowski (1), Haller (1), Seeler, Brülls, Schäfer (1) - K.: Seeler - SR: Horn (Niederlande).

281 **Italien**, 31.5., Santiago, 0:0 unentschieden (Weltmeisterschaft - Vorrunde): Fahrian - Nowak, Schnellinger - Schulz, Erhardt, Szymaniak - Sturm, Haller, Seeler, Schäfer, Brülls - K.: Hans Schäfer - SR: Davidson (Schottland).

282 **Schweiz**, 3.6., Santiago, 2:1 gewonnen (Weltmeisterschaft - Vorrunde): Fahrian - Nowak, Schnellinger - Schulz, Erhardt, Szymaniak - Koslowski, Haller, Seeler (1), Schäfer, Brülls (1) - K.: Hans Schäfer - SR: Horn (Niederlande).

283 **Chile**, 6.6., Santiago, 2:0 gewonnen (Weltmeisterschaft - Vorrunde): Fahrian - Nowak, Schnellinger - Schulz, Erhardt, Giesemann - Kraus, Szymaniak (1), Seeler (1), Schäfer, Brülls - K.: Hans Schäfer - SR: Davidson (Schottland).

284 **Jugoslawien**, 10.6., Santiago, 0:1 verloren (Weltmeisterschaft - Viertelfinale): Fahrian - Nowak, Schnellinger - Schulz, Erhardt, Giesemann - Brülls, Haller, Seeler, Szymaniak, Schäfer - K.: Hans Schäfer - SR: Yamasaki (Peru).

285 **Jugoslawien**, 30.9., Zagreb, 3:2 gewonnen: Fahrian - Erhardt, Schnellinger - Schulz, Wilden, Reisch - Trimhold (Koslowski), Schütz, Strehl (3), Konietzka, Kraus - K.: Erhardt - SR: Rigato (Italien).

286 **Frankreich**, 24.10., Stuttgart, 2:2 unentschieden: Fahrian (Bernard) - Pott, Schnellinger - Schulz (Steinmann (1)), Wilden, Reisch - . Seeler, Schütz, Strehl, Konietzka (1), Solz - K.: Seeler - SR: Seipelt (Österreich).

287 **Schweiz**, 23.12., Karlsruhe, 5:1 gewonnen: Bernard - Nowak, Schnellinger - Werner (1), Wilden, Reisch - Kraus (1), Schütz (2), Seeler, Küppers (1), Heiß - K.: Seeler - SR: Roomer (Niederlande).

1963: 4 Spiele: 2 Siege, 2 Niederlagen

288 **Brasilien**, 5.5., Hamburg, 1:2 verloren: Fahrian - Nowak, Schnellinger - Schulz, Wilden, Werner (1) - Heiß, Schütz, Seeler, Konietzka (Strehl), G. Dörfel - K.: Seeler - SR: Dienst (Schweiz).

289 **Türkei**, 28.9., Frankfurt, 3:0 gewonnen: Fahrian - Nowak, Pott - Schulz, Wilden, A. Schmidt (Reisch) - Libuda, Krämer, Seeler (3), Konietzka (Overath), G. Dörfel - K.: Seeler - SR: Rigato (Italien).

290 **Schweden**, 3.11., Stockholm, 1:2 verloren: Sawitzki - Nowak, Kurbjuhn - Schulz, Wilden, Reisch - Libuda, Krämer, Seeler, Overath, G. Dörfel (1) - K.: Seeler - SR: Horn (Niederlande).

291 **Marokko**, 29.12., Casablanca, 4:1 gewonnen: Ewert - Nowak, Kurbjuhn - Schulz, Wilden (Overath). Reisch - Libuda, Krämer (1), A. Schmidt (1), Konietzka (2), Gerwien (Ferner) - K.: A. Schmidt - SR: Gardeazabal (Spanien).

1964: 5 Spiele: 1 Sieg, 2 Unentschieden, 2 Niederlagen

292 **Algerien**, 1.1., Algier, 0:2 verloren: Ewert (Tilkowski) – Lutz, Kurbjuhn – Schulz, Wilden, Reisch – Libuda (Ferner), Krämer, A. Schmidt (Overath), Konietzka, Gerwien – K.: A. Schmidt – SR: Bahri (Tunesien).

293 **Tschechoslowakei**, 29.4., Ludwigshafen 3:4 verloren: Fahrian – Nowak, Pott – Schulz (Reisch), Wilden, Weber – Thielen, Geiger (1), Seeler (2), Overath, Solz (Libuda) – K.: Seeler – SR: Hannet (Belgien).

294 **Schottland**, 12.5., Hannover, 2:2 unentschieden: Tilkowski – Nowak, Steiner – Szymaniak, Giesemann, Weber – Libuda, A. Schmidt (Reisch), Seeler (2), Geiger, G. Dörfel – K.: Seeler – SR: Poulsen (Dänemark).

295 **Finnland**, 7.6., Helsinki, 4:1 gewonnen: Tilkowski – Lutz (W. Sturm), Redder – Schulz, Sieloff, Weber – Kraus (1), Geiger (1), A. Schmidt (1), Konietzka, Overath (1) – K.: A. Schmidt – SR: Lindberg (Schweden).

296 **Schweden**, 4.11., Berlin, 1:1 unentschieden (WM-Qualifikation): Tilkowski – Nowak, Schnellinger – Szymaniak, Giesemann, Weber – Brunnenmeier (1), Haller, Seeler, Overath, G. Dörfel – K.: Seeler – SR: Dienst (Schweiz).

1965: 8 Spiele: 5 Siege, 1 Unentschieden, 2 Niederlagen

297 **Italien**, 13.3., Hamburg, 1:1 unentschieden: Tilkowski (Manglitz) – Piontek, Patzke – Höttges (Steinmann), Sieloff (1), Weber – Heiß, Küppers, Brunnenmeier, Konietzka, Hornig – K.: Brunnenmeier – SR: Michaelsen (Dänemark).

298 **Zypern**, 24.4., Karlsruhe, 5:0 gewonnen (WM-Qualifikation): Manglitz – Höttges, Patzke – Schulz, Sieloff (2), Lorenz – Ulsaß, Konietzka, Strehl (1), Overath (2), Hornig – K.: Schulz – SR: Mootz (Luxemburg).

299 **England**, 12.5., Nürnberg, 0:1 verloren: Tilkowski – Piontek, Höttges – Schulz, Sieloff, Lorenz (Steinmann) – Thielen, Krämer, Rodekamp, Overath, Hornig – K.: Schulz – SR: Zsolt (Ungarn).

300 **Schweiz**, 26.5., Basel, 1:0 gewonnen: Tilkowski – Piontek, Höttges – Schulz, Sieloff, Lorenz – Heiß, Küppers, Rodekamp (1), Overath, Rebele – K.: Schulz – SR: Bueno (Spanien).

301 **Brasilien**, 6.6., Rio de Janeiro, 0:2 verloren: Tilkowski – Piontek, Höttges (Giesemann) – Schulz, Sieloff, Lorenz – Heiß, Krämer, Rodekamp, Overath (Küppers), Libuda – K.: Schulz – SR: Riveros (Peru).

302 **Schweden**, 26.9., Stockholm, 2:1 gewonnen (WM-Qualifikation): Tilkowski – Höttges, Schnellinger – Beckenbauer, Sieloff, Schulz – Brunnenmeier, Grosser, Seeler (1), Szymaniak, Krämer (1) – K.: Seeler – SR: Dagnall (England).

303 **Österreich**, 9.10., Stuttgart, 4:1 gewonnen: Tilkowski – Höttges, Lorenz – Beckenbauer, Sieloff (1), Weber – Nafziger, Ulsaß (3), Brunnenmeier, Netzer, Krämer – K.: Tilkowski – SR: Dienst (Schweiz).

304 **Zypern**, 14.11., Nikosia, 6:0 gewonnen (WM-Qualifikation): Tilkowski – Piontek, Höttges – Beckenbauer, Weber, Szymaniak (1) – Heiß (1), Brunnenmeier (2), Netzer, Krämer (1), Hornig, (Selbsttor Panayotu) – K.: Szymaniak – SR: Francesconi (Italien).

1966: 14 Spiele: 11 Siege, 1 Unentschieden, 2 Niederlagen

305 **England**, 23.2., London, 0:1 verloren: Tilkowski – Lutz, Lorenz – Schulz, Weber, Szymaniak – Krämer, Beckenbauer, Held, Netzer, Hornig (Heiß) – K.: Szymaniak – SR: Roomer (Niederlande).

306 **Niederlande**, 23.3., Rotterdam, 4:2 gewonnen: Bernard – Höttges. Lorenz – Beckenbauer (2), Schulz. Weber – Brülls, Seeler (1), Held, Overath, Emmerich (1) – K.: Seeler – SR: Dagnall (England).

307 **Irland**, 4.5., Dublin, 4:0 gewonnen: Maier – Lutz, Kurbjuhn – Beckenbauer (1), Schulz, Höttges – Grabowski, Haller (1), Seeler, Overath (2), Hornig – K.: Seeler – SR: Mullen (Schottland).

308 **Nordirland**, 7.5., Belfast, 2:0 gewonnen: Bernard – Lutz, Höttges (Piontek) – Weber, Schulz, Beckenbauer – Grabowski, Overath, Seeler (1), Grosser, Heiß (1) – K.: Seeler. SR: Phillips (Schottland).

309 **Rumänien**, 1.6., Ludwigshafen, 1:0 gewonnen: Tilkowski – Lutz, Schnellinger – Szymaniak, Weber, Höttges – Grabowski (Held), Ulsaß, Seeler (1), Overath, Hornig – K.: Seeler. SR: Mayer (Österreich).

310 **Jugoslawien**, 23.6., Hannover, 2:0 gewonnen: Tilkowski – Höttges, Schnellinger – Beckenbauer, Schulz, Weber – Krämer, Haller, Seeler (1), Overath (1), Held – K.: Seeler – SR: Lööw (Schweden).

311 **Schweiz**, 12.7., Sheffield, 5:0 gewonnen (Weltmeisterschaft – Achtelfinale) – Tilkowski – Höttges, Schnellinger – Beckenbauer (2), Schulz, Weber – Brülls, Haller (2), Seeler, Overath, Held (1) – K.: Seeler – SR: Philips (Schottland).

312 **Argentinien**, 16.7., Birmingham, 0:0 unentschieden (Weltmeisterschaft – Achtelfinale): Tilkowski – Höttges, Schnellinger – Beckenbauer, Schulz, Weber – Brülls, Haller, Seeler, Overath, Held – K.: Seeler – SR: Zecevic (Jugoslawien).

313 **Spanien**, 20.7., Birmingham, 2:1 gewonnen (Weltmeisterschaft – Achtelfinale), Tilkowski – Höttges, Schnellinger – Beckenbauer, Schulz, Weber – Krämer, Overath, Seeler (1), Held, Emmerich (1) – K.: Seeler – SR: Marques (Brasilien).

314 **Uruguay**, 23.7., Sheffield, 4:0 gewonnen (Weltmeisterschaft – Viertelfinale): Tilkowski – Höttges, Schnellinger – Beckenbauer (1), Schulz, Weber – Haller (2), Overath, Seeler (1), Held, Emmerich – K.: Seeler – SR: Finney (England).

315 **Sowjetunion**, 25.7., Liverpool, 2:1 gewonnen (Weltmeisterschaft – Halbfinale): Tilkowski – Lutz, Schnellinger – Beckenbauer (1), Schulz, Weber – Haller (1), Overath, Seeler, Held, Emmerich – K.: Seeler – SR: Lo Bello (Italien).

316 **England**, 30.7., London, 2:4 n. Verlg. verloren (Weltmeisterschaft – Endspiel): Tilkowski – Höttges, Schnellinger – Beckenbauer, Schulz, Weber (1) – Haller (1), Overath, Seeler, Held, Emmerich – K.: Seeler – SR: Dienst (Schweiz).

317 **Türkei**, 12.10., Ankara, 2:0 gewonnen: Maier – Heidemann, Höttges – Weber, Schulz, Overath – Grabowski, Küppers (1), G. Müller, Netzer, Rupp (1) – K.: Schulz – SR: Romantschev (Bulgarien).

318 **Norwegen**, 19.11., Köln, 3:0 gewonnen: Maier – Heidemann, Höttges – Beckenbauer, Schulz, Weber – B. Dörfel, Ulsaß (2), Seeler (1), Overath, Held – K.: Seeler – SR: Aalbrecht (Niederlande).

1967: 8 Spiele: 5 Siege, 1 Unentschieden, 2 Niederlagen

319 **Marokko**, 22.2., Karlsruhe, 5:1 gewonnen: Wolter – Patzke, Höttges – Beckenbauer, Schulz, Fichtel – Herrmann, Ulsaß (2) (Zaczyk (1)), Heynckes (1), Overath (Löhr(1)), Held – K.: Schulz – SR: De Marchi (Italien).

320 **Bulgarien**, 22.3., Hannover, 1:0 gewonnen: Maier – Patzke, Höttges – Weber, Schulz (Fichtel), Overath – Krämer, Herrmann, Heynckes (1), Netzer, Löhr – K.: Schulz – SR: Machin (Frankreich).

321 **Albanien**, 8.4., Dortmund, 6:0 gewonnen (EM-Qualifikation): Tilkowski – Patzke, Höttges – Beckenbauer, Schulz, Weber – B. Dörfel, Ulsaß, G. Müller (4), Overath, Löhr (2) – K.: Schulz – SR: Hirviniemi (Finnland).

322 **Jugoslawien**, 3.5., Belgrad, 0:1 verloren (EM-Qualifikation): Maier – Patzke, Vogts – Beckenbauer, Schulz, Fichtel – Held, Küppers, G. Müller, Overath, Löhr – K.: Schulz – SR: de Mendibil (Spanien).

323 **Frankreich**, 27.9., Berlin, 5:1 gewonnen: Maier – Patzke, Höttges – Beckenbauer (G. Müller (1)), Schulz, Weber – Libuda (1), Siemensmeyer (2), Seeler, Overath (1), Löhr – K.: Seeler – SR: Monti (Italien).

324 **Jugoslawien**, 7.10., Hamburg, 3:1 gewonnen (EM-Qualifikation): Maier – Patzke, Höttges – Siemensmeyer, Schulz, Weber – Roth, Seeler (1), G. Müller (1), Overath, Löhr (1) – K.: Seeler – SR: Lo Bello (Italien).

325 **Rumänien**, 22.11., Bukarest, 0:1 verloren: Wolter – Patzke, Vogts – Beckenbauer, Schulz, Weber – Libuda, Siemensmeyer, Seeler, Overath, Löhr – K.: Seeler – SR: Mayer (Österreich).

326 **Albanien**, 17.12., Tirana, 0:0 unentschieden (EM-Qualifikation): Wolter – Patzke, Höttges – Netzer, Schulz, Weber – Held, Küppers, Meyer, Overath, Löhr – K.: Schulz – SR: Marschall (Österreich).

1968: 11 Spiele: 5 Siege, 5 Unentschieden, 1 Niederlage

327 **Belgien**, 6.3., Brüssel, 3:1 gewonnen: Maier – Vogts, Höttges – Beckenbauer, Schulz, Fichtel – Köppel, Laumen (1), Löhr, Netzer, Volkert (2) (Maas) – K.: Schulz – SR: Scheurer (Schweiz).

328 **Schweiz**, 17.4., Basel, 0:0 unentschieden: Wolter – Heidemann (Fichtel), Vogts – Beckenbauer, Schulz, Weber – Köppel, Seeler, Löhr, Netzer, Volkert – K.: Seeler – SR: d'Agostini (Italien).

329 **Wales**, 8.5., Cardiff, 1:1 unentschieden: Wolter (Bernard) – Vogts, Höttges – Fichtel, Bäse, Weber – Laumen, Neuberger, Held, Overath (1) (Netzer), Köppel – K.: Overath – SR: Lindberg (Schweden).

330 **England**, 1.6., Hannover, 1:0 gewonnen: Wolter – Vogts, Lorenz – L. Müller, Fichtel, Weber – B. Dörfel, Beckenbauer (1), Löhr, Overath, Volkert – K.: Overath – SR: Van Ravens (Niederlande).

331 **Brasilien**, 16.6., Stuttgart, 2:1 gewonnen: Wolter – Vogts, Lorenz (Höttges) – L. Müller, Fichtel, Weber – B. Dörfel (1), Beckenbauer, Held (1), Overath, Neuberger – K.: Overath –SR: Lööw (Schweden).

332 **Frankreich**, 25.9., Marseille, 1:1 unentschieden: Maier – Vogts, Lorenz – Schulz, Fichtel, L. Müller (Netzer) – B. Dörfel, Beckenbauer, G. Müller, Overath (1), Held – K.: Schulz – SR: de Mendibil (Spanien).

333 **Österreich**, 13.10., Wien, 2:0 gewonnen (WM-Qualifikation): Maier – Vogts, Höttges – Beckenbauer, Schulz, Weber – B. Dörfel, Ulsaß, G. Müller (1), Netzer, Held (Selbsttor Eigenstiller) – K.: Schulz – SR: Ecksztain (Polen).

334 **Zypern**, 23.11., Nikosia, 1:0 gewonnen (WM-Qualifikation): Wolter – Vogts, Höttges (Gerwien) Weber, Schulz (Patzke), Lorenz – Wimmer, B. Dörfel, G. Müller (1), Overath, Held – K.: Schulz – SR: Pirvu (Rumänien).

335 **Brasilien**, 14.12., Rio de Janeiro, 2:2 unentschieden: Maier – Vogts, Patzke – Schulz, Beckenbauer, Weber (Lorenz) – B. Dörfel, Netzer, Held (1), Overath (Wimmer), Volkert (Gerwien,(1)) – K.: Schulz – SR: Zsolt (Ungarn).

336 **Chile**, 18.12., Santiago, 1:2 verloren: Wolter – Vogts, Patzke – Beckenbauer (Bella), Schulz, Lorenz – Wimmer, Netzer, Ohlhauser, Ulsaß (1) , (Overath), Gerwien (B. Dörfel) – K.: Schulz – SR: Robbies (Chile).

337 **Mexiko**, 22.12., Mexico City, 0:0 unentschieden: Maier – Vogts, Patzke – Bella, Beckenbauer, Lorenz – B. Dörfel, Held, Ulsaß, Overath (Wimmer), Gerwien (Volkert) – K.: Overath – SR: Robles (Guatemala).

1969: 7 Spiele: 4 Siege, 3 Unentschieden

338 **Wales**, 26.3., Frankfurt, 1:1 unentschieden: Maier – Vogts, Höttges – Patzke, Schulz, Lorenz – Libuda, Ulsaß (L. Müller), G. Müller (1), Held, Rebele (B. Dörfel) – K.: Schulz – SR: Lo Bello (Italien).

339 **Schottland**, 16.4., Glasgow, 1:1 unentschieden (WM-Qualifikation): Wolter (Maier) – Patzke, Vogts – Beckenbauer, Schulz, Schnellinger – B. Dörfel, Haller, G. Müller (1), Overath (Lorenz). Held – K.: Schulz – SR: Gardeazabal (Spanien).

340 **Österreich**, 10.5., Nürnberg, 1:0 gewonnen (WM-Qualifikation): Maier – Höttges, Vogts – Beckenbauer, Schulz, Patzke – B. Dörfel, Overath, G. Müller (1), Held (Heynckes), Brenninger (Volkert) – K.: Schulz – SR: Fiala (CSSR).

341 **Zypern**, 21.5., Essen, 12:0 gewonnen (WM-Qualifikation): Maier – Vogts, Höttges (1) (L. Müller) – Beckenbauer, Schulz, Lorenz (1) (Patzke) – Libuda, Haller (2), G. Müller (4), Overath (3), Held (1) – K.: Schulz – SR: Colling (Luxemburg).

342 **Österreich**, 21.9., Wien, 1:1 unentschieden: Wolter – Höttges, Vogts – Beckenbauer, Schulz, Weber (Fichtel) – B. Dörfel (Libuda), G. Müller (1). Seeler, Overath, Held – K.: Seeler – SR: Lo Bello (Italien).

343 **Bulgarien**, 24.9., Sofia, 1:0 gewonnen: Maier – Höttges, Vogts – Beckenbauer, Schulz (L. Müller), Fichtel – B. Dörfel (1), Seeler, G. Müller, Overath, Maas – K.: Seeler – SR: Dileg Talaz (Türkei).

344 **Schottland**, 22.10., Hamburg, 3:2 gewonnen (WM-Qualifikation): Maier – Höttges, Vogts – Beckenbauer, Schulz, Fichtel (1) – Libuda (1), Seeler, G. Müller (1), Overath, Haller – K.: Seeler – SR: Droz (Schweiz).

1970: 14 Spiele: 9 Siege, 2 Unentschieden, 3 Niederlagen

345 **Spanien**, 11.2., Sevilla, 0:2 verloren: Manglitz – Vogts, Schnellinger – Netzer, Schulz, Weber – Libuda, G. Müller, Seeler, Haller, Grabowski – K.: Seeler – SR: Vigliani (Frankreich).

346 **Rumänien**, 8.4., Stuttgart, 1:1 unentschieden: Maier – Vogts, Höttges – Beckenbauer, Schnellinger, Weber (Sieloff) – Grabowski, Haller (Lorenz), G. Müller, Overath (1), Maas (Roth) – K.: Overath – SR: Emsberger (Ungarn).

347 **Irland**, 9.5., Berlin, 2:1 gewonnen: Wolter – Patzke, Vogts – Beckenbauer, Schulz, Weber – Grabowski (Dietrich), Seeler (1), G. Müller, Overath (Held), Löhr (1) – K.: Seeler – SR: Rostroom (Schweden).

348 **Jugoslawien**, 13.5., Hannover, 1:0 gewonnen: Manglitz – Vogts, Höttges – Beckenbauer, Schnellinger, Fichtel – Libuda, Seeler (1), G. Müller, Overath, Löhr – K.: Seeler – SR: Scheurer (Schweiz).

349 **Marokko**, 3.6., Leon, 2:1 gewonnen (Weltmeisterschaft – Achtelfinale): Maier – Vogts, Höttges (Löhr) – Beckenbauer, Schulz, Fichtel – Haller (Grabowski), Seeler (1), G. Müller (1), Overath, Held – K.: Seeler – SR: Van Ravens (Niederlande).

350 **Bulgarien**, 7.6., Leon, 5:2 gewonnen (Weltmeisterschaft – Achtelfinale): Maier – Vogts, Höttges – Beckenbauer (Weber), Schnellinger, Fichtel – Libuda (1), Seeler (1), G. Müller (3), Overath, Löhr (Grabowski) – K.: Seeler – SR: Ortiz de Mendebil (Spanien).

351 **Peru**, 10.6., Leon, 3:1 gewonnen (Weltmeisterschaft – Achtelfinale): Maier – Vogts, Höttges (Patzke) – Beckenbauer, Schnellinger, Fichtel – Libuda (Grabowski), Seeler, G. Müller (3), Overath, Löhr – K.: Seeler – SR: Aguilar (Mexiko).

352 **England**, 14.6., Leon, 3:2 n. Verl. gewonnen (Weltmeisterschaft – Viertelfinale): Maier – Vogts, Höttges (Schulz) – Beckenbauer (1), Schnellinger, Fichtel – Libuda (Grabowski), Seeler (1), G. Müller (1), Overath, Löhr – K.: Seeler – SR: Coerezza (Argentinien).

353 **Italien**, 17.6., Mexico City, 3:4 n. Verlg. verloren (Weltmeisterschaft – Halbfinale): Maier – Vogts, Patzke (Held) – Beckenbauer, Schnellinger (1), Schulz – Grabowski, Seeler, G. Müller (2), Overath, Löhr (Libuda) – K.: Seeler – SR: Yamasaki (Mexiko).

354 **Uruguay,** 20.6., Mexico City, 1:0 gewonnen (Weltmeisterschaft – Spiel um den 3. Platz): Wolter – Patzke, Vogts – Weber, Schnellinger (Lorenz), Fichtel – Libuda (Löhr), Seeler, G. Müller, Overath (1), Held – K.: Seeler – SR: Sbardella (Italien).

355 **Ungarn**, 9.9., Nürnberg, 3:1 gewonnen: Maier – Vogts, Höttges – Beckenbauer, Sieloff (1), Weber – Grabowski, Fichtel, Seeler, G. Müller (2), Löhr (Libuda) – K.: Seeler – SR: Marschall (Österreich).

356 **Türkei**, 17.10., Köln, 1:1 unentschieden (EM-Qualifikation): Maier – Vogts, Höttges – Beckenbauer, Sieloff (Heynckes), Weber – Libuda, Fichtel, G. Müller (1), Overath, Grabowski – K.: Overath – SR: Bonett (Malta).

357 **Jugoslawien**, 18.11., Zagreb, 0:2 verloren: Maier – Vogts, Höttges – Beckenbauer, Weber, Roth – Libuda, Netzer, Heynckes, Overath, Held (Grabowski) – K.: Overath – SR: Vizhanyo (Ungarn).

358 **Griechenland**, 22.11., Athen, 3:1 gewonnen: Groß – Vogts, Höttges – Beckenbauer (1), Sieloff, Bella – Libuda, Netzer (1) (Flohe), Heynckes, Overath (Roth), Grabowski (1) – K.: Overath – SR: Bentu (Rumänien).

1971: 9 Spiele: 7 Siege, 1 Unentschieden, 1 Niederlage

359 **Albanien**, 17.2., Tirana, 1:0 gewonnen (EM-Qualifikation): Maier – Vogts, Patzke (Bella) – Beckenbauer, Schnellinger, Weber – Grabowski, Netzer, G. Müller (1), Overath, Heynckes – K.: Overath – SR: Betschirov (Bulgarien).

360 **Türkei**, 25.4., Istanbul, 3:0 gewonnen (EM-Qualifikation): Maier – Vogts, Patzke – Wimmer, Beckenbauer, Weber – Grabowski, Köppel (1) (Flohe), G. Müller (2), Netzer, Heynckes – K.: Beckenbauer – SR: Kruaschwili (Sowjetunion).

361 **Albanien**, 12.6., Karlsruhe, 2:0 gewonnen (EM-Qualifikation): Maier – Schwarzenbeck, Vogts (Bleidick) – Sieloff, Beckenbauer, Wimmer – Grabowski (1), Netzer (1), Köppel, Overath (Held), Heynckes – K.: Overath – SR: Latsios (Griechenland).

362 **Norwegen**, 22.6., Oslo, 7:1 gewonnen: Kleff – Breitner, Vogts – Schwarzenbeck, Beckenbauer (1) (Bleidick), Wimmer (Sieloff) – Grabowski, Netzer (1), G. Müller (3), Overath (1), Held (1) – K.: Overath – SR: Lööw (Schweden).

363 **Schweden**, 27.6., Göteborg, 0:1 verloren: Maier – Vogts, Schwarzenbeck – Wimmer, Beckenbauer, Weber – Grabowski, Netzer, G. Müller, Overath, Held (Heynckes) – K.: Overath – SR: Wharton (Schottland).

364 **Dänemark**, 30.6., Kopenhagen, 3:1 gewonnen: Maier – Vogts, Schwarzenbeck – Flohe (1), Beckenbauer (1), Weber – Köppel (Grabowski), Overath, G. Müller (1), Netzer (Heynckes), Held (Wimmer) – K.: Overath – SR: Boosten (Niederlande).

365 **Mexiko**, 8.9., Hannover, 5:0 gewonnen: Maier – Vogts (Zembski), Schwarzenbeck – Weber, Beckenbauer, Fichtel – Grabowski (Libuda), Köppel (1) (Steffenhagen), G. Müller (3), Netzer (1), Heynckes – K.: Beckenbauer – SR: Lööw (Schweden).

366 **Polen**, 10.10., Warschau, 3:1 gewonnen (EM-Qualifikation): Maier – Breitner, Schwarzenbeck – Fichtel, Beckenbauer, Wimmer – Grabowski (1), Köppel, G. Müller (2), Netzer, Heynckes – K.: Beckenbauer – SR: Marschall (Österreich).

367 **Polen**, 17.11., Hamburg, 0:0 unentschieden (EM-Qualifikation): Maier – Höttges, Schwarzenbeck – Weber, Beckenbauer, Fichtel – Libuda, Wimmer (Köppel), G. Müller, Overath, Grabowski – K.: Overath – SR: Mullen (Schottland).

1972: 7 Spiele: 6 Siege, 1 Unentschieden

368 **Ungarn**, 29.3., Budapest, 2:0 gewonnen: Maier – Höttges, Breitner (1) – Schwarzenbeck, Beckenbauer, Wimmer – Hoeneß (1), Flohe, G. Müller, Netzer, Heynckes (Held) – K.: Beckenbauer – SR: Lo Bello (Italien).

369 **England**, 29.4., London, 3:1 gewonnen (Europameisterschaft – Viertelfinale): Maier – Höttges, Breitner – Schwarzenbeck, Beckenbauer, Wimmer – Grabowski, Hoeneß (1), G. Müller (1), Netzer (1), Held – K.: Beckenbauer – SR: Heliet (Frankreich).

370 **England**, 13.5., Berlin, 0:0 unentschieden (Europameisterschaft – Viertelfinale): Maier – Höttges, Breitner – Schwarzenbeck, Beckenbauer, Wimmer – Hoeneß (Heynckes), Flohe, G. Müller, Netzer, Held – K.: Beckenbauer – SR: Gugulovic (Jugoslawien).

371 **Sowjetunion**, 26.5., München, 4:1 gewonnen: Maier (Kleff) – Höttges (Bonhof), Breitner – Schwarzenbeck, Beckenbauer, Wimmer – Heynckes, Hoeneß, G. Müller (4), Netzer, E. Kremers – K.: Beckenbauer – SR: Marques (Brasilien).

372 **Belgien**, 14.6., Antwerpen, 2:1 gewonnen (Europameisterschaft – Halbfinale): Maier – Höttges, Breitner – Schwarzenbeck, Beckenbauer, Wimmer – Heynckes, Hoeneß (Grabowski), G. Müller (2), Netzer, E. Kremers – K.: Beckenbauer – SR: Mullen (Schottland).

373 **Sowjetunion**, 18.6., Brüssel, 3:0 gewonnen (Europameisterschaft - Endspiel): Maier - Höttges, Breitner - Schwarzenbeck, Beckenbauer, Wimmer (1) - Heynckes, Hoeneß, G. Müller (2), Netzer, E. Kremers - K.: Beckenbauer - SR: Marschall (Österreich).

374 **Schweiz**, 15.11., Düsseldorf, 5:1 gewonnen: Maier - Höttges, Breitner - Schwarzenbeck, Beckenbauer, Wimmer (Vogts) - Heynckes, Hoeneß, G. Müller (4), Netzer (1), E. Kremers (Geye) - K.: Beckenbauer - SR: van der Kroft (Niederlande).

1973: 10 Spiele: 6 Siege, 1 Unentschieden, 3 Niederlagen

375 **Argentinien**, 14.2., München, 2:3 verloren: Maier - Höttges, Vogts - Schwarzenbeck (Cullmann (1)), Beckenbauer, Breitner - Geye, Wimmer, Heynckes (1), Overath, E. Kremers (Held) - K.: Beckenbauer - SR: Lo Bello (Italien).

376 **Tschechoslowakei**, 28.3., Düsseldorf, 3:0 gewonnen: Franke - Vogts, Breitner - Schwarzenbeck, Beckenbauer, Flohe - Heynckes, Hoeneß (Cullmann), G. Müller (2), Overath, E. Kremers (1) - K.: Beckenbauer - SR: Keller (Schweiz).

377 **Jugoslawien**, 9.5., München, 0:1 verloren: Maier - Höttges, Breitner - Schwarzenbeck, Beckenbauer, Flohe - Grabowski, Hoeneß, G. Müller, Overath, Held (E. Kremers) - K.: Beckenbauer - SR: Buzek (Österreich).

378 **Bulgarien**, 12.5., Hamburg, 3:0 gewonnen: Franke - Höttges, Breitner - Cullmann (1), Beckenbauer (1), Kapellmann - Grabowski, Flohe (Köppel), G. Müller, Overath, E. Kremers (Eigentor Jordanov) - K.: Beckenbauer - SR: Jonsson (Schweden).

379 **Brasilien**, 16.6., Berlin, 0:1 verloren: Maier - Breitner, Vogts - Cullmann, Beckenbauer, Flohe - Heynckes, Hoeneß (Kapellmann), G. Müller, Overath, E. Kremers - K.: Beckenbauer - SR: van Gemert (Niederlande).

380 **Sowjetunion**, 5.9., Moskau, 1:0 gewonnen: Kleff - Höttges, Breitner - Schwarzenbeck, Beckenbauer, Danner - Grabowski (Wunder), Köppel (Hoeneß), G. Müller (1), Flohe, Heynckes (E. Kremers) - K.: Beckenbauer - SR: Mladenovic (Jugoslawien).

381 **Österreich**, 10.10., Hannover, 4:0 gewonnen: Kleff - Kapellmann (H. Kremers), Höttges - Weber (1) (Hölzenbein), Beckenbauer (Cullmann), Flohe - Grabowski, Hoeneß, G. Müller (2), Overath, E. Kremers (1) - K.: Beckenbauer - SR: Delcourt (Belgien).

382 **Frankreich**, 13.10., Gelsenkirchen, 2:1 gewonnen: Kleff - Höttges (Cullmann), H. Kremers - Weber, Beckenbauer, Flohe - Grabowski, Hoeneß, G. Müller (2), Overath, E. Kremers - K.: Beckenbauer - SR: Scheurer (Schweiz).

383 **Schottland**, 14.11., Glasgow, 1:1 unentschieden: Kleff (Maier) - Vogts, Höttges - Weber, Beckenbauer, Wimmer (Cullmann) - Grabowski, Hoeneß (1), Held (Flohe), Netzer, E. Kremers (Heynckes) - K.: Beckenbauer - SR: J. K. Taylor (England).

384 **Spanien**, 24.11., Stuttgart, 2:1 gewonnen: Maier - Vogts, Höttges (Bonhof) - Weber (Schwarzenbeck), Beckenbauer, Cullmann - Grabowski, Hoeneß (Hölzenbein), G. Müller, Overath, Heynckes (2) - K.: Beckenbauer - SR: MacKenzie (Schottland).

1974: 15 Spiele: 11 Siege, 2 Unentschieden, 2 Niederlagen

385 **Spanien**, 23.2., Barcelona, 0:1 verloren: Nigbur - Vogts (Breitner), Höttges - Weber, Beckenbauer, H. Kremers (Wimmer) - Grabowski (Heynckes), Hoeneß, G. Müller, Overath, Herzog - K.: Beckenbauer - SR: Jurea (CSSR).

386 **Italien**, 26.2., Rom, 0:0 unentschieden: Maier - Höttges (H. Kremers), Breitner - Schwarzenbeck, Beckenbauer, Cullmann - Hoeneß, Netzer, G. Müller, Overath, Heynckes - K.: Beckenbauer - SR: Bucheli (Schweiz).

387 **Schottland**, 27.3., Frankfurt a. M., 2:1 gewonnen: Maier - Breitner (1), Vogts - Schwarzenbeck, Beckenbauer, Cullmann - Grabowski (1), Hoeneß, G. Müller, Wimmer, Herzog - K.: Beckenbauer - SR: Schiller (Österreich).

388 **Ungarn**, 17.4., Dortmund, 5:0 gewonnen: Nigbur - Vogts, H. Kremers - Schwarzenbeck (Bonhof), Beckenbauer, Cullmann - Grabowski, Hoeneß (Flohe), G. Müller (2), Wimmer (1) (Hölzenbein (1)), E. Kremers (1) - K.: Beckenbauer - SR: Schaut (Belgien).

389 **Schweden**, 1.5., Hamburg, 2:0 gewonnen: Maier - Vogts, Breitner - Schwarzenbeck, Beckenbauer, Cullmann (Hölzenbein) - Grabowski, Hoeneß, G. Müller, Netzer, E. Kremers (Heynckes, 2/Bonhof) - K.: Beckenbauer - SR: Kitabdjan (Frankreich).

390 **Chile**, 14.6., Berlin, 1:0 gewonnen (Weltmeisterschaft - 1. Final runde): Maier - Vogts, Breitner (1) - Schwarzenbeck, Beckenbauer, Cullmann - Grabowski, Hoeneß, G. Müller, Overath, (Hölzenbein), Heynckes - K.: Beckenbauer - SR: Babacan (Türkei).

391 **Australien**, 18.6., Hamburg, 3:0 gewonnen (Weltmeisterschaft - 1. Finalrunde): Maier - Vogts, Breitner - Schwarzenbeck, Beckenbauer, Cullmann (1) (Wimmer) - Grabowski, Hoeneß, G. Müller (1), Overath (1), Heynckes (Hölzenbein) - K.: Beckenbauer - SR: Kamel (Ägypten).

392 **DDR**, 22.6., Hamburg, 0:1 verloren (Weltmeisterschaft – 1. Finalrunde): Maier – Vogts, Breitner – Schwarzenbeck (Höttges), Beckenbauer, Cullmann – Grabowski, Hoeneß, G. Müller, Overath (Netzer), Flohe – K.: Beckenbauer – SR: Barreto Ruiz (Uruguay).

393 **Jugoslawien**, 26.6., Düsseldorf, 2:0 gewonnen (Weltmeisterschaft – 2. Finalrunde): Maier – Vogts, Breitner (1) – Schwarzenbeck, Beckenbauer, Bonhof – Hölzenbein (Flohe), Wimmer (Hoeneß), G. Müller (1), Overath, Herzog – K.: Beckenbauer – SR: Marques (Brasilien).

394 **Schweden**, 30.6., Düsseldorf, 4:2 gewonnen (Weltmeisterschaft – 2. Finalrunde): Maier – Vogts, Breitner – Schwarzenbeck, Beckenbauer, Bonhof (1) – Hölzenbein (Flohe), Hoeneß (1), G. Müller, Overath (1), Herzog (Grabowski (1)) – K.: Beckenbauer – SR: Kasakow (Sowjetunion).

395 **Polen**, 3.7., Frankfurt a. M., 1:0 gewonnen (Weltmeisterschaft – 2. Finalrunde): Maier – Vogts, Breitner – Schwarzenbeck, Beckenbauer, Bonhof – Grabowski, Hoeneß, G. Müller (1), Overath, Hölzenbein – K.: Beckenbauer – SR: Linemayr (Österreich).

396 **Niederlande**, 7.7., München, 2:1 gewonnen (Weltmeisterschaft – Endspiel): Maier – Vogts, Breitner (1) – Schwarzenbeck, Beckenbauer, Bonhof – Grabowski, Hoeneß, G. Müller (1), Overath, Hölzenbein – K.: Beckenbauer – SR: J. K. Taylor (England).

397 **Schweiz**, 4.9., Basel, 2:1 gewonnen: Maier – Vogts, H. Kremers – Schwarzenbeck (Kapellmann), Beckenbauer, Cullmann (1) – Geye (1), Bonhof, Hölzenbein (Seel), Hoeneß, Herzog – K.: Beckenbauer – SR: Schiller (Österreich).

398 **Griechenland**, 20.11., Piräus, 2:2 unentschieden (EM-Qualifikation): Maier – Vogts, H. Kremers – Schwarzenbeck, Beckenbauer, Cullmann (1) (Kapellmann) – Geye, Wimmer (1), Hölzenbein, Hoeneß, Heynckes (Pirrung) – K.: Beckenbauer – SR: Rainea (Rumänien).

399 **Malta**, 22.12., Gzira, 1:0 gewonnen (EM-Qualifikation): Nigbur – Vogts, Dietz – Körbel, Beckenbauer, Cullmann (1) (Seliger) – Pirrung (B. Nickel), Bonhof, Kostedde, Flohe, Hölzenbein – K.: Beckenbauer – SR: Emsberger (Ungarn).

1975: 7 Spiele: 3 Siege, 3 Unentschieden, 1 Niederlage

400 **England**, 12.3., London, 0:2 verloren: Maier – Bonhof, Vogts – Körbel, Beckenbauer, Cullmann – Ritschel, Flohe, Kostedde (Heynckes), Wimmer (H. Kremers), Hölzenbein – K.: Beckenbauer – SR: Schaut (Belgien).

401 **Bulgarien**, 27.4., Sofia, 1:1 unentschieden (EM-Qualifikation): Maier – Vogts, Breitner – Schwarzenbeck, Beckenbauer, Bonhof – Ritschel (1), Hoeneß (Körbel), Seel, Netzer, Heynckes (Hölzenbein) – K.: Beckenbauer – SR: Dubach (Schweiz).

402 **Niederlande**, 17.5., Frankfurt, 1:1 unentschieden: Maier – Vogts, Bonhof – Kliemann, Beckenbauer, Körbel – Ritschel, Wimmer (1) (Cullmann), Seel, Beer, Hölzenbein – K.: Beckenbauer – SR: Hungerbühler (Schweiz).

403 **Österreich**, 3.9., Wien, 2:0 gewonnen: Maier – Kaltz, Vogts – Schwarzenbeck (Danner), Beckenbauer (Beer, 2), Körbel – Seel, Wimmer (Keller), Gersdorff, Stielike, Hölzenbein – K.: Beckenbauer – SR: Palotai (Ungarn).

404 **Griechenland**, 11.10., Düsseldorf, 1:1 unentschieden (EM-Qualifikation): Maier – Kaltz, Vogts – Körbel, Beckenbauer, Breitner – Hölzenbein, Beer, Kostedde, Netzer, Heynckes (1) – K.: Beckenbauer – SR: Thomas (Wales).

405 **Bulgarien**, 19.11., Stuttgart, 1:0 gewonnen (EM-Qualifikation): Maier – Vogts, Dietz – Schwarzenbeck, Beckenbauer, Danner – Hölzenbein, Wimmer, Beer, Stielike, Heynckes (1) – K.: Beckenbauer – SR: MacKenzie (Schottland).

406 **Türkei**, 20.12., Istanbul, 5:0 gewonnen: Kargus – Vogts, Dietz (Reichel) – Schwarzenbeck, Beckenbauer, Danner – Hölzenbein, Wimmer (Bonhof), Beer (1), Stielike (Worm, 2), Heynckes (2) – K.: Beckenbauer – SR: Michelotti (Italien).

1976: 7 Spiele: 5 Siege, 2 Unentschieden

407 **Malta**, 28.2., Dortmund, 8:0 gewonnen (EM-Qualifikation): Maier – Vogts (1), Dietz – Schwarzenbeck, Beckenbauer, Beer (2) – Hölzenbein (1), Wimmer (Bongartz), Worm (2), Stielike (Cullmann), Heynckes (2) – K.: Beckenbauer – SR: Kuston (Polen).

408 **Spanien**, 24.4., Madrid, 1:1 unentschieden (EM-Viertelfinale): Maier – Vogts, Dietz (Reichel) – Schwarzenbeck (Cullmann), Beckenbauer, Bonhof – Hölzenbein, Wimmer, Beer (1), Danner, Worm – K.: Beckenbauer – SR: Taylor (England).

409 **Spanien**, 22.5., München, 2:0 gewonnen (EM-Viertelfinale): Maier – Vogts, Dietz – Schwarzenbeck, Beckenbauer, Bonhof – Hoeneß (1), Wimmer, Toppmöller (1), Beer, Hölzenbein – K.: Beckenbauer – SR: Wurtz (Frankreich).

410 **Jugoslawien**, 17.6., Belgrad, 4:2 n. Verl. gewonnen (Europameisterschaft – Halbfinale): Maier – Vogts, Dietz – Schwarzenbeck, Beckenbauer, Bonhof – Hoeneß, Wimmer (D. Müller, 3), Beer, Danner (Flohe,(1)), Hölzenbein – K.: Beckenbauer – SR: Delcourt (Belgien).

411 **Tschechoslowakei**, 20.6., Belgrad, 2:2 n. Verl., Elfmeterschießen 5:3 für CSSR (Europameisterschaft – Endspiel): Maier – Vogts, Dietz – Schwarzenbeck, Beckenbauer, Bonhof – Hoeneß, Wimmer (Flohe), D. Müller (1), Beer (Bongartz), Hölzenbein (1) – K. Beckenbauer – SR: Gonella (Italien) – Das Spiel wird in den Statistiken mit 2:2 Toren, aber als Niederlage gewertet. Die Tore aus dem 11-m-Schießen zählen nicht in der Torjägerstatistik, sondern dienen lediglich der Feststellung des Sieges. Die 11-m-Tore: Bonhof, Flohe, Bongartz.

412 **Wales**, 6.10., Cardiff, 2:0 gewonnen: Kargus – Vogts, Dietz – Zimmermann (Schwarzenbeck), Beckenbauer (1), Beer (Seliger) – Rummenigge, Flohe, Hoeneß (D. Müller), Stielike, Heynckes (1) – K.: Beckenbauer – SR: Mathewson (England).

413 **Tschechoslowakei**, 17.11., Hannover, 2:0 gewonnen: Maier – Vogts (Kaltz), Dietz – Schwarzenbeck, Beckenbauer, Bonhof – Rummenigge, Hoeneß, Beer (1), Flohe (1), Heynckes – K.: Beckenbauer – SR: Dubach (Schweiz).

1977: 11 Spiele: 7 Siege, 3 Unentschieden, 1 Niederlage

414 **Frankreich**, 23.2., Paris, 0:1 verloren: Maier – Vogts, Dietz – Nogly, Beckenbauer, Bonhof – Rummenigge, Flohe, D. Müller (Beer), Stielike, Hölzenbein – K.: Beckenbauer – SR: Sanchez Ibanez (Spanien).

415 **Nordirland**, 27.4., Köln, 5:0 gewonnen: Maier (Franke) – Vogts, Dietz – Nogly, Kaltz, Bonhof (1) – Abramczik, Fischer (2), D. Müller (1), Flohe (1), Hölzenbein – K.: Vogts – SR: Palotai (Ungarn).

416 **Jugoslawien**, 30.4., Belgrad, 2:1 gewonnen: Maier (Kargus) – Tenhagen, Vogts – Rüßmann, Kaltz, Bonhof (1) – Abramczik, Beer, Fischer, D. Müller (1), Flohe (Magath) – K.: Vogts – SR: Babacan (Türkei).

417 **Argentinien**, 5.6., Buenos Aires, 3:1 gewonnen: Franke – Vogts, Dietz – Rüßmann, Kaltz, Bonhof – Abramczik, Hölzenbein (1), Fischer (2), Beer (Rummenigge), Volkert – K.: Vogts – SR: Coelho (Brasilien).

418 **Uruguay**, 8.6., Montevideo, 2:0 gewonnen: D. Burdenski – Vogts, Dietz – Rüßmann (Nogly), Kaltz, Bonhof – Rummenigge, Flohe (1), D. Müller (1), Magath, Volkert (Abramczik, Hölzenbein) – K.: Vogts – SR: Coerezza (Argentinien).

419 **Brasilien**, 12.6., Rio de Janeiro, 1:1 unentschieden: Maier – Vogts, Dietz – Rüßmann, Kaltz, Bonhof – Abramczik, Hölzenbein (Tenhagen), Fischer (1), Beer (Flohe), Volkert (Rummenigge) – K.: Vogts – SR: Pestarino (Argentinien).

420 **Mexiko**, 14.6., Mexiko City, 2:2 unentschieden: Maier – Vogts, Dietz – Rüßmann, Kaltz, Bonhof (Nogly) – Hölzenbein, Bongartz, Fischer (2), D. Müller (Volkert), Flohe (Beer) – K.: Vogts – SR: Dorantes (Mexiko).

421 **Finnland**, 7.9., Helsinki, 1:0 gewonnen: Maier – Vogts, Dietz – Bonhof, Kaltz, Rüßmann – Abramczik (Rummenigge), Hölzenbein, Fischer (1), Beer (Bongartz), Volkert – K.: Vogts – SR: Jarkow (Sowjetunion).

422 **Italien**, 8.10., Berlin, 2:1 gewonnen: Maier – Vogts, Dietz – Bonhof, Kaltz (1), Rüßmann – Rummenigge (1), Flohe, Fischer, Beer, Volkert (Hölzenbein) – K.: Vogts – SR: Rion (Belgien).

423 **Schweiz**, 16.11., Stuttgart, 4:1 gewonnen: Franke – Vogts, Dietz (H. Zimmermann) – Bonhof, Kaltz, Rüßmann – Abramczik, Burgsmüller, Fischer (2), Flohe (1), Seel. Dazu Selbsttor Meyer – K.: Vogts – SR: Gonella (Italien).

424 **Wales**, 14.12., Dortmund, 1:1 unentschieden: Maier – Vogts, Dietz – Bonhof, Tenhagen, Rüßmann – Abramczik, Burgsmüller, Fischer 1 (Seel), Flohe, Hölzenbein – K.: Vogts – SR: Corver (Niederlande).

1978: 13 Spiele: 5 Siege, 5 Unentschieden, 3 Niederlagen

425 **England**, 22.2., München, 2:1 gewonnen: Maier – Vogts, H. Zimmermann – Bonhof (1), Schwarzenbeck, Rüßmann – Abramczik, Flohe (Burgsmüller), Hölzenbein (Worm(1)), Neumann (Dietz), Rummenigge – K.: Vogts – SR: Wöhrer (Österreich).

426 **Sowjetunion**, 8.3., Frankfurt, 1:0 gewonnen: Maier – Vogts, Dietz – Bonhof, Kaltz, Rüßmann (1) – Abramczik, Hölzenbein, Fischer, Flohe, Rummenigge – K.: Vogts – SR: Gordon (Schottland).

427 **Brasilien**, 5.4., Hamburg, 0:1 verloren: Maier – Vogts, Dietz (Kh. Förster) – Bonhof, Kaltz, Rüßmann – Abramczik (H. Müller), Beer (Worm), Fischer, Flohe, Rummenigge – K.: Vogts – SR: Palotai (Ungarn).

428 **Schweden**, 19.4., Stockholm, 1:3 verloren: Maier (D. Burdenski) – Vogts, H. Zimmermann – Bonhof (1) (Dietz), Kaltz, Rüßmann – Abramczik, Hölzenbein, Fischer, H. Müller (Worm), Rummenigge – K.: Vogts – SR: Burns (England).

429 **Polen**, 1.6., Buenos Aires, 0:0 unentschieden (Weltmeisterschaft): Maier – Vogts, H. Zimmermann – Bonhof, Kaltz, Rüßmann – Abramczik, Beer, Fischer, Flohe, H. Müller – K.: Vogts – SR: Coerezza (Argentinien).

430 **Mexiko**, 6.6., Cordoba, 6:0 gewonnen (Weltmeisterschaft): Maier – Vogts, Dietz – Bonhof, Kaltz, Rüßmann – Rummenigge (2), Flohe (2), Fischer, D. Müller (1), H. Müller (1) – K.: Vogts – SR: Bouzo (Syrien).

431 **Tunesien**, 10.6., Cordoba, 0:0 unentschieden (Weltmeisterschaft): Maier – Vogts, Dietz – Bonhof, Kaltz, Rüßmann – Rummenigge, Flohe, Fischer, D. Müller, H. Müller – K.: Vogts – SR: Orozco (Peru).

432 **Italien**, 14.6., Buenos Aires, 0:0 unentschieden (Weltmeisterschaft): Maier – Vogts, Dietz – Bonhof, Kaltz, Rüßmann – Rummenigge, Flohe (Beer), Fischer, H. Zimmermann (Konopka), Hölzenbein – K.: Vogts – SR: Maksimovic (Jugoslawien).

433 **Niederlande**, 18.6., Cordoba, 2:2 unentschieden (Weltmeisterschaft): Maier – Vogts, Dietz – Bonhof, Kaltz, Rüßmann – Abramczik (1), Beer, D. Müller (1), Hölzenbein, Rummenigge – K.: Vogts – SR: Barreto Ruiz (Uruguay).

434 **Österreich**, 21.6., Cordoba, 2:3 verloren (Weltmeisterschaft): Maier – Vogts, Dietz – Bonhof, Kaltz, Rüßmann – Abramczik, Beer (H. Müller), D. Müller (Fischer), Hölzenbein (1), Rummenigge (1) – K.: Vogts – SR: Klein (Israel).

435 **Tschechoslowakei**, 11.10., Prag, 4:3 gewonnen: Maier – Kaltz, Dietz – Bonhof (2), Zewe, Kh. Förster – Abramczik (1), Cullmann, Fischer, H. Müller (1) (Worm, Kl. Allofs), Rummenigge – K.: Maier – SR: Daina (Schweiz).

436 **Ungarn**, 15.11., Frankfurt/M., 0:0 (nach 60 Minuten wegen Nebels abgebrochen): Maier – Kaltz, Dietz – Bonhof, Zewe, Rüßmann – Abramczik, Cullmann, Fischer, Kl. Allofs, Rummenigge – K.: Maier – SR: Wurtz (Frankreich).

437 **Niederlande**, 20.12., Düsseldorf, 3:1 gewonnen: D. Burdenski – Kaltz, Dietz – Bonhof (1), Zewe, Stielike – Abramczik (Borchers), Cullmann (H. Zimmermann), Fischer (1), Kl. Allofs, Rummenigge (1) – K.: Dietz – SR: Palotai (Ungarn).

1979: 9 Spiele: 7 Siege, 2 Unentschieden

438 **Malta**, 25.2., Gzira, 0:0 unentschieden (EM-Qualifikation): Maier – Kaltz, Dietz – Bonhof, Zewe (Toppmöller), Kh. Förster Abramczik, Cullmann, Fischer, H. Müller, Rummenigge (Kl. Allofs) – K.: Maier – SR: Christov (CSSR).

439 **Türkei**, 1.4., Izmir, 0:0 unentschieden (EM-Qualifikation): D. Burdenski – Kaltz, Dietz – Bonhof, Stielike, H. Zimmermann (Kh. Förster) – Rummenigge (Kelsch), Cullmann, Toppmöller, H. Müller, Borchers – K.: Dietz – SR: Stuper (UdSSR).

440 **Wales**, 2.5., Wrexham, 2:0 gewonnen (EM-Qualifikation): Maier – Kaltz, Dietz – Bonhof, Stielike (Martin), Kh. Förster – Rummenigge, Cullmann, Fischer (1), H. Zimmermann (1), Kl. Allofs – K.: Maier – SR: Michelotti (Italien).

441 **Irland**, 22.5., Dublin, 3:1 gewonnen: Maier (D. Burdenski) – Kaltz, B. Förster – H. Zimmermann (Hartwig), Cullmann, Kh. Förster Rummenigge (1) (Memering), Schuster, D. Hoeneß (1), H. Müller (Kelsch (1)), Kl. Allofs – K.: Maier/Cullmann – SR: Courtney (England).

442 **Island**, 26.5., Reykjavik, 3:1 gewonnen: Maier (Schumacher) – Konopka, B. Förster – Kh. Förster (Kaltz), Cullmann, Schuster – Kelsch (1), H. Zimmermann (Hartwig), D. Hoeneß (2), Groh, Memering – K.: Maier/Cullmann – SR: Hope (Schottland).

443 **Argentinien**, 12.9., Berlin, 2:1 gewonnen: D. Burdenski – Kaltz, Dietz – Kh. Förster, Cullmann, Schuster – Rummenigge (1), Bonhof, Fischer, H. Müller, Kl. Allofs (1) – K.: Dietz – SR: Eriksson (Schweden).

444 **Wales**, 17.10., Köln, 5:1 gewonnen (EM-Qualifikation): D. Burdenski – Kaltz (1), Dietz – Kh. Förster (1), Cullmann, Schuster (Zimmermann) – Rummenigge (1) (Briegel), Bonhof, Fischer (2), H. Müller, Kl. Allofs – K.: Dietz – SR: Keizer (Niederlande).

445 **Sowjetunion**, 21.11., Tiflis, 3:1 gewonnen: Nigbur – Kaltz (Zimmermann), Briegel – Kh. Förster, Cullmann, Dietz (Votava) – Rummenigge (2), Schuster (B. Förster), Fischer (1), H. Müller, H. Nickel – K.: Dietz/Cullmann – SR: Hirviniemi (Finnland).

446 **Türkei**, 22.12., Gelsenkirchen, 2:0 gewonnen (EM-Qualifikation): Nigbur – Kaltz, Dietz – Bonhof, Cullmann, B. Förster – Rummenigge, Stielike (Zimmermann (1)), Fischer (1), H. Müller, H. Nickel – K.: Dietz – SR: Renggli (Schweiz).

1980: 11 Spiele: 9 Siege, 2 Unentschieden

447 **Malta**, 27.2., Bremen, 8:0 gewonnen (EM-Qualifikation): D. Burdenski – Kaltz, Cullmann, Kh. Förster, Dietz – Bonhof (1), B. Förster (Kelsch (1)), H. Müller – Rummenigge (1), Fischer (2), Kl. Allofs (2) (H. Nickel) – K.: Dietz – SR: Rolles (Luxemburg) – Dazu ein Selbsttor von Malta.

448 **Österreich**, 2.4., München, 1:0 gewonnen: Nigbur (Schumacher) – Kaltz, Cullmann, Kh. Förster, Dietz (Briegel) – Bonhof, B. Förster (Schuster), H. Müller (1) – Rummenigge, Hrubesch, Kl. Allofs (Del Haye) – K.: Dietz/Cullmann – SR: Vautrot (Frankreich).

449 **Polen**, 13.5., Frankfurt, 3:1 gewonnen: Schumacher – Kaltz, Cullmann, Kh. Förster, Dietz – B. Förster (Schuster (1)), Magath, Briegel (Jakobs), H. Müller (Hrubesch) – Rummenigge (1), Kl. Allofs (1) – K.: Dietz – SR: Menegali (Italien).
450 **Tschechoslowakei**, 11.6., Rom (EM-Endrunde), 1:0 gewonnen: Schumacher – Kaltz, Cullmann, Kh. Förster, Dietz – B. Förster (Magath), Stielike, Briegel, H. Müller – Rummenigge (1), Kl. Allofs – K.: Dietz – SR: Michelotti (Italien).
451 **Niederlande**, 14.6., Neapel (EM-Endrunde), 3:2 gewonnen: Schumacher – Kaltz, Stielike, Kh. Förster, Dietz (Matthäus) – Schuster, Briegel, H. Müller (Magath) – Rummenigge, Hrubesch, Kl. Allofs (3) – K.: Dietz/ Rummenigge – SR: Wurtz (Frankreich).
452 **Griechenland**, 17.6., Turin (EM-Endrunde), 0:0 unentschieden: Schumacher – Kaltz, Stielike, Kh. Förster, B. Förster (Votava) – Cullmann, Briegel, H. Müller, Memering – Rummenigge (Del Haye), Hrubesch – K.: Cullmann – SR: McGinlay (Schottland).
453 **Belgien**, 22.6., Rom (EM-Finale), 2:1 gewonnen: Schumacher – Kaltz, Stielike, Kh. Förster, Dietz – Schuster, Briegel (Cullmann), H. Müller – Rummenigge, Hrubesch (2), Kl. Allofs – K.: Dietz – SR: Rainea (Rumänien).
454 **Schweiz**, 10.9.,Basel, 3:2 gewonnen: Schumacher – Kaltz, Schuster, Kh. Förster, Dietz – Briegel, Magath (1), H. Müller (2) – Rummenigge, Hrubesch, Kl. Allofs – K.: Dietz – SR: Agnolin (Italien).
455 **Niederlande**, 11.10., Eindhoven, 1:1 unentschieden: Schumacher (Immel) – Kaltz, Niedermayer, Kh. Förster, Dietz – Briegel, Magath, H. Müller – Rummenigge, Hrubesch (1), Kl. Allofs – K.: Dietz – SR: Christov (CSSR).
456 **Frankreich**, 19.11., Hannover, 4:1 gewonnen: Schumacher – Kaltz (1), Schuster, Kh. Förster, Dietz – Briegel (1), Votava, H. Müller – Allgöwer, Hrubesch (1), Kl. Allofs (1) – K.: Dietz – SR: Nyhus (Norwegen).
457 **Bulgarien**, 3.12., Sofia, 3:1 gewonnen (WM-Qualifikation): Schumacher – Kaltz (2), Stielike, Kh. Förster, Dietz – Briegel, Magath (Votava), H. Müller – Rummenigge (1), Hrubesch, Kl. Allofs (Borchers) – K.: Dietz – SR: Lattanzi (Italien).

1981: 11 Spiele: 8 Siege, 3 Niederlagen

458 **Argentinien**, 1.1., Montevideo, 1:2 verloren (Copa de Oro/Mini-WM): Schumacher – Kaltz, Bonhof, Kh. Förster, Dietz – Briegel, Magath, H. Müller – Rummenigge, Hrubesch (1), Kl. Allofs – K.: Dietz – SR: Castillo (Spanien).
459 **Brasilien**, 7.1., Montevideo, 1:4 verloren (Copa de Oro/Mini-WM): Schumacher – Kaltz (Dremmler), Bonhof, Kh. Förster, Dietz – Votava, Briegel, Magath, H. Müller – Rummenigge, Kl. Allofs (1) (Allgöwer) – K.: Dietz – SR: Silvagno (Chile).
460 **Albanien**, 1.4., Tirana, 2:0 gewonnen (WM-Qualifikation): Schumacher – Kaltz, Stielike, Kh. Förster (Hannes), Dietz – Schuster (2), Magath, H. Müller – Rummenigge, Hrubesch, Kl. Allofs – K.: Dietz – SR: Venci (CSSR).
461 **Österreich**, 29.4., Hamburg, 2:0 gewonnen (WM-Qualifikation): Schumacher – Kaltz, Stielike, Kh. Förster, Briegel – Schuster, Breitner, Magath, H. Müller – Rummenigge, Fischer (1) (Allgöwer). Dazu ein Eigentor des Österreichers Krauss – K.: Rummenigge – SR: Corver (Niederlande).
462 **Brasilien**, 19.5., Stuttgart, 1:2 verloren: Schumacher (Immel) – Kaltz, Hannes, Kh. Förster, Briegel – Schuster (Dietz), Breitner, Magath, H. Müller – Rummenigge, Fischer (1) (Allgöwer) – K.: Rummenigge – SR: White (England).
463 **Finnland**, 24.5., Lahti, 4:0 gewonnen (WM-Qualifikation): Schumacher – Kaltz (1), Hannes, Kh. Förster, Briegel (1) – Dremmler, Breitner, Magath (Allgöwer) – Rummenigge, Fischer (2), H. Müller (Borchers) – K.: Rummenigge – SR: Carpenter (Irland).
464 **Polen**, 2.9., Königshütte, 2:0 gewonnen: Schumacher – Kaltz (Hieronymus), Hannes, B. Förster, Briegel (Dremmler) – Breitner, Magath, H. Müller – Borchers, Fischer (1), Rummenigge (1) – K.: Rummenigge – SR: Johannsen (Schweden).
465 **Finnland**, 23.9., Bochum, 7:1 gewonnen (WM-Qualifikation): Schumacher – Kaltz, Stielike, B. Förster, Briegel – Dremmler (1), Breitner (2), Magath – Borchers, Fischer (1), Rummenigge (3) – K.: Rummenigge – SR: Rolles (Luxemburg).
466 **Österreich**, 14.10., Wien, 3:1 gewonnen (WM-Qualifikation): Schumacher – Kaltz, Stielike, Kh. Förster, Briegel – Dremmler, Breitner, Magath (1) – Littbarski (2), Fischer, Rummenigge – K.: Rummenigge – SR: Ponnet (Belgien).
467 **Albanien**, 18.11., Dortmund, 8:0 gewonnen (WM-Qualifikation): Immel – Kaltz (1) (Matthäus) Stielike, Kh. Förster, Briegel – Dremmler, Breitner (1), Magath – Rummenigge (3) (Milewski), Fischer (2), Littbarski (1) – K.: Rummenigge/Fischer – SR: Djörnestad (Norwegen).
468 **Bulgarien**, 22.11., Düsseldorf, 4:0 gewonnen (WM-Qualifikation): Schumacher – Kaltz (1), Hannes, Kh. Förster, Briegel – Dremmler, Breitner, Magath (Kl. Allofs) – Rummenigge (2), Hrubesch, Fischer (1) – K.: Rummenigge – SR: Fredriksson (Schweden).

1982: 15 Spiele: 7 Siege, 4 Unentschieden, 4 Niederlagen

469 **Portugal**, 17.2., Hannover, 3:1 gewonnen: Schumacher (Franke) – Kaltz, B. Förster, Kh. Förster, Briegel – Dremmler, Breitner, Rummenigge – Hrubesch (Matthäus), Fischer (2), Littbarski (Allgöwer). Dazu ein Eigentor von Humberto – K.: Rummenigge – SR: Ponnet (Belgien).

470 **Brasilien**, 21.3., Rio de Janeiro, 0:1 verloren: Schumacher – Kaltz, Stielike, Kh. Förster, Briegel – Dremmler, Breitner, Matthäus – Littbarski (Mill), Fischer (Hrubesch), H. Müller (Engels) – K.: Kaltz – SR: Castilho (Spanien).

471 **Argentinien**, 24.3., Buenos Aires, 1:1 unentschieden: Schumacher – Kaltz, Stielike, Kh. Förster, Briegel – Dremmler (1), Matthäus, Breitner (B. Förster), H. Müller – Littbarski (Mill), Hrubesch (Engels) – K.: Kaltz – SR: Bazan (Uruguay).

472 **Tschechoslowakei**, 14.4., Köln, 2:1 gewonnen: Schumacher – Kaltz (Engels), Hannes, Kh. Förster, Briegel – Dremmler (B. Förster), Breitner (1), Matthäus – Rummenigge, Fischer (Mill), Littbarski (1) – K.: Rummenigge – SR: Quiniou (Frankreich).

473 **Norwegen**, 12.5., Oslo, 4:2 gewonnen: Franke (Immel) – B. Förster (Hannes), Stielike, Kh. Förster, Briegel (Hieronymus) – Matthäus, Breitner (Reinders), Magath – Rummenigge (2), Hrubesch (Fischer), Littbarski (2) – K.: Rummenigge – SR: Johansson (Schweden).

474 **Algerien**, 16.6., Gijon, 1:2 verloren (WM Endrunde): Schumacher Kaltz, Stielike, Kh. Förster, Briegel – Dremmler, Breitner, Magath (Fischer) – Rummenigge (1), Hrubesch, Littbarski – K.: Rummenigge – SR: Revoredo (Peru).

475 **Chile**, 20.6., Gijon, 4:1 gewonnen (WM-Endrunde): Schumacher – Kaltz, Stielike, Kh. Förster, Briegel – Dremmler, Breitner (Matthäus), Magath, Rummenigge (3) – Hrubesch, Littbarski (Reinders (1)) – K.: Rummenigge – SR: Galler (Schweiz).

476 **Österreich**, 25.6., Gijon, 1:0 gewonnen (WM Endrunde): Schumacher Kaltz, Stielike, Kh. Förster, Briegel – Dremmler, Breitner, Magath, Rummenigge (Matthäus) – Littbarski, Hrubesch (1) (Fischer) – K.: Rummenigge/Kaltz – SR: Valentine (Schottland).

477 **England**, 29.6., Madrid, 0:0 unentschieden (2. WM-Finalrunde): Schumacher – Kaltz, Stielike, Kh. Förster, Briegel – Dremmler, B. Förster, Breitner, H. Müller (Fischer) – Reinders (Littbarski), Rummenigge – K.: Rummenigge – SR: Coelho (Brasilien).

478 **Spanien**, 2.7., Madrid, 2:1 gewonnen (2. WM-Finalrunde): Schumacher – Kaltz, Stielike, Kh. Förster, B. Förster – Dremmler, Breitner, Briegel, Rummenigge (Reinders) – Littbarski (1), Fischer (1) – K.: Rummenigge/Kaltz – SR: Casarin (Italien).

479 **Frankreich**, 8.7., Sevilla, 3:3 n. V. unentschieden, Elfmeterschießen 5:4 (WM-Halbfinale): Schumacher – Kaltz, Stielike, Kh. Förster, B. Förster – Dremmler, Breitner, Magath (Hrubesch), Briegel (Rummenigge (1)) – Littbarski (1), Fischer (1) – K.: Kaltz – SR: Corver (Niederlande). Die Tore aus dem Elfmeterschießen zählen nicht in der Torjägerstatistik, sie dienen lediglich der Feststellung des Siegers. 11-m-Tore: Kaltz, Breitner, Littbarski, Hrubesch, K.-H. Rummenigge.

480 **Italien**, 11.7., Madrid 1:3 verloren (WM-Endspiel): Schumacher – Kaltz, Stielike, Kh. Förster, B. Förster – Dremmler (Hrubesch), Breitner (1), Rummenigge (H. Müller), Briegel – Littbarski, Fischer – K.: Rummenigge/Kaltz – SR: Coelho (Brasilien).

481 **Belgien**, 22.9., München, 0:0 unentschieden: Schumacher – Dremmler, Hannes, Kh. Förster, B. Förster – H. Müller (Milewski), Stielike, Matthäus, Briegel – Littbarski, Rummenigge – K.: Rummenigge – SR: Christov (CSSR).

482 **England**, 13.10., London, 2:1 gewonnen: Schumacher – Kaltz, Strack, Kh. Förster (Hieronymus), B. Förster – Meier (Littbarski), Dremmler, Briegel, Matthäus – Rummenigge (2), Kl. Allofs (Engels) – K.: Rummenigge – SR: Palotai (Ungarn).

483 **Nordirland**, 17.11., Belfast, 0:1 verloren (EM-Qualifikation): Schumacher – Kaltz, Stielike, Strack, B. Förster – Matthäus (Völler), Schuster (Engels), Briegel – Rummenigge, Kl. Allofs, Littbarski – K.: Rummenigge – SR: Nyhus (Norwegen).

1983: 10 Spiele: 6 Siege, 2 Unentschieden, 2 Niederlagen

484 **Portugal**, 23.2., Lissabon, 0:1 verloren: Schumacher – Kaltz, B. Förster, Kh. Förster, Briegel – Dremmler, Rolff, Matthäus (Otten) – Rummenigge, Völler (Meier), Littbarski (Kl. Allofs) – K.: Rummenigge – SR: Bacou (Frankreich).

485 **Albanien**, 30.3., Tirana, 2:1 gewonnen (EM-Qualifikation): Schumacher – B. Förster, Strack, Kh. Förster, Otten – Engels, H. Müller, Briegel – Littbarski, Völler (1) (Meier), Rummenigge (1) – K.: Rummenigge – SR: Menegali (Italien).

486 **Türkei**, 23.4., Izmir, 3:0 gewonnen (EM-Qualifikation): Schumacher – Dremmler (1), Strack, Kh. Förster, Briegel – Engels, Schuster, H. Müller – Littbarski (Rolff), Völler, Rummenigge (2) – K.: Rummenigge – SR: Christov (CSSR).

487 **Österreich**, 27.4., Wien, 0:0 unentschieden (EM-Qualifikation): Schumacher – Dremmler, Strack,

Kh. Förster, Briegel (B. Förster) – Engels, Schuster, H. Müller (Rolff) – Littbarski, Völler, Rummenigge – K.: Rummenigge – SR: McGinlay (Schottland).

488 **Jugoslawien**, 7.6., Luxemburg, 4:2 gewonnen (Jubiläumsspiel anl. des 75jährigen Bestehens des Luxemburgischen Fußball-Verbandes): D. Burdenski (Stein) – B. Förster (Otten), Stielike, Kh. Förster, Briegel – Rolff, Schuster (1), H. Müller (Waas) – Rummenigge (1), Völler, Meier (2) (Matthäus) – K.: Rummenigge – SR: Bastian (Luxemburg).

489 **Ungarn**, 7.9., Budapest, 1:1 unentschieden: Schumacher (D. Burdenski) – B. Förster (Matthäus), Strack, Kh. Förster, Briegel – Rolff, Groh, H. Müller (Waas), Meier – Littbarski, Völler (1) – K.: Kh. Förster – SR: Krchnak (CSSR).

490 **Österreich**, 5.10., Gelsenkirchen, 3:0 gewonnen (EM-Qualifikation): Schumacher – Dremmler, Strack, Kh. Förster, Briegel – Rolff, Augenthaler, Schuster, Meier (Matthäus) – K.-H. Rummenigge (1), Völler (2) (Waas) – K.: K.-H. Rummenigge – SR: Agnolin (Italien).

491 **Türkei**, 26.10., Berlin, 5:1 gewonnen (EM-Qualifikation): Schumacher – Otten, Strack, Augenthaler, Briegel (Herget) – Matthäus, Stielike (1), Meier (M. Rummenigge) – Littbarski, Völler (2), K.-H. Rummenigge (2) – K.: K.-H. Rummenigge – SR: Sostaric (Jugoslawien).

492 **Nordirland**, 16.11., Hamburg, 0:1 verloren (EM-Qualifikation): Schumacher – Dremmler, Stielike (Strack), Kh. Förster, Briegel – Matthäus, Augenthaler, Rolff, Meier (Littbarski) – K.-H. Rummenigge, Waas – K.: K.-H. Rummenigge – SR: Palotai (Ungarn).

493 **Albanien**, 20.11., Saarbrücken, 2:1 gewonnen (EM-Qualifikation): Schumacher – B. Förster, Strack (1), Kh. Förster, Briegel (Otten) – Dremmler, Matthäus, Meier – Littbarski (Waas), Völler, K.-H. Rummenigge (1).– K.: K.-H. Rummenigge – SR: Mattsson (Finnland).

1984: 11 Spiele: 7 Siege, 1 Unentschieden, 3 Niederlagen

494 **Bulgarien**, 15.2., Varna, 3:2 gewonnen: D. Burdenski – Bockenfeld, Herget, Kh. Förster, Brehme – Stielike (2), Schuster, Meier – Bommer, Völler (1) (Kl. Allofs), K.-H. Rummenigge – K.: K.-H. Rummenigge – SR: Wöhrer (Österreich).

495 **Belgien**, 29.2., Brüssel, 1:0 gewonnen: Schumacher – Dremmler, Herget, Kh. Förster (Augenthaler), Brehme (Bruns) – Stielike, Schuster, Matthäus – Bommer (Kl. Allofs), Völler (1), K.-H. Rummenigge – K.: K.-H. Rummenigge – SR: Thomas (Niederlande).

496 **Sowjetunion**, 28.3., Hannover, 2:1 gewonnen: Schumacher (Roleder) – Rolff (Otten), Herget, Kh. Förster, Briegel – Matthäus, Bruns, Meier – Milewski (Bommer), Völler (1), Kl. Allofs (Brehme (1)) – K.: Kh. Förster – SR: Namoglu (Türkei).

497 **Frankreich**, 18.4., Straßburg, 0:1 verloren: Schumacher – B. Förster, Bruns, Kh. Förster, Briegel – Rolff (Herget), Matthäus, Brehme, Meier (Littbarski) – K.-H. Rummenigge, Völler – K.: K.-H. Rummenigge – SR: Barbaresco (Italien).

498 **Italien**, 22.5., Zürich, 1:0 gewonnen (80 Jahre FIFA): Schumacher (D. Burdenski) – B. Förster, Stielike, Kh. Förster, (Matthäus), Briegel (1) – Buchwald (Bommer), K.-H. Rummenigge, Rolff, Brehme – Völler, Kl. Allofs – K.: K.-H. Rummenigge – SR: Coelho (Brasilien).

499 **Portugal**, 14.6., Straßburg, 0:0 unentschieden (EM-Endrunde): Schumacher – B. Förster, Stielike, Kh. Förster, Briegel – Rolff (Bommer), Buchwald (Matthäus), K.-H. Rummenigge, Brehme – Völler, Kl. Allofs – K.: K.-H. Rummenigge – SR: Juschka (UdSSR).

500 **Rumänien**, 17.6., Lens, 2:1 gewonnen (EM-Endrunde): Schumacher – B. Förster, Stielike, Kh. Förster (Buchwald),. Briegel – Matthäus, Meier (Littbarski), Brehme – K.-H. Rummenigge, Völler (2), Kl. Allofs – K.: K.-H. Rummenigge – SR: Keizer (Niederlande).

501 **Spanien**, 20.6., Paris, 0:1 verloren (EM-Endrunde): Schumacher – B. Förster, Stielike, Kh. Förster, Briegel – Matthäus, Meier (Littbarski), Brehme (Rolff) – K.-H. Rummenigge, Völler, Kl. Allofs – K.: K.-H. Rummenigge – SR: Christov (CSSR).

502 **Argentinien**, 12.9., Düsseldorf, 1:3 verloren: Schumacher – Brehme, Bruns, Jakobs (1), Frontzeck – Bommer, Matthäus, Magath, Falkenmayer – Völler (Stielike), Mill (Schreier) – K.: Schumacher – SR: Wurtz (Frankreich).

503 **Schweden**, 17.10., Köln, 2:0 gewonnen (WM-Qualifikation): Schumacher – Jakobs, Herget, Kh. Förster, Briegel – Brehme, Matthäus, Falkenmayer (Kl. Allofs), Magath (Rahn (1)) – K.-H. Rummenigge (1), Völler – K.: K.-H. Rummenigge – SR: Valentine (Schottland).

504 **Malta**, 16.12., Ta' Qali, 3:2 gewonnen (WM-Qualifikation): Schumacher – Jakobs (Thon), Herget, Kh. Förster (1) – Matthäus, Rahn, Brehme, Briegel – K.-H. Rummenigge, Völler, Kl. Allofs (2) – K.: K.-H. Rummenigge – SR: Petrovic (Jugoslawien).

1985: 11 Spiele: 4 Siege, 2 Unentschieden, 5 Niederlagen

505 **Ungarn**, 29.1., Hamburg, 0:1 verloren: Stein (Schumacher) – Berthold (Herget), Jakobs, Kh. Förster, Briegel (Frontzeck) – Littbarski (Mill), Matthäus, Magath, Thon (Kroth) – K.-H. Rummenigge, Völler – K.: K.-H. Rummenigge – SR: Halle (Norwegen).

506 **Portugal**, 24.2., Lissabon, 2:1 gewonnen (WM-Qualifikation): Schumacher – Berthold, Herget, Jakobs, Frontzeck – Matthäus, Falkenmayer, Magath, Briegel – Littbarski (1), Völler (1) – K.: Schumacher – SR: Casarin (Italien).

507 **Malta**, 27.3., Saarbrücken, 6:0 gewonnen (WM-Qualifikation): Schumacher – Berthold, Herget, Kh. Förster, Frontzeck – Rahn (2) (Thon), Briegel (Brehme), Magath (1), Littbarski (1), Völler, K.-H. Rummenigge (2) – K.: K.-H. Rummenigge – SR: Tokat (Türkei).

508 **Bulgarien**, 17.4., Augsburg, 4:1 gewonnen: Schumacher (Stein) – Brehme, Herget, Kh. Förster, Frontzeck (Berthold) – Matthäus, Magath, Rahn (1) (Jakobs) – Littbarski (1), Völler (2), K.-H. Rummenigge (Thon) – K.: K.-H. Rummenigge/Kh. Förster – SR: Galler (Schweiz).

509 **Tschechoslowakei**, 30.4., Prag, 5:1 gewonnen (WM-Qualifikation): Schumacher – Berthold (1), Jakobs, Kh. Förster, Brehme – Matthäus 1 (Thon), Herget (1), Magath, Rahn (Kl. Allofs (1)) – Littbarski (1), Völler – K.: Schumacher – SR: Quiniou (Frankreich).

510 **England**, 12.6., Mexiko City, 0:3 verloren: Schumacher – Berthold, Herget, Jakobs, Augenthaler, Brehme – Matthäus, Magath (Thon), Rahn – Littbarski, Mill (Waas) – K.: Schumacher – SR: Leanza (Mexiko).

511 **Mexiko**, 15.6., Mexiko City, 0:2 verloren: Stein – Matthäus, Augenthaler (Frontzeck), Jakobs, Brehme – Rahn, Herget, Magath – Mill, Völler, Kögl – K.: Magath – SR: Hackett (England).

512 **Sowjetunion**, 28.8., Moskau, 0:1 verloren: Schumacher – Herget – Berthold, Kh. Förster, Brehme – Matthäus, Littbarski, Magath, Rahn – Völler, Kl. Allofs (Meier) – K. Schumacher – SR: Ravander (Finnland).

513 **Schweden**, 25.9., Stockholm, 2:2 unentschieden (WM-Qualifikation): Schumacher – Augenthaler – Berthold, Kh. Förster, Jakobs – Littbarski, Herget (1), Briegel, Brehme – K.-H. Rummenigge, Völler (1) – K.: K.-H. Rummenigge – SR: van Langenhove (Belgien).

514 **Portugal**, 16.10., Stuttgart, 0:1 verloren (WM-Qualifikation): Schumacher – Jakobs (Gründel) – Berthold, Kh. Förster, Brehme – Allgöwer, Herget, Meier, Briegel – Littbarski (Th. Allofs), K.-H. Rummenigge – K.: K.-H. Rummenigge – SR: Hackett (England).

515 **Tschechoslowakei**, 17.11., München, 2:2 unentschieden (WM-Qualifikation): Schumacher – Augenthaler – Brehme (1), Kh. Förster, Briegel (Frontzeck) – Rolff, Thon, Allgöwer – Littbarski (Rahn), K.-H. Rummenigge (1), Kögl – K.: K.-H. Rummenigge – SR: Thime (Norwegen).

1986: 15 Spiele: 8 Siege, 4 Unentschieden, 3 Niederlagen

516 **Italien**, 5.2., Avellino, 2:1 gewonnen: Schumacher – Augenthaler – Buchwald, Kh. Förster, Briegel – Matthäus (1), Rolff, Herget (1), Magath – K.-H. Rummenigge, Kl. Allofs (Gründel) – K.: K.-H. Rummenigge – SR: Igna (Rumänien).

517 **Brasilien**, 12.3., Frankfurt/M., 2:0 gewonnen: Schumacher – Herget – Brehme, Jakobs (Buchwald), Briegel (1) – Matthäus, Rolff, Magath, Thon – Mill (Gründel), K.-H. Rummenigge (Kl. Allofs (1)) – K.: K.-H. Rummenigge/Schumacher – SR: Agnolin (Italien).

518 **Schweiz**, 9.4., Basel, 1:0 gewonnen: Stein – Augenthaler – Berthold, Kh. Förster (Jakobs), Briegel (Buchwald) – Falkenmayer (Brehme), Matthäus, Magath, Rolff – D. Hoeneß (1), Thon (Allgöwer) – K.: Kh. Förster/Magath – SR: Quiniou (Frankreich).

519 **Jugoslawien**, 11.5., Bochum, 1:1 unentschieden: Schumacher – Augenthaler – Buchwald (Berthold), Kh. Förster, Eder – Matthäus, Herget (Kl. Allofs), Thon, Briegel – D. Hoeneß (Littbarski), Völler (1) – K.: Schumacher – SR: Eriksson (Schweden).

520 **Niederlande**, 14.5., Dortmund, 3:1 gewonnen: Stein – Herget (1) – Berthold, Eder (W. Funkel), Briegel – Matthäus (Allgöwer), Rolff, Littbarski (Gründel), Brehme – Völler (2) (Mill), Kl. Allofs – K.: Briegel – SR: Wöhrer (Österreich).

521 **Uruguay**, 4.6., Queretaro, 1:1 unentschieden (WM-Gruppenspiel): Schumacher – Augenthaler – Berthold, Kh. Förster, Briegel – Matthäus (K.-H. Rummenigge), Eder, Magath, Brehme (Littbarski) – Kl. Allofs (1), Völler – K.: Schumacher – SR: Christov (CSSR).

522 **Schottland**, 8.6., Queretaro, 2:1 gewonnen (WM-Gruppenspiel): Schumacher – Augenthaler – Berthold, Eder, Kh. Förster, Briegel (Jakobs) – Littbarski (K.-H. Rummenigge), Matthäus, Magath – Kl. Allofs (1), Völler (1) – K.: Schumacher – SR: Igna (Rumänien).

523 **Dänemark**, 13.6., Queretaro, 0:2 verloren (WM-Gruppenspiel): Schumacher – Jakobs – Berthold, Eder, Kh. Förster (K.-H. Rummenigge), Brehme – Matthäus, Rolff (Littbarski), Herget – Kl. Allofs, Völler – K.: Schumacher – SR: Ponnet (Belgien).

524 **Marokko**, 17.6., Monterrey, 1:0 gewonnen (WM-Achtelfinale): Schumacher – Jakobs – Berthold, Kh. Förster, Briegel – Matthäus (1), Magath, Eder – K.-H. Rummenigge, Völler (Littbarski), Kl. Allofs – K.: K.-H. Rummenigge – SR: Z. Petrovic (Jugoslawien).

525 **Mexiko**, 21.6., Monterrey, 0:0 unentschieden n. V., Elfmeterschießen 4:1 (WM-Viertelfinale). Schumacher – Jakobs – Berthold, Eder (Littbarski), Kh. Förster, Briegel – Matthäus,

Magath, Brehme – K.-H. Rummenigge (D. Hoeneß), Kl. Allofs – K.: K.-H. Rummenigge/Schumacher – SR: Diaz (Kolumbien) – Tore aus dem Elfmeterschießen (zählen nicht in der Torjägerstatistik, sondern dienen lediglich der Feststellung des Siegers): Kl. Allofs, Brehme, Matthäus, Littbarski.

526 **Frankreich**, 25.6., Guadalajara, 2:0 gewonnen (WM-Halbfinale): Schumacher – Jakobs – Brehme (1), Eder, Kh. Förster, Briegel – Matthäus, Rolff, Magath – K.-H. Rummenigge (Völler (1)), Kl. Allofs – K.: K.-H. Rummenigge/Schumacher – SR: Agnolin (Italien).

527 **Argentinien**, 29.6., Mexico City, 2:3 verloren (WM-Endspiel): Schumacher – Jakobs – Brehme, Kh. Förster, Briegel – Berthold, Matthäus, Eder, Magath (D. Hoeneß) – K.-H. Rummenigge (1), Kl. Allofs (Völler (1)) – K.: K.-H. Rummenigge – SR: Arppi Filho (Brasilien).

528 **Dänemark**, 24.9., Kopenhagen, 2:0 gewonnen: Schumacher – Hörster – Berthold, Kohler, Buchwald, Frontzeck – Matthäus, Thon (1) (Rahn), Rolff – Völler, Kl. Allofs (1) (Waas) – K.: Schumacher – SR: Fredriksson (Schweden).

529 **Spanien**, 15.10., Hannover, 2:2 unentschieden: Schumacher – Hörster (Augenthaler) – Berthold, Kohler, Buchwald, Frontzeck – Matthäus, Rahn (1), Rolff (Wuttke) – Wohlfarth, Waas (1) (Eckstein) – K.: Schumacher – SR: Sawtschenko (Sowjetunion).

530 **Österreich**, 29.10., Wien, 1:4 verloren: Immel – Hörster – Berthold, Buchwald, W. Funkel, Frontzeck (Völler (1)) – Rolff, Matthäus, Thon (M. Rummenigge) – Waas, Kl. Allofs – K.: Kl. Allofs – SR: Agnolin (Italien).

1987: 9 Spiele: 4 Siege, 4 Unentschieden, 1 Niederlage

531 **Israel**, 25.3., Tel Aviv, 2:0 gewonnen: Immel – Hörster – Kohler, Buchwald, Pflügler – Brehme, Matthäus (1), Rahn, Thon (1) – Waas, Völler (Wuttke) – K.: Matthäus – SR: Gächter (Schweiz).

532 **Italien**, 18.4., Köln, 0:0 unentschieden: Immel – Herget – Kohler, Buchwald, Pflügler (Frontzeck) – Rolff (Reuter), Littbarski, Matthäus, Thon – Völler, Kl. Allofs – K.: Kl. Allofs – SR: Thomas (Niederlande).

533 **Frankreich**, 12.8., Berlin, 2:1 gewonnen: Immel – Herget – Kohler, Buchwald (Rolff), Pflügler – Brehme (Reuter), Matthäus, Rahn, Dorfner – Völler (2) (Littbarski), Kl. Allofs – K.: Kl. Allofs – SR: Lund-Sörensen (Dänemark).

534 **England**, 9.9., Düsseldorf, 3:1 gewonnen: Immel – Herget – Brehme (Reuter), Kohler, Buchwald, Frontzeck – Littbarski (2), Thon, Dorfner – Völler (Wuttke(1)), Kl. Allofs – K.: Kl. Allofs – SR: Casarin (Italien).

535 **Dänemark**, 23.9., Hamburg, 1:0 gewonnen: Illgner – Herget – Reuter, Kohler, Buchwald, Frontzeck – Littbarski, Rolf, Thon (Schwabl) – Völler (1), Kl. Allofs (Rahn) – K.: Kl. Allofs, Völler – SR: Brummeier (Österreich).

536 **Schweden**, 14.10., Gelsenkirchen, 1:1 unentschieden: Illgner – Herget – Berthold (Brehme), Kohler, Buchwald, Pflügler – Littbarski (1), Thon, Dorfner – Völler, Kl. Allofs – K.: Kl. Allofs – SR: Sanchez-Arminio (Spanien).

537 **Ungarn**, 18.11., Budapest, 0:0 unentschieden: Immel –Herget – Berthold, Kohler, Frontzeck – Rolff, Matthäus (Eckstein), Thon, Reuter – Littbarski, Kl. Allofs – K.: Kl. Allofs – SR: Krchnak (CSSR).

538 **Brasilien**, 12.12., Brasilia, 1:1 unentschieden: Immel – Reuter (1), Kohler, Buchwald, Brehme (Hochstätter) – Herget – Schwabl (Ordenewitz), Matthäus, Frontzeck (Foda) – Klinsmann, Thon – K.: Matthäus – SR: Racomin (Ecuador).

539 **Argentinien**, 16.12., Buenos Aires, 0:1 verloren: Illgner – Herget – Reuter (Foda), Kohler, Pflügler – Rolff, Matthäus, Thon, Schwabl (Hochstätter) – Klinsmann, Ordenewitz – K.: Matthäus – SR: Coelho (Brasilien).

1988: 11 Spiele: 6 Siege, 4 Unentschieden, 1 Niederlage

540 **Schweden**, 31.3., Berlin, 1:1 unentschieden, Elfmeterschießen 2:4: Immel – Herget – Berthold (Reuter), Kohler, Buchwald Frontzeck – Matthäus, Littbarski (Rolff), Thon – Völler, Kl. Allofs (1) (Eckstein) – K.: Kl. Allofs/Matthäus – SR: Hartman (Ungarn). Tore aus dem 11-m-Schießen zählen nicht in der Torstatistik: Thon, Eckstein.

541 **Argentinien**, 2.4., Berlin, 1:0 gewonnen: Immel – Herget – Berthold (Brehme), Kohler (Pflügler), Borowka – Matthäus (1), Thon, Rolff – Klinsmann, Völler, Eckstein (Neubarth) – K.: Matthäus – SR: Röthlisberger (Schweiz).

542 **Schweiz**, 27.4., Kaiserslautern, 1:0 gewonnen: Immel – Herget – Brehme, Kohler, Görtz (Reuter) – Matthäus, Rolff, Thon (Littbarski), Dorfner (Schwabl) – Klinsmann (1), Völler – K.: Matthäus – SR: Blankenstein (Niederlande).

543 **Jugoslawien**, 4.6., Bremen, 1:1 unentschieden: Immel – Herget – Berthold (Dorfner), Kohler, Borowka – Matthäus (1), Rolff, Thon (Eckstein), Brehme – Klinsmann, Völler (Mill) – K.: Matthäus – SR: Spirin (Sowjetunion).

544 **Italien**, 10.6., Düsseldorf, 1:1 unentschieden (EM-Endrunden-Gruppenspiel): Immel – Herget – Berthold, Kohler, Buchwald, Brehme (1) (Borowka) – Matthäus, Littbarski, Thon – Klinsmann, Völler (Eckstein) – K.: Matthäus – SR: Hackett (England).

545 **Dänemark**, 14.6., Gelsenkirchen, 2:0 gewonnen (EM-Endrunden-Gruppenspiel): Immel – Herget – Buchwald (Borowka), Kohler, Brehme – Rolff, Littbarski, Matthäus, Thon (1) – Klinsmann (1), Völler (Mill) – K.: Matthäus – SR: Valentine (Schottland).

546 **Spanien**, 17.6., München, 2:0 gewonnen (EM-Endrunden-Gruppenspiel): Immel – Herget – Borowka, Kohler, Brehme – Matthäus, Littbarski (Wuttke), Rolff, Thon – Klinsmann (Mill), Völler (2) – K.: Matthäus – SR: Vautrot (Frankreich).

547 **Niederlande**, 21.6., Hamburg, 1:2 verloren (EM-Halbfinale): Immel – Herget (Pflügler) – Brehme, Kohler, Borowka – Matthäus (1), Rolff, Thon – Mill (Littbarski), Klinsmann, Völler – K.: Matthäus – SR: Igna (Rumänien).

548 **Finnland**, 31.8., Helsinki, 4:0 gewonnen (WM-Qualifikation): Illgner – Fach – Brehme, Kohler, Buchwald (Rolff), Görtz – Matthäus (1), Häßler – Littbarski, Völler (2), Eckstein (Riedle (1)) – K.: Matthäus – SR: Juk (Sowjetunion).

549 **Sowjetunion**, 21.9., Düsseldorf, 1:0 gewonnen: Illgner – Herget – Reuter, Kohler (Buchwald), Pflügler (K. Reinhardt) – Möller, Rolff, Hermann – Littbarski, Th. Allofs, Waas. Eigentor Schmatowalenko – K.: Littbarski – SR: Galler (Schweiz).

550 **Niederlande**, 19.10., München, 0:0 unentschieden (WM-Qualifikation): Illgner – Fach – Berthold, Kohler, Buchwald, Brehme – Matthäus, Thon, Häßler – Klinsmann (Mill), Völler – K.: Matthäus – SR: d'Elia (Italien).

1989: 6 Spiele, 3 Siege, 3 Unentschieden

551 **Bulgarien**, 22.3., Sofia, 2:1 gew.: Illgner – Fach (Littbarski (1)) – Berthold, Kohler, Buchwald, Brehme – Häßler, Möller, Matthäus – Riedle, Völler (1) – K.: Matthäus – SR: Krchnak (CSSR).

552 **Niederlande**, 26.4., Rotterdam, 1:1 unentschieden (WM-Qualifikation): Illgner – Berthold – Reuter, Buchwald, Kohler (Rolff), Brehme – Matthäus, Möller, Häßler – Riedle (1), Völler (Klinsmann) – K.: Matthäus – SR: Fredriksson (Schweden).

553 **Wales**, 31.5., Cardiff, 0:0 unentschieden (WM-Qualifikation): Illgner – Berthold – Reuter, A. Reinhardt, Buchwald, Brehme – Häßler, Fach, Möller – Riedle (Klinsmann), Völler – K. Völler – SR: da Silva Valente (Portugal).

554 **Irland**, 6.9., Dublin, 1:1 unentschieden: Illgner (Aumann) – Augenthaler – Reuter, Buchwald (A. Reinhardt), Pflügler – Dorfner (1) (Fach), Littbarski, Möller, Thon, Häßler – Wohlfarth – K.: Littbarski – SR: van den Wijngaert (Belgien).

555 **Finnland**, 4.10., Dortmund, 6:1 gewonnen (WM-Qualifikation): Illgner – Augenthaler – Reuter, Buchwald, Brehme – Häßler (Bein), Matthäus (1), Möller (2) (Mill), Littbarski (1) – Klinsmann (1), Völler (1) – K.: Matthäus – SR: Snoddy (Nordirland).

556 **Wales**, 15.11., Köln 2:1 gewonnen (WM-Qualifikation): Illgner – Augenthaler (A. Reinhardt) – Reuter, Buchwald, Brehme – Häßler (1), Dorfner, Möller (Bein), Littbarski Klinsmann, Völler (1) – K.: Littbarski – SR: Vautrot (Frankreich).

1990: 15 Spiele, 10 Siege, 4 Unentschieden, 1 Niederlage

557 **Frankreich**, 28.2., Montpellier, 1:2 verloren: Illgner – Augenthaler – Berthold, A. Reinhardt, Brehme – Häßler, Möller (1), Matthäus, Bein – Klinsmann, Riedle (Littbarski) – K. Matthäus – SR: Ramos Marcos (Spanien).

558 **Uruguay**, 25.4., Stuttgart, 3:3 unentschieden: Illgner (Aumann) – Kohler, Berthold, Buchwald, Brehme – Häßler, Littbarski, Matthäus (1), Bein (Thon) – Klinsmann (1), Völler (1) – K.: Matthäus – SR: Karlsson (Schweden).

559 **Tschechoslowakei**, 26.5., Düsseldorf, 1:0 gewonnen: Illgner – Augenthaler – Buchwald, Kohler, Brehme – Häßler (Thon), Littbarski (Möller), Matthäus, Bein (1) (Berthold) – Klinsmann (Mill), Völler – K.: Matthäus – SR: Galler (Schweiz).

560 **Dänemark**, 30.5., Gelsenkirchen, 1:0 gewonnen: Aumann (Köpke) – Augenthaler (Steiner) – Kohler (Reuter), Buchwald, Brehme (Pflügler) – Häßler (Hermann), Littbarski (Berthold), Matthäus (Thon), Bein (Möller) – Klinsmann (Mill), Völler (1) (Riedle) – K.: Matthäus/Berthold – SR: Midgley (England).

561 **Jugoslawien**, 10.6., Mailand, 4:1 gewonnen (WM-Gruppenspiel): Illgner – Augenthaler – Reuter, Buchwald, Brehme – Berthold, Häßler (Littbarski), Matthäus (2), Bein (Möller) – Völler (1), Klinsmann (1). K.: Matthäus – SR: Mikkelsen (Dänemark).

562 **Vereinigte Arabische Emirate**, 15.6., Mailand, 5:1 gewonnen (WM-Gruppenspiel): Illgner – Augenthaler – Reuter, Buchwald, Brehme – Berthold (Littbarski), Häßler, Matthäus (1), Bein (1) – Völler (2), Klinsmann (1) (Riedle) – K.: Matthäus – SR: Spirin (UdSSR).

563 **Kolumbien**, 19.6., Mailand, 1:1 unentschieden (WM-Gruppenspiel): Illgner – Augenthaler – Reuter, Buchwald, Pflügler – Berthold, Häßler (Thon), Matthäus, Bein (Littbarski (1)) – Völler, Klinsmann – K.: Matthäus – SR: Snoddy (Nordirland).

564 **Niederlande**, 24.6., Mailand, 2:1 gewonnen (WM-Achtelfinale): Illgner – Augenthaler – Reuter, Berthold, Kohler, Brehme (1), Littbarski, Matthäus, Buchwald – Klinsmann (1) (Riedle), Völler – K.: Matthäus – SR: Loustau (Argentinien).

565 **Tschechoslowakei**, 1.7., Mailand, 1:0 gewonnen (WM-Viertelfinale): Illgner – Augenthaler – Berthold, Buchwald, Kohler, Brehme – Littbarski, Matthäus (1), Bein (Möller) – Riedle, Klinsmann – K.: Matthäus – SR: Kohl (Österreich).

566 **England**, 4.7., Turin, 1:1 unentschieden n.V./4:3 im 11-m-Schießen (WM-Halbfinale): Illgner – Augenthaler – Berthold, Buchwald, Kohler, Brehme (1) – Häßler (Reuter), Matthäus, Thon – Klinsmann, Völler (Riedle) – K.: Matthäus – SR: Wright (Brasilien). Die Tore aus dem 11-m-Schießen (Brehme, Matthäus, Riedle, Thon) zählen nicht in der Torjägerstatistik, sondern dienen lediglich der Ermittlung des Siegers.

567 **Argentinien**, 8.7., Rom, 1:0 gewonnen (WM-Endspiel): Illgner – Augenthaler – Berthold (Reuter), Kohler, Buchwald, Brehme (1) – Häßler, Matthäus, Littbarski – Klinsmann, Völler – K.: Matthäus – SR: Codesal Mendez (Mexiko).

568 **Portugal**, 29.8., Lissabon, 1:1 unentschieden: Illgner – Berthold – Reuter, Kohler, Buchwald, Brehme – Bein (K. Reinhardt), Matthäus (1) (Binz), Möller – Riedle, Völler (Klinsmann) – K.: Matthäus/Brehme – SR: R. Lo Bello (Italien).

569 **Schweden**, 10.10., Stockholm, 3:1 gewonnen: Aumann – Binz – Berthold, Helmer, Brehme (1) (K. Reinhardt) – Häßler, Möller (Riedle), Matthäus, Strunz – Völler (1), Klinsmann (1) – K.: Matthäus – SR: Worrall (England).

570 **Luxemburg**, 31.10., Luxemburg, 3:2 gewonnen: (EM-Qualifikation): Illgner – Binz – Berthold, Kohler, Brehme – Häßler, Strunz, Matthäus, Bein (1) (K. Reinhardt) – Klinsmann (1), Völler (1) – K.: Matthäus – SR: Nielsen (Dänemark).

571 **Schweiz**, 19.12., Stuttgart, 4:0 gewonnen: Illgner – Berthold – Kohler, Buchwald, Helmer – Reuter, Häßler, Matthäus (1), Sammer (Thom (1)) – Klinsmann, Völler (1) (Riedle (1)) – K.: Matthäus – SR: C. Longhi (Italien).

1991: 7 Spiele, 6 Siege, 1 Niederlage

572 **Sowjetunion**, 27.3., Frankfurt/M., 2:1 gewonnen: Illgner – Berthold – Reuter (1), Kohler (Helmer), Buchwald – Häßler (Möller), Sammer, Matthäus (1), Doll – Klinsmann, Völler – K.: Matthäus – SR: Listkiewicz (Polen).

573 **Belgien**, 1.5., Hannover, 1:0 gewonnen (EM-Qualifikation): Illgner – Berthold – Reuter, Beiersdorfer, Brehme – Häßler, Sammer, Matthäus (1), Doll – Klinsmann (Helmer), Völler (Riedle) – K.: Matthäus – SR: Z. Petrovic (Jugoslawien).

574 **Wales**, 5.6., Cardiff, 0:1 verloren (EM-Qualifikation): Illgner – Berthold – Buchwald, Kohler, Brehme – Reuter, Helmer, Matthäus (Doll), Sammer (Effenberg) – Klinsmann, Völler – K.: Matthäus/Völler – SR: Bo Karlsson (Schweden).

575 **England**, 11.9., London, 1:0 gew.: Illgner – Binz – Effenberg, Kohler, Buchwald – Häßler, Matthäus, Möller, Brehme – Riedle (1), Doll (Klinsmann) – K.: Matthäus – SR: Spirin (Sowjetunion).

576 **Wales**, 16.10., Nürnberg, 4:1 gewonnen (EM-Qualifikation): Illgner – Binz – Buchwald, Kohler, Brehme – Reuter, Doll 1 (Effenberg), Matthäus, Möller (1) – Riedle (1) (Häßler), Völler (1) – K.: Matthäus – SR: Quiniou (Frankreich).

577 **Belgien**, 20.11., Brüssel, 1:0 gewonnen (EM-Qualifikation): Illgner – Binz – Buchwald, Kohler, Brehme – Reuter, Möller (Effenberg), Matthäus, Doll – Völler (1), Riedle – K.: Matthäus – SR: Lanese (Italien).

578 **Luxemburg**, 18.12., Leverkusen, 4:0 gewonnen (EM-Qualifikation): Illgner – Binz – Reuter, Buchwald (1), Kohler, Brehme – Möller (Bein), Matthäus (1), Doll (Häßler (1)) – Riedle (1), Völler – K.: Matthäus – SR: Przesmycki (Polen).

1992: 14 Spiele: 5 Siege, 5 Unentschieden, 4 Niederlagen

579 **Italien**, 25.3., Turin, 0:1 verloren: Illgner – Binz – Reuter, Helmer, Buchwald, Brehme (M. Schulz) Häßler, Matthäus, Doll (Bein) – Völler (Klinsmann), Riedle – K.: Matthäus – SR: Larsson (Schweden).

580 **Tschechoslowakei**, 22.4., Prag, 1:1 unentschieden: Köpke – Binz – Helmer, Buchwald, Wörns – Häßler (1) (Möller), Effenberg, Thom (Sammer), Frontzeck – Klinsmann, Völler – K.: Völler – SR: Frost (Israel).

581 **Türkei**, 30.5., Gelsenkirchen, 1:0 gewonnen: Köpke Kohler, Binz, Buchwald – Wörns (Effenberg),

Häßler, Sammer, Möller, Brehme Völler (1), Klinsmann (Thom) – K.: Völler – SR: Ramos (Frankreich).

582 **Nordirland**, 2.6., Bremen, 1:1 unentschieden: Illgner – Binz (1) – Kohler, Buchwald – Reuter, Effenberg, Sammer (Thom), Häßler (Doll), Brehme – Völler, Riedle – K.: Völler – SR: Constantin (Belgien).

583 **GUS**, 12.6., Norrköping, 1:1 unentschieden (EM-Gruppenspiel): Illgner – Binz – Reuter (Klinsmann), Kohler, Buchwald, Brehme – Häßler (1), Effenberg, Doll – Völler (Möller), Riedle – K.: Völler/Brehme – SR: Biguét (Frankreich).

584 **Schottland**, 15.6., Norrköping, 2:0 gewonnen (EM-Gruppenspiel): Illgner – Kohler, Binz, Buchwald, Brehme – Häßler, Effenberg (1), Sammer, Möller – Klinsmann, Riedle (1) (Reuter, Schulz) – K.: Brehme – SR: Goethals (Belgien).

585 **Niederlande**, 18.6., Göteborg, 1:3 verloren (EM-Gruppenspiel): Illgner – Binz (Sammer) – Brehme, Helmer, Kohler, Frontzeck – Häßler, Effenberg, Möller – Riedle (Doll), Klinsmann (1) – K.: Brehme – SR: Pairetto (Italien).

586 **Schweden**, 21.6., Stockholm, 3:2 gewonnen (EM-Halbfinale): Illgner – Helmer – Reuter, Kohler, Buchwald, Brehme – Häßler (1), Effenberg, Sammer – Klinsmann (Doll), Riedle (2) – K.: Brehme – SR: Lanese (Italien).

587 **Dänemark**, 26.6., Göteborg, 0:2 verloren (EM-Endspiel): Illgner – Helmer – Reuter, Kohler, Buchwald, Brehme – Häßler, Effenberg (Thom), Sammer (Doll) – Klinsmann, Riedle – K.: Brehme – SR: Galler (Schweiz).

588 **Dänemark**, 9.9., Kopenhagen, 2:1 gewonnen: Köpke – Buchwald – Wörns, Helmer, Frontzeck – Reuter, Klinsmann (Strunz), Effenberg (1), Doll (Thon) – Riedle (1), Thom – K.: Buchwald – SR: Bodenham (England).

589 **Mexiko**, 14.10., Dresden, 1:1 unentschieden: Köpke – Thon – Buchwald – Scholz, Häßler, Matthäus, Helmer, Effenberg, K. Reinhardt – Völler (1) (Kirsten), Riedle (Klinsmann) – K.: Matthäus – SR: Marko (CSFR).

590 **Österreich**, 18.11., Nürnberg, 0:0 unentschieden: Köpke – Buchwald – Kohler, Helmer – Reuter, Häßler, Effenberg, Doll, Reinhardt (Möller) – Klinsmann, Riedle (Kirsten) – K.: Buchwald – SR: Worrall (England).

591 **Brasilien**, 16.12., Porto Alegre, 1:3 verloren: Illgner – Buchwald – Wörns, Kohler – Wolter (Zorc), Wagner (Reinhardt) – Effenberg, Matthäus, Häßler (Sammer (1)) – Klinsmann, Thom (Doll) – K.: Matthäus – SR: Escobar (Paraguay).

592 **Uruguay**, 20.12., Montevideo, 4:1 gewonnen: Köpke – Thon – Kohler, Helmer – Häßler (1) (Sammer), Zorc, Buchwald (1), Matthäus, Möller (1), Doll (Kirsten) – Klinsmann (1) (Labbadia) – K.: Matthäus – SR: Loustau (Argentinien).

1993: 11 Spiele: 7 Siege, 3 Unentschieden, 1 Niederlage

593 **Schottland**, 24.3., Glasgow, 1:0 gewonnen: Köpke – Thon – Buchwald, Kohler – Häßler, Zorc, Matthäus (Sammer), Doll (Effenberg), Helmer – Riedle (1), Klinsmann – K.: Matthäus/ Buchwald – SR: Schelings (Belgien).

594 **Ghana**, 14.4., Bochum, 6:1 gewonnen: Köpke – Thon – Kohler, Buchwald – Effenberg (2), Matthäus (Häßler), Zorc, Bein (Möller (1)), Helmer Klinsmann (2), Riedle (Kirsten (1)) Matthäus/Buchwald – SR: van der Ende (Niederlande).

595 **Brasilien**, 10.6., Washington, 3:3 unentschieden: Köpke – Buchwald – Kohler, Helmer – Effenberg, Zorc (Strunz), Matthäus, Ziege (Schulz), Sammer (Riedle), Möller (1) – Klinsmann (2) – K.: Matthäus – SR: Angeles (USA).

596 **USA**, 13.6., Chicago, 4:3 gewonnen: Köpke – Buchwald – Kohler (Helmer), Schulz – Strunz, Effenberg (Möller), Matthäus, Bein, Ziege – Klinsmann (1) (Pflipsen), Riedle (3) – K.: Matthäus – SR: Loustau (Argentinien).

597 **England**, 19.6., Detroit, 2:1 gewonnen: Illgner – Helmer – Buchwald, Schulz – Strunz, Effenberg (1) (Zorc), Matthäus, Möller (Sammer), Ziege – Riedle, Klinsmann (1) – K.: Matthäus – SR: Cavani (Uruguay).

598 **Tunesien**, 22.9., Tunis, 1:1 unentschieden: Illgner – Matthäus – Kohler, Schulz – Buchwald (Hobsch), Gaudino, Effenberg, Bein, Ziege – Riedle (Kirsten), Möller (1) – K.: Matthäus – SR: Medjeiba (Algerien).

599 **Uruguay**, 13.10., Karlsruhe, 5:0 gewonnen: Köpke – Matthäus – Kohler, Helmer (Zorc) – Effenberg (Ritter), Häßler, Buchwald (1), Möller (1), Ziege – Klinsmann, Riedle (1) (Kirsten (1)) – Dazu ein Eigentor von Romero – K.: Matthäus – SR: Grabher (Österreich).

600 **Brasilien**, 17.11., Köln, 2:1 gewonnen: Illgner – Matthäus – Effenberg, Kohler, Helmer – Häßler, Buchwald (1), Möller (1), Brehme – Riedle (Kirsten), Klinsmann (Gaudino) – K.: Matthäus – SR: Damgaard (Dänemark).

601 **Argentinien**, 15.12., Miami, 1:2 verloren: Köpke – Matthäus – Kohler, Helmer – Effenberg, Häßler, Buchwald, Möller (1) (Sammer), Brehme – Kirsten, Klinsmann (Thom) – K.: Matthäus – SR: Don (England).

602 **USA**, 18.12., San Francisco, 3:0 gewonnen: Illgner – Matthäus – Kohler (Sammer), Buchwald – Effenberg, Häßler (Strunz), Eilts, Brehme (Ziege) – Möller (1) – Klinsmann (Thom (1)), Kuntz (1) – K.: Matthäus – SR: Pedersen (Norwegen).

603 **Mexiko**, 22.12., Mexiko City, 0:0 unentschieden: Illgner – Matthäus – Kohler, Schulz – Strunz, Effenberg (Eilts), Gaudino (Häßler), Sammer, Ziege (Kuntz) – Möller, Klinsmann (Kirsten) – K.: Matthäus – SR: Sawtell (Kanada).

1994: 15 Spiele: 11 Siege, 2 Unentschieden, 2 Niederlagen

604 **Italien**, 23.3., Stuttgart, 2:1 gewonnen: Illgner – Matthäus – Kohler (Berthold), Buchwald – Strunz, Häßler (Basler), Effenberg, Sammer, Brehme – Möller, Klinsmann (2) – K.: Matthäus – SR: McCluskey (Schottland).

605 **Vereinigte Arabische Emirate**, 27.4., Abu Dhabi, 2:0 gewonnen: Köpke – Matthäus (Sammer) – Kohler, Berthold – Strunz, Basler, Möller (Gaudino (1)), Buchwald, Brehme (Helmer) – Kirsten (1), Thom (Häßler) – K.: Matthäus/Buchwald – SR: Craciunescu (Rumänien).

606 **Irland**, 29.5., Hannover, 0:2 verloren: Illgner – Matthäus – Kohler (Häßler), Buchwald (Berthold) – Strunz, Basler, Sammer, Wagner – Möller (Effenberg) – Klinsmann, Riedle (Völler) – K.: Matthäus – SR: Encianar (Spanien).

607 **Österreich**, 2.6., Wien, 5:1 gewonnen: Illgner – Matthäus (Basler (1)) – Berthold, Kohler – Strunz, Effenberg, Sammer (1) (Helmer), Brehme – Häßler, Möller (2) (Kuntz) – Klinsmann (1) (Riedle) – K.: Matthäus/Brehme – SR: Harrel (Frankreich).

608 **Kanada**, 8.6., Toronto, 2:0 gewonnen: Illgner – Matthäus – Kohler (Helmer), Berthold – Strunz (Gaudino), Basler (Kuntz), Sammer (1), Häßler (Wagner), Brehme – Klinsmann (Riedle), Völler (1) – K.: Matthäus – SR: Lodge (England).

609 **Bolivien**, 17.6., Chicago, 1:0 gewonnen (WM-Gruppenspiel): Illgner – Matthäus – Kohler, Berthold – Brehme, Häßler (Strunz), Sammer, Effenberg – Möller – Klinsmann (1), Riedle (Basler) – K.: Matthäus – SR: Carter (Mexiko).

610 **Spanien**, 21.6., Chicago, 1:1 unentschieden (WM-Gruppenspiel): Illgner – Matthäus – Kohler, Berthold – Strunz, Häßler, Sammer, Effenberg, Brehme – Klinsmann (1), Möller (Völler) – K.: Matthäus – SR: Cavani (Uruguay).

611 **Südkorea**, 27.6., Dallas, 3:2 gewonnen (WM-Gruppenspiel): Illgner – Matthäus (Möller) – Kohler, Berthold – Effenberg (Helmer), Häßler, Buchwald, Sammer, Brehme – Riedle (1), Klinsmann (2) – K.: Matthäus/Brehme – SR: Quiniou (Frankreich).

612 **Belgien**, 2.7., Chicago, 3:2 gewonnen (WM-Achtelfinale): Illgner – Matthäus (Brehme) – Kohler, Helmer – Berthold, Häßler, Buchwald, Sammer, Wagner – Völler (2), Klinsmann (1) (Kuntz) – K.: Matthäus/Völler – SR: Röthlisberger (Schweiz).

613 **Bulgarien**, 10.7., New York, 1:2 verloren (WM-Viertelfinale): Illgner – Matthäus (1) – Kohler, Helmer – Berthold, Häßler (Brehme), Buchwald, Möller, Wagner (Strunz) – Klinsmann, Völler – K.: Matthäus – SR: Cadena (Kolumbien).

614 **Russland**, 7.9., Moskau, 1:0 gewonnen: Köpke – Matthäus – Kohler, Helmer – Strunz, Basler (Möller), Eilts, Häßler, Weber – Klinsmann, Kuntz (1) (Riedle) – K.: Matthäus – SR: Werner (Polen).

615 **Ungarn**, 12.10., Budapest, 0:0 unentschieden: Köpke – Matthäus (Reuter) – Kohler, D. Schuster – Strunz, Todt, Eilts (Wagner), Weber – Häßler – Klinsmann, Bobic (Marschall) – K.: Matthäus/Kohler – SR: Zen-Ruffinen (Schweiz).

616 **Albanien**, 16.11., Tirana, 2:1 gewonnen (EM-Qualifikation): Köpke – Matthäus – Berthold, Kohler – Reuter, Eilts, Sammer (Strunz), Weber (D. Schuster) – Möller – Klinsmann (1), Kirsten (1) – K.: Matthäus – SR: Melnitschuk (Ukraine).

617 **Moldawien**, 14.12., Chisinau, 3:0 gewonnen (EM-Qualifikation): Köpke – Matthäus (1) – Helmer, Berthold – Reuter, Häßler, Sammer, Weber – Möller (Kuntz), Klinsmann (1), Kirsten (1) (Strunz) – K.: Matthäus – SR: Van Vliet (Niederlande).

618 **Albanien**, 18.12., Kaiserslautern, 2:1 gewonnen (EM-Qualifikation): Köpke – Matthäus (1) – Berthold, Helmer – Reuter, Häßler (Strunz), Sammer, Weber – Möller – Kirsten (Kuntz), Klinsmann (1) – K.: Matthäus – SR: Christensen (Dänemark).

1995: 12 Spiele: 8 Siege, 3 Unentschieden, 1 Niederlage

619 **Spanien**, 22.2., Jerez de la Frontera, 0:0 unentschieden: Köpke – Helmer – Babbel – Wörns (Basler), Freund, Todt, Schuster (Weber) – Häßler, Möller – Klinsmann, Kirsten – K.: Klinsmann – SR: Sundell (Schweden).

620 **Georgien**, 29.3., Tiflis, 2:0 gewonnen (EM-Qualifikation): Köpke - Helmer - Kohler, Babbel - Reuter, Eilts, Weber (Freund) - Basler, Möller - Klinsmann (2), Herrlich - K.: Klinsmann - SR: Bodenham (England).

621 **Wales**, 26.4., Düsseldorf, 1:1 unentschieden (EM-Qualifikation): Köpke - Reuter Freund, Babbel, Weber - Basler (Scholl), Eilts, Häßler, Ziege (Kuntz) - Klinsmann, Herrlich (1) - K.: Klinsmann - SR: Encinar (Spanien).

622 **Bulgarien**, 7.6., Sofia, 2:3 verloren (EM-Qualifikation): Köpke - Sammer - Reuter, Babbel, Helmer - Basler (Möller), Strunz (1) (Kirsten), Eilts - Häßler - Klinsmann (1), Herrlich - K.: Klinsmann - SR: Pairetto (Italien).

623 **Italien**, 21.6., Zürich, 2:0 gewonnen: Köpke - Sammer - Babbel, Helmer (1), Freund - Reuter, Häßler, Ziege, Heinrich - Kirsten, Kuntz (Bobic) - K.: Häßler - SR: Detruche (Schweiz) - Dazu ein Eigentor von Maldini.

624 **Schweiz**, 23.6., Bern, 2:1 gewonnen: Kahn - Sammer - Freund, Helmer - Reuter, Todt, Ziege - Häßler (1), Scholl (Weber), Möller (1) - Kuntz - K.: Häßler - SR: Grabher (Österreich).

625 **Belgien**, 23.8., Brüssel, 2:1 gewonnen: Köpke - Helmer - Strunz (Eilts), Kohler (Haber, Labbadia), Heinrich - Basler, Freund, Babbel, Möller (1) - Bobic (1), Scholl - K.: Kohler/Möller - SR: van der Ende (Niederlande).

626 **Georgien**, 6.9., Nürnberg, 4:1 gewonnen (EM-Qualifikation): Kahn - Helmer - Kohler, Babbel (1), Ziege (1) - Strunz, Freund, Häßler, Möller (1) - Klinsmann, Kirsten (1) - K.: Klinsmann - SR: McCluskey (Schottland).

627 **Moldawien**, 8.10., Leverkusen, 6:1 gewonnen (EM-Qualifikation): Köpke - Sammer (2) (Wörns) - Babbel, Helmer (1) - Freund, Eilts, Ziege - Häßler, Möller (2) (Scholl) - Klinsmann, Herrlich (Bobic). Dazu ein Eigentor von S. Stroenco - Moldawien - K.: Klinsmann - SR: Ziober (Polen).

628 **Wales**, 11.10., Cardiff, 2:1 gewonnen (EM-Qualifikation): Köpke - Sammer - Babbel (Wörns), Helmer - Freund, Eilts, Ziege - Häßler, Möller - Klinsmann (1), Herrlich (Kuntz). Dazu ein Eigentor von Melville - Wales - K.: Klinsmann - SR: Cracionescu (Rumänien).

629 **Bulgarien**, 15.11., Berlin, 3:1 gewonnen (EM-Qualifikation): Köpke - Sammer - Babbel, Kohler (Strunz), Freund - Eilts, Helmer, Basler, Häßler (1) (Reuter) - Klinsmann (2), Kuntz (Bobic) - K.: Klinsmann - SR: Nikakis (Griechenland).

630 **Südafrika**, 15.12., Johannesburg, 0:0 unentschieden: Köpke - Helmer - Kohler (Kuntz), R. Schneider - Haber (Wörns), Reuter, Bode - Häßler, Möller - Klinsmann, Bobic - K.: Klinsmann - SR: Gallagher (England).

1996: 16 Spiele: 10 Siege, 5 Unentschieden, 1 Niederlage

631 **Portugal**, 21.2., Porto, 2:1 gewonnen: Köpke - Sammer - Ziege (Albertz), Kohler, Babbel - Häßler (Basler), Freund, Helmer, Möller (2) - Klinsmann, Kuntz (Bierhoff) - K.: Klinsmann - SR: Boggi (Italien).

632 **Dänemark**, 27.3., München, 2:0 gewonnen Kahn (Köpke) - Helmer - Kohler - Reuter (Babbel), Eilts, Freund (Albertz), Ziege - Häßler, Scholl (Basler) - Klinsmann, Bierhoff (2) - K.: Klinsmann - SR: Temmink (Niederlande).

633 **Niederlande**, 24.4., Rotterdam, 1:0 gewonnen: Köpke - Sammer (Helmer) - Reuter, Kohler, Ziege - Freund, Häßler (Kuntz), Eilts (Babbel), Basler (Scholl) - Klinsmann (1), Bierhoff - K.: Klinsmann - SR: Collina (Italien).

634 **Nordirland**, 29.5., Belfast, 1:1 unentschieden: Kahn - Helmer - Basler, Strunz, Kohler, Ziege (Bode) - Scholl (1), Eilts, Möller - Bierhoff (Kuntz), Klinsmann (Bobic) - K.: Klinsmann/Kohler - SR: Young (Schottland).

635 **Frankreich**, 1.6., Stuttgart, 0:1 verloren: Köpke - Sammer - Reuter, Babbel, Ziege (Scholl) - Häßler (Basler), Eilts (Freund), Helmer, Möller - Klinsmann, Bobic - K.: Klinsmann - SR: Wojcik (Polen).

636 **Liechtenstein**, 4.6., Mannheim, 9:1 gewonnen: Reck - Sammer (1) - Reuter (Freund), Kohler (1), Ziege (1) (Klinsmann (1)) - Eilts (Strunz), Häßler (Basler), Helmer (Bode), Möller (2) (Scholl) - Bierhoff (1), Kuntz (2) - K.: Kohler - SR: W. Müller (Schweiz).

637 **Tschechien**, 9.6., Manchester, 2:0 gewonnen (EM-Gruppenspiel): Köpke - Sammer - Reuter, Kohler (Babbel), Helmer - Häßler, Eilts, Möller (1), Ziege (1) - Bobic (Strunz), Kuntz (Bierhoff) - K.: Kohler/Häßler - SR: Elleray (England).

638 **Russland**, 16.6., Manchester, 3:0 gewonnen (EM-Gruppenspiel): Köpke - Sammer (1) - Reuter, Babbel, Helmer, Ziege - Häßler (Freund), Eilts, Möller (Strunz) - Bierhoff (Kuntz), Klinsmann (2) - K.: Klinsmann - SR: Nielsen (Dänemark).

639 **Italien**, 19.6., Manchester, 0:0 unentschieden (EM-Gruppenspiel): Köpke - Sammer - Strunz, Freund, Helmer, Ziege - Häßler, Eilts, Möller (Bode) - Klinsmann, Bobic - K.: Klinsmann - SR: Goethals (Belgien).

640 **Kroatien**, 23.6., Manchester, 2:1 gewonnen (EM-Viertelfinale): Köpke – Sammer (1) – Reuter, Babbel, Helmer, Ziege – Scholl (Häßler), Eilts, Möller – Klinsmann (1) (Freund), Bobic (Kuntz) – K.: Klinsmann/Möller – SR: Sundell (Schweden).

641 **England**, 26.6., London, 1:1 n. V./E 6:5 (EM-Halbfinale): Köpke – Sammer – Reuter, Babbel, Helmer (Bode), Ziege – Freund (Strunz), Eilts – Scholl (Häßler), Möller – Kuntz (1) – K.: Möller – SR: Puhl (Ungarn) – Tore aus dem 11-m-Schießen: Häßler, Strunz, Reuter, Ziege, Kuntz, Möller (zählen nicht in der Torstatistik, sondern dienen lediglich der Ermittlung des Siegers).

642 **Tschechien**, 30.6., London, 2:1 n. V. („Golden Goal"), EM-Endspiel: Köpke – Sammer – Strunz, Babbel, Helmer, Ziege – Eilts (Bode), Scholl (Bierhoff (2)), Häßler – Klinsmann, Kuntz – K.: Klinsmann – SR: Pairetto (Italien).

643 **Polen**, 4.9., Zabrze, 2:0 gewonnen: Kahn – Helmer – Reuter (Babbel), Kohler, Strunz, Ziege (Bode) – Häßler, Eilts, Möller (Scholl) – Bierhoff (1) (Bobic), Klinsmann (1) – K.: Klinsmann – SR: Durkin (England).

644 **Armenien**, 9.10., Eriwan, 5:1 gewonnen (WM-Qualifikation): Köpke – Reuter – Babbel, Kohler – Paßlack, Eilts, Bode (Kuntz (1)) – Häßler (2) (Tarnat), Scholl – Bierhoff (Bobic (1)), Klinsmann (1) – K.: Klinsmann – SR: Collina (Italien).

645 **Nordirland**, 9.11., Nürnberg, 1:1 unentschieden (WM-Qualifikation): Köpke – Reuter – Kohler – Babbel, Strunz, Eilts (Paßlack), Tarnat – Häßler, Möller (1) – Bobic (Bierhoff), Klinsmann – K.: Klinsmann – SR: Cakar (Türkei).

646 **Portugal**, 14.12., Lissabon, 0:0 unentschieden (WM-Qualifikation): Köpke – Sammer – Kohler – Reuter, Babbel (Tarnat), Eilts, Ziege – Basler (Kirsten), Möller – Klinsmann, Bobic – K.: Klinsmann – SR: Puhl (Ungarn).

1997: 9 Spiele: 7 Siege, 2 Unentschieden

647 **Israel**, 26.2., Tel Aviv, 1:0 gewonnen: Kahn – Sammer – Kohler – Babbel, Eilts, Ziege – Basler (Heinrich), Möller, Wosz (1) – Klinsmann, Bobic (Kirsten) – K.: Klinsmann – SR: Braschi (Italien).

648 **Albanien**, 2.4., Granada, 3:2 gewonnen (WM-Qualifikation): Köpke – Sammer – Kohler, Helmer – Reuter (Heinrich), Eilts (Kirsten (3)), Möller, Wosz, Ziege – Bierhoff, Klinsmann – K.: Klinsmann – SR: Piraux (Belgien).

649 **Ukraine**, 30.4., Bremen, 2:0 gewonnen (WM-Qualifikation): Köpke – Helmer – Kohler – Heinrich, Eilts, Ziege – Basler (1), Wosz (Tarnat) – Bobic (Nowotny), Klinsmann, Bierhoff (1) – K.: Klinsmann – SR: Frisk (Schweden).

650 **Ukraine**, 7.6., Kiew, 0:0 unentschieden (WM-Qualifikation): Köpke – Sammer – Kohler, Helmer – Heinrich, Basler, Eilts, Wosz (Scholl), Ziege – Kirsten (Bierhoff), Klinsmann – K.: Klinsmann – SR: Vagner (Ungarn).

651 **Nordirland**, 20.8., Belfast, 3:1 gewonnen (WM-Qualifikation): Köpke – Helmer – Kohler – Wörns (Häßler), Nowotny, Ziege, Heinrich – Basler (Babbel), Möller – Klinsmann, Kirsten (Bierhoff 3) – K.: Klinsmann – SR: Encinar (Spanien).

652 **Portugal**, 6.9., Berlin, 1:1 unentschieden (WM-Qualifikation): Köpke – Helmer – Heinrich (Wosz), Kohler, Ziege – Reuter (Babbel), Nowotny – Basler, Häßler – Klinsmann, Bierhoff (Kirsten (1)) – K.: Klinsmann – SR: Batta (Frankreich).

653 **Armenien**, 10.9., Dortmund, 4:0 gewonnen (WM-Qualifikation): Köpke – Wörns, Thon, Helmer – Heinrich, Kmetsch (Ricken), Tarnat (Bierhoff) – Häßler (1), Wosz (Nowotny) – Klinsmann (2), Kirsten (1) – K.: Klinsmann – SR: Mikkelsen (Dänemark).

654 **Albanien**, 11.10., Hannover, 4:3 gewonnen (WM-Qualifikation): Kahn – Thon – Reuter, Kohler, Helmer (1), Heinrich – Häßler, Möller – Kuntz (Marschall (1)) – Bobic (Tarnat), Bierhoff (2). K.: Kohler – SR: Pedersen (Norwegen).

655 **Südafrika**, 15.11., Düsseldorf, 3:0 gewonnen: Kahn – Helmer (Tarnat) – Wörns, Linke – Basler, D. Hamann (1), Jeremies, Ziege (Heinrich (1)) – Häßler – Bierhoff (1), Kirsten (Marschall) – K.: Häßler – SR: Michel (Slowakei).

1998: 17 Spiele: 10 Siege, 4 Unentschieden, 3 Niederlagen

656 **Oman**, 10.2., Maskat, 2:0 gewonnen: Köpke (Lehmann) – Kohler (1), Wörns – Thon – Ricken (Möller), Kmetsch (Reuter), Jeremies, Heinrich (1) – Häßler – Bierhoff, Kirsten – K.: Kohler – SR: Saleh (Vereinigte Arabische Emirate).

657 **Saudi-Arabien**, 22.2., Riad, 3:0 gewonnen: Köpke – Thon (Nowotny) – Kohler, Linke – Basler (Häßler), Hamann, Helmer (1), Tarnat – Möller (1) – Bierhoff (Marschall (1)), Kirsten (Bobic) – K.: Kohler – SR: Khamis (Bahrain).

658 **Brasilien**, 25.3., Stuttgart, 1:2 verloren: Köpke – Thon – Wörns, Kohler – Heinrich, Hamann, Helmer (Babbel), Ziege (Tarnat) – Möller – Klinsmann (Kirsten (1)), Bierhoff – K.: Klinsmann/Möller – SR: Elleray (England).

659 **Nigeria**, 22.4., Köln, 1:0 gewonnen: Kahn – Thon – Wörns, Babbel – Jeremies (Reuter), Häßler, Hamann, Tarnat – Möller (1) (Freund) – Kirsten, Bierhoff – K.: Häßler – SR: Nieto (Spanien).

660 **Finnland**, 27.5., Helsinki, 0:0 unentschieden: Köpke (Kahn) – Wörns, Matthäus, Kohler (Babbel) – Heinrich (Jeremies), Freund, Hamann (Thon), Tarnat – Häßler, Bierhoff, Kirsten (Marschall) – K.: Kohler/Häßler – SR: Bo Larsen (Dänemark).

661 **Kolumbien**, 30.5., Frankfurt/M., 3:1 gewonnen: Köpke – Thon – Wörns, Kohler – Reuter, Jeremies (Matthäus), Ziege – Häßler (Hamann), Möller (1) – Bierhoff (2) (Kirsten), Marschall, (Klinsmann) – K.: Kohler – SR: Ouzounov (Bulgarien).

662 **Luxemburg**, 5.6., Mannheim, 7:0 gewonnen: Köpke (Lehmann) – Thon (Reuter) – Wörns, Kohler (Babbel) – Heinrich, Hamann (Tarnat), Helmer (1) (Matthäus) – Ziege (1) – Möller (Marschall) – Kirsten (2) (Bierhoff (2)), Klinsmann (1) – K.: Klinsmann – SR: Stuchlik (Österreich).

663 **USA**, 15.6., Paris, 2:0 gewonnen (WM-Gruppenspiel): Köpke – Thon – Wörns, Kohler – Reuter (Ziege), Jeremies, Heinrich – Häßler (Hamann), Möller (1) (Babbel) – Klinsmann (1), Bierhoff – K.: Klinsmann – SR: Belqola (Marokko).

664 **Jugoslawien**, 21.6., Lens, 2:2 unentschieden (WM-Gruppenspiel): Köpke – Thon – Wörns, Kohler – Heinrich, Jeremies, Hamann (Matthäus), Ziege (Tarnat) – Möller (Kirsten) – Klinsmann, Bierhoff (1). Dazu ein Eigentor von S. Mihajlovic – K.: Klinsmann – SR: Nielsen (Dänemark).

665 **Iran**, 25.6., Montpellier, 2:0 gewonnen (WM-Gruppenspiel): Köpke – Thon (Hamann) – Wörns, Kohler – Heinrich, Matthäus, Helmer, Tarnat (Ziege) – Häßler (Kirsten) – Klinsmann (1), Bierhoff (1) – K.: Klinsmann – SR: Chavez (Paraguay).

666 **Mexiko**, 29.6., Montpellier, 2:1 gewonnen (WM-Achtelfinale): Köpke – Matthäus – Wörns, Babbel – Heinrich (Möller), Hamann, Helmer (Ziege), Tarnat – Häßler (Kirsten) – Klinsmann (1), Bierhoff (1) – K.: Klinsmann – SR: Pereira (Portugal).

667 **Kroatien**, 4.7., Lyon, 0:3 verloren (WM-Viertelfinale): Köpke – Matthäus – Wörns, Kohler – Heinrich, Hamann (Marschall), Jeremies, Tarnat – Häßler (Kirsten) – Klinsmann, Bierhoff – K.: Klinsmann – SR: Pedersen (Norwegen).

668 **Malta**, 2.9., Ta' Qali, 2:1 gewonnen: Kahn – Nowotny – Rehmer, Linke (Paßlack (1)) – Babbel, Beinlich, Basler (Neuville), Effenberg, Heinrich (Tarnat) – Bierhoff (Kirsten), Marschall (Rink) – K.: Bierhoff/Kirsten – SR: Bazzoli (Italien) – Dazu Eigentor Debono.

669 **Rumänien**, 5.9., Ta' Qali, 1:1 unentschieden: Kahn – Paßlack (Nowotny), Rehmer, Babbel, Albertz (Tarnat) – Jeremies, Nerlinger (1) – Basler, Effenberg – Kirsten, Bierhoff (Rink) – K.: Bierhoff/Kirsten – SR: Micallef (Malta).

670 **Türkei**, 10.10., Bursa, 0:1 verloren (EM-Qualifikation): Kahn – Nowotny – Babbel, Rehmer – Ramelow, Jeremies, Heinrich (Neuville) – Ricken (Bode), Beinlich – Bierhoff, Kirsten – K.: Bierhoff – SR: Dallas (Schottland).

671 **Moldawien**, 14.10., Chisinau, 3:1 gewonnen (EM-Qualifikation): Kahn – Nowotny – Babbel, Rehmer – Ramelow, Ricken (Neuville), Nerlinger, Beinlich (Wosz), Tarnat – Kirsten (2) (Jancker), Bierhoff (1) – K.: Bierhoff – SR: Marin (Spanien).

672 **Niederlande**, 18.11., Gelsenkirchen, 1:1 unentschieden: Kahn – Nowotny (Rehmer), Matthäus (Ramelow), Wörns – Strunz (Hamann), Jeremies, Heinrich – Basler (Zickler), Möller – Bierhoff, Kirsten (Marschall (1)) – K.: Bierhoff – SR: Wojcik (Polen).

1999: 13 Spiele: 7 Siege, 2 Unentschieden, 4 Niederlagen

673 **USA**, 6.2., Jacksonville, 0:3 verloren: Kahn – Matthäus – Babbel, Rehmer – Jeremies, Ricken, Ramelow (Nerlinger), Zickler (Bode) – Möller – Preetz, Marschall – K.: Matthäus – SR: Alcala (Mexiko).

674 **Kolumbien**, 9.2., Miami, 3:3 unentschieden: Kahn (Lehmann) – Wörns, Matthäus, Rehmer – Babbel, Jeremies (Nerlinger), Möller, Bode (1) – Neuville (Zickler), Preetz (2), Reich (Ricken) – K.: Matthäus – SR: Hall (USA).

675 **Nordirland**, 27.3., Belfast, 3:0 gewonnen (EM-Qualifikation): Kahn – Matthäus (Nowotny) – Babbel, Wörns – Strunz, Jeremies, Hamann (1), Heinrich – Neuville (Jancker), Bierhoff, Bode (2) (Preetz) – K.: Bierhoff – SR: Cesari (Italien).

676 **Finnland**, 31.3., Nürnberg, 2:0 gewonnen (EM-Qualifikation): Kahn – Babbel, Matthäus, Wörns – Strunz, Hamann (Nowotny), Jeremies (1), Heinrich – Neuville (1) (Kirsten), Bierhoff, Bode (Jancker) – K.: Bierhoff – SR: Kussainow (Russland).

677 **Schottland**, 28.4., Bremen, 0:1 verloren: Lehmann – Wörns, Matthäus, Nowotny – Strunz (Jancker), Hamann (Ballack), Jeremies (Ramelow), Heinrich – Neuville, Bierhoff (Kirsten), Heldt – K.: Bierhoff/Matthäus – SR: Meier (Schweiz).

678 **Moldawien**, 4.6., Leverkusen, 6:1 gewonnen (EM-Qualifikation): Kahn – Matthäus (Babbel) – Nowotny – Strunz, Hamann, Jeremies (Scholl (1)), Heinrich – Neuville, Bierhoff (3), Kirsten (1) (Ramelow), Bode (1) – K.: Bierhoff – SR: Coroado (Portugal).

679 **Brasilien**, 24.7., Guadalajara, 0:4 verloren (Confederations Cup): Lehmann – Matthäus – Wörns, Linke – Ricken, Ballack, Wosz, Heinrich (Maul) – Neuville (Gerber), Preetz (Marschall), Scholl – K.: Matthäus – SR: Alcala (Mexiko).

680 **Neuseeland**, 27. 7., Guadalajara, 2:0 gewonnen (Confederations Cup): Lehmann – Matthäus (1) (Ballack) – Wörns, Linke – Ricken, B. Schneider, Scholl (Wosz), Heinrich, – Neuville, Marschall (Rink), Preetz (1) – K.: Matthäus/Wörns – SR: Codija (Benin).

681 **USA,** 30. 7., Guadalajara, 0:2 verloren (Confederations Cup): Lehmann – Matthäus – Wörns, Linke – Heinrich (Dogan), Gerber (Maul), B. Schneider, Wosz – Neuville, Preetz, Heldt (Rink) – K.: Matthäus – SR: Alcala (Mexiko).

682 **Finnland,** 4. 9., Helsinki, 2:1 gewonnen (EM-Qualifikation): Lehmann – Matthäus – Linke, Nowotny – Babbel, Scholl (Nerlinger), Jeremies, Ziege – Neuville (Strunz), Bierhoff (2), Kirsten (B. Schneider) – K.: Bierhoff – SR: Lopez Nieto (Spanien).

683 **Nordirland,** 8. 9., Dortmund, 4:0 gewonnen (EM-Qualifikation): Lehmann – Linke, Matthäus – Babbel (Strunz), Jeremies, Nowotny (Wörns), Scholl, Ziege (3) – Neuville (B. Schneider), Bierhoff (1), Bode – K.: Bierhoff – SR: Bikas (Griechenland).

684 **Türkei,** 9. 10., München, 0:0 unentschieden (EM-Qualifikation): Kahn – Matthäus – Babbel, Linke – B. Schneider (Dogan), Hamann (Nerlinger), Jeremies, Ziege (Bode) – Neuville, Bierhoff, Scholl – K.: Bierhoff – SR: Collina (Italien).

685 **Norwegen,** 14. 11., Oslo, 1:0 gewonnen: Lehmann – Wörns, Matthäus – Babbel (Baumann), Jeremies, Ziege, Scholl (1), Bode (Hamann) – Neuville (Linke), Kirsten (Wosz), Bierhoff (Jancker) – K.: Bierhoff/Matthäus – SR: Jol (Niederlande).

2000: 12 Spiele: 5 Siege, 3 Unentschieden, 4 Niederlagen

686 **Niederlande,** 23. 2., Amsterdam, 1:2 verloren: Kahn – Babbel, Matthäus, Linke – Sebescen (Deisler), Jeremies, Hamann (Wosz), Ziege (1) – Neuville (Baumann), Bierhoff, Scholl – K.: Bierhoff – SR: Messina (Italien).

687 **Kroatien,** 29. 3., Zagreb, 1:1 unentschieden: Kahn – Linke, Matthäus, Nowotny – Rehmer (1) (Ramelow), Hamann, Ballack, Ziege (Beinlich) – Wosz, Bierhoff, Kirsten (Rink) – K.: Bierhoff – SR: Michel (Slowakei).

688 **Schweiz,** 26. 4., Kaiserslautern, 1:1 unentschieden: Lehmann – Babbel (Wörns), Matthäus, Linke – Rehmer (Neuville), Ballack, Ziege (Bode) – Scholl (Hamann), Wosz (Rink), Preetz (Kirsten (1)), Bierhoff – K.: Bierhoff – SR: Norman (Schweden).

689 **Tschechien**, 3. 6., Nürnberg, 3:2 gewonnen: Kahn – Nowotny (Rehmer), Ramelow, Linke – Ziege, Hamann (Ballack), Babbel (Deisler), – Scholl (Bode), Häßler (Wosz) – Jancker (1) (Bierhoff (2)), Rink – K.: Kahn – SR: Trentalange (Italien).

690 **Liechtenstein**, 7. 6., Freiburg, 8:2 gewonnen: Lehmann (Butt) – Matthäus (Ramelow) – Linke (Rehmer), Nowotny – Babbel (Deisler), Jeremies (Ballack), Hamann (Häßler), Ziege (Bode (1)) – Scholl (1) (Wosz) – Bierhoff (1) (Jancker (2)), Rink (Kirsten (2)). Dazu ein Eigentor von Hasler – K.: Bierhoff/Häßler – SR: Plautz (Österreich).

691 **Rumänien,** 12. 6., Lüttich, 1:1 unentschieden (EM-Gruppenspiel): Kahn – Nowotny, Matthäus (Deisler), Linke (Rehmer) – Babbel, Jeremies, Ziege – Häßler (Hamann), Scholl (1) – Bierhoff, Rink – K.: Bierhoff – SR: Milton Nielsen (Dänemark).

692 **England**, 17. 6., Charleroi, 0:1 verloren (EM-Gruppenspiel): Kahn – Babbel, Matthäus, Nowotny – Deisler (Ballack), Hamann, Jeremies (Bode), Ziege – Scholl – Kirsten (Rink), Jancker. – K.: Kahn – SR: Collina (Italien).

693 **Portugal,** 20. 6., Rotterdam, 0:3 verloren (EM-Gruppenspiel): Kahn – Nowotny, Matthäus, Linke – Rehmer, Hamann, Ballack (Rink) – Scholl (Häßler) – Deisler, Jancker (Kirsten), Bode – K.: Kahn – SR: Jol (Niederlande).

694 **Spanien,** 16. 8., Hannover, 4:1 gewonnen: Kahn – Rehmer, Nowotny, Heinrich (Linke) – Deisler, Ballack (Hamann), Ramelow, Bode (Beinlich) – Scholl (2) (Neuville), Jancker (Rink), Zickler (2). – K.: Kahn – SR: Fisker (Dänemark).

695 **Griechenland,** 2. 9., Hamburg, 2:0 gewonnen (WM-Qualifikation): Kahn – Rehmer, Nowotny, Heinrich (Linke) – Deisler (1), Ramelow, Ballack, Bode, Scholl – Zickler (Rink), Jancker. Dazu ein Eigentor von Ouzunidis – K.: Kahn – SR: Lopez Nieto (Spanien).

696 **England,** 7. 10., London, 1:0 gewonnen (WM-Qualifikation): Kahn – Rehmer, Nowotny, Linke – Deisler, Hamann (1), Ramelow, Ballack , Bode (Ziege) – Bierhoff, Scholl – K.: Bierhoff – SR: Braschi (Italien).

697 **Dänemark,** 15. 11., Kopenhagen, 1:2 verloren: Kahn – Hertzsch, Nowotny, Linke (Wosz) – Heinrich (Bode), Ramelow, Hamann, Ziege (Baumann) Scholl (1) – Zickler (Neuville), Bierhoff (Jancker) – K.: Bierhoff/Kahn – SR: Stuchlik (Österreich).

2001: 11 Spiele: 6 Siege, 3 Unentschieden, 2 Niederlage

698 **Frankreich,** 27. 2., Paris, 0:1 verloren: Kahn – Wörns, Jeremies, Linke – Rehmer (Frings), Ramelow, Hamann (Neuville), Ballack, Bode (Ziege) – Scholl, Jancker (Bierhoff) – K.: Kahn – SR: Trentalange (Italien).

699 **Albanien,** 24. 3., Leverkusen, 2:1 gewonnen (WM-Qualifikation): Kahn – Wörns, Nowotny – Jeremies, Ramelow, Deisler (1), Hamann (Rehmer), Bode – Neuville (Klose(1)), Bierhoff (Jancker), Scholl – K.: Bierhoff/Kahn – SR: Cesari (Italien).

700 **Griechenland,** 28. 3., Athen, 4:2 gewonnen (WM-Qualifikation): Kahn – Wörns, Nowotny, Heinrich – Rehmer (1), Jeremies (Ramelow), Ziege – Ballack (1), Deisler – Jancker (Bode (1)), Neuville (Klose (1)) – K.: Kahn – SR: Melo Pereira (Portugal).

701 **Slowakei,** 29. 5., Bremen, 2:0 gewonnen: Lehmann – Rehmer (Kehl), Nowotny, Baumann (1) – Ramelow, Bode (Böhme), Asamoah (1) (Zickler), Ballack (Ziege) – Deisler (Ricken), Neuville (Frings), Bierhoff (Klose) – K.: Bierhoff/Nowotny – SR: Colombo (Frankreich).

702 **Finnland,** 2. 6., Helsinki, 2:2 unentschieden (WM-qualifikation): Kahn – Rehmer, Nowotny, Linke – Asamoah, Ramelow, Ballack (1), Bode (Ziege) – Ricken, Neuville (Klose), Jancker (1) (Bierhoff) – K.: Kahn – SR: Jol (Niederlande).

703 **Albanien,** 6. 6., Tirana, 2:0 gewonnen (WM-Qualifikation): Kahn – Rehmer (1), Nowotny, Linke – Ramelow, Ziege, Asamoah (Ricken), Ballack (1) – Deisler (Baumann), Jancker, Neuville (Zickler). – K.: Kahn – SR: Veissière (Frankreich).

704 **Ungarn,** 15. 8., Budapest, 5:2 gewonnen: Kahn – Rehmer (Metzelder), Baumann (1), Linke – Asamoah (Zickler), Kehl (1), Hamann (Ricken), Böhme (1) (Bode) – Deisler (Ziege) – Jancker (1) (Bierhoff (1)), Neuville (Klose) – K.: Kahn – SR: Ansuategui Roca (Spanien).

705 **England,** 1. 9., München, 1:5 verloren (WM-Qualifiaktion): Kahn – Wörns (Asamoah), Nowotny, Linke – Rehmer, Ballack (Klose), Hamann, Böhme – Deisler – Jancker (1), Neuville (Kehl) – K.: Kahn – SR: Collina (Italien).

706 **Finnland,** 6. 10., Gelsenkirchen, 0:0 unentschieden (WM-Qualifiktion): Kahn – Rehmer, Wörns, Nowotny, Ziege – Ballack, Ramelow, Böhme (Asamoah), Deisler – Bierhoff, Neuville (Klose) – K.: Kahn – SR: Frisk (Schweden).

707 **Ukraine,** 10. 11., Kiew, 1:1 unentschieden (WM-Qualifikation, Play-off): Kahn – Rehmer, Nowotny, Linke – B. Schneider (Ricken), Ramelow, Hamann, Ziege – Ballack (1) – Asamoah, Zickler (Jancker) – K.: Kahn – SR: Braschi (Italien).

708 **Ukraine,** 14. 11., Dortmund, 4:1 gewonnen (WM-Qualifikation, Play-off): Kahn – Rehmer (1) (Baumann), Nowotny, Linke – B. Schneider, Ramelow, Hamann, Ziege – Ballack (2) – Neuville (1) (Ricken), Jancker (Bierhoff) – K.: Kahn – SR: Melo Pereira (Portugal).

2002: 18 Spiele: 11 Siege, 3 Unentschieden, 4 Niederlagen

709 **Israel,** 13. 2., Kaiserslautern, 7:1 gewonnen: Kahn – Wörns (Metzelder), Nowotny (Linke) – Schneider, Ramelow (Baumann), Hamann (1), Ricken (1), Kehl – Scholl (Frings) – Jancker (Bierhoff(1)), Klose (3) (Asamoah (1))

710 **USA,** 27. 3., Rostock, 4:2 gewonnen: Rost (Butt) – Baumann, Ramelow, Linke – Schneider (Asamoah), Hamann, Frings (1), Jeremies (Heinrich), Ziege (1) (Böhme) – Neuville (1) (Brdaric), Bierhoff (1) – K.: Ziege/Hamann – SR: Brugger (Österreich).

711 **Argentinien,** 17. 4., Stuttgart, 0:1 verloren: Lehmann – Linke (Baumann), Nowotny, Metzelder – Frings (Max), Ramelow, Ballack, Jeremies (Kehl), Böhme (Ricken) – Bierhoff (Jancker), Klose – K.:Nowotny – SR: Mejuto Gonzalez (Spanien).

712 **Kuwait,** 9. 5., Freiburg, 7:0 gewonnen: Kahn – Linke, Metzelder – Frings (1), Jeremies, Kehl (Ernst), Rahn – Deisler (1) (Freier), Klose – Jancker (1), Bierhoff (3) (Bierofka). Dazu ein Eigentor von Shammari – K.: Kahn – SR: Nilsson (Schweden).

713 **Wales,** 14. 5., Cardiff, 0:1 verloren: Kahn – Heinrich, Metzelder, Linke, Ziege (Bode) – Hamann (Kehl), Jeremies, Frings, Deisler (Asamoah) – Bierhoff (Jancker), Klose – K.: Kahn – SR: Olsen (Norwegen).

714 **Österreich,** 18. 5., Leverkusen, 6:2 gewonnen: Kahn – Frings (Rahn), Linke, Metzelder, Ziege (Heinrich) – Jeremies (Baumann), Hamann, Deisler (Kehl) – Klose (3) (Asamoah), Jancker (Bierhoff), Bode (2) (Bierofka (1)) – K.: Kahn – SR: Busacco (Schweiz).

715 **Saudi-Arabien,** 1. 6., Sapporo, 8:0 gewonnen (WM-Gruppenspiel): Kahn – Linke (1), Ramelow (Jeremies), Metzelder – Frings, Schneider (1), Ballack (1), Hamann, Ziege – Klose (3) (Neuville), Jancker (1) (Bierhoff (1)) – K.: Kahn – SR: Aquino (Paraguay).

716 **Irland,** 5. 6., Ibaraki, 1:1 unentschieden (WM-Gruppenspiel): Kahn – Linke, Ramelow, Metzelder – Frings, Hamann, Ziege – Schneider (Jeremies), Ballack – Klose (1) (Bode), Jancker (Bierhoff) – K.: Kahn – SR: Nielsen (Dänemark).

717 **Kamerun,** 11. 6., Shizuoka, 2:0 gewonnen (WM-Gruppenspiel): Kahn – Linke, Ramelow, Metzelder – Frings, Hamann, Ziege – Schneider (Jeremies), Ballack – Jancker (Bode (1)), Klose (1) (Neuville) – K.: Kahn – Lopez Nieto (Spanien).

718 **Paraguay,** 15. 6., Seogwipo, 1:0 gewonnen (WM-Achtelfinale): Kahn – Frings, Rehmer (Kehl), Linke, Metzelder (Baumann) – Schneider, Jeremies, Ballack, Bode – Klose, Neuville (1) (Asamoah) – K.: Kahn – SR: Batres (Guatemala).

719 **USA,** 21. 6., Ulsan, 1:0 gewonnen (WM-Viertelfinale): Kahn – Linke, Kehl, Metzelder – Frings, Schneider (Jeremies), Hamann, Ballack (1), Ziege – Klose (Bierhoff), Neuville (Bode) – K.: Kahn – SR: Dallas (Schottland).

720 **Südkorea,** 25. 6., Seoul, 1:0 gewonnen (WM-Halbfinale): Kahn – Frings, Linke, Ramelow, Metzelder – Schneider (Jeremies), Hamann, Ballack (1), Bode – Neuville (Asamoah), Klose (Bierhoff) – K.: Kahn – SR: Meier (Schweiz).

721 **Brasilien,** 30. 6., Yokohama, 0:2 verloren (WM-Endspiel): Kahn – Frings, Linke, Ramelow, Metzelder – Schneider, Jeremies (Asamoah), Hamann, Bode (Ziege) – Neuville, Klose (Bierhoff) – K.: Kahn – SR: Collina (Italien).

722 **Bulgarien,** 21. 8., Sofia, 2:2 unentschieden: Lehmann – Metzelder (Friedrich), Ramelow, Hertzsch – Freier (Asamoah), Jeremies, Bierofka (Kehl) – Schneider (Ernst), Ballack (1) (Zickler) – Klose (Borowski), Jancker (1). – K.: Kahn – SR: Bre (Frankreich).

723 **Litauen,** 7. 9., Kaunas, 2:0 gewonnen (EM-Qualifikation): Kahn – Linke, Ramelow, Metzelder – Frings, Hamann, Böhme, Schneider (Jeremies), Ballack (1) – Klose, Jancker (Neuville). – K.: Kahn – SR: Poll (England) – Dazu ein Eigentor von Stankevicius.

724 **Bosnien-Herzegowina,** 11. 10., Sarajevo, 1:1 unentschieden: Kahn (Lehmann) – Rehmer (Friedrich), Wörns, Ramelow, Frings – Asamoah (Freier), Jeremies, Borowski (Schneider), Kehl – Klose (Zickler), Jancker (1). – K.: Kahn/Jeremies – SR: De Santis (Italien).

725 **Färöer,** 16. 10., Hannover, 2:1 gewonnen (EM-Qualifikation): Kahn – Friedrich, Ramelow (Freier), Wörns, Frings – Schneider (Kehl), Hamann, Ballack (1), Jeremies – Jancker (Neuville), Klose (1). – K.: Kahn – SR: Koren (Israel).

726 **Niederlande,** 20. 11., Gelsenkirchen 1:3 verloren: Kahn – Rehmer, Baumann, Friedrich – Frings, Jeremies (Kehl), Ballack, Böhme (Neuville) – Schneider – Bobic (1) (Asamoah), Klose (Freier). – K.: Kahn – SR: Dallas (Schottland).

2003: 6 Spiele: 3 Siege, 2 Unentschieden, 1 Niederlage

727 **Spanien,** 12. 2., Palma de Mallorca, 1:3 verloren: Kahn – Friedrich, Wörns, Metzelder, Rau (Baumann, Balitsch) – Schneider (Freier), Jeremies, Ramelow, Böhme – Bobic (1) (Lauth), Klose (Neuville). – K.: Kahn – SR: Riley (England).

728 **Litauen,** 29. 3., Nürnberg, 1:1 unentschieden (EM-Qualifikation): Kahn – Friedrich, Wörns, Rau (Freier) – Frings, Ramelow (1), Schneider, Hamann, Böhme (Rehmer) – Bobic (Kuranyi), Klose. – K.: Kahn – SR: Esquinas Torres (Spanien).

729 **Serbien und Montenegro,** 30. 4., Bremen, 1:0 gewonnen: Rost – Friedrich (Hinkel), Baumann, Wörns, Hartmann – Freier (Asamoah), Ramelow, Kehl (1) – Frings – Bobic (Klose), Kuranyi (Lauth). – K.: Wörns – SR: De Bleeckere (Belgien).

730 **Kanada,** 1. 6., Wolfsburg, 4:1 gewonnen: Rost (Butt) – Wörns, Baumann (Rehmer) – Friedrich (Hinkel), Rau (1) – Ramelow (1) (Freier (1)), Kehl - Frings – Schneider (Hartmann) – Bobic (1) (Kuranyi), Lauth (Neuville). – K.: Wörns – SR: Poulat (Frankreich).

731 **Schottland,** 7. 6., Glasgow 1:1 unentschieden (EM-Qualifikation): Kahn – Friedrich, Ramelow, Wörns – Frings, Jeremies, Rau (Freier) – Schneider (Kehl), Ballack – Bobic (1), Klose (Neuville). – K.: Kahn – SR: Messina (Italien).

732 **Färöer,** -11. 6., Torshavn, 2:0 gewonnen (EM-Qualifikation): Kahn (Rost) – Friedrich, Ramelow, Wörns – Freier, Jeremies (Klose (1)), Kehl, Rau (Hartmann) – Schneider – Bobic (1), Neuville. – K.: Kahn/Wörns – SR: Wegereef.

75 Länderspielpartner in der Einzelbilanz

(WM) = Weltmeisterschafts-Endrundenspiele
(EM) = Europameisterschafts-Endrundenspiele
(OS) = Olympische Spiele

Ägypten:

28. 12. 1958	Kairo	1:2
1 Spiel: 1 Niederlage		**1:2 Tore**

Albanien:

8. 4. 1967	Dortmund	6:0
17. 12. 1967	Tirana	0:0
17. 2. 1971	Tirana	1:0
12. 6. 1971	Karlsruhe	2:0
1. 4. 1981	Tirana	2:0
18. 11. 1981	Dortmund	8:0
30. 3. 1983	Tirana	2:1
20. 11. 1983	Saarbrücken	2:1
16. 11. 1994	Tirana	2:1
18. 12. 1994	Kaiserslautern	2:1
2. 4. 1997	Granada	3:2
11. 10. 1997	Hannover	4:3
24. 3. 2001	Leverkusen	2:1
6. 6. 2001	Tirana	2:0
14 Spiele:		**38:10 Tore**

13 Siege, 1 Unentschieden

Algerien:

1. 1. 1964	Algier	0:2
16. 6. 1982	Gijon (WM)	1:2
2 Spiele: 2 Niederlagen		**1:4 Tore**

Argentinien:

8. 6. 1958	Malmö (WM)	3:1
16. 7. 1966	Birmingham (WM)	0:0
14. 2. 1973	München	2:3
5. 6. 1977	Buenos Aires	3:1
12. 9. 1979	Berlin	2:1
1. 1. 1981	Montevideo	1:2
24. 3. 1982	Buenos Aires	1:1
12. 9. 1984	Düsseldorf	1:3
29. 6. 1986	Mexiko City (WM)	2:3
16. 12. 1987	Buenos Aires	0:1
2. 4. 1988	Berlin	1:0
8. 7. 1990	Rom (WM)	1:0
15. 12. 1993	Miami	1:2
17. 4. 2002	Stuttgart	0:1
14 Spiele:		**18:19 Tore**

5 Siege, 2 Unentschieden, 7 Niederlagen

Armenien:

9. 10. 1996	Eriwan	5:1
10. 9. 1997	Dortmund	4:0
2 Spiele: 2 Siege		**9:1 Tore**

Australien:

18. 6. 1974	Hamburg (WM)	3:0
1 Spiel: 1 Sieg		**3:0 Tore**

Belgien:

16. 5. 1910	Duisburg	0:3
23. 4. 1911	Lüttich	1:2
23. 11. 1913	Antwerpen	2:6
22. 10. 1933	Duisburg	8:1
27. 5. 1934	Florenz (WM)	5:2
28. 4. 1935	Brüssel	6:1
25. 4. 1937	Hannover	1:0
29. 1. 1939	Brüssel	4:1
26. 9. 1954	Brüssel	0:2
23. 12. 1956	Köln	4:1
2. 3. 1958	Brüssel	2:0
8. 3. 1961	Frankfurt	1:0
6. 3. 1968	Brüssel	3:1
14. 6. 1972	Antwerpen (EM)	2:1
22. 6. 1980	Rom (EM)	2:1
22. 9. 1982	München	0:0
29. 2. 1984	Brüssel	1:0
1. 5. 1991	Hannover	1:0
20. 11. 1991	Brüssel	1:0
2. 7. 1994	Chicago (WM)	3:2
23. 8. 1995	Brüssel	2:1
21 Spiele:		**49:25 Tore**

16 Siege, 1 Unentschieden, 4 Niederlagen

Böhmen/Mähren:

12. 11. 1939	Breslau	4:4
1 Spiel: 1 Unentschieden		**4:4 Tore**

Bolivien:

17. 6. 1994	Chicago (WM)	1:0
1 Spiel: 1 Sieg		**1:0 Tor**

Bosnien-Herzegowina:

11. 10. 2002	Sarajevo	1:1
1 Spiel: 1 Unentschieden		**1:1 Tore**

Brasilien:

5. 5. 1963	Hamburg	1:2
6. 6. 1965	Rio de Janeiro	0:2
16. 6. 1968	Stuttgart	2:1
14. 12. 1968	Rio de Janeiro	2:2
16. 6. 1973	Berlin	0:1
12. 6. 1977	Rio de Janeiro	1:1
5. 4. 1978	Hamburg	0:1
7. 1. 1981	Montevideo	1:4
19. 5. 1981	Stuttgart	1:2
21. 3. 1982	Rio de Janeiro	0:1
12. 3. 1986	Frankfurt/M.	2:0
12. 12. 1987	Brasilia	1:1
16. 12. 1992	Porto Alegre	1:3
10. 6. 1993	Washington	3:3
17. 11. 1993	Köln	2:1

25.	3. 1998	Stuttgart	1:2
24.	7. 1999	Guadalajara	0:4
30.	6. 2002	Yokohama (WM)	0:2

18 Spiele: 18:33 Tore
3 Siege, 4 Unentschieden, 11 Niederlagen

Bulgarien:

20.	10. 1935	Leipzig	4:2
22.	10. 1939	Sofia	2:1
20.	10. 1940	München	7:3
19.	7. 1942	Sofia	3:0
21.	12. 1958	Augsburg	3:0
23.	11. 1960	Sofia	1:2
22.	3. 1967	Hannover	1:0
24.	9. 1969	Sofia	1:0
7.	6. 1970	Leon (WM)	5:2
12.	5. 1973	Hamburg	3:0
27.	4. 1975	Sofia	1:1
19.	11. 1975	Stuttgart	1:0
3.	12. 1980	Sofia	3:1
22.	11. 1981	Düsseldorf	4:0
15.	2. 1984	Varna	3:2
17.	4. 1985	Augsburg	4:1
22.	3. 1989	Sofia	2:1
10.	7. 1994	New York (WM)	1:2
7.	6. 1995	Sofia	2:3
15.	11. 1995	Berlin	3:1
21.	8. 2002	Sofia	2:2

21 Spiele: 56:24 Tore
16 Siege, 2 Unentschieden, 3 Niederlagen

Chile:

23.	3. 1960	Stuttgart	2:1
26.	3. 1961	Santiago	1:3
6.	6. 1962	Santiago (WM)	2:0
18.	12. 1968	Santiago	1:2
14.	6. 1974	Berlin (WM)	1:0
20.	6. 1982	Gijon (WM)	4:1

6 Spiele: 4 Siege, 2 Niederlagen 11:7 Tore

Dänemark:

6.	10. 1912	Kopenhagen	1:3
26.	10. 1913	Hamburg	1:4
2.	10. 1927	Kopenhagen	1:3
16.	9. 1928	Nürnberg	2:1
7.	9. 1930	Kopenhagen	3:6
27.	9. 1931	Hannover	4:2
7.	10. 1934	Kopenhagen	5:2
16.	5. 1937	Breslau	8:0
25.	6. 1939	Kopenhagen	2:0
17.	11. 1940	Hamburg	1:0
16.	11. 1941	Dresden	1:1
24.	9. 1958	Kopenhagen	1:1
20.	9. 1961	Düsseldorf	5:1
30.	6. 1971	Kopenhagen	3:1
13.	6. 1986	Queretaro (WM)	0:2
24.	9. 1986	Kopenhagen	2:0
23.	9. 1987	Hamburg	1:0
14.	6. 1988	Gelsenkirchen (EM)	2:0
30.	5. 1990	Gelsenkirchen	1:0
26.	6. 1992	Göteborg (EM)	0:2
9.	9. 1992	Kopenhagen	2:1
27.	3. 1996	München	2:0
15.	11. 2000	Kopenhagen	1:2

23 Spiele: 49:32 Tore
14 Siege, 2 Unentschieden, 7 Niederlagen

DDR:

22.	6. 1974	Hamburg (WM)	0:1

1 Spiel: 1 Niederlage 0:1 Tore

England:

20.	4. 1908	Berlin	1:5
16.	3. 1909	Oxford	0:9
14.	4. 1911	Berlin	2:2
21.	3. 1913	Berlin	0:3
10.	5. 1930	Berlin	3:3
4.	12. 1935	London	0:3
14.	5. 1938	Berlin	3:6
1.	12. 1954	London	1:3
26.	5. 1956	Berlin	1:3
12.	5. 1965	Nürnberg	0:1
23.	2. 1966	London	0:1
30.	7. 1966	London (WM)	n. V. 2:4
1.	6. 1968	Hannover	1:0
14.	6. 1970	Leon (WM)	n. V. 3:2
29.	4. 1972	London	3:1
13.	5. 1972	Berlin	0:0
12.	3. 1975	London	0:2
22.	2. 1978	München	2:1
29.	6. 1982	Madrid (WM)	0:0
13.	10. 1982	London	2:1
12.	6. 1985	Mexiko City	0:3
9.	9. 1987	Düsseldorf	3:1
4.	7. 1990	Turin (WM)	n. V. 1:1
			Elfmeterschießen 4:3
11.	9. 1991	London	1:0
19.	6. 1993	Detroit	2:1
26.	6. 1996	London (EM)	n.V. 1:1
			Elfmeterschießen 6:5
17.	6. 2000	Charleroi (EM)	0:1
7.	10. 2000	London	1:0
1.	9. 2001	München	1:5

29 Spiele: 34:63 Tore
9 Siege, 6 Unentschieden, 14 Niederlagen

Estland:

15.	9. 1935	Stettin	5:0
29.	8. 1937	Königsberg	4:1
29.	6. 1939	Tallinn	2:0

3 Spiele: 3 Siege 11:1 Tore

Färöer:

16.	10. 2002	Hannover	2:1
11.	6. 2003	Torshavn	2:0

2 Spiele: 2 Siege 4:1 Tore

Finnland:

18.	9. 1921	Helsinki	3:3
12.	8. 1923	Dresden	1:2
26.	6. 1925	Helsinki	5:3
20.	10. 1929	Hamburg	4:0

1. 7. 1932	Helsinki	4:1
18. 8. 1935	München	6:0
29. 6. 1937	Helsinki	2:0
1. 9. 1940	Leipzig	13:0
5. 10. 1941	Helsinki	6:0
7. 6. 1964	Helsinki	4:1
7. 9. 1977	Helsinki	1:0
24. 5. 1981	Lahti	4:0
23. 9. 1981	Bochum	7:1
31. 8. 1988	Helsinki	4:0
4. 10. 1989	Dortmund	6:1
27. 5. 1998	Helsinki	0:0
31. 3. 1999	Nürnberg	2:0
4. 9. 1999	Helsinki	2:1
2. 6. 2001	Helsinki	2:2
6. 10. 2001	Gelsenkirchen	0:0

20 Spiele: 76:15 Tore
15 Siege, 4 Unentschieden, 1 Niederlage

Frankreich:

15. 3. 1931	Paris	0:1
19. 3. 1933	Berlin	3:3
17. 3. 1935	Paris	3:1
21. 3. 1937	Stuttgart	4:0
5. 10. 1952	Paris	1:3
16. 10. 1954	Hannover	1:3
28. 6. 1958	Göteborg (WM)	3:6
26. 10. 1958	Paris	2:2
24. 10. 1962	Stuttgart	2:2
27. 9. 1967	Berlin	5:1
25. 9. 1968	Marseille	1:1
13. 10. 1973	Gelsenkirchen	2:1
23. 2. 1977	Paris	0:1
19. 11. 1980	Hannover	4:1
8. 7. 1982	Sevilla (WM)	n. V. 3:3
		Elfmeterschießen 5:4
18. 4. 1984	Straßburg	0:1
25. 6. 1986	Guadalajara (WM)	2:0
12. 8. 1987	Berlin	2:1
28. 2. 1990	Montpellier	1:2
1. 6. 1996	Stuttgart	0:1
27. 2. 2001	Paris	0:1

21 Spiele: 39:35 Tore
7 Siege, 5 Unentschieden, 9 Niederlagen

Georgien:

29. 3. 1995	Tiflis	2:0
6. 9. 1995	Nürnberg	4:1

2 Spiele: 2 Siege 6:1 Tore

Ghana:

14. 4. 1993	Bochum	6:1

1 Spiel: 1 Sieg 6:1 Tore

Griechenland:

20. 11. 1960	Athen	3:0
22. 10. 1961	Augsburg	2:1
22. 11. 1970	Athen	3:1
20. 11. 1974	Piräus	2:2
11. 10. 1975	Düsseldorf	1:1
17. 6. 1980	Turin (EM)	0:0
2. 9. 2000	Hamburg	2:0
28. 3. 2001	Athen	4:2

8 Spiele: 5 Siege, 3 Unentschieden 17:7 Tore

Iran:

25. 6. 1998	Montpellier (WM)	2:0

1 Spiel: 1 Sieg 2:0 Tore

Irland:

8. 5. 1935	Dortmund	3:1
17. 10. 1936	Dublin	2:5
23. 5. 1939	Bremen	1:1
17. 10. 1951	Dublin	2:3
4. 5. 1952	Köln	3:0
28. 5. 1955	Hamburg	2:1
25. 11. 1956	Dublin	0:3
11. 5. 1960	Düsseldorf	0:1
4. 5. 1966	Dublin	4:0
9. 5. 1970	Berlin	2:1
22. 5. 1979	Dublin	3:1
6. 9. 1989	Dublin	1:1
29. 5. 1994	Hannover	0:2
5. 6. 2002	Ibaraki (WM)	1:1

14 Spiele: 24:21 Tore
6 Siege, 3 Unentschieden, 5 Niederlagen

Island:

3. 8. 1960	Reykjavik	5:0
26. 5. 1979	Reykjavik	3:1

2 Spiele: 2 Siege 8:1 Tore

Israel:

25. 3. 1987	Tel Aviv	2:0
26. 2. 1997	Tel Aviv	1:0
13. 2. 2002	Kaiserslautern	7:1

3 Spiele: 3 Siege 10:1 Tore

Italien:

1. 1. 1923	Mailand	1:3
23. 11. 1924	Duisburg	0:1
28. 4. 1929	Turin	2:1
2. 3. 1930	Frankfurt/M.	0:2
1. 1. 1933	Bologna	1:3
15. 11. 1936	Berlin	2:2
26. 3. 1939	Florenz	2:3
26. 11. 1939	Berlin	5:2
5. 5. 1940	Mailand	2:3
30. 3. 1955	Stuttgart	1:2
18. 12. 1955	Rom	1:2
31. 5. 1962	Santiago (WM)	0:0
13. 3. 1965	Hamburg	1:1
17. 6. 1970	Mexiko (WM)	n. V. 3:4
26. 2. 1974	Rom	0:0
8. 10. 1977	Berlin	2:1
14. 6. 1978	Buenos Aires (WM)	0:0
11. 7. 1982	Madrid(WM)	1:3
22. 5. 1984	Zürich	1:0
5. 2. 1986	Avellino	2:1
18. 4. 1987	Köln	0:0
10. 6. 1988	Düsseldorf(EM)	1:1
25. 3. 1992	Turin	0:1

23.	3. 1994	Stuttgart	2:1
21.	6. 1995	Zürich	2:0
19.	6. 1996	Manchester (EM)	0:0

26 Spiele: 32:37 Tore
7 Siege, 8 Unentschieden, 11 Niederlagen

Kamerun:

11.	6. 2002	Shizuoka (WM)	2:0

1 Spiel: 1 Sieg 2:0 Tore

Kanada:

8.	6. 1994	Toronto	2:0
1.	6. 2003	Wolfsburg	4:1

2 Spiele: 2 Siege 6:1 Tore

Kolumbien:

19.	6. 1990	Mailand (WM)	1:1
30.	5. 1998	Frankfurt/M.	3:1
9.	2. 1999	Miami	3:3

3 Spiele: 1 Sieg, 2 Unentschieden 7:5 Tore

Kroatien:

15.	6. 1941	Wien	5:1
18.	1. 1942	Agram	2:0
1.	11. 1942	Stuttgart	5:1
29.	6. 1996	Manchester (EM)	2:1
4.	7. 1998	Lyon (WM)	0:3
29.	3. 2000	Zagreb	1:1

6 Spiele: 15:7 Tore
4 Siege, 1 Unentschieden, 1 Niederlage

Kuwait:

9.	5. 2002	Freiburg	7:0

1 Spiel, 1 Sieg 7:0 Tore

Lettland:

13.	10. 1935	Königsberg	3:0
25.	6. 1937	Riga	3:1

2 Spiele: 2 Siege 6:1 Tore

Liechtenstein:

4.	6. 1996	Mannheim	9:1
7.	6. 2000	Freiburg	8:2

2 Spiele: 2 Siege 17:3 Tore

Litauen:

7.	9. 2002	Kaunas	2:0
29.	3. 2003	Nürnberg	1:1

2 Spiele: 3:1 Tore
1 Sieg, 1 Unentschieden

Luxemburg:

11.	3. 1934	Luxemburg	9:1
18.	8. 1935	Luxemburg	1:0
4.	8. 1938	Berlin (OS)	9:0
27.	9. 1936	Krefeld	7:2
21.	3. 1937	Luxemburg	3:2
20.	3. 1938	Wuppertal	2:1
26.	3. 1939	Differdingen	1:2
23.	12. 1951	Essen	4:1
20.	4. 1952	Luxemburg	3:0
31.	10. 1990	Luxemburg	3:2
18.	12. 1991	Leverkusen	4:0
4.	6. 1998	Mannheim	7:0

12 Spiele: 53:11 Tore
11 Siege, 1 Niederlage

Malta:

22.	12. 1974	Gzira	1:0
28.	2. 1976	Dortmund	8:0
25.	2. 1979	Gzira	0:0
27.	2. 1980	Bremen	8:0
16.	12. 1984	Ta' Qali	3:2
27.	3. 1985	Saarbrücken	6:0
2.	9. 1998	Ta' Qali	2:1

7 Spiele: 28:3 Tore
6 Siege, 1 Unentschieden

Marokko:

29.	12. 1963	Casablanca	4:1
22.	2. 1967	Karlsruhe	5:1
3.	6. 1970	Leon (WM)	2:1
17.	6. 1986	Monterrey(WM)	1:0

4 Spiele: 4 Siege 12:3 Tore

Mexiko:

22.	12. 1968	Mexico City	0:0
8.	9. 1971	Hannover	5:0
14.	6. 1977	Mexico City	2:2
6.	6. 1978	Cordoba(WM)	6:0
15.	6. 1985	Mexico City	0:2
21.	6. 1986	Monterrey (WM)	n. V. 0:0
			Elfmeterschießen 4:1
14.	10. 1992	Dresden	1:1
22.	12. 1993	Mexico City	0:0
29.	6. 1998	Montpellier (WM)	2:1

9 Spiele: 16:6 Tore
3 Siege, 5 Unentschieden, 1 Niederlage

Moldawien:

14.	12. 1994	Chisinau	3:0
8.	10. 1995	Leverkusen	6:1
14.	10. 1998	Chisinau	3:1
4.	6. 1999	Leverkusen	6:1

4 Spiele: 4 Siege 18:3 Tore

Neuseeland:

28.	7. 2000	Guadalajara	2:0

1 Spiel, 1 Sieg 2:0 Tore

Niederlande:

24.	4. 1910	Arnheim	2:4
16.	10. 1910	Kleve	1:2
24.	3. 1912	Zwolle	5:5
17.	11. 1912	Leipzig	2:3
5.	4. 1914	Amsterdam	4:4
10.	5. 1923	Hamburg	0:0
21.	4. 1924	Amsterdam	1:0
29.	3. 1925	Amsterdam	1:2
18.	4. 1926	Düsseldorf	4:2
31.	10. 1926	Amsterdam	3:2

20. 11. 1927	Köln	2:2
26. 4. 1931	Amsterdam	1:1
4. 12. 1932	Düsseldorf	0:2
17. 2. 1935	Amsterdam	3:2
31. 1. 1937	Düsseldorf	2:2
14. 3. 1956	Düsseldorf	1:2
3. 4. 1957	Amsterdam	2:1
21. 10. 1959	Köln	7:0
23. 3. 1966	Rotterdam	4:2
7. 7. 1974	München (WM)	2:1
17. 5. 1975	Frankfurt	1:1
18. 6. 1978	Cordoba (WM)	2:2
20. 12. 1978	Düsseldorf	3:1
14. 6. 1980	Neapel (EM)	3:2
11. 10. 1980	Eindhoven	1:1
14. 5. 1986	Dortmund	3:1
21. 6. 1988	Hamburg (EM)	1:2
19. 10. 1988	München	0:0
28. 4. 1989	Rotterdam	1:1
24. 6. 1990	Mailand (WM)	2:1
18. 6. 1992	Göteborg (EM)	1:3
24. 4. 1996	Rotterdam	1:0
18. 11. 1998	Gelsenkirchen	1:1
23. 2. 2000	Amsterdam	1:2
20. 11. 2002	Gelsenkirchen	1:3

35 Spiele: 69:60 Tore
13 Siege, 12 Unentschieden, 10 Niederlagen

Nigeria:

22. 4. 1998	Köln	1:0

1 Spiel: 1 Sieg 1:0 Tor

Nordirland:

15. 6. 1958	Malmö (WM)	2:2
26. 10. 1960	Belfast	4:3
10. 5. 1961	Berlin	2:1
7. 5. 1966	Belfast	2:0
27. 4. 1977	Köln	5:0
17. 11. 1982	Belfast	0:1
16. 11. 1983	Hamburg	0:1
2. 6. 1992	Bremen	1:1
29. 5. 1996	Belfast	1:1
9. 11. 1996	Nürnberg	1:1
20. 8. 1997	Belfast	3:1
27. 3. 1999	Belfast	3:0
8. 9. 1999	Dortmund	4:0

13 Spiele: 28:12 Tore
7 Siege, 4 Unentschieden, 2 Niederlagen

Norwegen:

4. 11. 1923	Hamburg	1:0
15. 6. 1924	Christiania	2:0
23. 10. 1927	Hamburg	6:2
23. 9. 1928	Oslo	2:0
2. 11. 1930	Breslau	1:1
21. 6. 1931	Oslo	2:2
5. 11. 1933	Magdeburg	2:2
27. 8. 1935	Oslo	1:1
7. 8. 1936	Berlin (OS)	0:2
24. 10. 1937	Berlin	3:0
22. 6. 1939	Oslo	4:0
19. 8. 1953	Oslo	1:1
22. 11. 1953	Hamburg	5:1
18. 11. 1955	Karlsruhe	2:0
13. 6. 1956	Oslo	3:1
19. 11. 1966	Köln	3:0
22. 6. 1971	Oslo	7:1
12. 5. 1982	Oslo	4:2
14. 11. 1999	Oslo	1:0

19 Spiele: 50:16 Tore
13 Siege, 5 Unentschieden, 1 Niederlage

Österreich:

7. 6. 1908	Wien	2:3
9. 10. 1911	Dresden	1:2
29. 6. 1912	Stockholm (OS)	1:5
26. 9. 1920	Wien	2:3
5. 5. 1921	Dresden	3:3
23. 4. 1922	Wien	2:0
13. 1. 1924	Nürnberg	4:3
24. 5. 1931	Berlin	0:6
13. 9. 1931	Wien	0:5
7. 6. 1934	Neapel (WM)	3:2
23. 9. 1951	Wien	2:0
22. 3. 1953	Köln	0:0
30. 6. 1954	Basel (WM)	6:1
10. 3. 1957	Wien	3:2
19. 11. 1958	Berlin	2:2
9. 10. 1965	Stuttgart	4:1
13. 10. 1968	Wien	2:0
10. 5. 1969	Nürnberg	1:0
21. 9. 1969	Wien	1:1
10. 10. 1973	Hannover	4:0
3. 9. 1975	Wien	2:0
21. 6. 1978	Cordoba (WM)	2:3
2. 4. 1980	München	1:0
29. 4. 1981	Hamburg	2:0
14. 10. 1981	Wien	3:1
25. 6. 1982	Gijon (WM)	1:0
27. 4. 1983	Wien	0:0
5. 10. 1983	Gelsenkirchen	3:0
29. 10. 1986	Wien	1:4
18. 11. 1992	Nürnberg	0:0
2. 6. 1994	Wien	5:1
18. 5. 2002	Leverkusen	6:2

32 Spiele: 69:50 Tore
18 Siege, 6 Unentschieden, 8 Niederlagen

Oman:

18. 2. 1998	Maskat	2:0

1 Spiel: 1 Sieg 2:0 Tore

Paraguay:

15. 6. 2002	Seogwipo (WM)	1:0

1 Spiel: 1 Sieg 1:0 Tore

Peru:

10. 6. 1970	Leon(WM)	3:1

1 Spiel: 1 Sieg 3:1 Tore

Polen:

3.	12. 1933	Berlin	1:0
9.	9. 1934	Warschau	5:2
15.	9. 1935	Breslau	1:0
13.	9. 1936	Warschau	1:1
18.	9. 1938	Chemnitz	4:1
20.	5. 1959	Hamburg	1:1
8.	10. 1961	Warschau	2:0
10.	10. 1971	Warschau	3:1
17.	11. 1971	Hamburg	0:0
3.	7. 1974	Frankfurt/M. (WM)	1:0
1.	6. 1978	Buenos Aires (WM)	0:0
13.	5. 1980	Frankfurt	3:1
2.	9. 1981	Königshütte	2:0
4.	9. 1996	Zabrze	2:0

14 Spiele: 26:7 Tore
10 Siege, 4 Unentschieden

Portugal:

27.	2. 1936	Lissabon	3:1
24.	4. 1938	Frankfurt/M	1:1
19.	12. 1954	Lissabon	3:0
27.	4. 1960	Ludwigshafen	2:1
17.	2. 1982	Hannover	3:1
23.	2. 1983	Lissabon	0:1
14.	6. 1984	Straßburg (EM)	0:0
24.	2. 1985	Lissabon	2:1
16.	10. 1985	Stuttgart	0:1
29.	8. 1990	Lissabon	1:1
21.	2. 1996	Porto	2:1
14.	12. 1996	Lissabon	0:0
6.	9. 1997	Berlin	1:1
20.	6. 2000	Rotterdam (EM)	0:3

14 Spiele: 18:13 Tore
6 Siege, 5 Unentschieden, 3 Niederlagen

Rumänien:

25.	8. 1935	Erfurt	4:2
25.	9. 1938	Bukarest	4:1
14.	7. 1940	Frankfurt/M.	9:3
1.	6. 1941	Bukarest	4:1
16.	8. 1942	Beuthen	7:0
1.	6. 1966	Ludwigshafen	1:0
22.	11. 1967	Bukarest	0:1
8.	4. 1970	Stuttgart	1:1
17.	6. 1984	Lens (EM)	2:1
5.	9. 1998	Ta' Qali	1:1
12.	6. 2000	Lüttich (EM)	1:1

11 Spiele: 34:12 Tore
7 Siege, 3 Unentschieden, 1 Niederlage

Russland (Sowjetunion/GUS):

1.	7. 1912	Stockholm (OS)	16:0
21.	8. 1955	Moskau	2:3
15.	9. 1956	Hannover	1:2
25.	7. 1966	Liverpool (WM)	2:1
26.	5. 1972	München	4:1
18.	6. 1972	Brüssel (EM)	3:0
5.	9. 1973	Moskau	1:0
9.	3. 1978	Frankfurt	1:0
21.	11. 1979	Tiflis	3:1
28.	3. 1984	Hannover	2:1
28.	8. 1985	Moskau	0:1
21.	9. 1988	Düsseldorf	1:0
27.	3. 1991	Frankfurt/M.	2:1
12.	6. 1992	Norrköping (EM)	1:1
7.	9. 1994	Moskau	1:0
16.	6. 1996	Manchester (EM)	3:0

16 Spiele: 43:12 Tore
12 Siege, 1 Unentschieden, 3 Niederlagen

Saarland:

11.	10. 1953	Stuttgart	3:0
28.	3. 1954	Saarbrücken	3:1

2 Spiele: 2 Siege 6:1 Tore

Saudi-Arabien:

22.	2. 1998	Riad	3:0
1.	6. 2002	Saporro (WM)	8:0

2 Spiel: 2 Siege 11:0 Tore

Schottland:

1.	6. 1929	Berlin	1:1
14.	10. 1936	Glasgow	0:2
22.	5. 1957	Stuttgart	1:3
6.	5. 1959	Glasgow	2:3
12.	5. 1964	Hannover	2:2
16.	4. 1969	Glasgow	1:1
22.	10. 1969	Hamburg	3:2
14.	11. 1973	Glasgow	1:1
27.	3. 1974	Frankfurt/M.	2:1
8.	6. 1986	Queretaro (WM)	2:1
15.	6. 1992	Norrköping (EM)	2:0
24.	3. 1993	Glasgow	1:0
28.	4. 1999	Bremen	0:1
7.	6. 2003	Glasgow	1:1

14 Spiele: 10:19 Tore
5 Siege, 5 Unentschieden, 4 Niederlagen

Schweden:

18.	6. 1911	Stockholm	4:2
29.	10. 1911	Hamburg	1:3
20.	6. 1923	Stockholm	1:2
31.	8. 1924	Berlin	1:4
21.	6. 1925	Stockholm	0:1
20.	6. 1926	Nürnberg	3:3
30.	9. 1928	Stockholm	0:2
23.	6. 1929	Köln	3:0
17.	6. 1931	Stockholm	0:0
25.	9. 1932	Nürnberg	4:3
31.	5. 1934	Mailand (WM)	2:1
30.	6. 1935	Stockholm	1:3
21.	11. 1937	Hamburg	5:0
5.	10. 1941	Stockholm	2:4
20.	9. 1942	Berlin	2:3
30.	6. 1956	Stockholm	2:2
20.	11. 1957	Hamburg	1:0
24.	6. 1958	Göteborg (WM)	1:3
3.	11. 1963	Stockholm	1:2
4.	11. 1964	Berlin	1:1

26. 9. 1965	Stockholm		2:1
27. 6. 1971	Göteborg		0:1
1. 5. 1974	Hamburg		2:0
30. 6. 1974	Düsseldorf (WM)		4:2
19. 4. 1978	Stockholm		1:3
17. 10. 1984	Köln		2:0
25. 9. 1985	Stockholm		2:2
14. 10. 1987	Gelsenkirchen		1:1
31. 3. 1988	Berlin		1:1
		Elfmeterschießen	2:4
10. 10. 1990	Stockholm		3:1
21. 6. 1992	Stockholm (EM)		3:2

31 Spiele: 56:53 Tore
12 Siege, 7 Unentschieden, 12 Niederlagen

Schweiz:

5. 4. 1908	Basel		3:5
4. 4. 1909	Karlsruhe		1:0
3. 4. 1910	Basel		3:2
26. 3. 1911	Stuttgart		6:2
5. 5. 1912	St. Gallen		2:1
18. 5. 1913	Freiburg		1:2
27. 6. 1920	Zürich		1:4
26. 3. 1922	Frankfurt/M.		2:2
3. 6. 1923	Basel		2:1
14. 12. 1924	Stuttgart		1:1
25. 10. 1925	Basel		4:0
12. 12. 1926	München		2:3
15. 4. 1928	Bern		3:2
28. 5. 1928	Amsterdam (OS)		4:0
10. 2. 1929	Mannheim		7:1
4. 5. 1930	Zürich		5:0
6. 3. 1932	Leipzig		2:0
19. 11. 1933	Zürich		2:0
27. 1. 1935	Stuttgart		4:0
2. 5. 1937	Zürich		1:0
6. 2. 1938	Köln		1:1
4. 6. 1938	Paris (WM)	n. V.	1:1
9. 6. 1938	Paris (WM)		2:4
9. 3. 1941	Stuttgart		4:2
20. 4. 1941	Bern		1:2
1. 2. 1942	Wien		1:2
18. 10. 1942	Bern		5:3
22. 11. 1950	Stuttgart		1:0
15. 4. 1951	Zürich		3:2
9. 11. 1952	Augsburg		5:1
25. 4. 1954	Basel		5:3
21. 11. 1956	Frankfurt/M.		1:3
4. 10. 1959	Bern		4:0
3. 6. 1962	Santiago (WM)		2:1
23. 12. 1962	Karlsruhe		5:1
26. 5. 1965	Basel		1:0
12. 7. 1966	Sheffield (WM)		5:0
17. 4. 1968	Basel		0:0
15. 11. 1972	Düsseldorf		5:1
4. 9. 1974	Basel		2:1
16. 11. 1977	Stuttgart		4:1
10. 9. 1980	Basel		3:2
9. 4. 1986	Basel		1:0
27. 4. 1988	Kaiserslautern		1:0
19. 12. 1990	Stuttgart		4:0
23. 8. 1995	Bern		2:1
26. 4. 2000	Kaiserslautern		1:1

47 Spiele: 126:59 Tore
33 Siege, 6 Unentschieden, 8 Niederlagen

Serbien & Montenegro: (bis Februar 2003 Jugoslawien)

26. 2. 1939	Berlin		3:2
15. 10. 1939	Zagreb		5:1
14. 4. 1940	Wien		1:2
3. 11. 1940	Zagreb		0:2
21. 12. 1952	Ludwigshafen		3:2
27. 6. 1954	Genf (WM)		2:0
25. 9. 1955	Belgrad		1:3
19. 6. 1958	Malmö (WM)		1:0
20. 12. 1959	Hannover		1:1
10. 6. 1962	Santiago (WM)		0:1
30. 9. 1962	Zagreb		3:2
23. 6. 1966	Hannover		2:0
3. 5. 1967	Belgrad		0:1
7. 10. 1967	Hamburg		3:1
13. 5. 1970	Hannover		1:0
18. 11. 1970	Zagreb		0:2
9. 5. 1973	München		0:1
26. 6. 1974	Düsseldorf (WM)		2:0
17. 6. 1976	Belgrad (EM)	n. V.	4:2
30. 4. 1977	Belgrad		2:1
7. 6. 1983	Luxemburg		4:2
11. 5. 1986	Bochum		1:1
4. 6. 1988	Bremen		1:1
10. 6. 1990	Mailand (WM)		4:1
21. 6. 1998	Lens (WM)		2:2
30. 4. 2002	Bremen		1:0

26 Spiele: 47:31 Tore
15 Siege, 4 Unentschieden, 7 Niederlagen

Slowakei:

27. 8. 1939	Bratislava	0:2
3. 12. 1939	Chemnitz	3:1
15. 9. 1940	Bratislava	1:0
7. 12. 1941	Breslau	4:0
22. 11. 1942	Bratislava	5:2
29. 5. 2001	Bremen	2:0

6 Spiele: 5 Siege, 1 Niederlage 15:5 Tore

Spanien:

12. 5. 1935	Köln	1:2
23. 2. 1936	Barcelona	2:1
12. 4. 1942	Berlin	1:1
28. 12. 1952	Madrid	2:2
19. 3. 1958	Frankfurt	2:0
20. 7. 1966	Birmingham (WM)	2:1
11. 2. 1970	Sevilla	0:2
24. 11. 1973	Stuttgart	2:1
23. 2. 1974	Barcelona	0:1
24. 4. 1976	Madrid	1:1
22. 5. 1976	München	2:0
2. 7. 1982	Madrid (WM)	2:1
20. 6. 1984	Paris (EM)	0:1
15. 10. 1986	Hannover	2:2

17.	6. 1988	München (EM)	2:0
21.	6. 1994	Chicago (WM)	1:1
22.	2. 1995	Jerez de la Frontera	0:0
16.	8. 2000	Hannover	4:1
12.	3. 2003	Palma de Mallorca	1:3

19 Spiele: 27:21 Tore
8 Siege, 6 Unentschieden, 5 Niederlagen

Südafrika:

15.	12. 1995	Johannesburg	0:0
15.	11. 1997	Düsseldorf	3:0

2 Spiele: 1 Sieg, 1 Unentschieden 3:0 Tore

Südkorea:

27.	6. 1994	Dallas (WM)	3:2
25.	6. 2002	Seoul (WM)	1:0

2 Spiele: 2 Siege 4:2 Tore

Tschechien:

0.	6. 1996	Manchester (EM)	2:0
30.	6. 1996	London (EM)	n. V. 2:1
3.	6. 2000	Nürnberg	3:2

3 Spiele: 3 Siege 7:3 Tore

Tschechoslowakei:

3.	6. 1934	Rom (WM)	1:3
26.	5. 1935	Dresden	2:1
27.	9. 1938	Prag	2:1
2.	4. 1958	Prag	2:3
11.	6. 1958	Helsingborg (WM)	2:2
29.	4. 1964	Ludwigshafen	3:4
28.	3. 1973	Düsseldorf	3:0
20.	6. 1976	Belgrad (EM)	n. V. 2:2 Elfmeterschießen 3:5
17.	11. 1976	Hannover	2:0
11.	10. 1978	Prag	4:3
11.	6. 1980	Rom (EM)	1:0
14.	4. 1982	Köln	2:1
30.	4. 1985	Prag	5:1
17.	11. 1985	München	2:2
26.	5. 1990	Düsseldorf	1:0
1.	7. 1990	Mailand (WM)	1:0
22.	4. 1992	Prag	1:1

17 Spiele: 36:24 Tore
10 Siege, 4 Unentschieden, 3 Niederlagen

Türkei:

17.	6. 1951	Berlin	1:2
21.	11. 1951	Istanbul	2:0
17.	6. 1954	Bern (WM)	4:1
23.	6. 1954	Zürich (WM)	7:2
28.	9. 1963	Frankfurt	3:0
12.	10. 1900	Ankara	2:0
17.	10. 1970	Köln	1:1
25.	4. 1971	Istanbul	3:0
20.	12. 1975	Istanbul	5:0
1.	4. 1979	Izmir	0:0
22.	12. 1979	Gelsenkirchen	2:0
23.	4. 1983	Izmir	3:0
26.	10. 1983	Berlin	5:1
30.	5. 1992	Gelsenkirchen	1:0
10.	10. 1998	Bursa	0:1
9.	10. 1999	München	0:0

16 Spiele: 39:8 Tore
11 Siege, 3 Unentschieden, 2 Niederlagen

Tunesien:

10.	6. 1978	Cordoba (WM)	0:0
22.	9. 1993	Tunis	1:1

2 Spiele: 2 Unentschieden 1:1 Tore

Ukraine:

30.	4. 1997	Bremen	2:0
7.	6. 1997	Kiew	0:0
10.	11. 2001	Kiew	1:1
14.	11. 2001	Dortmund	4:1

4 Spiele: 2 Siege, 2 Unentschieden 7:2 Tore

Ungarn:

4.	4. 1909	Budapest	3:3
17.	12. 1011	München	1:4
14.	4. 1912	Budapest	4:4
3.	7. 1912	Stockholm (OS)	1:3
24.	10. 1920	Berlin	1:0
5.	6. 1921	Budapest	0:3
2.	7. 1922	Bochum	0:0
21.	9. 1924	Budapest	1:4
28.	9. 1930	Dresden	5:3
30.	10. 1932	Budapest	1:2
14.	1. 1934	Frankfurt/M.	3:1
15.	3. 1938	Budapest	2:3
20.	3. 1938	Nürnberg	1:1
24.	9. 1939	Budapest	1:5
7.	4. 1940	Berlin	2:2
6.	10. 1940	Budapest	2:2
6.	4. 1941	Köln	7:0
3.	5. 1942	Budapest	5:0
20.	8. 1954	Basel (WM)	3:8
4.	7. 1954	Bern (WM)	3:2
22.	12. 1957	Hannover	1:0
8.	11. 1959	Budapest	3:4
0.	0. 1070	Nürnberg	3.1
29.	3. 1972	Budapest	2:0
17.	4. 1974	Dortmund	5:0
15.	11. 1978	Frankfurt	0:0 abgebr.
7.	9. 1983	Budapest	1:1
29.	1. 1985	Hamburg	0:1
18.	11. 1987	Budapest	0:0
12.	10. 1994	Budapest	0:0
15.	8. 2001	Budapest	5:2

31 Spiele: 66:62 Tore
11 Siege, 10 Unentschieden., 10 Niederlagen

Uruguay:

3.	6. 1928	Amsterdam (OS)	1:4
11.	4. 1962	Hamburg	3:0
23.	7. 1966	Sheffield (WM)	4:0
20.	6. 1970	Mexiko (WM)	1:0
8.	6. 1977	Montevideo	2:0

4.	6. 1986	Queretaro (WM)	1:1
25.	4. 1990	Stuttgart	3:3
20.	12. 1992	Montevideo	4:1
13.	10. 1993	Karlsruhe	5:0

9 Spiele: 24:9 Tore
6 Siege, 2 Unentschieden, 1 Niederlage

USA:

13.	6. 1993	Chicago	4:3
18.	12. 1993	San Francisco	3:0
15.	6. 1998	Paris (WM)	2:0
6.	2. 1999	Jacksonville	0:3
31.	7. 1999	Guadalajara	0:2
27.	3. 2002	Rostock	4:2
21.	6. 2002	Ulsan (WM)	1:0

7 Spiele: 5 Siege, 2 Niederlagen 14:10 Tore

Vereinigte Arabische Emirate:

15.	6. 1990	Mailand (WM)	5:1
27.	4. 1994	Abu Dhabi	2:0

2 Spiele: 2 Siege 7:1 Tore

Wales:

8.	5. 1968	Cardiff	1:1
26.	3. 1969	Frankfurt	1:1
6.	10. 1976	Cardiff	2:0
14.	12. 1977	Dortmund	1:1
2.	5. 1979	Wrexham	2:0
17.	10. 1979	Köln	5:1
31.	5. 1989	Cardiff	0:0
15.	11. 1989	Köln	2:1
5.	6. 1991	Cardiff	0:1
16.	10. 1991	Nürnberg	4:1
26.	4. 1995	Düsseldorf	1:1
11.	10. 1995	Cardiff	2:1
14.	5. 2002	Cardiff	0:1

13 Spiele: 21:10 Tore
6 Siege, 5 Unentschieden, 2 Niederlagen

Zypern:

24.	4. 1965	Karlsruhe	5:0
14.	11. 1965	Nikosia	6:0
23.	11. 1968	Nikosia	1:0
21.	5. 1969	Essen	12:0

4 Spiele: 4 Siege 24:0 Tore

Abkürzungen:

Die Abkürzungen hinter den Namen der Spieler bezeichnen die Länder, gegen die sie eingesetzt wurden. Bei den Kadern der Bundesligisten geben sie das Herkunftsland des Spielers an. Diese Kürzel entsprechen den offiziellen FIFA-Abkürzungen und gelten gleichermaßen für alle Nationalmannschaften aller Altersstufen bei den Frauen und Herren. Wenn keine offiziellen FIFA-Abkürzungen existieren, wurden die Abkürzungen des Internationalen Olympischen Komitees (IOC) verwendet:
AFG = Afghanistan, ALB = Albanien, ALG = Algerien, ASA = Amer. Samoa, AND = Andorra, ANG = Angola, AIA = Anguilla, ATG = Antigua und Barbuda, ARG = Argentinien, ARM = Armenien, ARU = Aruba, AUS = Australien, AUT = Österreich, AZE = Aserbaidschan, BAH = Bahamas, BHR = Bahrain, BAN = Bangladesh, BRB = Barbados, BLR = Weißrussland, BEL = Belgien, BLZ = Belize, BEN = Benin, BER = Bermuda, BHU = Bhutan, BOL = Bolivien, BIH = Bosnien-Herzegowina, BOT = Botswana, BRA = Brasilien, , VGB = Brit. Jungfern-Inseln, BRU = Brunei, BUL = Bulgarien, BFA = Burkina Faso, BDI = Burundi, CAM = Kambodscha, CMR = Kamerun, CAN = Kanada, CPV = Kape Verde, CAY = Cayman Inseln, CTA = Zentralafr. Republik, CHA = Tschad, CHI = Chile, CHN = China, COL = Kolumbien, CGO = Kongo, COD = Dem. Rep. Kongo, COK = Cook-Inseln, CRC = Costa Rica, CIV = Elfenbeinküste, CRO = Kroatien, CUB = Kuba, CYP = Zypern, CZE = Tschechien, DEN = Dänemark, DJI = Djibouti, DMA = Dominica, DOM = Dominikanische Republik, ECU = Ecuador, EGY = Ägypten, SLV = El Salvador, ENG = England, EQG = Äquatorial-Guinea, ERI = Eritrea, EST = Estland, ETH = Äthiopien, FRO = Färöer, FIJ = Fiji, FIN = Finnland, FRA = Frankreich, GAB = Gabun, GAM = Gambia, GBR* = Großbritannien, GEO = Georgien, GHA = Ghana, GRE = Griechenland, GRN = Grenada, GUM = Guam, GUA = Guatemala, GUI = Guinea, GNB = Guinea-Bissau, GUY = Guyana, HAI = Haiti, HON = Honduras, HKG = Hong Kong, HUN = Ungarn, ISL = Island, IND = Indien, IDN = Indonesien, IRN = Iran, IRQ = Irak, IRL = Irland, ISR = Israel, ITA = Italien, JAM = Jamaika, JPN = Japan, JOR = Jordanien, KAZ = Kasachstan, KEN = Kenia, PRK = Nordkorea, KOR = Südkorea, KUW = Kuwait, KGZ = Kirgistan, LAO = Laos, LVA = Lettland, LIB = Libanon, LES = Lesotho, LBR = Liberia, LBY = Libyen, LIE = Liechtenstein, LTU = Litauen, LUX = Luxemburg, MAC = Macao, MKD = Mazedonien, MAD = Madagaskar, MWI = Malawi, MAS = Malaysia, MDV = Malediven, MLI = Mali, MLT = Malta, MTN = Mauritanien, MRI = Mauritius, MEX = Mexiko, MDA = Moldawien, MGL = Mongolei, MSR = Montserrat, MAR = Marokko, MOZ = Mozambique, MYA = Myanmar, NAM = Namibia, NEP = Nepal, NED = Niederlande, ANT = Niederl. Antillen, NZL = Neuseeland, NCA = Nicaragua, NIG = Niger, NGA = Nigeria, NIR = Nordirland, NOR = Norwegen, OMA = Oman, PAK = Pakistan, PAL = Palästina, PAN = Panama, PNG = Papua-Neuguinea, PAR = Paraguay, PER = Peru, PHI = Philippinen, POL = Polen, POR = Portugal, PUR = Puerto Rico, QAT = Katar, ROM = Rumänien, RUS = Russland, RWA = Ruanda, SAM = Samoa, SMR = San Marino, STP = São Tomé e Príncipe, KSA = Saudi-Arabien, SCO = Schottland, SEN = Senegal, SBM = Serbien & Montenegro,SEY = Seychellen, SLE = Sierra Leone, SIN = Singapur, SVK = Slowakei, SVN = Slowenien, SOL = Salomonen, SOM = Somalia, RSA = Südafrika, ESP = Spanien, SRI = Sri Lanka, SKN = St. Kitts & Nevis, LCA = St. Lucia, VIN = St. Vincent und Grenadines, SUD = Sudan, SUR = Surinam, SWZ = Swaziland, SWE = Schweden, SUI = Schweiz, SYR = Syrien, TAH = Tahiti, TPE = Taiwan, TJK = Tadschikistan, TAN = Tanzania, THA = Thailand, TOG = Togo, TGA = Tonga, TRI = Trinidad/Tobago, TUN = Tunesien, TUR = Türkei, TKM = Turkmenistan, TCA = Turks und Caicos Inseln, UGA = Uganda, UKR = Ukraine, UAE = Ver. Arab. Emirate, URU = Uruguay, VIR = Amer. Jungfern Inseln, USA = USA, UZB = Usbekistan, VAN = Vanuatu, VEN = Venezuela, VIE = Vietnam, WAL = Wales, YEM = Jemen, YUG = Jugoslawien (ab 2003 SBM = Serbien & Montenegro), ZAM = Sambia, ZIM = Simbabwe.

Abkürzungen von Ländern, die nicht mehr existieren :
BOH = Böhmen-Mähren, CIS = Gemeinschaft unabhängiger Staaten, CSV = Tschechoslowakei, CUR = Curaçao , DDR = Deutsche Demokratische Republik, SAA = Saarland , URS = Sowjetunion.

Abkürzungen für Länder, für die es keine Abkürzungen gab oder gibt:
Pr. Kanton = Prov. Kanton, SVI = Südvietnam

* = offizielle IOC-Abkürzung

Ehrentafel der Nationalspieler

Die Aufstellung umfaßt sämtliche seit dem ersten Länderspiel am 5. April 1908 bis zum 1. Juli 2003 eingesetzten 823 Nationalspieler.

19 **Abramczik,** Rüdiger, 18. 2. 1956 (Schalke 04), 1977 NIR, YUG, ARG, URU, BRA, FIN, SUI, WAL – 1978 ENG, URS, BRA, SWE, POL, NED, AUT, CSV, HUN, NED – 1979 MLT

3 **Adam,** Karl, 5. 2. 1924, † 9. 7. 1999 (TuS Neuendorf), 1951 TUR – 1952 LUX, IRL

2 **Adamkiewicz,** Edmund, 21. 4. 1920, † Mai 1991 (Hamburger SV), 1942 CRO, SVK

3 **Albertz,** Jörg, 29. 1. 1971, (Hamburger SV 2, Glasgow Rangers 1), 1996 POR, DEN – 1998 ROM

1 **Albrecht,** Erich, 31. 3. 1889, † (Wacker Leipzig), 1909 ENG

17 **Albrecht,** Ernst, 12. 11. 1907, † 26. 3. 1976 (Fortuna Düsseldorf), 1928 SUI, SUI, URU, NOR, SWE – 1929 ITA, SWE, FIN – 1930 ITA, HUN, NOR – 1931 NED – 1932 HUN, NED – 1933 BEL, NOR – 1934 LUX

10 **Allgöwer,** Karl, 5. 1. 1957 (VfB Stuttgart), 1980 FRA – 1981 BRA, AUT, BRA, FIN – 1982 POR – 1985 POR, CSV – 1986 SUI, NED

56 **Allofs,** Klaus, 5. 12. 1956 (Fortuna Düsseldorf 21, 1. FC Köln 29, Olympique Marseille 6), 1978 CSV, HUN, NED – 1979 MLT, WAL, IRL, ARG, WAL – 1980 MLT, AUT, POL, CSV, NED, BEL, SUI, NED, FRA, BUL – 1981 ARG, BRA, ALB, BUL – 1982 ENG, NIR – 1983 POR – 1984 BUL, BEL, URS, ITA, POR, ROM, ESP, SWE, MLT – 1985 CSV, URS – 1986 ITA, BRA, YUG, NED, URU, SCO, DEN, MAR, MEX, FRA, ARG, DEN, AUT – 1987 ITA, FRA, ENG, DEN, SWE, HUN – 1988 SWE

2 **Allofs,** Thomas, 17. 11. 1959 (1. FC Kaiserslautern 1, 1. FC Köln 1), 1985 POR – 1988 URS

1 **Altvater,** Heinrich, 27. 8. 1902, † 25. 2. 1994 (Wacker München), 1922 SUI

5 **Appel,** Hans, 8. 6. 1911, † 24. 7. 1973 (Berliner SV 92), 1933 POL – 1935 SUI, LVA – 1937 LUX – 1938 ROM

11 **Arlt,** Willi, 27. 10. 1919, † 27. 7. 1947 (Riesaer SV), 1939 BEL, LUX, IRL, DEN, EST, BOH, SVK – 1940 ROM, FIN, YUG – 1942 BUL

18 **Asamoah,** Gerald, 3. 10. 1978 (FC Schalke 04), 2001 SVK, FIN, ALB, HUN, ENG, FIN, UKR – 2002 ISR, USA, WAL, AUT, PAR, KOR, BRA, BUL, BIH, NED – 2003 SBM

1 **Ascherl,** Willy, 7. 1. 1902, † 8. 8. 1929 (SpVgg Fürth), 1924 NED

1 **Au,** Alfred, 14. 12. 1898, † 27. 10. 1986 (VfR Mannheim), 1921 FIN

3 **Auer,** Karl, 12. 8. 1903, 21. 2. 1945 (SpVgg Fürth), 1924 AUT, NED – 1926 SWE

27 **Augenthaler,** Klaus, 26. 9. 1957 (Bayern München), 1983AUT, TUR, NIR – 1984 BEL – 1985 ENG, MEX, SWE, CSV – 1986 ITA, SUI, YUG, URU, SCO, ESP – 1989 IRL, FIN, WAL – 1990 FRA, CSV, DEN, YUG, UAE, COL, NED, CSV, ENG, ARG

4 **Aumann,** Raimond, 12. 10. 1963 (Bayern München), 1989 IRL – 1990 URU, DEN, SWE

51 **Babbel,** Markus, 8. 9. 1972 (Bayern München), 1995 ESP, GEO, WAL, BUL, ITA, BEL, GEO, MDA, WAL, BUL – 1996 POR, DEN, NED, FRA, CZE, RUS, CRO, ENG, CZE, POL, ARM, NIR, POR – 1997 ISR, NIR, POR – 1998 BRA, NGA, FIN, LUX, USA, MEX, MLT, ROM, TUR, MDA – 1999 USA, COL, NIR, FIN, MDA, FIN, NIR, TUR, NOR – 2000 NED, SUI, CZE, LIE, ROM, ENG

2 **Bache,** Fritz, 29. 3. 1898,† 6. 12. 1959 (Wacker 04 Berlin), 1923 NOR – 1924 SWE

1 **Bäse,** Joachim, 2. 9. 1939 (Eintracht Braunschweig), 1968 WAL

1 **Bäumler,** Erich, 6. 1. 1930 (Eintracht Frankfurt), 1956 NOR

1 **Balitsch,** Hanno, 2. 1. 1981 (Bayer Leverkusen) 2003 ESP

33 **Ballack,** Michael, 26. 9. 1976 (1. FC Kaiserslautern 1, Bayer Leverkusen 27, Bayern München 5), 1999 SCO, BRA, NZL – 2000 CRO, SUI, CZE, LIE, ENG, POR, ESP, GRE, ENG – 2001 FRA, GRE, SVK, FIN, ALB, ENG, FIN, UKR, UKR – 2002 AUT, KSA, IRL, CMR, PAR, USA, KOR, BUL, LTU, FRO, NED, SCO

1 **Balogh,** Fritz, 16. 12. 1920, † 15. 1. 1951 (VfL Neckarau), 1950 SUI

1 **Bantle,** Ernst, 16. 2. 1901, † 13. 4. 1978 (FC Freiburg), 1924 HUN

3 **Barufka,** Karl, 15. 5. 1921, † 4. 4. 1999 (VfB Stuttgart), 1950 SUI – 1951 SUI, AUT

30 **Basler,** Mario, 18. 12. 1968 (Werder Bremen 19, Bayern München 11), 1994 ITA, UAE, IRL, AUT, CAN, BOL, RUS – 1995 ESP, GEO, WAL, BUL, BEL, BUL – 1996 POR, DEN, NED, NIR, FRA, LIE, POR – 1997 ISR, UKR, UKR, NIR, POR, RSA – 1998 KSA, MLT, ROM, NED

5 **Bauer,** Hans, 28. 7. 1927, † 31. 10. 1997 (Bayern München), 1951 LUX – 1952 LUX – 1954 HUN, TUR – 1958 FRA

16 **Baumann,** Frank, 29. 10. 1975 (Werder Bremen) 1999 NOR – 2000 NED, DEN – 2001 SVK, ALB, HUN, UKR – 2002 ISR, USA, ARG, AUT, PAR, NED – 2003 ESP, SBM, CAN

2 **Baumann,** Gunther, 19. 1. 1921, † 7. 2. 1998 (1. FC Nürnberg), 1950 SUI – 1951 SUI

4 **Baumgärtner,** Willy, 23. 12. 1890, † 16. 11. 1953 (SV 04 Düsseldorf), 1908 SUI, ENG, AUT – 1909 ENG

1 **Baumgarten,** Fritz, 21. 12. 1886, † (Germania Berlin), 1908 SUI
1 **Bauwens,** Peco, 24. 12. 1886, † 24. 11. 1963 (SC 99 Köln), 1910 BEL
1 **Beck,** Alfred, 12. 4. 1925, † September 1994 (FC St. Pauli Hamburg), 1954 ENG
103 **Beckenbauer,** Franz, 11. 9. 1945 (Bayern München), 1965SWE, AUT, CYP – 1966 ENG, NED, IRL, NIR, YUG, SUI, ARG, ESP, URU, URS, ENG, NOR – 1967 MAR, ALB, YUG, FRA, ROM – 1968 BEL, SUI, ENG, BRA, FRA, AUT, BRA, CHI, MEX – 1969 SCO, AUT, CYP, AUT, BUL, SCO – 1970 ROM, IRL, YUG, MAR, BUL, PER, ENG, ITA, HUN, TUR, YUG, GRE – 1971 ALB, TUR, ALB, NOR, SWE, DEN, MEX, POL, POL – 1972 HUN, ENG, ENG, URS, BEL, URS, SUI – 1973 ARG, CSV, YUG, BUL, BRA, URS, AUT, FRA, SCO, ESP – 1974 ESP, ITA, SCO, HUN, SWE, CHI, AUS, DDR, YUG, SWE, POL, NED, SUI, GRE, MLT – 1975 ENG, BUL, NED, AUT, GRE, BUL, TUR – 1976 MLT, ESP, ESP, YUG, CSV, WAC, CSV – 1977 FRA
1 **Becker,** Fritz, 13. 9. 1888, † 22. 2. 1963 (Kickers Frankfurt), 1908 SUI
24 **Beer,** Erich, 9. 12. 1946 (Hertha BSC Berlin), 1975 NED, AUT, GRE, BUL, TUR – 1976 MLT, ESP, ESP, YUG, CSV, WAL, CSV – 1977 FRA, YUG, ARG, BRA, MEX, FIN, ITA – 1978 BRA, POL, ITA, NED, AUT
11 **Beier,** Albert, 28. 9. 1900, † 21. 9. 1972 (Hamburger SV), 1924 SUI – 1925 NED, SWE – 1926 SUI – 1928 SUI, URU, DEN, SWE – 1929 ITA, FIN – 1931 AUT
1 **Beiersdorfer,** Dietmar, 16. 11. 1963 (Hamburger SV), 1991 BEL
17 **Bein,** Uwe, 26. 9. 1960 (Eintracht Frankfurt), 1989 FIN, WAL – 1990 FRA, URU, CSV, DEN, YUG, UAE, COL, CSV, POR, LUX – 1991 LUX – 1992 ITA – 1993 GHA, USA, TUN
5 **Beinlich,** Stefan, 13. 1. 1972 (Bayer Leverkusen 4, Hertha BSC Berlin 1), 1998 MLT, TUR, MDA – 2000 CRO, ESP
4 **Bella,** Michael, 29. 9. 1945 (MSV Duisburg), 1968 CHI, MEX – 1970 GRE – 1971 ALB
9 **Bender,** Jakob, 23. 3. 1910, † 8. 2. 1981 (Fortuna Düsseldorf), 1933BEL, NOR, POL – 1934 CSV, AUT, POL – 1935 IRL, ESP, SWE
8 **Benthaus,** Helmut, 5. 6. 1935 (Westfalia Herne), 1958 BUL, EGY – 1959 SCO, SUI, NED, HUN – 1960 CHI, BUL
1 **Berg,** Walter, 21. 4. 1916, † 12. 5. 1949 (Schalke 04), 1938 LUX
1 **Berghausen,** Alfred, 9. 12. 1889, † (Preußen Duisburg), 1910 BEL
8 **Bergmaier,** Josef, 5. 3. 1909, † 5. 3. 1943 (Bayern München), 1930 SUI, ENG – 1931 FRA, AUT, SWE, NOR – 1932 SWE – 1933 ITA
5 **Bernard,** Günter, 4. 11. 1939 (Schweinfurt 05 2, Werder Bremen 3), 1962 FRA, SUI – 1966 NED, NIR – 1968 WAL
2 **Bernard,** Robert, 10. 3. 1913 † 17. 2. 1990 (VfR Schweinfurt), 1936 LUX, NOR
3 **Berndt,** Hans, 30. 10. 1913, † 9. 4. 1988 (Tennis Borussia Berlin), 1937 LVA, EST – 1938 HUN
1 **Bert** (Friedrich), Adalbert, 10. 6. 1884, † 4. 7. 1962 (VfB Leipzig), 1910 BEL
1 **Berthold,** Rudolf, 1. 4. 1903, † Dezember 1976 (Dresdner SC), 1928 SUI
62 **Berthold,** Thomas, 12. 11. 1964 (Eintracht Frankfurt 21, Hellas Verona 10, AS Rom 18, VfB Stuttgart 13), 1985 URU, POR, MLT, BUL, CSV, ENG, URS, SWE, POR – 1986 SUI, YUG, NED, URU, SCO, DEN, MAR, MEX, ARG, DEN, ESP, AUT – 1987 SWE, HUN – 1988 SWE, ARG, YUG, ITA, NED – 1989 BUL, NED, WAL – 1990 FRA, URU, CSV, DEN, YUG, UAE, COL, NED, CSV, ENG, ARG, POR, SWE, LUX, SUI – 1991 URS, BEL, WAL – 1994 ITA, UAE, IRL, AUT, CAN, BOL, ESP, KOR, BEL, BUL, ALB, MDA, ALB
3 **Biallas,** Hans, 14. 10. 1918 (Duisburg 48/49), 1938 ROM – 1939 YUG, DEN
70 **Bierhoff,** Oliver, 1. 5. 1968 (Udinese Calcio 31, AC Mailand 26, AS Monaco 13), 1996 POR, DEN, NED, NIR, LIE, CSV, RUS, CZE, POL, ARM, NIR – 1997 ALB, UKR, UKR, NIR, POR, ARM, ALB, RSA – 1998 OMA, KSA, BRA, NGA, FIN, COL, LUX, USA, YUG, IRN, MEX, CRO, MLT, ROM, TUR, MDA, NED – 1999 NIR, FIN, SCO, MDA, FIN, NIR, TUR, NOR – 2000 NED, CRO, SUI, CZE, LIE, ROM, ENG, DEN – 2001 FRA, ALB, SVK, FIN, HUN, FIN, UKR – 2002 ISR, USA, ARG, KUW, WAL, AUT, KSA, IRL, USA, KOR, BRA
3 **Bierofka,** Daniel 7. 2. 1979 (TSV München 1860 2, Bayer Leverkusen 1), 2002 KUW, AUT, BUL
7 **Biesinger,** Ulrich, 6. 8. 1933 (BC Augsburg), 1954 BEL – 1955 IRL, NOR – 1956 NOR, SWE, URS – 1958 EGY
1 **Billen,** Matthias, 29. 3. 1910, † 1. 7. 1989 (VfL Osnabrück), 1936 LUX
11 **Billmann,** Willi, 15. 1. 1911, † 5. 7. 2001 (1. FC Nürnberg), 1937 SUI – 1938 HUN – 1939 YUG, BUL, BOH, ITA, SVK – 1940 HUN, ITA – 1941 ROM, SWE
9 **Binder,** Franz, 1. 12. 1911,† 24. 4. 1989 (Rapid Wien), 1939 BEL, SVK, BOH – 1940 HUN, YUG, ITA, DEN – 1941 ROM
14 **Binz,** Manfred, 22. 9. 1965 (Eintracht Frankfurt), 1990 POR, SWE, LUX – 1991 ENG, WAL, BEL, LUX – 1992 ITA, CSV, TUR, NIR, CIS, SCO, NED
2 **Bleidick,** Hartwig, 26. 12. 1944 (Borussia Mönchengladbach), 1971 ALB, NOR

1 **Blum,** Ernst, 25. 1. 1904, † (VfB Stuttgart), 1927 DEN
1 **Blunk,** Wilhelm, 12. 12. 1902,.† 25. 10. 1975 (Hamburger SV), 1929 FIN
26 **Bobic,** Fredi, 30. 10. 1971 (VfB Stuttgart 19, Hannover 96 7), 1994 HUN – 1995 ITA, BEL, MDA, BUL, RSA – 1996 NIR, FRA, CZE, ITA, CRO, POL, ARM, NIR, POR – 1997 ISR, UKR, ALB – 1998 KSA – 2002 NED – 2003 ESP, LTU, SBM, CAN, SCO, FRO
1 **Bockenfeld,** Manfred, 23. 7. 1960 (Fortuna Düsseldorf), 1984 BUL
40 **Bode,** Marco, 23. 7. 1969 (Werder Bremen), 1995 RSA – 1996 NIR, LIE, ITA, ENG, CZE, POL, ARM – 1998 TUR – 1999 USA, COL, NIR, FIN, MDA, NIR, TUR, NOR – 2000 SUI, CZE, LIE, ENG, POR, ESP, GRE, ENG, DEN – 2001 FRA, ALB, GRE, SVK, FIN, HUN – 2002 WAL, AUT, IRL, CMR, PAR, USA,KOR, BRA
1 **Bögelein,** Karl, 28. 1. 1927 (VfB Stuttgart), 1951 LUX
10 **Böhme,** Jörg, 22. 1. 1974 (FC Schalke 04), 2001 SVK, HUN, ENG, FIN – 2002 USA, ARG, LTU, NED – 2003 ESP, LTU
1 **Bökle,** Otto, 17. 2. 1912, † 16. 8. 1988 (VfB Stuttgart), 1935 LVA
1 **Bollmann,** Albert, 5. 10. 1889, † 26. 1. 1959 (Schwarz-Weiß Essen), 1914 NED
6 **Bommer,** Rudolf, 19. 8. 1957 (Fortuna Düsseldorf), 1984 BUL, BEL, URS, ITA, POR, ARG
4 **Bongartz,** Hans, 3. 10. 1951 (Schalke 04), 1976 MLT, CSV – 1977 MEX, FIN
53 **Bonhof,** Rainer, 29. 3. 1952 (Borussia Mönchengladbach 40, FC Valencia 11, 1. FC Köln 2), 1972 URS – 1973 ESP – 1974 HUN, SWE, YUG, SWE, POL, NED, SUI, MLT – 1975 ENG, BUL, NED, TUR – 1976 ESP, ESP, YUG, CSV, CSV – 1977 FRA, NIR, YUG, ARG, URU, BRA, MEX, FIN, ITA, SUI, WAL – 1978 ENG, URS, BRA, SWE, POL, MEX, TUN, ITA, NED, AUT, CSV, HUN, NED – 1979 MLT, TUR, WAL, ARG, WAL, TUR – 1980 MLT, AUT – 1981 ARG, BRA
6 **Borchers,** Ronald, 10. 8. 1957 (Eintracht Frankfurt), 1978 NED – 1979 TUR – 1980 BUL – 1981 FIN, POL, FIN
1 **Borck,** Walter, 1. 5. 1891, † 5. 1. 1949 (MTV München), 1911 HUN
1 **Borkenhagen,** Kurt, 30. 12. 1919 (Fortuna Düsseldorf), 1952 FIN
6 **Borowka,** Ulrich, 19. 5. 1962 (Werder Bremen), 1988 ARG, YUG, ITA, DEN, ESP, NED
2 **Borowski,** Tim, 2. 5. 1980 (Werder Bremen), 2002 BUL, BIH
5 **Bosch,** Hermann, 10. 3. 1891, † 16. 7. 1916 (Karlsruher FV), 1912 AUT, HUN, DEN, NED – 1913 SUI
1 **Brdaric,** Thomas, 23. 1. 1975 (Bayer Leverkusen), 2002 USA
86 **Brehme,** Andreas, 9. 11. 1960 (1. FC Kaiserslautern 40, Bayern München 12, Inter Mailand 34), 1984 BUL, BEL, URS, FRA, ITA, POR, ROM, ESP, ARG, SWE, MLT – 1985 MLT, BUL, CSV, ENG, MEX, URS, SWE, POR, CSV – 1986 BRA, SUI, NED, URU, DEN, MEX, FRA, ARG – 1987 ISR, FRA, ENG, SWE, BRA – 1988 ARG, SUI, YUG, ITA, DEN, ESP, NED, FIN, NED – 1989 BUL, NED, WAL, FIN, WAL – 1990 FRA, URU, CSV, DEN, YUG, UAE, NED, CSV, ENG, ARG, POR, SWE, LUX – 1991 BEL, WAL, ENG, WAL, BEL, LUX – 1992 ITA, TUR, NIR, URS, SCO, NED, SWE, DEN – 1993 BRA, ARG, USA – 1994 ITA, UAE, AUT, CAN, BOL, ESP, KOR, BEL, BUL
48 **Breitner,** Paul, 5. 9. 1951 (Bayern München 46, Real Madrid 2), 1971 NOR, POL – 1972 HUN, ENG, ENG, URS, BEL, URS, SUI – 1973 ARG, CSV, YUG, BUL, BRA, URS – 1974 ESP, ITA, SCO, SWE, CHI, AUS, DDR, YUG, SWE, POL, NED – 1975 BUL, GRE – 1981 AUT, BRA, FIN, POL, FIN, AUT, ALB, BUL – 1982 POR, BRA, ARG, CSV, NOR, ALG, CHI, AUT, ENG, ESP, FRA, ITA
1 **Brenninger,** Dieter, 16. 2. 1944 (Bayern München), 1969 AUT
2 **Breuer,** Theo, 15. 3. 1909, † 8. 12. 1980 (Fortuna Düsseldorf), 1933 BEL, NOR
9 **Breunig,** Max, 12. 11. 1888, † 4. 7. 1961 (Karlsruher FV 7, 1. FC Pforzheim 2), 1910 NED – 1911 SUI, BEL, AUT – 1912 NED, AUT, NED – 1913 DEN, BEL
1 **Breynk,** Andreas, 4. 7. 1890 (Preußen Duisburg), 1910 BEL
72 **Briegel,** Hans – Peter, 11. 10. 1955 (1. FC Kaiserslautern 53, Hellas Verona 19), 1979 WAL, URS – 1980 AUT, POL, CSV, NED, GRE, BEL, SUI, NED, FRA, BUL – 1981 ARG, BRA, AUT, BRA, FIN, POL, FIN, AUT, ALB, BUL – 1982 POR, BRA, ARG, CSV, NOR, ALG, CHI, AUT, ENG, ESP, FRA, ITA, BEL, ENG, NIR – 1983 POR, ALB, TUR, AUT, YUG, HUN, AUT, TUR, NIR, ALB – 1984 URS, FRA, ITA, POR, ROM, ESP, SWE, MLT – 1985 HUN, POR, MLT, SWE, POR, CSV – 1986 ITA, BRA, SUI, YUG, NED, URU, SCO, MAR, MEX, FRA, ARG
25 **Brülls,** Albert, 26. 3. 1937 (Borussia Mönchengladbach 22, AC Brescia 3), 1959 SUI, NED, HUN, YUG – 1960 CHI, POR, IRL, ISL, NIR, GRE, BUL – 1961 BEL, CHI, NIR, DEN, POL, GRE – 1962 URU, ITA, SUI, CHI, YUG – 1966 NED, SUI, ARG
7 **Brunke,** Hans, 1. 10. 1904, † 6. 3. 1985 (Tennis Borussia Berlin), 1927 DEN, NOR – 1929 SCO – 1930 DEN – 1931 SWE, NOR, AUT
5 **Brunnenmeier,** Rudolf, 11. 2. 1941, † 18. 4. 2003 (TSV 1860 München), 1964 SWE – 1965 ITA, SWE, AUT, CYP
4 **Bruns,** Hans – Günther, 15. 11. 1954 (Borussia Mönchengladbach), 1984 BEL, URS, FRA, ARG

17 **Buchloh,** Fritz, 26. 11. 1909, † Juli 1998 (VfB Speldorf), 1932NED – 1933 ITA, BEL, NOR – 1934 LUX, POL, DEN – 1935 SUI, NED, IRL, ESP, SWE, ROM, BUL – 1936 POR, LUX, POL

76 **Buchwald,** Guido, 24. 1. 1961 (VfB Stuttgart), 1984 ITA, POR, ROM – 1986 ITA, BRA, SUI, YUG, DEN, ESP, AUT – 1987 ISR, ITA, FRA, ENG, DEN, SWE, BRA – 1988 SWE, ITA, DEN, FIN, URS, NED – 1989 BUL, NED, WAL, IRL, FIN, WAL – 1990 URU, CSV, DEN, YUG, UAE, COL, NED, CSV, ENG, ARG, POR, SUI – 1991 URS, WAL, ENG, WAL, BEL, LUX – 1992 ITA, CSV, TUR, NIR, URS, SCO, SWE, DEN, DEN, MEX, AUT, BRA, URU – 1993 SCO, GHA, BRA, USA, ENG, TUN, URU, BRA, ARG, USA – 1994 ITA, UAE, IRL, KOR, BEL, BUL

1 **Budzinski-Kreth,** Lothar, 7. 8. 1886, † 1. 3. 1955 (Duisburger SV), 1910 BEL

1 **Bülte,** Otto, 4. 9. 1886, † (Eintracht Braunschweig), 1910 NED

12 **Burdenski,** Dieter, 26. 11. 1950 (Werder Bremen), 1977 URU – 1978 SWE, NED – 1979 TUR, IRL, ARG, WAL – 1980 MLT – 1983 YUG, HUN – 1984 BUL, ITA

5 **Burdenski,** Herbert, 19. 5. 1922, † 15. 9. 2001 (Schalke 04 3, Werder Bremen 2), 1941 FIN – 1942 BUL, ROM – 1950 SUI – 1951 SUI

11 **Burger,** Karl, 26. 12. 1883, † 3. 10. 1959 (SpVgg Fürth), 1909SUI – 1910 SUI – 1911 SUI, ENG, BEL, SWE, AUT, SWE – 1912 NED, SUIZ, RUS

3 **Burgsmüller,** Manfred, 22. 12. 1949 (Borussia Dortmund), 1977 SUI, WAL – 1978 ENG

1 **Burkhardt,** Theodor, 31. 1. 1905, † März 1958 (Germania Brötzingen), 1930 HUN

13 **Busch,** Willy, 4. 1. 1907, † 1982 (Duisburg 99), 1933 BEL, NOR – 1934 SWE, CSV, AUT, POL – 1935 SUI, NED, FRA, BEL, ESP, LUX – 1936 LUX

3 **Butt,** Hans-Jörg, 28. 5. 1974 (Hamburger SV 1, Bayer Leverkusen 2) 2000 LIE – 2002 USA – 2003 CAN

7 **Cieslarczyk,** Hans, 3. 5. 1937 (SV Sodingen 5, Borussia Dortmund 2), 1957 HUN – 1958 ESP, CSV, SWE, FRA, DEN, FRA

2 **Claus-Oehler,** Walter, 7. 5. 1897, † 8. 11. 1941 (Arminia Bielefeld), 1923 NED, FIN

28 **Conen,** Edmund, 10. 11. 1914, 5. 3. 1990 (FV Saarbrücken 14, Kickers Stuttgart 14), 1934 HUN, BEL, SWE, CSV, AUT – 1935 SUI, NED, FRA, ESP, CSV, NOR, SWE, FIN, POL – 1939 DEN, YUG, BUL, ITA – 1940 HUN, FIN, SVK, HUN, BUL – 1941 DEN, SVK – 1942 CRO, ESP, HUN

40 **Cullmann,** Bernd, 1. 11. 1949 (1. FC Köln), 1973 ARG, CSV, BUL, BRA, AUT, FRA, SCO, ESP – 1974 ITA, SCO, HUN, SWE, CHI, AUS, DDR, SUI, GRE, MLT – 1975 ENG, NED – 1976 MLT, ESP – 1978 CSV, HUN, NED – 1979 MLT, TUR, WAL, IRL, ISL, ARG, WAL, URS, TUR – 1980 MLT, AUT, POL, CSV, GRE, BEL

3 **Damminger,** Ludwig, 29. 10. 1913, † 6. 2. 1981 (Karlsruher FV), 1935 BEL, IRL, EST

6 **Danner,** Dietmar, 29. 11. 1950 (Borussia Mönchengladbach), 1973 URS – 1975 AUT, BUL, TUR – 1976 ESP, YUG

8 **Decker,** Karl, 5. 9. 1921 (Vienna Wien), 1942 CRO, SUI, ESP, HUN, BUL, ROM, SWE, SVK

1 **Deike,** Fritz, 24. 8. 1913, † 21. 10. 1973 (Hannover 96), 1935 ROM

19 **Deisler,** Sebastian , 5. 1. 1980 (Hertha BSC Berlin), 2000 NED, CZE, LIE, ROM, ENG, POR, ESP, GRE, ENG – 2001 ALB, GRE, SVK, ALB, HUN, ENG, FIN – 2002 KUW, WAL, AUT

2 **Del'Haye,** Karl, 18. 8. 1955 (Borussia Mönchengladbach), 1980 AUT, GRE

2 **Derwall,** Josef, 10. 3. 1927 (Fortuna Düsseldorf), 1954 ENG, POR

1 **Deyhle,** Erwin, 19. 1. 1914, † Dezember 1989 (Kickers Stuttgart), 1939 EST

4 **Diemer,** Kurt, 17. 5. 1893, † 13. 12. 1953 (Britannia Berlin), 1912 DEN, NED – 1913 ENG, SUI

1 **Dietrich,** Peter, 6. 3. 1944 (Borussia Mönchengladbach), 1970 IRL

53 **Dietz,** Bernard, 22. 3. 1948 (MSV Duisburg), 1974MLT – 1975 BUL, TUR – 1976 MLT, ESP, ESP, YUG, CSV, WAL, CSV – 1977 FRA, NIR, ARG, URU, BRA, MEX, FIN, ITA, SUI, WAL – 1978 ENG, URS, BRA, SWE, MEX, TUN, ITA, NED, AUT, CSV, HUN, NED – 1979 MLT, TUN, WAL, ARG, WAL, URS, TUR – 1980 MLT, AUT, POL, CSV, NED, BEL, SUI, NED, FRA, BUL – 1981 ARG, BRA, ALB, BRA

3 **Ditgens,** Heinz, 3. 7. 1914, † (Borussia Mönchengladbach), 1936 LUX, NOR – 1938 LUX

15 **Dörfel,** Bernd, 18. 12. 1944 (Hamburger SV 4, Eintracht Braunschweig 11), 1966NOR – 1967 ALB – 1968 ENG, BRA, FRA, AUT, CYP, BRA, CHI, MEX – 1969 WAL, SCO, AUT, AUT, BUL

2 **Dörfel,** Friedrich, 19. 2. 1915, † Nov. 1980 (Hamburger SV), 1942 ESP, HUN

11 **Dörfel,** Gert, 18. 9. 1939 (Hamburger SV), 1960 ISL, NIR, GRE, BUL – 1961 BEL, CHI – 1963 BRA, TUR, SWE – 1964 SCO, SWE

2 **Dörner,** Herbert, 14. 7. 1930, † 26. 3. 1991 (1. FC Köln), 1956 NOR, SWE

2 **Dogan,** Mustafa, 1. 1. 1976 (Fenerbahce Istanbul) 1999 USA, TUR

18 **Doll,** Thomas, 9. 4. 1966 (Hamburger SV 3, Lazio Rom 15), 1991URS, BEL, WAL, ENG, WAL, BEL, LUX – 1992 ITA, NIR, URS, NED, SWE, DEN, DEN, AUT, BRA, URU – 1993 SCO (+29 für die DDR)

7 **Dorfner,** Hans, 3. 7. 1965 (Bayern München), 1987 FRA, ENG, SWE – 1988 SUI, YUG – 1989 IRL, WAL

27 **Dremmler,** Wolfgang, 12. 7. 1954 (Bayern München), 1981BRA, FIN, POL, FIN, AUT, ALB, BUL – 1982 POR, BRA, ARG, CSV, ALG, CHI, AUT, ENG, ESP, FRA, ITA, BEL, ENG – 1983 POR, AUT, AUT, NIR, ALB – 1984 BEL

1 **Droz,** Rudolf, 9. 1. 1888, † (Preußen Berlin), 1911 SWE

2 **Dumke,** Otto, 29. 4. 1887, † 4. 8. 1912 (Viktoria 89 Berlin), 1911 SWE, SWE

6 **Durek,** Ludwig, 27. 1. 1921 (FC Wien), 1940 SVK – 1941 SVK – 1942 CRO, SUI, ESP, HUN

1 **Dutton,** Edwin, 8. 4. 1890, † (Preußen Berlin), 1909 HUN

3 **Dzur,** Walter, 18. 11. 1919, † 19. 10. 1999 (Dresdner SC), 1940 FIN, SVK – 1941 FIN

32 **Eckel,** Horst, 8. 2. 1932 (1. FC Kaiserslautern), 1952SUI, YUG, ESP – 1953 AUT, NOR, SAA, NOR – 1954 SUI, TUR, HUN, TUR, YUG, AUT, HUN – 1955 URS, YUG, NOR, ITA – 1956 NED, SWE, URS, SUI, IRL – 1957 HUN – 1958 BEL, ESP, CSV, ARG, NIR, YUG, SWE, AUT

1 **Eckert,** Jakob, 19. 9. 1916, † 5. 6. 1940 (Wormatia Worms), 1937 SUI

7 **Eckstein,** Dieter, 12. 3. 1964 (1. FC Nürnberg), 1986 ESP – 1987 HUN – 1988 SWE, ARG, YUG, ITA, FIN

9 **Eder,** Norbert, 7. 11. 1955 (Bayern München), 1986YUG, NED, URU, SCO, DEN, MAR, MEX, FRA, ARG

3 **Edy** (Pendorf), Eduard, 18. 10. 1892, †3. 11. 1958 (VfB Leipzig), 1913 ENG – 1922 SUI, AUT

35 **Effenberg,** Stefan, 2. 8. 1968 (Bayern München 14, AC Florenz 21), 1991 WAL, ENG, WAL, BEL – 1992 CSV, TUR, NIR, URS, SCO, NED, SWE, DEN, DEN, MEX, AUT, BRA – 1993 SCO, GHA, BRA, USA, ENG, TUN, URU, BRA, ARG, USA, MEX – 1994 ITA, IRL, AUT, BOL, ESP, KOR – 1998 MLT, ROM

1 **Ehrmann,** Kurt, 7. 6. 1922 (Karlsruher FV), 1952 LUX

1 **Eiberle,** Fritz, 17. 9. 1904, † 22. 9. 1987 (TSV 1860 München), 1933 SUI

2 **Eichelmann,** Paul 11. 10. 1879, † 9. 12. 1938 (Union 92 Berlin), 1908 ENG, AUT

3 **Eikhof,** Ernst, 6. 5. 1892, † 19. 11. 1978 (Victoria Hamburg), 1923 NED, SUI, FIN

31 **Eilts,** Dieter, 13. 12. 1964 (Werder Bremen), 1993 USA, MEX – 1994 RUS, HUN, ALB – 1995 GEO, WAL, BUL, BEL, MDA, WAL, BUL – 1996 DEN, NED, NIR, FRA, LIE, CSV, RUS, ITA, CRO, ENG, CSV, POL, ARM, NIR, POR – 1997 ISR, ALB, UKR, UKR

8 **Elbern,** Franz, 1. 11. 1910, † 23. 2. 2002 (SV 06 Beuel), 1935 LUX – 1936 HUN, LUX, POL, CSV, SCO, ITA – 1937 LVA

3 **Emmerich,** Heinz, 25. 2. 1908, † 10. 3. 1986 (Tennis Borussia Berlin), 1931 SWE, NOR, AUT

5 **Emmerich,** Lothar, 29. 11. 1941, † 13. 8. 2003 (Borussia Dortmund), 1966 NED, ESP, URU, URS, ENG

8 **Engels,** Stefan, 6. 9. 1960 (1. FC Köln), 1982 BRA, ARG, CSV, ENG, NIR – 1983 ALB, TUR, AUT

3 **Eppenhoff,** Hermann, 19. 5. 1919 ,† 10. 4. 1992 (Schalke 04), 1940 SVK – 1941 FIN – 1942 SUI

50 **Erhardt,** Herbert, 6. 7. 1930 (SpVgg Fürth 49, Bayern München 1), 1953 SAA– 1954 BEL, FRA, ENG, POR – 1955 IRL – 1956 NOR, SWE, URS, IRL – 1957 AUT, NED, SWE, HUN – 1958 BEL, ESP, CSV, ARG, CSV, NIR, YUG, SWE, FRA, DEN, FRA, AUT, BUL – 1959 SCO, POL, SUI, NED, HUN, YUG – 1960 CHI, POR, IRL, ISL, NIR, GRE, BUL – 1961 BEL, CHI, NIR, POL, GRE – 1962 ITA, SUI, CHI, YUG, YUG

2 **Ernst,** Fabian, 30. 5. 1979 (Werder Bremen), 2002 KUW, BUL

7 **Ertl,** Georg, 17. 3. 1901, † 22. 10. 1968 (Wacker München), 1925 SWE, FIN, SUI – 1926 NED, NED, SUI – 1927 DEN

1 **Eschenlohr,** Albert, 10. 3. 1898, † 9. 12. 1938 (Tennis Borussia Berlin), 1924 SWE

1 **Esser,** Franz, 20. 1. 1900, † 21. 9. 1982 (Holstein Kiel), 1922 HUN

1 **Euler,** Georg, 23. 12. 1905, † 1993 (Köln Sülz 07), 1936 POL

4 **Ewert,** Fritz, 9. 2. 1937, † 16. 3. 1990 (1. FC Köln), 1959 NED – 1960 BUL – 1963 MAR – 1964 ALG

1 **Faas,** Robert, 3. 4. 1889, † (1. FC Pforzheim), 1910 BEL

5 **Fach,** Holger, 6. 9. 1962 (Bayer Uerdingen), 1988 FIN, NED – 1989 BUL, WAL, IRL

1 **Faeder,** Helmut, 3. 7. 1935 (Hertha BSC Berlin), 1958 EGY

10 **Fahrian,** Wolfgang, 31. 5. 1941 (TSG Ulm 46), 1962 URU, ITA, SUI, CHI, YUG, YUG, FRA – 1963 BRA, TUR – 1964 CSV

1 **Falk,** Wilhelm, 3. 7. 1898, † 16. 10. 1961 (Wacker München), 1927 NED

4 **Falkenmayer,** Ralf, 11. 2. 1963 (Eintracht Frankfurt), 1984 ARG, SWE – 1985 POR – 1986 SUI

13 **Fath,** Josef, 27. 12. 1911, † 13. 8. 1985 (Wormatia Worms), 1934POL, DEN – 1935 BEL, IRL, ESP, CSV, NOR, FIN, POL, ENG – 1936 ESP – 1938 HUN, POR

2 **Ferner,** Diethelm, 13. 7. 1941 (Werder Bremen), 1963 MAR – 1964 ALG

23 **Fichtel,** Klaus, 19. 11. 1944 (Schalke 04), 1967 MAR, BUL, YUG – 1968 BEL, SUI, WAL, ENG, BRA, FRA – 1969 AUT, BUL, SCO – 1970 YUG, MAR, BUL, PER, ENG, URU, HUN, TUR – 1971 MEX, POL, POL

1 **Fick,** Willy, 17. 2. 1891, †5. 9. 1913 (Holstein Kiel), 1910 NED

6 **Fiederer,** Hans, 21. 1. 1920, † 15. 12. 1980 (SpVgg Fürth), 1939 LUX, SVK – 1940 ROM, YUG – 1941 CRO, DEN

1 **Fiederer,** Leo, 4. 4. 1897, † 1949 (SpVgg Fürth), 1920 HUN

2 **Fischer,** Erich, 31. 12. 1909, † Dezember 1990 (1. FC Pforzheim), 1932 FIN – 1933 FRA

45 **Fischer,** Klaus, 27. 12. 1949 (Schalke 04 30, 1. FC Köln 15), 1977 NIR, YUG, ARG, BRA, MEX, FIN, ITA, SUI, WAL – 1978 URS, BRA, SWE, POL, MEX, TUN, ITA, AUT, CSV, HUN, NED – 1979 MLT, WAL, ARG, WAL, URS, TUR – 1980 MLT – 1981 AUT, BRA, FIN, POL, FIN, AUT, ALB, BUL – 1982 POR, BRA, CSV, NOR, ALG, AUT, ENG, ESP, FRA, ITA

1 **Fischer,** Paul, 6. 9. 1882, † 6. 2. 1942 (Viktoria 89 Berlin), 1908 ENG

5 **Fischer,** Walter, 21. 2. 1889, † 3. 4. 1959 (Duisburger SV), 1911 SUI, BEL – 1913 ENG, BEL – 1914 NED

1 **Fitz,** Willy, 12. 3. 1918 (Rapid Wien), 1942 SUI

1 **Fleischmann,** Hans, 11. 5. 1898, † 28. 12. 1978 (VfR Mannheim), 1924 ITA

1 **Flick,** Hermann, 22. 11. 1905, † 19. 1. 1944 (Duisburg 99), 1929 FIN

1 **Flink,** Karl, 7. 12. 1895, † 28. 11. 1958 (Kölner BC), 1922 HUN

39 **Flohe,** Heinz, 28. 1. 1948 (1. FC Köln), 1970 GRE – 1971 TUR, DEN – 1972 HUN, ENG – 1973 CSV, YUG, BUL, BRA, URS, AUT, FRA, SCO – 1974 HUN, DDR, YUG, SWE, MLT – 1975 ENG – 1976 YUG, CSV, WAL, CSV – 1977 FRA, NIR, YUG, URU, BRA, MEX, ITA, SUI, WAL – 1978 ENG, URS, BRA, POL, MEX, TUN, ITA

1 **Flotho,** Heinz, 23. 2. 1915, † 29. 1. 2000 (VfL Osnabrück), 1939 LUX

2 **Foda,** Franco, 23. 4. 1966 (1. FC Kaiserslautern), 1987 BRA, ARG

11 **Förderer,** Fritz, 5. 1. 1888, † 6. 12. 1952 (Karlsruher FV), 1908 SUI, ENG – 1909 SUI – 1911 SUI, BEL, HUN – 1912 NED, RUS, HUN, NED – 1913 DEN

33 **Förster,** Bernd, 3. 5. 1956 (VfB Stuttgart), 1979 IRL, ISL, URS, TUN – 1980 MLT, AUT, POL, CSV, GRE – 1981 POL, FIN – 1982 POR, ARG, CSV, NOR, ENG, ESP, FRA, ITA, BEL, ENG, NIR – 1983 POR, ALB, AUT, YUG, HUN, ALB – 1984 FRA, ITA, POR, ROM, ESP

81 **Förster,** Karlheinz, 25. 7. 1958 (VfB Stuttgart), 1978 BRA, CSV – 1979 MLT, TUR, WAL, IRL, ISL, ARG, WAL, URS – 1980 MLT, AUT, POL, CSV, NED, GRE, BEL, SUI, NED, FRA, BUL – 1981 ARG, BRA, ALB, AUT, BRA, FIN, AUT, ALB, BUL – 1982 POR, BRA, ARG, CSV, NOR, ALG, CHI, AUT, ENG, ESP, FRA, ITA, BEL, ENG – 1983 POR, ALB, TUR, AUT, YUG, HUN, AUT, NIR, ALB – 1984 BUL, BEL, URS, FRA, ITA, POR, ROM, ESP, SWE, MLT – 1985 HUN, MLT, BUL, CSV, URS, SWE, POR, CSV – 1986 ITA, SUI, YUG, URU, SCO, DEN, MAR, MEX, FRA, ARG

1 **Forell,** Paul, 14. 1. 1892, † 3. 8. 1959 (1. FC Pforzheim), 1920 HUN

4 **Frank,** Georg, 14. 12. 1907, † 13. 11. 1944 (SpVgg Fürth), 1927 DEN – 1929 SUI, ITA – 1930 ITA

7 **Franke,** Bernd, 12. 2. 1948 (Eintracht Braunschweig), 1973 CSV, BUL – 1977 NIR, ARG, SUI – 1982 POR, NOR

10 **Franz,** Andreas, 27. 6. 1897, † 2. 5. 1970 (SpVgg Fürth), 1922 SUI, HUN – 1923 ITA, SWE – 1924 AUT, NED, ITA, SUI – 1925 SUI – 1926 SWE

10 **Freier,** Paul, 26. 7. 1979 (VfL Bochum), 2002 KUW, BUL, FRO, NED – 2003 ESP, LTU, SBM, CAN, SCO, FRO

21 **Freund,** Steffen, 19. 1. 1970 (Borussia Dortmund), 1995 ESP, GEO, WAL, ITA, SUI, BEL, GEO, MDA, WAL, BUL – 1996 POR, DEN, NED, FRA, LIE, RUS, ITA, CRO, ENG – 1998 NGA, FIN

1 **Fricke,** Willi, 16. 1. 1913, † 15. 6. 1963 (Arminia Hannover), 1935 LUX

1 **Friedel,** Georg, 6. 9. 1913, † 1. 6. 1987 (1. FC Nürnberg), 1937 NED

10 **Friedrich,** Arne, 29. 5. 1979 (Hertha BSC Berlin) 2002 BUL, BIH, FRO, NED – 2003 ESP, LTU, SBM, CAN, SCO, FRO

23 **Frings** Torsten, 22. 11. 1976 (Werder Bremen 15, Borussia Dortmund 8), 2001 FRA, SVK – 2002 ISR, USA, ARG, KUW, WAL, AUT, KSA, IRL, CMR, PAR, USA, KOR, BRA, LTU, BIH, FRO, NED – 2003 LTU, SBM, CAN, SCO

1 **Fritzsche,** Walter, 19. 12. 1895, † (Vorwärts Berlin), 1921 AUT

19 **Frontzeck,** Michael, 26. 3. 1964 (Borussia Mönchengladbach 16, VfB Stuttgart 3), 1984ARG – 1985 URU, POR, MLT, BUL, MEX, CSV – 1986 DEN, ESP, AUT – 1987 ITA, ENG, DEN, URU, BRA – 1988 SWE – 1992 CSV, NED, DEN

6 **Fuchs,** Gottfried, 3. 5. 1889, † 1973 (Karlsruher FV), 1911 SUI, BEL – 1912 NED, RUS, HUN – 1913 BEL

1 **Fürst,** Fritz, 3. 7. 1891, † 8. 6. 1954 (Bayern München), 1913 SUI

2 **Funkel,** Wolfgang, 10. 8. 1958 (Bayer Uerdingen), 1986 NED, AUT

4 **Gablonsky,** Max, 1. 1. 1890, † 16. 7. 1969 (Bayern München), 1910 BEL – 1911 SUI, AUT, SWE
1 **Gaebelein,** Arthur, 29. 3. 1891, † 4. 9. 1964 (Hohenzollern Halle), 1912 NED
3 **Gärtner,** Ludwig, 19. 4. 1919, † 6. 6. 1995 (Olympia Lorsch), 1939 SVK – 1940 BUL – 1941 SWE
2 **Garrn** (Ehlers), Hermann, 11. 3. 1888, † 27. 3. 1966 (Victoria Hamburg), 1908 AUT – 1909 ENG
16 **Gauchel,** Josef, 11. 9. 1916, † 21. 3. 1963 (TuS Neuendorf), 1936 LUX, POL – 1937 LUX, EST – 1938 LUX, ENG, SUI, POL – 1939 YUG, ITA, IRL, DEN, EST – 1940 HUN, YUG – 1942 BUL
5 **Gaudino,** Maurizio, 12. 12. 1966 (Eintracht Frankfurt), 1993 TUN, BRA, MEX – 1994 UAE, CAN
2 **Gedlich,** Richard, 17. 2. 1900, † 5. 1. 1971 (Dresdner SC), 1926 NED – 1927 DEN
2 **Gehlhaar,** Paul, 27. 8. 1905, † 2. 7. 1968 (Hertha BSC Berlin), 1928 SWE – 1931 AUT
2 **Gehrts,** Adolf, 30. 10. 1886, † 17. 1. 1943 (Victoria Hamburg), 1908 ENG – 1910 NED
6 **Geiger,** Hans, 24. 12. 1905, † (ASV Nürnberg 2, 1. FC Nürnberg 4), 1926 NED, SUI – 1929 SUI, ITA, SCO, SWE
8 **Geiger,** Rolf, 16. 10. 1934 (Stuttgarter Kickers 1, VfB Stuttgart 7), 1956 BEL – 1958 FRA, BUL – 1959 SCO, POL – 1964 CSV, SCO, FIN
20 **Gellesch,** Rudolf, 01. 5. 1914, † 20. 8. 1990 (Schalke 04), 1935 LUX – 1936 HUN, CSV, SCO, ITA – 1937 NED, FRA, DEN, FIN, NOR, SWE – 1938 SUI, POR, ENG, SUI – 1939 BEL, NOR, HUN, BUL – 1941 FIN
2 **Gerber,** Heiko, 11. 2. 1972 (VfB Stuttgart) 1999 BRA, USA
1 **Gerdau,** Willi, 12. 2. 1929 (Heider SV), 1957 SCO
4 **Gerritzen,** Felix, 6. 2. 1927 (Preußen Münster), 1951 SUI, TUR, AUT, IRL
1 **Gersdorff,** Bernd, 18. 11. 1946 (Eintracht Braunschweig), 1975 AUT
6 **Gerwien,** Klaus, 11. 9. 1940 (Eintracht Braunschweig), 1963 MAR – 1964 ALG – 1968 CYP, BRA, CHI, MEX
4 **Geye,** Rainer, 22. 11. 1949, † 8. 8. 2002 (Fortuna Düsseldorf), 1972 SUI – 1973 ARG – 1974 SUI, GRE
14 **Giesemann,** Willi, 2. 9. 1937 (Bayern München 11, Hamburger SV 3), 1960 IRL, NIR, GRE, BUL – 1961 BEL, CHI, DEN, POL, GRE – 1962 CHI, YUG – 1964 SCO, SWE – 1965 BRA
5 **Glaser,** Josef, 11. 5. 1887, † 12. 08. 1969 (Freiburger FC), 1909 ENG, SUI, – 1910 BEL – 1912 SUI, RUS
1 **Goede,** Erich, 24. 5. 1916, † 13. 5. 1949 (Berliner SV 92), 1939 SVK
2 **Görtz,** Armin, 30. 8. 1959 (1. FC Köln), 1988 SUI, FIN
39 **Goldbrunner,** Ludwig, 5. 3. 1908, † 26. 9. 1981 (Bayern München), 1933 SUI – 1934 HUN – 1935 SUI, BEL, IRL, CSV, NOR, FIN, POL, BUL, ESP – 1936 ESP, POR, LUX, NOR, CSV, SCO, IRL, ITA – 1937 NED, FRA, BEL, SUI, DEN, FIN, EST, NOR, SWE – 1938 HUN, POR, ESP, SUI, POL – 1939 BEL, ITA, NOR, HUN – 1940 HUN, BUL
1 **Gottinger,** Richard, 4. 6. 1926 (SpVgg Fürth), 1953 SAA
44 **Grabowski,** Jürgen, 7. 7. 1944 (Eintracht Frankfurt), 1966 IRL, NIR, ROM, TUR – 1970 ESP, ROM, IRL, MAR, BUL, PER, ENG, ITA, HUN, TUR, YUG, GRE – 1971 ALB, TUR, ALB, NOR, SWE, DEN, MEX, POL, POL – 1972 ENG, BEL – 1973 YUG, BUL, URS, AUT, FRA, SCO, ESP – 1974 ESP, SCO, HUN, SWE, CHI, AUS, DDR, SWE, POL, NED
3 **Gramlich,** Hermann, 24. 4. 1913, † 5. 3. 1942 (Villingen 08), 1935 LUX, ROM, POL
22 **Gramlich** Rudolf, 6. 6. 1908, † 14. 3. 1988 (Eintracht Frankfurt), 1931 DEN – 1932 SUI, FIN – 1933 ITA, FRA, SUI – 1934 HUN, SWE, DEN – 1935 SUI, NED, FRA, BEL, ESP, CSV, NOR, FIN, POL, BUL, ENG – 1936 ESP, NOR
1 **Gröner,** Emil, 25. 3. 1892, † (SC Stuttgart), 1921 HUN
2 **Groh,** Jürgen, 17. 7. 1956 (1. FC Kaiserslautern 1, Hamburger SV 1), 1979 ISL – 1983 HUN
1 **Gros,** Wilhelm, 6. 7. 1892, † 13. 9. 1917 (Karlsruher FV), 1912 NED
1 **Groß,** Volkmar, 31. 1. 1948 (Hertha BSC Berlin), 1970 GRE
2 **Grosser,** Peter, 28. 9. 1938 (TSV 1860 München), 1965 SWE – 1966 NIR
1 **Gruber,** Hans, 4. 6. 1905, † 9. 10. 1967 (Duisburger SV), 1929 SCO
4 **Gründel,** Heinz, 13. 2. 1957 (Hamburger SV), 1985 POR – 1986 ITA, BRA, NED
4 **Günther,** Walter, 18. 11. 1915, † 1989 (Duisburg 48/99), 1935 LUX – 1936 POL, LUX – 1937 NED

2 **Haber,** Marco, 21. 9. 1971 (VfB Stuttgart), 1995 BEL, RSA
3 **Hänel,** Erich, 31. 10. 1915, † 17. 3. 2003 (BC Hartha), 1939 LUX, EST, SVK
101 **Häßler,** Thomas, 30. 5. 1966 (1. FC Köln 17, Juventus Turin 5, AS Rom 33, Karlsruher SC 42, TSV München 1860 4), 1988 FIN, NED – 1989 BUL, NED, WAL, IRL, FIN, WAL – 1990 FRA, URU, CSV, DEN, YUG, UAE, COL, ENG, ARG, SWE, LUX, SUI – 1991 URS, BEL, ENG, WAL, LUX – 1992 ITA, CSV, TUR, NIR, URS, SCO, NED, SWE, DEN, MEX, AUT, BRA, URU – 1993 SCO, GHA, URU, ARG, BRA, USA, MEX – 1994 ITA, UAE, IRL, AUT, CAN, BOL, ESP, KOR, BEL, BUL, RUS, HUN, MDA, ALB – 1995 ESP, WAL, BUL, ITA, SUI, GEO, MDA, WAL, BUL, RSA – 1996 POR, DEN, NED, FRA,

LIE, CZE, RUS, ITA, CRO, ENG, CSV, POL, ARM, NIR – 1997 NIR, POR, ARM, ALB, RSA – 1998 OMA, KSA, NGA, FIN, COL, USA, IRN, MEX, CRO, – 2000 CZE, LIE, ROM, POR

4 **Haferkamp,** Hans, 11. 10. 1921, † 30. 6. 1974 (VfL Osnabrück), 1951 TUR, AUT, TUR – 1952 LUX

1 **Haftmann,** Martin, 16. 7. 1899, † Juli 1961 (Dresdner SC), 1927 DEN

12 **Hagen,** Hans, 15. 7. 1894, † 11. 10. 1957 (SpVgg Fürth), 1920 AUT – 1922 SUI – 1923 ITA, SWE – 1924 AUT, NED, ITA, SUI – 1925 NED – 1929 FIN – 1930 ITA, SUI

23 **Hahnemann,** Wilhelm, 14. 4. 1914,† 23. 8. 1991 (Admira Wien), 1938 SUI, SUI, POL, ROM – 1939 BEL, YUG, ITA, IRL, DEN, ITA – 1940 YUG, ITA, ROM, FIN, SVK, HUN – 1941 SUI, HUN, SUI, CRO, SWE, DEN, SVK

33 **Haller,** Helmut, 21. 7. 1939 (BC Augsburg 19, FC Bologna 8, Juventus Turin 6), 1958 AUT, FRA, AUT, BUL – 1959 POL – 1960 CHI, POR, IRL, ISL, GRE, BUL – 1961 BEL, DEN, POL, GRE – 1962 URU, ITA, SUI, YUG – 1964 SWE – 1966 IRL, YUG, SUI, ARG, URU, URS, ENG – 1969 SCO, CYP, SCO – 1970 ESP, ROM, MAR

49 **Hamann,** Dietmar, 27. 8. 1973 (Bayern München 12, Newcastle United 5, FC Liverpool 32), 1997 RSA – 1998 KSA, BRA, NGA, FIN, COL, LUX, USA, YUG, IRN, MEX, CRO, NED – 1999 NIR, FIN, SCO, MDA, TUR, NOR – 2000 NED, CRO, SUI, CZE, LIE, ROM, ENG, POR, ESP, ENG, DEN – 2001 FRA, ALB, HUN, ENG, UKR, UKR – 2002 ISR, USA, WAL, AUT, KSA, IRL, CMR, USA, KOR, BRA, LTU, FRO – 2003 LTU

1 **Hammerl,** Franz, 9. 10. 1919, † 2001 (Post-SV München), 1940 BUL

1 **Hanke,** Richard, 18. 3. 1910, † (FV Breslau 06), 1930 NOR

8 **Hannes,** Wilfried, 17. 5. 1957 (Borussia Mönchengladbach), 1981 ALB, BRA, FIN, POL, BUL – 1982 CZE, NOR, BEL

7 **Hanreiter,** Franz, 4. 11. 1913, † Januar 1992 (Admira Wien), 1940 YUG – 1941 SUI, HUN, SUI, CRO – 1942 CRO, SUI

3 **Hanssen,** Karl, 5. 7. 1887, † 13. 9. 1916 (Altona 93), 1910 NED – 1911 ESP, BEL

2 **Hantschick,** Otto, 11. 2. 1884, † (Union 92 Berlin), 1908 ENG – 1909 ENG

15 **Harder,** Otto »Tull«, 25. 11. 1892, † 4. 3. 1956 (Hamburger SV), 1914 NED – 1920 SUI, AUT, HUN – 1923 NOR – 1924 NOR, SWE, HUN, SUI – 1925 NED, SUI – 1926 NED, SWE, NED, SUI

15 **Haringer,** Sigmund, 9. 12. 1908, † 23. 2. 1975 (Bayern München 11, Wacker München 4), 1931 FRA – 1932 SWE – 1933 ITA, FRA, SUI, POL – 1934 HUN, LUX, BEL, SWE, CSV – 1935 POL, BUL, ENG – 1937 BEL

6 **Harpers,** Gerhard, 12. 3. 1928 (SV Sodingen), 1953 AUT – 1954 ENG, POR – 1955 ITA, URS, NOR

4 **Hartmann,** Karl, 8. 2. 1894, † 9. 12. 1971 (Union Potsdam 3, Victoria Hamburg 1), 1923 NED, SUI, FIN – 1924 SDEN

3 **Hartmann,** Michael, 11. 7. 1974 (Hertha BSC Berlin) 2003 SBM, CAN, FRO

2 **Hartwig,** William, 5. 10. 1954 (Hamburger SV), 1979 IRL, ISL

1 **Heibach,** Hans, 1. 12. 1918, 6. 3. 1970 (Fortuna Düsseldorf), 1938 LUX

3 **Heidemann,** Hartmut, 5. 6. 1941 (MSV Duisburg), 1966 TUR, NOR – 1968 SUI

3 **Heidemann,** Matthias, 7. 2. 1912, † 1971 (Bonner FV 1, Werder Bremen 2), 1933 SUI – 1934 AUT – 1935 LVA

9 **Heidkamp,** Conrad, 27. 9. 1905, † 6. 3. 1994 (SC 99 Düsseldorf 1, Bayern München 8), 1927 NED – 1928 DEN, NOR, SWE – 1929 SCO – 1930 ITA, SUI, ENG, HUN

37 **Heinrich,** Jörg, 6. 12. 1969 (SC Freiburg 2, Borussia Dortmund 25, AC Florenz 10), 1995 ITA, BEL 1997 ISR, ALB, UKR, UKR, NIR, POR, ARM, ALB, RSA – 1998 OMA, BRA, FIN, LUX, USA, YUG, IRN, MEX, CRO, MLT, TUR, NED – 1999 NIR, FIN, SCO, MDA, BRA, NZL, USA – 2000 ESP, GRE, DEN, GRE – 2002 USA, WAL, AUT

8 **Heiß,** Alfred, 5. 12. 1940 (TSV 1860 München), 1962 SUI – 1963 BRA – 1965 ITA, SUI, BRA, CYP – 1966 ENG, NIR

41 **Held,** Sigfried, 7. 8. 1942 (Borussia Dortmund 35, Kickers Offenbach 6), 1966 ENG, NED, ROM, YUG, SUI, ARG, ESP, URU, URS, ENG, NOR – 1967 MAR, YUG, ALB – 1968 WAL, BRA, FRA, AUT, CYP, BRA, MEX – 1969 WAL, SCO, AUT, CYP, AUT – 1970 IRL, MAR, ITA, URU, YUG – 1971 ALB, NOR, SWE, DEN – 1972 HUN, ENG, ENG – 1973 ARG, YUG, SCO

2 **Heldt,** Horst, 9. 12. 1969 (TSV München 1860 1, Eintracht Frankfurt 1), 1999 SCO, USA

68 **Helmer,** Thomas, 21. 4. 1965 (Borussia Dortmund 10, Bayern München 58), 1990 SWE, SUI – 1991 URS, BEL, WAL – 1992 ITA, CZE, NED, SWE, DEN, DEN, MEX, AUT, URU – 1993 SCO, GHA, BRA, USA, ESP, URU, BRA, ARG – 1994 UAE, AUT, CAN, KOR, BEL, BUL, RUS, MDA, ALB – 1995 ESP, GEO, BUL, ITA, SUI, BEL, GEO, MDA, WAL, BUL, RSA – 1996 POR, DEN, NED, NIR, FRA, LIE, CSV, RUS, ITA, CRO, ENG, CSV, POL – 1997 ALB, UKR, UKR, NIR, POR, ARM, ALB, RSA – 1998 KSA, BRA, LUX, IRN, MEX

11 **Hempel,** Walter, 12. 8. 1887, † 10. 1. 1940 (Sportfreunde Leipzig), 1908 SUI – 1910 SUI, NED – 1911 ENG, SWE, AUT, SWE, HUN – 1912 HUN, SUI, RUS

1 **Hense,** Robert, 17. 11. 1885, † 20. 6. 1966 (Kölner BC), 1910 NED

1 **Hensel,** Gustav, 23. 10. 1884, † 29. 8. 1933 (FV Kassel), 1908 SUI

3 **Herberger,** Josef, 28. 3. 1897, † 28. 4. 1977 (SV Waldhof 1, VfR Mannheim 2), 1921 FIN – 1924 ITA – 1925 NED

5 **Hergert,** Heinrich,21. 2. 1904, 18. 9. 1949 (FK Pirmasens), 1930 SUI, DEN, HUN – 1931 FRA – 1933 FRA

39 **Herget,** Matthias, 14. 11. 1955 (Bayer Uerdingen), 1983TUR – 1984 BUL, BEL, URS, FRA, SWE, MLT – 1985 HUN, POR, MLT, BUL, CSV, ENG, MEX, URS, SWE, POR – 1986 ITA, BRA, YUG, NED, DEN – 1987 ITA, FRA, ENG, DEN, SWE, HUN, BRA, ARG – 1988 SWE, ARG, SUI, YUG, ITA, DEN, ESP, NED, URS

21 **Herkenrath,** Fritz, 9. 9. 1928 (Rot-Weiß Essen), 1954 BEL, ENG, POR – 1955 ITA, URS, YUG, NOR, ITA – 1956 NED, ENG, URS – 1957 AUT, HUN – 1958 BEL, ESP, ARG, CSV, NIR, YUG, SWE, DEN

2 **Hermann,** Günter, 5. 12. 1960 (Werder Bremen), 1988 URS – 1990 DEN

5 **Herrlich,** Heiko, 3. 12. 1971 (Borussia M'Gladbach 3, Borussia Dortmund 2), 1995 GEO, WAL, BUL, MDA, WAL

9 **Herrmann,** Günter, 1. 9. 1939 (Karlsruher SC 7, Schalke 04 2), 1960 NIR, BUL – 1961 CHI, NIR, DEN, POL, GRE – 1967 MAR, BUL

8 **Herrmann,** Richard, 28. 1. 1923, † 27. 7. 1962 (FSV Frankfurt), 1950 SUI – 1951 TUR, AUT, IRL – 1952 IRL – 1953 NOR – 1954 SUI, HUN

2 **Hertzsch,** Ingo, 22. 7. 1977 (Hamburger SV), 2000 – DEN – 2002 BUL

5 **Herzog,** Dieter, 15. 7. 1946 (Fortuna Düsseldorf), 1974 ESP, SCO, YUG, SWE, SUI

39 **Heynckes,** Josef, 9. 5. 1945 (Borussia Mönchengladbach 38, Hannover 96 1), 1967 MAR, BUL – 1969 AUT – 1970 TUR, YUG, GRE – 1971 ALB, TUR, ALB, SWE, DEN, MEX, POL – 1972 HUN, ENG, URS, BEL, URS, SUI – 1973 ARG, CSV, BRA, URS, SCO, ESP – 1974 ESP, ITA, SWE, CHI, AUS, GRE – 1975 ENG, BUL, GRE, BUL, TUR – 1976 MLT, WAL, CSV

3 **Hieronymus,** Holger, 22. 2. 1959 (Hamburger SV), 1981 POL – 1982 NOR, ENG

4 **Hiller** II, Arthur, 3. 10. 1881, † 14. 8. 1941 (1. FC Pforzheim), 1908 SUI, ENG, AUT – 1909 SUI

3 **Hiller** III, Marius, 5. 8. 1892, † 25. 11. 1964 (1. FC Pforzheim), 1910 SUI – 1911 ENG, AUT

2 **Hinkel,** Andreas, 26. 3. 1982 (VfB Stuttgart) 2003 SBM, CAN

7 **Hirsch,** Julius, 7. 4. 1892, † 8. 5. 1945 (Karlsruher FV 4, SpVgg Fürth 3), 1911 HUN – 1912 NED, AUT, HUN – 1913 SUI, DEN, BEL

1 **Hirth,** Herbert, 23. 1. 1884, † (Hertha BSC Berlin), 1909 HUN

1 **Hobsch,** Bernd, 7. 5. 1968 (Werder Bremen), 1993 TUN

6 **Hochgesang,** Georg, 3. 11. 1897, † Juni 1988 (1. FC Nürnberg), 1924 NOR, HUN – 1925 SUI – 1926 NED, SUI – 1927 NOR

2 **Hochstätter,** Christian, 19. 10. 1963 (Borussia Mönchengladbach), 1987 BRA, ARG

4 **Höger,** Karl, 27. 5. 1897, † März 1975 (SV Waldhof 2, VfR Mannheim 2), 1921 HUN, FIN – 1924 ITA, SUI

40 **Hölzenbein,** Bernd, 9. 3. 1946 (Eintracht Frankfurt), 1973 AUT, ESP – 1974 HUN, SWE, CHI, AUS, YUG, SWE, POL, NED, SUI, GRE, MLT – 1975 ENG, BUL, NED, AUT, GRE, BUL, TUR – 1976 MLT, ESP, ESP, YUG, CSV – 1977 FRA, NIR, ARG, URU, BRA, MEX, FIN, ITA, WAL – 1978 ENG, URS, SWE, ITA, NED, AUT

6 **Hoeneß,** Dieter, 7. 1. 1953 (VfB Stuttgart 2, Bayern München 4), 1979 IRL, ISL – 1986 SUI, YUG, MEX, ARG

35 **Hoeneß,** Ulrich, 5. 1. 1952 (Bayern München), 1972 HUN, ENG, ENG, URS, BEL, URS, SUI – 1973 CSV, YUG, BRA, URS, AUT, FRA, SCO, ESP – 1974 ESP, ITA, SCO, HUN, SWE, CHI, AUS, DDR, YUG, SWE, POL, NED, SUI, GRE – 1975 BUL – 1976 ESP, YUG, CSV, WAL, CSV

4 **Hörster,** Thomas, 27. 11. 1956 (Bayer Leverkusen), 1986 DEN, ESP, AUT – 1987 ISR

1 **Höschle.** Adolf, 20. 7. 1899, † 14. 12. 1969 (Kickers Stuttgart), 1920 SUI

66 **Höttges,** Horst-Dieter, 10. 9. 1943 (Werder Bremen), 1965 ITA, CYP, ENG, SUI, BRA, SWE, AUT, CYP – 1966 NED, IRL, NIR, ROM, YUG, SUI, ARG, ESP, URU, ENG, TUN, NOR – 1967 MAR, BUL, ALB, FRA, YUG, ALB – 1968 BEL, WAL, BRA, AUT, CYP – 1969 WAL, AUT, CYP, AUT, BUL, SCO – 1970 ROM, YUG, MAR, BUL, PER, ENG, HUN, TUR, YUG, GRE – 1971 POL – 1972 HUN, ENG, ENG, URS, BEL, URS, SUI – 1973 ARG, YUG, BUL, URS, AUT, FRA, SCO, ESP – 1974 ESP, ITA, DDR

1 **Hofer,** Franz, 4. 9. 1918 (Rapid Wien), 1939 SVK

1 **Hoffmann,** Rudolf, 11. 2. 1935 (Viktoria Aschaffenburg), 1955 IRL

18 **Hofmann,** Ludwig, 9. 6. 1900, † 2. 10. 1935 (Bayern München), 1926 NED, SWE, SUI – 1927 NOR, NED – 1928 SUI, SUI, URU, DEN, SWE – 1929 SUI, ITA, SCO, SWE – 1930 ITA, HUN, ENG – 1931 FRA

25 **Hofmann,** Richard, 8. 2. 1906, † 5. 5. 1983 (Meerane 07 6, Dresdner SC 19), 1927 DEN, NOR, NED – 1928 SUI, SUI, URU – 1929 SCO, SWE, FIN – 1930 SUI, ENG, DEN, HUN, NOR – 1931 FRA, NED, AUT, AUT, DEN – 1932 SUI, FIN, SWE, HUN, NED – 1933 FRA

2 **Hofmeister,** Ludwig, 5. 12. 1887, † 26. 9. 1959 (Bayern München 1, Stuttgarter Kickers 1), 1912 NED – 1914 NED

1 **Hofstätter,** Johann, 12. 1. 1913 (Rapid Wien), 1940 YUG

26 **Hohmann,** Karl, 18. 6. 1908, † 31. 3. 1974 (VfL Benrath), 1930 DEN, NOR – 1931 AUT – 1933 BEL, SUI, NOR, POL – 1934 LUX, BEL, SWE, POL, DEN – 1935 NED, FRA, ESP, ROM, EST, ENG – 1936 POR, LUX, POL, IRL – 1937 NED, LUX, BEL, LVA

6 **Hollstein,** Ernst, 9. 12. 1886, † 9. 8. 1950 (Karlsruher FV), 1910 NED – 1911 SUI, BEL – 1912 NED, AUT, HUN

1 **Holz,** Friedel, 21. 2. 1920, † 9. 4. 1941 (Duisburg 48/99), 1938 LUX

3 **Horn,** Franz, 26. 8. 1904, † 22. 9. 1963 (Hamburger SV), 1928 DEN – 1929 SWE, FIN

5 **Hornauer,** Josef, 14. 1. 1908, † 12. 12. 1985 (TSV 1860 München 3, 1. FC Nürnberg 2), 1928 SUI, SUI, URU – 1929 ITA – 1931 AUT

7 **Hornig,** Heinz, 28. 9. 1937 (1. FC Köln), 1965 ITA, CYP, ENG, CYP – 1966 ENG, IRL, ROM

21 **Hrubesch,** Horst, 17. 4. 1951 (Hamburger SV), 1980 AUT, POL, NED, GRE, BEL, SUI, NED, FRA, BUL – 1981 ARG, ALB, BUL – 1982 POR, BRA, ARG, NOR, ALG, CHI, AUT, FRA, ITA

1 **Huber,** Alfred, 29. 1. 1910, † 25. 1. 1986 (FC 04 Rastatt), 1930 SUI

1 **Huber,** Lorenz, 24. 2. 1906, † 6. 10. 1989 (Karlsruher FV), 1932 HUN

8 **Hunder,** Paul, 12. 1. 1884, † 9. 5. 1948 (Viktoria 89 Berlin), 1909 ENG, HUN – 1910 SUI – 1911 ENG, SWE, AUT, SWE, HUN

3 **Hundt,** Eduard, 3. 8. 1909 (Schwarz-Weiß Essen), 1933 BEL, NOR – 1934 LUX

2 **Hutter,** Willi, 3. 11. 1896,† 27. 6. 1936 (SV Waldhof 1, SV Saar 05 1), 1921 FIN – 1922 SUI

54 **Illgner,** Bodo, 7. 4. 1967 (1. FC Köln), 1987 DEN, SWE, ARG – 1988 FIN, URS, NED – 1989 BUL, NED, WAL, IRL, FIN, WAL – 1990 FRA, URU, CSV, YUG, UAE, COL, NED, CSV, ENG, ARG, POR, LUX, SUI – 1991 URS, BEL, WAL, ENG, WAL, BEL, LUX – 1992 ITA, NIR, URS, SCO, NED, SWE, DEN, BRA – 1993 ENG, TUN, BRA, USA, MEX – 1994 ITA, IRL, AUT, CAN, BOL, ESP, KOR, BEL, BUL

1 **Illmer,** Eberhardt, 30. 1. 1888, † (FV Straßburg), 1909 SUI

19 **Immel,** Eike, 27. 11. 1960 (Borussia Dortmund 4, VfB Stuttgart 15), 1980 NED – 1981 BRA, ALB – 1982 NOR – 1986 AUT – 1987 ISR, ITA, FRA, ENG, HUN, BRA – 1988 SWE, ARG, SUI, YUG, ITA, DEN, ESP, NED

2 **Immig,** Franz, 10. 9. 1918, † 26. 12. 1955 (Karlsruher FV), 1939 LUX, SVK

1 **Islacker,** Franz, 3. 2. 1926, † 1. 7. 1970 (Rot-Weiß Essen), 1954 FRA

18 **Jäger,** Adolf, 31. 3. 1889, † 21. 11. 1944 (Altona 93), 1908 AUT – 1909 ENG – 1911 SWE – 1912 HUN, AUT, DEN, NED – 1913 ENG, DEN, BEL – 1914 NED – 1920 SUI, AUT, HUN – 1921 HUN – 1922 AUT, HUN – 1924 SUI

1 **Jäger,** Günter, 21. 12. 1935 (Fortuna Düsseldorf), 1958 DEN

17 **Jahn,** Helmut, 20. 10. 1917, † 18. 3. 1986 (Berliner SV 92), 1939 SVK – 1940 SVK, DEN – 1941 CRO, FIN, DEN, SVK – 1942 SUI, CRO, ESP, HUN, BUL, ROM, SWE, SUI, CRO, SVK

38 **Jakob,** Hans, 16. 6. 1908, 24. 3. 1994 (Jahn Regensburg), 1930 NOR – 1932 FIN, SWE, HUN – 1933 ITA, FRA, SUI, POL – 1934 AUT – 1935 FRA, BEL, CSV, NOR, FIN, POL, ENG – 1936 ESP, POR, NOR, CSV, SCO, IRL, ITA – 1937 NED, FRA, BEL, SUI, DEN, FIN, EST, NOR, SWE – 1938 HUN, POR, ENG, POL – 1939 IRL, HUN

20 **Jakobs,** Ditmar, 28. 8. 1953 (Hamburger SV), 1980 POL – 1984 ARG, SWE, MLT – 1985 HUN, POR, BUL, CSV, ENG, MEX, SWE, POR – 1986 BRA, SUI, SCO, DEN, MAR, MEX, FRA, ARG

1 **Jakobs,** Johannes, 1. 7. 1917, † 24. 8. 1944 (Hannover 96), 1939 EST

33 **Jancker,** Carsten, 28. 8. 1974 (Bayern München 29, Udinese Calcio 4), 1998 MDA, NIR, FIN, SCO, NOR – 2000 CZE, LIE, ENG, POR, ESP, GRE, DEN – 2001 FRA, ALB, GRE, FIN, ALB, HUN, ENG, UKR, UKR – 2002 ISR, ARG, KUW, WAL, AUT, KSA, IRL, CMR, BUL, LTU, BIH, FRO

71 **Janes,** Paul, 11. 3. 1912, 12. 6. 1987 (Fortuna Düsseldorf), 1932 HUN – 1933 BEL, NOR, POL – 1934 LUX, BEL, AUT, POL, DEN – 1935 NED, FRA, IRL, ESP, CSV, NOR, SWE, FIN, ENG – 1936 ESP, POR, HUN, POL, SCO, ITA – 1937 NED, FRA, DEN, FRA, EST, NOR, SWE – 1938 SUI, POR, ENG, SUI, SUI, POL – 1939 YUG, ITA, IRL, NOR, DEN, EST, HUN, YUG, BUL, BOH, ITA – 1940 HUN, YUG, ITA, ROM, SVK, HUN, YUG, DEN – 1941 SUI, HUN, SUI, ROM, SWE, DEN, SVK – 1942 ESP, HUN, BUL, ROM, SWE, SUI, CRO, SVK

1 **Jellinek,** Franz, 10. 7. 1922, 20. 5. 1944 (Wiener SK), 1940 SVK

48 **Jeremies,** Jens, 5. 3. 1974 (TSV München 1860 8, Bayern München 40), 1997 RSA – 1998 OMA, NGA, FIN, COL, USA, YUG, CRO, ROM, TUR, NED – 1999 USA, COL, NIR, FIN, SCO, MDA, FIN,

NIR, TUN, NOR - 2000 NED, LIE, ROM, ENG - 2001 FRA, ALB, GRE - 2002 USA, ARG, KUW, WAL, AUT, KSA, IRL, CMR, PAR, USA, KOR, BRA, BUL, LTU, BIH, FRO, NED - 2003 ESP, SCO, FRO

1 **Joppich,** Karl, 6. 1. 1908, † 1940 (SV Hoyerswerda), 1932 HUN

1 **Jordan,** Ernst, 18.5. 1883, † (Cricket-Victoria Magdeburg), 1908 SUI

6 **Jürissen,** Willy, 13. 5. 1912, † 30. 10. 1990 (Rot-Weiß Oberhausen), 1935 LUX, LVA - 1936 LUX - 1937 LVA - 1938 SUI - 1939 SVK

1 **Jungtow,** Otto, 29. 12. 1892, † (Hertha BSC Berlin), 1913 ENG

31 **Juskowiak,** Erich, 7. 9. 1926, † 1. 7. 1983 (Rot-Weiß Oberhausen 1, Fortuna Düsseldorf 30), 1951 LUX - 1954 POR - 1955 ITA, URS, ITA - 1956 NED, ENG, NOR, SWE, URS, SUI, IRL, BEL - 1957 AUT, NED, SCO, HUN - 1958 BEL, ESP, CSV, ARG, CSV, NIR, YUG, SWE, DEN - 1959 SCO, POL, SUI, NED, HUN

1 **Kaburek,** Matthias, 9. 2. 1911, † 1943 (Rapid Wien), 1939 SVK

60 **Kahn,** Oliver, 15. 6. 1969 (Bayern München), 1995 SUI, GEO - 1996 DEN, NIR, POL - 1997 ISR, ALB, RSA - 1998 NGA, FIN, MLT, ROM, TUR, MDA, NED - 1999 USA, COL, NIR, FIN, MDA, TUR - 2000 NED, CRO, CZE, ROM, ENG, POR, ESP, GRE, ENG, DEN - 2001 FRA, ALB, GRE, FIN, ALB, HUN, ENG, FIN, UKR, UKR - 2002 ISR, KUW, WAL, AUT, KSA, IRL, CMR, PAR, USA, KOR, BRA, LTU, BIH, FRO, NED - 2003 ESP, LTU, SCO, FRO

15 **Kalb,** Hans, 3. 8. 1899, † 5. 4. 1945 (1. FC Nürnberg), 1920 SUI - 1921 FIN - 1922 AUT - 1923 NOR - 1924 AUT, NED, NOR, HUN, ITA, SUI - 1926 NED - 1927 NOR, NED - 1928 SUI, URU

69 **Kaltz,** Manfred, 6. 1. 1953 (Hamburger SV), 1975 AUT, GRE - 1976 CSV - 1977 NIR, YUG, ARG, URU, BRA, MEX, FIN, ITA, SUI - 1978 URS, BRA, SWE, POL, MEX, TUN, ITA, NED, AUT, CSV, HUN, NED - 1979 MLT, TUN, WAL, IRL, ISL, ARG, WAL, URS, TUN - 1980 MLT, AUT, POL, CSV, NED, GRE, BEL, SUI, NED, FRA, BUL - 1981 ARG, BRA, ALB, AUT, BRA, FIN, POL, FIN, AUT, ALB, BUL - 1982 POR, BRA, ARG, CSV, ALG, CHI, AUT, ENG, ESP, FRA, ITA, ENG, NIR - 1983 POR

5 **Kapellmann,** Hans-Josef, 19. 12. 1949 (1. FC Köln 2, Bayern München 3), 1973 BUL, BRA, AUT - 1974 SUI, GRE

1 **Kapitulski,** Helmut, 29. 9. 1934 (FK Pirmasens), 1958 AUT

3 **Kargus,** Rudolf, 15. 8. 1952 (Hamburger SV), 1975 TUN - 1976 WAL - 1977 YUG

5 **Kauer,** Erich, 8. 1. 1908, † 30. 12. 1989 (Tennis Borussia Berlin), 1930 NOR - 1931 NED, SWE, NOR, AUT

1 **Kaufhold,** Gerhard, 2. 12. 1928 (Kickers Offenbach), 1954 ESP

18 **Kehl,** Sebastian, 13. 2. 1980 (SC Freiburg 3, Borussia Dortmund 15) 2001 SVK, HUN, ENG - 2002 ISR, ARG, KUW, WAL, AUT, PAR, USA, BUL, BIH, FRO, NED - 2003 SBM, CAN, SCO, FRO

6 **Kelbassa,** Alfred, 21. 4. 1925, † 11. 8. 1988 (Borussia Dortmund), 1956 BEL - 1957 SCO, SWE, HUN - 1958 BEL, FRA

1 **Keller,** Ferdinand, 30. 7. 1946 (TSV 1860 München), 1975 AUT

4 **Kelsch,** Walter, 3. 9. 1955 (VfB Stuttgart), 1979 TUN, IRL, ISL - 1980 MLT

2 **Kießling,** Georg, 7. 3. 1903, † 24. 6. 1964 (SpVgg Fürth), 1927 DEN - 1928 NOR

18 **Kipp,** Eugen, 26. 2. 1885, † 10. 11. 1931 (Sportfreunde Stuttgart 16, Kickers Stuttgart 2), 1908 SUI, AUT - 1909 SUI - 1910 SUI, NED - 1911 SUI, ENG, SWE, AUT - 1912 HUN, SUI, AUT, DEN, NED - 1913 ENG, SUI, DEN, BEL

1 **Kirsei,** Willi, 3. 12. 1902, † 20. 12. 1963 (Hertha BSC Berlin), 1924 SWE

51 **Kirsten,** Ulf, 4. 12. 1965 (Bayer Leverkusen), 1992 MEX, AUT, URU - 1993 GHA, TUN, URU, BRA, ARG, MEX - 1994 UAE, ALB, MDA, ALB - 1995 ESP, BUL, ITA, GEO - 1996 POR - 1997 ISR, ALB, UKR, NIR, POR, ARM, RSA - 1998 OMA, KSA, BRA, NGA, FIN, COL, LUX, YUG, IRN, MEX, CRO, MLT, ROM, TUR, MDA, NED - 1999 FIN, SCO, MDA, FIN, NOR, - 2000 CRO, SUI, LIE, ENG, POR (+49 für die DDR)

44 **Kitzinger,** Albin, 1. 2. 1912, † 6. 8. 1970 (Schweinfurt 05), 1935 ROM - 1936 POR, HUN, POL, CSV, SCO, IRL, ITA - 1937 NED, FRA, BEL, SUI, DEN, FIN, NOR - 1938 HUN, POR, ENG, SUI, POL - 1939 YUG, ITA, IRL, NOR, DEN, HUN, YUG, BUL, ITA, SVK - 1940 HUN, ITA, ROM, FIN, HUN, YUG, DEN - 1941 SUI, HUN, SUI, ROM, SWE - 1942 ESP, HUN

1 **Klaas,** Werner, 10. 5. 1914, † 26. 3. 1945 (SV Koblenz), 1937 LUX

6 **Kleff,** Wolfgang, 16. 11. 1946 (Borussia Mönchengladbach), 1971 NOR - 1972 URS - 1973 URS, AUT, FRA, SCO

1 **Kliemann,** Uwe, 30. 6. 1949 (Hertha BSC Berlin), 1975 NED

1 **Kling,** Eugen, 14. 2. 1899, † 21. 12. 1971 (TSV 1860 München), 1927 DEN

5 **Klingler,** August, 24. 2. 1918, † 23. 11. 1944 (FV Daxlanden), 1942 ROM, SWE, SUI, SLV, CRO

108 **Klinsmann,** Jürgen, 30. 7. 1964 (VfB Stuttgart 12, Inter Mailand 29, AS Monaco 24, Tottenham Hotspur 17, Bayern München 23, Sampdoria Genua 3), 1987 BRA, ARG - 1988 ARG, SUI, YUG, ITA, DEN, ESP, NED, NED - 1989 NED, WAL, FIN, WAL - 1990 FRA, URU, CSV, DEN, YUG, UAE,

COL, NED, CSV, ENG, ARG, POR, SWE, LUX, SUI – 1991 URS, BEL, WAL, ENG – 1992 ITA, CSV, TUR, URS, SCO, NED, SWE, DEN, DEN, MEX, AUT, BRA, URU – 1993 SCO, GHA, BRA, USA, ENG, URU, ARG, BRA, USA, MEX – 1994 ITA, IRL, AUT, CAN, BOL, ESP, KOR, BUL, BUL, RUS, HUN, ALB, MDA, ALB – 1995 ESP, GEO, WAL, BUL, GEO, MDA, WAL, BUL, RSA – 1996 POR, DEN, NED, NIR, FRA, LIE, RUS, ITA, CRO, CZE, POL, ARM, NIR, POR – 1997 ISR, ALB, UKR, UKR, NIR, POR, ARM – 1998 BRA, COL, LUX, USA, YUG, IRN, MEX, CRO

2 **Klöckner,** Theo, 19. 10. 1934 (Schwarz-Weiß Essen), 1958 EGY – 1959 POL

19 **Klodt,** Bernhard, 26. 10. 1926, † 23. 5. 1996 (Schalke 04), 1950 SUI – 1951 SUI – 1952 LUX, IRL, SUI – 1954 SUI, TUR, TUR, BEL, FRA, POR – 1956 NED, SWE – 1957 SWE – 1958 BEL, ESP, CSV, NIR – 1959 POL

17 **Klodt,** Hans, 10. 6. 1914, † 7. 11. 1996 (Schalke 04), 1938 LUX – 1939 YUG, NOR, DEN, YUG, BUL – 1940 HUN, ITA, FIN, HUN, BUL, YUG – 1941 SUI, HUN, SUI, ROM, SWE

29 **Klose,** Miroslav, 9. 6. 1978 (1. FC Kaiserslautern), 2001 ALB, GRE, SVK, FIN, HUN, ENG, FIN – 2002 ISR, ARG, KUW, WAL, AUT, KSA, IRL, CMR, PAR, USA, KOR, BRA, BUL, LTU, BIH, FRO, NED – 2003 ESP, LTU, SBM, SCO, FRO

2 **Kmetsch,** Sven, 13. 8. 1970 (Hamburger SV), 1997 ARM – 1998 OMA

2 **Knesebeck,** Willi, 31. 3. 1887, † 18. 9. 1956 (Viktoria 89 Berlin), 1911 HUN – 1912 DEN

23 **Knöpfle,** Georg, 15. 5. 1904, † 17. 12. 1987 (SpVgg Fürth 3, FSV Frankfurt 20), 1928 SUI, SUI, URU, DEN, NOR, SWE – 1929 SUI, ITA, SWE – 1930 ITA – 1931 FRA, NED, AUT, SWE, NOR, AUT, DEN – 1932 SUI, FIN, SWE, HUN, NED – 1933 ITA

26 **Kobierski,** Stanislaus, 15. 11. 1910, † 18. 11. 1972 (Fortuna Düsseldorf), 1931 DEN – 1932 SUI, FIN, SWE, HUN, NED – 1933 ITA, FRA, BEL, NOR, POL – 1934 LUX, BEL, SWE, CSV – 1935 SUI, NED, FRA, SWE – 1936 CSV, IRL – 1941 SUI, HUN, SUI, ROM, FRA

1 **Köchling,** Willi, 30. 10. 1924 (Rot-Weiß Essen), 1956 BEL

2 **Kögl,** Ludwig, 7. 3. 1966 (Bayern München), 1985 MEX, CSV

1 **Köhl,** Georg, 19. 11. 1910, †15. 1. 1944 (1. FC Nürnberg), 1937 LUX

5 **Köhler,** Georg, 1. 2. 1900, † 27. 1. 1972 (Dresdner SC), 1925 SUI – 1926 NED, SWE, SUI – 1928 SWE

1 **Koenen,** Theo, 11. 2. 1890, † 8. 9. 1964 (FV Bonn), 1911 HUN

59 **Köpke,** Andreas, 12. 3. 1962 (1. FC Nürnberg 14, Eintracht Frankfurt 25, Olympique Marseille 20), 1990 DEN – 1992 CSV, TUR, DEN, MEX, AUT, URU – 1993 SCO, GHA, BRA, USA, URU, ARG – 1994 UAE, RUS, HUN, ALB, MDA, ALB – 1995 ESP, GEO, WAL, BUL, ITA, BEL, MDA, WAL, BUL, RSA – 1996 POR, DEN, NED, FRA, CSV, RUS, ITA, CRO, ENG, CSV, ARM, NIR, POR – 1997 ALB, UKR, UKR, NIR, POR, ARM – 1998 OMA, KSA, BRA, FIN, COL, LUX, USA, YUG, IRN, MEX, CRO

11 **Köppel,** Horst, 17. 5. 1948 (VfB Stuttgart 7, Borussia Mönchengladbach 4), 1968 BEL, SUI, WAL – 1971 TUR, ALB, AUT, MEX, POL, POL – 1973 BUL, URS

1 **Köpplinger,** Emil, 19. 12. 1897, † 29. 7. 1988 (1. FC Nürnberg), 1927 NOR

6 **Körbel,** Karl-Heinz, 1. 12. 1954 (Eintracht Frankfurt), 1974 MLT – 1975 ENG, BUL, NED, AUT, GRE

1 **Kördell,** Heinz, 8. 1. 1932 (Schalke 04), 1958 EGY

105 **Kohler,** Jürgen, 6. 10. 1965 (SV Waldhof Mannheim 4, 1. FC Köln 20, Bayern München 12, Juventus Turin 38, Borussia Dortmund 31), 1986 DEN, ESP – 1987 ISR, ITA, FRA, ENG, DEN, SWE, HUN, BRA, ARG – 1988 SWE, ARG, SUI, YUG, ITA, AUT, ESP, NED, FIN, URS, NED – 1989 BUL, NED – 1990 URU, CSV, DEN, NED, CSV, ENG, ARG, POR, LUX, SUI – 1991 URS, WAL, ENG, WAL, BEL, LUX – 1992 TUR, NIR, URS, SCO, NED, SWE, DEN, AUT, BRA, URU – 1993 SCO, GHA, BRA, USA, TUN, URU, BRA, ARG, USA, MEX – 1994 ITA, UAE, IRL, AUT, CAN, BOL, ESP, KOR, BEL, BUL, RUS, HUN, ALB – 1995 GEO, BEL, GEO, BUL, RSA – 1996 POR, DEN, NED, NIR, LIE, CZE, POL, ARM, NIR, POR – 1997 ISR, ALB, UKR, UKR, NIR, POR, ALB – 1998 OMA, KSA, BRA, FIN, COL, LUX, USA, YUG, IRN, CRO

22 **Kohlmeyer,** Werner, 19. 4. 1924, † 26. 3. 1974 (1. FC Kaiserslautern), 1951 TUR, AUT, IRL, TUR – 1952 IRL, SUI, YUG, ESP – 1953 AUT, NOR, NOR – 1954 SAA, SUI, TUR, HUN, YUG, AUT, HUN, BEL, FRA, ENG – 1955 ITA

9 **Konietzka,** (Timo) Friedhelm, 2. 8. 1938 (Borussia Dortmund), 1962 YUG, FRA – 1963 BRA, TUR, MAR – 1964 ALG, FIN – 1965 ITA, CYP

2 **Konopka,** Harald, 18. 11. 1952 (1. FC Köln), 1978 It – 1979 ISL

3 **Koslowski,** Willi, 17. 2. 1937 (Schalke 04), 1962 URU, SUI, YUG

3 **Kostedde,** Erwin, 21. 5. 1946 (Kickers Offenbach 2, Hertha BSC Berlin 1), 1974 MLT – 1975 ENG, GRE

13 **Kramer,** Werner, 23. 1. 1940 (MSV Duisburg), 1963 TUR, SWE, MAR – 1964 ALG – 1965 ENG, BRA, SWE, AUT, CYP – 1966 ENG, YUG, ESP – 1967 BUL

9 **Kraus,** Engelbert, 30. 7. 1934 (Kickers Offenbach 8, TSV 1860 München 1), 1955 YUG, NOR – 1957 AUT, NED – 1958 DEN – 1962 CHI, YUG, SUI – 1964 FIN

1 **Krause,** Emil, 21. 1. 1908, † 2. 8. 1962 (Hertha BSC Berlin), 1933 POL
6 **Krause,** Walter, 14. 3. 1896, † 28. 4. 1948 (Victoria Hamburg 1, Holstein Kiel 5), 1920 HUN – 1921 FIN – 1923 NED, FIN, NOR – 1924 NOR
2 **Krauß,** Willy, 10. 2. 1886, † (Carl Zeiss Jena), 1911 SUI – 1912 HUN
15 **Kremers,** Erwin, 24. 3. 1949 (Schalke 04), 1972 URS, BEL, URS, SUI – 1973 ARG, CSV, YUG, BUL, BRA, URS, AUT, FRA, SCO – 1974 HUN, SWE
8 **Kremers,** Helmut, 24. 3. 1949 (Schalke 04), 1973 AUT, FRA – 1974 ESP, ITA, HUN, SUI, GRE – 1975 ENG
1 **Kreß,** Anton, 8. 6. 1899, † 3. 1. 1957 (1. FC Pforzheim), 1921 HUN
9 **Kreß,** Richard, 6. 3. 1925, † 30. 3. 1996 (Eintracht Frankfurt), 1954 POR – 1960 NIR, GRE, BUL – 1961 CHI, NIR, DEN, POL, GRE
16 **Kreß,** Willibald, 13. 11. 1906, † 27. 1. 1989 (Rot-Weiß Frankfurt 12, Dresdner SC 4), 1929 SUI, SWE – 1930 SUI, ENG, HUN – 1931 FRA, NED, SWE, NOR, AUT, DEN – 1932 SUI – 1934 HUN, BEL, SWE, CSV
3 **Krogmann,** Georg, 4. 9. 1886, † 9. 1. 1915 (Holstein Kiel), 1912 HUN, AUT, HUN
1 **Kroth,** Thomas, 26. 8. 1959 (Eintracht Frankfurt), 1985 HUN
1 **Krüger,** Kurt, 4. 10. 1920, † 19. 1. 2003 (Fortuna Düsseldorf), 1940 ROM
2 **Krumm,** Franz, 16. 10. 1909, † 9. 3. 1943 (Bayern München), 1932 SWE – 1933 ITA
3 **Kubsch,** Heinz, 20. 7. 1930, † 24. 10. 1993 (FK Pirmasens), 1954 SUI – 1955 IRL – 1956 SUI
1 **Kubus,** Richard, 30. 3. 1914, † 1987 (Vorwärts-Rasensport Gleiwitz), 1939 SVK
7 **Kugler,** Anton, 28. 3. 1898, † 2. 6. 1962 (1. FC Nürnberg), 1923 ITA – 1924 AUT, NED, NOR, ITA – 1927 NOR, NED
2 **Kugler,** Paul, 24. 9. 1889, † (Viktoria 89 Berlin), 1911 SWE – 1913 SUI
2 **Kühnle,** Paul, 10. 4. 1885, † (Kickers Stuttgart), 1910 SUI – 1911 SUI
7 **Küppers,** Hans, 24. 12. 1938 (TSV 1860 München), 1962 SUI – 1965 ITA, SUI, BRA – 1966 TUR – 1967 YUG, ALB
1 **Kuhnt,** Werner, 27. 10. 1893, † (Norden-Nordwest Berlin), 1924 SWE
2 **Kund,** Willi, 11. 3. 1908, † 30. 8. 1967 (1. FC Nürnberg), 1930 DEN – 1931 AUT
25 **Kuntz,** Stefan, 30. 10. 1962 (1. FC Kaiserslautern 11, Besiktas Istanbul 12, Arminia Bielefeld 2), 1993 USA, MEX – 1994 AUT, CAN, BEL, RUS, MDA, ALB – 1995 WAL, ITA, SUI, WAL, BUL, RSA – 1996 POR, NED, NIR, LIE, CZE, RUS, CRO, ENG, CSV, ARM – 1997 ALB
44 **Kupfer,** Andreas, 7. 5. 1914, † 30. 4. 2001 (Schweinfurt 05), 1937 LUX, BEL, SUI, DEN, FIN, NOR, SWE – 1938 SUI, POR, ENG, SUI, SUI, POL – 1939 YUG, ITA, IRL, NOR, DEN, HUN, YUG, BUL, BOH, ITA – 1940 HUN, ITA, ROM, FIN, HUN, BUL, YUG, DEN – 1941 SUI, HUN, SUI, ROM, SWE, DEN – 1942 BUL, ROM, SWE, SUI, CRO, SVK – 1950 SUI
3 **Kuranyi,** Kevin, 2. 3. 1982 (VfB Stuttgart) 2003 LTU, SBM, CAN
5 **Kurbjuhn,** Jürgen, 26. 7. 1940 (Hamburger SV), 1962 URU – 1963 SWE, MAR – 1964 ALG – 1966 IRL
8 **Kutterer,** Emil, 11. 11. 1898, † 13. 7. 1974 (Bayern München), 1925 SWE, FIN, SUI – 1926 NED, SWE, NED, SUI – 1928 SUI
12 **Kuzorra,** Ernst, 16. 10. 1905, 1. 1. 1990 (Schalke 04), 1927 NED – 1928 NOR, SWE – 1930 SUI, ENG – 1931 AUT, DEN – 1932 SUI, FIN, NED – 1936 LUX – 1938 HUN
4 **Kwiatkowski,** Heinrich, 16. 7. 1926 (Borussia Dortmund), 1954 HUN – 1956 IRL, BEL – 1958 FRA

4 **Laband,** Fritz, 1. 11. 1925, † 3. 1. 1982 (Hamburger SV), 1954 SUI, TUR, TUR, YUG
2 **Labbadia,** Bruno, 8. 2. 1966 (Bayern München 1, 1. FC Köln 1), 1992 URU – 1995 BEL
8 **Lachner,** Ludwig, 25. 7. 1910 (TSV 1860 München), 1930 HUN, NOR – 1931 NED – 1932 HUN – 1933 FRA, SUI, POL – 1934 HUN
10 **Lang,** Hans, 8. 2. 1899, † 25. 4. 1943 (SpVgg Fürth 2, Hamburger SV 8), 1922 SUI – 1923 ITA – 1924 NOR, SWE, HUN – 1925 NED, SWE, FIN, SUI – 1926 NED
2 **Langenbein,** Kurt, 4. 11. 1910, † 1978 (VfR Mannheim), 1932 SUI – 1935 LVA
2 **Laumen,** Herbert, 11. 8. 1943 (Borussia Mönchengladbach), 1968 BEL, WAL
3 **Lauth,** Benjamin, 4. 8. 1981 (TSV München 1860) 2003 ESP, SBM, CAN
16 **Lehmann,** Jens, 10. 11. 1969 (Schalke 04 2, Borussia Dortmund 14), 1998 OMA, LUX – 1999 COL, SCO, BRA, NZL, USA, FIN, NIR, NOR – 2000 SUI, LIE – 2001 SVK – 2002 ARG, BUL, BIH
65 **Lehner,** Ernst, 7. 11. 1912, † 10. 1 1986 (Schwaben Augsburg 55, Blau-Weiß Berlin 10), 1933 SUI, POL – 1934 HUN, BEL, SWE, CSV, AUT, POL, DEN – 1935 SUI, NED, FRA, BEL, IRL, ESP, CSV, NOR, SWE, FIN, POL, BUL, ENG – 1936 ESP, POR, NOR, IRL – 1937 NED, FRA, BEL, SUI, DEN FIN, EST, NOR, SWE – 1938 SUI, HUN, POR, ENG, SUI, SUI – 1939 BEL, ITA, IRL, NOR, EST, HUN, YUG, BUL, BOH, ITA, SVK – 1940 HUN, YUG, ITA, HUN, BUL, YUG, DEN – 1941 ROM, CRO, SWE – 1942 SWE, SUI, CRO

24 **Leinberger,** Ludwig, 21. 5. 1903, 3. 3. 1943 (SpVgg Fürth), 1927 DEN – 1928 SUI, SUI, URU, DEN, NOR – 1929 SUI, ITA, SWE – 1930 ITA, SUI, ENG, HUN – 1931 FRA, SWE, NOR, AUT, DEN – 1932 SUI, FIN, SWE, HUN, NED – 1933 ITA

3 **Leip,** Rudolf, 8. 6. 1890, † 5. 3. 1947 (Guts Muths Dresden), 1923 FIN, NOR – 1924 SWE

14 **Lenz,** August, 29. 11. 1910, † 5. 12. 1988 (Borussia Dortmund), 1935 BEL, IRL, CSV, NOR, ROM, POL, LVA – 1936 ESP, HUN, NOR, CSV – 1937 FRA, BEL – 1938 LUX

26 **Libuda,** Reinhard, 10. 10. 1943, † 25. 8. 1996 (Schalke 04 24, Borussia Dortmund 2), 1963 TUR, SWE, MAR – 1964 ALG, CSV, SCO – 1965 BRA – 1967 FRA, ROM – 1969 WAL, CYP, AUT, SCO – 1970 ESP, YUG, BUL, PER, ENG, ITA, URU, HUN, TUR, YUG, GRE – 1971 MEX, POL

16 **Liebrich,** Werner, 18. 1. 1927, † 20. 3. 1995 (1. FC Kaiserslautern), 1951 TUR – 1952 FRA – 1954 SAA, HUN, YUG, AUT, HUN, BEL, FRA, ENG, POR – 1955 URS, YUG, NOR, ITA – 1956 SUI

1 **Lindner,** Willi, 27. 6. 1910, † 1944 (Eintracht Frankfurt), 1933 FRA

42 **Linke,** Thomas, 26. 12. 1969 (Schalke 04 2, Bayern München 40), 1997 RSA – 1998 KSA, MLT – 1999 BRA, NZL, USA, FIN, NIR, TUR, NOR – 2000 NED, CRO, SUI, CZE, LIE, ROM, POR, ESP, GRE, ENG, DEN – 2001 FRA, FIN, ALB, HUN, ENG, UKR, UKR – 2002 ISR, USA, ARG, KUW, WAL, AUT, KSA, IRL, CMR, PAR, USA, KOR, BRA, LTU

73 **Littbarski,** Pierre, 16. 4. 1960 (1. FC Köln 71, Racing Paris 2), 1981 AUT, ALB – 1982 POR, BRA, ARG, CSV, NOR, ALG, CHI, AUT, ENG, ESP, FRA, ITA, BEL, ENG, NIR – 1983 POR, ALB, TUR, AUT, HUN, TUR, NIR, ALB – 1984 FRA, ROM, ESP – 1985 HUN, POR, MLT, BUL, CSV, ENG, URS, SWE, POR, CSV – 1986 YUG, NED, URU, SCO, DEN, MAR, MEX – 1987 ITA, FRA, ENG, DEN, SWE, HUN – 1988 SWE, SUI, ITA, DEN, ESP, NED, FIN, URS – 1989 BUL, IRL, FIN, WAL – 1990 FRA, URU, CSV, DEN, YUG, UAE, COL, NED, CSV, ARG

4 **Löble,** Otto, 27. 10. 1888, † 29. 5. 1967 (Kickers Stuttgart), 1909 SUI – 1910 SUI – 1912 SUI – 1913 ENG

20 **Löhr,** Johannes, 5. 7. 1942 (1. FC Köln), 1967 MAR, BUL, ALB, YUG, FRA, YUG, ROM, ALB – 1968 BEL, SUI, ENG – 1970 IRL, YUG, MAR, BUL, PER, ENG, ITA, URU, HUN

1 **Lohneis,** Hans, 12. 4. 1895, † 1970 (MTV Fürth), 1920 AUT

3 **Lohrmann,** Theodor, 7. 9. 1898, † 2. 9. 1971 (SpVgg Fürth), 1920 HUN – 1922 SUI, HUN

19 **Lorenz,** Max, 19. 8. 1939 (Werder Bremen 17, Eintracht Braunschweig 2), 1965 CYP, ENG, SUI, BRA, AUT – 1966 ENG, NED – 1968 ENG, BRA, FRA, CYP, BRA, CHI, MEX – 1969 WAL, SCO, CYP – 1970 ROM, URU

1 **Ludewig,** Heinz, 24. 12. 1889, † (Duisburger SV), 1914 NED

3 **Ludwig,** Johann, 8. 6. 1903, † 7. 1. 1985 (Holstein Kiel), 1930 HUN – 1931 SWE, NOR

1 **Ludwig,** Karl, 14. 5. 1886, † 3. 2. 1948 (SC 99 Köln), 1908 SUI

2 **Lüke,** Josef, 13. 3. 1899, † 1948 (TuRU Düsseldorf), 1923 NED, FIN

12 **Lutz,** Friedel, 21. 1. 1939 (Eintracht Frankfurt), 1960 ISL, GRE, BUL – 1961 BEL, CHI – 1964 ALG, FIN – 1966 ENG, IRL, NIR, ROM, URS

3 **Lux,** Hermann, 20. 9. 1903, † 9. 1. 1962 (Tennis Borussia Berlin), 1924 SWE – 1925 NED, FIN

3 **Maas,** Erich, 24. 12. 1940 (Eintracht Braunschweig), 1968 BEL – 1969 BUL – 1970 ROM

5 **Männer,** Ludwig, 11. 7. 1912 (Hannover 96), 1937 LVA – 1939 LUX, EST, BOH – 1940 SVK

43 **Magath,** Felix, 26. 7. 1953 (Hamburger SV), 1977 YUG, URU – 1980 POL, CSV, NED, SUI, NED, BUL – 1981 ARG, BRA, ALB, AUT, BRA, FIN, POL, FIN, AUT, ALB, BUL – 1982 NOR, ALG, CHI, AUT, FRA – 1984 AUT, SWE – 1985 HUN, POR, MLT, BUL, CSV, ENG, MEX, URS – 1986 ITA, BRA, SUI, URU, SCO, MAR, MEX, FRA, ARG

1 **Mahlmann,** Carl-Heinz, 17. 9. 1907, † 7. 11. 1965 (Hamburger SV), 1932 NED

21 **Mai,** Karl, 27. 7. 1928, † 15. 3. 1993 (SpVgg Fürth 18, Bayern München 3), 1953 SAA, NOR – 1954 SUI, TUR, TUR, YUG, AUT, HUN, BEL, FRA – 1955 ITA, IRL, ITA – 1956 ENG, NOR, SUI, IRL – 1957 SWE – 1958 BUL, EGY – 1959 POL

95 **Maier,** Josef, 28. 2. 1944 (Bayern München), 1966 IRL, TUR, NOR – 1967 BUL, YUG, FRA, YUG – 1968 BEL, FRA, AUT, BRA, MEX – 1969 WAL, SCO, AUT, CYP, BUL, SCO – 1970 ROM, MAR, BUL, PER, ENG, ITA, HUN, TUR, YUG – 1971 ALB, TUR, ALB, SWE, DEN, MEX, POL, POL – 1972 HUN, ENG, ENG, URS, BEL, URS, SUI – 1973 ARG, YUG, BRA, SCO, ESP – 1974 ITA, SCO, SWE, CHI, AUS, DDR, YUG, SWE, POL, NED, SUI, GRE – 1975 ENG, BUL, NED, AUT, GRE, BUL – 1976 MLT, ESP, ESP, YUG, CSV, CSV – 1977 FRA, NIR, YUG, BRA, MEX, FIN, ITA, WAL – 1978 ENG, URS, BRA, SWE, POL, MEX, TUN, ITA, NED, AUT, CSV, HUN – 1979 MLT, WAL, IRL, ISL

5 **Malecki,** Edmund, 1. 11. 1914, † 21. 4. 2001 (Hannover 96), 1935 ROM, EST – 1936 LUX – 1937 LUX – 1939 LUX

2 **Malik,** Richard, 10. 12. 1909, † 20. 1. 1945 (Beuthen 09), 1932 HUN – 1933 ITA

1 **Maneval,** Hellmut, 13. 11. 1898, † 19. 4. 1967 (Kickers Stuttgart), 1923 NED

4 **Manglitz,** Manfred, 8. 3. 1940 (MSV Duisburg 2, 1. FC Köln 2), 1965 ITA, CYP – 1970 ESP, YUG

5 **Mantel,** Hugo, 14. 5. 1907, † 3. 2. 1942 (Dresdner SC 1, Eintracht Frankfurt 4), 1927 DEN – 1930 ITA, ENG, DEN – 1933 FRA
1 **Marischka,** Otto, 31. 5. 1912, † (Admira Wien), 1939 SVK
1 **Marohn,** Arthur, 14. 6. 1893, † (Viktoria 89 Berlin), 1921 HUN
13 **Marschall,** Olaf, 19. 3. 1966 (1. FC Kaiserslautern), 1994 HUN – 1997 ALB, RSA – 1998 KSA, FIN, COL, LUX, CRO, MLT, NED – 1999 USA, BRA, NZL (+ 4 für die DDR)
1 **Martin,** Bernd, 10. 2. 1955 (VfB Stuttgart), 1979 WAL
1 **Martinek,** Alexander, 25. 4. 1919, † 8. 7. 1944 (Wacker Wien), 1940 ROM
6 **Martwig,** Otto, 24. 2. 1903, † (Tennis Borussia Berlin), 1925 SWE, FIN, SUI – 1926 SWE, NED – 1927 NOR
1 **Marx,** Joseph, 20. 11. 1934 (SV Sodingen), 1960 ISL
1 **Massini,** Erich, 13. 9. 1889, † 26. 7. 1915 (Preußen Berlin), 1909 ENG
150 **Matthäus,** Lothar, 21. 3. 1961 (Borussia Mönchengladbach 26, Bayern München 90, Inter Mailand 28, New York Metrostars 6), 1980 NED – 1981 ALB – 1982 POR, BRA, ARG, CSV, NOR, CHI, AUT, BEL, ENG, NIR – 1983 POR, YUG, HUN, AUT, TUR, NIR, ALB – 1984 BEL, URS, FRA, ITA, POR, ROM, ESP, ARG, SWE, MLT – 1985 HUN, POR, BUL, CSV, ENG, MEX, URS – 1986, ITA, BRA, SUI, YUG, NED, URU, SCO, DEN, MAR, MEX, FRA, ARG, DEN, ESP, AUT – 1987 ISR, ITA, FRA, HUN, BRA, ARG – 1988 SWE, ARG, SUI, YUG, ITA, DEN, ESP, NED, FIN, NED – 1989 BUL, NED, FIN – 1990 FRA, URU, CSV, DEN, YUG, UAE, COL, NED, CSV, ENG, ARG, POR, SWE, LUX, SUI – 1991 URS, BEL, WAL, ENG, WAL, BEL, LUX – 1992 ITA, MEX, BRA, URU – 1993 SCO, GHA, BRA, USA, ENG, TUN, URUY, BRA, ARG, USA, MEX – 1994 ITA, UAE, IRL, AUT, CAN, BOL, ESP, KOR, BUL, BUL, RUS, HUN, ALB, MDA, ALB – 1998 FIN, COL, LUX, YUG, IRN, MEX, CRO, NED – 1999 USA, COL, NIR, FIN, SCO, MDA, BRA, NZL, USA, FIN, NIR, TUR, NOR – 2000 NED, CRO, SUI, LIE, ROM, ENG, POR
2 **Mathies,** Paul, 12. 1. 1911 (Preußen Danzig), 1935 EST, LVA
1 **Matthes,** Paul, 6. 3. 1879, † (Viktoria 96 Magdeburg), 1908 ENG
1 **Mauch,** Paul, 8. 5. 1897, † 15. 7. 1924 (VfB Stuttgart), 1922 AUT
2 **Maul,** Ronald, 13. 2. 1973 (Arminia Bielefeld), 1999 BRA, USA
1 **Mauritz,** Matthias, 13. 11. 1924 (Fortuna Düsseldorf), 1959 POL
1 **Max,** Martin 7. 8. 1968 (TSV München 1860), 2002 ARG
6 **Mebus,** Paul, 9. 6. 1920, † 11. 12. 1993 (VfL Benrath 1, 1. FC Köln 5), 1951 SUI, AUT, IRL, TUR, LUX – 1954 HUN
2 **Mechling,** Heinrich, 25. 2. 1892, † 27. 12. 1976 (FC Freiburg), 1912 SUI – 1913 SUI
2 **Mehl,** Paul, 16. 4. 1912, 6. 5. 1972 (Fortuna Düsseldorf), 1936 LUX, POL
16 **Meier,** Norbert, 20. 9. 1958 (Werder Bremen), 1982 ENG – 1983 POR, ALB, YUG, HUN, AUT, TUR, NIR, ALB – 1984 BUL, URS, FRA, ROM, ESP – 1985 URS, POR
1 **Meißner,** Kurt, 11. 12. 1897, † 1973 (VfR Mannheim), 1924 ITA
3 **Memering,** Caspar, 1. 6. 1953 (Hamburger SV), 1979 IRL, ISL – 1980 GRE
1 **Mengel,** Hans, 6. 2. 1917, † 8. 3. 1941 (TuRU Düsseldorf), 1938 HUN
1 **Merkel,** Max, 7. 12. 1918 (Wiener SC), 1939 SVK
16 **Metzelder**, Christoph, 5. 11. 1980 (Borussia Dortmund) 2001 HUN – 2002 ISR, ARG, KUW, WAL, AUT, KSA, IRL, CMR, PAR, USA, KOR, BRA, BUL, LTU – 2003 ESP
2 **Metzner,** Karl-Heinz, 9. 1. 1923, † 25. 10. 1994 (Hessen Kassel), 1952 ESP – 1953 SAA
1 **Meyer,** Peter, 18. 2. 1940 (Borussia Mönchengladbach), 1967 ALB
3 **Milewski,** Jürgen, 19. 10. 1957 (Hamburger SV), 1981 ALB – 1982 BEL – 1984 URS
17 **Mill,** Frank, 23. 7. 1958 (Borussia Mönchengladbach 9, Borussia Dortmund 8), 1982 BRA, ARG, CSV – 1984 ARG – 1985 HUN, ENG, MEX – 1986 BRA, NED – 1988 YUG, DEN, ESP, NED, NED – 1989 FIN – 1990 CSV, DEN
12 **Miller,** Karl, 2. 10. 1913, † 18. 4. 1967 (FC St. Pauli Hamburg), 1941 HUN, SUI, FIN, DEN, SVK – 1942 ESP, HUN, BUL, ROM, SWE, SUI, SVK
2 **Miltz,** Jakob, 23. 9. 1928, † 18. 2. 1984 (TuS Neuendorf), 1954 POR – 1956 IRL
5 **Mock,** Hans, 9. 12. 1906, † 1983 (Austria Wien), 1938 SUI, ROM – 1941 CRO – 1942 CRO, SUI
85 **Möller,** Andreas, 2. 9. 1967 (Borussia Dortmund 53, Eintracht Frankfurt 12, Juventus Turin 20), 1988 URS – 1989 BUL, NED, WAL, IRL, FIN, WAL – 1990 FRA, CSV, DEN, YUG, CSV, POR, SWE – 1991 URS, ENG, WAL, BEL, LUX – 1992 CSV, TUR, URS, SCO, NED, AUT, URU – 1993 GHA, BRA, USA, ENG, TUN, URU, BRA, ARG, USA, MEX – 1994 ITA, UAE, IRL, AUT, BOL, ESP, KOR, BUL, RUS, ALB, MDA, ALB – 1995 ESP, GEO, BUL, SUI, BUL, GEO, MDA, WAL, RSA – 1996 POR, NIR, FRA, LIE, CZE, RUS, ITA, CRO, ENG, POL, NIR, POR – 1997 ISR, ALB, NIR, ALB – 1998 OMA, KSA, BRA, NGA, COL, LUX, USA, YUG, MEX, NED – 1999 USA, COL
9 **Möller,** Ernst, 19. 8. 1891, † 8. 11. 1916 (Holstein Kiel), 1911 ENG, SWE, AUT, SWE – 1912 HUN, DEN – 1913 ENG, DEN, BEL

5 **Mohns,** Arthur, 4. 2. 1896, † (Norden-Nordwest Berlin), 1920 AUT, HUN – 1921 AUT, FIN – 1922 HUN

4 **Montag,** Otto, 12. 10. 1897, † 23. 12. 1973 (Norden-Nordwest Berlin), 1923 SUI, SWE – 1925 SWE, FIN

7 **Moog,** Alfons, 14. 2. 1915, † 1999 (VfL 99 Köln), 1939 EST – 1940 ROM, FIN, SVK, HUN, BUL, DEN

26 **Morlock,** Max, 11. 5. 1925, † 10. 9. 1994 (1. FC Nürnberg), 1950 SUI – 1951 AUT, IRL, TUR – 1952 SUI, YUG, ESP – 1953 AUT, NOR, SAA, NOR – 1954 SAA, SUI, TUR, TUR, YUG, AUT, HUN, BEL – 1955 ITA, URS, YUG – 1956 ENG, IRL – 1958 BUL, EGY

12 **Müller,** Dieter, 1. 4. 1954 (1. FC Köln), 1976 YUG, CSV, WAL – 1977 FRA, NIR, YUG, URU, MEX – 1978 MEX, TUN, NED, AUT

1 **Müller,** Ernst, 13. 7. 1901, † (Hertha BSC Berlin), 1931 AUT

2 **Müller,** Friedrich, 7. 2. 1907, 15. 5. 1978 (Dresdner SC), 1931 NED, AUT

62 **Müller,** Gerhard, 3. 11. 1945 (Bayern München), 1966 TUR – 1967 ALB, YUG, FRA, YUG – 1968 FRA, AUT, CYP – 1969 WAL, SCO, AUT, CYP, AUT, BUL, SCO – 1970 ESP, ROM, IRL, YUG, MAR, BUL, PER, ENG, ITA, URU, HUN, TUR – 1971 ALB, TUR, NOR, SWE, DEN, MEX, POL, POL – 1972 HUN, ENG, ENG, URS, BEL, URS, SUI – 1973 CSV, YUG, BUL, BRA, URS, AUT, FRA, ESP – 1974 ESP, ITA, SCO, HUN, SWE, CHI, AUS, DDR, YUG, SWE, POL, NED

42 **Müller,** Hans, 27. 7. 1957 (VfB Stuttgart 36, Inter Mailand 6), 1978 BRA, SWE, POL, MEX, TUN, AUT, CSV – 1979 MLT, TUR, IRL, ARG, WAL, URS, TUR – 1980 MLT, AUT, POL, CSV, NED, GRE, BEL, SUI, NED, FRA, BUL – 1981 ARG, BRA, ALB, AUT, BRA, FIN, POL – 1982 BRA, ARG, ENG, ITA, BEL – 1983 ALB, TUN, AUT, YUG, HUN

9 **Müller,** Henry, 12. 8. 1896, † 0. 9. 1982 (Victoria Hamburg), 1921 HUN – 1922 AUT, HUN – 1923 NED, SUI, SWE, FIN – 1924 ITA – 1928 NOR

12 **Müller,** Josef, 6. 5. 1893, 22. 3. 1984 (Phönix Ludwigshafen 1, SpVgg Fürth 10, FV 04 Würzburg 1), 1921 FIN – 1922 SUI – 1923 ITA – 1924 AUT, NED, ITA, SUI – 1925 NED, SUI – 1926 NED, NED – 1928 SUI

6 **Müller,** Ludwig, 25. 8. 1941 (1. FC Nürnberg 5, Borussia Mönchengladbach 1), 1968 ENG, BRA, FRA – 1969 WAL, CYP, BUL

41 **Münzenberg,** Reinhold, 25. 1. 1909, † 25. 6. 1986 (Alemannia Aachen), 1930 DEN, NOR – 1931 FRA, AUT – 1934 AUT, POL, DEN – 1935 NED, FRA, ESP, SWE, ROM, EST, BUL, ENG – 1936 ESP, POR, HUN, LUX, NOR, POL, CSV, SCO, IRL, ITA – 1937 NED, FRA, BEL, SUI, DEN, LVA, FIN, EST, NOR, SWE – 1938 SUI, HUN, POR, ENG, POL – 1939 LUX

8 **Munkert,** Andreas, 7. 3. 1908, † 23. 4. 1982 (1. FC Nürnberg), 1935 BEL, FIN – 1936 ESP, HUN, CSV, SCO, IRL, ITA

1 **Nafziger,** Rudolf, 11, 8. 1945 (Bayern München), 1965 AUT

1 **Nagelschmitz,** Ernst, 1. 5. 1902, † 23. 5. 1987 (Bayern München), 1926 NED

3 **Neiße,** Hermann, 5. 12. 1889, † 20. 10. 1932 (Eimsbütteler TV), 1910 NED – 1911 ENG, BEL

6 **Nerlinger,** Christian, 21. 3. 1973 (Borussia Dortmund), 1998 ROM, MDA – 1999 COL, USA, FIN, TUR

37 **Netzer.** Günter, 14. 9. 1944 (Borussia Mönchengladbach 31, Real Madrid 6), 1965 AUT, CYP – 1966 ENG, TUR – 1967 BUL, ALB – 1968 BEL, SUI, WAL, FRA, AUT, BRA, CHI – 1970 ESP, YUG, GRE – 1971 ALB, TUR, ALB, NOR, SWE, DEN, MEX, POL – 1972 HUN, ENG, ENG, URS, BEL, URS, SUI – 1973 SCO – 1974 ITA, SWE, DDR – 1975 BUL, GRE

1 **Neubarth,** Frank, 29. 7. 1962 (Werder Bremen), 1988 ARG

2 **Neuberger,** Willi, 15. 4. 1946 (Borussia Dortmund), 1968 WAL, BRA

3 **Neumaier,** Robert, 14. 4. 1885, † 22. 3. 1959 (Phönix Karlsruhe), 1909 SUI – 1910 BEL – 1912 SUI

1 **Neumann,** Arno, 7. 2. 1885, † (Dresdner SC), 1908 ENG

1 **Neumann,** Herbert, 14. 11. 1953 (1. FC Köln), 1978 ENG

1 **Neumer,** Leopold, 8. 2. 1919 (Austria Wien), 1938 SUI

1 **Neuschäfer,** Hans, 23. 11. 1931 (Fortuna Düsseldorf), 1956 SUI

43 **Neuville,** Oliver, 1. 5. 1973 (Hansa Rostock 8, Bayer Leverkusen 35), 1998 MLT, TUR, MDA – 1999 COL, NIR, FIN, SCO, MDA, BRA, NZL, USA, FIN, NIR, TUR, NOR – 2000 NED, SUI, ESP, DEN – 2001 FRA, ALB, GRE, SVK, FIN, ALB, HUN, ENG, FIN, UKR – 2002 USA, KSA, CMR, PAR, USA, KOR, BRA, LTU, FRO, NED – 2003 ESP, CAN, SCO, FRO

1 **Nickel,** Bernd, 15. 3. 1949 (Eintracht Frankfurt), 1974 MLT

3 **Nickel,** Harald, 21. 7. 1953 (Borussia Mönchengladbach), 1979 URS, TUR – 1980 MLT

1 **Nicodemus,** Otto, 21. 6. 1886, † 2. 12. 1966 (SV Wiesbaden), 1909 SUI

1 **Niederbacher,** Max, 22. 6. 1899, † Juni 1979 (Kickers Stuttgart), 1925 SWE

1 **Niedermayer,** Kurt, 25. 11. 1955 (Bayern München), 1980 NED

6 **Nigbur,** Norbert, 8. 5. 1948 (Schalke 04), 1974 ESP, HUN, MLT – 1979 URS, TUR – 1980 AUT

3 **Noack,** Rudolf, 30. 3. 1913, † 8. 1. 1948 (Hamburger SV), 1934 HUN, CSV – 1937 SUI

4 **Nogly,** Peter, 14. 1. 1947 (Hamburger SV), 1977 FRA, NIR, URU, MEX

15 **Nowak,** Hans, 9. 8. 1937 (Schalke 04), 1961 DEN, POL, GRE – 1962 ITA, SUI, CHI, YUG, SUI – 1963 BRA, TUR, SWE, MAR – 1964 CSV, SCO, SWE

37 **Nowotny,** Jens, 11. 1. 1974 (Bayer Leverkusen), 1997UKR, NIR, POR, ARM – 1998 KSA, MLT, ROM, TUR, MDA, NED – 1999 NIR, FIN, SCO, MDA, FIN, NIR – 2000 CRO, CZE, LIE, ROM, ENG, POR, ESP, GRE, ENG, DEN – 2001 ALB, GRE, SVK, FIN, ALB, ENG, FIN, UKR, UKR – 2002 ISR, ARG

5 **Oberle,** Emil, 16. 11. 1889, † 25. 12. 1955 (Phönix Karlsruhe), 1909 SUI – 1912 NED, SUI, RUS, HUN

3 **Oehm,** Richard, 22. 6. 1909, † 20. 5. 1975 (1. FC Nürnberg), 1932 SWE – 1934 HUN, LUX

1 **Ohlhauser,** Rainer, 6. 1. 1941 (Bayern München), 1968 CHI

1 **Olk,** Werner, 18. 1. 1938 (Bayern München), 1961 POL

2 **Ordenewitz,** Frank, 25. 3. 1965 (Werder Bremen), 1987 BRA, ARG

6 **Otten,** Jonny, 31. 1. 1961 (Werder Bremen), 1983 POR, ALB, YUG, TUR, ALB – 1984 URS

81 **Overath,** Wolfgang, 29. 9. 1943 (1. FC Köln), 1963 TUR, SWE, MAR – 1964 ALG, CSV, FIN, SWE – 1965 CYP, ENG, SUI, BRA – 1966 NED, IRL, NIR, ROM, YUG, SUI, ARG, ESP, URU, URS, ESP, TUR, NOR – 1967 MAR, BUL, ALB, YUG, FRA, YUG, ROM, ALB – 1968 WAL, ENG, BRA, FRA, CYP, BRA, CHI, MEX – 1969 SCO, AUT, CYP, AUT, BUL, SCO – 1970 ROM, IRL, YUG, MAR, BUL, PER, ENG, ITA, URU, TUR, YUG, GRE – 1971 ALB, ALB, NOR, SWE, DEN, POL – 1973 ARG, CSV, YUG, BUL, BRA, AUT, FRA, ESP – 1974 ESP, ITA, CHI, AUS, DDR, YUG, SWE, POL, NED

1 **Panse,** Herbert, 6. 3. 1914, † 25. 8. 1980 (Eimsbütteler TV), 1935 LVA

4 **Paßlack,** Stephan, 24. 8. 1970 (Borussia Mönchengladbach), 1996 ARG, NIR – 1998 MLT, ROM

24 **Patzke,** Bernd, 14. 3. 1943 (TSV 1860 München 18, Hertha BSC Berlin 6), 1965 ITA, CYP – 1967 MAR, BUL, ALB, YUG, FRA, YUG, ROM, ALB – 1968 CYP, BRA, CHI, MEX – 1969 WAL, SCO, AUT, CYP – 1970 IRL, PER, ITA, URU – 1971 ALB, TUR

6 **Paulsen** (Pömpner), Paul, 28. 12. 1892, † 17. 5. 1934 (VfB Leipzig), 1924 SWE, ITA, SUI – 1925 NED, SWE, FIN

1 **Pekarek,** Josef, 2. 1. 1913, † 1992 (Wacker Wien), 1939 SVK

12 **Pesser,** Hans, 7. 11. 1911, † August 1986 (Rapid Wien), 1938 ENG, SUI, POL, ROM – 1939 ITA, HUN, ITA – 1940 HUN, YUG, ITA, HUN, DEN

1 **Peters,** Wolfgang, 8. 1. 1929 (Borussia Dortmund), 1957 SWE

7 **Pfaff,** Alfred, 16. 7. 1926 (Eintracht Frankfurt), 1953 NOR – 1954 HUN, POR – 1956 ENG, NOR, SWE, SUI

1 **Pfeiffer,** Michael, 19. 7. 1925 (Alemannia Aachen), 1954 ENG

1 **Pflipsen,** Karlheinz, 31. 10. 1970 (Borussia Mönchengladbach), 1993 USA

11 **Pflügler,** Hans, 27. 3. 1960 (Bayern München), 1987 ISR, ITA, FRA, SWE, ARG – 1988 ARG, NED, URS – 1989 IRL – 1990 DEN, COL

2 **Philipp,** Ludwig, 20. 12. 1889, † 14. 1. 1964 (1. FC Nürnberg), 1910 SUI, NED

1 **Picard,** Alfred, 21. 3. 1913, † (SSV Ulm), 1939 LUX

6 **Piontek,** Josef, 5. 3. 1940 (Werder Bremen), 1965 ITA, ENG, SUI, BRA, CYP – 1966 NIR

2 **Pirrung,** Josef, 24. 7. 1949 (1. FC Kaiserslautern), 1974 GRE, MLT

2 **Platzer,** Peter, 29. 5. 1910, † 13. 12. 1959 (Admira Wien), 1939 BEL, ITA

2 **Plener,** Ernst, 21. 2. 1919 (Vorwärts Rasensport Gleiwitz), 1940 ROM, FIN

1 **Pöhler,** Ludwig, 11. 1. 1916, † 26. 3. 1975 (Hannover 96), 1939 LUX

3 **Poertgen,** Ernst, 25. 1. 1912, † 3. 11. 1986 (Schalke 04), 1935 BUL – 1936 LUX – 1937 LUX

3 **Poetsch,** Ernst, 29. 6. 1883, † (Union 92 Berlin), 1908 AUT – 1909 HUN – 1910 NED

14 **Pöttinger,** Josef, 16. 4. 1903, † 9. 9. 1970 (Bayern München), 1926 NED, SWE – 1927 NOR, NED – 1928 SUI, SUI, URU, DEN, SWE – 1929 SUI, ITA, SCO – 1930 ITA, ENG

2 **Pohl,** Erich, 15. 1. 1894, † 8. 11. 1948 (SC 99 Köln), 1923 NED, FIN

2 **Pohl,** Herbert,18. 9. 1916 (Dresdner SC), 1941 FIN, SVK

1 **Politz,** Karl, 14. 8. 1903, † 5. 9. 1987 (Hamburger SV), 1934 HUN

5 **Popp,** Luitpold, 7. 3. 1893, † 30. 8. 1968 (1. FC Nürnberg), 1920 HUN – 1921 AUT – 1923 SWE – 1924 HUN – 1926 SWE

1 **Poppe,** Walter, 5. 3. 1886, † 24. 6. 1951 (Eintracht Braunschweig), 1908 ENG

1 **Porges,** Ingo, 22. 8. 1938 (FC St. Pauli Hamburg), 1960 IRL

32 **Posipal,** Josef, 20. 6. 1927, † 21. 2. 1997 (Hamburger SV), 1951 TUR, AUT, IRL, TUR – 1952 LUX, IRL, FRA, SUI, YUG, ESP – 1953 AUT, NOR, SAA, NOR – 1954 SAA, SUI, TUR, HUN, TUR, AUT, HUN, BEL, FRA, ENG, POR – 1955 ITA, URS, YUG, NOR, ITA – 1956 NED, URS

3 **Pott,** Fritz, 23. 4. 1939 (1. FC Köln), 1962 FRA – 1963 TUR – 1964 CSV

7 **Preetz,** Michael, 17. 8. 1967 (Hertha BSC Berlin), 1999 USA, COL, NIR, BRA, NZI, USA – 2000 SUI

2 **Preißler,** Alfred, 9. 4. 1921, † 15. 7. 2003 (Preußen Münster), 1951 AUT, IRL

1 **Pyka,** Alfred, 28. 6. 1934 (Westfalia Herne), 1958 EGY

3 **Queck,** Richard, 4. 11. 1888, † 20. 12. 1968 (Eintracht Braunschweig), 1909 HUN – 1910 NED – 1914 NED

6 **Raftl,** Rudolf, 7. 2. 1911, † 5. 9. 1994 (Rapid Wien), 1938 SUI, SUI, ROM – 1939 BOH, ITA – 1940 YUG

2 **Rahn,** Christian, 15. 6. 1979 (FC St. Pauli), 2002 KUW, AUT

40 **Rahn,** Helmut, 16. 8. 1929, † 14. 8. 2003 (Rot-Weiß Essen 34, 1. FC Köln 6), 1951 TUR, LUX – 1952 FRA, YUG, ESP – 1953 AUT, NOR, SAA, NOR – 1954 SAA, HUN, YUG, AUT, HUN, BEL – 1955 ITA, URS, ITA – 1956 IRL – 1957 AUT, NED, SCO – 1958 ARG, CSV, NIR, YUG, SWE, FRA, DEN, FRA, AUT, BUL, EGY – 1959 SCO, SUI, NED, HUN, YUG – 1960 CHI, POR

14 **Rahn,** Uwe, 21. 5. 1962 (Borussia Mönchengladbach), 1984 SWE, MLT – 1985 MLT, BUL, CSV, ENG, MEX, URS, CSV – 1986 DEN, ESP – 1987 ISR, FRA, DEN

40 **Ramelow,** Carsten, 20. 3. 1974 (Bayer Leverkusen), 1998 TUR, MDA, NED – 1999 USA, SCO, MDA – 2000 CRO, CZE, LIE, ESP, GRE, ENG, DEN – 2001 FRA, ALB, GRE, SVK, FIN, ALB, FIN, UKR, UKR – 2002 ISR, USA, ARG, KSA, IRL, CMR, KOR, BRA, BUL, LTU, BIH, FRO – 2003 ESP, LTU, SBM, CAN, SCO, FRO

9 **Rasselnberg,** Josef, 18. 12. 1912 (VfL Benrath), 1933 BEL, NOR, SUI, POL – 1934 LUX – 1935 ESP, ROM, EST, ENG

5 **Rau,** Tobias, 31. 12. 1981 (VfL Wolfsburg) 2003 ESP, LTU, CAN, SCO, FRO

2 **Rebele,** Hans, 26. 1. 1943 (TSV 1860 München), 1965 SUI – 1969 WAL

1 **Reck,** Oliver, 27. 2. 1965 (Werder Bremen), 1996 LIE

1 **Redder,** Theo, 19. 11. 1941 (Borussia Dortmund), 1964 FIN

1 **Reese,** Hans, 17. 9. 1891, † (Holstein Kiel), 1912 RUS

32 **Rehmer,** Marko, 29. 4. 1972 (Hansa Rostock 7, Hertha BSC Berlin 25), 1998 MLT, ROM, TUR, MDA, NED – 1999 USA, COL – 2000 CRO, SUI, CZE, LIE, ROM, POR, ESP, GRE, ENG – 2001 FRA, ALB, GRE, SVK, FIN, ALB, HUN, ENG, FIN, UKR, UKR, PAR, BIH, NED – 2003 LTU, CAN

1 **Reich,** Marco, 30. 12. 1977 (1. FC Kaiserslautern), 1999 COL

2 **Reichel,** Peter, 30. 11. 1951 (Eintracht Frankfurt), 1975 TUR – 1976 ESP

4 **Reinders,** Uwe, 19. 1. 1955 (Werder Bremen), 1982 NOR, CHI, ENG, ESP

4 **Reinhardt,** Alois, 18. 11. 1961 (Bayer Leverkusen), 1989 WAL, IRL, WAL – 1990 FRA

7 **Reinhardt,** Knut, 27. 4. 1968 (Bayer Leverkusen 4, Borussia Dortmund 3), 1988 URS – 1990 POR, SWE, LUX – 1992 MEX, AUT, BRA

4 **Reinmann,** Baptist, 31. 10. 1903, † 2. 3. 1980 (1. FC Nürnberg), 1927 NOR, NED – 1928 DEN – 1929 SUI

9 **Reisch,** Stefan, 29. 11. 1941 (1. FC Nürnberg), 1962 YUG, FRA, SUI – 1963 TUR, SWE, MAR – 1964 ALG, CSV, SCO

1 **Reiser,** Otto, 24. 12. 1884, † (Phönix Karlsruhe), 1911 BEL

1 **Reislant,** Otto, 31. 5. 1883, † (Wacker Leipzig), 1910 BEL

1 **Reißmann,** Martin, 29. 9. 1900, † (Guts Muths Dresden), 1923 NOR

1 **Reitermaier,** Ernst, 26. 12. 1918, † Mai 1993 (Wacker Wien), 1939 SVK

1 **Reitgaßl,** Willy, 29. 2. 1936, † 23. 8. 1988 (Karlsruher SC), 1960 ISL

14 **Retter,** Erich, 17. 2. 1925 (VfB Stuttgart), 1952 LUX, IRL, FRA, SUI, YUG, ESP – 1953 AUT, NOR, SAA, NOR – 1954 SAA, SUI – 1955 IRL – 1956 ENG

1 **Retter,** Fritz, 2. 7. 1896, † Januar 1965 (Sportfreunde Stuttgart), 1922 SUI

69 **Reuter,** Stefan, 16. 10. 1966 (1. FC Nürnberg 9, Bayern München 18, Juventus Turin 9, Borussia Dortmund 33), 1987 ITA, FRA, ENG, DEN, HUN, BRA, ARG – 1988 SWE, SUI, URS – 1989 NED, WAL, IRL, FIN, WAL – 1990 DEN, YUG, UAE, COL, NED, ENG, ARG, POR, SUI – 1991 URS, BEL, WAL, WAL, BEL, LUX – 1992 ITA, NIR, URS, SCO, SWE, DEN, DEN, AUT – 1994 HUN, ALB, MDA, ALB – 1995 GEO, WAL, BUL, ITA, SUI, BUL, RSA – 1996 DEN, NED, FRA, LIE, CSV, RUS, CRO, ENG, POL, ARM, NIR, POR – 1997 ALB, POR, ALB – 1998 OMA, NGA, COL, LUX, USA

1 **Richter,** Leopold, 22. 5. 1885, † 3. 8. 1941 (VfB Leipzig), 1909 HUN

1 **Richter,** Lothar, 9. 6. 1912, (Chemnitzer BC), 1941 FIN

16 **Ricken,** Lars, 10. 7. 1976 (Borussia Dortmund), 1997 ARM - 1998 OMA, TUR, MDA - 1999 USA, COL, BRA, NZL - 2001 SVK, FIN, ALB, HUN, UKR, UKR - 2002 ISR, ARG

42 **Riedle,** Karlheinz, 16. 9. 1965 (Werd. Bremen 10, Lazio Rom 23, Borussia Dortmund 9), 1988 FIN - 1989 BUL, NED, WAL - 1990 FRA, DEN, UAE, NED, CSV, ENG, POR, SWE, SUI - 1991 BEL, ENG, WAL, BEL, LUX - 1992 ITA, NIR, URS, SCO, NED, SWE, DEN, DEN, MEX, AUT - 1993 SCO, GHA, BRA, USA, ENG, TUN, URU, BRA - 1994 IRL, AUT, CAN, BOL, KOR, RUS

7 **Riegel,** Carl, 6. 9. 1896, † 26. 11. 1970 (1. FC Nürnberg), 1920 SUI, AUT, HUN - 1921 AUT - 1922 AUT - 1923 SUI, SWE

2 **Riegler,** Franz, 30. 8. 1915, † 9. 12. 1944 (Austria Wien), 1941 SVK - 1942 CRO

1 **Ringel,** Karl, 30. 9. 1932 (Borussia Neunkirchen), 1958 EGY

13 **Rink,** Paulo Roberto, 21. 2. 1973 (Bayer Leverkusen 11, FC Santos 2), 1998 MLT, ROM - 1999 NZL, USA - 2000 CRO, SUI, CZE, LIE, ROM, ENG, POR, ESP, GRE

1 **Riso II,** Hans, 16. 3. 1889, † (Wacker Leipzig), 1910 SUI

2 **Riso I,** Heinrich, 30. 6. 1882, † (VfB Leipzig), 1908 AUT - 1909 HUN

8 **Risse,** Walter, 2. 12. 1893, † 16. 6. 1969 (SC 99 Düsseldorf 5, Hamburger SV 3), 1923 NED, SUI, SWE, FIN, NOR - 1924 NOR, SWE - 1928 NOR

3 **Ritschel,** Manfred, 7. 6. 1946 (Kickers Offenbach), 1975 ENG, BUL, NED

1 **Ritter,** Oskar, 30. 9. 1901, 5. 3. 1985 (Holstein Kiel), 1925 SWE

1 **Ritter,** Thomas, 10. 10. 1967 (1. FC Kaiserslautern), 1993 URU

3 **Rodekamp,** Walter, 13. 1. 1941, † Mai 1998 (Hannover 96), 1965 ENG, SWE, BRA

3 **Rodzinski,** Josef, 29. 8. 1907, † Dezember 1984 (Hamborn 07), 1936 POL, CSV, IRL

12 **Röhrig,** Josef, 28. 2. 1925 (1. FC Köln), 1950 SUI - 1951 SUI, TUR - 1952 IRL - 1953 AUT - 1954 SAA - 1955 IRL, URS, YUG, NOR, ITA - 1956 NED

25 **Rohde,** Hans, 7. 12. 1914, † 3. 12. 1979 (Eimsbütteler TV), 1936 LUX - 1939 BEL, LUX, IRL, DEN, EST, ITA, SVK - 1940 HUN, ITA, YUG, DEN - 1941 SUI, HUN, SUI, ROM, SWE, DEN, SVK - 1942 ESP, HUN, SWE, SUI, CRO, SVK

4 **Rohr,** Oskar, 24. 3. 1912, † 8. 11. 1988 (Bayern München), 1932 SUI, SWE - 1933 ITA, FRA

5 **Rohwedder,** Otto, 3. 12. 1909, † 20. 6. 1969 (Eimsbütteler TV), 1934 DEN - 1935 SUI, NED, SWE - 1937 BEL

1 **Rokosch,** Ernst, 26. 2. 1889, † (SpVgg Leipzig), 1914 NED

1 **Roleder,** Helmut, 9. 10. 1953 (VfB Stuttgart), 1984 URS

37 **Rolff,** Wolfgang, 26. 12. 1959 (Hamburger SV 19, Bayer Leverkusen 18), 1983 POR, TUR, AUT, YUG, HUN, AUT, NIR - 1984 URS FRA, ITA, POR, ESP - 1985 CSV - 1986 ITA, BRA, SUI, NED, DEN, FRA, DEN, ESP, AUT - 1987 ITA, FRA, DEN, HUN, ARG - 1988 SWE, ARG, SUI, YUG, DEN, ESP, NED, FIN, URS - 1989 NED

10 **Röpnack,** Helmut, 23. 9. 1884, † 19. 8. 1935 (Viktoria 89 Berlin), 1909 ENG - 1911 AUT - 1912 NED, HUN, AUT, HUN, NED - 1913 SUI, DEN, BEL

1 **Roller,** Gustav, 19. 2. 1895, † 1965 (1. FC Pforzheim), 1924 HUN

1 **Rose,** Walter, 5. 11. 1912, † 27. 12. 1989 (SpVgg Leipzig), 1937 EST

4 **Rost,** Frank, 30. 6. 1973 (Werder Bremen 1, FC Schalke 04 2), 2002 USA - 2003 SBM, CAN, FRO

4 **Roth,** Franz, 27. 4. 1946 (Bayern München), 1967 YUG - 1970 ROM, YUG, GRE

3 **Ruch,** Hans, 8. 9. 1898, † 8. 8. 1947 (Union 92 Berlin 2, Hertha BSC Berlin 1), 1925 SWE, FIN - 1929 SCO

1 **Ruchay,** Fritz, 12. 12. 1909, † 6. 9. 2000 (Prussia Samland Königsberg), 1935 LVA

20 **Rüssmann,** Rolf, 13. 10. 1950 (Schalke 04), 1977 YUG, ARG, URU, BRA, MEX, FIN, ITA, SUI, WAL - 1978 ENG, URS, BRA, SWE, POL, MEX, TUN, ITA, NED, AUT, HUN

95 **Rummenigge,** Karl-Heinz, 25. 9. 1955 (Bayern München 78, Inter Mailand 17), 1976 WAL, CSV - 1977 FRA, ARG, URU, BRA, FIN, ITA - 1978 ENG, URS, BRA, SWE, MEX, TUN, ITA, NED, AUT, CSV, HUN, NED - 1979 MLT, TUR, WAL, IRL, ARG, WAL, URS, TUR - 1980 MLT, AUT, POL, CSV, NED, GRE, BEL, SUI, NED, BUL - 1981 ARG, BRA, ALB, AUT, BRA, FIN, POL, FIN, AUT, ALB, BUL - 1982 POR, CSV, NOR, ALG, CHI, AUT, ENG, ESP, FRA, ITA, BEL, ENG, NIR - 1983 POR, ALB, TUR, AUT, YUG, AUT, TUR, NIR, ALB - 1984 BUL, BEL, FRA, ITA, POR, ROM, ESP, SWE, MLT - 1985 HUN, MLT, BUL, SWE, POR, CSV - 1986 ITA, BRA, URU, SCO, DEN, MAR, MEX, FRA, ARG

2 **Rummenigge,** Michael, 3. 2. 1964 (Bayern München), 1983 TUR - 1986 AUT

1 **Rupp,** Bernd, 24. 4. 1942 (Borussia Mönchengladbach), 1966 TUR

1 **Rutz,** Willi, 7. 1. 1907, † 20. 11. 1993 (VfB Stuttgart), 1932 FIN

1 **Sabeditsch,** Ernst, 6. 5. 1920, † 1986 (Vienna Wien), 1939 SVK

4 **Sackenheim,** August, 5. 8. 1905, † 19. 4. 1979 (Guts Muths Dresden), 1929 FIN - 1930 SUI - 1931 SWE, NOR

51 **Sammer,** Matthias, 5. 9. 1967 (VfB Stuttgart 11, Inter Mailand 2, Borussia Dortmund 38), 1990 SUI - 1991 URS, BEL, WAL - 1992 CSV, TUR, NIR, SCO, NED, SWE, DEN, BRA, URU - 1993 SCO,

BRA, ENG, ARG, USA, MEX – 1994 ITA, UAE, IRL, AUT, CAN, BOL, ESP, KOR, BEL, ALB, MDA, ALB – 1995 BUL, ITA, SUI, MDA, WAL, BUL – 1996 POR, NED, FRA, LIE, CZE, RUS, ITA, CRO, ENG, CZE, POR – 1997 ISR, ALB, UKR (+ 23 für die DDR)

10 **Sawitzki,** Günter, 22. 11. 1932 (SV Sodingen 2, VfB Stuttgart 8), 1956 NOR, SWE – 1957 SWE – 1958 CSV, BUL – 1959 SCO, POL, YUG – 1960 IRL – 1963 SWE

3 **Schade,** Horst, 10. 7. 1922, † 28. 2. 1968 (SpVgg Fürth 2, 1. FC Nürnberg 1), 1951 SUI, TUR – 1953 SAA

4 **Schädler,** Erwin, 8. 4. 1917, † (Ulmer FV 94), 1937 LUX, LVA, EST – 1938 LUX

39 **Schäfer,** Hans, 19. 10. 1927 (1. FC Köln), 1952 SUI – 1953 AUT, NOR, SAA – 1954 SAA, SUI, TUR, TUR, YUG, AUT, HUN – 1955 ITA, IRL, URS, YUG, ITA – 1956 NED, ENG, URS, SUI, IRL – 1957 AUT, SWE, HUN – 1958 BEL, ESP, CSV, ARG, CSV, NIR, YUG, SWE, FRA – 1959 SCO – 1962 URU, ITA, SUI, CHI, YUG

1 **Schäfer,** Herbert, 16. 8. 1927, † 6. 5. 1991 (Sportfreunde Siegen), 1957 SWE

1 **Schäfer,** Max, 17. 1. 1907, † August 1990 (TSV 1860 München), 1934 HUN

2 **Schaletzki,** Reinhard, 21. 5. 1916, † 21. 3. 1995 (Vorwärts Rasensport Gleiwitz), 1939 NOR, EST

14 **Schanko,** Erich, 4. 10. 1919 (Bor. Dortm.), 1951 TUR, AUT, IRL, TUR, LUX – 1952 LUX, IRL, FRA, SUI, YUG, ESP – 1953 AUT, NOR – 1954 SAA

2 **Scherm,** Karl, 8. 4. 1904, † 30. 6. 1977 (ASV Nürnberg), 1926 NED, SUI

2 **Schilling,** Christian, 11. 10. 1879, 14. 7. 1955 (Duisburger SV), 1910 BEL, NED

2 **Schlebrowski,** Elwin, 31. 8. 1925, † 8. 2. 2000. (Borussia Dortmund), 1956 IRL, BEL

3 **Schlienz,** Robert, 3. 2. 1924, 18. 6. 1995 (VfB Stuttgart), 1955 IRL – 1956 NED, ENG

1 **Schlösser,** Karl, 29. 1. 1912, † (Dresdner SC), 1931 NED

10 **Schmaus,** Willibald, 16. 6. 1911, † 27. 4. 1979 (Vienna Wien), 1938 SUI, ROM – 1939 BEL, ITA, HUN, NOR – 1940 YUG – 1941 CRO – 1942 CRO, SUI

25 **Schmidt,** Alfred, 5. 9. 1935 (Borussia Dortmund), 1957 NED, SCO, SWE, HUN – 1958 BEL, ESP, CSV, ARG, YUG, DEN, FRA, AUT – 1959 SCO, POL, SUI, NED, HUN, YUG – 1960 CHI, IRL – 1963 TUR, MAR – 1964 ALG, SCO, FIN

3 **Schmidt,** Christian, 9. 6. 1888, † 19. 3. 1917 (Concordia 95 Berlin 1, Kickers Stuttgart 2), 1910 NED – 1913 ENG, SUI

1 **Schmidt,** Hans, 2. 11. 1887, † 9. 7. 1916 (Germania Berlin), 1908 AUT

16 **Schmidt,** Hans, 23. 12. 1893, † 31. 1. 1971 (SpVgg Fürth 1, TV Fürth 1860 1, 1. FC Nürnberg 14), 1913 SUI – 1920 SUI – 1922 HUN – 1923 ITA, SUI, NOR – 1924 AUT, NED, NOR, HUN, ITA, SUI – 1925 SUI – 1926 SWE, NED, SUI

9 **Schmidt,** Karl, 5. 3. 1932 (1. FC Kaiserslautern), 1955 YUG, NOR, ITA – 1956 NED, URS, SUI – 1957 AUT, NED, SWE

2 **Schmitt,** Josef, 21. 3. 1908, † 16. 4. 1980 (1. FC Nürnberg), 1928 DEN, NOR

26 **Schneider,** Bernd, 17. 11. 1973 (Bayer Leverkusen) 1999 NZL, USA, FIN, NIR, TUR – 2001 UKR, UKR – 2002 ISR, USA, KSA, IRL, CMR, PAR, USA, KOR, BRA, BUL, LTU, BIH, CRO, NED – 2003 ESP, LTU, CAN, SCO, FRO

3 **Schneider,** Georg, 22. 4. 1892, † 5. 1. 1961 (Bayern München), 1920 SUI, HUN – 1921 HUN

1 **Schneider,** Helmut, 13. 7. 1913, † 13. 2. 1984 (SV Waldhof), 1940 FIN

2 **Schneider,** Johannes, 5. 8. 1887, † 8. 9. 1914 (VfB Leipzig), 1913 DEN, BEL

1 **Schneider,** René, 1. 2. 1973 (Hansa Rostock), 1995 RSA

47 **Schnellinger,** Karl-Heinz, 01. 3. 1939 (Düren 99 3, 1. FC Köln 24, AS Rom 1, AC Mailand 19), 1958 CSV, CSV, FRA, AUT, BUL, EGY – 1959 SCO, YUG – 1960 CHI, POR, ISL, NIR, GRE, BUL – 1961 BEL, NIR, DEN, GRE – 1962 URU, ITA, SUI, CHI, YUG, YUG, FRA, SUI – 1963 BRA – 1964 SWE – 1965 SWE – 1966 ROM, YUG, SUI, ARG, ESP, URU, URS, ENG – 1969 SCO – 1970 ESP, ROM, YUG, BUL, PER, ENG, ITA, URU – 1971 ALB

1 **Schnürle,** Fritz, 23. 2. 1898, † 9. 11. 1937 (Germania Frankfurt), 1921 HUN

16 **Schön,** Helmut, 15. 9. 1915, † 23. 2. 1996 (Dresdner SC), 1937 SWE – 1938 POL, ROM – 1939 BEL, ITA, IRL, NOR, HUN, YUG, BOH, SVK – 1940 DEN – 1941 SUI, HUN, SUI, SWE

1 **Schönhöfl,** Theo, 9. 5. 1932, † 26. 7. 1976 (VfL Osnabrück), 1956 NOR

36 **Scholl,** Mehmet, 16. 10. 1970 (Bayern München), 1995 WAL, SUI, BEL, MDA – 1996 DEN, NED, NIR, FRA, LIE, CRO, ENG, CZE, POL, ARM – 1997 UKR – 1999 MDA, BRA, NZL, FIN, NIR TUR, NOR – 2000 NED, SUI, CZE, LIE, ROM, ENG, POR, ESP, GRE, ENG, DEN – 2001 FRA, ALB – 2002 ISR

1 **Scholz,** Heiko, 7. 1. 1966 (Bayer Leverkusen), 1992 MEX (+ 7 für die DDR)

1 **Schreier,** Christian, 4. 2. 1959 (Bayer Leverkusen), 1984 ARG

1 **Schröder,** Erich, 20. 11. 1898, † Dezember 1975 (VfR Köln), 1931 NED

1 **Schröder,** Hans, 4. 9. 1906, † 6. 1. 1970 (Tennis Borussia Berlin), 1926 NED

12 **Schröder,** Willi, 28. 12. 1928, 20. 10. 1999 (Bremen 1860 2, Werder Bremen 10), 1951 LUX – 1952 LUX – 1955 URS, NOR – 1956 NOR, SWE, URS, BEL – 1957 AUT, NED, SCO, SWE

3 **Schubert,** Helmut, 17. 2. 1916, † August 1988 (Dresdner SC), 1941 FIN, DEN, SVK
5 **Schümmelfelder,** Josef, 31. 10. 1891, 12. 2. 1966 (Bonner FV), 1913 DEN, BEL – 1914 NED – 1921 AUT, HUN
11 **Schütz,** Franz, 6. 12. 1900, † 22.3. 1955 (Eintracht Frankfurt), 1929 SUI, SCO, SWE – 1930 SUI, ENG, HUN –1931 FRA, DEN – 1932 SUI, FIN, NED
6 **Schütz,** Jürgen, 1. 7. 1939, † 19. 3. 1995 (Borussia Dortmund), 1960 CHI, POR – 1962 YUG, FRA, SUI – 1963 BRA
1 **Schulz,** Fritz, 9. 11. 1886, † 5. 3. 1918 (Hertha BSC Berlin), 1909 HUN
1 **Schulz,** Karl, 10. 5. 1901, † (Viktoria 89 Berlin), 1929 FIN
2 **Schulz,** Karl, 11. 8. 1901, † (Holstein Kiel), 1925 Sd, FIN
7 **Schulz,** Michael, 3. 9. 1961 (Borussia Dortmund), 1992 ITA, SCO – 1993 BRA, USA, ENG, TUN, MEX
4 **Schulz,** Werner, 22. 6. 1913, † 1947 (Arminia Hannover), 1935 BEL, FIN, EST – 1938 LUX
66 **Schulz,** Willi, 4. 10. 1938 (Union Günnigfeld 3, Schalke 04 22, Hamburger SV 41), 1959 YUG – 1960 POR, IRL, ISL – 1961 DEN, POL, GRE – 1962 URU, ITA, SUI, CHI, YUG, YUG, FRA – 1963 BRA, TUR, SWE, MAR – 1964 ALG, CSV, FIN – 1965 CYP, ENG, SUI, BRA, SWE – 1966 ENG, NED, IRL, NIR, YUG, SUI, ARG, ESP, URU, URS, ENG, TUR, NOR – 1967 MAR, BUL, ALB, YUG, FRA, YUG, ROM, ALB – 1968 BEL, SUI, FRA, AUT, CYP, BRA, CHI – 1969 WAL, SCO, AUT, CYP, AUT, BUL, SCO – 1970 ESP, IRL, MAR, ENG, ITA
76 **Schumacher,** Harald, 6. 3. 1954 (1. FC Köln), 1979 ISL – 1980 AUT, POL, CSV, NED, GRE, BEL, SUI, NED, FRA, BUL – 1981 ARG, BRA, ALB, AUT, BRA, FIN, POL, FIN, AUT, BUL – 1982 POR, BRA, ARG, CSV, ALG, CHI, AUT, ENG, ESP, FRA, ITA, BEL, ENG, NIR – 1983 POR, ALB, TUR, AUT, HUN, AUT, TUR, NIR, ALB – 1984 BEL, URS, FRA, ITA, POR, ROM, ESP, ARG, SWE, MLT – 1985 HUN, POR, MLT, BUL, CSV, ENG, URS, SWE, POR, CSV – 1986 ITA, BRA, YUG, URU, SCO, DEN, MAR, MEX, FRA, ARG, DEN, ESP
1 **Schumann,** Georg, 17. 8. 1898, † (Vorwärts Berlin), 1924 SWE
21 **Schuster,** Bernd, 22. 12. 1959 (1. FC Köln 10, FC Barcelona 11), 1979 IRL, ISL, AUT, WAL, URS – 1980 AUT, POL, NED, BEL, SUI, FRA – 1981 ALB, AUT, BRA – 1982 NIR – 1983 TUR, AUT, YUG, AUT – 1984 BUL, BEL
3 **Schuster,** Dirk, 29. 12. 1967 (Karlsruher SC), 1994 HUN, ALB – 1995 ESP (+ 4 für die DDR)
4 **Schwabl,** Manfred, 18. 4. 1966 (1. FC Nürnberg), 1987 DEN, BRA, ARG – 1988 SUI
2 **Schwartz,** Hans, 1. 3. 1913, † Juni 1991 (Victoria Hamburg), 1934 BEL, DEN
44 **Schwarzenbeck,** Georg, 3. 4. 1948 (Bayern München), 1971 ALB, NOR, SWE, DEN, MEX, POL, POL – 1972 HUN, ENG, ENG, URS, BEL, URS, SUI – 1973 ARG, CSV, YUG, URS, ESP – 1974 ITA, SCO, HUN, SWE, CHI, AUS, DDR, YUG, SWE, POL, NED, SUI, GRE – 1975 BUL, AUT, BUL, TUR – 1976 MLT, ESP, ESP, YUG, CSV, WAL, CSV – 1978 ENG
1 **Schwedler,** Willy, 4. 8. 1894, † 26. 3. 1945 (VfB Pankow), 1921 FIN
1 **Schweikert,** Hermann, 14. 11. 1885, †24. 8. 1962 (1. FC Pforzheim), 1909 SUI
1 **Sebescen,** Zoltan, 1. 10. 1975 (VfL Wolfsburg), 2000 NED
6 **Seel,** Wolfgang, 21. 6. 1948 (Fortuna Düsseldorf), 1974 SUI – 1975 BUL, NED, AUT – 1977 SUI, WAL
72 **Seeler,** Uwe, 5. 11. 1936 (Hamburger SV), 1954 FRA, ENG – 1955 ITA – 1956 NED – 1958 ARG, CSV, NIR, YUG, SWE, DEN, FRA, AUT, BUL – 1959 SCO, SUI, NED, HUN, YUG – 1960 CHI, POR, ISL, NIR, GRE – 1961 BEL, CHI, N, D, PL, G – 1962 UY, IT, SZ, CH, JG, FR, SZ – 1963 BRA, TUR, SWE – 1964 CSV, SCO, SWE – 1965 SWE – 1966 NED, IRL, NIR, ROM, YUG, SUI, ARG, ESP, URU, URS, ENG, NOR – 1967 FRA, YUG, ROM – 1968 SUI – 1969 AUT, BUL, SCO – 1970 ESP, IRL, YUG, MAR, BUL, PER, ENG, ITA, URU, HUN
8 **Seiderer,** Leonhard, 1. 11. 1895, † 3. 7. 1940 (SpVgg Fürth), 1920 SUI, AUT – 1921 AUT – 1922 SUI – 1923 ITA, SWE – 1924 AUT, NED
2 **Seliger,** Rudolf, 20. 9. 1951 (MSV Duisburg), 1974 MLT – 1976 WAL
3 **Sesta,** Karl, 18. 3. 1906, † 12. 7. 1974 (Austria Wien), 1941 CRO – 1942 CRO, SUI
6 **Siedl,** Gerhard, 22. 3. 1929, † Mai 1998 (Karlsruher SC 2, Bayern München 4), 1957 NED SCO – 1959 SUI, NED, HUN, YUG
14 **Sieloff,** Klaus-Dieter, 27. 2. 1942 (VfB Stuttgart 8, Borussia Mönchengladbach 6), 1964 FIN – 1965 ITA, CYP, ENG, SUI, BRA, SWE, AUT – 1970 ROM, HUN, TUR, GRE – 1971 ALB, NOR
3 **Siemensmeyer,** Hans, 23. 9. 1940 (Hannover 96), 1967 FRA, YUG, ROM
1 **Sievert,** Helmut, 12. 5. 1914, † 19. 5. 1945 (Hannover 96), 1936 LUX
31 **Siffling,** Otto, 3. 8. 1912, † 20. 10. 1939 (SV Waldhof), 1934 BEL, SWE, CSV, AUT, POL – 1935 SUI, FRA, BEL, IRL, CSV, NOR, SWE, FIN, POL, BUL – 1936 ESP, POR, NOR, CSV, SCO, IRL, ITA – 1937 FRA, DEN, LVA, FIN, NOR, SWE – 1938 SUI, HUN, POR
8 **Simetsreiter,** Wilhelm, 16. 3. 1915, † 17. 7. 2001 (Bayern München), 1935 ROM, EST, BUL – 1936 POR, LUX, NOR – 1937, LVA, EST

9 **Sing,** Albert, 7. 4. 1917 (Kickers Stuttgart), 1940 BUL – 1942 ESP, HUN, BUL, ROM, SWE, SUI, CRO, SVK

3 **Skoumal,** Stefan, 29. 11. 1909, † 28. 11. 1983 (Rapid Wien), 1938 SUI, ROM – 1940 YUG

10 **Sobeck,** Johannes, 18. 3. 1900, † 17. 2. 1989 (Alemannia Berlin 2, Hertha BSC 8), 1923 SUI – 1925 NED – 1928 SWE – 1929 SUI, SCO, SWE – 1930 DEN – 1931 AUT, SWE, NOR

12 **Sold,** Wilhelm, 19. 4. 1911, † September 1995 (FV Saarbrücken 6, 1. FC Nürnberg 3, Tennis Borussia Berlin 3), 1935 LUX – 1936 HUN – 1937 LUX, LVA – 1938 SUI, LUX – 1939 YUG, BUL, BOH – 1942 BUL, ROM, SWE

2 **Solz,** Wolfgang, 12. 2. 1940 (Eintracht Frankfurt), 1962 FRA – 1964 CSV

2 **Sonnrein,** Heinrich, 28. 3. 1911, † 23. 3. 1944 (Hanau 93), 1935 EST – 1936 HUN

1 **Sorkale,** Walter, 17. 1. 1890, 18. 3. 1946 (Preußen Berlin), 1911 SWE

2 **Steffen,** Bernhard, 1. 6. 1937 (Fortuna Düsseldorf), 1958 CSV – 1960 IRL

1 **Steffenhagen,** Arno, 24. 9. 1949 (Hertha BSC Berlin), 1971 MEX

1 **Stein,** Erwin, 10. 5. 1935 (Griesheim 02), 1959 POL

6 **Stein,** Ulrich, 23. 10. 1954 (Hamburger SV), 1983 YUG – 1985HUN, BUL, MEX – 1986 SUI, NED

1 **Steiner,** Paul, 23. 1. 1957 (1. FC Köln), 1990 DEN

1 **Steiner,** Rudolf, 7. 4. 1937 (TSV 1860 München), 1964 SCO

3 **Steinmann,** Heinz, 1. 2. 1938 (Schwarz-Weiß Essen 1, Werder Bremen 2), 1962 FRA – 1965 ITA, ENG

1 **Stephan,** Günter, 8. 10. 1912, † (Schwarz-Weiß Essen), 1935 LUX

42 **Stielike,** Ulrich, 15. 11. 1954 (Borussia Mönchengladbach 6, Real Madrid 36), 1975 AUT, BUL, TUR – 1976 MLT, WAL – 1977 FRA – 1978 NED – 1979 TUR, WAL, TUR – 1980 CSV, NED, GRE, BEL, BUL – 1981 ALB, AUT, FIN, AUT, ALB – 1982 BRA, ARG, NOR, ALG, CHI, AUT, ENG, ESP, FRA, ITA, BEL, NIR – 1983 YUG, TUR, NIR – 1984 BUL, BEL, ITA, POR, ROM, ESP, ARG

1 **Stössel,** Kurt, 26. 12. 1907, † (Dresdner SC), 1931 NED

23 **Stollenwerk,** Georg, 19. 12. 1930 (Düren 99 4, 1. FC Köln 19), 1951 LUX – 1952 LUX, IRL, FRA – 1955 ITA – 1957 SCO, HUN – 1958 ESP, ARG, CSV, NIR, YUG, SWE, FRA, DEN, FRA, AUT, BUL – 1959 SUI, NED, HUN, YUG – 1960 CHI

10 **Strack,** Gerhard, 1. 9. 1955 (1. FC Köln), 1982 ENG, NIR – 1983 ALB, TUR, AUT, HUN, AUT, TUR, NIR, ALB

2 **Straßburger,** Wilhelm, 17. 12. 1907, † 21. 12. 1991 (Duisburger SV), 1930 DEN, NOR

4 **Strehl,** Heinz, 20. 7. 1938, † 11. 8. 1986 (1. FC Nürnberg), 1962 YUG, FRA – 1963 BRA – 1965 CYP

15 **Streitle,** Jakob, 11. 12. 1916, † 24. 6. 1982 (Bayern München), 1938 SUI – 1939 BEL, YUG, IRL, DEN – 1940 BUL, YUG – 1941 SUI – 1950 SUI – 1951 SUI, TUR, AUT, IRL, TUR – 1952 IRL

3 **Striebinger,** Karl, 2. 9. 1913, † 2. 7. 1981 (VfR Mannheim), 1937 LUX, BEL – 1938 SUI

4 **Strobel,** Wolfgang, 17. 10. 1896, † 19. 4. 1945 (1. FC Nürnberg), 1922 AUT,HUN – 1924 NOR, HUN

4 **Stroh,** Josef, 5. 3. 1913, † 7. 1. 1991 (Austria Wien), 1938 Sz, Pl, Rum – 1939 Jg

41 **Strunz,** Thomas, 25. 4. 1968 (Bayern München 21, VfB Stuttgart 20), 1990 SWE, LUX – 1992 DEN – 1993 BRA, USA, ENG, USA, MEX – 1994 ITA, UAE, IRL, AUT, CAN, POL, ESP, BUL, RUS, HUN, ALB, MDA, ALB – 1995 BUL, BEL, GEO, BUL – 1996 NIR, LIE, CZE, RUS, ITA, ENG, CZE, POL, NIR, NED – 1999 NIR, FIN, SCO, MDA, FIN, NIR

10 **Stubb,** Hans, 8. 10. 1906, † 19. 3. 1973 (Eintracht Frankfurt), 1930 SUI, ENG, DEN, NOR – 1931 DEN – 1932 SUI, FIN, SWE, NED – 1934 HUN

3 **Stührk,** Erwin, 4. 7. 1910, † 13. 11. 1942 (Eimsbütteler TV), 1935 SUI, NED, LVA

2 **Stürmer,** Klaus, 9. 8. 1935, † 1. 6. 1971 (Hamburger SV), 1954 FRA – 1961 NIR

21 **Stuhlfauth,** Heinrich, 11. 1. 1896, † 12. 9. 1966 (1. FC Nürnberg), 1920 SUI, AUT – 1921 AUT, HUN – 1923 ITA, NOR – 1924 AUT, NED, NOR, HUN, ITA, SUI – 1926 SWE – 1927 NOR, NED – 1928 SUI, URU, NOR – 1929 ITA, SCO – 1930 ITA

3 **Sturm,** Hans, 3. 9. 1935 (1. FC Köln), 1958 CSV, FRA – 1962 ITA

1 **Sturm,** Wilhelm, 8. 2. 1940, † 5. 11. 1996 (Borussia Dortmund), 1964 FIN

1 **Sukop,** Albert, 24. 11. 1912, † 9. 5. 1993 (Eintracht Braunschweig), 1935 EST

1 **Sundermann,** Hans-Jürgen, 25. 1. 1940 (Rot Weiß Oberhausen), 1960 CHI

12 **Sutor,** Hans, 28. 6. 1895, † 0. 0. 1970 (1. FC Nürnberg), 1920 AUT – 1921 AUT – 1922 AUT – 1923 ITA, SUI, SWE, FIN, NOR – 1924 AUT, NOR, HUN – 1925 SUI

34 **Szepan,** Fritz, 2. 9. 1907, † 14. 12. 1974 (Schalke 04), 1929 FIN – 1930 ITA – 1931 DEN – 1934 LUX, BEL, SWE, CSV, AUT, POL, DEN – 1935 FIN, BUL, ENG – 1936 ESP, POR, HUN, SCO, IRL, ITA – 1937 NED, FRA, SUI, DEN, FIN, EST, NOR, SWE – 1938 SUI, POR, ENG, SUI – 1939 HUN, YUG, BUL

43 **Szymaniak,** Horst, 29. 8. 1934 (Wuppertaler SV 20, Karlsruher SC 12, CC Catania 5, Internazionale Mailand 1, FC Varese 1, Tasmania Berlin 4), 1956 SUI, BEL – 1957 AUT, NED, SCO, SWE, HUN – 1958 BEL, ESP, ARG, CSV, NIR, YUG, SWE, FRA, DEN, FRA, AUT – 1959 SCO, POL, SUI, NED, HUN, YUG – 1960 POR, ISL, NIR, GRE, BUL – 1961 BEL, CHI, NIR – 1962 URU, ITA, SUI, CHI, YUG – 1964 SCO, SWE – 1965 SWE, CYP – 1966 ENG, ROM

1 **Tänzer,** Willy, 12. 12. 1889, † (Berliner SC), 1908 AUT

19 **Tarnat,** Michael, 27. 10. 1969 (Karlsruher SC 4, Bayern München 15), 1996 ARM, NIR, POR – 1997 UKR, ARM, ALB, RSA – 1998 KSA, BRA, NGA, FIN, LUX, YUG, IRN, MEX, CRO, MLT, ROM, MDA

3 **Tenhagen,** Franz-Josef, 31. 10. 1952 (VfL Bochum), 1977 YUG, BRA, WAL

7 **Termath,** Bernhard, 26. 8. 1928 (Rot-Weiß Essen), 1951 TUR, LUX – 1952 IRL, FRA, YUG, ESP – 1954 FRA

6 **Tewes,** Karl, 18. 8. 1886, † 7. 9. 1968 (Viktoria 89 Berlin), 1920 AUT, HUN – 1921 AUT, HUN, FIN – 1922 HUN

2 **Thiel,** Otto, 23. 11. 1891, † 10. 7. 1915 (Preußen Berlin), 1911 HUN – 1912 RUS

2 **Thielen,** Karl-Heinz, 2. 4. 1940 (1. FC Köln), 1964 CSV – 1965 ENG

10 **Thom,** Andreas, 7. 9. 1965 (Bayer Leverkusen), 1990 SUI – 1992 CSV, TUR, NIR, DEN, DEN, BRA – 1993 ARG, USA – 1994 UAE (+ 51für die DDR)

52 **Thon,** Olaf, 1. 5. 1966, (Schalke 04 40, Bayern München 12), 1984 MLT – 1985 HUN, MLT, BUL, CSV, ENG, CSV – 1986 BRA, SUI, YUG, DEN, AUT – 1987 ISR, ITA, ENG, DEN, SWE, HUN, BRA, ARG – 1988 SWE, ARG, SUI, YUG, ITA, DEN, ESP, NED, NED – 1989 IRL – 1990 URU, CSV, DEN, COL, ENG – 1992 DEN, MEX, URU – 1993 SCO, GHA – 1997 ARM, ALB – 1998 OMA, KSA, BRA, NGA, FIN, COL, LUX, USA, YUG, IRN

1 **Tibulski,** Hans, 22. 2. 1909, † 1977 (Schalke 04), 1931 DEN

2 **Tibulski,** Otto, 15. 12. 1912, † 25. 2. 1991 (Schalke 04), 1936 LUX – 1939 YUG

7 **Tiefel,** Willi, 14. 7. 1911, † 23. 9. 1941 (Eintracht Frankfurt), 1935 IRL, CSV, NOR, SWE, EST, LVA – 1936 POR

39 **Tilkowski,** Hans, 12. 7. 1935 (Westfalia Herne 18, Borussia Dortmund 21), 1957 NED, SCO – 1958 FRA, AUT, EGY – 1959 SUI, HUN – 1960 CHI, POR, ISL, NIR, GRE – 1961 BEL, CHI, NIR, DEN, POL, GRE – 1964 ALG, SCO, FIN, SWE – 1965 ITA, ENG, SUI, BRA, SWE, AUT, CYP – 1966 ENG, ROM, YUG, SUI, ARG, ESP, URU, URS, ENG – 1967 ALB

3 **Todt,** Jens, 5. 1. 1970 (SC Freiburg), 1994 HUN – 1995 ESP, SUI

3 **Toppmöller,** Klaus, 12. 8. 1951 (1. FC Kaiserslautern), 1976 ESP – 1979 MLT, TUR

6 **Träg,** Heinrich, 3. 1. 1893, † 13. 10. 1976 (1. FC Nürnberg), 1921 AUT – 1922 AUT, HUN – 1923 ITA – 1924 NED – 1926 NED

1 **Trautmann,** Wilhelm, 6. 12. 1888, † 24. 7. 1969 (Viktoria Mannheim), 1910 SUI

1 **Trimhold,** Horst, 4. 2. 1941 (Schwarz-Weiß Essen), 1962 YUG

20 **Turek,** Anton, 18. 1. 1919, † 11. 5. 1984 (Fortuna Düsseldorf), 1950 SUI – 1951 SUI, TUR, AUT, IRL – 1952 FRA, SUI, YUG, ESP – 1953 AUT, NOR, SAA, NOR – 1954 SAA, TUR, TUR, YUG, AUT, HUN, FRA

15 **Ugi,** Camillo, 21. 12. 1884, † 18. 5. 1970 (VfB Leipzig 14, Sportfreunde Breslau 1), 1909 ENG, HUN – 1910 BEL, NED – 1911 ENG, BEL, SWE, SWE, HUN – 1912 HUN, SUI, RUS, HUN, DEN, NED

1 **Uhle,** Karl, 16. 7. 1887, † (VfB Leipzig), 1912 RUS

10 **Ulsaß,** Lothar, 9. 9. 1940, † Juni 1999 (Eintracht Braunschweig), 1965 CYP, AUT – 1966 ROM, NOR – 1967 MAR, ALB – 1968 AUT, CHI, MEX – 1969 WAL

1 **Umbach,** Josef, 8. 12. 1889, † (SC Mönchengladbach), 1910 NED

1 **Unfried,** Gustav, 24. 3. 1889, 13. 9. 1917 (Preußen Berlin), 1910 NED

21 **Urban,** Adolf, 9. 1. 1914, † 23. 5. 1943 (Schalke 04), 1935 LUX – 1936 HUN, LUX, NOR, SCO, ITA – 1937 FRA, SUI, AUT, FIN, NOR, SWE – 1938 SUI – 1939 YUG, NOR, YUG, BUL, BOH – 1940 ITA – 1942 SUI, CRO

1 **Urbanek,** Hans, 10. 10. 1910, † (Admira Wien), 1941 CRO

1 **Völker,** Otto, 2. 3. 1893, † 6. 8. 1945 (Preußen Berlin), 1913 ENG

1 **Völker,** Willi, 13. 10. 1906, † 6. 4. 1945 (Hertha BSC Berlin), 1929 FIN

1 **Völker,** Willy, 20. 12. 1889, † (VfB Leipzig), 1914 NED

90 **Völler,** Rudolf, 13. 4. 1960 (Werder Bremen 41, AS Rom 43, Olympique Marseille 6), 1982 NIR – 1983 POR, ALB, TUR, AUT, YUG, HUN, AUT, TUR, ALB – 1984 BUL, BEL, URS, FRA, ITA, POR, ROM, ESP, ARG, SWE, MLT – 1985 HUN, POR, MLT, BUL, CSV, MEX, URS, SWE – 1986 YUG, NED, URU, SCO, DEN, MAR, FRA, ARG, DEN, AUT – 1987 ISR, ITA, FRA, ENG, DEN, SWE – 1988 SWE, ARG, SUI, YUG, ITA, DEN, ESP, NED, FIN, NED – 1989 BUL, NED, WAL, FIN, WAL – 1990 URU, CSV, DEN, YUG, UAE, COL, NED, ENG, ARG, POR, SWE, LUX, SUI – 1991 URS, BEL, WAL, WAL, BEL, LUX – 1992 ITA, CSV, TUR, NIR, URS, MEX – 1994 IRL, CAN, ESP, BEL, BUL

96 **Vogts,** Hans-Hubert, 30. 12. 1946 (Borussia Mönchengladbach), 1967 YUG, ROM – 1968 BEL, SUI, WAL, ENG, BRA, FRA, AUT, CYP, BRA, CHI, MEX – 1969 WAL, SCO, AUT, CYP, AUT, BUL, SCO – 1970 ESP, ROM, IRL, YUG, MAR, BUL, PER, ENG, ITA, URU, HUN, TUR, YUG, GRE – 1971 ALB, TUR, ALB, NOR, SWE, DEN, MEX – 1972 SUI – 1973 ARG, CSV, BRA, SCO, ESP – 1974 ESP, SCO, HUN, SWE, CHI, AUS, DDR, YUG, SWE, POL, NED, SUI, GRE, MLT – 1975 ENG, BUL, NED, AUT, GRE, BUL, TUR – 1976 MLT, ESP, ESP, YUG, CSV, WAL, CSV – 1977 FRA, NIR, YUG, ARG, URU, BRA, MEX, FIN, ITA, SUI, WAL – 1978 ENG, URS, BRA, SWE, POL, MEX, TUN, ITA, NED, AUT

12 **Volkert,** Georg, 28. 11. 1945 (1. FC Nürnberg 6, Hamburger SV 6), 1968 BEL, SUI, ENG, BRA, MEX – 1969 AUT – 1977 ARG, URU, BRA, MEX, FIN, ITA

12 **Vollmar,** Heinz, 26. 4. 1936, † 12. 10. 1987 (SV St. Ingbert 7, 1. FC Saarbrücken 5), 1956 SWE, URS, SUI, IRL, BEL – 1957 AUT, HUN – 1959 SUI, YUG – 1960 IRL, BUL – 1961 BEL

2 **Voß,** Kurt, 8. 7. 1900, † (Holstein Kiel), 1925 NED, FIN

5 **Votava,** Miroslav, 25. 4. 1956 (Borussia Dortmund), 1979 URS – 1980 GRE, FRA, BUL – 1981 BRA

11 **Waas,** Herbert, 8. 9. 1963 (Bayer Leverkusen), 1983 YUG, HUN, AUT, NIR, ALB – 1985 ENG – 1986 DEN, ESP, AUT – 1987 ISR – 1988 URS

3 **Wagner,** Franz, 23. 9. 1911, † Mai 1975 (Rapid Wien), 1938 ROM – 1942 CR, SUI

6 **Wagner,** Martin, 24. 2. 1968 (1. FC Kaiserslautern), 1992 BRA – 1994 IRL, CAN, BEL, BUL, HUN

13 **Waldner,** Erwin, 24. 1. 1933 (VfB Stuttgart), 1954 Pg – 1955 ITA, IRL, YUG, NOR – 1956 NED, ESP, URS, BEL – 1957 AUT – 1958 BEL, CSV, BUL

61 **Walter,** Fritz, 31. 10. 1920, † 17. 6. 2002 (1. FC Kaiserslautern), 1940 ROM, FIN, HUN, BUL, YUG, DEN – 1941 SUI, HUN, SUI, ROM, CRO, SWE, DEN, SVK – 1942 CRO, SUI, ESP, HUN, BUL, ROM, SWE, SUI, CRO, SVK – 1951 SUI, TUR, AUT, IRL, TUR, LUX – 1952 FRA, SUI, YUG, ESP – 1953 AUT, NOR, NOR – 1954 SAA, SUI, TUR, HUN, TUR, YUG, AUT, HUN – 1955 ITA, URS, YUG, NOR, ITA – 1956 NED, ENG, URS, SUI – 1958 ESP, CSV, ARG, CSV, NIR, YUG, SWE

21 **Walter,** Ottmar, 6. 3. 1924 (1. FC Kaiserslautern), 1950 SUI – 1951 SUI – 1952 IRL, FRA, SUI, YUG, ESP – 1953 AUT, NOR, NOR – 1954 SAA, SUI, TUR, TUR, YUG, AUT, HUN, BEL, FRA – 1955 YUG – 1956 ENG

1 **Warnken,** Heinz, 28. 12. 1912, † (Komet Bremen), 1935 BUL

3 **Weber,** Albert, 21. 11. 1888, † (Vorwärts Berlin), 1912 SUI, AUT, DEN

12 **Weber,** Heinrich, 21. 6. 1900, † 22. 1. 1977 (Kurhessen Kassel), 1928 SUI, URU, DEN, SWE – 1929 SUI, ITA, SWE – 1930 ITA, NOR – 1931 FRA, NED, AUT

1 **Weber,** Josef, 18. 4. 1898, † 5. 3. 1970 (Wacker München), 1927 NED

9 **Weber,** Ralf, 31. 5. 1969 (Eintracht Frankfurt), 1994 RUS, HUN, ALB, MDA, ALB – 1995 ESP, GEO, WAL, SUI

53 **Weber,** Wolfgang, 26. 6. 1944 (1. FC Köln), 1964 CSV, SCO, FIN, SWE – 1965 ITA, AUT, CYP – 1966 ENG, NED, NIR, ROM, YUG, SUI, ARG, ESP, URU, URS, ENG, TUR, NOR – 1967 BUL, ALB, FRA, YUG, ROM, ALB – 1968 SUI, WAL, ENG, BRA, AUT, CYP, BRA – 1969 AUT – 1970 ESP, ROM, IRL, BUL, URU, HUN, TUR, YUG – 1971 ALB, TUR, SWE, DEN, MEX, POL – 1973 AUT, FRA, SCO, ESP – 1974 ESP

15 **Wegele,** Karl, 27. 9. 1887, 14. 11. 1960 (Phönix Karlsruhe), 1910 SUI, NED – 1911 HUN – 1912 NED, HUN, SUI, AUT, HUN, DEN, NED – 1913 ENG, SUI, DEN, BEL – 1914 NED

1 **Weilbächer,** Hans, 23. 10. 1933 (Eintracht Frankfurt), 1955 IRL

1 **Weiß,** Leonhard, 26. 7. 1907, † 18. 8. 1981 (1. FC Nürnberg), 1931 AUT

1 **Weißenbacher,** Viktor, 15. 7. 1897, 18. 12. 1956 (1. FC Pforzheim), 1922 AUT

1 **Welker,** Hans, 21. 8. 1907, † 24. 7. 1968 (Bayern München), 1931 FRA

1 **Wellhöfer,** Georg, 16. 3. 1893, † 13. 12. 1968 (SpVgg Fürth), 1922 SUI

1 **Welsch,** Kurt, 21. 6. 1917, † 1981 (Borussia Neunkirchen), 1937 LVA

4 **Wenauer,** Ferdinand, 26. 4. 1939, † 27. 7. 1992 (1. FC Nürnberg), 1960 IRL – 1961 DEN, POL – 1962 URU

5 **Wendl,** Josef, 17. 12. 1906, 2. 9. 1980 (TSV 1860 München), 1930 NOR – 1932 HUN – 1933 ITA, FRA, SUI

2 **Wentorf,** Hans, 6. 4. 1899, † (Altona 93), 1928 SUI, DEN

1 **Wenz,** Ludwig, 24. 8. 1906, † 19. 4. 1968 (ASV Nürnberg), 1930 DEN

13 **Werner,** Adolf, 19. 10. 1886, † 6. 9. 1975 (Holstein Kiel 9, Victoria Hamburg 4), 1909 ENG, HUN – 1910 NED – 1911 SUI, ENG, BEL, SWE, AUT, SWE – 1912 NED, HUN, RUS, HUN

2 **Werner,** August, 6. 3. 1896, † 22. 10. 1968 (Holstein Kiel), 1925 SWE, FIN

1 **Werner,** Heinz, 17. 8. 1910, † 8. 5. 1989 (SV Jena), 1935 ROM

4 **Werner,** Jürgen, 15. 8. 1935 † 27. 5. 2002 (Hamburger SV), 1961 CHI, NIR – 1962 SUI – 1963 BRA

1 **Wetzel,** Fritz, 12. 12. 1894, † (1. FC Pforzheim), 1922 AUT

12 **Wewers,** Heinz, 27. 7. 1927 (Rot-Weiß Essen), 1951 LUX – 1956 ENG, NOR, SWE, IRL, BEL – 1957 AUT, NED, SCO, HUN – 1958 BEL, FRA

4 **Weymar,** Hans, 1. 2. 1886, † 10. 7. 1959 (Victoria Hamburg), 1908 SUI, ENG, AUT – 1910 NED

2 **Widmayer,** Werner, 17. 5. 1909, † 14. 6. 1942 (Holstein Kiel), 1931 SWE, NOR

6 **Wieder,** Ludwig, 22. 3. 1900, † 2. 12. 1977 (1. FC Nürnberg), 1923 SUI, SWE, NOR – 1924 AUT, NOR – 1926 NED

2 **Wientjes,** Clemens, 8. 2. 1920, † März 1998 (Rot-Weiß Essen), 1952 LUX, FRA

1 **Wiggers,** Hermann, 7. 4. 1880, † 1968 (Victoria Hamburg), 1911 SWE

4 **Wigold,** Willi, 10. 12. 1909, † 28. 11. 1944 (Fortuna Düsseldorf), 1932 NED – 1933 BEL, NOR – 1934 LUX

15 **Wilden,** Leo, 3. 7. 1936 (1. FC Köln), 1960 CHI, POR, NIR – 1961 BEL, CHI, NIR – 1962 YUG, FRA, SUI – 1963 BRA, TUN, SWE, MAR – 1964 ALG, CSV

8 **Willimowski,** Ernst, 23. 6. 1916, †30. 8. 1997 (PSV Chemnitz 4, TSV 1860 München 4), 1941 ROM, CRO, FIN, DEN – 1942 ROM, SUI, CRO, SVK

36 **Wimmer,** Herbert, 9. 11. 1944 (Borussia Mönchengladbach), 1968 CYP, BRA, CHI, MEX – 1971 TUR, ALB, NOR, SWE, DEN, POL, POL – 1972 HUN, ENG, ENG, URS, BEL, URS, SUI – 1973 ARG, SCO – 1974 ESP, SCO, HUN, AUS, YUG, GRE – 1975 ENG, NED, AUT, BUL, TUR – 1976 MLT, ESP, ESP, YUG, CSV

1 **Winkler,** Paul, 22. 8. 1913, † 1996 (Schwarz-Weiß Essen), 1938 LUX

1 **Winkler,** Willi, 24. 8. 1903, † 12. 5. 1967 (Wormatia Worms), 1928 NOR

2 **Wohlfarth,** Roland, 11. 1. 1963 (Bayern München), 1986 ESP – 1989 IRL

1 **Wolpers,** Eduard, 24. 8. 1900, † 23. 11. 1976 (Hamburger SV), 1926 SUI

13 **Wolter,** Horst, 8. 6. 1942 (Eintracht Braunschweig), 1967 MAR, ROM, ALB – 1968 SUI, WAL, ENG, BRA, CYP, CHI – 1969 SCO, AUT – 1970 IRL, URU

3 **Wolter,** Karl, 2. 8. 1894, † 19. 4. 1959 (Vorwärts Berlin), 1912 DEN – 1920 SUI – 1921 FIN

1 **Wolter,** Thomas, 4. 10. 1963 (Werder Bremen), 1992 BRA

7 **Worm,** Ronald, 7. 10. 1953 (MSV Duisburg), 1975 TUR – 1976 MLT, ESP – 1978 ENG, BRA, SWE, CSV

47 **Wörns** Christian, 10. 5. 1972 (Bayer Leverkusen 22, Paris St. Germain 5, Borussia Dortmund 20), 1992 CZE, TUR, DEN, BRA – 1995 ESP, MDA, WAL, RSA – 1997 NIR, ARM, RSA – 1998 OMA, BRA, NGA, FIN, COL, LUX, USA, YUG, IRN, MEX, CRO, NED – 1999 COL, NIR, FIN, SCO, BRA, NZL, USA, NIR, NOR – 2000 SUI – 2001 FRA, ALB, GRE, ENG, FIN – 2002 ISR, BIH, FRO – 2003 ESP, LTU, SBM, CAN, SCO, FRO

9 **Worpitzky,** Willi, 25. 8. 1886, † 30. 10. 1953 (Viktoria 89 Berlin), 1909 HUN – 1910 NED – 1911 ENG, SWE, AUT, HUN – 1912 HUN, AUT, DEN

17 **Wosz,** Dariusz, 8. 6. 1969 (VfL Bochum 6, Hertha BSC Berlin 11), 1997 ISR, ALB, UKR, UKR, POR, ARM – 1998 MDA– 1999 BRA, NZL, USA, NOR – 2000 NED, CRO, SUI, CZE, LIE, DEN (+ 7 für die DDR)

1 **Wunder,** Klaus, 13. 9. 1950 (MSV Duisburg), 1973 URS

5 **Wunderlich,** Georg, 31. 10. 1893, † 27. 5. 1963 (1860 Fürth 1, Helvetia Bockenheim 2, Stuttgarter Kickers 2), 1920 SUI, AUT – 1921 AUT – 1923 ITA, NED

4 **Wuttke,** Wolfram, 17. 11. 1961 (1. FC Kaiserslautern), 1986 ESP – 1987 ISR, ENG – 1988 ESP

1 **Zaczyk,** Klaus, 25. 5. 1945 (Karlsruher SC), 1967 MAR

1 **Zastrau,** Walter, 30. 5. 1935 (Rot-Weiß Essen), 1958 EGY

1 **Zeitler,** Hans, 30. 4. 1927 (VfB Bayreuth), 1952 LUX

1 **Zembski,** Dieter, 6. 11. 1946 (Werder Bremen), 1971 MEX

4 **Zewe,** Gerd, 13. 6. 1950 (Fortuna Düsseldorf), 1978 CSV, HUN, NED – 1979 MLT

12 **Zickler,** Alexander, 28. 2. 1974 (Bayern München), 1998 NED – 1999 USA, COL – 2000 ESP, GRE, DEN – 2001 SVK, ALB, HUN, UKR, BUL, BIH

71 **Ziege,** Christian, 1. 2. 1972 (Bayern München 31, AC Mailand 10, FC Middlesbrough 11, FC Liverpool 7, Tottenham Hotspur 12), 1993 BRA, USA, ENG, TUN, URU, USA, MEX – 1995 WAL, ITA, SUI, GEO, MDA, WAL – 1996 POR, DEN, NED, NIR, FRA, LIE, CSV, RUS, ITA, CRO, ENG, CZE, POL, POR – 1997 ISR, ALB, UKR, UKR, NIR, POR, RSA – 1998 BRA, COL, LUX, USA, YUG, IRN, MEX – 1999 FIN, NIR, TUR, NOR, – 2000 NED, CRO, SUI, CZE, LIE, ROM, ENG, ENG, DEN – 2001 FRA, GRE, SVK, FIN, ALB, HUN, FIN, UKR, UKR – 2002 USA, WAL, AUT, KSA, IRL, CMR, USA, BRA

15 **Zielinski,** Paul, 20. 11. 1911, † 20. 2. 1966 (Union Hamborn), 1934 BEL, SWE, CSV, AUT, POL, DEN – 1935 NED, FRA, IRL, CSV, NOR, SWE, LUX, POL – 1936 LUX

1 **Zilgas,** Karl, 2. 3. 1882, † 17. 6. 1917 (Victoria Hamburg), 1913 DEN

14 **Zimmermann,** Herbert, 1. 7. 1954 (1. FC Köln), 1976 WAL – 1977 SUI – 1978 ENG, SWE, POL, ITA, NED – 1979 TUR, WAL, IRL, ISL, WAL, URS, TUR

4 **Zörner,** Karl, 18. 6. 1897,.† 8. 11. 1941 (SC 99 Köln), 1923 NED, SUI, SWE, FIN

1 **Zolper,** Karl, 30. 4. 1901, † (CfR Köln), 1925 NED

7 **Zorc,** Michael, 25. 8. 1962 (Borussia Dortmund), 1992 BRA, URU – 1993 SCO, GHA, BRA, ENG, URU

2 **Zwolanowski,** Felix, 12. 7. 1912, † 26. 11. 1998 (Fortuna Düsseldorf), 1940 SVK, YUG

Rangliste der Nationalspieler

(mit 50 und mehr Länderspielen)

150	Lothar Matthäus	Borussia Mönchengladbach, Bayern München, Inter Mailand (1980–2000)
108	Jürgen Klinsmann	VfB Stuttgart, Inter Mailand, AS Monaco, Tottenham, Bayern München, Sampdoria Genua (1987–1998)
105	Jürgen Kohler	SV Waldhof Mannheim, 1. FC Köln, Bayern München, Juventus Turin, Borussia Dortmund (1986–1998)
103	Franz Beckenbauer	FC Bayern München (1965–1977)
101	Thomas Häßler	1. FC Köln, Juventus Turin, AS Rom, Karlsruher SC (1988–2000)
96	Hans-Hubert Vogts	Borussia Mönchengladbach (1967–1978)
95	Josef Maier	FC Bayern München (1966–1979)
95	Karl-Heinz Rummenigge	FC Bayern München, Inter Mailand (1976–1986)
90	Rudolf Völler	Werder Bremen, AS Rom, Olympique Marseille (1982–1994)
86	Andreas Brehme	1. FC Kaiserslautern, Bayern München, Inter Mailand (1984–1994)
85	Andreas Möller	Borussia Dortmund, Eintracht Frankfurt, Juventus Turin, Borussia Dortmund (1988–1999)
81	Karlheinz Förster	VfB Stuttgart (1978–1986)
81	Wolfgang Overath	1. FC Köln (1963–1974)
76	Guido Buchwald	VfB Stuttgart (1984–1994)
76	Harald Schumacher	1. FC Köln (1979–1986)
73	Pierre Littbarski	1. FC Köln, Racing Paris (1981–1990)
72	Hans-Peter Briegel	1. FC Kaiserslautern, Hellas Verona (1979–1986)
72	Uwe Seeler	Hamburger SV (1954–1970)
71	Paul Janes	Fortuna Düsseldorf (1932–1942)
71	Christian Ziege	Bayern München, AC Mailand, FC Middlesbrough, FC Liverpool (seit 1993)
70	Oliver Bierhoff	Udinese Calcio, AC Mailand, AS Monaco (seit 2001)
69	Manfred Kaltz	Hamburger SV (1975–1983)
69	Stefan Reuter	1. FC Nürnberg, Bayern München, Juventus Turin, Borussia Dortmund (1987–1998)
68	Thomas Helmer	Borussia Dortmund, Bayern München (1990–1998)
66	Horst Höttges	Werder Bremen (1965–1974)
66	Willi Schulz	Union Günnigfeld, Schalke 04, Hamburger SV (1959–1970)
65	Ernst Lehner	Schwaben Augsburg, Blau-Weiß Berlin (1933–1942)
62	Thomas Berthold	Eintracht Frankfurt, Hellas Verona, AS Rom, VfB Stuttgart (1985–1995)
62	Gerhard Müller	FC Bayern München (1966–1974)
61	Fritz Walter	1. FC Kaiserslautern (1940–1958)
60	Oliver Kahn	FC Bayern München (seit 1997)
60	Andreas Köpke	1. FC Nürnberg, Eintracht Frankfurt, Olympique Marseille (1990–1998)
56	Klaus Allofs	Fort. Düsseldorf, 1. FC Köln, Olymp. Marseille (1978–1988)
54	Bodo Illgner	1. FC Köln (1987–1994)
53	Rainer Bonhof	Mönchengladbach, FC Valencia, 1. FC Köln (1972–1981)
53	Bernard Dietz	MSV Duisburg (1974–1981)
53	Wolfgang Weber	1. FC Köln (1964–1974)
52	Olaf Thon	Schalke 04, FC Bayern München (1984–1998)
51	Markus Babbel	Bayern München (1995 – 2000)
51	Ulf Kirsten	Bayer Leverkusen (1992 – 2000) + 49 A-Länderspiele für DDR
51	Matthias Sammer	VfB Stuttgart, Inter Mailand, Borussia Dortmund (1990–1997) + 23 A-Länderspiele für DDR
50	Herbert Erhardt	SpVgg Fürth, Bayern München (1953–1962)

Rangliste der Vereine
(mit mehr als 50 Berufungen)

FC Bayern München: 1343 Berufungen (68 Nationalspieler)
Beckenbauer 103, Maier 95, Matthäus 90, K.-H. Rummenigge 78, G. Müller 62, Kahn 60, Helmer 58, Babbel 51, Breitner 46, Schwarzenbeck 44, Jeremies 40, Linke 40, Goldbrunner 39, Scholl 36, U. Hoeneß 35, Ziege 31, Jancker 29, Augenthaler 27, Dremmler 27, Klinsmann 23, Strunz 21, L. Hofmann 18, Reuter 18, Streitle 15, Tarnat 15, Effenberg 14, Pöttinger 14, Brehme 12, Hamann 12, Kohler 12, Thon 12, Zickler 12, Basler 11, Giesemann 11, Haringer 11, Pflügler 11, Eder 9, Bergmaier 8, Heidkamp 8, Kutterer 8, Simetsreiter 8, Dorfner 7, Ballack 5, Bauer 5, Aumann 4, Gablonsky 4, D. Hoeneß 4, Rohr 4, Roth 4, Siedl 4, Kapellmann 3, Mai 3, Schneider 3, Kögl 2, Krumm 2, M. Rummenigge 2, Wohlfarth 2, Brenninger 1, Erhardt 1, Fürst 1, Hofmeister 1, Labbadia 1, Nafziger 1, Nagelschmitz 1, Niedermayer 1, Ohlhauser 1, Olk 1, Welker 1.

1. FC Köln: 727 Berufungen (42 Nationalspieler)
Overath 81, Schumacher 76, Littbarski 71, Illgner 54, Weber 53, Cullmann 40, Flohe 39, Schäfer 39, Kl. Allofs 29, Schnellinger 24, Kohler 20, Löhr 20 Stollenwerk 19, Häßler 17, Fischer 15, Wilden 15, Zimmermann 14, D. Müller 12, Röhrig 12, Schuster 10, Strack 10, Engels 8, Hornig 7, Rahn 6, Mebus 5, Ewert 4, Pott 3, Sturm 3, Bonhof 2, Dörner 2, Görtz 2, Kapellmann 2, Konopka 2, Manglitz 2, Thielen 2, T. Allofs 1, Euler 1, Flink 1, Hense 1, Labbadia 1, Neumann 1, Steiner 1.

Borussia Dortmund: 504 Berufungen (40 Nationalspieler)
Möller 53, Sammer 38, Held 35, Reuter 33, Kohler 31, Heinrich 23, A. Schmidt 25, Freund 21, Tilkowski 21, Wörns 20, Metzelder 16, Ricken 16, Kehl 15, Lehmann 14, Lenz 14, Schanko 14, Helmer 10, Konietzka 9, Riedle 9, Frings 8, Mill 8, M. Schulz 7, Zorc 7, Kelbassa 6, Nerlinger 6, Schütz 6, Emmerich 5, Votava 5, Immel 4, Kwiatkowski 4, Burgsmüller 3, K. Reinhardt 3, Cieslarczyk 2, Herrlich 2, Libuda 2, Neuberger 2, Schlebrowski 2, Peters 1, Redder 1, W. Sturm 1.

Hamburger SV: 447 Berufungen (43 Nationalspieler)
Uwe Seeler 72, Kaltz 69, Magath 43, W. Schulz 41, Posipal 32, Hrubesch 21, Jakobs 20, Rolff 19, Harder 15, Beier 11, G. Dörfel 11, Lang 8, Stein 6, Volkert 6, Kurbjuhn 5, B. Dörfel 4, Gründel 4, Laband 4, Nogly 4, J. Werner 4, Doll 3, Giesemann 3, Hieronymus 3, Horn 3, Kargus 3, Memering 3, Milewski 3, Noack 3, Risse 3, Adamkiewicz 2, Albertz 2, Fr. Dörfel 2, Hartwig 2, Hertzsch 2, Kmetsch 2, Stürmer 2, Beiersdorfer 1, Blunk 1,Butt 1, Groh 1, Mahlmann 1, Politz 1, Wolpers 1.

VfB Stuttgart: 414 Berufungen (33 Nationalspieler)
Kh. Förster 81, Buchwald 76, H. Müller 36, B. Förster 33, Strunz 20, Bobic 19, Immel 15, Retter 14, Berthold 13, Waldner 13, Klinsmann 12, Sammer 11, Allgöwer 10, Sawitzki 8, Sieloff 8, Geiger 7, Köppel 7, Kelsch 4, Barufka 3, Frontzeck 3, Kuranyi 3, Schlienz 3, Gerber 2, Haber 2, Hinkel 2, D. Hoeneß 2, Blum 1, Bögelein 1, Bökle 1, Martin 1, Mauch 1, Roleder 1, Rutz 1.

FC Schalke 04: 403 Berufungen (32 Nationalspieler)
Thon 40, Szepan 34, Fischer 30, Libuda 24, Fichtel 23, W. Schulz 22, Urban 21, Gellesch 20, Rüßmann 20, Abramczik 19, B. Klodt 19, Asamoah 18, H. Klodt 17, E. Kremers 15, Nowak 15, Kuzorra 12, Böhme 10, H. Kremers 8, Nigbur 6, Bongartz 4, H. Burdenski 3, Eppenhoff 3, Koslowski 3, Poertgen 3, Rost 3, Herrmann 2, Lehmann 2, Linke 2, O. Tibulski 2, Berg 1, Kördell 1, H. Tibulski 1.

Borussia Mönchengladbach: 394 Berufungen (30 Nationalspieler)
Vogts 96, Bonhof 40, Heynckes 38, Wimmer 36, Netzer 31, Matthäus 26, Brülls 22, Frontzeck 16, Rahn 14, Mill 9, Hannes 8, Danner 6, Kleff 6, Sieloff 6, Stielike 6, Köppel 4, Bruns 4, Paßlack 4, Herrlich 3, Ditgens 3, H. Nickel 3, Bleidick 2, Del Haye 2, Hochstätter 2, Laumen 2, Dietrich 1, Meyer 1, L. Müller 1, Pflipsen 1, Rupp 1.

SV Werder Bremen: 340 Berufungen (31 Nationalspieler)
Höttges 66, Völler 41, Bode 40, Eilts 31, Basler 19, Lorenz 17, F. Baumann 16, Meier 16, Frings 15, D. Burdenski 12, Riedle 10, W. Schröder 10, Borowka 6, Otten 6, Piontek 6, Reinders 4, G. Bernard 3, Borowski 2, H. Burdenski 2, Ernst 2, Ferner 2, Heidemann 2, Hermann 2, Ordenewitz 2, Steinmann 2, Hobsch 1, Neubarth 1, Reck 1, Rost 1, Wolter 1, Zembski 1.

1. FC Kaiserslautern: 329 Berufungen (21 Nationalspieler)
Fritz Walter 61, Briegel 53, Brehme 40, Eckel 32, Klose 29, Kohlmeyer 22, O. Walter 21, Liebrich 16, Marschall 13, Kuntz 11, K. Schmidt 9, Wagner 6, Wuttke 4, Toppmöller 3, Foda 2, Pirrung 2, Th. Allofs 1, Ballack 1, Groh 1, Reich 1, Ritter 1.

Bayer Leverkusen: 311 Berufungen (21 Nationalspieler)
Kirsten 51, Ramelow 40, Nowotny 37, Neuville 35, Ballack 27, B. Schneider 26, Wörns 22, Rolff 18, Rink 11, Waas 11, Thom 10, Beinlich 4, Hörster 4, A. Reinhardt 4, K. Reinhardt 4, Butt 2, Balitsch 1, Bierofka 1, Brdaric 1, Scholz 1, Schreier 1.

Eintracht Frankfurt: 296 Berufungen (29 Nationalspieler)
Grabowski 44, Hölzenbein 40, Köpke 25, Gramlich 22, Berthold 21, Bein 17, Binz 14, Lutz 12, Möller 12, Schütz 11, Stubb 10, Kreß 9, R. Weber 9, Pfaff 7, Tiefel 7, Borchers 6, Körbel 6, Gaudino 5, Falkenmayer 4, Mantel 4, Reichel 2, Solz 2, Becker (für Kickers) 1, Bäumler 1,Heldt 1, Kroth 1, Lindner 1, B. Nickel 1, Weilbächer 1.

Fortuna Düsseldorf: 240 Berufungen (25 Nationalspieler)
Janes 71, Juskowiak 30, Kobierski 26, Kl. Allofs 21, Turek 20, Albrecht 17, Bender 9, Seel 6, Bommer 6, Herzog 5, Geye 4, Wigold 4, Zewe 4, Breuer 2, Derwall 2, Mehl 2, Steffen 2, Zwolanowski 2, Borkenhagen 1, Heibach 1, Jäger 1, Krüger 1, Mauritz 1, Neuschäfer 1, Bockenfeld 1.

1. FC Nürnberg: 239 Berufungen (37 Nationalspieler)
Morlock 26, Stuhlfauth 21, Kalb 15, H. Schmidt 14, Köpke 14, Sutor 12, Billmann 11, Reisch 9, Reuter 9, Munkert 8, Kugler 7, Riegel 7, Eckstein 7, Hochgesang 6, Träg 6, Wieder 6, Volkert 6, Popp 5, L. Müller 5, Geiger 4, Reinmann 4, Schwabl 4, Strehl 4, Strobel 4, Wenauer 4, Oehm 3, Sold 3, Hornauer 2, Kund 2, Philipp 2, J. Schmitt 2, Baumann 2, Friedel 1, Köhl 1, Köpplinger 1, Weiß 1, Schade 1.

Spielvereinigung Fürth: 175 Berufungen (22 Nationalspieler)
Erhardt 49, Leinberger 24, Mai 18, Hagen 12, Burger 11, A. Franz 10, J. Müller 10, Seiderer 8, H. Fiederer 6, Frank 4, Auer 3, Knöpfle 3, Lohrmann 3, Hirsch 3, Kießling 2, Lang 2, Schade 2, Ascherl 1, L. Fiederer 1, H. Schmidt 1, Wellhöfer 1, Gottinger 1.

Hertha BSC Berlin: 129 Berufungen (24 Nationalspieler)
Rehmer 25, Beer 24, Deisler 19, Wosz 11, Friedrich 10, Sobeck 8, Preetz 7, Patzke 6, M. Hartmann 3, Gehlhaar 2, Beinlich 1, Faeder 1, Groß 1, Hirth 1, Jungtow 1, Kirsei 1, Kliemann 1, Kostedde 1, Krause 1, E. Müller 1, Ruch 1, F. Schulz 1, Steffenhagen 1, Völker 1.

Inter Mailand: 117 Berufungen (7 Nationalspieler)
Brehme 34, Klinsmann 29, Matthäus 28, K. H. Rummenigge 17, H. Müller 6, Sammer 2, Szymaniak 1.

Karlsruher SC: 96 Berufungen (12 Nationalspieler)
Häßler 42, Wegele 15, Szymaniak 12, G. Herrmann 7, Oberle 5, Tarnat 4, Neumaier 3, Schuster 3, Siedl 2, Reiser 1, Reitgaßl 1, Zaczyk 1.

AS Rom: 95 Berufungen (4 Nationalspieler)
Völler 43, Häßler 33, Berthold 18, Schnellinger 1.

1. FC Schweinfurt 05: 90 Berufungen (3 Nationalspieler)
Kitzinger 44, A. Kupfer 44, G. Bernard 2.

TSV München 1860: 87 Berufungen (22 Nationalspieler)
Patzke 18, Heiß 8, Jeremies 8, Lachner 8, Küppers 7, Brunnenmeier 5, Wendl 5, Häßler 4, Willimowski 4, Hornauer 3, Lauth 3, Bierofka 2, Grosser 2, Rebele 2, Eiberle 1, Heldt 1, Keller 1, Kling 1, Kraus 1, Max 1, Schäfer 1, Steiner 1.

MSV Duisburg: 85 Berufungen (8 Nationalspieler)
Dietz 53, Krämer 13, Worm 7, Bella 4, Heidemann 3, Manglitz 2, Seliger 2, Wunder 1.

Rot-Weiß Essen: 79 Berufungen (8 Nationalspieler)
Rahn 34, Herkenrath 21, Wewers 12, Termath 7, Wientjes 2, Islacker 1, Köchling 1, Zastrau 1.

Juventus Turin: 78 Berufungen (5 Nationalspieler)
Kohler 38, A. Möller 20, Reuter 9, Haller 6, Häßler 5.

Dresdner SC: 62 Berufungen (15 Nationalspieler)
R. Hofmann 19, Schön 16, Köhler 5, W. Kreß 4, Dzur 3, Schubert 3, Gedlich 2, Müller 2, Pohl 2, Berthold 1, Haftmann 1, Mantel 1, Neumann 1, Schlösser 1, Stössel 1.

Eintracht Braunschweig: 60 Berufungen (13 Nationalspieler)
Wolter 13, B. Dörfel 11, Ulsaß 10, Franke 7, Gerwien 6, Queck 3, Maas 3, Lorenz 2, Bülte 1. Poppe 1, Sukop 1, Bäse 1, Gersdorff 1.

Schwaben Augsburg: 55 Berufungen (1 Nationalspieler)
Lehner 55.

AC Mailand: 55 Berufungen (3 Nationalspieler)
Bierhoff 26, Schnellinger 19, Ziege 10.

Torschützen der A-Länderspiele

(in alphabetischer Reihenfolge)

Abramczik	2
Adamkiewicz	1
Albrecht Ernst	4
Allofs Kl.	17
Arlt	2
Asamoah	2
Auer	2
Babbel	1
Bäumler	1
Ballack	12
Basler	2
Baumann, F.	2
Beck	1
Beckenbauer	14
Becker Fr.	2
Beer	7
Bein	3
Bergmaier	1
Berndt	2
Berthold Th.	1
Biallas	1
Bierhoff	37
Bierofka	1
Biesinger	2
Binder	10
Binz	1
Bobic	7
Bode	9
Böhme	1
Bonhof	9
Brehme	8
Breitner	10
Breunig	1
Briegel	4
Brülls	9
Brunnenmeier	3
Buchwald	4
Burdenski Herb.	2
Burger	1
Cieslarczyk	3
Claus-Oehler	1
Conen	27
Cullmann	6
Damminger	5
Decker	8
Deisler	3
Doll	1
Dörfel Bernd	2
Dörfel Friedo	1
Dörfel Gert	7
Dorfner	1
Dremmler	3
Dumke	3
Durek	2
Effenberg	5
Elbern	2
Emmerich L.	2
Eppenhoff	3
Erhardt	1
Fath	7
Fichtel	1
Fick	1
Fiederer H.	3
Fischer Kl.	32
Flohe	8
Förderer	10
Förster Kh.	2
Frank	5
Franz	4
Freier	1
Frings	2
Fuchs	14
Gärtner	1
Gauchel	13
Gaudino	1
Geiger R.	2
Gellesch	1
Gerritzen	1
Gerwien	1
Geye	1
Grabowski	5
Günther W.	2
Hänel	1
Häßler	11
Haferkamp	2
Hahnemann	16
Haller	13
Hamann	4
Hanke	1
Harder	14
Hartmann K.	2
Heidkamp	1
Heinrich	2
Heiß	2
Held	5
Helmer	5
Herberger	2
Herget	4
Herrlich	1
Herrmann G.	1
Herrmann R.	1
Heynckes	14
Hiller III	1
Hirsch	4
Hochgesang	4
Hölzenbein	5
Hoeneß D.	4
Hoeneß U.	5
Höttges	1
Hofmann L.	4
Hofmann R.	24
Hohmann	20
Hornauer	3
Hrubesch	6
Jäger A.	11
Jakobs D.	1
Jancker	10
Janes	7
Jeremies	1
Juskowiak	4
Kalb Hans	2
Kaltz	8
Kehl	2
Kelbassa	2
Kelsch	3
Kießling	1
Kipp	10
Kirsten	20
Kitzinger	2
Klingler	6
Klinsmann	47
Klodt B.	3
Klose	15
Kobierski	9
Köppel	2
Kohler	2
Konietzka	3
Koslowski	1
Krämer W.	3
Kraus E.	3
Kremers E.	3
Kreß R.	2
Krumm	1
Küppers	2
Kund	1
Kuntz	6
Kupfer	1
Kuzorra	7
Lachner	4
Langenbein	1
Laumen	1
Lehner	30
Lenz	9
Libuda	3
Linke	1
Littbarski	18
Löhr	5
Lorenz	1
Ludwig Joh.	2
Magath	3
Mai	1
Malecki	2
Malik	1
Marschall	3
Marx	1
Matthäus	23
Mechling	1
Meier	2
Möller A.	29
Möller E.	4
Morlock	21
Müller Dieter	9
Müller Gerh.	68
Müller Hans	5
Nerlinger	1
Netzer	6
Neuschäfer	1
Neuville	4
Noack	1
Oberle	1
Overath	17
Panse	1
Paßlack	1
Paulsen	3
Pesser	2
Pfaff	2
Plener	2
Poertgen	5
Pöttinger	8
Popp L.	1
Posipal	1
Preetz	3
Queck	2
Rahn Helmut	21
Rahn Uwe	5
Ramelow	2
Rasselnberg	8
Rau	1
Rehmer	4
Reinders	1
Reitgaßl	1
Reuter	2
Ricken	1
Riedle	16
Ritschel	1
Rodekamp	1
Röhrig	2
Rohr	5
Rohwedder	2
Ruch	2
Rüssmann	1
Rummenigge K.-H.	45
Rupp	1
Rutz	1
Sackenheim	2
Sammer M.	8
Schade	1
Schäfer Hans	15
Schaletzki	1
Scherm	1
Schlösser	1
Schmidt A.	8
Schmitt J.	1
B. Schneider	1
Schnellinger	1
Schön	17
Schönhöft	1
Scholl	8
Schröder W.	3
Schütz J.	2
Schuster B.	4
Seeler U.	43
Seiderer	5
Siedl	3
Sieloff	5

Siemensmeyer	2	Stürmer Kl.	1	Vollmar	3	Worm	5
Siffling	17	Sutor	2	Voß	2	Worpitzky	5
Simetsreiter	8	Szepan	8	Waas	1	Wosz	1
Sing	1	Szymaniak	2	Waldner	2	Wuttke	1
Sobeck	2	Termath	4	Walter F.	33	Zaczyk	1
Stein E.	1	Thom	2	Walter O.	10	Zeitler	1
Steinmann	1	Thon	3	Weber Wolfg.	2	Zickler	2
Stielike	3	Toppmöller	1	Wegele	2	Ziege	9
Stollenwerk	2	Träg	1	Weißenbacher	1	Zimmermann H.	2
Strack	1	Ugi	1	Werner J.	2		
Strehl	4	Ulsaß	8	Wewers	1		
Striebinger	2	Urban	11	Wieder	2		
Stroh	1	Völler	47	Wigold	3		
Strunz	1	Vogts	1	Willimowski	13	Eigentore des	
Stubb	1	Volkert	2	Wimmer	4	Gegners	24

Nationalelf-Trainer und ihre Bilanzen

Datum des jeweils ersten und letzten Spiels.

Professor Dr. Otto Nerz: 31.10.1926–7.8.1936
70 – 42 – 10 – 18, 192:113 Tore

Josef Herberger: 13.9.1936–7.6.1964
167 – 94 – 27 –46, 435:250 Tore

Helmut Schön: 4.11.1964–21.6.1978
139 – 87 – 31 – 21, 292:107 Tore

Josef Derwall: 11.10.1978–20.6.1984
67 – 44 – 12 – 11, 144:60 Tore

Franz Beckenbauer: 12.9.1984–8.7.1990
66 – 34 – 20 – 12, 107:61 Tore

Hans-Hubert Vogts: 29.8.1990–5.9.1998
102 – 66 – 24 – 12, 206:86 Tore

Erich Ribbeck: 10.10.1998– 20.6.2000
24 – 10 – 6 – 8, 42:31 Tore

Rudolf Völler: 16. 8. 2000 – heute
30 24 7 8, 87:41 Tore

Unentschiedene Spiele, die durch Elfmeterschießen entschieden wurden, sind als Unentschieden gewertet.

51 Jahre und 7 Monate

Der älteste und somit auch längste WM-Länderspiel-Rekord ging am 16. Oktober 1985, genau um 22.04 Uhr zu Ende. Bis zu diesem Tage und dieser Stunde hatte Deutschland seit dem 11. März 1934 kein einziges WM-Qualifikationsspiel verloren. Portugal beendete diese einmalige Serie mit dem 1:0-Sieg im Stuttgarter Neckarstadion nach 18 848 Tagen (= 51 Jahre, 7 Monate), die bis dahin so aussah: 36 Spiele, 32 Siege, 4 Unentschieden, 130:24 Tore (!) für Deutschland.

Meiste Tore in einem Spiel:

10 Fuchs, 1912 Russland 16:0
6 Hahnemann, 1940 Finnland 13:0
5 Siffling, 1937 Dänemark 8:0
4 Gerd Müller, 1967 Albanien 6:0, 1969 Zypern 12:0, 1972 Sowjetunion 4:1, 1972 Schweiz 5:1
4 Förderer, 1912 Russland 16:0
4 Hirsch, 1912 Niederlande 5:5
4 Frank, 1929 Schweiz 7:1
4 Rasselnberg, 1934 Luxemburg 9:1
4 Conen, 1940 Bulgarien 7:3
4 Conen, 1940 Finnland 13:0
4 Willimowski, 1942 Schweiz 5:3

Schnellste Hattricks:

(drei Tore in einer Halbzeit, ohne dass ein Treffer der eigenen Mannschaft oder des Gegners dazwischenliegt)

1. Bierhoff, 1997 Nordirland 3:1 (73., 78., 79. = 7 Minuten)
2. Siffling, 1937 Dänemark 8:0 (33., 40., 44. = 12 Minuten)
3. Gerd Müller, 1972 Sowjetunion 4:1 (50., 51., 62. = 13 Minuten)
4. Conen, 1940 Bulgarien 7:3 (60., 63., 74. = 15 Minuten)
5. Uwe Seeler, 1963 Türkei 3:0 (52., 53., 68. = 17 Minuten)
6. Gerd Müller, 1970 Peru 3:1 (20., 26., 38. = 19 Minuten)
7. Edmund Conen, 1934 Belgien 5:2 (66., 69., 85. = 20 Minuten)
8. Kirsten, 1997 Albanien 3:2 (63., 80., 84. = 22 Minuten)
9. Ziege, 1999 Nordirland 4:0 (16., 33., 45. = 30 Minuten)
10. Ulsaß, 1965 Österreich 4:1 (46., 66., 82. = 37 Minuten)

Weltrekord: Maglioni – Argentinien, bei einem Spiel seines Klubs Independiente in 1:50 Minuten.

Die Bilanz der B/A2-Länderspiele

Gegner	Spiele	Siege	Unentsch.	Niederl.	Tore	Elfmetersch.
Belgien	1	1	–	–	2:1	
Bosnien-Herz.	1	–	1	–	0:0	
England	3	–	1	2	2:7	
Finnland „A“	1	1	–	–	6:0	
Frankreich	5	2	–	3	5:7	
Honduras	1	1	–	–	3:1	
Irland „A“	2	1	–	1	3:1	
Italien	3	2	–	1	3:2	
Jamaika	1	–	1	–	1:1	
Jugoslawien	1	–	–	1	0:8	
Luxemburg „A“	4	3	–	1	16:4	
Niederlande	5	2	2	1	8:7	
Norwegen „A“	1	1	–	–	3:0	
Österreich	6	4	1	1	10:4	
Polen	3	3	–	–	5:1	
Portugal	2	2	–	–	3:0	
Rumänien	3	2	1	–	5:2	
Russland	2	–	2	–	5:5	
Schottland	1	-	1	-	3:3	
Schweden	2	2	–	–	4:2	
Schweden, Olympiateam	1	1	–	–	3:0	
Schweiz	9	5	–	4	14:10	
Slowakei	1	–	–	1	1:4	
Sowjetunion	3	2	–	1	5:3	
Spanien	2	2	–	–	10:4	
Tschechoslowakei	2	1	–	1	2:2	
Türkei	2	-	1	1	1:2	
Ungarn	4	3	1	–	9:3	
USA	1	1	–	–	4:1	
Gesamt:	73	42	12	19	138:85	

Die B-Mannschaften

von 1951 bis 1986 B-Nationalmannschaft, von 1999 bis 2001 A2-B-Nationalmannschaft, ab 2002 Team 2006

1951: 3 Spiele: 1 Sieg, 1 Unentschieden, 1 Niederlage

1 **Schweiz**, 14.4., Karlsruhe, 0:2 verloren: Rado – Retter, Knoll – Haferkamp, Matzkowski, Trenkel – Kaufhold, Schreiner, Lipponer, Buhtz, Blessing – Schiedsrichter: Sautel (Frankreich).

2 **Österreich**, 22.9., Augsburg, 1:1 unentschieden: Schaffer – Mirsberger (Steimle), Bauer – Bergner, Struzina, Röhrig (Ucko) – Krüger, Stollenwerk, Schröder (1), Baitinger, Blessing – SR: Scherz (Schweiz).

3 **Schweiz**, 14.10., Basel, 2:0 gewonnen: Schaffer – Mirsberger, Bauer – Sommerlatt, Struzina, Ucko – Mauritz (1), Stollenwerk, Schröder (1), Röhrig, Schäfer – SR: Grill (Österreich).

1952: 1 Spiel: 1 Sieg

4 **Schweiz**, 9.11., Basel, 2:0 gewonnen: Kubsch – Eberle, Bauer – Sommerlatt, Schäfer, Harpers – Gerritzen, Preißler, Schröder (2), Weber, Flügel – SR: Bauwens (Belgien).

1953: 2 Spiele: 1 Sieg, 1 Niederlage

5 **Österreich**, 22.3., Wien, 1:3 verloren: Bögelein – Mirsberger, Niebel – Sommerlatt, Schäfer, Derwall – Gerritzen, Preißler (1), Schröder, Islacker (Blessing), Termath – SR: Derfflinger (Schweiz).

6 **Spanien**, 14.6., Düsseldorf, 5:2 gewonnen: Henig – Rößling, Erhardt – Metzner, Sommer (Mebus), Gottinger – Hellwig (Biesinger), Röhrig, Lipponer, Pfaff (2), Schäfer (3) – SR: van der Meer (Niederlande).

1954: 2 Spiele: 2 Niederlagen

7 **England**, 24.3., Gelsenkirchen, 0:4 verloren: Kwiatkowski – Deinert, Erhardt – Lang, Schäfer, Harpers – Ernst, Lettl, Kreß, Laszig, Krämer – SR: Schnipper (Niederlande).

8 **Schweiz**, 24.4., Offenburg, 1:3 verloren: Kwiatkowski – Liebrich, Bauer (Kohlmeyer) – Mebus, Hutfleß, Meinke (Harpers) – Klodt, Metzner (Gerritzen), Biesinger, Wade, Pfaff (1) – SR: Fauquemberghe (Frankreich).

1955: 2 Spiele: 1 Unentschieden, 1 Niederlage

9 **England**, 23.3., Sheffield, 1:1 unentschieden: Kubsch – H. Hofmann, Juskowiak (1) – Link, Hoffmann (Baureis), Gottinger – Schlump, Biesinger, Meyer, Demski, Haase – SR: Clough (England).

10 **Jugoslawien**, 25.9., Laibach, 0:8 verloren: Schnoor – Sattler, Klepacz – Lang, Schäfer, Amann – Habig, Stürmer (Neuschäfer), Uwe Seeler, Schröder, Auernhammer (Hofmann) – SR: Cujic (Tschechoslowakei).

1956: 4 Spiele: 2 Siege, 2 Niederlagen

11 **Niederlande**, 21.4., Enschede, 0:1 verloren: Kwiatkowski – Koll, Konopczinski – Karl Hoffmann, Rudi Hoffmann (Kaniber), Dörner – Kraus, Waldner (Biesinger), Neuschäfer, Laumann, Termath – SR: Schwinte (Frankreich).

12 **Spanien**, 31.6., Barcelona, 5:2 gewonnen: Sawitzki – Rößling, Erhardt – Dörner, Wewers, Harpers – Gerritzen (Szymaniak), Miltz (1), Biesinger (2), Schröder (1), Bäumler (1) – SR: Campos (Portugal).

13 **Sowjetunion**, 15.9., Moskau, 1:3 verloren: Kubsch – Stollenwerk, Keck (Gerdau) – Schlienz, Hesse, Dörner – Klodt, Stürmer (Miltz), Seeler, Sommerlatt, Termath (1) (Bäumler) – SR: Matzkow (CSSR).

14 **Schweiz**, 21.11., Zürich, 2:1 gewonnen: Tilkowski – Geruschke, Keck – Morlock, Hesse, Stollenwerk (Graetsch) – Pfeiffer, Miltz (1), O. Walter (1), Laumann (Schicks), Haase – SR: Bernardi (Italien).

1957: 3 Spiele: 1 Sieg, 2 Unentschieden

15 **Österreich**, 6.3., München, 4:0 gewonnen: Tilkowski – Mechnig, Keck – Borutta, Rudi Hoffmann, Semmelmann – Rahn (2) (Waldner), A. Schmidt (1), Kraus (1) (Seeler), H. Müller, Siedl – SR: Gulde (Schweiz).

16 **Niederlande**, 27.3., Essen, 3:3 unentschieden: Tilkowski – Mechnig, Keck (Dimmel) – Borutta, Hesse, Semmelmann (Haase) – Klodt (2), Jagielski, Glomb, H. Müller, Siedl (1) – SR: Grandain (Belgien).

17 **Ungarn**, 21.12., Budapest, 2:2 unentschieden: Sawitzki – Konopczinski, Sandmann – Borutta, Laag, Krämer (Weilbächer) – Kraus, Kreß, Biesinger, Pfeiffer (2), Nazarenus – SR: Macko (Tschechoslowakei).

1958: 2 Spiele: 1 Sieg, 1 Niederlage

18 **Luxemburg**, 1.5., Luxemburg, 1:4 verloren: Sawitzki – Zastrau, Keck – Mai, R. Hoffmann (Weilbächer), Lang – Kreß (Hohmann), Pfeiffer, Biesinger (1), Schröder, Scheidt – SR: van Leeuwen (Niederlande).

19 **Österreich**, 22.10., Karlsruhe, 1:0 gewonnen: Sawitzki – Preis, Barwenczik (Dimmel) – Ruppenstein, Pyka (R. Hoffmann), Benthaus – Koslowski, Faeder (1), Waldner, Herrmann, Grosser – SR: Dienst (Schweiz).

1959: 2 Spiele: 1 Sieg, 1 Niederlage

20 **Schweiz**, 3.10., Konstanz, 0:1 verloren: Ewert – Lutz, Giesemann – Schulz, Wenauer, Stinka – Feigenspan (Lindner), Kölbl, Strehl, Pfeiffer, Cieslarczyk – SR: Moriconi (Italien).

21 **Ungarn**, 8.11., Saarbrücken, 2:1 gewonnen: Schnoor – Witlatschil, Späth – Nuber, Koll, Dieter Seeler – Grosser (Reitgaßl (1)), Feigenspan (1), Kölbl, Kapitulski, Klöckner – SR: Dienst (Schweiz).

1965: 2 Spiele: 1 Sieg, 1 Unentschieden

22 **Niederlande**, 10.3., Hannover, 1:1 unentschieden: Manglitz – Blusch, Redder – Luttrop (1), Wilden, Walter Schmidt – Nafziger, Ulsaß (Strehl), Rodekamp, Netzer (Beckenbauer), Zebrowski – SR: Treichel

23 **Sowjetunion**, 1.9., Köln, 3:0 gewonnen: Tilkowski – Piontek, Höttges – Szymaniak, Beckenbauer, Weber – Heiß, Grosser, Brunnenmeier (2), Krämer (1), Hornig – SR: Campanati (Italien).

1972: 2 Spiele: 2 Siege

24 **Ungarn**, 29.3., Tatabanya, 2:0 gewonnen: Franke (Burdenski) – Baltes (Rohrbach), Konopka – Neuberger, Seelmann, Hölzenbein – Geye, Danner, Wunder, Frank (Haun (1)), Reimann (1) – SR: Wöhrer (Österreich).

25 **Schweiz**, 14.11., Winterthur, 3:1 gewonnen: Welz – Kapellmann, Konopka – Cullmann, H. Kremers, Zobel – Hitzfeld (1), Köppel (2), Wunder, Handschuh (W. Schäfer), Herzog (Seel) – SR: Rolles (Luxemburg).

1974: 2 Spiele: 2 Siege

26 **Schweden**, 30.4., Kiel, 3:2 gewonnen: Kleff (Franke) – Höttges (Konopka), Hein – H. Kremers (1), Zimmermann (1), Kapellmann – Geye, Seel (1) (Brei), Wunder, Flohe, Herzog – SR: Ohlson (Dänemark).

27 **Luxemburg A**, 3.9., Luxemburg, 5:0 gewonnen: Franke (Kargus) – Kaltz, Dietz (Konopka) – Körbel (Bongartz), Zimmermann, Trinklein – Seliger, Schäfer, Reimann (1) (Ohlicher (2)), Nickel (2), Worm – SR: Racin (Schweiz).

1975: 4 Spiele: 3 Siege, 1 Niederlage

28 **Irland A**, 11.3., Dublin, 0:1 verloren: Kargus – Kaltz, Konopka – Zimmermann, Kliemann, Beer – Pirrung, Seel, D. Müller, Nickel, Keller – SR: Homewood (England).

29 **Finnland A**, 25.4., Offenbach, 6:0 gewonnen: Franke – Glowacz (Kaltz), Konopka – Skala, Kliemann (1), Zimmermann – Geye (1/Grau (1)), Beer, Burgsmüller (2), Nickel (1), Worm (Janzon) – SR: Machin (Frankreich).

30 **Österreich**, 2.9., Augsburg, 2:0 gewonnen: Kargus (Nigbur) – Dürnberger (1), Dietz (Baltes) – Hahn, Kliemann, Kapellmann – Rummenigge, Memering (Dremmler), Keller (1) (Thies), Nickel, Worm – SR: Dörflinger (Schweiz).

31 **Rumänien**, 8.10., Duisburg, 2:0 gewonnen: Nigbur – Sziedat, Konopka (Neues) – Hollmann, Hahn, Dietz (1) – Geye (Worm (1)), Handschuh (Magath), Graul, Gersdorff, Pirrung – SR: Keizer (Niederlande).

1976: 2 Spiele: 1 Unentschieden, 1 Niederlage

32 **Italien**, 25.2., Essen, 0:1 verloren: Kargus (Franke) – Reichel, H. Kremers – Zimmermann (Tenhagen), Cullmann, Körbel – Bast, Bongartz (Magath), Seel, Nickel, Worm (Schäfer) – SR: Ericsson (Schweden).

33 **Rumänien**, 17.11., Timisoara, 1:1 unentschieden: Burdenski (Kneib) – Glowacz, Konopka – Schäffer (Magath), Cullmann, Dürnberger – Bongartz (Abramczik), Schäfer (Granitza), Frank, Wohlers, Worm (1) – SR: Velebov (Jugoslawien).

1977: 8 Spiele: 6 Siege, 1 Unentschieden, 1 Niederlage

34 **Frankreich**, 22.2., Orleans, 0:1 verloren: Kargus – Schneider, Lameck – Hollmann (Segler), Cullmann, Tenhagen – Bast (Abramczik), Bongartz, Worm, Riedl, E. Kremers – SR: De la Bruna (Schweiz).

35 **Belgien**, 20.4., Aachen, 2:1 gewonnen: Burdenski – Reichel, H. Zimmermann – Körbel, Gerber, Jakobs (Burgsmüller (1)) – Pirrung (Geyer), Bongartz, Frank, Magath (1), Seel – SR: Wellinga (Niederlande).

36 **USA**, 5.6., Chicago, 4:1 gewonnen: Ferner – Reichel, Lameck – Körbel, Gerber, Kraus – Geyer (1), Burgsmüller (1), Frank (1), H. Müller (Memering), Stegmayer (Wenzel (1)) – SR: Johnson (USA).

37 **Honduras**, 12.6., Tegucigalpa, 3:1 gewonnen: Knitka – Reichel, Klinkhammer (Lameck) – Körbel, Gerber, Kraus (Wenzel) – Geyer, Burgsmüller (1), Frank (2), H. Müller (Memering), Stegmayer – SR: Soto (Costa Rica).

38 **Jamaika**, 14.6., Kingston, 1:1 unentschieden: Ferner (Kneib) – H. Zimmermann, Lameck (Reichel) – Gerber, Körbel, Jakobs (H. Müller) – Pirrung (Wenzel), Memering, Frank, Burgsmüller (1), Geyer – SR: Chaplin (Jamaika).

39 **Tschechoslowakei**, 7.9., Nürnberg, 1:0 gewonnen: Franke (Burdenski) – Reichel, Zimmermann; Bast (Bittcher), Gerber, Lameck (Groh) – Geye, Burgsmüller (1), Worm, Neumann, Seel (Geyer) – SR: Kuston (Polen).

40 **Italien**, 7.10., Bremen, 1:0 gewonnen: Burdenski – Reichel, Zimmermann, Bast (Seliger), Gerber, Lameck – Geye (1), Röber, D. Müller (Wenzel), Burgsmüller, Seel – SR: Nyhus (Norwegen).

41 **Schweiz**, 15.11., Kaiserslautern, 4:0 gewonnen: Burdenski – Konopka, Huber – Röber (H. Müller), Gerber, Lameck (Strack) – Seliger, Bongartz, Toppmöller, Geye (Geyer (1)), D. Müller (3) – SR: Vigliani (Frankreich).

1978: 5 Spiele: 3 Siege, 2 Niederlagen

42 **England**, 21.2., Augsburg, 1:2 verloren: Burdenski – Lameck, Bierofka – Hadewicz, Zewe, Kh. Förster – Seliger, Bongartz, H. Müller (Lienen), Beer (Worm (1)), Seel – SR: Ericsson (Schweden).

43 **Schweden**, 18.4., Norrköping, 1:0 gewonnen: Burdenski (Kargus) – Konopka (Weiner), Lameck – Tenhagen, Zewe, Kh. Förster – Seel (Worm), Cullmann (Hadewicz), Burgsmüller (1), Bongartz, Seliger – SR: Grey (England).

44 **Tschechoslowakei**, 10.10., Pilsen, 1:2 verloren: Kargus (Schumacher) – Martin, Elmer – Röber, Gerber, Körbel – Borchers (Kelsch), Dürnberger (Hartwig), Nickel, Bongartz, Eggeling (1) (Schröder) – K.: Bongartz – SR: Geiler (Schweiz).

45 **Ungarn**, 14.11., Karlsruhe, 3:0 gewonnen: Kargus (Schumacher) – Martin (Kruse), Elmer (Jakobs) – Hartwig (Schröder), Körbel, Briegel – Del'Haye, Groh, Hrubesch, Eggert, Kelsch (3) – K.: Körbel – SR: Herrmann (Luxemburg).

46 **Niederlande**, 19.12., Bochum, 2:1 gewonnen: Kargus – Martin, Elmer (1) – Jakobs, Melzer, Eggert – Kelsch (Del'Haye), Groh, Hrubesch (Milewski (1)), Memering, Eggeling – K.: Jakobs – SR: Landauer (USA).

1979: 4 Spiele: 4 Siege

47 **Norwegen „A"**, 28.3., Aachen, 3:0 gewonnen: Kargus – Melzer (Th. Allofs), Elmer – Hartwig (1), Körbel, Briegel (1) – Milewski, Memering (B. Förster), D. Hoeneß (1), Nickel (Hrubesch), Kelsch (Wenzel) – K.: Körbel – SR: Weiten (Luxemburg).

48 **Rumänien**, 11.9., Kaiserslautern, 2:1 gewonnen: Kargus – Melzer, Groh – Hartwig, Körbel, Jakobs (Augenthaler) – Vöge, Toppmöller (Kruse), Milewski (1), Magath (1) (Votava), Willmer – K.: Körbel – SR: Bastian (Luxemburg).

49 **Luxemburg „A"**, 16.10., Koblenz, 9:0 gewonnen: Schumacher (Junghans) – Blau, Groh (1) – Hartwig (1), Augenthaler (1), Niedermayer – Milewski (1) (Martin), Votava (1), Nickel (2), Geyer (1), Vöge (1) (Kempe) – K.: Hartwig – SR: Dellmer (Frankreich).

50 **Italien**, 19.12., Genua, 2:1 gewonnen: Junghans – Martin, Groh – Augenthaler, Hannes, Blau (Matthäus) – Del'Haye, Niedermayer, D. Hoeneß (1), Dürnberger, Vöge (1) (Dressel) – K.: Groh – SR: Christov (CSSR).

1980: 5 Spiele: 4 Siege, 1 Niederlage

51 **Österreich**, 1.4., Bayreuth, 3:0 gewonnen: Burdenski (Junghans) – Martin (2) (Blau), Hannes, Augenthaler, H. Zimmermann – Hartwig, Votava (Dürnberger), Groh – Kelsch (Borchers), Nickel (1), Dressel (Milewski) – K.: Hartwig – SR: Christov (CSSR).

52 **Polen**, 14.5., Kassel, 2:1 gewonnen: Junghans – Martin, Hannes, Augenthaler, H. Zimmermann – Matthäus (1), (Jakobs), Groh (Blau), Borchers (Votava) – Del'Haye (1), Nickel, Memering – K.: H. Zimmermann – SR: Jourquin (Belgien).

53 **Schweiz**, 9.9., Luzern, 0:2 verloren: Immel – Martin, Niedermayer, B. Förster, Groh – Blau, Hieronymus (Matthäus), Memering (Hannes) – Littbarski, Klotz, Dressel (Völler) – K.: Memering/Groh – SR: Brummeier (Österreich).

54 **Niederlande**, 7.10., Kerkrade, 2:1 gewonnen: Koitka (Roleder) – Martin, Hannes, Dusek, Saborowski – Dremmler, Eilenfeldt (Kanders), Allgöwer (1) – Th. Allofs, Klotz (1), Völler – K.: Martin – SR: Koster (Luxemburg).

55 **Frankreich**, 18.11., Braunschweig, 1:0 gewonnen: Roleder (Koitka) – Saborowski, Hannes (1), Koch, Willmer – Eder, Bittcher, Borchers (Schröder) – Milewski (Beierlorzer), Vöge (Eilenfeldt), Völler – K.: Borchers/Eder – SR: Lund-Sörensen (Dänemark).

1981: 5 Spiele: 5 Siege

56 **Sowjetunion**, 31.3., Kassel, 1:0 gewonnen: Nigbur – Geils, Augenthaler, Steiner, B. Förster – Bittcher (Kanders), Funkel, Schröder – Vöge, D. Müller (1), Kelsch (Pinkall) – K.: D. Müller – SR: Fredriksson (Schweden).

57 **Portugal**, 28.4., Coimbra, 2:0 gewonnen: Nigbur (Junghans) – Geils, Augenthaler (Kanders), Steiner, Fleer (Groß) – Dremmler, Schröder (Wiesner), Bittcher – Del'Haye, D. Müller (2), Willmer (Vöge) – K.: D. Müller – SR: Soriano-Aladren (Spanien).

58 **Irland „A"**, 21.5., Bremen, 3:0 gewonnen: Nigbur (Junghans) – Geils, Koch, Steiner, Fleer – Bittcher, Funkel (1), (Groß), Schröder (1) – Del'Haye (1), D. Müller (Wiesner), Willmer (Pinkall) – K.: D. Müller/Schröder – SR: Frickmann (Dänemark).

59 **Polen**, 2.9., Tschenstochau, 1:0 gewonnen: Roleder (Stein) – Geils, Strack, Steiner (Groß), Willmer – Funkel, Bittcher, Schröder (Matthäus) – Kelsch, Worm (1) (Eilenfeldt), Meier – K.: Strack – SR: Jossifov (Bulgarien).

60 **Luxemburg „A"**, 22.9., Luxemburg, 1:0 gewonnen: Roleder (Stein) – Geils, Strack, Steiner (Augenthaler), Groß – Bittcher, Funkel (Eilenfeldt), Votava (Schröder) – Abramczik, Worm (1), Meier – K.: Strack – SR: Macheret (Schweiz).

1982: 1 Spiel: 1 Sieg

61 **Portugal**, 16.2., Mannheim, 1:0 gewonnen: Greiner – Geils, Strack (1), Gruber (Groß), Otten – Engels (M. Jakobs), Th. Allofs, Allgöwer (Meier), Wilmer – Reinders, Pinkall – K.: Strack – SR: Galler (Schweiz).

1986: 1 Spiel: 1 Sieg

62 **Schweden, Olympiateam**, 28.10., Essen, 3:0 gewonnen: Vollack (Zumdick) – Kempe – Roth (Kree), A. Reinhardt, Sievers – Bommer, Grahammer (Zietsch, Schön), Schreier, Engels (Zorc) – Th. Allofs (1), Kuntz (2) – K.: Bommer – SR: Gilson (Luxemburg).

1999: 4 Spiele: 2 Unentschieden, 2 Niederlagen

63 **Frankreich**, 2.6., Lens, 1:2 verloren: Jentzsch – Dogan (Ehlers), Baumann, Meißner – Frings, Maul, Gerber (Neuendorf), B. Schneider (1) (Hengen), Sobotzik (Brdaric), Böhme (Michalke) – Schroth – K.: Schroth – SR: Byrne (Irland).

64 **Frankreich**, 1. September, Karlsruhe: 1:3 verloren: Rost – Frings, Meißner, Dogan (Ehlers), Gerber – Groth, Baumann, Maul (Hartmann) – Reina (Brdaric), Schroth, Neuendorf (1) (Michalke) – K.: Schroth – SR: Plautz (Österreich).

65 **Russland,** 6. Oktober, Moskau, 1:1 unentschieden: Butt – Schmidt, Baumann, Dogan – Sebescen, Frings (Riedl), Maul, Weiser – Präger, Schroth (1) (Reichenberger), Michalke (Gerber) – K.: Schroth – SR: Schekun (Weißrussland).

66 **Bosnien-Herzegowina A,** 11. November, Sarajewo, 0:0 unentschieden: Schober – Schmidt, Meißner, Hoffmann, Hertzsch – Oswald (Blank), Schwarz, Kreuz (Dabrowski), Gerber (Riedl) – Schroth (Reichenberger), Brdaric (Maul) – K.: Schroth – SR: Kos (Slowenien).

2000: 3 Spiele: 1 Sieg, 1 Unentschieden, 1 Niederlage

67 **Russland A,** 28. März, Offenbach, 4:4 unentschieden: Butt – Greilich, Paßlack (1), Hertzsch – Sebescen (1), Maul, Ricken (Seitz), Gerber – Schneider, Dundee (1) (Reichenberger (1)), Gebhardt (Ketelaer) – K.: Hertzsch – SR: Riley (England).

68 **Slowakei A,** 25. April, Presov, 1:4 verloren: Enke – Hoffmann (Ketelaer), Baumann, Dogan, Gerber (Schwarz) – Frings, Schneider, Gebhardt (Rasiejewski) – Brdaric (1), Schroth, Reichenberger (Seitz) – K.: Schroth – SR: Sebek (Ukraine).

69 **Portugal,** 15. August, Marco de Canaveses, 2:0 gewonnen: Butt – Blank, A. Schmidt, Hertzsch, Frings – Neuendorf (1), Maul (Rasiejewski), Sebescen, Seitz (Ketelaer (1)) – Michalke, Brdaric (Reichenberger) – K.: Hertzsch – SR: Gonzales (Spanien).

2001: 1 Spiel: 1 Sieg

70 **Frankreich,** 22. März in Mülhausen, 2:1 gewonnen: Jentzsch – Dogan, Hertzsch, Schmidt, Voigt – Schwarz, Schneider (Ketelaer), Böhme (1) (Kreuz), Ricken (1) (Seitz) – Asamoah (Gebhardt), Schroth (Brdaric) – K.: Schroth – SR: Corpodean (Rumänien).

2002: 2 Spiele: 1 Unentschieden, 1 Niederlage

71 **Türkei (A2),** 6. September in Mönchengladbach, 1:2 verloren: Hildebrand – Lense (Kern), Friedrich (Fahrenhorst), Wenzel, Meichelbeck – Korzynietz (1), Fritz, Kreuz (Borowski), Dabrowski (Voss) – Daun, Bierofka.

72 **Schottland,** 17. Dezember in Mainz, 3:3 unentschieden: Jentzsch (Borel) – Hinkel (Kringe), Franz, Preuß, Voigt (1)– Schiendzielorz, Ernst – Bierofka, Frommer (Meyer) – Daun, Kuranyi (1) (Meier (1)).

2003: 1 Spiel: 1 Unentschieden

73 **Türkei (A2),** 30. April in Ankara, 0:0 unentschieden: Jentzsch – Kleine, Hertzsch, Dogan, Wenzel – Borowski, Maltritz (Müller), Streit (Hofmann) – Daun (Engelhardt), Rösler, Timm.

Zu B/A2/Team 2006-Spielen wurden berufen

3 **Abramczik** Rüdiger, 18. 2. 1956 (Schalke 04 2, Bor. Dortmund 1), 1976 ROM – 1977 FRA– 1981 LUX

2 **Allgöwer** Karl, 5. 1. 1957 (VfB Stuttgart), 1980 NED – 1982 POR

4 **Allofs** Thomas, 17. 11. 1959 (Fortuna Düsseldorf 3, 1. FC Köln 1), 1979 NOR – 1980 NED – 1982 POR – 1986 SWE

1 **Amann** Horst, 5. 4. 1934 (Phönix Ludwigshafen), 1955 YUG

1 **Asamoah** Gerald, 3. 10. 1978 (FC Schalke 04), 2001 FRA

1 **Auernhammer** Johann, 9. 10. 1933 (1860 München), 1955 YUG

8 **Augenthaler** Klaus, 26. 9. 1957 (Bayern München), 1979 ROM, LUX, ITA – 1980 AUT, POL – 1981 URS, POR, LUX

1 **Baitinger** Otto, 27. 10. 1926 (VfB Stuttgart), 1951 AUT
2 **Baltes** Heiner, 19. 8. 1949 (Fortuna Düsseldorf), 1972 HUN – 1975 AUT
1 **Barwenzik** Hans, 8. 4. 1934 (SpVg Herten), 1958 AUT
4 **Bast** Dieter, 28. 8. 1951 (Rot-Weiß Essen 2, VfL Bochum 2), 1976 ITA – 1977 FRA, CSV, ITA
4 **Bauer** Hans, 28. 7. 1927 (Bayern München), 1951 AUT, SUI – 1952 SUI – 1954 SUI
4 **Baumann** Frank, 29. 10. 1975 (1. FC Nürnberg 1, Werder Bremen 3), 1999 FRA, FRA, RUS – 2000 SVK
2 **Bäumler** Erich, 6. 1. 1930 (Eintracht Frankfurt), 1956 ESP, URS
1 **Baureis** Walter, 22. 4. 1930 (Karlsruher SC), 1955 ENG
2 **Beckenbauer** Franz, 11. 9. 1945 (Bayern München), 1965 NED, URS
3 **Beer** Erich, 9. 12. 1946 (Hertha BSC Berlin), 1975 IRL, FIN – 1978 ENG
1 **Beierlorzer** Bertram, 31. 5. 1957 (1. FC Nürnberg), 1980 FRA
1 **Benthaus** Helmut, 5. 6. 1935 (Westfalia Herne), 1958 AUT
1 **Bergner** Gerhard, 9. 7. 1927 (1. FC Nürnberg), 1951 AUT
2 **Bierofka** Daniel, 7. 2. 1979 (Bayer Leverkusen) 2002 TUR, SCO
1 **Bierofka** Wilhelm, 21. 1. 1953 (München 1860), 1978 ENG
7 **Biesinger** Ulrich, 6. 8. 1933 (BC Augsburg), 1953 ESP – 1954 SUI – 1955 ENG – 1956 NED, ESP – 1957 HUN – 1958 LUX
7 **Bittcher** Ulrich, 10. 9. 1957 (Schalke 04), 1977 CSV – 1980 FRA – 1981 URS, POR, IRL, POL, LUX
2 **Blank** Stefan, 10. 3. 1977 (Hannover 96 1, VfB Stuttgart 1), 1999 BIH – 2000 POR
5 **Blau** Rolf, 21. 5. 1952 (VfL Bochum), 1979 LUX, ITA – 1980 AUT, POL, SUI
3 **Blessing** Rolf, 21. 7. 1929 (VfB Stuttgart), 1951 SUI, AUT – 1953 AUT
1 **Blusch** Peter, 11. 6. 1942 (Eintracht Frankfurt), 1965 NED
1 **Bögelein** Karl, 28. 1. 1927 (VfB Stuttgart), 1953 AUT
2 **Böhme** Jörg, 22. 1. 1974 (Arminia Bielefeld 1, FC Schalke 04 1), 1999 FRA – 2001 FRA
1 **Bommer** Rudolf, 19. 8. 1957 (Bayer Uerdingen), 1986 SWE
9 **Bongartz** Hans, 3. 10. 1951 (FC Schalke 04 8, 1. FC Kaiserslautern 1), 1974 LUX – 1976 ITA, ROM – 1977 FRA, BEL, SUI –1978 ENG, SWE, CSV
4 **Borchers** Ronald, 10. 8. 1957 (Eintracht Frankfurt), 1978 CSV – 1980 AUT, POL, FRA
1 **Borel** Pascal, 26. 9. 1978 (Werder Bremen) 2002 SCO
2 **Borowski** Tim, 2. 5. 1980 (Werder Bremen) 2002 TUR – 2003 TUR
3 **Borutta** Karl, 8. 12. 1935, † 29. 4. 2002 (FC Schalke 04), 1957 AUT, NED, HUN
6 **Brdaric** Thomas, 23. 1. 1975 (Fortuna Köln 1, Bayer Leverkusen 5), 1999 FRA, FRA, BIH – 2000 SVK, POR – 2001 FRA
1 **Brei** Dieter, 30. 9. 1950 (Fortuna Düsseldorf), 1974 SWE
2 **Briegel** Hans-Peter, 11. 10. 1955 (1. FC Kaiserslautern), 1978 HUN– 1979 NOR
1 **Brunnenmeier** Rudolf, 11. 2. 1941 (TSV München 1860), 1965 URS
1 **Buhtz** Horst, 21. 9. 1923 (VfR Mühlburg), 1951 SUI
9 **Burdenski** Dieter, 26. 11. 1950 (Arminia Bielefeld 1, Werder Bremen 8), 1972 HUN– 1976 ROM – 1977 BEL, CSV, ITA, SUI –1978 ENG, SWE – 1980 AUT
8 **Burgsmüller** Manfred, 22. 12. 1949 (Rot-Weiß Essen 1, Borussia Dortmund 7), 1975 FIN – 1977 BEL, USA, HON, JAM, CSV, ITA – 1978 SWE
3 **Butt** Hans-Jörg, 28. 5. 1974 (Hamburger SV), 1999 RUS – 2000 RUS, POR

1 **Cieslarczyk** Hans, 3. 5. 1937 (Borussia Dortmund), 1959 SUI
5 **Cullmann** Bernhard, 1. 11. 1949 (1. FC Köln), 1972 SUI – 1976 ITA, ROM – 1977 FRA – 1978 SWE

2 **Dabrowski** Christoph, 1. 7. 1978 (Werder Bremen 1, Arminia Bielefeld 1), 1999 BIH – 2002 TUR
1 **Danner** Dietmar, 29. 11. 1950 (Borussia, Mönchengladbach), 1972 HUN
3 **Daun** Markus, 10. 9. 1980 (Werder Bremen) 2002 TUR, SCO – 2003 TUR
1 **Deinert** Rudolf, 2. 6. 1928 (Tennis Borussia Berlin), 1954 ENG
6 **Del'Haye** Karl, 18. 8. 1955 (Borussia Mönchengladbach 4, Bayern München 2), 1978 HUN, NED – 1979 ITA – 1980 POL – 1981 POR, IRL
1 **Demski** Willi, 12. 2. 1929 (SV Sodingen), 1955 ENG
1 **Derwall** Josef, 12. 3. 1927 (Alemannia Aachen), 1953 AUT
3 **Dietz** Bernard, 22. 3. 1948 (MSV Duisburg), 1974 LUX – 1975 AUT, ROM
2 **Dimmel** Wilhelm, 14. 11. 1932 (Karlsruher SC), 1957 NED – 1958 AUT
6 **Dogan** Mustafa, 1. 1. 1976 (Fenerbahce Istanbul), 1999 FRA, FRA, RUS – 2000 SVK – 2001 FRA – 2003 TUR
3 **Dörner** Herbert, 14. 7. 1930 (1. FC Köln), 1956 NED, ESP, URS
3 **Dremmler** Wolfgang, 12. 7. 1954 (Eintracht Braunschweig 1, Bayern München 2), 1975 AUT – 1980 NED – 1981 POR
3 **Dressel** Werner, 30. 8. 1958 (Werder Bremen 2, Hamburger SV 1), 1979 ITA – 1980 AUT, SUI

5 **Dürnberger** Bernd, 17. 9. 1953 (Bayern München) 1975 AUT – 1976 ROM – 1978 CSV – 1979 ITA – 1980 AUT
1 **Dundee** Sean, 7. 12. 1972 (VfB Stuttgart), 2000 RUS
1 **Dusek** Michael, 10. 11. 1958 (1. FC Kaiserslautern), 1980 NED

1 **Eberle** Hans, 28. 9. 1925 (TSG Ulm 1846), 1952 SUI
1 **Eder** Norbert, 7. 11. 1955 (1. FC Nürnberg), 1980 FRA
2 **Eggeling** Heinz-Werner, 17. 4. 1955 (VfL Bochum), 1978 CSV, NED
2 **Eggert** Michael, 29. 9. 1952 (VfL Bochum), 1978 HUN NED
2 **Ehlers** Uwe, 8. 3. 1975 (Hansa Rostock), 1999 FRA, FRA
4 **Eilenfeldt** Norbert, 17. 2. 1956 (Arm. Bielefeld 2, 1. FC Kaiserslautern 2), 1980 NED, FRA – 1981 POL, LUX
4 **Elmer** Markus, 21. 12. 1952 (VfB Stuttgart), 1978 CSV, HUN NED – 1979 NOR
1 **Engelhardt** Marco, 2. 12. 1980 (Karlsruher SC) 2003 TUR
2 **Engels** Stefan, 6. 9. 1960 (1. FC Köln), 1982 POR – 1986 SWE
1 **Enke** Robert, 24. 8. 1977 (Benfica Lissabon), 2000 SVK
3 **Erhardt** Herbert, 6. 7. 1930 (SpVgg Fürth), 1953 ESP – 1954 ENG – 1956 ESP
1 **Ernst** Fabian, 30. 5. 1979 (Werder Bremen) 2002 SCO
1 **Ernst** Otto, 5. 7. 1928 (TSV Straubing), 1954 ENG
1 **Ewert** Fritz, 9. 2. 1937 (1. FC Köln), 1959 SUI

1 **Faeder** Helmut, 3. 7. 1935 (Hertha BSC Berlin), 1958 AUT
1 **Fahrenhorst** Frank, 24. 9. 1977 (VfL Bochum) 2002 TUR
2 **Felgenspan** Ekkehard, 13. 5. 1935 (TSV München 1860), 1959 SUI, HUN
2 **Ferner** Dieter, 16. 1. 1949 (1. FC Saarbrücken), 1977 USA, JAM
2 **Fleer** Jürgen, 26. 2. 1957 (Borussia Mönchengladbach), 1981 POR, IRL
1 **Flohe** Heinz, 28. 1. 1948 (1. FC Köln), 1974 SWE
1 **Flügel** Hans, 11. 3. 1929 (Borussia Dortmund), 1952 SUI
3 **Förster** Bernd, 3. 5. 1956 (VfB Stuttgart), 1979 NOR – 1980 SUI – 1981 URS
2 **Förster** Karlheinz, 25. 7. 1958 (VfB Stuttgart), 1978 ENG, SWE
6 **Frank** Wolfgang, 21. 2. 1951 (VfB Stuttgart 1, Eintracht Braunschweig 5), 1972 HUN– 1976 ROM – 1977 BEL, USA, HON, JAM
6 **Franke** Bernd, 12. 2. 1948 (Eintracht Braunschweig), 1972 HUN– 1974 SWE, LUX – 1975 FIN – 1976 ITA – 1977 CSV
1 **Franz** Maik, 5. 8. 1981 (VfL Wolfsburg) 2002 SCO
1 **Friedrich** Arne, 29. 5. 1979 (Hertha BSC Berlin) 2002 TUR
5 **Frings** Torsten, 22. 11. 1976 (Werder Bremen), 1999 FRA, FRA, RUS – 2000 SVK, POR
1 **Fritz** Clemens, 7. 12. 1980 (Karlsruher SC) 2002 TUR
1 **Frommer** Nico, 8. 4. 1970 (SSV Reutlingen) 2002 SCO
4 **Funkel** Friedhelm, 10. 12. 1953 (1. FC Kaiserslautern), 1981 URS, IRL, POL, LUX

3 **Gebhardt** Marco, 7. 10. 1972 (Eintracht Frankfurt), 2000 RUS, SVK – 2001 FRA
6 **Geils** Karl-Heinz, 20. 5. 1955 (Arminia Bielefeld), 1981 URS, POR, IRL, POL, LUX – 1982 POR
6 **Gerber** Heiko, 11. 7. 1972 (1. FC Nürnberg 1, VfB Stuttgart 5), 1999 FRA, FRA, RUS, BIH – 2000 RUS, SVK
8 **Gerber** Roland, 20. 5. 1953 (1. FC Köln), 1977 BEL, USA, HON, JAM, CSV, ITA, SUI –1978 CSV
1 **Gerdau** Willi, 12. 2. 1929 (Heider SV), 1956 URS
4 **Gerritzen** Felix, 6. 2. 1927 (Preußen Münster), 1952 SUI – 1953 AUT – 1954 SUI – 1956 ESP
1 **Gersdorff** Bernd, 18. 11. 1946 (Eintracht Braunschweig), 1975 ROM
1 **Geruschke** Helmut, 24. 4. 1930 (Hannover 96), 1956 SUI
7 **Geye** Reiner, 22. 11. 1949 (Fortuna Düsseldorf 4, 1. FC Kaiserslautern 3), 1972 HUN– 1974 SWE, 1975 FIN, ROM – 1977 CSV, ITA, SUI
7 **Geyer** Peter, 11. 12. 1952 (Borussia Dortmund), 1977 BEL, USA, HON, JAM, CSV, SZ – 1979 LUX
1 **Giesemann** Willi, 2. 9. 1937 (FC Bayern München), 1959 SUI
1 **Glomb** Günter, 17. 8. 1930 (1. FC Nürnberg), 1957 NED
2 **Glowacz** Jürgen, 30. 9. 1952 (1. FC Köln), 1975 FIN – 1976 ROM
2 **Gottinger** Richard, 4. 6. 1926 (SpVgg Fürth), 1953 ESP – 1955 ENG
1 **Graetsch** Günter, 5. 1. 1937 (SpVgg Herten), 1956 SUI
1 **Grahammer** Roland, 3. 11. 1963 (1. FC Nürnberg), 1986 SWE
1 **Granitza** Karl-Heinz, 1. 11. 1951 (Hertha BSC Berlin), 1976 ROM
1 **Grau** Gerhard, 27. 10. 1947 (Hertha BSC Berlin), 1975 FIN
1 **Graul** Volker, 18. 6. 1952 (Arminia Bielefeld), 1975 ROM
1 **Greilich** Holger, 12. 7. 1971 (TSV München 1860), 2000 RUS

1 **Greiner** Uwe, 8. 8. 1959 (Bayer Leverkusen), 1982 POR
9 **Groh** Jürgen, 17. 7. 1956 (1. FC Kaiserslautern 8, Hamburger SV 1), 1977 CSV – 1978 HUN, NED – 1979 ROM, LUX, ITA – 1980 AUT, POL, SUI
5 **Groß** Stefan, 23. 10. 1953 (Karlsruher SC), 1981 POR, IRL, POL, LUX – 1982 POR
3 **Grosser** Peter, 28. 9. 1938 (FC Bayern München 2, TSV München 1860 1), 1958 AUT – 1959 HUN – 1965 URS
1 **Groth** Martin, 20. 10. 1969 (Hamburger SV), 1999 FRA
1 **Gruber** Rigobert, 14. 5. 1961 (Werder Bremen), 1982 POR

3 **Haase** Erich, 20. 6. 1932 (Werder Bremen 1, Wuppertaler SV 2), 1955 ENG – 1956 SUI – 1957 NED
1 **Habig** Ernst-Günter, 14. 9. 1935 (Union Köln), 1955 YUG
2 **Hadewicz** Erwin, 2. 4. 1951 (VfB Stuttgart), 1978 ENG, SWE
1 **Haferkamp** Hans, 11. 10. 1921 (VfL Osnabrück), 1951 SUI
2 **Hahn** Paul, 16. 1. 1949 (Bayer 05 Uerdingen), 1975 AUT, ROM
2 **Handschuh** Karlheinz, 30. 11. 1947 (VfB Stuttgart 1, Eintracht Braunschweig 1), 1972 SUI – 1975 ROM
6 **Hannes** Wilfried, 17. 5. 1957 (Borussia Mönchengladbach), 1979 ITA – 1980 AUT, POL, SUI, NED, FRA
4 **Harpers** Gerhard, 12. 3. 1928 (SV Sodingen), 1952 SUI – 1954 ENG, SUI – 1956 ESP
1 **Hartmann** Michael, 11. 7. 1974 (Hertha BSC Berlin), 1999 FRA
6 **Hartwig** William, 5. 10. 1954 (Hamburger SV), 1978 CSV, HUN – 1979 NOR, ROM, LUX – 1980 AUT
1 **Haun** Eberhard, 1. 10. 1949 (Eintracht Braunschweig), 1972 HUN
1 **Hein** Herbert, 27. 3. 1954 (1. FC Köln), 1974 SWE
1 **Heiß** Alfred, 5. 12. 1940 (TSV München 1860), 1965 URS
1 **Hellwig** Karl-Heinz, 1. 7. 1928 (Arminia Bielefeld), 1953 ESP
1 **Hengen** Thomas, 22. 9. 1974 (Borussia Dortmund), 1999 FRA
1 **Henig** Helmut, 12. 8. 1921 (Eintracht Frankfurt), 1953 ESP
1 **Herrmann** Günter, 1. 9. 1939 (Karlsruher SC), 1958 AUT
5 **Hertzsch** Ingo, 22. 7. 1977 (Hamburger SV), 1999 BIH – 2000 RUS, POR – 2001 FRA – 2003 TUR
2 **Herzog** Dieter, 15. 7. 1946 (Fortuna Düsseldorf), 1972 SUI – 1974 SWE
3 **Hesse** Werner, 12. 2. 1934 (Karlsruher SC), 1956 URS, SUI – 1957 NED
1 **Hieronymus** Holger, 22. 2. 1959 (Hamburger SV), 1980 SUI
1 **Hildebrand** Timo, 5. 4. 1979 (VfB Stuttgart) 2002 TUR
1 **Hinkel** Andreas (VfB Stuttgart) 2002 SCO
1 **Hitzfeld** Ottmar, 12. 1. 1949 (FC Basel), 1972 SUI
2 **Hoeneß** Dieter, 7. 1. 1953 (VfB Stuttgart 1, Bayern München 1), 1979 NOR, ITA
1 **Hoffmann** Karl, 10. 10. 1935 (Fortuna Düsseldorf), 1956 NED
5 **Hoffmann** Rudolf, 11. 2. 1935 (Viktoria Aschaffenburg 3, VfB Stuttgart 2), 1955 ENG – 1956 NED – 1957 AUT – 1958 LUX, AUT
2 **Hoffmann** Torben, 27. 10. 1974 (Bayer Leverkusen) 1999 BIH – 2000 SVK
2 **Hofmann** Herbert, 22. 2. 1931 (Eintracht Braunschweig), 1955 ENG, YUG
1 **Hofmann** Steffen, 9. 9. 1980 (Rapid Wien) 2003 TUR
1 **Hohmann** Heinz, 24. 7. 1931 (SV Waldhof), 1958 LUX
2 **Hollmann** Reiner, 30. 9. 1949 (Eintracht Braunschweig), 1975 ROM – 1977 FRA
1 **Hölzenbein** Bernd, 9. 3. 1946 (Eintracht Frankfurt), 1972 HUN
1 **Hornig** Heinz, 28. 9. 1937 (1. FC Köln), 1965 URS
2 **Höttges** Horst-Dieter, 10. 9. 1943 (Werder Bremen), 1965 URS – 1974 SWE
3 **Hrubesch** Horst, 17. 4. 1951 (Hamburger SV), 1978 HUN, NED – 1979 NOR
1 **Huber** Lothar, 5. 5. 1952 (Borussia Dortmund), 1977 SUI
1 **Hutfleß** Karl, 19. 10. 1928 (Hessen Kassel), 1954 SUI

1 **Immel** Eike, 27. 11. 1960 (Borussia Dortmund), 1980 SUI
1 **Islacker** Franz, 3. 2. 1926 (Rot-Weiß Essen), 1953 AUT

1 **Jagielski** Helmut, 15. 3. 1934 (Schalke 04), 1957 NED
6 **Jakobs** Ditmar, 28. 8. 1953 (Tennis Borussia Berlin 2, MSV Duisburg 2, Hamburger SV 2), 1977 BEL, JAM – 1978 HUN NED – 1979 ROM – 1980 POL
1 **Jakobs** Michael, 18. 7. 1959 (VfL Bochum), 1982 POR
1 **Janzon** Norbert, 21. 12. 1950 (Kickers Offenbach), 1975 FIN
4 **Jentzsch** Simon, 4. 5. 1976 (Karlsruher SC 1, TSV München 1860 3), 1999 FRA – 2001 FRA – 2002 SCO – 2003 TUR
6 **Junghans** Walter, 26. 10. 1958 (Bayern München), 1979 LUX, ITA – 1980 AUT, POL – 1981 POR, IRL
1 **Juskowiak** Erich, 7. 9. 1926 (Fortuna Düsseldorf), 1955 ENG

3 **Kaltz** Manfred, 6. 1. 1953 (Hamburger SV), 1974 LUX – 1975 IRL, FIN
3 **Kanders** Ludger, 27. 5. 1958 (Bayer Uerdingen), 1980 NED – 1981 URS, POR
1 **Kaniber** Erich, 29. 1. 1934 (Kickers Würzburg), 1956 NED
3 **Kapellmann** Hans-Josef, 25. 3. 1949 (1. FC Köln 1, Bayern München 2), 1972 SUI – 1974 SWE – 1975 AUT
1 **Kapitulski** Helmut, 29. 8. 1934 (FK Pirmasens), 1959 HUN
11 **Kargus** Rudi, 15. 8. 1952 (Hamburger SV), 1974 LUX – 1975 IRL, AUT – 1976 ITA – 1977 FRA – 1978 SWE, CSV, HUN, NED – 1979 NOR, ROM
1 **Kaufhold** Gerhard, 2. 12. 1928 (Kickers Offenbach), 1951 SUI
5 **Keck** Albert, 4. 8. 1930 (1. FC Saarbrücken), 1956 URS, SUI – 1957 AUT, NED – 1958 LUX
2 **Keller** Ferdinand, 30. 7. 1946 (TSV München 1860), 1975 IRL, AUT
7 **Kelsch** Walter, 3. 9. 1955 (VfB Stuttgart), 1978 CSV, HUN NED – 1979 N – 1980 AUT – 1981 URS, POL
2 **Kempe** Thomas, 17. 3. 1960 (MSV Duisburg 1, VfL Bochum 1), 1979 LUX – 1986 SWE
1 **Kern** Enrico, 12. 3. 1979 (Waldhof Mannheim) 2002 TUR
4 **Ketelaer** Marcel, 3. 11. 1977 (Borussia Mönchengladbach 2, Hamburger SV 2), 2000 RUS, SVK, POR – 2001 FRA
1 **Kleff** Wolfgang, 16. 11. 1946 (Borussia Mönchengladbach), 1974 SWE
1 **Kleine** Thomas, 28. 12. 1977 (Bayer Leverkusen) 2003 TUR
1 **Klepacz** Franz, 10. 10. 1926 (Hamburger SV), 1955 YUG
3 **Kliemann** Uwe , 30. 6. 1949 (Hertha BSC Berlin), 1975 IRL, FIN, AUT
1 **Kling** Stephan, 22. 3. 1981 (Hamburger SV) 2002 TUR
1 **Klinkhammer** Hans, 23. 8. 1953 (Borussia Mönchengladbach), 1977 HON
1 **Klöckner** Theo, 19. 10. 1934 (Schwarz-Weiß Essen), 1959 HUN
3 **Klodt** Bernhard, 26. 10. 1926 (Schalke 04), 1954 SUI – 1956 URS – 1957 NED
2 **Klotz** Bernd, 8. 9. 1958 (VfB Stuttgart), 1980 SUI, NED
2 **Kneib** Wolfgang, 20. 11. 1952 (Borussia Mönchengladbach), 1976 ROM – 1977 JAM
1 **Knoll** Adolf, 30. 11. 1924 (SpVgg Fürth), 1951 SUI
2 **Koch** Meinolf, 12. 7. 1957 (Borussia Dortmund), 1980 FRA – 1981 IRL
2 **Kölbl** Rudolf, 11. 6. 1937 (TSV München 1860), 1959 SUI, HUN
1 **Köppel** Horst, 17. 5. 1948 (VfB Stuttgart), 1972 SUI
10 **Körbel** Karl-Heinz, 1. 12. 1954 (Eintracht Frankfurt), 1974 LUX – 1976 ITA – 1977 BEL, USA, HON, JAM – 1978 CSV, HUN– 1979 NOR, ROM
1 **Kohlmeyer** Werner, 19. 10. 1924 (1. FC Kaiserslautern), 1954 SUI
3 **Koitka** Heinz-Josef, 12. 2. 1952 (Eintracht Frankfurt 1, Hamburger SV 2), 1977 HON, 1980 NED, FRA
2 **Koll** Willi, 17. 11. 1926 (Duisburger SV), 1956 NED – 1959 HUN
2 **Konopczinski** Leo, 1. 2. 1927 (SV Sodingen), 1956 NED, 1957 HUN
10 **Konopka** Harald, 18. 11. 1952 (1. FC Köln), 1972 HUN SUI – 1974 SWE, LUX – 1975 IRL, FIN, ROM – 1976 ROM – 1977 SUI – 1978 SWE
1 **Korzynietz** Bernd, 8. 9. 1979 (Borussia Mönchengladbach) 2002 TUR
1 **Koslowski** Willi, 17. 2. 1937 (FC Schalke 04), 1958 AUT
1 **Krämer** Hans, 30. 5. 1928 (Schalke 04), 1954 ENG
1 **Krämer** Werner, 23. 1. 1940 (Meidericher SV), 1965 URS
1 **Krämer** Willi, 9. 7. 1930 (Alemannia Aachen), 1957 HUN
3 **Kraus** Engelbert, 30. 7. 1934 (Kickers Offenbach), 1956 NED – 1957 AUT, HUN
2 **Kraus** Wolfgang, 20. 8. 1953 (Eintracht Frankfurt), 1977 USA, HON
1 **Kree** Martin, 27. 1. 1965 (VfL Bochum), 1986 SWE
1 **Kremers** Erwin, 24. 3. 1949 (Schalke 04), 1977 FRA
3 **Kremers** Helmut, 24. 3. 1949 (Schalke 04), 1972 SUI – 1974 SWE – 1976 ITA
3 **Kreß** Richard, 6. 3. 1925 (Eintracht Frankfurt), 1954 ENG – 1957 HUN – 1958 LUX
3 **Kreuz** Markus, 29. 4. 1977 (Hannover 96 1, 1. FC Köln 2) 1999 BIH – 2001 FRA – 2002 TUR
1 **Kringe** Florian, 18. 8. 1982 (1. FC Köln) 2002 SCO
2 **Kruse** Thomas, 7. 9. 1959 (Schalke 04), 1978 HUN 1979 ROM
1 **Krüger** Manfred, 18. 7. 1923 (Hamburger SV) 1951 AUT
3 **Kubsch** Heinz, 20. 7. 1930 (Spfr. Katernberg 1, FK Pirmasens 2), 1952 SUI – 1955 ENG – 1956 URS
1 **Kuntz** Stefan, 30. 10. 1962 (Bayer Uerdingen), 1986 SWE
1 **Kuranyi** Kevin, 2. 3. 1982 (VfB Stuttgart) 2002 SCO
3 **Kwiatkowski** Heinz, 16. 7. 1926 (Borussia Dortmund), 1954 ENG, SUI – 1956 NED

1 **Laag** Hermann, 16. 3. 1926 (FK Pirmasens), 1957 HUN
9 **Lameck** Michael, 15. 9. 1949 (VfL Bochum), 1977 FRA, USA, HON, JAM, CSV, ITA, SUI – 1978 ENG, SWE

3 **Lang** Werner, 12. 8. 1926 (Bremerhaven 93), 1954 ENG – 1955 YUG – 1958 LUX
1 **Laszig** Otto, 28. 12. 1934 (Schalke 04), 1954 ENG
2 **Laumann** Theodor, 23. 8. 1934 (VfR Mannheim), 1956 NED, SUI
1 **Lense** Benjamin, 30. 11. 1978 (Arminia Bielefeld) 2002 TUR
1 **Lettl** Heinz, 14. 1. 1933 (Bayern München), 1954 ENG
1 **Liebrich** Werner, 18. 1. 1927 (1. FC Kaiserslautern), 1954 SUI
1 **Lienen** Ewald, 28. 11. 1953 (Borussia Mönchengladbach), 1978 ENG
1 **Lindner** Dieter, 11. 6. 1939 (Eintracht Frankfurt), 1959 SUI
1 **Link** Max, 5. 7. 1928 (TSV München 1860), 1955 ENG
2 **Lipponer** Paul, 5. 12. 1923 (SV Waldhof), 1951 SUI – 1953 ESP
1 **Littbarski** Pierre, 16. 4. 1960 (1. FC Köln) – 1980 SUI
1 **Luttrop** Otto, 1. 3. 1939 (TSV München 1860), 1965 NED
1 **Lutz** Friedel, 21. 1. 1939 (Eintracht Frankfurt), 1959 SUI

5 **Magath** Felix, 26. 7. 1953 (1. FC Saarbrücken 2, Hamburger SV 3), 1975 ROM – 1976 ITA, ROM – 1977 BEL – 1979 ROM
1 **Mai** Karl, 27. 7. 1928 (SpVgg Fürth), 1958 LUX
1 **Maltritz** Marcel, 2. 10. 1978 (Hamburger SV) 2003 TUR
1 **Manglitz** Manfred, 8. 3. 1940 (Meidericher SV), 1965 NED
9 **Martin** Bernd, 10. 2. 1955 (VfB Stuttgart), 1978 CSV, HUN NED – 1979 LUX, ITA – 1980 AUT, POL, SUI, NED
4 **Matthäus** Lothar, 21. 3. 1961 (Borussia Mönchengladbach), 1979 ITA – 1980 POL, SUI – 1981 POL
1 **Matzkowski** Paul, 5. 12. 1920 (Schalke 04), 1951 SUI
6 **Maul** Ronald, 13. 2. 73 (Arminia Bielefeld 5, Hamburger SV 1), 1999 FRA, FRA, RUS, BIH – 2000 RUS, POR
1 **Mauritz** Matthias, 13. 11. 1924 (Fortuna Düsseldorf), 1951 SUI
2 **Mebus** Paul, 9. 6. 1920 (1. FC Köln), 1953 ESP – 1954 SUI
2 **Mechnig** Hans, 3. 1. 1929 (Wormatia Worms), 1957 AUT, NED
1 **Meichelbeck** Martin, 21. 11. 1976 (VfL Bochum) 2002 TUR
1 **Meier** Alexander, 17. 1. 1983 (FC St. Pauli) 2002 SCO
3 **Meier** Norbert, 20. 9. 1958 (Werder Bremen), 1981 POL, LUX – 1982 POR
1 **Meinke** Jochen, 23. 10. 1930 (Hamburger SV), 1954 SUI
3 **Meißner** Silvio, 19. 1. 1973 (Arminia Bielefeld), 1999 FRA, FRA, BIH
3 **Melzer** Werner, 2. 5. 1954 (1. FC Kaiserslautern), 1978 NED – 1979 NOR, ROM
8 **Memering** Caspar, 1. 6. 1953 (Hamburger SV), 1975 AUT – 1977 USA, HON, JAM – 1978 NED – 1979 N – 1980 POL, SUI
2 **Metzner** Karl-Heinz, 9. 1. 1923 (Hessen Kassel), 1953 ESP – 1954 SUI
1 **Meyer** Alexander, 19. 10. 1983 (Bayer Leverkusen) 2002 SCO
1 **Meyer** Otto, 25. 4. 1927 (VfR Mannheim), 1955 ENG
4 **Michalke** Kai, 5. 4. 1976 (VfL Bochum 1, Hertha BSC Berlin 3), 1999 FRA, FRA, RUS, POR
6 **Milewski** Jürgen, 19. 10. 1957 (Hertha BSC Berlin 4, Hamburger SV 2), 1978 NED – 1979 NOR, ROM, LUX – 1980 AUT, FRA
3 **Miltz** Jakob, 23. 9. 1928 (TuS Neuendorf), 1956 ESP, URS, SUI
3 **Mirsberger** Alfred, 13. 8. 1927 (1. FC Nürnberg), 1951 AUT, SUI – 1953 AUT
1 **Morlock** Max, 11. 5. 1925 (1. FC Nürnberg), 1956 SUI
6 **Müller** Dieter, 1. 4. 1954 (1. FC Köln), 1975 IRL – 1977 ITA, SUI – 1981 URS, POR, IRL
5 **Müller** Hans, 27. 7. 1957 (VfB Stuttgart), 1977 USA, HON, JAM, SUI – 1978 ENG
2 **Müller** Heinrich, 18. 2. 1934 (1. FC Nürnberg), 1957 AUT, NED
1 **Müller** Sven, 4. 4. 1980 (VfL Wolfsburg) 2003 TUR

1 **Nafziger** Rudolf, 11. 8. 1945 (FC Bayern München), 1965 NED
1 **Nazarenus II** Hermann, 15. 2. 1936 (Kickers Offenbach), 1957 HUN
1 **Netzer** Günter, 14. 9. 1944 (Borussia Mönchengladbach), 1965 NED
1 **Neuberger** Willi, 15. 4. 1946 (Werder Bremen), 1972 HUN
3 **Neuendorf** Andreas, 9. 2. 1975 (Hertha BSC Berlin 2, Bayer Leverkusen 1), 1999 FRA, FRA – 2000 POR
1 **Neues** Hans-Günter, 14. 11. 1950 (Rot-Weiß Essen), 1975 ROM
1 **Neumann** Herbert, 14. 11. 1953 (1. FC Köln), 1977 CSV
2 **Neuschäfer** Hans, 23. 11. 1931 (Viktoria Aschaffenburg), 1955 YUG – 1956 NED
5 **Nickel** Bernd, 15. 3. 1949 (Eintracht Frankfurt), 1974 LUX – 1975 IRL, FIN, AUT – 1976 ITA
5 **Nickel** Harald, 21. 7. 1953 (Eintracht Braunschweig 2, Borussia Mönchengladbach 3), 1978 CSV – 1979 NOR, LUX – 1980 AUT, POL
1 **Niebel** Werner, 4. 6. 1928 (FSV Frankfurt), 1953 AUT

3 **Niedermayer** Kurt, 25. 11. 1955 (Bayern München), 1979 LUX, ITA – 1980 SUI
5 **Nigbur** Norbert, 8. 5. 1948 (FC Schalke 04), 1975 AUT, ROM – 1981 URS, POR, IRL
1 **Nuber** Hermann, 10. 10. 1935 (Kickers Offenbach), 1959 HUN

1 **Ohlicher** Hermann, 2. 11. 1949 (VfB Stuttgart), 1974 LUX
1 **Oswald** Kai, 29. 11. 1977 (Hansa Rostock) 1999 BIH
1 **Otten** Johnny, 31. 1. 1961 (Werder Bremen), 1982 POR

1 **Paßlack** Stephan, 24. 8. 1970 (TSV München 1860), 2000 RUS
2 **Pfaff** Alfred, 16. 7. 1926 (Eintracht Frankfurt), 1953 ESP – 1954 SUI
1 **Pfeiffer** Hans, 15. 2. 1937 (1. FC Köln), 1956 SUI
3 **Pfeiffer** Michael, 19. 7. 1925 (Alemannia Aachen 2, Rot-Weiß Essen), 1957 HUN – 1958 LUX – 1959 SUI
3 **Pinkall** Kurt, 25. 6. 1955 (VfL Bochum 2, Borussia Mönchengladbach 1), 1981 URS, IRL – 1982 POR
1 **Piontek** Josef, 5. 3. 1940 (Werder Bremen), 1965 URS
1 **Präger** Roy, 22. 9. 1971 (Hamburger SV), 1999 RUS
4 **Pirrung** Josef, 24. 7. 1949 (1. FC Kaiserslautern), 1975 IRL, ROM – 1977 BEL, JAM
1 **Preis** Albert, 10. 1. 1937 (SV Waldhof Mannheim), 1958 AUT
2 **Preißler** Alfred, 9. 4. 1921, † 15. 7. 2003 (Borussia Dortmund), 1952 SUI – 1953 AUT
1 **Preuß** Christoph, 4. 7. 1981 (Bayer Leverkusen) 2002 SCO
1 **Pyka** Alfred, 28. 6. 1934 (Westfalia Herne), 1958 AUT

1 **Rado** Willi, 25. 11. 1928 (FSV Frankfurt), 1951 SUI
1 **Rahn** Helmut, 16. 8. 1929 (Rot-Weiß Essen), 1957 AUT
2 **Rasiejewski** Jens, 1. 1. 1975 (Eintracht Frankfurt), 2000 SVK, POR
1 **Redder** Theo, 19. 11. 1941 (Borussia Dortmund), 1965 NED
7 **Reichel** Peter, 30. 11. 1951 (Eintracht Frankfurt), 1976 ITA – 1977 BEL, USA, HON, JAM, CSV, ITA
5 **Reichenberger** Thomas, 14. 10. 1974 (Bayer Leverkusen 2, Eintracht Frankfurt 3), 1999 RUS, BIH – 2000 RUS, SVK, POR
2 **Reimann** Willi, 24. 12. 1949 (Hannover 96 1, Hamburger SV 1), 1972 HUN – 1974 LUX
1 **Reina** Giuseppe, 15. 4. 1972 (Borussia Dortmund), 1999 FRA
1 **Reinders** Uwe, 19. 1. 1955 (Werder Bremen), 1982 POR
1 **Reinhardt** Alois, 18. 11. 1961 (Bayer Leverkusen), 1986 SWE
1 **Reitgaßl** Willi, 29. 2. 1936 (Karlsruher SC), 1959 HUN
1 **Retter** Erich, 17. 2. 1925 (VfB Stuttgart), 1951 SUI
2 **Ricken** Lars, 10. 7. 1976 (Borussia Dortmund), 2000 RUS – 2001 FRA
1 **Riedl** Hannes, 2. 1. 1950 (1. FC Kaiserslautern), 1977 FRA
2 **Riedl** Thomas, 18. 6. 1976 (TSV München 1860), 1999 RUS, BIH
3 **Röber** Jürgen, 25. 12. 1953 (Werder Bremen), 1977 ITA, SUI – 1978 CSV
1 **Rodekamp** Walter, 13. 1. 1941 (Hannover 96), 1965 NED
1 **Rohrbach** Thomas, 4. 4. 1949 (Eintracht Frankfurt), 1972 HUN
3 **Röhrig** Josef, 28. 2. 1925 (1. FC Köln),1951 AUT, SUI – 1953 ESP
1 **Rösler** Sascha, 28. 10. 1977 (SpVgg greuther Fürth) 2003 TUR
2 **Rößling** Fritz, 6. 2. 1927 (SV Waldhof), 1953 ESP – 1956 ESP
4 **Roleder** Helmut, 9. 10. 1953 (VfB Stuttgart), 1980 NED, FRA – 1981 POL, LUX
1 **Rost** Frank, 30. 6. 1973 (Werder Bremen), 1999 FRA
1 **Roth** Dietmar, 16. 9. 1963 (Schalke 04), 1986 SWE
1 **Rummenigge** Karl-Heinz, 25. 9. 1955 (FC Bayern München), 1975 AUT
1 **Ruppenstein** Heinz, 2. 7. 1930 (Karlsruher SC), 1958 AUT

2 **Saborowski** Frank, 14. 3. 1958 (MSV Duisburg), 1980 NED, FRA
1 **Sandmann** Herbert, 20. 6. 1928 (Borussia Dortmund), 1957 HUN
1 **Sattler** Helmut, 25. 8. 1934 (Kickers Offenbach), 1955 YUG
4 **Sawitzki** Günter, 22. 11. 1932 (SV Sodingen 1, VfB Stuttgart 3), 1956 ESP – 1957 HUN – 1958 LUX, AUT
2 **Schäfer** Hans, 19. 10. 1927 (1. FC Köln), 1951 SUI – 1953 ESP
4 **Schäfer** Herbert, 16. 8. 1927 (Spfr. Siegen), 1952 SUI – 1953 AUT – 1954 ENG – 1955 YUG
4 **Schäfer** Winfried, 10. 1. 1950 (Kickers Offenbach 2, Karlsruher SC 2), 1972 SUI – 1974 LUX – 1976 ITA, ROM
1 **Schäffer** Frank, 6. 7. 1952 (Borussia Mönchengladbach), 1976 ROM
2 **Schaffer** Eduard, 13. 12. 1921 (1. FC Nürnberg), 1951 AUT, SUI
1 **Scheidt** Adolf, 17. 8. 1930 (Preußen Münster), 1958 LUX
1 **Schicks** Friedel, 16. 9. 1928 (Hannover 96), 1956 SUI

1 **Schindzielorz** Sebastian, 21. 1. 1979 (VfL Bochum) 2002 SCO
1 **Schlienz** Robert, 3. 2. 1924 (VfB Stuttgart), 1956 URS
1 **Schlump** Ludwig, 16. 6. 1928 (BC Augsburg), 1955 ENG
1 **Schmidt** Alfred, 5. 9. 1935 (Borussia Dortmund), 1957 AUT
4 **Schmidt** Andreas, 14. 9. 1973 (Hertha BSC Berlin), 1999 RUS, BIH, POR – 2001 FRA
1 **Schmidt** Walter, 2. 8. 1937 (Eintracht Braunschweig), 1965 NED
4 **Schneider** Bernd, 17. 11. 1973 (Eintracht Frankfurt 1, Bayer Leverkusen 3), 1999 FRA – 2000 RUS, SVK – 2001 FRA
1 **Schneider** Werner, 26. 7. 1954 (MSV Duisburg), 1977 FRA
2 **Schnoor** Horst, 11. 4. 1934 (Hamburger SV), 1955 YUG – 1959 HUN
1 **Schön** Alfred, 13. 1. 1962 (SV Waldhof Mannheim), 1986 SWE
1 **Schober** Mathias, 8. 4. 1976 (FC Schalke 04), 1999 BIH
1 **Schreier** Christian, 4. 2. 1959 (Bayer Leverkusen), 1986 SWE
1 **Schreiner** Kurt, 8. 5. 1924 (Kickers Offenbach), 1951 SUI
8 **Schröder** Helmut, 1. 3. 1958 (Arminia Bielefeld), 1978 CSV, HUN– 1980 FRA – 1981 URS, POR, IRL, POL, LUX
7 **Schröder** Willi, 28. 12. 1928 (Bremen 1860 5, Werder Bremen 2), 1951 AUT, SUI – 1952 SUI – 1953 AUT – 1955 YUG – 1956 ESP – 1958 LUX
6 **Schroth** Markus, 25. 1. 1975 (TSV München 1860), 1999 FRA, FRA, RUS, BIH – 2000 SVK – 2001 FRA
1 **Schulz** Willi, 4. 10. 1938 (Union Günnigfeld), 1959 SUI
3 **Schumacher** Harald, 6. 3. 1954 (1. FC Köln), 1978 CSV, HUN– 1979 LUX
3 **Schwarz** Danny, 11. 5. 1975 (SpVgg Unterhaching), 1999 BIH – 2000 SVK – 2001 FRA
3 **Sebescen** Zoltan, 1. 10. 1975 (VfL Wolfsburg), 1999 RUS – 2000 RUS, POR
9 **Seel** Wolfgang, 21. 6. 1948 (1. FC Kaiserslautern 1, Fortuna Düsseldorf 8), 1972 SUI – 1974 SWE – 1975 IRL – 1976 ITA – 1977 BEL, CSV, ITA – 1978 ENG, SWE
1 **Seeler** Dieter, 15. 12. 1931 (Hamburger SV), 1959 HUN
3 **Seeler** Uwe, 5. 11. 1936 (Hamburger SV), 1955 YUG – 1956 URS – 1957 AUT
1 **Seelmann** Hans-Dieter, 18. 9. 1952 (TSV München 1860), 1972 HUN
4 **Seitz** Jochen, 11. 10. 1976 (SpVgg Unterhaching 2, VfB Stuttgart 2), 2000 RUS, SVK, POR – 2001 FRA
1 **Segler** Burghard, 5. 3. 1951 (Borussia Dortmund), 1977 FRA
5 **Seliger** Rudolf, 20. 9. 1951 (MSV Duisburg), 1974 LUX – 1977 ITA, SUI – 1978 ENG, SWE
2 **Semmelmann** Fritz, 24. 7. 1928 (SpVgg Bayreuth), 1957 AUT, NED
2 **Siedl** Gerhard, 22. 3. 1929 (Karlsruher SC), 1957 AUT, NED
1 **Sievers** Ralf, 30. 10. 1961 (Eintracht Frankfurt), 1986 SWE
1 **Skala** Lothar, 2. 5. 1952 (Kickers Offenbach), 1975 FIN
1 **Sobotzik** Thomas, 16. 10. 1974 (Eintracht Frankfurt), 1999 FRA
1 **Sommer** Fritz, 9. 6. 1926 (1860 München), 1953 ESP
4 **Sommerlatt** Kurt, 25. 12. 1928 (Karlsruher SC), 1951 SUI – 1952 SUI – 1953 AUT – 1956 URS
1 **Späth** Friedel, 3. 4. 1935 (Karlsruher SC), 1959 HUN
2 **Stegmayer** Roland, 22. 12. 1950 (1. FC Saarbrücken), 1977 USA, HON
1 **Steimle** Richard, 28. 12. 1923 (VfB Stuttgart), 1951 AUT
2 **Stein** Ulrich, 23. 10. 1954 (Hamburger SV), 1981 POL, LUX
5 **Steiner** Paul, 23. 1. 1957 (MSV Duisburg 3, 1. FC Köln 2), 1981 URS, POR, IRL, POL, LUX
1 **Stinka** Dieter, 10. 8. 1937 (Eintracht Frankfurt), 1959 SUI
4 **Stollenwerk** Georg, 19. 12. 1930 (Düren 99 2, 1. FC Köln 2), 1951 AUT, SUI – 1956 URS, SUI
4 **Strack** Gerd, 1. 9. 1955 (1. FC Köln), 1977 SUI – 1981 POL, LUX – 1982 POR
2 **Strehl** Heinz, 20. 7. 1938 (1. FC Nürnberg), 1959 SUI – 1965 NED
1 **Streit** Albert, 28. 3. 1980 (Eintracht Frankfurt) 2003 TUR
2 **Struzina** Wilhelm, 11. 4. 1926 (Schwaben Augsburg), 1951 AUT, SUI
2 **Stürmer** Klaus, 9. 8. 1935 (Hamburger SV), 1955 YUG – 1956 URS
1 **Sziedat** Michael, 22. 8. 1952 (Hertha BSC Berlin), 1975 ROM
2 **Szymaniak** Horst, 29. 8. 1934 (Wuppertaler SV 1, Tasmania Berlin 1), 1956 ESP – 1965 URS

3 **Tenhagen** Franz-Josef, 31. 10. 1952 (VfL Bochum), 1976 ITA – 1977 FRA – 1978 SWE
3 **Termath** Bernhard, 26. 8. 1928 (Rot-Weiß Essen 1, Karlsruher SC 2), 1953 AUT – 1956 NED, URS
1 **Thies** Klaus, 25. 10. 1950 (MSV Duisburg), 1975 AUT
4 **Tilkowski** Hans, 12. 7. 1935 (Westfalia Herne 3, Bor. Dortmund 1), 1956 SUI – 1957 AUT, NED – 1965 URS
1 **Timm** Christian, 27. 2. 1979 (1. FC Kaiserslautern) 2003 TUR
2 **Toppmöller** Klaus, 12. 8. 1951 (1. FC Kaiserslautern), 1977 SUI – 1979 ROM

1 **Trenkel** Heinz, 1. 2. 1919 (Karlsruher SC), 1951 SUI
1 **Trinklein** Gerd, 18. 6. 1949 (Eintracht Frankfurt), 1974 LUX

2 **Ucko** Kurt, 29. 2. 1924 (1. FC Nürnberg), 1951 AUT, SUI
1 **Ulsaß** Lothar, 9. 9. 1940 (Eintracht Braunschweig), 1965 NED

6 **Vöge** Wolfgang, 15. 9. 1955 (Borussia Dortmund 3, Bayer Leverkusen 3), 1979 ROM, LUX, ITA – 1980 FRA – 1981 URS, POR
3 **Völler** Rudolf, 13. 4. 1960 (TSV München 1860), 1980 SUI, NED, FRA
2 **Voigt** Alexander, 13. 4. 1978 (1. FC Köln), 2001 FRA – 2002 SCO
1 **Vollack** Werner, 24. 3. 1955 (Bayer Uerdingen), 1986 SWE
1 **Voss** Andreas, 27. 2. 1979 (MSV Duisburg) 2002 TUR
5 **Votava** Miroslav, 25. 4. 1956 (Borussia Dortmund), 1979 ROM, LUX – 1980 AUT, POL – 1981 LUX

1 **Wade** Ernst, 12. 1. 1934 (Kickers Offenbach), 1954 SUI
3 **Waldner** Erwin, 24. 1. 1933 (VfB Stuttgart), 1956 NED – 1957 AUT – 1958 AUT
1 **Walter** Ottmar, 6. 2. 1924 (1. FC Kaiserslautern), 1956 SUI
1 **Weber** Willi, 11. 9. 1925 (Kickers Offenbach), 1952 SUI
1 **Weber** Wolfgang, 26. 6. 1944 (1. FC Köln), 1965 URS
2 **Weilbächer** Hans, 29. 12. 1944 (Eintracht Frankfurt), 1957 HUN– 1958 LUX
1 **Weiner** Hans, 29. 11. 1950 (Hertha BSC Berlin), 1978 SWE
1 **Weiser** Patrick, 25. 12. 1971 (VfL Wolfsburg), 1999 RUS
1 **Welz** Gerhard, 1. 2. 1945 (1. FC Köln), 1972 SUI
1 **Wenauer** Ferdinand, 20. 4. 1939 (1. FC Nürnberg), 1959 SUI
5 **Wenzel** Rüdiger, 3. 6. 1953 (Eintracht Frankfurt), 1977 USA, HON, JAM, ITA – 1979 NOR
2 **Wenzel** Timo, 30. 11 1977 (VfB Stuttgart) 2002 TUR – 2003 TUR
1 **Wewers** Heinz, 27. 7. 1927 (Rot-Weiß Essen), 1956 ESP
2 **Wiesner** Martin, 25. 12. 1958 (Karlsruher SC), 1981 POR, IRL
1 **Wilden** Leo, 3. 7. 1936 (1. FC Köln), 1965 NED
6 **Willmer** Holger, 25. 9. 1958 (1. FC Köln), 1979 ROM – 1980 FRA – 1981 POR, IRL, POL – 1982 POR
1 **Witlatschil** Gustav, 9. 12. 1935 (Karlsruher SC), 1959 HUN
1 **Wohlers** Horst, 6. 8. 1949 (Borussia Mönchengladbach), 1976 ROM
12 **Worm** Ronald, 7. 10. 1953 (MSV Duisburg 10, Eintracht Braunschweig 2), 1974 LUX – 1975 FIN, AUT, ROM – 1976 ITA, ROM – 1977 FRA, CSV – 1978 ENG, SWE – 1981 POL, LUX
3 **Wunder** Klaus, 13. 9. 1950 (MSV Duisburg), 1972 HUN, SUI – 1974 SWE

1 **Zastrau** Walter, 30. 5. 1935 (Rot-Weiß Essen), 1958 LUX
1 **Zebrowski** Gerhard, 25. 4. 1940 (Werder Bremen), 1965 NED
2 **Zewe** Gerd, 13. 6. 1950 (Fortuna Düsseldorf), 1978 ENG, SWE
1 **Zietsch** Rainer, 21. 11. 1964 (VfB Stuttgart), 1986 SWE
5 **Zimmermann** Gerhard, 26. 9. 1949 (Fortuna Köln 1, Fortuna Düsseldorf 4), 1974 SWE, LUX – 1975 IRL, FIN – 1976 ITA
6 **Zimmermann** Herbert, 1. 7. 1954 (1. FC Köln), 1977 BEL, JAM, CSV, ITA – 1980 AUT, POL
1 **Zobel** Rainer, 3. 11. 1948 (FC Bayern München), 1972 SUI
1 **Zorc** Michael, 25. 8. 1962 (Borussia Dortmund), 1986 SWE
1 **Zumdick** Ralf, 10. 5. 1958 (VfL Bochum), 1986 SWE

Die häufigsten Berufungen in die B/A2-Elf:

Worm	12	Lameck	9	R. Gerber	8	Geyer	7
Kargus	11	Seel	9	Memering	8	Kelsch	7
Körbel	10	Bongartz	9	H. Schröder	8	Reichel	7
Konopka	10	Burdenski	9	Bittcher	7	W. Schröder	7
Groh	9	Augenthaler	8	Biesinger	7		
Martin	9	Burgsmüller	8	Geye	7		

Alle Torschützen der B/A2-Länderspiele:

Allgöwer	1	Geyer	3	Kuranyi	1	Reitgaßl	1
Th. Allofs	1	Grau	1	Luttrop	1	Ricken	1
Augenthaler	1	Groh	1	Magath	2	H. Schäfer	3
Bäumler	1	Hannes	1	Martin	2	A. Schmidt	1
Böhme	1	Hartwig	2	Matthäus	1	B. Schneider	1
Biesinger	3	Haun	1	Mauritz	1	H. Schröder	1
Brdaric	1	Hitzfeld	1	A. Meier	1	W. Schröder	5
Briegel	1	D. Hoeneß	2	Milewski	3	Schroth	1
Brunnenmeier	2	Juskowiak	1	Miltz	2	Sebescen	1
Burgsmüller	8	Keller	1	D. Müller	6	Seel	1
Del'Haye	2	Kelsch	3	Neuendorf	2	Siedl	1
Dietz	1	Ketelaer	1	B. Nickel	3	Strack	1
Dürnberger	1	Kliemann	1	H. Nickel	3	Termath	1
Dundee	1	B. Klodt	2	Ohlicher	2	Vöge	2
Eggeling	1	Klotz	1	Paßlack	1	Voigt	1
Elmer	1	Köppel	2	Pfaff	3	Votava	1
Faeder	1	Korzynietz	1	M. Pfeiffer	2	O. Walter	1
Feigenspan	1	W. Krämer	1	Preißler	1	Wenzel	1
Frank	3	E. Kraus	1	Rahn	2	Worm	5
Funkel	1	H. Kremers	1	Reichenberger	1	G. Zimmermann	1
Geye	2	Kuntz	2	Reimann	2		

Die erfolgreichsten Vereine (Berufungen/Spieler)

1. FC Köln	84 Berufungen/ 31 Spieler	Karlsruher SC	33 Berufungen/ 19 Spieler
VfB Stuttgart	76 Berufungen/ 33 Spieler	Bor. M'gladbach	32 Berufungen/ 16 Spieler
Hamburger SV	72 Berufungen/ 29 Spieler	1860 München	31 Berufungen/ 18 Spieler
Eintracht Frankfurt	63 Berufungen/ 26 Spieler	VfL Bochum	30 Berufungen/ 15 Spieler
Werder Bremen	45 Berufungen/ 21 Spieler	Arm. Bielefeld	30 Berufungen/ 11 Spieler
Borussia Dortmund	44 Berufungen/ 21 Spieler	Fort. Düsseldorf	29 Berufungen/ 11 Spieler
Schalke 04	43 Berufungen/ 18 Spieler	Hertha BSC Berlin	26 Berufungen/ 13 Spieler
Bayern München	42 Berufungen/ 16 Spieler	Eintr. Braunschweig	25 Berufungen/ 12 Spieler
1. FC Kaiserslautern	36 Berufungen/ 16 Spieler	MSV Duisburg	34 Berufungen/ 13 Spieler

Die Bilanz der Junioren-Länderspiele U 21

Gegner	Spiele	Siege	Unentsch.	Niederl.	Tore	11-m-Sch.
Albanien	8	6	2	–	22:3	
Algerien	1	–	1	–	0:0	
Armenien	2	2	–	–	8:0	
Bahrain	1	1	–	–	5:0	
Belgien	6	5	1	–	15:1	
Bosnien-Herz.	1	–	–	1	1:5	
Brasilien	1	–	1	–	2:2	
Bulgarien	11	6	1	4	21:7	
China	2	1	1	–	7:2	4:2
Dänemark	6	2	3	1	8:4	
England	6	2	1	3	9:10	
Finnland	9	8	–	1	21:8	
Frankreich	6	1	2	3	2:7	3:4
Georgien	2	2	–	–	5:0	
Griechenland	6	1	2	3	5:8	
Irland	4	2	2	–	13:4	
Island	2	–	2	–	2:2	
Israel	1	–	1	–	1:1	
Italien	3	2	1	–	5:2	
Japan	1	–	1	–	3:3	
Kamerun	2	1	1	–	2:1	
Prov. Kanton	1	1	–	–	1:0	
Katar	1	1	–	–	4:0	
Kroatien	1	–	–	1	0:2	
Kuwait	1	1	–	–	3:1	
Libanon „A“	1	1	–	–	7:0	
Litauen	2	2	–	–	5:1	
Luxemburg	5	5	–	–	16:2	
Marokko	1	1	–	–	2:0	
Mexiko	1	1	–	–	1:0	
Moldawien	4	3	1	–	8:2	
Niederlande	9	4	2	3	12:9	
Nordirland	3	2	–	1	2:1	
Norwegen	2	–	1	1	2:5	
Österreich	5	4	1	–	11:2	
Oman	1	–	–	1	0:1	
Polen	2	–	1	1	0:1	
Portugal	6	3	2	1	12:8	
Rumänien	4	2	2	–	8:3	
Russland	3	1	–	2	4:7	
Schottland	7	2	2	3	10:11	
Schweden	4	3	–	1	6:4	
Schweiz	9	4	5	–	24:9	
Serbien & Montenegro	1	1	–	–	3:2	
Sowjetunion	8	2	3	3	15:12	
Spanien	8	3	1	4	11:11	
Südafrika	1	–	1	–	1:1	
Südkorea A	1	–	1	–	0:0	
Thailand	1	1	–	–	4:1	
Tschechien	1	–	1	–	1:1	
Tschechoslowakei	5	1	4	–	7:5	
Türkei	6	3	1	2	13:4	
Tunesien	2	–	1	1	1:2	
Ukraine	2	1	1	–	3:1	
Ungarn	3	1	2	–	3:0	
USA	1	1	–	–	1:0	
Usbekistan	1	1	–	–	2:0	
Wales	2	2	–	–	6:1	
Zypern	2	2	–	–	6:3	
Gesamt:	199	101	58	40	372:183	

Die Nationalmannschaften der Junioren U 21

Nachdem der DFB seit 1974 keine Juniorenspiele „U 23" mehr durchführt, wurden, wesentlich später als in anderen Ländern, 1979 erstmals Länderspiele der neugegründeten Junioren-National-Elf „U 21" ausgetragen, die auch künftig an allen internationalen Wettbewerben teilnimmt.

1979: 2 Spiele: 2 Niederlagen

1 **Polen**, 10.10., Thorn, 0:1 verloren: Greiner – Kruse, Willkomm, Gorski, Otten – Th. Schneider, Dierssen (Klotz), Kempe – Th. Allofs (Löw), Littbarski, Völler (Dusend). – SR: Poczek (Tschechoslowakei).

2 **Sowjetunion**, 20.11., Tiflis, 1:2 verloren: Immel – Kruse, Willkomm (Schneider), Gruber, Otten – Matthäus, Löw, Th. Allofs – Littbarski, Klotz (1), Völler (Augustin) – SR: Laktso (Finnland).

1980: 10 Spiele: 5 Siege, 3 Unentschieden, 2 Niederlagen

3 **Schottland**, 26.2., Dortmund, 1:0 gewonnen: Immel – Kruse, Schuster, Gruber, Otten – Kroth (Gorski), Schneider, Löw (Kempe) – Littbarski, Klotz (1), Augustin (Völler) – SR: Jensen (Dänemark).

4 **Schweiz**, 2.4., St. Gallen, 3:3 unentschieden: Greiner – Kruse (Gebauer), Hieronymus, Gruber (1), Otten – Th. Schneider, Kempe (Geier), Löw (Remark), Kroth (1) – Littbarski (1), Klotz – SR: Fahndler (Österreich).

5 **Belgien**, 20.5., Lüttich, 4:0 gewonnen: Immel – Schreml, Hieronymus (1), Geier, Gorski (Rolff) – Kroth, Dittus, Lehmann (1) – Littbarski (1) (Th. Allofs), Schatzschneider (Klotz), Völler (1) – SR: Rion (Luxemburg).

6 **Provinz Kanton**, 10.6., Kanton, 1:0 gewonnen (Vom DFB-Spielausschuss als offizielles Länderspiel deklariert): Greiner – Schreml, Kroth, Freund (Th. Schneider), Saborowski – Littbarski (Dusend), Blau, Rolff – Klotz, Schatzschneider (1), Völler (Th. Allofs) – SR: Junichi (Japan).

7 **Mexiko**, 14.6., Kanton, 1:0 gewonnen: Fuhr – Saborowski, Kroth, Blau, Gebauer (Freund) – Rolff, Th. Schneider, Dusend – Augustin (Schatzschneider), Remark, Völler (1) (Littbarski) – SR: Pu Hung (China).

8 **Rumänien**, 17.6., Kanton, 6:2 gewonnen: Greiner – Schreml, Kroth, Th. Schneider, Saborowski – Rolff, Blau (1), Littbarski (2) – Th. Allofs (1) (Dusend (1)), Schatzschneider (Klotz), Völler (1) (Remark) – SR: Jin-Jian (China).

9 **China**, 21.6., Kanton, 2:2 unentschieden, Elfmeterschießen (4:2): Greiner – Schreml, Kroth, Th. Schneider, Saborowski – Rolff, Blau, Littbarski (2) – Klotz (Remark, Dusend), Th. Allofs, Völler (Schatzschneider) – Die Elfmetertore schossen: Allofs, Blau, Schatzschneider, Littbarski (zählen nicht in der Torübersicht) – SR: Garcia (Mexiko).

10 **Niederlande**, 8.10., Mönchengladbach, 0:0 unentschieden: Greiner – Schreml, Kroth (Geier), Gorski, Rolff – Matthäus, Dittus, Dierssen (Buchwald) – Littbarski, Dreher, Wuttke (Dusend) – SR: Peeters (Belgien).

11 **Frankreich**, 18.11., Sarrebourg, 0:1 verloren: Greiner (Fuhr) – Schreml, Brehme (Th. Allofs), Rolff, Matthäus (Löhr) – Th. Schneider, Blau, Dierssen – Littbarski, Mill (Hönnscheidt), Engels – SR: Baumann (Schweiz).

12 **Bulgarien**, 2.12., Plovdiv, 0:1 verloren (EM-Qualifikation): Greiner – Schreml (Dittus), Blau, Rolff, Th. Schneider – Matthäus, Th. Allofs (Völler), Engels, Dierssen – Littbarski, Mill – SR: Goksel (Türkei).

1981: 6 Spiele: 6 Siege

13 **Spanien**, 31.3., Koblenz, 3:1 gewonnen: Fuhr – Löhr, Hieronymus, Dickgießer, Otten – Matthäus (1), Dittus, Engels (Dierssen) – Littbarski (1), Schatzschneider (1), Völler (Wuttke) – SR: Dellmer (Frankreich).

14 **Österreich**, 28.4., Kiel, 4:0 gewonnen (EM-Qualifikation): Greiner – Schäfer, Hieronymus, Dickgießer, Otten – Matthäus, Dittus, Th. Allofs – Littbarski (Kempe (1)), Engels (Steubing (1)), Völler (2) – SR: McGinlay (Schottland).

15 **Finnland**, 23.5., Lämpääle, 2:1 gewonnen (EM-Qualifikation): Fuhr – Rolff, Hieronymus, Dickgießer, Otten – Matthäus, Dittus: Th. Allofs – Littbarski (2), Schatzschneider (Steubing), Völler (Steininger) – SR: Johannssen (Schweden).

16 **Finnland**, 22.9., Arnsberg, 4:2 gewonnen (EM-Qualifikation): Greiner – Rolff, Hieronymus, Gruber, Otten – Brehme (Dierssen), Matthäus (1), Kempe – Littbarski (2), Patzke (1), Völler (Geiger) – SR: Maanson (Dänemark).

17 **Österreich**, 13.10., Krems, 1:0 gewonnen (EM-Qualifikation): Immel – Brehme, Strack, Gruber. Otten – Rolff, Hieronymus (von Heesen (1)), Matthäus – Th. Allofs, Kempe, Völler (Bittorf) – SR: Padar (Ungarn).

18 **Bulgarien**, 21.11., Koblenz, 4:1 gewonnen (EM-Qualifikation): Immel – Rolff, Strack (1), Bittorf, Otten – Matthäus (Geiger), Milewski, Engels (1) – Littbarski (1) (Kempe), Th. Allofs, Völler (1) – SR: Barbaresco (Italien).

1982: 8 Spiele: 4 Siege, 2 Unentschieden, 2 Niederlagen

19 **Spanien**, 24.2., Santa Cruz, 0:1 verloren (EM-Viertelfinale): Immel – Geiger, Strack, Dickgießer, Otten – Hieronymus, Matthäus, Dittus (Kempe) – Littbarski, Th Allofs, Engels – SR: Sostaric (Jugoslawien).

20 **Schweiz**, 23.3., Schwenningen, 1:1 unentschieden: Vollborn – Rolff, Loose, Reinhardt, Quaisser – Zorc (Opitz), Schön (Schäfer), Falkenmayer – Reichert, von Heesen, Mathy (1) (Wohlfarth) – SR: Dellmer (Frankreich).

21 **Spanien**, 6.4., Augsburg, 2:0 gewonnen (EM-Viertelfinale): Immel – Geiger (Völler (1)), Strack, Gruber (Kempe), Otten – Rolff, Matthäus, Engels – Reinders, Th. Allofs, Littbarski (1) – SR: Van Langenhove (Belgien).

22 **Tschechoslowakei**, 14.4., Prag, 1:1 unentschieden: Vollborn (Zimmermann) – Borowka, Schäfer, Reinhardt, Falkenmayer – Opitz (Quaisser), Rahn, Brunner (Wohlfarth) – Wuttke, von Heesen (1), Brummer (Schön) – SR: Savo (Ungarn).

23 **Sowjetunion**, 21.4., Charkow, 4:3 gewonnen (EM-Halbfinale): Immel – Schäfer (Falkenmayer), Strack, Reinhardt, Otten – Rolff, Kroth, Dittus – Reinders, Th. Allofs (1), Völler (2), dazu ein Eigentor von Dumanski – SR: Eriksson (Schweden).

24 **Sowjetunion**, 30.4., Aachen, 5:0 gewonnen (EM-Halbfinale): Immel – Rolff, Strack (1), Gruber (1), Otten – Matthaus, Dittus, Kroth – Littbarski (2), Reinders (1), Völler (Kempe) – SR: Igna (Rumänien).

25 **England**, 21.9., Sheffield, 1:3 verloren (EM-Finale): Immel – Geils, Strack, Reinhardt, Otten – Rolff, Kempe (Kroth), Engels – Wuttke (Reichert), Th. Allofs, Völler (1) – SR: Schoetgers (Belgien).

26 **England**, 12.10., Bremen, 3:2 gewonnen (EM-Finale): Immel – Geils, Reinhardt, Otten – Geiger (Dittus), Möhlmann, Engels, Kroth (von Heesen) – Reichert, Th. Allofs, Littbarski (3) – SR: Casarin (Italien).

1983: 12 Spiele: 5 Siege, 7 Unentschieden

27 **Portugal**, 22.2., Setubal, 3:1 gewonnen: Zimmermann – Schäfer, Fach, Reinhardt, Winklhofer (1) – Quaisser, Dittus, Falkenmayer (Zorc) – Reichert (Neubarth), Mathy (1) (Schön), Waas (1) (Brummer) – SR: Perez (Spanien).

28 **Albanien**, 29.3., Shkodra, 1:1 unentschieden (EM-Qualifikation): Vollborn – Hönerbach, Reinhardt, Schäfer, Winklhofer – Quaisser, Wuttke, Trieb – Reichert (Herbst), Mathy (1), Waas (Schön) – SR: Szabo (Ungarn).

29 **Türkei**, 22.4., Izmir, 1:0 gewonnen (EM-Qualifikation): Vollborn – Schäfer, Reinhardt, Beierlorzer, Quaisser (Trieb) – Fach, Matthäus, Falkenmayer – Reichert, Herbst, Wuttke (1) – SR: Tzontchev (Bulgarien).

30 **Österreich**, 26.4., St. Pölten, 1:1 unentschieden (EM-Qualifikation): Zimmermann – Hönerbach (Quaisser), Beierlorzer, Reinhardt, Schäfer – Matthäus, Trieb, Falkenmayer – Wuttke, Herbst (1), Reichert – SR: Wurtz (Frankreich).

31 **Algerien**, 0.0., Toulon, 0:0 unentschieden (Turnier): Vollborn – Storck, Loose, Metschies, Plath – Brunner (Neubarth), Schön (Wohlfarth), Quaisser, Falkenmayer – Herbst, Brummer – SR: Wurtz (Frankreich).

32 **China**, 0.0., Toulon, 5:0 gewonnen (Turnier): Zimmermann – Storck, Loose, Schäfer, Falkenmayer – Quaisser, Schön (1) (Plath), Brunner (Brummer) – Reichert (3), Neubarth, Wohlfarth (1) – SR: Dante (Portugal).

33 **Brasilien**, 10.6., Toulon, 2:2 unentschieden (Turnier): Vollborn – Storck, Loose, Schäfer, Metschies (Wohlfarth) – Quaisser (1), Schön, Falkenmayer – Brunner, Reichert, Herbst (1) – SR: van Langenhove (Belgien).

34 **Frankreich**, 12.6., Toulon, 0:0 unentschieden, Elfmeterschießen 3:4 (Turnier, um Platz 3): Vollborn – Storck, Loose, Schäfer, Falkenmayer – Quaisser, Schön, Plath – Reichert, Neubarth (Herbst), Brunner (Wohlfarth) – SR: van Langenhove (Belgien) – Elfmetertore (zählen nicht in der Statistik): Schön, Quaisser, Reichert.

35 **Ungarn**, 6.9., Gyöngyös, 0:0 unentschieden: Grüner – Schäfer, Loose, Reinhardt, Falkenmayer – Quaisser, Schön, Brunner (Trieb) – Reichert, Mathy, Brummer (M. Rummenigge) – SR: Marko (CSSR).

36 **Österreich**, 4.10., Arnsberg, 2:1 gewonnen (EM-Qualifikation): Grüner – Storck, Herget (1), Schröder, Falkenmayer – Brunner, Schön, Rahn – Reichert, Mathy (Kuntz), M. Rummenigge (1) (Quaisser) – SR: Midgley (England).

37 **Türkei**, 25.10., Berlin, 7:0 gewonnen (EM-Qualifikation): Vollborn – Storck, Steiner (1), Herget (2), Schäfer – Brunner, Schön, Falkenmayer – Mathy (2), M. Rummenigge (Kuntz (1)), Waas (1) (Reichert) – SR: Hora (CSSR).

38 **Albanien**, 19.11., Trier, 1:1 unentschieden (EM-Qualifikation): Zimmermann – Schäfer, Herget, Steiner, Falkenmayer – Brunner, Schön (Storck), von Heesen – Reichert (Thiele), M. Rummenigge (1), Kuntz – SR: Quiniou (Frankreich).

1984: 5 Spiele: 2 Siege, 2 Unentschieden, 1 Niederlage

39 **Belgien**, 28.2., Koblenz, 1:0 gewonnen: Vollborn – Schäfer, Zietsch, Reinhardt, Grahammer (Kraaz) – Rahn, Falkenmayer, Frontzeck (Schön) – Mathy (1), Reichert, M. Rummenigge (Zechel) – SR: Bindels (Luxemburg).

40 **Sowjetunion**, 27.3., Osnabrück, 1:1 unentschieden: de Beer – Berthold, Schröder, Kraaz (Pomp), Frontzeck – Grahammer (Scheike), Schön, Zietsch – Müller, M. Rummenigge (1), Zechel (Wegmann) – SR: Costantin (Belgien).

41 **Griechenland**, 17.4., Aschaffenburg, 0:0 unentschieden: Reck – Scheike (Hoos), Schröder, Reinhardt (Klinsmann), Frontzeck – Berthold, Pomp, Zietsch – Lusch, Wegmann (Zechel), Müller – SR: Pernkopf (Österreich).

42 **Schottland**, 11.9., Edinburgh, 1:2 verloren: Immel – Moser, Schröder, Roth, Kraaz – Klinsmann (Thon), Pomp (Wegmann), Hochstätter, Kree (Bunte) – M. Rummenigge (1), Müller – SR: Richardson (England).

43 **Schweden**, 16.10., Münster, 1:0 gewonnen (EM-Qualifikation): Aumann – Roth, Schröder, Bunte, Kraaz – Thon (1), Berthold, Kroth, Kögl (Müller) – Waas, M. Rummenigge – SR: Petrovic (Jugoslawien).

1985: 8 Spiele: 3 Siege, 2 Unentschieden, 3 Niederlagen

44 **Portugal**, 23.2., Lissabon, 1:2 verloren (EM-Qualifikation): Aumann – Kohler, Schröder, Kraaz, Roth, Foda (1), von Heesen, Pomp (Kögl), Gielchen – Hochstätter (Wegmann), Waas – SR: Martinez (Spanien).

45 **Schweiz U 23**, 26.3., Schaffhausen, 0:0 Unentschieden: Gundelach (Reck) – Roth, W. Funkel, Schröder, Kree – Kohler, Dorfner, Hochstätter (Drehsen), Anderbrügge (Nitsche) – Krämer (Neun), Klinsmann (Ordenewitz) – SR: Frost (Israel).

46 **Bulgarien**, 16.4., Aichach, 2:0 gewonnen: Aumann – Roth, W. Funkel, Drehsen, Kree – Klinsmann (2), Hochstätter, Rolff, Haas (Moser) – Waas (Müller), Kögl – SR: Gregr (CSSR).

47 **Tschechoslowakei**, 30.4., Mladev Boleslav, 1:1 unentschieden (EM-Qualifikation): Aumann – Roth, W. Funkel (1), Kraaz, Kree – Drehsen, Hochstätter, Haas (Kohler), Anderbrügge – Klinsmann, Kögl (Müller) – SR: Mercier (Schweiz).

48 **Sowjetunion**, 27.8., Moskau, 1:2 verloren: Gundelach (Aumann) – W. Funkel – Kohler, Roth (Bunte) Kree – Dorfner (Anderbrügge), M. Rummenigge, Drehsen – Klinsmann (Hochstätter), Waas (Eckstein (1)), Kögl – SR: Natri (Finnland).

49 **Schweden**, 24.9., Eskilstuna, 1:2 verloren (EM-Qualifikation): Aumann – Zietsch – Roth, Kohler, Ruländer – Rolff, Dorfner, Reuter (Kögl) – Waas, M. Rummenigge (Hochstätter), Klinsmann (1) – SR: Smith (Schottland).

50 **Portugal**, 15.10., Karlsruhe, 2:0 gewonnen (EM-Qualifikation): Aumann – Theiss – Reuter, Kohler, Frontzeck – Hochstätter (Drehsen), Rolff, Thon (1) – Klinsmann (Eckstein (1)), Waas Kögl – SR: Kohl (Österreich).

51 **Tschechoslowakei**, 16.11., Regensburg, 3:1 gewonnen (EM-Qualifikation): Illgner – W. Funkel – Schmidt, Kohler, Moser – Reuter, M. Heidenreich (Gaudino), Schwabl (Schupp), Neun – Eckstein (1), Kuntz (2) – SR: van Swieten (Niederlande).

1986: 6 Spiele: 2 Siege, 3 Unentschieden, 1 Niederlage

52 **Italien**, 4.2., Salerno, 1:1 unentschieden: Immel – W. Funkel – Berthold, Kohler, Frontzeck – Schupp (Drews), Schwabl (Trares), Reuter, Gaudino (1) – Waas, Eckstein (Geilenkirchen) – SR: Borg (Malta).

53 **Südkorea A**, 11.3., Koblenz, 0:0 unentschieden: Immel – W. Funkel – Berthold, Hannes, Frontzeck – Drews (Fuchs), Schwabl, Reuter, Falkenmayer – Geilenkirchen (Schupp), Waas – SR: Ponnet (Belgien).

54 **Schweiz**, 8.4., Kehl, 2:1 gewonnen: Illgner – Theiss, Reuter, Kuhlmey – Schwabl (Heidenreich), Gomminginger, Schupp, Moser – Simmes (Leifeld (1)), Eckstein (1), Kögl – SR: Gilson (Luxemburg).

55 **Schottland**, 9.9., Glasgow, 0:1 verloren: Illgner – Drews – Kutowski, Kohler – Zanter (Simmes), Moser, Reuter, Neun (Kreuzer), Gaudino – Leifeld (Trares), Kögl – SR: Hill (England).

56 **Dänemark**, 23.9., Kopenhagen, 0:0 unentschieden: Illgner (Kubik) – Fach – Zanter, Reuter, Kutowski – Drews (Schupp), Neun, Schwabl (Heidenreich) – Kohn (Riedle), Merkle, Kögl – SR: Halle (Norwegen).

57 **Bulgarien**, 29.10., Koblenz, 2:0 gewonnen (EM-Qualifikation): Illgner – Reuter (1) – Kleppinger, Kohler, Kutowski – Moser, Schwabl (Häßler), Neun – Leifeld (1), Eckstein, Kögl (Schupp) – SR: Presberg (Norwegen).

1987: 8 Spiele: 4 Siege, 4 Niederlagen

58 **Luxemburg**, 24.3., Koblenz, 4:1 gewonnen (EM-Qualifikation): Illgner – Drews – Moser, Conrad, Kutowski – Schwabl, Gaudino (1) (Schupp), Neun (1) – Kastl, Dickel (2), Kögl – SR: Sörensen (Dänemark).

59 **Niederlande**, 28.4., Venlo, 1:3 verloren (EM-Qualifikation): Illgner – Sauer – Moser (Gaudino), Kohler, Kutowski – Reuter, Schwabl, Borowka, Neun – Simmes, Schmöller (Kohn (1)) – SR: King (Wales).

60 **Frankreich**, 11.8., Trier, 0:2 verloren: Berg – Sauer – Beiersdorfer, Kutowski (Foda) – Moser, Drews, Schwabl, Neun, Gaudino (Labbadia) – Kastl, Riedle (Janßen) – Crucke (Belgien).

61 **England**, 8.9., Lüdenscheid, 2:0 gewonnen: Reck – Sauer – Kutowski (Binz), Kreuzer, Zanter – Neun, Foda, Schwabl, Kögl – Riedle (1) (Kirchhoff), Labbadia (1) (Glesius) – SR: Nervik (Norwegen).

62 **Dänemark**, 22.9., Lübeck, 2:0 gewonnen: Reck – Sauer – Kreuzer, Foda, Zanter – Binz, Schwabl, Neun (Kutowski), Kögl – Labbadia, Glesius (2) (Schütterle) – SR: Ruokonen (Finnland).

63 **Luxemburg**, 28.10., Luxemburg, 4:1 gewonnen (EM-Qualifikation): Reck – Binz – Kutowski, Kreuzer – Reuter (1), Foda, Schwabl (1), Neun (Pförtner) – Leifeld (Kirchhoff), Labbadia (1), Glesius (1) – SR: Girard (Frankreich).

64 **Niederlande**, 17.11., Münster, 0:2 verloren (EM-Qualifikation): Reck – Binz (Pförtner) – Kreuzer, Kutowski, Schaaf, Schütterle, Foda, Neun, Kögl – Riedle, Labbadia (Glesius) – SR: Martin (England).

65 **Bulgarien**, 2.12., Sofia, 1:2 verloren (EM-Qualifikation): Reck – Binz – Schaaf, Kreuzer, Kutowski – Foda, Schwabl, Neun (Pförtner) – Schütterle (Baranowski), Labbadia (1), Kögl – SR: Petrovic (Jugoslawien).

1988: 3 Spiele: 3 Siege

66 **Schweiz**, 26.4., Kreuzlingen, 8:0 gewonnen: Rekers (Brunn) – Spyrka – Strehmel, Metz (Kober) – H. J. Heidenreich, M. Schneider (1) (Legat), Möller (1) (Klinkert), Dammeier, K. Reinhardt – Witeczek (2) (Epp (1)), Bierhoff (3) – SR: Kaupe (Österreich).

67 **Finnland**, 30.8., Kouvola, 3:0 gewonnen (EM-Qualifikation): Reck – Binz – Luginger, Strehmel, Metz – Steffen, Dammeier (1) (Preetz), Möller (1), K. Reinhardt (1) – Witeczek, Bierhoff (Effenberg) – SR: Timoschenko (Sowjetunion).

68 **Niederlande**, 18.10., Augsburg, 2:0 gewonnen (EM-Qualifikation): Reck – Binz – Luginger, Strehmel, Metz – Steffen (Effenberg (1)), Möller, Dammeier, K. Reinhardt – Witeczek (Kober), Bierhoff (1) – SR: Negreira (Spanien).

1989: 8 Spiele: 3 Siege, 5 Unentschieden

69 **Bulgarien**, 21.3., Sofia, 0:0 unentschieden: Reck – A. Reinhardt – Metz, Luginger, Klinkert – Effenberg (M. Schneider), Wagner, Dammeier (Poschner), K. Reinhardt – Witeczek (Eichenauer), Feinbier – SR: Varga (Ungarn).

70 **Niederlande**, 25.4., Venlo, 1:0 gewonnen (EM-Qualifikation): Reck – Spyrka – A. Reinhardt, Klinkert – Metz, Steffen, Luginger, Poschner (Sturm), N. Schmäler – Witeczek (1), Banach (Kober) – SR: Spillang (Irland).

71 **Island**, 30.5., Reykjavik, 1:1 unentschieden (EM-Qualifikation): Reck – Spyrka – Kreuzer, Klinkert – Steffen, Effenberg, N. Schmäler (Bierhoff (1)), Luginger – Banach, Witeczek, Poschner (M. Schneider) – SR: Nielsen (Dänemark).

72 **Tschechoslowakei**, 5.9., Pribram, 1:1 unentschieden: Golz – Spyrka – Strehmel, Klinkert, Metz – Luginger (Steffen), Schneider, Dammeier (Wagner), K. Reinhardt – Bierhoff (1) (Sternkopf), Witeczek (Preetz) – SR: Orlovski (Polen).
73 **Finnland**, 3.10., Arnsberg, 2:0 gewonnen (EM-Qualifikation): Golz – Spyrka – Luginger, Klinkert, Metz – Sturm (Kober), Steffen, Dammeier, K. Reinhardt (1) – Witeczek (1) (M. Bode), Banach – SR: Wijngaert (Belgien).
74 **Island**, 25.10., Saarbrücken, 1:1 unentschieden (EM-Qualifikation): Brunn – Spyrka – Strehmel, Klinkert, N. Schmäler – Sturm (Sternkopf), Schneider, Weber (Luginger), K. Reinhardt – M. Bode (1), Bierhoff – SR: Girard (Frankreich).
75 **Kamerun „A"**, 20.12., Jaunde, 1:0 gewonnen: Golz – Klinkert – Heidenreich, Kober, Metz – Luginger, Poschner, Steffen, Schneider (Bierhoff), K. Reinhardt – M. Bode (1) (Dammeier) – SR: Pettcha (Kamerun).
76 **Kamerun „A"**, 23.12., Jaunde, 1:1 unentschieden: Brunn – Luginger – H. J. Heidenreich (Klinkert), Kober, Metz – Lasser (Steffen), Fink, Poschner, Dammeier (Schneider) – Bierhoff (1), M. Bode (K. K. Reinhardt) – SR: Aboh (Kamerun).

1990: 6 Spiele: 4 Siege, 1 Unentschieden, 1 Niederlage

77 **Frankreich**, 28.2., Ales, 1:0 gewonnen: Golz – Klinkert – Strehmel, Metz – Luginger (Kober), Steffen (Schneider), Strunz, (Th. Chmielewski), Poschner, K. Reinhardt – Bierhoff (Sturm), Sternkopf (1) – SR: Velasques (Spanien).
78 **Sowjetunion**, 14.3., Simferopol, 1:1 unentschieden (EM-Viertelfinale): Golz – Binz – Klinkert, Strehmel, Metz – Strunz, Luginger, Hochstätter, K. Reinhardt – Witeczek (Steffen), Sternkopf – Eigentor Bal – SR: Natri (Finnland).
79 **Sowjetunion**, 28.3., Augsburg, 1:2 n. V. verloren (EM-Viertelfinale): Golz – Binz – Metz (Bierhoff), Klinkert, Strehmel – Luginger, Hochstätter (1), Möller, Effenberg, K. Reinhardt – Sternkopf – SR: Halle (Norwegen).
80 **Schweden**, 9.10., Uppsala, 2:1 gewonnen: Lehmann – N. Schmäler – Wörns, Spanring, Paßlack – Lasser, Poschner (1), Franck (Pflipsen), Kranz – Sternkopf (1) (Haber), Klauß (Hubner) – SR Palsi (Finnland).
81 **Luxemburg**, 30.10., Diekirch, 3:0 gewonnen (EM-Qualifikation): Scheuer – N. Schmäler – Wörns, Spanring (Quallo) – Lasser, Haber, Poschner, Pflipsen, Kranz – Klauß (2), Sternkopf (Hubner (1)) – SR: Östergaard (Dänemark).
82 **Schweiz**, 18.12., Kirchheim/Teck, 4:1 gewonnen: Schulze – N. Schmäler (Franck) – Spanring (Stadler), Quallo (Heldt) – Kern, Haber, Paßlack (Gerlach), Pflipsen (Hubner), Poschner – Klauß (1), Herrlich (3) – SR: Paivetto (Italien).

1991: 7 Spiele: 5 Siege, 1 Unentschieden, 1 Niederlage

83 **Sowjetunion**, 26.3., Mannheim, 1:1 unentschieden: Lehmann – N. Schmäler – Stadler, Wörns – Paßlack, Pflipsen, Haber, Poschner (1), Kranz (Heldt) – Herrlich, Fuchs – SR: Werner (Polen).
84 **Belgien**, 30.4., Osnabrück, 3:1 gewonnen (EM-Qualifikation): Lehmann – N. Schmäler – Stadler, Wörns – Paßlack, Pflipsen (Kern), Haber, Poschner, Kranz – Herrlich (2), Ziege (1) – SR: Girard (Frankreich).
85 **Bulgarien**, 4.6., Koblenz, 2:0 gewonnen: Lehmann – N. Schmäler – Wörns, Stadler – Paßlack (Spanring), Pflipsen (Franck), Kern (Rath), Haber, Poschner (Scholl) – Herrlich (2) Ziege – SR: Piraux (Belgien).
86 **England**, 10.9., Scunthorpe, 1:2 verloren: Klos – N. Schmäler (H. Fuchs) – Wörns, Stadler (1) – Paßlack, Kranz, Pflipsen (U. Schneider), Poschner, Haber – Herrlich, Ziege – SR: Hope (England).
87 **Marokko**, 15.10., Donauwörth, 2:0 gewonnen: Klos (Lehmann) – Ziege – Wörns, Stadler – Paßlack (J. Bode), Kranz, Pflipsen (N. Schmäler), Poschner (1) (Heldt), Haber (U. Schneider) – Herrlich, Rath (1) (Kern) – SR: Wieser (Österreich).
88 **Belgien**, 19.11., Genk, 3:0 gewonnen (EM-Qualifikation): Klos – Ziege – Wörns, Stadler – Paßlack, Franck (1), Haber, Poschner (Fuchs), Kranz – Herrlich, Scholl (2) (N. Schmäler) – SR: Bouillet (Frankreich).
89 **Luxemburg**, 17.12., Aachen, 3:0 gewonnen (EM-Qualifikation): Lehmann – Ziege – Wörns, Paßlack (Stadler) – Franck, Haber, Poschner (1), Scholl, Kranz (Karl) – Herrlich (1), H. Fuchs (1) – SR: Olafsson (Island).

1992: 8 Spiele: 3 Siege, 2 Unentschieden, 3 Niederlagen

90 **Schottland**, 10.3., Bochum, 1:1 unentschieden (EM-Viertelfinale): Klos – N. Schmäler (1) – Stadler, Wörns – Paßlack, Haber, Franck, Poschner (Pflipsen), Kranz (Scholl) – Herrlich, Jähnig – SR: Pezzella (Italien).

91 **Schottland**, 24.3., Aberdeen, 3:4 verloren (EM-Viertelfinale): Klos – N. Schmäler – Wörns, Stadler – Paßlack, Haber, Franck (Baumann), Scholl (1), Poschner, Kranz (1) – Herrlich (1) – SR: Velasquez (Spanien).

92 **Tschechoslowakei**, 21.4., Pilsen, 1:1 unentschieden: Klos – Babbel – U. Schneider, Happe – Kienle (Hutwelker), Unger, Nerlinger (Otto), Haber, Münch – Wück, Herrlich (1) – SR: Galler (Schweiz).

93 **Niederlande**, 8.9., Bocholt, 0:1 verloren: Klos – Babbel – Baschetti, Münch – Unger (Kramny), Haber, Fellhauer (Happe), Ziege, Wolf – Herrlich (Kienle), Wück – SR: Philippi (Luxemburg).

94 **Türkei**, 13.10., Unterhaching, 4:0 gewonnen: Klos (Hoffmann) – Münch – Babbel – U. Schneider – Baschetti, Unger, Haber (Fellhauer), Lottner (Keuler), Wolf (Happe (1)) – Rydlewicz (2), Herrlich (1) (Wück, Wagner) – SR: Kapl (Österreich).

95 **Albanien**, 17.11., Tirana, 1:0 gewonnen (EM-Qualifikation): Klos – Münch – Baschetti, U. Schneider – Haber, Unger (1), Babbel, Ziege, Happe – Herrlich (Bäron), Rydlewicz (Kramny) – SR: Varga (Ungarn).

96 **Spanien**, 15.12., Osnabrück, 1:2 verloren (EM-Qualifikation): Klos – Münch – Baschetti, U. Schneider – Haber, Unger, Babbel, Ziege, Happe – Rydlewicz (Kramny), Herrlich (1) (Bäron) – SR: Beschin (Italien).

97 **Albanien**, 22.12., Bielefeld, 4:1 gewonnen (EM-Qualifikation): Klos – Münch (1) – Baschetti, U. Schneider (Kramny) – Haber (1), Unger, Babbel, Ziege, Lottner – Bäron (Rydlewicz), Herrlich (2) – SR: Micallef (Malta)

1993: 7 Spiele: 4 Siege, 1 Unentschieden, 2 Niederlagen

98 **Irland**, 9.3., Dublin, 1:0 gewonnen (EM-Qualifikation): Klos – Münch – Babbel, Wörns – Haber, Unger, Kramny, Ziege, Lottner – Herrlich (Bäron), Wück (1) – SR: Orrason (Island).

99 **Irland**, 23.3., Baunatal, 8:0 gewonnen (EM-Qualifikation): Klos – Münch (1), Babbel, Wörns (1) – Kramny (Nerlinger (1)), Frey, Unger, Haber (1), Lottner (1) – Herrlich (2), Wück (1) (Bäron) – SR: Hollung (Norwegen).

100 **Dänemark**, 13.4., Rönne, 4:1 gewonnen (EM-Qualifikation): Klos – Münch – Wörns, Babbel – Frey, Unger, Haber, Ziege (2), Lottner – Herrlich (1), Wück (1) – SR: Frisk (Schweden).

101 **Griechenland**, 21. 9., Ulm, 3:3 unentschieden: Klos – Münch – Happe, Babbel – Frey (Kramny), Unger, Haber, Nerlinger (1) (Wück), Lottner – Bäron (2), Herrlich (Däbritz) – SR: Philippi (Luxemburg).

102 **Dänemark**, 12.10., Celle, 0:1 verloren (EM-Qualifikation): Klos – Münch – Babbel (Happe), Wörns – Lottner, Haber, Unger (Kramny), Nerlinger, Frey – Wück, Bäron – SR: Jol (Niederlande)

103 **Luxemburg**, 16.11., Koblenz, 2:0 gewonnen: Gospodarek – Schwiderowski – Rasiejewski, Eberl – Rydlewicz (Wück), Ramelow, Nerlinger (Sobotzik), Hamann (1), Reis (Stark) – Bäron (Brdaric), Zickler (1) – SR: Berg (Konz).

104 **Spanien**, 14.12., Cordoba, 1:3 verloren (EM-Qualifikation): Klos – Münch – Wörns, Babbel – Keuler (Jancker), Happe, Frey, Nerlinger (1), Lottner – Zickler, Rydlewicz – SR: Ashby (England).

1994: 7 Spiele: 2 Siege, 2 Unentschieden, 3 Niederlagen

105 **Ungarn**, 8.3., Baunatal, 0:0 unentschieden: Gospodarek – Schwiderowski – Nowotny, Stark – Lieberknecht, Rasiejewski (Rydlewicz), Nerlinger, Ramelow, Eberl – Bäron (Feldhoff), Wück – SR: Ihring (Slowakei)

106 **Türkei**, 19.4., Istanbul, 0:1 verloren: Gospodarek – Schwiderowski (Hamann) – Stark, Burghartswieser – Hagner, Zickler (Wück), Lieberknecht, Nowotny (Ziegler), Nerlinger, Reis – Bäron – SR: Momirov (Bulgarien).

107 **Griechenland**, 10.5., Lamia, 0:1 verloren: Wache (Alter) – Nowotny – Stark, Beuchel – Lieberknecht, Reis (Hagner), Nerlinger, Ramelow, Hamann – Bäron (Jancker, Neuendorf), Wück – SR: Gefalidis (Griechenland).

108 **Russland**, 6.9., Moskau, 0:2 verloren: Gospodarek – Hengen – Eberl, Müller – Lieberknecht, Ramelow, Hamann, Burghartswieser (O. Schmidt), Hager – Bäron (Neuendorf), Wück (Zickler) – SR: Wojcik (Polen).

109 **Ungarn**, 12.10., Budapest, 3:0 gewonnen: Gospodarek – Hengen – Eberl, Müller (Hager) – Lieberknecht, Ramelow (O. Schmidt), Nerlinger (2), Hamann (Neuendorf), Beuchel – Zickler (1), Bäron (Feldhoff) – SR: Sedlacek (Österreich).

110 **Finnland**, 15.11., Mannheim, 2:1 gewonnen: Gospodarek – Hengen – Nowotny (O. Schmidt), Müller – Eberl (Rietpietsch), Ramelow, Hamann, Nerlinger, Hager – Zickler (Meissner), Feldhoff (1) (Neuendorf) – SR: Wiltgen (Luxemburg) – Dazu ein Eigentor des Finnen Nuorela.

111 **Moldawien**, 14.12., Kischinew, 1:1 unentschieden (EM-Qualifikation): Gospodarek – Hengen – Eberl, Nowotny – Lieberknecht, Ramelow, Hamann, Nerlinger, Beuchel – Zickler, Feldhoff (1) (Neuendorf) – SR: Michel (Slowakei).

1995: 9 Spiele: 7 Siege, 1 Unentschieden, 1 Niederlage

112 **Spanien**, 21.2., San Fernando, 0:0 unentschieden: Gospodarek – Hengen – R. Schneider, Eberl – Zickler (O. Schmidt), Ramelow, Müller, Nerlinger, Beuchel – Meißner (Wück), Feldhoff – SR: Batta (Frankreich).

113 **Georgien**, 28.3., Rustawi, 2:0 gewonnen (EM-Qualifikation): Fiedler – Nowotny (Beuchel) – Ehlers, R. Schneider – Eberl, Ramelow, Neuendorf (Rydlewicz), Nerlinger, O. Schmidt – Zickler (2), Feldhoff – SR: Ziober (Polen).

114 **Wales**, 25.4., Wuppertal, 1:0 gewonnen (EM-Qualifikation): Gospodarek – Nowotny – Beuchel, R. Schneider – Lieberknecht, Ramelow, Nerlinger, Ehlers, Neuendorf (Ricken (1)) – Breitenreiter, Zickler – SR: Pratas (Portugal).

115 **Bulgarien**, 6.6., Sofia, 0:2 verloren (EM-Qualifikation): Gospodarek – Nowotny – Beuchel, O. Schmidt – Lieberknecht, Ramelow, Breitenreiter, Nerlinger, Ehlers – Zickler (Ricken), Feldhoff (Dehoust) – SR: Bodenham (England).

116 **Belgien**, 22.8., Lüttich, 4:0 gewonnen: Gospodarek (Fiedler) – Hengen – Eberl (Rydlewicz), O. Schmidt – Lieberknecht (Reis), Ramelow, Nerlinger (1), Beuchel (Wedau) – Ricken (2) (A. Schmidt) – Feldhoff (1), Zickler (Hamann) – SR: Hamer (Luxemburg).

117 **Georgien**, 5.9., Regensburg, 3:0 gewonnen (EM-Qualifikation): Gospodarek – Hengen – O. Schmidt (Rydlewicz) – Eberl, Ramelow, R. Schneider, Ricken, Hamann, Reis – Feldhoff (Breitenreiter (1)), Zickler (1). Dazu ein Eigentor von Jeladse (Moldawien) – SR: Saar (Estland).

118 **Moldawien**, 7.10., Solingen, 3:1 gewonnen (EM-Qualifikation): Gospodarek – Hengen – Jeremies, O. Schmidt – Rydlewicz, Ramelow (Eberl), Ricken, (Beuchel), Nerlinger (3), Reis – Zickler, Feldhoff (Breitenreiter) – SR: Dubinskas (Litauen).

119 **Wales**, 10.10., Cardiff, 5:1 gewonnen (EM-Qualifikation): Gospodarek – Hengen – Jeremies (1), Beuchel (Cichon), O. Schmidt, R. Schneider (Eberl), Ramelow, Nerlinger – Rydlewicz (1), Zickler (1), Feldhoff (Ricken (2)) – SR: Beschi (Italien).

120 **Bulgarien**, 14.11., Frankfurt/Oder, 7:0 gewonnen (EM-Qualifikation): Gospodarek – Nowotny – O. Schmidt, R. Schneider (Reis), Jeremies – Ramelow (2), Hamann (1), Hengen – Rydlewicz (Neuendorf), Feldhoff (2), Zickler (1) (Hagner (1)) – SR: Nielsen (Dänemark).

1996: 9 Spiele: 4 Siege, 4 Unentschieden, 1 Niederlage

121 **Portugal**, 20.2., Felqueiras, 3:3 unentschieden: Gospodarek – Nowotny – O. Schmidt, R. Schneider (1), – Ehlers, Ricken (Neuendorf), Nerlinger, Hengen – Rydlewicz (Bäron (1)), Zickler (Hagner), Breitenreiter (1) – SR: Torres (Spanien).

122 **Frankreich**, 13. 3., Osnabrück, 0:0 unentschieden: (EM-Viertelfinale): Gospodarek Nowotny – R. Schneider, Hengen, – St. Müller, Nerlinger, Ramelow, Rydlewicz, Ricken – Bäron, Breitenreiter (Neuendorf) – SR: Pedersen (Norwegen).

123 **Dänemark**, 26.3., Regensburg, 0:0 unentschieden: Fiedler – Ballack – Dogan (Flick), Reiter – Ernst, Cichon, Wedau (Büttner), Baumann, Gerster – Schroth (Eroglu), Brdaric (M. Rath) – SR: Garibian (Frankreich).

124 **Frankreich**, 26.3., Metz, 1:4 verloren: (EM-Viertelfinale): Gospodarek – Nowotny – Hengen, Beuchel, O. Schmidt (Ehlers) – Ramelow, Nerlinger (1), Ricken, Rydlewicz (Neuendorf), Bäron, Feldhoff (Hagner) – SR: Pairetto (Italien).

125 **Niederlande**, 23.4., Sittard, 2:0 gewonnen: Ziegler (Fiedler) – Ehlers – Reiter (Hahn), Dogan, Bochtler – Ernst, Wedau (1) (Riedl), Cichon (Gerster), Baumann – Schroth (Michalke), Brdaric (Müller (1)) – SR: Sandra (Belgien).

126 **Polen**, 4.9., Kattowitz, 0:0 unentschieden: Fiedler (Jentzsch) – Baumann – Reiter (Ballack), Dogan – Ernst (Riethmann), Cichon, Wedau (Gerster), Neuendorf, Bochtler – Schroth (Lars Müller), Michalke (Brdaric) – SR: Barber (England).

127 **Armenien**, 9.10., Abowian, 1:0 gewonnen (EM-Qualifikation): Fiedler – Cichon – Ernst, Dogan, Ballack, Reiter – Neuendorf (Gerster), Wedau – Ricken, Schroth (Lars Müller (1)), Michalke – SR: Reede (England).

128 **Bulgarien**, 8.11., Weiden, 3:0 gewonnen: Fiedler (Jentzsch) – Baumann – Reiter, Dogan – Ballack (Brdaric), Gerster (Wedau (1)), Ricken (1), Bochtler – Neuendorf (1) – Schroth (Lars Müller), Michalke – SR: Krula (Tschechien).

129 **Portugal**, 13.12., Leiria, 2:1 gewonnen (EM-Qualifikation): Jentzsch – Baumann – Reiter, Dogan – Cichon – Ernst, Ballack, Neuendorf (76. Ehlers, Hansa Rostock), Bochtler – Schroth, Michalke (2) (Rasiejewski) – SR: Toth (Ungarn).

1997: 11 Spiele: 5 Siege, 5 Unentschieden, 1 Niederlage

130 **Israel**, 25.2., Herzliya, 1:1 unentschieden: Jentzsch – Baumann – Ehlers, Dogan – Ballack (Ernst), Cichon (Gerster), Bochtler (Wiblishauser) – Ricken (1), Neuendorf – Schroth (Lars Müller), Villa – SR: Yucebiglic (Türkei).

131 **Albanien**, 1.4., Guadix/Spanien, 4:0 gewonnen (EM-Qualifikation): Jentzsch – Baumann – Reiter, Dogan (1), Ballack (1) – Ricken (1), Cichon (1), Bochtler (Ehlers) – Neuendorf (Gerster), Michalke, Schroth (Ernst) – SR: Redondo (Spanien).

132 **Ukraine**, 29.4., Meppen, 2:0 gewonnen (EM-Qualifikation): Fiedler Baumann Dogan, Reiter – Ernst, Cichon, Gerster (Ehlers) – Ballack (1), Wedau (Brdaric) – Schroth (1), Michalke (Lars Müller) – SR: van Dijk (Niederlande).

133 **Ukraine**, 6.6., Kiew, 1:1 unentschieden (EM-Qualifikation): Fiedler – Baumann – Dogan, Reiter – Ehlers – Ernst (Gerster), Cichon, Ballack, Neuendorf – Schroth (1), Michalke – SR: Garibian (Frankreich).

134 **Usbekistan**, 6.6., Taschkent, 2:0 gewonnen: Malessa – D. Schumann (Klitzpera), Hertzsch (Voigt), Vogt – Keidel, Weller (1) (R. Schumann), Kreuz (Enke), Wiblishauser – Reich (Villa), Siedschlag (Nehrbauer), Kanopka (Dabrowski (1)) – SR: Najafaliev (Usbekistan).

135 **Russland**, 19.8., Idar-Oberstein, 2:4 verloren: Fiedler (Jentzsch) – Baumann – Dogan, Ehlers (1) (Reich), Ernst (Wiblishauser), Ballack (Rasiejewski), Cichon (Wedau), Bochtler Neuendorf – Schroth (1), Michalke (Reiter) – SR: Garibian (Frankreich).

136 **Portugal**, 5:9, Frankfurt/O., 1:1 unentschieden (EM-Qualifikation): Fiedler – Baumann – Dogan, Cichon – Ernst, Ballack (Ehlers), Bochtler – Ricken, Neuendorf – Schroth (1), Michalke (Reich) – SR: Fisker (Dänemark).

137 **Armenien**, 9.9., Solingen, 7:0 gewonnen (EM-Qualifikation): Fiedler – Baumann – Cichon, Dogan – Ernst (Ehlers), Wedau (1), Ballack (1), Neuendorf (Gerster (1)), Bochtler (1) (Rasiejewski) – Schroth, Michalke (2). Dazu ein Eigentor von R. Kachachtrijan – SR: Sarvan (Türkei).

138 **Albanien**, 10.10., Braunschweig, 2:0 gewonnen (EM-Qualifikation): Fiedler – Baumann (1) – Dogan, Reiter – Ernst, Ballack, Brdaric, Cichon (Gerster) – Schroth, Wedau (Frings), Michalke (1) (Rasiejewski) – SR: Loizon (Zypern).

139 **Schweiz**, 25.11., Freiburg, 2:2 unentschieden: Enke (Kampa) – Scherbe – Schumann (Klitzpera), Hertzsch (Sahin) – Ketelaer (1) (Kreuz), Nehrbauer, Leitl (Schümann), Dabrowski, Keidel (Voigt) – Villa, Kanopa (1) (Rösler) – SR: Plautz (Österreich).

140 **Belgien**, 9.12., Köln, 0:0 unentschieden: Enke – Scherbe – Schumann, Voigt (Sahin) – Keidel (Klitzpera), Dabrowski, Leitl, Hertzsch, Ketelaer – Reich (Kreuz), Kanopa (Graf) – SR: Temmink (Niederlande).

1998: 11 Spiele: 6 Siege, 3 Unentschieden, 2 Niederlagen

141 **Zypern**, 18.2., Larnaca, 2:0 gewonnen: Jentzsch (Fiedler) – Cichon – Fensch, Dogan – Frings (Wiblishauser), Ballack, Wedau (Gerster (1)), Ehlers (Fährmann) – Brdaric, Schroth (Lars Müller), Michalke (1) – SR: Kapitanis (Zypern).

142 **Zypern**, 22.2., Larnaca, 4:3 gewonnen: Fiedler (Jentzsch) – Ballack (1) – Reiter, Fensch (Wiblishauser) – Gerster, Ehlers (Dogan), Cichon, Frings (Schroth), Wedau (Michalke) – Brdaric (2), Lars Müller (Fährmann (1)) – SR: Kypriannidis (Zypern).

143 **Libanon „A"**, 24.3., Beirut, 7:0 gewonnen: Jentzsch (Fiedler) – Baumann – Reiter (Fensch), Wiblishauser (Reich) – Ehlers (2), Ballack (3), Cichon (Fährmann (1)) – Frings (Gerster), Neuendorf, Brdaric, Schroth (1) – SR: Dirar Al-Tamini (Jordanien).

144 **Griechenland**, 23.5., Bukarest, 0:1 verloren (EM-Viertelfinale): Jentzsch – Baumann, Dogan, Reiter (Bochtler) – Ehlers, Ballack, Cichon – Ricken, Neuendorf (Frings) – Schroth, Michalke – SR: Michel (Slowakei).

145 **Rumänien**, 26.5., Bukarest, 1:0 n. V. gewonnen (EM-Platzierungsspiel): Jentzsch – Baumann – Ehlers (Brdaric), Dogan – Fährmann (Bochtler), Ballack, Cichon, Schwarz (1) – Ricken – Schroth, Michalke – SR: Hamer (Luxemburg) – „Golden Goal" 101. Minute: Spiel damit beendet.

146 **Schweden**, 29.5., Bukaresu, 2:1 gewonnen (EM-Platz 5): Jentzsch – Baumann – Fährmann, Dogan, Cichon – Frings (1), Ballack, Schwarz – Ricken – Schroth (Brdaric (1)), Michalke (L. Müller) – SR: Radoman (Jugoslawien).

147 **Rumänien**, 1.9., Bukarest, 0:0 unentschieden: Enke – Klitzpera, F. Ernst, Hertzsch – Fahrenhorst (Frommer), Wiblishauser (Voigt) – Scherbe, Bäumer (Dabrowski), Kreuz, Ketelaer, Villa – SR: Dobrinov (Bulgarien).
148 **Schweiz**, 4.9., Basel, 1:1 unentschieden: Enke – Klitzpera, Scherbe, Hertzsch – Rost, Ernst, Blank (Bäumer) – Kreuz (Voigt), Ketelaer – Villa (1), Frommer (Dabrowski) – SR: Sedlacek (Österreich).
149 **Türkei**, 9.9., Kocaeli, 0:2 verloren (EM-Qualifikation): Enke – Klitzpera, Scherbe, Fahrenhorst – Cartus (Knoche), Nehrbauer, Ernst, Ketelaer (Kreuz), Wiblishauser (Bäumer) – Villa, Reich – SR: Pratas (Portugal).
150 **Moldawien**, 13.10., Kischinew, 2:0 gewonnen (EM-Qualifikation): Enke – Klitzpera, Scherbe, Wiblishauser – Reich, Rost, Ernst (Blank), Nehrbauer, Ketelaer (1) (Bäumer) – Villa (Voss), Frommer (1) – SR: Stahl (Schweden).
151 **Niederlande**, 17.11., Aachen, 2:2 unentschieden: Enke – Scherbe – Maltritz, Klitzpera, Blank (Schumann) – Ernst (Dabrowski) – Rost (Voss), Nehrbauer – Bugera (1), Frommer (Rösler (1)), Ketelaer – SR: De Bleeckere (Belgien).

1999: 14 Spiele, 10 Siege, 1 Unentschieden, 3 Niederlagen

152 **USA U23**, 6.2., Jacksonville, 1:0 gewonnen: Kampa (Borel) – Klitzpera (Schumann), Maltritz, Hertzsch – Rost, Nehrbauer, Ernst, Blank (Bäumer) – Bugera (1), Frommer (Keidel), Rösler (Kreuz) – SR: Grady (USA).
153 **Nordirland**, 26.3., Belfast, 0:1 verloren (EM-Qualifikation): Enke – Scherbe (Villa) – Schumann, Hertzsch – Rost, Ernst, Nehrbauer (Blank), Maltritz – Bugera, Rösler, Ketelaer (Deisler) – SR: van Egmond (Niederlande).
154 **Finnland**, 30.3., Weismain, 2:0 gewonnen (EM-Qualifikation): Enke – Klitzpera, Ernst, Hertzsch – Scherbe, Blank (1), Nehrbauer (1) (Schumann), Deisler (Ketelaer, Schindzielorz), Maltritz – Rösler, Reich – SR: Eyal Zur (Israel).
155 **Schottland**, 27.4., Meppen, 2:1 gewonnen: Enke (Borel) – Klitzpera (Voigt), Ernst, Hertzsch – Keidel (Dabrowski), Schindzielorz (Scherbe), Nehrbauer (1) (Rost), Maltritz – Reich (1), Rösler (Villa), Bugera (Frommer) – SR: Lajuks (Lettland).
156 **Moldawien**, 3.6., Wuppertal, 2:0 gewonnen (EM-Qualifikation): Enke – Ernst – Klitzpera, Hertzsch – Maltritz, Deisler, Scherbe (Bugera), Nehrbauer, Blank – Rösler (1), Reich (1) (Rost) – SR: Sammut (Malta).
157 **Finnland,** 3. 9., Lahti, 1:3 verloren: Enke – Ernst – Klitzpera, Hertzsch – Willi, Nehrbauer (Dabrowski), Maltritz (Bierofka), Blank (1) – Kreuz , Reich , Bugera (Timm) – SR: Busacca (Schweiz).
158 **Nordirland,** 7. 9., Lüdenscheid, 1:0 gewonnen: Enke – Ernst – Hertzsch, Maltritz – Schindzielorz, Dabrowski (Bierofka), Voigt (1), Blank – Kreuz (Nehrbauer) – Timm, Frommer – R: Orrason (Island).
159 **Kuwait,** 21. 9., Maskat, 3:1 gewonnen: Hildebrand – Lechner, Rosen, Rapp – Beer, Voss (1), Rothholz (Yilmaz), Engelhardt (Hammerl), Schäper – Kern (1), Bierofka (1) (Forkel) – SR: Al Sheedi (Oman).
160 **Katar,** 23. 9. 1999, Maskat, 4:0 gewonnen: Hildebrand – Lechner (Bierofka), Rosen, Rapp – Schäper, Zinnow, Voss, Kaul (1), Forkel – Kern (2), Yilmaz (1) (Rothholz) – SR: Al Muflah (Oman).
161 **Bahrain,** 25. 9., Maskat, 5:0 gewonnen: Weidenfeller – Hammerl, Rosen, Rapp (Yilmaz (1)) – Beer, Zinnow (1), Engelhardt, Rothholz, Voss (2) – Bierofka (1) (Lechner), Kern (Forkel) – SR: Fadhil (Oman).
162 **Oman,** 27. 9., Maskat, 0:1 verloren: Hildebrand – Hammerl (Rothholz), Rapp, Rosen – Lechner, Zinnow, Kaul, Forkel, Korzynietz – Bierofka, Kern – K.: Kern – SR: Al Mansuri (Katar).
163 **Thailand,** 29. 9., Maskat, 4:1 gewonnen: Weidenfeller – Beer, Rosen, Rapp – Zinnow, Korzynietz, Forkel, (Yilmaz), Voss (1), Schäper – Kern (2), Bierofka (1) (Rothholz) – SR: Al Sheedi (Oman).
164 **Türkei,** 8. 10., Augsburg, 1:1 unentschieden: Enke – Ernst – Klitzpera (Schumann), Hertzsch – Willi, Maltritz, Nehrbauer, Voigt – Ketelaer (1) (Schindzielorz), Rösler (Timm), Kern – SR: Stahl (Schweden).
165 **Österreich,** 23. 11., Burghausen, 3:0 gewonnen: Hildebrand – Borowski (Rosen), Ernst, Rapp (1) – Willi (Korzynietz), Voss (Forkel), Kehl, Schindzielorz, Engelhardt (Köhn) – Falk (1), Kern (1) (Bruns) – SR: Buchhart (Schrobenhausen/Deutschland).

2000: 10 Spiele: 3 Siege, 5 Unentschieden, 2 Niederlagen

166 **Tunesien,** 12. 1., Tunis, 1:2 verloren: Pröll (Hildebrand) – Kehl – Borowski, Engelhardt (Schäper), Rapp, Willi – Korzynietz, Voss, Falk (Zinnow) – Schindzielorz (1), Kern – SR: Yacoubi (Tunesien).
167 **Tunesien,** 15. 1., Bizerte, 0:0 unentschieden: Hildebrand (Pröll) – Ernst – Krösche (Werder Bremen), Rapp, Willi, Schäper – Korzynietz (Borowski), Voss, Kehl – Kern, Bierofka – SR: Boukthiar (Tunesien).
168 **Rumänien,** 22. 2., Koblenz, 1:1 unentschieden: Pröll – Ernst – Lechner, Rapp – Korzynietz (Yilmaz), Schindzielorz (Borowski), Voss (1), Kümmerle, Kehl (Freier) – Kern (Bierofka), Bruns – SR: Van Hulten (Niederlande).

169 **Kroatien,** 28. 3., Varazdin, 0:2 verloren: Hildebrand – Lechner, Ernst, Rapp – Timm (Falk), Borowski, Schindzielorz (Bugri), Kehl (Freier), Schäper – Bierofka, Kern (Korzynietz) – SR: Ceferin (Slowenien).
170 **Schweiz,** 25. 4., Mainz, 3:0 gewonnen: Hildebrand - Ernst - Lechner, Rapp - Willi (Borowski), Korzynietz (Yilmaz), Schindzielorz (Benthin), Falk (Freier 1), Kümmerle (1) – Bruns (Bierofka), Timm (1) (Christ) – SR: Diederich (Luxemburg).
171 **Norwegen,** 31. 5., Aschaffenburg, 2:2 unentschieden: Pröll - Benthin, Ernst, Rapp - Willi (Borowski), Freier, Kümmerle (Alabi), Rahn - Korzynietz (Yilmaz), Bierofka (1), Bruns, (Köhler) - Dazu ein Eigentor von Kah – SR: Ertl (Günzburg).
172 **Spanien,** 15. 8., Celle, 3:1 gewonnen: Hildebrand – Benthin, Kehl (Müller), Rapp (Borowski) – Voss, Ernst (1), Schiendzielorz – Korzynietz (Yilmaz 1), Freier (Daun), Rahn (1) – Bierofka (Köhler) – Dazu ein Eigentor von Gurrutxaga – SR: Van Hulten (Niederlande).
173 **Griechenland,** 1. 9., Lübeck, 2:1 gewonnen: Hildebrand – Benthin, Borowski, Metzelder – Willi, Schiendzielorz, Ernst, Rahn, Freier (1) (Voss) – Bierofka (1) (Korzynietz), Timm (Bruns) – SR: Gomes-Costa (Portugal).
174 **England,** 6. 10., Derby, 1:1 unentschieden: Wessels - Benthin, Kehl, Metzelder, Rahn - Willi (Korzynietz), Ernst (1), Voss (Freier), Schiendzielorz – Timm, Bierofka – SR: Coue (Frankreich).
175 **Dänemark,** 14. 11., Odense, 2:2 unentschieden: Pröll – Benthin, Müller, Friedrich – Voss (1), Ernst, Schiendzielorz, Rahn (Rosen) - Köhler (Yilmaz), Bruns, Bierofka (Daun (1)) - SR: Brugger (Österreich).

2001: 8 Spiele: 4 Siege, 4 Niederlagen

176 **Bulgarien,** 27. 2., Sofia, 0:1 verloren: Hildebrand (Pröll) – Metzelder, Kehl (Borowski), Benthin – Willi, Müller, Ernst, Rahn (Freier) – Timm, Bruns, Bierofka (Yilmaz) – SR: Piraux (Belgien).
177 **Albanien,** 23. 3., Köln, 8:0 gewonnen: Hildebrand - Metzelder, Kehl (Freier), Benthin - Müller (Korzynietz), Ernst (1), Schiendzielorz, Rahn (1) – Timm (3), Bruns (1), Bierofka (2) (Yilmaz) – SR: Benes (Tschechien).
178 **Griechenland,** 27. 3., Athen, 0:2 verloren: Hildebrand - Benthin (Friedrich/Yilmaz), Kehl, Metzelder, Rahn – Müller, Ernst, Schiendzielorz, Freier – Timm, Bierofka – SR: De Santis (Italien).
179 **Finnland,** 1. 6., Tampere, 3:1 gewonnen: Hildebrand – Benthin, Zepek, Metzelder – Willi, Ernst, Borowski, Rahn – Korzynietz (Daun), Bruns (2) (Zandi), Yilmaz (1) – SR: Trivkovic (Kroatien).
180 **Albanien,** 7. 6., Tirana, 1:0 gewonnen: Hildebrand – Benthin, Kehl, Metzelder – Willi, Borowski, Ernst (Friedrich), Rahn – Korzynietz (Dzaka), Bruns (1) (Daun), Yilmaz – SR: Ryszka (Polen).
181 **Norwegen,** 14. 8., Lilleström 0:3 verloren: Hildebrand (Weidenfeller) – Benthin, Borowski, Zepek – Willi (Yilmaz), Ernst, Freier, Zandi, Rahn – Bruns, Bierofka. – SR: Hyytia (Finnland).
182 **England,** 31. 8., Freiburg, 1:2 verloren (EM-Qualifikation): Hildebrand – Friedrich, Zepek, Metzelder (1) – Willi (Daun), Borowski (Yilmaz), Ernst, Rahn – Korzynietz (Freier), Bruns, Bierofka. – SR: Mikulski (Polen).
183 **Finnland,** 5. 10., Ahlen, 2:0 gewonnen (EM-Qualifikation): Hildebrand – Friedrich, Borowski (Schindzielorz), Zepek (Daun (2)), Metzelder – Willi, Freier, Ernst, Rahn – Bruns (Fritz), Bierofka. – SR: Daskakow (Russland).

2002: 11 Spiele: 6 Siege, 4 Unentschieden, 1 Niederlage

184 **Nordirland,** 12. 2., Belfast, 1:0 gewonnen: Starke – Hinkel, Zepek, Franz, Rau – Preuß, Balitsch (Stark), Mikolajczak, Hitzlsperge (Marx) – Tiffert, Auer (1). – SR: McDonald (Schottland).
185 **Tschechien U20,** 26. 3., Chemnitz, 1:1 unentschieden: Starke – Stark, Franz, Lapaczinski, Rau (Feulner) – Preuß, Balitsch, Mikolajczak, Hitzlsperger (Marx) – Tiffert (Männer), Auer (1). – SR: Mikulinski (Polen).
186 **Russland,** 16. 4., Hoffenheim, 2:1 gewonnen: Heimeroth – Stark, Zepek, Franz – Gemiti, Balitsch (Teber), Marx (Mikolajczak), Preuß – Hitzlsperger – Auer (2), Tiffert (Kuranyi). – SR: Gadosi (Slowakei).
187 **Südafrika U23,** 7. 5., Nîmes, 1:1 unentschieden: Starke – Franz (1), Zepek, Stark (Jungnickel) – Preuß, Balitsch (Teber), Hitzlsperger, Rau – Mikolajczak – Tiffert, Auer. – SR: ???
188 **Japan,** 11. 5., Istres, 3:3 unentschieden: Starke – Franz, Zepek, Stark (Gemiti) Preuß, Balitsch (Marx), Hinkel, Rau (1) – Mikolajczak (Jungnickel (1)) Tiffert, Auer (1). – SR: ???
189 **Italien,** 13. 5., Fréjus, 2:1 gewonnen: Starke – Hinkel, Zepek (1), Gemiti, Franz – Marx, Preuß (Balitsch), Rau (Mikolajczak), Teber – Auer (Jones (1)), Tiffert. – SR: ???
190 **Irland,** 15. 5., La Seyne, 2:2 unentschieden: Heimeroth – Hinkel, Franz, Stark, Gemiti – Lauth (Auer (1)), Marx, Rau (Mikolajczak), Teber (Preuß) Tiffert (1), Jones. – SR: ???
191 **Italien,** 20. 8., Grosseto, 2:0 gewonnen: Starke – Hinkel (Afriyie), Zepek, Franz, Rau (Schlicke) – Balitsch, Preuß (Marx), Gemiti (Mikolajczak) – Hitzlsperger (Feulner) – Kuranyi (Lauth), Auer (2). – SR: Ledentu (Frankreich).

192 **Litauen,** 6. 9., Wilna, 4:1 gewonnen (EM-Qualifikation): Starke – Hinkel, Franz (Schlicke), Zepek (1), Rau – Gemiti (Mikolajczak), Balitsch (Vorbeck), Marx – Hitzlsperger – Auer, Jones. – SR: Skjerven (Norwegen) – Dazu kommen 3 Eigentore der Litauer.

193 **Bosnien-Herzegowina,** 10. 10., Zenica, 1:5 verloren: Heimeroth – Hinkel, Zepek (Franz), Schlicke, Gemiti (Kling) – Lauth, Preuß (Tiffert), Marx (Afriyie), Mikolajczak – Jones (1), Kuranyi (Jungnickel). – SR: Kandare (Slowenien).

194 **Niederlande,** 19. 11., Aachen, 4:1 gewonnen: Starke – Preuß (Rolfes), Franz, Schlicke, Rau – Feulner (Jungnickel), Tiffert (Afriyie), Hitzlsperger (1), Gemiti (1) (Broich) – Auer, Kuranyi (2) (Vorbeck). – SR: Ersoy (Türkei).

2003: 5 Spiele: 2 Siege, 2 Unentschieden, 1 Niederlage

195 **Spanien,** am 11. 2., Sa Pobla, 1:3 verloren: Starke (Heimeroth) – Afriyie (Hinkel), Franz (Preuß), Schlicke, Achenbach – Feulner (Broich), Tiffert, Hitzlsperger, Gemiti (Mikolajczak) – Auer (1), Kuranyi (Vorbeck). – SR: Douros (Griechenland).

196 **Litauen,** 28. 3., Fürth, 1:0 gewonnen (EM-Qualifikation): Wiese – Preuß (Westermann), Schlicke, Zepek, Achenbach – Marx, Balitsch, Hitzlsperger (Hanke (1)), Feulner (Broich) – Auer, Teber – SR: Ryszka (Polen).

197 **Serbien & Montenegro,** 29. 4., Wilhelmshaven, 3:2 gewonnen: Wiese – Preuß, Madlung (1) (Abel), Schlicke, Gemiti (Burkhardt) – Feulner, Lapaczinski (Männer), Balitsch (Marx), Hitzlsperger (Hanke (1)) – Jones (1), Tiffert. – SR: Allaerts (Belgien).

198 **Irland,** 2. 6., Cork, 2:2 unentschieden: Starke – Preuß, Lapaczinski (Madlung), Schlicke – Kringe (Burkhardt), Balitsch, Hitzlsperger (1) – Feulner (Gemiti), Tiffert, Azaouagh (Franz) – Auer (1). – SR: Eriksson (Schweden).

199 **Schottland,** 6. 6., Kilmarnock, 2:2 unentschieden (EM-Qualifikation):Starke – Preuß, Madlung, Lapaczinski, Gemiti – Feulner (Schlicke), Balitsch (1), Tiffert, Hitzlsperger (Azaouagh) – Auer (69. Kringe), Lauth (1). – SR: Cantalejo (Spanien).

Zu Juniorenspielen U 21 wurden berufen:

1 **Abel,** Mathias, 22. 6. 1981 (FSV Mainz 05) 2003 SBM

2 **Achenbach,** Timo, 3. 9. 1982 (Borussia Dortmund) 2003 ESP, LTU

4 **Afriyie,** Kolla, 6. 4. 1981 (AC Horsens) 2002 ITA, BIH, NED – 2003 ESP

1 **Alabi** Daniel, 12. 9. 1980 (Arminia Bielefeld), 2000 NOR

17 **Allofs** Thomas, 17. 11. 1959 (Fortuna Düsseldorf 15, 1. FC Kaiserslautern 2) 1979 POL, URS – 1980 BEL, Prov. Kanton, ROM, CHN, FRA, BUL – 1981 AUT, FIN, AUT, BUL – 1982 ESP, ESP, URS, ENG, ENG

1 **Alter** André, 20. 8. 1973 (Wattenscheid 09), 1994 GRE

3 **Anderbrügge** Ingo, 2. 1. 1964 (Borussia Dortmund) 1985 SUI, CSV, URS

14 **Auer** Benjamin, 11. 1. 1981 (Borussia Mönchengladbach 8, FSV Mainz 05 6) 2002 NIR, CZE, RUS, RSA, JAP, ITA, IRL, ITA, LTU, NED – 2003 ESP, LTU, IRL, SCO

3 **Augustin** Ralf, 27. 9. 1960 (Borussia Dortmund) 1979 URS – 1980 SCO, MEX

7 **Aumann** Raimond, 12. 10. 1963 (Bayern München) 1984 SWE – 1985 POR, BUL, CSV, URS, SWE, POR

2 **Azaouagh,** Mimoun, 17. 11. 1982 (FSV Mainz 05) 2003 IRL, SCO

12 **Babbel** Markus, 8. 9. 1972 (Bayern München 1, Hamburger SV 11) 1992 CSV, NED, TUR, ALB, ESP, ALB – 1993 IRL, IRL, DEN, GRE, DEN, ESP

16 **Bäron** Karsten, 24. 4. 1973 (Hamburger SV) 1992 ALB, ESP, ALB – 1993 IRL, IRL, GRE, DEN, LUX – 1994 HUN, TUR, GRE, RUS, HUN – 1996 POR, FRA, FRA

5 **Bäumer** Jens, 9. 8. 1978 (Karlsruher SC) 1998 ROM, SUI, TUR, MDA – 1999 USA

12 **Balitsch** Hanno, 2. 1. 1981 (1. FC Köln) 2002 NIR, CZE, RUS, RSA, JAP, ITA, ITA, LTU – 2003 LTU, SBM, IRL, SCO

19 **Ballack** Michael, 26. 9. 1976 (Chemnitzer FC 9, 1. FC Kaiserslautern 10) 1996 DEN, POL, ARG, BUL, POR – 1997 ISR, ALB, UKR, UKR, RUS, POR, ARG, ALB – 1998 CYP, CYP, LIB, GRE, ROM, SWE

3 **Banach** Maurice, 9. 11. 1967, † 17. 11. 1991 (SG Wattenscheid 09) 1989 NED, ISL, FIN

1 **Baranowski** Matthias, 8. 2. 1967 (1. FC Köln) 1987 BUL

5 **Baschetti** Mirko, 2. 12. 1971 (VfL Osnabrück) 1992 NED, TUR, ALB, ESP, ALB

17 **Baumann** Frank, 29. 10. 1975 (1. FC Nürnberg) 1996 DEN, NED, POL, BUL, POR – 1997 ISR, ALB, UKR, UKR, RUS, POR, ARG, ALB – 1998 LIB, GRE, ROM, SWE

1 **Baumann** Karsten, 14. 10. 1969 (1. FC Köln) 1992 SCO

3 **Beer** Oliver, 14. 9. 1979 (Bayern München) 1999 KUW, BHR, THa
2 **Beierlorzer** Bertram, 31. 5. 1957 (Bayern München) 1983 TUR, AUT
1 **Beiersdorfer** Dietmar, 16. 11. 1963 (Hamburger SV) 1987 FRA
12 **Benthin** Manuel, 3. 7. 1979 (Tennis Borussia Berlin 2, Union Berlin 10) 2000 SUI, NOR, ESP, GRE, ENG, DEN – 2001 BUL, ALB, GRE, FIN, ALB, NOR
1 **Berg** Rainer, 21. 8. 1965 (SV Darmstadt 98) 1987 FRA
5 **Berthold** Thomas, 12. 11. 1964 (Eintracht Frankfurt) 1984 URS, GRE, SWE – 1986 ITA, KOR
11 **Beuchel** René, 31. 7. 1973 (Dynamo Dresden 7, Eintracht Frankfurt 4) 1994 GRE, HUN, MDA – 1995 ESP, GEO, WAL, BUL, BEL, MDA, WAL – 1996 FRA
10 **Bierhoff** Oliver, 1. 5. 1968 (Bayer Uerdingen 1, Hamburger SV 5, Borussia Mönchengladbach 4) 1988 SUI, FIN, NED – 1989 ISL, CSV, ISL, CMR, CMR – 1990 FRA, URS
22 **Bierofka** Daniel, 7. 2. 1979 (Bayern München 12, TSV München 1860 10) – 1999 FIN, NORI, KUW, QAT, BHR, OMA, THA – 2000 TUN, ROM, CRO, SUI, NOR, ESP, GRE, ENG, DEN – 2001 BUL, ALB, GRE, NOR, ENG, FIN
9 **Binz** Manfred, 22. 9. 1965 (Eintracht Frankfurt) 1987 ENG, DEN, LUX, NED, BUL – 1988 FIN, NED – 1990 URS, URS
2 **Bittorf** Ulrich, 2. 9. 1959 (VfL Bochum) 1981 AUT, BUL
9 **Blank** Stefan, 10. 3. 1977 (Hannover 96) 1998 SUI, MDA, NED – 1999 USA, NIR, FIN, MDA, FIN, NIR
6 **Blau** Rolf, 21. 5. 1952 (VfL Bochum) 1980 Prov. Kanton, MEX, ROM, CHN, FRA, BUL
11 **Bochtler** Michael, 15. 10. 1975 (VfB Stuttgart 5, FC St. Pauli 4, Sturm Graz 2) 1996 NED, POL, BUL, POR – 1997 ISR, ALB, RUS, POR, ARG – 1998 GRE, ROM
1 **Bode** Jörg, 22. 8. 1969 (Hamburger SV) 1991 MAR
4 **Bode** Marco, 23. 7. 1969 (Werder Bremen) 1989 FIN, ISL, CMR, CMR
2 **Borel** Pascal, 26. 9. 1978 (Werder Bremen) 1999 USA, SCO
2 **Borowka** Ulrich, 19. 5. 1962 (Borussia Mönchengladbach) 1982 CSV – 1987 NED
15 **Borowski** Tim. 2. 5. 1980 (Werder Bremen) 1999 AUT – 2000 TUN, TUN, ROM, CRO, SUI, NOR, ESP, GRE – 2001 BUL, FIN, ALB, NOR, ENG, FIN
12 **Brdaric** Thomas, 23. 1. 1975 (VfB Stuttgart 1, Fortuna Düsseldorf 2, Fortuna Köln 9) 1993 LUX – 1996 DEN, NED, POL, BUL – 1997 UKR, ALB – 1998 CYP, CYP, LIB, ROM, SWE
3 **Brehme** Andreas, 9. 11. 1960 (1. FC Saarbrücken 1, 1. FC Kaiserslautern 2) 1980 FRA – 1981 FIN, AUT
6 **Breitenreiter** André, 2. 10. 1973 (Hamburger SV) 1995 WAL, BUL, GEO, MDA – 1996 POR, FRA
3 **Broich,** Thomas, 29. 1. 1981 (Wacker Burghausen) 2002 NED – 2003 ESP, LTU
5 **Brummer** Axel, 25. 11. 1961 (1. FC Kaiserslautern) 1982 CSV – 1983 POR, ALG, CHN, HUN
3 **Brunn** Uwe, 20. 11. 1967 (1. FC Köln 1, Borussia Mönchengladbach 2) 1988 SUI – 1989 ISL, CMR
9 **Brunner** Thomas, 10. 8. 1962 (1. FC Nürnberg) 1982 CSV – 1983 ALG, CHN, BRA, FRA, HUN, AUT, TUR, ALB
13 **Bruns** Florian, 21. 8. 1979 (SC Freiburg) 1999 AUT – 2000 ROM, SUI, NOR, GRE, DEN – 2001 BUL, ALB, FIN, GRE, NOR, ENG, FIN
1 **Buchwald** Guido, 24. 6. 1961 (Kickers Stuttgart) 1980 NED
1 **Büttner** Tobias, 23. 8. 1976 (VfB Stuttgart) 1996 DEN
6 **Bugera** Alexander, 8. 8. 1978 (Bayern München 1, MSV Duisburg 5) 1998 NED – 1999 USA, NIR, SCO, MDA, FIN
1 **Bugri** Francis, 9. 11. 1980 (Borussia Dortmund) 2000 CRO
3 **Bunte** Michael, 6. 2. 1964 (Fortuna Düsseldorf) 1984 SCO, SWE – 1985 URS
2 **Burghartswieser** Manfred, 23. 8. 1973 (Bayern München 1, TSV 1860 München 1) 1994 TUR, RUS
2 **Burkhardt,** Thorsten, 21. 5. 1981 (SpVgg Greuther Fürth) 2003 SBM, IRL

1 **Cartus** Daniel, 2. 9. 1978 (Fortuna Düsseldorf) 1998 TUR
1 **Chmielewski** Thorsten, 21. 1. 1968 (Bayer Uerdingen) 1990 FRA
1 **Christ** Marco, 6. 11. 1980 (1. FC Nürnberg) 2000 SUI
20 **Cichon** Thomas, 9. 7. 1976 (1. FC Köln) 1995 WAL – 1996 DEN, NED, POL, ARG, POR – 1997 ISR, ALB, UKR, UKR, RUS, POR, ARG, ALB – 1998 CYP, CYP, LIB, GRE, ROM, SWE
1 **Conrad** Alexander, 15. 11. 1966 (Eintracht Frankfurt) 1987 LUX

9 **Dabrowski** Christoph, 1. 7. 1978 (Werder Bremen) 1997 UZB, SUI, BEL – 1998 ROM, SUI, NED – 1999 SCO, FIN, NIR
1 **Däbritz** Nico, 26. 8. 1971 (VfB Leipzig) 1993 GRE
8 **Dammeier** Detlev, 18. 10. 1968 (Hannover 96 4, Hamburger SV 4) 1988 SUI, FIN, NED – 1989 BUL, CSV, FIN, CMR, CMR
6 **Daun** Markus, 10. 9. 1980 (Bayer Leverkusen) 2000 ESP, DEN – 2001 FIN, ALB, ENG, FIN

1 **de Beer** Wolfgang, 2. 1. 1964 (MSV Duisburg) 1984 URS
1 **Dehoust** Matthias, 14. 12. 1973 (SV Waldhof Mannheim) 1995 BUL
3 **Deisler** Sebastian, 5. 1. 1980 (Borussia M'gladbach) 1999 NIR, FIN, MDA
1 **Dickel** Norbert, 27. 11. 1961 (Borussia Dortmund) 1987 LUX
4 **Dickgießer** Roland, 9. 11. 1960 (SV Waldhof Mannheim) 1981 ESP, AUT, FIN – 1982 ESP
6 **Dierßen** Bernd, 26. 8. 1959 (Arminia Hannover 1, Hannover 96) 1979 POL – 1980 NED, FRA, BUL – 1981 ESP, FIN
11 **Dittus** Uwe, 3. 8. 1959 (Karlsruher 80) 1980 BEL, NED, BUL – 1981 ESP, AUT, FIN 1982 ESP, URS, URS, ENG – 1983 POR
19 **Dogan** Mustafa, 1. 1. 1976 (KFC 05 Uerdingen 2, Fenerbahce Istanbul 17) 1996 DEN, NED, POL, ARG, BUL, POR – 1997 ISR, ALB, UKR, UKR, RUS, POR, ARG, ALB – 1998 CYP, CYP, GRE, ROM, SWE
3 **Dorfner** Hans, 3. 7. 1965 (1. FC Nürnberg) 1985 SUI, URS, SWE
1 **Dreher** Uwe, 13. 5. 1960 (Kickers Stuttgart) 1980 NED
5 **Dreßen** Hans-Georg, 30. 12. 1964 (Borussia Mönchengladbach) 1985 SUI, BUL, CSV, URS, POR
6 **Drews** Günter, 9. 7. 1967 (Bayer Leverkusen 5, Hannover 96 1) 1986 ITA, KOR, SCO, DEN – 1987 LUX, FRA
6 **Dusend** Ralf, 28. 9. 1959 (Fortuna Düsseldorf) 1979 POL – 1980 Prov. Kanton, MEX, ROM, CHN, NED
1 **Dzaka** Anel, 19. 9. 1980 (Bayer Leverkusen) 2001 ALB

12 **Eberl** Max, 21. 9. 1973 (Bayern München 1, VfL Bochum 11) 1993 LUX – 1994 HUN, RUS, HUN, FIN, MDA – 1995 ESP, GEO, BEL, GEO, MDA, WAL
6 **Eckstein** Dieter, 12. 3. 1964 (1. FC Nürnberg) 1985 URS, POR, CSV – 1986 ITA, SUI, BUL
5 **Effenberg** Stefan, 2. 8. 1968 (Borussia Mönchengladbach) 1988 FIN, NED – 1989 BUL, ISL – 1990 URS
19 **Ehlers** Uwe, 8. 3. 1975 (Hansa Rostock) 1995 GEO, WAL, BUL – 1996 POR, FRA, NED, POR – 1997 ISR, ALB, UKR, UKR, RUS, POR, ARG – 1998 CYP, CYP, LIB, GRE, ROM
1 **Eichenauer** Henrik, 7. 7. 1968 (SV Darmstadt 98) 1989 BUL
4 **Engelhardt** Marco, 1. 12. 1980 (Rot-Weiß Erfurt) 1999 KUW, BHR, AUT – 2000 TUN
9 **Engels** Stefan, 6. 9. 1960 (1. FC Köln) 1980 FRA, BUL – 1981 ESP, AUT, BUL – 1982 ESP, ESP, ENG, ENG
15 **Enke** Robert, 24. 8. 1977 (Borussia Mönchengladbach) 1997 UZB, SUI, BEL – 1998 ROM, SUI, TUR, MDA, NED – 1999 NIR, FIN, SCO, MDA, FIN, NIR, TUR
1 **Epp** Thomas, 7. 4. 1968 (VfL Bochum) 1988 SUI
31 **Ernst** Fabian, 30. 5. 1979 (Hamburger SV 19, Werder Bremen 12) 1998 ROM, SUI, TUR, MDA, NED – 1999 USA, NIR, FIN, SCO, MDA, FIN, NIR TUR, AUT – 2000 TUN, ROM, CRO, SUI, NOR, ESP, GRE, ENG, DEN – 2001 BUL, ALB, GRE, FIN, ALB, NOR, ENG, FIN
13 **Ernst** Ronny, 7. 5. 1976 (Dynamo Dresden 2, 1860 München 10, SpVgg Greuther Fürth 1) 1996 DEN, NED, POL, ARG, POR – 1997 ISR, ALB, UKR, UKR, RUS, POR, ARG, ALB
1 **Eroglu** Timur, 22. 3. 1977 (SV Waldhof Mannheim) 1996 DEN

3 **Fach** Holger, 8. 9. 1962 (Fortuna Düsseldorf) 1983 POR, TUR – 1986 DEN
5 **Fährmann** Christian, 5. 10. 1975 (Hertha BSC Berlin) 1998 CYP, CYP, LIB, ROM, SWE
2 **Fahrenhorst** Frank, 24. 9. 1977 (VfL Bochum) 1998 ROM, TUR
4 **Falk** Patrick, 8. 2. 1980 (Eintracht Frankfurt) 1999 AUT – 2000 TUN, CRO, SUI
16 **Falkenmayer** Ralf, 11. 2. 1963 (Eintracht Frankfurt) 1982 SUI, CSV, URS – 1983 POR, TUR, AUT, ALG, CHN, BRA, FRA, HUN, AUT, TUR, ALB – 1984 BEL – 1986 KOR
1 **Feinbier** Markus, 30. 11. 1969 (Bayer Leverkusen) 1989 BUL
13 **Feldhoff** Markus, 29. 8. 1974 (Bayer Uerdingen 7, Bayer Leverkusen 6) 1994 HUN, HUN, FIN, MDA – 1995 ESP, GEO, BUL, BEL, GEO, MDA, WAL, BUL – 1996 FRA
2 **Fellhauer** Andreas, 16. 9. 1971 (SV Waldhof Mannheim) 1992 NED, TUR
8 **Feulner** Markus, 12. 2. 1982 (Bayern München) 2002 CZE, ITA, NED – 2003 ESP, LTU, SBM, IRL, SCO
3 **Fensch** Marcell, 23. 8. 1975 (1. FC Köln) 1998 CYP, CYP, LIB
16 **Fiedler** Christian, 27. 3. 1975 (Hertha BSC Berlin) 1995 GEO, BEL – 1996 DEN, NED, POL, ARG, BUL – 1997 UKR, UKR, RUS, POR, ARG, ALB – 1998 CYP, CYP, LIB
1 **Fink** Thorsten, 29. 10. 1967 (Wattenscheid 09) 1989 CMR
1 **Flick** Thorsten, 22. 8. 1976 (Eintracht Frankfurt) 1996 DEN
7 **Foda** Franco, 23. 4. 1966 (Arminia Bielefeld 1, 1. FC Kaiserslautern 6) 1985 POR – 1987 FRA, ENG, DEN, LUX, NED, BUL
6 **Forkel** Martin, 22. 7. 1979 (Borussia Fulda) 1999 KUW, QAT, BHR, OMA, ROM, AUT

7 **Franck** Thomas, 24. 2. 1971 (Borussia Dortmund) 1990 SWE, SUI – 1991 BUL, BEL, LUX – 1992 SCO, SCO

13 **Franz** Mike, 5. 8. 1981 (VfL Wolfsburg) 2002 NIR, CZE, RUS, RSA, JAP, ITA, IRL, ITA, LTU, BIH, NED – 2003 ESP, IRL

13 **Freier** Paul, 26. 7. 1979 (VfL Bochum) 2000 ROM CRO, SUI, NOR, ESP, GRE, ENG – 2001 BUL, ALB, GRE, NOR, ENG, FIN

2 **Freund** Horst, 28. 9. 1960 (Borussia Dortmund) 1980 Prov. Kanton, MEX

5 **Frey** Dieter, 31. 10. 1972 (Bayern München) 1993 IRL, DEN, GRE, DEN, ESP

5 **Friedrich** Arne, 29. 5. 1979 (Arminia Bielefeld) 2000 DEN – 2001 GRE, ALB, ENG, FIN

6 **Frings** Torsten, 22. 11. 1976 (Werder Bremen) 1997 ALB – 1998 CYP, CYP, LIB, GRE, SWE

1 **Fritz** Clemens, 7. 12. 1980 (Karlsruher SC) 2001 FIN

7 **Frommer** Nico, 8. 4. 1978 (VfB Stuttgart 6, Borussia Mönchengladbach 1) 1998 ROM, SUI, MDA, NED – 1999 USA, SCO, NIR

6 **Frontzeck** Michael, 26. 3. 1964 (Borussia Mönchengladbach) 1984 BEL, URS, GRE – 1985 POR – 1986 ITA, KOR

4 **Fuchs** Henri, 23. 6. 1970 (Hansa Rostock 1, 1. FC Köln 3) 1991 URS, ENG, BEL, LUX

1 **Fuchs** Uwe, 23. 7. 1966 (FC Homburg) 1986 KOR

4 **Fuhr** Bernd, 11. 4. 1960 (Kickers Offenbach) 1980 MEX, FRA – 1981 ESP, FIN

7 **Funkel** Wolfgang, 10. 8. 1958 (Bayer Uerdingen) 1985 SUI, BUL, CSV, URS, CSV – 1986 ITA, KOR

6 **Gaudino** Maurizio, 12. 12. 1966 (SV Waldhof Mannheim 5, VfB Stuttgart 1) 1985 CSV – 1986 ITA, SCO – 1987 LUX, NED, FRA

2 **Gebauer** Klaus, 15. 9. 1960 (MSV Duisburg) 1980 SUI, MEX

3 **Geier** Winfried, 23. 8. 1960 (Schalke 04) 1980 SUI, BEL, NED

5 **Geiger** Michael, 27. 9. 1960 (Eintracht Braunschweig) 1981 FIN, BUL – 1982 ESP, ESP, ENG

2 **Geilenkirchen** Ralf, 26. 4. 1966 (1. FC Köln) 1986 ITA, KOR

2 **Geils** Karl-Heinz, 20. 5. 1955 (Arminia Bielefeld) 1982 ENG, ENG

12 **Gemiti** Giuseppe, 3. 5. 1981 (Eintracht Frankfurt 4, Udinese Calcio 8) 2002 RUS, JAP, ITA, IRL, ITA, LTU, BIH, NED – 2003 ESP, SBM, IRL, SCO

1 **Gerlach** Jens, 3. 7. 1970 (1. FC Magdeburg) 1990 SUI

14 **Gerster** Frank, 15. 4. 1976 (Bayern München) 1996 DEN, NED, POL, ARG, BUL – 1997 ISR, ALB, UKR, UKR, ARG, ALB – 1998 CYP, CYP, LIB

1 **Gielchen** Andreas, 27. 10. 1964 (1. FC Köln) 1985 POR

4 **Glesius** Arno, 22. 9. 1965 (Karlsruher SC) 1987 ENG, DEN, LUX, NED

6 **Golz** Richard, 5. 6. 1968 (Hamburger SV) 1989 CSV, FIN, CMR – 1990 FRA, URS, URS

1 **Gomminginger** Thomas, 3. 3. 1966 (VfB Stuttgart) 1986 SUI

4 **Gorski** Bernd, 4. 10. 1959 (Hamburger SV 1, Hannover 96 3) 1979 POL – 1980 SCO, BEL, NED

18 **Gospodarek** Uwe, 6. 8. 1973 (Bayern München 10, VfL Bochum 8) 1993 LUX – 1994 HUN, TUR, RUS, HUN, FIN, MDA – 1995 ESP, WAL, BUL, BEL, GEO, MDA, WAL, BUL – 1996 POR, FRA, FRA

1 **Graf** Daniel, 3. 8. 1977 (1. FC Kaiserslautern) 1997 BEL

2 **Grahammer** Roland, 3. 11. 1963 (1. FC Nürnberg) 1984 BEL, URS

10 **Greiner** Uwe, 8. 8. 1959 (VfB Stuttgart 9, Bayer Leverkusen 1) 1979 POL – 1980 SUI, Prov. Kanton, ROM, CHN, NED, FRA, BUL – 1981 AUT, FIN

7 **Gruber** Rigobert, 14. 5. 1961 (Eintracht Frankfurt 3, Werder Bremen 4) 1979 URS – 1980 SCO, SUI – 1981 AUT, FIN – 1982 ESP, URS

2 **Grüner** Roland, 11. 1. 1963 (1. FC Kaiserslautern) 1983 HUN, AUT

2 **Gundelach** Hans-Jürgen, 29. 11. 1963 (Eintracht Frankfurt) 1985 SUI, URS

2 **Haas** Uwe, 26. 2. 1964 (1. FC Köln) 1985 BUL, CSV

23 **Haber** Marco, 21. 9. 1971 (1. FC Kaiserslautern) 1990 SWE, LUX, SUI – 1991 URS, BEL, BUL, ENG, MAR, BEL, LUX – 1992 SCO, SCO, CSV, NED, TUR, ALB, ESP, ALB – 1993 IRL, IRL, DEN, GRE, DEN

1 **Häßler** Thomas, 30. 5. 1966 (1. FC Köln) 1986 BUL

3 **Hager** Tobias, 13. 8. 1973 (Bayern München) 1994 RUS, HUN, FIN

5 **Hagner** Matthias, 15. 8. 1971 (Eintracht Frankfurt) 1994 TUR, GRE – 1995 BUL – 1996 POR, FRA

1 **Hahn** Sebastian, 18. 12. 1975 (KFC 05 Uerdingen) 1996 NED

10 **Hamann** Dieter, 27. 8. 1973 (Bayern München) 1993 LUX – 1994 TUR, GRE, RUS, HUN, FIN, MDA – 1995 BEL, GEO, BUL

3 **Hammerl** René, 1. 1. 1979 (Sportfreunde Dorfmerkingen) 1999 KUW, BHR, OMA

2 **Hanke,** Mike, 5. 11. 1983 (FC Schalke 04) 2003 LTU, SBM

1 **Hannes** Wilfried, 17. 5. 1957 (Borussia Mönchengladbach) 1986 KOR

8 **Happe** Markus, 11. 2. 1972 (Bayer Leverkusen) 1992 CSV, NED, TUR, ALB, ESP – 1993 GRE, DEN, ESP

6 **Heesen** Thomas von, 1. 10. 1961 (Hamburger SV) 1981 AUT – 1982 SUI, CSV, ENG – 1983 ALB – 1985 POR

3 **Heidenreich** Hans-Jürgen, 17. 8. 1967 (1. FC Nürnberg 1, Hessen Kassel 2) 1988 SUI – 1989 CMR, CMR

3 **Heidenreich** Maximilian, 9. 5. 1967 (Hannover 96) 1985 CSV – 1986 SUI, DEN

4 **Heimeroth** Christopher, 1. 8. 1981 (FC Schalke 04) 2002 RUS, IRL, BIH – 2003 ESP

3 **Heldt** Horst, 9. 12. 1969 (1. FC Köln) 1990 SUI – 1991 URS, MAR

13 **Hengen** Thomas, 22. 9. 1974 (1. FC Kaiserslautern) 1994 RUS, HUN, FIN, MDA – 1995 ESP, BEL, GEO, MDA, WAL, BUL – 1996 POR, FRA, FRA

6 **Herbst** Thomas, 6. 10. 1962 (Eintracht Braunschweig) 1983 ALB, TUR, AUT, ALG, BRA, FRA

3 **Herget** Matthias, 14. 11. 1955 (Bayer Uerdingen) 1983 AUT, TUR, ALB

20 **Herrlich** Heiko, 3. 12. 1971 (Bayer Leverkusen 19, Borussia Mönchengladbach 1) 1990 SUI – 1991 URS, BEL, BUL, ENG, MAR, BEL, LUX – 1992 SCO, SCO, CSV, NED, TUR, ALB, ESP, ALB – 1993 IRL, IRL, DEN, GRE

13 **Hertzsch** Ingo, 22. 7. 1977 (Chemnitzer FC 3, Hamburger SV 10) 1997 UZB, SUI, BEL – 1998 ROM, SUI – 1999 USA, NIR, FIN, SCO, MDA, FIN, NIR, TUR

8 **Hieronymus** Holger, 22. 2. 1959 (Hamburger SV) 1980 SUI, BEL – 1981 ESP, AUT, FIN, FIN, AUT – 1982 ESP

18 **Hildebrand** Timo, 5. 4. 1979 (VfB Stuttgart) 1999 KUW, QAT, OMA, AUT – 2000 TUN, TUN, CRO, SUI, ESP, GRE – 2001 BUL, ALB, GRE, FIN, ALB, NOR, ENG, FIN

8 **Hinkel** Andreas, 26. 3. 1982 (VfB Stuttgart) 2002 NIR, JAP, ITA, IRL, ITA, LTU, BIH – 2003 ESP

12 **Hitzelsperger** Thomas, 5. 4. 1982 (FC Chesterfield 1, Aston Villa 3) 2002 NIR, CZE, RUS, RSA, ITA, LTU, NED – 2003 ESP, LTU, SBM, IRL, SCO

10 **Hochstätter** Christian, 19. 10. 1963 (Borussia Mönchengladbach) 1984 SCO – 1985 POR, SUI, BUL, CSV, URS, SWE, POR – 1990 URS, URS

2 **Hönerbach** Mathias, 13. 4. 1962 (1. FC Köln) 1983 ALB, AUT

1 **Hönnscheidt** Norbert, 3. 11. 1960 (Eintracht Frankfurt) 1980 FRA

1 **Hoffmann** Daniel, 27. 10. 1971 (Hansa Rostock) 1992 TUR

1 **Hoos** Herbert, 18. 7. 1965 (1. FC Kaiserslautern) 1984 GRE

3 **Hubner** Michael, 12. 8. 1969 (VfL Bochum) 1990 SWE, LUX, SUI

1 **Hutwelker** Karsten, 27. 8. 1971 (Fortuna Düsseldorf) 1992 CSV

7 **Illgner** Bodo, 7. 4. 1967 (1. FC Köln) 1985 CSV – 1986 SUI, SCO, DEN, BUL – 1987 LUX, NED

14 **Immel** Eike, 27. 11. 1960 (Borussia Dortmund) 1979 URS – 1980 SCO, BEL – 1981 AUT, BUL – 1982 ESP, ESP, URS, URS, ENG, ENG – 1984 SCO – 1986 ITA, KOR

1 **Jähnig** Uwe, 26. 8. 1969 (Dynamo Dresden) 1992 SCO

2 **Jancker** Carsten, 28. 8. 1974 (1. FC Köln) 1993 ESP – 1994 GRE

1 **Janßen** Olaf, 8. 10. 1966 (1. FC Köln) 1987 FRA

12 **Jentzsch** Simon, 4. 5. 1976 (Karlsruher SC) 1996 POL, BUL, POR – 1997 ISR, ALB, RUS – 1998 CYP, CYP, LIB, GRE, ROM, SWE

3 **Jeremies** Jens, 5. 3. 1974 (TSV München 1860) 1995 MDA, WAL, BUL

5 **Jones** Jermaine, 3. 11. 1981 (Eintracht Frankfurt) 2002 ITA, IRL, LTU, BIH – 2003 SBM

4 **Jungnickel** Lars, 31. 8. 1981 (Energie Cottbus) 2002 RSA, JAP, BIH, NED

2 **Kampa** Darius, 16. 1. 1977 (FC Augsburg 1, 1. FC Nürnberg 1) 1997 SUI – 1999 USA

3 **Kanopa** Mario, 18. 4. 1977 (Carl Zeiss Jena) 1997 UZB, SUI, BEL

1 **Karl** Steffen, 3. 2. 1970 (Borussia Dortmund) 1991 LUX

2 **Kastl** Manfred, 23. 9. 1965 (Hamburger SV) 1987 LUX, FRA

2 **Kaul** Sebastian, 17. 10. 1979 (KFC Uerdingen) 1999 QAT, OMA

11 **Kehl** Sebastian, 13. 2. 1980 (Hannover 96 5, SC Freiburg 3) 1999 AUT – 2000 TUN, TUN, ROM, CRO, ESP, ENG – 2001 BUL, ALB, GRE, ALB

5 **Keidel** Ralf, 6. 3. 1977 (FC Schweinfurt 05 1, Newcastle United 4) 1997 UZB, SUI, BEL – 1999 USA, SCO

11 **Kempe** Thomas, 17. 3. 1960 (MSV Duisburg 10, VfB Stuttgart 1) 1979 POL – 1980 SCO, SUI – 1981 AUT, FIN, AUT, BUL – 1982 ESP, ESP, URS, ENG

11 **Kern** Enrico, 12. 3. 1979 (Tennis Borussia Berlin) 1999 KUW, QAT, BHR, OMA, THA, TUR, AUT – 2000 TUN, TUN, ROM, CRO

4 **Kern** Mario, 16. 8. 1965 (Dynamo Dresden) 1990 SUI – 1991 BEL, BUL, MAR
10 **Ketelaer** Marcel, 3. 11. 1977 (Borussia Mönchengladbach) 1997 SUI, BEL – 1998 ROM, SUI, TUR, MDA, NED – 1999 NIR, FIN, TUR
2 **Keuler** Carsten, 30. 8. 1971 (1. FC Köln) 1992 TUR – 1993 ESP
2 **Kienle** Marc, 22. 10. 1972 (VfB Stuttgart) 1992 CSV, NED
2 **Kirchhoff** Frank, 13. 10. 1965 (Bayer Uerdingen) 1987 ENG, LUX
3 **Klauß** Michael, 15. 9. 1970 (Bayer Uerdingen) 1990 SWE, LUX, SUI
1 **Kleppinger** Gerhard, 1. 3. 1958 (Schalke 04) 1986 BUL
1 **Kling,** Stephan, 22. 3. 1981 (Hamburger SV) 2002 BIH
12 **Klinkert** Michael, 7. 7. 1968 (Schalke 04 4, Borussia Mönchengladbach 8) 1988 SUI – 1989 BUL, NED, ISL, CSV, FIN, ISL, CMR, CMR – 1990 FRA, URS, URS
8 **Klinsmann** Jürgen, 30. 7. 1964 (Kickers Stuttgart 1, VfB Stuttgart 7) 1984 GRE, SCO – 1985 SUI, BUL, CSV, URS, SWE, POR
14 **Klitzpera** Alexander, 19. 10. 1977 (Bayern München 12, Arminia Bielefeld 2) 1997 UZB, SUI, BEL – 1998 ROM, SUI, TUR, MDA, NED – 1999 USA, FIN, SCO, MDA, FIN, TUR
17 **Klos** Stefan, 16. 8. 1971 (Borussia Dortmund) 1991 ENG, MAR, BEL – 1992 SCO, SCO, CSV, NED, TUR, ALB, ESP, ALB – 1993 IRL, IRL, DEN, GRE, DEN, ESP
8 **Klotz** Bernd, 8. 9. 1958 (VfB Stuttgart) 1979 POL, URS – 1980 SCO, SUI, BEL, Prov. Kanton, ROM, CHN
1 **Knoche** Benjamin, 11. 10. 1978 (Borussia Dortmund) 1998 TUR
7 **Kober** Carsten, 11. 10. 1967 (Hamburger SV) 1988 SUI, NED – 1989 NED, FIN, CMR, CMR – 1990 FRA
16 **Kögl** Ludwig, 7. 3. 1966 (Bayern München) 1984 SWE – 1985 POR, BUL, CSV, URS, SWE, POR – 1986 SUI, SCO, DEN, BUL – 1987 LUX, ENG, DEN, NED, BUL
3 **Köhler** Benjamin, 4. 8. 1980 (Hertha BSC Berlin) 2000 NOR, ESP, DEN
1 **Köhn** Daniel, 28. 3. 1979 (Hansa Rostock) 1999 AUT
11 **Kohler** Jürgen, 6. 10. 1965 (SV Waldhof) 1985 POR, SUI, CSV, URS, SWE, POR, CSV – 1986 ITA, SCO, BUL – 1987 NED
2 **Kohn** Stefan, 9. 10. 1965 (Bayer Leverkusen) 1986 DEN – 1987 NED
16 **Korzynietz** Bernd, 8. 9. 1979 (Borussia Mönchengladbach) 1999 OMA, THA, AUT – 2000 TUN, TUN, ROM, CRO, SUI, NOR, ESP. GRE, ENG – 2001 ALB, FIN, ALB, ENG
6 **Kraaz** Armin, 3. 2. 1965 (Eintracht Frankfurt) 1984 BEL, URS, SCO, SWE – 1985 POR, CSV
1 **Krämer** Harald, 13. 2. 1964 (Eintracht Frankfurt) 1985 SUI
8 **Kramny** Jürgen, 18. 10. 1971 (1. FC Nürnberg) 1992 NED, ALB, ESP, ALB – 1993 IRL, IRL, GRE, DEN
10 **Kranz** Markus, 4. 8. 1969 (1. FC Kaiserslautern) 1990 SWE, LUX – 1991 URS, BEL, ENG, MAR, BEL, LUX – 1992 SCO, SCO
5 **Kree** Martin, 27. 1. 1965 (VfL Bochum) 1984 SCO – 1986 SUI, BUL, CSV, URS
9 **Kreuz** Markus, 20. 4. 1977 (FSV Mainz 05 1, Hannover 96 8) 1997 UZB, SUI, BEL – 1998 ROM, SUI, TUR – 1999 USA, FIN, NIR
7 **Kreuzer** Oliver, 13. 11. 1965 (Karlsruher SC) 1986 SCO – 1987 ENG, DEN, LUX, NED, BUL – 1989 ISL
2 **Kringe,** Florian, 18. 8. 1982 (1. FC Köln) 2003 IRL, SCO
1 **Krösche** Markus, 17. 9. 1980 (Werder Bremen) 2000 TUN
13 **Kroth** Thomas, 26. 8. 1959 (1. FC Köln 12, Eintracht Frankfurt 1) 1980 SCO, SUI, BEL, Prov. Kanton, MEX, ROM, CHN, NED – 1982 URS, URS, ENG, ENG – 1984 SWE
4 **Kruse** Thomas, 7. 9. 1959 (Schalke 04) 1979 POL, URS – 1980 SCO, SUI
1 **Kubik** Manfred, 25. 2. 1967 (Bayer Uerdingen) 1986 DEN
3 **Kümmerle** Michael, 21. 4. 1979 (Stuttgarter Kickers) 2000 ROM, SUI, NOR
1 **Kuhlmey** Matthias, 20. 2. 1966 (Hannover 96) 1986 SUI
4 **Kuntz** Stefan, 30. 10. 1962 (VfL Bochum) 1983 AUT, TUR, ALB – 1985 CSV
5 **Kuranyi** Kevin 2. 3. 1982 (VfB Stuttgart) 2002 RUS, ITA, BIH, NED – 2003 ESP
11 **Kutowski** Günter, 2. 8. 1965 (Borussia Dortmund) , 1986 SCO, DEN, BUL – 1987 LUX, NED, FRA, ENG, DEN, LUX, NED, BUL

6 **Labbadia** Bruno, 8. 2. 1966 (Hamburger SV) 1987 FRA, ENG, DEN, LUX, NED, BUL
1 **Lapaczinski** Denis, 26. 9. 1981 (Hertha BSC Berlin) 2002 CZE – 2003 SRM, IRL, SCO
3 **Lasser** Thomas, 25. 10. 1969 (Eintracht Frankfurt) 1989 CMR – 1990 SWE, LUX
4 **Lauth** Benjamin, 4. 8. 1981 (TSV München 1860) 2002 IRL, ITA, BIH – 2003 SCO
7 **Lechner** Thomas, 9. 1. 1979, † 24. 5. 2000 (1. FC Kaiserslautern) 1999 KUW, QAT, BHR, OMA – 2000 ROM, CRO, SUI
1 **Legat** Thorsten, 7. 11. 1968 (VfL Bochum) 1988 SUI

6 **Lehmann** Jens, 10. 11. 1969 (Schalke 04) 1990 SWE – 1991 URS, BEL, BUL, MAR, LUX
1 **Lehmann** Ralf, 22. 5. 1960 (VfL Osnabrück) 1980 BEL
4 **Leifeld** Uwe, 24. 7. 1966 (VfL Bochum) 1986 SUI, SCO, BUL – 1987 LUX
2 **Leitl** Stefan, 29. 8. 1977 (Bayern München) 1997 SUI, BEL
9 **Lieberknecht** Thorsten, 1. 8. 1973 (1. FC Kaiserslautern 3, SV Waldhof Mannheim 5, Mainz 05 1) 1994 HUN, TUR, GRE, RUS, HUN, MDA – 1995 WAL, BUL, BEL
21 **Littbarski** Pierre, 16. 4. 1960 (1. FC Köln) 1979 POL, URS – 1980 SCO, SUI, BEL, Prov. Kanton, MEX, ROM, CHN, NED, FRA, BUL – 1981 ESP, AUT, FIN, FIN, BUL – 1982 ESP, ESP, URS, ENG
2 **Löhr** Peter, 1. 9. 1959 (VfR Bürstadt 1, Fortuna Düsseldorf 1) 1980 FRA – 1981 ESP
4 **Löw** Joachim, 3. 2. 1960 (SC Freiburg) 1979 POL, URS – 1980 SCO, SUI
6 **Loose** Ralph, 5. 1. 1963 (Borussia Dortmund) 1982 SUI – 1983 ALG, CHN, BRA, FRA, HUN
8 **Lottner** Dirk, 4. 3. 1972 (Fortuna Köln) 1992 TUR, ALB – 1993 IRL, IRL, DEN, GRE, DEN, ESP
13 **Luginger** Jürgen, 8. 12. 1967 (Schalke 04) 1988 FIN, NED – 1989 BUL, NED, ISL, CSV, FIN, ISL, CMR, CMR – 1990 FRA, URS, URS
1 **Lusch** Michael, 16. 6. 1964 (Borussia Dortmund) 1984 GRE

3 **Madlung,** Alexander, 11. 7. 1982 (Hertha BSC Berlin) 2003 SBM, IRL, SCO
2 **Männer** Jan, 27. 8. 1982 (SC Freiburg) 2002 CZE – 2003 SBM
1 **Malessa** Thorsten, 3. 9. 1977, (Hertha BSC Berlin) 1997 UZB
9 **Maltritz** Marcel, 2. 10. 1978 (1. FC Magdeburg 1, VfL Wolfsburg 8) 1998 NED – 1999 USA, NIR, FIN, SCO, MDA, FIN, NIR, TUR
11 **Marx** Thorben, 1. 6. 1981 (Hertha BSC Berlin) 2002 NIR, CZE, RUS, JAP, ITA, IRL, ITA, LTU, BIH – 2003 LTU, SBM
7 **Mathy** Reinhold, 12. 4. 1962 (Bayern München) 1982 SUI – 1983 POR, ALB, HUN, AUT, TUR – 1984 BEL
15 **Matthäus** Lothar, 21. 3. 1961 (Borussia Mönchengladbach) 1979 URS – 1980 NED, BUL, FRA – 1981 ESP, AUT, FIN, FIN, AUT, BUL – 1982 ESP, ESP, URS – 1983 TUR, AUT
2 **Meissner** Stefan, 8. 3. 1973 (VfL Wolfsburg) 1994 FIN – 1995 ESP
1 **Merkle** Andreas, 17. 4. 1962 (VfB Stuttgart) 1986 DEN
2 **Metschies** Ulf, 22. 9. 1963 (VfL Osnabrück) 1983 ALG, BRA
12 **Metz** Gunther, 8. 8. 1967 (Karlsruher SC) 1988 SUI, FIN, NED – 1989 BUL, NED, CSV, FIN, CMR, CMR – 1990 FRA, URS, URS
9 **Metzelder** Christoph, 5. 11. 1980 (Borussia Dortmund) 2000 GRE, ENG – BUL, ALB, GRE, FIN, ALB, ENG, FIN
17 **Michalke** Kai, 5. 4. 1976 (VfL Bochum) 1996 NED, POL, ARG, BUL, POR – 1997 ALB, UKR, UKR, RUS, POR, ARG, ALB – 1998 CYP, CYP, GRE, ROM, SWE
11 **Mikolajczak** Christian, 15. 5. 1981 (Hannover 96 7, LR Ahlen 4) 2002 NIR, CZE, RUS, RSA, JAP, ITA, IRL, ITA, LTU, BIH – 2003 ESP
1 **Milewski** Jürgen, 19. 10. 1957 (Hamburger SV) 1981 BUL
2 **Mill** Frank 23. 7. 1958 (Rot-Weiß Essen) 1980 FRA, BUL
1 **Möhlmann** Benno, 1. 8. 1954 (Werder Bremen) 1982 ENG
4 **Möller** Andreas, 2. 9. 1967 (Borussia Dortmund) 1988 SUI, FIN, NED – 1990 URS
9 **Moser** Hans-Werner, 24. 9. 1965 (1. FC Kaiserslautern) 1984 SCO – 1985 BUL, CSV – 1986 SUI, SCO, BUL – 1987 LUX, NED, FRA
9 **Müller** Lars, 22. 3. 1976 (Borussia Dortmund 3, KFC 05 Uerdingen 6) 1996 NED, POL, ARG, BUL – 1997 ISR, UKR – 1998 CYP, CYP, SWE
5 **Müller** Stefan, 8. 3. 1974 (SC Freiburg) 1994 RUS, HUN, FIN – 1995 ESP – 1996 FRA
5 **Müller** Sven, 4. 4. 1980 (VfL Wolfsburg) 2000 ESP, DEN – 2001 BUL, ALB, GRE
6 **Müller** Uwe, 16. 10. 1963 (Eintracht Frankfurt) 1984 URS, GRE, SCO, SWE – 1985 BUL, CSV
12 **Münch** Markus, 7. 9. 1972 (Bayern München) 1992 CSV, NED, TUR, ALB, ESP, ALB – 1993 IRL, IRL, DEN, GRE, DEN, ESP

13 **Nehrbauer** Thorsten, 12. 1. 1978 (Bayer Leverkusen 2, Fortuna Düsseldorf 8, Arminia Bielefeld 3) 1997 UZB, SUI – 1998 TUR, MDA, NED – 1999 USA, NIR, FRA, SCO, MDA, FIN, NIR, TUR
22 **Nerlinger** Christian, 21. 3. 1973 (Bayern München) 1992 CSV – 1993 IRL, GRE, DEN, LUX, ESP – 1994 HUN, TUR, GRE, HUN, FIN, MDA – 1995 ESP, GEO, WAL, BUL, BEL, MDA, WAL – 1996 POR, FRA, FRA
4 **Neubarth** Frank, 29. 7. 1962 (Werder Bremen) 1983 POR, ALG, CHN, FRA
23 **Neuendorf** Andreas, 9. 2. 1975 (Reinickendorfer Füchse 1, Bayer Leverkusen 20, Hertha BSC Berlin 2) 1994 GRE, RUS, HUN, FIN, MDA – 1995 GEO, WAL, BUL – 1996 POR, FRA, FRA, POL, ARG, BUL, POR – 1997 ISR, ALB, UKR, RUS, POR, ARG – 1998 LIB, GRE

13 **Neun** Jörg, 7. 5. 1966 (Kickers Offenbach 1, 1. FC Nürnberg 1, SV Waldhof Mannheim 10, Borussia Mönchengladbach 1) 1985 SUI, CSV – 1986 SCO, DEN, BUL – 1987 LUX, NED, FRA, ENG, DEN, LUX, NED, BUL
1 **Nitsche** Frank, 18. 3. 1964 (1. FC Nürnberg) 1985 SUI
12 **Nowotny** Jens (Karlsruher SC) 1994 HUN, TUR, GRE, FIN, MDA – 1995 GEO, WAL, BUL, BUL – 1996 POR, FRA, FRA

2 **Opitz** Michael, 16. 7. 1962 (Schalke 04) 1982 SUI, CSV
1 **Ordenewitz** Frank, 25. 3. 1965 (Werder Bremen) 1985 SUI
16 **Otten** Jonny, 31. 1. 1961 (Werder Bremen) 1979 POL, URS – 1980 SCO, SUI – 1981 ESP, AUT, FIN, FIN, AUT, BUL – 1982 ESP, ESP, URS, URS, ENG, ENG
1 **Otto** Oliver, 21. 11. 1972 (VfB Stuttgart) 1992 CSV

11 **Paßlack** Stephan, 24. 8. 1970 (Bayer Uerdingen) 1990 SWE, SUI – 1991 URS, BEL, BUL, ENG, MAR, BEL, LUX – 1992 SCO, SCO
1 **Patzke** Wolfgang, 24. 2. 1959 (VfL Bochum) 1981 FIN
9 **Pflipsen** Karlheinz, 31. 10. 1970 (Borussia Mönchengladbach) 1990 SWE, LUX, SUI – 1991 URS, BEL, BUL, ENG, MAR – 1992 SCO
3 **Pförtner** Christiaan, 3. 3. 1966 (Fortuna Köln) 1987 LUX, NED, BUL
3 **Plath** Manfred, 12. 12. 1961 (1. FC Kaiserslautern) 1983 ALG, FRA, CHN
4 **Pomp** Manfred, 26. 10. 1964 (Bayer Leverkusen) 1984 URS, GRE, SCO – 1985 POR
18 **Poschner** Gerhard, 23. 9. 1969 (VfB Stuttgart 6, Borussia Dortmund 12) 1989 BUL, NED, ISL, CMR, CMR – 1990 FRA, SWE, LUX, SUI – 1991 URS, BEL, BUL, ENG, MAR, BEL, LUX – 1992 SCO, SCO
2 **Preetz** Michael, 17. 8. 1967 (Fortuna Düsseldorf) 1988 FIN – 1989 CSV
7 **Preuß** Christoph, 4. 7. 1981 (Eintracht Frankfurt 7, Bayer Leverkusen 8) 2002 NIR, CZE, RUS, RSA, JAP, ITA, IRL, ITA, BIH, NED – 2003 ESP, LTU, SBM, IRL, SCO
6 **Pröll** Markus, 28. 8. 1979 (1. FC Köln) 2000 TUN, TUN, ROM, NOR, DEN – 2001 BUL

12 **Quaisser** Ulf, 12. 10. 1962 (SV Waldhof Mannheim) 1982 SUI, CSV – 1983 POR, ALB, TUR, AUT, ALG, CHN, BRA, FRA, HUN, AUT
2 **Quallo** Peter, 2. 10. 1971 (Borussia Dortmund) 1990 LUX, SUI

13 **Rahn** Christian, 15. 6. 1979 (FC St. Pauli) 2000 NOR, ESP, GRE, ENG, DEN – 2001 BUL, ALB, GRE, FIN, ALB, NOR, ENG, FIN
3 **Rahn** Uwe, 21. 5. 1962 (Borussia Mönchengladbach) 1982 CSV – 1983 AUT – 1984 BEL
18 **Ramelow** Carsten, 20. 3. 1974 (Hertha BSC Berlin 16, Bayer Leverkusen 2) 1993 LUX – 1994 HUN, GRE, RUS, HUN, FIN, MDA – 1995 ESP, GEO, WAL, BUL, BEL, GEO, MDA, WAL, BUL – 1996 FRA, FRA
13 **Rapp** Marcel, 16. 4. 1979 (Karlsruher SC 12, Rot-Weiß Oberhausen 1) 1999 KUW, QAT, BHR, OMA, TUA, AUT – 2000 TUN, TUN, ROM, CRO, SUI, NOR, ESP
6 **Rasiejewski** Jens, 1. 1. 1975 (FSV Frankfurt 2, Hannover 96 4) 1993 LUX – 1994 HUN – 1996 POR – 1997 RUS, ARG, ALB
1 **Rath** Marcel, 3. 9. 1975 (Hertha BSC Berlin) 1996 DEN
2 **Rath** Thomas, 26. 7. 70 (Victoria Frankfurt/Oder 1, Hertha BSC 1) 1991 BUL, MAR
9 **Rau** Tobias, 31. 12. 1981 (VfL Wolfsburg) 2002 NIR, CZE, RSA, JAP, ITA, IRL, ITA, LTU, NED
12 **Reck** Oliver, 27. 2. 1965 (Kickers Offenbach 2, Werder Bremen 10) 1984 GRE – 1985 SUI – 1987 ENG, DEN, LUX, NED, BUL – 1988 FIN, NED – 1989 BUL, NED, ISL
11 **Reich** Marco, 30. 12. 1977 (1. FC Kaiserslautern) 1997 UZB, RUS, POR, BEL – 1998 LIB, TUR, MDA – 1999 FIN, SCO, MDA, FIN
15 **Reichert** Peter, 4. 8. 1961 (VfB Stuttgart) 1982 SUI, ENG, ENG – 1983 POR, ALB, TUR, AUT, CHN, BRA, FRA, HUN, AUT, TUR, ALB – 1984 BEL
3 **Reinders** Uwe, 19. 1. 1955 (Werder Bremen) 1982 ESP, URS, URS
14 **Reinhardt** Alois, 18. 11. 1961 (1. FC Nürnberg 12, Bayer Leverkusen 2) 1982 SUI, CSV, URS, ENG, ENG – 1983 POR, ALB, TUR, AUT, HUN – 1984 BEL, GRE – 1989 BUL, NED
12 **Reinhardt** Knut, 27. 4. 1968 (Bayer Leverkusen) 1988 SUI, FIN, NED – 1989 BUL, CSV, FIN, ISL, CMR, CMR – 1990 FRA, URS, URS
7 **Reis** Thomas, 4. 10. 1973 (Eintracht Frankfurt 3, VfL Bochum 4) 1993 LUX – 1994 TUR, GRE – 1995 BEL, GEO, MDA, BUL
14 **Reiter** Markus, 10. 8. 1976 (MSV Duisburg) 1996 DEN, NED, POL, ARG, BUL, POR – 1997 ALB, UKR, UKR, RUS, ALB – 1998 CYP, LIB, GRE
1 **Rekers** Christof, 25. 8. 1967 (VfL Osnabrück) 1988 SUI

4 **Remark** Thomas, 5. 10. 1959 (Hertha BSC Berlin) 1980 SUI, MEX, ROM, CHN

11 **Reuter** Stefan, 16. 10. 1966 (1. FC Nürnberg) 1985 SWE: POR, CSV – 1986 ITA, KOR, SUI, SCO, DEN, BUL – 1987 NED, LUX

17 **Ricken** Lars, 10. 7. 1976 (Borussia Dortmund) 1995 WAL, BUL, BEL, GEO, MDA, WAL – 1996 POR, FRA, FRA, ARG, BUL – 1997 ISR, ALB, POR – 1998 GRE, ROM, SWE

1 **Riedl** Thomas, 18. 6. 1976 (1. FC Kaiserslautern) 1996 NED

4 **Riedle** Karl-Heinz, 16. 9. 1965 (Blau-Weiß 90 Berlin 1, Werder Bremen 3) 1986 DEN – 1987 FRA, ENG, NED

1 **Riethmann** Frank, 9. 12. 1975 (Borussia Dortmund) 1996 POL

1 **Rietpietsch** Mike, 26. 3. 1974 (Bayer Leverkusen) 1994 FIN

8 **Rösler** Sascha, 28. 10. 1977 (SSV Ulm 46) 1997 SUI – 1998 NED – 1999 USA, NIR, FIN, SCO, MDA, TUR

1 **Rolfes,** Simon, 21. 1. 1982 (Werder Bremen) 2002 NED

20 **Rolff** Wolfgang, 26. 12. 1959 (OSC Bremerhaven 5, Fortuna Köln 11, Hamburger SV 4) 1980 BEL, Prov. Kanton, MEX, ROM, CHN, NED, FRA, BUL – 1981 FIN, FIN, AUT, BUL – 1982 SUI, ESP, URS, URS, ENG – 1985 BUL, SWE, POR

7 **Rosen** Alexander, 10. 4. 1979 (Eintracht Frankfurt 6, FC Augsburg 1) 1999 KUW, QAT, BHR, OMA, THA, AUT – 2000 DEN

7 **Rost** Timo, 29. 8. 1978 (VfB Stuttgart) 1998 SUI, MDA, NED – 1999 USA, NIR, SCO, MDA

8 **Roth** Dietmar, 16. 9. 1963 (Karlsruher SC 6, Schalke 04 2) 1984 SCO, SWE – 1985 POR, SUI, BUL, CSV, URS, SWE

5 **Rothholz** Michael, 25. 8. 1979 (Borussia Dortmund) 1999 KUW, QAT, BHR, OMA, THA

1 **Ruländer** Matthias, 16. 8. 1964 (Werder Bremen) 1985 SWE

10 **Rummenigge** Michael, 3. 2. 1964 (Bayern München) 1983 HUN, AUT, TUR, ALB – 1984 BEL, URS, SCO, SWE – 1985 URS, SWE

16 **Rydlewicz** René, 18. 7. 1973 (Bayer Leverkusen 7, TSV München 1860 9) 1992 TUR, ALB, ESP, ALB – 1998 LUX, ESP – 1994 HUN – 1995 GEO, BEL, GEO, MDA, WAL, BUL – 1996 POR, FRA, FRA

4 **Saborowski** Frank, 14. 3. 1958 (MSV Duisburg) 1980 Prov. Kanton, MEX, ROM, CHN

2 **Sahin** Deniz, 8. 8. 1977 (Borussia Dortmund) 1997 SUI, BEL

4 **Sauer** Gunnar, 11. 6. 1964 (Werder Bremen) 1987 NED, FRA, ENG, DEN

2 **Schaaf** Thomas, 30. 4. 1961 (Werder Bremen) 1987 NED, BUL

15 **Schäfer** Günther, 9. 6. 1962 (VfB Stuttgart) 1981 AUT – 1982 SUI, CSV, URS – 1983 POR, ALB, TUR, AUT, CHN, BRA, FRA, HUN, TUR, ALB – 1984 BEL

6 **Schäper** Tobias, 24. 10. 1979 (Borussia Dortmund) 1999 KUW, QAT, THA – 2000 TUN, TUN, CRO

7 **Schatzschneider** Dieter, 26. 4. 1958 (Hannover 96) 1980 BEL, Prov. Kanton, MEX, ROM, CHN – 1981 ESP, FIN

2 **Scheike** Michael, 11. 9. 1963 (Eintracht Braunschweig) 1984 URS, GRE

11 **Scherbe** Jörg, 19. 10. 1977 (KFC 05 Uerdingen) 1997 SUI, BEL – 1998 ROM, SUI, TUR, MDA, NED – 1999 NIR, FIN, SCO, MDA

1 **Scheuer** Sven, 19. 1. 1971 (Bayern München) 1990 LUX

16 **Schindzielorz** Sebastian, 21. 1. 1979 (VfL Bochum) 1999 FIN, SCO, NIR, TUR, AUT – 2000 TUN, ROM, CRO, SUI, ESP, GRE, ENG, DEN – 2001 ALB, GRE, FIN

9 **Schlicke,** Björn, 23. 6. 1981 (SpVgg Greuther Fürth) 2002 ITA, LTU, BIH, NED – 2003 ESP, LTU, SBM, IRL, SCO

14 **Schmäler** Nils, 10. 11. 1969 (VfB Stuttgart) 1989 NED, ISL, ISL – 1990 SWE, LUX, SUI – 1991 URS, BEL, BUL, ENG, MAR, BEL – 1992 SCO, SCO

1 **Schmidt** Andreas, 14. 9. 1973 (Hertha BSC Berlin) 1995 BEL

1 **Schmidt** Lars, 13. 9. 1965 (Karlsruher SC) 1985 CSV

13 **Schmidt** Oliver, 14. 9. 1973 (Hertha BSC Berlin) 1994 RUS, HUN, FIN – 1995 ESP, GEO, BUL, BEL, GEO, MDA, WAL, BUL – 1996 POR, FRA

1 **Schmöller** Frank, 21. 8. 1966 (Hamburger SV) 1987 NED

8 **Schneider** Martin, 24. 11. 1968 (1. FC Nürnberg) 1988 SUI – 1989 BUL, ISL, CSV, ISL, CMR, CMR – 1990 FRA

8 **Schneider** René, 1. 2. 1973 (Hansa Rostock) 1995 ESP, GEO, WAL, GEO, WAL, BUL – 1996 POR, FRA

10 **Schneider** Theo, 23. 8. 1960 (Borussia Dortmund) 1979 POL, URS – 1980 SCO, SUI, Prov. Kanton, MEX, ROM, CHN, FRA, BUL

7 **Schneider** Uwe, 28. 8. 1971 (VfB Stuttgart) 1991 ENG, MAR – 1992 CSV, TUR, ALB, ESP, ALB

14 **Schön** Alfred, 13. 1. 1962 (SV Waldhof Mannheim) 1982 SUI, CSV – 1983 POR, ALB, ALG, CHN, BRA, FRA, HUN, AUT, TUR, ALB – 1984 BEL, URS

5 **Scholl** Mehmet, 16. 10. 1970 (Karlsruher SC) 1991 BUL, BEL, LUX – 1992 SCO, SCO

7 **Schreml** Uwe, 7. 2. 1960 (SpVgg Bayreuth 4, München 1860 3) 1980 BEL, Prov. Kanton, ROM, CHN, NED, FRA, BUL
7 **Schröder** Michael, 10. 11. 1959 (Hamburger SV) 1983 AUT – 1984 URS, GRE, SCO, SWE – 1985 POR, SUI
20 **Schroth** Markus, 25. 1. 1975 (Karlsruher SC) 1996 DEN, NED, POL, ARG, BUL, POR – 1997 ISR, ALB, UKR, UKR, RUS, POR, ARG, ALB – 1998 CYP, CYP, LIB, GRE, ROM, SWE
2 **Schümann** Rainer, 1. 10. 1977 (SG Wattenscheid 09) 1997 UZB, SUI
3 **Schütterle** Rainer, 21. 3. 1966 (VfB Stuttgart) 1987 DEN, NED, BUL
1 **Schulze** Frank, 31. 3. 1970 (Victoria Frankfurt/Oder) 1990 SUI
8 **Schumann** Daniel, 13. 2. 1977 (Bayer Leverkusen 1, SC Freiburg 7) 1997 UZB, SUI, BEL – 1998 NED – 1999 USA, NIR, FIN, TUR
7 **Schupp** Markus, 7. 1. 1966 (1. FC Kaiserslautern) 1985 CSV – 1986 ITA, KOR, SUI, DEN, BUL – 1987 LUX
1 **Schuster** Bernd, 22. 12. 1959 (1. FC Köln) 1980 SCO
13 **Schwabl** Manfred, 18. 4. 1966 (Bayern München 4, 1. FC Nürnberg 9) 1985 CSV – 1986 ITA, KOR, SUI, DEN, BUL – 1987 LUX, NED, FRA, ENG, DEN, LUX, BUL
2 **Schwarz** Danny, 11. 5. 1975 (VfB Stuttgart) 1998 ROM, SWE
3 **Schwiderowski** Markus, 12. 12. 1973 (Schalke 04) 1993 LUX – 1994 HUN, TUR
1 **Siedschlag** Stefan, 8. 6. 1977 (VfB Lübeck) 1997 UZB
3 **Simmes** Daniel, 12. 8. 1966 (Borussia Dortmund) 1986 SUI, SCO – 1987 NED
1 **Sobotzik** Thomas, 16. 10. 1974 (Eintracht Frankfurt) 1993 LUX
4 **Spanring** Martin, 14. 10. 1969 (Fortuna Düsseldorf) 1990 SWE, LUX, SUI – 1991 BUL
6 **Spyrka** Adrian, 1. 8. 1967 (Borussia Dortmund 1, 1. FC Saarbrücken 5) 1988 SUI – 1989 NED, ISL, CSV, ISL, FIN
10 **Stadler** Joachim, 15. 1. 1970 (1. FC Kaiserslautern 4, Borussia Mönchengladbach 6) 1990 SUI – 1991 URS, BEL, BUL, ENG, MAR, BEL, LUX – 1992 SCO, SCO
6 **Stark** Marko, 9. 7. 1981 (1. FC Saarbrücken) 2002 NIR, CZE, RUS, RSA, JAP, ITA
4 **Stark** Mirko, 28. 9. 1973 (1. FC Köln) 1993 LUX – 1994 HUN, TUR, GRE
11 **Starke** Tom, 18. 3. 1981 (Bayer Leverkusen) 2002 NIR, CZE, RSA, JAP, ITA, ITA, LTU, NED – 2003 ESP, IRL, SCO
10 **Steffen** Horst, 3. 3. 1969 (Bayer Uerdingen) 1988 FIN, NED – 1989 NED, ISL, CSV, FIN, CMR, CMR – 1990 FRA, URS
2 **Steiner** Paul, 23. 1. 1957 (1. FC Köln) 1983 TUR, ALB
1 **Steininger** Franz-Josef, 9. 7. 1960 (MSV Duisburg) 1981 FIN
7 **Sternkopf** Michael, 21. 4. 1970 (Karlsruher SC 5, Bayern München 2) 1989 CSV, ISL – 1990 FRA, URS, URS, SWE, LUX
2 **Steubing** Waldemar, 30. 11. 1959 (Bayer Uerdingen) 1981 AUT, FIN
7 **Storck** Bernd, 25. 1. 1963 (VfL Bochum 4, Borussia Dortmund 3) 1983 ALG, CHN, BRA, FRA, AUT, TUR, ALB
7 **Strack** Gerhard, 1. 9. 1955 (1. FC Köln) 1981 AUT, BUL – 1982 ESP, ESP, URS, URS, ENG
8 **Strehmel** Alexander, 20. 3. 1968 (VfB Stuttgart) 1988 SUI, FIN, NED – 1989 CSV, ISL – 1990 FRA, URS, URS
2 **Strunz** Thomas, 25. 4. 1968 (Bayern München) 1990 FRA, URS
4 **Sturm** Ralf, 18. 10. 1968 (1. FC Köln) 1989 NED, FIN, ISL – 1990 FRA

5 **Teber** Selim, 7. 3. 1981 (Waldhof Mannheim 4, 1. FC Kaiserslautern 1) 2002 RUS, RSA, ITA, IRL – 2003 LTU
2 **Theiss** Klaus, 9. 7. 1963 (Eintracht Frankfurt) 1985 POR – 1986 SUI
1 **Thiele** Günter, 7. 11. 1961 (Fortuna Düsseldorf) 1983 ALB
3 **Thon** Olaf, 1. 5. 1966 (Schalke 04) 1984 SCO, SWE – 1985 POR
13 **Tiffert** Christian, 18. 2. 1982 (VfB Stuttgart) 2002 NIR, CZE, RUS, RSA, JAP, ITA, IRL, BIH, NED – 2003 ESP, SBM, IRL, SCO
10 **Timm** Christian, 27. 2. 1979 (1. FC Köln) 1999 FIN, NIR, TUR – 2000 CRO, SUI, GRE, ENG – 2001 BUL, ALB, GRE
2 **Traires** Bernhard, 18. 8. 1965 (SV Darmstadt 98) 1986 ITA, SCO
4 **Trieb** Martin, 23. 9. 1961 (Eintracht Frankfurt) 1983 ALB, TUR, AUT, HUN

11 **Unger** Lars, 30. 9. 1972 (Werder Bremen) 1992 CSV, NED, TUR, ALB, ESP, ALB – 1993 IRL, IRL, DEN, GRE, DEN

9 **Villa** Marco, 18. 7. 1978 (Borussia Mönchengladbach) 1997 ISR, UZB, SUI – 1998 ROM, SUI, TUR, MDA – 1999 NIR, SCO

19 **Völler** Rudolf, 13. 4. 1960 (Kickers Offenbach 8, München 1860 10, Werder Bremen 1) 1979 POL, URS – 1980 SCO, BEL, PROV. KaNTON, MEX, ROM, CHN, BUL – 1981 ESP, AUT, FIN, FIN, AUT, BUL – 1982 URS, URS, ESP, ENG
1 **Vogt** Dennis, 20. 5. 1978 (Borussia Dortmund) 1997 UZB
8 **Voigt** Alexander, 13. 4. 1978 (1. FC Köln) 1997 UZB, SUI, BEL – 1998 ROM, SUI – 1999 SCO, NIR, TUR
9 **Vollborn** Rüdiger, 12. 2. 1963 (Bayer Leverkusen) 1982 SUI, CSV – 1983 ALB, TUR, ALG, BRA, FRA, TUR – 1984 BEL
3 **Vorbeck,** Marco, 24. 6. 1981 (Hansa Rostock) 2002 LTU, NED – 2003 ESP
14 **Voss** Andreas, 27. 2. 1979 (Bayer Leverkusen) 1998 MDA, NED – 1999 KUW, QAT, BHR, THA, AUT – 2000 TUN, TUN, ROM, ESP, GRE, ENG, DEN

11 **Waas** Herbert, 8. 9. 1963 (Bayer Leverkusen) 1983 POR, ALB, TUR – 1984 SWE – 1985 POR, BUL, URS, SWE, POR – 1986 ITA, KOR
1 **Wache** Dimo, 1. 11. 1973 (Borussia Mönchengladbach) 1994 GRE
1 **Wagner** David, 19. 10. 1971 (Mainz 05) 1992 TUR
2 **Wagner** Martin, 24. 2. 1968 (1. FC Nürnberg) 1989 BUL, CSV
1 **Weber** Ralf, 31. 5. 1969 (Eintracht Frankfurt) 1989 ISL
12 **Wedau** Markus, 31. 12. 1975 (KFC Uerdingen 05) 1995 BEL – 1996 DEN, NED, POL, ARG, BUL – 1997 UKR, RUS, ARG, ALB – 1998 CYP, CYP
4 **Wegmann** Jürgen, 31. 3. 1964 (Borussia Dortmund) 1984 URS, GRE, SCO – 1985 POR
3 **Weidenfeller** Roman, 6. 8. 1980 (1. FC Kaiserslautern) 1999 BHR, THA – 2001 NOR
1 **Weller** Marco, 4. 8. 1977 (1. FC Köln) 1997 UZB
1 **Wessels** Stefan, 28. 2. 1979 (Bayern München) 2000 ENG
1 **Westermann,** Heiko, 14. 8. 1983 (SpVgg Greuther Fürth) 2003 LTU
9 **Wiblishauser** Frank, 18. 10. 1977 (Bayern München) 1997 ISR, UZB, RUS – 1998 CYP, CYP, LIB, ROM, TUR, MDA
2 **Wiese,** Tim, 17. 12. 1981 (1. FC Kaiserslautern) 2003 LTU, SBM
15 **Willi** Tobias, 14. 12. 1979 (SC Freiburg) 1999 FIN, TUR, AUT – 2000 TUN, TUN, SUI, NOR, GRE, ENG – 2001 BUL, FIN, ALB, NOR, ENG, FIN
2 **Willkomm** Jürgen, 7. 9. 1959 (1. FC Köln) 1979 POL, URS
2 **Winklhofer** Helmut, 27. 8. 1961 (Bayer Leverkusen) 1983 POR, ALB
9 **Witeczek** Marcel, 18. 10. 1968 (Bayer Uerdingen) 1988 SUI, FIN, NED – 1989 BUL, NED, ISL, CSV, FIN – 1990 URS
16 **Wörns** Christian, 10. 5. 1972 (SV Waldhof Mannheim 5, Bayer Leverkusen 11) 1990 SWE, LUX – 1991 URS, BEL, BUL, ENG, MAR, BEL, LUX – 1992 SCO, SCO – 1993 IRL, IRL, DEN, DEN, ESP
6 **Wohlfarth** Roland, 11. 1. 1963 (MSV Duisburg) 1982 SUI, CSV – 1983 ALG, CHN, BRA, FRA
2 **Wolf** Dirk, 4. 8. 1972 (Eintracht Frankfurt) 1992 NED, TUR
14 **Wück** Christian, 9. 6. 1973 (1. FC Nürnberg 12, Karlsruher SC 2) 1992 CSV, NED, TUR – 1993 IRL, IRL, DEN, GRE, DEN, LUX – 1994 HUN, TUR, GRE, RUS – 1995 ESP
7 **Wuttke** Wolfram, 17. 11. 1961 (Schalke 04 4, Borussia Mönchengladbach 3) 1980 NED – 1981 ESP – 1982 CSV, ENG – 1983 ALB, TUR, AUT

16 **Yilmaz** Mahmut, 6. 10. 1979 (Hamburger SV) 1999 KUW, QAT, BHR, THA – 2000 ROM, SUI, NOR, ESP, DEN – 2001 BUL, ALB, GRE, FIN, ALB, NOR, ENG

2 **Zandi**Ferydoon, 26. 4. 1979 (SC Freiburg) 2001 FIN, NOR
4 **Zanter** Peter, 11. 11. 1965 (Bayer Leverkusen) 1986 SCO, DEN – 1987 ENG, DEN
3 **Zechel** Thomas, 25. 1. 1965 (Bayer Leverkusen) 1984 BEL, URS, GRE
13 **Zepek** Michael, 19. 1. 1981 (Karlsruher SC 1, Bayer Leverkusen 8, LR Ahlen 4) 2001 FIN, NOR, ENG, FIN – 2002 NIR, RUS, RSA, JAP, ITA, ITA, LTU, BIH – 2003 LTU
17 **Zickler** Alexander, 28. 2. 1974 (Bayern München) 1993 LUX, ESP – 1994 TUR, RUS, HUN, FIN, MDA – 1995 ESP, GEO, WAL, BUL, BEL, GEO, MDA, WAL, BUL – 1996 POR
12 **Ziege** Christian, 1. 2. 1972 (Bayern München) 1991 BEL, BUL, ENG, MAR, BEL, LUX – 1992 NED, ALB, ESP, ALB – 1993 IRL, DEN
1 **Ziegler** Marc, 13. 6. 1976 (VfB Stuttgart) 1996 NED
1 **Ziegler** Marcus, 10. 8. 1973 (VfB Stuttgart) 1994 TUR
4 **Zietsch** Reiner, 21. 11. 1964 (VfB Stuttgart) 1984 BEL, URS, GRE – 1985 SWE
5 **Zimmermann** Uwe, 11. 2. 1962 (SV Waldhof Mannheim) 1982 CSV – 1983 POR, AUT, CHN, ALB
5 **Zinnow** Stefan, 6. 10. 1979 (Eintracht Frankfurt) 1999 QAT, BHR, OMA, THA – 2000 TUN
2 **Zorc** Michael, 25. 8. 1962 (Borussia Dortmund) 1982 SUI – 1983 POR

Alle Torschützen in den Junioren-Länderspielen U 21

Allofs Th.	2	Fuchs H.	1	Lauth	1	Schneider M.	1
Auer	10	Funkel W.	1	Lehmann R.	1	Schneider R.	1
Balitsch	1	Gaudino	2	Leifeld	2	Schön	1
Ballack	7	Gemiti	1	Littbarski	18	Scholl	3
Baumann, F.	1	Gerster	2	Lottner	1	Schroth	5
Bäron	3	Glesius	3	Madlung	1	Schwabl	1
Bierhoff	7	Gruber	2	Mathy	6	Schwarz	1
Bierofka	7	Haber	2	Matthäus	2	Stadler	1
Blank	2	Hagner	1	Metzelder	1	Steiner	1
Blau	1	Hamann D.	2	Michalke	6	Sternkopf	2
Bochtler	1	Hanke	2	Möller A.	2	Steubing	1
M. Bode	2	Happe	1	Müller L.	2	Strack	2
Brdaric	3	Heesen von	2	Münch	2	Thon	2
Breitenreiter	2	Herbst	2	Nehrbauer	2	Tiffert	1
Bruns	4	Herget	3	Nerlinger	10	Timm	4
Bugera	2	Herrlich	17	Neuendorf	1	Unger	1
Cichon	1	Hieronymus	1	Neun	1	Villa	1
Dabrowski	1	Hitzlsperger	2	Patzke	1	Völler	10
Dammeier	1	Hochstätter	1	Poschner	4	Voigt	1
Daun	3	Hubner	1	Quaisser	1	Voss	6
Dickel	2	Jeremies	1	Rahn, C.	2	Waas	2
Dogan	1	Jones	3	Ramelow	2	Wedau	3
Dusend	1	Jungnickel	1	Rapp	1	Weiler	1
Eckstein	4	Kanopa	1	Rath, Th.	1	Winklhofer	1
Effenberg	1	Kaul	1	Rau	1	Witeczek	4
Ehlers	3	Kempe	1	Reich	2	Wörns	1
Engels	1	Kern, E.	6	Reichert	3	Wohlfarth	1
Epp	1	Ketelaer	3	Reinders	1	Wück	3
Ernst, F.	2	Klauß	3	Reinhardt Knut	2	Wuttke	1
Fährmann	2	Klinsmann	3	Reuter	2	Yilmaz	4
Falk	1	Klotz	2	Ricken	8	Zepek	2
Feldhoff	5	Kohn S.	1	Riedle	1	Zickler	7
Foda	1	Kranz	1	Rösler	2	Ziege	3
Franck	1	Kroth	1	Rummenigge M.	4	Zinnow	1
Franz	1	Kümmerle	1	Rydlewicz	3		
Freier	2	Kuntz	3	Schatzschneider	2		
Frings	1	Kuranyi	2	Schindzielorz	1	Selbsttore des	
Frommer	1	Labbadia	3	Schmäler N.	1	Gegners	10

Am häufigsten berufen wurden in die U 21

Ernst, F.	28	Ballack	19	Klos	17	Otten	16
Haber	23	Dogan	19	Michalke	17	Rydlewicz	16
Neuendorf	23	Ehlers	19	Ricken	17	Wörns	16
Nerlinger	22	Völler	19	Zickler	17	Enke	15
Littbarski	21	Gospodarek	18	Bäron	16	Matthäus	15
Cichon	20	Poschner	18	Falkenmayer	16	Reichert	15
Schroth	20	Ramelow	18	Fiedler	16	Schäfer	15
Herrlich	20	Allofs Th.	17	Kögl	16		
Rolff	20	Baumann, F.	17	Korzynietz	16		

Die erfolgreichsten Vereine (Berufungen/Spieler)

Bayern München	207 Einsätze/29 Spieler	Karlsruher SC	116 Einsätze/16 Spieler
Bayer Leverkusen	175 Einsätze/29 Spieler	Werder Bremen	111 Einsätze/21 Spieler
VfB Stuttgart	171 Einsätze/20 Spieler	Eintracht Frankfurt	108 Einsätze/27 Spieler
Borussia Dortmund	155 Einsätze/31 Spieler	1. FC Nürnberg	104 Einsätze/17 Spieler
1. FC Köln	147 Einsätze/31 Spieler	VfL Bochum	102 Einsätze/17 Spieler
Bor. M'gladbach	141 Einsätze/24 Spieler	KFC/Bayer Uerdingen	91 Einsätze/18 Spieler
Hamburger SV	139 Einsätze/22 Spieler	Hertha BSC Berlin	81 Einsätze/14 Spieler
1. FC Kaiserslautern	126 Einsätze/22 Spieler	Waldhof Mannheim	79 Einsätze/13 Spieler

Die Bilanz der Olympia-Mannschaft

Gegner	Spiele	Siege	Unentsch.	Niederl.	Tore	11-m-Sch.
Brasilien	3	–	1	2	2:5	2:3
China	3	2	1	–	10:3	
Dänemark	2	1	1	–	2:1	
Frankreich	2	–	1	1	1:2	
Griechenland	2	2	–	–	5:0	
Israel	4	3	1	–	6:2	
Italien	1	1	–	–	3:0	
Jugoslawien	2	–	–	2	4:8	
Marokko	2	2	–	–	3:0	
Niederlande	2	–	2	–	1:1	
Nigeria	1	1	–	–	2:1	
Polen	4	2	2	–	9:4	
Portugal	4	1	1	2	5:5	
Rumänien	2	1	–	1	3:1	
Sambia	1	1	–	–	4:0	
Saudi-Arabien	1	1	–	–	6:0	
Schweden	1	–	–	1	1:2	
Schweiz	1	1	–	–	2:1	
Spanien	1	–	–	1	0:2	
Tschechoslowakei	3	–	–	3	0:5	
Tunesien	1	1	–	–	4:1	
Gesamt	**43**	**20**	**10**	**13**	**73:44**	

Die Olympia-Mannschaften

1982: 1 Spiel: 1 Unentschieden

1 **Niederlande**, 16.11., Emmen, 0:0 unentschieden: Franke – Geils, Bast, Hupe, Groh – Pagelsdorf, Bittcher (Heck), Möhlmann (Mohr), Koch (Otten) – Klotz (Schatzschneider), Dressel – K.: Bast – SR: Verhaeghe (Belgien).

1983: 7 Spiele: 3 Siege, 1 Unentschieden, 3 Niederlagen

2 **Polen**, 29.3., Wuppertal, 1:1 unentschieden: Franke – Huber, Bast (Bockenfeld), Hupe, Wehmeyer – Hartwig, Mohr, Groh – Del'Haye (Patzke), Schatzschneider (1), Dressel – K.: Bast/Schatzschneider – SR: Thomas (Niederlande).

3 **Portugal**, 24.4., Lissabon, 1:3 verloren (Olympia-Qualifikation): Franke – Geils, Bast, Hupe, Wehmeyer – Hartwig, Mohr (Patzke), Groh – Del'Haye, Schatzschneider (1), Dressel (Klotz) – K.: Bast – SR: Bridges (Wales).

4 **Israel**, 8.6., Wuppertal, 2:0 gewonnen (Olympia-Qualifikation): Franke – Geils, Groh, Hupe, Wehmeyer – Hartwig (1) (Pagelsdorf), Bockenfeld, Mohr, Patzke – Waas (1), Klotz – K.: Groh – SR: Sanchez Arminio (Spanien).

5 **CSSR**, 20.9., Hof, 0:1 verloren: Franke – Geils, Bast, Dickgießer, Wehmeyer – Hartwig, Bommer (Brehme), Bein – Del'Haye, Klotz, Schreier (Heck) – K.: Bast – SR: Mathias (Österreich).

6 **Portugal**, 4.10., Osnabrück, 3:0 gewonnen (Olympia-Qualifikation): Franke – Bockenfeld (Geils), Bast, Dickgießer, Wehmeyer – Hartwig, Groh, Bommer (1), Brehme – Schatzschneider (2), Mill (Schreier) – K.: Bast – SR: Worrall (Schottland).

7 **Jugoslawien**, 25.10., Maribor, 2:3 verloren: Franke (Zumdick) – Bockenfeld, Bast (Th. Allofs), Dickgießer, Lux – Buchwald (1), Groh, Bommer, Brehme – Klotz (1), Schreier (Bein) – K.: Bast/Groh – SR: Nikic (Jugoslawien).

8 **Israel**, 20.11., Tel Aviv, 1:0 gewonnen (Olympia- Qualifikation): Junghans – Bockenfeld, Bast, Dickgießer, Wehmeyer – Bommer, Hartwig (Buchwald), Groh, Brehme – Schatzschneider (1), Schreier (Geils) – K.: Bast – SR: Biguet (Frankreich).

1984: 7 Spiele: 3 Siege, 1 Unentschieden, 3 Niederlagen

9 **Frankreich**, 27.3., Paris, 1:1 unentschieden (Olympia-Qualifikation): Franke – Bockenfeld, Bast, Buchwald, Wehmeyer – Hartwig, Groh, Brehme – Bommer (Schreier) Schatzschneider (1), Mill – K. Bast – SR: Nyffenegger (Schweiz).

10 **Frankreich**, 17.4., Bochum, 0:1 verloren (Olympia Qualifikation): Zumdick – Buchwald, Bast, Dickgießer, Wehmeyer – Bommer, Hartwig, Groh, Falkenmayer (Schreier) – Schatzschneider, Mill – K.: Bast – SR: Nielsen (Dänemark).

11 **China**, 17.7., Koblenz, 6:2 gewonnen: Junghans – Bockenfeld (Schlindwein), Bast, Buchwald, Wehmeyer – Bommer (1) (Lux), Rahn (1) (Schön), Groh (Dickgießer), Brehme (1) – Schatzschneider (2) (Schreier), Mill (1) – K.: Bast – SR: Gilson (Luxemburg).

12 **Marokko**, 30.7., Palo Alto, 2:0 gewonnen (Olympia-Gruppenspiel): Franke – Bockenfeld, Bast, Buchwald, Wehmeyer – Bommer, Groh, Rahn (1), Brehme (1) – Schatzschneider (Schreier), Mill (Lux) – K.: Bast – SR: Evangelista (Kanada)

13 **Brasilien**, 1.8., Palo Alto, 0:1 verloren (Olympia-Gruppenspiel): Franke – Bockenfeld (Dickgießer), Bast, Buchwald, Wehmeyer – Bommer, Groh, Rahn, Brehme – Schatzschneider (Lux), Mill – K.: Bast – SR: Cha (Südkorea).

14 **Saudi-Arabien**, 3.8., Palo Alto, 6:0 gewonnen (Olympia-Gruppenspiel): Franke – Bockenfeld, Bast, Buchwald, Wehmeyer – Bommer (2), Rahn (1) (Lux), Groh (Schön), Brehme – Schreier (2), Mill (1) – K.: Bast – SR: Igna (Rumänien).

15 **Jugoslawien**, 5.8., Pasadena, 2:5 verloren (Olympia-Viertelfinale): Franke – Bockenfeld, Bast, Buchwald, Wehmeyer – Bommer (1), Groh, Rahn (1), Brehme – Schreier (Schatzschneider), Mill – K.: Bast – SR: Romero (Argentinien).

1987: 8 Spiele: 5 Siege, 1 Unentschieden, 2 Niederlagen

16 **Israel B**, 25.3., Tel Aviv, 2:1 gewonnen: Zumdick (Vollack) – W. Funkel (1) – A. Reinhardt, Borowka – Lehnhoff (Bommer), Schreier (Mill (1)), Kempe (Zorc), Dorfner, Grahammer – Criens, Eckstein – K.: Schreier/Mill – SR: Hope (Schottland).

17 **Rumänien**, 18.4., Cluj-Napoca, 0:1 verloren (Olympia-Qualifikation): Vollack – Steiner – Schäfer, A. Reinhardt – Lehnhoff (Engels), W. Funkel, Schreier, Zorc, Grahammer – Dickel (Walter), Klinsmann – K.: Schreier – SR: Matusik (CSSR).

18 **Tschechoslowakei**, 10.8., Aschaffenburg, 0:1 verloren: Vollack (Zimmermann) – Steiner – Borowka, W. Funkel, Schäfer – Zorc, Schreier, Schulz (Schön), Kroth (Dickel) – Klinsmann (Walter), Mill – K.: Schreier – SR: Röthlisberger (Schweiz).

19 **Niederlande**, 8.9., Maastricht, 1:1 unentschieden: Köpke – Hörster – Sievers, Borowka, W. Funkel, Grahammer – Schreier (Bommer), Häßler (Kroth), Hausmann (Schön) – Klinsmann, Ordenewitz (Walter (1)) – K.: Schreier/Bommer – SR: Goris (Belgien).

20 **Griechenland**, 22.9., Offenbach, 3:0 gewonnen (Olympia-Qualifikation): Köpke – Grahammer – Borowka, W. Funkel, Schäfer – Zorc, Bommer, Schreier Wuttke (1) (Bakalorz) – Klinsmann (Walter), Mill (2) – K.: Bommer – SR: Colic (Jugoslawien).

21 **Polen**, 13.10., Osnabrück, 5:1 gewonnen (Olympia-Qualifikation): Kamps – Hörster – Borowka, W. Funkel, Schäfer – Bommer, Hochstätter (1), Häßler, Wuttke (1) (Schreier) – Klinsmann (2), Mill (1) (Ordenewitz) – K.: Bommer – SR: van Swieten (Niederlande).

22 **Dänemark**, 18.11., Aarhus, 1:0 gewonnen (Olympia-Qualifikation): Köpke – Hörster – W. Funkel, A. Reinhardt – Grahammer, Bommer, Borowka, Wuttke (1), Görtz – Klinsmann, Walter (Häßler) – K.: Bommer – SR: Hartmann (Ungarn).

23 **Griechenland**, 12.12., Larissa, 2:0 gewonnen (Olympia-Qualifikation): Köpke – Hörster – W. Funkel, A. Reinhardt – Grahammer, Bommer, Bakalorz, Borowka (Schäfer), Görtz – Walter (1), Schreier (1) – K.: Bommer – SR: Spirin (UdSSR).

1988: 10 Spiele: 6 Siege, 3 Unentschieden, 1 Niederlage

24 **Dänemark**, 30.3., Osnabrück, 1:1 unentschieden (Olympia-Qualifikation): Köpke – Hörster – Grahammer, W. Funkel – Häßler, A. Reinhardt, Hochstätter (Neubarth), Borowka, Görtz (1) – Klinsmann, Mill – K.: Mill – SR: Aladren (Spanien).

25 **Polen**, 27.4., Chorzow, 1:1 unentschieden (Olympia-Qualifikation): Köpke – Sauer – Schäfer, W. Funkel – Bommer, Häßler, Fach, Wuttke, Grahammer (Kleppinger) – Mill (1), Eckstein – K.: Mill – SR: Sawtschenko (UdSSR).

26 **Rumänien**, 31.5., Dortmund, 3:0 gewonnen (Olympia-Qualifikation): Köpke – Sauer – A. Reinhardt (Zorc), Borowka – W. Funkel, Fach – Häßler – Wuttke (1), Görtz – Klinsmann (2) (Eckstein), Mill – K.: Mill – SR: Martin (England).

27 **Nigeria**, 30.8., Siegen, 2:1 gewonnen: Köpke (Kamps) – Hörster – Kleppinger, W. Funkel (Kreuzer), Schulz – Bommer, Schreier (2), Janßen, Bakalorz – Walter, Ordenewitz – K.: Bommer – SR: Assenmacher (Deutschland).

28 **China**, 17.9., Pusan, 3:0 gewonnen (Olympia-Gruppenspiel): Kamps – Hörster – Grahammer, W. Funkel, Schulz, Görtz – Fach (Schreier), Häßler, Wuttke (1) (Kleppinger) – Klinsmann, Mill (2) – K.: Mill – SR: Cardellino (Uruguay).

29 **Tunesien**, 19.9., Pusan, 4:1 gewonnen (Olympia-Gruppenspiel): Kamps – Hörster – Grahammer (1), W. Funkel, Schulz, Görtz (Kleppinger) – Fach, Häßler, Wuttke (1) (Schreier) – Klinsmann, Mill (1), dazu ein Eigentor von Mizouri – K.: Mill – SR: Hope (Schottland).

30 **Schweden**, 21.9., Taegu, 1:2 verloren (Olympia-Gruppenspiel): Kamps – Hörster – Kleppinger, Grahammer, Schulz, Görtz – Fach, Häßler, Wuttke (Schreier) – Klinsmann, Mill (Walter (1)) – K.: Mill/Hörster – SR: Röthlisberger (Schweiz).

31 **Sambia**, 25.9., Kwangju, 4:0 gewonnen (Olympia-Viertelfinale): Kamps – Hörster – Grahammer, W. Funkel (1), Schulz, Görtz – Fach, Häßler (Janßen), Wuttke – Klinsmann (3), Riedle (Kleppinger) – K.: Hörster – SR: Dias (Kolumbien).

32 **Brasilien**, 27.9., Seoul, 1:1 unentschieden n. V., Elfmeterschießen 2:3 (Olympia-Halbfinale): Kamps – Hörster – Grahammer, W. Funkel, Schulz, Görtz (Kleppinger) – Fach (1), Häßler, Wuttke – Klinsmann, Mill (Janßen) – K.: Mill/Hörster – SR: Hackett (England).

33 **Italien**, 30.9., Seoul, 3:0 gewonnen (Olympia, Platz 3): Kamps – Hörster – Grahammer, W. Funkel, Schulz, Kleppinger (1) – Häßler, Wuttke (Schreier (1)), Sievers (Bommer) – Klinsmann (1), Mill – K.: Mill – SR: Loustau (Argentinien).

1990: 3 Spiele: 1 Sieg, 1 Unentschieden, 1 Niederlage

34 **Schweiz**, 15.5., Muri, 2:1 gewonnen: Lehmann (Heinen) – Kastner – Stadler (Hubner (1)), Wörns – J. Bode (Lasser), Franck (1), Spanring, Poschner, Kliche – Herrlich, Klauß (Türr) – K.: Franck – SR: Steindl (Österreich).

35 **Tschechoslowakei**, 18.5., Würzburg, 0:3 verloren: Lehmann – N. Schmäler – Wörns, Spanring (Stadler) – Kastner (Lasser), Feinbier (Heldt), Hubner, Franck, Kliche – Türr, Herrlich (Klauß) – K.: Franck – SR: Heynemann (DDR).

36 **Portugal**, 28.8., Amadora, 1:1 unentschieden: Lehmann – Nils Schmäler – Paßlack, Baumann (Kliche), Wörns – Lasser, Poschner, Franck, Kranz (1) – Sternkopf, Olaf Schmäler (Herrlich) – K.: Poschner – SR: Magni (Italien).

1992: 2 Spiele: 1 Sieg, 1 Niederlage

37 **Spanien**, 18.2., Sabadell, 0:2 verloren: Klos (Lehmann) – N. Schmäler – Wörns, Stadler (U. Schneider) – Scholl (J. Bode), Haber, Franck (Pflipsen), Karl (Freund), Heldt – Herrlich, H. Fuchs – K.: Haber – SR: Negreira (Spanien).

38 **Polen**, 25.2., Troisdorf, 2:1 gewonnen: Lehmann (Klos) – N. Schmäler – Stadler, Wörns – Paßlack (Freund), Haber, Poschner (1), Ziege (Heldt), Kranz (1) – Herrlich (Schreiber), H. Fuchs – K.: Poschner – SR: Nilsson (Dänemark).

1998: 5 Spiele: 1 Sieg, 2 Unentschieden, 2 Niederlagen

39 **Marokko**, 4.3., Casablanca, 1:0 gewonnen: Enke (Kampa) – Scherbe (Fahrenhorst) – Keidel, Klitzpera (1) – Bäumer, Dabrowski (Schümann), Nehrbauer, Wiblishauser – Kreuz (Voigt), Reich (Zuraski), Ketelaer – K.: Wiblishauser – SR: Al Muhabid (Tunesien).

40 **Israel**, 14.4., Darmstadt, 1:1 unentschieden: Kampa – Klitzpera (Sahin), Hertzsch, Scherbe (Blank) – Keidel, Nehrbauer (1), Fröhlich (Siedschlag), Dabrowski, Wiblishauser – Ketelaer, Reich – K.: Wiblishauser – SR: Ancion (Belgien).

41 **China**, 15.5., Toulon, 1:1 unentschieden (Turnier): Enke – Hertzsch (1) – Fahrenhorst, Voigt – Blank, Keidel, Dabrowski (Leitl), Nehrbauer, Wiblishauser – Fröhlich (Frommer), Ketelaer (Siedschlag) – K.: Wiblishauser – SR: Monatoku (Südafrika).

42 **Brasilien**, 17.5., Arles, 1:3 verloren (Turnier): Enke – Fahrenhorst – Klitzpera (Hertzsch), Dabrowski – Knoche (Schümann), Nehrbauer (1), Wiblishauser (Fröhlich), Voigt, Blank – Frommer, Ketelaer – K.: Wiblishauser/Nehrbauer – SR: Tott (USA).

43 **Portugal**, 19.5., Mallemort, 0:1 verloren: Enke – Klitzpera, Voigt, Fahrenhorst, Blank – Keidel (Leitl), Nehrbauer, Wiblishauser, Schümann (Fröhlich) – Ketelaer (Knoche), Siedschlag – K.: Wiblishauser – SR: Gallagher (England).

Zu Spielen der Olympiamannschaft wurden berufen:

1 **Allofs** Thomas (1. FC Kaiserslautern), 1983 Jg

3 **Bakalorz** Dirk (Borussia Mönchengladbach 2, Eintracht Frankfurt 1), 1987 G, G – 1988 Nig
14 **Bast** Dieter (VfL Bochum 3, Bayer Leverkusen 11), 1982 H – 1983 Pl, Pg, Tsch, Pg, Jg, Isr – 1984 Fr, Fr, Ch, Ma, Br, SA, Jg
1 **Bäumer** Jens (Karlsruher SC), 1998 Ma
1 **Baumann** Karsten (1. FC Köln), 1990 Pg
2 **Bein** Uwe (Kickers Offenbach), 1983 Tsch, Jg
1 **Bittcher** Ulrich (Schalke 04), 1982 H
4 **Blank** Stefan (Wattenscheid 09), 1998 Isr, Ch, Br, Pg
11 **Bockenfeld** Manfred (Fortuna Düsseldorf), 1983 Pl, Isr, Pg, Jg, Isr – 1984 Fr, Ch, Ma, Br, SA, Jg
2 **Bode** Jörg (Hamburger SV), 1990 Sz – 1992 Sp
20 **Bommer** Rudolf (Fortuna Düsseldorf 11, Bayer Uerdingen 7, Viktoria Aschaffenburg 2), 1983 Tsch, Pg, Jg, Isr – 1984 Fr, Fr, Ch, Ma, Br, SA, Jg – 1987 Isr, H, G, Pl, D, G – 1988 Pl, Nig, It
9 **Borowka** Ulrich (Borussia M'gladbach 1, Werder Bremen 8), 1987 Isr, Tsch, H, G, Pl, D, G – 1988 D, Rum
10 **Brehme** Andreas (1. FC Kaiserslautern), 1983 Tsch, Pg, Jg, Isr – 1984 Fr, Ch, Ma, Br, SA, Jg
9 **Buchwald** Guido (VfB Stuttgart), 1983 Jg, Isr – 1984 Fr, Fr, Ch, Ma, Br, SA, Jg

1 **Criens** Hans-Jörg (Borussia M'gladbach), 1987 Isr

4 **Dabrowski** Christoph (Werder Bremen), 1998 Ma, Isr, Ch, Br
3 **Del'Haye** Carl (Bayern München), 1983 Pl, Pg, Tsch
2 **Dickel** Norbert (Borussia Dortmund), 1987 Rum, Tsch
7 **Dickgießer** Roland (SV Waldhof Mannheim), 1983 Tsch, Pg, Jg, Isr – 1984 Fr, Ch, Br
1 **Dorfner** Hans (Bayern München), 1987 Isr
3 **Dressel** Werner (1. FC Nürnberg), 1982 H – 1983 Pl, Pg

3 **Eckstein** Dieter (1. FC Nürnberg), 1987 Isr – 1988 Pl, Rum
1 **Engels** Stefan (1. FC Köln), 1987 Rum
4 **Enke** Robert (Borussia M'gladbach), 1998 Ma, Ch, Br, Pg

7 **Fach** Holger (Bayer Uerdingen), 1988 Pl, Rum, Ch, Tun, Sd, Sb, Br
4 **Fahrenhorst** Franz (VfL Bochum), 1998 Ma, Ch, Br, Pg
1 **Falkenmayer** Ralf (Eintracht Frankfurt), 1984 Fr
1 **Feinbier** Markus (Bayer Leverkusen), 1990 Tsch
4 **Franck** Thomas (SV Waldhof Mannheim 2, Borussia Dortmund 2), 1990 Sz, Tsch, Pg – 1992 Sp
12 **Franke** Bernd (Eintracht Braunschweig), 1982 H – 1983 Pl, Pg, Isr, Tsch, Pg, Jg – 1984 Fr, Ma, Br, SA, Jg
2 **Freund** Steffen (Schalke 04), 1992 Sp, Pl
2 **Frommer** Nico (VfB Stuttgart), 1998 Ch, Br
4 **Fröhlich** Christian (TSV München 1860), 1998 Isr, Ch, Br, Pg
2 **Fuchs** Henri (1. FC Köln), 1992 Sp, Pl
17 **Funkel** Wolfgang (Bayer Uerdingen), 1987 Isr, Rum, Tsch, H, G, Pl, D, G – 1988 D, Pl, Rum, Nig, Ch, Tun, Sb, Br, It

6 **Geils** Karl-Heinz (Arminia Bielefeld), 1982 H – 1983 Pg, Isr, Tsch, Pg, Isr
9 **Görtz** Armin (1. FC Köln), 1987 D, G – 1988 D, Rum, Ch, Tun, Sd, Sb, Br
14 **Grahammer** Roland (1. FC Nürnberg 8, Bayern München 6), 1987 Isr, Rum, H, G, D, G – 1988 D, Pl, Ch, Tun, Sd, Sb, Br, It
14 **Groh** Jürgen (Hamburger SV), 1982 H – 1983 Pl, Pg, Isr, Pg, Jg, Isr – 1984 Fr, Fr, Ch, Ma, Br, SA, Jg

2 **Haber** Marko (1. FC Kaiserslautern), 1992 Sp, Pl
12 **Häßler** Thomas (1. FC Köln), 1987 H, Pl, D – 1988 D, Pl, Rum, Ch, Tun, Sd, Sb, Br, It
8 **Hartwig** William (Hamburger SV), 1983 Pl, Pg, Isr, Tsch, Pg, Isr – 1984 Fr, Fr
1 **Hausmann** Christian (Bayer Leverkusen), 1987 H
2 **Heck** Werner (1. FC Nürnberg), 1982 H – 1983 Tsch
1 **Heinen** Dirk (Bayer Leverkusen), 1990 Sz
3 **Heldt** Horst (1. FC Köln), 1990 Tsch – 1992 Sp, Pl

3 **Hertzsch** Ingo (Hamburger SV), 1998 Isr, Ch, Br
5 **Herrlich** Heiko (Bayer Leverkusen), 1990 Sz, Tsch, Pg – 1992 Sp, Pl
2 **Hochstätter** Christian (Borussia Mönchengladbach), 1987 Pl – 1988 D
12 **Hörster** Thomas (Bayer Leverkusen), 1987 H, Pl, D, G – 1988 D, Nig, Ch, Tun, Sd, Sb, Br, It
1 **Huber** Lothar (Borussia Dortmund), 1983 Pl
2 **Hubner** Michael (VfL Bochum), 1990 Sz, Tsch
4 **Hupe** Dirk (Arminia Bielefeld), 1982 H – 1983 Pl, Pg, Isr

3 **Janßen** Olaf (1. FC Köln), 1988 Nig, Sb, Br
2 **Junghans** Walter (Schalke 04), 1983 Isr – 1984 Ch

2 **Kampa** Darius (FC Augsburg), 1998 Ma, Isr
8 **Kamps** Uwe (Borussia Mönchengladbach), 1987 Pl – 1988 Nig, Ch, Tun, Sd, Sb, Br, It
1 **Karl** Steffen (Borussia Dortmund), 1992 Sp
2 **Kastner** Frank (Karlsruher SC), 1990 Sz, Tsch
4 **Keidel** Ralf (Newcastle United), 1998 Ma, Isr, Ch, Pg
5 **Ketelaer** Marcel (Borussia M'gladbach), 1998 Ma, Isr, Ch, Br, Pg
1 **Kempe** Thomas (VfL Bochum), 1987 Isr
2 **Klauß** Michael (Bayer Uerdingen), 1990 Sz, Tsch
8 **Kleppinger** Gerhard (Borussia Dortmund 1, Bayer Uerdingen 7), 1988 Pl, Nig, Ch, Tun, Sd, Sb, Br, It
3 **Kliche** Ulf (Bayern München), 1990 Sz, Tsch, Pg
14 **Klinsmann** Jürgen (VfB Stuttgart), 1987 Rum, Tsch, H, G, Pl, D – 1988 D, Rum, Ch, Tun, Sd, Sb, Br, It
4 **Klitzpera** Alexander (Bayern München), 1998 Ma, Isr, Br, Pg
2 **Klos** Stefan (Borussia Dortmund), 1992 Sp, Pl
5 **Klotz** Bernd (Borussia Dortmund), 1982 H – 1983 Pg, Isr, Tsch, Jg
2 **Knoche** Benjamin (Borussia Dortmund), 1998 Br, Pg
1 **Koch** Meinolf (Borussia Dortmund), 1982 H
8 **Köpke** Andreas (1. FC Nürnberg), 1987 H, G, D, G – 1988 D, Pl, Rum, Nig
2 **Kranz** Markus (1 FC Kaiserslautern), 1990 Pg – 1992 Pl
1 **Kreuz** Markus (Hannover 96), 1998 Ma
1 **Kreuzer** Oliver (Karlsruher SC), 1988 Nig
2 **Kroth** Thomas (Hamburger SV), 1987 Tsch, H

3 **Lasser** Thomas (Eintracht Frankfurt), 1990 Sz, Tsch, Pg
5 **Lehmann** Jens (Schalke 04), 1990 Sz, Tsch, Pg – 1992 Sp, Pl
2 **Lehnhoff** Hans-Peter (1. FC Köln), 1987 Isr, Rum
2 **Leitl** Stefan (Bayern München), 1998 Ch, Pg
5 **Lux** Peter (Eintracht Braunschweig), 1983 Jg – 1984 Ch, Ma, Br, SA

20 **Mill** Frank (Borussia M'gladbach 8, Borussia Dortmund 12), 1983 Pg – 1984 Fr, Fr, Ch, Ma, Br, SA, Jg – 1987 Isr, Tsch, G, Pl – 1988 D, Pl, Rum, Ch, Tun, Sd, Br, It
1 **Möhlmann** Benno (Werder Bremen), 1982 H
4 **Mohr** Jürgen (Hertha BSC Berlin), 1982 H – 1983 Pl, Pg, Isr

5 **Nehrbauer** Thorsten (Bayer Leverkusen), 1998 Ma, Isr, Ch, Br, Pg
1 **Neubarth** Frank (Werder Bremen), 1988 D

3 **Ordenewitz** Frank (Werder Bremen), 1987 H, Pl – 1988 Nig
1 **Otten** Johnny (Werder Bremen), 1982 H

2 **Pagelsdorf** Frank (Arminia Bielefeld), 1982 H – 1983 Isr
2 **Paßlack** Stephan (Bayer Uerdingen), 1990 Pg – 1992 Pl
3 **Patzke** Wolfgang (VfL Bochum), 1983 Pl, Pg, Isr
1 **Pflipsen** Karlheinz (Borussia Mönchengladbach), 1992 Sp
3 **Poschner** Gerhard (VfB Stuttgart 1, Borussia Dortmund 2), 1990 Sz, Pg – 1992 Pl

5 **Rahn** Uwe (Borussia Mönchengladbach), 1984 Ch, Ma, Br, SA, Jg
2 **Reich** Marco (1. FC Kaiserslautern), 1998 Ma, Isr
6 **Reinhardt** Alois (Bayer Leverkusen), 1987 Isr, Rum, D, G – 1988 D, Rum
1 **Riedle** Karlheinz (Werder Bremen), 1988 Sb

1 **Sahin** Deniz (Borussia Dortmund), 1998 Isr
2 **Sauer** Gunnar (Werder Bremen), 1988 Pl, Rum
6 **Schäfer** Günther (VfB Stuttgart), 1987 Rum, Tsch, G, Pl, G – 1988 Pl
11 **Schatzschneider** Dieter (Hannover 96 1, Fortuna Köln 2, Hamburger SV 4, Schalke 04 4), 1982 H – 1983 Pl, Pg, Pg, Isr – 1984 Fr, Fr, Ch, Ma, Br, Jg
2 **Scherbe** Jörg (KFC Uerdingen 05), 1998 Ma, Isr
1 **Schlindwein** Dieter (SV Waldhof Mannheim), 1984 Ch
4 **Schmäler** Nils (VfB Stuttgart), 1990 Tsch, Pg – 1992 Sp, Pl
1 **Schmäler** Olaf (VfB Stuttgart), 1990 Pg
1 **Schneider** Uwe (VfB Stuttgart), 1992 Sp
4 **Schön** Alfred (SV Waldhof Mannheim), 1984 Ch, SA – 1987 Tsch, H
1 **Scholl** Mehmet (Karlsruher SC), 1992 Sp
1 **Schreiber** Olaf (FC Carl Zeiss Jena), 1992 Pl
22 **Schreier** Christian (VfL Bochum 6, Bayer Leverkusen 16), 1983 Tsch, Pg, Jg, Isr – 1984 Fr, Fr, Ch, Ma, SA, Jg – 1987 Isr, Rum, Tsch, H, G, Pl, G – 1988 Nig, Ch, Tun, Sd, It
1 **Schulz** Frank (Eintracht Frankfurt), 1987 Tsch
7 **Schulz** Michael (1. FC Kaiserslautern), 1988 Nig, Ch, Tun, Sd, SB, Br, It
3 **Schümann** Rainer (Wattenscheid 09), 1998 Ma, Br, Pg
3 **Siedschlag** Stefan (VfB Lübeck), 1998 Isr, Ch, Pg
2 **Sievers** Ralf (Eintracht Frankfurt), 1987 H – 1988 It
2 **Spanring** Martin (Fortuna Düsseldorf), 1990 Sz, Tsch
4 **Stadler** Joachim (1. FC Kaiserslautern 2, Borussia Mönchengladbach 2), 1990 Sz, Tsch – 1992 Sp, Pl
2 **Steiner** Paul (1. FC Köln), 1987 Rum, Tsch
1 **Sternkopf** Michael (Bayern München), 1990 Pg

2 **Türr** Frank (1. FC Nürnberg), 1990 Sz, Tsch

4 **Voigt** Alexander (1. FC Köln), 1998 Ma, Ch, Br, Pg
3 **Vollack** Werner (Bayer Uerdingen), 1987 Isr, Rum, Tsch

1 **Waas** Herbert (Bayer Leverkusen), 1983 Isr
8 **Walter** Fritz (SV Waldhof Mannheim 1, VfB Stuttgart 7), 1987 Rum, Tsch, G, D, G, H – 1988 Nig, Sd
13 **Wehmeyer** Bernd (Hamburger SV), 1983 Pl, Pg, Isr, Tsch, Pg, Isr – 1984 Fr, Fr, Ch, Ma, Br, SA, Jg
5 **Wiblishauser** Franz (Bayern München), 1998 Ma, Isr, Ch, Br, Pg
5 **Wörns** Christian (SV Waldhof Mannheim 3, Bayer Leverkusen 2), 1990 Sz, Tsch, Pg – 1992 Sp, Pl
11 **Wuttke** Wolfram (1. FC Kaiserslautern), 1987 G, Pl, D – 1988 Pl, Rum, Ch, Tun, Sd, Sb, Br, It

1 **Ziege** Christian (Bayern München), 1992 Pl
1 **Zimmermann** Uwe (SV Waldhof Mannheim), 1987 Tsch
5 **Zorc** Michael (Borussia Dortmund), 1987 Isr, Rum, Tsch, G – 1988 Rum
3 **Zumdick** Ralf (VfL Bochum), 1983 Jg – 1984 Fr – 1987 Isr
1 **Zuraski** Markus (Bayer Leverkusen), 1998 Ma

Alle Torschützen der Olympia-Auswahl
(in alphabetischer Reihenfolge)

Bommer	5	Hertzsch	1	Nehrbauer	2
Brehme	2	Hochstätter	1	Poschner	1
Buchwald	1	Hubner	1	Rahn Uwe	4
Fach	1	Kleppinger	1	Schatzschneider	8
Franck	1	Klinsmann	8	Schreier	6
W. Funkel	2	Klitzpera	1	Waas	1
Görtz	1	Klotz	1	Walter	3
Grahammer	1	Kranz	2	Wuttke	6
Hartwig	1	Mill	10	Eigentore des Gegners	1

Die häufigsten Einsätze in der Olympia-Auswahl

Schreier	22	Groh	14	Häßler	11
Bommer	20	Klinsmann	14	Schatzschneider	11
Mill	20	Wehmeyer	13	Wuttke	11
W. Funkel	17	Franke	12	Brehme	10
Bast	14	Hörster	12		
Grahammer	14	Bockenfeld	11		

Die erfolgreichsten Vereine (Berufungen/Spieler)

Bayer Leverkusen	62 Berufungen/12 Spieler	1. FC Köln	38 Berufungen/10 Spieler
VfB Stuttgart	55 Berufungen/ 9 Spieler	1. FC Kaiserslautern	37 Berufungen/ 8 Spieler
Bayer Uerdingen	47 Berufungen/ 8 Spieler	Borussia Dortmund	37 Berufungen/13 Spieler
Hamburger SV	46 Berufungen/ 7 Spieler	1. FC Nürnberg	26 Berufungen/ 6 Spieler
Bor. M'gladbach	39 Berufungen/11 Spieler	Bayern München	26 Berufungen/ 9 Spieler

KAPITEL 3

DIE DEUTSCHE MEISTERSCHAFT

Ehrentafel

DER DEUTSCHEN MEISTER

1903	VfB Leipzig	1958	FC Schalke 04
1905	Union 92 Berlin	1959	Eintracht Frankfurt
1906	VfB Leipzig	1960	Hamburger SVt
1907	Freiburger FC	1961	1. FC Nürnberg
1908	Viktoria Berlin	1962	1. FC Köln
1909	Phönix Karlsruhe	1963	Borussia Dortmund
1910	Karlsruher FV	1964	1. FC Köln
1911	Viktoria Berlin	1965	Werder Bremen
1912	Holstein Kiel	1966	TSV München 1860
1913	VfB Leipzig	1967	Eintracht Braunschweig
1914	SpVgg Fürth	1968	1. FC Nürnberg
1920	1. FC Nürnberg	1969	Bayern München
1921	1. FC Nürnberg	1970	Borussia Mönchengladbach
1922	kein Meister	1971	Borussia Mönchengladbach
1923	Hamburger SV	1972	Bayern München
1924	1. FC Nürnberg	1973	Bayern München
1925	1. FC Nürnberg	1974	Bayern München
1926	SpVgg Fürth	1975	Borussia Mönchengladbach
1927	1. FC Nürnberg	1976	Borussia Mönchengladbach
1928	Hamburger SV	1977	Borussia Mönchengladbach
1929	SpVgg Fürth	1978	1. FC Köln
1930	Hertha BSC Berlin	1979	Hamburger SV
1931	Hertha BSC Berlin	1980	Bayern München
1932	Bayern München	1981	Bayern München
1933	Fortuna Düsseldorf	1982	Hamburger SV
1934	FC Schalke 04	1983	Hamburger SV
1935	FC Schalke 04	1984	VfB Stuttgart
1936	1. FC Nürnberg	1985	Bayern München
1937	FC Schalke 04	1986	Bayern München
1938	Hannover 96	1987	Bayern München
1939	FC Schalke 04	1988	Werder Bremen
1940	FC Schalke 04	1989	Bayern München
1941	Rapid Wien	1990	Bayern München
1942	FC Schalke 04	1991	1. FC Kaiserslautern
1943	Dresdner SC	1992	VfB Stuttgart
1944	Dresdner SC	1993	Werder Bremen
1948	1. FC Nürnberg	1994	Bayern München
1949	VfR Mannheim	1995	Borussia Dortmund
1950	VfB Stuttgart	1996	Borussia Dortmund
1951	1. FC Kaiserslautern	1997	Bayern München
1952	VfB Stuttgart	1998	1. FC Kaiserslautern
1953	1. FC Kaiserslautern	1999	Bayern München
1954	Hannover 96	2000	Bayern München
1955	Rot-Weiß Essen	2001	Bayern München
1956	Borussia Dortmund	2002	Borussia Dortmund
1957	Borussia Dortmund	2003	Bayern München

Die Meistermannschaften

1903: VfB Leipzig (gegen DFC Prag 7:2):
Dr. Raydt – E. Schmidt, Werner – Rößler, W. Friedrich, O. Braune – Steinbeck, Stanischewski, H. Riso, A. Friedrich, Aßmus – Tore: W. Friedrich, A. Friedrich, H. Riso 3, Stanischewski 2 (Meyer 2) – Hamburg, 31. 5. – Zuschauer: 2000 – SR: Behr (Altona).

1905: Union 92 Berlin (gegen Karlsruher FV 2:0):
Krüger – Köhne, A. Bock – Jurga, Heinrich, Reinecke – R. Bock, Wagenseil, Fröhde, Herzog, Pisarra – Tore: Wagenseil, Herzog – Köln, 21. 5. – Zuschauer: 3500 – SR: Dr. Westendarp (Hamburg).

1906: VfB Leipzig (gegen 1. FC Pforzheim 2:1):
J. Schneider – E. Schmidt, Werner – G. Steinbeck, Oppermann, C. Ugi – Uhle, H. Riso, E. Blüher, Lässig, A. Friedrich – Tore: Blüher, H. Riso (Stöhr) – Nürnberg, 27. 5. – Zuschauer: 1100 – SR: Eickhof (Hamburg).

1907: Freiburger FC (gegen Viktoria 89 Berlin 3:1):
von Goldberger – De Villiers, Falschlunger – Bodenweber, Mayer, Hunn – Haase, Sydler, Dr. Glaser, Hofherr, Burkhart – Tore: Dr. Glaser, Burkhart 2 (Röpnack) – Mannheim, 2. 6. – Zuschauer: 3000 – SR: Eickhof (Hamburg).

1908: Viktoria 89 Berlin (gegen Stuttgarter Kickers 3:0):
Skranowitz – Hahn, Fischer – Moek, Knesebeck, Hunder – Pause, Dumke, Worpitzky, Röpnack, R. Bock – Tore: Worpitzky 2, Röpnack (Ahorn) – Berlin, 7. 6. – Zuschauer 2000 – SR: Götzel (Hamburg).

1909: Phönix Karlsruhe (gegen Viktoria 89 Berlin 4:2):
Michaelis – Karth, Neumaier – Heger, Bayer, Schweinshaut – Wegele, O. Reiser, Leibold, Noe, Oberle – Tore: Bayer, Noe 2, Leipold (Worpitzky, Röpnack) – Breslau, 30. 5. – Zuschauer: 1500 – SR: Hinze (Duisburg).

1910: Karlsruher FV (gegen Holstein Kiel 1:0 n. Verl.):
Dell – Hüber, Hollstein – Ruzek, Breunig, Schwarze – Tscherter, Förderer, Fuchs, Hirsch, Bosch – Tor: Breunig – Köln, 15. 5. – Zuschauer: 5000 – SR: Grafe (Leipzig).

1911: Viktoria 89 Berlin (gegen VfB Leipzig 3:1):
Welkisch – Hahn, Röpnack – Graßmann, Knesebeck, Hunder – Krüger, Dumke, Worpitzky, Kugler, Gasse – Tore: Worpitzky 2, Kugler (Riso) – Dresden, 4. 6. – Zuschauer: 12 000 – SR: Schröder (Mönchengladbach).

1912: Holstein Kiel (gegen Karlsruher FV 1:0):
A. Werner – Homeister, Reese – Dehning, Zinoko, Krogmann – E. Möller, W. Fick, Binder, H. Fick, Borck – Tor: E. Möller – Hamburg, 26. 5. – Zuschauer: 10 000 – SR: Schröder (Mönchengladbach).

1913: VfB Leipzig (gegen Duisburger SV 3:1):
J. Schneider – Dr. Völker, A. Herrmann – Michel, Edy (Pendorf), Hesse – Richter, Paulsen (Paul Pömpner), Völkers, Dolge, A. Friedrich – Tore: Edy, Paulsen, Eigentor Büschner (Fischer I) – München, 11. 5. – Zuschauer: 5000 – SR: Knab (Stuttgart).

1914: SpVgg Fürth (gegen VfB Leipzig 3:2 n. Verl.):
Polenski – Burger, Wellhöfer – Seidel, Riebe, Schmidt – Wunderlich, Franz, Weicz, Hirsch, Jakob – Tore: Franz 2, Weicz (Edy, Hesse) – Magdeburg, 31. 5. – Zuschauer: 6000 – SR: v. Pacquet (Berlin).

1920: 1. FC Nürnberg (gegen SpVgg Fürth 2:0):
Stuhlfauth – Bark, Dr. Steinlein – Kugler, Dr. Kalb, Riegel – Strobel, Popp, Böß, Träg, Szabo – Tore: Szabo, Popp – Frankfurt, 13. 6 – . Zuschauer: 35 000 – SR: Dr. Bauwens(Köln).

1921: 1. FC Nürnberg (gegen Vorwärts Berlin 5:0):
Stuhlfauth – Bark, Kugler – Grünerwald, Dr. Kalb, Riegel – Strobel, Popp, Böß, Träg, Sutor – Tore: Popp 3, Träg 2 – Düsseldorf, 12. 6. – Zuschauer: 22 000 – SR: Dr. Bauwens (Köln).

1922: kein Meister

18. 6. in Berlin: Hamburger SV – 1. FC Nürnberg n. V. 2:2 (nach 189 Minuten abgebrochen) – Hamburg: Martens – Beier, Schmerbach – Flohr, Halvorsen, Krohn – Kolzen, Breuel, Harder, Schneider, Rave – Nürnberg: Stuhlfauth – Bark, Grünerwald – Köpplinger, Kugler, Riegel – Strobel, Popp, Böß, Träg, Sutor – Tore: Rave, Flohr (Träg, Popp), – Zuschauer: 25 000 – SR: Dr. Bauwens (Köln).

6.8. in Leipzig: Hamburger SV – 1. FC Nürnberg n. V. 1:1 (nach 115 Minuten abgebrochen) – Hamburg: gleiche Mannschaft, nur Agte für Schmerbach – Nürnberg: gleiche Mannschaft, nur Reitzenstein für Grünerwald – Tore: Schneider (Träg) – Zuschauer: 50 000 – SR: Dr. Bauwens (Köln). Der DFB erklärte den HSV nach den beiden Spielen zunächst satzungsgemäß zum Meister. Nach Protest des 1. FC Nürnberg wurde das „Hildesheimer Urteil“ wegen falscher Satzungsauslegung wieder aufgehoben und in der Revision in Würzburg beschlossen, dass für 1922 kein Meister ermittelt worden sei. Auf dem Bundestag in Jena im November 1922, auf dem die Meisterfrage nochmals anstand, verzichtete der HSV auf den Titel.

1923: Hamburger SV (gegen Union Oberschöneweide 3:0):

Martens – Beier, Speyer – Carlsson, Halvorsen, Krohn – Kolzen, Breuel, Harder, Schneider, Rave – Tore: Schneider, Harder, Breuel – Berlin, 10. 6. – Zuschauer: 64 000 – SR: Brucker (Stuttgart).

1924: 1. FC Nürnberg (gegen Hamburger SV 2:0):

Stuhlfauth – Bark, Kugler – Schmidt, Dr. Kalb, Riegel – Strobel, Hochgesang, Wieder, Träg, Sutor – Tore: Hochgesang, Strobel – Berlin, 8. 6. – Zuschauer: 35 000 – SR: Seiler (Chemnitz).

1925: 1. FC Nürnberg (gegen FSV Frankfurt 1:0 n. Verl.):

Stuhlfauth – Popp, Kugler – Schmidt, Dr. Kalb, Riegel – Strobel, Wieder, Hochgesang, Träg, Sutor – Tor: Wieder – Frankfurt, 7. 6. – Zuschauer: 50 000 – Schiedsrichter: Guyenz (Essen).

1926: SpVgg Fürth (gegen Hertha BSC Berlin 4:1):

Hörgreen – Müller, Hagen – Kleinlein, Leinberger, Krauß I, Karl Auer, Franz, Seiderer, Ascherl, Kießling – Tore: Seiderer, Auer, Ascherl, Eigentor Domscheid (Sobek) – Frankfurt, 13. 6. – Zuschauer: 40 000 – SR: Spranges (Glauchau).

1927: 1. FC Nürnberg (gegen Hertha BSC Berlin 2:0):

Stuhlfauth – Popp, Winter – Köpplinger, Dr. Kalb, Schmidt – Reinmann, Hochgesang, Schmitt, Wieder, Träg – Tore: Kalb, Träg – Berlin, 12. 6. – Zuschauer: 50 000 – SR: Guyenz (Essen).

1928: Hamburger SV (gegen Hertha BSC Berlin 5:2):

Blunk – Beier, Risse – Lang, Halvorsen, Carlsson – Kolzen, Ziegenspeck, Harder, Horn, Rave – Tore: Kotzen 2, Harder, Horn, Rave (Kirsei, Grenzel) – Hamburg, 29. 7. – Zuschauer: 50 000 – SR: Maul (Nürnberg).

1929: SpVgg Fürth (gegen Hertha BSC Berlin 3:2):

Neger – Hagen, Kraus I – Röschke, Leinberger, Krauß II – Heinrich Auer, Rupprecht, Franz, Frank, Kießling – Tore: Auer, Frank, Rupprecht (Sobek 2) – Nürnberg, 28. 7. – Zuschauer: 50 000 – SR: Dr. Bauwens (Köln).

1930: Hertha BSC Berlin (gegen Holstein Kiel 5:4):

Gehlhaar – Völker, Wilhelm – Leuschner, Müller, Radecke – Ruch, Sobek, Lehmann, Kirsei, Hahn – Tore: Ruch 2, Sobek, Lehmann, Kirsei (Ritter 2, Ludwig, Widmaier) – Düsseldorf, 22. 6. – Zuschauer: 45 000 – SR: Guyenz (Essen).

1931: Hertha BSC Berlin (gegen SV München 1860 3:2):

Gehlhaar – Völker, Wilhelm – Appel, Müller, Stahr – Ruch, Sobek, Lehmann, Kirsei, Hahn – Tore: Sobek, Kirsei, Lehmann (Oeldenberger, Lachner) – Köln, 14. 6. – Zuschauer: 60 000 – SR: Fissenwerth (Köln).

1932: Bayern München (gegen Eintracht Frankfurt 2:0):

Lechler – Haringer, Heidkamp – Breindl, Goldbrunner, Nagelschmitz – Bergmaier, Krumm, Rohr, Schmid, Welker – Tore: Rohr, Krumm – Nürnberg, 12. 6. – Zuschauer: 55 000 – SR: Birlem (Berlin).

1933: Fortuna Düsseldorf (gegen FC Schalke 04 3:0):
Pesch – Trautwein, Bornefeld – Janes, Bender, Breuer – Mehl, Wigold, Hochgesang, Zwolanowski, Kobierski – Tore Zwolanowski, Mehl, Hochgesang – Köln, 11. 6. – Zuschauer: 60 000 – SR: Birlem (Berlin).

1934: FC Schalke 04 (gegen 1. FC Nürnberg 2:1):
Mellage – Bornemann, Zajons – Tibulski, Szepan, Valentin – Kalwitzki, Urban, Nattkemper, Kuzorra, Rothardt – Tore: Szepan, Kuzorra (Friedel) – Berlin, 24. 6. – Zuschauer: 45 000 – SR: Birlem (Berlin).

1935: FC Schalke 04 (gegen VfB Stuttgart 6:4):
Mellage – Bornemann, Nattkemper – Tibulski, Szepan, Valentin – Kalwitzki, Gellesch, Pörtgen, Kuzorra, Urban – Tore: Pörtgen 3, Urban, Gellesch, Kalwitzki (Bökle 2, Koch, Rutz) – Köln, 23. 6. – Zuschauer: 74 000 – SR: Best (Frankfurt/Main).

1936: 1. FC Nürnberg (gegen Fortuna Düsseldorf 2:1 n. Verl.):
Köhl – Billmann, Munkert – Uebelein I, Carolin, Oehm – Gußner, Eiberger, Friedel, Schmitt, Schwab – Tore: Eiberger, Gußner (Nachtigall) – Berlin, 21. 6. – Zuschauer: 45 000 – SR: Birlem (Berlin).

1937: FC Schalke 04 (gegen 1. FC Nürnberg 2:0):
Klodt – Bornemann, Schweißfurt – Gellesch, Tibulski, Berg – Kalwitzki, Szepan, Pörtgen, Kuzorra, Urban – Tore: Pörtgen, Kalwitzki – Berlin, 20. 6. – Zuschauer: 100 000 – SR: Birlem (Berlin).

1938: Hannover 96 (gegen FC Schalke 04 3:3 n. Verl. und 4:3 n. Verl.):
Pritzer – Sievert, Petzold – Jacobs, Ernst Deike, Männer – Malecki, Pöhler, Erich Meng, Lay, Richard Meng – Tore im 1. Spiel: R. Meng, E. Meng, Eigentor Gellesch (Pörtgen 2, Kalwitzki); im 2. Spiel:: Lay, R. Meng, Jacobs, E. Meng (Kuzorra 2, Szepan) – Berlin, 26. 6. und 3. 7. – Zuschauer. Zwei Mal 100 000 – SR im 1. Spiel: Peters (Berlin); im 2. Spiel: Grabler (Regensburg).

1939: FC Schalke 04 (gegen Admira Wien 9:0):
Klodt – Bornemann, Schweißfurt – Gellesch, Tibulski, Berg – Eppenhoff, Szepan, Kalwitzki, Kuzorra, Urban – Tore: Kalwitzki 5, Urban, Tibulski, Kuzorra, Szepan – Berlin, 18. 6. – Zuschauer: 100 000 – SR: Schulz (Dresden).

1940: FC Schalke 04 (gegen Dresdner SC 1:0):
Klodt – Bornemann, Hinz – Füller, Tibulski, Burdenski – Eppenhoff, Szepan, Kalwitzki, Kuzorra, Schuh – Tor: Kalwitzki – Berlin, 21. 7. – Zuschauer: 95 000 – SR: Stark (München).

1941: Rapid Wien (gegen FC Schalke 04 4:3):
Raftl – Wagner II, Sperner – Wagner I, Gernhardt, Skoumal – Fitz, Schors, Binder, Dvoracek, Pesser – Tore: Binder 3, Schors (Hinz 2, Eppenhoff) – Berlin, 22. 6. – Zuschauer: 95 000 – SR: Reinhardt (Stuttgart).

1942: FC Schalke 04 (gegen First Vienna FC 2:0):
Flotho – Hinz, Schweißfurt – Bornemann, Tibulski, Burdenski – Kalwitzki, Szepan, Eppenhoff, Kuzorra, Urban – Tore: Kalwitzki, Szepan – Berlin, 5. 7. – Zuschauer: 90 000 – SR: Boullion (Königsberg).

1943: Dresdner SC (gegen FV Saarbrücken 3:0):
Kreß – Pechan, Hempel – Pohl, Dzur, Schubert – Kugler, Schaffer, Hofmann, Schön, Erdl – Tore: Erdl, Schubert, Kugler – Berlin, 27. 6. – Zuschauer: 80 000 – SR: Raspel (Düsseldorf).

1944: Dresdner SC (gegen LSV Hamburg 4:0):
Kreß – Belger, Hempel – Pohl, Dzur, Schubert – Voigtmann, Schön, Machate, Hofmann, Schaffer – Tore: Schaffer 2, Voigtmann, Schön – Berlin, 18. 6. – Zuschauer: 70 000 – SR: Trompeter (Köln).

1948: 1. FC Nürnberg (gegen 1. FC Kaiserslautern 2:1):
Schaffer – Uebelein I, Knoll – Bergner, Kennemann, Gebhardt – Herbolsheimer, Morlock, Pöschl, Winterstein, Hagen – Tore: Winterstein, Pöschl (Eigentor Uebelein I) – Köln, 8. 8. – Zuschauer: 75 000 – SR: Burmeister (Hamburg) – Trainer: Josef Schmitt.

1949: VfR Mannheim (gegen Borussia Dortmund 3:2 n. Verl.):
Jöckel – Rößling, Henninger – Maier, Keuerleber, Müller – Bolleyer, Langlotz, Löttke, Stiefvater, de la Vigne – Tore: Löttke 2, Langlotz (Erdmann 2) – Stuttgart, 10. 7. – Zuschauer: 92 000 – SR: Zacher (Berlin) – Trainer: Hans Schmidt.

1950: VfB Stuttgart (gegen Kickers Offenbach 2:1):
Schmid – Retter, Steimle – Otterbach, Ledl, Barufka – Läpple, Schlienz, Bühler, Baitinger, Blessing – Tore: Läpple, Bühler (Buhtz) – Berlin, 25. 6. – Zuschauer: 86 000 – SR: Kormannshaus (Gohfeld) – Trainer: Georg Wurzer.

1951: 1. FC Kaiserslautern (gegen Preußen Münster 2:1):
Adam – Rasch, Kohlmeyer – E. Liebrich, W. Liebrich, Jergens – Eckel, F. Walter, O. Walter, Baßler, Fuchs – Tore: O. Walter 2, (Gerritzen) – Berlin, 30. 6. – Zuschauer: 85 000 – SR: Reinhardt (Stuttgart) – Trainer;: Richard Schneider

1952: VfB Stuttgart (gegen 1. FC Saarbrücken 3:2):
Bögelein – Krauß, Steimle – Schlienz, Retter, Barufka – Baitinger, L. Kronenbitter, Wehrle, Krieger, Blessing – Tore: Baitinger 2, Schlienz (Schreiner, Martin) – Ludwigshafen, 22. 6. – Zuschauer: 80 000 – SR: Nettekoven (Bonn) – Trainer: Georg Wurzer.

1953: 1. FC Kaiserslautern (gegen VfB Stuttgart 4:1):
Hölz – E. Liebrich, Kohlmeyer – Eckel, W. Liebrich, Render – Scheffler, F. Walter, O. Walter, Wenzel, Wanger – Tore: F. Walter, Wanger, Scheffler, Wenzel (L. Kronenbitter) – Berlin, 21. 6. – Zuschauer: 80 000 – SR: Ternieden (Oberhausen) – Trainer: Richard Schneider.

1954: Hannover 96 (gegen 1. FC Kaiserslautern 5:1):
Krämer – Geruschke, Kirk – Müller, Bothe, Gehrke – Wewetzer, Paetz, Tkotz, Zielinski, Kruhl – Tore: Tkotz, Wewetzer, Kruhl, Paetz, Eigentor Kohlmeyer (Eckel) – Hamburg, 23. 5. – Zuschauer: 76 000 – SR: Schmetzer (Mannheim) – Trainer: Helmut Kronsbein.

1955: Rot-Weiß Essen (gegen 1. FC Kaiserslautern 4:3):
Herkenrath – Jänisch, Köchling – Jahnel, Wewers, Grewer – Rahn, Islacker, Gottschalk, Röhrig, Termath – Tore: Islacker 3, Röhrig (Wenzel 2, Baßler) – Hannover, 26. 6. – Zuschauer: 76 000 – SR: Meißner (Nürnberg) – Trainer: Fritz Szepan.

1956: Borussia Dortmund (gegen Karlsruher SC 4:2):
Kwiatkowski – Burgsmüller, Sandmann – Schiebrowski, Michallek, Bracht – Peters, Preißler, Kelbassa, Niepieklo, Kapitulski – Tore: Niepieklo, Kelbassa, Preißler, Peters (Kunkel, Eigentor Burgsmüller) – Berlin, 24. 6. – Zuschauer: 75 000 – SR: Dusch (Kaiserslautern) – Trainer: Helmut Schneider.

1957: Borussia Dortmund (gegen Hamburger SV 4:1)
Kwiatkowski – Burgsmüller, Sandmann – Schlebrowski, Michallek, Bracht – Peters, Preißler, Kelbassa, Niepieklo, Kapitulski – Tore: Kelbassa 2, Niepieklo 2 (Krug) – Hannover, 23. 6. – Zuschauer: 76 000 – SR: Dusch (Kaiserslautern) – Trainer: Helmut Schneider.

1958: FC Schalke 04 (gegen Hamburger SV 3:0):
Orzessek – Sadlowski, Brocker – Borutta, O. Laszig, Karnhof – Koslowski, Kördell, Siebert, Kreuz, Klodt – Tore: Klodt 2, Kreuz – Hannover, 18. 5. – Zuschauer: 80 000 – SR: Dusch (Kaiserslautern) – Trainer Edmund Frühwirth.

1959: Eintracht Frankfurt (gegen Kickers Offenbach 5:3 n. Verl.):
Loy – Eigenbrodt, Höfer – Stinka, Lutz, Weilbächer – Kreß, Sztani, Feigenspan, Lindner, Pfaff – Tore: Feigenspan 3, Sztani 2 (Kraus, Preisendörfer, Gast) – Berlin, 28. 6. – Zuschauer: 75 000 – SR: Asmussen (Flensburg) – Trainer: Paul Oßwald.

1960: Hamburger SV (gegen 1. FC Köln 3:2):
Schnoor – Piechowiak, Krug – Werner, Meinke, D. Seeler – Neisner, Dehn, U. Seeler, Stürmer, Dörfel – Tore: U. Seeler 2, Dörfel (Breuer, Müller) – Frankfurt, 25. 6. – Zuschauer: 71 000 – SR: Kandlbinder (Regensburg) – Trainer: Günther Mahlmann.

1961: 1. FC Nürnberg (gegen Borussia Dortmund 3:0):
Wabra – Derbfuß, Hilpert – Zenger, Wenauer, Reisch – Flachenecker, Morlock, Strehl, Müller, Haseneder – Tore: Haseneder, Müller, Strehl – Hannover, 24. 6. – Zuschauer: 82 000 – SR: Schulenburg (Hamburg) – Trainer: Herbert Widmayer.

1962: 1. FC Köln (gegen 1. FC Nürnberg 4:0):
Ewert – Pott, Schnellinger – Hemmersbach, Wilden, Sturm – Thielen, Habig, Müller, Schäfer, Breuer – Tore: Habig 2, Schäfer, Pott – Berlin, 12. 5. – Zuschauer. 82 000 – SR: Dusch (Kaiserslautern) – Trainer: Zlatko Cajkovski.

1963: Borussia Dortmund (gegen 1. FC Köln 3:1):
Wessel – Burgsmüller, Geisler – Bracht, Paul, Kurrat – Wosab, Schmidt, Schütz, Konietzka, Cyliax – Tore: Kurrat, Wosab, Schmidt (Schnellinger) – Stuttgart, 29. 6. – Zuschauer. 75 000 – SR: Tschenscher (Mannheim) – Trainer: Hermann Eppenhoff.

1963 fand das letzte Endspiel um die Deutsche Meisterschaft statt. Ab 1963/64 wird der Meister in einer Bundesliga mit 16 Vereinen (ab 1965/66 mit 18 Vereinen) ermittelt. – Da es keine Endspielmannschaften mehr gibt, werden ab jetzt alle im Verlauf der Saison eingesetzten Spieler der Meisterklubs aufgeführt.

1964: 1. FC Köln
Ewert, Schumacher – Hemmersbach, Pott, Regh – Benthaus, Weber, Sturm, Wilden – Hornig, Müller, Overath, Ripkens, Schäfer, Thielen – Trainer: Georg Knöpfle.

1965: Werder Bremen
Bernard – Bordel, Höttges, Piontek – Jagielski, Lorenz, Schimeczek, Steinmann – Ferner, Hänel, Klöckner, Matischak, Schütz, Schulz, Soya, Thun, Zebrowski – Trainer: Willi Multhaup.

1966: TSV München 1860
Radenkovic – Patzke, Steiner, Wagner – Luttrop, Perusic, Reich, Zeiser – Brunnenmeier, Grosser, Heiß, Kohlars, Konietzka, Küppers, Rebele – Trainer: Max Merkel.

1967: Eintracht Braunschweig
Wolter, Jäcker – Brase, Meyer, Moll – Bäse, Kaack, Matz, Schmidt – Dulz, Gerwien, Grzyb, Krause, Maas, Saborowski, Ulsaß – Trainer: Helmut Johannsen.

1968: 1. FC Nürnberg
Wabra, Toth – Hilpert, Leupold, Popp – Ferschl, L. Müller, Wenauer – Brungs, Cebinac, H. Müller, Schöll, Starek, Strehl, Volkert – Max Merkel.

1969: Bayern München
Maier – Kupferschmidt, Pumm – Beckenbauer, Olk, Schmidt, Schwarzenbeck – Brenninger, Jung, G. Müller, Ohlhauser, Roth, Starek – Trainer: Branko Zebec.

1970: Borussia Mönchengladbach
Kleff, Danner – Bleidick, Vogts, Zimmermann – Dietrich, Kracke, L. Müller, Sieloff, Spinnler – Kaiser, Köppel, Laumen, Le Fevre, Meyer, Netzer, Schäfer, Wimmer – Trainer: Hennes Weisweiler.

1971: Borussia Mönchengladbach
Kleff – Bleidick, Vogts, Wittmann – L. Müller, Sieloff, Wimmer – Bonhof, Dietrich, Heynckes, Köppel, Laumen, Le Fevre, Netzer, Wloka – Trainer: Hennes Weisweiler.

1972: Bayern München
Maier, Seifert – Breitner, Hansen, Koppenhöfer, Rybarczyk – Beckenbauer, Roth, Schwarzenbeck – Gerber, U. Hoeneß, Hoffmann, Krauthausen, G. Müller, Schneider, Sühnholz, Zobel – Trainer: Udo Lattek.

1973: Bayern München
Maier – Breitner, Hansen, Rybarczyk, Zimmermann – Beckenbauer, Schwarzenbeck, Rohr, Roth – Dürnberger, U. Hoeneß, Hoffmann, Jörg, Krauthausen, G. Müller, Schneider, Zobel – Trainer: Udo Lattek.

1974: Bayern München
Maier – Breitner, Hansen, Jensen, Kapellmann, Rohr – Beckenbauer, Schwarzenbeck, Roth – Dürnberger, Gersdorff, Hadewicz, U. Hoeneß, Hoffmann, G. Müller, Schneider, Torstensson, Zimmermann, Zobel – Trainer: Udo Lattek.

1975: Borussia Mönchengladbach
Kleff – Klinkhammer, Surau, Schäffer, Vogts – Bonhof, Danner, Posner, Wittkamp – Del'Haye, Heynckes, Hilkes, Jensen, Köppel, Köstner, Kulik, Simonsen, Stielike, Wimmer – Trainer: Hennes Weisweiler.

1976: Borussia Mönchengladbach
Kleff – Klinkhammer, Surau, Vogts – Bonhof, Danner, Ringels, Schäffer, Wittkamp, Wohlers – Del'Haye, Hannes, Heynckes, Jensen, Köppel, Kulik, Simonsen, Stielike, Wimmer – Trainer: Udo Lattek.

1977: Borussia Mönchengladbach
Kneib – Klinkhammer, Ringels, Vogts – Bonhof, Danner, Kulik, Schäffer, Wittkamp – Del'Haye, Hannes, Heidenreich, Heynckes, Köppel, Nielsen, Simonsen, Stielike, Wimmer, Wohlers – Trainer: Udo Lattek.

1978: 1. FC Köln
Schumacher – Hein, Konopka, Nicot, Zimmermann – Cullmann, Gerber, Glowacz, Simmet, Strack – Flohe, Löhr, D. Müller, Neumann, Okudera, Prestin, Van Gool, Willmer – Trainer: Hennes Weisweiler.

1979: Hamburger SV
Kargus – Hidien, Kaltz, Ripp – Beginski, Bertl, Buljan, Memering, Nogly – Hartwig, Hrubesch, Keegan, Magath, Plücken, Reimann, Wehmeyer – Trainer: Branko Zebec.

1980: Bayern München
Junghans, M. Müller – Dremmler, Gruber, Horsmann, Weiner – Aas, Augenthaler, Breitner, Kraus, Niedermayer, Schwarzenbeck – Dürnberger, D. Hoeneß, Janzon, Oblak, Reisinger, K.-H. Rummenigge – Trainer: Pal Csernai.

1981: Bayern München
Junghans, M. Müller – Dremmler, Horsmann – Aas, Augenthaler, Breitner, Dürnberger, Güttler, Kraus, Niedermayer, Röber, Weiner – Del'Haye, D. Hoeneß, Janzon, Mathy, Rautiainen, K.-H. Rummenigge – Trainer: Pal Csernai.

1982: Hamburger SV
Stein – Beckenbauer, Hidien, Hieronymus, Jakobs, Kaltz, Wehmeyer – Djordjevic, Groh, Hartwig, Kramer, Magath, Memering, Milewski, Schröder – Bastrup, Dreßel, von Heesen, Hrubesch – Trainer: Ernst Happel.

1983: Hamburger SV
Stein – Hieronymus, Jakobs, Kaltz, Schröder, Wehmeyer – Groh, Hartwig, von Heesen, Magath, Rolff, Schmidt – Bastrup, Djordjevic, Hansen, Hrubesch, Milewski – Trainer: Ernst Happel.

1984: VfB Stuttgart
Roleder, Jäger – Buchwald, B. Förster, Kh. Förster, Makan, Schäfer – Allgöwer, Kempe, Ohlicher, Niedermayer, Sigurvinsson, Zietsch – Corneliusson, Glückler, Kelsch, Lorch, A. Müller, Reichert – Trainer: Helmut Benthaus.

1985: Bayern München
Pfaff, Aumann – Augenthaler, Beierlorzer, Eder, Dremmler, Dürnberger, Grobe, Martin, Pflügler, Willmer – Lerby, Mathy, Matthäus, Nachtweih – D. Hoeneß, Kögl, M. Rummenigge, Wohlfarth – Trainer: Udo Lattek.

1986: Bayern München
Pfaff, Aumann – Augenthaler, Beierlorzer, Dremmler, Eder, Nachtweih, Pflügler, Winklhofer – Flick, Lerby, Matthäus, Schwabl, Willmer – Mathy, Hartmann, D. Hoeneß, Kögl, M. Rummenigge, Wohlfarth – Trainer: Udo Lattek.

1987: Bayern München

Pfaff – Augenthaler, Bayerschmidt, Eder, Flick, Nachtweih, Pflügler, Willmer, Winklhofer – Brehme, Dorfner, Mathy, Matthäus, M. Rummenigge – Hartmann, D. Hoeneß, Kögl, Lunde, Wohlfarth – Trainer: Udo Lattek.

1988: Werder Bremen

Reck, Burdenski – Bratseth, Kutzop, Otten, Ruländer, Sauer, Schaaf – Borowka, Eilts, Hermann, Meier, Möhlmann, Votava, Wolter – Burgsmüller, Neubarth, Ordenewitz, Riedle – Trainer: Otto Rehhagel.

1989: Bayern München

Aumann – Augenthaler, Flick, Grahammer, Johnsen, Nachtweih, Pflügler, Reuter, Winklhofer – Dorfner, Eck, Kögl, Thon – Ekström, Wegmann, Wohlfarth – Trainer: Josef Heynckes.

1990: Bayern München

Aumann, Scheuer – Augenthaler, Kastenmaier, Kohler, Pflügler, Reuter – Dorfner, Flick, Grahammer, Johnsen, Kögl, Schwabl, Strunz, Thon – Bender, McInally, Mihajlovic, Wohlfarth – Trainer: Josef Heynckes.

1991: 1. FC Kaiserslautern

Ehrmann, Serr – Friedmann, Haber, Kadlec, Lutz, Stumpf – Dooley, Ernst, Goldbaek, Krämer, Kranz, Lelle, Richter, Roos, Scherr, Schupp, Stadler, Zimmermann – Hoffmann, Hotic, Kuntz, Labbadia, Winkler – Trainer: Karlheinz Feldkamp.

1992: VfB Stuttgart

Immel – Buchwald, Dubajic, Frontzeck, Schäfer, N. Schmäler, U. Schneider, Strehmel – Buck, Gaudino, Kögl, Kramny, Mayer, Sammer, Th. Schneider – Kastl, Kienle, Sverrisson, F. Walter – Trainer: Christoph Daum.

1993: Werder Bremen

Reck, Gundelach – Beiersdorfer, Borowka, Bratseth – Bockenfeld, Eilts, Harttgen, Hermann, Legat, Neubarth, Schaaf, Votava, Wolter – K. Allofs, Bode, Herzog, Hobsch, Krohn, van Lent, Rufer – Trainer: Otto Rehhagel.

1994: Bayern München

Aumann, Gospodarek – Helmer, Jorginho, Kreuzer, Matthäus, Münch, Thon, Wouters – Frey, Hamann, Nerlinger, Scholl, Schupp, Zickler, Ziege – Cerny, Labbadia, Mazinho, Sternkopf, Valencia, Witeczek – Trainer: Erich Ribbeck/Franz Beckenbauer.

1995: Borussia Dortmund

Klos – Cesar, Kree, Kutowski, Reuter, Sammer, Schmidt, Zelic – Arnold, Franck, Freund, Kurz, Mallam, Möller, Povlsen, K. Reinhardt, Riethmann, Tanko, Zorc – Chapuisat, Ricken, Riedle, Tretschok – Trainer: Ottmar Hitzfeld.

1996: Borussia Dortmund

Klos, de Beer, Schumacher – Cesar, Kohler, Kree, Kutowski, Sammer, Schmidt – Berger, Heinrich, Franck, Freund, Mallam, Möller, K. Reinhardt, Reuter, Ricken, Sosa, Tretschok, Wolters, Zorc – Chapuisat, Herrlich, L. Müller, Riedle, Tanko – Trainer: Ottmar Hitzfeld.

1997: Bayern München

Kahn, Scheuer – Babbel, Helmer, Kreuzer, Kuffour, Matthäus, Münch, Strunz – Basler, Gerster, Hamann, Nerlinger, Scholl, Ziege – Jancker, Klinsmann, Lakies, Rizzitelli, Witeczek, Zickler – Trainer: Giovanni Trapattoni.

1998: 1. FC Kaiserslautern

Reinke, Szücs – Hrutka, Kadlec, Koch, Lutz, Roos, Schjönberg, Schäfer – Ballack, Brehme, Buck, Greiner, Hristov, Ojigwe, Ratinho, Riedl, Sforza, Wagner – Ertl, Kuka, Marschall, Reich, Rische – Trainer: Otto Rehhagel.

1999: Bayern München

Kahn, Dreher, Scheuer – Babbel, Helmer, Johansson, Kuffour, Linke, Lizarazu, Matthäus, Tarnat – Basler, Effenberg, Fink, Jarolim, Jeremies, Scholl, Strunz – Bugera, Daei, Elber, Göktan, Jancker, Salihamidzic, Zickler – Trainer: Ottmar Hitzfeld.

2000: Bayern München

Kahn, Dreher, Wessels – Andersson, Babbel, Kuffour, Linke, Lizarazu, Matthäus – Basler, Effenberg, Fink, Jeremies, Scholl, Sergio, Strunz, Tarnat, Wiesinger – Elber, Jancker, Salihamidzic, Santa Cruz, Zickler – Trainer: Ottmar Hitzfeld.

2001: Bayern München

Kahn, Dreher, Wessels – Andersson, Kuffour, Linke, Sagnol, Sforza – Effenberg, Fink, Hargreaves, Jeremies, Lizarazu, Salihamidzic, Scholl, Strunz, Tarnat, Wiesinger – Elber, Göktan, Jancker, di Salvo, Santa Cruz, Sergio, Zickler – Trainer: Ottmar Hitzfeld.

2002: Borussia Dortmund

Lehmann, Laux – Kohler, Madouni, Metzelder, Reuter, Wörns – Bugri, Dede, Evanilson, Heinrich, Kehl, Oliseh, Ricken, Rosicky, Stevic – Addo, Amoroso, Bobic, Ewerthon, Herrlich, Koller, Odonkor, Reina, Sörensen– Trainer: Matthias Sammer.

2003: Bayern München

Kahn, Wessels – R. Kovac, Kuffour, Linke, Sagnol – Ballack, Deisler, Feulner, Fink, Hargreaves, Jeremies, N. Kovac, Lizarazu, Salihamidzic, Scholl, Schweinsteiger, Tarnat, Thiam, Zé Roberto – Elber, Misimovic, Pizarro, Santa Cruz, Trochowski, Zickler – Trainer: Ottmar Hitzfeld.

Die Endrundenspiele von 1903 bis 1963

1903

Vorrunde: Altonaer FC 93 – Viktoria Magdeburg 8:1; DFC Prag – Karlsruher FV ausgef. (und fürs Halbfinale erneut angesetzt); Britannia Berlin – VfB Leipzig 1:3.
Halbfinale: VfB Leipzig – Altonaer FC 93 6:3; DFC Prag – Karlsruher FV (KFV nicht angetreten).
Endspiel: VfB Leipzig – DFC Prag 7:2.

1904

Vorrunde: Germania Hamburg – ASC Hannover 11:0; Britannia Berlin – Karlsruher FV 6:1; Duisburger SV – Kasseler FV 5:3; VfB Leipzig – Viktoria Magdeburg 1:0.
Halbfinale: Germania Hamburg – Britannia Berlin 1:3; VfB Leipzig – Duisburger SV n. V. 3:2.
Endspiel: VfB Leipzig – Britannia Berlin ausgefallen. Kein Meister!

Der DFB hatte in seiner Ausschreibung die Austragung der Spiele auf neutralen Plätzen angeordnet, sich aber selbst nicht daran gehalten. Dagegen protestierte der Karlsruher FV, der in der 1. Runde in Berlin gegen Britannia antreten musste. Der DFB, der seinen Bundestag anläßlich des Endspiels in Kassel abhielt, entschied am Vormittag, das Finale ausfallen zu lassen, und erklärte gleichzeitig alle vorangegangenen Endrundenspiele für ungültig.

1905

1. Vorrunde: Schlesien Breslau – Alemannia Cottbus 5:1; Eintracht Braunschweig – Hannover 96 3:2; Schlesien Breslau verzichtete gegen Viktoria Magdeburg.
2. Vorrunde: Eintracht Braunschweig – Viktoria Magdeburg n. V. 2:1.
Viertelfinale: VfB Leipzig verzichtete gegen Eintracht Braunschweig, dafür:Union 92 Berlin – Eintracht Braunschweig 4:1; Karlsruher FV – Duisburger FV 1:0; Dresdner SC – Victoria Hamburg.
Halbfinale: Union 92 Berlin – Dresdner SC 5:2; Freilos: Karlsruher FV.
Endspiel: Union 92 Berlin – Karlsruher FV 2:0.

1906

Vorrunde: VfB Leipzig – Norden-Nordwest Berlin 9:1; Victoria Hamburg – Union 92 Berlin 1:3; Hertha 92 Berlin – Schlesien Breslau 7:1; 1. FC Pforzheim – Kölner FC 99 n. V. 4:2.
Halbfinale: Hertha 92 Berlin – VfB Leipzig 2:3; 1. FC Pforzheim – Union 92 Berlin 4:0.
Endspiel: VfB Leipzig – 1. FC Pforzheim 2:1.

1907

Vorrunde: Viktoria 89 Berlin – Schlesien Breslau 2:1; Victoria Hamburg – Düsseldorfer FC 99 8:1, Freilose: Freiburger FC, VfB Leipzig.
Halbfinale: Victoria Hamburg – Viktoria 89 Berlin 1:4; Freiburger FC – VfB Leipzig 3:2.
Endspiel: Freiburger FC – Viktoria 89 Berlin 3:1.

1908

Vorrunde: Freiburger FC – Stuttgarter Kickers 1:0 vom DFB annulliert, Wiederholung: 1:5); VfB Königsberg – Viktoria 89 Berlin 0:7; Duisburger SV – Eintracht Braunschweig 1:0; VfR Breslau – Wacker Leipzig 1:3.
Halbfinale: Stuttgarter Kickers – Duisburger SV 5:1; Viktoria 89 Berlin – Wacker Leipzig 4:0.
Endspiel: Viktoria 89 Berlin – Stuttgarter Kickers 3:0.

1909

Vorrunde: Altonaer FC 93 – Tasmania Berlin-Rixdorf 4:3; SC Erfurt – Alemannia Cottbus n. V. 4:3; Phönix Karlsruhe – FC M.-Gladbach 5:0; VfB Königsberg – Viktoria 89 Berlin 1:12.
Halbfinale: Viktoria 89 Berlin – Altonaer FC 93 7:0; Phönix Karlsruhe – SC Erfurt 9:1.
Endspiel: Phönix Karlsruhe – Viktoria 89 Berlin 4:2.

1910

Qualifikation: Prussia-Samland Königsberg – Tasmania Berlin-Rixdorf 1:5.
Vorrunde: Karlsruher FV – Duisburger SpV 1:0; VfB Leipzig – Phönix Karlsruhe 1:2; Holstein Kiel – Preußen Berlin 4:1; Tasmania Berlin-Rixdorf – VfR Breslau 2:1.
Halbfinale: Holstein Kiel – Tasmania Berlin-Rixdorf 6:0; Karlsruher FV – Phönix Karlsruhe 2:1.
Endspiel: Karlsruher FV – Holstein Kiel n. V. 1:0.

1911

Vorrunde: Lituania Tilsit verzichtete gegen Viktoria 89 Berlin; Karlsruher FV – Tasmania Berlin-Rixdorf 4:0, Holstein Kiel – Duisburger SpV 3:1; VfB Leipzig – Askania Forst 3:2.
Halbfinale: VfB Leipzig – Karlsruher FV 2:0; Viktoria 89 Berlin – Holstein Kiel 4:0.
Endspiel: Viktoria 89 Berlin – VfB Leipzig 3:1.

1912

Vorrunde: SpVgg Leipzig – ATV Liegnitz 3:2; BuEV Danzig – Viktoria 89 Berlin 0:7; Holstein Kiel – Preußen Berlin 2:1; Karlsruher FV – Kölner BC 8:1.
Halbfinale: Karlsruher FV – SpVgg Leipzig 3:1, Viktoria 89 Berlin – Holstein Kiel n. V. 1:2.
Endspiel: Holstein Kiel – Karlsruher FV 1:0.

1913

Vorrunde: Viktoria 89 Berlin – Prussia Samland Königsberg 6:1; Duisburger SV – Stuttgarter Kickers 2:1; VfB Leipzig – Askania Forst 5:1; Eintracht Braunschweig konnte nicht teilnehmen, da der Nordmeister nicht rechtzeitig ermittelt worden war.
Halbfinale: Duisburger SV – Holstein Kiel 2:1; VfB Leipzig – Viktoria 89 Berlin 3:1.
Endspiel: VfB Leipzig – Duisburger SV 3:1.

1914

Vorrunde: Prussia-Samland Königsberg – VfB Leipzig 1:4; Duisburger SV – Altonaer FC 93 n. V. 4:1; Berliner BC – Askania Forst 4:0; SpVgg Leipzig – SpVgg Fürth 1:2.
Halbfinale: SpVgg Fürth – Berliner BC n. V. 4:3; VfB Leipzig – Duisburger SV 1:0.
Endspiel: SpVgg Fürth – VfB Leipzig n. V. 3:2.

Von 1915 bis 1919

wurden keine Spiele um die Deutsche Meisterschaft ausgetragen

1920

Vorrunde: Titania Stettin – Arminia Hannover n. V. 2:1; Spf. Breslau – Union Oberschöneweide Berlin 3:1; 1. FC Nürnberg – VfB Leipzig 2:0; SpVgg Fürth – VfTuR (Borussia) M.-Gladbach 7:0.
Halbfinale: SpVgg Fürth – Spfr. Breslau 4:0; 1. FC Nürnberg – Titania Stettin 3:0.
Endspiel: 1. FC Nürnberg – SpVgg Fürth 2:0.

1921

Vorrunde: Spfr. Breslau – Wacker Halle 1:2; Duisburger SV – Hamburger SV n. V. 2:1; Stettiner SC - Vorwärts Berlin 1:2; Freilos: 1. FC Nürnberg.
Halbfinale: Vorwärts Berlin – Duisburger SV n. V. 2:1; 1. FC Nürnberg – Wacker Halle 5:1.
Endspiel: 1. FC Nürnberg – Vorwärts Berlin 5:0.

1922

Vorrunde: Hamburger SV – Titania Stettin 5:0; Norden-Nordwest Berlin – Viktoria Forst 1:0; 1. FC Nürnberg – SpVgg Leipzig 3:0; Wacker München – Arminia Bielefeld 5:0.
Halbfinale: Hamburger SV - Wacker München 4:0; 1. FC Nürnberg - Norden-Nordwest Berlin 1:0.
Endspiel: Hamburger SV – 1. FC Nürnberg n. V. 2:2 und n. V. 1:1 – Der DFB erklärte den Hamburger SV zunächst zum Meister. Nach einem Nürnberger Protest verzichtete der HSV jedoch auf den Titel.

1923

Vorrunde: Arminia Bielefeld – Union Oberschöneweide n. V. 0:0 und n. V. 1:2; Hamburger SV – Guts Muths Dresden 2:0; SpVgg Fürth – Spfr. Breslau 4:0; Freilos: VfB Königsberg.
Halbfinale: Union Oberschöneweide – SpVgg Fürth 2:1; Hamburger SV – VfB Königsberg 3:2.
Endspiel: Hamburger SV – Union Oberschöneweide 3:0.

1924

Vorrunde: Alemannia Berlin – 1. FC Nürnberg 1:6; Spfr. Breslau – Hamburger SV 0:3; SpVgg Leipzig – VfB Königsberg 6:1; Freilos: Duisburger SV.
Halbfinale: 1. FC Nürnberg – Duisburger SV 3:1; Hamburger SV – SpVgg Leipzig 1:0.
Endspiel: 1. FC Nürnberg – Hamburger SV 2:0.

1925

Vorrunde: Alemannia Berlin - Duisburger SV 1:2; SC Breslau 08 - VfB Leipzig 2:1; Viktoria Forst - Schwarz-Weiß Essen 1:2; Hamburger SV - FSV Frankfurt n. V. 1:2; TuRU Düsseldorf - VfR Mannheim 4:1; VfB Königsberg - Hertha BSC Berlin n. V. 2:3; 1. FC Nürnberg - 1. SV Jena 2:0; Titania Stettin - Altonaer FC 93 2:4.
Viertelfinale: Hertha BSC Berlin – TuRU Düsseldorf 4:1; Schwarz-Weiß Essen – FSV Frankfurt 1:3; SC Breslau 08 – 1. FC Nürnberg 1:4; Altonaer FC 93 – Duisburger SV 0:2.
Halbfinale: Duisburger SV – 1. FC Nürnberg 0:3; FSV Frankfurt – Hertha BSC Berlin n. V. 1:0.
Endspiel: 1. FC Nürnberg – FSV Frankfurt n. V. 1:0.

1926

Vorrunde: Hertha BSC Berlin – VfB Königsberg 4:0; SC Breslau 08 – Dresdner SC 1:0; Duisburger SV – Hamburger SV 1:3; FSV Frankfurt – BV Altenessen 2:1; SpVgg Fürth – Viktoria Forst 5:0; Holstein Kiel – Stettiner SC 8:2; Fortuna Leipzig – Bayern München 2:0; VfR Köln – Norden-Nordwest Berlin 1:2.
Viertelfinale: Norden-Nordwest Berlin – Holstein Kiel 0:4; Hamburger SV – Fortuna Leipzig 6:2; SpVgg Fürth – SC Breslau 08 4:0; Hertha BSC Berlin – FSV Frankfurt 8:2
Halbfinale: Hertha BSC Berlin – Hamburger SV 4:2; SpVgg Fürth – Holstein Kiel 3:1.
Endspiel: SpVgg Fürth – Hertha BSC Berlin 4:1.

1927

Vorrunde: Kickers 1900 Berlin – Duisburger SV n. V. 5:4; Spfr. Breslau – SpVgg Fürth 1:3; FC Schalke 04 – SV München 1860 1:3; Fortuna Düsseldorf – Hamburger SV 1:4; 1. FC Nürnberg – Chemnitzer BC 5:1; Holstein Kiel – Titania Stettin 9:1; VfB Königsberg – Hertha BSC n. V. 1:2; VfB Leipzig – FV Breslau 06 3:0.
Viertelfinale: Hertha BSC Berlin – Holstein Kiel 4:2; Hamburger SV – 1. FC Nürnberg 1:2; SV München 1860 – VfB Leipzig 3:0; SpVgg Fürth – Kickers 1900 Berlin 9:0.
Halbfinale: Hertha BSC Berlin – SpVgg Fürth 2:1; 1. FC Nürnberg – SV München 1860 4:1.
Endspiel: 1. FC Nürnberg – Hertha BSC Berlin 2:0.

1928

Vorrunde: Wacker München – Dresdner SC n. V. 1:0; Wacker Halle – Bayern München 0:3; SpVgg Köln-Sülz 07 – Eintracht Frankfurt 3:1; Hertha BSC Berlin – Spfr. Breslau 7:0; Preußen Krefeld – Tennis

Borussia Berlin 1:3; Hamburger SV – FC Schalke 04 4:2; SC Breslau 08 – VfB Königsberg 2:3; Preußen Stettin – Holstein Kiel 1:4.
Viertelfinale: VfB Königsberg – Hamburger SV 0:4; Holstein Kiel – Hertha BSC Berlin 0:4; Bayern München – SpVgg Köln-Sülz 07 5:2; Tennis Borussia Berlin – Wacker München 1:4.
Halbfinale: Hamburger SV – Bayern München 8:2; Hertha BSC Berlin – Wacker München 2:1.
Endspiel: Hamburger SV – Hertha BSC Berlin 5:2.

1929

Vorrunde: SpVgg Fürth – Fortuna Düsseldorf 5:1; Preußen Hindenburg – Hertha BSC Berlin 1:8; Holstein Kiel – 1. FC Nürnberg 1:6; VfB Königsberg – SC Breslau 08 1:2; Bayern München – Dresdner SC 3:0; Wacker Leipzig – FC Schalke 04 1:5; Tennis Borussia Berlin – Titania Stettin n. V. 3:2; Meidericher SV – Hamburger SV 2:3.
Viertelfinale: Hamburger SV – SpVgg Fürth 0:2; FC Schalke 04 – Hertha BSC Berlin 1:4; 1. FC Nürnberg – Tennis Borussia Berlin 3:1; SC Breslau 08 – Bayern München n. V. 4:3.
Halbfinale: SpVgg Fürth – SC Breslau 08 6:1; Hertha BSC – 1. FC Nürnberg n. V. 0:0 und 3:2.
Endspiel: SpVgg Fürth – Hertha BSC Berlin 3:2.

1930

Vorrunde: Eintracht Frankfurt – VfL Benrath 1:0; SpVgg Fürth – Tennis Borussia Berlin 4:1; Spfr. Breslau – 1. FC Nürnberg 0:7; Hertha BSC – SuSV Beuthen 09 3:2; FC Schalke 04 – Arminia Hannover 6:2; Dresdner SC – VfB Königsberg 8:1; Holstein Kiel – VfB Leipzig 4:3, Titania Stettin – SpVgg Köln-Sülz 07 4:2.
Viertelfinale: Holstein Kiel – Eintracht Frankfurt 4:2; SpVgg Köln-Sülz 07 – Hertha BSC Berlin n. V. 1:1 und 1:8; Dresdner SC – SpVgg Fürth n. V. 5:4; 1. FC Nürnberg – FC Schalke 04 6:2.
Halbfinale: Hertha BSC Berlin – 1. FC Nürnberg 6:3; Holstein Kiel – Dresdner SC 2:0.
Endspiel: Hertha BSC Berlin – Holstein Kiel 5:4.

1931

Vorrunde: VfB Bielefeld – Hertha BSC Berlin 2.5; SV München 1860 – Meidericher SV 4:1; SuSV Beuthen 09 – Hamburger SV 0:2; Holstein Kiel – Prussia-Samland Königsberg 3:2; SpVgg Fürth – SpVgg Leipzig 3:0; Tennis Borussia Berlin – VfB Liegnitz 6:1; VfB Königsberg – Dresdner SC 1:8; Fortuna Düsseldorf – Eintracht Frankfurt n. V. 2:3.
Viertelfinale: Hertha BSC Berlin – SpVgg Fürth 3:1; SV München 1860– Tennis Borussia Berlin 1:0; Dresdner SC – Holstein Kiel 3:4; Hamburger SV – Eintracht Frankfurt 2:0.
Halbfinale: Hertha BSC Berlin – Hamburger SV 3:2; SV München 1860 – Holstein Kiel 2:0.
Endspiel: Hertha BSC Berlin – SV München 1860 3:2.

1932

Vorrunde: Bayern München – Minerva 93 Berlin 4:2; 1. FC Nürnberg – Borussia Fulda 5:2; Hindenburg Allenstein – Eintracht Frankfurt 0:6; FC Schalke 04 – SuBC Plauen n. V. 5:4; Hamburger SV – VfL Benrath 3:1; Tennis Borussia Berlin – Viktoria Stolp 3:0; SC Breslau 08 – Holstein Kiel 1:4; Polizei Chemnitz – SuSV Beuthen 09 5:1.
Viertelfinale: Polizei Chemnitz – Bayern München 2:3; Holstein Kiel – 1. FC Nürnberg 0:4; Eintracht Frankfurt – Tennis Borussia Berlin 3:1; FC Schalke 04 – Hamburger SV 4:2.
Halbfinale: Bayern München – 1. FC Nürnberg 2:0; Eintracht Frankfurt – FC Schalke 04 2:1.
Endspiel: Bayern München – Eintracht Frankfurt 2:0.

1933

Vorrunde: VfL Benrath – SV München 1860 0:2; Hindenburg Allenstein – Hertha BSC Berlin 4:1, SuSV Beuthen 09 – Prussia Samland Königsberg 7:1; FSV Frankfurt – Polizei Chemnitz 6:1; Dresdner SC – Arminia Hannover n. V. 1:2; Hamburger SV – Eintracht Frankfurt 1:4; Fortuna Düsseldorf – Vorwärts-Rasensport Gleiwitz 9:0; FC Schalke 04 – Viktoria 89 Berlin 4:1.
Viertelfinale: Eintracht Frankfurt – Hindenburg Allenstein 12:2; FC Schalke 04 – FSV Frankfurt 1:0; Arminia Hannover – Fortuna Düsseldorf 0:3; SV München 1860 – SuSV Beuthen 09 3:0.
Halbfinale: Fortuna Düsseldorf – Eintracht Frankfurt 4:0; FC Schalke 04 – SV München 1860 4:0.
Endspiel: Fortuna Düsseldorf – FC Schalke 04 3:0.

1934

Gruppe I: Viktoria 89 Berlin – SuSV Beuthen 09 5:2 und 4:1; Viktoria 89 Berlin – Viktoria Stolp 4:2 und 3:2; Viktoria 89 Berlin – Preußen Danzig 5:2 und 3:0; SuSV Beuthen 09 – Viktoria Stolp 1:1 und 2:1; SuSV Beuthen 09 – Preußen Danzig 2:1 und 4:1; Viktoria Stolp – Preußen Danzig 3:1 und 1:1 – Gruppensieger: Viktoria 89 Berlin.

Gruppe II: FC Schalke 04 – VfL Benrath 0:1 und 2:0; FC Schalke 04 – Werder Bremen 3:0 und 5:2; FC Schalke 04 – Eimsbütteler TV 4:1 und 2:3; VfL Benrath – Werder Bremen 4:1 und 2:2; VfL Benrath – Eimsbütteler TV 4:1 und 1:5, Werder Bremen – Eimsbütteler TV 4:2 und 2:1 – Gruppensieger: FC Schalke 04.
Gruppe III: SV Waldhof – Mülheimer SV 6:1 und 1:1; SV Waldhof – Kickers Offenbach 0:0 und 2:2; SV Waldhof – Union Böckingen 6:0 und 4:2; Mülheimer SV – Kickers Offenbach 4.4 und 3:1; Mülheimer SV – Union Böckingen 2:0 und 2:6; Kickers Offenbach – Union Böckingen 4:1 und 3:6 – Gruppensieger: SV Waldhof.
Gruppe IV: 1. FC Nürnberg – Dresdner SC 1:2 und 1:0; 1. FC Nürnberg – Borussia Fulda 1:1 und 2:1; 1. FC Nürnberg – Wacker Halle 3:0 und 2:0; Dresdner SC – Borussia Fulda 3:1 und 0:0; Dresdner SC – Wacker Halle 7:2 und 4:2; Borussia Fulda – Wacker Halle 3:2 und 1:2 – Gruppensieger: 1. FC Nürnberg
Halbfinale: FC Schalke 04 – SV Waldhof 5:2; 1. FC Nürnberg – Viktoria 89 Berlin 2:1.
Endspiel: FC Schalke 04 – 1. FC Nürnberg 2:1.

1935

Gruppe I: Polizei Chemnitz – Hertha BSC Berlin 1:2 und 2:1; Polizei Chemnitz – Yorck Boyen Insterburg 6:1 und 8:1; Polizei Chemnitz – Vorwärts-Rasensport Gleiwitz 2:1 und 3:1; Hertha BSC Berlin – Yorck Boyen Insterburg 7:3 und 9:0; Hertha BSC Berlin – Vorwärts-Rasensport Gleiwitz 2:0 und 1:2; Yorck Boyen Insterburg – Vorwärts-Rasensport Gleiwitz 1:3 und 2:2 – Gruppensieger: Polizei Chemnitz.
Gruppe II: FC Schalke 04 – Eimsbütteler TV 4:0 und 1:2; FC Schalke 04 – Hannover 96 3:2 und 4:1; FC Schalke 04 – Stettiner SC 9:1 und 6:0; Eimsbütteler TV – Hannover 96 1:3 und 3:9; Eimsbütteler TV – Stettiner SC 3:1 und 2:2; Hannover 96 – Stettiner SC 5:0 und 4:1 – Gruppensieger: FC Schalke 04.
Gruppe III: VfL Benrath – VfR Mannheim 3:2 und 3:2; VfL Benrath – Phönix Ludwigshafen 0:0 und 2:1; VfL Benrath – VfR Köln 5:0 und 4:0; Phönix Ludwigshafen – VfR Mannheim 5:0 und 5:0; Phönix Ludwigshafen – VfR Köln 4:1 und 4:0; VfR Mannheim – VfR Köln 2:3 und 3:2 – Gruppensieger: VfL Benrath.
Gruppe IV: VfB Stuttgart – SpVgg Fürth 3:2 und 4:1; VfB Stuttgart – FC Hanau 93 2:1 und 0:3; VfB Stuttgart – 1. SV Jena 1:2 und 3:2; SpVgg Fürth – FC Hanau 93 0:1 und 5:1; SpVgg Fürth – 1. SV Jena 2:0 und 1:0; FC Hanau 93 – 1. SV Jena 0:1 und 2:0 – Gruppensieger: VfB Stuttgart.
Halbfinale: VfB Stuttgart – VfL Benrath 4:2; FC Schalke 04 – Polizei Chemnitz 3:2.
Endspiel: FC Schalke 04 – VfB Stuttgart 6:4.

1936

Gruppe I: FC Schalke 04 – Polizei Chemnitz 2:3 und 2:1; FC Schalke 04 – Berliner SV 92 4:0 und 3:2; FC Schalke 04 – Hindenburg Allenstein 7:0 und 4:1; Polizei Chemnitz – Berliner SV 92 4:1 und 4:1; Polizei Chemnitz – Hindenburg Allenstein 4:1 und 3:2; Berliner SV 92 – Hindenburg Allenstein 3:1 und 3:1 – Gruppensieger: FC Schalke 04.
Gruppe II: Vorwärts-Rasensport Gleiwitz – Werder Bremen 5:2 und 4:2; Vorwärts-Rasensport Gleiwitz – Eimsbütteler TV 4:1 und 0:3; Vorwärts-Rasensport Gleiwitz – Viktoria Stolp 5:0 und 3:1; Werder Bremen – Eimsbütteler TV 2:0 und 6:1; Werder Bremen – Viktoria Stolp 6:0 und 4:1; Eimsbütteler TV – Viktoria Stolp 2:1 und 0:1 – Gruppensieger: Vorwärts-Rasensport Gleiwitz.
Gruppe III: 1. FC Nürnberg – Wormatia Worms 2:1 und 2:2; 1. FC Nürnberg – 1. SV Jena 3:0 und 5:1; 1. FC Nürnberg – Stuttgarter Kickers 2:0 und 5:0; Wormatia Worms – 1. SV Jena 3:1 und 1:3; Wormatia Worms – Stuttgarter Kickers 6:2 und 2:3; 1. SV Jena – Stuttgarter Kickers 2:0 und 0:1 – Gruppensieger: 1. FC Nürnberg.
Gruppe IV: Fortuna Düsseldorf – FC Hanau 93 3:1 und 1:5; Fortuna Düsseldorf – SV Waldhof 3:1 und 4:0; Fortuna Düsseldorf – CfR Köln 3:0 und 2:0; FC Hanau 93 – SV Waldhof 0:0 und 0:1; FC Hanau 93 – CfR Köln 3:0 und 0:1; SV Waldhof – CfR Köln 2:0 und 2:3. – Gruppensieger: Fortuna Düsseldorf.
Halbfinale: 1. FC Nürnberg – FC Schalke 04 2:0; Fortuna Düsseldorf – Vorwärts Rasensport Gleiwitz 3:1.
Endspiel: 1. FC Nürnberg – Fortuna Düsseldorf n. V. 2:1.
Um den dritten Platz: FC Schalke 04 – Vorwärts-Rasensport Gleiwitz 8:1.

1937

Gruppe I: Hamburger SV – BC Hartha 3:0 und 3:0; Hamburger SV – Hindenburg Allenstein 6:1 und 5:2; Hamburger SV – SuSV Beuthen 09 6:0 und 4:1; BC Hartha – Hindenburg Allenstein 6:2 und 1:1; BC Hartha – SuSV Beuthen 09 2:6 und 4:2; Hindenburg Allenstein – SuSV Beuthen 09 2:1 und 2:2 – Gruppensieger: Hamburger SV.
Gruppe II: FC Schalke 04 – Werder Bremen 5:1 und 2:2; FC Schalke 04 – Hertha BSC Berlin 2:1 und 2:1; FC Schalke 04 – Viktoria Stolp 12:0 und 8:0; Werder Bremen – Hertha BSC Berlin 5:2 und 3:1; Werder Bremen – Viktoria Stolp 5:0 und 4:0; Hertha BSC Berlin – Viktoria Stolp 3;1 und 4:0 – Gruppensieger: FC Schalke 04.

Gruppe III: VfB Stuttgart – Wormatia Worms 0:0 und 1:0; VfB Stuttgart – SV Dessau 05 2:0 und 1:2; VfB Stuttgart – SV Kassel 3:0 und 5:1; Wormatia Worms – SV Dessau 05 1:0 und 4:0; Wormatia Worms – SV Kassel 3:1 und 3:1; SV Dessau 05 – SV Kassel 4:2 und 0:2 – Gruppensieger: VfB Stuttgart.
Gruppe IV: 1. FC Nürnberg – Fortuna Düsseldorf 0:0 und 3:1; 1. FC Nürnberg – SV Waldhof 7:1 und 4:1; 1. FC Nürnberg – VfR Köln 3:1 und 1:0; Fortuna Düsseldorf – SV Waldhof 2:1 und 1:1; Fortuna Düsseldorf – VfR Köln 0:2 und 5:1; SV Waldhof – VfR Köln 1:0 und 1:0 – Gruppensieger: 1. FC Nürnberg.
Halbfinale: FC Schalke 04 – VfB Stuttgart 4:2; 1. FC Nürnberg – Hamburger SV 3:2.
Endspiel: FC Schalke 04 – 1. FC Nürnberg 2:0.
Um den dritten Platz: VfB Stuttgart – Hamburger SV 1:0.

1938

Gruppe I: Hamburger SV – Eintracht Frankfurt 5:0 und 2:3; Hamburger SV – Stettiner SC 2:0 und 3:1; Hamurger SV – Yorck Boyen Insterburg 3:1 und 6:0; Eintracht Frankfurt – Stettiner SC 5:0 und 6:5; Eintracht Frankfurt – Yorck Boyen Insterburg 5:0 und 5:1; Stettiner SC – Yorck Boyen Insterburg 1:0 und 5:2 – Gruppensieger: Hamburger SV.
Gruppe II: FC Schalke 04 – VfR Mannheim 1:2 und 2:2; FC Schalke 04 – Berliner SV 92 3:0 und 1:1; FC Schalke 04 – SV Dessau 05 6:1 und 6:0; VfR Mannheim – Berliner SV 92 3:2 und 1:3; VfR Mannheim – SV Dessau 05 6:1 und 1:1; Berliner SV 92 – SV Dessau 05 2:3 und 0:0 – Gruppensieger: FC Schalke 04.
Gruppe III: Fortuna Düsseldorf – BC Hartha 2:2 und 1:1; Fortuna Düsseldorf – VfB stuttgart 3:0 und 2:0; Fortuna Düsseldorf – Vorwärts-Rasensport Gleiwitz 3:1 und 3:0; BC Hartha – VfB Stuttgart 2:1 und 1:1; BC Hartha – Vorwärts-Rasensport Gleiwitz 2:2 und 0:5; VfB Stuttgart – Vorwärts-Rasensport Gleiwitz 7:1 und 5:0 – Gruppensieger: Fortuna Düsseldorf.
Gruppe IV: Hannover 96 – 1. FC Nürnberg 2:1 und 2:1; Hannover 96 – Alemannia Aachen 6:1 und 2:1; Hannover 96 – FC Hanau 93 1:0 und 3:1; 1. FC Nürnberg – Alemannia Aachen 4:2 und 3:1; 1. FC Nürnberg – FC Hanau 93 2:1 und 4:1; Alemannia Aachen – FC Hanau 93 2:0 und 4:2 – Gruppensieger: Hannover 96.
Halbfinale: Hannover 96 – Hamburger SV n. V. 3:2; FC Schalke 04 – Fortuna Düsseldorf 1:0.
Endspiel: Hannover 96 – FC Schalke 04 n. V. 3:3 und n. V. 4:3.
Um den dritten Platz: Fortuna Düsseldorf – Hamburger SV n. V. 0:0 und 4:2.

1939

Gruppe I: Hamburger SV – VfL Osnabrück 5:1 und 2:4; Hamburger SV – Hindenburg Allenstein 5:2 und 4:1; Hamburger SV – Blau-Weiß 90 Berlin 3:0 und 3:3; VfL Osnabrück – Hindenburg Allenstein 0:0 und 1:3; VfL Osnabrück – Blau Weiß 90 Berlin 1:1 und 3:1; Hindenburg Allenstein – Blau-Weiß 90 Berlin 1:2 und 3:0 – Gruppensieger: Hamburger SV.
Gruppe IIa: Fortuna Düsseldorf – SpVgg Köln-Sülz 07 3:2 und 3:1; Fortuna Düsseldorf – Viktoria Stolp 1:0 und 0:1; SpVgg Köln-Sülz – Viktoria Stolp 5:0 und 2:0
Gruppe IIb: Dresdner SC – FC Schweinfurt 05 1:0 und 0:1; Dresdner SC – Warnsdorfer FK 3:1 und 5;1; FC Schweinfurt 05 – Warnsdorfer FK 4:2 und 4:1.
Entscheidungsspiele: Dresdner SC – Fortuna Düsseldorf 4:1 und 3:3 – Gruppensieger: Dresdner SC.
Gruppe III: Admira Wien – Stuttgarter Kickers 6:2 und 1:1; Admira Wien – VfR Mannheim 8:3 und 0:3; Admira Wien – SV Dessau 05 5:1 und 0:1; Stuttgarter Kickers – VfR Mannheim 3:2 und 4:1; VfR Mannheim – SV Dessau 05 0:0 und 3:1 – Gruppensieger: Admira Wien.
Gruppe IV: FC Schalke 04 – Vorwärts-Rasensport Gleiwitz 4:0 und 2:1; FC Schalke 04 – Wormatia Worms 1:2 und 1:0; FC Schalke 04 – CSC 03 Kassel 6:1 und 3:1; Vorwärts-Rasensport Gleiwitz – Wormatia Worms 5:3 und 2:1; Vorwärts-Rasensport Gleiwitz – CSC 03 Kassel 2:0 und 2:1; Wormatia Worms – CSC 03 Kassel 3:1 und 3:0 – Gruppensieger: FC Schalke 04.
Halbfinale: FC Schalke 04 – Dresdner SC n. V. 3:3 und 2:0, Admira Wien – Hamburger SV 4:1.
Endspiel: FC Schalke 04 – Admira Wien 9:0.
Um den dritten Platz: Dresdner SC – Hamburger SV 3:2.

1940

Gruppe Ia: Union Oberschöneweide – VfB Königsberg 6:3 und 1:3; Union Oberschöneweide – VfL Stettin3:1 und 3:1; VfB Königsberg – VfL Stettin 5:2 und 2:1.
Gruppe Ib: Rapid Wien – Vorwärts-Rasensport Gleiwitz 3:1 und 2:2; Rapid Wien – NSTG Graslitz 7:0 und 7:1; Vorwärts-Rasensport Gleiwitz – NSTG Graslitz 4:2 und 4:4.
Entscheidungsspiele: Rapid Wien – Union Oberschöneweide 3:2 und 3:1 – Gruppensieger: Rapid Wien.
Gruppe II: Dresdner SC – Eimsbütteler TV 0:0 und 3:0; Dresdner SC – VfL Osnabrück 3:0 und 0:0; Dresdner SC – 1. SV Jena 1:0 und 2:0; Eimsbütteler TV – VfL Osnabrück 3:1 und 4:3; Eimsbüt-

teler TV – 1. SV Jena 0:1 und 3:2; VfL Osnabrück – 1. SV Jena 5:2 und 2.2 – Gruppensieger: Dresdner SC.
Gruppe III: FC Schalke 04 – Fortuna Düsseldorf 0:0 und 1:1; FC Schalke 04 – Mülheimer SV 5:0 und 8:2; FC Schalke 04 – CSC 03 Kassel 16:0 und 5:2; Fortuna Düsseldorf – Mülheimer SV 7:1 und 1:2; Fortuna Düsseldorf – CSC 03 Kassel 7:0 und 5:0; Mülheimer SV – CSC 03 Kassel 4:5 und 5:3 – Gruppensieger: FC Schalke 04.
Gruppe IV: SV Waldhof – 1. FC Nürnberg 1:1 und 0:0; SV Waldhof – Stuttgarter Kickers 7:2 und 0:1; SV Waldhof – Kickers Offenbachs 4:0 und 0:1; 1. FC Nürnberg – Stuttgarter Kickers 1:0 und 0:2; 1. FC Nürnberg – Kickers Offenbach 8:0 und 0:1; Stuttgarter Kickers – Kickers Offenbach 4:0 und 0:1 – Gruppensieger SV Waldhof.
Halbfinale: FC Schalke 04 – SV Waldhof 3:1; Rapid Wien – Dresdner SC n. V. 1:2.
Endspiel: FC Schalke 04 – Dresdner SC 1:0.
Um den dritten Platz: Rapid Wien – SV Waldhof n. V. 4:4 und 5:2.

1941

Gruppe Ia: Vorwärts-Rasensport Gleiwitz – LSV Stettin 3:1 und 2:3; Vorwärts-Rasensport Gleiwitz – Preußen Danzig 4:1 und 0:0; LSV Stettin – Preußen Danzig 1:1 und 3:3.
Gruppe Ib: Dresdner SC – Tennis Borussia Berlin 5:2 und 1:0; Dresdner SC – NSTG Prag 4:2 und 1:0; Tennis Borussia Berlin – NSTG Prag 3:1 und 0:0.
Entscheidungsspiele: Dresdner SC – Vorwärts-Rasensport Gleiwitz 3:0 und 3:0. – Gruppensieger: Dresdner SC.
Gruppe IIa: Hamburger SV – 1. SV Jena 2:1 und 2:2; Hamburger SV – VfB Königsberg 3:1 und 2:1; 1. SV Jena – VfB Königsberg 2:4 und 4:0.
Gruppe IIb: FC Schalke 04 – Hannover 96 4:0 und 6:1; FC Schalke 04 – Borussia Fulda 4:0 und 2:1; Hannover 96 – Borussia Fulda 6:1 und 3:4.
Entscheidungsspiele: FC Schalke 04 – Hamburger SV 3:0 und 0:1 – Gruppensieger: FC Schalke 04.
Gruppe III: VfL Köln 99 – Kickers Offenbach 3:1 und 2:2; VfL Köln 99 – TuS Helene Altenessen 3:1 und 1:6; VfL Köln 99 – FC 93 Mülhausen 6:1 und 4:1; Kickers Offenbach – TuS Helene Altenessen 1:1 und 4:0; Kickers Offenbach – FC 93 Mülhausen 5:1 und 6:2; TuS Helene Altenessen – FC 93 Mülhausen 5:2 und 2:2 – Gruppensieger: VfL Köln 99.
Gruppe IV: Rapid Wien – TSV München 1860 2:0 und 1:2; Rapid Wien – Stuttgarter Kickers 1:1 und 5:1; Rapid Wien – VfL Neckarau 8:1 und 7:0; TSV München 1860 – Stuttgarter Kickers 2.1 und 3:3; TSV München 1860 – VfL Neckarau 6:2 und 1:2; Stuttgarter Kickers – VfL Neckarau 2:0 und 3:5 – Gruppensieger: Rapid Wien.
Halbfinale: Rapid Wien – Dresdner SC 2:1; FC Schalke 04 – VfL Köln 99 4:1.
Endspiel: Rapid Wien – FC Schalke 04 4:3.
Um den dritten Platz: Dresdner SC – VfL Köln 99 4:1.

1942

Qualifikation: 1. FC Kaiserslautern – SV Waldhof 7:1; SS Straßburg – Stuttgarter Kickers 2:0; Stadt Düdelingen – FC Schalke 04 0:2; Borussia Fulda – SV Dessau 05 0:2; LSV Olmütz – First Vienna FC 0:1; HUS Marienwerder – VfB Königsberg 1:7; SV Hamborn 07 – Werder Bremen n. V. 1:1 und 1:5; SC Planitz – LSV Boelcke Krakau 5:2; Blau-Weiß 90 Berlin – LSV Pütnitz 3:1; Freilose: SG Orpo Litzmannstadt, Germania Königshütte, SpVgg Breslau 02, Eimsbütteler TV, VfL Köln 99, Kickers Offenbach, FC Schweinfurt 05.
Vorrunde: VfB Königsberg – SG Orpo Litzmannstadt 8:1; SC Planitz – SpVgg Breslau 02 n. V. 2:1; SV Dessau 05 – Blau-Weiß 90 Berlin 0:3; Werder Bremen – Eimsbütteler TV 4:2; FC Schalke 04 – 1. FC Kaiserslautern 9:3; Kickers Offenbach – VfL Köln 99 3:1; SS Straßburg – FC Schweinfurt 05 2:1; First Vienna FC – Germania Königshütte 1:0.
Viertelfinale: Blau-Weiß 90 Berlin – VfB Königsberg 2:1; First Vienna FC – SC Planitz 3:2; FC Schalke 04 – SS Straßburg 6:0; Kickers Offenbach – Werder Bremen 4:3.
Halbfinale: FC Schalke 04 – Kickers Offenbach 6:0; Blau-Weiß Berlin – First Vienna FC 2:3.
Endspiel: FC Schalke 04 – First Vienna FC 2:0.
Um den dritten Platz: Blau-Weiß Berlin – Kickers Offenbach 4:0.

1943

Qualifikation: Holstein Kiel – TSG Rostock 4:0 und 1:1.
Vorrunde: VfB Stuttgart – TSV München 1860 0:3; 1. FC Nürnberg – VfR Mannheim 1:3; FV Saarbrücken – FC 93 Mülhausen 5:1; SV Kassel – FC Schalke 04 1:8; First Vienna FC – MSV Brünn 5:2; TuS Neuendorf – Victoria Köln 0:2; Germania Königshütte – LSV Reinecke Brieg n. V. 3:4; Eintracht Braunschweig – Victoria Hamburg 5:1; DWM Posen – SG Orpo Warschau 1:3; Berliner SV 92 – LSV

Pütnitz n. V. 2:2 und 2:0; SV Dessau 05 – Dresdner SC 1:2; VfB Königsberg – SV Neufahrwasser 3:1, Freilose: Holstein Kiel, SpVgg Wilhelmshaven 05, Kickers Offenbach, Westende Hamborn.
Achtelfinale: FC Schalke 04 – SpVgg Wilhelmshaven 05 4:1; TSV München 1860 – Kickers Offenbach 2:0; Dresdner SC – Eintracht Braunschweig 4:0; VfR Mannheim – Westende Hamborn 8:1; Victoria Köln – Saarbrücken 0:5; LSV Reinecke Brieg – First Vienna FC 0:8; SG Orpo Warschau – VfB Königsberg 1:5 (wegen Mitwirkens eines nicht spielberechtigten Spielers wurde der VfB Königsberg ausgeschlossen; an seine Stelle rückte SV Neufahrwasser); Berliner SV 92 – Holstein Kiel 0:2.
Viertelfinale: FV Saarbrücken – VfR Mannheim 3:2; Holstein Kiel – FC Schalke 04 4:1; First Vienna FC – TSV München 1860 2:0; SV Neufahrwasser – Dresdner SC 0:4.
Halbfinale: Dresdner SC – Holstein Kiel 3:1; FV Saarbrücken – First Vienna FC 2:1.
Endspiel: Dresdner SC – FV Saarbrücken 3:0.
Um den dritten Platz: Holstein Kiel – First Vienna FC 4:1.

1944

Vorrunde: NSTG Brüx – 1. FC Nürnberg 0:8; Dresdner SC – Germania Königshütte 9:2; LSV Danzig – Hertha BSC Berlin n. V. 0:0 und 1:7; STG Hirschberg – SDW Posen 7:0; HSV Groß-Born – LSV Rerik 6:4; VfR Mannheim – Bayern München n. V. 2:1; FC Schalke 04 – TuS Neuendorf 5:0; LSV Hamburg – WSV Celle 4:0; SV Göppingen – KSG FV/Altenkessel Saarbrücken 3:5; KSG VfL 99/Sülz 07 – KSG SV/48/99 Duisburg 0:2; FC 93 Mülhausen – Kickers Offenbach 4:2; MSV Brünn – First Vienna FC 3:6; Eintracht Braunschweig – SpVgg Wilhelmshaven 05 n. V. 1:2; Holstein Kiel – SV Dessau 05 n. V. 3:2; LSV Mölders Krakau – VfB Königsberg 1:4, Freilos: Borussia Fulda.
Achtelfinale: SpVgg Wilhelmshaven 05 – LSV Hamburg n. V. 1:1 und 2:4; KSG SV/48/99 Duisburg – FC Schalke 04 2:1; 1. FC Nürnberg – VfR Mannheim 3:2; KSG FV/Altenkessel Saarbrücken – FC 93 Mülhausen 5:3; First Vienna FC – STC Hirschberg 5:0; Borussia Fulda – Dresdner SC 2:9; Hertha BSC Berlin – Holstein Kiel 4:2; VfB Königsberg – HSV Groß-Born 3:10.
Viertelfinale: LSV Hamburg – KSG SV/48/99 Duisburg 3:0; KSG FV/Altenkessel Saarbrücken – 1. FC Nürnberg 1:5; HSV Groß-Born – Hertha BSC Berlin 3:2; Dresdner SC – First Vienna FC 3:2.
Halbfinale: LSV Hamburg – HSV Groß-Born 3:2; Dresdner SC – 1. FC Nürnberg 3:1.
Endspiel: Dresdner SC – LSV Hamburg 4:0.
Um den dritten Platz: HSV Groß-Born verzichtete gegen den 1. FC Nürnberg.

Von 1945 bis 1947
wurden keine Spiele um die Deutsche Meisterschaft ausgetragen

1948

Vorrunde: 1. FC Nürnberg – SG Planitz (Planitz erhielt keine Reisegenehmigung); 1. FC Kaiserslautern – TSV München 1860 5:1; TuS Neuendorf – Hamburger SV 2.1; Union Oberschöneweide – FC St. Pauli 0:7.
Halbfinale: 1. FC Nürnberg – FC St. Pauli n. V. 3:2; 1. FC Kaiserslautern – TuS Neuendorf 5:1.
Endspiel: 1. FC Nürnberg – 1. FC Kaiserslautern 2:1.

1949

Qualifikation: FC St. Pauli – Rot-Weiß Essen 4:1; FC St. Pauli – Bayern München n. V. 1:1 und 2:0.
Vorrunde: Berliner SV 92 – Borussia Dortmund 0:5; Wormatia Worms – Kickers Offenbach n. V. 2:2 und 0:2; VfR Mannheim – Hamburger SV 5:0; FC St. Pauli – 1. FC Kaiserslautern n. V. 1:1 und 1:4.
Halbfinale: VfR Mannheim – Kickers Offenbach 2:1; 1. FC Kaiserslautern – Borussia Dortmund n. V. 0.0 und 1:4.
Endspiel: VfR Mannheim – Borussia Dortmund n. V. 3:2.
Um den dritten Platz: 1. FC Kaiserslautern – Kickers Offenbach n. V. 2:1.

1950

Vorrunde: Kickers Offenbach – Tennis Borussia Berlin 3:1; Hamburger SV – Union 06 Berlin 7:0; FC St. Pauli – TuS Neuendorf 4:0; SpVgg Fürth – STV Horst Emscher 3:2; Borussia Dortmund – VfR Mannheim 1:3; VfL Osnabrück – VfB Stuttgart 1:2; Preußen Dellbrück – SSV Reutlingen n. V. 1:0; 1. FC Kaiserslautern – Rot-Weiß Essen n. V. 2:2 und n. V. 3.2.
Zwischenrunde: Hamburger SV – Kickers Offenbach 2:3; FC St. Pauli – SpVgg Fürth 1:2; VfB Stuttgart – 1. FC Kaiserslautern 5.2, VfR Mannheim – Preußen Dellbrück 1:2.
Halbfinale: VfB Stuttgart – SpVgg Fürth 4:1; Kickers Offenbach – Preußen Dellbrück n. V. 0:0 und 3:0.
Endspiel: VfB Stuttgart – Kickers Offenbach 2:1.

1951

Gruppe I: 1. FC Kaiserslautern – FC Schalke 04 1:0 und 2:3; 1. FC Kaiserslautern – SpVgg Fürth 2:2 und 3:1; 1. FC Kaiserslautern – FC St. Pauli 2:0 und 4:2; FC Schalke 04 – SpVgg Fürth 2:1 und 0:0; FC Schalke 04 – FC St. Pauli 1:2 und 1:0; SpVgg Fürth – FC St. Pauli 4:1 und 0:1 – Gruppensieger: 1. FC Kaiserslautern.
Gruppe II: Preußen Münster – 1. FC Nürnberg 6:4 und 2:1; Preußen Münster – Hamburger SV 3:1 und 1:5; Preußen Münster – Tennis Borussia Berlin 2:3 und 8:2; 1. FC Nürnberg – Hamburger SV 4:1 und 2:1; 1. FC Nürnberg – Tennis Borussia Berlin 3:1 und 3:2; Hamburger SV – Tennis Borussia Berlin 3:2 und 1:0 – Gruppensieger Preußen Münster.
Endspiel: 1. FC Kaiserslautern – Preußen Münster 2:1.

1952

Gruppe I: 1. FC Saarbrücken – 1. FC Nürnberg 3:1 und 2:5; 1. FC Saarbrücken – Hamburger SV 3:0 und 1:4; 1. FC Saarbrücken – FC Schalke 04 4:1 und 4:2; 1. FC Nürnberg – Hamburger SV 4:0 und 2:4; 1. FC Nürnberg – FC Schalke 04 4:2 und 4:2; Hamburger SV – FC Schalke 04 8:2 und 0:3 – Gruppensieger: 1. FC Saarbrücken.
Gruppe II: VfB Stuttgart – Rot-Weiß Essen 5:3 und 2:3; VfB Stuttgart – VfL Osnabrück 3.1 und 0:0; VfB Stuttgart – Tennis Borussia Berlin 3:0 und 1:1; Rot-Weiß Essen – VfL Osnabrück 2:0 und 2:3; Rot-Weiß Essen – Tennis Borussia Berlin 2:4 und 2:1; VfL Osnabrück – Tennis Borussia Berlin 4:0 und 1:2 – Gruppensieger: VfB Stuttgart.
Endspiel: VfB Stuttgart – 1. FC Saarbrücken 3:2.

1953

Gruppe I: 1. FC Kaiserslautern – Eintracht Frankfurt 5:1 und 1:0; 1. FC Kaiserslautern – 1. FC Köln 2:2 und 2:1; 1. FC Kaiserslautern – Holstein Kiel 2:1 und 4:2; Eintracht Frankfurt – 1. FC Köln 2:0 und 0:0; Eintracht Frankfurt – Holstein Kiel 4:1 und 1:0; 1. FC Köln – Holstein Kiel 3:2 und 2:2 – Gruppensieger: 1. FC Kaiserslautern.
Gruppe II: VfB Stuttgart – Borussia Dortmund 2:1 und 1:2; VfB Stuttgart – Hamburger SV 2:1 und 2:1; VfB Stuttgart – Union 06 Berlin 6:0 und 3:1; Borussia Dortmund – Hamburger SV 4:1 und 4:3; Borussia Dortmund – Union 06 Berlin 4:0 und 2:0; Hamburger SV – Union 06 Berlin 3:1 und 2:2 – Gruppensieger: VfB Stuttgart.
Endspiel: 1. FC Kaiserslautern – VfB Stuttgart 4:1.

1954

Gruppe I: 1. FC Kaiserslautern – 1. FC Köln 4:3; 1. FC Kaiserslautern – Eintracht Frankfurt 1:0; 1. FC Köln – Eintracht Frankfurt 3:2 – Gruppensieger: 1. FC Kaiserslautern.
Gruppe II: Hannover 96 – VfB Stuttgart 3:1; Hannover 96 – Berliner SV 92 2:1; VfB Stuttgart – Berliner SV 92 3:0 – Gruppensieger: Hannover 96.
Endspiel: Hannover 96 – 1. FC Kaiserslautern 5:1.

1955

Qualifikation: SV Sodingen – SSV Reutlingen 3:0; TuS Bremerhaven 93 – Wormatia Worms n. V. 3:3 und 3:2; Wormatia Worms – SSV Reutlingen 2:1.
Gruppe I: 1. FC Kaiserslautern – Hamburger SV 2:2 und 2:1; 1. FC Kaiserslautern – SV Sodingen 2:2 und 2:2; 1. FC Kaiserslautern – Viktoria 89 Berlin 10:0 und 2:1; Hamburger SV – SV Sodingen 1:0 und 1:1; Hamburger SV – Viktoria 89 Berlin 1:0 und 2:0; SV Sodingen – Viktoria 89 Berlin 5:1 und 3:2 – Gruppensieger: 1. FC Kaiserslautern.
Gruppe II: Rot-Weiß Essen – TuS Bremerhaven 93 4:0 und 1:1; Rot-Weiß Essen – Kickers Offenbach 4:1 und 3:1; Rot-Weiß Essen – Wormatia Worms 1:1 und 3:1; TuS Bremerhaven 93 – Kickers Offenbach 2:0 und 0:4; TuS Bremerhaven 93 – Wormatia Worms 1:0 und 1:1; Kickers Offenbach – Wormatia Worms 5:2 und 0:1 – Gruppensieger: Rot-Weiß Essen.
Endspiel: Rot-Weiß Essen – 1. FC Kaiserslautern 4:3.

1956

Qualifikation: FC Schalke 04 – Hannover 96 n. V. 2:1; VfB Stuttgart – TuS Neuendorf 8:0; Hannover 96 – TuS Neuendorf n. V. 3:3 und 3:2.
Gruppe I: Karlsruher SC – FC Schalke 04 3:2 und 3:0; Karlsruher SC – 1. FC Kaiserslautern 0:1 und 1:0; Karlsruher SC – Hannover 96 0:0 und 0:2; FC Schalke 04 – 1. FC Kaiserslautern 3:1 und 4:4; FC Schalke 04 – Hannover 96 3:1 und 4:0; 1. FC Kaiserslautern – Hannover 96 5:3 und 5:2 – Gruppensieger: Karlsruher SC.

Gruppe II: Borussia Dortmund – Hamburger SV 5:0 und 1:2; Borussia Dortmund – VfB Stuttgart 4:1 und 2:0; Borussia Dortmund – Viktoria 89 Berlin 1:1 und 6:0; Hamburger SV – VfB Stuttgart 0:0 und 4:2; Hamburger SV – Viktoria 89 Berlin 5:1 und 3:1; VfB Stuttgart – Viktoria 89 Berlin 3:1 und 3:3 – Gruppensieger: Borussia Dortmund.
Endspiel: Borussia Dortmund – Karlsruher SC 4:2.

1957

Qualifikation: Kickers Offenbach – Holstein Kiel n. V. 3:2.
Gruppe I: Hamburger SV – Duisburger SV 1:1; Hamburger SV – 1. FC Nürnberg 2:1; Hamburger SV – 1. FC Saarbrücken 2:1; Duisburger SV – 1. FC Nürnberg 2:2; Duisburger SV – 1. FC Saarbrücken 3:1; 1. FC Nürnberg – 1. FC Saarbrücken 2:2 – Gruppensieger: Hamburger SV.
Gruppe II: Borussia Dortmund – Kickers Offenbach 2:1; Borussia Dortmund – 1. FC Kaiserslautern 3:2; Borussia Dortmund – Hertha BSC Berlin 2:1; Kickers Offenbach – 1. FC Kaiserslautern 4:1; Kickers Offenbach – Hertha BSC Berlin 3:1; 1. FC Kaiserslautern – Hertha BSC Berlin 14:1 – Gruppensieger: Borussia Dortmund.
Endspiel: Borussia Dortmund – Hamburger SV 4:1.

1958

Qualifikation: 1. FC Köln – 1. FC Kaiserslautern n. V. 3:3 und 3:0.
Gruppe I: Hamburger SV – 1. FC Nürnberg 3:1; Hamburger SV – FK Pirmasens 2:1; Hamburger SV – 1. FC Köln 3:1; 1. FC Nürnberg – FK Pirmasens 2:2; 1. FC Nürnberg – 1. FC Köln 4:3; FK Pirmasens – 1. FC Köln 1:1 – Gruppensieger: Hamburger SV.
Gruppe II: FC Schalke 04 – Karlsruher SC 3:0; FC Schalke 04 – Eintracht Braunschweig 4:1; FC Schalke 04 – Tennis Borussia Berlin 9:0; Karlsruher SC – Eintracht Braunschweig 2:1; Karlsruher SC – Tennis Borussia Berlin 1:0; Eintracht Braunschweig – Tennis Borussia Berlin 8:3 – Gruppensieger: FC Schalke 04.
Endspiel: FC Schalke 04 – Hamburger SV 3:0.

1959

Qualifikation: Werder Bremen – Borussia Neunkirchen 6:3.
Gruppe I: Eintracht Frankfurt – 1. FC Köln 2:1 und 4:2; Eintracht Frankfurt – FK Pirmasens 3:2 und 6:2; Eintracht Frankfurt – Werder Bremen 4:2 und 7:2; 1. FC Köln – FK Pirmasens 3:2 und 0:4; 1. FC Köln – Werder Bremen 2:2 und 2:0; FK Pirmasens – Werder Bremen 4:1 und 2:5 – Gruppensieger: Eintracht Frankfurt.
Gruppe II: Kickers Offenbach – Hamburger SV 3:2 und 0:1; Kickers Offenbach – Westfalia Herne 2:1 und 4:1; Kickers Offenbach – Tasmania 1900 Berlin 3:2 und 2:2; Hamburger SV – Westfalia Herne 4:2 und 1:3; Hamburger SV – Tasmania 1900 Berlin 3:0 und 2:0; Westfalia Herne – Tasmania 1900 Berlin 1:0 und 0:2 – Gruppensieger: Kickers Offenbach.
Endspiel: Eintracht Frankfurt – Kickers Offenbach n. V. 5:3.

1960

Qualifikation: Westfalia Herne – Kickers Offenbach 1:0.
Gruppe I: Hamburger SV – Karlsruher SC 3:3 und 3:4; Hamburger SV – Borussia Neunkirchen 6:0 und 4:0; Hamburger SV – Westfalia Herne 2:1 und 4:0; Karlsruher SC – Borussia Neunkirchen 2:4 und 2:2; Karlsruher SC – Westfalia Herne 5:4 und 2:2; Borussia Neunkirchen – Westfalia Herne 2:1 und 1:2 – Gruppensieger: Hamburger SV.
Gruppe II: 1. FC Köln – Werder Bremen 2:5 und 2:1; 1. FC Köln – Tasmania 1900 Berlin 3:0 und 2:1; 1. FC Köln – FK Pirmasens 4:0 und 1:1; Werder Bremen – Tasmania 1900 Berlin 2:1 und 1:2; Werder Bremen – FK Pirmasens 3:1 und 6:4; Tasmania 1900 Berlin – FK Pirmasens 5:2 und 2:1 – Gruppensieger: 1. FC Köln.
Endspiel: Hamburger SV – 1. FC Köln 3:2.

1961

Qualifikation: Eintracht Frankfurt – Borussia Neunkirchen 5:0.
Gruppe I: Borussia Dortmund – Eintracht Frankfurt 0:1 und 2:1; Borussia Dortmund – Hamburger SV 7:2 und 5:2; Borussia Dortmund – 1. FC Saarbrücken 2:2 und 3:4; Eintracht Frankfurt – Hamburger SV 4:2 und 1:2; Eintracht Frankfurt – 1. FC Saarbrücken 1:1 und 5:2; Hamburger SV – 1. FC Saarbrücken 3:0 und 3:2 – Gruppensieger: Borussia Dortmund.
Gruppe II: 1. FC Nürnberg – Werder Bremen 4:0 und 4:2; 1. FC Nürnberg – 1. FC Köln 3:3 und 2:1; 1. FC Nürnberg – Hertha BSC Berlin 3:3 und 2:0; Werder Bremen – 1. FC Köln 1:1 und 1:1; Werder Bremen – Hertha BSC Berlin 1:0 und 3:1; 1. FC Köln – Hertha BSC Berlin 3:4 und 2:1 – Gruppensieger: 1. FC Nürnberg.
Endspiel: 1. FC Nürnberg – Borussia Dortmund 3:0.

1962

Qualifikation: FC Schalke 04 – Werder Bremen n. V. 4:1.
Gruppe I: 1. FC Nürnberg – Tasmania 1900 Berlin 2:1; 1. FC Nürnberg – FC Schalke 04 3:1; 1. FC Nürnberg – Borussia Neunkirchen 3:2; Tasmania 1900 Berlin – FC Schalke 04 1:1; Tasmania 1900 Berlin – Borussia Neunkirchen 1:0; FC Schalke 04 – Borussia Neunkirchen 3:2 – Gruppensieger: 1. FC Nürnberg.
Gruppe II: 1. FC Köln – Eintracht Frankfurt 3:1; 1. FC Köln – Hamburger SV 1:0; 1. FC Köln – FK Pirmasens 10:0; Eintracht Frankfurt – Hamburger SV 2:1; Eintracht Frankfurt – FK Pirmasens 8:1; Hamburger SV – FK Pirmasens 6:3 – Gruppensieger: 1. FC Köln.
Endspiel: 1. FC Köln – 1. FC Nürnberg 4:0.

1963

Qualifikation: 1. FC Nürnberg – Werder Bremen 2:1.
Gruppe I: 1. FC Köln – 1. FC Nürnberg 6:2 und 3:3; 1. FC Köln – Hertha BSC Berlin 5:1 und 6:3; 1. FC Köln – 1. FC Kaiserslautern 8:2 und 1:1; 1. FC Nürnberg – Hertha BSC Berlin 5:0 und 2:0; 1. FC Nürnberg – 1. FC Kaiserslautern 5:1 und 2:2; Hertha BSC Berlin – 1. FC Kaiserslautern 3:0 und 1:1 – Gruppensieger: 1. FC Köln.
Gruppe II: Borussia Dortmund – TSV München 1860 4:0 und 2:3; Borussia Dortmund – Borussia Neunkirchen 0:0 und 5:2; Borussia Dortmund – Hamburger SV 3:2 und 1:0; TSV München 1860 – Borussia Neunkirchen 4:0 und 1:2; TSV München 1860 – Hamburger SV 2:1 und 0:3; Borussia Neunkirchen – Hamburger SV 3:0 und 1:1 – Gruppensieger: Borussia Dortmund.
Endspiel: Borussia Dortmund – 1. FC Köln 3:1.

1963 wurde die Deutsche Meisterschaft zum letzten Male in Endrunde und Endspiel ausgetragen. Ab 1963/64 an wurde der Deutsche Meister in einer Bundesliga mit 16, 18 bzw. 20 Vereinen ermittelt.

Deutscher Meister waren: 18 Mal: Bayern München – 9 Mal: 1. FC Nürnberg – 7 Mal: FC Schalke 04 – je 6 Mal: Borussia Dortmund, Hamburger SV – 5 Mal: Borussia Mönchengladbach – je 4 Mal: 1. FC Kaiserslautern, VfB Stuttgart – je 3 Mal:Werder Bremen, SpVgg Fürth, 1. FC Köln, VfB Leipzig– je 2 Mal: Hertha BSC Berlin, Viktoria 89 Berlin, Dresdner SC, Hannover 96 – je 1 Mal: Union 92 Berlin, Eintracht Braunschweig, Fortuna Düsseldorf, Rot-Weiß Essen, Eintracht Frankfurt, Freiburger FC, Karlsruher FV, Phönix Karlsruhe, Holstein Kiel, VfR Mannheim, TSV München 1860, Rapid Wien.

Das Endspiel erreichten: 12 Mal: 1. FC Nürnberg – 10 Mal: FC Schalke 04 – 7 Mal: Hamburger SV – je 6 Mal: Hertha BSC Berlin, VfB Leipzig – je 5 Mal: Borussia Dortmund, 1. FC Kaiserslautern – je 4 Mal: Viktoria 89 Berlin, SpVgg Fürth, VfB Stuttgart – je 3 Mal: Dresdner SC, Karlsruher FV, Holstein Kiel, 1..FC Köln – je 2 Mal: Fortuna Düsseldorf, Eintracht Frankfurt, Hannover 96*, Kickers Offenbach, 1. FC (FV) Saarbrücken – je 1 Mal: Britannia Berlin, Union 92 Berlin*, Vorwärts Berlin, Duisburger SV, Rot-Weiß Essen*, FSV Frankfurt, Freiburger FC*, LSV Hamburg, Phönix Karlsruhe*, Karlsruher SC, VfR Mannheim*, Bayern München*, TSV München 1860, Preußen Münster, Union Oberschöneweide, 1. FC Pforzheim, DFC Prag, Stuttgarter Kickers, First Vienna FC, Admira Wien, Rapid Wien* – *) = ungeschlagen.

Das Halbfinale (bis 1950) erreichten: 14 Mal: 1. FC Nürnberg – 11 Mal: FC Schalke 04 – 9 Mal: Hamburger SV – je 8 Mal: Hertha BSC Berlin, Holstein Kiel – je 7 Mal: Viktoria 89 Berlin, Dresdner SC, Duisburger SV, SpVgg Fürth, VfB Leipzig – 5 Mal: Karlsruher FV – je 3 Mal: Fortuna Düsseldorf, TSV München 1860, Kickers Offenbach, VfB Stutt gart – je 2 Mal: Altonaer FC 93, Union 92 Berlin, Eintracht Frankfurt, 1. FC Kaiserslautern, Phönix Karlsruhe, SpVgg Leipzig, Waldhof Mannheim, Bayern München, Wacker München, First Vienna FC, Rapid Wien – je 1 Mal: VfL Benrath, Berliner BC, Blau-Weiß 90 Berlin, Britannia Berlin, Norden-Nordwest Berlin, Tasmania 1900 Berlin, Vorwärts Berlin, SC Breslau 08, Spfr. Breslau, Polizei Chemnitz, Preußen Dellbrück, Borussia Dortmund, SC Erfurt, FSV Frankfurt, Freiburger FC, Vorwärts-Rasensport Gleiwitz, HSV Groß-Born, Wacker Halle, Germania Hamburg, LSV Hamburg, Victoria Hamburg, Hannover 96, VfL 99 Köln, VfB Königsberg, Wacker Leipzig, VfR Mannheim, TuS Neuendorf, Union Oberschöneweide, 1. FC Pforzheim, DFC Prag, FV Saarbrücken, FC St. Pauli, Titania Stettin, Stuttgarter Kickers, Admira Wien.

KAPITEL 4

DIE DEUTSCHEN POKALWETTBEWERBE

Ehrentafel

DER VEREINS-POKALSIEGER

1935	1. FC Nürnberg	1974	Eintracht Frankfurt
1936	VfB Leipzig	1975	Eintracht Frankfurt
1937	FC Schalke 04	1976	Hamburger SV
1938	Rapid Wien	1977	1. FC Köln
1939	1. FC Nürnberg	1978	1. FC Köln
1940	Dresdner SC	1979	Fortuna Düsseldorf
1941	Dresdner SC	1980	Fortuna Düsseldorf
1942	TSV München 1860	1981	Eintracht Frankfurt
1943	First Vienna FC	1982	Bayern München
1953	Rot-Weiß Essen	1983	1. FC Köln
1954	VfB Stuttgart	1984	Bayern München
1955	Karlsruher SC	1985	Bayer Uerdingen
1956	Karlsruher SC	1986	Bayern München
1957	Bayern München	1987	Hamburger SV
1958	VfB Stuttgart	1988	Eintracht Frankfurt
1959	Schwarz-Weiß Essen	1989	Borussia Dortmund
1960	Bor. Mönchengladbach	1990	1. FC Kaiserslautern
1961	Werder Bremen	1991	Werder Bremen
1962	1. FC Nürnberg	1992	Hannover 96
1963	Hamburger SV	1993	Bayer Leverkusen
1964	TSV München 1860	1994	Werder Bremen
1965	Borussia Dortmund	1995	Bor. Mönchengladbach
1966	Bayern München	1996	1. FC Kaiserslautern
1967	Bayern München	1997	VfB Stuttgart
1968	1. FC Köln	1998	Bayern München
1969	Bayern München	1999	Werder Bremen
1970	Kickers Offenbach	2000	Bayern München
1971	Bayern München	2001	FC Schalke 04
1972	FC Schalke 04	2002	FC Schalke 04
1973	Bor. Mönchengladbach	2003	Bayern München

Die Pokalsieger

1935: 1. FC Nürnberg (gegen FC Schalke 04 2:0 gewonnen):
Köhl – Billmann, Munkert – Uebelein I, Carolin, Oehm – Gußner, Eiberger, Friedel, Schmitt, Spieß – Tore: Friedel 2 – Düsseldorf, 8. 12. – Zuschauer: 55 000 – SR: Birlem (Berlin).

1936: VfB Leipzig (gegen FC Schalke 04 2:1 gewonnen):
Wöllner – Dobermann, Grosse – Richter, Thiele, Jähnig – Breidenbach, Schön, May, Reichmann, Gabriel – Tore: May, Gabriel (Kalwitzki) – Berlin, 3. 1. 1937 – Zuschauer: 70 000 – SR: Zacher (Berlin).

1937: FC Schalke 04 (gegen Fortuna Düsseldorf 2:1 gewonnen):
Klodt – Sontow, Bornemann – Gellesch, Tibulski, Berg – Kalwitzki, Szepan, Pörtgen, Kuzorra, Urban – Tore: Szepan, Kalwitzki (Janes) – Köln, 9. 1. 1938 – Zuschauer: 72 000 – SR: Grabler (Regensburg).

1938: Rapid Wien (gegen FSV Frankfurt 3:1 gewonnen):
Raftl – Sperner, Schlauf – Wagner I, Hofstätter, Skoumal – Hofer, Schors, Binder, Holec, Pesser. – Tore: Schors, Hofstätter, Binder (Dosedzal) – Berlin, 8. 1. 1939 – Zuschauer: 40 000 – SR: Rühle (Merseburg).

1939: 1. FC Nürnberg (gegen SV Waldhof 2:0 gewonnen):
Köhl – Billmann, Uebelein I – Luber, Sold, Carolin – Gußner, Eiberger, Uebelein II, Pfänder, Kund – Tore: Eiberger 2 – Berlin, 28. 4. 1940 – Zuschauer: 60 000 – SR: Schütz (Düsseldorf).

1940: Dresdner SC (gegen 1. FC Nürnberg 2:1 n. Verl. gewonnen):
Kreß – Miller, Hempel – Pohl, Dzur, Schubert – Boczek, Schaffer, Machate, Schön, Carstens. – Tore: Schaffer, Machate (Gußner) – Berlin, 1. 12. – Zuschauer: 60 000 – SR: Pennig (Mannheim).

1941: Dresdner SC (gegen FC Schalke 04 2:1 gewonnen):
Kreß Miller, Hempel – Pohl, Dzur, Schubert – Kugler, Schaffer, Hofmann, Schön, Carstens – Tore: Kugler, Carstens (Kuzorra) – Berlin, 2. 11. – Zuschauer: 65 000 – SR: Fink (Frankfurt).

1942: TSV München 1860 (gegen FC Schalke 04 2:0 gewonnen):
Keis – Pledl, Schmeisser – Rockinger, Bayerer, Kanitz – Schiller, L. Janda, Krückeberg, Willimowski, Schmidhuber – Tore: Willimowski, Schmidhuber – Berlin, 15. 11. – Zuschauer: 75 000 – SR: Multer (Landau).

1943: First Vienna FC (gegen LSV Hamburg 3:2 n. Verl. gewonnen):
Schwarzer – Kaller, Bortoli – Gröbel, Sabeditsch, R. Dörfel – Holoschefski, Decker, Fischer, R. Noack, Widhalm – Tore: Noack 2, Decker (Gornick, Heinrich) – Stuttgart, 31. 10. – Zuschauer: 45 000 – SR: Schmetzer (Mannheim).

1953: Rot-Weiß Essen (gegen Alemannia Aachen 2:1 gewonnen):
Herkenrath – Göbel, Köchling – Jahnol, Wewers, Wientjes – Rahn, Islacker, Gottschalk, Abromeit, Termath – Tore: Rahn, Islacker (Derwall) – Düsseldorf, 1. 5. –Zuschauer. 40 000 – SR: Reinhardt (Stuttgart).

1954: VfB Stuttgart (gegen 1. FC Köln 1:0 n. Verl. gewonnen):
Bögelein – Retter, Steimle – Krieger, Schlienz, Barufka – Hinterstocker, Baitinger, Bühler, Blessing, Waldner – Tor: Waldner – Ludwigshafen, 17 .4. – Zuschauer. 60 000 – SR: Dusch (Kaiserslautern).

1955: Karlsruher SC (gegen FC Schalke 04 3:2 gewonnen):
R. Fischer – M. Fischer, Baureis – Roth, Geesmann, Dannenmeier – Traub, Sommerlatt, Kohn, Kunkel, Strittmatter – Tore: Traub, Kunkel, Sommerlatt (Sadlowski 2) – Braunschweig, 21. 5. – Zuschauer. 25 000 – SR: Treichel (Berlin).

1956: Karlsruher SC (gegen Hamburger SV 3:1 gewonnen):
R. Fischer – Hesse, Baureis – Ruppenstein, Geesmann, Siedl – Traub, Sommerlatt, Kohn, Beck, Termath – Tore: Termath 2, Kohn (U. Seeler) – Karlsruhe, 5. 8. – Zuschauer: 25 000 – SR: Loser (Essen).

1957: Bayern München (gegen Fortuna Düsseldorf 1:0 gewonnen):
Fazekas – Knauer, Bauer – Mayer, Landerer, Manthey – Siedl, Sommerlatt, Velhorn, Jobst, Huber – Tor: Jobst – Augsburg, 29. 12. – Zuschauer: 42 000 – SR: Dusch (Kaiserslautern).

1958: VfB Stuttgart (gegen Fortuna Düsseldorf 4:3 n. Verl. gewonnen):
Sawitzki – Eisele, Seibold – Hartl, Hoffmann, Schlienz – Waldner, Geiger, Weise, Blessing, Praxl – Tore: Praxl 2, Waldner, Weise (Hoffmann, Jansen, Wolffram) – Kassel, 16. 11. – Zuschauer: 25 000 – SR: Treichel (Berlin).

1959: Schwarz-Weiß Essen (gegen Borussia Neunkirchen 5:2 gewonnen):
Merchel – Mozin, Pips – Steinmann, Kasperski, Ingenbold – Trimhold, Schieth, Rummel, Küppers, Klöckner – Tore: Rummel 2, Klöckner, Trimhold, Schieth (Emser, Dörrenbächer) – Kassel, 27. 12. – Zuschauer: 21 000 – SR: Schulenburg (Hamburg).

1960: Borussia Mönchengladbach (gegen Karlsruher SC 3:2 gewonnen):
G. Jansen – Pfeiffer, de Lange – A. Jansen, Göbbels, Frontzeck – Brungs, Brülls, Kohn, Mülhausen, Fendel – Tore: Mülhausen, Kohn, Brülls (Herrmann, Schwarz) – Düsseldorf, 5. 10. – Zuschauer: 49 000 – SR: Dusch (Kaiserslautern).

1961: Werder Bremen (gegen 1. FC Kaiserslautern 2:0 gewonnen):
Kokartis – Piontek, Nachtwey – Schimeczek, Schütz, Jagielski – Wilmowius, Schröder, Barth, Soya, Hänel – Tore: Schröder, Jagielski – Gelsenkirchen, 13. 9. – Zuschauer. 18 000 – SR: Sparing (Kassel).

1962: 1. FC Nürnberg (gegen Fortuna Düsseldorf 2:1 n. Verl. gewonnen).
Wabra – Derbfuß, Hilpert – Flachenecker, Wenauer, Reisch – Dachlauer, Haseneder, Strehl, Wild, Albrecht – Tore: Haseneder, Wild (Wolffram) – Hannover, 29. 8. – Zuschauer: 41 000 –SR: Seekamp (Bremen).

1963: Hamburger SV (gegen Borussia Dortmund 3:0 gewonnen):
Schnoor – Krug, Kurbjuhn – Giesemann, Stapelfeldt, D. Seeler – Boyens, Wulf, U. Seeler, Kreuz, Dörfel – Tore: U. Seeler 3 – Hannover, 14. 8. – Zuschauer: 70 000 – SR: Kreitlein (Stuttgart).

1964: TSV München 1860 (gegen Eintracht Frankfurt 2:0 gewonnen):
Radenkovic – Wagner, Steiner – Zeiser, Stemmer, Luttrop – Kraus, Kohlars, Brunnenmeier, Küppers, Heiß – Tore: Kohlars, Brunnenmeier – Stuttgart, 13. 6. – Zuschauer: 45 000 – SR: Malka (Herten).

1965: Borussia Dortmund (gegen Alemannia Aachen 2:0 gewonnen):
Tilkowski – Cyliax, Redder – Kurrat, Paul, Straschitz – Wosab, W. Sturm, Schmidt, Konietzka, Emmerich – Tore: Schmidt, Emmerich – Hannover, 22. 5. – Zuschauer: 48 000 – SR: Jakobi (Sandhausen).

1966: Bayern München (gegen Meidericher SV 4:2 gewonnen):
Maier – Nowak, Olk – Rigotti, Beckenbauer, Kupferschmidt – Nafziger, G. Müller, Ohlhauser, Koulmann, Brenninger – Tore: Brenninger 2, Ohlhauser, Beckenbauer (Mielke, Heidemann) – Frankfurt, 4. 6. – Zuschauer: 60 000 – SR: Schulenburg (Hamburg).

1967: Bayern München (gegen Hamburger SV 4:0 gewonnen):
Maier – Kupferschmidt, Schwarzenbeck – Roth, Beckenbauer, Olk – Nafziger, Ohlhauser, G. Müller, Koulmann, Brenninger – Tore: G. Müller 2, Ohlhauser, Brenninger – Stuttgart, 10. 6. – Zuschauer: 68 000 – SR: Niemeyer (Bad Godesberg).

1968: 1. FC Köln (gegen VfL Bochum 4:1 gewonnen):
Soskic – Pott, Hemmersbach – Flohe, Weber, Thielen – Rühl, Simmet, Löhr, Overath, Hornig – Tore: Rühl (2), Hornig, Löhr (Böttcher) – Ludwigshafen, 9. 6. – Zuschauer: 60 000 – SR: Riegg (Augsburg).

1969: Bayern München (gegen FC Schalke 04 2:1 gewonnen):
Maier – Olk, Pumm – Schwarzenbeck, Beckenbauer, Schmidt – Roth, Ohlhauser, G. Müller, Starek, Brenninger. – Tore: G. Müller 2 (Pohlschmidt) – Frankfurt, 14. 6. – Zuschauer: 64 000 – SR: H. Fritz (Oggersheim).

1970: Kickers Offenbach (gegen 1. FC Köln 2:1 gewonnen):
Volz – Weilbächer, H. Kremers – Weida, Reich, H. Schmidt – Gecks, Bechtold (Nerlinger), E. Schmitt, Schäfer, Winkler – Tore: Winkler, Gecks (Löhr) – Hannover, 29. 8. – Zuschauer: 50 000 – SR: Schulenburg (Hamburg).

1971: Bayern München (gegen 1. FC Köln 2:1 n. Verl. gewonnen):
Maier – Koppenhöfer, Breitner – Roth (Schneider), Beckenbauer, Schwarzenbeck – Zobel, Mrosko, G. Müller, U. Hoeneß (Hansen), Brenninger – Tore: Beckenbauer, Schneider (Rupp) – Stuttgart, 19..6. – Zuschauer: 71 000 – SR: Biwersi (Bliesransbach).

1972: FC Schalke 04 (gegen 1. FC Kaiserslautern 5:0 gewonnen):
Nigbur – Huhse, H. Kremers – Rüssmann, Fichtel, van Haaren – Libuda, Lütkebohmert, Fischer, Scheer, E. Kremers – Tore: H. Kremers 2, Scheer, Lütkebohmert, Fischer – Hannover, 1. 7. – Zuschauer: 61 000 – SR: Aldinger (Waiblingen).

1973: Borussia Mönchengladbach (gegen 1. FC Köln 2:1 n. Verl. gewonnen):
Kleff – Bonhof, Michallik – Vogts, Sieloff, Danner – Jensen, Wimmer, Rupp (Stielike), Kulik (Netzer), Heynckes – Tore: Wimmer, Netzer (H. Neumann) – Düsseldorf, 23. 6. – Zuschauer: 69 600 – SR: Tschenscher (Mannheim).

1974: Eintracht Frankfurt (gegen Hamburger SV 3:1 n. Verl. gewonnen):
Dr. Kunter – Reichel (Müller), Kalb – Trinklein, Körbel, Beverungen – Nickel, Weidle (Kraus), Hölzenbein, Grabowski, Rohrbach – Tore: Trinklein, Hölzenbein, Kraus (Björnmose) – Düsseldorf, 17. 8. – Zuschauer: 52 800 – SR: Weyland (Oberhausen).

1975: Eintracht Frankfurt (gegen MSV Duisburg 1:0 gewonnen):
Wienhold – Reichel, Neuberger – Körbel, Trinklein, Weidle – Beverungen, Hölzenbein, Grabowski, Nickel, Lorenz. – Tor: Körbel – Hannover, 21. 6. – Zuschauer: 43 000 – SR: Horstmann (Groß-Escherde).

1976: Hamburger SV (gegen 1. FC Kaiserslautern 2:0 gewonnen):
Kargus – Kaltz, Hidien – Blankenburg, Nogly, Memering – Reimann, Zaczyk (Sperlich), Björnmose, Eigl, Volkert – Tore: Nogly, Björnmose – Frankfurt, 26. 6. – Zuschauer: 61 000 – SR: Eschweiler (Euskirchen).

1977: 1. FC Köln (gegen Hertha BSC Berlin 1:1 n. Verl. und 1:0 gewonnen):
Schumacher – Konopka, Zimmermann – Gerber, Strack, Simmet – van Gool, Flohe, D. Müller, Overath (Neumann, Cullmann), Löhr (Larsen) – Tore: Im 1. Spiel D. Müller (Horr), im 2. Spiel D. Müller – Hannover 28. und 30. 5. – Zuschauer: 57 000 und 35 000 – SR: Frickel (München) und Ohmsen (Hamburg).

1978: 1. FC Köln (gegen Fortuna Düsseldorf 2:0 gewonnen):
Schumacher – Konopka, Zimmermann – Strack, Gerber, Cullmann – van Gool, Neumann, D. Müller, Flohe, Okudera – Tore: Cullmann, van Gool – Gelsenkirchen, 15. 4. – Zuschauer: 70 000 – SR: Redelfs (Hannover).

1979: Fortuna Düsseldorf (gegen Hertha BSC Berlin 1:0 n. Verl. gewonnen):
Daniel – Weikl, Zewe, Fanz, Baltes – Köhnen, Schmitz, Bommer, T. Allofs (Dusend) – K. Allofs, Seel – Tor: Seel – Hannover, 23. 6. – Zuschauer: 56 000 – SR: Linn (Altendiez).

1980: Fortuna Düsseldorf (gegen 1. FC Köln 2:1 gewonnen):
Daniel – Weikl, Zewe, Köhnen, Baltes – Wenzel (Bansemer), Wirtz, Bommer – T. Allofs, K. Allofs, Seel – Tore: Wenzel, T. Allofs (Cullmann) – Gelsenkirchen, 4. 6. – Zuschauer: 55 000 – SR: Aldinger (Waiblingen).

1981: Eintracht Frankfurt (gegen 1. FC Kaiserslautern 3:1 gewonnen):
Pahl – Sziedat, Pezzey, Körbel, Neuberger – Lorant, Nickel, Borchers, Nachtweih – Tscha, Hölzenbein – Tore: Neuberger, Borchers, Cha (Geye) – Stuttgart, 2. 5. – Zuschauer: 71 000 – SR: Joos (Stuttgart).

1982: Bayern München (gegen 1. FC Nürnberg 4:2 gewonnen):
Müller – Beierlorzer (Niedermayer), Weiner, Augenthaler, Horsmann – Dremmler, Kraus, Breitner, Dürnberger – D. Hoeneß, K.-H. Rummenigge – Tore: K.-H. Rummenigge, Kraus, Breitner, D. Hoeneß (Hintermaier, Dressel) – Frankfurt, 1. 5. – Zuschauer: 61 000 – SR: Hennig (Duisburg).

1983: 1. FC Köln (gegen Fortuna Köln 1:0 gewonnen):
Schumacher – Prestin, Strack, Steiner, Zimmermann – Konopka (Willmer), Neumann, Engels – Littbarski, Fischer, K. Allofs (Hartmann) – Tor: Littbarski – Köln, 11. 6. – Zuschauer: 61 000 – SR: Engel (Reimsbach).

1984: Bayern München (gegen Borussia Mönchengladbach 1:1 n. Verl., Bayern 7:6-Sieger im Elfmeterschießen)
Pfaff – Martin, Augenthaler, Grobe – Dremmler, Kraus (Mathy), Lerby, Nachtweih, Dürnberger (D. Hoeneß) – M. Rummenigge, K.-H. Rummenigge – Tore: Dremmler (Mill) – Frankfurt, 31. 5. – Zuschauer: 61 000 – SR: Roth (Salzgitter).

1985: Bayer Uerdingen (gegen Bayern München 2:1 gewonnen):
Vollack – Wöhrlin, Herget, Brinkmann, L. van de Loo – W. Funkel, F. Funkel, Feilzer (Loontiens), Buttgereit – Schäfer, Gudmundsson (Thomas) – Tore: Feilzer, Schäfer (D. Hoeneß). – Berlin, 26. 5. – Zuschauer: 70 398 – SR: Föckler (Weisenheim).

1986: Bayern München (gegen VfB Stuttgart 5:2 gewonnen):
Pfaff – Augenthaler – Nachtweih, Eder, Pflügler – Matthäus, Lerby, M. Rummenigge (Willmer) – Wohlfarth (F. Hartmann), D. Hoeneß, Mathy – Tore: Wohlfarth 3, M. Rummenigge 2 (Buchwald, Klinsmann) – Berlin, 3. 5. – Zuschauer: 76 000 – SR: Pauly (Rheydt).

1987: Hamburger SV (gegen Stuttgarter Kickers 3:1 gewonnen):
Stein – Jakobs – Kaltz, Beiersdorfer, Homp – Jusufi (Schmöller), Lux, von Heesen, Kroth – Kastl, Okonski – Tore: Beiersdorfer, Kaltz, Eigentor Schlotterbeck (Kurtenbach) – Berlin, 20. 6. – Zuschauer: 76 000 – SR: Gabor (Berlin).

1988: Eintracht Frankfurt (gegen VfL Bochum 1:0 gewonnen):
Stein – Binz – Schlindwein, Körbel – Kostner (Klepper), Sievers, Schulz, Detari, Roth – Friz (Turowski), Smolarek – Tor: Detari – Berlin, 28. 5. – Zuschauer: 76 000 – SR: Heitmann (Drentwede).

1989: Borussia Dortmund (gegen Werder Bremen 4:1 gewonnen):
De Beer – Kroth – Kutowski, McLeod, Helmer, Breitzke (Lusch) – Zorc, Möller, M. Rummenigge – Dickel (Storck), Mill – Tore: Dickel 2, Mill, Lusch (Riedle) – Berlin, 24. 6. – Zuschauer: 76 500 – SR: Tritschler (Freiburg).

1990: 1. FC Kaiserslautern (gegen Werder Bremen 3:2 gewonnen):
Ehrmann – Foda – Stumpf, Friedmann (Lutz) – Scherr, Schupp (Roos), Hotic, Dooley, Lelle – Labbadia, Kuntz. – Tore: Labbadia 2, Kuntz (Neubarth, Burgsmüller) – Berlin, 19. 5. – Zuschauer: 76 391 – SR: Neuner (Leimen).

1991: Werder Bremen (gegen 1. FC Köln 1:1 n. Verl., Bremen 4:3-Sieger im Elfmeterschießen:
Reck – Bratseth – Votava, Borowka – Wolter, Hermann (Sauer), Eilts, Neubarth (Harttgen), Bode – Rufer, Kl Allofs – Tore: Eilts (Banach) – Berlin, 22. 6. – Zuschauer: 73 000 – SR: Schmidhuber (Ottobrunn).

1992: Hannover 96 (gegen Borussia Mönchengladbach 0:0 n. Verl., Hannover 4:3-Sieger im Elfmeterschießen:
Sievers – Wojcicki – Klütz, Sundermann, Heemsoth (Kuhlmey) – Kretzschmar, Surmann, Freund, Schönberg – Koch (Jursch), Djelmas – Berlin, 23. 5. – Zuschauer: 76 200 – SR: Heynemann (Magdeburg).

1993: Bayer Leverkusen (gegen Hertha BSC Berlin Am. 1:0 gewonnen):
Vollborn – Foda – Wörns – Fischer, Lupescu, Kree, Happe – Scholz, Hapal – Thom, Kirsten – Tor: Kirsten – Berlin, 12. 6. – Zuschauer: 76 243 – SR: Merk (Kaiserslautern).

1994: Werder Bremen (gegen Rot-Weiß Essen 3:1 gewonnen):
Reck – Bratseth – Votava, Beiersdorfer – Wolter, Basler (Wiedener), Herzog (Borowka), Eilts, Bode – Hobsch, Rufer – Tore: Beiersdorfer, Herzog, Rufer (Bangoura). – Berlin, 14. 5. – Zuschauer: 76 391 – SR: Amerell (München).

1995: Borussia Mönchengladbach (gegen VfL Wolfsburg 3:0 gewonnen):
Kamps – Kastenmaier, Andersson, Klinkert, Neun – Wynhoff (Stadler), Pflipsen, Effenberg, Hochstätter (Fach) – Dahlin, Herrlich – Tore: Dahlin, Effenberg, Herrlich – Berlin, 24. 6. – Zuschauer: 75 717 – SR: Strigel (Horb).

1996: 1. FC Kaiserslautern (gegen Karlsruher SC 1:0 gewonnen):
Reinke – Kadlec – Schäfer, Koch – Greiner, Roos (Wegmann), Hengen, Brehme, Wagner – Marschall (Lutz), Kuka (Wollitz) – Tor: Wagner – Berlin, 25. 5. – Zuschauer: 75 782 – SR: Krug (Gelsenkirchen).

1997: VfB Stuttgart (gegen Energie Cottbus 2:0 gewonnen):
Wohlfahrt – Verlaat – Haber, Berthold – Hagner (Schneider), Soldo, Poschner, Legat – Balakov – Bobic (Gilewicz), Elber (Schwarz) – Tore: Elber 2 – Berlin, 14. 6. – Zuschauer: 76 436 – SR: Steinborn (Sinzing).

1998: Bayern München (gegen MSV Duisburg 2:1 gewonnen):
Kahn – Matthäus – Babbel, Helmer (Fink) – Basler, Hamann, Nerlinger, Tarnat, Lizarazu (Jancker) – Scholl (Strunz), Elber – Tore: Babbel, Basler (Salou) – Berlin, 16. 5. – Zuschauer: 76 000 – SR: Strampe (Handorf).

1999: Werder Bremen (gegen Bayern München 1:1 n. Verl., Bremen 5:4-Sieger im schießen):
Rost – Trares – Todt, Wicky – Eilts, Dabrowski (Bogdanovic), Maximow, Wiedener – Herzog (Wojtala) – Frings, Bode – Tore: Maximow (Jancker) – Berlin, 12. 6. – Zuschauer: 75 841 – SR: Aust (Köln)

2000: Bayern München (gegen Werder Bremen 3:0 gewonnen):
Kahn – Babbel, Andersson, Kuffour, Tarnat – Jeremies, Effenberg (Fink), Salihamidzic, Sergio – Jancker (Santa Cruz), Elber (Scholl) – Tore: Elber, Sergio, Scholl – Berlin, 6. 5.– Zuschauer: 75 841 – SR: Berg (Konz).

2001: FC Schalke 04 (gegen 1. FC Union Berlin 2:0 gewonnen):
Reck – Hajto, Nemec (Thon), Van Hoogdalem – Asamoah (Latal), Oude Kamphuis, Möller, Böhme, Van Kerckhoven (Büskens) – Sand, Mpenza – Tore: Böhme 2 – Berlin, 27. 5.– Zuschauer: 73 011 – SR: Albrecht (Landshut).

2002 FC Schalke 04 (gegen Bayer Leverkusen 4:2 gewonnen):

Reck – Hajto (Oude Kamphuis), Waldoch, Van Kerckhoven – Van Hoogdalem, Nemec – Möller (Wilmots – Asamoah (Vermant), Böhme – Sand, Agali – Tore: Böhme, Agali, Möller, Sand (Berbatow, Kirsten) – Berlin, 11. 5. – Zuschauer: 70 000 – SR: Dr. Wack (Biberbach)

2003 Bayern München (gegen 1. FC Kaiserslautern 3:1 gewonnen)

Kahn – Kuffour, Linke – Sagnol, Lizarazu (Tarnat) – Jeremies (Fink) – Hargreaves, Ballack, Zé Roberto (Scholl) – Pizarro, Elber – Tore: Ballack 2, Pizarro (Klose) – Berlin, 31. 5. – Zuschauer: 70 490 – SR: Fröhlich (Berlin)

Die Schlussrunden um den Vereinspokal

1935

1. Runde: Masovia Lyck – SC Tilsit 7:3; VfL Bitterfeld – Hertha BSC Berlin 1:2; Stettiner SC – Minerva 93 Berlin 0:1; Vorwärts-Rasensport Gleiwitz – FV Breslau 06 0:1; Vorwärts Breslau – BC Hartha 3:1; Dresdner Spfr. – SV Klettendorf 6:1; SV Merseburg 99 – Polizei Chemnitz 2:4; BC Elsterberg – 1. SV Jena n. V. 4:4 und 2:4; VfB Leipzig – 1. FC Nürnberg 1:2; Hannover 96 – CfR Köln 4:3; Eintracht Braunschweig – Reichsbahn Berlin 6:3; SV Göttingen – FC Schalke 04 1:5; Werder Bremen – Hamburger SV 4:5; Eimsbütteler TV – HEBC Hamburg 7:3; Victoria Hamburg – Berolina LSC Berlin 1:2; Holstein Kiel – Nordring Stettin 7:1; Union Recklinghausen – VfL Benrath 0:5; SV Hamborn 07 – SpVgg Herten 1:2; Sport-Ring Gevelsberg 08 – VfR Köln 2:5; Fortuna Düsseldorf – VfL 99 Köln 5:0; SV Kassel – Phönix Ludwigshafen 2:1; Germania Fulda – SpVgg Fürth 1:5; FC Hanau 93 – Eintracht Windecken 5:1; Eintracht Bad Kreuznach – SV Waldhof 1:6; VfR Mannheim – FV Homburg/Saar 7:3; Wormatia Worms – FC Egelsbach 3:0; FV Bretten – Freiburger FC 1:3; Karlsruher FV – SV Feuerbach 0:1; VfB Stuttgart – BC Augsburg n. V. 3:4; FC Schweinfurt 05 – SV Steinach 08 4:0; Ulmer FV 94 – Bayern München 5:4; VfB Königsberg (Freilos).

2. Runde: VfB Königsberg – Masovia Lyck 0:1; Berolina LSC Berlin – Vorwärts-Rasensport Gleiwitz 3:2; Dresdner Spfr. – Hertha BSC Berlin 1:0; Vorwärts Breslau – Minerva 93 Berlin 2:4; Polizei Chemnitz – FC Schweinfurt 05 4:2; Eintracht Braunschweig – 1. SV Jena 7:0; Hannover 96 – Holstein Kiel 4:3; Hamburger SV – Fortuna Düsseldorf 1:4; FC Schalke 04 – SV Kassel 8:0; SpVgg Herten – FC Hanau 93 1:4; VfL Benrath – Eimsbütteler TV 5:3; VfR Köln – SpVgg Fürth 0:2; SV Waldhof – Wormatia Worms 5:1; Freiburger FC – SV Feuerbach 3:0; 1. FC Nürnberg – Ulmer FV 94 8:0; BC Augsburg – VfR Mannheim 1:4.

Achtelfinale: Hannover 96 – FC Schalke 04 2:6; VfR Mannheim – VfL Benrath 2:3; SpVgg Fürth – Freiburger FC 2:3; FC Hanau 93 – Berolina LSC Berlin 5:1; Fortuna Düsseldorf – SV Waldhof 0:3; Spfr. Dresdner Spfr. – Masovia Lyck 2:1; Minerva 93 Berlin – Eintracht Braunschweig 4:2; Polizei Chemnitz – 1. FC Nürnberg 1:3.

Viertelfinale: FC Schalke 04 – VfL Benrath 1:1; Freiburger FC – FC Hanau 93 2:1; SV Waldhof – Dresdner Spfr. 1:0; 1. FC Nürnberg – Minerva 93 Berlin 4:1.

Halbfinale: FC Schalke 04 – Freiburger FC 6:2; 1. FC Nürnberg – SV Waldhof 1:0.

Endspiel: 1. FC Nürnberg – FC Schalke 04 2:0 (0:0).

1936

1. Runde: SV Algermissen 1911 – Werder Bremen 1:4; VfB Peine – Hannover 96 2:0; Westmark Trier – FV Saarbrücken 3:1; CfR Köln – SSV Köln Vingst 05 n. V. 0:0 und 0:0, Viktoria 89 Berlin – Wacker Leipzig 2:1; SV Feuerbach – Phönix Karlsruhe 5:2; Wacker Marktredwitz – VfB Stuttgart 0:1; MSV v. d. Goltz Tilsit – Hindenburg Allenstein 0:2; Viktoria Stolp – Preußen Danzig 6:0; Hertha BSC Berlin – Eimsbütteler TV 3:2; SuSV Beuthen 09 – Minerva 93 Berlin 3:2; Preußen Langenbielau – Vorwärts-Rasensport Gleiwitz 2:7; Cherusker Görlitz – Berliner SV 92 1:2; BC Hartha – Wacker Halle 8:0; VfB Leipzig – 1. SV Jena 5:0; CSC 03 Kassel – Polizei Chemnitz 1:6; Altonaer FC 93 – Wacker 04 Berlin 3:5; Victoria Hamburg – SV Dessau 05 6:1; Holstein Kiel – Polizei Lübeck n. V. 1:2; SpVgg Röhlinghausen – Arminia Bielefeld 2:1; VfvB Ruhrort – FC Schalke 04 2:5; Fortuna Düsseldorf – SV Klafeld 1:2; VfL Benrath – Rheydter SV 1:6; Rot-Weiß Oberhausen – ASA Atsch 7:0; SV Flörsheim – SV Waldhof 0:1; Wormatia Worms – VfB Friedberg 3:2; 1. FC Pforzheim – FK Pirmasens 7:0; Freiburger FC – Kickers Offenbach 2:0; Stuttgarter Kickers – TSV München 1860 0:1; Bayern München – SSV Ulm 3:4; FC Schweinfurt 05 – FC Hanau 93 4:0; 1. FC Nürnberg – SC Planitz 7:0.

2. Runde: Hindenburg Allenstein – Viktoria Stolp 2:1; Berliner SV 92 – SuSV Beuthen 09 4:1; Wacker 04 Berlin – Victoria Hamburg 5:4; Vorwärts-Rasensport Gleiwitz – VfB Leipzig n. V. 2:2 und 0:3; Polizei Chemnitz – Viktoria 89 Berlin 5:2; Polizei Lübeck – Hertha BSC Berlin 1:3; Werder Bremen – Rot-Weiß Oberhausen n. V. 3:2; VfB Peine – BC Hartha 1:0; FC Schalke 04 – SpVgg Röhlinghausen 2:0; Wormatia Worms – SSV Köln-Vingst 05 11:1; SSV Ulm – Freiburger FC 3:0; FC Schweinfurt 05 – SV Feuerbach 5:2; TSV München 1860 – 1. FC Pforzheim n. V. 3:3 und 0:2; Westmark Trier – VfB Stuttgart 0:1; VfL Benrath – 1. FC Nürnberg 3:2; SV Waldhof – SV Klafeld 6:0.
Achtelfinale: VfB Stuttgart – FC Schalke 04 n. V. 0:0 und 0:6; Wacker 04 Berlin – Werder Bremen 1:3; SSV Ulm – FC Schweinfurt 05 2:4; Polizei Chemnitz – SV Waldhof 0:1; 1. FC Pforzheim – Wormatia Worms 1:2; Hertha BSC Berlin – VfL Benrath n. V. 1:1 und 2:8; Hindenburg Allenstein – VfB Peine 1:3; VfB Leipzig – Berliner SV 92 2:0.
Viertelfinale: Werder Bremen – FC Schalke 04 2:5; SV Waldhof – FC Schweinfurt 05 1:2; Wormatia Worms – VfL Benrath n. V. 3:3 und 3:2; VfB Peine – VfB Leipzig 2:4.
Halbfinale: FC Schalke 04 – FC Schweinfurt 05 3:2; VfB Leipzig – Wormatia Worms 5:1.
Endspiel: VfB Leipzig – FC Schalke 04 2:1 (2:1).

1937

1. Runde: BuEV Danzig – Hertha BSC Berlin n. V. 2:3; Wacker 04 Berlin – Hindenburg Allenstein 6:0; Minerva 93 Berlin – Victoria Hamburg n. V. 0:0 und 0:2; Schlesien Haynau – BC Hartha 0:10; SV Ratibor 03 – Polizei Chemnitz 2:4; SC Planitz – SuSV Beuthen 09 3:1; VfB Sömmerda – Eintracht Braunschweig 0:4; Rasensport Harburg – Werder Bremen 2:5; FC St. Pauli – Rot-Weiß Oberhausen 0:1; Polizei Lübeck – Berliner SV 92 0:1; Sperber Hamburg – Tennis Borussia Berlin 1:3; Borussia Dortmund – Hamburger SV 3:1; TuRU Düsseldorf – Hannover 96 4:7; Homberger SV – Holstein Kiel 0:1; Schwarz-Weiß Wuppertal – SV Dessau 05 5:1; Germania Bochum – VfR Köln 7:4; SpVgg Köln-Sülz 07 – Eintracht Frankfurt 2:0; Alemannia Plaidt – FV Duisburg 08 1:3; Tura Bonn – SV Kassel 4:2; Kickers Frankenthal – FC Schalke 04 1:3; VfR Mannheim – Kickers Offenbach 4:1; VfB Mühlburg – FSV Frankfurt 2:1; Freiburger FC – Wormatia Worms 1:3; FV Zuffenhausen – SpVgg Fürth 0:3; SSV Ulm – 1. FC Nürnberg 4:1; VfB Friedberg – SV Waldhof 0:2; Dunlop Hanau – Eimsbütteler TV 0:2; ASV Nürnberg – VfB Stuttgart n. V. 0:1; Bajuwaren München – Karlsruher FV 1:4; Freilose: Dresdner SC, Fortuna Düsseldorf, FV Breslau 06.
2. Runde: Tennis Borussia Berlin – Dresdner SC n. V. 3:4; Berliner SV 92 – Germania Bochum 3:0; BC Hartha – Wacker 04 Berlin 2:1; Polizei Chemnitz – VfR Mannheim 5:2; Eimsbütteler TV – SpVgg Köln-Sülz 07 2:0; Holstein Kiel – Hertha BSC Berlin 5:3; Werder Bremen – Borussia Dortmund n. V. 3:4; Hannover 96 – Victoria Hamburg 3:2; Eintracht Braunschweig – Tura Bonn 2:0; FC Schalke 04 – Rot-Weiß Oberhausen 2:1; FV Duisburg 08 – VfB Mühlburg 1:0; SV Waldhof – Schwarz-Weiß Wuppertal 3:0; Wormatia Worms – SSV Ulm 4:1; Karlsruher FV – Fortuna Düsseldorf 0:2; VfB Stuttgart – SC Planitz 2:0; SpVgg Fürth – FV Breslau 06 7:1.
Achtelfinale: Eintracht Braunschweig – FC Schalke 04 n. V. 0:1; Berliner SV 92 – SpVgg Fürth 1:0; SV Waldhof – Polizei Chemnitz 2:0; Borussia Dortmund – FV Duisburg 08 n. V. 1:1 und 3:1; VfB Stuttgart – Hannover 96 2:1; Dresdner SC – Eimsbütteler TV 3:0; BC Hartha – Wormatia Worms 4:2; Fortuna Düsseldorf – Holstein Kiel 2:1.
Viertelfinale: FC Schalke 04 – Berliner SV 92 3:1; SV Waldhof – Borussia Dortmund 4:3; Dresdner SC – VfB Stuttgart 3:1; Fortuna Düsseldorf – BC Hartha 4:1.
Halbfinale: FC Schalke 04 – SV Waldhof 2:1; Dresdner SC – Fortuna Düsseldorf 2:5.
Endspiel: FC Schalke 04 – Fortuna Düsseldorf 2:1 (0:0).

1938

1. Runde: Hindenburg Allenstein –. Preußen Danzig 2:0; TSV Swinemünde – Blau-Weiß 90 Berlin 1:5; Spfr. Klausberg – BC Hartha 1:4 (in Hartha); Brandenburger SC 05 – MTV Pommerensdorf 3:0; Polizei Berlin – Vorwärts-Rasensport Gleiwitz 2:3; SuSV Beuthen 09 – Berliner SV 92 3:2; Stettiner SC – Yorck Boyen Insterburg n. V. 1:1 (Stettin verzichtetete auf die Wiederholung); Victoria Hamburg – FC Schalke 04 4:3; 1. SV Jena – Hertha BSC Berlin 1:2; Preußen Greppin – Dresdner SC 0:13; VfB Peine – Hamburger SV n. V. 2:1; Borussia Dortmund – Phönix Lübeck 1:2; SV Dessau 05 – Bewag Berlin 2:1; SpVgg Röhlinghausen – Werder Bremen 1:2; Westfalia Herne – Spfr. Katernberg 5:1; Arminia Bielefeld – Holstein Kiel 5:1; Polizei Lübeck – Fortuna Düsseldorf 2:4; Rot-Weiß Essen – FC St. Pauli 5:1; Opel Rüsselsheim – Alemannia Aachen 2:1; Blau-Weiß Köln – VfR Mannheim 1:7; SV Waldhof – Borussia Fulda 4:0; FC Hanau 93 – VfB Mühlburg 0:4; Freiburger FC – Hannover 96 3:1; VfB Stuttgart – Phönix Karlsruhe 7:1; Bayern München – Union Böckingen 7:0; SSV Ulm – SpVgg Fürth 3:2; Riesaer SV – Wacker 04 Berlin 2:1; CSC 03 Kassel – FSV Frankfurt 0:1; ASV Nürnberg – Stuttgarter Kickers 4:2; SV Kleinsteinheim – 1. FC Nürnberg n. V. 2:3; Grün-Weiß Eschweiler – SSVg Velbert 3:1; Eintracht Frankfurt – TSV München 1860 1:2.

2. Runde: TSV München 1860 – Freiburger FC 3:1; 1. FC Nürnberg – SSV Ulm 2:1; VfB Stuttgart – ASV Nürnberg 2:1; VfR Mannheim – Bayern München 2:1; FSV Frankfurt – BC Hartha 3:1; VfB Mühlberg – VfB Peine 6:1; Grün-Weiß Eschweiler – SV Waldhof 1:2; Fortuna Düsseldorf – Opel Rüsselsheim 7:1; Westfalia Herne – Victoria Hamburg 5:1; Werder Bremen – Rot-Weiß Essen 2:3; Phönix Lübeck – Arminia Bielefeld 3:2; Dresdner SC – SuSV Beuthen 09 10:1; Vorwärts-Rasensport Gleiwitz – SV Dessau 05 2:1; Blau-Weiß 90 Berlin – Riesaer SV 3:1; Hertha BSC Berlin – Hindenburg Allenstein (Allenstein verzichtete); Yorck Boyen Insterburg – Brandenburger SC 05 1:4.
Achtelfinale: FSV Frankfurt – Fortuna Düsseldorf 3:1; SV Waldhof – Westfalia Herne 6:0; VfB Mühlburg – VfB Stuttgart 2:1; TSV München 1860 – Dresdner SC. 3:0; Brandenburger SC 05 – Vorwärts-Rasensport Gleiwitz 0:1; 1. FC Nürnberg – VfR Mannheim 1:0; Rot-Weiß Essen – Hertha BSC Berlin 3:0; Blau-Weiß 90 Berlin – Phönix Lübeck 1:0.
Viertelfinale: SV Waldhof – Rot-Weiß Essen n. V. 3:2; Blau-Weiß 90 Berlin – TSV München 1860 1:2; FSV Frankfurt – VfB Mühlburg 3:1; Vorwärts-Rasensport Gleiwitz – 1. FC Nürnberg 2:4 – Ausscheidungsrunde der Ostmark: First Vienna FC – Admira Wien 6:0; Rapid Wien – Austro-Fiat Wien 5:1; Wiener SC – Wacker Wien 1:0; Grazer SK – Austria Wien 3:2.
2. Viertelfinale: 1. FC Nürnberg – First Vienna FC 3:1; SV Waldhof – Rapid Wien 2:3; TSV München 1860 – FSV Frankfurt n. V. 1:2; Wiener SC – Grazer SK 6:1.
Halbfinale: Rapid Wien – 1. FC Nürnberg 2:0; FSV Frankfurt – Wiener SC 3:2.
Endspiel: Rapid Wien – FSV Frankfurt 3:1 (0:1).

1939

1. Runde: Masovia Lyck – MSV v. d. Goltz Tilsit nicht ausgetragen; 1. SV Jena – SC Göttingen 05 3:4; NSTG Warnsdorf – Spfr. Leipzig 2:3; Polizei Danzig – Viktoria Stolp 2:3; Union Oberschöneweide – Blau-Weiß 90 Berlin 1:2; VfB Coburg – Rapid Wien 1:6; SpVgg Leipzig – Vorwärts-Rasensport Gleiwitz 1:2; Hertha BSC Berlin – SC Planitz 6:2; Phönix Karlsruhe – Stuttgarter Kickers 3:5; FC Singen 04 – 1. FC Nürnberg 1:3; First Vienna FC – BC Hartha n. V. 2:3; Borussia Neunkirchen – VfL Benrath 4:1; Vorwärts Hamburg – Fortuna Düsseldorf 1:3; FSV Frankfurt – Mülheimer SV 5:3; Concordia Plauen – Victoria Hamburg 5:3; SV Dessau 05 – Tennis Borussia Berlin 1:2; Kurhessen Kassel – SpVgg Köln-Sülz 07 0:5; VfR Mannheim – Westende Hamborn n. V. 2:3; ASV Blumenthal – Polzei Hamburg n. V. 3:4; SV Hamborn 07 – Hamburger SV 1:3; SV Beuel 06 – Eintracht Frankfurt 0:5; Admira Wien – SV Waldhof 0:1; VfB Alsum – FC Schalke 04 0:13; VfB Bielefeld – VfL Osnabrück 1:3; FC Schweinfurt 05 – Wacker Wien n. V. 2:3; VfB Mühlburg – SpVgg Bad Canstatt 2:0; VfL 99 Köln – Wormatia Worms 9:0; Eimsbütteler TV – Borussia Dortmund 2:3; Neumeyer Nürnberg – CSC 03 Kassel 7:3; VfL Halle 96 – Dresdner SC 0:3; Thüringen Weida – Berliner SV 92 1:2; SV Klettendorf – Minerva 93 Berlin 3:0.
2. Runde: VfL Osnabrück – FC Schalke 04 3:2; Berliner SV 92 – SV Klettendorf 6:1; Tennis Borussia Berlin – Concordia Plauen 4:1; Eintracht Frankfurt – SV Waldhof n. V. 0:1; Borussia Dortmund – VfL 99 Köln 1:6; Viktoria Stolp – Blau-Weiß 90 Berlin 1:3; 1. FC Nürnberg – Stuttgarter Kickers 2:1; Wacker Wien – VfB Mühlburg 4:2; Borussia Neunkirchen – BC Hartha n. V. 1:2; Hamburger SV – Polizei Hamburg 11:2; Dresdner SC – Neumeyer Nürnberg 1:2; Vorwärts-Rasensport Gleiwitz – Hertha BSC Berlin 5:2; Spfr. Leipzig – SC Göttingen 05 3:1; Fortuna Düsseldorf – FSV Frankfurt 4:0; SpVgg Köln-Sülz 07 – Westende Hamborn n. V. 1:2; Freilos: Rapid Wien.
Achtelfinale: Blau-Weiß 90 Berlin – Spfr. Leipzig 9:2; BC Hartha – 1. FC Nürnberg 0:1; Neumeyer Nürnberg – Berliner SV 92 2:1; Rapid Wien – Vorwärts-Rasensport Gleiwitz 6:1; VfL 99 Köln – Wacker Wien 1:3; Fortuna Düsseldorf – Tennis Borussia Berlin 8:1; Hamburger SV – Westende Hamborn 2:0; SV Waldhof – VfL Osnabrück 4:0.
Viertelfinale: Blau-Weiß 90 Berlin – Rapid Wien 1:7; 1. FC Nürnberg – Fortuna Düsseldorf 3:1; SV Waldhof – Hamburger SV 6:2; Wacker Wien – Neumeyer Nürnberg 7:4.
Halbfinale: Rapid Wien – 1. FC Nürnberg 0:1; SV Waldhof – Wacker Wien n. V. 1:1, n. V. 2:2 und n. V. 0:0 (Losentscheid für SV Waldhof).
Endspiel. 1. FC Nürnberg – SV Waldhof 2:0 (1:0).

1940

1. Runde: SV Hannover Linden 07 – Union Oberschöneweide 2:0; Eimsbütteler TV – Spandauer SV 0:3; Blau-Weiß 90 Berlin – Werder Bremen 1:2; VfB Königsberg – Preußen Danzig n. V. 3:2; BuEV Danzig – LSV Stettin 6:2; Hamburger SV – ASV Blumenthal 1:3; NSTG Wittkowitz – Hertha Breslau 6:0; SV Dessau 05 – Kickers Offenbach n. V. 2.2 und 0:4; SV Hildesheim 07 – SG Barmbek n. V. 2:3; SV Steinach 08 – CSC 03 Kassel 4:2; Eintracht Frankfurt – Westfalia Herne 3:2; Germania Mudersbach – Schwarz-Weiß Essen 1:8; VfL Osnabrück – Gelsenguß Gelsenkirchen 2:5; Spfr. Halle – FC Schalke 04 0:7; BC Sport Kassel – TuS Duisburg 48/99 n. V. 4:5; Edelstahl Krefeld – Rot-Weiß Essen 3:4; TuS Neheim – SG Eschweiler 2:3; SV Waldhof – Rot-Weiß Frankfurt n. V. 2:3; 1. FC Kaiserslautern – Fortuna Düsseldorf 2:3; TuS Neuendorf – VfR Mannheim 1:2; Phönix Karlsruhe – FSV Frankfurt 4:2; SpVgg Bad

Canstatt – Wacker Wien 0:7; SpVgg Fürth – VfB Stuttgart 3:0; Sturm Graz – 1. FC Nürnberg 1:6; Neumeyer Nürnberg – Rapid Wien n. V. 1.2; Bayern München – Wiener SC 0:1; VfR Schweinfurt – Mülheimer SV n. V. 2:1; 1. SV Jena – Tura Leipzig 0:1; SC Planitz – Vorwärts-Rasensport Gleiwitz 3:1; VfL Stettin – Polizei Chemnitz 3:2; NSTG Graslitz – Dresdner SC 0:4; VfB Waldshut – Stuttgarter Kickers 0:8.
2. Runde: 1. FC Nürnberg – Kickers Offenbach 3:2; FC Schalke 04 – Werder Bremen 5:0; Rapid Wien – VfR Schweinfurt 7:1; Fortuna Düsseldorf – VfR Mannheim 2:0; Wacker Wien – SC Planitz 6:2; Wiener SC – NSTG Wittkowitz 9:1; Dresdner SC – ASV Blumenthal 5:0; SG Barmbek – Schwarz-Weiß Essen 3:10; Rot-Weiß Essen – Eintracht Frankfurt 0:2; Rot-Weiß Frankfurt – Phönix Karlsruhe 1:0; Stuttgarter Kickers – Gelsenguß Gelsenkirchen 9:2; Tura Leipzig – SpVgg Fürth 1:2; VfL Stettin – BuEV Danzig n. V. 0:0 und 1:2; Spandauer SV – VfB Königsberg 3:5; Union Oberschöneweide – SV Steinach 08 5:1; SG Eschweiler – TuS Duisburg 48/99 3:1.
Achtelfinale: Union Oberschöneweide – 1. FC Nürnberg 0:1; SpVgg Fürth – FC Schalke 04 2:1; Stuttgarter Kickers – Rapid Wien 1:5; Eintracht Frankfurt – Fortuna Düsseldorf 2:3; Schwarz-Weiß Essen – SG Eschweiler 5:2; Wacker Wien – Wiener SC 5:6; Dresdner SC – Rot-Weiß Frankfurt 6:0; VfB Königsberg – BuEV Danzig 5:1.
Viertelfinale: 1. FC Nürnberg – Schwarz-Weiß Essen 2:1; Rapid Wien – SpVgg Fürth 6:1; Fortuna Düsseldorf – Wiener SC 2:1; VfB Königsberg – Dresdner SC 0:8.
Halbfinale: Dresdner SC – Rapid Wien 3:1; Fortuna Düsseldorf – 1. FC Nürnberg 0:1.
Endspiel: Dresdner SC – 1. FC Nürnberg 2:1 (1:1, 1:1) n. Verl.

1941

1. Runde: Prussia-Samland Königsberg – Königsberger STV 3:8; VfB Königsberg – Polizei Tilsit kampflos für Königsberg; Preußen Danzig – Viktoria Stolp 2:4; Hubertus Kolberg – LSV Kamp 2:3; LSV Stettin – Tennis Borussia Berlin 0:6; Hertha BSC Berlin – Blau-Weiß 90 Berlin 1:2; Vorwärts-Rasensport Gleiwitz – DTSG Krakau 7:2; SpVgg Breslau 02 – Germania Königshütte 3:2; Spfr. Dresden – Polizei Chemnitz 0:2; LSV Wurzen – Dresdner SC 1:4; LSV Nordhausen – 1. SV Jena 2:4; Eimsbütteler TV – Werder Bremen 1:2; Holstein Kiel – Hamburger SV 2:1; Eintracht Braunschweig – Hannover 96 1:3; SV Hannover-Linden 07 – FV Wilhelsburg 09 n. V. 6:5; Rot-Weiß Essen – FC Schalke 04 n. V. 1.2; Westende Hamborn – TuS Helene Essen n. V. 0:0 und 4:2; TuS Duisburg 48/99 – Schwarz-Weiß Essen 0:1; Victoria Köln – Fortuna Düsseldorf 1:0 abgebr. und 0:4; Rot-Weiß Frankfurt – VfL 99 Köln 1:1 abgebr. und 3:0; Kurhessen Kassel – BC Sport Kassel 0:4; Borussia Fulda – Kickers Offenbach 9:6; FC Rheinfelden – FC 93 Mülhausen 0:2; FV Metz – VfL Neckarau 4:0; SV Waldhof – SpVgg Sandhofen 2:1; Stuttgarter Kickers – VfB Knielingen 17:0; SpVgg Fürth – Stuttgarter SC 7:0; Schwaben Augsburg – 1. FC Nürnberg 0:7; Jahn Regensburg – TSV München 1860 2:6; Austria Wien – Wacker Wien 6:2; FC Wien – Rapid Wien 3:4; NSTG Prag – Admira Wien 1:2.
2. Runde: Königsberger STV – VfB Königsberg 0:8; Viktoria Stolp – LSV Kamp 0:3; Tennis Borussia Berlin – Blau-Weiß 90 Berlin 2:3; Vorwärts-Rasensport Gleiwitz – SpVgg Breslau 02 6:1; Polizei Chemnitz – Dresdner SC 0:3; 1. SV Jena – Borussia Fulda 5:3; Werder Bremen – Holstein Kiel 1:2; Hannover 96 – SV Hannover-Linden 07 5:1; FC Schalke 04 – Fortuna Düsseldorf 4:2; Westende Hamborn – Schwarz-Weiß Essen 1:2; BC Sport Kassel – SV Waldhof 0:3; FV Metz – Rot-Weiß Frankfurt n. V. 0:0 und 2:0; FC 93 Mülhausen – Stuttgarter Kickers 0:4; TSV München 1860 – Austria Wien 2:5; 1. FC Nürnberg – SpVgg Fürth 4:1; Rapid Wien – Admira Wien 3:5.
Achtelfinale: Holstein Kiel – Blau-Weiß 90 Berlin 4:0; LSV Kamp – VfB Königsberg 3:2; Dresdner SC – Hannover 96 9:2; Austria Wien – Vorwärts-Rasensport Gleiwitz 8:0; Stuttgarter Kickers – 1. FC Nürnberg 4:1; SV Waldhof – Admira Wien 0:1; Schwarz-Weiß Essen – FC Schalke 04 1:5; 1. SV Jena – FV Metz 3:0.
Viertelfinale: Holstein Kiel – 1. SV Jena 2:1; FC Schalke 04 – Austria Wien 4:1; Admira Wien – Stuttgarter Kickers 5:0; LSV Kamp – Dresdner SC 1:4.
Halbfinale: FC Schalke 04 – Holstein Kiel 6:0; Dresdner SC – Admira Wien 4:2.
Endspiel: Dresdner SC – FC Schalke 04 2:1 (1:0).

1942

1. Runde: VfB Königsberg – MTV Ponarth 6:0; SV Neufahrwasser – LSV Heiligenbeil n. V. 3:2; HUS Marienwerder – LSV Stettin 1:2; Stettiner SC – LSV Pütnitz 1:2; Blau-Weiß 90 Berlin – Lufthansa Berlin 3:0; Spfr. Halle – Minerva 93 Berlin 1:2; SpVgg Breslau 02 – LSV Görlitz 12:3; LSV Bölcke Krakau – TuS Lipine 2:5; LSV Reinecke Brieg – LSV Olmütz 3:1; Germania Königshütte – LSV Adler Deblin 3:5; NSTG Falkenau – SC Planitz 3:1; Döbelner SC – NSTG Prag 4:1; SV Dessau 05 – Eintracht Braunschweig 2:0; Werder Bremen – Victoria Hamburg 5:1; Hamburger SV – Eimsbütteler TV 6:0; Hannover 96 – Fortuna Leipzig n. V. 3:3 und 2:4; Borussia Fulda – Westende Hamborn 1:6; Schwarz-Weiß Esch – Stadt Düdelingen 2:5; Victoria Köln – SpVgg Köln-Sülz 07 2:3; SV Hamborn 07 – FC Schalke 04 0:2; Arminia

Bielefeld – LSV Gütersloh 4:0; Rot-Weiß Essen – VfL 99 Köln 2:5; FC Hanau 93 – FC Schweinfurt 05 2:1; SV Waldhof – VfR Mannheim 3:1; 1. FC Kaiserslautern – Kickers Offenbach 2:3; Borussia Neunkirchen – SS Straßburg 4:5; VfB Stuttgart – TSG 61 Ludwigshafen 6:1; FC 93 Mülhausen – Rasensport Straßburg 2:1; SG Böblingen – Stuttgarter Kickers 2:3; Eintracht Frankfurt – SpVgg Fürth 4:1; TSV München 1860 – Rapid Wien 5:3; Wiener AC – First Vienna FC 1:2.

2. Runde: LSV Stettin – VfB Königsberg 4:1; LSV Pütnitz – SV Neufahrwasser 3:2; TuS Lipine – SpVgg Breslau 02; LSV Adler Deblin – LSV Reinecke Brieg 7:1; Westende Hamborn – Arminia Bielefeld 1:0; Stadt Düdelingen – SpVgg Köln-Sülz 07 2:0; VfL 99 Köln – Werder Bremen 1:2; FC Schalke 04 – Eintracht Frankfurt 6:0; Kickers Offenbach – FC Hanau 93 3:1; Stuttgarter Kickers – TSV München 1860 1:3; SS Straßburg – SV Waldhof n. V. 5:4; FC 93 Mülhausen – VfB Stuttgart 0:2; NSTG Falkenau – First Vienna FC 4:0; SV Dessau 05 – Döbelner SC 5:3; Hamburger SV – Minerva 93 Berlin 2:0; Fortuna Leipzig – Blau-Weiß 90 Berlin 0:3.

Achtelfinale: LSV Stettin – LSV Pütnitz 4:1; TuS Lipine – LSV Adler Deblin 4:1; Werder Bremen – Kickers Offenbach 6:1; FC Schalke 04 – Westende Hamborn 4:1; TSV München 1860 – SS Straßburg 15:1; VfB Stuttgart – Stadt Düdelingen 0:2; Hamburger SV – SV Dessau 05 3:4; Blau-Weiß 90 Berlin – NSTG Falkenau 4:1.

Viertelfinale: SV Dessau 05 – FC Schalke 04 0:4; Stadt Düdelingen – TSV München 1860 0:7; TuS Lipine – Blau-Weiß 90 Berlin 4:1; Werder Bremen – LSV Stettin 4:1.

Halbfinale: TSV München 1860 – TuS Lipine 6:0; FC Schalke 04 – Werder Bremen 2:0.

Endspiel: TSV München 1860 – FC Schalke 04 2:0 (0:0).

1943

1. Runde: Holstein Kiel – Eintracht Braunschweig 5:4; TSG Rostock – Hertha BSC Berlin 1:7; Viktoria Elbing – LSV Pütnitz 0:7; FK Niederkorn – Spfr. Katernberg 0:3; FV Saarbrücken – KSG Mülheimer SV/VfR Köln 8:0; FC 93 Mülhausen – VfR Mannheim 1:4; Dresdner SC – Borussia Fulda 13:1; FC Schweinfurt 05 – 1. FC Nürnberg 2:4; NSTG Brüx – First Vienna FC 0:14; Praga Warschau – MSV Brünn 1:3; SpVgg Breslau 02 – TuS Lipine 5:3; DWM Posen – VfB Königsberg 0:4; BC Augsburg – Bayern München 3:0; LSV Hamburg – SpVgg Wilhelmshaven 05 1:0; SpVgg Erfurt – FC Schalke 04 0:4; Stuttgarter Kickers – Kickers Offenbach 3:5.

Achtelfinale: FC Schalke 04 – Spfr. Katernberg 4:2; VfB Königsberg – Dresdner SC 0:5; First Vienna FC – SpVgg Breslau 02 6:5; Hertha BSC Berlin – Holstein Kiel 0:3; Kickers Offenbach – FV Saarbrücken 1:2; LSV Pütnitz – LSV Hamburg 2:3; MSV Brünn – 1. FC Nürnberg 1:5; VfR Mannheim – BC Augsburg 4:2.

Viertelfinale: Holstein Kiel – LSV Hamburg 2:4; FV Saarbrücken – FC Schalke 04 n. V. 1:2; 1. FC Nürnberg – First Vienna FC 2:3; Dresdner SC – VfR Mannheim 5:3.

Halbfinale: First Vienna FC – FC Schalke 04 6:2; LSV Hamburg – Dresdner SC 2:1.

Endspiel: First Vienna FC – LSV Hamburg 3:2 (2:2, 0:1) n. Verl.

1953

1. Runde: VfB Stuttgart – Kickers Offenbach 0:3; Rot-Weiß Essen – Jahn Regensburg 5:0; SV Waldhof – Eintracht Braunschweig 2:1; Eintracht Osnabrück – Preußen Dellbrück 1:2; 1. FC Saarbrücken – FC St. Pauli 1:2; Borussia Neunkirchen – FC Schalke 04 2:1; SpVgg Fürth – VfR Kaiserslautern 0:1; Wacker 04 Berlin – 1. FC Nürnberg 2:6; Concordia Hamburg – Borussia Dortmund 4:3; Hamburger SV – Victoria Hamburg 6:1; Blau-Weiß 90 Berlin – Eintracht Trier 0:1; VfB Mühlburg – Preußen Münster n. V. 5:3; Alemannia Aachen – SC Essen West 81 5:2; SSV Reutlingen – Wormatia Worms n. V. 4:5; SV Hamborn 07 – SC Göttingen 05 n. V. 4:1; VfL Osnabrück – Phönix Ludwigshafen n. V. 2:2 und 2:0.

Achtelfinale: SV Waldhof – SpVgg Fürth 5:2; Concordia Hamburg – VfB Mühlburg 4:3; Preußen Dellbrück – Kickers Offenbach n. V. 2:3; Wormatia Worms – Eintracht Trier 4:1; 1. FC Nürnberg – Alemannia Aachen n. V. 3:3 und 0:2; Hamburger SV – Borussia Neunkirchen 2:0; SV Hamborn 07 – FC St. Pauli n. V. 1:1 und 4:3; Rot-Weiß Essen – VfL Osnabrück 2:0.

Viertelfinale: Rot-Weiß Essen – Hamburger SV 6:1; Kickers Offenbach – Wormatia Worms 1:2; SV Waldhof – Concordia Hamburg 2:1; Alemannia Aachen – SV Hamborn 07 3:1.

Halbfinale: Rot-Weiß Essen – SV Waldhof 3:2; Alemannia Aachen – Wormatia Worms 3:1.

Endspiel: Rot-Weiß Essen – Alemannia Aachen 2:1 (1:0).

1954

Viertelfinale (Die Regionalpokalsieger, die Endspielteilnehmer der Vertragsspieler und der Deutsche Amateurmeister nahmen teil): 1. FC Kaiserslautern – Hamburger SV 2:3; 1. FC Köln – Viktoria 89 Berlin 3:2; TuS Neuendorf – 1. FC Nürnberg 2:1; VfB Stuttgart – SC 09 Berg. Gladbach n. V. 1:1 und 6:0.

Halbfinale: Hamburger SV – 1. FC Köln n. V. 1:3; VfB Stuttgart – TuS Neuendorf n. V. 2:2 und 2:0.

Endspiel: VfB Stuttgart – 1. FC Köln 1:0 (0:0) n. Verl.

1955

1. Runde: FC Schalke 04 – Jahn Regensburg n. V. 1:1 und 6:3; Hamburger SV – Eintracht Trier n. V. 5:3; Kickers Offenbach – Hannover 96 6:3; 1. FC Nürnberg – TSV Marl-Hüls 2:0; Eintracht Frankfurt – FK Pirmasens 1:0; Karlsruher SC – FSV Frankfurt 5:1; TuS Bremerhaven 93 – SpVgg Erkenschwick 5:1; VfB Stuttgart – Arminia Hannover 4:2; SG Düren 99 – 1. FC Kaiserslautern 2:5; Altonaer FC 93 – 1. FC Saarbrücken 3:2; 1. FC Köln – STV Horst Emscher 2:1; Tennis Borussia Berlin – FC Schweinfurt 05 2:4; Union Krefeld – Eintracht Braunschweig 4:0; Phönix Ludwigshafen – Alemannia Aachen n. V. 0:0 und 0:4; Tura Ludwigshafen – FC St. Pauli 0:1; Spandauer SV – VfB Lübeck 1:2.
Achtelfinale: FC Schalke 04 – FC Schweinfurt 05 n. V. 1:1 und 1:0; VfB Stuttgart – VfB Lübeck 5:1; Altonaer FC 93 – Eintracht Frankfurt 2:1; Karlsruher SC – 1. FC Nürnberg 1:0; TuS Bremerhaven 93 – Hamburger SV 3:1; 1. FC Kaiserslautern – 1. FC Köln 7:0; Alemannia Aachen – Union Krefeld n. V. 4:2; Kickers Offenbach – FC St. Pauli 2:0.
Viertelfinale: Altonaer FC 93 – Alemannia Aachen 2:0; VfB Stuttgart – Karlsruher SC 2:5; Kickers Offenbach – 1. FC Kaiserslautern 4:1; FC Schalke 04 – TuS Bremerhaven 93 2:0.
Halbfinale: FC Schalke 04 – Kickers Offenbach 2:1; Altonaer FC 93 – Karlsruher SC n. V. 3:3 und 0:3.
Endspiel: Karlsruher SC – FC Schalke 04 3:2 (1:1).

1956

Qualifikation (Es nahmen nur die fünf regionalen Pokalsieger teil): Spandauer SV – FK Pirmasens 0:1.
Halbfinale: Fortuna Düsseldorf – Hamburger SV 1:2; FK Pirmasens – Karlsruher SC 1:5.
Endspiel: Karlsruher SC – Hamburger SV 3:1 (1:1).

1957

Qualifikation: Spandauer SV – Bayern München 1:4.
Halbfinale: Bayern München – 1. FC Saarbrücken n. V. 3:1; Fortuna Düsseldorf – Hamburger SV 1:0.
Endspiel: Bayern München – Fortuna Düsseldorf 1:0 (0:0).

1958

Qualifikation: Tasmania 1900 Berlin – VfL Osnabrück n. V. 1:1 und 3:1.
Halbfinale: Tasmania 1900 Berlin – Fortuna Düsseldorf 1:2; 1. FC Saarbrücken – VfB Stuttgart 1:4.
Endspiel: VfB Stuttgart – Fortuna Düsseldorf 4:3 (3:3, 1:0) n. Verl.

1959

Qualifikation: Hertha BSC Berlin – Schwarz-Weiß Essen 3:6.
Halbfinale: Borussia Neunkirchen – VfR Mannheim 2:1; Hamburger SV – Schwarz-Weiß Essen n. V. 1:2.
Endspiel: Schwarz-Weiß Essen – Borussia Neunkirchen 5:2 (1:0).

1960

Qualifikation: Hertha BSC Berlin – FK Pirmasens 0:1.
Halbfinale: Borussia Mönchengladbach – Hamburger SV 2:0; Karlsruher SC – FK Pirmasens 3:4, Wiederholung 2:0 (Pirmasens hatte einen nicht spielberechtigten Spieler eingesetzt).
Endspiel: Borussia Mönchengladbach – Karlsruher SC 3:2 (2:1).

1961

Achtelfinale: Eintracht Frankfurt – 1. FC Köln n. V. 2:3; VfV Hildesheim – VfB Stuttgart 1:2; Tasmania 1900 Berlin – Altonaer FC 93 4:1; 1. FC Saarbrücken – Werder Bremen 0:1; 1. FC Kaiserslautern – Heider SV 2:0; Spfr. Hamborn 07 – SV Waldhof 3:1; Karlsruher SC – Wuppertaler SV 7:2; FK Pirmasens – VfL Bochum 3:2.
Viertelfinale: VfB Stuttgart – Karlsruher SC 0:1; Werder Bremen – 1. FC Köln 3:2; 1. FC Kaiserslautern – Tasmania 1900 Berlin n. V. 2:1; Spfr. Hamborn 07 – FK Pirmasens n. V. 3:2.
Halbfinale: Spfr. Hamborn 07 – 1. FC Kaiserslautern 1:2; Werder Bremen – Karlsruher SC n. V. 3:2.
Endspiel: Werder Bremen – 1. FC Kaiserslautern 2:0.

1962

Achtelfinale: VfV Hildesheim – Westfalia Herne 3:2; Holstein Kiel – FC Schalke 04 3:4; FSV Mainz 05 – 1..FC Köln 0:5; Fortuna Düsseldorf – Spfr. Lebenstedt 2:1; TSV München 1860 – Hessen Kassel 6:1; 1..FC Saarbrücken – Eintracht Braunschweig 4:1; Saar 05 Saarbrücken – 1..FC Nürnberg 0:3; Eintracht Frankfurt – Tasmania 1900 Berlin 1:0.
Viertelfinale: 1..FC Nürnberg – VfV Hildesheim 11:0; 1..FC Saarbrücken – Fortuna Düsseldorf n..V. 2:2 und 1:2; FC Schalke 04 – TSV München 1860 4:2; 1..FC Köln – Eintracht Frankfurt n. V. 1:2.
Halbfinale: 1. FC Nürnberg – Eintracht Frankfurt 4:2; Fortuna Düsseldorf – FC Schalke 04 3:2.
Endspiel: 1. FC Nürnberg – Fortuna Düsseldorf 2:1 (1:1, 0:0) n. Verl.

1963

Achtelfinale: Borussia Dortmund – Spfr. Saarbrücken 4:2; TSV München 1860 – FC Schalke 04 3:2; Bayern Hof – Hamburger SV 2:5; 1. FC Saarbrücken – VfL Wolfsburg 3:0; Hessen Kassel – Wuppertaler SV n. V. 2:2 und 0:3; 1. FC Nürnberg – Borussia Neunkirchen 1:2; Werder Bremen – VfB Lohberg 4:3; Concordia Hamburg – Tasmania 1900 Berlin 1:3.
Viertelfinale: Borussia Dortmund – TSV München 1860 3:1; Hamburger SV – 1. FC Saarbrücken 1:0; Wuppertaler SV – Borussia Neunkirchen 1:0; Werder Bremen – Tasmania 1900 Berlin 1:0.
Halbfinale: Borussia Dortmund – Werder Bremen 2:0; Wuppertaler SV – Hamburger SV 0:1.
Endspiel: Hamburger SV – Boussia Dortmund 3:0.

1964

1. Runde: Hamburger SV – SpVgg Fürth n. V. 1:1 und n. V. 1:2; Meidericher SV – Hertha BSC Berlin n..V. 1:2; VfL Wolfsburg – Eintracht Frankfurt 0:2; Wormatia Worms – Hessen Kassel 2:3; Stuttgarter Kickers – Phönix Ludwigshafen 0:3; Werder Bremen – FC Schalke 04 0:2; 1. FC Köln – 1. FC Nürnberg n. V. 3:2; Eintracht Trier – Hannover 96 n. V. 1:1 und 0:4; Altonaer FC 93 – Borussia Mönchengladbach 2:1; Eintracht Gelsenkirchen – Duisburger SV 0:2; Preußen Münster – Karlsruher SC 1:3; 1. FC Saarbrücken – Tennis Borussia Berlin 6:1; Eintracht Braunschweig – VfL Osnabrück 3:0; TSV München 1860 – Borussia Dortmund 2:0; 1. FC Kaiserslautern – Wuppertaler SV 2:0; VfB Stuttgart – SSV Reutlingen n..V. 2:2 und 4:0.
Achtelfinale: Eintracht Frankfurt – Hessen Kassel 6:1; Phönix Ludwigshafen – FC Schalke 04 1:2; Hertha BSC Berlin – SpVgg Fürth 4:3; 1. FC Köln – Hannover 96 n. V. 3:0; Altonaer FC 93 – Duisburger SV 2:1; 1. FC Saarbrücken – Eintracht Braunschweig n. V. 2:1; TSV München 1860 – 1. FC Kaiserslautern 4:2; Karlsruher SC – VfB Stuttgart 2:1.
Viertelfinale: Eintracht Frankfurt – FC Schalke 04 2:1; Hertha BSC Berlin – 1. FC Köln 4:2; Altonaer FC 93 – Karlsruher SC 2:1; 1. FC Saarbrücken – TSV München 1860 1:3.
Halbfinale: Eintracht Frankfurt – Hertha BSC Berlin 3:1; Altonaer FC 93 – TSV München 1860 n. V. 1:4.
Endspiel: TSV München 1860 – Eintracht Frankfurt 2:0 (1:0).

1965

1. Runde: 1. FC Nürnberg – 1. FC Köln 2:0; Rot-Weiß Oberhausen – Ulmer TSG 1846 5:0; 1. FC Kaiserslautern – Karlsruher SC 3:0; Westfalia Herne – Tennis Borussia Berlin n. V. 3:4.; VfR Frankenthal – VfB Stuttgart 0:5; Altonaer FC 93 – Hannover 96 0:5; Hertha BSC Berlin – Eintracht Braunschweig 1:5; VfL Wolfsburg – TSV München 1860 3:4; Preußen Münster – Borussia Dortmund 0:1; VfL Osnabrück – Alemannia Aachen 1:3; FSV Mainz 05 – Werder Bremen 1:0; Hessen Kassel – Hamburger SV 0:2; SuS Northeim – Meidericher SV n. V. 0:1; Schwaben Augsburg – FC Schalke 04 n. V. 5:7; Eintracht Frankfurt – Borussia Neunkirchen 2:1; Kickers Offenbach – Wormatia Worms 2:4.
Achtelfinale: Eintracht Frankfurt – FC Schalke 04 1:2; FSV Mainz 05 – TSV München 1860 n. V. 2:2 und 2:1; Wormatia Worms – VfB Stuttgart 0:2; 1. FC Nürnberg – Hamburger SV 3:1; 1. FC Kaiserslautern – Hannover 96 1:3; Meidericher SV – Eintracht Braunschweig 0:1; Tennis Borussia Berlin – Borussia Dortmund 1:2; Rot-Weiß Oberhausen – Alemannia Aachen 0:1.
Viertelfinale: Eintracht Braunschweig – Borussia Dortmund 0:2; FC Schalke 04 – VfB Stuttgart 4:2; Alemannia Aachen – Hannover 96 2:1; FSV Mainz 05 – 1. FC Nürnberg 0:3.
Halbfinale: Borussia Dortmund – 1. FC Nürnberg 4:2; Alemannia Aachen – FC Schalke 04 n. V. 4:3.
Endspiel: Borussia Dortmund – Alemannia Aachen 2:0.

1966

Qualifikation: Bayern München – Borussia Dortmund 2:0; Borussia Mönchengladbach – Opel Rüsselsheim 5:1.
1. Runde: Werder Bremen – TSV München 1860 4:0; Bayern München – Eintracht Braunschweig 1:0; 1. FC Köln – Tasmania 1900 Berlin n. V. 1:1 und 2:0; Hannover 96 – Hamburger SV 2:4; Meidericher SV – VfB Stuttgart 2:0; Borussia Mönchengladbach – Borussia Neunkirchen n. V. 0:1; Südwest Ludwigshafen – 1. FC Kaiserslautern 0:1; Eintracht Frankfurt – SV Alsenborn 2:1; FC Schalke 04 – Tennis Borussia Berlin n. V. 3:1; Karlsruher SC – Preußen Münster 3:0; Schwaben Augsburg – 1. FC Nürnberg 0:1; Fortuna Düsseldorf – Kickers Offenbach 1:2; FC St. Pauli – 1. FC Saarbrücken 4:2; Holstein Kiel – Arminia Bielefeld 3:1; Freiburger FC – Alemannia Aachen 4:3; TuS Haste – Concordia Hamburg 1:2.
Achtelfinale: Hamburger SV – Borussia Neunkirchen 4:0; Meidericher SV – FC Schalke 04 6:0; 1. FC Nürnberg – Eintracht Frankfurt 2:1; Freiburger FC – Karlsruher SC 1:3; 1. FC Kaiserslautern – Holstein Kiel 3:0; Werder Bremen – Concordia Hamburg 2:0; FC St. Pauli – Kickers Offenbach 3:1; Bayern München – 1. FC Köln 2:0.
Viertelfinale: Meidericher SV – Karlsruher SC 1:0; Hamburger SV – Bayern München 1:2; 1. FC Kaiserslautern – Werder Bremen 3:1; FC St. Pauli – 1. FC Nürnberg 0:1.

Halbfinale: 1. FC Nürnberg – Bayern München n. V. 1:2; Meidericher SV – 1. FC Kaiserslautern 4:3.
Endspiel: Bayern München – Meidericher SV 4:2.

1967

Qualifikation: Altonaer FC 93 – 1. FC Nürnberg 2:1; Hessen Kassel – Eintracht Frankfurt 6:2.
1. Runde: Borussia Dortmund – 1. FC Köln n. V. 2:2 und 0:1; Eintracht Braunschweig – MSV Duisburg n. V. 2:3; FC Schalke 04 – Borussia Mönchengladbach 4:2; Duisburger FV 08 – Schwarz-Weiß Essen 0:2; Alemannia Aachen – FK Pirmasens n. V. 1:1 und 1:0; Waldhof Mannheim – Fortuna Düsseldorf 1:3; Hessen Kassel – Werder Bremen n. V. 2:2 und n. V. 1:2; Hertha BSC Berlin – Bayern München n. V. 2:3; Altonaer FC 93 – Hamburger SV 0:6; Rot-Weiß Essen – Karlsruher SC 1:2; VfB Lübeck – Kickers Offenbach n. V. 0:1; Arminia Hannover – TSV München 1860 1:4; 1. FC Saarbrücken – VfB Stuttgart 2:4; SpVg Erkenschwick – Stuttgarter Kickers 1:0; Hannover 96 Am. – Borussia Neunkirchen n. V. 2:2 und 1:2; 1. FC Kaiserslautern – Hannover 96 2:1.
Achtelfinale: 1. FC Köln – Hamburger SV n. V. 0:0 und 0:2; Alemannia Aachen – Karlsruher SC 4:2; Bor. Neunkirchen – Werder Bremen n. V. 1:1 und 2:1; VfB Stuttgart – FC Schalke 04 0:1; 1. FC Kaiserslautern – Kickers Offenbach n. V. 0:0 und n. V. 0:1; Schwarz-Weiß Essen – Fortuna Düsseldorf n. V. 1:1 und 0:1; SpVgg Erkenschwick – Bayern München 1:3; TSV München 1860 – MSV Duisburg 1:0.
Viertelfinale: TSV München 1860 – Fortuna Düsseldorf 2:0; Kickers Offenbach – Hamburger SV n. V. 0:0 und 0:2; Alemannia Aachen – Borussia Neunkirchen 3:1; FC Schalke 04 – Bayern München 2:3.
Halbfinale: Hamburger SV – Alemannia Aachen 3:1; Bayern München – TSV München 1860 3:1.
Endspiel: Bayern München – Hamburger SV 4:0.

1968

1. Runde: Borussia Neunkirchen – Eintracht Braunschweig 2:3; Bayer Leverkusen – 1. FC Nürnberg 0:2; Röchling Völklingen – Werder Bremen 4:2; Hertha BSC Berlin – Hamburger SV n. V. 1:0; VfL Bochum – Karlsruher SC 3:2; Preußen Münster – Alemannia Aachen 2:1; FC Homburg/Saar – 1. FC Köln 1:4; Arminia Bielefeld – FC Schalke 04 0:1; Bayern Hof – Borussia Mönchengladbach 0:1; VfB Stuttgart – 1..FC Kaiserslautern 1:0; MSV Duisburg – Hannover 96 4:1; FC Schweinfurt 05 – Eintracht Frankfurt n..V. 1:2; VfB Lübeck – TSV München 1860 0:1; Jahn Regensburg – Bayern München n. V. 1:4; VfB Oldenburg – Borussia Dortmund 2:3; SSV Reutlingen – Itzehoer SV 7:1.
Achtelfinale: Bayern München – MSV Duisburg 3:1; VfL Bochum – VfB Stuttgart 2:1; SSV Reutlingen – Borussia Dortmund 1:3; FC Schalke 04 – Eintracht Braunschweig 2:3; 1. FC Nürnberg – Preußen Münster 4:0; Hertha BSC Berlin – Röchling Völklingen 2:1; TSV München 1860 – Borussia Mönchengladbach 2:4; 1. FC Köln – Eintracht Frankfurt n. V. 1:1 und 1:0.
Viertelfinale: Bayern München – 1. FC Nürnberg 2:1; Borussia Dortmund – Hertha BSC Berlin 2:1; Eintracht Braunschweig – 1. FC Köln n. V. 1:1 und 1:2; VfL Bochum – Borussia Mönchengladbach 2:0.
Halbfinale: 1. FC Köln – Borussia Dortmund 3:0; VfL Bochum – Bayern München 2:1.
Endspiel: 1. FC Köln – VfL Bochum 4:1.

1969

1. Runde: Wormatia Worms – Preußen Münster 2:3; TSV Langenhorn Hamburg – Sperber Hamburg 1:2; Borussia Mönchengladbach – Hertha BSC Berlin 5:2; Rot-Weiß Essen – Werder Bremen 1:2; SV Alsenborn – MSV Duisburg 2:1; Eintracht Trier – 1. FC Nürnberg 1:3; Rot-Weiß Oberhausen – FC Schalke 04 n. V. 2:3; VfL Wolfsburg – Hamburger SV 1:2; Jahn Regensburg – Alemannia Aachen 0:1; Freiburger FC – 1. FC Kaiserslautern 0:1; Arminia Hannover – FC Schweinfurt 05 4:0; VfB Stuttgart – 1. FC Köln 1:0; Eintracht Braunschweig – TSV München 1860 1:0; Bayern München – Kickers Offenbach n. V. 0:0 und 1:0; Eintracht Frankfurt – Borussia Dortmund 6:2; Wacker 04 Berlin – Hannover 96 1:4.
Achtelfinale: Hamburger SV – Borussia Mönchengladbach n. V. 2:0; Alemannia Aachen – Preußen Münster 2:0; Bayern München – Arminia Hannover 1:0; FC Schalke 04 – SV Alsenborn 3:1; 1. FC Kaiserslautern – Eintracht Frankfurt 1:0; Werder Bremen – Eintracht Braunschweig 5:0; Hannover 96 – VfB Stuttgart n. V. 2:2 und 1:0; Sperber Hamburg – 1. FC Nürnberg n. V. 0:0 und 0:7.
Viertelfinale: Hamburger SV – Bayern München 0:2; FC Schalke 04 – Alemannia Aachen 2:0; 1. FC Kaiserslautern – Werder Bremen 3:0; 1. FC Nürnberg – Hannover 96 1:0.
Halbfinale: Bayern München – 1. FC Nürnberg 2:0; 1. FC Kaiserslautern – FC Schalke 04 n. V. 1:1 und 1:3.
Endspiel: Bayern München – FC Schalke 04 2:1.und 3:0; VfL Bochum – Bayern München 2:1.
Endspiel: 1. FC Köln – VfL Bochum 4:1.

1970

1. Runde: Eintracht Gelsenkirchen – Borussia Mönchengladbach 1:3; 1. FC Nürnberg – VfB Stuttgart 1:0; Kickers Offenbach – TSV München 1860 4:1; Hannover 96 – Rot-Weiß Oberhausen 3:2; Jahn Regensburg – Eintracht Braunschweig 1:0; FC 08 Villingen – Hamburger SV 1:3; Rot-Weiß Essen – 1..FC

Köln n. V. 3:3 und 1:5; SG Wattenscheid 09 – Bayern München 1:6; SC Göttingen 05 – MSV Duisburg n. V. 0:1; Wuppertaler SV – 1. FC Kaiserslautern 1:0; VfL Osnabrück – Eintracht Frankfurt n. V. 1:2; SV Alsenborn – FC Schalke 04 1:5; FK Pirmasens – Hertha BSC Berlin 1:2; Schwarz-Weiß Essen – Borussia Dortmund 1:2; Tennis Borussia Berlin – Werder Bremen 0:2; Arminia Hannover – Alemannia Aachen 0:3.
Achtelfinale: Bayern München – Jahn Regensburg 4:0; Hannover 96 – Borussia Mönchengladbach 1:3; Eintracht Frankfurt – Hamburger SV 2:0; Wuppertaler SV – 1. FC Nürnberg 0:3; 1. FC Köln – MSV Duisburg 6:1; FC Schalke 04 – Hertha BSC Berlin n. V. 0:0 und 0:4; Alemannia Aachen – Werder Bremen n. V. 1:1 und n. V. 1:1, Los für Aachen; Kickers Offenbach – Borussia Dortmund n. V. 2:1.
Viertelfinale: Borussia Mönchengladbach – 1. FC Köln n. V. 2:3; 1. FC Nürnberg – Bayern München 2:1; Eintracht Frankfurt – Kickers Offenbach 0:3; Alemannia Aachen – Hertha BSC Berlin 1:0.
Halbfinale: Alemannia Aachen – 1. FC Köln 0:4; Kickers Offenbach – 1. FC Nürnberg n. V. 4:2.
Endspiel: Kickers Offenbach – 1. FC Köln 2:1.

1971

1. Runde: Hessen Kassel – Bayern München n. V. 2:2 und 0:3; TSV Westerland – Borussia Dortmund (in Leck) 0:4; SG Wattenscheid 09 – Hertha BSC Berlin 1:2; VfR Heilbronn – Kickers Offenbach 2:0; SV Alsenborn – Borussia Mönchengladbach n. V. 1:1 und 1:3; SSV Reutlingen – 1. FC Köln 2:5; Borussia Neunkirchen – 1. FC Kaiserslautern 0:1; Tasmania 1900 Berlin – Eintracht Braunschweig 1:0; Hannover 96 – Hamburger SV n. V. 2:3; Rot-Weiß Oberhausen – Rot-Weiß Essen 4:3; FC St. Pauli – Eintracht Frankfurt n. V. 2:3; VfL Wolfsburg – FC Schalke 04 n. V. 2:2 und n. V. 1:1, Elfmeterschießen 1:3; Fortuna Düsseldorf – Werder Bremen n. V. 3:1; FC Homburg/Saar – MSV Duisburg n. V. 1:1 und 0:4; Holstein Kiel – VfB Stuttgart 2:1; Wuppertaler SV – Arminia Bielefeld 5:0.
Achtelfinale: 1. FC Kaiserslautern – Bayern München n. V. 1:1 und 0:5; Eintracht Frankfurt – 1. FC Köln 1:4; Hamburger SV – Borussia Dortmund n. V. 3:1; Fortuna Düsseldorf – Wuppertaler SV 4:0; MSV Duisburg – Tasmania 1900 Berlin 2:0; Holstein Kiel – Rot-Weiß Oberhausen n. V. 2:5; Hertha BSC Berlin – Borussia Mönchengladbach 1:3; FC Schalke 04 – VfR Heilbronn 4:0.
Viertelfinale: Bayern München – MSV Duisburg 4:0; 1. FC Köln – Hamburger SV 2:0; Fortuna Düsseldorf – Borussia Mönchengladbach 3:1; FC Schalke 04 – Rot-Weiß Oberhausen 1:0.
Halbfinale: Fortuna Düsseldorf – Bayern München 0:1; FC Schalke 04 – 1. FC Köln 2:3.
Endspiel: Bayern München – 1. FC Köln n. V. 2:1.

1972

1972 und 1973 wurden bis auf das Endspiel alle Runden mit Hin- und Rückspielen ausgetragen.
1. Runde: FC St. Pauli – Rot-Weiß Oberhausen 1:1, 1:2; Bayer Leverkusen – Borussia Mönchengladbach 0:3, 2:4; SV Alsenborn – Fortuna Düsseldorf 0:0, 0:3; Tasmania 1900 Berlin – VfL Bochum 2:2, 0:2; VfR Heilbronn – VfB Stuttgart 1:1, 0:4; Kickers Offenbach – Borussia Dortmund 1:1, 3:0; FC Schalke 04 – Hertha BSC Berlin 3:1, 0:3 (wegen Einsatzes eines gesperrten Spielers für Hertha als verloren gewertet); Holstein Kiel – Hannover 96 5:4, 1:7; Freiburger FC – Hamburger SV 1:2, 2:2; Essener FV 1912 – 1. FC Köln 1:9, 0:5; Wuppertaler SV – 1. FC Kaiserslautern 2:1, n. V. 2:3, Elfmeterschießen 3:5; Fortuna Köln – Bayern München 2:1, 0:6; Arminia Bielefeld – MSV Duisburg 1:1, 1:3; SpVgg Bad Pyrmont – Werder Bremen 1:4, 0:6; Borussia Neunkirchen – Eintracht Braunschweig 2:4, 0:0; FC Schweinfurt 05 – Eintracht Frankfurt 1:0, 1:6.
Achtelfinale: Borussia Mönchengladbach – Eintracht Frankfurt 4:2, 2:3; Hannover 96 – VfL Bochum 0:0, 4:2; Werder Bremen – Hamburger SV 4:2, 0:1; Fortuna Düsseldorf – FC Schalke 04 1:1, 1:2; VfB Stuttgart – 1. FC Kaiserslautern 4:3, 1:3; MSV Duisburg – Rot-Weiß Oberhausen 2:2, 0:1; Kickers Offenbach – 1. FC Köln 3:1, 0:4; Eintracht Braunschweig – Bayern München 0:0, n. V. 1:3.
Viertelfinale: Bayern München – 1. FC Köln 3:0, 1:5; Borussia Mönchengladbach – FC Schalke 04 2:2, 0:1; Rot-Weiß Oberhausen – 1. FC Kaiserslautern 3:1, n. V. 0:5; Hannover 96 – Werder Bremen 0:2, 1:2.
Halbfinale: 1. FC Kaiserslautern – Werder Bremen 2:1, 2:1; 1. FC Köln – FC Schalke 04 4:1, n. V. 2:5, Elfmeterschießen 5:6.
Endspiel: FC Schalke 04 – 1. FC Kaiserslautern 5:0.

1973

1. Runde: Hannover 96 – Eintracht Frankfurt 1:0, 2:4; VfL Wolfsburg – VfB Stuttgart 2:2, 2:3; OSV Hannover – Hertha BSC Berlin 0:6, 0:3; FK Pirmasens – Rot-Weiß Oberhausen 4:1, 0:4; Stuttgarter Kickers – Eintracht Braunschweig 1:1, 1:5; Wacker 04 Berlin – Werder Bremen 1:5, 0:4; Rot-Weiß Essen – Hamburger SV 5:3, n. V. 0:5; FC St. Pauli – Kickers Offenbach 3:1, 0:3; Wormatia Worms – VfL Bochum 4:4, 1:3; Südwest Ludwigshafen – FC Schalke 04 1:3, 1:3; Preußen Münster – MSV Duisburg 2:1, 0:3; HSV Barmbek-Uhlenhorst – Bayern München 1:4, 0:7; Freiburger FC – Borussia Mönchengladbach 3:1, 1:7; SpVgg Bayreuth – 1. FC Kaiserslautern 4:2, 0:4; Fortuna Köln – 1. FC Köln 2:1, n. V. 0:4; Wuppertaler SV – Fortuna Düsseldorf 3:0, 0:2.

Achtelfinale: Eintracht Braunschweig – Eintracht Frankfurt 1:0, 2:2; Wuppertaler SV – Kickers Offenbach 3:2, 0:3; MSV Duisburg – Hertha BSC Berlin 1:2, 2:4; FC Schalke 04 – Borussia Mönchengladbach 0:2, 1:1; Hamburger SV – 1. FC Köln 2:2, 1:4; Rot-Weiß Oberhausen – Bayern München 1:2, 1:3; VfL Bochum – Werder Bremen 4:4, 1:2; VfB Stuttgart – 1. FC Kaiserslautern 2:1, n. V. 0:2.
Viertelfinale: Eintracht Braunschweig – 1. FC Köln 0:5, 2:3; Kickers Offenbach – Bayern München 2:2, 4:2; Werder Bremen – Hertha BSC Berlin 2:0, 2:2; Borussia Mönchengladbach – 1. FC Kaiserslautern 2:1, 3:1.
Halbfinale: Werder Bremen – Bor. Mönchengladbach 1:3, 2:4; 1. FC Köln – Kickers Offenbach 5:0, 1:1.
Endspiel: Borussia Mönchengladbach – 1. FC Köln n. V. 2:1.

1974

1. Runde: TuS Neuendorf – Wuppertaler SV 0:2; FC Schalke 04 – SG Wattenscheid 09 1:2; Bayern München – MSV Duisburg 3:1; Arminia Bielefeld – Alemannia Aachen 2:1; 1. FC Köln – Eintracht Braunschweig 2:0; Tennis Borussia Berlin – Eintracht Frankfurt 1:8; 1. FC Nürnberg – FSV Mainz 05 4:1; VfB Oldenburg – Borussia Mönchengladbach 0:6; Fortuna Köln – VfB Stuttgart n. V. 3:2; 1. FC Kaiserslautern – Rot-Weiß Essen n. V. 5:3; Hertha BSC Berlin – Fortuna Düsseldorf n. V. 2:2 und n. V. 1:1, Elfmeterschießen 4:1; Hamburger SV – SV Darmstadt 98 3:1; Borussia Dortmund – Hannover 96 1:4; Kickers Offenbach – VfR Heilbronn n. V. 2:2 und n. V. 3:2; Hessen Kassel – HSV Barmbek-Uhlenhorst 2:1; VfL Bochum – Werder Bremen n. V. 2:2 und 1:2.
Achtelfinale: 1. FC Köln – Wuppertaler SV 1:0; Werder Bremen – Bayern München 1:2; Arminia Bielefeld – 1. FC Kaiserslautern n. V. 1:1 und 0:3; Hessen Kassel – Eintracht Frankfurt 2:3; Kickers Offenbach – 1. FC Nürnberg 3:2; Fortuna Köln – Hannover 96 n. V. 0:0 und 0:2; Bor. Mönchengladbach – Hamburger SV n. V. 2:2 und n. V. 1:1, Elfmeterschießen 3:1; SG Wattenscheid 09 – Hertha BSC Berlin 1:0.
Viertelfinale: Bayern München – Hannover 96 3:2; SG Wattenscheid 09 – Hamburger SV n. V. 0:1.; Eintracht Frankfurt – 1. FC Köln n. V. 4:3; KickersOffenbach – 1. FC Kaiserslautern n. V. 2:2 und n. V. 3:2.
Halbfinale: Hamburger SV – Kickers Offenbach 1:0; Eintracht Frankfurt – Bayern München 3:2.
Endspiel: Eintracht Frankfurt – Hamburger SV n. V. 3:1.

1975

1. Runde: Eintracht Braunschweig – Hertha BSC Berlin n. V. 4:1; Bayern München – VfB Stuttgart 3:2; FC Schweinfurt 05 – 1. FC Kaiserslautern 3:4; SpVgg Bayreuth – FC Schalke 04 1:2; Arminia Bielefeld – Eintracht Frankfurt 1:3; Preußen Münster – Hamburger SV 0:4; SV Darmstadt 98 – Wuppertaler SV 2:1; Werder Bremen – BSC Grünhöfe 11:1; TV Gültstein – Borussia Mönchengladbach 0:5; Blumen-thaler SV – MSV Duisburg 1:3; Fortuna Düsseldorf – ASV Neumarkt 6:0; OSV Hannover – Rot-Weiß Essen 2:5; SC Herford – VfL Bochum 0:3; VfB Oldenburg – 1. FC Köln 2:6; Union Solingen – Kickers Offenbach 2:1; Rheydter SV – Tennis Borussia Berlin 1:2; VfL Osnabrück – Borussia Neunkirchen 0:2; SC Göttingen 05 – Hannover 96 3:2; Karlsruher SC – Bayern Hof 0:1; Schwarz-Weiß Essen – SG Wattenscheid 09 3:0; FC Augsburg – 1. FC Saarbrücken 2:1; Alemannia Aachen – SpVgg Erkenschwick 1:0; Wacker 04 Berlin – FSV Mainz 05 n. V. 0:1; Borussia Dortmund – VfR Heilbronn 3:0; TSV München 1860 – Wormatia Worms n. V. 3:2; VfR Mannheim – Sperber Hamburg 8:0; TuS Bremerhaven 93 – VfL Wolfsburg 1:2; FK Pirmasens – VfR Neumünster 7:1; FV 09 Weinheim – Bayer Uerdingen n. V. 2:4.; FC Homburg/Saar – TuS Schwachhausen 3:0; FC St. Pauli – SC Bad Neuenahr 3:0; TSV Weißenburg – SpVgg Fürth 0:5; Viktoria Köln – Stuttgarter Kickers 4:0; 1. FC Nürnberg – Wacker München n. V. 2:2 und 5:2; SpVgg Ludwigsburg – 1. FC Mülheim-Styrum n. V. 2:2 und 1:3; Waldhof Mannheim – Heider SV 4:0; VfB Eppingen – Röchling Völklingen 2:1; HSV Barmbek-Uhlenhorst – Spfr. Siegen 1:2; Spfr. Hamborn 07 – Fortuna Köln 1:3; Olympia Wilhelmshaven – Eintracht Trier 4:1; Rot-Weiß Oberhausen – TuS Langerwehe n. V. 4:2; VfB Homberg – DJK Gütersloh 1:3; FV Lörrach – ASV Landau 1:2; SV Leiwen – 1. FC Pforzheim n. V. 2:2 und n. V. 0:0, Elfmeterschießen 3:5; Holstein Kiel – Rot-Weiß Frankfurt 6:1; FV Eppelborn – Spfr. Eisbachtal 4:2; FV Baden-Oos – Arminia Hannover 1:3; Rapide Wedding – TuS Mayen 3:0; TSV Klein-Linden – Rot-Weiß Lüdenscheid 1:2; SV Sandhausen – FC Wunstorf 3:1; Eintracht Kreuznach II – Bayer Leverkusen 1:3; SB Heidenheim – Hertha Zehlendorf n. V. 2:2 und 0:5; VfB Stuttgart Am. – FC 08 Villingen n. V. 8:4; TuS Ahlen – VfB Theley 1:2; TSV Ersen – VfB Dillingen n. V. 0:1; Eintracht Nordhorn – Westend 01 Berlin 5:1; SC Jülich 1910 – SV Göppingen 2:1; TSG Usingen – Teutonia Obernau 3:2; ASC Dudweiler – FC Emmendingen 2:1; Victoria Hamburg – Altonaer FC 93 n. V. 1:2; VfB Lübeck – Bayern München Am. 3:1; Spandauer SV – Hamburger SV Am. 2:0; Eintracht Kreuznach I – Westfalia Herne 2:0; FC Rodalben – TSV Bleidenstadt n. V. 0:1.
2. Runde: Borussia Mönchengladbach – 1. FC Köln 3:5; MSV Duisburg – 1. FC Nürnberg 3:0; Rot-Weiß Essen – DJK Gütersloh 6:2; Bayern München – Rot-Weiß Oberhausen 2:0; Bayern Hof – VfL Bochum n. V. 2:2 und 0:5; VfL Wolfsburg – Werder Bremen 1:4; Fortuna Düsseldorf – FV Eppelborn 4:1; 1. FC Kaiserslautern – Spandauer SV 7:1; FC Schalke 04 – Hertha Zehlendorf 6:0; Tennis Borussia Berlin – Rapide Wedding 4:0; Rot-Weiß Lüdenscheid – Eintracht Braunschweig 3:5; VfB Eppingen – Hamburger SV 2:1; Union Solingen – Eintracht Frankfurt n. V. 1:2; Alemannia Aachen – Borussia Neunkirchen 2:1;

FC St. Pauli – FSV Mainz 05 8:3; SpVgg Fürth – Borussia Dortmund n. V. 1:1 und 0:1; Fortuna Köln – Olympia Wilhelmshaven 7:2; 1. FC Mülheim-Styrum – VfR Mannheim 2:0; Schwarz-Weiß Essen – SV Darmstadt 98 2:0; FK Pirmasens – VfB Lübeck 6:0; Waldhof Mannheim – SV Sandhausen 0:1; Holstein Kiel – Bayer Uerdingen 0:1; ASV Landau – FC Augsburg 0:1; TSV Bleidenstadt – FC Homburg/Saar n..V. 0:0 und n. V. 0:0, Elfmeterschießen 2:0; Eintracht Bad Kreuznach – TSV München 1860 2:4; Spfr. Siegen – SC Göttingen 05 1:0; Viktoria Köln – TSG Usingen n. V. 6:1; VfB Theley – Altonaer FC 93 n. V. 2:4; Bayer Leverkusen – Eintracht Nordhorn 2:0; Arminia Hannover – ASC Dudweiler 5:0; VfB Dillingen – SC Jülich 1910 n. V. 2:2 und 0:4; VfB Stuttgart Am. – 1. FC Pforzheim 2:0.
3. Runde: Fortuna Düsseldorf – 1. FC Kaiserslautern n. V. 3:2; Bayern München – MSV Duisburg 2:3; Fortuna Köln – FC Schalke 04 2:0; Bayer Uerdingen – VfL Bochum 0:2; Werder Bremen – FC Augsburg n. V. 2:2 und 2:1; 1. FC Köln – FC St. Pauli 4:1; 1. FC Mülheim-Styrum – Eintracht Frankfurt 0:3; Tennis Borussia Berlin – Alemannia Aachen 1:0; Schwarz-Weiß Essen – Rot-Weiß Essen 1:2; Eintracht Braunschweig – Viktoria Köln 1:2; FK Pirmasens – TSV München 1860 4:2; Borussia Dortmund – Spfr. Siegen 2:1; SV Sandhausen – VfB Eppingen 1:2; VfB Stuttgart Am. – Bayer Leverkusen 2:0; SC Jülich 1910 – TSV Bleidenstadt 4:2; Altonaer FC 93 – Arminia Hannover 2:0.
Achtelfinale: Eintracht Frankfurt – VfL Bochum 1:0; Fortuna Düsseldorf – 1. FC Köln 5:2; Rot-Weiß Essen – FK Pirmasens 6:0; MSV Duisburg – Altonaer FC 93 7:0; VfB Stuttgart Am. – Tennis Borussia Berlin 2:1; VfB Eppingen – Werder Bremen 0:2; Fortuna. Köln – SC Jülich 1910 n. V. 0:0 und 1:0; Viktoria Köln – Borussia Dortmund n. V. 0:0 und 0:3.
Viertelfinale: Werder Bremen – MSV Duisburg 0:2; Rot-Weiß Essen – Fortuna Düsseldorf 1:0; Eintracht Frankfurt – Fortuna Köln 4:2; VfB Stuttgart Am. – Borussia Dortmund 0:4.
Halbfinale: MSV Duisburg – Bor. Dortmund n. V. 2:1; Eintracht Frankfurt – Rot-Weiß Essen n. V. 3:1.
Endspiel: Eintracht Frankfurt – MSV Duisburg 1:0.

1976

1. Runde: Werder Bremen – Borussia Mönchengladbach 0:3; Bayern München – 1. FC Saarbrücken 3:1; Karlsruher SC – SpVgg Bayreuth 4:2; 1. FC Nürnberg – Rot-Weiß Essen 2:1; FC Augsburg – Fortuna Düsseldorf 0:1; SpVgg Erkenschwick – VfL Bochum 2:3; Schwarz-Weiß Essen – Bayer Uerdingen n. V. 2:1; ASV Landau – Hannover 96 1:7; VfB Oldenburg – FC Schalke 04 0:6; Borussia Neunkirchen – Kickers Offenbach 2:0; Hamburger SV – 1. FC Köln Am. 4:0; 1. FC Köln – Olympia Wilhelmshaven 2:0; Eintracht Frankfurt – Viktoria Köln 6:0; FV 09 Weinheim – Hertha BSC Berlin 1:7; 1. FC Kaiserslautern – VfR Mannheim 2:0; MTV Fürth – MSV Duisburg 2:10; SpVgg Freudenstadt – Eintracht Braunschweig 0:7; TSV München 1860 – SC Göttingen 05 2:1; FC St. Pauli – FK Pirmasens n. V. 1:1 und. 2:5; Tennis Borussia Berlin – FC Schweinfurt 05 2:0; FSV Frankfurt – SpVgg Fürth n. V. 1:1 und 0:1; FC Homburg/Saar – Union Solingen 4:0; Wuppertaler SV – Schwarz-Weiß Essen Am. 3:0; Rapide Wedding – VfB Stuttgart 2:9; VfR Bürstadt – Bayern Hof 1:2; SV Darmstadt 98 – VfB Eppingen 4:1; SpVgg Andernach – DJK Gütersloh 0:2; Fortuna Köln – ASV Bergedorf 85 6:1; Waldhof Mannheim – SV Cuxhaven 2:1; SpVgg Ludwigsburg – Borussia Dortmund 0:6; SG Wattenscheid 09 – Condor Hamburg 4:0; SC Jülich 1910 – Wacker 04 Berlin 3:0; Stuttgarter Kickers – Holstein Kiel n. V. 1:1 und 2:1, Röchling Völklingen – Wacker München 5:1; Arminia Bielefeld – SV St. Georg Hamburg 4:0; Westfalia Herne – Freiburger FC 3:1; TSG Thannhausen – Bayer Leverkusen 0:6; Spandauer SV – Rot-Weiß Oberhausen 2:1; FSV Mainz 05 – TSV Osterholz-Tenever 7:2; Preußen Münster – SC Siemensstadt Berlin 7:1; 1. FC Mülheim – SpVgg 06/07 Sterkrade 4:2; VfL Osnabrück – VfL Wolfsburg 3:2; Hessen Kassel – Alemannia Aachen 1:0; SV Hasborn – VfL Neuwied 3:1; VfL Trier – TSV Kücknitz n. V. 3:6; SV Auersmacher – VfB Gaggenau 6:0; FK Clausen – Wormatia Worms 0:2; SpVgg Lindau – Itzehoer SV 3:0; Hassia Bingen – Frisia Husum 7:0; ASV Idar-Oberstein – SG Frankfurt-Höchst 3:2; Spfr. Salzgitter – SV Weiskirchen 0:1; Offenburger FV – FSV Cappel 2:0; SC Freiburg – Victoria Hamburg 2:1; Spfr. Siegen – ATS Kulmbach 4:2; SGO Bremen – 1. FC Herzogenaurach 5:1; TuS Xanten – TS Woltmershausen 0:2; Spfr. Schwäb. Hall – TuS Mayen 5:1; Eintracht Höhr-Grenzhausen – SV Spielberg 4:3; Union Salzgitter – TSV Abbehausen 5:0; VfR Heilbronn – Rot-Weiß Ludenscheid n. V. 3:2; VfB Stuttgart Am. – HSV Barmbek-Uhlenhorst 1:3; SC Herford – SC Friedrichsthal 3:1; Bünder SV 08/09 – VfR Pforzheim n. V. 2:2 und 2:1; Hertha Zehlendorf – Blumenthaler SV n. V. 0.1.
2. Runde: MSV Duisburg – Karlsruher SC 4:0; Bayer Leverkusen – VfL Bochum 0:2; FC Schalke 04 – Borussia Dortmund 2:1; Hannover 96 – FC Homburg/Saar 1:2; Hertha BSC Berlin – VfB Stuttgart 4:2; 1. FC Köln – SC Freiburg 8:2; Borussia Mönchengladbach – SV Hasborn 3:0; Hamburger SV – Union Salzgitter 4:0; Bünder SV 08/09 – Bayern München 0:3; Wormatia Worms – Eintracht Braunschweig 0:3; Offenburger FV – Eintracht Frankfurt 1:5; Hessen Kassel – Fortuna Düsseldorf 2:3; Blumenthaler SV – 1. FC Kaiserslautern 1:5; Preußen Münster – Wuppertaler SV 1:0; 1. FC Nürnberg – Fortuna Köln n. V. 1:0; Waldhof Mannheim – TSV München 1860 4:1; FSV Mainz 05 – Röchling Völklingen 1:2; FK Pirmasens – Spandauer SV 7:1; 1. FC Mülheim – Bayern Hof n. V. 1:3; Arminia Bielefeld – Eintracht Höhr-Grenzhausen 5:1; Schwarz-Weiß Essen – SGO Bremen 3:0; SV Darmstadt 98 – VfR Heilbronn 4:0; Spfr. Schwäb. Hall – Stuttgarter Kickers 0:5; TSV Kücknitz – DJK Gütersloh 0:1; Spfr. Siegen – Tennis Borussia

Berlin 1:2; VfL Osnabrück – Bor. Neunkirchen 3:2; SpVgg Fürth – TS Woltmershausen 7:1; SG Wattenscheid 09 – SC Herford 4:0; Westfalia Herne – ASV Idar-Oberstein 4:0; SV Weiskirchen – SV Auersmacher 4:1; SC Jülich 1910 – SpVgg Lindau 5:1; HSV Barmbek-Uhlenhorst – Hassia Bingen n. V. 2:3.

3. Runde: MSV Duisburg – Borussia Mönchengladbach 0:1; FC Schalke 04 – Eintracht Braunschweig 1:2; Fortuna Düsseldorf – VfL Bochum n. V. 4:4 und n. V. 3:1; 1. FC Köln – SpVgg Fürth 3:1; Bayern München – Tennis Borussia. Berlin 3:0; Stuttgarter Kickers – Hertha BSC Berlin 1:3; Eintracht Frankfurt – VfL Osnabrück 3:0; Westfalia Herne – 1. FC Kaiserslautern 1:3; Hamburger SV – SC Jülich 1910 4:0; Arminia Bielefeld – DJK Gütersloh 3:2; Preußen Münster – Schwarz-Weiß Essen n. V. 2:2 und 2:3; SV Darmstadt 98 – 1. FC Nürnberg n. V. 3:1; FC Homburg/Saar – Waldhof Mannheim 1:0; SG Wattenscheid 09 – Bayern Hof 2:3; SV Weiskirchen – FK Pirmasens 0:1; Röchling Völklingen – Hassia Bingen 4:1.

Achtelfinale: Bayern Hof – Hamburger SV 0:2; Schwarz-Weiß Essen – 1. FC Köln n. V. 1:1 und n. V. 0:1; FC Homburg/Saar – SV Darmstadt 98 3:0; 1. FC Kaiserslautern – Eintracht Braunschweig 2:0; Fortuna Düsseldorf – Borussia Mönchengladbach 3:2; Hertha BSC Berlin – Eintracht Frankfurt n. V. 1:0; FK Pirmasens – Bayern München 0:2; Röchling Völklingen – Arminia Bielefeld 1:0.

Viertelfinale: 1. FC Köln – Bayern München 2:5; FC Homburg/Saar – Hamburger SV 1:2; Hertha BSC Berlin – Röchling Völklingen n. V. 1:1 und 2:1; 1. FC Kaiserslautern – Fortuna Düsseldorf 3:0.

Halbfinale: Hamburger SV – Bayern München n. V. 2:2 und 1:0; 1. FC Kaiserslautern – Hertha BSC Berlin 4:2.

Endspiel: Hamburger SV – 1. FC Kaiserslautern 2:0.

1977

1. Runde: Borussia Mönchengladbach – Eintracht Braunschweig 0:2; Hannover 96 – MSV Duisburg 0:1; Hamburger SV – Schwarz-Weiß Essen 4:1; Fortuna Düsseldorf – Eintracht Trier 3:1; SV Wiesbaden – FC Schalke 04 1:3; 1. FC Kaiserslautern – VfR Mannheim 1:0; Werder Bremen – Südwest Ludwigs-hafen 4:0; Karlsruher SC – 1. FC Bocholt 2:0; Preußen Hameln – 1. FC Saarbrücken 0:5; Hertha BSC Berlin – TuS Langerwehe 7:3; Borussia Dortmund – Concordia Haaren 10:0; SpVgg Steinhagen – VfL Bochum 0:3; Saar 05 Saarbrücken – Eintracht Frankfurt 1:6; Tennis Borussia Berlin – Sparta Bremerhaven 5:0; SV Meppen – Rot-Weiß Essen n. V. 2:3; Itzehoer SV – 1. FC Köln 0:7; Hannover 96 Am. – Bayern München 0:10; Fortuna Köln – Westfalia Herne 4:1; Kickers Offenbach – SpVgg Bayreuth n. V. 4:4 und 1:4; TSV München 1860 – Wuppertaler SV n. V. 1:0; VfB Stuttgart – SpVgg Fürth 3:0; FK Pirmasens – Preußen Münster 5:1; Bayer Uerdingen – VfB Weidenau 6:0; Bayern Hof – VfB Oldenburg 3:2; VfL Pinneberg – FC Augsburg 0:4; Waldhof Mannheim – Bremer SV 6:0; 1. FC Köln Am. – Röchling Völklingen 1:2; FC Konstanz – Alemannia Aachen 0:2; SG Wattenscheid 09 – Tura Harksheide 5:1; FC Homburg/Saar – SpVgg Erkenschwick 2:1; Arminia Bielefeld – 1. FC Passau n. V. 6:2; Bayer Leverkusen – IF Tönning 4:0; Werder Bremen Am. – 1. FC Nürnberg 0:3; SC Freiburg – Stuttgarter Kickers 1:6; Jahn Regensburg – VfR Heilbronn 3:1; VfL Osnabrück – Union 06 Berlin 12:1; Wacker 04 Berlin – FC 08 Villingen 1:0; Urania Hamburg – FC St. Pauli 1:6; Union Solingen – VfR Frankenthal n. V. 1:1 und n. V. 1:0; SVA Gütersloh – SV Darmstadt 98 n. V. 2:3; Wormatia Worms – SC Göttingen 05 2:1; FV Faurndau – FC Hanau 93 1:4; SSV Dillenburg – Bayern München Am. 1:3; FC Schweinfurt 05 – Hassia Bingen 2:3; Hertha BSC Berlin Am. – DJK Gütersloh 0:2; FC Niederembt – Spandauer SV 1:3; VfB Theley – BFC Preußen Berlin 2:0; VfR Pforzheim – Olympia Bocholt 2:3; SV Neckargerach – SSV Ulm 1846 3:1; SpVgg Andernach – FSV Mainz 05 n. V. 1:1 und 0:3; Phönix Lübeck – Eintracht Bad Kreuznach 0:2; Spfr. Salzgitter – Hülser SC 1920 2:1; Lüner SV – SG Ellingen-Bonefeld n. V. 0:1; SVO Germaringen – VfR Laboe 9:0; Hertha Zehlendorf – TuS Mayen 1:0; Victoria Hamburg – FC Ensdorf 1:0; TuS Feuchtwangen – SV Weiskirchen n. V. 4:3; 1. FC Mülheim – SG Egelsbach 0:3; TV Unterboihingen – SG Dielheim 8:2; Spfr. Eisbachtal – TSG Leihgestern n. V. 1:1 und 2:0; VfR Achern – BV Bad Lippspringe 2:0; TSV Güntersleben – SSV Reutlingen n. V. 1:2; TuS Bremerhaven 93 – VfR Neuss 3:0; FSV Frankfurt – SpVgg Freudenstadt 5:0.

2. Runde: Bayern München – Hamburger SV 5:1; Fortuna Düsseldorf – 1. FC Köln n. V. 2:4; 1. FC Saarbrücken – Rot-Weiß Essen 0:3; Hertha BSC Berlin – Bayern Hof 3:1; Stuttgarter Kickers – 1. FC Kaiserslautern n. V. 1:1 und 1:3; Werder Bremen – SG Wattenscheid 09 4:1; Alemannia Aachen – Borussia Dortmund n. V. 0:0 und 0:2; Röchling Völklingen – Eintr. Braunschweig 2:1; FC Homburg/Saar – Karlsruher SC 0:2 (annulliert) und 1:0; Eintracht Frankfurt – Hertha Zehlendorf 10:2; FC Schalke 04 – SG Ellingen-Bonefeld 6:1; VfB Theley – MSV Duisburg 0:4; Tennis Borussia Berlin– Olympia Bocholt n. V. 4:4 und n. V. 1:1, Elfmeterschießen 3:1; Jahn Regensburg – Fortuna Köln n. V. 1:2; TuS Bremerhaven 93 – VfL Bochum 1:3; Bayer Leverkusen – FC St. Pauli n. V. 3:1; VfB Stuttgart – Union Solingen 2:0; Wacker 04 Berlin – 1. FC Nürnberg 0:5; FSV Frankfurt – Eintracht Bad Kreuznach n. V. 2:1; SG Egelsbach – VfL Osnabrück 0:2; Arminia Bielefeld – SVO Germaringen 6:0; FC Hanau 93 – TSV München 1860 1:6; Victoria Hamburg – Waldhof Mannheim 2:5; SV Neckargerach – FK Pirmasens 2:3; SpVgg Bayreuth – SSV Reutlingen 2:1; Spandauer SV – SV Darmstadt 98 2:3; Spfr. Salzgitter – Bayern München Am. 1:2; TuS Feuchtwangen – DJK Gütersloh n. V. 2:3; Spfr. Eisbachtal – Hassia Bingen 0:4; VfR Achern – TV Unterboihingen 1:2; Bayer Uerdingen – Mainz 05 3:0; Wormatia Worms – FC Augsburg 1:2.

3. Runde: Rot-Weiß Essen – VfL Bochum 5:1; 1. FC Köln – Tennis Borussia Berlin 5:1; Bayer Uerdingen – 1. FC Kaiserslautern 3:1; Werder Bremen – Bayer Leverkusen 3:0; SV Darmstadt 98 – Hertha BSC Berlin n. V. 0:1; Röchling Völklingen – Eintracht Frankfurt 2:3; FC Schalke 04 – FSV Frankfurt 1:0; VfL Osnabrück – Borussia Dortmund n. V. 3:1; Bayern München – TV Unterboihingen 10:1; FC Augsburg – TSV München 1860 2:1; FK Pirmasens – Arminia Bielefeld 3:4; 1. FC Nürnberg – Waldhof Mannheim 3:2; DJK Gütersloh – FC Homburg/Saar 0:6; Bayern München Am. – VfB Stuttgart 2:1; SpVgg Bayreuth – Hassia Bingen 2:1; MSV Duisburg – Fortuna Köln 4:0.
Achtelfinale: MSV Duisburg – Hertha BSC Berlin 1:2; FC Schalke 04 – Eintracht Frankfurt n. V. 2:2 und 3:4; 1. FC Köln – FC Homburg/Saar 7:2; Rot-Weiß Essen – Arminia Bielefeld 2:0; Bayer Uerdingen – Werder Bremen 2:0; Bayern München – Bayern München Am. 5:3; 1. FC Nürnberg – VfL Osnabrück 1:0; SpVgg Bayreuth – FC Augsburg 2:0.
Viertelfinale: Hertha BSC Berlin – Bayern München n. V. 4:2; 1. FC Köln – 1. FC Nürnberg 4:2; Bayer Uerdingen – Eintracht Frankfurt n. V. 6:3; SpVgg Bayreuth – Rot-Weiß Essen 1:2.
Halbfinale: Bayer Uerdingen – Hertha BSC Berlin 0:1; 1. FC Köln – Rot-Weiß Essen 4:0.
Endspiele: 1. FC Köln – Hertha BSC Berlin n. V. 1:1 und 1:0.

1978

1. Runde: 1. FC Saarbrücken – Bayern München 1:2; TSV München 1860 – Arminia Bielefeld 4:2; Kickers Offenbach – 1. FC Köln 0:4; SC Göttingen 05 – FC Schalke 04 0:2; TSV Ofterdingen – Hamburger SV 0:5; Eintracht Braunschweig – Eintracht Nordhorn 10:1; VfB Stuttgart – Eintracht Bremen 10:0; RSV Rehburg – Hertha BSC Berlin 1:6; FC Konstanz – Eintracht Frankfurt 1:6; FC St. Wendel – Fortuna Düsseldorf 1:6; Blumenthaler SV – Werder Bremen 1:5; SG Ellingen-Bonefeld – FC St. Pauli 1:6; 1. FC Viersen – Borussia Mönchengladbach 0:8; FSV Oggersheim – 1. FC Kaiserslautern 0:3; TuS Sulzbach-Rosenberg – MSV Duisburg 1:11; VfB Oldenburg – VfL Bochum 0:2; TSV Ottobrunn – Borussia Dortmund 0:9; Rot-Weiß Essen – VfR Bürstadt 3:2; Wuppertaler SV – SC Herford n. V. 2:2 und 0:3; OSC Bremerhaven – Preußen Münster 3:2; KSV Baunatal – Alemannia Aachen 2:3; Karlsruher SC – 1. FC Nürnberg 2:1; Union Solingen – Schwarz-Weiß Essen n. V. 2:2 und 0:2; FC Villingen 08 – SpVgg Bayreuth 0:1; SB Heidenheim – FK Pirmasens 1:2; Waldhof Mannheim – Lüssumer TV 12:0; SG Wattenscheid 09 – TSV Bleidenstadt n. V. 1:2; Bayer Leverkusen – FSV Salmrohr 5:0; FV Würzburg 04 – Jahn Regensburg 1:0; Rendsburger TSV – VfL Osnabrück 0:2; Normannia Gmünd – Fortuna Köln 2:0; Eintracht Trier – Blau-Weiß Wulfen 3:0; Arminia Hannover – FC Augsburg Am. 0:1; Südwest Nürnberg – SV Darmstadt 98 1:3; Hassia Bingen – Stuttgarter Kickers 0:1; BV 08 Lüttringhausen – Freiburger FC 1:2; Concordia Hamburg – Bayern Hof 2:0; OSV Hannover – FSV Frankfurt 2:5; Westfalia Herne – BC Efferen 1920 6:1; SpVgg Bad Homburg – FC Homburg/Saar 1:2; Olympia Kirrlach – Bayer Uerdingen 0:6; Hummelsbütteler SV – TuS Schloß Neuhaus 0:2; BV 04 Düsseldorf – VfL Bad Schwartau 3:0; SV Schleswig 06 – Röchling Völklingen 0:1; VfV Hildesheim – TV Unterboihingen n. V. 4:1; Itzehoer SV – Borussia Brand 2:1; VfL Wolfsburg – FSV Bad Orb 3:1; Saar 05 Saarbrücken – Wacker 04 Berlin n. V. 0:0 und n. V. 1:1, Elfmeterschießen 4:5; Tura Harksheide – SV Ottweiler n. V. 1:1 und 1:2; Horner TV – Alemannia Eggenstein 2:1 (nach Protest vom DFB-Bundesgericht annulliert), 0:8; FSV Mainz 05 – Hertha Zehlendorf 7:1; Viktoria Köln – Eintracht Bad Kreuznach 0:2; SC Gladenbach – SuS Elpe 2:1; Eintracht Glas/Chemie Wirges – DSC Wanne-Eickel 2:0; Viktoria 09 Berlin – BSV Schwenningen n. V. 2:3; FC Tailfingen – SpVgg Neckargemünd 3:2; Bonner SC – Spfr. Eisbachtal 5:1; SV Sandhausen – Traber FC Berlin 3:1; FC Rastatt – TuS Struck 2:1; Lichterfelder SU – Alemannia Plaidt n. V. 2:2 und 1:3; Warendorfer SU – FSV Hemmersdorf 3:1; TuS Langerwehe – VfB Coburg 3:0, FC Augsburg – SpVgg Fürth 1:0, Hannover 96 – Tennis Borussia Berlin 0:2.
2. Runde: Fortuna Düsseldorf – Borussia Dortmund 3:1; MSV Duisburg – VfB Stuttgart 3:0; FC St. Pauli – VfL Bochum 0:3; Waldhof Mannheim – Hertha BSC Berlin 1:3; Eintracht Braunschweig – Stuttgarter Kickers 3:1; Bayern München – Eintracht Trier 3:1; 1. FC Kaiserslautern – Wacker 04 Berlin 4:1; BV 04 Düsseldorf – Borussia Mönchengladbach 1:4; TuS Schloß Neuhaus – Eintracht Frankfurt n. V. 2:2 und 0:4; 1. FC Köln – Eintracht Bad Kreuznach 3:1; FSV Mainz 05 – Hamburger SV 1:4; Röchling Völklingen – Werder Bremen 0:4; Karlsruher SC – FK Pirmasens n. V. 4:0; Bayer Uerdingen – FSV Frankfurt 0:3, Tennis Borussia Berlin – Westfalia Herne 1:3; VfL Osnabrück – SV Darmstadt 98 2:1; FC Homburg/Saar – SC Herford 3:0; OSC Bremerhaven – FC Augsburg 0:1; FC Tailfingen – Rot-Weiß Essen 1:2; Bayer Leverkusen – FC Rastatt 3:1; Schwarz-Weiß Essen – Concordia Hamburg 2:0; Warendorfer SU – Freiburger FC 1:4; TuS Langerwehe – FV Würzburg 04 n. V. 1:0; VfV Hildesheim – Alemannia Aachen 3:0; Itzehoer SV – SpVgg Bayreuth 1:6; Normannia Gmünd – FC Augsburg Am. 1:2; SC Gladenbach – SV Sandhausen 1:5; DSC Wanne-Eickel – VfL Wolfsburg 3:1; Alemannia Plaidt – Bonner SC 1:2; BSV Schwenningen – SV Ottweiler 4:0; FC Schalke 04 – TSV Bleidenstadt 8:1; TSV München 1860 – Horner TV 15:0 (nach Urteil des DFB-Bundesgerichts annulliert, neues Spiel gegen Alemannia Eggenstein 7:1).
3. Runde: MSV Duisburg – 1. FC Kaiserslautern 2:1; FC Schalke 04 – Eintracht Frankfurt 1:0; FC Homburg/Saar – Bayern München 3:1; TSV München 1860 – FC Augsburg 3:0; Fortuna Düsseldorf –

Rot-Weiß Essen 4:1; Freiburger FC – VfL Bochum 2:6; FSV Frankfurt – 1. FC Köln 0:3; FC Augsburg Am. – Hertha BSC Berlin 0:4; SV Sandhausen – Eintracht Braunschweig 0:4; DSC Wanne-Eickel – Werder Bremen 0:2; Hamburger SV – VfV Hildesheim 6:0; Borussia Mönchengladbach – Bonner SC 3:0; Bayer Leverkusen – Westfalia Herne 1:5; Karlsruher SC – SpVgg Bayreuth 2:0; TuS Langerwehe – VfL Osnabrück 2:0; Schwarz-Weiß Essen – BSV Schwenningen n. V. 2:1.
Achtelfinale: FC Schalke 04 – Hamburger SV 4:2; Werder Bremen – TSV München 1860 2:1; 1. FC Köln – Karlsruher SC 4:0; TuS Langerwehe – MSV Duisburg 1:3; Borussia Mönchengladbach – VfL Bochum 3:0; Fortuna Düsseldorf – Eintracht Braunschweig 3:1; FC Homburg/Saar – Hertha BSC Berlin n. V. 1:1 und n. V. 1:4; Schwarz-Weiß Essen – Westfalia Herne n. V. 0:0 und 1:0.
Viertelfinale: 1. FC Köln – Schwarz-Weiß Essen 9:0; MSV Duisburg – Hertha BSC Berlin 1:0; Werder Bremen – Borussia Mönchengladbach 2:1; FC Schalke 04 – Fortuna Düsseldorf n. V. 1:1 und 0:1.
Halbfinale: 1. FC Köln – Werder Bremen 1:0; Fortuna Düsseldorf – MSV Duisburg 4:1.
Endspiel: 1. FC Köln – Fortuna Düsseldorf 2:0.

1979

1. Runde: Arminia Bielefeld – Hamburger SV n. V. 2:1; MSV Duisburg – SG Wattenscheid 09 4:3; Fortuna Düsseldorf – Stuttgarter Kickers 7:2; FV Würzburg 04 – Hertha BSC Berlin n. V. 0:2; Borussia Mönchengladbach – Wuppertaler SV 4:2; TSV München 1860 – FC Schalke 04 0:5; Rot-Weiß Lüdenscheid – 1..FC Köln 1:4; Bayern München – SSV Glött 5:0; Eintracht Braunschweig – Schwarz-Weiß Essen 2:0; VfB Stuttgart – Spandauer SV 12:0; SV Darmstadt 98 – DJK Abenberg 4:1; Werder Bremen – SV Holzwickede 5:0; 1. FC Kaiserslautern – BFC Preußen Berlin 7:0; VfL Bochum – Bünder SV 4:0; SpVgg Bad Pyrmont – Eintracht Frankfurt 1:2; Borussia Dortmund – BSV Schwenningen 14:1; 1. FC Nürnberg – ASV Neumarkt 4:0; 1. FC Saarbrücken – SpVgg Fürth n. V. 1:0; Tennis Borussia Berlin – Union Solingen n. V. 2:0; Fortuna Köln – FC Hanau 93 2:0; SC Freiburg – Rot-Weiß Essen 3:1; Freiburger FC – SpVgg Neckarelz 6:1; Eintracht Trier – SG Fuchsmühl 3:1; DSC Wanne-Eickel – VfR Mannheim 2:1; SC Pfullendorf – FC Homburg/Saar 0:3; Preußen Münster – SV Leiwen 6:0; SSV Dillenburg – FSV Frankfurt 2:4; Waldhof Mannheim – SV Börnsen 5:0; SC Jülich 1910 – Kickers Offenbach 1:10; VfB Schrecksbach – Arminia Hannover 3:5; Karlsruher SC – Eintracht Bad Kreuznach 3:1; FC Augsburg – Offenburger FV 4:2; TSV Nord-Harrislee – Borussia Neunkirchen 0:6; Holstein Kiel – Saar 05 Saarbrücken 5:0; Viktoria Sindlingen – Bayer Leverkusen 0:3; Wormatia Worms – VfB Remscheid 4:2; Union Böckingen – Bayer Uerdingen 2:8; Alemannia Aachen – FC Eislingen 4:1; FC St. Pauli – Bayern Hof n. V. 3:0; KSV Baunatal – Union Essen-Frintrop 5:0; SV Haidlfing – SpVgg Bayreuth 0:5; TuS Hess.-Oldendorf – Westfalia Herne 0:4; TuS Iserlohn – VfL Osnabrück 0:2; OSC Bremerhaven – Hannover 96 0:3; ASV Burglengenfeld – Viktoria Köln 1:4; ESV Ingolstadt – Viktoria Klein-Gladbach 4:0; FC Tailfingen – SV Sandhausen 4:3; Südwest Ludwigshafen – Concordia Hamburg 2:0; SV Memmelsdorf – 1. FC Bocholt 1:8; SVO Germaringen – VfR Bürstadt 1:7; Rot-Weiß Oberhausen – ETSV Landshut n. V. 5:1; SG Bad Soden-Salmünster – VfL Neustadt/W. 1:3; SG Ellingen-Bonefeld – VfB Lübeck 3:1; SC Göttingen 05 – FC Epe 2:0; SC Herford – Kickers Würzburg 2:1; OSV Hannover – TSV Helmstedt 5:1; FC Gütersloh – Eintracht Nordhorn 4:1; 1. FC Kirchheim – Eintracht Glas/Chemie Wirges 1:2; SV Bliesen – FV Melsungen 2:3; Werder Bremen Am. – TuS Neuendorf n. V. 1:1 und 2:5; MTV Gifhorn – FK Pirmasens 0:3; Victoria Hamburg – SSV Ulm 1846 0:6; VfR Heilbronn – TuS Langerwehe 1:0; Blumenthaler SV – Fortuna Düsseldorf Am. n. V. 1:2.
2. Runde: MSV Duisburg – Arminia Bielefeld 3:1; FC Schalke 04 – VfB Stuttgart 3:2; Werder Bremen – Eintracht Frankfurt 2:3; VfL Bochum – DSC Wanne-Eickel n. V. 4:2; Bayern München – VfL Osnabrück 4:5; Borussia Mönchengladbach – Arminia Hannover 6:1; Eintracht Trier – 1. FC Kaiserslautern 0:1; SV Darmstadt 98 – Preußen Münster 2:1; FC Augsburg – 1. FC Nürnberg 1:3; Borussia Neunkirchen – Borussia Dortmund n. V. 0:0 und 0:2; Wormatia Worms – Hertha BSC Berlin n. V. 1:1 und 0:2; Westfalia Herne – 1. FC Köln 2:3; Eintracht Braunschweig – SG Ellingen-Bonefeld 1:0; Fortuna Düsseldorf – VfR Heilbronn 3:0; 1. FC Saarbrücken – Bayer Uerdingen 2:3; Hannover 96 – Alemannia Aachen 1:3; Tennis Borussia Berlin – VfR Bürstadt n. V. 3:3 und n. V. 0:0, Elfmeterschießen 4:3; Südwest Ludwigshafen – Viktoria Köln 4:2; SSV Ulm 1846 – FSV Frankfurt 4:2; Kickers Offenbach – ESV Ingolstadt 3:0; SC Herford – Holstein Kiel 0:3; Waldhof Mannheim – VfL Neustadt/W. 7:0; KSV Baunatal – SC Göttingen 05 3:0; FC Homburg/Saar – FK Pirmasens 4:2; SC Freiburg – FC Tailfingen 2:0; OSV Hannover – Bayer Leverkusen 0:3; SpVgg Bayreuth – FV Melsungen 6:0; Eintracht Glas/Chemie Wirges – Fortuna Köln 1:7; FC Gütersloh – Karlsruher SC n. V. 1:1 und 0:3; Rot-Weiß Oberhausen – Fortuna Düsseldorf Am. 3:2, FC St. Pauli – TuS Neuendorf 1:2, Freiburger FC – 1. FC Bocholt n. V. 2:2 und n. V. 2:3.
3. Runde: 1. FC Köln – Eintracht Braunschweig n. V. 3:2; Hertha BSC Berlin – Borussia Mönchengladbach 2:0; Tennis Borussia Berlin – 1. FC Nürnberg 0:2; Fortuna Düsseldorf – Alemannia Aachen 2:1; FC Homburg/Saar – VfL Bochum n. V. 0:0 und 0:1; MSV Duisburg – Waldhof Mannheim 2:1; Borussia Dortmund – Kickers Offenbach 6:1; Eintracht Frankfurt – KSV Baunatal 4:1; Bayer Uerdingen – FC Schalke 04 2:1; SV Darmstadt 98 – SSV Ulm 1846 1:5; Südwest Ludwigshafen – 1. FC Kaiserslautern 2:1; Holstein Kiel – Karlsruher SC 5:2; VfL Osnabrück – Fortuna Köln 2:1; Bayer Leverkusen – SpVgg

Bayreuth 1:0; Rot-Weiß Oberhausen – SC Freiburg n. V. 1:1 und n. V. 0:0, Elfmeterschießen 3:2; TuS Neuendorf – 1. FC Bocholt n. V. 3:1.
Achtelfinale: MSV Duisburg – Fortuna Düsseldorf 0:1; Hertha BSC Berlin – 1. FC Köln n. V. 2:0; Borussia Dortmund – Eintracht Frankfurt 1:3; Südwest Ludwigshafen – SSV Ulm 46 n. V. 1:1 und 1:0; 1. FC Nürnberg – Holstein Kiel 7:1; Bayer Uerdingen – VfL Bochum 4:2; Rot-Weiß Oberhausen – VfL Osnabrück 1:0; TuS Neuendorf – Bayer Leverkusen 1:4.
Viertelfinale: 1. FC Nürnberg – Südwest Ludwigshafen 2:0; Hertha BSC Berlin – Bayer Uerdingen 6:1; Fortuna Düsseldorf – Bayer Leverkusen 2:1; Eintracht Frankfurt – Rot-Weiß Oberhausen 2:1.
Halbfinale: Fortuna Düsseldorf – 1. FC Nürnberg n. V. 4:1; Hertha BSC Berlin – Eintracht Frankfurt 2:1.
Endspiel: Fortuna Düsseldorf – Hertha BSC Berlin n. V. 1:0.

1980

1. Runde: 1. FC Kaiserslautern – MSV Duisburg 2:0; Alemannia Aachen – Werder Bremen 0:1; Eintracht Braunschweig – Preußen Münster 1:0; SB Heidenheim – Hertha BSC Berlin 0:4; Hamburger SV – FC Villingen 08 6:0; Eintracht Frankfurt – BSK Neugablonz 6:1; Borussia Mönchengladbach – FV Biberach 2:1; Borussia Dortmund – Bremer SV 7:0; 1. FC Köln – FSV Mainz 05 5:1; Borussia Neunkirchen – Fortuna Düsseldorf 0:4; TSV München 1860 – FC St. Pauli 5:0; TSV Buxtehude – Bayer Uerdingen 0:6; FV Weingarten – VfL Bochum 2:7; MTV Gifhorn – Bayer Leverkusen 1:4; VfL Wolfsburg – VfB Stuttgart 0:3; Spfr. Eisbachtal – FC Schalke 04 0:1; FC Östringen – Bayern München 1:10; Karlsruher SC – SC Freiburg 5:1; Freiburger FC – 1. FC Saarbrücken 2:1; Kickers Offenbach – Hannover 96 3:1; Wuppertaler SV – Wormatia Worms 1:4; Holstein Kiel – OSV Hannover 3:2; Viktoria Köln – Tennis Borussia Berlin 1:0; SG Wattenscheid 09 – MTV Ingolstadt 2:1; VfL Osnabrück – Rot-Weiß Lüdenscheid n. V. 3:2; SpVgg Fürth – BSV Weißenthurm 3:1; Eintracht Trier – Wuppertaler SV Am. 4:2; SpVgg Bayreuth – Preußen Hameln 5:0; Arminia Bielefeld – BFC Preußen Berlin 1:0; Rot-Weiß Essen – 1. FC Köln Am. 2:1; 1. FC Nürnberg – Eintacht. Braunschweig Am. 3:0; FC Vilshofen – FV Würzburg 04 n. V. 2:3, VfB Gießen – FC Homburg/Saar 2:4; Stuttgarter Kickers – TSV Ofterdingen 3:0; SV Geinsheim – DSC Wanne-Eickel 2:4; Union Solingen – VfR Aalen 3:1; SV Heng – Fortuna Köln 0:4; Westfalia Weitmar – SV Darmstadt 98 1:2; TuS Chlodwig Zülpich – ESV Ingolstadt 2:6; FSV Frankfurt – Viktoria Aschaffenburg 2:0; TuS Xanten – Arminia Hannover 2:1; Waldhof Mannheim – TBV Lemgo 5:1; FC Hanau 93 – Wacker 04 Berlin n. V. 2:2 und 1:4; FC Augsburg – FC Wipfeld 7:0; TSV Ampfing – Bramfelder SV n. V. 1:2; FT Geestemünde – SV Zeitlarn 4:1; TSV Battenberg – SV Auersmacher 5:4 n. V.; TuS Schloß Neuhaus – 1. FC Nürnberg Am. 3:2; BV 08 Lüttringhausen – SpVgg Erkenschwick 3:2; VfB Gaggenau – SpVgg Au n. V. 2:2 und 0:5; SV Göppingen – TuS Neuendorf 3:1; SG Ohetal – KSV Baunatal 0:2; Reinickendorfer Füchse – VfB Lübeck 4:2; SV 07 Elversberg – Heider SV 5:2 n. V.; TuS Langerwehe – SV Hasborn 4:2; 1. FC Kaiserslautern Am. – SV Meppen 3:1; Altonaer FC 93 – Viktoria Sindlingen 1:0; Westfalia Herne – SG Hagen-Vorhalle 4:0; Union Neumünster – Spfr./DJK Freiburg 0:2; Bonner SC – Salamander Türkheim 4:0; VfB Oldenburg – SC Verl 1:2; 1. FC Bocholt – SV Speicher 8:0; VfL Frohnlach – Alemannia Haibach n. V. 8:4; 1. FC Pforzheim – Phönix Düdelsheim 10:2.
2. Runde: Werder Bremen – Hertha BSC Berlin 0:2; Borussia Mönchengladbach – Rot-Weiß Essen 4:0; 1. FC Nürnberg – Bayer Leverkusen 5:2; VfB Stuttgart – SG Wattenscheid 09 10:2; FSV Frankfurt – Borussia Dortmund n. V. 1:3; Eintracht Braunschweig – Holstein Kiel 3:1, Viktoria Köln – Bayern München 1:3; SV Darmstadt 98 – 1. FC Kaiserslautern 4:0; Freiburger FC – Eintracht Frankfurt 1:4; Wormatia Worms – Hamburger SV 0:3; VfL Bochum – SpVgg Fürth 2:1; TSV München 1860 – 1. FC Pforzheim 6:1; Bayer Uerdingen – Reinickendorfer Füchse 5:0; FC Schalke 04 – KSV Baunatal 3:0; Fortuna Düsseldorf – Wacker 04 Berlin 2:0; 1. FC Köln – Altonaer FC 93 10:0; DSC Wanne-Eickel – Kickers Offenbach 3:5; FC Homburg/Saar – FV Würzburg 04 5:0; Union Solingen – ESV Ingolstadt 3:0; FC Augsburg – Karlsruher SC n. V. 1:1 und 0:3; SpVgg Bayreuth – SpVgg Au 6:0; Waldhof Mannheim – Spfr./DJK Freiburg 7:2; TuS Xanten – Arminia Bielefeld 1:8; 1. FC Bocholt – VfL Osnabrück n. V. 1:1 und 2:3; Stuttgarter Kickers – VfL Frohnlach 9:0; Eintracht Trier – TuS Langerwehe 0:2; TuS Schloß Neuhaus – Fortuna Köln n. V. 1:2; TSV Battenberg – Bramfelder SV n. V. 2:0; SC Verl – SV 07 Elversberg 3:1; SV Göppingen – FT Geestemünde 3:1; 1. FC Kaiserslautern Am. – Bonner SC n. V. 2:3; Westfalia Herne – BV Lüttringhausen 1:4.
3. Runde: Eintracht Braunschweig – VfB Stuttgart n. V. 2:3; VfL Bochum – 1. FC Köln n. V. 3:3 und 1:2; Eintracht Frankfurt – Waldhof Mannheim 2:0; Borussia Dortmund – Arminia Bielefeld n. V. 3:1, SpVgg Bayreuth – Bayern München 1:0; Karlsruher SC – Borussia Mönchengladbach 1:0 n. V.; Bayer Uerdingen – Union Solingen 2:0; Kickers Offenbach – Hamburger SV 2:0; SV Göppingen – Fortuna Düsseldorf 1:4; Hertha BSC – TuS Langerwehe n. V. 0:0 und 1:2, TSV München 1860 – BV 08 Lüttringhausen 3:0; FC Schalke 04 – Bonner SC 3:1; 1. FC Nürnberg – FC Homburg/Saar 1:2; Darmstadt 98 – Fortuna Köln 7:2; SC Verl – Stuttgarter Kickers 1:7; VfL Osnabrück – TSV Battenberg 4:0.
Achtelfinale: Karlsruher SC – Fortuna Düsseldorf 3:5; VfB Stuttgart – Eintracht Frankfurt 3:2; Borussia Dortmund – Bayer Uerdingen 2:1; FC Homburg/Saar – TSV München 1860 1:0; Stuttgarter Kickers –

Kickers Offenbach 2:5; SpVgg Bayreuth – TuS Langerwehe n. V. 5:2; FC Schalke 04 – VfL Osnabrück 2:0; 1. FC Köln – SV Darmstadt 98 3:1.
Viertelfinale: Borussia Dortmund – VfB Stuttgart 3:1; FC Homburg/Saar – 1. FC Köln 1:4; FC Schalke 04 – SpVgg Bayreuth 3:1; Kickers Offenbach – Fortuna Düsseldorf n. V. 2:5.
Halbfinale: FC Schalke 04-1. FC Köln 0:2; Fortuna Düsseldorf – Borussia Dortmund 3:1.
Endspiel: Fortuna Düsseldorf – 1. FC Köln 2:1.

1981

1. Runde: Bayern München – Arminia Bielefeld 2:0; VfB Stuttgart Am. – Borussia Dortmund n. V. 2:5; Hannover 96 – Borussia Hannover 8:1; MSV Duisburg – Wacker 04 Berlin 9:0; Concordia Hamburg – Hammer SpVgg n. V. 2:2. und 2:3; SV Darmstadt 98 – FSV Hemmersdorf 10:0; FV Lauda – VfB Oldenburg n. V. 1:2; RSV Würges – FC Ottering 2:0; FC Schalke 04 – Bayer Uerdingen 2:5; Hamburger SV – Wormatia Worms 11:1; VfB Stuttgart – Fortuna Köln 4:0; Borussia Mönchengladbach – OSV Hannover 7:3; VfB Gaggenau – Eintracht Frankfurt 0:3; SpVgg Emsdetten – 1. FC Köln 0:6; Bramfelder SV – Bayer Leverkusen 2:8; VfL Bochum – SV Wilhelmshaven 4:1; Eintracht Trier – Fortuna Düsseldorf 0:1; Hertha BSC Berlin – Holstein Kiel 3:1; Werder Bremen – Viktoria Köln n. V. 6:3; Alemannia Aachen – VfB Eppingen 3:0; Rot-Weiß Essen – VfR Neuß 7:2; Blau-Weiß Niederembt – Preußen Münster n. V. 1:4; FSV Frankfurt – Röchling Völklingen 3:1; SC Herford – Eintracht Nordhorn 3:0; Eintracht Braunschweig – SC Fürstenfeldbruck 4:1; SC Freiburg – Bremer SV 4:2; FC Homburg/Saar – SG Limburgerhof 3:0; TuS Neuendorf – SG Egelsbach n. V. 3:4; VfL Klafeld-Geisweid – Rot-Weiß Frankfurt 1:2; Rot-Weiß Niebüll – Eintracht Braunschweig Am. 3:2; Bünder SV – Südwest Ludwigshafen 2:0; TuS Langerwehe – SV Stuttgart-Rot 5:0; SpVgg Ansbach – FSV Pfaffenhofen 1:0; TSV Gersthofen – OSC Bremerhaven 0:1; SG Pirmasens – TSV München 1860 0:8; Borussia Neunkirchen – SpVgg Bayreuth n. V. 1:1 und 1:2; TSV Plön – 1. FC Saarbrücken 0:3; Arminia Hannover – SpVgg Erkenschwick 2:1; Moselfeuer Lehmen – Kickers Offenbach 1:15; Spfr. Eisbachtal – SG Wattenscheid 09 1:3; Buchonia Flieden – ESV Ingolstadt 1:4; VfB Bielefeld – VfB Friedrichshafen 1:3; VfR Heilbronn – 1. FC Kaiserslautern 0:3; TSV Pliezhausen – SSV Ulm 46 0:3; DSC Wanne-Eickel – SpVgg Frechen 1:3; Kickers Würzburg – TSV Hirschaid n. V. 2:1; Waldhof Mannheim – FSV Harburg 8:0; FC Augsburg – Wuppertaler SV 2:0; 1. FC Viersen – Karlsruher SC n. V. 2:2 und 1:2; SpVgg Fürth – 1. FC Nürnberg n. V. 1:1 und 0:3; Schwarz-Weiß Essen – FC Neureut 6:0; ASV Burglengenfeld – VfB Wissen 2:3; Rot-Weiß Oberhausen – Offenburger FV 1:0; TSV Röttenbach – Hessen Kassel 2:4; Freiburger FC – VfB Bottrop 3:1; ASC Dudweiler – FV Würzburg 04 0:1; Blumenthaler SV – SC Pfullendorf 0:2; Atlas Delmenhorst – Blau-Weiß Wesselburen 6:2; SV Siegburg 04 – BFC Preußen Berlin 2:1; VfL Osnabrück – Tennis Borussia Berlin n. V. 2:0; Stuttgarter Kickers – Rot-Weiß Lüdenscheid 2:0; FSV Mainz 05 – MTV Ingolstadt 3:2; VfR Bürstadt – SSV Dillenburg n. V. 4:1; TuS Celle – Union Solingen n. V. 0:0 und 0:5.
2. Runde: Bayer Uerdingen – SG Wattenscheid 09 4:1; Hannover 96 – Werder Bremen n. V. 5:5 und 0:1; Eintracht Braunschweig – Preußen Münster 3:1; Hertha BSC Berlin – FV Würzburg 04 4:1; VfL Bochum – Rot-Weiß Essen 5:1; Kickers Offenbach – Bayer Leverkusen 5:2; Rot-Weiß Niebüll – Schwarz-Weiß Essen 0:4; SpVgg Bayreuth – VfB Stuttgart 1:3; Kickers Würzburg – Fortuna Düsseldorf 0:2; TuS Langerwehe – Borussia Mönchengladbach 1:7; FC Homburg/Saar – VfB Oldenburg 0:1; SV Darmstadt 98 – VfR Bürstadt n. V. 4:1; SSV Ulm 46 – SC Herford 1:0; OSC Bremerhaven – RSV Würges 0:2; Bünder SV – SpVgg Frechen 3:1; Borussia Dortmund – TSV München 1860 3:1; 1. FC Köln –SC Freiburg n. V. 1:1 und 1:3; Bayern München – Waldhof Mannheim 4:2; Karlsruher SC – Alemannia Aachen n. V. 1:1 und 0:1; Eintracht Frankfurt – VfB Friedrichshafen 6:0; Stuttgarter Kickers – SpVgg Ansbach 13:0; Union Solingen – Rot-Weiß Frankfurt 1:2; FC Augsburg – FSV Mainz 05 2:0; VfB Wissen – VfL Osnabrück 1:7; SC Pfullendorf – SV Siegburg 04 0:1; Hessen Kassel – Hammer SpVgg 4:0; ESV Ingolstadt – 1. FC Nürnberg 1:3; 1. FC Saarbrücken – Freiburger FC n. V. 2:2 und 1:3; FSV Frankfurt –MSV Duisburg 2:0; Arminia Hannover –Hamburger SV 3:7; SG Egelsbach – 1. FC Kaiserslautern 1:3; Atlas Delmenhorst – Rot-Weiß Oberhausen 1:0.
3. Runde: 1. FC Kaiserslautern – Bayern München 2:1; VfB Stuttgart – 1. FC Nürnberg 2:0; Fortuna Düsseldorf – Borussia Dortmund 3:0; Eintracht Frankfurt – SSV Ulm 46 3:0; Schwarz-Weiß Essen – Bayer Uerdingen 1:2; Bünder SV – Borussia Mönchengladbach 1:7; Hamburger SV – Rot-Weiß Frankfurt 11:0; SC Freiburg – Hessen Kassel n. V. 2:1; Eintracht Braunschweig – Stuttgarter Kickers 3:2; Hertha BSC Berlin – SV Darmstadt 98 4:1; Alemannia Aachen – Freiburger FC 5:2; FC Augsburg – Werder Bremen 1:3; SV Siegburg 04 – VfB Oldenburg n. V. 1:2; RSV Würges – VfL Osnabrück 0:1; Kickers Offenbach – Atlas Delmenhorst n. V. 1:1 und 1:2; FSV Frankfurt – VfL Bochum 1:2.
Achtelfinale: Hamburger SV – VfL Bochum 4:1; Fortuna Düsseldorf – Werder Bremen 2:0; VfL Osnabrück – VfB Stuttgart 1:3; VfB Oldenburg – Eintracht Frankfurt 4:5; Borussia Mönchengladbach – Atlas Delmenhorst 6:1; 1. FC Kaiserslautern – Alemannia Aachen 3:0; Hertha BSC Berlin – Bayer Uerdingen 5:1; Eintracht Braunschweig – SC Freiburg 1:0.

Viertelfinale: Eintracht Braunschweig – Hamburger SV n. V. 4:3; Hertha BSC Berlin – Fortuna Düsseldorf 2:1; 1. FC Kaiserslautern – Borussia Mönchengladbach 3:1; Eintracht Frankfurt – VfB Stuttgart 2:1.
Halbfinale: Eintracht Frankfurt – Hertha BSC Berlin 1:0; 1. FC Kaiserslautern – Eintr. Braunschweig 3:2.
Endspiel: Eintracht Frankfurt – 1. FC Kaiserslautern 3:1.

1982

1. Runde: Hertha BSC Berlin – Bayer Leverkusen Am. 5:1; VfB Stuttgart – FC Rastatt 5:0; VfL Osnabrück – VfB Bottrop 5:0; Bayern München – SC Jülich 1910 8:0; SV Sandhausen – Arminia Bielefeld 3:6; SpVgg Landshut – Hassia Bingen 2:3; TSV Nördlingen – VfB Oldenburg 0:3; SV Leiwen – SC Herford n. V. 3:2; BFC Preußen Berlin – Schwarz-Weiß Essen 2:0; MSV Duisburg – 1. FC Köln 2:1; Werder Bremen – 1..FC Kaiserslautern 1:0; Stuttgarter Kickers – Hamburger SV 1:5; Karlsruher SC – Union Solingen 3:0; FC Grone 1910 – Borussia Dortmund 0:4; VfL Bochum – 1. FC Paderborn 3:2; Eintracht Frankfurt – BSC Brunsbüttel 6:1; SSV Dillenburg – Borussia Mönchengladbach 2:7; Fortuna Düsseldorf – SSV Überherrn 10:1; FC Eislingen – SV Darmstadt 98 0:3; 1. FC Haßfurt – 1. FC Nürnberg 0:2; Wuppertaler SV – Eintracht Braunschweig 1:0; Hannover 96 – Kickers Offenbach 5:1; SpVgg Bayreuth – Bayer Uerdingen 3:1; Bayern Hof – Waldhof Mannheim 0:2; TuS Lörrach-Stetten – Wormatia Worms 1:2; Freiburger FC – TS Woltmershausen 4:0; Rot-Weiß Essen – OSV Hannover 2:0; 1. FC Saarbrücken – Alemannia Aachen n..V. 0:0 und 1:2; Rasensport Osnabrück – Fortuna Köln 1:2; FC Tailfingen – SV Ruchheim 3:1; ASC Dudweiler – FSV Salmrohr n. V. 0:0 und 1:3; SV Neckargerach – Kickers Würzburg 4:2; FV 09 Weinheim – SpVgg Ludwigsburg n. V. 2:1; Urania Hamburg – VfL Hamm n. V. 6:4; FC Homburg/Saar – 1. FC Kaiserslautern Am. 1:4; Eintracht Trier – FSV Frankfurt II 2:1; FC St. Pauli – 1. FC Bocholt n. V. 1:2; Rendsburger TSV – Viktoria Köln n. V. 1:1 und 0:3; SSV Ulm 46 – 1. FC Nürnberg Am. n. V. 1:1 und 3:1; Union Salzgitter – FC Augsburg 2:0; Borussia Neunkirchen – Preußen Münster 1:0; TuS Oberwinter – FC Rhade 2:0; Holstein Kiel – Hermannia Kassel n. V. 3:2; Offenburger FV – Reinickendorfer Füchse 3:0; TSV Röttenbach – SV 07 Elversberg 1:3; SV Siegburg 04 – FK Pirmasens 0:1; TSV München 1860 – SpVgg Fürth 2:0; TSV Marktl – SC Freiburg 0:4; VfB Eppingen – Hannover 96 Am. 3:1; Tennis Borussia Berlin – Post SV Regensburg 4:3; SpVgg Erkenschwick – Bayer Leverkusen 0:3; SG Wattenscheid 09 – TuS Iserlohn n. V. 2:0; TuS Xanten – SC Göttingen 05 0:1; Viktoria Griesheim – Hamburger SV Am. 8:2; FC Gohfeld – FVgg. Kastel 2:1; Rot-Weiß Oberhausen – Tuspo Ziegenhain 5:3; FSV Frankfurt – VfL Witten 07 2:0; TuS Celle – ESV Ingolstadt 4:2; Rot-Weiß Lüdenscheid – VfL Wolfsburg 1:2; 1. FC Köln Am. – OSC Bremerhaven n. V. 3:2; VfB Stuttgart Am. – VfL Klafeld-Geisweid 4:0; Hessen Kassel – FC Schalke 04 4:1; SC Geislingen – VfR Bürstadt n. V. 1:1 und 0:4; Arminia Hannover – TSV Kappeln 6:1.
2. Runde: Bayern München – SV Neckargerach 5:1; MSV Duisburg – FK Pirmasens 3:0; Alemannia Aachen – SC Freiburg 2:1; Rot-Weiß Essen – SV Leiwen 4:1; Fortuna Düsseldorf – Eintracht Frankfurt 3:1; Arminia Bielefeld – 1. FC Nürnberg 0:1; SV Darmstadt 98 – Hassia Bingen 4:1; FSV Salmrohr – Werder Bremen 0:3; Hamburger SV – Eintracht Trier 2:1; Borussia Mönchengladbach – Arminia Hannover 3:1; Karlsruher SC – Wuppertaler SV 3:0; VfB Stuttgart – TuS Oberwinter 10:1; VfL Bochum – FC Tailfingen 3:1; SV 07 Elversberg – Borussia Dortmund 1:4; SG Wattenscheid 09 – Hannover 96 n..V. 2:2 und 0:6; Hessen Kassel – Fortuna Köln n. V. 1:0; TSV München 1860 – Waldhof Mannheim n..V. 0:1; Freiburger FC – TuS Celle 5:1; FV 09 Weinheim – VfL Osnabrück 1:3; Hertha BSC Berlin – Viktoria Griesheim 6:2; Borussia Neunkirchen – Wormatia Worms 1:2; SC Göttingen 05 – Rot-Weiß Oberhausen n. V. 1:0; VfB Eppingen – BFC Preußen Berlin 2:0; FSV Frankfurt – FC Gohfeld 2:0; SSV Ulm 1846 – VfL Wolfsburg 2:1; 1. FC Kaiserslautern Am. – Urania Hamburg 1:3; Viktoria Köln – VfR Bürstadt n. V. 1:1 und n. V. 0:1; VfB Stuttgart Am. – SpVgg Bayreuth 1:2; Tennis Borussia Berlin – VfB Oldenburg 1:2; 1..FC Bocholt – Offenburger FV 2:1; Holstein Kiel – Union Salzgitter 3:2; 1. FC Köln Am. – Bayer Leverkusen n. V. 3:3 und 0:5.
3. Runde: Alemannia Aachen – Hamburger SV 0:3; Hannover 96 – VfL Osnabrück 2:0; Hertha BSC Berlin – SSV Ulm 1846 1:2; MSV Duisburg – Karlsruher SC n. V. 1:2; VfB Stuttgart – Borussia Mönchengladbach 0:2; Bayern München – Borussia Dortmund 4:0; SV Darmstadt 98 – Werder Bremen 1:3; Hessen Kassel – VfL Bochum 1:2; Waldhof Mannheim – VfB Eppingen 3:1; Freiburger FC – Holstein Kiel 2:0; Urania Hamburg – SC Göttingen 05 1:3; 1. FC Bocholt – VfR Bürstadt 3:1; Rot-Weiß Essen – Bayer Leverkusen 4:1; 1. FC Nürnberg – Fortuna Düsseldorf 2:0; Wormatia Worms – FSV Frankfurt 0:2; SpVgg Bayreuth – VfB Oldenburg n. V. 2:0.
Achtelfinale: Hannover 96 – 1. FC Nürnberg 1:3; Rot-Weiß Essen – Borussia Mönchengladbach 0:4; Werder Bremen – SpVgg Bayreuth 2:0; Waldhof Mannheim – VfL Bochum n. V. 1:1 und 1:3; 1. FC Bocholt – SC Göttingen 05 n. V. 3:3 und 2:3; SSV Ulm 1846 – FSV Frankfurt 1:0; Freiburger FC – Bayern München 0:3; Hamburger SV – Karlsruher SC 6:1.
Viertelfinale: SC Göttingen 05 – Hamburger SV 2:4; 1. FC Nürnberg – Borussia Mönchengladbach 3:1; Werder Bremen – Bayern München n. V. 1:2; VfL Bochum – SSV Ulm 1846 n. V. 3:1.
Halbfinale: 1. FC Nürnberg – Hamburger SV 2:0; VfL Bochum – Bayern München 1:2.
Endspiel: Bayern München – 1. FC Nürnberg 4:2.

1983

1. Runde: Kickers Offenbach – Fortuna Düsseldorf n. V. 1:3; SG Wattenscheid 09 – Eintracht Braunschweig 0:3; Hannover 96 Am. – Bayer Leverkusen n. V. 2:3; Fortuna Köln – SC Freiburg 2:0; VfL Bochum – Karlsruher SC 3:1; FSV Frankfurt – 1. FC Kaiserslautern 3:2; Waldhof Mannheim – Eintracht Frankfurt 2:0; 1. FC Köln – Bayer Uerdingen 3:1; FC Schalke 04 – Hessen Kassel 1:0; Rot-Weiß Essen – Borussia Dortmund 1:3; VfL Osnabrück – VfB Stuttgart 0:2; VfB Wissen – Borussia Mönchengladbach 0:4; Germania Walsrode – 1. FC Nürnberg 0:3; Hertha Zehlendorf – Hertha BSC Berlin n. V. 2:4; Offenburger FV – Werder Bremen 1:4; ASV Bergedorf 85 – Bayern München n. V. 1:5; Bayern Hof – Arminia Bielefeld 0:5; SpVgg Bayreuth – SpVgg Fürth 3:1; FC Ensdorf – Union Solingen 1:3; SSV Ulm 1846 – TuS Schloß Neuhaus 3:1; Wormatia Worms – Alemannia Aachen n. V. 3:1; VfB Stuttgart Am. – Stuttgarter Kickers 1:5; Arminia Hannover – Eintracht Trier n. V. 0:2; Bayern München Am. – Werder Bremen Amat. n. V. 5:3; Freiburger FC – Rot-Weiß Lüdenscheid n. V. 1:1 und 1:2; MSV Duisburg – Hamburger SV n. V. 1:1 und 0:5; Hannover 96 – SV Darmstadt 98 0:4; Bayer Uerdingen Am. – KSV Baunatal 0:3; SVO Germaringen – Hammer SpVgg 1:2; 1. FC Köln Am. – FSV Mainz 05 1:3; SV Sandhausen – Rot-Weiß Oberhausen 1:3; Heider SV – TSV München 1860 n. V. 1:1 und 1:2.
2. Runde: Rot-Weiß Lüdenscheid – SV Darmstadt 98 1:3; 1. FC Köln – Bayer Leverkusen 3:1; Fortuna Düsseldorf – VfB Stuttgart 0:2; Hamburger SV – Werder Bremen 3:2; Arminia Bielefeld – 1. FC Nürnberg 2:0; Eintracht Braunschweig – Bayern München 2:0; Union Solingen – Borussia Mönchengladbach 0:2; FSV Mainz 05 – FC Schalke 04 n. V. 3:6; SpVgg Bayreuth – Hertha BSC Berlin 0:1; Rot-Weiß Oberhausen – Borussia Dortmund 0:1; Waldhof Mannheim – FSV Frankfurt 2:0; Eintracht Trier – Stuttgarter Kickers 1:2; Wormatia Worms – KSV Baunatal 2:0; TSV München 1860 – Bayern München Am. 1:0; Hammer SpVgg – VfL Bochum n. V. 1:1 und 1:6; SSV Ulm 1846 – Fortuna Köln n. V. 0:0 und 0:3.
Achtelfinale: Eintracht Braunschweig – Fortuna Köln 1:2; Borussia Dortmund – SV Darmstadt 98 4:2; Borussia Mönchengladbach – Waldhof Mannheim 1:0; Hertha BSC Berlin – Hamburger SV 2:1; Wormatia Worms – VfB Stuttgart 0:4; TSV München 1860 – VfL Bochum 1:3; 1. FC Köln – Stuttgarter Kickers 5:1; FC Schalke 04 – Arminia Bielefeld n. V. 2:2 und 1:0.
Viertelfinale: Borussia Mönchengladbach – Fortuna Köln n. V. 2:2 und 1:2; VfB Stuttgart – Hertha BSC Berlin 2:0; 1. FC Köln – FC Schalke 04 5:0; Borussia Dortmund – VfL Bochum n. V. 3:1.
Halbfinale: 1. FC Köln – VfB Stuttgart n. V. 3:2; Fortuna Köln – Borussia Dortmund 5:0.
Endspiel: 1. FC Köln – Fortuna Köln 1:0

1984

1. Runde: FSV Mainz 05 – VfB Stuttgart 0:1; VfL Osnabrück – 1. FC Nürnberg 3:1; Alemannia Aachen – VfL Bochum 1:0; FC Schalke 04 – Fortuna Düsseldorf 3:0; SV Heidingsfeld – SV Göppingen 5:1; Hamburger SV – Borussia Dortmund 4:1; Waldhof Mannheim – Bayer Leverkusen 3:1; Hessen Kassel – Bayern München 0:3; Fortuna Köln – Borussia Mönchengladbach 2:3; MSV Duisburg – 1. FC Kaiserslautern n. V. 1:2; Werder Bremen – SV Darmstadt 98 5:0; SV Sandhausen – Bayer Uerdingen n. V. 0:0 und 0:2; VfR Forst – 1. FC Köln 1:6; SC Pfullendorf – Eintracht Braunschweig 0:7; Rot-Weiß Essen – Hannover 96 3:4; SC Charlottenburg – SG Wattenscheid 09 2:1; SC Freiburg – Union Solingen 3:2; Werder Bremen Am. – Stuttgarter Kickers 1:3; Rot-Weiß Lüdenscheid – SSV Ulm 1846 3:2; FC Homburg/Saar – Hertha BSC Berlin 0:6; SC Herford – Karlsruher SC 0:3; 1. FC Köln Am. – FC Gohfeld 2:1; SpVgg Fürth – TuS Lingen n. V. 2:1; ASV Burglengenfeld – KSV Baunatal n. V. 2:1; Arminia Hannover – SpVgg Neu-Isenburg 1:2; SG Ellingen-Bonefeld – Holstein Kiel 2:3; FC Augsburg – SpVgg Bayreuth n. V. 2:1; Hummelsbüttler SV – Kickers Offenbach 1:6; FSV Frankfurt – Arminia Bielefeld 1:3; SC Göttingen 05 – Eintracht Frankfurt 4:2; TuS Schloß Neuhaus – BV 08 Lüttringhausen 2:0; Hassia Bingen – 1. FC Bocholt n. V. 4:4 und 2:3.
2. Runde: FC Augsburg – Bayern München 0:6; Eintracht Braunschweig – VfL Osnabrück 2:1; Alemannia Aachen – Waldhof Mannheim 1:0; SC Charlottenburg – FC Schalke 04 0:3; SV Heidingsfeld – Hannover 96 1:3; Borussia Mönchengladbach – Arminia Bielefeld 3:0; 1. FC Köln – Kickers Offenbach 6:2; SC Freiburg – Hamburger SV 1:4; Karlsruher SC – 1. FC Kaiserslautern n. V. 5:4; ASV Burglengenfeld – Werder Bremen 0:3; Holstein Kiel – Bayer Uerdingen 1:2; 1. FC Bocholt – Stuttgarter Kickers 3:1; TuS Schloß Neuhaus – Hertha BSC Berlin 0:2; SpVgg Fürth – Rot-Weiß Lüdenscheid 1:0; SpVgg Neu-Isenburg – SC Göttingen 05 0:1; 1. FC Köln Am. – VfB Stuttgart 1:8.
Achtelfinale: SpVgg Fürth – Borussia Mönchengladbach 0:6; Hannover 96 – 1. FC Köln 3:2; FC Schalke 04 – Karlsruher SC 2:1; SC Göttingen 05 – Hertha BSC Berlin 0:1; 1. FC Bocholt – Eintracht Braunschweig n. V. 3:1; VfB Stuttgart – Hamburger SV n. V. 1:1 und n. V 4:3; Bayer Uerdingen – Bayern München n. V. 0:0 und 0:1; Alemannia Aachen – Werder Bremen n. V. 0:1.
Viertelfinale: Hannover 96 – Borussia Mönchengladbach 0:1; 1. FC Bocholt – Bayern München 1:2; Werder Bremen – VfB Stuttgart 1:0; Hertha BSC Berlin – FC Schalke 04 n. V. 3:3 und 0:2.

Halbfinale: Borussia Mönchengladbach – Werder Bremen n. V. 5:4; FC Schalke 04 – Bayern München n. V. 6:6 und 2:3.
Endspiel: Bayern München – Borussia Mönchengladbach n. V. 1:1; Bayern 7:6-Sieger im Elfmeterschießen..

1985

1. Runde: FV 08 Duisburg – Waldhof Mannheim 1:4; VfB Stuttgart – Rot-Weiß Oberhausen 5:4; VfL Osnabrück – Friesen Hänigsen n. V. 2:5; TSV Havelse – VfL Bochum n. V. 2:2 und 0:4; Altonaer FC 93 – Eintracht Trier 2:1; Bayer Leverkusen – 1. FC Kaiserslautern 5:0; 1. FC Paderborn – Hannover 96 1:4; 1. FC Köln – Stuttgarter Kickers 8:0; Borussia Mönchengladbach – Blau-Weiß 90 Berlin 4:1; TSV Ofterdingen – VfL Bochum Am. 0:1; Rot-Weiß Essen – 1. FC Saarbrücken 1:2; Olympia Bocholt – FC Schalke 04 1:3; Eintracht Braunschweig – Eintracht Frankfurt 1:3; SpVgg Bayreuth – SV Mettlach 7:0; 1. FC Nürnberg Am. – Südwest Ludwigshafen 1:0; Hertha BSC Berlin – Hessen Kassel 1:0; VfL Kellinghusen – Union Solingen 1:4; ASC Dudweiler – Borussia Dortmund 1:5; SV Darmstadt 98 – SC Freiburg 3:0; Arminia Bielefeld – 1. FC Nürnberg n. V. 1:3; SC Geislingen – Hamburger SV 2:0; SC Jülich 1910 – FC Rastatt 04 2:1; VfB Oldenburg – Bayer 05 Uerdingen 1:6; BV 08 Lüttringhausen – Bayern München 0:1; SC Herford – Kickers Offenbach 2:3; SV Schwetzingen – Alemannia Aachen 1:2; Fortuna Köln – MSV Duisburg n. V. 2:2 und n. V. 2:2, Elfmeterschießen 5:3; Eintracht Haiger – CSC 03 Kassel n. V. 2:1; SC Charlottenburg – Karlsruher SC n. V. 1:3; Bayern München Am. – SG Wattenscheid 09 3:5; OSC Bremerhaven – Werder Bremen 0:4; Fortuna Düsseldorf – SSV Ulm 46 2:0.
2. Runde: Borussia Dortmund – FC Schalke 04 n. V. 1:1 und 2:3; Bayer Uerdingen – Fortuna Düsseldorf 2:1; VfL Bochum Am. – VfB Stuttgart 1:2; SpVgg Bayreuth – Union Solingen 1:2; Friesen Hänigsen – Bayern München 0:8; 1. FC Nürnberg Am. – SC Jülich 1910 0:3; SC Geislingen – Kickers Offenbach 4:2; Altonaer FC 93 – Bayer Leverkusen 0:3; Eintracht Haiger – Karlsruher SC n. V. 1:0; Hertha BSC Berlin – Fortuna Köln n. V. 4:3; SG Wattenscheid 09 – Waldhof Mannheim 0:4; Werder Bremen – SV Darmstadt 98 5:0; 1. FC Saarbrücken – 1. FC Nürnberg 4:1; Borussia Mönchengladbach – Eintracht Frankfurt n. V. 4:2; Alemannia Aachen – VfL Bochum 3:0; Hannover 96 – 1. FC Köln 2:1.
Achtelfinale: Bayern München – Waldhof Mannheim 1:0; SC Jülich 1910 – Werder Bremen 2:4; SC Geislingen – Bayer Uerdingen 0:2; Eintracht Haiger – Union Solingen 0:8; Hannover 96 – FC Schalke 04 1:0; Alemannia Aachen – Borussia Mönchengladbach 0:2; VfB Stuttgart – 1. FC Saarbrücken n. V. 0:0 und n. V. 2:2, Elfmeterschießen 0:2; Hertha BSC Berlin – Bayer Leverkusen 0:4.
Viertelfinale: Union Solingen – Borussia Mönchengladbach 1:2; Bayer Leverkusen – Bayern München 1:3; Bayer Uerdingen – Werder Bremen 2:1; 1. FC Saarbrücken – Hannover 96 1:0.
Halbfinale: 1. FC Saarbrücken – Bayer Uerdingen 0:1; Bayern München – Borussia Mönchengladbach n. V. 1:0.
Endspiel: Bayer Uerdingen – Bayern München 2:1.

1986

1. Runde: 1. FC Kaiserslautern – Eintracht Frankfurt 3:1; VfL Bochum – Hamburger SV 3:2; VfB Stuttgart – Eintracht Braunschweig 6:3; Hannover 96 – SC Freiburg 3:1; Hertha BSC Berlin – Bayer Leverkusen 2:5; SG Wattenscheid 09 – Borussia Mönchengladbach 2:5; Kickers Offenbach – Bayern München 1:3; SV Weil – Werder Bremen 0:7; SpVgg Ansbach – Waldhof Mannheim 0:3; TSV München 1860 – 1. Köln 2:4; VfR Bürstadt – Bayer Uerdingen 1:3; Altonaer FC 93 – Fortuna Düsseldorf n. V. 2:3; Spfr. Eisbachtal – FC Schalke 04 1:2; SC Neukirchen – Borussia Dortmund 2:0; SC Göttingen 05 – 1. FC Saarbrücken 1:6; FV Ebingen – 1. FC Nürnberg 2:7; Blau-Weiß 90 Berlin – Fortuna Köln 3:0; Alemannia Aachen – Tennis Borussia Berlin 1:0; Eintracht Trier – Karlsruher SC 3:0;1. FC Achterberg – VfL Osnabrück 0:2; Wuppertaler SV – Hessen Kassel 2:3; Borussia Neunkirchen – Rot-Weiß Oberhausen 3:2; Bremer SV – MSV Duisburg 1:3; SV Sandhausen – Union Solingen 1:0; FC Wangen – SV Darmstadt 98 2:1; FC St. Pauli – Arminia Bielefeld n. V. 2:0; SpVgg Plattling – Itzehoer SV 2:0; VfB Langelsheim – DSC Wanne-Eickel 2:5; TuS Paderborn-Neuhaus – 1. FC Köln Am. 5:3; VfL Erp – SSV Ulm 1846 1:2; FC Erbach – SC Birkenfeld 2:1; Stuttgarter Kickers – FC Homburg/Saar n. V. 3:3 und 1:4.
2. Runde: 1. FC Nürnberg – VfB Stuttgart 0:1; FC Schalke 04 – Borussia Mönchengladbach 3:1; 1. FC Kaiserslautern – 1. FC Köln n. V. 4:1; 1. FC Saarbrücken – Bayern München 1:3; Waldhof Mannheim – VfL Osnabrück 4:1; Hannover 96 – Hessen Kassel 2:1; SpVgg Plattling – Bayer Leverkusen 0:2; TuS Paderborn-Neuhaus – Borussia Dortmund 2:4; DSC Wanne-Eickel – Werder Bremen 0:4; Alemannia Aachen – MSV Duisburg n. V. 4:3; FC Erbach – Blau-Weiß 90 Berlin 0:1; Borussia Neunkirchen – FC Homburg/Saar 1:3; SSV Ulm 1846 – FC St. Pauli 5:2; SV Sandhausen – FC Wangen 4:1; Eintracht Trier – Bayer Uerdingen n. V. 0:0 und 3:0; Fortuna Düsseldorf –VfL Bochum n. V. 1:1 und n. V. 2:2, Elfmeterschießen 1:3.

Achtelfinale: Waldhof Mannheim – Hannover 96 5:1; VfB Stuttgart – Werder Bremen 2:0; VfL Bochum – Bayern München n. V. 1:1 und 0:2; FC Homburg – Borussia Dortmund n. V. 1:3; Alemannia Aachen – FC Schalke 04 n. V. 1:2; SSV Ulm 1846 – 1. FC Kaiserslautern n. V. 3:4; Eintracht Trier – Bayer Leverkusen n. V. 1:3; SV Sandhausen – Blau-Weiß 90 Berlin 3:2.
Viertelfinale: Bayer Leverkusen – Waldhof Mannheim 0:1; SV Sandhausen – Borussia Dortmund 1:3; VfB Stuttgart – FC Schalke 04 6:2; 1. FC Kaiserslautern – Bayern München 0:3.
Halbfinale: Waldhof Mannheim – Bayern München 0:2; VfB Stuttgart – Borussia Dortmund 4:1.
Endspiel: Bayern München – VfB Stuttgart 5:2.

1987

1. Runde: SC Charlottenburg – SV Darmstadt 98 0:3; TSG Giengen – Hannover 96 1:3; Werder Bremen – Alemannia Aachen n. V. 0:0 und n. V. 0:0., Elfmeterschießen 6:7; Eintracht Frankfurt – Eintracht Braunschweig 3:1; Hamburger SV – Union Solingen 3:0; Rot-Weiß Lüdenscheid – 1. FC Saarbrücken n. V. 2:4; Tennis Borussia Berlin – Stuttgarter Kickers 0:5; Blau-Weiß Friedrichstadt – Hassia Bingen 1:0; VfL Wolfsburg – Karlsruher SC n. V. 2:2 und 1:4; Hertha BSC Berlin – Bayern München 1:2; DSC Wanne-Eickel – Blau-Weiß 90 Berlin 2:4; SV Sandhausen – Fortuna Köln 0:1; Viktoria Köln – SC Freiburg 2:5; Viktoria Goch – FC Homburg/Saar 0:3; 1. FC Amberg – Borussia Mönchengladbach 0:7; VfR Aalen – Fortuna Düsseldorf 0:2; FSV Mainz 05 – FC Schalke 04 1:0; TSV Stelingen – Arminia Bielefeld 1:5; Bayer Uerdingen – VfB Stuttgart n. V. 6:4; SKV Mörfelden – Borussia Neunkirchen 1:3; SV Meppen – MSV Duisburg 1:2; SpVgg Bayreuth – SG Wattenscheid 09 n. V. 0:3; Rot-Weiß Oberhausen – Borussia Dortmund 1:3; FC Emmendingen – 1. FC Köln 0:4; Bayer Leverkusen – VfL Osnabrück 6:0; VfL Hamm – FC Gütersloh n. V. 1:1 und n. V. 2:2, Elfmeterschießen 4:5; TSV München 1860 – FC Augsburg n. V. 1:5; Viktoria Aschaffenburg – Waldhof Mannheim 1:2; VfL Bochum – FC St. Pauli 1:2; Bremer SV – Hessen Kassel n. V. 2:2 und n. V. 1:1, Elfmeterschießen 5:4; BVL 08 Remscheid – 1. FC Kaiserslautern 3:0; FSV Frankfurt – 1. FC Nürnberg 2:8.
2. Runde: FC Augsburg – Hamburger SV 1:2; MSV Duisburg – SG Wattenscheid 09 n. V. 1:1 und 1:2; Fortuna Köln – SC Freiburg n. V. 1:1 und 2:1; Arminia Bielefeld – Karlsruher SC 0:2; Alemannia Aachen – 1. FC Saarbrücken 4:0; Bayer Uerdingen – 1. FC Nürnberg 3:2; FC Homburg/Saar – Bayern München 1:3; FC Gütersloh – Blau-Weiß 90 Berlin 0:5; Fortuna Düsseldorf – Bayer Leverkusen n. V. 2:1; 1. FC Köln – Waldhof Mannheim 3:1; Bremer SV – FC St. Pauli 0:3; Blau-Weiß Friedrichstadt – SV Darmstadt 98 1:2; Borussia Neunkirchen – Stuttgarter Kickers 2:3; FSV Mainz 05 – Eintracht Frankfurt n. V. 0:1; Bor. Mönchengladbach – Borussia Dortmund 6:1; BVL 08 Remscheid – Hannover 96 n. V. 3:3 und 1:2.
Achtelfinale: Fortuna Düsseldorf – Bayern München 3:0; SG Wattenscheid 09 – Eintracht Frankfurt 1:3; Stuttgarter Kickers – Hannover 96 2:0; Hamburger SV – FC St. Pauli 6:0; Blau-Weiß 90 Berlin – Karlsruher SC 1:2; Fortuna Köln – SV Darmstadt 98 n. V. 0:2; Alemannia Aachen – Borussia Mönchengladbach n..V. 0:2; Bayer Uerdingen – 1. FC Köln 3:1.
Viertelfinale: SV Darmstadt 98 – Hamburger SV 0:1; Fortuna Düsseldorf – Karlsruher SC 1:0; Borussia Mönchengladbach – Bayer Uerdingen 9:2; Stuttgarter Kickers – Eintracht Frankfurt 3:1.
Halbfinale: Hamburger SV – Bor. Mönchengladbach 1:0; Stuttgarter Kickers – Fortuna Düsseldorf 3:0.
Endspiel: Hamburger SV – Stuttgarter Kickers 3:1.

1988

1. Runde: Südwest Ludwigshafen – Fortuna Köln 1:6; FC St. Pauli – Blau-Weiß 90 Berlin n. V. 0:3; 1. FC Pforzheim – 1. FC Saarbrücken 3:2; TSV Verden – Werder Bremen 0:4; Eintracht Frankfurt – FC Schalke 04 3:2; VfB Oldenburg – VfL Bochum n. V. 0:0 und 1.4, VfL Wolfsburg – Hannover 96 3:0; 1. FC Kaiserslautern – Waldhof Mannheim n. V. 3:1; Hamburger SV – FC Homburg/Saar 3:0; Borussia Mönchengladbach – Bayer Leverkusen n. V. 2:1; 1. FC Köln – VfB Stuttgart 3:0; Rot-Weiß Essen – Bayern München 1:3; VfR Aachen-Forst – Karlsruher SC 0:5; SV Heidingsfeld – Bayer Uerdingen 1:2; Arminia Bielefeld – SC Freiburg n. V. 1:4; TuS Paderborn-Neuhaus – Stuttgarter Kickers 0:5; RSV Würges – Fortuna Düsseldorf 0:3; TSV Vestenbergsgreuth – SV Darmstadt 98 0:4; SV St. Ingbert – Union Solingen 0:2; Viktoria Aschaffenburg – SG Wattenscheid 09 4:0; VfR Aalen – Alemannia Aachen 1:2; FSV Salmrohr – VfL Osnabrück 2:0; VfL Hamm – Hessen Kassel 2:7; VfB Dillingen – TSG Giengen 0:1; Werder Bremen Am. – MTV Ingolstadt 5:1; Eintracht Braunschweig – 1. FC Nürnberg 2:3; KSV Baunatal – SSV Ulm 1846 n..V. 1:1 und 1:2; Offenburger FV – Borussia Dortmund n. V. 3:3 und 0:5; Viktoria Köln – Hertha BSC Berlin 1:3; VfB Lübeck – Schwarz-Weiß Essen 1:2; Concordia Hamburg – SpVgg Erkenschwick n. V. 3:0; Preußen Münster – Rot-Weiß Oberhausen n. V. 1:1 und 2:0.
2. Runde: 1. FC Kaiserslautern – Blau-Weiß 90 Berlin 4:3; Werder Bremen Am. – Hamburger SV 1:3; Preußen Münster – Alemannia Aachen n. V. 2:2 und 1:0; TSG Giengen – VfL Bochum n. V. 1:2; Hertha

BSC Berlin – Bayer Uerdingen 1:2;1. FC Pforzheim – Concordia Hamburg 2:0; Viktoria Aschaffenburg – 1. FC Köln 1:0; Eintracht Frankfurt – SSV Ulm 1846 3:0; Hessen Kassel – Stuttgarter Kickers 3:1; Karlsruher SC – 1. FC Nürnberg n. V. 1:1 und 1:2; Fortuna Köln – SC Freiburg 1:0; Union Solingen – Fortuna Düsseldorf 1:2; FSV Salmrohr – Borussia Dortmund 0:1; Schwarz-Weiß Essen – SV Darmstadt 98 1:0; Borussia Mönchengladbach – Bayern München n. V. 2:2 und n. V. 2:3; VfL Wolfsburg – Werder Bremen n. V. 4:5.

Achtelfinale: Fortuna Düsseldorf – Eintracht Frankfurt 0:1; Preußen Münster – Fortuna Köln 2:3; Bayer Uerdingen – Borussia Dortmund n. V. 3:3 und 2:1; 1. FC Pforzheim – Werder Bremen n. V. 1:1 und 1:3; Hessen Kassel – Viktoria Aschaffenburg 0:1; 1. FC Kaiserslautern – Hamburger SV 1:2; Bayern München – 1. FC Nürnberg 3:1; Schwarz-Weiß Essen – VfL Bochum 0:1.

Viertelfinale: Hamburger SV – Bayern München 2:1; Viktoria Aschaffenburg – Werder Bremen 1:3; Eintracht Frankfurt – Bayer Uerdingen 4:2; VfL Bochum – Fortuna Köln 4:1.

Halbfinale: VfL Bochum – Hamburger SV 2:0; Werder Bremen – Eintracht Frankfurt 0:1.

Endspiel: Eintracht Frankfurt – VfL Bochum 1:0.

1989

1. Runde: 1. FC Kaiserslautern – FC St. Pauli 2:1; Werder Bremen – Hannover 96 4:1; Karlsruher SC – Stuttgarter Kickers 2:1; Borussia Dortmund – Eintracht Braunschweig 6:0; 1. FC Köln – SV Darmstadt 98 6:1; Bayern München – Blau-Weiß 90 Berlin 11:2; FC Schalke 04 – Borussia Mönchengladbach n..V. 1:1 und 2:1; SV Meppen – Bayer Uerdingen 1:2; SSV Ulm 1846 – 1. FC Nürnberg 1:4; VfL Wolfsburg – Eintracht Frankfurt n. V. 1:1 und 1:6; SKG Heidelberg – Waldhof Mannheim 1:3; Arminia Bielefeld – VfL Bochum n. V. 0:0 und n. V. 1:4; SV Ottfingen – VfB Stuttgart 0:5; BSC Erlangen – Bayer Leverkusen 0:5; MSV Duisburg – Hamburger SV n. V. 3:5; SG Wattenscheid 09 – VfL Osnabrück n. V. 1:1 und 1:2; Fortuna Köln – Fortuna Düsseldorf 1:0; TSV Verden – Rot-Weiß Essen 1:2; FC Augsburg – Alemannia Aachen 1:4; Germania Dörnigheim – SpVgg Bayreuth 0:5; SG Düren 99 – Kickers Offenbach 1:3; TBV Lemgo – FC Homburg/Saar 0:4; FSV Salmrohr – SC Freiburg 2:0; STV Horst Emscher – Union Solingen n. V. 0:0 und 1:5; Wormatia Worms – 1. FC Saarbrücken 1:3; VfL Kirchheim/Teck – SV Wehen 1:2; TuS Hoisdorf – Rot-Weiß Oberhausen 3:0; SSV Reutlingen – Spfr. Hamborn 07 2:1; Türkiyemspor Berlin – FC Emmendingen 0:2; Meiendorfer SV Hamburg – TSV Osterholz-Tenever 0:1; BVL 08 Remscheid – SpVgg Landshut 2:3; FC Bitburg – Saar 05 Saarbrücken 1:3.

2. Runde: 1. FC Köln – Waldhof Mannheim 1:2;1. FC Nürnberg – Karlsruher SC n. V. 1:1 und 0:1; VfB Stuttgart – VfL Bochum n. V. 3:2; Bayer Uerdingen – Eintracht Frankfurt n. V. 5:4; VfL Osnabrück – Hamburger SV 0:1; Werder Bremen – SpVgg Bayreuth 6:1; 1. FC Kaiserslautern – Kickers Offenbach 5:0; Borussia Dortmund – FC Homburg/Saar 2:1; TuS Hoisdorf – Bayern München 0:4; TSV Osterholz-Tenever – Bayer Leverkusen 0:6; Union Solingen – Fortuna Köln n. V. 2:2 und 2:5; Saar 05 Saarbrücken – FC Schalke 04 n. V. 3:3 und 1:7; SSV Reutlingen – Rot-Weiß Essen n. V. 1:1 und 1:3; SpVgg Landshut – Alemannia Aachen 1:2; FSV Salmrohr – 1. FC Saarbrücken n. V. 0:1; FC Emmendingen – SV Wehen 1:3.

Achtelfinale: FC Schalke 04 – Borussia Dortmund 2:3; Bayer Leverkusen – Waldhof Mannheim 5:2; SV Wehen – 1. FC Kaiserslautern 2:3; Bayern München – Karlsruher SC 3:4; Alemannia Aachen – Bayer Uerdingen 1:4; Werder Bremen – Fortuna Köln n. V. 3:1; Hamburger SV – Rot-Weiß Essen 3:1; VfB Stuttgart – 1. FC Saarbrücken n. V. 2:0.

Viertelfinale: Borussia Dortmund – Karlsruher SC 1:0; Bayer Leverkusen – Bayer Uerdingen 2:0; VfB Stuttgart – 1. FC Kaiserslautern 4:0; Hamburger SV – Werder Bremen 0:1.

Halbfinale: Borussia Dortmund – VfB Stuttgart 2:0; Bayer Leverkusen – Werder Bremen 1:2.

Endspiel: Borussia Dortmund – Werder Bremen 4:1.

1990

1. Runde: VfL Bückeburg – Eintracht Braunschweig 0:2; Rot-Weiß Frankfurt – Waldhof Mannheim 0:1; Arminia Hannover – FC Homburg/Saar 2:1; FC St. Pauli – Werder Bremen 1:2; Kickers Offenbach – Bayer Uerdingen 2:1; VfR Sölde – 1. FC Köln (in Holzwickede) 0:3; Eintracht Frankfurt – Bayern München 0:1; Hamburger SV – MSV Duisburg 2:4; Hannover 96 – Borussia Mönchengladbach 0:3; VfL Wolfsburg – VfB Stuttgart 1:3; Bayer Leverkusen Am. – 1. FC Kaiserslautern 0:1; Hertha Zehlendorf – 1. FC Nürnberg 0:4; SpVgg Plattling – Fortuna Düsseldorf n. V. 1:2; 1. FC Saarbrücken – SV Meppen 3:1; Rot-Weiß Essen – SG Wattenscheid 09 1:2; VfL Osnabrück – FC Schalke 04 n. V. 0:1; SV Langenau – Stuttgarter Kickers 0:6; SC Jülich 1910 – Blau-Weiß 90 Berlin n. V. 2:2 und 0:1; FC Wangen – SV Darmstadt 98 0:3; 1. FC Pforzheim – SpVgg Bayreuth 4:1; FC Schweinfurt 05 – Altonaer FC 93 1:0; TSG Pfeddersheim – VfB Gaggenau 2:0; SC Geislingen – TSV München 1860 0:3; SV Edenkoben – Saar 05 Saarbrücken 1:0; Borussia Dortmund – Fortuna Köln 3:0; SV Wiesbaden – VfL Bochum 0:2; Werder

Bremen Am. – Bayer Leverkusen 1:4; Union Solingen – SC Freiburg n. V. 1:3; FC Gütersloh – Hertha BSC Berlin n. V. 1:1 und 1:0; FSV Salmrohr – TuS Hoisdorf 1:3; Viktoria Aschaffenburg – Karlsruher SC 2:6; FSV Mainz 05 – Alemannia Aachen 2:0.
2. Runde: Borussia Mönchengladbach – 1. FC Nürnberg 4:1; Bayern München – Waldhof Mannheim 2:0; SC Freiburg – Karlsruher SC 1:2; SV Darmstadt 98 – Bayer Leverkusen 1:0; Stuttgarter Kickers – Werder Bremen 2:3; Borussia Dortmund – Eintracht Braunschweig 2:3; Fortuna Düsseldorf – 1. FC Saarbrücken 4:0; 1. FC Pforzheim – VfL Bochum 1:0; Arminia Hannover – 1. FC Köln 2:4; FSV Mainz 05 – 1. FC Kaiserslautern 1:3; FC Gütersloh – VfB Stuttgart n. V. 0:2; SG Wattenscheid 09 – VfL Osnabrück 0:2; SV Edenkoben – MSV Duisburg n. V. 1:2; FC Schweinfurt 05 – Blau-Weiß 90 Berlin 4:2; TSG Pfeddersheim – Kickers Offenbach 1:3; TuS Hoisdorf – TSV München 1860 0:2.
Achtelfinale: TSV München 1860 – Werder Bremen 1:2; 1. FC Kaiserslautern – 1. FC Köln 2:1; VfB Stuttgart – Bayern München 3:0; Kickers Offenbach – Borussia Mönchengladbach n. V. 1:0; FC Schweinfurt 05 – Eintracht Braunschweig 0:2; 1. FC Pforzheim – Fortuna Düsseldorf 1:3; MSV Duisburg – Darmstadt 98 4:1; VfL Osnabrück – Karlsruher SC 3:2.
Viertelfinale: Werder Bremen – VfB Stuttgart 3:0; 1. FC Kaiserslautern – Fortuna Düsseldorf 3:1; Eintracht Braunschweig – VfL Osnabrück 3:2; Kickers Offenbach – MSV Duisburg n. V. 1:1 und 1:0.
Halbfinale: Werder Bremen – Eintr. Braunschweig 2:0; Kickers Offenbach – 1. FC Kaiserslautern 0:1.
Endspiel: 1. FC Kaiserslautern – Werder Bremen 3:2.

1991

1. Runde: Waldhof Mannheim – VfL Bochum 3:2; Alemannia Aachen – Bayer Uerdingen n. V. 0:1; FV 09 Weinheim – Bayern München 1:0; Eintracht Haiger – Borussia Mönchengladbach 1:2; Kilia Kiel – FC St. Pauli 1:4; VfL Wolfsburg – 1. FC Köln 1:6; Eintracht Trier – VfB Stuttgart 0:1; ASC Schöppingen – Eintracht Frankfurt 1:2; DSC Wanne-Eickel – Hertha BSC Berlin 1:3; Werder Bremen Am. – SG Wattenscheid 09 1:3; SpVgg Fürth – Borussia Dortmund 3:1; SpVgg Weiden – Werder Bremen 1:2; Borussia Neunkirchen – Fortuna Düsseldorf n. V. 2:3; Victoria Hamburg – Bayer Leverkusen 0:5; SC Göttingen 05 – Hamburger SV 0:4; SSV Reutlingen – Karlsruher SC n. V. 3:6; Südwest Ludwigshafen – 1. FC Kaiserslautern 1:7; FC Miltach – 1. FC Nürnberg 1:3; Stuttgarter Kickers – SV Darmstadt 98 4:0; SpVgg Unterhaching – FC Schalke 04 0:1; Hessen Kassel – FC Homburg/Saar 1:0; FC Wangen – Rot-Weiß Essen 1:2; FSV Frankfurt – Preußen Münster 3:4 n. V.; Teutonia Waltrop – Eintracht Braunschweig 0:1; Türkiyemspor Berlin – 1. FC Saarbrücken 2:6; SC Pfullendorf – MSV Duisburg 0:2; Viktoria Köln – VfL Osnabrück 2:4; SpVgg Bayreuth – Blau-Weiß 90 Berlin 0:3; SV Hilden-Nord – SC Freiburg n. V. 2:1; TuS Bersenbrück – Hannover 96 0:4; SV Ludweiler – SV Meppen 0:3; FC Remscheid – Fortuna Köln n. V. 3:2.
2. Runde: Werder Bremen – FC St. Pauli 2:0; SpVgg Fürth – 1. FC Saarbrücken 0:1; SV Hilden-Nord – Preußen Münster 0:4; FC Schalke 04 – Eintracht Braunschweig 4:0; Bayer Leverkusen – Bayer Uerdingen 0:1; Eintracht Frankfurt – 1. FC Nürnberg n. V. 0:0 und n. V. 2:0; Karlsruher SC – VfB Stuttgart 0:2; 1. FC Kaiserslautern – 1. FC Köln 1:2; Fortuna Düsseldorf – Blau-Weiß 90 Berlin n. V. 0:0 und 0:1; Hertha BSC Berlin – MSV Duisburg 1:2; Hannover 96 – Hamburger SV n. V. 0:0 und 1:2; FV 09 Weinheim – Rot-Weiß Essen 1:3; FC Remscheid – Borussia Mönchengladbach 1:0; Hessen Kassel – Stuttgarter Kickers 3:2; SV Meppen – Waldhof Mannheim 2:0; VfL Osnabrück – SG Wattenscheid 09 n. V. 1:2.
Achtelfinale: Preußen Münster – VfB Stuttgart 0:1; Werder Bremen – FC Schalke 04 3:1; Bayer Uerdingen – Rot-Weiß Essen n. V. 4:2; 1. FC Köln – SV Meppen 1:0; MSV Duisburg – Blau-Weiß 90 Berlin n. V. 3:2; 1. FC Saarbrücken – Eintracht Frankfurt n. V. 0:0 und n. V. 2:3; Hamburger SV – SG Wattenscheid 09 1:2; FC Remscheid – Hessen Kassel n. V. 2:3.
Viertelfinale: Bayer Uerdingen – MSV Duisburg 1:4; Eintracht Frankfurt – SG Wattenscheid 09 3:1; Hessen Kassel – Werder Bremen 0:2;1. FC Köln – VfB Stuttgart n. V. 1:0.
Halbfinale: MSV Duisburg – 1. FC Köln n. V. 0:0 und 0:3; Eintracht Frankfurt – Werder Bremen n. V. 2:2 und 3:6.
Endspiel: Werder Bremen – 1. FC Köln n. V. 1:1, Elfmeterschießen 4:3.

1992

Qualifikation Nordost, 1. Runde: Motor Eberswalde – Stahl Hennigsdorf 5:1; Rot-Weiß Prenzlau – Bergmann-Borsig Berlin 2:8; Victoria Frankfurt/O. – Rotation Berlin 4:2; Aktivist Schwarze Pumpe – Lok/Altmark Stendal 2:1; Greifswalder SC – Post Neubrandenburg 3:1; Stahl Riesa – Anhalt Dessau 5:1; Wismut Aue – 1. FC Markkleeberg 3:0; Soemtron Sömmerda – Wismut Gera 1:2; Kali-Werra Tiefenort – Motor Weimar 1:6; BSV Borna – Stahl Thale 1:4; Energie Cottbus – Wacker Nordhausen 0:2; Fortschritt Bischofswerda (gegen Hafen Rostock), Chemnitzer SV 51 (bei Germania Ilmenau), 1. Suhler SV 06 (bei TSG Meißen) kampflos weiter, da die Gegner nicht antraten; Glückauf Brieske-Senftenberg Freilos, TSV 1860 Stralsund zog zurück.

2. Runde: Bergmann-Borsig Berlin – Wismut Gera 3:1; Motor Eberswalde – Aktivist Schwarze Pumpe n. V. 1:1, Elfmeterschießen 3:4; Stahl Thale – Greifswalder SC n. V. 2:2, Elfmeterschießen 4:5; Wismut Aue – Glückauf Brieske-Senftenberg 2:1; Chemie Guben – Fortschritt Bischofswerda 4:3; Chemnitzer SV 51 – 1. Suhler SV 06 0:1; Stahl Riesa – Motor Weimar 3:1; Wacker Nordhausen kampflos weiter, da Victoria Frankfurt/O. nicht antrat.
3. Runde: Wismut Aue – Aktivist Schwarze Pumpe 4:2; Wacker Nordhausen – Bergmann-Borsig Berlin 2:3; Chemie Guben – 1. Suhler SV 06 2:4; Greifswalder SC – Stahl Riesa n. V. 3:3, Elfmeterschießen 5:3 – Die vier Sieger sind für die 1. Runde qualifiziert.
1. Runde (Freilos: 20 Bundesligisten und 20 Amateurklubs): Viktoria Herxheim – FC St. Pauli n. V. 2:3; Wismut Aue – VfB Leipzig n. V. 2:4; ESV Lok Cottbus – VfB Oldenburg 0:3; FC Schweinfurt 05 – Waldhof Mannheim 1:6; SC Jülich 1910 – Hertha BSC Berlin 2:1; Arminia Bielefeld – FSV Mainz 05 1:0; Karlsruher SC Am. – SV Meppen 1:0; SpVgg Fürth – Carl Zeiss Jena 1:0; Greifswalder SC – Stahl Brandenburg n..V. 2:2, Elfmeterschießen 3:2; SV 1910 Kahla – Rot-Weiß Erfurt 1:4; SpVgg Weiden – SV Darmstadt 98 n. V. 1:2; SpVgg Unterhaching – Bayer Uerdingen n. V. 0:0, Elfmeterschießen 1:3; Marathon 02 Berlin – Hannover 96 0:7; SC Neukirchen – Hallescher FC 1:3; Freiburger FC – Chemnitzer FC 3:1; FC Berlin – SC Freiburg 0:2; Eintracht Glas/Chemie Wirges – FC Homburg/Saar 1:6; Blau-Weiß Parchim – Eisenhüttenstädter FC Stahl 1:0; Türkiyemspor Berlin – Blau-Weiß 90 Berlin 2:1; Bremer SV – Fortuna Köln 0:7; Preußen Münster – VfL Osnabrück 1:2; Borussia Dortmund Am. – 1. FC Saarbrücken 2:5; SpVgg Ludwigsburg – Eintr. Braunschweig n. V. 3:2; SpVgg Zschopau – Rot-Weiß Hasborn n. V. 2:3.
2. Runde: Borussia Mönchengladbach – SG Wattenscheid 09 2:0; Greifswalder SC – Dynamo Dresden 0:2; Werder Bremen Am. – VfB Stuttgart 1:5; MSV Duisburg – 1. FC Kaiserslautern n. V. 0:2; Werder Bremen – Hamburger SV 3:1; Bayern München – FC Homburg/Saar n. V. 2:4; Hansa Rostock – SV Darmstadt 98 3:1; Fortuna Düsseldorf – FC St. Pauli 2:1; VfL Bochum – Hannover 96 2:3; Rot-Weiß Erfurt – FC Schalke 04 2:1; Arminia Bielefeld – Borussia Dortmund 0:2; TSV Havelse – 1. FC Nürnberg n. V. 1:1, Elfmeterschießen 4:2; SpVgg Ludwigsburg – Eintracht Frankfurt 1:6; Blau-Gelb Berlin – VfB Leipzig 0:5; Holstein Kiel – Bayer Uerdingen 1:2; Bergmann-Borsig Berlin – SC Freiburg 2:1; SpVgg Brakel – Fortuna Köln 0:3; SpVgg Fürth – Waldhof Mannheim 0:3; Rot-Weiß Hasborn – VfL Osnabrück n. V. 1:1, Elfmeterschießen 5:4; TSG Backnang – 1. Suhler SV 06 1:3; VfL Wolfsburg – Viktoria Aschaffenburg n. V. 4:3; Viktoria Köln – Blau-Weiß Parchim 2:0; Rot-Weiß Wernigerode – 1. FC Köln 0:4; Freiburger FC – Karlsruher SC Am. 3:2; SSV Reutlingen – TSV Krähenwinkel 4:1; Rot-Weiß Essen – Karlsruher SC 0:2; Türkiyemspor Berlin – Stuttgarter Kickers 0:4; Eintracht Trier – Bayer Leverkusen 0:2; FC Remscheid – VfB Oldenburg 2:0; Hamburger SV Am. – Hallescher FC 1:0; SC 08 Bamberg – 1..FC Saarbrücken 4:1; Arminia Hannover – SC Jülich 1910 1:5.
3. Runde: Fortuna Düsseldorf – Werder Bremen 1:3; Bayer Leverkusen – 1. FC Köln 2:0; Eintracht Frankfurt – Karlsruher SC 0:1; Stuttgarter Kickers – VfB Leipzig n. V. 3:1; Borussia Dortmund – Hannover 96 2:3; FC Homburg/Saar – 1. FC Kaiserslautern n. V. 0:0, Elfmeterschießen1:3; Fortuna Köln – Hansa Rostock n. V. 5:3; 1. Suhler SV 06 – Dynamo Dresden 0:5; VfL Wolfsburg – VfB Stuttgart 1:3; SC Jülich 1910 – Bor. Mönchengladbach 0:1; FC Remscheid – Bayer Uerdingen 1:3; SSV Reutlingen – Rot-Weiß Erfurt 3:1; Freiburger FC – Rot-Weiß Hasborn 1:0; Hamburger SV Am. – Bergmann-Borsig Berlin n. V. 2:2, Elfmeterschießen 6:5; SC 08 Bamberg – TSV Havelse 4:0; Viktoria Köln – Waldhof Mannheim 1:0.
Achtelfinale: SSV Reutlingen – Bayer Leverkusen n. V. 2:3; Werder Bremen – Dynamo Dresden 4:1; Borussia Mönchengladbach – Fortuna Köln 2:0; Hannover 96 – Bayer Uerdingen 1:0; Freiburger FC – VfB Stuttgart 1:6; SC 08 Bamberg – 1. FC Kaiserslautern 0:1; Viktoria Köln – Stuttgarter Kickers n. V. 1:2; Hamburger SV Am. – Karlsruher SC 0:1.
Viertelfinale: Borussia Mönchengladbach – Stuttgarter Kickers 2:0; Bayer Leverkusen – VfB Stuttgart n. V. 1:0; Hannover 96 – Karlsruher SC 1:0; Werder Bremen – 1. FC Kaiserslautern 2:0.
Halbfinale: Hannover 96 – Werder Bremen n. V. 1:1, Elfmeterschießen 6:5; Borussia Mönchengladbach – Bayer Leverkusen n. V. 2:2, Elfmeterschießen 2:0.
Endspiel: Hannover 96 – Borussia Mönchengladbach n. V. 0:0, Elfmeterschießen 4:3.

1993

1. Runde (Freilos: 23 Amateurvereine und 22 Zweitligisten)**:** Stahl Brandenburg – 1. FC Kaiserslautern 0:2; Wacker Nordhausen – 1. FC Köln 0:8; FC Gundelfingen – Bayer Uerdingen 0:1; TSV München 1860 – Dynamo Dresden 1:2; Bayer Leverkusen Am. – Hamburger SV n. V. 2:2, Elfmeterschießen 7:8; OT Bremen – 1. FC Nürnberg 1:7; SV Wehen – Eintracht Frankfurt 2:3 (in Wiesbaden); Kickers Emden – 1. FC Saarbrücken 1:5; Fortuna Düsseldorf Am. – Borussia Mönchengladbach 1:2; Jahn Regensburg – VfB Lübeck 2:1; Hallescher FC – Borussia Dortmund 1:4; SpVgg Fürth – VfL Bochum 0:2; Lüneburger SK – Karlsruher SC 0:3; SC Göttingen 05 – FC Schalke 04 1:3; FSV Salmrohr – SG Wattenscheid 09 2:0; SC Jülich 1910 – Werder Bremen n. V. 1:5; Spfr. Siegen – VfB Stuttgart 0:6; ASV Bergedorf 85 – Bayer Leverkusen 1:3; Borussia Neunkirchen – Bayern München 0:6

2. Runde: Viktoria Aschaffenburg – VfL Osnabrück 0:6; MSV Duisburg – 1. FC Köln n. V. 0:0, Elfmeterschießen 4:3; Karlsruher SC – Hamburger SV 4:2; VfL Bochum – Hannover 96 1:2; Fortuna Köln – SV Meppen 0:1; Bischofswerdaer FV 08 – VfB Oldenburg 3:0; Rot-Weiß Erfurt – Bayer Uerdingen n. V. 0:0, Elfmeterschießen 2:4; SC 08 Bamberg – Eintracht Frankfurt 1:3; Spfr. Ricklingen – SC Verl n. V. 5:4; Freiburger FC – FSV Mainz 05 0:3; Stuttgarter Kickers – Chemnitzer FC 1:2; Wormatia Worms – Fortuna Düsseldorf 2:4; FC St. Pauli – 1. FC Nürnberg n. V. 2:3; Bayer Leverkusen – 1. FC Kaiserslautern 1:0; Werder Bremen Am. – Borussia Mönchengladbach 1:2; Carl Zeiss Jena – 1. FC Saarbrücken 2:1; FC Remscheid – SV Darmstadt 98 2:1; SSV Ulm 1846 – Post Neubrandenburg 2:1; SpVgg Plattling – Jahn Regensburg 2:1; Eisenhüttenstädter FC Stahl – Wuppertaler SV n. V. 1:1, Elfmeterschießen 5:4; SpVgg Beckum – Werder Bremen 0:7; SpVgg Bad Homburg – Eintracht Braunschweig 1:5; Hansa Rostock – VfB Stuttgart n. V. 2:0; TuS Hoppstädten – VfR Heilbronn 0:3; VfR Aalen – FC Homburg/Saar 1:2; Dynamo Dresden – VfB Leipzig, 2:3; Hertha BSC Berlin Am. – SGK Heidelberg 3:0; Lok/Altmark Stendal – FSV Salmrohr 0:1; Bor. Dortmund – Bayern München n. V. 2:2, Elfmeterrschießen 5:4; Rot-Weiß Essen – FC Schalke 04 2:0; SC Freiburg – Hertha BSC Berlin 2:4; Rot-Weiß Frankfurt – Waldhof Mannheim 3:4.
3. Runde: 1. FC Nürnberg – FC Remscheid n. V. 5:2; VfL Osnabrück – Borussia Mönchengladbach 4:1; Bayer Uerdingen – Hannover 96 0:1; Eintracht Frankfurt – Waldhof Mannheim n. V. 4:1; Werder Bremen – FSV Mainz 05 3:1; SSV Ulm 1846 – Borussia Dortmund 1:3; Bischofswerdaer FV 08 – Karlsruher SC n. V. 0:1; VfR Heilbronn – Bayer Leverkusen 0:2; MSV Duisburg – Eintracht Braunschweig 3:1; Fortuna Düsseldorf – Hansa Rostock n. V. 2:2, Elfmeterschießen 3:0; SV Meppen – Hertha BSC Berlin n. V. 2:4; Spfr. Ricklingen – Chemnitzer FC 0:2; SpVgg Plattling – Carl Zeiss Jena 1:3; FSV Salmrohr – FC Homburg/Saar 0:1; Hertha BSC Berlin Am. – VfB Leipzig 4:2; Rot-Weiß Essen – Eisenhüttenstädter FC Stahl 3:2.
Achtelfinale: Carl Zeiss Jena – MSV Duisburg n. V. 3:2, FC Homburg/Saar – 1. FC Nürnberg n. V. 0:0, Elfmeterschießen 2:4; Hertha BSC Berlin Am. – Hannover 96 4:3; Bayer Leverkusen – Hertha BSC Berlin 1:0; Fortuna Düsseldorf – Karlsruher SC 0:1; Eintracht Frankfurt – VfL Osnabrück 3:1; Rot-Weiß Essen – Chemnitzer FC 0:1; Werder Bremen – Borussia Dortmund 2:0.
Viertelfinale: Hertha BSC Berlin Am. – 1. FC Nürnberg 2:1; Chemnitzer FC – Werder Bremen n. V. 2:1; Carl Zeiss Jena – Bayer Leverkusen 0:2; Karlsruher SC – Eintr. Frankfurt n. V. 1:1, Elfmeterschießen 3:5.
Halbfinale: Eintracht Frankfurt – Bayer Leverkusen 0:3; Hertha BSC Berlin Am. – Chemnitzer FC 2:1.
Endspiel: Bayer Leverkusen – Hertha BSC Berlin Am. 1:0.

1994

1. Runde (Freilos: 11 Bundesligisten, 14 Zweitligisten, 27 Amateurvereine)**:** Werder Bremen Am. – Bayern München 1:5; SV Sandhausen – Karlsruher SC 1:4; SpVgg Plattling – FSV Mainz 05 4:3; Kilia Kiel – SC Freiburg 0:8; SV Ludweiler – Borussia Dortmund 1:4; Bayern München Am. – FC Homburg/Saar n. V. 2:1; 1. FC Pforzheim – 1. FC Kaiserslautern 0:4; FC Remscheid – Hertha BSC Berlin 2:3; SV Böblingen – MSV Duisburg 0:5; FSV Salmrohr – 1. FC Saarbrücken 1:3; VfL Osnabrück – Hannover 96 0:4; SpVgg Erkenschwick – Borussia Mönchengladbach 0:2.
2. Runde: TSV Havelse – Karlsruher SC 0:3; FC Schalke 04 – VfL Bochum n. V. 1:0; TSF Ditzingen – Hansa Rostock 0:2; 1. FC Magdeburg – Wuppertaler SV n. V. 3:3, Elfmeterschießen 5:4; FC Oberneuland – Chemnitzer FC 1:8; ASV Neumarkt – Tennis Borussia Berlin 0:4; SpVgg Plattling – Borussia Mönchengladbach 0:3; Spfr. Ricklingen – MSV Duisburg 0:1; FC Augsburg – Rot-Weiß Lüdenscheid 2:0; SV Darmstadt 98 – Bayern München Am. n. V. 1:2; SC Freiburg – Fortuna Köln 4:1; 1. FC Köln – Waldhof Mannheim 4:1; Hertha BSC Berlin – Hamburger SV n. V. 3:5; Alemannia Aachen – 1. FC Saarbrücken 0:3; Borussia Dortmund – Carl Zeiss Jena 0:1; Bayer Uerdingen – VfB Leipzig 1:0; Eisenhüttenstädter FC Stahl – SpVgg Unterhaching 0:2; SV Mettlach – SG Wattenscheid 09 0:2; Sachsen Leipzig – FC St. Pauli n. V. 2:2, Elfmeterschießen 3:4; VfB Gaggenau – Hannover 96 n. V. 1:3; SpVgg Marl – Borussia Fulda 3:2; Greifswalder SC – TSG Pfeddersheim 0:2; Eintracht Haiger – FTSV Elmshorn 3:1; 1. FC Bocholt – Rot-Weiß Essen 2:3; Kickers Offenbach – SV Meppen n. V. 4:2; Werder Bremen – Stuttgarter Kickers n. V. 2:1; Dynamo Dresden – VfL Wolfsburg n. V. 0:0, Elfmeterschießen 4:2; Fortuna Düsseldorf – Eintracht Frankfurt 0:2; Eintracht Braunschweig – VfB Oldenburg 4:3; Bayer Leverkusen – 1. FC Nürnberg 3:0; Carl Zeiss Jena Am. – Bayern München 0:2; VfB Stuttgart – 1. FC Kaiserslautern n. V. 2:6.
3. Runde: Borussia Mönchengladbach – Karlsruher SC n. V. 5:3 (annulliert, da KSC-Torhüter Kahn durch einen Kastanienwurf am Kopf getroffen wurde, Wiederholung in Düsseldorf: 1:0); SC Freiburg – Eintracht Frankfurt n. V. 5:3; FC Schalke 04 – Bayern München n. V. 2:3; Hannover 96 – Dynamo Dresden 2:3; 1. FC Saarbrücken – Hamburger SV 2:4; Chemnitzer FC – SG Wattenscheid 09 n. V. 1:2; 1. FC Magdeburg – Bayer Leverkusen 1:5; Eintracht Haiger – 1. FC Kaiserslautern n. V. 1:3; Bayern München Am. – 1. FC Köln n. V. 0:0, Elfmeterschießen 5:4; TSG Pfeddersheim – MSV Duisburg n. V. 1:3; Kickers Offenbach – Werder Bremen n. V. 1:1, Elfmeterschießen 3:5; Rot-Weiß Essen – FC St. Pauli n. V. 3:2;

Bayer Uerdingen - Carl Zeiss Jena 2:3; SpVgg Unterhaching - Hansa Rostock 1:2; Eintracht Braunschweig - Tennis Borussia Berlin 0:1; FC Augsburg - SpVgg Marl 3:0.
Achtelfinale: SC Freiburg - Hansa Rostock 3:0; FC Augsburg - Bayer Leverkusen n. V. 0:0, Elfmeterschießen 3:4; Carl Zeiss Jena - SG Wattenscheid 09 1:0; Werder Bremen - Hamburger SV 4:2; Rot-Weiß Essen - MSV Duisburg 4:2; Bayern München Am. - Tennis Borussia Berlin n. V. 3:3, Elfmeterschießen 4:5; Dynamo Dresden - Bayern München 2:1; Borussia Mönchengladbach - 1. FC Kaiserslautern 2:3.
Viertelfinale: Carl Zeiss Jena - Rot-Weiß Essen n. V. 0:0, Elfmeterschießen 5:6; SC Freiburg - Tennis Borussia Berlin 0:1; Dynamo Dresden - Bayer Leverkusen n. V. 1:1, Elfmeterschießen 5:4; Werder Bremen - 1. FC Kaiserslautern n. V. 2:2, Elfmeterschießen 4:3.
Halbfinale: Rot-Weiß Essen - Tennis Borussia Berlin 2:0; Dynamo Dresden - Werder Bremen 0:2.
Endspiel: Werder Bremen - Rot-Weiß Essen 3:1.

1995

1. Runde: FSV Salmrohr - VfB Leipzig 2:1; SSV Ulm 1846 - 1. FC Nürnberg n. V. 1:0; Spfr. Oesede Georgsmarienhütte - Karlsruher SC 1:6; Hallescher FC - Bayer Uerdingen 1:4; Kickers Offenbach - Hertha BSC Berlin 3:1; BSV Brandenburg - Bayer Leverkusen 0:11; Altonaer FC 93 - Borussia Dortmund 0:2; 1. FC Union Berlin - FC St. Pauli 2:3; SC Großrosseln - Hamburger SV 1:5; Stuttgarter Kickers - SC Freiburg 3:1; SV Linx - FC Schalke 04 1:2; Bayern München Am. - Werder Bremen 2:1; Sachsen Leipzig - TSV München 1860 n. V. 0:0, Elfmeterschießen 3:4; Rot-Weiß Erfurt - MSV Duisburg n. V. 0:2; Greifswalder SC - Borussia Mönchengladbach 1:4; SG Egelsbach - 1. FC Kaiserslautern 0:2; SC Göttingen 05 - Eintracht Frankfurt 0:6; Alemannia Aachen - FC Homburg/Saar 0:2; Wuppertaler SV - Fortuna Köln 1:2; FC Schalke 04 Am. - VfL Wolfsburg 0:2; Holstein Kiel - 1. FC Saarbrücken 0:2; SV Edenkoben - Waldhof Mannheim 1:2; SV Meppen - Dynamo Dresden 0:1; FC Remscheid - 1. FC Köln 0:7; Carl Zeiss Jena - VfB Stuttgart 0:2; Tennis Borussia Berlin - Hansa Rostock 2:1; TuS Paderborn-Neuhaus - Chemnitzer FC n. V. 2:2, Elfmeterschießen 4:5; Preußen Münster - Hannover 96 0:5; Werder Bremen Am. - FSV Mainz 05 0:1; Rot-Weiß Essen - VfL Bochum n. V. 0:2; Karlsruher SC Am. - SG Wattenscheid 09 1:3; TSV Vestenbergsgreuth - Bayern München (in Nürnberg) 1:0.
2. Runde: SG Wattenscheid 09 - 1. FC Köln 1:3; TSV München 1860 - Bayer Leverkusen n. V. 1:1, Elfmeterschießen 4:1; Eintracht Frankfurt - VfL Wolfsburg n. V. 0:0, Elfmeterschießen 3:4; SSV Ulm 1846 - VfB Stuttgart 0:1; FC Schalke 04 - Hamburger SV 3:2; Stuttgarter Kickers - FSV Salmrohr 4:0; TSV Vestenbergsgreuth - FC Homburg/Saar 5:1; Tennis Borussia Berlin - FC St. Pauli 3:4; Dynamo Dresden - Bayer Uerdingen 1:0; Fortuna Köln - VfL Bochum n. V. 2:1; Karlsruher SC - Waldhof Mannheim n. V. 1:1, Elfmeterschießen 3:2; Kickers Offenbach - Borussia Mönchengladbach 0:1; Hannover 96 - 1. FC Saarbrücken 0:2; Bayern München Am. - Chemnitzer FC n. V. 2:2, Elfmeterschießen 4:1; MSV Duisburg - FSV Mainz 0:2; 1. FC Kaiserslautern - Borussia Dortmund n. V. 6:3.
Achtelfinale: Borussia Mönchengladbach - FSV Mainz 05 6:4; 1. FC Saarbrücken - FC St. Pauli 1:4; 1. FC Köln - Dynamo Dresden 2:1; TSV München 1860 - FC Schalke 04 n. V. 1:2; TSV Vestenbergsgreuth - VfL Wolfsburg n. V. 1:1, Elfmeterschießen 3:4; Stuttgarter Kickers - Karlsruher SC 0:2; 1. FC Kaiserslautern - Fortuna Köln 7:3; Bayern München Am. - VfB Stuttgart n. V. 2:2, Elfmeterschießen 7:6.
Viertelfinale: 1. FC Kaiserslautern - FC St. Pauli 4:2; Bayern München Am. - VfL Wolfsburg 1:2; 1. FC Köln - Karlsruher SC 2:1; Borussia Mönchengladbach - FC Schalke 04 3:2.
Halbfinale: 1. FC Köln - VfL Wolfsburg 0:1; Bor. Mönchengladbach - 1. FC Kaiserslautern n. V. 1:0.
Endspiel: Borussia Mönchengladbach - VfL Wolfsburg 3:0.

1996

1. Runde: TSG Pfeddersheim - Borussia Dortmund n. V. 1:1, Elfmeterschießen 3:4; Fortuna Köln - 1..FC Kaiserslautern n. V. 3:4; SSV Ulm 1846 - Chemnitzer FC n. V. 2:3; FV Zeulenroda - FSV Zwickau 0:1; Werder Bremen Am. - SpVgg Unterhaching 0:2; SV Mettlach - Hertha BSC Berlin 0:4; FC Homburg/Saar - FC St. Pauli n. V. 2:1; 1. FC Nürnberg - Hansa Rostock 2:1; Dynamo Dresden - Fortuna Düsseldorf 1:3; VfL Osnabrück - Waldhof Mannheim n. V. 0:1; FSV Frankfurt - Carl Zeiss Jena 1:3; SpVgg Beckum - 1. FC Köln n. V. 0:0, Elfmeterschießen 4:3; Greifswalder SC - VfB Lübeck 4:1; Heider SV - SC Freiburg 1:6; SSV Vorsfelde - FC Schalke 04 0:5; Rot-Weiß Essen - Hannover 96 2:0; 1. FC Nürnberg Am. - Borussia Mönchengladbach 0:3; SC Neukirchen - FSV Mainz 05 n. V. 2:2, Elfmeterschießen 5:6; 1. SC Norderstedt - SG Wattenscheid 09 0:1; VfB Gaggenau - TSV München 1860 1:6; FSV Salmrohr - VfB Leipzig 0:2; Sachsen Leipzig - VfL Bochum 2:1; Bayern München Am. - Werder Bremen 0:1; Energie Cottbus - SV Meppen 1:2; Tennis Borussia Berlin - Karlsruher SC 1:2; Arminia Bielefeld - Hamburger 2:1; MSV Duisburg - Bayer Leverkusen 0:2; 1. FC Saarbrücken - Eintracht Frankfurt n. V. 1:2; Lok/Altmark Stendal - VfL Wolfsburg 1:1 (wegen Dunkelheit abgebrochen), Wiederholung: n. V. 0:0,

Elfmeterschießen 4:3; SV Sandhausen – VfB Stuttgart n. V. 2:2, Elfmeterschießen 13:12; 1. FC Köln Am. – KFC Uerdingen 05 0:2; Stuttgarter Kickers – Bayern München 0:1.
2. Runde: Fortuna Düsseldorf – Bayern München 3:1; VfB Leipzig – FC Schalke 04 0:1; SpVgg Beckum – SpVgg Unterhaching 2:3; Borussia Dortmund – KFC Uerdingen 05 3:0; 1. FC Kaiserslautern – SG Wattenscheid 09 3:0; SC Freiburg – Arminia Bielefeld 1:0; 1. FC Nürnberg – SV Meppen 2:1;TSV München 1860 – Eintracht Frankfurt 5:1; Lok/Altmark Stendal – Hertha BSC Berlin n. V. 3:2; Greifswalder SC – Rot-Weiß Essen 1:4; Sachsen Leipzig – Karlsruher SC 0:2; SV Sandhausen – FC Homburg/Saar 1:2; Carl Zeiss Jena – Chemnitzer FC 2:5; Bayer Leverkusen – Borussia Mönchengladbach 2:0; FSV Mainz 05 – Werder Bremen 2:3; Waldhof Mannheim – FSV Zwickau 2:0.
Achtelfinale: 1. FC Kaiserslautern – FC Schalke 04 1:0; SC Freiburg – Borussia Dortmund n. V. 0:1; 1..FC Nürnberg – Werder Bremen 3:2; SpVgg Unterhaching – Karlsruher SC 2:3; Fortuna Düsseldorf – Chemnitzer FC 3:1; FC Homburg/Saar – TSV München 1860 2:1; Rot-Weiß Essen – Bayer Leverkusen n. V. 4:4, Elfmeterschießen 1:4; Lok/Altmark Stendal – Waldhof Mannheim n. V. 2:2, Elfmeterschießen 5:4.
Viertelfinale: Lok/Altmark Stendal – Bayer Leverkusen n. V. 0:0, Elfmeterschießen 4:5; Fortuna Düsseldorf – 1. FC Nürnberg 1:0; FC Homburg/Saar – 1. FC Kaiserslautern n. V. 3:4; Borussia Dortmund – Karlsruher SC 1:3.
Halbfinale: 1. FC Kaiserslautern – Bayer Leverkusen 1:0; Karlsruher SC – Fortuna Düsseldorf 2:0.
Endspiel: 1. FC Kaiserslautern – Karlsruher SC 1:0.

1997

1. Runde: 1. FC Nürnberg – FSV Mainz 05 1:0; Hamburger SV Am. – Arminia Bielefeld 1:3; FC Bremerhaven – Karlsruher SC 2:3; FC Schweinfurt 05 – Hansa Rostock 2:5; SV Bonlanden – VfL Bochum n. V. 2:4; Rot-Weiß Oberhausen – FC St. Pauli 1:4; Tennis Borussia Berlin – Bayern München 0:3; FV Donaueschingen – 1. FC Köln 1:3; Bayer Leverkusen Am. – MSV Duisburg n. V. 1:3; SpVgg Greuther Fürth – 1. FC Kaiserslautern 1:0; Kickers Emden – Fortuna Düsseldorf 1:3; VfR Mannheim – Borussia Mönchengladbach 0:2; VfB Stuttgart – Fortuna Köln n. V. 0:0, Elfmeterschießen 4:1; KFC Uerdingen 05 – SC Freiburg 0:2; Greifswalder SC – SpVgg Unterhaching 0:3; Borussia Neunkirchen – VfB Leipzig n. V. 1:1, Elfmeterschießen 5:4; Wacker Nordhausen – TSV München 1860 1:5; Lok/Altmark Stendal – Hertha BSC Berlin 1:5; SSV Ulm 1846 – FC Schalke 04 0:2; SG Wattenscheid 09 – Borussia Dortmund n. V. 4:3; TuS Paderborn-Neuhaus – Hamburger SV 1:3; Chemnitzer FC – Waldhof Mannheim 0:1; FSV Salmrohr – VfB Oldenburg 1:3; Hannover 96 – FC Gütersloh 1:0; SV Wehen – VfB Lübeck 1:2; VfB Leipzig Am. – VfL Wolfsburg 0:4; Karlsruher SC Am. – Carl Zeiss Jena 2:0; Holstein Kiel – Eintracht Frankfurt 2:4; TSG Pfeddersheim – FSV Zwickau 1:2; Werder Bremen – Bayer Leverkusen n. V. 1:1, Elfmeterschießen 5:3; TSV Pansdorf – Energie Cottbus 1:4; Reinickendorfer Füchse – SV Meppen 0:2.
2. Runde: Karlsruher SC – Hansa Rostock 2:0; MSV Duisburg – VfB Lübeck n. V. 1:0; Borussia Neunkirchen – FC St. Pauli 1:3; SV Meppen – Eintracht Frankfurt 6:1; Energie Cottbus – VfL Wolfsburg 1:0; SpVgg Greuther Fürth – 1. FC Nürnberg 2:1; FSV Zwickau – 1. FC Köln n. V. 3:1; SG Wattenscheid 09 – Karlsruher SC Am. n. V. 0:0, Elfmeterschießen 2:4; VfB Oldenburg – Werder Bremen 1:2; Arminia Bielefeld – SpVgg Unterhaching 0:1; Fortuna Düsseldorf – Hamburger SV 1:4; FC Schalke 04 – VfL Bochum 2:3; Waldhof Mannheim – SC Freiburg 0:1; Hannover 96 – TSV München 1860 2:4; Hertha BSC Berlin – VfB Stuttgart n. V. 1:1, Elfmeterschießen 4:5; Bor. Mönchengladbach – Bayern München 1:2.
Achtelfinale: TSV München 1860 – Hamburger SV 1:2; FC St. Pauli – SpVgg Unterhaching 1:0; SC Freiburg – SV Meppen 2:1; Karlsruher SC Am. – VfL Bochum 0:1; Energie Cottbus – MSV Duisburg n..V. 2:2, Elfmeterschießen 5:4; SpVgg Greuther Fürth – Karlsruher SC (in Nürnberg) 1:3; VfB Stuttgart – FSV Zwickau 2:0; Bayern München – Werder Bremen 3:1.
Viertelfinale: Energie Cottbus – FC St. Pauli n. V. 0:0, Elfmeterschießen 5:4; Hamburger SV – VfL Bochum 2:1; SC Freiburg – VfB Stuttgart n. V. 1:1, Elfmeterschießen 2:4; Karlsruher SC – Bayern München 1:0.
Halbfinale: Energie Cottbus – Karlsruher SC 3:0; VfB Stuttgart – Hamburger SV 2:1.
Endspiel: VfB Stuttgart – Energie Cottbus 2:0.

1998

1. Runde: Hansa Rostock – Bayer Leverkusen 0:2; FSV Zwickau – FC Schalke 04 0:1; Chemnitzer FC – Karlsruher SC 1:3; SV Warnemünde – Borussia Dortmund 0:8; Rot-Weiß Oberhausen – Werder Bremen 0:2; SSV Ulm 1846 – 1. FC Köln 3:1; DJK Waldberg – Bayern München (in Nürnberg) 1:16; Rot-Weiß Essen – MSV Duisburg 1:2; Hamburger SV Am. – VfL Bochum 2:3; Borussia Mönchengladbach Am. – VfB Stuttgart 0:1; Hannover 96 – Borussia Mönchengladbach n. V. 1:1, Elfmeterschießen 5:3; Wacker Nordhausen – Hamburger SV 1:3; 1. FC Kaiserslautern Am. – 1. FC Kaiserslautern 0:5; Werder Bremen Am. – VfL Wolfsburg n. V. 2:3; TuS Celle – TSV München 1860 0:2; SSV Reutlingen – Arminia Bielefeld 0:3; Eisenhüttenstdter FC Stahl – Hertha BSC Berlin 0:4; VfB Leipzig – FC Gütersloh 2:1; Carl

Zeiss Jena – FC St. Pauli n. V. 1:1, Elfmeterschießen 4:2; Waldhof Mannheim – SG Wattenscheid 09 n..V., Elfmeterschießen 4:3; TSV Pansdorf – Energie Cottbus 1:4;1. FC Saarbrücken – SC Freiburg 1:0; Alemannia Aachen – 1. FC Nürnberg n. V. 0:0, Elfmeterschießen 4:3; VfR Mannheim – Fortuna Köln 6:2; Reinickendorfer Füchse – SV Meppen 0:2; VfB Lübeck – Fortuna Düsseldorf 2:1; FC Singen 04 – SpVgg Greuther Fürth 0:2; Preußen Münster – FSV Mainz 05 n. V. 2:2, Elfmeterschießen 6:7; SC Neukirchen – KFC Uerdingen 05 0:2; VfL Halle 96 – Eintracht Frankfurt 0:4; Eintracht Trier – SpVgg Unterhaching 2:1; VfB Oldenburg – Stuttgarter Kickers 2:4.

2. Runde: Eintracht Trier – FC Schalke 04 1:0; Waldhof Mannheim – Energie Cottbus 4:3; Eintracht Frankfurt – Werder Bremen 3:0; Alemannia Aachen – VfB Leipzig n. V. 2:1; MSV Duisburg – VfL Bochum 1:0; VfL Wolfsburg – Bayern München n. V. 3:3, Elfmeterschießen 3:4; Karlsruher SC – Arminia Bielefeld n. V. 2:2, Elfmeterschießen 2:4; Hannover 96 – TSV München 1860 1:0; SSV Ulm 1846 – FSV Mainz 05 4:1; VfB Stuttgart – Hertha BSC Berlin 2:0; SV Meppen – Stuttgarter Kickers 4:1; SpVgg Greuther Fürth – Borussia Dortmund (in Nürnberg) 2:4; 1. FC Saarbrücken – 1. FC Kaiserslautern 0:4; VfR Mannheim – Carl Zeiss Jena n. V. 1:1, Elfmeterschießen 3:4; Bayer Leverkusen – Hamburger SV n. V. 2:1; VfB Lübeck – KFC Uerdingen 05 1:4.

Achtelfinale: Eintracht Trier – Borussia Dortmund 2:1; 1. FC Kaiserslautern – Bayern München 1:2; Bayer Leverkusen – Arminia Bielefeld n. V. 1:1, Elfmeterschießen 4:3; MSV Duisburg – Eintracht Frankfurt 1:0; SSV Ulm 1846 – VfB Stuttgart 1:3; SV Meppen – KFC Uerdingen 05 0:2; Hannover 96 – Carl Zeiss Jena n. V. 1:1, Elfmeterschießen 2:4; Alemannia Aachen – Waldhof Mannheim n. V. 1:1, Elfmeterschießen 4:5.

Viertelfinale: KFC Uerdingen 05 – VfB Stuttgart 0:4; Carl Zeiss Jena – MSV Duisburg 1:2; Eintracht Trier – Waldhof Mannheim 1:0; Bayern München – Bayer Leverkusen 2:0.

Halbfinale: Bayern München – VfB Stuttgart 3:0; Eintracht Trier – MSV Duisburg n. V. 1:1, Elfmeterschießen 9:10.

Endspiel: Bayern München – MSV Duisburg 2:1.

1999

1. Runde: Karlsruher SC – VfL Wolfsburg 3:4; 1. FC Köln – Hansa Rostock 0:1; Fortuna Köln – 1. FC Kaiserslautern 1:3; 1. FC Saarbrücken – Borussia Dortmund n. V. 1:1, Elfmeterschießen 1:3; FC St. Paul Am. – Bayer Leverkusen 0:5; Hansa Rostock Am. – MSV Duisburg 0:3; Chemnitzer FC – SC Freiburg 1:2; Bayer Leverkusen Am. – Werder Bremen n. V. 1:2; VfB Lübeck – VfB Stuttgart 1:2; VfB Leipzig – TSV München 1860 n. V. 2:4; FC Denzlingen – Hamburger SV 0:3; Waldhof Mannheim – Borussia Mönchengladbach 1:5; VfB Lichterfelde – FC Schalke 04 0:6; VfL Osnabrück – 1. FC Nürnberg 0:2; FSV Zwickau – VfL Bochum 2:5; Post/Süd Regensburg – Hertha BSC Berlin 0:2; Rot-Weiß Erfurt – Eintracht Frankfurt 1:6; LR Ahlen – Bayern München 0:5; Tennis Borussia Berlin – Hannover 96 1:0; SV Schalding-Heining – SpVgg Unterhaching 0:1; Spfr. Eisbachtal – FC Gütersloh n. V. 1:0; Kickers Offenbach – SG Wattenscheid 09 0:1; Energie Cottbus Am. – SpVgg Greuther Fürth 0:1; Werder Bremen Am. – Rot-Weiß Oberhausen 0:1; Spfr. Dorfmerkingen – Stuttgarter Kickers 0:3; SG Hoechst – Energie Cottbus 1:2; SV Straelen – Fortuna Düsseldorf 4:7; Spfr. Siegen – FSV Mainz 05 n. V. 3:1; Carl Zeiss Jena – SSV Ulm 1846 1:0; SC Idar-Oberstein – Arminia Bielefeld 0:1; 1. FC Magdeburg – KFC Uerdingen 05 1:2; SV Meppen – FC St. Paul 0:1.

2. Runde: Hamburger SV – SpVgg Unterhaching 4:0; Energie Cottbus – Borussia Mönchengladbach 2:4; Werder Bremen – Hansa Rostock 3:2; 1. FC Kaiserslautern – VfL Bochum n. V. 1:1, Elfmeterschießen 4:5; Bayer Leverkusen – Hertha BSC Berlin n. V. 1:1, Elfmeterschießen 3:4; VfB Stuttgart – Eintracht Frankfurt 3:2; VfL Wolfsburg – 1. FC Nürnberg n. V. 3:0; Borussia Dortmund – FC Schalke 04 n. V. 1:0; Fortuna Düsseldorf – TSV München 1860 2:2; SpVgg Greuther Fürth – Bayern München n. V. 0:0, Elfmeterschießen 3:4; Spfr. Siegen – SC Freiburg 1:0; Carl Zeiss Jena – MSV Duisburg 1:2; Tennis Borussia Berlin – Stuttgarter Kickers 4:2; Arminia Bielefeld – SG Wattenscheid 09 2:1; KFC Uerdingen 05 – FC St. Pauli n. V. 1:1, Elfmeterschießen 5:4; Spfr. Eisbachtal – Rot-Weiß Oberhausen 1:4.

Achtelfinale: Rot-Weiß Oberhausen – Hamburger SV n. V. 3:3, Elfmeterschießen 4:3; VfL Bochum – Borussia Mönchengladbach 0:1; VfB Stuttgart – Borussia Dortmund 3:1; VfL Wolfsburg – Arminia Bielefeld 3:1; Werder Bremen – Fortuna Düsseldorf 3:2; Tennis Borussia Berlin – Hertha BSC Berlin 4:2; MSV Duisburg – Bayern München 2:4; Spfr. Siegen – KFC Uerdingen 05 1:0.

Viertelfinale: Bayern München – VfB Stuttgart 3:0, Spfr. Siegen – VfL Wolfsburg 1:3, Rot-Weiß Oberhausen – Borussia Mönchengladbach 2:0; Werder Bremen – Tennis Borussia Berlin n. V. 2:1.

Halbfinale: Rot-Weiß Oberhausen – Bayern München 1:3 (in Gelsenkirchen), VfL Wolfsburg – Werder Bremen 0:1.

Endspiel: Werder Bremen – Bayern München n. V. 1:1, Elfmeterschießen 5:4.

2000

1. Runde (Freilos: alle 18 Bundesligisten, 9 Zweitligisten, 19 Amateurvereine)**:** SC Verl – Borussia Mönchengladbach n. V. 0:0, Elfmeterschießen 6:5; SV Darmstadt 98 – Chemnitzer FC 2:4; Carl Zeiss Jena – SpVgg Greuther Fürth 1:2; VFC Plauen – Alemannia Aachen 1:0; VfL Osnabrück – Energie Cottbus 0:1; VfL Hamm – Stuttgarter Kickers 0:4; FC Singen 04 – Rot-Weiß Oberhausen 3:2; Fortuna Düsseldorf – 1. FC Nürnberg 2:0; Wuppertaler SV – Kickers Offenbach 1:2.
2. Runde (Freilos: die 9 Bundesligisten, die sich für einen internationalen Wettbewerb qualifiziert hatten)**:** SV Babelsberg 03 – SpVgg Unterhaching 1:0; FK Pirmasens – TSV München 1860 0:3; SpVgg Landshut – Hansa Rostock 0:2; Fortuna Düsseldorf – SSV Ulm 1846 0:2; 1. FC Saarbrücken – FC Schalke 04 0:1; 1. FC Pforzheim – SC Freiburg 0:2; SC Verl – Eintracht Frankfurt 0:4; Berliner FC Dynamo – Arminia Bielefeld 0:2; 1. SC Norderstedt – VfB Stuttgart 0:3; Werder Bremen Am. – Fortuna Köln 3:1; Eintracht Trier – Karlsruher SC n. V. 1:1, Elfmeterschießen 5:4; SG Wattenscheid 09 – 1. FC Köln 1:7; KFC Uerdingen 05 – Tennis Borussia Berlin 0:4; FC Gütersloh – Energie Cottbus 0:1; SSV Reutlingen – VfL Bochum 2:3; SV Meppen – Kickers Offenbach 2:1; TSV 1860 Rosenheim – FC St. Pauli 1:2; VFC Plauen – Stuttgarter Kickers 1:2; TuS Langerwehe – Chemnitzer FC 0:6; FC Singen 04 – SpVgg Greuther Fürth 1:3; VfB Lübeck – Hannover 96 0:1; VfL Halle 96 – FSV Mainz 05 1:2; FC Schönberg – Waldhof Mannheim 0:3.
3. Runde: Werder Bremen – 1. FC Kaiserslautern n. V. 2:2, Elfmeterschießen 4:3; Chemnitzer FC – VfL Wolfsburg 2:3; VfL Bochum – MSV Duisburg n. V. 1:1, Elfmeterschießen 6:5; FSV Mainz 05 – Hamburger SV 2:0; Hannover 96 – Arminia Bielefeld 1:2; FC St. Pauli – SSV Ulm 1846 0:2; SpVgg Greuther Fürth – Hansa Rostock 1:3; 1. FC Köln – Eintracht Frankfurt 2:1; Waldhof Mannheim – Bayer Leverkusen n. V. 3:2; Energie Cottbus – FC Schalke 04 n. V. 2:2, Elfmeterschießen 5:4; Stuttgarter Kickers – Borussia Dortmund 3:1; Tennis Borussia Berlin – Hertha BSC Berlin n. V. 2:3; SV Babelsberg 03 – SC Freiburg n..V. 2:4, Werder Bremen Am. – VfB Stuttgart 0:1; SV Meppen – Bayern München 1:4; Eintracht Trier – TSV München 1860 2:1.
Achtelfinale: Werder Bremen – SSV Ulm 1846 2:1; Waldhof Mannheim – Bayern München 0:3; SC Freiburg – Energie Cottbus 2:0; FSV Mainz 05 – Hertha BSC Berlin n. V. 2:1; VfB Stuttgart – 1. FC Köln 4:0; Stuttgarter Kickers – Arminia Bielefeld n. V. 3:2; VfL Bochum – VfL Wolfsburg 5:4; Eintracht Trier – Hansa Rostock 0:4.
Viertelfinale: Hansa Rostock – VfB Stuttgart 2:1; VfL Bochum – Werder Bremen 1:2; Stuttgarter Kickers – SC Freiburg 1:0; Bayern München – FSV Mainz 05 3:0.
Halbfinale: Werder Bremen – Stuttgarter Kickers n. V. 2:1; Bayern München – Hansa Rostock 3:2.
Endspiel: Bayern München – Werder Bremen 3:0.

2001

1. Runde: TuS Dassendorf – SpVgg Unterhaching 0:5; VfB Stuttgart Am. – Eintracht Frankfurt 6:1; Tennis Borussia Berlin II – Werder Bremen 0:2; FC Ismaning – Borussia Dortmund 0:4; FC Schönberg – Bayern München 0:4; Wuppertaler SV – VfB Stuttgart 1:3; Werder Bremen Am. – VfL Wolfsburg 0:1; SV Babelsberg 03 – VfL Bochum 1:6; 1. FC Magdeburg – 1. FC Köln 5:2; TSV Rain/Lech – FC Schalke 04 0:7; VfL Hamm – Energie Cottbus 0:6; Fortuna Köln – Bayer Leverkusen 0:4; TSG Pfeddersheim – TSV München 1860 0:7; SC Pfullendorf – SC Freiburg 1:3; Erzgebirge Aue – Hamburger SV 0:3; SC Paderborn 07 – Hansa Rostock 1:2; Kickers Offenbach – 1. FC Kaiserslautern 0:4; VfL Osnabrück – Hannover 96 0:1; LR Ahlen – Borussia Mönchengladbach 1:2; 1. FC Saarbrücken – SpVgg Greuther Fürth 0:1; Rot-Weiß Erfurt – SSV Ulm 1846 0:2; Karlsruher SC – Chemnitzer FC 2:1; Bayer Leverkusen Am. – FC St. Pauli 1:2; SC Halberg Brebach – 1. FC Nürnberg 0:5; Tennis Borussia Berlin – Arminia Bielefeld 1:3; Kickers Emden – FSV Mainz 05 0:1; Karlsruher SC II – Alemannia Aachen 0:2; SV Wehen – Stuttgarter Kickers 2:1; FC Teningen – MSV Duisburg 0:3; 1. FC Union Berlin – Rot-Weiß Oberhausen 2:0; VfB Lübeck – Waldhof Mannheim 2:2, Elfmeterschießen 3:2.
2. Runde: SC Freiburg – Werder Bremen 1:0; SpVgg Unterhaching – TSV München 1860 n. V. 1:2; VfL Wolfsburg – Hertha BSC Berlin 3:1; Arminia Bielefeld – VfL Bochum 0:4; Alemannia Aachen – Bayer Leverkusen 1:2; SSV Ulm 1846 – Energie Cottbus 2:0; Hannover 96 – Hansa Rostock 2:1; Borussia Mönchengladbach – 1. FC Kaiserslautern 5:1; FC St. Pauli – FC Schalke 04 n. V. 1:3; Karlsruher SC – Hamburger SV 1:0; SV Wehen – Boussia Dortmund n. V. 0:1 (in Mainz); VfB Stuttgart Am. – VfB Stuttgart 0:3; 1. FC Magdeburg – Bayern München 1:1, Elfmeterschießen 4:2; 1. FC Nürnberg – FSV Mainz 05 4:0; 1. FC Union Berlin – SpVgg Greuther Fürth 1:0; VfB Lübeck – MSV Duisburg 1:1, Elfmeterschießen 3:5.
Achtelfinale: SC Freiburg – Bayer Leverkusen 3:2; TSV München 1860 – VfL Bochum 0:5; FC Schalke 04 – Borussia Dortmund 2:1; VfL Wolfsburg – MSV Duisburg n. V. 1:1, Elfmeterschießen 3:4; VfB Stuttgart – Hannover 96 2:1; Borussia Mönchengladbach – 1. FC Nürnberg 1:0; 1. FC Union Berlin – SSV Ulm 1846 4:2; 1. FC Magdeburg – Karlsruher SC n. V. 5:3.
Viertelfinale: VfB Stuttgart – SC Freiburg n. V. 2:1; 1. FC Union Berlin – VfL Bochum 1:0; 1. FC Magdeburg – FC Schalke 04 0:1; MSV Duisburg – Borussia Mönchengladbach 0:1.

Halbfinale: 1. FC Union Berlin – Borussia Mönchengladbach n. V. 2:2, Elfmeterschießen 4:2; VfB Stuttgart – FC Schalke 04 0:3.
Endspiel: FC Schalke 04 – 1. FC Union Berlin 2:0.

2002

1. Runde: Rot-Weiß Erfurt – LR Ahlen n. V. 2:2, Elfmeterschießen 9:8; VfB Stuttgart Am. – SpVgg Greuther Fürth 0:1; VfR Mannheim – Hannover 96 1:3; SV Yesilyurt Berlin – SC Freiburg 2:4; SV Babelsberg 03 – Hertha BSC Berlin 1:2; FC 08 Homburg – Hamburger SV 2:5; FC St. Pauli Am. – Eintracht Frankfurt n. V. 0:1; KFC Uerdingen 05 – Energie Cottbus 1:0; Würzburger FV – TSV München 1860 0:10; VfR Aalen – Rot-Weiß Oberhausen 0:2; Erzgebirge Aue – FSV Mainz 05 n. V. 1:2; Blau-Weiß Brühl – 1. FC Kaiserslautern 1:4; VfL Osnabrück – Hansa Rostock 2:1; VfB Lübeck – Werder Bremen 2:3; Eintracht Trier – Alemannia Aachen n. V. 2:4; Stuttgarter Kickers – SpVgg Unterhaching 1:5; Karlsruher SC – Waldhof Mannheim 2:5; VfL Wolfsburg Am. – Borussia Dortmund 1:0; SV Darmstadt 98 – FC St. Pauli 3:1; Werder Bremen Am. – 1. FC Saarbrücken 5:0; Energie Cottbus Am. – Arminia Bielefeld 0:4; FC Schüttorf 09 – SSV Reutlingen 1:4; FC Schalke 04 Am. – VfL Bochum 0:1; FC Schönberg – VfB Stuttgart 2:4; Jahn Regensburg – Bayer Leverkusen 0:3; Chemnitzer FC – 1. FC Köln 2:5; FSV Mainz 05 Am. – Borussia Mönchengladbach n.V. 0:0, Elfmeterschießen 2:4; SC Freiburg Am. – FC Schalke 04 0:1; 1. FC Magdeburg – VfL Wolfsburg 1:5; 1. FC Union Berlin – MSV Duisburg 1:0; SSV Ulm 1846 – 1. FC Nürnberg 2:1; SC Paderborn 07 – Bayern München 1:5.
2. Runde: Rot-Weiß Erfurt – Hertha BSC Berlin n. V. 1:2; KFC Uerdingen 05 – Werder Bremen n. V. 1:1, Elfmeterschießen 4:3; Arminia Bielefeld – FC Schalke 04 1:2; Hamburger SV – VfB Stuttgart 0:2; FSV Mainz 05 – SpVgg Greuther Fürth 3:2; VfL Wolfsburg – SpVgg Unterhaching 3:0; SV Darmstadt 98 – SC Freiburg n. V. 3:3, Elfmeterschießen 3:1; VfL Wolfsburg Am. – Hannover 96 0:4, SSV Ulm 1846 – 1. FC Union Berlin 0:3, Werder Bremen Am. – Eintracht Frankfurt n. V. 3:3, Elfmeterschießen 2:4, Waldhof Mannheim – 1. FC Kaiserslautern 2:3; Alemannia Aachen – 1. FC Köln 1:2; TSV München 1860 – Borussia Mönchengladbach 4:3; SSV Reutlingen – Rot-Weiß Oberhausen n. V. 2:2, Elfmeterschießen 3:4; VfL Bochum – Bayer Leverkusen 2:3; VfL Osnabrück – Bayern München 0:2.
Achtelfinale: VfB Stuttgart – TSV München 1860 n. V. 2:2, Elfmeterschießen 2:4; 1. FC Union Berlin – Rot-Weiß Oberhausen 1:2; FSV Mainz 05 – 1. FC Kaiserslautern 2:3; Eintracht Frankfurt – Hertha BSC Berlin n. V. 1:2; KFC Uerdingen 05 – 1. FC Köln n. V. 1:1, Elfmeterschießen 3:5; SV Darmstadt 98 – FC Schalke 04 n. V. 0:1; Bayern München – VfL Wolfsburg 2:1; Hannover 96 – Bayer Leverkusen 1:2.
Viertelfinale: Hertha BSC Berlin – 1. FC Köln n. V. 1:2; FC Schalke 04 – Rot-Weiß Oberhausen 2:0; Bayer Leverkusen – TSV München 1860 3:0; 1. FC Kaiserslautern – Bayern München n. V. 0:0, Elfmeterschießen 3:5.
Halbfinale: Bayer Leverkusen – 1. FC Köln n. V. 3:1, Schalke 04 – Bayern München n. V. 2:0.
Endspiel: FC Schalke 04 – Bayer Leverkusen 4:2.

2003

1. Runde: Eintracht Trier – 1. FC Nürnberg 0:2; Wacker Burghausen – Energie Cottbus 0:2; SC Paderborn 07 – VfB Stuttgart 1:4; Erzgebirge Aue – VfL Bochum 1:3; Werder Bremen Am. – Bayern München 0:3; Eisenhüttenstädter FC Stahl – Werder Bremen 0:1; Concordia Ihrhove – Borussia Dortmund 0:3; FC Schönberg 95 – Hamburger SV 0:6; VfR Aalen – Hannover 96 n.V. 2:3; Bayern München Am. – FC Schalke 04 1:2; Holstein Kiel – Hertha BSC Berlin n. V. 0:0, Elfmeterschießen 3:0; Alemannia Aachen Am. – TSV München 1860 0:7; 1. FC Saarbrücken II – Arminia Bielefeld 0:5; USC Paloma Hamburg – 1. FC Kaiserslautern 0:5; FSV Mainz 05 Am. – Hansa Rostock 0:2; SV Babelsberg 03 – Borussia Mönchengladbach 0:1; FSV Salmrohr – VfL Wolfsburg 0:2; Rot-Weiß Essen – Bayer Leverkusen 0:1; VfB Lübeck – MSV Duisburg n.V. 2:3; Eintracht Braunschweig – SSV Reutlingen 1:2; Tennis Borussia Berlin – FC St. Pauli 1:2; 1. FC Saarbrücken – Waldhof Mannheim n. V 1:1, Elfmeterschießen 3:4; SpVgg Unterhaching – FSV Mainz 05 n. V. 1:1, Elfmeterschießen 4:2; 1. FC Schweinfurt 05 – 1. FC Union Berlin n.V. 1:2; TSG Hoffenheim – SpVgg Greuther Fürth 4:1; Jahn Regensburg – LR Ahlen 1:2; VfL Wolfsburg Am. – 1. FC Köln 1:3; Bahlinger SC – Alemannia Aachen 1:0; Kickers Offenbach – Karlsruher SC n.V. 3:1; Hallescher FC – SC Freiburg 1:3; Sportfreunde Siegen – Rot-Weiß Oberhausen n.V. 0:1, Rot-Weiß Erfurt – Eintracht Frankfurt n.V. 2:3.
2. Runde: TSV München 1860 – VfL Wolfsburg n. V. 2:2, Elfmeterschießen 8:7; Bayern München – Hannover 96 2:1; Energie Cottbus – 1. FC Kaiserslautern 0:1; Bayer Leverkusen – VfB Stuttgart 3:0; FC Schalke 04 – Borussia Mönchengladbach 5:0; Hansa Rostock – Eintracht Frankfurt 1:0; Hamburger SV – MSV Duisburg 2:0; SC Freiburg – Borussia Dortmund 3:0; Rot-Weiß Oberhausen – Arminia Bielefeld 1:0; FC St. Pauli – Werder Bremen 0:3; Holstein Kiel – VfL Bochum 1:2; Kickers Offenbach – 1. FC Nürnberg n.V. 2:3; LR Ahlen – SSV Reutlingen 3:1; SpVgg Unterhaching – 1. FC Union Berlin 1:0; TSG Hoffenheim – 1. FC Köln 1:5; Bahlinger SC – Waldhof Mannheim 1:2.

Achtelfinale: Hamburger SV – VfL Bochum 0:1; Bayern München – FC Schalke 04 n. V. 0:0, Elfmeterschießen 5:4; TSV München 1860 – Rot-Weiß Oberhausen 2:1; Bayer Leverkusen – Waldhof Mannheim 2:1; 1. FC Kaiserslautern – SC Freiburg 2:0; 1. FC Nürnberg – 1. FC Köln 0:2; LR Ahlen – Werder Bremen 1:2; SpVgg Unterhaching – Hansa Rostock 3:2.
Viertelfinale: VfL Bochum – 1. FC Kaiserslautern n. V. 2:2, Elfmeterschießen 3:4, TSV München 1860 – Werder Bremen n.V. 1:4; Bayern München – 1. FC Köln 8:0; SpVgg Unterhaching – Bayer Leverkusen n. V. 2:2, Elfmeterschießen 4:5.
Halbfinale: 1. FC Kaiserslautern – Werder Bremen 3:0; Bayern München – Bayer Leverkusen 3:1.
Endspiel: Bayern München – 1. FC Kaiserslautern 3:1.

* * * * *

Den DFB-Pokal gewannen: 11 Mal: Bayern München – je 4 Mal: Werder Bremen, Eintracht Frankfurt, 1. FC Köln, FC Schalke 04 – je 3 Mal: Hamburger SV, Borussia Mönchengladbach, 1. FC Nürnberg, VfB Stuttgart – je 2 Mal: Borussia Dortmund, Dresdner SC, Fortuna Düsseldorf, 1. FC Kaiserslautern, Karlsruher SC, TSV München 1860 – je 1 Mal: Rot-Weiß Essen, Schwarz-Weiß Essen, Hannover 96, VfB Leipzig, Bayer Leverkusen, Kickers Offenbach, Bayer Uerdingen, First Vienna FC, Rapid Wien.

Das Endspiel erreichten: 13 Mal: Bayern München – je 10 Mal: 1. FC Köln, FC Schalke 04 – je 7 Mal: Werder Bremen, Fortuna Düsseldorf, 1. FC Kaiserslautern – 6 Mal: Hamburger SV – je 5 Mal: Eintracht Frankfurt, Borussia Mönchengladbach, 1. FC Nürnberg – je 4 Mal: Karlsruher SC, VfB Stuttgart – je 3 Mal: Borussia Dortmund, MSV Duisburg – je 2 Mal: Alemannia Aachen, Hertha BSC Berlin, VfL Bochum, Dresdner SC*, Rot-Weiß Essen, Bayer Leverkusen, TSV München 1860* – je 1 Mal: Hertha BSC Berlin Amateure, 1. FC Union Berlin, Energie Cottbus, Schwarz-Weiß Essen*, FSV Frankfurt, LSV Hamburg, Hannover 96*, Fortuna Köln, VfB Leipzig*, Waldhof Mannheim, Borussia Neunkirchen, Kickers Offenbach*, Stuttgarter Kickers, Bayer Uerdingen*, First Vienna FC*, Rapid Wien*, VfL Wolfsburg – *) = ungeschlagen.

Das Halbfinale erreichten: 17 Mal: Bayern München – je 16 Mal: Werder Bremen, FC Schalke 04 – je 13 Mal: Hamburger SV, 1. FC Köln – 12 Mal: Fortuna Düsseldorf – 11 Mal: 1. FC Nürnberg – 10 Mal 1. FC Kaiserslautern – 9 Mal: Eintracht Frankfurt – je 8 Mal: Borussia Dortmund, Borussia Mönchengladbach, VfB Stuttgart – je 6 Mal: Karlsruher SC, Bayer Leverkusen – je 5 Mal: Hertha BSC Berlin, MSV Duisburg, Waldhof Mannheim, Kickers Offenbach – je 4 Mal: Alemannia Aachen, Dresdner SC, Rot-Weiß Essen – je 3 Mal: VfL Bochum, TSV München 1860, 1. FC Saarbrücken, Rapid Wien – je 2 Mal: Altonaer FC 93, Eintracht Braunschweig, FK Pirmasens, Stuttgarter Kickers, Bayer Uerdingen, VfL Wolfsburg, Wormatia Worms – je 1 Mal: Hertha BSC Berlin Amateure, Tasmania 1900 Berlin, Tennis Borussia Berlin, 1. FC Union Berlin, Chemnitzer FC, Energie Cottbus, Dynamo Dresden, Schwarz-Weiß Essen, FSV Frankfurt, Freiburger FC, SV Hamborn 07, Hannover 96, LSV Hamburg, Holstein Kiel, Fortuna Köln, VfB Leipzig, TuS Lipine, VfR Mannheim, TuS Neuendorf, Borussia Neunkirchen, Rot-Weiß Oberhausen, Hansa Rostock, FC Schweinfurt 05, Eintracht Trier, First Vienna FC, Admira Wien, Wiener SC, Wacker Wien, Wuppertaler SV.

Die Pokal-Endspiele der DDR

(bis 1990 „FDGB-Pokal", 1990/91 NOFV-Pokal)

1949 **BSG Waggonbau Dessau** (– BSG Gera-Süd 1:0) – 1950 **BSG EHW Thale** (– BSG KWU Erfurt 4:0) – 1951 nicht ausgetragen – 1952 **SG Volkspolizei Dresden** (– BSG Einheit Pankow 3:0) – 1953 nicht ausgetragen – 1954 **ZSK Vorwärts Berlin** (– BSG Motor Zwickau 2:1) – 1955 **SC Wismut Karl-Marx-Stadt** (– SC Empor Rostock 3:2 n. V.) – 1956 **SC Chemie Halle-Leuna** (– ASK Vorwärts Berlin 2:1) – 1957 **SC Lok Leipzig** (– SC Empor Rostock 2:1 n. V.) – 1958 **SC Einheit Dresden** (– SC Lok Leipzig 2:1 n. V.) – 1959 **SC Dynamo Berlin** (– SC Wismut Karl-Marx-Stadt 0:0 n. V. und 3:2) – 1960 **SC Motor Jena** (– SC Empor Rostock 3:2 n. V.) – 1961 nicht ausgetragen – 1962 **SC Chemie Halle** (– SC Dynamo Berlin 3:1) – 1963 **BSG Motor Zwickau** (– BSG Chemie Zeitz 3:0) – 1964 **SC Aufbau Magdeburg** (– SC Leipzig 3:2) – 1965 **SC Aufbau Magdeburg** (– SC Motor Jena 2:1) – 1966 **BSG Chemie Leipzig** (– BSG Lok Stendal 1:0) – 1967 **BSG Motor Zwickau** (– FC Hansa Rostock 3:0) – 1968 **1. FC Union Berlin** (– FC Carl Zeiss Jena 2:1) – 1969 **1. FC Magdeburg** (– FC Karl-Marx-Stadt 4:0) – 1970 **FC Vorwärts Berlin** (– 1. FC Lok Leipzig 4:2) – 1971 **Dynamo Dresden** (– Berliner FC Dynamo 2:1 n. V.) – 1972 **FC Carl Zeiss Jena** (– Dynamo Dresden 2:1) – 1973 **1. FC Magdeburg** (– 1. FC Lok Leipzig 3.2) – 1974 **FC Carl Zeiss Jena** (– Dynamo Dresden 3:1 n. V.) – 1975 **BSG Sachsenring Zwickau** (– Dynamo Dresden 2:2 n. V., Elfmeterschießen 4:3) – 1976 **1. FC Lok Leipzig** (– FC Vorwärts Frankfurt/Oder 3:0) – 1977 **Dynamo Dresden** (– 1. FC Lok Leipzig 3:2) – 1978 **1. FC Magdeburg** (– Dynamo Dresden 1:0) – 1979 **1. FC Magdeburg** (– Berliner FC Dynamo 1:0 n. V.) – 1980 **FC Carl Zeiss Jena** (– FC Rot-Weiß Erfurt 3:1 n. V.) – 1981 **1. FC Lok Leipzig** (– FC Vorwärts Frankfurt/Oder 4:1) – 1982 **Dynamo Dresden** (– Berliner FC Dynamo 1:1 n. V., Elfmeterschießen 5:4) – 1983 **1. FC Magdeburg** (– FC Karl-Marx-Stadt 4:0) – 1984 **Dynamo Dresden** (– Berliner FC Dynamo 2:1) – 1985 **Dynamo Dresden** (– Berliner FC Dynamo 3:2) – 1986 **1. FC Lok Leipzig** (– 1. FC Union Berlin 5:1) – 1987 **1. FC Lok Leipzig** (– FC Hansa Rostock 4:1) – 1988 **Berliner FC Dynamo** (– FC Carl Zeiss Jena 2:0) – 1989 **Berliner FC Dynamo** (– FC Karl-Marx-Stadt 1:0) – 1990 **1. FC Dynamo Dresden** (– PSV Schwerin 2:1) – 1991 **FC Hansa Rostock** (– Eisenhüttenstädter FC Stahl 1:0).

Deutscher Supercup

1977 und 1982 private Absprachen zwischen den Klubs; 1987 bis 1996 offizieller DFB-Wettbewerb.

Die Sieger:

1977 Borussia Mönchengladbach – 1982, 1987 Bayern München – 1988 Werder Bremen – 1989 Borussia Dortmund – 1990 Bayern München – 1991 1. FC Kaiserslautern – 1992 VfB Stuttgart – 1993, 1994 Werder Bremen – 1995, 1996 Borussia Dortmund.

1977: Borussia Mönchengladbach

Am 8. 1. 1977 in Hamburg: Borussia Mönchengladbach – Hamburger SV 3:2 (2:0)
Mönchengladbach: Kneib (Kleff) – Bonhof, Wohlers, Schäffer, Klinkhammer – Kulik, Wimmer (Heidenreich), Köppel, Stielike – Simonsen, Hannes – Trainer: Lattek.

1982: Bayern München

Am 2. 4. 1983 in München: Bayern München – Hamburger SV 1:1 (1:0), Elfmeterschießen 4:2
FC Bayern: Müller – Martin, Beierlorzer, Grobe, Horsmann – Kraus (Nachtweih), Pflügler, Dremmler – Del'Haye, D. Hoeneß, K.-H. Rummenigge (M. Rummenigge) – Trainer: Csernai.

1987: Bayern München

Am 28. 7. 1987 in Frankfurt: Bayern München – Hamburger SV 2:1 (0:1)
FC Bayern: Aumann – Nachtweih – Winklhofer, Eder, Pflügler – Brehme (Flick), Matthäus, Dorfner, M. Rummenigge – Wohlfarth, Wegmann – Trainer: Heynckes.

1988: Werder Bremen

Am 20. 7. 1988 in Frankfurt: Werder Bremen – Eintracht Frankfurt 2:0 (1:0)
Bremen: Reck – Sauer – Borowka, Kutzop, Otten (Meier) – Schaaf, Votava, Hermann, Neubarth – Riedle, Ordenewitz (Burgsmüller) – Trainer: Rehhagel.

1989: Borussia Dortmund

Am 25. 7. 1989 in Kaiserslautern: Borussia Dortmund – Bayern München 4:3 (1:2)
Dortmund: de Beer (Meyer) – Kroth – Helmer, Schulz – Breitzke, Zorc, Möller, McLeod (Kutowski), M. Rummenigge – Wegmann, Driller – Trainer: Köppel.

1990: Bayern München

Am 31. 7. 1990 in Karlsruhe: Bayern München – 1. FC Kaiserslautern 4:1 (4:0)
FC Bayern: Aumann – Augenthaler – Grahammer, Kohler, Pflügler – Reuter, Strunz, Bender (Sternkopf), Effenberg – Laudrup (Wohlfarth), Mihajlovic – Trainer: Heynckes.

1991: 1. FC Kaiserslautern

Halbfinale: Hansa Rostock – 1. FC Kaiserslautern 1:2, Eisenüttenstädter FC Stahl – Werder Bremen 0:1 (in Osnabrück)
Endspiel am 6. 8. 1991 in Hannover: 1. FC Kaiserslautern – Werder Bremen 3:1 (1:0)
Kaiserslautern: Serr – Kuntz – Roos, Schäfer – Lelle, Dooley (W. Funkel), Haber, Hoffmann, Goldbaek (Lutz) – Degen, Winkler – Trainer: Feldkamp.

1992: VfB Stuttgart

Am 11. 8. 1992 in Hannover: VfB Stuttgart – Hannover 96 3:1 (2:1)
Stuttgart: Immel – Dubajic – Schäfer (Schneider), Frontzeck – Strunz, Buchwald, Buck, Gaudino, Kögl – Golke, Walter (Knup) – Trainer: Daum.

1993: Werder Bremen

Am 1. 8. 1993 in Leverkusen: Werder Bremen – Bayer Leverkusen n. V. (2:2 (1:1, 0:0), Elfm. 7:6
Bremen: Reck – Neubarth – Beiersdorfer (Basler), Borowka – Wolter, Bode (Wiedener), Votava, Herzog, Eilts – Hobsch, Rufer – Trainer: Rehhagel.

1994: Werder Bremen

Am 7. 8. 1994 in München: Werder Bremen – Bayern München n. V. 3:1 (1:1, 0:1)
Bremen : Reck – Ramzy – Beiersdorfer, Schulz – Votava, Borowka (Wolter), Eilts – Basler, Herzog, Bode – Bestschastnich (Rufer) – Trainer: Rehhagel.

1995: Borussia Dortmund

Am 5. 8. 1995 in Düsseldorf: Borussia Dortmund – Borussia Mönchengladbach 1:0 (0:0)
Dortmund: Klos – Reuter, Kohler (Schmidt), Cesar, Kree – Freund, Sammer, Berger, Reinhardt (Kurz) – Ricken (Tretschok), Möller – Trainer: Hitzfeld.

1996: Borussia Dortmund

Am 3. 8. 1996 in Mannheim: Borussia Dortmund – 1. FC Kaiserslautern n. V. 1:1 (1:1, 0:0), Elfm. 4:3
Dortmund: Klos – Sammer (Vogt) – Kohler (Kutowski), Heinrich – Wolters, Reuter, Zorc, Möller, Weiland – Chapuisat, Ricken (But) – Trainer: Hitzfeld.

Ab 1997 wird wieder der Ligapokal ausgespielt

Deutscher Ligapokal

Die bisherigen Sieger:

1973 Hamburger SV – 1997, 1998, 1999, 2000 Bayern München – 2001, 2002 Hertha BSC Berlin – 2003 Hamburger SV.

1973: Hamburger SV

Vorrunde 1972 zur Überbrückung der Olympischen Spiele in München ausgepielt.
Vorrunde (8 Gruppen je 4 Vereine): Eintracht Braunschweig, Hamburger SV, Arminia Bielefeld, FC Schalke 04, Borussia Mönchengladbach, Fortuna Köln, Eintracht Frankfurt, Bayern Hof.
Viertelfinale: Arminia Bielefeld – Borussia Mönchengladbach 0:3 und 3:9; Fortuna Köln – Eintracht Frankfurt 2:3 und 3:3; Eintracht Braunschweig – Hamburger SV 2:1 und 0:2; Bayern Hof – FC Schalke 04 1:1 und 2:7.
Halbfinale: Borussia Mönchengladbach – Eintracht Frankfurt 3:1 und 0:1; FC Schalke 04 – Hamburger SV 1:0 und n. V. 1:4.
Endspiel am 6. 6. 1973 in Hamburg: Hamburger SV – Borussia Mönchengladbach 4:0 (3:0)
Hamburg: Kargus – Kaltz, Nogly, W. Schulz, Hidien (Krobbach) – Zaczyk, Björnmose, Hönig – Memering (Winkler), Heese, Volkert – Trainer: Ochs.

1997: Bayern München

Meister und Pokalsieger automatisch qualifiziert; dazu die vier bestplazierten Klubs der Bundesliga.
Vorrunde: Bayer Leverkusen – Karlsruher SC 2:2, Elfmeterschießen 5:6 (in Aue); Borussia Dortmund – VfL Bochum 1:0 (in Koblenz).
Halbfinale: VfB Stuttgart – Karlsruher SC 3:0 (in Osnabrück), Bayern München – Borussia Dortmund 2:0 (in Augsburg).
Endspiel am 26. 7. 1997 in Leverkusen: Bayern München – VfB Stuttgart 2:0 (0:0)
FC Bayern: Kahn – Matthäus, Babbel, Helmer – D. Hamann (Fink), Strunz, Basler (Scholl), Nerlinger, Lizarazu – Elber, Rizzitelli (Jancker) – Trainer: Trapattoni.

1998: Bayern München

Vorrunde: VfB Stuttgart – FC Schalke 04 2:1 (in Koblenz), Bayer Leverkusen – MSV Duisburg 3:0 (in Lüdenscheid).
Halbfinale: Bayer Leverkusen – Bayern München 0:1 (in Aue), 1. FC Kaiserslautern – VfB Stuttgart 2:3 (in Ludwigshafen).
Endspiel am 8. 8. 1998 in Leverkusen: Bayern München – VfB Stuttgart 4:0 (3:0)
FC Bayern: Kahn – Babbel, Matthäus (Jeremies), Helmer – Strunz, Fink, Effenberg, Tarnat – Basler (Zickler), Salihamidzic – Elber (Jancker) – Trainer: Hitzfeld.

1999: Bayern München

Vorrunde: Bayer Leverkusen – 1. FC Kaiserslautern 3:1 (in Jena), Hertha BSC Berlin – Borussia Dortmund 1:2 (in Osnabrück).

Halbfinale: Werder Bremen – Bayer Leverkusen 2:1 (in Aue), Bayern München – Borussia Dortmund 1:0 (in Augsburg).

Endspiel am 17. 7. 1999 in Leverkusen: Bayern München – Werder Bremen 2:1 (2:0)

FC Bayern: Dreher – Andersson, Linke – Babbel, Matthäus (Jarolim), Tarnat – Scholl, Fink – Zickler (Salihamidzic), Jancker, Sergio – Trainer: Hitzfeld.

2000: Bayern München

Vorrunde: Hamburger SV – Hertha BSC Berlin 1:3 (in Lübeck), TSV München 1860 – 1. FC Kaiserslautern 0:2 (in Ludwigshafen).

Halbfinale: Bayer Leverkusen – Hertha BSC Berlin 1:1, Elfmeterschießen 4:5 (in Dessau), Bayern München – 1. FC Kaiserslautern 4:1 (in Augsburg).

Endspiel am 1. 8. 2000 in Leverkusen: Bayern München – Hertha BSC Berlin 5:1 (0:0)

FC Bayern: Kahn – Tarnat (Hargreaves), Linke, Andersson, Salihamidzic – Fink, Wojciechowski, Wiesinger (Scholl), Sforza – Santa Cruz (Jancker), Zickler – Trainer: Hitzfeld.

2001: Hertha BSC Berlin

Vorrunde: Borussia Dortmund – SC Freiburg 1:1, Elfmeterschießen 3:1 (in Hoffenheim), Bayer Leverkusen – Hertha BSC Berlin 1:2 (in Dessau).

Halbfinale: FC Schalke 04 – Borussia Dortmund 2:1 (in Lüdenscheid), Bayern München – Hertha BSC Berlin 0:1 (in Augsburg).

Endspiel am 21. Juli 2001 in Mannheim: Hertha BSC Berlin – FC Schalke 04 4:1 (2:1)

Hertha: Kiraly – Rehmer, Konstantinidis, Simunic – Hartmann (Marx), Deisler (Dardai), Beinlich, Marcelinho, Neuendorf – Alex Alves (Goor), Preetz – Trainer: Röber.

2002: Hertha BSC Berlin

Vorrunde: Bayer Leverkusen – Werder Bremen 1:0 (in Lübeck), Bayern München – Hertha BSC Berlin 2:2, Elfmeterschießen 3:4 (in Aue).

Halbfinale: FC Schalke 04 – Bayer Leverkusen 2:0 (in Meppen); Borussia Dortmund – Hertha BSC Berlin 1:2 (in Jena).

Endspiel am 1. August 2002 in Bochum: Hertha BSC Berlin – FC Schalke 04 4:1 (2:0)

Hertha: Kiraly – Schmidt (Marx), Friedrich, Simunic, Hartmann – Maas, Neuendorf (Tretschok) – Karwan (Pinto), Marcelinho, Goor – Alex Alves – Trainer: Stevens.

2003: Hamburger SV

Vorrunde: Borussia Dortmund – VfL Bochum 2:1 (in Wattenscheid), Hamnurger SV – Hertha BSC Berlin 2:1 (in Dessau).

Halbfinale: VfB Stuttgart – Borussia Dortmund 0:1 (in Aalen); Bayern München – Hamburger SV 3:3, Elfmeterschießen 1:4 (in Jena).

Endspiel am 28. Juli 2003 in Mainz: Hamburger SV – Borussia Dortmund 4:2 (3:1)

Hamburg: Pieckenhagen – Jacobsen, Hoogma, Ujfalusi, Rahn – Maltritz, Beinlich (89. Schlicke) – Cardoso (59. Wicky) – Mahdavikia, Takahara, Barbarez (77. Kling) – Trainer: Jara.

Dortmund: Weidenfeller – Reuter (70. Addo), Wörns, Madouni, Dede – Ricken (66. Reina), Demel (81. Odonkor), Kehl, Rosicky – Koller, Amoroso – Trainer: Sammer.

Tore: 1:0 Hoogma (3.), 2:0 Cardoso (12.), 3:0 Takahara (18.), 3:1 Amoroso (24.), 3:2 Koller (61.), 4:2 Beinlich (68.) – **Rote Karten:** Addo (90./ +3), Kehl (90./ +4) – **SR:** Aust (Köln) – **Zuschauer:** 16 700.

Der Länderpokal der Amateure

Die Sieger:

1909–18 Kronprinzenpokal: 1909 Mitteldeutschland – 1910 Süddeutschland – 1911 Norddeutschland – 1912 Süd – 1913 Westdeutschland – 1914, 1917 Nord – 1918 Brandenburg.

1919–35 Bundespokal: 1919 Nord – 1920 West – 1921 Mittel – 1922, 1923, 1924 Süd – 1925 Nord – 1926 Süd – 1927 Mittel – 1928 Südostdeutschland – 1929 Brandenburg – 1930 Nord – 1931 Süd – 1932 Nord – 1933 Süd – 1934 nicht ausgetragen – 1935 Gau Mitte – Außerdem wurde alle vier Jahre der sog. „Kampfspielpokal" ausgetragen. Die Sieger: 1922, 1926 Süd – 1930 Brandenburg – 1934 Gau Südwest.

1936–42 Reichsbundpokal (Gaue): 1936 Sachsen – 1937 Niederrhein – 1938 Nordmark – 1939 Schlesien – 1940 Bayern – 1941 Sachsen – 1942 Niederrhein – Außerdem wurden nach der nationalsozialistischen Machtergreifung zwei weitere Wettbewerbe für Gau-Auswahlmannschaften ausgetragen: 1933 „Adolf-Hitler-Pokal" (Sieger: Bayern) – 1938 „Deutsches Turn- und Sportfest" in Breslau (Sieger: Ostmark).

1950 Länderpokal: Bayern –. **1951–96 Amateur-Länderpokal:** 1951 Niederrhein – 1952, 1953, 1954, 1955 Bayern – 1956 Hessen – 1957 Niedersachsen – 1958 Niederrhein – 1959 Hamburg – 1960 Mittelrhein – 1961 Hamburg – 1962 Westfalen – 1963 Bayern – 1964 Mittelrhein – 1965 Bayern – 1966 Westfalen – 1967 Nordbaden – 1968 Bayern – 1969 Baden – 1970, 1971 Bayern – 1972, 1973 Baden – 1974 Mittelrhein – 1975 Südwest – 1976 Niedersachsen – 1977 Bayern – 1978 Westfalen – 1979 Württemberg – 1980 Bayern – 1981, 1982 Südwest – 1983 Hessen – 1984 Bremen – 1985 Rheinland – 1986 Westfalen – 1987 Niedersachsen – 1988 Württemberg – 1989, 1990 Bayern – 1991 Niederrhein – 1992 Hessen – 1993, 1994 Westfalen – 1995 Niederrhein – 1996 Baden – **seit 1996/97 für U-19-Mannschaften:** 1997, 1998 Westfalen – 1999 Schleswig-Holstein – 2000 Bayern – 2001 Württemberg – **seit 2001/02 für U-20-Mannschaften:** 2002 Mittelrhein.

2003: Südwest

Endspiel am 9. 6. 2003 in Kirn: Südwest – Niedersachsen 2:2, Elfmeterschießen 4:2
Südwest: Schwarz – Krög, Marx, Lang, Hildebrandt – Gaebler, Franciamore, Schaefer – Flindt (Wischang) – Herzog (Jelsch), Nenning (Moritz) – Tore: Herzog 2 (Wolf, Kolm) – Trainer: Schlosser.

KAPITEL 5

DER DEUTSCHE LIGAFUSSBALL

Die Bundesliga

1963/64

1.	1. FC Köln	30	78:40	45–15
2.	MSV Duisburg	30	60:36	39–21
3.	Eintracht Frankfurt	30	65:41	39–21
4.	Borussia Dortmund	30	73:57	33–27
5.	VfB Stuttgart	30	48:40	33–27
6.	Hamburger SV	30	69:60	32–28
7.	TSV München 1860	30	66:50	31–29
8.	FC Schalke 04	30	51:53	29–31
9.	1. FC Nürnberg	30	45:56	29–31
10.	Werder Bremen	30	53:62	28–32
11.	Eintr. Braunschweig	30	36:49	28–32
12.	1. FC Kaiserslautern	30	48:69	26–34
13.	Karlsruher SC	30	42:55	24–36
14.	Hertha BSC Berlin	30	45:65	24–36
15.	Preußen Münster	30	34:52	23–37
16.	1. FC Saarbrücken	30	44:72	17–43

1964/65

1.	Werder Bremen	30	54:29	41–19
2.	1. FC Köln	30	66:45	38–22
3.	Borussia Dortmund	30	67:48	36–24
4.	TSV München 1860	30	70:50	35–25
5.	Hannover 96	30	48:42	33–27
6.	1. FC Nürnberg	30	44:38	32–28
7.	MSV Duisburg	30	46:48	32–28
8.	Eintracht Frankfurt	30	50:58	29–31
9.	Eintr. Braunschweig	30	42:47	28–32
10.	Borussia Neunkirchen	30	44:48	27–33
11.	Hamburger SV	30	46:56	27–33
12.	VfB Stuttgart	30	46:50	26–34
13.	1. FC Kaiserslautern	30	41:53	25–35
14.	Hertha BSC Berlin	30	40:62	25–35
15.	Karlsruher SC	30	47:62	24–36
16.	FC Schalke 04	30	45:60	22–38

Hertha BSC wurde die Lizenz entzogen. Tasmania 1900 nahm aus „Berlin-politischen" Gründen Herthas Platz ein.

1965/66

1.	TSV München 1860	34	80:40	50–18
2.	Borussia Dortmund	34	70:36	47–21
3.	Bayern München	34	71:38	47–21
4.	Werder Bremen	34	76:40	45–23
5.	1. FC Köln	34	74:41	44–24
6.	1. FC Nürnberg	34	54:43	39–29
7.	Eintracht Frankfurt	34	64:46	38–30
8.	MSV Duisburg	34	70:48	36–32
9.	Hamburger SV	34	64:52	34–34
10.	Eintr. Braunschweig	34	49:49	34–34
11.	VfB Stuttgart	34	42:48	32–36
12.	Hannover 96	34	59:57	30–38
13.	Bor. Mönchengladbach	34	57:68	29–39
14.	FC Schalke 04	34	33:55	27–41
15.	1. FC Kaiserslautern	34	42:65	26–42
16.	Karlsruher SC	34	35:71	24–44
17.	Borussia Neunkirchen	34	32:82	22–46
18.	Tasmania 1900 Berlin	34	15:108	8–60

1966/67

1.	Eintr. Braunschweig	34	49:27	43–25
2.	TSV München 1860	34	60:47	41–27
3.	Borussia Dortmund	34	70:41	39–29
4.	Eintracht Frankfurt	34	66:49	39–29
5.	1. FC Kaiserslautern	34	43:42	38–30
6.	Bayern München	34	62:47	37–31
7.	1. FC Köln	34	48:48	37–31
8.	Bor. Mönchengladbach	34	70:49	34–34
9.	Hannover 96	34	40:46	34–34
10.	1. FC Nürnberg	34	43:50	34–34
11.	MSV Duisburg	34	40:42	33–35
12.	VfB Stuttgart	34	48:54	33–35
13.	Karlsruher SC	34	54:62	31–37
14.	Hamburger SV	34	37:53	30–38
15.	FC Schalke 04	34	37:63	30–38
16.	Werder Bremen	34	49:56	29–39
17.	Fortuna Düsseldorf	34	44:66	25–43
18.	Rot-Weiß Essen	34	35:53	25–43

1967/68

1.	1. FC Nürnberg	34	71:37	47–21
2.	Werder Bremen	34	68:51	44–24
3.	Bor. Mönchengladbach	34	77:45	42–26
4.	1. FC Köln	34	68:52	38–30
5.	Bayern München	34	68:58	38–30
6.	Eintracht Frankfurt	34	58:51	38–30
7.	MSV Duisburg	34	69:58	36–32
8.	VfB Stuttgart	34	65:54	35–33
9.	Eintr. Braunschweig	34	37:39	35–33
10.	Hannover 96	34	48:52	34–34
11.	Alemannia Aachen	34	52:66	34–34
12.	TSV München 1860	34	55:39	33–35
13.	Hamburger SV	34	51:54	33–35
14.	Borussia Dortmund	34	60:59	31–37
15.	FC Schalke 04	34	42:48	30–38
16.	1. FC Kaiserslautern	34	39:67	28–40
17.	Borussia Neunkirchen	34	33:93	19–49
18.	Karlsruher SC	34	32:70	17–51

1968/69

1.	Bayern München	34	61:31	46–22
2.	Alemannia Aachen	34	57:51	38–30
3.	Bor. Mönchengladbach	34	61:46	37–31
4.	Eintr. Braunschweig	34	46:43	37–31
5.	VfB Stuttgart	34	60:54	36–32
6.	Hamburger SV	34	55:55	36–32
7.	FC Schalke 04	34	45:40	35–33
8.	Eintracht Frankfurt	34	46:43	34–34
9.	Werder Bremen	34	59:59	34–34
10.	TSV München 1860	34	44:59	34–34
11.	Hannover 96	34	47:45	32–36
12.	MSV Duisburg	34	33:37	32–36
13.	1. FC Köln	34	47:56	32–36
14.	Hertha BSC Berlin	34	31:39	32–36
15.	1. FC Kaiserslautern	34	45:47	30–38
16.	Borussia Dortmund	34	49:54	30–38
17.	1. FC Nürnberg	34	45:55	29–39
18.	Kickers Offenbach	34	42:59	28–40

1969/70

1.	Bor. Mönchengladbach	34	71:29	51–17
2.	Bayern München	34	88:37	47–21
3.	Hertha BSC Berlin	34	67:41	45–23
4.	1. FC Köln	34	83:38	43–25
5.	Borussia Dortmund	34	60:67	36–32
6.	Hamburger SV	34	57:54	35–33
7.	VfB Stuttgart	34	59:62	35–33
8.	Eintracht Frankfurt	34	54:54	34–34
9.	FC Schalke 04	34	43:54	34–34
10.	1. FC Kaiserslautern	34	44:55	32–36
11.	Werder Bremen	34	38:47	31–37
12.	Rot-Weiß Essen	34	41:54	31–37
13.	Hannover 96	34	49:61	30–38
14.	Rot-Weiß Oberhausen	34	50:62	29–39
15.	MSV Duisburg	34	35:48	29–39
16.	Eintr. Braunschweig	34	40:49	28–40
17.	TSV München 1860	34	41:56	25–43
18.	Alemannia Aachen	34	31:83	17–51

1970/71

1.	Bor. Mönchengladbach	34	77:35	50–18
2.	Bayern München	34	74:36	48–20
3.	Hertha BSC Berlin	34	61:43	41–27
4.	Eintr. Braunschweig	34	52:40	39–29
5.	Hamburger SV	34	54:63	37–31
6.	FC Schalke 04	34	44:40	36–32
7.	MSV Duisburg	34	43:47	35–33
8.	1. FC Kaiserslautern	34	54:57	34–34
9.	Hannover 96	34	53:49	33–35
10.	Werder Bremen	34	41:40	33–35
11.	1. FC Köln	34	46:56	33–35
12.	VfB Stuttgart	34	49:49	30–38
13.	Borussia Dortmund	34	54:60	29–39
14.	Arminia Bielefeld	34	34:53	29–39
15.	Eintracht Frankfurt	34	39:56	28–40
16.	Rot-Weiß Oberhausen	34	54:69	27–41
17.	Kickers Offenbach	34	49:65	27–41
18.	Rot-Weiß Essen	34	48:68	23–45

1971/72

1.	Bayern München	34	101:38	55–13
2.	FC Schalke 04	34	76:35	52–16
3.	Bor. Mönchengladbach	34	82:40	43–25
4.	1. FC Köln	34	64:44	43–25
5.	Eintracht Frankfurt	34	71:61	39–29
6.	Hertha BSC Berlin	34	46:55	37–31
7.	1. FC Kaiserslautern	34	59:53	35–33
8.	VfB Stuttgart	34	52:56	35–33
9.	VfL Bochum	34	59:69	34–34
10.	Hamburger SV	34	52:52	33–35
11.	Werder Bremen	34	63:58	31–37
12.	Eintr. Braunschweig	34	43:48	31–37
13.	Fortuna Düsseldorf	34	40:53	30–38
14.	MSV Duisburg	34	36:51	27–41
15.	Rot-Weiß Oberhausen	34	33:66	25–43
16.	Hannover 96	34	54:69	23–45
17.	Borussia Dortmund	34	34:83	20–48
18.	Arminia Bielefeld	34	0:0	0–0
		(34	41:75	19–49)

Arm. Bielefeld wurde die Lizenz entzogen. Alle Spiele für den Verein nicht gewertet.

1972/73

1.	Bayern München	34	93:29	54–14
2.	1. FC Köln	34	66:51	43–25
3.	Fortuna Düsseldorf	34	62:45	42–26
4.	Wuppertaler SV	34	62:49	40–28
5.	Bor. Mönchengladbach	34	82:61	39–29
6.	VfB Stuttgart	34	71:65	37–31
7.	Kickers Offenbach	34	61:60	35–33
8.	Eintracht Frankfurt	34	58:54	34–34
9.	1. FC Kaiserslautern	34	58:68	34–34
10.	MSV Duisburg	34	53:54	33–35
11.	Werder Bremen	34	50:52	31–37
12.	VfL Bochum	34	50:68	31–37
13.	Hertha BSC Berlin	34	53:64	30–38
14.	Hamburger SV	34	53:59	28–40
15.	FC Schalke 04	34	46:61	28–40
16.	Hannover 96	34	49:65	26–42
17.	Eintr. Braunschweig	34	33:56	25–43
18.	Rot-Weiß Oberhausen	34	45:84	22–46

1973/74

1.	Bayern München	34	95:53	49–19
2.	Bor. Mönchengladbach	34	93:52	48–20
3.	Fortuna Düsseldorf	34	61:47	41–27
4.	Eintracht Frankfurt	34	63:50	41–27
5.	1. FC Köln	34	69:56	39–29
6.	1. FC Kaiserslautern	34	80:69	38–30
7.	FC Schalke 04	34	72:68	37–31
8.	Hertha BSC Berlin	34	56:60	33–35
9.	VfB Stuttgart	34	58:57	31–37
10.	Kickers Offenbach	34	56:62	31–37
11.	Werder Bremen	34	48:56	31–37
12.	Hamburger SV	34	53:62	31–37
13.	Rot-Weiß Essen	34	56:70	31–37
14.	VfL Bochum	34	45:57	30–38
15.	MSV Duisburg	34	42:56	29–39
16.	Wuppertaler SV	34	42:65	25–43
17.	Fortuna Köln	34	46:79	25–43
18.	Hannover 96	34	50:66	22–46

1974/75

1.	Bor. Mönchengladbach	34	86:40	50–18
2.	Hertha BSC Berlin	34	61:43	44–24
3.	Eintracht Frankfurt	34	89:49	43–25
4.	Hamburger SV	34	55:38	43–25
5.	1. FC Köln	34	77:51	41–27
6.	Fortuna Düsseldorf	34	66:55	41–27
7.	FC Schalke 04	34	52:37	39–29
8.	Kickers Offenbach	34	72:62	38–30
9.	Eintr. Braunschweig	34	52:42	36–32
10.	Bayern München	34	57:63	34–34
11.	VfL Bochum	34	53:53	33–35
12.	Rot-Weiß Essen	34	56:68	32–36
13.	1. FC Kaiserslautern	34	56:55	31–37
14.	MSV Duisburg	34	59:77	30–38
15.	Werder Bremen	34	45:69	25–43
16.	VfB Stuttgart	34	50:79	24–44
17.	Tennis Borussia Berlin	34	38:89	16–52
18.	Wuppertaler SV	34	32:86	12–56

1975/76

1.	Bor. Mönchengladbach	34	66:37	45–23
2.	Hamburger SV	34	59:32	41–27
3.	Bayern München	34	72:50	40–28
4.	1. FC Köln	34	62:45	39–29
5.	Eintr. Braunschweig	34	52:48	39–29
6.	FC Schalke 04	34	76:55	37–31
7.	1. FC Kaiserslautern	34	66:60	37–31
8.	Rot-Weiß Essen	34	61:67	37–31
9.	Eintracht Frankfurt	34	79:58	36–32
10.	MSV Duisburg	34	55:62	33–35
11.	Hertha BSC Berlin	34	59:61	32–36
12.	Fortuna Düsseldorf	34	47:57	30–38
13.	Werder Bremen	34	44:55	30–38
14.	VfL Bochum	34	49:62	30–38
15.	Karlsruher SC	34	46:59	30–38
16.	Hannover 96	34	48:60	27–41
17.	Kickers Offenbach	34	40:72	27–41
18.	Bayer Uerdingen	34	28:69	22–46

1976/77

1.	Bor. Mönchengladbach	34	58:34	44–24
2.	FC Schalke 04	34	77:52	43–25
3.	Eintr. Braunschweig	34	56:38	43–25
4.	Eintracht Frankfurt	34	86:57	42–26
5.	1. FC Köln	34	83:61	40–28
6.	Hamburger SV	34	67:56	38–30
7.	Bayern München	34	74:65	37–31
8.	Borussia Dortmund	34	73:64	34–34
9.	MSV Duisburg	34	60:51	34–34
10.	Hertha BSC Berlin	34	55:54	34–34
11.	Werder Bremen	34	51:59	33–35
12.	Fortuna Düsseldorf	34	52:54	31–37
13.	1. FC Kaiserslautern	34	53:59	29–39
14.	1. FC Saarbrücken	34	43:55	29–39
15.	VfL Bochum	34	47:62	29–39
16.	Karlsruher SC	34	53:75	28–40
17.	Tennis Borussia Berlin	34	47:85	22–46
18.	Rot-Weiß Essen	34	49:103	22–46

1977/78

1.	1. FC Köln	34	86:41	48–20
2.	Bor. Mönchengladbach	34	86:44	48–20
3.	Hertha BSC Berlin	34	59:48	40–28
4.	VfB Stuttgart	34	58:40	39–29
5.	Fortuna Düsseldorf	34	49:36	39–29
6.	MSV Duisburg	34	62:59	37–31
7.	Eintracht Frankfurt	34	59:52	36–32
8.	1. FC Kaiserslautern	34	64:63	36–32
9.	FC Schalke 04	34	47:52	34–34
10.	Hamburger SV	34	61:67	34–34
11.	Borussia Dortmund	34	57:71	33–35
12.	Bayern München	34	62:64	32–36
13.	Eintr. Braunschweig	34	43:53	32–36
14.	VfL Bochum	34	49:51	31–37
15.	Werder Bremen	34	48:57	31–37
16.	TSV München 1860	34	41:60	22–46
17.	1. FC Saarbrücken	34	39:70	22–46
18.	FC St. Pauli	34	44:86	18–50

1978/79

1.	Hamburger SV	34	78:32	49–19
2.	VfB Stuttgart	34	73:34	48–20
3.	1. FC Kaiserslautern	34	62:47	43–25
4.	Bayern München	34	69:46	40–28
5.	Eintracht Frankfurt	34	50:49	39–29
6.	1. FC Köln	34	55:47	38–30
7.	Fortuna Düsseldorf	34	70:59	37–31
8.	VfL Bochum	34	47:46	33–35
9.	Eintr. Braunschweig	34	50:55	33–35
10.	Bor. Mönchengladbach	34	50:53	32–36
11.	Werder Bremen	34	48:60	31–37
12.	Borussia Dortmund	34	54:70	31–37
13.	MSV Duisburg	34	43:56	30–38
14.	Hertha BSC Berlin	34	40:50	29–39
15.	FC Schalke 04	34	55:61	28–40
16.	Arminia Bielefeld	34	43:56	26–42
17.	1. FC Nürnberg	34	36:67	24–44
18.	SV Darmstadt 98	34	40:75	21–47

1979/80

1.	Bayern München	34	84:33	50–18
2.	Hamburger SV	34	86:35	48–20
3.	VfB Stuttgart	34	75:53	41–27
3.	1. FC Kaiserslautern	34	75:53	41–27
5.	1. FC Köln	34	72:55	37–31
6.	Borussia Dortmund	34	64:56	36–32
7.	Bor. Mönchengladbach	34	61:60	36–32
8.	FC Schalke 04	34	40:51	33–35
9.	Eintracht Frankfurt	34	65:61	32–36
10.	VfL Bochum	34	41:44	32–36
11.	Fortuna Düsseldorf	34	62:72	32–36
12.	Bayer Leverkusen	34	45:61	32–36
13.	TSV München 1860	34	42:53	30–38
14.	MSV Duisburg	34	43:57	29–39
15.	Bayer Uerdingen	34	43:61	29–39
16.	Hertha BSC Berlin	34	41:61	29–39
17.	Werder Bremen	34	52:93	25–43
18.	Eintr. Braunschweig	34	32:64	20–48

1980/81

1.	Bayern München	34	89:41	53–15
2.	Hamburger SV	34	73:43	49–19
3.	VfB Stuttgart	34	70:44	46–22
4.	1. FC Kaiserslautern	34	60:37	44–24
5.	Eintracht Frankfurt	34	61:57	38–30
6.	Bor. Mönchengladbach	34	68:64	37–31
7.	Borussia Dortmund	34	69:59	35–33
8.	1. FC Köln	34	54:55	34–44
9.	VfL Bochum	34	53:45	33–35
10.	Karlsruher SC	34	56:63	32–36
11.	Bayer Leverkusen	34	52:53	30–38
12.	MSV Duisburg	34	45:58	29–39
13.	Fortuna Düsseldorf	34	57:64	28–40
14.	1. FC Nürnberg	34	47:57	28–40
15.	Arminia Bielefeld	34	46:65	26–42
16.	TSV München 1860	34	49:67	25–43
17.	FC Schalke 04	34	43:88	23–45
18.	Bayer Uerdingen	34	47:79	22–46

1981/82

1.	Hamburger SV	34	95:45	48–20
2.	1. FC Köln	34	72:38	45–23
3.	Bayern München	34	77:56	43–25
4.	1. FC Kaiserslautern	34	70:61	42–26
5.	Werder Bremen	34	61:52	42–26
6.	Borussia Dortmund	34	59:40	41–27
7.	Bor. Mönchengladbach	34	61:51	40–28
8.	Eintracht Frankfurt	34	83:72	37–31
9.	VfB Stuttgart	34	62:55	35–33
10.	VfL Bochum	34	52:51	32–36
11.	Eintr. Braunschweig	34	61:66	32–36
12.	Arminia Bielefeld	34	46:50	30–38
13.	1. FC Nürnberg	34	53:72	28–40
14.	Karlsruher SC	34	50:68	27–41
15.	Fortuna Düsseldorf	34	48:73	25–43
16.	Bayer Leverkusen	34	45:72	25–43
17.	SV Darmstadt 98	34	46:82	21–47
18.	MSV Duisburg	34	40:77	19–49

1982/83

1.	Hamburger SV	34	79:33	52–16
2.	Werder Bremen	34	76:38	52–16
3.	VfB Stuttgart	34	80:47	48–20
4.	Bayern München	34	74:33	44–24
5.	1. FC Köln	34	69:42	43–25
6.	1. FC Kaiserslautern	34	57:44	41–27
7.	Borussia Dortmund	34	78:62	39–29
8.	Arminia Bielefeld	34	46:71	31–37
9.	Fortuna Düsseldorf	34	63:75	30–38
10.	Eintracht Frankfurt	34	48:57	29–39
11.	Bayer Leverkusen	34	43:66	29–39
12.	Bor. Mönchengladbach	34	64:63	28–40
13.	VfL Bochum	34	43:49	28–40
14.	1. FC Nürnberg	34	44:70	28–40
15.	Eintr. Braunschweig	34	42:65	27–41
16.	FC Schalke 04	34	48:68	22–46
17.	Karlsruher SC	34	39:86	21–47
18.	Hertha BSC Berlin	34	43:67	20–48

1983/84

1.	VfB Stuttgart	34	79:33	48–20
2.	Hamburger SV	34	75:36	48–20
3.	Bor. Mönchengladbach	34	81:48	48–20
4.	Bayern München	34	84:41	47–21
5.	Werder Bremen	34	79:46	45–23
6.	1. FC Köln	34	70:57	38–30
7.	Bayer Leverkusen	34	50:50	34–34
8.	Arminia Bielefeld	34	40:49	33–35
9.	Eintr. Braunschweig	34	54:69	32–36
10.	Bayer Uerdingen	34	66:79	31–37
11.	Waldhof Mannheim	34	45:58	31–37
12.	1. FC Kaiserslautern	34	68:69	30–38
13.	Borussia Dortmund	34	54:65	30–38
14.	Fortuna Düsseldorf	34	63:75	29–39
15.	VfL Bochum	34	58:70	28–40
16.	Eintracht Frankfurt	34	45:61	27–41
17.	Kickers Offenbach	34	48:106	19–49
18.	1. FC Nürnberg	34	38:85	14–54

1984/85

1.	Bayern München	34	79:38	50–18
2.	Werder Bremen	34	87:51	46–22
3.	1. FC Köln	34	69:66	40–28
4.	Bor. Mönchengladbach	34	77:53	39–29
5.	Hamburger SV	34	58:49	37–31
6.	Waldhof Mannheim	34	47:50	37–31
7.	Bayer Uerdingen	34	57:52	36–62
8.	FC Schalke 04	34	63:62	34–34
9.	VfL Bochum	34	52:54	34–34
10.	VfB Stuttgart	34	79:59	33–35
11.	1. FC Kaiserslautern	34	56:60	33–35
12.	Eintracht Frankfurt	34	62:67	32–36
13.	Bayer Leverkusen	34	52:54	31–37
14.	Borussia Dortmund	34	51:65	30–38
15.	Fortuna Düsseldorf	34	53:66	29–39
16.	Arminia Bielefeld	34	46:61	29–39
17.	Karlsruher SC	34	47:88	22–46
18.	Eintr. Braunschweig	34	39:79	20–48

1985/86

1.	Bayern München	34	82:31	49–19
2.	Werder Bremen	34	83:41	49–19
3.	Bayer Uerdingen	34	63:60	45–23
4.	Bor. Mönchengladbach	34	65:51	42–26
5.	VfB Stuttgart	34	69:45	41–21
6.	Bayer Leverkusen	34	63:51	40–28
7.	Hamburger SV	34	52:35	39–29
8.	Waldhof Mannheim	34	41:44	33–35
9.	VfL Bochum	34	55:57	32–36
10.	FC Schalke 04	34	53:58	30–38
11.	1. FC Kaiserslautern	34	49:54	30–38
12.	1. FC Nürnberg	34	51:54	29–39
13.	1. FC Köln	34	46:59	29–39
14.	Fortuna Düsseldorf	34	54:78	29–39
15.	Eintracht Frankfurt	34	35:49	28–40
16.	Borussia Dortmund	34	49:65	28–40
17.	1. FC Saarbrücken	34	39:68	21–47
18.	Hannover 96	34	43:92	18–50

1986/87

1.	Bayern München	34	67:31	53–15
2.	Hamburger SV	34	69:37	47–21
3.	Bor. Mönchengladbach	34	74:44	43–25
4.	Borussia Dortmund	34	70:50	40–28
5.	Werder Bremen	34	65:54	40–28
6.	Bayer Leverkusen	34	56:38	39–29
7.	1. FC Kaiserslautern	34	64:51	37–31
8.	Bayer Uerdingen	34	51:49	35–33
9.	1. FC Nürnberg	34	62:62	35–33
10.	1. FC Köln	34	50:53	35–33
11.	VfL Bochum	34	52:44	32–36
12.	VfB Stuttgart	34	55:49	32–36
13.	FC Schalke 04	34	50:58	32–36
14.	Waldhof Mannheim	34	52:71	28–40
15.	Eintracht Frankfurt	34	42:53	25–43
16.	FC Homburg/Saar	34	33:79	21–47
17.	Fortuna Düsseldorf	34	42:91	20–48
18.	Blau-Weiß 90 Berlin	34	36:76	18–50

1987/88

1. Werder Bremen	34	61:22	52–16
2. Bayern München	34	83:45	48–20
3. 1. FC Köln	34	57:28	48–20
4. VfB Stuttgart	34	69:49	40–28
5. 1. FC Nürnberg	34	44:40	37–31
6. Hamburger SV	34	63:68	37–31
7. Bor. Mönchengladbach	34	55:53	33–35
8. Bayer Leverkusen	34	53:60	32–36
9. Eintracht Frankfurt	34	51:50	31–37
10. Hannover 96	34	59:60	31–37
11. Bayer Uerdingen	34	59:61	31–37
12. VfL Bochum	34	47:51	30–38
13. Borussia Dortmund	34	51:54	29–39
14. 1. FC Kaiserslautern	34	53:62	29–39
15. Karlsruher SC	34	37:55	29–39
16. Waldhof Mannheim	34	35:50	28–40
17. FC Homburg/Saar	34	37:70	24–44
18. FC Schalke 04	34	48:84	23–45

1988/89

1. Bayern München	34	67:26	50–18
2. 1. FC Köln	34	58:30	45–23
3. Werder Bremen	34	55:32	44–24
4. Hamburger SV	34	60:36	43–25
5. VfB Stuttgart	34	58:49	39–29
6. Bor. Mönchengladbach	34	44:43	38–30
7. Borussia Dortmund	34	56:40	37–31
8. Bayer Leverkusen	34	45:44	34–34
9. 1. FC Kaiserslautern	34	47:44	33–35
10. FC St. Pauli	34	41:42	32–36
11. Karlsruher SC	34	48:51	32–36
12. Waldhof Mannheim	34	43:52	31–37
13. Bayer Uerdingen	34	50:60	31–37
14. 1. FC Nürnberg	34	36:54	26–42
15. VfL Bochum	34	37:57	26–42
16. Eintracht Frankfurt	34	30:53	26–42
17. Stuttgarter Kickers	34	41:68	26–42
18. Hannover 96	34	36:71	19–49

1989/90

1. Bayern München	34	64:28	49–19
2. 1. FC Köln	34	54:44	43–25
3. Eintracht Frankfurt	34	61:40	41–27
4. Borussia Dortmund	34	51:35	41–27
5. Bayer Leverkusen	34	40:32	39–29
6. VfB Stuttgart	34	53:47	36–32
7. Werder Bremen	34	49:41	34–34
8. 1. FC Nürnberg	34	42:46	33–35
9. Fortuna Düsseldorf	34	41:41	32–36
10. Karlsruher SC	34	32:39	32–36
11. Hamburger SV	34	39:46	31–37
12. 1. FC Kaiserslautern	34	42:55	31–37
13. FC St. Pauli	34	31:46	31–37
14. Bayer Uerdingen	34	41:48	30–38
15. Bor. Mönchengladbach	34	37:45	30–38
16. VfL Bochum	34	44:53	29–39
17. Waldhof Mannheim	34	36:53	26–42
18. FC Homburg/Saar	34	33:51	24–44

1990/91

1. 1. FC Kaiserslautern	34	72:45	48–20
2. Bayern München	34	74:41	45–23
3. Werder Bremen	34	46:29	42–26
4. Eintracht Frankfurt	34	63:40	40–28
5. Hamburger SV	34	60:38	40–28
6. VfB Stuttgart	34	57:44	38–30
7. 1. FC Köln	34	50:43	37–31
8. Bayer Leverkusen	34	47:46	35–33
9. Bor. Mönchengladbach	34	49:54	35–33
10. Borussia Dortmund	34	46:57	34–34
11. SG Wattenscheid 09	34	42:51	33–35
12. Fortuna Düsseldorf	34	40:49	32–36
13. Karlsruher SC	34	46:52	31–37
14. VfL Bochum	34	50:52	29–39
15. 1. FC Nürnberg	34	40:54	29–39
16. FC St. Pauli	34	33:53	27–41
17. Bayer Uerdingen	34	34:54	23–45
18. Hertha BSC Berlin	34	37:84	14–54

1991/92

1. VfB Stuttgart	38	62:32	52–24
2. Borussia Dortmund	38	66:47	52–24
3. Eintracht Frankfurt	38	76:41	50–26
4. 1. FC Köln	38	58:41	44–32
5. 1. FC Kaiserslautern	38	58:42	44–32
6. Bayer Leverkusen	38	53:39	43–33
7. 1. FC Nürnberg	38	54:51	43–33
8. Karlsruher SC	38	48:50	41–35
9. Werder Bremen	38	44:45	38–38
10. Bayern München	38	59:61	36–40
11. FC Schalke 04	38	45:45	34–42
12. Hamburger SV	38	32:43	34–42
13. Bor. Mönchengladbach	38	37:49	34–42
14. Dynamo Dresden	38	34:50	34–42
15. VfL Bochum	38	38:55	33–43
16. SG Wattenscheid 09	38	50:60	32–44
17. Stuttgarter Kickers	38	53:64	31–45
18. Hansa Rostock	38	43:55	31–45
19. MSV Duisburg	38	43:55	30–46
20. Fortuna Düsseldorf	38	41:69	24–52

1992/93

1. Werder Bremen	34	63:30	48–20
2. Bayern München	34	74:45	47–21
3. Eintracht Frankfurt	34	56:39	42–26
4. Borussia Dortmund	34	61:43	41–27
5. Bayer Leverkusen	34	64:45	40–28
6. Karlsruher SC	34	60:54	39–29
7. VfB Stuttgart	34	56:50	36–32
8. 1. FC Kaiserslautern	34	50:40	35–33
9. Bor. Mönchengladbach	34	59:59	35–33
10. FC Schalke 04	34	42:43	34–34
11. Hamburger SV	34	42:44	31–37
12. 1. FC Köln	34	41:51	28–40
13. 1. FC Nürnberg	34	30:47	28–40
14. SG Wattenscheid 09	34	46:67	28–40
15. Dynamo Dresden	34	32:49	27–41
16. VfL Bochum	34	45:52	26–42
17. Bayer Uerdingen	34	35:64	24–44
18. 1. FC Saarbrücken	34	37:71	23–45

1993/94

1.	Bayern München	34	68:37	44–24
2.	1. FC Kaiserslautern	34	64:36	43–25
3.	Bayer Leverkusen	34	60:47	39–29
4.	Borussia Dortmund	34	49:45	39–29
5.	Eintracht Frankfurt	34	57:41	38–30
6.	Karlsruher SC	34	46:43	38–30
7.	VfB Stuttgart	34	51:43	37–31
8.	Werder Bremen	34	51:44	36–32
9.	MSV Duisburg	34	41:52	36–32
10.	Bor. Mönchengladbach	34	65:59	35–33
11.	1. FC Köln	34	49:51	34–34
12.	Hamburger SV	34	48:52	34–34
13.	Dynamo Dresden*	34	33:44	30–34
14.	FC Schalke 04	34	38:50	29–39
15.	SC Freiburg	34	54:57	28–40
16.	1. FC Nürnberg	34	41:55	28–40
17.	SG Wattenscheid 09	34	48:70	23–45
18.	VfB Leipzig	34	32:69	17–51

*) Dynamo Dresden wurden vier Punkte abgezogen.

1994/95

1.	Borussia Dortmund	34	67:33	49–19
2.	Werder Bremen	34	70:39	48–20
3.	SC Freiburg	34	66:44	46–22
4.	1. FC Kaiserslautern	34	58:41	46–22
5.	Bor. Mönchengladbach	34	66:41	43–25
6.	Bayern München	34	55:41	43–25
7.	Bayer Leverkusen	34	62:51	36–32
8.	Karlsruher SC	34	51:47	36–32
9.	Eintracht Frankfurt	34	41:49	33–35
10.	1. FC Köln	34	54:54	32–36
11.	FC Schalke 04	34	48:54	31–37
12.	VfB Stuttgart	34	52:66	30–38
13.	Hamburger SV	34	43:50	29–39
14.	TSV München 1860	34	41:57	27–41
15.	Bayer Uerdingen	34	37:52	25–43
16.	VfL Bochum	34	43:67	22–46
17.	MSV Duisburg	34	31:64	20–48
18.	Dynamo Dresden	34	33:68	16–52

1995/96

1.	Borussia Dortmund	34	76:38	68
2.	Bayern München	34	66:46	62
3.	FC Schalke 04	34	45:36	56
4.	Bor. Mönchengladbach	34	52:51	53
5.	Hamburger SV	34	52:47	50
6.	Hansa Rostock	34	47:43	49
7.	Karlsruher SC	34	53:47	48
8.	TSV München 1860	34	52:46	45
9.	Werder Bremen	34	39:42	44
10.	VfB Stuttgart	34	59:62	43
11.	SC Freiburg	34	30:41	42
12.	1. FC Köln	34	33:35	40
13.	Fortuna Düsseldorf	34	40:47	40
14.	Bayer Leverkusen	34	37:38	38
15.	FC St. Pauli	34	43:51	38
16.	1. FC Kaiserslautern	34	31:37	36
17.	Eintracht Frankfurt	34	43:68	32
18.	KFC Uerdingen 05	34	33:56	26

1996/97

1.	Bayern München	34	68:34	71
2.	Bayer Leverkusen	34	69:41	69
3.	Borussia Dortmund	34	63:41	63
4.	VfB Stuttgart	34	78:40	61
5.	VfL Bochum	34	54:51	53
6.	Karlsruher SC	34	55:44	49
7.	TSV München 1860	34	56:56	49
8.	Werder Bremen	34	53:52	48
9.	MSV Duisburg	34	44:49	45
10.	1. FC Köln	34	62:62	44
11.	Bor. Mönchengladbach	34	46:48	43
12.	FC Schalke 04	34	35:40	43
13.	Hamburger SV	34	46:60	41
14.	Arminia Bielefeld	34	46:54	40
15.	Hansa Rostock	34	35:46	40
16.	Fortuna Düsseldorf	34	26:57	33
17.	SC Freiburg	34	43:67	29
18.	FC St. Pauli	34	32:69	27

1997/98

1.	1. FC Kaiserslautern	34	63:39	68
2.	Bayern München	34	69:37	66
3.	Bayer Leverkusen	34	66:39	55
4.	VfB Stuttgart	34	55:49	52
5.	FC Schalke 04	34	38:32	52
6.	Hansa Rostock	34	54:46	51
7.	Werder Bremen	34	43:47	50
8.	MSV Duisburg	34	43:44	44
9.	Hamburger SV	34	38:46	44
10.	Borussia Dortmund	34	57:55	43
11.	Hertha BSC Berlin	34	41:53	43
12.	VfL Bochum	34	41:49	41
13.	TSV München 1860	34	43:54	41
14.	VfL Wolfsburg	34	38:54	39
15.	Bor. Mönchengladbach	34	54:59	38
16.	Karlsruher SC	34	48:60	38
17.	1. FC Köln	34	49:64	36
18.	Arminia Bielefeld	34	43:56	32

1998/99

1.	Bayern München	34	76:28	78
2.	Bayer Leverkusen	34	61:30	63
3.	Hertha BSC Berlin	34	59:32	62
4.	Borussia Dortmund	34	48:34	57
5.	1. FC Kaiserslautern	34	51:47	57
6.	VfL Wolfsburg	34	54:49	55
7.	Hamburger SV	34	47:46	50
8.	MSV Duisburg	34	48:45	49
9.	TSV 1860 München	34	49:56	41
10.	Schalke 04	34	41:54	41
11.	VfB Stuttgart	34	41:48	39
12.	SC Freiburg	34	36:44	39
13.	Werder Bremen	34	41:47	38
14.	Hansa Rostock	34	49:58	38
15.	Eintracht Frankfurt	34	44:54	37
16.	1. FC Nürnberg	34	40:50	37
17.	VfL Bochum	34	40:65	29
18.	Bor. Mönchengladbach	34	41:79	21

1999/2000

1. Bayern München	34	73:28	73
2. Bayer Leverkusen	34	74:36	73
3. Hamburger SV	34	63:39	59
4. TSV München 1860	34	55:48	53
5. 1. FC Kaiserslautern	34	54:59	50
6. Hertha BSC Berlin	34	39:46	50
7. VfL Wolfsburg	34	51:58	49
8. VfB Stuttgart	34	44:47	48
9. Werder Bremen	34	65:52	47
10. SpVgg Unterhaching	34	40:42	44
11. Borussia Dortmund	34	41:38	40
12. SC Freiburg	34	45:50	40
13. FC Schalke 04	34	42:44	39
14. Eintracht Frankfurt*	34	42:44	39
15. Hansa Rostock	34	44:60	38
16. SSV Ulm 1846	34	36:62	35
17. Arminia Bielefeld	34	40:61	30
18. MSV Duisburg	34	37:71	22

*) Eintracht Frankfurt wurden zwei Punkte abgezogen.

2000/01

1. Bayern München	34	62:37	63
2. FC Schalke 04	34	65:35	62
3. Borussia Dortmund	34	62:42	58
4. Bayer Leverkusen	34	54:40	57
5. Hertha BSC Berlin	34	58:52	56
6. SC Freiburg	34	54:37	55
7. Werder Bremen	34	53:48	53
8. 1. FC Kaiserslautern	34	49:54	50
9. VfL Wolfsburg	34	60:45	47
10. 1. FC Köln	34	59:52	46
11. TSV München 1860	34	43:55	44
12. Hansa Rostock	34	34:47	43
13. Hamburger SV	34	58:58	41
14. Energie Cottbus	34	38:52	39
15. VfB Stuttgart	34	42:49	38
16. SpVgg Unterhaching	34	35:59	35
17. Eintracht Frankfurt	34	41:68	35
18. VfL Bochum	34	30:67	27

2001/02

1. Borussia Dortmund	34	62:33	70
2. Bayer Leverkusen	34	77:38	69
3. Bayern München	34	65:25	68
4. Hertha BSC Berlin	34	61:38	61
5. FC Schalke 04	34	52:36	61
6. Werder Bremen	34	54:43	56
7. 1.FC Kaiserslautern	34	62:53	56
8. VfB Stuttgart	34	47:43	50
9. TSV München 1860	34	59:59	50
10. VfL Wolfsburg	34	57:49	46
11. Hamburger SV	34	51:57	40
12. Bor. Mönchengladbach	34	41:53	39
13. Energie Cottbus	34	36:60	35
14. Hansa Rostock	34	35:54	34
15. 1.FC Nürnberg	34	34:57	34
16. SC Freiburg	34	37:64	30
17. 1.FC Köln	34	26:61	29
18. FC St. Pauli	34	37:70	22

2002/03

1. Bayern München	34	70:25	75
2. VfB Stuttgart	34	53:39	59
3. Borussia Dortmund	34	51:27	58
4. Hamburger SV	34	46:36	56
5. Hertha BSC Berlin	34	52:43	54
6. Werder Bremen	34	51:50	52
7. FC Schalke 04	34	46:40	49
8. VfL Wolfsburg	34	39:42	46
9. VfL Bochum	34	55:56	45
10. TSV München 1860	34	44:52	45
11. Hannover 96	34	47:57	43
12. Bor. Mönchengladbach	34	43:45	42
13. Hansa Rostock	34	35:41	41
14. 1. FC Kaiserslautern	34	40:42	40
15. Bayer Leverkusen	34	47:56	40
16. Arminia Bielefeld	34	35:46	36
17. 1. FC Nürnberg	34	33:60	30
18. Energie Cottbus	34	34:64	30

Zwei aus einer Stadt

München: TSV 1860 und der FC Bayern 1965/66, 66/67, 67/68, 68/69, 69/70, 77/78, 79/80, 80/81, 94/95, 95/96, 96/97, 97/98, 98/99, 1999/2000, 2000/01, 01/02, 02/03, 03/04.

Köln: 1. FC und Fortuna 1973/74.

Berlin: Hertha BSC und Tennis Borussia 1974/75, 76/77 – Mit Tasmania 1900 1965/66 und Blau-Weiß 90 1986/87 kamen aus Berlin aber vier Bundesligaklubs.

Hamburg: HSV und FC St. Pauli 1977/78, 88/89, 89/90, 90/91, 95/96, 96/97, 2001/02.

Stuttgart: VfB und Kickers 1988/89, 91/92.

Bochum: VfL und Wattenscheid 09 1990/91, 91/92, 92/93.

Bundesligisten ohne Heimniederlage

Bayern München: 1970/71, 71/72, 72/73, 73/74, 80/81, 83/84, 88/89, 96/97, 98/99, 2001/02.

Werder Bremen: 1964/65, 82/83, 84/85, 85/86, 92/93.

Hamburger SV: 1963/64, 81/82, 82/83, 95/96.

1. FC Kaiserslautern: 1981/82, 91/92, 94/95.

Eintracht Frankfurt: 1971/72, 73/74.

1. FC Köln: 1972/73, 87/88.

Hertha BSC Berlin: 1974/75, 77/78.

TSV München 1860: 1965/66.

Rot-Weiß Essen: 1969/70.

MSV Duisburg: 1970/71.

FC Schalke 04: 1971/72.

Eintracht Braunschweig: 1975/76.

Borussia Mönchengladbach: 1983/84.

Borussia Dortmund: 1991/92.

Karlsruher SC: 1992/93.

Bayer Leverkusen: 1999/2000.

Nur ein einziges Mal blieb ein Verein auch auswärts ohne Niederlage:
Bayern München 1986/87.

Die 2. Bundesliga

Die Meister der zweigleisigen 2. Liga 1974–1981 und 1992*):

Gruppe Süd:
1975 Karlsruher SC – 1976 1. FC Saarbrücken – 1977 VfB Stuttgart – 1978 SV Darmstadt 98 – 1979 TSV München 1860 – 1980 1. FC Nürnberg – 1981 SV Darmstadt 98 – 1992 1. FC Saarbrücken.

Gruppe Nord:
1975 Hannover 96 – 1976 Tennis Borussia Berlin – 1977 FC St. Pauli – 1978 Arminia Bielefeld – 1979 Bayer Leverkusen – 1980 Arminia Bielefeld – 1981 Werder Bremen – 1992 Bayer Uerdingen.

*) Zweigeteilte 2. Bundesliga als Übergangsrunde nach Eingliederung der Vereine der ehemaligen DDR.

Alle Tabellen der zweigeteilten 2. Ligen erschienen letztmals im Almanach 1990.

Die Meister der eingleisigen 2. Bundesliga seit 1982:

1982 FC Schalke 04 – 1983 SV Waldhof Mannheim – 1984 Karlsruher SC – 1985 1. FC Nürnberg – 1986 FC Homburg/Saar – 1987 Hannover 96 – 1988 Stuttgarter Kickers – 1989 Fortuna Düsseldorf – 1990 Hertha BSC Berlin – 1991 FC Schalke 04 – 1992 zweigleisig – 1993 SC Freiburg – 1994 VfL Bochum – 1995 Hansa Rostock – 1996 VfL Bochum – 1997 1. FC Kaiserslautern – 1998 Eintracht Frankfurt – 1999 Arminia Bielefeld – 2000 1. FC Köln – 2001 1. FC Nürnberg – 2002 Hannover 96 – 2003 SC Freiburg.

1981/82

1.	FC Schalke 04	38	70:35	51–25
2.	Hertha BSC Berlin	38	84:47	48–28
3.	Kickers Offenbach	38	70:61	46–30
4.	TSV München 1860 *	38	87:56	45–31
5.	Hannover 96	38	72:52	45–31
6.	SV Waldhof Mannheim	38	51:44	44–32
7.	Stuttgarter Kickers	38	76:55	43–33
8.	Hessen Kassel	38	56:46	43–33
9.	Alemannia Aachen	38	47:39	41–35
10.	Fortuna Köln	38	70:72	39–37
11.	Rot-Weiß Essen	38	60:62	38–38
12.	Bayer Uerdingen	38	47:57	38–38
13.	VfL Osnabrück	38	49:59	37–39
14.	SpVgg Fürth	38	61:60	35–41
15.	SC Freiburg	38	49:54	34–42
16.	Union Solingen	38	51:62	33–43
17.	SG Wattenscheid 09	38	41:62	31–45
18.	Wormatia Worms	38	34:74	24–52
19.	Freiburger FC	38	52:88	23–53
20.	SpVgg Bayreuth	38	40:76	22–54

*) TSV München 1860 erhielt für 1982/83 keine Lizenz.

1982/83

1.	SV Waldhof Mannheim	38	83:38	52–24
2.	Kickers Offenbach	38	77:45	50–26
3.	Bayer Uerdingen	38	65:44	48–28
4.	Hessen Kassel	38	69:54	45–31
5.	Stuttgarter Kickers	38	70:51	44–32
6.	Fortuna Köln	38	76:50	43–33
7.	SV Darmstadt 98	38	77:61	42–34
8.	SC Freiburg	38	50:45	42–34
9.	Alemannia Aachen	38	49:53	40–36
10.	VfL Osnabrück	38	66:65	38–38
11.	MSV Duisburg	38	55:57	37–39
12.	Hannover 96	38	70:72	36–40
13.	BV 08 Lüttringhausen	38	53:76	34–42
14.	Rot-Weiß Essen	38	56:60	33–43
15.	SG Wattenscheid 09	38	59:65	33–43
16.	Union Solingen	38	56:76	32–44
17.	FC Augsburg	38	32:54	32–44
18.	SpVgg Fürth	38	55:75	31–45
19.	FSV Frankfurt	38	50:86	26–50
20.	TuS Schloß Neuhaus	38	43:92	22–54

1983/84

1.	Karlsruher SC	38	94:45	57–19
2.	FC Schalke 04	38	95:45	55–21
3.	MSV Duisburg	38	69:41	50–26
4.	Hessen Kassel	38	68:39	48–28
5.	Union Solingen	38	70:54	44–32
6.	Alemannia Aachen	38	49:43	44–32
7.	SC Freiburg	38	50:49	43–33
8.	Stuttgarter Kickers	38	54:52	39–37
9.	Fortuna Köln	38	66:65	38–38
10.	1. FC Saarbrücken	38	61:60	38–38
11.	Hertha BSC Berlin	38	64:57	37–39
12.	SV Darmstadt 98	38	48:72	35–41
13.	SSV Ulm 1846	38	58:68	32–44
14.	Hannover 96	38	54:69	32–44
15.	SG Wattenscheid 09	38	58:74	32–44
16.	Rot-Weiß Oberhausen	38	51:62	31–45
17.	Rot-Weiß Essen	38	48:63	29–47
18.	SC Charlottenburg	38	49:68	29–47
19.	VfL Osnabrück	38	46:66	29–47
20.	BV 08 Lüttringhausen	38	36:87	18–58

1984/85

1. 1. FC Nürnberg	38	71:45	50–26
2. Hannover 96	38	79:58	50–26
3. 1. FC Saarbrücken	38	70:41	49–27
4. Hessen Kassel	38	72:48	49–27
5. Alemannia Aachen	38	60:46	43–33
6. Union Solingen	38	64:70	41–35
7. Blau-Weiß 90 Berlin	38	66:56	39–37
8. SC Freiburg	38	45:49	38–38
9. Stuttgarter Kickers	38	51:49	37–39
10. SG Wattenscheid 09	38	61:68	36–40
11. Fortuna Köln	38	58:67	36–40
12. Rot-Weiß Oberhausen	38	64:70	35–41
13. MSV Duisburg	38	56:63	35–41
14. Hertha BSC Berlin	38	50:59	35–41
15. SV Darmstadt 98	38	52:64	35–41
16. FC Homburg	38	57:58	34–42
17. FC St. Pauli	38	48:59	33–43
18. VfR Bürstadt	38	48:56	31–45
19. Kickers Offenbach *	38	43:56	30–44
20. SSV Ulm 1846	38	48:81	22–54

*) Kickers Offenbach wurden zwei Punkte abgezogen.

1985/86

1. FC Homburg	38	75:42	49–27
2. Blau-Weiß 90 Berlin	38	76:48	47–29
3. Fortuna Köln	38	64:52	46–30
4. Arminia Bielefeld	38	60:47	45–31
5. Hessen Kassel	38	58:47	44–32
6. Stuttgarter Kickers	38	73:55	43–33
7. Karlsruher SC	38	64:50	43–33
8. Alemannia Aachen	38	56:45	43–33
9. SG Wattenscheid 09	38	63:56	43–33
10. SV Darmstadt 98	38	63:57	41–35
11. Rot-Weiß Oberhausen	38	61:60	37–39
12. Eintr. Braunschweig	38	65:62	36–40
13. Viktoria Aschaffenburg	38	57:59	35–41
14. VfL Osnabrück	38	48:57	36–41
15. Union Solingen	38	48:64	34–42
16. SC Freiburg	38	54:62	33–44
17. Hertha BSC Berlin	38	50:62	31–45
18. SpVgg Bayreuth	38	40:73	31–45
19. Tennis Borussia Berlin	38	48:73	29–47
20. MSV Duisburg	38	34:86	15–61

1986/87

1. Hannover 96	38	86:48	56–20
2. Karlsruher SC	38	79:49	52–24
3. FC St. Pauli	38	63:45	49–27
4. SV Darmstadt 98	38	72:48	47–29
5. Alemannia Aachen	38	55:36	46–30
6. VfL Osnabrück	38	69:66	44–32
7. Stuttgarter Kickers	38	72:55	42–34
8. SC Freiburg	38	59:56	39–37
9. Arminia Bielefeld	38	58:55	38–38
10. Rot-Weiß Essen	38	70:69	38–38
11. SG Wattenscheid 09	38	59:66	38–38
12. Union Solingen	38	61:65	35–41
13. SSV Ulm 1846	38	55:63	35–41
14. Fortuna Köln	38	51:66	35–41
15. 1. FC Saarbrücken	38	53:71	34–42
16. Rot-Weiß Oberhausen	38	52:55	33–43
17. Eintr. Braunschweig	38	52:47	32–44
18. Viktoria Aschaffenburg	38	47:72	24–52
19. Hessen Kassel	38	40:75	22–54
20. FSV Salmrohr	38	48:94	21–55

1987/88

1. Stuttgarter Kickers	38	89:49	51–25
2. FC St. Pauli	38	65:38	49–27
3. SV Darmstadt 98	38	48:32	47–29
4. SG Wattenscheid 09	38	62:48	47–29
5. Fortuna Düsseldorf	38	63:38	46–30
6. Alemannia Aachen	38	60:45	46–30
7. Blau-Weiß 90 Berlin	38	65:48	43–33
8. Kickers Offenbach	38	56:49	39–37
9. VfL Osnabrück	38	47:47	38–38
10. SC Freiburg	38	61:63	38–38
11. Rot-Weiß Essen	38	53:60	34–42
12. Fortuna Köln	38	58:67	34–42
13. 1. FC Saarbrücken	38	57:67	34–42
14. SV Meppen	38	55:72	34–42
15. Union Solingen	38	48:65	34–42
16. Rot-Weiß Oberhausen *	38	48:54	33–43
17. SpVgg Bayreuth	38	55:66	33–43
18. BVL 08 Remscheid	38	54:74	29–47
19. SSV Ulm 46	38	51:75	29–47
20. Arminia Bielefeld	38	29:67	22–54

*) Rot-Weiß Oberhausen erhielt für 1988/89 keine Lizenz.

1988/89

1. Fortuna Düsseldorf	38	85:52	49–27
2. FC Homburg	38	55:36	47–29
3. 1. FC Saarbrücken	38	53:43	46–30
4. Fortuna Köln	38	80:57	45–31
5. SC Freiburg	38	66:52	42–34
6. SG Wattenscheid 09	38	68:58	42–34
7. Alemannia Aachen	38	58:55	41–35
8. Blau-Weiß 90 Berlin	38	56:54	41–35
9. Eintr. Braunschweig	38	43:43	38–38
10. SV Meppen	38	55:54	37–39
11. SV Darmstadt 98	38	56:57	37–39
12. FC Schalke 04	38	58:51	36–40
13. Hertha BSC Berlin	38	45:44	36–40
14. VfL Osnabrück	38	58:66	36–40
15. Kickers Offenbach *	38	51:53	35–41
16. Rot-Weiß Essen	38	54:60	35–41
17. SpVgg Bayreuth	38	52:60	34–42
18. Viktoria Aschaffenburg	38	47:60	34–42
19. FSV Mainz 05	38	44:76	29–47
20. Union Solingen	38	24:77	20–56

*) Kickers Offenbach erhielt für 1989/90 keine Lizenz.

1989/90

1. Hertha BSC Berlin	38	65:39	53–23
2. SG Wattenscheid 09	38	70:35	51–25
3. 1. FC Saarbrücken	38	58:33	46–30
4. Stuttgarter Kickers	38	68:48	45–31
5. FC Schalke 04	38	69:51	43–33
6. Rot-Weiß Essen	38	49:46	42–34

7.	Eintr. Braunschweig	38	55:51	39–37
8.	Hannover 96	38	53:43	38–38
9.	Blau-Weiß 90 Berlin	38	46:52	37–39
10.	MSV Duisburg	38	50:58	37–39
11.	SV Meppen	38	47:57	36–40
12.	Preußen Münster	38	45:65	36–40
13.	SC Freiburg	38	53:52	34–42
14.	Fortuna Köln	38	48:60	34–42
15.	VfL Osnabrück	38	58:69	33–43
16.	SV Darmstadt 98	38	43:55	33–43
17.	Hessen Kassel	38	35:64	33–43
18.	SpVgg Bayreuth	38	54:59	31–45
19.	Alemannia Aachen	38	52:63	30–46
20.	SpVgg Unterhaching	38	43:61	29–47

1990/91

1.	FC Schalke 04	38	64:29	57–19
2.	MSV Duisburg	38	70:34	53–23
3.	Stuttgarter Kickers	38	63:32	51–25
4.	FC Homburg	38	42:37	45–31
5.	1. FC Saarbrücken	38	47:30	44–32
6.	Blau-Weiß 90 Berlin	38	55:42	44–32
7.	Waldhof Mannheim	38	60:47	42–34
8.	FSV Mainz 05	38	45:52	41–35
9.	SC Freiburg	38	54:48	40–36
10.	Hannover 96	38	49:49	38–38
11.	Fortuna Köln	38	51:53	37–39
12.	VfB Oldenburg	38	58:53	36–40
13.	Eintr. Braunschweig	38	53:52	35–41
14.	VfL Osnabrück	38	51:55	35–41
15.	Rot-Weiß Essen *	38	49:52	34–42
16.	SV Meppen	38	35:42	34–42
17.	SV Darmstadt 98	38	46:54	33–43
18.	Preußen Münster	38	35:59	29–47
19.	TSV Havelse	38	44:82	19–57
20.	FC Schweinfurt 05	38	26:95	13–63

*) Rot-Weiß Essen erhielt für 1991/92 keine Lizenz.

1991/92

Übergangsweise zweigeteilte 2. Bundesliga zur Eingliederung der Vereine aus der ehem. DDR.

2. Bundesliga Nord

Meisterrunde

1.	Bayer Uerdingen	32	47:29	39–25
2.	VfB Oldenburg	32	56:39	38–26
3.	Hertha BSC Berlin	32	46:41	35–29
4.	FC St. Pauli	32	40:38	35–29
5.	Hannover 96	32	34:37	34–30
6.	SV Meppen	32	36:37	30–34

Abstiegsrunde

1.	Eintr. Braunschweig	32	54:48	33–31
2.	FC Remscheid	32	39:38	31–33
3.	VfL Osnabrück	32	45:54	31–33
4.	Blau-Weiß 90 Berlin *	32	41:50	30–34
5.	Fortuna Köln	32	39:50	25–39
6.	Stahl Brandenburg	32	37:53	23–41

*) Blau-Weiß 90 Berlin erhielt für 1992/93 keine Lizenz.

2. Bundesliga Süd

Meisterrunde

1.	1. FC Saarbrücken	32	52:30	42–22
2.	Waldhof Mannheim	32	44:31	38–26
3.	SC Freiburg	32	52:41	37–27
4.	Chemnitzer FC	32	35:30	36–28
5.	Carl Zeiss Jena	32	39:36	33–31
6.	FC Homburg	32	41:36	32–32

Abstiegsrunde

1.	VfB Leipzig	32	42:42	31–33
2.	SV Darmstadt 98	32	41:49	31–33
3.	FSV Mainz 05	32	39:38	30–34
4.	TSV München 1860	32	31:32	30–34
5.	Hallescher FC	32	35:47	27–37
6.	Rot-Weiß Erfurt	32	36:75	17–47

1992/93

1.	SC Freiburg	46	102:57	65–27
2.	MSV Duisburg	46	65:40	60–32
3.	VfB Leipzig	46	66:45	58–34
4.	Waldhof Mannheim	46	66:53	55–37
5.	Hertha BSC Berlin	46	82:55	53–39
6.	Fortuna Köln	46	56:44	50–42
7.	Chemnitzer FC	46	64:56	50–42
8.	Carl Zeiss Jena	46	66:59	50–42
9.	Hannover 96	46	60:60	48–44
10.	SV Meppen	46	41:43	47–45
11.	Hansa Rostock	46	54:52	46–46
12.	FSV Mainz 05	46	54:58	46–46
13.	Wuppertaler SV	46	55:50	45–47
14.	VfL Wolfsburg	46	65:69	45–47
15.	Stuttgarter Kickers	46	60:59	43–49
16.	FC Homburg	46	50:53	43–49
17.	FC St. Pauli	46	47:52	43–49
18.	SpVgg Unterhaching	46	58:67	42–50
19.	Eintr. Braunschweig	46	65:73	41–51
20.	VfL Osnabrück	46	63:72	41–51
21.	Fortuna Düsseldorf	46	45:65	34–58
22.	VfB Oldenburg	46	57:90	34–58
23.	FC Remscheid	46	50:83	33–59
24.	SV Darmstadt 98	46	43:79	32–60

1993/94

1.	VfL Bochum	38	56:34	48–28
2.	Bayer Uerdingen	38	49:30	47–29
3.	TSV München 1860	38	55:38	47–29
4.	FC St. Pauli	38	47:39	45–31
5.	VfL Wolfsburg	38	47:45	40–36
6.	Waldhof Mannheim	38	45:45	40–36
7.	SV Meppen	38	48:52	39–37
8.	Hansa Rostock	38	51:56	39–37
9.	Chemnitzer FC	38	34:44	39–37
10.	FC Homburg	38	53:46	37–39
11.	Hertha BSC Berlin	38	48:42	37–39
12.	Hannover 96	38	49:46	37–39
13.	FSV Mainz 05	38	46:51	37–39
14.	1. FC Saarbrücken	38	58:69	37–39
15.	Fortuna Köln	38	53:49	36–40
16.	Stuttgarter Kickers	38	42:50	35–41
17.	Carl Zeiss Jena	38	38:41	34–42
18.	Wuppertaler SV	38	44:52	31–45

19.	Tennis Borussia Berlin	38	42:60	26–50
20.	Rot-Weiß Essen*)	0	0:0	0:0
		(38	44:60	29:47)

*) Rot-Weiß Essen wurde die Lizenz entzogen; alle Spiele werden nur für den Gegner gewertet.

1994/95

1.	Hansa Rostock	34	66:30	46–22
2.	FC St. Pauli	34	58:33	44–24
3.	Fortuna Düsseldorf	34	51:35	43–25
4.	VfL Wolfsburg	34	51:40	43–25
5.	Waldhof Mannheim	34	48:35	42–26
6.	SV Meppen	34	54:38	41–27
7.	1. FC Saarbrücken *	34	45:43	35–33
8.	Fortuna Köln	34	55:49	34–34
9.	Chemnitzer FC	34	47:50	34–34
10.	SG Wattenscheid 09	34	50:52	33–35
11.	Hertha BSC Berlin	34	41:45	32–36
12.	Hannover 96	34	52:50	31–37
13.	VfB Leipzig	34	44:44	30–38
14.	FSV Mainz 05	34	50:55	30–38
15.	1. FC Nürnberg	34	38:47	30–38
16.	FSV Zwickau	34	32:50	29–39
17.	FC Homburg	34	41:63	23–45
18.	FSV Frankfurt	34	39:103	12–56

*) Bundesliga-AbsteigerDynamo Dresden und der 1. FC Saarbrücken erhielten für 1995/96 keine Lizenz.

1995/96

1.	VfL Bochum	34	68:30	69
2.	Arminia Bielefeld	34	55:45	57
3.	MSV Duisburg	34	55:37	56
4.	SpVgg Unterhaching	34	52:38	52
5.	FSV Zwickau	34	39:48	49
6.	Carl Zeiss Jena	34	49:54	48
7.	Waldhof Mannheim	34	49:47	46
8.	Fortuna Köln	34	37:37	46
9.	VfB Leipzig	34	35:49	45
10.	SV Meppen	34	45:43	44
11.	FSV Mainz 05	34	37:41	44
12.	VfL Wolfsburg	34	41:46	44
13.	VfB Lübeck	34	40:45	44
14.	Hertha BSC Berlin *)	34	37:35	42
15.	Chemnitzer FC	34	43:51	42
16.	Hannover 96	34	38:48	37
17.	1. FC Nürnberg *)	34	33:40	33
18.	SG Wattenscheid 09	34	38:57	31

*) Dem 1. FC Nürnberg wurden sechs, Hertha BSC Berlin drei Punkte abgezogen.

1996/97

1.	1. FC Kaiserslautern	34	74:28	68
2.	VfL Wolfsburg	34	52:29	58
3.	Hertha BSC Berlin	34	57:38	58
4.	FSV Mainz 05	34	50:34	54
5.	Stuttgarter Kickers	34	38:27	53
6.	SpVgg Unterhaching	34	35:29	49
7.	Eintracht Frankfurt	34	43:46	48
8.	VfB Leipzig	34	53:54	46
9.	KFC 05 Uerdingen	34	46:44	44
10.	SV Meppen	34	44:48	44
11.	Fortuna Köln	34	52:47	42
12.	Carl Zeiss Jena	34	44:49	42
13.	FC Gütersloh *	34	43:51	42
14.	FSV Zwickau	34	34:48	42
15.	Waldhof Mannheim	34	45:56	40
16.	VfB Lübeck	34	32:53	36
17.	Rot-Weiß Essen	34	47:74	29
18.	VfB Oldenburg	34	33:67	27

*) Dem FC Gütersloh wurden drei Punkte abgezogen.

1997/98

1.	Eintracht Frankfurt	34	50:32	64
2.	SC Freiburg	34	57:36	61
3.	1. FC Nürnberg	34	52:35	59
4.	FC St. Pauli	34	43:31	56
5.	FC Gütersloh	34	43:26	55
6.	Fortuna Köln	34	53:53	46
7.	Fortuna Düsseldorf	34	52:54	46
8.	Energie Cottbus	34	38:36	45
9.	SpVgg Greuther Fürth	34	32:32	45
10.	FSV Mainz 05	34	55:48	44
11.	SpVgg Unterhaching	34	41:35	44
12.	Stuttgarter Kickers	34	44:47	44
13.	KFC Uerdingen 05	34	36:40	43
14.	SG Wattenscheid 09	34	41:41	40
15.	VfB Leipzig	34	31:51	39
16.	Carl Zeiss Jena	34	39:61	33
17.	FSV Zwickau	34	32:55	28
18.	SV Meppen	34	35:61	27

1998/99

1.	Arminia Bielefeld	34	62:32	67
2.	SpVgg. Unterhaching	34	47:30	63
3.	SSV Ulm 1846	34	63:51	58
4.	Hannover 96	34	52:36	57
5.	Karlsruher SC	34	54:43	56
6.	Tennis Borussia Berlin	34	47:39	54
7.	FSV Mainz 05	34	48:44	50
8.	SpVgg Greuther Fürth	34	40:31	49
9.	FC St. Pauli	34	49:46	45
10.	1. FC Köln	34	46:53	45
11.	Energie Cottbus	34	48:42	41
12.	Rot-Weiß Oberhausen	34	40:47	41
13.	Stuttgarter Kickers	34	38:53	41
14.	Fortuna Köln	34	49:55	40
15.	FC Gütersloh	34	39:58	37
16.	KFC Uerdingen 05	34	34:57	31
17.	SG Wattenscheid 09	34	31:46	30
18.	Fortuna Düsseldorf	34	35:59	28

1999/2000

1.	1. FC Köln	34	68:39	65
2.	VfL Bochum	34	67:48	61
3.	Energie Cottbus	34	62:42	58
4.	1. FC Nürnberg	34	54:46	55
5.	Borussia M'gladbach	34	60:43	54
6.	Rot-Weiß Oberhausen	34	43:34	49
7.	SpVgg Greuther Fürth	34	40:39	46
8.	Alemannia Aachen	34	46:54	46

9. FSV Mainz 05	34	41:42	45
10. Hannover 96	34	56:56	44
11. Chemnitzer FC	34	42:49	43
12. Waldhof Mannheim	34	50:56	42
13. Tennis Borussia Berlin *	34	42:50	40
14. FC St. Pauli	34	37:45	39
15. Stuttgarter Kickers	34	49:58	39
16. Fortuna Köln	34	38:50	35
17. Kickers Offenbach	34	35:58	35
18. Karlsruher SC	34	35:56	27

*) Tennis Borussia Berlin erhielt für 2000/01 keine Lizenz.

2000/01

1. 1. FC Nürnberg	34	58:35	65
2. Borussia M'gladbach	34	62:31	62
3. FC St. Pauli	34	70:52	60
4. Waldhof Mannheim	34	57:42	59
5. SpVgg Greuther Fürth	34	55:38	54
6. LR Ahlen	34	61:53	54
7. SSV Reutlingen	34	64:52	53
8. 1. FC Saarbrücken	34	48:59	50
9. Hannover 96	34	52:45	46
10. Alemannia Aachen	34	42:60	46
11. MSV Duisburg	34	46:40	45
12. Rot-Weiß Oberhausen	34	45:50	45
13. Arminia Bielefeld	34	53:46	41
14. FSV Mainz 05	34	37:45	40
15. VfL Osnabrück	34	40:52	37
16. SSV Ulm 1846	34	42:58	34
17. Stuttgarter Kickers	34	31:51	34
18. Chemnitzer FC	34	24:78	16

2001/02

1. Hannover 96	34	93:37	75
2. Arminia Bielefeld	34	68:38	65
3. VfL Bochum	34	69:49	65
4. FSV Mainz 05	34	66:38	64
5. SpVgg Greuther Fürth	34	62:41	59
6. 1. FC Union Berlin	34	61:41	56
7. Eintracht Frankfurt	34	52:44	54
8. LR Ahlen	34	60:70	48
9. Waldhof Mannheim	34	42:48	45
10. SSV Reutlingen	34	53:57	44
11. MSV Duisburg	34	56:57	43
12. Rot-Weiß Oberhausen	34	55:49	42
13. Karlsruher SC	34	45:51	41
14. Alemannia Aachen	34	41:67	40
15. SpVgg Unterhaching	34	40:49	38
16. 1. FC Saarbrücken	34	30:74	25
17. 1. FC Schweinfurt 05	34	30:70	24
18. SV Babelsberg 03	34	39:82	18

2002/03

1. SC Freiburg	34	58:32	67
2. 1. FC Köln	34	63:45	65
3. Eintracht Frankfurt	34	59:33	62
4. FSV Mainz 05	34	64:39	62
5. SpVgg Greuther Fürth	34	55:35	57
6. Alemannia Aachen	34	57:48	51
7. Eintracht Trier	34	53:46	48
8. MSV Duisburg	34	42:47	46
9. 1. FC Union Berlin	34	36:48	45
10. Wacker Burghausen	34	48:41	44
11. VfB Lübeck	34	51:50	44
12. LR Ahlen	34	48:60	40
13. Karlsruher SC	34	35:47	39
14. Rot-Weiß Oberhausen	34	38:48	37
15. Eintracht Braunschweig	34	33:53	34
16. SSV Reutlingen *	34	43:53	33
17. FC St. Pauli	34	48:67	31
18. Waldhof Mannheim	34	32:71	25

*) Dem SSV Reutlingen wurden sechs Punkte abgezogen.

Bunt gemischt

Fußballer des Jahres

1960 Uwe Seeler (Hamburger SV) – 1961 Max Morlock (1. FC Nürnberg) – 1962 Karl-Heinz Schnellinger (1. FC Köln) – 1963 Hans Schäfer (1. FC Köln) – 1964 Uwe Seeler (Hamburger SV) – 1965 Hans Tilkowski (Borussia Dortmund) – 1966 Franz Beckenbauer (Bayern München) – 1967 Gerd Müller (Bayern München) – 1968 Franz Beckenbauer (Bayern München) – 1969 Gerd Müller (Bayern München) – 1970 Uwe Seeler (Hamburger SV) – 1971 Hans-Hubert Vogts (Borussia Mönchengladbach) – 1972 Günter Netzer (Borussia Mönchengladbach) – 1973 Günter Netzer (Borussia Mönchengladbach) – 1974 Franz Beckenbauer (Bayern München) – 1975 Josef Maier (Bayern München) – 1976 Franz Beckenbauer (Bayern München) – 1977, 1978 Josef Maler (Bayern München) – 1979 Hans-Hubert Vogts (Borussia Mönchengladbach) – 1980 Karl-Heinz Rummenigge (Bayern München) – 1981 Paul Breitner (Bayern München) – 1982 Karlheinz Förster (VfB Stuttgart) – 1983 Rudolf Völler (Werder Bremen) – 1984 Harald Schumacher (1. FC Köln) – 1985 Hans-Peter Briegel (Hellas Verona) – 1986 Harald Schumacher (1. FC Köln) – 1987 Uwe Rahn (Borussia Mönchengladbach) – 1988 Jürgen Klinsmann (VfB Stuttgart) – 1989 Thomas Häßler (1. FC Köln) – 1990 Lothar Matthäus (Inter Mailand) – 1991 Stefan Kuntz (1. FC Kaiserslautern) – 1992 Thomas Häßler (AS Rom) – 1993 Andreas Köpke (1. FC Nürnberg) – 1994 Jürgen Klinsmann (AS Monaco) – 1995, 1996 Matthias Sammer (Borussia Dortmund) – 1997 Jürgen Kohler (Borussia Dortmund) – 1998 Oliver Bierhoff (Udinese Calcio) – 1999 Lothar Matthäus (Bayern München) – 2000, 2001 Oliver Kahn (Bayern München) – 2002 Michael Ballack (Bayer Leverkusen) – 2003 Michael Ballack (Bayern München).

Bundesliga-Torschützenkönige

1964 U. Seeler (Hamburger SV) 30 – 1965 Brunnenmeier (TSV München 1860) 24 – 1966 Emmerich (Borussia Dortmund) 31 – 1967 Emmerich (Borussia Dortmund) und G. Müller (Bayern München) je 28 – 1968 Löhr (1. FC Köln) 27 – 1969 G. Müller (Bayern München) 30 – 1970 G. Müller (Bayern München) 38 – 1971 L. Kobluhn (Rot-Weiß Oberhausen) 24 – 1972 G. Müller (Bayern München) 40 – 1973 G. Müller (Bayern München) 36 – 1974 G. Müller (Bayern München) und Heynckes (Borussia Mönchengladbach) je 30 – 1975 Heynckes (Borussia Mönchengladbach) 27 – 1976 K. Fischer (FC Schalke 04) 29 – 1977 D. Müller (1. FC Köln) 34 – 1978 D. Müller (1. FC Köln) und G. Müller (Bayern München) je 24 – 1979 K. Allofs (Fortuna Düsseldorf) 22 – 1980 K.-H. Rummenigge (Bayern München) 26 – 1981 K.-H. Rummenigge (Bayern München) 29 – 1982 Hrubesch (Hamburger SV) 27 – 1983 Völler (Werder Bremen) 23 – 1984 K.-H. Rummenigge (Bayern München) 26 – 1985 K. Allofs (1. FC Köln) 26 – 1986 Kuntz (VfL Bochum) 22 – 1987 Rahn (Borussia Mönchengladbach) 24 – 1988 Klinsmann (VfB Stuttgart) 19 – 1989 T. Allofs (1. FC Köln) und Wohlfarth (Bayern München) je 17 – 1990 Andersen (Eintracht Frankfurt) 18 – 1991 Wohlfarth (Bayern München) 21 – 1992 F. Walter (VfB Stuttgart) 22 – 1993 Yeboah (Eintracht Frankfurt) und Kirsten (Bayer Leverkusen) je 20 – 1994 Yeboah (Eintracht Frankfurt) und Kuntz (1. FC Kaiserslautern) je 18 – 1995 Herrlich (Borussia Mönchengladbach) und Basler (Werder Bremen) je 20 – 1996 Bobic (VfB Stuttgart) 17 – 1997 Kirsten (Bayer Leverkusen) 22 – 1998 Kirsten (Bayer Leverkusen) 22 – 1999 Preetz (Hertha BSC) 23 – 2000 Max (TSV München 1860) 19 – 2001 Barbarez (Hamburger SV) und Sand (FC Schalke 04) je 22 – 2002 Amoroso (Borussia Dortmund) und Max (TSV München 1860) je 18 – 2003 Christiansen (VfL Bochum) und Elber (Bayern München) je 21.

Gewinner der Bundesliga-Nachwuchsrunde bzw. Reserverunde

1979 **1. FC Kaiserslautern** (– VfB Stuttgart 2:0) – 1980 **1. FC Kaiserslautern** (– MSV Duisburg 2:1) – 1981 **Bayer Leverkusen** (– Karlsruher SC 3:2) – 1982 **SV Waldhof Mannheim** (– Borussia Mönchengladbach 2:0) – 1983 **Borussia Mönchengladbach** (– Eintracht Frankfurt 5:2) – 1984 nicht ausgespielt – ab 1984/85 Adi-Daßler-Pokal – 1985 **Borussia Mönchengladbach** (– Borussia Dortmund 1:0) – 1986 **Borussia Dortmund** (– VfB Stuttgart 4:3 n. V.) – seitdem nicht mehr gespielt. – ab 1994/95 Bundesliga-Reserverunde – 1995 **Bayer Leverkusen** (– Dynamo Dresden 6:1) – 1996 Gruppensieger Nord: FC St. Pauli, Süd: SC Freiburg, West: Borussia Dortmund; Gewinner nicht ausgespielt.

Hallen-Masters/DFB-Hallenpokal

1987 (inoffiziell) in Stuttgart: **Hamburger SV** (– VfB Stuttgart 3:1) – 1988 (ab jetzt offiziell unter DFB-Regie) in Frankfurt: **Bayer Uerdingen** (– Eintracht Frankfurt 5:3) – 1989 in Dortmund: **Werder Bremen** (– VfB Stuttgart 6:3) – 1990 in Dortmund: **Borussia Dortmund** (– Bayer Uerdingen 5:3) – 1991 in

Dortmund: **Borussia Dortmund** (– Werder Bremen 4:4/4:3 im Neunmeterschießern) – 1992 in München: **Borussia Dortmund** (– VfL Bochum 2:1) – 1993 in München: **1. FC Köln** (– VfB Stuttgart 2:1) – 1994 in Dortmund: **Bayer Leverkusen** (– 1. FC Köln 5:1) – 1995 in München: **Karlsruher SC** (– Bayer Leverkusen 6:3) – 1996 in Dortmund: **TSV München 1860** (– Hamburger SV 6:3) – 1997 in München: **1. FC Kaiserslautern** (– Bayern München 3:1) – 1998 in München: **Hansa Rostock** (– FC Schalke 04 4:3) – 1999 in Dortmund: **Borussia Dortmund** (– VfL Wolfsburg 2:1) – 2000 in München: **SpVgg Greuther Fürth** (– Borussia Mönchengladbach 2:3; 2:0 für Fürth gewertet, weil der Spieler Lanzaat (Mönchengladbach) des Dopings überführt wurde) – 2001 in Dortmund: **SpVgg Unterhaching** (– Werder Bremen 1:1/5:4 im Neunmeterschießen) – seitdem nicht mehr ausgespielt.

Torschützenkönige der 2. Bundesliga

2. Liga Nord:
1975 Graul (Arminia Bielefeld) 30 – 1976 Stolzenburg (Tennis Borussia Berlin) 27 – 1977 Gerber (FC St. Pauli) 27 – 1978 Hrubesch (Rot-Weiß Essen) 41 – 1979 Mödrath (Fortuna Köln) 28 – 1980 Sackewitz (Arminia Bielefeld) 35 – 1981 Mill (Rot-Weiß Essen) 40 – 1992 Drulak (VfB Oldenburg) 21.

2. Liga Süd:
1975 Hoffmann (Karlsruher SC) 25 – 1976 Granitza (Röchling Völklingen) 29 – 1977 Emmerich (FV Würzburg 04) 24 – 1978 Günther (Karlsruher SC) 27 – 1979 Kirschner (SpVgg Fürth) 33 – 1980 Günther (Karlsruher SC) 28 – 1981 Neumann (Darmstadt 98) 27 – 1992 Preetz (1. FC Saarbrücken) 17.

2. Bundesliga:
1982 Völler (TSV München 1860) 37 – 1983 Schatzschneider (Fortuna Köln) 31 – 1984 Wohlfarth (MSV Duisburg) und Günther (Karlsruher SC) je 30 – 1985 Burgsmüller (Rot-Weiß Oberhausen) 29 – 1986 Bunk (Blau-Weiß 90 Berlin) 20 – 1987 Reich (Hannover 96) 26 – 1988 Sane (SC Freiburg) 21 – 1989 Demandt (Fortuna Düsseldorf) 35 – 1990 Banach (SG Wattenscheid 09) 22 – 1991 Tönnies (MSV Duisburg) 29 – 1992 zweigleisig – 1993 Reich (VfL Wolfsburg) 27 – 1994 Wegmann (VfL Bochum) 22 – 1995 Rische (VfB Leipzig) 17 – 1996 F. Walter (Arminia Bielefeld) 21 – 1997 Vier (Rot-Weiß Essen) 18 – 1998 Vier (FC Gütersloh) 18 – 1999 Labbadia (Arminia Bielefeld) 28 – 2000 T. Maric (Stuttgarter Kickers) 21 – 2001 Djappa (SSV Reutlingen) und Wichniarek (Arminia Bielefeld) je 18 – 2002 Wichniarek (Arminia Bielefeld) 20 – 2003 Voronin (FSV Mainz 05) 20.

Schiedsrichter des Jahres

1975 Heinz Aldinger (Waiblingen) – 1976 Ferdinand Biwersi (Bliesransbach) – 1977 Walter Eschweiler (Euskirchen) – 1978 Rudolf Frickel (München) – 1979 Jan Redelfs (Hannover) – 1980 Volker Roth (Salzgitter) – 1981 Klaus Ohmsen (Hamburg) – 1982 Walter Horstmann (Hildesheim) – 1983 Franz-Josef Hontheim (Trier) – 1984 Wolf-Dieter Ahlenfelder (Oberhausen) – 1985 Dieter Pauly (Rheydt) – 1986 Volker Roth (Salzgitter) – 1987 Aron Schmidhuber (Ottobrunn) – 1988 Dieter Pauly (Rheydt) – 1989 Karl-Heinz Tritschler (Gundelfingen) – 1990 Dieter Pauly (Rheydt) – 1991, 1992 Aron Schmidhuber (Ottobrunn) – 1993 Karl-Josef Assenmacher (Hürth) – 1994 Hellmut Krug (Gelsenkirchen) – 1995, 1996 Dr. Markus Merk (Kaiserslautern) – 1997 Alfons Berg (Konz) – 1998 Bernd Heynemann (Magdeburg) – 1999 Hellmut Krug (Gelsenkirchen) – 2000 Dr. Markus Merk (Kaiserslautern) – 2001 Herbert Fandel (Kyllburg) – 2002 Hellmut Krug (Gelsenkirchen) – 2003 Hellmut Krug (Gelsenkirchen) und Dr. Markus Merk (Otterbach).

Trainer des Jahres

2002 Klaus Toppmöller (Bayer Leverkusen) – 2003 Felix Magath (VfB Stuttgart).

Der Aufstieg zur Bundesliga

1964

Qualifikation: Wuppertaler SV – FK Pirmasens 0:2 und 1:2.

Gruppe I: Borussia Neunkirchen – Bayern München 0:1 und 2:0; Borussia Neunkirchen – Tasmania 1900 Berlin 1:5 und 1:0; Borussia Neunkirchen – FC St. Pauli 4:1 und 1:0; Bayern München – Tasmania 1900 Berlin 1:1 und 0:3; Bayern München – FC St. Pauli 6:1 und 4:0; Tasmania 1900 Berlin – FC St. Pauli 3:3 und 0:3. – Gruppensieger und Aufsteiger: Borussia Neunkirchen.

Gruppe II: Hannover 96– Hessen Kassel 3:1 und 2:1; Hannover 96– Alemannia Aachen 2:1 und 2:3; Hannover 96– FK Pirmasens 2:0 und 4:0; Hessen Kassel – Alemannia Aachen 2:0 und 2:1; Hessen Kassel – FK Pirmasens 1:4 und 4:2; Alemannia Aachen – FK Pirmasens 5:1 und 0:3. – Gruppensieger und Aufsteiger: Hannover 96.

1965

Qualifikation: FC St. Pauli – SSV Reutlingen 1:0 und 1:4 n. Verl.

Gruppe I: Borussia Mönchengladbach – SSV Reutlingen 7:0 und 1:1; Borussia Mönchengladbach – Holstein Kiel 1:0 und 2:4; Borussia Mönchengladbach – Wormatia Worms 1:1 und 5:1; SSV Reutlingen – Holstein Kiel 1:1 und 1:1; SSV Reutlingen – Wormatia Worms 3:0 und 2:1; Holstein Kiel – Wormatia Worms 3:4 und 3:0. – Gruppensieger und Aufsteiger: Borussia Mönchengladbach.

Gruppe II: Bayern München -1. FC Saarbrücken 5:0 und 0:1; Bayern München – Alemannia Aachen 2:1 und 1:1; Bayern München – Tennis Borussia Berlin 2:0 und 8:0; 1. FC Saarbrücken – Alemannia Aachen 3:1 und 1:2; 1. FC Saarbrücken – Tennis Borussia 5:0 und 2:5; Alemannia Aachen – Tennis Borussia 5:4 und 1:1. – Gruppensieger und Aufsteiger: Bayern München.

1966

Qualifikation: 1. FC Saarbrücken – SC Göttingen 05 4:0 und 3:0.

Gruppe I: Fortuna Düsseldorf – FK Pirmasens 2:0 und 2:3; Fortuna Düsseldorf – Hertha BSC Berlin 4:1 und 2:3; Fortuna Düsseldorf – Kickers Offenbach 2:0 und 5:1; FK Pirmasens – Hertha BSC Berlin 2:1 und 1:1; FK Pirmasens – Kickers Offenbach 2:0 und 2:2; Hertha BSC Berlin – Kickers Offenbach 2:1 und 0:1. – Gruppensieger und Aufsteiger: Fortuna Düsseldorf.

Gruppe II: Rot-Weiß Essen – FC St. Pauli 0:1 und 0:1; Rot-Weiß Essen – 1. FC Saarbrücken 3:2 und 2:1; Rot-Weiß Essen – FC Schweinfurt 05 3:0 und 2:1; FC St. Pauli – 1. FC Saarbrücken 3:2 und 1:3; FC St. Pauli – FC Schweinfurt 05 3:1 und 1:2; 1. FC Saarbrücken – FC Schweinfurt 05 4:2 und 0:0. – Gruppensieger und Aufsteiger: Rot-Weiß Essen.

1967

Gruppe I: Borussia Neunkirchen – Schwarz-Weiß Essen 2:0 und 1:1; Borussia Neunkirchen – Arminia Hannover 2:1 und 4:3; Borussia Neunkirchen – Bayern Hof 4:0 und 2:5; Borussia Neunkirchen – Hertha BSC Berlin 0:1 und 2:1; Schwarz-Weiß Essen – Arminia Hannover 2:1 und 4:0; Schwarz-Weiß Essen – Bayern Hof 2:3 und 0:0; Schwarz-Weiß Essen – Hertha BSC 3:2 und 1:0; Arminia Hannover – Bayern Hof 3:0 und 2:1; Arminia Hannover – Hertha BSC 1:1 und 3:0; Bayern Hof – Hertha BSC 2:1 und 0:2. – Gruppensieger und Aufsteiger: Borussia Neunkirchen.

Gruppe II: Alemannia Aachen – Kickers Offenbach 2:1 und 2:3; Alemannia Aachen – 1. FC Saarbrücken 3:0 und 0:3; Alemannia Aachen – SC Göttingen 05 3:1 und 2:1; Alemannia Aachen – Tennis Borussia Berlin 7:2 und 4:3; Kickers Offenbach – 1. FC Saarbrücken 3:4 und 0:0; Kickers Offenbach – SC Göttingen 05 2:0 und 2:2; Kickers Offenbach – Tennis Borussia Berlin 2:0 und 2:0; 1. FC Saarbrücken – **SC** Göttingen 05 2:2 und 1:1; 1. FC Saarbrücken – Tennis Borussia Berlin 2:4 und 2:2; SC Göttingen 05 – Tennis Borussia Berlin 1:0 und 1:1. – Gruppensieger und Aufsteiger: Alemannia Aachen.

1968

Gruppe I: Kickers Offenbach – Bayer Leverkusen 2:1 und 1:1; Kickers Offenbach – TuS Neuendorf 0:0 und 2:0; Kickers Offenbach – Tennis Borussia Berlin 4:1 und 4:1; Kickers Offenbach – Arminia Hannover 1:0 und 2:3; Bayer Leverkusen – TuS Neuendorf 1:1 und 1:1; Bayer Leverkusen – Tennis Borussia Berlin 4:2 und 4:1; Bayer Leverkusen – Arminia Hannover 1:1 und 4:1; TuS Neuendorf – Tennis Borussia Berlin 1:2 und 1:1; TuS Neuendorf – Arminia Hannover 1:0 und 1:1; Tennis Borussia Berlin – Arminia Hannover 1:0 und 2:1. – Gruppensieger und Aufsteiger: Kickers Offenbach.

Gruppe II: Hertha BSC Berlin – Rot-Weiß Essen 2:2 und 2:0; Hertha BSC – SV Alsenborn 1:2 und 1:1; Hertha BSC – SC Göttingen 05 1:0 und 0:0; Hertha BSC – Bayern Hof 2:0 und 3:2; Rot-Weiß Essen – SV Alsenborn 1:1 und 3:2; Rot-Weiß Essen – SC Göttingen 05 1:0 und 0:1; Rot-Weiß Essen – Bayern Hof 1:0 und 1:1; SV Alsenborn – SC Göttingen 05 0:3 und 3:2; SV Alsenborn – Bayern Hof 1:2 und 2:1; SC Göttingen 05 – Bayern Hof 3:1 und 1:5. – Gruppensieger und Aufsteiger: Hertha BSC Berlin.

1969

Gruppe I: Rot-Weiß Oberhausen – Freiburger FC 0:0 und 1:3; Rot-Weiß Oberhausen – SV Alsenborn 4:1 und 4:1; Rot-Weiß Oberhausen – Hertha Zehlendorf 1:0 und 2:3; Rot-Weiß Oberhausen – VfB Lübeck 1:0 und 4:1; Freiburger FC – SV Alsenborn 2:3 und 0:2; Freiburger FC – Hertha Zehlendorf 1:0 und 3:2; Freiburger FC – VfB Lübeck 5:1 und 2:1; SV Alsenborn – Hertha Zehlendorf 4:0 und 0:3; SV Alsenborn – VfL Lübeck 6:2 und 3:0; Hertha Zehlendorf – VfB Lübeck 3:1 und 4:4. – Gruppensieger und Aufsteiger: Rot-Weiß Oberhausen.

Gruppe II: Rot-Weiß Essen – VfL Osnabrück 3:1 und 3:3; Rot-Weiß Essen – Karlsruher SC 5:0 und 2:2; Rot-Weiß Essen – Tasmania 1900 Berlin 3:1 und 3:0; Rot-Weiß Essen – TuS Neuendorf 4:2 und 5:0; VfL Osnabrück – Karlsruher SC 2:1 und 1:1; VfL Osnabrück – Tasmania 1900 Berlin 2:0 und 2:0; VfL Osnabrück – TuS Neuendorf 2:0 und 0:0; Karlsruher SC – Tasmania 1900 Berlin 5:0 und 1:0; Karlsruher SC – TuS Neuendorf 2:4 und 2:1; Tasmania 1900 Berlin – TuS Neuendorf 2:0 und 2:1. – Gruppensieger und Aufsteiger: Rot-Weiß Essen.

1970

Gruppe I: Arminia Bielefeld – Karlsruher SC 3:1 und 0:1; Arminia Bielefeld – SV Alsenborn 3:0 und 1:0; Arminia Bielefeld – Tennis Borussia Berlin 1:1 und 2:0; Arminia Bielefeld – VfL Osnabrück 3:0 und 0:0; Karlsruher SC – SV Alsenborn 2:0 und 3:2; Karlsruher SC – Tennis Borussia Berlin 0:0 und 2:1; Karlsruher SC – VfL Osnabrück 6:0 und 1:2; SV Alsenborn – Tennis Borussia Berlin 5:1 und 1:0; SV Alsenborn – VfL Osnabrück 3:2 und 1:0; Tennis Borussia Berlin – VfL Osnabrück 1:1 und 3:1. – Gruppensieger und Aufsteiger: Arminia Bielefeld.

Gruppe II: Kickers Offenbach – VfL Bochum 2:1 und 1:1; Kickers Offenbach – Hertha Zehlendorf 3:0 und 1:2; Kickers Offenbach – VfL Wolfsburg 2:1 und 3:1; Kickers Offenbach – FK Pirmasens 4:1 und 1:1; VfL Bochum – Hertha Zehlendorf 3:0 und 0:2; VfL Bochum – VfL Wolfsburg 4:0 und 0:1; VfL Bochum – FK Pirmasens 3:1 und 2:0; Hertha Zehlendorf – VfL Wolfsburg 5:1 und 1:3; Hertha Zehlendorf – FK Pirmasens 7:2 und 0:1; VfL Wolfsburg – FK Pirmasens 2:2 und 1:4. – Gruppensieger und Aufsteiger: Kickers Offenbach.

1971

Gruppe I: VfL Bochum – VfL Osnabrück 3:1 und 4:2; VfL Bochum – FK Pirmasens 5:2 und 0:1; VfL Bochum – Karlsruher SC 1:0 und 2:1; VfL Bochum – Tasmania 1900 Berlin 4:2 und 4:2; VfL Osnabrück – FK Pirmasens 1:3 und 1:0; VfL Osnabrück – Karlsruher SC 1:1 und 3:0; VfL Osnabrück – Tasmania 1900 Berlin 1:0 und 1:2; FK Pirmasens – Karlsruher SC 3:1 und 0:1; FK Pirmasens – Tasmania 1900 Berlin 2:2 und 0:3; Karlsruher SC – Tasmania 1900 Berlin 2:1 und 3:1. – Gruppensieger und Aufsteiger: VfL Bochum.

Gruppe II: Fortuna Düsseldorf – Borussia Neunkirchen 2:0 und 2:2; Fortuna Düsseldorf – FC St. Pauli 3:1 und 1:1; Fortuna Düsseldorf – 1. FC Nürnberg 2:1 und 2:0; Fortuna Düsseldorf – Wacker 04 Berlin 3:0 und 4:2; Borussia Neunkirchen – FC St. Pauli 3:0 und 1:2; Borussia Neunkirchen – 1. FC Nürnberg 1:0 und 0:2; Borussia Neunkirchen – Wacker 04 Berlin 2:1 und 2:0; FC St. Pauli – 1. FC Nürnberg 1:1 und 1:5; FC St. Pauli – Wacker 04 Berlin 3:0 und 1:0; 1. FC Nürnberg – Wacker 04 Berlin 3:0 und 2:3. – Gruppensieger und Aufsteiger: Fortuna Düsseldorf.

1972

Gruppe I: Wuppertaler SV – VfL Osnabrück 5:0 und 4:0; Wuppertaler SV – Borussia Neunkirchen 3:2 und 2:0; Wuppertaler SV – Bayern Hof 2:0 und 2:1; Wuppertaler SV – Tasmania 1900 Berlin 5:2 und 3:0; VfL Osnabrück – Borussia Neunkirchen 2:0 und 0:2; VfL Osnabrück – Bayern Hof 4:3 und 1:1; VfL Osnabrück – Tasmania 1900 Berlin 1:0 und 0:0; Borussia Neunkirchen – Bayern Hof 4:3 und 1:3; Borussia Neunkirchen – Tasmania 1900 Berlin 10:0 und 1:3; Bayern Hof – Tasmania 1900 Berlin 6:0 und 1:3. – Gruppensieger und Aufsteiger: Wuppertaler SV (ohne Verlustpunkt!).

Gruppe II: Kickers Offenbach – Rot-Weiß Essen 2:2 und 1:1; Kickers Offenbach – FC St. Pauli 6:0 und 0:0; Kickers Offenbach – Wacker 04 Berlin 4:1 und 6:0; Kickers Offenbach – Röchling Völklingen 7:2 und 3:1; Rot-Weiß Essen – FC St. Pauli 6:1 und 0:0; Rot-Weiß Essen – Wacker 04 Berlin 5:0 und 4:0; Rot-Weiß Essen – Röchling Völklingen 2:1 und 2:1; FC St. Pauli – Wacker 04 Berlin 1:2 und 1:1; FC St. Pauli – Röchling Völklingen 1:0 und 3:1; Wacker 04 Berlin – Röchling Völklingen 1:6 und 3:2. – Gruppensieger und Aufsteiger: Kickers Offenbach.

1973

Gruppe I: Fortuna Köln – FC St. Pauli 2:3 und 2:1; Fortuna Köln – FSV Mainz 05 3:0 und 0:0; Fortuna Köln – Karlsruher SC 6:0 und 2:1; Fortuna Köln – Blau-Weiß 90 Berlin 7:0 und 3:0; FC St. Pauli – FSV Mainz 05 2:2 und 0:3; FC St. Pauli – Karlsruher SC 2:2 und 5:4; FC St. Pauli – Blau-Weiß 90 Berlin 4:1 und 6:2; FSV Mainz 05 – Karlsruher SC 4:1 und 1:1; FSV Mainz 05 – Blau-Weiß 90 Berlin 5:1 und 2:3; Karlsruher SC – Blau-Weiß 90 Berlin 5:1 und 3:2. – Gruppensieger und Aufsteiger: Fortuna Köln

Gruppe II: Rot-Weiß Essen – SV Darmstadt 98 3:1 und 2:2; Rot-Weiß Essen – Röchling Völklingen 3:1 und 4:0; Rot-Weiß Essen – VfL Osnabrück 4:1 und 2:1; Rot-Weiß Essen – Wacker 04 Berlin 3:0 und 2:2;

SV Darmstadt 98 – Röchling Völklingen 5:0 und 1:1; SV Darmstadt 98 – VfL Osnabrück 5:3 und 1:2; SV Darmstadt 98– Wacker 04 Berlin 2:2 und 1:1; Röchling Völklingen – VfL Osnabrück 2:0 und 2:1; Röchling Völklingen – Wacker 04 Berlin 3:1 und 1:2; VfL Osnabrück – Wacker 04 Berlin 2:1 und 2:0. – Gruppensieger und Aufsteiger: Rot-Weiß Essen.

1974

Gruppe I: Eintracht Braunschweig – 1. FC Nürnberg 2:0 und 0:1; Eintracht Braunschweig – SG Wattenscheid 09 2:3 und 0:0; Eintracht Braunschweig – Wacker 04 Berlin 2:1 und 3:1; Eintracht Braunschweig – 1. FC Saarbrücken 3:0 und 1:0; 1. FC Nürnberg – SG Wattenscheid 09 1:0 und 2:1; 1. FC Nürnberg – Wacker 04 Berlin 9:1 und 0:5; 1. FC Nürnberg – 1. FC Saarbrücken 3:1 und 2:2; SG Wattenscheid 09 –Wacker 04 Berlin 1:1 und 2:3; SG Wattenscheid 09 –1. FC Saarbrücken 2:1 und 2:1; Wacker 04 Berlin – 1. FC Saarbrücken 0:1 und 1:0. – Gruppensieger und Aufsteiger: Eintracht Braunschweig.
Gruppe II: Tennis Borussia Berlin – FC Augsburg 2:2 und 2:2; Tennis Borussia – Rot-Weiß Oberhausen 3:1 und 0:4; Tennis Borussia – Borussia Neunkirchen 0:0 und 1:1; Tennis Borussia – FC St. Pauli 3:1 und 2:0; FC Augsburg – Rot-Weiß Oberhausen 2:2 und 2:3; FC Augsburg – Borussia Neunkirchen 2:1 und 1:1; FC Augsburg – FC St. Pauli 4:4 und 3:2; Rot-Weiß Oberhausen – Borussia Neunkirchen 1:2 und 1:0; Rot-Weiß Oberhausen – FC St. Pauli 2:1 und 0:3; Borussia Neunkirchen – FC St. Pauli 2:5 und 1:0. – Gruppensieger und Aufsteiger: Tennis Borussia Berlin.

1975

Nach Einführung der 2. Liga stiegen die Sieger der beiden Gruppen Nord und Süd direkt in die Bundesliga auf. Den dritten Aufsteiger ermittelten die beiden Zweiten der Gruppen Nord und Süd.
Meister 2. Liga Nord: Hannover 96, Meister 2. Liga Süd: Karlsruher SC.
Entscheidungsspiele der Gruppenzweiten: FK Pirmasens – Bayer 05 Uerdingen 4:4 und 0:6.

1976

Meister 2. Liga Nord: Tennis Borussia Berlin, Meister 2. Liga Süd: 1. FC Saarbrücken.
1. FC Nürnberg – Borussia Dortmund 0:1 und 2:3.

1977

Meister 2. Liga Nord: FC St. Pauli, Meister 2. Liga Süd: VfB Stuttgart.
Arminia Bielefeld – TSV München 1860 4:0, 0:4, 0:2 (in Frankfurt).

1978

Meister 2. Liga Nord: Arminia Bielefeld, Meister 2. Liga Süd: SV Darmstadt 98.
1. FC Nürnberg – Rot-Weiß Essen 1:0 und 2:2.

1979

Meister 2. Liga Nord: Bayer Leverkusen, Meister 2. Liga Süd: TSV München 1860.
Spvgg Bayreuth – Bayer Uerdingen 1:1 und 1:2.

1980

Meister 2. Liga Nord: Arminia Bielefeld, Meister 2. Liga Süd: 1. FC Nürnberg.
Karlsruher SC – Rot-Weiß Essen 5:1 und 1:3.

1981

Meister 2. Liga Nord: Werder Bremen, Meister 2. Liga Süd: SV Darmstadt 98.
Kickers Offenbach – Eintracht Braunschweig 1:0 und 0:2.

1982

Neuer Modus nach Einführung der eingleisigen 2. Bundesliga. Automatisch stiegen auf: der Meister (FC Schalke 04) und Zweite (Hertha BSC Berlin). Der Dritte spielte gegen den 16. der Bundesliga um Aufstieg bzw. Verbleib in der obersten Spielklasse (Relegation):
Kickers Offenbach – Bayer Leverkusen 0:1 und 1:2.

1983

Automatische Aufsteiger: SV Waldhof Mannheim (Meister) und Kickers Offenbach (Zweiter).
Relegation: Bayer Uerdingen – FC Schalke 04 3:1 und 1:1.

1984

Automatische Aufsteiger: Karlsruher SC (Meister) und Schalke 04 (Zweiter).
Relegation: MSV Duisburg – Eintracht Frankfurt 0:5 und 1:1.

1985

Automatische Aufsteiger: 1. FC Nürnberg (Meister) und Hannover 96 (Zweiter).
Relegation: 1. FC Saarbrücken – Arminia Bielefeld 2:0 und 1:1.

1986

Automatische Aufsteiger: FC Homburg 08 (Meister) und Blau-Weiß 90 Berlin (Zweiter).
Relegation: Fortuna Köln – Borussia Dortmund 2:0, 1:3 und 0:8 (in Düsseldorf).

1987

Automatische Aufsteiger: Hannover 96 (Meister) und Karlsruher SC (Zweiter).
Relegation: FC Homburg – FC St. Pauli 3:1 und 1:2.

1988

Automatische Aufsteiger: Stuttgarter Kickers (Meister) und FC St. Pauli Hamburg (Zweiter).
Relegation: SV Darmstadt 98 – SV Waldhof Mannheim 3:2, 1:2 und n. V. 0:0/4:5 im Elfmeterschißen (in Saarbrücken).

1989

Automatische Aufsteiger: Fortuna Düsseldorf (Meister) und FC 08 Homburg (Zweiter).
Relegation: Eintracht Frankfurt – 1. FC Saarbrücken 2:0 und 1:2.

1990

Automatische Aufsteiger: Hertha BSC Berlin (Meister) und SG Wattenscheid 09 (Zweiter).
Relegation: 1. FC Saarbrücken – VfL Bochum 0:1 und 1:1.

1991

Automatische Aufsteiger: FC Schalke 04 (Meister) und MSV Duisburg (Zweiter).
Relegation: FC St. Pauli – Stuttgarter Kickers 1:1, 1:1 und 1:3 (in Gelsenkirchen).
Dazu kommen aus der ehem. DDR Hansa Rostock und Dynamo Dresden (1991/92 Bundesliga mit 20 Vereinen).

1992

Ab 1992/93 drei feste Absteiger aus und drei feste Aufsteiger in die Bundesliga.

Die Meister der Landes- bzw. Regional-Verbände

(Bis zur Einführung der Bundesliga 1963)

Süddeutschland:
1899 Freiburger FC – 1900 Straßburger FV – 1901, 1902, 1903, 1904, 1905 Karlsruher FV – 1906 1. FC Pforzheim – 1907 Freiburger FC – 1908 Stuttgarter Kickers – 1909 Phönix Karlsruhe – 1910, 1911, 1912 Karlsruher FV – 1913 Stuttgarter Kickers – 1914 SpVgg Fürth – 1916 1. FC Nürnberg – 1917 Stuttgarter Kickers – 1918 1. FC Nürnberg – 1920, 1921 1. FC Nürnberg – 1922 Wacker München – 1923 SpVgg Fürth – 1924 1. FC Nürnberg – 1925 VfR Mannheim – 1926 Bayern München – 1927 1. FC Nürnberg – 1928 Bayern München – 1929 1. FC Nürnberg – 1930 Eintracht Frankfurt – 1931 SpVgg Fürth – 1932 Eintracht Frankfurt – 1933 FSV Frankfurt – (ab 1945/46 Oberliga Süd) – 1946 VfB Stuttgart – 1947, 1948 1. FC Nürnberg – 1949 Kickers Offenbach – 1950 SpVgg Fürth – 1951 1. FC Nürnberg – 1952 VfB Stuttgart – 1953 Eintracht Frankfurt – 1954 VfB Stuttgart – 1955 Kickers Offenbach – 1956 Karlsruher SC – 1957 1. FC Nürnberg – 1958 Karlsruher SC – 1959 Eintracht Frankfurt – 1960 Karlsruher SC – 1961, 1962 1. FC Nürnberg – 1963 TSV München 1860.

Westdeutschland:
1903 SC Köln 99 – 1904, 1905 Duisburger SV – 1906 SC Köln 99 – 1907 Düsseldorfer SC 99 – 1908 Duisburger SV – 1909 FC M.-Gladbach – 1910, 1911 Duisburger SV – 1912 Kölner BC – 1913, 1914 Duisburger SV – 1920 Borussia M.-Gladbach – 1921 Duisburger SV – 1922 Arminia Bielefeld (Vertreter) – 1923 Arminia Bielefeld – 1924 Duisburger SV – 1925 Duisburger SV (ernannt) – 1926 VfR Köln – 1927 Duisburger SV – 1928 SpVgg Köln-Sülz 07 – 1929, 1930 FC Schalke 04 – 1931 Fortuna Düsseldorf – 1932, 1933 FC Schalke 04 – (ab 1947/48 Oberliga West) – 1948, 1949, 1950 Borussia Dortmund – 1951 FC Schalke 04 – 1952 Rot-Weiß Essen – 1953 Borussia Dortmund – 1954 1. FC Köln – 1955 Rot-Weiß Essen – 1956, 1957 Borussia Dortmund – 1958 FC Schalke 04 – 1959 Westfalia Herne – 1960, 1961, 1962, 1963 1. FC Köln.

Norddeutschland:
1906, 1907 Victoria Hamburg – 1908 Eintracht Braunschweig – 1909 Altonaer FC 93 – 1910, 1911, 1912 Holstein Kiel – 1913 Eintracht Braunschweig – 1914 Altonaer FC 93 – 1917 Borussia Harburg – 1919 Kriegsgem. Victoria/Hamburger FC 88 – 1920 Arminia Hannover – 1921, 1922, 1923, 1924, 1925 Hamburger SV – 1926, 1927 Holstein Kiel – 1928, 1929 Hamburger SV – 1930 Holstein Kiel – 1931, 1932, 1933 Hamburger SV – (ab 1947/48 Oberliga Nord) – 1948, 1949, 1950, 1951, 1952, 1953 Hamburger SV – 1954 Hannover 96 – 1955, 1956, 1957, 1958, 1959, 1960, 1961, 1962, 1963 Hamburger SV.

Mitteldeutschland:
1902 Wacker Leipzig – 1903, 1904 VfB Leipzig – 1905 Dresdner SC – 1906, 1907 VfB Leipzig – 1908 Wacker Leipzig – 1909 SC Erfurt – 1910, 1911 VfB Leipzig – 1912 SpVgg Leipzig – 1913 VfB Leipzig – 1914 SpVgg Leipzig – 1916 Eintracht Leipzig – 1917 VfL Halle 96 – 1918 VfB Leipzig – 1919 VfL Halle 96 – 1920 VfB Leipzig – 1921 Wacker Halle – 1922 SpVgg Leipzig – 1923 Guts Muths Dresden – 1924 SpVgg Leipzig – 1925 VfB Leipzig – 1926 Dresdner SC – 1927 VfB Leipzig – 1928 Wacker Halle – 1929, 1930, 1931 Dresdner SC – 1932 Polizei Chemnitz – 1933 Dresdner SC.

Brandenburg:
1898 TuFC Britannia – 1899, 1900, 1901 BFC Preußen – 1902 TuFC Viktoria 89 – 1903, 1904 TuFC Britannia – 1905 TuFC Union 92 – 1906 BFC Hertha 92 – 1907, 1908, 1909 TuFC Viktoria 89 – 1910 BFC Preußen – 1911 TuFC Viktoria 89 – 1912 BFC Preußen – 1913 TuFC Viktoria 89 – 1914 Berliner BC – 1915 BFC Hertha 92 – 1916 TuFC Viktoria 89 – 1917, 1918 BFC Hertha 92 – 1919 TuFC Viktoria 89 – 1920 Union Oberschöneweide – 1921 BFC Vorwärts 90 – 1922 FC Norden-Nordwest – 1923 Union Oberschöneweide – 1924 TuFC Alemannia 90 – 1925, 1926, 1927, 1928, 1929, 1930, 1931 Hertha BSC – 1932 Tennis Borussia – 1933 Hertha BSC.

Märkischer Fußball-Verband:
1903 BFC Vorwärts 90 – 1904 FC Weißensee 1900 – 1905 TuFC Alemannia 90 – 1906 SV Norden-Nordwest – 1907 TuFC Alemannia 90 – 1908 FC Norden-Nordwest – 1909, 1910, 1911 SC Tasmania 1900.

Berlin:
(Bis 1950 mit den Vereinen des Ostsektors, ab 1951 nur Westberliner Klubs) – 1946 Wilmersdorf (Berliner SV 92) – 1947 Charlottenburg (Tennis Borussia) – 1948 Union Oberschöneweide – 1949 Berliner SV 92 – 1950, 1951, 1952 Tennis Borussia – 1953 SC Union 06 – 1954 Berliner SV 92 – 1955, 1956 BFC Viktoria 89 – 1957 Hertha BSC – 1958 Tennis Borussia – 1959, 1960 SC Tasmania 1900 – 1961 Hertha BSC – 1962 SC Tasmania 1990 – 1963 Hertha BSC .

Erläuterungen zu den Vereinen:
Britannia jetzt Berliner SV 92; Union 92 und Vorwärts 90 fusionierten zu Blau-Weiß 90; Hertha BSC war eine Fusion von Hertha 92 und Berliner SC (1923–30). Nach der Trennung wurde der Name „Hertha BSC" beibehalten.

Südwestdeutschland:
1946 1. FC Saarbrücken – 1947, 1948, 1949, 1950, 1951 1. FC Kaiserslautern – 1952 1. FC Saarbrücken – 1953, 1954, 1955, 1956, 1957 1. FC Kaiserslautern – 1958, 1959, 1960 FK Pirmasens – 1961 1. FC Saarbrücken – 1962 Borussia Neunkirchen – 1963 1. FC Kaiserslautern.

Baltenverband:[*)]
1908, 1909 VfB Königsberg – 1910 Prussia Samland Königsberg – 1911 Lituania Tilsit – 1912 VfL Danzig – 1913, 1914 Prussia Samland Königsberg – 1920 Titania Stettin – 1921, 1922, 1923, 1924, 1925, 1926 VfB Königsberg – 1927 Titania Stettin – 1928, 1929, 1930 VfB Königsberg – 1931 Prussia Samland Königsberg – 1932 Hindenburg Allenstein – 1933 Prussia Samland Königsberg.

Pommern:
1931 Polizei Stettin – 1932 Viktoria Stolp – 1933 Stettiner SC.

*) Von 1914 bis 1930 mit Einschluss Pommerns, ab 1931 Pommernmeister getrennt.

Südostdeutschland:
1906, 1907 Schlesien Breslau – 1908 VfR Breslau – 1909 Alemannia Cottbus – 1910 VfR Breslau – 1911 Askania Forst – 1912 ATV Liegnitz – 1913, 1914 Askania Forst – 1920, 1921, 1922, 1923, 1924 Spfr. Breslau – 1925 Viktoria Forst – 1926 SC Breslau 08 – 1927 Spfr. Breslau – 1928 SC Breslau 08 – 1929 Preußen Hindenburg – 1930, 1931, 1932, 1933 SuSV Beuthen 09.

Die Gaumeister von 1934–1945

Ostpreußen
1934 Preußen Danzig – 1935 Yorck Boyen Insterburg – 1936, 1937 Hindenburg Allenstein – 1938 Yorck Boyen Insterburg – 1939 Hindenburg Allenstein – 1940, 1941, 1942, 1943, 1944 VfB Königsberg – 1945 nicht beendet.

Danzig-Westpreußen (ab 1940/41)
1941 Preußen Danzig – 1942 HUS Marienwerder – 1943 SV Neufahrwasser – 1944 LSV Danzig – 1945 nicht beendet.

Wartheland (ab 1941/42)
1942 Polizei Litzmannstadt – 1943 DMW Posen – 1944 SDW Posen – 1945 nicht beendet.

Generalgouvernement (ab 1941/42)
1942 LSV Boelcke Krakau – 1943 Adler Deblin (Vertreter bei der DM: SG Warschau) – 1944 LSV Mölders Krakau – 1945 nicht beendet.

Pommern
1934 Viktoria Stolp – 1935 Stettiner SC – 1936, 1937 Viktoria Stolp – 1938 Stettiner SC – 1939 Viktoria Stolp – 1940 VfL Stettin – 1941 LSV Stettin – 1942, 1943 LSV Pütnitz – 1944 HSV Groß-Born – 1945 nicht beendet.

Brandenburg
1934 BFC Viktoria 09 – 1935 Hertha BSC – 1936 Berliner SV 92 – 1937 Hertha BSC – 1938 Berliner SV 92 – 1939 SV Blau-Weiß 90 – 1940 Union Oberschöneweide – 1941 Tennis Borussia – 1942 SV Blau-Weiß 90 – 1943 Berliner SV 92 – 1944 Hertha BSC – 1945 nicht beendet.

Schlesien
1934 SuSV Beuthen 09 – 1935, 1936 Vorwärts-Rasensport Gleiwitz – 1937 SuSV Beuthen 09 – 1938, 1939, 1940, 1941 Vorwärts-Rasensport Gleiwitz – danach in die Gaue Ober- und Niederschlesien unterteilt.

Oberschlesien (ab 1941/42)
1942, 1943, 1944 Germania Königshütte – 1945 nicht beendet.

Niederschlesien (ab 1941/42)
1942 SpVgg Breslau 02 – 1943 Reinecke Brieg – 1944 STC Hirschberg – 1945 nicht beendet.

Mitte
1934 Wacker Halle – 1935, 1936 1. SV Jena – 1937, 1938, 1939 SV Dessau 05 – 1940, 1941 1. SV Jena – 1942, 1943, 1944 SV Dessau 05 – 1945 nicht beendet.

Sachsen
1934 Dresdner SC – 1935, 1936 PSV Chemnitz – 1937, 1938 BC Hartha – 1939, 1940, 1941 Dresdner SC – 1942 SC Planitz – 1943, 1944 Dresdner SC – 1945 nicht beendet.

Nordmark
1934, 1935, 1936 Elmsbütteler TV – 1937, 1938, 1939 Hamburger SV – 1940 Elmsbütteler TV – 1941 Hamburger SV – 1942 Elmsbütteler TV – danach in die Gaue Hamburg, Mecklenburg und Schleswig-Holstein unterteilt.

Hamburg (ab 1942/43)
1943 SC Victoria – 1944 LSV Hamburg – 1945 Hamburger SV.

Mecklenburg (ab 1942/43)
1943 TSG Rostock – 1944 LSV Rerick – 1945 nicht beendet.

Schleswig-Holstein (ab 1942/43)
1943, 1944 Holstein Kiel – 1945 nicht beendet.

Niedersachsen
1934 Werder Bremen – 1935 Hannover 96 – 1936, 1937 Werder Bremen – 1938 Hannover 96 – 1939, 1940 VfL Osnabrück – 1941 Hannover 96 – 1942 Werder Bremen – danach in die Gaue Weser-Ems, Südhannover-Braunschweig und Osthannover (ab 1943/44) unterteilt.

Weser-Ems (ab 1942/43)
1943, 1944 SpVgg Wilhelmshaven 05 – 1945 nicht beendet.

Südhannover-Braunschweig (ab 1942/43)
1943, 1944 Eintracht Braunschweig – 1945 nicht beendet.

Osthannover (ab 1943/44)
1944 WSV Celle – 1945 nicht beendet.

Westfalen
1934, 1935, 1936, 1937, 1938, 1939, 1940, 1941, 1942, 1943, 1944 FC Schalke 04 – 1945 nicht beendet.

Niederrhein
1934, 1935 VfL Benrath – 1936, 1937, 1938, 1939, 1940 Fortuna Düsseldorf – 1941 TuS Helene Essen – 1942 SV Hamborn 07 – 1943 Westende Hamborn – 1944 KSG Duisburg – 1945 nicht beendet.

Mittelrhein
1934 Mülheimer SV – 1935 VfR Köln – 1936 CfR Köln – 1937 VfR Köln – 1938 SV Beuel 06*) – 1939 SpVgg Köln-Sülz 07 – 1940 Mülheimer SV – 1941, 1942 VfL 99 Köln – danach in Köln-Aachen umbenannt, ein Teil des Spielgebietes wurde dem Gau Moselland zugeteilt.
*) Nachdem ein Protest von Alemannia Aachen verworfen worden war. Da inzwischen aber die Endrunde um die Deutsche Meisterschaft begonnen hatte, nahm Aachen als Mittelrhein-Teilnehmer daran teil.

Köln-Aachen (ab 1942/43)
1943 Victoria Köln – 1944 VfL 99/Sülz 07 Köln – 1945 nicht beendet.

Moselland (ab 1941/42)
1942 Stade Düdelingen – 1943, 1944 TuS Neuendorf – 1945 nicht beendet.

Hessen
1934 Borussia Fulda – 1935, 1936 FC Hanau 93 – 1937 SV Kassel – 1938 FC Hanau 93 – 1939, 1940 CSC 03 Kassel – 1941 Borussia Fulda – danach in Kurhessen umbenannt, ein Teil des Spielgebietes wurde dem Gau Hessen-Nassau zugeteilt.

Kurhessen (ab 1941/42)
1942 Borussia Fulda – 1943 SV Kassel – 1944 Borussia Fulda – 1945 nicht beendet.

Südwest
1934 Kickers Offenbach – 1935 Phönix Ludwigshafen – 1936, 1937 Wormatia Worms – 1938 Eintracht Frankfurt – 1939 Wormatia Worms – 1940, 1941 Kickers Offenbach – danach aufgeteilt in die Gaue Hessen-Nassau und Westmark.

Hessen-Nassau (ab 1941/42)
1942, 1943, 1944 Kickers Offenbach – 1945 nicht beendet.

Westmark (ab 1941/42)
1942 1. FC Kaiserslautern – 1943 FV Saarbrücken – 1944 KSG Saarbrücken – 1945 nicht beendet.

Baden
1934 SV Waldhof – 1935 VfR Mannheim – 1936, 1937 SV Waldhof – 1938, 1939 VfR Mannheim – 1940 SV Waldhof – 1941 VfL Neckarau 1942 SV Waldhof – 1943, 1944 VfR Mannheim – 1945 SV Waldhof.

Elsaß (ab 1940/41)
1941 FC 93 Mülhausen – 1942 SS Straßburg – 1943, 1944 FC 93 Mülhausen – 1945 nicht beendet.

Württemberg
1934 Union Böckingen – 1935 VfB Stuttgart – 1936 Stuttgarter Kickers – 1937, 1938 VfB Stuttgart – 1939 , 1940, 1941, 1942 Stuttgarter Kickers – 1943 VfB Stuttgart und Kickers punkt- und torgleich, beide als Meister anerkannt; VfB Vertreter bei der Deutschen Meisterschaft – 1944 SV Göppingen – 1945 nicht beendet.

Bayern
1934 1. FC Nürnberg – 1935 SpVgg Fürth – 1936, 1937, 1938 1. FC Nürnberg – 1939 FC Schweinfurt 05 – 1940 1. FC Nürnberg – 1941 TSV München 1860 – 1942 FC Schweinfurt 05 – danach in die Gaue Nord- und Südbayern unterteilt.

Nordbayern (ab 1942/43)
1943, 1944 1. FC Nürnberg – 1945 nicht beendet.

Südbayern (ab 1942/43)
1943 TSV München 1860 – 1944, 1945 Bayern München.

Ostmark (ab 1938/39)
1939 Admira Wien – 1940, 1941 Rapid Wien – 1942, 1943, 1944 First Vienna FC – 1945 nicht beendet.

Sudetenland (ab 1938/39)
1939 FK Warnsdorf – 1940 NSTG Graslitz – 1941 NSTG Prag – 1942 LSV Olmütz – 1943 MSV Brünn – 1944 NSTG Brüx – 1945 nicht beendet.

Böhmen-Mähren (ab 1943/44)
1944 MSV Brünn – 1945 nicht beendet.

Die Meister der DDR

(1948 und 1949 Ostzonenmeisterschaft, ab 1949/50 Oberliga, 1990/91 NOFV-Meisterschaft)

1948 SG Planitz – 1949 ZSG Union Halle – 1950 Horch Zwickau – 1951 Chemie Leipzig – 1952 Turbine Halle – 1953 Dynamo Dresden – 1954 Turbine Erfurt – 1955 SC Turbine Erfurt (Übergangsrunde wegen Umstellung auf Kalenderjahr: SC Wismut Wismut Karl-Marx-Stadt) – 1956, 1957 SC Wismut Karl-Marx-Stadt – 1958 ASK Vorwärts Berlin – 1959 SC Wismut Karl-Marx-Stadt – 1960, 1962 (Dreifachrunde wegen Rückkehr zum Herbst-Frühjahr-Modus) ASK Vorwärts Berlin – 1963 SC Motor Jena – 1964 Chemie Leipzig – 1965 ASK Vorwärts Berlin – 1966 FC Vorwärts Berlin – 1967 FC Karl-Marx-Stadt – 1968 FC Carl Zeiss Jena – 1969 FC Vorwärts Berlin – 1970 FC Carl Zeiss Jena – 1971 Dynamo Dresden – 1972 1. FC Magdeburg – 1973 Dynamo Dresden – 1974, 1975 1. FC Magdeburg – 1976, 1977, 1978 Dynamo Dresden – 1979, 1980, 1981, 1982, 1983, 1984, 1985, 1986, 1987, 1988 Berliner FC Dynamo – 1989 Dynamo Dresden – 1990 1. FC Dynamo Dresden – 1991 FC Hansa Rostock

Die Meister der DDR- „Liga“

(Von 1950/51 bis 1990/91 zweithöchste Spielklasse der DDR)

1951 Staffel Nord: Volkspolizei Potsdam, Staffel Süd: Zentrag Wismut Aue – 1952 Staffel 1: Empor Lauter, Staffel 2: Motor Jena – 1953 St. 1: Fortschritt Meerane, St. 2: Einheit-Ost Leipzig – 1954 St. 1: Chemie Karl-Marx-Stadt, St. 2: ZSK Vorwärts Berlin – 1955 St. 1: Lokomotive Stendal, St. 2: Fortschritt Weißenfels, St. 3: Motor Dessau (Übergangsrunde wegen Umstellung auf Kalenderjahr: Fortschritt Meerane) – 1956 SC Motor Jena – 1957 SC Dynamo Berlin – 1958 Chemie Zeitz – 1959 SC Chemie Halle – 1960 SC Turbine Erfurt – 1962 (Dreifachrunde wegen Rückkehr zum Herbst-Frühjahr-Modus) Dynamo Dresden – 1963 St. Nord: Lokomotive Stendal, St. Süd: Motor Steinach – 1964 Nord: SC Neubrandenburg, Süd: Dynamo Dresden – 1965 Nord: SC Chemie Halle, Süd: SC Turbine Erfurt – 1966 Nord: 1. FC Union Berlin, Süd: Wismut Gera – 1967: Nord: 1. FC Magdeburg, Süd: FC Rot-Weiß Erfurt

– 1968 Nord: Berliner FC Dynamo, Süd: Stahl Riesa – 1969 Nord: Stahl Eisenhüttenstadt, Süd: Dynamo Dresden – 1970 Nord: 1. FC Union Berlin, Süd: 1. FC Lok Leipzig – 1971 Nord: Vorwärts Stralsund, Süd: FC Karl-Marx-Stadt – 1972 St. A: TSG Wismar, St. B: Berliner FC Dynamo II, St. C: Chemie Leipzig, St. D: Motor Werdau, St. E: FC Rot-Weiß Erfurt – 1973 St. A: Vorwärts Stralsund, St. B: Berliner FC Dynamo II, St. C: Vorwärts Leipzig, St. D: Dynamo Dresden II, St. E: Chemie Zeitz – 1974 St. A: Vorwärts Stralsund, St. B: 1. FC Union Berlin, St. C: Hallescher FC Chemie, St. D: Chemie Böhlen, St. E: Wismut Gera – 1975 St. A: Dynamo Schwerin, St. B: 1. FC Union Berlin, St. C: Chemie Leipzig, St. D: Energie Cottbus, St. E: Wismut Gera – 1976 St. A: FC Hansa Rostock, St. B: 1. FC Union Berlin, St. C: Hallescher FC Chemie II, St. D: Motor Werdau, St. E: FC Carl Zeiss Jena II – 1977 St. A: Vorwärts Stralsund, St. B: Stahl Hennigsdorf, St. C: Chemie Leipzig, St. D: Chemie Böhlen, St. E: Wismut Gera – 1978 St. A: FC Hansa Rostock, St. B: Vorwärts Neubrandenburg, St. C: Chemie Leipzig, St. D: FSV Lok Dresden, St. E: Stahl Riesa – 1979 St. A: TSG Bau Rostock, St. B: FC Vorwärts Frankfurt/Oder, St. C: Chemie Leipzig, St. D: Energie Cottbus, St. E: Motor Suhl – 1980 St. A: FC Hansa Rostock, St. B: Dynamo Fürstenwalde, St. C: Chemie Böhlen, St. D: Energie Cottbus, St. E: Wismut Gera – 1981 St. A: Schiffahrt/Hafen Rostock, St. B: 1. FC Union Berlin, St. C: Chemie Buna Schkopau, St. D: Energie Cottbus, St. E: Motor Suhl – 1982 St. A: Vorwärts Stralsund, St. B: 1. FC Union Berlin, St. C: Chemie Böhlen, St. D: Stahl Riesa, St. E: Motor Nordhausen – 1983 St. A: Schiffahrt/Hafen Rostock, St. B: Stahl Brandenburg, St. C: Chemie Leipzig, St. D: Stahl Riesa, St. E: Wismut Gera – 1984 St. A: Vorwärts Neubrandenburg, St. B: Stahl Brandenburg, St. C: Vorwärts Dessau, St. D: Sachsenring Zwickau, St. E: Motor Suhl – 1985 St. A: 1. FC Union Berlin, St. B: Sachsenring Zwickau – 1986 St. A: Berliner FC Dynamo II, St. B: Fortschritt Bischofswerda – 1987 St. A: FC Hansa Rostock, St. B: Hallescher FC Chemie – 1988 St. A: Energie Cottbus, St. B: Sachsenring Zwickau – 1989 St. A: Stahl Eisenhüttenstadt, St. B: Fortschritt Bischofswerda – 1990 St. A: FC Vorwärts Frankfurt/Oder, St. B: Chemie Böhlen – 1991 St. A: 1. FC Union Berlin, St. B: FSV Zwickau.

Die Meister der „alten" 2. Ligen

(Bis zur Einführung der Bundesliga 1963 die zweite deutsche Vertragsspielerklasse. Im Norden und Berlin gab es keine 2. Ligen, dort folgte unterhalb der Oberliga gleich die 1. Amateurliga.)

West:
1950 Gr. 1: Rheydter SV, Gr. 2: Spfr. Katernberg – 1951 Gr. 1: Meidericher SV, Gr. 2: Bayer Leverkusen – 1952 Gr. 1. SV Sodingen, Gr. 2: Borussia Mönchengladbach – 1953 VfL Bochum – 1954 Duisburger SV – 1955 Wuppertaler SV – 1956 VfL Bochum – 1957 Spfr. Hamborn 07 – 1958 STV Horst-Emscher – 1959 Spfr. Hamborn 07 – 1960 SV Sodingen – 1961 Schwarz-Weiß Essen – 1962 Bayer Leverkusen – 1963 VfB Bottrop.

Süd:
1951 Stuttgarter Kickers – 1952 TSG Ulm 1846 – 1953 Jahn Regensburg – 1954 Schwaben Augsburg – 1955 TSV München 1860 – 1956 Freiburger FC – 1957 TSV München 1860 – 1958 SV Waldhof – 1959 Stuttgarter Kickers – 1960 SV Waldhof – 1961 BC Augsburg – 1962 Hessen Kassel – 1963 FSV Frankfurt.

Südwest:
1952 VfR Kirn – 1953 ASV Landau – 1954 Spfr. Saarbrücken – 1955 SpVgg Andernach – 1956 Spfr. Saarbrücken – 1957 SV St. Ingbert – 1958 SpVgg Weisenau – 1959 VfR Kaiserslautern – 1960 SV Niederlahnstein – 1961 VfR Kaiserslautern – 1962 SV Niederlahnstein – 1963 Phönix Ludwigshafen.

Die Meister der Regionalligen

(Nach Einführung der Bundesliga 1963 bis 1973/74 die zweithöchste deutsche Spielklasse; 1994 Wiedereinführung als dritthöchste Spielklasse, ab 2000/01 nur noch in zwei Gruppen Nord und Süd)

Nord:
1964 FC St. Pauli – 1965 Holstein Kiel – 1966 FC St. Pauli – 1967, 1968 Arminia Hannover – 1969, 1970, 1971 VfL Osnabrück – 1972, 1973 FC St. Pauli – 1974 Eintracht Braunschweig – 1995 VfB Lübeck – 1996 VfB Oldenburg – 1997, 1998 Hannover 96 – 1999, 2000 VfL Osnabrück – 2001 1. FC Union Berlin – 2002 VfB Lübeck – 2003 Erzgebirge Aue.

Süd:
1964 Hessen Kassel – 1965 Bayern München – 1966 FC Schweinfurt 05 – 1967 Kickers Offenbach – 1968 Bayern Hof – 1969 Karlsruher SC – 1970 Kickers Offenbach – 1971 1. FC Nürnberg – 1972 Kickers Offenbach – 1973 SV Darmstadt 98 – 1974 FC Augsburg – 1995 SpVgg Unterhaching – 1996 Stuttgarter Kickers – 1997 1. FC Nürnberg – 1998 SSV Ulm 1846 – 1999 SV Waldhof Mannheim – 2000 SSV Reutlingen – 2001 Karlsruher SC – 2002 Wacker Burghausen – 2003 SpVgg Unterhaching.

West:
1964 Alemannia Aachen – 1965 Borussia Mönchengladbach – 1966 Fortuna Düsseldorf – 1967 Alemannia Aachen – 1968 Bayer Leverkusen – 1969 Rot-Weiß Oberhausen – 1970, 1971 VfL Bochum – 1972 Wuppertaler SV – 1973 Rot-Weiß Essen – 1974 SG Wattenscheid 09.

Südwest:
1964 Borussia Neunkirchen – 1965 1. FC Saarbrücken – 1966 FK Pirmasens – 1967 Borussia Neunkirchen – 1968, 1969, 1970 SV Alsenborn – 1971, 1972 Borussia Neunkirchen – 1973 FSV Mainz 05 – 1974 Borussia Neunkirchen.

West/Südwest:
1995 Arminia Bielefeld – 1996 FC Gütersloh – 1997 SG Wattenscheid 09 – 1998 Rot-Weiß Oberhausen – 1999 Alemannia Aachen – 2000 1. FC Saarbrücken.

Berlin:
1964 SC Tasmania 1900 – 1965 Tennis Borussia – 1966, 1967, 1968 Hertha BSC – 1969, 1970 Hertha Zehlendorf – 1971 SC Tasmania 1900 – 1972 SC Wacker 04 – 1973 SV Blau-Weiß 90 – 1974 Tennis Borussia.

Nordost:
1995 Carl Zeiss Jena – 1996 Tennis Borussia Berlin – 1997 Energie Cottbus – 1998 Tennis Borussia Berlin – 1999 Chemnitzer FC – 2000 1. FC Union Berlin.

Torschützenkönige der Regionalligen

Nord: 1964 Haecks (FC St. Pauli) 36 – 1965 Saborowski (Holstein Kiel) 34 – 1966 Haecks (FC St. Pauli) 26 – 1967 Pröpper (VfL Osnabrück) 25 – 1968 Kemmer (VfL Wolfsburg) 19 – 1969 Kaniber (VfL Osnabrück) 30 – 1970 Kemmer (VfL Wolfsburg) 25 – 1971 Schulz (Holstein Kiel) 21 – 1972 Hußner (FC St. Pauli) 23 – 1973 Segler (VfL Osnabrück) 24 – 1974 Gersdorff (Eintracht Braunschweig) 35 – 1995 C. Claaßen (SV Wilhelmshaven) 26 – 1996 Cengiz (Atlas Delmenhorst) 21 – 1997 Cengiz (VfL Herzlake) 28 – 1998 Erdmann (Arminia Hannover) 34 – 1999 Bärwolf (VfB Lübeck) 26 – 2000 Bärwolf (VfB Lübeck) und Bester (Lüneburger SK) je 25 – 2001 Teixeira (KFC Uerdingen 05/1. FC Union Berlin) 32 – 2002 Teixeira (Eintracht Braunschweig) und Gerov (SC Paderborn 07) je 19 – 2003 Guscinas (Holstein Kiel) 23.

Süd: 1964 Jendrosch (Hessen Kassel) 34 – 1965 Ohlhauser (Bayern München) 42 – 1966 Mikulasch (ESV Ingolstadt) 29 – 1967 Windhausen (SpVgg Fürth) 32 – 1968 Breuer (Bayern Hof) und Schäffner (VfR Mannheim) je 27 – 1969 Klier (FC Villingen 08) 23 – 1970 Klier (FC Villingen 08) 22 – 1971 Bründl (Stuttgarter Kickers) 21 – 1972 Kostedde (Kickers Offenbach) 27 – 1973 Keller (TSV München 1860) 26 – 1974 Obermeier (FC Augsburg) 25 – 1995 Akpoborie (Stuttgarter Kickers) 37 – 1996 Trkulja (SSV Ulm 46) 25 – 1997 Türr (SpVgg Greuther Fürth) 25 – 1998 Eckstein (FC Augsburg) 21 – 1999 M. Maric (SSV Reutlingen) 23 – 2000 Djappa (SSV Reutlingen) 36 – 2001 Barlecaj (SC Pfullendorf) 18 – 2002 Ben Neticha (SV Wehen) 18 – 2003 Copado (SpVgg Unterhaching).

West: 1964 Martinelli (Alemannia Aachen) 33 – 1965 Meyer (Fortuna Düsseldorf) und Rupp (Borussia Mönchengladbach) je 25 – 1966 Glenski (Alemannia Aachen) 26 – 1967 Kuster (Arminia Bielefeld) 23 – 1968 Kuster (Arminia Bielefeld) 28 – 1969 Kuster (Arminia Bielefeld) und Lippens (Rot-Weiß Essen) je 23 – 1970 Walitza (VfL Bochum) 31 – 1971 Walitza (VfL Bochum) 28 – 1972 Pröpper (Wuppertaler SV) 52 – 1973 Burgsmüller (Bayer Uerdingen) 29 – 1974 Burgsmüller (Bayer Uerdingen) 29.

Südwest: 1964 Löhr (Spfr. Saarbrücken) 33 – 1965 Poklitar (1. FC Saarbrücken) 27 – 1966 Poklitar (1. FC Saarbrücken) 30 – 1967 Brecht (SpVgg Weisenau) 26 – 1968 Schieck (SV Alsenborn) 30 – 1969 Weinkauf (FK Pirmasens) 26 – 1970 Weinkauf (FK Pirmasens) 22 – 1971 Lenz (SV Alsenborn) 25 – 1972 Lenz 28 (SV Alsenborn) – 1973 Dier (Wormatia Worms), Ludwig (SV Alsenborn) und Klier (FSV Mainz 05) je 19 – 1974 Klier (FSV Mainz 05) 28.

West/Südwest: 1995 Beyel (SCB Preussen Köln) 21 – 1996 van der Ven (FC Gütersloh) 21 – 1997 Deffke (LR Ahlen) und Feinbier (Alemannia Aachen) je 24 – 1998 Zibert (1. FC Saarbrücken) 20 – 1999 Graf (1. FC Kaiserslautern Am.) 19 – 2000 Ebbers (SG Wattenscheid 09) 23.

Berlin: 1964 Fischer (Tasmania 1900) 24 – 1965 Fischer (Tasmania 1900) 25 – 1966 Tylinski (Tennis Borussia) 36 – 1967 Krampitz (Hertha BSC) 25 – 1968 Lunenburg (Tennis Borussia) 30 – 1969 Rendant (1. FC Neukölln) 25 – 1970 Faeder (Hertha Zehlendorf) 26 – 1971 Kipp (Wacker 04) 38 – 1972 John (Blau-Weiß 90) 39 – 1973 Stolzenburg (Hertha Zehlendorf) 33 – 1974 Stolzenburg (Tennis Borussia) 33.

Nordost: 1995 Adler (Tennis Borussia Berlin) und Markov (1. FC Union Berlin) je 20 – 1996 Irrgang (Energie Cottbus) 24 – 1997 Weißhaupt (Rot-Weiß Erfurt) 22 – 1998 Wiedemann (Altmark Stendal) 25 – 1999 Wiedemann (Altmark Stendal) 19 – 2000 Lau (SV Babelsberg 03) 16.

Die Meister der deutschen Amateur-Oberligen

(Ab 1978/79 – im Norden ab 1974/75 – dritthöchste, ab 1994/95 vierthöchste deutsche Spielklasse)

Nord:

1975 VfB Oldenburg – 1976 Arminia Hannover – 1977 OSC Bremerhaven – 1978, 1979 OSV Hannover – 1980 VfB Oldenburg – 1981 FC St. Pauli – 1982 Werder Bremen Am. – 1983 FC St. Pauli – 1984 Werder Bremen Am. – 1985 VfL Osnabrück – 1986 FC St. Pauli – 1987 SV Meppen – 1988 Eintracht Braunschweig – 1989 TSV Havelse – 1990 VfB Oldenburg – 1991, 1992 VfL Wolfsburg – 1993 VfL Herzlake – 1994 Kickers Emden.

Hamburg/Schleswig-Holstein:

1995 FC St. Pauli Am. – 1996 Altonaer FC 93 – 1997 VfL 93 Hamburg – 1998 Holstein Kiel – 1999 FC St. Pauli Am. – 2000 TuS Felde – 2001 Holstein Kiel – 2002 Hamburger SV Am – 2003 FC St. Pauli Am.

Niedersachsen/Bremen:

1995 BV Cloppenburg – 1996 Spfr. Ricklingen – 1997 Eintracht Nordhorn – 1998 Lüneburger SK – 1999 SC Göttingen 05 – 2000 Kickers Emden – 2001 SC Göttingen 05 – 2002 VfB Oldenburg – 2003 Kickers Emden.

Berlin:

1979 Hertha Zehlendorf – 1980, 1981 BFC Preußen – 1982 Tennis Borussia – 1983 SC Charlottenburg – 1984 SV Blau-Weiß 90 – 1985 Tennis Borussia – 1986 SC Charlottenburg – 1987, 1988 Hertha BSC – 1989, 1990 Reinickendorfer Füchse – 1991 Tennis Borussia – ab 1991/92 zu Oberliga Nordost.

Nordost:

1992 Nord: FC Berlin, Mitte: 1. FC Union Berlin, Süd: FSV Zwickau – 1993 Nord: Tennis Borussia Berlin, Mitte: 1. FC Union Berlin, Süd: Sachsen Leipzig – 1994 Nord: BSV Brandenburg, Mitte: 1. FC Union Berlin, Süd: FSV Zwickau – 1995 Nord: FSV Velten, Süd: Wacker Nordhausen – 1996 Nord: SC Charlottenburg, Süd: VFC Plauen – 1997 Nord: SV Babelsberg 03, Süd: 1. FC Magdeburg – 1998 Nord: SD Croatia Berlin, Süd: Dresdner SC – 1999 Nord: Hertha BSC Berlin Am., Süd: VfL Halle 96 – 2000 Nord: Hansa Rostock Am., Süd: FSV Hoyerswerda – 2001 Nord: Berliner FC Dynamo, Süd: 1.FC Magdeburg – 2002 Nord: Hertha BSC Berlin Am., Süd: Dynamo Dresden – 2003 Nord: FC Schönberg 95, Süd: Sachsen Leipzig.

Nordrhein:

1979 Rot-Weiß Oberhausen – 1980 1. FC Bocholt – 1981 1. FC Köln Am. – 1982 BV 08 Lüttringhausen – 1983 Rot-Weiß Oberhausen – 1984 1. FC Bocholt – 1985, 1986 Rot-Weiß Essen – 1987 BVL 08 Remscheid – 1988, 1989 MSV Duisburg – 1990 Wuppertaler SV – 1991 FC Remscheid – 1992 Wuppertaler SV – 1993 Rot-Weiß Essen – 1994 Fortuna Düsseldorf – 1995 Rot-Weiß Oberhausen – 1996 Germania Teveren – 1997 Bonner SC – 1998 Bayer Leverkusen Am. – 1999 Rot-Weiß Essen – 2000 Wuppertaler SV – 2001 Bayer Leverkusen Am – 2002 1. FC Köln Am. – 2003 Wuppertaler SV

Westfalen:

1979 SC Herford – 1980 SpVgg Erkenschwick – 1981 1. FC Paderborn – 1982 TuS Schloß Neuhaus – 1983 SC Eintracht Hamm – 1984 FC Gütersloh – 1985 SC Eintracht Hamm – 1986 ASC Schöppingen – 1987 SpVgg Erkenschwick – 1988, 1989 Preußen Münster – 1990 Arminia Bielefeld – 1991 SC Verl – 1992, 1993 Preußen Münster – 1994 TuS Paderborn-Neuhaus – 1995 FC Gütersloh – 1996 TuS Ahlen – 1997 Spfr. Siegen – 1998 Borussia Dortmund Am. – 1999 VfL Bochum Am – 2000 VfB Hüls – 2001 SC Paderborn 07 – 2002 Borussia Dortmund Am. – 2003 FC Schalke 04 Am.

Südwest:

1979 Röchling Völklingen – 1980 Borussia Neunkirchen – 1981 FSV Mainz 05 – 1982 FC Homburg – 1983 1. FC Saarbrücken – 1984 FC Homburg – 1985 FSV Salmrohr – 1986 Wormatia Worms – 1987 Eintracht Trier – 1988 FSV Mainz 05 – 1989 SV Edenkoben – 1990 FSV Mainz 05 – 1991 Borussia Neunkirchen – 1992 FSV Salmrohr – 1993, 1994 Eintracht Trier – 1995 1. FC Kaiserslautern Am.– 1996 SV Elversberg – 1997 1. FC Kaiserslautern Am. – 1998 SV Elversberg – 1999 FK Pirmasens – 2000 Borussia Neunkirchen – 2001 1. FC Kaiserslautern Am – 2002 Borussia Neunkirchen – 2003 FSV Mainz 05 Am.

Hessen:

1979 VfR Bürstadt – 1980 Hessen Kassel – 1981 Viktoria Griesheim – 1982 FSV Frankfurt – 1983, 1984 VfR Bürstadt – 1985 Viktoria Aschaffenburg – 1986 Kickers Offenbach – 1987 Kickers Offenbach – 1988 Viktoria Aschaffenburg – 1989 Hessen Kassel – 1990 Rot-Weiss Frankfurt – 1991 Hessen Kassel – 1992 Viktoria Aschaffenburg – 1993 Kickers Offenbach – 1994 FSV Frankfurt – 1995 SC Neukirchen – 1996 Borussia Fulda – 1997 SV Wehen – 1998 FSV Frankfurt – 1999 SV Darmstadt 98 – 2000 KSV Klein-Karben – 2001 Borussia Fulda – 2002 Eintracht Frankfurt Am. – 2003 1. FC Eschborn.

Baden-Württemberg:

1979 SSV Ulm 1846 – 1980 VfB Stuttgart Am. – 1981 SV Sandhausen – 1982, 1983 SSV Ulm 1846 – 1984 Freiburger FC – 1985 SV Sandhausen – 1986 SSV Ulm 1846 – 1987 SV Sandhausen – 1988 FV

09 Weinheim – 1989 SSV Reutlingen – 1990 Karlsruher SC Am. – 1991 1. FC Pforzheim – 1992 SSV Reutlingen – 1993, 1994 SSV Ulm 1846 – 1995 SV Sandhausen – 1996 Karlsruher SC Am. – 1997 VfL Kirchheim/Teck – 1998 VfB Stuttgart Am. – 1999 VfR Aalen – 2000 SV Sandhausen – 2001 TSG Hoffenheim – 2002 SC Pfullendorf – 2003 VfB Stuttgart Am.

Bayern:
1979 ESV Ingolstadt – 1980 FC Augsburg – 1981 MTV Ingolstadt – 1982 FC Augsburg – 1983 SpVgg Unterhaching – 1984 TSV München 1860 – 1985 SpVgg Bayreuth – 1986 SpVgg Landshut – 1987 SpVgg Bayreuth – 1988, 1989 SpVgg Unterhaching – 1990 FC Schweinfurt 05 – 1991 TSV München 1860 – 1992 SpVgg Unterhaching – 1993 TSV München 1860 – 1994 FC Augsburg – 1995 Wacker Burghausen – 1996 SC Weismain – 1997 TSV München 1860 Am. – 1998 FC Schweinfurt 05 – 1999 SV Lohhof – 2000 Jahn Regensburg – 2001 SpVgg Ansbach – 2002 FC Augsburg – 2003 1. SC Feucht.

Die Landes- und Verbandsligameister nach 1945

(Ab 1951 Meister der obersten Amateurligen, ab 1978/79 – im Norden ab 1974/75 – nur noch viertklassig, ab 1994/95 fünftklassig)

Berlin:
(Bis 1950 Gesamtberliner Meisterschaft, zweite Stadtklasse ab 1946/47) – 1947 Staffelsieger: SG (Union) Oberschöneweide, SG Pankow-Nord (VfB), SG Spandau-Altstadt (SSV) – 1948 Staffelsieger: SG Tempelhof (BFC Viktoria 89), SG Lichtenberg 47, SG Tiergarten (SC Minerva 93) – 1949 Staffelsieger: Hertha BSC, SC Tasmania 1900, VfB Britz, VfL Nord – 1950: Staffel A: SG Lichtenberg 47, Staffel B: SC Minerva 93 (danach Rückzug der Ost-Berliner Vereine, siehe Landesliga Berlin [Ost]) – 1951 VfL Nord – 1952 SSC Südwest – 1953 Hertha Zehlendorf – 1954 Hertha BSC – 1955 Hertha Zehlendorf – 1956 BFC Südring – 1957 BFC Alemannia 90 – 1958 Rapide Wedding – 1959 SV Norden-Nordwest 1960 Polizei SV – 1961 SC Union 06 – 1962 SC Tegel – 1963 SV Blau-Weiß 90 – 1964 BFC Viktoria 89 – 1965 1. FC Neukölln – 1966 Rapide Wedding – 1967 Spfr. Neukölln – 1968 SC Staaken – 1969 TuS Wannsee – 1970 BFC Alemannia 90 – 1971 Berliner SV 92 – 1972 BFC Preußen – 1973 BBC Südost – 1974 SC Staaken – 1975 Spandauer SV – 1976 SC Union 06 – 1977 BFC Preußen – 1978 SC Wacker 04 – von 1978/79 bis 1990/91 siehe Amateur-Oberliga Berlin – 1992 Abt. 1: 1. FC Lübars (Meister), Abt. 2: Schwarz-Weiß Spandau – 1993 Frohnauer SC – 1994 1. FC Wilmersdorf – 1995 Köpenicker SC – 1996 SD Croatia – 1997 SV Tasmania 73 – 1998 Tennis Borussia II – 1999 Berliner AK 07 – 2000 BFC Türkiyemspor – 2001 SV Lichtenberg 47 – 2002 Köpenicker SC – 2003 SV Yesilyurt.

Hamburg:
(Bis 1947 oberste Spielklasse) – 1946 Hamburger SV – 1947 FC St. Pauli – 1948 Alsterstaffel: Elmsbütteler TV (Meister), Elbestaffel: Altonaer FC 93 – 1949 Alster: ASV Bergedorf 85, Elbe: Harburger TB – 1950 Alster: Post-SV, Elbe: Altonaer FC 93 – 1951 SC Victoria – 1952 Harburger TB – 1953 SC Victoria – 1954 SC Concordia – 1955 SC Victoria – 1956 SC Concordia – 1957 TSV Uetersen – 1958 ASV Bergedorf 85 – 1959 Elmsbütteler TV – 1960 SC Victoria – 1961 Harburger TB – 1962 SC Victoria – 1963 HSV Barmbek-Uhlenhorst – 1964 VfL Pinneberg – 1965 SC Sperber – 1966 HSV Barmbek-Uhlenhorst – 1967 SV St. Georg – 1968 VfL Pinneberg – 1969, 1970 TSV Langenhorn – 1971 VfL Pinneberg – 1972 ASV Bergedorf 85 – 1973 VfL Pinneberg – 1974 SC Victoria – 1975 Altonaer FC 93 – 1976 ASV Bergedorf 85 – 1977 VfL Pinneberg – 1978 ASV Bergedorf 85 – 1979 VfL Stade – 1980 Hummelsbütteler SV – 1981 SV Lurup – 1982 Hummelsbütteler SV – 1983 SV Lurup – 1984 Hummelsbütteler SV – 1985 Holstein Quickborn – 1986 SC Concordia – 1987 Hamburger SV Am. – 1988 Meiendorfer SV – 1989 Hamburger SV Am. – 1990 VfL Stade – 1991 VfL 93 Hamburg – 1992 SV Lurup – 1993, 1994 SC Concordia – 1995 SC Victoria – 1996 SC Condor – 1997 Vorwärts/Wacker Billstedt – 1998 Rasensport Elmshorn – 1999 TuS Dassendorf – 2000 ASV Bergedorf 85 – 2001 SC Concordia – 2002 Meiendorfer SV – 2003 Harburger TB.

Schleswig-Holstein:
(Bis 1947 oberste Spielklasse) – 1946 Nord: ATSV Flensburg, Süd: VfB Lübeck – 1947 VfB Lübeck – 1948 Nord: SV Eckernförde, West: Itzehoer SV (Meister). Ost: Kilia Kiel – 1949, 1950 Itzehoer SV – 1951, 1952 VfB Lübeck – 1953 VfR Neumünster – 1954 Itzehoer SV – 1955 VfB Lübeck – 1956 Heider SV – 1957 VfB Lübeck – 1958, 1959, 1960 Heider SV – 1961 Holstein Kiel Am. – 1962, 1963 Heider SV – 1964 VfL Bad Oldesloe – 1965 Itzehoer SV – 1966 VfR Neumünster – 1967 Phönix Lübeck – 1968 SV Friedrichsort – 1969 SV Friedrichsort Meister durch Los, VfB Kiel punktgleich – 1970 SV Friedrichsort – 1971, 1972 TSV Rendsburg – 1973, 1974 SV Flensburg 08 – 1975 VfB Lübeck – 1976 VfR Neumünster – 1977 VfB Lübeck – 1978 Phönix Lübeck – 1979 NTSV Strand 08 – 1980 VfR Neumünster – 1981 SV Eutin 08 – 1982 Blau-Weiß Friedrichstadt – 1983 Heider SV – 1984 NTSV Strand 08 – 1985, 1986 Itzehoer SV – 1987 VfB Lübeck – 1988 TuS Hoisdorf – 1989, 1990 VfB Lübeck – 1991 VfB Kiel – 1992, 1993 VfB Lübeck – 1994 Holstein Kiel II – 1995 TSV Nord Harrislee – 1996 TSB Flensburg – 1997 TSV Altenholz

– 1998 TuS Felde – 1999 Eichholzer SV – 2000 VfR Neumünster – 2001 Husumer SV – 2002 Holstein Kiel II – 2003 Eider Büdelsdorf.

Niedersachsen:
(Bis 1947 oberste Spielklasse) – 1946 Stadtmeisterschaft Osnabrück: 1. FSV (VfL) Osnabrück Teilnehmer an der abgebrochenen Nord-Meisterschaft, Stadtmeisterschaft Bremen: Werder Bremen, Niedersachsen-Süd: Eintracht Braunschweig – 1947 Nord: Werder Bremen (Meister), Süd: Eintracht Braunschweig – 1948 Weser-Ems: Eintracht Osnabrück, Hannover-Heide: Teutonia Uelzen, Braunschweig: MTV Braunschweig, Hildesheim: SC Göttingen 05 – 1949 Weser-Ems: VfB Oldenburg, Hannover-Heide: SV Linden 07 (Meister), Braunschweig: Rot-Weiß Braunschweig, Hildesheim: Preußen Hameln – 1950 West: Eintracht Osnabrück (Meister), Ost: TSV Goslar – 1951 West: Kickers Emden, Ost: VfL Wolfsburg – 1952 West: VfB Oldenburg, Ost: VfL Wolfsburg – 1953 West: Eintracht Nordhorn (Meister), Ost: Eintracht Braunschweig – 1954 West: Eintracht Nordhorn (Meister), Ost: Teutonia Uelzen – 1955 West: Eintracht Nordhorn (Meister), Ost: VfV Hildesheim – 1956 West: Olympia Wilhelmshaven, Ost: Eintracht Braunschweig Am. (Meister, wurde bestimmt) – 1957 West: VfB Oldenburg, Ost: Union Salzgitter (Meister) – 1958 West: Arminia Hannover, Ost: VfV Hildesheim (Meister) – 1959 West: VfB Oldenburg, Ost: Arminia Hannover (Meister) – 1960 West: Hannover 96 Am. (Meister), Ost: Leu Braunschweig – 1961 West: Arminia Hannover, Ost: Leu Braunschweig (Meister) – 1962 West: Arminia Hannover (Meister), Ost: Leu Braunschweig – 1963 West: VfL Oldenburg, Ost: VfL Wolfsburg (Meister) – 1964 West: SV Meppen, Ost: Hannover 96 Am. (Meister) – 1965, 1966, 1967 Hannover 96 Am. – 1968 SV Meppen – 1969 Leu Braunschweig – 1970 Eintracht Braunschweig Am. – 1971 OSV Hannover – 1972 VfB Oldenburg – 1973 Union Salzgitter – 1974 Preußen Hameln – 1975 VfB Peine – 1976 Atlas Delmenhorst – 1977, 1978 VfB Peine – 1979 SV Meppen – 1980 Lüneburger SK – 1981 TuS Celle – 1982 TuS Hess. Oldendorf – 1983 Blau-Weiß Lohne – 1984 Atlas Delmenhorst – 1985 VfL Herzlake – 1986 Atlas Delmenhorst – 1987, 1988 VfL Herzlake – 1989 Kickers Emden – 1990 TuS Celle – 1991 Kickers Emden – 1992 TuS Lingen – 1993 BV Cloppenburg – 1994 SV Wilhelmshaven – 1995 West: Eintracht Nordhorn, Ost: SV Südharz Walkenried – 1996 West: Concordia Ihrhove, Ost: Wolfenbütteler SV – 1997 West: FC Schüttorf, Ost: SpVgg Einbeck (Meister) – 1998 West: Blau-Weiß Lohne, Ost: MTV Gifhorn (Meister) – 1999 West: FC Schüttorf, Ost: VfL Wolfsburg Am. (Meister) – 2000 West: Hannover 96 Am., Ost: Eintracht Braunschweig II (Meister) – 2001 West: SC Langenhagen (Meister), Ost: SpVgg Einbeck – 2002 West: VfV Hildesheim, Ost: Eintracht Braunschweig II (Meister) – 2003 West: Hannover 96 Am. (Meister), Ost: SSV Vorsfelde.

Bremen:
(Bis 1947 als Landesligastaffel zu Niedersachsen) – 1948 TuS Bremerhaven 93 – 1949 SV Hemelingen – 1950 Blumenthaler SV – 1951 ATSV 1860 Bremen – 1951, 1952 Blumenthaler SV – 1953, 1954, 1955 ATSV 1860 Bremen – 1956 Bremer SV – 1957 Werder Bremen Am. – 1958 Bremer SV – 1959 Blumenthaler SV – 1960 Polizei SV Bremen – 1961 Bremer SV – 1962 Werder Bremen Am. – 1963 ATSV 1860 Bremen – 1964 Blumenthaler SV – 1965 Bremer SV – 1966 Eintracht Bremen – 1967, 1968 Werder Bremen Am. – 1969 TuS Bremerhaven 93 Am. – 1970, 1971 Polizei SV Bremen – 1972, 1973, 1974 Blumenthaler SV – 1975 OT Bremen – 1976 Werder Bremen Am. – 1977 SGO Bremen – 1978 Bremer SV – 1979 Blumenthaler SV – 1980 SFL Bremerhaven – 1981 FT Geestemünde – 1982 SFL Bremerhaven – 1983 Bremer SV – 1984 SC Vahr – 1985, 1986 Bremer SV – 1987 FC Mahndorf – 1988 SFL Bremerhaven – 1989 Blumenthaler SV – 1990, 1991 OT Bremen – 1992 SFL Bremerhaven – 1993, 1994 FC Bremerhaven – 1995 Vatan Sport Bremen – 1996 FC Oberneuland – 1997 Blumenthaler SV – 1998 Werder Bremen Am. II – 1999 BTS Neustadt – 2000, 2001 SC Weyhe – 2002 FC Bremerhaven – 2003 SC Weyhe.

Niederrhein:
(Bis 1947 oberste Spielklasse) – 1946 Berg-Mark: VfL Benrath, linker Niederrhein: Rheydter SV, rechter Niederrhein: Rot-Weiß Oberhausen (Meister), Ruhrbezirk: Preußen Essen – 1947 Berg-Mark: Fortuna Düsseldorf, linker Niederrhein: Rheydter SV, rechter Niederrhein: Rot-Weiß Oberhausen (Meister), Ruhrbezirk: Spfr. Katernberg – 1948 Gr. 1: Tura Essen, Gr. 2: Rot-Weiß Essen (Meister), Gr. 3: Duisburger SV – 1949 Gr. 1: FV Duisburg 08, Gr. 2: VfL Benrath, Gr. 3: Duisburger SV (Meister) – 1950 Gr. 1: VfB Lohberg, Gr. 2: SC Cronenberg (Meister) – 1951 Gr. 1: SC Cronenberg (Meister), Gr. 2: VfB Bottrop – 1952 Gr. 1: SC Cronenberg (Meister), Gr. 2: ASV Alstaden 09 – 1953 Gr. 1: SpVgg Solingen-Gräfrath, Gr. 2: Homberger SV (Meister), Gr. 3: 1. FC Styrum – 1954 Gr. 1: VfL Benrath (Meister), Gr. 2: TuS Duisburg 48/99, Gr. 3: SpVgg Sterkrade 06/07 – 1955 Gr. 1: VfB Marathon Remscheid (Meister), Gr. 2: Homberger SV, Gr. 3: SpVgg Sterkrade 06/07 – 1958 Gr. 1: SV Eher 04, Gr. 2: FV Duisburg 08, Gr. 3: VfB Speldorf (Meister) – 1957 VfL Benrath – 1958 TuS Lintfort – 1959 TuS Duisburg 48/99 – 1960 BV Osterfeld – 1961 SV Neukirchen – 1962 FV Duisburg 08 – 1963, 1964 Homberger SV – 1965 VfB Bottrop – 1966 VfR Neuß – 1967 VfB Bottrop – 1968 Eintracht Duisburg – 1969 SSVg. Velbert – 1970 SpVgg Sterkrade 06/07 – 1971 Bayer Uerdingen – 1972 1. FC Styrum – 1973 Union Ohligs – 1974 VfB Marathon Remscheid – 1975 Union Solingen – 1976 1. FC Bocholt – 1977 Fortuna Düsseldorf Am. – 1978 Olympia Bocholt – 1979 Bayer Uerdingen Am. – 1980 Spfr. Hamborn 07 – 1981 VfB Bottrop –

1982 Viktoria Goch – 1983 1. FC Viersen – 1984 VfL Rhede – 1985 Spfr. Hamborn 07 – 1986 VfB Langenfeld – 1987 Rheydter SV – 1988 SV Wermelskirchen 09 – 1989 Spfr. Katernberg – 1990 VfB Homberg – 1991 Preußen Krefeld – 1992 1. FC Wülfrath – 1993 Rot-Weiß Oberhausen – 1994 Union Solingen – 1995 Fortuna Düsseldorf Am. – 1996 SV Straelen – 1997 Borussia Mönchengladbach Am. – 1998 Adler Osterfeld – 1999 MSV Duisburg Am. – 2000 SSVg Velbert – 2001 Borussia Wuppertal – 2002 Union Solingen – 2003 1. FC Kleve.

Mittelrhein:

(Bis 1947 oberste Spielklasse) – 1946 Endrunde der Bezirksmeister: SG Düren 99 (Meister), SSV Troisdorf, Rhenania Würselen, Schwarz-Weiß Köln, Grün-Weiß Oedingen, TuS Nümbrecht – 1947 Gr. 1: SV Siegburg 04, Gr. 2: Preußen Dellbrück, Gr. 3: BC Kohlscheid, Gr. 4: SG Eschweiler, Gr. 5 („Runde der Abtrünnigen"): VfR Köln (Meister) – 1948 Gr. 1: 1. FC Köln, Gr. 2: Rhenania Würselen (Meister) – 1949 Gr. 1: 1. FC Köln (Meister), Gr. 2: Bayer Leverkusen – 1950 SG Düren 99 – 1951 Gr. 1: SSV Troisdorf 05 (Meister), Gr. 2: SV Baesweiler 09 – 1952 Gr. 1: TuRa Bonn, Gr. 2: Viktoria Alsdorf (Meister) – 1953 Gr. 1: SV Berg. Gladbach 09 (Meister), Gr. 2: SpVgg Frechen 20 – 1954 Gr. 1: Rapid Köln (Meister), Gr. 2: SV Baesweiler 09 – 1955 Gr. 1: SV Berg. Gladbach 09 (Meister), Gr. 2: SV Stolberg – 1956 Gr. 1: SSV Troisdorf 05 (Meister), Gr. 2: SV Berg. Gladbach 09 – 1957 SV Stolberg – 1958 SV Berg. Gladbach 09 – 1959 Bonner FV – 1960 SV Baesweiler 09 – 1961 SV Siegburg 04 – 1962 Tura Bonn – 1963 SG Düren 99 – 1964 SV Schlebusch – 1965 1. FC Köln Am. – 1966 SG Düren 99 – 1967 1. FC Köln Am. – 1968 Bonner SC – 1969, 1970, 1971 SC Jülich 1910 – 1972 Bonner SC – 1973 SpVgg Frechen 20 – 1974, 1975 Bayer Leverkusen – 1976 Bonner SC – 1977 1. FC Köln Am. – 1978 Viktoria Köln – 1979 Rhenania Richterich– 1980 SpVgg Frechen 20 – 1981 Bayer Leverkusen Am. – 1982 TuS Langerwehe – 1983 SG Düren 99 – 1984 SV Siegburg 04 – 1985 Bonner SC – 1986 TuS Lindlar – 1987 SC Jülich 1910 – 1988 SC Brück – 1989 Alemannia Aachen Am. – 1990 TuS Langerwehe – 1991 SC Brück – 1992 1. FC Köln Am. – 1993 Germania Teveren – 1994 TuS Langerwehe – 1995 VfL Rheinbach – 1996 SSG Berg. Gladbach – 1997 Rhenania Würselen – 1998 SCB Preußen Köln – 1999 Euskirchener TSC – 2000 Borussia Freialdenhoven – 2001 Bonner SC – 2002 GFC 09 Düren – 2003 Yurdumspor Köln.

Westfalen:

(Bis 1947 oberste Spielklasse) – 1946 Gr. 1: FC Schalke 04, Gr. 2: SpVgg Erkenschwick – 1947 Gr. 1: FC Schalke 04, Gr. 2: Borussia Dortmund (Meister) – 1948 Gr. 1: SuS Recklinghausen, Gr. 2: Preußen Münster (Meister) – 1949 Gr. 1: VfL Witten, Gr. 2: SpVgg Herten, Gr. 3: Arminia Bielefeld (Meister) – 1950 Gr. 1: VfB Bielefeld, Gr. 2: TSV Detmold (Meister) – 1951 SpVgg Röhlinghausen – 1952 Arminia Ickern – 1953 Gr. 1: VfB Bielefeld (Meister), Gr. 2: SuS Niederscheiden, Gr. 3: SpVgg Röhlinghausen, Gr. 4: TSV Marl-Hüls, Gr. 5: FV Hombruch 09 – 1954 Gr. 1: VfJ Paderborn 08, Gr. 2: Spfr. Siegen, Gr. 3: VfB Habinghorst, Gr. 4: TSV Marl-Hüls (Meister), Gr. 5: Tura Bergkamen – 1955 Gr. 1: VfB Bielefeld, Gr. 2: Spfr. Siegen, Gr. 3: Eintracht Gelsenkirchen (Meister), Gr. 4: SV Erle 08, Gr. 5: SC Dortmund 95 – 1956 Gr. 1: SVA Gütersloh, Gr. 2: Spfr. Siegen, Gr. 3: Arminia Ickern, Gr. 4: Spfr. Gladbeck, Gr. 5: SC Dortmund 95 (Meister) – 1957 Gr. 1: SpVgg Beckum (Meister), Gr. 2: Spfr. Gladbeck – 1958 Gr. 1: SpVgg Erkenschwick, Gr. 2: FV Hombruch 09 (Meister) – 1959 Gr. 1: SpVgg Beckum (Meister), Gr. 2: Spfr. Siegen – 1960 Gr. 1: BV Selm 09 (Meister), Gr. 2: SSV Hagen – 1961 Gr. 1: Germania Datteln (Meister), Gr. 2: Spfr. Siegen – 1962 Gr. 1: Arminia Bielefeld (Meister), Gr. 2: BV Brambauer 1913 – 1963 Gr. 1: VfB Bielefeld, Gr. 2: Lüner SV (Meister) – 1964 Gr. 1: Eintracht Gelsenkirchen (Meister), Gr. 2: SC Dortmund 95 – 1965 Gr. 1: SpVgg Erkenschwick, Gr. 2: VfL Bochum (Meister) – 1966 Gr. 1: Hammer SpVgg, Gr. 2: SSV Hagen – 1967 Gr. 1: SpVgg Erkenschwick, Gr. 2: Lüner SV – 1968 Gr. 1: SpVgg Erkenschwick (Meister), Gr. 2: SSV Hagen – 1969 Gr. 1: DJK Gütersloh (Meister), Gr. 2: SG Wattenscheid 09 – 1970 Gr. 1: Eintracht Gelsenkirchen (Meister), Gr. 2: Westfalia Herne – 1971 Gr. 1: SVA Gütersloh (Meister), Gr. 2: VfL Klafeld – 1972 Gr. 1: STV Horst Emscher, Gr. 2: Spfr. Siegen (Meister) – 1973 Gr. 1: VfB Bielefeld (Meister), Gr. 2: Rot-Weiß Lüdenscheid – 1974 Gr. 1: SC Recklinghausen, Gr. 2: TuS Neuenrade (Meister) – 1975 Gr. 1: SVA Gütersloh, Gr. 2: Westfalia Herne (Meister) – 1976 Gr. 1: SC Herford (Meister), Gr. 2: SV Holzwickede – 1977 Gr. 1: SVA Gütersloh, Gr. 2: Rot-Weiß Lüdenscheid (Meister) – 1978 Gr. 1: FC Paderborn, Gr. 2: DSC Wanne-Eickel (Meister) – ab 1978/79 siehe Amateur-Oberliga Westfalen.

Sudwest:

1946 Rheinhessen: SG Gonsenheim, Westpfalz: SG Pirmasens, Vorderpfalz: SpVgg Mundenheim – 1947 Rheinhessen: SpVgg Weisenau, Pfalz: VfL Neustadt – 1948 Rheinhessen: SpVgg Weisenau, Westpfalz: SC Siegelbach, Vorderpfalz: ASV (BSC) Oppau – 1949 Rheinhessen: SpVgg Ingelheim, Westpfalz: VfR Kaiserslautern, Vorderpfalz: ASV Landau – 1950 Rheinhessen: Eintracht Bad Kreuznach, Westpfalz: TSC Zweibrücken, Vorderpfalz: Tura Ludwigshafen – 1951 Rheinhessen: SpVgg Weisenau, Westpfalz: SG Pirmasens, Vorderpfalz: ASV Hochfeld – 1952 Rheinhessen: SG Gonsenheim, Westpfalz: SC West Kaiserslautern, Vorderpfalz: SpVgg Mundenheim – 1953 BSC Oppau – 1954 SpVgg Weisenau – 1955 1. FC Sobernheim – 1956 Normannia Pfiffligheim – 1957 Hassia Bingen – 1958 Ludwigshafener SC – 1959 Hassia Bingen – 1960 1. FC Kaiserslautern Am. – 1961 1. FC Sobernheim – 1962 Phönix

Bellheim – 1963 ASV Landau – 1964 Eintracht Bad Kreuznach – 1965 SV Alsenborn – 1966 VfR Kaiserslautern – 1967 Ludwigshafener SC – 1968 1. FC Kaiserslautern Am. – 1969 ASV Landau – 1970 VfR Pegulan Frankenthal – 1971 Phönix Bellheim – 1972, 1973 Eintracht Bad Kreuznach – 1974 FK Clausen – 1975 Eintracht Bad Kreuznach – 1976, 1977 Wormatia Worms – 1978 FSV Mainz 05 – 1979 Viktoria Herxheim – 1980 TuS Landstuhl – 1981 FK Clausen – 1982 VfL Neustadt – 1983 1. FC Kaiserslautern Am. – 1984 SC Birkenfeld – 1985 FK Clausen – 1986 SV Edenkoben – 1987 Viktoria Herxheim – 1988 SV Edenkoben – 1989 SV Geinsheim – 1990 SC Hauenstein – 1991 Viktoria Herxheim – 1992 TSG Pfeddersheim – 1993 SC Hauenstein – 1994 1. FC Kaiserslautern Am. – 1995 SC Idar-Oberstein – 1996 RWO Alzey – 1997 FK Pirmasens – 1998 Wormatia Worms– 1999 FSV Mainz 05 Am. – 2000 Eintracht Bad Kreuznach – 2001 SpVgg Ingelheim – 2002 SV Weingarten – 2003 Hassia Bingen.

Rheinland:
1946 Rhein (West): SC (SpVgg) Andernach (Meister), Rhein (Ost): VfL Wied-Niederbieber, Mosel: FSV Trier-Kürenz, Nahe: VfR Kirn, Westerwald: Spfr. Herdorf – 1947 Rhein (West): SC 07 Bad Neuenahr (Meister), Rhein (Ost): SC Oberlahnstein, Mosel: SV Trier 05, Nahe: SpVgg 08 Oberstein, Westerwald: Spfr. Herdorf – 1948 Nord: SC Bad Neuenahr, Süd: Eintracht Trier – 1949 Nord: VfR Kirn, Süd: FV Engers – 1950 Nord: Spfr. Herdorf (Meister), Süd: TuS Konz – 1951 Gr. 1: Spfr. Herdorf, Gr. 2: SC 07 Bad Neuenahr, Gr. 3: TuS Konz – 1952 Gr. 1: TuS Mudersbach, Gr. 2: SpVgg Bendorf, Gr. 3: VfL Trier – 1953 SpVgg Bendorf – 1954, 1955 VfL Trier – 1956 SV Niederlahnstein – 1957 West: FC Bitburg, Ost: Germania Metternich (Meister) – 1958 West: TuS Mayen, Ost: Spfr. Herdorf (Meister) – 1959 West: SC Rhein-Ahr Sinzig, Ost: Germania Metternich (Meister) – 1960 West: Germania Metternich (Meister), Ost: Spfr. Herdorf – 1961 West: SV Ehrang (Meister), Ost: VfB Wissen – 1962 West: Alemannia Plaidt, Ost: VfB Wissen (Meister) – 1963 West: VfL Trier, Ost: VfL Neuwied (Meister) – 1964 Germania Metternich – 1965 SpVgg Bendorf – 1966 Germania Metternich – 1967 SSV Mülheim – 1968 SpVgg Andernach – 1969 SSV Mülheim – 1970 VfL Neuwied – 1971 SpVgg Andernach – 1972 Spfr. Eisbachtal – 1973 SpVgg Andernach – 1974 SV Leiwen – 1975, 1976 Eintracht Trier – 1977, 1978 TuS Neuendorf – 1979 SV Leiwen – 1980 TuS Mayen – 1981 SV Leiwen – 1982 VfL Hamm – 1983 Eintracht Glas/Chemie Wirges – 1984 TuS Mayen – 1985 VfL Hamm – 1986 SV Leiwen – 1987 Eintracht Glas/Chemie Wirges – 1988 VfB Wissen – 1989 TuS Mayen – 1990 Spfr. Eisbachtal – 1991 VfB Wissen – 1992 SV Wittlich – 1993 SV Prüm – 1994 TuS Koblenz – 1995 VfL Trier – 1996 SV Prüm – 1997 TuS Montabaur – 1998 Eintracht Glas/Chemie Wirges – 1999 TuS Mayen – 2000 Germania Metternich – 2001 TuS Mayen – 2002 FV Engers – 2003 SV Klausen.

Saarland:
1946 ASC Dudweiler – 1947 SV (Saar 05) Saarbrücken – 1948 SV (FC) Homburg – (1949 bis 1951 nicht im Bereich des DFB: 1949 VfB (Borussia) Neunkirchen – 1950 Spfr. Saarbrücken, 1951 1. FC Saarbrücken Am.) – 1952 Spfr. Saarbrücken – 1953 VfB Dillingen – 1954 SV Ludweiler – 1955 SV St. Ingbert – 1956 SC Hühnerfeld – 1957 FC Homburg – 1958 VfB Theley – 1959 SC Friedrichsthal – 1960, 1961 SV Völklingen – 1962 SV Fraulautern – 1963, 1964 Viktoria Sulzbach – 1965 SV Ludweiler – 1966 FC Homburg – 1967 SC Friedrichsthal – 1968 Teutonia Landsweiler-Reden – 1969 SC Friedrichsthal – 1970 VfB Theley – 1971 SV Fraulautern – 1972 VfB Theley – 1973 FC Ensdorf – 1974 SV St. Ingbert – 1975 ASC Dudweiler – 1976, 1977, 1978 Borussia Neunkirchen – 1979 FC Ensdorf – 1980 SV 07 Elversberg – 1981 Rot-Weiß Hasborn – 1982 FC St. Wendel – 1983 Röchling Völklingen – 1984 FC Ensdorf – 1985 FSV Saarwellingen – 1986 SSV Überherrn – 1987 Rot-Weiß Hasborn – 1988 1. FC Saarbrücken Am. – 1989 FSG Schiffweiler – 1990 Saar 05 Saarbrücken – 1991 FC Homburg Am. – 1992 FSG Schiffweiler – 1993 SV Mettlach – 1994 SV 07 Elversberg – 1995 SV Auersmacher – 1996 SSV Überherrn – 1997 SC Halberg-Brebach – 1998 1. FC Saarbrücken II – 1999 VfB Theley – 2000 SV Mettlach – 2001 Saar 05 Saarbrücken – 2002 Röchling Völklingen – 2003 Sportfreunde Köllerbach.

Hessen:
1946 (zwei Verbände) Süddt. Sportverband, West: SV Wiesbaden, Ost: Viktoria Aschaffenburg (Meister); Kurhessen: Eintracht (CSC 03) Kassel – 1947 Bez. Frankfurt-West: Rot-Weiss Frankfurt (Meister), Bez. Frankfurt-Ost: FC Rödelheim 02, Bez. Kassel: Hessen Kassel, Bez. Fulda: Borussia Fulda, Bez. Marburg: TuS Löhnberg – 1948 FC Rödelheim 02 – 1949 Hessen Kassel – 1950 SV Darmstadt 98 – 1951, 1952 Olympia Lampertheim – 1953 FC Hanau 93 – 1954 Borussia Fulda – 1955 SpVgg Bad Homburg – 1956 SpVgg Neu-Isenburg – 1957 Borussia Fulda – 1958 VfB Friedberg – 1959 VfL Marburg – 1960 Borussia Fulda – 1961 FC Hanau 93 – 1962 SV Darmstadt 98 – 1963 VfB Gießen – 1964 SV Darmstadt 98 – 1965 Opel Rüsselsheim – 1966 Germania Wiesbaden – 1967 SV Wiesbaden – 1968 Rot-Weiss Frankfurt – 1969 FSV Frankfurt – 1970 Eintracht Frankfurt Am. – 1971 SV Darmstadt 98 – 1972 VfR Bürstadt – 1973 FSV Frankfurt – 1974 Viktoria Aschaffenburg – 1975 FSV Frankfurt – 1976 KSV Baunatal – 1977 VfR Bürstadt – 1978 FC Hanau 93 – ab 1978/79 siehe Amateur-Oberliga Hessen.

(Nord-)Baden:
1946 VfL Neckarau – 1947 Nord: ASV Feudenheim (Meister), Süd: VfB Mühlburg – 1948 Nord: Amicitia Viernheim (Meister), Süd: VfR Pforzheim – 1949 1. FC Pforzheim – 1950 VfL Neckarau – 1951 ASV Feudenheim – 1952 Karlsruher FV – 1953 FV Daxlanden – 1954, 1955, 1956, 1957 Amicitia Viernheim – 1958 VfL Neckarau – 1959 VfR Pforzheim – 1960 Phönix Mannheim – 1961 SV Sandhausen – 1962 VfL Neckarau – 1963 FV 09 Weinheim – 1964 SV Schwetzingen – 1965 Karlsruher SC Am. – 1966 Germania Forst – 1967 ASV Feudenheim – 1968 VfL Neckarau – 1969 Germania Forst – 1970 FV 09 Weinheim – 1971, 1972 SV Waldhof Mannheim – 1973 VfR Mannheim – 1974 Karlsruher FV – 1975 VfB Eppingen – 1976 VfR Mannheim – 1977 SV Neckargerach – 1978 FV 09 Weinheim – 1979 VfB Eppingen – 1980 SV Neckargerach – 1981 FV Lauda – 1982 SV Neckargerach – 1983 Karlsruher SC Am. – 1984 SG Heidelberg-Kirchheim – 1985 1. FC Pforzheim – 1986 SV Schwetzingen – 1987 Amicitia Viernheim – 1988 VfL Neckarau – 1989 Karlsruher SC Am. – 1990 VfB Eppingen – 1991 VfB Leimen – 1992 VfR Pforzheim – 1993 ASV Durlach – 1994 Karlsruher SC Am. – 1995 Viktoria Bammental – 1996 SG Oftersheim – 1997 FV Lauda – 1998 SG Heidelberg-Kirchheim – 1999 TSG 62/09 Weinheim – 2000 TSG Hoffenheim – 2001 TSG 62/09 Weinheim – 2002 FC Nöttingen – 2003 TSG 62/09 Weinheim.

Südbaden:
1946 (oberste Spielklasse) West: SV (FC 04) Rastatt (Meister), Ost: VfL Konstanz – 1947 West: Fortuna Freiburg (FFC), Ost: Eintracht (FC 04) Singen, Süd: SpVgg Rheinfelden – 1948 ASV (FC 08) Villingen – 1949 Spfr. (FV) Lahr – 1950 SC Baden-Baden – 1951 FC Villingen 08 – 1952, 1953, 1954 Offenburger FV – 1955 FC Rastatt 04 – 1956 FC Villingen 08 – 1957 FC Konstanz – 1958 Offenburger FV – 1959 FC Singen 04 – 1960, 1961 Offenburger FV – 1962 SC Baden-Baden – 1963, 1964 FC Emmendingen – 1965 SC Freiburg – 1966 SV Oberkirch – 1967 Offenburger FV – 1968 SC Freiburg – 1969, 1970 SV Waldkirch – 1971 FC Emmendingen – 1972 FC Rastatt 04 – 1973 SC Baden-Baden – 1974, 1975 Offenburger FV – 1976 FC Villingen 08 – 1977 Freiburger FC – 1978 SC Freiburg – 1979 VfB Gaggenau – 1980 SC Pfullendorf – 1981 SV Kuppenheim – 1982 SC Pfullendorf – 1983 FC Villingen 08 – 1984 SV Weil – 1985 FC Villingen 08 – 1986 VfB Gaggenau – 1987 Spfr./DJK Freiburg – 1988 SC Pfullendorf – 1989 FC Emmendingen – 1990 SC Pfullendorf – 1991 Freiburger FC – 1992 TuS Lörrach-Stetten – 1993 SV Linx – 1994 FV Donaueschingen – 1995 SC Pfullendorf – 1996 Bahlinger SC – 1997 FC Steinen-Höllstein – 1998 SC Freiburg Am. – 1999 FC Denzlingen – 2000 FC Teningen – 2001 FC Villingen 08 – 2002 FC Teningen – 2003 SV Linx.

Württemberg:
1946 TSG Ulm 1846 – 1947 Spfr. Stuttgart – 1948 SpVgg Feuerbach – 1949 FV Zuffenhausen – 1950 TSG Ulm 1846 – 1951 VfR Aalen – 1952 Union Böckingen – 1953 VfL Sindelfingen – 1954 VfB Friedrichshafen – 1955 SSV Ulm – 1956 VfR Heilbronn – 1957 VfB Friedrichshafen – 1958 Union Böckingen – 1959 SC Geislingen – 1960 VfB Stuttgart Am. – 1961 Nordwürttemberg: FV Kornwestheim, Schwarzwald-Bodensee: SC Schwenningen (Meister) – 1962 NW: VfR Heilbronn (Meister), S/B: FC Hechingen – 1963 NW: VfB Stuttgart Am., S/B: VfB Friedrichshafen (Meister) – 1964 NW: VfB Stuttgart Am. (Meister), S/B: FV Ebingen – 1965 NW: VfB Stuttgart Am. (Meister), S/B: FV Ebingen – 1966 NW: Normannia Gmünd (Meister), S/B: FC Villingen 08 – 1967 NW: VfB Stuttgart Am. (Meister), S/B: FC Tuttlingen – 1968 NW: TSF Esslingen, S/B: FC Wangen (Meister) – 1969 NW: VfR Heilbronn (Meister), S/B: VfB Friedrichshafen – 1970 NW: SV Göppingen (Meister), S/B: SV Tübingen – 1971 NW: VfB Stuttgart Am. (Meister), S/B: FC Singen 04 – 1972 NW: SSV Ulm 1846 (Meister), S/B: FC Singen 04 – 1973 NW: SSV Ulm 1846 (Meister), S/B: FC Villingen 08 – 1974 NW: SSV Reutlingen, S/B: FC Villingen 08 – 1975 NW: VfR Aalen, S/B: SSV Reutlingen (Meister) – 1976 NW: SpVgg 07 Ludwigsburg (Meister), S/B: BSV Schwenningen – 1977 NW: SSV Ulm 1846, S/B: SSV Reutlingen (Meister) – 1978 NW: SSV Ulm 1846, S/B: SSV Reutlingen (Meister) – 1979 VfR Heilbronn – 1980 VfR Aalen – 1981 Spfr. Schwäb. Hall – 1982 TSV Ofterdingen – 1983 VfR Aalen – 1984 FC Marbach – 1985 SSV Reutlingen – 1986 VfR Heilbronn – 1987 SC Geislingen – 1988 FC Tailfingen – 1989 SpVgg 07 Ludwigsburg – 1990 VfB Stuttgart Am. – 1991 TSF Ditzingen – 1992 VfL Kirchheim/Teck – 1993 GSV Maichingen – 1994 FV Biberach – 1995 SV Bonlanden – 1996 SpVgg Böblingen – 1997 VfR Heilbronn – 1998 FV Ravensburg – 1999 SpVgg Au/Iller – 2000 Spfr. Dorfmerkingen – 2001 SGV Freiberg – 2002 SV Bonlanden – 2003 TSV Crailsheim.

(Süd-)Württemberg-Hohenzollern:
(Bis 1950 zur Französischen Südzone gehörig) – 1946 Schwarzwald: VfL (SpVgg) Schramberg, Oberschwaben/Bodensee: FC Lindenberg, Schwäbische Alb: SV Tübingen – 1947 Nord: SpVgg Trossingen (Meister), Süd: Olympia Laupheim – 1948 Nord: SV Tübingen (Meister), Süd: SV Weingarten – 1949 Nord: ASV (FV) Ebingen (Meister), Süd: SV Weingarten – 1950 Nord: SV Tailfingen, Süd: SV Weingarten – 1950 Wiedereingliederung in den Süddeutschen Fußball-Verband (siehe Württemberg).

Bayern:
1946 1. FC Bamberg – 1947 Nord: Bayern Hof, Süd: Wacker München (Meister) – 1948 Nord: 1. FC Bamberg, Süd: BC Augsburg (Meister) – 1949 Jahn Regensburg – 1950 1. FC Bamberg – 1951 VfL Neustadt – 1952 1. FC Amberg – 1953 ATSV Kulmbach – 1954 Nord: VfL Neustadt, Süd: SpVgg Weiden – 1955 Nord: VfB Helmbrechts (Meister), Süd: FC Penzberg – 1956 Nord: VfB Bayreuth (Meister). Süd: ESV ingolstadt – 1957 Nord: 1. FC Bamberg (Meister), Süd: FC Penzberg – 1958 Nord: 1. FC Bamberg (Meister), Süd: Wacker München – 1959 Nord: SpVgg Bayreuth (Meister), Süd: Schwaben Augsburg – 1960 Nord: 1. FC Lichtenfels, Süd: Schwaben Augsburg (Meister) – 1961 Nord: 1. FC Haßfurt (Meister), Süd: TSV München 1860 Am. – 1962 Nord: SpVgg Büchenbach, Süd: ESV Ingolstadt (Meister) – 1963 Nord: 1. FC Bamberg, Süd: TSV Straubing (Meister) – 1964 Wacker München – 1965 SpVgg Weiden – 1966 BC Augsburg – 1967 Jahn Regensburg – 1968 ESV Ingolstadt – 1969 SpVgg Bayreuth – 1970 Wacker München – 1971 SpVgg Bayreuth – 1972 Wacker München – 1973 FC Augsburg – 1974 ASV Herzogenaurach – 1975 Jahn Regensburg – 1976 Wacker München – 1977 Würzburger Kickers – 1978 1. FC Haßfurt – ab 1978/79 siehe Amateur-Oberliga Bayern.

Landesmeister im Bereich der ehem. DDR

Berlin (Ost):
(1946 bis 1950 Gesamtberliner Meisterschaft) – 1951 SV Grünau – 1952 Adlershofer BC – 1953 Chemie Rüdersdorf – 1954 SG Hohenschönhausen – 1955 SG Lichtenberg 47 – 1956 SC Dynamo II – 1957 Chemie Grünau Schmöckwitz – 1958 SG Grünau – 1959 BSG Tiefbau – 1960 Motor Köpenick – 1961 kein Meister (Umstellung der Meisterschaft) – 1962 SG Adlershof – 1963 Fortuna Biesdorf – 1964 SG Lichtenberg 47 – 1965 Motor Köpenick – 1966 1. FC Union II – 1967, 1968 BFC Dynamo II – 1969 1. FC Union II – 1970, 1971 EAB Lichtenberg 47 – 1972 Motor Köpenick – 1973 Einheit Pankow – 1974 BSG Narva – 1975 1. FC Union II – 1976 BSG Rotation – 1977 BSG Bergmann-Borsig – 1978 BSG Narva – 1979 KWO Berlin – 1980 BSG Bergmann-Borsig – 1981 EAB 47 Berlin – 1982 BSG Rotation – 1983 EAB 47 Berlin – 1984 BFC Dynamo II – 1985, 1986, 1987, 1988 KWO Berlin – 1989 BSG Bergmann-Borsig – 1990 EAB Lichtenberg 47 – 1991 SV Lichtenberg 47 – ab 1991/92 wieder Gesamtberliner Meisterschaft (siehe Landes- und Verbandsligameister Berlin nach 1945).

Brandenburg:
(Bis 1949 oberste Spielklasse) – 1946 nicht ausgespielt – 1947, 1948 SG Cottbus-Ost – 1949 West: SG Babelsberg (Meister), Ost: SG Grube Marga – 1950 ZSG Großräschen – 1951 SG (Einheit) Spremberg – 1952 Motor Süd Brandenburg – 1991 FSV PCK Schwedt – 1992 Optik Rathenow – 1993 Schwarz-Rot Neustadt/Dosse – 1994 Motor Eberswalde – 1995 SG Bornim – 1996 SV Babelsberg 03 – 1997 Viktoria Frankfurt/Oder – 1998 Energie Cottbus Am. – 1999 Brandenburger SC Süd 05 – 2000 Schwarz-Rot Neustadt/Dosse – 2001 MSV Neuruppin – 2002 Eintracht Oranienburg – 2003 Viktoria Frankfurt/Oder.

Mecklenburg-Vorpommern:
(Bis 1949 oberste Spielklasse) – 1946 nicht ausgespielt – 1947 West: SG Schwerin, Ost: SG Rostock-Süd (Meister), Vorpommern: SG Greifswald – 1948 West: SG Wismar-Süd, Ost: SG Ribnitz, Endrundensieger: SG Schwerin – 1949 West: SG Wismar-Süd (Meister). Ost: SG Greifswald – 1950 West: Volkspolizei Schwerin, Ost: Energie Neubrandenburg, Endrundensieger: Vorwärts Wismar – 1951 Volkspolizei Schwerin, 1952 Einheit Greifswald – 1991 Bez. Rostock: TSG Wismar, Bez. Schwerin: Blau-Weiß Parchim (Meister), Bez. Neubrandenburg: TSG Neustrelitz – 1992 Hansa Rostock Am. – 1993 1. FSV Schwerin – 1994 VfL Rostock – 1995 Parchimer FC – 1996 Hansa Rostock Am. – 1997 TSG Neustrelitz – 1998 FC Schönberg – 1999 SV Warnemünde – 2000 Anker Wismar – 2001 Eintracht Schwerin – 2002 TSG Neustrelitz – 2003 Sievershäger SV.

Sachsen-Anhalt:
(Bis 1949 oberste Spielklasse) – 1946 bis 1948 nicht ausgespielt – 1949 Nord: Blau-Weiß Stendal – Süd: SG Freilmfelde Halle (Meister) – 1950 West: EHW Thale (Meister), Süd: ZSG Gasolin Zeitz – 1951 Krupp (Stahl) Magdeburg – 1952 Chemie Wolfen – 1991 SV Merseburg 99 – 1992 Einheit Werigerode – 1993 SV Merseburg 99 – 1994 1. FC Aschersleben – 1995 VfL Halle 96 – 1996 Fortuna Magdeburg – 1997 Hallescher FC – 1998 1. FC Aschersleben – 1999 Anhalt Dessau – 2000 Hallescher FC – 2001 SV Braunsbedra – 2002 Anhalt Dessau – 2003 Germania Halberstadt.

Thüringen:
(Bis 1949 oberste Spielklasse) – 1946 bis 1948 nicht ausgespielt – 1949 Staffel 1: SG Altenburg-Nord, Staffel 2: Fortuna Erfurt (Meister), Staffel 3: Vorwärts Gotha – 1950 Staffel 1: Eintracht (KWU) Weimar (Meister), Staffel 2: SG Lauscha – 1951 Volkspolizei Weimar – 1952 Aktivist Tiefenort – 1991 FV Zeulenroda – 1992 FC Greiz – 1993 1. Suhler SV 06 – 1994 Carl Zeiss Jena Am. – 1995 SC 1903 Weimar –

1996 SV 1910 Kahla – 1997 SV Jenaer Glas – 1998 SSV Erfurt-Nord – 1999 1. SV Gera – 2000 Eintracht Sondershausen – 2001 Wacker Gotha – 2002 VfB Pößneck – 2003 SSV Erfurt-Nord.

Sachsen:
(Bis 1949 oberste Spielklasse) – 1946 bis 1948 nicht ausgespielt – 1949 SG Dresden-Friedrichstadt, 1950 West: SG Lauter, Ost: SG Mickten Dresden (Meister) – 1951 Sachsenverlag (Rotation) Plauen – 1952 Empor Wurzen-West – 1991 VFC Plauen – 1992 Dresdner SC – 1993 Chemnitzer FC Am. – 1994 VFC Plauen – 1995 Dresdner SC – 1996 FV Dresden-Nord – 1997 SV 1919 Grimma – 1998 VfB Leipzig Am. – 1999 VfB Zittau – 2000 Stahl Riesa – 2001 OFC Neugersdorf – 2002 FV Dresden 06 Laubegast – 2003 VfB Auerbach.

Anmerkung: Nach Auflösung der DDR-Länder 1952 wurde bis 1990 in 15 Bezirksligastaffeln gespielt (einschl. Berlin-Ost). Im Sommer 1990 Wiedereinführung der Landesligen als dritthöchste Spielklasse, ab 1991/92 vierthöchste, ab 1994/95 fünfthöchste Spielklasse.

Auch sie waren einmal deutsche Meister

Deutsche Akademiker-Meisterschaft
1911 VfB Marburg – 1912 Holstein Kiel – 1913 VfB Leipzig.

Arbeiter-Turn- und Sport-Bund
1920 TSV Fürth – 1921, 1922, 1923 VfL Südost Leipzig Stötteritz – 1924, 1925, 1926, 1927 Dresdner SV 1910 – 1928 Pankower SC Adler 08 Berlin – 1929 SC Lorbeer 06 Hamburg – 1930 TuS Nürnberg-Ost – 1931 SC Lorbeer 06 Hamburg – 1932 TuS Nürnberg-Ost.

Deutsche Turnerschaft
1925, 1926 MTV Fürth – 1927 TV 61 Forst – 1928 Harburger TB – 1929 TV 1846 Mannheim – 1930 Kruppsche TG Essen.

Deutsche Jugendkraft
1921, 1924 DJK Essen-Katernberg – 1927, 1932 DJK Sparta Nürnberg.

KG für Rote Sporteinheit
1931, 1932 Dresdner SV 1910.

Deutsche Fußballmeister von Makkabi
1934 Bar Kochba-Hakoah Berlin – 1935 unbekannt – 1936, 1937 Bar Kochba Frankfurt – 1938 Bar Kochba-Hakoah Berlin.

Reichsmeister des Sportbundes Schild
1934 JSG 33 Berlin – 1935, 1936 TSV Schild Frankfurt – 1937 TSV Schild Stuttgart – 1938 TSV Schild Bochum – Nach der nationalsozialistischen Machtergreifung und dem zwangsweisen Ausschluss jüdischer Sportler aus den Vereinen trugen die beiden jüdischen Sportverbände »Makkabi« und »Schild« bis 1938 eigene Deutsche Meisterschaften aus.

Deutsche Amateur-Meisterschaft
1951 ATSV Bremen 1860 – 1952 VfR Schwenningen – 1953 SV Berg. Gladbach 09 – 1954 TSV Marl-Hüls – 1955 Sportfreunde Siegen – 1956SpVgg Neu-Isenburg – 1957 VfL Benrath – 1958 FV Hombruch 09 – 1959 FC Singen 04 – 1960, 1961 Hannover 96 Am. – 1962 SCTegel – 1963 VfB Stuttgart Am. – 1964, 1965 Hannover 96 Am. – 1966 Werder Bremen Am. – 1967 STV Horst-Emscher – 1968 Marathon Remscheid – 1969, 1970, 1971 SC Jülich 1910 – 1973 SpVgg Bad Homburg – 1974 SSV Reutlingen – 1975 VfR Oli Bürstadt – 1976 SV Holzwickede – 1977 Fortuna Düsseldorf Am. – 1978 SV Sandhausen – 1979 ESV Ingolstadt – 1980 VfB Stuttgart Am. – 1981 1. FC Köln Am. – 1982 FSV Mainz 05 – 1983 FC 08 Homburg/Saar – 1984 Offenburger FV – 1985 Werder Bremen Am. – 1986 BVL 08 Remscheid – 1987 MSV Duisburg – 1988, 1989 Eintracht Trier – 1990 FSV Salmrohr – 1991 Werder Bremen Am. – 1992 Rot-Weiß Essen – 1993 SV Sandhausen – 1994 Preußen Münster – 1995 VfL Osnabrück – 1996 SSV Ulm 1846 – 1997 SSV Reutlingen – 1998 Tennis Borussia Berlin – (Die kompletten Ergebnisse der Deutschen Amateur-Meisterschaft erschienen letztmalig im kicker-Almanach 2001.)

KAPITEL 6

DIE 1. BUNDESLIGA

HINWEISE:

Die Zahl vor dem Spielernamen gibt die Rückennummer an, die für die gesamte Saison gilt.

Abkürzungen: (VA) = Vertragsamateur. – Die Abkürzungen für die Herkunftsländer der Bundesliga- und Zweitligaspieler sind identisch mit den verwendeten Abkürzungen im Kapitel 2 »Unsere Länderspiele«.

Bayern München

Gegründet: 27. Februar 1900. – Anschrift: Postfach 90 04 51, 81504 München, Telefon: (089) 69 93 10, Telefax: (089) 64 41 65, www.fcbayern.de
Deutscher Meister: 1932, 1969, 1972, 1973, 1974, 1980, 1981, 1985, 1986, 1987, 1989, 1990, seit 1994 bei , früher seit 1997 bei , früher seit 1999 bei , früher seit 2000 bei , früher seit 2001 bei , früher 2003 – Deutscher Pokalsieger: 1957, 1966, 1967, 1969, 1971, 1982, 1984, 1986, seit 1998 bei , früher seit 2000 bei , früher 2003 – Europapokalsieger: 1967 (Pokal), 1974, 1975, 1976, 2001 (Landesmeister, Champions League), 1996 (UEFA-Pokal) – Weltpokalsieger: 1976, 2001 – Deutscher Superpokal: 1983, 1987, 1990 – Deutscher Ligapokal: seit 1997 bei , früher seit 1998 bei , früher seit 1999 bei , früher 2000.
Vorsitzender des Aufsichtsrates: Franz Beckenbauer; Vorstand: Karl-Heinz Rummenigge (Vorsitzender), Uli Hoeneß (Stellvertreter), Karl Hopfner; Mediendirektor: Markus Hörwick; Vereinsärzte: Dr. Hans-Wilhelm Müller-Wohlfahrt, Dr. Wolfgang Peter; Masseure: Alfred Binder, Wolfgang Gebhardt, Gerald Hoffmann; Co-Trainer: Michael Henke, Björn Andersson, Oliver Schmidtlein; Torwarttrainer: Sepp Maier.
Vereinsfarben: Rot-Weiß – Spielkleidung: Rotes Hemd mit weißen Ärmeln, rote Hose, rote Stutzen oder ganz in Weiß. – Mitglieder: 95 000 – Sportarten: Fußball, Handball, Tischtennis, Turnen, Basketball, Kegeln, Schach. – Stadion: Olympiastadion München, 69 000 Plätze (knapp 38 000 überdacht), davon je nach Bestuhlung bis zu 56 500 Sitzplätze (bei Spielen der Bayern werden maximal 63 000 Karten verkauft).
Trainer: Ottmar Hitzfeld, geb. am 12.1.1949

TORHÜTER:

1 Kahn, Oliver, geb. 15. 6. 1969, D, 1,88 m, 90 kg, seit 1994 bei Bayern, früher Karlsruher SC, 60 A-Länderspiele, 403 BL-Spiele
22 Rensing, Michael, geb. 14. 5. 1984, D, 1,87m, 86 kg, seit 2000 bei Bayern, früher TuS Lingen
36 Schlösser, Jan, geb. 27. 9. 1982, D, 1,85 m, 79 kg, seit 1997 bei Bayern, früher Eintracht Frankfurt, SG Bornheim

ABWEHR:

6 Demichelis, Martin, geb. 20. 12. 1980, ARG, 1,85 m, 80 kg, seit 2003 bei Bayern, früher River Plate Buenos Aires, Clube Renato Cesarini
5 Kovac, Robert, geb. 6. 4. 1974, CRO, 1,82 m, 78 kg, seit 2001 bei Bayern, früher Bayer Leverkusen, 1. FC Nürnberg, Hertha Zehlendorf, Rapide Wedding, 28 A für Kroatien, 180 BL-Spiele, 1 Tor
4 Kuffour, Samuel Osei, geb. 3. 9. 1976, GHA, 1,78 m, 75 kg, seit 1996 bei Bayern, früher 1. FC Nürnberg, Bayern München, Turin Calcio, King Feisals Babies FC Kumasi, Fantomas Kumasi, 52 A für Ghana, 145 BL-Spiele, 6 Tore
30 Lell, Christian, geb. 29. 8. 1984, D, 1,80 m, 74 kg, seit 1993 bei Bayern, früher Alemannia München
25 Linke, Thomas, geb. 26. 12. 1969, D, 1,83 m, 79 kg, seit 1998 bei Bayern, früher FC Schalke 04, Rot-Weiß Erfurt, Robotron Sömmerda, 42 A-Länderspiele, 309 BL-Spiele, 15 Tore
15 Rau, Tobias, geb. 31. 12. 1981, D, 1,77 m, 69 kg, seit 2003 bei Bayern, früher VfL Wolfsburg, Eintracht Braunschweig, Sportfreunde Ölper, 5 A-Länderspiele, 49 BL-Spiele, 1 Tor
2 Sagnol, Willy, geb. 18. 3. 1977, FRA, 1,80 m, 78 kg, seit 2000 bei Bayern, früher AS Monaco, AS St. Etienne, 16 A für Frankreich, 78 BL-Spiele, 3 Tore

MITTELFELD:

13 Ballack, Michael, geb. 26. 9. 1976, D, 1,89 m, 80 kg, seit 2002 bei Bayern, früher Bayer Leverkusen, 1. FC Kaiserslautern, Chemnitzer FC, Motor Karl-Marx-Stadt, 33 A-Länderspiele, 151 BL-Spiele, 41 Tore

26 Deisler, Sebastian, geb. 5. 1. 1980, D, 1,82 m, 78 kg, seit 2002 bei Bayern, früher Hertha BSC Berlin, Borussia Mönchengladbach, FV Lörrach, TuS Stetten, FV Tumringen, 19 A-Länderspiele, 81 BL-Spiele, 10 Tore
32 Feulner, Markus, geb. 12. 2. 1982, D, 1,81 m, 73 kg, seit 1998 bei Bayern, früher 1. FC Bamberg, SV Pettstadt, 11 BL-Spiele
17 Fink, Thorsten, geb. 29. 10. 1967, D, 1,81 m, 79 kg, seit 1997 bei Bayern, früher Karlsruher SC, SG Wattenscheid 09, Borussia Dortmund, SV Roland Marten, 366 BL-Spiele, 40 Tore
23 Hargreaves, Owen, geb. 20. 1. 1981, ENG, 1,80 m, 73 kg, seit 1997 bei Bayern, früher Calgary Foothills, 13 A für England, 68 BL-Spiele, 1 Tor
16 Jeremies, Jens, geb. 5. 3. 1974, D, 1,77 m, 76 kg, seit 1998 bei Bayern, früher TSV München 1860, Dynamo Dresden, Motor Görlitz, 48 A-Länderspiele, 208 BL-Spiele, 8 Tore
3 Lizarazu, Bixente, geb. 9. 12. 1969, FRA, 1,69 m, 72 kg, seit 1997 bei Bayern, früher Athletic Bilbao, Girondins Bordeaux, Englantine Hendaye, 84 A für Frankreich, 126 BL-Spiele, 6 Tore
20 Salihamidzic, Hasan, geb. 1. 1. 1977, BIH, 1,80 m, 78 kg, seit 1998 bei Bayern, früher Hamburger SV, Velez Mostar, Turbina Jablanica, 29 A für Bosnien-Herzegowina, 194 BL-Spiele, 37 Tore
7 Scholl, Mehmet, geb. 16. 10. 1970, D, 1,77 m, 70 kg, seit 1992 bei Bayern, früher Karlsruher SC, SV Nordwest Karlsruhe, 36 A-Länderspiele, 335 BL-Spiele, 91 Tore
31 Schweinsteiger, Bastian, geb. 1. 8. 1984, D, 1,80 m, 76 kg, seit 1998 bei Bayern, früher TSV 1860 Rosenheim, FV Oberaudorf, 14 BL-Spiele
11 „Zé Roberto", geb. 6. 7. 1974, BRA, 1,72 m, 71 kg, seit 2002 bei Bayern, früher Bayer Leverkusen, Flamengo Rio de Janeiro, Real Madrid, Portuguesa Sao Paulo, 50 A für Brasilien, 144 BL-Spiele, 18 Tore

ANGRIFF:

9 Elber, Giovane, geb. 23. 7. 1972, BRA, 1,80 m, 80 kg, seit 1997 bei Bayern, früher VfB Stuttgart, Grasshopper-Club Zürich, FC Londrina, 15 A für Brasilien, 252 BL-Spiele, 132 Tore
35 Misimovic, Zvjezdan, geb. 5. 6. 1982, SBM, 1,79 m, 79 kg, seit 1996 bei Bayern, früher SV Gartenstadt Trudering, TSV Forstenried, SV Nord Lerchenau, 1 BL-Spiel
14 Pizarro, Claudio, geb. 3. 10. 1978, ITA, 1,85 m, 79 kg, seit 2001 bei Bayern, früher Werder Bremen, Alianza Lima, Deportivo Pesquero Chimbote, 27 A für Peru, 117 BL-Spiele, 59 Tore
24 Santa Cruz, Roque, geb. 16. 8. 1981, ESP, 1,89 m, 80 kg, seit 1999 bei Bayern, früher Olimpia Asuncion, 29 A für Paraguay, 83 BL-Spiele, 20 Tore
34 Trochowski, Piotr, geb. 22. 3. 1984, D, 1,68 m, 68 kg, seit 1999 bei Bayern, früher FC St. Pauli, Concordia Hamburg, SpVgg Billstedt-Horn, 3 BL-Spiele
21 Zickler, Alexander, geb. 28. 2. 1974, D, 1,88 m, 87 kg, seit 1993 bei Bayern, früher Dynamo Dresden, 12 A-Länderspiele, 231 BL-Spiele, 54 Tore

VfB Stuttgart

Gegründet: 9. September 1893. – Anschrift: Mercedesstraße 109, 70372 Stuttgart, Telefon: 01 80 58 32 54 63, Telefax: (07 11) 55 00 73 3, www.vfb-stuttgart.de
Deutscher Meister: 1950, 1952, 1984, 1992 – Deutscher Pokalsieger: 1954, 1958, 1997 – Deutscher Superpokalsieger: 1992 – Deutscher Amateurmeister: 1963, 1980.
Präsident: Erwin Staudt; weiter im Präsidium: Ulrich Ruf; Pressechef: Oliver Schraft; Vereinsärzte: Dr. Thomas Horstmann, Dr. Erich Lang, Dr. Edgar Stumpf, Dr. Gerhard Zeithammel; Zeugwart: Michael Meusch; Physiotherapeuten: Gerhard Egger, Gerhard Wörn; Co-Trainer: Krassimir Balakov, Seppo Eichkorn; Torwarttrainer: Jochen Rücker, Eberhard Trautner.
Vereinsfarben: Weiß-Rot – Spielkleidung: Weißes Hemd mit rotem Brustring, weiße Hose und Stutzen oder schwarzes Hemd mit rotem Brustring, schwarze Hose und Stutzen. – Mitglieder: 8101 – Sportarten: Fußball, Leichtathletik, Tischtennis, Hockey, Faustball. – Stadion: Gottlieb-Daimler-Stadion, 54 088 überdachte Plätze, davon 6060 Stehplätze
Trainer: Felix Magath, geb. am 26.7.1953

TORHÜTER:

31 Benaglio, Diego, geb. 8. 9. 1983, SUI, 1,93 m, 83 kg, seit 2002 bei Stuttgart, früher Grasshopper-Club Zürich
23 Heinen, Dirk, geb. 3. 12. 1970, D, 1,87 m, 84 kg, seit 2003 bei Stuttgart, früher Denizlispor, Eintracht Frankfurt, Bayer Leverkusen, Rot-Weiß Zollstock, 154 BL-Spiele

1 Hildebrand, Timo, geb. 5. 4. 1979, D, 1,85 m, 77 kg, seit 1995 bei Stuttgart, früher FV Hofheim/Ried, 89 BL-Spiele

ABWEHR:

5 Bordon, Marcelo, geb. 7. 1. 1976, BRA, 1,88 m, 85 kg, seit 1/99 bei Stuttgart, früher FC Sao Paulo, Botafogo Ribeirao Preto, 105 BL-Spiele, 7 Tore
29 Dangelmayr, Steffen, geb. 9. 9. 1978, D, 1,86 m, 76 kg, seit 1989 bei Stuttgart, früher Stern Mögglingen, 5 BL-Spiele
2 Hinkel, Andreas, geb. 26. 3. 1982, D, 1,83 m, 74 kg, seit 1992 bei Stuttgart, früher TSV Leutenbach, 2 A-Länderspiele, 73 BL-Spiele
21 Lahm, Philipp, geb. 11. 11. 1983, D, 1,70 m, 62 kg, seit 2003 bei Stuttgart, früher Bayern München, FT Gern München
4 Marques, Rui Manuel, geb. 3. 9. 1977, POR, 1,85 m, 79 kg, seit 1/2001 bei Stuttgart, früher Hertha BSC Berlin, SSV Ulm 1846, FC Baden, Benfica Lissabon, 79 BL-Spiele
6 Meira, Fernando, geb. 5. 6. 1978, POR, 1,90 m, 85 kg, seit 1/2002 bei Stuttgart, früher Benfica Lissabon, Vitoria Guimaraes, FC Felgueiras, 16 A für Portugal, 45 BL-Spiele, 3 Tore
24 Rundio, Michael (VA), geb. 21. 1. 1983, D, 1,88 m, 78 kg, seit 1996 bei Stuttgart, früher SC Geislingen, SV Lonsee, 4 BL-Spiele
3 Wenzel, Timo, geb. 30. 11. 1977, D, 1,85 m, 82 kg, seit 1994 bei Stuttgart, früher FC Burlafingen, SSV Ulm 1846, 57 BL-Spiele, 1 Tor

MITTELFELD:

30 Berger, Denis, geb. 14. 4. 1983, AUT, 1,81 m, 72 kg, seit 1997 bei Stuttgart, früher Austria Wien
12 Gerber, Heiko, geb. 11. 7. 1972, D, 1,81 m, 75 kg, seit 1999 bei Stuttgart, früher 1. FC Nürnberg, Arminia Bielefeld, Chemnitzer FC, Stahl Lugau, 2 A-Länderspiele, 159 BL-Spiele, 10 Tore
16 Heldt, Horst, geb. 9. 12. 1969, D, 1,70 m, 68 kg, seit 1/2003 bei Stuttgart, früher Sturm Graz, Eintracht Frankfurt, TSV München 1860, 1. FC Köln, FV Bad Honnef, SG Königswinter, 2 A-Länderspiele, 309 BL-Spiele, 34 Tore
15 Hleb, Aliaksandr, geb. 1. 5. 1981, BLR, 1,82 m, 72 kg, seit 2000 bei Stuttgart, früher BATE Borisov, 10 A für Weißrussland, 72 BL-Spiele, 6 Tore
7 Meißner, Silvio, geb. 19. 1. 1973, D, 1,76 m, 76 kg, seit 2000 bei Stuttgart, früher Arminia Bielefeld, Chemnitzer FC, Hallescher FC, SV Merseburg 99, Post Halle, 162 BL-Spiele, 22 Tore
25 Mutzel, Michael (VA), geb. 27. 9. 1979, D, 1,83 m, 73 kg, seit 2002 bei Stuttgart, früher Eintracht Frankfurt, FC Augsburg, FC Memmingen, TSG Thannhausen, 38 BL-Spiele, 1 Tor
20 Soldo, Zvonimir, geb. 2. 11. 1967, CRO, 1,89 m, 85 kg, seit 1996 bei Stuttgart, früher Croatia Zagreb, Inker Zapresic, Dinamo Zagreb, 61 A für Kroatien, 205 BL-Spiele, 9 Tore
8 Vranjes, Jurica, geb. 3. 1. 1980, CRO, 1,85 m, 70 kg, seit 2003 bei Stuttgart, früher Bayer Leverkusen, NK Osijek, 10 A für Kroatien, 47 BL-Spiele

ANGRIFF:

11 Amanatidis, Ioannis, geb. 3. 12. 1981, GRE, 1,81 m, 79 kg, seit 2002 bei Stuttgart, früher SpVgg Greuther Fürth, VfB Stuttgart, Stuttgarter SC, 2 A für Griechenland, 27 BL-Spiele, 5 Tore
18 „Cacau“, geb. 27. 3. 1981, BRA, 1,79 m, 74 kg, seit 2003 bei Stuttgart, früher 1. FC Nürnberg, Türk Gücü München, Nacional AC Sao Paulo, 44 BL-Spiele, 8 Tore
22 Kuranyi, Kevin, geb. 2. 3. 1982, D, 1,89 m, 80 kg, seit 1997 bei Stuttgart, früher Serrano FC Petropolis, Sporting San Miguelito, 3 A-Länderspiele, 37 BL-Spiele, 16 Tore
19 Szabics, Imre, geb. 22. 3. 1981, HUN, 1,80 m, 75 kg, seit 2003 bei Stuttgart, früher Sturm Graz, Ferencvaros Budapest, SC Szeged, 3 A für Ungarn
13 Tiffert, Christian, geb. 18. 2. 1982, D, 1,83 m, 75 kg, seit 2000 bei Stuttgart, früher Tennis Borussia Berlin, Hallescher FC, 51 BL-Spiele, 3 Tore

Borussia Dortmund

Gegründet: 19. Dezember 1909. – Anschrift: Rheinlanddamm 207 - 209, 44139 Dortmund, Telefon: (02 31) 90 20 0, Telefax: (02 31) 90 20 10 5, www.borussia-dortmund.de
Deutscher Meister: 1956, 1957, 1963, 1995, 1996, 2002 – Deutscher Pokalsieger: 1965, 1989 – Deutscher Superpokalsieger: 1989, 1995, 1996 – Europapokalsieger: 1966 (Pokalsieger), 1997 (Champions League) – Weltpokalsieger: 1997.

Präsident und Geschäftsführer der Kommanditgesellschaft auf Aktien (KGaA): Dr. Gerd Niebaum; Vizepräsident: Dr. Henning Kreke; Schatzmeister: Hans-Joachim Watzke; Manager und Geschäftsführer der KGaA: Michael Meier (Vorstandsmitglied); Sportmanager: Michael Zorc; Leiter Organisation und Verwaltung: Dr. Christian Hockenjos; Pressechef: Josef Schneck; Fanclub-Betreuung: AkiSchmidt, Lothar Emmerich; Vereinsarzt: Dr. Markus Braun; Wissenschaftlicher Berater: Prof. Heinz Liesen; Physiotherapeuten: Peter Kuhnt, Ralph Frank, Frank Zöllner; Co-Trainer: Uwe Neuhaus; Konditionstrainer: Christian Kolodziej; Rehatrainer: Markus Zetlmeisl; Torwarttrainer: Wolfgang de Beer.
Mitglieder: 17 000 – Sportarten: Fußball, Handball, Tischtennis. – Vereinsfarben: Schwarz-Gelb – Spielkleidung: Gelbes Hemd mit schwarzem Brustring, schwarze Hose, schwarz-gelb geringelte Stutzen oder schwarzes Hemd, gelbe Hose, schwarz-gelb geringelte Stutzen. – Stadion: Westfalenstadion, 83 000 überdachte Plätze, davon 67 000 Sitzplätze und 17 000 Stehplätze.
Trainer: Matthias Sammer, geb. am 5. 9. 1967

TORHÜTER:

26 Weidenfeller, Roman, geb. 6. 8. 1980, D, 1,88 m, 85 kg, seit 2002 bei Dortmund, früher 1. FC Kaiserslautern, Eisbachtaler Sportfreunde , 17 BL-Spiele

ABWEHR:

23 Madouni, Ahmed, geb. 4. 10. 1980, FRA, 1,91 m, 85 kg, seit 2001 bei Dortmund, früher SC Montpellier, 35 BL-Spiele, 1 Tor
21 Metzelder, Christoph, geb. 5. 11. 1980, D, 1,93 m, 84 kg, seit 2000 bei Dortmund, früher Preußen Münster, FC Schalke 04, TuS Haltern, 16 A-Länderspiele, 68 BL-Spiele
20 Metzelder, Malte, geb. 19. 5. 1982, D, 1,95 m, 88 kg, seit 2003 bei Dortmund, früher Preußen Münster, SpVgg Erkenschwick, TuS Haltern
7 Reuter, Stefan, geb. 16. 10. 1966, D, 1,81 m, 75 kg, seit 1992 bei Dortmund, früher Juventus Turin, Bayern München, 1. FC Nürnberg, TSV Dinkelsbühl, 69 A-Länderspiele, 471 BL-Spiele, 25 Tore
4 Wörns, Christian, geb. 10. 5. 1972, D, 1,85 m, 80 kg, seit 1999 bei Dortmund, früher Paris Saint-Germain, Bayer Leverkusen, Waldhof Mannheim, Phönix Mannheim,47 A-Länderspiele, 337 BL-Spiele, 20 Tore

MITTELFELD:

17 „Dede“, geb. 18. 4. 1978, BRA, 1,76 m, 69 kg, seit 1998 bei Dortmund, früher Atlético Mineiro, 142 BL-Spiele, 8 Tore
14 Demel, Guy, geb. 13. 6. 1981, FRA, 1,89 m, 85 kg, seit 2001 bei Dortmund, früher FC Arsenal, Olympique Nimes, Olympique Marseille, 4 BL-Spiele
2 „Evanilson“, geb. 12. 9. 1975, BRA, 1,78 m, 73 kg, seit 8/1999 bei Dortmund, früher Cruzeiro Belo Horizonte, America FC Belo Horizonte, EC Santa Tereza, 13 A für Brasilien, 104 BL-Spiele, 4 Tore
3 Fernandez, Juan Ramon, geb. 5. 3. 1980, ARG, 1,76 m, 70 kg, seit 2002 bei Dortmund, früher Estudiantes de La Plata, 1 A für Argentinien, 4 BL-Spiele
8 Frings, Torsten, geb. 22. 11. 1976, D, 1,82 m, 80 kg, seit 2002 bei Dortmund, früher Werder Bremen, Alemannia Aachen, Rhenania Alsdorf, Rot-Weiß Alsdorf, 23 A-Länderspiele, 193 BL-Spiele, 21 Tore
15 Jensen, Niclas, geb. 17. 8. 1974, DEN, 1,80 m, 82 kg, seit 2003 bei Dortmund, früher Manchester City, FC Kopenhagen, PSV Eindhoven, Lyngby FC, B 1893 Kopenhagen, B 1960 Kopenhagen, 21 A für Dänemark
5 Kehl, Sebastian, geb. 13. 2. 1980, D, 1,88 m, 80 kg, seit 1/2002 bei Dortmund, früher SC Freiburg, Hannover 96, Borussia Fulda, SV Lahrbach, 18 A-Länderspiele, 83 BL-Spiele, 5 Tore
16 „Leandro“, geb. 26. 4. 1977, BRA, 1,73 m, 68 kg, seit 2001 bei Dortmund, früher Atlético Mineiro, 6 BL-Spiele, 1 Tor
18 Ricken, Lars, geb. 10. 7. 1976, D, 1,78 m, 72 kg, seit 1990 bei Dortmund, früher Eintracht Dortmund, TuS Eving-Lindenhorst, 16 A-Länderspiele, 238 BL-Spiele, 38 Tore
10 Rosicky, Tomás, geb. 4. 10. 1980, CZE, 1,78 m, 65 kg, seit 1/2001 bei Dortmund, früher Sparta Prag, CKD Kompresory Prag, 29 A für Tschechien, 75 BL-Spiele, 9 Tore

ANGRIFF:

19 Addo, Otto, geb. 9. 6. 1975, D, 1,88 m, 80 kg, seit 1999 bei Dortmund, früher Hannover 90, VfL 93 Hamburg, Bramfelder SV, Hamburger SV, Hummelsbütteler SV, 12 A für Ghana, 66 BL-Spiele, 11 Tore
22 Amoroso, Marcio, geb. 5. 7. 1974, ITA, 1,79 m, 69 kg, seit 2001 bei Dortmund, früher AC Parma, Udinese Calcio, Flamengo Rio de Janeiro, Verdy Kawasaki, FC Guarani, 19 A für Brasilien, 55 BL-Spiele, 24 Tore

12 „Ewerthon“, geb. 10. 6. 1981, BRA, 1,72 m, 63 kg, seit 9/2001 bei Dortmund, früher Corinthians Sao Paulo, Rio Branco EC Americana, 3 A für Brasilien, 60 BL-Spiele, 21 Tore
11 Herrlich, Heiko, geb. 3. 12. 1971, D, 1,89 m, 85 kg, seit 1995 bei Dortmund, früher Borussia Mönchengladbach, Bayer Leverkusen, SC Freiburg, FC Emmendingen, FC Kollnau, 5 A-Länderspiele, 258 BL-Spiele, 75 Tore
9 Koller, Jan, geb. 30. 3. 1973, CZE, 2,02 m, 100 kg, seit 2001 bei Dortmund, früher RSC Anderlecht, SC Lokeren, Sparta Prag, ZWZ Milevsko, Smetanova Lhota, 42 A für Tschechien, 67 BL-Spiele, 24 Tore
24 Odonkor, David, geb. 21. 2. 1984, D, 1,74 m, 74 kg, seit 1998 bei Dortmund, früher Bünder SV, SV Holsen-Ahlen, 8 BL-Spiele
13 Reina, Giuseppe, geb. 15. 4. 1972, D, 1,78 m, 75 kg, seit 1999 bei Dortmund, früher Arminia Bielefeld, SG Wattenscheid 09, Königsborner SV, Rot-Weiß Unna, 139 BL-Spiele, 29 Tore
25 Senesie, Sahr, geb. 20. 6. 1985, D, 1,73 m, 74 kg, seit 2000 bei Dortmund, früher SV Tasmania 73 Berlin, VfB Neukölln

Hamburger SV

Gegründet: 29. September 1887. – Anschrift: Sylvesterallee 7, 22525 Hamburg, Telefon: (0 40) 41 55 01, Telefax: (0 40) 41 55 10 60, www.hsv.de
Deutscher Meister: 1922 (verzichtet), 1923, 1928, 1960, 1979, 1982, 1983 – Deutscher Pokalsieger: 1963, 1976, 1987 – Deutscher Ligapokalsieger: 1973 – Europapokalsieger: 1977 (Pokal), 1983 (Landesmeister).
Vorstand: Bernd Hoffmann (Vorstandsvorsitzender), Dietmar Beiersdorfer (Stellvertreter und sportlicher Leiter), Christian Reichert (Mitglieder), Katja Kraus (Marketing und Kommunikation); Aufsichtsratsvorsitzender: Udo Bandow; Teammanager: Bernd Wehmeyer; Presse: Gerd Krall, Marinus Bester; Vereinsärzte: Dr. Olaf Dierk, Dr. Gerold Schwartz; Physiotherapeuten: Hermann Rieger, Frank Adam, Thomas Marquardt (Osteopath); Co-Trainer: Armin Reutershahn, Manfred Linzmaier; Torwarttrainer: Johann Rieckhof.
Vereinsfarben: Blau-Weiß-Schwarz – Spielkleidung: Weiß-Rotes Hemd, rote Hose, blaue Stutzen oder blaues Hemd, weiße Hose, blaue Stutzen. – Mitglieder: 18 600 – Sportarten: Fußball, Badminton, Basketball, Bowling, Cricket, Eishockey, Gymnastik, Handball, Hockey, Eis-, Inline- und Skaterhockey, Karate, Leichtathletik, Reha-Gymnastik, Rugby, Schiedsrichter, Schwimmen, Sport für jedermann, Sport für Kinder, Tanzen, Tennis, Tischtennis, Volleyball. – Stadion: AOL-Arena, 55 000 überdachte Plätze, davon 10 000 Stehplätze (bei internationalen Spielen: 50 000 Sitzplätze).
Trainer: Kurt Jara, geb. am 14. 10. 1950

TORHÜTER:

1 Pieckenhagen, Martin, geb. 15. 11. 1971, D, 1,86 m, 86 kg, seit 2001 bei Hamburg, früher Hansa Rostock, MSV Duisburg, Tennnis Borussia Berlin, 1. FC Union Berlin, Medizin Buch, 182 BL-Spiele
29 Wächter, Stefan, geb. 20. 4. 1978, D, 1,89 m, 86 kg, seit 2001 bei Hamburg, früher KFC Uerdingen 05, VfL Bochum, Westfalia Herne

ABWEHR:

18 Fukal, Milan, geb. 16. 5. 1975, CZE, 1,88 m, 87kg, seit 9/2000 bei Hamburg, früher Sparta Prag, FK Jablonec nad Nisou, Bohemians Prag, Pelikan Decin, FK Cesky Brod, EMZ Melnik, VTJ Karlovy Vary, Sokol Kokonin, 19 A für Tschechien, 59 BL-Spiele, 7 Tore
5 Hoogma, Nico-Jan, geb. 26. 10. 1968, NED, 1,85 m, 85 kg, seit 9/1998 bei Hamburg, früher FC Twente Enschede, Cambuur Leeuwarden, VV Drachten, 147 BL-Spiele, 11 Tore
12 Jacobsen, Lars, geb. 20. 9. 1979, DEN, 1,81 m, 75 kg, seit 2002 bei Hamburg, früher Odense BK, 12 BL-Spiele, 1 Tor
24 Kling, Stephan, geb. 22. 3. 1981, D, 1,80 m, 67 kg, seit 2002 bei Hamburg, früher Bayern München, Amicitia München, 6 BL-Spiele
2 Maltritz, Marcel, geb. 2. 10. 1978, D, 1,86 m, 78 kg, seit 2001 bei Hamburg, früher VfL Wolfsburg, 1. FC Magdeburg, TuS Magdeburg-Neustadt, 94 BL-Spiele, 1 Tor
4 Reinhardt, Bastian, geb. 19. 11. 1975, D, 1,94 m, 92 kg, seit 2003 bei Hamburg, früher Arminia Bielefeld, Hannover 96, VfL 93 Hamburg, VfL Wolfsburg, 1. FC Magdeburg, Grabower SC, 34 BL-Spiele, 3 Tore
15 Schlicke, Björn, geb. 23. 6. 1981, D, 1,93 m, 85 kg, seit 2003 bei Hamburg, früher SpVgg Greuther Fürth, 1. FC Nürnberg, FSV Erlangen-Bruck, ATSV Erlangen
21 Ujfalusi, Tomas, geb. 24. 3. 1978, CZE, 1,85 m, 76 kg, seit 1/2001 bei Hamburg, früher Sigma Olomouc, TJ Rymarov, 19 A für Tschechien, 79 BL-Spiele, 2 Tore

MITTELFELD:

22 Beinlich, Stefan, geb. 13. 1. 1972, D, 1,80 m, 76 kg, seit 2003 bei Hamburg, früher Hertha BSC, Bayer Leverkusen, Hansa Rostock, Aston Villa, Bergmann-Borsig Berlin, BFC Dynamo, 5 A-Länderspiele, 211 BL-Spiele, 51 Tore
16 Benjamin, Collin, geb. 3. 8. 1978, NAM, 1,86 m, 74 kg, seit 1/2001 bei Hamburg, früher Raspo Elmshorn, Germania Schnelsen, Civics FC Windhuk, 12 A für Namibia, 37 BL-Spiele, 4 Tore
27 Cardoso, Rodolfo, geb. 17. 10. 1968, ARG, 1,78 m, 76 kg, seit 1999 bei Hamburg, früher Estudiantes de La Plata, Boca Juniors Buenos Aires, Hamburger SV, Werder Bremen, SC Freiburg, FC Homburg, AC Azul, 8 A für Argentinien, 211 BL-Spiele, 47 Tore
20 Hollerbach, Bernd, geb. 8. 12. 1969, D, 1,77 m, 82 kg, seit 1/1996 bei Hamburg, früher 1. FC Kaiserslautern, FC St. Pauli, Kickers Würzburg, ASV Rimpar, 209 BL-Spiele, 5 Tore
17 Meier, Alexander, geb. 17. 1. 1983, D, 1,95 m, 84 kg, seit 2003 bei Hamburg, früher FC St. Pauli, Hamburger SV, 2 BL-Spiele
3 Rahn, Christian, geb. 15. 6. 1979, D, 1,85 m, 80 kg, seit 2002 bei Hamburg, früher FC St. Pauli, FC Altona 93, 2 A-Länderspiele, 42 BL-Spiele, 4 Tore
6, Wicky, Raphael, geb. 26. 4. 1977, SUI, 1,78 m, 75 kg, seit 1/2002 bei Hamburg, früher Atlético Madrid, Werder Bremen, FC Sion, FC Steg, 45 A für Schweiz, 131 BL-Spiele, 2 Tore

ANGRIFF:

10 Barbarez, Sergej, geb. 17. 9. 1971, BIH, 1,88 m, 80 kg, seit 2000 bei Hamburg, früher Borussia Dortmund, Hansa Rostock, 1. FC Union Berlin, Hannover 96, Velez Mostar, 22 A für Bosnien-Herzegowina, 174 BL-Spiele, 54 Tore
7 Mahdavikia, Mehdi, geb. 24. 7. 1977, IRN, 1,72 m, 72 kg, seit 1999 bei Hamburg, früher VfL Bochum, Pirouzi Teheran, 69 A für Iran, 107 BL-Spiele, 15 Tore
9 Romeo, Bernardo, geb. 10. 9. 1977, ITA, 1,77 m, 72 kg, seit 1/2002 bei Hamburg, früher CA San Lorenzo de Almagro, Estudiantes de La Plata, 4 A für Argentinien, 42 BL-Spiele, 22 Tore
32 Takahara, Naohiro, geb. 4. 6. 1979, JPN, 1,80 m, 77 kg, seit 1/2003 bei Hamburg, früher Jubilo Iwata, Boca Juniors Buenos Aires, Tokai University, Shimizu Highschool, 23 A für Japan, 16 BL-Spiele, 3 Tore

Hertha BSC Berlin

Gegründet: 25. Juli 1892. – Hanns-Braun-Straße, Friesenhaus 2, 14053 Berlin, Telefon: (0 30) 30 09 28 0, Telefax: (0 30) 30 09 28 99, www.herthabsc.de
Deutscher Meister: 1930, 1931 – Deutscher Ligapokalsieger: 2001 und 2002.
Vorsitzender der Geschäftsfühung der Hertha BSC KG mbH aA: Dieter Hoeneß; Geschäftsführer der KG mbH aA: Ingo Schiller; Vereinspräsident: Bernd Schiphorst; Vizepräsident: Jörg Thomas; Aufsichtsratsvorsitzender: Prof. Dr. Rupert Scholz; Leiter der Abteilung Fußball: Martin Bader; Geschäftsstellenleiter: Matthias Huber; Pressesprecher: Hans-Georg Felder; Jugend- und Amateur-Koordinator: Frank Vogel; Vereinsarzt: Dr. Ulrich Schleicher; Physiotherapeuten: Peter Bentin, Thomas Sennewald, David de Mel, Zeugwart: Tom Riedel; Co-Trainer: Holger Gohrko; Konditions- und Reha-Trainer: Carsten Schünemann; Torwarttrainer: Enver Maric, Nello di Martino.
Vereinsfarben: Blau-Weiß – Spielkleidung: Ganz in Weiß oder blau-weiß gestreiftes Hemd, blaue Hose, blaue Stutzen oder schwarz-rotes Hemd, schwarze Hose, schwarze Stutzen. – Mitglieder: 10 300 – Sportarten: Fußball, Boxen, Kegeln, Tischtennis. – Stadion: Berliner Olympiastadion, 76 000 Plätze, zurzeit wegen des Umbaus nur 55 000 Plätze (alles Sitzplätze), davon derzeit 15 000 überdacht.
Trainer: Huub Stevens, geb. am 29. 11. 1953

TORHÜTER:

12 Fiedler, Christian, geb. 27. 3. 1975, D, 1,80 m, 76 kg, seit 1989 bei Berlin, früher Lichtenrader BC, 25 BL-Spiele
1 Kiraly, Gabor, geb. 1. 4. 1976, HUN, 1,90 m, 90 kg, seit 1997 bei Berlin, früher Haladas Szombathely, 43 A für Ungarn, 180 BL-Spiele
40 Kuszczak, Tomasz, geb. 20. 3. 1982, POL, 1,90 m, 84 kg, seit 2000 bei Berlin, früher KFC Uerdingen 05, Slask Wroclaw

ABWEHR:

4 Van Burik, Dick, geb. 29. 11.1973, NED, 1,86 m, 80 kg, seit 1997 bei Berlin, früher FC Utrecht, NAC Breda, Ajax Amsterdam, Elinkwjik Utrecht, DSO Zoetermeer, Ultraejectum Utrecht, 147 BL-Spiele, 4 Tore

28 Chahed, Sofian, geb. 18. 4. 1983, D, 1,78 m, 73 kg, seit 1998 bei Berlin, früher Hertha Zehlendorf, FV Wannsee

29 Fathi, Malik, geb. 29. 10. 1983, D, 1,85 m, 85 kg, seit 2001 bei Berlin, früher Tennis Borussia Berlin, Hertha Zehlendorf

3 Friedrich, Arne, geb. 29. 5. 1979, D, 1,85 m, 78 kg, seit 2002 bei Berlin, früher Arminia Bielefeld, SC Verl, FC Gütersloh, SC Herford, TuS Lohe, FC Bad Oeynhausen, 10 A-Länderspiele, 33 BL-Spiele, 5 Tore

21 Hartmann, Michael, geb. 11. 7. 1974, D, 1,73 m, 73 kg, seit 1994 bei Berlin, früher BSV Brandenburg, Stahl Hennigsdorf, FSV Borgsdorf, 3 A-Länderspiele, 141 BL-Spiele, 5 Tore

22 Lapaczinski, Denis, geb. 26. 9. 1981, D, 1,86 m, 80 kg, seit 2001 bei Berlin, früher SSV Reutlingen, VfB Stuttgart, 16 BL-Spiele, 1 Tor

17 Madlung, Alexander, geb. 11. 7. 1982, D, 1,93 m, 87 kg, seit 1999 bei Berlin, früher Eintracht Braunschweig, VfL Wolfsburg, 9 BL-Spiele

33 Rehmer, Marko, geb. 29. 4. 1972, D, 1,87 m, 85 kg, seit 1999 bei Berlin, früher Hansa Rostock, Union Berlin, TZ Prenzlauer Berg, Empor HO Berlin, 32 A-Länderspiele, 164 BL-Spiele, 10 Tore

14 Simunic, Josip, geb. 18. 2. 1978, CRO, 1,95 m, 89 kg, seit 1/2000 bei Berlin, früher Hamburger SV, Melbourne Knights, AIS Canberra, 15 A für Kroatien, 71 BL-Spiele, 1 Tor

MITTELFELD:

18 Dardai, Pal, geb. 16. 3. 1976, HUN, 1,79 m, 77 kg, seit 1/1997 bei Berlin, früher Budapesti VSC, MSC Pecs, 36 A für Ungarn, 130 BL-Spiele, 11 Tore

8 Goor, Bart, geb. 9. 4. 1973, BEL, 1,83 m, 75 kg, seit 2001 bei Berlin, früher RSC Anderlecht, RC Genk, Verbroedering Geel, FC Buul, 51 A für Belgien, 63 BL-Spiele, 13 Tore

7 Karwan, Bartosz, geb. 13. 1. 1976, POL, 1,80 m, 77 kg, seit 2002 bei Berlin, früher Legia Warschau, GKS Kattowitz, RSC Anderlecht, GKS Tychy, 20 A für Polen, 14 BL-Spiele

5, Kovac, Niko, geb. 15. 10. 1971, CRO, 1,78 m, 75 kg, seit 2003 bei Berlin, früher Bayern München, Hamburger SV, Bayer Leverkusen, Hertha BSC Berlin, Hertha Zehlendorf, Rapide Wedding, 28 A für Kroatien, 166 BL-Spiele, 23 Tore

25 Ludwig, Alexander, geb. 31. 1. 1984, D, 1,77 m, 70 kg, seit 2002 bei Berlin, früher Werder Bremen, Rot-Weiß Erfurt, Wacker Gotha, Eintracht Wechmar

10 „Marcelinho", geb. 17. 5. 1975, BRA, 1,74 m, 68 kg, seit 2001 bei Berlin, früher Gremio Porto Alegre, Olympique Marseille, FC Sao Paolo, Rio Branco EC Americana, FC Santos, EC Paraguacuense, Campinense Clube, 5 A für Brasilien, 66 BL-Spiele, 27 Tore

32 Marx, Thorben, geb. 1. 6. 1981, D, 1,82 m, 79 kg, seit 1998 bei Berlin, früher Hertha Zehlendorf, Stern Marienfelde, 40 BL-Spiele, 3 Tore

27 Mladenov, Alexandar, geb. 25. 6. 1982, BUL, 1,88 m, 74 kg, seit 1999 bei Berlin, früher ZSKA Sofia, 2 BL-Spiele

20 Neuendorf, Andreas, geb. 9. 2. 1975, D, 1,78 m, 72 kg, seit 2001 bei Berlin, früher Bayer Leverkusen, Hertha BSC Berlin, Reinickendorfer Füchse, BFC Preußen, Blau-Weiß 90 Berlin, Stern 1900, 111 BL-Spiele, 8 Tore

16 Pinto, Roberto, geb. 22. 8. 1978, POR, 1,70 m, 68 kg, seit 2001 bei Berlin, früher VfB Stuttgart, VfL Stuttgart-Wangen, 67 BL-Spiele, 2 Tore

19 Schmidt, Andreas, geb. 14. 9. 1973, D, 1,82 m, 75 kg, seit 1991 bei Berlin, früher SC Siemensstadt, 162 BL-Spiele, 8 Tore

ANGRIFF:

13 Bobic, Fredi, geb. 30. 10. 1971, D, 1,88 m, 82 kg, seit 2003 bei Berlin, früher Hannover 96, Borussia Dortmund, Bolton Wanderers, VfB Stuttgart, Stuttgarter Kickers, TSF Ditzingen, VfR Bad Cannstatt, 26 A-Länderspiele, 231 BL-Spiele, 100 Tore

9 „Luizão", geb. 14. 11. 1975, BRA, 1,78 m, 76 kg, seit 2002 bei Berlin, früher Gremio Porto Alegre, Corinthians Sao Paulo, Vasco da Gama, Deportivo La Coruña, Palmeiras Sao Paulo, Guarani FC, 12 A für Brasilien, 19 BL-Spiele, 2 Tore

24, Rafael, Nando, geb. 10. 1. 1984, ANG, 1,80 m, 75 kg, seit 8/2002 bei Berlin, früher Ajax Amsterdam, 6 BL-Spiele, 2 Tore

11 Wichniarek, Artur, geb. 28. 2. 1977, POL, 1,83 m, 78 kg, seit 2003 bei Berlin, früher Arminia Bielefeld, Widzew Lodz, Lech Posen, Aluminium Konin, SKS Posen, 15 A für Polen, 47 BL-Spiele, 12 Polen

Werder Bremen

Gegründet: 4. Februar 1899. – Anschrift: Am Weserstadion 5, 28205 Bremen, Telefon: 01 80 59 37 33 7 (0,12 Euro BL-Spiele, Min.), Telefax: (04 21) 49 35 55, www.werder-online.de

Deutscher Meister: 1965, 1988, 1993 – Deutscher Pokalsieger: 1961, 1991, seit 1994 bei , früher 1999 – Deutscher Superpokalsieger: 1988, 1993, 1994 – Deutscher Amateurmeister: 1966, 1985, 1991. – Europapokal der Pokalsieger: 1992

Vorsitzender der Geschäftsführung: Jürgen L. Born; Weiter in der Geschäftsführung: Klaus Allofs (Sportdirektor), Manfred Müller (Marketing), Klaus-Dieter Fischer; Aufsichtsrat: Dr.Franz Böhmert (Vorsitzender), Willi Lemke, Hans Schulz, Peter Logemann, Dr.Hubertus Hess-Grunewald, Gunnar Lübben-Ratjen; Leiter Spielbetrieb: Wolfgang Barkhausen; Mediendirektor: Tino Polster; Presse: Marita Hanke; Vereinsärzte: Dr. Götz Dimanski, Dr. Karl Meschede; Physiotherapeut: Holger Berger; Co-Trainer: Karl-Heinz Kamp; Torwarttrainer: Dieter Burdenski.

Vereinsfarben: Grün-Weiß – Spielkleidung: Orange-grünes Hemd, weiße Hose, grüne Stutzen oder weißes Hemd, grüne Hose, weiße Stutzen oder ganz in Schwarz – Mitglieder: 5700 – Sportarten: Fußball, Handball, Leichtathletik, Tischtennis, Gymnastik, Turnspiele, Schach. – Stadion: Weserstadion, 35 800 überdachte Plätze, davon 4700 Stehplätze und 1072 Logen-Plätze.

Trainer: Thomas Schaaf, geb. am 30. 4. 1961

TORHÜTER:

16 Borel, Pascal, geb. 26. 9. 1978, D, 1,92 m, 94 kg, seit 1998 bei Bremen, früher Waldhof Mannheim, Germania Friedrichstal, 31 BL-Spiele

1 Reinke, Andreas, geb. 10. 1. 1969, D, 1,90 m, 93 kg, seit 2003 bei Bremen, früher Real Murcia, Iraklis Saloniki, 1. FC Kaiserslautern, FC St. Pauli, Hamburger SV, Dynamo Schwerin, Dynamo Güstrow, 137 BL-Spiele

31 Walke, Alexander, geb. 6. 6. 1983, D, 1,87 m, 75 kg, seit 1999 bei Bremen, früher Energie Cottbus, Eintracht Oranienburg

ABWEHR:

6 Baumann, Frank, geb. 29. 10. 1975, D, 1,87 m, 79 kg, seit 1999 bei Bremen, früher 1. FC Nürnberg, TSV Grombühl, 16 A-Länderspiele, 150 BL-Spiele, 9 Tore

34 Friedrich, Manuel, geb. 13. 9. 1979, D, 1,89 m, 78 kg, seit 2002 bei Bremen, früher FSV Mainz 05, SG Guldental 07

25 Ismaël, Valérien, geb. 28. 9. 1975, FRA, 1,91 m, 81 kg, seit 2003 bei Bremen, früher Racing Straßburg, RC Lens, Crystal Palace

20 Krstajic, Mladen, geb. 4. 3. 1974, SBM, 1,91 m, 81 kg, seit 2000 bei Bremen, früher Partizan Belgrad, Celik Zenica, OFK Kikinda, 27 A für Serbien & Montenegro, 82 BL-Spiele, 8 Tore

MITTELFELD:

11 Banovic, Ivica, geb. 2. 8. 1980, CRO, 1,86 m, 81 kg, seit 2000 bei Bremen, früher NK Zagreb, 49 BL-Spiele, 2 Tore

30 Deckert, Stefan (VA), geb. 8. 5. 1982, D, 1,85 m, 77 kg, seit 2000 bei Bremen, früher Carl Zeiss Jena

24 Borowski, Tim, geb. 2. 5. 1980, D, 1,94 m, 84 kg, seit 1996 bei Bremen, früher FC Neubrandenburg, 2 A-Länderspiele, 44 BL-Spiele, 1 Tor

4 Ernst, Fabian, geb. 30. 5. 1979, D, 1,83 m, 80 kg, seit 2000 bei Bremen, früher Hamburger SV, Hannover 96, 2 A-Länderspiele, 134 BL-Spiele, 7 Tore

37 Lenze, Christian, geb. 26. 4. 1977, D, 1,82 m, 76 kg, seit 2001 bei Bremen, früher Kickers Emden, 1. FC Magdeburg

8 Lisztes, Krisztian, geb. 2. 7. 1976, HUN, 1,78 m, 73 kg, seit 2001 bei Bremen, früher VfB Stuttgart, Ferencvaros Budapest, 43 A für Ungarn, 169 BL-Spiele, 17 Tore

23 Magnin, Ludovic, geb. 20. 4. 1979, SUI, 1,85 m, 76 kg, seit 1/2002 bei Bremen, früher FC Lugano, Yverdon-Sport, FC Echallens, 11 A für Schweiz, 16 BL-Spiele, 1 Tore

10 Micoud, Johan, geb. 24. 7. 1973, FRA, 1,86 m, 82 kg, seit 8/2002 bei Bremen, früher AC Parma, Girondins Boreaux, AS Cannes, 16 A für Frankreich, 28 BL-Spiele, 5 Tore

22 Reich, Marco, geb. 30. 12. 1977, D, 1,83 m, 78 kg, seit 2002 bei Bremen, früher 1. FC Köln, 1. FC Kaiserslautern, Viktoria Merxheim, SG Meisenheim/Odenbach, 1 A-Länderspiel, 141 BL-Spiele, 8 Tore

26 Rolfes, Simon, geb. 21. 12. 1982, D, 1,89 m, 79 kg, seit 2003 bei Bremen, früher SSV Reutlingen, Werder Bremen, TuS Recke
27 Schulz, Christian, geb. 1. 4. 1983, D, 1,85 m, 79 kg, seit 1993 bei Bremen, TSV Bassum, 11 BL-Spiele
19 Skripnik, Viktor, geb. 19. 11. 1969, UKR, 1,85 m, 73 kg, seit 1996 bei Bremen, früher Dnjepr Dnjepropetrowsk, Metalurg Saporoschje, 22 A für Ukraine, 132 BL-Spiele, 6 Tore
7 Stalteri, Paul, geb. 18. 10. 1977, CAN, 1,81 m, 77 kg, seit 1997 bei Bremen, früher Toronto Lynx, Malton Bullets, 44 A für Kanada, 86 BL-Spiele, 4 Tore
5 Ümit Davala, geb. 30. 7. 1973, TUR, 1,86 m, 78 kg, seit 2003 bei Bremen, früher Galatasaray Istanbul, AC Mailand, Diyabakirspor, Istanbulspor, Afyonspor, Türkspor Mannheim, ASV Feudenheim, VfR Mannheim, 35 A für Türkei
21 Wehlage, Holger, geb. 3. 7. 1976, D, 1,79 m, 72 kg, seit 2003 bei Bremen, früher 1. FC Union Berlin, Werder Bremen, FC St. Pauli, VfB Lübeck, SV Meppen, 10 BL-Spiele, 1 Tor

ANGRIFF:

32 „Ailton", geb. 19. 7. 1973, BRA, 1,77 m, 74 kg, seit 10/1998 bei Bremen, früher Universidad Nuevo Leon, Guarani FC Campinas, Santa Cruz FC Recife, Mogi Mirim EC, 136 BL-Spiele, 60 Tore
9 Charisteas, Angelos, geb. 9. 2. 1980, GRE, 1,91 m, 82 kg, seit 2002 bei Bremen, früher Aris Saloniki, Athinaikos Athen, Strimonikos Serron, 19 A für Griechenland, 31 BL-Spiele, 9 Tore
18 Daun, Markus, geb. 10. 9. 1980, D, 1,85 m, 79 kg, seit 2002 bei Bremen, früher Alemannia Aachen, Bayer Leverkusen, Germania Dürwiß, 30 BL-Spiele, 3 Tore
38 Haedo Valdez, Nelson (VA), geb. 28. 11. 1983, PAR, 1,78 m, 71 kg, seit 2001 bei Bremen, früher Atlético Tembetary, 2 BL-Spiele
17 Klasnic, Ivan, geb. 29. 1. 1980, CRO, 1,86 m, 79 kg, seit 2001 bei Bremen, früher FC St. Pauli, TSV Stellingen 88, Union 03 Hamburg, 36 BL-Spiele, 3 Tore
35 Stier, Marco, geb. 26. 3. 1984, D, 1,79 m, 74 kg, seit 1999 bei Bremen, früher FC St. Pauli, Concordia Hamburg, SV St. Georg Hamburg

FC Schalke 04

Gegründet: 4. Mai 1904. – Ernst-Kuzorra-Weg 1, 45891 Gelsenkirchen, Telefon: (02 09) 36 18 0, Telefax: (02 09) 36 18 10 9, www.schalke04.de, www.arena-aufschalke.de
Deutscher Meister: 1934, 1935, 1937, 1939, 1940, 1942, 1958 – Deutscher Pokalsieger: 1937, 1972, 2001, 2002 – UEFA-Pokalsieger: 1997.
Vorstand: Gerd Rehberg (Vorsitzender), Josef Schnusenberg (Stellvertr. Vorstandsvorsitzender), Rudi Assauer, Andreas Müller, Peter Peters; Manager: Rudi Assauer; Leiter der Lizenzspielerabteilung: Andreas Müller; Geschäftsführer: Peter Peters; Pressesprecher: Gerd Voss; Vereinsarzt: Dr. Thorsten Rarreck; Rehatrainer: Dr. Christos Papadopoulos; Konditionstrainer: Uwe Speidel; Physiotherapeuten: Michael Birkners, Oliver Niehüser, Karl-Heinz Ohland; Co-Trainer: Eddy Achterberg; Torwarttrainer: Oliver Reck.
Vereinsfarben: Blau-Weiß – Spielkleidung: Blaues Hemd, weiße Hose, blaue Stutzen oder orangenes Hemd, blaue Hose und orangene Stutzen oder ganz in Weiß. – Mitglieder: 32 368 – Sportarten: Fußball, Handball, Basketball, Leichtathletik und Tischtennis. –Stadion: Arena AufSchalke, 61 010 überdachte Plätze, davon 16 214 Stehplätze.
Trainer: Jupp Heynckes, geb. am 9. 5. 1945

TORHÜTER:

33 Heimeroth, Christofer, geb. 1. 8. 1981, D, 1,94 m, 86 kg, seit 1999 bei Schalke, früher SF Oestrich-Iserlohn, Borussia Dortmund, BSV Menden, SG Massen
27 Reck, Oliver, geb. 27. 2. 1965, D, 1,93 m, 95 kg, seit 1998 bei Schalke, früher Werder Bremen, Kickers Offenbach, FSV Frankfurt, SG Harheim, 1 A-Länderspiel, 471 BL-Spiele, 1 Tor
1 Rost, Frank, geb. 30. 6. 1973, D, 1,94 m, 90 kg, seit 2002 bei Schalke, früher Werder Bremen, 1. FC Markkleeberg, 1. FC Lokomotive Leipzig, 4 A-Länderspiele, 180 BL-Spiele, 1 Tor
29 Ünlü, Volkan, geb. 8. 7. 1983, TUR, 1,90 m, 87 kg, seit 1998 bei Schalke, früher SV Höntrop, FC Gladbeck

ABWEHR:

13 „Eduardo", geb. 13. 3. 1985, BRA, 1,90 m, 83 kg, seit 2003 bei Schalke, früher Vitoria Bahia, Mirassol FC

6 Hajto, Tomasz, geb. 16. 10. 1972, POL, 1,87 m, 81 kg, seit 2000 bei Schalke, früher MSV Duisburg, Gornik Zabrze, Hutnik Krakau, Goral Zywiec, Halniak Makow Podhalanski, 50 A für Polen, 165 BL-Spiele, 13 Tore

12 Van Hoogdalem, Marco, geb. 23. 5. 1972, NED, 1,91 m, 87 kg, seit 1/1997 bei Schalke, früher Roda JC Kerkrade, RKC Waalwijk, 151 BL-Spiele, 10 Tore

2 Van Kerckhoven, Nico, geb. 14. 12. 1970, BEL, 1,90 m, 80 kg, seit 1998 bei Schalke, früher Lierse SK, FC Lint, 42 A für Belgien, 106 BL-Spiele, 4 Tore

3 Matellan, Anibal, geb. 8. 5. 1977, ARG, 1,82 m, 82 kg, seit 2001 bei Schalke, früher Boca Juniors Buenos Aires, Eclipse General Villegas, 33 BL-Spiele

18 Oude Kamphuis, Niels, geb. 14. 11. 1977, NED, 1,79 m, 75 kg, seit 1999 bei Schalke, früher FC Twente Enschede, NEO Borne, 1 A für Niederlande, 95 BL-Spiele, 6 Tore

4 Rodriguez, Dario, geb. 17. 9. 1974, URU, 1,88 m, 84 kg, seit 8/2002 bei Schalke, früher Peñarol Montevideo, Bella Vista Montevideo, CD Toluca, IA Sud América Montevideo, 25 A für Uruguay, 14 BL-Spiele

15 Waldoch, Tomasz, geb. 10. 5. 1971, POL, 1,87 m, 83 kg, seit 1999 bei Schalke, früher VfL Bochum, Gornik Zabrze, Stoczniowiec Gdansk, 74 A für Polen, 213 BL-Spiele, 15 Tore

MITTELFELD:

9 Altintop, Hamit, geb. 8. 12. 1982, TUR, 1,82 m, 82 kg, seit 2003 bei Schalke, früher SG Wattenscheid 09, TuS Rotthausen, Schwarz-Weiß Gelsenkirchen-Süd

8 Böhme, Jörg, geb. 22. 1. 1974, D, 1,78 m, 75 kg, seit 2000 bei Schalke, früher Arminia Bielefeld, TSV München 1860, Eintracht Frankfurt, 1. FC Nürnberg, Carl Zeiss Jena, Chemie Zeitz, 10 A-Länderspiele, 151 BL-Spiele, 25 Tore

24 Cziommer, Simon, geb. 6. 11. 1980, D, 1,76 m, 74 kg, seit 2003 bei Schalke, früher FC Twente Enschede, FC Schüttorf 09

16 Djordjevic, Kristijan, geb. 6. 1. 1976, D, 1,85 m, 77 kg, seit 2001 bei Schalke, früher VfB Stuttgart, SSV Reutlingen, Jahn Tuttlingen, SV Spaichingen, 1 A für Jugoslawien, 76 BL-Spiele, 5 Tore

5 Kmetsch, Sven, geb. 13. 8. 1970, D, 1,78 m, 77 kg, seit 1998 bei Schalke, früher Hamburger SV, Dynamo Dresden, Motor Bautzen, Motor Großdubrau, 2 A-Länderspiele, 261 BL-Spiele, 13 Tore

7 Kobiashvili, Levan, geb. 10. 7. 1977, GEO, 1,83 m, 78 kg, seit 2003 bei Schalke, früher SC Freiburg, Dynamo Tiflis, Alania Wladikawkas, Metalurg Rustawi, 42 A für Georgien, 121 BL-Spiele, 20 Tore

31 Pinto, Sergio, geb. 16. 10. 1980, D, 1,77 m, 71 kg, seit 1995 bei Schalke, früher TuS Haltern, FC Porto, 10 BL-Spiele

20 Poulsen, Christian, geb. 28. 2. 1980, DEN, 1,82 m, 76 kg, seit 2002 bei Schalke, früher FC Kopenhagen, Holbaek IF, Asnas BK, 13 A für Dänemark, 24 BL-Spiele, 1 Tor

23 Seitz, Jochen, geb. 11. 10. 1976, D, 1,82 m, 76 kg, seit 2003 bei Schalke, früher VfB Stuttgart, SpVgg Unterhaching, Hamburger SV, Viktoria Aschaffenburg, TSV Heimbuchenthal, 112 BL-Spiele, 9 Tore

35 Trojan, Filip, geb. 21. 2. 1983, CZE, 1,72 m, 69 kg, seit 1999 bei Schalke, früher Slavia Prag, Slavia Trebic, 3 BL-Spiele

10 Varela, Gustavo, geb. 14. 5. 1978, URU, 1,78 m, 74 kg, seit 8/2002 bei Schalke, früher Nacional Montevideo, Colon Montevideo, 10 A für Uruguay, 23 BL-Spiele, 4 Tore

17 Vermant, Sven, geb. 4. 4. 1973, BEL, 1,83 m, 80 kg, seit 2001 bei Schalke, früher FC Brügge, KV Mechelen, VK Hooikt, 14 A für Belgien, 51 BL-Spiele, 4 Tore

ANGRIFF:

22 Agali, Victor, geb. 29. 12. 1978, NGA, 1,93 m, 84 kg, seit 2001 bei Schalke, früher Hansa Rostock, SC Toulon, Olympique Marseille, FC Nitel Lagos, 11 A für Nigeria, 108 BL-Spiele, 28 Tore

14 Asamoah, Gerald, geb. 3. 10. 1978, D, 1,80 m, 85 kg, seit 1999 bei Schalke, früher Hannover 96, Werder Hannover, 18 A-Länderspiele, 121 BL-Spiele, 17 Tore

26 Hanke, Mike, geb. 5. 11. 1983, D, 1,83 m, 75 kg, seit 2000 bei Schalke, früher VfL Bochum, Hammer SpVgg, TuS 1910 Wiescherhöfen, 10 BL-Spiele

21 Mpenza, Emile, geb. 4. 7. 1978, BEL, 1,77 m, 74 kg, seit 1/2000 bei Schalke, früher Standard Lüttich, Excelsior Mouscron, KV Kortrijk, LC Mesvins, 40 A für Belgien, 79 BL-Spiele, 28 Tore

11 Sand, Ebbe, geb. 19. 7. 1972, DEN, 1,83 m, 78 kg, seit 1999 bei Schalke, früher Bröndby IF, Hadsund BK, 56 A für Dänemark, 126 BL-Spiele, 53 Tore

VfL Wolfsburg

Gegründet: 12. September 1945 (seit 23. Mai 2001 mit Wirkung vom 1. Juli 2000 VfL Wolfsburg-Fußball GmbH). – Anschrift: Postfach 101009, 38410 Wolfsburg, Telefon: (0 53 61) 89 03 0, Telefax: (0 53 61) 89 03 15 0, www.vfl-wolfsburg.de

Geschäftsführer: Klaus Fuchs (Marketing BL-Spiele, Organisation), Wolfgang Hotze (Finanzen BL-Spiele, Controlling), Peter Pander (Manager Lizenzfußball, Presse- und Öffentlichkeitsarbeit); Vorsitzender des Aufsichtsrats: Lothar Sander; Stellvertreter: Wolfgang Heitmann, Bernd Sudholt; Marketing: Erwin Finkbeiner (IMG International Marketing Group); Presse- und Öffentlichkeitsarbeit, Events: Kurt Rippholz; Vereinsärzte: Dr. Andreas Herbst, Dr. Günter Pfeiler; Physiotherapeuten: Jörg Drill, Madjid Glatz; Masseur: Manfred Kross; Mannschaftsbetreuer: Heribert Rüttger, Heinz Mies; Reha-Trainer: Ulrich Bode; Co-Trainer: Bernd Storck; Torwarttrainer: Jörg Hoßbach.

Vereinsfarben: Grün-Weiß – Spielkleidung: Weißes Hemd, grüne Hose, grüne Stutzen oder ganz in Charcoal oder rotes Hemd, weiße Hose, rote Stutzen. – GmbH-Gesellschafter: Volkswagen AG (90 Prozent), VfL Wolfsburg e.V. (10 Prozent); GmbH-Angestellte: 37 (ohne Spieler) – Sportart: Fußball. – Stadion: Volkswagen-Arena, 30 000 überdachte Plätze, davon 22 000 Sitzplätze.

Trainer: Jürgen Röber, geb. am 25. 12. 1953

TORHÜTER:

29 Jentzsch, Simon, geb. 4. 5. 1976, D, 1,96 m, 95 kg, seit 2003 bei Wolfsburg, früher TSV München 1860, Karlsruher SC, KFC Uerdingen, 1. FC Mönchengladbach, SC Waldniel, 99 BL-Spiele

40 Platins, Patrick, geb. 19. 4. 1983, D, 1,90 m, 82 kg, seit 2001 bei Wolfsburg, früher Rot-Weiß Weiler, FSV Marktoberdorf, TSV Marktoberdorf, SV Martinszell

12 Ramovic, Sead, geb. 14. 3. 1979, D, 1,90 m, 88 kg, seit 2001 bei Wolfsburg, früher Stuttgarter Kickers, SpVgg Feuerbach, FC Feuerbach, 7 BL-Spiele

1 Reitmaier, Claus, geb. 17. 3. 1964, D, 1,87 m, 96 kg, seit 1998 bei Wolfsburg, früher Karlsruher SC, 1. FC Kaiserslautern, Stuttgarter Kickers, Wiener SC, Viktoria Aschaffenburg, Würzburger Kickers, FV Würzburg 04, 330 BL-Spiele

ABWEHR:

13 Biliskov, Marino, geb. 17. 3. 1976, CRO, 1,95 m, 90 kg, seit 1999 bei Wolfsburg, früher Hajduk Split, Uskok Klis, NK Split, Vadran Kastel Sucurac, NK Trogir, Val Kastel Stari, 85 BL-Spiele, 4 Tore

33 Franz, Maik, geb. 5. 8. 1981, D, 1,90 m, 87 kg, seit 2001 bei Wolfsburg, früher 1. FC Magdeburg, Germania Halberstadt, SV Langenstein, 36 BL-Spiele

20 Hrgovic, Mirko, geb. 5. 2. 1979, BIH, 1,86 m, 76 kg, seit 2003 bei Wolfsburg, früher Siroki Brijeg, Gamba Osaka, Hajduk Split, 4 A für Bosnien-Herzegowina

4 Madsen, Kim, geb. 13. 2. 1978, DEN, 1,90 m, 84 kg, seit 2002 bei Wolfsburg, früher FC Kopenhagen, KB Kopenhagen, B 1906 Roskilde, Svogerslev BK, 13 BL-Spiele, 1 Tor

2 Quattrocchi, Pablo, geb. 19. 1. 1974, ARG, 1,88 m, 78 kg, seit 1/2003 bei Wolfsburg, früher Estudiantes de La Plata, Quilmes AC, 10 BL-Spiele

19 Rytter, Thomas, geb. 6. 1. 1974, DEN, 1,80 m, 73 kg, seit 1/2002 bei Wolfsburg, früher FC Kopenhagen, FC Sevilla, Lyngby FC, 4 A für Dänemark, 39 BL-Spiele

5 Schnoor, Stefan, geb. 18. 4. 1971, D, 1,83 m, 82 kg, seit 11/2000 bei Wolfsburg, früher Derby County, Hamburger SV, VfR Neumünster, Olympia Neumünster, 200 BL-Spiele, 11 Tore

MITTELFELD:

24 Akonnor, Charles, geb. 12. 3. 1974, D, 1,82 m, 74 kg, seit 1998 bei Wolfsburg, früher Fortuna Köln, Goldfields SC Obuasi, Okwahu Stores United Nkawkaw, Young Hearts Tema, 48 A für Ghana, 121 BL-Spiele, 13 Tore

10 D'Alessandro, Andres, geb. 15. 4. 1981, ARG, 1,74 m, 68 kg, seit 2003 bei Wolfsburg, früher River Plate Buenos Aires, 4 A für Argentinien

37 Fischer, Karsten (VA), geb. 27. 5. 1984, D, 1,86 m, 78 kg, seit 2001 bei Wolfsburg, früher SpVgg Aurich, SuS Berumerfehn

27 Karhan, Miroslav, geb. 21. 6. 1976, SVK, 1,89 m, 85 kg, seit 2001 bei Wolfsburg, früher Besiktas Istanbul, Betis Sevilla, Spartak Trnava, 60 A für Slowakei, 65 BL-Spiele, 3 Tore

41 Makiadi, Cedric (VA), geb. 23. 2. 1984, D, 1,78 m, 75 kg, seit 2002 bei Wolfsburg, früher VfB Lübeck

23 Müller, Sven, geb. 4. 4. 1980, D, 1,91 m, 85 kg, seit 2000 bei Wolfsburg, früher FC Augsburg, TSV München 1860, TSG Thannhausen, TSV Burgau, 41 BL-Spiele, 2 Tore

8 Munteanu, Dorinel, geb. 25. 6. 1968, ROM, 1,70 m, 72 kg, seit 1999 bei Wolfsburg, früher 1. FC Köln, Cercle Brügge, Dinamo Bukarest, Inter Sibiu, FC Olt, ÇSM Resita, Metalul Bocsa, FC Oravita, 115 A für Rumänien, 194 BL-Spiele, 22 Tore

31 Sarpei, Hans, geb. 28. 6. 1976, D, 1,78 m, 68 kg, seit 2001 bei Wolfsburg, früher MSV Duisburg, Fortuna Köln, Winfriedia Mülheim, 2 A für Ghana, 36 BL-Spiele, 1 Tor

18 Streit, Albert, geb. 28. 3. 1980, D, 1,80 m, 79 kg, seit 2003 bei Wolfsburg, früher Eintracht Frankfurt, VfB Stuttgart, FV Zuffenhausen, 4 BL-Spiele

6 Thiam, Pablo, geb. 3. 1. 1974, D, 1,86 m, 74 kg, seit 1/2003 bei Wolfsburg, früher Bayern München, VfB Stuttgart, 1. FC Köln, MSV Bonn, 20 A für Guinea, 210 BL-Spiele, 15 Tore

7 Weiser, Patrick, geb. 25. 12. 1971, D, 1,81 m, 74 kg, seit 1999 bei Wolfsburg, früher Stade Rennes, 1. FC Köln, Hertha Rheidt, 215 BL-Spiele, 6 Tore

ANGRIFF:

9 Klimowicz, Diego, geb. 6. 7. 1974, ESP, 1,91 m, 90 kg, seit 1/2002 bei Wolfsburg, früher CA Lanús, Real Valladolid, Rayo Vallecano, Instituto AC Córdoba, 42 BL-Spiele, 17 Tore

32 Janicki, Michal (VA), geb. 29. 9. 1982, POL, 1,79 m, 74 kg, seit 2001 bei Wolfsburg, früher Pogon Stettin, 2 BL-Spiele

11 Maric, Tomislav, geb. 28. 1. 1973, CRO, 1,81 m, 78 kg, seit 2000 bei Wolfsburg, früher Stuttgarter Kickers, SG Wattenscheid 09, Karlsruher SC, SpVgg Ludwigsburg, VfR Heilbronn, ESV Heilbronn, SV Talheim, 9 A für Kroatien, 78 BL-Spiele, 30 Tore

21 Petrov, Martin, geb. 15. 1. 1979, BUL, 1,80 m, 76 kg, seit 2001 bei Wolfsburg, früher Servette Genf, ZSKA Sofia, Botev Vratza, 33 A für Bulgarien, 58 BL-Spiele, 8 Tore

22 Präger, Roy, geb. 22. 9. 1971, D, 1,78 m, 68 kg, seit 2002 bei Wolfsburg, früher Hamburger SV, VfL Wolfsburg, Fortuna Köln, Stahl Brandenburg, SG Kummersdorf/Fernneuendorf, 170 BL-Spiele, 42 Tore

39 Ritter, Christian (VA), geb. 9. 8. 1984, D, 1,78 m, 72 kg, seit 2001 bei Wolfsburg, früher Hertha BSC Berlin, SV Tasmania 73 Berlin

14 Topic, Marko, geb. 1. 1. 1976, BIH,1,82 m, 80 kg, seit 2003 bei Wolfsurg, früher Energie Cottbus, Austria Wien, Monza Calcio, Varteks Varazdin, FC Will, FC Zürich, FC Sion, FC Esch, HNK Orasje, 22 A für Bosnien-Herzegowina, 58 LL-Spiewle, 13 Tore

VfL Bochum

Gegründet: 1. Juli 1848 (Fußballabteilung: 15. April 1938). – Anschrift: Castroper Straße 145, 44728 Bochum, Telefon: (02 34) 95 18 48, Telefax: (02 34) 95 18 95, www.vfl-bochum.de

Vorsitzender des Aufsichtsrates: Werner Altegoer; Vorstand: Dieter Meinhold (Lizenzspieler, Marketing, Öffentlichkeitsarbeit), Ansgar Schwenken (kaufmännischer und organisatorischer Bereich); Medien- und Öffentlichkeitsarbeit: Claudia Rehmann; Leiter der Jugend- und Amateurabteilung: Jürgen Heipertz, Dieter Nickel; Vereinsarzt: Dr. Karl-Heinz Bauer; Physiotherapeut: Jürgen Dolls; Masseur: Sascha Zivanovic; Zeugwart: Andreas Pahl; Co-Trainer: Frank Heinemann, Niko Michaty.

Vereinsfarben: Blau-Weiß – Spielkleidung: Blaues Hemd, weiße Hose, blaue Stutzen oder weißes Hemd, blaue Hose und weiße Stutzen oder ganz in Grün. – Mitglieder der eigenständigen Fußball-Gemeinschaft: 1860 – Sportarten im Gesamtverein: Badminton, Basketball, Fechten, Fußball, Handball, Hockey, Leichtathletik, Schwimmen, Tanzsport, Tischtennis, Tennis, Turnen, Volleyball. – Stadion: Ruhrstadion, 32 645 Plätze, davon 16 756 Stehplätze.

Trainer: Peter Neururer, geb. am 26.4. 1955

TORHÜTER:

1 Van Duijnhoven, Rein, geb. 5. 9. 1967, NED, 1,93 m, 89 kg, seit 1999 bei Bochum, früher Maastrichtse VV, Helmond Sport, LONGA Tilburg, VV Nuenen, 61 BL-Spiele

31 Tapalovic, Toni, geb. 10. 10. 1980, CRO, 1,85 m, 83 kg, seit 8/2002 bei Bochum, früher FC Schalke 04, Fortuna Gelsenkirchen

13 Vander, Christian, geb. 24. 10. 1980, D, 1,95 m, 90 kg, seit 2000 bei Bochum, früher KFC Uerdingen 05, 0 BL-Spiele

ABWEHR:

2 Bemben, Michael, geb. 28. 1. 1976, D, 1,81 m, 80 kg, seit 1995 bei Bochum, früher Hammer SpVgg, SpVgg Bönen, Gornik Zabrze, 49 BL-Spiele

24 Bönig, Philipp, geb. 20. 3. 1980, D, 1,78 m, 73 kg, seit 2003 bei Bochum, früher MSV Duisburg, Bayern München, Eintracht Freising

5 Colding, Sören, geb. 2. 9. 1972, DEN, 1,78 m, 76 kg, seit 1/2001 bei Bochum, früher Bröndby IF, Frem Kopenhagen, 26 A für Dänemark, 50 BL-Spiele

15 Fahrenhorst, Frank, geb. 24. 9. 1977, D, 1,90 m, 81 kg, seit 1994 bei Bochum, früher VfK Nordbögge, SpVgg Bönen, Hammer SpVgg, 73 BL-Spiele, 6 Tore

6 Kalla, Raymond, geb. 22. 4. 1975, CMR, 1,90 m, 90 kg, seit 2002 bei Bochum, früher FC Extremadura, Panachaiki Patras, Canon Yaounde, 61 A für Kamerun, 26 BL-Spiele

3 Meichelbeck, Martin, geb. 21. 11. 1976, D, 1,89 m, 89 kg, seit 2000 bei Bochum, früher SpVgg Greuther Fürth, Jahn Forchheim, 1. FC Bamberg, 1. FC Nürnberg, FC Baunach, 41 BL-Spiele

12 Vriesde, Anton, geb. 18. 10. 1968, NED, 1,88 m, 89 kg, seit 2002 bei Bochum, früher KFC Uerdingen 05, Maastrichtse VV, ADO Den Haag, Ajax Amsterdam, DSO Zoetermeer, FC Zoetermeer, 17 BL-Spiele

MITTELFELD:

23 Fiel, Cristian, geb. 12. 3. 1980, ESP, 1,82 m, 79 kg, seit 1/2003 bei Bochum, früher 1. FC Union Berlin, Stuttgarter Kickers, VfL Kirchheim, VfB Stuttgart, 6 BL-Spiele

17 Gudjonsson, Bjarni, geb. 26. 2. 1979, ISL, 1,75 m, 76 kg, seit 2003 bei Bochum, früher Stoke City, RC Genk, Newcastle United, IA Akranes, 12 A für Island

14 Gudjonsson, Thordur, geb. 14. 10. 1973, ISL, 1,77 m, 75 kg, seit 2002 bei Bochum, früher Preston North End, UD Las Palmas, Derby County, RC Genk, VfL Bochum, IA Akranes, KA Akureyri, 46 A für Island, 58 BL-Spiele, 7 Tore

4 Oliseh, Sunday, geb. 14. 9. 1974, BEL, 1,83 m, 82 kg, seit 1/2003 bei Bochum, früher Borussia Dortmund, Juventus Turin, Ajax Amsterdam, 1. FC Köln, AC Reggina, FC Lüttich, Julius Berger Lagos, 51 A für Nigeria, 107 BL-Spiele, 5 Tore

18 Tapalovic, Filip, geb. 22. 10. 1976, CRO, 1,83 m, 83 kg, seit 2002 bei Bochum, früher TSV München 1860, FC Schalke 04, VfL Bochum, Fortuna Gelsenkirchen, 3 A für Kroatien, 114 BL-Spiele, 3 Tore

10 Wosz, Dariusz, geb. 8. 6. 1969, D, 1,69 m, 69 kg, seit 2001 bei Bochum, früher Hertha BSC Berlin, VfL Bochum, Hallescher FC, Chemie Halle, Empor Halle, Motor Halle, 7 A für DDR, 17 A-Länderspiele, 261 BL-Spiele, 32 Tore

8 Zdebel, Thomas, geb. 25. 5. 1973, D, 1,78 m, 76 kg, seit 2003 bei Bochum, früher Genclerbirligi Ankara, Lierse SK, 1. FC Köln, Rot-Weiß Essen, Fortuna Düsseldorf, GKS Katowice, 12 A für Polen, 57 BL-Spiele, 2 Tore

ANGRIFF:

21 Buckley, Delron, geb. 7. 12.1977, RSA, 1,75 m, 72 kg, seit 1995 bei Bochum, früher Butcherfille Rovers Durban, 37 A für Südafrika, 90 BL-Spiele, 10 Tore

19 Diabang, Mamadou, geb. 21. 1. 1979, SEN, 1,78 m, 70 kg, seit 2003 bei Bochum, früher Arminia Bielefeld, FC Oberneuland, Rotenburger SV, Jeanne D'Arc Dakar, 4 A für Senegal, 34 BL-Spiele, 10 Tore

7 Freier, Paul, geb. 26. 7. 1979, D, 1,80 m, 79 kg, seit 1996 bei Bochum, früher BSV Menden, SV Holzen, LKS Labendy, 11 A-Länderspiele, 54 BL-Spiele, 8 Tore

16 Hashemian, Vahid, geb. 21. 7.1976, IRN, 1,82 m, 78 kg, seit 2001 bei Bochum, früher Hamburger SV, Pas Club Teheran, 11 A für Iran, 46 BL-Spiele, 10 Tore

9 Madsen, Peter, geb. 26. 4. 1978, DEN, 1,85 m, 78 kg, seit 2003 bei Bochum, früher VfL Wolfsburg, Bröndby IF, Roskilde BK, 5 A für Dänemark, 4 BL-Spiele

TSV München 1860

Gegründet: 17. Mai 1860 (Fußballabteilung am 25. April 1899). – Anschrift: Grünwalder Straße 114, 81547 München, Telefon: (0 89) 64 27 85 10 0, Telefax: (0 89) 64 27 85 19 0, www.TSV1860.de
Deutscher Meister: 1966 – Deutscher Pokalsieger: 1942, 1964.
Präsident des e.V. und Vorsitzender des Beirats der KGaA: Karl-Heinz Wildmoser senior; Geschäftsführer: Detlef Romeiko, Karl-Heinz Wildmoser junior; Sportdirektor: Dirk Dufner; Organisationsleiter: Rainer Barth; Marketingleiter: Peter Leible; Presse- und Öffentlichkeitsarbeit: Dirk Grosse, Claudia Leupold, Rüdiger Saal; Vereinsärzte: Dr.Erich Rembeck, Dr.Willi Widenmayer; Physiotherapeuten: Stephan Rainer, Uwe Veronik; Co-Trainer: Olaf Janßen; Torwarttrainer: Peter Sirch.
Vereinsfarben: Grün-Gold – Abteilungsfarben: Weiß-Blau – Spielkleidung: Hellblau-weiß gestreiftes Hemd, weiße Hose, hellblau-weiß gestreifte Stutzen oder ganz in Dunkelblau. – Mitglieder: 23623 –

Sportarten: Basketball, Bergsteigen, Boxen, Faustball, Freizeit, Fußball, Kegeln, Leichtathletik, Ringen, Ski, Tennis, Turnen, Wassersport. – Stadion: Olympiastadion München, 69 000 Plätze (knapp 38 000 überdacht), davon je nach Bestuhlung bis zu 56 500 Sitzplätze.
Trainer: Falko Götz, geb. am 26.3. 1962

TORHÜTER:

1 Hofmann, Michael, geb. 3. 11. 1972, D, 1,93 m, 92 kg, seit 1996 bei 1860, früher SpVgg Bayreuth, SV Mistelgau, 50 BL-Spiele
29 Küfner, Matthias, geb. 28. 4. 1981, D, 1,85 m, 79 kg, seit 2003 bei 1860, früher Wacker Burghausen, Bayern München, BSV 98 Bayreuth
22 Lenz, André, geb. 19. 11. 1973, D, 1,89 m, 88 kg, seit 2003 bei 1860, früher Energie Cottbus, Alemannia Aachen, Wuppertaler SV, KFC Uerdingen, TV Asberg, 26 BL-Spiele

ABWEHR:

7 Costa, Rodrigo, geb. 30. 7. 1975, BRA, 1,86 m, 80 kg, seit 2002 bei 1860, früher Gremio Porto Alegre, FC Santos, Juventude Caxias do Sul, Palmeiras Sao Paulo, EC XV Novembro de Piracicaba, 26 BL-Spiele, 1 Tore
44 Hoffmann, Torben, geb. 27. 10. 1974, D, 1,89 m, 86 kg, seit 1/2001 bei 1860, früher Bayer Leverkusen, SC Freiburg, VfB Lübeck, Holstein Kiel, SW Elmschenhagen, 101 BL-Spiele, 2 Tore
16 Kendrick, Joseph, geb. 26. 6. 1983, IRL, 1,80 m, 80 kg, seit 2003 bei 1860, früher Newcastle United, St. Joseph
4 Kurz, Marco, geb. 16. 5. 1969, D, 1,85 m, 76 kg, seit 1998 bei 1860, früher FC Schalke 04, Borussia Dortmund, 1. FC Nürnberg, VfB Stuttgart, VfL Sindelfingen, SV Sillenbuch, 284 BL-Spiele, 5 Tore
3 Meyer, Remo, geb. 12. 11. 1980, SUI, 1,83 m, 80 kg, seit 2002 bei 1860, früher Lausanne-Sports, FC Luzern, FC Langenthal, FC Althüron, 2 A für die Schweiz, 28 BL-Spiele
5 Saarinen, Janne, geb. 28. 2. 1977, FIN, 1,85 m, 81 kg, seit 2003 bei 1860, früher Rosenborg Trondheim, HJK Helsinki, IFK Göteborg, 24 A für Finnland
2 Stranzl, Martin, geb. 16. 6. 1980, AUT, 1,90 m, 80 kg, seit 2/1997 bei 1860, früher SV Güssing, 14 A für Österreich, 73 BL-Spiele, 4 Tore

MITTELFELD:

24 Baier, Daniel, geb. 18. 5. 1984, D, 1,74 m, 72 kg, seit 2000 bei 1860, früher Viktoria Aschaffenburg, TSV Mainaschaff, Teutonia Obernau, Rot-Weiß Aschaffenburg
17 Borimirov, Daniel, geb. 15. 1. 1970, BUL, 1,85 m, 75 kg, seit 1995 bei 1860, früher Levski Sofia, Bdin Vidin, 59 A für Bulgarien, 208 BL-Spiele, 31 Tore
13 Cerny, Harald, geb. 13. 9. 1973, AUT, 1,77 m, 75 kg, seit 1/1996 bei 1860, früher FC Tirol Innsbruck, FC Admira/Wacker Wien, Bayern München, ASV Hinterbrühl, 46 A für Österreich, 230 BL-Spiele, 16 Tore
23 Görlitz, Andreas, geb. 31. 1. 1982, D, 1,79 m, 74 kg, seit 1996 bei 1860, früher TSV Rott/Lech, 5 BL-Spiele
19 Lehmann, Matthias, geb. 28. 5. 1983, D, 1,79 m, 74 kg, seit 2003 bei 1860, früher VfB Stuttgart, SSV Ulm 1846, VfL Ulm
12 Schwarz, Danny, geb. 11. 5. 1975, D, 1,80 m, 75 kg, seit 2002 bei 1860, früher SpVgg Unterhaching, Karlsruher SC, VfB Stuttgart, FC Eislingen, 104 BL-Spiele, 4 Tore
8 Shao, Jiayi, geb. 10. 4. 1980, CHN, 1,86 m, 78 kg, seit 1/2003 bei 1860, früher Guoàn Peking, 23 A für China, 12 BL-Spiele, 1 Tore
6 Tyce, Roman, geb. 7. 5. 1977, CZE, 1,77 m, 70 kg, seit 1998 bei 1860, früher Slovan Liberec, Sparta Prag, TJ Lovosice, TJ Chotesov, TJ Cerniv, 13 A für Tschechien, 81 BL-Spiele, 4 Tore
20 Weissenberger, Markus, geb. 8. 3. 1975, AUT, 1,68 m, 65 kg, seit 2001 bei 1860, früher Arminia Bielefeld, Linzer ASK, SV Spittal, FC Hard, 20 A für Österreich, 85 BL-Spiele, 13 Tore
14 Wiesinger, Michael, geb. 27. 12. 1972, D, 1,68 m, 67 kg, seit 2001 bei 1860, früher Bayern München, 1. FC Nürnberg, FC Starnberg, TSV München 1860, SV Gendorf, SV/DJK Emmerting, 113 BL-Spiele, 6 Tore

ANGRIFF:

18 Agostino, Paul, geb. 9. 6. 1975, ITA, 1,85 m, 83 kg, seit 1997 bei 1860, früher Bristol City, Young Boys Bern, Yverdon-Sport, Hellas West Adelaide, Salisbury United, 16 A für Australien, 99 BL-Spiele, 25 Tore
9 Kioyo, Francis, geb. 18. 9. 1979, CMR, 1,90 m, 85 kg, seit 2003 bei 1860, früher 1. FC Köln, SpVgg Greuther Fürth, SG Hoechst, Union Douala, 2 A für Kamerun
11 Lauth, Benjamin, geb. 4. 8. 1981, D, 1,79 m, 74 kg, seit 1992 bei 1860, früher Sportfreunde Fischbachau, 3 A-Länderspiele, 33 BL-Spiele, 13 Tore

25 Lepoint, Christophe, geb. 24. 10. 1984, BEL, 1,88 m, 79 kg, seit 2003 bei 1860, früher RSC Anderlecht
26 Pürk, Marcus, geb. 21. 9. 1974, AUT, 1,78 m, 78 kg, seit 1999 bei 1860, früher Rapid Wien, Sturm Graz, Real Sociedad San Sebastian, Austria Wien, 2 A für Österreich, 41 BL-Spiele
27 Richter, Marcel (VA), geb. 31. 3. 1981, D, 1,90 m, 85 kg, seit 2003 bei 1860, früher FC Ismaning, FC Heimstetten, Chemnitzer FC, SSV Brand-Erbisdorf, SV Sayda
21 Schroth, Markus, geb. 25. 1. 1975, D, 1,93 m, 85 kg, seit 1998 bei 1860, früher Karlsruher SC, TSV Reichenbach, 188 BL-Spiele, 39 Tore

Hannover 96

Gegründet: 12. April 1896. – Anschrift: Clausewitzstraße 2, 30175 Hannover, Telefon: (05 11) 28 20 96, Telefax: (05 11) 81 36 09, www.hannover96.de
Deutscher Meister: 1938, 1954 – Deutscher Pokalsieger: 1992 – Deutscher Amateur-Meister: 1960, 1964, 1965.
Vorstandsvorsitzender: Martin Kind; Stellvertretender Vorsitzender: Karl-Heinz Voss; Schatzmeister: Rolf-Heinrich Wedemeier; Weiter im Vorstand: Uwe Krause; Aufsichtsrat: Harrald Wendt (Vorsitzender), Dr. Martin Biskowitz, Prof. Wilhelm Grebe, Stefan Mertesacker, Hans-Günther Naumann, Rolf Roeschlau, Wolf-Günter Wiesel; Sportdirektor: Ricardo Moar; Marketing-Chef: Marco Schindelhauer; Medienbeauftragter: Ansgar Nieberg; Vereinsarzt: Dr. Wego Kregehr; Physiotherapeuten: Paul Gerst, Stefan Herzog; Zeugwart: Michael Gorgas; Mannschaftsbetreuer: Thomas Westphal; Konditionstrainer: Edward Kowalczuk; Co-Trainer: Mirko Slomka; Torwarttrainer: Jörg Sievers.
Vereinsfarben: Schwarz-Weiß-Grün – Spielkleidung: Rotes Hemd, rote Hose, schwarze Stutzen oder ganz in Rot. – Mitglieder: 2400 – Sportarten: Fußball, Tennis, Gymnastik, Leichtathletik, Hockey, Triathlon, Badminton. – Stadion: AWD-Arena, wegen Umbau stehen diese Saison nur zwischen 23 500 bis 26 500 teilweise überdachte Sitz- und Stehplätze zur Verfügung.
Trainer: Ralf Rangnick, geb. am 29. 6. 1958

TORHÜTER:

30 Haas, Daniel, geb. 1. 8. 1983, D, 1,89 m, 82 kg, seit 2002 bei Hannover, früher Eintracht Frankfurt, BSC Elsenfeld
1 Tremmel, Gerhard, geb. 16. 11. 1978, D, 1,90 m, 86 kg, seit 2002 bei Hannover, früher SpVgg Unterhaching, TSV München 1860, Bayern München, SC Olching, SV Lochhausen, 57 BL-Spiele
25 Ziegler, Marc, geb. 13. 6. 1976, D, 1,92 m, 89 kg, seit 2003 bei Hannover, früher Austria Wien, FC Tirol Innsbruck, Bursaspor, Arminia Bielefeld, VfB Stuttgart, 1. FC Saarbrücken, FC Homburg, SV Webenheim, 46 BL-Spiele

ABWEHR:

6 Cherundolo, Steve, geb. 19. 2. 1979, USA, 1,70 m, 69 kg, seit 1/1999 bei Hannover, früher Portland University, 15 A für USA, 33 BL-Spiele
4 Diouf, Dame, geb. 31. 3. 1978, SEN, 1,88 m, 89 kg, seit 2001 bei Hannover, früher Werder Bremen, SV Wilhelmshaven, FC Homburg, AC Modèle Lomé, 6 BL-Spiele
24 Konstantinidis, Kostas, geb. 31. 8. 1972, GRE, 1,87 m, 83 kg, seit 10/2002 bei Hannover, früher Hertha BSC Berlin, Bolton Wanderers, Panathinaikos Athen, OFI Kreta, Pierikos Katerini, VfB Stuttgart, VfL Schorndorf, 37 A für Griechenland, 69 BL-Spiele, 4 Tore
29 Mertesacker, Per, geb. 29. 9. 1984, D, 1,96 m, 85 kg, seit 1995 bei Hannover, früher TSV Pattensen
34 Pfingsten, Nils, geb. 23. 5. 1982, D, 1,82 m, 76 kg, seit 1997 bei Hannover, früher Sportfreunde Ricklingen
15 Schneider, Thomas, geb. 24. 11. 1972, D, 1,85 m, 77 kg, seit 2003 bei Hannover früher VfB Stuttgart, TSV Höfingen, 133 BL-Spiele, 7 Tore
16 Schuler, Markus, geb. 1. 8. 1977, D, 1,85 m, 78 kg, seit 2002 bei Hannover, früher FSV Mainz 05, Fortuna Köln, FV Donaueschingen, FC Neustadt, FC Löffingen, 20 BL-Spiele
2 „Vinicius“, geb. 31. 7. 1980, BRA, 1,89 m, 81 kg, seit 1/2003 bei Hannover, früher Ituano FC, Vasco da Gama, AD Sao Caetano, 17 BL-Spiele, 2 Tore
3 Zuraw, Dariusz, geb. 14. 11. 1972, POL, 1,85 m, 79 kg, seit 2001 bei Hannover, früher Zaglebie Lubin, Okocimski Brzesko, Wielun KS, LZS Rychlocice, LZS Ostrowek, 14 BL-Spiele, 2 Tore

MITTELFELD:

5 Dabrowski, Christoph, geb. 1. 7. 1978, D, 1,95 m, 82 kg, seit 2003 bei Hannover, früher Arminia Bielefeld, Werder Bremen, 1. FC Schöneberg, BFC Preußen, Hertha BSC Berlin, 76 BL-Spiele, 4 Tore
22 De Guzman, Julian, geb. 25. 3. 1981, CAN, 1,69 m, 68 kg, seit 2002 bei Hannover, früher 1. FC Saarbrücken, Olympique Marseille, North Scarborough, 6 A für Kanada, 18 BL-Spiele
17 Krupnikovic, Nebojsa, geb. 15. 8. 1973, YUG, 1,85 m, 80 kg, seit 1/2001 bei Hannover, früher Chemnitzer FC, OFK Belgrad, SC Bastia, Gamba Osaka, Standard Lüttich, Roter Stern Belgrad, Panionios Athen, Radnicki Belgrad, 32 BL-Spiele, 5 Tore
8 Lala, Altin, geb. 18. 11. 1975, ALB, 1,72 m, 64 kg, seit 1998 bei Hannover, früher Borussia Fulda, Dinamo Tirana, 31 A für Albanien, 32 BL-Spiele
35 Lindemann, Björn, geb. 23. 1. 1984, D, 1,81 m, 74 kg, seit 1998 bei Hannover, früher VfL Münchehagen, TSV Loccum
27 Schröter, Silvio, geb. 29. 6. 1979, D, 1,80 m, 71 kg, seit 2003 bei Hannover, früher Energie Cottbus, Dynamo Dresden, Traktor Radeburg, 45 BL-Spiele, 1 Tor
20 Simak, Jan, geb. 13. 10. 1978, CZE, 1,82 m, 76 kg, seit 2003 bei Hannover, früher Bayer Leverkusen, Hannover 96, Chmel Blsany, FK Tabor, SK Ceske Budejovice, VS Tabor, Sokol Mezno, 1 A für Tschechien, 22 BL-Spiele, 3 Tore
18 Stefulj, Danijel, geb. 2. 6. 1973, CRO, 1,80 m, 79 kg, seit 1999 bei Hannover, früher Croatia Zagreb, Slaven Belupo Koprivnica, Varteks Varazdin, 2 A für Kroatien, 22 BL-Spiele, 1 Tor

ANGRIFF:

13 Brdaric, Thomas, geb. 23. 1. 1975, D, 1,85 m, 78 kg, seit 2003 bei Hannover, früher Bayer Leverkusen, Fortuna Köln, Fortuna Düsseldorf, VfB Stuttgart, VfL Kirchheim, Stuttgarter Kickers, FV Nürtingen, VfB Neuffen, 1 A-Länderspiel, 102 BL-Spiele, 15 Tore
9 Christiansen, Thomas, geb. 11. 3. 1973, ESP, 1,80 m, 74 kg, seit 2003 bei Hannover, früher VfL Bochum, Herfölge BK, Panionios Athen, Terrassa CF, FC Villarreal, Real Oviedo, FC Barcelona, Racing Santander, CA Osasuna, Sporting Gijon, B 1893 Kopenhagen, Hvidovre IF, Bröndby IF, Avedöre IF, 2 A für Spanien, 46 BL-Spiele, 22 Tore
7 Idrissou, Mohammadou, geb. 8. 3. 1980, CMR, 1,90 m, 82 kg, seit 2002 bei Hannover, früher SV Wehen, FSV Frankfurt, Coton Sport de Garoua, Racing Bafoussam, 6 A für Kamerun, 30 BL-Spiele, 9 Tore
14 Kaufman, Jiri, geb. 28. 11. 1979, CZE, 1,79 m, 76 kg, seit 2000 bei Hannover, früher Petra Drnovice, VP Frydek-Mistek, Atlantic Lazné Bohdanec, SK Hradec Kralove, VCHZ Pardubice, Tesla Pardubice, 12 BL-Spiele, 1 Tor
36 Kotuljac, Aleksandar, geb. 2. 11. 1981, D, 1,80 m, 80 kg, seit 1997 bei Hannover, früher eigene Jugend
19 N'Diaye, Babacar, geb. 12. 12. 1973, SEN, 1,89 m, 76 kg, seit 2003 bei Hannover, früher FC St. Pauli, Hannover 96, Wuppertaler SV, Union Solingen, FC Wehr, US Rail Thies, 5 BL-Spiele, 1 Tor
23 N'Kufo, Blaise, geb. 25. 5. 1975, SUI, 1,88 m, 82 kg, seit 2002 bei Hannover, früher FSV Mainz 05, FC Luzern, Grasshopper-Club Zürich, FC Lugano, Lausanne-Sports, Yverdon-Sport, Al-Arabi Doha, Stade Lausanne, FC Echallens, 7 A für Schweiz, 9 BL-Spiele
10 Stajner, Jiri, geb. 27. 5. 1976, CZE, 1,85 m, 82 kg, seit 2002 bei Hannover, früher Slovan Liberec, MUS Most, FK Lounovice, SK Ceske Budejovice, Sl. Prag, TJ Senohraby, 10 A für CZE, 32 BL-Spiele, 4 Tore
11 Stendel, Daniel, geb. 4. 4. 1974, D, 1,79 m, 78 kg, seit 1999 bei Hannover, früher FC Gütersloh, SV Meppen, Hamburger SV, Viktoria Frankfurt/Oder, 38 BL-Spiele, 2 Tore

Borussia Mönchengladbach

Gegründet: 1. August 1900. – Anschrift: Bökelstraße 165 (Stadion), 41063 Mönchengladbach, Telefon: (0 21 61) 02 03 0, Telefax: (0 21 61) 92 93 19, www.borussia.de
Deutscher Meister: 1970, 1971, 1975, 1976, 1977 – Deutscher Pokalsieger: 1960, 1973, 1995 – Deutscher Supercupsieger: 1977 – UEFA-Pokalsieger: 1975, 1979.
Präsident: Dr. Adalbert Jordan, Präsidiumsmitglieder: Rolf Königs, Siegfried Söllner; Sportdirektor: Christian Hochstätter; Geschäftsführer: Stephan Schippers; Mediensprecher: Markus Aretz; Marketingleiter: Guido Uhle; Mannschaftsbetreuer: Markus Breuer, Rolf Hülswitt; Mannschaftsärzte: Dr. Stefan Hertl, Dr. Heribert Ditzel, Dr. Jens-Felix Kühlmorgen; Physiotherapeut: Michael Risse, Ralf Schröer; Co-Trainer: Michael Frontzeck, Manfred Stefes; Torwarttrainer: Uwe Kamps.

Vereinsfarben: Grün-Weiß-Schwarz – Spielkleidung: Ganz in Weiß oder Grün-Schwarz. – Mitglieder: 16000 – Sportarten: Fußball, Handball, Tischtennis. – Stadion: Bökelbergstadion, 34 500 Plätze, davon 8700 überdachte Sitzplätze.

Trainer: Ewald Lienen, geb. am 28. 11. 1953

TORHÜTER:

33 Fredrikson, Otto, geb. 30. 11. 1981, FIN, 1,89 m, 85 kg, seit 2002 bei Mönchengladbach, früher Oulu Tervarit

31 Melka, Michael (VA), geb. 9. 7. 1978, D, 1,95 m, 97 kg, seit 2001 bei Mönchengladbach, früher Preußen Münster, FC Remscheid, Hammer SpVgg, Hasper SV, 6 BL-Spiele

1 Stiel, Jörg, geb. 3. 3. 1968, SUI, 1,80 m, 80 kg, seit 2001 bei Mönchengladbach, früher FC St. Gallen, FC Zürich, CD Toros Neza, FC Wettingen, FC Baden, 12 A für Schweiz, 61 BL-Spiele

ABWEHR:

5 Asanin, Sladan, geb. 13. 8. 1971, CRO, 1,85 m, 80 kg, seit 1998 bei Mönchengladbach, früher Slavia Prag, Inker Zapresic, Spansko Zagreb, NK Samobor, 70 BL-Spiele, 5 Tore

3 Carnell, Bradley, geb. 21. 1. 1977, RSA, 1,74 m, 70 kg, seit 2003 bei Mönchengladbach, früher VfB Stuttgart, Kaizer Chiefs Johannesburg, Wits University, 25 A für Südafrika, 82 BL-Spiele, 2 Tore

2 Eberl, Max, geb. 21. 9. 1973, D, 1,74 m, 74 kg, seit 1/1999 bei Mönchengladbach, früher SpVgg Greuther Fürth, VfL Bochum, Bayern München, 100 BL-Spiele

4 Korell, Steffen, geb. 27. 10. 1971, D, 1,80 m, 76 kg, seit 2000 bei Mönchengladbach, früher SC Freiburg, FC Homburg, SV Bottenbach, 114 BL-Spiele, 3 Tore

19 Korzynietz, Bernd, geb. 8. 9. 1979, D, 1,74 m, 71 kg, seit 1999 bei Mönchengladbach, früher 1. FC Schweinfurt 05, TSV Güntersleben, 41 BL-Spiele, 3 Tore

15 Pletsch, Marcelo, geb. 13. 5. 1976, D, 1,85 m, 85 kg, seit 1999 bei Mönchengladbach, früher UD Oliveirense, Ceará SC Fortaleza, Internacional Porto Alegre, União Bandeirante, FC Santos, 53 BL-Spiele, 2 Tore

7 Strasser, Jeff, geb. 5. 10. 1974, LUX, 1,90 m, 82 kg, seit 2002 bei Mönchengladbach, früher 1. FC Kaiserslautern, FC Metz, Union Luxemburg, 52 A für Luxemburg, 109 BL-Spiele, 8 Tore

MITTELFELD:

6 Demo, Igor, geb. 18. 9. 1975, SVK, 1,85 m, 78 kg, seit 1999 bei Mönchengladbach, früher PSV Eindhoven, Slovan Bratislava, FC Nitra, 19 A für Slowakei, 52 BL-Spiele, 11 Tore

21 Hausweiler, Markus, geb. 15. 4. 1976, D, 1,78 m, 78 kg, seit 1991 bei Mönchengladbach, früher VfR Neuss, 72 BL-Spiele, 3 Tore

22 Kirch, Oliver, geb. 21. 8. 1982, D, 1,83 m, 70 kg, seit 2003 bei Mönchengladbach, früher SC Verl, SpVgg Vreden

24 Kluge, Peer, geb. 22. 11. 1980, D, 1,79 m, 68 kg, seit 2001 bei Mönchengladbach, früher Chemnitzer FC, 34 BL-Spiele, 2 Tore

18 Ojigwe, Pascal, geb. 11. 12. 1976, NGA, 1,76 m, 70 kg, seit 2003 bei Mönchengladbach, früher Bayer Leverkusen, 1. FC Köln, 1. FC Kaiserslautern, Enyimba Aba, 17 A für Nigeria, 35 BL-Spiele

16 Schlaudraff, Jan, geb. 18. 7. 1983, D, 1,80 m, 64 kg, seit 2002 bei Mönchengladbach, früher Hassia Bingen, 4 BL-Spiele

20 Spann, Andreas, geb. 17. 5. 1984, D, 1,85 m, 72 kg, seit 2000 bei Mönchengladbach, früher SSV Ulm 1846, TSV Holzheim, 1 BL-Spiel

8 Ulich, Ivo, geb. 5. 9. 1974, CZE, 1,72 m, 70 kg, seit 2001 bei Mönchengladbach, früher Slavia Prag, SK Hradec Kralove, VTJ Karlovy Vary, Spartak Hradec Kralove, TJ Nachod, Spartak Novo Mesto, 8 A für Tschechien, 58 BL-Spiele, 3 Tore

ANGRIFF:

23 Aidoo, Lawrence, geb. 14. 1. 1982, GHA, 1,82 m, 75 kg, seit 1999 bei Mönchengladbach, früher King Faisals Babies Kumasi, Hasaacas Sekondi-Takoradi, 2 A für Ghana, 43 BL-Spiele, 5 Tore

10 Van Houdt, Peter, geb. 4. 11. 1976, BEL, 1,76 m, 70 kg, seit 2000 bei Mönchengladbach, früher Roda JC Kerkrade, VV St.Truiden, Herk Sport, 6 A für Belgien, 48 BL-Spiele, 8 Tore

13 Van Hout, Joris, geb. 10. 1. 1977, BEL, 1,86 m, 78 kg, seit 8/2002 bei Mönchengladbach, früher RSC Anderlecht, KV Mechelen, Dessel Sport, 1 A für Belgien, 16 BL-Spiele, 6 Tore

27 Ketelaer, Marcel, geb. 3. 11. 1977, D, 1,73 m, 73 kg, seit 2002 bei Mönchengladbach, früher Hamburger SV, Borussia Mönchengladbach, 102 BL-Spiele, 4 Tore

11 Kolkka, Joonas, geb. 28. 9. 1974, FIN, 1,75 m, 70 kg, seit 2003 bei Mönchengladbach, früher Panathinaikos Athen, PSV Eindhoven, Willem II Tilburg, MyPa Anjalankoski, Reipas Lahti, 49 A für Finnland

9 Van Lent, Arie, geb. 31. 8. 1970, D, 1,90 m, 85 kg, seit 1999 bei Mönchengladbach, früher SpVgg Greuther Fürth, Werder Bremen, VfB Oldenburg, Sparta Opheusden, 75 BL-Spiele, 18 Tore
17 Skoubo, Morten, geb. 30. 6. 1980, DEN, 1,90 m, 81 kg, seit 8/2002 bei Mönchengladbach, früher FC Midtjylland, Ikast FS, Holstebro BK, 1 A für Dänemark, 21 BL-Spiele, 4 Tore
25 Sverkos, Václav, geb. 1. 11. 1983, CZE, 1,85 m, 72 kg, seit 2003 bei Mönchengladbach, früher Banik Ostrava, VP Frydek-Mistek

FC Hansa Rostock

Gegründet: 28.12.1965. – Anschrift: Trotzenburger Weg 14, 18057 Rostock, Telefon: (03 81) 49 99 90, Telefax: (03 81) 49 99 97 0, www.fc-hansa.de
Meister Oberliga Nordost: 1991 – NOFV-Pokalsieger: 1991.
Vorstandsvorsitzender: Manfred Wimmer (Verantwortl. Bereich: Finanzen); 1. Stellvertreter: Rainer Jarohs (Sport); 2. Stellvertreter: Dr. Helmut Hergesell (Verwaltung und Beteiligungs-Controlling); Weitere Vorstandsmitglieder: Herbert Maronn (Leiter der Lizenzspielerabteilung), Ralf Gawlack (Marketing), Bernd Ziemer (Amateur- und Nachwuchsabteilung); Aufsichtsratsvorsitzender: Prof. Dr. Horst Klinkmann; Presse- und Öffentlichkeitsarbeit: Axel Schulz; Verantwortlicher für Sichtung und Beobachtung: Jürgen Heinsch; Vereinsärzte: Dr. Ulrich Adam, Dr. Susanne Adam, Dr. Frank Bartel; Physiotherapeuten: Peter Meier, Frank Scheller; Torwarttrainer: Perry Bräutigam; Co-Trainer: Juri Schlünz, Wolfgang Funkel.
Vereinsfarben: Weiß-Blau – Spielkleidung: Blaues Hemd, blaue Hose, blaue Stutzen oder ganz in Weiß oder Gelb. – Mitglieder: 1900 – Sportart: Fußball. – Stadion: Ostseestadion, 30 000 überdachte Plätze, davon 21 000 Sitzplätze.
Trainer: Armin Veh, geb. am 1. 2. 1961

TORHÜTER:

25 Busch, Carsten (VA), geb. 7. 8. 1980, D, 1,88 m, 88 kg, seit 1999 bei Rostock, früher VfB Lichterfelde, Hertha Zehlendorf, Dynamo Rostock
21 Klewer, Daniel, geb. 4. 3. 1977, D, 1,92 m, 85 kg, seit 1983 bei Rostock, früher eigene Jugend, 8 BL-Spiele
1 Schober, Mathias, geb. 8. 4. 1976, D, 1,90 m, 90 kg, seit 2001 bei Rostock, früher Hamburger SV, FC Schalke 04, SpVgg Marl, TuS 05 Sinsen, Germania Lenkerbeck, 84 BL-Spiele

ABWEHR:

20 Hill, Delano, geb. 29. 4. 1975, NED, 1,91 m, 86 kg, seit 2001 bei Rostock, früher Willem II Tilburg, RKC Waalwijk, FC Den Bosch, PSV Eindhoven, Neptunus Rotterdam, 41 BL-Spiele, 3 Tore
8 Kientz, Jochen, geb. 17. 9. 1972, D, 1,85 m, 82 kg, seit 2002 bei Rostock, früher FC St. Pauli, Hamburger SV, Panionios Athen, TSV München 1860, CD Logroñés, RCD Mallorca, Eintracht Frankfurt, SV Schwetzingen, Waldhof Mannheim, VfR Mannheim, SpVgg Ketsch, 84 BL-Spiele, 4 Tore
3 Kovar, Michal, geb. 8. 9. 1973, CZE, 1,80 m, 78 kg, seit 2002 bei Rostock, früher SSV Reutlingen, Sigma Olomouc, 20 BL-Spiele
6 Maul, Ronald, geb. 13. 2. 1973, D, 1,73 m, 72 kg, seit 2001 bei Rostock, früher Hamburger SV, Arminia Bielefeld, VfL Osnabrück, Carl Zeiss Jena, SV Gleistal, 2 A-Länderspiele, 128 BL-Spiele, 5 Tore
18 Melkam, Gabriel, geb. 13. 3. 1980, NGA, 1,86 m, 81 kg, seit 2003 bei Rostock, früher Karlsruher SC, SG Wattenscheid 09, Kwara United Ilorin, Stationary Stores Lagos
12 Möhrle, Uwe (VA), geb. 3. 12. 1979, D, 1,89 m, 75 kg, seit 2002 bei Rostock, früher SC Pfullendorf, SV Großschönach, 2 BL-Spiele
2 Tjikuzu, Razundara, geb. 12. 12. 1979, NAM, 1,73 m, 68 kg, seit 2003 bei Rostock, früher Werder Bremen, 28 A für Namibia, 68 BL-Spiele
23 Wimmer, Gerd, geb. 9. 1. 1977, AUT, 1,76 m, 72 kg, seit 2002 bei Rostock, früher Eintracht Frankfurt, Rapid Wien, FC Admira/Wacker Wien, Sturm Graz, SC Laa/Thaya, 5 A für Österreich, 49 BL-Spiele, 1 Tor

MITTELFELD:

4 Aduobe, Godfried, geb. 29. 10. 1975, GHA, 1,70 m, 70 kg, seit 2002 bei Rostock, früher SSV Reutlingen, SpVgg Greuther Fürth, Young Boys Bern, Old Boys Basel, Turin Calcio, Powerlines Accra, 3 A für Ghana, 29 BL-Spiele, 1 Tor
22 Hansen, Kevin, geb. 13. 8. 1979, D, 1,80 m, 75 kg, seit 1999 bei Rostock, früher Vorwärts/Wacker 04 Billstedt, 9 BL-Spiele, 1 Tor

17 Lantz, Marcus, geb. 23. 10. 1975, SWE, 1,78 m, 70 kg, seit 12/99 bei Rostock, früher Turin Calcio, Helsingborgs IF, Ifö/Bromölla IF, 5 A für Schweden, 101 BL-Spiele, 5 Tore

10 Meggle, Thomas, geb. 22. 2. 1975, D, 1,80 m, 75 kg, seit 2002 bei Rostock, früher FC St. Pauli, TSV München 1860, FC Starnberg, Schwaben Augsburg, FC Augsburg, Wacker München, SF Harteck München, 51 BL-Spiele, 11 Tore

14 Persson, Joakim, geb. 3. 4. 1975, SWE, 1,79 m, 75 kg, seit 2002 bei Rostock, früher Esbjerg fB, IFK Göteborg, Atalanta Bergamo, Malmö FF, Högaborgs BK, 3 A für Schweden, 26 BL-Spiele

28 Plassnegger, Gernot, geb. 23. 3. 1978, AUT, 1,79 m, 75 kg, seit 2003 bei Rostock, früher Waldhof Mannheim, VfL Wolfsburg, 1. FC Saarbrücken, Austria Wien, Austria Salzburg, FC Puch, FC Trofaiach, 5 BL-Spiele

7 Rydlewicz, René, geb. 18. 7. 1973, D, 1,75 m, 74 kg, seit 2000 bei Rostock, früher Arminia Bielefeld, Bayer Leverkusen, TSV München 1860, BFC Dynamo, Energie Cottbus, Chemie Döbern, 214 BL-Spiele, 22 Tore

27 Schultz, Thomas, geb. 16. 4. 1977, DEN, 1,80 m, 73 kg, seit 2003 bei Rostock, früher Farum BK, Skjold Birkeröd, VV St. Truiden, Glostrup IF 32, KB Kopenhagen, 1 A für Dänemark

ANGRIFF:

15 Arvidsson, Magnus, geb. 12. 2. 1973, SWE, 1,75 m, 72 kg, seit 1999 bei Rostock, früher Trelleborgs FF, IFK Hässleholm, Helsingborgs IF, Förslövs IF, 2 A für Schweden, 111 BL-Spiele, 19 Tore

9 Max, Martin, geb. 7. 8. 1968, D, 1,82 m, 79 kg, seit 2003 bei Rostock, früher TSV München 1860, FC Schalke 04, Borussia Mönchengladbach, FC Recklinghausen, Blau-Weiß/Post Recklinghausen, Rodlo Gorniki, 1 A-Länderspiel, 363 BL-Spiele, 106 Tore

11 Prica, Rade, geb. 30. 6. 1980, SWE, 1,85 m, 80 kg, seit 2002 bei Rostock, früher Helsingborgs IF, Ljungby IF, 4 A für Schweden, 27 BL-Spiele, 7 Tore

19 Di Salvo, Antonio, geb. 5. 6. 1979, ITA, 1,85 m, 80 kg, seit 2001 bei Rostock, früher Bayern München, SC Paderborn 07, BV Bad Lippspringe, 46 BL-Spiele, 6 Tore

30 Vorbeck, Marco, geb. 24. 6. 1981, D, 1,87 m, 71 kg, seit 1996 bei Rostock, früher TSG Neubukow, Traktor Kröpelin, 22 BL-Spiele, 4 Tore

1. FC Kaiserslautern

Gegründet: 2. Juni 1900. – Anschrift: Fritz-Walter-Straße 1, 67663 Kaiserslautern, Telefon: (06 31) 31 88 0, Telefax: (06 31) 31 88 29 0, www.FCK.de

Deutscher Meister: 1951, 1953, 1991, 1998 – Deutscher Pokalsieger: 1990, 1996 – Deutscher Superpokalsieger: 1991.

Aufsichtsrat: Dr. Walter Ruda (Vorsitzender), Hans-Peter Briegel, Roger Lutz, Dr. Michael Koll, Dieter Buchholz, Walter Zuber; Vorstand: René C. Jäggi, Erwin Göbel; Vorstandsassistent: Jürgen Bühler; Merchandising: Thomas Reiland; Fan-Beauftragter: wird neu besetzt; Pressesprecher: Michael Novak; Leiter der Amateur-Fußballabteilung: Rudi Merk; Vereinsarzt: Dr.Hans-Werner Schmalenbach; Physiotherapeut: Kay Friedmann; Masseure: Heinz Bossert, Marcus Zeyer; Co-Trainer: Karl-Heinz Emig, Reinhard Stumpf; Torwarttrainer: Gerald Ehrmann.

Vereinsfarben: Rot-Weiß – Spielkleidung: Ganz in bordeauxrot oder ganz in Weiß (beliebig kombinierbar). – Mitglieder: 10 500 – Sportarten: Fußball, Basketball, Boxen, Handball, Hockey, Leichtathletik, Running, Triathlon. – Stadion: Fritz-Walter-Stadion, 41 582 Plätze, davon alle 20 772 Sitzplätze und 20 810 Stehplätze überdacht.

Trainer: Erik Gerets, geb. am 18. 5. 1954

TORHÜTER:

27 Ernst, Thomas, geb. 23. 12. 1967, D, 1,93 m, 88 kg, seit 2003 bei Kaiserslautern, früher VfB Stuttgart, VfL Bochum, FSV Frankfurt, Eintracht Frankfurt, FV Biebrich 02, 76 BL-Spiele

1 Wiese, Tim, geb. 17. 12. 1981, D, 1,93 m, 91 kg, seit 1/2002 bei Kaiserslautern, früher Fortuna Köln, Bayer Leverkusen, DJK Dürscheid, 21 BL-Spiele

ABWEHR:

34 Gabriel, Petr, geb. 17. 5. 1973, CZE, 1,91 m, 86 kg, seit 2003 bei Kaiserslautern, früher FK Teplice, 1. FC Kaiserslautern, Sparta Prag, Viktoria Zizkov, Union Cheb, SKP Susice, TJ Prag, 10 A für Tschechien, 7 BL-Spiele

5 Hengen, Thomas, geb. 22. 9. 1974, D, 1,85 m, 75 kg, seit 2001 bei Kaiserslautern, früher VfL Wolfsburg, Besiktas Istanbul, Borussia Dortmund, Karlsruher SC, 1. FC Kaiserslautern, Phönix Bellheim, FC Rülzheim, 214 BL-Spiele, 7 Tore

4 Knavs, Aleksander, geb. 5. 12. 1975, SVN, 1,91 m, 88 kg, seit 2001 bei Kaiserslautern, früher FC Tirol Innsbruck, Olimpija Ljubljana, Slovan Ljubljana, 43 A für Slowenien, 39 BL-Spiele, 2 Tore

2 Lembi, Hervé, geb. 25. 8. 1975, BEL, 1,82 m, 76 kg, seit 2002 bei Kaiserslautern, früher FC Brügge, SC Lokeren, Motema Pembe und Vita Club Kinshasa, FC Bingu, 27 A für Demokratische Republik Kongo, 15 BL-Spiele

6 Ramzy, Hany, geb. 10. 3. 1969, EGY, 1,85 m, 84 kg, seit 1998 bei Kaiserslautern, früher Werder Bremen, Neuchâtel Xamax, Al-Ahly Kairo, 124 A für Ägypten, 227 BL-Spiele, 15 Tore

26 Reuter, Torsten, geb. 15. 9. 1982, D, 1,73 m, 70 kg, seit 1991 bei Kaiserslautern, früher VfR Kaiserslautern, 7 BL-Spiele

3 Tchato, Bill, geb. 14. 5. 1975, CMR, 1,76 m, 75 kg, seit 1/2003 bei Kaiserslautern, früher SC Montpellier, OGC Nizza, ASOA Valence, SM Caen, 33 A für Kamerun, 16 BL-Spiele

16 Vreven, Stijn, geb. 18. 7. 1973, BEL, 1,81 m, 80 kg, seit 2003 bei Kaiserslautern, früher FC Utrecht, AA Gent, KV Mechelen, VV St. Truiden, Diepenbeek VV, 2 A für Belgien

MITTELFELD:

18 Anfang, Markus, geb. 12. 6. 1974, D, 1,71 m, 69 kg, seit 2002 bei Kaiserslautern, früher FC Tirol Innsbruck, FC Schalke 04, Fortuna Düsseldorf, Bayer Leverkusen, Bayer Dormagen, KSV Heimersdorf, 59 BL-Spiele

15 Bjelica, Nenad, geb. 20. 8. 1971, CRO, 1,80 m, 76 kg, seit 1/2001 bei Kaiserslautern, früher NK Osijek, UD Las Palmas, Betis Sevilla, Albacete Balompiè, NK Osijek, 4 A Kroatien, 45 BL-Spiele, 3 Tore

20 Dominguez, José, geb. 16. 2. 1974, POR, 1,64 m, 65 kg, seit 12/2000 bei Kaiserslautern, früher Tottenham Hotspur, Sporting Lissabon, Birmingham City, Andebol Club Fafe, Sport Uniao Sintrense, Benfica Lissabon, 3 A für Portugal, 30 BL-Spiele, 4 Tore

8 Grammozis, Dimitrios, geb. 8. 7. 1978, GRE, 1,79 m, 78 kg, seit 2000 bei Kaiserslautern, früher Hamburger SV, KFC Uerdingen, Wuppertaler SV, Borussia und SSVg Velbert, TuS Neviges, 99 BL-Spiele, 2 Tore

7 Hristov, Marian, geb. 29. 7. 1973, BUL, 1,90 m, 88 kg, seit 1997 bei Kaiserslautern, früher Levski Sofia, Slavia Sofia, Balkan Botevgrad, 29 A für Bulgarien, 115 BL-Spiele, 18 Tore

30 Kosowski, Kamil, geb. 30. 8. 1977, POL, 1,86 m, 73 kg, seit 2003 bei Kaiserslautern, früher Wisla Krakow, Gornik Zabrze, Gwarek Zabrze, KSZO Ostrowiec Swietokrzyski, 14 A für Polen

10 „Lincoln“, geb. 22. 1. 1979, BRA, 1,77 m, 69 kg, seit 2001 bei Kaiserslautern, früher Atlético Mineiro, 47 BL-Spiele, 10 Tore

28 Malz, Stefan, geb. 15. 6. 1972, D, 1,81 m, 78 kg, seit 2001 bei Kaiserslautern, früher FC Arsenal, TSV München 1860, VfR Mannheim, SV Darmstadt 98, Südwest Ludwigshafen, Blau-Weiß Oppau, SV Pfingstweide, 53 BL-Spiele, 2 Tore

24 Nurmela, Mika, geb. 26. 12. 1971, FIN, 1,79 m, 78 kg, seit 2003 bei Kaiserslautern, früher SC Heerenveen, BV Emmen, Malmö FF, Turku PS, Haka Valkeakoski, Rauman Pallo, Oulu LS, 40 A für Finnland

17 „Ratinho“, geb. 8. 6. 1971, BRA, 1,71 m, 71 kg, seit 1996 bei Kaiserslautern, früher FC Aarau, FC St. Gallen, Atlético Paranaense, SE Matsubara Cambara, 113 BL-Spiele, 7 Tore

23 Riedl, Thomas, geb. 18. 6. 1976, D, 1,74 m, 72 kg, seit 2001 bei Kaiserslautern, früher TSV München 1860, 1. FC Kaiserslautern, Phönix Otterbach, 126 BL-Spiele, 3 Tore

13 Sforza, Ciriaco, geb. 2. 3. 1970, SUI, 1,80 m, 78 kg, seit 2002 bei Kaiserslautern, früher Bayern München, 1. FC Kaiserslautern, Inter Mailand, Grasshopper-Club Zürich, FC Aarau, FC Wohlen, FC Villmergen, 79 A für Schweiz, 241 BL-Spiele, 23 Tore

33 Wittich, Patrick, geb. 3. 7. 1982, D, 1,85 m, 77 kg, seit 1991 bei Kaiserslautern, früher SV Wiesenthalerhof

ANGRIFF:

19 Altintop, Halil, geb. 8. 12. 1982, TUR, 1,85 m, 82 kg, seit 2003 bei Kaiserslautern, früher SG Wattenscheid 09, TuS Rotthausen, Schwarz-Weiß Gelsenkirchen Süd

11 Klose, Miroslav, geb. 9. 6. 1978, D, 1,83 m, 78 kg, seit 1999 bei Kaiserslautern, früher FC Homburg, SG Blaubach Diedelkopf, 29 A Länderspiele, 94 BL-Spiele, 34 Tore

9 Lokvenc, Vratislav, geb. 27. 9. 1973, CZE, 1,96 m, 95 kg, seit 2000 bei Kaiserslautern, früher Sparta Prag, SK Hradec Kralove, SK Nachod, 54 A für Tschechien, 91 BL-Spiele, 28 Tore

21 Mifsud, Michael, geb. 17. 4. 1981, MLT, 1,64 m, 62 kg, seit 2001 bei Kaiserslautern, früher Sliema Wanderers, 24 A für Malta, 21 BL-Spiele, 2 Tore

14 Teber, Selim, geb. 7. 3. 1981, D, 1,85 m, 83 kg, seit 2002 bei Kaiserslautern, früher Waldhof Mannheim, VfR Frankenthal, SV Pfingstweide, ASV Edigheim, 15 BL-Spiele
22 Timm, Christian, geb. 27. 2. 1979, D, 1,80 m, 72 kg, seit 2002 bei Kaiserslautern, früher 1. FC Köln, Borussia Dortmund, SG Langenbochum, SV Westerholt, 75 BL-Spiele, 10 Tore

Bayer Leverkusen

Gegründet: 15. Juni 1904 (seit 1. April 1999 Bayer 04 Leverkusen Fußball GmbH). – Anschrift: Bismarckstr. 122 - 124, 51373 Leverkusen, Telefon: (02 14) 86 60 0, Telefax: (02 14) 62 70 9, www.bayer04.de
UEFA-Cup-Sieger: 1988 – Deutscher Pokalsieger: 1993.
Geschäftsführer: Reiner Calmund, Wolfgang Holzhäuser; Vorsitzender des Gesellschafterausschusses: Klaus Beck; Manager: Ilja Kaenzig; Sportdirektor: Jürgen Kohler; Pressesprecher: Ulrich Dost, Petra Braun; Teambetreuer: Hans-Peter Lehnhoff, Matthias Valentin, Klaus Zöller, Harald Wohner, Hans Blum; Physiotherapeuten: Dieter Trzolek, Till Rothweiler, Frank Glass, Ralf Scheuchl; Vereinsärzte: Dr.Thomas Pfeifer, Dr.Josef Schmidt; Co-Trainer: Peter Hermann, Ulf Kirsten; Torwarttrainer: Rüdiger Vollborn; Scouting: Norbert Ziegler, Paul Steiner, Willibert Kremer, Dieter Herzog.
Vereinsfarben: Rot-Weiß-Schwarz – Spielkleidung: Rotes Hemd, schwarze Hose, schwarze Stutzen oder ganz in Blau. – Angestellte GmbH: 170 – Sportart: Fußball. – Stadion: BayArena, 22 500 überdachte Sitzplätze. Bei Umwandlung von Sitz- in Stehplätze ist ein Fassungsvermögen von 25 050 möglich.
Trainer: Klaus Augenthaler, geb. am 26. 9. 1957

TORHÜTER:

36 Adler, René (VA), geb. 15. 1. 1985, D, 1,89 m, 80 kg, seit 2000 bei Leverkusen, früher VfB Leipzig
1 Butt, Jörg, geb. 28. 5. 1974, D, 1,91 m, 91 kg, seit 2001 bei Leverkusen, früher Hamburger SV, VfB Oldenburg, TSV Großenkneten, 3 A-Länderspiele, 200 BL-Spiele, 22 Tore
20 Juric, Frank, geb. 28. 10. 1973, CRO, 1,96 m, 96 kg, seit 1999 bei Leverkusen, früher Bayer Leverkusen, Fortuna Düsseldorf, Collingwood Warriors, Melbourne Knights, 2 A für Australien, 11 BL-Spiele
31 Starke, Tom, geb. 18. 3. 1981, D, 1,94 m, 91 kg, seit 1999 bei Leverkusen, früher Dynamo Dresden, Stahl Freital

ABWEHR:

29 Callsen-Bracker, Jan-Ingwer (VA), geb. 23. 9. 1984, D, 1,87 m, 81 kg, seit 1998 bei Leverkusen, früher TSV Bollingstedt, SV Beuel 06
15 Hertzsch, Ingo, geb. 22. 7. 1977, D, 1,85 m, 80 kg, seit 2003 bei Leverkusen, früher Hamburger SV, Chemnitzer FC, Callenberger SV, 2 A-Länderspiele, 151 BL-Spiele, 1 Tor
4 „Juan“, geb. 1. 2. 1979, BRA, 1,81 m, 73 kg, seit 2002 bei Leverkusen, früher Flamengo Rio de Janeiro, 14 A für Brasilien, 24 BL-Spiele, 2 Tore
21 Kaluzny, Radoslaw, geb. 2. 2. 1974, POL, 1,92 m, 83 kg, seit 1/2003 bei Leverkusen, früher Energie Cottbus, Wisla Krakow, Zaglebie Lubin, 36 A für Polen, 44 BL-Spiele, 7 Tore
6 Lucic, Teddy, geb. 15. 4. 1973, SWE, 1,86 m, 78 kg, seit 2003 bei Leverkusen, früher Leeds United, AIK Solna, FC Bologna, IFK Göteborg, Västra Frölunda, Lundby IF, 52 A für Schweden
3 „Lucio“, geb. 8. 5. 1978, BRA, 1,88 m, 81 kg, seit 1/2001 bei Leverkusen, früher Internacional Porto Alegre, Clube Regatas Guara, 28 A für Brasilien, 65 BL-Spiele, 12 Tore
38 Meyer, Alexander (VA), geb. 19. 10. 1983, D, 1,80 m, 75 kg, seit 1999 bei Leverkusen, früher Germania Teveren
5 Nowotny, Jens, geb. 11. 1. 1974, D, 1,87 m, 87 kg, seit 1996 bei Leverkusen, früher Karlsruher SC, Germania Friedrichstal, SV Spielberg, 37 A-LÄnderspiele, 282 BL-Spiele, 10 Tore
35 Placente, Diego, geb. 24. 4. 1977, ITA, 1,76 m, 72 kg, seit 1/2001 bei Leverkusen, früher River Plate Buenos Aires, Argentinos Juniors Buenos Aires, 11 A für Argentinien, 67 BL-Spiele, 2 Tore

MITTELFELD:

19 Babic, Marko, geb. 21. 1. 1981, CRO, 1,86 m, 72 kg, seit 1/2000 bei Leverkusen, früher NK Osijek, 8 A für Kroatien, 31 BL-Spiele, 3 Tore
14 Balitsch, Hanno, geb. 2. 1. 1981, D, 1,81 m, 73 kg, seit 2002 bei Leverkusen, früher 1. FC Köln, Waldhof Mannheim, FC Alsbach, 1 A-Länderspiel, 54 BL-Spiele, 3 Tore

10 Bastürk, Yildiray, geb. 24. 12. 1978, TUR, 1,68 m, 65 kg, seit 2001 bei Leverkusen, früher VfL Bochum, SG Wattenscheid 09, Sportfreunde Wanne-Eickel, 31 A für Türkei, 130 BL-Spiele, 12 Tore
13 Bierofka, Daniel, geb. 7. 2. 1979, D, 1,78 m, 72 kg, seit 2002 bei Leverkusen, früher TSV München 1860, Bayern München, SpVgg Unterhaching, SpVgg Feldmoching, 3 A-Länderspiele, 85 BL-Spiele, 14 Tore
17 Fritz, Clemens, geb. 7. 12. 1980, D, 1,83 m, 77 kg, seit 2003 bei Leverkusen, früher Karlsruher SC, Rot-Weiß Erfurt, VfB Leipzig
2 Preuß, Christoph, geb. 4. 7. 1981, D, 1,81 m, 69 kg, seit 2002 bei Leverkusen, früher Eintracht Frankfurt, TSV Großen-Linden, 25 BL-Spiele, 1 Tor
28 Ramelow, Carsten, geb. 20. 3. 1974, D, 1,85 m, 80 kg, seit 1995 bei Leverkusen, früher Hertha BSC Berlin, SC Siemensstadt, Hertha Zehlendorf, Tennis Borussia Berlin, Tasmania 73 Berlin, 40 A-Länderspiele, 229 BL-Spiele, 15 Tore
25 Schneider, Bernd, geb. 17. 11. 1973, D, 1,76 m, 74 kg, seit 1999 bei Leverkusen, früher Eintracht Frankfurt, Carl Zeiss Jena, Aufbau Jena, 26 A-Länderspiele, 154 BL-Spiele, 16 Tore
26 Sebescen, Zoltan, geb. 1. 10. 1975, D, 1,89 m, 84 kg, seit 2001 bei Leverkusen, früher VfL Wolfsburg, Stuttgarter Kickers, 1 A-Länderspiel, 72 BL-Spiele, 13 Tore

ANGRIFF:

9 Berbatov, Dimitar, geb. 30. 1. 1981, BUL, 1,88 m, 79 kg, seit 1/2001 bei Leverkusen, früher ZSKA Sofia, Pirin Blagojevgrad, 22 A für Bulgarien, 54 BL-Spiele, 12 Tore
11 „Franca“, geb. 2. 3. 1976, BRA, 1,83 m, 70 kg, seit 2002 bei Leverkusen, früher FC Sao Paulo, EC XV de Novembre Jau, Nacional Fast Clube Manaus, 8 A für Brasilien, 16 BL-Spiele, 1 Tor
27 Neuville, Oliver, geb. 1. 5. 1973, D, 1,71 m, 64 kg, seit 1999 bei Leverkusen, früher FC Hansa Rostock, CD Teneriffa, Servette Genf, FC Locarno, FC Gambarogno, 43 A-Länderspiele, 183 BL-Spiele, 58 Tore
7 Ponte, Robson, geb. 6. 11. 1976, ITA, 1,74 m, 66 kg, seit 2003 bei Leverkusen, früher VfL Wolfsburg, Bayer Leverkusen, Guarani FC Campinas, Juventus Sao Paulo, 97 BL-Spiele, 15 Tore

SC Freiburg

Gegründet: 30. Mai 1904. – Anschrift: Schwarzwaldstr. 193, 79117 Freiburg, Telefon: (07 61) 38 55 10, Telefax: (07 61) 38 55 15 0, www.scfreiburg.de
1. Vorsitzender: Achim Stocker; Stellvertretender Vorsitzender: Fritz Keller; Stellvertretender Vorsitzender und Schatzmeister: Dr.Heinrich Breit; Manager: Andreas Bornemann; PR-Manager: Martin Braun; Mannschaftsbetreuer: Torsten Bauer; Mannschaftsärzte: Dr. Hermann Roesinger, Dr. Andreas Schmid; Physiotherapeuten: Markus Behrens, Uwe Vetter; Co-Trainer und Trainer der Amateure: Karsten Neitzel; Co-Trainer: Achim Sarstedt.
Vereinsfarben: Rot-Weiß – Spielkleidung: Rotes Hemd, rote Hose, rote Stutzen oder ganz in Dunkelblau oder ganz in Weiß. – Mitglieder: 2500 – Sportarten: Fußball, Tennis. – Stadion: Dreisamstadion, 25 000 überdachte Plätze, davon 14 500 Sitz- und 10 500 Stehplätze.
Trainer: Volker Finke, geb. am 24. 3. 1948

TORHÜTER:

1 Golz, Richard, geb. 5. 6. 1968, D, 1,99 m, 98 kg, seit 1998 bei Freiburg, früher Hamburger SV, SC Tegel, Wacker 04 Berlin, 398 BL-Spiele
36 Reinard, Julian, geb. 5. 3. 1983, D, 1,87 m, 87, seit 1999 bei Freiburg, früher FC Konstanz, FC Schaffhausen, SV Allensbach
24 Reus, Timo, geb. 2. 5. 1974, D, 1,90 m, 89 kg, seit 1997 bei Freiburg, früher SV Linx, Offenburger FV, FV Kuhbach, 11 BL-Spiele

ABWEHR:

17 Diarra, Boubacar, geb. 15. 7. 1979, MLI, 1,85 m, 72 kg, seit 1997 bei Freiburg, früher Djoliba AC Bamako, AS Real Bamako, 14 A für Mali, 101 BL-Spiele, 1 Tor
16 Hermel, Lars, geb. 28. 9. 1970, D, 1,80 m, 73 kg, seit 1998 bei Freiburg, früher FSV Zwickau, Chemnitzer FC, Motor Karl-Marx-Stadt, FC Karl-Marx-Stadt, Lokomotive Karl-Marx-Stadt, 78 BL-Spiele

5 Kondé, Oumar, geb. 19. 8. 1979, SUI, 1,87 m, 84 kg, seit 1999 bei Freiburg, früher Blackburn Rovers, FC Basel, SC Binningen, 63 BL-Spiele, 2 Tore
13 Müller, Stefan, geb. 8. 3. 1974, D, 1,85 m, 80 kg, seit 1993 bei Freiburg, früher SG Lörrach-Stetten, SV Schopfheim, FC Wehr, 117 BL-Spiele, 7 Tore
2 Schumann, Daniel, geb. 13. 2. 1977, D, 1,83 m, 72 kg, seit 1997 bei Freiburg, früher Bayer Leverkusen, Fortschritt Münchenbernsdorf, 59 BL-Spiele, 1 Tor

MITTELFELD:

12 Antar, Roda, geb. 12. 9. 1980, LIB, 1,89 m, 79 kg, seit 2003 bei Freiburg, früher Hamburger SV, Tadamon Sur Club, 41 A für Libanon, 23 BL-Spiele, 2 Tore
6 Bajramovic, Zlatan, geb. 12. 8. 1979, BIH, 1,82 m, 73 kg, seit 2002 bei Freiburg, früher FC St. Pauli, 8 A für Bosnien-Herzegowina, 23 BL-Spiele, 2 Tore
15 Berner, Bruno, geb. 21. 11. 1977, SUI, 1,85 m, 81 kg, seit 2002 bei Freiburg, früher Grasshopper-Club Zürich, FC Glattbruck, 9 A für Schweiz
18 But, Vladimir, geb. 7. 9. 1977, RUS, 1,85 m, 81 kg, seit 2000 bei Freiburg, früher Borussia Dortmund, Tschernomorez Noworossisk, Gekris Noworossisk, 2 A für Russland, 128 BL-Spiele, 15 Tore
10 Coulibaly, Soumaila, geb. 15. 4. 1978, MLI, 1,79 m, 78 kg, seit 2000 bei Freiburg, früher Zamalek Kairo, AS Real Bamako, Djoliba AC Bamako, 21 A für Mali, 52 BL-Spiele, 8 Spiele
34 Gjasula, Jürgen, geb. 5. 12. 1985, D, 1,86 m, 79 kg, seit 2002 bei Freiburg, früher Freiburger FC, Blau-Weiß Wiehre, PSV Freiburg
20 Guié-Mien, Rolf-Christel, geb. 28. 10. 1977, CGO, 1,78 m, 70 kg, seit 1/2003 bei Freiburg, früher Eintracht Frankfurt, Karlsruher SC, AS Inter Brazzaville, 24 A für Kongo, 64 BL-Spiele, 9 Tore
32 Hollmann, Torge, geb. 28. 1. 1982, D, 1,86 m, 84 kg, seit 2002 bei Freiburg, früher SV Meppen, VfL Löningen
26 Männer, Jan, geb. 27. 8. 1982, D, 1,80 m, 71 kg, seit 1996 bei Freiburg, früher Bahlinger SC, FC Emmendingen, 8 BL-Spiele, 1 Tor
22 Riether, Sascha, geb. 23. 3. 1983, D, 1,74 m, 70 kg, seit 1998 bei Freiburg, früher Offenburger FV, FV Kuhbach
7 Tskitishvili, Levan, geb. 10. 10. 1976, GEO, 1,86 m, 82 kg, seit 1/1999 bei Freiburg, früher Dynamo Tiflis, 26 A für Georgien, 63 BL-Spiele, 2 Tore
29 Willi, Tobias, geb. 14. 12. 1979, D, 1,77 m, 71 kg, seit 1992 bei Freiburg, früher VfR Pfaffenweiler, 84 BL-Spiele
4 Zeyer, Andreas, geb. 9. 6. 1968, D, 1,78 m, 75 kg, seit 1999 bei Freiburg, früher VfL Bochum, Karlsruher SC, Hamburger SV, SC Freiburg, SSV Ulm 1846, SB Heidenheim, SV Auernheim, 253 BL-Spiele, 29 Tore

ANGRIFF:

8 Cairo, Ellery, geb. 3. 8. 1978, NED, 1,78 m, 76 kg, seit 2003 bei Freiburg, früher FC Twente Enschede, Excelsior Rotterdam, Feyenoord Rotterdam, VV Spijkenisse
9 Iashvili, Alexander, geb. 23. 10. 1977, GEO, 1,75 m, 72 kg, seit 10/1997 bei Freiburg, früher Dynamo Tiflis, VfB Lübeck, 15 A für Georgien, 88 BL-Spiele, 16 Tore
11 Kruppke, Dennis, geb. 1. 4. 1980, D, 1,79 m, 74 kg, seit 2003 bei Freiburg, früher VfB Lübeck, FC Dornbreite Lübeck, Olympia Bad Schwartau, VfL Vorwerk
14 Ramdane, Abder, geb. 23. 2. 1974, FRA, 1,79 m, 71 kg, seit 11/1999 bei Freiburg, früher Hansa Rostock, Olympique Nimes, AC Le Havre, 89 BL-Spiele, 7 Tore
33 Tanko, Ibrahim, geb. 25. 7. 1977, GHA, 1,80 m, 78, seit 1/2001 bei Freiburg, früher Borussia Dortmund, King Feisals Babies FC Kumasi, 7 A für Ghana, 73 BL-Spiele, 6 Tore

1. FC Köln

Gegründet: 13. Februar 1948 (Fusion Kölner BC 01, Sülz 07), seit März 2002 1. FC Köln GmbH & Co. KGaA.
Deutscher Meister: 1962, 1964, 1978 – Deutscher Pokalsieger: 1968, 1977, 1978, 1983 – Deutscher Amateurmeister: 1981.
Präsident: Albert Caspers; Vizepräsidenten: Dr. Klaus Dieter Leister, Dr. Bernd Steegmann; Geschäftsführer: Claus Horstmann (Finanzen, Organisation), Andreas Rettig (Sportmanager); Gesellschafterversammlung: Albert Caspers, Dr. Klaus-Dieter Leister, Dr. Bernd Steegmann, Franz Josef Geimer, Helmut

Haumann; Pressechef: Rolf Dittrich; Geschäftsführer der Nachwuchsabteilung: Christoph Henkel; Fan-Beauftragter: Rainer Mendel; Vereinsärzte: Dr. Peter Schäferhoff, Dr.Michael Preuhs, Jürgen Böhle; Sportphysiotherapeuten: Bernd Restle, Dirk Leminski, Baybora Acemi; Co-Trainer: Jos Luhukay; Torwarttrainer: Peter Greiber.
Vereinsfarben: Rot-Weiß – Spielkleidung: Weiß-rotes Hemd, weiße oder rote Hose, rote Stutzen oder ganz in Schwarz. – Mitglieder: 12 100 – Sportarten: Fußball, Handball, Tischtennis, Gymnastik. – Stadion: RheinEnergie-Stadion, wegen Umbaus derzeit 33 000 Plätze, dann 51 000 überdachte Plätze (9800 Stehplätze).
Trainer: Friedhelm Funkel, geb. am 10. 12. 1953

TORHÜTER:

16 Bade, Alexander, geb. 25. 8. 1970, D, 1,96 m, 90 kg, seit 2000 bei Köln, früher Hamburger SV, KFC Uerdingen, 1. FC Köln, Tennis Borussia Berlin, 25 BL-Spiele
31 Sokolow, Wjatscheslaw (VA), geb. 21. 12. 1978, RUS, 1,82 m, 79 kg, seit 1996 bei Köln, früher FShM Moskau, Torpedo Podolsk
33 Wessels, Stefan, geb. 28. 2. 1979, D, 1,89 m, 84 kg, seit 2003 bei Köln, früher Bayern München, TuS Lingen, Eintracht Schepsdorf, 6 BL-Spiele

ABWEHR:

20 Cichon, Thomas, geb. 9. 7. 1976, D, 1,84 m, 80 kg, seit 1995 bei Köln, früher Schwarz-Weiß Essen, Preußen Essen, BV Altenessen, 109 BL-Spiele, 1 Tor
2 Cullmann, Carsten, geb. 5. 3. 1976, D, 1,87m, 79 kg, seit 1996 bei Köln, früher SpVgg Porz, 53 BL-Spiele, 4 Tore
22 Dogan, Mustafa, geb. 1. 1. 1976, D, 1,80 m, 75 kg, seit 2003 bei Köln, früher Fenerbahçe Istanbul, KFC Uerdingen 05, TV Asberg, 2 A-Länderspiele, 31 BL-Spiele
5 Happe, Markus, geb. 11. 2. 1972, D, 1,86 m, 82 kg, seit 2002 bei Köln, früher FC Schalke 04, Bayer Leverkusen, Preußen Münster, VfL Wolbeck, 214 BL-Spiele, 9 Tore
17 Heinrich, Jörg, geb. 6. 12. 1969, D, 1,85 m, 75 kg, seit 2003 bei Köln, früher Borussia Dortmund, AC Florenz, SC Freiburg, Kickers Emden, Chemie Velten, Motor Rathenow, Vorwärts Frankfurt/Oder, 37 A-Länderspiele, 185 BL-Spiele, 25 Tore
12 Schröder, Oliver, geb. 11. 6. 1980, D, 1,84 m, 82 kg, seit 2002 bei Köln, früher Hertha BSC Berlin, Spandauer BC, Reinickendorfer Füchse, SC Tegel
4 Sichone, Moses, geb. 31. 5. 1977, ZAM, 1,87 m, 78 kg, seit 1999 bei Köln, früher Nchanga Rangers, Chambishi FC, 39 A für Sambia, 39 BL-Spiele

MITTELFELD

13 Federico, Giovanni, geb. 4. 10. 1980, ITA, 1,82 m, 78 kg, seit 2000 bei Köln, früher VfL Bochum, SSV Hagen
7 Kringe, Florian, geb. 18. 8. 1982, D, 1,87 m, 83 kg, seit 2002 bei Köln, früher Borussia Dortmund, Sportfreunde Siegen, TSV Weißtal
30 Lottner, Dirk, geb. 4. 3. 1972, D, 1,87 m, 82 kg, seit 11/1998 bei Köln, früher Bayer Leverkusen, Fortuna Köln, Rot-Weiß Zollstock, 75 BL-Spiele, 21 Tore
14 Nessou, Efangelos, geb. 27. 6. 1978, GRE, 1,80 m, 71 kg, seit 1999 bei Köln, früher TuSpo Richrath, Britannia Solingen, Bayer Leverkusen, Union Solingen, 3 BL-Spiele
32 Niedrig, Michael (VA), geb. 12. 1. 1980, D, 1,82 m, 78 kg, seit 1991 bei Köln, früher FC Remscheid
21 Schindzielorz, Sebastian, geb. 21. 1. 1979, D, 1,80 m, 71 kg, seit 2003 bei Köln, früher VfL Bochum, 82 BL-Spiele, 7 Tore
6 Sinkala, Andrew, geb. 18. 6. 1979, ZAM, 1,75 m, 68 kg, seit 1/2001 bei Köln, früher Bayern München, Nchanga Rangers, 20 A für Sambia, 15 BL-Spiele, 2 Tore
15 Springer, Christian, geb. 15. 7. 1971, D, 1,85 m, 79 kg, seit 1998 bei Köln, früher FC St. Pauli, Jahn Forchheim, SC 08 Bamberg, TSV Vestenbergsgreuth, 117 BL-Spiele, 13 Tore
3 Voigt, Alexander, geb. 13. 4. 1978, D, 1,83 m, 80 kg, seit 1987 bei Köln, früher Eintracht Köln, 48 BL-Spiele, 1 Tore

ANGRIFF:

11 Dworrak, Markus, geb. 23. 1. 1978, D, 1,82 m, 73 kg, seit 2002 bei Köln, früher SpVgg Greuther Fürth, 1. FC Köln, Rot Weiß Lüdenscheid, RSV Meinerzhagen, Sportfreunde Oestertal, 3 BL-Spiele
25 Ebbers, Marius, geb. 4. 1. 1978, D, 1,92 m, 90 kg, seit 2003 bei Köln, früher MSV Duisburg, SG Wattenscheid 09, Preußen Steele, Schwarz-Weiß Essen, 2 BL-Spiele
9 Helbig, Sebastian, geb. 25. 4. 1977, D, 1,83 m, 80 kg, seit 2002 bei Köln, früher Energie Cottbus, Rot-Weiß Erfurt, Bayer Leverkusen, Motor Gotha, Dreigleichen Mühlberg, 53 BL-Spiele, 8 Tore

8 Scherz, Matthias, geb. 14. 12. 1971, D, 1,86 m, 82 kg, seit 1999 bei Köln, früher FC St. Pauli, Rot-Weiß Scheeßel, 84 BL-Spiele, 7 Tore
10, Voronin, Andrej, geb. 21. 7. 1979, UKR, 1,79 m, 75 kg, seit 2003 bei Köln, früher FSV Mainz 05, Borussia Mönchengladbach, Tschernomorez Odessa, 10 A für Ukraine, 7 BL-Spiele, 1 Tor

Eintracht Frankfurt

Gegründet: 8. März 1899 (seit 1. Juli 2000 Eintracht Frankfurt Fußball AG). – Anschrift: Mörfelder Landstr. 362, 60528 Frankfurt, Telefon: (0 69) 95 50 30, Telefax: (0 69) 95 50 31 10, www.eintracht-frankfurt.de
Deutscher Meister: 1959 – Deutscher Pokalsieger: 1974, 1975, 1981, 1988 – UEFA-Pokal-Sieger: 1980.
Vorstand: Dr. Thomas Pröckl (Finanzen); Aufsichtsratsvorsitzender: Jürgen Neppe; Pressereferent: Carsten Knoop; Leiter Lizenzspieler-Abteilung: Rainer Falkenhain; Vereinsarzt: Dr. Christoph Seeger; Masseur: Björn Riedl, Sven Rinke; Co-Trainer: Jan Kocian.
Vereinsfarben: Rot-Schwarz-Weiß – Spielkleidung: Schwarzes Hemd mit dünnen roten Streifen, rote oder schwarze Hose, rote Stutzen oder weißes Hemd, schwarze Hose, weiße Stutzen oder ganz in Weiß oder ganz in Schwarz oder ganz in Blau. – Mitglieder: 6000 – Sportarten: Alle Amateurabteilungen der Eintracht Frankfurt e.V., Gustav-Behringer-Str. 10, 60386 Frankurt: Basketball, Boxen, Eishockey, Eissport, Fußball, Handball, Hockey, Leichtathletik, Rugby, Tennis, Tischtennis, Turnen, Volleyball, Fan- und Förderabteilung. – Stadion: Waldstadion, zur Zeit im Umbau, deswegen zwischen 23 000 und 30 000 unüberdachte Plätze.
Trainer: Willi Reimann, geb. am 24. 12. 1949

TORHÜTER:

30 Menger, Andreas, geb. 11. 9. 1972, D, 1,88 m, 87 kg, seit 1/2001 bei Frankfurt, MSV Duisburg, 1. FC Köln, SpVgg Greuther Fürth, SSV Ulm 1846, SSV Reutlingen, Tennis Borussia Berlin, 45 BL-Spiele
1 Nikolov, Oka, geb. 25. 5. 1974, D, 1,87 m, 86 kg, seit 1991 bei Frankfurt, früher SV Darmstadt 98, SG Sandbach, 5 A für Mazedonien, 59 BL-Spiele
22 Pröll, Markus, geb. 28. 8. 1979, D, 1,87 m, 86 kg, seit 2003 bei Frankfurt, früher 1. FC Köln, SV Lommersum, VfR Flamersheim, 53 BL-Spiele

ABWEHR:

13 Bindewald, Uwe, geb. 13. 8. 1968, D, 1,80 m, 76 kg, seit 1986 bei Frankfurt, früher Kickers Offenbach, SG Melbach-Södel, FSV Dorheim, 242 BL-Spiele, 2 Tore
26 Cipi, Geri, geb. 28. 2. 1976, ALB, 1,89 m, 85 kg, seit 2003 bei Frankfurt, früher AA Gent, NK Maribor, Flamutari Vlora, 24 A für Albanien
18 Di Gregorio, Baldo (VA), geb. 22. 1. 1984, D, 1,81 m, 78 kg, seit 1999 bei Frankfurt, früher Kickers Offenbach
2 Günther, Sven, geb. 22. 2. 1974, D, 1,82 m, 72 kg, seit 2002 bei Frankfurt, früher 1. FC Schweinfurt 05, 1. FC Nürnberg, FSV Zwickau, TSG Kirchberg, 19 BL-Spiele
5 Keller, Jens, geb. 24. 11. 1970, D, 1,82 m, 80 kg, seit 2002 bei Frankfurt, früher 1. FC Köln, VfL Wolfsburg, TSV München 1860, VfB Stuttgart, VfL Wangen, 140 BL-Spiele, 2 Tore
15 Puljiz, Jurica, geb. 13. 12. 1979, CRO, 1,88 m, 81 kg, seit 2003 bei Frankfurt, früher NK Sibenik, Hajduk Split
23 Tsoumou-Madza, Jean, geb. 31. 1. 1975, CGO, 1,85 m, 82 kg, seit 8/2002 bei Frankfurt, früher OFC Neugersdorf, FC St. Pauli, SV Meppen, VfL Herzlake, Concordia Ihrhove, Inter Brazzaville, 1 A für Kongo
4 Wiedener, Andree, geb. 14. 3. 1970, D, 1,75 m, 70 kg, seit 2001 bei Frankfurt, früher Werder Bremen, SV Velpke, TSV Bahrdorf, 164 BL-Spiele, 3 Tore

MITTELFELD:

3 Bürger, Henning, geb. 16. 12. 1969, D, 1,74 m, 70 kg, seit 2002 bei Frankfurt, früher FC St. Pauli, 1. FC Nürnberg, 1. FC Saarbrücken, FC Schalke 04, Carl Zeiss Jena, Wismut Gera, Motor Zeulenroda, 78 BL-Spiele, 1 Tore
17 Cimen, Daniyel, geb. 19. 1. 1985, D, 1,76 m, 72 kg, seit 2000 bei Frankfurt, früher SG Nieder-Roden
19 Dragusha, Mehmet, geb. 9. 10. 1977, ALB, 1,80 m, 69 kg, seit 2003 bei Frankfurt, früher Eintracht Trier, Sachsen Leipzig, NK Maribor, Zeljenicar Sarajevo, FK Pristina, 2 A für ALB
25 Huber, Alexander (VA), geb. 25. 2. 1985, D, 1,75 m, 66 kg, seit 1999 bei Frankfurt, früher VfL Neustadt

16 Kreuz, Markus, geb. 29. 4. 1977, D, 1,70 m, 68 kg, seit 2003 bei Frankfurt, früher 1. FC Köln, Hannover 96, FSV Mainz 05, 1. FC Kaiserslautern, VfL Frei-Weinheim, 52 BL-Spiele, 7 Tore

8 Lexa, Stefan, geb. 1. 11. 1976, AUT, 1,80 m, 74 kg, seit 2003 bei Frankfurt, früher CD Teneriffa, SpVgg Unterhaching, SSV Reutlingen, SV Wehen, Wacker Burghausen, SV Heimstetten, SpVgg Landshut, TSV München 1860, 4 A für Österreich

6 Montero, David, geb. 16. 1. 1974, ESP, 1,70 m, 75 kg, seit 2002 bei Frankfurt, früher Waldhof Mannheim, TSF Ditzingen, TSV Georgii-Allianz Stuttgart, SV Heslach

24 Schur, Alexander, geb. 23. 7. 1971, D, 1,85 m, 83 kg, seit 1995 bei Frankfurt, früher FSV Frankfurt, Rot-Weiß Frankfurt, VfR Bockenheim, 80 BL-Spiele, 7 Tore

7 Skela, Ervin, geb. 17. 11. 1976, ITA, 1,73 m, 68 kg, seit 2001 bei Frankfurt, früher Waldhof Mannheim, Chemnitzer FC, Erzgebirge Aue, 1. FC Union Berlin, Flamurtari Vlora, SK Tirana, 14 A für Albanien

21 Weißenfeldt, Lars, geb. 16. 2. 1980, D, 1,80 m, 74kg, seit 2001 bei Frankfurt, früher VfB Marburg

ANGRIFF:

20 Beierle, Markus, geb. 2. 6. 1972, D, 1,83 m, 80 kg, seit 1/2003 bei Frankfurt, früher Hansa Rostock, TSV München 1860, MSV Duisburg, Stuttgarter Kickers, SSV Ulm 46, VfB Stuttgart, Union Böckingen, TSV Cleebronn, 103 BL-Spiele, 28 Tore

9 Cha, Du-Ri, geb. 25. 7. 1980, KOR, 1,83 m, 73 kg, seit 2003 bei Frankfurt, früher Arminia Bielefeld, Korea University, 23 A für Südkorea, 22 BL-Spiele, 1 Tor

10 Frommer, Nico, geb. 8. 4. 1978, D, 1,83 m, 78 kg, seit 2003 bei Frankfurt, früher SSV Reutlingen, Borussia Mönchengladbach, VfB Stuttgart, SSV Ulm 1846, TSV Neu-Ulm, 8 BL-Spiele

14 Hengemühle, Franciel, geb. 17. 2. 1982, BRA, 1,88 m, 81 kg, seit 2002 bei Frankfurt, früher Gremio Porto Alegre

11 Jones, Jermaine, geb. 3. 11. 1981, D, 1,82 m, 78 kg, seit 1995 bei Frankfurt, früher FV Bad Vilbel, SV Bonames, 2 BL-Spiele

KAPITEL 7

DIE 2. BUNDESLIGA

Arminia Bielefeld

Gegründet: 3. Mai 1905 (seit 1. Juli 2001 DSC Arminia Bielefeld GmbH & Co. KGaA) – Anschrift: Melanchthonstr. 31a, 33615 Bielefeld, Telefon: (05 21) 96 61 10, Telefax: (05 21) 96 61 11 1, www.dsc-arminia-bielefeld.de
Präsident des e. V. und Aufsichtsratsvorsitzender der KGaA: Hans-Hermann Schwick;
Vorstand der KGaA: Conrad Schormann, Albrecht Lämmchen, Roland Kentsch; Geschäftsführer: Roland Kentsch, Thomas von Heesen (Lizenzspielerabteilung); Medienbeauftragter: Gerhard Harhausen; Vereinsärzte: Dr.Michael Dickob, Dr.Günter Neundorf; Physiotherapeuten: Thomas Horstkötter, Michael Schweikar; Co-Trainer: Frank Geideck; Torwart-Trainer: Thomas Schlieck.
Vereinsfarben: Schwarz-Weiß-Blau – Spielkleidung: Blau-weißes Hemd, schwarze Hose, weiße Stutzen.
Mitglieder: 2200 – Sportarten: Fußball, Hockey, Eiskunstlauf. – Stadion: Stadion Alm Bielefeld, 26 601 überdachte Plätze, davon 15 451 Sitzplätze und 11 150 Stehplätze.
Trainer: Benno Möhlmann, geb. am 1.8.1954.

TORHÜTER:
23 Eilhoff, Dennis, 31. 7. 1982, D
1 Hain, Mathias, 31. 12. 1972, D, 34/ – BL
28 Völzow, Sebastian, 2. 2. 1983, D

ABWEHR:
27 Amedick, Martin, 6. 9. 1982, D
15 Bogusz, Daniel, 21. 9. 1974, POL, 14/ – BL, 1 A für Polen
3 Borges, Marcio, 20. 1. 1973, BRA, 13/ – BL
16 Lense, Benjamin, 30. 11. 1978, D, 14/1 BL
11 Sinisterra, Jesus, 9. 12. 1975, COL, 1/ – BL

MITTELFELD:
2 Benschneider, Roland, 22. 8. 1980, D
6 Dammeier, Detlev, 18. 10. 1968, D, 202/10 BL
5 Kauf, Rüdiger, 1. 3. 1975, D, 45/1 BL
8 Murawski, Maciej, 20. 2. 1974, POL, 12/ – BL, 5 A für Polen
22 Owomoyela, Patrick, 5. 11. 1979, D
21 Porcello, Massimilian, 23. 6. 1980, ITA, 20/1 BL
17 Rauw, Bernd Gerd, 8. 1. 1980, BEL, 18/ – BL
25 Sadovic, Mirnel, 25. 5. 1984, BIH
10 Vata, Fatmir, 20. 9. 1971, ALB, 29/ – BL, 14 A für Albanien

ANGRIFF:
19 Ben Katanha, Newton, 3. 2. 1983, ZIM
Radovic, Zeljko, 6. 4. 1974, AUT
24 Radtke, Sebastian, 3. 4. 1983, D

1. FC Nürnberg

Gegründet: 4.Mai 1900. – Anschrift: Valznerweiherstraße 200, 90480 Nürnberg, Telefon: (09 11) 94 07 90, Telefax: (09 11) 94 07 97 7, www.fcn.de
Deutscher Meister: 1920, 1921, 1924, 1925, 1927, 1936, 1948, 1961, 1968 – Deutscher Pokalsieger: 1935, 1939, 1962.
Präsident: Michael A.Roth; Vizepräsidenten: Bernhard Kemper, Björn Bremer, Edgar Geenen, Siegfried Schneider; Finanz- und Verwaltungsrat: Gerhard Gsänger, Franz Schäfer, Klaus Schramm, Dr. Markus Söder; Sportlicher Leiter: Edgar Geenen; Geschäftsstellenleiter: Björn Bremer; Pressestelle: Kerstin Dankowski, Martin Haltermann; Vereinsarzt: Dr. Bernhard Drummer; Physiotherapeuten: Claudio Nagy, Joachim Walter; Co-Trainer: Joachim Lieberwirth; Torwart-Trainer: Michael Fuchs.
Vereinsfarben: Rot-Weiß – Spielkleidung: Rotes Hemd, schwarze Hose, schwarze Stutzen oder ganz in Weiß. – Mitglieder: 5000 (nur Fußball) – Sportarten: Fußball, Boxen, Handball, Hockey, Roll- und Eissport, Schwimmen, Ski, Tennis. – Stadion: Frankenstadion, 44 600 überdachte Plätze, davon 34 700 Sitzplätze.
Trainer:Wolfgang Wolf, geb. am 24. 9. 1957

TORHÜTER:

1 Kampa, Darius, 16.01.1977, D, 1,85, 77, FC Augsburg, 67/ – BL
26 Nicht, Kristian, 3. 4. 1982, D
12 Schäfer, Raphael, 30. 1. 1979, D, 3/ – BL

ABWEHR:

4 Rafael, 22. 3. 1979, BRA, 5/ – BL
2 Kos, Tomasz, 4. 4. 1974, POL, 53/ – BL, 1 A für Polen
21 Kügler, Michael (VA), 3. 9. 1981, D, 2/ – BL
5 Nikl, Marek, 20. 2. 1976, CZE, 82/7 BL, 5 A für Tschechien
39 Reinhardt, Dominik, 19. 12. 1984, D, 1/ – BL
20 Sanneh, Anthony, 1. 6. 1971, USA, 77/5 BL, 37 A für USA
18 Stehle, Thomas, 26. 10. 1980, D, 29/2 BL
3 Wiblishauser, Frank, 18. 10. 1977, D, 19/1 BL
24 Wolf, Andreas, 12. 6. 1982, D, 18/ – BL

MITTELFELD:

13 „Vlademir", 1. 10. 1978, BRA
37 David, Pavel, 17. 10. 1978, CZE, 5/ – BL
10 Fernando, Franco de Ornela , 29. 7. 1976, POR, 14 A für Venezuela
14 Frey, Dieter, 31. 10. 1972, 128/8 BL
6 Jarolim, David, 17. 5. 1979, CZE, 61/3 BL
8 Krzynowek, Jacek, 15. 5. 1976, POL, 46/6 BL, 26 A für Polen
Kukielka, Mariusz, 7. 11. 1976, POL, 12 A für Polen
16 Larsen, Tommy Svindal, 11. 8. 1973, NOR, 51/1 BL, 12 A für Norwegen
Mintal, Marek, 2. 9. 1977, SVK
17 Müller, Lars, 22. 3. 1976, D, 67/3 BL
15 Paßlack, Stephan, 24. 8. 1970, D, 270/25 BL, 4 A-Länderspiele
7 Todorovic, Rade, 21. 5. 1974, YUG, 7/ – BL
25 Wiesner, Christian, 22. 9. 1981, D

ANGRIFF:

29 Ciric, Sasa, 11. 1. 1968, MKD, 64/26 BL, 25 A für Mazedonien
9 Driller, Martin, 2. 1. 1970, D, 138/18 BL
38 Kießling, Stephan, 25. 1. 1984, D, 1/ – BL
Mandra, Martin, 20. 12. 1975, ARG
19 Villa, Marco, 18. 7. 1978, D, 35/4 BL

Energie Cottbus

Gegründet: 31. Januar 1966 (als BSG Energie Cottbus, am 1. Juli 1990 umbenannt in FC Energie Cottbus). – Anschrift: Am Eliaspark 1, 03042 Cottbus, Telefon: (03 55) 75 69 50, Telefax: (03 55) 71 30 26, www.fcenergie.de
Präsident: Dieter Krein; Verwaltungsratsprecher: Andreas Beil; Geschäftsführer/Manager: Klaus Stabach; Marketing: Ralf Lempke; Pressechef: Ronny Gersch; Zeugwart: Hans-Joachim Prinz; Vereinsärzte: Dr. Wolfgang Gubatz, Dr. Hartmut Thamke; Physiotherapeuten: Mathias Heinrich, Jörg Dehlan; Co-Trainer: Hagen Reeck, Petrik Sander; Reha-Trainer: Dirk Keller; Torwart-Trainer: Thomas Köhler.
Vereinsfarben: Rot-Weiß – Spielkleidung: Rot-weiß gestreiftes Hemd, rote Hose, rote Stutzen oder ganz in Rot oder ganz in Anthrazit.
Mitglieder: 1000 – Sportart: Fußball. – Stadion: Stadion der Freundschaft, 22 450 Plätze (davon 6970 überdachte Sitzplätze und 15 430 überdachte Stehplätze)
Trainer: Eduard Geyer, geb. am 7.10.1944

TORHÜTER:

12 Berntsen, Gunnar, 30. 10. 1977, D, 2/ – BL
23 Piplica, Tomislav, 5. 4. 1969, BIH, 74/ – BL, 7 A für Bosnien-Herzegowina
1 Thoms, André, 15. 12. 1981, D

ABWEHR:

3 Beeck, Christian, 18. 12. 1971, D, 79/2 BL
5 Berhalter, Gregg, 1. 8. 1973, USA, 23/ – BL, 29 A für USA
25 Hujdurovic, Faruk, 14. 5. 1970, BIH, 60/1 BL, 10 A für Bosnien-Herzegowina
31 Jahn, Patrick, 22. 2. 1983, D, 2/ – BL
20 Lemke, Toni, 19.10.1983, D
13 Löw, Zsolt, 29. 4. 1979, HUN, 31/ – BL
2 Nikol, Ronny, 11. 7. 1974, D
29 Nuhs, Sebastian, 23. 9. 1982, D
17 Rozgonyi, Marcel, 28. 1. 1976, D, 16/ – BL
4 Schröder, Rayk, 25. 12. 1974, D, 56/3 BL
6 da Silva, Vragel, 29. 3. 1974, BRA, 51/5 BL

MITTELFELD:

18 Brunnemann, Björn, 6. 8. 1980, D
14 Gebhardt, Marco, 7. 10. 1972, D, 82/11 BL
16 Latoundji, Moussa, 13. 8. 1978, BEN, 55/1 BL, 18 A für Benin
34 Mattuschka, Torsten, 4. 10. 1980, D, 4/ – BL

8 Ogungbure, Adebowale, 13. 7. 1981, NGA, 3/ – BL, 2 A für Nigeria
7 Reghecampf, Laurentiu, 19. 9. 1975, ROM, 86/6 BL, 1 A für Rumänien
11 Rost, Timo, 29. 8. 1978, D, 49/3 BL
19 Schöckel, Benjamin, 16. 8. 1980, D
33 Thielemann, Ronny, 15. 11. 1973, D, 39/ – BL

ANGRIFF:
15 Jungnickel, Lars, 31. 8. 1981, D, 26/2 BL
10 Vagner, Robert, 12. 5. 1974, CZE, 20/2 BL, 2 A für Tschechien

FSV Mainz 05

Gegründet: 16. März 1905. – Anschrift: Dr.-Martin-Luther-King-Weg, 55122 Mainz, Telefon: (0 61 31) 37 55 00, Telefax: (0 61 31) 37 55 03 3, www.mainz05.de
Deutscher Amateurmeister: 1982.
Präsident: Harald Strutz; Vizepräsidenten: Peter Arens, Jürgen Doetz, Karl-Heinz Elsäßer; Vorstand: Friedhelm Andres, Hubert Friedrich, Bernhard Geitel, Christian Heidel, Manfred Thöne; Geschäftsführer: Michael Kammerer; Teammanager: Axel Schuster; Vereinsarzt: Dr. Klaus Gerlach; Physiotherapeut: Uli Märten, Markus Neu; Konditionstrainer: Axel Busenkell; Co-Trainer: Zeljko Buvac; Torwarttrainer: Stephan Kuhnert.
Vereinsfarben: Rot-Weiß – Spielkleidung: Rot-weißes Hemd, weiße oder rote Hose, weiße oder rote Stutzen – Mitglieder: 1400 – Sportarten: Fußball, Handball, Tischtennis. – Stadion: Stadion am Bruchweg, am Dr. Martin-Luther-King-Weg: 15 500 Plätze, davon alle 4500 Sitz- und 9200 Stehplätze überdacht.
Trainer: Jürgen Klopp, geb. am 16.6. 1967

TORHÜTER:
23 Hoffmeister, Sven, 13. 10. 1970, D
1 Wache, Dimo, 1. 11. 1973, D
29 Wetklo, Christian, 11. 1. 1980, D

ABWEHR:
28 Abel, Mathias, 22. 6. 1981, D
26 Bodog, Tamas, 27. 9. 1970, HUN, 23/2 BL, 2 A für Ungarn
16 Bulajic, Spasoje, 24. 1. 1975, SVN, 17/ – BL, 17 A für Slowenien
34 Ihm, Christopher, 21. 12. 1982, D
5 Neustädter, Peter, 16. 2. 1966, D, 16/ – BL, 3 A für Kasachstan
18 Nikolic, Robert, 1. 8. 1968, D, 51/ – BL
Rose, Marco, 11. 9. 1976, D
6 Tavcar, Rajko, 21. 7. 1974, SVN, 12/1 BL, 7 A für Slowenien
3 Ziegner, Torsten, 9. 11. 1977, D

MITTELFELD:
33 Azaouagh, Mimoun, 17. 11. 1982, MAR
19 Babatz, Christof, 3. 9. 1974, D, 26/ – BL
8 Gerber, Fabian, 28. 11. 1979, D, 11/ – BL
14 Kramny, Jürgen, 18. 10. 1971, D, 54/4 BL
32 Kühne, Stefan, 15. 8. 1980, D
4 Schwarz, Sandro, 17. 10. 1978, D
25 da Silva, Antonio, 13. 6. 1978, BRA
9 Weiland, Dennis, 30. 8. 1974, D

ANGRIFF:
7 Auer, Benjamin, 11. 1. 1981, D, 8/1 BL
21 Morinas, Igoris, 21. 2. 1975, LTU, 27 A für Litauen
20 Speranza, Giovanni, 6. 3.1982, ITA
15 Teinert, Christoph, 30. 1. 1980, D
27 Thurk, Michael, 28. 5. 1976, D
22 Weiland, Niclas, 22. 7. 1972, D

SpVgg Greuther Fürth

Gegründet: 23. September 1903 als SpVgg Fürth (nach Beitritt der Fußballabteilung des TSV Vestenbergsgreuth ab 1996 SpVgg Greuther Fürth, ab August 2003 SpVgg Greuther Fürth GmbH Co. KGaA). Anschrift: Laubenweg 60, 90765 Fürth, Telefon: (09 11) 79 10 15 0, Telefax: (09 11) 79 10 15 15, www.greuther-fuerth.de
Deutscher Meister: 1914, 1926, 1929.

Präsident: Helmut Hack; Vizepräsidenten: Wolfgang Gräf, Hans Werner, Edgar Burkart; Teammanager: Sascha Breese (Lizenzabteilung); Marketing und Öffentlichkeitsarbeit: Thomas Mohr; Kaufmännischer Leiter: Dirk Weißert; Fan-Bauftragter: Jens Goldmann; Mannschaftsarzt: Dr.Harald Hauer; Physiotherapeuten: Uwe Schellhammer, Steffen Ziegra; Co-Trainer: Werner Dreßel; Torwarttrainer: Günther Reichold. Vereinsfarben: Grün-Weiß – Spielkleidung: Weißes Hemd, schwarze Hose und Stutzen oder grün-weißes Hemd, weiße Hose und Stutzen. – Mitglieder: 2800 – Sportarten: Fußball, Handball, Basketball, Schwimmen, Tennis, Volleyball, Tischtennis, Hockey, Badminton, Gymnastik, Gesang, Kindersport, Herzsport. – Stadion: Playmobil-Stadion, 15 500 Plätze, 5928 Stehplätze und 9572 Sitzplätze (davon 5000 überdacht).
Trainer: Eugen Hach, geb. am 19.9. 1960

TORHÜTER:
21 Loboué, Stephan, 23. 8. 1981, D
1 Neuhaus, Sven, 4. 4. 1978, D

ABWEHR:
16 Birk, Carsten, 1. 10. 1977, D
3 Hillebrand, Dennis, 30. 11. 1979, D
5 Kleine, Thomas, 28. 12. 1977, D, 10/ – BL
13 Kümmerle, Michael, 21. 4. 1979, D
4 Simac, Dajan, 4. 1. 1982, CRO
2 Westermann, Heiko, 14. 8.1983, D

MITTELFELD:
7 Burkhardt, Thorsten, 21. 5. 1981, D
14 Caillas, Olivier, 2. 12. 1977, D
9 Fuchs, Danny, 25. 2. 1976, D
15 Heller, Florian, 10. 3. 1982, D
23 Inceman, Ugur, 25. 5. 1981, TUR, 20/1 BL
6 Reichel, Mirko, 2. 12. 1970, D, 9/ – BL
11 Ruman, Petr, 2. 11. 1976, CZE
8 Surmann, Mathias, 19. 12. 1974, D
12 Weber, Christian, 15. 9. 1983, D

ANGRIFF:
18 Eigler, Christian, 1. 1. 1984, D
17 Hoffmann, Jan, 1. 9. 1979, D
20 Rösler, Sascha, 28. 10. 1977, D, 26/ – BL
19 Trakys, Valdas, 20. 3. 1979, LTU, 4 A für Litauen

Alemannia Aachen

Gegründet: 10. April 1900. – Anschrift: Krefelder Str. 187, 52070 Aachen, Telefon: (02 41) 93 84 00, Telefax: (02 41) 93 84 01 0, www.alemannia-aachen.de
Präsident: Horst Heinrichs; Vizepräsident: Tim Hammer; Sportdirektor: Jörg Schmadtke; Presse: Avy Tiedemann; Vereinsarzt: Heinz Mangels; Masseure: Jupp Vanhouttem, Ralf Nier; Co-Trainer: Frank Engel.
Vereinsfarben: Schwarz-Gelb – Spielkleidung: Schwarzes Hemd mit gelben Innenseiten, schwarze Hose, schwarze Stutzen oder gelbes Hemd, schwarze Hose, gelbe Stutzen. – Mitglieder: 2500 – Sportarten: Fußball, Volleyball, Leichtathletik, Badminton, Tischtennis. – Stadion: Tivoli, 22 500 Plätze, davon 3500 überdachte Sitz- und 19 000 Stehplätze (davon 6500 überdacht).
Trainer: Jörg Berger, geb. am 13.10. 1944

TORHÜTER:
24 Memmersheim, Dirk, 8. 11. 1976, D
1 Straub, Stephan, 25. 1. 1971, D

ABWEHR:
19 Bediako, Edwin, 2. 11. 1980, GHA
33 Blank, Stefan, 10. 3. 1977, D, 8/ – BL
5 Brinkmann, Dennis, 22. 11. 1978, D
21 Gunesch, Ralph, 2. 9. 1983, D
13 Kim, Chuck, 26. 1. 1981, USA
3 Klitzpera, Alexander, 19. 10. 1977, D, 31/ – BL
6 Landgraf, Willi, 29. 8. 1968, D
4 Lanzaat, Quido, 30. 9. 1979, NED, 1/ – BL

MITTELFELD:
15 Bayock, Thierry, 27. 8. 1979, CMR
14 Ewertz, Fabian, 3. 7. 1981, D
7 Grlic, Ivica, 6. 8. 1975, D, 2/ – BL
8 van der Luer, Eric, 16. 8. 1965, NED, 2 A für Niederlande
12 Mbwando, George, 20. 10. 1975, ZIM, 12 A für Simbabwe
2 Paulus, Frank, 7. 9. 1978, D
10 Pflipsen, Karlheinz, 31. 10. 1970, D, 197/37 BL, 1 A-Länderspiel

ANGRIFF:
9 Gomez, Daniel, 16. 3. 1979, FRA
31 Krontiris, Emmanuel, 11. 2. 1983, D, 3/ – BL
11 Meijer, Erik, 2. 8. 1969, NED, 174/38 BL, 1 A für Niederlande
22 Michalke, Kai, 5. 4. 1976, D, 152/18 BL

Eintracht Trier

Gegründet: 11. März 1905. – Anschrift: Am Stadion 1, 54292 Trier, Telefon: (06 51) 14 67 10, Telefax: (06 51) 14 67 17 1, www.sv-eintracht-trier05.de
Deutscher Amateurmeister: 1988.
Vorsitzender: Bernd Gritzmacher; Vizepräsident: Position vakant; Sportlicher Leiter: Paul Linz (kommissarisch); Schatzmeister: Dieter Friedrich; Marketingmanager: Hermann Gläsner; Geschäftsführer: Dieter Lüders; Presse- und Öffentlichkeitsarbeit: Ralf Wigger; Vereinsarzt: Dr. Peter Krapf; Physiotherapeuten: Thomas Kopnarski, Elmar Klodt; Zeugwart: Uli Huwer; Co-Trainer: Arno Michels; Torwarttrainer: Jürgen Roth-Lebenstedt.
Vereinsfarben: Blau-schwarz-weiß – Spielkleidung: Blau-schwarzes Hemd, schwarze Hose, blaue Stutzen oder ganz in Weiß. – Mitglieder: 1200 – Sportarten: Fußball, Tischtennis. – Stadion: Moselstadion, 13 000 Plätze, davon 1700 größtenteils überdachte Sitzplätze und 3000 überdachte Stehplätze.
Trainer: Paul Linz, geb. am 4.1. 1956

TORHÜTER:
1 Ischdonat, Daniel, 9. 6. 1976, D
21 Keller, Axel, 25. 3. 1977, D
24 Kresic, Dario, 11. 1. 1984, CRO

ABWEHR:
2 Habte, Sammy, 14. 10. 1983, D
6 Koch, Harry, 15. 11. 1969, D, 187/17 BL
19 Latinovic, Miodrag, 29. 8. 1970, BIH
5 Lösch, Markus, 26. 9. 1971, D, 36/ – BL
3 Vural, Hasan, 17. 12. 1975, TUR, 1/ – BL, 1 A für Türkei

MITTELFELD:
20 Bauer, Daniel, 17. 10. 1982, D
7 Grzeskowiak, Claus, 30. 12. 1973, D
16 Keller, Matthias, 20. 11. 1974, D
4 Kevric, Adnan, 2. 5. 1970, D, 2 A für Bosnien-Herzegowina
23 Klasen, Thomas, 16. 9. 1983, D
12 Marell, Carsten, 8. 9. 1970, D, 2/ – BL
13 Pekovic, Milorad, 5. 8. 1977, SBM
8 Racanel, Catalin, 23. 9. 1976, ROM, 7/ – BL
10 Thömmes, Rudi, 17. 12. 1968, D

ANGRIFF:
17 Aziz, Joseph, 7. 1. 1974, GHA, 5 A für Ghana
18 Braham, Najed, 20. 5. 1977, TUN, 2 A für Tunesien
15 Divic, Petar, 11. 7. 1975, SBM, 2 A für Jugoslawien
11 Labak, Antun, 14. 7. 1970, CRO, 45/8 BL
22 Patschinski, Nico, 8. 11. 1976, D, 28/8 BL
25 Repplinger, Christian, 11. 1. 1979, D
9 Winkler, Danny, 16. 8. 1973, D, 7/ – BL
14 Zimmer, Sebastian, 31. 8. 1982, D

MSV Duisburg

Gegründet: 24. September 1902. – Anschrift: Westender Straße 36, 47138 Duisburg, Telefon: (02 03) 42 92 40, Telefax: (02 03) 42 92 44 4, www.msv-duisburg.de
Deutscher Amateurmeister: 1987.
Vorstand: Walter Hellmich, Dietmar Cremer, Detlef Pirsig; Geschäftsführer: Sascha Bredenfeld; Manager: unbesetzt; Pressesprecherin: Dagmar Dahmen; Vereinsärzte: Dr. Lothar Roslawski, Dr. Peter Szamlewski; Physiotherapeuten: Peter Kuhlbach, Masahiro Nakashita; Co-Trainer: Heiko Scholz; Torwarttrainer: Manfred Gloger.
Vereinsfarben: Blau-Weiß – Spielkleidung: Blau-weißes Hemd, blaue Hose, blaue Stutzen oder grau-anthrazites Hemd und Hose, weiße Stutzen. – Mitglieder: 3318 – Sportarten: Fußball, Handball, Hockey, Judo, Leichtathletik, Turnen, Volleyball. – Stadion: Wedaustadion, 30 128 Plätze, davon 6219 überdachte und 3266 unüberdachte Sitzplätze.
Trainer: Norbert Meier, geb. am 20.9. 1958

TORHÜTER:
26 Beuckert, Sven, 12. 12. 1973, D
24 Langerbein, Dirk, 9. 9. 1971, D

ABWEHR:
4 Drsek, Pavel, 22. 9. 1976, CZE, 12/1 BL
14 El Kasmi, Nasir, 2. 10. 1982, D
2 Kruse, Benjamin, 4. 5. 1978, D, 18/ – BL
12 Oswald, Kai, 29. 11. 1977, D, 73/3 BL
13 Schröder, Rouven, 18. 10. 1975, D, 8/ – BL
3 Tweed, Steven, 8. 8. 1972, SCO

MITTELFELD:
„Caca", 9. 10. 1982, BRA
17 Gruev, Ilia, 30. 10. 1969, BUL, 13 A für Bulgarien
5 Hirsch, Dietmar, 8. 12. 1971, D, 196/11 BL
6 Keidel, Ralf, 6. 3. 1977, D, 3/ – BL
10 Maas, Rob, 17. 12. 1969, NED, 90/3 BL
22 Sicenica, Ante, 5. 4. 1981, D
32 Spitali, Guiseppe, 2. 10. 1979, ITA
21 Vana, Thomas, 9. 10. 1972, D, 50/3 BL
8 Voss, Andreas, 27. 2.1979, D, 22/1 BL
11 Wolters, Carsten, 25. 7. 1969, D, 161/13 BL

ANGRIFF:
15 Ahanfouf, Abdelaziz, 14. 1. 1978, D, 27/1 BL
7 Bugera, Alexander, 8. 8. 1978, D, 35/2 BL
23 Ivanovic, Josef, 5. 12. 1973, D, 20/ – BL
20 Kazior, Rafael, 7. 2. 1983, POL
18 Kurth, Markus, 30. 7. 1973, D, 79/14 BL
19 Peschel, Peter, 26. 1. 1972, D, 154/24 BL
9 Spizak, Miroslaw, 13. 1. 1979, POL, 23/5 BL

1. FC Union Berlin

Gegründet: 20.Januar 1966. – Anschrift: Hämmerlingstr. 80 - 88, 12555 Berlin, Telefon: (0 30) 65 66 88 0, Telefax: (0 30) 65 66 88 66, www.fc-union-berlin.de
DDR-Pokalsieger: 1968.
Präsident: Heiner Bertram; Vizepräsident und Geschäftsführer: Bernd Hofmann; Vizepräsident und Schatzmeister: Armin Friedrich; Aufsichtsratvorsitzender: Uwe Rade; Geschäftsstellenleiter: Kai Apelt; Pressesprecher: Lars Töffling; Vereinsarzt: Dr. Detlev Meier; Physiotherapeuten: Frank Placzek, Thomas Riedel; Zeugwart: Detlef Schneeweiß; Co-Trainer: Ivan Tischanski; Torwarttrainer: Klaus Thomforde.
Vereinsfarben: Rot-Weiß – Spielkleidung: Rot-weiß abgesetztes Hemd, weiße Hose, rote Stutzen oder ganz in Blau.
Mitglieder: 3854 – Sportart: Fußball. – Stadion: Alte Försterei, 18 100 Plätze mit 2000 Sitzplätzen (1650 überdacht).
Trainer: Mirko Votava, geb. am 25.4. 1956

TORHÜTER:
12 Glinker, Jan, 18. 1. 1984, D
1 Henzler, Simon, 1. 12. 1976, D, 17/ – BL
20 Wulnikowski, Robert, 11. 7. 1977, D

ABWEHR:
3 Dabac, Mario, 23. 5. 1978, CRO
46, El-Akchaoui, Youssef, 18. 2. 1981, NED
11 Ernemann, Daniel, 18. 2. 1976, D
8 Joppe, Björn, 18. 12. 1978, D, 8/ – BL
7 Kozak, Ivan, 18. 6. 1970, SVK, 39 A für Slowakei
5 Molata, Michael, 10. 2. 1973, D, 24/2 BL
21 Page, Frédéric, 28. 12. 1978, SUI
33 Persich, Tom, 25. 9. 1971, D
4 Pfuderer, Achim, 29. 11. 1975, D, 29/ – BL
9 Sandmann, Jan, 3. 5. 1978, D, 6/ – BL

MITTELFELD:
19 Balcarek, Jiri, 29.04.1973, CZE
13 Bruns, Florian, 21. 8. 1979, D, 44/2 BL
6 Okeke, Chibuike, 9. 9. 1979, NGA, 4 A für Nigeria
18 Pätz, Silvio, 11. 7. 1979, D
14 Schneider, Tom (VA), 30. 6. 1984, D
17 Sobotzik, Thomas, 16. 10. 1974, D, 134/18 BL
32 Taubert, Nicky (VA), 4. 1. 1984, D
10 Vidolov, Kostadin, 2. 5. 1970, BUL, 16 A für Bulgarien

ANGRIFF:
2 Baumgart, Steffen, 5. 1. 1972, D, 184/27 BL
15 Keita, Salif, 19. 10. 1975, BEL, 5 A für Senegal
23 Ristic, Sreto, 7. 2. 1976, YUG, 47/5 BL

Wacker Burghausen

Gegründet: 13. November 1930 – Anschrift Abt. Fußball: Elisabethstr. 37, 84489 Burghausen, Telefon: (08 67 7) 83 36 79, Telefax: (08 67 7) 83 65 52, www.sv-wacker.de/svwfussball/
Vorstand: Volker Radius; Abteilungsleiter Fußball: Walter Hallweger, Kurt Gaugler (Stellvertreter); Wirtschaftsbeirat: Bodo Vouilleme; Manager: Kurt Gaugler; Marketing/Öffentlichkeitsarbeit: Armin Hutterer; Finanzen/Controlling: Dr. Wilhelm Hilgert; Vereinsärzte: Dr. Konrad Hahn, Dr. Markus Braun, Dr. Wilhelm Erber, Dr. Josef Harrer; Physiotherapeuten: Helmut Erhard, Gerhard Flammersberger; Masseur: Andy Proksch; Co-Trainer: Wolfgang Riedl, Michael Dämgen; Torwarttrainer: Karl-Heinz Fenk.
Vereinsfarben: Weiß-Schwarz – Spielkleidung: Weißes Hemd, schwarze Hose, weiße Stutzen oder ganz in Schwarz. – Mitglieder: 5900 – Sportarten: Basketball, Eisschießen, Faustball, Fechten, Fußball, Gymnastik, Handball, Kegeln, Leichtathletik, Luftsport, Paddeln, Radsport, Rehabilitationssport, Ringen, Schießen, Schwimmen, Segeln, Ski, Tennis, Tischtennis, Volleyball, Wellness- und Freizeitsport, Windsurfen. – Stadion: Wacker Sportpark, 8900 Plätze, davon 3200 Sitzplätze überdacht.
Trainer: Rudi Bommer, geb. am 19.8. 1957

TORHÜTER:
1 Gospodarek, Uwe, 6. 8. 1973, D, 64/ – BL
24 Wehner, Kay, 12. 2. 1971, D

ABWEHR:
2 Berger, Franz, 27. 12. 1969, D
14 Forkel, Martin, 22. 7. 1979, D
18 Frühbeis, Stefan, 1. 3. 1979, D
4 Hertl, Björn, 10. 8. 1976, D, 20/ – BL
5 Örüm, Matthias, 2. 11. 1975, D
6 Stark, Marco, 9. 7. 1981, D, 2/ – BL

MITTELFELD:
13 Bonimeier, Roland, 22. 5. 1982, D
21 Broich, Thomas, 29. 1. 1981, D
15 Everaldo, 29. 11. 1976, BRA
16 Mokhtari, Youssef, 5. 3. 1979, D
19 Oslislo, Martin, 17. 9. 1978, D
7 Rosin, Daniel, 18. 5. 1980, D
3 Schmidt, Ronald (VA), 28. 4. 1977, D

ANGRIFF:
33 Grzybowski, Zbigniew, 1. 1. 1976, POL
11 Molango, Mahete, 24. 7. 1982, ITA
9 Reisinger, Stefan, 14. 9. 1981, D
8 Younga-Mouhani, Macchambes, 1. 8. 1974, CGO, 21/2 BL, 9 A für Kongo

VfB Lübeck

Gegründet: 1. April 1919. – Anschrift: Bei der Lohmühle 13, 23554 Lübeck, Telefon: (04 51) 48 47 20, Telefax: (04 51) 47 13 14, www.vfb-luebeck.de
Vorsitzender des Wirtschaftsrats: Günter Schütt; Stellvertr. Vorsitzender des Wirtschaftsrats: Sören Sörensen; Mitglieder des Wirtschaftsrats: Peter Bartels, Rainer Dücker, Dr. Christoph Küchenmeister, Holger Leu, Uwe Thies; Präsident: Wolfgang Piest; Vizepräsident: Detlef Seidler; Schatzmeister: Peter Reinhardt; Geschäftsführer: Jürgen Springer; Marketingleiter: Holger Dittmann; Team-Manager: Klaus Borchert; Zeugwart: Thomas Borowski; Vereinsarzt: Dr. Frank Ernst; Masseur: Karsten Peschel; Co-Trainer: Dirk Bremser.
Vereinsfarben: Grün-Weiß – Spielkleidung: – Grünes Hemd, weiße Hose, grüne Stutzen oder ganz in Blau. – Mitglieder: 1000 – Sportarten: Fußball, Tischtennis, Handball, Badminton. – Stadion: Lohmühle, 17 869 Plätze, davon 5129 überdachte und 480 nicht überdachte Sitzplätze, 12 260 unüberdachte Stehplätze.
Trainer: Dieter Hecking, geb. am 12.9. 1964

TORHÜTER:
1 Cassel, Tim (VA), 9. 9. 1972, D
23 Wehlmann, Carsten, 27. 6. 1972, D
29 Wilde, Maik, 14. 8. 1972, D

ABWEHR:
2 Achenbach, Timo (VA), 3. 9. 1982, D
4 Boy, Sven, 2. 10. 1976, D
5 Hasse, Holger, 15. 3. 1978, D
14 Kullig, Markus, 4. 11. 1974, D, 5/ - BL
15 Laaser, Marco, 16. 1. 1977, D
21 Neumann, Timo (VA), 9. 5. 1982, D
12 Petersen, Heiko, 30. 7. 1980, D
3 Thorwart, Florian (VA), 20. 4. 1982, D, 1/ - BL
22 Türkmen, Ibrahim, 17. 5. 1973, TUR

MITTELFELD:
10 Groth, Martin, 20. 10. 1969, D, 156/13 BL
6 Mbidzo, Farai, 6. 10. 1972, ZIM, 6 A für Simbabwe
7 Plaßhenrich, Reiner, 12. 12. 1976, D
25 Schanda, Jan, 17. 8. 1977, D, 2/ - BL
30 Weißhaupt, Marco, 24. 6. 1972, D, 101/9 BL
18 Zandi, Ferydoon, 26. 4. 1979, D, 10/ - BL
17 Zinnow, Stefan, 28. 5. 1980, D, 3/ - BL

ANGRIFF:
11 Adzic, Silvio, 23. 9. 1980, D, 12/1 BL
9 Bärwolf, Daniel, 13. 5. 1973, D
20 Scharping, Jens, 16. 7. 1974, D, 46/12 BL
8 Thioune, Daniel, 21. 7. 1974, D
16 Würll, Patrick, 16. 8. 1978, D
13 Zaborowski, Karol (VA), 19. 6. 1983, D

LR Ahlen

Gegründet: 1. Juni 1996 (Fusion aus TuS Ahlen und Blau-Weiß Ahlen). – Anschrift: Postfach 2537, 59212 Ahlen, Telefon: (02 38 2) 96 88 90 11, Telefax: (02 38 2) 96 88 90 19, www.LRAhlen.de
1. Vorsitzender: Helmut Spikker; 2. Vorsitzender: Hans-Jürgen Gosda; Finanzvorstand: Friedrich Gerdtoberens; Geschäftsführer: Rainer Kriwat; Aufsichtsrat: Rainer Kaderka (Vorsitzender), Norbert Gosda, Bernd Mehring, Markus Schütte; Manager: Joachim Krug; Mannschaftsärzte: Dr. Detlev Kahl, Dr. Jürgen Gude; Physiotherapeut: Günter Jonczyk; Co-Trainer: Frank Lelle; Torwarttrainer: Michael Kraft.
Vereinsfarben: Rot-Weiß – Spielkleidung: Rot-weißes Hemd, rote Hose, rote Stutzen oder blau-weißes Hemd, blaue Hose, blaue Stutzen – Mitglieder: 1400 – Sportarten: Fußball, Leichtathletik. – Stadion: Wersestadion, 11 000 Plätze, davon 1870 überdachte Sitzplätze und 4030 überdachte Stehplätze.
Trainer: Stefan Kuntz, geb. am 30.10. 1962

TORHÜTER:
1 Meier, Bernd, 11. 2. 1972, D, 94/ - BL
23 Ratajczak, Michael, 16. 4. 1982, D

ABWEHR:
2 Cissé, Lamine, 12. 12. 1971, SEN
15 Gledson, 4. 9. 1979, BRA
18 Djenic, Petar, 14. 4. 1977, SBM
3 Fengler, Stefan, 2. 4. 1968, D
5 Mamic, Zoran, 30. 9. 1971, CRO, 82/4 BL, 6 A für Kroatien
4 Thiam, Abdoul, 19. 6. 1976, D
33 Velkoborsky, Jan, 14. 7. 1975, CZE, 2 A für Tschechien
17 Wojtala, Pawel, 27. 10. 1972, POL, 41/2 BL, 12 A für Polen

MITTELFELD:
31 Anic, Darko, 5. 3. 1974, YUG
12 Bönig, Sebastian, 26. 8. 1981, D
30 Brinkmann, Ansgar, 5. 7. 1969, D, 59/3 BL
6 Chiquinho, 21. 3. 1974, BRA, 24/2 BL
22 Gorschlüter, Tim, 24. 8. 1983, D
20 Mikolajczak, Christian, 15. 5. 1981, D, 13/ - BL
27 Sopic, Zeljko, 24. 7. 1974, CRO, 23/2 BL

ANGRIFF:
7 Bamba, Musemestre, 10. 11. 1971, COD
19 Bella, Cyrille Florent, 11. 6. 1975, CMR
13 Feinbier, Marcus, 30. 11. 1969, D, 69/3 BL
11 Felgenhauer, Daniel, 10. 5. 1976, D, 21/1 BL
32 Ipoua, Samuel, 1. 3. 1973, FRA, 5/ - BL, 15 A für Kamerun
9 Rath, Marcel, 3. 9. 1975, D, 31/4 BL
14 Saglik, Mahir, 18. 1.1983, TUR

Karlsruher SC

Gegründet: 6. Juni 1894. – Anschrift: Adenauerring 17, 76131 Karlsruhe, Telefon: (07 21) 96 43 45 0, Telefax: (07 21) 96 43 46 9, www.ksc.de
Deutscher Meister: 1909 (als Phönix Karlsruhe) – Deutscher Pokalsieger: 1955, 1956.
Präsident: Hubert H. Raase; Vizepräsidenten: Michael Steidl, Rolf Hauer; Manager Sport und Marketing: Rolf Dohmen; Medienreferentin: Ute Maag; Vermarktung: Kerstin Müller, Burkhard Reich; Vereinsarzt: Dr. Heinz-Walter Löhr; Physiotherapeut: Jean-Marc Gobin, Steffen Wiemann; Co-Trainer: Edmund Becker; Torwarttrainer: Peter Gadinger.
Vereinsfarben: Blau-Weiß – Spielkleidung: Ganz in Blau oder Rot-gelb – Mitglieder: 3000 – Sportarten: Boxen, Fußball, Leichtathletik, Freizeitsport. – Stadion: Wildparkstadion, 32 306 Plätze, davon 14 724 Sitzplätze (9260 überdacht) und 17 582 Stehplätze (4606 überdacht).
Trainer: Lorenz-Günther Köstner, geb. am 30.1.1952

TORHÜTER:
28 Adam, Christian (VA), 26. 1. 1983, D
27 Fischer, Martin (VA), 17. 12. 1969, D
1 Walter, Thomas, 3. 3. 1967, D, 4/ – BL

ABWEHR:
23 Dick, Florian, 9. 11. 1984, D
5 Eggimann, Mario, 24. 1. 1981, SUI
22 Kies, Thomas, 16. 10. 1975, D, 9/1 BL
3 Popovic, Milorad, 18. 1. 1979, SBM, 23/ – BL
24 Rothenbach, Carsten, 3. 9. 1980, D
16 Stoll, Martin, 9. 2. 1983, D
4 Zepek, Michael, 19. 1. 1981, D

MITTELFELD:
7 Becker, Ralf, 26. 9. 1970, D, 38/2 BL
20 Engelhardt, Marco, 2. 12. 1980, D
18 Haffner, Charles (VA), 6. 1. 1976, FRA
6 Hassa, Christian, 3. 10. 1976, D
25 Glöden, Oliver, 14. 5. 1978, D
10 Ouakili, Abderrahim, 12. 12. 1970, MAR, 40/6 BL, 14 A für Marokko
8 Trares, Bernhard, 18. 8. 1965, D, 183/16 BL

ANGRIFF:
9 Casey, Conor, 25. 7. 1981, USA, 4/1 BL
11 Cetin, Aydin, 21.05.1980, TUR
19 Kante, Mamadou (VA), 28. 12. 1984, SEN
34 Saenko, Ivan (VA), 17. 10. 1983, RUS

RW Oberhausen

Gegründet: 18. Dezember 1904. – Anschrift: Helmholtzstr. 46, 46045 Oberhausen, Telefon: (02 08) 97 09 70, Telefax: (02 08) 97 09 79 7, www.rwo-online.de
Vorstand: Hermann Schulz; Vizepräsidenten: Manfred Rummel, Heinz-Hermann Schulz; Manager und Pressebeauftragter: nicht besetzt; Event-Marketing GmbH: Karin Berghoff; Betreuer: Gert Landers, Miroslav Vuckovic; Vereinsärzte: Dr. Volker Röttgen, Dr. Lutz Siewert; Physiotherapeut: Markus Ruschepaul; Masseur: Andreas Münker; Co-Trainer: Jürgen Luginger.
Vereinsfarben: Rot-Weiß – Spielkleidung: Rot-weißes Hemd, rote Hose, rote Stutzen oder ganz in Blau. Mitglieder: 1100 – Sportarten: Fußball, Handball, Fußballtennis. – Stadion: Stadion Niederrhein, Lindnerstraße, 21 318 Plätze, davon 4039 überdachte Sitzplätze und 17 279 unüberdachte Stehplätze.
Trainer: Jörn Andersen, geb. am 3.2. 1963

TORHÜTER:
1 Adler, Oliver, 14. 10. 1967, D
30 Börkel, Christian, 15. 4. 1981, D
18 Nulle, Carsten, 25. 7. 1975, D

ABWEHR:
4 Izepon, 7. 1. 1980, BRA
13 Raickovic, Dejan, 27. 10. 1967, YUG
23, Reichert, Benjamin, 17. 5. 1983, D
2 Remacle, Gauthier, 26. 5. 1977, BEL
3 Tiéku, Anthony, 16. 3. 1974, GHA

MITTELFELD:
21 Buschuev, Denis, 15. 2. 1982, RUS
24 Cartus, Daniel, 2. 9. 1978, D
11 Catic, Hajrudin, 23. 3. 1975, YUG
20 Ouedraogo, Alassane, 7. 9. 1980, BFA, 3/ – BL, 14 A für Burkina Faso
16 Radulovic, Sasa, 31. 7. 1978, AUS
29 Reichert, Tim, 09. 10. 1979, D
7 Rietpietsch, Mike, 26. 3. 1974, D, 40/ – BL
19 Salifou, Moustapha, 1. 6.1983, TOG, 15 A für Togo
6 Scharpenberg, Frank, 30. 11. 1971, D
10 Velichkov, Bojko, 4. 2. 1974, BUL, 2 A für Bulgarien

ANGRIFF:
9 Beliakov, Dimtcho, 26. 10. 1971, BUL, 2 A für Bulgarien
15 Kampf, Lars, 30. 4. 1978, D
27 Ouro-Akpo, Abdou-Nassirou, 5. 6. 1982, TOG
14 Simioni, Leandro, 29. 9. 1974, BRA

Jahn Regensburg

Gegründet: 4. Oktober 1907. – Anschrift: Prüfeninger Straße 57a, 93049 Regensburg, Telefon: (09 41) 22 39 2, Telefax: (09 41) 22 39 0, www.ssv-jahn.de
Präsident: Dr. Richard Seidl; Vizepräsidenten: Richard Hirlinger, Hans Seidl; Generalbevollmächtigter der Fußballabteilung: Heinz Groenewold; Jugend- oder Amateurkoordinator: Günter Brandl; Geschäftsführer, Marketing und Öffentlichkeitsarbeit: Björn Schleferling; Sportlicher Leiter: Hans Federl, Klaus Sturm; Fan-Beauftragter: Martin Meier; Mannschaftsärzte: Dr. Ludwig Hecht, Dr. Andreas Neuking; Physiotherapeut: Oliver Hecht; Co-Trainer: Asif Saric; Torwarttrainer: Florian Ermler.
Vereinsfarben: Rot-Weiß – Spielkleidung: Weiß-rot quer gestreiftes Hemd, rote Hose, weiße Stutzen oder hellblaues Hemd, dunkel blaue Hose und hellblaue Stutzen. – Mitglieder: 650 – Sportarten: Schwimmen, Leichtathletik, Kegeln, Handball. – Stadion: Jahn-Stadion, 12 000 Plätze, davon 3000 Sitzplätze überdacht.
Trainer: Ingo Peter, geb. am 23.10. 1951

TORHÜTER:
20 Martin, Peter, 12. 12. 1968, D
1 Müller, Heinz, 30. 5. 1978, D

ABWEHR:
0 Keuler, Carsten, 30. 8. 1971, D, 20/2 BL
21 Knackmuß, Markus, 7. 6. 1974, D
4 Kritzer, Christian, 9. 2. 1977, D
18 Schmidt, Oliver, 14. 9. 1973, D, 2/ – BL
3 Stiegelmair, Mario, 17. 8. 1975, AUT
5 Weinzierl, Markus, 28. 12. 1974, D

MITTELFELD:
2 Binder, Stefan, 12. 10. 1978, D
14 Devoli, Semir, 3. 12. 1976, BIH
25 Dione, Ousseynou, 25. 3. 1973, SEN
8 Gfreiter, Harry, 3. 12. 1973, D
13 Hutwelker, Karsten, 27. 8. 1971, D, 71/8 BL
15 Nsaliwa, Tamandani, 28. 1. 1982, CAN, 10 A für Kanada
„Paulinho“, 18. 7. 1981, BRA
23 Schmitt, Dominik, 23. 3. 1982, D
24 Sträßer, Carsten, 5. 7. 1980, D
10 Zani, Armando, 15. 10. 1975, ALB
7 Zellner, Tobias, 11. 9. 1977, D, 1/ – BL

ANGRIFF:
12 Chalbinski, Michal, 16. 10. 1976, POL
17 Glas, Thomas, 14. 4. 1980, D
9 Melunovic, Ermin, 18. 5. 1973, SBM
Piturca, Alexandru, 28. 10. 1983, ROM
11 Tölcseres, Andras, 28. 11. 1974, HUN
22 Willmann, Martin, 1. 11. 1979, D

VfL Osnabrück

Gegründet: 17. April 1899. – Anschrift: Scharnhorststraße 50, 49084 Osnabrück, Telefon: (05 41) 77 08 70, Telefax: (05 41) 77 08 71 1, www.vfl.de
Deutscher Amateurmeister: 1995
Präsident: Dr. Dirk Rasch; Vizepräsident: Dieter Prütz; Schatzmeister: nicht besetzt; Sportwart: Heiko Flottmann; Manager: Lothar Gans; Geschäftsführer: Ralf Heskamp; Mannnschaftsärzte: Dr. Peter Ettinger, Dr. Werner Wilm; Physiotherapeut: Günter Schröder; Co-Trainer: Thorsten Haas; Torwarttrainer: Rolf Meyer.
Vereinsfarben: Lila-Weiß – Spielkleidung: Lila Hemd, weiße oder lila Hose, weiße oder lila Stutzen. – Mitglieder: 1800 – Sportarten: Fußball, Tennis, Schwimmen, Gymnastik. – Stadion: Piepenbrock-Stadion an der Bremer Brücke, 18 415 Plätze, davon 2639 Sitzplätze (2051 überdacht), 10176 überdacht und 6085 nicht überdachte Stehplätze.
Trainer: Frank Pagelsdorf, geb. am 5.2. 1958

TORHÜTER:
12 Kuschmann, Alexander, 21. 8. 1979, D
Ochs, Timo, 17. 10. 1981, D

ABWEHR:
Dogan, Deniz, 20. 10. 1979, TUR
15 Haastrup, Philipp, 5. 3. 1982, D
25 Schneider, René, 1. 2. 1973, D, 53/10 BL, 1 A-Länderspiel
23 Tammen, Arne, 29. 1. 1972, D, 1/ – BL
4 Tredup, Marko, 15. 5. 1974, D
5 Ukrow, Alexander, 7. 12. 1970, D

MITTELFELD:
18 Altunsaban, Ismail, 27.08.1983, TUR
19 Dzaka, Anel, 19. 9. 1980, D, 3/ – BL
8 Enochs, Joseph, 1. 9. 1971, USA, 1 A für USA
Langeneke, Jens, 29. 3. 1977, D
9 Micevski, Toni, 20. 1. 1970, MKD, 62/5 BL, 43 A für Mazedonien
3 Sidney, 16. 10. 1979, BRA
27 Schüßler, Benjamin, 4. 5. 1981, D
6 Schütte, Wolfgang, 24. 1. 1974, D
7 Spork, Guido, 3. 1.1975, D
21 Zimmermann, Artur, 13. 6. 1984, D

ANGRIFF:
11 Claaßen, Christian, 22. 5. 1969, D, 5/ – BL
20 Guscinas, Dimitrijus, 12. 12. 1975, LTU, 2 A für Litauen
14 Isa, Harun, 21. 6. 1969, ALB
13 Menga, Addy Waku, 28. 9. 1983, CGO
24 Schied, Marcel, 28. 7. 1983, D, 2/ – BL
10 Vier, Angelo, 23. 4. 1972, D, 11/1 BL

Erzgebirge Aue

Gegründet: August 1945 als SG Aue, später BSG Pneumatik Aue, Zentra Wismut Aue, SC Wismut Karl-Marx-Stadt, BSG Wismut Aue, FC Wismut Aue, seit 1992 FC Erzgebirge Aue. – Anschrift: Lößnitzer Str. 93, 08280 Aue, Telefon: (03 77 1) 59 82 0, Telefax: (03 77 1) 59 82 29, www.fc-erzgebirge.de
DDR-Meister: 1956, 1957 und 1959 – DDR-Pokalsieger: 1955.
Präsident: Uwe Leonhardt; Vizepräsident: Bertram Höfer; Geschäftsführer: Lothar Schmiedel; Vereinsärzte: Dr. Eberhard Winkler, Dr. Gunther Leichsenring; Mannschaftsleiter: Bernd Zimmermann; Co-Trainer: Holger Erler.
Vereinsfarben: Lila-Weiß – Spielkleidung: Lila Hemd, lila Hose, lila Stutzen oder ganz in Weiß. – Mitglieder: 1100 – Sportarten: Ringen, Volleyball, Leichtathletik, Billard, Schwimmen, Bogenschießen, Tennis, Badminton, Ski, Basketball, Judo, Versehrtensport. – Stadion: Erzgebirgestadion, 16 500 Plätze, davon 10 000 Sitzplätze, insgesamt 6100 überdachte Steh- und Sitzplätze.
Trainer: Gerd Schädlich, geb. am 30.12. 1952

TORHÜTER:
21 Hahnel, Jörg, 11. 1. 1982, D
1 Petkov, Russi, 21. 6. 1976, BUL

ABWEHR:
6 Emmerich, Jörg, 9. 3. 1974, D
17 Görke, Thorsten, 22. 9. 1976, D

3 Grund, Petr, 29. 9. 1970, CZE
11 Jendrossek, Kay-Uwe, 25. 10. 1971, D
2 Krasselt, René, 24. 11. 1972, D
24 Noveski, Nikolce, 28. 4. 1979, MKD, 1/ – BL
Rehm, Rüdiger, 22. 11. 1978, D

MITTELFELD:
4 Berger, Gregor, 21. 11. 1975, D
15 Berger, Frank, 7. 11. 1977, D
5 Heidrich, Matthias, 10. 12. 1977, D
7 Kurth, Marco, 18. 8. 1978, D
18 Tchipev, Zvetomir, 16. 8. 1977, BUL
23 Trehkopf, René, 8. 4. 1980, D

ANGRIFF:
9 Broum, Rostislav, 25. 6. 1974, CZE
14 Curri, Skerdilaid, 21. 11. 1975, ALB
8 Jank, Ronny, 1. 12. 1975, D
28 Kunze, Maik, 8. 3. 1977, D
10 Schubitidse, Hvicha, 31. 8. 1974, GEO
20 Ullmann, Mirko, 12. 6. 1975, D

SpVgg Unterhaching

Gegründet: 1. Januar 1925 – Anschrift: Am Sportpark 1, 82008 Unterhaching, Telefon: (0 89) 61 55 91 60, Telefax: (0 89) 61 55 91 68 8, www.spvggunterhaching.de
Präsident: Engelbert Kupka; Vizepräsidenten: Alfred Hermann, Peter Grosser; Schatzmeister: Anton Schrobenhauser; Manager: Norbert Hartmann; Marketing: Jenö Rauch, Christian Romberg; Pressechef: Markus Sieger; Vereinsärzte: Dr. Alois Engelhard, Dr. Georg Öttl; Masseur: Nelly Le Berre; Zeugwart: Wolfgang Bindorborgor; Co-Trainer: Harry Deutinger.
Vereinsfarben: Rot-Blau – Spielkleidung: Rote Hemden, blaue Hose und blaue Stutzen oder ganz in Weiß oder ganz in Blau. – Mitglieder: 1100 – Sportarten: Fußball, Bob. – Stadion: Stadion am Sportpark, 15 053 Plätze, davon 6111 überdachte Sitzplätze und 8179 unüberdachte Stehplätze.
Trainer: Wolfgang Frank, geb. am 21.2. 1951

TORHÜTER:
35 Brasas, Stefan, 31. 8. 1967, D, 41/ – BL
12 Gurski, Michael, 21. 3. 1979, D
1 Heerwagen, Philipp, 13. 4. 1983, D
25 Stolzenberg, Marcus, 1. 10. 1982, D

ABWEHR:
13 Aygün, Necat, 26. 2. 1980, TUR
4 Bucher, Ralf, 6. 4. 1972, D, 28/ – BL
14 Custos, Bruno, 29. 4. 1977, FRA
15 Endler, Christian, 11. 9. 1979, D
20 Grassow, Dennis, 10. 10. 1971, D, 52/1 BL
3 Loose, Norman, 10. 1. 1980, D
22 Majstorovic, Ivica, 20. 9. 1981, CRO
17 Seifert, Jan, 14. 10. 1968, D, 61/5 BL
2 Strehmel, Alexander, 20. 3. 1968, D, 214/9 BL

MITTELFELD:
8 Barut, Barbaros, 26. 1. 1983, TUR
Da Costa, Elton, 15. 12. 1979, BRA
19 Cescutti, Sandro, 6. 4. 1982, D
10 Copado, Francisco, 19. 7. 1974, ESP, 18/ – BL
23 Janic, Sasa, 7. 5. 1975, D, 1/ – BL
11 Leitl, Stefan, 29. 8. 1977, D, 5/ – BL
7 Liebers, Hendrik, 18. 12. 1975, D
6 Lust, Matthias, 27. 4. 1970, D, 27/1 BL
27 Nicu, Maximilian, 25. 11. 1982, D
16 Omodiagbe, Darlington, 2. 7. 1978, NIG
21 Sukalo, Goran, 24. 8. 1981, SVN, 7 A für Slowenien
5 Zimmermann, Matthias, 14. 9. 1970, D, 66/4 BL

ANGRIFF:
24 Lechleiter, Robert, 1. 7. 1980, D
30 Okpala, Christian, 20. 11. 1976, SUI
9 Römer, Mark, 22. 6. 1975, D
18 Vaccaro, Angelo, 4. 10. 1981, ITA, 2/ – BL

KAPITEL 8

DIE FUSSBALL-WELTMEISTERSCHAFT

DIE FUSSBALL-WELTMEISTER

1930	URUGUAY	1974	DEUTSCHLAND
1934	ITALIEN	1978	ARGENTINIEN
1938	ITALIEN	1982	ITALIEN
1950	URUGUAY	1986	ARGENTINIEN
1954	DEUTSCHLAND	1990	DEUTSCHLAND
1958	BRASILIEN	1994	BRASILIEN
1962	BRASILIEN	1998	FRANKREICH
1966	ENGLAND	2002	BRASILIEN
1970	BRASILIEN		

1930: Uruguay

Endrunde vom 13. bis 30. Juli 1930 in Montevideo/Uruguay

Gruppe I: Argentinien. Frankreich – Mexiko 4:1, Argentinien – Chile 3:1, Frankreich – Chile 0:1, Mexiko – Argentinien 3:6, Frankreich – Argentinien 0:1, Mexiko – Chile 0:3.
Gruppe II: Jugoslawien. Jugoslawien – Brasilien 2:1, Jugoslawien – Bolivien 4:0, Brasilien – Bolivien 4:0.
Gruppe III: Uruguay. Rumänien – Peru 3:1, Uruguay – Peru 1:0, Uruguay – Rumänien 4:0.
Gruppe IV: USA. USA – Belgien 3:0, USA – Paraguay 3:0, Paraguay – Belgien 1:0.
Halbfinale: Argentinien – USA 6:1, Uruguay – Jugoslawien 6:1.

Endspiel am 30. Juli 1930 in Montevideo: Uruguay – Argentinien 4:2 (1:2)
Uruguay: Ballesteros; Mascheroni, Nasazzi; Andrade, Fernandez, Gestido, Dorado, Scarone, Castro, Cea, Iriarte.
Argentinien: Botasso; Della Torre, Paternoster; Je Evaristo, Monti, Juarez, Peucelle, Varallo, Stabile, Ferreira, M. Evaristo.
Tore: Dorado, Cea, Iriarte, Castro (Peucelle, Stabile) – Zuschauer: 80 000 – SR.: Langenus (Belgien).

1934: Italien

Qualifikation:

Gruppe I: Schweden. Schweden – Estland 6:2, Litauen – Schweden 0:2.
Gruppe II: Spanien. Spanien – Portugal 9:0, 2:1.
Gruppe III: Italien. Italien – Griechenland 4:0.
Gruppe IV: Ungarn und Österreich. Bulgarien – Ungarn 1:4, 1:4; Österreich – Bulgarien 6:1.
Gruppe V: Tschechoslowakei. Polen – Tschechoslowakei 1:2, 0:2.
Gruppe VI: Rumänien und Schweiz. Jugoslawien – Schweiz 2:2, Schweiz – Rumänien 2:2 (für Schweiz mit 2:0 als gewonnen gewertet), Rumänien – Jugoslawien 2:1.
Gruppe VII: Niederlande und Belgien. Irland – Belgien 4:4, Niederlande – Irland 5:2, Belgien – Niederlande 2:4.
Gruppe VIII: Deutschland und Frankreich. Luxemburg – Deutschland 1:9, Luxemburg – Frankreich 1:6.
Gruppe IX: Brasilien. Peru trat nicht an.
Gruppe X: Argentinien. Chile trat nicht an.
Gruppe XI: Mexiko. Haiti – Kuba 1:3, 1:1, 0:6; Mexiko – Kuba 3:2, 6:0, 4:1.
Gruppe XII: Ägypten. Ägypten – Palästina 7:1, 4:1; die Türkei verzichtete.

Endrunde vom 27. Mai bis 10. Juni 1934 in Italien

Qualifikationsspiel in Rom (24.5.1934): USA – Mexiko 4:2.
Achtelfinale: Österreich – Frankreich n. V. 3:2 (Turin), Ungarn – Ägypten 4:2 (Neapel), Brasilien – Spanien 1:3 (Genua), Italien – USA 7:1 (Rom), Deutschland – Belgien 5:2 (Florenz), Argentinien – Schweden 2:3 (Bologna), Niederlande – Schweiz 2:3 (Mailand), Tschechoslowakei – Rumänien 2:1 (Triest).

Viertelfinale: Österreich – Ungarn 2:1 (Bologna), Spanien – Italien 1:1 n. V. und 0:1 (Florenz), Deutschland – Schweden 2:1 (Mailand), Schweiz – Tschechoslowakei 2:3 (Turin).
Halbfinale: Österreich – Italien 0:1 (Mailand), Deutschland – Tschechoslowakei 1:3 (Rom).
Um den dritten Platz: Deutschland – Österreich 3:2 (Neapel).

Endspiel am 10. Juni 1934 in Rom: Italien – Tschechoslowakei 2:1 (1:1, 0:0) n. V.
Italien: Combi, Monzeglio, Allemandi; Ferraris IV, Monti, Bertolini; Guaita, Meazza, Schiavio, Ferrari, Orsi.
Tschechoslowakei: Planicka; Zenicek, Ctyroky; Kostalek, Cambal, Krcil; Junek, Svoboda, Sobotka, Nejedly, Puc.
Tore: Orsi, Schiavio (Puc) – Zuschauer: 40 000 – SR.: Eklind (Schweden).

1938: Italien

Qualifikation:

Gruppe I: Deutschland und Schweden. Deutschland – Schweden 5:0, Deutschland – Estland 4:1, Finnland – Deutschland 0:2, Schweden – Estland 7:2, Schweden – Finnland 4:0, Finnland – Estland 0:1.
Gruppe II: Norwegen. Norwegen – Irland 3:2, 3:3.
Gruppe III: Polen. Polen – Jugoslawien 4:0, 0:1.
Gruppe IV: Rumänien. Ägypten trat nicht an.
Gruppe V: Schweiz. Schweiz – Portugal 2:1 in Mailand.
Gruppe VI: Ungarn. Palästina – Griechenland 1:3, 0:1; Ungarn – Griechenland 11:1.
Gruppe VII: Tschechoslowakei. Bulgarien – Tschechoslowakei 1:1, 0:6.
Gruppe VIII: Österreich. Lettland – Litauen 4:2, 5:1; Österreich – Lettland 2:1.
Gruppe IX: Niederlande und Belgien. Belgien – Niederlande 1:1, Niederlande – Luxemburg 4:0, Luxemburg – Belgien 2:3.
Gruppe X: Brasilien. Argentinien trat nicht an.
Gruppe XI: Kuba. USA, Kolumbien, Costa Rica, Mexiko, El Salvador und Niederländisch Guayana traten nicht an.
Gruppe XII: Niederländisch-Indien. Japan trat nicht an.
Frankreich als Veranstalter und Italien als Weltmeister direkt qualifiziert.

Endrunde vom 4. bis 19. Juni 1938 in Frankreich

Achtelfinale: Italien – Norwegen n. V. 2:1 (Marseille), Frankreich – Belgien 3:1 (Paris), Brasilien – Polen n. V. 6:5 (Straßburg), Tschechoslowakei – Niederlande n. V. 3:0 (Le Havre), Deutschland – Schweiz n. V. 1:1 und 2:4 (Paris), Ungarn – Niederländisch-Indien 6:0 (Reims), Kuba – Rumänien n. V. 3:3 und 2:1 (Toulouse), Österreich – Schweden fand wegen des „Anschlusses" nicht statt.
Viertelfinale: Frankreich – Italien 1:3 (Paris), Brasilien – Tschechoslowakei n. V. 1:1 und 2:1 (Bordeaux), Schweiz – Ungarn 0:2 (Lille), Schweden – Kuba 8:0 (Antibes).
Halbfinale: Italien – Brasilien 2:1 (Marseille), Ungarn – Schweden 5:1 (Paris).
Um den dritten Platz: Brasilien – Schweden 4:2 (Bordeaux).

Endspiel am 19. Juni 1938 in Paris: Italien – Ungarn 4:2 (3:1).
Italien: Olivieri; Foni, Rava; Serantoni, Andreolo, Locatelli; Biavati, Meazza, Piola, Ferrari, Colaussi.
Ungarn: Szabo, Polgar, Biro, Szalay, Szücs, Lazar; Sas, Vincze, Dr. Sarosi (1), Zsengeller, Titkos (1).
Tore: Colaussi 2, Piola 2 (Titkos, Dr. Sarosi) – Zuschauer: 60 000 – SR: Capderville (Frankreich).

1950: Uruguay

Qualifikation:

Gruppe I: England. Schottland – England 0:1, England – Nordirland 9:2, Wales – England 1:4, Nordirland – Schottland 2:8, Schottland – Wales 2:0, Wales – Nordirland 0:0. Schottland und das daraufhin genannte Frankreich verzichteten.
Gruppe II: Kein Teilnehmer: Türkei – Syrien 7:0; Österreich trat nicht gegen die Türkei an. Als auch die Türkei verzichtete, erhielt Portugal die Chance, in Brasilien zu spielen. Es lehnte ebenfalls ab.
Gruppe III: Jugoslawien. Jugoslawien – Israel 6:0, 5:2; Frankreich – Jugoslawien 1:1, 1:1, 2:3 n. V (in Florenz).
Gruppe IV: Schweiz. Schweiz – Luxemburg 5:2, 3:2. Belgien verzichtete gegen die Schweiz.
Gruppe V: Schweden. Irland – Finnland 3:0, 1:1; Schweden – Irland 3:1, 3:1.

Gruppe VI: Spanien. Spanien – Portugal 5:1, 2:2.
Gruppe VII: Chile und Bolivien. Argentinien trat nicht an.
Gruppe VIII: Uruguay und Paraguay. Ecuador und Peru traten nicht an.
Gruppe IX: USA und Mexiko. Mexiko – USA 6:0, 6:2, Mexiko – Kuba 3:0, 2:0, USA – Kuba 1:1, 5:2. (Turnier in Mexico City).
Gruppe X: Burma und Philippinen verzichteten gegen Indien; Indien verzichtete später ebenfalls.
Brasilien als Veranstalter und Italien als Weltmeister direkt qualifiziert.

Endrunde vom 24. Juni bis 16. Juli 1950 in Brasilien

Gruppe 1: Brasilien. Brasilien – Mexiko 4:0 (Rio de Janeiro), Jugoslawien – Schweiz 3:0 (Belo Horizonte), Brasilien – Schweiz 2:2 (Sao Paulo), Mexiko – Jugoslawien 1:4 (Porto Alegre), Brasilien – Jugoslawien 2:0 (Rio de Janeiro), Mexiko – Schweiz 1:2 (Porto Alegre).
Gruppe 2: Spanien. Chile – England 0:2 (Rio de Janeiro), USA – Spanien 1:3 (Curitiba), USA – England 1:0 (Belo Horizonte), Chile – Spanien 0:2 (Rio de Janeiro), England – Spanien 0:1 (Belo Horizonte), Chile – USA 5:2 (Recife).
Gruppe 3: Schweden. Schweden – Italien 3:2 (Sao Paulo), Paraguay – Schweden 2:2 (Curitiba), Paraguay – Italien 0:2 (Sao Paulo).
Gruppe 4: Uruguay. Uruguay – Bolivien 8:0 (Belo Horizonte).
Endrunde der Gruppensieger: Brasilien – Schweden 7:1 (Rio de Janeiro), Uruguay – Spanien 2:2 (Sao Paulo), Brasilien – Spanien 6:1 (Rio de Janeiro), Uruguay – Schweden 3:2 (Sao Paulo), Schweden – Spanien 3:1 (Sao Paulo), Brasilien – Uruguay 1:2 (Rio de Janeiro).
Uruguay: Maspoli; M. Gonzales, Tejera; Gambetta, Varela, Andrade; Ghiggia, Perez, Miguez, Schiaffino, Moran.
Brasilien: Barbosa; Augusto, Juvenal; Bauer, Danilo, Bigode; Friaca, Zezinho, Ademir, Jair, Chico.
Schweden: K. Svensson; Samuelson, Nilsson; Andersson, Johansson, Gaerd; Jonsson, Mellberg, Jepsson, Palmer, Sundqvist.
Spanien: Ramallets; Alonso, J. Gonzalvo; M. Gonzalvo, Parra, Puchades; Basora, Igos, Zarra, Panizo, Gainza.

1954: Deutschland

Qualifikation:

Gruppe I: Deutschland: Deutschland – Saarland 3:0, 3:1; Deutschland – Norwegen 1:1, 5:1; Saarland – Norwegen 3:2, 0:0.
Gruppe II: Belgien. Belgien – Schweden 3:2, 2:0; Belgien – Finnland 4:2, 2:2; Schweden – Finnland 3:3, 4:0.
Gruppe III: England und Schottland. Nordirland – Schottland 1:3, Wales – England 1:4, Schottland – Wales 3:3, England – Nordirland 3:1, Wales – Nordirland 1:2, Schottland – England 2:4.
Gruppe IV: Frankreich. Frankreich – Irland 1:0, 5:3; Frankreich – Luxemburg 6:1, 8:0, Irland – Luxemburg 4:0, 1:0.
Gruppe V: Österreich. Österreich – Portugal 9:1; 0:0.
Gruppe VI: Türkei. Türkei – Spanien 1:4, 1:0, 2:2 n. V. (in Rom), Losentscheid zugunsten der Türkei.
Gruppe VII: Ungarn. Polen trat nicht an.
Gruppe VIII: Tschechoslowakei. Tschechoslowakei – Rumänien 2:0, 1:0, Tschechoslowakei – Bulgarien 0:0, 2:1; Rumänien – Bulgarien 3:1, 2:1.
Gruppe IX: Italien. Italien – Ägypten 2:1, 5:1.
Gruppe X: Jugoslawien. Jugoslawien – Griechenland 1:0, 1:0; Jugoslawien – Israel 1:0, 1:0; Griechenland – Israel 1:0, 2:0.
Gruppe XI: Brasilien. Brasilien – Paraguay 1:0, 4:1; Brasilien – Chile 2:0, 1:0; Paraguay – Chile 4:0, 3:1.
Gruppe XII: Mexiko. Mexiko – USA 3:1, 4:0 (beide Spiele in Mexico City); Mexiko – Haiti 8:0, 4:0; USA – Haiti 3:2, 3:0 (beide Spiele in Port-au-Prince).
Gruppe XIII: Südkorea. Japan – Südkorea 1:5, 2:2 (beide Spiele in Tokio). Taiwan verzichtete.
Schweiz als Veranstalter und Uruguay als Weltmeister direkt qualifiziert.

Endrunde vom 16. Juni bis 4. Juli 1954 in der Schweiz

Gruppe 1: Brasilien und Jugoslawien. Jugoslawien – Frankreich 1:0 (Lausanne), Brasilien – Mexiko 5:0 (Genf), Frankreich – Mexiko 3:2 (Genf), Brasilien – Jugoslawien n. V. 1:1 (Lausanne).
Gruppe 2: Ungarn und Deutschland. Ungarn – Südkorea 9:0 (Zürich), Deutschland – Türkei 4:1 (Bern), Ungarn – Deutschland 8:3 (Basel), Türkei – Südkorea 7:0 (Genf) – Entscheidungsspiel: Deutschland – Türkei 7:2 (Zürich).

Gruppe 3: Uruguay und Österreich. Uruguay – Tschechoslowakei 2:0 (Bern), Österreich – Schottland 1:0 (Zürich), Uruguay – Schottland 7:0 (Basel), Österreich – Tschechoslowakei 5:0 (Zürich).
Gruppe 4: England und Schweiz. England – Belgien n. V. 4:4 (Basel), Schweiz – Italien 2:1 (Lausanne), Schweiz – England 0:2 (Bern), Italien – Belgien 4:1 (Lugano) – Entscheidungsspiel: Schweiz – Italien 4:1 (Basel).
Viertelfinale: Uruguay – England 4:2 (Basel), Schweiz – Österreich 5:7 (Lausanne), Deutschland – Jugoslawien 2:0 (Genf), Ungarn – Brasilien 4:2 (Bern).
Halbfinale: Deutschland – Österreich 6:1 (Basel), Ungarn – Uruguay n. V. 4:2 (Lausanne).
Um den dritten Platz: Österreich – Uruguay 3:1 (Zürich).

Endspiel am 4. Juli 1954 in Bern: Deutschland – Ungarn 3:2 (2:2)
Deutschland: Turek – Posipal, Kohlmeyer – Eckel, Liebrich, Mai – Rahn, Morlock, O. Walter, F. Walter, Schäfer.
Ungarn: Grosics – Buzansky, Lantos – Bozsik, Lorant, Zakarias – Czibor, Kocsis, Hidegkuti, Puskas, M. Toth.
Tore: Morlock, Rahn 2 (Puskas, Czibor) – Zuschauer: 65 000 – SR: Ling (England).

1958: Brasilien

Qualifikationsspiele:

Europa I: England. England – Irland 5:1, 1:1; England – Dänemark 5:2, 4:1; Irland – Dänemark 2:1, 2:0.
Europa II: Frankreich. Frankreich – Belgien 6:3, 0:0; Frankreich – Island 8:0, 5:1; Belgien – Island 8:3, 5:2.
Europa III: Ungarn. Ungarn – Bulgarien 4:1, 2:1; Ungarn – Norwegen 5:0, 1:2; Bulgarien – Norwegen 2:1, 7:0.
Europa IV: Tschechoslowakei. Tschechoslowakei – Wales 0:1, 2:0; Tschechoslowakei – DDR 3:1, 4:1; Wales – DDR 1:2, 4:1.
Europa V: Österreich. Österreich – Niederlande 3:2, 1:1; Österreich – Luxemburg 7:0, 3:0; Niederlande – Luxemburg 4:1, 5:2 (beide Spele in Rotterdam).
Europa VI: Sowjetunion. Sowjetunion – Polen 3:0, 1:2; Sowjetunion – Finnland 2:1, 10:0; Polen – Finnland 3:1, 4:0; Entscheidungsspiel: Sowjetunion – Polen 2:0 (in Leipzig).
Europa VII: Jugoslawien. Jugoslawien – Rumänien 1:1, 2:0; Jugoslawien – Griechenland 0:0, 4:1; Griechenland – Rumänien 1:2, 0:3.
Europa VIII: Nordirland. Nordirland – Italien 0:1, 2:1;Nordirland – Portugal 1:1, 3:0; Italien – Portugal 0:3, 3:0.
Europa IX: Schottland. Schottland – Spanien 4:2, 1:4; Schottland – Schweiz 2:1, 3:2; Schweiz – Spanien 2:2, 1:4.
Südamerika I: Brasilien. Brasilien – Peru 1:1, 1:0. Venezuela verzichtete.
Südamerika II: Argentinien. Argentinien – Bolivien 0:2, 4:0; Argentinien – Chile 2:0, 4:0; Bolivien – Chile 1:2, 3:0.
Südamerika III: Paraguay. Paraguay – Uruguay 5:0, 0:2; Paraguay – Kolumbien 3:2, 3:0; Uruguay – Kolumbien 1:1, 1:0.
Mittel- und Nordamerika I: Costa Rica – Niederländische Antillen 4:0, 2:1; Costa Rica – Guatemala 6:2, 3:1; Guatemala – Niederländische Antillen 1:3, Guatemala trat zum Rückspiel nicht an.
Mittel- und Nordamerika II: Mexiko – Kanada 3:0,2:0 (beide Spiele in Mexiko); Mexiko – USA 6:0, 7:2; Kanada – USA 5:1, 3:2.
Entscheidungsspiele der Gruppensieger: Mexiko. Mexiko – Costa Rica 2:0, 1:1.

Asien/Afrika: Wales (nach Entscheidungsspielen gegen Israel)
Vorrunde, Gruppe 1: Taiwan verzichtete gegen Indonesien. Indonesien – China 2:0, 3:4, 0:0 n. V. (in Rangoon); Indonesien durch besseres Torverhältnis Gruppensieger.
Vorrunde, Gruppe 2: Türkei trat gegen Israel nicht an.
Vorrunde, Gruppe 3: Zypern erhielt von den britischen Behörden keine Reiseerlaubnis für die Spiele gegen Ägypten.
Vorrunde, Gruppe 4: Sudan – Syrien 1:0, 1:1.
2. Runde: Indonesien trat gegen Israel, Ägypten gegen den Sudan nicht an.
Endrunde: Sudan trat gegen Israel nicht an.
Entscheidungsspiele: Israel – Wales (durch Los aus den europäischen Gruppenzweiten ermittelt) 0:2, 0:2.
Schweden als Veranstalter und Deutschland als Weltmeister direkt qualifiziert.

Endrunden vom 8. bis 29. Juni in Schweden

Gruppe 1: Deutschland und Nordirland. Deutschland - Argentinien 3:1 (Malmö), Deutschland - Tschechoslowakei 2:2 (Helsingborg), Deutschland - Nordirland 2:2 (Malmö), Nordirland - Tschechoslowakei 1:0 (Halmstad), Nordirland - Argentinien 1:3 (Halmstad), Tschechoslowakei - Argentinien 6:1 (Helsingborg) - Entscheidungsspiel: Nordirland - Tschechoslowakei n. V. 2:1 (Malmö).
Gruppe 2: Frankreich und Jugoslawien. Frankreich - Jugoslawien 2:3 (Västeras), Frankreich - Paraguay 7:3 (Norrköping), Frankreich - Schottland 2:1 (Örebro), Jugoslawien - Paraguay 3:3 (Eskilstuna), Jugoslawien - Schottland 1:1 (Västeras), Paraguay - Schottland 3:2 (Norrköping).
Gruppe 3: Schweden und Wales. Schweden - Wales 0:0 (Stockholm), Schweden - Ungarn 2:1 (Stockholm), Schweden - Mexiko 3:0 (Stockholm), Wales - Ungarn 1:1 (Sandviken), Wales - Mexiko 1:1 (Stockholm), Ungarn - Mexiko 4:0 (Sandviken) - Entscheidungsspiel: Wales - Ungarn 2:1 (Stockholm).
Gruppe 4: Brasilien und Sowjetunion. Brasilien - Sowjetunion 2:0 (Göteborg), Brasilien - England 0:0 (Göteborg), Brasilien - Österreich 3:0 (Uddevalla), Sowjetunion - England 2:2 (Göteborg), Sowjetunion - Österreich 2:0 (Boras), England - Österreich 2:2 (Boras) - Entscheidungsspiel: Sowjetunion - England 1:0 (Göteborg).
Viertelfinale: Deutschland - Jugoslawien 1:0 (Malmö), Schweden - Sowjetunion 2:0 (Stockholm), Frankreich - Nordirland 4:0 (Norrköping), Brasilien - Wales 1:0 (Göteborg).
Halbfinale: Schweden - Deutschland 3:1 (Göteborg), Brasilien - Frankreich 5:2 (Stockholm).
Um den dritten Platz: Frankreich - Deutschland 6:3 (Göteborg).

Endspiel am 29. Juni 1958 in Stockholm: Brasilien - Schweden 5:2 (2:1)
Brasilien: Gilmar - D. Santos, N. Santos - Zito, Bellini, Orlando - Garrincha, Didi, Vava, Pele, Zagalo.
Schweden: K. Svensson - Bergmark, Axbom - Börjesson, Gustavsson, Parling - Hamrin, Gren, Simonsson, Liedholm, Skoglund.
Tore: Vava 2, Pelé 2, Zagalo (Liedholm, Simonsson) - Zuschauer: 50 000 - SR: Guigue (Frankreich).

1962: Brasilien

Qualifikation:

Europa I: Schweiz. Schweden - Schweiz 4:0, 2:3; Schweden - Belgien 2:0, 2:0; Schweiz - Belgien 4:2, 2:1, Entscheidungsspiel: Schweiz - Schweden (in Berlin) 2:1.
Europa II: Bulgarien. Bulgarien - Frankreich 0:3, 1:0; Bulgarien - Finnland 2:0, 3:1; Frankreich - Finnland 2:1, 5:1, Entscheidungsspiel: Bulgarien - Frankreich (in Mailand) 1:0.
Europa III: Deutschland. Deutschland - Nordirland 4:3, 2:1; Deutschland - Griechenland 3:0, 2:1; Nordirland - Griechenland 1:2, 2:0.
Europa IV: Ungarn. Ungarn - Niederlande 3:0, 3:3; Ungarn - DDR 2:0, 3:2; DDR - Niederlande 1:1, das Rückspiel fiel wegen Visumschwierigkeiten aus.
Europa V: Sowjetunion. Sowjetunion - Türkei 1:0, 2:1; Sowjetunion - Norwegen 5:2, 3:0; Türkei - Norwegen 1:0, 2:1.
Europa VI: England. England - Portugal 1:1; 2:0; England - Luxemburg 9:0, 4:1; Portugal - Luxemburg 6:0, 2:4.
Europa VII/Naher Osten: Italien. Rumänien trat gegen Italien nicht an. Zypern - Israel 1:1, 1:6, Israel - Äthiopien 1:0, 3:2 (beide Spiele in Israel). Israel - Italien 2:4, 0:6.
Europa VIII: Tschechoslowakei. Tschechoslowakei - Schottland 4:0, 2:3; Tschechoslowakei - Irland 7:1, 3:1; Schottland - Irland 4:1, 3:0. Entscheidungsspiel: Tschechoslowakei - Schottland (in Brüssel) 4:2 n. V.
Europa IX/Afrika: Spanien. Wales - Spanien 1:2, 1:1; Marokko - Spanien 0:1, 2:3.
Europa X/Asien: Jugoslawien. Jugoslawien - Polen 2:1, 1:1; Jugoslawien - Südkorea 5:1, 3:1.
Südamerika I: Argentinien. Argentinien - Ecuador 5:0, 6:3.
Südamerika II: Uruguay. Uruguay - Bolivien 2:1, 1:1.
Südamerika III: Kolumbien. Kolumbien - Peru 1:0, 1:1.
Südamerika IV: Mexiko. Mexiko - Paraguay 1:0, 0:0.
Nord- und Mittelamerika, Gruppe 1: USA - Mexiko 3.3, 0:3. Kanada verzichtete.
Nord- und Mittelamerika, Gruppe 2: Costa Rica - Honduras 5:0, 1:2; Costa Rica - Guatemala 3:2, 4:4, Honduras - Guatemala 1:1, 2:0 (abgebrochen); Entscheidungsspiel in Guatemala: Costa Rica - Honduras 1:0.
Nord- und Mittelamerika, Gruppe 3: Surinam - Niederländische Antillen 1:2, 0:0.
Nord- und Mittelamerika, Endrunde: Mexiko - Costa Rica 4:1, 0.1; Mexiko - Niederländische Antillen 7:0, 0:0; Costa Rica - Niederländische Antillen 6:0, 0:2. Mexiko mußte als Sieger noch gegen Paraguay antreten.

Afrika, Gruppe 1: Sudan und Ägypten zogen ihre Meldungen zurück.
Afrika, Gruppe 2: Marokko – Tunesien 2:1, 1:2, 1:1 n. V. (in Palermo). Los für Marokko.
Afrika, Gruppe 3: Ghana – Nigeria 4:1, 2:2.
Afrika, Endrunde: Ghana – Marokko 0:0, 0:1. Marokko mußte als Sieger noch gegen Spanien antreten.
Asien: Südkorea – Japan 2:1, 2:0. Indonesien verzichtete. Südkorea mußte als Sieger noch gegen Jugoslawien antreten.
Chile als Veranstalter und Brasilien als Weltmeister direkt qualifiziert.

Endrunde vom 30. Mai bis 17. Juni 1962 in Chile

Gruppe A (in Arica): Sowjetunion und Jugoslawien. Uruguay – Kolumbien 2:1, Sowjetunion – Jugoslawien 2:0, Uruguay – Jugoslawien 1:3, Kolumbien – Sowjetunion 4:4, Uruguay – Sowjetunion 1:2, Kolumbien – Jugoslawien 0:5.
Gruppe B (in Santiago): Deutschland und Chile. Chile – Schweiz 3:1, Deutschland – Italien 0:0, Chile – Italien 2:0, Deutschland – Schweiz 2:1, Deutschland – Chile 2:0, Schweiz – Italien 0:3.
Gruppe C (in Vina del Mar): Brasilien und Tschechoslowakei. Brasilien – Mexiko 2:0, Spanien – Tschechoslowakei 0:1, Brasilien – Tschechoslowakei 0:0, Mexiko – Spanien 0:1, Brasilien – Spanien 2:1, Mexiko – Tschechoslowakei 3:1.
Gruppe D (in Rancagua): Ungarn und England. Argentinien – Bulgarien 1:0, Ungarn – England 2:1, Argentinien – England 1:3, Bulgarien – Ungarn 1:6, Argentinien – Ungarn 0:0, Bulgarien – England 0:0.
Viertelfinale: Chile – Sowjetunion 2:1 (Arica), Deutschland – Jugoslawien 0:1 (Santiago), Brasilien – England 3:1 (Vina del Mar), Ungarn – Tschechoslowakei 0:1 (Rancagua).
Halbfinale: Chile – Brasilien 2:4 (Santiago), Tschechoslowakei – Jugoslawien 3:1 (Vina del Mar).
Um den dritten Platz: Chile – Jugoslawien 1:0 (Santiago).

Endspiel am 17. Juni 1962 in Santiago de Chile: Brasilien – Tschechoslowakei 3:1 (1:1)
Brasilien: Gilmar – Djalma Santos, Nilton Santos – Zito, Mauro, Zozimo – Garrincha, Didi, Vava, Amarildo, Zagalo.
Tschechoslowakei: Schroif – Tichy, Novak – Masopust, Popluhar, Pluskal – Pospichal, Scherer, Kadraba, Kvasnak, Jelinek.
Tore: Amarildo, Zito, Vava (Masopust) – Zuschauer: 68 679 – SR: Latyschew (Sowjetunion).

1966: England

Qualifikation:

Europa I: Bulgarien. Belgien – Bulgarien 5:0, 0:3; Belgien – Israel 1:0, 5:0; Bulgarien – Israel 4:0, 2:1; Entscheidungsspiel in Florenz: Bulgarien – Belgien 2:1.
Europa II: Deutschland. Deutschland – Schweden 1:1, 2:1; Deutschland – Zypern 5:0, 6:0; Schweden – Zypern 3:0, 5:0.
Europa III: Frankreich. Frankreich – Norwegen 1:0, 1:0; Frankreich – Jugoslawien 1:0, 0:1; Frankreich – Luxemburg 4:1, 2:0; Norwegen – Jugoslawien 3:0, 1:1; Norwegen – Luxemburg 4:2, 2:0; Jugoslawien Luxemburg 0:1, 5:2.
Europa IV: Portugal. Portugal – Tschechoslowakei 0:0, 1:0; Portugal – Rumänien 2:1, 0:2; Portugal – Türkei 5:1, 1:0, Tschechoslowakei – Rumänien 3:1, 0:1; Tschechoslowakei – Türkei 3:1, 6:0; Rumänien – Türkei 3:0, 1:2.
Europa V: Schweiz. Schweiz – Nordirland 2:1, 0:1; Schweiz – Niederlande 2:1, 0:0; Schweiz – Albanien 1:0, 2:0, Nordirland – Niederlande 2:1, 0:0, Nordirland – Albanien 4:1, 1:1, Niederlande – Albanien 2:0, 2:0.
Europa VI: Ungarn. Ungarn – DDR 3:2, 1:1; Ungarn – Österreich 3:0, 1:0; DDR – Österreich 1:0, 1:1.
Europa VII: Sowjetunion. Sowjetunion – Wales 2:1, 1:2; Sowjetunion – Griechenland 3:1, 4:1; Sowjetunion – Dänemark 6:0, 1:3; Wales – Griechenland 4:1, 0:2; Wales – Dänemark 4:2, 0:1, Griechenland – 0:1; Dänemark 4:2, 1:1.
Europa VIII: Italien. Italien – Schottland 3:0, 0:1; Italien – Polen 6:1, 0:0; Italien – Finnland 6:1, 2:0; Schottland – Polen 1:2, 1:1; Schottland – Finnland 3:1, 2:1; Polen – Finnland 7:0, 0:2.
Europa IX: Spanien. Irland – Spanien 1:0, Spanien – Irland 4:1; Entscheidungsspiel in Paris: Spanien – Irland 1:0. (Syrien trat nicht an).
Südamerika I: Uruguay. Uruguay – Peru 2:1, 1:0; Uruguay – Venezuela 5:0, 3:1; Peru – Venezuela 1:0, 6:3.
Südamerika II: Chile. Chile – Ecuador 3:1, 2:2; Chile – Kolumbien 7:2, 0:2; Ecuador – Kolumbien 2:0, 1:0; Entscheidungsspiel in Lima: Chile – Ecuador 2:1.
Südamerika III: Argentinien. Argentinien – Paraguay 3:0, 0:0; Argentinien – Bolivien 4:1, 2:1; Paraguay – Bolivien 2:0, 1:2.

Nord- und Mittelamerika:
Gruppe 1: Jamaica – Niederländische Antillen 2:0, 0:0 (in Havanna); Jamaica – Kuba 2:0, 1:2; Niederländische Antillen – Kuba 1:1 (in Kingston), 1:0.
Gruppe 2: Costa Rica – Surinam 1:0, 3:1; Costa Rica – Trinidad 4:0, 1:0; Surinam – Trinidad 6:1, 1:4.
Gruppe 3: Mexiko – USA 2:0, 2:2; Mexiko – Honduras 3:0, 1:0; USA – Honduras 1:1 (in Tegucigalpa), 1:0.
Nord- und Mittelamerika, Endrunde: Mexiko. Mexiko – Costa Rica 1:0, 0:0; Mexiko – Jamaica 8:0, 3:2, Costa Rica – Jamaica 7:0, 1:1.
Asien/Afrika: Nordkorea
Siebzehn Verbände zogen ihre Meldungen zurück, Südafrika wurde von der FIFA suspendiert.
Die beiden verbliebenen Länder, Nordkorea und Australien, ermittelten in zwei Spielen auf neutralem Boden in Pnom Penh (Kambodscha) den Vertreter der Gruppe Asien/Afrika. Nordkorea gewann beide Spiele mit 6:1 und 3:1.
England als Veranstalter und Brasilien als Weltmeister direkt qualifiziert.

Endrunde vom 11 bis 30. Juli 1966 in England

Gruppe A: England und Uruguay. England – Uruguay 0:0 (London Wembley), Frankreich – Mexiko 1:1 (Wembley), Uruguay – Frankreich 2:1 (London White City), England – Mexiko 2:0 (Wembley), Mexiko – Uruguay 0:0 (Wembley), England – Frankreich 2:0 (Wembley).
Gruppe B: Deutschland und Argentinien. Deutschland – Schweiz 5:0 (Sheffield), Argentinien – Spanien 2:1 (Birmingham), Spanien – Schweiz 2:1 (Sheffield), Argentinien – Deutschland 0:0 (Birmingham), Argentinien – Schweiz 2:0 (Sheffield), Deutschland – Spanien 2:1 (Birmingham).
Gruppe C: Portugal und Ungarn. Brasilien – Bulgarien 2:0 (Liverpool), Portugal – Ungarn 3:1 (Manchester), Ungarn – Brasilien 3:1 (Liverpool), Portugal – Bulgarien 3:0 (Manchester), Portugal – Brasilien 3:1 (Liverpool), Ungarn – Bulgarien 3:1 (Manchester).
Gruppe D: Sowjetunion und Nordkorea. Sowjetunion – Nordkorea 3:0 (Middlesbrough), Italien – Chile 2:0 (Sunderland), Nordkorea – Chile 1:1 (Middlesbrough), Sowjetunion – Italien 1:0 (Sunderland), Nordkorea – Italien 1:0 (Middlesbrough), Sowjetunion – Chile 2:1 (Sunderland).
Viertelfinale: England – Argentinien 1:0 (Wembley), Deutschland – Uruguay 4:0 (Sheffield), Portugal – Nordkorea 5:3 (Liverpool), Sowjetunion – Ungarn 2:1 (Sunderland).
Halbfinale: Deutschland – Sowjetunion 2:1 (Liverpool), England – Portugal 2:1 (Wembley).
Um den dritten Platz: Portugal – Sowjetunion 2:1 (Wembley).

Endspiel am 30. Juli 1966 in London: England – Deutschland 4:2 (2:2, 1:1) n. V.
England: Banks – Cohen, J. Charlton, Moore, Wilson – Stiles, R. Charlton, Peters – Ball, Hunt, Hurst.
Deutschland: Tilkowski – Höttges, Schulz, Weber, Schnellinger – Beckenbauer, Overath – Haller, Seeler, Held, Emmerich.
Tore: Hurst 3, Peters (Haller, Weber) – Zuschauer: 97 000 – SR: Dienst (Schweiz).

1970: Brasilien

Qualifikation:

Europa I: Rumänien. Rumänien – Griechenland 1:1, 2:2; Rumänien – Schweiz 2:0, 1:0; Rumänien – Portugal 1:0, 0:3; Griechenland – Schweiz 4:1, 0:1; Griechenland – Portugal 4:2, 2:2; Schweiz – Portugal 1:1, 2:0.
Europa II: Tschechoslowakei. Tschechoslowakei – Ungarn3:3, 0:2; Tschechoslowakei – Dänemark 1:0, 3:0; Tschechoslowakei – Irland 3:0, 2:1; Ungarn – Dänemark 3:0, 2:3; Ungarn – Irland 4:0, 2:1; Dänemark – Irland 2:0, 1:1 – Entscheidungsspiel in Marseille: Tschechoslowakei – Ungarn 4:1.
Europa III: Italien. Italien – DDR 3:0, 2:2; Italien – Wales 4:1, 1:0; DDR – Wales 2:1, 3:1.
Europa IV: Sowjetunion. Sowjetunion – Nordirland 3:0, 0:0; Sowjetunion – Türkei 3:0, 3:1; Nordirland – Türkei 4:1, 3:0.
Europa V: Schweden. Schweden – Frankreich 2:0, 0:3; Schweden – Norwegen 5:0, 5:2; Frankreich – Norwegen 0:1, 3:1.
Europa VI: Belgien. Belgien – Jugoslawien 3:0, 0:4; Belgien – Spanien 2:1, 0:1; Belgien – Finnland 6:1, 2:1; Jugoslawien – Spanien 0:0, 1:2; Jugoslawien – Finnland 9:1, 5:1; Spanien – Finnland 6:0, 0:2.
Europa VII: Deutschland. Deutschlamd – Schottland 3:2, 1:1; Deutschland – Österreich 1:0, 2:0; Deutschland – Zypern 12:0, 1:0; Schottland – Österreich 2:1, 0:2; Schottland – Zypern 8:0, 5:0; Österreich – Zypern 7:1, 2:1.
Europa VIII: Bulgarien. Bulgarien – Polen 4:1, 0:3; Bulgarien – Niederlande 2:0, 1:1; Bulgarien – Luxemburg 2:1, 3:1; Polen – Niederlande 2:1, 0:1; Polen – Luxemburg 8:1, 5:1; Niederlande – Luxemburg 4:0, 2:0 (in Rotterdam).

Südamerika I: Peru. Peru – Bolivien 3:0, 1:2; Peru – Argentinien 1:0, 2:2; Bolivien – Argentinien 3:1, 0:1.
Südamerika II: Brasilien. Brasilien – Paraguay 1:0, 3:0; Brasilien – Kolumbien 6:2, 2:0; Brasilien – Venezuela 6:0, 5:0; Paraguay – Kolumbien 2:1, 1:0; Paraguay – Venezuela 1:0, 2:0; Kolumbien – Venezuela 3:0, 1:1.
Südamerika III: Uruguay. Uruguay – Chile 2:0, 0:0; Uruguay – Ecuador 1:0, 2:0; Chile – Ecuador 4:1, 1:1.

Zentral – und Nordamerika: El Salvador
Untergruppe A: Honduras. Honduras – Costa Rica 1:0, 1:1; Honduras – Jamaika 3:1, 2:0 (in Tegucigalpa); Costa Rica - Jamaika 3:0, 3:1 (in San José).
Untergruppe B: Haiti. Haiti – Guatemala 2:0, 1:1; Haiti – Trinidad & Tobago 2:4, 4:0 (in Port-au-Prince); Guatemala – Trinidad & tobago 4:0, 0:0 (in Guatemala City).
Untergruppe C: El Salvador. El Salvador – Surinam 6:0, 1:4; El Salvador – Niederl. Antillen 1:0, 2:1; Surinam – Niederl. Antillen 6:0, 0:2.
Untergruppe D: USA. USA – Kanada 1:0, 2:4; USA – Bermuda 6:2, 2:0; Kanada – Bermuda 4:0, 0:0.
Halbfinale: Haiti – USA 2:0, 1:0; Honduras – El Salvador 1:0, 0:3, Entscheidungsspiel in Mexiko City: El Salvador – Honduras n. V. 3:2.
Endspiele: Haiti – El Salvador 1:2, 3:0; Entscheidungsspiel in Kingston/Jamaika: El Salvador – Haiti n. V. 1:0.

Asien und Ozeanien: Israel
Turnier in Seoul: Australien.Australien – Südkorea 2:1, 1:1; Australien – Japan 3:1, 1:1; Südkorea - Japan 2:2, 2:0.
Qualifikation in Laurenco Marques: Australien – Rhodesien 1:1, 0:0 , 3:1.
Turnier in Tel Aviv: Israel. Israel – Neuseeland 4:0, 2:0; Nordkorea gegen Israel nicht angetreten.
Endspiele: Israel – Australien 1:0, 1:1.

Afrika: Marokko
1. Runde: Algerien – Tunesien 1:2, 0:0; Marokko – Senegal 1:0, 1:2, Entscheidungsspiel in Las Palmas (weil der Schiedsrichter entgegen dem Reglement das zweite Spiel nicht verlängern ließ): Marokko – Senegal 2:0; Libyen – Äthiopien 2:0, 1:5; Sambia – Sudan 4:2 und n. V. 2:4 (Sudan qualifiziert, weil es im zweiten Spiel mehr Tore erzielte); Nigeria – Kamerun 1:1, 3:2; Ghana (Freilos).
Halbfinale: Tunesien – Marokko 0:0, 0:0, Entscheidungsspiel in Marseille: n. V. 2:2, Los für Marokko; Äthiopien – Sudan 1:1, 1:3; Nigeria – Ghana 2:1, 1:1.
Endrunde: Marokko. Marokko – Nigeria 2:1, 0:2; Marokko – Sudan 3:0, 0:0; Nigeria – Sudan 2:2, 3:3.
Mexiko als Veranstalter und England als Weltmeister direkt qualifiziert.

Endrunde vom 31. Mai bis 21. Juni in Mexiko

Gruppe I: UdSSR und Mexiko. UdSSR – Mexiko 0:0, Belgien – El Salvador 3:0, UdSSR – Belgien 4:1, Mexiko – El Salvador 4:0, UdSSR – El Salvador 2:0, Mexiko – Belgien 1:0 (alle Spiele in Mexiko City).
Gruppe II: Italien und Uruguay. Uruguay – Israel 2:0 (Puebla), Italien – Schweden 1:0 (Toluca), Uruguay – Italien 0:0 (Puebla), Schweden – Israel 1:1 (Toluca), Uruguay – Schweden 0:1 (Puebla), Italien – Israel 0:0 (Toluca).
Gruppe III: Brasilien und England. Rumänien – England 0:1, CSSR – Brasilien 1:4, Rumänien – CSSR 2:1, England – Brasilien 0:1, Rumänien – Brasilien 2:3, England – CSSR 1:0 (alle Spiele in Guadalajara).
Gruppe IV: Deutschland und Peru. Peru – Bulgarien 3:2, Marokko – Deutschland 1:2, Peru – Marokko 3:0, Bulgarien – Deutschland 2:5, Peru – Deutschland 1:3, Bulgarien – Marokko 1:1 (alle Spiele in Leon).
Viertelfinale: Sowjetunion – Uruguay n. V. 0:1 (Mexiko City), Italien – Mexiko 4:1 (Toluca), Brasilien – Peru 4:2 (Guadalajara), Deutschland – England n. V. 3:2 (Leon).
Halbfinale: Deutschland – Italien n. V. 3:4 (Mexiko City), Brasilien – Uruguay 3:1 (Guadalajara).
Um den dritten Platz: Deutschland – Uruguay 1:0 (Mexiko City)

Endspiel am 21. Juni 1970 in Mexiko City: Brasilien – Italien 4:1 (1:1)
Brasilien: Felix – Carlos Alberto, Brito, Piazza, Everaldo – Clodoaldo, Gerson – Jairzinho, Tostao, Pele, Rivolino.
Italien: Albertosi – Burgnich, Cera, Bertini (Juliano), Rosato, Facchetti – Domenghini, De Sisti, Mazzola – Boninsegna (Rivera), Riva.
Tore: Pele, Gerson, Jairzinho, Carlos Alberto (Boninsegna) – Zuschauer: 107 000 – SR: Glöckner (DDR).

1974: Deutschland

Qualifikation:

Europa I: Schweden. Schweden – Österreich 3:2, 0:2; Schweden – Ungarn 0:0, 3:3; Schweden – Malta 7:0, 2:1; Österreich – Ungarn 2:2, 2:2; Österreich – Malta 4:0, 2:0; Ungarn – Malta 3:0, 2:0 – Entscheidungsspiel in Gelsenkirchen: Schweden – Österreich 2:1.
Europa II: Italien. Italien – Türkei 0:0, 1:0; Italien – Schweiz 2:0, 0:0; Italien – Luxemburg 5:0, 4:0; Türkei – Schweiz 2:0, 0:0; Türkei – Luxemburg 3:0, 0:2; Schweiz – Luxemburg 1:0, 1:0.
Europa III: Niederlande. Niederlande – Belgien 0:0, 0:0; Niederlande – Norwegen 9:0, 2:1; Niederlande – Island8:1, 5:0 (in Amsterdam); Belgien – Norwegen 2:0, 4:0; Belgien – Island 4:0, 4:0 (in Brügge); Norwegen – Island 4:1, 4:0.
Europa IV: DDR. DDR – Rumänien 2:0, 0:1; DDR – Finnland 5:0, 5:1; DDR – Albanien 2:0, 4:1; Rumänien – Finnland 9:0, 1:1; Rumänien – Albanien 2:0, 4:1; Finnland – Albanien 1:0, 0:1.
Europa V: Polen. Polen – England 2:0, 1:1; Polen – Wales 3:0, 0:2; England – Wales 1:1, 1:0.
Europa VI: Bulgarien. Bulgarien – Portugal 2:1, 2:2; Bulgarien – Nordirland 3:0, 0:0 (in Sheffield); Bulgarien – Zypern 2:0, 4:0; Portugal – Nordirland 1:1, 1:1 (in Coventry); Nordirland – Zypern 3:0 (in London), 0:1.
Europa VII: Jugoslawien. Jugoslawien – Spanien 0:0, 2:2; Jugoslawien – Griechenland 1:0, 4:2; Spanien – Griechenland 3:1, 3:2 – Entscheidungsspiel in Frankfurt: Jugoslawien – Spanien 1:0.
Europa VIII: Schottland. Schottland – Tschechoslowakei 2:1, 0:1; Schottland – Dänemark 2:0, 4:1; Tschechoslowakei – Dänemark 6:0, 1:1.
Europa IX: Sowjetunion. Sowjetunion – Irland 1:0, 2:1; Sowjetunion – Frankreich 2:0, 0:1; Irland – Frankreich 2:1, 1:1.
Entscheidungsspiele Europa IX – Südamerika III. Sowjetunion – Chile 0:0,zum Rückspiel in Santiago trat die Sowjetunion nicht an, daher Chile für die Endrunde qualifiziert).

Südamerika I: Uruguay. Uruguay – Kolumbien 0:1, 0:0; Uruguay – Ecuador 4:0, 2:1; Kolumbien – Ecuador 1:1, 1:1.
Südamerika II: Argentinien. Argentinien – Paraguay 3:1, 1:1; Argentinien – Bolivien 4:0, 1:0; Paraguay – Bolivien 4:0, 2:1.
Südamerika III: Chile. Chile – Peru 2:0, 0:2 – Entscheidungsspiel in Montevideo: Chile – Peru 2:1. Venezuela verzichtete.

Zentral – und Nordamerika: Haiti
Untergruppe 1: Mexiko. Mexiko – Kanada 2:1, 1:0; Mexiko – USA 3:1, 2:1; Kanada – USA 3:2, 2:2.
Untergruppe 2: Guatemala. Guatemala – El Salvador 1:0, 1:0.
Untergruppe 3: Honduras. Honduras – Costa Rica 2:1, 3:3.
Untergruppe 4: Niederländische Antillen. (Jamaika verzichtete.)
Untergruppe 5: Haiti. Haiti – Puerto Rico 7:0, 5:0.
Untergruppe 6: Trinidad & Tobago. Trinidad & Tobago –Surinam 1:1, 2:1 (in Paramaibo), Trinidad & Tobago – Antigua 11:1, 2:1 (in Port of Spain); Surinam – Antigua 3:1 (in St. John's), 6:0.
Endrunde in Port-au-Prince/Haiti: Haiti. Honduras – Trinidad& Tobago 2:1, Mexiko – Guatemala 0:0, Haiti – Niederländisch Antillen 3:0, Honduras – Mexiko 1:1, Haiti – Trinidad & Tobago 2:1, Niederländisch Antillen – Guatemala 2:2, Haiti – Honduras 1:0, Mexiko – Niederländisch Antillen 8:0, Trinidad & Tobago– Guatemala 1:0, Honduras – Niederländisch Antillen 2:2, Haiti – Guatemala 2:1, Trinidad & Tobago – Mexiko 4:0, Honduras – Guatemala 1:1, Trinidad & Tobago – Niederländisch Antillen 4:0, Haiti – Mexiko 0:1.

Asien und Ozeanien: Australien
Vorrundenturnier in Seoul: Südvietnam – Thailand 1:0, Israel – Japan 2:1, Hongkong – Malaysia 1:0. Südkorea Freilos, die Philippinen verzichteten.
Untergruppe A/1: Hongkong und Japan. Turnier in Seoul: Japan – Südvietnam 4:0, Hongkong – Japan 1:0, Hongkong – Südvietnam 1:0.
Untergruppe A/2: Israel und Südkorea. Turnier in Seoul: Südkorea – Thailand 4:0, Israel – Malaysia 3:0, Südkorea – Malaysia 0:0, Israel – Thailand 6:0, Südkorea – Israel 0:0, Malaysia – Thailand 2:0.
Halbfinale: Südkorea – Hongkong 3:1, Israel – Japan n. V. 1:0 (in Seoul).
Endspiel Untergruppe A: Südkorea – Israel n. V. 1:0.
Untergruppe B/1: Australien. Australien – Irak 3:1, 0:0 (in Melbourne); Australien – Indonesien 2:1, 6:0 (in Sydney); Australien – Neuseeland 3:3, 1:1; Irak – Indonesien 1:1, 3:2 (beide Spiele in Sydney), Irak – Neuseeland 2:0, 4:0 (beide Spiele in Sydney). Sri Lanka verzichtete.

Untergruppe B/2: Iran. Turnier in Teheran: Iran – Syrien 1:0, 0:1; Iran – Nordkorea 0:0, 2:1; Iran – Kuwait 2:1, 2:0; Syrien – Nordkorea 1:1, 0:3; Syrien – Kuwait 2:1, 2:0; Nordkorea – Kuwait 0:0, 0:2. Indien verzichtete.
Endspiele Untergruppe B: Australien – Iran 3:0, 0:2.
Endspiele: Australien – Südkorea 0:0, 2:2, Entscheidungsspiel in Hongkong: Australien – Südkorea 1:0.

Afrika: Zaire
Vorrunde: Marokko – Senegal 0:0, 2:1; Algerien – Guinea 1:0, 1:5; Ägypten – Tunesien 2:1, 0:2; Sierra Leone – Elfenbeinküste 0:1, 0:2; Kenia – Sudan 2:0, 0:1; Madagaskar verzichtete gegen Mauritius; Äthiopien – Tansania 0:0, 1:1, 3:0 (in Addis Abeba); Lesotho – Sambia 0:0, 1:6; Nigeria – Kongo 2:1, 1:1; Dahomey – Ghana 0:5, 1:5; Togo – Zaire 0:0, 0:4; Gabun verzichtete gegen Kamerun.
Zwischenrunde: Guinea – Marokko 1:1, 0:2; Tunesien – Elfenbeinküste 1:1, 1:2; Mauritius – Kenia 1:3, 2:2; Äthiopien – Sambia 0:0, 2:4; Nigeria – Ghana 2:3 abgebrochen (Wertung 2:0 für Ghana), 0:0; Kamerun – Zaire 0:1, 1:0, 0:2 (in Kinshasa).
Halbfinale: Elfenbeinküste – Marokko 1:1, 1:4; Sambia – Kenia 2:0, 2:2; Ghana – Zaire 1:0, 1:4.
Endrunde: Zaire. Zaire – Sambia 2:1, 2:0; Zaire – Marokko 3:0, Rückspiel nicht ausgetragen (Wertung 2:0 für Zaire); Sambia – Marokko 4:0, 0:2.

Deutschland als Veranstalter und Brasilien als Weltmeister direkt qualifiziert.

Endrunde vom 13. Juni bis 7. Juli 1974 in Deutschland

1. Finalrunde:

Gruppe I: DDR und Deutschland. Deutschland – Chile 1:0 (Berlin), DDR – Australien 2:0 (Hamburg), Chile – DDR 1:1 (Berlin), Australien – Deutschland 0:3 (Hamburg), Australien – Chile 0:0 (Berlin), DDR – Deutschland 1:0 (Hamburg).
Gruppe II: Jugoslawien und Brasilien. Brasilien – Jugoslawien 0:0 (Frankfurt), Zaire – Schottland 0:2 (Dortmund), Jugoslawien – Zaire 9:0 (Gelsenkirchen), Schottland – Brasilien 0:0 (Frankfurt), Zaire – Brasilien 0:3 (Gelsenkirchen), Schottland – Jugoslawien 1:1 (Frankfurt).
Gruppe III: Niederlande und Schweden. Schweden – Bulgarien 0:0 (Düsseldorf), Uruguay – Niederlande 0:2 (Hannover), Niederkande – Schweden 0:0 (Dortmund), Bulgarien – Uruguay 1:1 (Hannover), Bulgarien – Niederlande 1:4 (Dortmund), Schweden – Uruguay 3:0 (Düsseldorf).
Gruppe IV: Polen und Argentinien. Italien – Haiti 3:1 (München), Polen – Argentinien 3:2 (Stuttgart), Haiti – Polen 0:7 (München), Argentinien – Italien 1:1 (Stuttgart), Argentinien – Haiti 4:1 (München), Polen – Italien 2:1 (Stuttgart).

2. Finalrunde:

Gruppe A: Niederlande. Niederlande – Argentinien 4:0 (Gelsenkirchen), Brasilien – DDR 1:0 (Hannover), DDR – Niederlande 0:2 (Gelsenkirchen), Argentinien – Brasilien 1:2 (Hannover), Niederlande – Brasilien 2:0 (Dortmund), Argentinien – DDR 1:1 (Gelsenkirchen).
Gruppe B: Deutschland. Jugoslawien – Deutschland 0:2 (Düsseldorf), Schweden – Polen 0:1 (Stuttgart), Polen – Jugoslawien 2:1 (Frankfurt), Deutschland – Schweden 4:2 (Düsseldorf), Polen – Deutschland 0:1 (Frankfurt), Schweden – Jugoslawien 2:1 (Düsseldorf).

Um den dritten Platz: Polen – Brasilien 1:0 (München).

Endspiel am 7. Juli 1974 in München: Deutschland – Niederlande 2:1 (2:1)
Deutschland: Maier – Vogts, Beckenbauer, Schwarzenbeck, Breitner – Hoeneß, Bonhof, Overath – Grabowski, Müller, Hölzenbein.
Niederlande: Jongbloed – Suurbier, Rijsbergen (de Jong), Haan, Krol – Jansen, Neeskens, van Hanegem – Rep, Cruyff, Rensenbrink (René van de Kerkhof).
Tore: Breitner, Müller (Neeskens) – Zuschauer 80 000 – SR: Taylor (England).

1978: Argentinien

Qualifikation:

Europa I: Polen. Polen – Portugal 1:1, 2:1; Polen – Dänemark 4:1, 2:1; Polen – Zypern 5:0, 3:1; Portugal – Dänemark 1:0, 4:2; Portugal – Zypern 4:0, 2:1; Dänemark – Zypern 5:0, 5:1.
Europa II: Italien. Italien – England 2:0, 0:2; Italien – Finnland 6:1, 3:0; Italien – Luxemburg 3:0, 4:1; England – Finnland 2:1, 4:1; England – Luxemburg 5:0, 2:0; Finnland – Luxemburg 7:1, 1:0.
Europa III: Österreich. Österreich – DDR 1:1, 1:1; Österreich – Türkei 1:0, 1:0; Österreich – Malta 9:0, 1:0; DDR – Türkei 1:1, 2:1; DDR – Malta 9:0, 1:0; Türkei – Malta 4:0, 3:0.

Europa IV: Niederlande. Niederlande – Belgien 1:0, 2:0; Niederlande – Nordirland 2:2, 1:0; Niederlande – Island 4:1, 1:0; Belgien – Nordirland 2:0, 0:3; Belgien – Island 4:0, 1:0; Nordirland – Island 2:0, 0:1.
Europa V: Frankreich. Frankreich – Bulgarien 3:1, 2:2; Frankreich – Irland 2:0, 0:1, Bulgarien – Irland 2:1, 0:0.
Europa VI: Schweden. Schweden – Norwegen 2:0, 1:2; Schweden – Schweiz 2:1, 2:1; Norwegen – Schweiz 1:0, 0:1.
Europa VII: Schottland. Schottland – Tschechoslowakei 3:1, 0:2; Schottland – Wales 1:0, 2:0 (in Liverpool); Tschechoslowakei – Wales 1:0, 0:3.
Europa VIII: Spanien. Spanien – Jugoslawien 1:0, 1:0; Spanien – Rumänien 2:0, 0:1, Jugoslawien – Rumänien 0:2, 6:4.
Europa IX: Ungarn. Ungarn – Sowjetunion 2:1, 0:2; Ungarn – Griechenland 3:1, 1:1; Sowjetunion – Griechenland 2:0, 0:1e.
Entscheidungsspiele Europa IX – Dritter Südamerika: Ungarn – Bolivien 6:0, 3:2.

Südamerika I: Brasilien. Brasilien – Paraguay 1:1, 1:0; Brasilien – Kolumbien 6:0, 0:0; Paraguay – Kolumbien 1:1, 1:0.
Südamerika II: Bolivien. Bolivien – Uruguay 1:0; 2:2; Bolivien – Venezuela 2:0, 3:1; Uruguay – Venezuela 2:0, 1:1.
Südamerika III: Peru. Peru – Chile 2:0, 1:1; Peru – Ecuador 4:0, 1:1; Chile – Ecuador 3:0,1:0.
Südamerika, Endrunde in Cali/Kolumbien: Brasilien und Peru. Brasilien – Peru 1:0, Brasilien – Bolivien 8:0, Peru – Bolivien 5:0.

Nord-/Zentralamerika/Karibik: Mexiko
Gruppe 1 (Nordamerika): Mexiko und Kanada. Mexiko – USA 3:0, 0:0; Mexiko – Kanada 0:0, 0:1; USA – Kanada 2:0, 1:1 – Entscheidungsspiel um Platz 2 in Haiti: Kanada – USA 3:0.
Gruppe 2 (Zentralamerika): Guatemala und El Salvador. Guatemala – El Salvador 3:1, 0:2; Guatemala – Costa Rica 1:1, 0:0; Guatemala – Panama 7:0, 4:2; El Salvador – Costa Rica 1:1, 1:1; El Salvador – Panama 4:1, 1:1; Costa Rica – Panama 3:0, 2:3.
Gruppe 3 (Karibik): Haiti und Surinam
Vorrunde: Dominikanische Republik – Haiti 0:3, 0:3.
1. Runde: Guyana – Surinam 2:0, 0:3; Barbados – Trinidad & Tobago 2:1, 0:1, 1:3 (in Port of Spain); Niederl. Antillen – Haiti 1:2, 0:7; Jamaika – Kuba 1:3, 0:2.
2. Runde: Surinam – Trinidad 1:1, 2:2, n. V. 3:2 (in Cayenne); Kuba – Haiti 1:1, 1:1, 0:2 (in Panama.)
Endrunde in Mexiko: Mexiko. Guatemala – Surinam 3:2, El Salvador – Kanada 2:1, Mexiko – Haiti 4:1, Mexiko – El Salvador 3:1, Kanada – Surinam 2:1, Haiti – Guatemala 2:1, Mexiko – Surinam 8:1, Haiti – El Salvador 1:0, Kanada – Guatemala 2:1, Mexiko – Guatemala 2:1, El Salvador – Surinam 3:2, Kanada – Haiti 1:1, Mexiko – Kanada 3:1, Haiti – Surinam 1:0, Guatemala – El Salvador 2:2.

Asien und Ozeanien: Iran
Asien, Gruppe 1: Hongkong. Turnier in Singapur: Singapur – Thailand 2:0, Hongkong – Indonesien 4:1, Malaysia – Thailand 6:4, Singapur – Hongkong 2:2, Indonesien – Malaysia 0:0, Hongkong – Thailand 2:1, Singapur – Malaysia 1:0, Thailand – Indonesien 3:2, Hongkong – Malaysia 1:1, Singapur – Indonesien 0:4 – Entscheidungsspiel Erster – Zweiter: Hongkong – Singapur 1:0. Sri Lanka verzichtete.
Asien, Gruppe 2: Südkorea. Südkorea – Israel 3:1, 0:0; Südkorea – Japan 1:0, 0:0; Israel – Japan 2:0, 2:0 (in Tel Aviv). Nordkorea verzichtete.
Asien, Gruppe 3: Iran. Iran – Saudi-Arabien 2:0, 3:0; Iran – Syrien (Wertung 2:0,; Syrien nicht angetreten), 1:0; Saudi-Arabien – Syrien 2:0, 1:2. Irak verzichtete.
Asien, Gruppe 4 Kuwait. Turnier in Katar: Kuwait – Katar 2:0, 4:1; Kuwait – Bahrain 2:0, 2:1; Katar – Bahrain 2:0, 0:3. Die Vereinigten Arabischen Emirate verzichteten.
Ozeanien: Australien. Australien – Neuseeland 3:1, 1:1; Australien – Taiwan 3:0, 2:1 (beide Spiele in Suva/Fidschi); Neuseeland – Taiwan 6:0, 6:0 (beide Spiele in Wellington).
Endrunde: Iran. Iran – Südkora 2:2, 0:0; Iran – Kuwait 1:0, 2:1; Iran – Australien 1:0, 1:0; Iran – Hongkong 3:0, 2:0; Südkorea – Kuwait 1:0, 2:2; Südkorea – Australien 0:0, 1:2; Südkorea – Hongkong 5:2, 1:0; Kuwait – Australien 1:0, 2:1; Kuwait – Hongkong 4:0, 3:1.

Afrika: Tunesien
Vorrunde: Sierra Leone – Niger 5:1, 1:2; Obervolta – Mauretanien 1:1, 2:0.
1. Runde: Algerien – Libyen 1:0, 0:0; Marokko – Tunesien 1:1, n. V. 1:1/Elfmeterschießen 2:4; Togo – Senegal 1:0, 1:1; Ghana – Guinea 2:1, 1:2, 0:2 (in Lome); Zentralafrikanische Republik verzichtete gegen Zaire; Sierra Leone – Nigeria 0:0, 2:6; Kongo – Kamerun 2:2, 2:1 abgebrochen (Wertung 2:0 für Kongo); Obervolta – Elfenbeinküste 1:1, 0:2; Ägypten – Äthiopien 3:0, 2:1; Sudan verzichtete gegen Kenia; Tansania verzichtete gegen Uganda; Sambia – Malawi 4:0, 1:0.

2. Runde: Tunesien – Algerien 2:0, 1:1; Togo – Guinea 0:2, 1:2; Zaire verzichtete gegen Nigeria; Elfenbeinküste – Kongo 3:2, 3:1; Kenia – Ägypten 0:0, 0:1; Uganda – Sambia 1:0, n. V. 2:4.
3. Runde: Guinea – Tunesien 1:0, 1:3; Nigeria – Elfenbeinküste 4:0, 2:2; Ägypten – Sambia 2:0, 0:0.
Endrunde: Tunesien. Tunesien – Ägypten 4:1, 2:3; Tunesien – Nigeria 0:0, 1:0; Ägypten – Nigeria 3:1, 0:4.
Argentinien als Veranstalter und Deutschland als Weltmeister direkt qualifiziert.

Endrunde vom 1. bis 25. Juni 1978 in Argentinien

1. Finalrunde:
Gruppe I: Italien und Argentinien. Italien – Frankreich 2:1 (Mar del Plata), Argentinien – Ungarn 2:1 (Buenos Aires), Italien – Ungarn 3:1 (Mar del Plata), Argentinien – Frankreich 2:1 (Buenos Aires), Frankreich – Ungarn 3:1 (Mar del Plata), Argentinien – Italien 0:1 (Buenos Aires).
Gruppe II: Polen und Deutschland. Deutschland – Polen 0:0 (Buenos Aires), Tunesien – Mexiko 3:1 (Rosario), Polen – Tunesien 1:0 (Rosario), Deutschland – Mexiko 6:0 (Cordoba), Polen – Mexiko 3:1 (Rosario), Deutschland – Tunesien 0:0 (Cordoba).
Gruppe III: Österreich und Brasilien. Österreich – Spanien 2:1 (Buenos Aires), Brasilien – Schweden 1:1 (Mar del Plata), Österreich – Schweden 1:0 (Buenos Aires), Brasilien – Spanien 0:0 (Mar del Plata), Spanien – Schweden 1:0 (Buenos Aires), Brasilien – Österreich 1:0 (Mar del Plata).
Gruppe IV: Peru und Niederlande. Peru – Schottland 3:1 (Cordoba), Niederlande – Iran 3:0 (Mendoza), Schottland – Iran 1:1 (Cordoba), Peru – Niederlande 0:0 (Mendoza), Peru – Iran 4:1 (Cordoba), Schottland – Niederlande 3:2 (Mendoza).

2. Finalrunde:
Gruppe A: Niederlande. Deutschland – Italien 0:0 (Buenos Aires), Niederlande – Österreich 5:1 (Cordoba), Deutschland – Niederlande 2:2 (Cordoba), Italien – Österreich 1:0 (Buenos Aires), Niederlande – Italien 2:1 (Buenos Aires), Österreich – Deutschland 3:2 (Cordoba).
Gruppe B: Argentinien. Brasilien – Peru 3:0 (Mendoza), Argentinien – Polen 2:0 (Rosario), Polen – Peru 1:0 (Mendoza), Argentinien – Brasilien 0:0 (Rosario), Brasilien – Polen 3:1 (Mendoza), Argentinien – Peru 6:0 (Rosario).

Um den dritten Platz: Brasilien – Italien 2:1 (Buenos Aires).

Endspiel am 25. Juni 1978 in Buenos Aires: Argentinien – Niederlande 3:1 (1:1, 1:0) n. Verl.
Argentinien: Fillol – Olguin, Luis Galvan, Passarella, Tarantini – Ardiles (Larossa), Gallego, Kempes – Bertoni, Luque, Ortis (Houseman).
Holland: Jongbloed – Poortvliet, Krol, Brandts, Jansen (Suurbier) – Neeskens, Haan, Willy van de Kerkhof – Rene van de Kerkhof, Rep (Nanninga), Rensenbrink.
Tore: Kempes (2), Bertoni (Nanninga) – Zuschauer 78 000 – SR: Gonella (Italien)

1982: Italien

Qualifikation:

Europa I: Deutschland und Österreich. Deutschland – Österreich 2:0, 3:1; Deutschland – Bulgarien 4:0, 3:1; Deutschland – Albanien 8:0, 2:0; Deutschland – Finnland 7:1, 4:0; Österreich – Bulgarien 2:0, 0:0; Österreich – Albanien 5:0, 1:0; Österreich – Finnland 5:1, 2:0; Bulgarien – Albanien 2:1, 2:0; Bulgarien – Finnland 4:0, 2:0; Albanien – Finnland 2:0, 1:2.
Europa II: Belgien und Frankreich. Belgien – Frankreich 2:0, 2:3; Belgien – Irland 1:0, 1:1; Belgien – Niederlande 1:0, 0:3; Belgien – Zypern 3:2, 2:0; Frankreich – Irland 2:0, 2:3; Frankreich – Niederlande 2:0, 0:1; Frankreich – Zypern 4:0, 7:0; Irland – Niederlande 2:1, 2:2; Irland – Zypern 6:0, 3:2; Niederlande – Zypern 3:0, 1:0.
Europa III: Sowjetunion und Tschechoslowakei. Sowjetunion – Tschechoslowakei 2:0, 1:1; Sowjetunion – Wales 0:0, 0:0; Sowjetunion – Island 5:0, 2:1; Sowjetunion – Türkei 4:0, 3:0; Tschechoslowakei – Wales 2:0, 0:1; Tschechoslowakei – Island 6:1, 1:1; Tschechoslowakei – Türkei 2:0, 3:0; Wales – Island 2:2, 4:0; Wales – Türkei 4:0, 1:0; Island – Türkei 2:0, 3:1.
Europa IV: Ungarn und England. Ungarn – England 1:3, 0:1; Ungarn – Rumänien 1:0, 0:0; Ungarn – Schweiz 3:0, 2:2; Ungarn – Norwegen 4:1, 2:1; England – Rumänien 0:0, 1:2; England – Schweiz 2:1, 1:2; England – Norwegen 4:0, 1:2; Rumänien – Schweiz 1:2, 0:0; Rumänien – Norwegen 1:0, 1:1; Schweiz – Norwegen 1:2, 1:1.
Europa V: Jugoslawien und Italien. Jugoslawien – Italien 1:1, 0:2; Jugoslawien – Dänemark 2:1, 2:1; Jugoslawien – Griechenland 5:1, 2:1; Jugoslawien – Luxemburg 5:0, 5:0; Italien – Dänemark 2:0, 1:3; Italien – Griechenland 1:1, 2:0; Italien – Luxemburg 1:0, 2:0; Dänemark – Griechenland 0:1, 3:2; Dänemark – Luxemburg 4:0, 2:1; Griechenland – Luxemburg 2:0, 2:0.

Europa VI: Schottland und Nordirland. Schottland – Nordirland 1:1, 0:0; Schottland – Schweden 2:0, 1:0; Schottland – Portugal 0:0, 1:2; Schottland – Israel 3:1, 1:0; Nordirland Schweden 3:0, 0:1; Nordirland – Portugal 1:0, 0:1; Nordirland – Israel 1:0, 0:0; Schweden – Portugal 3:0, 2:1; Schweden – Israel 1:1, 0:0; Portugal – Israel 3:0, 1:4.

Europa VII: Polen. Polen – DDR 1:0, 3:2; Polen – Malta 6:0, 2:0 abgebrochen (Wertung 2:0); DDR – Malta 5:1, 2:1.

Spanien als Veranstalterland automatisch qualifiziert.

Südamerika I: Brasilien. Brasilien – Bolivien 3:1, 2:1; Brasilien – Venezuela 5:0, 1:0; Bolivien – Venezuela 3:0, 0:1.

Südamerika II: Peru. Kolumbien – Peru 1:1, Uruguay – Kolumbien 3:2, Peru – Kolumbien 2:0, Uruguay – Peru 1:2, Peru – Uruguay 0:0, Kolumbien – Uruguay 1:1.

Südamerika III: Chile. Chile – Ecuador 2:0, 0:0, Chile – Paraguay 3:0, 1:0; Ecuador – Paraguay 1:0, 1:3.

Argentinien als Weltmeister automatisch qualifiziert.

Nord-/Mittelamerika: Honduras und El Salvador:

Zone Nord: Kanada und Mexiko. Kanada – Mexiko 1:1, 1:1; Kanada – USA 2:1, 0:0; Mexiko – USA 5:1, 1:2.

Karibikzone: Kuba und Haiti

Vorrunde: Guyana – Grenada 5:2 , 3:2.

Gruppe A: Kuba. Kuba – Surinam 3:0, 0:0; Kuba – Guyana 1:0, 3:0; Surinam – Guyana 4:0, 1:0.

Gruppe B: Haiti. Haiti – Trinidad & Tobago 2:0, 0:1; Haiti – Niederl. Antillen 1:0, 1:1; Trinidad & Tobago – Niederl. Antillen 0:0, 0:0.

Zentralzone: Honduras und El Salvador. Honduras – El Salvador 2:0, 1:2; Honduras – Guatemala 0:0, 1:0; Honduras – Costa Rica 1:1, 3:2; Honduras – Panama 5:0, 2:0; El Salvador – Guatemala 1:0, 0:0; El Salvador – Costa Rica 2:0 (Wertung, Costa Rica nicht angetreten), 0:0; El Salvador – Panama 4:1, 3:1; Guatemala – Costa Rica 0:0, 3:0; Guatemala – Panama 5:0, 2:0; Costa Rica – Panama 2:0, 1:1.

Endrunde: Honduras und El Salvador. Turnier in Tegucigalpa/Honduras: Honduras – El Salvador 0:0, Honduras – Mexiko 0:0, Honduras – Kanada 2:1, Honduras – Kuba 2:0, Honduras – Haiti 4:0, El Salvador – Mexiko 1:0, El Salvador – Kanada 0:1, El Salvador – Kuba 0:0, El Salvador – Haiti 1:0, Mexiko – Kanada 1:1, Mexiko – Kuba 4:0, Mexiko – Haiti 1:1, Kanada – Kuba 2:2, Kanada – Haiti 1:1, Kuba – Haiti 2:0.

Afrika: Algerien und Kamerun

1. Runde: Libyen – Gambia 2:1, 0:0; Äthiopien – Sambia 0:0, 0:4; Sierra Leone – Algerien 2:2, 1:3; Senegal – Marokko 0:1, 0:0; Guinea – Lesotho 3:1, 1:1; Kamerun – Malawi 3:0, 1:1; Tunesien – Nigeria 2:0, n. V. 0:2/Elfmeterschießen 3:4; Kenia – Tansania 3:1, 0:5; Zaire – Mosambik 5:2, 2:1; Niger – Somalia 0:0, 1:1; Ghana verzichtete gegen Ägypten; Uganda verzichtete gegen Madagaskar; Freilose: Sudan, Liberia, Togo und Zimbabwe, Zentralafrikanische Republik verzichtete.

2. Runde: Kamerun – Zimbabwe 2:0, 0:1; Marokko – Sambia 2:0, 0:2/Elfmeterschießen 5:4; Madagaskar – Zaire 1:1, 2:3; Nigeria – Tansania 1:1, 2:0; Liberia – Guinea 0:0, 0:1; Algerien – Sudan 2:0, 1:1; Niger – Togo 0:1, 2:1; Libyen verzichtete gegen Ägypten.

3. Runde: Algerien – Niger 4:0, 0:1; Guinea – Nigeria 1:1, 0:1; Marokko – Ägypten 1:0, 0:0; Zaire – Kamerun 1:0, 1:6.

Endspiele: Nigeria – Algerien 0:2, 1:2; Marokko – Kamerun 0:2, 1:2.

Asien/Ozeanien: Kuwait, Neuseeland

Gruppe 1: Neuseeland. Neuseeland – Australien 3:3, 2:0; Neuseeland – Indonesien 5:0, 2:0; Neuseeland – Taiwan 2:0, 0:0; Neuseeland – Fidschi 13:0, 4:0; Australien – Fidschi 10:0, 4:1; Australien – Taiwan 3:2, 0:0; Australien – Indonesien 2:0, 0:1; Indonesien – Taiwan 1:0, 0:2; Indonesien – Fidschi 3:3, 0:0; Taiwan – Fidschi 0:0, 1:2.

Gruppe 2: Saudi-Arabien. Turnier in Saudi-Arabien: Katar – Irak 0:1, Syrien – Bahrain 0:1, Irak – Saudi-Arabien 0:1, Katar – Bahrain 3:0, Syrien – Saudi-Arabien 0:2, Irak – Bahrain 2:0, Katar – Syrien 2:1, Bahrain – Saudi-Arabien 0:1, Irak – Syrien 2:1, Katar – Saudi-Arabien 0:1.

Gruppe 3: Kuwait. Turnier in Kuwait: Malaysia – Südkorea 1:2, Kuwait – Thailand 6:0, Südkorea – Thailand 5:1, Kuwait – Malaysia 4:0, Malaysia – Thailand 2:2, Kuwait – Südkorea 2:0. Iran verzichtete.

Gruppe 4: China. Turnier in Hongkong: **Qualifikation:** Hongkong – China 0:1, Nordkorea – Macao 3:0, Singapur – Japan 0:1 – **Gruppe A:** China – Macao 3:0, China – Japan 1:0, Japan – Macao 3:0 – **Gruppe B:** Hongkong – Singapur 1:1, Hongkong – Nordkorea 2:2, Nordkorea – Singapur 1:0 – **Halbfinale:** China – Hongkong n. V. 0:0/Elfmeterschießen 5:4, Nordkorea – Japan n. V. 1:0 – **Endspiel:** China – Nordkorea n. V. 4:2.

Endrunde: Kuwait und Neuseeland. Kuwait – Neuseeland 2:2, 2:1; Kuwait – China 1:0, 0:3; Kuwait – Saudi-Arabien 2:0, 1:0; Neuseeland – China 1:0, 0:0; Neuseeland – Saudi-Arabien 2:2, 5:0; China – Saudi-Arabien 4:2, 2:0 (beide Spiele in Kuala Lumpur) – Entscheidungsspiel in Singapur: Neuseeland – China 2:1.

Endrunde vom 13. Juni bis 11. Juli 1982 in Spanien

1. Finalrunde:

Gruppe 1: Polen und Italien. Italien – Polen 0:0 (Vigo), Peru – Kamerun 0:0 (La Coruna), Polen – Kamerun 0:0 (La Coruna), Italien – Peru 1:1 (Vigo), Polen – Peru 5:1 (La Coruna), Italien – Kamerun 1:1 (Vigo).

Gruppe 2: Deutschland und Österreich. Deutschland – Algerien 1:2 (Gijon), Chile – Österreich 0:1 (Oviedo), Deutschland – Chile 4:1 (Gijon), Algerien – Österreich 0:2 (Oviedo), Algerien – Chile 3:2 (Oviedo), Deutschland – Österreich 1:0 (Gijon).

Gruppe 3: Belgien und Argentinien. Argentinien – Belgien 0:1 (Barcelona), Ungarn – El Salvador 10:1 (Elche), Argentinien – Ungarn 4:1 (Alicante), Belgien – El Salvador 1:0 (Elche), Belgien – Ungarn 1:1 (Elche), Argentinien – El Salvador 2:0 (Alicante).

Gruppe 4: England und Frankreich. England – Frankreich 3:1 (Bilbao), Tschechoslowakei – Kuwait 1:1 (Valladolid), England – Tschechoslowakei 2:0 (Bilbao), Frankreich – Kuwait 4:1 (Valladolid), Frankreich – Tschechoslowakei 1:1 (Valladolid), England – Kuwait 1:0 (Bilbao).

Gruppe 5: Nordirland und Spanien. Spanien – Honduras 1:1 (Valencia), Jugoslawien – Nordirland 0:0 (Saragossa), Spanien – Jugoslawien 2:1 (Valencia), Honduras – Nordirland 1:1 (Saragossa), Honduras – Jugoslawien 0:1 (Saragossa), Spanien – Nordirland 0:1 (Valencia).

Gruppe 6: Brasilien und Sowjetunion. Brasilien – Sowjetunion 2:1 (Sevilla), Schottland – Neuseeland 5:2 (Malaga), Brasilien – Schottland 4:1 (Sevilla), Sowjetunion – Neuseeland 3:0 (Malaga), Sowjetunion – Schottland 2:2 (Malaga), Brasilien – Neuseeland 4:0 (Sevilla).

2. Finalrunde:

Gruppe A: Polen. Polen – Belgien 3:0, Belgien – Sowjetunion 0:1, Polen – Sowjetunion 0:0 (alle Spiele im Estadio Nou Camp, Barcelona).

Gruppe B: Deutschland. Deutschland – England 0:0, Deutschland – Spanien 2:1, England – Spanien 0:0 (alle Spiele im Estadio Bernabeu, Madrid).

Gruppe C: Italien. Italien – Argentinien 2:1, Brasilien – Argentinien 3:1, Italien – Brasilien 3:2 (alle Spiele im Estadio Sarria, Barcelona).

Gruppe D: Frankreich. Österreich – Frankreich 0:1, Nordirland – Österreich 2:2, Nordirland – Frankreich 1:4 (alle Spiele im Estadio Vicente Calderon, Madrid).

Halbfinale: Polen – Italien 0:2 (Barcelona), Deutschland – Frankreich n. V. 3:3/Elfmeterschießen 5:4 (Sevilla).

Um den dritten Platz: Polen – Frankreich – Polen 3:2 (Alicante).

Endspiel am 11. Juli 1982 in Madrid: Italien – Deutschland 3:1 (0:0)

Italien: Zoff – Gentile, Scirea, Collovati, Bergomi – Gabrini, Oriali, Tardelli, Conti – Graziani (Altobelli, Causio), Rossi.

Deutschland: Schumacher – Kaltz, Stielike, Kh. Förster, B. Förster – Dremmler (Hrubesch), Breitner, Rummenigge (H. Müller), Briegel – Littbarski, Fischer.

Tore: Rossi, Tardelli, Altobelli (Breitner) – Zuschauer 90 000 – SR: Coelho (Brasilien).

1986: Argentinien

Qualifikation:

Europa I: Polen und Belgien. Polen – Belgien 0:0, 0:2; Polen – Albanien 2:2, 1:0; Polen – Griechenland 3:1, 4:1; Belgien – Albanien 3:1, 0:2; Belgien – Griechenland 2:0, 0:0; Albanien – Griechenland 1:1, 0:2.

Europa II: Deutschland und Portugal. Deutschland – Portugal 0:1, 2:1; Deutschland – Schweden 2:0, 2:2; Deutschland – Tschechoslowakei 2:2, 5:1; Deutschland – Malta 6:0, 3:2; Portugal – Schweden 1:3, 1:0; Portugal – Tschechoslowakei 2:1, 0:1; Portugal – Malta 3:2, 3:1; Schweden – Tschechoslowakei 2:0, 1:2; Schweden – Malta 4:0, 2:1, Tschechoslowakei – Malta 4:0, 0:0.

Europa III: England und Nordirland. England – Nordirland 0:0, 1:0; England – Rumänien 1:1, 0:0; England – Finnland 5:0, 1:1; England – Türkei 5:0, 8:0; Nordirland – Rumänien 3:2, 1:0; Nordirland – Finnland 2:1, 0:1; Nordirland – Türkei 2:0, 0:0; Rumänien – Finnland 2:0, 1:1; Rumänien – Türkei 3:0, 3:1; Finnland – Türkei 1:0, 2:1.

Europa IV: Frankreich und Bulgarien. Frankreich – Bulgarien 1:0, 0:2; Frankreich – DDR 2:0, 0:2; Frankreich – Jugoslawien 2:0, 0:0; Frankreich – Luxemburg 6:0, 4:0; Bulgarien – DDR 1:0, 1:2; Bulgarien – Jugoslawien 2:1, 0:0; Bulgarien – Luxemburg 4:0, 3:1 DDR Jugoslawien 2:3, 2:1; DDR – Luxemburg 3:1, 5:0; Jugoslawien – Luxemburg 1:0, 1:0.
Europa V: Ungarn. Ungarn – Niederlande 0:1, 2:1; Ungarn – Österreich 3:1, 3:0; Ungarn – Zypern 2:0, 2:1; Niederlande – Österreich 1:1, 0:1; Niederlande – Zypern 7:1, 1:0; Österreich – Zypern 4:0, 2:1.
Europa VI: Dänemark und Sowjetunion. Dänemark – Sowjetunion 4:2, 0:1; Dänemark – Schweiz 0:0, 0:1; Dänemark – Irland 3:0, 4:1; Dänemark – Norwegen 1:0, 5:1; Sowjetunion – Schweiz 4:0, 2:2; Sowjetunion – Irland 2:0, 0:1; Sowjetunion – Norwegen 1:0, 1:1; Schweiz – Irland 0:0, 0:3; Schweiz – Norwegen 1:1, 1:0; Irland Norwegen 0:0, 0:1.
Europa VII: Spanien und Schottland. Spanien – Schottland 1:0, 1:3; Spanien – Wales 3:0, 0:3; Spanien – Island 2:1, 2:1; Schottland – Wales 0:1, 1:1; Schottland – Island 3:0, 1:0; Wales – Island 2:1, 0:1.
Zusatz-Qualifikation: Belgien (Zweiter Europa I) – Niederlande (Zweiter Europa V) 1:0, 1:2; Schottland (Zweiter Europa VII) – Australien (Sieger Ozeanien) 2:0, 0:0.

Italien als Weltmeister ist automatisch qualifiziert.

Ozeanien: Australien. Australien – Israel 1:1, 2:1; Australien – Neuseeland 2:0, 0:0; Australien – Taiwan 7:0, 8:0; Israel – Neuseeland 3:0, 1:3; Israel – Taiwan 6:0, 5:0; Neuseeland – Taiwan 5:1, 5:0 – Taiwan verzichtete auf sein Heimrecht und spielte beim jeweiligen Gegner.

Südamerika I: Argentinien. Argentinien – Peru 2:2, 0:1; Argentinien – Kolumbien 1:0, 3:1; Argentinien – Venezuela 3:0, 3:2; Peru – Kolumbien 0:0, 0:1; Peru – Venezuela 4:1, 1:0; Kolumbien – Venezuela 2:0, 2:2.
Südamerika II: Uruguay. Uruguay – Chile 2:1, 0:2; Uruguay – Ecuador 2:1, 2:0; Chile – Ecuador 6:2, 1:1.
Südamerika III: Brasilien. Brasilien – Paraguay 1:1, 2:0; Brasilien – Bolivien 1:1, 2:0 Paraguay – Bolivien 3:0, 1:1.
Zusatz-Qualifikation: Paraguay. Paraguay – Kolumbien 3:0, 1:2; Chile – Peru 4:2, 1:0; Endspiele: Paraguay – Chile 3:0, 2:2.

Nord-/Mittelamerika: Kanada und Mexiko (Veranstalter)
1. Runde: El Salvador – Puerto Rico 5:0, 3:0; USA – Niederl. Antillen 4:0, 0:0; Honduras – Panama 1:0, 3:0; Haiti – Antigua 1:2, 4:0 (beide Spiele in Port-au-Prince); Surinam – Guyana 1:0, 1:1; Jamaika verzichtete gegen Kanada; Grenada verzichtete gegen Trinidad & Tobago; Barbados verzichtete gegen Costa Rica; Guatemala (Freilos).
2. Runde:
Gruppe 1: Honduras. Honduras – El Salvador 0:0, 2:1; Honduras – Surinam 2:1, 1:1 (beide Spiele in Tegucigalpa); El Salvador – Surinam 3:0, 3:0 (beide Spiele in San Salvador).
Gruppe 2: Kanada. Kanada – Guatemala 2:1, 1:1; Kanada – Haiti 2:0, 2:0; Guatemala – Haiti 4:0, 1:0.
Gruppe 3: Costa Rica. Costa Rica – USA 1:1, 1:0; Costa Rica – Trinidad & Tobago 1:1, 3:0 (beide Spiele in San José); USA – Trinidad & Tobago 1:0, 2:1 (in St. Louis).
Endrunde: Kanada. Kanada – Honduras 2:1.1:0; Kanada – Costa Rica 1:1, 0:0; Honduras – Costa Rica 3:1, 2:2.

Afrika: Marokko und Algerien
1. Runde: Ägypten – Simbabwe 1:0, 1:1; Kenia – Äthiopien 2:1, 3:3; Mauritius – Malawi 0:1, 0:4; Sambia – Uganda 3:0, 0:1; Tansania – Sudan 1:1, 0:0; Sierra Leone – Marokko 0:1, 0:4; Benin – Tunesien 0:2, 0:4; Elfenbeinküste – Gambia 4:0, 2:3; Nigeria – Liberia 3:0, 1:0; Angola – Senegal 1:0, n. V. 0:1/Elfmeterschießen 4:3; Lesotho verzichtete gegen Madagaskar; Niger verzichtete gegen Libyen; Togo verzichtete gegen Guinea; Freilose: Algerien, Kamerun, Ghana.
2. Runde: Sambia – Kamerun 4:1, 1:1; Marokko – Malawi 2:0, 0:0; Angola – Algerien 0:0, 2:3; Kenia – Nigeria 0:3, 1:3; Ägypten – Madagaskar 1:0, n. V. 0:1/Elfmeterschießen 4:2; Guinea – Tunesien 1:0, 0:2; Sudan – Libyen 0:0, 0:4; Elfenbeinküste – Ghana 0:0, 0:2.
3. Runde: Algerien – Sambia 2:0, 1:0; Nigeria – Tunesien 1:0, 0:2; Ghana – Libyen 0:0, 0:2; Ägypten – Marokko 0:0, 0:2.
Endspiele: Tunesien – Algerien 1:4, 0:3; Marokko – Libyen 3:0, 0:1.

Asien: Südkorea und Irak
1. Runde:
Untergruppe 1A: Saudi-Arabien. Saudi-Arabien – Vereinigte Arabische Emirate 0:0, 0:1; Oman verzichtete.

Untergruppe 1B: Irak. Irak – Katar 2:1 (in Kalkutta), 0:3; Irak – Jordanien 2:0 (in Kuwait), 3:2; Katar – Jordanien 2:0, 0:1; Libanon zog nach 0:6, 0:6 gegen Irak und 0:8, 0:7 gegen Katar zurück.
Untergruppe 2A: Syrien. Syrien – Kuwait 1:0, 0:0; Syrien – Jemen 3:0, 1:0; Kuwait – Jemen 5:0, 3:1.
Untergruppe 2B: Bahrain. Südjemen – Bahrain 1:4, 3:3. Iran wurde wegen der Weigerung, seine Heimspiele auf neutralen Plätzen auszutragen, disqualifiziert.
Untergruppe 3A: Südkorea. Südkorea – Malaysia 2:0, 0:1; Südkorea – Nepal 4:0, 2:0; Malaysia – Nepal 5:0, 0:0.
Untergruppe 3B: Indonesien. Indonesien – Indien 2:1, 1:1; Indonesien – Thailand 1:0, 1:0; Indonesien – Bangladesch 2:0, 1:2; Indien – Thailand 1:1, 0:0; Indien – Bangladesch 2:1, 2:1; Thailand – Bangladesch 3:0, 0:1.
Untergruppe 4A: Hongkong. Hongkong – China 0:0, 2:1; Hongkong – Macao 2:0, 2:0; Hongkong – Brunei 8:0, 5:1; China – Macao 6:0, 4:0; China – Brunei 8:0 (in Macao), 4:0 (in Hongkong); Macao – Brunei 2:0, 2:1.
Untergruppe 4B: Japan. Japan – Nordkorea 1:0, 0:0; Japan – Singapur 5:0, 3:1; Nordkorea – Singapur 2:0, 1:1.
2. Runde: Vereinigte Arabische Emirate – Irak 2:3, 2:1 (in Taif); Bahrain – Syrien 1:1, 0:1; Südkorea – Indonesien 2:0, 4:1; Japan – Hongkong 3:0, 2:1.
Endspiele: Syrien – Irak 0:0, 1:3 (in Taif); Japan – Südkorea 1:2, 0:1.

Endrunde vom 31. Mai bis 29. Juni in Mexiko

1. Finalrunde:
Es qualifizierten sich die beiden Gruppenersten sowie die vier besten Gruppen-Dritten.
Gruppe A: Argentinien, Italien, Bulgarien. Bulgarien – Italien 1:1 (in Mexiko City), Argentinien – Südkorea 3:1 (in Mexiko City), Italien – Argentinien 1:1 (Puebla), Südkorea – Bulgarien 1:1 (Mexiko City), Südkorea – Italien 2:3 (Puebla), Argentinien Bulgarien 2:0 (Mexiko City).
Gruppe B: Mexiko, Paraguay, Belgien. Belgien – Mexiko 1:2 (Mexiko City), Paraguay – Irak 1:0 (Toluca), Mexiko – Paraguay 1:1 (Mexiko City), Irak – Belgien 1:2 (Toluca), Irak – Mexiko 0:1 (Mexiko City), Paraguay – Belgien 2:2 (Toluca).
Gruppe C: Sowjetunion, Frankreich. Kanada – Frankreich 0:1 (Leon), Sowjetunion – Ungarn 6:0 (Irapuato), Frankreich – Sowjetunion 1:1 (Leon), Ungarn – Kanada 2:0 (Irapuato), Ungarn – Frankreich 0:3 (Leon), Sowjetunion – Kanada 2:0 (Irapuato).
Gruppe D: Brasilien, Spanien. Spanien – Brasilien 0:1 (Guadalajara), Algerien – Nordirland 1:1 (Guadalajara), Brasilien – Algerien 1:0 (Guadalajara), Nordirland – Spanien 1:2 (Guadalajara), Nordirland – Brasilien 0:3 (Guadalajara), Algerien – Spanien 0:3 (Monterrey).
Gruppe E: Dänemark, Deutschland, Uruguay. Uruguay – Deutschland 1:1 (Queretaro), Schottland – Dänemark 0:1 (Nezahualcoyotl), Deutschland – Schottland 2:1 (Queretaro), Dänemark – Uruguay 6:1 (Nezahualcoyotl), Dänemark – Deutschland 2:0 (Queretaro), Schottland – Uruguay 0:0 (Nezahualcoyotl).
Gruppe F: Marokko, England, Polen. Marokko – Polen 0:0 (Monterrey), Portugal – England 1:0 (Monterrey), England – Marokko 0:0 (Monterrey), Polen – Portugal 1:0 (Monterrey), Portugal – Marokko 1:3 (Guadalajara), England – Polen 3:0 (Monterrey).

Achtelfinale: Mexiko – Bulgarien 2:0 (Mexiko City), Sowjetunion – Belgien n. V. 3:4 (Leon), Brasilien – Polen 4:0 (Guadalajara), Argentinien – Uruguay 1:0 (Puebla), Italien – Frankreich 0:2 (Mexiko City), Marokko – Deutschland 0:1 (Monterrey), England – Paraguay 3:0 (Mexiko City), Dänemark – Spanien 1:5 (Queretaro).

Viertelfinale: Brasilien – Frankreich n. V. 1:1/Elfmeterschießen 3:4 (Guadalajara), Deutschland – Mexiko n. V. 0:0/Elfmeterschießen 4:1 (Monterrey), Argentinien – England 2:1 (Mexiko City), Spanien – Belgien n. V. 1:1/Elfmeterschießen 4:5 (Puebla).

Halbfinale: Frankreich – Deutschland 0:2 (Guadalajara), Argentinien – Belgien 2:0 (Mexiko City).

Um den dritten Platz: Frankreich – Belgien n. V. 4:2 (Puebla).

Endspiel am 29. Juni 1986 in Mexiko City: Argentinien – Deutschland 3:2 (1:0)
Argentinien: Pumpido – Brown – Cuciuffo, Ruggeri, Olarticoechea – Giusti, Batista, Maradona, Enrique – Burruchaga (Trobbiani), Valdano.
Deutschland: Schumacher – Jakobs – Berthold, Kh. Förster, Briegel – Matthäus, Brehme, Magath (D. Hoeneß), Eder – K. H. Rummenigge, Kl. Allofs (Völler).
Tore: Brown, Valdano, Burruchaga (K. H. Rummenigge, Völler) – Zuschauer: 114 800 – SR: Arppi Filho (Brasilien).

1990: Deutschland

Qualifikation:

Europa I: Rumänien. Rumänien – Dänemark 3:1, 0:3; Rumänien – Griechenland 3:0, 0:0; Rumänien – Bulgarien 1:0, 3:1; Dänemark – Griechenland 7:1, 1:1; Dänemark – Bulgarien 1:1, 2:0; Griechenland – Bulgarien 1:0, 0:4.
Europa II: Schweden und England. Schweden – England 0:0, 0:0; Schweden – Polen 2:1, 2:0; Schweden – Albanien 3:1, 2:1; England – Polen 3:0, 0:0; England – Albanien 5:0, 2:0; Polen – Albanien 1:0, 2:1.
Europa III: Sowjetunion und Österreich. Sowjetunion – Österreich 2:0, 0:0; Sowjetunion – Türkei 2:0, 1:0; Sowjetunion – DDR 3:0, 1:2; Sowjetunion – Island 1:1, 1:1; Österreich – Türkei 3:2, 0:3; Österreich – DDR 3:0, 1:1; Österreich – Island 2:1, 0:0; Türkei – DDR 3:1, 2:0; Türkei – Island 1:1, 1:2; DDR – Island 2:0, 3:0.
Europa IV: Niederlande und Deutschland. Niederlande – Deutschland 1:1, 0:0; Niederlande – Finnland 3:0, 1:0; Niederlande – Wales 1:0, 2:1; Deutschland – Finnland 6:1, 4:0; Deutschland – Wales 2:1, 0:0; Finnland – Wales 1:0, 2:2.
Europa V: Jugoslawien und Schottland. Jugoslawien – Schottland 3:1, 1:1; Jugoslawien – Frankreich 3:2, 0:0; Jugoslawien – Norwegen 1:0, 2:1; Jugoslawien – Zypern 4:0, 2:1 (in Athen); Schottland – Frankreich 2:0, 0.3~ Schottland – Norwegen 1:1, 2:1; Schottland – Zypern 2:1, 3:2; Frankreich – Norwegen 1:0, 1:1; Frankreich – Zypern 2:0, 1:1; Norwegen – Zypern 3:1, 3:0.
Europa VI. Spanien und Irland. Spanien – Irland 2:0, 0:1; Spanien – Ungarn 4:0, 2:2; Spanien – Nordirland 4:0, 2:0; Spanien – Malta 4:0, 2:0; Irland – Ungarn 2:0, 0:0; Irland – Nordirland 3:0, 0:0; Irland – Malta 2:0, 2:0; Ungarn – Nordirland 1:0, 2:1; Ungarn – Malta 1:1, 2:2; Nordirland – Malta 3:0, 2:0.
Europa VII: Belgien, Tschechoslowakei. Belgien – Tschechoslowakei 2:1, 0:0; Belgien – Portugal 3:0, 1:1; Belgien – Schweiz 1:0, 2:2; Belgien – Luxemburg 1:1, 5:0 (in Lille); Tschechoslowakei – Portugal 2:1, 0:0; Tschechoslowakei – Schweiz 3:0, 1:0; Tschechoslowakei – Luxemburg 4:0, 2:0; Portugal – Schweiz 3:1, 2:1; Portugal – Luxemburg 1:0, 3:0 (in Saarbrücken); Schweiz – Luxemburg 2:1, 4:1.
Italien als Veranstalter automatisch qualifiziert.

Südamerika I: Uruguay. Uruguay – Bolivien 2:0, 1:2; Uruguay – Peru 2:0, 2:0; Bolivien – Peru 2:1, 2:1.
Südamerika II: Kolumbien. Kolumbien – Paraguay 2:1, 1:2; Kolumbien – Ecuador 2:0, 0:0; Paraguay – Ecuador 2:1, 1:3.
Südamerika III: Brasilien. Brasilien – Chile 1:0 abgebrochen, Wertung 2:0, 1:1 Brasilien – Venezuela 6:0, 4:0, Chile – Venezuela 5:0 (in Mendoza), 3:1.

Argentinien als Weltmeister direkt qualifiziert.

Zusatz-Qualifikation: Kolumbien – Israel (Sieger Ozeanien) 1:0, 0:0.

Ozeanien: 1. Runde: Neuseeland – Taiwan 4:1, 4:0 (beide Spiele in Neuseeland). Australien – Fidschi 5:1, 0:1; Israel Freilos.
Endrunde: Israel – Australien 1:1, 1:1; Israel – Neuseeland 1:0, 2:2; Australien – Neuseeland 4:1, 0:2.

Nord-/Mittelamerika: Costa Rica und USA
1. Runde: Guyana – Trinidad & Tobago 0:4, 0:1; Kuba – Guatemala 0:1, 1:1; Jamaika – Puerto Rico 1:0, 2:1; Antigua – Niederl. Antillen 0:1, n. V. 1:3; Costa Rica – Panama 1:1, 2:0 – Freilose: Kanada, Honduras, El Salvador, USA. Mexiko von der FIFA ausgeschlossen.
2. Runde: Jamaika – USa 0:0, 1:5; Guatemala – Kanada 1:0, 2:3; Niederl. Antillen – El Salvador 0:1, 0:5; Trinidad & Tobago – Honduras 0:0, 1:1; Freilos: Costa Rica.
Endrunde: Costa Rica – USA 1:0, 0:1; Costa Rica – Trinidad & Tobago 1:0, 1:1; Costa Rica – Guatemala 2:1, 0:1; Costa Rica – El Salvador 1:0, 4:2 abgebrochen (Wertung nach Spielstand); USA – Trinidad & Tobago 1:1, 1:0; USA – Guatemala 2:1, 0:0; USA – El Salvador 0:0, 1:0 (in Tegucigalpa); Trinidad & Tobago – Guatemala 2:1, 1:0; Trinidad & Tobago – El Salvador 2:0, 0:0 (in Tegucigalpa); Guatemala – El Salvador nicht mehr gespielt worden.

Afrika: Ägypten und Kamerun
1. Runde: Angola – Sudan 0:0, 2:1; Lesotho verzichtete gegen Zimbabwe; Ruanda verzichtete gegen Sambia; Malawi – Uganda 3:1, 0:1; Libyen – Burkina Faso 3:0, 0:2; Liberia – Ghana 2:0, 0:0; Tunesien – Guinea 5:0, 0:3; Togo verzichtete gegen Gabun. Freilose: Algerien, Kamerun, Ägypten, Kenia, Marokko, Elfenbeinküste, Nigeria, Zaire.
2. Runde (Gruppe A): Algerien. Algerien – Elfenbeinküste 1:0, 0:0; Algerien – Zimbabwe 3:0, 2:1; Elfenbeinküste – Zimbabwe 5:0, 0:0; Libyen zog nach einem 0:1 bei der Elfenbeinküste zurück.

2. Runde (Gruppe B): Ägypten. Ägypten – Liberia 2:0, 0:1; Ägypten – Malawi 1:0, 1:1; Ägypten – Kenia 2:0, 0:0; Liberia – Malawi 1:0, 0:0; Liberia – Kenia 0:0, 0:1; Malawi – Kenia 1:0, 1:1.
2. Runde (Gruppe C): Kamerun. Kamerun – Nigeria 1:0, 0:2; Kamerun – Angola 1:1, 2:1; Kamerun – Gabun 2:1, 3:1; Nigeria – Angola 1:0, 2:2; Nigeria – Gabun 1:0, 1:2; Angola – Gabun 2:0, 0:1.
2. Runde (Gruppe D): Tunesien. Tunesien – Sambia 1:0, 0:1; Tunesien – Zaire 1:0, 1:3; Tunesien – Marokko 2:1, 0:0; Sambia – Zaire 4:2, 0:1; Sambia – Marokko 2:1, 0:1; Zaire – Marokko 0:0, 1:1.
Endrunde: Ägypten – Algerien 1:0, 0:0; Kamerun – Tunesien 2:0, 1:0.

Asien: Südkorea und Vereinigte Arabische Emirate
Gruppe 1: Katar. Katar – Irak 1:0, 2:2; Katar – Jordanien 1:0, 1:1; Katar – Oman 3:0, 0:0; Irak – Jordanien 4:0, 1:0; Irak – Oman 3:1, 1:1; Jordanien – Oman 2:0, 2:0.
Gruppe 2: Saudi-Arabien. Saudi-Arabien – Syrien 5:4, 0:0; Saudi-Arabien – Jemen 1:0, 1:0; Syrien – Jemen 2:0, 1:0. Bahrain verzichtete.
Gruppe 3: Vereinigte Arabische Emirate. Vereinigte Arabische Emirate – Kuwait 1:0, 2:3; Vereinigte Arabische Emirate – Pakistan 5:0, 4:1; Kuwait – Pakistan 2:0, 1:0; VR Jemen verzichtete.
Gruppe 4: Südkorea. Südkorea – Malaysia 3:0, 3:0; Südkorea – Singapur 3:0, 3:0; Südkorea – Nepal 9:0, 4:0; Malaysia – Singapur 1:0, 2:2; Malaysia – Nepal 2:0, 3:0; Singapur – Nepal 3:0, 7:0. Das jeweils zuerst genannte Resultat wurde bei einem Turnier in Südkorea gespielt, das zweite bei einem Turnier in Singapur. Indien verzichtete.
Gruppe 5: China. China – Iran 2:0, 2:3; China – Bangladesch 2:0, 2:0; China – Thailand 2:0, 3:0; Iran – Bangladesch 1:0, 2:1; Iran – Thailand 3:0, 3:0; Bangladesch – Thailand 3:1, 0:1.
Gruppe 6: Nordkorea. Nordkorea – Japan 2:0, 1:2; Nordkorea – Indonesien 2:1, 0:0; Nordkorea – Hongkong 4:1, 2:1; Japan – Indonesien 5:0, 0:0; Japan – Hongkong 0:0, 0:0; Indonesien – Hongkong 3:2, 1:1.
Endrunde: Südkorea und Vereinigte Arabische Emirate. Turnier in Singapur: Südkorea – Vereinigte Arabische Emirate 1:1 (in Kuala Lumpur); Südkorea – Katar 0:0; Südkorea – China 1:0; Südkorea – Saudi-Arabien 2:0; Südkorea – Nordkorea 1:0; Vereinigte Arabische Emirate – Katar 1:1; Vereinigte Arabische Emirate – China 2:1; Vereinigte Arabische Emirate – Saudi-Arabien 0:0; Vereinigte Arabische Emirate – Nordkorea 0:0; Katar – China 2:1; Katar – Saudi-Arabien 1:1; Katar – Nordkorea 0:2; China – Saudi-Arabien 2:1; China – Nordkorea 1:0; Saudi-Arabien – Nordkorea 2:0 (in Kuantan).

Endrunde vom 8. Juni bis 8. Juli 1990 in Italien

1. Finalrunde:
Es qualifizierten sich die beiden Gruppenersten sowie die vier besten Gruppen-Dritten.
Gruppe A: Italien, Tschechoslowakei. USA – Tschechoslowakei 1:5 (Florenz), Italien – Österreich 1:0 (Rom), Italien – USA 1:0 (Rom), Österreich – Tschechoslowakei 0:1 (Florenz), Italien – Tschechoslowakei 2:0 (Rom), Österreich – USA 2:1 (Florenz).
Gruppe B: Kamerun, Rumänien, Argentinien. Argentinien – Kamerun 0:1 (Mailand), Sowjetunion – Rumänien 0:2 (Bari), Argentinien – Sowjetunion 2:0 (Neapel), Kamerun – Rumänien 2:1 (Bari), Argentinien – Rumänien 1:1 (Neapel), Kamerun – Sowjetunion 0:4 (Bari).
Gruppe C: Brasilien, Costa Rica. Brasilien – Schweden 2:1 (Turin), Costa Rica – Schottland 1:0 (Genua), Brasilien – Costa Rica 1:0 (Turin), Schweden – Schottland 1:2 (Genua), Brasilien – Schottland 1:0 (Turin), Schweden – Costa Rica 1:2 (Genua).
Gruppe D: Deutschland, Jugoslawien, Kolumbien. Vereinigte Arabische Emirate – Kolumbien 0:2 (Bologna), Deutschland – Jugoslawien 4:1 (Mailand), Jugoslawien – Kolumbien 1:0 (Bologna), Deutschland – Vereinigte Arabische Emirate 5:1 (Mailand), Deutschland – Kolumbien 1:1 (Mailand), Jugoslawien – Vereinigte Arabische Emirate 4:1.
Gruppe E: Spanien, Belgien, Uruguay. Belgien – Südkorea 2:0 (Verona), Uruguay – Spanien 0:0 (Udine), Belgien – Uruguay 3:1 (Verona), Südkorea – Spanien 1:3 (Udine), Belgien – Spanien 1:2 (Verona), Südkorea – Uruguay 0:1 (Udine).
Gruppe F: England, Irland, Niederlande. England – Irland 1:1 (Cagliari), Niederlande – Ägypten 1:1 (Palermo), England – Niederlande 0:0 (Cagliari), Irland – Ägypten 0:0 (Palermo), Irland – Holland 1:1 (Palermo), England – Ägypten 1:0 (Cagliari). Irland durch Losentscheid Gruppenzweiter.

Achtelfinale: Kamerun – Kolumbien n. V. 2:1 (Neapel), Tschechoslowakei – Costa Rica 4:1 (Bari), Brasilien – Argentinien 0:1 (Turin), Deutschland – Holland 2:1 (Mailand), Irland – Rumänien n. V. 0:0/Elfmeterschießen 5:4 (Genua), Italien – Uruguay 2:0 (Rom), Spanien – Jugoslawien n. V. 1:2 (Verona), England – Belgien n. V. 1:0 (Bologna).
Viertelfinale: Tschechoslowakei – Deutschland 0:1 (Mailand), Kamerun – England n. V. 2:3 (Neapel), Irland – Italien 0:1 (Rom), Argentinien – Jugoslawien n. V. 0:0/Elfmeterschießen 3:2 (Florenz).

Halbfinale: Deutschland – England n. V. 1:1/Elfmeterschießen 4:3 (Turin), Argentinien – Italien n. V. 1:1/Elfmeterschießen 4:3 (Neapel).
Um den dritten Platz: Italien – England 2:1 (Bari).

Endspiel am 8. Juli 1990 in Rom: Deutschland – Argentinien 1:0 (0:0
Deutschland: Illgner – Augenthaler – Berthold (Reuter), Kohler, Buchwald, Brehme – Häßler, Matthäus, Littbarski – Klinsmann, Völler.
Argentinien: Goycoechea – Simon – Serrizuela, Ruggeri (Monzon) – Troglio, Sensini, Burruchaga (Calderon), Basualdo, Lorenzo – Dezotti, Maradona,
Tor: Brehme – Zuschauer: 73 607 – SR: Codesal Mendez (Mexiko).

1994: Brasilien

Qualifikation:

Europa I: Italien und Schweiz. Italien – Schweiz 2:2, 0:1; Italien – Portugal 1:0, 3:1; Italien – Schottland 3:1, 0:0; Italien – Malta 6:1, 2:1; Italien – Estland 2:0, 3:0; Schweiz – Portugal 1:1, 0:1; Schweiz – Schottland 3:1, 1:1; Schweiz – Malta 3:0, 2:0; Schweiz – Estland 4:0, 6:0; Portugal – Schottland 5:0, 0:0; Portugal – Malta 4 0, 1:0; Portugal – Estland 3:0, 2:0; Schottland – Malta 3:0, 2:0; Schottland – Estland 3:0, 3:1, Malta – Estland 0:0, 1:0.
Europa II: Norwegen und Niederlande. Norwegen – Niederlande 2:1, 0:0 Norwegen – England 2:0, 1:1; Norwegen – Polen 1:0, 3:0; Norwegen – Türkei 3:1, 1:2; Norwegen – San Marino 10:0, 2:0; Niederlande – England 2:0, 2:2; Niederlande – Polen 2:2, 3:1; Niederlande – Türkei 3:1, 3:1; Niederlande – San Marino 6:0, 7:0; England – Polen 3:0, 1:1; England – Türkei 4:0, 2:0; England – San Marino 6:0, 7:1; Polen – Türkei 1:0, 1:2; Polen – San Marino 1:0, 3:0; Türkei – San Marino 4:1, 0:0.
Europa III: Spanien und Irland. Spanien – Irland 0:0, 3:1; Spanien – Dänemark 1:0, 0:1; Spanien – Nordirland 3:1, 0:0; Spanien – Litauen 5:0, 2:0; Spanien – Lettland 5:0, 0:0; Spanien – Albanien 3:0, 5:1; Irland – Dänemark 1:1, 0:0; Irland – Nordirland 3:0, 1:1; Irland – Litauen 2:0, 1:0; Irland – Lettland 4:0, 2:0; Irland – Albanien 2:0, 2:1; Dänemark – Nordirland 1:0, 1:0; Dänemark – Litauen 4:0, 0:0; Dänemark – Lettland 2:0, 0:0; Dänemark – Albanien 4:0, 1:0; Nordirland – Litauen 2:2, 1:0; Nordirland – Lettland 2:0, 2:1; Nordirland – Albanien 3:0, 2:1; Litauen – Lettland 1:1, 2:1; Litauen – Albanien 3:1, 0:1; Lettland – Albanien 0:0, 1:1.
Europa IV: Rumänien und Belgien. Rumänien – Belgien 2:1, 0:1; Rumänien – RCS 1:1, 2:5; Rumänien – Wales 5:1, 2:1; Rumänien – Zypern 2:1, 4:1; Rumänien – Färöer 7:0, 4:0; Belgien – RCS 0:0, 2:1; Belgien – Wales 2:0, 0:2, Belgien – Zypern 1:0, 3:0; Belgien – Färöer 3:0, 3:0; RCS – Wales 1:1, 2:2; RCS – Zypern 3:0, 1:1; RCS – Färöer 4:0, 3:0; Wales – Zypern 2:0, 1:0; Wales – Färöer 6:0, 3:0; Zypern – Färöer 3:1, 2:0.
Europa V: Griechenland und Russland. Griechenland – Russland 1:0, 1:1; Griechenland – Island 1:0, 1:0; Griechenland – Ungarn 0:0, 1:0; Griechenland – Luxemburg 2:0, 3:1; Russland – Island 1:0, 1:1; Russland – Ungarn 3:0, 3:1; Russland – Luxemburg 2:0, 4:0; Island – Ungarn 2:0, 2:1; Island – Luxemburg 1:0, 1:1 Ungarn – Luxemburg 1:0, 3:0; Jugoslawien wurde ausgeschlossen.
Europa VI: Schweden und Bulgarien. Schweden – Bulgarien 2:0, 1:1; Schweden – Frankreich 1:1, 1:2; Schweden – Österreich 1:0, 1:1; Schweden – Finnland 3:2, 1:0; Schweden – Israel 6:0, 3:1; Bulgarien – Frankreich 2:0, 2:1; Bulgarien – Österreich 4:1, 1:3; Bulgarien – Finnland 2:0, 3:0; Bulgarien – Israel 2:2, 2:0; Frankreich – Österreich 2:0, 1:0; Frankreich – Finnland 2:1, 2:0; Frankreich – Israel 2:3, 4:0; Österreich – Finnland 3:0, 1:3; Österreich – Israel 5:2, 1:1; Finnland – Israel 0:0, 3:1.
Deutschland als Weltmeister automatisch qualifiziert.

Südamerika I: Kolumbien und Argentinien. Kolumbien – Argentinien 2:1, 5:0; Kolumbien – Paraguay 0:0, 1:1; Kolumbien – Peru 4:0, 1:0; Argentinien – Paraguay 0:0, 3:1; Argentinien – Peru 2:1, 1:0; Paraguay – Peru 2:1, 2:2.
Südamerika II: Brasilien und Bolivien. Brasilien – Bolivien 6:0, 0:2; Brasilien – Uruguay 2:0, 1:1; Brasilien – Ecuador 2:0, 0:0; Brasilien – Venezuela 4:0, 5:1; Bolivien – Uruguay 3:1, 1:2; Bolivien – Ecuador 1:0, 1:1; Bolivien – Venezuela 7:0, 7:1; Uruguay – Ecuador 0:0, 1:0; Uruguay – Venezuela 4:0, 1:0; Ecuador – Venezuela 5:0, 1:2.
Entscheidungsspiel: Argentinien (Zweiter Südamerika I) – Australien (Sieger Ausscheidung Ozeanien/Zweiter Nord-/Zentralamerika) 1:0, 1:1.

Ozeanien: Gruppe 1: Australien – Tahiti 2:0, 3:0; Australien – Solomonen 6:1, 2:1; Tahiti – Solomonen 4:2, 1:1; Westsamoa verzichtete.
Gruppe 2: Neuseeland – Fidschi 3:0, 0:0; Neuseeland – Vanuatu 8:0, 4:1; Fidschi – Vanuatu 3:0, 3:0.
Endspiele: Neuseeland – Australien 0:1, 0:3.
Zusatzqualifikation: Kanada (Zweiter Nord-/Mittelamerika) – Australien 2:1, n. V. 1:2/Elfmeterschießen 1:4.

Nord-/Mittelamerika: Mexiko
Vorqualifikation: Santa Lucia – St. Vincent 1:0, 1:3; Dominikanische Republik – Puerto Rico 1:2, 1:1.
Vorrunde: Bermuda – Haiti 1:0, 1:2; Jamaika – Puerto Rico 2:1, 1:0; Niederl. Antillen – Antigua 1:1, 0:3; Guyana – Surinam 1:2, 1:1; Barbados – Trinidad & Tobago 1:2, 0:3; Kuba verzichtete gegen St. Vincent.
1. Runde, Zentral-Zone: Guatemala – Honduras 0:0, 0:2; Panama – Costa Rica 1:0, 1:5; Nicaragua – El Salvador 0:5, 1:5 – **Karibik-Zone:** Surinam – St. Vincent 0:0, 1:2; Antigua – Bermuda 0:3, 1:2; Trinidad & Tobago – Jamaika 1:2, 1:1. Freilose: Mexiko, Kanada.
2. Runde, Gruppe A: Mexiko. Mexiko – Honduras 2:0, 1:1; Mexiko – Costa Rica 4:0, 0:2; Mexiko – St. Vincent 11:0, 4:0; Honduras – Costa Rica 2:1, 3:2; Honduras – St. Vincent 4:0, 4:0; Costa Rica – St. Vincent 5:0, 1:0.
2. Runde, Gruppe B: El Salvador: El Salvador – Kanada 1:1, 3:2; El Salvador – Jamaika 2:1, 2:0; El Salvador – Bermuda 4:1, 0:1; Kanada – Jamaika 1:0, 1:1; Kanada – Bermuda 4:2, 0:0; Jamaika – Bermuda 3:2, 1:1.
Endrunde: Mexiko. Mexiko – Kanada 4:0, 2:1; Mexiko – El Salvador 3:1, 1:2; Mexiko – Honduras 3:0, 4:1; Kanada – El Salvador 2:0, 2:1; Kanada – Honduras 3:1, 2:2; El Salvador – Honduras 2:1, 0:2.
Zusatzqualifikation: Kanada – Australien (Sieger Ozeanien) 2:1, n. V. 1:2/Elfmeterschießen 1:4.

USA als Veranstalter automatisch qualifiziert.

Afrika: Nigeria, Marokko und Kamerun
Gruppe A: Algerien. Algerien – Ghana 2:1, 0:2; Algerien – Burundi 3:1, 0:0; Ghana – Burundi 1:0, 0:1. Uganda verzichtete.
Gruppe B: Kamerun. Kamerun – Swasiland 5:0, 0:0; Kamerun – Zaire 0:0, 2:1; Swasiland – Zaire 1:0 (2. Spiel nicht ausgetragen); Liberia nach 2:4 gegen Zaire zurückgezogen.
Gruppe C: Zimbabwe. Zimbabwe – Ägypten 2:1 (1:2 wegen Zuschauerausschreitungen annulliert) und 0:0 (in Lyon); Zimbabwe – Angola 2:1, 1:1; Zimbabwe – Togo 1:0, 2:1; Ägypten – Angola 1:0, 0:0; Ägypten – Togo 3:0, 4:1; Angola – Togo (nicht ausgetragen), 1:0. Sierra Leone verzichtete.
Gruppe D: Nigeria. Nigeria – Südafrika 4:0, 0:0; Nigeria – Kongo 2:0, 1:0; Südafrika – Kongo 1:0, 1:0. Libyen und Sao Tome e Prinzipe verzichteten, dafür Südafrika nachgemeldet.
Gruppe E: Elfenbeinküste. Elfenbeinküste – Niger 1:0, 0:0; Elfenbeinküste – Botswana 6:0, 0:0; Niger – Botswana 2:1, 1:0; Sudan verzichtete.
Gruppe F: Marokko. Marokko – Tunesien 0:0, 1:1; Marokko – Äthiopien 5:0 abgebrochen (Wertung nach Spielstand), 1:0; Marokko – Benin 5:0, 1:0; Tunesien – Äthiopien 3:0, 0:0; Tunesien – Benin 5:1, 5:0; Äthiopien – Benin 3:1, 0:1. Malawi verzichtete. Benin nachgemeldet.
Gruppe G: Senegal. Senegal – Gabun 1:0, 2:3; Senegal – Mosambik 6:1, 1:0; Gabun – Mosambik 3:1, 1:1; Mauretanien verzichtete.
Gruppe H: Sambia. Sambia – Madagaskar 3:1, 0:2; Sambia – Namibia 4:0, 4:0; Madagaskar – Namibia 3:0, 1:0; Tansania zog sich nach vier Spielen zurück. Burkina Faso verzichtete. Namibia nachgemeldet.
Gruppe I: Guinea. Guinea – Kenia 4:0, 0:2; Gambia und Mali verzichteten.
Endrunde, Gruppe A: Nigeria. Nigeria – Elfenbeinküste 4:1, 1:2; Nigeria – Algerien 4:1, 1:1; Elfenbeinküste – Algerien 1:0, 1:1.
Endrunde, Gruppe B: Marokko. Marokko – Sambia 1:0, 1:2; Marokko – Senegal 1:0, 3:1; Sambia – Senegal 4:0, 0:0 (in Abidjan/Elfenbeinküste).
Endrunde, Gruppe C: Kamerun. Kamerun – Zimbabwe 3:1, 0:1; Kamerun – Guinea 3:1, 1:0; Zimbabwe – Guinea 1:0, 0:3.

Asien: Saudi-Arabien und Südkorea
Gruppe A: Irak. Turniere in Jordanien und China. Irak – China 1:0, 1:2; Irak – Jemen 6:1, 3:0; Irak – Jordanien 1:1, 4:0; Irak – Pakistan 8:0, 4:0; Jemen – China 1:0, 0:1; Jemen – Jordanien 1:1, 1:1; Jemen – Pakistan 5:1, 3:0; China – Jordanien 3:0, 4:1; China – Pakistan 5:0, 3:0; Jordanien – Pakistan 3:1, 5:0.
Gruppe B: Iran. Turniere im Iran und Syrien: Iran – Syrien 1:1, 1:1; Iran – Oman 0:0, 1:0; Iran – Taiwan 6:0, 6:0; Syrien – Oman 0:0, 2:1; Syrien – Taiwan 2:0, 8:1; Oman – Taiwan 2:1, 7:1. Burma verzichtete.
Gruppe C: Nordkorea. Turniere in Katar und Singapur: Nordkorea – Katar 2:1, 2:2; Nordkorea – Singapur 2:1, 3:1; Nordkorea – Indonesien 4:0, 2:1; Nordkorea – Vietnam 3:0, 1:0; Katar – Singapur 4:1, 0:1; Katar – Indonesien 3:1, 4:1; Katar – Vietnam 4:0, 4:0; Singapur – Indonesien 2:0, 2:1; Singapur – Vietnam 0:2, 1:0; Indonesien – Vietnam 0:1, 2:1.
Gruppe D: Südkorea. Turniere im Libanon und Südkorea: Südkorea – Bahrain 0:0, 3:0; Südkorea – Libanon 1:0, 2:0; Südkorea – Hongkong 3:0, 4:1; Südkorea – Indien 3:0, 7:0; Bahrain – Libanon 0:0, 0:0; Bahrain – Hongkong 1:2, 3:0; Bahrain – Indien 2:1, 3:0; Libanon – Hongkong 2:2, 2:1; Libanon – Indien 2:2, 2:1; Hongkong – Indien 2:1, 1:3.
Gruppe E: Saudi-Arabien. Turniere in Malaysia und Saudi-Arabien: Saudi-Arabien – Kuwait 0:0, 2:0; Saudi-Arabien – Malaysia 1:1, 3:0; Saudi-Arabien – Macao 6:0, 8:0; Kuwait – Malaysia 1:1, 2:0; Kuwait – Macao 10:1, 8:0; Malaysia – Macao 9:0, 5:0.

Gruppe F: Japan. Turniere in Japan und den Vereinigten Arabischen Emirate: Japan – Vereinigte Arabische Emirate 2:0, 1:1; Japan – Thailand 1:0, 1:0; Japan – Bangladesch 8:0, 4:1; Japan – Sri Lanka 5:0, 6:0; Vereinigte Arabische Emirate – Thailand 1:0, 2:1; Vereinigte Arabische Emirate – Bangladesch 1:0, 7:0; Vereinigte Arabische Emirate – Sri Lanka 4:0, 3:0; Thailand – Bangladesch 4:1, 4:1 Thailand – Sri Lanka 1:0, 3:0; Bangladesch – Sri Lanka 1:0, 3:0.
Endrunde: Saudi-Arabien und Südkorea. Turnier in Katar: Saudi-Arabien – Südkorea 1:1; Saudi-Arabien – Japan 0:0; Saudi-Arabien – Irak 1:1; Saudi-Arabien – Iran 4:3; Saudi-Arabien – Nordkorea 2:1; Südkorea – Japan 0:1; Südkorea – Irak 2:2; Südkorea – Iran 3:0; Südkorea – Nordkorea 3:0; Japan – Irak 2:2; Japan – Iran 1:2; Japan – Nordkorea 3:0; Irak – Iran 2:1; Irak – Nordkorea 2:3; Iran – Nordkorea 2:1.

Endrunde vom 17. Juni bis 17. Juli 1994 in den USA

1. Finalrunde:
Es qualifizierten sich die beiden Gruppenersten sowie die vier besten Gruppendritten.
Gruppe A: Rumänien, Schweiz, USA. USA – Schweiz 1:1 (Detroit), Kolumbien – Rumänien 1:3 (Los Angeles), Rumänien – Schweiz 1:4 (Detroit), USA – Kolumbien 2:1 (Los Angeles), USA – Rumänien 0:1 (Los Angeles), Schweiz – Kolumbien 0:2 (San Francisco).
Gruppe B: Brasilien, Schweden. Kamerun – Schweden 2:2 (Los Angeles), Brasilien – Russland 2:0 (San Francisco), Brasilien – Kamerun 3:0 (San Francisco), Schweden – Russland 3:1 (Detroit), Russland – Kamerun 6:1 (San Francisco), Brasilien – Schweden 1:1 (Detroit).
Gruppe C: Deutschland, Spanien: Deutschland – Bolivien 1:0 (Chicago), Spanien – Südkorea 2:2 (Dallas), Deutschland – Spanien 1:1 (Chicago), Südkorea – Bolivien 0:0 (Boston), Bolivien – Spanien 1:3 (Chicago), Deutschland – Südkorea 3:2 (Dallas).
Gruppe D: Nigeria, Bulgarien, Argentinien. Argentinien – Griechenland 4:0 (Boston), Nigeria – Bulgarien 3:0 (Dallas), Argentinien – Nigeria 2:1 (Boston), Bulgarien – Griechenland 4:0 (Chicago), Griechenland – Nigeria 0:2 (Boston), Argentinien – Bulgarien 0:2 (Dallas).
Gruppe E: Mexiko, Irland, Italien. Italien – Irland 0:1 (New York), Norwegen – Mexiko 1:0 (Washington), Italien – Norwegen 1:0 (New York), Mexiko – Irland 2:1 (Orlando), Irland – Norwegen 0:0 (New York), Italien – Mexiko 1:1 (Washington).
Gruppe F: Niederlande, Saudi-Arabien, Belgien. Belgien – Marokko 1:0 (Orlando), Niederlande – Saudi-Arabien 2:1 (Washington), Belgien – Niederlande 1:0 (Orlando), Saudi-Arabien – Marokko 2:1 (New York), Marokko – Niederlande 1:2 (Orlando), Belgien – Saudi-Arabien 0:1 (Washington).

Achtelfinale: Deutschland – Belgien 3:2 (Chicago). Schweiz – Spanien 0:3 (Washington), Saudi-Arabien – Schweden 1:3 (Dallas), Rumänien – Argentinien 3:2 (Los Angeles), Niederlande – Irland 2:0 (Orlando), Brasilien – USA 1:0 (San Francisco), Nigeria – Italien n. V. 1:2 (Boston), Mexiko – Bulgarien n. V. 1:1/Elfmeterschießen 1:3 (New York).
Viertelfinale: Italien – Spanien 2:1 (Boston), Niederlande – Brasilien 2:3 (Dallas), Bulgarien – Deutschland 2:1 (New York), Rumänien – Schweden n. V. 2:2/Elfmeterschießen 4:5 (San Francisco).
Halbfinale: Bulgarien – Italien 1:2 (New York), Schweden – Brasilien 0:1 (Los Angeles).
Um den dritten Platz: Schweden – Bulgarien 4:0 (Los Angeles).

Endspiel am 17. Juli 1994 in Los Angeles: Brasilien – Italien n. V. 0:0/Elfmeterschießen 3.2
Brasilien: Taffarel – Aldair, Marcio Santos, Mauro Silva – Jorginho (Cafu), Dunga, Branco, Mazinho, Zinho (Viola) – Bebeto, Romario.
Italien: Pagliuca – Mussi (Apolloni), Maldini, Baresi, Benarrivo – Donadoni, Albertini, Dino Baggio (Evani), Berti – Roberto Baggio, Massaro.
Elfmeterschießen: Baresi (verschossen), Marcio Santos (gehalten), Albertini 0:1, Romario 1.1, Evani 1:2, Branco 2:2, Massaro (gehalten), Dunga 3:2, R. Baggio (verschossen) – Zuschauer: 94 949 – SR: Puhl (Ungarn).

1998: Frankreich

Qualifikation:
Europa I: Dänemark und Kroatien. Dänemark – Kroatien 3:1, 1:1; Dänemark – Griechenland 2:1, 0:0; Dänemark – Bosnien-Herzegowina 2:0, 0:3; Dänemark – Slowenien 4:0, 2:0; Kroatien – Griechenland 1:1, 1:0; Kroatien – Bosnien-Herzegowina 3:2, 4:1 (in Bologna); Kroatien – Slowenien 3:3, 3:1; Griechenland – Bosnien-Herzegowina 3:0, 1:0; Griechenland – Slowenien 2:0, 3:0; Bosnien-Herzegowina – Slowenien 1:0, 2:1.
Europa II: England und Italien. England – Italien 0:1, 0:0; England – Polen 2:1, 2:0; England – Georgien 2:0, 2:0; England – Moldawien 4:0, 3:0; Italien – Polen 3:0, 0:0; Italien – Georgien 1:0, 0:0; Italien – Moldawien 3:0, 3:1; Polen – Georgien 4:1, 0:3; Polen – Moldawien 2:1, 3:0; Georgien – Moldawien 2:0, 1:0.

Europa III: Norwegen. Norwegen – Ungarn 3:0, 1:1; Norwegen – Finnland 1:1, 4:0; Norwegen – Schweiz 5:0, 1:0; Norwegen – Aserbaidschan 5:0, 1:0; Ungarn – Finnland 1:0, 1:1, Ungarn – Schweiz 1:1, 0:1; Ungarn – Aserbaidschan 3:1, 3:0; Finnland – Schweiz 2:3, 2:1; Finnland – Aserbaidschan 3:0, 2:1; Schweiz – Aserbaidschan 5:0, 0:1.

Europa IV: Österreich und Schottland. Österreich – Schottland 0:0, 0:2; Österreich – Schweden 1:0, 1:0; Österreich – Lettland 2:1, 3:1; Österreich – Estland 2:0, 3:0; Österreich – Weißrussland 4:0, 1:0; Schottland – Schweden 1:0, 1:2; Schottland – Lettland 2:0, 2:0; Schottland – Estland 2:0, 0:0 (in Monaco); Schottland – Weißrussland 4:1, 1:0; Schweden – Lettland 1:0, 2:1; Schweden – Estland 1:0, 3:2; Schweden – Weißrussland 5:1, 2:1; Lettland – Estland 1:0, 3:1; Lettland – Weißrussland 2:0, 1:1; Estland – Weißrussland 1:0, 0:1.

Europa V: Bulgarien. Bulgarien – Russland 1:0, 2:4; Bulgarien – Israel 1:0, 1:2; Bulgarien – Zypern 4:1, 3:1; Bulgarien – Luxemburg 4:0; 2:1; Russland – Israel 2:0, 1:1; Russland – Zypern 4:0, 1:1; Russland – Luxemburg 3:0, 4:0; Israel – Zypern 2:0, 0:2; Israel – Luxemburg 1:0, 3:0; Zypern – Luxemburg 2:0, 3:1.

Europa VI: Spanien und Jugoslawien. Spanien – Jugoslawien 2:0, 1:1; Spanien – Tschechien 1:0, 0:0; Spanien – Slowakei 4:1, 2:1; Spanien – Färöer 3:1, 6:2; Spanien – Malta 4:0, 3:0; Jugoslawien – Tschechien 1:0, 2:1; Jugoslawien – Slowakei 2:0, 1:1; Jugoslawien – Färöer 3:1, 8:1; Jugoslawien – Malta 6:0, 5:0; Slowakei – Tschechien 2:1, 0:3; Slowakei – Färöer 3:0, 2:1; Slowakei – Malta 6:0, 2:0; Tschechien – Färöer 2:0, 2:0; Tschechien – Malta 6:0, 1:0; Färöer – Malta 2:1, 2:1.

Europa VII: Niederlande und Belgien. Niederlande – Belgien 3:1, 3:0; Niederlande – Türkei 0:0, 0:1; Niederlande – Wales 7:1, 3:1; Niederlande – San Marino 4:0, 6:0, Belgien – Türkei 2:1, 3:1; Belgien – Wales 3:2, 2:1; Belgien – San Marino 6:0, 3:0; Türkei – Wales 6:4, 0:0; Türkei – San Marino 7:0, 5:0; Wales – San Marino 6:0, 5:0.

Europa VIII: Rumänien. Rumänien – Irland 1:0, 1:1; Rumänien – Litauen 3:0, 1:0; Rumänien – Mazedonien 4:2, 3:0; Rumänien – Island 4:0, 4:0; Rumänien – Liechtenstein 8:0, 8:1; Irland – Litauen 0:0, 2:1; Irland – Mazedonien 3:0, 2:3; Irland – Island 0:0, 4:2; Irland – Liechtenstein 5:0, 5:0; Litauen – Mazedonien 2:0, 2:1; Litauen – Island 2:0, 0:0; Litauen – Liechtenstein 2:1, 2:0; Mazedonien – Island 1:0, 1:1, Mazedonien – Liechtenstein 3:0, 11:1; Island – Liechtenstein 4:0, 4:0.

Europa IX: Deutschland. Deutschland – Ukraine 2:0, 0:0; Deutschland – Portugal 1:1, 0:0; Deutschland – Armenien 4:0, 5:1; Deutschland – Nordirland 1:1, 3:1; Deutschland – Albanien 4:3, 3:2 (in Granada); Ukraine – Portugal 2:1, 0:1; Ukraine – Armenien 1:1, 2:0; Ukraine – Nordirland 2:1, 1:0; Ukraine – Albanien 1:0, 1:0 (in Granada); Portugal – Armenien 3:1, 0:0; Portugal – Nordirland 1:0, 0:0; Portugal – Albanien 2:0, 3:0, Armenien – Nordirland 0:0, 1:1; Armenien – Albanien 3:0, 1:1; Nordirland – Albanien 2:0, 0:1 (in Zürich).

Europa: Qualifikation der Gruppenzweiten. Schottland als bester Gruppenzweiter direkt qualifiziert. Kroatien – Ukraine 2:0, 1:1; Russland – Italien 1:1, 0:1; Ungarn – Jugoslawien 1:7, 0:5; Irland – Belgien 1:1, 1:2.

Frankreich als Veranstalter automatisch qualifiziert.

Südamerika: Argentinien, Paraguay, Kolumbien und Chile. Argentinien – Paraguay 1:1, 2:1; Argentinien – Kolumbien 1:1, 1:0; Argentinien – Chile 1:1, 2:1; Argentinien – Peru 2:0, 0:0; Argentinien – Ecuador 2:1, 0:2; Argentinien – Uruguay 0:0, 0:0, Argentinien – Bolivien 0:1, 1:2; Argentinien – Venezuela 2:0, 5:2; Paraguay – Kolumbien 2:1, 0:1; Paraguay – Chile 2:1, 1:2; Paraguay – Peru 2:1, 0:1; Paraguay – Ecuador 1:0, 1:2; Paraguay – Uruguay 3:1, 2:0; Paraguay – Bolivien 2:1, 0:0; Paraguay – Venezuela 1:0, 2:0; Kolumbien – Chile 4:1, 1:4; Kolumbien – Peru 0:1, 1:1; Kolumbien – Ecuador 1:0, 1:0; Kolumbien – Uruguay 3:1, 1:1; Kolumbien – Bolivien 3:0, 2:2; Kolumbien – Venezuela 1:0, 2:0; Chile – Peru 4:0, 1:2; Chile – Ecuador 4:1, 1:1; Chile – Uruguay 1:0, 0:1, Chile – Bolivien 3:0, 1:1; Chile – Venezuela 6:0, 1:1; Peru – Ecuador 1:1, 1:4; Peru – Uruguay 2:1, 0:2; Peru – Bolivien 2:1, 0:0; Peru – Venezuela 4:1, 3:0; Ecuador – Uruguay 4:0, 3:5; Ecuador – Bolivien 1:0, 0:2; Ecuador – Venezuela 1:0, 1:1; Uruguay – Bolivien 1:0, 0:1; Uruguay – Venezuela 3:1, 2:0; Bolivien – Venezuela 6:1, 1:1.

Brasilien als Weltmeister automatisch qualifiziert.

Nord – und Mittelamerika: Mexiko, USA und Jamaika

Karibik, 1. Runde: Dominica – Antigua 3:3, 3:1; Dominikanische Republik – Aruba 3:2, 3:1; Guyana – Grenada 1:2, 0:0, Bahamas verzichteten gegen St. Kitts Nevis.

Karibik, 2. Runde: Surinam – Jamaika 0:1, 0:7; Puerto Rico – St. Vincent and the Grenadines 1:2, 0:7; Dominikanische Republik – Niederl. Antillen 2:1, 0:0; St. Kitts-Nevis – St. Lucia 5:1, 1:0; Cayman Islands – Kuba 0:1, 0:5 (beide Spiele auf den Cayman Islands); Haiti – Grenada 0:1, 1:0, Dominica – Barbados 0:1, 0:1; Bermuda verzichtete gegen Trinidad & Tobago.

Karibik, 3. Runde: Kuba – Haiti 6:1 (in Trinidad), 1:1; Dominikanische Republik – Trinidad & Tobago 1:4, 0:8; St. Kitts-Nevis – St. Vincent and the Grenadines 2:2. 0:0; Barbados – Jamaika 0:1, 0:2.

Zentral-Zone: Nicaragua – Guatemala 0:1, 1:2; Belize – Panama 1:2, 1:4.

Halbfinale, Gruppe 1: USA und Costa Rica. USA – Costa Rica 2:1, 1:2; USA – Guatemala 2:0, 2:2 (in Costa Rica); USA – Trinidad & Tobago 2:0, 1:0; Costa Rica – Guatemala 3:0, 0:1 (in den USA); Costa Rica – Trinidad & Tobago 2:1, 1:0; Guatemala – Trinidad & Tobago 2:1 (in den USA), 1:1.
Halbfinale, Gruppe 2: Kanada und El Salvador. Kanada – El Salvador 1:0, 2:0; Kanada – Panama 3:1, 0:0; Kanada – Kuba 2:0, 2:0; El Salvador – Panama 3:2, 1:1; El Salvador – Kuba 3:0, 5:0; Panama – Kuba 3:1, 1:3. Kuba trug alle Heimspiele im Land des Gegners aus.
Halbfinale, Gruppe 3: Jamaika, Mexiko. Jamaika – Mexiko 1:0, 1:2; Jamaika – Honduras 3:0, 0:0; Jamaika – St. Vincent and the Grenadines 5:0, 2:1; Mexiko – Honduras 3:1, 1:2; Mexiko – St. Vincent and the Grenadines 5:1, 3:0; Honduras – St. Vincent and the Grenadines 11:3, 4:1.
Endrunde: Mexiko, USA, Jamaika: Mexiko – USA 0:0, 2:2; Mexiko – Jamaika 6:0, 0:0; Mexiko – El Salvador 5:0, 1:0; Mexiko – Costa Rica 3:3, 0:0; Mexiko – Kanada 4:0, 2:2; USA – Jamaika 1:1, 0:0; USA – El Salvador 4:2, 1:1; USA – Costa Rica 1:0, 2:3; USA – Kanada 3:0, 3:0; Jamaika – El Salvador 1:1, 2:2; Jamaika – Costa Rica 1:0, 1:3; Jamaika – Kanada 1:0, 0:0; El Salvador – Costa Rica 2:1, 0:0; El Salvador – Kanada 4:1, 0:0; Costa Rica – Kanada 3:1, 0:1.

Afrika: Nigeria, Tunesien, Südafrika, Kamerun, Marokko
1. Runde: Mauretanien – Burkina Faso 0:0, 0:2; Gambia – Liberia 2:1, 0:4 (in Ghana); Malawi – Südafrika 0:1, 0:3; Uganda – Angola 0:2, 1.3; Guinea-Bissau – Guinea 3:2, 1:3; Namibia – Mosambik 2:0, 1:1; Burundi – Sierra Leone 1:0, 1:0 (Burundi verzichtete anschließend wegen des Bürgerkriegs im Land); Kongo – Elfenbeinküste 2:0, 1:1; Kenia – Algerien 3:1, 0:1; Madagaskar – Zimbabwe 1:2, 2:2; Mauritius – Zaire 1:5, 0:2; Ruanda – Tunesien 1:3, 0:2; Sudan – Sambia 2:0, 0:3; Swasiland – Gabun 0:1, 0:2; Togo – Senegal 2:1, 1:1; Tansania – Ghana 0:0, 1:2. Freilose: Nigeria, Kamerun, Marokko, Ägypten.
Endrunde, Gruppe 1: Nigeria. Nigeria – Guinea 2:1, 0:1; Nigeria – Kenia 3:0, 1:1; Nigeria – Burkina Faso 2:0, 2:1; Guinea – Kenia 3:1, 0:1; Guinea – Burkina Faso 3:1, 2:0; Kenia – Burkina Faso 4:3, 4:2.
Endrunde, Gruppe 2: Tunesien. Tunesien – Ägypten 1:0, 0:0; Tunesien – Liberia 2:0, 1:0; Tunesien – Namibia 4:0, 2:1; Ägypten – Liberia 5:0, 0:1; Ägypten – Namibia 7:1, 3:2; Liberia – Namibia 1:2, 0:0.
Endrunde, Gruppe 3: Südafrika. Südafrika – Kongo 1:0, 0:2; Südafrika – Sambia 3:0, 0:0; Südafrika – DR Kongo 1:0, 2:1; Kongo – Sambia 1:0, 0:3; Kongo – DR Kongo 1:0, 1:1; Sambia – DR Kongo 2:0, 2:2. (DR Kongo hieß bis Mai 1997 Zaire.)
Endrunde, Gruppe 4: Kamerun. Kamerun – Angola 0:0, 1:1; Kamerun – Zimbabwe 1:0, 2:1; Kamerun – Togo 2:0, 4:2; Angola – Zimbabwe 2:1, 0:0; Angola – Togo 3:1, 1:1; Zimbabwe – Togo 3:0, 1:2.
Endrunde, Gruppe 5: Marokko. Marokko – Ghana 1:0, 2:2; Marokko – Sierra Leone 4:0, 1:0; Marokko – Gabun 2:0, 4:0; Ghana – Sierra Leone 0:2, 1:1; Ghana – Gabun 3:0, 1:1; Sierra Leone – Gabun 1:0, Rückspiel nicht mehr ausgetragen.

Asien: Saudi-Arabien, Südkorea, Japan und Iran
Gruppe 1: Saudi-Arabien. Turniere in Malaysia und Saudi-Arabien: Saudi-Arabien – Malaysia 3:0, 0:0; Saudi-Arabien – Taiwan 2:0, 6:0; Saudi-Arabien – Bangladesch 4:1, 3:0; Malaysia – Taiwan 2:0, 0:0; Malaysia – Bangladesch 2:0, 1:0; Taiwan – Bangladesch 3:1, 1:2.
Gruppe 2: Iran. Turniere in Syrien und Iran: Iran – Kirgistan 7:0, 3:1; Iran – Syrien 1:0, 2:2; Iran – Malediven 17:0, 9:0; Kirgistan – Syrien erstes Spiel nicht ausgetragen; 2:1; Kirgistan – Malediven 3:0, 6:0; Syrien – Malediven 12:0, 12:0.
Gruppe 3: Vereinigte Arabische Emirate. Turnier in Bahrain und den Vereinigten Arabischen Emiraten: Vereinigte Arabische Emirate – Jordanien 0:0, 2:0; Vereinigte Arabische Emirate – Bahrain 2:1, 3:0; Jordanien – Bahrain 0:1, 4:1.
Gruppe 4: Japan. Turniere in Oman und Japan: Japan – Oman 1:0, 1:1; Japan – Macao 10:0, 10:0; Japan – Nepal 6:0, 3:0; Oman – Macao 4:0, 2:0; Oman – Nepal 1:0, 6:0; Macao – Nepal 2:1, 1:1.
Gruppe 5: Usbekistan. Usbekistan – Jemen 5:1, 1:0; Usbekistan – Indonesien 3:0, 1:1; Usbekistan – Kambodscha 6:0, 4:1; Jemen – Indonesien 1:1, 0:0; Jemen – Kambodscha 7:0, 1:0; Indonesien – Kambodscha 8:0, 1:1.
Gruppe 6: Hongkong. Südkorea – Thailand 0:0, 3:1; Südkorea – Hongkong 4:0, 2:0; Thailand – Hongkong 2:0, 2:3.
Gruppe 7: Kuwait. Kuwait – Libanon 2:0, 3:1; Kuwait – Singapur 4:0, 1:0; Libanon – Singapur 1:1, 2:1.
Gruppe 8. China. China – Tadschikistan 0:0, 1:0; China – Turkmenistan 1:0, 4:1; China – Vietnam 4:0, 3:1; Tadschikistan – Turkmenistan 5:0, 2:1; Tadschikistan – Vietnam 4:0, 4:0; Turkmenistan – Vietnam 2:1, 4:0.
Gruppe 9: Ksachstan. Kasachstan – Irak 3:1, 2:1; Kasachstan – Pakistan 3:0, 7:0; Irak – Pakistan 6:1, 6:2.
Gruppe 10: Katar. Katar – Sri Lanka 3:0; Katar – Indien 6:0; Katar – Philippinen 5:0; Sri Lanka – Indien 1:1; Sri Lanka – Philippinen 3:0; Indien – Philippinen 2:0.
Endunde, Gruppe A: Saudi-Arabien. Saudi-Arabien – Iran 1:0, 1:1; Saudi-Arabien – China 1:1, 0:1; Saudi-Arabien – Katar 1:0, 1:0; Saudi-Arabien – Kuwait 2:1, 1:2; Iran – China 4:1, 4:2; Iran – Katar 3:0, 0:2; Iran – Kuwait 0:0, 1:1; China – Katar 2:3, 1:1; China – Kuwait 1:0, 2:1; Katar – Kuwait 0:2, 1:0.

Endrunde, Gruppe B: Südkorea. Südkorea – Japan 0:2, 2:1; Südkorea – Vereinigte Arabische Emirate 3:0, 3:1; Südkorea – Usbekistan 2:1, 5:1; Südkorea – Kasachstan 3:0, 1:1; Japan – Vereinigte Arabische Emirate 1:1, 0:0; Japan – Usbekistan 6:3, 1:1; Japan – Kasachstan 5:1, 1:1; Vereinigte Arabische Emirate – Usbekistan 0:0, 3:2; Vereinigte Arabische Emirate – Kasachstan 4:0, 0:3; Usbekistan – Kasachstan 4:0, 1:1.
Entscheidungsspiel der Gruppenzweiten: Japan – Iran i. V. 3:2 („Golden Goal")

Ozeanien:
1. Runde, Gruppe Melanesien: Papua-Neuguinea. Turnier in Papua-Neuguinea: Papua-Neuguinea – Solomonen 1:1; Solomonen – Vanuatu 1:1; Papua-Neuguinea – Vanuatu 2:1.
1. Runde, Gruppe Polynesien: Tonga. Turnier in Tonga: Tonga – Cook Islands 2:0; Westsamoa – Cook Islands 2:1; Tonga – Westsamoa 1:0.
Entscheidungsspiele: Tonga – Solomonen 0:4, 0:9.
2. Runde, Gruppe 1: Australien. Turnier in Australien: Australien – Solomonen 13:0, 6:2; Australien – Tahiti 5:0, 2:0; Solomonen – Tahiti 4:1, 1:1.
2. Runde, Gruppe 2: Neuseeland. Neuseeland – Fidschi 5:0, 1:0; Neuseeland – Papua-Neuguinea 7:0, 0:1; Fidschi – Papua-Neuguinea 3:1, 1:0.
Endspiele: Neuseeland – Australien 0:3, 0:2.
Entscheidungsspiele gegen den Asien-Vierten: Iran – Australien 1:1, 2:2.

Endrunde vom 10. Juni bis 12. Juli 1998 in Frankreich

1. Finalrunde: (Es qualifizierten sich die Gruppenersten und -zweiten).
Gruppe A: Brasilien und Norwegen. Brasilien – Schottland 2:1 (Paris St. Denis), Marokko – Norwegen 2:2 (Montpellier), Schottland – Norwegen 1:1 (Bordeaux), Brasilien – Marokko 3:0 (Nantes), Schottland – Marokko 0:3 (St. Etienne), Brasilien – Norwegen 1:2 (Marseille).
Gruppe B: Italien und Chile. Italien – Chile 2:2 (Bordeaux), Kamerun – Österreich 1:1 (Toulouse), Chile – Österreich 1:1 (St. Etienne), Italien – Kamerun 3:0 (Montpellier), Italien – Österreich 2:1 (St. Denis), Chile – Kamerun 1:1 (Nantes).
Gruppe C: Frankreich und Dänemark. Saudi-Arabien – Dänemark 0:1 (Lens), Frankreich – Südafrika 3:0 (Marseille), Südafrika – Dänemark 1:1 (Toulouse), Frankreich – Saudi-Arabien 4:0 (St. Denis), Frankreich – Dänemark 2:1 (Lyon), Südafrika – Saudi-Arabien 2:2 (Bordeaux).
Gruppe D: Nigeria und Paraguay. Paraguay – Bulgarien 0:0 (Montpellier), Spanien – Nigeria 2:3 (Nantes), Nigeria – Bulgarien 1:0 (Paris Prinzenpark), Spanien – Paraguay 0:0 (St. Etienne), Spanien – Bulgarien 6:1 (Lens), Nigeria – Paraguay 1:3 (Toulouse).
Gruppe E: Niederlande und Mexiko. Südkorea – Mexiko 1:3 (Lyon), Niederlande – Belgien 0:0 (St. Denis), Belgien – Mexiko 2:2 (Bordeaux), Niederlande – Südkorea 5:0 (Marseille), Belgien – Südkorea 1:1 , Niederlande – Mexiko 2:2 (St. Etienne).
Gruppe F: Deutschland und Jugoslawien. Jugoslawien – Iran 1:0 (St. Etienne), Deutschland – USA 2:0 (Prinzenpark), Deutschland – Jugoslawien 2:2 (Lens), USA – Iran 1:2 (Lyon), Deutschland – Iran 2:0 (Montpellier), USA – Jugoslawien 0:1 (Nantes).
Gruppe G: Rumänien und England. England – Tunesien 2:0 (Marseille), Rumänien – Kolumbien 1:0 (Lyon), Kolumbien – Tunesien 1:0 (Montpellier), Rumänien – England 2:1 (Toulouse), Rumänien – Tunesien 1:1 (St. Denis), Kolumbien – England 0:2 (Lens).
Gruppe H: Argentinien und Kroatien. Argentinien – Japan 1:0 (Toulouse), Jamaika – Kroatien 1:3 (Lens), Japan – Kroatien 0:1 (Nantes), Argentinien – Jamaika 5:0 (Prinzenpark), Japan – Jamaika 1:2 (Lyon), Argentinien – Kroatien 1:0 (Bordeaux).

Achtelfinale: Deutschland – Mexiko 2:1 (Montpellier),Niederlande – Jugoslawien 2:1 (Toulouse), Rumänien – Kroatien 0:1 (Bordeaux), Italien – Norwegen 1:0 (Marseille), Brasilien – Chile 4:1 (Prinzenpark), Frankreich – Paraguay i. V. 1:0 („Golden Goal") (Lens), Nigeria – Dänemark 1:4 (St. Denis), Argentinien – England n. V. 2:2/Elfmeterschießen 4:3 (St. Etienne).
Viertelfinale: Deutschland – Kroatien 0:3 (Lyon), Niederlande – Argentinien 2:1 (Marseille), Brasilien – Dänemark 3:2 (Nantes), Italien – Frankreich n. V. 0:0/Elfmeterschießen 3:4 (St. Denis).
Halbfinale: Brasilien – Niederlande n. V. 1:1/Elfmeterschießen 4:2 (Marseille), Frankreich – Kroatien 2:1 (St. Denis).
Um den dritten Platz: Kroatien – Niederlande 2:1 (Paris Prinzenpark).

Endspiel am 12. Juli 1998 in Paris St. Denis: Frankreich – Brasilien 3:0 (2:0)
Frankreich: Barthez – Thuram, Desailly, Leboeuf, Lizarazu – Karembeu (Boghossian), Deschamps, Petit – Zidane, Djorkaeff (Bieira) – Guivarc'h (Dugarry).
Brasilien: Taffarei – Cafu, Aldair, Balano, Roberto Carlos – Sampaio (Edmundo), Dunga, Leonardo (Denilson), Rivaldo – Bebeto, Ronaldo.
Tore: Zidane 2, Petit – Zuschauer: 80 000 – SR: Belqola (Marokko)

2002: Brasilien

Qualifikationsspiele:

Europa, Gruppe 1: Russland und Slowenien

Schweiz – Russland 0:1, 0:4; Faröer – Slowenien 2:2, 0:3; Luxemburg – Jugoslawien 0:2, 2:6; Schweiz – Faröer 5:1, 1:0; Luxemburg – Slowenien 1:2, 0:2; Russland – Luxemburg 3:0, 2:1; Slowenien – Schweiz 2:2, 1:0; Luxemburg – Faröer 0:2, 0:1; Russland – Slowenien 1:1, 1:2; Jugoslawien – Schweiz 1:1, 2:1; Russland – Faröer 1:0, 3:0; Schweiz – Luxemburg 5:0, 3:0; Slowenien – Jugoslawien 1:1, 1:1; Jugoslawien – Russland 0:1, 1:1; Faröer – Jugoslawien 0:6, 0:2.

Gruppe 2: Portugal und Irland

Estland – Andorra 1:0, 2:1; Andorra – Zypern 2:3, 0:5; Niederlande – Irland 2:2, 0:1; Estland – Portugal 1:3, 0:5; Zypern – Niederlande 0:4, 0:4; Portugal – Irland 1:1, 1:1; Irland – Estland 2:0, 2:0; Niederlande – Portugal 0:2, 2:2; Portugal – Andorra 3:0, 7:1; Zypern – Irland 0:4, 0:4; Andorra – Niederlande 0:5, 0:4; Andorra – Irland 0:3, 1:3; Zypern – Estland 2:2, 2:2; Estland – Niederlande 2:4, 0:5; Portugal – Zypern 6:0, 3:1.

Gruppe 3: Dänemark und Tschechien

Nordirland – Malta 1:0, 1:0; Bulgarien – Tschechien 0:1, 0:6; Island – Dänemark 1:2, 0:6; Nordirland – Dänemark 1:1, 1:1; Tschechien – Island 4:0, 1:3; Bulgarien – Malta 3:0, Malta – Bulgarien 2:0; Malta – Tschechien 0:0, 2:3; Dänemark – Bulgarien 1:1, 2:0; Island – Nordirland 1:0, 0:3; Nordirland – Tschechien 0:1, 1:3; Bulgarien – Island 2:1, 1:1; Malta – Dänemark 0:5, 1:2; Bulgarien – Nordirland 4:3, 1:0; Tschechien – Dänemark 0:0, 1:2; Malta – Island 1:4, 0:3.

Gruppe 4: Schweden und Türkei

Aserbaidschan – Schweden 0:1, 0:3; Türkei – Moldawien 2:0, 3:0; Slowakei – Mazedonien 2:0, 5:0; Mazedonien – Aserbaidschan 3:0, 1:1; Schweden – Türkei 1:1, 2:1; Moldawien – Slowakei 0:1, 2:4; Aserbaidschan – Türkei 0:1, 0:3; Moldawien – Mazedonien 0:0, 2:2; Slowakei – Schweden 0:0, 0:2; Aserbaidschan – Moldawien 0:0, 0:2; Schweden – Mazedonien 1:0, 1:2; Türkei – Slowakei 1:1, 1:0; Slowakei – Aserbaidschan 3:1, 0:2; Moldawien – Schweden 0:2, 0:6; Mazedonien – Türkei 1:2, 3:3.

Gruppe 5: Polen und Ukraine

Norwegen – Armenien 0:0; 4:1; Weißrussland – Wales 2:1, 0:1; Ukraine – Polen 1:3, 1:1; Wales – Norwegen 1:1; 2:3; Armenien – Ukraine 2:3, 0:3; Polen – Weißrussland 3:1, 1:4; Weißrussland – Armenien 2:1, 0:0; Norwegen – Ukraine 0:1, 0:0; Polen – Wales 0:0, 2:1; Norwegen – Polen 2:3, 0:3; Ukraine – Weißrussland 0:0, 2:0; Armenien – Wales 2:2, 0:0; Polen – Armenien 4:0, 1:1; Weißrussland – Norwegen 2:1, 1:1; Wales – Ukraine 1:1, 1:1.

Gruppe 6: Kroatien und Belgien

Lettland – Schottland 0:1, 1:2; Belgien – Kroatien 0:0, 0:1; San Marino – Schottland 0:2, 0:4; Lettland – Belgien 0:4, 1:3; Kroatien – Schottland 1:1, 0:0; San Marino – Lettland 0:1, 1:1; Belgien – San Marino 10:1, 4:1; Schottland – Belgien 2:2, 0:2; Kroatien – Lettland 4:1, 1:0; Kroatien – San Marino 4:0, 4:0.

Gruppe 7: Spanien und Österreich

Bosnien-Herzegowina – Spanien 1:2, 1:4; Israel – Liechtenstein 2:0, 3:0; Liechtenstein – Österreich 0:1, 0:2; Spanien – Israel 2:0, 1:1; Israel – Bosnien-Herzegowina 3:1, 0:0; Österreich – Spanien 1:1, 0:4; Bosnien-Herzegowina – Österreich 1:1, 0:2; Spanien – Liechtenstein 5:0, 2:0; Liechtenstein – Bosnien-Herzegowina 0:3, 0:5; Österreich – Israel 2:1, 1:1.

Gruppe 8: Italien und Rumänien

Rumänien – Litauen 1:0, 2:1; Ungarn – Italien 2:2, 0:1; Litauen – Georgien 0:4, 0:2; Italien – Rumänien 3:0, 2:0; Litauen – Ungarn 1:6, 1:1; Italien – Georgien 2:0, 2:1; Georgien – Rumänien 0:2, 1:1; Italien – Litauen 4:0, 0:0; Rumänien – Ungarn 2:0, 2:0; Ungarn – Georgien 4:1, 1:3.

Gruppe 9: England und Deutschland

Finnland – Albanien 2:1, 2:0; Deutschland – Griechenland 2:0, 4:2; England – Deutschland 0:1, 5:1; Griechenland – Finnland 1:0, 1:5; Finnland – England 0:0, 1:2; Albanien – Griechenland 2:0, 0:1; Deutschland – Albanien 2:1, 2:0; Albanien – England 1:3, 0:2; Finnland – Deutschland 2:2, 0:0; Griechenland – England 0:2, 2:2.

Europa: Qualifikation der Gruppenzweiten

Ukraine – Deutschland 1:1, 1:4; Slowenien – Rumänien 2:1; 1:1; Belgien – Tschechien 1:0, 1:0; Österreich – Türkei 0:1, 0:5; Irland – Iran 2:0, 0:1.

Asien: Japan und Südkorea als Veranstalter direkt qualifiziert;

1. Runde, Gruppe 1: Oman. Oman – Syrien 2:0, 3:3; Oman – Laos 12:0, 7:0; Oman – Philippinen 7:0, 2:0; Syrien – Laos 11:0, 9:0; Syrien – Philippinen 12:0, 5:1; Laos – Philippinen 2:0, 1:1.

Gruppe 2: Iran. Iran – Tadschikistan 2:0; Iran – Guam 19:0; Tadschikistan – Guam 16:0; Myanmar hat zurückgezogen.

Gruppe 3: Katar. Katar – Palästina 2:1, 2:1; Katar – Malaysia 5:1, 0:0; Katar – Hongkong 2:0, 3:0; Palästina – Malaysia 1:0, 3:4; Palästina – Hongkong 1:0, 1:1; Malaysia – Hongkong 2:0, 1:2.

Gruppe 4: Bahrain. Bahrain – Kuwait 1:2, 1:0; Bahrain – Kirgistan 1:0, 2:1; Bahrain – Singapur 2:0, 2:1; Kuwait – Kirgistan 2:0, 3:0; Kuwait – Singapur 1:1, 1:0; Kirgistan – Singapur 1:1, 1:0.
Gruppe 5: Thailand. Thailand – Libanon 2:2, 2:1; Thailand – Sri Lanka 4:2, 3:0; Thailand – Pakistan 3:0, 6:0; Libanon – Sri Lanka 4:0, 5:0; Libanon – Pakistan 6:0, 8:1; Sri Lanka – Pakistan 3:1, 3:3.
Gruppe 6: Irak. Irak – Kasachstan 1:1, 1:1; Irak – Nepal 4:2, 9:1; Irak – Macao 8:0, 5:0; Kasachstan – Nepal 4:0, 6:0; Kasachstan – Macao 3:0, 5:0; Nepal – Macao 4:1, 6:1.
Gruppe 7: Usbekistan. Usbekistan – Turkmenistan 1:0, 5:2; Usbekistan – Jordanien 2:2, 1:1; Usbekistan – Taiwan 7:0, 4:0; Turkmenistan – Jordanien 2:0, 2:1; Turkmenistan – Taiwan 1:0, 5:0; Jordanien – Taiwan 6:0, 2:0.
Gruppe 8: Vereinigte Arabische Emirate. Vereinigte Arabische Emirate – Jemen 3:2, 1:2; Vereinigte Arabische Emirate – Indien 1:0, 0:1; Vereinigte Arabische Emirate – Brunei 4:0, 12:0; Jemen – Indien 3:3, 1:1; Jemen – Brunei 1:0, 5:0; Indien – Brunei 5:0, 1:0.
Gruppe 9: China. China – Indonesien 5:1, 2:0; China – Malediven 10:1, 1:0; China – Kambodscha 3:1, 4:0; Indonesien – Malediven 5:0, 2:0; Indonesien – Kambodscha 6:0, 2:0; Malediven – Kambodscha 6:0, 1:1.
Gruppe 10: Saudi-Arabien. Saudi-Arabien – Vietnam 5:0, 4:0; Saudi-Arabien – Bangladesch 6:0, 3:0; Saudi-Arabien – Mongolei 6:0, 6:0; Vietnam – Bangladesch 0:0, 4:0; Vietnam – Mongolei 4:0, 1:0; Bangladesch – Mongolei 2:2, 3:0.
2. Runde, Gruppe A: Saudi-Arabien.
Irak – Thailand 4:0, 1:1; Saudi-Arabien – Bahrain 1:1, 4:0; Bahrain – Irak 2:0, 0:1; Iran – Saudi-Arabien 2:0, 2:2; Saudi-Arabien – Irak 1:0, 2:1; Thailand – Iran 0:0, 0:1; Bahrain – Thailand 1:1, 1:1; Irak – Iran 1:2, 1:2; Iran - Bahrain 0:0, 1:3; Thailand - Saudi-Arabien 1:3, 1:4.
2. Runde, Gruppe B: China.
Qatar – Oman 0:0, 3:0; Vereinigte Arabische Emirate – Usbekistan 4:1, 1:0; China – Vereinigte Arabische Emirate 3:0, 1:0; Usbekistan – Katar 2:1, 2:2; Vereinigte Arabische Emirate – Katar 0:2, 2:1; Oman – China 0:2, 0:1; Katar – China 1:1, 0:3; Usbekistan – Oman 5:0, 2:4; Oman – Vereinigte Arabische Emirate 1:1, 2:2; China – Usbekistan 2:0, 0:1.
Asien: Qualifikation der Gruppenzweiten
Iran - Vereinigte Arabische Emirate 1:0, 3:0.

Südamerika: Argentinien, Ecuador, Brasilien, Paraguay, Uruguay.
Kolumbien – Brasilien 0:0, Brasilien – Kolumbien 0:1; Ecuador – Venezuela 2:0, 2:1; Uruguay – Bolivien 1:0, 0:0; Peru – Paraguay 2:0, 1:5; Argentinien – Chile 4:1, 2:0; Bolivien – Kolumbien 1:1, 0:2; Paraguay – Uruguay 1:0, 1:0; Venezuela – Argentinien 0:4, 0:5; Chile – Peru 1:1, 1:3; Brasilien – Ecuador 3:2, 0:1; Uruguay – Chile 2:1, 1:0; Paraguay – Ecuador 3:1, 1:2; Argentinien – Bolivien 1:0, 3:3; Peru – Brasilien 0:1, 1:1; Kolumbien – Venezuela 3:0, 2:2; Venezuela – Bolivien 4:2, 0:5; Brasilien – Uruguay 1:1, 0:1; Ecuador – Peru 2:1, 2:1; Chile – Paraguay 3:1, 0:1; Kolumbien – Argentinien 1:3, 0:3; Uruguay – Venezuela 3:1, 0:2; Paraguay – Brasilien 2:1, 0:2; Bolivien – Chile 1:0, 2:2; Argentinien – Ecuador 2:0, 2:0; Peru – Kolumbien 0:1, 1:0; Ecuador – Kolumbien 0:0, 0:0; Venezuela – Chile 0:2, 2:0; Uruguay – Peru 0:0, 2:0; Brasilien – Argentinien 3:1, 1:2; Bolivien – Paraguay 0:0, 1:5; Kolumbien – Uruguay 1:0, 1:1; Chile – Brasilien 3:0, 0:2; Ecuador – Bolivien 2:0, 5:1; Argentinien – Paraguay 1:1, 2:2; Peru – Venezuela 1:0, 0:3; Paraquay – Venezuela 3:0, 1:3; Chile – Kolumbien 0:1, 1:3; Uruguay – Ecuador 4:0, 1:1; Peru – Argentinien 1:2, 0:2; Brasilien – Bolivien 5:0, 1:3; Kolumbien – Paraguay 0:2, 4:0; Venezuela – Brasilien 0:6, 0:3; Bolivien – Peru 1:0, 1:1; Ecuador – Chile 1:0, 0:0; Argentinien – Uruguay 2:1, 1:1.

Ozeanien: Australien
Gruppe 1: Australien – Fidschi 2:0, Australien – Tonga 22:0, Australien – Westsamoa 11:0, Australien – Amerikanisch Samoa 31:0; Fidschi – Tonga 8:1, Fidschi – Westsamoa 6:1, Fidschi – Amerikanisch Samoa 13:0, Tonga – Westsamoa 1:0,
Tonga – Amerikanisch Samoa 5:0, Westsamoa – Amerikanisch Samoa 8:0.
Gruppe 2: Neuseeland – Tahiti 5:0, Neuseeland – Salomonen 5:1, Neusseland – Vanuatu 7:0, Neuseeland – Cook Inseln 2:0, Tahiti – Salomonen 2:0, Tahiti – Vanuatu 6:1, Tahiti – Cook Inseln 6:0, Salomonen – Vanuatu 7:2, Salomonen – Cook Inseln 9:1, Vanuatu – Cook Inseln 8:1.
Endspiele: Australien – Neuseeland 4:1, 2:0.
Qualifikation Südamerika 5/Ozeanien: Australien – Uruguay 1:0, 0:3.

Nord- und Mittelamerika:
Zentral Zone:
Gruppe A: El Salvador. El Salvador – Guatemala 1:1, 1:0; El Salvador – Belize 5:0, 3:1; Guatemala – Belize 0:0 (in Honduras), 2:1.
Gruppe B: Panam. Panama – Honduras 1:0, 1:3; Panama – Nicaragua 4:0, 2:0; Honduras – Nicaragua 3:0, 1:0.

Karibik-Zone:
Gruppe 1: Barbados. Kuba – Cayman Islands 4:0, 0:0; St. Lucia – Surinam 1:0, n. V. 0:1 (Surinam 3:1-Sieger im Elfmeterschießen); Barbados – Grenada 2:2, n. V. 3:2; Aruba – Puerto Rico 4:2, 2:2; Aruba – Barbados 1:3, 0:4; Kuba – Surinam 1:0, 0:0; Kuba – Barbados 1:1, n. V. 1:1 (Barbados 5:4-Sieger im Elfmeterschießen).
Gruppe 2: St. Vincent. St. Vincent – US Jungfern-Inseln 9:0, 5:1; Britische Jungfern-Inseln – Bermuda 1:5, 0:9; St. Kitts/Nevis – Turks & Caicos Inseln 8:0, 6:0; Guyana – Antigua/Barbuda (Guyana von der FIFA suspendiert); St. Vincent – St. Kitts/Nevis 1:0, 2:1; Antigua/Barburda – Bermuda 0:0, 1:1; Antigua/Barbuda – St. Vincent 2:1, 0:4.
Gruppe 3: Trinidad/Tobago. Trinidad/Tobago – Niederländische Antillen 5:0, 1:1; Dominikanische Republik – Montserrat 3:0, 3:1; Anguilla – Bahamas 1:3, 1:2; Haiti – Dominica 4:0, 3:1; Trinidad/Tobago – Dominikanische Republik 3:0, 1:0; Haiti – Bahamas 9:0, 4:0; Trinidad/Tobago – Haiti 3:1, 1:1.
Interzonen-Qualifikation: Honduras – Haiti 4:0, 3:1; Kuba – Kanada 0:1, 0:0; Antigua/Barbuda – Guatemala 0:1, 1:8.
Halbfinale:
Gruppe C: Trinidad/Tobago und Mexiko. Trinidad/Tobago – Mexiko 1:0, 0:7; Trinidad/Tobago – Kanada 4:0, 2:0; Trinidad/Tobago – Panama 6:0, 1:0; Mexiko – Kanada 2:0, 0:0; Mexiko – Panama 7:1, 1:0; Kanada – Panama 1:0, 0:0.
Gruppe D: Honduras und Jamaika. Honduras – Jamaika 1:0, 1:3; Honduras – El Salvador 5:0, 5:2; Honduras – St. Vincent 6:0, 7:0; Jamaika – El Salvador 1:0, 0:2; Jamaika – St. Vincent 2:0, 1:0; El Salvador – St. Vincent 7:1, 2:1.
Gruppe E: USA und Costa Rica. USA – Costa Rica 0:0, 1:2; USA – Guatemala 1:0, 1:1; USA – Barbados 7:0, 4:0; Costa Rica – Guatemala 2:1, 1:2; Costa Rica – Barbados 3:0, 1:2; Guatemala – Barbados 2:0, 3:1 – Entscheidungsspiel in Miami/USA: Costa Rica – Guatemala 5:2.
Endrunde: Costa Rica, Mexiko und USA. Costa Rica – Mexiko 0:0, 2:1; Costa Rica – USA 2:0, 0:1; Costa Rica – Honduras 2:2, 3:2; Costa Rica – Jamaika 2:1, 1:0; Costa Rica – Trinidad/Tobago 3:0, 2:0; Mexiko – USA 1:0, 0:2; Mexiko – Honduras 3:0, 1:3; Mexiko – Jamaika 4:0, 2:1; Mexiko – Trinidad/Tobago 3:0, 1:1; USA – Honduras 2:3, 2:1; USA – Jamaika 2:1, 0:0; USA – Trinidad/Tobago 2:0, 0:0; Honduras – Jamaika 1:0, 1:1; Honduras – Trinidad/Tobago 0:1, 4:2; Jamaika – Trinidad/Tobago 1:0, 2:1.

Afrika: Kamerun, Nigeria, Senegal, Tunesien, Südafrika.
1. Runde Gruppe A: Mauretanien – Tunesien 1:2, 0:3; Guinea-Bissau – Togo 0:0, 0:3; Benin – Senegal 1:1, 0:1; Gambia – Marokko 0:1, 0:2; Kap Verde – Algerien 0:0, 0:2.
Gruppe B: Botswana – Sambia 0:1, 0:1; Madagaskar – Gabun 2:0, 0:1; Sudan – Mosambik 1:0, 1:2; Lesotho – Südafrika 0:2, 0:1; Swasiland – Angola 0:1, 1:7.
Gruppe C: Sao Tomé – Sierra Leone 2:0, 0:4; Ruanda – Elfenbeinküste 2:2, 0:2; Libyen – Mali 3:0, 1:3; Zentralafrikanische Republik – Simbabwe 0:1, 1:3; Äquatorial-Guinea – Kongo 1:3, 1:2.
Gruppe D: Dschibuti – Demokratische Republik Kongo 1:1, 1:9; Seychellen – Namibia 1:1, 0:3; Eritrea – Nigeria 0:0, 0:4; Somalia – Kamerun 0:3, 0:3; Mauritius – Ägypten 0:2, 2:4.
Gruppe E: Malawi – Kenia 2:0, 0:0; Tansania – Ghana 0:1, 2:3; Uganda – Guinea 4:4, 0:3; Tschad – Liberia 0:1, 0:0; Äthiopien – Burkina Faso 2:1, 0:3.
2. Runde Gruppe A: Kamerun. Kamerun – Angola 3:0, 0:2; Kamerun – Sambia 1:0, 2:2; Kamerun – Togo 2:0, 2:0; Kamerun – Libyen 3:0, 1:0; Angola – Sambia 2:1, 1:1; Angola – Togo 1:1, 1:1; Angola – Libyen 3:1, 1:1; Sambia – Togo 2:0, 2:3; Sambia – Libyen 2:0, 4:2; Togo – Libyen 2:0, 3:3.
Gruppe B: Nigeria. Nigeria – Liberia 2:0, 1:2; Nigeria – Sudan 3:0, 4:0; Nigeria – Ghana 3:0, 0:0; Nigeria – Sierra Leone 2:0, 0:1; Liberia – Sudan 2:0, 0:2; Liberia – Ghana 1:2, 3:1; Liberia – Sierra Leone 1:0, 1:0; Sudan – Ghana 1:0, 0:1; Sudan – Sierra Leone 3:0, 2:0; Ghana – Sierra Leone 5:0, 1:1.
Gruppe C: Senegal. Senegal – Marokko 1:0, 0:0; Senegal – Ägypten 0:0, 0:1; Senegal – Algerien 3:0, 1:1; Senegal – Namibia 4:0, 5:0; Marokko – Ägypten 1:0, 0:0; Marokko – Algerien 2:1, 2:1; Marokko – Namibia 3:0, 0:0; Ägypten – Algerien 5:2, 1:1; Ägypten – Namibia 8:2, 1:1; Algerien – Namibia 1:0, 4:0.
Gruppe D: Tunesien. Tunesien – Elfenbeinküste 1:1, 2:2; Tunesien – Demokratische Republik Kongo 6:0, 3:0; Tunesien – Republik Kongo 6:0, 2:1; Tunesien – Madagaskar 1:0, 2:0; Elfenbeinküste – Demokratische Republik Kongo 1:2, 2:1; Elfenbeinküste – Republik Kongo 2:0, 1:1; Elfenbeinküste – Madagaskar 6:0, 3:1; Demokratische Republik Kongo – Republik Kongo 2:0, 1:1; Demokratische Republik Kongo – Madagaskar 1:0, 0:3; Republik Kongo – Madagaskar 2:0, 0:1.
Gruppe E: Südafrika. Südafrika – Simbabwe 2:1, abgebr. (Wertung nach Spielstand 2:0); Südafrika – Burkina Faso 1:0, 1:1; Südafrika – Malawi 2:0, 2:1; Simbabwe – Burkina Faso 1:0, 2:1; Simbabwe – Malawi 2:0, 1:0; Burkina Faso – Malawi 4:2, 1:1. Guinea wurde von der FIFA ausgeschlossen.

Endrunde vom 31. Mai bis 30. Juni in Japan (Gruppen A bis D) und Korea (Gruppen E bis H)

1. Finalrunde: Es qualifizierten sich die Gruppenersten und -zweiten.

Gruppe A: Dänemark, Senegal
Frankreich – Senegal 0:1 (Seoul), Uruguay – Dänemark 1:2 (Ulsan), Frankreich – Uruguay 0:0 (Busan), Dänemark – Senegal 1:1 (Daegu), Dänemark – Frankreich 2:0 (Incheon), Senegal – Uruguay 3:3 (Suwon).

Gruppe B: Spanien, Paraguay
Paraguay – Südafrika 2:2 (Busan), Spanien – Slowenien 3:1 (Gwangju), Spanien – Paraguay 3:1 (Jeonju), Südafrika – Slowenien 1:0 (Daegu), Südafrika – Spanien 2:3 (Daejeon), Slowenien – Paraguay 1:3 (Seogwipo).

Gruppe C: Brasilien, Türkei
Brasilien – Türkei 2:1 (Ulsan), China – Costa Rica 0:2 (Gwangju), Brasilien – China 4:0 (Seogwipo), Costa Rica – Türkei 1:1 (Incheon), Costa Rica – Brasilien 2:5 (Suwon), Türkei – China 3:0 (Seoul).

Gruppe D: Südkorea, USA
Südkorea – Polen 2:0 (Busan), USA – Portugal 3:2 (Suwon), Südkorea – USA 1:1 (Daegu), Portugal – Polen 4:0 (Jeonju), Portugal – Südkorea 0:1 (Incheon), Polen – USA 3:1 (Daejeon).

Gruppe E: Deutschland, Irland
Irland – Kamerun 1:1 (Niigata), Deutschland – Saudi-Arabien 8:0 (Sapporo), Deutschland – Irland 1:1 (Ibaraki), Kamerun – Saudi Arabien 1:0 (Saitama), Kamerun – Deutschland 0:2 (Shizuoka), Saudi Arabien – Irland 0:3 (Yokohama).

Gruppe F: Schweden, England
England – Schweden 1:1 (Saitama), Argentinien – Nigeria 1:0 (Ibaraki), Schweden – Nigeria 2:1 (Kobe), Argentinien – England 0:1 (Sapporo), Schweden – Argentinien 1:1 (Miyagi), Nigeria – England 0:0 (Osaka).

Gruppe G: Mexiko, Italien
Kroatien – Mexiko 0:1 (Niigata), Italien – Ekuador 2:0 (Sapporo), Italien – Kroatien 1:2 (Ibaraki), Mexiko – Ekuador 2:1 (Miyagi), Mexiko – Italien 1:1 (Oita), Ekuador – Kroatien 1:0 (Yokohama).

Gruppe H: Japan, Belgien
Japan – Belgien 2:2 (Saitama), Russland – Tunesien 2:0 (Kobe), Japan – Russland 1:0 (Yokohama), Tunesien – Belgien 1:1 (Oita), Tunesien – Japan 0:2 (Osaka), Belgien – Russland 3:2 (Shizuoka).

Achtelfinale: Deutschland – Paraguay 1:0 (Seogwipo), Dänemark – England 0:3 (Niigata), Schweden – Senegal i.V. 1:2 (Oita), Spanien – Irland n. V. 1:1/Elfmeterschießen 3:2 (Suwon), Mexiko – USA 0:2 (Jeonju), Brasilien – Belgien 2:0 (Kobe), Japan – Türkei 0:1 (Miyagi), Südkorea – Italien i. V. 2:1 (Daejeon).

Viertelfinale: Deutschland – USA 1:0 (Ulsan), England – Brasilien 1:2 (Shizuoka), Spanien – Südkorea n. V. 0:0/Elfmeterschießen 3:5 (Gwangju), Senegal - Türkei i. V. 0:1 (Osaka).

Halbfinale: Deutschland – Südkorea 1:0 (Seoul), Brasilien – Türkei 1:0 (Saitama)

Um den dritten Platz: Türkei – Südkorea 3:2 (Daegu)

Endspiel am 30. Juni 2002 in Yokohama: Brasilien – Deutschland 2:0 (0:0)

Brasilien: Marcos – Lucio, Edmilson, Roque Junior – Cafu, Gilberto Silva, Kleberson, Roberto Carlos – Ronaldinho (Juninho Paulista), Ronaldo (Denilson), Rivaldo.

Deutschland: Kahn – Frings, Linke, Ramelow, Metzelder – Schneider, Jeremies (Asamoah), Hamann, Bode (Ziege) – Neuville, Klose (Bierhoff)

Tore: Ronaldo 2 – Zuschauer: 70 564 – SR: Collina (Italien)

WM-Torschützenkönige

1930	Stabile (Argentinien)	8	1970	Gerd Müller (Deutschland)	10
1934	Nejedly (Tschechoslowakei)	5	1974	Lato (Polen)	7
1938	Leonidas (Brasilien)	8	1978	Kempes (Argentinien)	6
1950	Ademir (Brasilien)	9	1982	Rossi (Italien)	6
1954	Kocsis (Ungarn)	11	1986	Lineker (England)	6
1958	Fontaine (Frankreich)	13	1990	Schillaci (Italien)	6
1962	Garrincha, Vava (Brasilien), Sanchez (Chile), Iwanow (UdSSR), Albert (Ungarn), Jerkovic (Jugoslawien)	je 4	1994	Salenko (Rußland), Stoitchkov (Bulgarien)	je 6
1966	Eusebio (Portugal)	9	1998	Suker (Kroatien)	6
			2002	Ronaldo (Brasilien)	8

Die deutschen Weltmeisterschafts-Aufgebote (alphabetisch)

1934: Eingesetzt: Bender, Busch, Conen, Gramlich, Haringer, Heidemann, Hohmann, Jakob, Janes, Kobierski, Kreß, Lehner, Münzenberg, Noack, Schwartz, Siffling, Szepan, Zielinski – Nicht eingesetzt: Albrecht – Auf Abruf: Buchloh, Dienert, Streb.

1938: Eingesetzt: Gauchel, Gellesch, Goldbrunner, Hahnemann, Janes, Kitzinger, Kupfer, Lehner, Mock, Neumer, Pesser, Raftl, Schmaus, Skoumal, Streitle, Stroh, Szepan – Nicht eingesetzt: Buchloh, Jakob, Münzenberg, Siffling, Wagner.

1954: Eingesetzt: Bauer, Eckel, R. Herrmann, B. Klodt, Kohlmeyer, Kwiatkowski, Laband, Liebrich, Mai, Mebus, Morlock, Pfaff, Posipal, Rahn, Schäfer, Turek, F. Walter, O. Walter – Nicht eingesetzt: Biesinger, Erhardt, Kubsch, Metzner.

1958: Eingesetzt: Cieslarczyk, Eckel, Erhardt, Herkenrath, Juskowiak, Kelbassa, B. Klodt, Kwiatkowski, Rahn, Schäfer, A. Schmidt, Schnellinger, Uwe Seeler, Stollenwerk, Sturm, Szymaniak, F. Walter, Wewers – Auf Abruf: R. Hoffmann, Nuber, Peters, Sawitzki.

1962: Eingesetzt: Brülls, Erhardt, Fahrian, Giesemann, Haller, Kraus, Koslowski, Nowak, Schäfer, Schnellinger, W. Schulz, Uwe Seeler, Sturm, Szymaniak – Nicht eingesetzt: G. Herrmann, Kurbjuhn, Sawitzki, Strehl, Tilkowski, Vollmar, Werner, Wilden.

1966: Eingesetzt: Beckenbauer, Brülls, Emmerich, Haller, Held, Höttges, Krämer, Lutz, Overath, Schnellinger, W. Schulz, Uwe Seeler, Tilkowski, Weber – Nicht eingesetzt: Bernard, Grabowski, Hornig, Lorenz, Maier, Patzke, Paul, Sieloff.

1970: Eingesetzt: Beckenbauer, Fichtel, Grabowski, Haller, Held, Höttges, Libuda, Löhr, Lorenz, Maier, G. Müller, Overath, Patzke, Schnellinger, W. Schulz, Uwe Seeler, Vogts, Weber, Wolter – Nicht eingesetzt: Dietrich, Manglitz, Sieloff.

1974: Eingesetzt: Beckenbauer, Bonhof, Breitner, Cullmann, Grabowski, Flohe, Herzog, Heynckes, U. Hoeneß, Hölzenbein, Höttges, Maier, G. Müller, Netzer, Overath, Schwarzenbeck, Vogts, Wimmer – Nicht eingesetzt: Kapellmann, Kleff, H. Kremers, Nigbur.

1978: Eingesetzt: Abramczik, Beer, Bonhof, Dietz, Fischer, Flohe, Hölzenbein, Kaltz, Konopka, Maier, Dieter Müller, Hans Müller, K. H. Rummenigge, Rüßmann, Vogts, Herbert Zimmermann – Nicht eingesetzt: Burdenski, Cullmann, Kargus, Schwarzenbeck, Worm, Zewe.

1982: Eingesetzt: Breitner, Briegel, Dremmler, Fischer, B. Förster, Kh. Förster, Hrubesch, Kaltz, Littbarski, Magath, Matthäus, Hans Müller, Reinders, K. H. Rummenigge, Schumacher, Stielike – Nicht eingesetzt: Franke, Hannes, Immel – Auf Abruf: T. Allofs, Engels, Hieronymus.

1986: Eingesetzt: Kl. Allofs, Augenthaler, Berthold, Brehme, Briegel, Eder, Kh. Förster, Herget, O. Hoeneß, Jakobs, Littbarski, Magath, Matthäus, Rolff, K. H. Rummenigge, Schumacher, Völler – Nicht eingesetzt: Allgöwer, Immel, Rahn, Stein, Thon.

1990: Eingesetzt: Augenthaler. Bein, Berthold, Brehme, Buchwald, Häßler, Illgner, Klinsmann, Kohler, Littbarski, Matthäus, Möller, Pflügler, Reuter, Riedle, Thon, Völler – Nicht eingesetzt: Aumann, Hermann, Köpke, Mill, Steiner.

1994: Eingesetzt: Basler, Berthold, Brehme, Buchwald, Effenberg, Häßler, Helmer, Illgner, Klinsmann, Kohler, Kuntz, Matthäus, Möller, Riedle, Sammer, Strunz, Völler, Wagner – Nicht eingesetzt: Gaudino, Kahn, Kirsten, Köpke.

1998: Eingesetzt: Babbel, Bierhoff, Hamann, Häßler, Helmer, Heinrich, Jeremies, Kirsten, Klinsmann, Kohler, Köpke, Marschall, Matthäus, Möller, Reuter, Tarnat, Thon, Wörns, Ziege – Nicht eingesetzt: Freund, Kahn, Lehmann.

2002: Eingesetzt:Asamoah, Ballack, Baumann, Bierhoff, Bode, Frings, Hamann, Jancker, Jeremies, Kahn, Kehl, Klose, Linke, Metzelder, Neuville, Ramelow, Rehmer, Schneider, Ziege, - Nicht eingesetzt: Lehmann, Butt, Böhme, Ricken.

Junioren-Weltmeisterschaft U 20

Die bisherigen Sieger (bis 1979 unter der Bezeichnung „Jugend-Weltturnier"):

1977 Sowjetunion – 1979 Argentinien – 1981 Deutschland – 1983, 1985 Brasilien – 1987 Jugoslawien – 1989, 1991 Portugal – 1993 Brasilien – 1995, 1997 Argentinien – 1999 Spanien – 2001 Argentinien

1977: Sowjetunion

Vom 27. Juni bis 10. Juli 1977 in Tunesien

Gruppe A: Mexiko. Frankreich – Spanien 1:2, Mexiko – Tunesien 6:0, Spanien – Mexiko 1:1, Tunesien – Frankreich 0:1, Frankreich – Mexiko 1:1, Spanien – Tunesien 0:1.
Gruppe B: Uruguay. Marokko – Honduras 0:1, Uruguay – Ungarn 2:1, Honduras – Uruguay 0:1, Ungarn – Marokko 2:0, Ungarn – Honduras 0:2, Uruguay – Marokko 3:0.
Gruppe C: Brasilien. Italien – Elfenbeinküste 1:1, Brasilien – Iran 5:1, Iran – Italien 0:0, Elfenbeinküste – Brasilien 1:1, Iran – Elfenbeinküste, 3:0, Brasilien – Italien 2:0.
Gruppe D: Sowjetunion. Sowjetunion – Irak 3:1, Paraguay – Österreich 1:0, Irak – Österreich 5:1, Paraguay – Sowjetunion 1:2, Paraguay – Irak 4:0, Österreich – Sowjetunion 0:0.

Halbfinale: Mexiko – Brasilien 1:1/Elfmeterschießen 5:3, Uruguay – Sowjetunion 0:0/Elfmeterschießen 3:4.
Um den dritten Platz: Brasilien – Uruguay 4:0.

Endspiel am 10. Juli 1977 in Tunis: Sowjetunion – Mexiko n. V. 2:2 (2.2, 0:0)/Elfmeterschießen 7:6
Sowjetunion: Nowikow – Kriachka, Baltacha, Kaplun, Iljim – Bal, Bessonow, Khidiatullin – Bychkow, Bodrow, Sopko – Tore: Iljim, Bessonow (Garduno, Manzo) – Zuschauer: 22 000 – SR.: Vautrot (Frankreich).

1979: Argentinien

Vom 25. August bis 7. September 1979 in Japan

Gruppe A: Spanien und Algerien. Japan – Spanien 0:1, Mexiko – Algerien 1:1, Spanien – Mexiko 2:1, Algerien – Japan 0:0, Japan – Mexiko 1:1, Spanien – Algerien 0:1.
Gruppe B: Argentinien und Polen. Polen – Jugoslawien 2:0, Argentinien – Indonesien 5:0, Jugoslawien – Argentinien 0:1, Indonesien – Polen 0:6, Polen – Argentinien 1:4, Jugoslawien – Indonesien 5:0.
Gruppe C: Paraguay und Portugal. Kanada – Portugal 2:1, Paraguay – Südkorea 3:0, Portugal – Paraguay 1:0, Südkorea – Kanada 1:0, Kanada – Paraguay 0:3, Portugal – Südkorea 0:0.
Gruppe D: Uruguay und Sowjetunion. Ungarn – Uruguay 0:2, Guinea – Sowjetunion 0:3, Sowjetunion – Ungarn 5:1, Uruguay – Guinea 5:0, Sowjetunion – Uruguay 0:1, Ungarn – Guinea 2:0.

Viertelfinale: Argentinien – Algerien 5:0, Uruguay – Portugal n. V. 1:0, Polen – Spanien n. V. 0:0/Elfmeterschießen 4:3, Sowjetunion – Paraguay n. V. 2:2/Elfmeterschießen 4:3.
Halbfinale: Argentinien – Uruguay 2:0, Sowjetunion – Polen 1:0.
Um den dritten Platz: Uruguay – Polen n. V. 1:1/Elfmeterschießen 5:3.

Endspiel am 7. September 1979 in Tokio: Argentinien – Sowjetunion 3:1 (0:0)
Argentinien: Garcia – Simon, Carabelli, Rossi, Alves – Barbas, Rinaldi (Mezza), Maradona – Escudero, Diaz, Calderon – Tore: Alves, Diaz, Maradona (Ponomarew) – Zuschauer: 52 000 – SR.: Wright (Brasilien).

1981: Deutschland

Vom 3. bis 18. Oktober 1981 in Australien

Gruppe A: Uruguay und Katar. Polen – Katar 0:1, USA – Uruguay 0:3, USA – Katar 1:1, Uruguay – Polen 1:0, Katar – Uruguay 0:1, USA – Polen 0:4.
Gruppe B: Brasilien und Rumänien. Italien – Südkorea 1:4, Rumänien – Brasilien 1:1, Italien – Brasilien 0:1, Südkorea – Rumänien 0:1, Südkorea – Brasilien 0:3, Italien – Rumänien 0:1.
Gruppe C: Deutschland und Ägypten. Deutschland – Mexiko 1:0, Spanien – Ägypten 2:2, Deutschland – Ägypten 1:2, Spanien – Mexiko 1:1, Deutschland – Spanien 4:2, Mexiko – Ägypten 3:3.
Gruppe D: England und Australien. England – Kamerun 2:0, Australien – Argentinien 2:1, Australien – Kamerun 3:3, England – Argentinien 1:1, Kamerun – Argentinien 0:1, England – Australien 1:1.
Viertelfinale: Deutschland – Australien 1:0, Uruguay – Rumänien 1:2, Brasilien – Katar 2:3, England – Ägypten 4:2.
Halbfinale: Deutschland – Rumänien n. V. 1:0, Katar – England 2:1.
Um den dritten Platz: Rumänien – England.

Endspiel am 18. Oktober 1981 in Sydney: Deutschland – Katar 4:0 (2:0)
Deutschland: Vollborn – Winklhofer, Zorc, Schmidkunz, Trieb – Sievers (Brunner). Schön, Loose – Anthes, Wohlfarth, Brummer (Herbst) – Im Verlauf des Turniers noch eingesetzt: Hermann, Nushöhr – Tore: Loose 2, Wohlfarth, Anthes – Zuschauer: 18 500 – SR: Coelho (Brasilien).

1983: Brasilien

Vom 5. bis 19. Juni 1983 in Mexiko

Gruppe A: Schottland und Südkorea. Mexiko – Australien 1:1, Schottland – Südkorea 2:0, Mexiko – Südkorea 1:2, Australien – Schottland 2:1, Mexiko – Schottland 0:1, Australien – Südkorea 1:2.
Gruppe B: Uruguay und Polen. Uruguay – USA 3:2, Polen – Elfenbeinküste 7:2, USA – Elfenbeinküste 1:0, Uruguay – Polen 3:1, USA – Polen 0:2, Uruguay – Elfenbeinküste 0:0.
Gruppe C: Argentinien und Tschechoslowakei. Tschechoslowakei – Österreich 4:0, Argentinien – China 5:0, Argentinien – Österreich 3:0, Tschechoslowakei – China 3:2, Argentinien – Tschechoslowakei 2:0, China – Österreich 3:0.
Gruppe D: Brasilien und Niederlande. Brasilien – Niederlande 1:1, Nigeria – Sowjetunion 1:0, Brasilien – Nigeria 3:0, Niederlande – Sowjetunion 3:2, Brasilien – Sowjetunion 2:1, Niederlande – Nigeria 0:0.

Viertelfinale: Schottland – Polen 0:1, Uruguay – Südkorea n. V. 1:2, Argentinien – Niederlande 2:1, Brasilien – Tschechoslowakei4:1.
Halbfinale: Brasilien – Südkorea 2:1, Argentinien – Polen 1:0.
Um den dritten Platz: Polen – Südkorea n. V. 2:1.

Endspiel am 19. Juni 1983 in Mexiko City: Brasilien – Argentinien 1:0 (1:0)
Brasilien: Hugo – Heitor, Guto, Boni, Jorginho – Dunga, Gillmar (Demetrio), Geovani – Maurizinho, Marinho (Bebeto), Paulinho – Tor: Geovani – Zuschauer: 100 000 – SR.: Biguet (Frankreich).

1985: Brasilien

Vom 24. August bis 7. September 1985 in der Sowjetunion

Gruppe A: Bulgarien und Kolumbien (durch Los). Ungarn – Kolumbien 2:2, Tunesien – Bulgarien 0:2, Ungarn Tunesien 2:1, Kolumbien – Bulgarien 1:1, Ungarn – Bulgarien 1:1, Kolumbien – Tunesien 2:1.
Gruppe B: Brasilien und Spanien. Irland – Brasilien 1:2, Saudi-Arabien – Spanien 0:0, Irland – Saudi-Arabien 0:1, Brasilien – Spanien 2:0, Irland – Spanien 2:4, Brasilien – Saudi-Arabien 1:0.
Gruppe C: Sowjetunion und Nigeria. Sowjetunion – Australien 0:0, Nigeria – Kanada 2:0, Sowjetunion – Nigeria 2:1, Australien – Kanada 0:0, Sowjetunion – Kanada 5:0, Australien – Nigeria 2:3.
Gruppe D: Mexiko und China. England – Paraguay 2:2, China – Mexiko 1:3, England – China 0:2, Paraguay – Mexiko 0:2, England – Mexiko 0:1, Paraguay – China 1:2.

Viertelfinale: Bulgarien – Spanien 1:2, Brasilien – Kolumbien 6:0, Sowjetunion – China 1:0, Mexiko – Nigeria 1:2.
Halbfinale: Sowjetunion – Spanien n. V. 2:2/Elfmeterschießen 3:4, Brasilien – Nigeria 2:0.
Um den dritten Platz: Nigeria – Sowjetunion n. V. 0:0/Elfmeterschießen 3:1.

Endspiel am 7. September 1985 in Moskau: Brasilien – Spanien n. V. 1:0 (0:0, 0:0)
Brasilien: Taffarel – Luciano, Luis Carlos, Joao, Henrique – Dida, Silas (Marcal), Tosin, Gerson (Antonio Carlos) – Müller, Balalo – Tor: Henrique – Zuschauer: 41 000 – SR: Syme (Schottland).

1987: Jugoslawien

Vom 10. bis 25. Oktober 1987 in Chile

Gruppe A: Jugoslawien und Chile. Chile – Jugoslawien 2:4, Togo – Australien 0:2, Chile – Togo 3:0, Jugoslawien – Australien 4:0, Chile – Australien 2:0, Jugoslawien – Togo 4:1.
Gruppe B: Italien und Brasilien. Brasilien – Nigeria 4:0, Italien – Kanada 2:2, Brasilien – Italien 0:1, Nigeria – Kanada 2:0, Brasilien – Kanada 1:0, Nigeria – Italien 0:2.
Gruppe C: DDR und Schottland. DDR – Schottland 1:2, Kolumbien – Bahrein 1:0, DDR – Kolumbien 3:1, Schottland – Bahrein 1:1, DDR – Bahrein 2:0, Schottland – Kolumbien 2:2.
Gruppe D: Deutschland und Bulgarien. USA – Bulgarien 0:1, Deutschland – Saudi-Arabien 3:0, USA – Saudi-Arabien 1:0, Deutschland – Bulgarien 3:0, Deutschland – USA 2:1, Bulgarien – Saudi-Arabien 2:0.

Viertelfinale: Jugoslawien – Brasilien 2:1, Italien – Chile 0:1, DDR – Bulgarien 2:0, Deutschland – Schottland n. V. 1:1/Elfmeterschießen 4:3.
Halbfinale: Jugoslawien – DDR 2:1, Chile – Deutschland 0:4.
Um den dritten Platz: DDR – Chile n. V. 1:1/Elfmeterschießen 3:1.

Endspiel am 25. Oktober 1987 in Santiago: Jugoslawien – Deutschland n. V. 1:1 (1:1, 0:0)/Elfm. 5:4
Jugoslawien: Levkovic – Jankovic – Brnovic, Jarni – Boban, Pavlicic, Pavlovic (Zirojevic), Petric, Skoric – Mijucic, Suker.
Deutschland: Brunn – Luginger – Strehmel, Metz – Dammeier (H. J. Heidenreich), Spyrka, Möller, Schneider, K. Reinhardt – Eichenauer (Epp), Witeczek (im weiteren Turnierverlauf eingesetzt: Clauss, Würzburger, Praetz, Klinkert, Claasen).
Tore: Boban (Witeczek) – Elfmeterschießen: Pavlicic, Suker, Brnovic, Zirojevic, Boban (Witeczek verschossen, Metz, Luginger, Spyrka, K. Reinhardt) – Zuschauer: 65 000 – SR: Loustau (Argentinien).

1989: Portugal

Vom 17. Februar bis 3. März 1989 in Saudi-Arabien

Gruppe A: Portugal und Nigeria. Nigeria – Saudi-Arabien 2:1, Portugal – Tschechoslowakei 1:0, Tschechoslowakei – Saudi-Arabien 1:0, Portugal – Nigeria 1:0, Saudi-Arabien – Portugal 3:0, Nigeria – Tschechoslowakei 1:1.
Gruppe B: Sowjetunion und Kolumbien. Costa Rica – Kolumbien 1:0, Sowjetunion – Syrien 3:1, Sowjetunion – Costa Rica 1:0, Kolumbien – Syrien 2:0, Costa Rica – Syrien 1:3, Kolumbien – Sowjetunion 1:3.
Gruppe C: Brasilien und USA. Brasilien – DDR 2:0, USA – Mali 1:1, Brasilien – Mali 5:0, DDR – USA 0:2, Brasilien – USA 3:1, DDR – Mali 3:0.
Gruppe D: Irak und Argentinien. Irak – Norwegen 1:0, Spanien – Argentinien 2:1, Argentinien – Norwegen 2:0, Spanien – Irak 0:2, Norwegen – Spanien 4:2, Irak – Argentinien 1:0.

Viertelfinale: Portugal – Kolumbien 1:0, Nigeria – Sowjetunion n. V. 4:4/Elfmeterschießen 5:4, USA – Irak 2:1, Brasilien – Argentinien 1:0.
Halbfinale: Brasilien – Portugal 0:1, Nigeria – USA 2:1.
Um den dritten Platz: Brasilien – USA 2:0.

Endspiel am 3. März 1989 in Riad: Portugal – Nigeria 2:0 (1:0)
Portugal: Bizarro – Valido – Silva-Abel, Paulo Madeira, Morgado – Helio, Tozé, Filipe, Jorge Couto – Amarai (Paulo Alves), Joao Pinto (Folha) – Tore: Silva, Couto – Zuschauer: 70 000 – SR: Schmidhuber (Deutschland).

1991: Portugal

Vom 14. bis 30, August 1991 in Portugal

Gruppe A: Portugal und Korea: Portugal – Irland 2:0, Korea – Argentinien 1:0, Irland – Korea 1:1, Portugal – Argentinien 3:0, Irland – Argentinien 2:2, Portugal – Korea 1:0. (Korea trat mit einer gemeinsamen Mannschaft aus Nord- und Südkorea an.)
Gruppe B: Brasilien und Mexiko. Mexiko – Schweden 3:0, Brasilien – Elfenbeinküste 2:1, Brasilien – Mexiko 2:2, Schweden – Elfenbeinküste 1:1, Elfenbeinküste – Mexiko 1:1, Brasilien – Schweden 2:0.
Gruppe C: Australien und Sowjetunion. Australien – Trinidad & Tobago 2:0, Sowjetunion – Ägypten 1:0, Ägypten – Trinidad & Toago 6:0, Australien – Sowjetunion 1:0, Australien – Ägypten 1:0, Sowjetunion – Trinidad & Tobago 4:0.
Gruppe D: Spanien und Syrien. Spanien – England 1:0, Syrien – Uruguay 1:0, Spanien – Uruguay 6:0, England – Syrien 3:3, Spanien – Syrien 0:0, England – Uruguay 0:0.

Viertelfinale: Portugal – Mexiko n. V. 2:1, Brasilien – Korea 5:1, Australien – Syrien n. V. 1:1/Elfmeterschießen 5:4, Spanien – Sowjetunion 1:3.
Halbfinale: Brasilien – Sowjetunion 3:0, Portugal – Australien 1:0.
Um den 3. Platz: Sowjetunion – Australien n. V. 1:1/Elfmeterschießen 5:4
Endspiel am 30. Juni 1991 in Lissabon: Portugal – Brasilien n. V. 0:0/Elfmeterschießen 4:2
Portugal: Brassard – Nelson (Tulipa, Capucho), Jorge Costa, Rui Bento, Paulo Torres – Peixe, Rui Costa, Figo, Joao Pinto I – Gil, Toni – Zuschauer: 120 000 – SR: Lamolina (Argentinien).

1993: Brasilien

Vom 5. bis 20. März 1993 in Australien

Gruppe A: Russland und Australien. Australien – Kolumbien 2:1, Russland – Kamerun 2:0, Kolumbien – Kamerun 3:2, Australien – Russland 3:1, Kolumbien – Russland 1:3, Australien – Kamerun 0:2.
Gruppe B: Uruguay und Ghana. Portugal – Deutschland 0:1, Uruguay – Ghana 1:1, Deutschland – Ghana 2:2, Portugal – Uruguay 1:2, Deutschland – Uruguay 1:2, Portugal – Ghana 0:2.

Gruppe C: England und USA. Südkorea – England 1:1, Türkei – USA 0:6, England – USA 1:0, Südkorea – Türkei 1:1 England – Türkei 1:0, Südkorea – USA 2:2.
Gruppe D: Brasilien und Mexiko. Mexiko – Norwegen 3:0, Brasilien – Saudi-Arabien 0:0, Norwegen – Saudi-Arabien 0:0, Mexiko – Brasilien 1:2, Norwegen – Brasilien 0:2, Mexiko – Saudi-Arabien 2:1.

Viertelfinale: Australien – Uruguay n. V. 2:1, Ghana – Russland 3:0, England – Mexiko n. V. 0:0/Elfmeterschießen 4:3, Brasilien – USA 3:0.
Halbfinale: Australien – Brasilien 0:2, England – Ghana 1:2
Um den dritten Platz: England – Australien 2:1.

Endspiel am 20. März 1993 in Sydney: Brasilien – Ghana 2:1 (0:1)
Brasilien: Dida – Bruno, Gelson, Juarez, Marcelinho – Cate, Pereira (Caico), Gian, Adriano (Argel) – Yan, Hermes – Tore: Yan, Gian (Duah) – Zuschauer: 40 000 – SR.: Cakar (Türkei).

1995: Argentinien

Vom 13. bis 28. April 1995 in Katar

Gruppe A: Brasilien und Russland: Katar – Rußland 1:1, Syrien – Brasilien 0:6, Katar – Syrien 0:1, Rußland – Brasilien 0:0, Katar – Brasilien 0:2, Rußland – Syrien 2:0.
Gruppe B: Spanien und Japan. Burundi – Spanien 1:5, Chile – Japan 2:2, Burundi – Chile 1:1, Spanien – Japan 2:1, Japan – Burundi 2:0, Spanien – Chile 6:3.
Gruppe C: Portugal und Argentinien. Niederlande – Argentinien 0:1, Honduras – Portugal 2:3, Niederlande – Honduras 7:1, Argentinien – Portugal 0:1, Portugal – Niederlande 3:0, Argentinien – Honduras 4:2.
Gruppe D: Kamerun und Australien. Australien – Costa Rica 2:0, Kamerun – Deutschland 1:1, Australien – Kamerun 2:3, Costa Rica – Deutschland 2:1, Deutschland – Australien 1:1, Costa Rica – Kamerun 1:3.

Viertelfinale: Brasilien – Japan 2:1, Spanien – Russland 4:1, Portugal – Australien n. V. 2:1, Kamerun – Argentinien 0:2.
Halbfinale: Brasilien – Portugal 1:0, Argentinien – Spanien 3:0.
Um den dritten Platz: Portugal – Spanien 3:2.

Endspiel am 28. April 1995 in Doha: Argentinien – Brasilien 2:0 (1:0)
Argentinien: Irigoytia (Pezutti) – Pena, Dominquez, Lombardi, Juan, Sorin, Larossa, Ibagaza, Biagini (Guerrero), Coyette, Chaparro (Arangio) – Tore: Blagini, Guerrero – Zuschauer: 49 000 – SR.: Gallagher (England).

1997: Argentinien

Vom 16. Juni bis 5. Juli 1997 in Malaysia

Gruppe A: Uruguay, Marokko und Belgien. Malaysia – Marokko 1 3, Uruguay – Belgien 3:0, Malaysia – Uruguay 1:3, Marokko – Belgien 1:1, Malaysia – Belgien 0:3, Marokko – Uruguay 0:0.
Gruppe B: Brasilien und Frankreich. Südkorea – Südafrika 0:0, Brasilien – Frankreich 3:0, Frankreich – Südkorea 4:2, Brasilien – Südafrika 2:0, Brasilien – Südkorea 10:3, Frankreich – Südafrika 4:2.
Gruppe C: Ghana, Irland und USA. Ghana – Irland 2:1, USA – China 1:0, Ghana – China 1:1, Irland – USA 2:1, Ghana – USA 1:0, Irland – China 1:1.
Gruppe D: Spanien und Japan. Spanien – Japan 2:1, Costa Rica – Paraguay 1:1, Japan – Costa Rica 6:2, Spanien – Paraguay 2:1, Spanien – Costa Rica 4:0, Paraguay – Japan 3:3.
Gruppe E: Australien, Argentinien und Kanada. Argentinien – Ungarn 3:0, Australien – Kanada 0:0, Australien – Ungarn 1:0, Argentinien – Kanada 2:1, Argentinien – Australien 3:4, Ungarn – Kanada 1:2.
Gruppe F: England, Mexiko und Vereinigte Arabische Emirate. Mexiko – Vereinigte Arabische Emirate 5:0, England – Elfenbeinküste 2:1, Mexiko – Elfenbeinküste 1:1, England – Vereinigte Arabische Emirate 5:0, England – Mexiko 1:0, Vereinigte Arabische Emirate – Elfenbeinküste 2:0.

Achtelfinale: Uruguay – USA 3:0, Irland – Marokko n. V. 2:1, Brasilien – Belgien 10:0, Mexiko – Frankreich 0:1, Ghana – Vereinigte Arabische Emirate 3:0, Spanien – Kanada 2:0, Japan – Australien 1:0, Argentinien – England 2:1.
Viertelfinale: Uruguay – Frankreich n. V. 1:1/Elfmeterschießen 7:6, Spanien – Irland 0:1, Argentinien – Brasilien 2:0, Ghana – Japan n. V. 2:1.
Halbfinale: Uruguay – Ghana n. V. 3:2, Irland – Argentinien 0:1.
Um den dritten Platz: Irland – Ghana 2:1.

Endspiel am 5. Juli 1997 in Sah Alam: Argentinien – Uruguay 2:1 (2:1)
Argentinien: Franco – Cufre, Samuel, Serrizuela, Cambiasso – Romeo, Scaloni (Rodriguez), Quintana (Almar), Riquelme (Perezlindo) – Cubero, Placente – Tore: Cambiasso, Quintana (Garcia Perez) – Zuschauer: 62 000 – SR: Manei (Kuwait).

1999: Spanien

Vom 4. bis 24. April 1999 in Nigeria

Gruppe A: Paraguay, Nigeria und Costa Rica. Nigeria – Costa Rica 1:1, Deutschland – Paraguay 4:0, Nigeria – Deutschland 2:0, Costa Rica – Paraguay 1:3, Nigeria – Paraguay 1:2, Costa Rica – Deutschland 2:1.
Gruppe B: Ghana, Kroatien und Argentinien. Ghana – Kroatien 1:1, Argentinien – Kasachstan 1:0, Ghana – Argentinien 1:0, Kroatien – Kasachstan 5:1, Ghana – Kasachstan 3:0, Kroatien – Argentinien 0:0.
Gruppe C: Mexiko und Irland. Australien – Saudi-Arabien 3:1, Mexiko – Irland 1:0, Australien – Mexiko 1:3, Saudi-Arabien – Irland 0:2, Australien – Irland 0:4, Saudi-Arabien – Mexiko 1:1.
Gruppe D: Mali, Portugal und Uruguay. Uruguay – Mali 1:2, Südkorea – Portugal 1:3, Uruguay – Südkorea 1:0, Mali – Portugal 2:1, Mali – Südkorea 2:4, Uruguay – Portugal 0:0.
Gruppe E: Japan, USA und Kamerun. Kamerun – Japan 2:1, England – USA 0:1, Kamerun – England 1:0, Japan – USA 3:1, Kamerun – USA 1:3, Japan – England 2:0.
Gruppe F: Spanien und Brasilien. Sambia – Honduras 4:3, Spanien – Brasilien 2:0, Sambia – Spanien 0:0, Honduras – Brasilien 0:3, Sambia – Brasilien 1:5, Honduras – Spanien 1:3.

Achtelfinale: Irland – Nigeria n. V. 1:1/Elfmeterschießen 3:5, Ghana – Costa Rica 2:0, Paraguay – Uruguay n. V. 2:2/Elfmeterschießen 9:10, Brasilien – Kroatien 4:0, Japan – Portugal n. V. 1:1/Elfmeterschießen 5:4, Spanien – USA 3:2, Mexiko – Argentinien 4:1, Mali – Kamerun n. V. 5:4
Viertelfinale: Uruguay – Brasilien 2:1, Mali – Nigeria 3:1, Japan – Mexiko 2:0, Spanien – Ghana n. V. 1:1/Elfmeterschießen 8:7.
Halbfinale: Mali – Spanien 1:3, Uruguay – Japan 1:2.
Um den dritten Platz: Mali – Uruguay 1:0.

Endspiel am 24. April 1999 in Lagos: Spanien – Japan 4:0 (1:0)
Spanien: Aranzubia – Coira, Bermudo, Jusue, Orbaiz, Marchena, Gabri (Colsa), Xavi, Pablo, Varela (Ruben), Barkero (Aganzo) – Tore: Pablo 2, Barkero, Gabri – Zuschauer: 38 000 – SR: Sanchez (Argentinien).

2001: Argentinien

Vom 17. Juni bis 8. Juli 2001 in Argentinien

Gruppe A: Argentinien und Ägypten. Argentinien – Finnland 2:0, Ägypten – Jamaika 0.0, Jamaika – Finnland 0:1, Ägypten – Argentinien 1:7, Argentinien – Jamaika 5:1, Finnland – Ägypten 1:2.
Gruppe B: Brasilien und Deutschland. Brasilien – Deutschland 2:0, Irak – Kanada 3:0, Kanada – Deutschland 0:4, Irak – Brasilien 1:6, Brasilien – kanada 2:0, Deutschland – Irak 3:1.
Gruppe C: Ukraine, USA und China. USA – China 0:1, Chile – Ukraine 2:4, Ukraine – China 0:0, Chile – USA 1:4, USA – Ukraine 1:1, China – Chile 0:1.
Gruppe D: Angola, Tschechien und Australien. Angola – Tschechien 0:0, Japan – Australien 0:2, Australien – Tschechien 0:3, Japan – Angola 1:2, Angola – Australien 1:1, Tschechien – Japan 0:3.
Gruppe E: Costa Rica, Ecuador und Niederlande. Ecuador – Äthiopien 2:1, Niederlande – Costa Rica 1:3, Costa Rica – Äthiopien 3:1, Niederlande – Ecuador 1:1, Ecuador – Costa Rica 0:1, Äthiopien – Niederlande 2:3.
Gruppe B: Ghana, Frankreich und Paraguay. Ghana – Paraguay 2:1, Iran – Frankreich 0:5, Frankreich – Paraguay 2:2, Iran – Ghana 0:1, Ghana – Frankreich 0:0, Paraguay – Iran 2:0.

Achtelfinale: USA – Ägypten 0:2, Argentinien – China 2:1, Frankreich – Deutschland 3:2, Brasilien – Australien 4:0, Ukraine – Paraguay 1:2, Angola – Niederlande 0:2, Costa Rica – Tschechien 1:2, Ghana – Ecuador 1:0.
Viertelfinale: Argentinien – Frankreich 3:1, Ghana – Brasilien n. V. 2:1,Tschechien – Paraguay 0:1, Niederlande – Ägypten 1:2.
Halbfinale: Ägypten – Ghana 0:2, Argentinien – Paraguay 5:0.
Um den dritten Platz: Ägypten – Paraguay 1:0.

Endspiel am 8. Juli 2001 in Buenos Aires: Argentinien – Ghana 3:0 (2:0)
Argentinien: Caballero – Burdisso, Arca, Cetto, Medina (Seltzer), Saviola, Romagnoli (Rosales), Rodriguez, Colotto,Ponzio, D'Alessandro (Herrera) – Tore: Colotto, Saviola, Rodriguez – Zuschauer: 32 000 – SR: Mejuto Gonzalez (Spanien)

Junioren-Weltmeisterschaft U 17

Die bisherigen Sieger (Bis 1989 „Weltturnier U16-Junioren"):
1985 Nigeria – 1987 Sowjetunion – 1989 Saudi-Arabien – 1991 Ghana – 1993 Nigeria – 1995 Ghana – 1997, 1999 Brasilien – 2001 Frankreich.

1985: Nigeria

Vom 31. Juli bis 11. August 1985 in China

Gruppe A: China und Guinea. China – Bolivien 1:1, Guinea – USA 1:0, China – Guinea 2:1, USA – Bolivien 2:1, China – USA 3:1, Guinea – Bolivien 3:0.
Gruppe B: Australien und Deutschland. Deutschland – Kongo 4:1, Australien – Argentinien 1:0, Deutschland – Argentinien 1:1, Australien – Kongo 2:1, Deutschland – Australien 0:1, Argentinien – Kongo 4:2.
Gruppe C: Saudi-Arabien und Nigeria. Saudi-Arabien – Costa Rica 4:1, Nigeria – Italien 1:0, Saudi-Arabien – Nigeria 0:0, Italien – Costa Rica 1:0, Saudi-Arabien – Italien 3:1, Nigeria – Costa Rica 3:0.
Gruppe D: Ungarn und Brasilien. Brasilien – Katar 2:1, Ungarn – Mexiko 0:0, Brasilien – Ungarn 0:0, Mexiko – Katar 3:1, Ungarn – Katar 3:0, Brasilien – Mexiko, 2:0.

Viertelfinale: China – Deutschland 2:4, Brasilien – Saudi-Arabien 2:1, Nigeria – Ungarn 3:1, Guinea – Australien n. V. 0:0/Elfmeterschießen 4:2.
Halbfinale: Deutschland – Brasilien 4:3, Nigeria – Guinea 5:3.
Um den dritten Platz: Brasilien – Guinea 4:1.

Endspiel am 11. August 1985 in Peking: Nigeria – Deutschland 2:0 (1:0)
Nigeria: Agbonsevafe – Duere, Ugbade, Atere, Numa – Aikhionbore, Babatunde, Adamu – Akpoborie (Nakade), Igbinoba, Momoh.
Deutschland: Ogrinc – Lewe, Schneider, Konerding, Gabriel – Gartmann, Jester, Dammeier – Schlichting (Mirwald), Witeczek, Radojewski (Simon).
Tore: Akpoborie, Igbinoba – Zuschauer: 65 000 – SR: Bambridge (Australien).

1987: Sowjetunion

Vom 12. bis 25. Juli 1987 in Kanada

Gruppe A: Italien und Katar. Italien – Kanada 3:0, Katar – Ägypten 1:0, Italien – Katar 1:1. Ägypten – Kanada 3:0, Italien – Ägypten 1:0, Katar – Kanada 2:1.
Gruppe B: Elfenbeinküste und Südkorea. Elfenbeinküste – Südkorea 1:1, USA – Ecuador 1:0, Elfenbeinküste – USA 1:0, Ecuador – Südkorea 1:0, Elfenbeinküste – Ecuador 1:0, Südkorea – USA 4:2.
Gruppe C: Australien und Frankreich. Frankreich – Brasilien 0:0, Australien – Saudi-Arabien 1:0, Frankreich – Australien 4:1, Saudi-Arabien – Brasilien 0:0, Australien – Brasilien 1:1, Saudi-Arabien – Frankreich 2:0.
Gruppe D: Sowjetunion und Nigeria. Sowjetunion – Nigeria 1:1, Mexiko – Bolivien 2:2, Sowjetunion – Mexiko 7:0, Nigeria – Bolivien 3:2, Sowjetunion – Bolivien 4:2, Mexiko – Nigeria 1:0

Viertelfinale: Sowjetunion – Frankreich 3:2, Elfenbeinküste – Katar 3:0, Nigeria – Australien 1:0, Italien – Südkorea 2:0.
Halbfinale: Sowjetunion – Elfenbeinküste 5:1, Nigeria – Italien 1:0.
Um den dritten Platz: Elfenbeinküste – Italien 2:1.

Endspiel am 25. Juli 1987 in Toronto: Sowjetunion – Nigeria n. V. 1:1 (1:1, 1:1)/Elfm. 3:1
Sowjetunion: Okroschidse – Assadow, Mokrizki, Bejenar, Moros – Wisokos (Kadirow), Matwejew, Muschinka, Kasimow – Nikiforow, Arutunjan (Russin).
Tore: Nikiforow (Osundo) – Zuschauer: 15 000 – SR: Ramiz Wright (Brasilien).

1989: Saudi-Arabien

Vom 10. bis 24. Juni 1989 in Schottland

Gruppe A: Bahrain und Schottland. Schottland – Ghana 0:0, Kuba – Bahrain 0:3, Schottland – Kuba 3:0, Ghana – Bahrain 0:1, Schottland – Bahrain 1:1, Ghana – Kuba 2:2.
Gruppe B: DDR und Brasilien. DDR – Australien 1:0, USA – Brasilien 1:0, DDR – USA 5:2, Australien – Brasilien 1:3, Brasilien – DDR 2:1, Australien – USA 2:2.
Gruppe C: Nigeria und Argentinien. Argentinien – China 0:0, Nigeria – Kanada 4:0, Argentinien – Nigeria 0:0, China – Kanada 1:0, Argentinien – Kanada 4:1, Nigeria – China 3:0.
Gruppe D: Portugal und Saudi-Arabien. Guinea – Kolumbien 1:1, Saudi-Arabien – Portugal 2:2, Guinea – Saudi-Arabien 2:2, Kolumbien – Portugal 2:3, Guinea – Portugal 1:1, Saudi-Arabien – Kolumbien 1:0.

Viertelfinale: Bahrain – Brasilien n. V. 0:0/Elfmeterschießen 4:1), DDR – Schottland 0:1, Nigeria – Saudi-Arabien n. V. 0:0/Elfmeterschießen 0:2, Portugal – Argentinien 2:1.
Halbfinale: Bahrain – Saudi-Arabien 0:1, Schottland – Portugal 1:0.
Um den dritten Platz: Portugal – Bahrain 3:0.

Endspiel am 24. Juni 1989 in Glasgow: Saudi-Arabien – Schottland n. V. 2:2 (2:2, 0:2)/Elfm. 5:4
Saudi-Arabien: Al-Deayea – Al-Reshoudi, Abdulshkor, Al-Rushd, Al-Hambi, Al-Roaihi (Al-Mosa), Al-Hammali, Al-Shamrani, Al-Tereir, Al-Alwi, Al-Theneyan.
Tore: Al-Reshoudi, Al-Tereir (Downie, Dickov) – Zuschauer: 51 674 – SR: Escobar (Guatemala).

1991: Ghana

Vom 16. bis 31. August 1991 in Italien

Gruppe A: USA und Argentinien. Italien – USA 0:1, China – Argentinien 1:2, Italien – China 2:2, USA – Argentinien 1:0, USA – China 3:1, Italien – Argentinien 0:0.
Gruppe B: Australien und Katar. Kongo – Katar 0:0, Australien – Mexiko 4:3, Kongo – Australien 0:2, Katar – Mexiko 0:1, Kongo – Mexiko 2:1, Katar – Australien 1:0.
Gruppe C: Brasilien und Deutschland. Sudan – Vereinigte Arabische Emirate 4:1, Deutschland – Brasilien 0:2, Deutschland – Sudan 3:1, Vereinigte Arabische Emirate – Brasilien 0:4, Sudan – Brasilien 0:1, Deutschland – Vereinigte Arabische Emirate 2:2.
Gruppe D: Spanien und Ghana. Ghana – Kuba 2:1, Uruguay – Spanien 0:1, Ghana – Uruguay 2:0, Kuba – Spanien 2:7, Ghana – Spanien 1:1, Kuba – Uruguay 0:1.

Viertelfinale: Spanien – Deutschland 3:1, Katar – USA n. V. 1:1/Elfmeterschießen 4:3, Argentinien – Australien 2:1, Brasilien – Ghana 1:2.
Halbfinale: Katar – Ghana n. V. 0:0/Elfmeterschießen 2:4, Argentinien – Spanien 0:1.
Um den dritten Platz: Argentinien – Katar n. V. 1:1/Elfmeterschießen 4:1.

Endspiel am 31. August 1991 in Florenz: Ghana – Spanien 1:0 (0.0)
Ghana: Owu – Nimo – Barnse, Asara, Kuffour – Addo, Gargo, Opoku, Duah – Lamptey, Preko (Brown).
Tor: Duah – Zuschauer: 8000 – SR: Sundell (Schweden).

1993: Nigeria

Vom 21. August bis 4. September 1993 in Japan

Gruppe A: Ghana und Japan. Japan – Ghana 0:1, Italien – Mexiko 1:2, Ghana – Mexiko 4:1, Japan – Italien 0:0, Ghana – Italien 4:0, Japan – Mexiko 2:1.
Gruppe B: Nigeria und Australien. Australien – Kanada 5:0, Argentinien – Nigeria 0:4, Australien – Argentinien 2:2, Kanada – Nigeria 0:8, Australien – Nigeria 0:2, Argentinien – Kanada 5:0.
Gruppe C: RCS und USA. Kolumbien – Katar 0:2, USA – RCS (Tschechien und Slowakei) 2:2, Katar – RCS 0:2, Kolumbien – USA 2:1, Kolumbien – RCS 1:3, Katar – USA 1:5.
Gruppe D: Polen und Chile. Chile – China 2:2, Tunesien – Polen 1:3, Chile – Tunesien 2:0, China – Polen 0:2, Chile – Polen 3:3, China – Tunesien 0:1.

Viertelfinale: Ghana – Australien 1:0, Nigeria – Japan 2:1, RCS – Chile 1:4, Polen – USA 3:0.
Halbfinale: Ghana – Chile 3:0, Nigeria – Polen 2:1.
Um den dritten Platz: Chile – Polen 1:1/Elfmeterschießen 4:2.

Endspiel am 4. September 1993 in Tokio: Nigeria - Ghana 2:1 (1:0)
Nigeria: Okhenoboh – Oparaku, Babayaro, Okonedo, Anyanwu – Ojlgwe, Oruma – Kanu, Odini (Ogbebor), Chojl (Okougha), Anosike.
Tore: Oruma, Anosike (Famaye) – Zuschauer: 25 000 – SR: Castrilli (Argentinien).

1995: Ghana

Vom 3. August bis 20. August 1995 in Ecuador

Gruppe A: Ghana und Ecuador. Ghana – Japan 1:0, Ecuador – USA 2:0, USA – Japan 1:2, Ecuador – Ghana 1:2, USA – Ghana 0:2, Ecuador – Japan 0:0.
Gruppe B: Argentinien und Portugal. Argentinien – Portugal 3:0, Costa Rica – Guinea 2:0, Guinea – Portugal 3:2, Argentinien – Costa Rica 2:0, Portugal – Costa Rica 3:0, Argentinien – Guinea 2:0.
Gruppe C: Nigeria und Australien. Nigeria – Australien 2:0, Spanien – Katar 2:0, Nigeria – Katar 1:1, Australien – Spanien 2:2, Nigeria – Spanien 2:2, Katar – Australien 0:3.
Gruppe D: Brasilien und Oman. Brasilien – Deutschland 3:0, Oman – Kanada 2:1, Deutschland – Kanada 3:0, Brasilien – Oman 0:0, Brasilien – Kanada 2:0, Deutschland – Oman 0:3.

Viertelfinale: Ghana – Portugal 2:0, Oman – Nigeria 2:1, Argentinien – Ecuador 3:1, Brasilien – Australien 3:1.
Halbfinale: Ghana – Oman 3:1, Argentinien – Brasilien 0:3.
Um den dritten Platz: Argentinien – Oman 2:0.

Endspiel am 20. August 1995 in Guayaquil: Ghana – Brasilien 3:2 (2:0)
Ghana: Abu – Allotey, Amanianpong, Camara, Ansah, Idrisu, Bentil, Amoako, Issaka, Gyan, Sule
Tore: Bentile 2, Idrisu (Marco Antonio, Juan Santos) – Zuschauer: 27 000 – SR: Irvine (Nordirland).

1997: Brasilien

Vom 4. bis 21. September 1997 in Ägypten

Gruppe A: Deutschland und Ägypten. Ägypten – Thailand 3:2, Chile – Deutschland 0:1, Ägypten – Chile 1:1, Thailand – Deutschland 0:3, Ägypten – Deutschland 1:1, Thailand – Chile 2:6.
Gruppe B: Spanien und Mali. Neuseeland – Mali 0:4, Mexiko – Spanien 0:3, Mali – Spanien 0:1, Neuseeland – Mexiko 0:5, Neuseeland – Spanien 0:13, Mali – Mexiko 3:1.
Gruppe C: Brasilien und Oman. Oman – USA 4:0, Österreich – Brasilien 0:7, USA – Brasilien 0:3, Oman Österreich 3:1, Oman – Brasilien 1:3, USA – Österreich 4:0.
Gruppe D: Ghana und Argentinien. Argentinien – Ghana 0:0, Costa Rica – Bahrein 1:3, Ghana – Bahrein 5:1, Argentinien – Costa Rica 1:0, Argentinien – Bahrein 2:0, Ghana – Costa Rica 2:0.

Viertelfinale: Brasilien – Argentinien 2:0, Deutschland – Mali n. V. 0:0/Elfmeterschießen 4:3, Ghana – Oman 4:1, Spanien – Ägypten 2:1.
Halbfinale: Brasilien – Deutschland 4:0, Ghana – Spanien 2:1.
Um den dritten Platz: Spanien – Deutschland 2:1.

Endspiel am 21. September 1997 in Kairo: Brasilien – Ghana 2:1 (0:1)
Brasilien: Fabio – Andrey (Henrique), Fernando, Gaviao, Abel, Jorginho, Diogo (Geovanni), Ferrugem, Fabio Pinto, Ronaldo, Matuzalem (Rogerio).
Tore: Matuzalem, Andrey (Afriyie) – Zuschauer: 35 000 – SR: Hauge (Norwegen).

1999: Brasilien

Vom 10. bis 27. September 1999 in Neuseeland

Gruppe A: USA und Uruguay. Neuseeland – USA 1:2, Uruguay – Polen 1:1, Neuseeland – Uruguay 0:5, USA – Polen 1:1, Polen – Neuseeland 1:2. USA – Uruguay 1:0.
Gruppe B: Ghana und Mexiko. Ghana – Spanien 1:1, Mexiko – Thailand 4:0, Spanien – Thailand 6:0, Ghana – Mexiko 4:0, Thailand – Ghana 1:7, Spanien – Mexiko 0:1.
Gruppe C: Australien und Brasilien. Brasilien – Australien 2:1, Mali – Deutschland 0:0, Australien – Deutschland 2:1, Brasilien – Mali 0:0, Deutschland – Brasilien 0:0, Australien – Mali 1:0.
Gruppe D: Paraguay und Katar. Jamaika – Burkina Faso 0:1, Paraguay – Katar 2:0, Burkina Faso – Katar 1:2, Jamaika – Paraguay 0:5, Katar – Jamaika 4:0, Burkina Faso – Paraguay 2:2.

Viertelfinale: USA – Mexiko 3:2, Ghana – Uruguay n. V. 3:2, Australien – Katar 1:0, Paraguay – Brasilien 1:4.
Halbfinale: USA – Australien n. V. 2:2/Elfmeterschießen 6:7, Ghana – Brasilien n. V. 2:2/Elfmeterschießen 2:4 .
Um den dritten Platz: Ghana – USA 2:0.

Endspiel am 27. September 1999 in Auckland: Brasilien – Australien n. V. 0:0/Elfm. 8:7
Brasilien: Rubinho – Bruno Leite, Marquinhos, Ricardo, Eduardo – Anderson, Leo, Walker – Caca (Wellington), Leonardo, Adriano (Souza).
Zuschauer: 22 859 – SR: Vassaras (Griechenland).

2001: Frankreich

Vom 13. bis 30. September 2001 in Trinidad & Tobago

Gruppe A: Brasilien und Australien. Trinidad & Tobago – Kroatien 1:2, Australien – Brasilien 0:1, Trinidad & Tobago – Australien 0:1, Kroatien – Brasilien 1:3, Brasilien – Trinidad & Tobago 6:1, Kroatien – Australien 0:4.
Gruppe B: Nigeria und Frankreich. USA – Japan 0:1, Frankreich – Nigeria 1:2, Japan – Nigeria 0:4, USA – Frankreich 3:5, Nigeria – USA 2:0, Japan – Frankreich 1:5.
Gruppe C: Argentinien und Burkina Faso. Oman – Spanien 1:2, Argentinien – Burkina Faso 2:2, Spanien – Burkina Faso 0:1, Oman – Argentinien 0:3, Burkina Faso – Oman 1:1, Spanien – Argentinien 2:4.
Gruppe D: Costa Rica und Mali. Mali – Paraguay 1:2, Iran – Costa Rica 0:2, Paraguay – Costa Rica 0:3, Mali – Iran 1:0, Costa Rica – Mali 0:2, Paraguay – Iran 3:2.

Viertelfinale: Brasilien – Frankreich 1:2, Nigeria – Australien 5:1, Argentinien – Mali n. V. 2:1, Costa Rica – Burkina Faso 0:2.
Halbfinale: Frankreich – Argentinien 2:1, Nigeria – Burkina Faso 1:0.
Spiel um den dritten Platz: Burkina Faso – Argentinien 2:0.

Endspiel am 30. September in Port of Spain: Frankreich – Nigeria 3:0 (1:0)
Frankreich: Chaigneau – Colombo, Faty, Berthod – Drouin (Debris), Yebda, Fae, Jacmot – Meghni (Pietre) – Sinama-Pongolle, Le Tallec (Mohellebi).
Tore: Sinama-Pongolle, Le Tallec, Pietre – Zuschauer: 20 790 – SR: Cardoso Cortez Batista (Portugal).

„Futsal"-Weltmeisterschaft

Die bisherigen Sieger:
1989, 1992, 1996 Brasilien – 2000 Spanien.

1989: Brasilien

Vom 5. bis 15. Januar 1989 in den Niederlanden
1. Finalrunde
Gruppe A: Niederlande und Paraguay. Niederlande – Dänemark 4:2, Paraguay – Algerien 5:0, Niederlande – Algerien 4:1, Paraguay – Dänemark 2:2, Niederlande – Paraguay 2:2, Dänemark – Algerien 8:4.
Gruppe B: Brasilien und Ungarn. Ungarn – Brasilien 3:2, Saudi-Arabien – Spanien 2:8, Brasilien – Saudi-Arabien 8:0, Ungarn – Spanien 3:5, Ungarn – Saudi-Arabien 11:2, Brasilien – Spanien 4:1.
Gruppe C: Belgien und Argentinien. Japan – Belgien 0:3, Kanada – Argentinien 1:3, Belgien – Kanada 2:0, Argentinien – Japan 2:1, Japan – Kanada 2:6, Belgien – Argentinien 3:1.
Gruppe D: USA und Italien. Italien – Simbabwe 5:1, USA – Australien 1:1, Simbabwe – USA 1:5, Italien – Australien 6:1, Italien – USA 1:4, Simbabwe – Australien 1:4.

2. Finalrunde
G ruppe 1: Belgien und Niederlande. Niederlande – Ungarn 3:3, Belgien – Italien 5:1, Niederlande – Italien 4:1, Ungarn – Belgien 2:2, Italien – Ungarn 3:1, Belgien – Niederlande 2:1.
Gruppe 2: USA und Brasilien. USA – Argentinien 3:1, Brasilien – Paraguay 5:1, Paraguay – USA 0:2, Brasilien – Argentinien 6:3, USA – Brasilien 5:3, Paraguay – Argentinien 4:3.

Halbfinale: Brasilien – Belgien n. V. 3:3/Achtmeterschießen 5:3, Niederlande – USA 2:1.
Um den dritten Platz: USA – Belgien n. V. 3:2.

Endspiel am 15. Januar 1989 in Rotterdam: Brasilien – Niederlande 2:1 (1:0)
Brasilien: Lula, Cadinho, Dirceu, Gilson, Marquinhos, Benatti, Atila, Raul, Toca, Carlos Alberto, Neimar, Serginho, Adilio – Tore: Benatti, Raul (Loosveld) – SR: Crombie (Schottland).

1992: Brasilien

Vom 15. bis 28. November 1992 in Hongkong

1. Finalrunde
Gruppe A: Argentinien und Polen. Hongkong – Polen 2:4, Argentinien – Nigeria 6:2, Polen – Nigeria 5:4, Argentinien – Hongkong 2:1, Hongkong – Nigeria 4:1, Argentinien – Polen 3:2.
Gruppe B: Iran und Niederlande. Niederlande – Iran 2:1, Paraguay – Italien 5:7, Iran – Italien 7:5, Paraguay – Niederlande 3:1, Niederlande – Italien 4:3, Iran – Paraguay 10:6.
Gruppe C: Brasilien und Belgien. Brasilien – Costa Rica 15:1, Belgien – Australien 2:1. Brasilien – Belgien 5:0, Australien – Costa Rica 8:6, Brasilien – Australien 2:0, Belgien – Costa Rica 6:2.
Gruppe D: Spanien und USA. Russland – China 10:1, Spanien – USA 5:3, China – USA 1:7, Spanien – Russland 7:7, Russland – USA 3:8, Spanien – China 6:5.

2. Finalrunde
Gruppe E: Brasilien und USA. Argentinien – USA 3:6, Niederlande – Brasilien 1:6, Argentinien – Brasilien 1:5, Niederlande – USA 3:3, Argentinien – Niederlande 1:4, Brasilien – USA 2:2.
Gruppe F: Iran und Spanien. Iran – Belgien 4:2, Polen – Spanien 3:7, Iran – Spanien 4:2, Spanien – Belgien 5:3, Iran – Polen 2:0, Polen – Belgien 1:4.

Halbfinale: Brasilien – Spanien 4:1, USA – Iran 4:2.
Um den dritten Platz: Spanien – Iran 9:6.

Endspiel am 28. November 1992 in Hongkong: Brasilien – USA 4:1 (1:0)
Brasilien: Serginho – Sergio, Manoel, Edinho, Chiquinho, Fininho, Morillo, Rogerio, Jorginho, Mazureik, Ortiz, Vander. – Tore: Jorginho 2, Vander, Manoel (Borja) – SR.: Farina (Paraguay).

1996: Brasilien

Vom 24. November bis 8. Dezember 1996 in Spanien

1. Finalrunde
Gruppe A: Spanien und Ukraine. Spanien – Ägypten 7:2, Ukraine – Australien 11:2, Ägypten – Australien 8:2, Spanien – Ukraine 4:1, Ukraine – Ägypten 10:3, Spanien – Australien 7:0.
Gruppe B: Niederlande und Russland. Argentinien – China 2:1, Russland – Niederlande 2:2, Argentinien – Russland 2:2, Niederlande – China 5:1, Russland – China 11:1, Niederlande – Argentinien 6:3.
Gruppe C: Italien und Uruguay. Uruguay – USA 1:0, Italien – Malaysia 10:1, Italien – USA 4:2, Uruguay – Malaysia 4:1, Uruguay – Italien 2:2, USA – Malaysia 10:2.
Gruppe D: Brasilien und Belgien. Iran – Kuba 7:1, Brasilien – Belgien 5:2, Belgien – Iran 5:2, Brasilien – Kuba 18:0, Brasilien – Iran 8:3, Belgien – Kuba 6:3.

2. Finalrunde
Gruppe E: Spanien und Russland. Russland – Italien 3:0, Belgien – Spanien 1:2, Spanien – Russland 2:0, Italien – Belgien 4:1, Russland – Belgien 6:2, Spanien – Italien 4:1.
Gruppe F: Brasilien und Ukraine. Uruguay – Niederlande 5:4, Ukraine – Brasilien 2:2, Brasilien – Uruguay 5:2, Niederlande – Brasilien 1:5, Ukraine – Uruguay 5:3, Niederlande – Ukraine 4:4.

Halbfinale: Brasilien – Russland 6:2, Spanien – Ukraine 4:1.
Um den dritten Platz: Russland – Ukraine 3:2.

Endspiel am 8. Dezember 1996 in Barcelona: Brasilien – Spanien 6:4 (3:1)
Brasilien: Serginho (Bagé) – Marcio, Vaguinho, Manoel, Fininho Sandrinho, Danilo, Clovis, Choco, Djacir, Vandor – Tore: Danilo 2, Choco, Marcio, Vander, Manoel (Pato, Vincentin, Eigentor Manoel) – SR: Gautier (Belgien).

2000: Spanien

Vom 18. November bis 3. Dezember 2000 in Guatemala

1. Finalrunde
Gruppe A: Brasilien und Portugal. Guatemala – Portugal 2:6, Brasilien – Kasachstan 12:1, Portugal – Brasilien 0:4, Kasachstan – Guatemala 5:6, Portugal – Kasachstan 6:2, Guatemala – Brasilien 2:29.
Gruppe B: Niederlande und Ägypten. Ägypten – Niederlande 3:5, Uruguay – Thailand 4:1, Thailand – Ägypten 0:7, Niederlande – Uruguay 3:1, Niederlande – Thailand 6:1, Ägypten – Uruguay 4:2.
Gruppe C: Russland und Kroatien. Russland – Kroatien 4:2, Australien – Costa Rica 2:6, Costa Rica – Russland 1:6, Kroatien – Australien 6:0, Kroatien – Costa Rica 4:1, Russland – Australien 10:1.
Gruppe D: Spanien und Argentinien. Iran – Argentinien 1:2, Kuba – Spanien 0:9, Argentinien – Kuba 8:1, Spanien – Iran 7:2, Iran – Kuba 3:0, Argentinien – Spanien 0:3.

2. Finalrunde
Gruppe E: Brasilien und Russland. Russland – Argentinien 7:1, Brasilien – Ägypten 12:4, Ägypten – Russland 6:4, Argentinien – Brasilien 1:4, Ägypten – Argentinien 3:4, Brasilien – Russland 6:2.
Gruppe F: Spanien und Portugal. Niederlande – Portugal 1:3, Spanien – Kroatien 5:0, Portugal – Spanien 1:3, Kroatien – Niederlande 5:2, Niederlande – Spanien 0:7, Portugal – Kroatien 3:1.

Halbfinale: Spanien – Russland 3:2, Brasilien – Portugal 8:0.
Um den dritten Platz: Portugal – Russland 4:2.

Endspiel am 3. Dezember 2000 in Guatemala City: Spanien – Brasilien 4:3 (2:1)
Spanien: Jesus (Guillermo) – Julio, Santi, Adeva, Orol, Joan, Javi Rodriguez, , Kike, Javi Sanchez, Paulo Roberto, Riquer, Daniel – Tore: Daniel, Javi Sanchez, Javi Rodriguez 2 (Anderson, Manoel Tobias, Vander) – SR: Novak (Kroatien)/Servino (USA).

KAPITEL 9

DIE EUROPAMEISTERSCHAFT

DIE FUSSBALL-EUROPAMEISTER

1960	SOWJETUNION	1984	FRANKREICH
1964	SPANIEN	1988	NIEDERLANDE
1968	ITALIEN	1992	DÄNEMARK
1972	DEUTSCHLAND	1996	DEUTSCHLAND
1976	TSCHECHOSLOWAKEI	2000	FRANKREICH
1980	DEUTSCHLAND		

Dieser Wettbewerb wurde zunächst 1958/60 und 1962/64 unter der Bezeichnung „Europapokal der Länder“ durchgeführt. Ab 1967/68 trägt er auch offiziell den Namen „Europameisterschaft“.

1959/60: Sowjetunion

Qualifikation: Irland – Tschechoslowakei 2:0, 0:4.
Achtelfinale: Sowjetunion – Ungarn 3:1, 1:0; Spanien – Polen 4:2, 3:0; Rumänien – Türkei 3:0, 0:2; Tschechoslowakei – Dänemark 2:2, 5:1; Portugal – DDR 2:0, 3:2; Jugoslawien – Bulgarien 2:0, 1:1; Frankreich – Griechenland 7:1, 1:1; Österreich – Norwegen 1:0, 5:2.
Viertelfinale: Tschechoslowakei – Rumänien 2:0, 3:0; Jugoslawien – Portugal 1:2, 5:1; Frankreich – Österreich 5:2, 4:2; Spanien verzichtete gegen die Sowjetunion.

Endrunde vom 6. bis 10. Juli 1960 in Frankreich
Halbfinale: Sowjetunion – Tschechoslowakei 3:0 (Marseille); Jugoslawien – Frankreich 5:4 (Paris).
Um den dritten Platz: Tschechoslowakei – Frankreich 2:0 (Marseille).

Endspiel am 10. Juli 1960 in Paris: Sowjetunion – Jugoslawien n. V. 2:1 (1:1, 0:1)
Sowjetunion: Jaschin – Tschocheli, Krutikow – Woinow, Masljonkin, Netto – Metreweli, Iwanow, Ponedjelnik, Bubukin, Mes'chi.
Tore: Metreweli, Ponedjelnik (Galic) – Zuschauer: 18 000 – SR: Ellis (England) .

1963/64: Spanien

Vorrunde: Norwegen – Schweden 0:2, 1:1; Dänemark – Malta 6:1, 3:1; Irland – Island 4:2, 1:1; England – Frankreich 1:1, 2:5; Polen – Nordirland 0:2, 0:2; Spanien – Rumänien 6:0, 1:3; Jugoslawien – Belgien 3:2, 1:0; Ungarn – Wales 3:1, 1:1; Bulgarien – Portugal 3:1, 1:3, 1:0 (in Rom); Niederlande – Schweiz 3:1, 1:1; DDR – Tschechoslowakei 2:1, 1:1; Italien – Türkei 6:0, 1:0; Albanien gegen Griechenland nicht angetreten.
Achtelfinale: Spanien – Nordirland 1:1, 1:0; Jugoslawien – Schweden 0:0, 2:3; Dänemark – Albanien 4:0, 0:1; Österreich – Irland 0:0 2:3; Luxemburg – Niederlande 1:1, 2:1 (beide Spiele in den Niederlanden); Bulgarien – Frankreich 1:0, 1:3; Sowjetunion – Italien 2:0, 1:1; DDR – Ungarn 1:2, 3:3.
Viertelfinale: Luxemburg – Dänemark 3:3, 2:2, 0:1 (in Amsterdam); Spanien – Irlannd 5:1, 2:0; Frankreich – Ungarn 1:3, 1:2; Schweden – Sowjetunion 1:1, 1:3.

Endrunde vom 17. bis 21. Juni in Spanien
Halbfinale: Spanien – Ungarn n. V. 2:1 (Madrid); Sowjetunion – Dänemark 3:0 (Barcelona).
Um den dritten Platz: Ungarn – Dänemark n. V. 3:1 (Barcelona).

Endspiel am 21. Juni 1964 in Madrid): Spanien – Sowjetunion 2:1 (1:1)
Spanien: Iribar – Rivilla, Calleja – Zocco, Olivella, Fuste – Amancio, Pereda, Marcelino, Suarez, Lapetra.
Tore: Pereda, Marcelino (Chusainow) – Zuschauer: 105 000 – SR: Holland (England).

1966/68: Italien

Gruppe I: Spanien. Spanien – Tschechoslowakei 2:1, 0:1; Spanien – Irland 2:0, 0:0; Spanien – Türkei 2:0, 0:0; Tschechoslowakei – Irland 2:0, 1:2; Tschechoslowakei – Türkei – 3:0, 0:0; Irland – Türkei 2:1, 1:2.

Gruppe II: Bulgarien. Bulgarien – Portugal 1:0, 0:0; Bulgarien – Schweden 3:0, 2:0; Bulgarien – Norwegen 4:2, 0:0; Portugal – Schweden 1:2, 1:1; Portugal - Norwegen 2:1, 2:1; Schweden – Norwegen 5:2, 1:3.
Gruppe III: Sowjetunion. Sowjetunion – Griechenland 4:0, 1:0; Sowjetunion – Österreich 4:3, 0:1; Sowjetunion – Finnland 2:0, 5:2; Griechenland – Österreich 4:1, 1:1 abgebrochen (nicht gewertet); Griechenland – Finnland 2:1, 1:1 Österreich – Finnland 2:1, 0:0.
Gruppe IV: Jugoslawien. Jugoslawien – Deutschland 1:0, 1:3; Jugoslawien – Albanien 4:0, 2:0; Deutschland – Albanien 6:0, 0:0.
Gruppe V: Ungarn. Ungarn – DDR 3:1, 0:1; Ungarn – Niederlande 2:1, 2:2; Ungarn – Dänemark 6:0, 2:0; DDR – Niederlande 4:3, 0:1; DDR – Dänemark 3:2, 1:1; Niederlande – Dänemark 2:0, 2:3.
Gruppe VI: Italien. Italien – Rumänien 3:1, 1:0; Italien – Schweiz 4:0, 2:2; Italien – Zypern 5:0, 2:0; Rumänien – Schweiz 4:2, 1:7; Rumänien – Zypern 7:0, 5:1; Schweiz – Zypern 5:0, 1:2.
Gruppe VII: Frankreich. Frankreich – Belgien 1:1, 1:2; Frankreich – Polen 2:1, 4:1; Frankreich – Luxemburg 3:1, 3:0; Belgien – Polen – Belgien 2:4, 1:3; Belgien – Luxemburg 3:0, 5:0; Polen – Luxemburg 4:0, 0:0.
Gruppe VIII: England. England – Schottland 2:3, 1:1; England – Wales 5:1, 3:0; England – Nordirland 2:0, 2:0; Schottland – Wales 3:2, 1:1; Schottland – Nordirland 2:1, 0:1; Wales – Nordirland 2:0, 0:0.
Viertelfinale: Frankreich – Jugoslawien 1:1, 1:5; Bulgarien – Italien 3:2, 0:2; Ungarn – Sowjetunion 2:0, 0:3; England – Spanien 1:0, 2:1.

Endrunde vom 5. bis 10. Juni in Italien
Halbfinale: Italien – Sowjetunion n. V. 0:0, Los für Italien (Neapel); Jugoslawien – England 1:0 (Florenz).
Spiel um den dritten Platz: England – Sowjetunion 2:0 (Rom).

Endspiel am 6. Juni 1968 in Rom: Italien – Jugoslawien n. V. 1:1 (1:1, 0:1)
Italien: Zoff – Burgnich, Guarneri, Castano, Facchetti – Ferrini, Juliano, Lodetti – Domenghini, Anastasi, Riva – **Jugoslawien:** Pantelic – Fazlagic, Paunovic, Holcer, Damjanovic – Pavlovic, Acimovic, Trivic – Petkovic, Musemic, Dzajic.
Tore: Domenghini (Dzajic) – Zuschauer: 80 000 – SR: Dienst (Schweiz) .

Endspiel-Wiederholung am 10. Juni1968 in Rom: Italien – Jugoslawien 2:0 (2:0)
Italien: Zoff – Burgnich, Guarneri, Rosato, Facchetti – De Sisti, Mazzola, Salvadore – Domenghini, Anastasi, Riva.
Tore: Riva, Anastasi – Zuschauer: 55 000 – SR: De Mendibil (Spanien).

1970/72: Deutschland

Gruppe 1: Rumänien. Rumänien – Tschechoslowakei 2:1, 0:1; Rumänien – Wales 2:0, 0:0; Rumänien – Finnland 3:0, 4:0; Tschechoslowakei – Wales 1:0, 3:1; Tschechoslowakei – Finnland 1:1, 4:0; Wales – Finnland 3:0, 1:0.
Gruppe 2: Ungarn. Ungarn – Bulgarien 2:0, 0:3; Ungarn – Frankreich 1:1, 2:0; Ungarn – Norwegen 4:0, 3:1; Bulgarien – Frankreich 2:1, 1:2; Bulgarien – Norwegen 1:1, 4:1; Frankreich – Norwegen 3:1, 3:1
Gruppe 3: England. England – Schweiz 1:1, 3:2; England – Griechenland 3:0, 2:0; England – Malta 5:0, 1:0; Schweiz – Griechenland 1:0, 1:0; Schweiz – Malta 5:0, 2:1; Griechenland – Malta 2:0, 1:1.
Gruppe 4: Sowjetunion. Sowjetunion – Spanien 2:1, 0:0; Sowjetunion – Nordirland 1:0, 1:1; Sowjetunion – Zypern 6:1, 3:1; Spanien – Nordirland 3:0, 1:1; Spanien – Zypern 7:0, 2:0; Nordirland – Zypern 5:0, 3:0.
Gruppe 5: Belgien. Belgien – Portugal 3:0, 1:1; Belgien – Schottland 3:0, 0:1; Belgien – Dänemark 2:0, 2:1; Portugal – Schottland 2:0, 1:2; Portugal – Dänemark 5:0, 1:0; Schottland – Dänemark 1:0, 0:1.
Gruppe 6: Italien. Italien – Österreich 2:2, 2:1; Italien – Schweden 3:0, 0:0; Italien – Irland 3:0, 2:1; Österreich – Schweden 1:0, 0:1; Österreich – Irland 6:0, 4:1; Schweden – Irland 1:0, 1:1.
Gruppe 7: Jugoslawien. Jugoslawien – Niederlande 2:0, 1:1; Jugoslawien – DDR 0:0, 2:1; Jugoslawien – Luxemburg 0:0, 2:0; Niederlande – DDR 3:2, 0:1; Niederlande – Luxemburg 6:0, 8:0; DDR – Luxemburg 2:1, 5:0.
Gruppe 8: Deutschland. Deutschland – Polen 0:0, 3:1; Deutschland – Türkei 1:1, 3:0; Deutschland – Albanien 2:0, 1:0; Polen – Türkei 5:1, 0:1; Polen – Albanien 3:0, 1:1; Türkei – Albanien 2:1, 0:3.
Viertelfinale: England – Deutschland 1:3, 0:0; Italien – Belgien 0:0, 1:2; Jugoslawien – Sowjetunion 0:0, 0:3, Ungarn – Rumänien 1:1, 2:2, 2:1 (in Belgrad).

Endrunde vom 14. bis 18. Juni in Belgien
Halbfinale: Sowjetunion – Ungarn 1:0 (Brüssel); Belgien – Deutschland 1:2 (Antwerpen).
Spiel um den dritten Platz: Belgien – Ungarn 2:1 (Lüttich).

Endspiel am 18. Juni 1972 in Brüssel: Deutschland – Sowjetunion 3:0 (1:0)
Deutschland: Maier – Höttges, Schwarzenbeck, Beckenbauer, Breitner – Hoeneß, Netzer, Wimmer – Heynckes, G. Müller, E. Kremers.
Tore: G. Müller 2, Wimmer – Zuschauer: 40 000 – SR: Marschall (Österreich).

1974/76: Tschechoslowakei

Gruppe 1: Tschechoslowakei. Tschechoslowakei – England 2:1, 0:3; Tschechoslowakei – Portugal 5:0, 1:1; Tschechoslowakei – Zypern 4:0, 3:0; England – Portugal 0:0, 1:1; England – Zypern 5:0, 1:0; Portugal – Zypern 1:0, 2:0.
Gruppe 2: Wales. Wales – Ungarn 2:0, 2:1; Wales – Österreich 1:0, 1:2; Wales – Luxemburg 5:0, 3:1; Ungarn – Österreich 2:1, 0:0; Ungarn – Luxemburg 8:1, 4:2; Österreich – Luxemburg 6:2, 2:1.
Gruppe 3: Jugoslawien. Jugoslawien – Nordirland 1:0, 0:1; Jugoslawien – Schweden 3:0, 2:1; Jugoslawien – Norwegen 3:1, 3:1; Nordirland – Schweden 1:2, 2:0; Nordirland – Norwegen 3:0, 1:2; Schweden – Norwegen 3:1, 2:0.
Gruppe 4: Spanien. Spanien – Rumänien 1:1, 2:2; Spanien – Schottland 1:1, 2:1; Spanien – Dänemark 2:0, 2:1; Rumänien – Schottland 1:1, 1:1; Rumänien – Dänemark 6:1, 0:0; Schottland – Dänemark 3:1, 1:0.
Gruppe 5: Niederlande. Niederlande – Polen 3:0, 1:4; Niederlande – Italien 3:1, 0:1; Niederlande – Finnland 4:1, 3:1; Polen – Italien 0:0, 0:0; Polen – Finnland 3:0, 2:1; Italien – Finnland 0:0, 1:0.
Gruppe 6: Sowjetunion. Sowjetunion – Irland 2:1, 0:3; Sowjetunion – Türkei 3:0, 0:1; Sowjetunion – Schweiz 4:1, 1:0; Irland – Türkei 4:0, 1:1; Irland – Schweiz 2:1, 0:1; Türkei – Schweiz 2:1, 1:1.
Gruppe 7: Belgien. Belgien – DDR 1:2, 0:0; Belgien – Frankreich 2:1, 0:0; Belgien – Island 1:0, 2:0; DDR – Frankreich 2:1, 2:2; DDR – Island 1:1, 1:2; Frankreich – Island 3:0, 0:0.
Gruppe 8: Deutschland. Deutschland – Griechenland 1:1, 2:2; Deutschland – Bulgarien 1:0, 1:1; Deutschland – Malta 8:0, 1:0; Griechenland – Bulgarien 2:1, 3:3; Griechenland – Malta 4:0, 0:2; Bulgarien – Malta 5:0, 2:0.
Viertelfinale: Spanien – Deutschland 1:1, 0:2; Niederlande – Belgien 5:0, 2:1; Jugoslawien – Wales 2:0, 1:1; Tschechoslowakei – Sowjetunion 2:0, 2:2.

Endrunde vom 16. bis 20. Juni in Jugoslawien
Halbfinale: Tschechoslowakei – Niederlande n. V. 3:1 (Zagreb); Jugoslawien – Deutschland n. V. 2:4 (Belgrad)
Spiel um den dritten Platz: Niederlande – Jugoslawien n. V. 3:2 (Zagreb).

Endspiel am 20. Juni 1976 in Belgrad: Tschechoslowakei – Deutschland n. V. 2:2 (2:2, 2:1), Elfm. 5:3
Tschechoslowakei: Viktor – Pivarnik, Ondrus, Capkovic, Gögh – Dobias (Vesely), Panenka, Modr – Masny, Svehlik (Jurkemik), Nehoda.
Deutschland: Maier – Vogts, Beckenbauer, Schwarzenbeck, Dietz – Wimmer (Flohe), Bonhof, Beer (Bongartz) – Hoeneß, D. Müller, Hölzenbein.
Tore: Svehlik, Dobias (D. Müller, Hölzenbein) – Elfmeterschießen: 1:0 Masny, 1:1 Bonhof, 2:1 Nehoda, 2:2 Flohe, 3:2 Ondrus, 3:3 Bongartz, 4:3 Jurkemik, Hoeneß verschossen, 5:3 Panenka – Zuschauer: 35 000 – SR: Gonella (Italien).

1978/80: Deutschland

Gruppe 1: England. England – Nordirland 4:0, 5:1; England – Irland 2:0, 1:1; England – Bulgarien 2:0, 3:0; England – Dänemark 1:0, 4:3; Nordirland – Irland 1:0, 0:0; Nordirland – Bulgarien 2:0, 2:0; Nordirland – Dänemark 2:1, 0:4; Irland – Bulgarien 3:0, 0:1; Irland – Dänemark 2:0, 3:3; Bulgarien – Dänemark 3:0, 2:2.
Gruppe 2: Belgien. Belgien – Österreich 1:1, 0:0; Belgien – Portugal 2:0, 1:1; Belgien – Schottland 2:0, 3:1; Belgien – Norwegen 1:1, 2:1; Österreich – Portugal 1:2, 2:1; Österreich – Schottland 3:2, 1:1; Österreich – Norwegen 4:0, 2:0; Portugal – Schottland 1:0, 1:4; Portugal – Norwegen 3:1, 1:0; Schottland – Norwegen 3:2, 4:0.
Gruppe 3: Spanien. Spanien – Jugoslawien 0:1, 2:1; Spanien – Rumänien 1:0, 2:2; Spanien – Zypern 5:0, 3:1; Jugoslawien – Rumänien 2:1, 2:3; Jugoslawien – Zypern 5:0, 3:0; Rumänien – Zypern 2:0, 1:1.
Gruppe 4: Niederlande. Niederlande – Polen 1:1, 0:2; Niederlande – DDR 3:0, 3:2; Niederlande – Schweiz 3:0, 3:1; Niederlande – Island 3:0, 4:0; Polen – DDR 1:1, 1:2; Polen –Schweiz 2:0, 2:0; Polen – Island 2:0, 2:0; DDR – Schweiz 5:2, 2:0; DDR – Island 3:1, 3:0; Schweiz – Island 2:0, 2:1.
Gruppe 5: Tschechoslowakei. Tschechoslowakei – Frankreich 2:0, 1:2; Tschechoslowakei – Schweden 4:1, 3:1; Tschechoslowakei – Luxemburg 4:0, 3:0; Frankreich – Schweden 2:2, 3:1; Schweden – Luxemburg 3:0, 1:1; Frankreich – Luxemburg 3:0, 3:1.

Gruppe 6: Griechenland. Griechenland - Ungarn 4:1, 0:0; Griechenland - Finnland8:1, 0:3, 1:8; Griechenland - Sowjetunion 1:0, 0:2; Ungarn - Finnland 3:1, 1:2; Ungarn - Sowjetunion 2:0, 2:2; Finnland - UdSSR 1:1, 2:2.
Gruppe 7: Deutschland. Deutschland - Türkei 2:0, 0:0; Deutschland - Wales 5:1, 2:0; Deutschland - Malta 8:0, 0:0; Türkei - Wales 1:0, 0:1; Türkei - Malta 2:1, 2:1; Wales - Malta 7:0, 2:0.
Italien als Veranstalter automatisch qualifiziert.

Endrunde vom 11. bis 22. Juni 1980 in Italien
Gruppe 1: Deutschland. Deutschland - Tschechoslowakei 1:0 (Rom), Griechenland - Niederlande 0:1 (Neapel), Deutschland - Niederlande 3:2 (Neapel), Tschechoslowakei - Griechenland 3:1 (Rom), Deutschland - Griechenland 0:0 (Turin), Tschechoslowakei - Niederlande 1:1 (Mailand).
Gruppe 2: Belgien. Belgien - England 1:1 (Turin), Spanien - Italien 0:0 (Mailand), Spanien - Belgien 1:2 (Mailand), Italien - England 1:0 (Turin), Spanien - England 1:2 (Neapel), Italien - Belgien 0:0 (Rom).
Spiel um den dritten Platz: Tschechoslowakei - Italien n. V. 1:1, Elfmeterschießen 9:8.

Endspiel am 22. Juni 1980 in Rom: Deutschland - Belgien 2:1 (1:0)
Deutschland: Schumacher - Kaltz, Stielike, Kh. Förster, Dietz - Schuster, Briegel (Cullmann), H. Müller - Rummenigge, Hrubesch, Kl. Allofs.
Tore: Hrubesch 2 (Vandereycken) - Zuschauer: 47 800 - SR: Rainea (Rumänien).

1982/84: Frankreich

Gruppe 1: Belgien. Belgien - Schweiz 3:0, 1:3; Belgien - DDR 2:1, 2:1; Belgien - Schottland 3:2, 1:1; Schweiz - DDR 0:0, 0:3; Schweiz - Schottland 2:0, 2:2; DDR - Schottland - DDR 2:1, 0:2.
Gruppe 2: Portugal. Portugal - Sowjetunion 1:0, 0:5; Portugal - Polen 2:1, 1:0; Portugal - Finnland 5:0, 2:0; Sowjetunion - Finnland 2:0, 1:0; Sowjetunion - Polen 2:0, 1:1; Polen - Finnland 1:1, 3:2.
Gruppe 3: Dänemark. Dänemark - England 2:2, 1:0; Dänemark - Griechenland 1:0, 2:0; Dänemark - Ungarn 3:1, 0:1; Dänemark - Luxemburg 6:0, 2:1; England - Griechenland 0:0, 3:0; England - Ungarn 2:0, 3:0; England - Luxemburg 9:0, 4:0; Griechenland - Ungarn 2:2, 3:2; Griechenland - Luxemburg 1:0, 2:0 ; Ungarn - Luxemburg 6:2, 6:2.
Gruppe 4: Jugoslawien. Jugoslawien - Wales 4:4, 1:1; Jugoslawien - Bulgarien 3:2, 1:0; Jugoslawien - Norwegen 2:1, 1:3; Wales - Bulgarien 1:0, 0:1; Wales - Norwegen 1:0, 0:0; Bulgarien - Norwegen 2:2, 2:1.
Gruppe 5: Rumänien. Rumänien - Schweden 2:0, 1:0; Rumänien - Tschechoslowakei 0:1, 1:1; Rumänien - Italien 1:0, 0:0; Rumänien - Zypern 3:1, 1:0; Schweden - Tschechoslowakei 1:0, 2:2; Schweden - Italien 2:0, 3:0; Schweden - Zypern 5:0, 1:0; Tschechoslowakei - Italien 2:0, 2:2; Tschechoslowakei - Zypern 6:0, 1:1; Italien - Zypern 3:1, 1:1.
Gruppe 6: Deutschland. Deutschland - Nordirland 0:1, 0:1; Deutschland - Österreich 3:0, 0:0; Deutschland - Türkei 5:1, 3:0; Deutschland - Albanien 2:1, 2:1; Nordirland - Österreich 3:1, 0:2; Nordirland - Türkei 2:1, 0:1; Nordirland - Albanien 1:0, 0:0; Österreich - Türkei 4:0, 1:3; Österreich - Albanien 5:0, 2:1; Türkei - Albanien 1:0, 1:1.
Gruppe 7: Spanien. Spanien - Niederlande 1:0, 1:2; Spanien - Irland 2:0, 3:3; Spanien - Island 1:0, 1:0; Spanien - Malta 12:1, 3:2; Niederlande - Irland 2:1, 3:2; Niederlande - Island 3:0, 1:1; Niederlande - Malta 5:0, 6:0; Irland - Island 2:0, 3:0; Irland - Malta 8:0, 1:0; Island - Malta 1:0, 1:2.
Frankreich als Veranstalter automatisch qualifiziert.

Endrunde vom 12. bis 27. Juni 1984 in Frankreich
Gruppe 1: Frankreich und Dänemark. Frankreich - Dänemark 1:0 (Paris); Belgien - Jugoslawien 2:0 (Lens); Frankreich - Belgien 5:0 (Nantes), Dänemark - Jugoslawien 5:0 (Lyon), Frankreich - Jugoslawien 3:2 (St. Etienne), Dänemark - Belgien 3:2 (Straßburg).
Gruppe 2: Spanien und Portugal. Deutschland - Portugal 0:0 (Straßburg), Rumänien - Spanien 1:1 (St. Etienne), Deutschland - Rumänien 2:1 (Lens), Portugal - Spanien 1:1 (Marseille), Deutschland - Spanien 0:1 (Paris), Portugal - Rumänien 1:0 (Nantes).
Halbfinale: Frankreich - Portugal n. V. 3:2 (Marseille), Spanien - Dänemark n. V. 1:1, Elfmeterschießen 5:4 (Lyon).

Endspiel am 27. Juni 1984 in Paris: Frankreich - Spanien 2:0 (0:0)
Frankreich: Bats - Battiston (Amoros), Bossis, Le Roux, Domergue - Tigana, Giresse, Platini, Fernandez - Lacombe (Ghengini), Bellone.
Tore: Platini, Bellone - Zuschauer: 47 368 - SR: Christov (Tschechoslowakei).

1986/88: Niederlande

Gruppe 1: Spanien. Spanien – Rumänien 1:0, 1:3; Spanien – Österreich 2:0, 3:2; Spanien – Albanien 5:0, 2:1; Rumänien – Österreich 4:0, 0:0; Rumänien – Albanien 5:1, 1:0; Österreich – Albanien 3:0, 1:0.
Gruppe 2: Italien. Italien – Schweden 2:1, 0:1; Italien – Portugal 3:0, 1:0; Italien – Schweiz 3:2, 0:0; Italien – Malta 5:0, 2:0; Schweden – Portugal 0:1, 1:1; Schweden – Schweiz 2:0, 1:1; Schweden – Malta 1:0, 5:0; Portugal – Schweiz 0:0, 1:1; Portugal – Malta 2:2, 1:0; Schweiz – Malta 4:1, 1:1; .
Gruppe 3: Sowjetunion. Sowjetunion – DDR 2:0, 1:1; Sowjetunion – Frankreich 1:1, 2:0; Sowjetunion – Island 2:0, 1:1; Sowjetunion – Norwegen 4:0, 1:0; DDR – Frankreich 0:0, 1:0; DDR – Island 2:0, 6:0; DDR – Norwegen 3:1, 0:0; Frankreich – Island 2:0, 0:0; Frankreich – Norwegen 1:1, 0:2; Island – Norwegen 2:1, 1:0.
Gruppe 4: England. England – Jugoslawien – 2:0, 4:1; England – Nordirland 2:0, 3:0; England – Türkei 8:0, 0:0; Jugoslawien – Nordirland 3:0, 2:1; Jugoslawien – Türkei 4:0, 3:2; Nordirland – Türkei 1:0, 0:0.
Gruppe 5: Niederlande. Niederlande – Griechenland 1:1, 3:0; Niederlande – Ungarn 2:0, 1:0; Niederlande – Polen 0:0, 2:0; Niederlande – Zypern 4:0 (8:0 wegen Zuschauerausschreitungen annulliert), 2:0; Griechenland – Ungarn 2:1, 0:3; Griechenland – Polen 1:0, 1:2; Griechenland – Zypern 3:1, 4:2; Ungarn – Polen 5:3, 2:3; Ungarn – Zypern 1:0, 1:0; Polen – Zypern 0:0, 1:0.
Gruppe 6: Dänemark. Dänemark – Tschechoslowakei 1:1, 0:0; Dänemark – Wales 1:0, 0:1; Dänemark – Finnland 1:0, 1:0; Tschechoslowakei – Wales 2:0, 1:1; Tschechoslowakei – Finnland 3:0, 0:3; Wales – Finnland 4:0, 1:1.
Gruppe 7: Irland. Irland – Bulgarien 2:0, 1:2; Irland – Belgien 0:0, 2:2; Irland – Schottland 0:0, 1:0; Irland – Luxemburg 2:1, 2:0; Bulgarien – Belgien 2:0, 1:1; Bulgarien – Schottland 0:1, 0:0; Bulgarien – Luxemburg 3:0, 4:1; Belgien – Schottland 4:1, 0:2; Belgien – Luxemburg 3:0, 6:0; Schottland – Luxemburg 3:0, 0:0.
Deutschland als Veranstalter automatisch qualifiziert.

Endrunde vom 10. bis 25. Juni 1988 in Deutschland
Gruppe 1: Deutschland und Italien. Deutschland – Italien 1:1 (Düsseldorf), Dänemark – Spanien 2:3 (Hannover), Deutschland – Dänemark 2:0 (Gelsenkirchen), Italien – Spanien 1:0 (Frankfurt), Deutschland – Spanien 2:0 (München), Italien – Dänemark 2:0 (Köln).
Gruppe 2: Sowjetunion und Niederlande. England – Irland 0:1 (Stuttgart), Niederlande – Sowjetunion 0:1 (Köln), England – Niederlande 1:3 (Düsseldorf), Irland – Sowjetunion 1:1 (Hannover), England – Sowjetunion 1:3 (Frankfurt), Irland – Niederlande 0:1 (Gelsenkirchen).
Halbfinale: Deutschland – Niederlande 1:2, Sowjetunion – Italien 2:0 (Stuttgart).

Endspiel am 25. Juni 1988 in München: Niederlande – Sowjetunion 2:0 (1:0)
Niederlande: Van Breukelen – Van Aerie, R. Koeman, Rijkaard, Van Tiggelen – Wouters, Gullit, A. Mühren, E. Koeman – Vanenburg, Van Basten.
Tore: Gullit, Van Basten – Zuschauer: 77 000 – SR: Vautrot (Frankreich).

1990/92: Dänemark

Gruppe 1: Frankreich. Frankreich – Tschechoslowakei 2:1, 2:1; Frankreich – Spanien 3:1, 2:1; Frankreich – Island 3:1, 2:1; Frankreich – Albanien 5:0, 1:0; Tschechoslowakei – Spanien 3:2, 1:2; Tschechoslowakei – Island 1:0, 1:0; Tschechoslowakei – Albanien 2:1, 2:0; Spanien – Island 2:1, 0:2; Spanien – Albanien 9:0, Rückspiel nicht ausgetragen; Island – Albanien 2:0, 0:1.
Gruppe 2: Schottland. Schottland – Schweiz 2:1, 2:2; Schottland – Rumänien 2:1, 0:1; Schottland – Bulgarien 1:1, 1:1; Schottland – San Marino 4:0, 2:0; Schweiz – Rumänien 0:0, 0:1; Schweiz – Bulgarien 2:0, 3:2; Schweiz – San Marino 7:0, 4:0; Rumänien – Bulgarien 0:3, 1:1; Rumänien – San Marino 6:0, 3:1; Bulgarien – San Marino – 4:0, 3:0.
Gruppe 3: Sowjetunion *). Sowjetunion – Italien 0:0, 0:0; Sowjetunion – Norwegen 2:0, 1:0; Sowjetunion – Ungarn 2:2, 1:0, 2:2; Sowjetunion – Zypern 4:0, 3:0; Italien – Norwegen 1:1, 1:2; Italien – Ungarn 3:1, 1:1 ; Italien – Zypern 2:0, 4:0; Norwegen – Ungarn 0:0, 0:0; Norwegen – Zypern 3:0, 3:0; Ungarn – Zypern 4:2, 2:0 – *) = Nach der Auflösung der Sowjetunion Ende 1991 trat die Mannschaft bei der Endrunde unter der Bezeichnung „GUS“ (Gemeinschaft Unabhängiger Staaten) an.
Gruppe 4: Jugoslawien *). Jugoslawien – Dänemark 1:2, 2:0; Jugoslawien – Nordirland 4:1, 2:0; Jugoslawien – Österreich 4:1, 2:0; Jugoslawien – Färöer 7:0, 2:0; Dänemark – Nordirland 2:1, 1:1; Dänemark – Österreich 2:1, 3:0 ; Dänemark – Färöer 4:1, 4:0; Nordirland – Österreich 2:1, 0:0 ; Nordirland – Färöer 1:1, 5:0; Österreich – Färöer 3:0, 0:1 (Färöer bestritt sämtliche Heimspiele im schwedischen Landskrona) – *) = Wegen des Bosnien-Krieges und der daraufhin verhängten UN-Sanktionen wurde Jugoslawien von der EM ausgeschlossen. Dafür rückte der Gruppenzweite Dänemark nach.
Gruppe 5: Deutschland. Deutschland – Wales 4:1, 0:1; Deutschland – Belgien 1:0, 1:0; Deutschland – Luxemburg 4:0, 3:2; Wales – Belgien 3:1, 1:1; Wales – Luxemburg 1:0, 1:0; Belgien – Luxemburg 3:0, 2:0.

Gruppe 6: Niederlande. Niederlande – Portugal 1:0, 0:1; Niederlande – Griechenland 2:0, 2:0; Niederlande – Finnland 2:0, 1:1; Niederlande – Malta 1:0, 8:0; Portugal – Griechenland 1:0, 2:3; Portugal – Finnland 1:0, 0:0; Portugal – Malta 5:0, 1:0; Griechenland – Finnland 2:0, 1:1; Griechenland – Malta 4:0, 1:1; Finnland – Malta 2:0, 1:1.
Gruppe 7: England. England – Irland 1:1, 1:1; England – Polen 2:0, 1:1; England – Türkei 1:0, 1:0; Irland – Polen 0:0, 3:3; Irland – Türkei 5:0, 3:1; Polen – Türkei 3:0, 1:0.
Schweden als Veranstalter automatisch qualifiziert.

Endrunde vom 10. bis 26. Juni 1992 in Schweden
Gruppe 1: Schweden und Dänemark. Schweden – Frankreich 1:1 (Stockholm), Dänemark – England 0:0 (Malmö), Frankreich – England 0:0 (Malmö), Schweden – Dänemark 1:0 (Stockholm), Schweden – England 2:1 (Stockholm), Frankreich – Dänemark 1:2 (Malmö).
Gruppe 2: Niederlande und Deutschland. GUS – Deutschland 1:1 (Norrköping), Niederlande – Schottland 1:0 (Göteborg), Schottland – Deutschland 0:2 (Norrköping), Niederlande – GUS 0:0 (Göteborg), Niederlande – Deutschland 3:1 (Göteborg), Schottland – GUS 3:0 (Norrköping).
Halbfinale: Schweden – Deutschland 2:3 (Stockholm); Dänemark – Niederlande n. V. 2:2, Elfmeterschießen 5:4.

Endspiel am 26. Juni 1992 in Göteborg: Dänemark – Deutschland 2:0 (1:0)
Dänemark: Schmeichel – Lars Olsen – Piechnik, K. Nielsen – Sivebaek (Christiansen), Vilfort, Jensen, Christoffe, H. Larsen – Povlsen, B. Laudrup.
Deutschland: Illgner – Helmer – Kohler, Buchwald – Reuter, Häßler, Effenberg (Thon), Sammer (Doll), Brehme – Klinsmann, Riedle.
Tore: Jensen, Vilfort – Zuschauer: 37 725 – SR: Galler (Schweiz).

1994/96: Deutschland

Gruppe 1: Rumänien und Frankreich. Rumänien – Frankreich 1:3, 0:0; Rumänien – Slowakei 3:2, 2:0; Rumänien – Polen 2:1, 0:0; Rumänien – Israel 2:1, 1:1; Rumänien – Aserbaidschan 3:0, 4:1; Frankreich – Slowakei 4:0, 0:0; Frankreich – Polen 1:1, 0:0; Frankreich – Israel 2:0, 0:0; Frankreich – Aserbaidschan 10:0, 2:0; Slowakei – Polen 4:1, 0:5; Slowakei – Israel 1:0, 2:2; Slowakei – Aserbaidschan 4:1, 1:0; Polen – Israel 4:3, 1:2; Polen – Aserbaidschan 1:0, 0:0; Israel – Aserbaidschan 2:0, 2:0 (Aserbaidschan bestritt sämtliche Heimspiele im türkischen Trabzon).
Gruppe 2: Spanien und Dänemark. Spanien – Dänemark 3:0, 1:1; Spanien – Belgien 1:1, 4:1; Spanien – Mazedonien 3:0, 2:0; Spanien – Zypern 6:0, 2:1; Spanien – Armenien 1:0, 2:0; Dänemark – Belgien 3:1, 3:1; Dänemark – Mazedonien 1:0, 1:1; Dänemark – Zypern 4:0, 1:1; Dänemark – Armenien 3:1, 2:0; Belgien – Mazedonien 1:1, 5:0; Belgien – Zypern 2:0, 1:1; Belgien – Armenien 2:0, 2:0; Mazedonien – Zypern 3:0, 1:1; Mazedonien – Armenien 1:2, 2:2; Zypern – Armenien 2:0, 0:0.
Gruppe 3: Schweiz und Türkei. Schweiz – Türkei 1:2, 2:1; Schweiz – Schweden 4:2, 0:0; Schweiz – Ungarn 3:0, 2:2; Schweiz – Island 1:0, 2:0; Türkei – Schweden 2:1, 2:2; Türkei – Ungarn 2:0, 2:2; Türkei – Island 5:0, 0:0; Schweden – Ungarn 2:0, 0:1; Schweden – Island 1:1, 1:0; Ungarn – Island 1:0, 1:2.
Gruppe 4: Kroatien und Italien. Kroatien – Italien 1:1, 2:1; Kroatien – Litauen 2:0, 0:0; Kroatien – Ukraine 4:0, 0:1; Kroatien – Slowenien 2:0, 2:1; Kroatien – Estland 7:1, 2:0; Italien – Litauen 4:0, 1:0; Italien – Ukraine 3:1, 2:0; Italien – Slowenien 1:0, 1:1; Italien – Estland 4:1, 2:0; Litauen – Ukraine 1:3, 2:0; Litauen – Slowenien 2:1, 2:1; Litauen – Estland 5:0, 1:0; Ukraine – Slowenien 0:0, 2:3; Ukraine – Estland 3:0, 1:0; Slowenien – Estland 3:0, 3:1.
Gruppe 5: Tschechien und Niederlande. Tschechien – Niederlande 3:1, 0:0; Tschechien – Norwegen 2:0, 1:1; Tschechien – Weißrussland 4:2, 2:0; Tschechien – Luxemburg 3:0, 0:1; Tschechien – Malta 6:1, 0:0; Niederlande – Norwegen 3:0, 1:1; Niederlande – Weißrussland 1:0, 0:1; Niederlande – Luxemburg 5:0, 4:0; Niederlande – Malta 4:0, 4:0; Norwegen – Weißrussland 1:0, 4:0; Norwegen – Luxemburg 5:0, 2:0; Norwegen – Malta 2:0, 1:0; Weißrussland – Luxemburg 2:0, 0:0; Weißrussland – Malta 1:1, 2:0;Luxemburg – Malta 1:0, 1:0.
Gruppe 6: Portugal. Portugal – Irland 3:0, 0:1; Portugal – Nordirland 1:1, 2:1; Portugal – Österreich 1:0, 1:1; Portugal – Lettland 3:2, 3:1; Portugal – Liechtenstein 8:0, 7:0; Irland – Nordirland 1:1, 4:0; Irland – Österreich 1:3, 1:3; Irland – Lettland 2:1, 3:0; Irland – Liechtenstein 4:0, 0:0; Nordirland – Österreich 5:3, 2:1; Nordirland – Lettland 1:2, 1:0; Nordirland – Liechtenstein 4:1, 4:0; Österreich – Lettland 5:0, 2:3; Österreich – Liechtenstein 7:0, 4:0; Lettland – Liechtenstein 1:0, 1:0.
Gruppe 7: Deutschland und Bulgarien. Deutschland – Bulgarien 3:1, 2:3; Deutschland – Georgien 4:1, 2:0; Deutschland – Moldawien 6:1, 3:0; Deutschland – Wales 1:1, 2:1; Deutschland – Albanien 2:1, 2:1; Bulgarien – Georgien 2:0, 1:2; Bulgarien – Moldawien 4:1, 3:0; Bulgarien – Wales 3:1, 3:0; Bulgarien –

Albanien 3:0, 1:1; Georgien – Moldawien 0:1, 2:3; Georgien – Wales 5:0, 1:0; Georgien – Albanien 2:0, 1:0; Moldawien – Wales 3:2, 0:1; Moldawien – Albanien 2:3, 0:3; Wales – Albanien 2:0, 1:1.

Gruppe 8: Russland und Schottland. Russland – Schottland 0:0, 1:1; Russland – Griechenland 2:1, 3:0; Russland – Finnland 3:1, 6:0; Russland – Färöer 3:0, 5:2; Russland – San Marino 4:0, 7:0; Schottland – Griechenland 1:0, 0:1; Schottland – Finnland 1:0, 2:0; Schottland – Färöer 5:1, 2:0; Schottland – San Marino 5:0, 2:0; Griechenland – Finnland 4:0, 1:2; Griechenland – Färöer 5:0, 5:1; Griechenland – San Marino 2:0, 4:0; Finnland – Färöer 5:0, 4:0; Finnland – San Marino 4:1, 2:0; Färöer – San Marino 3:0, 3:1.

Entscheidungsspiel der schlechtesten Gruppenzweiten: Niederlande – Irland 2:0 (in Liverpool).

England als Veranstalter automatisch qualifiziert.

Endrunde vom 8. bis 30. Juni 1996 in England

Gruppe A: England und Niederlande. England – Schweiz 1:1 (London), Niederlande – Schottland 0:0 (Birmingham), Schweiz – Niederlande 0:2 (Birmingham), Schottland – England 0:2 (London), Schottland – Schweiz 1:0 (Birmingham), Niederlande – England 1:4 (London).

Gruppe B: Frankreich und Spanien. Spanien – Bulgarien 1:1 (Leeds), Rumänien – Frankreich 0:1 (Newcastle), Bulgarien – Rumänien 1:0 (Newcastle), Frankreich – Spanien 1:1 (Leeds), Frankreich – Bulgarien 3:1 (Newcastle), Rumänien – Spanien 1:2 (Leeds).

Gruppe C: Deutschland und Tschechien. Italien – Russland 2:1 (Liverpool), Deutschland – Tschechien 2:0 (Manchester), Tschechien – Italien 2:1 (Liverpool), Russland – Deutschland 0:3 (Manchester), Russland – Tschechien 3:3 (Liverpool), Italien – Deutschland 0:0 (Manchester).

Gruppe D: Portugal und Kroatien. Dänemark – Portugal 1:1 (Sheffield), Türkei – Kroatien 0:1 (Nottingham), Portugal – Türkei 1:0 (Nottingham), Kroatien – Dänemark 3:0 (Sheffield), Kroatien – Portugal 0:3 (Nottingham), Türkei – Dänemark 0:3 (Sheffield).

Viertelfinale: Frankreich – Holland n. V. 0:0, Elfmeterschießen 5:4 (Liverpool), Spanien – England n. V. 2:2, Elfmeterschießen 2:4 (London), Deutschland – Kroatien 2:1 (Manchester), Tschechien – Portugal 1:0 (Birmingham).

Halbfinale: Deutschland – England n. V. 1:1, Elfmeterschießen 6:5 (London), Tschechien – Frankreich n. V. 0:0, Elfmeterschießen 6:5 (Manchester).

Endspiel am 30. Juni 1996 in London: Deutschland – Tschechien i. V. („Golden Goal") 2:1 (1:1, 0:0)

Deutschland: Köpke – Sammer – Strunz, Babbel, Helmer, Ziege – Eilts (Bode), Scholl (Bierhoff), Häßler – Klinsmann, Kuntz.

Tore: Bierhoff 2 (Berger) – Zuschauer: 76 000 – SR: Pairetto (Italien).

1998/2000: Frankreich

Gruppe 1: Italien und Dänemark. Italien – Dänemark 2:3, 2:1; Italien – Schweiz 2:0, 0:0; Italien – Wales 4:0, 2:0; Italien – Weißrussland 1:1, 0:0; Dänemark – Schweiz 2:1, 1:1; Dänemark – Wales 1:2, 2:0 (in Liverpool); Dänemark – Weißrussland 1:0, 0:0; Schweiz – Wales 2:0, 2:0; Schweiz – Weißrussland 2:0, 1:0; Wales – Weißrussland 3:2, 2:1.

Gruppe 2: Norwegen und Slowenien. Norwegen – Slowenien 4:0, 2:1; Norwegen – Griechenland 1:0, 2:0; Norwegen – Lettland 1:3, 2:1; Norwegen – Albanien 2:2, 2:1; Norwegen – Georgien 1:0, 4:1; Slowenien – Griechenland 0:3, 2:2; Slowenien – Lettland 1:0, 2:1; Slowenien – Albanien 2:0, 1:0; Slowenien – Georgien 2:1, 1:1; Griechenland – Lettland 1:2, 0:0; Griechenland – Albanien 2:0, 0:0; Griechenland – Georgien 3:0, 2:1; Lettland – Albanien 0:0, 3:3; Lettland – Georgien 1:0, 2:2; Albanien – Georgien 2:1, 0:1.

Gruppe 3: Deutschland und Türkei. Deutschland – Türkei 0:0, 0:1; Deutschland – Finnland 2:0, 2:1; Deutschland – Nordirland 4:0, 3:0; Deutschland – Moldawien 6:1, 3:1;Türkei – Finnland 1:3, 4:2; Türkei – Nordirland 3:0, 3:0; Türkei – Moldawien 2:0, 1:1; Finnland – Nordirland 4:1, 0:1; Finnland – Moldawien 3:2, 0:0; Nordirland – Moldawien 2:2, 0:0.

Gruppe 4: Frankreich. Frankreich – Ukraine 0:0, 0:0; Frankreich – Russland 2:3, 3:2; Frankreich – Island 3:2, 1:1; Frankreich – Armenien 2:0, 3:2; Frankreich – Andorra 2:0, 1:0 (in Barcelona); Ukraine – Russland 3:2, 1:1; Ukraine – Island 1:1, 1:0; Ukraine – Armenien 2:0, 0:0; Andorra – Ukraine 0:2, 0:4; Ukraine – Andorra 4:0, 2:0; Russland – Island 1:0, 0:1; Russland – Armenien 2:0, 3:0; Russland – Andorra 6:1, 2:1; Island – Armenien 2:0, 0:0; Island – Andorra3:0, 2:0; Armenien – Andorra 3:1, 3:0.

Gruppe 5: Schweden und England. Schweden – England 2:1, 0:0; Schweden – Polen 2:0, 1:0; Schweden – Bulgarien 1:0, 1:0; Schweden – Luxemburg 2:0, 1:0; England – Polen 3:1, 0:0; England – Bulgarien 0:0, 1:1; England – Luxemburg 6:0, 3:0; Polen – Bulgarien 2:0, 3:0; Polen – Luxemburg 3:0, 3:2; Bulgarien – Luxemburg 3:0, 2:0.

Gruppe 6: Spanien. Spanien – Israel 3:0, 2:1; Spanien – Österreich 9:0, 3:1; Spanien – Zypern 8:0, 2:3; Spanien – San Marino 9:0, 6:0; Israel – Österreich 5:0, 1:1; Israel – Zypern 3:0, 2:3; Israel – San Marino8:0, 5:0; Österreich – Zypern 3:1, 3:0; Österreich – San Marino 7:0, 4:1; Zypern – San Marino 4:0, 1:0.
Gruppe 7: Rumänien, undPortugal. Rumänien – Portugal 1:1, 1:0; Rumänien – Slowakei 0:0, 5:1; Rumänien – Ungarn 2:0, 1:1; Rumänien – Aserbaidschan 4:0, 1:0; Rumänien – Liechtenstein 7:0, 3:0; Portugal – Slowakei 1:0, 3:0; Portugal – Ungarn 3:0, 3:1Portugal – Aserbaidschan 7:0, 1:1; Portugal – Liechtenstein 8:0, 5:0; Slowakei – Ungarn 0:0, 1:0; Slowakei – Aserbaidschan 3:0, 1:0; Slowakei – Liechtenstein 2:0, 4:0; Ungarn – Aserbaidschan 3:0, 4:0; Ungarn – Liechtenstein 5:0, 0:0; Aserbaidschan – Liechtenstein 4:0, 1:2.
Gruppe 8: Jugoslawien. Jugoslawien – Irland 1:0, 1:2; Jugoslawien – Kroatien 0:0, 2:2; Jugoslawien – Mazedonien 3:1, 4:2; Jugoslawien – Malta 4:1 (in Saloniki), 3:0; Irland – Kroatien 2:0, 0:1; Irland – Mazedonien 1:0, 1:1; Irland – Malta 5:0, 3:2; Kroatien – Mazedonien 3:2, 1:1; Kroatien – Malta 2:1, 4:1; Mazedonien – Malta 4:0, 2:1.
Gruppe 9: Tschechien. Tschechien – Schottland 3:2, 2:1; Tschechien – Bosnien-Herzegowina 3:0, 3:1; Tschechien – Litauen 2:0, 4:0; Tschechien – Estland 4:1, 2:0; Tschechien – Färöer 2:0, 1:0; Schottland – Bosnien-Herzegowina 1:0, 2:1; Schottland – Litauen 3:0, 0:0; Schottland – Estland 3:2, 0:0; Schottland – Färöer 2:1, 1:1; Bosnien-Herzegowina – Litauen 2:0, 2:4; Bosnien-Herzegowina – Estland 1:1, 4:1; Bosnien-Herzegowina – Färöer 1:0, 2:2; Litauen – Estland 1:2, 2:1; Litauen – Färöer 0:0, 1:0; Estland – Färöer 5:0, 2:0.
Entscheidungsspiele der Gruppenzweiten: Irland – Türkei1:1, 0:0; Israel – Dänemark 0:5, 0:3; Schottland – England 0:2, 1:0; Slowenien – Ukraine 2:1, 1:1, Portugal als bester Gruppenzweiter direkt qualifiziert.
Niederlande und **Belgien** als Veranstalter automatisch qualifiziert.

Endrunde vom 10. Juni bis 2. Juli 2000 in den Niederlanden und Belgien
Gruppe A: Portugal und Rumänien. Deutschland – Rumänien 1:1 (Lüttich), Portugal – England 3:2 (Eindhoven), Rumänien – Portugal 0:1 (Arnheim), England – Deutschland 1:0 (Charleroi), Portugal – Deutschland 3:0 (Rotterdam), England – Rumänien 2:3 (Charleroi).
Gruppe B: Italien und Türkei. Belgien – Schweden 2:1 (Brüssel), Türkei – Italien 1:2 (Arnheim), Italien – Belgien 2:0 (Brüssel), Schweden – Türkei 0:0 (Eindhoven), Türkei – Belgien 2:0 (Brüssel), Italien – Schweden 2:1 (Eindhoven).
Gruppe C: Spanien und Jugoslawien. Spanien – Norwegen 0:1 (Rotterdam), Jugoslawien – Slowenien 3:3 (Charleroi), Slowenien – Spanien 1:2 (Amsterdam), Norwegen – Jugoslawien 0:1 (Lüttich), Slowenien – Norwegen 0:0 (Arnheim), Jugoslawien – Spanien 3:4 (Brügge).
Gruppe D: Niederlande und Frankreich. Frankreich – Dänemark 3:0 (Brügge), Niederlande – Tschechien 1:0 (Amsterdam), Tschechien – Frankreich 1:2 (Brügge), Dänemark – Niederlande 0:3 (Rotterdam), Dänemark – Tschechien 0:2 (Lüttich), Frankreich – Niederlande 2:3 (Amsterdam).
Viertelfinale: Türkei – Portugal 0:2 (Amsterdam) , Italien – Rumänien 2:0 (Brüssel); Niederlande – Jugoslawien 6:1 (Rotterdam) , Spanien – Frankreich 1:2 (Brügge).
Halbfinale: Frankreich – Portugal i. V. 2:1 (Brüssel); Italien – Niederlande n. V. 0:0, Elfmeterschießen 3:1 (Amsterdam)

Endspiel am 2. Juli 2000 in Rotterdam: Frankreich – Italien i. V. („Golden Goal") 2:1 (1:1, 0:0)
Frankreich: Barthez – Thuram, Blanc, Desailly, Lizarazu (Pires) – Vieira, Deschamps – Djorkaeff (Trezeguet), Zidane, Dugarry (Wiltord) – Henry.
Tore: Wiltord, Trezeguet (Delvecchio) – Zuschauer: 48 200 – SR: Frisk (Schweden).

EM-Torschützenkönige (nur Endturniere)

1960	Iwanow, Poedjelnik (beide UdSSR), Heutte (Frankreich), Jerkovic, Galic (beide Jugoslawien)	je 2
1964	Pereda (Spanien), Novak (Ungarn)	je 2
1968	Dzajic (Jugoslawien)	2
1972	G. Müller (Deutschland)	4
1976	D. Müller (Deutschland)	4
1980	K. Allofs (Deutschland)	3
1984	Platini (Frankreich)	9
1988	Van Basten (Niederlande)	5
1992	Riedle (Deutschland), Brolin (Schweden), Larsen (Dänemark), Bergkamp (Niederlande)	je 3
1996	Shearer (England)	5
2000	Kluivert (Niederlande), Milosevic (Jugoslawien)	je 5

Die deutschen EM-Aufgebote

1972: Maier, Höttges, Beckenbauer, Schwarzenbeck, Breitner, U. Hoeneß, Netzer, Wimmer, Heynckes, G. Müller, E. Kremers, Grabowski. – Nicht eingesetzt: Kleff, Bella, Köppel, Löhr, Bonhof, Vogts.
1976: Maier, Beckenbauer, Schwarzenbeck, U. Hoeneß, Wimmer, Vogts, Bonhof, Dietz, Beer, Danner, Hölzenbein, Flohe, D. Müller, Bongartz. – Nicht eingesetzt: Kargus, Kaltz, Nogly, Worm.
1980: Schumacher, Kaltz, Dietz, Cullmann, Kh. Förster, B. Förster, Briegel, Schuster, H. Müller, Stielike, Magath, Matthäus, Memering, Votava, Rummenigge, Kl. Allofs, Hrubesch, Del'Haye. – Nicht eingesetzt: Junghans, Immel, H. Zimmermann, Bonhof fuhr wegen Verletzung nicht mit.
1984: Schumacher, Briegel, B. Förster, Kh. Förster, Stielike, Brehme, Buchwald, Matthäus, Meier, Rolff, Allofs, Bommer, Littbarski, Rummenigge, Völler. – Nicht eingesetzt: Burdenski, Roleder, Bruns, Strack, Falkenmayer.
1988: Immel, Herget, Kohler, Buchwald, Berthold, Matthäus, Littbarski, Brehme, Borowka, Thon, Klinsmann, Völler, Eckstein, Rolff, Mill, Wuttke, Pflügler. – Nicht eingesetzt: Illgner, Dorfner, Sauer.
1992: Illgner, Binz, Helmer, Reuter, Kohler, Buchwald, Brehme, Frontzeck, Schulz, Häßler, Effenberg, Sammer, Möller, Doll, Klinsmann, Völler, Riedle, Thon. – Nicht eingesetzt: Köpke, Wörns.
1996: Köpke, Babbel, Helmer, Kohler, Reuter, Sammer, Bode, Eilts, Freund, Häßler, Möller,, Scholl, Strunz, Ziege, Klinsmann, Kuntz, Bierhoff, Bobic. – Nicht eingesetzt: Basler, Kahn, Reck, Schneider. – Nachnominiert: Todt. – Auf Abruf: Albertz, Bäron, Beinlich, Eigenrauch, Heinrich, Lehmann, Riedle, Wörns, Zickler.
2000: Kahn, Babbel, Linke, Matthäus, Nowotny, Rehmer, Ballack, Deisler, Hamann, Häßler, Jeremies, Scholl, Ziege, Bierhoff, Bode, Jancker, Kirsten, Rink. – Nicht eingesetzt: Butt, Lehmann, Ramelow, Wosz.

Junioren-Europameisterschaft U 21/U 23

Die bisherigen Sieger (bis 1976 als „U23"-Wettbewerb):
1972 Tschechoslowakei – 1974 Ungarn – 1976 Sowjetunion – 1978 Jugoslawien – 1980 Sowjetunion – 1982, 1984 England – 1986 Spanien – 1988 Frankreich – 1990 Sowjetunion – 1992, 1994, 1996 Italien – 1998 Spanien – 2000 Italien – 2002 Tschechien.

1970/72: Tschechoslowakei

Qualifikation: Gr.1: Tschechoslowakei – Gr. 2: Bulgarien – Gr. 3: Griechenland – Gr. 4: Sowjetunion – Gr. 6. Schweden – Gr. 7: Niederlande – Gr. 8: Deutschland (– Polen 1:0, 1:1; – Albanien 2:0, 2:0; – Türkei 3:0, 2:0).
Viertelfinale: Dänemark – Griechenland 2:0, 0:5; Bulgarien – Niederlande 2:2, 0:0, 2:0; Schweden – Tschechoslowakei 0:1, 1:3; Sowjetunion – Deutschland 3:1, 0:0.
Halbfinale: Tschechoslowakei – Griechenland 2:0, 2:1; Sowjetunion – Bulgarien 4:0, 3:3.

1. Endspiel am 22. 6. 1972 in Moskau: Sowjetunion – Tschechoslowakei 2:2 (0:0)
2. Endspiel am 30. 6. 1972 in Ostrau: Tschechoslowakei – Sowjetunion 3:1 (2:0)
Tschechoslowakei: Keketi (Stovcik) – Suchanek, Samek, Dvorak, Koubek, Melichar, Bicovsky, Gajdusek, Masima, Nehoda (Pekarik), Albrecht (Herda).

1972/74: Ungarn

Qualifikation: Gr. 1: Tschechoslowakei – Gr. 2: Italien – Gr. 3: Niederlande – Gr. 4: DDR (– Rumänien 2:1, 2:1; – Albanien 6:0, 0:1) – Gr. 5: Polen (– Deutschland 0:0, 3:2; Deutschland – Dänemark 3:0, 2:0) – Gr. 6: Bulgarien – Gr. 7: Ungarn – Gr. 8: Sowjetunion.
Viertelfinale: Ungarn – Holland 3:1, 1:2; DDR – Italien 2:1, 1:0; Polen – Bulgarien 0:0, 2:1; Sowjetunion – Tschechoslowakei 6:0, 1:2.
Halbfinale: Sowjetunion – Ungarn 2:0, n. V. 0:2, Elfmeterschießen 3:4; DDR – Polen 0:0, 2:2.

1. Endspiel am 15. 5. 1974 in Dresden: DDR – Ungarn 3:2 (1:2)
2. Endspiel am 28. 5. 1974 in Budapest: Ungarn – DDR 4:0 (1:0)
Ungarn: Meszaros – Harsany, Török, Horvath, Kantor, Toth (Kunszt), Ede Dunai, Laszlo Nagy, Fekete, Kiss, Becsei (Varadi).
DDR: Boden – Dörner, Kische (Enge, Krebs), Helm (J. Müller), Sekora, Häfner, Terletzki, Moldt (Decker), Riedel, Richter (Kotte), Heidler.

1974/76: Sowjetunion

Qualifikation: Gr. 1: England – Gr. 2: Ungarn – Gr. 3: Jugoslawien – Gr. 4: Schottland – Gr. 5: Niederlande – Gr. 6: Sowjetunion – Gr. 7: Frankreich (– DDR 1:2, 1:1; DDR – Belgien 1:2, 0:0) – Gr. 8: Bulgarien.
Viertelfinale: Ungarn – England 3:0, 1:3; Niederlande – Schottland 2:0, n. V. 0:2, Elfmeterschießen 4:3; Bulgarien – Jugoslawien 2:3, 1:2; Frankreich – Sowjetunion 2:1, n. V. 1:2, Elfmeterschießen 2:4.
Halbfinale: Ungarn – Jugoslawien 3:2, 1:1; Sowjetunion – Niederlande 3:0, 0:1.

1. Endspiel am 19. 6. 1976 in Budapest: Ungarn – Sowjetunion 1:1 (1:0)
2. Endspiel am 22. 6. 1976 in Moskau: Sowjetunion – Ungarn 2:1 (2:0)
Sowjetunion: Radajew – Kruglow, Swistsow, Gorbunow, Wisokin – An, Adzhem, Minajew – (Schwezow) – Gusajew, Kiplani, Slobodian (Fedorow, Pentrenko).

1976/78: Jugoslawien

Qualifikation: Gr. 1: Dänemark – Gr. 2: Italien – Gr. 3: DDR (– Türkei 4:0, 1:1; – Österreich 2:1, 6:1) – Gr. 4: Bulgarien – Gr. 5: England – Gr. 6: Tschechoslowakei – Gr. 7: Jugoslawien – Gr. 8: Ungarn.
Viertelfinale: Tschechoslowakei – DDR 3:1, 2:5; Jugoslawien – Ungarn 0:1, 2:0; Dänemark – Bulgarien 4:1, 0:3; England – Italien 2:1, 0:0.
Halbfinale: Bulgarien – DDR 2:1, 1:3; Jugoslawien – England 2:1, 1:1.

1. Endspiel am 17. 5. 1978 in Halle: DDR – Jugoslawien 0:1 (0:0)
2. Endspiel am 31. 5. 1978 in Mostar: Jugoslawien – DDR 4:4 (3:4)
Jugoslawien: Stojanovic – Vujkov, Hrstic, Krmpotic (Obradovic), Zajec, Stojkovic, Bogdan, Bosnjak (Savic), Halilhodzic, Klincarski, Senica (Sliskovic, Starcevic, Verlasevic).
DDR: Heyne – Hause (Pingel), Brauer, Uhlig, Roth, Weber, Terletzki (Schnuphase), Eigendorf (Mischinger, Töpfer), Riediger, Kotte, Kuhn.

1978/80 Sowjetunion

Qualifikation: Gr. 1: England – Gr. 2: Schottland – Gr. 3: Jugoslawien – Gr. 4: DDR (– Niederlande 2:0, 1:1; – Polen 4:1, 1:1) – Gr. 5: Tschechoslowakei – Gr. 6: Sowjetunion – Gr. 7: Ungarn – Gr. 8: Italien.
Viertelfinale: Tschechoslowakei – Jugoslawien 1:1, 1:2; Sowjetunion – Italien 3:1, 0:0; England – Schottland 2:1, 0:0; Ungarn – DDR 2:0, 0:3.
Halbfinale: Sowjetunion – Jugoslawien 3:0, 1:0; England – DDR 1:2, 0:1.

1. Endspiel am 7. 5. 1980 in Rostock: DDR – Sowjetunion 0:0
2. Endspiel am 20. 5. 1980 in Moskau: Sowjetunion – DDR 1:0 (0:0)
Sowjetunion: Tschanow (Nowikow) – Kaplun, Baltatscha, Shurawijow, Demjanenko – Darasseljia (Dumanski), Chatschatrjan, Susloparow, Bal – Chapsalis (Petrakow), Schengelija (Prudikow, Gassajew).
DDR: R. Müller – Uteß, Dennstedt, A. Ullrich, Troppa, Sträßer, Kurbjuweit, Kreer (Stahmann), B. Schulz (Pastor, Riediger), Töpfer.

1980/82: England

Qualifikation: Gr. 1: Deutschland (– Bulgarien 4:1, 0:1; – Österreich 4:0, 1:0; – Finnland 4:2, 2:1) – Gr. 2: Frankreich – Gr. 3: Sowjetunion – Gr. 4: England – Gr. 5: Italien – Gr. 6: Schottland – Gr. 7: Polen – Gr. 8: Spanien.
Viertelfinale: Frankreich – Sowjetunion 0:0, 2:4; Spanien – Deutschland 1:0, 0:2; Polen – England 1:2, 2:2; Italien – Schottland 0:1, 0:0.
Halbfinale: Sowjetunion – Deutschland 3:4, 0:5; Schottland – England 0:1, 1:1.

1. Endspiel am 21. 9. 1982 in Sheffield: England – Deutschland 3:1 (1:0)
2. Endspiel am 12. 10. 1982 in Bremen: Deutschland – England 3:2 (0:0)
England: Hesford – Thomas, Caton, Duxbury, Fenwick – Lee, Owen, McCall (Heath) – Goddard, Hodgson (Fashanu), Shaw (Ranson).
Deutschland: Immel – Geils, Strack (Möhlmann), Reinhardt, Otten – Rolff (Geiger, Dittus), Kempe (Kroth, von Heesen), Engels – Wuttke, Th. Allofs (Reichert), Völler (Littbarski).

1982/84: England

Qualifikation: Gr. 1: Schottland (– DDR 2:0, 1:1; DDR – Belgien 2:1, 2:4) – Schweiz 2:1, 6:5) – Gr. 2: Polen – Gr. 3: England – Gr. 4: Jugoslawien – Gr. 5: Italien – Gr. 6: Albanien (– Deutschland 1:1, 1:1; Deutschland – Türkei 7:0, 1:0; – Österreich 2:1, 1:1) – Gr. 7: Spanien – Gr. 8: Frankreich.

Viertelfinale: England – Frankreich 6:1, 1:0; Schottland – Jugoslawien 2:1, n. V. 1:3; Albanien – Italien 0:1, 0:1; Polen – Spanien 2:2, 1:4.
Halbfinale: England – Italien 3:1, 0:1; Jugoslawien – Spanien 0:1, 0:2.

1. Endspiel am 18. 5. 1984 in Sevilla: Spanien – England 0:1 (0:0)
2. Endspiel am 24. 5. 1984 in Sheffield: England – Spanien 2:0 (0:0)
England: Hucker (Bailey) – Sterland Bracewell, Watson, Thomas, Stevens, Gayle, Hodge, Chamberlain – Hateley (D'Avray), Brock (Mountfield, Pickering, Callaghan).

1984/86: Spanien

Qualifikation: Gr. 1: Polen – Gr. 2: Schweden (– Deutschland 2:1, 0:1; Deutschland – Tschechoslowakei 3:1, 1:1; – Portugal 2:0, 1:2) – Gr. 3: England – Gr. 4: Frankreich (– DDR 1:1, 1:1; DDR – Bulgarien 1:1, 2:3; – Jugoslawien 1:1, 3:2) – Gr. 5: Ungarn – Gr. 6: Dänemark – Gr. 7: Spanien – Gr. 8: Italien.
Viertelfinale: Schweden – Italien 1:1, 1:2; Dänemark – England 0:1, 1:1; Polen – Ungarn 1:0, 0:5; Spanien – Frankreich 3:1, 3:1.
Halbfinale: Italien – England 2:0, 1:1; Ungarn – Spanien 3:1, 1:4.

1. Endspiel am 15. 10. 1986 in Rom. Italien – Spanien 2:1 (0:1)
2. Endspiel am 29. 10. 1986 in Valladolid: Spanien – Italien n. V. 2:1 (2:1, 1:1), Elfmeterschießen 3:0
Spanien: Ablanedo – Solana, Quique – Sanchis, Andriuna, Calderé – Llorente, Eusebio, Pineda (Pardeza), Roberto, Bustingorri (im 2. Spiel noch Eloy, Gallego, Gabino, Ramon Vaquez, J. Carlos).

1986/88: Frankreich

Qualifikation: Gr. 1: Spanien – Gr. 2: Italien – Gr. 3: Frankreich (– DDR 2:2, 0:1; DDR – Sowjetunion 5:1, 1:2; – Norwegen 1:1, 0:0) – Gr. 4: England – Gr. 5: Griechenland – Gr. 6: Tschechoslowakei – Gr. 7: Schottland – Gr. 8: Niederlande (– Deutschland 3:1, 2:0; Deutschland – Bulgarien 2:0, 1:2; – Luxemburg 4:1, 4:1).
Viertelfinale: Frankreich – Italien 2:1, 2:2; Griechenland – Tschechoslowakei 1:1, 2:2; Spanien – Niederlande 1:0, n. V. 1:2, Schottland – England 0:1, 0:1.
Halbfinale: Frankreich – England 4:2, 2:2; Griechenland – Niederlande 5:0, 0:2.

1. Endspiel am 25. 5. 1988 in Athen: Griechenland – Frankreich 0:0
2. Endspiel am 12. 10. 1988 in Besancon: Frankreich – Griechenland 3:0 (0:0)
Frankreich: Martini – Reuzeau, Silvestre, Roche (F. Passi), Galtier – Blanc, Dogon, Sauzée, Guérin – Paille, Lada (Zitelli). Im ersten Spiel noch eingesetzt: Barrabe, Buisine, Despayroux, Cantona.

1988/90: Sowjetunion

Qualifikation: Gr. 1; Bulgarien – Gr. 2: Schweden – Gr. 3: Sowjetunion (– DDR 1:0, 2:3; DDR – Österreich 2:0, 1:0; – Türkei 0:0, 2:3) – Gr. 4: Deutschland (– Island 1:1, 1:1, – Niederlande 2:0, 1:0; – Finnland 2:0, 3:0) – Gr. 5: Jugoslawien – Gr. 6: Spanien – Gr. 7: Tschechoslowakei – Gr. 8: Italien.
Viertelfinale: Jugoslawien – Bulgarien 2:0, 1:0; Sowjetunion – Deutschland 1:1, n. V. 2:1; Tschechoslowakei – Schweden 1:2, 0:4; Italien – Spanien 3:1, 0:1.
Halbfinale: Italien – Jugoslawien 0:0, 2:2; Sowjetunion – Schweden 1:1, 2:0.

1. Endspiel am 5. 9. 1990 in Sarajevo: Jugoslawien – Sowjetunion 2:4 (1:2)
2. Endspiel am 17. 10. 1990 in Simferopol: Sowjetunion – Jugoslawien 3:1 (1:0)
Sowjetunion: Eriomin – Mostowoi, Sidelnikow – Smatowalenko, Pozdneikow (Juran), Cernischew – Koncelenis, Schalimow, Kobelew, Dobrowolski, Koliwanow.

1990/92: Italien

Qualifikation: Gr. 1: Spanien (als Gastgeber automatisch für Olympia '92 qualifiziert, daher rückte die Tschechoslowakei als Gruppenzweiter nach) – Gr. 2: Schottland – Gr. 3: Italien – Gr. 4: Dänemark – Gr. 5: Deutschland (– Belgien 3:1, 3:0; – Luxemburg 3:0, 3:0) – Gr. 6: Niederlande – Gr. 7: Polen – Gr. 8: Schweden.
Viertelfinale: Dänemark – Polen 5:0, 1:1; Niederlande – Schweden 2:1, 0:1; Deutschland – Schottland 1:1, 3:4; Tschechoslowakei – Italien 1:2, 0:2.
Halbfinale: Schweden – Schottland 1:0, 0:0; Dänemark – Italien 0:1, 0:2.

1. Endspiel am 28. 5. 1992 in Ferrara: Italien – Schweden 2:0 (0:0)
2. Endspiel am 3. 6. 1992 ib Växjö: Schweden – Italien 1:0 (0:0)
Italien: Antonioli – Bonomi, Favalli (Rossini) – D. Baggio (Taccola), Matrecano, Verga (Albertini) – Melli (Muzzi), Marcolin, Buso, Corini, Sordo.

1992/94: Italien

Qualifikation: Gr. 1: Italien und Portugal – Gr. 2: Polen, Gr. 3: Spanien (– Deutschland 3:1, 2:1; Deutschland – Irland 8:0, 1:0; – Dänemark 0:1, 4:1) – Gr. 4: RCS – Gr. 5: Russland und Griechenland – Gr. 6: Frankreich.
Viertelfinale: Spanien – Griechenland 0:0, 4:2; Polen – Portugal 1:3, 0:2; Frankreich – Russland 2:0, 1:0; Italien – RCS 3:0, 0:1.

Endrunde vom 15. bis 20. 4. 1994 in Frankreich
Halbfinale: Frankreich – Italien n. V. 0:0, Elfmeterschießen 3:5, Portugal – Spanien 2:0.
Um den dritten Platz: Spanien – Frankreich 2:1.

Endspiel am 20. April 1994 in Montpellier: Italien – Portugal n. V. 1:0 (0.0, 0:0)
Italien: Toldo – Cannavaro, Colonnete, Panucci, Berretta, Cherubini, Inzaghi (83. Orlandini), Marcolin, Starchilli, Carbone, Muzzi.
Tor: Orlandini – Zuschauer: 8000 – SR: Mumenthaler (Schweiz) .

1994/96: Italien

Qualifikation: Gr. 1: Frankreich – Gr. 2: Spanien – Gr. 3: Ungarn – Gr. 4: Italien – Gr. 5: Tschechien – Gr. 6: Portugal – Gr. 7: Deutschland (– Bulgarien 7:0, 0:2; – Wales 1:0, 5:1; – Georgien 3:0, 2:0; – Moldawien 3:1, 1:1) – Gr. 8: Schottland.
Viertelfinale: Deutschland – Frankreich 0:0, 1:4; Portugal – Italien 1:0, 0:2; Ungarn – Schottland 0:1, 1:3; Spanien – Tschechien 2:1 2:1.

Endrunde vom 28. bis 31. Mai 1996 in Barcelona
Halbfinale: Spanien – Schottland 2:1, Italien – Frankreich 1:0.
Um den 3. Platz: Frankreich – Schottland 1:0.

Endspiel am 31. Mai in Barcelona: Italien – Spanien n. V. 1:1 (1:1, 1:1), Elfmeterschießen 4:2
Italien: Pagotto – Panucci, Cannavaro, Fresi, Galante (Pistone), Nesta – Ametrano, Tommasi (Tacchinardi), Brambilla – Amoruso, Totti (Morfeo).
Tore: Eigentor Idiakez (Raul) – zuschauer: 25 000 – SR: Benko (Österreich).

1996/98: Spanien

Qualifikation: Gr. 1: Griechenland – Gr. 2: England – Gr. 3: Norwegen – Gr. 4: Schweden – Gr. 5: Russland – Gr. 6: Spanien – Gr. 7: Niederlande – Gr. 8: Rumänien – Gr. 9: Deutschland (– Armenien 1:0, 7:0; – Portugal 2:1, 1:1; – Albanien 4:0, 2:0; – Ukraine 2:0, 1:1) – Die sieben besten Gruppensieger waren direkt qualifiziert. Entscheidungsspiele zur Ermittlung des achten Teilnehmers: Griechenland – England 2:0, 2:4.

Endrunde vom 23. bis 31. Mai 1998 in Rumänien:
Viertelfinale: Deutschland – Griechenland 0:1, Niederlande – Rumänien 2:1, Spanien – Russland 1:0, Norwegen – Schweden 1:0.
Platzierungsspiele: Rumänien – Deutschland i. V. 0:1 („Golden Goal"), Russland – Schweden 0:2.
Um den 5. Platz: Deutschland – Schweden 2:1
Um den 7. Platz: Russland – Rumänien 2:1.
Halbfinale: Niederlande – Griechenland 0:3, Norwegen – Spanien n. V. 0:1.
Um den 3. Platz: Norwegen – Niederlande 2:0.

Endspiel am 31. Mai 1998 in Bukarest: Spanien – Griechenland 1:0 (0:0)
Spanien: Arnau – Lopez Rekarte, Guerrero, Garcia Calvo, Roger (Guti) – Vales, Felipe, Ito, Benjamin (Angub) – Valeron (Victor), Ivan Perez.
Tor: Ivan Perez – Zuschauer: 10 000 – SR: Michel (Slowakei).

1998/2000: Italien

Qualifikation: Gr.1: Italien – Gr. 2: Griechenland und Norwegen – Gr. 3: Türkei (– Deutschland 2:0, 1:1; Deutschland – Finnland 2:0, 1:3; – Nordirland 1:0, 0:1; – Moldawien 2:0, 2:0) – Gr. 4: Frankreich und Russland – Gr. 5. England und Polen – Gr. 6. Spanien und Niederlande – Gr. 7: Slowakei und Portugal – Gr. 8: Kroatien und Jugoslawien – Gr. 9: Belgien und Tschechien.
Achtelfinale: Polen – Türkei 2:1, 0:1; Norwegen – Spanien 1:3, 0:4; Russland – Slowakei 0:1, 1:3; Tschechien – Griechenland 3:0, 0:1; Niederlande – Belgien 2:2, 2:0; Portugal – Kroatien 2:0, n. V. 0:3; Frankreich – Italien 1:1, n. V. 1:2; England – Jugoslawien 3:0 (nur ein Spiel in Barcelona).

Endrunde vom 27. 5. bis 4. 6. 2000 in der Slowakei
Gruppe A: Tschechien. Spanien – Tschechien 1:1; Kroatien – Niederlande 1:2; Spanien – Kroatien 0:0; Tschechien – Niederlande 3:1; Niederlande – Spanien 0:1; Tschechien – Kroatien 4:3.
Gruppe B: Italien. Italien – England 2:0; Slowakei – Türkei 2:1; Italien – Slowakei 1:1; England – Türkei 6:0; Türkei – Italien 1:3; England – Slowakei 0:2.
Um den 3. Platz: Spanien – Slowakei 1:0

Endspiel am 4. Juni 2000 in Bratislava: Italien – Tschechien 2:1 (1:0)
Italien: Abbiati – Grandoni, Zanchi, Gattuso – Comandini (Ventola), Baronio, Pirlo, Coco – Cirillo, Zanetti (Firmani), Spinesi (Vanucchi)
Tore: Pirlo 2 (Dosek) – Zuschauer: 9170 – SR: Nilsson (Schweden).

2000/02: Tschechien

Qualifikation: Gr.1: Schweiz – Gr. 2: Niederlande und Portugal – Gr. 3: Tschechien – Gr. 4: Türkei und Schweden – Gr. 5: Ukraine und Polen – Gr. 6: Belgien und Kroatien – Gr. 7: Frankreich und Spanien – Gr. 8: Italien und Rumänien – Gr. 9: England (– Deutschland 1:1, 2:1) und Griechenland (– Deutschland 2:0, 1:2; Deutschland – Albanien 8:0, 1:0; – Finnland 2:0, 3:1).
Achtelfinale: Polen – Italien 2:5, 0:0; Kroatien - Tschechien 1:1, 0:0; Schweden – Belgien 3:2, 0:2; Griechenland – Türkei 3:0, 1:2; Rumänien – Frankreich 0:1, 0:4; Niederlande – England 2:2, 0:1; Spanien – Portugal 2:1, 0:1; Ukraine – Schweiz 1:2, 1:2.

Endrunde vom 16. bis 28. 5. 2002 in der Schweiz
Gruppe A: Italien und Schweiz. England – Schweiz 2:1, Italien – Portugal 1:1, Portugal – Schweiz 0:2, Italien – England 2:1, Schweiz – Italien 0:0, Portugal – England 3:1.
Gruppe B: Frankreich und Tschechien. Frankreich – Tschechien 2:0, Griechenland – Belgien 1:2, Belgien – Tschechien 0:1, Griechenland – Frankreich 1:3, Tschechien – Griechenland 1:1, Belgien – Frankreich 0:2.
Halbfinale: Frankreich – Schweiz 2:0, Tschechien – Italien 3:2.

Endspiel am 28. Mai 2002 in Basel: Tschechien – Frankreich n. V. 0:0, Elfmeterschießen 3:1
Tschechien: Cech – Hübschmann, Jiranek (Kovac), Rozehnal, Grygera – Zelenka (Polak), Vorisek – Pitak, Skacel – Baros (Pospisil), Vachousek
Zuschauer: 20 400 – SR: Ovrebo (Norwegen).

Junioren-Europameisterschaft U18/U 19

Seit 1948 führte die FIFA bzw. ab 1955 die UEFA ein internationales Turnier für Junioren durch. Teilnahmeberechtigt sind Spieler bis zum vollendeten 18. Lebensjahr. 1981 erhielt das bisherige UEFA-Juniorenturnier die Bezeichnung „Junioren-Europameisterschaft"; ab 2001/02 als „U19 EM".

Die Sieger der FIFA/UEFA-Juniorenturniere:
1948 England – 1949 Frankreich – 1950 Österreich – 1951 Jugoslawien – 1952 Spanien – 1953 Ungarn – 1954 Spanien – 1955, 1956 nur Gruppensieger ermittelt – 1957 Österreich – 1958 Italien – 1959 Bulgarien – 1960 Ungarn – 1961 Portugal – 1962 Rumänien – 1963, 1964 England – 1965 DDR – 1966 Sowjetunion/Italien gemeinsam – 1967 Sowjetunion – 1968 Tschechoslowakei – 1969 Bulgarien – 1970 DDR – 1971, 1972, 1973 England – 1974 Bulgarien – 1975 England – 1976 Sowjetunion – 1977 Belgien – 1978 Sowjetunion – 1979 Jugoslawien – 1980 England.

Die bisherigen Europameister:
1981 Deutschland – 1982 Schottland – 1983 Frankreich – 1984 Ungarn – 1986 DDR – 1988, 1990 Sowjetunion – 1992 Türkei – 1993 England – 1994 Portugal – 1995 Spanien – 1996, 1997 Frankreich – 1998 Irland – 1999 Portugal – 2000 Frankreich – 2001 Polen – 2002 Spanien – 2003 Italien.

1981: Deutschland

Qualifikation: Gr. 1: Wales – Gr. 2: Schottland – Gr. 3: England – Gr. 4: Schweden – Gr. 5: Polen (– DDR 2:0, 2:1) – Gr. 6: Dänemark – Gr. 7: Belgien – Gr. 8: Frankreich – Gr. 9: Italien – Gr. 10: Spanien – Gr. 11: Rumänien – Gr. 12: Österreich – Gr. 13: Tschechoslowakei – Gr. 14: Bulgarien – Gr. 15: Griechenland – Deutschland als Veranstalter automatisch qualifiziert.

Endrunde vom 25. 5. bis 3. 6. 1981 in Deutschland:
Gruppe A: Deutschland. Deutschland – Wales 5:0, Belgien – Griechenland 2:0, Deutschland – Belgien 3:2, Griechenland – Wales 0:1, Deutschland – Griechenland 1:0, Belgien – Wales 0:3.
Gruppe B: Polen. Polen – Schweden 1:1, Rumänien – Tschechoslowakei 3:2, Polen – Rumänien 3:1, Schweden – Tschechoslowakei 1:1, Polen –Tschechoslowakei 3:1, Schweden – Rumänien 1:1.
Gruppe C: Frankreich. Italien – Frankreich 0:0, Bulgarien – Dänemark 2:2, Italien – Bulgarien 1:0, Frankreich – Dänemark 2:1, Italien – Dänemark 1:2, Frankreich – Bulgarien 3:0.
Gruppe D: Spanien. Österreich – Schottland 0:1, Spanien – England 2:1, Österreich – Spanien 0:3, Schottland – England 1:0, Österreich – England 0:7, Schottland – Spanien 1:1.
Halbfinale: Deutschland – Frankreich 1:1, Elfmeterschießen 4:3, Polen – Spanien 0:0, Elfmeterschießen 6:5.
Um den 3. Platz: Frankreich – Spanien 1:1, Elfmeterschießen 2:0.

Endspiel am 3. Juni 1981 in Düsseldorf: Deutschland – Polen 1:0 (0:0)
Deutschland: Vollborn – Quaisser (Goldstein), Theiss, Schmidkunz, Falkenmayer – Aulbach, Brunner, Loose – Anthes, Herbst, Wohlfarth.
Tor: Anthes – Zuschauer: 56 000 – SR: Mathias (Österreich).

1982: Schottland

Qualifikation: Gr. 1: Niederlande – Gr. 2: Irland – Gr. 3: Belgien – Gr. 4: Schottland – Gr. 5: Polen – Gr. 6: Tschechoslowakei – Gr. 7: Sowjetunion – Gr. 8: Deutschland (– Luxemburg 3:0, 5:0; – Frankreich 2:0, 1:0) – Gr. 9: Österreich – Gr. 10: Spanien – Gr. 11: Portugal – Gr. 12: Ungarn – Gr. 13: Bulgarien – Gr. 14: Albanien – Gr. 15: Türkei – Finnland als Veranstalter automatisch qualifiziert.

Endrunde vom 21. bis 30. 5. 1982 in Finnland:
Gruppe A: Sowjetunion. Österreich – Sowjetunion 1:4, Deutschland – Irland 1:0, Österreich – Deutschland 4:1, Sowjetunion – Irland 2:0, Irland – Österreich 2:4, Sowjetunion – Deutschland 1:0.
Gruppe B: Polen. Spanien – Bulgarien 1:2, Polen – Belgien 1:0, Spanien – Polen 0:1, Bulgarien – Belgien 0:1, Spanien – Belgien 1:3, Bulgarien – Polen 0:0.
Gruppe C: Tschechoslowakei. Portugal – Ungarn 2:1, Tschechoslowakei – Finnland 2:1, Ungarn – Finnland 2:3, Portugal – Tschechoslowakei 1:1, Portugal – Finnland 1:1, Ungarn – Tschechoslowake 0:2.
Gruppe D: Schottland. Schottland – Albanien 3:0, Türkei – Niederlande 1:3, Schottland – Türkei 2:0, Albanien – Niederlande 1:3, Schottland – Niederlande 1:1, Albanien – Türkei 1:1.
Halbfinale: Sowjetunion – Tschechoslowakei 0:1, Polen – Schottland 0:2.
Um den 3. Platz: Sowjetunion – Polen 3:1.

Endspiel am 30. 5. 1982 in Helsinki: Schottland – Tschechoslowakei 3:1 (1:0)
Schottland: Rase – Beaumont, Bowman, Dick, McGinnis, McStay, Mackay, Nevinx, Philliben, Rennie, Rica.
Tore: Philliben, Nevinx, Mackay (Kula) – Zuschauer: 2500 – SR: Tritschler (Deutschland).

1983: Frankreich

Qualifikation: Gr. 1: Irland – Gr. 2: Schottland – Gr. 3: Schweden – Gr. 4: Finnland – Gr. 5: Sowjetunion – Gr. 6:Tschechoslowakei (– DDR 2:1, 1:0) – Gr. 7: Belgien – Gr. 8: Frankreich – Gr. 9: Spanien – Gr. 10: Deutschland (– Schweiz 2:0, 1:1) – Gr. 11: Italien – Gr. 12: Rumänien – Gr. 13: Jugoslawien – Gr. 14: Bulgarien – Gr. 15: Türkei – England als Veranstalter automatisch qualifiziert.

Endrunde vom 13. bis 22. Mai 1983 in England:
Gruppe A: Tschechoslowakei. Tschechoslowakei – Deutschland 3:1, Bulgarien – Schweden 1:0, Tschechoslowakei – Bulgarien 0:0, Deutschland – Schweden 1:0, Tschechoslowakei – Schweden 1:1, Deutschland – Bulgarien 3:1.
Gruppe B: Italien. Jugoslawien – Rumänien 2:0, Italien – Türkei 1:1, Jugoslawien – Italien 0:2, Rumänien – Türkei 6:0, Jugoslawien – Türkei 3:1, Rumänien – Italien 0:2.
Gruppe C: England. England – Spanien 1:0, Schottland – Sowjetunion 3:0, England – Schottland 4:2, Spanien – Sowjetunion 1:0, England – Sowjetunion 0:2, Spanien – Schottland 1:1.
Gruppe D: Frankreich. Finnland – Frankreich 1:3, Irland – Belgien 1:0, Finnland – Irland 0:0, Frankreich – Belgien 3:1, Finnland – Belgien 4:0, Frankreich – Irland 1:1.
Halbfinale: Tschechoslowakei – England 1:1, Elfmeterschießen 4:2; Italien – Frankreich 0:1.
Um den 3. Platz: England – Italien 1:1, Elfmeterschießen 4:2.

Endspiel am 22. Mai 1983 in London: Frankreich – Tschechoslowakei 1:0 (1:0)
Frankreich: Sabonniere – Reuzeau, Prisette, Degrave, Hely – Ribar, Fournier, Frechet (Fernier), Thomas – Paille, Guion (Fourrier).
Tor: Reuzeau – Zuschauer: 4593 – SR: Petrovic (Jugoslawien).

1984: Ungarn

Qualifikation: Gr. 1: Irland – Gr. 2: Schottland – Gr. 3: England – Gr. 4: Polen – Gr. 5: Dänemark – Gr. 6: DDR (– Schweden 3:1, 2:1) – Gr. 7: Schweiz – Gr. 8: Luxemburg – Gr. 9: Portugal – Gr. 10: Spanien – Gr. 11: Tschechoslowakei – Gr. 12: Griechenland – Gr. 13: Ungarn – Gr. 14: Bulgarien – Gr. 15: Italien (– Deutschland 0:0, 3:0, Deutschland – Österreich 1:1, 1:0) – Sowjetunion als Veranstalter automatisch qualifiziert.

Endrunde vom 25.5. bis 3.6.1984 in der Sowjetunion:
Gruppe A: Irland. Irland – Schottland 3:0, Portugal – Griechenland 3:1, Irland – Griechenland 1:1, Schottland – Portugal 3:1, Griechenland – Schottland 1:1, Irland – Portugal 3:2.
Gruppe B: Polen. Bulgarien – Dänemark 2:2, Polen – Italien 1:0, Italien – Dänemark 3:0, Polen – Bulgarien 1:0, Bulgarien – Italien 1:0, Polen – Dänemark 1:0.
Gruppe C: Sowjetunion. Sowjetunion – Luxemburg 5:0, DDR – England 1:1, Sowjetunion – England 1:1, DDR – Luxemburg 4:0, Sowjetunion – DDR 1:0, England – Luxemburg 2:0.
Gruppe D: Ungarn. Ungarn – Tschechoslowakei 3:0, Spanien – Schweiz 2:1, Tschechoslowakei – Schweiz 2:1, Ungarn – Spanien 2:1, Spanien – Tschechoslowakei 1:1, Ungarn – Schweiz 1:0.
Halbfinale: Sowjetunion – Irland 2:1; Ungarn – Polen 2:0.
Um den 3. Platz: Polen – Irland 2:1.

Endspiel am 3. Juni 1984 in Moskau: Ungarn – Sowjetunion n. V. 0:0, Elfmeterschießen 3:2
Ungarn: Petry – Pinter, Haaz, Szelpal, Keller – Deak, E. Kovacs, Oravecz (Zsivoczky) – Vincze, K. Kovacs, Zsinka.
Tore aus dem Elfmeterschießen: Pinter, Zsivoczky, E. Kovacs (Chudoshilow, Iwanauskas) – Zuschauer: 75 000 – SR: Dos Santos (Portugal).

- Ab 1984 wird die U18-EM über zwei Jahre ausgetragen.

1984/86: DDR

Qualifikation: Gr. 1: Schottland – Gr. 2: Belgien – Gr. 3: Jugoslawien – Gr. 4: Italien – Gr. 5: Deutschland (– Schweiz 2:0, 2:0; – Dänemark 3:1, 3:1; – Polen 3:0, 2:0), Gr. 6: DDR (– Norwegen 1:0, 1:1; – Schweden 2:1, 0:0; – Finnland 2:0, 1:0) – Gr. 7: Bulgarien – Gr. 8: Rumänien.

Endrunde vom 9. bis 16. Oktober 1986 in Jugoslawien:
Viertelfinale: Deutschland – Rumänien 3:0; DDR – Jugoslawien 2:0; Italien – Belgien 2:1; Schottland – Bulgarien 1:0.
Halbfinale: Deutschland – DDR 0:1; Italien – Schottland 1:0.
Qualifikation für die U20-WM: Jugoslawien – Rumänien 5:0; Bulgarien – Belgien 1:0
Um den 3. Platz: Deutschland – Schottland 1:0.

Endspiel am 15. Oktober 1986 in Subotica: DDR – Italien 3:1 (2:1):
DDR: Hiemann – Neitzel – Barylla, Ritter – Schuster, Prasse (Herzog), Steinmann, Köller, Minkwitz – Sammer, Kruse (Jähnig).
Tore: Kruse, Sammer, Köller (Impallomeni) – Zuschauer: 1000 – SR: Nemeth (Ungarn).

Für die U20-WM 1987 in Chile qualifiziert: DDR, Italien, Deutschland, Schottland, Jugoslawien, Bulgarien.

1986/88: Sowjetunion

Qualifikation: Gr. 1: Portugal (– Deutschland 0:0, 3:3; Deutschland – Frankreich 1:0, 1:2; – Schweiz 3:0, 3:1) – Gr. 2: Spanien – Gr. 3: Norwegen – Gr. 4: Dänemark – Gr. 5: DDR (– Schweden 4:1, 2:2; – Finnland 0:0, 3:0; – Irland 4:0, 0:0) – Gr. 6: Sowjetunion – Gr. 7: Niederlande – Gr. 8: Tschechoslowakei.

Endrunde vom 22. bis 27. Juli 1988 in der Tschechoslowakei:
Viertelfinale: Tschechoslowakei – Spanien 0:1; Sowjetunion – Norwegen 4:2; DDR – Dänemark 2:0; Niederlande – Portugal 0:3.
Halbfinale: Spanien – Portugal 0:2; DDR – Sowjetunion 0:3.
Qualifikation für die U20-WM: Norwegen – Dänemark 1:1, Elfmeterschießen 5:4; Tschechoslowakei – Niederlande 1:0.
Um den 3. Platz: DDR – Spanien 2:0.

Endspiel am 27. Juli 1988 in Frydek-Mistek: Sowjetunion – Portugal n. V. 3:1 (1:1, 0:0)
Sowjetunion: Stautsche – Bejenar, Benko, Tabunow, Asadow, Muschtschinka (Teiradse), Popowitsch, Kassimow, Timoschenko, Salenko, Kirijakow (Nikiforow).
Tore: Timoschenko, Nikiforow, Salenko (Joao Pinto) – Zuschauer: 5000 – SR: Libich (Polen).

Für die U20-WM 1989 in Saudi-Arabien qualifiziert: Sowjetunion, Portugal, DDR, Spanien, Norwegen, Tschechoslowakei.

1988/90: Sowjetunion

Qualifikation: Gr. 1: Schweden (– Deutschland 4:0, 1:2; Deutschland – Polen 0:0, 0:1; – Schottland 1:0, 2:1) – Gr. 2: Sowjetunion – Gr. 3: England – Gr. 4: Portugal – Gr. 5: Belgien (– DDR 1:1, 2:0; DDR – Jugoslawien 0:1, 2:1; – Wales 0:0, 1:1) – Gr. 6: Irland – Gr. 7: Spanien – Gr. 8: Ungarn.

Endrunde vom 24. bis 29. Juli 1990 in Ungarn:
Viertelfinale: Schweden – Sowjetunion 0:3; Irland – Spanien 0:3; Belgien – England n. V. 1:1, Elfmeterschießen 4:5; Portugal – Ungarn n. V. 1:1, Elfmeterschießen 3:1.
Halbfinale: Sowjetunion – England 3:1; Spanien – Portugal 1:2.
Qualifikation für die U20-WM: Irland – Ungarn 1:0; Schweden – Belgien 6:0.
Um den 3. Platz: Spanien – England 1:0.

Endspiel am 29. Juli 1990 in Bekescsaba: Sowjetunion – Portugal n. V. 0:0, Elfmeterschießen 4:2
Sowjetunion: Pomazun – Krbasjan, Busmanow, Minko, Mamcsur – Guscsin (Pohlabejew), Grisin, Csaran – Mandreko (Kandurow), Lukin, Scherbakow
Zuschauer: 1500 – SR: Kapl (Österreich).

Für die U20-WM in Portugal qualifiziert: Sowjetunion, Portugal, Spanien, England, Irland, Schweden.

1990/92: Türkei

Qualifikation: Gr. 1: Türkei – Gr. 2: Ungarn – Gr. 3: Portugal – Gr. 4: Deutschland (– Malta 4:0, 1:0; – Spanien 3:0, 3:1; – Italien 0:0, 2:2) – Gr. 5: England – Gr. 6: Polen – Gr. 7: Norwegen – Gr. 8: Sowjetunion (nach Auflösung der Sowjetunion Ende 1991 nahm die Mannschaft als GUS („Gemeinschaft Unabhängiger Staaten" an der Endrunde teil.).

Endrunde vom 19.–28. Juli 1992 in Deutschland:
Viertelfinale: Deutschland – Portugal 0:4; England – Polen 3:1; Türkei – Ungarn 3:0; GUS – Norwegen n. V. 4:4, Elfmeterschießen 1:3.
Halbfinale: Portugal – England 1:1, Elfmeterschießen 12:11; Türkei – Norwegen 2:1.
Qualifikation für die U20-WM: Deutschland – Polen 3:2, GUS – Ungarn 3:1.
Um den 3. Platz: Norwegen – England 1:1, Elfmeterschießen 8:7.

Endspiel am 25. Juli 1992 in Bayreuth: Türkei – Portugal i. V. („Golden Goal") 2:1 (1:1, 1:1)
Türkei. Yetkin – Kapacu Bülent – Emre, Sinan – Yakup, Ilhami, Turan (Tarkan), Seyfettin – Yilmaz Bülent (Aygün), Oktay, Mustafa.
Tore: Y. Bülent, Tarkan (Cardoso) – Zuschauer: 6000 – SR: Craciunescu (Rumänien) .

Für die U20-WM 1993 in Australien qualifiziert: Türkei, Portugal, Norwegen, England, Deutschland, GUS.

• Die U18-EM wird künftig wieder jährlich ausgetragen.

1993: England

Qualifikation: Gr. 1: Island – Gr. 2: Finnland – Gr. 3: Frankreich – Gr. 4: Spanien – Gr. 5: Türkei – Gr. 6: Ungarn – Gr. 7: Deutschland (– Norwegen 1:1, 3:2) – Gr. 8: Dänemark – Gr. 9: Russland – Gr. 10: Niederlande – Gr. 11: Rumänien – Gr. 12: Schweiz – Gr. 13: Portugal – Gr. 14: Italien

Zwischenrunde: Niederlande – Dänemark 2:1, 3:1; Portugal – Russland 2:1, 0:0; Italien – Ungarn 0:2, 1:0; Türkei – Schweiz 2:1, 1:0; Finnland – Frankreich 3:4, 2:2; Rumänien – Island 0:0, 1:0; Deutschland – Spanien 0:0, 2:5 – England als Veranstalter automatisch qualifiziert.

Endrunde vom 18. bis 26. Juli 1993 in England:
Gruppe A. Türkei vor Rumänien. Portugal – Rumänien 0:0, Ungarn – Türkei 1:1, Portugal – Ungarn 2:0, Türkei – Rumänien 3:0, Türkei – Portugal 2:0, Ungarn – Rumänien 1:0.
Gruppe B: England vor Spanien. England – Frankreich 2:0, Spanien – Niederlande 3:2, England – Niederlande 4:1, Spanien – Frankreich 4:1, England – Spanien 5:1, Frankreich – Niederlande..
Um den 3. Platz: Spanien – Portugal 2:1.

Endspiel am 25. Juli 1993 in Nottingham: England – Türkei 1:0 (0:0)
England: Day – G. Neville, Caskey, Casper, Sharp, Campbell, Tinkler, Gallen (Whelan), Scholes, Fowler, Joachim.
Tor: Caskey – Zuschauer: 23 381 – SR: Olsen (Norwegen).

1994: Portugal

Qualifikation: Gr. 1: Russland – Gr. 2: Island – Gr. 3: Weißrussland – Gr. 4: Kroatien – Gr. 5: Belgien – Gr. 6: Ukraine – Gr. 7: Schweiz – Gr. 8: Italien – Gr. 9: Niederlande – Gr. 10: Portugal – Gr. 11: Schweden – Gr. 12: Frankreich – Gr. 13: Ungarn – Gr. 14: Deutschland (– Griechenland 4:2, 2:2).
Zwischenrunde: Island – Portugal 0:7, 1:3; Russland – Italien 2:0, 1:0; Ungarn – Weißrussland 1:2, 0:0; Schweden – Schweiz 0:0, 2:1; Deutschland – Belgien 0:0, 0:0, Elfmeterschießen 4:2.); Ukraine – Niederlande 2:2, 0:0; Kroatien – Frankreich 0:0, 0:3 – Spanien als Veranstalter automatisch qualifiziert.

Endrunde vom 24. bis 31. Juli 1994 in Spanien:
Gruppe A: Portugal vor Niederlande und Frankreich: Frankreich – Portugal 1:3, Niederlande – Schweden 1:1, Portugal – Schweden 2:0, Frankreich – Niederlande 2:3, Schweden – Frankreich 1:3, Portugal – Niederlande 1:0.
Gruppe B: Deutschland vor Spanien und Russland. Spanien – Russland 4:2, Deutschland – Weißrussland 3:0, Deutschland – Russland 1:2, Spanien – Weißrussland 4:1, Deutschland – Spanien 3:1, Rußland – Weißrussland 3:2.
Um den 5. Platz: Russland – Frankreich 2:0.
Um den 3. Platz: Spanien – Niederlande 5:2.

Endspiel am 31. Juli 1994 in Merida: Portugal – Deutschland n. V. 1:1 (1:1, 1:0), Elfmeterschießen 4:1
Portugal: Silva Sampao – Madureira, Viana, Cruz (Magalhaes), Mendonca, D'Aqua (Lopes), Boia Lopes, Teixeira, Ferreira, Soares, Deus.
Deutschland: Jentzsch – Hahn – Dogan, Fensch – Wedau, Hinz, Gerster, Bochtler – Ricken – Küntzel (Schuster), Michalke (Regenbogen).
Tore: Viana (Gerster) – Zuschauer: 6000 – SR: Vad (Ungarn).

Für die U20-WM 1995 in Katar qualifiziert: Portugal, Deutschland, Spanien, Niederlande, Russland.

1995: Spanien

Qualifikation: Gr. 1: Nordirland (– Deutschland 1:0, Deutschland – Färöer 8:0) – Gr. 2: Frankreich – Gr. 3: Niederlande – Gr. 4: Spanien – Gr. 5: Russland – Gr. 6: Türkei – Gr. 7: Bulgarien – Gr. 8: Ukraine – Gr. 9: Slowakei – Gr. 10: Rumänien – Gr. 11: Ungarn – Gr. 12: Dänemark – Gr. 13: Litauen – Gr. 14: Norwegen – Gr. 15: England.
Zwischenrunde: Spanien (vor Ukraine und Rumänien), Nordirland – Norwegen 0:5, 0:1; Türkei – Russland 3:1, 1:0; Dänemark – Slowakei 1:3, 3:4; Ungarn – England 0:1, 2:0; Frankreich – Niederlande 0:1, 2:2; Bulgarien – Italien 1:1, 0–1 – Griechenland als Veranstalter automatisch qualifiziert.

Endrunde vom 15. bis 22. Juli 1995 in Griechenland:
Gruppe A: Italien vor Griechenland. Griechenland – Italien 1:4, Slowakei – Norwegen 1:3, Griechenland – Slowakei 5:1, Italien – Norwegen 2:1, Norwegen – Griechenland 1:1, Italien – Slowakei 0:1.
Gruppe B: Spanien vor Niederlande. Spanien – Ungarn 2:1, Türkei – Niederlande 1:4, Spanien – Türkei 3:0, Ungarn – Niederlande 3:5, Spanien – Niederlande 2:1, Ungarn – Türkei 2:1.
Um den 3. Platz: Griechenland – Niederlande 5:0.

Endspiel am 22. Juli 1995 in Katerini: Spanien – Italien 4:1 (2:0)
Spanien: Criado (Eneko) – Rodriquez, Domingo, Redondo, Moreno, Curro, Ismael, Carlos (Roa), Ribera, Gutierrez, Rufete.
Tore: Carlos 3, Gutierrez (Totti) – Zuschauer: 1100 – SR: Ouzounov (Bulgarien).

1996: Frankreich

Qualifikation: Gr. 1: Jugoslawien disqualifiziert, dafür rückte der Gruppenzweite Österreich nach – Gr. 2: Griechenland – Gr. 3: Italien – Gr. 4: Rußland – Gr. 5: Ungarn – Gr. 6: Deutschland (– Rumänien 1:0, Kroatien 1:1, Elmeterschießen 3:1) – Gr. 7: Belgien – Gr. 8: Portugal – Gr. 9: Niederlande – Gr. 10: Spanien – Gr. 11: Norwegen – Gr. 12: Schottland – Gr. 13: England – Gr. 14: Irland – Gr. 15: Island.
Zwischenrunde: Italien (vor Griechenland und Österreich); Russland – Ungarn 2:4, 0:1; Deutschland – Belgien 0:0, 2:1; Portugal – Niederlande 4:1, 0:2; Spanien – Norwegen 3:1, 4:0; Schottland – England 0:3, 0:3; Irland – Island 2:1, 1:1 – Frankreich als Veranstalter automatisch qualifiziert.

Endrunde vom 23. bis 30. Juli 1996 in Frankreich:
Gruppe A: Frankreich vor Belgien und Ungarn. Frankreich – Ungarn 2:1, Belgien – Portugal 2:2, Portugal – Frankreich 0:1, Belgien – Ungarn 2:1, Frankreich – Belgien 1:1, Ungarn – Portugal 3:0.
Gruppe B: Spanien vor England und Irland. England – Spanien 0:0, Italien – Irland 1:1, Italien – England 1:1, Irland – Spanien 0:0, Spanien – Italien 3:0, England – Irland 1:0.
Um den 3. Platz: England – Belgien n. V. 3:2.

Endspiel am 30. Juli 1996 in Besancon: Frankreich – Spanien 1:0 (1:0)
Frankreich: Maqua – Bigné, Gallas, Silvestre, Jaurès – Javary, Leroy – Moret (Gonzales), Agboh, Henry (Enoyers) – Trézeguét.
Tor: Henry – Zuschauer: 7200 – SR: Temmink (Niederlande).

Für die U20-WM 1997 in Malaysia qualifiziert: Frankreich, Spanien, England, Belgien, Ungarn, Irland.

1997: Frankreich

Qualifikation: Gr. 1: Niederlande – Gr. 2: Frankreich – Gr. 3: Norwegen – Gr. 4: Dänemark – Gr. 5: England – Gr. 6: Portugal (– Deutschland 5:1, 1:2; Deutschland – Belgien 2:1, 4:1, – Türkei 2:4, 2:0) – Gr. 7: Kroatien – Gr. 8: Schweiz – Gr. 9: Tschechien – Gr. 10: Spanien – Gr. 11: Israel – Gr. 12: Jugoslawien – Gr. 13: Ungarn – Gr. 14: Bulgarien.
Zwischenrunde: Niederlande – Frankreich 0:3, 0:3; Norwegen – Irland 1:2, 0:3; England – Portugal 2:1, 0:3; Kroatien – Schweiz 0:1, 0:0; Tschechien – Spanien 1:2, 0:0; Jugoslawien – Israel 3:2, 0:2; Ungarn – Bulgarien 1:0, 3:1 – Island als Veranstalter automatisch qualifiziert.

Endrunde vom 21. Juli bis 1. August 1997 in Island:
Gruppe A: Portugal vor Spanien. Portugal – Island 1:0, Spanien – Ungarn 2:1, Island – Spanien 1:1, Portugal – Ungarn 2:0, Ungarn – Island 2:2, Portugal – Spanien 2:0.
Gruppe B: Frankreich vor Island. Irland – Schweiz 1:9, Frankreich – Israel 2:0, Schweiz – Israel 3:0, Frankreich – Irland 3:2, Irland – Israel 1:1, Frankreich – Schweiz 1:0.
Um den 3. Platz: Spanien – Irland 2:1.

Endspiel am 31. Juli 1997 in Reykjavik: Frankreich – Portugal i. V. („Golden Goal") 1:0 (0:0, 0:0)
Frankreich: Hiaumet – Kelban, Christanval, Rodriguez, Bertrand – Mauel, Piocelle, Proment – Touré, Saha, Hellebuyck – Tor: Saha – SR: Treossi (Italien) – Zuschauer 500.

1998: Irland

Qualifikation: Gr. 1: Portugal – Gr. 2: Armenien – Gr. 3: Griechenland – Gr. 4: Irland – Gr. 5: England – Gr. 6: Frankreich – Gr. 7: Schweiz – Gr. 8: Kroatien – Gr. 9: Israel – Gr. 10: Spanien – Gr. 11: Litauen – Gr. 12: Türkei – Gr. 13: Polen – Gr. 14: Deutschland (– Estland 4:1; – Färöer 7:0).
Zwischenrunde: Polen – Deutschland 2:1, 0:1; Portugal – Armenien 2:1, 2:0, Griechenland – Irland 0:1, 0:2; England – Frankreich 3:0, 0:1; Schweiz – Kroatien 0:0, 0:2; Israel – Spanien 0:2, 2:1; Litauen – Türkei 3:0, 0:2 – Zypern als Veranstalter automatisch qualifiziert.

Endrunde vom 19. bis 26. Juli 1998 in Zypern:
Gruppe A: Deutschland vor Portugal und Spanien. Portugal – Spanien 1:2, Litauen – Deutschland 1:7, Portugal – Litauen 2:0, Spanien – Deutschland 1:4, Deutschland – Portugal 0:2, Spanien – Litauen 2:1.
Gruppe B: Irland vor Kroatien und England. Kroatien – Irland 2:5, Zypern – England 1:2, Kroatien – Zypern 3:0, Irland – England 0:1, England – Kroatien 0:3, Irland – Zypern 3:0.
Um den 3. Platz: Kroatien – Portugal n. V. 0:0, Elfmeterschießen 5:4.

Endspiel am 26. Juli 1998 in Larnaca: Irland – Deutschland n. V. 1:1 (1:1, 0:0), Elfmeterschießen 4:3
Irland: O'Reilly – Heary, Doyle, Dunne, Gavin – McPhail (Donnolly), Barry Quinn, Crossley (Alan Quinn) – George, Keane, Partridge (Casey).
Deutschland: Hildebrand – Ernst – Rapp, Lechner – Timm, Voss, Deisler (Schöper), Schramm, Kehl – Gensler, Kern (Majunke).
Tore: Alan Quinn (Gensler) – Tore im Elfmeterschießen: Casey, Donnolly, Barry Quinn, George (Timm, Majunke, Schramm) – Zuschauer: 4000 – SR: Romain (Belgien).

Für die U20-WM 1999 in Nigeria qualifiziert: Irland, Deutschland, Kroatien, Portugal, Spanien, England.

1999: Portugal

Qualifikation: Gr. 1: Spanien – Gr. 2: Norwegen (– Deutschland 3:2; Deutschland – Estland 3:0; – Färöer 4:0) – Gr. 3: Nordirland – Gr. 4: Irland – Gr. 5: Niederlande – Gr. 6: Italien – Gr. 7: Kroatien – Gr. 8: Frankreich – Gr. 9: Portugal – Gr. 10: Bosnien-Herzegowina – Gr. 11: Tschechien – Gr. 12: Georgien – Gr. 13: Schottland – Gr. 14: Griechenland.

Zwischenrunde: Spanien – Norwegen 0:0, 1:1; Nordirland – Irland 1:2, 1:2; Niederlande – Italien 0:1, n. V. 1:0, Elfmeterschießen 4:5; Kroatien – Frankreich 0:4, 2:1; Portugal – Bosnien-Herzegowina 2:1, 4:1; Tschechien – Georgien 2:2, 1:2; Schottland – Griechenland 0:0, 0:1 – Schweden als Veranstalter automatisch qualifiziert.

Endrunde vom 18. bis 26. Juli 1999 in Schweden:
Gruppe A: Portugal vor Griechenland. Portugal – Griechenland 0:0, Schweden – Frankreich 0:0, Frankreich – Griechenland 1:1, Schweden – Portugal 1:3, Frankreich – Portugal 0:1, Schweden – Griechenland 1:1.
Gruppe B: Italien vor Irland. Italien – Georgien 2:0, Spanien – Irland 0:1, Irland – Georgien 3:3, Spanien – Italien 3:3, Georgien – Spanien 1:4, Irland – Italien 0:2.
Um den 3. Platz: Irland – Griechenland 1:0.

Endspiel am 26. Juli 1999 in Norrköping: Portugal – Italien 1:0 (1:0)
Portugal: Albergaria – Costa Pedro, Costa Ricardo (Cruz), Teixeira Vasco – Ribeiro (Brunhoso), Valente, Teixeira Filipe, Semedo, Mota – Filipe, Moreira.
Tor: Ribeiro – Zuschauer: 4000 – SR: Kapitanis Costa (Zypern).

2000: Frankreich

Qualifikation: Gr. 1: Ukraine – Gr. 2: Nordirland – Gr. 3: Spanien – Gr. 4: Belgien – Gr. 5: Slowakei – Gr. 6: Finnland – Gr. 7: Tschechien – Gr. 8: Italien – Gr. 9: Österreich – Gr. 10: Kroatien – Gr. 11: Norwegen – Gr. 12: Niederlande – Gr. 13: Frankreich – Gr. 14: Irland.

Zwischenrunde: Ukraine – Nordirland 1:0, 2:2; Spanien – Russland 0:0, 1:2; Slowakei – Finnland 2:1; 1:2, Elfmeterschießen 4:5; Tschechien – Italien 2:1, 1:0; Österreich – Kroatien 1:2, 0:2; Norwegen – Holland 0:1, 2:2; Frankreich – Irland 0:0, 2:0 – Deutschland als Veranstalter automatisch qualifiziert.

Endrunde vom 17. bis 24. Juli in Deutschland
Gruppe A: Ukraine vor Deutschland und Niederlande. Deutschland – Ukraine 0:1, Niederlande – Kroatien 3:0, Deutschland – Niederlande 3:0, Ukraine – Kroatien 2:1, Kroatien – Deutschland 2:3, Niederlande – Ukraine 0:0.
Gruppe B: Frankreich vor Tschechien und Finnland. Tschechien – Russland 1:1, Frankreich – Finnland 1:2, Tschechien – Frankreich 0:1, Russland – Finnland 1:1, Finnland – Tschechien 2:3, Russland – Frankreich 0:2.
Um den 3. Platz: Deutschland – Tschechien 3:1.

Endspiel am 24. Juli 2000 in Nürnberg: Frankreich – Ukraine 1:0 (1:0)
Frankreich: Penneteau – Vignal, Givet, Cheyrou – Ahamada, Mathis, Mendy, Pele – Danic (Roudet), Dorothee, Cisse (Bugnet).
Tor: Buguet – Zuschauer: 32 000 – SR: Erdemir (Türkei).

Für die U20-WM 2001 in Argentinien qualifiziert: Frankreich, Ukraine, Deutschland, Tschechien, Niederlande, Finnland.

2001: Polen

Qualifikation: Gr. 1: Ukraine – Gr. 2: Griechenland – Gr. 3: Belgien – Gr. 4: Israel – Gr. 5: England – Gr. 6: Polen – Gr. 7: Österreich – Gr. 8: Tschechien – Gr. 9:Niederlande (– Deutschland 0:1, 4:2; Deutschland – Frankreich 3:1, 2:4) – Gr. 10: Dänemark – Gr. 11: Slowakei – Gr. 12: Jugoslawien – Gr. 13: Spanien – Gr. 14: Portugal.

Achtelfinale: Griechenland – Ukraine 1:1, 0:1; Belgien – Israel 4:1, 0:2; England – Polen 0:1, 0:0; Österreich – Tschechien 0:2, 0:2; Niederlande – Dänemark 1:1, 2:3; Slowakei – Jugoslawien 1:1, 1:4; Spanien – Portugal 0:0, 3:1– Finnland als Veranstalter automatisch qualifiziert.

Endrunde vom 21. bis 29. Juli 2001 in Finnland
Gruppe A: Tschechien vor Jugoslawien: Finnland – Ukraine 1:1, Tschechien – Jugoslawien 1:0, Finnland – Tschechien 1:4, Ukraine – Jugoslawien 1:2, Jugoslawien – Finnland 8:4, Ukraine – Tschechien 2:3.

Gruppe B: Polen vor Spanien: Polen – Spanien 4:1, Belgien – Dänemark 2:0, Polen – Belgien 1:1, Spanien – Dänemark 1:0, Dänemark – Polen 2:3, Spanien – Belgien 3:1.
Um den 3. Platz: Spanien – Jugoslawien 6:2.

Endspiel am 29. Juli 2001 in Helsinki: Polen – Tschechien 3:1 (1:1)
Polen: Kapsa – Napierala, Golanski, Mila, Sierant, Zawadzki, Madej, Mierzejewski (Lobodzinski), Grzelak (Kazmierczak), Brozek, Nawotczynski.
Tore: Nawotczynski, Madej, Lobodzinski (Trojan) – Zuschauer: 1870 – SR: Poulat (Frankreich).

2002: Spanien

Qualifikation: Gr. 1: Deutschland (– Türkei 2:1, 2:2; – Schweden 3:1, 4:0) – Gr. 2: Polen – Gr. 3: Litauen – Gr. 4: England – Gr. 5: Mazedonien – Gr. 6: Spanien – Gr. 7: Tschechien – Gr. 8: Bulgarien – Gr. 9: Slowakei – Gr. 10: Italien – Gr. 11: Belgien – Gr. 12: Griechenland – Gr. 13: Niederlande – Gr. 14: Irland.
Achtelfinale: Deutschland – Polen 0:0, 2:2; Litauen – England 1:1, 1:2; Mazedonien – Spanien 1:3, 0:4; Tschechien – Bulgarien 1:1, 3:1; Slowakei – Portugal 1:1, 1:0; Belgien – Griechenland 4:1, 2:1; Niederlande – Irland 1:2, 0:0 – Norwegen als Veranstalter automatisch qualifiziert.

Endrunde vom 21. bis 28. Juli 2002 in Norwegen
Gruppe A: Spanien vor der Slowakei und Tschechien: Norwegen – Slowakei 1:5, Spanien – Tschechien 1:1, Norwegen – Spanien 0:3, Slowakei – Tschechien 5:2, Tschechien – Norwegen 1:0, Slowakei – Spanien 1:3.
Gruppe B: Deutschland vor Irland und England: England – Deutschland 3:3, Belgien – Irland 1:2, England – Belgien 1:1, Deutschland – Irland 3:0, Irland – England 3:2, Deutschland – Belgien 2:1.
Um den 3. Platz: Slowakei – Irland 2:1.

Endspiel am 28. Juli 2002 in Oslo: Spanien – Deutschland 1:0 (0:0)
Spanien: Moya – Pena, Murillo, Jarque, Zubiaurre – Solabarrieta, Iniesta (Melli), Sergio (Jonan), Reyes (Carmelo) – Pina, Fernado Torres.
Deutschland: Haas – Volz (Odonkor), Crone (Lahm), Fathi, Meyer – Riether, Lehmann, Wingerter – Trochowski, Masmanidis (Schied) – Hanke.
Tor: Fernando Torres – Zuschauer: 20 000 – SR: Ceferin (Slowenien).

Für die U20-WM 2003 in den Vereinigten Arabischen Emiraten qualifiziert: Spanien, Deutschland, Slowakei, Irland, Tschechien, England.

2003: Italien

1. Qualifikationsrunde: Gr. 1: Italien und Slowakei – Gr. 2: Polen und Schweden – Gr. 3: England und Mazedonien – Gr. 4: Niederlande und Lettland – Gr. 5: Deutschland (– Israel 4:1; – San Marino 10:0; – Aserbaidschan 7:0) und Israel – Gr. 6: Dänemark und Schweiz – Gr. 7: Zypern und Norwegen – Gr. 8: Georgien und Belgien – Gr. 9: Frankreich und Russland – Gr. 10: Slowenien und Jugoslawien – Gr. 11: Ungarn und Nordirland – Freilose: Griechenland, Irland, Österreich, Spanien, Portugal, Tschechien.
2. Qualifikationsrunde: Gr. 1.: Tschechien (– Deutschland 2:1; Belgien – Deutschland 2:2; Deutschland – Slowakei 8:4) – Gr. 2: Frankreich – Gr. 3: Portugal – Gr. 4: England – Gr. 5: Österreich – Gr. 6: Norwegen – Gr. 7: Italien – Liechtenstein als Veranstalter automatisch qualifiziert.

Endrunde vom 16. bis 26. Juli 2003 in Liechtenstein
Gruppe A: Italien und Portugal. Liechtenstein – Portugal 0:5, Norwegen – Italien 0:1, Liechtenstein – Norwegen 1:2, Portugal – Italien 1:1, Italien – Liechtenstein 5:1, Portugal – Norwegen 2:2.
Gruppe B: Österreich und Tschechien. Frankreich – Tschechien 3:3, England – Österreich 1:2, Frankreich – England 0:2, Tschechien – Österreich 1:4, Österreich – Frankreich 1:1, Tschechien – England 3:0.
Halbfinale: Italien – Tschechien 1:0, Österreich – Portugal n. V. 3:6.

Endspiel am 26. Juli 2003 in Vaduz: Italien – Portugal 2:0 (2:0)
Italien: Paoloni – Ferrnetti, Mantovani, Belotti, Chiellini – D'Astolfo (Stefani), Aquilani, Padoin, Pazzini – Potenza, Della Rocca.
Tore: Della Rocca, Pazzini – Zuschauer: 1600 – SR: Doroli (Türkei).

Junioren-Europameisterschaft U16/U17

Die bisherigen Gewinner (bis 1998 UEFA-Wettbewerb U 16, ab 1999 offiziell als Europameisterschaft, ab 2002 als U17-EM): 1982 Italien – 1984 Deutschland – 1985 Sowjetunion – 1986 Spanien – 1987 Titel vakant – 1988 Spanien – 1989 Portugal – 1990 Tschechoslowakei – 1991 Spanien – 1992 Deutschland – 1993 Polen – 1994 Türkei – 1995, 1996 Portugal – 1997 Spanien – 1998 Irland – 1999 Spanien – 2000 Portugal – 2001 Spanien – 2002 Schweiz – 2003 Portugal.

1980/82: Italien

Qualifikation: Gr. 1: Schottland – Gr. 2: Finnland – Gr. 3: Deutschland (– Luxemburg 7:0, 5:0; – Belgien 3:0, 0:0; – Niederlande 3:0, 4:1) – Gr. 4: DDR (– Österreich 0:0, 1:0; – Tschechoslowakei 2:1, 1:1; – Polen 1:0, 1:1) – Gr. 5: Sowjetunion – Gr. 6: Jugoslawien – Gr. 7: Frankreich – Gr. 8: Italien.
Viertelfinale: DDR – Deutschland 1:1, 2:3; Frankreich – Italien 2:2, 0:3; Sowjetunion – Jugoslawien 2:0, 0:2, Elfmeterschießen 2:4; Finnland – Schottland 1:2, 2:0.

Endrunde vom 5. bis 7. Mai 1982 in Italien
Halbfinale: Finnland – Italien 1:1, Elfmeterschießen 2:4; Deutschland – Jugoslawien 2:1.
Spiel um den 3. Platz: Jugoslawien – Finnland 0:0, Elfmeterschießen 4:2.

Endspiel am 7.5.1982 in Falconara: Italien – Deutschland 1:0 (1:0)
Italien: Rosin – Galbagini, Carannante, Lucci, Olmi, Righetti, Monti, Giannini, Macina (Freggia), Simonetta (Pampaloni), Zagaria.
Deutschland: Nagel – Karp, Drehsen, Zietsch, Schröder – Wöber, Pomp, Klepper (Kurtenbach) – Koy, Glaß, Zechel (Wolff).
Tor: Macina – Zuschauer: 7500 – SR: Nyffenegger (Schweiz).

1982/84: Deutschland

Qualifikation: Gr. 1: England – Gr. 2: Deutschland (– DDR 5:0, 1:0; – Schweden 2:0, 1:0; – Norwegen 4:3, 2:0; DDR – Schweden 0:0, 0:1; – Norwegen 5:1, 2:2) – Gr. 3: Sowjetunion – Gr. 4: Niederlande – Gr. 5: Italien – Gr. 6: Frankreich – Gr. 7: Jugoslawien – Gr. 8: Bulgarien.
Viertelfinale: Niederlande – Deutschland 0:4, 2:2; England – Frankreich 4:0, 1:1; Italien – Jugoslawien 1:1, 0:1; Bulgarien – Sowjetunion 1:0, 0:3.

Endrunde vom 1. bis 6. Mai 1984 in Deutschland
Halbfinale: Deutschland – Jugoslawien 5:1; Sowjetunion – England 2:0.
Spiel um den 3. Platz: England – Jugoslawien 1:0.

Endspiel am 6. Mai1984 in Ulm: Deutschland – Sowjetunion 2:0 (1:0)
Deutschland: Illgner – Eichin, Strich, Hahn, Hafner – Fritz (Reuter), Knäbel, Drews – Simmes, Janßen, Ostermann (Krümpelmann).
Tore: Simmes, Janßen – Zuschauer: 10 000 – SR: Nemeth (Ungarn).

• Die U16-EM wird künftig jährlich ausgetragen.

1985: Sowjetunion

Qualifikation: Gr. 1: Schottland – Gr. 2: Island – Gr. 3: Norwegen – Gr. 4: DDR (– Österreich 2:1, 2:1), Gr. 5: Deutschland (– Schweden 5:1, 0:0; – Polen 5:0, 6:0) und Schweden – Gr. 6: Sowjetunion – Gr. 7: Spanien – Gr. 8: Italien und Portugal – Gr. 9: Frankreich und Niederlande – Gr. 10: Griechenland – Gr. 11: Bulgarien – Gr. 12: Jugoslawien – Ungarn als Veranstalter automatisch qualifiziert.

Endrunde vom 15. bis 27. Mai 1985 in Ungarn:
Gruppe A: Spanien. Ungarn – Sowjetunion 0:2, Deutschland – Portugal 1:1, Deutschland – Sowjetunion 1:2, Ungarn – Portugal 2:0, Sowjetunion – Portugal 2:0, Ungarn – Deutschland 0:1.
Gruppe B: Spanien. Italien – Jugoslawien 0:1, Spanien – Schweden 4:0, Italien – Spanien 0:0, Jugoslawien – Schweden 1:3, Italien – Schweden 2:5, Jugoslawien – Spanien 0:0.
Gruppe C: DDR. Bulgarien – Norwegen 0:1, DDR – Niederlande 1:1, Bulgarien – DDR 0:1, Norwegen – Niederlande 0:0, Bulgarien – Niederlande 4:2, Norwegen – DDR 0:0.
Gruppe D: Griechenland. Island – Schottland 0:2, Frankreich – Griechenland 0:2, Island – Frankreich 0:4, Schottland – Griechenland 1:2, Island – Griechenland 0:4, Schottland – Frankreich 0:3.
Halbfinale: Spanien – Griechenland 0:0, Elfmeterschießen 3:4; Sowjetunion – DDR 5:3.
Um den 3. Platz: Spanien – DDR 1:0.

Endspiel am 26. Mai 1985 in Budapest: Sowjetunion – Griechenland 4:0 (2:0)
Sowjetunion: Harin – Kaszumow, Baltuskinas, Bednij (Piszkunow), Kulumbekow – Litvinyenko, Kobeljow, Mjaszyikow, Revisvili (Markoszjan) – Mikashavidze, Pancsulija.
Tore: Pancsulija 2, Kobeljow, Kaszumow – Zuschauer: 500 – SR: Illjevski (Jugoslawien).

1986: Spanien

Qualifikation: Gr. 1: Norwegen – Gr. 2: Dänemark – Gr. 3: Schottland – Gr. 4: Schweden – Gr. 5: Spanien – Gr. 6: Portugal und Niederlande – Gr. 7: Frankreich – Gr. 8: DDR (– Ungarn 1:0, 1:0; – Tschechoslowakei 2:0, 2:1) und Tschechoslowakei – Gr. 9: Italien (– Deutschland 1:3, 4:1) – Gr. 10: Österreich – Gr. 11: Sowjetunion – Gr. 12: Bulgarien – Gr. 13: Rumänien – Griechenland als Veranstalter automatisch qualifiziert.

Endrunde vom 28. April bis 12. Mai1986 in Griechenland:
Gruppe A: Italien. Schottland – Portugal 5:1, Italien – Griechenland 3:0, Italien – Schottland 1:0, Portugal – Griechenland 3:0, Italien – Portugal 0:0, Schottland – Griechenland 1:0.
Gruppe B: Spanien. Bulgarien – Schweden 1:0, Spanien – Norwegen 2:0, Bulgarien – Spanien 0:0, Schweden – Norwegen 0:0, Spanien – Schweden 3:0, Norwegen – Bulgarien 1:1.
Gruppe C: DDR. DDR – Österreich 1:1, Dänemark – Tschechoslowakei 1:1, Dänemark – DDR 1:2, Österreich – Tschechoslowakei 0:4, DDR – Tschechoslowakei 2:0, Dänemark – Österreich 2:0.
Gruppe D: Sowjetunion. Sowjetunion – Niederlande 3:1, Frankreich – Rumänien 2:1, Niederlande – Frankreich 1:0, Sowjetunion – Rumänien 3:1, Frankreich – Sowjetunion 1:4, Rumänien – Niederlande 1:0.
Halbfinale: Italien – DDR 2:2, Elfmeterschießen 4:2; Spanien – Sowjetunion 2:1.
Um den 3. Platz: Sowjetunion – DDR 1:1, Elfmeterschießen 8:7.

Endspiel am 10. Mai 1986 in Athen: Spanien – Italien 2:1 (1:0)
Die Spanien: Ruiz – Lopez Mateo, Zaballos – Biazquez, Machero, Baeza – Criado (Vidal Nova), Prieto, Herrera, Ballester Menguez, Salvador (Caseres Benito)
Tore: Menguez, Eigentor Flamigni (Cappellini) – Zuschauer: 600 – SR: Karlsson (Schweden).

1987: Titel vakant*)

Qualifikation: Gr. 1: Portugal – Gr. 2: Deutschland (– Spanien 2:0, 2:2) – Gr. 3: Israel – Gr. 4: Italien – Gr. 5: Griechenland – Gr. 6: DDR (– Island 1:1, 2:1) – Gr. 7: Nordirland – Gr. 8: Norwegen – Gr. 9: Schottland – Gr. 10: Tschechoslowakei – Gr. 11: Türkei – Gr. 12: Österreich – Gr. 13: Sowjetunion – Gr. 14: Dänemark und Jugoslawien – Frankreich als Veranstalter automatisch qualifiziert.

Endrunde vom 25. Mai bis 3. Juni 1987 in Frankreich:
Gruppe A: Türkei. Israel – Dänemark 1:1, Türkei – Griechenland 0:0, Türkei – Israel 1:0, Griechenland – Dänemark 1:1, Türkei – Dänemark 1:0, Griechenland – Israel 0:0.
Gruppe B: Frankreich. Frankreich – Portugal 2:1, Schottland – DDR 2:2, Frankreich – Schottland 1:1, Portugal – DDR 1:0, Schottland – Portugal 1:3, DDR – Frankreich 0:3.
Gruppe C: Italien (durch Losentschied vor Deutschland). Deutschland – Nordirland 2:1, Italien – Tschechoslowakei 2:1, Tschechoslowakei – Deutschland 1:1, Italien – Nordirland 1:1, Nordirland – Tschechoslowakei 0:0, Deutschland – Italien 2:2.
Gruppe D: Sowjetunion. Sowjetunion – Jugoslawien 4:0, Norwegen – Österreich 0:0, Sowjetunion – Österreich 1:0, Norwegen – Jugoslawien 2:0, Jugoslawien – Österreich 1:1, Sowjetunion – Norwegen 4:1.
Halbfinale: Italien – Türkei 1:0; Sowjetunion – Frankreich n. V. 0:0, Elfmeterschießen 3:0.
Um den 3. Platz: Frankreich – Türkei 3:0.

Endspiel am 6. Juni 1987 in Paris: Italien – Sowjetunion 1:0 (1:0) *
Die Siegermannschaft: Lafuenti – Di Rocco, Gasparini – Secci, Stafico, Melli – Brunetti, Pessotto, Gallo, Bianchi, Cappellini.
Tor: Gallo – Zuschauer: 10 000 – SR: Ziller (Tschechoslowakei).

*) Wegen nichtberechtigten Mitwirkens des Spielers Secci wurde Italien der Titel aberkannt. Zur WM in Kanada durfte Italien lt. FIFA-Beschluss trotzdem fahren.

1988: Spanien

Qualifikation: Gr. 1: Portugal – Gr. 2: Belgien – Gr. 3: DDR (– Zypern 3:0, 0:1) – Gr. 4: Frankreich – Gr. 5: Österreich – Gr. 6: Finnland und Norwegen – Gr. 7: Deutschland (– Schottland 1:1, 1:0) – Gr. 8: Ungarn – Gr. 9: Schweden – Gr. 10: Irland – Gr. 11: Türkei – Gr. 12: Schweiz – Gr. 13: Rumänien – Gr. 14: Jugoslawien – Spanien als Veranstalter automatisch qualifiziert.

Endrunde vom 9. bis 22. Mai 1988 in Spanien:
Gruppe A: Deutschland. Finnland – Österreich 1:0, Deutschland – Norwegen 1:1, Norwegen – Finnland 2:0, Deutschland – Österreich 3:0, Deutschland – Finnland 2:1, Österreich – Norwegen 1:0.

Gruppe B: DDR. DDR – Rumänien 1:1, Schweden – Jugoslawien 1:0, Rumänien – Schweden 1:1, DDR – Jugoslawien 1:0, DDR – Schweden 1:1, Rumänien – Jugoslawien 1:1.
Gruppe C: Spanien. Spanien – Ungarn 0:0, Frankreich – Türkei 1:0, Ungarn – Türkei 1:0, Spanien – Frankreich 1:0, Spanien – Türkei 4:2, Ungarn – Frankreich 1:1.
Gruppe D: Portugal. Irland – Portugal 0:0, Belgien – Schweiz 2:1, Irland – Schweiz 2:2, Portugal – Belgien 1:0, Irland – Belgien 1:0, Portugal – Schweiz 1:0.
Halbfinale: Spanien – Deutschland 3:0; Portugal – DDR 4:0.
Um den 3. Platz: DDR – Deutschland n. V. 0:0, Elfmeterschießen 5:4.

Endspiel am 21. Juni 1988 in Madrid: Spanien – Portugal, Elfmeterschießen 4:2
Spanien: Iglesias – Martinez, Elizondo, Dadie, Gallardo, Calvo, Cuellar (Porro), Torre (Lopez), Urzaiz, Lasa, Delgado.
Zuschauer: 15 000 – SR: Girard (Frankreich).

1989: Portugal

Qualifikation: Gr. 1: Schottland – Gr. 2 DDR (– Nordirland 3:0, 0:0) – Gr. 3: Norwegen – Gr. 4: Italien – Gr. 5: Niederlande – Gr. 6: Portugal – Gr. 7: Jugoslawien – Gr. 8: Österreich – Gr. 9: Schweiz – Gr. 10: Frankreich – Gr. 11: Rumänien – Gr. 12: Spanien – Gr. 13: Griechenland – Gr. 14: Bulgarien – Gr. 15: Sowjetunion (– Deutschland 2:0, 1:0) – Dänemark als Veranstalter automatisch qualifiziert.

Endrunde vom 4. bis 14. Mai 1989 in Dänemark:
Gruppe A: portugal. Portugal – Schweiz 2:0, Norwegen – Rumänien 0:1, Portugal – Norwegen 3:0, Schweiz – Rumänien 0:0, Portugal – Rumänien 4:0, Schweiz – Norwegen 4:1.
Gruppe B: Frankreich. Frankreich – Jugoslawien 0:0, Österreich – Dänemark 3:9, Frankreich – Österreich 3:2, Jugoslawien – Dänemark 2:0, Frankreich – Dänemark 3:1, Jugoslawien – Österreich 1:0.
Gruppe C: Spanien. Bulgarien – Griechenland 1:1, Spanien – Niederlande 2:0, Bulgarien – Spanien 0:2, Griechenland – Niederlande 3:3, Bulgarien – Niederlande 0:1, Griechenland – Spanien 0:1.
Gruppe D: DDR. Schottland – Sowjetunion 1:2, DDR – Italien 1:0, Schottland – DDR 2:2, Sowjetunion – Italien 1:1, Schottland – Italien 1:1, Sowjetunion – DDR 1:1, Elfmeterschießen 5:6.
Halbfinale: Portugal – Spanien 2:1; Frankreich – DDR 0:3.
Um den 3. Platz: Frankreich – Spanien 3:2.

Endspiel am 14. Mai in Velle: Portugal – DDR 4:1 (1:0)
Portugal: Santos (Fonseca) – Cruz, Figo, Peixe, Xavier, Simao, Sousa, Lemos (Lourenco), Macaes, Gregorio, Gomes.
Tore: Figo, Simao, Lemos, Gomes (Kampf) – Zuschauer: 1000 – SR: Uilenberg (Niederlande).

1990: Tschechoslowakei

Qualifikation: Gr. 1: Schweden – Gr. 2: Dänemark – Gr. 3: Nordirland – Gr. 4: Deutschland (– Luxemburg 3:0, 5:1) – Gr. 5: Spanien – Gr. 6: Tschechoslowakei – Gr. 7: Türkei – Gr. 8: Zypern – Gr. 9: Polen – Gr. 10: Ungarn – Gr. 11: Frankreich – Gr. 12: Portugal – Gr. 13: Schottland – Gr. 14: Belgien – Gr. 15: Jugoslawien – DDR als Veranstalter automatisch qualifiziert.

Endrunde vom 15. bis 27. Mai 1990 in der DDR:
Gruppe A: Portugal. Nordirland – Portugal 1:2, Dänemark – Türkei 3:0, Nordirland – Dänemark 0:6, Portugal – Türkei 2:2, Nordirland – Türkei 2:0, Portugal – Dänemark 3:1..
Gruppe B: Polen. Polen – Zypern 3:0, Schweden – Ungarn 2:2, Polen – Schweden 1:1, Zypern – Ungarn 2:0, Polen – Ungarn 2:0, Zypern – Schweden 0:3.
Gruppe C: Tschechoslowakei. Tschechoslowakei – Deutschland 0:0, Frankreich – Schottland 1:1, Tschechoslowakei – Frankreich 2:0, Deutschland – Schottland 5:1, Tschechoslowakei – Schottland 3:0, Deutschland – Frankreich 1:1.
Gruppe D: Jugoslawien. Spanien – DDR 3:1, Belgien – Jugoslawien 0:2, Spanien – Belgien 1:0, DDR – Jugoslawien 0:1, Spanien – Jugoslawien 0:1, DDR – Belgien 1:1.
Halbfinale: Jugoslawien – Polen 4:1, Tschechoslowakei – Portugal n. V. 0:0, Elfmeterschießen 5:3.
Um den 3. Platz: Polen – Portugal 3:2.

Endspiel am 27. Mai in Erfurt: Tschechoslowakei – Jugoslawien n. V. 3:2 (2:2, 0:1)
Tschechoslowakei: Hyll – Kowar, Sulek, Repka, Cieslar, Vomacka (Roub), Vitava, Berger, Cizek, Penska, Matejka (Ungvölgyi).
Tore: Penksa, Berger, Ckzek (Pantelic, Stanojevic) – Zuschauer: 500 – SR: Varga (Ungarn).

1991: Spanien

Qualifikation: Gr. 1: Griechenland – Gr. 2: Jugoslawien – Gr. 3: Rumänien – Gr. 4: Spanien – Gr. 5: Bulgarien – Gr. 6: Frankreich – Gr. 7: Finnland – Gr. 8: Island – Gr. 9: Schweden – Gr. 10: Deutschland (– Nordirland 3:0, 1:0) – Gr. 11: Portugal – Gr. 12: Österreich – Gr. 13: Polen – Gr. 14: Dänemark – Gr. 15: Sowjetunion – Schweiz als Veranstalter automatisch qualifiziert.

Endrunde vom 6. bis 19. Mai 1991 in der Schweiz:
Gruppe A: Deutschland. Deutschland – Österreich 1:3, Bulgarien – Schweden 0:1, Deutschland – Schweden 1:0, Bulgarien – Österreich 0:1, Deutschland – Bulgarien 5:0, Schweden – Österreich 1:0.
Gruppe B: Griechenland. Portugal – Schweiz 2:0, Griechenland – Polen 1:0, Portugal – Griechenland 1:1, Schweiz – Polen 1:1, Schweiz – Griechenland 0:4, Portugal – Polen 1:0.
Gruppe C: Frankreich. Rumänien – Dänemark 1:1, Frankreich – Finnland 0:0, Frankreich – Rumänien 3:0, Finnland – Dänemark 1:1, Finnland – Rumänien 1:2, Frankreich – Dänemark 4:1.
Gruppe D: Spanien: Jugoslawien – Island 1:2, Sowjetunion – Spanien 1:4, Jugoslawien – Sowjetunion 1:2, Island – Spanien 1:2, Jugoslawien – Spanien 3:2, Island – Sowjetunion 0:2.
Halbfinale: Deutschland – Frankreich 1:1, Elfmeterschießen 5:4; Spanien – Griechenland 1:0.
Um den 3. Platz: Griechenland – Frankreich 1:1, Elfmeterschießen 5:4.

Endspiel am 18. Mai 1991 in Bern: Spanien – Deutschland 2:0 (2:0)
Spanien: Javier (Redomdo) – Palacios – Castao, Exposito, Medina – Gerardo, Fontenas, Sandro, Emilio – Murqui (Daniel), Robaina.
Deutschland: Fiedler – Schenk – Schiersand, Rasijewski – Bähr, Günther, Lutz (Licht), Schwab (Carl) – Sarna, Jancker, Babatz.
Tore: Robaina (2) – Zuschauer: 2000 – SR: Frisk (Schweden).

1992: Deutschland

Qualifikation: Gr. 1: Irland – Gr. 2: Nordirland – Gr. 3: Niederlande – Gr. 4: Deutschland (– Albanien 8:1, Rückspiel wegen politischer Unruhen nicht ausgetragen) – Gr. 5: Jugoslawien – Gr. 6: Israel – Gr. 7: Spanien – Gr. 8: Frankreich – Gr. 9: Finnland – Gr. 10: Italien – Gr. 11: Ungarn – Gr. 12: Rumänien – Gr. 13: Dänemark – Gr. 14: Schottland – Gr. 15: Portugal – Zypern als Veranstalter automatisch qualifiziert.

Endrunde vom 7. bis 17. Mai 1992 in Zypern:
Gruppe A: Italien. Dänemark – Finnland 1:0, Italien – Jugoslawien 4:0, Italien – Dänemark 2:0, Jugoslawien – Finnland 2:0, Italien – Finnland 1:2, Dänemark – Jugoslawien 1:2.
Gruppe B: Spanien. Spanien – Rumänien 3:1, Niederlande – Irland 2:0, Spanien – Niederlande 2:0, Rumänien – Niederlande 0:4, Spanien – Irland 1:1, Rumänien – Niederlande 0:0.
Gruppe C: Deutschland. Deutschland – Nordirland 3:1, Schottland – Zypern 3:0, Deutschland – Schottland 1:0, Nordirland – Zypern 0:0, Deutschland – Zypern 2:1, Schottland – Nordirland 3:1.
Gruppe D: Portugal. Israel – Ungarn 3:2, Portugal – Frankreich 2:1, Portugal – Ungarn 1:1, Frankreich – Israel 0:0, Portugal – Israel 1:0, Frankreich – Ungarn 0:1.
Halbfinale: Deutschland – Italien 0:0, Elfmeterschießen 6:5; Spanien – Portugal 3:1.
Um den 3. Platz: Italien – Portugal 1:0.

Endspiel am 17. Mai 1992 in Nicosia: Deutschland – Spanien 2:1 (1:1)
Deutschland: Wieland – Hahn – Fensch, Dawitschek – Bochtler, Lehmann, Hinz, Ratkowski, Ricken – Michalke (Gehring), Bettenstaedt (Wedau)
Tore: Bettenstaedt, Hinz (Munoz) – Zuschauer: 1500 – SR: Moltram (Schottland).

1993: Polen

Qualifikation: Gr. 1: Irland – Gr. 2: Island – Gr. 3: Frankreich – Gr. 4: Portugal – Gr. 5: Griechenland – Gr. 6: Russland – Gr. 7: Ungarn – Gr. 8: Belgien – Gr. 9: Nordirland – Gr. 10: Tschechoslowakei (nahm an der Endrunde als „RCS“ teil) – Gr. 11: Italien – Gr. 12: Schweiz – Gr. 13: Polen – Gr. 14: Spanien (– Deutschland 3:1, 0:1 – Gr. 15: England – Türkei als Veranstalter automatisch qualifiziert

Endrunde vom 1. bis 8. Mai 1993 in der Türkei:
Gruppe A: Polen und Schweiz. Polen – Schweiz 1:1, Island – Nordirland 6:2, Polen – Island 2:0, Schweiz – Nordirland 1:1, Polen – Nordirland 1:0, Schweiz – Island 1:0.
Gruppe B: Ungarn und Spanien. Ungarn – Griechenland 2:0, Türkei – Spanien 0:1, Ungarn – Türkei 0:1, Griechenland – Spanien 0:1, Ungarn – Spanien 2:1, Griechenland – Türkei 2:2.
Gruppe C: RCS und Belgien. Belgien – England 1:1, RCS – Irland 2:1, Belgien – RCS 0:0, England – Belgien – Irland 2:1, England – RCS 0:2.

Gruppe D: Italien und Frankreich. Frankreich – Rußland 1:1, Portugal – Italien 1:2, Frankreich – Portugal 3:1, Rußland – Italien 1:2, Frankreich – Italien 1:1, Rußland – Portugal 1:1.
Viertelfinale: Polen – Belgien n. V. 0:0, Elfmeterschießen 2:0; Ungarn – Frankreich 0:3; RCS – Schweiz 3:0; Italien – Spanien n. V. 0:0, Elfmeterschießen 6:5.
Halbfinale: Italien – RCS n. V. 0:0, Elfmeterschießen 5:4; Frankreich – Polen n. V. 1:2.
Um den 3. Platz: RCS – Frankreich 2:1.

Endspiel am 8. Mai 1993 in Istanbul: Polen – Italien 1:0 (1:0)
Polen: Bladzewski – Kukielka, Drajer – Magiera, Kowalczyck (Janouski), Szulik – Rajtar, Terlecki, Andrujczack, Wyczalkouski, Koistounuski (Bielak).
Tor: Szulik – Zuschauer: 750 – SR: Kelly (Irland).

1994: Türkei

Qualifikation: Gr. 1: Weißrussland – Gr. 2: Russland – Gr. 3: Island – Gr. 4: Deutschland (– Zypern 6:2, 0:1) – Gr. 5: Albanien – Gr. 6: Ukraine – Gr. 7: Türkei – Gr. 8: Schweiz – Gr. 9: Spanien – Gr. 10: Dänemark – Gr. 11: England – Gr. 12: Österreich – Gr. 13: RCS (Tschechien und Slowakei) – Gr. 14: Portugal – Gr. 15: Belgien – Irland als Veranstalter automatisch qualifiziert.

Endrunde vom 26. April bis 8. Mai1994 in Irland:
Gruppe A: Österreich und Weißrussland. Österreich – Albanien 1:0, Spanien – Weißrussland 0:1, Spanien – Österreich 1:1, Weißrussland – Albanien 1:1, Albanien – Spanien 0:4, Weißrussland – Österreich 1:1, Elfmeterschießen 4:3.
Gruppe B: England und Portugal. RCS – Irland 1:0, Portugal – England 0:1, England – Irland 1:1, Portugal – RCS 2:0, England – RCS 2:1, Irland – Portugal 0:3.
Gruppe C: Russland und Dänemark. Deutschland – Russland 0:2, Schweiz – Dänemark 3:4, Dänemark – Russland 3:2, Schweiz – Deutschland 1:5, Dänemark – Deutschland 3:4, Russland – Schweiz 5:1.
Gruppe D: Türkei und Ukraine. Türkei – Island 2:1, Ukraine – Belgien 2:1, Island – Belgien 1:2, Türkei – Ukraine 1:1, Belgien – Türkei 0:4, Island – Ukraine 1:2.
Viertelfinale: Weißrussland – Dänemark 1:3; Russland – Österreich 0:2; England – Ukraine 2:2, Elfmeterschießen 6:7; Türkei – Portugal 0:0, Elfmeterschießen 5:3.
Halbfinale: Dänemark – Ukraine 2:2, Elfmeterschießen 5:3; Österreich – Türkei 0:1.
Um den 3. Platz: Ukraine – Österreich 2:0.

Endspiel am 8. Mai 1994 in Dublin: Türkei – Dänemark 1:0 (0:0)
Türkei: Tuncay – Caliskan, Seletli, Özke, Habiboglu, Terke, Bayhan, Meric, Önür, Saglam, Aydin.
Tor: Meric – Zuschauer: 2500 – SR: Albrecht (Deutschland).

1995: Portugal

Qualifikation: Gr. 1: Frankreich – Gr. 2: Schweden – Gr. 3: Schottland – Gr. 4: Spanien – Gr. 5: Tschechien – Gr. 7: Österreich – Gr. 8: Slowakei – Gr. 9: Slowenien – Gr. 10: Deutschland (– Ukraine 4:2; – Israel 3:1) – Gr. 11: Norwegen – Gr. 12: England – Gr. 13: Niederlande – Gr. 14: Portugal – Gr. 15: Italien – Belgien als Veranstalter automatisch qualifiziert.

Endrunde vom 12. April bis 7. Mai 1995 in Belgien:
Gruppe A: Tschechien und Schweden. Italien – Schweden 1:1, Tschechien – Polen 2:1, Polen – Schweden 0:1, Tschechien – Italien 1:0, Italien – Polen 0:0, Tschechien – Schweden 4:1.
Gruppe B: Belgien und Frankreich. Belgien – Frankreich 4:1, Österreich – Norwegen 1:0, Belgien – Norwegen 3:0, Frankreich – Österreich 1:0, Österreich – Belgien 0:0, Frankreich – Norwegen 4:0.
Gruppe C: Spanien und Deutschland. Spanien – Deutschland 3:0, Türkei – Slowenien 2:0, Deutschland – Slowenien 3:0, Türkei – Spanien 0:2, Spanien – Slowenien 3:1, Türkei – Deutschland 1:4.
Gruppe D: England und Portugal. Portugal – Slowakei 4:0, England – Schottland 1:1, England – Slowakei 2:1, Schottland – Portugal 1:3, Slowakei – Schottland 2:1, England – Portugal 3:1.
Viertelfinale: Deutschland – Tschechien 2:0; Belgien – Portugal 0:1; England – Frankreich n. V. 0:1, Spanien – Schweden 1:0.
Halbfinale: Deutschland – Portugal 1:3; Spanien – Frankreich 2:0.
Um den 3. Platz: Deutschland – Frankreich n. V. 2:1.

Endspiel am 6. Mai 1995 in Brüssel: Portugal – Spanien 2:0 (0:0)
Portugal: Santos – Aires, da Costa, Caneira, M. Costa, Leal, Cordeiro, Hipolito, Vieira (Rodrigues) – Soares, Vargas (Silva).
Tore: Soares, Pereira – Zuschauer: 2500 – SR: Meese (Belgien).

1996: Portugal

Qualifikation: Gr.: Schweiz – Gr. 2: Griechenland – Gr. 3: Israel – Gr. 4: Slowakei – Gr. 5: Deutschland (– Niederlande 3:0, 3:3; – Zypern 3:2, 2:2) – Gr. 6: Kroatien – Gr. 7: Ukraine – Gr. 8: Polen – Gr. 9: Rumnäien – Gr. 10: Türkei – Gr. 11: Frankreich – Gr. 12: Portugal – Gr. 13: Spanien – Gr. 14: Irland – Gr. 15: England – Österreich als Veranstalter automatisch qualifiziert.

Endrunde vom 29. April bis 11. Mai 1996 in Österreich:
Gruppe A: Portugal und Irland. Irland – Österreich 1:0, Portugal – Polen 3:0, Österreich – Polen 0:0, Irland – Portugal 0:2, Polen – Irland 0:1, Österreich – Portugal 2:2.
Gruppe B: Griechenland und Deutschland. Rumänien – Ukraine 0:1, Griechenland – Deutschland 2:1, Rumänien – Griechenland 0:1, Ukraine – Deutschland 1:6, Deutschland – Rumänien 4:1, Ukraine – Griechenland 1:1.
Gruppe C: Frankreich und Kroatien. Frankreich – Kroatien 2:0, Spanien – Schweiz 4:1, Frankreich – Spanien 3:0, Kroatien – Schweiz 2:1, Schweiz – Frankreich 0:1, Kroatien – Spanien 1:0.
Gruppe D: Israel und England. England – Slowakei 2:0, Türkei – Israel 3:0, England – Türkei 2:1, Slowakei – Israel 0:2, Israel – England 2:1, Slowakei – Türkei 2:0.
Viertelfinale: Portugal – Kroatien 5:1; Griechenland – England 1:0; Israel – Deutschland n. V. 3:2; Frankreich – Irland n. V. 0:0, Elfmeterschießen 5:4.
Halbfinale: Portugal – Griechenland 3:0; Frankreich – Israel 1:0.
Um den 3. Platz: Israel – Griechenland 3:2.

Endspiel am 11. Mai 1996 in Wien: Portugal – Frankreich 1:0 (0:0)
Portugal: Sergio – Valenta, Nuno Gomes, Flores, Fredy – Leal (Esteves), Ednilson, Celso Lopes – Paulo Costa (Cruz), Simao, Petit (Edgar).
Tor: Petit – Zuschauer: 5000 – SR: Plautz (Österreich).

1997: Spanien

Qualifikation: Gr. 1: Italien – Gr. 2: Israel – Gr. 3: Ukraine – Gr. 4: Frankreich – Gr. 5: Georgien – Gr. 6: Slowenien – Gr. 7: Österreich – Gr. 8: Spanien – Gr. 9: Slowakei – Gr. 10: Ungarn – Gr. 11: Polen – Gr. 12: Schweiz – Gr. 13: Island – Gr. 14: Nordirland – Gr. 15: Belgien – Deutschland als Veranstalter automatisch qualifiziert.

Endrunde vom 28. April bis 10. Mai 1997 in Deutschland:
Gruppe A: Deutschland und Schweiz. Deutschland – Israel 3:0, Schweiz 2:0, Nordirland 1:0, Schweiz – Nordirland 2:1, Israel 3:2, Israel – Nordirland 1:2.
Gruppe B: Spanien und Österreich. Polen – Österreich 0:4, Spanien 1:2, Ukraine 3:2, Spanien – Ukraine 6:1, Österreich 2:0, Österreich – Ukraine 0:2.
Gruppe C: Belgien und Ungarn. Ungarn – Georgien 6:3, Belgien 0:1, Italien 2:1, Belgien – Italien 1:0, Georgien 5:1, Georgien – Italien 3:5.
Gruppe D: Türkei und Slowakei. Türkei – Slowenien 2:0, Island 4:0, Slowakei 1:0, Slowakei – Island 1:0, Slowenien 2:2, Slowenien – Island 0:2.
Viertelfinale: Deutschland – Ungarn 0:1, Belgien – Schweiz n. V. 0:0, Elfmeterschießen 4:5; Spanien – Slowakei 3:1; Türkei – Österreich 0:3.
Halbfinale: Deutschland – Spanien 1:2; Österreich – Schweiz n. V. 0:0, Elfmeterschießen 6:5.
Um den 3. Platz: Deutschland – Schweiz 3:1.

Endspiel am 10. Mai in Celle: Spanien – Österreich n. V. 0:0, Elfmeterschießen 5:4
Spanien: Casillas – Aranceta, Gurruchaga, Sanchez – Blas (Lopez), Garcia, Guillen, Mateos (Garro), Camacho – Rodriguez-Fraile, Cuartero (Sanchez).
Zuschauer: 4000 – SR: Corpodean (Rumänien).

1998: Irland

Qualifikation: Gr. 1: Spanien – Gr. 2: Kroatien – Gr. 3: Dänemark – Gr. 4: Portugal – Gr. 5: Italien – Gr. 6: Israel (– Deutschland 1:0; Deutschland – Schweiz 1:0; – Moldawien 7:0) – Gr. 7: Russland – Gr. 8: Liechtenstein – Gr. 9: Ukraine – Gr. 10: Griechenland – Gr. 11: Schweden – Gr. 12: Finnland – Gr. 13: Island – Gr. 14: Irland – Gr. 15: Norwegen – Schottland als Veranstalter automatisch qualifiziert.

Endrunde vom 26. April bis 8. Mai 1998 in Schottland:
Gruppe A: Griechenland und Dänemark. Dänemark – Schweden 1:1, Griechenland – Island 2:0, Dänemark – Griechenland 0:0, Schweden – Island 1:1, Island – Dänemark 0:1, Schweden – Griechenland 0:2.

Gruppe B: Italien und Portugal. Liechtenstein – Norwegen 0:5, Portugal – Italien 1:1, Liechtenstein – Portugal 0:1, Norwegen – Italien 1:4, Italien – Liechtenstein 2:0, Norwegen – Portugal 1:2.
Gruppe C: Irland und Spanien. Schottland – Irland 0:0, Spanien – Finnland 1:0, Schottland – Spanien 1:1, Irland – Finnland 2:0, Finnland – Schottland 2:0, Irland – Spanien 1:0.
Gruppe D: Israel und Kroatien. Russland – Israel 1:1, Kroatien – Ukraine 2:0, Russland – Kroatien 2:0, Israel – Ukraine 1:1, Ukraine – Russland 2:1, Israel – Kroatien 2:0.
Viertelfinale: Italien – Kroatien 1:0; Spanien – Griechenland 2:1; Portugal – Israel 4:1; Irland – Dänemark 2:0.
Halbfinale: Italien – Spanien 2:1; Irland – Portugal 2:0
Um den 3. Platz: Spanien – Portugal 2:1.

Endspiel am 8. Mai 1998 in Perth: Irland – Italien 2:1 (1:0)
Irland: Murphy – Thompson, O'Shea, Goodwin, Foy – McGill, Miller, Barrett, Byrne, Reid – McMahon.
Tore: Foy, McMahon (Pelanti) – Zuschauer: 2000 – SR: McCurry (Schottland).

1999: Spanien

Qualifikation: Gr. 1: Portugal – Gr. 2: Dänemark – Gr. 3: Israel – Gr. 4: Slowakei – Gr. 5: Kroatien – Gr. 6: Griechenland – Gr. 7: England – Gr. 8: Spanien – Gr. 9: Bulgarien – Gr. 10: Deutschland (– Ukraine 1:1, 2:0; – Jugoslawien 2:0, 1:1) – Gr. 11: Finnland – Gr. 12: Polen – Gr. 13: Schweiz – Gr. 14. Schweden – Gr. 15: Russland – Tschechien als Veranstalter automatisch qualifiziert.

Endrunde vom 23. April bis 7. Mai 1999 in Tschechien
Gruppe A: Portugal und Israel. Israel – Finnland 3:2, Portugal – Schweiz 2:2, Finnland – Schweiz 1:4, Israel – Portugal 1:2, Finnland – Portugal 2:3, Schweiz – Israel 1:3.
Gruppe B: England und Slowakei. Ungarn – England 1:1, Slowakei – Schweden 2:0, Ungarn – Slowakei 1:2, England – Schweden 2:1, England – Slowakei 3:1, Schweden – Ungarn 2:1.
Gruppe C: Spanien und Polen. Russland – Polen 1:2, Spanien – Kroatien 2:0, Kroatien – Polen 1:1, Spanien – Russland 1:0, Kroatien – Russland 0:1, Polen – Spanien 0:3.
Gruppe D: Deutschland und Tschechien. Dänemark – Griechenland 0:1, Tschechien – Deutschland 0:1, Deutschland – Griechenland 2:0, Tschechien – Dänemark 1:0, Griechenland – Tschechien 0:2, Deutschland – Dänemark 0:2.
Viertelfinale: Spanien – Israel 5:1; Portugal – Polen 1:2; England – Tschechien 0:1; Deutschland – Slowakei 6:0.
Halbfinale: Polen – Tschechien 3:2; Spanien – Deutschland 4:0.
Um den 3. Platz: Deutschland – Tschechien 2:1 (0:0).

Endspiel am 7. Mai 1999 in Olmütz: Spanien – Polen 4:1 (1:1)
Spanien: Reina – Duque, Corrales, Arteta, Alvarez, Gonzales, Macedo (Molina), Aspas (Crusat), Parri, Perona (Sancet), Gomez Aitor.
Tore: Perona, Alvarez, Molina, Gomez, Sanchez (Grzelak) – Zuschauer: 4100 – SR: Poulat (Frankreich).

2000: Portugal

Qualifikation: Gr. 1: Deutschland (– Bosnien-Herzegowina 3:0; – Moldawien 2:0; – Italien 0:0) – Gr. 2: Griechenland – Gr. 3: Ungarn – Gr. 4: Rumänien – Gr. 5: Tschechien – Gr. 6: Russland – Gr. 7: Slowakei – Gr. 8: Polen – Gr. 9: Niederlande – Gr. 10: Dänemark – Gr. 11: Irland – Gr. 12: Spanien – Gr. 13: Finnland – Gr. 14: Portugal – Gr. 15: England – Israel als Veranstalter automatisch qualifiziert.

Endrunde vom 1. bis 14. Mai 2000 in Israel
Gruppe A: Russland und Portugal. England – Russland 2:3, Portugal – Irland 1:0, England – Portugal 1:2, Russland – Irland 3:0, Irland – England 2:1, Russland – Portugal 2:1.
Gruppe B: Tschechien und Slowakei. Tschechien – Dänemark 3:1, Slowakei – Finnland 2:2, Tschechien – Slowakei 2:2, Dänemark – Finnland 5:2, Dänemark – Slowakei 1:2, Finnland – Tschechien 3:7.
Gruppe C: Deutschland und Niederlande. Ungarn – Deutschland 1:4, Israel – Niederlande 0:2, Israel – Ungarn 1:3, Niederlande – Deutschland 0:1, Deutschland – Israel 2:2, Niederlande – Ungarn 2:0.
Gruppe D: Griechenland und Spanien. Rumänien – Griechenland 0:1, Spanien – Polen 7:2, Polen – Griechenland 3:3, Spanien – Rumänien 1:0, Griechenland – Spanien 2:1, Polen – Rumänien 3:0.
Viertelfinale: Russland – Niederlande 0:3; Deutschland – Portugal n. V. 1:1, Elfmeterschießen 5:6; Tschechien – Spanien 2:0; Griechenland – Slowakei 2:2, Elfmeterschießen 4:2.
Halbfinale: Niederlande – Tschechien 1:2; Portugal – Griechenland 2:1.
Um den 3. Platz: Niederlande – Griechenland 5:0.

Endspiel am 14. Mai 2000 in Tel Aviv: Portugal – Tschechien n. V. 1:1 (1:1, 0:1)
Portugal: Vale – Batista, Ribeiro, Cardoso, Meireles – Castro (Afonso), Paiva (Silva), Viana – Marques, Nunes, Bernardo.
Tore: Bernardo 2 (Jun) – Zuschauer: 500 – SR: Ishchenko (Ukraine).

2001: Spanien

Qualifikation: Gr. 1: Frankreich – Gr. 2: Schweiz – Gr. 3: Belgien – Gr. 4: Ungarn – Gr. 5: Kroatien – Gr. 6: Italien – Gr. 7: Deutschland (– Armenien 2:1; – Moldawien 3:1, – Israel 1:3) – Gr. 8: Rumänien – Gr. 9: Türkei – Gr. 10: Russland – Gr. 11: Niederlande – Gr. 12: Spanien – Gr. 13: Finnland – Gr. 14: Schottland – Gr. 15: Polen – England als Veranstalter automatisch qualifiziert.

Endrunde vom 22. April bis 6. Mai 2001 in England
Gruppe A: Spanien und Deutschland. Rumänien – Spanien 0:3; Deutschland – Belgien 1:2, Rumänien – Deutschland 2:8, Spanien – Belgien 5:0, Belgien – Rumänien 2:0, Spanien – Deutschland 0:2.
Gruppe B: Türkei und Russland. Niederlande – Türkei 0:1, Polen – Russland 0:0, Niederlande – Polen 2:0, Türkei – Russland 0:1, Russland – Niederlande 0:0, Türkei – Polen 2:1.
Gruppe C: England und Italien. Schweiz – Ungarn 2:1, England – Italien 1.3, England – Schweiz 2:0, Italien – Ungarn 3:4, Ungarn – England 0:1, Italien – Schweiz 1:1.
Gruppe D: Frankreich und Kroatien. Frankreich – Schottland 3:0, Kroatien – Finnland 2:0, Frankreich – Kroatien 3:0, Schottland – Finnland 3:1, Finnland – Frankreich 0:5, Schottland – Kroatien 0:1.
Viertelfinale: Spanien – Italien 1:1, Elfmeterschießen 4:3; England – Deutschland 1:1, Elfmeterschießen 5:3; Türkei – Kroatien 0:2; Frankreich – Russland 2:0.
Halbfinale: Spanien – Kroatien 3:0; England – Frankreich 0:4.
Um Platz 3: Kroatien – England 4:1.

Endspiel am 6. Mai 2001 in Sunderland: Spanien – Frankreich 1:0 (0:0)
Spanien: Moya – Jesus, Carlos, Flano, Tarantino – Diego Leon (Berto), Melli, Busy (Pepe) Gavilan – F. Torres, S. Torres.
Tor: F. Torres – Zuschauer: 29 100 – SR: D'Urso (England).

2002: Schweiz

Qualifikation: Gr. 1: Jugoslawien – Gr. 2: Tschechien – Gr. 3: Spanien – Gr. 4: Portugal – Gr. 5: Niederlande – Gr. 6: Ungarn – Gr. 7: Frankreich – Gr. 8: Ukraine – Gr. 9: Moldawien – Gr. 10: Georgien – Gr. 11: Polen – Gr. 12: Schweiz – Gr. 13: England – Gr. 14: Deutschland (– Russland 2:1, 5:1; – Nordirland 2:1, 2:0) – Gr. 15: Finnland – Dänemark als Veranstalter automatisch qualifiziert.

Endrunde vom 27. April bis 10. Mai 2002 in Dänemark
Gruppe A: England und Dänemark. Dänemark – Niederlande 4:4, Finnland – England 2:3, Niederlande – England 0:2, Dänemark – Finnland 6:0, England – Dänemark 0:0, Niederlande – Finnland 6:1.
Gruppe B: Schweiz und Frankreich. Portugal – Frankreich 0:2, Schweiz – Ukraine 3:1, Schweiz – Portugal 1:0, Ukraine – Frankreich 0:0, Frankreich – Schweiz 1:2, Ukraine – Portugal 1:2.
Gruppe C: Spanien und Jugoslawien. Spanien – Tschechien 4:1, Moldawien – Jugoslawien 3:6, Spanien – Moldawien 4:2, Tschechien – Jugoslawien 1:3, Tschechien – Moldawien 3:2, Jugoslawien – Spanien 1:5.
Gruppe D: Deutschland und Georgien. Deutschland – Georgien 1:1, Ungarn – Polen 1:3, Georgien – Polen 1:1, Deutschland – Ungarn 6:2, Georgien – Ungarn 2:1, Polen – Deutschland 0:1.
Viertelfinale: England – Jugoslawien 1:0; Spanien – Dänemark 2:2, Elfmeterschießen 4:3; Schweiz – Georgien 3:0; Deutschland – Frankreich 1:1, Elfmeterschießen 2:4.
Halbfinale: England – Schweiz 0:3; Spanien – Frankreich 1:1, Elfmeterschießen 3:4.
Um Platz 3: England – Spanien 4:1.

Endspiel am 10. Mai 2002 in Farum: Schweiz – Frankreich 0:0, Elfmeterschießen 4:2
Schweiz: König – Barnetta, Siqueira, Senderos, Bühler – Milosavac (Ziegler), Bürki, Iten, Schlauri, Maksimovic (Preisig) – Schneuwly (Antic).
Zuschauer: 1214 – SR: Rosetti (Italien).

2003: Portugal

1. Qualifikationsrunde: Gr. 1: Italien und Bulgarien – Gr. 2: Kroatien und Jugoslawien – Gr. 3: Israel und Schweiz – Gr. 4: Tschechien und Belgien – Gr. 5: Wales und Norwegen – Gr. 6: Österreich und Rumänien – Gr. 7: Griechenland und Slowakei – Gr. 8: Deutschland (– Frankreich 0:0; – Slowenien 3:1; – Irland 3:0) und Frankreich – Gr. 9: Dänemark und Nordirland – Gr. 10: Niederlande und Albanien – Gr. 11: Schottland und Aserbaidschan – Freilose: England, Finnland, Polen, Russland, Spanien, Ungarn.

2. Qualifikationsrunde: Gr. 1: Spanien – Gr. 2: Dänemark – Gr. 3: Österreich – Gr. 4: Israel – Gr. 5: Ungarn – Gr. 6: England – Gr. 7: Italien (– Deutschland 1:1; Belgien – Deutschland 2:1; Deutschland – Aserbaidschan 3:0) – Portugal als Veranstalter automatisch qualifiziert.

Endrunde vom 7. bis 17. Mai 2003 in Portugal
Gruppe A: Portugal und Österreich. Portugal – Dänemark 3:2, Österreich – Ungarn 1:0, Portugal – Österreich 1:0, Dänemark – Ungarn 2:0, Dänemark – Österreich 0:2, Ungarn – Portugal 0:2.
Gruppe B: Spanien und England. Israel – England 1:2, Spanien – Italien 2:0, Israel – Spanien 0:3, England – Italien 0:0, England – Spanien 2:2, Italien – Israel 4:0.
Halbfinale: Portugal – England 2:2, Elfmeterschießen 3:3; Spanien – Österreich 5:2.
Um Platz 3: Österreich – England 1:0.

Endspiel am 17. Mai 2003 in Viseu: Portugal – Spanien 2:1 (1:0)
Portugal: Felgueiras – Dias, Gomes, Paulo Ricardo, Veloso – Coimbra (Curto), Vinha, Marcio Sousa (Moutinho), Machado – Joao Pedro (Gama), Saleiro.
Tore: Marcio Sousa 2 (David) – Zuschauer: 14 300 – SR: Panic (Bosnien-Herzegowina).

Amateur-Wettbewerbe der UEFA

Die Sieger der Amateur-Europameisterschaft:
1967 **Österreich** (– Schottland 2:1) – 1970 **Spanien** (– Niederlande n. V. 1:1, 2:1) – 1974 **Deutschland** und **Jugoslawien** gemeinsam (das Endspiel wurde wegen Unbespielbarkeit des Platzes nicht ausgetragen) – 1978 **Jugoslawien** (– Griechenland 2:1).

Die Sieger des „UEFA Regions Cup":
1999 **Venetien/ITA** (– Madrid/ESP 3:2) – 2001 **Zentral-Mähren/CZE** (– Braga/POR n. V. 2:2, Elfmeterschießen 4:2) – 2003 **Piemont-Valle d'Aosta/ITA** (– Maine/FRA 2:1).

„Futsal"-Europameisterschaft

Die bisherigen Sieger:
1996 Spanien (inoffiziell) – 1999 Russland – 2001 Spanien – 2003 Italien.

1996: Spanien
Endrunde vom 8. bis 14. Januar 1996 in Cordoba/Spanien
Gruppe A: Spanien und Belgien. Spanien – Belgien 2:1; Niederlande – Belgien 0:2; Spanien – Niederlande 2:2.
Gruppe B: Russland und Ukraine: Russland – Ukraine 3:2; Italien – Ukraine 6:3; Russland – Italien 5:1.
Halbfinale: Spanien – Italien 4:1; Russland – Belgien 6:2.
Um den 5. Platz 5: Niederlande – Ukraine 4:3.
Um den 3. Platz 3: Belgien – Italien 3:2.

Endspiel am 14. Januar 1996 in Cordoba: Spanien – Russland 5:3.
Spanien: Claveria Dominguez, Barragan Rodriguez – Garcia Mera, Limones Rodriguez, Torres Fuentes, Martinez Bas, Sanchez Garcia, Mena, Lorente Penas, Sanchez Franco, Marques Roris, Adeva Alonso.

1999: Russland
Endrunde vom 22. bis 28. Februar 1999 in Granada/Spanien
Gruppe A: Spanien und Niederlande: Kroatien – Jugoslawien 4:3, Spanien – Niederlande 3:1, Niederlande – Jugoslawien 1:1, Spanien – Kroatien 3:1, Niederlande – Kroatien 8:3, Jugoslawien – Spanien 1:5.
Gruppe B: Russland und Italien. Belgien – Portugal 0:0, Russland – Italien 3:3, Italien – Portugal 3:3, Russland – Belgien 5:1, Portugal – Russland 1:3, Italien – Belgien 2:0.
Halbfinale: Russland – Niederlande 9:6; Spanien – Italien 3:1.
Um den 3. Platz: Italien – Niederlande 3:0.

Endspiel am 28. Februar 1999 in Granada: Russland – Spanien n. V. 3:3, Penalty-Schießen 4:2
Russland: Denissow, Samkohin – Eremenko, Werijnikow, Alekberow, Abianow, Markin, Gorin, Iwanow, Belyi, Shugonow, Jachin, Trachouk.

2001: Spanien

Endrunde vom 22. bis 28. Februar 2001 in Moskau/Russland

Gruppe A: Spanien und Ukraine: Spanien – Ukraine 4:1, Polen – Kroatien 1:2, Ukraine – Kroatien 5:0, Spanien – Polen 8:2, Ukraine – Polen 8:3, Kroatien – Spanien 0:3.
Gruppe B: Italien und Russland. Russland – Italien 3:4, Niederlande – Tschechien 3:3, Italien – Tschechien 6:4, Russland – Niederlande 4:0, Italien – Niederlande 4:0, Tschechien – Russland 2:4.
Halbfinale: Italien – Ukraine 3:3, Penalty-Schießen 4:5; Spanien – Russland 2:1.
Spiel um den 3. Platz: Russland – Italien 2:1.

Endspiel am 28. Februar 2001 in Moskau: Spanien – Ukraine 2:1
Spanien: Claveria Dominguez, Tarodo, Martin Bahamonde – Garcia Mera, Adeva Alonso, Orol Sanchez, Linares Rodriguez, Rodriguez Nebreda, Boned Guillot, Sanchez Franco, Marques Roris, Riquer Anton, Ibanes Caetano, Cobeta Atienza.

2003: Italien

Endrunde vom 17. bis 24. Februar 2003 in Caserta und Aversa/Italien

Gruppe A: Italien und Tschechien: Tschechien – Russland 2:1, Italien – Slowenien 2:1, Slowenien – Russland 3:4, Italien – Tschechien 5:1, Russland – Italien 0:1, Slowenien – Tschechien 3:8.
Gruppe B: Ukraine und Spanien. Belgien – Ukraine 2:7, Spanien – Portugal 3:3, Spanien – Belgien 1:1, Portugal – Ukraine 4:7, Ukraine – Spanien 0:3, Portugal – Belgien 3:2.
Halbfinale: Italien – Spanien 2:1; Ukraine – Tschechien 5:1.

Endspiel am 24. Februar 2003 in Caserta: Italien – Ukraine 1:0
Italien: Angelini, Grana, Montovanelli, Zaffiro, Bertoni, Vinicius, Vicentini, Foglia, Margado, Ripesi, Rocha, Moratelli.

UEFA „Futsal" Cup

Die bisherigen Sieger:
2002, 2003 Playas Castellon/ESP .

2002: Playas Castellon

Qualifikation: Gr. 1: Action 21 Charleroi/BEL – Gr. 2: AS Rom/ITA – Gr. 3: MNK Split 1700/CRO – Gr. 4: Clearex Chorzow/POL – Gr. 5: Sporting Lissabon/POR – Gr. 6: Playas Castellon/ESP – Gr. 7: MNK Kaskada Gracanica/BIH – Gr. 8: CSÖ-Montage Budapest/HUN.

Endrunde vom 25. Februar bis 3. März 2002 in Lissabon
Gruppe A: MNK Split 1700 und Sporting Lissabon. MNK Split 1700 – AS Rom 2:0, Sporting Lissabon – MNK Kaskada Gracanica 3:1, AS Rom – MNK Kaskada Gracanica 10:2, MNK Split 1700 – Sporting Lissabon 0:0, MNK Kaskada Gracanica 2:6, AS Rom – Sporting Lissabon 5:5.
Gruppe B: Playas Castellon und Action 21 Charleroi. Action 21 Charleroi – CSÖ-Montage Budapest 7:5, Clearex Chorzow – Playas Castellon 0:9, Action 21 Charleroi – Clearex Chorzow 3:2, CSÖ-Montage Budapest – Playas Catellon 1:7, Playas Castellon – Action 21 Charleroi 0:1, CSÖ Montage Budapest – Clearex Chorzow 6:1.
Halbfinale: Playas Castellon – Sporting Lissabon 4:0, MNK Split 1700 – Action 21 Charleroi 3:7.

Endspiel am 3. März 2002 in Lissabon: Playas Castellon – Action 21 Charleroi 5:1
Castellon: Gasco, Guillermo, Toni – Lorente, Joan, Javi Rodriguez, Alemao, Javi Sanchez, Paulinho, Caceres, Cupim, Vander Carioca.

2003: Playas Castellon

Qualifikation: Gr. 1: Action 21 Charleroi/BEL – Gr. 2: Schachtjor Donezk/UKR – Gr. 3: Norilsky Nickel/RUS – Gr. 4: Prato C/5/ITA – Gr. 5: Antena Interviu Boomerang/ESP – Gr. 6: Playas Castellon/ESP – Gr. 7: MNK Split/CRO – Gr. 8: KMF Nisch/YUG (später SBM).

Zwischenrunde, Gruppe A (in Charleroi): Action 21 Charleroi. Antena Interviu Boomerang – MNK Split 13:1, Action 21 Charleroi – Norilsky Nickel 7:4, Norislky Nickel – MNK Split 4:3, Action 21 Charleroi – Antena Interviu Boomerang 5:8, Norilsky Nickel – Antena Interviu Boomerang 3:0, MNK Split – Action 21 Charleroi 0:4.

Zwischenrunde, Gruppe B (in Prato): Playas Castellon: Playas Castellon – KMF Nisch 6:2, Schachtjor Donzek – Parto C/5 1:4, Schachtjor Donzek – Playas Castellon 4:5, Prato C/5 – KMF Nisch 3:3, KMF Nisch – Schachtjor Donezk 2:4, Prato C/5 – Playas Castellon 2:6.

1. Endspiel am 16. April 2003:Action 21 Charleroi – Playas Castellon 1:1
2. Endspiel am 3. Mai 2003: Playas Castellon – Action 21 Charleroi 6:4
Castellon: Guillermo, Toni – Cupim, Diego, Josema, Isco, Alcacer, Ferrandis, Javi Rodriguez, Javi Sanchez, Vander Carioca, Alemao.

KAPITEL 10

DIE EUROPAPOKALE

EUROPAPOKAL DER MEISTER

1956	REAL MADRID	1980	NOTTINGHAM FOREST
1957	REAL MADRID	1981	FC LIVERPOOL
1958	REAL MADRID	1982	ASTON VILLA
1959	REAL MADRID	1983	HAMBURGER SV
1960	REAL MADRID	1984	FC LIVERPOOL
1961	BENFICA LISSABON	1985	JUVENTUS TURIN
1962	BENFICA LISSABON	1986	STEAUA BUKAREST
1963	AC MAILAND	1987	FC PORTO
1964	INTER MAILAND	1988	PSV EINDHOVEN
1965	INTER MAILAND	1989	AC MAILAND
1966	REAL MADRID	1990	AC MAILAND
1967	CELTIC GLASGOW	1991	ROTER STERN BELGRAD
1968	MANCHESTER UNITED	1992	FC BARCELONA
1969	AC MAILAND	1993	OLYMPIQUE MARSEILLE
1970	FEYENOORD ROTTERDAM	1994	AC MAILAND
1971	AJAX AMSTERDAM	1995	AJAX AMSTERDAM
1972	AJAX AMSTERDAM	1996	JUVENTUS TURIN
1973	AJAX AMSTERDAM	1997	BORUSSIA DORTMUND
1974	BAYERN MÜNCHEN	1998	REAL MADRID
1975	BAYERN MÜNCHEN	1999	MANCHESTER UNITED
1976	BAYERN MÜNCHEN	2000	REAL MADRID
1977	FC LIVERPOOL	2001	BAYERN MÜNCHEN
1978	FC LIVERPOOL	2002	REAL MADRID
1979	NOTTINGHAM FOREST	2003	AC MAILAND

1955/56: Real Madrid

Achtelfinale: Rot-Weiß Essen – Hibernian Edinburgh 0:4, 1:1; Sporting Lissabon – Partizan Belgrad 3:3, 2:5; MTK (Vörös Lobogo) Budapest – Anderlecht Brüssel 6:3, 4:1; Servette Genf – Real Madrid 0:2, 0:5; Aarhus GF – Stade de Reims 0:2, 2:2; Rapid Wien – PSV Eindhoven 6:1, 0:1; Djurgarden Stockholm – Gwardia Warschau 0:0, 4:1; AC Mailand – 1. FC Saarbrücken 3:4, 4:1.
Viertelfinale: Djurgarden Stockholm – Hibernian Edinburgh 1:3, 0:1; Stade de Reims – MTK (Vörös Lobogo) Budapest 4:2, 4:4; Real Madrid – Partizan Belgrad 4:0, 0:3; Rapid Wien – AC Mailand 1:1, 2:7.
Halbfinale: Stade de Reims – Hibernian Edinburgh 2:0, 1:0; Real Madrid – AC Mailand 4:2, 1:2.

Endspiel am 13.6.1956 in Paris:

Real Madrid – Stade Reims 4:3 (2:2)

Real Madrid: Alonso – Atienza, Marquitos, Lesmes – Munoz, Zarraga – Joseito, Marchal, Di Stefano, Rial, Gento.
Tore: Rial (2), Di Stefano, Marquitos (Leblond, Templin, Hidalgo für Reims); SR: Ellis (England). – Zuschauer: 38 000.

1956/57: Real Madrid

1. Runde: Borussia Dortmund – Spora Luxemburg 4:3, 1:2, 7:0; Dinamo Bukarest – Galatasaray Istanbul 3:1, 1:2; Slovan Bratislava – CWKS (Legia) Warschau 4:0, 0:2; RSC Anderlecht – Manchester United 0:2, 0:10; Aarhus GF – OGC Nizza 1:1, 1:5; FC Porto – Atletico Bilbao 1:2, 2:3.
Achtelfinale: Manchester United – Borussia Dortmund 3:2, 0:0; CDNA Sofia – Dinamo Bukarest 8:1, 2:3; Slovan Bratislava – Grasshoppers Zürich 1:0, 0:2; Glasgow Rangers – OGC Nizza 2:1, 1:2, 1:3; Real

Madrid – Rapid Wien 4:2, 1:3, 2:0; Rapid JC Heerlen – Roter Stern Belgrad 3:4, 0:2; AC Florenz – IFK Norrköping 1:1, 1:0; Atletico Bilbao – Honved Budapest 3:2, 3:3.
Viertelfinale: Atletico Bilbao – Manchester United 5:3, 0:3; AC Florenz – Grasshoppers Zürich 3:1, 2:2; Roter Stern Belgrad – CDNA Sofia 3:1, 1:2; Real Madrid – OGC Nizza 3:0, 3:2.
Halbfinale: Roter Stern Belgrad – AC Florenz 0:1, 0:0; Real Madrid – Manchester United 3:1, 2:2.

Endspiel am 30. Mai 1957 in Madrid:

Real Madrid – AC Florenz 2:0 (0:0)

Real Madrid: Alonso – Torres, Marquitos, Lesmes – Munoz, Zarraga – Kopa, Mateos, Di Stefano, Rial, Gento.
Tore: Di Stefano, Gento – SR: Horn (Holland). – Zuschauer: 125 000.

1957/58: Real Madrid

1. Runde: Gwardia Warschau – Wismut Karl-Marx-Stadt 3:1, 1:3 (in Aue), 1:1 n. V. (in Berlin,Los für Karl-Marx-Stadt); CDNA Sofia – Vasas Budapest 2:1, 1:6; Glasgow Rangers – AS Saint-Etienne 3:1, 1:2; Stade Düdelingen – Roter Stern Belgrad 0:5, 1:9; Aarhus GF – FC Glenavon Belfast 0:0; 3:0; FC Sevilla – Benfica Lissabon 3:1, 0:0; Shamrock Rovers – Manchester United 0:6, 2:3; AC Mailand – Rapid Wien 4:1, 2:5, 4:2 (in Zürich). – Freilose für: Borussia Dortmund, Real Madrid, FC Antwerpen, Ajax Amsterdam, Young Boys Bern, Dukla Prag, IFK Norrköping und CCA Bukarest.
Achtelfinale: Borussia Dortmund – Armeeklub Bukarest 4:2, 1:3, 3:1 (in Bologna); Wismut Karl-Marx-Stadt – Ajax Amsterdam 1:3 (in Aue), 0:1; FC Antwerpen – Real Madrid 1:2, 0:6; IFK Norrköping – Roter Stern Belgrad 2:2, 1:2; Manchester United – Dukla Prag 3:0, 0:1; Young Boys Bern – Vasas Budapest 1:1 (in Genf), 1:2; Glasgow Rangers – AC Mailand 1:4, 0:2; FC Sevilla – Aarhus GF 4:0, 0:2.
Viertelfinale: Borussia Dortmund – AC Mailand 1:1, 1:4; Manchester United – Roter Stern Belgrad 2:1, 3:3; Real Madrid – FC Sevilla 8:0, 2:2; Ajax Amsterdam – Vasas Budapest 2:2, 0:4.
Halbfinale: Real Madrid – Vasas Budapest 4:0, 0:2; Manchester United – AC Mailand 2:1, 0:4.

Endspiel am 29. Mai 1958 in Brüssel:

Real Madrid – AC Mailand 3:2 nach Verl. (2:2, 0:0)

Real Madrid: Alonso – Atienza, Santamaria, Lesmes – Santisteban, Zarraga – Kopa, Joseito, Di Stefano, Rial, Gento.
Tore: Di Stefano, Rial, Gento (Schiaffino, Grillo für Mailand). – SR: Alsteen (Belgien). – Zuschauer: 67 000.

1958/59: Real Madrid

1. Runde: KB Kopenhagen – FC Schalke 04 3:0, 2:5, 1:3 (in Enschede); Wismut Karl-Marx-Stadt – Petrolul Ploesti 4:2 (in Aue), 0:2, 4:0 (in Kiew); Standard Lüttich – Heart of Midlothian Edinburgh 5:1 1:2; Jeunesse Esch – IFK Göteborg 1:2, 1:0, 1:5 (in Göteborg); Atletico Madrid – Drumcondra Dublin 8:0, 5:1; FC Ards Newtonards – Stade Reims 1:4, 2:6; Polonia Beuthen – MTK Budapest 0:3, 0:3; Juventus Turin – Wiener Sport-Club 3:1, 0:7; Dinamo Zagreb – Dukla Prag 2:2, 1:2; DOS Utrecht – Sporting Lissabon 3:4, 1:2; Olympiakos Piräus verzichtete gegen Besiktas Istanbul, Manchester United verzichtete gegen Young Boys Bern. – Freilose für: Real Madrid, Wolverhampton Wanderers, CDNA Sofia und HPS Helsinki.
Achtelfinale: Wolverhampton Wanderers – FC Schalke 04 2:2, 1:2; IFK Göteborg – Wismut Chemnitz 2:2, 0:4 (in Aue); Sporting Lissabon – Standard Lüttich 2:3, 0:3; Atletico Madrid – CDNA Sofia 2:1, 0:1, 3:1 n. V. (in Genf); MTK Budapest – Young Boys Bern 1:2, 1:4; Wiener Sport-Club – Dukla Prag 3:1, 0:1; Stade Reims – HPS Helsinki 4:0, 3:0 (in Rouen); Real Madrid – Besiktas Istanbul 2:0, 1:1.
Viertelfinale: Atletico Madrid – Schalke 04 3:0, 1:1; Young Boys Bern – Wismut Karl-Marx-Stadt 2:2, 0:0 (in Aue), 2:1 (in Amsterdam), Standard Lüttich – Stade Reims 2:0, 0:3; Wiener Sport-Club – Real Madrid 0:0, 1:7.
Halbfinale: Young Boys Bern – Stade de Reims 1:0, 0:3 (in Paris); Real Madrid – Atletico Madrid 2:1, 0:1, 2:1 (in Saragossa).

Endspiel am 3. Juni 1959 in Stuttgart:

Real Madrid – Stade Reims 2:0 (1:0)

Real Madrid: Dominguez – Marquitos, Santamaria, Zarraga – Santisteban, Ruiz – Kopa, Mateos, Di Stefano, Rial, Gento.
Tore: Mateos, Di Stefano. – SR: Dusch (Deutschland). – Zuschauer: 80 000.

1959/60: Real Madrid

1. Runde: ASK Vorwärts Berlin – Wolverhampton Wanderers 2:1, 0:2; OGC Nizza – Shamrock Rovers 3:2, 1:1; CDNA Sofia – FC Barcelona 2:2, 2:6; Wiener Sport-Club – Petrolul Ploesti 0:0, 2:1; Jeunesse Esch – LKS Lodz 5:0, 1:2; FC Linfield Belfast – IFK Göteborg 2:1, 1:6; Roter Stern Bratislava – FC Porto

2:1, 2:0; Olympiakos Piräus – AC Mailand 2:2, 1:3; Fenerbahce Istanbul – SC Csepel 1:1, 3:2; Glasgow Rangers – RSC Anderlecht 5:2, 2:0; Kuopio PS verzichtete gegen Eintracht Frankfurt. – Freilose für: Real Madrid, Roter Stern Belgrad, Sparta Rotterdam, B 1909 Odense und Young Boys Bern.

Achtelfinale: Young Boys Bern – Eintracht Frankfurt 1:4, 1:1; B 1909 Odense – Wiener Sport-Club 0:3, 2:2; Real Madrid – Jeunesse Esch 7:0, 5:2; Sparta Rotterdam – Göteborg IFK 3:1, 1:3, 3:1 (in Bremen); AC Mailand – FC Barcelona 0:2, 1:5; Roter Stern Belgrad – Wolverhampton Wanderers 1:1, 0:3; Glasgow Rangers – Roter Stern Bratislava 4:3, 1:1; Fenerbahce Istanbul – OGC Nizza 2:1, 1:2, 1:5 (in Genf).

Viertelfinale: Eintracht Frankfurt – Wiener Sport-Club 2:1, 1:1; OGC Nizza – Real Madrid 3:2, 0:4; FC Barcelona – Wolverhampton Wanderers 4:0, 5:2; Sparta Rotterdam – Glasgow Rangers 2:3, 1:0, 2:3 (in London).

Halbfinale: Eintracht Frankfurt – Glasgow Rangers 6:1, 6:3; Real Madrid – FC Barcelona 3:1, 3:1.

Endspiel am 18. Mai 1960 in Glasgow:

Real Madrid – Eintracht Frankfurt 7:3 (3:1)

Real Madrid: Dominguez – Marquitos, Santamaria, Pachin – Vidal, Zarraga – Canario, Del Sol, Di Stefano, Puskas, Gento.

Eintracht Frankfurt: Loy – Lutz, Eigenbrodt, Höfer – Weilbächer, Stinka – Kreß, Lindner, Stein, Pfaff, Meier.

Tore: Puskas (4), Di Stefano (3) – Stein (2), Kreß. – SR: Mowat (Schottland). – Zuschauer: 135 000.

1960/61: Benfica Lissabon

1. Runde: FC Limerick – Young Boys Bern 0:5, 2:4; Fredrikstad FK – Ajax Amsterdam 4:3, 0:0; HIFK Helsinki – IFK Malmö 1:3, 1:2; Stade Reims – Jeneusse Esch 6:1, 5:0; Rapid Wien – Besiktas Istanbul 4:0, 0:1; Aarhus GF – Legia Warschau 3:0, 0:1; FC Barcelona – Lierse SK 2:0, 3:0; Roter Stern Belgrad – Ujpest Budapest 1:2, 0:3; Heart of Midlothian Edinburgh – Benfica Lissabon 1:2, 0:3; Juventus Turin – CDNA Sofia 2:0, 1:4; CCA Bukarest verzichtete gegen Spartak Hradec Kralove und Glenavon Belfast verzichtete gegen Wismut Karl-Marx-Stadt. Freilose für: Hamburger SV, FC Burnley, Panathinaikos Athen und Real Madrid.

Achtelfinale: Young Boys Bern – Hamburger SV 0:5, 3:3 Rapid Wien – Wismut Karl-Marx-Stadt 3:1, 0:2, 1:0 (in Basel); Aarhus GF – Fredrikstad FK 3:0, 1:0 (in Oslo); IFK Malmö – CDNA Sofia 1:0, 1:1; Spartak Hradec Kralove – Panathinaikos Athen 1:0, 0:0; Benfica Lissabon – Ujpest Budapest 6:2, 1:2; Real Madrid – FC Barcelona 2:2, 1:2; FC Burnley – Stade Reims 2:0, 2:3 (in Paris).

Viertelfinale: FC Burnley – Hamburger SV 3:1, 1:4; FC Barcelona – Spartak Hradec Kralove 4:0, 1:1; Benfica Lissabon – Aarhus GF 3:1, 4:1; Rapid Wien – IFK Malmö 2:0, 2:0.

Halbfinale: FC Barcelona – Hamburger SV 1:0, 1:2, 1:0 (in Brüssel); Benfica Lissabon – Rapid Wien 3:0, 1:1 (abgebrochen).

Endspiel am 31. Mai 1961 in Bern:

Benfica Lissabon – FC Barcelona 3:2 (2:1)

Benfica Lissabon: Costa Pereira – Joao, Germano, Angelo – Neto, Cruz – Augusto, Santana, Aguas, Coluna, Cavem.

Tore: Aguas, Coluna (Kocsis, Czibor für Barcelona, dazu ein Eigentor von Ramallets). – SR: Dienst (Schweiz). – Zuschauer: 28 000.

1961/62: Benfica Lissabon

1. Runde: 1. FC Nürnberg – Drumcondra Dublin 5:0, 4:1; ASK Vorwärts Berlin – FC Linfield Belfast 3:0, Linfield verzichtete auf Rückspiel; AS Monaco – Glasgow Rangers 2:3, 2:3; IFK Göteborg – Feyenoord Rotterdam 0:3, 2:8; CDNA Sofia – Dukla Prag 4:4, 1:2; Vasas Budapest – Real Madrid 0:2, 1:3; Servette Genf – Hibernians Paola 5:0, 2:1; Standard Lüttich – Fredrikstad FK 2:1, 2:0 (in Oslo); Spora Luxemburg – B 1913 Odense 0:6, 2:9; Gornik Zabrze – Tottenham Hotspur 4:2 (in Chorzow), 1:8; Sporting Lissabon – Partizan Belgrad 1:1, 0:2; Panathinaikos Athen – Juventus Turin 1:1, 1:2; CCA Bukarest – Austria Wien 0:0, 0:2. Freilose für: Benfica Lissabon, Fenerbahce Istanbul und Haka Valkeakoski.

Achtelfinale: Fenerbahce Istanbul – 1. FC Nürnberg 1:2, 0:1; ASK Vorwärts Berlin – Glasgow Rangers 1:2, 1:4 (in Malmö); B 1913 Odense – Real Madrid 0:3, 0:9; Standard Lüttich – Haka Valkeakoski 5:1, 2:0; Austria Wien – Benfica Lissabon 1:1, 1:5; Feyenoord Rotterdam – Tottenham Hotspur 1:3, 1:1; Servette Genf – Dukla Prag 4:3, 0:2; Partizan Belgrad – Juventus Turin 1:2, 0:5.

Viertelfinale: 1. FC Nürnberg – Benfica Lissabon 3:1, 0:6; Standard Lüttich – Glasgow Rangers 4:1, 0:2; Dukla Prag – Tottenham Hotspur 1:0, 1:4; Juventus Turin – Real Madrid 0:1, 1:0, 1:3 (in Paris).

Halbfinale: Benfica Lissabon – Tottenham Hotspur 3:1, 1:2; Real Madrid – Standard Lüttich 4:0, 2:0.

Endspiel am 2. Mai 1962 in Amsterdam:

Benfica Lissabon – Real Madrid 5:3 (2:3)

Benfica Lissabon: Costa Pereira – Joao, Germano, Angelo – Cavem, Cruz – Jose Augusto, Eusebio, Aguas, Coluna, Simoes.
Tore: Eusebio (2), Aguas, Cavem, Coluna (Puskas (3) für Madrid). – SR: Horn (Holland). – Zuschauer: 65 000.

1962/63: AC Mailand

1. Runde: FC Dundee – 1. FC Köln 8:1, 0:4; ASK Vorwärts Berlin – Dukla Prag 0:3, 0:1; IFK Norrköping – Partizani Tirana 2:0, 1:1; Fredrikstad FK – Vasas Budapest 1:4, 0:7; FC Linfield Belfast – Esbjerg FB 1:2, 0:0; Austria Wien – HIFK Helsinki 5:3, 2:0; Real Madrid – RSC Anderlecht 3:3, 0:1; Dinamo Bukarest – Galatasaray Istanbul 1:1, 0:3; AC Mailand – Union Luxemburg 8:0, 6:0; Polonia Beuthen – Panathinaikos Athen 2:1 (in Chorzow), 4:1; Servette Genf – Feyenoord Rotterdam 1:3, 3:1, 1:3 n. V. (in Düsseldorf); FC Floriana – Ipswich Town 1:4, 0:10; CDNA Sofia – Partizan Belgrad 2:1, 4:1; FC Shelbourne – Sporting Lissabon 0:2, 1:5. – Freilose für: Stade Reims und Benfica Lissabon.
Achtelfinale: Austria Wien – Stade Reims 3:2, 0:5 (in Paris); CDNA Sofia – RSC Anderlecht 2:2, 0:2; Sporting Lissabon – FC Dundee 1:0, 1:4; IFK Norrköping – Benfica Lissabon 1:1, 1:5; Galatasaray Istanbul – Polonia Beuthen 4:1, 0:1 (in Chorzow); Esbjerg FB – Dukla Prag 0:0 (in Vejle), 0:5; Feyenoord Rotterdam – Vasas Budapest 1:1, 2:2, 1:0 (in Antwerpen); AC Mailand – Ipswich Town 3:0, 1:2.
Viertelfinale: Galatasaray Istanbul – AC Mailand 1:3, 0:5; RSC Anderlecht – FC Dundee 1:4, 2:2; Benfica Lissabon – Dukla Prag 2:1, 0:0; Stade Reims – Feyenoord Rotterdam 0:1, 1:1.
Halbfinale: Feyenoord Rotterdam – Benfica Lissabon 0:0, 1:3; AC Mailand – FC Dundee 5:1, 0:1.

Endspiel am 22. Mai 1963 in London:

AC Mailand – Benfica Lissabon 2:1 (0:1)

AC Mailand: Ghezzi – David, Maldini, Trebbi – Benitez, Trapattoni – Pivatelli, Sani, Altafini, Rivera, Mora.
Tore: Altafini (2), (Eusebio für Benfica). – SR: Holland (England). – Zuschauer: 45 000.

1963/64: Internazionale Mailand

1. Runde: Lyn Oslo – Borussia Dortmund 2:4, 1:3; Dinamo Bukarest – SC Motor Jena 2:0, 1:0; FC Dundalk – FC Zürich 0:3, 2:1; Partizan Belgrad – Anorthosis Famagusta 3:0, 3:1; Partizani Tirana – Spartak Plovdiv 1:0, 1:3; Galatasaray Istanbul – Ferencvaros Budapest 4:0, 0:2; Dukla Prag – FC Valetta 6:0, 2:0; FC Everton – Internazionale Mailand 0:0, 0:1; Gornik Zabrze – Austria Wien 1:0 (in Chorzow), 0:1, 2:1 (in Wien); AS Monaco – AEK Athen 7:2 (in Nizza), 1:1; Distillery Belfast – Benfica Lissabon 3:3, 0:5:, Standard Lüttich – IFK Norrköping 1:0, 0:2; Haka Valkeakoski – Jeunesse Esch 4:1, 0:4; Esbjerg FB – PSV Eindhoven 3:4, 1:7; Glasgow Rangers – Real Madrid 0:1, 0:6. _ Freilos für: AC Mailand.
Achtelfinale: Benfica Lissabon – Borussia Dortmund 2:1, 0:5; Dinamo Bukarest – Real Madrid 1:3, 3:5; Gornik Zabrze – Dukla Prag 2:0 (in Chorzow), 1:4; Spartak Plovdiv – PSV Eindhoven 0:1, 0:0; FC Zürich – Galatasaray Istanbul 2:0, 0:2, 2:2 n. Verl. (in Rom, Los für Zürich); Jeunesse Esch – Partizan Belgrad 2:1, 2:6; Internazionale Mailand – AS Monaco 1:0, 3:1 (in Marseille); IFK Norrköping – AC Mailand 1:1, 2:5.
Viertelfinale: Real Madrid – AC Mailand 4:1, 0:2; Partizan Belgrad – Internazionale Mailand 0:2, 1:2; PSV – FC Zürich 1:0, 1:3; Dukla Prag – Borussia Dortmund 0:4, 3:1.
Halbfinale: Borussia Dortmund – Internazionale Mailand 2:2, 0:2; FC Zürich – Real Madrid 1:2, 0:6

Endspiel am 27. Mai 1964 in Wien:

Internazionale Mailand – Real Madrid 3:1 (1:0)

Mailand: Sarti – Burgnich, Guarneri, Facchetti – Tagnin, Picchi – Jair, Mazzola, Milani, Suarez, Corso.
Tore: Mazzola (2), Milani (Felo für Real). – SR: Stoll (Österreich). – Zuschauer: 72 000.

1964/65: Internazionale Mailand

1. Runde: Partizani Tirana – 1. FC Köln 0:0, 0:2; Chemie Leipzig – ETO Györ 0:2, 2:4; Glentoran Belfast – Panathinaikos Athen 2:2, 2:3; KR Reykjavik – FC Liverpool 0:5, 1:6; RSC Anderlecht – FC Bologna 1:0, 1:2, 0:0 n. Verl. (in Barcelona, Los für Anderlecht); Sliema Wanderers – Dinamo Bukarest 0:2, 0:5; Rapid Wien – Shamrock Rovers 3:0, 2:0; Glasgow Rangers – Roter Stern Belgrad 3:1, 2:4, 3:1 (in London); AS Saint-Etienne – FC La Chaux-de-Fonds 2:2, 1:2; Aris Bonneweg – Benfica Lissabon 1:5, 1:5; B 1909 Odense – Real Madrid 2:5, 0:4; Dukla Prag – Gornik Zabrze 4:1, 0:3, 0:0 n. V. (in Duisburg, Los für Prag); Lokomotive Sofia – Malmö FF 8:3, 0:2; DWS Amsterdam – Fenerbahce Istanbul 3:1, 1:0; Reipas Lahti – Lyn Oslo 2:1, 0:3. – Freilos für: Internazionale Mailand

Achtelfinale: Panathinaikos Athen – 1. FC Köln 1:1, 1:2; FC Liverpool – RSC Anderlecht 3:0, 1:0; Internazionale Mailand – Dinamo Bukarest 6:0, 1:0; Glasgow Rangers – Rapid Wien 1:0, 2:0; FC La Chaux-de-Fonds – Benfica Lissabon 1:1, 0:5; Real Madrid – Dukla Prag 4:0, 2:2; ETO Györ – Lokomotive Sofia 5:3, 3:4; DWS Amsterdam – Lyn Oslo 5:0, 3:1.
Viertelfinale: 1. FC Köln – FC Liverpool 0:0, 0:0, 2:2 n. Verl. (in Rotterdam, Los für Liverpool); Internazionale Mailand – Glasgow Rangers 3:1, 0:1; Benfica Lissabon – Real Madrid 5:1, 1:2; DWS Amsterdam – ETO Györ 1:1, 0:1.
Halbfinale: FC Liverpool – Internazionale Mailand 3:1, 0:3; ETO Györ – Benfica Lissabon 0:1 (in Budapest), 0:4.

Endspiel am 27. Mai 1965 in Mailand:

Internazionale Mailand – Benfica Lissabon 1:0 (1:0)

Internazionale Mailand: Sarti – Burgnich, Guarneri, Facchetti – Bedin, Picchi – Jair, Mazzola, Peiro, Suarez, Corso.
Tor: Jair – SR: Dienst (Schweiz) – Zuschauer: 85 000.

1965/66: Real Madrid

1. Runde: APOEL Nikosia – Werder Bremen 0:5 (in Hamburg), 0:5; Drumcondra Dublin – ASK Vorwärts Berlin 1:0, 0:3; Feyenoord Rotterdam – Real Madrid 2:1, 0:5; 17 Nentori Tirana – FC Kilmarnock 0:0, 0:1; Fenerbahce Istanbul – RSC Anderlecht 0:0, 1:5; Lyn Oslo – Derry City 5:3, 1:5; Dinamo Bukarest – B 1909 Odense 4:0, 3:2; IB Keflavik – Ferencvaros Budapest 1:4, 1:9; Panathinaikos Athen – Sliema Wanderers 4:1, 0:1; Partizan Belgrad – FC Nantes 2:0, 2:2; Lausanne-Sports – Sparta Prag 0:0, 0:4; Linzer ASK – Gornik Zabrze 1:3, 1:2; HJK Helsinki – Manchester United 2:3, 0:6; Stade Düdelingen – Benfica Lissabon 0:8, 0:10; Djurgarden Stockholm – Levski Sofia 2:1, 0:6; Freilos für: Internazionale Mailand.
Achtelfinale: Partizan Belgrad – Werder Bremen 3:0, 0:1; ASK Vorwärts Berlin – Manchester United 0:2, 1:3; FC Kilmarnock – Real Madrid 2:2, 1:5; RSC Anderlecht – Derry City 9:0 (Derry City verzichtete auf 2. Spiel); Dinamo Bukarest – Internazionale Mailand 2:1, 0:2; Ferencvaros Budapest – Panathinaikos Athen 0:0, 3:1; Sparta Prag – Gornik Zabrze 3:0, 2:1 (in Chorzow); Levski Sofia – Benfica Lissabon 2:2, 2:3.
Viertelfinale: RSC Anderlecht – Real Madrid 1:0, 2:4; Internazionale Mailand – Ferencvaros Budapest 4:0, 1:1; Sparta Prag – Partizan Belgrad 4:1, 0:5; Manchester United – Benfica Lissabon 3:2, 5:1.
Halbfinale: Real Madrid – Internazionale Mailand 1:0, 1:1; Partizan Belgrad – Manchester United 2:0, 0:1.

Endspiel am 11. Mai 1966 in Brüssel:

Real Madrid – Partizan Belgrad 2:1 (0:0)

Real Madrid: Araquistain – Pachin, De Felipe, Zocco – Sanchiz – Pirri, Velazquez – Serena, Amancio, Grosso, Gento.
Tore: Amancio, Serena (Vasovic für Belgrad). – SR: Kreitlein (Deutschland). – Zuschauer: 55 000.

1966/67: Celtic Glasgow

Qualifikation: FC Waterford – ASK Vorwärts Berlin 1:6, 0:6; Sliema Wanderers – ZSKA Sofia 1:2, 0:4.
1. Runde: TSV München 1860 – Omonia Nikosia 8:0, 2:1 (in Pocking); Haka Valkeakoski – RSC Anderlecht 1:10, 0:2; Admira Wien – Vojvodina Novi Sad 0:1, 0:0; Aris Bonneweg – FC Linfield Belfast 3:3, 1:6; KR Reykjavik – FC Nantes 2:3, 2:5; Celtic Glasgow – FC Zürich 2:0, 3:0; Ajax Amsterdam – Besiktas Istanbul 2:0, 2:1; ZSKA Sofia – Olympiakos Piräus 3:1, 0:1; Esbjerg FB – Dukla Prag 0:2, 0:4; Vasas Budapest – Sporting Lissabon 5:0, 2:0; Internazionale Mailand – Torpedo Moskau 1:0, 0:0; Malmö FF – Atletico Madrid 0:2, 1:3; FC Liverpool – Petrolul Ploesti 2:0, 1:3, 2:0 (in Brüssel); Gornik Zabrze – ASK Vorwärts Berlin 2:1, 1:2, 3:1 (in Budapest);17 Nentori Tirana verzichtete gegen Valerengen Oslo. Freilos für: Real Madrid.
Achtelfinale: TSV München 1860 – Real Madrid 1:0, 1:3; FC Nantes – Celtic Glasgow 1:3, 1:3; Dukla Prag – RSC Anderlecht 4:1, 2:1; Internazionale Mailand – Vasas Budapest 2:1, 2:0; Valerengen Oslo – FC Linfield Belfast 1:4, 1:1; ZSKA Sofia – Gornik Zabrze 4:0, 0:3; Ajax Amsterdam – FC Liverpool 5:1, 2:2; Vojvodina Novi Sad – Atletico Madrid 3:1, 0:2, n. V. 3:2 (in Madrid).
Viertelfinale: Internazionale Mailand – Real Madrid 1:0, 2:0; FC Linfield – ZSKA Sofia 2:2, 0:1; Vojvodina Novi Sad – Celtic Glasgow 1:0, 0:2; Ajax Amsterdam – Dukla Prag 1:1, 1:2.
Halbfinale: Celtic Glasgow – Dukla Prag 3:1, 0:0; Internazionale Mailand – ZSKA Sofia 1:1, 1:1, 1:0 (in Bologna).

Endspiel am 25. Mai 1967 in Lissabon:

Celtic Glasgow – Internazionale Mailand 2:1 (0:1)

Celtic Glasgow: Simpson – Craig, McNeill, Gemmell – Murdoch,Clark, – Auld, Johnstone, Wallace, Chalmers, Lennox.
Tore: Gemmell, Chalmers (Mazzola für Mailand). – SR: Tschenscher (Deutschland). – Zuschauer: 54 000.

1967/68: Manchester United

1. Runde: Manchester United – Hibernians Paola 4:0, 0:0; Olympiakos Nikosia – FK Sarajewo 2:2, 1:3; Gornik Zabrze – Djurgarden Stockholm 3:0, 1:0; Celtic Glasgow – Dynamo Kiew 1:2, 1:1; Skeid Oslo – Sparta Prag 0:1, 1:1; FC Karl-Marx-Stadt – RSC Anderlecht 1:3, 1:2; Ajax Amsterdam – Real Madrid 1:1, 1:2 n. V.; FC Basel – Hvidovre Kopenhagen 1:2, 3:3; Glentoran Belfast – Benfica Lissabon 1:1, 0:0; Valur Reykjavik – Jeunesse Esch 1:1, 3:3 n. V. (Los für Reykjavik); FC Dundalk – Vasas Budapest 0:1, 1:8; AS Saint-Etienne – Kuopio PS 2:0, 3:0; Besiktas Istanbul – Rapid Wien 0:1, 0:3; Olympiakos Piräus – Juventus Turin 0:0, 0:2; Trakia Plovdiv – Rapid Bukarest 2:0, 0:3 n. V. – Dinamo Tirana verzichtete gegen Eintracht Braunschweig.
Achtelfinale: Rapid Wien – Eintracht Braunschweig 1:0, 0:2; FK Sarajewo – Manchester United 0:0, 1:2; Dynamo Kiew – Gornik Zabrze 1:2, 1:1 (in Chorzow); Sparta Prag – RSC Anderlecht 3:2, 3:3; Hvidovre Kopenhagen – Real Madrid 2:2, 1:4; Vasas Budapest – Valur Reykjavik 6:0, 5:1 (in Varpalota), Benfica Lissabon – AS Saint-Etienne 2:0, 0:1; Juventus Turin – Rapid Bukarest 1:0, 0:0.
Viertelfinale: Manchester United – Gornik Zabrze 2:0, 0:1; Real Madrid – Sparta Prag 3:0, 1:2; Vasas Budapest – Benfica Lissabon 0:0, 0:3; Eintracht Braunschweig – Juventus Turin 3:2, 0:1, 0:1 (in Bern).
Halbfinale: Manchester United – Real Madrid 1:0, 3:3; Benfica Lissabon – Juventus Turin 2:0, 1:0.

Endspiel am 29. Mai 1968 in London:

Manchester United – Benfica Lissabon 4:1 n. Verl. (1:1, 0:0)

Manchester United: Stepney – Brennan, Foulkes, Stiles, Dunne – Crerand, B. Charlton, Sadler – Best, Kidd, Aston.
Tore: Charlton (2), Best, Kidd (Graca für Lissabon). – SR: Lo Bello (Italien). – Zuschauer: 100 000.

1968/69: AC Mailand

1. Runde: 1. FC Nürnberg – Ajax Amsterdam 1:1, 0:4; Malmö FF – AC Mailand 2:1, 1:4; FC Zürich – Akademisk BK Kopenhagen 1:3, 2:1; RSC Anderlecht – Glentoran Belfast 3:0, 2:2; AS Saint-Etienne – Celtic Glasgow 2:0, 0:4; AEK Athen – Jeunesse Esch 3:0, 2:3; AFC Waterford – Manchester United 1:3 (in Dublin), 1:7; Rosenborg Trondheim – Rapid Wien 1:3, 3:3; FC Floriana – Reipas Lahti 1:1 (in Gzira), 0:2 (in Helsinki); Valur Reykjavik – Benfica Lissabon 0:0, 1:8; Real Madrid – AEL Limassol 6:0, 6:0 (beide Spiele in Madrid), Manchester City – Fenerbahce Istanbul 0:0, 1:2; Steaua Bukarest – Spartak Trnava 3:1, 0:4; FC Carl Zeiss Jena verzichtete gegen Roter Stern Belgrad; Levski Sofia, Ferencvaros Budapest, Dynamo Kiew und Ruch Chorzow verzichteten.
Achtelfinale: Ajax Amsterdam – Fenerbahce Istanbul 2:0, 2:0; Manchester United – RSC Anderlecht 3:0, 1:3; Celtic Glasgow – Roter Stern Belgrad 5:1, 1:1; AEK Athen – Akademisk BK Kopenhagen 0:0, 2:0; Rapid Wien – Real Madrid 1:0, 1:2; Reipas Lahti – Spartak Trnava 1:9 (in Wien), 1:7; Freilose für: AC Mailand und Benfica Lissabon.
Viertelfinale: AC Mailand – Celtic Glasgow 0:0, 1:0; Ajax Amsterdam – Benfica Lissabon 1:3, 3:1, 3:0 n. V. (in Paris); Manchester United – Rapid Wien 3:0, 0:0; Spartak Trnava – AEK Athen 2:1, 1:1.
Halbfinale: AC Mailand – Manchester United 2:0, 0:1; Ajax Amsterdam – Spartak Trnava 3:0, 0:2.

Endspiel am 28. Mai 1969 in Madrid:

AC Mailand – Ajax Amsterdam 4:1 (2:0)

AC Mailand: Cudicini – Anquiletti, Schnellinger – Rosato, Malatrasi, Trapattoni – Lodetti, Rivera – Hamrin, Sormani, Prati.
Tore: Prati (3), Sormani (Vasovic für Amsterdam). – SR: Machin (Frankreich). – Zuschauer: 32 000.

1969/70: Feyenoord Rotterdam

Qualifikation: Turku PS – KB Kopenhagen 0:1, 0:4.
1. Runde: FC Bayern München – AS Saint-Etienne 2:0, 0:3; ASK Vorwärts Berlin – Panathinaikos Athen 2:0, 1:1; Austria Wien – Dynamo Kiew 1:2, 1:3; FC Basel – Celtic Glasgow 0:0, 0:2; Feyenoord Rotterdam – KR Reykjavik 12:2, 4:0 (beide Spiele in Rotterdam); Hibernians Paola – Spartak Trnava 2:2 (in Gzira), 0:4; Benfica Lissabon – KB Kopenhagen 2:0, 3:2; ZSKA Sofia – Ferencvaros Budapest 2:1, 1:4; AC Florenz – Österс IF Växjö 1:0, 2:1; Standard Lüttich – 17 Nentori Tirana 3:0, 1:1; Real Madrid – Olympiakos Nikosia 0:0, 0:1 (beide Spiele in Madrid); AC Mailand – Avenir Beggen 5:0, 3:0 (in Luxemburg); Leeds United – Lyn Oslo 10:0, 6:0; Roter Stern Belgrad – FC Linfield Belfast 8:0, 4:2; UT Arad – Legia Warschau 1:2, 0:8; Galatasaray Istanbul – AFC Waterford 2:0, 3:2.
Achtelfinale: ASK Vorwärts Berlin – Roter Stern Belgrad 2:1, 2:3, Dynamo Kiew – AC Florenz 1:2, 0:0; Leeds United – Ferencvaros Budapest 3:0, 3:0; AC Mailand – Feyenoord Rotterdam 1:0, 0:2; Spartak Trnava – Galatasaray Istanbul 1:0, 0:1 n. Verl., Los für Istanbul; Celtic Glasgow – Benfica Lissabon 3:0, 0:3 n. Verl., Los für Glasgow; Legia Warschau – AS Saint-Etienne 2:1, 1:0; Standard Lüttich – Real Madrid 1:0, 3:2.

Viertelfinale: ASK Vorwärts Berlin – Feyenoord Rotterdam 1:0, 0:2; Standard Lüttich – Leeds United 0:1, 0:1; Celtic Glasgow – AC Florenz 3:0, 0:1; Galatasaray Istanbul – Legia Warschau 1:1, 0:2.
Halbfinale: Leeds United – Celtic Glasgow 0:1, 1:2; Legia Warschau – Feyenoord Rotterdam 0:0, 0:2.

Endspiel am 6. Mai 1970 in Mailand:

Feyenoord Rotterdam – Celtic Glasgow 2:1 (1:1, 1:1) n. Verl.

Feyenoord: Pieters Graafland – Romeijn (Haak), Laseroms, Israel, Van Duivenbode – Jansen, Hasil – Van Hanegem, Wery, Kindvall, Moulijn.
Tore: Israel, Kindvall (Gemmel für Glasgow). – SR: Lo Bello (Italien). – Zuschauer: 54 000.

1970/71: Ajax Amsterdam

Qualifikation: Levski/Spartak Sofia – Austria Wien 3:1, 0:3.
1. Runde: EPA Larnaka – Borussia Mönchengladbach 0:6 (in Augsburg), 0:10; Fenerbahce Istanbul – FC Carl Zeiss Jena 0:4, 0:1; 17 Nentori Tirana – Ajax Amsterdam 2:2, 0:2; Jeunesse Esch – Panathinaikos Athen 1:2, 0:5; Spartak Moskau – FC Basel 3:2, 1:2; Atletico Madrid – Austria Wien 2:0, 2:1; Rosenborg Trondheim – Standard Lüttich 0:2, 0:5; Sporting Lissabon – FC Floriana 5:0, 4:0; Slovan Bratislava – BK 1903 Kopenhagen 2:1, 2:2; Feyenoord Rotterdam – UT Arad 1:1, 0:0; FC Everton – IB Keflavik 6:2, 3:0 (in Reykjavik); IFK Göteborg – Legia Warschau 0:4, 1:2; Ujpest Budapest – Roter Stern Belgrad 2:0, 0:4; Cagliari Calcio – AS Saint-Etienne 3:0, 0:1; Celtic Glasgow – Kokkola PV 9:0, 5:0; Glentoran Belfast – AFC Waterford 1:3, 0:1.
Achtelfinale: FC Carl Zeiss Jena – Sporting Lissabon 2:1, 2:1; Borussia Mönchengladbach – FC Everton 1:1, 1:1 n. Verl. (Everton 4:3-Sieger nach Elfmeterschießen); Ajax Amsterdam – FC Basel 3:0, 2:1; Panathinaikos Athen – Slovan Bratislava 3:0, 1:2; Roter Stern Belgrad – UT Arad 3:0, 3:1; AFC Waterford – Celtic Glasgow 0:7, 2:3; Standard Lüttich – Legia Warschau 1:0, 0:2; Cagliari Calcio – Atletico Madrid 2:1, 0:3.
Viertelfinale: Ajax Amsterdam – Celtic Glasgow 3:0, 0:1; FC Everton – Panathinaikos Athen 1:1, 0:0; FC Carl Zeiss Jena – Roter Stern Belgrad 3:2, 0:4; Atletico Madrid – Legia Warschau 1:0, 1:2.
Halbfinale: Atletico Madrid – Ajax Amsterdam 1:0, 0:3; Roter Stern Belgrad – Panathinaikos Athen 4:1, 0:3.

Endspiel am 2. Juni 1971 in London:

Ajax Amsterdam – Panathinaikos Athen 2:0 (1:0)

Ajax: Stuy – Neeskens, Hulshoff, Vasovic, Suurbier – Rijnders (Blankenburg), Mühren – Swart (Haan), Cruyff, Van Dijk, Keizer.
Tore: van Dijk, Haan. – SR: Taylor (England). – Zuschauer: 84 000.

1971/72: Ajax Amsterdam

Qualifikation: FC Valencia – Union Luxemburg 3:1; 1:0.
1. Runde: Cork Hibernians – Borussia Mönchengladbach 0:5, 1:2; Ajax Amsterdam – Dynamo Dresden 2:0, 0:0; Wacker Innsbruck – Benfica Lissabon 0:4, 1:3; Reipas Lahti – Grasshoppers Zürich 1:1, 0:8; Galatasaray Istanbul – ZSKA Moskau 1:1, 0:3; Standard Lüttich – FC Linfield Belfast 2:0, 3:2; B 1903 Kopenhagen – Celtic Glasgow 2:1, 0:3; Feyenoord Rotterdam – Olympiakos Nikosia 8:0, 9:0 (beide Spiele in Rotterdam); Dinamo Bukarest – Spartak Trnava 0:0, 2:2; Inter Mailand – AEK Athen 4:1, 2:3; Ujpest Budapest – Malmö FF 4:0, 0:1; Olympique Marseille – Gornik Zabrze 2:1, 1:1 (in Kattowitz); ZSKA Sofia – Partisani Tirana 3:0, 1:0; FC Valencia – Hajduk Split 0:0, 1:1; IA Akranes – Sliema Wanderers 0:4, 0:0 (beide Spiele in Malta); Strömsgodset Drammen – FC Arsenal 1:3 (in Oslo), 0:4.
Achtelfinale: Borussia Mönchengladbach – Inter Mailand 7:1 (annulliert wegen eines Büchsenwurfs gegen einen Interspieler), 2:4, 0:0 (in Berlin); Grasshoppers Zürich – Arsenal London 0:2, 0:3; Olympique Marseille – Ajax Amsterdam 1:2, 1:4; Dinamo Bukarest – Feyenoord Rotterdam 0:3, 0:2; Celtic Glasgow – Sliema Wanderers 5:0, 2:1; ZSKA Moskau – Standard Lüttich 1:0, 0:2; FC Valencia – Ujpest Budapest 0:1, 1:2; Benfica Lissabon – ZSKA 2:1, 0:0.
Viertelfinale: Ujpest Budapest – Celtic Glasgow 1:2, 1:1; Feyenoord Rotterdam – Benfica Lissabon 1:0, 1:5; Ajax Amsterdam – FC Arsenal 2:1, 1:0; Inter Mailand – Standard Lüttich 1:0, 1:2.
Halbfinale: Inter Mailand – Celtic Glasgow 0:0, 0:0 n. Verl. (Inter 5:4-Sieger nach Elfmeterschießen); Ajax Amsterdam – Benfica Lissabon 1:0, 0:0.

Endspiel am 31. Mai 1972 in Rotterdam:

Ajax Amsterdam – Inter Mailand 2:0 (0:0)

Ajax: Stuy – Suurbier, Hulshoff, Blankenburg, Krol – Neeskens, G. Mühren, Haan – Swart, Crujff, Keizer.
Tore: Cruyff (2). – SR: Helies (Frankreich). – Zuschauer: 62 000.

1972/73: Ajax Amsterdam

1. Runde: Galatasaray Istanbul – Bayern München 1:1, 0:6; 1. FC Magdeburg – Turku PS 6:0, 3:1; Real Madrid – IB Keflavik 3:0, 1:0 (in Reykjavik); RSC Anderlecht – Vejle BK 4:2, 3:0; Ujpest Budapest – FC

Basel 2:0, 2:3; Celtic Glasgow – Rosenborg Trondheim 2:1, 3:1; Olympique Marseille – Juventus Turin 1:0 (in Lyon), 0:3; Malmö FF – Benfica Lissabon 1:0, 1:4; Wacker Innsbruck – Dynamo Kiew 0:1, 0:2; Sliema Wanderers – Gornik Zabrze 0:5, 0:5; Aris Bonneweg – FC Arges Pitesti 0:2 (in Luxemburg) 0:4; Derby County – Zeljeznicar Sarajewo 2:0, 2:1; AFC Waterford – Omonia Nikosia 2:1, 0:2; ZSKA Sofia – Panathinaikos Athen 2:1, 2:0. – Freilose für: Ajax Amsterdam und Spartak Trnava.
Achtelfinale: Bayern München – Omonia Nikosia 9:0, 4:0 (in Augsburg); Juventus Turin – 1. FC Magdeburg 1:0, 1:0; Spartak Trnava – RSC Anderlecht 1:0, 1:0; Derby County – Benfica Lissabon 3:0, 0:0; Celtic Glasgow – Ujpest Budapest 2:1, 0:3; Dynamo Kiew – Gornik Zabrze 2:0, 1:2; FC Arges Pitesti – Real Madrid 2:1, 1:3; ZSKA Sofia – Ajax Amsterdam 1:3, 0:3.
Viertelfinale: Ajax Amsterdam – Bayern München 4:0, 1:2; Juventus Turin – Ujpest Budapest 0:0, 2:2; Dynamo Kiew – Real Madrid 0:0 (in Odessa), 0:3; Spartak Trnava – Derby County 1:0, 0:2.
Halbfinale: Ajax Amsterdam – Real Madrid 2:1, 1:0; Juventus Turin – Derby County 3:1, 0:0.

Endspiel am 30. Mai 1973 in Belgrad:
Ajax Amsterdam – Juventus Turin 1:0 (1:0)
Ajax: Stuy – Suurbier, Hulshoff, Blankenburg, Krol – Neeskens, Mühren, Haan – Rep, Cruyff, Keizer.
Tor: Rep. – SR: Gugulovic (Jugoslawien). – Zuschauer: 90 000.

1973/74: Bayern München
1. Runde: Bayern München – Atvidabergs FF 3:1, 1:3 n. V. (Bayern 4:3-Sieger nach Elfmeterschießen), Dynamo Dresden – Juventus Turin 2:0, 2:3; ZSKA – Wacker Innsbruck 3:0, 1:0 (in Olten); FC Basel – Fram Reykjavik 5:0, 6:2 (in Olten), Jeunesse Esch – FC Liverpool 1:1, 0:2; Viking Stavanger – Spartak Trnava 1:2, 0:1; AFC Waterford – Ujpest Budapest 2:3, 0:3; Benfica Lissabon – Olympiakos Piräus 1:0, 1:0; Turku PS – Celtic Glasgow 1:6, 0:3; Zarja Woroschilowgrad – APOEL Nikosia 2:0, 1:0; Roter Stern Belgrad – Stal Mielec 2:1, 1:0 (in Krakau); FC Brügge – FC Floriana 8:0, 2:0; Atletico Madrid – Galatasaray Istanbul 0:0, 1:0 n. V.; Vejle BK – FC Nantes 2:2, 1:0; Crusaders Belfast – Dinamo Bukarest 0:1, 0:11. – Freilos für: Ajax Amsterdam.
Achtelfinale: Bayern München – Dynamo Dresden 4:3, 3:3; FC Brügge – FC Basel 2:1, 4:6; Ajax Amsterdam – ZSKA Sofia 1:0, 0:2 n. V.; Roter Stern Belgrad – FC Liverpool 2:1, 2:1; Spartak Trnava – Zarja Woroschilowgrad 0:0, 1:0; Dinamo Bukarest – Atletico Madrid 0:2, 2:2; Celtic Glasgow – Vejle BK 0:0, 1:0; Benfica Lissabon – Ujpest Budapest 1:1, 0:2.
Viertelfinale: Bayern München – ZSKA Sofia 4:1, 1:2; FC Basel – Celtic Glasgow 3:2, 2:4 n. V.; Roter Stern Belgrad – Atletico Madrid 0:2, 0:0; Spartak Trnava – Ujpest Budapest 1:1, 1:1 n. V. (Budapest 4:3-Sieger nach Elfmeterschießen).
Halbfinale: Ujpest Budapest – Bayern München 1:1, 0:3; Celtic Glasgow – Atletico Madrid 0:0, 0:2.

Endspiele am 15. Mai in Brüssel und 17. Mai in Brüssel:
Bayern München – Atletico Madrid n. V. 1:1 (0:0) und 4:0 (1:0)
Bayern München: Maier – Hansen, Schwarzenbeck, Beckenbauer, Breitner – Roth, Hoeneß, Zobel – Kapellmann, Müller, Torstensson (Dürnberger)
Tore im ersten Spiel: Luis/Schwarzenbeck. – SR: Loraux (Belgien). – Zuschauer: 49 000.
Tore im zweiten Spiel: Hoeneß (2), Müller (2). – SR: Delcourt (Belgien). – Zuschauer: 24 000.

1974/75: Bayern München
1. Runde: Levski/Spartak Sofia – Ujpest Budapest 0:3, 1:4; Hajduk Split – IB Keflavik 7:1, 2:0 (beide Spiele in Split); Feyenoord Rotterdam – FC Coleraine 7:0, 4:1, Viking Stavanger – Ararat Erewan 0:2, 2:4; Hvidovre Kopenhagen – Ruch Chorzow 0:0, 1:2; Celtic Glasgow – Olympiakos Piräus 1:1, 0:2; AS Saint-Etienne – Sporting Lissabon 2:0, 1:1; Leeds United – FC Zürich 4:1, 1:2; Slovan Bratislava – RSC Anderlecht 4:2, 1:3; FC Valetta – HJK Helsinki 1:0, 1:4; Universitatea Craiova – Atvidabergs FF 2:1, 1:3; Jeunesse Esch – Fenerbahce Istanbul 2:3, 0:2; VÖEST Linz – FC Barcelona 0:0, 0:5; Omonia Nikosia verzichtete gegen Cork Celtic. – Freilose für: Bayern München und 1. FC Magdeburg. Aufgrund der Ausschreitungen im Spiel Lazios gegen Ipswich im UEFA-Pokal der 2. Runde im Herbst 1973 wurde Lazio als Italienmeister '74 für ein Jahr gesperrt.
Achtelfinale: Bayern München – 1. FC Magdeburg 3:2, 2:1; Feyenoord Rotterdam – FC Barcelona 0:0, 0:3; RSC Anderlecht – Olympiakos Piräus 5:1, 0:3 (in Patras); Ruch Chorzow – Fenerbahce Istanbul 2:1, 2:0; Ujpest Budapest – Leeds United 1:2, 0:3; HJK Helsinki – Atvidabergs FF 0:3, 0:1; Hajduk Split – AS Saint-Etienne 4:1, 1:5 n. V.; Cork Celtic – Ararat Erewan 1:2, 0:5.
Viertelfinale: Bayern München – Ararat Erewan 2:0, 0:1; Ruch Chorzow – AS Saint-Etienne 3:2, 0:2; Leeds United – RSC Anderlecht 3:0, 1:0; FC Barcelona – Atvidabergs FF 2:0, 3:0 (beide Spiele in Barcelona).
Halbfinale: AS Saint-Etienne – Bayern München 0:0, 0:2; Leeds United – FC Barcelona 2:1, 1:1.

Endspiel am 28. Mai 1975 in Paris:

Bayern München – Leeds United 2:0 (0:0)

Bayern München: Maier – Beckenbauer, Schwarzenbeck, Dürnberger, Andersson (Josef Weiß) – Zobel, Roth, Kapellmann – Hoeneß (Wunder), Müller, Torstensson.
Tore: Roth, Müller. – SR: Kitabdjan (Frankreich). – Zuschauer: 50 000.

1975/76: Bayern München

1. Runde: Jeunesse Esch – Bayern München 0:5 (in Luxemburg), 1:3; Borussia Mönchengladbach – Wacker Innsbruck 1:1, 6:1; Malmö FF – 1. FC Magdeburg 2:1, 1:2 n. V. (Malmö 2:1-Sieger nach Elfmeterschießen); Real Madrid – Dinamo Bukarest 4:1, 0:1; RWD Molenbeek – Viking Stavanger 3:2, 1:0; FC Floriana – Hajduk Split 0:5 (in Gzira), 0:3; Ujpest Budapest – FC Zürich 4:0, 1:5; FC Linfield Belfast – PSV Eindhoven 1:2, 0:8; ZSKA Sofia – Juventus Turin 2:1, 0:2; Ruch Chorzow – Kuopio PS 5:0, 2:2 (in Mikkeli); KB Kopenhagen – AS Saint-Etienne 0:2, 1:3; Olympiakos Piräus – Dynamo Kiew 2:2 (in Saloniki), 0:1; Glasgow Rangers – Bohemians Dublin 4:1, 1:1; Slovan Bratislava – Derby County 1:0, 0:3; Benfica Lissabon – Fenerbahce Istanbul 7:0, 0:1 (in Izmir); Omonia Nikosia – IA Akranes 2:1, 0:4 (in Reykjavik).
Achtelfinale: Malmö FF – Bayern München 1:0, 0:2; Borussia Mönchengladbach – Juventus Turin 2:0, 2:2; Dynamo Kiew – IA Akranes 3:0, 2:0; Ruch Chorzow – PSV Eindhoven 1:3, 0:4; Hajduk Split – RWD Molenbeek 4:0, 3:2; Derby County – Real Madrid 4:1, 1:5 n. V.; AS Saint-Etienne – Glasgow Rangers 2:0, 2:1; Benfica Lissabon – Ujpest Budapest 5:2, 1:3.
Viertelfinale: Benfica Lissabon – Bayern München 0:0, 1:5; Borussia Mönchengladbach – Real Madrid 2:2 (in Düsseldorf), 1:1; Dynamo Kiew – AS Saint-Etienne 2:0 (in Simferopol), 0:3 n. V., Hajduk Split – PSV Eindhoven 2:0, 0:3 n. V.
Halbfinale: Real Madrid – Bayern München 1:1, 0:2; AS Saint-Etienne – PSV Eindhoven 1:0, 0:0.

Endspiel am 12. Mai in Glasgow:

Bayern München – AS Saint-Etienne 1:0 (0:0)

Bayern München: Maier – Hansen, Beckenbauer, Schwarzenbeck, Horsmann – Roth, Dürnberger, Kapellmann – Hoeneß, Müller, Rummenigge.
Tor: Roth. – SR: Palotai (Ungarn). – Zuschauer: 54 864.

1976/77: FC Liverpool

1. Runde: Köge BK – Bayern München 0:5 (in Kopenhagen), 1:2; Austria/WAC Wien – Borussia Mönchengladbach 1:0, 0:3; Dynamo Dresden – Benfica Lissabon 2:0, 0:0; FC Liverpool – Crusaders Belfast 2:0, 5:0; Sliema Wanderers – Turku PS 2:1 (in Gzira), 0:1; Ferencvaros Budapest – Jeunesse Esch 5:1, 6:2; ZSKA Sofia – AS Saint-Etienne 0:0, 0:1; FC Dundalk – PSV Eindhoven 1:1, 0:6; Stal Mielec – Real Madrid 1:2, 0:1 (in Valencia); Dynamo Kiew – Partizan Belgrad 3:0, 2:0; Glasgow Rangers – FC Zürich 1:1, 0:1; FC Brügge – Steaua Bukarest 2:1, 1:1; Omonia Nikosia – PAOK Saloniki 0:2, 1:1; AC Turin – Malmö FF 2:1, 1:1; IA Akranes – Trabzonspor 1:3 (in Reykjavik), 2:3; Viking Stavanger – Banik Ostrava 2:1, 0:2.
Achtelfinale: Banik Ostrava – Bayern München 2:1, 0:5; AC Turin – Borussia Mönchengladbach 1:2, 0:0 (in Düsseldorf); Ferencvaros Budapest – Dynamo Dresden 1:0, 0:4; Real Madrid – FC Brügge 0:0 (in Malaga), 0:2; Trabzonspor – FC Liverpool 1:0, 0:3; AS Saint-Etienne – PSV Eindhoven 1:0, 0:0; Dynamo Kiew – PAOK Saloniki 4:0, 2:0; FC Zürich – Turku PS 2:0, 1:0.
Viertelfinale: Bayern München – Dynamo Kiew 1:0, 0:2; Borussia Mönchengladbach – FC Brügge 2:2 (in Düsseldorf), 1:0; AS Saint Etienne – FC Liverpool 1:0, 1:3; FC Zürich – Dynamo Dresden 2:1, 2:3.
Halbfinale: Dynamo Kiew – Borussia Mönchengladbach 1:0, 0:2 (in Düsseldorf); FC Zürich – FC Liverpool 1:3, 0:3.

Endspiel am 25. Mai in Rom:

FC Liverpool – Borussia Mönchengladbach 3:1 (1:0)

FC Liverpool: Clemence – Neal, Smith, Hughes, Jones – Case, McDermott, Kennedy – Keegan, Callaghan, Heighway.
Gladbach: Kneib – Vogts, Wittkamp, Schäffer, Klinkhammer – Bonhof, Wohlers (Hannes), Stielike, Wimmer (Kulik) – Simonsen, Heynckes.
Tore: McDermott, Smith, Neal (Simonsen für Mönchengladbach). – SR: Wurtz (Frankreich). – Zuschauer: 57 000.

1977/78: FC Liverpool

1. Runde: Vasas Budapest – Borussia Mönchengladbach 0:3, 1:1; Dynamo Dresden – Halmstads BK 2:0, 1:2; FC Basel – Wacker Innsbruck 1:3, 1:0 (in Salzburg); Omonia Nikosia – Juventus Turin 0:3, 0:2; Kuopio PS – FC Brügge 0:4, 2:5; Celtic Glasgow – Jeunesse Esch 5:0, 6:1; Roter Stern Belgrad – Sligo

Rovers 3:0, 3:0; Dinamo Bukarest - Atletico Madrid 2:1, 0:2; Lilleström SK - Ajax Amsterdam 2:0 (in Oslo), 0:4; Trabzonspor - B 1903 Kopenhagen 1:0, 0:2; Dukla Prag - FC Nantes 1:1, 0:0; Levski/Spartak Sofia - Slask Wroclaw 3:0, 2:2; FC Floriana - Panathinaikos Athen 1:1 (in Gzira), 0:4; Benfica Lissabon - Torpedo Moskau 0:0, 0:0 n. V. (Benfica 4:1-Sieger nach Elfmeterschießen); Valur Reykjavik - Glentoran Belfast 1:0, 0:2. - Freilos für: FC Liverpool.

Achtelfinale: Roter Stern Belgrad - Borussia Mönchengladbach 0:3, 1:5; Celtic Glasgow - Wacker Innsbruck 2:1, 0:3 (in Salzburg); FC Liverpool - Dynamo Dresden 5:1, 1:2; Levski/Spartak Sofia - Ajax Amsterdam 1:2, 1:2; FC Brügge - Panathinaikos Athen 2:0, 0:1; Benfica Lissabon - B 1903 Kopenhagen 1:0, 1:0; Glentoran Belfast - Juventus Turin 0:1, 0:5; FC Nantes - Atletico Madrid 1:1, 1:2.

Viertelfinale: Wacker Innsbruck - Borussia Mönchengladbach 3:1, 0:2; Ajax Amsterdam - Juventus Turin 1:1, 1:1 n. V. (Juventus 3:0-Sieger nach Elfmeterschießen); FC Brügge - Atletico Madrid 2:0, 2:3; Benfica Lissabon - FC Liverpool 1:2, 1:4.

Halbfinale: Borussia Mönchengladbach - FC Liverpool 2:1 (in Düsseldorf), 0:3; Juventus Turin - FC Brügge 1:0, 0:2 n. V.

Endspiel am 10. Mai 1978 in London:

FC Liverpool - FC Brügge 1:0 (0:0)

FC Liverpool: Clemence - Neal, Thompson, Hansen, Hughes - Case (Heighway), McDermott, Souness, Kennedy - Dalglish, Fairclough.

Tor: Dalglish. - SR: Corver (Holland). - Zuschauer: 92 500.

1978/79: Nottingham Forest

Qualifikation: AS Monaco - Steaua Bukarest 3:0, 0:2.

1. Runde: 1. FC Köln - IA Akranes 4:1, 1:1 (in Reykjavik); Partizan Belgrad - Dynamo Dresden 2:0, 0:2 n. V. (Dresden 5:4-Sieger nach Elfmeterschießen); Vllaznia Shkoder - Austria Wien 2:0, 1:4; Grasshoppers Zürich - FC Valetta 8:0, 5:3; FC Brügge - Wisla Krakau 2:1, 1:3; Fenerbahce Istanbul - PSV Eindhoven 2:1, 1:6; Real Madrid - Progres Niederkorn 5:0, 7:0 (in Differdingen); Juventus Turin - Glasgow Rangers 1:0, 0:2; Zbrojovka Brünn - Ujpest Budapest 2:2, 2:0; Nottingham Forest - FC Liverpool 2:0, 0:0; Haka Valkeakoski - Dynamo Kiew 0:1 (in Tampere), 1:3 (in Charkow); FC Linfield Belfast - Lilleström SK 0:0, 0:1 (in Oslo); Odense BK - Lokomotive Sofia 2:2, 1:2; Omonia Nikosia - Bohemians Dublin 2:1, 0:1 (in Cork); Malmö FF - AS Monaco 0:0, 1:0; AEK Athen - FC Porto 6:1, 1:4.

Achtelfinale: Lokomotive Sofia - 1. FC Köln 0:1, 0:4; AEK Athen - Nottingham Forest 1:2, 1:5; Glasgow Rangers - PSV Eindhoven 0:0, 3:2; Dynamo Kiew - Malmö FF 0:0 (in Charkow), 0:2; Real Madrid - Grasshoppers Zürich 3:1, 0:2; Bohemians Dublin - Dynamo Dresden 0:0 (in Dundalk), 0:6; Zbrojovka Brünn - Wisla Krakau 2:2, 1:1; Austria Wien - Lilleström SK 4:1, 0:0 (in Oslo).

Viertelfinale: 1. FC Köln - Glasgow Rangers 1:0, 1:1; Austria Wien - Dynamo Dresden 3:1, 0:1, Wisla Krakau - Malmö FF 2:1, 1:4; Nottingham Forest - Grasshoppers Zürich 4:1, 1:1.

Halbfinale: Nottingham Forest - 1. FC Köln 3:3, 1:0; Austria Wien - Malmö FF 0:0, 0:1.

Endspiel am 30. Mai in München:

Nottingham Forest - Malmö FF 1:0 (1:0)

Nottingham: Shilton - Anderson, Burns, Lloyd, Clark - McGovern, Bowyer, Francis - Birtles, Woodcock, Robertson.

Tor: Francis. - SR: Linemayr (Österreich). - Zuschauer: 57 000.

1979/80: Nottingham Forest

Qualifikation: FC Dundalk - FC Linfield 1:1, 2:0 (in Haarlem).

1. Runde: Valur Reykjavik - Hamburger SV 0:3, 1:2; Dynamo Berlin - Ruch Chorzow 4:1, 0:0; FC Liverpool - Dynamo Tiflis 2:1, 0:3; Arges Pitesti - AEK Athen 3:0, 0:2; Servette Genf - SK Beveren 3:1, 1:1; Levski/Spartak Sofia - Real Madrid 0:1, 0:2; Vejle BK - Austria Wien 3:2, 1:1; Nottingham Forest - Östers Växjö 2:0, 1:1; FC Porto - AC Mailand 0:0, 1:0; Red Boys Differdingen - Omonia Nikosia 2:1, 1:6; Hajduk Split - Trabzonspor 1:0, 1:0; FC Dundalk - Hibernians Paola 2:0, 0:1; Start Kristiansand - Racing Straßburg 1:2, 0:4; Partizani Tirana - Celtic Glasgow 1:0, 1:4; HJK Helsinki - Ajax Amsterdam 1:8, 1:8; Ujpest Budapest - Dukla Prag 3:2, 0:2.

Achtelfinale: Hamburger SV - Dynamo Tiflis 3:1, 3:2; Dynamo Berlin - Servette Genf 2:1, 2:2; Celtic Glasgow - FC Dundalk 3:2, 0:0; FC Porto - Real Madrid 2:1, 0:1; Vejle BK - Hajduk Split 0:0, 2:1; Ajax Amsterdam - Omonia Nikosia 10:0, 0:4; Dukla Prag - Racing Straßburg 1:0, 0:2 n. V.; Nottingham Forest - Arges Pitesti 2:0, 2:1.

Viertelfinale: Hamburger SV - Hajduk Split 1:0, 2:3; Nottingham Forest - Dynamo Berlin 0:1, 3:1; Racing Straßburg - Ajax Amsterdam 0:0, 0:4; Celtic Glasgow - Real Madrid 2:0, 0:3.

Halbfinale: Real Madrid – Hamburger SV 2:0, 1:5; Nottingham Forest – Ajax Amsterdam 2:0, 0:1.

Endspiel am 28. Mai in Madrid:

Nottingham Forest – Hamburger SV 1:0 (1:0)

Nottingham: Shilton – Anderson, Burns, Lloyd, Gray (Gunn) – McGovern, O'Neill, Bowyer, Mills (O'Hare) – Robertson, Birtles.
HSV: Kargus – Kaltz, Nogly, Buljan, Jakobs – Hieronymus (Hrubesch), Magath, Memering – Keegan, Reimann, Milewski.
Tor: Robertson. – SR: Garrido (Portugal). – Zuschauer: 50 000.

1980/81: FC Liverpool

Qualifikation: Honved Budapest – FC Valetta 8:0, 3:0.
1. Runde: Olympiakos Piräus – Bayern München 2:4, 0:3; Dynamo Berlin – APOEL Nikosia 3:0, 1:2; FC Linfield Belfast – FC Nantes 0:1 (in Haarlem), 0:2; FC Aberdeen – Austria Wien 1:0, 0:0; IB Vestmannaeyar – Banik Ostrau 1:1, 0:1; Dinamo Tirana – Ajax Amsterdam 0:2, 0:1; FC Brügge – FC Basel 0:1, 1:4; ZSKA Sofia – Nottingham Forest 1:0, 1:0; Oulu PS – FC Liverpool 1:1, 1:10; Viking Stavanger – Roter Stern Belgrad 2:3, 1:4; Limerick United – Real Madrid 1:2, 1:5; Halmstads BK – Esbjerg FB 0:0, 2:3; Trabzonspor – Szombierki Beuthen 2:1, 0:3; Jeunesse Esch – Spartak Moskau 0:5, 0:4; Inter Mailand – Universitatea Craiova 2:0, 1:1; Sporting Lissabon – Honved Budapest 0:2, 0:1.
Achtelfinale: Bayern München – Ajax Amsterdam 5:1, 1:2; Banik Ostrau – Dynamo Berlin 0:0, 1:1; FC Basel – Roter Stern Belgrad 1:0, 0:2; FC Aberdeen – FC Liverpool 0:1, 0:4; ZSKA Sofia – Szombierki Beuthen 4:0, 1:0; FC Nantes – Inter Mailand 1:2, 1:1; Spartak Moskau – Esbjerg FB 3:0, 0:2; Real Madrid – Honved Budapest 1:0, 2:0.
Viertelfinale: Bayern München – Banik Ostrau 2:0, 4:2; Spartak Moskau – Real Madrid 0:0 (in Tiflis), 0:2; FC Liverpool – ZSKA Sofia 5:1, 1:0; Inter Mailand – Roter Stern Belgrad 1:1, 1:0.
Halbfinale: FC Liverpool – Bayern München 0:0, 1:1; Real Madrid – Inter Mailand 2:0, 0:1.

Endspiel am 27. Mai in Paris:

FC Liverpool – Real Madrid 1:0 (0:0)

Liverpool: Clemence – Neal, Hansen, Thompson, A. Kennedy – McDermott, Souness, Lee, R. Kennedy – Johnson, Dalglish (Case).
Tor: A. Kennedy. – SR: Palotai (Ungarn). – Zuschauer: 48 360.

1981/82: Aston Villa

Qualifikation: AS Saint-Etienne – Dynamo Berlin 1:1, 0:2.
1. Runde: Östers Växjö – Bayern München 0:1, 0:5; Dynamo Berlin – FC Zürich 2:0, 1:3; Austria Wien – Partizani Tirana 3:1, 0:1; Start Kristiansand – AZ 67 Alkmaar 1:3, 0:1; Widzew Lodz – RSC Anderlecht 1:4, 1:2; Progres Niederkorn – Glentoran Belfast 1:1, 0:4; Hibernians Paola – Roter Stern Belgrad 1:2, 1:8; Dynamo Kiew – Trabzonspor 1:0, 1:1; Ferencvaros Budapest – Banik Ostrau 3:2, 0:3; KB Kopenhagen – Athlone Town 1:1, 2:2; ZSKA Sofia – Real San Sebastian 1:0, 0:0; Universitatea Craiova – Olympiakos Piräus 3:0, 0:2; Oulu PS – FC Liverpool 0:1, 0:7; Celtic Glasgow – Juventus Turin 1:0, 0:2; Aston Villa – Valur Reykjavik 5:0, 2:0; Benfica Lissabon – Omonia Nikosia 3:0, 1:0.
Achtelfinale: Benfica Lissabon – Bayern München 0:0, 1:4; Dynamo Berlin – Aston Villa 1:2, 1:0; Austria Wien – Dynamo Kiew 0:1, 1:1; RSC Anderlecht – Juventus Turin 3:1, 1:1; Banik Ostrau – Roter Stern Belgrad 3:1, 0:3; AZ 67 Alkmaar – FC Liverpool 2:2, 2:3; ZSKA Sofia – Glentoran Belfast 2:0, 1:2 n. V.; KB Kopenhagen – Universitatea Craiova 1:0, 1:4.
Viertelfinale: Universitatea. Craiova – Bayern München 0:2, 1:1; Dynamo Kiew – Aston Villa 0:0 (in Simferopol), 0:2; FC Liverpool – ZSKA Sofia 1:0, 0:2 n. V.; RSC Anderlecht – Roter Stern Belgrad 2:1, 2:1.
Halbfinale: ZSKA Sofia – Bayern München 4:3, 0:4; Aston Villa – RSC Anderlecht 1:0, 0:0.

Endspiel am 26. Mai in Rotterdam:

Aston Villa – Bayern München 1:0 (0:0)

Aston Villa: Rimmer (Spink) – Swain, Evans, McNaught, Williams – Bremner, Mortimer, Cowans – Shaw, Withe, Morley.
Bayern: Müller – Dremmler, Weiner, Augenthaler, Horsmann – Mathy (Güttler), Kraus (Niedermayer), Breitner, Dürnberger – D. Hoeneß, Rummenigge.
Tor: Withe. – SR: Konrath (Frankreich). – Zuschauer: 45 000.

1982/83: Hamburger SV

Qualifikation: Dinamo Bukarest – Valerengen Oslo 3:1, 1:2.
1. Runde: Dynamo Berlin – Hamburger SV 1:1, 0:2; Standard Lüttich – Raba ETO Györ 5:0, 0:3; Grasshoppers Zürich – Dynamo Kiew 0:1, 0:3; FC Dundalk – FC Liverpool 1:4, 0:1; AS Monaco – ZSKA Sofia 0:0 (in Nizza), 0:2 n. V.; Aston Villa – Besiktas Istanbul 3:1, 0:0; Omonia Nikosia – HJK Helsinki 2:0, 0:3; Hvidovre Kopenhagen – Juventus Turin 1:4, 3:3; Vikingur Reykjavik – Real Sociedad San Sebastian 0:1, 2:3; Avenir Beggen – Rapid Wien 0:5, 0:8; Hibernians Paola – Widzew Lodz 1:4, 1:3; 17 Nentori Tirana – FC Linfield Belfast 1:0, 1:2; Olympiakos Piräus – Östers Växjö 2:0, 0:1; Dinamo Zagreb – Sporting Lissabon 1:0, 0:3; Celtic Glasgow – Ajax Amsterdam 2:2, 2:1; Dinamo Bukarest – Dukla Prag 2:0, 1:2 n. V.
Achtelfinale: Standard Lüttich – Juventus Turin 1:1, 0:2; HJK Helsinki – FC Liverpool 1:0, 0:5; Dinamo Bukarest – Aston Villa 0:2, 2:4; Real Sociedad San Sebastian – Celtic Glasgow 2:0, 1:2; Hamburger SV – Olympiakos Piräus 1:0, 4:0; Rapid Wien – Widzew Lodz 2:1, 3:5; ZSKA Sofia – Sporting Lissabon 2:2, 0:0; 17 Nentori Tirana verzichtete gegen Dynamo Kiew.
Viertelfinale: Dynamo Kiew – Hamburger SV 0:3 (in Tiflis), 2:1; Widzew Lodz – FC Liverpool 2:0, 2:3; Aston Villa – Juventus Turin 1:2, 1:3; Sporting Lissabon – Real Sociedad San Sebastian 1:0, 0:2.
Halbfinale: Real Sociedad San Sebastian – Hamburger SV 1:1, 1:2; Juventus Turin – Widzew Lodz 2:0, 2:2.

Endspiel am 25. Mai in Athen:

Hamburger SV – Juventus Turin 1:0 (1:0)

Hamburger SV: Stein – Kaltz, Hieronymus, Jakobs, Wehmeyer – Rolff, Groh, Magath, Milewski – Hrubesch, Bastrup (von Heesen).
Tor: Magath. – SR: Rainea (Rumänien). – Zuschauer. 75 000.

1983/84: FC Liverpool

1. Runde: Dynamo Berlin – Jeunesse Esch 4:1, 2:0; Partizan Belgrad – Viking Stavanger 5:1, 0:0; Kuusysi Lahti – Dinamo Bukarest 0:1, 0:3; Dynamo Minsk – Grasshoppers Zürich 1:0, 2:2; Raba ETO Györ – Vikingur Reykjavik 2:1, 2:0; Lech Posen – Athletic Bilbao 2:0, 0:4; Fenerbahce Istanbul – Bohemians Prag 0:1, 0:4; Rapid Wien – FC Nantes 3:0, 1:3; ZSKA Sofia – Omonia Nikosia 3:0, 1:4; Odense BK – FC Liverpool 0:1, 0:5; Benfica Lissabon – FC Linfield Belfast 3:0, 3:2; Hamrun Spartans – Dundee United 0:3, 0:3; AS Rom – IFK Göteborg 3:0, 1:2; Athlone Town – Standard Lüttich 2:3, 2:8; Ajax Amsterdam – Olympiakos Piräus 0:0, 0:2 n. V.; Vllaznia Shkoder verzichtete gegen Hamburger SV.
Achtelfinale: Dinamo Bukarest – Hamburger SV 3:0, 2:3; Dynamo Berlin – Partizan Belgrad 2:0, 0:1; Bohemians Prag – Rapid Wien 2:1, 0:1; ZSKA Sofia – AS Rom 0:1, 0:1; FC Liverpool – Athletic Bilbao 0:0, 1:0; Raba ETO Györ – Dynamo Minsk 3:6, 1:3; Standard Lüttich – Dundee United 0:0, 0:4; Olympiakos Piräus – Benfica Lissabon 1:0, 0:3.
Viertelfinale: Rapid Wien – Dundee United 2:1, 0:1; Dynamo Minsk – Dinamo Bukarest 1:1 (in Tiflis), 0:1; AS Rom – Dynamo Berlin 3:0, 1:2; FC Liverpool – Benfica Lissabon 1:0, 4:1.
Halbfinale: Dundee United – AS Rom 2:0, 0:3; FC Liverpool – Dinamo Bukarest 1:0, 2:1.

Endspiel am 30. Mai in Rom:

AS Rom – FC Liverpool 1:1 (1:1, 1:1) n. V./2:4 Elfmeterschießen.

Liverpool: Grobbelaar – Neal, Hansen, Lawrenson, A. Kennedy – Lee, Johnston (Nicol), Souness, Whelan – Rush, Dalglish (Robinson).
Tore: Neal (Pruzzo für Rom). – SR: Frederiksson (Schweden). – Zuschauer: 69 693.
Tore aus dem Elfmeterschießen: Neal, Souness, Rush, Kennedy für Liverpool (Nicol vergab); Di Bartolomei, Righetti für Rom (Conti, Graziani vergaben).

1984/85: Juventus Turin

1. Runde: Levski/Spartak Sofia – VfB Stuttgart 1:1, 2:2; FC Aberdeen – Dynamo Berlin 2:1, 1:2 n. V., 4:5 nach Elfmeterschießen; Austria Wien – FC Valetta 4:0, 4:0; Avenir Beggen – IFK Göteborg 0:8 (in Luxemburg), 0:9; Lech Posen – FC Liverpool 0:1, 0:4; Dinamo Bukarest – Omonia Nikosia 4:1, 1:2; Ilves Tampere – Juventus Turin 0:4, 1:2; Roter Stern Belgrad – Benfica Lissabon 3:2, 0:2; Valerengen Oslo – Sparta Prag 3:3, 0:2; Trabzonspor – Dnjepr Dnjepropetrowsk 1:0, 0:3 (in Krivoj Rog); IA Akranes – SK Beveren 2:2 (in Reykjavik), 0:5; Labinoti Elbasan – Lyngby BK 0:3, 0:3; Grasshopper Zürich – Honved Budapest 3:1, 1:2; Feyenoord Rotterdam – Panathinaikos Athen 0:0, 1:2; Girondins Bordeaux – Athletic Bilbao 3:2, 0:0; FC Linfield Belfast – Shamrock Rovers 0:0, 1:1.
Achtelfinale: Dynamo Berlin – Austria Wien 3:3, 1:2; Levski/Spartak Sofia – Dnjepr Dnjepropetrowsk 3:1, 0:2 (in Krivoj Rog); Panathinaikos Athen – FC Linfield Belfast 2:1, 3:3; Sparta Prag – Lyngby BK 0:0, 2:1; FC Liverpool – Benfica Lissabon 3:1, 0:1; Girondins Bordeaux – Dinamo Bukarest 1:0, 1:1 n. V.; IFK Göteborg – SK Beveren 1:0, 1:2 n. V.; Juventus Turin – Grasshopper Zürich 2:0, 4:2.

Viertelfinale: Austria Wien – FC Liverpool 1:1, 1:4; Juventus Turin – Sparta Prag 3:0, 0:1; Girondins Bordeaux – Dnjepr Dnjepropetrowsk 1:1, 1:1 n. V./5:3 nach Elfmeterschießen (in Krivoj Rog); IFK Göteborg – Panathinaikos Athen 0:1, 2:2.
Halbfinale: FC Liverpool – Panathinaikos Athen 4:0, 1:0; Juventus Turin – Girondins Bordeaux 3:0, 0:2.

Endspiel am 29. Mai in Brüssel:

FC Liverpool – Juventus Turin 0:1 (0:0)

Juventus: Tacconi – Favero, Scirea, Brio, Cabrini – Bonini, Platini, Tardelli, Boniek – Rossi (Vignola), Briaschi (Prandelli).
Tor: Platini. – SR: Daina (Schweiz). – Zuschauer: 60 000.

1985/86: Steaua Bukarest

1. Runde: Gornik Zabrze – Bayern München 1:2 (in Chorzow), 1:4;Dynamo Berlin – Austria Wien 0:2, 1:2; IFK Göteborg – Trakia Plovdiv 3:2, 2:1; Girondins Bordeaux – Fenerbahce Istanbul 2:3, 0:0; FC Porto – Ajax Amsterdam 2:0, 0:0; Sparta Prag – FC Barcelona 1:2, 1:0; Jeunesse Esch – Juventus Turin 0:5 (in Luxemburg), 1:4; IA Akranes – FC Aberdeen 1:3 (in Reykjavik), 1:4; FC Linfield Belfast – Servette Genf 2:2, 1:2; Zenit Leningrad – Valerengen Oslo 2:0, 2:0; Vejle BK – Steaua Bukarest 1:1, 1:4; Rabat Ajax – Omonia Nikosia 0:5 (in Valetta), 0:5; Kuusysi Lahti – FK Sarajevo 2:1, 2:1; Honved Budapest – Shamrock Rovers 2:0, 3:1; Hellas Verona – PAOK Saloniki 3:1, 2:1; Freilos für: RSC Anderlecht.
Achtelfinale: Bayern München – Austria Wien 4:2, 3:3; RSC Anderlecht – Omonia Nikosia 1:0, 3:1; FC Barcelona – FC Porto 2:0, 1:3; Honved Budapest – Steaua Bukarest 1:0, 1:4; IFK Göteborg – Fenerbahce Istanbul 4:0, 1:2; Hellas Verona – Juventus Turin 0:0, 0:2; Zenit Leningrad – Kuusysi Lahti 2:1, 1:3 n. V.; Servette Genf – FC Aberdeen 0:0, 0:1.
Viertelfinale: Bayern München – RSC Anderlecht 2:1, 0:2; Steaua Bukarest – Kuusysi Lahti 0:0, 1:0 (in Helsinki); FC Aberdeen – IFK Göteborg 2:2, 0:0; FC Barcelona – Juventus Turin 1:0, 1:1.
Halbfinale: IFK Göteborg – FC Barcelona 3:0, 0:3 n. V./4:5 nach Elfmeterschießen; RSC Anderlecht – Steaua Bukarest 1:0, 0:3.

Endspiel am 7. Mai in Sevilla:

Steaua Bukarest – FC Barcelona 0:0 n. V./ 2:0 nach Elfmeterschießen

Steaua: Ducadam – Belodedici – Iovan, Bumbescu, Barbulescu – Balint, Balan (Iordanescu), Majaru, Bölöni – Lacatus, Piturca (Radu).
SR: Vautrot (Frankreich). – Zuschauer: 70 000.
Tore aus dem Elfmeterschießen: Alesanco, Majaru, Pedraza, Bölöni, Alonso (alle gehalten), Lacatus 1:0, Marcos (gehalten), Balint 2:0.

1986/87: FC Porto

1. Runde: PSV Eindhoven – Bayern München 0:2, 0:0, Örgryte Göteborg – Dynamo Berlin 2:3, 1:4; Avenir Beggen – Austria Wien 0:3 (in Luxemburg), 0:3 (in Salzburg); FC Porto – Rabat Ajax 9:0, 1:0; Juventus Turin – Valur Reykjavik 7:0, 4:0; Roter Stern Belgrad – Panathinaikos Athen 3:0, 1:2; Beroe Stara Zagora – Dynamo Kiew 1:1, 0:2; Young Boys Bern – Real Madrid 1:0, 0:5; RSC Anderlecht – Gornik Zabrze 2:0, 1:1; Bröndby Kopenhagen – Honved Budapest 4:1, 2:2; Besiktas Istanbul – Dinamo Tirana 2:0, 1:0; APOEL Nikosia – HJK Helsinki 1:0, 2:3; Rosenborg Trondheim – FC Linfield Belfast 1:0, 1:1; Shamrock Rovers – Celtic Glasgow 0:1, 0:2; Paris Saint-Germain – TJ Vitkovice 2:2, 0:1; Freilos für: Steaua Bukarest.
Achtelfinale: Bayern München – Austria Wien 2:0, 1:1; Bröndby Kopenhagen – Dynamo Berlin 2:1, 1:1; Real Madrid – Juventus Turin 1:0, 0:1 n. V., 3:1 nach Elfmeterschießen; TJ Vitkovice – FC Porto 1:0, 0:3; Rosenborg Trondheim – Roter Stern Belgrad 0:3, 1:4; RSC Anderlecht – Steaua Bukarest 3:0, 0:1; Celtic Glasgow – Dynamo Kiew 1:1, 1:3; APOEL Nikosia verzichtete gegen Besiktas Istanbul.
Viertelfinale: Bayern München – RSC Anderlecht 5:0, 2:2; Roter Stern Belgrad – Real Madrid 4:2, 0:2; FC Porto – Bröndby Kopenhagen 1:0, 1:1; Besiktas Istanbul – Dynamo Kiew 0:5 (in Izmir), 0:2.
Halbfinale: Bayern München – Real Madrid 4:1, 0:1; FC Porto – Dynamo Kiew 2:1, 2:1.

Endspiel am 27. Mai in Wien

FC Porto – Bayern München 2:1 (0:1)

FC Porto: Mlynarczyk – Joao Pinto, Eduardo Luis, Celso, Inacio (Frasco) – Andre, Magalhaes, Quim (Juary), Sousa – Futre, Madjer.
Bayern München: Pfaff – Nachtweih – Winklhofer, Eder, Pflügler – Flick (Lunde), Matthäus, Brehme, M. Rummenigge – D. Hoeneß, Kögl.
Tore: Madjer, Juary (Kögl für München). – Schiedsrichter Ponnet (Belgien). – Zuschauer: 58 000.

1987/88: PSV Eindhoven

1. Runde: Bayern München – ZFKA Sredez Sofia 4:0, 1:0; Girondins Bordeaux – Dynamo Berlin 2:0, 2:0; Real Madrid – SSC Neapel 2:0, 1:1; Dynamo Kiew – Glasgow Rangers 1:0, 0:2; FC Porto – Vardar Skopje 3:0, 3:0; Rapid Wien – Hamrun Spartans 6:0, 1:0; Benfica Lissabon – Partizan Tirana 4:0, Partizan wegen tätlicher Angriffe auf den SR. disqualifiziert; Steaua Bukarest – MTK/VM Budapest 4:0, 0:2; Malmö FF – RSC Anderlecht 0:1, 1:1; Neuchatel Xamax – Kuusysi Lahti 5:0, 1:2; PSV Eindhoven – Galatasaray Istanbul 3:0, 0:2; Fram Reykjavik – Sparta Prag 0:2, 0:8; Olympiakos Piräus – Gornik Zabrze 1:1, 1:2; Shamrock Rovers – Omonia Nikosia 0:1, 0:0; Aarhus GF – Jeunesse Esch 4:1, 0:1; Lilleström SK – FC Linfield Belfast 1:1, 4:2.
Achtelfinale: Neuchatel Xamax – Bayern München 2:1, 0:2; Real Madrid – FC Porto 2:1 (in Valencia), 2:1; Lilleström SK – Girondins Bordeaux 0:0, 0:1; Aarhus GF – Benfica Lissabon 0:0, 0:1; Glasgow Rangers – Gornik Zabzre 3:1, 1:1; Sparta Prag – RSC Anderlecht 1:2, 0:1; Rapid Wien – PSV Eindhoven 1:2, 0:2; Steaua Bukarest – Omonia Nikosia 3:1, 2:0.
Viertelfinale: Bayern München – Real Madrid 3:2, 0:2; Girondins Bordeaux – PSV Eindhoven 1:1, 0:0; Steaua Bukarest – Glasgow Rangers 2:0, 1:2; Benfica Lissabon – RSC Anderlecht 2:0, 0:1.
Halbfinale: Real Madrid – PSV Eindhoven 1:1, 0:0; Steaua Bukarest – Benfica Lissabon 0:0, 0:2.

Endspiel am 25. Mai in Stuttgart

PSV Eindhoven – Benfica Lissabon 0:0 n. V./ 6:5 nach Elfmeterschießen

PSV Eindhoven: van Breukelen – R. Koeman – Gerets, Nielsen, Heintze – Vanenburg, Linskens, Lerby, van Aerle – Gillhaus (Janssen), Kieft.
SR: Agnolin (Italien). – Zuschauer: 70 000.
Elfmeterschießen: 1:0 Koeman, 1:1 Elzo, 2:1 Kieft, 2:2 Dito, 3:2 Nielsen, 3:3 Hajiri, 4:3 Vanenburg, 4:4 Pacheco, 5:4 Lerby, 5:5 Moser, 6:5 Janssen, Veloso gehalten.

1988/89: AC Mailand

1. Runde: Dynamo Berlin – Werder Bremen 3:0, 0:5; Valur Reykjavik – AS Monaco 1:0, 0:2; Pezoporikos Larnaka – IFK Göteborg 1:2, 1:5; FC Larissa – Neuchatel Xamax 2:1, 1:2 n. V./0:3im Elfmeterschießen; Hamrun Spartans – 17 Nentori Tirana 2:1, 0:2; Sparta Prag – Steaua Bukarest 1:5, 2:2; Spartak Moskau – FC Glentoran 2:0, 1:1; Gornik Zabrze – Jeunesse Esch 3:0, 4:1; Honved Budapest – Celtic Glasgow 1:0, 0:4; Rapid Wien – Galatasaray Istanbul 2:1, 0:2; Vitoscha Sofia – AC Mailand 0:2, 2:5; FC Brügge – Bröndby IF 1:0, 1:2; FC Dundalk – Roter Stern Belgrad 0:5, 0:3; Real Madrid – Moss FK 3:0, 1:0; FC Porto – HJK Helsinki 3:0, 0:2; Freilos für: PSV Eindhoven.
Achtelfinale: Celtic Glasgow – Werder Bremen 0:1, 0:0; AC Mailand – Roter Stern Belgrad 1:1, 1:1 n. V./4:2 nach Elfmeterschießen; Neuchatel Xamax – Galatasaray Istanbul 3:0, 0:5; PSV Eindhoven – FC Porto 5:0, 0:2; Steaua Bukarest – Spartak Moskau 3:0, 2:1; 17 Nentori Tirana – IFK Göteborg 0:3, 0:1; FC Brügge – AS Monaco 1:0, 1:6; Gornik Zabrze – Real Madrid 0:1, 2:3.
Viertelfinale: Werder Bremen – AC Mailand 0:0, 0:1; IFK Göteborg – Steaua Bukarest 1:0, 1:5; PSV Eindhoven – Real Madrid 1:1, 1:2 n. V.; AS Monaco – Galatasaray Istanbul 0:1, 1:1.
Halbfinale: Steaua Bukarest – Galatasaray Istanbul 4:0, 1:1 (in Izmir); Real Madrid – AC Mailand 1:1, 0:5.

Endspiel am 24. Mai in Barcelona:

AC Mailand – Steaua Bukarest 4:0 (3:0)

Mailand: G. Galli – Baresi – Tassotti, Costacurta (F. Galli), Maldini – Colombo, Rijkaard, Ancelotti, Donadoni – van Basten, Gullit (Virdis).
Tore: Gullit (2), van Basten (2). – SR: Tritschler (Deutschland). – Zuschauer: 97 000.

1989/90: AC Mailand

1. Runde: Glasgow Rangers – Bayern München 1:3, 0:0; Dynamo Dresden – AEK Athen 1:0, 3:5; Spora Luxemburg – Real Madrid 0:3 (in Saarbrücken), 0:6; Steaua Bukarest – Fram Reykjavik 4:0, 1:0; Ruch Chorzow – ZSKA Sofia 1:1, 1:5; PSV Eindhoven – FC Luzern 3:0, 2:0; Derry City – Benfica Lissabon 1:2, 0:4; Malmö FF – Inter Mailand 1:0, 1:1; Rosenborg Trondheim – KV Mechelen 0:0, 0:5; AC Mailand – HJK Helsinki 4:0, 1:0; FC Tirol – Omonia Nikosia 6:0, 3:2; Olympique Marseille – Bröndby Kopenhagen 3:0, 1:1; Sparta Prag – Fenerbahce Istanbul 3:1, 2:1; FC Linfield Belfast – Dnjepr Dnjepropetrowsk 1:2 (in Wrexham), 0:1; Sliema Wanderers – 17 Nentori Tirana 1:0, 0:5; Honved Budapest – Vojvodina Novi Sad 1:0, 1:2
Achtelfinale: Bayern München – 17 Nentori Tirana 3:1, 3:0; Dnjepr Dnjepropetrowsk – FC Tirol 2:0, 2:2; Malmö FF – KV Mechelen 0:0, 1:4; Olympique Marseille – AEK Athen 2:0, 1:1; Sparta Prag – ZSKA Sofia

2:2 (in Trnava), 0:3; AC Mailand – Real Madrid 2:0, 0:1; Steaua Bukarest – PSV Eindhoven 1:0, 1:5; Honved Budapest – Benfica Lissabon 0:2, 0:7.
Viertelfinale: Bayern München – PSV Eindhoven 2:1, 1:0; KV Mechelen – AC Mailand 0:0 (in Brüssel), 0:2 n. V.; Benfica Lissabon – Dnjepr Dnjepropetrowsk 1:0, 3:0; ZSKA Sofia – Olympique Marseille 0:1, 1:3.
Halbfinale: AC Mailand – Bayern München 1:0, 1:2 n. V., Olympique Marseille – Benfica Lissabon 2:1, 0:1.

Endspiel am 23. Mai in Wien:

AC Mailand – Benfica Lissabon 1:0 (0:0)

Mailand: G. Galli – Baresi – Tassotti, Costacurta, Maldini – Ancelotti (Massaro), Colombo (F. Galli), Rijkaard, Evani – van Basten, Gullit.
Tor: Rijkaard. – SR: Kohl (Österreich). – Zuschauer: 57 500.

1990/91: Roter Stern Belgrad

1. Runde: APOEL Nikosia – Bayern München 2:3, 0:4; Union Luxemburg – Dynamo Dresden 1:3, 0:3; Roter Stern Belgrad – Grasshoppers Zürich 1:1, 4:1; Olympique Marseille – Dinamo Tirana 5:1, 0:0; FC Tirol Innsbruck – Kuusysi Lahti 5:0, 2:1; Lilleström SK – FC Brügge 1:1, 0:2; Sparta Prag – Spartak Moskau 0:2, 0:2; SSC Neapel – Ujpest Budapest 3:0, 2:0; Malmö FF – Besiktas Istanbul 3:2, 2:2; Dinamo Bukarest – St. Patrick's Athletic 4:0, 1:1; FC Porto – FC Portadown 5:0 (in Setubal), 8:1; Odense BK – Real Madrid 1:4, 0:6; Lech Posen – Panathinaikos Athen 3:0, 2:1; FC Valetta – Glasgow Rangers 0:4, 0:6; KA Akureyri – ZSKA Sofia 1:0, 0:3; Freilos für: AC Mailand.
Achtelfinale: Bayern München – ZSKA Sofia 4:0, 3:0; Dynamo Dresden – Malmö FF 1:1, 1:1 n. V./5:4 nach Elfmeterschießen; Roter Stern Belgrad – Glasgow Rangers 3:0, 1:1; Dinamo Bukarest – FC Porto 0:0, 0:4; Real Madrid – FC Tirol Innsbruck 9:1, 2:2; Lech Posen – Olympique Marseille 3:2, 1:6; SSC Neapel – Spartak Moskau 0:0, 0:0 n. V./3:5 nach Elfmeterschießen; AC Mailand – FC Brügge 0:0, 1:0.
Viertelfinale: Bayern München – FC Porto 1:1, 2:0; Roter Stern Belgrad – Dynamo Dresden 3:0, 2:1 abgebrochen (mit 3:0 gewertet); AC Mailand – Olympique Marseille 1:1, 0:1 abgebrochen (mit 0:3 gewertet); Spartak Moskau – Real Madrid 0:0, 3:1.
Halbfinale: Bayern München – Roter Stern Belgrad 1:2, 2:2; Spartak Moskau – Olympique Marseille 1:3, 1:2.

Endspiel am 29. Mai in Bari:

Roter Stern Belgrad – Olympique Marseille 0:0 n. V./5:3 nach Elfmeterschießen

Roter Stern: Stojanovic – Belodedici – Marovic, Najdoski – Sabanadzovic, Savicevic (Stosic), Jugovic, Prosinecki, Mihajlovic – Binic, Pancev.
SR: Lanese (Italien). – Zuschauer: 51 000.
Tore aus dem Elfmeterschießen: Prosinecki, Binic, Belodedic, Mihajlovic, Pancev – Casoni, Papin, Mozer (Amoros verschoß).

1991/92: FC Barcelona

1. Runde: 1. FC Kaiserslautern – Etar Veliko Tarnovo 2:0, 1:1; FC Barcelona – Hansa Rostock 3:0, 0:1; Roter Stern Belgrad – FC Portadown 4:0 (in Szeged), 4:0; Hamrun Spartans – Benfica Lissabon 0:6, 0:4; Universitatea Craiova – Apollon Limassol 2:0, 0:3; Fram Reykjavik – Panathinaikos Athen 2:2, 0:0; Besiktas Istanbul – PSV Eindhoven 1:1, 1:2; Bröndby Kopenhagen – Zaglebie Lubin 3:0, 1:2; Kispest-Honved Budapest – FC Dundalk 1:1, 2:0; IFK Göteborg – Flamurtari Vlora 0:0, 1:1; Sparta Prag – Glasgow Rangers 1:0, 1:2 n. V.; HJK Helsinki – Dynamo Kiew 0:1, 0:3; RSC Anderlecht – Grasshoppers Zürich 1:1, 3:0 (in Bern); FC Arsenal – Austria Wien 6:1, 0:1; Union Luxemburg – Olympique Marseille 0:5, 0:5; Sampdoria Genua – Rosenborg Trondheim 5:0, 2:1.
Achtelfinale: FC Barcelona – 1. FC Kaiserslautern 2:0, 1:3; Roter Stern Belgrad – Apollon Limassol 3:1 (in Szeged), 2:0; Panathinaikos Athen – IFK Göteborg 2:0, 2:2; PSV Eindhoven – RSC Anderlecht 0:0, 0:2; Kispest-Honved Budapest – Sampdoria Genua 2:1, 1:3; Dynamo Kiew – Bröndby Kopenhagen 1:1, 1:0; Olympique Marseille – Sparta Prag 3:2, 1:2; Benfica Lissabon – Arsenal London 1:1, 3:1 n. V.
Finalrunde
Gruppe 1: Sampdoria Genua – Roter Stern Belgrad 2:0, 3:1 (in Sofia), Sampdoria Genua – RSC Anderlecht 2:0, 2:3; Sampdoria Genua – Panathinaikos Athen 1:1, 0:0; Roter Stern Belgrad – RSC Anderlecht 3:2 (in Budapest), 2:3; Roter Stern Belgrad – Panathinaikos Athen 2:0, 1:0 (in Sofia); RSC Anderlecht – Panathinaikos Athen 0:0, 0:0. – 1. Sampdoria Genua 10:5, 8–4; 2. Roter Stern Belgrad 9:10, 6–6; 3. RSC Anderlecht 8:9, 6–6; 4. Panathinaikos Athen 1:4, 4–8.

Gruppe 2: FC Barcelona – Sparta Prag 3:2, 0:1; FC Barcelona – Benfica Lissabon 2:1, 0:0; FC Barcelona – Dynamo Kiew 3:0, 2:0; Sparta Prag – Benfica Lissabon 1:1, 1:1; Sparta Prag – Dynamo Kiew 2:1, 0:1; Benfica Lissabon – Dynamo Kiew 5:0, 0:1. – 1. FC Barcelona 10:4, 9–3; 2. Sparta Prag 7:7, 6–6; 3. Benfica Lissabon 8:5, 5–7; 4. Dynamo Kiew 3:12, 4–8.

Endspiel am 20. Mai in London:

FC Barcelona – Sampdoria Genua 1:0 n. V.

Barcelona: Zubizarreta – R. Koeman – Ferrer, Nando – Eusebio, Guardiola (Alexanco), Juan Carlos – M. Laudrup, Baquero – Salinas (Goicoechea), Stoitschkow.
Tor: Koeman. – SR: Schmidhuber (Deutschland). – Zuschauer: 70 827.

1992/93: Olympique Marseille

Qualifikation: FC Shelbourne – Tavria Simferopol 0:0, 1:2; FC Valetta – Maccabi Tel Aviv 1:2, 0:1; KI Klaksvik – Skonto Riga 1:3, 0:3; Olimpija Ljubljana – Norma Tallinn 3:0, 2:0.
1. Runde: VfB Stuttgart – Leeds United 3:0, 1:4 (gewertet 0:3), 1:2 (in Barcelona); Slovan Bratislava – Ferencvaros Budapest 4:1, 0:0; Maccabi Tel Aviv – FC Brügge 0:1, 0:3; IFK Göteborg – Besiktas Istanbul 2:0, 1:2; Lech Posen – Skonto Riga 2:0, 0:0; Kuusysi Lahti – Dinamo Bukarest 1:0, 0:2 n. V.; Austria Wien – ZSKA Sofia 3:1, 2:3; FC Sion – Tavria Simferopol 4:1, 3:1; PSV Eindhoven – Zalgiris Wilna 6:0, 2:0; AEK Athen – APOEL Nikosia 1:1, 2:2; Vikingur Reykjavik – ZSKA Moskau 0:1, 2:4; Union Luxemburg – FC Porto 1:4, 0:5; FC Glentoran – Olympique Marseille 0:5, 0:3; Glasgow Rangers – Lyngby BK 2:0, 1:0; AC Mailand – Olimpija Ljubljana 4:0, 3:0; FC Barcelona – Viking Stavanger 1:0, 0:0.
Achtelfinale: Glasgow Rangers – Leeds United 2:1, 2:1; IFK Göteborg – Lech Posen 1:0, 3:0; Slovan Bratislava – AC Mailand 0:1, 0:4; Dinamo Bukarest – Olympique Marseille 0:0, 0:2; AEK Athen – PSV Eindhoven 1:0, 0:3; ZSKA Moskau – FC Barcelona 1:1, 3:2; FC Brügge – Austria Wien 2:0, 1:3; FC Sion – FC Porto 2:2, 0:4.
Champions League
Gruppe 1: Olympique Marseille – Glasgow Rangers 1:1, 2:2; Olympique Marseille – FC Brügge 3:0, 1:0; Olympique Marseille – ZSKA Moskau 6:0 (in Berlin), 1:1; Glasgow Rangers – FC Brügge 2:1, 1:1; Glasgow Rangers – ZSKA Moskau 0:0, 1:0 (in Bochum); FC Brügge – ZSKA Moskau 1:0, 2:1 (in Berlin) – 1. Olympique Marseille 14:4, 9–3; 2. Glasgow Rangers 7:5, 8–4; 3. FC Brügge 5:8, 5–7; 4. ZSKA Moskau 2:11, 2–10.
Gruppe 2: AC Mailand – IFK Göteborg 4:0, 1:0, AC Mailand – FC Porto 1:0, 1:0; AC Mailand – PSV Eindhoven 2:0, 2:1; IFK Göteborg – FC Porto 1:0, 0:2; IFK Göteborg – PSV Eindhoven 3:0, 3:1; FC Porto – PSV Eindhoven 2:2, 1:0. – 1. AC Mailand 11:1, 12–0; 2. IFK Göteborg 7:8, 6–6; 3. FC Porto 5:5, 5–7; 4. PSV Eindhoven 4:13, 1–11.

Endspiel am 26. Mai in München:

Olympique Marseille – AC Mailand 1:0 (1:0)

Marseille: Barthez – Angloma (Durand), Boli, Desailly – Eydelie, Di Meco – Pelè, Sauzee, Deschamps – Boksic, Völler (Thomas).
Tor: Boli. – SR: Röthlisberger (Schweiz). – Zuschauer: 64 400.

1993/94: AC Mailand

Qualifikation: HJK Helsinki – Norma Tallinn 1:1, 1:0; Ekranas Panevezys – FC Floriana 0:1, 0:1; B68 Toftir – Croatia Zagreb 0:5, 0:6; Skonto Riga – Olimpija Ljubljana 0:1, 1:0 n. V./11:10 nach Elfmeterschießen; Cwmbran Town – Cork City 3:2, 1:2; Dynamo Tiflis – FC Linfield Belfast 2:1, 1:1, Dynamo Tiflis wurde disqualifiziert; Avenir Beggen – Rosenborg Trondheim 0:2, 0:1; Partizani Tirana – IA Akranes 0:0, 0:3; Omonia Nikosia – FC Aarau 2:1, 0:2; Zimbru Chisinau – Beitar Jerusalem 1:1, 0:2.
1. Runde: Werder Bremen – Dynamo Minsk 5:2, 1:1; Galatasaray Istanbul – Cork City 2:1, 1:0; Dynamo Kiew – FC Barcelona 3:1, 1:4; AS Monaco – AEK Athen 1:0, 1:1; Kispest-Honved Budapest – Manchester United 2:3, 1:2; Glasgow Rangers – Levski Sofia 3:2, 1:2; AIK Stockholm – Sparta Prag 1:0, 0:2; FC Linfield Belfast – FC Kopenhagen 3:0, n. V. 0:4; HJK Helsinki – RSC Anderlecht 0:3, 0:3; IA Akranes – Feyenoord Rotterdam 1:0, 0:3; Steaua Bukarest – Croatia Zagreb 1:2, 3:2 (in Ljubljana); Rosenborg Trondheim – Austria Wien 3:1, 1:4; FC Porto – FC Floriana 2:0, 0:0; Skonto Riga – Spartak Moskau 0:5, 0:4, FC Aarau – AC Mailand 0:1, 0:0, Lech Posen – Beitar Jerusalem 3:0, 4:2.
Achtelfinale: Levski Sofia – Werder Bremen 2:2, 0:1; Sparta Prag – RSC Anderlecht 0:1, 2:4; Lech Posen – Spartak Moskau 1:5, 1:2; Manchester United – Galatasaray Istanbul 3:3, 0:0; FC Kopenhagen – AC Mailand 0:6, 0:1; AS Monaco – Steaua Bukarest 4:1, 0:1; FC Barcelona – Austria Wien 3:0, 2:1; FC Porto – Feyenoord Rotterdam 1:0, 0:0.

Champions League

Gruppe A: FC Barcelona – AS Monaco 2:0, 1:0; FC Barcelona – Spartak Moskau 5:1, 2:2; FC Barcelona – Galatasaray Istanbul 3:0, 0:0; AS Monaco – Spartak Moskau 4:1, 0:0; AS Monaco – Galatasaray Istanbul 3:0, 2:0; Spartak Moskau – Galatasaray Istanbul 0:0, 2:1. – 1. FC Barcelona 13:3, 10–2; 2. AS Monaco 9:4, 7–5; 3. Spartak Moskau 6:12, 5–7; 4. Galatasaray Istanbul 1:10, 2–10.

Gruppe B: AC Mailand – FC Porto 3:0, 0:0; AC Mailand – Werder Bremen 2:1, 1:1; AC Mailand – RSC Anderlecht 0:0, 0:0; FC Porto – Werder Bremen 3:2, 5:0; FC Porto – RSC Anderlecht 2:0, 0:1; Werder Bremen – RSC Anderlecht 5:3, 2:1. – 1. AC Mailand 6:2, 8–4; 2. FC Porto 10:6, 7–5; 3. Werder Bremen 11:15, 5–7; 4. RSC Anderlecht 5:9, 4–8.

Halbfinale: FC Barcelona – FC Porto 3:0; AC Mailand – AS Monaco 3:0.

Endspiel am 18. Mai in Athen:

AC Mailand – FC Barcelona 4:0 (2:0)

AC Mailand: Rossi – Tassotti, Maldini (Nava), Galli, Panucci – Boban, Desailly, Albertini, Donadoni – Massaro, Savicevic.

Tore: Massaro (2), Savicevic, Desailly. – SR: Don (England). – Zuschauer: 65 000.

1994/95: Ajax Amsterdam

Qualifikation: Maccabi Haifa – Austria Salzburg 1:2, 1:3; Sparta Prag – IFK Göteborg 1:0 (in Jablonec), 0:2; Steaua Bukarest – Servette Genf 4:1, 1:1; AEK Athen – Glasgow Rangers 2:0, 1:0; Silkeborg IF – Dynamo Kiew 0:0, 1:3; Legia Warschau – Hajduk Split 0:1, 0:4; Paris Saint-Germain – FC Vac 3:0, 2:1 (in Budapest); Avenir Beggen – Galatasaray Istanbul 1:5, 0:4 (in Izmir).

Champions League

Gruppe A: IFK Göteborg – FC Barcelona 2:1, 1:1; IFK Göteborg – Manchester United 3:1, 2:4; IFK Göteborg – Galatasaray Istanbul 1:0, 1:0; FC Barcelona – Manchester United 4:0, 2:2; FC Barcelona – Galatasaray Istanbul 2:1, 1:2; Manchester United – Galatasaray Istanbul 4:0, 0:0. – 1. IFK Göteborg 10:7, 9–3; 2. FC Barcelona 11:8, 6–6; 3. Manchester United 11:11, 6–6; 4. Galatasaray Istanbul 3:9, 3–9.

Gruppe B: Paris Saint-Germain – Bayern München 2:0, 1:0; Paris Saint-Germain – Spartak Moskau 4:1, 2:1; Paris Saint-Germain – Dynamo Kiew 1:0, 2:1; Bayern München – Spartak Moskau 2:2, 1:1; Bayern München – Dynamo Kiew 1:0, 4:1; Spartak Moskau – Dynamo Kiew 1:0, 2:3. – 1. Paris Saint-Germain 12:3, 12–0; 2. Bayern München 8:7, 6–6; 3. Spartak Moskau 8:12, 4–8, 4. Dynamo Kiew 5:11, 2–10.

Gruppe C: Benfica Lissabon – Hajduk Split 2:1, 0:0; Benfica Lissabon – Steaua Bukarest 2:1, 1:1; Benfica Lissabon – RSC Anderlecht 3:1, 1:1; Hajduk Split – Steaua Bukarest 1:4, 1:0; Hajduk Split – RSC Anderlecht 2:1, 0:0; Steaua Bukarest – RSC Anderlecht 1:1, 0:0. – 1. Benfica Lissabon 9:5, 9:3; 2. Hajduk Split 5:7, 6–6; 3. Steaua Bukarest 7:6, 5–7; 4. RSC Anderlecht 4:7, 4–8.

Gruppe D: Ajax Amsterdam – AC Mailand 2:0, 2:0 (in Triest); Ajax Amsterdam – Austria Salzburg; 1:1, 0:0 (in Wien); Ajax Amsterdam – AEK Athen 2:0, 2:1; AC Mailand – Austria Salzburg 3:0, 1:0 (in Wien); AC Mailand – AEK Athen 2:1 (in Triest), 0:0; Austria Salzburg – AEK Athen 0:0 (in Wien), 3:1. – 1. Ajax Amsterdam 9:2, 10–2; 2. AC Mailand 6:6, 5–5*; 3. Austria Salzburg 4:6, 5–7; 4. AEK Athen 3:9, 2–10.
*AC Mailand wurden zwei Punkte abgezogen.

Viertelfinale: Bayern München – IFK Göteborg 0:0, 2:2; Hajduk Split – Ajax Amsterdam 0:0, 0:3; AC Mailand – Benfica Lissabon 2:0, 0:0; FC Barcelona – Paris Saint-Germain 1:1, 1:2.

Halbfinale: Bayern München – Ajax Amsterdam 0:0, 2:5; Paris Saint-Germain – AC Mailand 0:1, 0:2.

Endspiel am 24. Mai in Wien:

Ajax Amsterdam – AC Mailand 1:0 (0:0)

Ajax: Van der Sar – Reiziger, Blind, F. de Boer, Rijkaard – Seedorf (Kanu), Davids – Litmanen (Kluivert) – Finidi, R. de Boer, Overmars.

Tor: Kluivert. – Schiedsrichter Craciunescu (Rumänien). – Zuschauer. 49 730.

1995/96: Juventus Turin

Vorrunde: Grasshoppers Zürich – Maccabi Tel Aviv 1:1, 1:0; Glasgow Rangers – Anorthosis Famagusta 1:0, 0:0; Legia Warschau – IFK Göteborg 1:0, 2:1; Austria Salzburg – Steaua Bukarest 0:0, 0:1; Dynamo Kiew – Aalborg BK 1:0, 3:1*; Rosenborg Trondheim – Besiktas Istanbul 3:0, 1:3; RSC Anderlecht – Ferencvaros Budapest 0:1, 1:1 (in Szeged); Panathinaikos Athen – Hajduk Split 0:0, 1:1 (in Rijeka).

*) Dynamo Kiew wurde nach dem 1. Spiel der Champions League gegen Panathinaikos Athen (1:0) wegen versuchter Schiedsrichterbestechung disqualifiziert. Aalborg BK nimmt als Verlierer des Vorrundenspiels den Platz von Kiew in der Champions League ein.

Champions League

Gruppe A: Panathinaikos Athen– FC Nantes 3:1, 0:0; Panathinaikos Athen – FC Porto 0:0, 1:0; Panathinaikos Athen – Aalborg BK 2:0, 1:2; FC Nantes – FC Porto 0:0, 2:2; FC Nantes – Aalborg BK 3:1, 2:0; FC Porto – Aalborg BK 2:0, 2:2. – 1. Panathinaikos Athen 7:3, 11; 2. FC Nantes 8:6, 9; 3. FC Porto 6:5, 7; 4. Aalborg BK 5:12, 4.

Gruppe B: Spartak Moskau – Legia Warschau 2:1, 1:0; Spartak Moskau – Rosenborg Trondheim 4:1, 4:2; Spartak Moskau – Blackburn Rovers 3:0, 1:0; Legia Warschau – Rosenborg Trondheim 3:1, 0:4; Legia Warschau – Blackburn Rovers 1:0, 0:0; Rosenborg Trondheim – Blackburn Rovers 2:1, 1:4. – 1. Spartak Moskau 15:4, 18; 2. Legia Warschau 5:8, 7; 3. Rosenborg Trondheim 11:16, 6; 4. Blackburn Rovers 5:8, 4.

Gruppe C: Juventus Turin – Borussia Dortmund 1:2, 3:1; Juventus Turin – Steaua Bukarest 3:0, 0:0; Juventus Turin – Glasgow Rangers 4:1, 4:0; Borussia Dortmund – Steaua Bukarest 1:0, 0:0; Borussia Dortmund – Glasgow Rangers 2:2, 2:2; Steaua Bukarest – Glasgow Rangers 1:0, 1:1. – 1. Juventus Turin 15:4, 13; 2. Borussia Dortmund 8:8, 9; 3. Steaua Bukarest 2:5, 6; 4. Glasgow Rangers 6:14, 3.

Gruppe D: Ajax Amsterdam – Real Madrid 1:0, 2:0, Ajax Amsterdam – Ferencvaros Budapest 4:0, 5:1; Ajax Amsterdam – Grasshoppers Zürich 3:0, 0:0; Real Madrid – Ferencvaros Budapest 6:1, 1:1; Real Madrid – Grasshoppers Zürich 2:0, 2:0; Ferencvaros Budapest – Grasshoppers Zürich 3:3, 3:0. – 1. Ajax Amsterdam 15:1, 16; 2. Real Madrid 11:5, 10; 3. Ferencvaros Budapest 9:19, 5; 4. Grasshoppers Zürich 3:13, 2.

Viertelfinale: Borussia Dortmund – Ajax Amsterdam 0:2, 0:1; Legia Warschau – Panathinaikos Athen 0:0, 0:3; FC Nantes – Spartak Moskau 2:0, 2:2; Real Madrid – Juventus Turin 1:0, 0:2.

Halbfinale: Juventus Turin – FC Nantes 2:0, 2:3 Ajax Amsterdam – Panathinaikos Athen 0:1, 3:0.

Endspiel am 22. Mai in Rom:

Juventus Turin – Ajax Amsterdam 1:1 n. V. (1:1, 1:1)/4:2 nach Elfmeterschießen

Juventus: Peruzzi – Torricelli, Ferrara, Vierchowod, Pessotto – Conte (Jugovic), Paulo Sousa (Di Livio), Deschamps – Ravanelli (Padovano), Vialli, Del Piero.

Tore: Ravanelli (Litmanen für Amsterdam). – SR: Diaz Vega (Spanien). – Zuschauer: 80 000.

Tore aus dem Elfmeterschießen: Ferrara, Pessotto, Padovano, Jugovic. – Litmanen, Scholten (Davids und Silooy gehalten).

1996/97: Borussia Dortmund

Vorrunde: Grasshoppers Zürich – Slavia Prag 5:0, 1:0; Maccabi Tel Aviv – Fenerbahce Istanbul 0:1, 1:1; IFK Göteborg – Ferencvaros Budapest 3:0, 1:1; Widzew Lodz – Bröndby Kopenhagen 2:1, 2:3; Panathinaikos Athen – Rosenborg Trondheim 1:0, 0:3 n. V.; Rapid Wien – Dynamo Kiew 2:0, 4:2; Glasgow Rangers – Alania Wladikawkas 3:1, 7:2; FC Brügge – Steaua Bukarest 2:2, 0:3.

Champions League

Gruppe A: AJ Auxerre – Ajax Amsterdam 0:1, 2:1; AJ Auxerre – Grasshoppers Zürich 1:0, 1:3; AJ Auxerre – Glasgow Rangers 2:1, 2:1; Ajax Amsterdam – Grasshoppers Zürich 0:1, 1:0; Ajax Amsterdam – Glasgow Rangers 4:1, 1:0; Grasshoppers Zürich – Glasgow Rangers 3:0, 1:2. – 1. AJ Auxerre 8:7, 12; 2. Ajax Amsterdam 8:4, 12; 3. Grasshoppers Zürich 8:5, 9; 4. Glasgow Rangers 5:13, 3.

Gruppe B: Atletico Madrid – Borussia Dortmund 0:1, 2:1; Atletico Madrid – Widzew Lodz 1:0, 4:1; Atletico Madrid – Steaua Bukarest 4:0, 1:1; Borussia Dortmund – Widzew Lodz 2:1, 2:2; Borussia Dortmund – Steaua Bukarest 5:3, 3:0; Widzew Lodz – Steaua Bukarest 2:0, 0:1. – 1. Atletico Madrid 12:4, 13; 2. Borussia Dortmund 14:8, 13; 3. Widzew Lodz 6:10, 4; 4. Steaua Bukarest 5:15, 4.

Gruppe C: Juventus Turin – Manchester United 1:0, 1:0; Juventus Turin – Fenerbahce Istanbul 2:0, 1:0; Juventus Turin – Rapid Wien 5:0, 1:1; Manchester United – Fenerbahce Istanbul 0:1, 2:0; Manchester United – Rapid Wien 2:0, 2:0; Fenerbahce Istanbul – Rapid Wien 1:0, 1:1. – 1. Juventus Turin 11:1, 16; 2. Manchester United 6:3, 9; 3. Fenerbahce Istanbul 3:6, 7; 4. Rapid Wien 2:12, 2.

Gruppe D: FC Porto – Rosenborg Trondheim 3:0, 1:0; FC Porto – AC Mailand 1:1, 3:2; FC Porto – IFK Göteborg 2:1, 2:0; Rosenborg Trondheim – AC Mailand 1:4, 2:1; Rosenborg Trondheim – IFK Göteborg 1:0, 3:2; AC Mailand – IFK Göteborg 4:2, 1:2. – 1. FC Porto 12:4, 16; 2. Rosenborg Trondheim 7:11, 9; 3. AC Mailand 13:11, 7; 4. IFK Göteborg 7:13, 3.

Viertelfinale: Borussia Dortmund – AJ Auxerre 3:1, 1:0; Manchester United – FC Porto 4:0, 0:0; Ajax Amsterdam – Atletico Madrid 1:1, 0:2 n. V.; Rosenborg Trondheim – Juventus Turin 1:1, 0:2.

Halbfinale: Borussia Dortmund – Manchester United 1:0, 1:0; Ajax Amsterdam – Juventus Turin 1:2, 1:4.

Endspiel am 28. Mai in München:

Borussia Dortmund – Juventus Turin 3:1 (2:0)

Dortmund: Klos – Kohler, Sammer, Kree – Reuter, Lambert, Paulo Sousa, Heinrich – Riedle (Herrlich), Möller (Zorc), Chapuisat (Ricken).

Tore: Riedle (2), Ricken (Del Piero für Turin). – SR: Sandor Puhl (Ungarn). – Zuschauer: 58 000.

1997/98: Real Madrid

Qualifikation, 1. Runde: Derry City – Maribor Teatanic 0:2, 0:1; 1. FC Kosice – IA Akranes 3:0, 1:0; Partizan Belgrad – Croatia Zagreb 1:0, 0:5; FC Valetta – Skonto Riga 1:0, 0:2; Piounik Erewan – MTK Budapest 0:2, 3:4; Crusaders Belfast – Dynamo Tiflis 1:3, 1:5; Sileks Kratovo – Beitar Jerusalem 1:0, 0:3; Steaua Bukarest – ZSKA Sofia 3:3, 2:0; Constructorul Chisinau – MPKZ Mozyr 1:1, 2:3; Lantana Tallinn – FC Jazz Pori 0:2, 0:1; GI Götu – Glasgow Rangers 0:5, 0:6; Neftschi Baku – Widzew Lodz 0:2, 0:8; Dynamo Kiew – AFC Barry Town 2:0, 4:0; FC Sion – Jeunesse Esch 4:0, 1:0; Anorthosis Famagusta – Kareda Siauliai 3:0, 1:1.

Qualifikation, 2. Runde: Bayer Leverkusen – Dynamo Tiflis 6:1, 0:1; 1. FC Kosice – Spartak Moskau 2:1, 0:0; MTK Budapest – Rosenborg Trondheim 0:1, 1:3; Besiktas Istanbul – Maribor Teatanic 0:0, 3:1; FC Sion – Galatasaray Istanbul 1:4, 1:4; Olympiakos Piräus – MPKZ Mozyr 5:0, 2:2; Austria Salzburg – Sparta Prag 0:0, 0:3; IFK Göteborg – Glasgow Rangers 3:0, 1:1; FC Barcelona – Skonto Riga 3:2, 1:0; Bröndby Kopenhagen – Dynamo Kiew 2:4, 1:0; Newcastle United – Croatia Zagreb 2:1, 2:2 n. V.; Feyenoord Rotterdam – FC Jazz Pori 6:2, 2:1; Steaua Bukarest – Paris Saint-Germain 3:2 (3:0 gewertet wegen Einsatz eines gesperrten Spielers von Paris), 0:5; Widzew Lodz – AC Parma 1:3, 0:4; Beitar Jerusalem – Sporting Lissabon 0:0, 0:3; Anorthosis Famagusta – Lierse SK 2:0, 0:3.

Gruppe A: Borussia Dortmund – AC Parma 2:0, 0:1; Borussia Dortmund – Sparta Prag 4:1, 3:0; Borussia Dortmund – Galatasaray Istanbul 4:1, 1:0; AC Parma – Sparta Prag 2:2, 0:0; AC Parma – Galatasaray Istanbul 2:0, 1:1; Sparta Prag – Galatasaray Istanbul 3:0, 0:2. – 1. Borussia Dortmund 14:3, 15; 2. AC Parma 6:5, 9; 3. Sparta Prag 6:11, 5; 4. Galatasaray Istanbul 4:11, 4.

Gruppe B: Manchester United – Juventus Turin 3:2, 0:1; Manchester United – Feyenoord Rotterdam 2:1, 3:1; Manchester United – 1. FC Kosice 3:0, 3:0; Juventus Turin – Feyenoord Rotterdam 5:1, 0:2; Juventus Turin – 1. FC Kosice 3:2, 1:0; Feyenoord Rotterdam – 1. FC Kosice 2:0, 1:0. – 1. Manchester United 14:5, 15; 2. Juventus Turin 12:8, 12; 3. Feyenoord Rotterdam 8:10, 9; 4. 1. FC Kosice 2:13, 0.

Gruppe C: Dynamo Kiew – PSV Eindhoven 1:1, 3:1; Dynamo Kiew – Newcastle United 2:2, 0:2; Dynamo Kiew – FC Barcelona 3:0, 4:0; PSV Eindhoven – Newcastle United 1:0, 2:0; PSV Eindhoven – Barcelona 2:2, 2:2; Newcastle United – Barcelona 3:2, 0:1. – 1. Dynamo Kiew 13:6, 11; 2. PSV Eindhoven 9:8, 9; 3. Newcastle United 7:8, 7; 4. FC Barcelona 7:14, 5.

Gruppe D: Real Madrid – Rosenborg Trondheim 4:1, 0:2; Real Madrid – Olympiakos Piräus 5:1, 0:0; Real Madrid – FC Porto 4:0, 2:0; Rosenborg Trondheim – Olympiakos Piräus 5:1, 2:2; Rosenborg Trondheim – FC Porto 2:0, 1:1; Olympiakos Piräus – FC Porto 1:0, 1:2. – 1. Real Madrid 15:4, 13, 2. Rosenborg Trondheim 13:8, 11; 3. Olympiakos Piräus 6:14, 5, 4. FC Porto 3:11, 4.

Gruppe E: Bayern München – Paris Saint-Germain 5:1, 1:3; Bayern München – Besiktas Istanbul 2:0, 2:0; Bayern München – IFK Göteborg 0:1, 3:1; Paris Saint-Germain – Besiktas Istanbul 2:1, 1:3; Paris Saint-Germain – IFK Göteborg 3:0, 1:0; Besiktas Istanbul – IFK Göteborg 1:0, 1:2. – 1. Bayern München 13:6, 12; 2. Paris Saint-Germain 11:10, 12; 3. Besiktas Istanbul 6:9, 6; 4. IFK Göteborg 4:9, 6.

Gruppe F: AS Monaco – Bayer Leverkusen 4:0, 2:2; AS Monaco – Sporting Lissabon 3:2, 0:3; AS Monaco – Lierse SK 5:1, 1:0; Bayer Leverkusen – Sporting Lissabon 4:1, 2:0; Bayer Leverkusen – Lierse SK 1:0, 2:0; Sporting Lissabon – Lierse SK 2:1, 1:1. – 1. AS Monaco 15:8, 13; 2. Bayer Leverkusen 11:7, 13; 3. Sporting Lissabon 9:11, 7; 4. Lierse SK 3:12, 1.

Viertelfinale: Bayern München – Borussia Dortmund 0:0, 0:1 n. V.; Bayer Leverkusen – Real Madrid 1:1, 0:3; Juventus Turin – Dynamo Kiew 1:1, 4:1; AS Monaco – Manchester United 0:0, 1:1.

Halbfinale: Real Madrid – Borussia Dortmund 2:0, 0:0; Juventus Turin – AS Monaco 4:1, 2:3.

Endspiel am 20. Mai in Amsterdam:

Real Madrid – Juventus Turin 1:0 (0:0)

Real: Illgner – Panucci, Hierro, Sanchis, Roberto Carlos – Seedorf, Karambeu, Redondo – Raúl (Amavisca) – Mijatovic (Suker), Morientes (Jaime).

Tor: 1:0 Mijatovic. – SR: Krug (Deutschland). – Zuschauer: 50 000.

1998/99: Manchester United

Qualifikation, 1. Runde: Celtic Glasgow – St. Patrick's Athletic 0:0, 2:0; Obilic Belgrad – IB Vestmannaeyjar 2:0, 2:1; HJK Helsinki – FK Erewan 2:0, 3:0; Liteks Lovetsch – Halmstads BK 2:0, 1:2; Steaua Bukarest – Flora Tallinn 4:1, 1:3; LKS Lodz – Kapaz Ganja 4:1, 3:1; Kareda Siauliai – Maribor Teatanic 0:3, 0:1; Dynamo Tiflis – Vllaznia Shkoder 3:0, 1:3; FC Valetta – Anorthosis Famagusta 0:2, 0:6; Zimbru Chisinau – Ujpest Budapest 1:0, 1:3; Grasshoppers Zürich – Jeunesse Esch 6:0, 2:0; Dynamo Kiew – AFC Barry Town 8:0, 2:1; Sileks Kratovo – FC Brügge 0:0, 1:2; Beitar Jerusalem – B36 Torshavn 4:1, 1:0; FC Cliftonville – 1. FC Kosice 1:5, 0:8; Skonto Riga – Dynamo Minsk 0:0, 2:1.

Qualifikation, 2. Runde: Bayern München – Obilic 4:0, 1:1; Rosenborg Trondheim – FC Brügge 2:0, 2:4; Manchester United – LKS Lodz 2:0, 0:0; Liteks Lovetsch – Spartak Moskau 0:5, 2:6; Galatasaray

Istanbul – Grasshopper Zürich 2:1, 3:2; Celtic Glasgow – Croatia Zagreb 1:0, 0:3; Maribor Teatanic – PSV Eindhoven 2:1, n. V. 1:4; Dynamo Kiew – Sparta Prag 0:1, n. V. 1:0/ 3:1 nach Elfmeterschießen); 1. FC Kosice – Bröndby Kopenhagen 0:2, 1:0; Inter Mailand – Skonto Riga 4:0, 3:1; Olympiakos Piräus – Anorthosis Famagusta 2:1, 4:2; Benfica Lissabon – Beitar Jerusalem 6:0, 2:4; Dynamo Tiflis – Athletic Bilbao 2:1, 0:1; HJK Helsinki – FC Metz 1:0, 1:1; Sturm Graz – Ujpest Budapest 4:0, 3:2; Steaua Bukarest – Panathinaikos Athen 2:2, 3:6.

Gruppe A: Olympiakos Piräus – Croatia Zagreb 2:0, 1:1; Olympiakos Piräus – FC Porto 2:1, 2:2; Olympiakos Piräus – Ajax Amsterdam 1:0, 0:2; Croatia Zagreb – FC Porto 3:1, 0:3; Croatia Zagreb – Ajax Amsterdam 0:0, 1:0; FC Porto – Ajax Amsterdam 3:0, 1:2 – 1. Olympiakos Piräus 8:6, 11; 2. Croatia Zagreb 5:7, 8; 3. FC Porto 11:9, 7; 4. Ajax Amsterdam 4:6, 7.

Gruppe B: Juventus Turin – Galatasaray Istanbul 2:2, 1:1; Juventus Turin – Rosenborg Trondheim 2:0, 1:1; Juventus Turin – Athletic Bilbao 1:1, 0:0; Galatasaray Istanbul – Rosenborg; Trondheim 3:0, 0:3; Galatasaray Istanbul – Athletic Bilbao 2:1, 0:1; Rosenborg Trondheim – Athletic Bilbao 2:1, 1:1. – 1. Juventus Turin 7:5, 8; 2. Galatasaray Istanbul 8:8, 8; 3. Rosenborg Trondheim 7:8, 8; 4. Athletic Bilbao 5:6, 6.

Gruppe C: Inter Mailand – Real Madrid 3:1, 0:2 (in Sevilla); Inter Mailand – Spartak Moskau 2:1, 1:1; Inter Mailand – Sturm Graz 1:0, 2:0; Real Madrid – Spartak Moskau 2:1, 1:2; Real Madrid – Sturm Graz 6:1, 5:1; Spartak Moskau – Sturm Graz 0:0, 2:0. – 1. Inter Mailand 9:5, 13; 2. Real Madrid 17:8, 12; 3. Spartak Moskau 7:6, 8; 4. Sturm Graz 2:16, 1.

Gruppe D: Bayern München – Manchester United 2:2, 1:1; Bayern München – FC Barcelona 1:0, 2:1; Bayern München – Bröndby Kopenhagen 2:0, 1:2; Manchester United – FC Barcelona 3:3, 3:3; Manchester United – Bröndby Kopenhagen 5:0, 6:2; FC Barcelona – Bröndby Kopenhagen 2:0, 2:0. – 1. Bayern München 9:6, 11; 2. Manchester United 20:11, 10; 3. FC Barcelona 11:9, 8; 4. Bröndby Kopenhagen 4:18, 3.

Gruppe E: Dynamo Kiew – RC Lens 1:1, 3:1; DynamoKiew – Arsenal London 3:1, 1:1; Dynamo Kiew – Panathinaikos Athen 2:1, 1:2; RC Lens – Arsenal London 1:1, 1:0; RC Lens – Panathinaikos Athen 1:0, 0:1; Arsenal London – Panathinaikos Athen 2:1, 3:1. – 1. Dynamo Kiew 11:7, 11; 2. RC Lens 5:6, 8; 3. Arsenal London 8:8, 8; 4. Panathinaikos Athen 6:9, 6.

Gruppe F: 1. FC Kaiserslautern – Benfica Lissabon 1:0, 1:2; 1. FC Kaiserslautern – PSV Eindhoven 3:1, 2:1; 1. FC Kaiserslautern – HJK Helsinki 5:2, 0:0; Benfica Lissabon – PSV Eindhoven 2:1, 2:2; Benfica Lissabon – HJK Helsinki 2:2, 0:2; PSV Eindhoven – HJK Helsinki 2:1, 3:1. – 1. 1. FC Kaiserslautern 12:6, 13; 2. Benfica Lissabon 8:9, 8; 3. PSV Eindhoven 10:11, 7; 4. HJK Helsinki 8:12, 5.

Viertelfinale: Bayern München – 1. FC Kaiserslautern 2:0, 4:0; Real Madrid – Dynamo Kiew 1:1, 0:2; Manchester United – Inter Mailand 2:0, 1:1; Juventus Turin – Olympiakos Piräus 2:1, 1:1.

Halbfinale: Dynamo Kiew – Bayern München 3:3, 0:1; Manchester United – Juventus Turin 1:1, 3:2.

Endspiel am 26. Mai 1999 in Barcelona:

Bayern München – Manchester United 1:2 (1:0)

Manchester: Schmeichel – G. Neville, Stam, Johnsen, Irwin – Giggs, Beckham, Butt, Blomqvist (Sheringham) – Cole (Solskjaer), Yorke.

Bayern: Kahn – Matthäus (Fink) – Kuffour, Linke – Babbel, Jeremies, Effenberg, Tarnat – Basler (Salihamidzic), Jancker, Zickler (Scholl).

Tore: Sheringham, Solskjaer (Basler für München). – SR: Collina (Italien). – Zuschauer: 90 000.

1999/2000: Real Madrid

Qualifikation, 1. Runde: Sloga Skopje – Kapaz Ganja 1:0,1:2; St. Patrick's Athletic – Zimbru Chisinau 0:5, 0:5; Jeunesse Esch – Skonto Riga 0:2, 0:8; AFC Barry Town – FC Valletta 0:0, 2:3; Partizan Belgrad – Flora Tallinn 6:0, 4:1; HB Torshavn – Haka Valkeakoski 1:1, 0:6; FK Lovetsch – Glentoran Belfast 3:0, 2:0; Zalgiris Wilna – Zement Ararat 2:0, 3:0; IB Vestmannaeyjar – SK Tirana 1:0, 2:1.

Qualifikation, 2. Runde: Besiktas Istanbul – Hapoel Haifa 1:1, 0:0; Rapid Wien – FC Valetta 3:0, 2:0; ZSKA Moskau – Molde FK 2:0, 0:4; NK Maribor – RC Genk 5:1, 0:3 (in Lüttich); Dynamo Kiew – Zalgiris Wilna 2:0, 1:0; Dynamo Tiflis – Zimbru Chisinau 2:1, 0:2; Haka Valkeakoski – Glasgow Rangers 1:4, 0:3; Anorthosis Famagusta – Slovan Bratislava 2:1, 1:1; Dnjepr Mogilew – AIK Stockholm 0:1, 0:2; Rapid Bukarest – Skonto Riga 3:3, 1:2; FK Lovetsch – Widzew Lodz 4:1, n. V. 1:4/2:3 nach Elfmeterschießen); Partizan Belgrad – NK Rijeka 3:1, 3:0; Sloga Skopje – Bröndby Kopenhagen 0:1, 0:1; IB Vestmannaeyjar – MTK Budapest 0:2, 1:3.

Qualifikation, 3. Runde: Hertha BSC Berlin – Anorthosis Famagusta 2:0, 0:0; FK Teplitz – Borussia Dortmund 0:1, 0:1; FC Chelsea – Skonto Riga 3:0, 0:0; Rapid Wien – Galatasaray Istanbul 0:3, 0:1; AC Florenz – Widzew Lodz 3:1, 2:0; Aalborg BK – Dynamo Kiew 1:2, 2:2; Molde FK – RCD Mallorca 0:0, 1:1; Olympique Lyon – NK Maribor 0:1, 0:2; Croatia Zagreb – MTK Budapest 0:0, 2:0; Glasgow Rangers

– AC Parma 2:0, 0:1; Bröndby Kopenhagen – Boavista Porto 1:2, n. V., 2:4; AEK Athen – AIK Stockholm 0:0, 0:1; Hapoel Haifa – FC Valencia 0:2, 0:2; Zimbru Chisinau – PSV Eindhoven 0:0, 0:2; Spartak Moskau – Partizan Belgrad 2:0, 3:1; Sturm Graz – Servette Genf 2:1, 2:2.

Vorrunde Gruppe A: Lazio Rom – Dynamo Kiew 2:1, 1:0; Lazio Rom – Bayer Leverkusen 1:1, 1:1; Lazio Rom – NK Maribor 4:0, 4:0; Dynamo Kiew – Bayer Leverkusen 4:2, 1:1; Dynamo Kiew – NK Maribor 0:1, 2:1; Bayer Leverkusen – NK Maribor 2:0, 0:0. – 1. Lazio Rom 13:3, 14; 2. Dynamo Kiew 8:8, 7; 3. Bayer Leverkusen 7:7, 7; 4. NK Maribor 2:12, 4.

Gruppe B: FC Barcelona – AC Florenz 4:2, 3:3; FC Barcelona – Arsenal London 1:1, 4:2; FC Barcelona – AIK Stockholm 5:0, 2:1; AC Florenz – Arsenal London 0:0, 1:0; AC Florenz – AIK Stockholm 3:0, 0:0; Arsenal London – AIK Stockholm 3:1, 3:2. – 1. FC Barcelona 19:9, 14; 2. AC Florenz 9:7, 9; 3. Arsenal London 9:9, 8; 4. AIK Stockholm 4:16, 1.

Gruppe C: Rosenborg Trondheim – Feyenoord Rotterdam 2:2, 0:1; Rosenborg Trondheim – Borussia Dortmund 2:2, 3:0; Rosenborg Trondheim – Boavista Porto 2:0, 3:0; Feyenoord Rotterdam – Borussia Dortmund 1:1, 1:1; Feyenoord Rotterdam – Boavista Porto 1:1, 1:1; Borussia Dortmund – Boavista Porto 3:1, 0:1. – 1. Rosenborg Trondheim 12:5, 11; 2. Feyenoord Rotterdam 7:6, 8; 3. Borussia Dortmund 7:9, 6; 4. Boavista Porto 4:10, 5.

Gruppe D: Manchester United – Olympique Marseille 2:1, 0:1; Manchester United – Sturm Graz 2:1, 3:0; Manchester United – Croatia Zagreb 0:0, 2:1; Olympique Marseille – Sturm Graz 2:0, 2:3; Olympique Marseille – Croatia Zagreb 2:2, 2:1; Sturm Graz – Croatia Zagreb 1:0, 0:3. – 1. Manchester United 9:4, 13; 2. Olympique Marseille 10:8, 10; 3. Sturm Graz 5:12, 6; 4. Croatia Zagreb 7:7, 5.

Gruppe E: Real Madrid – FC Porto 3:1, 1:2; Real Madrid – Olympiakos Piräus 3:0, 3:3; Real Madrid – Molde FK 4:1, 1:0; FC Porto – Olympiakos Piräus 2:0, 0:1; FC Porto – Molde FK 3:1, 1:0; Olympiakos Piräus – Molde FK 3:1, 2:3 – 1. Real Madrid 15:7, 13; 2. FC Porto 9:6, 12; 3. Olympiakos Piräus 9:12, 7; 4. Molde FK 6:14, 3.

Gruppe F: FC Valencia – Bayern München 1:1, 1:1; FC Valencia – Glasgow Rangers 2:0, 2:1; FC Valencia – PSV Eindhoven 1:0, 1:1; Bayern München – Glasgow Rangers 1:0, 1:1; Bayern München – PSV Eindhoven 2:1, 1:2; Glasgow Rangers – PSV Eindhoven 4:1, 1:0. – 1. FC Valencia 8:4, 12; 2. Bayern München 7:6, 9; 3. Glasgow Rangers 7:7, 7; 4. PSV Eindhoven 5:10, 4.

Gruppe G: Sparta Prag – Girondins Bordeaux 0:0, 0:0; Sparta Prag – Spartak Moskau 5:2, 1:1; Sparta Prag – Willem II Tilburg 4:0, 4:3; Girondins Bordeaux – Spartak Moskau 2:1, 2:1; Girondins Bordeaux – Willem II Tilburg 3:2, 0:0; Spartak Moskau – Willem II Tilburg 1:3, 1:1. – 1. Sparta Prag 14:6, 12; 2. Girondins Bordeaux 7:4, 12; 3. Spartak Moskau 9:12, 5; 4. Willem II Tilburg 7:15, 2.

Gruppe H: FC Chelsea – Hertha BSC Berlin 2:0, 1:2; FC Chelsea – Galatasaray Istanbul 1:0, 5:0; FC Chelsea – AC Mailand 0:0, 1:1; Hertha BSC Berlin – Galatasaray Istanbul 1:4, 2:2; Hertha BSC Berlin – AC Mailand 1:0, 1:1; Galatasaray Istanbul – AC Mailand 3:2, 1:2. – 1. FC Chelsea 10:3, 11; 2. Hertha BSC Berlin 7:10, 8; 3. Galatasaray Istanbul 10:13, 7; 4. AC Mailand 6:7, 6.

Zwischenrunde – Gruppe A: FC Barcelona – FC Porto 4:2, 2:0; FC Barcelona – Sparta Prag 5:0, 2:1; FC Barcelona – Hertha BSC Berlin 3:1, 1:1; FC Porto – Sparta Prag 2:2, 2:0; FC Porto – Hertha BSC Berlin 1:0, 1:0; Sparta Prag – Hertha BSC Berlin 1:1, 0:1 – 1. FC Barcelona 17:5, 16; 2. FC Porto 8:8, 10; 3. Sparta Prag 5:12, 5; 4. Hertha BSC Berlin 3:8, 2.

Gruppe B: Manchester United – FC Valencia 3:0, 0:0; Manchester United – AC Florenz 3:1, 0:2; Manchester United – Girondins Bordeaux 2:0, 2:1; FC Valencia – AC Florenz 2:0, 0:1; FC Valencia – Girondins Bordeaux 3:0, 4:1; AC Florenz – Girondins Bordeaux 3:3, 0:0; – 1. Manchester United 10:4, 13; 2. FC Valencia 9:5, 10; 3. AC Florenz 7:8, 8; 4. Girondins Bordeaux 5:14, 2.

Gruppe C: Bayern München – Real Madrid 4:1, 4:2; Bayern München – Dynamo Kiew 2:1, 0:2; Bayern München – Rosenborg Trondheim 2:1, 1:1; Real Madrid – Dynamo Kiew 2:2, 2:1; Real Madrid – Rosenborg Trondheim 3:1, 1:0; Dynamo Kiew – Rosenborg Trondheim 2:1, 2:1 – 1. Bayern München 13:8, 13; 2. Real Madrid 11:12, 10; 3. Dynamo Kiew 10:8, 10; 4. Rosenborg Trondheim 5:11, 1.

Gruppe D: Lazio Rom – FC Chelsea 0:0, 2:1; Lazio Rom – Feyenoord Rotterdam 1:2, 0:0; Lazio Rom – Olympique Marseille 5:1, 2:0; FC Chelsea – Feyenoord Rotterdam 3:1, 3:1; FC Chelsea – Olympique Marseille 1:0, 0:1; Feyenoord Rotterdam – Olympique Marseille 3:0, 0:0; – 1. Lazio Rom 10:4, 11; 2. FC Chelsea 8:5, 10; 3. Feyenoord Rotterdam 7:7, 8; 4. Olympique Marseille 2:11, 4.

Viertelfinale: FC Porto – Bayern München 1:1, 1:2; Real Madrid – Manchester United 0:0, 3:2; FC Valencia – Lazio Rom 5:2, 0:1; FC Chelsea – FC Barcelona 3:1, n. V. 1:5.

Halbfinale: Real Madrid – Bayern München 2:0, 1:2; FC Valencia – FC Barcelona 4:1, 1:2.

Endspiel am 24. Mai in Paris:

Real Madrid – FC Valencia 3:0 (1:0)

Real Madrid: Casillas – Salgado (Hierro), Karanka, Campo, Roberto Carlos – Helguera, Redondo, – McManaman, Raul – Morientes (Savio), Anelka (Sanchis).

Tore: Morientes, McManaman, Raúl. – SR: Braschi (Italien). – Zuschauer: 73 000.

2000/2001: Bayern München

Qualifikation, 1. Runde: FC Birkirkara – KR Reykjavik 1:2 (in Ta' Qali), 1:4; F 91 Düdelingen – Levski Sofia 0:4 (in Luxemburg), 0:2; Haka Valkeakoski – FC Linfield 1:0, 1:2; KI Klaksvik – Roter Stern Belgrad 0:3 (in Toftir), 0:2; FC Llansantffraid – FC Levadia Maardu 2:2 (in Wrexham), 0:4 (in Tallinn); Shirak Gyumri – BATE Borisov 1:1, 1:2; Skonto Riga – FK Shamkir 2:1, 1:4 n. V. (in Baku); Sloga Skopje – FC Shelbourne 0:1, 1:1; SK Tirana – Zimbru Chisinau 2:3, 2:3 in (Speia); Zalgiris Kaunas – Brotnjo Citluk 4:0, 0:3.
Qualifikation, 2. Runde: RSC Anderlecht – Anorthosis Famagusta 4:2, 0:0 (in Nikosia); Besiktas Istanbul – Levski Sofia 1:0, 1:1; Bröndby Kopenhagen – KR Reykjavìk 3:1, 0:0; Dinamo Bukarest – Polonia Warschau 3:4, 1:3 (in Plock); Glasgow Rangers – Zalgiris Kaunas 4:1, 0:0; Haka Valkeakoski – Inter Bratislava 0:0, 0:1 n. V.; Helsingborg IF – BATE Borisov 0:0, 3:0 (in Minsk); Roter Stern Belgrad – Torpedo Kutaissi 4:0, 0:2; Schachtjor Donezk – FC Levadia Maardu 4:1, 5:1 (in Tallinn); Slavia Prag – FK Shamkir – 1:0, 4:1 (in Baku); FC Shelbourne – Rosenborg Trondheim 1:3, 1:1; Sturm Graz – Hapoel Tel Aviv 3:0, 2:1; Zimbru Chisinau – NK Maribor 2:0 (in Speia), 0:1; Hajduk Split – Dunaferr Dunaujvaros 0:2, 2:2 (in Györ).
Qualifikation, 3. Runde: Leeds United – TSV München 1860 2:1, 1:0; Bröndby Kopenhagen – Hamburger SV 0:2, 0:0; FC Tirol Innsbruck – FC Valencia 0:0, 1:4; Zimbru Chisinau – Sparta Prag 0:1 (in Speia), 0:1; Helsingborg IF – Inter Mailand 1:0, 0:0; Besiktas Istanbul – Lokomotive Moskau 3:0, 3:1; Inter Bratislava – Olympique Lyon 1:2, 1:2; RSC Anderlecht – FC Porto 1:0, 0:0; Herfölge BK – Glasgow Rangers 0:3, 0:3; Dynamo Kiew – Roter Stern Belgrad 0:0, 1:1; Polonia Warschau – Panathinaikos Athen 2:2 (in Plock), 1:2; Sturm Graz – Feyenoord Rotterdam 2:1, 1:1; Dunaferr Dunaujvaros – Rosenborg Trondheim 2:2 (in Györ), 1:2; FC St. Gallen – Galatasaray Istanbul 1:2 (in Zürich), 2:2; AC Mailand – Dinamo Zagreb 3:1, 3:0; Schachtjor Donezk – Slavia Praha 0:1, 2:0 n. V.
Vorrunde – Gruppe A: Real Madrid – Spartak Moskau 1:0, 0:1; Real Madrid – Bayer Leverkusen 5:3, 3:2; Real Madrid – Sporting Lissabon 4:0, 2:2; Spartak Moskau – Bayer Leverkusen 2:0, 0:1; Spartak Moskau – Sporting Lissabon 3:1, 3:0; Bayer Leverkusen – Sporting Lissabon 3:2, 0:0. – 1. Real Madrid 15:8, 13; 2. Spartak Moskau 9:3, 12; 3. Bayer Leverkusen 9:12, 7; 4. Sporting Lissabon 5:15, 2.
Gruppe B: FC Arsenal – Lazio Rom 2:0, 1:1; FC Arsenal – Schachtjor Donezk 3:2, 0:3; FC Arsenal – Sparta Prag 4:2, 1:0; Lazio Rom – Schachtjor Donezk 5:1, 3:0; Lazio Rom – Sparta Prag 3:0, 1:0; Schachtjor Donezk – Sparta Prag 2:1, 2:3. – 1. FC Arsenal 11:8, 13; 2. Lazio Rom 13:4, 13; 3. Schachtjor Donezk 10:15, 6; 4. Sparta Prag 6:13, 3.
Gruppe C: FC Valencia – Olympique Lyon 1:0, 2:1; FC Valencia – Olympiakos Piräus 2:1, 0:1; FC Valencia – SC Heerenveen 1:1, 1:0; Olympique Lyon – Olympiakos Piräus 1:0, 1:2; Olympique Lyon – SC Heerenveen 3:1, 2:0; Olympiakos Piräus – SC Heerenveen 2:0, 0:1. – 1. FC Valencia 7:4, 13; Olympique Lyon 8:6, 9; 3. Olympiakos Piräus 6:5, 9; 4. SC Heerenveen 3:9, 4.
Gruppe D: Sturm Graz – Galatasaray Istanbul 3:0, 2:2; Sturm Graz – Glasgow Rangers 2:0, 0:5; Sturm Graz – AS Monaco 2:0, 0:5; Galatasaray Istanbul – Glasgow Rangers 3:2, 0:0; Galatasaray Istanbul – AS Monaco 3:2, 2:4; Glasgow Rangers – AS Monaco 2:2, 1:0. – 1. Sturm Graz 9:12, 10; 2. Galatasaray Istanbul 10:13, 8; 3. Glasgow Rangers 10:7, 8; 4. AS Monaco 13:10, 7.
Gruppe E: Deportivo La Coruna – Panathinaikos Athen 1:0, 1:1; Deportivo La Coruna – Hamburger SV 2:1, 1:1; Deportivo La Coruna – Juventus Turin 1:1, 0:0; Panathinaikos Athen – Hamburger SV 0:0, 1:0; Panathinaikos Athen – Juventus Turin 3:1, 1:2; Hamburger SV – Juventus Turin 4:4; 0:1. – 1. Deportivo La Coruna 6:4, 10; 2. Panathinaikos Athen 6:5, 8; 3. Hamburger SV 9:9, 6; 4. Juventus Turin 9:12, 6.
Gruppe F: Bayern München – Paris Saint-Germain 2:0, 0:1; Bayern München – Rosenborg Trondheim 3:1, 1:1; Bayern München – Helsingborg IF 0:0, 3:1; Paris Saint-Germain – Rosenborg Trondheim 7:2, 1:3; Paris Saint-Germain – Helsingborg IF 4:1, 1:1; Rosenborg Trondheim – Helsingborg IF 6:1, 0:2. – 1. Bayern München 9:4, 11; Paris Saint-Germain 14:9, 10; 3. Rosenborg Trondheim 13:15, 7; 4. Helsingborg IF 6:14, 5.
Gruppe G: RSC Anderlecht – Manchester United 2:1, 1:5; RSC Anderlecht – PSV Eindhoven 1:0, 3:2; RSC Anderlecht – Dynamo Kiew 4:2, 0:4; Manchester United – PSV Eindhoven 3:1, 1:3; Manchester United – Dynamo Kiew 1:0, 0:0; PSV Eindhoven – Dynamo Kiew 2:1, 1:0. – 1. RSC Anderlecht 11:14, 12; 2. Manchester United 11:7, 10; 3. PSV Eindhoven 9:9, 9; 4. Dynamo Kiew 7:8, 4.
Gruppe H: AC Mailand – Leeds United 1:1, 0:1; AC Mailand – FC Barcelona 3:3, 2:0; AC Mailand – Besiktas Istanbul 4:1, 2:0; Leeds United – FC Barcelona 1:1, 0:4; Leeds United – Besiktas Istanbul 6:0, 0:0; FC Barcelona – Besiktas Istanbul 5:0, 0:3. – 1. AC Mailand 12:6, 11; 2. Leeds United 9:6, 9; 3. FC Barcelona 13:9, 8; 4. Besiktas Istanbul 4:17, 4.
Zwischenrunde - Gruppe A: FC Valencia – Manchester United 0:0, 1:1; FC Valencia – Sturm Graz 2:0, 5:0; FC Valencia – Panathinaikos Athen 2:1, 0:0; Manchester United – Sturm Graz 3:0, 2:0; Manchester United – Panathinaikos Athen 3:1, 1:1; Sturm Graz – Panathinaikos Athen 2:0, 2:1. – 1. FC Valencia 10:2, 12; 2. Manchester United 10:3, 12; 3. Sturm Graz 4:13, 6; 4. Panathinaikos Athen 4:10, 2.
Gruppe B: Deportivo La Coruna – Galatasaray Istanbul 2:0, 0:1; Deportivo La Coruna – AC Mailand 0:1, 1:1; Deportivo La Coruna – Paris Saint-Germain 4:3, 3:1; Galatasaray Istanbul – AC Mailand 2:0, 2:2;

Galatasaray Istanbul – Paris Saint-Germain 1:0, 0:2; AC Mailand – Paris Saint-Germain 1:1, 1:1. – 1. Deportivo La Coruna 10:7, 10; 2. Galatasaray Istanbul 6:6, 10; 3. AC Mailand 6:7, 7; 4. Paris Saint-Germain 8:10, 5.
Gruppe C: Bayern München – FC Arsenal 1:0, 2:2; Bayern München – Olympique Lyon 1:0, 0:3; Bayern München – Spartak Moskau 1:0, 3:0; FC Arsenal – Olympique Lyon 1:1, 1:0; FC Arsenal – Spartak Moskau 1:0, 1:4; Olympique Lyon – Spartak Moskau 3:0, 1:1. – 1. Bayern München 8:5, 13; 2. FC Arsenal 6:8, 8; 3. Olympique Lyon 8:4, 8; 4. Spartak Moskau 5:10, 4.
Gruppe D: Real Madrid – Leeds United 3:2, 2:0; Real Madrid – RSC Anderlecht 4:1, 0:2; Real Madrid – Lazio Rom 3:2, 2:2; Leeds United – RSC Anderlecht 2:1, 4:1; Leeds United – Lazio Rom 3:3, 1:0; RSC Anderlecht – Lazio Rom 1:0, 1:2. – 1. Real Madrid 14:9, 13; 2. Leeds United 12:10, 10; 3. RSC Anderlecht 7:12, 6; 4. Lazio Rom 9:11, 5.
Viertelfinale: Manchester United – Bayern München 0:1, 1:2; Galatasaray Istanbul – Real Madrid 3:2, 0:3; FC Arsenal – FC Valencia 2:1, 0:1; Leeds United – Deportivo La Coruna 3:0, 0:2.
Halbfinale: Real Madrid – Bayern München 0:1, 1:2; Leeds United – FC Valencia 0:0; 0:3.

Endspiel am 23. 5. in Mailand:

Bayern München – FC Valencia n. V. 1:1 (1:1, 0:1)/5:4 nach Elfmeterschießen

Bayern München: Kahn – Kuffour, Andersson, Linke – Sagnol (Jancker), Lizarazu, Hargreaves, Effenberg – Scholl (Sergio), Salihamidzic, Elber (Zickler).
Tore: Effenberg (Mendieta für Valencia). – SR: Jol (Niederlande). – Zuschauer: 74 500.
Tore aus dem Elfmeterschießen: Salihamidzic, Zickler, Effenberg, Lizarazu, Linke (Sergio verschießt, Andersson gehalten). – Mendieta, Carew, Baraja, Kily Gonzalez (Zahovic, Carboni und Pellegrino gehalten).

2001/2002: Real Madrid

Qualifikation, 1. Runde: Levski Sofia – Zeljeznicar Sarajevo 4:0, 0:0; FC Linfield – Torpedo Kutaissi 0:0, 0:1; KR Reykjavik – Vllaznia Shkoder 2:1, 0:1; Sloga Skopje – FBK Kaunas 0:0, 1:1; VB Vagur – Slavia Mozyr 0:0, 0:5; Bohemians Dublin – Levadia Maardu 3:0, 0:0; AFC Barry Town – FK Shamkir 2:0, 1:0; FC Valletta – Haka Valkeakoski 0:0, 0:5; F '91 Düdelingen – Skonto Riga 1:6, 1:0; Araks Ararat – Serif Tiraspol 0:1, 0:2.
Qualifikation, 2. Runde: RSC Anderlecht – Serif Tiraspol 4:0, 2:1; Schachtjor Donezk – FC Lugano 3:0, 1:2; Ferencvaros Budapest – Hajduk Split 0:0, 0:0 (Split 5:4-Sieger im Elfmeterschießen); Bohemians Dublin – Halmstads BK 1:2, 0:2; Torpedo Kutaissi – FC Kopenhagen 1:1, 1:3; Omonia Nikosia – Roter Stern Belgrad 1:1, 1:2; Haka Valkeakoski – Maccabi Haifa 0:1, 0:4 (3:0 gewertet wegen des Einsatzes eines gesperrten Spielers); Levski Sofia – Brann Bergen 0:0, 1:1; Galatasaray Istanbul – Vllaznia Shkoder 2:0, 4:1; FC Porto – AFC Barry Town 8:0, 1:3; Steaua Bukarest – Sloga Skopje 3:0, 2:1; Skonto Riga – Wisla Krakow 1:2, 0:1; Slavia Mozyr – Inter Bratislava 0:1, 0:1; NK Maribor – Glasgow Rangers 0:3, 1:3.
Qualifikation, 3. Runde: Shachtjor Donezk – Borussia Dortmund 0:2, 1:3; Roter Stern Belgrad – Bayer Leverkusen 0:0, 0:3; Galatasaray Istanbul – Levski Sofia 2:1, 1:1; Ajax Amsterdam – Celtic Glasgow 1:3, 1:0; Wisla Krakow – FC Barcelona 3:4, 0:1; Halmstads BK – RSC Anderlecht 2:3, 1:1; FC Porto – Grasshoppers Zürich 2:2, 3:2; Lokomotive Moskau – FC Tirol Innsbruck 3:1, 1:0 (Wiederholungsspiel 0:1); Glasgow Rangers – Fenerbahce Istanbul 0:0, 1:2; Inter Bratislava – Rosenborg Trondheim 3:3, 0:4; Slavia Prag – Panathinaikos Athen 1:2, 0:1; AC Parma – OSC Lille 0:2, 1:0; Steaua Bukarest – Dynamo Kiew 2:4, 1:1; FC Kopenhagen – Lazio Rom 2:1, 1:4; Haka Valkeakoski – FC Liverpool 0:5, 1:4; Hajduk Split – RCD Mallorca 1:0, n. V. 0:2.
Vorrunde – Gruppe A: Real Madrid – AS Rom 1:1, 2:1; Real Madrid – Lokomotive Moskau 4:0, 0:2; Real Madrid – RSC Anderlecht 4:1, 2:0; AS Rom – Lokomotive Moskau 2:1, 1:0; AS Rom – RSC Anderlecht 1:1, 0:0; Lokomotive Moskau – RSC Anderlecht 1:1; 5:1. – 1. Real Madrid 13:5, 13; 2. AS Rom 6:5, 9; 3. Lokomotive Moskau 9:9, 7; 4. RSC Anderlecht 4:13, 3.
Gruppe B: FC Liverpool – Boavista Porto 1:1, 1:1; FC Liverpool – Borussia Dortmund 2:0, 0:0; FC Liverpool – Dynamo Kiew 1:0, 2:1; Boavista Porto – Borussia Dortmund 2:1, 1:2; Boavista Porto – Dynamo Kiew 3:1, 0:1; Borussia Dortmund – Dynamo Kiew 1:0, 2:2. – 1. FC Liverpool 7:3, 12; 2. Boavista Porto 8:7, 8; 3. Borussia Dortmund 6:7, 8; 4. Dynamo Kiew 5:9, 4.
Gruppe C: Panathinaikos Athen – FC Arsenal 1:0, 1:2; Panathinaikos Athen – RCD Mallorca 2:0, 0:1; Panathinaikos Athen – FC Schalke 04 2:0, 2:0; FC Arsenal – RCD Mallorca 3:1, 0:1; FC Arsenal – FC Schalke 04 3:2, 1:3; RCD Mallorca – FC Schalke 04 0:4, 1:0. – 1. Panathinaikos Athen 8:3, 12; 2. FC Arsenal 9:9; 9; 3. RCD Mallorca 4:9, 9; 4. FC Schalke 04 9:9, 6.
Gruppe D: FC Nantes – Galatasaray Istanbul 0:1, 0:0; FC Nantes – PSV Eindhoven 4:1, 0:0; FC Nantes – Lazio Rom 1:0, 3:1; Galatasaray Istanbul – PSV Eindhoven 2:0, 1:3; Galatasaray Istanbul – Lazio Rom 1:0, 0:1; PSV Eindhoven – Lazio Rom 1:0, 1:2. – 1. FC Nantes 8:3, 11; 2. Galatasaray Istanbul 5:4, 10; 3. PSV Eindhoven 6:9, 7; 4. Lazio Rom 4:7, 6.

Gruppe E: Juventus Turin – FC Porto 3:1, 0:0; Juventus Turin – Celtic Glasgow 3:2, 3:4; Juventus Turin – Rosenborg Trondheim 1:0, 1:1; FC Porto – Celtic Glasgow 3:0, 0:1; FC Porto – Rosenborg Trondheim 1:0, 2:1; Celtic Glasgow – Rosenborg Trondheim 1:0, 0:2. – 1. Juventus Turin 11:8, 11; 2. FC Porto 7:5, 10; 3. Celtic Glasgow 8:11, 9; 4. Rosenborg Trondheim 4:6, 4.

Gruppe F: FC Barcelona - Bayer Leverkusen 2:1, 1:2; FC Barcelona - Olympique Lyon 2:0, 3:2; FC Barcelona – Fenerbahce Istanbul 1:0, 3:0; Bayer Leverkusen – Olympique Lyon 2:4, 1:0; Bayer Leverkusen – Fenerbahce Istanbul 2:1, 2:1; Olympique Lyon – Fenerbahce Istanbul 3:1, 1:0. – 1. FC Barcelona 12:5, 15; 2. Bayer Leverkusen 10:9, 12; 3. Olympique Lyon 10:9, 9; 4. Fenerbahce Istanbul 3:12, 0.

Gruppe G: Deportivo La Coruna – Manchester United 2:1, 3:2; Deportivo La Coruna – OSC Lille 1:1, 1:1; Deportivo La Coruna – Olympiakos Piräus 2:2, 1:1; Manchester United – OSC Lille 1:0, 1:1; Manchester United - Olympiakos Piräus 3:0, 2:0; OSC Lille - Olympiakos Piräus 3:1; 1:2. - 1. Deportivo La Coruna 10:8, 10; 2. Manchester United 10:6, 10; 3. OSC Lille 7:7, 6; 4. Olympiakos Piräus 6:12, 5.

Gruppe H: Bayern München – Sparta Prag 0:0, 1:0; Bayern München – Feyenoord Rotterdam 3:1, 2:2; Bayern München – Spartak Moskau 5:1, 3:1; Sparta Prag – Feyenoord Rotterdam 4:0, 2:0; Sparta Prag – Spartak Moskau 2:0; 2:2; Feyenoord Rotterdam - Spartak Moskau 2:1, 2:2. – 1. Bayern München 14:5, 14; 2. Sparta Prag 10:3, 11; 3. Feyenoord Rotterdam 7:14, 5; 4. Spartak Moskau 7:16, 2.

Zwischenrunde - Gruppe A: Manchester United – Bayern München 0:0, 1:1; Manchester United – Boavista Porto 3:0, 3:0; Manchester United – FC Nantes 5:1, 1:1; Bayern München – Boavista Porto 1:0, 0:0; Bayern München – FC Nantes 2:1, 1:0; Boavista Porto – FC Nantes 1:0, 1:1. – 1. Manchester United 13:3, 12; 2. Bayern München 5:2, 12; 3. Boavista Porto 2:8, 5; 4. FC Nantes 4:11, 2.

Gruppe B: FC Barcelona - FC Liverpool 0:0, 3:1; FC Barcelona – AS Rom 1:1, 0:3; FC Barcelona – Galatasaray Istanbul 2:2, 1:0; FC Liverpool - AS Rom 2:0, 0:0; FC Liverpool – Galatasaray Istanbul 0:0, 1:1; AS Rom – Galatasaray Istanbul 1:1, 1:1. – 1. FC Barcelona 7:7, 9; 2. FC Liverpool 4:4, 7; 3. AS Rom 6:5, 7; 4. Galatasaray Istanbul 5:6, 5.

Gruppe C: Real Madrid – Panathinaikos Athen 3:0, 2:2; Real Madrid – Sparta Prag 3:0, 3:2; Real Madrid – FC Porto 1:0, 2:1; Panathinaikos Athen – Sparta Prag 2:1, 2:0; Panathinaikos Athen – FC Porto 0:0, 1:2; Sparta Prag – FC Porto 2:0, 1:0. – 1. Real Madrid 14:5, 16; 2. Panathinaikos Athen 7:8, 8; 3. Sparta Prag 6:10, 6; 4. FC Porto 3:7, 4.

Gruppe D: Bayer Leverkusen – Deportivo La Coruna 3:0, 3:1; Bayer Leverkusen – FC Arsenal 1:1, 1:4; Bayer Leverkusen – Juventus Turin 3:1, 0:4; Deportivo La Coruna – FC Arsenal 2:0, 2:0; Deportivo La Coruna – Juventus Turin 2:0, 0:0; FC Arsenal – Juventus Turin 3:1, 0:1. – 1. Bayer Leverkusen 11:11, 10; 2. Deportivo La Coruna 7:6, 10; 3. FC Arsenal 8:8, 7; 4. Juventus Turin 7:8, 7.

Viertelfinale: FC Liverpool - Bayer Leverkusen 1:0, 2:4; Bayern München – Real Madrid 2:1, 0:2; Deportivo La Coruna – Manchester United 0:2, 2:3; Panathinaikos Athen – FC Barcelona 1:0, 1:3.

Halbfinale: Manchester United - Bayer Leverkusen 2:2, 1:1; FC Barcelona - Real Madrid 0:2, 1:1.

Endspiel am 15. 5. in Glasgow:

Bayer Leverkusen – Real Madrid 1:2 (1:2)

Leverkusen: Butt – Zivkovic, Lucio (Babic) – Sebescen (Kirsten), Placente – Ramelow – Schneider, Ballack – Bastürk – Brdaric (Berbatov), Neuville.

Madrid: Cesar (Casillas) – Salgado, Hierro, Helguera, Roberto Carlos – Makelele (Flavio Conceicao), Solari – Luis Figo (McManaman), Zidane – Raul, Morientes.

Tore: Raul, Zidane (Lucio für Leverkusen) – SR: Meier (Schweiz) – Zuschauer: 51 567.

2002/2003: AC Mailand

Qualifikation, 1. Runde: Tampere United – Piunik Erewan 0:4, 0:2; Skonto Riga – AFC Barry Town 5:0, 1:0; FC Portadown – Belshina Bobruisk 0:0, 2:3 (in Borissow); F'91 Düdelingen – Vardar Skopje 1:1 (in Luxemburg), 0:3; FBK Kaunas – Dinamo Tirana 2:3, 0:0; Flora Tallinn – APOEL Nikosia 0:0, 0:1; Zeljeznicar Sarajevo – IA Akranes 3:0, 1:0; Hibernians Paola – FC Shelbourne 2:2, 1:0; Torpedo Kutaissi – B 36 Tórshavn 5:2, 1:0; Serif Tiraspol – Zhenis Astana 2:1, 2:3.

Qualifikation, 2. Runde: TE Zalaegerszeg – NK Zagreb 1:0 (in Budapest), 1:2; FC Brügge – Dinamo Bukarest 3:1, 1:0; MSK Zilina – FC Basel 1:1, 0:3; Skonto Riga – Levski Sofia 0:0, 0:2; Dynamo Kiew – Piunik Erewan 4:0, 2:2; Bröndby IF – Dinamo Tirana 1:0, 4:0; NK Maribor – APOEL Nikosia 2:1, 2:4; Vardar Skopje – Legia Warschau 1:3, 1:1; Boavista Porto – Hibernians Paola 4:0, 3:3; Maccabi Haifa – Belshina Bobruisk 4:0 (in Nikosia), 1:0 (in Borissow); Lilleström SK – Zeljeznicar Sarajevo 0:1, 0:1; Hammarby IF – Partizan Belgrad 1:1 (in Solna), 0:4; Sparta Prag – Torpedo Kutaissi 3:0, 2:1; Serif Tiraspol Grazer AK 1:4, 0:2.

Qualifikation, 3. Runde: Partizan Belgrad – Bayern München 0:3, 1:3; Sporting Lissabon – Inter Mailand 0:0, 0:2; AC Mailand – Slovan Liberec 1:0, 1:2; Rosenborg Trondheim – Bröndby IF 1:0, 3:2; Schachtjor Donezk – FC Brügge 1:1, n. V. 1:1 (Brügge 4:1-Sieger im Elfmeterschießen); APOEL Nikosia – AEK Athen 2:3, 0:1; FC Barcelona – Legia Warschau 3:0, 1:0; Levski Sofia – Dynamo Kiew 0:1, 0:1; Zeljeznicar

Sarajevo – Newcastle United 0:1, 0:4; RC Genk – Sparta Prag 2:0, 2:4; Maccabi Haifa – Sturm Graz 2:0, 3:3; Celtic Glasgow – FC Basel 3:1, 0:2; Feyenoord Rotterdam – Fenerbahce Istanbul 1:0, 2:0; TE Zalaegerszeg – Manchester United 1:0 (in Budapest), 0:5; Boavista Porto – AJ Auxerre 0:1, 0:0; Grazer AK – Lokomotive Moskau 0:2, 3:3.

Vorrunde – Gruppe A: FC Arsenal – Borussia Dortmund 2:0, 1:2; FC Arsenal – AJ Auxerre 1:2, 1:0; FC Arsenal – PSV Eindhoven 4:0, 0:0; Borussia Dortmund – AJ Auxerre 2:1, 0:1; Borussia Dortmund – PSV Eindhoven 1:1, 3:1; PSV Eindhoven – AJ Auxerre 3:0, 0:0. – 1. FC Arsenal 9:4, 10; 2. Borussia Dortmund 8:7, 10; 3. AJ Auxerre 4:7, 7; 4. PSV Eindhoven 5:8, 6.

Gruppe B: FC Valencia – FC Basel 6:2, 2:2; FC Valencia – FC Liverpool 2:0, 1:0; FC Valencia – Spartak Moskau 3:0, 3:0; FC Basel – FC Liverpool 3:3, 1:1; FC Basel – Spartak Moskau 2:0, 2:0; FC Liverpool – Spartak Moskau 5:0, 3:1. – 1. FC Valencia 17:4, 16; 2. FC Basel 12:12, 9; 3. FC Liverpool 12:8, 8; 4. Spartak Moskau 1:18; 0.

Gruppe C: Real Madrid – AS Rom 0:1, 3:0; Real Madrid – AEK Athen 2:2, 3:3; Real Madrid – KRC Genk 6:0, 1:1; AS Rom – AEK Athen 1:1, 0:0; AS Rom – KRC Genk 0:0, 1:0; AEK Athen – KRC Genk 1:1, 0:0. – 1. Real Madrid 15:7, 9; 2. AS Rom 3:4, 9; 3. AEK Athen 7:7, 6; 4. KRC Genk 2:9, 4.

Gruppe D: Inter Mailand – Ajax Amsterdam 1:0, 2:1; Inter Mailand – Olympique Lyon 1:2, 3:3; Inter Mailand – Rosenborg Trondheim 3:0, 2:2; Ajax Amsterdam – Olympique Lyon 2:1, 2:0; Ajax Amsterdam – Rosenborg Trondheim 1:1, 0:0; Olympique Lyon – Rosenborg Trondheim 5:0, 1:1. – 1. Inter Mailand 12:8, 11; 2. Ajax Amsterdam 6:5, 8; 3. Olympique Lyon 12:9, 8; 4. Rosenborg Trondheim 4:12, 4.

Gruppe E: Juventus Turin – Newcastle United 2:0, 0:1; Juventus Turin – Dynamo Kiew 5:1, 2:1; Juventus Turin – Feyenoord Rotterdam 2:0, 1:1; Newcastle United – Dynamo Kiew 2:1, 0:2; Newcastle United – Feyenoord Rotterdam 0:1, 3:2; Dynamo Kiew – Feyenoord Rotterdam 2:0, 0:0. – 1. Juventus Turin 12:3, 13; 2. Newcastle United 6:8, 9; 3. Dynamo Kiew 6:9, 7; 4. Feyenoord Rotterdam 4:8, 5.

Gruppe F: Manchester United – Bayer Leverkusen 2:0, 2:1; Manchester United – Maccabi Haifa 5:2, 0:3; Manchester United – Olympiakos Piräus 4:0, 3:2, Bayer Leverkusen – Maccabi Haifa 2:1, 2:0; Bayer Leverkusen – Olympiakos Piräus 2:0, 2:6; Maccabi Haifa – Olympiakos Piräus 3:0, 3:3. – 1. Manchester United 16:8, 15; 2. Bayer Leverkusen 9:11, 9; 3. Maccabi Haifa 12:12, 7; 4. Olympiakos Piräus 11:17, 4.

Gruppe G: AC Mailand – Deportivo La Coruña 1:2, 4:0; AC Mailand – RC Lens 2:1, 1:2; AC Mailand – Bayern München 2:1, 2:1; Deportivo La Coruña – RC Lens 3:1, 1:3; Deportivo La Coruña – Bayern München 2:1, 3:2; RC Lens – Bayern München 1:1, 3:3. – 1. AC Mailand 12:7, 12; 2. Deportivo La Coruña 11:12, 12; 3. RC Lens 11:11, 8; 4. Bayern München 9:13, 2.

Gruppe H: FC Barcelona – Lokomotive Moskau 1:0, 3:1; FC Barcelona – FC Brügge 3:2, 1:0; FC Barcelona – Galatasaray Istanbul 3:1, 2:0; Lokomotive Moskau – FC Brügge 2:0, 0:0; Lokomotive Moskau – Galatasaray Istanbul 0:2, 2:1; FC Brügge – Galatasaray Istanbul 3:1, 0:0. – 1. FC Barcelona 13:4, 18; 2. Lokomotive Moskau 5:7, 7; 3. FC Brügge 5:7, 5; 4. Galatasaray Istanbul 5:10, 4.

Zwischenrunde – Gruppe A: FC Barcelona – Inter Mailand 3:0, 0:0; FC Barcelona – Newcastle United 3:1, 2:0; FC Barcelona – Bayer Leverkusen 2:0, 2:1; Inter Mailand – Newcastle United 2:2, 4:1; Inter Mailand – Bayer Leverkusen 3:2, 2:0; Newcastle United – Bayer Leverkusen 3:1, 3:1. – 1. FC Barcelona 12:2, 16; 2. Inter Mailand 11:8, 11; 3. Newcastle United 10:13, 7; 4. Bayer Leverkusen 5:15, 0.

Gruppe B: Valencia – Ajax Amsterdam 1:1, 1:1; FC Valencia – FC Arsenal 2:1, 0:0; FC Valencia – AS Rom 0:3, 1:0; Ajax Amsterdam – FC Arsenal 0:0, 1:1; Ajax Amsterdam – AS Rom 2:1, 1:1, Arsenal – AS Rom 1:1, 3:1. – 1. FC Valencia 5:6, 9; 2. Ajax Amsterdam 6:5, 8; 3. FC Arsenal 6:5, 7; 4. AS Rom 7:8, 5.

Gruppe C: AC Mailand – Real Madrid 1:0, 1:3; AC Mailand – Borussia Dortmund 0:1, 1:0; AC Mailand – Lokomotive Moskau 1:0, 1:0; Real Madrid – Borussia Dortmund 2:1, 1:1, Real Madrid – Lokomotive Moskau 2:2, 1:0; Borussia Dortmund – Lokomotive Moskau 3:0, 2:1. – 1. AC Mailand 5:4, 12; 2. Real Madrid 9:6, 11; 3. Borussia Dortmund 8:5, 10; 4. Lokomotive Moskau 3:10, 1.

Gruppe D: Manchester United – Juventus Turin 2:1, 3:0; Manchester United – FC Basel 1:1, 3:1; Manchester United – Deportivo La Coruña 2:0, 0:2; Juventus Turin – FC Basel 4:0, 1:2; Juventus Turin – Deportivo La Coruña 3:2, 2:2, FC Basel – Deportivo La Coruña 1:0, 0:1. – 1. Manchester United 11:5, 13; 2. Juventus Turin 11:11, 7; 3. FC Basel 5:10, 7; 4. Deportivo La Coruña 7:8, 7.

Viertelfinale: Ajax Amsterdam – AC Mailand 0:0, 2:3; Real Madrid – Manchester United 3:1, 3:4; Inter Mailand – FC Valencia 1:0, 1:2; Juventus Turin – FC Barcelona 1:1, n. V. 2:1.

Halbfinale: AC Mailand – Inter Mailand 0:0, 1:1; Real Madrid – Juventus Turin 2:1, 1:3.

Endspiel am 28. 5. in Manchester:

Juventus Turin – AC Mailand n. V. 0:0, 2:3 im Elfmeterschießen

Mailand: Dida – Costacurta (Roque Junior), Nesta, Maldini, Kaladze – Gattuso, Pirlo (Serginho), Seedorf – Rui Costa (Ambrosini) – Schewtschenko, Inzaghi.

SR: Merk (Deutschland) – Zuschauer: 63 215.

Tore im Elfmeterschießen: Serginho, Nesta, Schewtschenko (Seedorf, Kaladze gehalten) – Birindelli, Del Piero (Trezeguet, Zalayeta, Montero gehalten).

EUROPAPOKAL DER POKALSIEGER

1961	AC FLORENZ	1981	DYNAMO TIFLIS
1962	ATLETICO MADRID	1982	FC BARCELONA
1963	TOTTENHAM HOTSPUR	1983	FC ABERDEEN
1964	SPORTING LISSABON	1984	JUVENTUS TURIN
1965	WEST HAM UNITED	1985	FC EVERTON
1966	BORUSSIA DORTMUND	1986	DYNAMO KIEW
1967	BAYERN MÜNCHEN	1987	AJAX AMSTERDAM
1968	AC MAILAND	1988	KV MECHELEN
1969	SLOVAN BRATISLAVA	1989	FC BARCELONA
1970	MANCHESTER CITY	1990	SAMPDORIA GENUA
1971	FC CHELSEA	1991	MANCHESTER UNITED
1972	GLASGOW RANGERS	1992	WERDER BREMEN
1973	AC MAILAND	1993	AC PARMA
1974	1. FC MAGDEBURG	1994	FC ARSENAL
1975	DYNAMO KIEW	1995	REAL SARAGOSSA
1976	RSC ANDERLECHT	1996	PARIS ST. GERMAIN FC
1977	HAMBURGER SV	1997	FC BARCELONA
1978	RSC ANDERLECHT	1998	FC CHELSEA
1979	FC BARCELONA	1999	LAZIO ROM
1980	FC VALENCIA		

1960/61: AC Florenz

Qualifikation: Glasgow Rangers – Ferencvaros Budapest 4:2, 1:2; ASK Vorwärts Berlin – Roter Stern Brünn 2:1, 0:2.
Viertelfinale: Borussia Mönchengladbach – Glasgow Rangers 0:3 (in Düsseldorf) 0:8; Roter Stern Brünn – Dinamo Zagreb 0:0, 0:2; Austria Wien – Wolverhampton Wanderers 2:0, 0:5; FC Luzern – AC Florenz 0:3, 2:6.
Halbfinale: AC Florenz – Dinamo Zagreb 3:0, 1:2; Glasgow Rangers – Wolverhampton Wanderers 2:0, 1:1.

Endspiele am 11. Mai in Glasgow und 27. Mai 1961 in Florenz:
AC Florenz – Glasgow Rangers 2:0 und 2:1
AC Florenz: Albertosi – Robotti, Castelletti – Gonfiantini, Orzan, Rimbaldo – Hamrin, Micheli, Da Costa, Milani, Petris.
Tore: im ersten Spiel Milan (2). – SR: Steiner (Österreich), Tore im zweiten Spiel: Milan, Hamrin (Scott für Glasgow). – SR: Hernadi (Ungarn). – Zuschauer: 1. Spiel 80 000; 2. Spiel 50 000.

1961/62: Atletico Madrid

1. Runde: Swansea Town – Motor Jena 2:2 (in Linz), 1:5; FC La Chaux-de-Fonds – Leixoes Porto 6:2, 0:5; Dunfermline Athletic – St. Patrick's Athletic 4:1; 4:0; Rapid Wien – Spartak Varna 0:0, 5:2; UA Sedan-Torcy – Atletico Madrid 2:3, 1:4; FC Glenavon Lurgan – Leicester City 1:4 (in Belfast), 1:3; FC Floriana – Ujpest Budapest 2:5, 2:10. Freilose für: Ajax Amsterdam, Werder Bremen, Aarhus GF, Alliance Düdelingen, Progresul Bukarest, Vardar Skoplje, Dynamo Zilina, Olympiakos Piräus und AC Florenz.
Achtelfinale: Werder Bremen – Aarhus GF 2:0, 3:2; Motor Jena – Alliance Düdelingen 7:0, 2:2 (in Erfurt); Ajax Amsterdam – Ujpest Budapest 2:1, 1:3; Leicester City – Atletico Madrid 1:1, 0:2; Olympiakos Piräus – Dynamo Zilina 2:3, 0:1; Dunfermline Athletic – Vardar Skoplje 5:0, 0:2; AC Florenz – Rapid Wien 3:1, 6:2; Leixoes Porto – Progresul Bukarest 1:1 (in Lissabon), 1:0.

Viertelfinale: Werder Bremen – Atletico Madrid 1:1, 1:3; Motor Jena – Leixoes Porto 1:1, 3:1 (in Gera); Ujpest Budapest – Dunfermline Athletic 4:3, 1:0; Dynamo Zilina – AC Florenz 3:2, 0:2.
Halbfinale: Motor Jena – Atletico Madrid 0:1, 0:4 (in Malmö); AC Florenz – Ujpest Budapest 2:0, 1:0.

Endspiele am 10. Mal in Glasgow und 5. September 1962 in Stuttgart

Atletico Madrid – AC Florenz 1:1 n. V. und 3:0.

Atletico Madrid: Madinabeytia – Rivilla, Calleja – Ramirez, Griffa, Glaria – Jones, Adelardo, Mendonca, Peiro, Collar.
Tore im ersten Spiel: Peiro (Hamrin für Florenz). – SR: Wharton (Schottland).
Tore im zweiten Spiel: Jones, Mendonca, Peiro. – SR: Tschenscher (Deutschland). – Zuschauer: 1. Spiel 27 000; 2. Spiel 39 000.

1962/63: Tottenham Hotspur

1. Runde: OFK Belgrad – Chemie Halle 2:0, 3:3; Alliance Düdelingen – B1909 Odense 1:1 (in Esch), 1:8; Glasgow Rangers – FC Sevilla 4:0, 0:2; Bangor City – SSC Neapel 2:0, 1:3, 1:2 (in London); Ujpest Budapest – Zaglebie Sosnowitz 5:0, 0:0; Steaua Bukarest – Botev Plovdiv 3:2, 1:5; Lausanne Sports – Sparta Rotterdam 3:0, 2:4; AS Saint-Etienne – Vitoria Setubal 1:1, 3:0; Olympiakos Piräus verzichtete gegen Hibernians Paola. Freilose für: 1. FC Nürnberg, Tottenham Hotspur, Slovan Bratilava, FC Portadown, Grazer AK, Shamrock Rovers und Atletico Madrid.
Achtelfinale: AS Saint-Etienne – 1. FC Nürnberg 0:0, 0:3; Atletico Madrid – Hibernians Paola 4:0, 1:0 (in Gzira); Shamrock Rovers – Botev Plovdiv 0:4, 0:1; Grazer AK – B1909 Odense 1:1, 3:5; Tottenham Hotspur – Glasgow Rangers 5:2, 3:2; OFK Belgrad – FC Portadown 5:1, 2:3 (in Belfast); Ujpest Budapest – SSC Neapel 1:1, 1:1, 1:3 (in Lausanne); Lausanne Sports – Slovan Bratislava 1:1, 0:1.
Viertelfinale: OFK Belgrad – SSC Neapel 2:0, 1:3, 3:1 (in Marseille); Botev Plovdiv – Atletico Madrid 1:1, 0:4; Slovan Bratislava – Tottenham Hotspur 2:0, 0:6; B1909 Odense – 1. FC Nürnberg 0:1 (in Augsburg), 0:6.
Halbfinale: 1. FC Nürnberg – Atletico Madrid 2:1, 0:2; OFK Belgrad – Tottenham Hotspur 1:2, 1:3.

Endspiel am 15. Mai 1963 in Rotterdam:

Tottenham Hotspur – Atletico Madrid 5:1 (2:0)

Tottenham: Brown – Baker, Norman, Hendry – Blanchflower, Marchi – Jones, White, Smith, Greaves, Dyson.
Tore: Greaves (2), Dyson (2), White (Collar für Madrid). – SR: van Leuwen (Holland). – Zuschauer: 50 000.

1963/64: Sporting Lissabon

1. Runde: Hamburger SV – US Luxemburg 4:0, 3:2; Atalanta Bergamo – Sporting Lissabon 2:0, 1:3, 1:3 n. V. (in Barcelona); APOEL Nikosia – Gjövik Lyn 6:0, 0:1; Fenerbahce Istanbul – Petrolul Ploiesti 4:1, 0:1; HPS Helsinki – Slovan Bratislava 1:4, 1:8; Sliema Wanderers – Borough United 0:0, 0:2; FC Basel – Celtic Glasgow 1:5, 0:5; FC Shelbourne – FC Barcelona 0:2, 1:3; Olympiakos Piräus – Zaglebie Sosnowitz 2:1, 0:1, 2:0 (in Wien); Willem II Tilburg – Manchester United 1:1, 1:6; MTK Budapest – Slavia Sofia 1:0, 1:1; Olympique Lyon – B1913 Odense 3:1, 3:1; Linzer ASK – Dinamo Zagreb 1:0, 0:1, 1:1 n. V. (in Linz, Los für Zagreb). Freilose für: Motor Zwickau, Tottenham Hotspur und FC Linfield Belfast.
Achtelfinale: FC Barcelona – Hamburger SV 4:4, 0:0, 2:3 (in Lausanne); Motor Zwickau – MTK Budapest 1:0, 0:2; Celtic Glasgow – Dinamo Zagreb 3:0, 1:2; Fenerbahce Istanbul – FC Linfield Belfast 4:1, 0:2; Sporting Lissabon – APOEL Nikosia 16:1, 2:0 (beide Spiele in Lissabon); Olympique Lyon – Olympiakos Piräus 4:1, 1:2; Tottenham Hotspur – Manchester United 2:0, 1:4; Borough United – Slovan Bratislava 0:1 (in Wrexham), 0:3.
Viertelfinale: Hamburger SV – Olympique Lyon 1:1, 0:2; Celtic Glasgow – Slovan Bratislava 1:0, 1:0; MTK Budapest – Fenerbahce Istanbul 2:0, 1:3, 1:0 (in Rom); Manchester United – Sporting Lissabon 4:1, 0:5.
Halbfinale: Olympique Lyon – Sporting Lissabon 0:0, 1:1, 0:1 (in Madrid); Celtic Glasgow – MTK Budapest 3:0, 0:4.

Endspiele am 13. Mai in Brüssel und 15. Mai 1964 in Antwerpen:

Sporting Lissabon – MTK Budapest 3:3 n. V. (3:3, 1:1) und 1:0 (1:0)

Sporting Lissabon: Carvalho – Gomes, Carlos – Peridis, Baptista, Mendes – Osvaldo – Mascarenhas, Figueiredo, Geo, Morais (Geraldo, Bocaleri).
Tore im ersten Spiel: Figueiredo (2), Mascaranhas (Kuti 2, Sandor für Budapest)
Tore im zweiten Spiel: Morais – 1. Spiel: SR: van Nuffel (Belgien), Zuschauer: 4000 – 2. Spiel: SR: Versyp (Belgien), Zuschauer: 19 000.

1964/65: West Ham United

1. Runde: US Luxemburg – TSV München 1860 0:4, 0:6; Aufbau Magdeburg – Galatasaray Istanbul 1:1, 1:1, 1:1 n. V., Los für Istanbul (in Wien); FC Porto – Olympique Lyon 3:0, 1:0; Admira Wien – Legia Warschau 1:3, 0:1; Skeid Oslo – Haka Valkeakoski 1:0, 0:2; AC Turin – Fortuna 54 Geleen 3:1, 2:2; Steaua Bukarest – Derry City 3:0, 2:0; AEK Athen – Dinamo Zagreb 2:0, 0:3; AA Gent – West Ham United 0:1, 1:1; Spartak Sokolovo Prag – Anorthosis Famagusta 10:0, 6:0 (in Pilsen); Slavia Sofia – Cork Celtic 1:1, 0:2; Lausann-Sports – Honved Budapest 2:0, 0:1; Esbjerg FB – Cardiff City 0:0, 0:1; FC Valetta – Real Saragossa 0:3 (in Gzira), 1:5. freilose für: Sporting Lissabon und FC Dundee.
Achtelfinale: FC Porto – TSV München 1860 0:1, 1:1; Legia Warschau – Galatasaray Istanbul 2:1, 0:1, 1:0 (in Bukarest); Haka Valkeakoski – AC Turin 0:1, 0:5; Steaua Bukarest – Dinamo Zagreb 1:3, 0:2; West Ham United – Spartak Sokolovo Prag 2:0, 1:2; Slavia Sofia – Lausanne-Sports 1:0, 1:2, 2:3 (in Rom); Sporting Lissabon – Cardiff City 1:2, 0:0; FC Dundee – Real Saragossa 2:2, 1:2.
Viertelfinale: Legia Warschau – TSV München 1860 0:4, 0:0; AC Turin – Dinamo Zagreb 1:1, 2:1; Lausanne-Sports – West Ham United 1:2, 3:4; Real Saragossa – Cardiff City 2:2, 1:0.
Halbfinale: AC Turin – TSV München 1860 2:0, 1:3, 0:2 (in Zürich); West Ham United – Real Saragossa 2:1, 1:1.

Endspiel am 19. Mai 1965 in London:

West Ham United – TSV München 1860 2:0 (0:0)

West Ham United: Standen – Kirkup, Burkett, Moore – Peters, Brown – Sealey, Boyce, Hurst, Dear, Sissons.
München 1860: Radenkovic – Wagner, Reich, Kohlars – Bena, Luttrop – Grosser, Heiß, Küppers, Brunnenmeier, Rebele.
Tore: Sealey (2). – SR: Zsolt (Ungarn). – Zuschauer: 98 000.

1965/66: Borussia Dortmund

1. Runde: FC Floriana – Borussia Dortmund 1:5 (in Gzira), 0:8; 1. FC Magdeburg – Spora Luxemburg 1:0, 2:0; FC Limerick – ZSKA Sofia 1:2, 0:2; Atletico Madrid – Dinamo Zagreb 4:0, 1:0; 1. Wiener Neustädter SC – Stiinta Cluj 0:1, 0:2; Omonia Nikosia – Olympiakos Piräus 0:1, 1:1; FC Sion – Galatasaray Istanbul 5:1, 1:2; Go Ahead Deventer – Celtic Glasgow 0:6, 0:1; Aarhus GF – Vitoria Setubal 2:1, 2:1; FC Coleraine – Dynamo Kiew 1:6, 0:4; KR Reykjavik – Rosenborg Trondheim 1:3, 1:3; Juventus Turin – FC Liverpool 1:0, 0:2; Cardiff City – Standard Lüttich 1:2, 0:1, Reipas Lahti – Honved Budapest 2:10, 0:6; Dukla Prag – Stade Rennes 2:0, 0:0; Freilos: West Ham United.
Achtelfinale: Borussia Dortmund – ZSKA Sofia 3:0, 2:4; 1. FC Magdeburg – FC Sion 8:1, 2:2; Stiinta Cluj – Atletico Madrid 0:2, 0:4; West Ham United – Olympiakos Piräus 4:0, 2:2; Aarhus GF – Celtic Glasgow 0:1, 0:2; Rosenborg Trondheim – Dynamo Kiew 1:4, 0:2; FC Liverpool – Standard Lüttich 3:1, 2:1; Dukla Prag – Honved Budapest 2:3, 2:1.
Viertelfinale: Atletico Madrid – Borussia Dortmund 1:1, 0:1; West Ham United – 1. FC Magdeburg 1:0, 1:1; Celtic Glasgow – Dynamo Kiew 3:0, 1:1 (in Tiflis); Honved Budapest – FC Liverpool 0:0, 0:2.
Halbfinale: West Ham United – Borussia Dortmund 1:2, 1:3; Celtic Glasgow – FC Liverpool 1:0, 0:2.

Endspiel am 5. Mai 1966 in Glasgow:

Borussia Dortmund – FC Liverpool 2:1 n. V. (1:1, 0:0)

Borussia Dortmund: Tilkowski – Cyliax, Paul, Redder – Kurrat, Assauer – Libuda, Schmidt, Held, Sturm, Emmerich.
Tore: Held, Libuda (Hunt für Liverpool). – SR: Schwinte (Frankreich). – Zuschauer: 42 000.

1966/67: Bayern München

Qualifikation: Valur Reykjavik – Standard Lüttich 1:1, 1:8.
1. Runde: Tatran Presov – Bayern München 1:1, 2:3; Chemie Leipzig – Legia Warschau 3:0, 2:2; Rapid Wien – Galatasaray Istanbul 4:0, 5:3; Standard Lüttich – Apollon Limassol 5:1, 1:0 (in Jambes); AC Florenz – Raba ETO Györ 1:0, 2:4; FC Floriana – Sparta Rotterdam 1:1 (in Gzira), 0:6; Shamrock Rovers – Spora Luxemburg 4:1, 4:1; Glentoran Belfast – Glasgow Rangers 1:1, 0:4; Swansea Town – Slavia Sofia 1:1, 0:4; OFK Belgrad – Spartak Moskau 1:3, 0:3; AEK Athen – Sporting Braga 0:1, 2:3; Servette Genf – AIFK Turku 1:1, 2:1 (in Helsinki); Aalborg BK – FC Everton 0:0, 1:2; Skeid Oslo – Real Saragossa 0:2, 1:0; Racing Straßburg – Steaua Bukarest 1:0, 1:1. Freilos für: Borussia Dortmund.
Achtelfinale: Shamrock Rovers – Bayern München 1:1, 2:3; Glasgow Rangers – Borussia Dortmund 2:1, 0:0;Chemie Leipzig – Standard Lüttich 2:1, 0:1; Spartak Moskau – Rapid Wien 1:1, 0:1; Racing Straßburg – Slavia Sofia 1:0, 0:2; Servette Genf – Sparta Rotterdam 2:0, 0:1; Real Saragossa – FC Everton 2:0, 0:1; Raba ETO Györ – Sporting Braga 3:0, 0:2.

Viertelfinale: Rapid Wien – Bayern München 1:0, 0:2 n. V.; Raba ETO Györ – Standard Lüttich 2:1, 0:2; Servette Genf – Slavia Sofia 1:0, 0:3; Glasgow Rangers – Real Saragossa 2:0, 0:2 n. V.; Los für Glasgow Rangers.
Halbfinale: Bayern München – Standard Lüttich 2:0, 3:1; Slavia Sofia – Glasgow Rangers 0:1, 0:1.

Endspiel am 31. Mai 1987 in Nürnberg:

Bayern München – Glasgow Rangers 1:0 n. V.

Bayern München: Maier – Nowak, Beckenbauer, Olk, Kupferschmidt – Roth, Koulmann – Nafziger, Ohlhauser, Müller, Brenninger.
Tor: Roth. – SR: Lo Bello (Italien). – Zuschauer: 70 000.

1967/68: AC Mailand

1. Runde: Bayern München – Panathinaikos Athen 5:0, 2:1; Hamburger SV – Randers Freja 5:3, 2:0; Torpedo Moskau – Motor Zwickau 0:0, 1:0; AC Mailand – Levski Sofia 5:1, 1:1; Raba ETO Györ – Apollon Limassol 5:0, 4:0 (in Szekesfehervar); Altay Izmir – Standard Lüttich 2:3, 0:0; FC Aberdeen – KR Reykjavik 10:0, 4:1; FC Valencia – Crusaders Belfast 4:0, 4:2; Austria Wien – Steaua Bukarest 0:2, 1:2; Fredrikstad FK – Vitoria Setubal 1:5, 1:2; HJK Helsinki – Wisla Krakau 1:4, 0:4; Aris Bonneweg – Olympique Lyon 0:3, 1:2; Hajduk Split – Tottenham Hotspur 0:2, 3:4; Shamrock Rovers – Cardiff City 1:1, 0:2; FC Floriana – NAC Breda 1:2 (in Gzira), 0:1 (in Eindhoven); Lausanne-Sports – Spartak Trnava 3:2, 0:2.
Achtelfinale: Bayern München – Vitoria Setubal 6:2, 1:1; Raba ETO Györ – AC Mailand 2:2, 1:1; Standard Lüttich – FC Aberdeen 3:0, 0:2; FC Valencia – Steaua Bukarest 3:0, 0:1; Wisla Krakau – Hamburger SV 0:1, 0:4; Olympique Lyon – Tottenham 1:0, 3:4; NAC Breda – Cardiff City 1:1 (in Eindhoven), 1:4; Torpedo Moskau – Spartak Trnava 3:0 (in Taschkent), 3:1.
Viertelfinale: FC Valencia – Bayern München 1:1, 0:1; Hamburger SV – Olympique Lyon 2:0, 0:2, 2:0 (in Hamburg); Standard Lüttich – AC Mailand 1:1, 1:1, 2:0 (in Mailand); Cardiff City – Torpedo Moskau 1:0, 0:1 (in Taschkent), 1:0 (in Augsburg).
Halbfinale: AC Mailand – Bayern München 2:0, 0:0; Hamburger SV – Cardiff City 1:1, 3:2.

Endspiel am 23. Mai 1968 in Rotterdam:

AC Mailand – Hamburger SV 2:0 (2:0)

AC Mailand: Cudicini – Anquiletti, Schnellinger, Rosato, Scala – Trapattoni, Lodetti – Rivera, Hamrin, Sormani, Prati.
Hamburger SV: Özcan – Sandmann, W. Schulz, Horst, Kurbjuhn – Dieckmann, Krämer – B. Dörfel, Seeler, Hönig, G. Dörfel.
Tore: Hamrin (2). – SR: De Mendibil (Spanien). – Zuschauer: 53 000.

1968/69: Slovan Bratislava

1. Runde: Girondins Bordeaux – 1. FC Köln 2:1, 0:3; Dunfermline Athletic – APOEL Nikosia 10:1, 2:0; FC Lugano – FC Barcelona 0:1, 0:3; Altay Izmir – Lyn Oslo 3:1, 1:4; Slovan Bratislava – FK Bor 3:0, 0:2; Crusaders Belfast – IFK Norrköping 2:2, 1:4; Randers Freja – Shamrock Rovers 1:0, 2:1; US Rümelingen – Sliema Wanderers 2:1 (in Esch), 0:1; FC Brügge – West Bromwich Albion 3:1, 0:2; Partizani Tirana – AC Turin 1:0, 1:3; Cardiff City – FC Porto 2:2, 1:2; ADO Den Haag – Grazer AK 4:1, 2:0; Olympiakos Piräus – KR Reykjavik 2:0 (in Athen), 2:0 (in Saloniki); Raba ETO Györ verzichtete gegen Dinamo Bukarest – Spartak Sofia, Gornik Zabrze, Dynamo Moskau und 1. FC Union Berlin verzichteten.
Achtelfinale: ADO Den Haag – 1. FC Köln 0:1, 0:3; Lyn Oslo – IFK Norrköping 2:0, 2:3; Dunfermline Athletic – Olympiakos Piräus 4:0, 0:3; Randers Freja – Sliema Wanderers 6:0, 2:0; FC Porto – Slovan Bratislava 1:0, 0:4; Dinamo Bukarest – West Bromwich Albion 1:1, 0:4; Freilose für: AC Turin und FC Barcelona.
Viertelfinale: 1. FC Köln – Randers Freja 2:1, 3:0; AC Turin – Slovan Bratislava 0:1, 1:2; Dunfermline Athletic – West Bromwich Albion 0:0, 1:0; FC Barcelona – Lyn Oslo 3:2, 2:2 (in Barcelona).
Halbfinale: 1. FC Köln – FC Barcelona 2:2, 1:4; Dunfermline Athletic – Slovan Bratislava 1:1, 0:1.

Endspiel am 21. Mai 1969 in Basel:

Slovan Bratislava – FC Barcelona 3:2 (3:1)

Slovan Bratislava: Vencel – Filo, Hrivnak, Horvath – Zlocha, Hrdlicka, Joszef Capkovic – Cvetler, Moder (Hatar), Jokl, Jan Capkovic.
Tore: Cvetler, Hrivnak, Jan Capkovic (Zaldua, Rexach für Barcelona). – SR: Van Ravens (Holland). – Zuschauer: 19 478.

1969/70: Manchester City

Qualifikation: Rapid Wien – Torpedo Moskau 0:0, 1:1.
1. Runde: Shamrock Rovers – FC Schalke 04 2:1, 0:3; 1. FC Magdeburg – MTK Budapest 1:0, 1:1 n. V.; Rapid Wien – PSV Eindhoven 1:2, 2:4; Frem Kopenhagen – FC St. Gallen 2:1, 0:1; Dukla Prag – Olympique Marseille 1:0, 0:2 n. V.; Glasgow Rangers – Steaua Bukarest 2:0, 0:0; Dinamo Zagreb – Slovan Bratislava 3:0, 0:0; IFK Norrköping – Sliema Wanderers 5:1, 0:1; Göztepe Izmir – US Luxemburg 3:0, 3:2; FC Ards Newtownards – AS Rom 0:0, 1:3; Lierse SK – APOEL Nikosia 10:1, 1:0; IB Vestmannaeyar – Levski/Spartak Sofia 0:4, 0:4; Olympiakos Piräus – Gornik Zabrze 2:2, 0:5; Academica Coimbra – Kuopio PS 0:0, 1:0; Atletico Bilbao – Manchester City 3:3, 0:3; IF Mjöndalen – Cardiff City 1:7, 1:5.
Achtelfinale: IFK Norrköping – FC Schalke 04 0:0, 0:1; 1. FC Magdeburg – Academica Coimbra 1:0, 0:2; Olympique Marseille – Dinamo Zagreb 1:1, 0:2; Gornik Zabrze – Glasgow Rangers 3:1, 3:1; AS Rom – PSV Eindhoven 1:0, 0:1 n. V., Los für Rom; Göztepe Izmir – Cardiff City 3:0, 0:1; Lierse SK – Manchester City 0:3, 0:5; Levski/Spartak Sofia – FC St. Gallen 4:0, 0:0.
Viertelfinale: Dinamo Zagreb – FC Schalke 04 1:3, 0:1; Levski/Spartak Sofia – Gornik Zabrze 3:2, 1:2; Academica Coimbra – Manchester City 0:0, 0:1 n. V.; AS Rom – Göztepe Izmir 2:0, 0:0.
Halbfinale: FC Schalke 04 – Manchester City 1:0, 1:5; AS Rom – Gornik Zabrze 1:1, 2:2 n. V., 1:1 n. V. (in Straßburg), Los für Zabrze.

Endspiel am 29. April 1970 in Wien:

Manchester City – Gornik Zabrze 2:1 (2:0)

Manchester City: Corrigan – Book, Booth, Heslop, Pardoe – Doyle (Bowyer), Towers, Oakes – Bell, Lee, Young.
Tore: Young, Lee (Oslizlo für Zabrze). – SR: Schiller (Österreich). – Zuschauer: 10 000.

1970/71: FC Chelsea

Qualifikation: Atvidabergs FF – Partizani Tirana 1:1, 0:2; Bohemians Dublin – TJ Gottwaldov 1:2, 2:2.
1. Runde: Kickers Offenbach – FC Brügge 2:1, 0:2; ASK Vorwärts Berlin – FC Bologna 0:0, 1:1 n. V.; Aris Saloniki – FC Chelsea 1:1, 1:5; Hibernians Paola – Real Madrid 0:0, 0:5; FC Zürich – IB Akureyri 7:1, 7:0 (in St. Gallen); Wacker Innsbruck – Partizani Tirana 3:2, 2:1; Olimpija Lubljana – Benfica Lissabon 1:1, 1:8; Cardiff City – Pezoporikos Larnaca 8:0, 0:0; Karpaty Lwow – Steaua Bukarest 0:1, 3:3; ZSKA Sofia – Haka Valkeakoski 9:0, 2:1; FC Aberdeen – Honved Budapest 3:1, 1:3 n V. (Honved 5:4-Sieger nach Elfmeterschießen); Strömsgodset Drammen – FC Nantes 0:5, 3:2; Göztepe Izmir – US Luxemburg 5:0, 0:1; TJ Gottwaldov – PSV Eindhoven 2:1, 0:1; Manchester City – FC Linfield Belfast 1:0, 1:2; Aalborg BK – Gornik Zabrze 0:1, 1:8.
Achtelfinale: Benfica Lissabon – ASK Vorwärts Berlin 2:0, 0:2 n. V. (Vorwärts 5:3-Sieger nach Elfmeterschießen); ZSKA Sofia – FC Chelsea 0:1, 0:1; Real Madrid – Wacker Innsbruck 0:1, 2:0; FC Brügge – FC Zürich 2:0, 2:3; PSV Eindhoven – Steaua Bukarest 4:0, 3:0; Göztepe Izmir – Gornik Zabrze 0:1, 0:3; Honved Budapest – Manchester City 0:1, 0:2; Cardiff City – FC Nantes 5:1, 2:1.
Viertelfinale: PSV Eindhoven – ASK Vorwärts Berlin 2:0, 0:1; FC Brügge – FC Chelsea 2:0, 0:4 n. V.; Cardiff City – Real Madrid 1:0, 0:2; Gornik Zabrze – Manchester City 2:0 (in Chorzow), 0:2 n. Verl., 1:3 (in Kopenhagen).
Halbfinale: FC Chelsea – Manchester City 1:0, 1:0; PSV Eindhoven – Real Madrid 0:0, 1:2.

Endspiele am 19. Mai und 21. Mai 1971 in Athen:

FC Chelsea – Real Madrid 1:1 n. V. (1:1, 0:1) und 2:1 (2:0)

Chelsea: Bonetti – Boyle, Dempsey, Webb, Harris – Hollins (Mulligan), Weller – Hudson, Osgood (Baldwin/2. Spiel Smethurst), Cooke, Houseman.
Tore: 1. Spiel Osgood (Zoco für Madrid), 2. Spiel Dempsey, Osgood (Fleitas für Madrid). – SR: Scheurer (Schweiz) im ersten, Bucheli (Schweiz) im zweiten Spiel. – Zuschauer: 42 000 (1. Spiel), 35 000 (2. Spiel).

1971/72: Glasgow Rangers

Qualifikation: B1909 Odense – Austria Wien 1:2, 0:2; Hibernians Paola – Fram Reykjavik 3:0, 0:2 (beide Spiele in Malta).
1. Runde: Skoda Pilsen – Bayern München 0:1, 1:6; Dynamo Berlin – Cardiff City 1:1, 1:1 n. V. (Berlin 5:4-Sieger nach Elfmeterschießen); Dinamo Tirana – Austria Wien 1:1, 0:1; Servette Genf – FC Liverpool 2:1, 0:2; Distillery Belfast – FC Barcelona 1:3, 0:4; Jeunesse Hautcharage – FC Chelsea 0:8 (in Luxemburg), 0:13; FC Limerick – AC Turin 0:1, 0:4; Sporting Lissabon – Lyn Oslo 4:0, 3:0; Banyasz Komlö – Roter Stern Belgrad 2:7, 2:1; Olympiakos Piräus – Dynamo Moskau 0:2, 2:1; Stade Rennes – Glasgow Rangers 1:1, 0:1; Levski/Spartak Sofia – Sparta Rotterdam 1:1, 0:2; Zaglebie Sosnowitz –

Atvidabergs FF 3:4, 1:1; Hibernians Paola – Steaua Bukarest 0:0, 0:1; VAV Beerschot – Anorthosis Famagusta 7:0, 1:0 (beide Spiele in Antwerpen); Mikkeli MP – Eskisehirspor 0:0, 0:4.
Achtelfinale: FC Liverpool – Bayern München 0:0, 1:3; VAV Beerschot – Dynamo Berlin 1:3, 1:3; Sparta Rotterdam – Roter Stern Belgrad 1:1, 1:2; AC Turin – Austria Wien 1:0, 0:0; Glasgow Rangers – Sporting Lissabon 3:2, 3:4 n. V.; Eskisehirspor – Dynamo Moskau 0:1, 0:1; FC Barcelona – Steaua Bukarest 0:1, 1:2; Atvidabergs FF – FC Chelsea 0:0, 1:1.
Viertelfinale: Steaua Bukarest – Bayern München 1:1, 0:0; Atvidabergs FF – Dynamo Berlin 0:2 (in Stockholm), 2:2; AC Turin – Glasgow Rangers 1:1, 0:1; Roter Stern Belgrad – Dynamo Moskau 1:2, 1:1 (in Taschkent).
Halbfinale: Bayern München – Glasgow Rangers 1:1, 0:2; Dynamo Berlin – Dynamo Moskau 1:1 , 1:1 n. V. (Moskau 4:1-Sieger nach Elfmeterschießen; in Lwow).

Endspiel am 24. Mai 1972 in Barcelona:

Glasgow Rangers – Dynamo Moskau 3:2 (2:0)

Glasgow Rangers: McCloy – Jardine, D. Smith, Johnstone, Mathieson – Greig, McDonald, Conn – McLean, Stein, Johnston.
Tore: Stein, Johnston (2), (Estrekow, Machowikow für Moskau). – SR: de Mendibil (Spanien). – Zuschauer: 35 000.

1972/73: AC Mailand

1. Runde: FC Schalke 04 – Slavia Sofia 2:1, 3:1; Carl Zeiss Jena – Mikkeli MP 6:1, 2:3; SEC Bastia – Atletico Madrid 0:0 (in Ajaccio), 1:2; Red Boys Differdingen – AC Mailand 1:4, 0:3; FC Floriana – Ferencvaros Budapest 1:0, 0:6; Standard Lüttich – Sparta Prag 1:0, 2:4; Spartak Moskau – FC Den Haag 1:0, 0:0; Vikingur Reykjavik – Legia Warschau 0:2, 0:9; MKE Ankaragücü – Leeds United 1:1, 0:1; Hajduk Split – FK Fredrikstad 1:0, 1:0; Rapid Wien – PAOK Saloniki 0:0, 2:2; FC Zürich – FC Wrexham 1:1, 1:2; Sporting Lissabon – Hibernian Edinburgh 2:1, 1:6; Rapid Bukarest – Landskrona BoIS 3:0, 0:1; Pezoporikos Larnaca – Cork Hibernians 1:2, 1:4 (beide Spiele in Cork); Fremad Amager – Besa Kavaje 1:1, 0:0 (in Durres).
Achtelfinale: Cork Hibernians – FC Schalke 04 0:0, 0:3; Carl Zeiss Jena – Leeds United 0:0, 0:2; Rapid Wien – Rapid Bukarest 1:1, 1:3; FC Wrexham – Hajduk Split 3:1, 0:2; Atletico Madrid – Spartak Moskau 3:4, 2:1; Hibernian Edinburgh – Besa Kavaje 7:1 (in Durres), 1:1; Ferencvaros Budapest – Sparta Prag 2:0, 1:4; Legia Warschau – AC Mailand 1:1, 1:2 n. V.
Viertelfinale: FC Schalke 04 – Sparta Prag 2:1, 0:3; Spartak Moskau – AC Mailand 0:1 (in Sotschi), 1:1; Leeds United – Rapid Bukarest 5:0, 3:1; Hibernian Edinburgh – Hajduk Split 4:2, 0:3.
Halbfinale: AC Mailand – Sparta Prag 1:0, 1:0; Leeds United – Hajduk Split 1:0, 0:0.

Endspiel am 16. Mai 1973 in Saloniki:

AC Mailand – Leeds United 1:0 (1:0)

AC Mailand: Vecchi – Sabadini, Anquiletti, Turone, Zignoli – Rosato (Dolci), Benetti, Rivera – Sogliano, Bigon, Chiarugi.
Tor: Chiarugi. – SR: Michas (Griechenland). – Zuschauer: 45 000.

1973/74: 1. FC Magdeburg

1. Runde: IB Vestmannaeyjar – Borussia Mönchengladbach 0:7 (in Reykjavik), 1:9; NAC Breda – 1. FC Magdeburg 0:0 (in Rotterdam), 0:2; Randers Freja – Rapid Wien 0:0, 1:2; RSC Anderlecht – FC Zürich 3:2, 0:1; Beroe Stara Zagora – Fola Esch 7:0, 4:1 (beide Spiele in Stara Zagora); Banik Ostrau – Cork Hibernians 1:0, 2:1; Legia Warschau – PAOK Saloniki 1:1, 0:1; Vasas Budapest – FC Sunderland 0:2, 0:1; MKE Ankaragücü – Glasgow Rangers 0:2, 0:4; AC Mailand – Dinamo Zagreb 3:1, 1:0; Torpedo Moskau – Atletico Bilbao 0:0, 0:2; Gzira United – Brann Bergen 0:2, 0:7; Chimia Rimnicu Vilcea – Glentoran Belfast 2:2, 0:2; Pezoporikos Larnaca – Malmö FF 0:0, 0:11; Reipas Lahti – Olympique Lyon 0:0, 0:2; Cardiff City – Sporting Lissabon 0:0, 1:2.
Achtelfinale: Borussia Mönchengladbach – Glasgow Rangers 3:0, 2:3; Banik Ostrau – 1. FC Magdeburg 2:0, 0:3 n. V.; FC Zürich – Malmö FF 0:0, 1:1; AC Mailand – Rapid Wien 0:0, 2:0; FC Sunderland – Sporting Lissabon 2:1, 0:2; Beroe Stara Zagora – Atletico Bilbao 3:0, 0:1; Olympique Lyon – PAOK Saloniki 3:3, 0:4; Brann Bergen – Glentoran Belfast 1:1, 1:3.
Viertelfinale: Glentoran Belfast – Borussia Mönchengladbach 0:2, 0:5; 1. FC Magdeburg – Beroe Stara Zagora 2:0, 1:1; Sporting Lissabon – FC Zürich 3:0, 1:1; AC Mailand – PAOK Saloniki 3:0, 2:2.
Halbfinale: AC Mailand – Borussia Mönchengladbach 2:0, 0:1 (in Düsseldorf); Sporting Lissabon – 1. FC Magdeburg 1:1, 1:2.

Endspiel am 8. Mai in Rotterdam:

1. FC Magdeburg – AC Mailand 2:0 (1:0)

1. FC Magdeburg: Schulze, – Enge, Zapf, Abraham, Tyll – Gaube, Pommerenke, Seguin, – Raugust, Sparwasser, Hoffmann.
Tore: Lanzi (Eigentor), Seguin. – SR: van Gemert (Holland). – Zuschauer: 4000.

1974/75: Dynamo Kiew

1. Runde: Eintracht Frankfurt – AS Monaco 3:0, 2:2; Slavia Prag – Carl Zeiss Jena 1:0, 0:1 n. V. (Jena 3:2-Sieger nach Elfmeterschießen); PSV Eindhoven – FC Ards Newtownards 10:0, 4:1; Dynamo Kiew – ZSKA Sofia 1:0, 1:0; Gwardia Warschau – FC Bologna 2:1, 1:2 n. V. (Warschau 5:3-Sieger nach Elfmeterschießen); FC Liverpool – Strömsgodset Drammen 11:0, 1:0 (in Oslo); PAOK Saloniki – Roter Stern Belgrad 1:0, 0:2 n. V.; Benfica Lissabon – Vanlose IF 4:0, 4:1; Ferencvaros Budapest – Cardiff City 2:0, 4:1; Fram Reykjavik – Real Madrid 0:2, 0:6; SV Waregem – Austria/WAC Wien 2:1, 1:4; Bursaspor – Finn Harps Ballybofey 4:2, 0:0; Dundee United – Jiul Petrosani 3:0, 0:2; Malmö FF – FC Sion 1:0, 0:1 n. V. (Malmö 5:4-Sieger nach Elfmeterschießen); Sliema Wanderers – Reipas Lahti 2:0 (in Gzira), 1:4; EN Paralimni verzichtete gegen Avenir Beggen.
Achtelfinale: Eintracht Frankfurt – Dynamo Kiew 2:3, 1:2; Carl Zeiss Jena – Benfica Lissabon 1:1, 0:0; Gwardia Warschau – PSV Eindhoven 1:5, 0:3; Dundee United – Bursaspor 0:0, 0:1; Malmö FF – Reipas Lahti 3:1, 0:0; Avenir Beggen – Roter Stern Belgrad 1:6 (in Luxemburg), 1:5; Real Madrid – Austria/WAC Wien 3:0, 2:2; FC Liverpool – Ferencvaros Budapest 1:1, 0:0.
Viertelfinale: Real Madrid – Roter Stern Belgrad 2:0, 0:2 n. V. (Belgrad 6:5-Sieger nach Elfmeterschießen); Malmö FF – Ferencvaros Budapest 1:3, 1:1; PSV Eindhoven – Benfica Lissabon 0:0, 2:1; Bursaspor – Dynamo Kiew 0:1, 0:2.
Halbfinale: Dynamo Kiew – PSV Eindhoven 3:0, 1:2; Ferencvaros Budapest – Roter Stern Belgrad 2:1, 2:2.

Endspiel am 14. Mai in Basel:

Dynamo Kiew – Ferencvaros Budapest 3:0 (2:0)

Dynamo Kiew: Rudakow – Troschkin, Fomenko, Reschko, Matwienko – Konkow, Muntian, Burjak – Onischtschenko, Kolotow, Blochin.
Tore: Onischtschenko (2), Blochin. – SR: Davidson (Schottland) – Zuschauer: 12 000.

1975/76: RSC Anderlecht

1. Runde: Eintracht Frankfurt – FC Coleraine 5:1, 6:2; Panathinaikos Athen – Sachsenring Zwickau 0:0 (in Patras), 0:2; Rapid Bukarest – RSC Anderlecht 1:0, 0:2; Reipas Lahti – West Ham United 2:2 (in Helsinki), 0:3; Valur Reykjavik – Celtic Glasgow 0:2, 0:7; Haladas Szombathely – FC Valetta 7:0, 1:1 (in Gzira); Spartak Trnava – Boavista Porto 0:0, 0:3; Ararat Erewan – Anorthosis Famagusta 9:0, 1:1 (in Nikosia); Home Farm Dublin – RC Lens 1:1, 0:6; Borac Banja Luka – US Rümelingen 9:0, 5:1 (in Esch); Besiktas Istanbul – AC Florenz 0:3, 0:3; Skeid Oslo – Stal Rzeszow 1:4, 0:4; Vejle BK – FC Den Haag 0:2, 0:2; Sturm Graz – Slavia Sofia 3:1, 0:1; FC Wrexham – Djurgarden Stockholm 2:1, 1:1; FC Basel – Atletico Madrid 1:2, 1:1.
Achtelfinale: Atletico Madrid – Eintracht Frankfurt 1:2, 0:1; AC Florenz – Sachsenring Zwickau 1:0, 0:1 n. V. (Zwickau 5:4-Sieger nach Elfmeterschießen); Ararat Erewan – West Ham United 1:1, 1:3; FC Wrexham – Stal Rzeszow 2:0, 1:1; Sturm Graz – Haladas Szombathely 2:0, 1:1; FC Den Haag – RC Lens 3:2, 3:1; Boavista Porto – Celtic Glasgow 0:0, 1:3; RSC Anderlecht – Borac Banja Luka 3:0, 0:1.
Viertelfinale: Sturm Graz – Eintracht Frankfurt 0:2, 0:1; Celtic Glasgow – Sachsenring Zwickau 1:1, 0:1, RSC Anderlecht – FC Wrexham 1:0, 1:1; FC Den Haag – West Ham United 4:2, 1:3.
Halbfinale: Eintracht Frankfurt – West Ham United 2:1, 1:3; Sachsenring Zwickau – RSC Anderlecht 0:3, 0:2.

Endspiel am 5. Mai in Brüssel:

RSC Anderlecht – West Ham United 4:2 (1:1)

Anderlecht: Ruiter – Lomme, Van Binst, Broos, Thissen – Dockx, Van der Elst, Haan – Ressel, Coeck (Vercauteren), Rensenbrink.
Tore: Rensenbrink (2), Van der Elst (2), (Holland, Robson für West Ham). – SR: Wurtz (Frankreich). – Zuschauer: 58 000.

1976/77: Hamburger SV

Qualifikation: Cardiff City – Servette Genf 1:0, 1:2.
1. Runde: Hamburger SV – IB Keflavik 3:0, 1:1 (in Reykjavik); 1. FC Lok Leipzig – Heart of Midlothian 2:0, 1:5; MTK/VM Budapest – Sparta Prag 3:1, 1:1; RSC Anderlecht – Roda JC Kerkrade 2:1, 3:2; Lierse

SK – Hajduk Split 1:0, 0:3; Rapid Wien – Atletico Madrid 1:2, 1:1; Cardiff City – Dynamo Tiflis 1:0, 0:3; Bohemians Dublin – Esbjerg FB 2:1, 1:0; FC Southampton – Olympique Marseille 4:0, 1:2; AIK Stockholm – Galatasaray Istanbul 1:2, 1:1; CSU Galati – Boavista Porto 2:3, 0:2; Carrick Rangers – Aris Bonneweg 3:1, 1:2 (in Luxemburg); FK Bodö/Glimt – SSC Neapel 0:2, 0:1; Iraklis Saloniki – APOEL Nikosia 0:0, 0:2; Levski/Spartak Sofia – Reipas Lahti 12:2, 7:1 (in Helsinki); FC Floriana – Slask Breslau 1:4 (in Gzira), 0:2.
Achtelfinale: Hamburger SV – Heart of Midlothian 4:2, 4:1; Dynamo Tiflis – MTK/VM Budapest 1:4, 0:1; Atletico Madrid – Hajduk Split 1:0, 2:1; RSC Anderlecht – Galatasaray Istanbul 5:1, 5:1; Carrick Rangers – FC Southampton 2:5, 1:4; Boavista Porto – Levski/Spartak Sofia 3:1, 0:2; Slask Breslau – Bohemians Dublin 3:0, 1:0; APOEL Nikosia – SSC Neapel 1:1, 0:2.
Viertelfinale: MTK/VM Budapest – Hamburger SV 1:1, 1:4; Levski/Spartak Sofia – Atletico Madrid 2:1, 0:2; RSC Anderlecht – FC Southampton 2:0, 1:2; Slask Breslau – SSC Neapel 0:0, 0:2.
Halbfinale: Atletico Madrid – Hamburger SV 3:1, 0:3; SSC Neapel – RSC Anderlecht 1:0, 0:2.

Endspiel am 11. Mai in Amsterdam:

Hamburger SV – RSC Anderlecht 2:0 (0:0)

HSV: Kargus – Kaltz, Ripp, Nogly, Hidien – Memering, Magath – Steffenhagen, Reimann, Keller, Volkert.
Tore: Volkert, Magath. – SR: Partridge (England). – Zuschauer: 66 000.

1977/78: RSC Anderlecht

Qualifikation: Glasgow Rangers – Young Boys Bern 1:0, 2:2.
1. Runde: 1. FC Köln – FC Porto 2:2, 0:1 (in Coimbra); Hamburger SV – Reipas Lahti 8:1, 5:2; FC Coleraine – 1. FC Lok Leipzig 1:4, 2:2; Glasgow Rangers – Twente Enschede 0:0, 0:3; FC Dundalk – Hajduk Split 1:0, 0:4; Real Betis Sevilla – AC Mailand 2:0, 1:2; Progres Niederkorn – Vejle BK 0:1 (in Differdingen), 0:9; Olympiakos Nikosia – Universitatea Craiova 1:6, 0:2; Brann Bergen – IA Akranes 1:0, 4:0; Besiktas Istanbul – VTK Diosgyör 2:0, 0:5; FC Valetta – Dynamo Moskau 0:2, 0:5; Cardiff City – Austria Wien 0:0, 0:1; PAOK Saloniki – Zaglebie Sosnowitz 2:0, 2:0; Lokomotive Kosice – Östers Växjö 0:0, 2:2; AS Saint-Etienne – Manchester United 1:1, 0:2 (in Plymouth); Lokomotive Sofia – RSC Anderlecht 1:6, 0:2.
Achtelfinale: Hamburger SV – RSC Anderlecht 1:2, 1:1; 1. FC Lok Leipzig – Real Betis Sevilla 1:1, 1:2; Austria Wien – Lokomotive Kosice 0:0, 1:1; FC Twente – Brann Bergen 2:0, 2:1; FC Porto – Manchester United 4:0, 2:5; Dynamo Moskau – Universitatea Craiova 2:0, 0:2 n. V. (Moskau 3:0-Sieger nach Elfmeterschießen); VTK Diosgyör – Hajduk Split 2:1, 1:2 n. V. (Split 4:3-Sieger nach Elfmeterschießen); Vejle BK – PAOK Saloniki 3:0, 1:2.
Viertelfinale: Vejle BK – FC Twente 0:3, 0:4; FC Porto – RSC Anderlecht 1:0, 0:3; Real Betis Sevilla – Dynamo Moskau 0:0, 0:3 (in Tiflis); Austria Wien – Hajduk Split 1:1, 1:1 n. V. (Wien 3:0-Sieger nach Elfmeterschießen).
Halbfinale: Dynamo Moskau – Austria Wien 2:1 (in Tiflis), 1:2 n. V. (Wien 5:4-Sieger nach Elfmeterschießen); Twente Enschede – RSC Anderlecht 0:1, 0:2.

Endspiel am 3. Mai in Paris:

RSC Anderlecht – Austria Wien 4:0 (3:0)

RSC Anderlecht: de Bree – van Binst, Bross, Dusbaba, Thissen – Haan, Coeck, Vercauteren (Dockx) – Nielsen, van der Elst, Rensenbrink.
Tore: Rensenbrink (2), van Binst (2). – SR: Aldinger (Deutschland). – Zuschauer: 48 679.

1978/79: FC Barcelona

1. Runde: Universitatea Craiova – Fortuna Düsseldorf 3:4, 1:1; Valur Reykjavik – 1. FC Magdeburg 1:1, 0:4; Zaglebie Sosnowitz – Wacker Innsbruck 2:3, 1:1; PAOK Saloniki – Servette Genf 2:0, 0:4; SK Beveren – Ballymena United 3:0, 3:0; AZ '67 Alkmaar – Ipswich Town 0:0, 0:2; Frem Kopenhagen – AS Nancy 2:0, 0:4; Sporting Lissabon – Banik Ostrau 0:1, 0:1; FC Barcelona – Schachtjor Donezk 3:0, 1:1; Marek Stanke Dimitrov – FC Aberdeen 3:2, 0:3; Ferencvaros Budapest – Kalmar FF 2:0, 2:2; Shamrock Rovers – APOEL Nikosia 2:0, 1:0; NK Rijeka – FC Wrexham 3:0, 0:2; FC Floriana – Inter Mailand 1:3 (in Gzira), 0:5; FK Bodö/Glimt – US Luxemburg 4:1, 0:1; Freilos für: RSC Anderlecht.
Achtelfinale: Fortuna Düsseldorf – FC Aberdeen 3:0, 0:2; 1. FC Magdeburg – Ferencvaros Budapest 1:0, 1:2; Banik Ostrau – Shamrock Rovers 3:0, 3:1; Ipswich Town – Wacker Innsbruck 1:0, 1:1 n. V.; Servette Genf – AS Nancy 2:1, 2:2; RSC Anderlecht – FC Barcelona 3:0, 0:3 n. V. (Barcelona 4:1-Sieger nach Elfmeterschießen); Inter Mailand – FK Bodö/Glimt 5:0, 2:1; NK Rijeka – SK Beveren 0:0, 0:2.
Viertelfinale: Fortuna Düsseldorf – Servette Genf 0:0, 1:1; 1. FC Magdeburg – Banik Ostrau 2:1, 2:4; Inter Mailand – SK Beveren 0:0, 0:1; Ipswich Town – FC Barcelona 2:1, 0:1.
Halbfinale: Fortuna Düsseldorf – Banik Ostrau 3:1, 1:2; FC Barcelona – SK Beveren 1:0, 1:0.

Endspiel am 16. Mai in Basel:

FC Barcelona – Fortuna Düsseldorf 4:3 (2:2, 2:2) n. V.

Barcelona: Artola – Zuviria, Costas (Martinez), Migueli, Albaladejo (de la Cruz) – Neeskens, Asensi, Sanchez – Rexach, Krankl, Carrasco.
Fortuna Düsseldorf: Daniel – Baltes, Zewe, Zimmermann (Lund), Köhnen – Brei (Weikl), Schmitz, Bommer, Th. Allofs – Kl. Allofs, Seel.
Tore: Sanchez, Rexach, Krankl, Asensi, (Seel (2), Th. Allofs für Düsseldorf). – SR: Palotai (Ungarn). – Zuschauer: 58 000.

1979/80: FC Valencia

Qualifikation: Glasgow Rangers – Lilleström SK 1:0, 2:0 (in Oslo); B1903 Kopenhagen – APOEL Nikosia 6:0, 1:0.
1. Runde: Glasgow Rangers – Fortuna Düsseldorf 2:1, 0:0; FC Wrexham – 1. FC Magdeburg 3:2, 2:5 n. V.; Juventus Turin – Raba ETO Györ 2:0, 1:2; Panionios Athen – Twente Enschede 4:0, 1:3; Arka Gdingen – Beroe Stara Zagora 3:2, 0:2; Young Boys Bern – Steaua Bukarest 2:2, 0:6; Reipas Lahti – Aris Bonneweg 0:1, 0:1; Wacker Innsbruck – Lokomotive Kosice 1:2, 0:1; B1903 Kopenhagen – FC Valencia 2:2, 0:4; Sliema Wanderers – Boavista Porto 2:1, 0:8; FC Arsenal – Fenerbahce Istanbul 2:0, 0:0; IFK Göteborg – FC Waterford 1:0, 1:1; VAV Beerschot – NK Rijeka 0:0, 1:2; Cliftonville Belfast – FC Nantes 0:1, 0:7; IA Akranes – FC Barcelona 0:1, 0:5; Vllaznija Shkoder verzichtete gegen Dynamo Moskau.
Achtelfinale: FC Arsenal – 1. FC Magdeburg 2:1, 2:2; Aris Bonneweg – FC Barcelona 1:4 (in Luxemburg), 1:7; Panionios Athen – IFK Göteborg 1:0, 0:2; Lokomotive Kosice – NK Rijeka 2:0, 0:3; FC Nantes – Steaua Bukarest 3:2, 2:1; Dynamo Moskau – Boavista Porto 0:0, 1:1; Beroe Stara Zagora – Juventus Turin 1:0, 0:3 n. V.; FC Valencia – Glasgow Rangers 1:1, 3:1.
Viertelfinale: FC Arsenal – IFK Göteborg 5:1, 0:0; FC Barcelona – FC Valencia 0:1, 3:4; Dynamo Moskau – FC Nantes 0:2 (in Tiflis), 3:2; NK Rijeka – Juventus Turin 0:0, 0:2.
Halbfinale: FC Arsenal – Juventus Turin 1:1, 1:0; FC Nantes – FC Valencia 2:1, 0:4.

Endspiel am 14. Mai in Brüssel:

FC Valencia – FC Arsenal 0:0 n. V.; 5:4 nach Elfmeterschießen

Valencia: Pereira – Carrette, Arias, Tendillo, Botubot – Solsona, Bonhof, Subirates (Castellanos) – Saura, Kempes, Pablo.
Tore aus dem Elfmeterschießen: Solsona, Stapleton, Pablo, Sunderland, Castellanos, Talbot, Bonhof, Hollins, Arias (Pereira hielt Elfmeter von Brady und Rix, Jennings von Kempes). – SR: Christov (CSSR). – Zuschauer: 36 000.

1980/81: Dynamo Tiflis

Qualifikation: Celtic Glasgow – VTK Diosgyör 6:0, 1:2; Altay Izmir – Benfica Lissabon 0:0, 0:4.
1. Runde: Fortuna Düsseldorf – Austria Salzburg 5:0, 3:0; AS Rom – Carl Zeiss Jena 3:0, 0:4; FC Sion – Haugar Haugesund 1:1, 0:2; AC Kastoria – Dynamo Tiflis 0:0, 0:2; Spora Luxemburg – Sparta Prag 0:6, 0:6; Hibernians Paola – FC Waterford 1:0, 0:4; Hvidovre Kopenhagen – Fram Reykjavik 1:0, 2:0; Omonia Nikosia – THOR Waterschei 1:3, 0:4; Slavia Sofia – Legia Warschau 3:1, 0:1; Ilves Tampere – Feyenoord Rotterdam 1:3, 2:4; Newport County – Crusaders Belfast 4:0, 0:0; Malmö FF – Partizani Tirana 1:0, 0:0; FC Valencia – AS Monaco 2:0, 3:3; FC Castilla Madrid – West Ham United 3:1, 1:5 n. V.; Dinamo Zagreb – Benfica Lissabon 0:0, 0:2; Celtic Glasgow – Politehnica Timisoara 2:1, 0:1.
Achtelfinale: THOR Waterschei – Fortuna Düsseldorf 0:0, 0:1; Carl Zeiss Jena – FC Valencia 3:1, 0:1; FC Waterford – Dynamo Tiflis 0:1, 0:4; West Ham United – Politehnica Timisoara 4:0, 0:1; Hvidovre Kopenhagen – Feyenoord Rotterdam 1:2, 0:1; Malmö FF – Benfica Lissabon 1:0, 0:2; Sparta Prag – Slavia Sofia 2:0, 0:3; Haugar Haugesund – Newport County 0:0, 0:6.
Viertelfinale: Fortuna Düsseldorf – Benfica Lissabon 2:2, 0:1; West Ham United – Dynamo Tiflis 1:4, 1:0; Slavia Sofia – Feyenoord Rotterdam 3:2, 0:4; Carl Zeiss Jena – Newport County 2:2, 1:0.
Halbfinale: Dynamo Tiflis – Feyenoord Rotterdam 3:0, 0:2; Carl Zeiss Jena – Benfica Lissabon 2:0, 0:1.

Endspiel am 13. Mai in Düsseldorf:

Dynamo Tiflis – Carl Zeiss Jena 2:1 (0:0)

Tiflis: Gabelija – Kostawa, Tschiwadse, Chisanischwili, Tawadse – Darasselija, Swanadse (Kakilaschwili), Sulakwelidse – Guzajew, Kipiani, Schengelija.
Jena: Grapenthin – Brauer, Schnuphase, Krause, Schilling – Kurbjuweit, Hoppe (Oevermann), Lindemann – Bielau (Töpfer), Raab, Vogel.
Tore: Guzajew, Darasselija (Hoppe für Jena). – SR: Lattanzi (Italien) – Zuschauer: 9000.

1981/82: FC Barcelona

Qualifikation: Politehnica Timisoara – 1. FC Lok Leipzig 2:0, 0:5.

1. Runde: Eintracht Frankfurt – PAOK Saloniki 2:0, 0:2 n. V. (Frankfurt 5:4-Sieger nach Elfmeterschießen); Swansea City – 1. FC Lok Leipzig 0:1, 1:2; Dynamo Tiflis – Grazer AK 2:0, 2:2; Lausanne-Sports – Kalmar FF 2:1, 2:3; Ajax Amsterdam – Tottenham Hotspur 1:3, 0:3; FC Floriana – Standard Lüttich 1:3, 0:9; Jeunesse Esch – Velez Mostar 1:1, 1:6; Kotka TP – SEC Bastia 0:0, 0:5; Valerengen Oslo – Legia Warschau 2:2, 1:4; SKA Rostow – MKE Ankaragücü 3:0, 2:0; EN Paralimni – Vasas Budapest 1:0, 0:8; Ballymena United – AS Rom 0:2, 0:4; Fram Reykjavik – FC Dundalk 2:1, 0:4; Vejle BK – FC Porto 2:1, 0:3; Dukla Prag – Glasgow Rangers 3:0, 1:2; FC Barcelona – Trakia Plovdiv 4:1, 0:1.

Achtelfinale: SKA Rostow – Eintracht Frankfurt 1:0, 0:2; 1. FC Lok Leipzig – Velez Mostar 1:1, 1:1 n. V., (Leipzig 3:0-Sieger nach Elfmeterschießen); Legia Warschau – Lausanne-Sports 2:1, 1:1; Dukla Prag – FC Barcelona 1:0, 0:4; FC Porto – AS Rom 2:0, 0:0; FC Dundalk – Tottenham Hotspur 1:1, 0:1; Vasas Budapest – Standard Lüttich 0:2, 1:2; SEC Bastia – Dynamo Tiflis 1:1, 1:3.

Viertelfinale: Tottenham Hotspur – Eintracht Frankfurt 2:0, 1:2; 1. FC Lok Leipzig – FC Barcelona 0:3, 2:1; Legia Warschau – Dynamo Tiflis 0:1, 0:1; Standard Lüttich – FC Porto 2:0, 2:2.

Halbfinale: Dynamo Tiflis – Standard Lüttich 0:1, 0:1; Tottenham Hotspur – FC Barcelona 1:1, 0:1.

Endspiel am 12. Mai in Barcelona:

FC Barcelona – Standard Lüttich 2:1 (1:1)

FC Barcelona: Urruti – Gerardo, Alesanco, Migueli, Manolo – Sanchez, Esteban, Moratalla – Simonsen, Quini, Carrasco.

Tore: Simonsen, Quini (Vandersmissen). – SR: Eschweiler (Deutschland). – Zuschauer: 100 000.

1982/83: FC Aberdeen

Qualifikation: FC Aberdeen – FC Sion 7:0, 4:1; Swansea City – Sporting Braga 3:0, 0:1.

1. Runde: Torpedo Moskau – Bayern München 1:1, 0:0; Dynamo Dresden – B1893 Kopenhagen 3:2, 1:2; IFK Göteborg – Ujpest Budapest 1:1, 1:3; Limerick United – AZ 67 Alkmaar 1:1, 0:1; THOR Waterschei – Red Boys Differdingen 7:1, 1:0; IB Vestmannaeyar – Lech Posen 0:1 (in Kopavogur), 0:3; Galatasaray Istanbul – Kuusysi Lahti 2:1, 1:1; Lok Sofia – Paris Saint-Germain 1:0, 1:5; Lilleström SK – Roter Stern Belgrad 0:4, 0:3; FC Barcelona – Apollon Limassol 8:0, 1:1; FC Baia Mare – Real Madrid 0:0, 2:5; Austria Wien – Panathinaikos Athen 2:0, 1:2; Inter Mailand – Slovan Bratislava 2:0, 1:2; FC Coleraine – Tottenham Hotspur 0:3, 0:4; FC Aberdeen – Dynamo Tirana 1:0, 0:0; Swansea City – Sliema Wanderers 12:0, 5:0.

Achtelfinale: Tottenham Hotspur – Bayern München 1:1, 1:4; Galatasaray Istanbul – Austria Wien 2:4, 1:0; Roter Stern Belgrad – FC Barcelona 2:4, 1:2; AZ 67 Alkmaar – Inter Mailand 1:0, 0:2; FC Aberdeen – Lech Posen 2:0 1:0; Swansea City – Paris Saint-Germain 0:1, 0:2; B1893 Kopenhagen – THOR Waterschei 0:2, 1:4; Real Madrid – Ujpest Budapest 3:1, 1:0.

Viertelfinale: Bayern München – FC Aberdeen 0:0, 2:3; Paris Saint-Germain – THOR Waterschei 2:0, 0:3 n. V.; Austria Wien – FC Barcelona 0:0, 1:1; Inter Mailand – Real Madrid 1:1, 1:2.

Halbfinale: FC Aberdeen – THOR Waterschei 5:1, 0:1; Austria Wien – Real Madrid 2:2, 1:3.

Endspiel am 11. Mai in Göteborg:

Real Madrid – FC Aberdeen 1:2 (1:1, 1:1) n. V.

FC Aberdeen: Leighton – Rougvie, Miller, McLeish, McMaster – Cooper, Simpson, Strachan – McGhee, Black (Hewitt), Weir.

Tore: Black, Hewitt (Juanito für Madrid). – SR: Mengali (Italien). – Zuschauer: 17 804.

1983/84: Juventus Turin

Qualifikation: Swansea City – 1. FC Magdeburg 1:1, 0:1.

1. Runde: Wacker Innsbruck – 1. FC Köln 1:0, 1:7; 1. FC Magdeburg – FC Barcelona 1:5, 0:2; IA Akranes – FC Aberdeen 1:2 (in Reykjavik), 1:1; FC Valetta – Glasgow Rangers 0:8, 0:10; Glentoran Belfast – Paris Saint-Germain 1:2, 1:2; Juventus Turin – Lechia Danzig 7:0, 3:2; EN Paralimni – SK Beveren 2:4, 1:3; Dinamo Zagreb – FC Porto 2:1, 0:1; Mersin Idmanyurdu – Spartak Varna 0:0, 0:1; Manchester United – Dukla Prag 1:1, 2:2; Servette Genf – Avenir Beggen 4:0, 5:1; NEC Nijmegen – Brann Bergen 1:1, 1:0; AEK Athen – Ujpest Budapest 2:0, 1:4; Sligo Rovers – Haka Valkeakoski 0:1, 0:3; B 1901 Nyköbing – Schachtjor Donezk 1:5, 2:4; Hammarby IF – 17 Nentori Tirana 4:0, 1:2.

Achtelfinale: Ujpest Budapest – 1. FC Köln 3:1, 2:4; Schachtjor Donezk – Servette Genf 1:0, 2:1; Paris Saint-Germain – Juventus Turin 2:2 0:0; SK Beveren – FC Aberdeen 0:0, 1:4; Hammarby IF – Haka Valkeakoski 1:1, 1:2 n. V. (in Helsinki); NEC Nimwegen – FC Barcelona 2:3, 0:2; Glasgow Rangers – FC Porto 2:1, 0:1; Spartak Varna – Manchester United 1:2, 0:2.

Viertelfinale: Haka Valkeakoski – Juventus Turin 0:1 (in Straßburg), 0:1; Ujpest Budapest – FC Aberdeen 2:0, 0:3 n. V.; FC Barcelona – Manchester United 2:0, 0:3; FC Porto – Schachtjor Donezk 3:2, 1:1.
Halbfinale: Manchester United – Juventus Turin 1:1, 1:2; FC Porto – FC Aberdeen 1:0, 1:0.

Endspiel am 16. Mai in Basel:

Juventus Turin – FC Porto 2:1 (2:1)

Juventus: Tacconi – Gentile, Scirea, Brio, Cabrini – Bonini, Tardelli, Platini, Vignola (Caricola) – Rossi, Boniek.
Tore: Vignola, Boniek (Sousa für Porto). – SR: Prokop (DDR). – Zuschauer: 60 000.

1984/85: FC Everton

1. Runde: Bayern München – Moss FK 4:1, 2:1; Malmö FF – Dynamo Dresden 2:0, 1:4; Rapid Wien – Besiktas Istanbul 4:1, 1:1; Trakia Plovdiv – US Luxemburg 4:0, 1:1; APOEL Nikosia – Servette Genf 0:3, 1:3; Dynamo Moskau – Hajduk Split 1:0, 5:2 (in Osijek); KB Kopenhagen – Fortuna Sittard 0:0, 0:3; Wisla Krakau – IB Vestmannaeyjar 4:2, 3:1; Banyasz Siofok – FC Larissa 1:1 (in Szekesfehervar), 0:2; Ballymena United – Hamrun Spartans 0:1, 1:2; Inter Bratislava – Kuusysi Lahti 2:1, 0:0; AA Gent – Celtic Glasgow 1:0, 0:3; FC Wrexham – FC Porto 1:0, 3:4; FC Metz – FC Barcelona 2:4, 4:1; AS Rom – Steaua Bukarest 1:0, 0:0; UC Dublin – FC Everton 0:0, 0:1.
Achtelfinale: Bayern München – Trakia Plovdiv 4:1, 0:2; Dynamo Dresden – FC Metz 3:1, 0:0; Fortuna Sittard – Wisla Krakau 2:0, 1:2; Dynamo Moskau – Hamrun Spartans 5:0, 1:0; Inter Bratislava – FC Everton 0:1, 0:3; AS Rom – FC Wrexham 2:0, 1:0; Rapid Wien – Celtic Glasgow 3:1, (0:3 annulliert) 1:0 (Wiederholungsspiel in Manchester); FC Larissa – Servette Genf 2:1, 1:0.
Viertelfinale: Bayern München – AS Rom 2:0, 2:1; Dynamo Dresden – Rapid Wien 3:0, 0:5; FC Everton – Fortuna Sittard 3:0, 2:0; FC Larissa – Dynamo Moskau 0:0, 0:1.
Halbfinale: Bayern München – FC Everton 0:0, 1:3; Rapid Wien – Dynamo Moskau 3:1, 1:1.

Endspiel am 15. Mai in Rotterdam:

FC Everton – Rapid Wien 3:1 (0:0)

Everton: Southall – Stevens, Mountfield, Ratcliffe – van den Hauwe, Reid, Steven, Bracewell, Sheedy – Gray, Sharp.
Tore: Gray, Steven, Sheedy (Krankl für Wien). – SR: Casarin (Italien). – Zuschauer: 5 0 000.

1985/86: Dynamo Kiew

1. Runde: FC Zurrieq – Bayer Uerdingen 0:3 (in Valetta), 0:9; Cercle Brügge – Dynamo Dresden 3:2, 1:2; AS Monaco – Universitatea Craiova 2:0, 0:3; Rapid Wien – Banyasz Tatabanya 5:0, 1:1; Galatasaray Istanbul – Widzew Lodz 1:0, 1:2; HJK Helsinki – Flamurtari Vlora 3:2, 2:1; Atletico Madrid – Celtic Glasgow 1:1, 2:1; FC Utrecht – Dynamo Kiew 2:1, 1:4; AIK Stockholm – Red Boys Differdingen 8:0, 5:0; FC Larissa – Sampdoria Genua 1:1, 0:1; AEL Limassol – Dukla Prag 2:2, 0:4; Fredrikstad FK – Bangor City 1:1, 0:0; Roter Stern Belgrad – FC Aarau 2:0, 2:2 (in Zürich); Fram Reykjavik – Glentoran Belfast 3:1, 0:1; Lyngby BK – Galway United 1:0, 3:2. Freilos für: Benfica Lissabon.
Achtelfinale: Bayer Uerdingen – Galatasaray Istanbul 2:0, 1:1; HJK Helsinki – Dynamo Dresden 1:0, 2:7; Dukla Prag – AIK Stockholm 1:0, 2:2; Benfica Lissabon – Sampdoria Genua 2:0, 0:1; Rapid Wien – Fram Reykjavik 3:0, 1:2; Lyngby BK – Roter Stern Belgrad 2:2, 1:3; Universitatea Craiova – Dynamo Kiew 2:2, 0:3; Bangor City – Atletico Madrid 0:2, 0:1.
Viertelfinale: Dynamo Dresden – Bayer Uerdingen 2:0, 3:7; Rapid Wien – Dynamo Kiew 1:4, 1:5; Dukla Prag – Benfica Lissabon 1:0, 1:2; Roter Stern Belgrad – Atletico Madrid 0:2, 1:1.
Halbfinale: Atletico Madrid – Bayer Uerdingen 1:0, 3:2; Dynamo Kiew – Dukla Prag 3:0, 1:1.

Endspiel am 2. Mai in Lyon:
Dynamo Kiew – Atletico Madrid 3:0 (1:0)
Dynamo: Tschanow – Bessonow – Baltatscha (Bal), Kusnezow – Demjanenko, Jaremtschuk, Raz, Jakowenko, Sawarow (Jewtuschenko) – Belanow, Blochin.
Tore: Sawarow, Blochin, Jewtuschenko. – SR: Wöhrer (Österreich). – Zuschauer: 39 000.

1986/87: Ajax Amsterdam

1. Runde: VfB Stuttgart – Spartak Trnava 1:0, 0:0; Glentoran Belfast – Lokomotive Leipzig 1:1, 0:2; Rapid Wien – FC Brügge 1:3, 3:3; AS Rom – Real Saragossa 2:0, 0:2 n. V. (Saragossa 4:3 Sieger nach Elfmeterschießen); Benfica Lissabon – Lilleström SK 2:0, 2:1; 17 Nentori Tirana – Dinamo Bukarest 1:0, 2:1; Malmö FF – Apollon Limassol 6:0, 1:2; FC Aberdeen – FC Sion 2:1, 0:3; FC Waterford – Girondins Bordeaux 1:2 (in Dublin), 0:4; Bursaspor – Ajax Amsterdam 0:2, 0:5; FC Zurrieq – FC Wrexham 0:3, 0:4; Haka Valkeakoski – Torpedo Moskau 2:2, 1:3; Olympiakos Piräus – US Luxemburg 3:0, 3:0; Fram

Reykjavik – GKS Kattowitz 0:3, 0:1; B1903 Kopenhagen – Vitoscha Sofia 1:0, 0:2; Vasas Budapest – Velez Mostar 2:2, 2:3.
Achtelfinale: Torpedo Moskau – VfB Stuttgart 2:0, 5:3; Rapid Wien – Lokomotive Leipzig 1:1, 1:2 n. V.; Benfica Lissabon – Girondins Bordeaux 1:1, 0:1; 17 Nentori Tirana – Malmö FF 0:3, 0:0; Ajax Amsterdam – Olympiakos Piräus 4:0, 1:1; Real Saragossa – FC Wrexham 0:0, 2:2 n. V.; Vitoscha Sofia – Velez Mostar 2:0, 3:4; GKS Kattowitz – FC Sion 2:2 (in Chorzow), 0:3.
Viertelfinale: Lokomotive Leipzig – FC Sion 2:0, 0:0; Malmö FF – Ajax Amsterdam 1:0, 1:3; Girondins Bordeaux – Torpedo Moskau 1:0, 2:3 (in Tiflis); Real Saragossa – Vitoscha Sofia 2:0, 2:0.
Halbfinale: Girondins Bordeaux – Lokomotive Leipzig 0:1, 1:0 n. V. (Leipzig 6:5-Sieger nach Elfmeterschießen); Real Saragossa – Ajax Amsterdam 2:3, 0:3.

Endspiel am 13. Mai in Athen:

Ajax Amsterdam – Lokomotive Leipzig 1:0 (1:0)

Ajax: Menzo – Silooy, Verlaat, Boeve – Wouters, Winter, Rijkaard, A. Mühren (Scholten) – van't Schip, van Basten, Witschge (Bergkamp).
Lokomotive: Müller – Kreer, Baum, Lindner, Zötsche – Scholz, Liebers (Kühn), Bredow, Marschall – Richter, Edmond (Leitzke).
Tor: Van Basten. – SR: Agnolin (Italien). – Zuschauer: 35 000.

1987/88: KV Mechelen

Qualifikation: AEL Limassol – DAC Dunajska Streda 0:1, 1:5.
1. Runde: Avenir Beggen – Hamburger SV 0:5, 0:3; Lokomotive Leipzig – Olympique Marseille 0:0, 0:1; KV Mechelen – Dinamo Bukarest 1:0, 2:0; Aalborg BK – Hajduk Split 1:0, 0:1 n. V. (Split 4:2-Sieger nach Elfmeterschießen); Ajax Amsterdam – FC Dundalk 4:0, 2:0; Real Sociedad San Sebastian – Slask Breslau 0:0 (in Bilbao), 2:0; Sporting Lissabon – FC Tirol Innsbruck 4:0, 2:4; Dynamo Minsk – Genclerbirligi 2:0, 2:1; Rovaniemi PS – Glentoran Belfast 0:0, 1:1; Vllaznija Shkoder – Sliema Wanderers 2:0, 4:0; DAC Dunajska Streda – Young Boys Bern 2:1, 1:3; IA Akranes – Kalmar FF 0:0, 0:1 n. V.; Vitoscha Sofia – OFI Kreta 1:0, 1:3; Ujpest Budapest – FC Den Haag 1:0, 1:3; FC St. Mirren – Tromsö IL 1:0, 0:0; Merthyr Tydfil – Atalanta Bergamo 2:1, 0:2.
Achtelfinale: Hamburger SV – Ajax Amsterdam 0:1, 0:2; Vllaznija Shkoder – Rovaniemi PS 0:1, 0:1; OFI Kreta – Atalanta Bergamo 1:0 (in Saloniki), 0:2; FC Den Haag – Young Boys Bern 2:1, 0:1; Real Sociedad San Sebastian – Dynamo Minsk 1:1, 0:0; Kalmar FF – Sporting Lissabon 1:0, 0:5; KV Mechelen – FC St. Mirren 0:0, 2:0; Olympique Marseille – Hajduk Split 4:0, 0:2 (3:0 für Marseille gewertet).
Viertelfinale: KV Mechelen – Dynamo Minsk 1:0, 1:1; Atalanta Bergamo – Sporting Lissabon 2:0, 1:1; Young Boys Bern – Ajax Amsterdam 0:1, 0:1; Rovaniemi PS – Olympique Marseille 0:1 (in Lecce), 0:3.
Halbfinale: KV Mechelen – Atalanta Bergamo 2:1, 2:1; Olympique Marseille – Ajax Amsterdam 0:3, 2:1.

Endspiel am 11. Mai in Straßburg:

KV Mechelen – Ajax Amsterdam 1:0 (0:0)

KV Mechelen: Preud'homme – Clijsters – Sanders, Rutjes, Deferm – Emmers, E. Koeman, De Wilde (Demesmaeker), Hofkens (Theunis) – Ohana, den Boer.
Tor: den Boer. – SR: Pauly (Deutschland). – Zuschauer: 39 440.

1988/89: FC Barcelona

Qualifikation: ESSC Bekescsaba – Bryne IL 3:0, 1:2.
1. Runde: Grasshoppers Zürich – Eintracht Frankfurt 0:0 (in Basel), 0:1; Carl Zeiss Jena – Kremser SC 5:0, 0:1; Omonia Nikosia – Panathinaikos Athen 0:1, 0:2; FC Floriana – Dundee United 0:0, 0:1; Sakaryaspor – ESSC Bekescsaba 2:0, 0:1; Dinamo Bukarest – Kuusysi Lahti 3:0, 3:0; Flamurtari Vlora – Lech Posen 2:3, 0:1; Derry City – Cardiff City 0:0, 0:4; IFK Norrköping – Sampdoria Genua 2:1, 0:2 (in Cremona); FC Metz – RSC Anderlecht 1:3, 0:2; Borac Banja Luka – Metallist Charkow 2:0, 0:4; Roda JC Kerkrade – Vitoria Guimaraes 2:0, 0:1; KV Mechelen – Avenir Beggen 5:0, 3:1; Inter Bratislava – ZFKA Sredets Sofia 2:3, 0:5; Fram Reykjavik – FC Barcelona 0:2, 0:5; FC Glenavon Lurgan – Aarhus GF 1:4, 1:3.
Achtelfinale: Eintracht Frankfurt – Sakaryaspor 3:1, 3:0; Carl Zeiss Jena – Sampdoria Genua 1:1, 1:3; KV Mechelen – RSC Anderlecht 1:0, 2:0; Dundee United – Dinamo Bukarest 0:1, 1:1; FC Barcelona – Lech Posen 1:1, 1:1 n. V. (Barcelona 5:4-Sieger nach Elfmeterschießen); ZFKA Sredets Sofia – Panathinaikos Athen 2:0, 1:0; Cardiff City – Aarhus GF 1:2, 0:4; Roda JC Kerkrade – Metallist Charkow 1:0, 0:0.
Viertelfinale: Eintracht Frankfurt – KV Mechelen 0:0, 0:1; ZFKA Sredets Sofia – Roda JC Kerkrade 2:1, 1:2 n. V. (Sofia 4:3-Sieger nach Elfmeterschießen); Dinamo Bukarest – Sampdoria Genua 1:1, 0:0 (in Cremona); Aarhus GF – FC Barcelona 0:1, 0:0.
Halbfinale: FC Barcelona – ZFKA Sredets Sofia 4:2, 2:1; KV Mechelen – Sampdoria Genua 2:1, 0:3.

Endspiel am 10. Mai in Bern:

FC Barcelona – Sampdoria Genua 2:0 (1:0)

FC Barcelona: Zubizarreta – Aloisio, Alesanco, Urbano – Milla (Soler), Amor, Eusebio, Roberto – Lineker, Salinas, Beguiristain (Lopez-Rekarte).
Tore: Salinas, Lopez-Rekarte. – SR: Courtney (England). – Zuschauer: 45 000.

1989/90: Sampdoria Genua

Qualifikation: Tschernomoretz Burgas – Dinamo Tirana 3:1, 0:4.
1. Runde: Besiktas Istanbul – Borussia Dortmund 0:1, 1:2; Valur Reykjavik – Dynamo Berlin 1:2, 1:2; Panathinaikos Athen – Swansea City 3:2, 3:3; RSC Anderlecht – Ballymena United 6:0, 4:0; Brann Bergen – Sampdoria Genua 0:2, 0:1; FC Barcelona – Legia Warschau 1:1, 1:0; US Luxemburg – Djurgarden Stockholm 0:0, 0:5; Partizan Belgrad – Celtic Glasgow 2:1 (in Mostar), 4:5; Slovan Bratislava – Grasshoppers Zürich 3:0, 0:4 n. V.; Belenenses Lissabon – AS Monaco 1:1, 0:3; Real Valladolid – Hamrun Spartans 5:0, 1:0; Dinamo Tirana – Dinamo Bukarest 1:0, 0:2; FC Groningen – Ikast FS 1:0, 2:1; Ferencvaros Budapest – Haka Valkeakoski 5:1, 1:1; Admira/Wacker Wien – AEL Limassol 3:0, 0:1; Torpedo Moskau – Cork City 5:0, 1:0.
Achtelfinale: Borussia Dortmund – Sampdoria Genua 1:1, 0:2; RSC Anderlecht – FC Barcelona 2:0, 1:2 n. V.; FC Groningen – Partizan Belgrad 4:3, 1:3; Admira/Wacker Wien – Ferencvaros Budapest 1:0, 1:0 (in Szeged); AS Monaco – Dynamo Berlin 0:0, 1:1 n. V.; Real Valladolid – Djurgarden Stockholm 2:0, 2:2; Panathinaikos Athen – Dinamo Bukarest 0:2, 1:6; Torpedo Moskau – Grasshoppers Zürich 1:1, 0:3.
Viertelfinale: Sampdoria Genua – Grasshoppers Zürich 2:0, 2:1; RSC Anderlecht – Admira/Wacker Wien 2:0, 1:1; Dinamo Bukarest – Partizan Belgrad 2:1, 2:0 (in Titograd); Real Valladolid – AS Monaco 0:0, 0:0 n. V. (Monaco 3:1-Sieger nach Elfmeterschießen.
Halbfinale: AS Monaco – Sampdoria Genua 2:2, 0:2; RSC Anderlecht – Dinamo Bukarest 1:0, 1:0.

Endspiel am 9. Mai in Göteborg:

Sampdoria Genua – RSC Anderlecht 2:0 (0:0, 0:0) n. V.

Sampdoria: Pagliuca – Pellegrini – Mannini, Vierchowod, Carboni – Invernizzi (Lombardo), Pari, Katanec (Salsano), Dossena – Vialli, Mancini.
Tore: Vialli (2). – Schiedsrichter Galler (Schweiz). – Zuschauer: 20 103.

1990/91: Manchester United

Qualifikation: Bray Wanderers – Trabzonspor 1:1 (in Dublin), 0:2.
1. Runde: 1. FC Kaiserslautern – Sampdoria Genua 1:0, 0:2; PSV Schwerin – Austria Wien 0:2 (in Rostock), 0:0; Legia Warschau – Swift Hesperingen 3:0, 3:0 (in Esch); Trabzonspor – FC Barcelona 1:0, 2:7; Viking Stavanger – FC Lüttich 0:2, 0:3; FC Sliven – Juventus Turin 0:2, 1:6; Manchester United – MSC Pecs 2:0, 1:0; Kuopio PS – Dynamo Kiew 2:2, 0:4; Sliema Wanderers – Dukla Prag 1:2, 0:2; Nea Salamis Famagusta – FC Aberdeen 0:2, 0:3; SC Montpellier – PSV Eindhoven 1:0, 0:0; Olympiakos Piräus – Flamurtari Vlora 3:1, 2:0; FC Glentoran – Steaua Bukarest 1:1, 0:5; FC Wrexham – Lyngby BK 0:0, 1:0; Estrela Amadora – Neuchatel Xamax 1:1, 1:1, n. V. (Amadora 4:3-Sieger nach Elfmeterschießen); Fram Reykjavik – Djurgarden Stockholm 3:0, 1:1.
Achtelfinale: Dynamo Kiew – Dukla Prag 1:0, 2:2; Manchester United – FC Wrexham 3:0, 2:0; Olympiakos Piräus – Sampdoria Genua 0:1, 1:3; Fram Reykjavik – FC Barcelona 1:2, 0:3; SC Montpellier – Steaua Bukarest 5:0, 3:0; FC Lüttich – Estrela Amadora 2:0, 0:1; FC Aberdeen – Legia Warschau 0:0, 0:1; Austria Wien – Juventus Turin 0:4, 0:4.
Viertelfinale: Legia Warschau – Sampdoria Genua 1:0, 2:2; Dynamo Kiew – FC Barcelona 2:3, 1:1; Manchester United – SC Montpellier 1:1, 2:0; FC Lüttich – Juventus Turin 1:3, 0:3.
Halbfinale: Legia Warschau – Manchester United 1:3, 1:1; FC Barcelona – Juventus Turin 3:1, 0:1.

Endspiel am 15. Mai in Rotterdam:

Manchester United – FC Barcelona 2:1 (0:0)

Manchester: Sealey – Irwin, Bruce, Pallister, Blackmore – Phelan, Robson, Ince, McClair – Hughes, Sharpe.
Tore: Hughes (2) (Koeman für Barcelona). – SR: Karlsson (Schweden). – Zuschauer: 45 000.

1991/92: Werder Bremen

Qualifikation: Galway United – Odense BK 0:3, 0:4; SV Stockerau – Tottenham Hotspur 0:1 (in Wien), 0:1.
1. Runde: FC Bacau – Werder Bremen 0:6, 0:5; Stahl Eisenhüttenstadt – Galatasaray Istanbul 1:2, 0:3; Valur Reykjavik – FC Sion 0:1, 1:1; Hajduk Split – Tottenham Hotspur 1:0 (in Linz), 0:2; FC Glenavon

Lurgan – Ilves Tampere 3:2, 1:2; Swansea City – AS Monaco 1:2, 0:8; Athinaikos Athen – Manchester United 0:0, 0:2 n. V.; GKS Kattowitz – FC Motherwell 2:0, 1:3; Partizani Tirana – Feyenoord Rotterdam 0:0, 0:1; Levski Sofia – Ferencvaros Budapest 2:3, 1:4; ZSKA Moskau – AS Rom 1:2, 1:0; IFK Norrköping – Jeunesse Esch 4:0, 2:1; Odense BK – Banik Ostrau 0:2, 1:2; Fyllingen IL – Atletico Madrid 0:1, 2:7; Omonia Nikosia – FC Brügge 0:2, 0:2; FC Valetta – FC Porto 0:3, 0:1.
Achtelfinale: Werder Bremen – Ferencvaros Budapest 3:2, 1:0; IFK Norrköping – AS Monaco 1:2, 0:1; Tottenham Hotspur – FC Porto 3:1, 0:0; GKS Kattowitz – FC Brügge 0:1, 0:3; Ilves Tampere – AS Rom 1:1, 2:5; FC Sion – Feyenoord Rotterdam 0:0, 0:0 n. V. (Rotterdam 5:3-Sieger nach Elfmeterschießen); Galatasaray Istanbul – Banik Ostrau 0:1, 2:1; Atletico Madrid – Manchester United 3:0, 1:1.
Viertelfinale: Werder Bremen – Galatasaray Istanbul 2:1, 0:0; Feyenoord Rotterdam – Tottenham Hotspur 1:0, 0:0; Atletico Madrid – FC Brügge 3:2, 1:2; AS Rom – AS Monaco 0:0, 0:1.
Halbfinale: FC Brügge – Werder Bremen 1:0, 0:2; AS Monaco – Feyenoord Rotterdam 1:1, 2:2.

Endspiel am 6. Mai in Lissabon:

Werder Bremen – AS Monaco 2:0 (1:0)

Werder Bremen: Rollmann – Bratseth – Wolter (Schaaf), Borowka – Bockenfeld, Votava, Eilts, Neubarth (Kohn), Bode – Rufer, Allofs.
Tore: Allofs, Rufer. – SR: Pietro D'Elia (Italien). – Zuschauer: 15 000.

1992/93: AC Parma

Qualifikation: Branik Maribor – Hamrun Spartans 4:0, 1:2; Strömsgodset Drammen – Hapoel Petach Tikva 0:2, 0:2; FC Vaduz – Tschernomorez Odessa 0:5, 1:7; Avenir Beggen – B36 Thorshavn 1:0, 1:1.
1. Runde: Werder Bremen – Hannover 96 3:1, 1:2; AIK Stockholm – Aarhus GF 3:3, 1:1; FC Glenavon Lurgan – FC Antwerpen 1:1, 1:1 n. V. (Antwerpen 3:1-Sieger nach Elfmeterschießen); FC Airdrieonians – Sparta Prag 0:1, 1:2; Trabzonspor – Turku PS 2:0, 2:2; Miedz Legnica – AS Monaco 0:1, 0:0; Branik Maribor – Atletico Madrid 0:3, 1:6; Levski Sofia – FC Luzern 2:1, 0:1; Spartak Moskau – Avenir Beggen 0:0, 5:1; Feyenoord Rotterdam – Hapoel Petach Tikva 1:0, 1:2; Cardiff City – Admira/Wacker Wien 1:1, 0:2; Bohemians Dublin – Steaua Bukarest 0:0, 0:4; FC Liverpool – Apollon Limassol 6:1, 2:1; AC Parma – Ujpest Budapest 1:0, 1:1; Valur Reykjavik – Boavista Porto 0:0, 0:3; Olympiakos Piräus – Tschernomorez Odessa 0:1, 3:0.
Achtelfinale: Werder Bremen – Sparta Prag 2:3, 0:1; Admira/Wacker Wien – FC Antwerpen 2:4, 4:3 n. V.; AC Parma – Boavista Porto 0:0, 2:0 (in Torres Novas); FC Luzern – Feyenoord Rotterdam 1:0, 1:4; AS Monaco – Olympiakos Piräus 0:1, 0:0; Aarhus GF – Steaua Bukarest 3:2, 1:2; Trabzonspor – Atletico Madrid 0:2, 0:0; Spartak Moskau – FC Liverpool 4:2, 2:0.
Viertelfinale: Feyenoord Rotterdam – Spartak Moskau 0:1, 1:3; Sparta Prag – AC Parma 0:0, 0:2; Olympiakos Piräus – Atletico Madrid 1:1, 1:3; FC Antwerpen – Steaua Bukarest 0:0, 1:1.
Halbfinale: Atletico Madrid – AC Parma 1:2, 1:0; Spartak Moskau – FC Antwerpen 1:0, 1:3.

Endspiel am 12. Mai in London:

AC Parma – FC Antwerpen 3:1 (2:1)

AC Parma: Ballotta – Minotti – Benarrivo, Apolloni, Di Chiara – Zoratto (Pin), Grün, Cuoghi, Brolin – Melli, Osio (Pizzi).
Tore: Minotti, Melli, Cuoghi (Severeyns für Antwerpen). – SR: Assenmacher (Deutschland). – Zuschauer: 37 393.

1993/94: FC Arsenal

Qualifikation: Karpaty Lwow – FC Shelbourne 1:0, 1:3; RAF Jelgava Riga – HB Thorshavn 1:0, 2. Spiel ausgefallen (0:3-Wertung); Sliema Wanderers – Degerfors IF 1:3, 0:3; FC Bangor – APOEL Nikosia 1:1, 1:2; F91 Düdelingen – Maccabi Haifa 0:1, 1:6; Valur Reykjavik – MyPa Anjalankoski 3:1, 1:0; FC Balzers – Albpetrol Patos 3:1, 0:0; Nikol Tallinn – Lilleström SK 0:4, 1:4; 1. FC Kosice – Zalgiris Wilna 2:0, 1:0; FC Lugano – Neman Grodno 5:0, 1:2; Publikum Celje – Odense BK 0:1, 0:0.
1. Runde: Bayer Leverkusen – Boby Brünn 2:0, 3:0; ZSKA Sofia –FC Balzers 8:0, 3:1; Real Madrid – FC Lugano 3:0, 3:1; Torpedo Moskau – Maccabi Haifa 1:0, 1:3; 1. FC Kosice – Besiktas Istanbul 2:1, 0:2; Panathinaikos Athen – FC Shelbourne 3:0, 2:1; Odense BK – Arsenal London 1:2, 1:1; Universitatea Craiova – HB Thorshavn 4:0, 3:0; FC Tirol Innsbruck – Ferencvaros Budapest 3:0, 2:1; Standard Lüttich – Cardiff City 5:2, 3:1; APOEL Nikosia – Paris Saint-Germain 0:1, 0:2; Hajduk Split – Ajax Amsterdam 1:0 (in Ljubljana), 0:6; Lilleström SK – Turin Calcio 0:2, 2:1; Benfica Lissabon – GKS Kattowitz 1:0, 1:1; Degerfors IF – AC Parma 1:2, 0:2; Valur Reykjavik – FC Aberdeen 0:3, 0:4.
Achtelfinale: Panathinaikos Athen – Bayer Leverkusen 1:4, 2:1; Benfica Lissabon – ZSKA Sofia 3:1, 3:1; Maccabi Haifa – AC Parma 0:1, n. V. 1:0 (Parma 3:1-Sieger nach Elfmeterschießen); Paris Saint-

Germain – Universitatea Craiova 4:0, 2:0; Ajax Amsterdam – Besiktas Istanbul 2:1, 4:0; FC Tirol Innsbruck – Real Madrid 1:1, 0:3; FC Arsenal – Standard Lüttich 3:0, 7:0; Turin Calcio – FC Aberdeen 3:2, 2:1.
Viertelfinale: Benfica Lissabon – Bayer Leverkusen 1:1, 4:4; Turin Calcio – FC Arsenal 0:0, 0:1; Ajax Amsterdam – AC Parma 0:0, 0:2; Real Madrid – Paris Saint-Germain 0:1, 1:1.
Halbfinale: Paris Saint-Germain – FC Arsenal 1:1, 0:1; Benfica Lissabon – AC Parma 2:1, 0:1.

Endspiel am 4. Mai in Kopenhagen:

FC Arsenal – AC Parma 1:0 (1:0)

Arsenal: Seaman – Dixon, Bould, Adams, Davis – Morrow, Campbell, Merson (McGoldrick), Winterburn – Smith, Selley.
Tor: Smith. – SR: Krondl (Tschechien). – Zuschauer: 34 000.

1994/95: Real Saragossa

Qualifikation: Viktoria Zizkov – IFK Norrköping 1:0, 3:3; Pirin Blagojevgrad – FC Schaan 3:0, 1:0; Norma Tallinn – Branik Maribor 1:4, 0:10; Fandok Bobruisk – SK Tirana 4:1, 0:3; Tiligul Tiraspol – Omonia Nikosia 0:1, 1:3; FK Bodö/Glimt – Olimpija Riga 6:0 (lin Oslo) 0:0; FC Floriana – Sligo Rovers 2:2, 0:1; FC Bangor – Tatran Presov 0:1, 0:4; Ferencvaros Budapest – F91 Düdelingen 6:1, 6:1; B71 Sandur – HJK Helsinki 0:5, 0:2; IB Keflavik – Maccabi Tel Aviv 1:2, 1:4; AFC Barry Town – Zalgiris Wilna 0:1, 0:6.
1. Runde: Maccabi Tel Aviv – Werder Bremen 0:0, 0:2; ZSKA Moskau – Ferencvaros Budapest 2:1, 1:2, n. V. (Budapest 7:6-Sieger nach Elfmeterschießen); Omonia Nikosia – FC Arsenal 1:3, 0:3; Dundee United – Tatran Presov 3:2, 1:3; Pirin Blagojevgrad – Panathinaikos Athen 0:2, 1:6; Besiktas Istanbul – HJK Helsinki 2:0, 1:1; Croatia Zagreb – AJ Auxerre 3:1, 0:3; Grasshoppers Zürich – Tschernomorez Odessa 3:0, 0:1; Branik Maribor – Austria Wien 1:1, 0:3; FK Bodö/Glimt – Sampdoria Genua 3:2 (in Oslo), 0:2; Bröndby Kopenhagen – SK Tirana 3:0, 1:0; FC Chelsea – Viktoria Zizkov 4:2, 0:0 (in Jablonec); Gloria Bistrita – Real Saragossa 2:1, 0:4 (in Valencia); FC Porto – LKS Lodz 2:0, 1:0; Sligo Rovers – FC Brügge 1:2, 1:3; Zalgiris Wilna – Feyenoord Rotterdam 1:1, 1:2.
Achtelfinale: Feyenoord Rotterdam – Werder Bremen 1:0, 4:3; FC Chelsea – Austria Wien 0:0, 1:1; Bröndby Kopenhagen – FC Arsenal 1:2, 2:2; Tatran Presov – Real Saragossa 0:4, 1:2; FC Porto – Ferencvaros Budapest 6:0, 0:2; FC Brügge – Panathinaikos Athen 1:0, 0:0; Sampdoria Genua – Grasshoppers Zürich 3:0, 2:3; Besiktas Istanbul – AJ Auxerre 2:2, 0:2.
Viertelfinale: Feyenoord Rotterdam – Real Saragossa 1:0, 0:2; Sampdoria Genua – FC Porto 0:1, 1:0, n. V. (Genua 4:3-Sieger nach Elfmeterschießen); FC Arsenal – AJ Auxerre 1:1, 1:0; FC Brügge – FC Chelsea 1:0, 0:2.
Halbfinale: FC Arsenal – Sampdoria Genua 3:2, 2:3 n. V. (Arsenal 3:2-Sieger nach Elfmeterschießen); Real Saragossa – FC Chelsea 3:0, 1:3.

Endspiel am 10. Mai in Paris:

Real Saragossa – FC Arsenal 2:1 (0:0, 1:1) n. V.

Saragossa: Cedrun – Belsue, Caceres, Aguado, Solana – Nayim, Pardeza, Aragon, Higuera (Sanjuan, Geli), Poyet – Esnaider.
Tore: Esnaider, Nayim (Hartson für Arsenal). – SR: Ceccarini (Italien). – Zuschauer: 42 424.

1995/96: Paris Saint-Germain

Vorrunde: Tiligul Tiraspol – FC Sion 0:0, 2:3; FC Vac – Sileks Kratovo 1:1, 1:3; Turku PS – Teuta Durres 1:0, 0:0; APOEL Nicosia – Neftschi Baku 0:0, 0:0; FC Wrexham – Petrolul Ploiesti 0:0, 0:1; FC Valetta – Inter Bratislava 0:0, 2:5; Schachtjor Donezk – FC Linfield 4:1, 1:0; Zalgiris Wilna – Mura Murska Sobota 2:0, 1:2; GKS Kattowitz – Ararat Erewan 2:0, n. V. 0:2 (Erewan 5:4-Sieger nach Elfmeterschießen); FC Obilic – Dinamo Batumi 0:1, 2:2; Derry City – Lokomotive Sofia 1:0, 0:2; Maccabi Haifa – KI Klakksvik 4:0, 2:3; Dynamo 93 Minsk – Molde FK 1:1, 1:2; CS Grevenmacher – KR Reykjavik 3:2, 0:2; DAG Liepaja – Lantana Tallinn 1:2 (3:0 gewertet), 0:0; FC Vaduz – SK Hradec Kralove 0:5, 1:9.
1. Runde: Borussia Mönchengladbach – Sileks Kratovo 3:0, 3:2 (in Skopje); AEK Athen – FC Sion 2:0, 2:2; DAG Liepaja – Feyenoord Rotterdam 0:7, 0:6; FC Brügge – Schachtjor Donezk 1:0, 1:1; Dinamo Batumi – Celtic Glasgow 2:3, 0:4; SK Hradec Kralove – FC Kopenhagen 5:0, 2:2; Lokomotive Sofia – Halmstad BK 3:1, 0:2; KR Reykjavik – FC Everton 2:3, 1:3; Inter Bratislava – Real Saragossa 0:2, 1:3; Rapid Wien – Petrolul Ploiesti 3:1, 0:0; Molde FK – Paris Saint-Germain 2:3, 0:3; Dynamo Moskau – Ararat Erewan 0:1, 1:0; Teuta Durres – AC Parma 0:2, 0:2; Zalgiris Wilna – Trabzonspor 2:2, 0:1; Sporting Lissabon – Maccabi Haifa 4:0, 0:0; APOEL Nicosia – Deportivo La Coruna 0:0, 0:8.
Achtelfinale: Borussia Mönchengladbach – AEK Athen 4:1, 1:0; Sporting Lissabon – Rapid Wien 2:0, n. V. 0:4; Dynamo Moskau – SK Hradec Kralove 1:0, n. V. 0:1 (Moskau 3:1-Sieger nach Elfmeterschießen); Halmstad BK – AC Parma 3:0 (in Göteborg), 0:4; Paris Saint-Germain – Celtic Glasgow 1:0,

3:0; Real Saragossa – FC Brügge 2:1, 1:0; FC Everton – Feyenoord Rotterdam 0:0, 0:1; Trabzonspor – Deportivo La Coruna 0:1, 0:3.
Viertelfinale: Borussia Mönchengladbach – Feyenoord Rotterdam 2:2 (in Düsseldorf), 0:1; Dynamo Moskau – Rapid Wien 0:1, 0:3; AC Parma – Paris Saint-Germain 1:0, 1:3; Deportivo La Coruna – Reall Saragossa 1:0, 1:1.
Halbfinale: Deportivo La Coruna – Paris Saint-Germain 0:1, 0:1; Feyenoord Rotterdam – Rapid Wien 1:1, 0:3.

Endspiel am 8. Mai in Brüssel:
Paris Saint-Germain – Rapid Wien 1:0 (1:0)
Paris: Lama – Le Guen – N'Gotty, Roche – Fournier (Llacer), Bravo, Guerin, Djorkaeff, Colleter – Rai (Dely Valdez), Loko.
Tor: N'Gotty. – SR: Pairetto (Italien). – Zuschauer: 37 500.

1996/97: FC Barcelona

Qualifikation: Chemlon Humenné – Flamurtari Vlora 1:0, 2:0; FC Sion – Kareda Siauliai 4:2, 0:0; Olimpija Ljubljana – Levski Sofia 1:0, 0:1 n. V. (Ljubljana 4:3-Sieger nach Elfmeterschießen); Roter Stern Belgrad – Heart of Midlothian 0:0, 1:1; Karabach Agdam – MyPa Anjalankoski 0:1, 1:1 n. V.; Kotaik Abovian – AEK Larnaca 1:0, 0:5; Constructorul Chisinau – Hapoel Ironi Rishon-Lezion 1:0, 2:3; FC Valetta – Gloria Bistrita 1:2, 1:2; MPKZ Mosyr – KR Reykjavik 2:2, 0:1; FC Shelbourne – Brann Bergen 1:3, 1:2; FC Llansantffraid – Ruch Chorzow 1:1 (in Wrexham), 0:5; Kispest-Honved Budapest – Sloga Skopje 1:0, 1:0; Varteks Varazdin – US Luxemburg 2:1, 3:0; Universitate Riga – FC Vaduz 1:1, 1:1 n. V. (Vaduz 4:2-Sieger nach Elfmeterschießen); FC Glentoran – Sparta Prag 1:2, 0:8; Dinamo Batumi – HB Torshavn 6:0, 3:0; Sadam Tallinn – Niva Vinnitza 2:1, 0:1.
1. Runde: 1. FC Kaiserslautern – Roter Stern Belgrad 1:0, 0:4 n. V.; FC Vaduz – Paris Saint-Germain 0:4, 0:3; Lokomotive Moskau – Varteks Varazdin 1:0, 1:2; KR Reykjavik – AIK Stockholm 0:1, 1:1; FC Barcelona – AEK Larnaca 2:0, 0:0; Benfica Lissabon – Ruch Chorzow 5:1, 0:0; AEK Athen – Chemlon Humenné 1:0, 2:1; Gloria Bistrita – AC Florenz 1:1, 0:1; Dinamo Batumi – PSV Eindhoven 1:1, 0:3; MyPa Anjalankoski – FC Liverpool 0:1, 1:3; FC Sion – Niva Vinnitza 2:0, 4:0; Aarhus GF – Olimpija Ljubljana 1:1, 0:0; Cercle Brügge – Brann Bergen 3:2, 0:4; Olympique Nimes – Kispest-Honved Budapest 3:1, 2:1; Sturm Graz – Sparta Prag 2:2, 1:1; Constructorul Chisinau – Galatasaray Istanbul 0:1, 0:4.
Achtelfinale: Olimpija Ljubljana – AEK Athen 0:2, 0:4; FC Barcelona – Roter Stern Belgrad 3:1, 1:1; Galatasaray Istanbul – Paris Saint-Germain 4:2, 0:4; Brann Bergen – PSV Eindhoven 2:1, 2:2; AC Florenz – Sparta Prag 2:1, 1:1; FC Sion – FC Liverpool 1:2, 3:6; Olympique Nimes – AIK Stockholm 1:3, 1:0; Benfica Lissabon – Lokomotive Moskau 1:0, 3:2.
Viertelfinale: Benfica Lissabon – AC Florenz 0:2, 1:0; Paris Saint-Germain – AEK Athen 0:0, 3:0; Brann Bergen – FC Liverpool 1:1, 0:3; FC Barcelona – AIK Stockholm 3:1, 1:1.
Halbfinale: FC Barcelona – AC Florenz 1:1, 2:0; Paris Saint-Germain – FC Liverpool 3:0, 0:2.

Endspiel am 14. Mai in Rotterdam:
FC Barcelona – Paris Saint-Germain 1:0 (1:0)
Barcelona: Vitor Baia – Ferrer, Fernando Couto, Abelardo, Sergi – Popescu (Amor), Guardiola – Figo, De la Pena (Stoitchkov), Luis Enrique (Pizzi) – Ronaldo.
Tor: Ronaldo. – SR: Dr. Merk (Deutschland). – Zuschauer: 51 000.

1997/98: FC Chelsea

Qualifikation: FC Glenavon Lurgan – Legia Warschau 1:1, 0:4; Cwmbran Town – National Bukarest 2:5, 0:7; Zalgiris Wilna – Hapoel Beer Sheva 0:0, 1:2 n. V.; Zimbru Chisinau – Schachtjor Donezk 1:1, 0:3; FC Dinaburg Daugavpils – Kapaz Ganja 1:0, 1:0; FC Kilmarnock – FC Shelbourne 2:1, 1:1; HJK Helsinki – Roter Stern Belgrad 1:0, 0:3; Sloga Skopje – FC Zagreb 1:2, 0:2; FC Balzers – BVSC Budapest 1:3 (in Vaduz), 0:2; Sadam Tallinn – Belschina Bobruisk 1:1, 1:4; Primorje Ajdovscina – US Luxemburg 2:0, 1:0; Levski Sofia – Slovan Bratislava 1:1, 1:2; Dinamo Batumi – Ararat Erewan 0:3, 2:0; FC Hibernians Paola – IB Vestmannaeyjar 0:1, 0:3; HB Torshavn – APOEL Nicosia 1:1, 0:6.
1. Runde: IB Vestmannaeyjar – VfB Stuttgart 1:3, 1:2; Kocaelispor – National Bukarest 2:0, 1:0; APOEL Nicosia – Sturm Graz 0:1, 0:3; Boavista Porto – Schachtjor Donezk 2:3, 1:1; Germinal Ekeren – Roter Stern Belgrad 3:2, 1:1; AIK Stockholm – Primorje Ajdovscina 0:1, 1:1 n. V.; AEK Athen – FC Dinaburg Daugavpils 5:0, 4:2; Slavia Prag – FC Luzern 4:2, 2:0; Hapoel Beer Sheva – Roda JC Kerkrade 1:4, 0:10; NK Zagreb – Tromsö IL 3:2, n. V. 2:4; FC Kopenhagen – Ararat Erewan 3:0, 2:0; Belschina Bobruisk – Lokomotive Moskau 1:2, 0:3; FC Chelsea – Slovan Bratislava 2:0, 2:0; OGC Nizza – FC Kilmarnock 3:1, 1:1; Real Betis Sevilla – BVSC Budapest 2:0, 2:0; Vicenza Calcio – Legia Warschau 2:0, 1:1.

Achtelfinale: Germinal Ekeren – VfB Stuttgart 0:4, 4:2; Tromsö IL – FC Chelsea 3:2, 1:7; Lokomotive Moskau – Kocaelispor 2:1, 0:0; Schachtjor Donezk – Vicenza Calcio 1:3, 1:2; Real Betis Sevilla – FC Kopenhagen 2:0, 1:1; AEK Athen – Sturm Graz 2:0, 0:1; OGC Nizza – Slavia Prag 2:2, 1:1; Primorje Ajdovscina – Kerkrade JC Kerkrade 0:2, 0:4.
Viertelfinale: Slavia Prag – VfB Stuttgart 1:1, 0:2; Roda JC Kerkrade – Vicenza Calcio 1:4, 0:5; AEK Athen – Lokomotive Moskau 0:0, 1:2; Real Betis Sevilla – FC Chelsea 1:2, 1:3.
Halbfinale: VfB Stuttgart – Lokomotive Moskau 2:1, 1:0; Vicenza Calcio – FC Chelsea 1:0, 1:3.

Endspiel am 13. Mai in Stockholm:

FC Chelsea – VfB Stuttgart 1:0 (0:0)

Chelsea: De Goey – Clarke, Dubbery, Lebœuf, Granville – Petrescu, Wise, Di Matteo, Poyet (Newton) – Flo (Zola) – Vialli.
VfB Stuttgart: Wohlfahrt – Schneider (Endreß), Yakin, Berthold – Haber (Djordjevic), Soldo, Poschner, Hagner (Ristic) – Balakov – Bobic, Akpoborie.
Tor: Zola. – SR: Braschi (Italien). – Zuschauer: 30 216.

1998/99: Lazio Rom

Qualifikation: Rudar Velenje – Constructorul Chisinau 2:0, 0:0; FC Vaduz – Helsingborg IF 0:2, 0:3; Lausanne-Sports – Zement Ararat 5:1, 2:1 (in Erewan); Cork City – ZSKA Kiew 2:1, 0:2; Ekranas Panevezys – Apollon Limassol 1:2, 3:3; Apolonia Fier – RC Genk 1:5 (in Tirana), 0:4; Bangor City – Haka Valkeakoski 0:2, 0:1; Levski Sofia – Lokomotive-96 Witebsk 8:1, 1:1; Metalurgs Liepaja – IB Keflavik 4:2, 0:1; CS Grevenmacher – Rapid Bukarest 2:6 (in Luxemburg), 0:2; Lantana Tallinn – Heart of Midlothian 0:1, 0:5; Amica Wronki – Hibernians Paola 4:0, 1:0; GI Götu – MTK Budapest 1:3 (in Toftir), 0:7; FC Glentoran – Maccabi Haifa 0:1, 1:2; Vardar Skopje – Spartak Trnava 0:1, 0:2; FC Kopenhagen – Karabach Agdam 6:0, 4:0 (in Baku); Partizan Belgrad – Dinamo Batumi 2:0, 0:1.
1. Runde: MSV Duisburg – Genk 1:1, 0:5 (in Brüssel); Rudar Velenje – Varteks Varazdin 0:1, 0:1; Panionios Athen – Haka Valkeakoski 2:0, 3:1; SV Ried – MTK Budapest 2:0, 1:0; Levski Sofia – FC Kopenhagen 0:2, 1:4; SC Heerenveen – Amica Wronki 3:1, 1:0; Heart of Midlothian – RCD Mallorca 0:1, 1:1; FC Chelsea – Helsingborg IF 1:0, 0:0; Besiktas Istanbul – Spartak Trnava 3:0, 1:2; Rapid Bukarest – Valerengen Oslo 2:2, 0:0; Apollon Limassol – FK Jablonec 2:1, 1:2 n. V. (Limassol 4:3-Sieger nach Elfmeterschießen); Newcastle United – Partizan Belgrad 2:1, 0:1; Lazio Rom – Lausanne-Sports 1:1, 2:2; Paris Saint-Germain – Maccabi Haifa 1:1, 2:3; Metalurgs Liepaja – Sporting Braga 0:0, 0:4; ZSKA Kiew – Lokomotive Moskau 0:2, 1:3.
Achtelfinale: Lazio Rom – Partizan Belgrad 0:0, 3:2; Valerengen Oslo – Besiktas Istanbul 1:0, 3:3; SC Heerenveen – Varteks Varazdin 2:1, 2:4 n. V.; RC Genk – RCD Mallorca 1:1 (in Brüssel), 0:0; Panionios Athen – Apollon Limassol 3:2, 1:0; SV Ried – Maccabi Haifa 2:1 (in Linz), 1:4; Lokomotive Moskau – Sporting Braga 3:1, 0:1; FC Chelsea – FC Kopenhagen 1:1, 1:0.
Viertelfinale: FC Chelsea – Valerengen Oslo 3:0, 3:2; Lokomotive Moskau – Maccabi Haifa 3:0, 1:0; Varteks Varazdin – RCD Mallorca 0:0, 1:3; Panionios Athen – Lazio Rom 0:4, 0:3.
Halbfinale: FC Chelsea – RCD Mallorca 1:1, 0:1; Lokomotive Moskau – Lazio Rom 1:1, 0:0.

Endspiel am 19. Mai in Birmingham:

RCD Mallorca – Lazio Rom 1:2 (1:1)

Lazio: Marchegiani – Pancaro, Mihajlovic, Nesta, Favalli – Stankovic (Sergio Conceicao), Almeyda, Mancini (Couto), Nedved (Lombardo) – Vieri, Salas.
Tore: Vieri, Nedved (Dani für Mallorca). – SR: Benkö (Österreich). – Zuschauer: 33 021.

Die Ergebnisse des Europapokals der Pokalsieger erscheinen in dieser Ausgabe zum letzten Mal.

MESSEPOKAL/UEFA-POKAL

1958	FC BARCELONA	1982	IFK GÖTEBORG
1960	FC BARCELONA	1983	RSC ANDERLECHT
1961	AS ROM	1984	TOTTENHAM HOTSPUR
1962	FC VALENCIA	1985	REAL MADRID
1963	FC VALENCIA	1986	REAL MADRID
1964	REAL SARAGOSSA	1987	IFK GÖTEBORG
1965	FERENCVAROS BUDAPEST	1988	BAYER LEVERKUSEN
1966	FC BARCELONA	1989	SSC NEAPEL
1967	DINAMO ZAGREB	1990	JUVENTUS TURIN
1968	LEEDS UNITED	1991	INTER MAILAND
1969	NEWCASTLE UNITED	1992	AJAX AMSTERDAM
1970	FC ARSENAL	1993	JUVENTUS TURIN
1971	LEEDS UNITED	1994	INTER MAILAND
1972	TOTTENHAM HOTSPUR	1995	AC PARMA
1973	FC LIVERPOOL	1996	BAYERN MÜNCHEN
1974	FEYENOORD ROTTERDAM	1997	FC SCHALKE 04
1975	BORUSSIA M'GLADBACH	1998	INTER MAILAND
1976	FC LIVERPOOL	1999	AC PARMA
1977	JUVENTUS TURIN	2000	GALATASARAY ISTANBUL
1978	PSV EINDHOVEN	2001	FC LIVERPOOL
1979	BORUSSIA M'GLADBACH	2002	FEYENOORD ROTTERDAM
1980	EINTRACHT FRANKFURT	2003	FC PORTO
1981	IPSWICH TOWN		

Ein 1955 begründeter Wettbewerb, der ursprünglich den europäischen Stadtmannschaften der „klassischen" europäischen Messestädte vorbehalten war. Aber noch im ersten Wettbewerb 1955/56 übernahmen verschiedene Klubmannschaften die Vertretung ihrer Städte. Ab 1963 nahmen nur noch Klubmannschaften teil. Ursprünglich erstreckte sich jeder Wettbewerb über drei Jahre, ab 1960 wurde der Messepokal alljährlich ausgespielt und der Teilnehmerkreis vergrößert. Ab 1971/72 steht der Wettbewerb unter Leitung der UEFA und heißt seitdem UEFA-Pokal.

1955/58: FC Barcelona

Gruppe 1: FC Barcelona – Kopenhagen 6:2, 1:1; Wien verzichtete; **Gruppe 2:** Internazionale Mailand – Birmingham City 0:0, 1:2; Zagreb – Birmingham City 0:1, 0:3; Zagreb – Internazionale Mailand 0:1, 0:4; **Gruppe 3:** Leipzig – Lausanne-Sports 6:3, 3:7; **Gruppe 4:** Basel – London 0:5, 0:1; London – Frankfurt 3:2, 0:1; Frankfurt – Basel 5:1, 2:6; .

Halbfinale: Lausanne-Sports – London 2:1, 0:2; Birmingham City – FC Barcelona 4:3, 0:1, 1:2 (in Basel).

Endspiele: London – FC Barcelona 2:2 und 0:6.

Barcelona: Estrems (Ramallets); Olivella, Segarra; Gensana, Gracia, (Verges), Ribelles (Brugue); Basora, Evaristo, Martinez, Villaverde (Suarez), Tejada.

Tore: Greaves, Langley/Tejada, Martinez (1. Spiel), Suarez 2, Evaristo 2, Martinez, Verges (2. Spiel). – SR: Dusch (Deutschland, beide Spiele) – Zuschauer: 45 000/60 000 – 5.3. und 1.5.

1958/60: FC Barcelona

Gruppe 1: Basel – FC Barcelona – Basel 1:2, 2:5; Inter Mailand – Olympique Lyon 7:0, 1:1; Belgrad – Lausanne Sports 6:1, 5:3; Frem Kopenhagen – FC Chelsea 1:3, 1:4.

Gruppe 2: Union St. Gilloise Brüssel – Leipzig 6:1, 0:1; Hannover 96 – AS Rom 1:3, 1:1; Zagreb – Ujpest Budapest 4:2, 0:1; Köln – Birmingham City 2:2, 0:2.
Viertelfinale: FC Barcelona – Inter Mailand 4:0, 4:2; Chelsea London – Belgrad 1:0, 1:4; Union St. Gilloise Brüssel – AS Rom 2:0, 1:1; Birmingham City – Zagreb 1:0, 3:3.
Halbfinale: Belgrad – FC Barcelona 1:1, 1:3; Union St. Gilloise Brüssel – Birmingham City 2:4, 2:4.

Endspiele: Birmingham City – FC Barcelona 0:0 und 1:4.

Barcelona: Ramallets; Olivella; Garcia; Gensana (Verges), Rodri, Segarra; Coll, Ribelles, Martinez (Kubala, Czibor), Kocsis.
Tore: Czibor 2, Martinez, Coll (Hooper für Birmingham) – SR: Van Nuffel (Belgien, beide) – Zuschauer: 41 000/70 000 – 29.3. und 4.5.

1960/61: AS Rom

Gruppe 1: Dinamo Zagreb – FC Barcelona 1:1, 3:4; Olympique Lyon – Köln 1:3, 2:1; Union St. Gilloise Brüssel – AS Rom 0:0, 1:4; Lausanne-Sports – Hibernian Edinburgh 0:2 (gewertet), Lausanne verzichtete auf Rückspiel.
Gruppe 2: KB Kopenhagen – Basel 8:1, 3:3; Birmingham City – Ujpest Budapest 3:2, 2:1; Internazionale Mailand – Hannover 96 8:2, 6:1; Leipzig – Belgrad 5:2, 1:4; 0:2 (in Budapest).
Viertelfinale: Köln – AS Rom 0:2, 2:0, 1:4 (in Rom); FC Barcelona – Hibernian Edinburgh 4:4, 2:3; Internazionale Mailand – Belgrad 5:0, 0:1; KB Kopenhagen – Birmingham City 4:4, 0:5.
Halbfinale: Hibernian Edinburgh – AS Rom 2:2, 3:3,0:6 (in Rom), Internazionale Mailand – Birmingham City 1:2, 1:2.

Endspiele: Birmingham City – AS Rom 2:2, 0:2.

AS Rom: Cudicini; Fontana, Corsini; Guiliano (Pestrin), Losi, Carpanesi; Orlando, Da Costa (Lojacono), Manfredini, Angelillo, Menichelli.
Tore: (Hellawell, Oritt für Birmingham im 1. Spiel), Manfredini 2; Pestrin, Farmer (Eigentor) im 2. Spiel – SR: Davidson (Schottland)/Schwinte (Frankreich) – Zuschauer: 21 000/60 000 – 27.9. und 11.10.

1961/62: FC Valencia

Gruppe 1: Spartak Brünn – Leipzig 2:2, 1:4; Racing Straßburg – MTK Budapest 1:3, 2:10; AC Mailand – Novi Sad 0:0, 0:2. Freilos für: Iraklis Saloniki.
Gruppe 2: Kopenhagen – Dinamo Zagreb 2:7, 2:2; Berlin (West) – FC Barcelona 1:0, 0:3; Olympique Lyon – Sheffield Wednesday 4:2, 2:5. Freilos für: AS Rom.
Gruppe 3: Hannover 96 – Espanol Barcelona 0:1, 0:2; Basel – Roter Stern Belgrad 1:1, 1:4; Hibernian Edinburgh – Belenenses Lissabon 3:3, 3:1. Freilos für: Birmingham City.
Gruppe 4: Union St. Gilloise Brüssel – Heart of Midlothian 1:3, 0:2; 1. FC Köln – Internazionale Mailand 4:2, 0:2, 3:5 (in Mailand); FC Valencia – Nottingham Forest 2:0, 5:1. Freilos für: Lausanne-Sports.
Achtelfinale: MTK Budapest – Leipzig 3:0, 0:3, 2:0 (in Bratislava); Iraklis Saloniki – Novi Sad 2:1, 1:9; FC Barcelona – Dinamo Zagreb 5:1, 2:2; Sheffield Wednesday – AS Rom 4:0, 0:1; Roter Stern Belgrad – Hibernian Edinburgh 4:0, 1:0; Espanol Barcelona – Birmingham City 5:2, 0:1; Heart of Midlothian Edinburgh – Internazionale Mailand 0:1, 0:4; Lausanne-Sports – FC Valencia 3:4 (nur ein Spiel).
Viertelfinale: Novi Sad – MTK Budapest 1:4, 1:2; Sheffield Wednesday – FC Barcelona 3:2, 0:2, Roter Espanol Barcelona – Stern Belgrad 2:1, 0:5; FC Valencia – Internazionale Mailand 2:0, 3:3.
Halbfinale: FC Valencia – MTK Budapest 3:0, 7:3; Roter Stern Belgrad – FC Barcelona 0:2, 1:4.

Endspiele: FC Valencia – FC Barcelona 6:2, 1:1.

FC Valencia: Zamora; Piquer, Mestre; Sastre, Quincoces, Chicao; Nunez, Ribelles (Urtiaga), Waldo, Guillot, Yosu.
Tore: Yosu 2, Gullot 3, Nunez (Kocsis 2 für Barcelona) im 1. Spiel; Guillot, (Kocsis für Barcelona) im 2. Spiel – SR: Barberan (Frankreich)/Campanatti (Italien) – Zuschauer: 65 000/60 000 – 8.9. und 12.9.

1962/63: FC Valencia

Gruppe 1: Utrecht – Tasmania 1900 Berlin 3:2, 2:1; Hibernian Edinburgh – Kopenhagen 4:0, 3:2.
Gruppe 2: Belenenses Lissabon – FC Barcelona 1:1, 1:1, 2:3; Rapid Wien – Roter Stern Belgrad 1:1, 0:1.
Gruppe 3: FC Basel – Bayern München 0:3 (nur ein Spiel); Drumcondra Dublin – Odense 4:1, 2:4.
Gruppe 4: Altay Izmir – AS Rom 2:3 (in Izmir), 1:10; Glentoran Belfast – Real Saragossa 0:2, 2:6.
Gruppe 5: Viktoria Köln – Ferencvaros Budapest 4:3, 1:4; Sampdoria Genua – Aris Bonneweg 1:0, 2:0.
Gruppe 6: FC Porto – Dinamo Zagreb 1:2, 0:0; Olympique Marseille – Union St. Gilloise Brüssel 1:0, 2:4.
Gruppe 7: FC Everton – Dunfermline 1:0, 0:2; FC Valencia – Celtic Glasgow 4:2, 2:2.

Gruppe 8: Vojvodina Novi Sad – Leipzig 1:0, 0:2; Petrolul Ploesti – Spartak Brünn 4:2, 1:0.
Achtelfinale: Utrecht – Hibernian Edinburgh 0:1, 1:2; Roter Stern Belgrad – FC Barcelona 3:2, 0:1, 1:0 (in Nizza); Bayern München – Drumcondra Dublin 6:0, 0:1; Real Saragossa – AS Rom 2:4, 2:1; Sampdoria Genua – Ferencvaros Budapest 1:0, 0:6; Dinamo Zagreb – Union St. Gilloise Brüssel 2:1, 0:1, 3:2 (in Linz); FC Valencia – Dunfermline 4:0, 2:6, 1:0 (in Lissabon); Petrolul Ploesti – Leipzig 1:0, 0:1 1:0 (in Budapest).
Viertelfinale: Bayern München – Dinamo Zagreb 1:4, 0:0; Ferencvaros Budapest – Petrolul Ploesti 2:0, 0:1; AS Rom – Roter Stern Belgrad 3:0, 0:2; FC Valencia – Hibernian Edinburgh 5:0, 1:2.
Halbfinale: FC Valencia – AS Rom 3:0, 0:1; Ferencvaros Budapest – Dinamo Zagreb 1:2, 0:1.

Endspiele: Dinamo Zagreb – FC Valencia 1:2, 0:2.

FC Valencia: Zamora; Piquer, Chiaco; Paquito, Quincoces, Sastre; Mano, Sanchez-Lage, Waldo, Ribelles, Urtiaga (Nunez).
Tore: Waldo, Urtiaga (Zambata für Zagreb im 1. Spiel; Mano, Nunez im 2. Spiel – SR: Adami (Italien)/Howley (England) – Zuschauer: 40 000/55 000 – 12. und 26.6.

1963/64: Real Saragossa

Gruppe 1: 1. FC Köln – AA Gent 3:1, 1:1; DOS Utrecht – Sheffield Wednesday 1:4, 1:4.
Gruppe 2: Spartak Brünn – Servette Genf 5:0, 2:1; Glentoran Belfast – Partick Thistle 1:4, 0:3.
Gruppe 3: Kopenhagen – FC Arsenal 1:7, 3:2; Aris Bonneweg – FC Lüttich 0:2, 0:0.
Gruppe 4: Lausanne-Sports – Heart of Midlothian Edinburgh 2:2, 2:2, 3:2 n. V. (in Lausanne); Iraklis Saloniki – Real Saragossa 0:3, 1:6.
Gruppe 5: Atletico Madrid – FC Porto 2:1, 0:0; Juventus Turin – OFK Belgrad 2:1, 1:2, 1:0 (in Triest).
Gruppe 6: Shamrock Rovers – FC Valencia 0:1, 2:2; Rapid Wien – Racing Paris 1:0, 3:2.
Gruppe 7: Hertha BSC Berlin – AS Rom 1:3, 0:2; Tresnjevka Zagreb – Belenenses Lissabon 0:2, 1:2.
Gruppe 8: SC Leipzig – Ujpest Budapest 0:0, 2:3; Steagul Rosu Brasov – Lokomotive Plovdiv 1:3, 1:2.
Achtelfinale: 1. FC Köln – Sheffield Wednesday 3:2, 2:1; Partick Thistle – Spartak Brünn 3:2, 0:4; FC Arsenal London – FC Lüttich 1:1, 1:3; Lausanne Sports – Real Saragossa 1:2, 0:3; Juventus Turin – Atletico Madrid 1:0, 2:1; Rapid Wien – FC Valencia 0:0, 2:3; AS Rom – Belenenses Lissabon 2:1, 1:0; Ujpest Budapest – Lokomotive Plovdiv 0:0, 3:1.
Viertelfinale: AS Rom – 1. FC Köln 3:1, 0:4; FC Valencia – Ujpest Budapest 5:2, 1:3; Real Saragossa – Juventus Turin 3:2, 0:0; FC Lüttich – Spartak Brünn 2:0, 0:2, 1:0 (in Lüttich).
Halbfinale: FC Valencia – 1. FC Köln 4:1, 0:2; FC Lüttich – Real Saragossa 1:0, 1:2, 0:2 (in Saragossa).

Endspiel: Real Saragossa – FC Valencia 2:1 in Barcelona.

Real Saragossa: Yarza; Cortizo, Reija, Isasi; Santamaria, Pais; Canario, Duca, Marcelino, Villa, Lapetra.
Tore: Villa, Marcelino (Urtiaga für Valencia) – SR: Campos (Portugal) – Zuschauer: 50 000 – 25.6.

1964/65: Ferencvaros Budapest

Gruppe 1: Eintracht Frankfurt – FC Kilmarnock 3:0, 1:5; Valerengen Oslo – FC Everton 2:5, 2:4; FC Kilmarnock – FC Everton 0:2, 1:4.
Gruppe 2: Borussia Dortmund – Girondins Bordeaux 4:1, 0:2; Djurgarden Stockholm – Manchester United 1:1, 1:6; Borussia Dortmund – Manchester United 1:6, 0:4.
Gruppe 3: Leixoes Porto – Celtic Glasgow 1:1, 0:3; FC Barcelona – AC Florenz 0:1, 2:0; FC Barcelona – Celtic Glasgow 3:1, 0:0.
Gruppe 4: Racing Straßburg – AC Mailand 2:0, 0:1; FC Basel – Spora Luxemburg 2:0, 0:1; FC Basel – Racing Straßburg 0:1, 2:5.
Gruppe 5: Ferencvaros Budapest – Spartak Brünn 2:0, 0:1; Wiener Sport Klub – SC Leipzig 2:1, 1:0; Wiener Sport Klub – Ferencvaros Budapest 1:0, 1:2, 0:2 (in Budapest).
Gruppe 6: Belenenses Lissabon – Shelbourne Dublin 1:1, 0:0, 1:2 (in Dublin); Servette Genf – Atletico Madrid 2:2, 1:6; Shelbourne Dublin – Atletico Madrid 0:1, 0:1.
Gruppe 7: Vojvodina Novi Sad – Lokomotive Plovdiv 1:1, 1:1, 0:2 (in Sofia); Göztepe Izmir – Petrolul Ploesti 0:1, 1:2; Petrolul Ploesti – Lokomotive Plovdiv 1:0, 0:2.
Gruppe 8: KB Kopenhagen – DOS Utrecht 3:4, 1:2; FC Valencia – FC Lüttich 1:1, 1:3; DOS Utrecht – FC Lüttich 0:2, 0:2.
Gruppe 9: B 1913 Odense – VfB Stuttgart 1:3, 0:1; Dunfermline Athletic – Örgryte Göteborg 4:2, 0:0; Dunfermline Athletic – VfB Stuttgart 1:0, 0:0.
Gruppe 10: Atletico Bilbao – OFK Belgrad 2:2, 2:0; Hertha BSC Berlin – FC Antwerpen 2:1, 0:2; Atletico Bilbao – FC Antwerpen 2:0, 1:0.
Gruppe 11: Betis Sevilla – Stade Français Paris 1:1, 0:2; Union St. Gilloise Brüssel – Juventus Turin 0:1, 0:1; Stade Français Paris – Juventus Turin 0:0, 0:1.

Gruppe 12: Aris Saloniki – AS Rom 0:0, 0:3; NK Zagreb – Grazer AK 3:2, 6:0; NK Zagreb – AS Rom 1:1, 0:1.
Achtelfinale: AS Rom – Ferencvaros Budapest 1:2, 0:1; Atletico Bilbao – Dunfermline 1:0, 0:1, 2:1 (in Bilbao); Manchester United – FC Everton 1:1, 2:1; Racing Straßburg – FC Barcelona 0:0, 2:2, 0:0 n. V., Los für Straßburg (in Barcelona); Juventus Turin – Lokomotive Plovdiv 1:1, 1:1, 2:1 (in Turin); FC Lüttich – Atletico Madrid 1:0, 0:2.
Viertelfinale: Racing Straßburg – Manchester United 0:5, 0:0; Ferencvaros Budapest – Atletico Bilbao 1:0, 1:2, 3:0 (in Budapest); Freilose für: Atletico Madrid und Juventus Turin.
Halbfinale: Atletico Madrid – Juventus Turin 3:1, 1:3, 1:3 (in Turin); Manchester United – Ferencvaros Budapest 3:2, 0:1, 1:2 (in Budapest).

Endspiel: Ferencvaros Budapest – Juventus Turin 1:0 (in Turin).
Ferencvaros Budapest: Geczi; Novak, Matrai; Horvath, Juhasz, Orosz; Karaba, Varga, Albert, Rakosi, Fenyvesi.
Tor: Fenyvesi – SR: Dienst (Schweiz) – Zuschauer: 25 000 – 23.6.

1965/66: FC Barcelona
1. Runde: 1. FC Nürnberg – FC Everton 1:1, 0:1; US Luxemburg – 1. FC Köln 0:4, 0:13; DOS Utrecht – FC Barcelona 0:0, 1:7; FC Lüttich – NK Zagreb 1:0, 0:2; AC Mailand – Racing Straßburg 1:0, 1:2, n. V. 1:1 Los für Mailand, (in Mailand); FC Chelsea – AS Rom 4:1, 0:0; Hibernian Edinburgh – FC Valencia 2:0, 0:2, 0:3 (in Valencia); Stade Francais Paris – FC Porto 0:0, 0:1; Daring Club Brüssel – AIK Stockholm 1:3, 0:0; Malmö FF – TSV München 1860 0:3, 0:4; Leeds United – AC Turin 2:1, 0:0; PAOK Saloniki – Wiener SC 2:1, 0:6; Spartak Brünn – Lokomotive Plovdiv 2:0, 0:1; Girondins Bordeaux – Sporting Lissabon 0:4, 1:6; Roter Stern Belgrad – AC Florenz 0:4, 1:3; FC Antwerpen – FC Glentoran 1:0, 3:3. Freilose für: Hannover 96, Espanol Barcelona, Steagul Rosu Brasov, Göztepe Izmir, Servette Genf, CUF Barreiro, SC Leipzig, FC Basel, Aris Saloniki, Ujpest Budapest, Dunfermline Athletic, B 1903 Kopenhagen, Heart of Midlothian, Valerengen Oslo, Shamrock Rovers und Real Saragossa.
2. Runde: SC Leipzig – Leeds United 1:2, 0:0; Aris Saloniki – 1. FC Köln 2:1, 0:2; Göztepe Izmir – TSV München 1860 2:1, 1:9; Hannover 96 – FC Porto 5:0, 1:2; CUF Barreiro – AC Mailand 2:0, 0:2, 0:1 (in Mailand); Wiener SC – FC Chelsea 1:0, 0:2; Sporting Lissabon – Espanol Barcelona 2:1, 3:4, 1:2 (in Barcelona); Ujpest Budapest – FC Everton 3:0, 1:2; Heart of Midlothian – Valerengen Oslo 1:0, 3:1; FC Antwerpen – FC Barcelona 2:1, 0:2; Dunfermline Athletic – B 1903 Kopenhagen 5:0, 4:2; FC Basel – FC Valencia 1:3, 1:5; NK Zagreb – Steagul Rosu Brasov 2:2, 0:1; AIK Stockholm – Servette Genf 2:1, 1:4; AC Florenz – Spartak Brünn 2:0, 0:4; Shamrock Rovers – Real Saragossa 1:1, 1:2.
Achtelfinale: 1. FC Köln – Ujpest Budapest 3:2, 0:4; Servette Genf – TSV München 1860 1:1, 1:4; Hannover 96 – FC Barcelona 2:1, 0:1, n. V. 1:1, Los für Barcelona (in Hannover); AC Mailand – FC Chelsea 2:1, 1:2, n. V. 1:1, Los für Chelsea (in Mailand); Dunfermline Athletic – Spartak Brünn 2:0, 0:0; Espanol Barcelona – Steagul Rosu Brasov 3:1, 2:4, 1:0 (in Brasov); Leeds United – FC Valencia 1:1, 1:0; Heart of Midlothian – Real Saragossa 3:3, 2:2, 0:1 (in Saragossa).
Viertelfinale: TSV München 1860 – FC Chelsea 2:2, 0:1; Leeds United – Ujpest Budapest 4:1, 1:1; FC Barcelona – Espanol Barcelona 1:0, 1:0; Dunfermline Athletic – Real Saragossa 1:0, n. V. 2:4
Halbfinale: FC Barcelona – FC Chelsea 2:0, 0:2, 5:0 (in Barcelona); Real Saragossa – Leeds United 1:0, 1:2, 3:1 (in Saragossa).

Endspiele: FC Barcelona – Real Saragossa 0:1, n. V. 4:2
FC Barcelona: Sadurni – Benitez (Foncho), Eladio – Montesinos, Gallego, Torres – Zaballa, Muller (Mas), Zaldua, Fuste, Vidal (Pujol).
Tore: (Canario für Saragossa im 1. Spiel); Pujol 2, Zaballa, Torres (Villa, Marcelino für Saragossa) im 2. Spiel) – SR: Zsolt (Ungarn)/Lo Bello (Italien) – Zuschauer: 70 000/35 000 – 14. 9. und 21. 9.

1966/67: Dinamo Zagreb
1. Runde: Drumcondra Dublin – Eintracht Frankfurt 0:2, 1:6; 1. FC Nürnberg – FC Valencia 1:2, 0:2; VfB Stuttgart – FC Burnley 1:1, 0:2; Djurgarden Stockholm – 1. FC Lok Leipzig 1:3, 1:2; Frigg Oslo – Dunfermline Athletic 1:3, 1:3; DOS Utrecht – FC Basel 2:1, 2:2; Roter Stern Belgrad – Atletico Bilbao 5:0, 0:2; US Luxemburg – FC Antwerpen 0:1, 0:1; OGC Nizza – Örgryte Göteborg 2:2, 1:2; Olimpija Ljubljana – Ferencvaros Budapest 3:3, 0:3; Spartak Brünn – Dinamo Zagreb 2:0, 0:2 (Los für Zagreb); Wiener SC – SSC Neapel 1:2, 1:3; Dinamo Pitesti – FC Sevilla 2:0, 2:2; Aris Saloniki – Juventus Turin 0:2, 0:5; Göztepe Izmir – FC Bologna 1:2, 1:3; FC Porto – Girondins Bordeaux 2:1, 1:2 (Los für Bordeaux). Freilose für: FC Toulouse, Dundee United, FC Barcelona, Vitoria Setubal, B 1909 Odense, Lausanne-Sports, Hvidovre Kopenhagen, AA Gent, FC Kilmarnock, Spartak Plovdiv, Benfica Lissabon, FC Lüttich, Sparta Prag, West Bromwich Albion, DWS Amsterdam und Leeds United.

2. Runde: Eintracht Frankfurt – Hvidovre Kopenhagen 5:1, 2:2; 1. FC Lok Leipzig – FC Lüttich 0:0, 2:1; DWS Amsterdam – Leeds United 1:3, 1:5; FC Antwerpen – FC Kilmarnock 0:1, 2:7; AA Gent – Girondins Bordeaux 1:0, 0:0; DOS Utrecht – West Bromwich Albion 1:1, 2:5; FC Barcelona – Dundee United 1:2, 0:2; FC Toulouse – Dinamo Pitesti 3:0, 1:5; FC Valencia – Roter Stern Belgrad 1:0, 2:1; B 1909 Odense – SSC Neapel 1:4, 1:2; Lausanne-Sports – FC Burnley 1:3, 0:5; Sparta Prag – FC Bologna 2:2, 1:2; Dunfermline Athletic – Dinamo Zagreb 4:2, 0:2; Juventus Turin – Vitoria Setubal 3:1, 2:0; Örgryte Göteborg – Ferencvaros Budapest 0:0, 1:7; Spartak Plovdiv – Benfica Lissabon 1:1, 0:3.
Achtelfinale: Eintracht Frankfurt – Ferencvaros Budapest 4:1, 1:2, 1. FC Lok Leipzig – Benfica Lissabon 3:1, 1:2; Juventus Turin – Dundee United 3:0, 0:1; Leeds United – FC Valencia 1:1, 2:0; FC Burnley – SSC Neapel 3:0, 0:0; FC Bologna – West Bromwich Albion 3:0, 3:1; FC Kilmarnock – AA Gent 1:0, n. V. 2:1; Dinamo Pitesti – Dinamo Zagreb 0:1, 0:0.
Viertelfinale: Eintracht Frankfurt – FC Burnley 1:1, 2:1; 1. FC Lok Leipzig – FC Kilmarnock 1:0, 0:2; Juventus Turin – Dinamo Zagreb 2:2, 0:3; FC Bologna – Leeds United 1:0, n. V. 0:1 (Los für Leeds).
Halbfinale: Eintracht Frankfurt – Dinamo Zagreb 3:0, n. V. 0:4; Leeds United – FC Kilmarnock 4:2, 0:0.

Endspiele: Dinamo Zagreb – Leeds United 2:0, 0:0.

Dinamo Zagreb: Skoric – Gracanin, Brncic, Belin, Ramljak – Blaskovic, Cercek – Piric, Zambata, Gucmirtl, Rora.
Tore: Cercek, Rora – SR: Perales (Spanien)/Sbardella(Italien) – Zuschauer: 40 000/35 000 – 30. 8. und 7. 9.

1967/68: Leeds United

1. Runde: Eintracht Frankfurt – Nottingham Forest 0:1, 0:4; Servette Genf – TSV München 1860 2:2, 0:4; SSC Neapel – Hannover 96 4:0, 1:1; 1. FC Köln – Slavia Prag 2:0, 2:2; Dynamo Dresden – Glasgow Rangers 1:1, 1:2; 1. FC Lok Leipzig – FC Linfield 5:1, 0:1; Malmö FF – FC Liverpool 0:2, 1:2; FC Bologna – Lyn Oslo 2:0, 0:0; OGC Nizza – AC Florenz 0:1, 0:4 ; Hibernian Edinburgh – FC Porto 3:0, 1:3; FC Brügge – Sporting Lissabon 0:0, 1:2; St. Patrick's Athletic – Girondins Bordeaux 1:3, 3:6; Spora Luxemburg – Leeds United 0:9, 0:7; Wiener SC – Atletico Madrid 2:5, 1:2; Vojvodina Novi Sad – CUF Barreiro 1:0, 3:1; Frem Kopenhagen – Atletico Bilbao 0:1, 2:3; DWS Amsterdam – FC Dundee 2:1, 0:3; FC Zürich – FC Barcelona 3:1, 0:1; PAOK Saloniki – FC Lüttich 0:2, 2:3; Dinamo Zagreb – Petrolul Ploesti 5:0, 0:2; FC Antwerpen – Göztepe Izmir 1:2, 0:0; DOS Utrecht – Real Saragossa 3:2, 1:3; Dinamo Pitesti – Ferencvaros Budapest 3:1, 0:4; Partizan Belgrad – Lokomotive Plovdiv 5:1, 1:1.
2. Runde: FC Liverpool – TSV München 1860 8:0, 1:2; Glasgow Rangers – 1. FC Köln 3:0, n. V. 1:3; Vojvodina Novi Sad – 1. FC Lok Leipzig 0:0, 2:0; Nottingham Forest – FC Zürich 2:1, 0:1; SSC Neapel – Hibernian Edinburgh 4:1, 0:5; FC Dundee – FC Lüttich 3:1, 4:1; FC Bologna – Dinamo Zagreb 0:0, 2:1; Real Saragossa – Ferencvaros Budapest 2:1, 0:3; Sporting Lissabon – AC Florenz 2:1, 1:1; Girondins Bordeaux – Atletico Bilbao 1:3, 0:1; Partizan Belgrad – Leeds United 1:2, 1:1; Atletico Madrid – Göztepe Izmir 2:0, 0:3.
Achtelfinale: Ferencvaros Budapest – FC Liverpool 1:0, 1:0; FC Zürich – Sporting Lissabon 3:0, 0:1; Leeds United – Hibernian Edinburgh 1:0, 1:1; Vojvodina Novi Sad – Göztepe Izmir 1:0, 1:0; Freilose für: FC Dundee, Atletico Bilbao, Glasgow Rangers und FC Bologna.
Viertelfinale: Glasgow Rangers – Leeds United 0:0, 0:2; Ferencvaros Budapest – Atletico Bilbao 2:1, 2:1; FC Bologna – Vojvodina Novi Sad 0:0, 2:0; FC Dundee – FC Zürich 1:0, 1:0.
Halbfinale: Ferencvaros Budapest – FC Bologna 3:2, 2:2; FC Dundee – Leeds United 1:1, 0:1.

Endspiele: Leeds United – Ferencvaros Budapest 1:0, 0:0

Leeds United: Sprake – Reaney. Cooper, J. Charlton, Lorimer – Bremner, Hunter – Madeley, Jones (Belfitt), Giles (Greenhoff), Gray (Hibbit, Bates).
Tor: Jones – SR: Scheurer (Schweiz)/Schulenburg (Deutschland) – Zuschauer: 26 000/76 000 – 7. 8. und 11. 9.

1968/69: Newcastle United

1. Runde: Hannover 96 – B 1909 Odense 3:2, 1:0; FC Metz – Hamburger SV 1:4, 2:3; Wacker Innsbruck – Eintracht Frankfurt 2:2, 0:3; Legia Warschau – TSV München 1860 6:0, 3:2; Hansa Rostock – OGC Nizza 3:0, 1:2; Atletico Bilbao – FC Liverpool 2:1, n. V. 1:2 (Los für Bilbao); Daring Brüssel – Panathinaikos Athen 2:1, 0:2; Slavia Sofia – FC Aberdeen 0:0, 0:2; Sporting Lissabon – FC Valencia 4:0, 1:4; Standard Lüttich – Leeds United 0:0, 2:3; Trakia Plovdiv – Real Saragossa 3:1, 0:2; Aris Saloniki – Hibernians Paola 1:0, 6:0; FC Bologna – FC Basel 4:1, 2:1; Dinamo Zagreb – AC Florenz 1:1, 1:2; SSC Neapel – Grasshoppers Zürich 3:1, 0:1; Lausanne-Sports – Juventus Turin 0:2, 0:2; FC Chelsea – Greenock Morton 5:0, 4:3; DOS Utrecht – FC Dundalk 1:1, n. V. 1:2; Skeid Oslo – AIK Stockholm 1:1, 1:2; Atletico Madrid – SV Waregem 2:1, 0:1; Leixoes Porto – Arges Pitesti 1:1, 0:0; Beerschot VAV – DWS Amsterdam 1:1, 1:2; Olimpija Ljubljana – Hibernian Edinburgh 0:3, 1:2; Vitoria Setubal – FC Linfield 3:0, 3:1; Newcastle United

– Feyenoord Rotterdam 4:0, 0:2; Rapid Bukarest – OFK Belgrad 3:1, n. V. 1:6; Göztepe Izmir – Olympique Marseille 2:0, n.V 0:2 (Los für Göztepe); Wiener SC – Slavia Prag 1:0, 0:5; Glasgow Rangers – Vojvodina Novi Sad 2:0, 0:1; Olympique Lyon – Academica Coimbra 1:0, n. V. 0:1 (Los für Lyon); KB Kopenhagen und Ujpest Budapest verzichteten gegen 1. FC Lok Leipzig und US Luxemburg.
2. Runde: AIK Stockholm – Hannover 96 4:2, 2:5; Hamburger SV – Slavia Prag 4:1, 1:3; Juventus Turin – Eintracht Frankfurt 0:0, n. V. 0:1; Hibernian Edinburgh – 1. FC Lok Leipzig 3:1, 1:0; Hansa Rostock – AC Florenz 3:2, 1:2; OFK Belgrad – FC Bologna 1:0, 1:1; Leeds United – SSC Neapel 2:0, n. V. 0:2 (Los für Leeds); FC Aberdeen – Real Saragossa 2:1, 0:3; FC Chelsea – DWS Amsterdam 0:0, n. V. 0:0 (Los für Amsterdam); Göztepe Izmir – Arges Pitesti 3:0, 2:3; Vitoria Setubal – Olympique Lyon 5:0, 2:1; Glasgow Rangers – FC Dundalk 6:1, 3:0; Sporting Lissabon – Newcastle United 1:1, 0:1; Aris Saloniki – Ujpest Budapest 1:2, 1:9; SV Waregem – Legia Warschau 1:0, 0:2; Panathinaikos Athen – Atletico Bilbao 0:0, 0:1.
Achtelfinale: Hamburger SV – Hibernian Edinburgh 1:0, 1:2; Leeds United – Hannover 96 5:1, 2:1; Atletico Bilbao – Eintracht Frankfurt 1:0, 1:1; Vitoria Setubal – AC Florenz 3:0, 1:2; Real Saragossa – Newcastle United 3:2, 1:2; DWS Amsterdam – Glasgow Rangers 0:2, 1:2; OFK Belgrad – Göztepe Izmir 3:1, 0:2; Legia Warschau – Ujpest Budapest 0:1, 2:2.
Viertelfinale: Leeds United – Ujpest Budapest 0:1, 0:2; Newcastle United – Vitoria Setubal 5:1, 1:3 (in Lissabon); Glasgow Rangers – Atletico Bilbao 4:1, 0:2; Hamburger SV verzichtete gegen Göztepe Izmir.
Halbfinale: Göztepe Izmir – Ujpest Budapest 1:4, 0:4; Glasgow Rangers – Newcastle United 0:0, 0:2.

Endspiele: Newcastle United – Ujpest Budapest 3:0, 3:2

Newcastle United: McFaul – Craig, Clark, Gibb, Burton, Moncur – Scott (Foggon) – Robson, Davies, Arentoft, Sinclair.
Tore: Moncur 2, Scott im 1. Spiel; Moncur, Arentoft, Scott (Bene, Göröcs für Budapest) im 2. Spiel – SR: Hannot (Frankreich)/Heymann (Schweiz) – Zuschauer: 60 000/37 000 – 29. 5. und 11. 6.

1969/70: FC Arsenal

1. Runde: VfB Stuttgart – Malmö FF 3:0, 1:1; UD Las Palmas – Hertha BSC Berlin 0:0, 0:1; TSV München 1860 – Skeid Oslo 2:2, 1:2; Hannover 96 – Ajax Amsterdam 2:1, 0:3; Carl Zeiss Jena – Altay Izmir 1:0, 0:0; Hansa Rostock – Panionios Athen 3:0, 0:2; Wiener SC – Ruch Chorzow 4:2, 1:4; Sporting Lissabon – Linzer ASK 4:0, 2:2; Lausanne-Sports – Raba ETO Györ 1:2, 1:2; FC Zürich – FC Kilmarnock 3:2, 1:3; FC Rouen – Twente Enschede 2:0, 0:1; FC Metz – SSC Neapel 1:1, 1:2; Jeunesse Esch – FC Coleraine 3:2, 0:4; SC Charleroi – NK Zagreb 2:1, 3:1; FC Liverpool – FC Dundalk 10:0, 4:0; Hvidovre Kopenhagen – FC Porto 1:2, 0:2; FC Arsenal – FC Glentoran 3:0, 0:1; Valur Reykjavik – RSC Anderlecht 0:6 (in Gent), 0:2; Dunfermline Athletic – Girondins Bordeaux 4:0, 0:2; FC Barcelona – B 1913 Odense 4:0, 2:0; Rosenborg Trondheim – FC Southampton 1:0, 0:2; CE Sabadell – FC Brügge 2:0, 1:5; Dinamo Bacau – FC Floriana 6:0, 1:0; Partizan Belgrad – Ujpest Budapest 2:1, 0:2; Vitoria Setubal – Rapid Bukarest 3:1, 4:1; Dundee United – Newcastle United 1:2, 0:1; Inter Mailand – Sparta Prag 3:0, 1:0; Juventus Turin – Lokomotive Plovdiv 3:1, 2:1; Vojvodina Novi Sad – Gwardia Warschau 0:1, 1:1; Aris Saloniki – US Cagliari 1:1, 0:3 (abgebrochen); Vitoria Guimaraes – Banik Ostrau 1:0, 1:1; Slavia Sofia – FC Valencia 2:0, 1:1.
2.Runde: Hertha BSC Berlin – Juventus Turin 3:1, 0:0; VfB Stuttgart – SSC Neapel 0:0, 0:1; Carl Zeiss Jena – US Carliari 2:0, 1:0; Hansa Rostock – Inter Mailand 2:1, 0:3; Ajax Amsterdam – Ruch Chorzow 7:0, 2:1; RSC Anderlecht – FC Coleraine 6:1, 7:3; Sporting Lissabon – FC Arsenal 0:0, 0:3; Skeid Oslo – Dinamo Bacau 0:0, 0:2; Vitoria Setubal – FC Liverpool 1:0, 2:3; SC Charleroi – FC Rouen 3:1, 0:2; FC Porto – Newcastle United 0:0, 0:1; FC Brügge – Ujpest Budapest 5:2, 0:3; Dunfermline Athletic – Gwardia Warschau 2:1, 1:0; Vitoria Guimaraes – FC Southampton 3:3, 1:5; FC Kilmarnock – Slavia Sofia 4:1, 0:2; Raba ETO Györ – FC Barcelona 2:3, 0:2.
Achtelfinale: Vitoria Setubal – Hertha BSC Berlin 1:1, 0:1; Carl Zeiss Jena – Ujpest Budapest 1:0, 3:0; FC Kilmarnock – Dinamo Bacau 1:1, 0:2; FC Rouen – FC Arsanal 0:0, 0:1; SSC Neapel – Ajax Amsterdam 1:0, n. V. 0:4; RSC Anderlecht – Dunfermline Athletic 1:0, 2:3; Newcastle United – FC Southampton 0:0, 1:1; FC Barcelona – Inter Mailand 1:2, 1:1.
Viertelfinale: Hertha BSC Berlin – Inter Mailand 1:0, 0:2; Carl Zeiss Jena – Ajax Amsterdam 3:1, 1:5; RSC Anderlecht – Newcastle United 2:0, 1:3; Dinamo Bacau – FC Arsenal 0:2, 1:7.
Halbfinale: FC Arsenal – Ajax Amsterdam 3:0, 0:1; RSC Anderlecht – Inter Mailand 0:1, 2:0.

Endspiele: RSC Anderlecht – FC Arsenal 3:1, 0:3

FC Arsenal: Wilson – Storey, McLintock, McNab, Simpson – Kelly, Sammels, Graham – Armstrong, Radford, George (Kennedy).
Tore: (Mulder 2, Devrindt für Anderlecht), Kennedy im 1. Spiel; Kelly, Radford, Sammels im 2. Spiel – SR: Scheurer (Schweiz)/Kunze (DDR) – Zuschauer: 37 000/51 612 – 22. 4. und 28. 4.

1970/71: Leeds United

1. Runde: AA Gent – Hamburger SV 0:1, 1:7; 1. FC Köln – CS Sedan 5:1, 0:1; Bayern München – Glasgow Rangers 1:0, 1:1; B 1901 Nyköbing – Hertha BSC Berlin 2:4, 1:4; Partizan Belgrad – Dynamo Dresden 0:0, 0:6; Sarpsborg FK – Leeds United 0:1, 0:5; GKS Kattowitz – FC Barcelona 0:1, 2:3; FC Sevilla – Eskisehirspor 1:0, 1:3; AEK Athen – Twente Enschede 0:1, 0:3; Zeljeznicar Sarajevo – RSC Anderlecht 3:4, 4:5; Lausanne-Sports – Vitoria Setubal 0:2, 1:2; FC Liverpool – Ferencvaros Budapest 1:0, 1:1; FC Coleraine – FC Kilmarnock 1:1, 3:2; Akademisk Kopenhagen – Sliema Wanderers 7:0, 3:2; Wiener SC – SK Beveren 0:2, 0:3; FC Barreirense – Dinamo Zagreb 2:0, 1:6; Spartak Trnava – Olympique Marseille 2:0, n. V. 0:2 (Trnava 4:3-Sieger nach Elfmeterschießen); Hibernian Edinburgh – Malmö FF 6:0, 3:2; Ilves-Kissat Tampere – Sturm Graz 4:2, 0:3; Trakia Plovdiv – Coventry City 1:4, 0:2; Universitatea Craiova – Pecsi Dosza 2:1, 0:3; Lazio Rom – FC Arsenal 2:2, 0:2; Juventus Turin – US Rümelingen 7:0, 4:0; Dinamo Bukarest – PAOK Saloniki 5:0, 0:1; Hajduk Split – Slavia Sofia 3:0, 0:1; Cork Hibernians – FC Valencia 0:3, 1:3; Dundee United – Grasshoppers Zürich 3:2, 0:0; Sparta Rotterdam – IA Akranes 6:0, 9:0 (in Rotterdam); Inter Mailand – Newcastle United 1:1, 0:2; Sparta Prag – Atletico Bilbao 2:0, 1:1; Vitoria Guimaraes – AS Angoulême 3:0, 1:3; Ruch Chorzow – AC Florenz 1:1, 0:2.

2. Runde: Dinamo Zagreb – Hamburger SV 4:0, 0:1; AC Florenz – 1. FC Köln 1:2, 0:1; Bayern München – Coventry City 6:1, 1:2; Hertha BSC Berlin – Spartak Trnava 1:0, 1:3; Leeds United – Dynamo Dresden 1:0, 1:2; FC Barcelona – Juventus Turin 1:2, 1:2; Sparta Prag – Dundee United 3:1, 0:1; Hibernian Edinburgh – Vitoria Guimaraes 2:0, 1:2; Sparta Rotterdam – FC Coleraine 2:0, 2:1; Vitoria Setubal – Hajduk Split 2:0, 1:2; Sturm Graz – FC Arsenal 1:0, 0:2; FC Liverpool – Dinamo Bukarest 3:0, 1:1; Akademisk Kopenhagen – RSC Anderlecht 1:3, 0:4; Newcastle United – Pecsi Dozsa 2:0, n. V. 0:2 (Pecs 5:3-Sieger nach Elfmeterschießen); FC Valencia – SK Beveren 0:1, 1:1; Eskisehirspor – Twente Enschede 3:2, 1:6.

Achtelfinale: Bayern München – Sparta Rotterdam 2:1, 3:1; Spartak Trnava – 1. FC Köln 0:1, 0:3; Leeds United – Sparta Prag 6:0, 3:2; Pecsi Dozsa – Juventus Turin 0:1, 0:2; FC Arsenal – SK Beveren 4:0, 0:0; Dinamo Zagreb – Twente Enschede 2:2, 0:1; RSC Anderlecht – Vitoria Setubal 2:1, n. V. 1:3; Hibernian Edinburgh – FC Liverpool 0:1, 0:2.

Viertelfinale: FC Arsenal – 1. FC Köln 2:1, 0:1; FC Liverpool – Bayern München 3:0, 1:1, Leeds United – Vitoria Setubal 2:1, 1:1; Juventus Turin – Twente Enschede 2:0, n. V. 2:2.

Halbfinale: FC Liverpool – Leeds United 0:1, 0:0; 1. FC Köln – Juventus Turin 1:1, 0:2.

Endspiele: Juventus Turin – Leeds United 2:2, 1:1.

Leeds United: Sprake – Reaney, Cooper, Bremner, J. Charlton, Hunter, Lorimer, Clarke, Jones (Bates), Giles, Madeley.

Tore: (Bettega, Capello für Turin), Madeley, Bates im 1. Spiel; (Anastasi für Turin), Clarke im 2. Spiel – SR: van Ravens (Holland)/Glöckner (DDR) – Zuschauer: 65 000/42 483 – 28. 5. und 3. 6.

1971/72: Tottenham Hotspur

1. Runde: Hertha BSC Berlin – Elfsborg Boras 3:1, 4:1; Hamburger SV – FC St. Johnstone 2:1, 0:3; AS Saint-Etienne – 1. FC Köln 1:1, 1:2; FC Glentoran – Eintracht Braunschweig 0:1, 1:6; Carl Zeiss Jena – Lokomotive Plovdiv 3:0, 1:3; Chemie Halle – PSV Eindhoven 0:0, (Halle verzichtet auf Rückspiel wegen Brandkatastrophe); Lierse SK – Leeds United 0:2, 4:0; Rosenborg Trondheim – HIFK Helsinki 3:0, 1:0; Vasas Budapest – FC Shelbourne 1:0, 1:1; IB Keflavik – Tottenham Hotspur 1:6 (in Reykjavik), 0:9; Celta Vigo – FC Aberdeen 0:2, 0:1; FC Den Haag – Aris Bonneweg 5:0, 2:2; Wolverhampton Wanderers – Academica Coimbra 3:0, 4:1; FC Lugano – Legia Warschau 1:3, 0:0; FC Porto – FC Nantes 0:2, 1:1; FC Southampton – Athletic Bilbao 2:1, 0:2; SSC Neapel – Rapid Bukarest 1:0, 0:2; FC Bologna – RSC Anderlecht 1:1, 2:0; Vitoria Setubal – Olympique Nimes 1:0, 1:2; Atletico Madrid – Panionios Athen 2:1, 0:1; FC Basel – Real Madrid 1:2, 1:2; FC Marsa – Juventus Turin 0:6, 0:5; Dinamo Zagreb – Botev Vratza 6:1, 2:1; UT Arad – Austria Salzburg 4:1, 1:3; Fenerbahce Istanbul – Ferencvaros Budapest 1:1, 1:3; AC Mailand – Digenis Akritas Morphou 4:0 3:0; Spartak Moskau – VSS Kosice 2:0, 1:2; OFK Belgrad – Djurgarden Stockholm 4:1, 2:2; Zeljeznicar Sarajevo – FC Brügge 3:0, 1:3; Zaglebie Walbrzych – Union Teplice 1:0, 3:2; FC Dundee – Akademisk BK Kopenhagen 4:2, 1:0; Vllaznija Shkoder verzichtete gegen Rapid Wien.

2. Runde: 1. FC Köln – FC Dundee 2:1, 2:4; Eintracht Braunschweig – Athletic Bilbao 2:1, 2:2; AC Mailand – Hertha BSC Berlin 4:2, 1:2; OFK Belgrad – Carl Zeiss Jena 1:1, 0:4; FC Den Haag – Wolverhampton Wanderers 1:3, 0:4; Real Madrid – PSV Eindhoven 3:1, 0:2 (in Den Bosch); Spartak Moskau – Vitoria Setubal 0:0, 0:4; Zaglebie Walbrzych – UT Arad 1:1, 1:2; Rosenborg Trondheim – Lierse SK 4:1, 0:3; FC St. Johnstone – Vasas Budapest 2:0, 0:1; Juventus Turin – FC Aberdeen 2:0, 1:1; Rapid Bukarest – Legia Warschau 4:0, 0:2; Zeljeznicar Sarajevo – FC Bologna 1:1, 2:2; FC Nantes – Tottenham Hotspur 0:0, 0:1; Ferencvaros Budapest – Panionios Athen 6:0, (Athen wegen unsportlichen Auftretens ausgeschlossen); Dinamo Zagreb – Rapid Wien 2:2, 0:0.

Achtelfinale: Eintracht Braunschweig – Ferencvaros Budapest 1:1, 2:5; Carl Zeiss Jena – Wolverhampton Wanderers 0:1, 0:3; AC Mailand – FC Dundee 3:0, 0:2; FC St. Johnstone – Zeljeznicar Sarajevo 1:0, 1:5; UT Arad – Vitoria Setubal 3:0, 0:1; Rapid Wien – Juventus Turin 0:1, 1:4; PSV Eindhoven – Lierse SK 1:0, 0:4; Tottenham Hotspur – Rapid Bukarest 3:0, 2:0.
Viertelfinale: AC Mailand – Lierse SK 2:0, 1:1; Juventus Turin – Wolverhampton Wanderers 1:1, 1:2; UT Arad – Tottenham Hotspur 0:2, 1:1; Ferencvaros Budapest – Zeljeznicar Sarajevo 1:2, n. V. 2:1 (Ferencvaros 5:4-Sieger nach Elfmeterschießen).
Halbfinale: Tottenham Hotspur – AC Mailand 2:1, 1:1; Ferencvaros Budapest – Wolverhampton Wanderers 2:2, 1:2.

Endspiele: Wolverhampton Wanderers – Tottenham Hotspur 1:2, 1:1.

Tottenham Hotspur: Jennings – Kinnear, England, Beal, Knowles – Mullery, Perryman, Coates (Pratt), Peters, Gilzean, Chivers.
Tore: (McCalliog für Wolverhampton), Chivers 2 im 1. Spiel; (Wagstaffe für Wolverhampton), Mullery im 2. Spiel – SR: Bachramow (UdSSR)/van Ravens (Holland) – Zuschauer: 45 000/54 303 – 3. 5. und 17. 5.

1972/73: FC Liverpool

1. Runde: FC Aberdeen – Borussia Mönchengladbach 2:3, 3:6 (in Nürnberg); 1. FC Köln – Bohemians Dublin 2:1, 3:0; Stoke City – 1. FC Kaiserslautern 3:1, 0:4; FC Liverpool – Eintracht Frankfurt 2:0, 0:0; Dynamo Dresden – VÖEST Linz 2:0, 2:2; SCO Angers – Dynamo Berlin 1:1, 1:2; Atvidabergs FF – FC Brügge 3:5, 2:1; Lyn Oslo – Tottenham Hotspur 3:6, 0:6; Manchester City – FC Valencia 2:2, 1:2; Honved Budapest – Patrick Thistle 1:0, 3:0; Viking Stavanger – IB Vestmannaejar 1:0, 0:0 (in Reykjavik); Feyenoord Rotterdam – US Rümelingen 9:0, 12:0; Olympique Nimes – Grasshoppers Zürich 1:2, 1:2; Vitoria Setubal – Zaglebie Sosnowitz 6:1, 0:1; Racing White Brüssel – CUF Barreiro 0:1, 0:2; Turin Calcio – UD Las Palmas 2:0, 0:4; FC Sochaux – Frem Kopenhagen 1:3, 1:2; Olympiakos Piräus – US Cagliari 2:1, 1:0; FC Porto – FC Barcelona 3:1, 1:0; Universitatea Cluj – Levski/Spartak Sofia 4:1, 1:5; Roter Stern Belgrad – Lausanne-Sports 5:1, 2:3; Inter Mailand – FC Valletta 6:1, 1:0; Beroe Stara Zagora – Austria Wien 7:0, 3:1; UT Arad – IFK Norrköping 1:2, 0:2; EPA Larnaca – Ararat Erewan 0:1, 0:1; AEK Athen – BTC Salgotarjan 3:1, 1:1; Eskisehirspor – AC Florenz 1:2 , 0:3; Dukla Prag – OFK Belgrad 2:2, 1:3; Slovan Bratislava – Vojvodina Novi Sad 6:0, 2:1; Dynamo Tiflis – Twente Enschede 3:2, 0:2; Ruch Chorzow – Fenerbahce Istanbul 3:0, 0:1; HIFK Helsinki verzichtete gegen Hvidovre Kopenhagen.
2. Runde: Borussia Mönchengladbach – Hvidovre Kopenhagen 3:0 (in Nürnberg), 3:1; Viking Stavanger – 1. FC Köln 1:0, 1:9; CUF Barreiro – 1. FC Kaiserslautern 1:3, 1:0; Dynamo Berlin – Levski/Spartak Sofia 3:0, 0:2; Ruch Chorzow – Dynamo Dresden 0:1, 0:3; FC Porto – FC Brügge 3:0, 2:3; Roter Stern Belgrad – FC Valencia 3:1, 1:0; Inter Mailand – IFK Norrköping 2:2, 2:0; Beroe Stara Zagora – Honved Budapest 3:0, 0:1; Feyenoord Rotterdam – OFK Belgrad 4:3, 1:2; FC Liverpool – AEK Athen 3:0, 3:1; Vitoria Setubal – AC Florenz 1:0, 1:2; Grasshoppers Zürich – Ararat Erewan 1:3, 2:4; UD Las Palmas – Slovan Bratislava 2:2, 1:0; Frem Kopenhagen – Twente Enschede 0:5, 0:4; Tottenham Hotspur – Olympiakos Piräus 4:0, 0:1.
Achtelfinale: 1. FC Köln – Borussia Mönchengladbach 0:0, 0:5; Ararat Erewan – 1. FC Kaiserslautern 2:0, n. V. 0:2 (Kaiserslautern 5:4-Sieger nach Elfmeterschießen); FC Porto – Dynamo Dresden 1:2, 0:1; Dynamo Berlin – FC Liverpool 0:0, 1:3; Tottenham Hotspur – Roter Stern Belgrad 2:0, 0:1; Twente Enschede – Union Las Palmas 3:0, 1:2; OFK Belgrad – Beroe Stara Zagora 0:0, 3:1; Vitoria Setubal – Inter Mailand 2:0, 0:1.
Viertelfinale: 1. FC Kaiserslautern – Borussia Mönchengladbach 1:2, 1:7; FC Liverpool – Dynamo Dresden 2:0, 1:0; OKF Belgrad – Twente Enschede 3:2, 0:2; Tottenham Hotspur – Vitoria Setubal 1:0, 1:2
Halbfinale: Borussia Mönchengladbach – Twente Enschede 3:0, 2:1; FC Liverpool – Tottenham Hotspur 1:0,1:2.

Endspiele: FC Liverpool – Borussia Mönchengladbach 3:0, 0:2.

FC Liverpool: Clemence – Lawler, Smith, Lloyd, Lindsay – Hughes, Cormack, Callaghan – Keegan, Toshack, Heighway (Hall, Boersma).
Borussia Mönchengladbach: Kleff – Michallik (Surau), Netzer, Bonhof, Vogts – Wimmer, Danner, Kulik – Jensen, Rupp (Simonsen), Heynckes
Tore: Keegan 2, Lloyd im 1. Spiel, (Heynckes 2 für Mönchengladbach) im 2. Spiel – SR: Linemayr (Österreich)/Kasakow (UdSSR) – Zuschauer: 41 169/35 000 – 10. 5. und 23. 5.

1973/74: Feyenoord Rotterdam

1. Runde: VfB Stuttgart – Olympiakos Nikosia 9:0, 4:0 (in Biberach); Fortuna Düsseldorf – Naestved IF 1:0, 2:2; Eskisehirspor – 1. FC Köln 0:0, 0:2; Ruch Chorzow – Wuppertaler SV 4:1 (in Kattowitz), 4:5; Turin Calcio – 1. FC Lok Leipzig 1:2, 1:2; Carl Zeiss Jena – Mikkeli MP 3:0, 3:0; FC Admira/Wacker –

Inter Mailand 1:0, n. V. 1:2; Panachaiki Patras - Grazer AK 2:1, 1:0; Grasshoppers Zürich - Tottenham Hotspur 1:5, 1:4; Lazio Rom - FC Sion 3:0, 1:3; Union Luxemburg - Olympique Marseille 0:5, 1:7; Östers Växjö - Feyenoord Rotterdam 1:3, 1:2; FC Dundee - Twente Enschede 1:3, 2:4; FC Ards Newtownards - Standard Lüttich 3:2, 1:6; Espanol Barcelona - RWD Molenbeek 0:3, 2:1; Tatran Presov - Velez Mostar 4:2, 1:1; VSS Kosice - Honved Budapest 1:0, 2:5; OGC Nizza - FC Barcelona 3:0, 0:2; Vitoria Setubal - VAV Beerschot 2:0, 2:0; FC Aberdeen - Finn Harps 4:1, 3:1; Hibernian Edinburgh - IB Keflavik 2:0, 1:1 (in Reykjavik); Belenenses Lissabon - Wolverhampton Wanderers 0:2, 1:2; Ipswich Town - Real Madrid 1:0, 0:0; Strömsgodset Drammen - Leeds United 1:1, 1:6; B 1903 Kopenhagen - AIK Stockholm 2:1, 1:1; Sliema Wanderers - Lokomotive Plovdiv 0:2, 0:1; AC Florenz - Universitatea Craiova 0:0, 0:1; Ferencvaros Budapest - Gwardia Warschau 0:1, 1:2; Dynamo Tiflis - Slavia Sofia 4:1, 0:2; Panathinaikos Athen - OFK Belgrad 1:2, 1:0; Fenerbahce Istanbul - Arges Pitesti 5:1, 1:1; FK Fredikstad - Dynamo Kiew 0:1, 0:4.

2. Runde: Olympique Marseille - 1. FC Köln 2:0, 0:6; VfB Stuttgart - Tatran Presov 3:1, n. V. 5:3; FC Admira/Wacker - Fortuna Düsseldorf 2:1, 0:3; 1. FC Lok Leipzig - Wolverhampton Wanderers 3:0, 1:4; Ruch Chorzow - Carl Zeiss Jena 3:0, 0:1; Vitoria Setubal - RWD Molenbeek 1:0, 1:2; Panachaiki Patras - Twente Enschede 1:1, 0:7; Ipswich Town - Lazio Rom 4:0, 2:4; Dynamo Kiew - B 1903 Kopenhagen 1:0, 2:1; Lokomotive Plovdiv - Honved Budapest 3:4, 2:3; Leeds United - Hibernian Edinburgh 0:0, n. V. 0:0 (Leeds 5:4-Sieger nach Elfmeterschießen); Feyenoord Rotterdam - Gwardia Warschau 3:1, 0:1; Standard Lüttich - Universitatea Craiova 2:0, 1:1; FC Aberdeen - Tottenham Hotspur 1:1, 1:4; Dynamo Tiflis - OFK Belgrad 3:0, 5:1; OGC Nizza - Fenerbahce Istanbul 4:0, 0:2.

Achtelfinale: Fortuna Düsseldorf - 1. FC Lok Leipzig 2:1, 0:3; OGC Nizza - 1. FC Köln 1:0, 0:4; Dynamo Kiew - VfB Stuttgart 2:0, 0:3; Standard Lüttich - Feyenoord Rotterdam 3:1, 0:2; Honved Budapest - Ruch Chorzow 2:0, 0:5; Dynamo Tiflis - Tottenham Hotspur 1:1, 1:5; Ipswich Town - Twente Enschede 1:0, 2:1; Leeds United - Vitoria Setubal 1:0, 1:3.

Viertelfinale: VfB Stuttgart - Vitoria Setubal 1:0, 2:2; 1. FC Köln - Tottenham Hotspur 1:2, 0:3; Ipswich Town - 1. FC Lok Leipzig 1:0, n. V. 0:1 (Leipzig 4:3-Sieger nach Elfmeterschießen); Ruch Chorzow - Feyenoord Rotterdam 1:1, n. V. 1:3.

Halbfinale: Feyenoord Rotterdam - VfB Stuttgart 2:1, 2:2; 1. FC Lok Leipzig - Tottenham Hotspur 1:2, 0:2.

Endspiele: Tottenham Hotspur - Feyenoord Rotterdam 2:2, 0:2.

Feyenoord Rotterdam: Treytel - Rijsbergen, Israel, van Daele, Vos - Jansen, de Jong, van Hanegem (Ramljak), Ressel - Schoemaker, Kristensen (Wery, Boskamp).

Tore: (England, van Daele (Eigentor) für Tottenham), van Hanegem, de Jong im 1. Spiel; Rijsbergen, Ressel im 2. Spiel) - SR: Scheurer (Schweiz)/Lo Bello (Italien) - Zuschauer: 46 281/59 000 - 22.5. und 29. 5.

1974/75: Borussia Mönchengladbach

1. Runde: 1. FC Köln - Kokkola PV 5:1, 4:1; Hamburger SV - Bohemians Dublin 3:0, 1:0; Wacker Innsbruck - Borussia Mönchengladbach 2:1, 0:3; Turin Calcio - Fortuna Düsseldorf 1:1, 1:3; Randers Freja - Dynamo Dresden 1:1, 0:0; Vorwärts Frankfurt/Oder - Juventus Turin 2:1, 0:3; Rapid Wien - Aris Saloniki 3:1, 0:1; Sturm Graz - FC Antwerpen 2:1, 0:1; Derby County - Servette Genf 4:1, 2:1; Ipswich Town - Twente Enschede 2:2, 1:1; Stoke City - Ajax Amsterdam 1:1, 0:0; FC Nantes - Legia Warschau 2:2, 1:0; Östers Växjö - Dynamo Moskau 3:2, 1:2; RWD Molenbeek - FC Dundee 1:0, 4:2; Valur Reykjavik - FC Portadown 0:0, 1:2; Start Kristiansand - Djurgarden Stockholm 1:2, 0:5; KB Kopenhagen - Atletico Madrid 3:2, 0:4; Rosenborg Trondheim - Hibernian Edinburgh 2:3, 1:9; Olympique Lyon - Red Boys Differdingen 7:0, 4:1; Vitoria Setubal - Real Saragossa 1:1, 0:4; FC Porto - Wolverhampton Wanderers 4:1, 1:3; Etar Veliko Tarnovo - Inter Mailand 0:0, 0:3; FC Amsterdam - Hibernians Paola 5:0, 7:0 (in Amsterdam); Real Sociedad San Sebastian - Banik Ostrau 0:1, 0:4; Lokomotive Plovdiv - Raba ETO Györ 3:1, n. V. 1:3 (Györ 5:4-Sieger nach Elfmeterschießen); Gornik Zabrze - Partizan Belgrad 2:2, 0:3; Besiktas Istanbul - Steagul Rosu Brasov 2:0, 0:3; Spartak Moskau - Velez Mostar 3:1, 0:2; SSC Neapell - Videoton Szekesfehervar 2:0, 1:1; Grasshoppers Zürich - Panathinaikos Athen 2:0, 1:2; Boluspor - Dinamo Bukarest 0:1, 0:3; Pezoporikos Larnaca verzichtete gegen Dukla Prag.

2. Runde : Borussia Mönchengladbach - Olympique Lyon 1:0, 5:2; Hamburger SV - Steagul Rosu Brasov 8:0, 2:1; Dinamo Bukarest - 1. FC Köln 1:1, 2:3; Raba ETO Györ - Fortuna Düsseldorf 2:0, 0:3; Dynamo Dresden - Dynamo Moskau 1:0, n. V. 0:1 (Dresden 4:3-Sieger nach Elfmeterschießen); Inter Mailand - FC Amsterdam 1:2, 0:0; FC Nantes - Banik Ostrau 1:0, n. V. 0:2; Djurgarden Stockholm - Dukla Prag 0:2, 1:3; Partizan Belgrad - FC Portadown 5:0, 1:1; Twente Enschede - RWD Molenbeek 2:1, 1:0; Rapid Wien - Velez Mostar 1:1, 0:1; Derby County - Atletico Madrid 2:2, n. V. 2:2 (Derby 7:6-Sieger nach Elfmeterschießen); Hibernian Edinburgh - Juventus Turin 2:4, 0:4; SSC Neapel - FC Porto 1:0, 1:0; Grasshoppers Zürich - Real Saragossa 2:1, 0:5; Ajax Amsterdam - FC Antwerpen 1:0, 1:2.

Achtelfinale: Hamburger SV - Dynamo Dresden 4:1, 2:2; Borussia Mönchengladbach - Real Saragossa 5:0, 4:2; Partizan Belgrad - 1. FC Köln 1:0, 1:5; FC Amsterdam - Fortuna Düsseldorf 3:0, 2:1; Dukla

Prag – Twente Enschede 3:1, 0:5; SSC Neapel – Banik Ostrau 0:2, 1:1; Derby County – Velez Mostar 3:1, 1:4; Juventus Turin – Ajax Amsterdam 1:0, 1:2.
Viertelfinale: Banik Ostrau – Borussia Mönchengladbach 0:1, 1:3; 1. FC Köln – FC Amsterdam 5:1, 3:2; Juventus Turin – Hamburger SV 2:0, 0:0; Velez Mostar – Twente Enschede 1:0, 0:2.
Halbfinale: 1. FC Köln – Borussia Mönchengladbach 1:3, 0:1; Twente Enschede – Juventus Turin 3:1, 1:0.

Endspiele: Borussia Mönchengladbach – Twente Enschede 0:0 (in Düsseldorf), 5:1.

Borussia Mönchengladbach: Kleff – Vogts, Stielike (Klinkhammer), Wittkamp, Surau (Schäffer), – Bonhof, Wimmer (Köppel), Danner (Del'Haye), Kulik – Simonsen, Jensen (Heynckes).
Tore: Heynckes 3, Simonsen 2, (Drost für Enschede) – SR: Palotai (Ungarn)/Schiller(Österreich) – Zuschauer: 42 000/21 000 – 7. 5. und 21. 5.

1975/76: FC Liverpool

1. Runde: MSV Duisburg – EN Paralimni 7:1, 3:2 (in Oberhausen); Hertha BSC Berlin – HJK Helsinki 4:1, 2:1; 1. FC Köln – B 1903 Kopenhagen 2:0, n. V. 3:2; Young Boys Bern – Hamburger SV 0:0, 2:4; Carl Zeiss Jena – Olympique Marseille 3:0, 1:0; FC Glentoran – Ajax Amsterdam 1:6, 0:8; Grasshoppers Zürich – Real Sociedad San Sebatian 3:3, 1:1; PAOK Saloniki – FC Barcelona 1:0, 1:6; ASA Tirgu Mures – Dynamo Dresden 2:2, 1:4; Molde FK – Östers Växjö 1:0, 0:6; Universitatea Craiova – Roter Stern Belgrad 1:3, 1:1; Bohemians Prag – Honved Budapest 1:2, 1:1; Tschernomorez Odessa – Lazio Rom 1:0, 0:3; Torpedo Moskau – SSC Neapel 4:1, 1:1; Vojvodina Novi Sad – AEK Athen 0:0, 1:3; AIK Stockholm – Spartak Moskau 1:1, 0:1; GAIS Göteborg – Slask Breslau 2:1, 2:4; VÖEST Linz – Vasas Budapest 2:0, 0:4; Holbaek B&IF – Stal Mielec 0:1, 1:2; Rapid Wien – Galatasaray Istanbul 1:0, 1:3; AS Rom – Dunav Russe 2:0, 0:1; Hibernian Edinburgh – FC Liverpool 1:0, 1:3; FC Everton – AC Mailand 0:0, 0:1; FC Antwerpen – Aston Villa 4:1, 1:0; Olympique Lyon – FC Brügge 4:3, 0:3; FC Porto – Avenir Boggon 7:0, 3:0; Feyenoord Rotterdam – Ipswich Town 1:2, 0:2; Levski/Spartak Sofia – Eskisehirspor 3:0, 4:1; Athlone Town – Valerengen Oslo 3:1, 1:1; Inter Bratislava – Real Saragossa 5:0, 3:2; IB Keflavik – Dundee United 0:2 (in Reykjavik), 0:4; Sliema Wanderers – Sporting Lissabon 1:2, 1:3.
2. Runde: MSV Duisburg – Levski/Spartak Sofia 3:2, 1:2; Hertha BSC Berlin – Ajax Amsterdam 1:0, 1:4; Roter Stern Belgrad – Hamburger SV 1:1, 0:4; Spartak Moskau – 1. FC Köln 2:0, 1:0; Carl Zeiss Jena – Stal Mielec 1:0, n. V. 0:1 (Mielec 3:2-Sieger nach Elfmeterschießen); Honved Budapest – Dynamo Dresden 2:2, 0:1; Athlone Town – AC Mailand 0:0, 0:3; Lazio Rom – FC Barcelona 0:3 (gewertet), 0:4; Inter Bratislava – AEK Athen 2:0, 1:3; Slask Breslau – FC Antwerpen 1:1, 2:1; Östers Växjö – AS Rom 1:0, 0:2; Vasas Budapest – Sporting Lissabon 3:1, 1:2; Galatasaray Istanbul – Torpedo Moskau 2:4, 0:3; Ipswich Town – FC Brügge 3:0, 0:4; Dundee United – FC Porto 1:2, 1:1; Real Sociedad San Sebastian – FC Liverpool 1:3, 0:6.
Achtelfinale: Hamburger SV – FC Porto 2:0, 1:2; Dynamo Dresden – Torpedo Moskau 3:0, 1:3 (in Simferopol); Slask Breslau – FC Liverpool 1:2, 0:3; Inter Bratislava – Stal Mielec 1:0, 0:2; AC Mailand – Spartak Moskau 4:0, 0:2 (in Sotschi); FC Barcelona – Vasas Budapest 3:1, 1:0; FC Brügge – AS Rom 1:0, 1:0; Ajax Amsterdam – Levski/Spartak Sofia 2:1, n. V. 1:2 (Sofia 5:3-Sieger nach Elfmeterschießen).
Viertelfinale: Hamburger SV – Stal Mielec 1:1, 1:0; Dynamo Dresden – FC Liverpool 0:0, 1:2; FC Brügge – AC Mailand 2:0, 1:2; FC Barcelona – Levski/Spartak Sofia 4:0, 4:5
Halbfinale: Hamburger SV – FC Brügge 1:1, 0:1; FC Barcelona – FC Liverpool 0:1, 1:1.

Endspiele: FC Liverpool – FC Brügge 3:2, 1:1

FC Liverpool: Clemence – Smith, Thompson, Hughes, Neal – Callaghan, Kennedy, Keegan – Fairclough (Case), Toshack, Heighway.
Tore: Keegan, Kennedy, Case, (Lambert, Cools für Brügge) im 1. Spiel; Keegan (Lambert für Brügge) im 2. Spiel – SR: Biwersi (Deutschland)/Glöckner (DDR) – Zuschauer: 56 000/32 000 – 28. 4. und 29. 5.

1976/77: Juventus Turin

1. Runde: FC Porto – FC Schalke 04 2:2 (in Lissabon), 2:3; 1. FC Köln – GKS Tychy 2:0, 1:1 (in Kattowitz); EN Paralimni – 1. FC Kaiserslautern 1:3, 0:8; Eintracht Braunschweig – Holbaek B&IF 7:0, 0:1; Schachtjor Donezk – Dynamo Berlin 3:0, 1:1; 1. FC Magdeburg – AC Cesena 3:0, 1:3; FC Glentoran – FC Bacol 3:2, 0:3; Fram Reykjavik – Slovan Bratislava 0:3, 0:5; Queen's Park Rangers – Brann Bergen 4:0, 7:0; Naestved IF – RWD Molenbeek 0:3, 0:4; Kuopio PS – Östers Växjö 3:2, 0:2; Feyenoord Rotterdam – Djurgarden Stockholm 3:0, 1:2; Celtic Glasgow – Wisla Krakau 2:2, 0:2; Derby County – Finn Harps 12:0, 4:1; Wacker Innsbruck – Start Kristiansand 2:1, 5:0; Ajax Amsterdam – Manchester United 1:0, 0:2; Belenenses Lissabon – FC Barcelona 2:2, 2:3; Hibernian Edinburgh – FC Sochaux 1:0, 0:0; Red Boys Differdingen – SC Lokeren 0:3, 1:3; Manchester City – Juventus Turin 1:0, 0:2; Espanol Barcelona – OGC Nizza 3:1, 1:2; Grasshoppers Zürich – Hibernians Paola 7:0, 2:0; Ujpest Budapest – Athletic Bilbao 1:0, 0:5; Dinamo Bukarest – AC Mailand 0:0, 1:2; Slavia Prag – Akademik Sofia 2:0,

n. V. 0:3; AEK Athen – Dynamo Moskau 2:0, n. V. 1:2; Fenerbahce Istanbul – Videoton Szekesfehervar 2:1, 0:4; ASA Tirgu Mures – Dinamo Zagreb 0:1, 0:3; Inter Mailand – Honved Budapest 0:1, 1:1; Austria Salzburg – Adanaspor 5:0, 0:2; Sportul Studentesc Bukarest – Olympiakos Piräus 3:0, 1:2; Lokomotive Plovdiv – Roter Stern Belgrad 2:1, 1:4.

2. Runde: 1. FC Köln – Grasshoppers Zürich 2:0, 3:2; 1. FC Kaiserslautern – Feyenoord Rotterdam 2:2, 0:5; Eintracht Braunschweig – Espanol Barcelona 2:1, 0:2; Sportul Studentesc Bukarest – FC Schalke 04 0:1, 0:4; 1. FC Magdeburg – Dinamo Zagreb 2:0, 2:2; Schachtjor Donezk – Honved Budapest 3:0, 3:2; Wisla Krakau – RWD Molenbeek 1:1, n. V. 1:1 (Molenbeek 5:4-Sieger nach Elfmeterschießen); Hibernian Edinburgh – Östers Växjö 2:0, 1:4; Akademik Sofia – AC Mailand 4:3, 0:2; Slovan Bratislava – Queen's Park Rangers 3:3, 2:5; FC Basel – Athletic Bilbao 1:1, 1:3; AEK Athen – Derby County 2:0, 3:2; Wacker Innsbruck – Videoton Szekesfehervar 1:1, 0:1; Austria Salzburg – Roter Stern Belgrad 2:1, 0:1; FC Barcelona – SC Lokeren 2:0, 1:2; Manchester United – Juventus Turin 1:0, 0:3.

Achtelfinale: RWD Molenbeek – FC Schalke 04 1:0, 1:1; Queen's Park Rangers – 1. FC Köln 3:0, 1:4; 1. FC Magdeburg – Videoton Szekesfehervar 5:0, 0:1; AEK Athen – Roter Stern Belgrad 2:0, 1:3; Östers Växjö – FC Barcelona 0:3, 1:5; Espanol Barcelona – Feyenoord Rotterdam 0:1, 0:2; Athletic Bilbao – AC Mailand 4:1, 1:3; Juventus Turin – Schachtjor Donezk 3:0, 0:1.

Viertelfinale: 1. FC Magdeburg – Juventus Turin 1:3, 0:1; Feyenoord Rotterdam – RWD Molenbeek 0:0, 1:2; Athletic Bilbao – FC Barcelona 2:1, 2:2; Queen's Park Rangers – AEK Athen 3:0, n. V. 0:3 (AEK 7:6-Sieger nach Elfmeterschießen).

Halbfinale: RWD Molenbeek – Athletic Bilbao 1:1, 0:0; Juventus Turin – AEK Athen 4:1, 1:0.

Endspiele: Juventus Turin – Athletic Bilbao 1:0, 1:2

Juventus Turin: Zoff – Cuccureddu, Gentile, Scirea, Morini – Tardelli, Furino, Benetti – Causio, Boninsegna (Spinosi, Gori), Bettega.

Tore: Tardelli im 1. Spiel; Bettega, (Irureta, Carlos Ruiz für Bilbao) im 2. Spiel – SR: Corver (Holland)/ Linemayr (Österreich) – Zuschauer: 75 000/43 000 – 4. 5. und 18. 5.

1977/78: PSV Eindhoven

1. Runde: AC Florenz – FC Schalke 04 0:0 (mit 0:3 gewertet), 1:2; Eintracht Frankfurt – Sliema Wanderers 5:0, 0:0 (in Gzira); Dynamo Kiew – Eintracht Braunschweig 1:1, 0:0; Bayern München – Mjöndalen IF 8:0, 4:0 (in Oslo); Odra Oppeln – 1. FC Magdeburg 1:2, 1:1; Carl Zeiss Jena – Altay Izmir 5:1, 1:4; Rapid Wien – Inter Bratislava 1:0, 0:3; Servette Genf – Athletic Bilbao 1:0, 0:2; Frem Kopenhagen – Grasshoppers Zürich 0:2, 1:6; FC Zürich – ZSKA Sofia 1:0, n. V. 1:1; SEC Bastia – Sporting Lissabon 3:2, 2:1; Bohemians Dublin – Newcastle United 0:0, 0:4; AZ '67 Alkmaar – Red Boys Differdingen 11:1, 5:0; FC Barcelona – Steaua Bukarest 5:1, 3:1; Marek Stanke Dimitrov – Ferenvcaros Budapest 3:0, 0:2; Boavista Porto – Lazio Rom 1:0, 0:5; UD Las Palmas – Sloboda Tuzla 5:0, 3:4; Aston Villa – Fenerbahce Istanbul 4:0, 2:0; Dundee United – KB Kopenhagen 1:0, 0:3; Gornik Zabrze – Haka Valkeakoski 5:3, 0:0; RC Lens – Malmö FF 4:1, 0:2; RWD Molenbeek – FC Aberdeen 0:0, 2:1; Manchester City – Widzew Lodz 2:2, 0:0; FC Glenavon – PSV Eindhoven 2:6, 0:5; Landskrona BoIS – IpswichTown 0:1, 0:5; Start Kristiansand – Fram Reykjavik 6:0, 2:0; ASA Tirgu Mures – AEK Athen 1:0, 0:3; Turin Calcio – APOEL Nikosia 3:0, 1:1; Standard Lüttich – Slavia Prag 1:0, 2:3; Inter Mailand – Dynamo Tiflis 0:1, 0:0; Olympiakos Piräus – Dinamo Zagreb 3:1, 1:5; Linzer ASK – Ujpest Dosza 3:2, 0:7.

2. Runde: FC Zürich – Eintracht Frankfurt 0:3, 3:4; 1. FC Magdeburg – FC Schalke 04 4:2, 3:1; Start Kristiansand – Eintracht Braunschweig 1:0, 0:4; Bayern München – Marek Stanke Dimitrov 3:0, 0:2; RWD Molenbeek – Carl Zeiss Jena 1:1, n. V. 1:1 (Jena 6:5-Sieger nach Elfmeterschießen); Widzew Lodz – PSV Eindhoven 3:5, 0:1; Inter Bratislava – Grasshoppers Zürich 1:0, 1:5; AEK Athen – Standard Lüttich 2:2, 1:4; Turin Calcio – Dinamo Zagreb 3:1, 0:1; SEC Bastia – Newcastle United 2:1, 3:1; KB Kopenhagen – Dynamo Tiflis 1:4, 1:2; Aston Villa – Gornik Zabrze 2:0, 1:1; Lazio Rom – RC Lens 2:0, n. V. 0:6; Ipswich Town – UD Las Palmas 1:0, 3:3; Ujpest Budapest – Athletic Bilbao 2:0, n. V. 0:3; AZ '67 Alkmaar – FC Barcelona 1:1, n. V. 1:1 (Barcelona 5:4-Sieger nach Elfmeterschießen).

Achtelfinale: Eintracht Frankfurt – Bayern München 4:0, 2:1; PSV Eindhoven – Eintracht Braunschweig 2:0, 2:1; 1. FC Magdeburg – RC Lens 4:0, 0:2; Carl Zeiss Jena – Standard Lüttich 2:0, 2:1; Dynamo Tiflis – Grasshoppers Zürich 1:0, 0:4; SEC Bastia – Turin Calcio 2:1, 3:2; Aston Villa – Athletic Bilbao 2:0, 1:1; Ipswich Town – FC Barcelona 3:0, n. V. 0:3 (Barcelona 3:1-Sieger nach Elfmeterschießen).

Viertelfinale: Eintracht Frankfurt – Grasshoppers Zürich 3:2, 0:1; 1. FC Magdeburg – PSV Eindhoven 1:0, 2:4; SEC Bastia – Carl Zeiss Jena 7:2, 2:4; Aston Villa – FC Barcelona 2:2, 1:2.

Halbfinale: Grasshoppers Zürich – SEC Bastia 3:2, 0:1; PSV Eindhoven – FC Barcelona 3:0, 1:3

Endspiele: SEC Bastia – PSV Eindhoven 0:0, 0:3

PSV Eindhoven: van Beveren – Krijgh, van Kraay (Deacy), Brandts, Stevens – W. van de Kerkhof, van der Kuylen, Poortvliet – R. van de Kerkhof, Deijkers, Lubse.

Tore: W. van de Kerkhof, Deijkers, van der Kuylen im 2. Spiel – SR: Maksimovic (Jugoslavien)/Rainea (Rumänien) – Zuschauer: 15 000/27 000 – 26. 4. und 9. 5.

1978/79: Borussia Mönchengladbach

1. Runde: Hertha BSC Berlin – Trakia Plovdiv 0:0, 2:1; MSV Duisburg – Lech Posen 5:0, 5:2; Borussia Mönchengladbach – Sturm Graz 5:1, 2:1; FC Basel – VfB Stuttgart 2:3, 1:4; Dynamo Berlin – Roter Stern Belgrad 5:2, 1:4; Carl Zeiss Jena – Lierse SK 1:0, 2:2; FC Arsenal – 1. FC Lok Leipzig 3:0, 4:1; Hajduk Split – Rapid Wien 2:0, 1:2; Jeunesse Esch – Lausanne-Sports 0:0, 0:2; Standard Lüttich – Dundee United 1:0 (in Gent), 0:0; Twente Enschede – Manchester City 1:1, 2:3; Dynamo Tiflis – SSC Neapel 2:0, 1:1; Honved Budapest – Adanaspor 6:0, 2:2; Dukla Prag – Lanerossi Vicenza 1:0, 1:1; Arges Pitesti – Panathinaikos Athen 3:0, 2:1; ZSKA Sofia – FC Valencia 2:1, 1:4; Athletic Bilbao – Ajax Amsterdam 2:0, 0:3; Finn Harps – FC Everton 0:5, 0:5; FC Nantes – Benfica Lissabon 0:2, 0:0; Sporting Gijon – Turin Calcio 3:0, 0:1; Sporting Braga – Hibernians Paola 5:0,2:3; Galatasaray Istanbul – West Bromwich Albion 1:3 (in Izmir), 1:3; Hibernian Edinburgh – IFK Norrköping 3:2, 0:0; Politehnica Timisoara – MTK/VM Budapest 2:0, 1:2; Pezoporikos Larnaca – Slask Breslau 2:2, 1:5; Olympiakos Piräus – Levski/Spartak Sofia 2:1, n. V. 1:3; AC Mailand – Lokomotive Kosice 1:0, n. V. 0:1 (Mailand 8:7-Sieger nach Elfmeterschießen); Kuopio PS – B 1903 Kopenhagen 2:1, 4:4; Torpedo Moskau – Molde FK 4:0, 3:3; Elfsborg Boras – Racing Straßburg 2:0, 1:4; Start Kristiansand – Esbjerg FB 0:0, 0:1; IB Vestmannaeyjar – FC Glentoran 0:0 (in Reykjavik), 1:1.
2. Runde: Carl Zeiss Jena – MSV Duisburg 0:0, n. V. 0:3; Torpedo Moskau – VfB Stuttgart 2:1, 0:2; Hertha BSC Berlin – Dynamo Tiflis 2:0, 0:1; Benfica Lissabon – Borussia Mönchengladbach 0:0, n. V. 0:2; Honved Budapest – Politehnica Timisoara 4:0, 0:2; FC Everton – Dukla Prag 2:1, 0:1; Arges Pitesti – FC Valencia 2:1, 2:5; Ajax Amsterdam – Lausanne-Sports 1:0, 4:0; Sporting Braga – West Bromwich Albion 0:2, 0:1; Racing Straßburg – Hibernian Edinburgh 2:0, 0:1; Sporting Gijon – Roter Stern Belgrad 0:1, 1:1; Kuopio PS – Esbjerg FB 0:2 (in Mikkeli), 1:4; IB Vestmannaeyjar – Slask Breslau 0:2 (in Reykjavik), 1:2; Manchester City – Standard Lüttich 4:0, 0:2; Hajduk Split – FC Arsenal 2:1, 0:1; Levski/Spartak Sofia – AC Mailand 1:1, 0:3.
Achtelfinale: Esbjerg FB – Hertha BSC Berlin 2:1, 0:4; Borussia Mönchengladbach – Slask Breslau 1:1, 4:2; VfB Stuttgart – Dukla Prag 4:1, 0:4; Racing Straßburg – MSV Duisburg 0:0, 0:4; Honved Budapest – Ajax Amsterdam 4:1, 0:2; AC Mailand – Manchester City 2:2, 0:3; FC Valencia – West Bromwich Albion 1:1, 0:2; Roter Stern Belgrad – FC Arsenal 1:0, 1:1.
Viertelfinale: Hertha BSC Berlin – Dukla Prag 1:1, 2:1; Honved Budapest – MSV Duisburg 2:3, 2:1; Manchester City – Borussia Mönchengladbach 1:1, 1:3; Roter Stern Belgrad – West Bromwich Albion 1:0, 1:1.
Halbfinale: MSV Duisburg – Borussia Mönchengladbach 2:2, 1:4; Roter Stern Belgrad – Hertha BSC Berlin 1:0, 1:2.

Endspiele: Roter Stern Belgrad – Borussia Mönchengladbach 1:1, 0:1 (in Düsseldorf)

Borussia Mönchengladbach: Kneib – Ringels, Vogts, Schäffer, Hannes – Wohlers (Gores), Kulik (Köppel), Schäfer, Nielsen (Danner) – Simonsen, Lienen.
Tore: (Sestic für Belgrad), Jurisic (Eigentor) im 1. Spiel; Simonsen im 2. Spiel) – SR: Foote (Schottland)/Michelotti (Italien) – Zuschauer: 87 500/45 000 – 9. 5. und 23. 5.

1979/80: Eintracht Frankfurt

1. Runde: Borussia Mönchengladbach – Viking Stavanger 3:0, 1:1; FC Aberdeen – Eintracht Frankfurt 1:1, 0:1; VfB Stuttgart – Turin Calcio 1:0, n. V. 1:2; FC Zürich – 1. FC Kaiserslautern 1:3, 1:5; Bohemians Prag – Bayern München 0:2, 2:2; Atletico Madrid – Dynamo Dresden 1:2, 0:3; Carl Zeiss Jena – West Bromwich Albion 2:0, 2:1; Sporting Gijon – PSV Eindhoven 0:0, 0:1; Sporting Lissabon – Bohemians Dublin 2:0, 0:0; Zbrojovka Brünn – Esbjerg FB 6:0, 1:1; Galatasaray Istanbul – Roter Stern Belgrad 0:0, 1:3; Rapid Wien – VTK Diosgyör 0:1, 2:3; Inter Mailand – Real Sociedad San Sebastian 3:0, 0:2; Aris Saloniki – Benfica Lissabon 3:1, 1:2; Widzew Lodz – AS Saint Etienne 2:1, 0:3; Skeid Oslo – Ipswich Town 1:3, 0:7; Kalmar FF – IB Keflavik 2:1, 0:1 (in Reykjavik); Dundee United – RSC Anderlecht 0:0, 1:1; Aarhus GF – Stal Mielec 1:1, 1:0; Kuopio PT – Malmö FF 1:2, 0:2; Feyenoord Rotterdam – FC Everton 1:0, 1:0; FC Glenavon Lurgan – Standard Lüttich 0:1, 0:1; Lokomotive Sofia – Ferencvaros Budapest 3:0, 0:2; SSC Neapel – Olympiakos Piräus 2:0, 0:1; Schachtjor Donezk – AS Monaco 2:1, 0:2; Dinamo Bukarest – Alki Larnaca 3:0, 9:0; Dynamo Kiew – ZSKA Sofia 2:1, 1:1; AC Perugia – Dinamo Zagreb 1:0, 0:0; Orduspor – Banik Ostrau 2:0, 0:6; FC Valletta – Leeds United 0:4, 0:3; Wiener SC – Universitatea Craiova 0:0, 1:3; Progres Niederkorn – Grasshoppers Zürich 0:2, 0:4.
2. Runde: Borussia Mönchengladbach – Inter Mailand 1:1, n. V. 3:2; Aarhus GF – Bayern München 1:2, 1:3; Sporting Lissabon – 1. FC Kaiserslautern 1:1, 0:2; Dinamo Bukarest – Eintracht Frankfurt 2:0, n. V. 0:3; Dynamo Dresden – VfB Stuttgart 1:1, 0:0; Roter Stern Belgrad – Carl Zeiss Jena 3:2, 3:2; Grasshop-

pers Zürich – Ipswich Town 0:0, 1:1; Dundee United – VTK Diosgyör 0:1, 1:3; Zbrojovka Brünn – IB Keflavik 3:1, 2:1 (in Reykjavik); PSV Eindhoven – AS Saint Etienne 2:0, 0:6; Aris Saloniki – AC Perugia 1:1, 3:0; Universitatea Craiova – Leeds United 2:0, 2:0; Banik Ostrau – Dynamo Kiew 1:0, 0:2; Lokomotive Sofia – AS Monaco 4:2, 1:2; Standard Lüttich – SSC Neapel 2:1, 1:1; Feyenoord Rotterdam – Malmö FF 4:0, 1:1.

Achtelfinale: VTK Diosgyör – 1. FC Kaiserslautern 0:2, 1:6; Grasshoppers Zürich – VfB Stuttgart 0:2, 0:3; Borussia Mönchengladbach – Universitatea Craiova 2:0, 0:1; Eintracht Frankfurt – Feyenoord Rotterdam 4:1, 0:1; Bayern München – Roter Stern Belgrad 2:0, 2:3; Lokomotive Sofia – Dynamo Kiew 1:0, 1:2; AS Saint-Etienne – Aris Saloniki 4:1, 3:3; Standard Lüttich – Zbrojovka Brünn 1:2, 2:3.

Viertelfinale: AS Saint-Etienne – Borussia Mönchengladbach 1:4, 0:2; 1. FC Kaiserslautern – Bayern München 1:0, 1:4; VfB Stuttgart – Lokomotive Sofia 3:1, 1:0; Eintracht Frankfurt – Zbrojovka Brünn 4:1, 2:3.

Halbfinale: VfB Stuttgart – Borussia Mönchengladbach 2:1, 0:2; Bayern München – Eintracht Frankfurt 2:0, n. V. 1:5.

Endspiele: Borussia Mönchengladbach – Eintracht Frankfurt 3:2, 0:1

Eintracht Frankfurt: Pahl – Neuberger, Pezzey, Körbel, Ehrmanntraut – Lorant, Borchers, B. Nickel, Hölzenbein (Nachtweih) – Karger (Trapp), Tcha (Schaub).

Borussia Mönchengladbach: Kneib – Bödeker (Schäffer), Hannes, Schäfer, Ringels – Matthäus (Thychosen), Fleer, Kulik, Nielsen (Del'Haye) – H. Nickel, Lienen.

Tore: (Kulik 2, Matthäus für Mönchengladbach); Karger, Hölzenbein im 1. Spiel; Schaub im 2. Spiel – SR: Guruceta (Spanien)/Ponnet (Belgien) – Zuschauer: 25 000/59 000 – 7. 5. und 21. 5.

1980/81: Ipswich Town

1. Runde: Hamburger SV – FK Sarajevo 4:2, 3:3; IA Akranes – 1. FC Köln 0:4 (in Reykjavik), 0:6; 1. FC Kaiserslautern – RSC Anderlecht 1:0, 2:3; VfB Stuttgart – Pezoporikos Larnaca 6:0, 4:1; Schachtjor Donezk – Eintracht Frankfurt 1:0, 0:3; Ballymena United – Vorwärts Frankfurt/Oder 2:1, 0:3; 1. FC Magdeburg – Moss FK 2:1, 3:2; Dynamo Dresden – Napredak Krusevac 1:0, 1:0; RWD Molenbeek – Turin Calcio 1:2, n. V. 2:2; Ujpest Budapest – Real Sociedad San Sebastian 1:1, 0:1; Zbrojovka Brünn -VÖEST Linz 3:1, 2:0; Grasshoppers Zürich – KB Kopenhagen 3:1, 5:2; AZ '67 Alkmaar – Red Boys Differdingen 6:0, 4:0; Bohemians Prag – Sporting Gijon 3:1, 1:2; FC Porto – FC Dundalk 1:0, 0:0; Juventus Turin – Panathinaikos Athen 4:0, 2:4; Sliema Wanderers – FC Barcelona 0:2, 0:1; Vasas Budapest – Boavista Porto 0:2, 1:0; Twente Enschede – IFK Göteborg 5:1, 0:2; Manchester United – Widzew Lodz 1:1, 0:0; FC Sochaux – Servette Genf 2:0, 1:2; SC Lokeren – Dynamo Moskau 1:1, 1:0; PSV Eindhoven – Wolverhampton Wanderers 3:1, 0:1; Slask Breslau – Dundee United 0:0, 2:7; Fenerbahce Istanbul – Beroe Stara Zagora 0:1, 1:2; Arges Pitesti – FC Utrecht 0:0, 0:2; Linzer ASK – Radnicki Nisch 1:2, 1:4; Elfsborg Boras – FC St. Mirren 1:2, 0:0; Dynamo Kiew – Levski/Spartak Sofia 1:1, 0:0; Standard Lüttich – Steaua Bukarest 1:1, 2:1; Ipswich Town – Aris Saloniki 5:1, 1:3; Kuopio PS – AS Saint-Etienne 0:7, 0:7.

2. Runde: PSV Eindhoven – Hamburger SV 1:1, 1:2; 1. FC Köln – FC Barcelona 0:1, 4:0, 1. FC Kaiserslautern – Standard Lüttich 1:2, 1:2; FC Utrecht – Eintracht Frankfurt 2:1, 1:3; VfB Stuttgart – Vorwärts Frankfurt/Oder 5:1, 2:1; Turin Calcio – 1. FC Magdeburg 3:1, 0:1; Twente Enschede – Dynamo Dresden 1:1, 0:0; Dundee United – SC Lokeren 1:1, 0:0; Zbrojovka Brünn – Real Sociedad San Sebastian 1:1, 1:2; FC Sochaux – Boavista Porto 2:2, 1:0; Widzew Lodz – Juventus Turin 3:1, n. V. 1:3 (Lodz 4:1-Sieger nach Elfmeterschießen); FC Porto – Grasshoppers Zürich 2:0, n. V. 0:3; Ipswich Town – Bohemians Prag 3:0, 0:2; Levski/Spartak Sofia – AZ '67 Alkmaar 1:1, 0:5; Beroe Stara Zagora – Radnicki Nisch 0:1, 1:2; FC St. Mirren – AS Saint-Etienne 0:0, 0:2.

Achtelfinale: Hamburger SV – AS Saint Etienne 0:5, 0:1; Eintracht Frankfurt – FC Sochaux 4:2, 0:2; VfB Stuttgart – 1. FC Köln 3:1, n. V. 1:4; Ipswich Town – Widzew Lodz 5:0, 0:1; Standard Lüttich – Dynamo Dresden 1:1, 4:1; SC Lokeren – Real Sociedad San Sebastian 1:0, 2:2; Radnicki Nisch – AZ '67 Alkmaar 2:2, 0:5; Grasshoppers Zürich – Turin Calcio 2:1, n. V. 1:2 (Grasshoppers 4:3-Sieger nach Elfmeterschießen).

Viertelfinale: Standard Lüttich – 1. FC Köln 0:0, 2:3; Grasshoppers Zürich – FC Sochaux 0:0, 1:2; AS Saint-Etienne – Ipswich Town 1:4, 1:3; AZ '67 Alkmaar – SC Lokeren 2:0, 0:1.

Halbfinale: Ipswich Town – 1. FC Köln 1:0, 1:0; FC Sochaux – AZ '67 Alkmaar 1:1, 2:3.

Endspiele: Ipswich Town – AZ '67 Alkmaar 3:0, 2:4 (in Amsterdam)

Ipswich Town: Cooper – Mills, Osman, Butcher, McCall – Thijssen, A. Mühren, Wark – Gates, Mariner, Brazil.

Tore: Wark, Mariner, Thijssen im 1. Spiel; (Welzl, Metgod, Tol, Jonker für Amsterdam), Thijssen, Wark im 2. Spiel – SR: Prokop (DDR)/Eschweiler (Deutschland) – Zuschauer: 27 532/28 500 – 6. 5. und 20. 5.

1981/82: IFK Göteborg

1. Runde: Hamburger SV – FC Utrecht 0:1, 6:3 (in Arnheim); Hajduk Split – VfB Stuttgart 3:1, 2:2; 1. FC Kaiserslautern – Akademik Sofia 1:0, 2:1; 1. FC Magdeburg – Borussia Mönchengladbach 3:1, 0:2; Dinamo Tirana – Carl Zeiss Jena 1:0, 0:4; Zenit Leningrad – Dynamo Dresden 1:2, 1:4; Rapid Wien – Videoton Szekesfehervar 2:2, 2:0; Sturm Graz – ZSKA Moskau 1:0, 1:2; Neuchâtel Xamax – Sparta Prag 4:0, 2:3; Grasshoppers Zürich – West Bromwich Albion 1:0, 3:1; Bohemians Prag – FC Valencia 0:1, 0:1; FC Nantes – SC Lokeren 1:1, 2:4; PSV Eindhoven – Naestved IF 7:0, 1:2; Boavista Porto – Atletico Madrid 4:1, 1:3; SSC Neapel – Radnicki Nisch 2:2, 0:0; Banyasz Tatabanya – Real Madrid 2:1, 0:1; Aris Saloniki – Sliema Wanderers 4:0, 4:2; Malmö FF – Wisla Krakau 2:0, 3:1; Feyenoord Rotterdam – Szombierki Beuthen 2:0, 1:1; Ipswich Town – FC Aberdeen 1:1, 1:3; SK Beveren – FC Linfield 3:0, 5:0; AS Monaco – Dundee United 2:5, 2:1; Panathinaikos Athen – FC Arsenal 0:2, 0:1; Spartak Moskau – FC Brügge 3:1, 3:1; APOEL Nikosia – Arges Pitesti 1:0, 0:4; Adanaspor – Inter Mailand 1:3, 1:4; Dinamo Bukarest – Levski/Spartak Sofia 3:0, 1:2; Limerick United – FC Southampton 0:3, 1:1; Sporting Lissabon – Red Boys Differdingen 4:0, 7:0; Bryne IL – FC Winterslag 0:2, 2:1; Haka Valkeakoski – IFK Göteborg 2:3, 0:4; Vikingur Reykjavik – Girondins Bordeaux 0:4, 0:4.

2. Runde: Girondins Bordeaux – Hamburger SV 2:1, 0:2; Spartak Moskau – 1. FC Kaiserslautern 2:1, 0:4; Borussia Mönchengladbach – Dundee United 2:0, 0:5; Real Madrid – Carl Zeiss Jena 3:2, 0:0; Feyenoord Rotterdam – Dynamo Dresden 2:1, 1:1; Rapid Wien – PSV Eindhoven 1:0, 1:2; Sturm Graz – IFK Göteborg 2:2, 2:3; Grasshoppers Zürich – Radnicki Nisch 2:0, n. V. 0:2 (Nisch 3:0-Sieger nach Elfmeterschießen); Malmö FF – Neuchâtel Xamax 0:1, 0:1; FC Winterslag – FC Arsenal 1:0, 1:2; SK Beveren – Hajduk Split 2:3, 2:1; Aris Saloniki – SC Lokeren 1:1, 0:4; FC Southampton – Sporting Lissabon 2:4, 0:0; FC Valencia – Boavista Porto 2:0, 0:1; FC Aberdeen – Arges Pitesti 3:0, 2:2; Inter Mailand – Dinamo Bukarest 1:1, n. V. 2:3.

Achtelfinale: FC Aberdeen – Hamburger SV 3:2, 1:3; SC Lokeren – 1. FC Kaiserslautern 1:0, 1:4; Radnicki Nisch – Feyenoord Rotterdam 2:0, 0:1; Rapid Wien – Real Madrid 0:1, 0:0; IFK Göteborg – Dinamo Bukarest 3:1, 1:0; Sporting Lissabon – Neuchâtel Xamax 0:0, 0:1; FC Valencia – Hajduk Split 5:1, 1:4; FC Winterslag – Dundee United 0:0, 0:5.

Viertelfinale: Real Madrid – 1. FC Kaiserslautern 3:1, 0:5; Hamburger SV – Neuchâtel Xamax 3:2, 0:0, FC Valencia – IFK Göteborg 2:2, 0:2; Dundee United – Radnicki Nisch 2:0, 0:3.

Halbfinale: 1. FC Kaiserslautern – IFK Göteborg 1:1, n. V. 1:2; Radnicki Nisch – Hamburger SV 2:1, 1:5.

Endspiele: IFK Göteborg – Hamburger SV 1:0, 3:0

IFK Göteborg: Wernersson – Svensson, Hysen, C. Karlsson, Frederiksson – Tord Holmgren, Strömberg, J. Karlsson – Corneliusson, Nilsson (Sandberg), Tommy Holmgren (Schiller).

Hamburger SV: Stein – Kaltz (Hidien), Hieronymus, Jakobs, Groh – Wehmeyer, Hartwig, Magath, von Heesen (Memering) – Hrubesch, Bastrup.

Tore: Tord Holmgren im 1. Spiel; Corneliusson, Nilsson, Frederiksson im 2. Spiel – SR: Carpenter (Irland)/Courtney (England) – Zuschauer: 42 548/60 000 – 5. 5. und 19. 5.

1982/83: RSC Anderlecht

1. Runde: AEK Athen – 1. FC Köln 0:1, 0:5; Borussia Dortmund – Glasgow Rangers 0:0, 0:2; 1. FC Kaiserslautern – Trabzonspor 3:0, 3:0; Vorwärts Frankfurt/Oder – Werder Bremen 1:3, 2:0; Viking Stavanger – 1. FC Lok Leipzig 1:0, 2:3; Carl Zeiss Jena – Girondins Bordeaux 3:1, 0:5; Manchester United – FC Valencia 0:0, 1:2; FC Glentoran – Banik Ostrau 1:3, 0:1; FC Utrecht – FC Porto 0:1 (in Groningen), 0:2 (in Lissabon); Progres Niederkorn – Servette Genf 0:1, 0:3; Benfica Lissabon – Real Betis Sevilla 2:1, 2:1; FC Haarlem – AA Gent 2:1, 0:0; AS Saint Etienne – Banyasz Tatabanya 4:1, 0:0; Bohemians Prag – Admira/Wacker Wien 5:0, 2:1; AS Rom – Ipswich Town 3:0, 1:3; Ferencvaros Budapest – Athletic Bilbao 2:1, 1:1; FC Zurrieq – Hajduk Split 1:4, 0:4; RSC Anderlecht – Kuopio PT 3:0, 3:1; Slask Breslau – Dynamo Moskau 2:2, 1:0; Lyngby BK – Brage IK Borlänge 1:2, 2:2; Dundee United – PSV Eindhoven 1:1, 2:0; Spartak Moskau – FC Arsenal 3:2, 5:2; Stal Mielec – SC Lokeren 1:1, 0:0; Fram Reykjavik – Shamrock Rovers 0:3, 0:4; FC Southampton – IFK Norrköping 2:2, 0:0; PAOK Saloniki – FC Sochaux 1:0, n. V. 1:2; Universitatea Craiova – AC Florenz 3:1, 0:1; FC Sevilla – Levski/Spartak Sofia 3:1, 3:0; Pezoporikos Larnaca – FC Zürich 2:2, 0:1; Dynamo Tiflis – SSC Neapel 2:1, 0:1; Slavia Sofia – FK Sarajevo 2:2, 2:4; Grazer AK – Corvinul Hunedoara 1:1, 0:3

2. Runde: Werder Bremen – Brage IK Borlänge 2:0, 6:2; Glasgow Rangers – 1. FC Köln 2:1, 0:5; SSC Neapel – 1. FC Kaiserslautern 1:2, 0:2; Slask Breslau – Servette Genf 0:2, 1:5; RSC Anderlecht – FC Porto 4:0, 2:3, FC Valencia – Banik Ostrau 1:0, 0:0, Spartak Moskau – FC Haarlem 2:0, 3:1; Benfica Lissabon – SC Lokeren 2:0, 2:1; AS Saint-Etienne – Bohemians Prag 0:0, 0:4; AS Rom – IFK Norrköping 1:0, n. V. 0:1 (Rom 4:2-Sieger nach Elfmeterschießen); Hajduk Split – Girondins Bordeaux 4:1, 0:4; Shamrock Rovers – Universitatea Craiova 0:2, 0:3; Ferencvaros Budapest – FC Zürich 1:1, 0:1; PAOK Saloniki – FC Sevilla 2:0, 0:4; Corvinul Hunedoara – FK Sarajevo 4:4, 0:4; Viking Stavanger – Dundee United 1:3, 0:0.

Achtelfinale: FC Sevilla – 1. FC Kaiserslautern 1:0, 0:4; 1. FC Köln – AS Rom 1:0, 0:2; Dundee United – Werder Bremen 2:1, 1:1; Servette Genf – Bohemians Prag 2:2, 1:2; RSC Anderlecht – FK Sarajevo 6:1, 0:1; FC Zürich – Benfica Lissabon 1:1, 0:4; Girondins Bordeaux – Universitatea Craiova 1:0, n. V. 0:2; Spartak Moskau – FC Valencia 0:0, 0:2.
Viertelfinale: 1. FC Kaiserslautern – Universitatea Craiova 3:2, 0:1; Bohemians Prag – Dundee United 1:0, 0:0; AS Rom – Benfica Lissabon 1:2, 1:1; FC Valencia – RSC Anderlecht 1:2, 1:3.
Halbfinale: Bohemians Prag – RSC Anderlecht 0:1, 1:3; Benfica Lissabon – Universitatea Craiova 0:0, 1:1.

Endspiele: RSC Anderlecht – Benfica Lissabon 1:0, 1:1

RSC Anderlecht: Munaron – Hofkens, Olsen, Peruzovic, De Groote – Frimann, Coeck, Vercauteren, Lozano – Vandenbergh (Czerniatynski), Brylle (De Greef, Broos).
Tore: Brylle im 1. Spiel; Lozano (Sheu für Lissabon) im 2. Spiel – SR: Dotschev (Bulgarien)/Corver (Holland) – Zuschauer: 55 000/80 000 – 4. 5. und 18. 5.

1983/84: Tottenham Hotspur

1. Runde: 1. FC Kaiserslautern – FC Watford 3:1, 0:3; Anorthosis Famagusta – Bayern München 0:1 (in Limassol), 0:10; VfB Stuttgart – Levski/Spartak Sofia 1:1, 0:1; Werder Bremen – Malmö FF 1:1, 2:1; IB Vestmannaeyjar – Carl Zeiss Jena 0:0, 0:3; Nottingham Forest – Vorwärts Frankfurt/Oder 2:0, 1:0; Girondins Bordeaux – 1. FC Lok Leipzig 2:3, 0:4; Vitoria Guimaraes – Aston Villa 1:0, 0:5; Sparta Prag – Real Madrid 3:2, 1:1; FC Zürich – FC Antwerpen 1:4, 2:4; Sparta Rotterdam – FC Coleraine 4:0, 1:1; Banik Ostrau – B 1903 Kopenhagen 5:0, 1:1; Aris Bonneweg – Austria Wien 0:5, 0:10; FC Sevilla – Sporting Lissabon 1:1, 2:3; PSV Eindhoven – Ferencvaros Budapest 4:2, 2:0; Hellas Verona – Roter Stern Belgrad 1:0, 3:2; Atletico Madrid – FC Groningen 2:1, 0:3; FC Larissa – Honved Budapest 2:0, n. V. 0:3; Widzew Lodz – Elfsborg Boras 0:0 (in Bialystok), 2:2; Spartak Moskau – HJK Helsinki 2:0, 5:0; AA Gent – RC Lens 1:1, n. V. 1:2; Bryne IL – RSC Anderlecht 0:3, 1:1; Celtic Glasgow – Aarhus GF 1:0, 4:1; Dynamo Kiew – Stade Laval 0:0, 0:1; Drogheda United – Tottenham Hotspur 0:6, 0:8; FC St. Mirren – Feyenoord Rotterdam 0:1, 0:2; Radnicki Nisch – FC St. Gallen 3:0, 2:1; Sportul Studentesc Bukarest – Sturm Graz 1:2, 0:0; Lokomotive Plovdiv – PAOK Saloniki 1:2, 1:3; Universitatea Craiova – Hajduk Split 1:0 n. V. 0:1 (Split 3:1-Sieger nach Elfmeterschießen); Trabzonspor – Inter Mailand 1:0, 0:2 (in Cesena); Rabat Ajax – Inter Bratislava 0:10, 0:6.
2. Runde: 1. FC Lok Leipzig – Werder Bremen 1:0, 1:1; PAOK Saloniki – Bayern München 0:0, n. V. 0:0 (München 9:8-Sieger nach Elfmeterschießen); Sparta Rotterdam – Carl Zeiss Jena 3:2, 1:1; Austria Wien – Stade Laval 2:0, 3:3; Hellas Verona – Sturm Graz 2:2, 0:0; Widzew Lodz – Sparta Prag 1:0 (in Bialystok), 0:3; RSC Anderlecht – Banik Ostrau 2:0, 2:2; RC Lens – FC Antwerpen 2:2, 3:2; PSV Eindhoven – Nottingham Forest 1:2, 0:1; Sporting Lissabon – Celtic Glasgow 2:0, 0:5; Honved Budapest – Hajduk Split 3:2, 0:3; Tottenham Hotspur – Feyenoord Rotterdam 4:2, 2:0; FC Watford – Levski/Spartak Sofia 1:1, n. V. 3:1; FC Groningen – Inter Mailand 2:0, 1:5 (in Bari); Spartak Moskau – Aston Villa 2:2, 2:1; Radnicki Nisch – Inter Bratislava 4:0, 2:3.
Achtelfinale: Bayern München – Tottenham Hotspur 1:0, 0:2; Sturm Graz – 1. FC Lok Leipzig 2:0, 0:1; Radnicki Nisch – Hajduk Split 0:2, 0:2; Austria Wien – Inter Mailand 2:1, 1:1; Sparta Rotterdam – Spartak Moskau 1:1, 0:2; RC Lens – RSC Anderlecht 1:1, 0:1; FC Watford – Sparta Prag 2:3, 0:4; Nottingham Forest – Celtic Glasgow 0:0, 2:1.
Viertelfinale: Sparta Prag – Hajduk Split 1:0, n. V. 0:2; RSC Anderlecht – Spartak Moskau 4:2, 0:1; Tottenham Hotspur – Austria Wien 2:0, 2:2; Nottingham Forest – Sturm Graz 1:0, n. V. 1:1.
Halbfinale: Hajduk Split – Tottenham Hotspur 2:1, 0:1; Nottingham Forest – RSC Anderlecht 2:0, 0:3.

Endspiele: RSC Anderlecht – Tottenham Hotspur 1:1, n. V. 1:1 (Tottenham 4:3-Sieger nach Elfmeterschießen)

Tottenham Hotspur: Parks – Thomas, Miller (Ardiles), Hughton, Roberts – Perryman, Stevens (Marbutt, Dick), Hazard, Galvin – Archibald, Falco.
Tore: Miller (Olsen für Anderlecht) im 1. Spiel; Roberts (Czerniatynski für Anderlecht) im 2. Spiel – Tore aus dem Elfmeterschießen: Roberts, Falco, Stevens, Archibald (Thomas verschoss)/Brylle, Scifo, Vercauteren (Olsen, Gudjohnsen verschossen) – SR: Galler (Schweiz)/ Roth (Deutschland) – Zuschauer: 40 000/46 205 – 9. 5. und 23. 5.

1984/85: Real Madrid

1. Runde: Dukla Banska Bystrica – Borussia Mönchengladbach 2:3, 1:4; RSC Anderlecht – Werder Bremen 1:0, 1:2; 1. FC Köln- Pogon Stettin 2:1, 1:0; FC Southampton – Hamburger SV 0:0, 0:2; 1. FC Lok Leipzig – Lilleström SK 7:0, 0:3; Vorwärts Frankfurt/Oder – PSV Eindhoven 2:0, 0:3; Östers Växjö – Linzer ASK 0:1, 0:1; Real Madrid – Wacker Innsbruck 5:0, 0:2; FC Sion – Atletico Madrid 1:0, 3:2;

Olympiakos Piräus – Neuchâtel Xamax 1:0 (in Athen), 2:2; Nottingham Forest – FC Brügge 0:0, 0:1; Odense BK – Spartak Moskau 1:5, 1:2; Bohemians Dublin – Glasgow Rangers 3:2, 0:2; FC Sliven – Zeljeznicar Sarajevo 1:0, 1:5; Real Betis Sevilla – Universitatea Craiova 1:0, n. V. 0:1 (Craiova 5:3-Sieger nach Elfmeterschießen); Bohemians Prag – Apollon Limassol 6:1, 2:2; AS Monaco – ZSKA Sofia 2:2, 1:2; Fenerbahce Istanbul – AC Florenz 0:1, 0:2; Rabat Ajax – Partizan Belgrad 0:2, 0:2; Sporting Braga – Tottenham Hotspur 0:3, 0:6; FC Glentoran – Standard Lüttich 1:1, 0:2; Red Boys Differdingen – Ajax Amsterdam 0:0, 0:14; Videoton Szekesfehervar – Dukla Prag 1:0, 0:0; Sporting Lissabon – AJ Auxerre 2:0, n. V. 2:2; Manchester United – Raba ETO Györ 3:0, 2:2; Real Valladolid – NK Rijeka 1:0, 1:4; Paris Saint-Germain – Heart of Midlothian 4:0, 2:2; AIK Stockholm – Dundee United 1:0, 0:3; KR Reykjavik – Queen's Park Rangers 0:3, 0:4; Dynamo Minsk – HJK Helsinki 4:0, 6:0; Widzew Lodz – Aarhus GF 2:0, 0:1; Sportul Studentesc Bukarest – Inter Mailand 1:0, 0:2.
2. Runde: Standard Lüttich – 1. FC Köln 0:2, 1:2; Borussia Mönchengladbach – Widzew Lodz 3:2, 0:1; Hamburger SV – ZSKA Sofia 4:0, 2:1; 1. FC Lok Leipzig – Spartak Moskau 1:1, 0:2; Queen's Park Rangers – Partizan Belgrad 6:2, 0:4; Inter Mailand – Glasgow Rangers 3:0, 1:3; Paris Saint-Germain – Videoton Szekesfehervar 2:4, 0:1; Linzer ASK – Dundee United 1:2, 1:5; PSV Eindhoven – Manchester United 0:0, n. V. 0:1; Zeljeznicar Sarajevo – FC Sion 2:1, 1:1; Universitatea Craiova – Olympiakos Piräus 1:0, 1:0; AC Florenz – RSC Anderlecht 1:1, 2:6; FC Brügge – Tottenham Hotspur 2:1, 0:3; Sporting Lissabon – Dinamo Minsk 2:0, n. V. 0:2 (Minsk 5:3-Sieger nach Elfmeterschießen); Ajax Amsterdam – Bohemians Prag 1:0, n. V. 0:1 (Prag 4:2-Sieger nach Elfmeterschießen); NK Rijeka – Real Madrid 3:1, 0:3.
Achtelfinale: Spartak Moskau – 1. FC Köln1:0 (in Tiflis), 0:2; Hamburger SV – Inter Mailand 2:1, 0:1; RSC Anderlecht – Real Madrid 3:0, 1:6; Universitatea Craiova – Zeljeznicar Sarajevo 2:0, 0:4; Widzew Lodz – Dynamo Minsk 0:2, 1:0 (in Tiflis); Tottenham Hotspur – Bohemians Prag 2:0, 1:1; Manchester United – Dundee United 2:2, 3:2; Videoton Szekesfehervar – Partizan Belgrad 5:0, 0:2.
Viertelfinale: Inter Mailand – 1. FC Köln1:0, 3:1; Tottenham Hotspur – Real Madrid 0:1, 0:0; Manchester United – Videoton Szekesfehervar 1:0, n. V. 0:1 (Videoton 5:4-Sieger nach Elfmeterschießen); Zeljeznicar Sarajevo – Dynamo Minsk 2:0, 1:1.
Halbfinale: Inter Mailand – Real Madrid 2:0, 0:3; Videoton Szekesfehervar – Zeljeznicar Sarajevo 3:1, 1:2.

Endspiele: Videoton Szekesfehervar – Real Madrid 0:3, 1:0

Real Madrid: Miguel Angel – Chendo, Stielike, Sanchis, Camacho – San José, Gallego, Michel – Butragueno (Juanito), Santillana (Salguero), Valdano.
Tore: Michel, Santillana, Valdano im 1. Spiel; (Majer für Szekesfehervar) im 2. Spiel – SR: Vautrot (Frankreich)/Ponnet
(Belgien) – Zuschauer: 30 000/90 000 – 8. 5. und 22. 5.

1985/86: Real Madrid

1. Runde: 1. FC Köln- Sporting Gijon 0:0, 2:1; Tschernomoretz Odessa – Werder Bremen 2:1, 2:3; Borussia Mönchengladbach – Lech Posen 1:1, 2:0; Sparta Rotterdam – Hamburger SV 2:0, n. V. 0:2 (Rotterdam 4:3-Sieger nach Elfmeterschießen); Wismut Aue – Dnjepr Dnjepropetrowsk 1:3, 1:2 (in Krivoi Rog); FC Coleraine – 1. FC Lok Leipzig 1:1, 0:5; Sporting Lissabon – Feyenoord Rotterdam 3:1, 1:2; Glasgow Rangers – Atletico Osasuna 1:0, 0:2; Valur Reykjavik – FC Nantes 2:1, 0:3; Raba ETO Györ – Bohemians Prag 3:1, n. V. 1:4 (in Bratislava); Boavista Porto – FC Brügge 4:3, 1:3; Avenir Beggen – PSV Eindhoven 0:2, 0:4; Videoton Szekesfehervar – Malmö FF 1:0, 2:3; AJ Auxerre – AC Mailand 3:1, 0:3; Slavia Prag – FC St. Mirren 1:0, n. V. 0:3; Spartak Moskau – Turku PS 1:0, 3:1; Bohemians Dublin – Dundee United 2:5, 2:2; Pirin Blagoevgrad – Hammarby IF 1:3, 0:4; Legia Warschau – Viking Stavanger 3:0, 1:1; SV Waregem – Aarhus GF 5:2, 1:0; Inter Mailand – FC St. Gallen 5:1, 0:0; AEK Athen – Real Madrid 1:0, 0:5; Dinamo Tirana – Hamrun Spartans 1:0, 0:0; SC Portimonense – Partizan Belgrad 1:0, 0:4; Dinamo Bukarest – Vardar Skoplje 2:1, 0:1; Turin Calcio – Panathinaikos Athen 2:1, 1:1; APOEL Nikosia – Lokomotive Sofia 2:2, n. V. 2:4; Linzer ASK – Banik Ostrau 2:0, 1:0; Hajduk Split – FC Metz 5:1, 2:2; Neuchâtel Xamax – Sportul Studentesc Bukarest 3:0, 4:4; Athletic Bilbao – Besiktas Istanbul 4:1, 1:0; FC Lüttich – Wacker Innsbruck 1:0, 3:1.
2. Runde: 1. FC Köln- Bohemians Prag 4:0, 4:2; Sparta Rotterdam – Borussia Mönchengladbach 1:1, 1:5; AC Mailand – 1. FC Lok Leipzig 2:0, 1:3; PSV Eindhoven – Dnjepr Dnjepropetrowsk 2:2, 0:1 (in Krivoi Rog); SV Waregem – Atletico Osasuna 2:0, 1:2; Partizan Belgrad – FC Nantes 1:1, 0:4; Dundee United – Vardar Skoplje 2:0, 1:1; Linzer ASK – Inter Mailand 1:0, 0:4; Spartak Moskau – FC Brügge 1:0, 3:1; Videoton Szekesfehervar – Legia Warschau 0:1, 1:1; Hammarby IF – FC St. Mirren 3:3, 2:1; Lokomotive Sofia – Neuchâtel Xamax 1:1, 0:0; FC Lüttich – Athletic Bilbao 0:1, 1:3; Turin Calcio – Hajduk Split 1:1, 1:3; Dinamo Tirana – Sporting Lissabon 0:0, 0:1; Real Madrid – Tschernomoretz Odessa 2:1, 0:0.
Achtelfinale: Hammarby IF – 1. FC Köln2:1, 1:3; Borussia Mönchengladbach – Real Madrid 5:1 (in Düsseldorf), 0:4; Athletic Bilbao – Sporting Lissabon 2:1, 0:3; Dundee United – Neuchâtel Xamax 2:1,

n. V. 1:3; Inter Mailand – Legia Warschau 0:0, n. V. 1:0; Spartak Moskau – FC Nantes 0:1 (in Tiflis), 1:1; Dnjepr Dnjepropetrowsk – Hajduk Split 0:1 (in Krivoj Rog), 0:2; SV Waregem – AC Mailand 1:1, 2:1.
Viertelfinale: Sporting Lissabon – 1. FC Köln1:1, 0:2; Real Madrid – Neuchâtel Xamax 3:0, 0:2; Hajduk Split – SV Waregem 1:0, n. V. 0:1 (Waregem 5:4-Sieger nach Elfmeterschießen); Inter Mailand – FC Nantes 3:0, 3:3.
Halbfinale: 1. FC Köln- SV Waregem 4:0, 3:3; Inter Mailand – Real Madrid 3:1, n. V. 1:5.

Endspiele: Real Madrid – 1. FC Köln 5:1, 0:2 (in Berlin)

Real Madrid: Agustin – Salguero (Maceda) – Solana, Camacho – Vasquez (Chendo), Michel, Juanito (Gallego), Gordillo – Butragueno, Sanchez (Santillana), Valdano.
1. FC Köln: Schumacher – Gielchen – Steiner, Prestin, Geils (Schmitz) – Geilenkirchen, Hönerbach, Bein (Häßler), Janssen (Pisanti) – Littbarski (Dickel), Kl. Allofs.
Tore: Valdano 2, Sanchez, Gordillo, Santillana (Kl. Allofs für Köln) im 1. Spiel; (Bein, Geilenkirchen) im 2. Spiel – SR: Courtney (England)/Valentine (Schottland) – Zuschauer: 85 000/21 185 – 30. 4. und 6. 5.

1986/87: IFK Göteborg

1. Runde: Atletico Madrid – Werder Bremen 2:0, n. V. 1:2; Kalmar FF – Bayer Leverkusen 1:4, 0:3; Bayer Uerdingen – Carl Zeiss Jena 3:0, 4:0; Borussia Mönchengladbach – Partizan Belgrad 1:0, 3:1; Athletic Bilbao – 1. FC Magdeburg 2:0, 0:1; FC Coleraine – Stahl Brandenburg 1:1, 0:1; RC Lens – Dundee United 1:0, 0:2; FC Groningen – Galway United 5:1, 3:1; IA Akranes – Sporting Lissabon 0:9 (in Reykjavik), 0:6; Jeunesse Esch – AA Gent 1:2, 1:1; MSC Pecs – Feyenoord Rotterdam 1:0, 0:2; Sparta Prag – Vitoria Guimaraes 1:1, 1:2; Heart of Midlothian – Dukla Prag 3:2, 0:1; FC Nantes – Turin Calcio 0:4, 1:1; Dynamo Minsk – Raba ETO Györ 2:4, 1:0; Sigma Ölmütz – IFK Göteborg 1:1, 0:4; Glasgow Rangers – Ilves Tampere 4:0, 0:2; Legia Warschau – Dnjepr Dnjepropetrowsk 0:0, 1:0 (in Krivoj Rog); Linzer ASK – Widzew Lodz 1:1, 0:1; Neuchâtel Xamax – Lyngby BK 2:0, 3:1; SK Beveren – Valerengen Oslo 1:0, 0:0; OFI Kreta – Hajduk Split 1:0, 0:4; Flamurtari Vlora – FC Barcelona 1:1, 0:0; AC Florenz – Boavista Porto 1:0, n. V. 0:1 (Porto 3:1-Sieger nach Elfmeterschießen); Hibernians Paola – Trakia Plovdiv 0:2, 0:8; FC Tirol – Sredec Sofia 3:0, 0:2; Inter Mailand – AEK Athen 2:0, 1:0; Sportul Studentesc Bukarest – Omonia Nikosia 1:0, 1:1; NK Rijeka – Standard Lüttich 0:1, 1:1; Universitatea Craiova – Galatasaray Istanbul 2:0, 1:2; SSC Neapel – FC Toulouse 1:0, n. V. 0:1 (Toulouse 4:3-Sieger nach Elfmeterschießen); Spartak Moskau – FC Luzern 0:0, 1:0.
2. Runde: Widzew Lodz – Bayer Uerdingen 0:0, 0:2; Borussia Mönchengladbach – Feyenoord Rotterdam 5:1, 2:0; Dukla Prag – Bayer Leverkusen 0:0, 1:1; IFK Göteborg – Stahl Brandenburg 2:0, 1:1; FC Groningen – Neuchâtel Xamax 0:0, 1:1; SK Beveren – Athletic Bilbao 3:1, 1:2; Glasgow Rangers – Boavista Porto 2:1, 1:0; Legia Warschau – Inter Mailand 3:2, 0:1; Vitoria Guimaraes – Atletico Madrid 2:0, 0:1; Sportul Studentesc Bukarest – AA Gent 0:3, 1:1; Turin Calcio – Raba ETO Györ 4:0, 1:1; FC Barcelona – Sporting Lissabon 1:0, 1:2; Hajduk Split – Trakia Plovdiv 3:1, 2:2; FC Tirol Innsbruck – Standard Lüttich 2:1, 2:3; FC Toulouse – Spartak Moskau 3:1, 1:5; Dundee United – Universitatea Craiova 3:0, 0:1.
Achtelfinale: Bayer Uerdingen – FC Barcelona 0:2, 0:2; Glasgow Rangers – Borussia Mönchengladbach 1:1, 0:0; Spartak Moskau – FC Tirol Innsbruck 1:0 (in Simferopol), 0:2; Dundee United – Hajduk Split 2:0, 0:0; AA Gent – IFK Göteborg 0:1, 0:4; FC Groningen – Vitoria Guimaraes 1:0, 0:3; Dukla Prag – Inter Mailand 0:1, 0:0; Turin Calcio – SK Beveren 2:1, 1:0.
Viertelfinale: Borussia Mönchengladbach – Vitoria Guimaraes 3:0, 2:2; Turin Calcio – FC Tirol Innsbruck 0:0, 1:2; Dundee United – FC Barcelona 1:0, 2:1; IFK Göteborg – Inter Mailand 0:0, 1:1.
Halbfinale: Dundee United – Borussia Mönchengladbach 0:0, 2:0; IFK Göteborg – FC Tirol Innsbruck 4:1, 1:0.

Endspiele: IFK Göteborg – Dundee United 1:0, 1:1

IFK Göteborg: Wernersson – Larsson – Carlsson, Hysen, Frederiksson – Johansson (R. Nilsson), Tord Holmgren (Zetterlund), Andersson, Tommy Holmgren (Mordt), Petersson, L. Nilsson.
Tore: Petersson im 1. Spiel; L. Nilssson (Clark für Dundee im 2. Spiel – SR: Kirschen (DDR)/Igna (Rumänien) – Zuschauer: 50 023/20 911 – 6. 5. und 20. 5.

1987/88: Bayer Leverkusen

1. Runde: Borussia Mönchengladbach – Espanol Barcelona 0:1, 1:4; Celtic Glasgow – Borussia Dortmund 2:1, 0:2; Mjöndalen IF – Werder Bremen 0:5, 1:0; Austria Wien – Bayer Leverkusen 0:0, 1:5; Spartak Moskau – Dynamo Dresden 3:0, 0:1; Wismut Aue – Valur Reykjavik 0:0, 1:1; SK Beveren – Bohemians Prag 2:0, 0:1; Feyenoord Rotterdam – Spora Luxemburg 5:0, 5:2; Banyasz Tatabanya – Vitoria Guimaraes 1:1, 0:1; Grasshoppers Zürich – Dynamo Moskau 0:4, 0:1; Pogon Stettin – Hellas Verona 1:1, 1:3; Honved Budapest – SC Lokeren 1:0, 0:0; Bröndby IF Kopenhagen – IFK Göteborg 2:1, 0:0; Zenit Leningrad – FC Brügge 2:0, 0:5; Sportul Studentesc Bukarest – GKS Kattowitz 1:0, 2:1 (in

Chorzow); Panathinaikos Athen – AJ Auxerre 2:0, 2:3; EPA Larnaca – Victoria Bukarest 0:1, 0:3; Flamurtari Vlora – Partizan Belgrad 2:0, 1:2; Sporting Gijon – AC Mailand 1:0, 0:3 (in Lecce); FC Coleraine – Dundee United 0:1, 1:3; TJ Vitkovice – AIK Stockholm 1:1 (in Ostrau), 2:0; Besiktas Istanbul – Inter Mailand 0:0, 1:3; Turku PS – FC Admira/Wacker 0:1, 2:0; Lokomotive Sofia – Dynamo Tiflis 3:1, 0:3; Velez Mostar – FC Sion 5:0, 0:3; Bohemians Dublin – FC Aberdeen 0:0, 0:1; FC Barcelona – Belenenses Lissabon 2:0, 0:1; Linzer ASK – FC Utrecht 0:0, 0:2; FC Valetta – Juventus Turin 0:4, 0:3; Universitatea Craiova – GD Chaves 3:2, 1:2; Roter Stern Belgrad – Trakia Plovdiv 3:0, 2:2; FC Toulouse – Panionios Athen 5:1, 1:0.
2. Runde: Borussia Dortmund – Velez Mostar 2:0, 1:2; Spartak Moskau – Werder Bremen 4:1, n. V. 2:6; FC Toulouse – Bayer Leverkusen 1:1, 0:1; Wismut Aue – Flamurtari Vlora 1:0, 0:2; Vitoria Guimaraes – SK Beveren 1:0, n. V. 0:1 (Guimaraes 5:4-Sieger nach Elfmeterschießen); AC Mailand – Espanol Barcelona 0:2 (in Lecce), 0:0; FC Aberdeen – Feyenoord Rotterdam 2:1, 0:1; GD Chaves – Honved Budapest 1:2, 1:3; FC Utrecht – Hellas Verona 1:1, 1:2; FC Barcelona – Dynamo Moskau 2:0, 0:0; Dundee United – TJ Vitkovice 1:2, 1:1 (in Ostrau); Bröndby IF Kopenhagen – Sportul Studentesc Bukarest 3:0, n. V. 0:3 (Bukarest 3:0-Sieger nach Elfmeterschießen); Inter Mailand – Turku PS 0:1, 2:0; Panathinaikos Athen – Juventus Turin 1:0, 2:3; Roter Stern Belgrad – FC Brügge 3:1, 0:4; Victoria Bukarest – Dynamo Tiflis 1:2, 0:0.
Achtelfinale: Feyenoord Rotterdam – Bayer Leverkusen 2:2, 0:1 (in Köln); Werder Bremen – Dynamo Tiflis 2:1, 1:1; Borussia Dortmund – FC Brügge 3:0, n. V. 0:5; Honved Budapest – Panathinaikos Athen 5:2, 1:5; FC Barcelona – Flamurtari Vlora 4:1, 0:1; Vitoria Guimaraes – TJ Vitkovice 2:0, n. V. 0:2 (Vitkovice 5:4-Sieger nach Elfmeterschießen); Inter Mailand – Espanol Barcelona 1:1, 0:1; Hellas Verona – Sportul Studentesc Bukarest 3:1, 1:0.
Viertelfinale: Bayer Leverkusen – FC Barcelona 0:0 (in Köln), 1:0; Hellas Verona – Werder Bremen 0:1, 1:1; Panathinaikos Athen – FC Brügge 2:2, 0:1; Espanol Barcelona – TJ Vitkovice 2:0, 0:0.
Halbfinale: Bayer Leverkusen – Werder Bremen 1:0, 0:0; FC Brügge – Espanol Barcelona 2:0, n. V. 0:3.

Endspiele: Espanol Barcelona – Bayer Leverkusen 3:0, n. V. 0:3 (Leverkusen 3:2-Sieger nach Elfmeterschießen)

Bayer Leverkusen: Vollborn – Rolff – de Kayser (Seckler), A. Reinhardt, Hinterberger, (Schreier) – Cha (Götz), Tita, Buncol, Falkenmayer, (K. Reinhardt) – Waas, Täuber.
Tore: (Losada 2, Soler) im 1. Spiel; Tita, Götz, Cha im 2. Spiel – Tore nach Elfmeterschießen: 0:1 Alonso, Falkenmayer (N'Kono hält), 0:2 Job, 1:2 Rolff, Urkiaga (Lattenschuß), 2:2 Waas, Zusillaga (Vollborn hält), 3:2 Täuber, Losado (über das Tor) – SR: Krchnak (Tschechoslowakei)/Keizer (Holland) – Zuschauer: 42 000/22 000 – 4. 5. und 18. 5.

1988/89: SSC Neapel

1. Runde: FC Antwerpen – 1. FC Köln 2:4, 1:2; AS Rom – 1. FC Nürnberg 1:2, n. V. 3:1; Bayer Leverkusen – Belenenses Lissabon 0:1, 0:1; VfB Stuttgart – Banyasz Tatabanya 2:0, 1:2; Bayern München – Legia Warschau 3:1, 7:3; FC Aarau – 1. FC Lok Leipzig 0:3, 0:4; FC Aberdeen – Dynamo Dresden 0:0, 0:2; Sliema Wanderers – Victoria Bukarest 0:2, 1:6; US Luxemburg – FC Lüttich 1:7, 0:4; Vienna Wien – Ikast FS 1:0, 1:2; Besiktas Istanbul – Dinamo Zagreb 1:0, 0:2; Otelul Galati – Juventus Turin 1:0, 0:5; Trakia Plovdiv – Dynamo Minsk 1:2, 0:0; Zalgiris Wilna – Austria Wien 2:0, 2:5; Dnjepr Dnjepropetrowsk – Girondins Bordeaux 1:1, 1:2; Turku PS – FC Linfield 0:0, 1:1 (in Wrexham); Molde FK – SV Waregem 0:0, 1:5; Partizan Belgrad – Slavia Sofia 5:0, 5:0; Östers Växjö – DAC Dunajska Streda 2:0, 0:6; Malmö FF – Torpedo Moskau 2:0, n. V. 1:2; FC Groningen – Atletico Madrid 1:0, 1:2; St. Patrick's Athletic – Heart of Midlothian 0:2, 0:2; Velez Mostar – APOEL Nikosia 1:0, 5:2; AEK Athen – Athletic Bilbao 1:0, 0:2; Servette Genf – Sturm Graz 1:0, 0:0; Real Sociedad San Sebastian – Dukla Prag 2:1, 2:3; Inter Mailand – Brage IK Borlänge 2:1, 2:1; Glasgow Rangers – GKS Kattowitz 1:0, 4:2; SC Montpellier – Benfica Lissabon 0:3, 1:3; SSC Neapel – PAOK Saloniki 1:0, 1:1; Sporting Lissabon – Ajax Amsterdam 4:2, 2:1; IA Akranes – Ujpest Budapest 0:0 (in Reykjavik), 1:2.
2. Runde: Bayern München – DAC Dunajska Streda 3:1, 2:0; Dinamo Zagreb – VfB Stuttgart 1:3, 1:1; 1. FC Köln – Glasgow Rangers 2:0, 1:1; 1. FC Lok Leipzig – SSC Neapel 1:1, 0:2; Dynamo Dresden – SV Waregem 4:1, 1:2; Partizan Belgrad – AS Rom 4:2, 0:2; Velez Mostar – Belenenses Lissabon 0:0, n. V. 0:0 (Mostar 4:3-Sieger nach Elfmeterschießen); Sporting Lissabon – Real Sociedad San Sebastian 1:2, 0:0; Heart of Midlothian – Austria Wien 0:0, 1:0; Ujpest Budapest – Girondins Bordeaux 0:1, 0:1; Juventus Turin – Athletic Bilbao 5:1, 2:3; Vienna Wien – Turku PS 2:1, 0:1; Malmö FF – Inter Mailand 0:1, 1:1; FC Lüttich – Benfica Lissabon 2:1, 1:1; FC Groningen – Servette Genf 2:0, 1:1; Dynamo Minsk – Victoria Bukarest 2:1, 0:1.
Achtelfinale: Real Sociedad San Sebastian – 1. FC Köln 1:0, 2:2; Bayern München – Inter Mailand 0:2, 3:1; FC Groningen – VfB Stuttgart 1:3, 0:2; Dynamo Dresden – AS Rom 2:0, 2:0; Girondins Bordeaux – SSC Neapel 0:1, 0:0; Heart of Midlothian – Velez Mostar 3:0, 1:2; Victoria Bukarest – Turku PS 1:0, 2:3; FC Lüttich – Juventus Turin 0:1, 0:1.

Viertelfinale: VfB Stuttgart - Real Sociedad San Sebastian 1:0, n. V. 0:1 (Stuttgart 4:2-Sieger nach Elfmeterschießen); Heart of Midlothian - Bayern München 1:0, 0:2; Victoria Bukarest - Dynamo Dresden 1:1, 0:4; Juventus Turin - SSC Neapel 2:0, n. V. 0:3.
Halbfinale: SSC Neapel - Bayern München 2:0, 2:2; VfB Stuttgart - Dynamo Dresden 1:0, 1:1.

Endspiele: SSC Neapel - VfB Stuttgart 2:1, 3:3

SSC Neapel: Giuliani - Renica - Ferrara, Corradini (Crippa) - de Napoli, Alemao (Carranante), Fusi, Francini - Careca (Bigliardi), Maradona, Carnevale.
VfB Stuttgart: Immel - Allgöwer - N. Schmäler, Hartmann, Buchwald - Schäfer, Katanec, Sigurvinsson, Schröder - Gaudino, Walter (Zietsch, O. Schmäler, Klinsmann).
Tore: Maradona, Careca (Gaudino für Stuttgart) im 1. Spiel; Alemao, Ferrara, Careca (Klinsmann, Eigentor De Napoli, O. Schmäler für Stuttgart) im 2. Spiel - SR: Germanakos (Griechenland)/Sanchez (Spanien) - Zuschauer: 81 093/66 800 - 3. 5. und 17. 5.

1989/90: Juventus Turin

Qualifikation: AJ Auxerre - Dinamo Zagreb 0:1, 3:1.
1. Runde: VfB Stuttgart - Feyenoord Rotterdam 2:0, 1:2; 1. FC Köln - Plastika Nitra 4:1, 1:0; Örgryte Göteborg - Hamburger SV 1:2, 1:5; Lilleström SK - Werder Bremen 1:3, 0:2; FC Karl-Marx-Stadt - Boavista Porto 1:0, n. V. 2:2; Hansa Rostock - Banik Ostrau 2:3, 0:4; FC Aberdeen - Rapid Wien 2:1, 0:1; Dynamo Kiew - MTK/VM Budapest 4:0, 2:1; FC Wettingen - FC Dundalk 3:0, 2:0; Twente Enschede - FC Brügge 0:0, 1:4; FC Sochaux - Jeunesse Esch 7:0, 5:0; Gornik Zabrze - Juventus Turin 0:1, 2:4; Hibernian Edinburgh - Videoton Szekesfehervar 1:0, 3:0; IA Akranes - FC Lüttich 0:2, 1:4; Zalgiris Wilna - IFK Göteborg 2:0, 0:1; FC Glentoran - Dundee United 1:3, 0:2; Kuusysi Lahti - Paris Saint-Germain 0:0, 2:3; Austria Wien - Ajax Amsterdam 1:0, 1:1 in Verl. abgebrochen (Wertung 3:0); Rovaniemi PS - GKS Kattowitz 1:1, 1:0; Zenit Leningrad - Naestved IF 3:1, 0:0; Apollon Limassol - Real Saragossa 0:3, 1:1; Atalanta Bergamo - Spartak Moskau 0:0, 0:2; FK Rad Belgrad - Olympiakos Piräus 2:1, 0:2; Vitoscha Sofia - FC Antwerpen 0:0, 3:4; FC Porto - Flacara Moreni 2:0, 2:1; Atletico Madrid - AC Florenz 1:0, n. V. 0:1 (Florenz 3:1-Sieger nach Elfmeterschießen, in Perugia); Iraklis Saloniki - FC Sion 1:0, 0:2; AJ Auxerre - Apolonia Fier 5:0, 3:0 (in Vlora); Sporting Lissabon - SSC Neapel 0:0, n. V. 0:0 (Neapel 4:3-Sieger nach Elfmeterschießen); Galatasaray Istanbul - Roter Stern Belgrad 1:1, 0:2; FC Valencia - Victoria Bukarest 3:1, 1:1; FC Valetta - Vienna Wien 1:4 (in Solo), 0:3.
2. Runde: 1. FC Köln - Spartak Moskau 3:1, 0:0; Zenit Leningrad - VfB Stuttgart 0:1, 0:5; Real Saragossa - Hamburger SV 1:0, n. V. 0:2; Werder Bremen - Austria Wien 5:0, 0:2; FC Sion - FC Karl-Marx-Stadt 2:1, 1:4; FC Brügge - Rapid Wien 1:2, 3:4; AC Florenz - FC Sochaux 0:0 (in Perugia), 1:1; Paris Saint-Germain - Juventus Turin 0:1, 1:2; Roter Stern Belgrad - Zalgiris Wilna 4:1, 1:0; Hibernian Edinburgh - FC Lüttich 0:0, n. V. 0:1; FC Antwerpen - Dundee United 4:0, 2:3; Dynamo Kiew - Banik Ostrau 3:0, 1:1; Rovaniemi PS - AJ Auxerre 0:5, 0:3; FC Wettingen - SSC Neapel 0:0 (in Zürich), 1:2; FC Porto - FC Valencia 3:1, 2:3; Vienna Wien - Olympiakos Piräus 2:2, 1:1.
Achtelfinale: Roter Stern Belgrad - 1. FC Köln 2:0, 0:3; FC Antwerpen - VfB Stuttgart 1:0, 1:1; SSC Neapel - Werder Bremen 2:3, 1:5; Hamburger SV - FC Porto 1:0, 1:2; Juventus Turin - FC Karl-Marx-Stadt 2:1, 1:0; Rapid Wien - FC Lüttich 1:0, 1:3; Olympiakos Piräus - AJ Auxerre 1:1, 0:0; AC Florenz - Dynamo Kiew 1:0 (in Perugia), 0:0.
Viertelfinale: 1. FC Köln - FC Antwerpen 2:0, 0:0; FC Lüttich - Werder Bremen 1:4, 2:0; Hamburger SV - Juventus Turin 0:2, 2:1; AC Florenz - AJ Auxerre 1:0 (in Perugia), 1:0.
Halbfinale: Juventus Turin - 1. FC Köln 3:2, 0:0; Werder Bremen - AC Florenz 1:1, 0:0 (in Perugia).

Endspiele: Juventus Turin - AC Florenz 3:1, 0:0 (in Avellino)

Juventus Turin: Tacconi - Bonetti - Napoli (Alessio), De Agostini - Galia, Aleijnikow, Rui Barros, Marocchi - Casiraghi, Schillaci (Rosa, Avallone), Bruno.
Tore: Galia, Casiraghi, De Agostini (Buso für Florenz) - SR: Aladren (Spanien)/Schmidhuber (Deutschland) - Zuschauer: 46 000/32 000 - 2. 5. und 16. 5.

1990/91: Inter Mailand

1. Runde: Bröndby IF Kopenhagen - Eintracht Frankfurt 5:0, 1:4; Borussia Dortmund - Chemnitzer FC 2:0, 2:0; IFK Norrköping - 1. FC Köln 0:0, 1:3; Bayer Leverkusen - Twente Enschede 1:0, n. V. 1:1; 1. FC Magdeburg - Rovaniemi PS 0:0, 1:0; Dnjepr Dnjepropetrowsk - Heart of Midlothian 1:1, 1:3; Derry City - Vitesse Arnheim 0:1, 0:0; MTK/VM Budapest - FC Luzern 1:1, 1:2; Sporting Lissabon - KV Mechelen 1:0, 2:2; Lausanne-Sports - Real Sociedad San Sebastian 3:2, 0:1; Avenir Beggen - Inter Bratislava 2:1, 0:5; FH Hafnarfjördur - Dundee United 1:3, 2:2; FC Antwerpen - Ferencvaros Budapest 0:0, n. V. 1:3 (in Zalaegerszeg); Zaglebie Lubin - FC Bologna 0:1, 0:1; FC Glenavon Lurgan- Girondins Bordeaux 0:0, 0:2; Torpedo Moskau - GAIS Göteborg 4:1, 1:1; Aston Villa - Banik Ostrau 3:1, 2:1; Vejle BK - Admira/Wacker

Wien 0:1, 0:3; Tschernomoretz Odessa – Rosenborg Trondheim 3:1, 1:2; GKS Kattowitz – Turku PS 3:0, 1:0; Iraklis Saloniki – FC Valencia 0:0, n. V. 0:2; RSC Anderlecht – Petrolul Ploiesti 2:0, 2:0; Atalanta Bergamo – Dinamo Zagreb 0:0, 1:1; Slavia Sofia – Omonia Nikosia 2:1, n. V. 2:4; AS Rom – Benfica Lissabon 1:0, 1:0; Roda JC Kerkrade – AS Monaco 1:3, 1:3; Partizani Tirana – Universitatea Craiova 0:1, 0:1; FC Sevilla – PAOK Saloniki 0:0, n. V. 0:0 (Sevilla 4:3-Sieger nach Elfmeterschießen); Politehnica Timisoara – Atletico Madrid 2:0, 0:1; Rapid Wien – Inter Mailand 2:1, n. V. 1:3 (in Verona); Fenerbahce Istanbul – Vitoria Guimaraes 3:0, 3:2; Hibernians Paola – Partizan Belgrad 0:3, 0:2.
2. Runde: GKS Kattowitz – Bayer Leverkusen 1:2, 0:4; 1. FC Köln – Inter Bratislava 0:1, 2:0; Universitatea Craiova – Borussia Dortmund 0:3, 0:1; 1. FC Magdeburg – Girondins Bordeaux 0:1, 0:1; FC Luzern – Admira/Wacker Wien0:1, 1:1; Bröndby IF Kopenhagen – Ferencvaros Budapest 3:0, 1:0; Heart of Midlothian – FC Bologna 3:1, 0:3; Fenerbahce Istanbul – Atalanta Bergamo 0:1, 1:4; Sporting Lissabon – Politehnica Timisoara 7:0, 0:2; Real Sociedad San Sebastian – Partizan Belgrad 1:0, n. V. 0:1 (Belgrad 5:4-Sieger nach Elfmeterschießen); FC Valencia – AS Rom 1:1, 1:2; Tschernomoretz Odessa – AS Monaco 0:0, 0:1; Omonia Nikosia – RSC Anderlecht 1:1, 0:3; Vitesse Arnheim – Dundee United 1:0, 4:0; Aston Villa – Inter Mailand 2:0, 0:3; Torpedo Moskau – FC Sevilla 3:1, 1:2.
Achtelfinale: Bröndby IF Kopenhagen – Bayer Leverkusen 3:0, 0:0; RSC Anderlecht – Borussia Dortmund 1:0, 1:2; 1. FC Köln – Atalanta Bergamo 1:1, 0:1; Inter Mailand – Partizan Belgrad 3:0, 1:1; AS Rom – Girondins Bordeaux 5:0, 2:0; Admira/Wacker Wien– FC Bologna 3:0, n. V. 0:3 (Bologna 6:5-Sieger nach Elfmeterschießen); Vitesse Arnheim – Sporting Lissabon 0:2, 1:2; Torpedo Moskau – AS Monaco 2:1, 2:1.
Viertelfinale: FC Bologna – Sporting Lissabon 1:1, 0:2; Bröndby IF Kopenhagen – Torpedo Moskau 1:0, n. V. 0:1 (Bröndby 4:2-Sieger nach Elfmeterschießen); Atalanta Bergamo – Inter Mailand 0:0, 0:2; AS Rom – RSC Anderlecht 3:0, 3:2.
Halbfinale: Bröndby IF Kopenhagen – AS Rom 0:0, 1:2; Sporting Lissabon – Inter Mailand 0:0, 0:2.

Endspiele: Inter Mailand – AS Rom 2:0, 0:1

Inter Mailand: Zenga – Bergomi – Paganin (Baresi), Ferri – Bianchi, Battistini, Matthäus, Berti, Brehme – Serena (Pizzi, Mandorlini), Klinsmann.
Tore: Matthäus, Berti im 1. Spiel; (Rizzitelli für Rom) im 2. Spiel – SR: Spirin (UdSSR)/Quiniou (Frankreich) – Zuschauer: 68 887/70 901 – 8. 5. und 22. 5.

1991/92: Ajax Amsterdam

1. Runde: Hamburger SV – Gornik Zabrze 1:1, 3:0; Cork City – Bayern München 1:1, 0:2; Eintracht Frankfurt – Spora Luxemburg 6:1, 5:0; VfB Stuttgart – MSC Pecs 4:1, 2:2; Hallescher FC – Torpedo Moskau 2:1, 0:3; FC Groningen – Rot-Weiß Erfurt 0:1, 0:1; Gradjanski Zagreb – Trabzonspor 2:3 (in Klagenfurt), 1:1; Ikast FS – AJ Auxerre 0:1, 1:5; AA Gent – Lausanne-Sports 0:1, n. V. 1:0 (Gent 4:1-Sieger nach Elfmeterschießen); Anorthosis Famagusta – Steaua Bukarest 1:2, n. V. 2:2; Neuchâtel Xamax – FC Floriana 2:0, 0:0; Slavia Sofia – Atletico Osasuna 1:0, 0:4; MTE Izzo Vac – Dynamo Moskau 1:0, 1:4; Vllaznia Shkoder – AEK Athen 0:1, 0:2; FC Bangor – Sigma Olmütz 0:3, 0:3; Slovan Bratislava – Real Madrid 1:2, 1:1; Mikkeli MP – Spartak Moskau 0:2, 1:3; FC Aberdeen – B 1903 Kopenhagen 0:1, 0:2; Sturm Graz – FC Utrecht 0:1, 1:3; Celtic Glasgow – Germinal Ekeren 2:0, 1:1; FC Tirol Innsbruck – Tromsö IL 2:1, 1:1; Olympique Lyon – Östers Växjö 1:0, 1:1; Ajax Amsterdam – Örebro SK 3:0, 1:0 (in Düsseldorf); FC Liverpool – Kuusysi Lahti 6:1, 0:1; PAOK Saloniki – KV Mechelen 1:1, 1:0; Sporting Gijon – Partizan Belgrad 2:0, n. V. 0:2 (Gijon 3:2-Sieger nach Elfmeterschießen, in Istanbul); Sporting Lissabon – Dinamo Bukarest 1:0, n. V. 0:2; Boavista Porto – Inter Mailand 2:1, 0:0; ZSKA Sofia – AC Parma 0:0, 1:1; SC Salgueiros – AS Cannes 1:0, n. V. 0:1 (Cannes 4:2-Sieger nach Elfmeterschießen); KR Reykjavik – Turin Calcio 0:2, 1:6; Real Oviedo – FC Genua '93 1:0, 1:3.
2. Runde: B 1903 Kopenhagen – Bayern München 6:2, 0:1; AA Gent – Eintracht Frankfurt 0:0, 1:0; Hamburger SV – ZSKA Sofia 2:0, 4:1; Atletico Osasuna – VfB Stuttgart 0:0, 3:2; Rot-Weiß Erfurt – Ajax Amsterdam 1:2, 0:3 (in Düsseldorf); Neuchâtel Xamax – Celtic Glasgow 5:1, 0:1; AS Cannes – Dynamo Moskau 0:1, 1:1; FC Utrecht – Real Madrid 1:3, 0:1; PAOK Saloniki – FC Tirol Innsbruck 0:2, 0:2; AJ Auxerre – FC Liverpool 2:0, 0:3; Sigma Olmütz – Torpedo Moskau 2:0, 0:0; Spartak Moskau – AEK Athen 0:0, 1:2; FC Genua '93 – Dinamo Bukarest 3:1, 2:2; Olympique Lyon – Trabzonspor 3:4, 1:4; Sporting Gijon – Steaua Bukarest 2:2, 0:1; Turin Calcio – Boavista Porto 2:0, 0:0.
Achtelfinale: Hamburger SV – Sigma Olmütz 1:2, 1:4; B 1903 Kopenhagen – Trabzonspor 1:0, 1:1; FC Tirol Innsbruck – FC Liverpool 0:2, 0:4; AA Gent – Dynamo Moskau 2:0, 0:0 (in Simferopol); Steaua Bukarest – FC Genua '93 0:1, 0:1; AEK Athen – Turin Calcio 2:2, 0:1; Neuchâtel Xamax – Real Madrid 1:0, 0:4; Atletico Osasuna – Ajax Amsterdam 0:1, 0:1 (in Düsseldorf).
Viertelfinale: B 1903 Kopenhagen – Turin Calcio 0:2, 0:1; Sigma Olmütz – Real Madrid 1:1, 0:1; AA Gent – Ajax Amsterdam 0:0, 0:3; FC Genua '93 – FC Liverpool 2:0, 2:1.
Halbfinale: FC Genua '93 – Ajax Amsterdam 2:3, 1:1; Real Madrid – Turin Calcio 2:1, 0:2.

Endspiele: Turin Calcio – Ajax Amsterdam 2:2, 0:0
Ajax Amsterdam: Menzo – Blind – Silooy, Jonk, De Boer – Van 't Schip, Winter (Alflen), Kreek (Vink), Bergkamp – Petersson, Roy (Van Loen, Groenendijk).
Tore: Jonk, Petersson (Casagrande 2 für Turin) – SR: Worrall (England)/Petrovic (Jugoslawien) – Zuschauer: 65 377/42 000 – 29. 4. und 13. 5.

1992/93: Juventus Turin

1. Runde: Fram Reykjavik – 1. FC Kaiserslautern 0:3, 0:4; FC Floriana – Borussia Dortmund 0:1, 2:7; 1. FC Köln – Celtic Glasgow 2:0, 0:3; Widzew Lodz – Eintracht Frankfurt 2:2, 0:9; Hibernian Edinburgh – RSC Anderlecht 2:2, 1:1; Neuchâtel Xamax – Frem Kopenhagen 2:2, 1:4; SM Caen – Real Saragossa 3:2, 0:2; FC Vac – FC Groningen 1:0, 1:1; Fenerbahce Istanbul – Botev Plovdiv 3:1, 2:2; Electroputere Craiova – Panathinaikos Athen 0:6, 0:4; Lokomotive Plovdiv – AJ Auxerre 2:2, 1:7; Politehnica Timisoara – Real Madrid 1:1, 0:4; Slavia Prag – Heart of Midlothian 1:0, 2:4; IFK Norrköping – Turin Calcio 1:0, 0:3; Juventus Turin – Anorthosis Famagusta 6:1, 4:0; Dynamo Moskau – Rosenborg Trondheim 5:1, 0:2; Dynamo Kiew – Rapid Wien 1:0, 2:3; Austria Salzburg – Ajax Amsterdam 0:3, 1:3; KV Mechelen – Örebro SK 2:1, 0:0; FC Kopenhagen – Mikkeli MP 5:0, 5:1; Grasshoppers Zürich – Sporting Lissabon 1:2, n. V. 3:1; GKS Kattowitz – Galatasaray Istanbul 0:0, 1:2; Vitesse Arnheim – Derry City 3:0, 2:1; Standard Lüttich – FC Portadown 5:0, 0:0; Wacker Innsbruck – AS Rom 1:4, 0:1; Sheffield Wednesday – Spora Luxemburg 8:1, 2:1; Manchester United – Torpedo Moskau 0:0, n. V. 0:0 (Moskau 4:3-Sieger nach Elfmeterschießen); Benfica Lissabon – Belvedur Izola 3:0, 5:0; FC Valencia – SSC Neapel 1:5, 0:1; Paris Saint-Germain – PAOK Saloniki 2:0, 2:0 abgebrochen (Wertung 3:0); Vitoria Guimaraes – Real Sociedad San Sebastian 3:0, 0:2; Sigma Olmütz – Universitatea Craiova 1:0, 2:1.
2. Runde: Borussia Dortmund – Celtic Glasgow 1:0, 2:1; 1. FC Kaiserslautern – Sheffield Wednesday 3:1, 2:2; Eintracht Frankfurt – Galatasaray Istanbul 0:0, 0:1; Panathinaikos Athen – Juventus Turin 0:1, 0:0; AS Rom – Grasshoppers Zürich 3:0, 3:4; Fenerbahce Istanbul – Sigma Olmütz 1:0, 1:7; Vitesse Arnheim – KV Mechelen 1:0, 1:0; RSC Anderlecht – Dynamo Kiew 4:2, 3:0; Vitoria Guimaraes – Ajax Amsterdam 0:3, 1:2; SSC Neapel – Paris Saint-Germain 0:2, 0:0; Heart of Midlothian – Standard Lüttich 0:1, 0:1; AJ Auxerre – FC Kopenhagen 5:0, 2:0; Real Madrid – Torpedo Moskau 5:2, 2:3; Benfica Lissabon – FC Vac 5:1, 1:0; Frem Kopenhagen – Real Saragossa 0:1, 1:5; Turin Calcio – Dynamo Moskau 1:2, 0:0.
Achtelfinale: Ajax Amsterdam – 1. FC Kaiserslautern 2:0, 1:0; Borussia Dortmund – Real Saragossa 3:1, 1:2; Paris Saint-Germain – RSC Anderlecht 0:0, 1:1; Standard Lüttich – AJ Auxerre 2:2, 1:2; Sigma Olmütz – Juventus Turin 1:2, 0:5; Dynamo Moskau – Benfica Lissabon 2:2, 0:2; AS Rom – Galatasaray Istanbul 3:1, 2:3; Vitesse Arnheim – Real Madrid 0:1, 0:1.
Viertelfinale: AS Rom – Borussia Dortmund 1:0, 0:2; Real Madrid – Paris Saint-Germain 3:1, 1:4; AJ Auxerre – Ajax Amsterdam 4:2, 0:1; Benfica Lissabon – Juventus Turin 2:1, 0:3.
Halbfinale: Borussia Dortmund – AJ Auxerre 2:0, n. V. 0:2 (Dortmund 6:5-Sieger nach Elfmeterschießen); Juventus Turin – Paris Saint-Germain 2:1, 1:0.

Endspiele: Borussia Dortmund – Juventus Turin 1:3, 0:3.
Juventus Turin: Peruzzi – Julio Cesar – Carrera, Kohler, De Marchi – Conte (Toricelli), D. Baggio, R. Baggio, (Di Canio), Marocchi – Möller, (Galia), Vialli, (Ravanelli).
Borussia Dortmund: Klos – Grauer – Schmidt, Reuter – Lusch, Zorc (Karl), Franck (Mill), Poschner, Reinhardt – Rummenigge, Chapuisat (Sippel).
Tore: (Rummenigge) D. Baggio, R. Baggio 2 im 1. Spiel; D. Baggio 2, Möller im 2. Spiel – SR: Puhl (Ungarn)/Blankenstein (Holland) – Zuschauer: 37 000/62 781 – 5. 5. und 19. 5.

1993/94: Inter Mailand

1. Runde: Twente Enschede – Bayern München 3:4, 0:3; Karlsruher SC – PSV Eindhoven 2:1, 0:0; Dynamo Moskau – Eintracht Frankfurt 0:6, 2:1; Borussia Dortmund – Spartak Wladikawkas 0:0, 1:0; Bohemians Dublin – Girondins Bordeaux 0:1, 0:5; Young Boys Bern – Celtic Glasgow 0:0, n. V. 0:1; Aalborg BK – Deportivo La Coruna 1:0, 0:5; Norwich City – Vitesse Arnheim 3:0, 0:0; Heart of Midlothian – Atletico Madrid 2:1, 0:3; Slavia Prag – OFI Kreta 1:1, 0:1; US Luxemburg – Boavista Porto 0:1, 0:4; IFK Norrköping – KV Mechelen 0:1, n. V. 1:1; FC Nantes – FC Valencia 1:1, n. V. 1:3; KR Reykjavik – MTK Budapest 1:2, 0:0; Kuusysi Lahti – SV Waregem 4:0, 2:1; Crusaders Belfast – Servette Genf 0:0, 0:4; Bröndby IF Kopenhagen – Dundee United 2:0, n. V. 1:3; Slovan Bratislava – Aston Villa 0:0, 1:2; Lazio Rom – Lokomotive Plovdiv 2:0, 2:0; Östers Växjö – Kongsvinger IL 1:3, 1:4; Dnjepr Dnjepropetrowsk – Admira/Wacker Wien 1:0, 3:2; Inter Mailand – Rapid Bukarest 3:1, 2:0; Botev Plovdiv – Olympiakos Piräus 2:3, 1:5; FC Vac – Apollon Limassol 2:0, n. V. 0:4; Kocaelispor – Sporting Lissabon 0:0, 0:2; Juventus Turin – Lokomotive Moskau 3:0, 1:0; Austria Salzburg – DAC Dunajska Streda 2:0, 2:0; Gloria

Bistrita – Branik Maribor 0:0, 0:2; CD Teneriffa – AJ Auxerre 2:2, 1:0; FC Antwerpen – Maritimo Funchal 2:0, 2:2; Trabzonspor – FC Valletta 3:1, 3:1; Dinamo Bukarest – Cagliari Calcio 3:2, 0:2.
2. Runde: Eintracht Frankfurt – Dnjepr Dnjepropetrowsk 2:0, 0:1; Bayern München – Norwich City 1:2, 1:1; Branik Maribor – Borussia Dortmund 0:0, 1:2; FC Valencia – Karlsruher SC 3:1, 0:7; Austria Salzburg – FC Antwerpen 1:0, 1:0; Kuusysi Lahti – Bröndby IF Kopenhagen 1:4, 1:3; Atletico Madrid – OFI Kreta 1:0, 0:2; Girondins Bordeaux – Servette Genf 2:1, 1:0; CD Teneriffa – Olympiakos Piräus 2:1, 3:4; Deportivo La Coruna – Aston Villa 1:1, 1:0; Trabzonspor – Cagliari Calcio 1:1, 0:0; Celtic Glasgow – Sporting Lissabon 1:0, 0:2; Kongsvinger IL – Juventus Turin 1:1, 0:2; KV Mechelen – MTK Budapest 5:0, 1:1; Lazio Rom – Boavista Porto 1:0, 0:2; Inter Mailand – Apollon Limassol 1:0, 3:3.
Achtelfinale: Eintracht Frankfurt – Deportivo La Coruna 1:0, 1:0; Girondins Bordeaux – Karlsruher SC 1:0, 0:3; Bröndby IF Kopenhagen – Borussia Dortmund 1:1, 0:1; OFI Kreta – Boavista Porto 1:4, 0:2; Sporting Lissabon – Austria Salzburg 2:0, n. V. 0:3; Norwich City – Inter Mailand 0:1, 0:1; Juventus Turin – CD Teneriffa 3:0, 1:2; KV Mechelen – Cagliari Calcio 1:3, 0:2.
Viertelfinale: Borussia Dortmund – Inter Mailand 1:3, 2:1; Boavista Porto – Karlsruher SC 1:1, 0:1; Austria Salzburg – Eintracht Frankfurt 1:0 (in Wien), n. V. 0:1 (Salzburg 5:4-Sieger nach Elfmeterschießen); Cagliari Calcio – Juventus Turin 1:0, 2:1.
Halbfinale: Austria Salzburg – Karlsruher SC 0:0 (in Wien), 1:1; Cagliari Calcio – Inter Mailand 3:2, 0:3.

Endspiele: Austria Salzburg – Inter Mailand 0:1, 0:1

Inter Mailabd: Zenga – Battistini – Bergomi, A. Paganin – Bianchi, Manicone, Fontolan (Ferri), Jonk, Berti, Orlando – Bergkamp (Dell' Anno, M. Paganin), Sosa.
Tore: Berti im 1. Spiel; Jonk im 2. Spiel – SR: Milton-Nielsen (Dänemark)/McCluskey (Schottland) – Zuschauer: 48 000/80 350 – 26. 4. und 11. 5.

1994/95: AC Parma

Qualifikation: Teuta Durres – Apollon Limassol 1:4, 2:4; Slavia Prag – Cork City 2:0, 4:0; Dynamo Minsk – Hibernians Paola 3:1, n. V. 3:4; Skonto Riga – FC Aberdeen 0:0, 1:1; ROMAR Mazeikiai – AIK Stockholm 0:2, 0:2; Dynamo Tiflis – Universitatea Craiova 2:0, 2:1; Inter Bratislava – MyPa Anjalankoski 0:3, 1:0; Gornik Zabrze – Shamrock Rovers 7:0, 1:0; ZSKA Sofia – Ararat Erewan 3:0, 0:0; Odense BK – Flora Tallin 3:0, 3:0; Vardar Skopje – EFC Bekescsaba 1:1, 0:1; CS Grevenmacher – Rosenborg Trondheim 1:2, 0:6; Lilleström SK – Schachtjor Donezk 4:1, 0:2; FC Kopenhagen – FC Jazz Pori 0:1, 4:0; Fenerbahce Istanbul – Turan Tauz 5:0, 2:0; Kispest-Honved Budapest – Zimbru Chisinau 4:1, 1:0; FC Valletta – Rapid Bukarest 2:6, 1:1; FC Motherwell – HB Torshavn 3:0, 4:1; Bangor City – IA Akranes 1:2, 0:2; FC Aarau – Mura Murska Sobota 1:0, 1:0; FH Hafnarfjördur – FC Linfield 1:0, 1:3; Aris Saloniki – Hapoel Beer Sheva 3:1, 2:1; GI Götu – Trelleborgs FF 0:1, 2:3; Olimpija Ljubljana – Levski Sofia 3:2, 2:1; FC Portadown – Slovan Bratislava 0:2, 0:3; Inter Cardiff – GKS Kattowitz 0:2, 0:6; Anorthosis Famagusta – FC Schumen 2:0, 2:1.
1. Runde: IA Akranes – 1. FC Kaiserslautern 0:4 (in Reykjavik) 1:4; Bayer Leverkusen – PSV Eindhoven 5:4, 0:0; Borussia Dortmund – FC Motherwell 1:0, 2:0; Olimpija Ljubljana – Eintracht Frankfurt 1:1, 0:2; Anorthosis Famagusta – Athletic Bilbao 2:0, 0:3; ZSKA Sofia – Juventus Turin 3:2 (0:3) gewertet, 1:5; GKS Kattowitz – Aris Saloniki 1:0, n. V. 0:1 (Kattowitz 4:3-Sieger nach Elfmeterschießen); FC Aarau – Maritimo Funchal 0:0, 0:1; Olympiakos Piräus – Olympique Marseille 1:2, 0:3; Rosenborg Trondheim – Deportivo La Coruna 1:0, n. V. 1:4; Apollon Limassol – FC Sion 1:3, n. V. 3:2; Twente Enschede – Kispest-Honved Budapest 1:4, 3:1; FC Antwerpen – Newcastle United 0:5, 2:5; FC Linfield – Odense BK 1:1, 0:5; Inter Mailand – Aston Villa 1:0, n. V. 0:1 (Aston Villa 4:3-Sieger nach Elfmeterschießen); FC Seraing – Dynamo Moskau 3:4, 1:0; AIK Stockholm – Slavia Prag 0:0, 2:2; Vitesse Arnheim – AC Parma 1:0, 0:2; Dynamo Minsk – Lazio Rom 0:0, 1:4, Boavista Porto – MyPa Anjalankoski 2:1, 1:1; Admira/Wacker Wien – Gornik Zabrze 5:2, 1:1; SSC Neapel – Skonto Riga 2:0, 1:0; Slovan Bratislava – FC Kopenhagen 1:0, 1:1; Trabzonspor – Dinamo Bukarest 2:1, 3:3; Real Madrid – Sporting Lissabon 1:0, 1:2; AS Cannes – Fenerbahce Istanbul 4:0, 5:1; Rapid Bukarest – SC Charleroi 2:0, 1:2; Dynamo Tiflis – FC Tirol Innsbruck 1:0, 1:5; Rotor Wolgograd – FC Nantes 3:2, 0:3; Girondins Bordeaux – Lilleström SK 3:1, 2:0; Blackburn Rovers – Trelleborgs FF 0:1, 2:2; Textilschik Kamyschin – EFC Bekescsaba 6:1 (in Moskau), 0:1.
2. Runde: Kispest-Honved Budapest – Bayer Leverkusen 0:2, 0:5; 1. FC Kaiserslautern – Odense BK 1:1, 0:0; Rapid Bukarest – Eintracht Frankfurt 2:1, 0:5; Slovan Bratislava – Borussia Dortmund 2:1, 0:3; FC Nantes – Textilschik Kamyschin 2:0, 2:1 (in Moskau); FC Tirol Innsbruck – Deportivo La Coruna 2:0, 0:4; Boavista Porto – SSC Neapel 1:1, 1:2; AIK Stockholm – AC Parma 0:1, 0:2; Admira/Wacker Wien – AS Cannes 1:1, 4:2; Dynamo Moskau – Real Madrid 2:2, 0:4; Trabzonspor – Aston Villa 1:0, 1:2; Trelleborgs FF – Lazio Rom 0:0, 0:1; FC Sion – Olympique Marseille 2:0, 1:3, Newcastle United – Athletic Bilbao 3:2, 0:1; GKS Kattowitz – Girondins Bordeaux 1:0, 1:1; Maritimo Funchal – Juventus Turin 0:1, 1:2.

Achtelfinale: GKS Kattowitz – Bayer Leverkusen 1:4, 0:4; Deportivo La Coruna – Borussia Dortmund 1:0, n. V. 1:3; Eintracht Frankfurt – SSC Neapel 1:0, 1:0, Trabzonspor – Lazio Rom 1:2, 1:2; Admira/Wacker Wien – Juventus Turin 1:3, 1:2; FC Nantes – FC Sion 4:0, 2:2; Odense BK – Real Madrid 2:3, 2:0; Athletic Bilbao – AC Parma 1:0, 2:4.
Viertelfinale: Eintracht Frankfurt – Juventus Turin 1:1, 0:3; Lazio Rom – Borussia Dortmund 1:0, 0:2; Bayer Leverkusen – FC Nantes 5:1, 0:0; AC Parma – Odense BK 1:0, 0:0.
Halbfinale: Bayer Leverkusen – AC Parma 1:2, 0:3; Juventus Turin – Borussia Dortmund 2:2 (in Mailand), 2:1.

Endspiele: AC Parma – Juventus Turin 1:0, 1:1

AC Parma: Bucci – Minotti – Benarrivo (Mussi), Apolloni (Susic), Fernando Couto, Di Chiara (Castellini) – Pin, D. Baggio, Sensini (Crippa) – Zola (Fiore), Asprilla.
Tore: D. Baggio im 1. Spiel; D. Baggio (Vialli für Turin) im 2. Spiel – SR: Lopez-Nieto (Spanien)/Van den Wijngaert (Belgien) – Zuschauer: 22 062/80 754 – 3. 5. und 17. 5.

1995/96: Bayern München

Vorrunde: Karlsruher SC – Girondins Bordeaux 0:2, 2:2; FC Tirol Innsbruck – Racing Straßburg1:1, 1:6 (beide Begegnungen UI-Cup-Finalspiele) – Örebro SK – Avenir Beggen 0:0, 1:1 (0:3 gewertet); Tampere PV – Viking Stavanger 0:4, 1:3; Bangor City – Widzew Lodz 0:4, 0:1; FC Shelbourne – IA Akranes 0:3, 0:3; FC Glenavon Lurgan – FH Hafnarfjördur 0:0, 1:0; Bröndby IF Kopenhagen – Inkaras-Grifas Kaunas 3:0, 3:0; Lilleström SK – Flora Tallinn 4:0, 0:1; FC Motherwell – MyPa Anjalankoski 1:3, 2:0; Skonto Riga – Maribor Branik 1:0, 0:2; Sturm Graz – Slavia Prag 0:1, 1:1; Jeunesse Esch – FC Lugano 0:0, 0:4; Slovan Bratislava – NK Osijek 4:0, 2:0 (in Zagreb); FC Dundalk – Malmö FF 0:2 (in Drogheda), 0:2; Crusaders Belfast – Silkeborg IF 1:2, 0:4; Afan Lido – RAF Jelgava 1:2, 0:0; Raith Rovers – GI Götu 4:0, 2:2; Slavia Sofia – Olympiakos Piräus 0:2, 0:1; Zimbru Chisinau – Hapoel Tel Aviv 2:0, 0:0; Sparta Prag – Galatasaray Istanbul 3:1, 1:1; Omonia Nicosia – Sliema Wanderers 3:0, 2:1; 1. FC Kosice – Ujpest Budapest 0:1, 1:2; Universitatea Craiova – Dynamo Minsk 0:0, n. V. 0:0 (Minsk 3:1-Sieger nach Elfmeterschießen); Fenerbahce Istanbul – Partizani Tirana 2:0, 4:0; Vardar Skopje – FC Samtredia 1:0, 2:0; Botev Plovdiv – Dynamo Tiflis 1:0, 1:0; Apollon Athen – Olimpija Ljubljana 1:0, 1:3; Roter Stern Belgrad – Neuchâtel Xamax 0:1, 0:0; Hibernians Paola – Tschernomoretz Odessa 2:5, 0:2; Kapaz Ganya – Austria Wien 0:4, 1:5; FK Tirana – Hapoel Beer Sheva 0:1, 0:2; Dinamo Bukarest – Levski Sofia 0:1, n. V. 1:1; Zaglebie Lubin – Shirak Giumri 0:0, 1:0.
1. Runde: Bayern München – Lokomotive Moskau 0:1, 5:0; SC Freiburg – Slavia Prag 1:2, 0:0; Slovan Bratislava – 1. FC Kaiserslautern 2:1, 0:3; FC Glenavon Lurgan – Werder Bremen 0:2, 0:5; Olympiakos Piräus – Branik Maribor 2:0, 3:1; Hapoel Beer Sheva – FC Barcelona 0:7, 0:5; Lazio Rom – Omonia Nicosia 5:0, 2:1; Racing Straßburg – Ujpest Budapest 3:0, 2:0; AC Mailand – Zaglebie Lubin 4:0, 4:1; Vardar Skopje – Girondins Bordeaux 0:2, 1:1; Vitoria Guimaraes – Standard Lüttich 3:1, 0:0; Fenerbahce Istanbul – Real Betis Sevilla 1:2, 0:2; Rotor Wolgograd – Manchester United 0:0, 2:2; MyPa Anjalankoski – PSV Eindhoven 1:1 (in Lahti), 1:7; RC Lens – Avenir Beggen 6:0, 7:0; Sparta Prag – Silkeborg IF 0:1, 2:1; Lierse SK – Benfica Lissabon 1:3, 1:2; Neuchâtel Xamax – AS Rom 1:1, 0:4; FC Sevilla – Botev Plovdiv 2:0, 1:1; Roda JC Kerkrade – Olimpija Ljubljana 5:0, 0:2; Austria Wien – Dynamo Minsk 1:2, 0:1; Malmö FF – Nottingham Forest 2:1, 0:1; Tschernomoretz Odessa – Widzew Lodz 1:0, n. V. 0:1 (Odessa 6:5-Sieger nach Elfmeterschießen); AS Monaco – Leeds United 0:3, 1:0; Bröndby IF Kopenhagen – Lilleström SK 3:0, 0:0; Raith Rovers – IA Akranes 3:1, 0:1; FC Lugano – Inter Mailand 1:1, 1:0; SC Farense – Olympique Lyon 0:1, 0:1; Levski Sofia – Eendracht Aalst 1:2, 0:1; Viking Stavanger – AJ Auxerre 1:1, 0:1; Spartak-Alania Wladikawkas – FC Liverpool 1:2, 0:0; Zimbru Chisinau – RAF Jelgava 1:0, 2:1.
2. Runde: Raith Rovers – Bayern München 0:2 (in Edinburgh), 1:2; 1. FC Kaiserslautern – Real Betis Sevilla 1:3, 0:1; Werder Bremen – Dynamo Minsk 5:0, 1:2; AJ Auxerre – Nottingham Forest 0:1, 0:0; FC Barcelona – Vitoria Guimaraes 3:0, 4:0; AS Rom – Eendracht Aalst 4:0, 0:0; FC Lugano – Slavia Prag 1:2, 0:1; Tschernomoretz Odessa – RC Lens 0:0, 0:4; Bröndby IF Kopenhagen – FC Liverpool 0:0, 1:0; Benfica Lissabon – Roda JC Kerkrade 1:0, 2:2; Sparta Prag – Zimbru Chisinau 4:3, 2:0; Girondins Bordeaux – Rotor Wolgograd 2:1, 1:0; Leeds United – PSV Eindhoven 3:5, 0:3; FC Sevilla – Olympiakos Piräus 1:0, n. V. 1:2; Olympique Lyon – Lazio Rom 2:1, 2:0; Racing Straßburg – AC Mailand 0:1, 1:2.
Achtelfinale: PSV Eindhoven – Werder Bremen 2:1, 0:0; Bayern München – Benfica Lissabon 4:1, 3:1; Slavia Prag – RC Lens 0:0, n. V. 1:0; Girondins Bordeaux – Real Betis Sevilla 2:0, 1:2; Bröndby IF Kopenhagen – AS Rom 2:1, 1:3; Nottingham Forest – Olympique Lyon 1:0, 0:0; FC Sevilla – FC Barcelona 1:1, 1:3; AC Mailand – Sparta Prag 2:0, 0:0.
Viertelfinale: Bayern München – Nottingham Forest 2:1, 5:1; AC Mailand – Girondins Bordeaux 2:0, 0:3; FC Barcelona – PSV Eindhoven 2:2, 3:2; Slavia Prag – AS Rom 2:0, n. V. 1:3.
Halbfinale: Bayern München – FC Barcelona 2:2, 2:1; Slavia Prag – Girondins Bordeaux 0:1, 0:1.

Endspiele:Bayern München – Girondins Bordeaux 2:0, 3:1
Bayern München: Kahn – Matthäus (Frey/Zickler) – Kreuzer (Strunz), Helmer – Babbel, Hamann, Sforza, Ziege – Scholl – Papin (Witeczek), Klinsmann (Kostadinov).
Tore: Helmer, Scholl im 1. Spiel; Scholl, Kostadinov, Klinsmann (Dutuel für Bordeaux) im 2. Spiel – SR: Muhmenthaler (Schweiz)/Zhuk (Weißrussland) – Zuschauer: 63 000/36 000 – 1. 5. und 15. 5.

1996/97: FC Schalke 04

Vorrunde: Lierse SK – Karlsruher SC 2:3, 0:3; Segesta Sisak – Örebro SK 4:0, 1:4; Linzer ASK – Rotor Wolgograd 2:2, 0:5; Kamas-Nabereschnije Tschelny – EA Guingamp 2:0, n. V. 0:4; Standard Lüttich – FC Nantes 2:1; 1:0; Uralmasch Ekaterinburg – Silkeborg IF 1:2, 1:0; (alle Begegnungen UI-Cup-Halbfinalspiele) – Jeunesse Esch – Legia Warschau 2:4, 0:3; Lantana Tallinn – IB Vestmannaeyjar 2:1, 0:0; FK Becej – Mura Murska Sobota 0:0, 0:2; Zalgiris Vilnius – Crusaders Belfast 2:0, 1:2; AFC Newtown – Skonto Riga 1:4, 0:3; Dynamo-93 Minsk – Tiligul Tiraspol 3:1, 1:1; Hutnik Krakau – Chazri Buzovna 9:0, 2:2; FC Portadown – Vojvodina Novi Sad 0:1, 1:4; FC Jazz Pori – GI Götu 3:1, 1:0; IA Akranes – Sileks Kratovo 2:0, 0:1; Bohemians Dublin – Dynamo Minsk 1:1, 0:0; Haka Valkeakoski – Flora Tallinn 2:2, 1:0; AFC Barry Town – Dinaburg Daugavpils 0:0, 2:1; Dynamo Tiflis – CS Grevenmacher 4:0, 2:2; Maccabi Haifa – Partizan Belgrad 0:1, 1:3; HIT Nova Gorica – Vardar Skopje 0:1, 1:2; Croatia Zagreb – FK Tirana 4:0, 6:2; Beitar Jerusalem – FC Floriana 3:1, 5:1; Piounik Erewan – HJK Helsinki 3:1, n. V. 2:5; B71 Sandur – APOEL Nicosia 1:5, 2:4; Neftschi Baku – Lokomotive Sofia 2:1, 0:6; Zimbru Chisinau – Hajduk Split 0:4, 1:2; Anorthosis Famagusta – Schirak Giumri 4:0, 2:2; Sliema Wanderers – Margweti Sestaponi 1:3, 3:0; Slavia Sofia – Inkaras-Grifas Kaunas 4:3, 1:1; St. Patrick's Athletic – Slovan Bratislava 3:4, 0:1; Teuta Durres – 1. FC Kosice 1:4, 1:2.
Qualifikation: Standard Lüttich – Karlsruher SC 1:0, 1:3; Rotor Wolgograd – EA Guingamp 2:1, 0:1; Segesta Sisak – Silkeborg IF 1:2, 1:0 (alle Begegnungen UI-Cup-Finalspiele) – 1. FC Kosice – Celtic Glasgow 0:0, 0:1; Legia Warschau – Haka Valkeakoski 3:0, 1:1; Rapid Bukarest – Lokomotive Sofia 1:0, 1:0; Sliema Wanderers – Odense BK 0:2, 1:7; Iraklis Saloniki – APOEL Nicosia 0:1, 1:2; Croatia Zagreb – Spartak Moskau 3:1, 0:2; Partizan Belgrad – National Bukarest 0:0, 0:1; Dynamo Tiflis – Molde FK 2:1, 0:0; Lyngby FC – Mura Murska Sobota 0:0, 2:0; Halmstad BK – Vardar Skopje 0:0, 1:0; Dynamo Moskau – FC Jazz Pori 1:1, 3:1; Zalgiris Vilnius – FC Aberdeen 1:4, 3:1; BVSC Budapest – AFC Barry Town 3:1, n. V. 1:3 (Barry 4:2-Sieger nach Elfmeterschießen); Helsingborg IF – Dynamo-93 Minsk 1:1, 3:0; Hajduk Split – Torpedo Moskau 1:0, 0:2; FC Aarau – Lantana Tallinn 4:0, 0:2; Dynamo Minsk – Besiktas Istanbul 2:1 (in Molodeschno), 0:2; HJK Helsinki – Tschernomoretz Odessa 2:2, 0:2; Grazer AK – Vojvodina Novi Sad 2:0 (in Kapfenberg), 5:1; Anorthosis Famagusta – Neuchâtel Xamax 1:2, 0:4; Sigma Olmütz – Hutnik Krakau 1:0, 1:3; IA Akranes – ZSKA Moskau 0:2, 1:4; Slavia Sofia – FC Tirol Innsbruck 1:1, 1:4; Slovan Bratislava – Trabzonspor 2:1, 1:4; Skonto Riga – Malmö FF 0:3, 1:1; Beitar Jerusalem – FK Bodö/Glimt 1:5, 1:2.
1. Runde: FC Valencia – Bayern München 3:0, 0:1; Rapid Bukarest – Karlsruher SC 1:0, 1:4; FC Arsenal – Borussia Mönchengladbach 2:3, 2:3 (in Köln); Celtic Glasgow – Hamburger SV 0:2, 0:2; FC Schalke 04 – Roda JC Kerkrade 3:0, 2:2; AC Parma – Vitoria Guimaraes 2:1, 0:2; Alania Wladikawskas – RSC Anderlecht 2:1, 0:4; FC Tirol Innsbruck – FC Metz 0:0, 0:1; SC Montpellier – Sporting Lissabon 1:1, 0:1; Dynamo Kiew – Neuchâtel Xamax 0:0, 1:2; RWD Molenbeek – Besiktas Istanbul 0:0, 0:3; RC Lens – Lazio Rom 0:1, 1:1; Spartak Moskau – Silkeborg IF 3:2, 2:1; Malmö FF – Slavia Prag 1:2, 1:3; Germinal Ekeren – Grazer AK 3:1, 0:2 (in Kapfenberg); FK Bodö/Glimt – Trabzonspor 1:2, 1:3; FC Brügge – Lyngby FC 1:1, 2:0; Aston Villa – Helsingborg IF 1:1, 0:0; Panathinaikos Athen – Legia Warschau 4:2, 0:2; Tschernomoretz Odessa – National Bukarest 0:0, 0:2; Torpedo Moskau – Dynamo Tiflis 0:1, 1:1; Hutnik Krakau – AS Monaco 0:1, 1:3; AS Rom – Dynamo Moskau 3:0, 3:1; CD Teneriffa – Maccabi Tel Aviv 3:2, 1:1; Odense BK – Boavista Porto 2:3, 2:1 (in Lissabon); Ferencvaros Budapest – Olympiakos Piräus 3:1, 2:2; Newcastle United – Halmstad BK 4:0, 1:2; FC Aberdeen – AFC Barry Town 3:1, 3:3; Bröndby IF Kopenhagen – FC Aarau 5:0, 2:0; ZSKA Moskau – Feyenoord Rotterdam 0:1, 1:1; APOEL Nicosia – Espanyol Barcelona 2:2, 0:1; EA Guingamp – Inter Mailand 0:3, 1:1; RC Lens – Lazio Rom 0:1, 1:1; Spartak Moskau – Silkeborg IF 3:2, 2:1; Malmö FF – Slavia Prag 1:2, 1:3.
2. Runde: Hamburger SV – Spartak Moskau 3:0, 2:2; Karlsruher SC – AS Rom 3:0, 1:2; Borussia Mönchengladbach – AS Monaco 2:4, 1:0; FC Schalke 04 – Trabzonspor 1:0, 3:3; Dynamo Tiflis – Boavista Porto 1:0, 0:5; Legia Warschau – Besiktas Istanbul 1:1, 1:2; Slavia Prag – FC Valencia 0:1, 0:0, Vitoria Guimaraes – RSC Anderlecht 1:1, 0:0; Helsingborg IF – Neuchâtel Xamax 2:0, 1:1; Espanyol Barcelona – Feyenoord Rotterdam 0:3, 1:0; FC Brügge – National Bukarest 2:0, 1:1; Inter Mailand – Grazer AK 1:0, n. V. 0:1 (Mailand 5:4 Sieger nach Elfmeterschießen, in Kapfenberg); FC Aberdeen – Bröndby IF Kopenhagen 0:2, 0:0; FC Metz – Sporting Lissabon 2:0, 1:2; Ferencvaros Budapest – Newcastle United 3:2, 0:4; Lazio Rom – CD Teneriffa 1:0, 3:5.
Achtelfinale: AS Monaco – Hamburger SV 3:0, 2:0; Bröndby IF Kopenhagen – Karlsruher SC 1:3, 5:0; FC Brügge – FC Schalke 04 2:1, 0:2; CD Teneriffa – Feyenoord Rotterdam 0:0, 4:2; Helsingborg IF –

RSC Anderlecht 0:0, 0:1; FC Metz – Newcastle United 1:1, 0:2; Inter Mailand – Boavista Porto 5:1, 2:0; FC Valencia – Besiktas Istanbul 3:1, 2:2.
Viertelfinale: FC Schalke 04 – FC Valencia 2:0, 1:1; CD Teneriffa – Bröndby IF Kopenhagen 0:1, n. V. 2:0; RSC Anderlecht – Inter Mailand 1:1, 1:2; Newcastle United – AS Monaco 0:1, 0:3.
Halbfinale: CD Teneriffa – FC Schalke 04 1:0, n. V. 0:2; Inter Mailand – AS Monaco 3:1, 0:1.

Endspiele: FC Schalke 04 - Inter Mailand 1:0, n. V. 0:1 (Schalke 4:1-Sieger nach Elfmeterschießen)

FC Schalke 04: Lehmann – Thon – De Kock, Linke – Eigenrauch, Müller, Büskens – Nemec, Anderbrügge – Latal (Held), Wilmots (Max).
Tore: Wilmots im 1. Spiel; (Zamorano für Mailand) im 2. Spiel)– Tore aus dem Elfmeterschießen: 1:0 Anderbrügge, Zamorano (Lehmann hält), 2:0 Thon, 2:1 Djorkaeff, 3:1 Max, Winter (verschossen), 4:1 Wilmots – SR: Batta (Frankreich)/Garcia Aranda (Spanien) – Zuschauer: 56 824/ 81 875 – 7. 5. und 21. 5.

1997/98: Inter Mailand

Vorrunde: 1. FC Köln – SC Montpellier 2:1, 0:1; Hamburger SV – SC Bastia 0:1, n. V. 1:1; Dynamo Moskau – MSV Duisburg 2:2, 1:3; AJ Auxerre – Torpedo Moskau 3:0, 1:4; Lokomptive Nischni-Novgorod – Halmstads BK 0:0, 0:1; Istanbulspor – Olympique Lyon 2:1, 0:2 (alle Spiele UI-Cup Halbfinal-Begegnungen) – Dynamo Minsk – Kolcheti Poti 1:0, 1:2; Hapoel Petach Tikva – Flora Tallinn 1:0, 2:1; Dnjepr Dnjepropetrowsk – FC Erevan 6:1, 2:0; Inkaras-Grifas Kaunas FC – Boby Brünn 3:1,1:6; MyPa Anjalankoski – Apollon Limassol 1:1, 0:3; Inter Cardiff – Celtic Glasgow 0:3,0:5; Neuchâtel Xamax – Tiligul Tiraspol 7:0, 3:1; CS Grevenmacher – Hajduk Split 1:4, 0:2; Grasshoppers Zürich – FC Coleraine 3:0, 7:1; Vojvodina Novi Sad – Viking Stavanger 0:2, n. V. 2:0 (Stavanger 5:4-Sieger nach Elfmeterschießen); KR Reykjavik – Dinamo Bukarest 2:0, 2:1; Bohemians Dublin – Ferencvaros Budapest 0:1, 0:5; FK Jablonec – Karabach Agdam 5:0, 3:0; FC Birkirkara – Spartak Trnava 0:1, 1:3; Odra Wodzislaw – Pobeda Prilep 3:0,1:2; Daugava Riga – Vorskla Poltava 1:3,1:2; Brann Bergen – Neftochimik Burgas 2:1, 2:3; CE Principat – Dundee United 0:8, 0:9; HIT Nova Gorica – Otelul Galati 2:0, 2:4; Ujpesti Budapest – KI Klaksvik 6:0, 3:2.
Qualifikation: MSV Duisburg – AJ Auxerre 0:0, 0:2; Halmstads BK – SC Bastia 0:1, n. V. 1:1; SC Montpellier – Olympique Lyon 0:1, 2:3 (alle Spiele UI-Cup Final-Begegnungen) – Hajduk Split – Malmö FF 3:2, 2:0; RSC Anderlecht – Vorskla Poltava 2:0, 2:0; Neuchâtel Xamax – Viking Stavanger 3:0, 1:2; Rotor Wolgograd – Odra Wodzislaw 2:0, 4:3; Trabzonspor – Dundee United 1:0, 1:1; Rapid Wien – Boby Brünn 6:1, 0:2; Tirol Innsbruck – Celtic Glasgow 2:1, 3:6; Helsingborg IF – Ferencvaros Budapest 0:1, n. V. 1:0 (Budapest 4:3-Sieger nach Elfmeterschießen); Vejle BK – Hapoel Petach Tikva 0:0, 0:1; Grasshoppers Zürich – Brann Bergen 3:0, 0:2; HIT Nova Gorica – FC Brügge 3:5, 0:3; PAOK Saloniki – Spartak Trnava 5:3, 1:0; KR Reykjavik – OFI Kreta 0:0, 1:3; FK Jablonec – Örebrö SK 1:1, 0:0; Apollon Limassol – Excelsior Mouscron 0:0, 0:3 (in Villeneuve d'Ascq, Frankreich); Dynamo Minsk – Lilleström SK – 0:2, 0:1; Ujpesti Budapest -Aarhus GF 0:0, 2:3; Alania Wladikawkas – Dnjepr Dnjepropetrowsk 2:1, 4:1.
1. Runde: Karlsruher SC – Anorthosis Famagusta 2:1,1:1; Jazz Pori – TSV München 1860 0:1,1:6; FC Schalke 04 – Hajduk Split 2:0, 3:2; Trabzonspor – VfL Bochum 2:1, 3:5; Deportivo La Coruna – AJ Auxerre 1:2, 0:0; Austria Salzburg – RSC Anderlecht 4:3, 2:4; PAOK Saloniki – FC Arsenal 1:0, 1:1; Widzew Lodz – Udinese Calcio 1:0, 0:3; Maribor Branik – Ajax Amsterdam 1:1, 1:9; Olympique Lyon – Bröndby IF Kopenhagen 4:1, 3:2; MPKZ Mozyr – Dynamo Tiflis 1:1, 0:1; Real Valladolid – Skonto Riga 2:0, 0:1; Vitoria Guimaraes – Lazio Rom 0:4, 1:2; Racing Straßburg – Glasgow Rangers 2:1, 2:1; MTK Budapest – Alania Wladikawkas 3:0, 1:1; SC Bastia – Benfica Lissabon 1:0, 0:0; FC Sion – Spartak Moskau 0:1, (2:2, annuliert), 1:5; OFI Kreta – Ferencvaros Budapest 3:0, 1:2; Sampdoria Genua – Athletic Bilbao 1:2, 0:2; Girondins Bordeaux – Aston Villa 0:0, n. V. 0:1; Steaua Bukarest – Fenerbahce Istanbul 0:0, 2:1; Rotor Wolgograd – Örebro SK 2:0, 4:1; Croatia Zagreb – Grasshoppers Zürich 4:4, 5:0; Vitesse Arnheim – Sporting Braga 2:1, 0:2; Rapid Wien – Hapoel Petach Tikva 1:0, 1:1; Inter Mailand – Neuchâtel Xamax 2:0, 2:0; Celtic Glasgow – FC Liverpool 2:2, 0:0; Excelsior Mouscron – FC Metz – 0:2, 1:4; Twente Enschede – Lilleström SK 0:1, 2:1; Beitar Jerusalem – FC Brügge 2:1, 0:3; Atletico Madrid – Leicester City 2:1, 2:0; Aarhus GF – FC Nantes 2:2, 1:0.
2. Runde: FC Schalke 04 – RSC Anderlecht 1:0, 2:1; FC Brügge – – VfL Bochum 1:0,1:4; FC Metz – Karlsruher SC 0:2, 1:1; Rapid Wien -TSV München 1860 3:0, 1:2; Spartak Moskau – Real Valladolid 2:0, 2:1; Rotor Wolgograd – Lazio Rom 0:0, 0:3; Sporting Braga – Dynamo Tiflis 4:0, 1:0 (in Moskau); Ajax Amsterdam – Udinese Calcio 1:0, 1:2; Racing Straßburg – FC Liverpool 3:0, 0:2; Inter Mailand – Olympique Lyon 1:2, 3:1; MTK Budapest – Croatia Zagreb 1:0, 0:2; Aarhus GF – Twente Enschede 1:1, 0:0; Athletic Bilbao – Aston Villa 0:0, 1:2; AJ Auxerre – OFI Kreta 3:1, 2:3; Steaua Bukarest – SC Bastia 1:0, 2:3; Atletico Madrid – PAOK Saloniki 5:2, 4:4.
Achtelfinale: Karlsruher SC – Spartak Moskau 0:0, n. V. 0:1; Ajax Amsterdam – VfL Bochum 4:2, 2:2; Sporting Braga – FC Schalke 04 0:0, 0:2; Rapid Wien – Lazio Rom 0:2, 0:1; Twente Enschede – AJ

Auxerre 0:1, 0:2; Croatia Zagreb – Atletico Madrid 1:1, 0:1; Racing Straßburg – Inter Mailand 2:0, 0:3; Steaua Bukarest – Aston Villa 2:1, 0:2.
Viertelfinale: Inter Mailand – FC Schalke 04 1:0, n. V. 1:1; Ajax Amsterdam – Spartak Moskau 1:3, 0:1; Lazio Rom – AJ Auxerre 1:0, 2:2; Atletico Madrid – Aston Villa 1:0, 1:2.
Halbfinale: Atletico Madrid – Lazio Rom 0:1, 0:0; Inter Mailand – Spartak Moskau 2:1, 2:1.

Endspiel am 6. Mai in Paris: Inter Mailand – Lazio Rom 3:0 (1:0)

Inter Mailand: Pagliuca – Fresi – Colonnese, West, Zanetti – Winter (Cauet), Zé Elias, Simone – Djorkaeff (Moriero) – Ronaldo, Zamorano (Sartor).
Tore: Zamorano, Zanetti, Ronaldo. – SR: Lopez-Nieto (Spanien). – Zuschauer: 45 000.

1998/99: AC Parma

Vorrunde: Werder Bremen – Samsunspor 3:0 (in Oldenburg), 3:0; SEC Bastia – Vojvodina Novi Sad 2:0, 0:4; FC Bologna – Sampdoria Genua 3:1, 0:1; Fortuna Sittard – Austria Salzburg 2:1, 1:3; Ruch Chorzow – VSC Debrecen 1:0, 3:0; Espanyol Barcelona- FC Valencia 0:1, 0:2; (alle Spiele UI-Cup Halbfinal-Begegnungen) – Arges Pitesti – Dinamo Baku 5:1, 2:0; Belshina Bobruisk – ZSKA Sofia 0:0,1:3; Omonia Nicosia – FC Linfield 5:1, 3:5; Schachtjor Donezk – FC Birkirkara 2:1, 4:0; Kolcheti Poti – Roter Stern Belgrad 0:4, 0:7; Inter Bratislava – FK Tirana 2:0, 2:0; Sadam Tallinn – Polonia Warschau 0:2, 1:3; HB Torshavn – Vaasa PS 2:0, 0:4; Zeljeznicar Sarajevo – FC Kilmarnock 1:1, 0:1; Mura Murska Sobota – Daugava Riga 6:1, 2:1; IA Akranes – Zalgiris Vilnius 3:2, 0:1; Hapoel Tel Aviv – FinnPa Helsinki 3:1, 3:1; Schirak Giumri – Malmö FF 0:2, 0:5; Germinal Ekeren – FC Sarajevo 4:1, 0:0; FC Shelbourne – Glasgow Rangers 3:5 (in Birkenhead, England), 0:2; Otelul Galati – Sloga Skopje 3:0, 1:1; US Luxembourg – IFK Göteborg 0:3, 0:4, Ferencvaros Budapest – CE Principat 6:0, 8:1; Tiligul Tiraspol – RSC Anderlecht 0:1, 0:5; AFC Newtown – Wisla Krakau 0:0, 0:7.
Qualifikation: Werder Bremen – Vojvodina Novi Sad 1:0,1:1; Austria Salzburg – FC Valencia 0:2, 1:2; FC Bologna – Ruch Chorzow 1:0, 2:0 (Alle Spiele UI-Cup Final-Begegnungen) – Roter Stern Belgrad – Rotor Wolgograd 2:1,2:1; Ferencvaros Budapest – AEK Athen 4:2, 0:4; Germinal Ekeren – Servette Genf 1:4, 2:1; Arges Pitesti – Istanbulspor 2:0, 2:4; Molde FK – ZSKA Sofia 0:0, 0:2; IFK Göteborg – Fenerbahce Istanbul 2:1, 0:1; Mura Murska Sobota – Silkeborg IF 0:0, 0:2; Glasgow Rangers – PAOK Saloniki 2:0, 0:0; Slavia Prag – Inter Bratislava 4:0, 0:2; FC Zürich – Schachtjor Donezk 4:0, 2:3; Brann Bergen – Zalgiris Vilnius 1:0, 0:0; Wisla Krakau – Trabzonspor 5:1, 2:1; Vejle BK – Otelul Galati 3:0, 3:0; Hapoel Tel Aviv – Strömsgodset Drammen 1:0, 0:1 (Drammen 4:2-Sieger nach Elfmeterschießen);NK Osijek – RSC Anderlecht 3:1, 0:2; Omonia Nicosia – Rapid Wien 3:1, 0:2; Vaasa PS – Grazer AK 0:0, 0:3; Polonia Warschau – Dynamo Moskau 0:1, 0:1; Hajduk Split – Malmö FF – 1:1, 2:1; Sigma Olmütz – FC Kilmarnock 2:0, 2:0.
1. Runde: VfB Stuttgart – Feyenoord Rotterdam 1:3, 3:0; Udinese Calcio – Bayer Leverkusen 1:1, 0:1; Brann Bergen – Werder Bremen 2:0, n. V. 0:4; Sparta Prag – Real Sociedad San Sebastian 2:4, 0:1; Fenerbahce Istanbul – AC Parma 1:0, 1:3; Blackburn Rovers – Olympique Lyon 0:1, 2:2; Dynamo Moskau – Skonto Riga 2:2, 3:2; Vitoria Guimaraes – Celtic Glasgow 1:2, 1:2; Arges Pitesti – Celta Vigo 0:1, 0:7; Silkeborg IF – AS Rom 0:2, 0:1; LKS Lodz – AS Monaco 1:3, 0:0; Liteks Lovetsch – Grazer AK 1:1 (in Burgas), 0:2; RSC Anderlecht – Grasshoppers Zürich 0:2, 0:0; AC Florenz – Hajduk Split 2:1 (in Bari), 0:0; Aston Villa – Strömsgodset Drammen 3:2, 3:0; FC Schalke 04 – Slavia Prag 1:0, n. V. 0:1 (Prag 5:4-Sieger nach Elfmeterschießen); Servette Genf – ZSKA Sofia 2:1, 0:1; Roter Stern Belgrad – FC Metz 2:1, n. V. 1:2 (Belgrad 4:3-Sieger nach Elfmeterschießen); 1. FC Kosice – FC Liverpool 0:3, 0:5; Sporting Lissabon – FC Bologna 0:2, 1:2; Maribor Teatanic – Wisla Krakau 0:2, 0:3; Vejle BK – Betis Sevilla 1:0 (in Odense), 0:5; Girondins Bordeaux – Rapid Wien 1:1, 2:1; Atletico Madrid – FK Obilic Belgrad 2:0, 1:0; Beitar Jerusalem – Glasgow Rangers 1:1, 2:4; Leeds United – Maritimo Funchal 1:0, n. V. 0:1 (Leeds 4:1-Sieger nach Elfmeterschießen); Steaua Bukarest – FC Valencia 3:4, 0:3; Willem II Tilburg – Dynamo Tiflis 3:0, 3:0; FC Zürich – Anorthosis Famagusta 4:0, 3:2; Ujpesti Budapest – FC Brügge 0:5, 2:2; Vitesse Arnheim – AEK Athen 3:0, 3:3; Sigma Olmütz – Olympique Marseille 2:2, 0:4.
2. Runde: Werder Bremen – Olympique Marseille 1:1, 2:3; Bayer Leverkusen – Glasgow Rangers 1:2, 1:1; Dynamo Moskau – Real Sociedad San Sebastian 2:3, 0:3; AS Rom – Leeds United 1:0, 0:0; FC Liverpool – FC Valencia 0:0, 2:2; Celta Vigo – Aston Villa 0:1, 3:1; Celtic Glasgow – FC Zürich 1:1, 2:4; VfB Stuttgart – FC Brügge 1:1, n. V. 2:3; Vitesse Arnheim – Girondins Bordeaux 0:1, 1:2; Grasshoppers Zürich – AC Florenz 0:2, 1:2 (zweites Spiel in Salerno beim Stande von 1:2 zur Halbzeit wegen Verletzung des Schiedsrichters durch Feuerwerkskörper abgebrochen; AC Florenz vom Turnier ausgeschlossen); Roter Stern Belgrad – Olympique Lyon 1:2 (in Bukarest), 2:3; FC Bologna – Slavia Prag 2:1, 2:0; Wisla Krakau – AC Parma 1:1, 1:2; Grazer AK – AS Monaco 3:3, 0:4; Willem II Tilburg – Real Betis Sevilla 1:1, 0:3; ZSKA Sofia – Atletico Madrid 2:4, 0:1.
Achtelfinale: AS Roma – FC Zürich 1:0, 2:2; AS Monaco – Olympique Marseille 2:2, 0:1; Grasshoppers Zürich – Girondins Bordeaux 3:3, 0:0; Real Sociedad San Sebastian – Atletico Madrid 2:1, n. V. 1:4;

Olympique Lyon – FC Brügge 1:0, 4:3; Glasgow Rangers – AC Parma 1:1, 1:3; Celta Vigo – FC Liverpool 3:1, 1:0; FC Bologna – Real Betis Sevilla 4:1, 0:1.
Viertelfinale: Olympique Marseille – Celta Vigo 2:1, 0:0; FC Bologna – Olympique Lyon 3:0, 0:2; Girondins Bordeaux – AC Parma 2:1, 0:6; Atletico Madrid – AS Rom 2:1, 2:1.
Halbfinale: Olympique Marseille – FC Bologna 0:0, 1:1; Atletico Madrid – AC Parma 1:3,1:2.

Endspiel am 12. Mai in Moskau: AC Parma – Olympique Marseille 3:0 (2:0)
AC Parma: Buffon – Thuram, Sensini, Cannavaro – Vanoli, Boghossian, D. Baggio, Fuser – Veron (Fiore) – Chiesa (Balbo), Crespo (Asprilla).
Tore: Crespo, Vanoli, Chiesa. – SR: Dallas (Schottland). – Zuschauer: 61 000.

1999/2000: Galatasaray Istanbul

Qualifikation: Schachtjor Donezk – Sileks Kratovo 3:1, 1:2; HJK Helsinki – Schirak Giumri 2:0, 0:1; Lokomotive Tiflis – FC Linfield 1:0, 1:1; Serif Tiraspol – Sigma Olmütz 1:1, 0:0; FK Erewan – Hapoel Tel Aviv 0:2, 1:2; Neftchi Baku – Roter Stern Belgrad 2:3, 0:1; Vllaznia Shkoder – Spartak Trnava 1:1, 0:2; BATE Borisow – Lokomotive Moskau 1:7, 0:5; Lantana Tallinn – Torpedo Kutaisi 0:5, 2:4; Metalurgs Liepaja – Lech Posen 3:2, 1:3; HIT Nova Gorica – Inter Cardiff 2:0, 0:1; Vojvodina Novi Sad – Ujpest Budapest 4:0, 1:1; Tulevik Viljandi – FC Brügge 0:3, 0:2; Belshina Bobruisk – Omonia Nicosia 1:5, 0:3; Krivbas Krivoj Rog – FC Shamkir 3:0, 2:0; KI Klaksvik – Grazer AK 0:5, 0:4; FK Riga – Helsingborgs IF 0:0, 0:5; Vaasa PS – FC St. Johnstone 1;1, 0:2; Inter Bratislava – Bylis Balish 3:1, 2:0; FK Bodö/Glimt – FC Vaduz 1:0, 2:1; Viking Stavanger – CE Principat 7:0; 11:0; Maccabi Tel Aviv – FBK Kaunus 3:1, 1:2; Steaua Bukarest – Levadia Maardu 3:0, 4:1; Lyngby FC – FC Birkirkara 7:0, 0:0; Ankaragücü – B 36 Torshavn 1:0, 1:0; Sliema Wanderers – FC Zürich 0:3, 0:1; Grasshoppers Zürich – Bray Wanderers 4:0, 4:0; IFK Göteborg – Cork City 3:0, 0:1; FC Monnerich – Dynamo Bukarest 2:6, 0:7; Vardar Skopje – Legia Warschau 0:5, 0:4; APOEL Nicosia – Levski Sofia 0:0, 0:2; RSC Anderlecht – Leiftur Olafsfjördur 6:1, 3:0; Olimpija Ljubljana – Kareda Siauliai 1:1, 2:2; Hajduk Split – F '91 Düdelingen 5:0, 1:1; Cwmbran Town – Celtic Glasgow 0:6, 0:4; FC Portadown – ZSKA Sofia 0:3, 0:5; Ferencvaros Budapest – Constructorul Chisinau 3:1, 1:1; KR Reykjavik – FC Kilmarnock 1:0, n. V. 0:2.
1. Runde: 1. FC Kaiserslautern – FC Kilmarnock 3:0, 2:0; FK Bodö/Glimt – Werder Bremen 0:5 (in Trondheim), 1:1; VfL Wolfsburg – Debreceni VSC 2:0,1:2; Roter Stern Belgrad – SC Montpellier 0:1, 2:2; Partizan Belgrad – Leeds United 1:3, 0:1 (in Heerenveen); Udinese Calcio – Aalborg BK 1:0, 2:1; Stabaek IF – Deportivo La Coruna 1:0, 0:2; Steaua Bukarest – LASK Linz 2:0, 3:2; HJK Helsinki – Olympique Lyon 0:1, 1:5; Vojvodina Novi Sad – Slavia Prag 0:0, 2:3; Maccabi Tel Aviv – Racing Lens 2:2, 1:2; HIT Nova Gorica – Panathinaikos Athen 0:1, 0:2; Sigma Olmütz – RCD Mallorca 1:3, 0:0; Torpedo Kutaisi – AEK Athen 0:1, 1:6; Hajduk Split – Levski Sofia 0:0, 0:3; Skonto Riga – Widzew Lodz 1:0, 0:2; Inter Bratislava – Rapid Wien 1:0, 2:1; Lyngby FC – Lokomotive Moskau 1:2, 0:3; Roda JC Kerkrade – Schachtjor Donezk 2:0, 3:1; Helsingborgs IF – Karpaty Lwow 1:1, n. V. 1:1 (Helsingborg 4:2-Sieger nach Elfmeterschießen); Lokomotivie Tiflis – PAOK Saloniki 0:7, 0:2; Lech Posen – IFK Göteborg 1:2, 0:0; AC Parma – Krivbas Krivoj Rog 3:2, 3:0; FK Teplitz – Ferencvaros Budapest 3:1, 1:1; Celtic Glasgow – Hapoel Tel Aviv 2:0, 1:0; Viking Stavanger – Sporting Lissabon 3:0, 0:1; West Ham United – NK Osijek 3:0, 3:1; FC Zürich – Lierse SK 1:0, 4:3; RSC Anderlecht – Olimpija Ljubljana 3:1, 3:0; Tottenham Hotspur – Zimbru Chisinau 3:0, 0:0; Zenit Sankt Petersburg – FC Bologna 0:3, 2:2; Anorthosis Famagusta – Legia Warschau 1:0, 0:2; Lausanne-Sports – Celta Vigo 3:2, 0:4; Hapoel Haifa – FC Brügge 3:1, 2:4; Ajax Amsterdam – Dukla Banska Bystrica 6:1, 3:1; MTK Budapest – Fenerbahce Istanbul 0:0, 2:0; Akademisk BK Kopenhagen – Grasshoppers Zürich 0:2, 1:1; Ionikos Nikea – FC Nantes 1:3, 0:1; SC Beira Mar – Vitesse Arnheim 1:2, 0:0; Grazer AK – Spartak Trnava 3:0, 1:2; AS Monaco – FC Saint Johnstone 3:0, 3:3; ZSKA Sofia – Newcastle United 0:2, 2:2; Amica Wronki – Bröndby IF Kopenhagen 2:0, 3:4; Omonia Nicosia – Juventus Turin 2:5, 0:5 (in Palermo); Aris Saloniki – Servette Genf 1:1, 2:1; Benfica Lissabon – Dynamo Bukarest 0:1, 2:0; Atletico Madrid – Ankaragücü 3:0, 0:1; AS Rom – Vitoria Setubal 7:0, 0:1.
2. Runde: Tottenham Hotspur – 1. FC Kaiserslautern 1:0, 0:2; Werder Bremen – Viking Stavanger 0:0, 2:2; Roda JC Kerkrade – VfL Wolfsburg 0:0, 0:1; Deportivo La Coruna – SC Montpellier 3:1, 2:0; Aris Saloniki – Celta Vigo 2:2, 0:2; Udinese Calcio – Legia Warschau 1:0, 1:1; Steaua Bukarest – West Ham United 2:0, 0:0; MTK Budapest – AEK Athen 2:1, 0:1; Levski Sofia – Juventus Turin 1:3, 1:1; Leeds United – Lokomotive Moskau 4:1, 3:0; Hapoel Haifa – Ajax Amsterdam 0:3, 1:0; AC Parma – Helsingborgs IF 1:0, 3:1; Inter Bratislava – FC Nantes 0:3, 0:4; FC Zürich – Newcastle United 1:2, 1:3; Grazer AK – Panathinaikos Athen 2:1, 0:1; Atletico Madrid – Amica Wronki 1:0, 4:1; RSC Anderlecht – FC Bologna 2:1, 0:3; Slavia Prag – Grasshoppers Zürich 3:1, 0:1; PAOK Saloniki – Benfica Lissabon 1:2, n. V. 2:1 (Lissabon 4:1-Sieger nach Elfmeterschießen); Widzew Lodz – AS Monaco 1:1, 0:2; IFK Göteborg – AS Rom 0:2, 0:1; FK Teplitz – RCD Mallorca 1:2, 0:3; Olympique Lyon – Celtic Glasgow 1:0, 1:0; RC Lens – Vitesse Arnheim 4:1, 1:1.

3. Runde: VfL Wolfsburg – Atletico Madrid 2:3, 1:2; RC Lens – 1. FC Kaiserslautern 1:2, 4:1; Glasgow Rangers – Borussia Dortmund 2:0, n. V. 0:2 (Dortmund 3:1-Sieger nach Elfmeterschießen); Udinese Calcio – Bayer Leverkusen 0:1, 2:1; Olympique Lyon – Werder Bremen 3:0, 0:4; AC Parma – Sturm Graz 2:1, n. V. 3:3; Deportivo La Coruna – Panathinaikos Athen 4:2, 1:1; FC Bologna – Galatasaray Istanbul 1:1, 1:2; Spartak Moskau – Leeds United 2:1 (in Sofia) ,0:1; Ajax Amsterdam – RCD Mallorca 0:1, 0:2; AS Rom – Newcastle United 1:0, 0:0; AEK Athen – AS Monaco 2:2, 0:1; Celta Vigo – Benfica Lissabon 7:0,1:1; Olympiakos Piräus – Juventus Turin 1:3, 2:1 (in Palermo); FC Arsenal – FC Nantes 3:0, 3:3; Slavia Prag – Steaua Bukarest 4:1, 1:1.
Achtelfinale: Borussia Dortmund – Galatasaray Istanbul 0:2, 0:0; AC Parma – Werder Bremen 1:0, 1:3; Slavia Prag – Udinese Calcio 1:0,1:2; Juventus Turin – Celta Vigo 1:0, 0:4; AS Rom – Leeds United 0:0, 0:1; RCD Mallorca – AS Monaco 4:1, 0:1; Atletico Madrid – RC Lens 2:2, 2:4; FC Arsenal – Deportivo La Coruna 5:1, 1:2.
Viertelfinale: FC Arsenal – Werder Bremen 2:0, 4:2; RCD Mallorca – Galatasaray Istanbul 1:4, 1:2; Celta Vigo – RC Lens 0:0, 1:2; Leeds United – Slavia Prag 3:0,1:2.
Halbfinale: Galatasaray Istanbul – Leeds United 2:0, 2:2; FC Arsenal – RC Lens 1:0, 2:1.

Endspiel am 17. Mai in Kopenhagen: Galatasaray Istanbul – FC Arsenal n. V. 0:0, i. E. 4:1

Galatasaray Istanbul: Taffarel – Capone, Popescu, Bülent – Ergün, Ümit, Hagi, Suat (Ahmet Yildirim), Okan (Hakan Ünsal) – Hakan Sükür, Arif (Hasan Sas).
Tore im Elfmeterschießen: Ergün, Hakan Sükür, Ümit, Popescu (Parlour für Arsenal) – SR: Lopez Nieto (Spanien) – Zuschauer: 38 000.

2000/2001: FC Liverpool

Qualifikation: Universitatea Craiova – Pobeda Prilep 1:1, 0:1; Folgore Falciano – FC Basel 1:5 (in Serravalle), 0:7 (in Zürich); Neftchi Baku – HIT Nova Gorica 1:0, 1:3; Rapid Wien – Teuta Durres 2:0, 4:0 (in Tirana); FC Brügge – Flora Tallinn 4:1, 2:0; IBV Vestmannaeyjar – Heart of Midlothian 0:2, 0:3; Akademisk BK Kopenhagen – B36 Torshavn 8:0, 1:0; FC Coleraine – Örgryte IS Göteborg 1:2, 0:1; Ararat Erewan – 1. FC Kosice 2:3 (in Giumri), 1:1 (in Bratislava); Napredak Krusevac – Tulevik Viljandi 5:1, 0:1 (in Valga); MTK Budapest – Jokerit Helsinki 1:0, 4:2; Vorskla Poltava – Rabotnicki Skopje 2:0, 2:0; IA Akranes – AA Gent 0:3 (in Reykjavik), 2:3; Bangor City – Halmstad BK 0:7 (in Wrexham), 0:4; FK Ventspils – Vasas Budapest 2:1, 1:3 n. V.; Jeunesse Esch – Celtic Glasgow 0:4 (in Luxemburg), 0:7; FK Drnovice – Buducnost Banovici 3:0, 1:0; Tomori Berat – APOEL Nikosia 2:3 (in Tirana), 0:2; Rapid Bukarest – MIKA Ashtarak 3:0, 0:1 (in Giumri); WIT Georgia Tiflis – Beitar Jerusalem 0:3, 1:1; Omonia Nikosia – Neftochimik Burgas 0:0, 1:2; Zeljeznicar Sarajevo – Wisla Krakau 0:0, 1:3; Serif Tiraspol – Olimpija Ljubljana 0:0, 0:3; Kapaz Ganja – Antalyaspor 0:2 (in Baku), 0:5; Zalgiris Vilnius – Ruch Chorzow 2:1, 0:6; FC Aberdeen – Bohemians Dublin 1:2, 1:0; GI Götu – IFK Norrköping 0:2 (in Torshavn), 1:2; Metalurgs Liepaja – Brann Bergen 1:1, 0:1; Slavia Mozyr – Maccabi Haifa 1:1, 0:0; Slovan Bratislava – Lokomotivi Tiflis 2:0, 2:0; Sliema Wanderers – Partizan Belgrad 2:1 (in Ta' Qali), 1:4; Constructorul Chisinau – ZSKA Sofia 2:3 (in Sofia), 0:8; AIK Stockholm – FK Gomel 1:0, 2:0 (in Minsk); HJK Helsinki – CS Grevenmacher 4:1 (in Vantaa), 0:2 (in Luxemburg); Glentoran Belfast – Lilleström SK 0:3, 0:1; Ekranas Panevezys – Lierse SK 0:3, 0:4 (in Westerlo); Boavista Porto – AFC Barry Town 2:0, 3:0; Constel-lacio Esportiva – Rayo Vallecano 0:10, 0:6; Lausanne-Sports – Cork City 1:0, 1:0; NK Rijeka – FC Valletta 3:2, 5:4 n. V. (in Ta' Qali); Amica Wronki – FC Vaduz 3:0, 3:3.
1. Runde: Bohemians Dublin – 1. FC Kaiserslautern 1:3, 1:0; FK Drnovice – TSV München 1860 0:0, 0:1; Zimbru Chisinau – Hertha BSC Berlin 1:2, 0:2; Antalyaspor – Werder Bremen 2:0; 0:6; VfB Stuttgart – Heart of Midlothian 1:0, 2:3; 1. FC Kosice – Grazer AK 2:3, 0:0; IFK Norrköping – Slovan Liberec 2:2, 1:2; Rapid Wien – Örgryte IS Göteborg 3:0, 1:1; FC Basel – Brann Bergen 3:2 (in Zürich), 4:4; AA Gent – Ajax Amsterdam 0:6, 0:3; Lierse SK – Girondins Bordeaux 0:0, 1:5; Vasas Budapest – AEK Athen 2:2, 0:2; HIT Nova Gorica – AS Rom 1:4, 0:7; Alania Wladikawkas – Amica Wronki 0:3, 0:2; Napredak Krusevac – OFI Kreta 0:0, 0:6; Lokomotive Moskau – Neftochimik Burgas 4:2, 0:0; Lilleström SK – Dynamo Moskau 3:1, 1:2; Olimpija Ljubljana – Espanyol Barcelona 2:1, 0:2; Vorskla Poltava – Boavista Porto 1:2, 1:2; ZSKA Moskau – Viborg FF 0:0, n. V. 0:1 (in Silkeborg); FC Gueugnon – Iraklis Saloniki 0:0, 0:1; Slovan Bratislava – Dinamo Zagreb 0:3, 1:1; ZSKA Sofia – MTK Budapest 1:2, 1:0; Roda JC Kerkrade – Inter Bratislava 0:2, 1:2; Lausanne-Sports – Torpedo Moskau 3:2, 2:0; Polonia Warschau – Udinese Calcio 0:1 (in Plock), 0:2; AIK Stockholm – Herfölge BK 0:1, n. V. 1:1; Vitesse Arnheim – Maccabi Haifa 3:0, 1:2; FC Zürich – RC Genk 1:2, 0:2; Molde FK – Rayo Vallecano 0:1, 1:1; FC Brügge – APOEL Nikosia 2:0, 1:0; Krivbas Kriwoj Rog – FC Nantes 0:1, 0:5; PAOK Saloniki – Beitar Jerusalem 3:1, 3:3; Pobeda Prilep – AC Parma 0:2 (in Skopje), 0:4; Halmstad BK – Benfica Lissabon 2:1, 2:2; Rapid Bukarest – FC Liverpool 0:1, 0:0; Bröndby IF Kopenhagen – NK Osijek 1:2, 0:0; FC Tirol Innsbruck – AC Florenz 3:1, 2:2; CD Alaves – Gaziantepspor 0:0, 4:3; Partizan Belgrad – FC Porto 1:1, 0:1; Leicester City – Roter

Stern Belgrad 1:1, 1:3 (in Wien); FC Chelsea – FC St. Gallen 1:0, 0:2 (in Zürich); Dunaferr Dunaujvaros – Feyenoord Rotterdam 0:1 (in Györ), 1:3; Slavia Prag – Akademisk BK Kopenhagen 3:0, 2:0; Celtic Glasgow – HJK Helsinki 2:0, 1:2 n. V.; Ruch Chorzow – Inter Mailand 0:3, 1:4; Celta Vigo – NK Rijeka 0:0, n. V. 1:0; Real Saragossa – Wisla Krakau 4:1, n. V. 1:4 (Krakau 4:3-Sieger nach Elfmeterschießen).
2. Runde: Iraklis Saloniki – 1. FC Kaiserslautern 1:3, 3:2; Werder Bremen – RC Genk 4:1, 5:2; FC Tirol Innsbruck – VfB Stuttgart 1:0, 1:3; Hertha BSC Berlin – Amica Wronki 3:1, 1:1; Halmstad BK – TSV München 1860 3:2, 1:3; Udinese Calcio – PAOK Saloniki 1:0, n. V. 0:3; NK Osijek – Rapid Wien 2:1, 2:0; Wisla Krakau – FC Porto 0:0, 0:3; Lokomotive Moskau – Inter Bratislava 1:0, 2:1; Lilleström SK – CD Alaves 1:3, 2:2; FC Nantes – MTK Budapest 2:1, 1:0; Lausanne-Sports – Ajax Amsterdam 1:0, 2:2; AC Parma – Dinamo Zagreb 2:0, 0:1; AEK Athen – Herfölge BK 5:0, 1:2; OFI Kreta – Slavia Prag 2:2, 1:4; FC Brügge – FC St. Gallen 2:1, 1:1; Roter Stern Belgrad – Celta Vigo 1:0, 5:3 (0:3 gewertet, weil Belgrad zwei gesperrte Spieler eingesetzt hatte); Girondins Bordeaux – Celtic Glasgow 1:1, n. V. 2:1; Inter Mailand – Vitesse Arnheim 0:0, 1:1; Rayo Vallecano – Viborg FF 1:0, 1:2; FC Liverpool – Slovan Liberec 1:0, 3:2; FC Basel – Feyenoord Rotterdam 1:2, 0:1; Espanyol Barcelona – Grazer AK 4:0, 0:1; Boavista Porto – AS Rom 0:1, 1:1.
3. Runde: Hertha BSC Berelin – Inter Mailand 0:0, 1:2; Glasgow Rangers – 1. FC Kaiserslautern 1:0, 0:3; AC Parma – TSV München 1860 2:2, 2:0; Bayer Leverkusen – AEK Athen 4:4, 0:2; Feyenoord Rotterdam – VfB Stuttgart 2:2, 1:2; AS Rom – Hamburger SV 1:0, 3:0; Girondins Bordeaux – Werder Bremen 4:1, 0:0; Lokomotive Moskau – Rayo Vallecano 0:0, 0:2; NK Osijek – Slavia Prag 2:0, 1:5; Schachtjor Donezk – Celta Vigo 0:0, 0:1; FC Nantes – Lausanne-Sports 4:3, 3:1; PSV Eindhoven – PAOK Saloniki 3:0, 1:0; Olympiakos Piräus – FC Liverpool 2:2, 0:2; CD Alaves – Rosenborg Trondheim 1:1, 3:1; FC Brügge – FC Barcelona 0:2, 1:1; Espanyol Barcelona – FC Porto 0:2, 0:0.
Achtelfinale: Slavia Prag – 1. FC Kaiserslautern 0:0, 0:1; VfB Stuttgart – Celta Vigo 0:0, 1:2; CD Alaves – Inter Mailand 3:3, 2:0; PSV Eindhoven – AC Parma 2:1, 2:3; AEK Athen – FC Barcelona 0:1, 0:5; Rayo Vallecano – Girondins Bordeaux 4:1, 2:1; AS Rom – FC Liverpool 0:2, 1:0; FC Porto – FC Nantes 3:1, 1:2.
Viertelfinale: 1. FC Kaiserslautern – PSV Eindhoven 1:0, 1:0; FC Barcelona – Celta Vigo 2:1, 2:3; CD Alaves – Rayo Vallecano 3:0, 1:2; FC Porto – FC Liverpool 0:0, 0:2.
Halbfinale: CD Alaves – 1. FC Kaiserslautern 5:1, 4:1; FC Barcelona – FC Liverpool 0:0, 0:1.

Endspiel am 16. Mai in Dortmund: FC Liverpool – CD Alaves i. V. 5:4 (3:1, 4:4)

FC Liverpool: Westerveld – Babbel, Henchoz (Smicer), Hyypiä, Carragher – Gerrard, Hamann, McAllister, Murphy – Heskey (Fowler), Owen (Berger).
Tore: Babbel, Gerrard, McAllister, Fowler, dazu ein Eigentor von Geli (Ivan, Moreno (2), Cruyff für Alaves) – SR: Veissière (Frankreich). – Zuschauer: 50 000.

2001/2002: Feyenoord Rotterdam

Qualifikation: Cosmos Falciano – Rapid Wien 0:1, 0:2; Pelister Bitola – FC St. Gallen 0:2, 3:2; Dinamo Bukarest – Dinamo Tirana 1:0, 3:1; Olimpija Ljubljana – Schafa Baku 4:0, 3:0; FC Midtjylland – Glentoran Belfast 1:1, 4:0; Trans Narva – Elfsborg Boras 1:3 (3:0 gewertet wegen des Einsatzes eines nicht spielberechtigten Spielers), 0:5; FC Brügge – IA Akranes 4:0, 6:1; Obilic Belgrad – GI Götu 4:0, 1:1; FC Brasov – MIKA Ashtarak 5:1, 2:0; Viking Stavanger – Brotnjo Citluk 1:0, 1:1; ZSKA Kiew – Jokerit Helsinki 2:0, 2:0; Vardar Skopje – Standard Lüttich 0:3, 1:3; HJK Helsinki – FK Ventspils 2:1, 1:0; Cwmbran Town – Slovan Bratislava 0:4, 0:1; Maritimo Funchal – FK Sarajevo 1:0, 1:0; Fylkir Reykjavík – Pogon Stettin 2:1, 1:1; Dinamo Zagreb – Flora Tallinn 1:0, 1:0; FC Glenavon – FC Kilmarnock 0:1, 0:1; SK Tirana – Apollon Limassol 3:2, 1:3; Ararat Erewan – Hapoel Tel Aviv 0:2, 0:3; Etzella Ettelbrück – Legia Warschau 0:4, 1:2; Zimbru Chisinau – Gaziantepspor 0:0, 1:4; Dinaburg Daugavpils – NK Osijek 2:1, 0:1; Neftchi Baku – HIT Nova Gorica 0:0, 0:1; HB Torshavn – Grazer AK 2:2, 0:4; Atlantas Klaipeda – Rapid Bukarest 0:4, 0:8; Matador Puchov – Sliema Wanderers 3:0, 1:2; Longford Town – Litex Lovetsch 1:1, 0:2; Bröndby IF – FC Shelbourne 2:0, 3:0; FC Santa Coloma – Partizan Belgrad 0:1, 1:7; Maccabi Tel Aviv – Zalgiris Wilna 6:0, 1:0; Schachtyor Soligorsk – ZSKA Sofia 1:2, 1:3; MyPa Anjalankoski – Helsingborgs IF 1:3, 1:2; Dynamo Tiflis – BATE Borisow 2:1, 0:4; Debreceni VSC – Nistru Otaci 3:0, 0:1; Polonia Warschau – TNS Llansantffraid 4:0, 2:0; FC Birkirkara – Lokomotive Tiflis 0:0, 1:1; AEK Athen – CS Grevenmacher 6:0, 2:0; SCP Ruzomberok – Belshina Bobruisk 3:1, 0:0; Olympiakos Nikosia – Dunaferr SE 2:2, 4:2; FC Vaduz – Varteks Varazdin 3:3, 1:6.
1. Runde: VC Westerlo – Hertha BSC Berlin 0:2, 0:1; FC Haka Valkeakoski – 1. FC Union Berlin 1:1, 0:3; Matador Puchov – SC Freiburg 0:0, 1:2; Viktoria Zizkov – FC Tirol Innsbruck 0:0, 0:1; HIT Nova Gorica – NK Osijek 1:2, 0:1; ES Troyes – SCP Ruzomberok 6:1, 0:1; Roda JC Kerkrade – Fylkir Reykjavik 3:0, 3:1; Paris St. Germain – Rapid Bukarest 0:0, 3:0 (gewertet); Tschernomorez Novorossisk – FC Valencia 0:1, 0:5; Legia Warschau – Elfsborg Boras 4:1, 6:1; Marila Príbram – CS Sedan 4:0, 1:3; Dinamo Bukarest – Grasshoppers Zürich 1:3, 1:3; BATE Borisow – AC Mailand 0:2, 0:4; Slovan Liberec – Slovan Bratislava

2:0, 0:1; Dinamo Zagreb – Maccabi Tel Aviv 2:2, 1:1; Partizan Belgrad – Rapid Wien 1:0, 1:5; Polonia Warschau – Twente Enschede 1:2, 0:2; Inter Bratislava – Litex Lovetsch 1:0, 0:3; AC Parma – HJK Helsinki 1:0, 2:0; FC Midtjylland – Sporting Lissabon 0:3, 2:3; ZSKA Kiew – Roter Stern Belgrad 3:2, 0:0; ZSKA Sofia – Schachtjor Donezk 3:0, 1:2; Genclerbirligi Ankara – Halmstads BK 1:1, 0:1; Aston Villa – Varteks Varazdin 2:3, 1:0; FC Kilmarnock – Viking Stavanger 1:1, 0:2; FC Chelsea – Levski Sofia 3:0, 2:0; Dynamo Moskau – FC Birkirkara 1:0, 0:0; Odd Grenland – Helsingborgs IF 2:2, 1:1; Olimpija Ljubljana – Bröndby IF 2:4, 0:0; Olympiakos Nikosia – FC Brügge 2:2, 1:7; FC St. Gallen – Steaua Bukarest 2:1, 1:1; Standard Lüttich – Racing Strasbourg 2:0, 2:2; Ipswich Town – Torpedo Moskau 1:1, 2:1; Servette Genf – Slavia Prag 1:0, 1:1; FC Utrecht – Grazer AK 3:0, 3:3; Dnjepr Dnjepropetrovsk – AC Florenz 0:0, 1:2; Hajduk Split – Wisla Krakau 2:2, 0:1; PAOK Saloniki – FC Kärnten 0:0, 4:0; Ajax Amsterdam – Apollon Limassol 2:0, 3:0; FC Kopenhagen – FK Obilic Belgrad 2:0, 2:2; Girondins Bordeaux – Debreceni VSC 5:1, 1:3; Hapoel Tel Aviv – Gaziantepspor 1:0, 1:1; Inter Mailand – FC Brasov 3:0, 3:0; Real Saragossa – Silkeborg IF 3:0, 2:1; AEK Athen – Hibernian Edinburgh 2:0, n. V. 2:3; Celta Vigo – Sigma Olomouc 4:0, 3:4; Maritimo Funchal – Leeds United 1:0, 0:3; Anji Machatschkala – Glasgow Rangers 0:1 (nur ein Spiel, in Warschau).

2. Runde: Viking Stavanger – Hertha BSC Berlin 0:1, 0:2; SC Freiburg – FC St. Gallen 0:1, 4:1; 1. FC Union Berlin – Litex Lovetsch 0:2, 0:0; Roda JC Kerkrade – Maccabi Tel Aviv 4:1, 1:2; NK Osijek – AEK Athen 1:2 2:3; FC Kopenhagen – Ajax Amsterdam 0:0, 1:0; ZSKA Kiew – FC Brügge 0:2, 0:5; Girondins Bordeaux – Standard Lüttich 2:0, 2:0; Legia Warschau – FC Valencia 1:1, 1:6; Grasshoppers Zürich – FC Twente Enschede 4:1, 2:4; Halmstads BK – Sporting Lissabon 0:1, 1:6; Leeds United – ES Troyes 4:2, 2:3; Glasgow Rangers – Dynamo Moskau 3:1, 4:1; Ipswich Town – Helsingborgs IF 0:0, 3:1; Hapoel Tel Aviv – FC Chelsea 2:0, 1:1; AC Florenz – FC Tirol Innsbruck 2:0, 2:2; AC Mailand – ZSKA Sofia 2:0, 1:0; FC Utrecht – AC Parma 1:3, 0:0; Varteks Varazdin – Bröndby IF 3:1, 0:5; Inter Mailand – Wisla Krakow 2:0, 0:1; PAOK Saloniki – Marila Príbram 6:1, 2:2; Paris St. Germain – Rapid Wien 4:0, 2:2; Real Saragossa – Servette Genf 0:0, 0:1; Celta Vigo – Slovan Liberec 3:1, 0:3.

3. Runde: FC Kopenhagen – Borussia Dortmund 0:1, 0:1; Feyenoord Rotterdam – SC Freiburg 1:0, 2:2; Servette Genf – Hertha BSC Berlin 0:0, 3:0; PAOK Saloniki – PSV Eindhoven 3:2, 1:4; AC Florenz – OSC Lille 0:1, 0:2; FC Valencia – Celtic Glasgow 1:0, n. V. 0:1 (Valencia 5:4-Sieger im Elfmeterschießen); Ipswich Town – Inter Mailand 1:0, 1:4; Glasgow Rangers – Paris St. Germain 0:0, n. V. 0:0 (Glasgow 4:3-Sieger im Elfmeterschießen); AEK Athen – Litex Lovetsch 3:2, 1:1; Grasshoppers Zürich – Leeds United 1:2, 2:2; AC Parma – Bröndby IF 1:1, 3:0; Girondins Bordeaux – Roda JC Kerkrade 1:0, 0:2; Slovan Liberec – RCD Mallorca 3:1, 2:1; Hapoel Tel Aviv – Lokomotive Moskau 2:1, 1:0; AC Mailand – Sporting Lissabon 2:0, 1:1; FC Brügge – Olympique Lyon 4:1, 0:3.

Achtelfinale: OSC Lille – Borussia Dortmund 1:1, 0:0; FC Valencia – Servette Genf 3:0, 2:2; Roda JC Kerkrade – AC Mailand 0:1, 1:0 (Mailand 3:2-Sieger im Elfmeterschießen); Hapoel Tel Aviv – AC Parma 0:0, 2:1; PSV Eindhoven – Leeds United 0:0, 1:0; Olympique Lyon – Slovan Liberec 1:1, 1:4; Inter Mailand – AEK Athen 3:1, 2:2; Glasgow Rangers – Feyenoord Rotterdam 1:1, 2:3.

Viertelfinale: Slovan Liberec – Borussia Dortmund 0:0, 0:4; Hapoel Tel Aviv – AC Mailand 1:0, 0:2; PSV Eindhoven – Feyenoord Rotterdam 1:1, 1:1 (Rotterdam 5:4-Sieger im Elfmeterschießen); Inter Mailand – FC Valencia 1:1, 1:0.

Halbfinale: Borussia Dortmund – AC Mailand 4:0, 1:3; Inter Mailand – Feyenoord Rotterdam 0:1, 2:2.

Endspiel am 8. Mai in Rotterdam: Feyenoord Rotterdam – Borussia Dortmund 3:2 (2:0)

Rotterdam: Zoetebier – Gyan, Van Wonderen, Paauwe, Rzasa – Bosvelt, Ono (De Haan) – Tomasson – Kalou (Elmander), van Persie (Leonardo) – van Hooijdonk.

Dortmund: Lehmann – Wörns, Kohler – Evanilson, Dede – Ricken (Heinrich), Reuter – Rosicky – Ewerthon (Addo), Amoroso – Koller.

Tore: van Hooijdonk 2, Tomasson (Amoroso, Koller für Dortmund). – SR: Melo Pereira (Portugal) – Zuschauer: 46 000.

2002/2003: FC Porto

Qualifikation: Litex Lovetsch – Atlantas Klaipeda 5:0, 3:1; FC Encamp Dicoansa – Zenit St. Petersburg 0:5 (in Andorra La Vella), 0:8; FK Atyrau – Matador Puchov 0:0, 0:2; FC Glentoran – Wisla Krakow 0:2, 0:4; Pobeda Prilep – FC Midtjylland 2:0, n. V. 0:3; Primorje Ajdovscina – Zvartnots Erewan 6:1, 0:2; FK Ventspils – FC Lugano 3:0, 0:1; Hapoel Tel Aviv – Partizani Tirana 1:0 (in Sofia), 4:1; Ferencváros Budapest – AEL Limassol 4:0, 1:2; Hajduk Split – GI Gøtu 3:0, 0:0 (in Tórshavn); Brann Bergen – Suduva Marijampole 2:3, 2:3; Amica Wronki – TNS Llansantffraid 5:0, 7:2 (in Newtown); FC Kopenhagen – Lokomotivi Tbilisi 3:1, 4:1; Metalurgs Liepaja – FC Kärnten 0:2, 2:4; FC Vaduz – FC Livingston 1:1, 0:0; Sliema Wanderers – Polonia Warschau 1:3, 0:2; Anorthosis Famagusta – CS Grevenmacher 3:0, 0:2; Levadia Tallinn – Maccabi Tel Aviv 0:2, 0:2 (in Sofia); Leixões Porto – Belasica Strumica 2:2, 2:1; Stabæk IF – FC

Linfield 4:0, 1:1; Sigma Olomouc – FK Sarajevo 2:1, n. V. 1:2 (Sarajevo 5:3-Sieger im Elfmeterschießen); Zimbru Chisinau – IFK Göteborg 3:1, 2:2; KI Klaksvík – Újpest Budapest 2:2 (in Töftir), 0:1; MyPa Anjalankoski – Odense BK 1:0, 0:2; Dynamo Minsk – ZSKA Sofia 1:4, 0:1; Dinamo Tbilisi – Tallinna VMK 4:1, 1:0; Spartak Erewan – Servette Genf 0:2, 0:3; Shamrock Rovers – Djurgardens IF 1:3, 0:2 (in Solna); Varteks Varazdin – FC Dundalk 5:0, 4:0 (in Dublin); FK Gomel – HJK Helsinki 1:0 (in Mozyr), 4:0; FC Aberdeen – Nistru Otaci 1:0, 0:0 (in Chisinau); AIK Solna – IB Vestmannaeyjar 2:0, 3:1; Rapid Bukarest – HIT Nova Gorica 2:0, 3:1; SP Domagnano – Viktoria Zizkov 0:2, 0:3; Kairat Almaty – Roter Stern Belgrad 0:2, 0:3; Metalurg Saporoschje – FC Birkirkara 3:0 (in Dnjepropetrowsk), 0:0; Bangor City – Sartid Smederevo 1:0 (in Wrexham), 0:2; KOBA Senec – Siroki Brijeg 1:2, 0:3 (in Bratislava); SK Tirana – National Bukarest 0:1, 2:2; Avenir Beggen – Ipswich Town 0:1, 1:8; Fylkir Reykjavik – Excelsior Mouscron 1:1, 1:3.

1. Runde: FK Gomel – FC Schalke 04 1:4 (in Minsk), 0:4; Metalurg Donezk – Werder Bremen 2:2, 0:8; VfB Stuttgart – FK Ventspils 4:1, 4:1; FC Aberdeen – Hertha BSC Berlin 0:0, 0:1; Paris St. Germain – Ujpest Budapest 3:0, 1:0; Sporting Lissabon – Partizan Belgrad 1:3, n. V. 3:3; Legia Warschau – FC Utrecht 4:1, 3:1; Zimbru Chisinau – Betis Sevilla 0:2, 1:2; Besiktas Istanbul – FK Sarajevo 2:2, 5:0; ZSKA Moskau – AC Parma 1:1 (in Ramenskoje), 2:3; Levski Sofia – Bröndby IF 4:1, 1:1; RSC Anderlecht – Stabaek IF 0:1, 2:1; National Bukarest – SC Heerenveen 3:0, 0:2; Lazio Rom – Skoda Xanthi 4:0, 0:0; Ipswich Town – Sartid Smederevo 1:1, 1:0; Maccabi Tel Aviv – Boavista Porto 1:0 (in Sofia), 1:4; AIK Solna – Fenerbahce Istanbul 3:3, 1:3; Sparta Prag – Siroki Brijeg 3:0, 1:0; Austria Wien – Schachtjor Donezk 5:1, 0:1; Denizlispor – FC Lorient 2:0, 1:3; FC Chelsea – Viking Stavanger 2:1, 2:4; FC Kärnten – Hapoel Tel Aviv 0:4, 1:0; Dinamo Zagreb – TE Zalaegerszeg 6:0, 3:1; FC Kopenhagen – Djurgardens IF 0:0, 1:3; Viktoria Zizkov – Glasgow Rangers 2:0, n. V. 1:3; Vitesse Arnheim – Rapid Bukarest 1:1, 1:0; Leeds United – Metalurg Saporoschje 1:0, 1:1; Servette Genf – Amica Wronki 2:3, 2:1; Sturm Graz – FC Livingston 5:2, 3:4; Ferencvaros Budapest – Kocaelispor 4:0, 1:0; Zeljeznicar Sarajevo – FC Málaga 0:0; 0:1; Girondins Bordeaux – Matador Puchov 6:0, 4:1; Slovan Liberec – Dinamo Tbilisi 3:2, 1:0; Leixões Porto – PAOK Saloniki 2:1, 1:4; Litex Lovetsch – Panathinaikos Athen 0:1, n. V. 1:2; Roter Stern Belgrad – AC Chievo 0:0, 2:0; Hajduk Split – FC Fulham 0:1, 2:2; Primorje Ajdovscina – Wisla Krakow 0:2, 1:6; APOEL Nikosia – Grazer AK 2:0, 1:1; Celta Vigo – Odense BK 2:0, 0:1; Celtic Glasgow – Suduva Marijampole 8:1, 2:0; FC Porto – Polonia Warschau 6:0, 0:2; Grasshoppers Zürich – Zenit St. Petersburg 3:1, 1:2; MKE Ankaragücü – CD Alavés 1:2, 0:3; Iraklis Saloniki – Anorthosis Famagusta 4:2, 1:3; FC Midtjylland – Varteks Varazdin 1:0 (in Silkeborg), 1:1; Blackburn Rovers – ZSKA Sofia 1:1, 3:3; Excelsior Mouscron – Slavia Prag 2:2, 1:5.

2. Runde: APOEL Nikosia – Hertha BSC Berlin 0:1, 0:4; Ferencvaros Budapest – VfB Stuttgart 0:0, 0:2; Legia Warschau – FC Schalke 04 2:3, 0:0; Vitesse Arnheim – Werder Bremen 2:1; 3:3; Fenerbahce Istanbul – Panathinaikos Athen 1:1, 1:4; FC Málaga – Amica Wronki 2:1, 2:1; Lazio Rom – Roter Stern Belgrad 1:0, 1:1; Ipswich Town – Slovan Liberec 1:0, n. V. 0:1 (Liberec 4:2-Sieger im Elfmeterschießen); Boavista Porto – Anorthosis Famagusta 2:1, 1:0; Dinamo Zagreb – FC Fulham 0:3, 1:2; AC Parma – Wisla Krakow 2:1, n. V. 1:4; RSC Anderlecht – FC Midtjylland 3:1, 3:0 (in Silkeborg); Partizan Belgrad – Slavia Prag 3:1, n. V. 1:5; CD Alaves – Besiktas Istanbul 1:1, 0:1; Sturm Graz – Levski Sofia 1:0, n. V. 0:1 (Graz 8:7-Sieger im Elfmeterschießen); PAOK Saloniki – Grasshoppers Zürich 2:1, 1:1; Djurgardens IF – Girondins Bordeaux 0:1 (in Solna), 1:2; Viktoria Zizkov – Betis Sevilla 0:1, 0:3; Leeds United – Hapoel Tel Aviv 1:0, 4:1 (in Florenz); Austria Wien – FC Porto 0:1, 0:2; Sparta Prag – Denizlispor 1:0, 0:2; National Bukarest – Paris St. Germain 0:2, 0:1; Celtic Glasgow – Blackburn Rovers 1:0, 2:0; Celta Vigo – Viking Stavanger 3:0, 1:1.

3. Runde: FC Brügge – VfB Stuttgart 1:2, 0:1; Hertha BSC Berlin – FC Fulham 2:1, 0:0; Wisla Krakow – FC Schalke 04 1:1, 4:1; Sturm Graz – Lazio Rom 1:3, 1:0; Betis Sevilla – AJ Auxerre 1:0, 0:2; Besiktas Istanbul – Dynamo Kiew 3:1, 0:0; Paris St. Germain – Boavista Porto 2:1, 0:1; Vitesse Arnheim – FC Liverpool 0:1, 0:1; Slovan Liberec – Panathinaikos Athen 2:2, 0:1; Denizlispor – Olympique Lyon 0:0, 1:0; Girondins Bordeaux – RSC Anderlecht 0:2, 2:2; FC Málaga – Leeds United 0:0, 2:1; PAOK Saloniki – Slavia Prag 1:0, 0:4; AEK Athen – Maccabi Haifa 4:0, 4:1 (in Nikosia); FC Porto – RC Lens 3:0, 0:1; Celtic Glasgow – Celta Vigo 1:0, 1:2.

Achtelfinale: Hertha BSC Berlin – Boavista Porto 3:2, 0:1; Celtic Glasgow – VfB Stuttgart 3:1, 2:3; Slavia Prag – Besiktas Istanbul 1:0, 2:4; FC Málaga – AEK Athen 0:0, 1:0; Lazio Rom – Wisla Krakow 3:3, 2:1; Panathinaikos Athen – RSC Anderlecht 3:0, 0:2; FC Porto – Denizlispor 6:1, 2:2; AJ Auxerre – FC Liverpool 0:1, 0:2.

Viertelfinale: Lazio Rom – Besiktas Istanbul 1:0, 2:1; Celtic Glasgow – FC Liverpool 1:1, 2:0; FC Malaga – Boavista Porto 1:0, n. V. 0:1 (Porto 4:1-Sieger im Elfmeterschießen); FC Porto – Panathinaikos Athen 0:1, n. V. 2:0

Halbfinale: Celtic Glasgow – Boavista Porto 1:1, 1:0; FC Porto – Lazio Rom 4:1, 0:0.

Endspiel am 21. Mai in Sevilla: Celtic Glasgow – FC Porto n. V. 2:3 (2:2, 0:1)

Porto: Vitor Baia – Paulo Ferreira, Jorge Costa, Ricardo Carvalho, Nuno Valente – Costinha, Maniche – Capucho, Alejnitschew, Deco – Derlei.

Tore: Derlei 2, Alejnitschew (Larsson 2 für Celtic) – SR: Michel (Slowakei) – Gelb-rote Karten: Balde (94.) – Nuno Valente (120.+3) – Zuschauer: 52 972.

Häufigste Sieger in den europäischen Pokalwettbewerben

Verein	Pokal der Meister	Pokal der Pokalsieger	UEFA-Pokal	Gesamt-siege
Real Madrid	9	–	2	11
AC Mailand	6	2	–	8
FC Barcelona	1	4	3	8
Ajax Amsterdam	4	1	1	6
FC Liverpool	4	–	4	8
Juventus Turin	2	1	3	6
Bayern München	4	1	1	6
Inter Mailand	2	–	3	5
Manchester United	2	1	–	3
RSC Anderlecht	–	2	1	3
Tottenham Hotspur	–	1	2	3
FC Valencia	–	1	2	3
AC Parma	–	1	2	3

Juventus Turin, Ajax Amsterdam, FC Barcelona und Bayern München sind bisher die einzigen Vereine, die alle drei Pokalwettbewerbe gewonnen haben. Als erster deutscher Verein hatte zuvor der HSV in allen drei Endspielen gestanden, aber nur zweimal (E1, E2) gesiegt.

Häufigste Endspielteilnahmen:

Real Madrid 16 (12mal E1, 2mal E2, 2mal E3), Juventus Turin 14 (7mal E1, 1mal E2, 6mal E3), FC Barcelona 14mal (4mal E1, 6mal E2, 4mal E3), AC Mailand 12 (9mal E1, 3mal E2), Bayern München 9 (7mal E1, 1mal E2, 1mal E3), FC Liverpool 9 (5mal E1, 1mal E2, 3mal E3), Ajax Amsterdam 9 (6mal E1, 2mal E2, 1mal E3), Inter Mailand 8 (4mal E1, 4mal E3), Benfica Lissabon 8 (7mal E1, 1mal E3), RSC Anderlecht 7 (4mal E2, 3mal E3), FC Valencia 5 (2mal E1, 1mal E2, 3mal E3), Hamburger SV 5 (2mal E1, 2mal E2, 1mal E3), Borussia Mönchengladbach 5 (1mal E1, 4mal E3), FC Arsenal 5 (3mal E2, 2mal E3),Leeds United 5 (1mal E1, 1mal E2, 3mal E3).

Europapokal-Bilanzen der Bundesligaklubs und Städte

	Spiele	S	U	N	Tore	Punkte
Bayern München	286	158	68	60	555:289	542
1. FC Köln	160	84	29	47	310:186	281
Hamburger SV	147	78	26	43	284:175	260
Borussia Dortmund	151	77	28	46	241:168	259
Borussia Mönchengladbach	125	75	26	24	283:139	251
Eintracht Frankfurt	105	55	18	32	206:119	183
VfB Stuttgart	106	52	24	30	192:122	180
Werder Bremen	107	48	24	35	209:131	168
1. FC Kaiserslautern	92	48	9	35	163:117	153
Bayer Leverkusen	101	42	27	32	162:133	153
Dynamo Dresden	98	42	25	31	155:122	151
Carl Zeiss Jena	87	39	17	31	139:114	134
Hertha BSC Berlin	68	34	15	19	91:69	117
FC Schalke 04	65	34	13	18	105:74	115
1. FC Magdeburg	72	32	15	25	115:86	111
1. FC Lok Leipzig	77	31	16	30	107:91	109
BFC Dynamo Berlin	60	23	18	19	87:80	87
TSV München 1860	42	20	8	14	88:58	68
Vörwarts Frankfurt/Oder	42	16	3	23	54:63	51
Fortuna Düsseldorf	29	11	8	10	45:36	41
Karlsruher SC	24	9	8	7	35:25	35
1. FC Nürnberg	20	10	3	7	33:27	33
MSV Duisburg	16	8	4	4	39:25	28
Eintracht Braunschweig	21	8	4	9	34:25	28
Wismut Aue/Karl-Marx-Stadt	22	6	6	10	30:31	24
Hannover 96	23	7	3	13	33:54	24
Bayer Uerdingen	14	7	2	5	33:14	23
Sachsenring Zwickau	12	4	3	5	6:10	15
Hansa Rostock	12	5	0	7	16:22	15
SC Freiburg	8	2	3	3	9:8	9
VfL Bochum	6	2	1	3	14:13	7
VfL Wolfsburg	6	2	1	3	7:7	7
Chemie Leipzig	6	2	1	3	9:10	7
Chemnitzer FC	10	2	1	7	11:17	7
Rot-Weiß Erfurt	4	2	0	2	3:5	6
1. FC Union Berlin	4	1	2	1	4:3	5
Stahl Brandenburg	4	1	2	1	3:4	5
Hallescher FC	5	1	2	2	5:9	5
Kickers Offenbach	2	1	0	1	2:3	3
Wuppertaler SV	2	1	0	1	6:8	3
1. FC Saarbrücken	2	1	0	1	5:7	3
Viktoria Köln	2	1	0	1	5:7	3
PSV Schwerin	2	0	1	1	0:2	1
Rot-Weiß Essen	2	0	1	1	1:5	1
Tasmania 1900 Berlin	2	0	0	2	3:5	0
Stahl Eisenhüttenstadt	2	0	0	2	1:5	0
als Stadtmannschaften						
Auswahl Leipzig	17	7	1	9	29:35	22
Auswahl Köln	7	2	1	4	9:13	7
Auswahl Frankfurt/Main	4	2	0	2	10:10	6
Auswahl Berlin	2	1	0	1	1:3	3

Anmerkung: Alle Ergebnisse wurden nach der heute gültigen 3-Punkte-Regel umgerechnet.

KAPITEL 11

DER JUGENDFUSSBALL

Die Bilanz der Junioren-Länderspiele U 19/U 20

Gegner	Spiele	Siege	Unentsch.	Niederl.	Tore	11-m-Sch.
Ägypten	1	–	–	1	1:2	
Argentinien	1	–	–	1	0:1	
Australien	2	1	1	–	2:1	
Brasilien	3	1	–	2	4:6	
Bulgarien	1	1	–	–	3:0	
Chile	2	2	–	–	6:0	
Costa Rica	2	–	–	2	2:4	
Dänemark	2	–	1	1	2:3	
DDR	1	–	–	1	0:1	
England	3	–	1	2	4:6	
Finnland	1	1	–	–	2:1	
Frankreich	2	–	1	1	4:5	
Ghana	2	–	2	–	3:3	
Irak	1	1	–	–	3:1	
Italien	5	2	–	3	8:10	
Jugoslawien	1	–	1	–	1:1	4:5
Kamerun	1	–	1	–	1:1	
Kanada	2	2	–	–	5:0	
Kasachstan	1	1	–	–	8:0	
Katar	2	2	–	–	6:1	
Mexiko	3	1	1	1	3:3	
Niederlande	2	1	–	1	3:3	
Nigeria	2	–	1	1	2:4	
Paraguay	1	1	–	–	4:0	
Polen	2	2	–	–	6:1	
Portugal	5	2	1	2	5:6	5:3
Rumänien	2	2	–	–	4:0	
Saudi-Arabien	3	2	1	–	5:1	
Schottland	3	2	1	–	5:3	4:3
Schweiz	5	1	2	2	7:9	
Slowakei	1	–	1	–	2:2	
Spanien	7	1	1	5	9:14	
Thailand	1	1	–	–	0:4	
Tschechien	1	1	–	–	4:1	
Türkei	2	–	2	–	3:3	
Uruguay	1	–	–	1	1:2	
USA	1	1	–	–	2:1	
Gesamt:	79	32	18	28	136:104	

Die Nationalmannschaften der Junioren U 19/U 20

1981: 6 Spiele: 5 Siege, 1 Niederlage

1 **Mexiko**, 3. 10., Adelaide, 1:0 gewonnen (U20-WM-Gruppenspiel): Vollborn – Winklhofer, Zorc, Schmidkunz – Sievers, Brunner, Loose (1), Schön – Anthes, Herbst, Wohlfarth (Hermann) – Kapitän: Loose – Schiedsrichter: Valentine (Schottland).

2 **Ägypten**, 6. 10., Adelaide, 1:2 verloren (U20-WM-Gruppenspiel): Vollborn – Winklhofer, Zorc, Schmidkunz, Nushöhr (Trieb) – Sievers, Brunner, Loose (1) – Anthes, Herbst, Wohlfahrth (Brummer) – K.: Loose – SR: Mendez (Guatemala).

3 **Spanien**, 8. 10., Canberra, 4:2 gewonnen (U20-WM-Gruppenspiel): Vollborn – Winklhofer, Zorc, Schmidkunz – Trieb (1), Sievers, Loose, Schön (Brunner) – Anthes (1) (Brummer), Herbst, Wohlfarth (2) – K.: Loose – SR: Coelho (Brasilien).

4 **Australien**, 11. 10., Canberra, 1:0 gewonnen (U20-WM-Viertelfinale): Vollborn – Winklhofer, Zorc, Schmidkunz – Trieb, Sievers, Loose (Brunner), Schön – Anthes, Herbst, Wohlfarth (1) – K.: Loose/Brunner – SR: Sörensen (Dänemark).

5 **Rumänien**, 14. 10., Melbourne, 1:0 n.V. gewonnen (U20-WM-Halbfinale): Vollborn – Winklhofer, Zorc, Schmidkunz, Trieb – Schön (1), Sievers, Loose – Anthes (Brunner), Herbst (Brummer), Wohlfarth – K.: Loose – SR: Valentine (Schottland).

6 **Katar**, 18. 10., Sydney, 4:0 gewonnen (U20-WM-Enspiel): Vollborn – Winklhofer, Zorc, Schmidkunz, Trieb – Sievers (Brunner), Schön, Loose (2) – Anthes (1), Wohlfarth (1), Brummer (Herbst) – K.: Loose – SR: Coelho (Brasilien).

1986: 4 Spiele: 3 Siege, 1 Niederlage

7 **Schottland**, 9. 9., Paisley, 3:2 gewonnen: Brunn – Luginger – Strehmel, Claasen (K. Reinhardt), Prus (1) – Metz (Witeczek), Spyrka, Wörsdorfer, Möller (1) – Banach (Patzschke), Bierhoff (1) – K.: Luginger – SR: Gunn (England).

8 **Rumänien**, 11. 10., Kula, 3:0 gewonnen (EM-Viertelfinale U18): Brunn – Luginger – Metz, Strehmel, Haun – Heidenreich (1), Wörsdorfer (Schneider), Spyrka, Dammeier – Bierhoff (1), Eichenauer (1) – K.: Luginger – SR: van den Wijngaert (Belgien).

9 **DDR**, 13. 10., Sombor, 0:1 verloren (EM-Halbfinale U18): Brunn – Luginger – Metz (Wörsdorfer, Banach), Strehmel, Haun – Heidenreich, Spyrka, Schneider, Laubinger – Bierhoff, Eichenauer – K.: Luginger – SR: Hope (Schottland).

10 **Schottland**, 15. 10., Subotica, 1:0 gewonnen (um den 3. Platz EM U18): Brunn – Luginger – Strehmel, Wichterich – Heidenreich, Haun, Schneider, Spyrka (Bierhoff) – Dammeier (1), Laubinger, Banach (Eichenauer) – K.: Luginger – SR: Kohl (Österreich).

Die Spiele zur U18-EM wurden bereits von der Juniorenauswahl U19 bestritten, weil die Endrunde in den Herbst gelegt wurde. In den Statistiken werden Spiele und Spieler daher der U19 hinzugerechnet.

1987: 9 Spiele: 6 Siege, 3 Unentschieden

11 **Chile**, 6. 5., Solingen, 2:0 gewonnen: Ernst – Spyrka – H. J. Heidenreich, Metz, Gabriel (Strehmel) – Haun (Kostner (1)), K. Reinhardt (Walz), Legat, Luginger – Banach, Eichenauer (1) (Preetz) – K.: Luginger – SR: Ahlenfelder (Deutschland).

12 **Dänemark**, 19. 8., Einbeck, 1:1 unentschieden: Brunn – Klinkert (1), Spyrka (Schneider) – Metz – H. J. Heidenreich, Luginger, Möller, K. Reinhardt (Eichenauer), Vorholt (Haun) – Banach (Witeczek), Epp (Preetz). – K.: Luginger. – SR.: Wiesel (Deutschland).

13 **Kanada**, 16. 9., Neuss, 1:0 gewonnen: Brunn (Rekers) – Klinkert, Spyrka, Strehmel (Prus) – Schneider, Hägele, Steffen (Würzburger), Vorholt – Dammeier, Epp (1), Eichenauer (Witeczek) – K.: Spyrka – SR: Assenmacher (Deutschland).

14 **Saudi-Arabien**, 12. 10., Antofagasta, 3:0 gewonnen (U20-WM-Gruppenspiel): Brunn – Luginger – H. J. Heidenreich, Strehmel (1), Metz – Spyrka, Möller, Schneider, Dammeier (1) – Witeczek (1) (Preetz), Epp (1) (Eichenauer) – K.: Luginger – SR: Longhi (Italien).

15 **Bulgarien**, 15. 10., Antofagasta, 3:0 gewonnen (U20-WM-Gruppenspiel): Clauss – Strehmel – Klinkert, Metz – Luginger, Spyrka, Schneider, Möller (H. J. Heidenreich), Dammeier (K. Reinhardt (1)) – Witeczek (2), Epp – K: Luginger – SR: Marin (Chile).

16 **USA**, 17. 10., Antofagasta, 2:1 gewonnen (U20-WM-Gruppenspiel): Brunn – Spyrka – Claasen, Strehmel, H. J. Heidenreich – Möller (1), Schneider, K. Reinhardt – Würzburger (Dammeier), Preetz (Eichenauer), Witeczek (1) – K.: Möller – SR: Sano (Japan).

17 **Schottland**, 21. 10., Antofagasta, 1:1 n. V., Elfmeterschießen 4:3 (U20-WM-Viertelfinale): Brunn – Luginger – Strehmel, Metz, H. J. Heidenreich – Spyrka, Schneider, Möller, K. Reinhardt (1) – Epp (Dammeier), Witeczek – K.: Luginger – SR: Loustau (Argentinien) – Tore im Elfmeterschießen: Witeczek, Metz, Luginger, Spyrka.

18 **Chile**, 23. 10., Concepcion, 4:0 gewonnen (U20-WM-Halbfinale): Brunn – Luginger – Strehmel, Metz – Dammeier (1), Spyrka, Möller (Preetz), Schneider, K. Reinhardt – Eichenauer (1), Witeczek (2) – K.: Luginger – SR: Bouillet (Frankreich).

19 **Jugoslawien**, 25. 10., Santiago, 1:1 n. V., Elfmeterschießen 4:5 (U20-WM-Finale): Brunn – Luginger – Strehmel, Metz – Dammeier (H. J. Heidenreich), Spyrka, Möller, Schneider, K. Reinhardt – Eichenauer (Epp), Witeczek (1) – K.: Luginger – SR: Loustau (Argentinien) – Tore im Elfmeterschießen: Metz, Luginger, Spyrka, K. Reinhardt.

1990: 3 Spiele: 1 Sieg, 2 Unentschieden

20 **Brasilien**, 11. 2., Maspalomas, 2:0 gewonnen: Heinen – Haber – Ewen, Wörns, Strube – Schneider, Becker (Kramny), Zetzmann, Franck (1) – Herrlich (1), Klauß – K.: Klauß – SR: Carmello (Spanien).

21 **Spanien**, 14. 2. Maspalomas, 1:1 unentschieden: Heinen – Wörns (1), Schneider, Haber, Strube – Oßwald (Kramny), Ewen, Franck (Spieler), Zetzmann – Herrlich, Klauß – K.: Klauß – SR: Gonzalез (Spanien).

22 **Frankreich**, 16. 2. Maspalomas, 2:2 unentschieden: Heinen – Oßwald (Kramny), Wörns (1), Haber, Strube – Zetzmann, Schneider (Spieler), Franck, Ewen – Weiland (1), Klauß – K.: Klauß – SR: Saavedre (Spanien).

1991: 2 Spiele: 1 Sieg, 1 Niederlage

23 **Portugal**, 29. 1., Maspalomas, 3:0 gewonnen: Klos – Th. Schneider – Frey, Babbel, Witossek – Münch, Unger (1), Haber – Peschel, Herrlich (2), Hutwelker – K.: Haber – SR: Moreno (Spanien).

24 **Spanien**, 1. 2., Las Palmas, 1:2 verloren: Klos – Th. Schneider – Frey (Trenner (1)), Babbel, Witossek – Münch, Unger, Haber – Peschel, Herrlich, Hutwelker – K.: Haber – SR: Gonzalez (Spanien).

1992: 2 Spiele: 1 Unentschieden, 1 Niederlage

25 **Mexiko**, 20. 10., Rheydt, 1:1 unentschieden: Wache (Gospodarek) – Schwiderowski – Lieberknecht, Nowotny, Meißner (Thiele) – Ramelow, Protzel, Eberl, Lenhart (Hager) – Breitenreiter (Parrotta), Dengel (1) – K.: Nowotny – SR: Weber (Deutschland).

26 **Dänemark**, 8. 12., Krefeld, 1:2 verloren: Gospodarek (Wache) – Schwiderowski – Lieberknecht, Protzel – Eberl, Thiele (Elbracht), Nowotny (Burghartswieser), Jörres (Lenhart), Hager (Reis) – Dengel, Breitenreiter (1) – K.: Nowotny/Schwiderowsky – SR: Aust (Deutschland).

1993: 7 Spiele: 2 Siege, 4 Unentschieden, 1 Niederlage

27 **Türkei**, 13. 1., Isparta, 2:2 unentschieden: Gospodarek – Schwiderowski – Stark, Meißner, Eberl, Jörres, Lenhart (Burghartswieser), Reis, Hamann (1), – Jancker, Baich (Parrotta) - Eigentor Türkei – K.: Schwiderowski – SR: Buyukaelci (Türkei).

28 **Türkei**, 16. 1., Antalya, 1:1 unentschieden: Wache – Schwiderowski – Stark, Meißner – Eberl (Burghartswieser), Jörres, Protzel (1), Reis (Lenhart), Hamann – Jancker, Baich (Parotta) – K.: Schwiderowski – SR: Kaplan (Türkei).

29 **Saudi-Arabien**, 7. 2., Riad, 2:1 gewonnen: Wache – Schwiderowski – Stark, Meißner – Eberl, Protzel, Ramelow, Burghartswieser (Neumann), Reis – Jancker (2) (Baich), Lenhart – K.: Schwiderowski – SR: Al Novel (Saudi Arabien).

30 **Saudi-Arabien**, 9. 2., Riad, 0:0 unentschieden: Wache – Schwiderowski – Stark, Meißner (Baich) – Protzel, Eberl, Neumann, Ramelow, Reis – Jancker (Parrotta), Lenhart – K.: Schwiderowski – SR: Al Hamdan (Saudi Arabien).

31 **Portugal**, 6. 3., Brisbane, 1:0 gewonnen (U 20-WM-Gruppenspiel): Wache – Schwiderowski – Stark, Eberl – Burghartswieser, Meißner, Hamann, Jörres (Ramelow), Protzel – Breitenreiter, Jancker (1) (Schmidt) – K.: Schwiderowski – SR: Harrel (Frankreich).

32 **Ghana**, 9. 3., Brisbane, 2:2 unentschieden (U20-WM-Gruppenspiel): Wache – Schwiderowski – Stark, Eberl – Protzel, Ramelow, Meißner, Hamann, Burghartswieser – Breitenreiter (1), Jancker (1) (Schmidt) – K.: Schwiderowski – SR: Kathiriraveloo (Malaysia).

33 **Uruguay**, 11. 3., Brisbane, 1:2 verloren (U 20-WM-Gruppenspiel): Wache – Schwiderowski – Stark, Meißner – Lieberknecht, Ramelow, Hamann, Burghartswieser, Protzel (Lenhart) – Breitenreiter (1), Schmidt – K.: Schwiderowski – SR: Cakar (Türkei).

1994: 1 Spiel: 1 Unentschieden

34 **Nigeria**, 13. 12., Leipzig, 2:2 unentschieden: Jentzsch – Seb. Hahn – Dogen, Egler – Wedau, Hinz, Ricken (1), Gerster (Küntzel), Sumelka – Rath, Michalke (1) – K.: Hinz – SR: Müller (Dresden).

1995: 5 Spiele: 2 Unentschieden, 3 Niederlagen

35 **Portugal**, 23. 1., Maspalomas, 1:3 verloren: Wieland – Seb. Hahn – Fensch, Dogan – Ratkowski, Hinz, Gerster (Frey (1)), Sumelka – Wedau – Küntzel, Rath – K.: Hinz – SR: Carvalho (Portugal).

36 **Spanien**, 25. 1., Maspalomas, 1:3 verloren: Ischdonat – Seb. Hahn – Fensch, Dogan – Riethmann, Hinz, Gerster, Sumelka – Egler (Riedl) – Wedau, Rath (Frey (1)) – K.: Hinz – SR: Martel (Spanien).

37 **Kamerun**, 14. 4., Doha, 1:1 unentschieden (U20-WM-Gruppenspiel): Jentzsch – Hinz (1) – Dogan, Egler – Riethmann, Büttner, Gerster (Fischer), Fährmann (Küntzel), Chylla – Helbig (Sumelka), Rath – K.: Hinz – SR: Castrilli (Argentinien).

38 **Costa Rica**, 17. 4., Doha, 1:2 verloren (U20-WM-Gruppenspiel): Jentzsch – Hinz – Sumelka (Walle (1)), Dogan – Riethmann (Bettenstaedt), Büttner, Gerster, Chylla, Helbig – Küntzel, Fischer – K.: Hinz – SR: Sars (Frankreich).

39 **Australien**, 20. 4., Doha, 1:1 unentschieden (U20-WM-Gruppenspiel): Jentzsch – Hinz – Büttner, Dogan – Riethmann, Stern (Bettenstaedt), Gerster, Walle, Chylla (Sumelka) – Küntzel, Rath (1) – K.: Hinz – SR: Freitas (Brasilien).

1998: 1 Spiel: 1 Sieg

40 **Polen**, 25. 11., Leipzig, 2:0 gewonnen: Hildebrand – Schramm – Lechner, Rapp – Pätz (Fritsche), Voss, Schindzielorz (Korzynietz), Schäper (1) – Timm (1), Kern (Lüring), Majunke (Benthin) – K.: Schramm – SR: Weber (Eisenach).

1999: 8 Spiele: 3 Siege, 1 Unentschieden, 4 Niederlagen

41 **Portugal**, 26. 1., Maspalomas, n. V. 0:0 unentschieden, Elfmeterschießen 5:3: Wessels – Rosen – Lechner (Benthin), Schramm, Rapp – Korzynietz, Rothholz (Rodrigues), Schäper, Schröter (Forkel) – Gerber (Lühring), Kern – K.: Schramm – SR: Suarez (Spanien).

42 **Spanien**, 28. 1., Vencindario, 1:2 n. V. verloren: Hildebrand – Benthin, Schramm (Lechner), Rosen, Rapp – Korzynietz, Schäper (1), Rodrigues (Pätz), Gerber (Yilmaz), Lühring (Schröter), Kern – K.: Schramm/Rapp/Kern – SR: Perez (Spanien).

43 **England**, 24. 2., Stoke, 2:2 unentschieden: Hildebrand – Rosen – Schramm, Lechner – Stuckmann (1), Voss (Rothholz), Schäper (Kaul), Kehl – Timm (Kern), Yilmaz (1), Schröter – K.: Schramm – SR.: Matnigson (Schottland).

44 **Kasachstan**, 23. 3., Leverkusen, 8:0 gewonnen: Hildebrand – Rosen (Lechner) – Schramm, Rapp – Korzynietz (Stuckmann), Voss (Kaul (1)), Rothholz (Forkel), Schäper – Falk (1) – Kern (3), Timm (2) (Gensler (1)) – K.: Schramm – SR: Gettke (Deutschland).

45 **Mexiko**, 29. 3., Heusenstamm, 1:2 verloren: Wessels – Schramm – Lechner, Rapp – Korzynietz (Kaul), Voss (Stuckmann), Rothholz (Yilmaz), Schäper (Forkel), Falk – Timm (Gensler (1)), Kern – K.: Schramm – SR: Hufgard (Deutschland).

46 **Paraguay**, 4. 4., Lagos, 4:0 gewonnen (U20-WM-Gruppenspiel): Hildebrand – Schramm – Rapp, Lechner – Rosen, Voss (Forkel), Rothholz (Stuckmann), Schäper – Falk (1) – Kern (3), Timm (Yilmaz) – K.: Schramm – SR: Guezzaz (Marokko).

47 **Nigeria**, 7. 4., Lagos, 0:2 verloren (U20-WM-Gruppenspiel): Hildebrand – Schramm – Rapp, Lechner (Stuckmann), Rosen – Voss, Falk (Mutzel), Rothholz, Schäper – Yilmaz (Gensler), Timm – K.: Schramm – SR: Sanchez (Argentinien).

48 **Costa Rica**, 10. 4., Lagos, 1:2 verloren (U20-WM-Gruppenspiel): Hildebrand – Schramm – Rapp, Stuckmann – Rosen (Kaul), Voss, Falk (Forkel), Rothholz, Schäper – Kern (Gensler), Timm (1) – K.: Schramm – SR: Sanchez (Argentinien).

2000: 3 Spiele: 2 Siege, 1 Niederlage

49 **Polen,** 8. 11., Königs Wusterhausen, 4:1 gewonnen: Ochs (Loboué) – Preuß (1), Zepek, Kling (Fickert) – Siegert, Balitsch (Laubinger), Mikolajczak, Gemiti – Teber (Lauth) – Auer (2) (Fischer (1)), Jungnickel (Burkhardt) – K.: Zepek – SR: Koop (Deutschland).

50 **Finnland,** 16. 12., La Plata, 2:1 gewonnen: Ochs – Preuß, Zepek (1) (Stark), Kling – Siegert, Teber (Laubinger), Balitsch, Burkhardt (Wolf), Fickert (Käfer-Ewertz) – Jones (Schüßler), Jungnickel (1) (Kügler) – K.: Zepek/Kling.

51 **Argentinien,** 20. 12., Buenos Aires, 0:1 verloren: Starke – Preuß, Zepek (Fischer), Kling – Siegert (Laubinger), Stark, Balitsch (Fickert), Gemiti – Teber (Jungnickel) – Jones, Burkhardt (Schüßler) – K.: Zepek/Kling – SR: Viera Bernardet (Uruguay).

2001: 14 Spiele: 6 Siege, 2 Unentschieden, 6 Niederlagen

52 **Spanien,** 9. 2., Las Palmas, n. V. 1:2 verloren: Starke – Wolf, Kling, Fickert – Siegert (Hinkel), Balitsch (1), Gemiti – Teber (Schächter), Dogan, Burkhardt (Käfer-Ewertz) – Fischer (Jones).

53 **Portugal,** 27. 2., Madeira, 0:3 verloren: Schlösser – Siegert, Zepek, Kling, Gemiti – Teber, Balitsch (Marx), Rau (Schüßler), Burkhardt (Mikolajzak) – Auer, Jungnickel (Fischer).

54 **Italien,** 1. 3., Madeira, 2:0 gewonnen: Starke – Wolf, Balitsch, Rau (Kling) – Siegert (Burkhardt), Schüßler (1), Marx, Dogan (Teber), Mikolajczak (Gemiti) – Fischer (1), Jungnickel (Auer).

55 **Tschechien,** 30. 5., Liberec, 4:1 gewonnen: Haas – Preuß (Hinkel), Stark (lapaczinski), Balitsch (Kling), Mikolajczak (Jungnickel 2) – Gemiti (Burkhardt), Teber, Dogan (Tiffert), Zepek – Jones, Auer (dazu ein Egentor Tschechiens).

56 **Ghana,** 10. 6., Groß-Gerau, 1:1 unentschieden: Schlösser (Stuckmann) – Preuß, Lapaczinski (Hinkel), Zepek (Fickert), Kling – Balitsch (Stark), Mikolajczak (Gemiti), Tiffert (Dogan), Burkhardt (Jones) – Auer (Teber), Jungnickel (1).

57 **Brasilien,** 17. 6., Cordoba, 0:2 verloren (U20-WM-Gruppenspiel): Starke – Zepek, Lapaczinski, Kling – Preuß, Balitsch (Dogan), Teber (Tiffert), Mikolajczak, Gemiti – Auer, Jungnickel (Jones), – SR: Statt (USA).

58 **Kanada,** 20. 6., Cordoba, 4:0 gewonnen (U20-WM-Gruppenspiel): Starke – Zepek (Hinkel), Lapaczinski, Kling – Preuß (1), Balitsch, Dogan (Tiffert), Mikolajczak, Gemiti – Auer (3), Jones (Teber), – SR: Tessema (Äthiopien).

59 **Irak,** 23. 6., Cordoba, 3:1 gewonnen (U20-WM-Gruppenspiel): Starke – Zepek (Hinkel), Lapaczinski, Kling – Preuß (1), Balitsch, Tiffert (Teber), Mikolajczak, Gemiti – Auer (1), Jones (Burkhardt) – (dazu ein Eigentor des Irak), – SP: Guirat (Tunesien).

60 **Frankreich,** 27. 6., Cordoba, 2:3 verloren (U20-WM-Viertelfinale): Starke – Zepek, Lapaczinski, Kling – Preuß, Balitsch, Teber (Jones), Mikolajczak, Gemiti (Burkhardt 1) – Auer (1) (Jungnickel), Tiffert – SR: Aros Alyarado (Chile).

61 **Schweiz,** 29. 8., Zofingen, 1:1unentschieden: Eilhoff – Hinkel, Göttlicher, Wolf, Rolfes – Görlitz (El Kasmi), Feulner, Fink (Backhaus), Hitzlsperger – Männer (Puscher (1)), Heller (Kuranyi).

62 **Niederlande,** 2. 9., Wegberg-Beeck, 2:1 gewonnen: Schlösser – Koch, Rolfes, Göttlicher, Wolf Feulner, Backhaus (Görlitz), Hinkel, Hitzlsberger (Beckert) – Kuranyi (2) (Wersching), Männer (Heller).

63 **Italien,** 7. 11., Herxheim, 1:0 gewonnen: Schlösser – Koch, Wolf, Zepek, Kling (Bonimeier) – Siegert (Görlitz), Mikolajczak, Rolfes, Hitzlsperger (1) – Männer (Kuranyi), Tiffert.

64 **Niederlande,** 12. 11., Helmond, 1:2 verloren: Ochs – Wolf, Zepek, Gemiti – Mikolajczak (Braun), Fink (1), Tiffert, Siegert (Görlitz) – Männer, Kuranyi.

65 **Italien,** 5. 12., Senigallia, 1:4 verloren: Eilhoff – Koch (Nuhs), Fink, Wolf, Weigelt – Görlitz (Reuter), Feulner (1), Rolfes (Wimmer), Hitzlsperger – Schwehr, Männer (Kuranyi).

2002: 5 Spiele: 1 Unentschieden, 4 Niederlagen

66 **Schweiz,** 16. 4., Pfullendorf, 1:2 verloren: Schlösser (Eilhoff) – Koch, Wolf, Thorwart, Weigelt (Kurbjuweit) – Görlitz, Beckert, Rolfes, Mutschler (Kringe) – Schwehr (1), Heller (Braun, Fink).

67 **Schweiz,** 21. 8., Fribourg, 1:3 verloren: Görrissen – Weber, Stoll (Gunesch), Leschinski, Pander – Mahr (Hacker), Kruse – Schlaudraff, Kiral (Meier), Radtke (1), Patschinsky (Mathes).

68 **Slowakei,** 18. 9., Dubnica, 2:2 unentschieden: Haas – Meyer (Gunesch), Fathi, Leschinski, Chahed – Trochowski, Schulz (Radtke (1)), Wingerter, Meier (Schlaudraff) – Hanke (1), Patschinsky (Lehmann).

69 **England,** 23. 10., Dessau, 1:2 verloren: Haas – Lehmann, Leschinski, Fathi, Meyer (Kruse) – Riether (Chahed), Wingerter, Schulz (Schied) – Meier (Schlaudraff) – Radtke (1), Hanke.

70 **Italien,** 11. 12., Torre Annunziata, 1:2 verloren: Haas – Rundio (1), Wingerter (Leschinski), Fathi – Volz (Kruse), Lehmann, Lahm (Husterer), Meyer – Trochowski – Kneißl (Odonkor), Patschinsky.

2003: 9 Spiele: 3 Siege, 1 Unentschieden, 5 Niederlagen

71 **Katar,** 13. 1., Doha, 2:1 gewonnen: Platins – Husterer, Leschinski, Fathi – Chahed, Lehmann, Schulz (Wingerter), Meyer (Radtke} – Trochowski (1), Kiral – Kneißl (1) (Kruse).

72 **Schweiz,** 15. 1., Doha, 3:2 gewonnen: Haas – Leschinski (Lehmann), Wingerter, Fathi – Chahed (Volz), Lahm, Schulz, Kruse (Husterer), Kiral (Hanke (1)) – Trochowski (1), Radtke (1) (Kneißl).

73 **Thailand,** 17. 1., Doha, 6:0 gewonnen: Walke – Volz (Leschinski), Rundio (1), Husterer, Meyer – Lehmann, Lahm (Wingerter (1)), Kruse, Kiral (Schulz) – Kneißl (1) (Radtke), Hanke (2) (Trochowski (1)).

74 **Japan,** 19. 1., Doha, 0:4 verloren: Haas – Volz, Rundio. Leschinski (Kruse), Meyer – Schulz (Lahm), Wingerter – Trochowski, Kiral (Radtke) – Hanke, Kneißl.

75 **Brasilien,** 24. 1., Doha, 2:4 verloren: Walke – Husterer, Wingerter (Leschinski), Rundio – Meyer, Lehmann, Lahm (Schulz), Volz (1) (Radtke) – Kiral (Kneißl), Trochowski – Hanke (1).

76 **England,** 6. 2., Reading, 1:2 verloren: Walke (Haas) – Fathi, Rundio, Husterer – Meyer, Schulz, Schlaudraff (Trochowski), Chahed (Kruse) – Schied (Radtke), Hanke (1), Odonkor.

77 **Italien,** 19. 3., Trier, 3:4 verloren: Haas – Husterer, Leschinski, Fathi – Weber (Chahed) – Lehmann, Kruse (Westermann) – Schlaudraff (Ludwig), Kiral – Meier (1) (Schied), Hanke (2).

78 **Spanien,** 23. 4., Oberhausen, 0:2 verloren: Haas – Lehmann, Westermann (Leschinski) Schulz, Meyer – Schlaudraff (Chahed), Wingerter (Cozza), Meier, Kiral (Radtke) – Hanke, Krontiris.

79 **Schweiz,** 28. 5., Freiburg, 1:1 unentschieden: Haas – Volz, Husterer, Rundio, Meyer (Wingerter) – Riether, Lahm (Kolm), Cozza (Lehmann), Schulz – Meier (1) (Radtke), Krontiris.

Die Bilanz der A1-/A2-Junioren U19/U18 (bis 2001 U18/U17)

Gegner	Spiele	Siege	Unentsch.	Niederl.	Tore	11-m-Sch.
Ägypten	6	2	1	3	8:5	
Algerien	1	1	–	–	3:0	
Argentinien	2	1	1	–	4:3	
Aserbaidschan	1	1	–	–	7:0	
Australien	3	–	1	2	3:5	
Belgien	25	12	11	2	44:21	4:1, 4:2
Brasilien	7	1	2	4	6:15	
Bulgarien	10	5	1	4	17:15	
Chile	1	1	–	–	1:0	
China	7	4	–	3	15:11	
Costa Rica	1	1	–	–	4:0	
Dänemark	21	14	4	3	49:19	
DDR	10	4	5	1	19:12	3:2
England	18	5	4	9	26:32	
Estland	2	2	–	–	7:1	
Färöer	3	3	–	–	19:0	
Finnland	19	15	3	1	47:18	
Frankreich	77	27	23	27	100:103	4:3
Ghana	1	–	–	1	1:5	
Griechenland	14	7	2	5	26:24	
Iran	1	–	–	1	0:2	
Irland	12	6	4	2	20:10	3:4
Island	2	1	1	–	6:1	
Israel	17	10	5	2	30:14	
Italien	26	9	9	8	34:34	3:4
Japan	1	1	–	–	2:1	
Jugoslawien	16	6	4	6	18:18	
Kanada	3	2	1	–	5:1	
Katar	2	1	1	–	4:3	
Kongo	1	1	–	–	4:1	
Kroatien	3	2	1	–	9:4	3:1
Lettland	2	2	–	–	8:0	
Liechtenstein	2	2	–	–	15:1	
Litauen	1	1	–	–	7:1	
Luxemburg	9	8	–	1	47:7	
Mali	2	–	2	–	0:0	4:3
Malta	5	5	–	–	15:0	
Mexiko	1	–	–	1	2:3	
Namibia	2	–	2	–	1:1	4:2
Niederlande	29	18	4	7	56:36	
Nigeria	1	–	–	1	0:2	
Nordirland	4	2	1	1	8:3	
Norwegen	14	9	3	2	30:14	
Oman	3	1	–	2	6:6	
Österreich	19	11	5	3	41:22	
Polen	28	16	7	5	47:24	
Portugal	17	4	6	7	17:26	1:4
Rumänien	9	3	2	4	3:7	
Russland (UdSSR/GUS)	31	8	8	15	26:43	
Saarland	1	1			6:1	
San Marino	1	1	–	–	10:0	
Schottland	18	9	6	3	22:14	3:0
Schweden	20	16	8	2	45:25	
Schweiz	22	20	2	–	55:19	
Slowakei	5	4	–	1	18:12	
Spanien	30	11	0	10	42:52	5:3
Sudan	1	1	–	–	3:1	
Thailand	2	2	–	–	9:0	
Trinidad & Tobago	2	2	–	–	9:0	
Tschechien	10	4	3	3	14:14	

Gegner	Spiele	Siege	Unentsch.	Niederl.	Tore	11-m-Sch.
Tschechoslowakei	15	7	2	6	18:20	
Türkei	11	7	2	2	20:10	
Tunesien	1	1	–	–	5:2	
Ukraine	4	1	1	2	6:7	
Ungarn	21	14	4	3	48:23	
USA	10	8	1	1	24:6	
Ver. Arab. Emirate	1	–	1	–	2:2	
Wales	2	2	–	–	8:2	
Weißrussland	2	2	–	–	6:0	
Zypern	1	1	–	–	1:0	
Gesamt:	678	349	160	169	1241:784	

2002: 25 Spiele, 14 Siege, 6 Unentschieden, 5 Niederlagen

642 **England,** 14. 2., Ipswich, 1:3 verloren: Haas – Volz, Leschinski, Fathi, Meyer (Riether) – Masmanidis, Cozza, (Lehmann), Schulz, (Wingerter), Krontiris (Schied (1)) – Kneißl, Hanke.

643 **Italien,** 14. 2., Bozen, 3:2 gewonnen: Rensing – Demirtas (Hartwig), Petereit, Schaffrath, Milchraum (Di Gregorio (1)) – Ochs, Lell, Schweinsteiger, Ludwig (Streit) – Kilicaslan (Sen (1)), Stier (1).

644 **Frankreich,** 19. 3., Stuttgart 3:1 gewonnen: Rensing – Demirtas (Lauser), Jarosch, Di Gregorio, Schaffrath – Ochs (Milchraum), Schweinsteiger, Ludwig, D. Müller (Hartwig) – Kilicaslan (3) (Sen), Stier.

645 **Frankreich,** 21. 3., Luwdwigsburg 0:3 verloren: Rensing – Demirtas (Ochs), Jarosch (Ludwig), Schaffrath, Müller (33. Di Gregorio) – Lauser, Schweinsteiger (28. Hartwig), Streit (69. Sebastian), Milchraum – Kilicaslan, Sen.

646 **Tschechien,** 27. 3., Padrao da Legua, 1:2 verloren: Haas – Chahed (Crone), Husterer (Leschinski), Fathi, Meyer – Riether, Wingerter (Cozza), Schulz (Matthes)- Trochowski (Masmanidis (1)) – Schied, Kneißl.

647 **Griechenland,** 28. 3., Sao Mamede de Infesta, 2:0 gewonnen: Jurkovic – Crone (Fathi), Leschinski, Husterer (Wingerter) – Chahed, Cozza, Meyer (Kneißl) – Trochowski (Riether), Masmanidis (1) – Matthes, Hanke (1) (Schied).

648 **Portugal,** 30. 3., Rio Ave, 2:0 gewonnen: Haas – Crone, Leschinski, Fathi – Riether, Wingerter, Cozza, Chahed (Meyer) – Masmanidis (2) (Schulz) – Kneißl (Hanke), Schied (Matthes).

649 **Kanada,** 23. 4., Iserlohn 0:0 unentschieden: Rensing – Demirtas (Hoffmann), Jarosch, Schaffrath, Petereit – Ludwig, Schweinsteiger, Streit (Lell), Ochs (D. Müller) – Kilicaslan, Stier.

650 **Polen,** 25. 4., Gütersloh, 0:0 unentschieden (EM- Achtelfinale): Aufstellung: Haas – Volz (Meyer), Crone, Leschinski, Lehmann (Riether) – Trochowski, Lahm, Cozza, Masmanidis – Kneißl, Hanke.

651 **Kanada,** 25. 4., Wiehl 2:1 gewonnen: Rensing – Lell, Di Gregorio, Jarosch, Ebeling (Schaffrath) – Ludwig, Hoffmann, Stier (1), Milchraum (Schweinsteiger) – Kilicaslan (1), Müller (Streit).

652 **Polen,** 2. 5., Gdingen, 2:2 unentschieden (EM- Achtelfinale): Haas – Crone, Leschinski, Fathi (Kiral (1)) – Lahm, Wingerter, Cozza, Meyer – Trochowski (Hanke (1)), Masmanidis, Kneißl (Schied).

653 **England,** 22. 7., Nadderud, 3:3 unentschieden (EM- Endrunde): Haas – Lehmann, Crone, Fathi, Meyer – Volz (1) (Lahm (1)), Trochowski, Masmanidis (Krontiris), Wingerter – Kneißl (Odonkor), Hanke (1).

654 **Irland,** 24. 7., Moss, 3:0 gewonnen (EM- Endrunde): Haas – Chahed, Wingerter, Fathi – Riether (1), Lahm, Masmanidis (Trochowski (1)), Meyer – Krontiris (Volz), Odonkor (Hanke (1)), Schied.

655 **Belgien,** 26. 7., Lilleström, 2:1 gewonnen (EM- Endrunde): Haas – Lehmann, Wingerter, Crone – Masmanidis, Volz (1), Lahm, Chahed (Meyer) – Krontiris (Odonkor (1)), Kneißl (Trochowski), Hanke.

656 **Spanien,** 28. 7., Oslo, 0:1 verloren (EM- Endspiel): Haas – Meyer, Crone (Lahm), Fathi, Volz (Odonkor) – Lehmann, Riether, Wingerter – Masmanidis (Schied), Trochowski – Hanke.

657 **Polen,** 27. 8., Kolln, 0:0 unentschieden: Adler – S. Müller, Schuon, Cimen, Compper – Thomik (Nachtigall), Huber, Tekkan (Traut), Bauer, Podolski – Gomez (Pamba-Müller).

658 **Schweden,** 28. 8., Kutna Hora, 1:1 unentschieden: Adler – S. Müller, Schuon, Huber, Compper – Thomik (Pamba-Müller), Nachtigall, Bauer, Keil – Gomez, Olivier (Podolski) – Eigentor Söderberg.

659 **Österreich,** 29. 8., Weismain, 1:2 verloren: Grünberger – Demirtas (Nickering), Jarosch, Spann, Schaffrath – Lell (Paul), Schweinsteiger (Milchraum), Hoffmann, D. Müller (Streit) – Kilicaslan (Sen), Stier (1) (G. Müller)

660 **Slowakei,** 30. 8., Novy Byzdov, 3:2 gewonnen: Bonertz – Schuon, Cimen, Compper – Thomik, Tekkan (Nachtigall (1)), Bauer, Podolski (2) – Traut, Pamba-Müller (Gomez), K. Müller (Keil).

661 **Ungarn,** 31. 8., Horni Pocernice, 4:2 gewonnen: Adler – S. Müller, Schuon, Cimen (1) – Traut, Nachtigall, Tekkan (Pamba-Müller), Compper (Bauer), Keil (K. Müller) – Gomez (Thomik), Podolski (3).
662 **San Marino,** 3. 10., Bad Hersfeld, 10:0 gewonnen (EM-Qualifikation): Rensing – Jarosch, Schaffrath – Lell, Schweinsteiger, D. Müller (2) – Odonkor (Spann), Trochowski (1), Ludwig (1) (Streit) – Fasanelli (1), Kilicaslan (4) (Sen (1)).
663 **Aserbaidschan,** 5. 10., Hünfeld, 7:0 gewonnen (EM-Qualifikation): Grünberger – Demirtas, Jarosch, Schaffrath, Milchraum (1) – Odonkor, Schweinsteiger (Hoffmann (1)), Trochowski (Spann), Ludwig (Streit (1)) – Fasanelli (2), Kilicaslan (2).
664 **Israel,** 7. 10., Fulda, 4:1 gewonnen (EM-Qualifikation): Rensing – Lell (1), Jarosch, Schaffrath, D. Müller (1) – Schweinsteiger (1) (Spann), Hoffmann, Odonkor (Fasanelli), Trochowski, Ludwig (Streit) – Kilicaslan (1).
665 **Schottland,** 12. 11., Herzlake, 1:0 gewonnen: Adler – Schöneberg, Hoogland, Cimen, Stegmayer – Huber, Podolski (K. Müller), Bork – Hesse, Sahr (Glasner (1)), Bauer (Beckers).
666 **Schottland,** 14. 11., Barsinghausen, 2:0 gewonnen: Grothuysen – Hesse (Schöneberg), Huber, Cimen, Compper – Traut (K. Müller), Beckers (Bauer), Stegmayer (Bork), Hampel (Hoogland) – Glasner (Sahr (1)), Jansen (Podolski (1)).

2003: 12 Spiele, 6 Siege, 2 Unentschieden, 4 Niederlagen

667 **Griechenland,** 18. 2., Agrinio, 1:4 verloren: Adler – Lell, Di Gregorio, Jarosch, Schaffrath – Zimmermann, Hoffmann (Sebastian), Spann, D. Müller (Milchraum (1)) – Gomez, Fasanelli.
668 **Griechenland,** 20. 2., Navpaktos, 1:1 unentschieden: Tsitlidis – Demirtas, Di Gregorio, Sebastian, Milchraum – Hoffmann (Jarosch), Spann (Fasanelli), Zimmermann (Schaffrath) – Sen, Gomez, Ritter (1).
669 **Lettland,** 11. 3., Osnabrück, 5:0 gewonnen: Grünberger – Lell (Jarosch), Di Gregorio, Cimen, Milchraum (Schaffrath) – Ochs (Fischer), Schweinsteiger, Trochowski (Zimmermann), Ludwig (Ritter) – Gomez (2) (Streit), Kilicaslan (2) – dazu ein Eigentor von Abramenko.
670 **Frankreich,** 11. 3., Düsseldorf, 0:2 verloren: Adler – Schöneberg, Hoogland, Schuon, Compper (Schaschko) – Huber, Hesse (Beckers), Tekkan, Bork – Jansen (Glasner), Delura.
671 **Lettland,** 13. 3., Spelle, 3:0 gewonnen: Grünberger (Tsitlidis) – Jarosch, Di Gregorio (Milchraum), Schaffrath – Cimen, Fischer, Zimmermann (Ludwig (1)), Streit (Lell) – Gomez (2), Ochs (Kilicaslan), Ritter (Trochowski).
672 **Frankreich,** 13. 3., Grevenbroich, 0:1 verloren: Grothuysen – Beckers (Hesse), Sinkiewicz (Hoogland), Schuon, Schaschko (Compper) – Schöneberg, Huber, Nachtigall, Bork – Delura (Tekkan), Glasner (Jansen).
673 **England,** 24. 4., Elversberg, 3:2 gewonnen: Rensing – Lell, Di Gregorio, Schaffrath (Jarosch), Milchraum – Odonkor (Ritter), Cimen, Trochowski, Ludwig (1) – Kilicaslan, Gomez (1) (Stier (1)).
674 **Belgien,** 19. 5., Plauen, 2:2 unentschieden (EM-Qualifikation): Rensing – Lell, Di Gregorio, Cimen, Milchraum (Schaffrath) – Odonkor, Schweinsteiger (1), Trochowski (1) (Jarosch), Ludwig – Kilicaslan, Gomez (Stier).
675 **Griechenland,** 20. 5., Herxheim, 1:0 gewonnen: Adler – Schöneberg (Rammel), Schuon, Sinkiewicz, Stegmayer – Thomik, Huber, Bork (Hesse), Podolski (1)– Sahr, Kuhn (Bauer).
676 **Tschechien,** 21. 5., Aue, 1:2 verloren (EM-Qualifikation): Grünberger – Lell (Baier), Di Gregorio, Cimen, Schaffrath (Ritter) – Schweinsteiger – Odonkor, Ludwig – Trochowski – Kilicaslan, Stier (1).
677 **Griechenland,** 22. 5., Kelsterbach, 2:0 gewonnen: Grothuysen – Rammel, Henning, Hoogland, Stegmayer – Huber, Podolski (Kuhn), Sinkiewicz (1) – Hesse (Thomik), Delura (1), Bauer (Bork).
678 **Slowakei,** 23. 5., Chemnitz, 8:4 gewonnen (EM-Qualifikation): Grünberger – Lell (2) (Schaffrath), Jarosch, Callsen-Bracker (1), Milchraum – Ritter (Trochowski (2)), Baier, Cimen, Ludwig – Kilicaslan (1), Gomez (2) (Stier).

Die Jugend-A-Länderspiele (U 18, U 17) finden Sie im KICKER-Almanach von 1989, die dann folgenden nur noch von Saison zu Saison im jeweiligen Almanach danach.

Die B 1-Junioren U 17 (bis 2001 U16)

Gegner	Spiele	Siege	Unentsch.	Niederl.	Tore	11-m-Sch.
Albanien	1	1	–	–	8:1	
Armenien	1	1	–	–	2:1	
Aserbaidschan	1	1	–	–	3:0	
Belgien	4	1	2	1	6:5	
Bosnien-Herzegowina	1	1	–	–	3:0	
Brasilien	1	–	–	1	1:2	
Bulgarien	5	4	1	–	11:3	
Dänemark	10	5	1	4	21:16	
DDR	3	2	1	–	6:0	4:5
England	5	2	2	1	10:9	3:5
Finnland	4	3	–	1	6:3	
Frankreich	19	7	5	7	24:21	6:5, 2:4
Georgien	3	2	1	–	8:1	
Griechenland	4	2	–	2	7:6	
Irland	3	3	–	–	7:1	
Island	4	4	–	–	14:5	
Israel	13	5	4	4	19:15	
Italien	20	4	11	5	22:28	1:3, 6:5, 5:4
Jugoslawien	2	1	1	–	3:1	
Kuwait	1	1	–	–	3:0	
Liechtenstein	1	1	–	–	7:0	
Luxemburg	3	3	–	–	13:1	
Malta	3	3	–	–	21:0	
Moldawien	3	3	–	–	12:1	
Niederlande	5	4	1	–	13:5	
Nordirland	11	11	–	–	28:4	
Norwegen	4	2	2	–	13:4	
Österreich	12	8	1	3	40:20	
Oman	1	–	–	1	0:1	
Polen	5	3	1	1	15:4	
Portugal	8	1	4	3	8:12	5:6
Rumänien	2	2	–	–	12:3	
Russland (UdSSR/GUS)	13	3	2	8	13:17	
Schottland	10	6	3	1	18:7	
Schweden	11	7	3	1	27:13	3:1
Schweiz	12	10	1	1	24:18	
Slowakei	2	1	1	–	6:0	
Slowenien	3	3	–	–	10:1	
Spanien	17	4	2	11	16:32	
Tschechien	5	4	1	–	7:2	
Tschechoslowakei	5	1	4	–	4:2	
Türkei	15	3	5	7	15:19	
Ukraine	5	4	1	–	17:6	
Ungarn	8	4	1	3	19:14	
USA	3	2	–	1	6:6	
Ver. Arab. Emirate	1	–	–	1	0:2	
Wales	1	1	–	–	1:0	
Zypern	7	5	1	1	18:8	
Gesamt:	283	150	62	71	570:312	

2002: 8 Spiele, 4 Siege, 3 Unentschieden, 1 Niederlage

263 **Wales**, 13. 2., Llanelli, 1:0 gewonnen: Adler (Bonertz) – Huber (Hesse), Steve Müller, Cimen, Stegmayer – Thomik (Olivier), Bork, Tekkan (1), Bauer (Kristof Müller) – Gomez, Westerhoff (Taut).

264 **Nordirland**, 7. 3., Ballymena, 2:0 gewonnen (EM-Qualifikation): Bonertz – Schöneberg, Cimen, Schuon, Stegmayer – Thomik (1) (Olivier), Huber, Tekkan (Westerhoff (1)), Bork, Bauer (Podolski) – Gomez.

265 **Türkei**, 2. 4., Neunkirchen, 1:1 unentschieden: Adler – Schöneberg, Schoun, Cimen, Podolski (S. Müller) – Thomik (Traut), Rammel (Tekkan), Stegmayer (Huber), Bork (Bauer) – Westerhoff (1), Olivier (Gomez).
266 **Türkei**, 4. 4., Völklingen, 1:2 verloren: Bonertz – Schöneberg (Rammel), S. Müller, Cimen, Podolski (Thomik) – Huber, Bork (Schuon) – Tekkan (Olivier) - Bauer (Stegmayer), Traut – Gomez (Westerhoff (1)).
267 **Georgien**, 28. 4., Slagelse, 1:1 unentschieden (EM-Endrunde): Adler – Schöneberg, Schuon, Cimen, Stegmayer – Huber, Bork – Thomik (1) (Traut), Podolski (Bauer) – Senesie (Westerhoff), Gomez.
268 **Ungarn**, 30. 4., Slagelse, 6:2 gewonnen (EM-Endrunde): Adler – Schöneberg, Schuon (1), Cimen, Stegmayer – Huber, Bork (S. Müller),Thomik, Bauer (Tekkan) – Senesie (Gomez (2)), Westerhoff (3).
269 **Polen**, 2. 5., Naestved, 1:0 gewonnen (EM-Endrunde): Adler – Schöneberg, Schuon, Cimen, Stegmayer – Huber, Bork,Thomik (Traut), Tekkan (Senesie) – Gomez, Westerhoff (Podolski (1)).
270 **Frankreich**, 5. 5., Naestved, 1:1 unentschieden, Elfmeterschießen 3:5 (EM-Viertelfinale): Adler – Schöneberg, Schuon (Rammel), Cimen (1), Stegmayer – Huber, Bork, Thomik (Müller), Tekkan – Westerhoff, Gomez (Senesie).
271 **Österreich**, 21. 8., Arnoldstein, 2:2 unentschieden: Fromlowitz – Lerchl, Grüter, Bieler, Schutzbach – Polanski, Heppke – Neumayr – Müller (Nehrig (1)), Hunt (Akgün) – Galm (1) (Cicem).
272 **Schweiz**, 23. 8., St. Magdalen, 2:0 gewonnen: Kessler – Leschinski (Lerchl), Heppke, Bieler, Schutzbach – Heinze – Neumayr (Galm), Polanski (1) – Nehrig, Cicem (Müller), Akgün (Hunt (1)).
273 **Slowenien**, 25. 8., Villach, 4:0 gewonnen: Fromlowitz – Lerchl, Grüter, Bieler, Schutzbach – Heppke (Nehrig (1)), Heinze – Polanski (Neumayr) – Müller (Akgün (1)), Galm (2), Hunt (Cicem).
274 **Nordirland**, 24. 9., Schönberg, 5:0 gewonnen: Fromlowitz – Leschinski (1) (Lerchl), Schacken (Grüter), Bieler, Schutzbach (Parensen) – Heinze, Polanski (Galm), Neumayr (2) (Heppke) – Müller (Nehrig), Dejagah (1), Hunt (1).
275 **Nordirland**, 26. 9., Wismar, 6:0 gewonnen: Kessler – Lerchl, Schacken, Grüter, Parensen (1) – Heppke, Leschinski (Heinze) – Neumayr (1) (Schutzbach), Müller (1) (Bieler) – Dejagah (1) (Galm (1)), Nehrig (1).
276 **Irland**, 21. 10., Cobh, 3:0 gewonnen (EM-Qualifikation): Fromlowitz – Lerchl, Schacken, Bieler, Schutzbach – Leschinski, Heppke – Polanski (Neumayr) – Müller (Nehrig (1)), Hunt (1) (Grüter) – Dejagah (1).
277 **Slowenien**, 23. 10., Buttevant, 3:1 gewonnen (EM-Qualifikation): Fromlowitz – Lerchl, Schacken, Bieler, Schutzbach – Leschinski (1), Heppke (1) – Neumayr (Bülow) – Müller (Nehrig), Hunt (1) – Dejagah (Galm).
278 **Frankreich**, 25. 10., Cobh, 0:0 unentschieden (EM-Qualifikation): Fromlowitz – Parensen (Leschinski), Schacken, Bieler, Schutzbach – Heppke, Polanski, Neumayr (Galm) – Müller, Nehrig (Grüter) - Dejagah.

2003: 5 Spiele, 3 Siege, 1 Unentschieden, 1 Niederlage

279 **Ukraine**, 18. 2., Antalya, 4:2 gewonnen: Kessler – Leschinski (Hünemeier), Grüter (Schacken), Bieler, Chaftar – Altin, Polanski (Heinze) – Neumayr (1) (Dejagah) – Müller (Hunt), Akgün (1) – Galm (2).
280 **Türkei**, 20. 2., Antalya, 2:0 gewonnen: Kessler – Hünemeier, Schacken, Bieler (Chaftar), Parensen – Grüter (Leschinski), Altin (Heinze) – Polanski (Neumayr) – Akgün (Müller (1)), Dejagah (Galm), Hunt (1).
281 **Aserbaidschan**, 24. 3., St. Vith, 3:0 gewonnen (EM-Qualifikation): Fromlowitz – Lerchl, Hünemeier, Bieler, Parensen – Polanski (1) (Akgün), Heinze – Dejagah(1) (Heppke) – Müller, Galm (1) (Neumayr), Hunt.
282 **Italien**, 26. 3., Hünfeld, 1:1 unentschieden (EM-Qualifikation): Fromlowitz – Lerchl, Schacken (Galm), Bieler, Parensen – Leschinski, Heinze – Polanski (1) – Müller (Neumayr), Dejagah, Hunt (Akgün).
283 **Belgien**, 28. 3., Eupen, 1:2 verloren (EM-Qualifikation): Fromlowitz – Lerchl, Schacken, Bieler, Parensen – Polanski, Heinze – Dejagah, Akgün (Neumayr), Reichwein (Müller), Hunt (1).

● Die Jugend-B-Länderspiele (U 16) finden Sie im KICKER-Almanach von 1989, die dann folgenden nur noch von Saison zu Saison im jeweiligen Almanach danach.

Die B 2-Junioren U 16 (Schüler) (bis 2001 U15)

Gegner	Spiele	Siege	Unentsch.	Niederl.	Tore	11-m-Sch.
Ägypten	1	1	–	–	2:1	
Argentinien	2	1	–	1	3:2	
Belgien	10	7	2	1	33:9	
Brasilien	3	1	1	1	5:6	
Dänemark	8	5	1	2	15:8	
England	73	28	15	30	115:116	
Frankreich	65	19	18	28	95:103	6:5
Griechenland	2	1	1	–	5:3	
Irland	12	10	1	1	22:6	
Israel	2	1	1	–	6:1	
Italien	3	1	–	2	2:4	
Japan	1	–	–	1	1:4	
Jugoslawien	1	–	–	1	1:2	
Kamerun	1	–	1	–	1:1	3:4
Liechtenstein	1	1	–	–	7:0	
Luxemburg	1	1	–	–	1:0	
Malta	2	1	1	–	5:0	
Niederlande	29	19	4	6	70:27	
Nordirland	7	5	–	2	23:11	
Österreich	3	1	1	1	5:3	
Polen	2	2	–	–	4:0	
Portugal	5	2	2	1	7:4	
Russland (UdSSR)	5	3	–	2	15:9	
Schottland	6	4	1	1	16:12	
Schweden	4	–	1	3	1:6	
Schweiz	14	10	4	–	40:7	
Slowakei	4	4	–	–	15:1	
Spanien	5	1	2	2	3:5	
Tschechien	3	3	–	–	11:1	
Türkei	4	3	1	–	8:3	
Ungarn	7	2	1	4	10:7	
Uruguay	1	1	–	–	1:0	
USA	3	2	–	1	7:4	
Wales	13	9	4	–	28:10	
Gesamt:	**303**	**149**	**63**	**91**	**583:376**	

Deutsche Meisterschaft A-Junioren U18/U19

Die bisherigen Meister (bis 2001 U18, ab 2001 U19):

1969 VfL Bochum – 1970 Hertha Zehlendorf – 1971 1. FC Köln – 1972 MSV Duisburg – 1973 VfB Stuttgart – 1974 1. FC Nürnberg – 1975 VfB Stuttgart – 1976 FC Schalke 04 – 1977, 1978 MSV Duisburg – 1979 Stuttgarter Kickers – 1980 SV Waldhof Mannheim – 1981 VfB Stuttgart – 1982, 1983 Eintracht Frankfurt – 1984 VfB Stuttgart – 1985 Eintracht Frankfurt – 1986 Bayer Leverkusen – 1987 Bayer Uerdingen – 1988, 1989, 1990, 1991 VfB Stuttgart – 1992 1. FC Kaiserslautern – 1993 FC Augsburg – 1994, 1995, 1996, 1997, 1998 Borussia Dortmund – 1999 Werder Bremen – 2000 Bayer Leverkusen – 2001, 2002 Bayern München – 2003 VfB Stuttgart

1969

Qualifikation: Karlsruher SC – Hertha BSC Berlin 0:3.
Halbfinale: VfL Bochum – Hertha BSC Berlin 2:0, 1. FC Saarbrücken – VfL Wolfsburg 5:3.
Um den 3. Platz: Hertha BSC Berlin – VfL Wolfsburg 3:2.
Endspiel am 13. Juli 1969 in Saarbrücken: VfL Bochum – 1. FC Saarbrücken 5:3 (0:3)
Bochum: Daniel – Strehlke (Paschke), Pommerin (1) – Böhmer (Berns), Mosch (1), Halstenberg – Böckmann (1), Kerkemeier, Köper, Etterich (2), Kandula – Trainer: Attern.

1970

Qualifikation: Concordia Hamburg – TuS Altrip 0:3.
Halbfinale: Hertha Zehlendorf – Eintracht Frankfurt n. V. 0:0 (Losentscheid für Zehlendorf), VfL Bochum – TuS Altrip 0:1.
Um den 3. Platz: Eintracht Frankfurt – VfL Bochum 6:1.
Endspiel am 12. Juli 1970 in Bochum: Hertha Zehlendorf – TuS Altrip 3:2 (1:2)
Zehlendorf: Hartfiel – Ludwig, Rieger, Hochheim, Kullak (Biermann) – Hanisch, Bertz (Boenke) – Winker, Stolzenburg (1), Pfisterer, Kunert (2) – Trainer: Bialek.

1971

Qualifikation: BFC Preußen Berlin – 1. FC Köln 0:2.
Halbfinale: 1. FC Köln – Ludwigshafener SC 6:0, 1. FC Nürnberg – Eintracht Braunschweig 3:0.
Um den 3. Platz: Eintracht Braunschweig – Ludwigshafener SC 6:1.
Endspiel am 11. Juli 1971 in Fürth: 1. FC Köln – 1. FC Nürnberg 3:1 (2:0)
Köln: Szczepanski – Liebig, Zock, Konopka (2), Nicot – Bläser, Neumann (1), Hein – Evers, Glowacz, Bosbach– Trainer: Röhrig.

1972

Vorrundengruppe Lörrach: FV Lörrach – Dornbreite Lübeck 4:2; MSV Duisburg – SV Fraulautern 2:1; Dornbreite Lübeck – SV Fraulautern n. V. 1:1, Elfmeterschießen 2:4; FV Lörrach – MSV Duisburg 1:3.
Vorrundengruppe Bremerhaven: TuS Bremerhaven 93 – Karlsruher SC 3:5; Eintracht. Trier – Bayern München 1:4; TuS Bremerhaven 93 – Eintracht Trier 3:4; Bayern München – Karlsruher SC 5:0.
Vorrundengruppe Bonn: Bonner SC – Blau-Weiß 90 Berlin 3:2; Kickers Offenbach – Hamburger SV 3:2; Hamburger SV – Blau-Weiß 90 Berlin 6:1; Bonner SC – Kickers Offenbach 2:3.
Vorrundengruppe Kaiserslautern: 1. FC Kaiserslautern – VfB Stuttgart 0:1; Hannover 96 – Borussia Dortmund 6:2; 1. FC Kaiserslautern – Borussia Dortmund 2:3; VfB Stuttgart – Hannover 96 2:1.
Halbfinale in Stuttgart: MSV Duisburg – Kickers Offenbach n. V. 0:0, Elfmeterschießen 5:4; VfB Stuttgart – Bayern München 3:1.
Um den 3. Platz: Kickers Offenbach – Bayern München 5:0.
Endspiel am 2. Juli 1972 in Stuttgart: MSV Duisburg – VfB Stuttgart 2:0 (0:0).
Duisburg: Edelhoff – Häming, Taubenbach, Bruckmann, Schwope – Savkovic, Baake (1), L. Schneider – W. Schneider (1), Worm, Sobbe (Moersdorf, Killich) – Trainer: Kremer.

1973

Vorrundengruppe Saarbrücken: FC Schalke 04 – Saar 05 Saarbrücken 5:1; Hamburger SV – FV Lörrach 3:1; FV Lörrach – Saar 05 Saarbrücken 6:5; FC Schalke 04 – Hamburger SV 2:0.
Vorrundengruppe Andernach: VfB Stuttgart – SpVgg Andernach 5:0; Alemannia Aachen – Werder Bremen 5:2; Werder Bremen – SpVgg Andernach 6:2; VfB Stuttgart – Alemannia Aachen 6:0.
Vorrundengruppe Offenbach: Blau-Weiß 90 Berlin – Heider SV 2:0; Kickers Offenbach – Fortuna Düsseldorf 5:1; Fortuna Düsseldorf – Heider SV 8:4; Kickers Offenbach – Blau-Weiß Berlin 3:2.
Vorrundengruppe Karlsruhe: Bayern München – Karlsruher SC 6:0; Eintracht Braunschweig – FSV Mainz 05 6:1; Karlsruher SC – FSV Mainz 05 9:2; Bayern München – Eintracht Braunschweig 5:2.
Halbfinale in München: VfB Stuttgart – Bayern München 3:2; Kickers Offenbach – FC Schalke 04 1:1, Elfmeterschießen 5:4.
Um den 3. Platz: FC Schalke 04 – Bayern München 5:1.
Endspiel am 8. Juli 1973 in München: VfB Stuttgart – Kickers Offenbach 3:1 (2:1)
VfB Stuttgart: Dreher – Hangstorfer, Schmid, Schäfer, Götz – Martin (1), Hägele, W. Günther – Peters, Salzinger (1), Tochtermann (ein Offenbacher Eigentor) – Trainer: Bögelein.

1974

Vorrundengruppe Hannover: Hannover 96 – Hertha Zehlendorf 2:3; FSV Mainz 05 – 1. FC Nürnberg 0:0, Elfmeterschießen 0:3; Hannover 96 – FSV Mainz 05 4:1; Hertha Zehlendorf – 1. FC Nürnberg 2:5.
Vorrundengruppe Duisburg: MSV Duisburg – FC Schalke 04 2:3; Borussia Neunkirchen – Kickers Offenbach 2:3; MSV Duisburg – Borussia Neunkirchen 0:1; FC Schalke 04 – Kickers Offenbach 2:2, Elfmeterschießen 2:3.
Vorrundengruppe Hamburg: Hamburger SV – Sportfreunde Eisbachtal 4:0; Werder Bremen – Freiburger FC 1:3; Sportfreunde Eisbachtal – Werder Bremen 1:1, Elfmeterschießen 4:2; Hamburger SV – Freiburger FC 2:0.
Vorrundengruppe Kiel: Holstein Kiel – VfB Stuttgart 2:6; 1. FC Köln – Karlsruher SC 1:0; Holstein Kiel – Karlsruher SC 5:1; VfB Stuttgart – 1. FC Köln 1:2.

Halbfinale in Stade: 1. FC Nürnberg – Hamburger SV 3:1; 1. FC Köln – Kickers Offenbach 0:0, Elfmeterschießen 3:2.
Um den 3. Platz: Hamburger SV – Kickers Offenbach 2:2, Elfmeterschießen 2:1.
Endspiel am 9. Juni 1974 in Stade: 1. FC Nürnberg – 1. FC Köln 1:0 (0:0)
Nürnberg: Müller – Lindner, Dämpfling (1), Kraus, Kosian – Weyerich, Reichenbach, Steuerwald – Suffel, Sommer, Dorok – Trainer: Kreißel.

1975

Vorrunde: VfB Lübeck – FC Schalke 04 1:3, 0:6; SV Bliesen – SpVgg Andernach 3:1, 1:7; FC Singen 04 – OSC Bremerhaven 2:2, 0:3; 1. FC Nürnberg – Kickers Offenbach 0:2, 0:2; 1. FC Köln – FSVMainz 05 3:0, 2:1; VfB Stuttgart – Borussia Mönchengladbach 0:2, 4:1; Hamburger SV – Atlas Delmenhorst 3:2, 5:2; SV Chio Waldhof – Rapide Wedding 7:3, 6:0.
Viertelfinale: SpVgg Andernach – FC Schalke 04 1:1, 1:3; OSC Bremerhaven – Kickers Offenbach 0:1, 0:3; 1. FC Köln – VfB Stuttgart 0:6, 2:6; SV Chio Waldhof – Hamburger SV 6:1, 5:1.
Halbfinale: VfB Stuttgart – SV Chio Waldhof 5:2, 3:2; FC Schalke 04 – Kickers Offenbach 2:0, 1:2.
Endspiel am 12. Juli 1975 in Marburg: VfB Stuttgart – Schalke 04 4:0 (1:0)
Stuttgart: Höck – Fleischmann, Jost, Günther, Lang – Wörn, Müller, Jakob (1) – Klitz, Beck (3), Frick – Trainer: Hartl.

1976

Vorrunde: Werder Bremen – VfB Lübeck 0:0, 2:1; VfR Mannheim – 1. FC Nürnberg 0:2, 1:1; SpVgg Andernach – Rot-Weiß Essen 1:3, 0:5; 1. FC Köln – ASV Idar-Oberstein 3:3, 1:1, Elfmeterschießen 5:4; Eintracht Frankfurt – FC St. Pauli 5:2, 5:2; VfB Stuttgart – Freiburger FC 4:2, 1:0; SC Saarlouis-Roden – Eintracht Braunschweig 2:3, 4:0; Blau-Weiß 90 Berlin – FC Schalke 04 0:1, 0:5.
Viertelfinale: Rot-Weiß Essen – 1. FC Köln 3:1, 2:3; Eintracht Frankfurt – VfB Stuttgart 2:2, 1:3; SC Saarlouis-Roden – FC Schalke 04 1:5, 0:10; Werder Bremen – 1. FC Nürnberg 1:5, 2:1.
Halbfinale: FC Schalke 04 – 1. FC Nürnberg 2:0, 4:3; Rot-Weiß Essen – VfB Stuttgart 4:3, 2:0.
Endspiel am 24. Juli 1976 in Herne: FC Schalke 04 – Rot-Weiß Essen 5:1 (2:1)
Schalke: Sandhofe – Gorka, Dörmann, Köster (Reichel), Schipper – Santanius (Feldmann), Bittcher (1), Lander (1) – Mentzel, Höfer (2), Schütte (dazu ein Eigentor von Holznagel) – Trainer: Maslo.

1977

Vorrunde: Röchling Völklingen – FSV Mainz 05 2:5, 2:4; Eintracht Braunschweig – Freiburger FC 1:4, 3:6; MSV Duisburg – Werder Bremen 2:0, 3:1; Alemannia Aachen – 1. FC Nürnberg 1:6, 0:8; SV Mehring – FC St. Pauli 1:1, 1:4; FC Schalke 04 – SC Staaken 3:0, 7:0; VfB Stuttgart – Itzehoer SV 1:0, 1:1; Karlsruher SC – FC Burgsolms 3:1, 6:0.
Viertelfinale: MSV Duisburg – 1. FC Nürnberg 3:2, 5:2; VfB Stuttgart – Karlsruher SC 2:3, 3:0; FC St. Pauli – FC Schalke 04 1:7, 2:5; FSV Mainz 05 – Freiburger FC 2:1, 3:4, Elfmeterschießen 9:8.
Halbfinale: FSV Mainz 05 – MSV Duisburg 4:1, 0:4; FC Schalke 04 – VfB Stuttgart 4:5, 0:2.
Endspiel am 23. Juli 1977 in Mannheim: MSV Duisburg – VfB Stuttgart 2:1 (0:0)
Duisburg: Strozyk – Hörstgen, Brocker, Fenten, Jakobs – Quabeck, Klein, Ulitzka (2), Vengels – Jasinek, Schrafen, Buttgereit (Wuschka) – Trainer: Schafstall.

1978

Vorrunde: Hamburger SV – Hertha Zehlendorf 1:7, 2:0; Arminia Hannover – 1. FC Köln 2:2, 1:2; Freiburger FC – 1. FC Saarbrücken 6:0, 2:3; Stuttgarter Kickers – OSC Bremerhaven 0:2, 1:0; FC Augsburg – MSV Duisburg 1:2, 3:3; FSV Mainz 05 – Glas/Chemie Wirges 2:2, 1:1, Elfmeterschießen 4:5; Borussia Dortmund – SV Waldhof Mannheim 2:2, 0:1; Eintracht Frankfurt – VfB Lübeck 2:0, 4:2.
Viertelfinale: Hertha Zehlendorf – 1. FC Köln 3:0, 4:2; Freiburger FC – OSC Bremerhaven 4:2, 3:1; MSV Duisburg – Glas/Chemie Wirges 2:1, 1:1; SV Waldhof Mannheim – Eintracht Frankfurt 2:3, 0:5.
Halbfinale: MSV Duisburg – Eintracht Frankfurt 1:1, 2:1; Hertha Zehlendorf – Freiburger FC 3:2, 1:2, Elfmeterschießen 3:2.
Endspiel am 15. Juli 1978 in Essen: MSV Duisburg – Hertha Zehlendorf 5:2 (2:2)
Duisburg: Fuchs – Jasinek, Gebauer, Blum, Brings – Piepenburg, Wuschka (1), Steininger (Schmidt) – Weecks (1), Ulitzka (1), Kowalzik (2) (Meyer) – Trainer: Wenzlaff.

1979

Vorrunde: SV Waldhof Mannheim – SFL Bremerhaven 2:0, 4:0; 1. FC Köln – Kickers Offenbach 1:1, 2:3; Holstein Kiel – VfR Sölde 0:2, 1:3; Eintracht Braunschweig – 1. FC Nürnberg 2:2, 2:4; Fortuna Düsseldorf – SC Staaken 2:1, 4:0; Stuttgarter Kickers – Concordia Hamburg 5:2, 3:1; Borussia Neunkirchen – 1. FC Kaiserslautern 2:2, 0:3; FC Emmendingen – TuS Neuendorf 1:2, 2:3.

Viertelfinale: SV Waldhof Mannheim – Kickers Offenbach 4:0, 1:5, Elfmeterschießen 4:3; VfR Sölde – 1. FC Nürnberg 1:3, 0:3; Fortuna Düsseldorf – Stuttgarter Kickers 0:5, 1:7; 1. FC Kaiserslautern – TuS Neuendorf 7:0, 5:0.
Halbfinale: SV Waldhof Mannheim – 1. FC Nürnberg 0:0, 0:2; Stuttgarter Kickers – 1. FC Kaiserslautern 7:2, 3:3.
Endspiel am 29. Juli 1979 in Karlsruhe: Stuttgarter Kickers – 1. FC Nürnberg 2:1 (2:0)
Stuttgart: Rauscher – Stadtmüller, Müller (1), Schröck, Steinbach – Hägele (Kaiser), Bazien, Schulz – Kurbos (1), Buchwald (Eblen), Dienelt – Trainer: Philipp.

1980

Vorrunde: Werder Bremen – 1. FC Nürnberg 1:1, 2:2, Elfmeterschießen 1:3; Concordia Hamburg – 1. FC Saarbrücken 1:0, 0:0; 1. FC Kaiserslautern – Kickers Offenbach 1:1, 4:2; Arminia Hannover – Rot-Weiß Essen 2:1, 3:2; Eintracht Segeberg – TuS Neuendorf 1:5, 0:5; Blau-Weiß 90 Berlin – SSV Ulm 1846 2:0, 1:2; Bayer Leverkusen – SV Waldhof Mannheim 2:3, 2:5; FC Emmendingen – FC Schalke 04 2:5, 1:3.
Viertelfinale: SV Waldhof Mannheim – 1. FC Kaiserslautern 3:1, 1:1; TuS Neuendorf – FC Schalke 04 1:1, 0:2; Arminia Hannover – Blau-Weiß 90 Berlin 1:1, 2:0, Concordia Hamburg – 1. FC Nürnberg 0:7, 0:6.
Halbfinale: Arminia Hannover – Schalke 04 1:2, 0:7; SV Waldhof Mannheim – 1. FC Nürnberg 3:2, 1:1.
Endspiel am 12. Juli 1980 in Oberhausen: SV Waldhof Mannheim – FC Schalke 04 2:1 (1:0)
Mannheim: U. Zimmermann – P. Tsionanis, Pennese, D. Tsionanis, Quaisser – Rühl (Weixler), Rahn (1), Schön – Kispert (Weißenseel), Emig, E. Zimmermann (1) – Trainer: Kobberger.

1981

Vorrunde: Freiburger FC – Werder Bremen 1:0, 2:1; VfB Stuttgart – VfB Lübeck 7:0, 4:0; FC St. Pauli – Bayer Leverkusen 0:2, 3:1, Elfmeterschießen 3:1; 1. FC Saarbrücken – SpVgg Andernach 3:3, 4:1; Blau-Weiß 90 Berlin – VfL Wolfsburg 4:1, 1:2; Karlsruher SC – Borussia Mönchengladbach 1:1, 2:2, Elfmeterschießen 0:4; Bayern München – 1. FC Kaiserslautern 0:0, 0:1; FC Schalke 04 – Eintracht Frankfurt 3:1, 3:1.
Viertelfinale: Borussia Mönchengladbach – VfB Stuttgart 0:5, 0:0; 1. FC Kaiserslautern – FC St. Pauli 1:1, 1:0; Blau-Weiß 90 Berlin – Freiburger FC 0:0, 3:0; FC Schalke 04 – 1. FC Saarbrücken 3:0, 5:0.
Halbfinale: VfB Stuttgart – 1. FC Kaiserslautern 2:0, 2:1; Blau-Weiß 90 Berlin – FC Schalke 04 4:4, 0:4.
Endspiel am 25. Juli 1981 in Karlsruhe: VfB Stuttgart – FC Schalke 04 4:0 (1:0)
Stuttgart: Jäger – Beital, Rath, Stadler, Flad – Jeske (1), Müller, Secker – Tochtermann (1), Bialon (1), Zimmermann (1) – Trainer: Arnold.

1982

Vorrunde: VfB Stuttgart – 1. FC Saarbrücken 2:0, 1:0; SG Wattenscheid 09 – VfR Mannheim 3:1, 1:1; 1. FC Kaiserslautern – BFC Preußen Berlin 7:1, 0:0; Bayer Leverkusen – TSV München 1860 3:2, 0:3; Eintracht Frankfurt – Glas/Chemie Wirges 9:0, 1:1; Hamburger SV – SC Freiburg 3:0, 4:0; MSV Duisburg – Eintracht Braunschweig 2:0, 0:5; Werder Bremen – VfL Lübeck 3:1, 1:1.
Viertelfinale: VfB Stuttgart – SG Wattenscheid 09 1:0, 2:2; 1. FC Kaiserslautern – TSV München 1860 2:0, 1:2; Eintracht Frankfurt – Hamburger SV 3:1, 4:0; Eintracht Braunschweig – Werder Bremen 4:2, 3:6.
Halbfinale: VfB Stuttgart – 1. FC Kaiserslautern 5:0, 4:1; Eintracht Frankfurt – Werder Bremen 5:4, 7:2.
Endspiel am 17. Juli in Karlsruhe: Eintracht Frankfurt – VfB Stuttgart 2:0 (2:0)
Eintracht: Gundelach – Boy, Hofmann, Kahlhofen, Ernst – Kühn, Gabriel, Wöber – Kramer (2), Müller, Rieth (Berthold) – Trainer: Mank.

1983

Vorrunde: FC Schalke 04 – SV Sandhausen 2:0, 2:2; TSV München 1860 – Eintracht Frankfurt 3:2, 0:4; Borussia Mönchengladbach – VfB Stuttgart 0:5, 2:5; Freiburger FC – VfL Osnabrück 0:2, 1:5; Tus Mayen – VfB Lübeck 2:2, 1:2; BFC Preußen Berlin – 1. FC Kaiserslautern 1:2, 1:2; TuS Wulsdorf – 1. FC Köln 4:6, 1:12; Hamburger SV – Borussia Neunkirchen 3:0, 1:2.
Viertelfinale: FC Schalke 04 – Eintracht Frankfurt 4:4, 2:5; VfB Stuttgart – VfL Osnabrück 2:1, 2:1; VfB Lübeck – 1. FC Kaiserslautern 1:0, 0:0; 1. FC Köln – Hamburger SV 0:1, 2:1.
Halbfinale: Eintracht Frankfurt – VfB Stuttgart 5:1, 1:2; 1. FC Kaiserslautern – 1. FC Köln 1:3, 3:2.
Endspiel am 16. Juli 1983 in Marburg: Eintracht Frankfurt – 1. FC Köln 2:0 (1:0).
Frankfurt: Hollenbach – Klepper, Trares, Borkenhagen, Kraaz – Plesker, Binz (Conrad), Rieth, Heider, Wöber (Völker) – Fritz (2) – Trainer: Mank.

1984

Vorrunde: 1. FC Kaiserslautern – Freiburger FC 5:0, 8:0; 1. FC Nürnberg – VfL Marburg 1:0, 2:1; 1. FC Saarbrücken – Concordia Hamburg 1:1, 0:4; TSV Havelse – TSB Flensburg 3:0, 6:1; Eintracht Trier – Bayer Uerdingen 1:0, 0:5; VfB Stuttgart – SV Waldhof Mannheim 1:0, 2:2; Hertha Zehlendorf – 1. FC Köln 1:0, 1:2, Elfmeterschießen 4:3; Werder Bremen – VfL Bochum 0:3, 0:3.

Viertelfinale: 1. FC Kaiserslautern – 1. FC Nürnberg 4:0, 1:2; Concordia Hamburg – TSV Havelse 4:2, 4:5; Bayer Uerdingen – VfB Stuttgart 1:3, 1:4; Hertha Zehlendorf – VfL Bochum 4:2, 0:1.
Halbfinale: 1. FC Kaiserslautern – Concordia Hamburg 5:2, 2:2; VfB Stuttgart – Hertha Zehlendorf 8:0, 1:2.
Endspiel am 28. Juli 1984 in Heilbronn: VfB Stuttgart – 1. FC Kaiserslautern n. V. 3:1 (1:1, 1:0)
Stuttgart: Weber – Rothfuß (Skultety), Pfiz, Scheiffele, Szichta – Cyklarz (1), Waldner, Fritz – Lorch, Peukert (2), Kipper (Hertfelder) – Trainer: Güntner.

1985

Vorrunde: Bayer Uerdingen – Borussia Dortmund 1:4, 1:3; 1. FC Kaiserslautern – Bayer Leverkusen 1:1, 0:1; Borussia Neunkirchen – Werder Bremen 2:1, 0:3; Bayern München – Karlsruher SC 2:2, 0:5; Glas/Chemie Wirges – VfB Stuttgart 0:5, 0:2; FC Konstanz – Eintracht Braunschweig 1:4, 0:5; Reinickendorfer Füchse – TSV Rendsburg 1:1, 3:1; Eintracht Frankfurt – TSV Reinbek/Hamburg 3:1, 5:2.
Viertelfinale: Borussia Dortmund – Bayer Leverkusen 0:4, 3:2; Werder Bremen – Karlsruher SC 1:1, 0:4; VfB Stuttgart – Eintracht Braunschweig 0:0, 3:1; Reinickendorfer Füchse – Eintracht Frankfurt 2:7, 0:8.
Halbfinale: Bayer Leverkusen – Karlsruher SC 1:0, 2:2; VfB Stuttgart – Eintracht Frankfurt 3:0, 0:4.
Endspiel am 12. Juli 1985 in Mannheim: Eintracht Frankfurt – Bayer Leverkusen 4:2 (1:0).
Frankfurt: Rogowski – Conrad, Reussing (Pistauer), Iglesias (1) – Vucak, Möller, Völker (Gruner), Hestermann, Dembowski (1) – Walz, Reubold (2) – Trainer: Gerster.

1986

Vorrunde: SC Freiburg – Hamburger SV 1:0, 0:2; Fortuna Düsseldorf – TSB Flensburg 2:2, 5:0; Reinickendorfer Füchse – 1. FC Nürnberg 2:2, 0:3; Germania Metternich – Werder Bremen 1:1, 4:7; FC Homburg – Karlsruher SC 1:2, 0:5; Borussia Dortmund – Bayer Leverkusen 1:1, 0:2; 1. FC Kaiserslautern – Eintracht Braunschweig 3:0, 2:2; SSV Reutlingen – Eintracht Frankfurt 1:3, 1:4.
Viertelfinale: Hamburger SV – Fortuna Düsseldorf 0:2, 1:2; 1. FC Nürnberg – Werder Bremen 8:0, 3:2; Karlsruher SC – Bayer Leverkusen 0:0, 0:6; 1. FC Kaiserslautern – Eintracht Frankfurt 2:1, 0:1, Elfmeterschießen 7:8.
Halbfinale: Fortuna Düsseldorf – 1. FC Nürnberg 1:0, 0:1, Elfmeterschießen 2:4; Bayer Leverkusen – Eintracht Frankfurt 5:4, 3:0.
Endspiel am 11. Juli 1986 in Leverkusen: Bayer Leverkusen – 1. FC Nürnberg 2:0 (1:0)
Leverkusen: Deus – Job – Kühn, Nicolic, Gerhards – Drysdl (Hübner), Schwarz, Reinhardt, Wörsdörfer – Rehbein (2), Legerlotz (Petersen) – Trainer: Reschke.

1987

Vorrunde: Karlsruher SC – Bayer Leverkusen 2:1, 0:3; VfB Stuttgart – Bayern München 3:0, 0:3, Elfmeterschießen 3:4; Werder Bremen – Hannover 96 1:2, 2:1, Elfmeterschießen 2:4; Eintracht Frankfurt – Olympia Neumünster 5:0 , 1:1; SpVgg. Andernach – VfL Bochum 0:3, 0:2; Hamburger TS 1816 – Reinickendorfer Füchse 1:2, 2:0; 1. FC Kaiserslautern – Bayer Uerdingen 2:2, 1:3; ASC Dudweiler – FV Donaueschingen 0:0, 3:3, Elfmeterschießen 4:2.
Viertelfinale: Bayer Leverkusen – Bayern München 3:0, 2:1; Hannover 96 – Eintracht Frankfurt 3:2, 0:5; VfL Bochum – Hamburger TS 1816 2:1, 4:0; Bayer Uerdingen – ASC Dudweiler 2:1, 4:2.
Halbfinale: VfL Bochum – Bayer Uerdingen 1:2, 2:2; Bayer Leverkusen – Eintracht Frankfurt 2:1, 1:2, Elfmeterschießen 3:4.
Endspiel am 17. Juli 1987 in Krefeld: Bayer Uerdingen – Eintracht Frankfurt 2:1 (0:0)
Uerdingen : Teroede – Kempkens – Titgens (Schroers), Brinkmann – Hofschen, Jörißen, Steffen, Fallak – Dondera, Wolff (1), Witeczek (1) – Trainer: Rangs.

1988

Vorrunde: Hannover 96 – SV Kuppenheim 3:0, 1:0; Werder Bremen – Tennis Borussia Berlin 2:1, 3:2; TSV München 1860 – 1. FC Saarbrücken 0:0, 3:0; VfB Stuttgart – TuS Paderborn-Neuhaus 2:0, 9:0; Eintracht Frankfurt – VfB Kiel 2:1, 4:1; Bayer Uerdingen – 1. FC Kaiserslautern 0:1, 1:0, Elfmeterschießen 5:4; Bayer Leverkusen – Eintracht Trier 2:0, 6:0; Hamburger SV – Karlsruher SC 1:1, 2:3.
Viertelfinale: Hannover 96 – Werder Bremen 1:4, 2:2; TSV München 1860 – VfB Stuttgart 2:1, 0:2; Eintracht Frankfurt – Bayer Uerdingen 2:0, 3:5, Elfmeterschießen 3:1; Bayer Leverkusen – Karlsruher SC 4:0, 1:1.
Halbfinale: Werder Bremen – VfB Stuttgart 1:1, 2:2, Elfmeterschießen 3:4; Eintracht Frankfurt – Bayer Leverkusen 2:0, 0:3.

Endspiel am 15. Juli 1988 in Stuttgart: VfB Stuttgart – Bayer Leverkusen 4:1 (1:1)
Stuttgart: Welz – Gradwohl – Lang, Fritz, Mayer (1), Keller, Bufka, Marche (Seitz), Richter (1) – Latifovic (1), Terzic (1) – Trainer: Güntner.

1989

Vorrunde: SV Auersmacher – Bayer Uerdingen 0:5, 0:6; Werder Bremen – Borussia Dortmund 1:1, 0:4; 1. FC Nürnberg – Kehler FV 3:0, 7:0; 1. FC Kaiserslautern – Bayer Leverkusen 2:2, 0:3; SG Betzdorf – Holstein Kiel 0:0, 1:3; Hertha Zehlendorf – Hamburger SV 2:1, 1:2, Elfmeterschießen 3:4; SV Waldhof Mannheim – Hannover 96 5:1, 0:3; VfB Stuttgart – VfL Marburg 6:0, 7:0.
Viertelfinale: 1. FC Nürnberg – Bayer Leverkusen 3:3, 2:1; Holstein Kiel – Hamburger SV 0:6, 1:5; SV Waldhof Mannheim – VfB Stuttgart 1:0, 0:1, Elfmeterschießen 8:9; Bayer Uerdingen – Borussia Dortmund 2:1, 0:1, Elfmeterschießen 5:3.
Halbfinale: Hamburger SV – VfB Stuttgart 0:2, 0:2; Bayer Uerdingen – 1. FC Nürnberg 1:2, 1:2.
Endspiel am 14. Juli 1989 in Stuttgart: VfB Stuttgart – 1. FC Nürnberg 3:2 (1:2)
Stuttgart: Strotbek – Richter – Schneider, Latifovic – Santelli (Dense 1), Mayer, Keller, Gradwohl, Kramny (1) – Beierle (1), Terzic (Chatzikiriakos) – Trainer: Philipp.

1990

Vorrunde: Hertha Zehlendorf – Hamburger SV 2:0, 2:1; VfB Kiel – Hannover 96 1:0, 4:5, Elfmeterschießen 5:4; Werder Bremen – Bayer Leverkusen 0:2, 1:2; Eintracht Trier – Borussia Dortmund 0:2, 1:3; SV Waldhof Mannheim – Eintracht Frankfurt 0:0, 1:1, Elfmeterschießen 3:5; FC Homburg – VfB Stuttgart 0:6, 3:6, Bayer Uerdingen – 1. FC Kaiserslautern 1:0, 1:2, Elfmeterschießen 2:4; SC Freiburg – FC Augsburg 0:1, 0:3.
Viertelfinale: Hertha Zehlendorf – VfB Kiel 8:2, 6:0; Bayer Leverkusen – Borussia Dortmund 1:0, 0:1; Elfmeterschießen 3:5; Eintracht Frankfurt – VfB Stuttgart 2:5, 0:4; 1. FC Kaiserslautern – FC Augsburg 2:0, 2:1.
Halbfinale: Hertha Zehlendorf – Borussia Dortmund 3:0, 0:3, Elfmeterschießen 4:3; VfB Stuttgart – 1. FC Kaiserslautern 3:1, 3:0.
Endspiel am 6. Juli 1990 in Berlin: VfB Stuttgart – Hertha Zehlendorf 5:1 (3:1)
Stuttgart: Sick – Santelli – Papadopoulos, Posch – Endreß (Th. Schneider), Obeida, Otto, Trunkl, Krinke (2) – Kosztovics (Kienle 1), Beierle (1) (Dazu ein Eigentor von Rolbuch) – Trainer: Philipp.

1991

Vorrunde: Bayer Uerdingen – Altonaer FC 93 2:0, 4:0; 1. FC Saarbrücken – SC Freiburg 3:3, 0:1; Bayer Leverkusen – VfB Kiel 4:0, 2:1; VfB Stuttgart – Bayern München 3:1, 1:3, Elfmeterschießen 4:2; Kickers Offenbach – Eintracht Braunschweig 2:2, 0:0, Elfmeterschießen 1:3; VfL Bochum – SC Siemensstadt Berlin 1:2, 2:1, Elfmeterschießen 3:4; Werder Bremen – SV Schwetzingen 2:1, 0:3; Glas/Chemie Wirges – 1. FC Kaiserslautern 1:3, 1:5.
Viertelfinale: Bayer Uerdingen – SC Freiburg 0:0, 2:1, Bayer Leverkusen – VfB Stuttgart 3:2, 0:4; Eintracht Braunschweig – SC Siemensstadt 3:0, 2:1; SV Schwetzingen – 1. FC Kaiserslautern 1:1, 1:2.
Halbfinale: Bayer Uerdingen – VfB Stuttgart 1:1, 4:7; Eintracht Braunschweig – 1. FC Kaiserslautern 1:1, 0:1.
Endspiel am 30. Juni 1991 in Heilbronn: VfB Stuttgart – 1. FC Kaiserslautern 4:1 (1:1)
Stuttgart: Rentel – Endreß (1) – Posch, Reich – Schneider (1), Keckeisen, Otto (1), Remmler, Lenhart (Bittmann) – Kienle, Seifert (Ziegler 1) – Trainer: Rangnick.

1992

Qualifikation: Hamburger SV – Eintracht Frankfurt 0:0, 1:1, Elfmeterschießen 2:3; Energie Cottbus – Bayern München 2:8, 1:6; Werder Bremen – Phönix Lübeck 4:0, 4:0; Carl Zeiss Jena – Hannover 96 0:1, 6:2; Hertha BSC Berlin – 1. FC Saarbrücken 2:1, 2:1.
Vorrunde: SV Waldhof Mannheim – Bayer Uerdingen 3:1, 1:0; Dynamo Dresden – Hertha BSC Berlin 0:2, 1:2; Sportfreunde Eisbachtal – Carl Zeiss Jena 2:13, 1:6; Bayern München – Werder Bremen 1:1 und 4:1; Borussia Dortmund – Hansa Rostock 3:0, 1:1; 1. FC Magdeburg – 1. FC Köln 1:5, 1:4; Eintracht Frankfurt – VfB Stuttgart 1:0, 1:5; SC Freiburg – 1. FC Kaiserslautern 0:1, 0:2.
Viertelfinale: SV Waldhof Mannheim – Hertha BSC Berlin 0:1, 0:4; Carl Zeiss Jena – 1. FC Kaiserslautern 1:3, 0:3; Bayern München – Borussia Dortmund 3:1, 3:0; VfB Stuttgart – 1. FC Köln 1:2, 1:2.
Halbfinale: Hertha BSC Berlin – 1. FC Kaiserslautern 2:1, 0:1, Elfmeterschießen 1:3; Bayern München – 1. FC Köln 0:2, 1:2.
Endspiel am 5. Juli 1992 in Köln: 1. FC Kaiserslautern – 1. FC Köln 5:1 (3:0)

Kaiserslautern: Bitzer – Hengen – Simon, Lieberknecht – Leipold, Fetzer, Neumann, Gensel (1), Müller – Dittgen (1) (Brill), Dengel (3) – Trainer: Diehl.

1993

Qualifikation: 1. FC Kaiserslautern – Hallescher FC 3:0, 1:1; VfB Stuttgart – Fortuna Düsseldorf 2:0, 3:0; FC Konstanz – Borussia Dortmund 1:3, 2:7; VfB Leipzig – 1. FC Köln 2:1, 1:3; Hansa Rostock – Karlsruher SC 1:1, 1:2.
Vorrunde: Hannover 96 – Werder Bremen 0:2, 2:3; Phönix Lübeck – Eintracht Frankfurt 0:4, 0:12; Viktoria Frankfurt/O. – 1. FC Köln 1:3, 0:9; FC Augsburg – Hertha Zehlendorf 4:3, 3:1; Eintracht Trier – VfB Stuttgart 1:5, 1:14; Karlsruher SC – 1. FC Saarbrücken 3:0, 3:1; Carl Zeiss Jena – Hamburger SV 2:1, 1:2, Elfmeterschießen 5:3; Borussia Dortmund – 1. FC Kaiserslautern 1:0, 1:4.
Viertelfinale: Werder Bremen – Eintracht Frankfurt 0:0, 3:2; 1. FC Köln – FC Augsburg 0:2, 5:4; VfB Stuttgart – Karlsruher SC 4:1, 1:1; Carl Zeiss Jena – 1. FC Kaiserslautern 2:2, 1:1, Elfmeterschießen 6:7.
Halbfinale: Werder Bremen – FC Augsburg 6:4, 0:2, Elfmeterschießen 4:5; VfB Stuttgart – 1. FC Kaiserslautern 2:3, 0:2.
Endspiel am 4. Juli 1993 in Augsburg: FC Augsburg – 1. FC Kaiserslautern 3:1 (0:0)
Augsburg: Fuchs – Meier – Meggle (1), Neumann – Dobler, Gerster (1), Bachthaler, Rösele (1), Böhringer (Schwalle) – Söhner, Berkant, Oral (Luichtl) – Trainer: Schuhmann.

1994

Qualifikation: TSV Büdelsdorf – Bayern München 1:2, 0:3; Werder Bremen – Tennis Borussia Berlin 5:3, 2:1; Hannover 96 – Carl Zeiss Jena 3:2, 1:0; Eintracht Frankfurt – BSV Brandenburg 7:0, 4:1; Hamburger SV – 1. FC Saarbrücken 3:0, 4:1.
Achtelfinale: Bayer Leverkusen – Chemnitzer FC 3:2, 1:1; VfB Stuttgart – Greifswalder SC 5:1, 5:2; Karlsruher SC – Hannover 96 1:2, 2:0; Werder Bremen – Hallescher FC 5:0, 2:0, Bayern München – 1. FC Kaiserslautern 2:1, 0:2; Bayer Uerdingen – Hamburger SV 1:0, 1:2, Elfmeterschießen 5:4; Sportfreunde Eisbachtal – Borussia Dortmund 1:8, 0:4; Eintracht Frankfurt – SC Freiburg 0:0, 2:2, Elfmeterschießen 4:5.
Viertelfinale: Bayer Leverkusen – VfB Stuttgart 1:5, 4:6; Karlsruher SC – Werder Bremen 1:1, 0:3; 1. FC Kaiserslautern – Bayer Uerdingen 1:2, 1:1; Borussia Dortmund – SC Freiburg 4:0, 4:1.
Halbfinale: VfB Stuttgart – Werder Bremen 1:1, 1:1, Elfmeterschießen 3:4; Bayer Uerdingen – Borussia Dortmund 1:2, 1:3.
Endspiel am 3. Juli 1994 in Delmenhorst: Borussia Dortmund – Werder Bremen 3:2 (2:1)
Dortmund: Malonek – Mehnert – Hundshagen (Zachin), Brücker – Pagels, Wennmann, Ricken (1), Hinz, Sauerland – Grad (Riethmann), Tanko (2) (Danielzyk) – Trainer: Boekamp.

1995

Viertelfinale: Bayern München – Borussia Dortmund 1:1, 0:2; Werder Bremen – 1. FC Kaiserslautern 1:1, 0:1; Hansa Rostock – VfB Stuttgart 1:3, 4:4; Bayer Leverkusen – VfB Leipzig 1:0, 4:1.
Halbfinale: Borussia Dortmund – 1. FC Kaiserslautern 2:0, 9:0; VfB Stuttgart – Bayer Leverkusen 0:0, 1:4.
Endspiel am 2. Juli 1995 in Lüdenscheid: Borussia Dortmund – Bayer Leverkusen 2:0 (1:0)
Dortmund: Melka – Mehnert – Sahin, Brücker – Hundshagen, But (1) (Kalayci), Möller (1) (Horz), Vogt, Sauerland – Grad (Güner), Pagels (Karayildiz) – Trainer: Skibbe.

1996

Viertelfinale: VfB Stuttgart – 1. FC Kaiserslautern 2:0, 2:1; Borussia Mönchengladbach – Borussia Dortmund 1:2 und 1:1; Werder Bremen – Hannover 96 1:0, 2:0; Carl Zeiss Jena – SV Waldhof Mannheim 0:0, 0:2.
Halbfinale: VfB Stuttgart – Borussia Dortmund 1:1, 0:7; WerderBremen – SV Waldhof Mannheim 1:1, 1:1, Elfmeterschießen 5:6.
Endspiel am 7. Juli 1996 in Mannheim: Borussia Dortmund – SV Waldhof Mannheim 2:0 (1:0)
Dortmund: Kleinsteiber – Kalayci – Knoche (1), Sahin (1) – Volke (Hunger), Eraslan, Timm, But, Vogt (Savvidis) – Grad (Cichon), Güner (Piorunek) – Trainer: Skibbe.

1997

Viertelfinale: Borussia Dortmund – Reinickendorfer Füchse 4:1, 4:0; Borussia Mönchengladbach – VfB Stuttgart 3:2, 0:6; 1. FC Kaiserslautern – TSV München 1860 3:2, 0:2; Carl Zeiss Jena – Hamburger SV 0:1, 2:2.
Halbfinale: Borussia Dortmund – VfB Stuttgart 1:0, 3:2; TSV München 1860 – Hamburger SV 4:2, 3:0.

Endspiel am 6. Juli 1997 in Augsburg: Borussia Dortmund – TSV München 1860 2:1 (1:0)
Dortmund: Kuschmann – Sasy – Knoche, Savvidis – Volke, Öztürk, Dahan (Akcay 1), Ballout, Schäper (Rothholz) – Piorunek (Lindner), Bugri (1) – Trainer: Skibbe.

1998

Viertelfinale: 1. FC Kaiserslautern – FC. St. Pauli 2:2, 1:1, Elfmeterschießen 2:4; Hannover 96 – Borussia Dortmund 1:5, 3:4; Tennis Borussia Berlin – FC Augsburg 3:1, 0:2, Elfmeterschießen 1:3; Bayern München – FSV Mainz 05 4:1, 7:0.
Halbfinale: FC St. Pauli – Borussia Dortmund 1:3, 1:5; FC Augsburg – Bayern München 0:2, 1:4.
Endspiel am 5. Juli 1998 in Dortmund: Borussia Dortmund – Bayern München n. V. 2:2 (2:2, 0:0), Elfmeterschießen 2:1
Dortmund: Kuschmann – Rothholz – Heese, Ballout – Dahan (Abdulai), Rios (Lindner), Schäper, Öztürk (Stock) – Bugri (Beckmann 1), Akcay (1), Timm – Trainer: Boekamp.

1999

Viertelfinale: Karlsruher SC – Reinickendorfer Füchse 0:2, 1:0; KFC Uerdingen 05 – Werder Bremen 3:3, 0:2; 1. FC Kaiserslautern – Hertha BSC Berlin 2:1, 1:1; VfB Stuttgart – Bayer Leverkusen 2:1, 2:3, Elfmeterschießen 7:6.
Halbfinale: 1. FC Kaiserslautern – VfB Stuttgart 0:2, 3:3; Reinickendorfer Füchse – Werder Bremen 1:1, 1:5.
Endspiel am 4. Juli 1999 in Stuttgart: Werder Bremen – VfB Stuttgart 4:1 (3:1)
Bremen: Özkul – Schmedes (Kuhl), Krösche (1), Votava, Meyerdierks – Siasia, Borowski (1), Yrievich (Kum) – Greb (Titz), Alexandrovich (1), Di'Iorio (1) – Trainer: Plaat.

2000

Viertelfinale: 1. FC Kaiserslautern – Tennis Borussia Berlin 1:1, 1.3; VfB Stuttgart – Bayer Leverkusen 0:0, 0:2; FC Schalke 04 – Bayern München 2:0, 0:3; Hannover 96 – Werder Bremen 1:5, 1:4.
Halbfinale: Tennis Borussia Berlin – Bayer Leverkusen 1:1, 1:4; Bayern München – Werder Bremen 1:1, 2:3.
Endspiel am 2. Juli 2000 in Leverkusen: Bayer Leverkusen – Werder Bremen 4:2 (3:1)
Leverkusen: Starke – Lazarevic, Bozic, Reckert, Coupek (Bungart) – El Kasmi (1) (Donovan), Habljak, Jerat – Dogan (1), Burkhardt (2) (Käfer-Ewertz) – Bably – Trainer: Hörster.

2001

Viertelfinale: Borussia Dortmund – Werder Bremen 2:1, 0:3; 1. FC Kaiserslautern – Bayer Leverkusen 1:2, 2:4; Bayern München – VfL Wolfsburg 4:1, 3:2; SC Freiburg – Hertha BSC Berlin 1:1, 1:0.
Halbfinale: Werder Bremen – Bayer Leverkusen 1:1, 1:1, Elfmeterschießen 3:4; Bayern München – SC Freiburg 5:1, 3:1.
Endspiel am 1. Juli 2001 in Leverkusen: Bayern München – Bayer Leverkusen 3:2 (0:0)
München: Heerwagen – Haas (1), Husterer, Endres (Rietzler) – Contento, Thomik (Barut), Feulner, Lahm, Misimovic (1) – Trochowski (1), Heller (Karayün) – Trainer: Grill.

2002

Viertelfinale: Werder Bremen – FC Schalke 04 2:4, 2:2; Hertha BSC Berlin – VfB Stuttgart 1:2, 0:2; 1. FC Kaiserslautern – Bayern München 1:1, 0:4; Hamburger SV – Borussia Dortmund 0:0, 0:3.
Halbfinale: FC Schalke 04 – VfB Stuttgart 0:1, 2:2; Bayern München – Borussia Dortmund 2:3, 2:1, Elfmeterschießen 4:3.
Endspiel am 7. Juli 2002 in Unterhaching: Bayern München – VfB Stuttgart 4:0 (2:0)
München: Rensing – Haas (Aischmann), Ottl, Barut, Stegmayer – Lell (Thomik), Schweinsteiger, Lahm (1) – Trochowski (2), Kilicaslan (1), Atak (Endres) – Trainer: Niedermayer.

2003

Viertelfinale: Hansa Rostock – VfB Stuttgart 2:3, 1:3; VfL Bochum – 1. FC Kaiserslautern 1:1, 5:3; TSV München 1860 – Hannover 96 1:0, 1:2, Elfmeterschießen 5:3; Bayer Leverkusen – VfL Wolfsburg 5:2, 0:2.
Halbfinale: VfB Stuttgart – VfL Bochum 4:2, 2:4, Elfmeterschießen 5:4; TSV München 1860 – Bayer Leverkusen 2:1, 1:6.
Endspiel am 6. Juli 2003 in Leverkusen: VfB Stuttgart – Bayer Leverkusen 5:2 (1:1)
Stuttgart: Bonertz – Aslantas, Caligiuri (1), Schaschko, Franz – Jarosch (1), Gentner, Ricciardi, Mamajev (Walter) – G. Müller (2), Gomez (1) – Trainer: Kleitsch.

Deutsche Meisterschaft B-Junioren U16/U17

Die bisherigen Meister (bis 2001 U16, ab 2002 U17):
1977 Eintracht Frankfurt – 1978 FC Schalke 04 – 1979 Blau-Weiß 90 Berlin – 1980 Eintracht Frankfurt – 1981 Borussia Mönchengladbach – 1982 SG Wattenscheid 09 – 1983 1. FC Kaiserslautern – 1984 Borussia Dortmund – 1985 VfL Bochum – 1986 VfB Stuttgart – 1987 Bayer Uerdingen – 1988 Hertha Zehlendorf – 1989 Bayern München – 1990 1. FC Köln – 1991 Eintracht Frankfurt – 1992 Bayer Leverkusen – 1993 Borussia Dortmund – 1994, 1995 VfB Stuttgart – 1996 Borussia Dortmund – 1997 Bayern München – 1998 Borussia Dortmund – 1999 VfB Stuttgart – 2000 Hertha BSC Berlin – 2001 Bayern München – 2002 FC Schalke 04 – 2003 Hertha BSC Berlin.

1977

Qualifikation: Hamburger SV – SC Staaken 1:3.
Halbfinale in Daxlanden: FC Schalke 04 – FSV Mainz 05 5:2; Eintracht Frankfurt – SC Staaken 2:1.
Um den 3. Platz: SC Staaken – FSV Mainz 05 2:1.
Endspiel am 3. Juli 1977 in Niefern: Eintracht Frankfurt – Schalke 04 2:1 (0:1)
Frankfurt: Raps – Wörner, Koch, Kura, Werner, Castellano (1), Hohmann, Strauß, Sarraoca, Müller, Schaub (1) – Trainer: Eigenbrodt.

1978

Qualifikation: VfR Mannheim – FSV Mainz 05 0:2.
Halbfinale in Menden: FC Schalke 04 – FSV Mainz 05 3:1, Concordia Hamburg – Hertha Zehlendorf 2:3.
Um den 3. Platz: FSV Mainz 05 – Concordia Hamburg 2:1.
Endspiel am 2. Juli 1978 in Hamm: FC Schalke 04 – Hertha Zehlendorf 6:0 (1:0)
Schalke: Vogel (Schwarz) – Keiner, Hause, Siewert, Draxler (1) – Opitz, Trompeter, Kügler (2) (Kreuz) – Wuttke (1), Schröder, Falzer (2) – Trainer: van Haaren.

1979

Vorrunde: Werder Bremen – Borussia Dortmund 0:1, 2:2; Arminia Hannover – Fortuna Düsseldorf 0:0, 2:2, Elfmeterschießen 4:3; VfB Lübeck – Blau-Weiß 90 Berlin 0:4, 1:1; FC St. Pauli – 1. FC Köln 1:1, 2:0; FSV Mainz 05 – Kickers Offenbach 0:0, 2:1; Freiburger FC – Saar 05 Saarbrücken 5:0, 1:0; Stuttgarter Kickers – SpVgg Andernach 4:0, 3:1; FC Augsburg – VfR Mannheim 2:1, 3:0.
Viertelfinale: Borussia Dortmund – Arminia Hannover 1:2, 0:6; Blau-Weiß 90 Berlin – FC. St. Pauli 0:1, 2:0; FSV Mainz 05 – Freiburger FC 1:2, 5:2; Stuttgarter Kickers – FC Augsburg 1:2, 1:1.
Halbfinale: Arminia Hannover – Blau-Weiß 90 Berlin 1:2, 2:2; FSV Mainz 05 – FC Augsburg 1:2, 0:5.
Endspiel am 29. Juli 1979 in Berlin: Blau-Weiß 90 Berlin – FC Augsburg n. V. 1:1 (1:1, 0:0), Elfm. 5:4
Berlin: Vollborn – Rießler, Paulitz, Collack, Olschewski, Brandenburger, Schröder (Schubert), Schulze – Schmidt (1), Klatt (Pagels), Geesdorf – Trainer: Helfrich.

1980

Vorrunde: Fortuna Düsseldorf – Werder Bremen 1:0, 1:2, Elfmeterschießen 3:2; 1. FC Köln – Holstein Kiel 5:0, 3:2; Blau-Weiß 90 Berlin – FC Schalke 04 3:1, 1:6; SpVgg Andernach – SV Waldhof Mannheim 0:3, 1:1; Eintracht Frankfurt – FC Tailfingen 3:0, 5:0; TSV München 1860 – 1. FC Kaiserslautern 1:1, 0:1; Offenburger FV – SV Merchweiler 1:2, 2:1, Elfmeterschießen 2:4 2:4; Concordia Hamburg – Arminia Hannover 2:2, 2:3.
Viertelfinale: Fortuna Düsseldorf – Arminia Hannover 2:1, 4:3; 1. FC Köln – FC Schalke 04 1:2, 2:3; SV Waldhof Mannheim – Eintracht Frankfurt 0:2, 1:5; 1. FC Kaiserslautern – SV Merchweiler 2:2, 1:0.
Halbfinale: Fortuna Düsseldorf – FC Schalke 04 3:2, 1:3; Eintracht Frankfurt – 1. FC Kaiserslautern 2:1, 1:0.
Endspiel am 13. Juli 1980 in Gelsenkirchen: Eintracht Frankfurt – FC Schalke 04 2:1 (1:0)
Frankfurt: Gundelach – Boy, Ernst, Kühn, Hofmann (1) – Gabriel, Kramp (Schmidt), Rudel – Berthold, Krämer (Lenz), Müller (1) – Trainer: Schmidt.

1981

Vorrunde: FC Villingen 08 – 1. FC Kaiserslautern 0:7, 2:6; VfL Bochum – Hamburger SV 2:1, 0:1, Elfmeterschießen 4:3; VfR Neumünster – TSV Osterholz-Tenever 1:2, 1:3; Borussia Mönchengladbach – 1. FC Köln 1:3 , 2:0, Elfmeterschießen 7:6; FC Ensdorf – SpVgg Andernach 2:0, 5:0; FC Augsburg – Eintracht Frankfurt 1:3, 0:4; Spandauer SV – Hannover 96 0:2, 1:2; VfB Stuttgart – Karlsruher SC 1:0, 4:0.

Viertelfinale: VfL Bochum – Hannover 96 1:0, 4:2; TSV Osterholz-Tenever – Borussia Mönchengladbach 1:2, 1:3; FC Ensdorf – Eintracht Frankfurt 0:3, 0:6; VfB Stuttgart – 1. FC Kaiserslautern 0:5, 2:2.
Halbfinale: VfL Bochum – Borussia Mönchengladbach 3:3, 1:2; Eintracht Frankfurt – 1. FC Kaiserslautern 5:3, 2:2.
Endspiel am 26. Juli 1981 in Rheydt: Borussia Mönchengladbach – Eintracht Frankfurt 1:0 (1:0)
Mönchengladbach: Zimmermann – Kühn, Drehsen, Thomessen, Nelles – Meusen, Naumann (1), Dohrmann – Krahen, Kopp, Völl – Trainer: Schmitz.

1982

Vorrunde: Borussia Mönchengladbach – Concordia Hamburg 3:4, 1:2; TSV Osterholz-Tenever – 1. FC Köln 2:2, 0:7; SG Wattenscheid 09 – Hertha Zehlendorf 3:1, 2:3; VfR Neumünster – Arminia Hannover 2:1, 0:0; SV Weil – Eintracht Frankfurt 0:3, 0:7; FC Ensdorf – SV Waldhof Mannheim 0:3, 3:2; 1. FC Nürnberg – TuS Koblenz 3:0, 4:0; 1. FC Kaiserslautern – VfB Stuttgart 4:2, 0:1.
Viertelfinale: Concordia Hamburg – 1. FC Köln 3:3, 1:1, Elfmeterschießen 5:3; SG Wattenscheid 09 – VfR Neumünster 3:2, 6:0; Eintracht Frankfurt – SV Waldhof Mannheim 3:0, 5:4; 1. FC Kaiserslautern – 1. FC Nürnberg 3:0, 1:0.
Halbfinale: Concordia Hamburg – SG Wattenscheid 09 1:2, 0:6; Eintracht Frankfurt – 1. FC Kaiserslautern 0:0, 3:0.
Endspiel am 18. Juli 1982 in Wattenscheid: SG Wattenscheid 09 – Eintracht Frankfurt 3:1 (2:1)
Wattenscheid: Hildebrand – Zander, Skibbe (2), Appel, Heinke – Löring (Drews), Schmies, Yavuz (Linnemann), Kontny (1) – Schmidt, Hilligloh – Trainer: Busch.

1983

Vorrunde: Hannover 96 – Rot-Weiß Essen 3:2, 1:2, Elfmeterschießen 5:4; Borussia Dortmund – Werder Bremen 1:2, 0:0; TSV Rendsburg – Spandauer SV 0:0, 2:1; TSV Reinbek – Bayer Leverkusen 0:1, 1:2; Röchling Völklingen – Bayern München 0:8, 2:4; 1. SV Moersch – Kickers Offenbach 0:4, 1:4; 1. FC Kaiserslautern – SV Waldhof Mannheim 1:0, 3:1; TuS Koblenz – SSV Ulm 1846 0:1, 0:1.
Viertelfinale: Hannover 96 – Werder Bremen 1:2, 1:5; TSV Rendsburg – Bayer Leverkusen 1:3, 0:4; Bayern München – 1. FC Kaiserslautern 0:2, 2:4; Kickers Offenbach – SSV Ulm 1846 3:0, 2:1.
Halbfinale: Werder Bremen – Bayer Leverkusen 1:1, 2:0; 1. FC Kaiserslautern – Kickers Offenbach 0:0, 2:2, Elfmeterschießen 3:1.
Endspiel am 17. Juli 1983 in Kaiserslautern: 1. FC Kaiserslautern – Werder Bremen 2:1 (1:0)
Kaiserslautern: Bertram – Wetz, Strich, Schultheiß, Brenner – Kimmel, Denger, Kunz (2) – Gerstner (Hirschfeld), Kauf, Auschill – Trainer: Diehl.

1984

Vorrunde: TSV Osterholz-Tenever – Bramfelder SV 3:7, 1:6; BFC Preußen Berlin – Hannover 96 2:2, 1:1, Elfmeterschießen 5:3; MSV Duisburg – Bayer Leverkusen 1:1, 0:0, Elfmeterschießen 2:4; VfR Lübeck – Borussia Dortmund 1:3, 2:4; VfB Stuttgart – 1. FC Kaiserslautern 1:1, 2:1; TSV München 1860 – Eintracht Frankfurt 1:2, 3:2, Elfmeterschießen 4:2; Glas/Chemie Wirges – SC Freiburg 1:2, 3:3; FC Ensdorf – SV Waldhof Mannheim 0:4, 0:5.
Viertelfinale: VfB Stuttgart – TSV München 1860 0:1, 0:7; SC Freiburg – SV Waldhof Mannheim 0:3, 0:9; Bayer Leverkusen – Borussia Dortmund 1:5, 0:4; Bramfelder SV – BFC Preußen Berlin 2:3, 3:1.
Halbfinale: TSV München 1860 – SV Waldhof Mannheim 3:2, 2:2; Bramfelder SV – Borussia Dortmund 1:0, 0:2.
Endspiel am 29. Juli 1984 in Dortmund: Borussia Dortmund – TSV München 1860 1:0 (1:0)
Dortmund: Dildey – Gläß, Spyrka (1), Schacht, Germann – Fink (Hill), Mielke, Imming, Wisse – Bolst (Stüwe), Danach – Trainer: Trowinski.

1985

Vorrunde: Sportfreunde Eisbachtal – 1. FC Kaiserslautern 0:3, 1:3; Bayern München – ASC Dudweiler 4:1, 1:1; Hamburger SV – OSC Bremerhaven 4:0, 2:2; VfB Stuttgart – Kickers Offenbach 1:3, 2:1; SV Waldhof Mannheim – Offenburger FV 0:0, 2:1; Fortuna Düsseldorf – Hertha Zehlendorf 1:1, 1:1, Elfmeterschießen 4:5; Vfl Bochum – Bayer Leverkusen 2:0, 3:2; Eintracht Braunschweig – Holstein Kiel 1:2, 2:1, Elfmeterschießen 2:3.
Viertelfinale: 1. FC Kaiserslautern – Bayern München 1:3, 2:4; Kickers Offenbach – SV Waldhof Mannheim 2:0, 1:1; Hamburger SV – Hertha Zehlendorf 2:0, 3:4; VfL Bochum – Holstein Kiel 5:0, 5:1.

Halbfinale: Bayern München – Kickers Offenbach 0:2, 2:0, Elfmeterschießen 2:3; Hamburger SV – VfL Bochum 0:1, 1:4.
Endspiel am 14. Juli 1986 in Offenbach: VfL Bochum – Kickers Offenbach 3:0 (1:0)
Bochum: Dorny – Wisniewski, Urban, Broos – Tasewski (Felber), Dressel, Liese, Poll, Legat – Trioani (Sieweke 1), Kirschke (2) – Trainer: Schiller.

1986

Vorrunde: TuS Paderborn-Neuhaus – VfB Kiel 4:0, 5:2; West Elmsbüttel Hamburg – Werder Bremen 2:0, 2:2, Hannover 96 – Schwarz-Weiß Essen 0:1, 3:2, Elfmeterschießen 4:5; Bayer Leverkusen – Hertha Zehlendorf 0:2, 0:2; VfB Stuttgart – Sportfreunde Eisbachtal 8:0, 5:0; SC Freiburg – Borussia Neunkirchen 5:1, 1:3; Bayern München – 1. FC Kaiserslautern 1:1, 1:2; SV Waldhof Mannheim – Eintracht Frankfurt 2:2, 0:2.
Viertelfinale: TuS Paderborn-Neuhaus – West Elmsbüttel Hamburg 5:2, 2:3; Schwarz-Weiß Essen – Hertha Zehlendorf 0:3, 5:1; VfB Stuttgart – SC Freiburg 6:0, 4:0; 1. FC Kaiserslautern – Eintracht Frankfurt 3:2, 1:3.
Halbfinale: TuS Paderborn-Neuhaus – Schwarz-Weiß Essen 4:1, 0:3, Elfmeterschießen 3:4; VfB Stuttgart – Eintracht Frankfurt 1:1, 3:1.
Endspiel am 13. Juli 1986 in Essen: VfB Stuttgart – Schwarz-Weiß Essen 5:0 (0:0)
Stuttgart: Welz – Weippert – Fritz, Bufka – Lang, Kihn, Edelmann (1) (Bollian), Poschner (1) – Latifovic (1) (Schneider), Ueding (2), Nickel – Trainer: Mosthaf.

1987

Vorrunde: Olympia Neumünster – 1. FC Köln 2:2, 1:1, Elfmeterschießen 8:9; VfL Bochum – Tennis Borussia Berlin 0:1, 1:2; OSC Bremerhaven – Bayer Uerdingen 1:3, 1:2; Hamburger SV – Hannover 96 0:1, 7:2; Karlsruher SC – SV Auersmacher 3:0, 1:2; SV Wittlich – 1. FC Nürnberg 0:3, 0:5; Freiburger FC – Eintracht Frankfurt 0:3, 0:4; VfB Stuttgart – 1. FC Kaiserslautern 1:0, 2:0.
Viertelfinale: 1. FC Köln – Tennis Borussia Berlin 0:0, 1:1, Elfmeterschießen 2:4; Bayer Uerdingen – Hamburger SV 3:0, 2:1; Karlsruher SC – 1. FC Nürnberg 0:2, 1:1; Eintracht Frankfurt – VfB Stuttgart 0:1, 1:4.
Halbfinale: Tennis Borussia Berlin – Bayer Uerdingen 0:1, 0:0; 1. FC Nürnberg – VfB Stuttgart 1:2, 3:1.
Endspiel am 8. Juli 1987 in Nürnberg: Bayer Uerdingen – 1. FC Nürnberg 4:0 (2:0)
Uerdingen: Schonz – Schoots – Welzing, McConner, Neber, Paßlack – Lewitzky (1) (Borgmann), Lanzafame, Bayertz (2) – Trienekens (Herrmann), Klauß (2) – Trainer: Maes.

1988

Vorrunde: SV Waldhof Mannheim – SC Freiburg 3:1, 3:1; 1. FC Kaiserslautern – SpVgg Andernach 6:1, 2:1; Eintracht Frankfurt – 1. FC Saarbrücken 5:0, 5:4; VfB Stuttgart – Bayern München 2:0, 1:1; Hamburger SV – Itzehoer SV 2:1, 2:0; Hertha Zehlendorf – Werder Bremen 3:1, 1:1; Bayer Leverkusen – TSV Havelse 2:1, 0:0; Eintracht Dortmund – Fortuna Düsseldorf 4:0, 3:2.
Viertelfinale: SV Waldhof Mannheim – 1. FC Kaiserslautern 1:1, 1:2; Eintracht Frankfurt – VfB Stuttgart 0:4, 1:5; Hamburger SV – Hertha Zehlendorf 0:3, 0:2; Bayer Leverkusen – Eintracht Dortmund 0:1, 0:1.
Halbfinale: 1. FC Kaiserslautern – VfB Stuttgart 2:3, 1:4; Hertha Zehlendorf – Eintracht Dortmund 2:1, 3:1.
Endspiel am 17. Juli 1988 in Berlin: Hertha Zehlendorf – VfB Stuttgart 2:1 (0:1)
Zehlendorf: Sommer – Kolbuch – Kremer, Gattl, Polat – Schleite, Block (1), Ziege, Braun (Fulmek) – Gehrwald, Lehmann (1) – Trainer: Przesdzing.

1989

Vorrunde: 1. FC Köln – Hertha Zehlendorf 0:0, 0:0, Elfmeterschießen 3:5; Hannover 96 – Concordia Hamburg 5:1, 4:2; FC Schalke 04 – VfB Kiel 4:1, 1:0; Schwarz-Weiß Essen – Werder Bremen 2:0, 1:1; Eintracht Frankfurt – 1. FC Kaiserslautern 1:0, 2:0; SC Freiburg – VfB Stuttgart 1:6, 1:3; Bayern München – FC Homburg 7:0, 9:0; SpVgg Andernach – SV Waldhof Mannheim 0:0, 2:8.
Viertelfinale: Hertha Zehlendorf – Hannover 96 2:0, 3:1; FC Schalke 04 – Schwarz-Weiß Essen 0:0, 3:0; Eintracht Frankfurt – VfB Stuttgart 0:0, 1:1, Elfmeterschießen 5:4; Bayern München – SV Waldhof Mannheim 4:1, 4:1.
Halbfinale: Hertha Zehlendorf – FC Schalke 04 1:0, 0:1, Elfmeterschießen 4:3; Eintracht Frankfurt – Bayern München 1:2, 1:3.
Endspiel am 16. Juli 1989 in München: Bayern München – Hertha Zehlendorf n. V. 1:1 (1:1, 0:0), Elfmeterschießen 5:4
München: Schöttl – Babbel – Punzelt (Karaula), Schönberger – Roth, Schmidt, Nerlinger (1), Eberl, Gehann – Tripp (Bauer), Papachristous – Trainer: Reupold.

1990

Vorrunde: Bramfelder SV – Bayer Uerdingen 1:1, 1:2; VfB Kiel – SC Siemensstadt Berlin 0:4, 0:2; Borussia Dortmund – Werder Bremen 2:2, 0:5; FC 08 Homburg – 1. FC Nürnberg 0:5, 0:8; KSV Baunatal – SV Waldhof Mannheim 1:2, 1:2; Offenburger FV – Sportfreunde Eisbachtal 1:0, 2:0; 1. FC Köln – Hannover 96 3:0, 0:0; VfB Stuttgart – 1. FC Kaiserslautern 1:1, 3:1.
Viertelfinale: 1. FC Köln – Bayer Uerdingen 3:1, 1:3, Elfmeterschießen 8:7; SC Siemensstadt – Werder Bremen 0:0, 3:2; 1. FC Nürnberg – SV Waldhof Mannheim 6:1, 1:0; Offenburger FV – VfB Stuttgart 1:9, 1:7.
Halbfinale: 1. FC Nürnberg – VfB Stuttgart 1:1, 1:2; 1. FC Köln – SC Siemensstadt 3:0, 0:1.
Endspiel am 22. Juli 1990 in Köln: 1. FC Köln – VfB Stuttgart 2:1 (0:0)
Köln: Sömezoglu – Ploeger – Chang, Schmitt – Carl, Bodelier (1), Jöres, Jores (Kötting), Koob (Biechmann) – Thiam, Lenhart (1) – Trainer: Schaefer.

1991

Vorrunde: Eintracht Frankfurt – 1. FC Nürnberg 5:2, 5:2; Karlsruher SC – TuS Koblenz 6:0, 1:1; SC Freiburg – FC 08 Homburg 1:1, 3:0; 1. FC Kaiserslautern – SSV Reutlingen 1:0, 3:0; Phönix Lübeck – Hamburger SV 0:2, 1:1; Werder Bremen – FC Schalke 04 2:0, 0:3; Hertha BSC Berlin – Hannover 96 5:0, 5:4; 1. FC Köln – Bayer Uerdingen 1:2, 1:2.
Viertelfinale: Eintracht Frankfurt – Karlsruher SC 5:1, 1:1; SC Freiburg – 1. FC Kaiserslautern 1:1, 2:2, Elfmeterschießen 4:5; Hamburger SV – FC Schalke 04 1:4, 1:9; Hertha BSC Berlin – Bayer Uerdingen 3:0, 2:5, Elfmeterschießen 3:1.
Halbfinale: Eintracht Frankfurt – 1. FC Kaiserslautern 1:1, 2:1; FC Schalke 04 – Hertha BSC Berlin 0:4, 1:7.
Endspiel am 14. Juli 1991 in Frankfurt: Eintracht Frankfurt – Hertha BSC Berlin n. V. 8:4 (2:2, 1:0)
Frankfurt: Nulle – Wilde – Akkus, Orf – Leuschner, Lense (3) (Buch 2), Niesner, Groh (1), Kresovic (Gessner) – Hagner (2), Anicic – Trainer: Lutz.

1992

Qualifikation: 1. FC Magdeburg – Hamburger SV 1:4, 0:7; Hansa Rostock – Stahl Brandenburg 3:0, 2:0; VfL Stade – Borussia Mönchengladbach 3:7, 3:6; 1. FC Saarbrücken – Rot-Weiß Erfurt 3:2, 2:2; Eintracht Trier – 1. FC Kaiserslautern 0:1, 0:4.
Vorrunde: Borussia Mönchengladbach – Hansa Rostock 1:1, 2:1; Werder Bremen – Bayer Leverkusen 1:4, 1:6; FC Schalke 04 – Phönix Lübeck 4:0, 9:1; Hamburger SV – Hertha Zehlendorf 0:0, 3:4; VfB Stuttgart – Kickers Offenbach 1:1, 3:2; SC Freiburg – 1. FC Saarbrücken 1:0, 1:0; Karlsruher SC – Dynamo Dresden 4:1, 1:2; 1. FC Kaiserslautern – 1. FC Nürnberg 2:1, 0:0.
Viertelfinale: Borussia Mönchengladbach – Bayer Leverkusen 1:1, 2:2, Elfmeterschießen 6:7; FC Schalke 04 – Hertha Zehlendorf 5:1, 5:3; VfB Stuttgart – SC Freiburg 6:1, 1:0; Karlsruher SC – 1. FC Kaiserslautern 0:1, 0:4.
Halbfinale: Bayer Leverkusen – FC Schalke 04 2:0, 2:1; VfB Stuttgart – 1. FC Kaiserslautern 0:2, 0:2.
Endspiel am 26. Juli 1992 in Leverkusen: Bayer Leverkusen – 1. FC Kaiserslautern 2:1 (0:0)
Leverkusen: Ischdonat – Addo – Dawitschek, Chicon – Hahn, Volke, Brcvak (1), Chylla, Poppelreuther (Nquyen) – Skamrahl (1) (Stalmach), Barnes – Trainer: Voigt.

1993

Qualifikation: Holstein Kiel – Bayer Leverkusen 0:2, 1:5; Werder Bremen – Hertha Zehlendorf 4:0, 0:3; Dynamo Dresden – Kehler FV 4:1, 7:3; Eintracht Frankfurt – VfB Stuttgart 1:1, 1:5; Bayern München – Karlsruher SC 3:1, 4:1.
Vorrunde: 1. FC Saarbrücken – SpVgg Andernach 2:1, 2:4; Bayer Uerdingen – Post Neubrandenburg 5:2, 1:0; Hannover 96 – Borussia Dortmund 2:1, 1:7; 1. FC Magdeburg – Carl Zeiss Jena 1:2, 0:7; VfB Stuttgart – 1. FC Kaiserslautern 5:0, 1:2; Bayer Leverkusen – Werder Bremen 3:0, 0:1; FC St. Pauli – Energie Cottbus 2:1, 2:0; Bayern München – Dynamo Dresden 0:1, 0:2.
Viertelfinale: Bayer Leverkusen – FC St. Pauli 1:1, 1:1, Elfmeterschießen 6:7; Bayer Uerdingen – Borussia Dortmund 1:1, 1:2; VfB Stuttgart – Carl Zeiss Jena 1:0, 1:3; Dynamo Dresden – SpVgg Andernach 5:0, 3:0.
Halbfinale: Carl Zeiss Jena – Dynamo Dresden 3:0, 3:2; FC St. Pauli – Borussia Dortmund 1:4, 0:3.
Endspiel am 25. Juli 1993 in Jena: Borussia Dortmund – Carl Zeiss Jena 5:1 (3:0)
Dortmund: Kleinsteiber – Mehnert – Brücker (1), Hancer – Braslan, Hundshagen, Sauerland (Sabin), Danielzyk, Möller (1) – Pagels (1), Grad (2) (Spitzer) – Trainer: Wongrowitz.

1994

Qualifikation: Hansa Rostock – Hamburger SV 0:4, 1:2; Wuppertaler SV – Hannover 96 1:3, 0:3; Energie Cottbus – Hallescher FC 1:2, 0:4; Rot-Weiß Erfurt – 1. FC Saarbrücken 1:1, 1:0; Sportfreunde Eisbachtal – 1. FC Kaiserslautern 1:4, 1:9.

Achtelfinale: 1. FC Kaiserslautern – Kickers Offenbach 4:1, 0:2; Werder Bremen – Bayer Leverkusen 0:4, 1:1; Hertha Zehlendorf – Hallescher FC 2:3, 3:2, Elfmeterschießen 3:0; Hamburger SV – Holstein Kiel 2:0, 4:2; Hannover 96 – Borussia Dortmund 0:0, 4:0; Erzgebirge Aue – Bayern München 0:3, 0:4; Rot-Weiß Erfurt – VfB Stuttgart 0:10, 0:7; Karlsruher SC – SC Freiburg 4:0, 4:1.
Viertelfinale: Bayer Leverkusen – Hertha Zehlendorf 2:1, 3:1; Hamburger SV – Hannover 96 3:4, 2:4; Bayern München – 1. FC Kaiserslautern 0:2, 5:6; VfB Stuttgart – Karlsruher SC 6:1, 2:0.
Halbfinale: Bayer Leverkusen – Hannover 96 0:1, 3:4; 1. FC Kaiserslautern – VfB Stuttgart 2:2, 0:2.
Endspiel am 17. Juli 1994 in Hannover: VfB Stuttgart – Hannover 96 3:0 (0:0)
Stuttgart: Behrendt – Moroff – Lechner, Oswald, Siopidis – Holzhauer (Bicer), Woldeab, Majunke (2), Iseli (Balle) – Catizone (Nuffer), Carnevale (1) – Trainer: Geiger.

1995

Qualifikation: Hannover 96 – Fortuna Düsseldorf 4:1; Reinickendorfer Füchse – Hamburger SV n. V. 0:0, Elfmeterschießen 5:4; Holstein Kiel – Werder Bremen 0:3; Carl Zeiss Jena – VfB Leipzig n. V. 2:2, Elfmeterschießen 6:5; SpVgg Andernach – 1. FC Kaiserslautern 1:2.
Achtelfinale: Hallescher FC – Hannover 96 2:4; Borussia Dortmund – Werder Bremen 2:0; Energie Cottbus – Hansa Rostock 1:5; Reinickendorfer Füchse – Bayer Leverkusen 2:0; FC Augsburg – 1. FC Kaiserslautern 1:3; 1. FC Saarbrücken – Karlsruher SC 1:4; VfB Stuttgart – Eintracht Frankfurt 2:1; Carl Zeiss Jena – Offenburger FV 6:0.
Viertelfinale: Hannover 96 – Borussia Dortmund 1:0; Reinickendorfer Füchse – Hansa Rostock 4:0; 1. FC Kaiserslautern – Karlsruher SC 0:1; Carl Zeiss Jena – VfB Stuttgart 1:2.
Halbfinale: Reinickendorfer Füchse – Hannover 96 3:4; Karlsruher SC – VfB Stuttgart 1:3.
Endspiel am 16. Juli 1995 in Heilbronn: VfB Stuttgart – Hannover 96 3:1 (2:1)
Stuttgart: Reber – Danglmayr – Pinto, Barton, Schwendemann (Grimaudo) – Deligiannidis (1), Hecke (1) (Scaglione), Iseli, Streit (1) (Dale) – Mayer-Vorfelder, Majunke – Trainer: Hocke.

1996

Qualifikation: Holstein Kiel – Tennis Borussia Berlin 1:3; Borussia Dortmund – MSV Duisburg n. V. 2:2, Elfmeterschießen 5:4; VfB Leipzig – VfB Stuttgart n. V. 2:3; Sportfreunde Eisbachtal – 1. FC Kaiserslautern n. V. 2:1; Eintracht Frankfurt – Carl Zeiss Jena 2:1.
Achtelfinale: Borussia Dortmund – Werder Bremen n. V. 2:2, Elfmeterschießen 3:1; Eintracht Frankfurt – VfB Stuttgartn. V. 4:4, Elfmeterschießen 4:1; Energie Cottbus – VfL Wolfsburg 3:2; Tennis Borussia Berlin – Greifswalder SC 3:0; FC. St. Pauli – 1. FC Köln 2:4; 1. FC Saarbrücken – SC Freiburg n. V. 1:1, Elfmeterschießen 4:2; Sportfreunde Eisbachtal – Hallescher FC 2:1; 1. FC Nürnberg – Karlsruher SC 0:2.
Viertelfinale: Sportfreunde Eisbachtal – Karlsruher SC 0:3; Borussia Dortmund – 1. FC Köln 4:1; Energie Cottbus – Tennis Borussia Berlin 2:3; 1. FC Saarbrücken – Eintracht Frankfurt n. V. 5:4.
Halbfinale: Tennis Borussia Berlin – Borussia Dortmund 2:4; 1. FC Saarbrücken – Karlsruher SC 1:0.
Endspiel am 21. Juli 1996 in Dortmund: Borussia Dortmund – 1. FC Saarbrücken 6:1 (2:0)
Dortmund: Kuschmann (Brocca) – Hesse – Ballout, Stehger – Rothholz (Woidtke), Bugri, Schäper, Öztürk (1), Vitt (Hoffmann) – Knop (3), Dabovic (1) (Brune) (dazu ein eigentor von Ganster)– Trainer: Wongrowitz.

1997

Qualifikation: Werder Bremen – KFC Uerdingen 05 n. V. 2:2, Elfmeterschießen 4:1; 1. FC Magdeburg – 1. FC Köln 1:2; Hertha Zehlendorf – Hamburger SV n. V. 1:1, Elfmeterschießen 5:4; Dynamo Dresden – 1. FC Kaiserslautern 1:2; Sportfreunde Eisbachtal – Carl Zeiss Jena 0:3.
Achtelfinale: Hertha Zehlendorf – VfL Bochum 1:2; Energie Cottbus – 1. FC Köln 0:7; Werder Bremen – Hansa Rostock 8:0; Hannover 96 – Holstein Kiel 8:0; 1. FC Kaiserslautern – Karlsruher SC 1:2; VfB Stuttgart – Carl Zeiss Jena 8:1; Eintracht Frankfurt – SC Freiburg 6:2; 1. FC Saarbrücken – Bayern München 2:6.
Viertelfinale: VfL Bochum – 1. FC Köln 1:0; Hannover 96 – Werder Bremen 2:3; Karlsruher SC – VfB Stuttgart 2:3; Eintracht Frankfurt – Bayern München 0:4.
Halbfinale: VfB Stuttgart – Bayern München 0:3; VfL Bochum – Werder Bremen 2:3.
Endspiel am 20. Juli 1997 in Unterhaching: Bayern München – Werder Bremen 3:0 (2:0)
München: Küfner – Mamzer, Kling, Bürgermeier, Kelletshofer, Backer, Schöckel, Hofmann (1) (Bönig), Misimovic (2) (Jungwirth), Mölzl (Hitzlsperger), Aydemir (Reinisch) – Trainer: Bassemir.

1998

Qualifikation: Hertha Zehlendorf – Holstein Kiel n. V. 3:5; 1. FC Köln – Hamburger SV 7:1; 1. FC Saarbrücken – Sportfreunde Eisbachtal 5:1; SC Freiburg – Carl-Zeiss Jena 1:0; FV Dresden-Nord – VfB Stuttgart 2:5.

Achtelfinale: Borussia Dortmund – Energie Cottbus 5:0; Hansa Rostock – Borussia Mönchengladbach n. V. 4:4, Elfmeterschießen 4:3; Hannover 96 – 1. FC Köln 1:4; Holstein Kiel – Werder Bremen 0:4; SV Waldhof Mannheim – SC Freiburg 1:2; 1. FC Saarbrücken – 1. FC Magdeburg n. V. 1:2; VfB Stuttgart – Eintracht Frankfurt 3:0; 1. FC Kaiserslautern – Bayern München 1:7.
Viertelfinale: Borussia Dortmund – Hansa Rostock 6:2; 1. FC Köln – Werder Bremen 2:1; 1. FC Magdeburg – SC Freiburg 2:1; VfB Stuttgart – Bayern München n. V. 4:4, Elfmeterschießen 4:2.
Halbfinale: Borussia Dortmund – 1. FC Köln 5:2; 1. FC Magdeburg – VfB Stuttgart 1:2.
Endspiel am 19. Juli 1998 in Dortmund: Borussia Dortmund – VfB Stuttgart n. V. 2:2 (2:2, 1:1), Elfm. 5:4
Dortmund: Ritz – Kozole (Placzek 1) – Boutagrat (Konya), Thorwart – Kügler, Kringe (Wurm), Bendowsky, Löring – Wersching (Kaya), Bogdanov (1), Woidtke – Trainer: Wingrowitz.

1999

Qualifikation: Bayer Leverkusen – Hertha BSC Berlin n. V. 0:2; 1. FC Magdeburg – Eintracht Braunschweig n. V. 3:4; Holstein Kiel – Energie Cottbus n. V. 1:2; 1. FC Saarbrücken – 1. FC Kaiserslautern 1:6; 1. FC Nürnberg – Karlsruher SC 2:0.
Achtelfinale: Eintracht Schwerin – Hamburger SV 2:1; Borussia Dortmund – Energie Cottbus 6:1; Werder Bremen – Hertha BSC Berlin 3:2; Eintracht Braunschweig – Borussia Mönchengladbach 2:4; SV Wittlich – 1. FC Nürnberg 0:2; VfB Leipzig – VfB Stuttgart 0:4; Carl Zeiss Jena – SC Freiburg 3:2; 1. FC Kaiserslautern – Eintracht Frankfurt 0:1.
Viertelfinale: Eintracht Schwerin – Borussia Dortmund 1:4; Werder Bremen – Borussia Mönchengladbach 4:0; 1. FC Nürnberg – VfB Stuttgart 1:2; Carl Zeiss Jena – Eintracht Frankfurt 0:3.
Halbfinale: Borussia Dortmund – Werder Bremen 3:0; VfB Stuttgart – Eintracht Frankfurt 2:1.
Endspiel am 21. Juli 1999 in Stuttgart: VfB Stuttgart – Borussia Dortmund 3:1 (1:0)
Stuttgart: Müller – Nakas, Fischer, Fink, Rathgeb (1) – Braun, Hinkel, Berger (Rundio) – Lutz (1), Smolcic (Villani 1), Hoeneß (Kuranyi) – Trainer: Kleitsch.

2000

Viertelfinale: Werder Bremen – 1. FC Saarbrücken 1:1, 2:1; Hertha BSC Berlin – Eintracht Trier 6:0, 0:1; Bayern München – 1. FC Köln 2:1, n. V. 2:3; Elfmeterschießen 6:5; Borussia Dortmund – VfB Stuttgart 0:2, 1:3.
Halbfinale: Werder Bremen – Hertha BSC Berlin 2:0, 0:3; Bayern München – VfB Stuttgart 2:0, n. V. 1:3, Elfmeterschießen 3:2.
Endspiel am 1. Juli 2000 in Berlin: Hertha BSC Berlin – Bayern München 1:0 (1:0)
Berlin: Ritter – Chahed (1) – Mamesa, Marszolik (Bahjat) Ulbricht, Kellner, Balta (Mohra), Penk, Kara – Soner (Dejagah), Doguran (Radosavljevic) – Trainer: Wolf.

2001

Viertelfinale: Bayern München – Hamburger SV 2:3, 3:0; VfB Stuttgart – Bayer Leverkusen 2:1, 2:1; Tennis Borussia Berlin – Borussia Dortmund 1:2, 1:1; Werder Bremen – 1. FC Kaiserslautern 0:1, 2:4.
Halbfinale: Bayern München – VfB Stuttgart 2:4, 4:0; Borussia Dortmund – 1. FC Kaiserslautern 3:0, 1:2.
Endspiel am 30. Juni 2001 in München: Bayern München – Borussia Dortmund 4:0 (2:0)
München: Rensing (Grünberger) – Balck, Brode, Lell, Stegmann – Ottl, Oguz, (Schulz) – Schweinsteiger (1) – Thomik (Contento), Kilicaslan (1), Atak (1) (Rakaric) – Trainer: Beckenbauer.

2002

Viertelfinale: Eintracht Frankfurt – Hannover 96 2:1, 1:0; Hertha BSC Berlin – FC Schalke 04 3:2, 1:5; 1. FC Kaiserslautern – Hamburger SV 1:0, 1:4; 1. FC Köln – VfB Stuttgart 2:3, 1:5.
Halbfinale: Eintracht Frankfurt – FC Schalke 04 3:2, 0:1, Elfmeterschießen 3:4; Hamburger SV – VfB Stuttgart 2:2, 1:3.
Endspiel am 6. Juli 2002 in Gelsenkirchen: FC Schalke 04 – VfB Stuttgart n. V. 3:1 (1:1, 1:0)
Schalke: Grothuysen – Hoogland – Seiffert, Talarek, Kamba – Nachtigall (Walter), Anton, Aziz – Hesse – Westerhoff (2), Delura (1) – Trainer: Dubski.

2003

Viertelfinale: Hannover 96 – Bayer Leverkusen 1:3, 2:3; Borussia Dortmund – Hertha BSC Berlin 1:6, 2:3; VfB Stuttgart – Werder Bremen 3:0, 1:0; TSV München 1860 – 1. FC Kaiserslautern 1:2, 1:0, Elfmeterschießen 4:1.
Halbfinale: Bayer Leverkusen – Hertha BSC Berlin 0:4, 0:0; VfB Stuttgart – TSV München 1860 3:1, 2:1
Endspiel am 5. Juli 2003 in Stuttgart: Hertha BSC Berlin – VfB Stuttgart 4:1 (1:1)
Hertha: Lennard – Binder (1), Müller, Bieler – Thomas (Ebert), Cankaya, Boateng, Altin (Hinze), Cubukcu – Dejagah (1) (El-Kadi), Schröder (2) (Steinwarth) – Trainer: Kunert

DFB-Jugend-Kicker-Pokal der U18/U19

Die bisherigen Sieger (bis 2001 U18, ab 2002 U19):

1987, 1988 1. FC Nürnberg – 1989 VfL Bochum – 1990 Stuttgarter Kickers – 1991, 1992 FC Augsburg – 1993 1. FC Nürnberg – 1994, 1995 FC Augsburg – 1996 VfR Heilbronn – 1997 VfB Stuttgart II – 1998 KFC Uerdingen 05 – 1999 1. FC Magdeburg – 2000 TSV München 1860 – 2001 VfB Stuttgart – 2002 FC Schalke 04 – 2003 1. FC Kaiserslautern.

1987

Vorrunde: Borussia Mönchengladbach – Blau-Weiß 90 Berlin 7:0; FC Schalke 04 – Eintracht Braunschweig n. V. 2:1; TSB Flensburg – TSV Osterholz-Tenever 2:0; Alemannia Aachen – Hamburger SV 3:2; SV Darmstadt 98 – 1. FC Nürnberg n. V. 1:2; Germania Metternich – TSB Schwäbisch Gmünd n. V. 2:0; Borussia Neunkirchen – FV Kuppenheim 4:3; FK Pirmasens – SV Waldhof Mannheim 2:1.
Viertelfinale: Borussia Mönchengladbach – FC Schalke 04 3:1; TSB Flensburg – Alemannia Aachen 1:4; 1. FC Nürnberg – Germania Metternich 2:0; Borussia Neunkirchen – FK Pirmasens 5:2.
Halbfinale: Borussia Mönchengladbach – Alemannia Aachen 1:0; 1. FC Nürnberg – Borussia Neunkirchen 1:0.
Endspiel am 4. Juli 1987 in Rheydt: 1. FC Nürnberg – Borussia Mönchengladbach 2:1 (0:0)
Nürnberg: Romeis – Lang – Kaptan, Grimm, Schilling (Stirnweiß) – Meyer, Frauenknecht, Röhrer (1), Ziemer – Sentürk (1), Schleicher – Trainer: Rüsing.

1988

Vorrunde: SC Pfullendorf – Eintracht Koblenz 3:2; 1. FC Nürnberg – SC Großrosseln 7:2; Stuttgarter Kickers – SV Waldhof Mannheim n. V. 2:2, Elfmeterschießen 6:7; MTV 1817 Mainz – SG Hoechst 3:1; Blau-Weiß 90 Berlin – TuRa Bremen 5:1; VfL Osnabrück – Hamburger SV 1:2; TuS Höhenhaus – Holstein Kiel 0:1; VfL Bochum – Borussia Mönchengladbach 2:6.
Viertelfinale: SC Pfullendorf – 1. FC Nürnberg 1:7; SV Waldhof Mannheim – MTV 1817 Mainz n. V. 0:1; Hamburger SV – Blau-Weiß 90 Berlin 1:0; Holstein Kiel – Borussia Mönchengladbach 1:5.
Halbfinale: 1. FC Nürnberg – MTV 1817 Mainz n. V. 3: 2; Borussia Mönchengladbach – Hamburger SV 3:0.
Endspiel am 8. Juli 1988 in Fürth: 1. FC Nürnberg – Borussia Mönchengladbach 1:0 (0:0)
Nürnberg: Beims – Meyer – Messingschlager, Stirnweiß – Baumgartl, Thomas, Plößner, Ziemer (Herion 1), Bernhardt (Schneider) – Sentürk, Türr – Trainer: Lieberwirth.

1989

Vorrunde: 1. FC Saarbrücken – FC Augsburg 0:3; VfL Bochum – 1. SC Norderstedt 9:0; Tasmania 73 Berlin – VfL Wolfsburg 0:2; Borussia Mönchengladbach – VfB Kiel 4:2; 1. FC Köln – Tura Bremen 5:1; TV 1817 Mainz – SC Geislingen 2:0; CSC 03 Kassel – Glas/Chemie Wirges 1:3; Karlsruher SC – Freiburger FC 4:0.
Viertelfinale: VfL Wolfsburg – VfL Bochum 0:2; Glas/Chemie Wirges – TV 1817 Mainz 0:4; FC Augsburg – Karlsruher SC 2:4; Borussia Mönchengladbach – 1. FC Köln 4:1.
Halbfinale: VfL Bochum – Borussia Mönchengladbach 3:1; TV 1817 Mainz – Karlsruher SC 2:6.
Endspiel am 7. Juli 1989 in Bochum: VfL Bochum – Karlsruher SC 4:1 (2:0)
Bochum: Roch – Schmugge – Guder, Renkhoff – Golicki, Kusch (2), Vogelgesang, Bredenböcker (Zahlmann), Kreielkamp – Yacizi (Schröder), Kotthaus (2) – Trainer: Wittkamp.

1990

Vorrunde: Rheydter SV – TuS Schwachhausen 2:3; VfL Bochum – Viktoria Köln 10:1; Itzehoer SV – Lüneburger SK 0:3; Stuttgarter Kickers – SpVgg Andernach 2:1; TSV München 1860 – SV Sandhausen n. V. 2:2, Elfmeterschießen 2:4; SC Siemensstadt Berlin – SpVgg Blankenese n. V. 0:0, Elfmeterschießen 1:3; SV Darmstadt 98 – FC Villingen 08 n. V. 0:0, Elfmeterschießen 3:4; SV Fraulautern – Wormatia Worms 1:2.
Viertelfinale: TuS Schwachhausen – VfL Bochum 0:3; SpVgg Blankenese – Lüneburger SK 0:1; FC Villingen 08 – Stuttgarter Kickers 1:2; SV Sandhausen – Wormatia Worms 5:1.
Halbfinale: VfL Bochum – Lüneburger SK n. V. 1:1, Elfmeterschießen 5:6; Stuttgarter Kickers – SV Sandhausen 5:0.
Endspiel am 29. Juni 1990 in Stuttgart: Stuttgarter Kickers – Lüneburger SK 3:0 (1:0)
Stuttgart: Kukulinus – Kleyer – Straubmüller, Straube – Lösch (1), Skibowski (1), Ziller (1), Hübner, Ströbel – Kolb, Bobic (Intemperante) – Trainer: Rommel.

1991

Vorrunde: Hamburger SV – Hannover 96 0:2; FC Ensdorf – Karlsruher SC 0:4; SSV Ulm 1846 – Hessen Kassel 3:0; FSV Mainz 05 – FC Augsburg 1:5; FC Schalke 04 – VfB Lübeck 2:1; 1. FC Köln – Borussia Mönchengladbach 7:0; Hertha Zehlendorf – TSV Leeste 5:0; SV Wittlich kampflos weiter, da Südbaden verzichtete.

Viertelfinale: Karlsruher SC – SSV Ulm 1846 2:0; FC Augsburg – SV Wittlich 3:1; Hannover 96 – FC Schalke 04 2:1; 1. FC Köln – Hertha Zehlendorf 2:1.

Halbfinale: Karlsruher SC – FC Augsburg 1:2; Hannover 96 – 1. FC Köln 1:4.

Endspiel am 26. Juni 1991 in Köln: FC Augsburg – 1. FC Köln 3:2 (1:2)

Augsburg: Müller – Tuchel – Niedermair, Rappl – Geneci, Gfreiter, Frey (1), Hoffmann, Bardak – Arslan, Bleicher (2) – Trainer: Schuhmann.

1992

Qualifikation: FC St. Pauli - FC Berlin 2:3 (annulliert, da Berlin drei Spieler auswechselte); Phönix Lübeck - TuS Paderborn-Neuhaus 1:3; OSC Bremerhaven - VfL Rostock 0:1; FC Nalbach - FC Augsburg 0:7; SpVgg Andernach – SV Sandhausen 0:4.

Achtelfinale: FC St. Pauli – Bayer Leverkusen 1:4; TuS Paderborn-Neuhaus – Hallescher FC 2:0; VfL Rostock - Borussia Mönchengladbach 0:3; Eintracht Braunschweig - Stahl Brandenburg 4:2; SV Sandhausen – Eintracht Bad Kreuznach 4:3; VfR Heilbronn – SV Altenburg 10:1; SV Darmstadt 98 – Chemnitzer FC 1:2; FC Augsburg – FC Konstanz 7:0.

Viertelfinale: Bayer Leverkusen - TuS Paderborn-Neuhaus 5:0; Borussia Mönchengladbach - Eintracht Braunschweig 2:3; VfR Heilbronn - SV Sandhausen n. V. 2:2, Elfmeterschießen 6:5; Chemnitzer FC – FC Augsburg 1:2.

Halbfinale: Eintracht Braunschweig – Bayer Leverkusen n. V. 4:2; FC Augsburg – VfR Heilbronn 8:2.

Endspiel am 27. Juni 1992 in Augsburg: FC Augsburg – Eintracht Braunschweig n. V. 1:1 (1:1, 0:0), Eldfmeterschießen 6:5

Augsburg: Fuchs – Tuchel – Geneci, Heberle – Stiller, Hammerl, Söhner (1) (Mair), Gfreiter, Rösele – Hanoglu, Stegmayer – Trainer: Schuhmann.

1993

Qualifikation: Borussia Mönchenggladbach – Bayer Leverkusen 3:2; Energie Cottbus – VfL Wolfsburg 3:6; FSV Mainz 05 – VfL Sindelfingen 1:2; Freiburger FC – Dynamo Dresden 3:2; Germania Wernigerode – Rot-Weiß Erfurt 1:6.

Achtelfinale: OSC Bremerhaven – FC St. Pauli 7:2; VfL Wolfsburg – SV Teterow 3:0; Hertha BSC Berlin – Borussia Mönchengladbach n. V. 2:2, Elfmeterschießen 3:1; TSB Flensburg – FC Schalke 04 1:5; Freiburger FC – Rot-Weiß Frankfurt 3:1; Karlsruher FV – Rot-Weiß Erfurt n. V. 4:3; 1. FC Nürnberg – Sportfreunde Eisbachtal 5:0; VfL Sindelfingen – FC 08 Homburg 1:0.

Viertelfinale: VfL Wolfsburg - OSC Bremerhaven 0:2; FC Schalke 04 - Hertha BSC Berlin 2:0: Karlsruher FV – Freiburger FC 0:2, VfL Sindelfingen – 1. FC Nürnberg 0:4.

Halbfinale: OSC Bremerhaven – FC Schalke 04 1:0, 1. FC Nürnberg – Karlsruher FV 3:0.

Endspiel am 2. Juli 1993 in Gelsenkirchen: 1. FC Nürnberg – FC Schalke 04 2:1 (1:0)

Nürnberg: Müller - Seitz - Führling, Brandt - Jenkner (Tioutius), Licht, Herzog, Skurka, Maus - Oezkan (1), Parastatidis (1) (Herzig) – Trainer: Gebele.

1994

Qualifikation: Hansa Rostock - FC Vahr 5:1; Reinickendorfer Füchse - TSB Flensburg 9:2; Sportfreunde Oestrich-Iserlohn - Concordia Hamburg 2:0; FC 08 Homburg - TuS Koblenz 1:0; SV Sandhausen – FC Augsburg 0:2.

Achtelfinale: Wuppertaler SV – Energie Cottbus 5:2; Magdeburger SV – 1. FC Köln 0:5; Sportfreunde Oestrich-Iserlohn – SV Meppen 4:2; Hansa Rostock – Reinickendorfer Füchse 1:1, Elfmeterschießen 5:4; Stuttgarter Kickers – Rot-Weiß Frankfurt 1:0; Rot-Weiß Erfurt – Dynamo Dresden 1:4; FSV Mainz 05 – FC 08 Homburg 0:2; SC Pfullendorf – FC Augsburg 0:5.

Viertelfinale: FC Augsburg – FC 08 Homburg 5:2; 1. FC Köln – Wuppertaler SV 3:0; Hansa Rostock – Sportfreunde Oestrich-Iserlohn 1:2; Dynamo Dresden – Stuttgarter Kickers 3:1.

Halbfinale: FC Augsburg - Dynamo Dresden 3:1; Sportfreunde Oestrich-Iserlohn – 1. FC Köln 1:1, Elfmeterschießen 1:2.

Endspiel am 26. Juni 1994 in Augsburg: FC Augsburg – 1. FC Köln 2:1 (1:0)

Augsburg: Kampa - Sengewald - Neumann (Harb), Kröger - Anspacher, Krzyzanowski, di Santo, Gerstner, Osswald (Galun) – Mansiz, Oral (2) (Lichtl) – Trainer: Schuhmann.

1995

Qualifikation: Motor Eberswalde – VfL Wolfsburg 1:2; Alemannia Aachen – Hamburger SV 0:1; Hallescher FC – Chemnitzer FC 0:4; FC Konstanz – SpVgg Durlach – Erzgebirge Aue n. V. 4:5: VfB Marburg – Stuttgarter Kickers 2:6.

Achtelfinale: Schweriner SC – Hamburger SV 2:5; Rot-Weiß Essen – SC Bremen-Vahr 3:4; FC Berlin – VfL Wolfsburg 3:2; TSV Büdelsdorf – FC Schalke 04 n. V. 1:1, Elfmeterschießen 9:8; TuS Koblenz – SpVgg Durlach 2:1; Rot-Weiß Erfurt – Chemnitzer FC 1:3; Stuttgarter Kickers – FSV Mainz 05 1:0; VfB Theley – FC Augsburg 0:3.

Viertelfinale: SC Bremen-Vahr – Hamburger SV 3:4; FC Berlin – TSV Büdelsdorf 5:1; TuS Koblenz – Chemnitzer FC 0:2; Stuttgarter Kickers – FC Augsburg 1:4.

Halbfinale: FC Berlin – Hamburger SV 3:2; FC Augsburg – Chemnitzer FC 1:0.

Endspiel am 10. Juli 1995 in Berlin: FC Augsburg – FC Berlin 4:2 (2:0)

Augsburg: Kampa – Vujanovic – Kaiser, Merkle – Harb (Eberl 1), Graf, di Santo (Menicanin), Krzyzanowski, Osswald (1) – Lichtl, Oguz (2) – Trainer: Schuhmann.

1996

Qualifikation: FC Burgsolms – Karlsruher SC 3:5; VfR Heilbronn – SC Pfullendorf n. V. 3:2; Energie Cottbus – Hertha Zehlendorf n. V. 4:3; SCB Preussen Köln – FC St. Pauli 2:3; Eintracht Braunschweig – 1. FC Magdeburg 0:3.

Achtelfinale: Arminia Bielefeld – FC St. Pauli 2:1; OSC Bremerhaven – Fortuna Düsseldorf 1:0; Energie Cottbus – 1. FC Magdeburg 2:1; VfR Heilbronn – Karlsruher SC 1:0; FSV Mainz 05 – Chemnitzer FC 1:3; FC 08 Homburg – TSV München 1860 0:5 – Greifswalder SC und SV Jenaer Glas kampflos weiter, da Holstein Kiel und die Sportfreunde Eisbachtal verzichteten.

Viertelfinale: OSC Bremerhaven – Arminia Bielefeld n. V. 2:2, Elfmeterschießen 4:5; Greifswalder SC – Energie Cottbus 0:1; VfR Heilbronn – SV Jenaer Glas 9:0; Chemnitzer FC – TSV München 1860 1:2.

Halbfinale: Energie Cottbus – Arminia Bielefeld 3:0; VfR Heilbronn – TSV München 1860 3:1.

Endspiel am 14. Juli 1996 in Heilbronn: VfR Heilbronn – Energie Cottbus 6:1 (4:0)

Heilbronn: Seeg (Beck) – Schwarz – Leyer, Mucha (Heintzmann) – Gruber, Wenczel (1), Kern (1) (Schmid), Rehm (1), Wagner (1) – Bielohoubeck (1), Baumgart (1) (Celik) – Trainer: Frey.

1997

Vorrunde: SG Wattenscheid 09 – FC. St. Pauli 3:1; Holstein Kiel – VfL Bochum 1:3; Tennis Borussia Berlin – FC Schalke 04 n. V. 2:2, Elfmeterschießen 2:4; Concordia Hamburg – KFC Uerdingen 05 0:2; Eintracht Braunschweig – Bayer Leverkusen 1:2; Energie Cottbus – Greifswalder SC n. V. 1:0; Hertha Zehlendorf – VfL Wolfsburg 1:2; 1. FC Magdeburg – Werder Bremen 1:8; FSV Oggersheim – TuS Koblenz 2:3; 1. FC Nürnberg – Kehler SV 9:1; Dynamo Dresden – SV Jenaer Glas n. V. 2:2, Elfmeterschießen 4:3; Karlsruher SC – SC Freiburg n. V. 4:2; SpVgg Andernach – VfR Heilbronn 0:2; 1. FC Saarbrücken – VfB Stuttgart II 0:1; Bayern München – VfB Leipzig 3:2; FSV Mainz 05 – Eintracht Frankfurt 0:5.

Achtelfinale: Energie Cottbus – Bayer Leverkusen 1:3; Bayern München – Eintracht Frankfurt 1:0; SG Wattenscheid 09 – VfL Bochum n. V. 2:2, Elfmeterschießen 1:4; FC Schalke 04 – KFC Uerdingen 05 n. V. 0:0, Elfmeterschießen 5:4; VfL Wolfsburg – Werder Bremen 1:7; TuS Koblenz – 1. FC Nürnberg 2:1; Dynamo Dresden – Karlsruher SC 2:3; VfR Heilbronn – VfB Stuttgart II 1:3.

Viertelfinale: VfL Bochum – FC Schalke 04 n. V. 1:1, Elfmeterschießen 4:5; Bayer Leverkusen – Werder Bremen 2:4; TuS Koblenz – Karlsruher SC 1:5; VfB Stuttgart II – Bayern München 3:1.

Halbfinale: FC Schalke 04 – Werder Bremen n. V. 5:3; Karlsruher SC – VfB Stuttgart II 2:3.

Endspiel am 5. Juli 1997 in Menden: VfB Stuttgart II – FC Schalke 04 3:1 (1:0)

Stuttgart: Romero – Morazzo (Koschmieder), Morena, Schwendemann, Straub – Pezzulla (D'Andrea), Zivic, Scaglione (Kehrer 1), Rodrigues – Perrino (Hillebrand), Sarajlic (2) – Trainer: Kleitsch.

1998

Vorrunde: VfB Oldenburg – Fortuna Düsseldorf 0:4; Bayer Leverkusen – Energie Cottbus n. V. 3:1; Vorwärts/Wacker Billstedt – Eintracht Braunschweig 3:7; Hertha BSC Berlin – FC Schalke 04 n. V. 2:4; KFC Uerdingen 05 – Hamburger SV 2:0; Reinickendorfer Füchse – Werder Bremen 3:5; Holstein Kiel – Borussia Mönchengladbach 0:4; Eintracht Schwerin II – 1. FC Magdeburg 2:6; Chemnitzer FC – Eintracht Frankfurt 0:3; TuS Koblenz – VfB Stuttgart 1:6; 1. FC Saarbrücken – VfB Stuttgart II n. V. 4:4, Elfmeterschießen 2:4; SpVgg Bayreuth – Carl Zeiss Jena n. V. 2:2, Elfmeterschießen 2:4; Dynamo Dresden – TSV München 1860 2:3; FSV Salmrohr – SC Hauenstein 0:2; SV Waldhof Mannheim – Karlsruher SC n. V. 3:3, Elfmeterschießen 2:1; SpVgg Andernach – SC Freiburg 0:3.

Achtelfinale: Bayer Leverkusen – Fortuna Düsseldorf 8:0; Eintracht Braunschweig – FC Schalke n. V. 2:2, Elfmeterschießen 4:5; KFC Uerdingen 05 – Werder Bremen 3:2; 1. FC Magdeburg – Borussia Mönchengladbach 1:3; Eintracht Frankfurt – VfB Stuttgart 6:3; VfB Stuttgart II – Carl Zeiss Jena 2:0; SC Hauenstein – TSV München 1860 1:4; SV Waldhof Mannheim – SC Freiburg 0:3.
Viertelfinale: Bayer Leverkusen – FC Schalke 04 0:3; KFC Uerdingen 05 – Borussia Mönchengladbach 2:0; Eintracht Frankfurt – VfB Stuttgart II 1:0; TSV München 1860 – SC Freiburg 3:5.
Halbfinale: FC Schalke 04 – KFC Uerdingen 05 n. V. 1:1, Elfmeterschießen 3:4; Eintracht Frankfurt – SC Freiburg 4:3.
Endspiel am 3. Juli 1998 in Rüsselsheim: KFC Uerdingen 05 – Eintracht Frankfurt n. V. 1:1 (1:1, 0:0), Elfmeterschießen 4:3
Uerdingen: Vander – Roethmanns – Gebhardt (Wilms), Taleb-Karimi – Seifert (Manns), Passerschröer, Bradasch (1), König (Bahr), Kaul – Flore, Velardi (Hüsing) – Trainer: Maes.

1999

Vorrunde: SC Vahr – Tennis Borussia Berlin 0:6; SG Wattenscheid 09 – FC Schalke 04 3:1; VfL Bochum – Hannover 96 2:3; Fortuna Düsseldorf – 1. FC Köln 2:5; VfB Leipzig – Hamburger SV 3:0; Holstein Kiel – 1. FC Magdeburg n. V. 2:4; VfL Osnabrück – VfL Wolfsburg 4:2; Hansa Rostock – Energie Cottbus 0:3; SC Freiburg – Eintracht Frankfurt 7:1; Rot-Weiß Erfurt – FSV Salmrohr n. V. 2:3; FV Dresden-Nord – FC 08 Homburg 7:1; Dynamo Dresden – FSV Mainz 05 4:0; Freiburger FC – FC Augsburg 0:4; FK Pirmasens – SG Hoechst n. V. 1:1, Elfmeterschießen 5:3; 1. FC Saarbrücken – SV Waldhof Mannheim 3:0; SV Darmstadt 98 – Stuttgarter Kickers 3:2.
Achtelfinale: Tennis Borussia Berlin – SG Wattenscheid 09 n. V. 2:1; Hannover 96 – 1. FC Köln 3:1; VfB Leipzig – 1. FC Magdeburg n. V. 1:2; VfL Osnabrück – Energie Cottbus 0:3; FSV Salmrohr – SC Freiburg 1:7; FV Dresden-Nord – Dynamo Dresden n. V. 0:0, Elfmeterschießen 4:1; FC Augsburg – FK Pirmasens n. V. 1:1, Elfmeterschießen 5:4; 1. FC Saarbrücken – SV Darmstadt 98 5:0.
Viertelfinale: Tennis Borussia Berlin – Hannover 96 4:6; 1. FC Magdeburg – Energie Cottbus 3:1; FV Dresden-Nord – SC Freiburg 2:3; FC Augsburg – 1. FC Saarbrücken 1:2.
Halbfinale: 1. FC Magdeburg – Hannover 96 1:0; 1. FC Saarbrücken – SC Freiburg 1:0.
Endspiel am 3. Juli 1999 in Magdeburg: 1. FC Magdeburg – 1. FC Saarbrücken 6:1 (3:1)
Magdeburg: Beer – Prest (1) – Lücke, Gröger – Stary, Buchholz, Franz (Uffrecht), Garlipp, Hartmann (Menzel) – Scholze (1), Schüßler (3) (Rasche 1) – Trainer: Pape.

2000

Vorrunde: Fortuna Düsseldorf – Hamburger SV n. V. 1:1, Elfmeterschießen 3:5; Blumenthaler SV – Hansa Rostock 0:10; Borussia Dortmund – Fortuna Köln 2:1; 1. FC Magdeburg – VfL Osnabrück 5:2; Borussia Mönchengladbach – Energie Cottbus 4:1; VfB Oldenburg – VfL Wolfsburg 4:1; Holstein Kiel – Reinickendorfer Füchse 0:2; 1. FC Köln – Hertha BSC Berlin 3:1; 1. FC Saarbrücken – FSV Mainz 05 2:4; FC Augsburg – FK Pirmasens 2:0; DJK Donaueschingen – TSV München 1860 0:6; Rot-Weiß Hasborn – SSV Ulm 1846 n. V. 0:0, Elfmeterschießen 10:11; FV Dresden-Nord – Karlsruher SC 1:3; 1. FC Nürnberg – Eintracht Frankfurt 2:6; Dynamo Dresden – Rot-Weiß Erfurt 0:1; SV Steinlingen – SV Darmstadt 98 1:7.
Achtelfinale: Hamburger SV – Hansa Rostock 6:3; 1. FC Magdeburg – Borussia Dortmund 0:3; VfB Oldenburg – Borussia Mönchengladbach 0:4; Reinickendorfer Füchse – 1. FC Köln n. V. 2:4; FC Augsburg – FSV Mainz 05 2:3; SV Darmstadt 98 – TSV München 1860 0:3; SSV Ulm 1846 – Karlsruher SC 1:0; Rot-Weiß Erfurt – Eintracht Frankfurt 1:4.
Viertelfinale: .Hamburger SV – Borussia Dortmund n. V. 4:3; Borussia Mönchengladbach – 1. FC Köln n. V. 1:1, Elfmeterschießen 3:4, FSV Mainz 05 – TSV München 1860 3:4; SSV Ulm 1846 – Eintracht Frankfurt 3:4.
Halbfinale: Hamburger SV – 1. FC Köln 4:0; TSV München 1860 – Eintracht Frankfurt 2:0.
Endspiel am 30. Juni 2000 in Vaterstetten: TSV München 1860 – Hamburger SV 2:1 (1:0)
München: Eberherr – Schmitt, Crone, Rappel, Alligan – Görlitz, Lauth (1) (Kauparuk), Heckenberger (Heimpel) – Okeke, Schiessl, Sahin (Mayr 1) – Trainer: Herold.

2001

Qualifikation: Reinickendorfer Füchse – VfB Stuttgart 1:4 – In diesem Jahr nahmen nur die Regional-Pokalsieger teil.
Halbfinale: Hamburger SV – VfB Stuttgart 0:3; FK Pirmasens – Arminia Bielefeld 2:1.
Endspiel am 24. Juni 2001 in Rottenburg: VfB Stuttgart – FK Pirmasens 5:1 (2:1)
Stuttgart: Ercetin – Ilg, Fink, Rundio, Kocholl – Di Biccari (1) (Heilemann 1), Bölstler (2), Rathgeb, Colon (Berger) – Kuranyi (Calamita), Luz (V. Hleb 1) – Trainer: Starzmann.

2002

1. Runde: VfB Lübeck – 1. FC Saarbrücken 3:0; VfL Halle 96 – SV Sandhausen 5:1; Hertha BSC Berlin – Energie Cottbus 6:1; VfL Hamm – Eintracht Frankfurt 0:4; Werder Bremen – Hansa Rostock 0:1.
Achtelfinale: Chemnitzer FC – SC Pfullendorf 1:3; Viktoria Aschaffenburg – VfB Stuttgart 1:5; Hansa Rostock – Hamburger SV n. V. 1:2; FK Pirmasens – FC Schalke 04 0:2; Carl Zeiss Jena – Borussia Mönchengladbach 1:2; VfL Halle 96 – Bayer Leverkusen n. V. 4:4, Elfmeterschießen 2:3; Hannover 96 – Eintracht Frankfurt n. V. 2:3; VfB Lübeck – Hertha BSC Berlin 0:5.
Viertelfinale: VfB Stuttgart – Borussia Mönchengladbach 2:0; SC Pfullendorf – Eintracht Frankfurt 1:6; Hertha BSC Berlin – FC Schalke 04 1:3; Hamburger SV – Bayer Leverkusen 0:3.
Halbfinale: Eintracht Frankfurt – FC Schalke 04 1:4; Bayer Leverkusen – VfB Stuttgart 1:4.
Endspiel am 10. Mai 2002 in Berlin: FC Schalke 04 – VfB Stuttgart n. V. 1:1 (1:1, 1:0), Elfm. 4:3
Schalke: Ünlü – Lamotte, Petereit, Leschinski, Pander (1) – C. Gündogan – Salmutter (Haufe), Holtheuer, Kiral (Dede)– Takyi (Düzgün), Hanke – Trainer: Elgert.

2003

1. Runde: Carl Zeiss Jena – Waldhof Mannheim 2:1; Fortuna Düsseldorf – 1. FC Kaiserslautern 0:2; FC Schalke 04 – VfL Wolfsburg n. V. 2:3; 1. FC Saarbrücken – Niendorfer TSV n. V. 3:3, Elfmeterschießen 4:3; SC Freiburg – Werder Bremen 3:1.
Achtelfinale: Bayer Leverkusen – Hansa Rostock3:0; 1. FC Saarbrücken – VfB Stuttgart 1:3; Glas/Chemie Wirges – Carl Zeiss Jena 0:1; SC Freiburg – Energie Cottbus 4:0; 1. FC Magdeburg – VfL wolfsburg n. V. 3:3, Elfmeterschießen 5:6; Holstein Kiel – Hertha BSC Berlin 0:6; FV Dresden-Nord – Eintracht Frankfurt 0:1; FC Augsburg – 1. FC Kaiserslautern n. V. 1:1, Elfmeterschießen 1:4.
Viertelfinale: Eintracht Frankfurt – VfB Stuttgart 0:2; Carl Zeiss Jena – Hertha BSC Berlin 2:1; 1. FC Kaiserslautern – VfL Wolfsburg n. V. 2:1; Bayer Leverkusen – SC Freiburg n. V. 0:0, Elfmeterschießen 3:1.
Halbfinale: Carl Zeiss Jena – 1. FC Kaiserslautern n. V. 0:0, Elfmeterschießen 4:5; Bayer Leverkusen – VfB Stuttgart 2:0.
Endspiel am 30. Mai 2003 in Berlin: 1. FC Kaiserslautern – Bayer Leverkusen n. V. 4:1 (1:1, 0:0)
Kaiserslautern: Fromlowitz – Schunck, Henn, J. Müller, Garlinski – Lehmann – Gaebler (Angel), Bzducha – Akten (1) (Roth), Moritz (Wischang (2)), Kumbela (1) (Nazarov) – Trainer: Elgert.

Junioren-Länderpokal

Von 1953 bis 1973 A-Junioren-Länderpokal der Regionalverbände; von 1974 bis 1983 A-Junioren der 16 Landesverbände; 1984 bis 1990 B1-Junioren (U16) der 16 Landesverbände; 1991 B2-Junioren (U15) der Regionalverbände; ab 1992 B2-Junioren der Landesverbände.

Die bisherigen Sieger:

1953 Nord – 1954, 1955, 1956 West – 1957 Süd – 1958 Nord – 1959 West – 1960 Nord – 1961, 1962, 1963 West – 1964 Südwest – 1965 West – 1966 Süd – 1967 Südwest und West (nach einem 2:2 wurden beide zum Sieger 2:2 erklärt) – 1968 Berlin – 1969 West – 1970 Süd – 1971 West – 1972 Nord – 1973 West – 1974 Niederrhein – 1975 Südwest – 1976 Westfalen – 1977, 1978 Bayern – 1979 Hessen – 1980 Mittelrhein – 1981 Niedersachsen – 1982 Bayern – 1983 Niedersachsen – 1984 Niederrhein – 1985 Westfalen – 1986 Mittelrhein – 1987, 1988, 1989 Württemberg – 1990 Hessen – 1991 West – 1992 Berlin – 1993 Sachsen – 1994 Mittelrhein – 1995 Hessen – 1996 Mittelrhein – 1997 Niedersachsen – 1998 Württemberg – 1999, 2000 Bayern – 2001 Württemberg – 2002 Mittelrhein – 2003 Berlin.

Die regionalen A-Junioren-Meister

Berlin: 1946 SG Wedding – 1947, 1948 SG Rixdorf (1. FC Neukölln) – 1949 BFC Nordstern 07 – 1950 Spandauer SV – 1951 Hertha Zehlendorf – 1952 Spandauer SV – 1953 SC Minerva 93 – 1954, 1955 Tennis Borussia – 1956 Hertha Zehlendorf – 1957 Tennis Borussia – 1958 SC Charlottenburg – 1959 Lichterfelder SU – 1960 FV Brandenburg 1892 – 1961, 1962, 1963 SC Wacker 04 – 1964, 1965, 1966 Hertha Zehlendorf – 1967 Spandauer SV – 1968 SV Blau-Weiß 90 – 1969 Hertha BSC und SC Tasmania 1900 – 1970 Hertha Zehlendorf – 1971 BFC Preussen – 1972, 1973 SV Blau-Weiß 90 – 1974 Hertha Zehlendorf – 1975 Rapide Wedding – 1976 SV Blau-Weiß 90 – 1977 SC Staaken – 1978 Hertha Zehlendorf – 1979 SC Staaken – 1980, 1981 SV Blau-Weiß 90 – 1982, 1983 BFC Preussen – 1984 Hertha Zehlendorf – 1985, 1986, 1987 Reinickendorfer Füchse – 1988 Tennis Borussia – 1989, 1990 Hertha Zehlendorf – 1991 SC Siemensstadt – ab 1991/92 zu Nordost.

Nordost: DDR-Juniorenmeister: 1949 ZSG Industrie Leipzig – 1950 ZSG Halle – 1951 Chemie Halle-Leuna – 1952 Chemie Bitterfeld – 1953 Motor Grubenlampe Zwickau – 1954 Sthal Helbra – 1955 E,por Halle – 1956 Rotation Babelsberg – 1957 SC Motor Jena – 1958 SC Lok Leipzig – 1959 ASK Vorwärts Berlin – 1960 SC Dynamo Berlin – 1961 SC Rotation Leipzig – 1962 Dynamo Dresden – 1963, 1954, 1965 SC Aufbau Magdeburg – 1966 TSG Wismar – 1967 FC Rot-Weiß Erfurt – 1968 FC Hansa Rostock – 1969 Hallescher FC Chemie – 1970 1. FC Magdeburg – 1971 1. FC Lok Leipzig – 1972 Dynamo Dresden – 1973 FC Hansa Rostock – 1974 1. FC Lok Leipzig – 1975 FC Vorwärts Frankfurt/Oder – 1976, 1977 1. FC Lok Leipzig – 1978, 1979 Berliner FC Dynamo – 1980 FC Hansa Rostock – 1981, 1982 Dynamo Dresden – 1983 FC Karl-Marx-Stadt – 1984 FC Vorwärts Frankfurt/Oder – 1985 Dynamo Dresden – 1986 FC Karl-Marx-Stadt – 1987 Berliner FC Dynamo – 1988 Dynamo Dresden – 1989 1. FC Magdeburg – 1990 nicht ausgetragen – ab 1991 NOFV-Meisterschaft: 1991 SV Merseburg 99 – 1992 bis 1995 nicht ausgetragen – ab 1995/96 Regionalliga: 1996 Nord: Tennis Borussia Berlin, Süd: Carl Zeiss Jena (Meister) – 1997 Nord: Reinickendorfer Füchse (Meister), Süd: Carl Zeiss Jena – 1998 Nord: Tennis Borussia Berlin (Meister), Süd: Dynamo Dresden – 1999 Hertha BSC Berlin – 2000 Tennis Borussia Berlin – 2001, 2002 Hertha BSC Berlin – 2003 Hansa Rostock.
West: 1950 Union Gelsenkirchen – 1951Schwarz-Weiß Essen – 1952 bis 1959 nicht ausgetragen – 1960 Fortuna Düsseldorf – 1961 Arminia Bielefeld – 1962 Borussia Mönchengladbach – 1963 nicht ausgetragen – 1964, 1965 1. FC Köln – 1966, 1967 VfL Bochum – 1968 1. FC Köln – 1969, 1970 VfL Bochum – 1971 1. FC Köln – 1972 bis 1996 nicht ausgetragen – ab 1996/97 Regionalliga: 1997, 1998 Borussia Dortmund – 1999 KFC Uerdingen 05 – 2000, 2001 Bayer Leverkusen – 2002 FC Schalke 04 – 2003 VfL Bochum.
Nord: 1956, 1957 Concordia Hamburg – 1958 Victoria Hamburg – 1959, 1960 Eintracht Braunschweig – 1961 Hamburger SV – 1962, 1963 Hannover 96 – 1964 Phönix Lübeck – 1965 Werder Bremen – 1966 Union Salzgitter – 1967 Hannover 96 – 1968 Rot-Weiß Steterburg – 1969 VfL Wolfsburg – 1970 Concordia Hamburg – 1971 Eintracht Braunschweig – 1972 bis 1977 nicht bekannt – 1978 Hamburger SV – 1979 Hannover 96 – 1980 Arminia Hannover – 1981 bis 1987 nicht bekannt – ab 1987/88 Regionalliga: 1988, 1989 Hamnurger SV – 1990, 1991, 1992 Werder Bremen – 1993 Hamburger SV – 1994, 1995, 1996 Werder Bremen – 1997 Hamburger SV – 1998 FC St. Pauli – 1999, 2000, 2001 Werder Bremen – 2002 Hamburger SV – 2003 VfL Wolfsburg.
Südwest: 1963 Phönix Ludwigshafen – 1964 Borussia Neunkirchen – 1965 1. FC Kaiserslautern – 1966 FV Speyer – 1967, 1968 Eintracht Trier – 1969 1. FC Saarbrücken – 1970 TuS Altrip – 1971 Ludwigshafener SC – 1972 bis 1996 ??? – ab 1996/97 Regionalliga: 1997 1. FC Kaiserslautern – 1998 FSV Mainz 05 – 1999, 2000, 2001, 2002, 2003 1. FC Kaiserslautern.
Süd: 1946 VfL Kornwestheim – 1947 Union Böckingen – 1948 Germania Nürnberg – 1949 Viktoria Augsburg – 1950 Bayern München – 1951 VfB Mühlburg – 1952 Kickers Offenbach – 1953 FC Konstnaz – 1954 Bayern München – 1955 VfB Stuttgart – 1956 1. FC Nürnberg – 1957 Karlsruher SC – 1958 1. FC Nürnberg – 1959 VfR Mannheim – 1960 1. FC Nürnberg – 1961, 1962 Karlsruher SC – 1963 TSV München 1860 – 1964, 1965 1. FC Nürnberg – 1966, 1967, 1968 VfB Stuttgart – 1969 Karlsruher SC – 1970 Eintracht Frankfurt – 1971 1. FC Nürnberg – 1972, 1973 Kickers Offenbach – 1974 bis 1996 nicht ausgetragen – ab 1996/97 Regionalliga: 1997 VfB stuttgart – 1998 FC Augsburg – 1999, 2000 VfB Stuttgart – 2001, 2002 Bayern München – 2003 TSV München 1860.

Die regionalen B-Junioren-Meister

Berlin: 1946 SG Rehberge (BSC) – 1947, 1948 SG Rixdorf (1. FC Neukölln) – 1949 Hertha BSC – 1950, 1951 Spandauer SV – 1952 SC wacker 04 – 1953 VfB Hermsdorf – 1954 ASV Berlin – 1955 SV Blau-Weiß 90 – 1956 BSC Kickers 1900 – 1957 Spandauer SV – 1958 SC Staaken – 1959 Hertha Zehlendorf – 1960 VfL Schöneberg – 1961 Hertha Zehlendorf – 1962 Spandauer SV und SV Blau-Weiß 90 – 1963, 1964, 1965 Hertha Zehlendorf – 1966, 1967 SC Tegel – 1968 Hertha BSC – 1969 SC Wacker 04 – 1970 SV Blau-Weiß 90 – 1971, 1972 Hertha Zehlendorf – 1973 Stern Marienfelde – 1974 SV Blau-Weiß 90 – 1975 Berliner SV 92 – 1976, 1977 SC Staaken – 1978 Hertha Zehlendorf – 1979, 1980 SV Blau-Weiß 90 – 1981 Spandauer SV – 1982 Hertha Zehlendorf – 1983 Spandauer SV – 1984 BFC Preussen – 1985, 1986 Hertha BSC – 1987 Tennis Borussia – 1988, 1989 Hertha Zehlendorf – 1990 SC Siemensstadt – 1991 Hertha BSC – ab 1991/92 zu Nordost.
Nordost: DDR-Bestenermittlung: 1951 SC Turbine Erfurt – 1952 Adlershofer BC – 1953 Empor Halle – 1954 Chemie Zeitz – 1955 SC Chemie Halle-Leuna – 1956 Fortschritt Wilhelm-Pieck-Stadt Guben – 1957 ASK Vorwärts Berlin – 1956 bis 1964 nicht ausgetragen – 1965 SC Turbine Erfurt – 1966 1. FC Magdeburg – 1967 Berliner FC Dynamo – 1968 1. FC Magdeburg – 1969 1. FC Lok Leipzig – 1970 FC Hansa Rostock – 1971 1. FC Lok Leipzig – 1972 Berliner FC Dynamo – 1973 FC Vorwärts Frankfurt/Oder – 1974 FC Rot-Weiß Erfurt – 1975 Berliner FC Dynamo – 1976 Hallescher FC Chemie – 1977 FC Karl-Marx-Stadt – 1978 FC Hansa Rostock – 1979 1. FC Lok Leipzig – 1980 1. FC Magdeburg – 1981 1. FC Lok Leipzig – 1982 FC Vorwärts Frankfurt/Oder – 1983 Dynamo Dresden – 1984 1. FC Lok

Leipzig – 1985 FC Rot-Weiß Erfurt – 1986 FC Vorwärts Frankfurt/Oder – 1987 FC Carl Zeiss Jena – 1988, 1989 Dynamo Dresden – 1990 FC Hansa Rostock – ab 1991 NOFV-Meisterschaft: 1991 FC Berlin – 1992 bis 1999 nicht ausgetragen – ab 1999/2000 Regionalliga: 2000 Hertha BSC Berlin – 2001 Tennis Borussia Berlin – 2002, 2003 Hertha BSC Berlin.
West: 1977, 1978 FC Schalke 04 – ab 1999/2000 Regionalliga: 2000, 2001 Borussia Dortmund, 2002 FC Schalke 04 – 2003 Borussia Dortmund.
Nord: 1972 Hannover 96 – 1973 Werder Bremen – 1974 Hannover 96 – 1975 Werder Bremen – 1976 Hannover 96 – 1977 Hamburger SV – 1978 Concordia Hamburg – 1979 und 1980 nicht bekannt – 1981 Concordia Hamburg – 1982 Werder Bremen – 1983 FC St. Pauli – 1984 VfL Wolfsburg – 1985 Werder Bremen – 1986 Hamburger SV – 1987 Werder Bremen – 1988 OT Bremen – 1989 TuS Lingen – 1990 nicht ausgetragen – 1991 TuS Lingen – 1992 SpVgg Este 06/70 – 1993 VfL Osnabrück – 1994 VfL Stade – 1995 Concordia Hamburg – 1996 Hamburger SV – 1997 FC St. Pauli – 1998 VfB Lübeck – ab 1998/99 Regionalliga: 1999 Nord: Hamburger SV, Süd: Werder Bremen (Meister) – 2000 Nord: Hamburger SV, Süd: Werder Bremen (Meister) – 2001 Hamburger SV – 2002 Hannover 96 – 2003 Werder Bremen.
Südwest: 1977, 1998 FSV Mainz 05 – ab 1999/2000 Regionalliga: 2000 1. FC Saarbrücken – 2001, 2002, 2003 1. FC Kaiserslautern.
Süd: 1977 Eintracht Frankfurt – 1978 VfR Mannheim – ab 2000/01 Regionalliga: 2001 Bayern München – 2002, 2003 VfB Stuttgart.

Die regionalen C-Junioren-Meister

Berlin: 1946 SG Nordstern (BFC 07) – 1947 Hertha BSC – 1948 Hertha Zehlendorf – 1949 SC Südring – 1950 BFC Alemannia 90 – 1951 VfB Hermsdorf – 1952 ASV Berlin – 1953 BFC Alemannia 90 – 1954 SSC Südwest – 1955 Hertha Zehlendorf – 1956 Hertha BSC – 1957 FV Brandenburg 1892 – 1958 Tennis Borussia – 1959, 1960 Spandauer SV – 1961 Hertha Zehlendorf – 1962 SpVgg Schönberg – 1963 Spandauer SV – 1964 Berliner SV 92 – 1965 SV Blau-Weiß 90 – 1966 Hertha Zehlendorf – 1967 FSV Hansa 07 – 1968 Hertha BSC – 1969 SC Tegel – 1970 Neuköllner Spfr. – 1971 SC Staaken – 1972 SC Berliner Amateure – 1973 Berliner SV 92 – 1974 VfL Schönberg – 1975 SC Staaken – 1976 VfB Neukölln – 1977 BFC Meteor 06 – 1978 Hertha Zehlendorf – 1979 Blau-Weiß Spandau – 1980, 1981 Hertha Zehlendorf – 1982 Spandauer SV – 1983, 1984 Hertha Zehlendorf – 1985 Tennis Borussia – 1986, 1987 Hertha Zehlendorf – 1988 BFC Preussen – 1989, 1990 Hertha Zehlendorf – 1991 Hertha BSC – ab 1991/92 als Landesverband zu Nordost.
Nordost: DDR-Schülermeister: 1968 FC Rot-Weiß Erfurt – 1969 1. FC Magdeburg – 1970 1. FC Lok Leipzig – 1971, 1972 1. FC Magdeburg – 1973 FC Vorwärts Frankfurt/Oder – 1974 FC Karl-Marx-Stadt – 1975 Dynamo Dresden – 1976 FC Karl-Marx-Stadt – 1977, 1978 1. FC Magdeburg – 1979 Dynamo Dresden – 1980 Berliner FC Dynamo – 1981, 1982 1. FC Lok Leipzig – 1983 nicht ausgetragen – 1984 Dynamo Dresden – 1985, 1986 FC Rot-Weiß Erfurt – 1987 1. FC Magdeburg – 1988 FC Carl Zeiss Jena – 1989 Berliner FC Dynamo – 1990 Dynamo Dresden – ab 1991NOFV-Meisterschaft: 1991 FC Carl Zeiss Jena – seitdem nicht mehr ausgetragen.
West: 1975, 1976 FC Schalke 04 – 1977 nicht bekannt – 1978 FC Schalke 04 – 1979, 1980 Borussia Mönchengladbach – 1981 nicht bekannt – 1982 Borussia Dortmund – 1983 Borussia Mönchengladbach – 1984 MSV Duisburg – 1985 Bayer Uerdingen – 1986 Borussia Mönchengladbach – 1987 SC Buer-Hassel – 1988 1. FC Köln – 1989 Bayer Uerdingen – 1990 Bayer Leverkusen – 1991 Borussia Dortmund – 1992 Bayer Leverkusen – 1993 Fortuna Düsseldorf – 1994, 1995, 1996 Bayer Leverkusen – 1997 Borussia Dortmund – 1998 1. FC Köln – 1999 Borussia Dortmund – 2000 Bayer Leverkusen – 2001 LR Ahlen – 2002 Bayer Leverkusen II – 2003 Preußen Münster.
Außerdem gibt es seit 2000/01 den sog. »WFLV-U15-Nachwuchs-Cup« (quasi eine C-Junioren-Regionalliga). Bisherige Sieger: 2001, 2002 Borussia Dortmund – 2003 Bayer Leverkusen.
Nord: 1979 Hannover 96 – 1980 Arminia Hannover – 1981, 1982 Bramfelder SV – 1983 Hamburger SV – 1984 Holstein Kiel – 1985 TSV Havelse – 1986, 1987 Werder Bremen – 1988 Hannover 96 – 1989 SVG Einbeck – 1990 Hamburger SV – 1991 FC St. Pauli – 1992 VfB Oldenburg – 1993 Hannover 96 – 1994 JSG Havelse/Garbsen – 1995 Werder Bremen – 1996 FC St. Pauli – 1997, 1998 Hannover 96 – 1999 Werder Bremen – 2000 nicht bekannt – 2001 Hannover 96 – 2002 Werder Bremen – 2003 Werder Bremen.
Südwest: Die Meister vor 1994 lagen nicht vor – 1994 FSV Mainz 05 – 1995 Sportfreunde Eisbachtal – 1996, 1997, 1998, 1999 1. FC Kaiserslautern – 2000 1. FC Saarbrücken – 2001 TuS Mayen – 2002 1. FC Kaiserslautern – 2003 FSV Mainz 05.
Süd: 1979 SV Gengenbach – 1980 Eintracht Frankfurt – 1981 VfB Stuttgart – 1982 Bayern München – 1983 1. FC Nürnberg – 1984 VfB Stuttgart – 1985 Bayern München – 1986 VfB Stuttgart – 1987 Bayern München – 1988 1. FC Nürnberg – 1989 Eintracht Frankfurt – 1990, 1991 Bayern München – 1992 VfB Stuttgart – 1993 1. FC Nürnberg – 1994 Kickers Offenbach – 1995 Eintracht Frankfurt – 1996, 1997, 1998 VfB Stuttgart – 1999 Karlsruher SC – 2000, 2001 VfB Stuttgart – 2002 Waldhof Mannheim – 2003 SC Freiburg.

KAPITEL 12

DER FRAUENFUSSBALL

Die Bilanz der Frauen-Länderspiele

Gegner	Spiele	Siege	Unentsch.	Niederl.	Tore	11-m-Sch.
Australien	1	1	–	–	3:0	
Belgien	4	1	2	1	4:5	
Brasilien	5	3	2	–	14:6	
Bulgarien	3	3	–	–	11:2	
China	16	6	4	6	27:27	
Dänemark	15	9	3	3	33:15	
England	13	13	–	–	37:9	
Finnland	5	4	–	1	12:1	
Frankreich	6	5	–	1	18:2	
Island	10	10	–	–	46:3	
Italien	19	8	8	3	28:16	4:3, 3:4
Japan	3	3	–	–	5:2	
Jugoslawien	1	1	–	–	3:0	
Kanada	3	3	–	–	12:2	
Kroatien	2	2	–	–	15:0	
Mexiko	1	1	–	–	6:0	
Neuseeland	2	2	–	–	12:1	
Niederlande	12	7	3	2	26:10	
Nigeria	1	1	–	–	4:0	
Norwegen	21	8	4	9	35:36	
Polen	4	4	–	–	21:1	
Portugal	2	2	–	–	17:0	
Russland (Sowjetunion)	10	8	2	–	29:2	
Schottland	1	1	–	–	5:0	
Schweden	11	6	–	5	18:19	
Schweiz	10	9	1	–	47:2	
Slowakei	2	2	–	–	5:0	
Spanien	1	1	–	–	6:0	
Taiwan	1	1	–	–	3:0	
Tschechoslowakei	4	3	1	–	9:1	
Türkei	1	1	–	–	12:1	
Ukraine	4	3	1	–	15:2	
Ungarn	7	5	1	1	13:2	
USA	20	4	2	14	21:48	
Wales	2	2	–	–	24:0	
Gesamt:	223	143	34	46	596:215	

Die A-Nationalmannschaften der Frauen

1982: 1 Spiel: 1 Sieg

1 **Schweiz**, 10. 11., Koblenz, 5:1 gewonnen: Feiden (Reichler) – Dlugi-Winterberg (Klinzmann), Landers, Degwitz, Klinz – Koekkoek (Neid 2), Trabant, Krug (Offermann) – Bormann (1), Kresimon (1), Gebauer (1) (Bartelmann) – Kapitän: Trabant – Schiedsrichter: Föckler (Deutschland).

1983: 7 Spiele: 1 Sieg, 5 Unentschieden, 1 Niederlage

2 **Belgien**, 5. 3., Bergisch Gladbach, 1:1 unentschieden (UEFA-Wettbewerb): Feiden – Dlugi-Winterberg, Landers, Klinz (Knopf), Degwitz – Raith (Neid), Koekkoek, Trabant – Bormann, Kresimon, Gebauer (1) – K.: Trabant – SR.: Pauly (Deutschland).

3 **Niederlande**, 19. 3., Venray, 2:2 unentschieden (UEFA-Wettbewerb): Feiden – Dlugi-Winterberg, Landers, Degwitz, Krug – Raith (Bartelmann), Trabant, Neid (Eichenlaub) – Bormann (1), Kresimon, Koekkoek – K.: Trabant. SR: Ettekoven (Niederlande). – Dazu ein Eigentor von Campers.

4 **Dänemark**, 1. 5., Delmenhorst, 1:1 unentschieden (UEFA-Wettbewerb): Feiden – Dlugi-Winterberg, Degwitz (Krug), Landers – Bartelmann, Raith, Koekkoek (1), Trabant – Bormann (Neid), Kresimon, Gebauer – K.: Trabant – SR.: Redelfs (Deutschland).

5 **Schweiz**, 7. 9., Basel, 2:0 gewonnen: Feiden (Breuer) – Klinz, Dlugi-Winterberg, Degwitz, Richter – Raith, Bartelmann (1), Knüpp (Trabant) – Bormann (Neid), Kresimon, Eichenlaub 1 (Fischer) – K.: Dlugi-Winterberg – SR: Blattmann (Schweiz).

6 **Dänemark**, 24. 9., Sonderburg, 0:1 verloren (UEFA-Wettbewerb): Feiden – Dlugi-Winterberg, Klinz, Degwitz, Richter – Neid, Trabant, Raith – Bormann (Doll), Kresimon, Bartelmann (Eichenlaub) – K.: Trabant – SR: Sörensen (Dänemark).

7 **Niederlande**, 8. 10., Siegen, 1:1 unentschieden (UEFA-Wettbewerb): Feiden – Richter, Klinz, Degwitz, Dlugi-Winterberg – Raith, Bormann (Henkel), Neid – Offermann (Fischer), Trabant, Eichenlaub (1) – K.: Trabant – SR: Assenmacher (Deutschland).

8 **Belgien**, 22. 10., Brüssel, 1:1 unentschieden (UEFA-Wettbewerb): Feiden – Dlugi-Winterberg, Dietrich, Degwitz, Klinz – Raith, Neid (1), Offermann, Trabant (Bartelmann) – Bormann, Eichenlaub (Kresimon) – K.: Trabant/Dlugi-Winterberg – SR: Crucke (Belgien).

1984: 8 Spiele: 3 Siege, 1 Unentschieden, 4 Niederlagen

9 **Italien**, 25. 1., Mailand, 1:2 verloren: Feiden (Neuser) – Richter (Jahn), Klinz, Degwitz, Doll – Raith (Kreuzberg), Bartelmann, Neid (1) – Koekkoek, Offermann, Eichenlaub (Henkel) – K.: Klinz – SR: Benini (Italien) – Vereinbarungsgemäß wurde nur über 2 x 35 Minuten gespielt.

10 **Norwegen**, 2. 5., Helmstedt, 1:4 verloren: Feiden (Melka) – Richter, Doll, I. Zimmermann, Scharras (Klinzmann) – Danner (Schute), Bartelmann, Koekkoek, Henkel – Neid, Kreuzberg (1) – K.: Koekkoek – SR: Dr. Umbach (Deutschland).

11 **Italien**, 19. 8., Caorle, 2:1 gewonnen (Vier-Länder-Turnier): Feiden – Richter, I. Zimmermann, Degwitz, Klinzmann – Raith, Koekkoek, Neid – Henkel, Bartelmann (1), Kreuzberg (Eichenlaub 1) – K.: Koekkoek – SR: Podavini (Italien).

12 **England**, 22. 8., Jesolo, 2:0 gewonnen (Vier-Länder-Turnier): Feiden – Richter, I. Zimmermann, Degwitz, Klinzmann – Raith (Schute), Koekkoek (Gehlen), Neid (2) – Henkel, Bartelmann, Kreuzberg – K.: Koekkoek/Neid – SR: Portelli (Italien).

13 **Belgien**, 23. 8., Caorle, 0:2 verloren (Vier-Länder-Turnier): Neuser (Melka) – Richter, Doll, Klinzmann, Gehlen – Raith, Koekkoek, Neid – Kreuzberg (I. Zimmermann), Schute (Eichenlaub), Bartelmann – K.: Koekkoek – SR: Podavini (Italien).

14 **Italien**, 26. 8., Jesolo, 1:3 verloren (Endspiel Vier-Länder-Turnier): Feiden – Richter, I. Zimmermann, Degwitz, Klinzmann (Scharras) – Raith, Koekkoek, Gehlen – Bartelmann, Kreuzberg (1), Eichenlaub (Schute) – K.: Koekkoek – SR: Zaza (Italien).

15 **Finnland**, 3. 10., Lüdenscheid, 1:0 gewonnen (2. UEFA-Wettbewerb): Feiden – Richter, I. Zimmermann, Degwitz, Klinzmann – Raith, Neid, Koekkoek – Kreuzberg (Voss), Offermann, Eichenlaub (1) – K.: Koekkoek – SR: van Swieten (Niederlande).

16 **Niederlande**, 21. 11., Waalwijk, 1:1 unentschieden: Feiden (Heidecke) – Richter, Kuhlmann, Degwitz, Klinzmann (Unsleber) – Raith, Koekkoek, Neid (Israel) – Voss, Kreuzberg (1), Eichenlaub (Damm) – K.: Koekkoek – SR: van Swieten (Niederlande).

1985: 4 Spiele: 4 Niederlagen

17 **Ungarn**, 9. 4., Siofok, 0:1 verloren: Feiden – Richter, J. Zimmermann, Kuhlmann (Unsleber), Klinzmann – Raith, Koekkoek, Neid (Gehlen) – Kreuzberg (Voss), Bartelmann, Offermann (Lasrich) – K.: Koekkoek – SR: Kovacs (Ungarn).

18 **Dänemark**, 1. 5., Sonerborg, 0:3 verloren (2. UEFA-Wettbewerb): Feiden – Haberlaß, Richter, Klinzmann, I. Zimmermann – Raith (Israel), Koekkoek, Neid – Kreuzberg (Lasrich), Offermann, Bartelmann – K.: Koekkoek – SR: Crucke (Belgien).

19 **Norwegen**, 7. 9., Lüneburg, 2:3 verloren (EM-Qualifikation): Reichler – Zimmermann – Paul (Kuhlmann), Haberlaß, Klinzmann – Neid, Raith, Koekkoek, Richter – Kratz, Limper (2) – K.: Koekkoek – SR: Kayser (Luxemburg).

20 **Finnland**, 5. 10., Turku, 0:1 verloren (EM-Qualifikation): Reichler – Haberlaß, Klinzmann, Kuhlmann, Klinz – Neid, Koekkoek, Richter – Kratz (Raith), Limper, Eichenlaub – K.: Koekkoek – SR: Bo Helen (Schweden).

1986: 6 Spiele: 5 Siege, 1 Unentschieden

21 **Ungarn,** 15. 4., Straubing, 2:1 gewonnen: Isbert (Neuser) – Haberlaß (1) (Unsleber), Richter, Klinzmann, Kuhlmann – Damm (1), Pirrung (Henkel), Koekkoek – Voss, Neid, Ohaladyniak (Raith) – K.: Koekkoek – SR: Ermer (Deutschland).

22 **Norwegen**, 19. 5., Oslo, 0:0 unentschieden (EM-Qualifikation): Isbert – Degwitz, Klinzmann, Kuhlmann, Richter – Neid, Koekkoek, Limper (Haberlaß) – Damm, Mohr (Henkel), Voss – K.: Koekkoek – SR: Larsson (Schweden).

23 **Island**, 27. 7., Kopavogur, 4:1 gewonnen: Neuser (Buscher) – Degwitz, Kuhlmann (I. Zimmermann), Richter, Klinzmann – Neid, Koekkoek (Raith), Damm (Limper (1)) – Voss (1) (Henkel), Mohr (1), Bartelmann (1) – K.: Koekkoek/Neid – SR: Olafsson (Island).

24 **Island**, 30. 7., Reykjavik, 5:0 gewonnen: Neuser – Degwitz, I. Zimmermann, Richter (1), Klinzmann (1) – Neid (2), Koekkoek, Limper (Raith) – Voss (1), Mohr, Bartelmann (Henkel) – K.: Koekkoek – SR: Olson (Island).

25 **Dänemark**, 4. 10., Bergisch Gladbach, 2:0 gewonnen (EM-Qualifikation): Isbert – Paul (Damm), Degwitz, Kuhlmann, Richter – Raith, Neid, Koekkoek – Voss, Fitschen (1) (Mohr), Bartelmann (1) – K.: Koekkoek – SR: Costatin (Belgien).

26 **Niederlande**, 19. 11., Nordhorn, 3:1 gewonnen: Isbert (Neuser) – Paul (Haberlaß), Degwitz, Richter, Kuhlmann – Raith, Koekkoek, Neid (1) – Voss (1), Mohr (1) (Nardenbach), Bartelmann (Hümme) – K.: Koekkoek – SR: Osmers (Deutschland).

1987: 6 Spiele: 6 Siege

27 **Niederlande**, 1. 4., Bad Neuenahr-Ahrweiler, 3:1 gewonnen: Isbert – Haberlaß (Scharras), Kuhlmann, Degwitz, Raith – Richter, Neid (1) (Damm), Koekkoek – Voss (1), Fitschen (1) (Mohr), Bartelmann – K.: Koekkoek – SR: Assenmacher (Deutschland).

28 **Frankreich**, 16. 5., Dillingen/Saar, 2:0 gewonnen: Isbert (Neuser) – Kuhlmann (Limper) – Paul, Degwitz, Trauschke (Minor) – Richter, Koekkoek, Neid (1) – Voss (1) (Stumpf), Fitschen (Mohr), Bartelmann – K.: Koekkoek – SR: Dellwing (Deutschland).

29 **Island**, 4. 9., Verden, 5:0 gewonnen: Neuser – Kuhlmann (1) – Unsleber (1), Klinzmann – Neid, Damm (Mohr), Koekkoek (1). Raith (Scharras) – Voss, Fitschen (1), Stumpf (Nardenbach (1)) – K.: Koekkoek – SR: Mierswa (Deutschland).

30 **Island**, 6. 9., Delmenhorst, 3:2 gewonnen: Wagner – Kuhlmann – Unsleber, Raith – Neid (3), Damm (Richter), Koekkoek (Hümme) – Voss, Nardenbach (Mohr), Stumpf, Fitschen – K.: Koekkoek/Neid – SR: Heitmann (Deutschland).

31 **Ungarn**, 7. 10., Budapest, 1:0 gewonnen (EM-Qualifikation): Isbert – Richter, Raith, Unsleber, Degwitz-Steinmetz – Damm, Neid, Koekkoek (Mohr) – Voss, Fitschen (1), Stumpf – K.: Koekkoek/Voss – SR: Petrescu (Rumänien).

32 **Italien**, 15. 11., Burghausen, 3:0 gewonnen (EM-Qualifikation): Isbert – Limper – Unsleber (1), Raith, Klinzmann – Richter, Voss, Koekkoek (Damm), Neid – Fitschen (2), Bartelmann (Mohr) – K.: Koekkoek/Voss – SR.: Goris (Belgien).

1988: 8 Spiele, 3 Siege, 3 Unentschieden, 2 Niederlagen

33 **Italien**, 2. 4., Andria, 0:0 unentschieden (EM-Qualifikation): Isbert – Kuhlmann – Unsleber, Haberlass, Klinzmann – Richter (Fütterer), Damm, Fitschen, Neid – Voss, Mohr – K.: Neid – SR: Lartigot (Frankreich).

34 **Schweiz**, 14. 5., Pforzheim, 0:0 unentschieden (EM-Qualifikation): Isbert – Kuhlmann – Unsleber, Raith, Klinzmann – Damm, Fitschen, Neid – Voss, Fischer (Fütterer), Henkel – K.: Neid – SR. Lemmer (Luxemburg).

35 **Italien**, 20. 7., Arco, 0:1 verloren (Turnier): Wagner – Unsleber (Hümme), Landers, Kuhlmann, Raith, Voss, Damm, Mohr, Fehrmann, Fitschen (Engel), Krause (Trauschke) – K.: Raith – SR: Pozzati (Algerien).

36 **USA**, 22. 7., Arco, 1:2 verloren (Turnier): Lüttke – Fehrmann, Kuhlmann, Landers, Raith (1), Klinzmann (Trauschke), Damm, Unsleber, Neid (Krause), Voss, Mohr – K.: Neid/Raith – SR: Cafiero di Roma (Italien).

37 **Schweiz**, 17. 9., Binningen, 10:0 gewonnen (EM-Qualifikation): Isbert – Landers – Unsleber, Fehrmann, Raith (1) – Sonn (2), Damm (Wiese), Neid (1) – Voss (1), Mohr (4), Krause 1 (Landwehr) – K.: Neid – SR: Girard (Frankreich).

38 **Ungarn**, 30. 10., Passau, 4:0 gewonnen (EM-Qualifikation): Isbert – Landers – Unsleber (1), Fehrmann, Raith (1) – Sonn (Nardenbach), Damm, Wiese – Krause (1), Fitschen 1 (Bindl), Mohr – K.: Raith – SR: Goethals (Belgien).

39 **Tschechoslowakei**, 26. 11., Bratislava, 1:1 unentschieden (EM-Viertelfinale): Isbert – Landers – Unsleber, Nardenbach, Raith – Sonn, Damm (Fitschen), Neid – Voss, Mohr, Krause (Bindl (1)) – K.: Neid – SR: Craciunescu (Rumänien).

40 **Tschechoslowakei**, 17. 12., Kaiserslautern, 2:0 gewonnen (EM-Viertelfinale): Isbert – Landers – Unsleber, Nardenbach, Raith, Sonn (Damm), Fehrmann (Fitschen), Neid (1) – Voss, Mohr (1), Bindl – K.: Neid – SR: Gilson (Luxemburg).

1989: 6 Spiele, 5 Siege, 1 Unentschieden

41 **Bulgarien**, 21. 3., Sofia, 3:1 gewonnen: Isbert (Walther) – Landers – Nardenbach, Unsleber, Raith – Sonn (1) (Fitschen). Fehrmann (Damm), Neid (Kuhlmann) – Voss, Mohr (1), Bindl (1) (Lohn)- K: Raith – SR: Alexandrov (Bulgarien).

42 **Dänemark**, 10. 5., Osnabrück, 1:0 gewonnen: Isbert- Landers – Unsleber (Haberlaß), Nardenbach (Fehrmann), Raith (Kuhlmann) – Damm, Neid, Fitschen (Bindl) – Lohn (1), Mohr, Bartelmann (Gottschlich) – K.: Neid – SR: Mierswa (Deutschland).

43 **Italien**, 28. 6., Siegen, 1:1 unentschieden/4:3 im Elfmeterschießen (EM-Halbfinale): Isbert – Landers – Kuhlmann, Nardenbach, Raith – Damm, Fitschen, Neid (1) (Fehrmann) – Voss, Mohr, Lohn (Bindl) – K.: Neid/Raith – SR: Hill (England) – Tore im Elfmeterschießen: Kuhlmann, Bindl, Fitschen, Isbert.

44 **Norwegen**, 2. 7., Osnabrück, 4:1 gewonnen (EM-Endspiel): Isbert – Kuhlmann – Nardenbach, Raith – Haberlaß (Bindl), Fitschen (Fehrmann (1)), Neid, Damm, Voss, Mohr (1), Lohn (2) – K.: Neid – SR: Silva Valente (Portugal).

45 **Ungarn**, 1. 10., Straubing, 0:0 unentschieden (EM-Qualifikation): Isbert – Kuhlmann – Nardenbach, Unsleber, Raith – Damm, Wiegmann, Neid – Gottschlich, Fitschen (Sonn), Lohn – K.: Neid – SR: Martino (Schweiz).

46 **Tschechoslowakei**, 22. 11., Marburg. 5:0 gewonnen (EM-Qualifikation): Isbert – Landers – Raith, Uebelhör, Nardenbach – Bindl (1) (Gottschlich), Neid (1), Unsleber (1), Sonn (Damm) – Mohr (2), Bartelmann – K.: Neid – SR: Steindl (Österreich).

1990: 10 Spiele: 9 Siege, 1 Niederlage

47 **Bulgarien**, 11. 4., Sofia, 4:1 gewonnen (EM-Qualifikation): Isbert – Uebelhör – Nardenbach, Raith, Unsleber (1), Fitschen, Bindl, Damm (1) – Lohn (1), Mohr (1), Bartelmann (Gottschlich) – K.: Raith – SR: Constantin (Rumänien).

48 **Tschechoslowakei**, 29. 4., Frydek-Mistek, 1:0 gewonnen (EM-Qualifikation): Isbert – Uebelhör – Nardenbach (1), Raith – Unsleber, Damm, Fitschen, Bindl (Kuhlmann) – Lohn, Mohr, Bartelmann (Gottschlich) – K.: Raith – SR: Pireaux (Belgien).

49 **England**, 5. 8., Minneapolis, 3:1 gewonnen (Nordamerika-Pokal): Goller – Uebelhör, Nardenbach (Kuhlmann), Unsleber – Raith, Damm (Heinrich), Fitschen (Wiegmann), Neid (Bindl) – Lohn (1), Mohr (2), Voss (Gottschlich) – K.: Neid/Raith – SR: Dominguez (USA).

50 **Sowjetunion**, 7. 8., Minneapolis, 3:0 gewonnen (Nordamerika-Pokal): N. Friedrich – Uebelhör (1), Kuhlmann, Unsleber – Raith, Damm (Wiegmann), Fitschen (Bindl), Neid (1) – Lohn (Heinrich), Mohr, Voss (Gottschlich) – Dazu ein Eigentor des Gegners – K.: Neid – SR: Kleinaitis (USA).

51 **USA II**, 9. 8., Minneapolis, 3:2 gewonnen (Nordamerika-Pokal): Goller (N. Friedrich) – Uebelhör, Kuhlmann, Unsleber – Raith (Heinrich), Wiegmann (Bindl), Fitschen (1), Neid (1) (Damm) – Lohn, Mohr (1), Voss (Gottschlich) – K.: Neid/Raith/Damm – SR: Kleinaitis (USA).

52 **USA I**, 11. 8., Minneapolis, 0:3 verloren (Nordamerika-Pokal): Goller – Uebelhör, Kuhlmann (Wiegmann), Nardenbach, Unsleber (Heinrich) – Raith, Fitschen (Damm), Neid – Lohn (Gottschlich), Mohr, Voss – K.: Neid – SR: Kleinaitis (USA).

53 **Bulgarien**, 26 .9., Rheine, 4:0 gewonnen (EM-Qualifikation): Isbert – Uebelhör – Unsleber (1), Raith (Fitschen) – Nardenbach, Wiegmann, Neid (2), Damm – Voss (Landwehr), Mohr (1), Lohn – K.: Neid – SR: Pireaux (Belgien).

54 **Ungarn**, 14. 10., Sopron, 4:0 gewonnen (EM-Qualifikation): Isbert – Uebelhör – Unsleber (1) (Damm), Nardenbach, Raith – Fitschen, Neid, Wiegmann (1) – Voss (1), Mohr (Hengst), Lohn (1) – K.: Neid – SR: Magni (Italien).

55 **England**, 25. 11., High Wycombe, 4:1 gewonnen (EM-Viertelfinale): Isbert – Fitschen – Unsleber, Nardenbach, Raith – Neid, Damm (Wiegmann), Bindl – Voss (Gottschlich), Mohr (3), Lohn (1) – K.: Neid – SR: Uilenberg (Niederlande).

56 **England**, 16. 12., Bochum, 2:0 gewonnen (EM-Viertelfinale): Isbert – Fitschen – Nardenbach, Raith – Uebelhör (Messner), Bindl, Neid, Unsleber (2) – Voss, Mohr, Lohn (Wiegmann) – K.: Neid – SR: Girard (Frankreich).

1991: 15 Spiele: 12 Siege, 3 Niederlagen

57 **Frankreich**, 28. 3., Paris-Antony, 2:0 gewonnen: Walther (Isbert) – Kuhlmann, Hümme (Nardenbach). Uebelhör (Fitschen), Raith, Neid (1), Fütterer, Damm (Unsleber) – Gottschlich (Voss), Landwehr (Wendt), Mohr (1) – K.: Neid – SR: Veniel (Frankreich).

58 **Polen**, 9. 5., Aue, 2:1 gewonnen: Isbert (Walther) – Fitschen – Kuhlmann, Nardenbach (Wiegmann), Raith – Unsleber, Neid (1), Damm (Landwehr (1)) – Voss, Mohr, Weiß (Gottschlich) – K.: Neid – SR: Ziller (Deutschland).

59 **USA**, 30. 5., Kaiserslautern, 2:4 verloren: Isbert – Fitschen – Kuhlmann (Gottschlich), Nardenbach (Landers), Raith – Unsleber (König), Wiegmann (1), Neid, Damm (Landwehr) – Mohr, Voss (1) – K.: Neid – SR: Merk (Deutschland).

60 **China**, 30. 6., Lüdenscheid, 2:0 gewonnen: Isbert – Fitschen – Raith, Nardenbach (1), Kuhlmann – Unsleber, Neid (Bernhard), Bornschein (Damm) – Voss, Mohr (1) (Hengst), Landwehr (Gottschlich) – K.: Neid/Raith – SR: Assenmacher (Deutschland).

61 **Italien**, 11. 7., Frederikshavn, 3:0 gewonnen (EM-Halbfinale): Isbert – Fitschen – Nardenbach, Kuhlmann – Unsleber, Neid, Damm, Raith (1) (Hengst) – Voss (Gottschlich), Mohr (2), Wiegmann – K.: Neid – SR: Philippi (Luxemburg).

62 **Norwegen**, 14. 7., Aalborg, 3:1 n. V. gewonnen (EM-Endspiel): Isbert – Fitschen – Nardenbach, Kuhlmann – Unsleber (Gottschlich), Neid (1), Damm, Raith – Voss (Bornschein), Mohr (2), Wiegmann – K.: Neid – SR: McCluskey (Schottland).

63 **Schweiz**, 28. 8., Weil/Rhein, 3:1 gewonnen: Isbert (Alter) – Fitschen – Unsleber (Paul), Kuhlmann (Wiese) – Raith, Damm, Neid, Wiegmann – Mohr (2), Kubat (1) (Bindl), Hengst (Wendt) – K.: Neid – SR: Gertrud Regus (Hallstadt/Deutschland).

64 **Ungarn**, 25. 9., Mosonmagyarovar, 2:0 gewonnen: Isbert (Alter) – Fitschen – Paul, Nardenbach – Austermühl (Damm), Unsleber (Wendt (1)), Neid, Kuhlmann (Wiese), Wiegmann – Voss, Kubat (Mohr (1)) – K.: Neid – SR: Bay (Ungarn).

65 **Belgien**, 9. 10., Brüssel, 2:1 gewonnen: Walther (Isbert) – Nardenbach (Wiegmann) – Kuhlmann (Paul), Wiese, Stumpf – Unsleber (Austermühl), Neid, Damm – Meinert, Lasrich (1) (Voss), Wendt (Kubat (1)) – K.: Neid – SR: Pireaux (Belgien).

66 **Nigeria**, 17. 11., Jiangmen, 4:0 gewonnen (WM-Gruppenspiel): Isbert – Fitschen – Nardenbach, Unsleber (Kuhlmann), Austermühl – Damm, Neid (1) (Bindl), Wiegmann – Voss, Mohr (2), Gottschlich (1) – K.: Neid/Isbert– SR: Medina (El Salvador).

67 **Taiwan**, 19. 11., Zhongshan, 3:0 gewonnen (WM-Gruppenspiel): Isbert – Fitschen – Nardenbach (Kuhlmann), Paul – Bindl, Damm, Wiegmann (1), Austermühl (Wendt) – Voss, Mohr (2), Gottschlich (1) – K.: Isbert – SR: Boucetta (Tunesien).

68 **Italien**, 21. 11., Zhongshan, 2:0 gewonnen (WM-Gruppenspiel): Isbert – Fitschen – Paul, Austermühl – Voss, Unsleber (1), Hengst (Kuhlmann), Wiegmann, Bindl – Mohr (1), Gottschlich (Wendt) – K.: Isbert – SR: McCluskey (Schottland).

69 **Dänemark**, 24. 11., Zhongshan, 2:1 n. V. gewonnen (WM-Viertelfinale): Isbert – Fitschen – Paul, Austermühl – Kuhlmann, Damm, Wiegmann (1), Bindl (Wendt) – Voss, Mohr (1), Gottschlich (Unsleber) – K.: Isbert – SR: Nikakis (Griechenland).

70 **USA**, 27. 11., Guangzhou, 2:5 verloren (WM-Halbfinale): Isbert – Fitschen – Kuhlmann, Nardenbach – Paul, Wiegmann (1), Bindl, Austermühl (Unsleber) – Voss, Mohr (1), Gottschlich (Wendt) – K.: Isbert – SR: Marcone (Chile).

71 **Schweden**, 29. 11., Guangzhou, 0:4 verloren (WM, Spiel um den 3. Platz): Isbert (Walther) – Fitschen – Unsleber, Nardenbach – Gottschlich, Damm, Wiegmann, Bindl (Kubat) – Voss, Mohr, Wendt – K.: Isbert/Voss – SR.: Guedes (Brasilien).

1992: 6 Spiele: 4 Siege, 2 Unentschieden

72 **Italien**, 18. 4., Rom, 1:1 unentschieden: Walther – Fitschen – Unsleber, Bernhard (Stumpf), Austermühl – Wiegmann, Meinert (Hengst), Berens (Roth) – Voss, Kubat (Gottschlich), Grigoli (1) – K.: Voss – SR: Schulp (Schweiz).

73 **Jugoslawien**, 28. 5., Sofia (wegen des Bürgerkriegs nach Bulgarien verlegt), 3:0 gewonnen (EM-Qualifikation): Walther – Fitschen – Bernhardt, Austermühl – Unsleber (1), Voss, Minnert, Wiegmann, Hengst (1) – Grigoli (Kubat), Mohr (1) – K.: Voss – SR: Zymont (Polen) – Rückspiel abgesagt.

74 **Frankreich**, 2. 9., Bad Kreuznach, 7:0 gewonnen: Walther (Goller) – Fitschen (1) – Kuhlmann (Bernhard), D. Pohlmann (Rastetter), Austermühl (Minnert) – Unsleber, Wiegmann, Neid (3) – Voss (1), Mohr (2), Grigoli (Meinert) – K.: Neid – SR: Birlin (Rheinfelden/Deutschland).

75 **Polen**, 5. 9., Jaworzno, 4:0 gewonnen: Walther – Fitschen – Kuhlmann (Bernhard), Minnert (D. Pohlmann) – Messner (Rastetter) – Voss, Neid, Unsleber, Wiegmann (2) – Mohr (2), Grigoli (Bornschein) – K.: Neid – SR: Grzesiczek (Polen).

76 **Russland**, 11. 10., Moskau, 7:0 gewonnen (EM-Viertelfinale): Walther – Fitschen – Bernhard, D. Pohlmann (Bornschein) – Unsleber (2), Voss (2), Neid (1), Messner, Wiegmann – Mohr (1), Grigoli (1) (Meinert) – K.: Neid – SR: Roduit (Schweiz).

77 **Russland**, 14. 11., Rheine, 0:0 unentschieden (EM-Viertelfinale): Goller – Fitschen – Schlamann (Austermühl), Nardenbach – Meinert, Voss, Unsleber, Neid, Wiegmann – Mohr, Bornschein (Kubat) – K.: Neid – SR: McDonald (Nordirland).

1993: 13 Spiele: 8 Siege, 5 Niederlagen

78 **Schweden**, 11. 3., Ayia Napa, 1:3 verloren (Zypern-Cup): Goller – Bernhard (Minnert), Austermühl, Nardenbach, Fitschen – D. Pohlmann (1) (Rastetter), Voss, Weimar (Gottschlich), Neid – Mohr, Kubat (Bornschein) – K.: Neid – SR: Michanikos (Zypern).

79 **Frankreich**, 12 .3., Ayia Napa, 3:0 gewonnen (Zypern-Cup): Goller – Bernhard (Minnert), Austermühl, Nardenbach, Fitschen (1) – D. Pohlmann (Weiss, Weimar), Voss, Gottschlich, Neid (Kubat) – Mohr (2), Bornschein (Rastetter) – K.: Neid/Voss – SR: Georgiou (Zypern).

80 **USA**, 14. 3., Ayia Napa, 1:0 gewonnen (Zypern-Cup): Goller – Bernhard Austermühl, Nardenbach, Fitschen – D. Pohlmann, Voss (Minnert), Gottschlich (Kubat), Neid – Mohr (1), Bornschein (Rastetter) – K.: Neid – SR: Yiallouros (Zypern).

81 **USA**, 7. 4., Philadelphia, 2:1 gewonnen: Goller (Rottenberg) – Fitschen – Bernhard, Nardenbach, Austermühl (Minnert) – D. Pohlmann, Neid (1), Wiegmann (Unsleber) – Gottschlich (1), – Mohr, Bornschein (Meinert) – K.: Neid – SR: D'Aguila (USA).

82 **USA**, 10. 4., Atlanta, 0:3 verloren: Rottenberg – Fitschen – Bernhard, Nardenbach (Minnert), Austermühl – D. Pohlmann (Bornschein), Wiegmann, Neid (Unsleber) – Gottschlich, Mohr, Meinert (Weimar) – K.: Neid/Mohr – SR: Dias (USA).

83 **Schweiz**, 5. 5., Wädenswil, 1:0 gewonnen: Goller (Rottenberg) – Fitschen – Austermühl (Erhardt), Bernhard, Minnert (Hennen) – Unsleber (Rastetter), Gottschlich (Kubat), D. Pohlmann (1), Wiegmann – Weimar, Mohr – K.: Fitschen – SR: Schluchter (Schweiz).

84 **Italien**, 30. 6., Rimini, 1:1 unentschieden/3:4 im Elfmeterschießen (EM-Halbfinale): Goller – Fitschen – Bernhard, Nardenbach, Austermühl – Neid, Wiegmann, D. Pohlmann – Meinert (Gottschlich), Mohr (1), Bornschein (Unsleber) – K.: Neid – SR: Frisk (Schweden).

85 **Dänemark**, 3. 7., Cesenatico, 1:3 verloren (EM, Spiel um den 3. Platz): Rottenberg – Fitschen – Bernhard, Minnert, Austermühl – Wiegmann, D. Pohlmann (Unsleber), Neid – Meinert (1), Mohr, Bornschein (Jones-Field) – K.: Neid – SR.: Jol (Niederlande).

86 **Schweden**, 22. 9., Boras, 2:3 verloren: Walther (Goller) – Fitschen – Austermühl (Gottschlich), Minnert (Bernhard) – Henne, D. Pohlmann (Jones), Wiegmann, Neid – Mohr (1), Grigoli (1), Weimar (Bornschein) – K.: Neid – SR: Monica Harswik (Norwegen).

87 **Norwegen**, 25. 9., Rade, 3:1 gewonnen: Goller – Fitschen – Minnert, Austermühl – Hennen, Lasrich (2) (Bernhard), Jones (Grigoli), Wiegmann, Neid – Mohr (1) (D. Pohlmann), Bornschein (Gottschlich) – K.: Neid – SR: Eva Ödlund (Schweden).

88 **Schweiz**, 24. 10., Muri, 5:0 gewonnen (EM-Qualifikation): Goller – Fitschen – Minnert, Austermühl – Hennen, Wiegmann, Neid, Jonas (Meinert) – Bornschein, Grigoli (3) (Lasrich), Mohr (2) – K.: Neid – SR: Luinge (Niederlande).

89 **Russland**, 7. 12., Tarragona, 1:0 gewonnen (Turnier): Goller – Fitschen – Minnert, Austermühl (König) – Hennen (Wunderlich), Meinert (Jones), Neid, Wiegmann, Bornschein (D. Pohlmann) – Grigoli (1), Mohr – K.: Neid – SR: J. Munoz (Spanien).

90 **Polen**, 8. 12., Tarragona, 7:0 gewonnen (Turnier): Walther – Fitschen – Minnert (Bernhard), Austermühl – Hennen, Wiegmann, Bornschein, Neid (3), Wunderlich (Jones) – Meinert (2) (König), Grigoli (Mohr (2)) – K.: Neid – SR: Crespo (Spanien).

1994: 13 Spiele, 11 Siege, 2 Niederlagen

91 **Wales**, 31. 3., Bielefeld, 12:0 gewonnen (EM-Qualifikation): Goller – Fitschen – Bernhard, Nardenbach – Jones (1) (D. Pohlmann), Wiegmann (3), Neid (2), Voss (2), Bornschein (Grigoli) – Mohr (1), Meinert (3) – K.: Neid – SR. Timofejew (Estland).

92 **Wales**, 5. 5., Swansea, 12:0 gewonnen (EM-Qualifikation): Walther – Fitschen – Bernhard, Nardenbach (Hennen) – D. Pohlmann (Austermühl (1)), Neid (1), Wiegmann (1), Minnert (2) – Voss (1), Grigoli (4), Meinert (2) – K.: Neid – SR: Schelings (Belgien).

93 **Kroatien**, 2. 6., Zagreb, 7:0 gewonnen (EM-Qualifikation): Walther – Fitschen – Bernhard, Nardenbach – Austermühl, Hennen (Minnert), Neid (1), Voss – Grigoli (3), Mohr (2) (Boll), Meinert (1) – K.: Neid – SR: Tivold (Slowenien).

94 **Kanada**, 27. 7., Montreal, 2:1 gewonnen: Goller – Fitschen – Bernhard, Hennen (Grigoli) – Nardenbach, Boll (Austermühl), Neid, Bornschein (D. Pohlmann) – Voss, Meinert (1), Mohr (Prinz (1)) – K.: Neid – SR: Bucci (Kanada).

95 **USA**, 31. 7., Fairfax, 1:2 verloren (Chiquita-Cup): Goller – Fitschen – Bernhard, Nardenbach (Cl. Klein) – Austermühl, Neid (1), Bornschein (Boll) – Voss, Meinert, Grigoli (D. Pohlmann), Mohr (Prinz) – K.: Neid – SR: Denoncourt (Kanada).

96 **Norwegen**, 2. 8., Oakford, 6:3 gewonnen (Chiquita-Cup): Goller – Fitschen – Bernhard, Nardenbach (Cl. Klein) – Austermühl, Neid (Michel), Bornschein (D. Pohlmann), Boll (Mohr (1)) – Voss (1), Meinert (1), Grigoli (2) (Prinz (1)) – K.: Neid/Fitschen – SR: Sheker (USA).

97 **China**, 6. 8., New Britain, 2:3 verloren (Chiquita-Cup): Goller (Walther) – Fitschen – Bernhard, Nardenbach – Austermühl, Neid (Cl. Klein), Bornschein (D. Pohlmann), Boll (Mohr (2)) – Voss, Meinert, Grigoli (Prinz) – K.: Neid/Fitschen – SR.: Reed (USA).

98 **Schweden**, 7. 9., Wolfenbüttel, 3:1 gewonnen: Goller – Fitschen – Austermühl, Bernhard – Bornschein (D. Pohlmann), Wiegmann, Neid (1) (Wunderlich P.), Voss – Grigoli-Brocker (1) (Prinz), Mohr (1), Meinert – K.: Neid/Fitschen – SR: Frai (Deutschland).

99 **Kroatien**, 21. 9., Sindelfingen, 8:0 gewonnen (EM-Qualifikation): Walther – Fitschen – Austermühl, Bernhard – Bornschein (Prinz (2)), Voss (1), Neid (1), Wiegmann – Meinert (1), Mohr (Pia Wunderlich), Grigoli-Brocker (3) – K.: Neid – SR: Meese (Belgien).

100 **Schweiz**, 25. 9., Weingarten, 11:0 gewonnen (EM-Qualifikation): Goller – Fitschen – Austermühl, C. Klein – Bornschein (Tina Wunderlich). Voss (1) (Lübbers (1)), Neid (1), Wiegmann (1), Meinert (2), Mohr (2). Grigoli-Brocker (3) – K.: Neid – SR: Jung (Schottland).

101 **Russland**, 9. 10., Moskau, 1:0 gewonnen (EM-Viertelfinale): Goller – Fitschen – Austermühl, Bernhard – Bornschein (Pia Wunderlich), Wiegmann, Neid, Voss – Meinert (Prinz), Mohr (1), Grigoli-Brocker – K.: Neid – SR: Anquelov (Bulgarien).

102 **Russland**, 27. 10., Osbrück, 4:0 gewonnen (EM-Viertelfinale): Goller (Walther) – Fitschen – Austermühl, Minnert – Neid (1), Wiegmann, Pia Wunderlich (Bornschein), Voss – Meinert, Mohr (2) (Prinz), Grigoli-Brocker (1) – K.: Neid – SR: Gheorghe (Rumänien).

103 **England**, 11. 12., Watford, 4:1 gewonnen (EM-Halbfinale): Goller – Fitschen – Austermühl, Bernhard – Minnert (Pia Wunderlich), Neid, Voss, Wiegmann (1), Grigoli-Brocker (1) (Prinz), Mohr (2), Meinert – K.: Neid – SR: Piller (Ungarn).

1995: 13 Spiele: 11 Siege, 2 Niederlagen

104 **England**, 23. 2., Bochum, 2:1 gewonnen (EM-Halbfinale): Goller – Nardenbach – Austermühl, Bernhard – D. Pohlmann (Lohn), Voss, Wiegmann, Neid – Meinert, Mohr, Grigoli-Brocker (Prinz (1)), dazu ein Eigentor Waller – K.: Neid – SR: Guerguinov (Bulgarien).

105 **Schweden**, 26. 3., Kaiserslautern, 3:2 gewonnen (EM-Endspiel): Goller – Lohn – Bernhard, Austermühl – Wiegmann (1), Meinert (1), Neid, Voss (T. Wunderlich), D. Pohlmann – Mohr, Grigoli-Brocker (Prinz (1)) – K.: Neid – SR: Koho (Finnland).

106 **Polen**, 13. 4., Potsdam, 8:0 gewonnen: Goller (Francke) – Lohn (Minnert) – Bernhard, Austermühl (T. Wunderlich) – Mohr (2), Neid (1) (Stegemann), Wiegmann (1), D. Pohlmann – Prinz, Meinert (2), G.-Brocker (1) (Smisek (1)) – K.: Neid/Mohr – SR: Christine Frai (Bremen).

107 **Schweiz**, 23. 5., Therwyl, 8:0 gewonnen: Goller (Francke) – Hoffmann (Lohn (1)) – Austermühl (Tina Wunderlich), Bernhard – Neid (1), Voss, Wiegmann (1), D. Pohlmann (1) – Mohr (2), Prinz (1), Meinert (Boll), G.-Brocker (1) (Smisek (1)) – K.: Neid/Mohr – SR: Schluchter (Schweiz).

108 **China**, 25. 5., Rotenburg/Wümme, 3:1 gewonnen: Goller (Kraus) – Lohn – Austermühl, Bernhard – Neid (1) Voss, (Minnert), Wiegmann (Prinz), D. Pohlmann (1) – Mohr, Meinert, G.-Brocker (1) – K.: Neid – SR: Regine Nelksma-Koninik (Niederlande).

109 **Japan**, 5. 6., Karlstad, 1:0 gewonnen (WM-Gruppenspiel): Goller – Lohn – Austermühl, Bernhard – Voss (Prinz), Wiegmann, Neid (1), Meinert, D. Pohlmann – Mohr , G. Brocker (Hoffmann) – K.: Neid – SR: Mathabela (Südafrika).

110 **Schweden**, 7. 6., Helsingborg, 2:3 verloren (WM-Gruppenspiel): Goller – Lohn (1) – Austermühl, Bernhard – Voss (Minnert), Wiegmann (1), Neid, Meinert, D. Pohlmann – Mohr, G.-Brocker (Prinz) – K.: Neid – SR: Linda Black (Neuseeland).

111 **Brasilien**, 9. 6., Karlstad, 6:1 gewonnen (WM-Gruppenspiel): Goller – Lohn – Austermühl (Tina Wunderlich), Bernhard (1) – Mohr (2), Voss, Wiegmann (1) (Pia Wunderlich), Neid, D. Pohlmann – Prinz (1), Meinert (1) (G.-Brocker) – K.: Neid – SR: Hammer (Luxemburg).

112 **England**, 13. 6., Västeras, 3:0 gewonnen (WM-Viertelfinale): Goller – Lohn – Bernhard, Minnert – Voss (1), Wiegmann, Neid, D. Pohlmann – Mohr (1), Meinert (1) (Pia Wunderlich), Prinz (G.-Brocker) – K.: Neid – SR: Bente Skogvang (Norwegen).

113 **China**, 15. 6., Helsingborg. 1:0 gewonnen (WM-Halbfinale): Goller – Lohn – Austermühl, Bernhard – Meinert, Voss, Wiegmann (1), Neid, D. Pohlmann – Mohr, Prinz (Pia Wunderlich) – K.: Neid – SR: Mathabela (Südafrika).

114 **Norwegen**, 18. 6., Stockholm, 0:2 verloren (WM-Endspiel): Goller – Lohn – Austermühl, Bernhard – Mohr, Wiegmann, Neid, Voss, D. Pohlmann (Pia Wunderlich) – Meinert (Smisek), Prinz (G. Brocker) – K.: Neid – SR: Ingrid Jonsson (Schweden).

115 **Finnland**, 20. 9., Tampere, 3:0 gewonnen (EM-Qualifikation): Goller – Fitschen – Austermühl, Bernhard – Mandrysch (Pia Wunderlich), Wiegmann (2), Neid, D. Pohlmann, Voss (Prinz) – Grigoli-Brocker (Smisek), Mohr (1) – K.: Neid – SR: Ingrid Jonsson (Schweden).

116 **Slowakei**, 25. 10., Bratislava, 3:0 gewonnen (EM-Qualifikation): Kraus – Fitschen (Mandrysch) – Austermühl, Bernhardt – Wiegmann. Nardenbach. Neid (1), Mohr (1), Voss (Lingor) – Grigoli-Brocker (Smisek), Prinz (1) – K.: Neid – SR: Kiss (Ungarn).

1996: 15 Spiele: 8 Siege, 3 Unentschieden, 4 Niederlagen

117 **USA**, 14. 3., Decatur, 0:6 verloren: Goller – Fitschen – Bernhard, Austermühl – Nardenbach, Neid, Meinert, Voss (Pia Wunderlich), Wiegmann – Mohr (Lübbers), Stegemann (Grigoli-Brocker) – K.: Neid – SR: Zimmermann (USA).

118 **USA**, 16. 3., Davidson, 0:2 verloren: Kraus – Fitschen – Bernhard, Austermühl – Minnert (Grigoli-Brocker), Nardenbach, Meinert (Lübbers), Neid (Pia Wunderlich), Wiegmann (Lingor) – Mohr, Stegemann (Voss) – K.: Neid/Mohr – SR: Dominques (USA).

119 **Slowakei**, 11. 4., Unterhaching, 2:0 gewonnen: (EM-Qualifikation): Goller – Fitschen (1) – Austermühl (Lingor), Minnert – Stegemann, Nardenbach, Voss, Wiegmann (1), Bornschein (Smisek) – Mohr (Lübbers). Grigoli-Brocker – K.: Voss – SR: Nocole Mouidi-Petignat (Schweiz).

120 **Norwegen**, 2. 5., Jena, 1:3 verloren (EM-Qualifikation): Goller (Kraus) – Pia Wunderlich – Minnert, Austermühl, Nardenbach – Stegemann, Wiegmann, Lingor (Gottschlich), Voss – Mohr, Grigoli-Brocker (1) (Smisek) – K.: Voss – SR: Hamer (Luxemburg).

121 **Finnland**, 5. 5., Gifhorn, 6:0 gewonnen (EM-Qualifikation): Kraus – Nardenbach – Austermühl (1), Minnert (1), Stegemann, Voss, Pia Wunderlich (1) (D. Pohlmann), Wiegmann – Grigoli-Brocker (Grings), Mohr (2), Smisek (1) (Bornschein) – K.: Voss – SR: Calamosca (Italien).

122 **Norwegen**, 6. 6., Trondheim, 0:0 unentschieden (EM-Qualifikation): Goller – Nardenbach – Austermühl, Minnert – Stegemann (Tina Wunderlich), Neid, Wiegmann, Voss, Pia Wunderlich – Mohr (Lübbers), Grigoli-Brocker (Prinz) – K.: Neid – SR.: van Dijk (Niederlande).

123 **Island**, 28. 6., Mannheim, 8:0 gewonnen: Goller – Fitschen – Nardenbach (1), Austermühl (Minnert) – Stegemann (Grigoli-Brocker (1)), D. Pohlmann (Prinz), Voss (1), Wiegmann, Neid – Mohr (3), Lübbers (1) (Bornschein (1)) – K.: Neid – SR: Francoise Waz (Deutschland).

124 **Island**, 30. 6., Pfogheim, 3:0 gewonnen: Kraus – Fitschen – Tina Wunderlich, Bornschein – Pia Wunderlich (1), Voss (Stegemann), Lingor, Neid (D. Pohlmann) – Smisek (Wiegmann (1)), Prinz (Mohr (1)), Chaladyniak (G.-Brocker) – K.: Neid/Voss/Fitschen – SR: Sandra Schopper.

125 **Japan**, 21. 7., Birmingham/USA, 3:2 gewonnen (Olympia-Gruppenspiel): Goller – Fitschen – Austermühl, Minnert – Nardenbach, Voss, Neid, Pia Wunderlich (Stegemann), Wiegmann (1) – Mohr (1), Grigoli-Brocker (Prinz) – K.: Neid – SR: Sonia Denoncourt (Kanada). – Dazu ein Eigentor von Tomei.

126 **Norwegen**, 23. 7., Washington, 2:3 verloren (Olympia-Gruppenspiel): Goller – Fitschen – Austermühl, Minnert – Nardenbach, Voss, Neid (Lingor), Pia Wunderlich, Wiegmann (1) – Mohr, Grigoli-Brocker (Prinz (1)) – K.: Neid/Voss – SR: Lennie (Australien).

127 **Brasilien**, 25. 7., Birmingham/USA, 1:1 unentschieden (Olympia-Gruppenspiel): Goller – Fitschen – Nardenbach (Stegemann), Austermühl – Minnert, Wiegmann, Neid (D. Pohlmann), Pia Wunderlich (1), Voss – Mohr, Grigoli-Brocker (Prinz) – K.: Neid/Voss – SR: Sonia Denoncourt (Kanada).

128 **Niederlande**, 27. 8., Lichtenvoorde, 3:0 (2:0) gewonnen: Angerer (Gröpper) – Fitschen (Lübbers) – Minnert (Ferber), Stegemann (Scheib), P. Wunderlich (Fuss) – Voss (Hingst), Wiegmann (T. Wunderlich), Lingor (Jones) – Bornschein (1) (Müller (1)), Mohr (1) (Smisek), Prinz (Grings) – K.: Voss/Jones – SR: Warentorp (Niederlande).

129 **Island**, 18. 9., Reykjavik, 3:0 (1:0) gewonnen (EM-Relegationsspiel): Angerer – Fitschen – Minnert, Hingst – Voss (2), Stegemann (Lübbers), Lingor (Jones (1)), Wiegmann – Mohr (Grings), Prinz, Bornschein – K.: Voss – SR: Vibeke Gabrielsen (Norwegen).

130 **Island**, 29. 9., Koblenz, 4:0 (1:0) gewonnen (EM-Relegationsspiel): Angerer – Jones – Minnert, Hingst (2) – Stegemann (1), Voss (Smisek), Wiegmann, Lingor – Prinz (Müller), Mohr (1) (Grings), Bornschein – K.: Voss/Wiegmann – SR: Florence Dorigny (Frankreich).

131 **Italien**, 11. 12., Benevento, 0:0 unentschieden: Angerer – Fitschen – Hingst, Minnert – Lingor (T. Wunderlich), Stegemann, Voss (Jones), P. Wunderlich, Bornschein (Bernhard) – Müller (Grings), Prinz – K.: Voss/Fitschen – SR: Morello (Italien).

1997: 16 Spiele: 8 Siege, 5 Unentschieden, 3 Niederlagen

132 **England**, 27. 2., Preston, 6:4 (4:3) gewonnen: Angerer (Rottenberg) – Stegemann (Fuss), Fitschen, Jones, Bernhard – Hingst, Wiegmann, P. Wunderlich (2) (Bornschein) – Voss (Lingor) – Meinert, Müller (3) (1 Eigentor) – K.: Voss/Fitschen – SR: Lodge (England).

133 **China**, 20. 3., Euskirchen, 2:2 (2:0) unentschieden: Angerer – Fitschen (1) – Stegemann, Jones, Bernhard – Hingst (Fuss), Meinert (1), Wiegmann, P. Wunderlich – Müller (Bornschein), Smisek (Prinz) – K.: Fitschen – SR: Elke Fielenbach (Much/Deutschland).

134 **China**, 23. 3., Warendorf, 1:1 (1:0) unentschieden: Kraus – Stegemann (Boll), Fitschen, Jones, Bernhard – Hingst (Fuss), Voss (Smisek), Wiegmann (1), P. Wunderlich – Meinert, Müller (Prinz) – K.: Voss/Fitschen – SR: Silke Janssen (Emden/Deutschland).

135 **Spanien**, 24. 4., Lübeck, 6:0 (2:0) gewonnen: Rottenberg (von Lanken) – Fitschen (1) – Stegemann, Jones (Hoffmann), Minnert – Voss, Wiegmann, Meinert, P. Wunderlich (Hingst) – Müller (1) (Prinz (2)), Smisek (2) – K.: Voss – SR: Jutta Wegerich (Braunschweig/Deutschland).

136 **Dänemark**, 27. 5., Kopenhagen, 2:2 (1:1) unentschieden: Angerer – Stegemann, Klein, Jones, Künzer – Meyer, Voss (1) (Smisek), Fuss (Wiegmann), Hingst (P. Wunderlich) – Prinz (Meinert (1)), Grings (Schäfer) – K.: Voss/Wiegmann – SR: Lotte Waede (Dänemark).

137 **Norwegen**, 28. 5., Kopenhagen, 0:3 (0:1) verloren: Rottenberg – Jones – Stegemann, Becher, Hoffmann – Smisek (Künzer), Müller (Meyer), Wiegmann, Meinert, P. Wunderlich – Prinz (Schäfer) – K.: Wiegmann – SR: Gitte Lyngö-Nielsen (Dänemark).

138 **Italien**, 30. 6., Moss, 1:1 (0:0) unentschieden (EM-Endrunde): Rottenberg – Jones – Minnert, Stegemann – Fitschen – Voss (Müller), Wiegmann, Meinert (1), P. Wunderlich – Smisek, Prinz – K.: Voss/Fitschen – SR: Katrina Elovirta (Finnland).

139 **Norwegen**, 3. 7., Moss, 0:0 unentschieden (EM-Endrunde): Rottenberg – Jones – Stegemann, Minnert, Fitschen – Voss (Meyer), Meinert, Wiegmann, P. Wunderlich – Prinz, Smisek (Becher) – K.: Voss/Fitschen – SR: Nicole Mouidi-Petignat (Schweiz).

140 **Dänemark**, 6. 7., Moss, 2:0 (0:0) gewonnen (EM-Endrunde): Rottenberg – Jones – Stegemann, Fitschen, Becher – Hoffmann (Meyer (1)), Fuss, P. Wunderlich, Wiegmann – Prinz (1), Smisek (Hingst) – K.: Fitschen – SR: Katrina Elovirta (Finnland).

141 **Schweden**, 9. 7., Karlstad, 1:0 (0:0) gewonnen (EM-Halbfinale): Rottenberg – Jones – Stegemann, Minnert – P. Wunderlich, Meinert (Hingst), Fitschen, Wiegmann (1), Becher – Prinz, Smisek (Meyer) – K.: Fitschen – SR: Nicole Moudi-Petignat (Schweiz).

142 **Italien**, 12. 7.. Oslo, 2:0 (1:0) gewonnen (Europameisterschafts-Endspiel): Rottenberg – Jones – Stegemann, Fitschen, Minnert (1) – Hingst, Meinert (Klein), Wiegmann, P. Wunderlich – Prinz (1) (Smisek), Meyer (Müller) – K.: Fitschen – SR: Gitte Lyngö-Nielsen (Dänemark).

143 **England**, 25. 9., Dessau, 3:0 gewonnen (WM-Qualifikation): Rottenberg – Jones – Stegemann, Minnert – Hingst (Smisek (1)), Fitschen, Hoffmann, Wiegmann, Pia Wunderlich – Meyer (1) (Fuss), Prinz (1) – K.: Fitschen – SR: Bente Skogvang (Norwegen).

144 **USA**, 9. 10., Duisburg, 3:1 gewonnen: Rottenberg (van Lanken) – Jones – T. Wunderlich (Fuss), Minnert – Stegemann, Voss, (Prinz (1)), Fitschen, Hoffmann, P. Wunderlich (1) – Smisek (1) (C. Schäfer), Meyer (Nicole Müller) – K.: Voss/Fitschen – SR: Susann Lampe (Rheinsberg).

145 **USA**, 12. 10., Salzgitter, 0:3 verloren: Rottenberg – Jones – Stegemann, Minnert (Tina Wunderlich) – Fuss (Voss), Wiegmann, Fitschen, Hoffmann (St. Gottschlich), Pia Wunderlich (Meyer) – Cl. Müller (Smisek), Prinz – K.: Fitschen – SR: Meyer (Braunschweig).

146 **Norwegen**, 6. 11., Bayreuth, 1:0 gewonnen (WM-Qualifikation): Rottenberg – Jones – T. Wunderlich, Stegemann (Hingst, Cl. Müller) – Wiegmann, Fitschen, Hoffmann, P. Wunderlich (1) – Prinz, Meyer (St. Gottschlich), Smisek – K.: Fitschen – SR: Juri Saar (Estland).

147 **Niederlande**, 13. 12., Almelo, 0:1 verloren (WM-Qualifikation): Rottenberg – Jones – Stegemann, Fitschen, T. Wunderlich – Hingst (St. Gottschlich), Hoffmann, Wiegmann, P. Wunderlich – Meyer (Cl. Müller), Prinz – K.: Fitschen – SR: Gitte Lyngö-Nielsen (Dänemark).

1998: 10 Spiele: 6 Siege, 2 Unentschieden, 2 Niederlagen

148 **Italien**, 5. 2., Catania, 1:0 gewonnen: Rottenberg – Jones – Stegemann (T. Wunderlich), Minnert – Fitschen, Hoffmann, Hingst (Fuss, Brandebusemeyer), St. Gottschlich (Lingor), Cl. Müller (1), Voss (Schmale) – Meyer (Baudzus) – K.: Voss/Fitschen – SR: Calamosca (Italien).

149 **England**, 8. 3., London, 1:0 gewonnen (WM-Qualifikation): van Lanken – Minnert, Jones, Stegemann – St. Gottschlich (Lingor), Hoffmann, Fitschen, Voss, Hingst (Grings) – Smisek (1) (Meyer), Prinz – K.: Voss – SR: Eva Otlund (Schweden).

150 **Niederlande**, 2. 4., Rheine, 2:1 gewonnen (WM-Qualifikation): Rottenberg – Jones, Stegemann, Minnert – Voss (1), Hingst (Meyer), Fitschen, Hoffmann, Pia Wunderlich (St. Gottschlich) – Prinz, Smisek (Grings) – Dazu ein Eigentor von Koning – K.: Voss – SR: Znajdinsky (Weißrussland).

151 **Neuseeland**, 26. 5., Spremberg, 4:1 gewonnen: Rottenberg (Wasems) – Stegemann, Fitschen, Brandebusemeyer, Becher (Hoffmann) – Fuss (Wiegmann), Hingst (Jones), Smisek (1) (Grings), Lingor (Voss (1)) – Cl. Müller (2), Meyer – K.: Fitschen – SR: Peter Müller.

152 **Neuseeland**, 28. 5., Dresden, 8:0 gewonnen: Rottenberg – Stegemann, Jones, Fitschen (1), St. Gottschlich (Brandebusemeyer) – Hoffmann, Voss (Lingor), Wiegmann (Meyer (1)), Pia Wunderlich (2) – Grings (3), Vreden (1) – K.: Fitschen – SR.: Schrisian Schößling.

153 **Norwegen**, 17. 6., Ulefoss, 2:3 verloren (WM-Qualifikation): Rottenberg – Jones – Stegemann, St. Gottschlich – Meyer (Smisek), Meinert, Fitschen, Hoffmann, Pia Wunderlich (1) – Prinz (1), Grings (Vreden) – K.: Fitschen – SR: Bragi Bergmann (Island).

154 **USA**, 25. 6., St. Louis, 1:1 unentschieden: Rottenberg (Angerer) – Jones – Stegemann, Fuss, Fitschen – Meyer (Brandebusemeyer), Hoffmann (1) (Becher), Smisek, Lingor (Hingst) – Vreden (Cl. Müller), Grings – K.: Fitschen – SR: Nancy Lay (USA).

155 **USA**, 28. 6., Chicago, 2:4 verloren: Rottenberg – Jones – Stegemann, Fitschen, Fuss (Becher, Hingst (1)) – Meyer (Brandebusemeyer), Hoffmann, Voss, Smisek (Lingor) – Vreden, Grings (1) (Cl. Müller) – K.: Voss – SR: Seitz-Varnhagen (USA).

156 **Ukraine**, 17. 9., Fulda, 5:0 gewonnen (WM-Qualifikation): Rottenberg – Jones – Fitschen, Minnert – Voss (Meyer), Hoffmann (1), Meinert (Tina Wunderlich), Lingor, Smisek (1), Cl. Müller (1) (Prinz (2)), Grings – K.: Voss/Fitschen – SR: Schaack (Luxemburg).

157 **Ukraine**, 11. 10., Kiew, 1:1 unentschieden (WM-Qualifikation): Rottenberg – Jones – Fitschen, Minnert – Smisek, Hoffmann (Wiegmann), Voss, Lingor, Cl. Müller (Tina Wunderlich) – Prinz (1), Grings (Meyer) – K.: Voss – SR: Kandare (Slowenien).

1999: 15 Spiele: 10 Siege, 3 Unentschieden, 2 Niederlagen

158 **Türkei**, 14. 2., Istanbul, 12:1 gewonnen: Angerer – Fitschen – Tina Wunderlich, Jones, Minnert (1) – Hoffmann (Hingst, Fuss), Voss, Cl. Müller (2) (Meyer (1)) – Prinz (1) (Vreden), Pia Wunderlich (3), Meinert (1) (Lingor (1)) – (Dazu 2 Eigentore von Cakir) – K.: Voss – SR: Lale Orta (Türkei).

159 **China**, 25. 3., Holzwickede, 0:3 verloren: Angerer – Tina Wunderlich (Brandebusemeyer), Jones, Fitschen, St. Gottschlich – Hingst (Voss), Hoffmann (Wiegmann), Lingor, Pia Wunderlich (Meinert) – Grings (Meyer), Prinz. – K.: Fitschen. – SR.: Sandra Südholter (Emden).

160 **China**, 28.3, Hamburg, 4:1 gewonnen: Rottenberg – Stegemann (Fuss), Jones, Fitschen, Minnert (1) – Voss, Meinert (1) (Lingor), Wiegmann, Smisek (Schmale) – Cl. Müller (1) (Vreden), Prinz (1) – K.: Voss. – SR: Antje Witteweg (Herzberg).

161 **Dänemark**, 22. 4., Saarbrücken, 3:1 gewonnen: Rottenberg – Stegemann, Jones (St. Gottschlich), Fitschen, T. Wunderlich (Hoffmann) – Voss, Wiegmann (1), Meinert (P. Wunderlich), Smisek (75. Lingor (1)) – Grings (1), Prinz (Cl. Müller) – K.: Voss – SR: Elke Fielenbach (Much).

162 **Schweiz**, 26. 5., Weil/Rhein, 2:0 gewonnen: Angerer – Hingst (St. Gottschlich), Jones, Fitschen, T. Wunderlich (Brandebusemeyer) – Smisek (P. Wunderlich), Lingor (Fuss), Wiegmann, Voss (1) – Meyer (1), Meinert (Grings) – K.: Voss – SR: Brombacher (Kandern).

163 **Frankreich**, 30. 5., Weil/Rhein, 4:1 gewonnen: Rottenberg – Jones – Stegemann, Fitschen, Hingst – Meinert (Lingor), Voss (1) (Hoffmann), Wiegmann (Smisek), P. Wunderlich – Cl. Müller (Prinz), Grings (2) – (Dazu 1 Eigentor von Guilbert) – K.: Voss/Fitschen – SR: Elke Güntner (Bamberg).

164 **Niederlande**, 3. 6., Rheinbach, 2:0 gewonnen: Rottenberg – Jones – Stegemann, Fitschen, Hingst (Smisek) – Voss, Wiegmann, Meinert, P. Wunderlich (1) (Minnert) – Prinz (Cl. Müller), Grings (1) – K.: Voss – SR: Elke Fielenbach (Much).

165 **Italien**, 20. 6., Los Angeles, 1:1 unentschieden (WM-Gruppenspiel): Rottenberg – Jones – Stegemann, Fitschen, Hingst – Wiegmann (1), Smisek (Lingor), Meinert (Meyer), Pia Wunderlich – Prinz, Grings – K.: Fitschen – SR: Elizabeth Abidoye (Nigeria).

166 **Mexiko**, 24. 6., Portland, 6:0 gewonnen (WM-Gruppenspiel): Rottenberg – Jones – Minnert, Fitschen, Hingst (1) – Smisek (1), Wiegmann (Hoffmann), Meinert (Lingor (1)), Pia Wunderlich – Prinz (Cl. Müller), Grings (3) – K.: Fitschen – SR: Im (Südkorea).

167 **Brasilien**, 27. 6., Washington, 3:3 unentschieden (WM-Gruppenspiel): Rottenberg – Jones (1) – Hingst, Fitschen, Minnert – Voss (Smisek), Wiegmann (1), Meinert, Pia Wunderlich (Tina Wunderlich) – Prinz (1), Grings (Meyer) – K.: Voss/Fitschen – SR: Im (Südkorea).

168 **USA**, 1. 7., Washington, 2:3 verloren (WM-Viertelfinale): Rottenberg – Fitschen – Hingst, Jones, Minnert – Smisek (Lingor), Wiegmann (1), Meinert, Pia Wunderlich (Meyer) – Prinz, Grings (Hoffmann) – (Dazu 1 Eigentor von Chastain) – K.: Fitschen – SR: Toro Pardo (Kolumbien).

169 **Russland,** 2. 9., Plauen, 3:1 gewonnen: Rottenberg – Stegemann, Fitschen, Jones, Minnert (St. Gottschlich) – Voss (Hoffmann), Meinert, Smisek (1) (Wunderlich), Wiegmann (1) (Wörle) – Grings (1), Müller (Lingor) – K.: Voss/Fitschen – SR: Güthner (Bamberg).

170 **Ukraine,** 23. 9., Fürth, 3:0 gewonnen (EM-Qualifikation): Rottenberg – Jones, Fitschen (1), Stegemann, Hingst – Voss, Wiegmann, Smisek – Meinert (Lingor) – Grings (2), Müller (Hoffmann) – K.: Voss – SR: Carlsen (Norwegen).

171 **Island**, 14. 10., Oldenburg, 5:0 gewonnen (EM-Qualifikation): Rottenberg – Stegemann, Jones, Fitschen (Gottschlich), Hingst – Voss (1), Wiegmann (2), Meinert (Wörle), Smisek – Prinz (Cl. Müller (1)), Grings (1) – K.: Voss – SR: Frederiksen (Dänemark).

172 **Italien,** 11. 11., Isernia, 4:4 unentschieden (EM-Qualifikation): Rottenberg – Stegemann, Fitschen (1), Jones, Hingst – Voss (80. Wunderlich), Wiegmann (1), Meinert, Smisek – Grings (2), Prinz (80. Müller) – K.: Voss/Fitschen – SR: Moudy-Petignant (Schweiz).

2000: 13 Spiele: 8 Siege, 5 Niederlagen

173 **Niederlande,** 16. 3., Arnheim, 0:2 verloren: Rottenberg (Schaller) - Stegemann (Zerbe), Jones, Fitschen, Hingst (Götte) - Voss (Hoffmann), Wiegmann, Meinert, Smisek (Lingor) - Prinz, Grings (C. Müller) - K.: Voss/Fitschen - SR: Adriansen (Niederlande).

174 **Italien** 6. 4., Frankfurt, 3:0 gewonnen (EM-Qualifikation): Rottenberg - Stegemann, Jones, Fitschen (Minnert), Gottschlich - Hingst (1), Wiegmann, Smisek (1) - Meinert (Lingor) - Grings (79. C. Müller), Prinz (1) - K.: Fitschen/Wiegmann - SR: Mattsson (Schweden).

175 **Ukraine,** 11.5., Kiew, 6:1 gewonnen (EM-Qualifikation): Rottenberg - Stegemann (Götte), Hoffmann, Jones (Lingor), Fitschen - Meinert, Minnert, Smisek - Wiegmann - Grings (1) (C. Müller 1), Prinz (4) - K.: Fitschen - SR: Dorigny (Frankreich).

176 **China,** 16. 7., Osnabrück, 1:3 verloren: Rottenberg - Minnert, Jones, Hingst, Stegemann (T. Wunderlich) - Wiegmann - Smisek (Meinert), Lingor, Hoffmann (Gottschlich) - Prinz, Grings (1) - SR: Frai (Bremen).

177 **Norwegen,** 19. 7., Göttingen, 1:4 verloren: Angerer - Gottschlich (Minnert), Jones (1), T. Wunderlich (Stegemann) - Hingst, Hoffmann (P. Wunderlich), Smisek, Wiegmann - Meinert, C. Müller (Grings), Prinz - SR: Fielenbach (Much).

178 **USA,** 22. 7., Braunschweig, 0:1 verloren: Rottenberg - Minnert, Jones (Götte), Hingst, Stegemann - Meinert, Wiegmann, Lingor, Hoffmann (Smisek) - Prinz, Grings (M. Müller) - SR: Wittenweg (Herzberg).

179 **Island,** 17. 8., Kopavogur, 6:0 gewonnen (EM-Qualifikation): Rottenberg - T. Wunderlich (Hoffmann), Fitschen, Jones (1), Minnert - Hingst (1), Lingor (Smisek), Wiegmann, Prinz (2) - Grings (C. Müller 1), Meinert (1) - SR: Jonsson (Schweden)

180 **Dänemark,** 27. 8., Aachen, 7:0 gewonnen: Rottenberg - Hingst, Jones, Fitschen (T. Wunderlich), Minnert (1) - Smisek (Götte), Wiegmann (1) (Stegemann), Lingor (2), Prinz (1) - Grings (1), Meinert (1) - SR: Fielenbach (Much).

181 **Australien,** 13. 9., Canberra, 3:0 gewonnen (Olympische Spiele, Vorrunde): Rottenberg - Stegemann, Fitschen, Jones, Minnert - Hingst, Wiegmann (1), Meinert, Lingor (1) - Prinz, Grings (1) - SR: Abidoye (Nigeria).

182 **Brasilien,** 16. 9., Canberra, 2:1 gewonnen (Olympische Spiele, Vorrunde): Rottenberg - Stegemann, Fitschen, Jones, Minnert - Hingst, Wiegmann, Meinert, Lingor - Prinz (2), Grings - SR: Toro Pardo (Kolumbien.

183 **Schweden,** 19. 9., Melbourne, 1:0 gewonnen (Olympische Spiele, Vorrunde): Rottenberg - T. Wunderlich, Fitschen, Jones, Minnert - Hoffmann (Lingor), Hingst (1), Wiegmann, Meinert (Brandebusemeyer) - Prinz, Grings (C. Müller) - SR: Toms (Großbritannien).

184 **Norwegen,** 24. 9., Sydney, 0:1 verloren (Olympische Spiele, Halbfinale): Rottenberg - T. Wunderlich, Fitschen, Jones, Minnert - Stegemann, Hingst, Wiegmann, Meinert - Prinz, Grings - SR: Im (Südkorea).

185 **Brasilien,** 28. 9., Sydney, 2:0 gewonnen (Olympische Spiele, Spiel um den 3. Platz): Rottenberg - Stegemann (Hoffmann), Fitschen, Jones, Minnert - Lingor (1), Hingst (Gottschlich), Wiegmann, Meinert - Prinz (1), Grings (Götte) - SR: Im (Südkorea).

2001: 16 Spiele: 13 Siege, 1 Unentschieden, 2 Niederlagen

186 **China,** 6. 3., Augsburg, 1:0 gewonnen: Rottenberg - Götte (Angerer), Minnert, Jones, Stegemann (Wimbersky) - Smisek (Bachor) - Gottschlich, Lingor (Günther), P. Wunderlich (Künzer), Hingst (M. Müller) - C. Müller (1) - SR: Günthner (Bamberg).

187 **China,** 8. 3., Ulm, 2:4 verloren: Rottenberg - Götte, Minnert, Jones, Künzer (Wimbersky) - Smisek (M. Müller), P. Wunderlich (Gottschlich), Stegemannn, Hingst (Bachor) - Lingor, Prinz (1) - SR: Fielenbach (Much) - Dazu kommt ein Eigentor der Chinesinnen.

188 **Italien,** 10. 5., Troisdorf, 1:0 gewonnen: Rottenberg - Stegemann, Hingst, Künzer, Bresonik - Smisek (M. Müller (1)), Omilade, Lingor, Prinz - P. Wunderlich (Wimbersky), C. Müller (Pohlers) - SR: Fielenbach (Much).

189 **Russland,** 17. 5., Gera, 1:1 unentschieden: Rottenberg - Stegemann (Künzer), Hingst, Fitschen, Minnert - Smisek, Wiegmann, Lingor, P. Wunderlich (Bresonik) - C. Müller (1) (Wimbersky), Meinert (M. Müller) - SR: Kirchner (Benshausen).

190 **Kanada,** 14. 6., Goch, 3:0 gewonnen: Rottenberg (Angerer) - Stegemann, Fitschen, Jones, Minnert (Wilder) - P. Wunderlich (1) (Smisek), Wiegmann (Omilade), Lingor (Wimbersky), Prinz - C. Müller (1) (M. Müller), Meinert (1) - SR: Frai (Bremen).

191 **Kanada,** 17. 6., Oberhausen, 7:1 gewonnen: Rottenberg - Stegemann (Hingst), Fitschen, Jones (T. Wunderlich) - Minnert (Bresonik) - P. Wunderlich, Wiegmann (1) (M. Müller 1), Lingor (Smisek 2), Prinz (1) - C. Müller (1) (Omilade), Meinert (1) (Wimbersky) - SR: unbekannt.

192 **Schweden,** 23. 6., Erfurt, 3:1 gewonnen (EM-Vorrunde): Rottenberg - Stegemann, Jones, Fitschen, Minnert - P. Wunderlich (Hingst), Wiegmann, Lingor, Prinz (M. Müller) - Meinert (1), C. Müller (2) (Smisek) - SR: Elovirta (Finnland).

193 **Russland,** 27. 6., Erfurt, 5:0 gewonnen (EM-Vorrunde): Rottenberg - Stegemann (Hingst), Jones, Fitschen, Minnert - Smisek (2), Wiegmann (1), Lingor (Omilade), Prinz (1) - Meinert (1), C. Müller (P. Wunderlich) - SR: Skogvang (Norwegen).

194 **England,** 30. 6., Jena, 3:0 gewonnen (EM-Vorrunde): Rottenberg - Hingst, Jones, Fitschen, Minnert - P. Wunderlich (Bresonik), Wiegmann (1), Lingor (1), Prinz - Smisek (Wimbersky 1), C. Müller (M. Müller) - SR: Skogvang (Norwegen).

195 **Norwegen,** 4. 7., Ulm, 1:0 gewonnen (EM-Halbfinale): Rottenberg - Stegemann, Jones, Fitschen, Minnert (Hingst) - P. Wunderlich (C. Müller), Wiegmann, Lingor, Prinz - Meinert, Smisek (1) (Wimbersky) - SR: Toms (Großbritannien).

196 **Schweden,** 7. 7., Ulm, 1:0 gewonnen (EM-Endspiel): Rottenberg - Stegemann, Jones, Fitschen, Hingst - P. Wunderlich, Wiegmann, Lingor, Prinz - Meinert, Smisek (C. Müller 1) - SR: Petignat (Schweiz).

197 **Japan,** 8. 9., Oakbrook, 1:0 gewonnen: Rottenberg (Angerer) - Stegemann, Künzer, Hingst - Zerbe (Hagedorn (1)), Omilade, Lingor, Wimbersky - Smisek, M. Müller, Pohlers (Meier) - SR: Grady (USA)

198 **USA,** 9. 9., Chicago, 1:4 verloren: Rottenberg - Becker, Künzer, Hingst, Stegemann - Lingor, Wimbersky, Schmale (70. Hagedorn), Omilade - M. Müller (1), Smisek - SR: Seitz (USA)

199 **England,** 27. 9., Kassel, 3:1 gewonnen (WM-Qualifikation): Rottenberg - Stegemann, Künzer, Hingst, Minnert - Prinz, P. Wunderlich (Wimbersky), Omilade - Lingor - Smisek (2), M. Müller (1) (Hagedorn) - SR: Karlsen (Norwegen)

200 **Portugal,** 25. 10., Wolfsburg, 9:0 gewonnen (WM-Qualifikation): Angerer - Stegemann, Hingst, Künzer (1), Minnert - Pohlers (5), Lingor (Götte), Omilade, Becker (Wilder) - Smisek (Hagedorn), M. Müller (3) - SR: Ihringova (Slowakei)

201 **Niederlande,** 17. 11., Enschede, 3:0 gewonnen (WM-Qualifikation): Rottenberg - Stegemann, Hingst, Künzer, Minnert - Omilade, P. Wunderlich (1), Lingor - Prinz (1) (Becker) - Martina Müller (Garefrekes), Pohlers (J. Meier) - Dazu ein Eigentor der Niederlande. - SR: Persson (Schweden)

2002: 13 Spiele: 9 Siege, 1 Unentschieden, 3 Niederlagen

202 **China,** 23. 1., Huadu, 1:2 verloren: Angerer - T. Wunderlich (Meier), Hingst (1), Künzer, Minnert (Gottschlich) - Stegemann (Wiegmann), Omilade, Lingor, Prinz - Pohlers (Garefrekes), M. Müller - SR: Seitz (USA)

203 **USA,** 25. 1., Panyu, 0:0 unentschieden: Rottenberg - Stegemann, Hingst, Künzer, Gottschlich - Garefrekes (M. Müller), Omilade, Lingor, Wiegmann (Schäpertöns) - Prinz, Smisek (Meier) - SR: Karlsen (Norwegen)

204 **Norwegen,** 27. 1., Guangzhou, 3:1 gewonnen: Angerer - Stegemann, Künzer, Hingst, Gott-schlich - Garefrekes (1), Lingor, Wiegmann (1), Omilade, Smisek - Prinz (1) - SR: Zuo Xiui (China)

205 **Dänemark,** 1. 3., Portimao, 0:0 gewonnen: Rottenberg - Gottschlich, Künzer, Hingst (1), Stegemann - Smisek, Omilade (Hagedorn), Lingor, Garefrekes (M. Müller (1)) - Wiegmann - Wimbersky (1) (Meier) - SR: Hunt (USA)

206 **China,** 3. 3., Sao Antonio, 2:4 verloren: Angerer - T. Wunderlich (Omilade), Künzer, Hingst, Gottschlich - Garefrekes, Lingor, Stegemann (1), Smisek (Martina Müller) - Wiegmann (1), Wimbersky - SR. Zou Xiudi (China)

207 **Finnland,** 5. 3., Olmao, 2:0 gewonnen: Rottenberg - Gottschlich (Zerbe), Hingst, Künzer, Stegemann - Hagedorn (Wimbersky (1)), Lingor (Omilade), Wiegmann (1) - Pohlers (Meier), M. M. Müller, Smisek - SR: Zou Xiudi (China)

208 **Schweden,** 7. 3., Faro, 1:2 verloren: Angerer - Gottschlich (T. Wunderlich), Künzer, Hingst, Stegemann - Omilade (Hagedorn), Wiegmann - Smisek (Meier), Wimbersky, Garefrekes (1) - M. M. Müller (Pohlers) - SR: ???

209 **Niederlande,** 18. 4., Aschaffenburg, 6:0 gewonnen (WM-Qualifikation): Rottenberg - Stegemann, Künzer (T. Wunderlich), Hingst, Gottschlich - P. Wunderlich (Wilmes), Omilade, Wiegmann (3), Lingor (Wimbersky), Smisek - Prinz (3) - SR: Tacoronto (Spanien)

210 **Portugal,** 4. 5., Barcelos, 8:0 gewonnen (WM-Qualifikation): Rottenberg - Gottschlich, Künzer, Stegemann (1), T. Wunderlich - Omilade (Pohlers), Lingor (3) (Wimbersky), P. Wunderlich (2) (Wilmes) - Prinz (1), Grings (1), Smisek - SR: Ödlund (Schweden)

211 **England,** 19. 5., London, 1:0 gewonnen (WM-Qualifikation): Rottenberg - Künzer, Minnert, Gottschlich (1), Stegemann - Lingor (Hagedorn), P. Wunderlich, Omilade, Wiegmann - Prinz (Schadrack), Grings (Pohlers) - SR: Rinaldi (Italien)

212 **Norwegen,** 14. 9., Grimstad, 3:1 gewonnen: Angerer (Rottenberg) - Minnert, Rech, Zerbe, Stegemann - Omilade, Lingor (Bresonik), Wiegmann (1), Kliehm (Garefrekes) - M. Müller (1) (Pohlers (1)). - SR: Jonsson (Schweden)

213 **Dänemark,** 17. 10., Ulm, 2:0 gewonnen: Rottenberg (Angerer) - Stegemann, Rech (Grings), Omilade (Bresonik) - P. Wunderlich (Hagedorn), Lingor (1), Hingst, Smisek (M. Müller), Minnert (Kliehm) - Prinz (1) (Bachor), Wiegmann. - SR: Günthner (Bamberg)

214 **Russland,** 14. 11., Lüdenscheid, 4:0 gewonnen: Rottenberg (Angerer) - Stegemann, Rech (P. Wunderlich), Omilade (Bresonik (1)), Minnert - Smisek (M. Müller), Lingor (Wimbersky), Wiegmann, Hingst - Prinz (1), Grings (1) (Pohlers (1)) - SR: Storch-Schäfer (Petersberg)

2003: 9 Spiele: 3 Siege, 4 Unentschieden, 2 Niederlagen

215 **China,** 23. 1., Yiwu, 0:0 unentschieden: Rottenberg - Stegemann, Hingst (Zerbe), Minnert, Bresonik - Omilade (Hagedorn), P. Wunderlich,Kliehm, Wimbersky (Garefrekes), Wiegmann - Prinz. - SR: Hunt (USA)

216 **Norwegen,** 26. 1., Wuhan, 2:2 unentschieden: Rottenberg - Minnert, T. Wunderlich (Stegemann), Bresonik (1), Zerbe - Wiegmann (Wimbersky), P. Wunderlich, Odebrecht, Garefrekes - Prinz, M. Müller (1) (Kliehm) - SR: Xiudi (China)

217 **USA,** 29. 1., Schanghai, 0:1 verloren: Angerer - Bresonik, Minnert (Hagedorn), Stegemann, Zerbe - Odebrecht (Omilade), P. Wunderlich, Prinz, Garefrekes - Wimbersky (Kliehm) - M. Müller - SR: Skogvang (Norwegen)

218 **China,** 4. 3., Gütersloh, 2:2 unentschieden: Angerer - Stegemann, Hagedorn (Zerbe), Minnert, Künzer (Rech) - P. Wunderlich, Grings (Garefrekes), Wiegmann, Lingor (Omilade), Bresonik - M. Müller (2) SR: Fray (Bremen)

219 **China,** 6. 3., Arnsberg, 3:1 gewonnen: Rottenberg - Stegemann, Rech (T. Wunderlich), Minnert Zerbe - P. Wunderlich (Odebrecht), Grings (1), Wiegmann (1), Lingor (Künzer), Bresonik (Garefrekes) - M. Müller (1) - SR: Steinhaus (Hannover)

220 **Schottland,** 27. 3., Potsdam, 5:0 gewonnen (EM-Qualifikation): Rottenberg - Stegemann, Hingst, Minnert, Bresonik - P. Wunderlich (Odebrecht), Wiegmann, Lingor (Smisek), Grings (3) - Prinz (2)- M. Müller (Wimbersky) - SR: Karlsen (Norwegen)

221 **Frankreich,** 17. 4., Ozoir-la-Ferrière, 0:1 verloren: Angerer - Stegemann, Minnert, Hingst, Bresonik (Rech) - Wiegmann, Lingor (Künzer), Odebrecht (Omilade) - Grings (Zerbe), M. Müller, Wimbersky - SR: unbekannt

222 **Dänemark,** 22. 5., Schönberg, 1:1 unentschieden: Rottenberg - Stegemann, Minnert, Hingst, Künzer - Wiegmann (Garefrekes), Lingor, S. Gottschlich, Odebrecht (Omilade) - Prinz (1), Grings (Hagedorn) - SR: Frai (Bremen)

223 **Dänemark,** 25. 5., Haderslev, 6:2 gewonnen: Angerer - Stegemann, Minnert, Hingst (Zerbe), Künzer (Günther) - Lingor (1), S. Gottschlich, Odebrecht, Garefrekes (1) - Wiegmann (1), Prinz (3) - SR: Karlsen (Norwegen)

Zu Frauen-Länderspielen wurden berufen:

2 **Alter** Sandra (KBC Duisburg) 1991 SUI, HUN

27 **Angerer** Nadine (1. FC Nürnberg 2, Wacker München 9, Bayern München 3, Turbine Potsdam 13) 1996 NED, ISL, ISL, ITA – 1997 ENG, CHN, DEN – 1998 USA – 1999 TUR, CHN, SUI – 2000 NOR – 2001 CHN, CAN, JAP, POR – 2002 CHN, NOR, CHN, SWE, NOR, DEN, RUS – 2003 USA, CHN, FRA, DEN

58 **Austermühl** Birgitt (TSV Battenberg 19, TSV Calden 7, FSV Frankfurt 32) 1991 HUN, BEL, NGA, TPE, ITA, DEN, USA – 1992 ITA, YUG, FRA, URS – 1993 SWE, FRA, USA, USA, USA, SUI, ITA, DEN, SWE, NOR, SUI, RUS, POL – 1994 WAL, KRO, CAN, USA, NOR, CHN, SWE, CRO, SUI, RUS, RUS, ENG – 1995 ENG, SWE, POL, SUI, CHN, JPN, SWE, BRA, CHN, NOR, FIN, SVK – 1996 USA, USA, SVK, N, FIN, NOR, ISL, JPN, NOR, BRA

3 **Bachor** Isabell (FSV Frankfurt) 2001 CHN, CHN – 2003 DEN

25 **Bartelmann** Petra (SC Klinge Seckach 3, SSG Bergisch Gladbach 11, TSV Siegen 7, Asker Club Oslo 4) 1982 SUI – 1983 NED, DEN, SUI, DEN, BEL – 1984 ITA, NOR, ITA, ENG, BEL, ITA – 1985 HUN, DEN – 1986 ISL, ISL, DEN, NED – 1987 NED, FRA, ITA – 1989 DEN, CSV – 1990 BUL, CSV

1 **Baudzus** Vanessa (SC Bad Neuenahr) 1998 ITA

7 **Becher** Inken (Hertha Zehlendorf) 1997 NOR, NOR, DEN, SWE – 1998 NZL, USA, USA

3 **Becker** Stefanie (FSV Frankfurt) 2001 USA, POR, NED

1 **Berens** Bettina (TuS Ahrbach) 1992 ITA

47 **Bernhard** Anouschka (VfL Sindelfingen 14, FSV Frankfurt 33) 1991 CHN – 1992 ITA, YUG, FRA, POL, URS – 1993 SWE, FRA, USA, USA, USA, SUI, ITA, DEN, SWE, NOR, POL – 1994 WAL, WAL, CRO, CAN, USA, NOR, CHN, SWE, CRO, RUS, ENG – 1995 ENG, SWE, POL, SUI, CHN, JPN, SWE, BRA, ENG, CHN, NOR, FIN, SVK – 1996 USA, USA, ITA – 1997 ENG, CHN, CHN

22 **Bindl** Roswitha (Bayern München 15, Wacker München 7) 1988 HUN, CSV, CSV – 1989 BUL, DEN, ITA, NOR, CSV – 1990 BUL, CSV, ENG, URS, USA, ENG, ENG – 1991 SUI, NGA, TPE, ITA, DEN, USA, SWE

7 **Boll** Monika (VfB Rheine/Eintracht Rheine) 1994 CRO, CAN, USA, NOR, CHN – 1995 SUI – 1997 CHN

8 **Bormann** Birgit (SC Bad Neuenahr) 1982 SUI – 1983 BEL, NED, DEN, SUI, DEN, NED, BEL

37 **Bornschein** Katja (FSV Frankfurt 31, SG Praunheim 6) 1991 CHN, NOR – 1992 POL, URS, URS – 1993 SWE, FRA, USA, USA, USA, ITA, DEN, SWE, NOR, SUI, RUS, POL – 1994 WAL, CAN, USA, NOR, CHN, SWE, CRO, SUI, RUS, RUS – 1996 SVK, FIN, ISL, ISL, NED, ISL, ISL, ITA – 1997 ENG, CHN

8 **Brandebusemeyer** Nicole (Grün-Weiß Brauweiler) 1998 ITA, NZL, NZL, USA, USA – 1999 CHN, SUI – 2000 SWE

14 **Bresonik** Linda (FCR Duisburg) 2001 ITA, RUS, ENG, CAN – 2002 NOR, DEN, RUS – 2003 CHN, NOR, USA, CHN, CHN, SCO, FRA

1 **Breuer** Maria (SC Bad Neuenahr) 1983 SUI

46 **Brocker (geb. Grigoli)** Patricia (VfR Saarbrücken 2, TuS Niederkirchen 44) 1992 ITA, YUG, FRA, POL, URS – 1993 SWE, NOR, SUI, RUS, POL – 1994 WAL, WAL, CRO, USA, NOR, CHN, CAN, SWE, CRO, SUI, RUS, RUS, ENG,– 1995 ENG, SWE, POL, SUI, CHN, JPN, SWE, BRA, ENG, NOR, FIN, SVK – 1996 USA, USA, SVK, NOR, FIN, NOR, ISL, ISL, JPN, NOR, BRA

1 **Butscher** Brigitte (SG Aulendorf) 1986 ISL

2 **Chaladyniak** Christine (TSV Siegen) 1986 HUN – 1986 ISL

46 **Damm** Petra (Eintracht Wolfsburg) 1984 NED – 1986 HUN, NOR, ISL, DEN – 1987 NED, ISL, ISL, HUN, ITA – 1988 ITA, SUI, ITA, USA, SUI, HUN, CSV, CSV – 1989 BUL, DEN, ITA, N, HUN, CSV – 1990 BUL, CSV, ENG, URS, USA, USA, BUL, HUN, ENG – 1991 FRA, POL, USA, CHN, ITA, NOR, SUI, HUN, BEL, NGA, TPE, DEN, SWE

1 **Danner** Karin (Bayern München) 1984 NOR

1 **Dietrich** Helene (TuS Ahrbach) 1983 BEL

8 **Dlugi-Winterberg** Gaby (SSG Bergisch Gladbach) 1982 SUI – 1983 BEL, NED, DEN, SUI, DEN, NED, BEL

4 **Doll** Cornelia (Bayern München) 1983 DEN – 1984 ITA, NOR, BEL

12 **Eichenlaub** Rosi (Bayern München) 1983 NED, SUI, DEN, NED, BEL – 1984 ITA, ITA, BEL, ITA, FIN, NED – 1985 FIN

1 **Engel** Heidi (SSG Bergisch Gladbach) 1988 ITA

1 **Erhardt** Nicole (Sportfreunde Werne West) 1993 SUI

9 **Fehrmann** Angelika (SSG Bergisch Gladbach) 1988 ITA, USA, SUI, HUN, CSV – 1989 BUL, DEN, ITA, NOR
1 **Ferber** Nicole (FC Rumeln-Kaldenhausen) 1996 NED
3 **Fischer** Nicole (Sportfreunde Schliengen) 1983 SUI, NED – 1988 SUI
144 **Fitschen** Doris (TuS Westerholz 9, Eintracht Wolfsburg 35, TSV Siegen 40, SG Praunheim 27, 1. FFC Frankfurt 25, Philadelphia Charge 8) 1986 DEN – 1987 NED, FRA, ISL, ISL, HUN, ITA – 1988 ITA, SUI, ITA, HUN, CSV, CSV – 1989 BUL, DEN, ITA, NOR, HUN – 1990 BUL, CSV, ENG, URS, USA, USA, BUL, HUN, ENG, ENG– 1991 FRA, POL, USA, CHN, ITA, NOR, SUI, HUN, NGA, TPE, ITA, DEN, USA, SWE – 1992 ITA, YUG, FRA, POL, URS, URS – 1993 SWE, FRA, USA, USA, USA, SUI, ITA, DEN, SWE, NOR, SUI, RUS, POL – 1994 WAL, WAL, CRO, CAN, USA, NOR, CHN, SWE, CRO, SUI, RUS, RUS, ENG,– 1995 FIN, SVK – 1996 USA, USA, SVK, ISL, ISL, JPN, NOR, BRA, NED, ISL, ITA – 1997 ENG, CHN, CHN, ESP, ITA, NOR, DEN, SWE, ITA, ENG, USA, USA, NOR, NED – 1998 ITA, ENG, NED, NZL, NZL, NOR, USA, USA, UKR, UKR – 1999 T, CHN, CHN, DEN, SUI, FRA, NED, ITA, MEX, BRA, USA, RUS, UKR, ISLI, ITA – 2000 NED, ITA, UKR, ISL, DEN, AUS, BRA, SWE, NOR, BRA – 2001 RUS, CAN, CAN, SWE, RUS, ENG, NOR, SWE
2 **Francke** Christine (TuS Ahrbach) 1995 POL, SUI
2 **Friedrich** Niobe (Bayern München) 1990 URS, USA
3 **Fütterer** Christine (FC Spöck 2, SC Klinge Seckach 1) 1988 ITA, SUI – 1991 FRA
16 **Fuss** Sonja (Grün-Weiß Brauweiler) 1996 NED – 1997 ENG, CHN, CHN, DEN, DEN, ENG, USA, USA – 1998 ITA, NZL, USA, USA –1999 T, CHN, SUI

15 **Garefrekes** Kerstin (FC Heike Rheine) 2001 NED – 2002 CHN, USA, NOR, DEN, CHN, SWE, NOR, – 2003 CHN, NOR, USA, CHN, CHN, DEN, DEN
3 **Gebauer** Ingrid (SSG Bergisch Gladbach) 1982 SUI – 1983 BEL, DEN
4 **Gehlen** Marie-Luise (STV Lövenich) 1984 ENG, BEL, ITA – 1985 HUN
8 **Götte** Jeanette (FFC Raesheim-Hillen 7, FCR Duisburg 1) 2000 NED, UKR, USA, DEN, BRA – 2001 CHN, CHN, POR
45 **Goller** Manuela (SSG Bergisch Gladbach 3, Grün-Weiß Brauweiler 42) 1990 ENG, USA, USA – 1992 FRA, URS – 1993 SWE, FRA, USA, USA, SUI, ITA, SWE, NOR, SZ, RUS – 1994 WAL, CAN, USA, NOR, CHN, SWE, SUI, RUS, RUS, ENG,– 1995 ENG, SWE, POL, SUI, CHN, JPN, SWE, BRA, ENG, CHN, NOR, FIN – 1996 USA, SVK, NOR, NOR, ISL, JPN, NOR, BRA
33 **Gottschlich** Gudrun (KBC Duisburg 23, VfL Sindelfingen 7, Grün-Weiß Brauweiler 3) 1989 DEN, HUN, CSV – 1990 BUL, CSV, ENG, URS, USA, USA, ENG,– 1991 FRA, POL, USA, CHN, ITA, NOR, NGA, TPE, ITA, DEN, USA, SWE – 1992 ITA – 1993 SWE, FRA, USA, USA, USA, SUI, ITA, SWE, N – 1996 NOR
31 **Gottschlich** Stephanie (WSV Wolfsburg) 1997 USA, NOR, NED – 1998 ITA, ENG, NED, NZL, NOR – 1999 CHN, DEN, SUI, RUS, ISLI, ITA – 2000 CHN, NOR, BRA – 2001 CHN, CHN – 2002 CHN, USA, NOR, DEN, CHN, FIN, SWE, NED, POR, ENG – 2003 DEN, DEN
51 **Grings** Inka (FCR Duisburg) 1996 FIN, NED, ISL, ISL, ITA – 1997 DEN – 1998 ENG, NED, NZL, NZL, NOR, USA, USA, UKR, UKR – 1999 CHN, DEN, SUI, FRA, NED, ITA, MEX, BRA, USA, RUS, UKR, ISLI, ITA – 2000 NED, ITA, UKR, CHN, NOR, USA, ISL, DEEN, AUS, BRA, SWE, NOR, BRA – 2002 POR, ENG, NOR, DEN, RUS – 2003 CHN, CHN, SCO, FRA, DEN
1 **Gröpper** Astrid (SV Kempten) 1996 NED
2 **Günther** Sarah (ATS Buntentor) 2001 CHN – 2003 DEN

10 **Haberlaß** Andrea (SSG Bergisch Gladbach 1, TSV Siegen 9) 1985 DEN, NOR, FIN – 1986 HUN, NOR, NED – 1987 NED – 1988 ITA – 1989 DEN, NOR
13 **Hagedorn** Verena (SC Bad Neuenahr) 2001 JAP, USA, ENG, POR – 2002 DEN, FIN, SWE, NED, ENG, DEN – 2003 CHN, USA, CHN, DEN
1 **Heidecke** Astrid (ABC Wesseln) 1984 NED
4 **Heinrich** Andrea (FSV Frankfurt) 1990 ENG, URS, USA, USA
7 **Hengst** Sandra (KBC Duisburg) 1990 HUN – 1991 CHN, ITA, SUI, ITA – 1992 ITA, YUG
10 **Henkel** Beate (TSV Siegen) 1983 NED – 1984 ITA, NOR, ITA, ENG – 1986 HUN, NOR, ISL, ISL – 1988 SUI
9 **Hennen** Martina (Schmalfelder SV) 1993 SUI, SWE, NOR, SUI, RUS, POL – 1994 WAL, CRO, CAN
75 **Hingst** Ariane (Hertha Zehlendorf 12, Turbine Potsdam 63) 1996 NED, ISL, ISL, ITA – 1997 ENG, CHN, CHN, ESP, DEN, DEN, SWE, ITA, ENG, NOR, NED – 1998 ITA, ENG, NED, NZL, USA, USA – 1999 TUR, CHN, SUI, FRA, NED, ITA, MEX, BRA, USA, UKR, ISLI, ITA – 2000 NED, ITA, CHN, NOR, USA, ISL, DEN, AUS, BRA, SWE, NOR, BRA – 2001 CHN, CHN, ITA, RUS, CAN, SWE, RUS, ENG, NOR, SWE, JAP, USA, ENG, POR, NED – 2002 CHN, USA, NOR, DEN, CHN, FIN, SWE, NED, DEN, RUS – 2003 CHN, SCO, FRA, DEN, DEN

36 **Hoffmann** Melanie (FC Rumeln-Kaldenhausen) 1995 SUI, JPN – 1997 ESP, NOR, DEN, ENG, USA, USA, NOR, NED – 1998 ITA, ENG, NED, NZL, NZL, NOR, USA, USA, UKR, UKR – 1999 T, CHN, DEN, FRA, MEX, USA, RUS, UKR – 2000 NED, UKR, CHN, NOR, USA, ISL, SWE, BRA

4 **Hümme** Anja (Fortuna Sachsenroß Hannover) 1986 NED – 1987 ISL – 1988 ITA – 1991 FRA

58 **Isbert (Feiden)** Marion (TuS Ahrbach 39, TSV Siegen 19) 1982 SUI – 1983 BEL, NED, DEN, SUI, DEN, NED, BEL – 1984 ITA, NOR, ITA, ENG, ITA, FIN, NED – 1985 HUN, DEN – 1986 HUN, NOR, DEN, NED – 1987 NED, FRA, HUN, ITA – 1988 ITA, SUI, SUI, HUN, CSV, CSV – 1989 BUL, DEN, ITA, NOR, HUN, CSV – 1990 BUL, CSV, BUL, HUN, ENG, ENG– 1991 FRA, POL, USA, CHN, ITA, NOR, SUI, HUN, BEL, NGA, TPE, ITA, DEN, USA, SWE

2 **Israel** Regine (TuS Wörrstadt) 1984 NED – 1985 DEN

1 **Jahn** Susanne (FSV Frankfurt) 1984 ITA

74 **Jones** Stephanie (SG Praunheim 22, FSV Frankfurt 13, SC Bad Neuenahr 20, 1. FFC Frankfurt 19) 1993 DEN, SWE, NOR, SUI, RUS, POL – 1994 WAL – 1996 NED, ISL, ISL, ITA – 1997 ENG, CHN, CHN, ESP, DEN, NOR, ITA, NOR, DEN, SWE, ITA, ENG, USA, USA, NOR, NED – 1998 ITA, ENG, NED, NZL, NZL, NOR, USA, USA, UKR, UKR –1999 TUR, CHN, CHN, DEN, SUI, FRA, NED, ITA, MEX, BRA, USA, RUS, UKR, ISL, ITA – 2000 NED, ITA, UKR, CHN, NOR, USA, ISL, DEN, AUS, BRA, SWE, NOR, BRA – 2001 CHN, CHN, CAN, CAN, SWE, RUS, ENG, NOR, SWE

6 **Klein** Claudia (Grün-Weiß Brauweiler) 1994 USA, NOR, CHN, SUI – 1997 DEN, ITA

5 **Kliehm** Katrin (1. FFC Frankfurt) 2002 NOR, DEN– 2003 CHN, NOR, USA

8 **Klinz** Brigitte (SSG Bergisch Gladbach) 1982 SUI – 1983 BEL, SUI, DEN, NED, BEL – 1984 ITA – 1985 FIN

21 **Klinzmann** Christel (Eintracht Wolfsburg) 1982 SUI – 1984 NOR, ITA, ENG, BEL, ITA, FIN, NED – 1985 HUN, DEN, NOR, FIN – 1986 HUN, NOR, ISL, ISL – 1987 ISL, ITA – 1988 ITA, SUI, USA

1 **Knopf** Maike-Katrin (Eintracht Wolfsburg) 1983 BEL

1 **Knüpp** Anne (Tennis Borussia Berlin) 1983 SUI

28 **Koekkoek** Rike (FSV Frankfurt 18, TSV Siegen 10)1982 SUI – 1983 BEL, NED, DEN – 1984 ITA, NOR, ITA, ENG, BEL, ITA, FIN, NED – 1985 HUN, DEN, NOR, FIN – 1986 HUN, NOR, ISL, ISL, DEN, NED – 1987 NED, FRA, ISL, ISL, HUN, ITA

3 **König** Gaby (FSV Frankfurt) 1991 USA – 1993 RUS, POL

2 **Kratz** Margret (1. FC Kaiserslautern) 1985 NOR, FIN

7 **Kraus** Katja (FSV Frankfurt) 1995 CHN, SVK – 1996 USA, NOR, FIN, ISL – 1997 CHN

5 **Krause** Thekla (Fortuna Sachsenroß Hannover) 1988 ITA, USA, SUI, HUN, CSV

7 **Kresimon** Doris (SSG Bergisch Gladbach) 1982 SUI – 1983 BEL, NED, DEN, SUI, DEN, BEL

10 **Kreuzberg** Anne (SC Bad Neuenahr) 1984 ITA, NOR, ITA, ENG, BEL, ITA, FIN, NED – 1985 HUN, DEN

3 **Krug** Bettina (SSG Bergisch Gladbach) 1982 SUI – 1983 NED, DEN

11 **Kubat** Michaela (Grün-Weiß Brauweiler 6, TSV Siegen 5) 1991 SUI, HUN, BEL, SWE – 1992 ITA, YUG, URS – 1993 SWE, FRA, USA, SUI

26 **Künzer** Nia (VfB Gießen 2, 1. FFC Frankfurt 24) 1997 DEN, NOR – 2001 CHN, CHN, ITA, RUS, JAP, USA, ENG, POR, ENG – 2002 CHN, USA, NOR, DEN, CHN, FIN, SWE, NED, POR, ENG – 2003 CHN, CHN, FRA, DEN, DEN

43 **Kuhlmann** Frauke (Schmalfelder SV 39, TSV Siegen 2, VfB Rheine 2) 1984 NED – 1985 HUN, NOR, FIN – 1986 HUN, NOR, ISL, DEN, NED – 1987 NED, FRA, ISL, ISL – 1988 ITA, SUI, ITA, USA – 1989 BUL, DEN, ITA, NOR, U – 1990 CSV, ENG, URS, USA, USA – 1991 FRA, POL, USA, CHN, ITA, NOR, SUI, HUN, BEL, NGA, TPE, ITA, DEN, USA – 1992 FRA, POL

15 **Landers** Petra (SSG Bergisch Gladbach) 1982 SUI – 1983 BEL, NED, DEN – 1988 ITA, USA, SUI, HUN, CSV, CSV – 1989 BUL, DEN, ITA, CSV – 1991 USA

6 **Landwehr** Ursula (VfB Rheine) 1988 SUI – 1990 BUL – 1991 FRA, POL, USA, CHN

3 **von Lanken** Claudia (Schmalfelder SV 1, Eintracht Rheine 2) 1997 ESP, USA – 1998 ENG

5 **Lasrich** Melanie (VfB Uerdingen 2, TuS Ahrbach 3) 1985 HUN, DEN, – 1991 BEL – 1993 NOR, SUI

7 **Limper** Andrea (KBC Duisburg) 1985 NOR, FIN – 1986 NOR, ISL, ISL, ITA – 1987 FRA, ITA

75 **Lingor** Renate (SC Klinge Seckach 11, SG Praunheim 8, 1. FFC Frankfurt 56) 1995 SVK – 1996 USA, SVK, NOR, ISL, NOR, NED, ISL, ISL, ITA – 1997 ENG – 1998 ITA, ENG, NZL, NZL, USA, USA, UKR, UKR – 1999 TUR, CHN, CHN, DEN, SUI, FRA, ITA, MEX, USA, RUS, UKR – 2000 NED, ITA, UKR, CHN, USA, ISL, DEN, AUS, BRA, SWE, BRA– 2001 CHN, CHN, ITA, RUS, CAN, CAN, SWE, RUS, ENG, NOR, SWE, JAP, USA, ENG, POR, NED – 2002 CHN, USA, NOR, DEN, CHN, FIN,.NED, POR, ENG, NOR, DEN, RUS – 2003 CHN, CHN, SCO, FRA, DEN, DEN

26 **Lohn** Ursula (Grün-Weiß Brauweiler 15, TuS Ahrbach 11) 1989 BUL, DEN, ITA, NOR, HUN – 1990 BUL, CSV, ENG, URS, USA, USA, BUL, HUN, ENG, ENG – 1995 ENG, SWE, POL, SUI, CHN, JPN, SWE, BRA, ENG, CHN, NOR

8 **Lübbers** Claudia (SV Wilhelmshaven) 1994 SUI – 1996 USA, USA, SVK, NOR, ISL, NED, ISL
1 **Lüttke** Manuela (Tennis Borussia Berlin) 1988 USA
2 **Mandrysch** Claudia (FC Rumeln-Kaldenhausen) 1995 FIN, SVK
7 **Meier** Jennifer (1. FFC Frankfurt) 2001 JAP, NED – 2002 CHN, USA, DEN, FIN, SWE
85 **Meinert** Maren (FCR Duisburg 68, FFC Brauweiler Pulheim 2000 10, Boston Breakers 7) 1991 BEL – 1992 ITA, FRA, URS, URS – 1993 USA, USA, ITA, DEN, SUI, RUS, POL – 1994 WAL, WAL, CRO, CAN, USA, NOR, CHN, SWE, CRO, SUI, RUS, RUS, ENG – 1995 ENG, SWE, POL, SUI, CHN, JPN, SWE, BRA, ENG, CHN, NOR – 1996 USA, USA – 1997 ENG, CHN, CHN, ESP, DEN, NOR, ITA, NOR, SWE, ITA – 1998 NOR, UKR – 1999 TUR, CHN, CHN, DEN, SUI, FRA, NED, ITA, MEX, BRA, USA, RUS, UKR, ISL, ITA – 2000 NED, ITA, UKR, CHN, NOR, USA, ISL, DEN, AUS, BRA, SWE, NOR, BRA – 2001 RUS, CAN, CAN, SWE, RUS, NOR, SWE
2 **Melka** Petra (FSV Frankfurt) 1984 NOR, BEL
3 **Messner** Susanne (VfR Saarbrücken) 1990 ENG – 1992 POL, URS
27 **Meyer** Monika (Sportfreunde. Siegen 6, SG Praunheim 21) 1997 DEN, NOR, NOR, DEN, SWE, ITA, ENG, USA, USA, NOR, NED – 1998 ITA, NOR, NED, NZL, NZL, NOR, USA, USA, UKR, UKR – 1999 TUR, CHN, SUI, ITA, BRA, USA
1 **Michel** Kerstin (FSV Schwarzbach) 1994 NOR
94 **Minnert** Sandra (FSV Frankfurt 55, Sportfreunde Siegen 3, 1. FFC Frankfurt 36) 1992 YUG, FRA, POL – 1993 SWE, FRA, USA, USA, USA, NOR, SZ, DEN, SWE, SUI, RUS, POL – 1994 WAL, CRO, RUS, ENG – 1995 POL, CHN, SWE, ENG – 1996 USA, SVK, NOR, FIN, NOR, ISL, JPN, NOR, BRA, NED, ISL, ISL, ITA – 1997 ESP, ITA, NOR, SWE, ITA, ENG, USA, USA – 1998 ITA, ENG, NED, UKR, UKR – 1999 TUR, CHN, NED, MEX, BRA, USA, RUS – 2000 ITA, UKR, CHN, NOR, USA, ISL, DEN, AUS, BRA, SWE, NOR, BRA – 2001 CHN, CHN, RUS, CAN, CAN, SWE, RUS, ENG, NOR, ENG, POR, NED – 2002 CHN, ENG, NOR, DEN, RUS – CHN, NOR, USA, CHN, CHN, SCO, FRA, DEN, DEN
1 **Minor** Eva (VfR Saarbrücken) 1987 FRA
104 **Mohr** Heidi (SV Laudenbach 25, TuS Niederkirchen 58, TuS Ahrbach 21) 1986 NOR, ISL, ISL, DEN, NED – 1987 NED, FRA, ISL, ISL, HUN, ITA – 1988 ITA, ITA, USA, SUI, HUN, CSV, CSV – 1989 BUL, DEN, ITA, NOR, CSV – 1990 BUL, CSV, ENG, URS, USA, USA, BUL, HUN, ENG, ENG – 1991 FRA, POL, USA, CHN, ITA, NOR, SUI, HUN, NGA, TPE, ITA, DEN, USA, SWE – 1992 YUG, FRA, POL, URS, URS – 1993 SWE, FRA, USA, USA, USA, SUI, ITA, DEN, SWE, NOR, SUI, RUS, POL – 1994 WAL, CRO, CAN, USA, NOR, CHN, SWE, CRO, SUI, RUS, RUS, ENG – 1995 ENG, SWE, POL, SUI, CHN, JPN, SWE, BRA, ENG, CHN, NOR, FIN, SVK – 1996 USA, USA, SVK, NOR, FIN, NOR, ISL, ISL, JPN, NOR, BRA, NED, ISL, ISL
45 **Müller** Claudia (Fortuna Sachsenroß Hannover 10, SG Praunheim 9, 1. FFC Frankfurt 6, WSV Wolfsburg 20) 1996 NED, ISL, ITA – 1997 ENG, CHN, CHN, ESP, NOR, ITA, ITA – 1998 USA, NOR, NED, ITA, NZL, USA, USA, UKR, UKR – 1999 TUR, CHN, DEN, FRA, NED, MEX, RUS, UKR, ISL, ITA – 2000 NED, ITA, UKR, NOR, ISL, SWE – 2001 CHN, ITA, RUS, CAN, CAN, SWE, RUS, ENG, NOR, SWE
29 **Müller** Martina (SC Bad Neuenahr) 2000 USA – 2001 CHN, CHN, ITA, RUS, CAN, CAN, SWE, ENG, JAP, USA, ENG, POR, NED – 2002 CHN, USA, DEN, CHN, FIN, SWE, NOR, DEN, RUS – 2003 NOR, USA, CHN, CHN, SCO, FRA
1 **Müller** Nicole (1. FC Saarbrücken) 1997 USA

58 **Nardenbach** Jutta (TuS Ahrbach 30, TSV Siegen 28) 1986 NED – 1987 ISL, ISL – 1988 HUN, CSV, CSV – 1989 BUL, DEN, ITA, NOR, HUN, CSV – 1990 BUL, CSV, ENG, USA, BUL, HUN, ENG, ENG – 1991 FRA, POL, USA, CHN, ITA, NOR, HUN, BEL, NGA, TPE, USA, SWE – 1992 URS – 1993 SWE, FRA, USA, USA, USA, ITA – 1994 WAL, WAL, CRO, CAN, USA, NOR, CHN – 1995 ENG, SVK – 1998 USA, USA, SVK, NOR, FIN, NOR, ISL, JPN, NOR, BRA
111 **Neid** Silvia (SC Klinge Seckach 4, SSG Bergisch Gladbach 13, TSV Siegen 94) 1982 SUI – 1983 BEL, NED, DEN, SUI, DEN, NED, BEL – 1984 ITA, NOR, ITA, ENG, BEL, FIN, NED – 1985 HUN, DEN, NOR, FIN – 1986 HUN, NOR, ISL, ISL, DEN, NED – 1987 NED, FRA, ISL, ISL, HUN, ITA – 1988 ITA, SUI, USA, SUI, CSV, CSV – 1989 BUL, DEN, ITA, NOR, HUN, CSV – 1990 ENG, URS, USA, USA, BUL, HUN, ENG, ENG – 1991 FRA, POL, USA, CHN, ITA, NOR, SUI, HUN, BEL, NGA – 1992 FRA, POL, URS, URS – 1993 SWE, FRA, USA, USA, USA, ITA, DEN, SWE, NOR, SUI, RUS, POL – 1994 WAL, WAL, CRO, CAN, USA, NOR, CHN, SWE, CRO, SUI, RUS, RUS, ENG – 1995 ENG, SWE, POL, SUI, CHN, JPN, SWE, BRA, ENG, CHN, NOR, FIN, SVK – 1996 USA, USA, NOR, ISL, ISL, JPN, NOR, BRA
8 **Neuser** Rosemarie (SSG Bergisch Gladbach 2, TSV Siegen 6) 1984 ITA, BEL – 1986 HUN, ISL, ISL, NED – 1987 FRA, ISL

7 **Odebrecht** Viola (Turbine Potsdam) 2003 NOR, USA, CHN, SCO, FRA, DEN, DEN
7 **Offermann** Birgit (KBC Duisburg) 1982 SUI – 1983 NED, BEL – 1984 ITA, FIN – 1985 HUN, DEN

27 **Omilade** Navina (FFC Brauweiler-Pulheim 19, Turbine Potsdam 8) 2001 ITA, CAN, CAN, RUS, JAP, USA, ENG, POR, NED – 2002 CHN, USA, NOR, DEN, CHN, FIN, SWE, NED, POR, ENG, NOR, DEN, RUS – 2003 CHN, USA, CHN, FRA

11 **Paul** Christine (Bayern München 4, Wacker München 7) 1985 NOR – 1986 DEN, NED – 1987 FRA – 1991 SUI, HUN, BEL, TPE, ITA, DEN, USA

1 **Pirrung** Eva (SV Beeden) 1986 HUN

11 **Pohlers** Conny (Turbine Potsdam) 2001 ITA, JAP, POR, NED – 2002 CHN, FIN, SWE, POR, ENG, NOR, RUS

37 **Pohlmann** Dagmar (FSV Frankfurt) 1992 FRA, POL, URS – 1993 SWE, FRA, USA, USA, USA, SUI, ITA, DEN, SWE, NOR, RUS – 1994 WAL, WAL, CAN, USA, NOR, CHN, SWE – 1995 ENG, SWE, POL, SUI, CHN, JPN, SWE, BRA, ENG, CHN, NOR, FIN – 1996 FIN, ISL, ISL, BRA

102 **Prinz** Birgit (FSV Frankfurt 50, SG Praunheim 2, 1. FFC Frankfurt 48, Carolina Courage 2) 1994 CAN, USA, NOR, CHN, SWE, CRO, RUS, RUS, ENG – 1995 ENG, SWE, POL, SUI, CHN, JPN, SWE, BRA, ENG, CHN, NOR, FIN, SVK – 1996 NOR, ISL, ISL, JPN, NOR, BRA, NED, ISL, ISL, ITA – 1997 CHN, CHN, ESP, DEN, NOR, ITA, NOR, DEN, SWE, ITA, ENG, USA, USA, NOR, NED – 1998 ENG, NED, NOR, UKR, UKR – 1999 TUR, CHN, CHN, DEN, FRA, NED, ITA, MEX, BRA, USA, ISL, ITA – 2000 NED, ITA, UKR, CHN, NOR, USA, ISL, DEN, AUS, BRA, SWE, NOR, BRA – 2001 CHN, ITA, CAN, CAN, SWE, RUS, ENG, NOR, SWE, ENG, NED – 2002 CHN, USA, NOR, NED, POR, ENG, DEN, RUS – 2003 CHN, NOR, USA, SCO, DEN, DEN

58 **Raith** Silvia (Wacker München 8, FSV Frankfurt 8, TSV Siegen 42) 1983 BEL, NED, DEN, SUI, DEN, NED, BEL – 1984 ITA, ITA, ENG, BEL, ITA, FIN, NED – 1985 HUN, DEN, NOR, FIN – 1986 HUN, ISL, ISL, DEN, NED – 1987 NED, ISL, ISL, HUN, ITA – 1988 SUI, ITA, USA, SUI, HUN, CSV, CSV – 1989 BUL, DEN, ITA, NOR, HUN, CSV – 1990 BUL, CSV, ENG, URS, USA, USA, BUL, HUN, ENG, ENG – 1991 FRA, POL, USA, CHN, ITA, NOR, SUI

6 **Rech** Bianca (1. FFC Frankfurt) 2002 NOR, DEN, RUS – 2003 CHN, CHN, FRA

6 **Rastetter** Tanja (SC Klinge Seckach) 1992 FRA, POL – 1993 SWE, FRA, USA, SUI

3 **Reichler** Claudia (BV 08 Lüttringhausen 1, KBC Duisburg 2) 1982 SUI – 1985 NOR, FIN

27 **Richter** Elke (Rot-Weiß Berrendorf) 1983 SUI, DEN, NED – 1984 ITA, NOR, ITA, ENG, BEL, ITA, FIN, NED – 1985 HUN, DEN, NOR, FIN – 1986 HUN, NOR, ISL, ISL, DEN, NED – 1987 NED, FRA, ISL, HUN, ITA – 1988 ITA

1 **Roth** Judith (SSG Bergisch Gladbach) 1992 ITA

79 **Rottenberg** Silke (TSV Siegen 4, Sportfreunde Siegen 37, FFC Brauweiler-Pulheim 38) 1993 USA, USA, SUI, DEN – 1997 ENG, ESP, NOR, ITA, NOR, DEN, SWE, ITA, ENG, USA, USA, NOR, NED – 1998 ITA, NED, NZL, NZL, NOR, USA, USA, UKR, UKR – 1999 CHN, DEN, FRA, NED, ITA, MEX, BRA, USA, RUS, UKR, ISL, ITA – 2000 NED, ITA, UKR, CHN, USA, ISL, DEN, AUS, BRA, SWE, NOR, BRA – 2001 CHN, CHN, ITA, RUS, CAN, CAN, SWE, RUS, ENG, NOR, SWE, JAP, USA, ENG, NED – 2002 USA, DEN, FIN, NED, POR, ENG, NOR, DEN, RUS – 2003 CHN, NOR, CHN, SCO, DEN

1 **Schadrack** Jana (Turbine Potsdam) 2002 ENG

3 **Schäfer** Carmen (SC Bad Neuenahr) 1997 DEN, NOR, USA

1 **Schäpertöns** Christa (FFC Brauweiler Pulheim) 2002 USA

1 **Schaller** Andrea (SC Bad Neuenahr) 2000 NED

4 **Scharras** Susanne (SC Hamm 2, SC Poppenbüttel 2)1984 NOR, ITA – 1987 NED, ISL

1 **Scheib** Miriam (VfR Saarbrücken) 1996 NED

1 **Schlamann** Manuela (VfB Rheine) 1992 URS

3 **Schmale** Antonia (Hamburger SV) 1998 ITA – 1999 CHN – 2001 USA

4 **Schute** Eva (VfL Wildeshausen) 1984 NOR, ENG, BEL, ITA

80 **Smisek** Sandra (FSV Frankfurt 46, FCR Duisburg 34) 1995 POL, SUI, NOR, FIN, SVK – 1996 SVK, NOR, FIN, ISL, NED, ISL – 1997 CHN, CHN, ESP, DEN, NOR, ITA, NOR, DEN, SWE, ITA, ENG, USA, USA, NOR – 1998 ENG, NED, NZL, NOR, USA, USA, UKR, UKR – 1999 CHN, DEN, SUI, FRA, NED, ITA, MEX, BRA, USA, RUS, UKR, ISL, ITA – 2000 NED, ITA, UKR, CHN, NOR, USA, ISL, DEN – 2001 CHN, CHN, ITA, RUS, CAN, CAN, SWE, RUS, ENG, NOR, SWE, JAP, USA, ENG, POR – 2002 USA, NOR, DEN, CHN, FIN, SWE, NED, POR, DEN, RUS – 2003 SCO

7 **Sonn** Claudia (SC Husen-Kurl) 1988 SUI, HUN, CSV, CSV – 1989 BUL, HUN, CSV

97 **Stegemann** Kerstin (Eintracht Rheine 34, FFC Heike Rheine 33, FCR Duisburg 12, FFC Flaesheim-Hillen 18) 1995 POL – 1996 USA, USA, SVK, NOR, FIN, NOR, ISL, ISL, JPN, NOR, BRA, NED, ISL, ISL, ITA – 1997 ENG, CHN, CHN, ESP, DEN, NOR, ITA, NOR, DEN, SWE, ITA, ENG, USA, USA, NOR, NED – 1998 ITA, ENG, NED, NZL, NZL, NOR, USA, USA – 1999 CHN, DEN, FRA, NED, ITA, RUS, UKR, ISL, ITA – 2000 NED, ITA, UKR, CHN, NOR, USA, DEN, AUS, BRA, NOR, BRA – 2001

CHN, CHN, ITA, RUS, CAN, CAN, SWE, RUS, NOR, SWE, JAP, USA, ENG, POR, NED - 2002 CHN, USA, NOR, DEN, CHN, FIN, SWE, NED, POR, ENG, NOR, DEN, RUS - 2003 CHN, NOR, USA, CHN, CHN, SCO, FRA, DEN, DEN

22 **Steinmetz (Degwitz)** Monika (SSG Bergisch Gladbach) 1982 SUI - 1983 BEL, NED, DEN, SUI, DEN, NED, BEL - 1984 ITA, ITA, ENG, ITA, FIN, NED - 1986 NOR, ISL, ISL, DEN, NED - 1987 NED, FRA, HUN

6 **Stumpf** Daniela (FSV Frankfurt) 1987 FRA, ISL, ISL, HUN - 1991 BEL - 1992 ITA

8 **Trabant** Anne (SSG Bergisch Gladbach) 1982 SUI - 1983 BEL, NED, DEN, SUI, DEN, NED, BEL

3 **Trauschke** Cornelia (VfB Uerdingen 1, SSG Bergisch Gladbach 2) 1987 FRA - 1988 ITA, USA

11 **Uebelhör** Dagmar (Bayern München) 1989 CSV - 1990 BUL, CSV, ENG, URS, USA, USA, BUL, HUN, ENG - 1991 FRA

54 **Unsleber** Britta (FSV Frankfurt 45, TSV Siegen 9) 1984 NED - 1985 HUN - 1986 HUN - 1987 ISL, ISL, HUN, ITA - 1988 ITA, SUI, ITA, USA, SUI, HUN, CSV, CSV - 1989 BUL, DEN, HUN, CSV - 1990 BUL, CSV, ENG, URS, USA, USA, BUL, HUN, ENG, ENG - 1991 FRA, POL, USA, CHN, ITA, NOR, SUI, HUN, BEL, NGA, ITA, DEN, USA, SWE - 1992 ITA, YUG, FRA, POL, URS, URS - 1993 USA, USA, SUI, ITA, DEN

125 **Voss** Martina (KBC Duisburg 22, TSV Siegen 37, FCR Duisburg 66) 1984 FIN, NED - 1985 HUN - 1986 HUN, NOR, ISL, ISL, DEN, NED - 1987 NED, FRA, ISL, ISL, HUN, ITA - 1988 ITA, SUI, ITA, USA, SUI, CSV, CSV - 1989 BUL, ITA, NOR - 1990 ENG, ENG, URS, USA, USA, BUL, HUN, ENG, ENG - 1991 FRA, POL, USA, CHN, ITA, NOR, HUN, BEL, NGA, TPE, ITA, DEN, USA, SWE - 1992 ITA, YUG, FRA, POL, URS, URS - 1993 SWE, FRA, USA - 1994 WAL, WAL, CRO, CAN, USA, NOR, CHN, SWE, CRO, SVK, RUS, RUS, ENG - 1995 ENG, SWE, SUI, CHN, JPN, SWE, BRA, ENG, CHN, NOR, FIN, SVK - 1996 USA, USA, SVK, NOR, FIN, NOR, ISL, ISL, JPN, NOR, BRA, NED, ISL, ISL, ITA - 1997 ENG, CHN, ESP, DEN, ITA, NOR, USA, USA - 1998 ITA, ENG, NED, NZL, NZL, USA, UKR, UKR - 1999 TUR, CHN, CHN, DEN, SUI, FRA, NED, BRA, RUS, UKR, ISL, ITA - 2000 NED

6 **Vreden** Tanja (Hamburger SV) 1998 NZL, NOR, USA, USA - 1999 TUR, CHN

2 **Wagner** Marion (Jahn Delmenhorst) 1987 ISL - 1988 ITA

17 **Walther** Elke (VfL Sindelfingen 14, SSG Bergisch Gladbach 3) 1989 BUL - 1991 FRA, POL, BEL, SWE - 1992 ITA, YUG, FRA, POL, URS - 1993 SWE, POL - 1994 WAL, CRO, CHN, CRO, RUS

1 **Wasems** Kerstin (Grün-Weiß Brauweiler) 1998 NZL

5 **Weimar** Bärbel (Wacker München) 1993 SWE, FRA, USA, SUI, SWE

2 **Weiß** Birte (Wismut Aue 1, Eintracht Wolfsburg 1) 1991 POL - 1993 FRA

9 **Wendt** Beate (SC Poppenbüttel) 1991 FRA, SUI, HUN, BEL, TPE, ITA, DEN, USA, SWE

146 **Wiegmann** Bettina (Grün-Weiß Brauweiler 116, Sportfreunde. Siegen 11, Boston Breakers 19) 1989 HUN - 1990 ENG, URS, USA, USA, BUL, HUN, ENG, ENG - 1991 POL, USA, ITA, NOR, SUI, HUN, BEL, NGA, TPE, ITA, DEN, USA, SWE - 1992 ITA, YUG, FRA, POL, URS, URS - 1993 USA, USA, SUI, ITA, DEN, SWE, NOR, SUI, RUS, POL - 1994 WAL, WAL, SWE, CRO, SUI, RUS, RUS, ENG - 1995 ENG, SWE, POL, SUI, CHN, JPN, SWE, BRA, ENG, CHN, NOR, FIN, SVK - 1996 USA, USA, SVK, NOR, FIN, NOR, ISL, ISL, JPN, NOR, BRA, NED, ISL, ISL - 1997 ENG, CHN, CHN, ESP, DEN, NOR, ITA, NOR, DEN, SWE, ITA, ENG, USA, NOR, NED - 1998 NZL, NZL, UKR - 1999 CHN, CHN, DEN, SUI, FRA, NED, ITA, MEX, BRA, USA, RUS, UKR, ISL, ITA - 2000 NED, ITA, UKR, CHN, NOR, USA, ISL, DEN, AUS, BRA, SWE, NOR, BRA - 2001 RUS, CAN, CAN, SWE, RUS, ENG, NOR, SWE - 2002 CHN, USA, NOR, DEN, CHN, FIN, SWE, NED, ENG, NOR, DEN, RUS - 2003 CHN, NOR, CHN, CHN, SCO, FRA, DEN, DEN

5 **Wiese** Birgit (TSV Siegen) 1988 SUI, HUN - 1991 SUI, HUN, BEL

2 **Wilder** Madleen (Turbine Potsdam) 2001 CAN, POR

2 **Wilmes** Marion (Germania Twist) 2002 NED, POR

23 **Wimbersky** Petra (Bayern München 17, Turbine Potsdam 6) 2001 CHN, CHN, ITA, RUS, CAN, CAN, ENG, NOR, JAP, USA, ENG - 2002 DEN, CHN, FIN, SWE, NED, POR, RUS - 2003 CHN, NOR, USA, SCO, FRA

2 **Wörle** Tanja (Bayern München) 1999 RUS, ISL

79 **Wunderlich** Pia (SG Praunheim 42, 1. FFC Frankfurt 37) 1993 RUS, POL - 1994 SWE, CRO, RUS, RUS, ENG - 1995 BRA, ENG, CHN, NOR, FIN - 1996 USA, USA, NOR, FIN, NOR, ISL, ISL, JPN, NOR, BRA, NED, ITA - 1997 ENG, CHN, CHN, ESP, DEN, NOR, ITA, NOR, DEN, SWE, ITA, ENG, USA, USA, NOR, NED - 1998 NED, NZL, NED - 1999 TUR, CHN, DEN, SUI, FRA, NED, ITA, MEX, BRA, USA, RUS, ITA - 2000 NOR - 2001 CHN, CHN, ITA, RUS, CAN, CAN, SWE, RUS, ENG, NOR, SWE, ENG, NED - 2002 NED, POR, ENG, DEN, RUS - 2003 CHN, NOR, USA, CHN, CHN, SCO

35 **Wunderlich** Tina (SG Praunheim 17, 1. FFC Frankfurt 18) 1994 SUI - 1995 SWE, POL, SUI, BRA - 1996 NOR, ISL, NED, ITA - 1997 USA, USA, NOR, NED - 1998 ITA, UKR, UKR - 1999 TUR, CHN,

DEN, SUI, BRA – 2000 CHN, NOR, ISL, DEN, SWE, NOR – 2001 CAN – 2002 CHN, CHN, SWE, NED, POR – 2003 NOR, CHN

11 **Zerbe** Christina (Sportfreunde Siegen 1, FFC Brauweiler-Pulheim 2, 1. FFC Frankfurt 8) 2000 NED – 2001 JAP – 2002 FIN, NOR – 2003 CHN, NOR, USA, CHN, CHN, FRA, DEN

11 **Zimmermann** Ingrid (FSV Frankfurt) 1984 NOR, ITA, ENG, BEL, ITA, FIN – 1985 HUN, DEN, NOR – 1986 ISL, ISL

Änderung von Vereinsnamen: VfB Rheine ab 1994 Eintracht Rheine, ab 1998 FFC Heike Rheine; Eintracht Wolfsburg ab 1996 WSV Wolfsburg (Übertritt); TSV Siegen ab 1996 Sportfreunde Siegen (Übertritt); VfR Saarbrücken ab 1997 1. FC Saarbrücken (Übertritt); FC Rumeln-Kaldenhausen ab 1997 FCR Duisburg, ab 2001 FCR Duisburg 2001; SG Praunheim ab 1. 1.1999 1. FFC Frankfurt; Grün-Weiß Brauweiler ab 2000 FFC Brauweiler-Pulheim.

Alle Torschützen der Frauen-Länderspiele

Austermühl	2	Haberlaß	1	Limper	3	Richter	1
Bartelmann	4	Hagedorn	1	Lingor	14	Smisek	19
Bernhard	1	Hengst	1	Lohn	8	Sonn	3
Bindl	3	Hingst	8	Lübbers	2	Stegemann	3
Bormann	2	Hoffmann	2	Meinert	30	Uebelhör	1
Bornschein	2	Jones	5	Meyer M.	5	Unsleber	13
Bresonik	2	Klinzmann	1	Minnert	7	Voss	27
Brocker/Grigoll	30	Koekkoek	2	Mohr	83	Vreden	1
Damm	2	Krause	2	Müller Cl.	22	Wendt	1
Eichenlaub	4	Kresimon	1	Müller M.	13	Wimbersky	3
Fehrmann	1	Kreuzberg	3	Nardenbach	4	Wiegmann	48
Fitschen	17	Kubat	2	Neid	48	Wunderlich P.	18
Garefrekes	3	Künzer	1	Pohlers	7		
Gebauer	2	Kuhlmann	1	Pohlmann D.	4	Eigentore des Gegners	12
Gottschlich, S.	3	Landwehr	1	Prinz	51		
Grings	28	Lasrich	3	Raith	4		

Die häufigsten Einsätze

Wiegmann	146	Meinert	85	Felden-Isbert	58	Goller	45
Fitschen	144	Smisek	80	Nardenbach	58	Müller C.	45
Voss	125	Rottenberg	79	Raith	58	Kuhlmann	43
Neid	111	Pia Wunderlich	78	Unsleber	54	Bornschein	37
Mohr	104	Hingst	75	Grings	51	Pohlmann	37
Prinz	102	Lingor	75	Bernhard	47	Hoffmann	35
Stegemann	97	Jones	74	Brocker/Grigoll	46	T. Wunderlich	35
Minnert	94	Austermühl	58	Damm	46	G. Gottschlich	33

Die Bilanz der U 21-Frauen (früher U20 und U19)

Gegner	Spiele	Siege	Unentsch.	Niederl.	Tore	11-m-Sch.
Dänemark	**28**	**15**	**6**	**7**	**63:32**	
Finnland	**7**	**3**	**3**	**1**	**18:9**	**4:5**
Frankreich	**2**	**2**	**–**	**–**	**7:1**	
Griechenland	**1**	**1**	**–**	**–**	**1:0**	
Island	**5**	**5**	**–**	**–**	**18:3**	
Italien	**1**	**1**	**–**	**–**	**1:0**	
Japan „A“	**1**	**–**	**–**	**1**	**1:5**	
Niederlande	**8**	**5**	**1**	**2**	**15:5**	
Norwegen	**9**	**1**	**4**	**4**	**8:12**	
Österreich „A“	**1**	**1**	**–**	**–**	**4:0**	
Polen	**3**	**3**	**–**	**–**	**21:0**	
Schweden	**9**	**2**	**3**	**5**	**10:20**	**5:4**
Tschechien	**1**	**–**	**1**	**–**	**3:3**	
Tschechien „A“	**1**	**1**	**–**	**–**	**7:2**	
Ukraine	**1**	**1**	**–**	**–**	**2:0**	
USA	**7**	**1**	**1**	**5**	**10:17**	
Gesamt	**86**	**42**	**19**	**25**	**189:109**	

Die Spiele der U19-Juniorinnen

2. Dezember 1990	Niederlande	Kevelaer	3:0 (1:0)
28. März 1991	Frankreich	Antony	2:1 (0:0)
9. Mai 1991	Polen	Aue	7:0 (3:0)
6. August 1991	Finnland	Arnheim	3:0 (2:0)
8. August 1991	Schweden	Arnheim	0:3 (0:1)
10. August 1991	Niederlande	Arnheim	1:2 (1:0)
14. Juni 1992	Norwegen	Borghorst	0:1 (0:0)

Die Spiele der U20-Juniorinnen

2. September 1992	Frankreich	Bad Kreuznach	5:0 (2:0)
5. September 1992	Polen	Libiez	9:0 (5:0)
9. April 1993	Norwegen	Caussade	0:0
10. April 1993	Dänemark	Montauban	0:0
11. April 1993	Ukraine	Caussade	2:0 (0:0)
12. April 1993	Schweden	Montricoux	1:1 (0:1) 5:4 E.
4. Mai 1993	Österreich A	Kuchl	4:0 (1:0)
3. August 1993	Finnland	Kopenhagen	2:2 (1:2)
4. August 1993	Norwegen	Kopenhagen	0:2 (0:1)
6. August 1993	Niederlande	Kopenhagen	1:1 (0:0)
7. August 1993	Island	Kopenhagen	3:1 V. (0:1, 1:1)
28. September 1993	Niederlande	Gendt	1:2 (1:1)
29. März 1994	Dänemark	Warendorf	4:1 (3:1)
31. März 1994	Dänemark	Bielefeld	3:0 (0:0)
1. August 1994	Niederlande	Nienstädt	1:0 (1:0)
3. August 1994	Dänemark	Bückeburg	2:0 (2:0)
5. August 1994	Norwegen	Gifhorn	2:2 (1:0)
7. August 1994	Schweden	Havelse	1:5 (1:3)
23. August 1994	Japan A	Eberswalde	1:5 (1:3)
12. April 1994	Polen	Luckenwalde	5:0 (3:0)
16. Juli 1995	Dänemark	Randers	1:1 (1:1)
18. Juli 1995	Dänemark	Örsted	2:4 (2:1)
31. Juli 1995	Niederlande	Hiekkaharju	3:0 (2:0)
2. August 1995	Norwegen	Kontula	0:0
4. August 1995	Dänemark	Silfamäkl	5:2 (3:0)
6. August 1995	Finnland	Leppävaara	n.V. 4:1 (0:0, 1:1)
28. März 1996	Tschechien A	Frohnlach	7:2 (3:1)
23. Mai 1996	Italien	HH.-Poppenbüttel	1:0 (0:0)
27. Mai 1996	Dänemark	Schmalfeld	3:0 (0:0)
28. Juli 1996	Niederlande	Jörn	3:0 (2:0)
30. Juli 1996	Dänemark	Mala	1:3 (1:2)
1. August 1996	USA	Skelleftea	2:3 (1:1, 2:2) n.V.
8. Oktober 1996	Schweden	Neu-Isenburg	1:2 (0:1)
9. Oktober 1996	Schweden	Aschaffenburg	1:1 (0:1)
26. März 1997	Tschechien	Prag	3:3 (2:2)
30. April 1997	Schweden	Göteborg	0:3 (0:0)
22. Juli 1997	Dänemark	Aspach	1:1 (0:0)
24. Juli 1997	Dänemark	Aspach	0:1 (0:1)
4. August 1997	Niederlande	Kalundborg	2:0 (0:0)
5. August 1997	Finnland	Skaelskör	1:1 (0:0)/E 4:5
7. August 1997	Norwegen	Slagelse	1:3 (0:1)
8. August 1997	Schweden	Ringsted	2:1 (0:1)
23. Juli 1998	Dänemark	Lemvig	1:1 (1:1)
25. Juli 1998	Dänemark	Vildbjerg	2:2 (1:2)
3. August 1998	Island	Roden	5:0 (3:0)
5. August 1998	Norwegen	Dwingelow	0:1 (0:1)
7. August 1998	Dänemark	Rolder	1:1 (0:0)
9. August 1998	Schweden	Gösselte	2:1 (0:1)

Die Spiele der U 21-Frauen

10. März 1999	USA	Ebersberg	2:3 (1:0)
23. Juli 1999	Dänemark	Ludwigsfelde	1:2 (1:0)
26. Juli 1999	Dänemark	Königs Wusterhausen	0:2 (0:1)
2. August 1999	Dänemark	Stjornu	1:3 (1:3)
4. August 1999	USA	Borganes	0:3 (0:1)
6. August 1999	Finnland	Kopavogur	2:2 (0:0)
14. Juli 2000	Dänemark	Nexö	7:0 (3:0)
16. Juli 2000	Dänemark	Nexö	1:0 (1:0)
28. Juli 2000	Island	Stegaurach	3:1 (1:1)
30. Juli 2000	Dänemark	Bayreuth	6:0 (1:0)

1. August 2000	Norwegen	Frohnlach	2:2 (1:1)
3. August 2000	USA	Weismain	0:1 (0:0)
15. Juli 2001	Dänemark	Kropp	2:1 (1:1)
17. Juli 2001	Dänemark	Büsum	4:0 (0:0)
25. Juli 2001	Dänemark	Gjövik, Nordic Cup	3:0 (0:0)
27. Juli 2001	Island	Raufoss, Nordic Cup	3:1 (2:1)
29. Juli 2001	USA	Dokka, Nordic Cup	1:1 (0:0)
31. Juli 2001	Finnland	Gjövik, Nordic Cup	2:3 (0:1)
15. Juli 2002	Dänemark	Randers	3:1 (2:1)
17. Juli 2002	Dänemark	Randers	2:1 (0:0)
22. Juli 2002	Schweden	Raisio, Nordic Cup	2:2 (1:1)
24. Juli 2002	Island	Paimio, Nordic Cup	4:0 (0:0)
26. Juli 2002	Norwegen	Paimio,Nordic Cup	3:1 (1:1)
28. Juli 2002	USA	Turku, Nordic Cup, Endspiel	1:3 (0:1)
10. Juli 2003	Dänemark	Heide	2:1 (0:1)
13. Juli 2003	Dänemark	Kropp	3:1 (1:1)
21. Juli 2003	Finnland	Randers, Nordic-Cup	4:0 (0:0)
23. Juli 2003	Schweden	Randers, Nordic Cup	0:1 (0:1)
25. Juli 2003	Griechenland	Randers, Nordic Cup	1:0 (1:0)
27. Juli 2003	Dänemark	Randers, Nordic Cup	2:3 (1:2)

Die Bilanz der U19-Frauen (bis 2001 U18)

Gegner	Spiele	Siege	Unentsch.	Niederl.	Tore	11-m-Sch.
Belgien	**1**	**1**	**–**	**–**	**2:0**	
Brasilien	**2**	**–**	**1**	**1**	**1:2**	**4:3**
China	**1**	**–**	**–**	**1**	**0:2**	
Dänemark	**5**	**1**	**2**	**2**	**4:7**	
England	**2**	**2**	**–**	**–**	**7:0**	
Finnland	**3**	**3**	**–**	**–**	**10:2**	
Frankreich	**6**	**5**	**–**	**1**	**17:5**	
Italien	**9**	**4**	**2**	**3**	**13:9**	
Japan	**2**	**2**	**–**	**–**	**5:2**	
Jugoslawien	**1**	**1**	**–**	**–**	**6:0**	
Kanada	**2**	**2**	**–**	**–**	**4:1**	
Mexiko	**1**	**1**	**–**	**–**	**3:1**	
Niederlande	**2**	**2**	**–**	**–**	**7:1**	
Norwegen	**4**	**4**	**–**	**–**	**10:6**	
Polen	**1**	**1**	**–**	**–**	**11:0**	
Russland	**1**	**1**	**–**	**–**	**6:0**	
Schottland	**1**	**1**	**–**	**–**	**4:1**	
Schweden	**8**	**3**	**1**	**4**	**9:8**	
Schweiz	**2**	**1**	**–**	**1**	**3:1**	
Slowakei	**1**	**1**	**–**	**–**	**5:0**	
Spanien	**4**	**4**	**–**	**–**	**10:2**	
Tschechien	**1**	**1**	**–**	**–**	**4:0**	
Ukraine	**1**	**–**	**1**	**–**	**0:0**	
Ungarn	**1**	**1**	**–**	**–**	**8:0**	
USA	**6**	**–**	**–**	**6**	**3:15**	
Gesamt	**68**	**42**	**7**	**19**	**152:66**	

Die Spiele der U18-Juniorinnen

14. Oktober 1997	Polen/EM-Qualifikation	Schwarzenfeld	11:0 (3:0)
16. Oktober 1997	Jugoslawien/EM-Qualifikation	Cham	6:0 (4:0)
18. Oktober 1997	Slowakei/EM-Qualifikation	Weiden	5:0 (2:0)
18. März 1998	Italien	Dülmen	0:0
7. Mai 1998	Norwegen/EM-Viertelfinale	Drammen	2:1 (1:0)

13. Mai 1998	Norwegen/EM-Viertelfinale	Kirchheim	3:2 (1:2)
21. Juni 1998	Dänemark/EM-Halbfinale	Sonderborg	0:0
24. Juni 1998	Dänemark/EM-Halbfinale	Flensburg	0:1 (0:0)
13. Oktober 1998	Belgien/EM-Qualifikation	Passau	2:0 (1:0)
15. Oktober 1998	Tschechien/EM-Qualifikation	Bad Füssing	4:0 (3:0)
17. Oktober 1998	Ungarn/EM-Qualifikation	Passau	8:0 (2:0)
15. Februar 1999	Japan	Orlando	3:1 (1:1)
Februar 1999	USA U19	Orlando	1:2 (0:2)
18. Februar 1999	USA U16	Orlando	0:2 (0:2)
20. Februar 1999	China	Orlando	0:2 (0:1)
10. März 1999	USA	Ebersberg	0:1 (0:0)
17. April 1999	Frankreich/EM-Qualifikation	Lisieux	1:2 (0:1)
7. Mai 1999	Frankreich/EM-Qualifikation	Oberkirch	5:0 (1:0)
3. August 1999	Norwegen/EM-Endrunde	Ahus	2:1 (0:0)
5. August 1999	Schweden/EM-Endrunde	Bromölla	0:1 (0:0)
7. August 1999	Italien/EM-Endrunde	Ahus	2:0 (0:0)
15. März 2000	Italien	Alghero	2:1 (1:1)
18. April 2000	Dänemark/EM-Qualifikation	Schifferstadt	2:0 (0:0)
20. April 2000	Finnland/EM-Qualifikation	Ludwigshafen	3:0 (2:0)
22. April 2000	Ukraine/EM-Qualifikation	Niederkirchen	0:0
27. Juli 2000	Spanien/EM-Endrunde	Boulogne	2:0 (2:0)
29. Juli 2000	Frankreich/EM-Endrunde	Le Touquet	3:1 (2:0)
1. August 2000	Schweden/EM-Endrunde	Le Touquet	0:0
4. August 2000	Spanien/EM-Endspiel	Boulogne	4:2 (2:1)
11. Oktober 2000	Schweden	Neusaäß	4:1 (1:1)
14. Februar 2001	Italien	Rom	0:1 (0:0)
9. April 2001	Russland/EM-Qualifikation	Hoogeveen	6:0 (4:0)
11. April 2001	Finnland/EM-Qualifikation	Surhuisterveen	5:1 (2:1)
13. April 2001	Niederlande/EM-Qualifikation	Appingedam	3:0 (2:0)
12. Juli 2001	Schweden	Halmstad	0:1 (0:0)
26. Juli 2001	Spanien/EM-Halbfinale	Drammen	2:0 (1:0)
28. Juli 2001	Norwegen/EM-Endspiel	Lilleström	3:2 (1:1)

Die Spiele der U19-Frauen

10. Oktober 2001	Schweden	Västeras	2:3 (0:1)
20. Februar 2002	Italien	Anzio	2:2 (2:2)
27. Februar 2002	Finnland, EM-Qualifikation	Essen	2:1 (1:0)
1. März 2002	Schottland, EM-Qualifikation	Mönchengladbach	4:1 (3:1)
3. März 2002	Niederlande, EM-Qualifikation	Ratingen	3:0 (1:0)
27. März 2002	Dänemark	Rheda-Wiedenbrück	2:2 (1:0)
24. April 2002	Italien	Singen	2:1 (2:0)
2. Mai 2002	Frankreich, EM-Endrunde	Helsingborg	3:2 (1:2)
4. Mai 2002	Spanien, EM-Endrunde	Staffanstrop	2:0 (1:0)
6. Mai 2002	Schweden, EM-Endrunde	Ängelholm	1:0 (1:0)
10. Mai 2002	England, EM-Halbfinale	Landskrona	1:0 (1:0)
12. Mai 2002	Frankreich, EM-Endspiel	Helsingborg	3:1 (2:1)
18. Juni 2002	USA	Nettetal-Breyell	1:2 (0:1)
7. August 2002	Dänemark	Nakskov	0:4 (0:0)
17. August 2002	Frankreich, WM-Vorrunde	Vancouver	2:0 (1:0)
20. August 2002	Brasilien, WM-Vorrunde	Vancouver	0:1 (0:0)
21. August 2002	Mexiko, WM-Vorrunde	Vancouver	3:1 (1:1)
26. August 2002	Japan, WM-Viertelfinale	Edmonton	i. V. 2:1 (1:1, 0:1)
29. August 2002	USA, WM-Halbfinale	Edmonton	1:4 (1:3)
1. September 2002	Brasilien, WM-Spiel um Platz 3	Edmonton	1:1 (1:0)/E. 4:3
16. Oktober 2002	Schweden	Schwabach	1:0 (1:0)
6. November 2002	Italien	Haldensleben	4:0 (2:0)
10. Februar 2003	Italien	Florenz	1:2 (0:2)
26. März 2003	Schweiz	Sursee	3:0 (1:0)
7. Mai 2003	Schweiz	Leipzig	0:1 (0:1)
2. Juli 2003	USA	Duisburg	0:4 (0:4)
15. Juli 2003	Kanada	Gifhorn	2:1 (2:1)

17. Juli 2003	Kanada	Rotenburg/Wümme	2:0 (1:0)
25. Juli 2003	Italien, EM-Vorrunde	Taucha	0:2 (0:2)
27. Juli 2003	Schweden, EM-Vorrunde	Leipzig	1:2 (0:1)
29. Juli 2003	England, EM-Vorrunde	Torgau	6:0 (4:0)

Die Bilanz der U17-Juniorinnen (bis 2001 U16)

Gegner	Spiele	Siege	Unentsch.	Niederl.	Tore	11-m-Sch.
Dänemark	**9**	**6**	**2**	**1**	**17:4**	
Finnland	**5**	**3**	**2**	**–**	**9:4**	**5:3**
Frankreich	**21**	**14**	**3**	**4**	**47:17**	
Island	**4**	**3**	**1**	**–**	**11:3**	
Kanada	**1**	**1**	**–**	**–**	**4:1**	
Niederlande	**10**	**4**	**3**	**3**	**12:10**	
Norwegen	**6**	**4**	**2**	**–**	**16:3**	**4:2**
Schweden	**15**	**7**	**6**	**2**	**28:21**	**9:10, 4:5, 4:5**
USA	**6**	**1**	**3**	**2**	**6:10**	
Gesamt:	**77**	**43**	**22**	**12**	**150:73**	

Die Spiele der U 16-Mädchen

14. Juni 1992	Norwegen	Borghorst	0:0
19. Oktober 1993	Niederlande	Duisburg	1:0 (1:0)
2. März 1994	Frankreich	Essen	4:2 (3:0)
4. März 1994	Frankreich	Ochtrup	2:1 (1:0)
2. November 1994	Frankreich	Sarrau	2:0 (2:0)
4. November 1994	Frankreich	Cherres	5:1 (3:1)
27. Mai 1995	Niederlande	Rotterdam	0:0
31. Oktober 1995	Frankreich	Leutkirch	1:1 (1:1)
2. November 1995	Frankreich	Weingarten	1:0 (1:0)
17. April 1996	Niederlande	Euskirchen	0:0
30. Oktober 1996	Frankreich	Sens	2:0 (0:0)
1. November 1996	Frankreich	St. Quentin	0:2 (0:1)
24. Juni 1997	Norwegen	Boden	2:2 (1:1)/E 4:2
26. Juni 1997	Finnland	Lulea	0:0/E 5:3
27. Juni 1997	Island	Lulea	2:1 (1:1)
29. Juni 1997	Schweden	Boden	1:1 (0:1)/E 9:10
17. September 1997	Schweden	Tingsryd	5:2 (3:1)
29. Oktober 1997	Frankreich	Lenzkirch	3:1 (0:0)
31. Oktober 1997	Frankreich	Bräunlingen	2:0 (1:0)
10. Juni 1998	Schweden	Eislingen	3:2 (1:0)
28. Juni 1998	Finnland	Randers, Nordic Cup	2:0 (0:0)
30. Juni 1998	Dänemark	Randers, Nordic Cup	4:1 (2:1)
1. Juli 1998	Island	Randers, Nordic Cup	2:0 (1:0)
3. Juli 1998	Norwegen	Randers, Nordic Cup	2:0 (1:0)
13. September 1998	Schweden	Papenburg	3:0 (1:0)
28. Oktober 1998	Frankreich	Clairefontaine	1:2 (0:0)
31. Oktober 1998	Frankreich	Clairefontaine	4:0 (1:0)
9. Juni 1999	Schweden	Sandviken	0:4 (0:4)
28. Juni 1999	Finnland	Elst, Nordic Cup	2:2 (1:1)
29. Juni 1999	Dänemark	Elst, Nordic Cup	1:0 (0:0)
1. Juli 1999	Niederlande	Elst, Nordic Cup	1:1 (0:0)
3. Juli 1999	Schweden	Elst, Nordic Cup	1:1 (1:0)/E 4:5
2. November 1999	Frankreich	Stadthagen	0:1 (0:0)
4. November 1999	Frankreich	Nienburg	1:1 (1:0)
3. Juli 2000	Island	Kemi, Nordic Cup	6:1 (4:0)
5. Juli 2000	Dänemark	Oulo, Nordic Cup	0:0

7. Juli 2000	Norwegen	Kemi, Nordic Cup	2:0 (0:0)
9. Juli 2000	Schweden	Oulo, Nordic Cup	1:2 (0:2)
11. Oktober 2000	Schweden	Neusäß	1:1 (0:1)
1. November 2000	Frankreich	Clairefontaine	4:0 (0:0)
3. November 2000	Frankreich	Clairefontaine	1:0 (1:0)
30. Mai 2001	Schweden	Norrtälje	0:0
1. Juli 2001	Finnland	Sarpsborg, Nordic Cup	3:1 (2:0)
3. Juli 2001	Niederlande	As, Nordic Cup	3:1 (0:0)
5. Juli 2001	Norwegen	Rygge, Nordic Cup	7:1 (4:1)
7. Juli 2001	Schweden	Sarpsborg, Nordic Cup	i. V.1:0 (0:0)

Die Spiele der U17-Juniorinnen

10. Oktober 2001	Schweden	Köping	2:0 (2:0)
30. Oktober 2001	Frankreich	Halberstadt	3:0 (1:0)
1. November 2001	Frankreich	Eisleben	4:2 (3:1)
9. März 2002	Kanada	Bradenton	4:1 (2:0)
11. März 2002	USA	Bradenton	1:0 (0:0)
13. März 2002	USA	Bradenton	2:2 (1:1)
16. April 2002	Dänemark	Karlslunde	1:1 (1:0)
18. April 2002	Dänemark	Solsrod	1:0 (1:0)
5. Juni 2002	Schweden	Eislingen	3:3 (2:2)
2. Juli 2002	Dänemark	Grindavikur, Nordic Cup	1:2 (0:1)
4. Juli 2002	Finnland	Varmavollur, Nordic Cup	2:1 (1:0)
6. Juli 2002	Island	Hlidarendi, Nordic Cup	1:1 (1:0)
8. Juli 2002	Frankreich	Kopavogsvollur, Nordic Cup	n. V. 2:2 (0:0), 6:7 i. E.
16. Oktober 2002	Schweden	Feucht	4:3 (1:0)
29. Oktober 2002	Frankreich	Clairefontaine	5:0 (3:0)
1. November 2002	Frankreich	Clairefontaine	0:1 (0:0)
8. März 2003	USA U16	Bradenton	1:1 (0:0)
9. März 2003	USA U17	Bradenton	0:3 (0:1)
11. März 2003	USA U16	Bradenton	2:2 (1:2)
13. März 2003	USA U17	Bradenton	0:2 (0:1)
8. April 2003	Dänemark	Plön	2:0 (0:0)
10. April 2003	Dänemark	Bad Oldesloe	4:0 (0:0)
14. Mai 2003	Niederlande	Hennef	1:2 (1:1)
15. Mai 2003	Niederlande	Hennef	2:1 (2:1)
11. Juni 2003	Schweden	Kumla	2:1 (1:1)
30. Juni 2003	Niederlande	Hudiksvall, Nordic Cup	2:1 (2:0)
2. Juli 2003	Norwegen	Vallstra, Nordic Cup	3:0 (1:0)
4. Juli 2003	Dänemark	Söderhamn, Nordic Cup	3:0 (3:0)
6. Juli 2003	Schweden	Hudiksvall, Nordic Cup, Endspiel	n. V. 1:1 (1:1, 0:1)/E. 4:5

Die Bilanz der U15-Juniorinnen

Gegner	Spiele	Siege	Unentsch.	Niederl.	Tore	11-m-Sch.
Niederlande	2	2	–	–	7:0	
Gesamt:	2	2	–	–	7:0	

Die Spiele

16. Mai 2003	Niederlande	Solingen	1:0 (1:0)
18. Mai 2003	Niederlande	Kevelaer	6:0 (2:0)

Ehrentafel

DER DEUTSCHEN FRAUEN-MEISTER

1974	**TuS Wörrstadt**	**1989**	**SSG Bergisch Gladbach**
1975	**Bonner SC**	**1990**	**TSV Siegen**
1976	**Bayern München**	**1991**	**TSV Siegen**
1977	**SSG Bergisch Gladbach**	**1992**	**TSV Siegen**
1978	**SC Bad Neuenahr**	**1993**	**TuS Niederkirchen**
1979	**SSG Bergisch Gladbach**	**1994**	**TSV Siegen**
1980	**SSG Bergisch Gladbach**	**1995**	**FSV Frankfurt**
1981	**SSG Bergisch Gladbach**	**1996**	**TSV Siegen**
1982	**SSG Bergisch Gladbach**	**1997**	**Grün-Weiß Brauweiler**
1983	**SSG Bergisch Gladbach**	**1998**	**FSV Frankfurt**
1984	**SSG Bergisch Gladbach**	**1999**	**1. FFC Frankfurt**
1985	**KBC Duisburg**	**2000**	**FCR Duisburg**
1986	**FSV Frankfurt**	**2001**	**1. FFC Frankfurt**
1987	**TSV Siegen**	**2002**	**1. FFC Frankfurt**
1988	**SSG Bergisch Gladbach**	**2003**	**1. FFC Frankfurt**

Die Spiele um die deutsche Frauen-Meisterschaft

1974: TuS Wörrstadt

Gruppe 1: Bayern München – SpVgg Wiehre/Freiburg 3:2, TSV Grötzingen – SV Bubach/Calmesweiler 0:9, SpVgg Wiehre/Freiburg – TSV Grötzingen 5:1, SV Bubach/Calmesweiler – Bayern München 3:2, TSV Grötzingen – Bayern München 1:5, SpVgg Wiehre/Freiburg – SV Bubach/Calmesweiler 2:5 – Gruppensieger: SV Bubach/Calmesweiler.
Gruppe 2: TuS Wörrstadt – Preußen Krefeld 5:1, Oberst Schiel Frankfurt – SV Untergrombach 4:0, Preußen Krefeld – Oberst Schiel Frankfurt 0:2, SV Untergrombach – TuS Wörrstadt 0:5, Oberst Schiel Frankfurt – TuS Wörrstadt 0:1, Preußen Krefeld – SV Untergrombach 4:0 – Gruppensieger: TuS Wörrstadt.
Gruppe 3: SC Bad Neuenahr – Sparta Göttingen 5:0, Bonner SC – SV Kiel-Wik 1:0, Sparta Göttingen – Bonner SC 2:3, SV Kiel-Wik – SC Bad Neuenahr 0:4, Bonner SC – SC Bad Neuenahr 1:0, Sparta Göttingen – SV Kiel-Wik 6:1 – Gruppensieger: Bonner SC.
Gruppe 4: Werder Bremen – Tennis Borussia Berlin 1:1, Buxtehuder SV – DJK Eintracht Erle 0:2, Tennis Borussia Berlin – Buxtehuder SV 1:1, DJK Eintracht Erle – Werder Bremen 5:1, Buxtehuder SV – Werder Bremen 1:1, Tennis Borussia Berlin – DJK Eintracht Erle 1:2 – Gruppensieger: DJK Eintracht Erle.
Halbfinale: SV Bubach/Calmesweiler – DJK Eintracht Erle 1:3, Bonner SC – TuS Wörrstadt 1:3.
Spiel um den 3. Platz: SV Bubach/Calmesweiler – Bonner SC n. V. 3:3, Elfmeterschießen 4:1.

Endspiel am 8. September in Mainz: TuS Wörrstadt – DJK Eintracht Erle 4:0
Die Siegermannschaft: Manewal – Jung, Mayer (Nickel), Ellmer, Pätzold, Solbach, Israel, Wohlleben, Demler (Petzold), Haarbach, Binder – Tore: Israel 3, Wohlleben – Zuschauer: 3800 – SR: Eschweiler (Bonn).

1975: Bonner SC

Gruppe 1: Jahn Delmenhorst – Tennis Borussia Berlin 1:4 und 1:4, SV Kiel-Wik – TSV Wulsdorf 2:1 und 2:2 – Gruppenendspiele: Tennis Borussia – SV Kiel-Wik 2:1 und 2:0.
Gruppe 2: KBC Duisburg – DJK Eintracht Erle 0:1 und 1:1, Lorbeer Rothenburgsort – Bonner SC 1:2 und 0:7 – Gruppenendspiele: DJK Eintracht Erle – Bonner SC 0:5 und 0:6.

Gruppe 3: TSV Battenberg – SC Bad Neuenahr 2:2 und 0:4, TuS Wörrstadt – Spvgg Freiburg/Wiehre 2:1 und 5:0 – Gruppenendspiele SC Bad Neuenahr – TuS Wörrstadt 0:3 und 0:2.
Gruppe 4: SV Schlierstadt – VfL Schorndorf 1:1 und 1:4, Bayern München – FC Marpingen 6:1 und 1:1 – Gruppenendspiele: VfL Schorndorf – Bayern München 0:5 und 1:6.
Halbfinale: Bayern München – Tennis Borussia Berlin 2:1, TuS Wörrstadt – Bonner SC 0:4.
Spiel um den 3. Platz:: Tennis Borussia Berlin – TuS Wörrstadt 3:2.

Endspiel am 15. Juni in Bad Godesberg: Bonner SC – Bayern München 4:2 (1:2)
Die Siegermannschaft: Klein – Bädorf, Riebartsch, Schmidt, Christa Nüsser, Neuenfeld, Ranger, Pätzold, Charlotte Nüsser, Haarbach-Trabant, Wurps – Tore: Charlotte Nüsser 2, Haarbach-Trabant, Ranger (Niederlöhner, Langer) – Zuschauer: 2337 – SR: Linn (Altendiez).

1976: Bayern München

Gruppe 1: SC Bad Neuenahr – Oberst Schiel Frankfurt 0:0 und 1:2, VfR Rheinfelden – TSV Siegen 2:2 und 2:3 – Gruppenendspiele: TSV Siegen – Oberst Schiel Frankfurt 2:0 und 2:2.
Gruppe 2: SV Kiel-Wik – Tennis Borussia Berlin 1:2 und 0:1; Hamburger SV – FC Marpingen 2:1 und 0:4 – Gruppenendspiele: Tennis Borussia Berlin – FC Marpingen 6:0 und 1:2.
Gruppe 3: Bayern München – VfL Schorndorf 2:1 und 4:0; TuS Niederkirchen – Bonner SC 2:8 und 0:2 – Gruppenendspiele: Bonner SC – Bayern München 1:1 und 2:3.
Gruppe 4: TSV Wulsdorf – KBC Duisburg 0:7 und 0:3; SV Schlierstadt – Sparta Göttingen 2:4 und 1:3 – Gruppenendspiele: KBC Duisburg – Sparta Göttingen 4:3 und 1:3 n. Verl.
Halbfinale: Sparta Göttingen – Tennis Borussia Berlin n. V. 1:3., Bayern München – TSV Siegen 3:2.
Spiel um den 3. Platz: Sparta Göttingen – TSV Siegen 2:1.

Endspiel am 20. Juni in Siegen: Bayern München – Tennis Borussia Berlin n. V. 4:2 (2:2, 1:1)
Die Siegermannschaft: Köhl – Kasimir, Lehner, Völkl, Doll, Niederlöhner (Leroy), Raith, Süß, Mayerhofer, Schmidt, Langer (Wagner) – Tore: Niederlöhner 2, Schmidt, Mayerhofer (Cygon 2) – Zuschauer: 3700 – SR: Hilker (Bochum).

1977: SSG Bergisch Gladbach

Vorrunde: KBC Duisburg – SSG Bergisch Gladbach 1:4 und 0:2, SV Schlierstadt – VfL Wildeshausen 1:1 und 3:2; TuS Niederkirchen – TV Farmsen/Hamburg 1:2 und 3:1; SC Freiburg – FC Schalke 04 0:1 und 3:0; VfL Schorndorf – Bayern München 2:2 und 2:4; TSV Wulsdorf – TSV Rendsburg 0:5 und 0:4; Oberst Schiel Frankfurt – Tennis Borussia Berlin 2:2 und 2:1; FC Marpingen – SC Bad Neuenahr 2:2 und 2:3.
Viertelfinale: SC Bad Neuenahr – SSG Bergisch Gladbach 2:2 und 0:1; SC Freiburg – SV Schlierstadt 0:1 und 0:2; Bayern München – TuS Niederkirchen 0:0 und 2:0; Oberst Schiel Frankfurt – TSV Rendsburg 6:0 und 1:2.
Halbfinale: Bayern München – SSG Bergisch Gladbach 1:3 und 0:4; SV Schlierstadt – Oberst Schiel Frankfurt 1:2 und 1:3.

Endspiele am18. und 25. Juni: SSG Bergisch Gladbach – Oberst Schiel Frankfurt 0:0 und 1:0
Die Siegermannschaft: Schmoll – Göbel, Winkel, Stoffels, Krug – Neuenfeldt, Lesink, Trabant-Haarbach – Dlugi (Frese), Ranger (Hamburger, Klinz), Gebauer – Tor: Gebauer – Zuschauer: 8000 und 3000 – SR: Lutz (Bremen) und Quindeau (Ludwigshafen).

1978: SC Bad Neuenahr

Vorrunde: Rot-Weiß Berrendorf – KBC Duisburg 0:2 und 0:3, TSV Wulsdorf – FC Marpingen 0:3 und 0:4; SV Schlierstadt – TV Farmsen/Hamburg 0:0 und 1:3, Meteor 06 Berlin – Kickers Offenbach 1:0 und 0:2, TSV Siegen – TuS Wörrstadt 1:1 und 3:0, Rotenburger SV – Bayern München 1:6 und 1:1, SC Freiburg – VfL Schorndorf 4:1 und 1:1, SC Bad Neuenahr – Rendsburger TV 6:0 und 3:1.
Viertelfinale: KBC Duisburg – TV Farmsen/Hamburg 3:2 und 0:0, TSV Siegen – Kickers Offenbach 0:1 und 1:2, SC Bad Neuenahr – SC Freiburg 1:1 und 2:1, FC Marpingen – Bayern München 2:2 und 1:0.
Halbfinale: Kickers Offenbach – FC Marpingen 1:1 und 1:2, SC Bad Neuenahr – KBC Duisburg 0:0 und 2:0.

Endspiele am 17. und 25. Juni: SC Bad Neuenahr – FC Marpingen 2:0 und 0:1
Die Siegermannschaft: Breuer – Esch (Bünning), Weyer, Schreiber (Kullmann), Eisenhuth – Richelmann, Förster, Nüsser – Wohlleben, Pütz, Keller – Tore: Nüsser 2 im 1. Spiel; Eigentor Schreiber im 2. Spiel – Zuschauer: 1000 und 4000 – SR: Dreher (Darmstadt) und Schmock (Konstanz).

1979: SSG Bergisch Gladbach

Vorrunde: SC Bad Neuenahr – Meteor 06 Berlin 1:1 und 5:2, FC Marpingen – KBC Duisburg 1:0 und 0:3, Jahn Delmenhorst- VfL Schorndorf 0:1 und n. V. 4:2, TSV Siegen – Oberst Schiel Frankfurt 1:3 und 5:2, Bayern München – SC Freiburg 3:0 und 4:0, FSV Harburg – TuS Wörrstadt 1:0 und 2:2, SSG Bergisch Gladbach – SV Schlierstadt 2:0 und 2:1, TV Rendsburg – TSV Wulsdorf 1:0 und 2:0.
Viertelfinale: KBC Duisburg – TV Rendsburg 2:0 und 1:0, TSV Siegen – Jahn Delmenhorst 1:1 und n. V. 2:2, Elfmeterschießen 3:1, SC Bad Neuenahr – Bayern München 2:0 und n. V. 0:4, SSG Bergisch Gladbach – FSV Harburg 5:0 und 1:0.
Halbfinale: SSG Bergisch Gladbach – KBC Duisburg 1:0 und 3:0, Jahn Delmenhorst – Bayern München 2:5 und 2:5.

Endspiele am17. und 24. Juni: Bayern München – SSG Bergisch Gladbach 2:3 und 0:1
Die Siegermannschaft: Schmoll – Klinz, Dlugi, Krug, Winkel, Neuenfeldt, Degwitz, Lesnik (Pestel), Kresimon, Trabant-Haarbach, Gebauer (Frauenrath) – Tore: Kresimon 2, Neuenfeld (Doll, Mayerhofer) im 1. Spiel; Kresimon im 2. Spiel – Zuschauer: 800 und und 12 000– SR: Walz (Waiblingen) und Burgers (Essen).

1980: SSG Bergisch Gladbach

Vorrunde: Bayern München – FC Schalke 04 2:0 und 2:1, Meteor 06 Berlin – KBC Duisburg 0:2 und 1:3, FSV Frankfurt – SSG Bergisch Gladbach 0:4 und 0:5, TuS Niederkirchen – FC Marpingen 1:0 und 2:1, VfL Schorndorf – VfL Wildeshausen 1:0 und 0:3, FSV Harburg – SC Lauchringen 5:2 und 2:0, TSV Wulsdorf – SC Bad Neuenahr 0:2 und 0:11, TSV Rendsburg – SV Schlierstadt 0:5 und 2:8.
Viertelfinale: SV Schlierstadt – KBC Duisburg 0:2 und 1:3, VfL Wildeshausen – SC Bad Neuenahr 1:0 und 0:2, SSG Bergisch Gladbach – TuS Niederkirchen 4:1 und 7:0, Bayern München – FSV Harburg 5:0 und 0:4.
Halbfinale: Bayern München – SSG Bergisch Gladbach 0:2 und 0:6, KBC Duisburg – SC 07 Bad Neuenahr 5:1 und 6:0.

Endspiel am 15. Juni in Bergisch Gladbach: SSG Bergisch Gladbach – KBC Duisburg 5:0 (2:0)
Die Siegermannschaft: Manewal – Klinz, Winkel, Schmoll, Dlugi – Krug, Neuenfeldt, Trabant-Haarbach (Pestel) – Degwitz (Budney), Kresimon, Gebauer – Tore: Kresimon 2, Krug, Gebauer, Budny – Zuschauer: 5000 – SR: Risse (Hattingen).

1981: SSG Bergisch Gladbach

Vorrunde: SFD Düsseldorf – VfL Wildeshausen 5:3 und 1:2, VfL Schorndorf – TuS Wulsdorf 6:0 und 5:0, FSV Harburg – Tennis Borussia Berlin 2:2 und 1:6, SC Bad Neuenahr – SC Freiburg 3:1 und 0:1, FC Schalke 04 – TuS Wörrstadt 0:1 und 0:4, FSV Frankfurt – TSV Rendsburg 3:0 und 5:0, SV Schlierstadt – SV Weiskirchen 3:0 und 4:0, SSG Bergisch Gladbach – Bayern München 3:0 und 0:1.
Viertelfinale: FSV Frankfurt – SSG Bergisch Gladbach 1:3 und 1:6, TuS Wörrstadt – SFD Düsseldorf 4:1 und 2:3, SC Bad Neuenahr – SV Schlierstadt 3:0 und 1:1, Tennis Borussia Berlin – VfL Schorndorf 2:0 und 4:3
Halbfinale: Tennis Borussia Berlin – TuS Wörrstadt 4:0 und 4:2, SC Bad Neuenahr – SSG Bergisch Gladbach 0:3 und 1:0.

Endspiel am 20. Juni in Bergisch Gladbach: SSG Berg Gladbach – Tennis Borussia Berlin 4:0 (3:0)
Die Siegermannschaft: Geilen (Domhoff) – Klinz, Winkel, Krug, Dlugi – Schmoll, Neuenfeldt, Trabant-Haarbach – Degwitz. Kresimon, Gebauer (Haberlass) – Tore: Kresimon 3, Neuenfeldt – Zuschauer: 4000 – SR: Föckler (Weisenheim).

1982: SSG Bergisch Gladbach

Vorrunde: SC Klinge Seckach – TuS Niederkirchen 3:2 und 7:0, Bayern München – SG Thumby 6:0 und 12:0, Eintracht Wolfsburg – Lorbeer Rothenburgsort 1:0 und 2:0, TSV Siegen – FSV Frankfurt 0:1 und 0:0, Meteor 06 Berlin – VfL Schorndorf 2:3 und 1:4, SSG Bergisch Gladbach – SC Freiburg 11:0 und 11:0, VfR Saarbrücken – TSV Wulsdorf 2:0 und 0:0, SC Bad Neuenahr – KBC Duisburg 2:3 und 2:3.
Viertelfinale: SSG Bergisch Gladbach – VfL Schorndorf 6:0 und 5:0, FSV Frankfurt – Bayern München 0:3 und n. V. 3:1, VfR Saarbrücken – SC Klinge Seckach 1:2 und 2:4, KBC Duisburg – Eintracht Wolfsburg 2:0 und 2:1.
Halbfinale: Bayern München – KBC Duisburg 1:1 und 2:1, SC Klinge Seckach – SSG Bergisch Gladbach 0:4 und 0:3.

Endspiel am 17. Juni in Bergisch Gladbach: SSG Bergisch Gladbach – Bayern München 6:0 (1:0)
Die Siegermannschaft: Domhoff – Dlugi, Winkel, Degwitz, Klinz – Krug (Kozany), Landers, Trabant-Haarbach – Dahl (Frauenrath), Kresimon, Gebauer – Tore: Kresimon 3, Trabant-Haarbach, Gebauer. Frauenrath – Zuschauer: 3500 – SR: Wahmann (Recklinghausen).

1983: SSG Bergisch Gladbach

Vorrunde: Bayern München – VfL Wildeshausen 1:1 und 2:0, SC Bad Neuenahr – Bremer TS Neustadt 7:0 und 3:0, Tennis Borussia Berlin – VfR Saarbrücken 7:0 und 3:1, TSV Rendsburg – VfB Unzhurst 2:3 und 3:1, FSV Frankfurt – KBC Duisburg 1:1 und 2:4, SSG Bergisch Gladbach – TSV Siegen 2:0 und 2:0, TuS Niederkirchen – FSV Harburg 5:1 und 0:2., TSV Vilsingen – SC Klinge Seckach 1:8 und 0:2.
Viertelfinale: SC Bad Neuenahr – TSV Rendsburg 4:0 und 3:0, Bayern München – KBC Duisburg 1:2 und 0:1, TuS Niederkirchen – Tennis Borussia Berlin 2:4 und 1:3, SSG Bergisch Gladbach – SC Klinge Seckach 5:0 und 5:0.
Halbfinale: KBC Duisburg - SSG Bergisch Gladbach 1:2 und 1:4, Tennis Borussia Berlin - SC Bad Neuenahr 0:1 und 4:2.

Endspiel am 25. Juni in Bergisch Gladbach: SSG Berg Gladbach – Tennis Borussia Berlin 6:0 (1:0)
Die Siegermannschaft: Domhoff – Dlugi-Winterberg, Landers, Degwitz, Klinz – Schauerova (Winkel), Krug, Trabant-Haarbach - Dahl (Neuenfeldt), Kresimon, Gebauer - Tore: Schauerova 2, Gebauer, Kresimon, Krug, Dlugi-Winterberg – Zuschauer: 3200 – SR: Dellwing (Trier).

1984: SSG Bergisch Gladbach

Vorrunde: Bremer TS Neustadt – ASV Feudenheim 1:0 und 3:6 n.V., Eintracht Wolfsburg – TuS Niederkirchen 4:1 und 2:0, FSV Frankfurt – SV Weiskirchen 6:1 und 4:1, SC Freiburg – Bayern München 0:2 und 2:7, Lorbeer Rothenburgsort – SSG Bergisch Gladbach 0:3 und 1:7, VfL Schorndorf – KBC Duisburg 3:4 und 0:7, Tennis Borussia Berlin – TSV Wentorf 4:0 und 7:1, FC Schalke 04 – SC Bad Neuenahr 2:0 und n. V. 2:5.
Viertelfinale: Tennis Borussia Berlin – KBC Duisburg 1:3 und 2:7, ASV Feudenheim – FSV Frankfurt 0:4 und 0:9, Bayern München - Eintracht Wolfsburg 3:1 und 3:0, SC Bad Neuenahr - SSG Bergisch Gladbach 0:2 und 0:6.
Halbfinale: KBC Duisburg – FSV Frankfurt 0:2 und 1:2, Bayern München – SSG Bergisch Gladbach 0:3 und 0:2.

Endspiel am 30. Juni in Frankfurt: SSG Bergisch Gladbach – FSV Frankfurt 3:1 (1:1)
Die Siegermannschaft: Neuser – Krug, Neuenfeldt, Dlugi-Winterberg, Degwitz – Schauerova, Neid, Bartelmann – Dahl, Kresimon, Gebauer (Haberlass) – Tore: Neid, Bartelmann, Dahl (Jahn) – Zuschauer: 2200 – SR: Fleischer (Hallstadt).

1985: KBC Duisburg

Vorrunde: FC Schalke 04 – SSG Bergisch Gladbach 0:9 und 0:5, FSV Frankfurt – VfL Wildeshausen 3:2 und 3:0, Meteor 06 Berlin – KBC Duisburg 0:4 und 1:5, Bayern München – TuS Niederkirchen 5:0 und 1:0, TSV Wentorf – TuS Ahrbach 1:0 und 1:4, FSV Harburg – TuS Binzen 1:3 und 0:4, Polizei SV Bremen – SC Klinge Seckach 0:7 und 1:5, Eintracht Stuttgart – VfR Saarbrücken 1:1 und 2:8.
Viertelfinale: TuS Binzen – VfR Saarbrücken 1:1 und 0:2, KBC Duisburg – SC Klinge Seckach 7:0 und 2:0, TuS Ahrbach – Bayern München 0:1 und 1:3, FSV Frankfurt – SSG Bergisch Gladbach 1:1 und 0:3.
Halbfinale: VfR Saarbrücken- Bayern München 1:4 und 0:12, SSG Bergisch Gladbach – KBC Duisburg 1:2 und 1:2.

Endspiel am 30. Juni in Duisburg: KBC Duisburg – Bayern München 1:0 (0:0)
Die Siegermannschaft: Reichler – de Koning, Thulke, Dieckmann, Patzel – Limper (Klinkowski), Schiffer, Hohmann (Frey) – Voss, Offermann, Pohl – Tor: Klinkowski – Zuschauer: 5500 – SR: Waltert (Paderborn).

1986: FSV Frankfurt

Vorrunde: Bayern München – TuS Binzen 2:0 und 6:1, Tennis Borussia Berlin – TSV Crailsheim 2:0 und 0:1, FSV Frankfurt– Lorbeer Rothenburgsort 4:1 und 4:0, KBC Duisburg – TSV Siegen 0:2 und 0:1, SC Klinge Seckach – VfR Saarbrücken 1:1 und 1:3, Polizei SV Bremen – VfL Wildeshausen 0:1 und 0:3, SSG Bergisch Gladbach – Schmalfelder SV 9:1 und 5:1, TuS Ahrbach – TuS Worrstadt 3:0 und 0:0.
Viertelfinale: FSV Frankfurt – Tennis Borussia Berlin 0:1 und 2:0, Bayern München – VfR Saarbrücken 2:1 und 0:0, SSG 09 Bergisch Gladbach – VfL Wildeshausen 3:0 und 3:0, TuS Ahrbach – TSV Siegen 0:3 und 1:2.
Halbfinale: Bayern München – SSG Bergisch Gladbach 0:3 und 2:0, FSV Frankfurt – TSV Siegen 2:2 und n. V. 0:0, Elmeterschießen 3:1

Endspiel am 28. Juni in Bergisch Gladbach: FSV Frankfurt – SSG Bergisch Gladbach 5:0 (1:0)
Die Siegermannschaft: Melka – Zimmermann – Metz, Lissner, Unsleber – Koekkoek, Jahn, Strauch (Haft), Hamza (Pfeifer) – Mantel, Laufer – Tore: Laufer 2, Jahn, Koekkoek, Mantel – Zuschauer: 2000 – SR: Weber (Essen).

1987: TSV Siegen

Vorrunde: SC Bad Neuenahr – FSV Frankfurt 0:6 und 0:2, KBC Duisburg – VfR Saarbrücken 3:1 und 5:1, VfL Sindelfingen – SpVgg Wiehre 1:0 und n. V. 0:1, Elfmeterschießen 4:3, Bayern München – SC Siegelbach 1:0 und 3:0, SSG Bergisch Gladbach – Lorbeer Rothenburgsort 3:0 und 2:0, Eintracht Wolfsburg – Tennis Borussia Berlin 1:3 und 0:0, ATSV Stockelsdorf – TSV Siegen 2:2 und 0:9, FC Spöck – Polizei SV Bremen 2:1 und n. V. 0:1, Elfmeterschießen 4:3.
Viertelfinale: VfL Sindelfingen – KBC Duisburg 0:4 und 1:6, TSV Siegen – Bayern München 2:1 und 2:0, Tennis Borussia Berlin – FSV Frankfurt 0:1 und 0:1, FC Spöck – SSG Bergisch Gladbach 0:2 und 1:2.
Halbfinale: KBC Duisburg – FSV Frankfurt 2:3 und 2:1, Elfmeterschießen 4:5, TSV Siegen – SSG Bergisch Gladbach 3:0 und 1:0.

Endspiel am 28. Juni in Siegen: TSV Siegen – FSV Frankfurt 2:1 (0:1)
Die Siegermannschaft: Neuser – Kozany – Thomas, Sänger – Haberlaß (Hamm), Koekkoek, Raith, Neid – Czyganowski, Chaladyniak (Pick), Bartelmann – Tore: Neid, Piek (Stumpf) – Zuschauer: 6400 – SR: Mierswa (Hänigsen).

1988: SSG Bergisch Gladbach

Vorrunde: FC Spöck – Polizei SV Bremen 6:0 und 1:0, Lorbeer Rothenburgsort – TSV Siegen 0:5 und 0:1, ATSV Stockelsdorf – TuS Wörrstadt 0:1 und 0:4, Tennis Borussia Berlin – KBC Duisburg 0:4 und 1:1, FSV Frankfurt – Fortuna Sachsenroß Hannover 2:2 und 1:3, SSG Bergisch Gladbach – TSV Crailsheim 2:1 und 3:0, VfR Saarbrücken – TuS Binzen 4:0 und 2:1, TuS Ahrbach – Bayern München 2:2 und n. V. 0:0, Elfmeterschießen 3:1.
Viertelfinale: TuS Wörrstadt – TSV Siegen 0:3 und 0:1, KBC Duisburg – FC Spöck 2:1 und 4:0, TuS Ahrbach – SSG Bergisch Gladbach 2:1 und 0:2, Fortuna Sachsenroß Hannover – VfR Saarbrücken 1:1 und 3:1.
Halbfinale: KBC Duisburg – Fortuna Sachsenroß Hannover 1:0 und 1:0, SSG Bergisch Gladbach – TSV Siegen 2:0 und 2:0.

Endspiel am 26. Juni in Bergisch Gladbach: SSG Bergisch Gladbach – KBC Duisburg n. V. 0:0, Elfmeterschießen 5:4
Die Siegermannschaft: Weiß – Landers – Trauschke, Fehrmann – Meyer, Dahl, Knüpp, Holzhüter, Bünger – Tai-Ving, Jansen (Schute) – Tore im Elfmeterschießen: Tai-Ying, Landers, Trauschke, Fehrmann, Schute (Offermann, Schiller, Voß, Dieckmann) – Zuschauer: 3800 – SR: Broska (Gelsenkirchen).

1989: SSG Bergisch Gladbach

Vorrunde: SSG Bergisch Gladbach – Tennis Borussia Berlin 4:0 und 1:1; KBC Duisburg – TuS Niederkirchen 1:0 und 2:0; Lorbeer Rothenburgsort – VfL Sindelfingen 1:2 und 1:3; Schmalfelder SV – TSV Siegen 0:4 und 0:2; VfR Saarbrücken – SC Klinge Seckach 2:0 und 1:0; TuS Ahrbach – Eintracht Bremen 7:0 und 4:0; FSV Frankfurt – Bayern München 1:0 und 4:2; TuS Binzen- Fortuna Sachsenroß Hannover 1:2 und 1:2.
Viertelfinale: KBC Duisburg – FSV Frankfurt 1:5 und 0:2; VfL Sindelfingen – SSG Bergisch Gladbach 1:3 und 1:3; TuS Ahrbach – TSV Siegen 0:0 und n. V. 0:0, Elfmeterschießen 6:5; Fortuna Sachsenroß Hannover – VfR Saarbrücken 0:1 und 0:3.
Halbfinale: TuS Ahrbach – FSV Frankfurt 3:2 und 2:1; VfR Saarbrücken – SSG Bergisch Gladbach 0:2 und 0:5.

Endspiel am 8. Juli in Montabaur: SSG Bergisch Gladbach – TuS Ahrbach 2:0 (0:0)
Die Siegermannschaft: Wego – Landers – Trauschke, Jansen (Bünger), Hartmann – Meyer (Pradella), Holzhüter, Fehrmann, Dahl – Flues, Ruppaner – Tore: Flues 2 – Zuschauer: 6000 – SR: Umbach (Rottorf).

1990: TSV Siegen

Vorrunde: 1. FC Neukölln – VfR Saarbrücken 1:2 und 1:4, TuS Niederkirchen – Schmalfelder SV 1:0 und n. V. 2:3, Elfmeterschießen 1:3, VfL Sindelfingen – SC Klinge Seckach 1:0 und 4:0, SSG Bergisch Gladbach – KBC Duisburg 3:2 und 2:2, TSV Siegen – TuS Binzen 3:0 und 1:0, Bayern München – Polizei SV Bremen 4:0 und 3:0, FSV Frankfurt – SC Bad Neuenahr 8:0 und 6:1, Lorbeer Rothenburgsort – Eintracht Wolfsburg 0:2 und 1:2.
Viertelfinale: FSV Frankfurt – TSV Siegen 1:2 und 1:1, VfR Saarbrücken – Bayern München 0:0 und 1:2, VfL Sindelfingen – Eintracht Wolfsburg 4:1 und 1:2, Schmalfelder SV – SSG Bergisch Gladbach 0:5 und 0:2.
Halbfinale: TSV Siegen – VfL Sindelfingen 2:0 und 1:1, Bayern München – SSG Bergisch Gladbach 2:1 und n. V. 0:1, Elfmeterschießen 3:4.

Endspiel am 24. Juni in Siegen: TSV Siegen – SSG Bergisch Gladbach 3:0 (2:0)
Die Siegermannschaft: Neuser – Kozany – Sänger, Raith – Wiese, Henkel, Hennecke, Czyganowski (Neid), Knieper – Voß, Fitzner (Kern) – Tore: Voß 2, Hennecke – Zuschauer: 3700 – SR: Berg (Konz).

Die zweigeteilte Frauen-Bundesliga

Die Meister:

Gruppe Nord: 1991, 1992, 1993, 1994 TSV Siegen – 1995, 1996, 1997 Grün-Weiß Brauweiler.
Gruppe Süd: 1991, 1992 FSV Frankfurt – 1993, 1994 TuS Niederkirchen – 1995, 1996, 1997 FSV Frankfurt.

• **Die Abschlusstabellen sind zum letzten Mal im Almanach 1998 erschienen.**

1991: TSV Siegen

Halbfinale: TSV Siegen – TuS Niederkirchen 2:0 und 2:3, FSV Frankfurt – KBC Duisburg 3:2 und 5:0.

Endspiel am 16. Juni in Siegen: TSV Siegen – FSV Frankfurt 4:2 (4:1)
Die Siegermannschaft: Isbert – Wiese – Sänger, Nardenbach – Veldhulzen, Camper (Mink), Neid, Raith (Czyganowski), Knieper – Voss, Kern – Tore: Kern 2, Neid, Voss (Unsleber, Walter) – Zuschauer: 4500 – SR: Osmaers (Bremen).

1992: TSV Siegen

Halbfinale: TSV Siegen – TSV Niederkirchen 2:0 und 2:1, Grün-Weiß Brauweiler – FSV Frankfurt 3:1 und 0:1.

Endspiel am 28. Juni in Siegen: TSV Siegen – Grün-Weiß Brauweiler 2:0 (1:0)
Die Siegermannschaft: Isbert – Nardenbach – Sänger, Camper – Veldhuizen, Voss, Neid, Wiese, Czyganowski (Schmidt) – Meyer, Mink – Tore: Neid, Meyer – Zuschauer: 2649 – SR: Zdunek (Bremen).

1993: TuS Niederkirchen

Halbfinale: TSV Siegen – FSV Frankfurt 2:0 und 3:0, TuS Niederkirchen – Grün-Weiß Brauweiler 4:3 und 1:1.

Endspiel am 20. Juni in Niederkirchen: TuS Niederkirchen – TSV Siegen n. V. 2:1 (1:1, 1:0)
Die Siegermannschaft: Boss – Trimpop – Heitmann, Obermeier, Maier – Wölbitsch (Brecht), Fütterer, Scherer, Dums (Seyfert) – Mohr, Grigoli – Tore: Mohr 2 (Neid) – Zuschauer: 5000 – SR: Peil (Saarland).

1994: TSV Siegen

Halbfinale: TuS Niederkirchen – Grün-Weiß Brauweiler 1:5 und 0:4, TSV Siegen – FSV Frankfurt 3:0 und 1:1

Endspiel am 19. Juni in Pulheim: TSV Siegen – Grün-Weiß Brauweiler 1:0 (0:0)
Die Siegermannschaft: Rottenberg – Fitschen – Nardenbach, Fitzner – Trauschke, Euteneuer, Neid, Unsleber (Camper) – Voss, Kubat, Mink (Chaladyniak) – Tor: Kubat – Zuschauer: 2600 – SR: Janssen (Emden).

1995: FSV Frankfurt

Halbfinale: Grün-Weiß Brauweiler – TuS Ahrbach 3:2 und 6:1, FC Rumeln-Kaldenhausen – FSV Frankfurt 2:2 und 1:5.

Endspiel am 14. Mai in Pulheim: FSV Frankfurt – Grün-Weiß Brauweiler 2:0 (2:0)
Die Siegermannschaft: Kraus – Bernhard – Milke, Austermühl, Stumpf – D. Pohlmann, Minnert, König (Schlösser) – Bornschein (K. Pohlmann), Prinz, Smisek – Tore: Bornschein, Prinz – Zuschauer: 2000 – SR: Gebhard (Hallstadt).

1996: TSV Siegen

Halbfinale: TSV Siegen – FSV Frankfurt 2:1 und 1:1, SG Praunheim – Grün-Weiß Brauweiler 1:0 und 0:0.

Endspiel am 2. Juni in Frankfurt: TSV Siegen – SG Praunheim 1:0 (1:0)
Die Siegermannschaft: Rottenberg – Euteneuer – Trauschke, Röwer – Sefron, Meyer (Alfes), Hansen (Frettlöh), Neid, Kubat – Limper (Fitschen), Chaladyniak – Tor: Kubat – Zuschauer: 3100 – SR: Warns (Hamburg).

1997: Grün-Weiß Brauweiler

Halbfinale: FSV Frankfurt – FC Rumeln-Kaldenhausen 2:1 und 1:3, SG Praunheim – Grün-Weiß Brauweiler 2:4 und 1:1.

Endspiel am 8. Juni in Duisburg: Grün-Weiß Brauweiler – FC Rumeln-Kaldenhausen n. V. 1:1 (0:0, 0:0), Elfmeterschießen 5:3
Die Siegermannschaft: Goller – C. Klein – Gertheinrich, Schwind (Lieth) – A. Klein, Fuss, Nagy (Vidmar), Wiegmann, Brandebusemeyer (Menge) – Gottschlich, Holinka – Tore: Menge (Grings) – Tore im Elfmeterschießen: Wiegmann, Vidmar, A. Klein, Gertheinrich, C. Klein (Meinert, Hoffmann, Mandrysch) – Zuschauer: 5000 – SR: Günthner (Bamberg).

Die eingleisige Frauen-Bundesliga

1998: FSV Frankfurt

1.	FSV Frankfurt	22	80:19	56
2.	SG Praunheim	22	58:22	50
3.	FCR Duisburg	22	57:22	47
4.	Grün-Weiß Brauweiler	22	35:28	39
5.	Sportfreunde Siegen	22	46:23	38
6.	Turbine Potsdam	22	34:43	30
7.	FFC Heike Rheine	22	28:32	29
8.	1. FC Saarbrücken	22	32:41	29
9.	TuS Niederkirchen	22	26:44	20
10.	SC Bad Neuenahr	22	23:49	19
11.	SC Klinge Seckach	22	23:58	18
12.	Hamburger SV	22	17:78	5

Die Meistermannschaft: Kraus, Volz – Jones, Minnert, Stumpf, Krämer, Soyah, Häusler – Bernhard, König, Koch, A. Walter, Smisek, Prinz, Bornschein, Meier, M. Walter, Vogt. – Trainer: Jürgen Strödter.

1999 1. FFC Frankfurt

1.	1. FFC Frankfurt	22	96:11	59
2.	FCR Duisburg	22	77:14	56
3.	Sportfreunde Siegen	22	32:28	37
4.	Turbine Potsdam	22	41:39	29
5.	FSV Frankfurt	22	26:31	29
6.	WSV Wolfburg	22	39:48	27
7.	1. FC Saarbrücken	22	21:31	24
8.	TuS Niederkirchen	22	26:54	24
9.	Grün-Weiß Brauweiler	22	29:51	23
10.	SC Bad Neuenahr	22	18:43	23
11.	FFC Heike Rheine	22	29:44	22
12.	SC Freiburg	22	18:58	11

Die Meistermannschaft: Wissink, Koch – Tina Wunderlich, Werlein, Serocka, Sefron, Hagmann, Zorn – Fitschen, Pia Wunderlich, Lingor, Baumann, Kliehm, Lindner, Künzer – Meyer, Cl. Müller, Prinz, Feuerbach – Trainerin: Monika Staab.

2000 FCR Duisburg

1.	FCR Duisburg	22	85:10	60
2.	1. FFC Frankfurt	22	67:13	45
3.	Sportfreunde Siegen	22	48:28	42
4.	Turbine Potsdam	22	43:27	41
5.	Grün-Weiß Brauweiler	22	50:30	39
6.	SC Bad Neuenahr	22	41:28	38
7.	WSV Wolfsburg	22	46:37	35
8.	FFC Flaesheim-Hillen	22	23:74	20
9.	FSV Frankfurt	22	28:52	19
10.	1. FC Saarbrücken	22	25:40	18
11.	TuS Niederkirchen	22	16:63	14
12.	1. FC Nürnberg	22	15:85	9

Die Meistermannschaft: Höfkes, Wasems – Albertz, Bükrü, Flacke, Heinbach, Hoffmann, Kulot, Mandrysch, Schubert – Adrian, Katagiri, Kinoshita, Reisinger, S. Smisek, Stegemann, Voss – Grings, Meinert, Schäpertöns – Trainer: Jürgen Krust.

2001 1. FFC Frankfurt

1.	1. FFC Frankfurt	22	81:17	54
2.	Turbine Potsdam	22	63:17	44
3.	FCR Duisburg	22	43:39	40
4.	FFC Brauweiler-Pulheim	22	56:32	37
5.	FFC Flaesheim-Hillen	22	30:25	33
6.	Bayern München	22	45:52	33
7.	FSV Frankfurt	22	28:37	28
8.	Sportfreunde Siegen	22	28:46	26
9.	SC Bad Neuenahr	22	36:55	26
10.	WSV Wolfsburg	22	30:48	20
11.	FFC Heike Rheine	22	28:52	20
12.	1. FC Saarbrücken	22	18:66	9

Sportfreunde Siegen erhielt für 2001/02 keine Lizenz, FFC Flaesheim-Hillen zog seine Mannschaft zurück.

Die Meistermannschaft: Holl, Legrand, Wissink – Drijica, Jones, Minnert, Nardenbach, Serocka, Werlein, T. Wunderlich, Zorn – Fitschen, Kliehm, Künzer, Lingor, Rech, Ries, Vollerthun, P. Wunderlich – Affeld, Hartmann, Meier, Prinz – Trainerin: Monika Staab.

2002 1. FFC Frankfurt

1.	1. FFC Frankfurt	22	65:17	58
2.	Turbine Potsdam	22	56:23	44
3.	FCR Duisburg	22	61:34	44
4.	Bayern München	22	59:38	40
5.	FSV Frankfurt	22	48:29	39
6.	SC Freiburg	22	30:34	35
7.	FFC Brauweiler-Pulheim	22	37:27	33
8.	FFC Heike Rheine	22	34:34	27
9.	SC Bad Neuenahr	22	24:51	22
10.	WSV Wolfsburg	22	26:52	17
11.	Hamburger SV	22	16:62	8
12.	1. FC Saarbrücken	22	16:71	8

Die Meistermannschaft: Legrand, Wissink – Hansen, Jones, Klein, Krummenuaer, Lange, Meier, Minnert, Nardenbach, T. Wunderlich – Haase, Kliehm, Künzer, Lingor, Rech, P. Wunderlich – Affeld, Prinz – Trainerin: Monika Staab.

2003 1. FFC Frankfurt

1.	1. FFC Frankfurt	22	90:14	57
2.	Turbine Potsdam	22	65:15	55
3.	FCR Duisburg	22	58:32	44
4.	Heike Rheine	22	52:31	38
5.	Bayern M¸nchen	22	45:32	37
6.	FFC Brauweiler-Pulheim	22	41:27	31
7.	FSV Frankfurt	22	42:54	27
8.	SC Freiburg	22	33:43	24
9.	WSV Wolfsburg	22	31:49	24
10.	SC 07 Bad Neuenahr	22	31:73	23
11.	Tennis Borussia Berlin	22	17:68	15
12.	TuS Niederkirchen	22	10:77	2

Die Meistermannschaft: Wissink, Holl, Legrand – Jones, Krummenauer, Künzer, Minnert, Rech, T. Wunderlich, Werlein, Zerbe – Hansen, Kliehm, Lingor, Weichelt, Wilmes, Woock, P. Wunderlich – Affeld, Arcangioli, Barucha, Finkenauer, Meier, Prinz, Spee – Trainerin: Monika Staab.

Frauen-DFB-Vereinspokal

Die bisherigen Sieger:
1981, 1982 SSG Bergisch Gladbach – 1983 KBC Duisburg – 1984 SSG Bergisch Gladbach – 1985 FSV Frankfurt – 1986, 1987, 1988, 1989 TSV Siegen – 1990 FSV Frankfurt – 1991 Grün-Weiß Brauweiler – 1992 FSV Frankfurt – 1993 TSV Siegen – 1994 Grün-Weiß Brauweiler – 1995, 1996 FSV Frankfurt – 1997 Grün-Weiß Brauweiler – 1998 FCR Duisburg – 1999, 2000, 2001, 2002, 2003 1. FFC Frankfurt.

1981: SSG Bergisch Gladbach

Vorrunde: Komet Bremen – Meteor 06 Berlin 0:14 und 0:7, KBC Duisburg – Eintracht Wolfsburg 1:1 und 2:1, SSG Bergisch Gladbach – TSV Siegen 3:1 und 2:1, FV Bellenberg – TSV Hungen 4:2 und 1:4, Hellas Marpingen – SC Bad Neuenahr 0:1 und 0:2, SV Schlierstadt – VfR Rheinfelden 8:1 und 6:0, Inter-Bergsteig Amberg – TuS Wörrstadt 0:0 und 1:4, Wedeler SV – TSG Thumby 1:0 und 1:1.
Viertelfinale: Meteor 06 Berlin – Wedeler SV 5:1 und 5:3, KBC Duisburg – SSG Bergisch Gladbach 0:0 und 2:3, TSV Hungen – SC Bad Neuenahr 1:2 und 1:1, SV Schlierstadt – TuS Wörrstadt 1:2 und 2:3.
Halbfinale: TuS Wörrstadt – Meteor 06 Berlin 1:0 und 1:0, SSG Bergisch Gladbach – SC 07 Bad Neuenahr 6:0 und 3:0.

Endspiel am 2. Mai in Stuttgart SSG Bergisch Gladbach – TuS Wörrstadt 5:0 (2:0)
Berg. Gladbach: Geilen – Klinz, Dlugi, Krug, Neuenfeldt (Budny) – Winkel, Degwitz, Trabant-Haarbach – Schmoll (Haberlass), Kresimon, Gebauer – Tore: Kresimon 3, Degwitz, Trabant-Haarbach – Zuschauer: 35 000 (Vorspiel zum Herren-Finale) – SR: Wald (Waiblingen).

1982: SSG Bergisch Gladbach

Vorrunde: TSV Rendsburg – TSV Farge-Rekum Bremen 2:1, FSV Frankfurt – SC Freiburg 5:0, VfL Schorndorf – TSV Bäumenheim 2:1, VfL Wildeshausen – Meteor 06 Berlin 3:0, Lorbeer Rothenburgsort – SSG Bergisch Gladbach 1:4, TSV Siegen – KBC Duisburg n. V. 0:1, TuS Niederkirchen – SC Bad Neuenahr 0:2, SV Weiskirchen – Germania Untergrombach n. V. 1:1 und 3:0.
Viertelfinale: FSV Frankfurt – VfL Schorndorf 3:0, TSV Rendsburg – VfL Wildeshausen 0:4, SC Bad Neuenahr – SV Weiskirchen 6:0, SSG Bergisch Gladbach – KBC Duisburg 2:0.
Halbfinale: SSG Bergisch Gladbach – FSV Frankfurt 9:0, SC Bad Neuenahr – VfL Wildeshausen 0:2.

Endspiel am 1. Mai in Frankfurt: SSG Bergisch Gladbach – VfL Wildeshausen 3:0 (1:0)
Berg. Gladbach: Domhoff – Klinz, Winkel, Degwitz, Dlugi-Winterberg – Krug, Dahl (Landers), Trabant-Haarbach – Frauenrath, Kresimon, Gebauer (Kozany) – Tore: Dahl, Trabant-Haarbach, Krug – Zuschauer: 61 000 (Vorspiel zum Herren-Finale) – SR: Brückner (Darmstadt).

1983: KBC Duisburg

Vorrunde: Bayern München – SV Oberteuringen 12:1, SC Klinge Seckach – TuS Binzen 5:0, Bremer TS Neustadt – VfL Wildeshausen 2:7, TSV Rendsburg – FSV Harburg n. V. 3:4, FC Schalke 04 – KBC Duisburg 0:5, Tennis Borussia Berlin – SSG Bergisch Gladbach 3:1, FSV Frankfurt – Viktoria DJK Neunkirchen 2:0, TuS Wörrstadt – SC Bad Neuenahr 1:4.
Viiertelfinale: FSV Harburg – VfL Wildeshausen n. V. 2:4, KBC Duisburg – Tennis Borussia Berlin 5:2, FSV Frankfurt – SC Bad Neuenahr 1:0, Bayern München – SC Klinge Seckach 2:3.
Halbfinale: VfL Wildeshausen – KBC Duisburg 0:1, FSV Frankfurt – SC Klinge Seckach 3:0.

Endspiel am 8. Mai in Frankfurt: KBC Duisburg – FSV Frankfurt 3:0 (1:0)
Duisburg: Dykstra – De Koning, Thulke, Halfmann, Frey – Frauenrath, Dieckmann, Carastergiou – Voß, Offermann, Schuh – Tore: Offermann 2, Caratergiou – Zuschauer: 1200 – SR: Meßner (Mannheim).

1984: SSG Bergisch Gladbach

Vorrunde: TSV Siegen – SSG Bergisch Gladbach 0:5, SC Bad Neuenahr – VfL Unzhurst 5:3, 1. FC Kaiserslautern – VfR Saarbrücken 4:0, Meteor 06 Berlin – FSV Harburg 1:4, KBC Duisburg – BTS Neustadt 16:1, Eintracht Wolfsburg – ATSV Stockelsdorf 4:2, VfL Schorndorf – SC Klinge Seckach 4:1, FC Schweinfurt 05 – FSV Frankfurt 0:8.
Viertelfinale: FSV Harburg – Eintracht Wolfsburg 0:6, SSG Bergisch Gladbach – KBC Duisburg 1:0, VfL Schorndorf – FSV Frankfurt 2:3, SC Bad Neuenahr – 1. FC Kaiserslautern 4:1.
Halbfinale: SC Bad Neuenahr – Eintracht Wolfsburg 1:2, SSG Bergisch Gladbach – FSV Frankfurt 2:0.

Endspiel am 31. Mai in Frankfurt: SSG Bergisch Gladbach – Eintracht Wolfsburg 2:0 (1:0)
Berg. Gladbach: Neuser – Dlugi-Winterberg, Neuenfeldt, Degwitz, Corica (Gebauer) – Dahl, Krug, Klinz (Neid), Schauerova – Kresimon, Bartelmann – Tore: Bartelmann, Dlugi-Winterberg – Zuschauer: 50 000 (Vorspiel zum Herren-Finale) – SR: Neuner (Leimen).

1985: FSV Frankfurt

Vorrunde: SV Weiskirchen – Bayern München 2:4, SC Klinge Seckach – VfL Schorndorf 8:1, Bremer TS Neustadt – Lorbeer Rotheburgsort 1:2, VfL Wildeshausen – Tennis Borussia Berlin 4:0, FC Schalke 04 – KBC Duisburg 0:1, SC Bad Neuenahr – 1. FC Kaiserslautern n. V. 3:1, Rot-Weiß Berresdorf – ATSV Stockelsdorf 4:2, FSV Frankfurt – SC Freiburg 2:0.
Viertelfinale: Lorbeer Rotheburgsort – VfL Wildeshausen 0:3, KBC Duisburg – Rot-Weiß Berrendorf 2:0, Bayern München – SC Bad Neuenahr 3:2, FSV Frankfurt – SC Klinge Seckach 2:0.
Halbfinale: FSV Frankfurt – VfL Wildeshausen 2:1, KBC Duisburg – Bayern München 2:1.

Endspiel am 26. Mai in Berlin: FSV Frankfurt – KBC Duisburg n. V. 1:1 (1:1, 1:0), Elfmeterschießen 4:3
Frankfurt: Melka – Kurt (Unsleber), Zimmermann, Lissner, Pfeifer – Strauch, Koekkoek, Hamza – Raith, Mantel, Laufer (Scheler) – Tore: Koekkoek (Offermann) – Tore im Elfmeterschießen: Hamza, Mantel, Raith, Unsleber (Thulke, Reichler, Frey) – Zuschauer: 25 000 (Vorspiel zum Herren-Finale) – SR: Horeis (Buchholz).

1986: TSV Siegen

Vorrunde: SV Flörsheim – SC Klinge Seckach 2:3, VfR Saarbrücken – Bayern München 0:4, TuS Niederkirchen – SV Oberteuringen 7:0, TuS Binzen – SC Bad Neuenahr 0:4, KBC Duisburg – Schmalfelder SV 6:0, SSG Bergisch Gladbach – Eintracht Wolfsburg 1:0, Bremer TS Neustadt – TSV Siegen 0:4, Meteor 06 Berlin – Lorbeer Rothenburgsort n. V. 0:0 und 0:1.
Viertelfinale: TSV Siegen – KBC Duisburg 5:0, Bayern München – SC Klinge Seckach 5:0, TuS Niederkirchen – SC Bad Neuenahr 2:4, Lorbeer Rothenburgsort – SSG Bergisch Gladbach 0:4.
Halbfinale: Bayern München – SSG Bergisch Gladbach 0:5, SC Bad Neuenahr – TSV Siegen 0:3.

Endspiel am 3. Mai in Berlin: TSV Siegen – SSG Bergisch Gladbach 2:0 (1:0)
Siegen: Neuser – Kozany – Haberlaß, Sänger, Goebel (Hamm) – Neid, Bartelmann, Raith, Thomas – Henkel, Chaladyniak (Fischbach) – Tore: Chaladyniak, Fischbach – Zuschauer: 50 000 (Vorspiel zum Herren-Finale) – SR: Wiesel (Ottbergen).

1987: TSV Siegen

Vorrunde: SC Bad Neuenahr – STV Lövenich 2:3, Viktoria Jägersburg – TuS Niederkirchen 1:0, Lorbeer Rothenburgsort – Mariendorfer SV Berlin 2:1, FSV Frankfurt – SV Oberteuringen 7:0, Wittenseer SV – TSV Siegen 0:5, FC Spöck – TuS Binzen 0:1, Polizei SV Bremen – VfL Wildeshausen 0:3, VfB Uerdingen Bayern München n. V. 1:1 und 0:2.
Viertelfinale: Viktoria Jägersburg – Lorbeer Rothenburgsort 0:1, VfL Wildeshausen – FSV Frankfurt 0:3, Bayern München – TSV Siegen 0:1, STV Lövenich – TuS Binzen 4:1.
Halbfinale: STV Lövenich – Lorbeer Rothenburgsort 4:0, TSV Siegen – FSV Frankfurt n. V. 2:1

Endspiel am 20. Juni in Berlin: TSV Siegen – STV Lövenich 5:2 (2:0)
Siegen: R. Neuser – Kozany – Thomas, Hennecke (Hamm) – Sänger, Raith, Czyganowski, Koekkoek, Neid – Chaladyniak (Pick), Bartelmann – Tore: Neid, Chaladyniak, Hennecke, Pick, Bartelmann (Schotten, Eigentor Czyganowski) – Zuschauer: 30 000 (Vorspiel zum Herren-Finale) – SR: Zimmermann (Kiel).

1988: TSV Siegen

Vorrunde: SC Bad Neuenahr – SC Klinge Seckach 2:3, Husumer FV 1918 – Viktoria Jägersburg 0:6, Fortuna Sachsenroß Hannover – FSV Frankfurt 1:5, TSV Siegen – Polizei SV Bremen 6:0, KBC Duisburg – TuS Binzen 4:0, SSG Bergisch Gladbach – TuS Wörrstadt 2:0, SpVgg Groß-Flottbek – VfL Sindelfingen 0:1, Tennis Borussia Berlin – Bayern München 0:3.
Viertelfinale: Viktoria Jägersburg – Bayern München 0:4, TSV Siegen – KBC Duisburg n. V. 3:1, FSV Frankfurt – VfL Sindelfingen 1:0, SC Klinge Seckach – SSG Bergisch Gladbach 0:1.
Halbfinale: TSV Siegen – FSV Frankfurt 4:0, Bayern München – SSG Bergisch Gladbach 1:0.

Endspiel am 28. Mai in Berlin: TSV Siegen – Bayern München 4:0 (2:0)
Siegen: Neuser – Kozany – Raith, Sänger – Czyganowski, Thomas (Hamm), Neid, Koekkoek, Wiese – Henkel, Cox – Tore: Neid 3, Wiese – Zuschauer: 30 000 (Vorspiel zum Herren-Finale) – SR: Dellwing (Trier).

1989: TSV Siegen

Vorrunde: TSV Ludwigsburg – Tennis Borussia Berlin 2:0, TuS Binzen – Lorbeer Rothenburgsort 0:4, FT Geestemünde – TuS Ahrbach 1:4, FC Spöck – Bayern München 1:4, FSV Frankfurt – VfR Saarbrücken 2:0, TuS Wörrstadt – TSV Siegen 1:3, SSG Bergisch Gladbach – Eintracht Wolfsburg 1:0, ATSV Stockelsdorf – KBC Duisburg 0:8.
Viertelfinale: FSV Frankfurt – Bayern München 3:0, TSV Siegen – TSV Ludwigsburg 2:0, TuS Ahrbach – Lorbeer Rothenburgsort 3:0, KBC Duisburg – SSG Bergisch Gladbach n. V. 0:0, n. V. 3:3, Elfmeterschießen 5:6.
Halbfinale: SSG Bergisch Gladbach – TSV Siegen 1:3, FSV Frankfurt – TuS Ahrbach 4:0.

Endspiel am 24. Juni 1989 in Berlin: TSV Siegen – FSV Frankfurt 5:1 (3:0)
Siegen: Neuser – Kozany – Sänger, Raith – Haberlaß, Neid, Voß, Koekkoek – Henkel, Kern (Schäfer), Knieper (Czyganowski) – Tore: Neid 2, Kern 2, Voss (Unsleber) – Zuschauer: 76 500 (Vorspiel zum Herren-Finale) – SR: Kriegelstein (Berlin).

1990: FSV Frankfurt

Vorrunde: VfR Saarbrücken – TuS Wörrstadt 3:0, TuS Ahrbach – Grün-Weiß Brauweiler 1:2, Eintracht Wolfsburg – VfL Sindelfingen 1:3, SpVgg Wiehre – 1. FC Neukölln 6:2, KBC Duisburg – FSV Frankfurt 3:5, SC Poppenbüttel – Schmalfelder SV 0:3, SC Klinge Seckach – Polizei SV Bremen 6:0, Bayern München – TSV Siegen n. V. 1:1, n. V. 1:1, Elfmeterschießen 5:3.
Viertelfinale: Schmalfelder SV – VfR Saarbrücken 0:2, FSV Frankfurt – Spvgg. Wiehre 10:0, SC Klinge Seckach – Bayern München 1:2, VfL Sindelfingen – Grün-Weiß Brauweiler 0:1.
Halbfinale: Grün-Weiß Brauweiler – Bayern München 0:1, VfR Saarbrücken – FSV Frankfurt n. V. 1:1, n. V. 2:3.

Endspiel am 19. Mai 1990 in Berlin: FSV Frankfurt – Bayern München 1:0 (1:0)
Frankfurt: Harvey – Heinrich – Stumpf, Unsleber, K. Pohlmann – König, Mantel, D. Pohlmann, Boroschein – Walter (Birkenbach), Mink (Rotard) – Tor: Walter – Zuschauer: 45 000 (Vorspiel zum Herren-Finale) – SR: Krug (Gelsenkirchen).

1991: Grün-Weiß Brauweiler

Vorrunde: TuS Binzen – SC Klinge Seckach 0:2, Tennis Borussia Berlin – Eintracht Wolfsburg 1:4, Grün-Weiß Brauweiler – FSV Frankfurt 1:0, TSV Siegen – Lorbeer Rothenburgsort 6:0, TuS Ahrbach – VfR Saarbrücken 0:1, Schmalfelder SV – VfL Sindelfingen n. V. 0:1, GSV Moers – Polizei SV Bremen 3:0, TuS Wörrstadt – Bayern München n. V. 2:2, 0:4.
Viertelfinale: GSV Moers – Eintracht Wolfsburg 1:2, Grün-Weiß Brauweiler – SC Klinge Seckach n. V. 1:1, 5:1, Bayern München – VfL Sindelfingen 1:0, VfR Saarbrücken – TSV Siegen 1:5.
Halbfinale: TSV Siegen – Bayern München 2:0, Grün-Weiß Brauweiler – VfR Eintracht Wolfsburg 6:0.

Endspiel am 22. Juni 1991 in Berlin: Grün-Weiß Brauweiler – TSV Siegen 1:0 (1:0)
Brauweiler: Rottenberg – C. Klein – A. Klein, Walek – Permer-Wrobel (Agocs), Wiegmann, Lovavs-Anton – Fischer (Haberkorn), Richter – Kubat, Lohn – Tor: Kubat – Zuschauer: 40 000 (Vorspiel zum Herren-Finale) – SR: Boos (Friedrichsdorf).

1992: FSV Frankfurt

1. Runde: SV Weiskirchen – FSV Frankfurt 0:7, Wismut Chemnitz – Wismut Aue 0:5, VfL Wildeshausen – USV Jena 1:0, Turbine Potsdam – Schmalfelder SV 2:4, TuS Binzen – Bayern München 0:5, Wittenseer SV – SSG Berg. Gladbach 0:3, SpVgg Landshut – TuS Ahrbach 0:2, SC Bad Neuenahr – SG Praunheim 4:3, SG Wattenscheid 09 – Eintracht Wolfsburg 0:5, VfR Rheinfelden – VfL Sindelfingen 0:7, Hamburger SV – Grün-Weiß Brauweiler 1:6, TuS Erbstorf – Fortuna Sachsenroß Hannover 0:2, Polizei SV Bremen – Tennis Borussia Berlin 1:2, SV Wilhelmshaven – KBC Duisburg n. V. 1:1, Elfmeterschießen 6:5, Motor Halle – SC Klinge Seckach 0:7, SC Oberteuringen – VfR Saarbrücken 0:10.
2. Runde: SV Eiche Branitz – VfB Rheine 0:6, SSG Berg. Gladbach – Hansa Rostock 6:1, SC Poppenbüttel – Tennis Borussia Berlin n. V. 2:4 , Concordia Goch – Eintracht Wolfsburg 1:5, SC Neubrandenburg – Schmalfelder SV 0:5, Grün-Weiß Brauweiler – VfL Wildeshausen 5:0, Fortuna Sachsenroß Hannover – TSV Siegen 0:6, 1. FC Neukölln – SV Wilhelmshaven 1:4, SC Bad Neuenahr – TuS Wörrstadt n. V. 2:2, Elfmeterschießen 1:3, TSV Münchhausen – LTA Dresden 5:1, FC Spöck – FSV Frankfurt 1:3, VfL Ulm – TuS Niederkirchen 1:5, TuS Ahrbach – TUR Dresden-Übigau 3:0, VfR Saarbrücken – Wacker München 5:0, VfL Sindelfingen – Bayern München 1:0, SC Klinge Seckach – Wismut Aue 2:1.
Achtelfinale: SV Wilhelmshaven – FSV Frankfurt 1:5, VfL Sindelfingen – VfR Wolfsburg n. V. 0:1, SC Klinge Seckach – TSV Siegen 0:5, Grün-Weiß Brauweiler – TuS Ahrbach 1:0, VfR Saarbrücken – TuS Niederkirchen n. V. 2:2, Elfmeterschießen 3:4, TSV Münchhausen – TuS Wörrstadt 4:0, VfB Rheine – SSG Berg. Gladbach n. V. 2:1, Tennis Borussia Berlin – Schmalfelder SV n. V. 0:0, Elfmeterschießen 4:1.

Viertelfinale: TSV Siegen – TSV Niederkirchen 3:0, VfB Rheine – TSV Münchhausen 2:0, FSV Frankfurt – VfR Wolfsburg 1:0, Tennis Borussia Berlin – Grün-Weiß Brauweiler 0:3.
Halbfinale: VfB Rheine – TSV Siegen 0:3, FSV Frankfurt – Grün-Weiß Brauweiler n. V. 2:2, Elfmeterschießen 5:4.

Endspiel am 23. Mai 1992 in Berlin: FSV Frankfurt – TSV Siegen 1:0 (0:0)
Frankfurt: Kraus – Heinrich – Schlösser, Stumpf – Unsleber, Mantel, Minnert, König, D. Pohlmann (K. Pohlmann) – Walter (Weise), Bornschein – Tor: König – Zuschauer: 6000 (Vorspiel zum Herren-Finale) – SR: Regus (Hallstadt).

1993: TSV Siegen

1. Runde: Lorbeer Rothenburgsort – STV Lövenich 4:0, BSV Müssen – VfB Rheine 0:1, SV Wittensee – Grün-Weiß Brauweiler 0:8, SC Poppenbüttel – KBC Duisburg 0:5, Schmalfelder SV – Jahn Delmenhorst 3:1, Fortuna Magdeburg – Tennis Borussia Berlin 0:3, Turbine Potsdam – Eintracht Wolfsburg 0:2, SV Wolfenbüttel – Fortuna Sachsenroß Hannover 0:6, FSV Jägersburg – TuS Ahrbach 0:1, SG Kirchardt – TuS Niederkirchen 1:15, SC Siegelbach – VfR Saarbrücken 1:5, SpVgg Landshut – VfL Sindelfingen 0:10, SpVgg Hausen – SG Praunheim 0:2, Grün-Weiß Erfurt – TSV Ludwigsburg 2:3, TSV Crailsheim – SC Klinge Seckach 1:0.
2. Runde: Eintracht Wolfsburg – SSG Berg. Gladbach 2:1, KBC Duisburg – Preußen Borghorst 7:0, VfB Rheine – Lorbeer Rothenburgsort 9:0, GSV Moers – Grün-Weiß Brauweiler 0:8, TSV Siegen – Hansa Rostock 15:1, 1. FC Neukölln – Polizei SV Bremen 1:0, Fortuna Sachsenroß Hannover – USV Jena 8:1, Tennis Borussia Berlin – Schmalfelder SV n. V. 1:0, TSV Crailsheim – TuS Niederkirchen 0:6, FV Faurndau – SV Flörsheim 0:1, TSV Ludwigsburg – SpVgg Wehr 2:1, SC Bad Neuenahr – SG Praunheim 1:2, Bayern München – TuS Ahrbach 0:6, VfL Sindelfingen – Wismut Aue 11:0, VfR Saarbrücken – TSV Münchhausen 3:0, LTA Dresden – FSV Frankfurt 0:2.
Achtelfinale: TuS Niederkirchen – TuS Ahrbach n. V. 1:1, Elfmeterschießen 4:3, Eintracht Wolfsburg – Tennis Borussia Berlin 2:1, 1. FC Neukölln – SG Praunheim 0:3, VfB Rheine – VfL Sindelfingen n. V. 0:0, Elfmeterschießen 4:3, Grün-Weiß Brauweiler – FSV Frankfurt 3:0, TSV Siegen – TSV Ludwigsburg 3:0, Fortuna Sachsenroß Hannover – VfR Saarbrücken 1:3, KBC Duisburg – SV Flörsheim n. V. 1:0.
Viertelfinale: TuS Niederkirchen – VfB Rheine 0:1, SG Praunheim – TSV Siegen 0:1, Eintracht Wolfsburg – KBC Duisburg n. V. 1:1, Elfmeterschießen 5:4, VfR Saarbrücken – Grün-Weiß Brauweiler 2:4.
Halbfinale: VfB Rheine – Grün-Weiß Brauweiler 1:3, TSV Siegen – Eintracht Wolfsburg 6:0.

Endspiel am 12. Juni 1993 in Berlin: TSV Siegen – Grün-Weiß Brauweiler n. V. 1:1 (1:1, 1:1), Elfm. 6:5
Siegen: Rottenberg – Euteneuer – Fitzner (Veldhuizen), Nardenbach, Camper – Unsleber, Neid, Fitschen, Czyganowski – Kubat, Mink (Meyer) – Tore: Fitschen (Wiegmann) – Tore im Elfmeterschießen: Euteneuer, Fitschen, Unsleber, Kubat, Camper, Czyganowski (Nagy, A. Klein, Staubitz, Lovasz-Anton, Wiegmann) – Zuschauer: 40 000 (Vorspiel zum Herren-Finale) – SR: Frai (Bremen).

1994: Grün-Weiß Brauweiler

1. Runde: Schwaben Augsburg – VfL Sindelfingen 1:2, Viktoria Gersten – SSG Berg. Gladbach 1:4, BSV Müssen – Grün-Weiß Brauweiler 0:5, Fortuna Dilkrath – TSV Siegen 0:12, Hertha Zehlendorf – Tennis Borussia Berlin 0:5, PSV Rostock – Fortuna Sachsenroß Hannover 4:2, Wittenseer SV – Eintracht Wolfsburg 0:6, TSV Ludwigsburg – TuS Niederkirchen 0:5, SV Zussdorf – SC Klinge Seckach 1:5, SG Weißkirchen – VfR Saarbrücken 0:8, FSV Schwarzbach – TuS Ahrbach 0:3, TSV Eschollbrücken – FSV Frankfurt 0:5, SC Bad Neuenahr – SG Praunheim 2:7, Fortuna Dresden-Rähnitz – TSV Battenberg n. V. 1:1, Elfmeterschießen 4:5, FC St. Augustin – VfB Rheine 0:5, SV Brackel – KBC Duisburg 2:0 – 16 Mannschaften hatten ein Freilos.
2. Runde: STV Lövenich – VfB Rheine 0:2, Teutonia Weiden – SSG Berg. Gladbach 1:2, Turbine Potsdam – Tennis Borussia Berlin 4:5, Rheinfranken Düsseldorf – Jahn Delmenhorst 2:5, FT Geestemünde – Grün-Weiß Brauweiler 0:12, SV Brackel – TSV Siegen 0:9, Moorfleeter SV – Eintracht Wolfsburg 1:9, PSV Rostock – SG Erbstorf 4:0, Viktoria Neckarhausen – FSV Frankfurt 0:5, Fortuna Magdeburg – TSV Battenberg 0:6, TSV Crailsheim – SG Praunheim 0:5, Bayern München – SC Klinge Seckach 1:4, Wacker München – TuS Niederkirchen 0:1, USV Jena – TuS Ahrbach 0:5, FC St. Georgen – VfL Sindelfingen 1:2, SC Siegelbach – VfR Saarbrücken 0:11.
Achtelfinale: TSV Battenberg – FSV Frankfurt 2:1, SG Praunheim – TSV Siegen 0:2, PSV Rostock – SSG Berg. Gladbach 2:1, SC Klinge Seckach – Eintracht Wolfsburg 1:1, Grün-Weiß Brauweiler – Jahn Delmenhorst 6:0, TuS Ahrbach – Tennis Borussia Berlin 1:0, VfB Rheine – TuS Niederkirchen n. V. 1:1, Elfmeterschießen 2:0, VfL Sindelfingen – VfR Saarbrücken n. V. 1:1, Elfmeterschießen 5:6.
Viertelfinale: Grün-Weiß Brauweiler – TSV Battenberg 7:1, TuS Ahrbach – VfR Saarbrücken n. V. 2:4, SC Klinge Seckach – PSV Rostock 4:1, TSV Siegen – VfB Rheine 2:0.

Halbfinale: SC Klinge Seckach – TSV Siegen 1:4, VfR Saarbrücken – Grün-Weiß Brauweiler 2:9.

Endspiel am 14. Mai 1994 in Berlin: Grün-Weiß Brauweiler – TSV Siegen 2:1 (0:0)
Brauweiler: Goller – C. Klein – A. Klein (Reimann), Hanushek – Hengst, Nagy, Wiegmann, Schwind, Koser – Gottschlich, Menge (Lovacz-Anton) – Tore: A. Klein, Wiegmann (Fitschen) – Zuschauer: 30 000 (Vorspiel zum Herren-Finale) – SR: Günther (Bamberg).

1995: FSV Frankfurt

1. Runde: Lorbeer Rothenburgsort – Eintracht Wolfsburg 0:11, BVB Halle – Tennis Borussia Berlin 2:7, Breitenthal Oberhausen – TuS Ahrbach 2:7, SV Brackel – Grün-Weiß Brauweiler 1:10, FT Geestemünde – FC Rumeln-Kaldenhausen 7:9, Fortuna Dresden-Rähnitz – SC Klinge Seckach 0:6, TSV Battenberg – SG Praunheim 1:3, KBC Duisburg – Eintracht Rheine 0:5, SpVgg Wehr – VfR Saarbrücken 1:3, SKV Beienheim – FSV Frankfurt 0:7, Hertha Zehlendorf – Fortuna Sachsenroß Hannover 1:4, TSV Georgsdorf – TSV Siegen 0:16, SV Wolfenbüttel – Schmalfelder SV 2:0, TuS Ahrbach II – TuS Wörrstadt 0:4, SC Bad Neuenahr – TuS Niederkirchen 1:9, TSV Crailsheim – FSV Schwarzbach 3:1 – 16 Mannschaften hatten ein Freilos.
2. Runde: Fortuna Wuppertal – FC Rumeln-Kaldenhausen 0:7, USV Jena – Tennis Borussia Berlin 1:3, SC Marktbreit – SC Klinge Seckach 0:3, TSV Crailsheim – FSV Frankfurt 0:3, GSV Moers – TSV Siegen 0:12, BSV Müssen – Eintracht Rheine 1:4, STV Lövenich – Grün-Weiß Brauweiler 0:7, BWG Köln – SSG Berg. Gladbach 3:2, PSV Rostock – Fortuna Sachsenroß Hannover 2:6, SV Wolfenbüttel – Eintracht Wolfsburg 0:2, Wittenseer SV – Turbine Potsdam 0:7, SV Oberteuringen – TuS Ahrbach 0:8, SG Kirchardt – TuS Wörrstadt 1:0, FSV Jägersburg – VfL Sindelfingen 0:4, VfR Saarbrücken – TuS Niederkirchen 3:1, FSV Unterkotzau – SG Praunheim 1:5.
Achtelfinale: Eintracht Rheine – SC Klinge Seckach 1:3, Turbine Potsdam – VfR Saarbrücken 0:5, Eintracht Wolfsburg – FC Rumeln-Kaldenhausen 1:6, TuS Ahrbach – Grün-Weiß Brauweiler 2:3, BWG Köln – VfL Sindelfingen 1:3, TSV Siegen – SG Praunheim 3:1, Fortuna Sachsenroß Hannover – Tennis Borussia Berlin 3:1, SG Kirchardt – FSV Frankfurt 0:8.
Viertelfinale: Fortuna Sachsenroß Hannover – SC Klinge Seckach n. V. 2:3, Grün-Weiß Brauweiler – FC Rumeln-Kaldenhausen n. V. 4:1, TSV Siegen – VfR Saarbrücken 3:1, VfL Sindelfingen – FSV Frankfurt 0:2.
Halbfinale: TSV Siegen – SC Klinge Seckach n. V. 1:1, Elfmeterschießen 4:2, FSV Frankfurt – Grün-Weiß Brauweiler n. V. 1:1, Elfmeterschießen 5:4.

Endspiel am 24. Juni 1995 in Berlin: FSV Frankfurt – TSV Siegen 3:1 (1:1)
Frankfurt: Kraus – Bernhard (K. Pohlmann) – Austermühl, Minnert – Stumpf, König, Unsleber, Bornschein (Schlösser), D. Pohlmann – Prinz, Smisek – Tore: Prinz, König, Austermühl (Fitzner) – Zuschauer: 45 000 (Vorspiel zum Herren-Finale) – SR: Janssen (Emden).

1996: FSV Frankfurt

1. Runde: Blau-Weiß Fuhlenbrock – TSV Siegen 0:12, SG Wattenscheid 09 – FC Rumeln-Kaldenhausen 2:4, Fortuna Dilkrath – FC Eintracht Rheine 1:18, SG Lütgendortmund – Grün-Weiß Brauweiler 0:17, Energie Cottbus – Turbine Potsdam 1:9, Hamburger SV – PSV Rostock 3:5, Hertha Zehlendorf – Fortuna Sachsenroß Hannover 2:4, Fortuna Magdeburg – Tennis Borussia Berlin 1:5, 1. FC Nürnberg – TSV Crailsheim 3:2, FC Forstern – TuS Niederkirchen 1:9, SC Freiburg – SC Klinge Seckach 1:4, VfL Sindelfingen II – VfL Sindelfingen I 1:10, TSV 1880 Gera-Zwötzen – SG Praunheim 1:12, FSV Schwarzbach – FSV Frankfurt 0:5, TSV Eschollbrücken – SC Bad Neuenahr 1:3, SC Solsforf – TuS Ahrbach 0:3 – 16 Mannschaften hatten ein Freilos.
2. Runde: DFC Eggenstein – SC Klinge Seckach 0:3, TuS Niederkirchen II – TuS Niederkirchen I 1:13, Erzgebirge Aue – FSV Frankfurt 1:11, Wacker München – TuS Ahrbach 0:5, VfL Sindelfingen – SG Praunheim 0:2, STV Lövenich – Eintracht Rheine 0:5, BSV Müssen – FC Rumeln-Kaldenhausen 0:7, FC St. Augustin – TSV Siegen 0:6, Grün-Weiß Brauweiler – SC Bad Neuenahr 8:0, SC Wedemark – Tennis Borussia Berlin 0:5, VfL Wildeshausen – Turbine Potsdam 3:1, Polizei SV Bremen – Eintracht Wolfsburg 1:3, SG Thumby – PSV Rostock 0:5, Schmalfelder SV – Fortuna Sachsenroß Hannover 1:3, FC Oster Oberkirchen – VfR Saarbrücken 0:11, 1. FC Nürnberg – TuS Wörrstadt 1:3.
Achtelfinale: FSV Frankfurt – TuS Ahrbach 4:0, SC Klinge Seckach – Tennis Borussia Berlin 4:1, TuS Niederkirchen – Fortuna Sachsenroß Hannover 4:5, SG Praunheim – FC Rumeln-Kaldenhausen 0:1, VfR Saarbrücken – PSV Rostock n. V. 3:3, Elfmeterschießen 5:4, Eintracht Wolfsburg – Eintracht Rheine 2:3, VfL Wildeshausen – Grün-Weiß Brauweiler 0:5, TuS Wörrstadt – TSV Siegen 1:3.
Viertelfinale: Grün-Weiß Brauweiler – TSV Siegen 0:2, VfR Saarbrücken – SC Klinge Seckach 0:3, Eintracht Rheine – FC Rumeln-Kaldenhausen n. V. 0:4, Fortuna Sachsenroß Hannover – FSV Frankfurt 0:8).

Halbfinale: FSV Frankfurt – FC Rumeln-Kaldenhausen 2:0, SC Klinge Seckach – TSV Siegen n. V. 2:2, Elfmeterschießen 4:3.

Endspiel am 25. Mai 1996 in Berlin: FSV Frankfurt – SC Klinge Seckach 2:1 (1:1)
Frankfurt: Kraus – Minnert – Austermühl, Soyah – Stumpf, König, Unsleber – Piekarski, D. Pohlmann – Prinz, Smisek, Bornschein – Tore: Smisek, Prinz (Lingor) – Zuschauer: 25 000 (Vorspiel zum Herren-Finale) – SR: Krumpen (Schmidtheim).

1997: Grün-Weiß Brauweiler

1. Runde: Rot-Weiß Hillen – Grün-Weiß Brauweiler 0:6, SC Brackel – FC Rumeln-Kaldenhausen 0:8, SpVgg Oberaußem-Fortuna – Eintracht Rheine 0:4, TuS Köln rrh. – Spfr. Siegen 0:6, PSV Rostock – Schmalfelder SV 1:5, Hamburger SV – Turbine Potsdam 0:8, TuS Westerholz – Tennis Borussia Berlin 1:5, Fortuna Magdeburg – WSV Wolfsburg 2:3, SC Bad Neuenahr – TuS Niederkirchen 1:8, SV Dirmingen – TuS Ahrbach 0:4, SV Ellingen – VfR Saarbrücken 0:12, Schwaben Augsburg – FSV Frankfurt 0:4, SG Kirchhardt – VfL Sindelfingen 1:5, Wacker München – SC Klinge Seckach 1:0, USV Jena – TSV Crailsheim 0:4, Fortuna Dresden-Rähnitz – FSV Schwarzbach 1:3.
2. Runde: DJK/VfL Willich – Eintracht Rheine 0:10, GSV Moers – Grün-Weiß Brauweiler 0:9, Arminia Ibbenbüren – FC Rumeln-Kaldenhausen 0:10, Jahn Delmenhorst – Turbine Potsdam I 1:6, Turbine Potsdam II – WSV Wolfsburg 0:4, Hertha Zehlendorf – Fortuna Sachsenroß Hannover 2:0 (Zehlendorf wegen Einsatzes einer nicht spielberechtigten Spielerin disqualifiziert), Polizei SV Bremen – Tennis Borussia Berlin 0:2, Nagema Neubrandenburg – Schmalfelder SV 0:9, TuS Wörrstadt – TuS Niederkirchen 0:3, SC Siegelbach – VfR Saarbrücken 1:4, Spfr. Siegen – TuS Ahrbach 3:1, VfB Gießen – SC Sand 0:4, TSV Ludwigsburg – FSV Schwarzbach 0:1, FV Löchgau – FSV Frankfurt 0:15, Wacker München – SG Praunheim 0:12, TSV Crailsheim – VfL Sindelfingen 1:4.
Achtelfinale: VfL Sindelfingen – SC Sand 4:1, Eintracht Rheine – Fortuna Sachsenroß Hannover 4:1, WSV Wolfsburg – Grün-Weiß Brauweiler 0:5, TSV Siegen – SG Praunheim n. V. 2:1, FSV Frankfurt – TuS Niederkirchen n. V. 3:0, VfR Saarbrücken – FC Rumeln-Kaldenhausen 1:3, Turbine Potsdam – Tennis Borussia Berlin 7:3, Schmalfelder SV – FSV Schwarzbach 1:0.
Viertelfinale: VfL Sindelfingen – Grün-Weiß Brauweiler 1:4, FC Rumeln-Kaldenhausen – Spfr. Siegen 2:0, Schmalfelder SV – Turbine Potsdam 0:6, Eintracht Rheine – FSV Frankfurt n. V. 2:2, Elfmeterschießen 4:2.
Halbfinale: Turbine Potsdam – Eintracht Rheine 2:3, Grün-Weiß Brauweiler – FC Rumeln-Kaldenhausen n. V. 4:3.

Endspiel am 14. Juni 1997 in Berlin: Grün-Weiß Brauweiler – Eintracht Rheine 3:1 (1:0)
Brauweiler: Goller – Cl. Klein – Schwind, Gertheinrich – A. Klein, Lieth (Menge), Fuss, Wiegmann (Bleibler), Brandebusemeyer – Gottschlich, Holinka – Tore: Cl. Klein, Fuss, Holinka (Unterbronk) – Zuschauer: 35 000 (Vorspiel zum Herren-Finale) – SR: Zdunek (Leimen).

1998: FCR Duisburg

1. Runde: Nagema Neubrandenburg – Fortuna Sachsenroß Hannover 6:1, Wittenseer SV – Turbine Potsdam 0:4, Wolfenbütteler SV – Schmalfelder SV 4:3, Hertha Zehlendorf – Turbine Potsdam I 2:1, Wacker Merkenich – Spfr. Siegen 0:17, Fortuna Dilkrath – FC Rumeln-Kaldenhausen 1:9, Polizei SV Bremen – Jahn Delmenhorst 0:4, SC Bulach – SC Klinge Seckach 1:4, VfL Sindelfingen – TuS Niederkirchen 1:12, Fortuna Dresden-Rähnitz – FSV Frankfurt 1:9, FSV Schwarzbach – SG Praunheim 0:8, TSV Crailsheim – TSV Eschollbrücken 12:0 – 16 Mannschaften hatten ein Freilos.
2. Runde: SpVgg Rehweiler – 1. FC Saarbrücken 0:14, TSV Ludwigsburg – SC Klinge Seckach n.V. 2:3, SC Freiburg – TuS Niederkirchen 0:1, SV Dirmingen – Eintracht Seekirch 1:0, TuS Linter – FSV Frankfurt 1:7, FC Rennertshofen – SG Praunheim 0:7, TSV Crailsheim – USV Jena 4:1, Nagema Neubrandenburg – Turbine Potsdam 0:4, Tennis Borussia Berlin – Hamburger SV 2:0, WSV Wolfsburg – Hertha Zehlendorf 3:5, Wolfenbütteler SV – Fortuna Magdeburg 6:0, GSV Moers – Spfr. Siegen 0:10, SG Wattenscheid 09 – FC Rumeln-Kaldenhausen 0:5, Jahn Delmenhorst – SC Bad Neuenahr 0:2, SpVgg Oberaußem-Fortuna – Grün-Weiß Brauweiler 0:7, Arminia Ibbenbüren – Eintracht Rheine 0:1.
Achtelfinale: Grün-Weiß Brauweiler – FSV Frankfurt 3:5, SC Bad Neuenahr – Eintracht Seekirch 3:0, Wolfenbütteler SV – FCR Duisburg (früher Rumeln) 0:5, Turbine Potsdam – Spfr. Siegen n. V. 0:1, SG Praunheim – Hertha Zehlendorf 1:0, Tennis Borussia Berlin – TuS Niederkirchen 0:3, SC Klinge Seckach – Eintracht Rheine 0:4, TSV Crailsheim – 1. FC Saarbrücken 0:2.
Viertelfinale: SG Praunheim – FSV Frankfurt 0:1, FCR Duisburg – Eintracht Rheine 2:0, 1. FC Saarbrücken – Spfr. Siegen 0:3, TuS Niederkirchen – SC Bad Neuenahr 3:0.
Halbfinale: FCR Duisburg – TuS Niederkirchen 1:0, Spfr. Siegen – FSV Frankfurt n. V. 2:3.

Endspiel am 16. Mai 1998 in Berlin: FCR Duisburg – FSV Frankfurt 6:2 (4:1)
Duisburg: McKnight – Hoffmann – Fitzner, Nardenbach – Arndt, Voss, Meinert (Kubat), Mandrysch, Albertz – Nieczypor (Schäperthöns), Grings – Tore: Grings 3, Nieczypor 2, Meinert (König, Bornschein) – Zuschauer: 35 000 (Vorspiel zum Herren-Finale) – SR: Witteweg (Goslar).

1999: 1. FFC Frankfurt

Qualifikation: FC Oster Oberkirchen – TuS Ahrbach 0:3.
1. Runde: Fortuna Magdeburg-Wolmirstedt – Turbine Potsdam 0:7, TSV Gera-Zwötzen – WSV Wolfsburg 0:3, Erzgebirge Aue – Hertha Zehlendorf 0:1, Turbine Potsdam II – PSV Rostock (Rostock verzichtete), SV Sereetz – Grün-Weiß Brauweiler 0:7, Hamburger SV – FCR Duisburg 0:2, FC Huchting – FFC Heike Rheine 0:10, Garather SV – TuS Köln rrh. 1:4, Arminia Ibbenbüren – Lorbeer Rothenburgsort 5:0, SV Oberteuringen – Spfr. Siegen 1:11, DFC Eggenstein – SG Praunheim 1:8, 1. FC Nürnberg – FSV Frankfurt 1:2, TuS Linter – SC Freiburg 1:2, SC Klinge Seckach – SC Bad Neuenahr 0:10, SC Siegelbach TuS Niederkirchen 0:8, TuS Ahrbach – 1. FC Saarbrücken 1:6.
Achtelfinale: 1. FC Saarbrücken – SC Freiburg 3:1, SC Bad Neuenahr – FSV Frankfurt 2:1, TuS Köln rrh. – Eintracht Rheine n. V. 1:4, Hertha Zehlendorf – Grün-Weiß Brauweiler 1:0, Arminia Ibbenbüren – Turbine Potsdam I 0:10, Turbine Potsdam II – WSV Wolfsburg 0:6, FCR Duisburg – Spfr. Siegen 4:1, SG Praunheim – TuS Niederkirchen 3:0.
Viertelfinale: Hertha Zehlendorf – 1. FC Saarbrücken n. V. 1:0, Eintracht Rheine – KBC Duisburg 0:4, WSV Wolfsburg – SG Praunheim 1:4, SC Bad Neuenahr – Turbine Potsdam 2:3.
Halbfinale: 1. FFC Frankfurt (früher Praunheim) – Hertha Zehlendorf 5:0, FCR Duisburg – Turbine Potsdam 2:0.

Endspiel am 12. Juni 1999 in Berlin: 1. FFC Frankfurt – FCR Duisburg 1:0 (1:0)
Frankfurt: Wissink – Tina Wunderlich – Künzer, Zorn – Pia Wunderlich, Lingor (Cl. Müller), Sefron, Fitschen, Kliehm (Serocka) – Meyer (Lindner), Prinz – Tor: Künzer – Zuschauer: 15 000 (Vorspiel zum Herren-Finale) – SR: Fielenbach (Much).

2000: 1. FFC Frankfurt

Qualifikation: FC Huchting – Lorbeer Rotenburgsort 1:5, SC Oberteuringen – Rot-Weiß Göcklingen 3:1, Turbine Potsdam II – Eintracht Schwerin n. V. 8:4.
1. Runde: FSV Schwarzbach – FSV Frankfurt 1:2, SC Sand – 1. FFC Frankfurt 2:7, RSV Drosendorf – 1. FC Nürnberg (Drosendorf verzichtete), SC Oberteuringen – Viktoria Neckarhausen 6:1, TuS Ahrbach – 1. FC Saarbrücken I (Ahrbach verzichtete), 1. FC Saarbrücken II – TuS Niederkirchen 0:3, SC Freiburg – SC Bad Neuenahr 0:5, FSV Westerstede – Grün-Weiß Brauweiler 0:7, SpVgg Oberaußem-Fortuna – Spfr. Siegen 0:6, FFC Heike Rheine – FFC Flaesheim-Hillen 2:1, Lorbeer Rothenburgsort – FCR Duisburg 0:4, SG Wattenscheid 09 – GSV Moers 4:5, Erzgebirge Aue – WSV Wolfsburg 0:3, Turbine Potsdam II – Turbine Potsdam I 0:15, Wittenseer SV – USV Jena 3:2, Hertha Zehlendorf – BVB Halle n. V. 3:2.
Achtelfinale: SC Oberteuringen – 1. FC Saarbrücken 0:4, TuS Niederkirchen – 1. FFC Frankfurt 0:3, 1. FC Nürnberg – FSV Frankfurt 0:4, FFC Heike Rheine – FCR Duisburg 0:5, Hertha Zehlendorf – Grün-Weiß Brauweiler (Zehlendorf verzichtete), Wittenseer SV – WSV Wolfsburg 0:11, GSV Moers – Turbine Potsdam 2:10, SC Bad Neuenahr – Spfr. Siegen 1:2.
Viertelfinale: Grün-Weiß Brauweiler – FCR Duisburg n. V. 4:4, Elfmeterschießen 5:3, WSV Wolfsburg – Spfr. Siegen 0:1, 1. FC Saarbrücken – Turbine Potsdam 3:1, FSV Frankfurt – 1. FFC Frankfurt 0:6.
Halbfinale: 1. FC Saarbrücken – 1. FFC Frankfurt 1:3, Grün-Weiß Brauweiler – Spfr. Siegen 0:3.

Endspiel am 6. Mai 2000 in Berlin: 1. FFC Frankfurt – Sportfreunde Siegen 2:1 (0:0)
Frankfurt: Wissink – Tina Wunderlich – Obermeier, Zorn – Künzer, Pia Wunderlich (Affeld), Fitschen (Werlein), Kliehm (Mohr), Lingor – Meyer, Prinz – Tore: Meyer, Lingor (Menge) – Zuschauer: 10 000 (Vorspiel zum Herren-Finale) – SR: Fornacon (Stöcksee).

2001: 1. FFC Frankfurt

Qualifikation: Westsachsen Zwickau – Fortuna Magdeburgs-Wolmirstedt 2:5, SC Freiburg – TSV Crailsheim 4:0, Hamburger SV – TuS Köln rrh. 10:2.
1. Runde: Viktoria Gersten – FFC Heike Rheine 2:5, Fortuna Magdeburgs-Wolmirstedt – FFC Flaesheim-Hillen 1:6, PSV Neubrandenburg – WSV Wolfsburg 1:13, Berliner SV 92 – Turbine Potsdam I 0:16, USV Jena – FFC Brauweiler-Pulheim 0:7, Hamburger SV – FCR Duisburg n. V. 2:1, ATS Buntentor – Spfr. Siegen 0:5, Borussia Friedenstal – SV Neuenbrock 5:0, Turbine Potsdam II – SG Essen-Schönebeck 1:4, TSV Pfersee Augsburg – SC Bad Neuenahr 0:5, 1. FC Saarbrücken II – 1. FFC Frankfurt 0:7, FSV Schwarzbach – 1. FC Saarbrücken I 0:2, SpVgg Rehweiler – FSV Frankfurt 0:4, 1. FC

Nürnberg – Bayern München 1:5, TuS Niederkirchen – SC Freiburg 0:2, SC Bad Neuenahr II – Viktoria Neckarhausen 1:5.
Achtelfinale: Borussia Friedenstal – WSV Wolfsburg 1:5, Hamburger SV – FFC Flaesheim-Hillen n. V. 1:1, Elfmeterschießen 4:5, SG Essen-Schönebeck – Turbine Potsdam 0:11, FFC Heike Rheine – FFC Brauweiler-Pulheim 1:2, SC Freiburg – SC Bad Neuenahr n. V. 2:2, Elfmeterschießen 4:5, Viktoria Neckarhausen – FSV Frankfurt 0:7, Bayern München – 1. FC Saarbrücken 5:1, 1. FFC Frankfurt – Spfr. Siegen 10:0.
Viertelfinale: FSV Frankfurt – Bayern München 3:2, WSV Wolfsburg – 1. FFC Frankfurt 0:6, SC Bad Neuenahr – Turbine Potsdam n. V. 2:2, Elfmeterschießen 3:4, FFC Flaesheim-Hillen – FFC Brauweiler-Pulheim n. V. 0:0, Elfmeterschießen 3:2.
Halbfinale: FSV Frankfurt – 1. FFC Frankfurt 1:2, Turbine Potsdam – FFC Flaesheim-Hillen n. V. 0:0, Elfmeterschießen 2:4.

Endspiel am 26. Mai 2001 in Berlin: 1. FFC Frankfurt – FFC Flaesheim-Hillen 2:1 (0:1)
Frankfurt: Wissink – Tina Wunderlich, Nardenbach, Minnert – Künzer, Pia Wunderlich, Jones, Affeld (Lech) – Lingor – J. Meier, Prinz – Tore: Prinz, J. Meier (A. Meier) – Zuschauer: 20 000 (Vorspiel zum Herren-Finale) – SR: Beck (Magstadt).

2002: 1. FFC Frankfurt

Qualifikation: Erzgebirge Aue – Eintracht Seekirch n. V. 2:0.
1. Runde: Viktoria Gersten – Hallescher FC 3:2; Tennis Borussia Berlin – Hamburger SV 0:2; 1. FC Saarbrücken II – SC Bad Neuenahr II 0:7; Erzgebirge Aue – Bayern München 2:7; USV Jena – FSV Frankfurt 1:3; Ratzeburger SV – WSV Wendschott 0:5; Turbine Potsdam II – Turbine Potsdam I 0:5; FC Eintracht Schwerin – ATS Buntentor 0:2; Jahn Calden – FFC Heike Rheine 1:5; Sportfreunde Siegen – FCR Duisburg 0:9; TuS Niederkirchen – SC Bad Neuenahr I 1:3; 1. FC Saarbrücken – FFC Brauweiler Pulheim 1:2; Karlsruher SC – 1. FFC Frankfurt 0:20; TSV Pfersee Augsburg – SC Freiburg 0:3; GSV Moers – SpVgg Oberaußem-Fortuna 1:4; Freilos: Borussia Friedenstal.
Achtelfinale: SC Bad Neuenahr II – SC Bad Neuenahr 2:4; SpVgg Oberaußem-Fortuna – Hamburger SV n. V. 1:2; ATS Buntentor – SC Freiburg 0:8; Bayern München – 1. FFC Frankfurt 0:2; Borussia Friedenstal – Turbine Potsdam 0:10; Viktoria Gersten – FCR Duisburg 0:5; WSV Wendschott – FSV Frankfurt 0:7; FFC Brauweiler Pulheim – FFC Heike Rheine 4:0.
Viertelfinale: Hamburger SV – FFC Brauweiler Pulheim 1:0; SC Freiburg – Turbine Potsdam 2:3; FSV Frankfurt – FCR Duisburg 2:1; SC Bad Neuenahr – 1. FFC Frankfurt 0:2.
Halbfinale: FSV Frankfurt – 1. FFC Frankfurt 0:4, Hamburger SV – Turbine Potsdam 3:2.

Endspiel am 11. Mai 2002 in Berlin: 1. FFC Frankfurt – Hamburger SV 5:0 (2:0)
Frankfurt: Wissink – T. Wunderlich, Nardenbach (Rech), Minnert – Künzer, Hansen (Meier) – Kliehm (Affeld), Lingor, P. Wunderlich – Jones, Prinz – Tore: Prinz 3, Lingor, Künzer – Zuschauer: 10 000 (Vorspiel zum Herren-Finale) – SR: Kirchner (Benshausen).

2003: 1. FFC Frankfurt

Qualifikation: SC Sand – DFC Allendorf n. V. 1:2.
1. Runde: 1. FC SaarbrÜcken – SC 07 Bad Neuenahr 0:5; Erzgebirge Aue – FC Bayern MÜnchen 0:8; 1. FFC Turbine Potsdam II – Tennis Borussia Berlin 2:4; USV Jena – WSV Wolfsburg-Wendschott 0:1; FSV 02 Schwerin – Hallescher FC 1:2; ATS Buntentor – FFC Brauweiler Pulheim 2000 1:16; TSV Schilksee – Hamburger SV II 6:1; FSV Jägersburg – SC Freiburg 0:5; SC 07 Bad Neuenahr II – TuS Niederkirchen 0:4; TSV Crailsheim – 1. FFC Frankfurt 1:11; Karlsruher SC – 1. FC Nürnberg 1:3; DFC Allendorf – FSV Frankfurt 0:10; FSV Westerstede – FCR Duisburg 0:12; TuS Köln rrh. – GSV Moers n. V. 1:2; FC Gütersloh 2000 – FFC Heike Rheine 1:6; Hamburger SV – 1. FFC Turbine Potsdam 2:0.
Achtelfinale: TSV Schilksee – WSV Wolfsburg-Wendschott 2:5; GSV Moers – FCR Duisburg 0:8; FFC Heike Rheine – 1. FFC Frankfurt 0:7; TuS Niederkirchen – FSV Frankfurt 2:4; Hamburger SV – FC Bayern München 0:4; 1. FC Nürnberg – SC Freiburg 0:3; Hallescher FC – Tennis Borussia Berlin 0:5; FFC Brauweiler Pulheim 2000 – SC 07 Bad Neuenahr n. V. 1:1, Elfmeterschieflen 5:3
Viertelfinale: FFC Brauweiler Pulheim 2000 – SC Freiburg 2:0; FCR Duisburg – WSV Wolfsburg-Wendschott 3:0; FC Bayern München – 1. FFC Frankfurt 0:1; Tennis Borussia Berlin – FSV Frankfurt 0:0.
Halbfinale: FSV Frankfurt – 1. FFC Frankfurt 0:3; FFC Brauweiler Pulheim 2000 – FCR Duisburg n. V. 1:2.

Endspiel am 31. Mai 2003 in Berlin: 1. FFC Frankfurt – FCR Duisburg 1:0.
Frankfurt: Wissink – T. Wunderlich, Zerbe (Weichelt), Minnert, Rech – Hansen, Künzer – Lingor – Barucha (Woock), Affeld (P. Wunderlich) – Meier– Tor: Voss (Eigentor) – Zuschauer: 25 000 (Vorspiel zum Herren-Finale) – SR: Steinhaus (Hannover).

Länderpokal der Frauen

1981 Mittelrhein - 1982 Niederrhein - 1983 Bayern - 1984 Hessen - 1985, 1986, 1987 Niederrhein - 1988 Mittelrhein - 1989 Württemberg - 1990, 1991, 1992 Hessen - 1993 Westfalen - 1994, 1995 Hessen - 1996 Niederrhein - 1997, 1998 Hessen - **ab 1998/99 für U20-Mannschaften:** 1999, 2000, 2001 Hessen - **ab 2002 für U21-Mannschaften:** 2002 Bayern.

Endspiel am 15. 9. 2002 in Regensburg: Bayern - Hessen 1:0 (1:0)
Bayern: Nünnke - Krengel - Kierner, Ortner-Bach - Radtke (Breunig), Notbom, Wimbersky, Loderer, Bauer - Gutekunst (Srna), Siedler (Renner) - Tor: Krengel - Trainerin: Popp.

Frauen-Supercup

1992 **TSV Siegen** (- FSV Frankfurt 4:0) - 1993 **TuS Niederkirchen** (- TSV Siegen 2:1) - 1994 **Grün-Weiß Brauweiler** (- TSV Siegen 4:0) - 1995 **FSV Frankfurt** (- TSV Siegen 4:0) - 1996 **FSV Frankfurt** (- Sportfreunde Siegen n. V. 2:0) - 1997 **Grün-Weiß Brauweiler** (- Eintracht Rheine 1:0) - Danach zugunsten des Bundesliga-Saisoneröffnungsturniers eingestellt.

Bundesliga-Saisoneröffnungsturnier

Teilnehmer waren die 12 Vereine der eingleisigen Bundesliga (1998 Hermes-Cup, 1999 Lotto-Hessen-Cup, 2000 OBI-Cup, 2001 Oddset-Pokal):
1997 **SG Praunheim** (- TuS Niederkirchen 0:0, Elfmeterschießen 3:1) - 1998 **FFC Heike Rheine** (- SC Bad Neuenahr 1:1, Elmeterschießen 4:2) - 1999 **1. FFC Frankfurt** (- FCR Duisburg 4:0) - 2000 **1. FFC Frankfurt** (- Turbine Potsdam 3:0) - 2001 **1. FFC Frankfurt** (- FSV Frankfurt 4:0) - seitdem nicht mehr ausgetragen.

Die Fußballerinnen des Jahres

1996 Martina Voss (FC Rumeln-Kaldenhausen) - 1997 Bettina Wiegmann (Grün-Weiß Brauweiler) - 1998 Silke Rottenberg (Sportfreunde Siegen) - 1999 Inka Grings (FCR Duisburg) - 2000 Martina Voss (FCR Duisburg) - 2001, 2002, 2003 Birgit Prinz (1. FFC Frankfurt).

Die Torschützenköniginnen

1991 Heidi Mohr (TuS Niederkirchen) 36 - 1992 Heidi Mohr (TuS Niederkirchen) 24 - 1993 Heidi Mohr (TuS Niederkirchen) 21 - 1994 Heidi Mohr (TuS Niederkirchen) 28 - 1995 Heidi Mohr (TuS Ahrbach) 27 - 1996 Sandra Smisek (FSV Frankfurt) 29 - 1997 Birgit Prinz (FSV Frankfurt) 20 - 1998 Birgit Prinz (FSV Frankfurt) 23 - 1999 Inka Grings (FCR Duisburg) 25 - 2000 Inka Grings (FCR Duisburg) 38 - 2001 Birgit Prinz (1. FFC Frankfurt) 24 - 2002 Conny Pohlers (Turbine Potsdam) 27 - 2003 Inka Grings (FCR Duisburg) 20.

Frauen-Masters/DFB-Hallenpokal

(1994 inoffziell, ab 1995 unter DFB-Regie):
1994 **Grün-Weiß Brauweiler** (- TSV Siegen n. V. 5:4) - 1995 **FSV Frankfurt** (- FC Rumeln-Kaldenhausen 6:2) - 1996 **FC Rumeln-Kaldenhausen** (- TSV Siegen 3:2) - 1997 **SG Praunheim** (- FSV Frankfurt 0:0, Neunmeterschießen 4:3) - 1998 **SG Praunheim** (- FSV Frankfurt 5:1) - 1999 **1. FFC Frankfurt** (- FCR Duisburg 5:1) - 2000 **FCR Duisburg** (- Sportfreunde Siegen 1:1, Neunmeterschießen 4:3) - 2001 **Sportfreunde Siegen** (- FFC Brauweiler-Pulheim 2:0) - 2002 **1. FFC Frankfurt** (- Bayern München 1:0) - 2003 **Heike Rheine** (- SC Bad Neuenahr 1:0).

Die Meister der Frauen-Ober-/Regionalligen

Berlin: 1972 Schwarz-Weiß Spandau - 1973 Preußen Wilmersdorf - 1974, 1975, 1976, 1977 Tennis Borussia - 1978, 1979, 1980 BFC Meteor 06 - 1981 Tennis Borussia - 1982 BFC Meteor 06 - 1983, 1984 Tennis Borussia - 1985 BFC Meteor 06 - 1986, 1987, 1988, 1989 Tennis Borussia - 1990 1. FC Neukölln - 1991 Tennis Borussia - ab 1991/92 zu Nordost.

Nordost: (1979 bis 1989: DDR-Bestenermittlung) 1979 Motor Mitte Karl-Marx-Stadt – 1980 Wismut Karl-Marx-Stadt – 1981, 1982, 1983 Turbine Potsdam – 1984 Motor Halle – 1985, 1986 Turbine Potsdam – 1987, 1988 Rotation Schlema – 1989 Turbine Potsdam – 1990 (DDR-Meisterschaft) Post Rostock – ab 1991 NOFV-Meisterschaft: 1991 USV Jena – 1992 Turbine Potsdam – 1993 1. FC Lübars – 1994 Turbine Potsdam – 1995 Polizei SV Rostock – 1996, 1997, 1998, 1999 Hertha Zehlendorf – 2000, 2001, 2002 Tennis Borussia Berlin – 2003 USV Jena.
West: 1986, 1987 TSV Siegen – 1988 SSG Berg. Gladbach – 1989, 1990 TSV Siegen – 1991 Grün-Weiß Brauweiler – 1992 STV Lövenich – 1993 FC Rumeln-Kaldenhausen – 1994 SG Wattenscheid 09 – 1995 SpVgg Oberaußem-Fortuna – 1996, 1997 SG Wattenscheid 09 – 1998 Rot-Weiß Hillen – 1999 SpVgg Oberaußem-Fortuna – 2000 FFC Heike Rheine – 2001, 2002 SpVgg Oberaußem-Fortuna – 2003 FC Gütersloh 2000.
Nord: (bis 1994 Oberliga) 1987, 1988 Lorbeer Rotenburgsort – 1989 Fortuna Sachsenroß Hannover – 1990 Eintracht Wolfsburg – 1991, 1992 Jahn Delmenhorst – 1993 Schmalfelder SV – 1994 Wittekind Wildeshausen – 1995 Jahn Delmenhorst – 1996 Wittekind Wildeshausen – 1997 Jahn Delmenhorst – 1998 WSV Wendschott – 1999, 2000, 2001 Hamburger SV – 2002 Viktoria Gersten – 2003 Hamburger SV.
Südwest: (bis 2001 Oberliga) 1997 SC Bad Neuenahr – 1998, 1999 TuS Ahrbach – 2000 1. FC Saarbrücken II – 2001, 2002 TuS Niederkirchen – 2003 1. FC Saarbrücken.
Süd: 2001 SC Freiburg – 2002 1. FC Nürnberg – 2003 SC Sand.

Juniorinnen-Länderpokal

1995 Württemberg (U19)– 1996 Niedersachsen (U19) – 1998 Hessen (U18) – 1999 Württemberg (U17) – 2000 Brandenburg (U17) – 2001 Niedersachsen (U18) – 2002, 2003 Westfalen (U18).

U16/U15-Juniorinnen-Länderpokal

Die ersten drei Jahre als Mädchen-Turnier, seit 1991 als Länderpokal.
1988 Hessen – 1989 Niederrhein – 1990 Westfalen – 1991 Hessen – 1992 Südbaden – 1993 Hessen – 1994 Niedersachsen – 1995, 1996 Westfalen – 1997, 1998 Württemberg – 1999, 2000 Bayern – 2001 Westfalen – **ab 2002 für U15-Mannschaften:** 2002 Westfalen – 2003 Mittelrhein.

Deutsche B-Juniorinnen-Meisterschaft

2000 **Turbine Potsdam** (– Bayern München 7:1) – 2001 **DFC Eggenstein** (– Turbine Potsdam 1:0) – 2002 **FC Gütersloh 2000** (– FCR Duisburg 2:1) – 2003 **Turbine Potsdam** (– FC Gütersloh 2000 1:0).

Weltmeisterschaft der Frauen

Die bisherigen Gewinner

1991 USA – 1995 Norwegen – 1999 USA.

1991: USA

Deutschland als Europameister automatisch qualifiziert.

Endrunde vom 16. bis 30. November 1991 in China
Gruppe A: China, Norwegen und Dänemark. China – Norwegen 4:0, Dänemark – Neuseeland 3:0, Norwegen – Dänemark 2:1, China – Neuseeland 4:1, China – Dänemark 2:2, Norwegen – Neuseeland 4:0.
Gruppe B: USA und Schweden. Japan – Schweden 0:8, Brasilien – USA 0:5, Japan – USA 0:3, Brasilien – Schweden 0:4, Japan – Brasilien 0:1, Schweden – USA 2:3.
Gruppe C: Deutschland, Italien und Taiwan. Deutschland – Taiwan 3:0, Italien – Nigeria 1:0, Taiwan – Nigeria 2:0, Deutschland – Italien 2:0, Taiwan – Italien 0:5, Deutschland – Nigeria 4:0.
Viertelfinale: Deutschland – Dänemark n. V. 2:1, USA – Taiwan 7:0, China – Schweden 0:1, Norwegen – Italien n. V. 3:2.

Halbfinale: Deutschland – USA 2:5, Schweden – Norwegen 1:4.
Um den 3. Platz: Schweden – Deutschland 4:0.

Endspiel am 30. November1991 in Guangzhou: USA – Norwegen 2:1 (1:1)
USA: Harvey – Werden – Biefield, Hamilton – Higgins, Hamm, Foody, Lilly – Heinrichs, Akers-Stahl, Jennings.
Tore: Akers-Stahl 2 (Medalen) – Zuschauer: 60 000 – SR: Schuk (Sowjetunion).

Das deutsche Aufgebot (alle eingesetzt): Austermühl, Bindl, Damm, Fitschen, Gottschlich, Hengst, Isbert, Kubat, Kuhlmann, Mohr, Nardenbach, Neid, Paul, Unsleber, Voss, Walther, Wendt, Wiegmann.

1995: Norwegen

Deutschland als Europameister automatisch qualifiziert.

Endrunde vom 5. bis 18. Juni 1995 in Schweden
Gruppe A: Deutschland, Schweden und Japan. Schweden – Brasilien 0:1, Deutschland – Japan 1:0, Schweden – Deutschland 3:2, Brasilien – Japan 1:2, Deutschland – Brasilien 6:1, Schweden – Japan 2:0.
Gruppe B: Norwegen und England. Norwegen – Nigeria 8:0, England – Kanada 3:2, Norwegen – England 2:0, Nigeria – Kanada 3:3, Norwegen – Kanada 7:0, Nigeria – England 2:0.
Gruppe C: USA, China und Dänemark. USA – China 3:3, Dänemark – Australien 5:0, USA – Dänemark 2:0, China – Australien 4:2, USA – Australien 4:1, China – Dänemark 3:1.

Viertelfinale: Deutschland – England 3:0; Schweden – China n. V. 1:1, Elfmeterschießen 3:4; Japan – USA 0:4; Norwegen – Dänemark 3:1.
Halbfinale: Deutschland – China 1:0; USA – Norwegen 0:1.
Um den 3. Platz: USA – China 2:0.

Endspiel am 18. Juni 1995 in Stockholm: Norwegen – Deutschland 2:0 (2:0)
Norwegen: Nordby – Svensson, Espeseth, Nina Nymark – Andersen, Myklebust – Riise, Haugen, Anne Nymark – Andersen, Aarönes – Medalen, Pettersen.
Deutschland: Goller – Lohn – Austermühl, Bernhard – Mohr, Wiegmann, Neid, Voss, D. Pohlmann (Pia Wunderlich) – Meinert (Smisek), Prinz (Grigoli-Brockner). – Nicht eingesetzt während des Turniers: Kraus, Francke, A. Klein.
Tore: Riise, Pettersen – Zuschauer: 17 158 – SR: Ingrid Jonsson (Schweden).

1999: USA

Deutschland qualifizierte sich gegen England 3:0, 1:0; Niederlande 2:1, 0:1; Norwegen 1:0, 2:3; Ukraine 5:0, 1:1.

Endrunde vom 19. Juni bis 10. Juli 1999 in den USA
Gruppe A: USA und Nigeria. USA – Dänemark 3:0, Nordkorea – Nigeria 2:1, USA – Nigeria 7:1, Nordkorea – Dänemark 3:1, Nigeria – Dänemark 2:0, USA – Nordkorea 3:0.
Gruppe B: Brasilien und Deutschland. Brasilien – Mexiko 7:1, Deutschland – Italien 1:1, Brasilien – Italien 2:0, Deutschland – Mexiko 6:0, Deutschland – Brasilien 3:3, Mexiko – Italien 0:2.
Gruppe C: Norwegen und Russland. Japan – Kanada 1:1, Norwegen – Russland 2:1, Norwegen – Kanada 7:1, Japan – Russland 0:5, Kanada – Russland 1:4, Norwegen – Japan 4:0.
Gruppe D: China und Schweden. China – Schweden 2:1, Australien – Ghana 1:1, Australien – Schweden 1:3, China – Ghana 7:0, China – Australien 3:1, Ghana – Schweden 0:2.

Viertelfinale: China – Russland 2:0; Norwegen – Schweden 3:1; USA – Deutschland 3:2; Brasilien – Nigeria i. V. 4:3 („golden goal").
Halbfinale: China – Norwegen 5:0; USA – Brasilien 2:0.
Um den 3. Platz: Brasilien – Norwegen n. V. 0:0, Elfmeterschießen 5:4.

Endspiel am 10. Juli 1999 in Los Angeles: USA – China n. V. 0:0, Elfmeterschießen 5:4
USA: Scurry – Fawcett, Oberbeck, Sobrero, Chastain – Lilly, Akers (Whalen), Foudy – Milbrett (Venturini), Hamm, Parlow (McMillan).
Zuschauer: 90 185 – SR: Nicole Mouidi-Petignat (Schweiz).

Das deutsche Aufgebot: Fitschen, Grings, Hingst, Hoffmann, Jones, Lingor, Meinert, Meyer, Minnert, Cl. Müller, Prinz, Rottenberg, Smisek, Stegmann, Voss, Wiegmann, P. Wunderlich, T. Wunderlich – Nicht eingesetzt: Angerer, Brandebusemeyer.

Olympia-Fußballturnier der Frauen

Die bisherigen Gewinner:
1996 USA – 2000 Norwegen.

1996 in Atlanta: USA

Gruppe A: China, USA. USA – Dänemark 3:0, Schweden – China 0:2, USA – Schweden 2:1, Dänemark – China 1:5, USA – China 0:0, Dänemark – Schweden 1:3.
Gruppe B: Norwegen, Brasilien. Deutschland – Japan 3:2, Norwegen – Brasilien 2:2, Brasilien – Japan 2:0, Norwegen – Deutschland 3:2, Brasilien – Deutschland 1:1, Norwegen – Japan 4:0.
Halbfinale: China – Brasilien 3:2; Norwegen – USA n. V. 1:2.
Um den 3. Platz: Norwegen – Brasilien 2:0.

Endspiel am 1. August 1996 in Athens: USA – China 2:1 (1:1)
USA: Scurry – Chastain, Overbeck, Fawcett – Foudy, Venturini, Akers, Lilly – Hamm (Gabarra), McMillan, Millbrett (Roberts).
Tore: Millbrett, McMillan (Sun Wen) – Zuschauer: 67 841 – SR: Skogvang (Norwegen).

Das deutsche Aufgebot: Austermühl, Fitschen, Goller, Grigoli-Brocker, Lingor, Minnert, Mohr, Nardenbach, Neid, Pohlmann, Prinz, Stegemann, Voss, Wiegmann, P. Wunderlich – Nicht eingesetzt: Kraus.

2000 in Sydney: Norwegen

Gruppe E: Deutschland und Brasilien. Australien – Deutschland 0:3, Schweden – Brasilien 0:2, Azstralien – Schweden 1:1, Deutschland – Brasilien 2:1, Australien – Brasilien 1:2, Deutschland – Schweden 1:0.
Gruppe F: USA und Norwegen. USA – Norwegen 2:0, China – Nigeria 3:1, USA – China 1:1, Norwegen – Nigeria 3:1, USA – Nigeria 3:1, Norwegen – China 2:1.
Halbfinale: Deutschland – Norwegen 0:1; USA – Brasilien 1:0.
Um den 3. Platz: Deutschland – Brasilien 2:0.

Endspiel am 28. September 2000 in Sydney: Norwegen – USA i. V. („golden goal") 3:2 (2:2, 1:1)
Norwegen: Nordby – Sandaune, Espeseth, Kringen, Jörgensen – S. Gulbrandsen (Lehn), Riise, Knudsen (B. Jensen), Haugenes – Pettersen (Mellgren), R. Gulbrandsen.
Tore: Espeseth, R. Gulbransen, Mellgren (Milbrett 2) – Zuschauer: 22 848 – SR: Denoncourt (Kanada).

Das deutsche Aufgebot: Brandebusemeyer, Fitschen, Götte, Gottschlich, Grings, Hingst, Hoffmann, Jones, Lingor, Meinert, Minnert, Cl. Müller, Prinz, Rottenberg, Stegemann, Wiegmann, P. Wunderlich – Nicht eingesetzt: Angerer, M. Müller, Schaller, Smisek, T. Wunderlich.

U19-Weltmeisterschaft der Frauen

Die bisherigen Gewinner:
2002 USA.

2002: USA

Gruppe A: Kanada, Japan und Dänemark. Kanada – Dänemark 3:2, Nigeria – Japan 1:1, Dänemark Nigeria 2:1, Japan – Kanada 0:4, Dänemark – Japan 1:2
Gruppe B: Brasilien und Deutschland. Deutschland – Frankreich 2:0, Mexiko – Brasilien 3:5, Frankreich – Mexiko 2:1, Brasilien – Deutschland 1:0, Frankreich – Brasilien 0:4, Mexiko – Deutschland 1:3.
Gruppe C: USA, Australien und England. USA – England 5:1, Taiwan – Australien 1:5, England – Taiwan 4:0, Australien – USA 0:4, England – Australien 0:0, Taiwan – USA 0:6
Viertelfinale: Brasilien – Australien n. V. 4:3, USA – Dänemark 6:0, Kanada – England 6:2, Japan – Deutschland n. V. 1:2.
Halbfinale: Brasilien – Kanada n. V. 1:1, Elfmeterschießen 3:4; USA – Deutschland 4:1.
Um den 3. Platz: Deutschland – Brasilien 1:1, Elfmeterschießen 4.3.

Endspiel am 1. September 2002 in Edmonton: USA – Kanada i. V. 1:0 (0:0, 0:0)
USA: Harris – Buehler (Ballweg), Fletcher, Osborne, Dowling – Oakes, Chalupny. Makoski (Woznuk, Kakadelas) – O'Reilly, Tarpley, Wilson.
Tor: Tarpley – Zuschauer: 47 784 – SR: Ferreira-James (Guyana).

Das deutsche Aufgebot: Bachor, Barucha, Boschert, Brendel, Bresonik, Elling, Günther, Kasperczyk, Krüger, Mittag, Müller, Odebrecht, Richter, Sabel, Stegmann, Thomas, Zietz – Nicht eingesetzt: Richter.

Europameisterschaft der Frauen

Die bisherigen Gewinner:
1984 Schweden – 1987 Norwegen – 1989, 1991 Deutschland – 1993 Norwegen – 1995, 1997, 2001 Deutschland.

1982/84: Schweden

Gruppe 1: Schweden. Finnland – Schweden 0:6, 0:5; Norwegen – Island 2:2, 1:0; Island – Schweden 0:6, 0:5; Finnland – Norwegen 0:3, 0:3; Schweden – Norwegen 2:0, 2:1; Island – Finnland 0:2, 0:3.
Gruppe 2: England. Nordirland – Schottland 1:2, 0:3; England – Nordirland 7:1, 4:0; Schottland – Irland 3:0, 1:1; Nordirland – Irland 1:2, 2:3; Schottland – England 0:4, 0:2; Irland – England 0:1, 0:6.
Gruppe 3: Italien. Schweiz – Portugal 2:0, 1:1; Frankreich – Italien 1:0, 0:3; Italien – Portugal 3:0, 2:0; Portugal – Frankreich 0:0, 0:2; Frankreich – Schweiz 1:1, 0:0; Schweiz – Italien 0:2, 0:2.
Gruppe 4: Dänemark. Belgien – Niederlande 3:2, 0:5; Niederlande – Dänemark 2:1, 0:2; Dänemark – Belgien 1:0, 2:2; Deutschland – Belgien 1:1, 1:1; Niederlande – Deutschland 2:2, 1:1; Deutschland – Dänemark 1:1, 0:1.

Halbfinale: England – Dänemark 2:1, 1:0; Schweden – Italien 3:2, 2:1.

1. Endspiel am 21. 5. 1984 in Göteborg: Schweden – England 1:0 (0:0)
2. Endspiel am 27. 5. 1984 in Luton; England – Schweden 1:0 (0:0), Elfmeterschießen 3:4
Schweden: Leidinge – Jansson, Börjesson, Burevik, Kaberg, Svenjeby, Andersson, Hansson (2. Spiel Johannsson), Ahman-Svensson, Videkull (2. Spiel ab 30. Uusitalo), Sundhage.
1. Spiel: Tor: Sundhage. – Zuschauer: 5552 – SR: Bakker (Niederlande) – 2. Spiel: Tor: Curl – Zuschauer: 2665 – SR: Goris (Belgien).

1985/87: Norwegen

Gruppe 1. Norwegen. Finnland – Norwegen 0:0, 0:2; Deutschland – Finnland 1:0, 0:1; Dänemark – Finnland 1:1, 2:0; Dänemark – Deutschland 3:0, 0:2; Deutschland – Norwegen 2:3, 0:0; Norwegen – Dänemark 2:2, 5:2.
Gruppe 2: England. England – Schottland 4:0, 3:1; Irland – Nordirland 1:0, 1:0; Irland – England 0:6, 0:4; Nordirland – Schottland 1:9, 0:7.
Gruppe 3: Schweden. Niederlande – Frankreich 1:0, 5:3; Belgien – Frankreich 3:1, 1:3; Frankreich – Schweden 0:4, 0:1; Schweden – Niederlande 2:0, 0:2; Belgien – Niederlande 3:1, 0:3; Schweden – Belgien 5:0, 2:1.
Gruppe 4; Italien. Ungarn – Spanien 1:0, 2:1; Ungarn – Italien 2:3, 0:1; Spanien – Schweiz 0:2, 3:0; Italien – Schweiz 3:0, 2:1; Schweiz – Ungarn 1:2, 1:1; Spanien – Italien 2:3, 1:1.

Endrunde vom 11. bis 14. Juni 1987 in Norwegen:
Halbfinale: Norwegen – Italien 2:0; Schweden – England n. V. 2:2, Elfmeterschießen 3:2.
Um den 3. Platz: Italien – England 2:1.

Endspiel am 14. August 1987 in Oslo: Norwegen – Schweden 2:1 (1:0)
Norwegen: Andreassen – Hoch-Nielsen, Straedet, Storhaug, Mortensen, Scheel, Støre, Haugen, Stendal, Nyborg, Nielsen (Bakken).
Tore: Stendall 2 (Videkull) – Zuschauer: 8470 – SR: Aaho (Finnland).

1987/89: Deutschland

Gruppe 1: Dänemark und Norwegen. Finnland – Norwegen 3:3, 2:0; Norwegen – Dänemark 0:1, 2:3; Finnland – England 1:2, 1:1 England – Dänemark 2:1, 0:2; Dänemark – Finnland 3:1, 2:1; Norwegen – England 2:0, 3:1.
Gruppe 2: Niederlande und Schweden. Schweden – Niederlande 0:0, 0:1; Niederlande – Schottland 4:0, *); Irland – Niederlande – 0:1, 0:2; Irland – Schottland 2:1, *); Irland – Schweden 1:1, 0:4; Schweden – Schottland *), *) – *) = Schottland zurückgezogen, alle Spiele annulliert.
Gruppe 3: Deutschland und Italien. Ungarn – Deutschland 0:1, 0:4; Ungarn – Schweiz 7:1, 0:3; Deutschland – Italien 3:0, 0:0; Italien – Ungarn 5:1, 0:0; Deutschland – Schweiz 0:0, 10:0; Italien – Schweiz 5:0, 6:0.
Gruppe 4: Frankreich und Tschechoslowakei. Bulgarien – Spanien 1:1, 0:1; Belgien – Tschechoslowakei 1:1, 0:0; Belgien – Frankreich 0:2, 0:0; Tschechoslowakei – Spanien 1:0, 2:0; Frankreich – Bulgarien 5:0, 2:0; Spanien – Belgien 1:0, 0:1; Bulgarien – Belgien 0:0, 0:5; Frankreich – Spanien 0:0, 3:1; Bulgarien – Tschechoslowakei 0:1, 0:3; Frankreich – Tschechoslowakei 2:2, 0:0.
Viertelfinale: Norwegen – Niederlande 2:1, 3:0; Dänemark – Schweden 1:5, 1:1; Tschechoslowakei – Deutschland 1:1, 0:2; Italien – Frankreich 2:0, 2:1.

Endrunde vom 28. Juni bis 2. Juli 1989 in Deutschland:
Halbfinale: Deutschland – Italien n. V. 1:1, Elfmeterschießen 4:3; Schweden – Norwegen 1:2.
Um den 3. Platz: Schweden – Italien n. V. 2:1.

Endspiel am 2. Juli 1989 in Osnabrück: Deutschland – Norwegen 4:1 (2:0)
Deutschland: Isbert – Kuhlmann – Nardenbach, Raith – Haberlass (Bindl), Fitschen (Fehrmann), Neid, Damm – Voss, Mohr, Lohn.
Tore: Lohn 2, Mohr, Fehrmann (Grude) – Zuschauer: 22 000 – SR: Silva Valente (Portugal).

1989/91: Deutschland

Gruppe 1: Niederlande. Niederlande – Irland 2:0, 0:0; Nordirland – Irland 1:2, 0:4; Niederlande – Nordirland 9:0, 6:0.
Gruppe 2: Schweden. Polen – Frankreich 1:3, 2:2; Schweden Polen 4:1, 2:0; Frankreich – Schweden 0:2, 1:4.
Gruppe 3: Norwegen und England. Finnland – Norwegen 0:1, 0:4; England – Finnland 0:0, 0:0; Norwegen – Belgien 4:0, 1:0; England – Belgien 1:0, 3:0; Finnland – Belgien 3:0, 0:1; Norwegen – England 2:0, 0:0.
Gruppe 4: Deutschland und Ungarn. Deutschland – Ungarn 0:0, 4:0; Tschechoslowakei – 2:0, 3:2; Deutschland – Tschechoslowakei 5:0, 1:0; Ungarn – Tschechoslowakei 2:0, 0:3; Deutschland – Bulgarien 4:0, 4:1; Bulgarien – Ungarn 0:3, 0:2.
Gruppe 5: Dänemark und Italien. Schweiz – Dänemark 0:4, 0:4; Spanien – Schweiz 0:0, 1:2; Spanien – Dänemark 1:3, 0:5; Italien – Schweiz 4:1, 4:0; Italien – Spanien 3:1, 0:0; Dänemark – Italien 1:0, 1:1.
Viertelfinale: Norwegen – Ungarn 2:1, 2:0; Schweden – Italien 1:1, 0:0; Dänemark – Niederlande 0:0, n. V. 1:0; England – Deutschland 1:4, 0:2.

Endrunde vom 10. bis 14. Juli 1991 in Dänemark:
Halbfinale: Dänemark – Norwegen n. V. 0:0, Elfmeterschießen 7:8; Deutschland – Italien 3:0.
Um den 3. Platz: Dänemark – Italien n. V. 2:1.

Endspiel am 14. Juli 1991 in Aalborg: Deutschland – Norwegen n. V. 3:1 (1:1, 0:0)
Deutschland: Isbert – Fitschen – Nardenbach, Kuhlmann – Unsleber (Gottschlich), Neid, Damm, Raith – Voss (Bornschein), Mohr, Wiegmann.
Tore: Mohr 2, Neid (Hegstad) – Zuschauer: 3100 – SR: McCluskey (Schottland)

1991/93: Norwegen

Gruppe 1: Norwegen. Schweiz – Norwegen 0:10, 0:6; Belgien – Schweiz 0:0, 1:0; Belgien – Norwegen 0:0, 0:8.
Gruppe 2: Dänemark. Finnland – Dänemark 1:1, 0:5; Dänemark – Frankreich 4:1, 4:0; Finnland – Frankreich 1:1, 1:5.
Gruppe 3: England. England – Schottland 1:0, 2:0; England – Island 4:0, 2:1; Schottland – Island 0:0, 1:2.
Gruppe 4: Schweden. Spanien – Schweden 0:4, 1:1; Spanien – Irland 0:1, 1:0; Irland – Schweden 0:1, 0:10.
Gruppe 5: Niederlande. Griechenland – Rumänien 0:0, 0:1; Griechenland – Niederlande 0:3, 0:2; Niederlande – Rumänien 1:0, 0:0.
Gruppe 6: Deutschland. Jugoslawien – Deutschland 0:3, 2. Spiel wegen des Balkankrieges nicht ausgetragen.
Gruppe 7: Italien. Polen – Tschechoslowakei 1:2, 0:3; Italien – Polen 3:1, 1:4; Tschechoslowakei – Italien 0:3, 2:2.
Gruppe 8: Russland. Russland – Ungarn 2:1, 0:0; Bulgarien – Ungarn 0:1, 0:3; Russland – Bulgarien 3:0, 2:1.
Viertelfinale: England – Italien 0:3, 2:3; Dänemark – Schweden 1:1, 2:1; Niederlande – Norwegen 0:3, 0:3; Deutschland – Russland 0:0, 7:0.

Endrunde vom 29. Juni bis 4. Juli in Italien:
Halbfinale: Norwegen – Dänemark 1:0; Italien – Deutschland n. V. 1:1, Elfmeterschießen 4:3.
Um den 3. Platz: Dänemark – Deutschland 3:1.

Endspiel am 4. Juli 1993 in Cesena: Norwegen – Italien 1:0 (0:0)
Norwegen: Seth – Nysveen, Nymark – Zaborowsky, Espeseth, Rilse – Store, Carisen, Nymark, Aarones (Hegstad), Medalen (Sandberg).
Tor: Hegstad – Zuschauer: 8000 – SR: Wieser (Österreich)

1993/95: Deutschland

Gruppe 1: Norwegen. Norwegen – Tschechien 6:1, 9:0; Finnland – Ungarn 1:1, 1:0; Norwegen – Ungarn 8:0, 4:0; Tschechien – Finnland 0:0, 0:4; Tschechien – Ungarn 0:0, 4:4; Finnland – Norwegen 2:2, 0:4.
Gruppe 2: Russland. Ukraine – Russland 0:2, 1:2; Ukraine – Rumänien 2:2, 0:5; Polen – Ukraine 1:3, 0:3; Rumänien – Russland 2:2, 0:1; Polen – Rumänien 0:4, 0:3; Russland – Polen 0:0, 2:1.
Gruppe 3: Dänemark. Litauen – Dänemark 0:11, 0:11; Litauen – Bulgarien 0:1, 1:1; Dänemark – Bulgarien 6:1, 4:0; Jugoslawien wegen des Balkankrieges ausgeschlossen.
Gruppe 4: Schweden. Schweden – Lettland 9:0, 5:0; Lettland – Slowakei 0:1, 1:3; Slowakei – Schweden 0:2, 0:6.
Gruppe 5: Deutschland. Wales – Schweiz 2:3, 2:4; Schweiz – Deutschland 0:5, 0:11; Schweiz – Kroatien 1:2, 1:1; Deutschland – Wales 12:0, 12:0; Kroatien – Deutschland 0:7, 0:8; Wales – Kroatien 1:2, 3:0.
Gruppe 6: Italien. Italien – Schottland 4:0, 4:0; Italien – Frankreich 2:0, 1:1; Portugal – Frankreich 0:1, 0:3; Frankreich – Schottland 1:0, 3:0. Portugal – Italien 1:3, 2:1; Schottland – Portugal 1:2, 2:8.
Gruppe 7: England. Slowenien – England 0:10, 0:10; Belgien – Slowenien 7:0, 8:0; Belgien – Spanien 0:0, 0:4; Belgien – England 0:3, 0:6; England – Spanien 0:0, 0:0; Spanien – Slowenien 17:0, 8:0.
Gruppe 8: Island. Island – Niederlande 2:1, 1:0; Niederlande – Griechenland 2:0, 4:0; Island – Griechenland 3:0, 6:1.

Viertelfinale: Island – England 1:2, 1:2; Russland – Deutschland 0:1, 0:4; Dänemark – Schweden 2:0, 0:3; Italien – Norwegen 1:3, 2:4.
Halbfinale: England – Deutschland 1:4, 1:2; Norwegen – Schweden 4:3, 1:4.

Endspiel am 28. März 1995 in Kaiserslautern: Deutschland – Schweden 3:2 (1:1)
Deutschland: Goller – Lohn – Bernhard, Austermühl – Wiegmann, Meinert, Neid, Voss (T. Wunderlich), D. Pohlmann – Mohr, Grigoli-Brocker (Prinz).
Tore: Meinert, Prinz, Wiegmann (Andersson, Andelen) – Zuschauer: 8500 – SR: Koho (Finnland).

1995/97: Deutschland

Kategorie 1:
Gruppe 1: Norwegen. Norwegen – Slowakei 17:0, 4:0; Finnland – Deutschland 0:3, 0:6; Slowakei – Finnland 0:0, 1:2; Deutschland – Slowakei 2:0, 3:0; Deutschland – Norwegen 1:3, 0:0; Finnland – Norwegen 0:2, 0:7.
Gruppe 2: Russland. Island – Russland 1:4, 0:4; Island – Frankreich 3:3, 0:3; Island – Niederlande 2:0, 2:0; Russland – Frankreich 0:0, 1:0; Niederlande – Russland 1:1, 1:0; Niederlande – Frankreich 1:2, 1:1.
Gruppe 3: Italien. Italien – Kroatien 7:0, 0:0; England – Italien 1:1, 1:2; England – Kroatien 5:0, 2:0; Portugal – England 0:5, 0:3; Portugal – Italien 0:2, 1:4; Portugal – Kroatien 1:0, 2:0.
Gruppe 4: Schweden. Dänemark – Schweden 1:2, 0:2; Dänemark – Rumänien 8:0, 2:1; Dänemark – Spanien 2:0, 1:0; Schweden – Spanien 1:1, 8:0; Schweden – Rumänien 8:0, 5:0; Spanien – Rumänien 5:1, 2:2.

Play-offs der Gruppenzweiten und -dritten: Finnland – Frankreich 0:2, 0:3; Portugal – Dänemark 1:7, 0:5; Spanien – England 2:1, 1:1; Island – Deutschland 0:3, 0:4.

Endrunde vom 29. Juni bis 12. Juli 1997 in Norwegen und Schweden:
Gruppe A: Schweden und Spanien. Frankreich – Spanien 1:1, Schweden – Russland 2:1, Spanien – Schweden 0:1, Russland – Frankreich 1:3, Russland – Spanien 0:1, Schweden – Frankreich 3:0.
Gruppe B: Italien und Deutschland. Deutschland – Italien 1:1, Dänemark – Norwegen 0:5, Italien – Dänemark 2:2, Norwegen – Deutschland 0:0, Norwegen – Italien 0:2, Dänemark – Deutschland 0:2.
Halbfinale: Schweden – Deutschland 0:2, Italien – Spanien 2:1.

Endspiel am 12. Juli 1997 in Oslo: Deutschland – Italien 2:0 (1:0)
Deutschland: Rottenberg – Jones – Stegemann, Fitschen, Minnert – Hingst, Meinert (Cl. Klein), Wiegmann, Pia Wunderlich – Prinz (Smisek), Meyer (Cl. Müller) – Im weiteren Turnierverlauf eingesetzt: Voss, Becher, Hoffmann, Fuss – Nicht eingesetzt: Angerer, Grings, Künzer, von Lanken.
Tore: Minnert, Prinz – Zuschauer: 2221 – SR: Lyngö-Nielsen (Dänemark).

1999/2001: Deutschland

Kategorie 1:
Gruppe 1: Frankreich. Frankreich – Schweden 2:0, 2:2; Frankreich – Spanien 1:0, 2:1; Frankreich – Niederlande 2:1, 1:1; Schweden – Spanien 7:0, 5:2; Schweden – Niederlande 1:1, 3:0; Spanien – Niederlande 1:1, 2:1.

Gruppe 2: Norwegen. Norwegen - England 8:0, 3:0; Norwegen - Portugal 5:0, 4:0; Norwegen - Schweiz 4:0, 1:0; England - Portugal 2:0, 2:2; England - Schweiz 1:0, 3:0; Portugal - Schweiz 0:1, 2:0.
Gruppe 3: Deutschland. Deutschland - Italien 3:0, 4:4; Deutschland - Ukraine 3:0, 6:1; Deutschland - Island 5:0, 6:0; Italien - Ukraine 1:0, 0:0; Italien - Island 1:0, 0:0; Ukraine - Island 2:2, 3:2.
Gruppe 4: Russland. Russland - Dänemark 5:2, 4:2; Russland - Finnland 3:0, 2:0; Russland - Jugoslawien 4:0, 1:0; Dänemark - Finnland 3:1, 1:2; Dänemark - Jugoslawien 6:0, 8:0, Finnland - Jugoslawien 2:0, 0:2.

Play-offs der Gruppenzweiten und -dritten: Italien - Portugal 3:0, 0:1; Schweden - Finnland 5:1, 5:2; Spanien - Dänemark 1:6, 2:4; Ukraine - England 1:2, 0:2.

Endrunde vom 23. Juni bis 7. Juli 2001 in Deutschland:
Gruppe A: Deutschland und Schweden. Deutschland - Schweden 3:1, Russland -England 1:1, Deutschland - Russland 5:0, Schweden - England 4:0, England - Deutschland 0:3, Schweden - Russland 1:0.
Gruppe B: Dänemark und Norwegen. Italien - Dänemark 2:1, Norwegen - Frankreich 3:0, Frankreich - Dänemark 3:4, Norwegen - Italien 1:1, Dänemark - Norwegen 1:0, Frankreich - Italien 2:0
Halbfinale: Deutschland - Norwegen 1:0; Dänemark - Schweden 0:1.

Endspiel am 7. Juli 2001 in Ulm: Deutschland - Schweden i. V. 1:0 („golden goal") (0:0, 0:0)
Deutschland: Rottenberg - Stegemann, Jones, Fitschen, Hingst - Wiegmann, Lingor - P. Wunderlich, Meinert, Prinz - Smisek (Cl. Müller) - Im weiteren Turnierverlauf eingesetzt: Bresonik, Minnert, M. Müller, Omilade, Wimbersky - Nicht eingesetzt: Angerer, Wilder, T. Wunderlich.
Tor: Cl. Müller - Zuschauer: 18 000 - SR: Pétignat (Schweiz).

Europameisterschaft U19 der Frauen

Die bisherigen Gewinner (bis 2001 als U18-Wettbewerb):
1998 Dänemark - 1999 Schweden - 2000, 2001, 2002 Deutschland - 2003 Frankreich.

1997/98: Dänemark

Qualifikation: Gr. 1: Norwegen - Gr. 2: Schweden - Gr. 3: Russland - Gr. 4: Dänemark - Gr. 5: Deutschland (- Polen 11:0; - Jugoslawien 6:0; - Slowakei 5:0) - Gr. 6: Frankreich - Gr. 7: Niederlande - Gr. 8: Italien.
Viertelfinale: Norwegen - Deutschland 1:2, 2:3; Schweden - Italien 1:0, 4:0; Dänemark - Niederlande 0:1, 2:1; Frankreich - Russland 2:0, 1:0.
Halbfinale: Dänemark - Deutschland 0:0, 1:0; Frankreich - Schweden 2:0, n. V. 0:2, Elfmeterschießen 5:3.
Endspiele: Dänemark - Frankreich 2:0, 2:3.

1998/99: Schweden

Qualifikation: Gr. 1: Frankreich - Gr. 2: Italien - Gr. 3: England - Gr. 4: Deutschland (- Belgien 2:0; - Tschechien 4:0; - Ungarn 8:0) - Gr. 5: Finnland - Gr. 6: Dänemark - Gr. 7: Schweden - Gr. 8: Norwegen.
Viertelfinale: England - Norwegen 1:3, 0:1; Frankreich - Deutschland 2:1, 0:5; Dänemark - Schweden 1:3, 2:5; Italien - Finnland 0:0, 1:1.

Endrunde vom 3. bis 8. August 1999 in Schweden:
Punktrunde Jeder gegen Jeden: Deutschland - Norwegen 2:1, Schweden - Italien 1:3, Deutschland - Schweden 0:1, Norwegen - Italien 0:0, Italien - Deutschland 0:2, Norwegen - Schweden 1:2.
Deutschland und Schweden punktgleich, Schweden dank des direkten Vergleichs (1:0) Europameister.

1999/2000: Deutschland

Qualifikation: Gr. A1: Spanien - Gr. A2: Frankreich - Gr. A3: Schweden - Gr. A4: Deutschland (- Dänemark 2:0; - Finnland 3:0; - Ukraine 0:0).

Endrunde vom 27. Juli bis 5. August 2000 in Frankreich:
Punktrunde Jeder gegen Jeden: Schweden - Frankreich 2:1, Spanien - Deutschland 0:2, Schweden - Spanien 1:3, Frankreich - Deutschland 1:3, Frankreich - Spanien 2:4, Deutschland - Schweden 0:0.
Endspiel am 5. August 2000 in Boulogne: Deutschland - Spanien 4:2.
Deutschland: Holl - Krummenauer, Rech, Becker, Notbom, Hagedorn, Kliehm (Färber (1), Wilmes (1), (Günther), Wimbersky, Schäpertöns, J. Meier (2).

2000/01: Deutschland

Qualifikation: Gr. A1: Dänemark – Gr. A2: Norwegen – Gr. A3: Spanien – Gr. A4: Deutschland (– Russland 6:0; – Finnland 5:1; – Niederlande 3:0).

Endrunde vom 26. bis 28. Juli 2001 in Norwegen:
Halbfinale: Deutschland – Spanien 2:0; Norwegen – Dänemark 1:0.
Endspiel am 28. Juli 2001 in Lilleström: Deutschland – Norwegen 3:2.
Deutschland: Holl (Nünnke) – Krummenauer, Bresonik, Becker, Günther, Hagedorn, Wilmes (1), Barucha (Brendel), Wimbersky (1), Müller, Odebrecht (1).

2001/02: Deutschland

Qualifikation: Gr. A1: Frankreich und Schweiz – Gr. A2: Deutschland (– Finnland 2:1; – Schottland 4:1; – Niederlande 3:0) – Gr. A3: Dänemark und England – Gr. A4: Spanien und Norwegen – Schweden als Veranstalter automatisch qualifiziert.

Endrunde vom 2. bis 12. Mai 2002 in Schweden:
Gruppe A: Deutschland und Frankreich. Frankreich – Deutschland 2:3, Schweden – Spanien 0:1, Spanien – Deutschland 0:2, Schweden – Frankreich 0:0, Deutschland – Schweden 1:0, Spanien – Frankreich 1:2.
Gruppe B: Dänemark und England. Norwegen – England 1:3, Schweiz – Dänemark 0:3, Norwegen – Schweiz 2:1, England – Dänemark 1:2, Dänemark – Norwegen 3:1, England – Schweiz 3:4.
Halbfinale: Deutschland – England 1:0; Dänemark – Frankreich 0:1.
Endspiel am 12. Mai 2002 in Helsingborg: Deutschland – Frankreich 3:1.
Deutschland: Elling – Stegmann, Kierner, Kasperczyk, Günther – Brendel, Odebrecht (1), Sabel, Bachor (1) – Mittag, Müller (1).

2002/03: Frankreich

Qualifikation: Gr. A1: Spanien und England – Gr. A2: Schweden und Frankreich – Gr. A3: Italien und Niederlande – Gr. A4: Norwegen – Deutschland als Veranstalter automatisch qualifiziert.

Endrunde vom 25. Juli bis 3. August 2003 in Deutschland:
Gruppe A: England und Schweden. Deutschland – Italien 0:2, Schweden – England 1:2, Deutschland – Schweden 1:2, Italien – England 1:3, England – Deutschland 0:6, Italien – Schweden 3:3, Elfmeterschießen1:4.
Gruppe B: Norwegen und Frankreich. Norwegen – Frankreich 2:2, Niederlande – Spanien 2:1, Norwegen – Niederlande 2:1, Frankreich – Spanien 2:3, Spanien – Norwegen 1:2, Frankreich – Niederlande 2:1.
Halbfinale: Norwegen – Schweden 2:2, Elfmeterschießen 4:2; England – Frankreich 0:2.
Endspiel am 3. August 2003 in Leipzig: Frankreich – Norwegen 2:0.

UEFA-Frauen-Pokal

Die bisherigen Gewinner:
2001 1. FFC Frankfurt – 2002 Umea IK/SWE.

2001/02: 1. FFC Frankfurt

Qualifikation: Gr. 1: SK Trondheim-Örn/NOR – Gr. 2: TNK Ryazan/RUS – Gr. 3: Umea IK/SWE – Gr. 4: 1. FFC Frankfurt (– UD Levante/ESP 1:0, – Codru Chisinau/MDA 5:0, – College SC Erewan/ARM 18:0) – Gr. 5: HJK Helsinki/FIN – Gr. 6: Odense BK/DEN – Gr. 7: FC Toulouse/FRA – Gr. 8: LFC Arsenal/ENG.
Viertelfinale: Odense BK – 1. FFC Frankfurt 0:3, 1:2; LFC Arsenal – FC Toulouse 1:1, 1:2; SK Trondheim-Örn – HJK Helsinki 2:1, 0:2; Umea IK – TNK Ryazan 4:1, 3:1.
Halbfinale: Umea IK – HJK Helsinki 2:1, 1:0; FC Toulouse – 1. FFC Frankfurt 1:2, 0:0.
Endspiel am 23. Mai 2002 in Frankfurt: 1. FFC Frankfurt – Umea IK 2:0 (0:0).
Frankfurt: Wissink – T. Wunderlich, Nardenbach, Minnert – Kliehm (Meier), Jones, Hansen (Rech), P. Wunderlich – Künzer, Lingor, Prinz – Trainerin: Staab.
Tore: Jones, Prinz – Zuschauer: 12 106 – SR: Elovirta (Finnland).

2002/03: Umea IK

Qualifikation: Gr. 1: Umea IK/SWE – Gr. 2: FC Toulouse/FRA – Gr. 3: 1. FFC Frankfurt (– ZFK Nisch/YUG 2:0, – Shamrock Rovers/IRL 7:1, – ZNK Osijek/CRO 8:0) – Gr. 4: HJK Helsinki/FIN – Gr. 5: SK Trondheim-Örn/NOR – Gr. 6: Fortuna Hjörring/DEN – Gr. 7: LFC Arsenal/ENG – Gr. 8: VVS Samara/RUS.
Viertelfinale: SK Trondheim-Örn – Fortuna Hjörring 2:2, 0:1; VVS Samara – LFC Arsenal 0:2, 1:1; HJK Helsinki – 1. FFC Frankfurt 0:2, 0:8; Umea IK – FC Toulouse 2:0, 0:0.
Halbfinale: Fortuna Hjörring – LFC Arsenal 3:1, 5:1; Umea IK – 1. FFC Frankfurt 1:1, n. V. 1:1, Elfmeterschießen 6:7.
1. Endspiel am 9. Juni 2003 in Umea: Umea IK – Fortuna Hjörring 4:1 (1:1).
2. Endspiel am 21. Juni 2003 in Hjörring: Fortuna Hjörring – Umea IK 0:3 (0:2).
Umea: Lundgren – Bergkvist, Marklund, Valkonen, Paulson (Eriksson) – Östberg, Moström, Dahlqvist, Sjöström (Runesson) – Ljungberg, Kalmari (Nordbrand, Lindqvistt)– Trainer: Holmlund.
Tore im 1. Spiel: Ljungberg 2, Östberg, Kalmari (Madsen); Tore im 2. Spiel: Moström, Kalmari, Ljungberg – Zuschauer: 7648/2119 – SR: Günthner (Deutschland)/Toms (England).

KAPITEL 13

UEFA INTERTOTO-CUP

Der Intertoto-Cup wurde ursprünglich ins Leben gerufen, um in der fußballlosen Sommerzeit Spiele für die nationalen Toto-Gesellschaften anbieten zu können. Die Idee hierzu stammte von Karl Rappan (geboren am 26. September 1905 in Wien), dem österreichischen Nationalspieler, der selbst für Admira-Wacker, Rapid und Austria Wien gespielt hatte. Nach dem Ende seiner Profi-Karriere in der Schweiz, als Spieler von Servette Genf und Grasshopper-Club Zürich, betreute er als Trainer die schweizerische Nationalmannschaft. Er gilt als Erfinder des sogenannten „Schweizer Riegels", besser bekannt in der italienischen Version des „Catenaccio" mit einem freien Verteidiger („Libero") hinter einer Reihe von Abwehrspielern.
Rappan's Traum von der Einrichtung einer gesamteuropäischen Liga fehlte ein Finanzgeber.
Als Rappan im Jahre 1938 die Schweizerische Nationalmannschaft als Nationaltrainer übernahm, war Ernst Thommen Schatzmeister des Schweizerischen Fussballverbands. Letzterer wurde dann in den fünfziger Jahren Manager der Schweizerischen Totogesellschaft. Für ihn bestand kein ökonomisches Problem, vielmehr befürchtete er, von der UEFA keine Zulassung für den geplanten Wettbewerb zu erhalten.
Mit dieser Einschätzung sollte Thommen Recht behalten, denn die UEFA verweigerte der Intertoto-Runde zuerst die Anerkennung; deshalb wurden die ersten Wettbewerbe nur gespielt, um Totowetten platzieren zu können.
Erst im Jahre 1961 erhielt der Wettbewerb die Zustimmung von der UEFA. Von 1961 bis 1966 spielten dann die Gruppensieger einen Turniersieger aus. Im Jahre 1967 wurden die Play-offs aufgrund von Terminschwierigkeiten dann abgeschafft. Seit 1995 ist der Intertoto-Cup ein offizieller UEFA-Wettbewerb.

1961/1962

Vorrunde Gruppe A1: Slovan Bratislava – Vorwärts Berlin 2:1, 1:0; Slovan Bratislava – Odra Opole 8:1, 1:1; Slovan Bratislava – Wiener AC 3:0, 1:1; Vorwärts Berlin – Odra Opole 2:1, 1:2; Vorwärts Berlin – Wiener AC 6.1, 3:3; Odra Opole – Wiener AC 2:0, 1:4. – 1. Slovan Bratislava 16:4, 10; 2. Vorwärts Berlin 13:10, 5; 3. Odra Opole 8:16, 5; 4. Wiener AC 9:16, 4.
Gruppe A2: Banik Ostrava – Motor Jena 6:1, 2:2; Banik Ostrava – VfL Osnabrück 3:1, 3:0; Banik Ostrava – Grazer AK 4:0, 6:3; Motor Jena – VfL Osnabrück 5:0, 1:0; Motor Jena – Grazer AK 3:2, 2:2; VfL Osnabrück – Grazer AK 6:2, 2:0. – 1. Banik Ostrava 24:7, 11; 2. Motor Jena 14:12, 8; 3. VfL Osnabrück 9:14, 4; 4. Grazer AK 9:23, 1.
Gruppe A3: Spartak Hradec Kralové – Gornik Zabrze 2:3, 2:2; Spartak Hradec Kralové – Dynamo Berlin 1:0, 1:1; Spartak Hradec Kralové – Wiener SC 4:2, 5:4; Gornik Zabrze – Dynamo Berlin 5:1, 3:4, Gornik Zabrze – Wiener SC 2:5, 5:3; Dynamo Berlin – Wiener SC 2:1, 5:3. – 1. Spartak Hradec Kralové 15:12, 8; 2. Gornik Zabrze 17:14, 7; 3. Dynamo Berlin 13:14, 7; 4. Wiener SC 15:20, 2.
Gruppe A4: Vienna Wien – Tatran Presov 3:3, 1:2, Vienna Wien – Lokomotive Leipzig 3:0, 2:0; Vienna Wien – Kickers Offenbach 5:2, 3:2; Tatran Presov – Lokomotive Leipzig 3:1, 1:2; Tatran Presov- Kickers Offenbach 3:3, 3:4; Lokomotive Leipzig – Kickers Offenbach 2:1, 2:1. – 1. Vienna Wien 17:9, 9; 2. Tatran Presov 15:14, 6; 3. Lokomotive Leipzig 7:11, 6; 4. Kickers Offenbach 13:18, 3.
Gruppe B1: Feijenoord Rotterdam – FC Schalke 04 1:3, 5:1; Feijenoord Rotterdam – IFK Göteborg 4:1, 6:3; Feijenoord Rotterdam – FC La Chaux-de-Fonds 3:2, 2:2; FC Schalke 04 – IFK Göteborg 4:1, 4:2; FC Schalke 04 – FC La Chaux-de-Fonds 8:0, 2:3; IFK Göteborg – FC La Chaux-de-Fonds 3:2, 2:2. – 1. Feijenoord Rotterdam 24:12, 10; 2. FC Schalke 04 22:12, 8; 3. IFK Göteborg 12:22, 3; 4. FC La Chaux-de-Fonds 11:23, 3.
Gruppe B2: Ajax Amsterdam – Malmö FF 1:0, 1:1; Ajax Amsterdam – FK Pirmasens 9:1, 2:4; Ajax Amsterdam – FC Zürich 9:1, 4:1; Malmö FF – FK Pirmasens 4:2, 3:3; Malmö FF – FC Zürich 4:1, 3:2; FK Pirmasens – FC Zürich 5:0, 2:1. – 1. Ajax Amsterdam 26:8, 9; 2. Malmö FF 15:10, 8; 3. FK Pirmasens 17:19, 7; 4. FC Zürich 6:27, 0.
Gruppe B3: Örgryte IS Göteborg – VV Venlo 2:1, 2:2; Örgryte IS Göteborg – Borussia Neunkirchen 3:1, 3:1; Örgryte IS Göteborg – FC Grenchen 2:2, 3:0; VV Venlo – Borussia Neunkirchen 3:2, 3:5; VV Venlo – FC Grenchen 1:0, 3:1; Borussia Neunkirchen – FC Grenchen 2:0, 1:3. – 1. Örgryte IS Göteborg 15:7, 10; 2. VV Venlo 13:12, 7; 3. Borussia Neunkirchen 12:15, 4; 4. FC Grenchen 6:12, 3.
Gruppe B4: Sparta Rotterdam – Elfsborg Boras 4:3, 5:2; Sparta Rotterdam – Tasmania 1900 Berlin 4:1, 1:4; Sparta Rotterdam – FC Basel 5:2, 4:0; Elfsborg Boras – Tasmania 1900 Berlin 5:2, 3:2; Elfsborg Boras – FC Basel 2:1, 6:3; Tasmania 1900 Berlin – FC Basel 1:2, 1:1. – 1. Sparta Rotterdam 23:12, 10; 2. Elfsborg Boras 21:17, 8; 3. Tasmania 1900 Berlin 11:16, 3; 4. FC Basel 9:19, 3.
Viertelfinale: Slovan Bratislava – Sparta Rotterdam 6:1; Örgryte IS Göteborg – Banik Ostrava 2:3; Ajax Amsterdam Vienna Wien n. V. 4:3; Feijenoord Rotterdam – Spartak Hradec Kralové 3:1.
Halbfinale: Ajax Amsterdam – Slovan Bratislava 5:1; Feijenoord Rotterdam – Banik Ostrava 1:0.

Endspiel: Ajax Amsterdam – Feijenoord Rotterdam 4:2.

1962/63

Vorrunde Gruppe A1: Slovnaft Bratislava – Racing Paris 4:2, 2.4; Slovnaft Bratislava – AC Venedig 2:0, 1:4; Slovnaft Bratislava – Young Boys Bern 1:0, 4:0; Racing Paris – AC Venedig 3:3, 4:4; Racing Paris – Young Boys Bern 3:1, 4:4; AC Venedig – Young Boys Bern 6:1, 1:3. – 1. Slovnaft Bratislava 14:10, 8; 2. Racing Paris 20:18, 7; 3. AC Venedig 18:14, 6; 4. Young Boys Bern 9:19, 3.

Gruppe A2: Újpest Budapest – Stade Francais Paris 0:0, 1:0; Újpest Budapest – FC Mantua 4:0, 4:1; Újpest Budapest – CKD Prag 2:2, 3:2; Stade Francais Paris – FC Mantua 4:0, 0:1; Stade Francais Paris – CKD Prag 2:1, 3:2; FC Mantua – CKD Prag 2:3, 3.1. – 1. Újpest Budapest 14:5, 10; 2. Stade Francais Paris 9:5, 7; 3. FC Mantua 7:16, 4; 4. CKD Prag 11:15, 3.

Gruppe A3: AC Padua – Banyasz Dorog 1:0, 1:3; AC Padua – FC La Chaux-de-Fonds 4:2, 3:2; AC Padua – Spartak Pilsen – 5:0, 1:1; Banyasz Dorog – FC La Chaux-de-Fonds 4:1, 0:1; Banyasz Dorog – Spartak Pilsen 4:2, 2:7; FC La Chaux-de-Fonds – Spartak Pilsen 3:1, 1:1. – 1. AC Padua 15:8, 9; 2. Banyasz Dorog 13:13, 6; 3. FC La Chaux-de-Fonds 10:13, 5; 4. Spartak Pilsen 12:16, 4.

Gruppe A4: Servette Genf – FK Sarajewo 3:2, 0:0; Servette Genf – Slovan Nitra 2:1, 0:0; Servette Genf – Olympique Nîmes 4:1, 2.5; FK Sarajewo – Slovan Nitra 3:2, 1:5; FK Sarajewo – Olympique Nîmes 2:1, 1:1; Slovan Nitra – Olympique Nîmes 4:1, 0:2. – 1. Servette Genf 11:9, 8; 2. FK Sarajewo 9.12, 6; 3. Slovan Nitra 12:9, 5; 4. Olympique Nîmes 11:13, 5.

Gruppe B1: Banyasz Tatabánya – Ajax Amsterdam 2:1, 2:1; Banyasz Tatabánya – AS Nancy 4:0, 2:1; Banyasz Tatabánya – 1. FC Kaiserslautern 6:2, 2:2; Ajax Amsterdam – AS Nancy 2:1, 3:2; Ajax Amsterdam – 1. FC Kaiserslautern 6:0, 5.4; AS Nancy – 1. FC Kaiserslautern 3:1, 3:0. – 1. Banyasz Tatabánya 18:7, 11; 2. Ajax Amsterdam 18:11, 8; 3. AS Nancy 10.12, 4; 4. 1. FC Kaiserslautern 9:25, 1:

Gruppe B2: OFK Belgrad – Lanerossi Vicenza 2:1, 0:2; OFK Belgrad – Bayern München 4:1, 4:4; OFK Belgrad – Feijenoord Rotterdam 1:0, 2:1; Lanerossi Vicenza – Bayern München 1:0, 2:4; Lanerossi Vicenza – Feijenoord Rotterdam 2:0, 0:3; Bayern München – Feijenoord Rotterdam 4:3, 1:5. – 1. OFK Belgrad 13.9, 9; 2. Lanerossi Vicenza 8:9, 6; 3. Bayern München 14:19, 5; 4. Feijenoord Rotterdam 12:10, 4.

Gruppe B3: NK Rijeka – Rot-Weiß Oberhausen 2:1, 3:4; NK Rijeka – FC Basel 5:1, 2:2; NK Rijeka – PSV Eindhoven 3:1, 3:2; Rot-Weiß Oberhausen – FC Basel 2:2, 4:4; Rot-Weiß Oberhausen – PSV Eindhoven 3:1, 1:0; FC Basel – PSV Eindhoven 4:3, 3:4. – 1. NK Rijeka 18:11, 9; 2. Rot-Weiß Oberhausen 15:12, 8; 3. FC Basel 16:20, 5; 4. PSV Eindhoven 11.17, 2.

Gruppe B4: SC Pécs – Blauw-Wit Amsterdam 5:2, 0:0; SC Pécs – Velez Mostar 4:1, 2:1; SC Pécs – VfV Hildesheim 5:3, 1:0; Blauw-Wit Amsterdam – Velez Mostar 3:2, 1:1; Blauw-Wit Amsterdam – VfV Hildesheim 4:3, 0:1; Velez Mostar – VfV Hildesheim 9:1, 2:0. – 1. SC Pécs 17:7, 11; 2. Blauw-Wit Amsterdam 10.12, 6; 3. Velez Mostar 16:11, 5; 4. VfV Hildesheim 8:21, 2.

Viertelfinale: Servette Genf – Banyasz Tatabánya 1:0, 0:6; SC Pécs – NK Rijeka 2:1, 2:2 ; AC Padua – OFK Belgrad 7:1, 3:4; Újpest Budapest – Slovnaft Bratislava 1:0, 1:4.

Halbfinale: AC Padua – SC Pécs 4:3, 3:0; Slovnaft Bratislava – Banyasz Tatabánya 1:1, 2:1.

Endspiel: Slovnaft Bratislava – AC Padua 0:0, 1:0.

1963/64

Vorrunde Gruppe A1: Standard Lüttich – AC Florenz 1:1, 1:0; Standard Lüttich – UA Sedan-Torcy 1:3, 2:2; Standard Lüttich – FC Zürich 1:0, 2.2; AC Florenz – UA Sedan-Torcy 5:4, 0:2, AC Florenz – FC Zürich 1:0, 1:1; UA Sedan-Torcy – FC Zürich 1:1, 0:7. – 1. Standard Lüttich 8:8, 7; 2. AC Florenz 8:9, 6; 3. UA Sedan-Torcy 12:16, 6; 4. FC Zürich 11:6, 5.

Gruppe A2: Sampdoria Genua – Olympique Nîmes 0:2, 1:1; Sampdoria Genua – FC Antwerpen 5:0, 1:0; Sampdoria Genua – Lausanne Sports 5:0, 1:0; Olympique Nîmes – FC Antwerpen 3:2, 1:3; Olympique Nîmes – Lausanne Sports 5:1, 1:0; FC Antwerpen – Lausanne Sports 2:0, 2:4. – 1. Sampdoria Genua 13:3, 9; 2. Olympique Nîmes 13:7, 9; 3. FC Antwerpen 9:14, 4; 4. Lausanne Sports 5.16, 2.

Gruppe A3: FC Modena – AA Gent 1.1, 0.0; FC Modena – FC Toulouse 2:0, 0:3; FC Modena – Young Boys Bern 3:1, 2.1; AA Gent – FC Toulouse 2:1, 3.5; AA Gent – Young Boys Bern 2:0, 2.2; FC Toulouse – Young Boys Bern 3:0, 2:3. – 1. FC Modena 8:6, 8; 2. AA Gent 10.9, 7; 3. FC Toulouse 14:10, 6; 4. Young Boys Bern 7.14, 3.

Gruppe A4: FC Rouen – AC Venedig 2:1, 1:3; FC Rouen – Lierse SK 2:0, 2:3, FC Rouen – FC La Chaux-de-Fonds 4:3, 7:3; AC Venedig – Lierse SK 2:0, 0:1; AC Venedig – FC La Chaux-de-Fonds 2:1, 2:2; Lierse SK – FC La Chaux-de-Fonds 2:1, 1:1. – 1. FC Rouen 18:13, 8; 2. AC Venedig 10:7, 7; 3. Lierse SK 7:8, 7; 4. FC La Chaux de Fonds 11:18, 2.

Gruppe B1: Rapid Wien – PSV Eindhoven 5.2, 2:1; Rapid Wien – VfR Neumünster 4:1, 0:1; Rapid Wien – Djurgarden Stockholm 3:1, 3:0; PSV Eindhoven – VfR Neumünster 4:3, 1:0; PSV Eindhoven – Djurgarden Stockholm 2:0, 1:0; VfR Neumünster – Djurgarden Stockholm 2:1, 2:4. – 1. Rapid Wien 17:6, 10; 2. PSV Eindhoven 11:10, 8; 3. VfR Neumünster 9:14, 4; 4. Djurgarden Stockholm 6:13, 2.

Gruppe B2: Bayern München – Vienna Wien 2:1, 2:2; Bayern München – Sparta Rotterdam 6:0, 2:1; Bayern München – IFK Göteborg 2:2, 5:3; Vienna Wien – Sparta Rotterdam 4:1, 1:5; Vienna Wien – IFK Göteborg 1:0, 5:1; Sparta Rotterdam – IFK Göteborg 2:1, 4:3. – 1. Bayern München 19:9, 10; 2. Vienna Wien 14:11, 7; 3. Sparta Rotterdam 13:17, 6; 4. IFK Göteborg 10.19, 1.
Gruppe B3: Örgryte IS Göteborg – Wiener AC 3:0, 1:1; Örgryte IS Göteborg – FK Pirmasens 4:1, 1:5; Örgryte IS Göteborg – SC Enschede 2:0, 3:3; Wiener AC – FK Pirmasens 3:0, 1:4; Wiener AC – SC Enschede 1:0, 1:0; FK Pirmasens – SC Enschede 8:0, 1:2. – 1. Örgryte IS Göteborg 14.10, 8; 2. Wiener AC 7:8, 7; 3. FK Pirmasens 19:11, 6; 4. SC Enschede 5.16, 3.
Gruppe B4: IFK Norrköping – Ajax Amsterdam 1:4, 1:0; IFK Norrköping – Tasmania 1900 Berlin 3:0, 2:2; IFK Norrköping – Schwechater SC 4:1, 2:1; Ajax Amsterdam – Tasmania 1900 Berlin 5:1, 2:2; Ajax Amsterdam – Schwechater SC 4:2, 2:5; Tasmania 1900 Berlin – Schwechater SC 4:2, 1:1. – 1. IFK Norrköping 14:9, 9; 2. Ajax Amsterdam 17:12, 7; 3. Tasmania 1900 Berlin 11:16, 5; 4. Schwechater SC 12:17, 3.
Gruppe C1: Slovnaft Bratislava – Velez Mostar 6.1, 1:1; Slovnaft Bratislava – Zaglebie Sosnowiec 1:0, 0:1; Slovnaft Bratislava – Motor Jena 2:1, 2:0; Velez Mostar – Zaglebie Sosnowiec 4:1, 1:4; Velez Mostar – Motor Jena 1:0, 1:0; Zaglebie Sosnowiec – Motor Jena 2:0, 0:2. – 1. Slovnaft Bratislava 12:4, 9; 2. Velez Mostar 9:12, 7; 3. Zaglebie Sosnowiec 8:8, 6; 4. Motor Jena 3:8, 2.
Gruppe C2: Slovan Bratislava – Ruch Chorzow 4:1, 0:3; Slovan Bratislava – OFK Belgrad 4:0, 2:2; Slovan Bratislava – Empor Rostock 1:1, 1:0; Ruch Chorzow – OFK Belgrad 3:0, 1:2; Ruch Chorzow – Empor Rostock 3:1, 1:1; OFK Belgrad – Empor Rostock 2:1, 1:1. – 1. Slovan Bratislava 12:7, 8; 2. Ruch Chorzow 12:8, 7; 3. OFK Belgrad 7:12, 6; 4. Empor Rostock 5:9, 3.
Gruppe C3: Polonia Bytom – Roter Stern Belgrad 6:1, 3:4; Polonia Bytom – Vorwärts Berlin 2:2, 1:1; Polonia Bytom – Jednota Trencin 2:2, 3:0; Roter Stern Belgrad – Vorwärts Berlin 2:1, 2:2; Roter Stern Belgrad – Jednota Trencin 5:1, 1:2; Vorwärts Berlin – Jednota Trencin 3:0, 1:2. – 1. Polonia Bytom 17:10, 7; 2. Roter Stern Belgrad 15:15, 7; 3. Vorwärts Berlin 10.9, 5; 4. Jednota Trencin 7:15, 5.
Gruppe C4: Odra Opole – SONP Kladno 4:0, 1:1; Odra Opole – Hajduk Split 1:0, 0:1; Odra Opole – Motor Zwickau 1:0, 1:1; SONP Kladno – Hajduk Split 2:0, 2:1; SONP Kladno – Motor Zwickau 2:1, 0:1; Hajduk Split – Motor Zwickau 2:1, 3:2. – 1. Odra Opole 8:3, 8; 2. SONP Kladno 7:8, 7; 3. Hajduk Split 7:8, 6; 4. Motor Zwickau 6:9, 3.
1. Runde: Odra Opole – IFK Norrköping 3:2, 2:0; Standard Lüttich – Rapid Wien 2:0, 0:1; Bayern München – FC Rouen abgebr. 2:3, 2:4; Slovnaft Bratislava – FC Modena 4:1, 0:2; Örgryte IS Göteborg – Slovan Bratislava 0:1, 1:1; Sampdoria Genua – Polonia Bytom 0:2, 1:1. (Die besten zwei Verlierer waren ebenfalls für das Viertelfinale qualifiziert.)
Viertelfinale: Slovan Bratislava – Odra Opole 0:0, n. V. 1:1 (Los für Odra Opole); FC Rouen – Standard Lüttich 3:0, 3:3; Örgryte IS Göteborg – Polonia Bytom 1:7, 2:3; Slovnaft Bratislava – FC Modena 2:1, 1:0.
Halbfinale: Slovnaft Bratislava – FC Rouen 5:0, 2:2; Polonia Bytom – Odra Opole 2:1, 0:0.

Endspiel: Slovnaft Bratislava – Polonia Bytom 1:0.

1964/65

Vorrunde Gruppe A1: Hertha BSC Berlin – Feijenoord Rotterdam 1:0, 1:1; Hertha BSC Berlin – Lausanne Sports 4:4, 3:3; Hertha BSC Berlin – Standard Lüttich 2:1, 1:3; Feijenoord Rotterdam – Lausanne Sports 0:2, 3:3; Feijenoord Rotterdam – Standard Lüttich 2:0, 3:0; Lausanne Sports – Standard Lüttich 1:1, 1:3. – 1. Hertha BSC Berlin 12:12, 7; 2. Feijenoord Rotterdam 9:7, 6; 3. Lausanne Sports 14:14, 6; 4. Standard Lüttich 8:10, 5.
Gruppe A2: DWS Amsterdam – FC La Chaux-de-Fonds 1:2, 1:0; DWS Amsterdam – Eintracht Braunschweig 4:0, 0:2; DWS Amsterdam – FC Beeringen 5:0, 3:2; FC La Chaux-de-Fonds – Eintracht Braunschweig 2:1, 1:1; FC La Chaux-de-Fonds – FC Beeringen 3:1, 1:5; Eintracht Braunschweig – FC Beeringen 2:1, 3:2. – 1. DWS Amsterdam 14:6, 8; 2. FC La Chaux-de-Fonds 9:10, 7; 3. Eintracht Braunschweig 9:10, 7; 4. FC Beeringen 11:17, 2.
Gruppe A3: 1. FC Kaiserslautern – SC Enschede 0:0, 2:0; 1. FC Kaiserslautern – Beerschot AC 1:0, 0:0; 1. FC Kaiserslautern – FC Granges 3:0, 2:0; SC Enschede – Beerschot AC 1:1, 2:2; SC Enschede – FC Granges 5:0, 3:2; Beerschot AC – FC Granges 1:1, 1:0. – 1. 1. FC Kaiserslautern 8:0, 10; 2. SC Enschede 11:7, 7; 3. Beerschot AC 5:5, 6; 4. FC Granges 3:15, 1.
Gruppe A4: FC Lüttich – NAC Breda 0:0, 1:0; FC Lüttich – Young Boys Bern 3:3, 2:0; FC Lüttich – 1. FC Saarbrücken 3:0, 1:0; NAC Breda – Young Boys Bern 6:2, 6:3; NAC Breda – 1. FC Saarbrücken 3:0, 2:2; Young Boys Bern – 1. FC Saarbrücken 3:2, 2:2. – 1. FC Lüttich 10:3, 10; 2. NAC Breda 17:8, 8; 3. Young Boys Bern 13:21, 4; 4. 1. FC Saarbrücken 6:14, 2.
Gruppe B1: SC Leipzig – Vojvodina Novi Sad 4:4, 2:1; SC Leipzig – Jednota Trencin 3:0, 0:3; SC Leipzig – Vienna Wien 4:1, 2:1; Vojvodina Novi Sad – Jednota Trencin 2:3, 4:3; Vojvodina Novi Sad – Vienna

Wien 5:2, 1:1; Jednota Trencin – Vienna Wien 5:1, 0:2. – 1. SC Leipzig 15:10, 9; 2. Vojvodina Novi Sad 17:15, 6; 3. Jednota Trencin 14:12, 6; 4. Vienna Wien 8:17, 3.

Gruppe B2: Empor Rostock – Gwardia Warschau 5:1, 1:4; Empor Rostock – IFK Norrköping 2:1, 2:1; Empor Rostock – Radnicki Nisch 3:1, 0:3; Gwardia Warschau – IFK Norrköping 1:5, 3:1; Gwardia Warschau – Radnicki Nisch 4:2, 1:5; IFK Norrköping – Radnicki Nisch 2:2, 2:0. – 1. Empor Rostock 13:11, 8; 2. Gwardia Warschau 14:19, 6; 3. IFK Norrköping 12:10, 5; 4. Radnicki Nisch 13:12, 5.

Gruppe B3: Szombierki Bytom – VSS Kosice 3:0, 2:4; Szombierki Bytom – Vorwärts Berlin 2:0, 0:2; Szombierki Bytom – Wiener SC 3:1, 3:2; VSS Kosice – Vorwärts Berlin 3:0, 0:0; VSS Kosice – Wiener SC 3:2, 1:1; Vorwärts Berlin – Wiener SC 1:3, 2:1. – 1. Szombierki Bytom 13:9, 8; 2. VSS Kosice 11:8, 8; 3. Vorwärts Berlin 5:9, 5; 4. Wiener SC 10:13, 3.

Gruppe B4: FC Karl-Marx-Stadt – Tatran Presov 0:0, 4:1; FC Karl-Marx-Stadt – Odra Opole 0:2, 2:1; FC Karl-Marx-Stadt – Spartak Pleven 6:2, 0:0; Tatran Presov – Odra Opole 1:1, 2:0; Tatran Presov – Spartak Pleven 6:1, 2:2; Odra Opole – Spartak Pleven 1:0, 1:1. – 1. FC Karl-Marx-Stadt 12:6, 8; 2. Tatran Presov 12:8, 7; 3. Odra Opole 6:6, 6; 4. Spartak Pleven 6:16, 3.

Gruppe C1: Malmö FF – FC Toulouse 5:1, 1:1; Malmö FF – Dinamo Zagreb 4:0, 2:1; Malmö FF – Panionios Athen 5:1, 1:1; FC Toulouse – Dinamo Zagreb 3:1, 1:2; FC Toulouse – Panionios Athen 3:0, 3:2*; Dinamo Zagreb – Panionios Athen 5:0*, 1:2. *= Olympiakos Piräus spielte die mit * gekennzeichneten Spiele, danach übernahm Panionios Athen deren Platz. – 1. Malmö FF 18:5, 10; 2. FC Toulouse 12:11, 7; 3. Dinamo Zagreb 10:12, 4; 4. Panionios Athen 6:18, 3.

Gruppe C2: Slovnaft Bratislava – AIK Stockholm 7:1, 2:3; Slovnaft Bratislava – FK Sarajevo 1:0, 2:2; Slovnaft Bratislava – FC Angers 4:0, 3:0; AIK Stockholm – FK Sarajevo 2:0, 0:2; AIK Stockholm – FC Angers 4:1, 1:3; FK Sarajevo – FC Angers 7:0, 0:1. – 1. Slovnaft Bratislava 19:6, 9; 2. AIK Stockholm 11:15, 6; 3. FK Sarajevo 11:6, 5; 4. FC Angers 5:19, 4.

Gruppe C3: Polonia Bytom – RC Lens 4:0, 1:3; Polonia Bytom – FC Schalke 04 6:0, 0:2; Polonia Bytom – Degerfors IF 6:0, 1:1; RC Lens – FC Schalke 04 2:2, 1:2; RC Lens – Degerfors IF 6:0, 3:0; FC Schalke 04 – Degerfors IF 4:1, 0:2. – 1. Polonia Bytom 18:6, 7; 2. RC Lens 15:9, 7; 3. FC Schalke 04 10:12, 7; 4. Degerfors IF 4:20, 3.

1. Runde: 1. FC Kaiserslautern – Slovnaft Bratislava 1:1, 1:3; FC Lüttich – Szombierki Bytom 0:0, 1:0; Empor Rostock – FC Karl-Marx-Stadt 0:1, 1:1. – Freilose für: DWS Amsterdam, Malmö FF, SC Leipzig, Hertha BSC Berlin, Polonia Bytom.

Viertelfinale: Hertha BSC Berlin – Slovnaft Bratislava 5:0, 0:2; SC Leipzig – Malmö FF 4:1, 1:1; FC Karl-Marx-Stadt – Polonia Bytom 2:0, 1:4. – Freilos für: FC Lüttich (gegen DWS Amsterdam gelost; da aber DWS gleichzeitig noch im Europapokal der Landesmeister spielte, durften sie entsprechend einer UEFA-Regelung nicht im Wettbewerb bleiben.).

Halbfinale: Hertha BSC Berlin – SC Leipzig 1:4, 0:4; FC Lüttich – Polonia Bytom 1:0, 1:3.

Endspiele: SC Leipzig – Polonia Bytom 3:0, 1:5.

1965/66

Vorrunde Gruppe A1: FC Lugano – Malmö FF 1:0, 1:1; FC Lugano – ADO Den Haag 3:0, 2:0; FC Lugano – Borussia Neunkirchen 1:2, 1:1; Malmö FF – ADO Den Haag 2:1, 1:1; Malmö FF – Borussia Neunkirchen 2:0, 1:3; ADO Den Haag – Borussia Neunkirchen 2:1, 3:0. – 1. FC Lugano 9:4, 8; 2. Malmö FF 7:7, 6; 3. ADO Den Haag 7:9, 5; 4. Borussia Neunkirchen 7:10, 5.

Gruppe A2: Fortuna '54 Geleen – 1. FC Kaiserslautern 2:0, 1:2; Fortuna '54 Geleen – Djurgarden Stockholm 3:0, 1:0; Fortuna '54 Geleen – Grasshoppers Zürich 2:1, 1:0; 1. FC Kaiserslautern – Djurgarden Stockholm 0:0, 1:1; 1. FC Kaiserslautern – Grasshoppers Zürich 1:1, 4:2; Djurgarden Stockholm – Grasshoppers Zürich 3:2, 2:4. – 1. Fortuna '54 Geleen 10:3, 10; 2. 1. FC Kaiserslautern 8:10, 6; 3. Djurgarden Stockholm 9:11, 5; 4. Grasshoppers Zürich 10:13, 3.

Gruppe A3: IFK Norrköping – PSV Eindhoven 2:3, 3:1; IFK Norrköping – Eintracht Frankfurt 1:0, 2:1; IFK Norrköping – FC La Chaux-de-Fonds 7:1, 1:1; PSV Eindhoven – Eintracht Frankfurt 3:0, 2:4; PSV Eindhoven – FC La Chaux-de-Fonds 2:1, 4:2; Eintracht Frankfurt – FC La Chaux-de-Fonds 4:0, 2:3. – 1. IFK Norrköping 16: 7, 9; 2. PSV Eindhoven 15:12, 8; 3. Eintracht Frankfurt 11:11, 4; 4. FC La Chaux-de-Fonds 8:20, 3.

Gruppe A4: Orgryte IS – Sparta Rotterdam 1:1, 2:2; Orgryte IS – Eintracht Braunschweig 3:1, 0:3; Orgryte IS – FC Luzern 8:1, 2:1; Sparta Rotterdam – Eintracht Braunschweig 3:0, 2:1; Sparta Rotterdam – FC Luzern 0:0, 2:2; Eintracht Braunschweig – FC Luzern 7:0, 4:4. – 1. Orgryte IS 16:9, 8; 2. Sparta Rotterdam 10:6, 8; 3. Eintracht Braunschweig 16:12, 5; 4. FC Luzern 8:23, 3.

Gruppe B1: Motor Jena – Tatran Presov 0:0, 1:0; Motor Jena – Szombierki Bytom 2:0, 1:3; Motor Jena – NK Rijeka 3:1, 3:0; Tatran Presov – Szombierki Bytom 1:0, 1:0; Tatran Presov – NK Rijeka 3:1, 0:0; Szombierki Bytom – NK Rijeka 0:1, 3:0. – 1. Motor Jena 10:4, 9; 2. Tatran Presov 5:2, 8; 3. Szombierki Bytom 6:6, 4; 4. NK Rijeka 3:12, 3.

Gruppe B2: Empor Rostock – Zaglebie Sosnowiec 3:0, 1:2; Empor Rostock – Radnicki Nisch 3:0, 1:2; Empor Rostock – VSS Kosice 3:0, 0:1; Zaglebie Sosnowiec – Radnicki Nisch 5:2, 0:0; Zaglebie Sosnowiec – VSS Kosice 3:0, 3:4; Radnicki Nisch – VSS Kosice 7:2, 0:2. – 1. Empor Rostock 12:4, 8; 2. Zaglebie Sosnowiec 13:10, 7; 3. Radnicki Nisch 11:13, 5; 4. VSS Kosice 8:17, 4.
Gruppe B3: Zeljeznicar Sarajevo – SC Leipzig 2:2, 0:0; Zeljeznicar Sarajevo – Gwardia Warschau 2:1, 1:2; Zeljeznicar Sarajevo – Banik Ostrava 3:1, 1:1; SC Leipzig – Gwardia Warschau 2:1, 2:3; SC Leipzig – Banik Ostrava 4:1, 0:4; Gwardia Warschau – Banik Ostrava 1:5, 2:1. – 1. Zeljeznicar Sarajevo 9:7, 7; 2. SC Leipzig 10:11, 6; 3. Gwardia Warschau 10:13, 6; 4. Banik Ostrava 13:11, 5. – Da der jugoslawische Verband die Teilnahme von Zeljeznicar Sarajevo am weiteren Wettbewerb blockierte, nahm der SC Leipzig, der sich anschließend in Lokomotive Leipzig umbenannte, am Viertelfinale teil.
Gruppe B4: Chemie Leipzig – Inter Bratislava 2:2, 1:0; Chemie Leipzig – NK Zagreb 1:1, 2:1; Chemie Leipzig – Pogon Stettin 1:0, 3:1; Inter Bratislava – NK Zagreb 3:1, 2:4; Inter Bratislava – Pogon Stettin 4:0, 3:2; NK Zagreb – Pogon Stettin. – 1. Chemie Leipzig 10:5, 10; 2. Inter Bratislava 14:10, 7; 3. NK Zagreb 9:11, 5; 4. Pogon Stettin 6:13, 2.
Viertelfinale: Orgryte IS – SC Leipzig 4:3, 1:4; IFK Norrköping – Motor Jena 1:1, 2:1; Fortuna'54 Geleen – FC Lugano 1:1, 0:1; Empor Rostock – Chemie Leipzig 2:1, n. V. 3:4 (Losentscheid für Chemie Leipzig).
Halbfinale: SC Leipzig – Chemie Leipzig 1:1, 1:0; FC Lugano – IFK Norrköping 0:0, n. V. 1:1 (Los für IFK Norrköping).

Endspiele: IFK Norrköping – Lokomotive Leipzig 1:0, 0:4.

1966/67

Gruppe A1: Eintracht Frankfurt – Lanerossi Vicenza 1:5, 1:0; Eintracht Frankfurt – Feijenoord Rotterdam 2:0, 4:1; Eintracht Frankfurt – FC La Chaux-de-Fonds 3:1, 4:2; Lanerossi Vicenza – Feijenoord Rotterdam 2:1, 0:2; Lanerossi Vicenza – FC La Chaux-de-Fonds 2:2, 1:4; Feijenoord Rotterdam – FC La Chaux-de-Fonds 4:1, beim Stande von 2:1 wegen Nebels abgebrochen. – 1. Eintracht Frankfurt 15:9, 10; 2. Lanerossi Vicenza 10:11, 5; 3. Feijenoord Rotterdam 8:9, 4; 4. FC La Chaux-de-Fonds 10:14, 3.
Gruppe A2: DWS Amsterdam – Atalanta Bergamo 1:0, 1:0; DWS Amsterdam – FC Grenchen 4:2, 5.3; DWS Amsterdam – RC Strasbourg 4:1, 2:1; Atalanta Bergamo – FC Grenchen 4:0, 2:3; Atalanta Bergamo – RC Strasbourg 6:1, 2:1; FC Grenchen – RC Strasbourg 4:2, 2:3. – 1. DWS Amsterdam 17:7, 12; 2. Atalanta Bergamo 14:7, 6; 3. FC Grenchen 14:20, 4; 4. RC Strasbourg 9:20, 2.
Gruppe A3: Go Ahead Deventer – US Foggia 2:0, 1:0; Go Ahead Deventer – FC Tilleur Lüttich 3:2, 8:0; Go Ahead Deventer – FC Sion 6:4, 4:2; US Foggia – FC Tilleur Lüttich 1:0, 1:0; US Foggia – FC Sion 3:0, 1:0; FC Tilleur Lüttich – FC Sion 6:0, 2:0. – 1. Go Ahead Deventer 24:8, 12; 2. US Foggia 6:3, 8; 3. FC Tilleur Lüttich 10:13, 4; 4. FC Sion 6:22, 0.
Gruppe A4: ADO Den Haag – AC Brescia 2:0, 1:1; ADO Den Haag – FC Lüttich 2:1, 2:1; ADO Den Haag – FC Biel 4:2, 5:3; AC Brescia – FC Lüttich 1:0, 0:1; AC Brescia – FC Biel 3:1, 4:4; FC Lüttich – FC Biel 7:0, 3:1. – 1. ADO Den Haag 16:8, 11, 2. AC Brescia 9:5, 7; 3. FC Lüttich 13:6, 6; 4. FC Biel 7:26, 0.
Gruppe B1: Zaglebie Sosnowiec – Karlsruher SC 2:1, 1:0; Zaglebie Sosnowiec – Hansa Rostock 6:2, 0:3; Zaglebie Sosnowiec – Olimpija Ljubljana 2:1, 3:0; Karlsruher SC – Hansa Rostock 2:1, 2:0, Karlsruher SC – Olimpija Ljubljana 2:1, 1:2; Hansa Rostock – Olimpija Ljubljana 3:0, 4:3. – 1. Zaglebie Sosnowiec 14:7, 10; 2. Karlsruher SC 8:7, 6; 3. Hansa Rostock 13:13, 6; 4. Olimpija Ljubljana 7:15, 2.
Gruppe B2: IFK Göteborg – Szombierki Bytom 4:0, 0:8; IFK Göteborg – Lokomotive Leipzig 2:2, 2:1; IFK Göteborg – Union Teplice 2:1; 3:2; Szombierki Bytom – Lokomotive Leipzig 1:2, 1:2; Szombierki Bytom – Union Teplice 5:1; 0:1, Lokomotive Leipzig – Union Teplice 1:1, 0:1. – 1. IFK Göteborg 13:14, 9; 2. Szombierki Bytom 17:9, 6; 3. Lokomotive Leipzig 8:8, 6; 4. Union Teplice 6:13, 3.
Gruppe B3: Gornik Zabrze – Eintracht Braunschweig 2:4, 4:2; Gornik Zabrze – Carl Zeiss Jena 2:0, 5:1; Gornik Zabrze – AIK Stockholm 3:2, 1:1; Eintracht Braunschweig – Carl Zeiss Jena 2:3, 2:1; Eintracht Braunschweig – AIK Stockholm 1:0, 1:3; Carl Zeiss Jena – AIK Stockholm 4:1, 0.0. – 1. Gornik Zabrze 17:10, 9; 2. Eintracht Braunschweig 12:13, 6; 3. Carl Zeiss Jena 9:12, 5; 4. AIK Stockholm 7:10, 4.
Gruppe B4: Inter Bratislava – Wisla Krakow 3:0, 2:3; Inter Bratislava – Malmö FF 4:0, 2:1; Inter Bratislava – 1. FC Kaiserslautern 5:2, 2:4; Wisla Krakow – Malmö FF 4:0, 1:1; Wisla Krakow – 1. FC Kaiserslautern 1:2, 4:2; Malmö FF – 1. FC Kaiserslautern 4:0, 3:2. – 1. Inter Bratislava 18:10, 8; 2. Wisla Krakow 13:10, 7; 3. Malmö FF 9:13, 5; 4. 1. FC Kaiserslautern 12:;19, 4.
Gruppe B5: Vorwärts Berlin – VSS Kosice 3:1, 0.4; Vorwärts Berlin – Elfsborg Boras 2:0, 2:0; Vorwärts Berlin – Borussia Neunkirchen 2:1, 4:2; VSS Kosice – Elfsborg Boras 3:0, 0:6; VSS Kosice – Borussia Neunkirchen 2:0, 2:2; Elfsborg Boras – Borussia Neunkirchen 1:0, 3:1. – 1. Vorwärts Berlin 13:8, 10; 2. VSS Kosice 12:11, 7; 3. Elfsborg Boras 10:8, 6; 4. Borussia Neunkirchen 6:14, 1.
Gruppe B6: IFK Norrköping – Dynamo Dresden 4:1, 1:3; IFK Norrköping – Polonia Bytom 5:1, 1:3; IFK Norrköping – Spartak Hradec Kralove 2:0, 4:2; Dynamo Dresden – Polonia Bytom 7:1, 0:0; Dynamo Dresden – Spartak Hradec Kralove 2:0, 0:1; Polonia Bytom – Spartak Hradec Kralove 0:0, 0:0. – 1. IFK

Norrköping 17:10, 8; 2. Dynamo Dresden 13:7, 7; 3. Polonia Bytom 5:13, 5; 4. Spartak Hradec Kralove 3:8, 4.

Viertelfinale: IFK Norrkoping – Eintracht Frankfurt 2:1, 1:3; ADO Den Haag – IFK Göteborg 1:0, 2:0; Inter Bratislava – Go Ahead Deventer 3:0, 1:3; DWS Amsterdam – Zaglebie Sosnowiec 2:2, 0:3. – Da Gornik Zabrze und Vorwärts Berlin gleichzeitig noch im Europapokal der Landesmeister spielten, durften sie entsprechend einer UEFA-Regelung nicht im Wettbewerb bleiben.).

Halbfinale: ADO Den Haag – Inter Bratislava 1:0, n. V. 1:3; Zaglebie Sosnowiec – Eintracht Frankfurt 4:1, 1:6.

Endspiele: Inter Bratislava – Eintracht Frankfurt 2:3, n. V. 1:1.

1967

Ab 1967 wurde der Wettbewerb, der sich vorher über die gesamte Saison erstreckte, wegen der fehlenden Termine auf die Gruppenphase verkürzt und fand nur noch im Sommer statt.

Gruppe A1: FC Lugano – Girondins Bordeaux 0:0, 1:2; FC Lugano – Sparta Rotterdam 2:0, 0:1, FC Lugano – KSV Waregem 2:1, 3:1; Girondins Bordeaux – Sparta Rotterdam 1:4, 1:0; Girondins Bordeaux – KSV Waregem 0:2, 1:0; Sparta Rotterdam – KSV Waregem 4:0, 0:2. – 1. FC Lugano 8:5, 7; 2. Girondins Bordeaux 5:7, 7; 3. Sparta Rotterdam 9:6, 6; 4. KSV Waregem 6:10, 4.

Gruppe A2: Feijenoord Rotterdam – Daring Club Brüssel 5:1, 0:1; Feijenoord Rotterdam – RC Strasbourg 3:0, 3:1; Feijenoord Rotterdam – Lausanne Sports 2:1, 4:2; Daring Club Brüssel – RC Strasbourg 0:0, 1:3; Daring Club Brüssel – Lausanne Sports 1:0, 4:1; RC Strasbourg – Lausanne Sports 0:2, 2:2. – 1. Feijenoord Rotterdam 17:6, 10; 2. Daring Club Brüssel 8:9, 7; 3. RC Strasbourg 6:11, 4; 4. Lausanne Sports 8:13, 3.

Gruppe A3: OSC Lille – FC Sion 0:0, 3:1; OSC Lille – VAV Beerschot 0:1, 2:2; OSC Lille – GVAV Groningen 2:1, 3:1; FC Sion – VAV Beerschot 5:2, 1:0; FC Sion – GVAV Groningen 3:1, 0.1; VAV Beerschot – GVAV Groningen 1:1, 0:0. – 1. OSC Lille 10:6, 8; 2. FC Sion 10:7, 7; 3. VAV Beerschot 6:9, 5; 4. GVAV Groningen 5:9, 4.

Gruppe A4: Lierse SK – FC Grenchen 3:1, 1:2; Lierse SK – FC Rouen 1:1, 4:2; Lierse SK – Go Ahead Deventer 2:0, 2:1; FC Grenchen – FC Rouen 1:1; 1:1; FC Grenchen – Go Ahead Deventer 2:0, 1:3; FC Rouen – Go Ahead Deventer 4:3, 0:5. – 1. Lierse SK 13:7, 9; 2. FC Grenchen 8:9, 6; 3. FC Rouen 9:15, 5; 4. Go Ahead Deventer 12:11, 4.

Gruppe B1: Hannover 96 – Lokomotive Leipzig 2:1, 2:1; Hannover 96 – IFK Norrköping 1:2, 2:1; Hannover 96 – Rapid Wien 1:1, 2:0; Lokomotive Leipzig – IFK Norrköping 4:0, 2:0; Lokomotive Leipzig – Rapid Wien 2:1, 0:0; IFK Norrköping – Rapid Wien 6:3, 3:4. – 1. Hannover 96 10:6, 9; 2. Lokomotive Leipzig 10:5, 7; 3. IFK Norrköping 12:16, 4; 4. Rapid Wien9:14, 4.

Gruppe B2: Zaglebie Sosnowiec – FC Schalke 04 1:0, 0:1, Zaglebie Sosnowiec – FC Tirol Innsbruck 4:3, 3:1; Zaglebie Sosnowiec – Djurgarden Stockholm 4:1, 2:1; FC Schalke 04 – FC Tirol Innsbruck 1:1, 2:1; FC Schalke 04 – Djurgarden Stockholm 2:0, 1:4; FC Tirol Innsbruck – Djurgarden Stockholm 2:0, 7:0. – 1. Zaglebie Sosnowiec 14:7, 10; 2. FC Schalke 04 7:7, 7; 3. FC Tirol Innsbruck 15:10, 5; 4. Djurgarden Stockholm 6:18, 2.

Gruppe B3: Polonia Bytom – Werder Bremen 2:1, 0:2; Polonia Bytom – Elfsborg Boras 3:0, 2:1; Polonia Bytom – Grasshoppers Zürich 5:1, 4:1; Werder Bremen – Elfsborg Boras 4:1, 2:2; Werder Bremen – Grasshoppers Zürich1:1, 2:1; Elfsborg Boras – Grasshoppers Zürich 5:2, 1:3. – 1. Polonia Bytom 16:6, 10; 2. Werder Bremen 12:7, 8; 3. Elfsborg Boras 10:16, 3; 4. Grasshoppers Zürich9:18, 3.

Gruppe B4: IFK Göteborg – Carl Zeiss Jena 4:0, 1:3; IFK Göteborg – Bohemians Prag 2:1, 3:1; IFK Göteborg – Young Fellows Zürich 2:2, 4:0; Carl Zeiss Jena – Bohemians Prag 1:0, 1:1; Carl Zeiss Jena – Young Fellows Zürich 3:2, 2:1, Bohemians Prag – Young Fellows Zürich 4:0, 5:1. – 1. IFK Göteborg 16:7, 9; 2. Carl Zeiss Jena 10:9, 9; 3. Bohemians Prag 12:8, 5; 4. Young Fellows Zürich 6:20, 1.

Gruppe B5: Ruch Chorzow – Frem Kopenhagen5:1, 2:1; Ruch Chorzow – Young Boys Bern 4:2, 2:0; Ruch Chorzow – Vienna Wien 2:0, 3:1; Frem Kopenhagen – Young Boys Bern 4:1, 0:0; Frem Kopenhagen – Vienna Wien 4:1, 1:2; Young Boys Bern – Vienna Wien 2:0, 2:2. – 1. Ruch Chorzow 18:6, 12; 2. Frem Kopenhagen 11:11, 6; 3. Young Boys Bern 8:13, 4; 4. Vienna Wien 6:14, 2.

Gruppe B6: VSS Kosice – Dynamo Dresden 2:1, 0:0; VSS Kosice – AIK Solna 4:0, 1:1; VSS Kosice – Arhus GF 3:1, 1:1; Dynamo Dresden – AIK Solna 1:2, 4:1; Dynamo Dresden – Arhus GF 2:1, 2:1; AIK Solna – Arhus GF 1:0, 2:1. – 1. VSS Kosice 11:4, 9; 2. Dynamo Dresden 10:7, 7; 3. AIK Solna 7:11, 7; 4. Arhus GF 5:11, 1.

Gruppe B7: KB Kopenhagen – Union Teplice 1:0, 1:2; KB Kopenhagen – Union Berlin 1:0, 3:0; KB Kopenhagen – GKS Katowice 3:2, 1:0, Union Teplice – Union Berlin 1:1, 1:0, Union Teplice – GKS Katowice 3:1, 2:0; Union Berlin – GKS Katowice 3:0, 0:1. – 1. KB Kopenhagen 10:4, 10; 2. Union Teplice 9:4, 9; 3. Union Berlin 4:7, 3; 4. GKS Katowice 4:12, 2.

Gruppe B8: Fortuna Düsseldorf – Linzer ASK 2:1, 1:2; Fortuna Düsseldorf – Vejle BK 3:2, 3:5; Fortuna Düsseldorf – Jednota Zilina 1:0, 2:0; Linzer ASK – Vejle BK 2:1, 1:1; Linzer ASK – Jednota Zilina 1:1, 0:0;

Vejle BK - Jednota Zilina 2:1, 1:1. - 1. Fortuna Düsseldorf 12:10, 8; 2. Linzer ASK 7:6, 7; 3. Vejle BK 12:11, 6; 4. Jednota Zilina 3:7, 3.

1968

Gruppe A1: 1. FC Nürnberg - RSC Anderlecht 5:1, 2:2; 1. FC Nürnberg - Inter Mailand 3:0, 3:0; RSC Anderlecht - Inter Mailand 3:1, 1:2. - 1. 1. FC Nürnberg 13:3, 7; 2. RSC Anderlecht 7:10, 3; 3. Inter Mailand 3:10, 2.
Gruppe A2: Ajax Amsterdam - AC Turin 3:1, 1:1; Ajax Amsterdam - Atletico Madrid 2:0, 1:1; AC Turin - Atletico Madrid 5:2, 1:2. - 1. Ajax Amsterdam 7:3, 6; 2. AC Turin 8:8, 3; 3. Atletico Madrid 5:9, 3.
Gruppe A3: Sporting Lissabon - Dukla Prag 1:1, 1:0; Sporting Lissabon - Rapid Wien 4:1, 0:3; Dukla Prag - Rapid Wien 2:0 (nur ein Spiel). - 1. Sporting Lissabon 6:5, 5; 2. Dukla Prag 3:2, 3; 3. Rapid Wien 4:6, 2.
Gruppe A4: Feijenoord Rotterdam - AS St.Etienne 2:0, 0:0; Feijenoord Rotterdam - Standard Lüttich 4:0, 2:2; AS St.Etienne - Standard Lüttich 2:0, 3:3. - 1. Feijenoord Rotterdam 8:2, 6; 2. AS St. Etienne 2:7, 4; 3. Standard Lüttich 5:11, 2.
Gruppe A5: Espanol Barcelona - TSV München 1860 2:0, 1:2; Espanol Barcelona - Austria Wien 1:0, 3:1; TSV München 1860 - Austria Wien 5:2, 2:1. - 1. Espanol Barcelona7:3, 6; 2. TSV München 1860 9:6, 6; 3. Austria Wien 4:11, 0.
Gruppe A6: ADO Den Haag - Racing Paris 2:0, 0:3; ADO Den Haag - FC Lugano 2:0, 2:1; Racing Paris - FC Lugano 2:1, 0:0. - 1. ADO Den Haag 6:4, 6; 2. Racing Paris 5.3, 5; 3. FC Lugano 2:6, 1.
Gruppe B1: FC Karl-Marx-Stadt - Linzer ASK 1:1, 0:2; FC Karl-Marx-Stadt - Helsingborgs IF 3:0, 0:0; FC Karl-Marx-Stadt - FC Biel 3:0, 2:1; Linzer ASK - Helsingborgs IF 4:1, 1:2; Linzer ASK - FC Biel 3:3, 3:3; Helsingborgs IF - FC Biel 3:0, 4:1. - 1. FC Karl-Marx-Stadt 9:4, 8; 2. Linzer ASK 14:10, 7; 3. Helsingborgs IF 10:9, 7; 4. FC Biel 8:18, 2.
Gruppe B2: Hansa Rostock - GKS Katowice 2:0, 1:0; Hansa Rostock - Örebro SK 1:0, 1:1; Hansa Rostock - FC La Chaux-de-Fonds 3:1, 2:1; GKS Katowice - Örebro SK 1:0, 1:0; GKS Katowice - FC La Chaux-de-Fonds 2:1, 0:1; Örebro SK - FC La Chaux-de-Fonds 9:0, 4:0. - 1. Hansa Rostock 10:3, 11; 2. GKS Katowice 4:5, 6; 3. Örebro SK 14:4, 5; 4. FC La Chaux-de-Fonds 4:20, 2.
Gruppe B3: Slovan Bratislava - Wiener SC 3:1, 4:0; Slovan Bratislava - Malmö FF 0:1, 2:1; Slovan Bratislava - Hamburger SV 1:0, 5:4; Wiener SC - Malmö FF 4:2, 1:1; Wiener SC - Hamburger SV 4:2, 2:2; Malmö FF - Hamburger SV 3:1, 1:4. - 1. Slovan Bratislava 15:7, 10; 2. Wiener SC 12:14, 6; 3. Malmö FF 9:12, 5; 4. Hamburger SV 13:16, 3.
Gruppe B4: VSS Kosice - Szombierki Bytom 2:0, 2:3; VSS Kosice - Djurgarden Stockholm 3:2, 1:0; VSS Kosice - Werder Bremen 3:1, 1:0; Szombierki Bytom - Djurgarden Stockholm 3:1, 2:4; Szombierki Bytom - Werder Bremen 2:0, 2:0; Djurgarden Stockholm - Werder Bremen 3:4, 2:1. - 1. VSS Kosice 12:6, 10; 2. Szombierki Bytom 12:9, 8; 3. Djurgarden Stockholm 12:14, 4; 4. Werder Bremen 6:13, 2.
Gruppe B5: Lokomotive Kosice - Carl Zeiss Jena 2:0, 1:3; Lokomotive Kosice - Austria Salzburg 2:0, 4:0; Lokomotive Kosice - Horsens AC 5:1, 3:2; Carl Zeiss Jena - Austria Salzburg 3:0, 0:0; Carl Zeiss Jena - Horsens AC 2:0, 0:0; Austria Salzburg - Horsens AC 0:0, 2:0. - 1. Lokomotive Kosice 17:6, 10; 2. Carl Zeiss Jena 8:3, 8; 3. Austria Salzburg 2:9, 4; 4. Horsens AC 3:12, 2.
Gruppe B6: Odra Opole - Jednota Trencin 2:0, 0:0; Odra Opole - 1. FC Magdeburg 1:0, 2:0; Odra Opole - Hvidovre Kopenhagen 2:0, 2:1; Jednota Trencin - 1. FC Magdeburg 1:0, 1:2; Jednota Trencin - Hvidovre Kopenhagen 3:0, 4:0; 1. FC Magdeburg - Hvidovre Kopenhagen 4:2, 6:2. - 1. Odra Opole 9:1, 11; 2. Jednota Trencin 9:4, 7; 3. 1. FC Magdeburg 12:9, 6; 4. Hvidovre Kopenhagen 5:21, 0.
Gruppe B7: Eintracht Braunschweig - Lausanne Sports 2:1, 2:4; Eintracht Braunschweig - FC Tirol Innsbruck 3:1, 2:1; Eintracht Braunschweig - AB Kopenhagen 2:0, 0:0, Lausanne Sports - FC Tirol Innsbruck 4:1, 2:3; Lausanne Sports - AB Kopenhagen 2.2, 1:0; FC Tirol Innsbruck - AB Kopenhagen 0:1, 2:0. - 1. Eintracht Braunschweig 11:7, 9; 2. Lausanne Sports 14:10, 7; 3. FC Tirol Innsbruck 8:12, 4; 4. AB Kopenhagen 3:7, 4.
Gruppe B8: Legia Warschau - Hannover 96 2:2, 3:2; Legia Warschau - Frem Kopenhagen 4:0, 2:1; Legia Warschau - AC Bellinzona 4:0, 1:1; Hannover 96 - Frem Kopenhagen 3:0, 0:0; Hannover 96 - AC Bellinzona 4:1, 5:1; Frem Kopenhagen - AC Bellinzona 2:0, 4:0. - 1. Legia Warschau 16:6, 10; 2. Hannover 96 16:7, 8; 3. Frem Kopenhagen 7:9, 5; 4. AC Bellinzona 3:20, 1.

1969

Gruppe 1: Malmö FF - 1. FC Kaiserslautern 4:0, 3:1; Malmö FF - Olympique Marseille 1:0, 1:1; Malmö FF - Servette Genf 4:2, 2:4; 1. FC Kaiserslautern - Olympique Marseille 6:0, 0:1; 1. FC Kaiserslautern - Servette Genf 1:0, 1:0; Olympique Marseille - Servette Genf 1:1, 0:0. - 1. Malmö FF 15:8, 9; 2. 1. FC Kaiserslautern 9:8, 6; 3. Olympique Marseille 3:9, 5; 4. Servette Genf 7:9, 4.
Gruppe 2: Szombierki Bytom - Östers Växjö 2:1, 1:3; Szombierki Bytom - Go Ahead Deventer 1:0, 2:2;

Szombierki Bytom – FC Lugano 11:0, 0:0; Östers Växjö – Go Ahead Deventer 3:2, 1:1; Östers Växjö – FC Lugano 1:0, 2:2; Go Ahead Deventer – FC Lugano 1:1, 4:0. – 1. Szombierki Bytom 17:6, 8; 2. Östers Växjö 11:8, 8; 3. Go Ahead Deventer 10:8, 5; 4. FC Lugano 3:19, 3.

Gruppe 3: SpVgg Fürth – Zaglebie Sosnowiec 0:0, 0:1; SpVgg Fürth – Wiener SC 1:0, 2:2; SpVgg Fürth – Djurgarden Stockholm 1:1; 3:1; Zaglebie Sosnowiec – Wiener SC 3:1, 0:3; Zaglebie Sosnowiec – Djurgarden Stockholm 3:0, 1:2; Wiener SC – Djurgarden Stockholm 6:0, 2:5. – 1. SpVgg Fürth 7:5, 7; 2. Zaglebie Sosnowiec 8:6, 7; 3. Wiener SC 14:11, 5; 4. Djurgarden Stockholm 9:16, 5. – Fürth wurde Gruppensieger aufgrund der mehr erzielten Auswärtstore:

Gruppe 4: Jednota Zilina – Örebro SK 4:1, 0:3; Jednota Zilina – NEC Nijmegen 2.1, 1:1; Jednota Zilina – AC Bellinzona 3:0, 2:1; Örebro SK – NEC Nijmegen 1:1, 0:0; Örebro SK – AC Bellinzona 1:2, 3:0; NEC Nijmegen – AC Bellinzona 2:0, 3:3. – 1. Jednota Zilina 12:7, 9; 2. Örebro SK 9:7, 6; 3. NEC Nijmegen 8:7, 6; 4. AC Bellinzona 6:14, 3.

Gruppe 5: IFK Norrköping – Rapid Wien 3:2, 0:0; IFK Norrköping – Hannover 96 1.0, 2:3; IFK Norrköping – Young Boys Bern 1:2, 4:1; Rapid Wien – Hannover 96 2:0, 1.1; Rapid Wien – Young Boys Bern 8.1, 0:2; Hannover 96 – Young Boys Bern 1:1, 2:1. – 1. IFK Norrköping 11:8, 7; 2. Rapid Wien 13:7, 6; 3. Hannover 96 7:8, 6; 4. Young Boys Bern 8:16, 5.

Gruppe 6: Jednota Trencin – Austria Wien 3:2, 2:0; Jednota Trencin – 1. FC Saarbrücken 1:0, 4:0; Jednota Trencin – KB Kopenhagen 5:0, 1:1; Austria Wien – 1. FC Saarbrücken 0:0, 0:1; Austria Wien – KB Kopenhagen 5:3, 3:1, 1. FC Saarbrücken – KB Kopenhagen 2:3, 4:3. – 1. Jednota Trencin 16:3, 11; 2. Austria Wien 10:10, 5; 3. 1. FC Saarbrücken 7:11, 5; 4. KB Kopenhagen 11:20, 3.

Gruppe 7: Frem Kopenhagen – GVAV Groningen 2:0, 2:2; Frem Kopenhagen – Dukla Pardubice 3:1, 1:1; Frem Kopenhagen – Linzer ASK 2:1, 2:2; GVAV Groningen – Dukla Pardubice 1:2, 2:1; GVAV Groningen – Linzer ASK 1:0, 0:0; Dukla Pardubice – Linzer ASK 2:1, 0:2. – 1. Frem Kopenhagen 12:7, 9; 2. GVAV Groningen 6:7, 6; 3. Dukla Pardubice 7:10, 5: 4. Linzer ASK 6:7, 4.

Gruppe 8: Wisla Krakow – VSS Kosice 4:0, 0.4; Wisla Krakow – Lierse SK 2:1, 1:1; Wisla Krakow – Esbjerg fB 2:1, 1:0; VSS Kosice – Lierse SK 2:2, 1:1; VSS Kosice – Esbjerg fB 4:0, 3:1; Lierse SK – Esbjerg fB 4:0, 2:0. – 1. Wisla Krakow 10:7, 9; 2. VSS Kosice 14:8, 8; 3. Lierse SK 11:6, 7; 4. Esbjerg fB 2:16, 0.

Gruppe 9: Odra Opole – SK Beveren 2:0, 0:0; Odra Opole – FC La Chaux-de-Fonds 3:0, 2:3; Odra Opole – B 1913 Odense 2:0, 2:1; SK Beveren – FC La Chaux-de-Fonds 4:0, 2:3; SK Beveren – B 1913 Odense 1.1, 1:0; FC La Chaux-de-Fonds – B 1913 Odense 3:1, 0:1. – 1. Odra Opole 11:4, 9; 2. SK Beveren 8:6, 6; 3. FC La Chaux-de-Fonds 9:13, 6; 4. B 1913 Odense 4:9, 3.

1970

Gruppe A1: Slovan Bratislava – Borussia Dortmund 2:1, 2:0; Slovan Bratislava – Standard Lüttich 3:21, 2:2; Slovan Bratislava – Malmö FF 0:0, 2:1; Borussia Dortmund – Standard Lüttich 2:1, 0:3; Borussia Dortmund – Malmö FF 4:2, 5:0; Standard Lüttich – Malmö FF 2:2, 1:4. – 1. Slovan Bratislava 11:5, 10; 2. Borussia Dortmund 12:10, 6; 3. Standard Lüttich 10:13, 4; 4. Malmö FF 9:14, 4.

Gruppe A2: Hamburger SV – ADO Den Haag 2:0, 0:0; Hamburger SV – IFK Göteborg 1:0, 3.3; Hamburger SV – RSC Anderlecht 1:0, 2:1; ADO Den Haag – IFK Göteborg 5:0, 3:1; ADO Den Haag – RSC Anderlecht 2:1, 2:1; IFK Göteborg – RSC Anderlecht 5:5, 2:2. – 1. Hamburger SV 9:4, 10; 2. ADO Den Haag 12:5, 9; 3. IFK Göteborg 11:19, 3; 4. RSC Anderlecht 10:14, 2.

Gruppe A3: Union Teplice – Twente Enschede6:2, 0:2; Union Teplice – Djurgarden Stockholm 3:1, 2:1; Union Teplice – Hannover 96 6:1, 2:2; Twente Enschede – Djurgarden Stockholm 4:1, 2:2; Twente Enschede – Hannover 96 1:1, 2:2; Djurgarden Stockholm – Hannover 96 2:1, 1:1. – 1. Union Teplice 19:9, 9; 2. Twente Enschede 10:12, 7; 3. Djurgarden Stockholm 8:13, 4; 4. Hannover 96 8:14, 4.

Gruppe A4: Maastrichtse VV – ZVL Zilina 4:2, 3:3; Maastrichtse VV – Örebro SK 4:0, 1:1; Maastrichtse VV – KSV Waregem 1:0, 2:1; ZVL Zilina – Örebro SK 3:1, 3:0; ZVL Zilina – KSV Waregem 3:1, 3:0; Örebro SK – KSV Waregem 0:0, 2:0. – 1. Maastrichtse VV 15:8, 10; 2. ZVL Zilina 16:9, 7; 3. Örebro SK 4:9, 6; 4. KSV Waregem 2:11, 1.

Gruppe A5: VSS Kosice – Atvidabergs FF 2:0, 0:1; VSS Kosice – MSV Duisburg 3:0, 1:1; VSS Kosice – Holland Sport Den Haag 4:1, 2:0; Atvidabergs FF – MSV Duisburg 0:0, 1:0; Atvidabergs FF – Holland Sport Den Haag 2:1, 2:1; MSV Duisburg – Holland Sport Den Haag 2:1, 0:2. – 1. VSS Kosice 12:3, 9; 2. Atvidabergs FF 6:4, 9; 3. MSV Duisburg 3:8, 4; 4. Holland Sport Den Haag 6:12, 2.

Gruppe B1: Eintracht Braunschweig – Grasshoppers Zürich 2:0, 5:1; Eintracht Braunschweig – IFK Norrköping 1:0, 2:2; Eintracht Braunschweig – Wiener SC 3:0, 1:1; Grasshoppers Zürich – IFK Norrköping 2.1, 1.1, Grasshoppers Zürich – Wiener SC 1:0, 0:1; IFK Norrköping – Wiener SC 0:0, 2:3. – 1. Eintracht Braunschweig 14:4, 10; 2. Grasshoppers Zürich 8:10, 7; 3. IFK Norrköping 9:9, 4; 4. Wiener SC 5:13, 3.

Gruppe B2: Slavia Prag – Vienna Wien 1:1, 3:2; Slavia Prag – GAIS Göteborg 4:0, 3:2; Slavia Prag – Servette Genf 1:0, 4:2; Vienna Wien – GAIS Göteborg 3:3, 2:0; Vienna Wien – Servette Genf 4:1, 0:1;

GAIS Göteborg – Servette Genf 1:0, 1:1. – 1. Slavia Prag 16:7, 11; 2. Vienna Wien 12:9, 6; 3. GAIS Göteborg 7:13, 4; 4. Servette Genf 5:11, 3.

Gruppe B3: Olympique Marseille – Zaglebie Sosnowiec 3:1, 2:3; Olympique Marseille – AIK Stockholm 6:2, 2:2; Olympique Marseille – Lausanne Sports 4:0, 0:0; Zaglebie Sosnowiec – AIK Stockholm 2:1, 1:2; Zaglebie Sosnowiec – Lausanne Sports 3:1, 1:1; AIK Stockholm – Lausanne Sports 1:1, 2:2. – 1. Olympique Marseille 17:8, 8; 2. Zaglebie Sosnowiec 11:10, 7; 3. AIK Stockholm 10:14, 5; 4. Lausanne Sports 5:11, 4.

Gruppe B4: Östers Växjö – Werder Bremen 1:2, 1:2; Östers Växjö – SK Beveren 1:0, 5:2; Östers Växjö – Linzer ASK 4:1, 4:1; Werder Bremen – SK Beveren 0:0, 2:2; Werder Bremen – Linzer ASK 1:1, 4:4; SK Beveren – Linzer ASK 4:2, 1.1. – 1. Östers Växjö 16:8, 8; 2. Werder Bremen 11:9, 8; 3. SK Beveren 9:11, 5; 4. Linzer ASK 10:18, 3.

Gruppe B5: Wisla Krakow – Hvidovre Kobenhavn 1:0, 1:0; Wisla Krakow – FC Utrecht 1:0, 0:1; Wisla Krakow – FC Winterthur 5:1, 3.1; Hvidovre Kobenhavn – FC Utrecht 2:1, 3:1; Hvidovre Kobenhavn – FC Winterthur 5:1, 1:1; FC Utrecht – FC Winterthur 4:3, 5:1. – 1. Wisla Krakow 11:3, 10; 2. Hvidovre Kobenhavn 11:6, 7; 3. FC Utrecht 12:10, 6; 4. FC Winterthur 8:23, 1.

Gruppe B6: Austria Salzburg – 1. FC Kaiserslautern 1:2, 1:0; Austria Salzburg – Tatran Presov 2:1, 0:1; Austria Salzburg – KB Kopenhagen 6:1, 1:1; 1. FC Kaiserslautern – Tatran Presov 4:1, 0:0; 1. FC Kaiserslautern – KB Kopenhagen 0:1, 1:0; Tatran Presov – KB Kopenhagen 2:1, 1:0. – 1. Austria Salzburg 11:6, 7; 2. 1. FC Kaiserslautern 7:3, 7; 3. Tatran Presov 5:7, 7; 4. KB Kopenhagen 4:11, 3.

Gruppe B7: Banik Ostrava – Gwardia Warschau 1:0, 1:1; Banik Ostrava – SV Wattens 1:0, 2:0; Banik Ostrava – Aalborg BK 3:0, 2:1; Gwardia Warschau – SV Wattens 3:0, 5:1; Gwardia Warschau – Aalborg BK 7:1, 1:1; SV Wattens – Aalborg BK 5:2, 3:2. – 1. Banik Ostrava 10:2, 11; 2. Gwardia Warschau 17:5, 8; 3. SV Wattens 9:15, 4; 4. Aalborg BK 7:21, 1.

Gruppe B8: Polonia Bytom – FC Tirol Innsbruck 1:0, 3:2; Polonia Bytom – Rot-Weiß Essen 3:2, 1:1; Polonia Bytom – Horsens AC 2:2, 1:1; FC Tirol Innsbruck – Rot-Weiß Essen 4:1, 4:1; FC Tirol Innsbruck – Horsens AC 4:0, 0:0; Rot-Weiß Essen – Horsens AC 6:0, 5:0. – 1. Polonia Bytom 11:8, 9; 2. FC Tirol Innsbruck 14:6, 7; 3. Rot-Weiß Essen 16:12, 5; 4. Horsens AC 3:18, 3.

1971

Gruppe 1: Hertha BSC Berlin – FC Zürich 3:2, 2:3; Hertha BSC Berlin – Jednota Trencin 2:1, 2:0; Hertha BSC Berlin – Akademisk BK Kopenhagen 4.0, 3:1; FC Zürich – Jednota Trencin 1:0, 1:1; FC Zürich – Akademisk BK Kopenhagen 2:1, 4:1, Jednota Trencin – Akademisk BK Kopenhagen 4:0, 3:1. – 1. Hertha BSC Berlin 16:7, 10; 2. FC Zürich 13:8, 9; 3. Jednota Trencin 9:7, 5; 4. Akademisk BK Kopenhagen 4:20, 0.

Gruppe 2: Stal Mielec – Tatran Presov 3:0, 1:0; Stal Mielec – Elfsborg Boras 4:0, 1:0; Stal Mielec – Vejle BK 3:1, 3:2; Tatran Presov – Elfsborg Boras 3:0, 3:2; Tatran Presov – Vejle BK 5:1, 1:1; Elfsborg Boras – Vejle BK 4:0, 4:0. – 1. Stal Mielec 15:3, 12; 2. Tatran Presov 12:8, 7; 3. Elfsborg Boras 10:11, 4; 4. Vejle BK 5:20, 1.

Gruppe 3: Servette Genf – Szombierki Bytom 2:0, 1:0; Servette Genf – Linzer ASK 7:0, 2:2; Servette Genf – B 1903 Kopenhagen 0:1, 1:1; Szombierki Bytom – Linzer ASK 4:1, 2:2; Szombierki Bytom – B 1903 Kopenhagen 3:0, 4:1; Linzer ASK – B 1903 Kopenhagen 0:0, 3:1. – 1. Servette Genf 13:4, 8; 2. Szombierki Bytom 13:7, 7; 3. Linzer ASK 8:16, 5; 4. B 1903 Kopenhagen 4:11, 4.

Gruppe 4: TZ Trinec – Austria Wien 1:0, 1:3; TZ Trinec – Hvidovre Kopenhagen 7:0, 1:0; TZ Trinec – 1. FC Kaiserslautern 3:0, 3:1; Austria Wien – Hvidovre Kopenhagen 4:1, 2:4; Austria Wien – 1. FC Kaiserslautern 3:4, 2:1; Hvidovre Kopenhagen – 1. FC Kaiserslautern 4:0, 2:2. – 1. TZ Trinec 16:4, 10; 2. Austria Wien 14:12, 6; 3. Hvidovre Kopenhagen 11:16, 5; 4. 1. FC Kaiserslautern 8:17, 3.

Gruppe 5: Atvidabergs FF – ROW Rybnik 4:1, 1:1; Atvidabergs FF – FC Tirol Innsbruck 3:1, 2:1; Atvidabergs FF – Borussia Dortmund 5:2, 0:1; ROW Rybnik – FC Tirol Innsbruck 1:3, 1:0; ROW Rybnik – Borussia Dortmund 2:1, 2:1; FC Tirol Innsbruck – Borussia Dortmund 3:2, 3:3. – 1. Atvidabergs FF 15:7, 9; 2. ROW Rybnik 8:10, 7; 3. FC Tirol Innsbruck 11:12, 5; 4. Borussia Dortmund 10:15, 3.

Gruppe 6: Eintracht Braunschweig – Malmö FF 0:1, 1:0; Eintracht Braunschweig – Zaglebie Walbrzych 1:0, 1:0; Eintracht Braunschweig – Young Boys Bern 2:0, 5:1; Malmö FF – Zaglebie Walbrzych 4:0, 0:2; Malmö FF – Young Boys Bern 6:3, 4:2; Zaglebie Walbrzych – Young Boys Bern 1:0, 0:2. – 1. Eintracht Braunschweig 10:2, 10; 2. Malmö FF 15:8, 8; 3. Zaglebie Walbrzych 3:8, 4; 4. Young Boys Bern 8:18, 2.

Gruppe 7: Austria Salzburg – Djurgarden Stockholm 1:1, 3:0; Austria Salzburg – Inter Bratislava 2:0, 4:1; Austria Salzburg – Grasshoppers Zürich 3:0, 3:1; Djurgarden Stockholm – Inter Bratislava 2:3, 2:1; Djurgarden Stockholm – Grasshoppers Zürich 1:0, 2:0; Inter Bratislava – Grasshoppers Zürich 9:2, 3:4. – 1. Austria Salzburg 16:3, 11; 2. Djurgarden Stockholm 8:8, 7; 3. Inter Bratislava 17:16, 4; 4. Grasshoppers Zürich 7:21, 2.

1972

Gruppe 1: AC Nitra – FC Tirol Innsbruck 4:1, 1:0; AC Nitra – KB Kopenhagen 2:0, 3:2; AC Nitra – Örgryte IS 3:0, 6:2; FC Tirol Innsbruck – KB Kopenhagen 3:1, 1:2; FC Tirol Innsbruck – Örgryte IS 5:1, 2:4; KB Kopenhagen – Örgryte IS 2:4, 3:0. – 1. AC Nitra 19:5, 12; 2. FC Tirol Innsbruck 12:13, 4; 3. KB Kopenhagen 10:13, 4; 4. Örgryte IS 11:21, 4.
Gruppe 2: IFK Norrköping – Austria Salzburg 2:1, 4:2; IFK Norrköping – FC Winterthur 0:2, 1:1; IFK Norrköping – Gornik Walbrzych 1:1, 2:0; Austria Salzburg – FC Winterthur 3:2, 2:1; Austria Salzburg – Gornik Walbrzych 2:0, 1:0; FC Winterthur – Gornik Walbrzych 3:2, 0:0. – 1. IFK Norrköping 10:7, 8; 2. Austria Salzburg 11:9, 8; 3. FC Winterthur 9:8, 6; 4. Gornik Walbrzych 3:9, 2.
Gruppe 3: AS St. Etienne – Wisla Krakow 0:0, 1:0; AS St. Etienne – Young Boys Bern 0:0, 5:0; AS St. Etienne – Atvidabergs FF 3:0, 3:2; Wisla Krakow – Young Boys Bern 8:0, 1:1; Wisla Krakow – Atvidabergs FF 1:1, 2:0; Young Boys Bern – Atvidabergs FF 2:1, 1:2. – 1. AS St. Etienne 12:2, 10; 2. Wisla Krakow 12:3, 7; 3. Young Boys Bern 4:17, 4; 4. Atvidabergs FF 6:12, 3.
Gruppe 4: Slavia Prag – Malmö FF 0:0, 1.2; Slavia Prag – OGC Nizza 4:0, 2:2, Slavia Prag – Alemannia Aachen 1:0, 1:1; Malmö FF – OGC Nizza 4:1, 2:6; Malmö FF – Alemannia Aachen 5:1, 2:3; OGC Nizza – Alemannia Aachen 2:0, 0:2. – 1. Slavia Prag 9:5, 7; 2. Malmö FF 15:12, 7; 3. OGC Nizza 11:14, 5; 4. Alemannia Aachen 7:11, 5.
Gruppe 5: Slovan Bratislava – Vienna Wien 5:0, 1:0; Slovan Bratislava – FC Zürich 0:3, 3:1; Slovan Bratislava – Djurgarden Stockholm 4:1, 3:2; Vienna Wien – FC Zürich 2:2, 1:1; Vienna Wien – Djurgarden Stockholm 3:0, 3:1; FC Zürich – Djurgarden Stockholm 0:0, 1.2. – 1. Slovan Bratislava 16:7, 10; 2. Vienna Wien 9:10, 6; 3. FC Zürich 8.8, 5; 4. Djurgarden Stockholm 6:14, 3.
Gruppe 6: Eintracht Braunschweig – ZVL Zilina 5:0, 1:1; Eintracht Braunschweig – Landskrona BoIS 2:0, 0:3; Eintracht Braunschweig – Vejle BK 4:1, 3:0; ZVL Zilina – Landskrona BoIS 1.0, 2:2; ZVL Zilina – Vejle BK 3:1, 4:2; Landskrona BoIS – Vejle BK 0:0, 2:1. – 1. Eintracht Braunschweig 15:5, 9; 2. ZVL Zilina 11:11, 8; 3. Landskrona BoIS 7:6, 6; 4. Vejle BK 5:16, 1.
Gruppe 7: Hannover 96 – Grasshoppers Zürich 3:2, 1:1; Hannover 96 – Stal Mielec 4:1, 2:3; Hannover 96 – Hvidovre Kopenhagen 3:2, 2:1; Grasshoppers Zürich – Stal Mielec 1:1, 4:1; Grasshoppers Zürich – Hvidovre Kopenhagen 1:1, 3:0; Stal Mielec – Hvidovre Kopenhagen 5:0, 2:1. – 1. Hannover 96 15:10, 9; 2. Grasshoppers Zürich 12:7, 7; 3. Stal Mielec 13:12, 7; 4. Hvidovre Kopenhagen 5:16, 1.
Gruppe 8: VÖEST Linz – Odra Opole 2:0, 0:2; VÖEST Linz – Rot-Weiß Oberhausen 1:1, 2:2; VÖEST Linz – Frem Kopenhagen 3:1, 2:2; Odra Opole – Rot-Weiß Oberhausen 4:3, 0:1; Odra Opole – Frem Kopenhagen 4:0, 1:2; Rot-Weiß Oberhausen – Frem Kopenhagen 2:1, 2:3. – 1. VÖEST Linz 10:8, 7; 2. Odra Opole 11:8, 6; 3. Rot-Weiß Oberhausen 11:11, 6; 4. Frem Kopenhagen 9:14, 5.

1973

Gruppe 1: Hannover 96 – FC Den Haag 2:1, 1:0; Hannover 96 – Atvidabergs FF 1:0, 0:2; Hannover 96 – FC Winterthur 3:0, 2:1; FC Den Haag – Atvidabergs FF 3:2, 1:1; FC Den Haag – FC Winterthur 2:0, 1:1; Atvidabergs FF – FC Winterthur 1:1, 2:3. – 1. Hannover 96 9:4, 10; 2. FC Den Haag 8:7, 6; 3. Atvidabergs FF 8:9, 4; 4. FC Winterthur 6:11, 4.
Gruppe 2: Slovan Bratislava – PSV Eindhoven 1:0, 1:0; Slovan Bratislava – AIK Solna 0:0, 1:1; Slovan Bratislava – MSV Duisburg 1:0, 2:0; PSV Eindhoven – AIK Solna 3.0, 1:0; PSV Eindhoven – MSV Duisburg 7:1, 1:2; AIK Solna – MSV Duisburg 3:1, 1:1. – 1. Slovan Bratislava 6:1, 10; 2. PSV Eindhoven 12:5, 6; 3. AIK Solna 5:7, 5; 4. MSV Duisburg 5:15, 3.
Gruppe 3: Hertha BSC Berlin – CUF Barreiro 1:0, 0:0; Hertha BSC Berlin – Malmö FF 1:1, 4:2; Hertha BSC Berlin – Grasshoppers Zürich 3:1, 3:2; CUF Barreiro – Malmö FF 4:0, 0:1; CUF Barreiro – Grasshoppers Zürich 2:1, 4:1; Malmö FF – Grasshoppers Zürich 3:0, 1:0. – 1. Hertha BSC Berlin 12:6, 10; 2. CUF Barreiro; 3. Malmö FF 8:9, 7; 4. Grasshoppers Zürich 5:16, 0.
Gruppe 4: FC Zürich – Slavia Prag 3:0, 1:2; FC Zürich – AS Nancy 4:1, 1:1; FC Zürich – IFK Norrköping 4:4, 2:1; Slavia Prag – AS Nancy 2:1, 0:1; Slavia Prag – IFK Norrköping 4:0, 1:1; AS Nancy – IFK Norrköping 2:1, 1:5. – 1. FC Zürich 15:9, 8; 2. Slavia Prag 9:7, 7; 3. AS Nancy 7:13, 5; 4. IFK Norrköping 12:14, 4.
Gruppe 5: ROW Rybnik – VÖEST Linz 3:1, 2:2; ROW Rybnik – Örebro SK 3:1, 1:2; ROW Rybnik – FC Lugano 3:0, 4:0; VÖEST Linz – Örebro SK 2:1, 1:4; VÖEST Linz – FC Lugano 4:1, 2:0; Örebro SK – FC Lugano 0:1, 5:2. – 1. ROW Rybnik 16:6, 9; 2. VÖEST Linz 12:11, 7; 3. Örebro SK 13:10, 6; 4. FC Lugano 4:18, 2.
Gruppe 6: Union Teplice – Austria Klagenfurt 4:2, 1:0; Union Teplice – Djurgarden Stockholm 1:1, 6.1; Union Teplice – Naestved IF 1:0, 2:5; Austria Klagenfurt – Djurgarden Stockholm 2:0, 0:2; Austria Klagenfurt – Naestved IF 2:1, 3:1; Djurgarden Stockholm – Naestved IF 1:1, 1:0. – 1. Union Teplice 15:9, 9; 2. Austria Klagenfurt 9:9, 6; 3. Djurgarden Stockholm 6:10, 6; 4. Naestved IF 8:10, 3.
Gruppe 7: Feyenoord Rotterdam – Standard Lüttich 3:1, 1:1; Feyenoord Rotterdam – AS St. Etienne 3:2, 2:2; Feyenoord Rotterdam – FC Schalke 04 4:3, 2:1; Standard Lüttich – AS St. Etienne 3:0, 3:3;

Standard Lüttich - FC Schalke 04 3:1, 2:1; AS St. Etienne - FC Schalke 04 2:0, 3:1. - 1. Feyenoord Rotterdam 15:10, 10; 2. Standard Lüttich 13:9, 8; 3. AS St. Etienne 12:12, 6; 4. FC Schalke 04 7:16, 0.
Gruppe 8: Wisla Krakow - FC Tirol Innsbruck 3:2, 0:1; Wisla Krakow - B 1903 Kopenhagen 3:3, 3:1; Wisla Krakow - Kickers Offenbach 1:1, 2:0; FC Tirol Innsbruck - B 1903 Kopenhagen 3:0, 2:4; FC Tirol Innsbruck - Kickers Offenbach 2:4, 4:2; B 1903 Kopenhagen - Kickers Offenbach2:1, 3:3. - 1. Wisla Krakow 12:8, 8; 2. FC Tirol Innsbruck 14:13, 6; 3. B 1903 Kopenhagen 13:15, 6; 4. Kickers Offenbach 11:14, 4.
Gruppe 9: AC Nitra - FC Amsterdam 4:1, 3:2; AC Nitra - Eintracht Braunschweig 1:1, 2:1; AC Nitra - Vejle BK 4:1, 4:0; FC Amsterdam - Eintracht Braunschweig 0:0, 4:1; FC Amsterdam - Vejle BK 5:1, 1:5; Eintracht Braunschweig - Vejle BK 0:3, 2:0. - 1. AC Nitra 18:6, 11; 2. FC Amsterdam 13:14, 5; 3. Eintracht Braunschweig 5:10, 4; 4. Vejle BK 10:16, 4.
Gruppe 10: Östers Växjö - Austria Salzburg 1:1, 2:0, Östers Växjö - Polonia Bytom 3:2, 2:1; Östers Växjö - B 1901 Nyköbing 1:0, 7:0; Austria Salzburg - Polonia Bytom 7:1, 1:4; Austria Salzburg - B 1901 Nyköbing 2:1, 5:2; Polonia Bytom - B 1901 Nyköbing 6:2, 2:0. - 1. Östers Växjö 16:4, 11; 2. Austria Salzburg 16:11, 7; 3. Polonia Bytom 16:15, 6; 4. B 1901 Nyköbing 5:23, 0.

1974

Gruppe 1: FC Zürich - Hertha BSC Berlin 3:2, 1:1; FC Zürich - Östers Växjö 1.0, 2:0; FC Zürich - Austria Salzburg 5:2, 2:0; Hertha BSC Berlin - Östers Växjö 1:0, 4:2; Hertha BSC Berlin - Austria Salzburg 2:0, 0:1; Östers Växjö - Austria Salzburg 3:0, 2:0. - 1. FC Zürich 14:5, 11; 2. Hertha BSC Berlin 10:7, 7; 3. Östers Växjö 7:8, 4; 4. Austria Salzburg 3:14, 2.
Gruppe 2: Hamburger SV - Vitoria Guimaraes 2:0, 1:3; Hamburger SV - Djurgarden Stockholm 2:0, 3:1; Hamburger SV - Neuchatel Xamax 5:2, 1:0; Vitoria Guimaraes - Djurgarden Stockholm 5:0, 1:3; Vitoria Guimaraes - Neuchatel Xamax 5:2, 1:0; Djurgarden Stockholm - Neuchatel Xamax 4:2, 1:1. - 1. Hamburger SV 14:6, 10; 2. Vitoria Guimaraes 15:8, 8; 3. Djurgarden Stockholm 9:14, 5; 4. Neuchatel Xamax 7:17, 1.
Gruppe 3: Malmö FF - Slavia Prag 3:2, 0:3; Malmö FF - Austria Wien 4:1, 1:1; Malmö FF - AS St. Etienne 3:0, 1:0; Slavia Prag - Austria Wien 1:0, 3:2; Slavia Prag - AS St. Etienne 3:0, 1:2; Austria Wien - AS St. Etienne 1:0, 0:4. - 1. Malmö FF 12:7, 9; 2. Slavia Prag 12:8, 6; 3. Austria Wien 6:12, 5; 4. AS St. Etienne 6:9, 4.
Gruppe 4: Standard Lüttich - Bohemians Prag 3:0, 1:3; Standard Lüttich - Fortuna Düsseldorf 4:1, 1:0; Standard Lüttich - KB Kopenhagen 3:1, 1:2; Bohemians Prag - Fortuna Düsseldorf 4:1, 1:1; Bohemians Prag - KB Kopenhagen 1:1, 1:1; Fortuna Düsseldorf - KB Kopenhagen 4:3, 3:1. - 1. Standard Lüttich 13:7, 8; 2. Bohemians Prag 10:8, 7; 3. Fortuna Düsseldorf 10:14, 5; 4. KB Kopenhagen 9:13, 4.
Gruppe 5: Slovan Bratislava - 1. FC Kaiserslautern 1:0, 0:1; Slovan Bratislava - Grasshoppers Zürich 4:0, 1:0; Slovan Bratislava - Atvidabergs FF 1:0, 2:0; 1. FC Kaiserslautern - Grasshoppers Zürich 3:3, 1.3; 1. FC Kaiserslautern - Atvidabergs FF 1:0, 2:2; Grasshoppers Zürich - Atvidabergs FF 3:2, 0:1. - 1. Slovan Bratislava 9.1, 10, 2. 1. FC Kaiserslautern 8:9, 6, 3. Grasshoppers Zürich 9:12, 5, 4. Atvidabergs FF 5:9, 3.
Gruppe 6: Spartak Trnava - VÖEST Linz 2:1, 0:1; Spartak Trnava - Wisla Krakow 0:0, 2:2; Spartak Trnava - AIK Solna 2:1, 1:0; VÖEST Linz - Wisla Krakow 2.0, 1:1; VÖEST Linz - AIK Solna 6.1, 2:3; Wisla Krakow - AIK Solna 1.0, 3:0. - 1. Spartak Trnava 7.5, 8; 2. VÖEST Linz 13:7, 7; 3. Wisla Krakow 7:5, 7; 4. AIK Solna 5.15, 2.
Gruppe 7: MSV Duisburg - Gornik Zabrze 6:1, 3.3, MSV Duisburg - FC Winterthur 4.0, 4:2; MSV Duisburg - Hvidovre Kopenhagen 6:2, 1:2; Gornik Zabrze - FC Winterthur 1:3, 4:3; Gornik Zabrze - Hvidovre Kopenhagen 3:0, 2:2; FC Winterthur - Hvidovre Kopenhagen 1.0, 2:2. - 1. MSV Duisburg 24:10, 9; 2. Gornik Zabrze 14:17, 6; 3. FC Winterthur 11:15, 5; 4. Hvidovre Kopenhagen 8:15, 4.
Gruppe 8: Banik Ostrava - Legia Warschau 1:1, 1:1; Banik Ostrava - Vejle BK 2:0, 0:0; Banik Ostrava - IFK Norrköping 1:0, 3:1; Legia Warschau - Vejle BK 2:0, 4:0; Legia Warschau - IFK Norrköping 2:0, 1:2; Vejle BK - IFK Norrköping 1:1, 3:0. - 1. Banik Ostrava 8.3, 9; 2. Legia Warschau 11:4, 8; 3. Vejle BK 4:9, 4; 4. IFK Norrköping 4:11, 3.
Gruppe 9: VSS Kosice - LKS Lodz 1:1, 3:1; VSS Kosice - Randers Freja 6:1, 3:1; VSS Kosice - Sturm Graz 6:0, 2:2; LKS Lodz - Randers Freja 1:1, 0:5; LKS Lodz - Sturm Graz 1:0, 4:3; Randers Freja - Sturm Graz 0:1, 4:0. - 1. VSS Kosice 21:6, 10; 2. LKS Lodz 8:13, 6; 3. Randers Freja 12:11, 5; 4. Sturm Graz 6:17, 3.
Gruppe 10: CUF Barreiro - Landskrona BoIS 1:0, 1:1; CUF Barreiro - Altay Izmir 2:0, 1:2; CUF Barreiro - Hammarby IF 1:0, 2:2; Landskrona BoIS - Altay Izmir 1:1, 1:1; Landskrona BoIS - Hammarby IF 4:0, 2:1; Altay Izmir - Hammarby IF 2.2, 0:2. - 1. CUF Barreiro 8:5, 8; 2. Landskrona BoIS 9:5, 7; 3. Altay Izmir 6:9, 5; 4. Hammarby IF 7:11, 4.

1975

Gruppe 1: FC Tirol Innsbruck – Standard Lüttich 1:1, 1:1; FC Tirol Innsbruck – Malmö FF 1:0, 0:0; FC Tirol Innsbruck – Sparta Rotterdam 6:0, 3:1; Standard Lüttich – Malmö FF 4:1, 0:2; Standard Lüttich – Sparta Rotterdam 2:0, 1:0; Malmö FF – Sparta Rotterdam 2:0, 3:0. – 1. FC Tirol Innsbruck 12:3, 9; 2. Standard Lüttich 9:5, 8; 3. Malmö FF 8:5, 7; 4. Sparta Rotterdam 1:17, 0.
Gruppe 2: VÖEST Linz – Inter Bratislava 2:1, 2:0; VÖEST Linz – B 1903 Kopenhagen 3:0, 4:3; VÖEST Linz – FC Winterthur 4:2, 3:0; Inter Bratislava – B 1903 Kopenhagen 2:0, 3:1; Inter Bratislava – FC Winterthur 4:0, 3:1; B 1903 Kopenhagen – FC Winterthur 4:0, 0:1. – 1. VÖEST Linz 18:6, 12; 2. Inter Bratislava 13:6, 8; 3. B 1903 Kopenhagen 8:13, 2; 4. FC Winterthur 4:18, 2.
Gruppe 3: Eintracht Braunschweig – Vojvodina Novi Sad 2:1, 1:3; Eintracht Braunschweig – FC Zürich 2:0, 0:1; Eintracht Braunschweig – Vejle BK 3:0, 5:0; Vojvodina Novi Sad – FC Zürich 4:1, 0:0; Vojvodina Novi Sad – Vejle BK 4:1, 2:3; FC Zürich – Vejle BK 2:2, 2:0. – 1. Eintracht Braunschweig 13:5, 8; 2. Vojvodina Novi Sad 14:8, 7; 3. FC Zürich 6:18, 6; 4. Vejle BK 6:18, 3.
Gruppe 4: Zaglebie Sosnowiec – Sturm Graz 6:0, 1:1; Zaglebie Sosnowiec – Telstar Velsen 1:0, 0:0; Zaglebie Sosnowiec – Holbaek B&I 2:1, 2:0; Sturm Graz – Telstar Velsen 2:0, 0:1; Sturm Graz – Holbaek B&I 2:0, 3:1; Telstar Velsen – Holbaek B&I 3:1, 1:4. – 1. Zaglebie Sosnowiec 12:2, 10; 2. Sturm Graz 8:9, 7; 3. Telstar Velsen 5:8, 5; 4. Holbaek B& 7:13, 2.
Gruppe 5: Zbrojovka Brünn – Polonia Bytom 2:1, 2:1; Zbrojovka Brünn – Tennis Borussia Berlin 5:0, 2:3; Zbrojovka Brünn – AIK Solna 2:0, 2:1; Polonia Bytom – Tennis Borussia Berlin 3:0, 1:1; Polonia Bytom – AIK Solna 5:1, 2:0; Tennis Borussia Berlin – AIK Solna 1.3, 3:2. – 1. Zbrojovka Brünn 15:6, 10; 2. Polonia Bytom 13:6, 7; 3. Tennis Borussia Berlin 8:16, 5; 4. AIK Solna 7:15, 2.
Gruppe 6: ROW Rybnik – Grasshoppers Zürich 1:0, 2:0; ROW Rybnik – AZ '67 Alkmaar 2:2, 0:0; ROW Rybnik – Östers Växjö 2:1, 1:0; Grasshoppers Zürich – AZ '67 Alkmaar 3.2, 1.3; Grasshoppers Zürich – Östers Växjö 4:2, 5:2; AZ '67 Alkmaar – Östers Växjö 1:0, 0:2. – 1. ROW Rybnik 8:3, 10, 2. Grasshoppers Zürich 13:12, 6; 3. AZ '67 Alkmaar 8.8, 6; 4. Östers Växjö 7:13, 2.
Gruppe 7: Atvidabergs FF – MSV Duisburg 1:0, 0.1; Atvidabergs FF – Slask Wroclaw 3:1, 0:1; Atvidabergs FF – Admira-Wacker Wien 3:0, 1.1; MSV Duisburg – Slask Wroclaw 2:1, 0:0; MSV Duisburg – Admira-Wacker Wien 2:1, 1:2; Slask Wroclaw – Admira-Wacker Wien 3:0, 1.2. – 1. Atvidabergs FF 8:4, 7; 2. MSV Duisburg 6:5, 7; 3. Slask Wroclaw 7:7, 5; 4. Admira-Wacker Wien 6:11, 5.
Gruppe 8: 1. FC Kaiserslautern – Bohemians Prag 2:0, 1:2; 1. FC Kaiserslautern – Young Boys Bern 4.2, 3.1; 1. FC Kaiserslautern – GAIS Göteborg 6.0, 3.1; Bohemians Prag – Young Boys Bern 2:1, 2:1; Bohemians Prag – GAIS Göteborg 1.0, 2:1; Young Boys Bern – GAIS Göteborg 3:4, 1:0. – 1. 1. FC Kaiserslautern 19.6, 10; 2. Bohemians Prag 9:6, 10; 3. Young Boys Bern 9:15, 2; 4. GAIS Göteborg 6:16, 2.
Gruppe 9: Belenenses Lissabon – Spartak Trnava 2:1, 2:2; Belenenses Lissabon – FC Amsterdam 1:0, 1:0; Belenenses Lissabon – KB Kopenhagen 1:1, 1:0; Spartak Trnava – FC Amsterdam 2:0, 1.1; Spartak Trnava – KB Kopenhagen 6:1, 5:1; FC Amsterdam – KB Kopenhagen 5:4, 1:0. – 1. Belenenses Lissabon 8:4, 10; 2. Spartak Trnava 17:7, 8; 3. FC Amsterdam 7:9, 5, 4. KB Kopenhagen 7:19, 1.
Gruppe 10: Celik Zenica – Vitoria Setubal 1:1, 2:1; Celik Zenica – Banik Ostrava 2:1, 1.1; Celik Zenica – Elfsborg Boras 2:0, 2:1; Vitoria Setubal – Banik Ostrava 2:1, 0:1; Vitoria Setubal – Elfsborg Boras 1:0, 1:1; Banik Ostrava – Elfsborg Boras 3:1, 1:3. – 1. Celik Zenica 10:5, 10; 2. Vitoria Setubal 6:6, 6; 3. Banik Ostrava 8:9, 5; 4. Elfsborg Boras 6:10,3.

1976

Gruppe 1: Young Boys Bern – Malmö FF 0:2, 1:1; Young Boys Bern – Beitar Jerusalem 6.3, 1:1; Young Boys Bern – Admira-Wacker Wien 1:1, 3:1; Malmö FF – Beitar Jerusalem 3:1, 1:1; Malmö FF – Admira-Wacker Wien 6:0, 0:0; Beitar Jerusalem – Admira-Wacker Wien 3:1, 3:1. – 1. Young Boys Bern 15:9, 9; 2. Malmö FF 13:6, 7; 3. Beitar Jerusalem 12:13, 6; 4. Admira-Wacker Wien 4:16, 2.
Gruppe 2: Hertha BSC Berlin – Standard Lüttich 2:0, 0:1; Hertha BSC Berlin – Hapoel Beer Sheva 5:1, 3.3; Hertha BSC Berlin – Köge BK 5:0, 5.1; Standard Lüttich – Hapoel Beer Sheva 3:1, 0:0; Standard Lüttich – Köge BK 6:1, 1:0; Hapoel Beer Sheva – Köge BK 2:1, 1:1. – 1. Hertha BSC Berlin 20:6; 9; 2. Standard Lüttich 11:4, 9, 3. Hapoel Beer Sheva 8.13, 5; 4. Köge BK 4:20, 1.
Gruppe 3: Union Teplice – Kickers Offenbach 2:0, 3:0; Union Teplice – Grasshoppers Zürich 1:1, 0:2; Union Teplice – Landskrona BoIS 0:0, 1:1; Kickers Offenbach – Grasshoppers Zürich 1:0, 2:0; Kickers Offenbach – Landskrona BoIS 1:0, 2:1; Grasshoppers Zürich – Landskrona BoIS 1:0, 0:0. – 1. Union Teplice 10:4, 8; 2. Kickers Offenbach 0.0, 0, 3. Grasshoppers Zürich 4.7, 5, 4. Landskrona BoIS 2:5, 3.
Gruppe 4: Banik Ostrava – FC Tirol Innsbruck 2:1, 2:1; Banik Ostrava – Eintracht Braunschweig 0:0, 2:0; Banik Ostrava – AIK Solna 2:0, 1:0, FC Tirol Innsbruck – Eintracht Braunschweig 1:0, 1:1; FC Tirol Innsbruck – AIK Solna 3:1, 3:3; Eintracht Braunschweig – AIK Solna 2:1, 3:1. – 1. Banik Ostrava 9.2, 11; 2. FC Tirol Innsbruck 10:9, 6; 3. Eintracht Braunschweig 6:6, 6; 4. AIK Solna 6:14, 1.

Gruppe 5: Zbrojovka Brünn – MSV Duisburg 1:0, 1:5; Zbrojovka Brünn – FC Zürich 1:0, 1:0; Zbrojovka Brünn – Austria Wien 7:3, 2:1; MSV Duisburg – FC Zürich 3:1, 0:0; MSV Duisburg – Austria Wien 4:0, 1:1; FC Zürich – Austria Wien 4:1, 4.2. – 1. Zbrojovka Brünn 13:9, 10; 2. MSV Duisburg 13:4, 8; 3. FC Zürich 9:8, 5; 4. Austria Wien 8:22, 1.

Gruppe 6: Spartak Trnava – Atvidabergs FF 3:1, 3:1; Spartak Trnava – Lilleström SK 5:1, 1:1; Spartak Trnava – Austria Salzburg 2:0, 3:1; Atvidabergs FF – Lilleström SK 3:1, 0:0; Atvidabergs FF – Austria Salzburg 4:0, 1:1; Lilleström SK – Austria Salzburg 1:0, 1:2. – 1. Spartak Trnava 17:5, 11; 2. Atvidabergs FF 10:8, 6; 3. Lilleström SK 5:11, 4; 4. Austria Salzburg 4:12, 3.

Gruppe 7: Inter Bratislava – Vitoria Guimaraes 4:0, 0:1; Inter Bratislava – KV Oostende 2:1, 6:1; Inter Bratislava – Holbaek B&I 2:1, 5:0, Vitoria Guimaraes – KV Oostende 4:1, 0.2; Vitoria Guimaraes – Holbaek B&I 4:0, 2.1; KV Oostende – Holbaek B&I 2:1, 3:0. – 1. Inter Bratislava 19:4, 10; 2. Vitoria Guimaraes 11:8, 8; 3. KV Oostende 10:13, 6; 4. Holbaek B&I 3:18, 0.

Gruppe 8: Östers Växjö – Belenenses Lissabon 2:1, 1:1; Östers Växjö – Pogon Stettin 1:0, 1:0; Östers Växjö – Naestved IF 5:0, 3:0; Belenenses Lissabon – Pogon Stettin 2:0, 2.2; Belenenses Lissabon – Naestved IF 0:1, 1:0; Pogon Stettin – Naestved IF 3:0, 1:1. – 1. Östers Växjö 13:2, 11; 2. Belenenses Lissabon 7:6, 6; 3. Pogon Stettin 6:7, 4; 4. Naestved IF 2:13, 3.

Gruppe 9: Djurgarden Stockholm – Sturm Graz 3:0, 0:1; Djurgarden Stockholm – FC St. Gallen 3:2, 0:0; Djurgarden Stockholm – ROW Rybnik 3:0, 2:5; Sturm Graz – FC St. Gallen 1:1, 1:2; Sturm Graz – ROW Rybnik 2:1, 3:1; FC St. Gallen – ROW Rybnik 4:1, 0:2. – 1. Djurgarden Stockholm 11:8, 7; 2. Sturm Graz 8:8, 7; 3. FC St. Gallen 9:8, 6; 4. ROW Rybnik 10:14, 4.

Gruppe 10: Vojvodina Novi Sad – Zaglebie Sosnowiec 2:1, 2:1; Vojvodina Novi Sad – VÖEST Linz 3:2, 2:0; Vojvodina Novi Sad – Örebro SK 1:1; 1:1; Zaglebie Sosnowiec – VÖEST Linz 1:1, 2:1; Zaglebie Sosnowiec – Örebro SK 5:1, 1.1; VÖEST Linz – Örebro SK 4:1, 1:1. – 1. Vojvodina Novi Sad 11:6, 10; 2. Zaglebie Sosnowiec 11:8, 6; 3. VÖEST Linz 9:10, 4; 4. Örebro SK 6:13, 4.

Gruppe 11: Widzew Lodz – KB Kopenhagen 9:1, 3:1; Widzew Lodz – VSS Kosice 2:0, 1:0; Widzew Lodz – Start Kristiansand 1:0, 5:3; KB Kopenhagen – VSS Kosice 3:2, 2:1; KB Kopenhagen – Start Kristiansand 0:3, 0:0; VSS Kosice – Start Kristiansand 2:0, 1:0. – 1. Widzew Lodz 21:5, 12; 2. KB Kopenhagen 7:18, 5; 3. VSS Kosice 6:8, 4; 4. Start Kristiansand 6:9, 3.

1977

Gruppe 1: Halmstads BK – Vojvodina Novi Sad 3:1, 2:3; Halmstads BK – FC Amsterdam 1:1, 1:1; Halmstads BK – Maccabi Jaffa 4:1, 1:1; Vojvodina Novi Sad – FC Amsterdam 2:2, 2:1; Vojvodina Novi Sad – Maccabi Jaffa 3:0, 3:4; FC Amsterdam – Maccabi Jaffa 3:1, 1:2. – 1. Halmstads BK 12:8, 7; 2. Vojvodina Novi Sad 14:12, 7; 3. FC Amsterdam 9:9, 5; 4. Maccabi Jaffa 9:15, 5.

Gruppe 2: MSV Duisburg – Standard Lüttich 4:0, 0:0; MSV Duisburg – Twente Enschede 2:3, 2:0; MSV Duisburg – Maccabi Tel Aviv 2:2, 3:2; Standard Lüttich – Twente Enschede 2:1, 2:3; Standard Lüttich – Maccabi Tel Aviv 2:1, 2:0; Twente Enschede – Maccabi Tel Aviv 3.4, 3:1. – 1. MSV Duisburg 13:7, 8; 2. Standard Lüttich 8:9, 7; 3. Twente Enschede13:13, 6; 4. Maccabi Tel Aviv 10:15, 3.

Gruppe 3: Inter Bratislava – Eintracht Frankfurt 2:5, 2:2; Inter Bratislava – FC Tirol Innsbruck 4:2, 3:1; Inter Bratislava – FC Zürich 5:0, 2:1; Eintracht Frankfurt – FC Tirol Innsbruck 1:1, 1:1; Eintracht Frankfurt – FC Zürich 4:1, 0:1; FC Tirol Innsbruck – FC Zürich 3:0, 2:1. – 1. Inter Bratislava 18:11, 9; 2. Eintracht Frankfurt 13:8, 7; 3. FC Tirol Innsbruck 10:10, 6; 4. FC Zürich 4:16, 2.

Gruppe 4: Slavia Sofia – Malmö FF 1:0, 0:3; Slavia Sofia – Hamburger SV 3:0, 3:2; Slavia Sofia – Grasshoppers Zürich 2:1, 4:1; Malmö FF – Hamburger SV 5:0, 2:2; Malmö FF – Grasshoppers Zürich 1:0, 1:1; Hamburger SV – Grasshoppers Zürich 4:1, 3:1. – 1. Slavia Sofia 13:7, 10; 2. Malmö FF 12:4, 8; 3. Hamburger SV 11:15, 5; 4. Grasshoppers Zürich 5:15, 1.

Gruppe 5: Slavia Prag – Legia Warschau 23:8, 10; Slavia Prag – Young Boys Bern 5:0, 4:1; Slavia Prag – Landskrona BoIS 6:1, 5:3; Legia Warschau – Young Boys Bern 4:1, 1.1, Legia Warschau – Landskrona BoIS 1:0, 2:1; Young Boys Bern – Landskrona BoIS 4:0, 1:2. – 1. Slavia Prag 23:8, 10;: 2. Legia Warschau 11:6, 9; 3. Young Boys Bern 8:16, 3; 4. Landskrona BoIS 7:19, 2.

Gruppe 6: Frem Kopenhagen – Ruch Chorzow 3:0, 1:2; Frem Kopenhagen – NK Rijeka 2:0, 2:2; Frem Kopenhagen – Grazer AK 6:0, 2:0; Ruch Chorzow – NK Rijeka 2:4, 1:0; Ruch Chorzow – Grazer AK 5:0, 4:0; NK Rijeka – Grazer AK 1:1, 3:0. – 1. Frem Kopenhagen 16:4, 9; 2. Ruch Chorzow 14:8, 8; 3. NK Rijeka 10:8, 6; 4. Grazer AK 1:21, 1.

Gruppe 7: Jednota Trencin – Zaglebie Sosnowiec 3:0, 0.2; Jednota Trencin – Lilleström SK 5:1, 3:2; Jednota Trencin – Linzer ASK 4:0, 3:1; Zaglebie Sosnowiec – Lilleström SK 3:0, 2.0; Zaglebie Sosnowiec – Linzer ASK 3:0, 3:1; Lilleström SK – Linzer ASK 1:0, 1:2. – 1. Jednota Trencin 18:6, 10; 2. Zaglebie Sosnowiec 13:4, 10; 3. Lilleström SK 5:15, 2; 4. Linzer ASK 4:15, 2.

Gruppe 8: Slovan Bratislava – Hertha BSC Berlin 2:1, 0:3; Slovan Bratislava – B 1903 Kopenhagen 3:1, 1:1; Slovan Bratislava – Admira-Wacker Wien 5:1, 5:1; Hertha BSC Berlin – B 1903 Kopenhagen 0:0, 1:0; Hertha BSC Berlin – Admira-Wacker Wien 1:0, 0:0; B 1903 Kopenhagen – Admira-Wacker Wien

1:1, 1:1. – 1. Slovan Bratislava 16.8, 9; 2. Hertha BSC Berlin 6:2, 8, 3. B 1903 Kopenhagen 4:7, 4; 4. Admira-Wacker Wien 4.13, 3.

Gruppe 9: Östers Växjö – Zbrojovka Brünn 4:2, 2:1; Östers Växjö – Austria Salzburg 1:0, 1:1; Östers Växjö – Aalborg BK 2.2, 3:1; Zbrojovka Brünn – Austria Salzburg 3:1, 2:1; Zbrojovka Brünn – Aalborg BK 2:1, 4:0; Austria Salzburg – Aalborg BK 1.1, 1:1. – 1. Östers Växjö 13:7, 10; 2. Zbrojovka Brünn 14:9, 8; 3. Austria Salzburg 5:9, 3; 4. Aalborg BK 6:13, 3.

Gruppe 10: Pogon Stettin – KB Kopenhagen 2:2, 1.1; Pogon Stettin – Sturm Graz 1:0, 0:0; Pogon Stettin – Chenois Genf 6:1, 1:0; KB Kopenhagen – Sturm Graz 2.1, 2:5; KB Kopenhagen – Chenois Genf 0:0, 1:1; Sturm Graz – Chenois Genf 4:0, 0:1. – 1. Pogon Stettin 11:4, 9; 2. KB Kopenhagen 8:10, 6; 3. Sturm Graz 10:6, 5; 4. Chenois Genf 3:12, 4.

1978

Gruppe 1: MSV Duisburg – Bohemians Prag 2:1, 1:1; MSV Duisburg – Rapid Wien 3:0, 0:0; MSV Duisburg – IFK Norrköping 1:1, 2:1; Bohemians Prag – Rapid Wien 1:1, 0:0; Bohemians Prag – IFK Norrköping 1:1, 1:0; Rapid Wien – IFK Norrköping 4:1, 1:3. – 1. MSV Duisburg 9:4, 9; 2. Bohemians Prag 5:5, 6; 3. Rapid Wien 6:8, 5, 4. IFK Norrköping 7:10, 4.

Gruppe 2: Slavia Prag – 1. FC Kaiserslautern 4:2, 3:1, Slavia Prag – Odense BK 3:1, 3:1; Slavia Prag – FC Tirol Innsbruck 4.0, 4:3; 1. FC Kaiserslautern – Odense BK 4:1, 2:1; 1. FC Kaiserslautern – FC Tirol Innsbruck 3:1, 6:0; Odense BK – FC Tirol Innsbruck 4:1, 0.3. – 1. Slavia Prag 21:8, 12; 2. 1. FC Kaiserslautern 18:10, 8; 3. Odense BK 8:16, 2; 4. FC Tirol Innsbruck 8:21, 2.

Gruppe 3: Hertha BSC Berlin – Slavia Sofia 3:0, 1:1; Hertha BSC Berlin – Kalmar FF 1:0, 1:2; Hertha BSC Berlin – Vejle BK 2:0, 4:0; Slavia Sofia – Kalmar FF 4:1, 1:1; Slavia Sofia – Vejle BK 2:0, 1:1; Kalmar FF – Vejle BK 3:0, 1:3. – 1. Hertha BSC Berlin 12:3, 9; 2. Slavia Sofia 9:7, 7; 3. Kalmar FF 8:10, 5; 4. Vejle BK 4:13, 3.

Gruppe 4: Eintracht Braunschweig – Standard Lüttich 0:1, 1:0; Eintracht Braunschweig – Grasshoppers Zürich 0:0, 2:0; Eintracht Braunschweig – B 1903 Kopenhagen 5:1, 2:1; Standard Lüttich – Grasshoppers Zürich 0:0, 0:0; Standard Lüttich – B 1903 Kopenhagen 3:0, 2:2; Grasshoppers Zürich – B 1903 Kopenhagen 1:2, 3:1. – 1. Eintracht Braunschweig 10:3, 9; 2. Standard Lüttich6:3, 7; 3. Grasshoppers Zürich 4.5, 5; 4. B 1903 Kopenhagen 7:16, 3.

Gruppe 5: Malmö FF – FC Zürich 2:0, 2:0, Malmö FF – Maccabi Tel Aviv 3:1, 1:0; Malmö FF – Vienna Wien 2:1, 1:1; FC Zürich – Maccabi Tel Aviv 0:3, 2:0, FC Zürich – Vienna Wien 2:0, 1.1; Maccabi Tel Aviv – Vienna Wien 5:1, 1:3. – 1. Malmö FF 11:3, 11; 2. FC Zürich 6:7, 6; 3. Maccabi Tel Aviv 10:10, 4; 4. Vienna Wien 6:13, 3.

Gruppe 6: Lokomotive Kosice – Bryne IL 2:1, 1:1; Lokomotive Kosice – Sturm Graz 4:0, 3:0, Lokomotive Kosice – FC Sion 5:0, 2:2; Bryne IL – Sturm Graz 2:0, 2:0; Bryne IL – FC Sion 2:2, 2:0; Sturm Graz – FC Sion 3:0, 1:0. – 1. Lokomotive Kosice 17:4, 10; 2. Bryne IL 10:5, 8; 3. Sturm Graz 4:11, 4; 4. FC Sion 4:15; 2.

Gruppe 7: Tatran Presov – Esbjerg fB 4:2, 2:0; Tatran Presov – Wiener SC 6:0, 4:0; Tatran Presov – Young Boys Bern 1:0, 0:1; Esbjerg fB – Wiener SC 3:1, 1:0; Esbjerg fB – Young Boys Bern 3:0, 1:1; Wiener SC – Young Boys Bern 2:1, 0:0. – 1. Tatran Presov 18:2, 12; 2. Esbjerg fB 10:8, 7; 3. Wiener SC 3:15, 3; 4. Young Boys Bern 2:8, 2.

Gruppe 8: Maccabi Nathanya – Sloboda Tuzla 2:2, 2:2, Maccabi Nathanya – Elfsborg Boras 7:1, 2:2; Maccabi Nathanya – Lilleström SK 1:0, 2:1; Sloboda Tuzla – Elfsborg Boras 3:2, 0:1; Sloboda Tuzla – Lilleström SK 2:1, 3:1; Elfsborg Boras – Lilleström SK 0:0, 5:3. – 1. Maccabi Nathanya 16:8, 9; 2. Sloboda Tuzla 12:9, 8; 3. Elfsborg Boras 11:15, 6; 4. Lilleström SK 6:13, 1.

Gruppe 9: Grazer AK – Pirin Blagoevgrad 2:1, 0:1; Grazer AK – Vojvodina Novi Sad 1:2, 5:3; Grazer AK – Start Kristiansand 4:1, 3:1; Pirin Blagoevgrad – Vojvodina Novi Sad 2:1, 1:2; Pirin Blagoevgrad – Start Kristiansand 3:1, 1:1; Vojvodina Novi Sad – Start Kristiansand 5:1, 0:1. – 1. Grazer AK 15:9, 8; 2. Pirin Blagoevgrad 9:7, 7; 3. Vojvodina Novi Sad 13:11, 6; 4. Start Kristiansand 6:16, 3.

1979

Gruppe 1: Werder Bremen – Standard Lüttich 3:1, 2:1; Werder Bremen – Maccabi Nathanya 1:0, 1:0; Werder Bremen – Rapid Wien 2:1, 1:1; Standard Lüttich – Maccabi Nathanya 3:1, 1:1; Standard Lüttich – Rapid Wien 3.0, 1:2; Maccabi Nathanya – Rapid Wien 4:2, 2:2. – 1. Werder Bremen 10:4, 11; 2. Standard Lüttich 10:9, 5; 3. Maccabi Nathanya 8:10, 4; 4. Rapid Wien 8:13, 4.

Gruppe 2: Grasshoppers Zürich – Vejle BK 1:4, 0:2; Grasshoppers Zürich – FC Antwerpen 2:1, 3:1; Grasshoppers Zürich – MSV Duisburg 2:2, 1:0; Vejle BK – FC Antwerpen 1:2, 2.2, Vejle BK – MSV Duisburg 1:2, 0:0; FC Antwerpen – MSV Duisburg 3:1, 2:2. – 1. Grasshoppers Zürich 9:10, 7; 2. Vejle BK 10:7, 6; 3. FC Antwerpen 11:11, 6; 4. MSV Duisburg 7:9, 5.

Gruppe 3: Eintracht Braunschweig – Malmö FF 3:1, 2:2; Eintracht Braunschweig – Slavia Prag 2:0, 1:1; Eintracht Braunschweig – FC St. Gallen 3:2, 4:1; Malmö FF – Slavia Prag 3:1, 3:1; Malmö FF – FC St.

Gallen 2:1, 2:1; Slavia Prag – FC St. Gallen 2:0, 1:0. – 1. Eintracht Braunschweig 15:7, 10; 2. Malmö FF 13:9, 9; 3. Slavia Prag 6:9, 5; 4. FC St. Gallen 5:14, 0.

Gruppe 4: Bohemians Prag – IFK Göteborg 3:2, 0:4; Bohemians Prag – FC Zürich 2:2, 2:1; Bohemians Prag – Odense BK 4:1; 2:0; IFK Göteborg – FC Zürich 5:1, 0:1; IFK Göteborg – Odense BK 6:1, 2:2; FC Zürich – Odense BK 4:3, 0:3. – 1. Bohemians Prag 13:10, 9; 2. IFK Göteborg 19:8, 7; 3. FC Zürich 9:15, 5; 4. Odense BK 10:18, 3.

Gruppe 5: Spartak Trnava – Esbjerg fB 2:2, 1:0; Spartak Trnava – Kalmar FF 1:0, 1:0; Spartak Trnava – Vienna Wien 3:0, 1:1; Esbjerg fB – Kalmar FF 4:2, 1:2; Esbjerg fB – Vienna Wien 3:1, 2:0; Kalmar FF – Vienna Wien 3:0, 2:2. – 1. Spartak Trnava 9:3, 10; 2. Esbjerg fB 12:8, 7; 3. Kalmar FF 9:9, 5; 4. Vienna Wien 4:14, 2.

Gruppe 6: Zbrojovka Brünn – Slavia Sofia 3:1, 0:2; Zbrojovka Brünn – Chenois Genf 3:1, 7:1; Zbrojovka Brünn – Linzer ASK 3:0, 3:0; Slavia Sofia – Chenois Genf 2:0, 2:2; Slavia Sofia – Linzer ASK 4:1, 4:0; Chenois Genf – Linzer ASK 3:0, 0:3. – 1. Zbrojovka Brünn 19:5, 10; 2. Slavia Sofia 15:6, 9; 3. Chenois Genf 7:17, 3; 4. Linzer ASK 4:17, 2.

Gruppe 7: Pirin Blagoevgrad – GKS Katowice 3:0, 0:3; Pirin Blagoevgrad – Aarhus GF 2:0, 0:2; Pirin Blagoevgrad – Austria Salzburg 2:0, 2:1; GKS Katowice – Aarhus GF 1:0, 0:0, GKS Katowice – Austria Salzburg 0:0, 1:1; Aarhus GF – Austria Salzburg 1:0, 2:2. – 1. Pirin Blagoevgrad 9:6, 8; 2. GKS Katowice 5:4, 7; 3. Aarhus GF 5:5, 6; 4. Austria Salzburg 4:8, 3.

Gruppe 8: Banik Ostrava – Östers Växjö 3:2, 0:4; Banik Ostrava – Darmstadt 98 1:1, 3:0; Banik Ostrava – Grazer AK 4:2, 3:0; Östers Växjö – Darmstadt 98 0:0, 1:1; Östers Växjö – Grazer AK 4:1, 3:3; Darmstadt 98 – Grazer AK 3:0, 1:1. – 1. Banik Ostrava 14:9, 9; 2. Östers Växjö 14:8, 7; 3. Darmstadt 98 6:6, 6; 4. Grazer AK 7:18, 2.

1980

Gruppe 1: Standard Lüttich – Fortuna Düsseldorf 5:1, 3:3; Standard Lüttich – Neuchatel Xamax 2:2, 1:0; Standard Lüttich – Roda JC Kerkrade 4:1, 2:1; Fortuna Düsseldorf – Neuchatel Xamax 1:5, 2.2; Fortuna Düsseldorf – Roda JC Kerkrade 3:1, 2:1, Neuchatel Xamax – Roda JC Kerkrade 3:3, 1.2. – 1. Standard Lüttich 17:8, 10; 2. Fortuna Düsseldorf 12:17, 6; 3. Neuchatel Xamax 13:11, 5; 4. Roda JC Kerkrade 9:15, 3.

Gruppe 2: Bohemians Prag – Werder Bremen 5:1, 1:1; Bohemians Prag – Kastrup BK 2:0, 2:2; Bohemians Prag – Lilleström SK 2:0, 2:1; Werder Bremen – Kastrup BK 1:2, 1:0; Werder Bremen – Lilleström SK 2:0, 1:1; Kastrup BK – Lilleström SK 2:0, 0:3. – 1. Bohemians Prag 14:5, 10; 2. Werder Bremen 7:9, 6; 3. Kastrup BK 6.9, 5; 4. Lilleström SK 5:9, 3.

Gruppe 3: Maccabi Nathanya – KB Kopenhagen 3:0, 2:3; Maccabi Nathanya – FC Antwerpen 1:1, 1:1; Maccabi Nathanya – Maccabi Tel Aviv 1:0, 3:1; KB Kopenhagen – FC Antwerpen 3:1, 1:1; KB Kopenhagen – Maccabi Tel Aviv 3:2, 1:1; FC Antwerpen – Maccabi Tel Aviv 5:1, 1:3. – 1. Maccabi Nathanya 11:6, 8; 2. KB Kopenhagen 11:10, 8; 3. FC Antwerpen 10:10, 5; 4. Maccabi Tel Aviv 8:14, 3.

Gruppe 4: Sparta Prag – FC Den Haag 2:1, 1:2; Sparta Prag – FC St. Gallen 1:0, 2:0; Sparta Prag – Rapid Wien 1:0, 1:0; FC Den Haag – FC St. Gallen 1:4, 0:3; FC Den Haag – Rapid Wien 1:0, 1:0; FC St. Gallen – Rapid Wien 1:2, 2:3. – 1. Sparta Prag 8:3, 10; 2. FC Den Haag 7:10, 6; 3. FC St. Gallen 10:9, 4; 4. Rapid Wien 5:8, 4.

Gruppe 5: Plastika Nitra – Linzer ASK 0:1, 2:1; Plastika Nitra – Esbjerg fB 2:0, 1:0; Plastika Nitra – Polonia Bytom 4:0, 0:1; Linzer ASK – Esbjerg fB 2:2, 0:4; Linzer ASK – Polonia Bytom 2:0, 1:1, Esbjerg fB – Polonia Bytom 1:2, 1:0. – 1. Plastika Nitra 9:3, 8; 2. Linzer ASK 7:9, 6; 3. Esbjerg fB 8:7, 5; 4. Polonia Bytom 4:9, 5.

Gruppe 6: Halmstads BK – Inter Bratislava 1:1, 3:0; Halmstads BK – VÖEST Linz 0:0, 3:2; Halmstads BK – Young Boys Bern 4444:2, 1:1; Inter Bratislava – VÖEST Linz 2:2, 2:2; Inter Bratislava – Young Boys Bern 3:0, 1:1; VÖEST Linz – Young Boys Bern 2:0, 1.0. – 1. Halmstads BK 12:6, 9; 2. Inter Bratislava 11:8, 7; 3. VÖEST Linz 9:7, 7; 4. Young Boys Bern 3:14, 1.

Gruppe 7: Malmö FF – MSV Duisburg 4:1, 2:4; Malmö FF – Willem II Tilburg 1:0, 2:1; Malmö FF – FC Sion 2:0, 4:2; MSV Duisburg – Willem II Tilburg 1:3, 2:0; MSV Duisburg – FC Sion 6:2, 4:2; Willem II Tilburg – FC Sion 4:3, 0:0. – 1. Malmö FF 15:8, 10; 2. MSV Duisburg 15:11, 8; 3. Willem II Tilburg 8.9, 5; 4. FC Sion 7:17, 1.

Gruppe 8: IFK Göteborg – Marek Stanke Dimitroff 4:1, 3.2; IFK Göteborg – B 1903 Kopenhagen 5:1, 3:0; IFK Göteborg – Austria Salzburg 6:0, 1:1; Marek Stanke Dimitroff – B 1903 Kopenhagen 2:0, 2:3; Marek Stanke Dimitroff – Austria Salzburg 4:2, 1:1; B 1903 Kopenhagen – Austria Salzburg 3:0, 1:1. – 1. IFK Göteborg 22:5, 11; 2. Marek Stanke Dimitroff 13:14, 5; 3. B 1903 Kopenhagen 8:13, 5; 4. Austria Salzburg 6:17, 3.

Gruppe 9: Elfsborg Boras – Slavia Sofia 1:0, 1:2; Elfsborg Boras – VfL Bochum 1:0, 1:2; Elfsborg Boras – Napredak Krusevac 2:0, 2:2; Slavia Sofia – VfL Bochum 2:0, 1:4; Slavia Sofia – Napredak Krusevac

3:2, 0:0; VfL Bochum – Napredak Krusevac 2:1, 0:2. – 1. Elfsborg Boras 8:6, 7; 2. Slavia Sofia 8:8, 7; 3. VfL Bochum 8:8, 6; 4. Napredak Krusevac 7:9, 4.

1981

Gruppe 1: Wiener SC – FC Lüttich 3:1, 0.3; Wiener SC – Maccabi Nathanya 2:0, 1:1; Wiener SC – Hapoel Tel Aviv 3:1, 3:1; FC Lüttich – Maccabi Nathanya 3:2, 1:3; FC Lüttich – Hapoel Tel Aviv 4:1, 1:1; Maccabi Nathanya – Hapoel Tel Aviv 1:1, 4:1. – 1. Wiener SC 12:7, 9; 2. FC Lüttich 13:10, 7; 3. Maccabi Nathanya 11:9, 6; 4. Hapoel Tel Aviv 6:16, 2.
Gruppe 2: Standard Lüttich – KB Kopenhagen 4:0, 1:1; Standard Lüttich – Sturm Graz 4:1, 1:1; Standard Lüttich – MSV Duisburg 2:0, 0:0; KB Kopenhagen – Sturm Graz 0:1, 2:1; KB Kopenhagen – MSV Duisburg 1:1, 2:0; Sturm Graz – MSV Duisburg 1:1, 1:1. – 1. Standard Lüttich 12:3, 9; 2. KB Kopenhagen 6:8, 6; 3. Sturm Graz 6:9, 5; 4. MSV Duisburg 3:7, 4.
Gruppe 3: Werder Bremen – Malmö FF 1:0, 2:2; Werder Bremen – Spartak Pleven 1:0, 3:2; Werder Bremen – FC Zürich 3:1, 5:1; Malmö FF – Spartak Pleven 3:1, 0:2; Malmö FF – FC Zürich 2:1, 0:0; Spartak Pleven – FC Zürich 4:1, 0:3. – 1. Werder Bremen 15:6, 11; 2. Malmö FF 7:7, 6; 3. Spartak Pleven 9:11, 4; 4. FC Zürich 7:14, 3.
Gruppe 4: Buducnost Titograd – Odense BK 4:2, 1:1; Buducnost Titograd – Östers Växjö 3:1, 0:0; Buducnost Titograd – FC Tirol Innsbruck 1:2, 3:1; Odense BK – Östers Växjö 3:0, 1:0; Odense BK – FC Tirol Innsbruck 1:1, 3:3; Östers Växjö – FC Tirol Innsbruck 4:1, 2:1. – 1. Buducnost Titograd 12:7, 8; 2. Odense BK 11:9, 7; 3. Östers Växjö 7:9, 5; 4. FC Tirol Innsbruck 9:14, 4.
Gruppe 5: Aarhus GF – Zbrojovka Brünn 4:2, 0:3; Aarhus GF – Linzer ASK 1:0, 1:1; Aarhus GF – Brage Borlänge 2:1, 1:0; Zbrojovka Brünn – Linzer ASK 2:3, 2:2; Zbrojovka Brünn – Brage Borlänge 2:1, 0:0; Linzer ASK – Brage Borlänge 3:1, 0:3. – 1. Aarhus GF 9:7, 9; 2. Zbrojovka Brünn 11:10, 6; 3. Linzer ASK 9:10, 6; 4. Brage Borlänge 6:8, 3.
Gruppe 6: RWD Molenbeek – Bryne IL 2:1, 0:0; RWD Molenbeek – Sparta Prag 2:2, 2:3; RWD Molenbeek – Young Boys Bern 3:1, 1:0; Bryne IL – Sparta Prag 0:3, 2:0; Bryne IL – Young Boys Bern 0:0, 2:1; Sparta Prag – Young Boys Bern 0:1, 0:1. – 1. RWD Molenbeek 10:7, 8; 2. Bryne IL 5:6, 6; 3. Sparta Prag 8:8, 5; 4. Young Boys Bern 4:6, 5.
Gruppe 7: IFK Göteborg – Hertha BSC Berlin 1:0, 2:1; IFK Göteborg – Bohemians Prag 2:1, 1:2; IFK Göteborg – Grasshoppers Zürich 2:1, 4:1; Hertha BSC Berlin – Bohemians Prag 2:0, 2:1; Hertha BSC Berlin – Grasshoppers Zürich 5:1, 2:1; Bohemians Prag – Grasshoppers Zürich 3:1, 3:0. – 1. IFK Göteborg 12:6, 10; 2. Hertha BSC Berlin 12:6, 8; 3. Bohemians Prag 10:8, 6; 4. Grasshoppers Zürich 5:19, 0.
Gruppe 8: Stuttgarter Kickers – Viking Stavanger 4:0, 0:0; Stuttgarter Kickers – Willem II Tilburg 3:1, 3:3;Stuttgarter Kickers – Marek Stanke Dimitroff 2:0, 1:0; Viking Stavanger – Willem II Tilburg 2:2, 1:0; Viking Stavanger – Marek Stanke Dimitroff 3:0, 2:1; Willem II Tilburg – Marek Stanke Dimitroff 4:1, 1:0. – 1. Stuttgarter Kickers 13:4, 10; 2. Viking Stavanger 8:7, 8; 3. Willem II Tilburg 11:10, 6; 4. Marek Stanke Dimitroff 2:13, 0.
Gruppe 9: Roter Stern Cheb – FC Antwerpen 2:0, 1:4; Roter Stern Cheb – Naestved IF 1:1, 3:2; Roter Stern Cheb – FC Luzern 6:0, 2:2; FC Antwerpen – Naestved IF 0:1, 3:0; FC Antwerpen – FC Luzern 2:2, 3:1; Naestved IF – FC Luzern 1:0, 2:1. – 1. Roter Stern Cheb 15:9, 8; 2. FC Antwerpen 12:7, 7; 3. Naestved IF 7:8, 7; 4. FC Luzern 6:16, 2.

1982

Gruppe 1: Standard Lüttich – Bayer Leverkusen 4:1, 1:5; Standard Lüttich – Tscherno More Varna 3:1, 0:2; Standard Lüttich – Hvidovre Kopenhagen 3:0, 1:1; Bayer Leverkusen – Tscherno More Varna 3:0, 1:1; Bayer Leverkusen – Hvidovre Kopenhagen 2:2, 0:1; Tscherno More Varna – Hvidovre Kopenhagen 2:0, 1:1. – 1. Standard Lüttich 12:10, 7; 2. Bayer Leverkusen 12:9, 6; 3. Tscherno More Varna 7:8, 6; 4. Hvidovre Kopenhagen 5:9, 5.
Gruppe 2: Widzew Lodz – Arminia Bielefeld 2:1, 1:1; Widzew Lodz – FC St. Gallen 0:1, 2:1; Widzew Lodz – FC Lüttich 3:1, 0:2; Arminia Bielefeld – FC St. Gallen 3:1, 2:1; Arminia Bielefeld – FC Lüttich 1:1, 2:3; FC St. Gallen – FC Lüttich 1:0, 2:1. – 1. Widzew Lodz 8:7, 7; 2. Arminia Bielefeld 10:9, 6; 3. FC St. Gallen 7:8, 6; 4. FC Lüttich 8.9, 5.
Gruppe 3: Aarhus GF – Werder Bremen 2:1, 1:4; Aarhus GF – Plastika Nitra 1:0, 4:3; Aarhus GF – Sturm Graz 6:1, 0:3; Werder Bremen – Plastika Nitra 3:3, 5:3; Werder Bremen – Sturm Graz 7:2, 1:2; Plastika Nitra – Sturm Graz 5:3, 2:0. – 1. Aarhus GF 14:12, 8; 2. Werder Bremen 21:13, 7; 3. Plastika Nitra 16:16, 5; 4. Sturm Graz 11:21, 4
Gruppe 4: Lyngby BK – MSV Duisburg 1:3, 1:2; Lyngby BK – Motor Lublin 0:0, 2:2; Lyngby BK – FC Luzern 2:0, 4:1; MSV Duisburg – Motor Lublin 4:1, 2:3; MSV Duisburg – FC Luzern 2:0, 0:0; Motor Lublin – FC Luzern 2.2, 0:1. – 1. Lyngby BK 11:7, 8; 2. MSV Duisburg 12:7, 7; 3. Motor Lublin 8:11, 5; 4. FC Luzern 4:10, 4.

Gruppe 5: Admira-Wacker Wien – Hapoel Tel Aviv 2:1, 0:4; Admira-Wacker Wien – IFK Norrköping 1:0, 1:0; Admira-Wacker Wien – Hapoel Kfar Saba 3:0, 1:1; Hapoel Tel Aviv – IFK Norrköping 2:0, 0:5; Hapoel Tel Aviv – Hapoel Kfar Saba 1:0, 4:3; IFK Norrköping – Hapoel Kfar Saba 7:1, 2:3. – 1. Admira-Wacker Wien 8:6, 9; 2. Hapoel Tel Aviv 12:10, 8; 3. IFK Norrköping 14:8, 4; 4. Hapoel Kfar Saba 8:18, 3.
Gruppe 6: Bohemians Prag – Gwardia Warschau 1:0, 1:0; Bohemians Prag – Young Boys Bern 5:0, 3:1; Bohemians Prag – Linzer ASK 2:1, 4:1; Gwardia Warschau – Young Boys Bern 2:2, 1:2; Gwardia Warschau – Linzer ASK 1:0, 3:2; Young Boys Bern – Linzer ASK 0:2, 3:0. – 1. Bohemians Prag 16:3, 12; 2. Gwardia Warschau 7:8, 5; 3. Young Boys Bern 8:13, 5; 4. Linzer ASK 6:13, 2.
Gruppe 7: Brage Borlänge – Pogon Stettin 2:0, 0:1; Brage Borlänge – Sparta Prag 2:0, 1:0; Brage Borlänge – Wiener SC 3:0, 2:1; Pogon Stettin – Sparta Prag 2:0, 0:1; Pogon Stettin – Wiener SC 3:3, 4:3; Sparta Prag – Wiener SC 2:2, 1:1. – 1. Brage Borlänge 10:2, 10; 2. Pogon Stettin 10:9, 7; 3. Sparta Prag 4:8, 4; 4. Wiener SC 10:15, 3.
Gruppe 8: Östers Växjö – Zbrojovka Brünn 2:0, 0:2; Östers Växjö – LKS Lodz 4:3, 1:1; Östers Växjö – FC Zürich 3:0, 2:1; Zbrojovka Brünn – LKS Lodz 2:1, 0:0; Zbrojovka Brünn – FC Zürich 4:1, 3:2; LKS Lodz – FC Zürich 3:0, 0:3. – 1. Östers Växjö 12:7, 9; 2. Zbrojovka Brünn 11:6, 9; 3. LKS Lodz 8:10, 4; 4. FC Zürich 7:15, 2.
Gruppe 9: IFK Göteborg – Naestved IF 5:0, 2:4; IFK Göteborg – Tschernomorez Burgas 4:4, 4:2; IFK Göteborg – Banik Ostrava 2:1, 2:0; Naestved IF – Tschernomorez Burgas 3:1, 0:4; Naestved IF – Banik Ostrava 5:1, 1:1; Tschernomorez Burgas – Banik Ostrava 5:2, 1:3. – 1. IFK Göteborg 19:11, 9; 2. Naestved IF 13:14, 7; 3. Tschernomorez Burgas 17:16, 5; 4. Banik Ostrava 8:16, 3.

1983

Gruppe 1: Twente Enschede – Standard Lüttich 2:0, 2:4; Twente Enschede – FC Zürich 1:1, 4:3; Twente Enschede – Fortuna Düsseldorf 1:0, 4:2, Standard Lüttich – FC Zürich 3:0, 1:2; Standard Lüttich – Fortuna Düsseldorf 4:3, 1:0; FC Zürich – Fortuna Düsseldorf 5:2, 2:2. – 1. Twente Enschede 14:10, 9; 2. Standard Lüttich 13:9, 8; 3. FC Zürich 13:13, 6; 4. Fortuna Düsseldorf 9:17, 1.
Gruppe 2: Young Boys Bern – Slavia Prag 2:1, 1:2; Young Boys Bern – Bröndby IF 0:2, 2:1; Young Boys Bern – Slavia Sofia 1:0, 1:0; Slavia Prag – Bröndby IF 3:1, 0:2; Slavia Prag – Slavia Sofia 5:0, 1:2; Bröndby IF – Slavia Sofia 0:0, 1:3. – 1. Young Boys Bern 7:6, 8; 2. Slavia Prag 12:8, 6; 3. Bröndby IF 7:8, 5; 4. Slavia Sofia 5:9, 5.
Gruppe 3: Pogon Stettin – Werder Bremen 2:1, 0:4; Pogon Stettin – Malmö FF 2:0, 2:1; Pogon Stettin – FC St. Gallen 1:1, 3:3; Werder Bremen – Malmö FF 1:1, 1:2; Werder Bremen – FC St. Gallen 3:2, 2:1; Malmö FF – FC St. Gallen 2:0, 1:3. – 1. Pogon Stettin 10:10, 8; 2. Werder Bremen 12:8, 7; 3. Malmö FF 7:9, 5; 4. FC St. Gallen 10:12, 4.
Gruppe 4: Maccabi Nathanya – Aarhus GF 3:1, 2:1; Maccabi Nathanya – FC Luzern 6:3, 1:4; Maccabi Nathanya – Shimshon Tel Aviv 3:0, 2:1; Aarhus GF – FC Luzern 8:3, 0:1; Aarhus GF – Shimshon Tel Aviv 2:1, 2:1; FC Luzern – Shimshon Tel Aviv 1:2, 0:0. – 1. Maccabi Nathanya 17:10, 10; 2. Aarhus GF 14:11, 6; 3. FC Luzern 12:17, 5; 4. Shimshon Tel Aviv 5:10, 3.
Gruppe 5: Sloboda Tuzla – Honved Budapest 10:6, 9; Sloboda Tuzla – Inter Bratislava 10:8, 6; Sloboda Tuzla – FC Tirol Innsbruck 2:1, 2:1; Honved Budapest – Inter Bratislava 3:1, 1:1; Honved Budapest – FC Tirol Innsbruck 3:1, 1:2; Inter Bratislava – FC Tirol Innsbruck 2:1, 2:3. – 1. Sloboda Tuzla 10:6, 9; 2. Honved Budapest 10:8, 6; 3. Inter Bratislava 8:11, 5; 4. FC Tirol Innsbruck 9:12, 4.
Gruppe 6: Bohemians Prag – Odense BK 2:1, 2:2; Bohemians Prag – Viking Stavanger 2:2, 1:1; Bohemians Prag – SC Eisenstadt 3:2, 1:1; Odense BK – Viking Stavanger 0:3, 3:2; Odense BK – SC Eisenstadt 2:1, 3:0; Viking Stavanger – SC Eisenstadt 1:1, 0:3. – 1. Bohemians Prag 11:9, 8; 2. Odense BK 11:10, 7; 3. Viking Stavanger 9:10, 5; 4. SC Eisenstadt 8:10, 4.
Gruppe 7: IFK Gotebörg – Admira-Wacker Wien 1:2, 2:1; IFK Gotebörg – Baltyk Gdynia 3:0, 0:0; IFK Gotebörg – B 1903 Kopenhagen 1:0, 0:0; Admira-Wacker Wien – Baltyk Gdynia 3:2, 1:3; Admira-Wacker Wien – B 1903 Kopenhagen 3:0, 0:2; Baltyk Gdynia – B 1903 Kopenhagen 2:1, 1:1. – 1. IFK Gotebörg 7:3, 8; 2. Admira-Wacker Wien 10:10, 6; 3. Baltyk Gdynia 8:9, 6; 4. B 1903 Kopenhagen 4:7, 4.
Gruppe 8: Hammarby IF – Arminia Bielefeld 2:1, 2:0; Hammarby IF – Botev Vratza 2:1, 2:1; Hammarby IF – Bryne IL 6:0, 5:0; Arminia Bielefeld – Botev Vratza 4:0, 1:0; Arminia Bielefeld – Bryne IL 3:1, 1:0; Botev Vratza – Bryne IL 1:0, 3:0. – 1. Hammarby IF 19:3, 12; 2. Arminia Bielefeld 10:5, 8; 3. Botev Vratza 6:9, 4; 4. Bryne IL 1:19, 0.
Gruppe 9: Videoton Szekesfehervar – Roter Stern Cheb 1:0, 1:2; Videoton Szekesfehervar – Cracovia Krakow 6:0, 3:1, Videoton Szekesfehervar – Sturm Graz 3:0, 1:0; Roter Stern Cheb – Cracovia Krakow 2:0; 2:0; Roter Stern Cheb – Sturm Graz 5:0, 1:1; Cracovia Krakow – Sturm Graz 1:1, 2:0. – 1. Videoton Szekesfehervar 15:3, 10; 2. Roter Stern Cheb 12:3, 9; 3. Cracovia Krakow 4:14, 3; 4. Sturm Graz 2:13, 2.
Gruppe 10: TJ Vitkovice – Eintracht Braunschweig 2:2, 0:0; TJ Vitkovice – Trakia Plovdiv 4:2, 1:5; TJ Vitkovice – Elfsborg Boras 2:1, 2:1; Eintracht Braunschweig – Trakia Plovdiv 2:0, 1:0; Eintracht

Braunschweig – Elfsborg Boras 4:0, 0:1; Trakia Plovdiv- Elfsborg Boras 4:0, 0:0. – 1. TJ Vitkovice 13:11, 9; 2. Eintracht Braunschweig 9:5, 7; 3. Trakia Plovdiv 11:8, 5; 4. Elfsborg Boras 3:12, 3.

1984

Gruppe 1: Bohemians Prag – FC St. Gallen 5:0, 2:3; Bohemians Prag – Borussia Mönchengladbach 4:2, 2:0; Bohemians Prag – Lyngby BK 5:1, 2:1; FC St. Gallen – Borussia Mönchengladbach 1:3, 1:1; FC St. Gallen – Lyngby BK 2:1, 1:1; Borussia Mönchengladbach – Lyngby BK 5:0, 0:4. – 1. Bohemians Prag 20:7, 10; 2. FC St. Gallen 8:13, 6; 3. Borussia Mönchengladbach 11:12, 5; 4. Lyngby BK 8:15, 3.
Gruppe 2: Aarhus GF – Lilleström SK 2:2, 2:2; Aarhus GF – Banik Ostrava 1:0, 2:1; Aarhus GF – Wismut Aue 2:1, 2:1; Lilleström SK – Banik Ostrava 2:0, 1:2; Lilleström SK – Wismut Aue 1:1, 2:0; Banik Ostrava – Wismut Aue 0:0, 4:3. – 1. Aarhus GF 11:7, 10; 2. Lilleström SK 10:7, 7; 3. Banik Ostrava 7:9, 5; 4. Wismut Aue 6:11, 2.
Gruppe 3: Fortuna Düsseldorf – Bröndby IF 3:2, 3:1; Fortuna Düsseldorf – FC Lüttich 3:2, 1:0; Fortuna Düsseldorf – Roda JC Kerkrade 3:1, 0:1; Bröndby IF – FC Lüttich 2:0, 4:4; Bröndby IF – Roda JC Kerkrade 4:0, 3:1; FC Lüttich – Roda JC Kerkrade 2:1, 6:1. – 1. Fortuna Düsseldorf 13:7, 10; 2. Bröndby IF 16:11, 7; 3. FC Lüttich 14:12, 5; 4. Roda JC Kerkrade 5:18, 2.
Gruppe 4: Standard Lüttich – Odense BK 3:0, 1:1; Standard Lüttich – Eintracht Braunschweig 4:1, 1:3; Standard Lüttich – Go Ahead Eagles Deventer 4:2, 1:1; Odense BK – Eintracht Braunschweig 1:1, 0:0; Odense BK – Go Ahead Eagles Deventer 3:0, 1:1; Eintracht Braunschweig – Go Ahead Eagles Deventer 2:1, 1:2. – 1. Standard Lüttich 14:8, 8; 2. Odense BK 6:6, 6; 3. Eintracht Braunschweig 8:9, 6; 4. Go Ahead Eagles Deventer 7:12, 4.
Gruppe 5: AIK Solna – Gornik Zabrze 2:3, 0:1; AIK Solna – 1. FC Magdeburg 2:0, 2:0; AIK Solna – 1. FC Nürnberg 8:2, 2:1; Gornik Zabrze – 1. FC Magdeburg 3:0, 1:2; Gornik Zabrze – 1. FC Nürnberg 1:0, 1:2; 1. FC Magdeburg – 1. FC Nürnberg 3:0, 2:2. – 1. AIK Solna 16:7, 8; 2. Gornik Zabrze 10:6, 8; 3. 1. FC Magdeburg 7:10, 5; 4. 1. FC Nürnberg 7:17, 3.
Gruppe 6: Malmö FF – FC Karl-Marx-Stadt 3:0, 1:2; Malmö FF – Sturm Graz 1:0, 2:2; Malmö FF – FC Luzern 1:0, 2:0; FC Karl-Marx-Stadt – Sturm Graz 2:1, 1:1; FC Karl-Marx-Stadt – FC Luzern 5:0, 2:2; Sturm Graz – FC Luzern 1:0, 1:2. – 1. Malmö FF 10:4, 9; 2. FC Karl-Marx-Stadt 12:8, 8; 3. Sturm Graz 6:8, 4; 4. FC Luzern 4:12, 3.
Gruppe 7: Videoton Szekesfehervar – IFK Göteborg 2:0, 3:1; Videoton Szekesfehervar – TJ Vitkovice 1:0, 3:2; Videoton Szekesfehervar – Linzer ASK 2:0, 3:1; IFK Göteborg – TJ Vitkovice 3:0, 2:3; IFK Göteborg – Linzer ASK 4:1, 5:1; TJ Vitkovice – Linzer ASK 0:0, 1:0. – 1. Videoton Szekesfehervar 14:4, 12; 2. IFK Göteborg 15:10, 6; 3. TJ Vitkovice 6:9, 5; 4. Linzer ASK 3:15, 1.
Gruppe 8: Maccabi Nathanya – Admira-Wacker Wien 2:1, 0:6; Maccabi Nathanya – FC Wettingen 2:2, 3:0; Maccabi Nathanya – Beitar Jerusalem 4:3, 2:1; Admira-Wacker Wien – FC Wettingen 3:1, 1:1; Admira-Wacker Wien – Beitar Jerusalem 2:2, 2:0; FC Wettingen – Beitar Jerusalem 1:0, 3:0. – 1. Maccabi Nathanya 13:13, 9; 2. Admira-Wacker Wien 15.6, 8; 3. FC Wettingen 8:9, 6; 4. Beitar Jerusalem 6:14, 1.
Gruppe 9: FC Zürich – Spartak Trnava 2:1, 0:2; FC Zürich – Ferencvaros Budapest 1:0, 0:3; FC Zürich – Austria Klagenfurt 2:0, 2:1; Spartak Trnava – Ferencvaros Budapest 1:1, 1:3; Spartak Trnava – Austria Klagenfurt 3:1, 4:2; Ferencvaros Budapest – Austria Klagenfurt 0:0, 2:3. – 1. FC Zürich 7:7, 8; 2. Spartak Trnava 12:9, 7; 3. Ferencvaros Budapest 9:6, 6; 4. Austria Klagenfurt 7:13, 3.
Gruppe 10: GKS Katowice – Valerenga Oslo 2:1, 1:1; GKS Katowice – FC Tirol Innsbruck 2:1, 0:0; GKS Katowice – Östers Växjö 3:0, 1:1; Valerenga Oslo – FC Tirol Innsbruck 2:1, 2:2; Valerenga Oslo – Östers Växjö 4:3, 1:1; FC Tirol Innsbruck – Östers Växjö 2:0, 2:2. – 1. GKS Katowice 9:4, 9; 2. Valerenga Oslo 11:10, 7; 3. FC Tirol Innsbruck 8:8, 5; 4. Östers Växjö 7:13, 3.

1985

Gruppe 1: Werder Bremen – Malmö FF 2:1, 1:5; Werder Bremen – Carl Zeiss Jena 3:0, 2:2; Werder Bremen – FC Antwerpen 5:1, 6:0; Malmö FF – Carl Zeiss Jena 2:0, 0:1; Malmö FF – FC Antwerpen 5:0, 0:1; Carl Zeiss Jena – FC Antwerpen 2:0, 1:1. – 1. Werder Bremen 19:9, 9; 2. Malmö FF 13:5, 6; 3. Carl Zeiss Jena 6:8, 4; 4. FC Antwerpen 3:19, 3.
Gruppe 2: Rot-Weiß Erfurt – Fortuna Düsseldorf 6:1, 3:0; Rot-Weiß Erfurt – FC Lüttich 1:1, 2:2; Rot-Weiß Erfurt – Twente Enschede 4:0, 0:1; Fortuna Düsseldorf – FC Lüttich 4:2, 2:1; Fortuna Düsseldorf – Twente Enschede 4:2, 0:0; FC Lüttich – Twente Enschede 1:0, 1:1. – 1. Rot-Weiß Erfurt 16:5, 8; 2. Fortuna Düsseldorf 11:14, 7; 3. FC Lüttich 8:10, 5; 4. Twente Enschede 4:10, 4.
Gruppe 3: IFK Göteborg – Lech Poznan 0:2, 4:1; IFK Göteborg – Admira-Wacker Wien 2:1, 1:2, IFK Göteborg – Bröndby IF 2:0, 0:0, Lech Poznan – Admira-Wacker Wien 4:2, 3:5; Lech Poznan – Bröndby IF 5:1, 0:2; Admira-Wacker Wien – Bröndby IF 3:0, 1:3. – 1. IFK Göteborg 9:5, 7; 2. Lech Poznan 15:14, 6; 3. Admira-Wacker Wien 13:13, 6; 4. Bröndby IF 6:11, 5.

Gruppe 4: AIK Solna – Videoton Szekesfehervar 3:0, 0:1; AIK Solna – Bohemians Prag 2:1, 1:1; AIK Solna – FC St. Gallen 0:1, 6:1; Videoton Szekesfehervar – Bohemians Prag 1:0, 2:5; Videoton Szekesfehervar – FC St. Gallen 1:1, 3:2; Bohemians Prag – FC St. Gallen 4:2, 1:2. – 1. AIK Solna 12:5, 7; 2. Videoton Szekesfehervar 8:11, 7; 3. Bohemians Prag 12:10, 5; 4. FC St. Gallen 9:15, 5.
Gruppe 5: Wismut Aue – Slavia Prag 4:2, 0:2; Wismut Aue – Eintracht Braunschweig 3:2, 1:2; Wismut Aue – Viking Stavanger 0:0, 1:0; Slavia Prag – Eintracht Braunschweig 4:0, 1:4; Slavia Prag – Viking Stavanger 5:1, 3:4; Eintracht Braunschweig – Viking Stavanger 6:3, 1:2. – 1. Wismut Aue 9:8, 7; 2. Slavia Prag 17:13, 6; 3. Eintracht Braunschweig 15:14, 6; 4. Viking Stavanger 10:16, 5.
Gruppe 6: Sparta Prag – Lyngby BK 6:2, 4:1; Sparta Prag – Lechia Gdansk 0:0, 2:3; Sparta Prag – FC Zürich 1:1, 2:1; Lyngby BK – Lechia Gdansk 4:1, 1:0, Lyngby BK – FC Zürich 1:0, 3:1; Lechia Gdansk – FC Zürich 1:0, 1:2. – 1. Sparta Prag 15:8, 8; 2. Lyngby BK 12:12, 8; 3. Lechia Gdansk 6:9, 5; 4. FC Zürich 5:9, 3.
Gruppe 7: Gornik Zabrze – TE Zalaegerszeg 1:1, 1:0; Gornik Zabrze – Young Boys Bern 3:0, 4:1; Gornik Zabrze – Aarhus GF 2:1, 3:2; TE Zalaegerszeg – Young Boys Bern 4:0, 1:4; TE Zalaegerszeg – Aarhus GF 1:0, 4:4; Young Boys Bern – Aarhus GF 0:1, 7:4. – 1. Gornik Zabrze 14:5, 11; 2. TE Zalaegerszeg 11:10, 6; 3. Young Boys Bern 12:17, 4; 4. Aarhus GF 12:17, 3.
Gruppe 8: Maccabi Haifa – Arminia Bielefeld 2:1, 2:8; Maccabi Haifa – Sturm Graz 1:1, 2:1; Maccabi Haifa – Beitar Jerusalem 3:0, 3:1; Arminia Bielefeld – Sturm Graz 0:2, 0:0; Arminia Bielefeld – Beitar Jerusalem 1:0, 1:1; Sturm Graz – Beitar Jerusalem 4:1, 0:2. – 1. Maccabi Haifa 13:12, 9; 2. Arminia Bielefeld 11:7, 6; 3. Sturm Graz 8:6, 6; 4. Beitar Jerusalem 5:12, 3.
Gruppe 9: Banik Ostrava – Vejle BK 4:1, 0:1; Banik Ostrava – Lokomotive Sofia 4:1, 2:0; Banik Ostrava – Linzer ASK 0:0, 1:1; Vejle BK – Lokomotive Sofia 1:1, 3:1; Vejle BK – Linzer ASK 1:0, 2:2; Lokomotive Sofia – Linzer ASK 4:1, 2:2. – 1. Banik Ostrava 11:4, 8; 2. Vejle BK 9:8, 8; 3. Lokomotive Sofia 9:13, 4; 4. Linzer ASK 6:10, 4.
Gruppe 10: Ujpest Budapest – Valerengen Oslo 3:0, 0:2; Ujpest Budapest – Hammarby IF 2:1, 2:2; Ujpest Budapest – SC Eisenstadt 3:0, 1:0; Valerengen Oslo – Hammarby IF 4:2, 0:4; Valerengen Oslo – SC Eisenstadt 3:1, 2:1; Hammarby IF – SC Eisenstadt 4:0, 1:4. – 1. Ujpest Budapest 11:5, 9; 2. Valerengen Oslo 11:11, 8; 3. Hammarby IF 14:12, 5; 4. SC Eisenstadt 6:14, 3.
Gruppe 11: MTK Budapest – Tschernomoretz Burgas 5:1, 2:1, MTK Budapest – Start Kristiansand 3:0, 3:3; MTK Budapest – FC Aarau 3:1, 1:1; Tschernomoretz Burgas – Start Kristiansand 2:0, 0:1; Tschernomoretz Burgas – FC Aarau 4:1, 3:3; Start Kristiansand – FC Aarau 2:0, 2:4. – 1. MTK Budapest 17:7, 10; 2. Tschernomoretz Burgas 11:12, 5; 3. Start Kristiansand 8:12, 5; 4. FC Aarau 10:15, 4.

1986

Gruppe 1: Fortuna Düsseldorf – MTK Budapest 3:3, 0:0; Fortuna Düsseldorf – FC Lüttich 5:0, 3:0; Fortuna Düsseldorf – NEC Nijmegen 3:0, 3:4; MTK Budapest – FC Lüttich 5:2, 0:3; MTK Budapest – NEC Nijmegen 2:2, 3:0; FC Lüttich – NEC Nijmegen 1:0, 1:1. – 1. Fortuna Düsseldorf 17:7, 8; 2. MTK Budapest 13:10, 7; 3. FC Lüttich 7:14, 5; 4. NEC Nijmegen 7:13, 4.
Gruppe 2: 1. FC Union Berlin – Bayer Uerdingen 3:2, 0:3; 1. FC Union Berlin – Lausanne Sports 1:0, 1:1; 1. FC Union Berlin – Standard Lüttich 4:1, 2:1; Bayer Uerdingen – Lausanne Sports 2:1, 0:2; Bayer Uerdingen – Standard Lüttich 3:1, 3:1; Lausanne Sports – Standard Lüttich 3:1, 0:1. – 1. 1. FC Union Berlin 11:8, 9; 2. Bayer Uerdingen 13:8, 8; 3. Lausanne Sports 7:6, 5; 4. Standard Lüttich 6:15, 2.
Gruppe 3: Malmö FF – Videoton Szekesfehervar 2.0, 0:2; Malmö FF – Gornik Zabrze 3:1, 0:1; Malmö FF – Rosenborg Trondheim 7:0, 1:1; Videoton Szekesfehervar – Gornik Zabrze 2:0, 0:2; Videoton Szekesfehervar – Rosenborg Trondheim 1:1, 2:2; Gornik Zabrze – Rosenborg Trondheim 0:1, 1:0. – 1. Malmö FF 13:5, 7; 2. Videoton Szekesfehervar 7:7, 6; 3. Gornik Zabrze 5:6, 6; 4. Rosenborg Trondheim 5:12, 5.
Gruppe 4: Rot-Weiß Erfurt – Kalmar FF 1:0, 1:2; Rot-Weiß Erfurt – Vitoscha Sofia 3:1, 0:0; Rot-Weiß Erfurt – Lilleström SK 2:1, 1:0; Kalmar FF – Vitoscha Sofia 5:4, 3:3; Kalmar FF – Lilleström SK 0:0, 2:1; Vitoscha Sofia – Lilleström SK 2:0, 2:0. – 1. Rot-Weiß Erfurt 8:4, 9; 2. Kalmar FF 12:10, 8; 3. Vitoscha Sofia 12:11, 6; 4. Lilleström SK 2:9, 1.
Gruppe 5: Sigma Olomouc – Hannover 96 3:2, 1:1; Sigma Olomouc – Legia Warschau 3:0, 1:5; Sigma Olomouc – Young Boys Bern 3:1, 1:2; Hannover 96 – Legia Warschau 2:2, 0:1; Hannover 96 – Young Boys Bern 2:1, 3:2; Legia Warschau – Young Boys Bern 0:0, 1:3. – 1. Sigma Olomouc 12:11, 7; 2. Hannover 96 10:10, 6; 3. Legia Warschau 9:9, 6; 4. Young Boys Bern 9:10, 5.
Gruppe 6: Ujpest Budapest – Aarhus GF 1:0, 3:2; Ujpest Budapest – Grasshoppers Zürich 3:1, 1:0; Ujpest Budapest – Admira-Wacker Wien 2:0, 2:3; Aarhus GF – Grasshoppers Zürich 2:1, 1:4; Aarhus GF – Admira-Wacker Wien 1:0, 2:0; Grasshoppers Zürich – Admira-Wacker Wien 2:1, 1:1. – 1. Ujpest Budapest 12:6, 10; 2. Aarhus GF 8:9, 6; 3. Grasshoppers Zürich 9:9, 5; 4. Admira-Wacker Wien 5:10, 3.

Gruppe 7: Bröndby IF – Widzew Lodz 3:0, 3:3; Bröndby IF – 1. FC Magdeburg 4:3, 1:1; Bröndby IF – FC St. Gallen 3:0, 2:1; Widzew Lodz – 1. FC Magdeburg 3:0, 4:3; Widzew Lodz – FC St. Gallen 3:2, 3:0; 1. FC Magdeburg – FC St. Gallen 5:1, 0:2. – 1. Bröndby IF 16:8, 10; 2. Widzew Lodz 16:11, 9; 3. 1. FC Magdeburg 12:15, 3; 4. FC St. Gallen 6:16, 2.
Gruppe 8: Lyngby BK – Maccabi Haifa 4:0, 2:1; Lyngby BK – Hapoel Tel Aviv 3:2, 2:0; Lyngby BK – Grazer AK 4:0, 1:0; Maccabi Haifa – Hapoel Tel Aviv 2:2, 2:2; Maccabi Haifa – Grazer AK 1:0, 1:0; Hapoel Tel Aviv – Grazer AK 0:1, 3:2. – 1. Lyngby BK 16:3, 12; 2. Maccabi Haifa 7:10, 6; 3. Hapoel Tel Aviv 9:12, 4; 4. Grazer AK 3:10, 2.
Gruppe 9: Lech Poznan – Linzer ASK 0:0, 1:1; Lech Poznan – Odense BK 1:1, 5:1; Lech Poznan – Banyasz Siofok 4:1, 0:0; Linzer ASK – Odense BK 2:1, 2:2; Linzer ASK – Banyasz Siofok 1:1, 0:0; Odense BK – Banyasz Siofok 5:4, 2:0. – 1. Lech Poznan 11:4, 8; 2. Linzer ASK 6:5, 7; 3. Odense BK 12:14, 6; 4. Banyasz Siofok 6:12, 3.
Gruppe 10: IFK Göteborg – TJ Vitkovice 5:0, 1:3; IFK Göteborg – Sredec Sofia 1:0, 0:2; IFK Göteborg – FC Zürich 3:0, 3:2; TJ Vitkovice – Sredec Sofia 1:3; 1:0; TJ Vitkovice – FC Zürich 2:1, 2:2; Sredec Sofia – FC Zürich 2:0, 1:3. – 1. IFK Göteborg 13:7, 8; 2. TJ Vitkovice 9:12, 7; 3. Sredec Sofia 8:6, 6; 4. FC Zürich 8:13, 3.
Gruppe 11: Slavia Prag – Sturm Graz 1:1, 3:0; Slavia Prag – FC Luzern 1:1, 3:0; Slavia Prag – Ferencvaros Budapest 2:0, 1:0; Sturm Graz – FC Luzern 3:2, 1:0; Sturm Graz – Ferencvaros Budapest 1:5, 1:0; FC Luzern – Ferencvaros Budapest 3:2, 1:0. – 1. Slavia Prag 11:2, 10; 2. Sturm Graz 7:11, 7; 3. FC Luzern 10:12, 5; 4. Ferencvaros Budapest 9:12, 2.
Gruppe 12: Carl Zeiss Jena – Örgryte IS Göteborg 0:1, 0:0; Carl Zeiss Jena – Roter Stern Cheb 3:1, 2:0; Carl Zeiss Jena – 1. FC Saarbrücken 3:1, 2:0; Örgryte IS Göteborg – Roter Stern Cheb 1:1, 3:0; Örgryte IS Göteborg – 1. FC Saarbrücken 3:1, 1:2; Roter Stern Cheb – 1. FC Saarbrücken 6:2, 3:2. – 1. Carl Zeiss Jena 10:3, 9; 2. Örgryte IS Göteborg 9:4, 8; 3. Roter Stern Cheb 11:13, 5; 4. 1. FC Saarbrücken 8.18, 2.

1987

Gruppe 1: Carl Zeiss Jena – Aarhus GF 2:2, 1:1; Carl Zeiss Jena – Vasas Budapest 2:2, 2:0; Carl Zeiss Jena – Lausanne Sports 3:0, 0:1; Aarhus GF – Vasas Budapest 1:0, 1:2; Aarhus GF – Lausanne Sports 2:1, 1:1; Vasas Budapest – Lausanne Sports 5:3, 1:2. – 1. Carl Zeiss Jena 10:6, 7; 2. Aarhus GF 8:7, 7; 3. Vasas Budapest 10:11, 5; 4. Lausanne Sports 8:12, 5.
Gruppe 2: Pogon Stettin – 1. FC Magdeburg 3:1, 1:2; Pogon Stettin – Hammarby IF 3:0, 3:2; Pogon Stettin – FC La Chaux-de-Fonds 6:3, 4:0; 1. FC Magdeburg – Hammarby IF 0:0, 0:1; 1. FC Magdeburg – FC La Chaux-de-Fonds 5:1, 1:0; Hammarby IF – FC La Chaux-de-Fonds 2:1, 3:1. – 1. Pogon Stettin 20:8, 10; 2. 1. FC Magdeburg 9.6, 7; 3. Hammarby IF 8:8, 7, 4. FC La Chaux-de-Fonds 6:21, 0.
Gruppe 3: Wismut Aue – Spartak Varna 2:2, 2:2; Wismut Aue – Ujpest Budapest 3:0, 3:3; Wismut Aue – Halmstads BK 2:1, 1:1; Spartak Varna – Ujpest Budapest 2:0, 1:5; Spartak Varna – Halmstads BK 2:0, 1:1; Ujpest Budapest – Halmstads BK 4:2, 0:2. – 1. Wismut Aue 13:9, 8; 2. Spartak Varna 10:10, 7; 3. Ujpest Budapest 12:13, 5; 4. Halmstads BK 7:10, 4.
Gruppe 4: Banyasz Tatabanya – Naestved IF 3:1, 4:0; Banyasz Tatabanya – AC Bellinzona 2:0, 0.1; Banyasz Tatabanya – DAC Dunajska Streda 6:1, 1:0; Naestved IF – AC Bellinzona 7:0, 3:2; Naestved IF – DAC Dunajska Streda 3:2, 2:2; AC Bellinzona – DAC Dunajska Streda 2:0, 0.4. – 1. Banyasz Tatabanya 16:3, 10; 2. Naestved IF 16:13, 7; 3. AC Bellinzona 5:16, 4; 4. DAC Dunajska Streda 9:14, 3.
Gruppe 5: Malmö FF – Grasshoppers Zürich 2:0, 2:2; Malmö FF – Videoton Szekesfehervar 4:0, 0:1; Malmö FF – Bohemians Prag 3:0, 1:2; Grasshoppers Zürich – Videoton Szekesfehervar 3:3, 1:0; Grasshoppers Zürich – Bohemians Prag 3:1, 1:1; Videoton Szekesfehervar – Bohemians Prag 4:1, 1:2. – 1. Malmö FF 12:5, 7; 2. Grasshoppers Zürich 10:9, 7; 3. Videoton Szekesfehervar 9:11, 5; 4. Bohemians Prag 7:13, 5.
Gruppe 6: AIK Solna – Plastika Nitra 0:0, 0:1; AIK Solna – Lyngby BK 3:1, 2:0; AIK Solna – Lech Poznan 4:1, 0:0; Plastika Nitra – Lyngby BK 4:1, 1:2; Plastika Nitra – Lech Poznan 2:1, 0:3; Lyngby BK – Lech Poznan 0:0, 1:0. – 1. AIK Solna 9:3; 8; 2. Plastika Nitra 8:7, 7; 3. Lyngby BK 5:10, 5; 4. Lech Poznan 5:7, 4.
Gruppe 7: Etar Veliko Tarnovo – Roter Stern Cheb 5:2, 2:3; Etar Veliko Tarnovo – IFK Norrköping 3:1, 0:1; Etar Veliko Tarnovo – Rot-Weiß Erfurt 3:0, 0:0; Roter Stern Cheb – IFK Norrköping 2:2, 0:0; Roter Stern Cheb – Rot-Weiß Erfurt 0:0, 2:0; IFK Norrköping – Rot-Weiß Erfurt 3:1, 3:4. – 1. Etar Veliko Tarnovo 13:7, 7; 2. Roter Stern Cheb 9:9, 7; 3. IFK Norrköping 10:10, 6; 4. Rot-Weiß Erfurt 5:11, 4.
Gruppe 8: Bröndby IF – VfL Bochum 1:0, 3:2; Bröndby IF – Beitar Jerusalem 6:0, 1:0; Bröndby IF – Bnei Yehuda Tel Aviv 7:1, 3:1; VfL Bochum – Beitar Jerusalem 4:0, 0:0; VfL Bochum – Bnei Yehuda Tel Aviv 1:0, 2:2; Beitar Jerusalem – Bnei Yehuda Tel Aviv 2:0, 1:0. – 1. Bröndby IF 21:4, 12; 2. VfL Bochum 9:6, 6; 3. Beitar Jerusalem 3:11, 5; 4. Bnei Yehuda Tel Aviv 4:16, 1.

1988

Gruppe 1: Malmö FF – FC Karl-Marx-Stadt 5:0, 1:0; Malmö FF – Hannover 96 2:1, 0:2; Malmö FF – FC Den Haag 2:0, 1:1; FC Karl-Marx-Stadt – Hannover 96 1:0, 1:0, FC Karl-Marx-Stadt – FC Den Haag 4:0, 2:1; Hannover 96 – FC Den Haag 4:1, 3:4. – 1. Malmö FF 11:4, 9; 2. FC Karl-Marx-Stadt 8:7, 8; 3. Hannover 96 10:9, 4; 4. FC Den Haag 7:16, 3.

Gruppe 2: IFK Göteborg – Sigma Olomouc 0:0, 4:3; IFK Göteborg – Slavia Sofia 2:1, 2:0; IFK Göteborg – FC Aarau 1:2, 1:1; Sigma Olomouc – Slavia Sofia 2:1, 1:3; Sigma Olomouc – FC Aarau 1:0, 3:2; Slavia Sofia – FC Aarau 2:1, 1:1. – 1. IFK Göteborg 10:7, 8; 2. Sigma Olomouc 10:10, 7; 3. Slavia Sofia 8:9, 5; 4. FC Aarau 7:9, 4.

Gruppe 3: Banik Ostrava – Örgryte IS Göteborg 3:2, 1:5; Banik Ostrava – Bröndby IF 2:1, 2:3, Banik Ostrava – Chemie Halle 3:0, 1:0; Örgryte IS Göteborg – Bröndby IF 2:2, 1:1; Örgryte IS Göteborg – Chemie Halle 1:0, 2:2; Bröndby IF – Chemie Halle 1:3, 2:0. – 1. Banik Ostrava 12:11, 8; 2. Örgryte IS Göteborg 13:9, 7; 3. Bröndby IF 10:10, 6; 4. Chemie Halle 5:10, 3.

Gruppe 4: Vienna Wien – Roter Stern Cheb 3:2, 0:5, Vienna Wien – Vejle BK 4:2, 0:2; Vienna Wien – Banyasz Tatabanya 2:1, 2:2; Roter Stern Cheb – Vejle BK 1:1, 0:0; Roter Stern Cheb – Banyasz Tatabanya 1:0, 2:3; Vejle BK – Banyasz Tatabanya 1:1, 0:0. – 1. Vienna Wien 11:14, 7; 2. Roter Stern Cheb 11:7, 6; 3. Vejle BK 6:6, 6; 4. Banyasz Tatabanya 7:8, 5.

Gruppe 5: Young Boys Bern – DAC Dunajska Streda 5:1, 1:3; Young Boys Bern – IFK Norrköping 3:2, 2:0; Young Boys Bern – Haladas Szombathely 4:0, 1:3; DAC Dunajska Streda – IFK Norrköping 5:1, 0:1; DAC Dunajska Streda – Haladas Szombathely 3:0, 0:0; IFK Norrköping – Haladas Szombathely 2:2, 2:1. – 1. Young Boys Bern 16:9, 8; 2. DAC Dunajska Streda 12:8, 7; 3. IFK Norrköping 8:13, 5; 4. Haladas Szombathely 6:12, 4.

Gruppe 6: 1. FC Kaiserslautern – Admira-Wacker Wien 1:0, 1:1; 1. FC Kaiserslautern – FC Luzern 4:2, 1:2; 1. FC Kaiserslautern – LKS Lodz 4:1, 4:2; Admira-Wacker Wien – FC Luzern 2:0, 1:1; Admira-Wacker Wien – LKS Lodz 2:2, 6:2; FC Luzern – LKS Lodz 3:1, 3:1. – 1. 1. FC Kaiserslautern 15:8, 9; 2. Admira-Wacker Wien 12:7, 7; 3. FC Luzern 11:10, 7; 4. LKS Lodz 9:22, 1.

Gruppe 7: Ikast FS – Sturm Graz 4:1, 1:1; Ikast FS – Beitar Jerusalem 6:0, 2:0; Ikast FS – Shimshon Tel Aviv 3:0, 4:0; Sturm Graz – Beitar Jerusalem 3:1, 3:3; Sturm Graz – Shimshon Tel Aviv 4:0, 1:1; Beitar Jerusalem – Shimshon Tel Aviv 4:2, 0:0. – 1. Ikast FS 20:2, 11; 2. Sturm Graz 13:10, 7; 3. Beitar Jerusalem 8:16, 4; 4. Shimshon Tel Aviv 3:16, 2.

Gruppe 8: Carl Zeiss Jena – FK Rad Belgrad 1:0, 0:4; Carl Zeiss Jena – Aarhus GF 2:2, 2:0; Carl Zeiss Jena – FC Tirol Innsbruck 1:0, 4:3; FK Rad Belgrad – Aarhus GF 3:0, 0:3; FK Rad Belgrad – FC Tirol Innsbruck 4:1, 0:2; Aarhus GF – FC Tirol Innsbruck 0:1, 3:3. – 1. Carl Zeiss Jena 8:11, 7; 2. FK Rad Belgrad 11:7, 6; 3. Aarhus GF 10:9, 6; 4. FC Tirol Innsbruck 10:12, 5.

Gruppe 9: Grasshoppers Zürich – MSC Pecs 1:0, 1:0; Grasshoppers Zürich – Pogon Stettin 1:0, 0:0; Grasshoppers Zürich – Östers Växjö 1:1, 4:1; MSC Pecs – Pogon Stettin 3:1, 0:0; MSC Pecs – Östers Växjö 2:0, 1:3; Pogon Stettin – Östers Växjö 2:0, 0:0. – 1. Grasshoppers Zürich 8:2, 10; 2. MSC Pecs 6:6, 5; 3. Pogon Stettin 3:4, 5; 4. Östers Växjö 5:10, 4.

Gruppe 10: Karlsruher SC – Vojvodina Novi Sad 2:3, 2:0; Karlsruher SC – MTK Budapest 1:1, 1:2; Karlsruher SC – Grazer AK 2:0, 5:1; Vojvodina Novi Sad – MTK Budapest 5:0, 0:1; Vojvodina Novi Sad – Grazer AK 3:2, 0:0; MTK Budapest – Grazer AK 0:1, 1:1. – 1. Karlsruher SC 13:7, 7; 2. Vojvodina Novi Sad 11:7, 7; 3. MTK Budapest 5:9, 6; 4. Grazer AK 5:11, 4.

Gruppe 11: Bayer Uerdingen – Odense BK 1:0, 1:1; Bayer Uerdingen – 1. FC Magdeburg 2:0, 2:1; Bayer Uerdingen – AZ'67 Alkmaar 3:1, 2:1; Odense BK – 1. FC Magdeburg 5:2, 1:3; Odense BK – AZ'67 Alkmaar 4:2, 5:1; 1. FC Magdeburg – AZ'67 Alkmaar 2:1, 1:4. – 1. Bayer Uerdingen 11:4, 11; 2. Odense BK 16:10, 7; 3. 1. FC Magdeburg 9:15, 4; 4. AZ'67 Alkmaar 10:17, 2.

1989

Gruppe 1: FC Luzern – Karlsruher SC 2:0; 2:4; FC Luzern – FC Lüttich 2:0, 0:0; FC Luzern – BVV Den Bosch 5:0, 3:1; Karlsruher SC – FC Lüttich 3:0, 1:1; Karlsruher SC – BVV Den Bosch 3:2, 3:2; FC Lüttich – BVV Den Bosch 0:0, 0:1. – 1. FC Luzern 14:5, 9; 2. Karlsruher SC 14:9, 9; 3. FC Lüttich 1:7, 3; 4. BVV Den Bosch 6:14, 3.

Gruppe 2: B 1903 Kopenhagen – Malmö FF 3:1, 1:2; B 1903 Kopenhagen – Plastika Nitra 3:1, 3:1; B 1903 Kopenhagen – Hansa Rostock 2:0, 3:3; Malmö FF – Plastika Nitra 0:0, 1:1; Malmö FF – Hansa Rostock 2:1, 2:2; Plastika Nitra – Hansa Rostock 3:0, 1:1. – 1. B 1903 Kopenhagen 15:8, 9; 2. Malmö FF 8:8, 7; 3. Plastika Nitra 7:8, 5; 4. Hansa Rostock 7:13, 3.

Gruppe 3: FC Tirol Innsbruck – Izzo Vac 1:0, 0:0; FC Tirol Innsbruck – Etar Veliko Tarnovo 4:0, 1:2; FC Tirol Innsbruck – AC Bellinzona 4:0, 5:3; Izzo Vac – Etar Veliko Tarnovo 1:0, 0:0; Izzo Vac – AC Bellinzona 1:0, 1:1; Etar Veliko Tarnovo – AC Bellinzona 0:0, 1:1. – 1. FC Tirol Innsbruck 15:5, 9; 2. Izzo Vac 3:2, 7; 3. Etar Veliko Tarnovo 3:7, 5; 4. AC Bellinzona 5:12, 3.

Gruppe 4: Grasshoppers Zürich – Raba ETO Györ 2:1, 0:1; Grasshoppers Zürich – Admira-Wacker Wien 4:3, 2:2; Grasshoppers Zürich – Bröndby IF 3:4, 3:1; Raba ETO Györ – Admira-Wacker Wien 5:0, 1:5, Raba ETO Györ – Bröndby IF 1:0, 1:1; Admira-Wacker Wien – Bröndby IF 5:0, 0:5. – 1. Grasshoppers Zürich 14:12, 7; 2. Raba ETO Györ 10:8, 7; 3. Admira-Wacker Wien 15:17, 5; 4. Bröndby IF 11:13, 5.
Gruppe 5: Banyasz Tatabanya – Lokomotive Leipzig 0:0, 0:0; Banyasz Tatabanya – IFK Göteborg 5:3, 3:3; Banyasz Tatabanya – Lyngby BK 3:1, 0:0; Lokomotive Leipzig – IFK Göteborg 2:1, 1:3; Lokomotive Leipzig – Lyngby BK 3:0, 4:4; IFK Göteborg – Lyngby BK 1:0, 0:3. – 1. Banyasz Tatabanya 11:7, 8; 2. Lokomotive Leipzig 10:8, 7; 3. IFK Göteborg 11:14, 5; 4. Lyngby BK 8:11, 4.
Gruppe 6: Naestved IF – Stuttgarter Kickers 1:1, 2:2; Naestved IF – Stal Mielec 7:2, 1:1, Naestved IF – Djurgarden Stockholm 0:2, 2:1; Stuttgarter Kickers – Stal Mielec 1:1, 0:0; Stuttgarter Kickers – Djurgarden Stockholm 0:0, 1:0; Stal Mielec – Djurgarden Stockholm 1:0, 4:1. – 1. Naestved IF 13:9, 7; 2. Stuttgarter Kickers 5:4, 7; 3. Stal Mielec 9:10, 7; 4. Djurgarden Stockholm 4:8, 3.
Gruppe 7: Örebro SK – Slavia Prag 2:0, 4:0; Örebro SK – FC Wettingen 4:1, 2:1; Örebro SK – Banyasz Siofok 1.2, 3:1; Slavia Prag – FC Wettingen 4.0, 2:1, Slavia Prag – Banyasz Siofok 4:1, 1:2; FC Wettingen – Banyasz Siofok 3:1, 3:0. – 1. Örebro SK 16:5, 10; 2. Slavia Prag 11:10, 6; 3. FC Wettingen 9:13, 4; 4. Banyasz Siofok 7:15, 4.
Gruppe 8: Sparta Prag – Wisla Krakow 3:0, 3:3; Sparta Prag – Hapoel Petach Tikva 3:0, 1:1; Sparta Prag – Beitar Jerusalem 2:0, 1:0; Wisla Krakow – Hapoel Petach Tikva 0:3, 2:1; Wisla Krakow – Beitar Jerusalem 4:0, 2:2; Hapoel Petach Tikva – Beitar Jerusalem 1:3, 3:2. – 1. Sparta Prag 13:4, 10; 2. Wisla Krakow 11:12, 6; 3. Hapoel Petach Tikva 9:11, 5; 4. Beitar Jerusalem 7:13, 3.
Gruppe 9: Banik Ostrava – Vejle BK 3:0, 1:1; Banik Ostrava – Grazer AK 1:0, 0:3; Banik Ostrava – Hannover 96 2.1, 1:1; Vejle BK – Grazer AK 1:1, 1:1; Vejle BK – Hannover 96 5:4, 3:1; Grazer AK – Hannover 96 1:2, 2:2. – 1. Banik Ostrava 8:6, 8; 2. Vejle BK 11:11, 7; 3. Grazer AK 8:7, 5; 4. Hannover 96 11.14, 4.
Gruppe 10: Örgryte IS Göteborg – Rapid Bukarest 2:0, 1:3; Örgryte IS Göteborg – Wismut Aue 2:0, 1:0; Örgryte IS Göteborg – Spartak Varna 2:0, 2:0; Rapid Bukarest – Wismut Aue 2:1, 2:3; Rapid Bukarest – Spartak Varna 5:2, 1:3; Wismut Aue – Spartak Varna 3.1, 3.4. – 1. Örgryte IS Göteborg 10:3, 10; 2. Rapid Bukarest 13:12, 6; 3. Wismut Aue 10:12, 4; 4. Spartak Varna 10:16, 4.
Gruppe 11: 1. FC Kaiserslautern – Vienna Wien 2:0, 0:3; 1. FC Kaiserslautern – RKC Waalwijk 2:2, 1:1; 1. FC Kaiserslautern – Carl Zeiss Jena 3:1, 3:1; Vienna Wien – RKC Waalwijk 4:2, 4:3; Vienna Wien – Carl Zeiss Jena 1:1, 1:3; RKC Waalwijk – Carl Zeiss Jena 2:0, 1:0. – 1. 1. FC Kaiserslautern 11:8, 8; 2. Vienna Wien 13:11, 7; 3. RKC Waalwijk 11:11, 6; 4. Carl Zeiss Jena 6:11, 3.

1990

Gruppe 1: Neuchâtel Xamax – Sparta Prag 0:1, 3:0; Neuchâtel Xamax – Lyngby BK 2:0, 2:1; Neuchâtel Xamax – Admira-Wacker Wien 1:0, 1:0; Sparta Prag – Lyngby BK 1:0, 4:2; Sparta Prag – Admira-Wacker Wien 4:1, 3:3; Lyngby BK – Admira-Wacker Wien 4:2, 2:1. – 1. Neuchâtel Xamax 9:2, 10; 2. Sparta Prag 13:9, 9; 3. Lyngby BK 9:12, 4; 4. Admira-Wacker Wien 7:15, 1.
Gruppe 2: FC Tirol Innsbruck – VfL Bochum 1:0, 3:2; FC Tirol Innsbruck – FC St. Gallen 1:1, 1:2; FC Tirol Innsbruck – Slavia Sofia 4:1, 2:0; VfL Bochum – FC St. Gallen 2:1, 2:0; VfL Bochum – Slavia Sofia 1:0, 1:1; FC St. Gallen – Slavia Sofia 2:1, 2:0. – 1. FC Tirol Innsbruck 12:6, 9; 2. VfL Bochum 8:6, 7; 3. FC St. Gallen 8:7, 7; 4. Slavia Sofia 3:12, 1.
Gruppe 3: Lech Poznan – Maccabi Haifa 1:0, 2:4, Lech Poznan – Banyasz Siofok 3:1, 2:0; Lech Poznan – Bnei Yehuda Tel Aviv 3:0, 4:2; Maccabi Haifa – Banyasz Siofok 3:0, 0:0; Maccabi Haifa – Bnei Yehuda Tel Aviv 2:2, 5:0; Banyasz Siofok – Bnei Yehuda Tel Aviv 3:1, 1:0. – 1. Lech Poznan 15:7, 10; 2. Maccabi Haifa 14:5, 8; 3. Banyasz Siofok 5:9, 5; 4. Bnei Yehuda Tel Aviv 5:18, 1.
Gruppe 4: Slovan Bratislava – Vejle BK 5:1, 0:1; Slovan Bratislava – IFK Norrköping 7:0, 1:1; Slovan Bratislava – MTK Budapest 2:0, 2:0; Vejle BK – IFK Norrköping 2:2, 2:1; Vejle BK – MTK Budapest 4:1, 1:0; IFK Norrköping – MTK Budapest 2:0, 3:4. – 1. Slovan Bratislava 17:3, 9; 2. Vejle BK 11:9, 9; 3. IFK Norrköping 9:16, 4; 4. MTK Budapest 5:14, 2.
Gruppe 5: Malmö FF – 1. FC Kaiserslautern 1:1, 1:3; Malmö FF – Energie Cottbus 5:0, 2:0; Malmö FF – Bohemians Prag 1:0, 0:0; 1. FC Kaiserslautern – Energie Cottbus 2:2, 0:4; 1. FC Kaiserslautern – Bohemians Prag 1:1, 4.0, Energie Cottbus – Bohemians Prag 2:0, 2:1. – 1. Malmö FF 10:4, 8; 2. 1. FC Kaiserslautern 11:9, 7; 3. Energie Cottbus 10:10, 7; 4. Bohemians Prag 2:10, 2.
Gruppe 6: GAIS Göteborg – Bröndby IF 3:2, 1:1; GAIS Göteborg – Karlsruher SC 1:1, 0:2; GAIS Göteborg – Hansa Rostock 2:1, 6:0; Bröndby IF – Karlsruher SC 4:1, 4:3; Bröndby IF – Hansa Rostock 2:0, 2:3; Karlsruher SC – Hansa Rostock 4:1, 1:2. – 1. GAIS Göteborg 13:7, 8; 2. Bröndby IF 15:11, 7; 3. Karlsruher SC 12:12, 5; 4. Hansa Rostock 7:17, 4.
Gruppe 7. FC Luzern – Plastika Nitra 1:1, 2:0; FC Luzern – Örebro SK 3:0, 0:2, FC Luzern – Banyasz Tatabanya 3:2, 4:3; Plastika Nitra – Örebro SK 1:0, 0:0; Plastika Nitra – Banyasz Tatabanya 4:0, 0:0;

Örebro SK – Banyasz Tatabanya 5:1, 1.1. – 1. FC Luzern 13:8, 9; 2. Plastika Nitra 6:3, 7; 3. Örebro SK 8:6, 6; 4. Banyasz Tatabanya 7:17, 2.

Gruppe 8: Vienna Wien – Aarhus GF 1:1, 2:1; Vienna Wien – Vasas Budapest 0:1, 0:0; Vienna Wien – Gefle IF 2:1, 2:1; Aarhus GF – Vasas Budapest 2:0, 2:0; Aarhus GF – Gefle IF 0:0, 0:0; Vasas Budapest – Gefle IF 1:1, 2:0. – 1. Vienna Wien 7:5, 8; 2. Aarhus GF 6:3, 7; 3. Vasas Budapest 4:5, 6; 4. Gefle IF 3:7, 3.

Gruppe 9: Chemnitzer FC – Sturm Graz 0:0, 0:0; Chemnitzer FC – Fortuna Düsseldorf 2:0, 0:2; Chemnitzer FC – Petrolul Ploiesti 1:0, 1:0; Sturm Graz – Fortuna Düsseldorf 0:0, 0:1; Sturm Graz – Petrolul Ploiesti 6:1, 3:1, Fortuna Düsseldorf – Petrolul Ploiesti 1:1, 2:3. – 1. Chemnitzer FC 4:2, 8; 2. Sturm Graz 9:3, 7; 3. Fortuna Düsseldorf 6:6, 6; 4. Petrolul Ploiesti 6:14, 3.

Gruppe 10: Bayer Uerdingen – Olimpija Ljubljana 2:1, 1:1; Bayer Uerdingen – FC Berlin 3:0, 2:1; Bayer Uerdingen – Grasshoppers Zürich 2:2, 1:2; Olimpija Ljubljana – FC Berlin 1:0, 1:1; Olimpija Ljubljana – Grasshoppers Zürich 4:1, 2:3; FC Berlin – Grasshoppers Zürich 2:1, 3:1. – 1. Bayer Uerdingen 11:7, 8; 2. Olimpija Ljubljana 10:8, 6; 3. FC Berlin 7:9, 5; 4. Grasshoppers Zürich 10:14, 5.

Gruppe 11: Odense BK – Pirin Blagoevgrad 2:0, 1:1; Odense BK – NK Osijek 5:1, 0:0, Odense BK – Sportul Studentesc Bukarest 2:2, 2:2; Pirin Blagoevgrad – NK Osijek 2:1, 2:0; Pirin Blagoevgrad – Sportul Studentesc Bukarest 2:0, 1:1; NK Osijek – Sportul Studentesc Bukarest 3:1, 4:0. – 1. Odense BK 12:6, 8; 2. Pirin Blagoevgrad 8:5, 8; 3. NK Osijek 9:10, 5; 4. Sportul Studentesc Bukarest 6:14, 3.

1991

Gruppe 1: Neuchâtel Xamax – Slovan Bratislava 2:2, 2:0; Neuchâtel Xamax – Malmö FF 0:0, 2:1; Neuchâtel Xamax – Banyasz Tatabanya 5:0, 3:0; Slovan Bratislava – Malmö FF 1:1, 2:2; Slovan Bratislava – Banyasz Tatabanya 4:2, 1:2; Malmö FF – Banyasz Tatabanya 0:0, 1:1. – 1. Neuchâtel Xamax 14:3, 10; 2. Slovan Bratislava 10:11, 5; 3. Malmö FF 5:6, 5; 4. Banyasz Tatabanya 5:14, 4.

Gruppe 2: Lausanne Sports – Lyngby BK 4:1, 1:3; Lausanne Sports – Zaglebie Lubin 8:1, 3:1; Lausanne Sports – IFK Norrköping 3:1, 3:0; Lyngby BK – Zaglebie Lubin 3:0, 0:3; Lyngby BK – IFK Norrköping 3:1, 6:3; Zaglebie Lubin – IFK Norrköping 2:1, 2:2. – 1. Lausanne Sports 22:7, 10; 2. Lyngby BK 16:12, 8; 3. Zaglebie Lubin 9:17, 5; 4. IFK Norrköping 8:19, 1.

Gruppe 3: Austria Salzburg – Chemie Halle 0:0, 1:0; Austria Salzburg – Izzo Vac 1:1, 2:1; Austria Salzburg – Ikast FS 2:0, 1:0; Chemie Halle – Izzo Vac 5:1, 1:2; Chemie Halle – Ikast FS 5:2, 2:0; Izzo Vac – Ikast FS 2:0, 1:2. – 1. Austria Salzburg 7:2, 10; 2. Chemie Halle 13:6, 7; 3. Izzo Vac 8:11, 5; 4. Ikast FS 4:13, 2.

Gruppe 4: Dukla Banska Bystrica – Silkeborg IF 2:0, 4:1; Dukla Banska Bystrica – Hammarby IF 0:1, 2:1; Dukla Banska Bystrica – Energie Cottbus 1:0, 2:0; Silkeborg IF – Hammarby IF 4:1, 3:1; Silkeborg IF – Energie Cottbus 4:1, 1:0; Hammarby IF – Energie Cottbus 3:0, 1:3. – 1. Dukla Banska Bystrica 11:3, 10; 2. Silkeborg IF 13:9, 8; 3. Hammarby IF 8:12, 4; 4. Energie Cottbus 4:12, 2.

Gruppe 5: B 1903 Kopenhagen – Austria Wien 1:0, 3:1; B 1903 Kopenhagen – Djurgarden Stockholm 2:3, 2:1; B 1903 Kopenhagen – Roter Stern Cheb 3:0, 2:0; Austria Wien – Djurgarden Stockholm 1:0, 2:1; Austria Wien – Roter Stern Cheb 4:1, 1:0; Djurgarden Stockholm – Roter Stern Cheb 0:0, 0:1. – 1. B 1903 Kopenhagen 13:5, 10; 2. Austria Wien 9:6, 8; 3. Djurgarden Stockholm 5:8, 3; 4. Roter Stern Cheb 2:10, 3.

Gruppe 6: Grasshoppers Zürich – Banyasz Siofok 1:0, 1:1; Grasshoppers Zürich – Frem Kopenhagen 3:2, 0:2; Banyasz Siofok – Frem Kopenhagen 3:3, 4:1. – 1. Grasshoppers Zürich 5:5, 5; 2. Banyasz Siofok 8:6, 4; 3. Frem Kopenhagen 8:10, 3 (Olimpija Ljubljana zog sich während des Wettbewerbs zurück).

Gruppe 7: Bayer Uerdingen – Pirin Blagoevgrad 1:0, 0:2; Bayer Uerdingen – Östers IF Växjö 2:1, 1:1; Bayer Uerdingen – Sturm Graz 3:1, 0:1; Pirin Blagoevgrad – Östers IF Växjö 1:1, 0:0; Pirin Blagoevgrad – Sturm Graz 2:0, 1:2; Östers IF Växjö – Sturm Graz 2:0, 1:1. – 1. Bayer Uerdingen 7:6, 7; 2. Pirin Blagoevgrad 6:4, 6; 3. Östers IF Växjö 6:5, 6; 4. Sturm Graz 5:9, 5.

Gruppe 8: DAC Dunajska Streda – Rapid Bukarest 3:0, 0:1; DAC Dunajska Streda – Botev Plovdiv 4:1, 3:1;Rapid Bukarest – Botev Plovdiv 2:1, 0:5. – 1. DAC Dunajska Streda 10:3, 6; 2. Rapid Bukarest 3:9, 4; 3. Botev Plovdiv 8:9, 2.

Gruppe 9: FC Tirol Innsbruck – FC Lugano 2:1, 1:2; FC Tirol Innsbruck – Sportul Studentesc Bukarest 6:0; 2:1; FC Lugano – Sportul Studentesc Bukarest 4:1, 0:2. – 1. FC Tirol Innsbruck 11:4, 6; 2. FC Lugano 7:6, 4; 3. Sportul Studentesc Bukarest 4:12, 2 (Buducnost Titograd zog sich während des Wettbewerbs zurück).

Gruppe 10: Örebro SK – 1. FC Saarbrücken 2:2, 2:1; Örebro SK – Maccabi Haifa 1:0, 3:0; Örebro SK – Hapoel Petach Tikva 1:0, 2:1; 1. FC Saarbrücken – Maccabi Haifa 5:1, 6:0; 1. FC Saarbrücken – Hapoel Petach Tikva 7:3; 2:2; Maccabi Haifa – Hapoel Petach Tikva 2:0, 3:2. – 1. Örebro SK 11:4, 11; 2. 1. FC Saarbrücken 23:10, 8; 3. Maccabi Haifa 6:17, 4; 4. Hapoel Petach Tikva 8:17, 1.

1992

Gruppe 1: FC Kopenhagen – Sigma Olomouc 1:3, 1:1, FC Kopenhagen – Admira-Wacker Wien 5:3, 2:0; FC Kopenhagen – Grasshoppers Zürich 2:1, 3:0; Sigma Olomouc – Admira-Wacker Wien 3:1, 0:1; Sigma Olomouc – Grasshoppers Zürich 1:1, 1:3; Admira-Wacker Wien – Grasshoppers Zürich 3:2, 2:2. – 1. FC Kopenhagen 14:8, 9; 2. Sigma Olomouc 9:8, 6; 3. Admira-Wacker Wien 10:14, 5; 4. Grasshoppers Zürich 9:12, 4.
Gruppe 2: Banyasz Siofok – Sparta Prag 1:1, 1:2; Banyasz Siofok – Vorwärts Steyr 2:2, 3:1; Banyasz Siofok – Lausanne Sports 1:0, 1:0; Sparta Prag – Vorwärts Steyr 3:1, 0:2; Sparta Prag – Lausanne Sports 2:1; 1:1; Vorwärts Steyr – Lausanne Sports 2:1, 0:1. – 1. Banyasz Siofok 9:6, 8; 2. Sparta Prag 9:7, 8; 3. Vorwärts Steyr 8:10, 5; 4. Lausanne Sports 4:7, 3.
Gruppe 3: Bayer Uerdingen – BK Häcken Göteborg 1:0, 2:1; Bayer Uerdingen – FC St. Gallen 1:0, 1:0; Bayer Uerdingen – Stahl Linz 2:0, 1:3; BK Häcken Göteborg – FC St. Gallen 3:0, 3:3; BK Häcken Göteborg – Stahl Linz 0:0, 5:2; FC St. Gallen – Stahl Linz 2:2, 3:0. – 1. Bayer Uerdingen 8:4, 10; 2. BK Häcken Göteborg 12:8, 6; 3. FC St. Gallen 8:10, 4; 4. Stahl Linz 7:13, 4.
Gruppe 4: Karlsruher SC – Young Boys Bern 2:2, 2:2; Karlsruher SC – Halmstads BK 4:1, 0:2; Karlsruher SC – Austria Salzburg 4:2, 0:0; Young Boys Bern – Halmstads BK3:1, 1:2; Young Boys Bern – Austria Salzburg 3:1, 2:4; Halmstads BK – Austria Salzburg 4:3, 1.2. – 1. Karlsruher SC 12:9, 7; 2. Young Boys Bern 13:12, 6; 3. Halmstads BK 11:13, 6; 4. Austria Salzburg 12:14, 5.
Gruppe 5: Rapid Wien – Helsingborgs IF 1:1, 1:2; Rapid Wien – Bröndby IF 3:1, 5:3; Rapid Wien – VfL Bochum 1:0, 2:3; Helsingborgs IF – Bröndby IF 4:3, 1:5; Helsingborgs IF – VfL Bochum 1:1, 2:2, Bröndby IF – VfL Bochum 1:0, 1.1. – 1. Rapid Wien 13:10, 7; 2. Helsingborgs IF 11:13, 7; 3. Bröndby IF 14:14, 5; 4. VfL Bochum 7:8, 5.
Gruppe 6: Lyngby BK – SM Caen 10:5, 9; Lyngby BK – FC Schalke 04 3:1, 2:1; Lyngby BK – RKC Waalwijk 2:0, 1:1; SM Caen – FC Schalke 04 1:1, 1:1; SM Caen – RKC Waalwijk 2:0, 0:1; FC Schalke 04 – RKC Waalwijk 4:2, 3:2. – 1. Lyngby BK10:5, 9; 2. SM Caen 6:5, 6; 3. FC Schalke 04 11:11, 6; 4. RKC Waalwijk 6:12, 3.
Gruppe 7: Slovan Bratislava – Izzo Vac 5:1, 3:2; Slovan Bratislava – Aarhus GF 2:2, 0:2, Slovan Bratislava – Kiruna FF 5:2, 3:2; Izzo Vac – Aarhus GF 2:0, 1:0; Izzo Vac – Kiruna FF 5:2, 2:0; Aarhus GF – Kiruna FF 1:1, 1:1. – 1. Slovan Bratislava 18:11, 9; 2. Izzo Vac 13:10, 8; 3. Aarhus GF 6:7, 5; 4. Kiruna FF 8:17, 2.
Gruppe 8: Aalborg BK – Hammarby IF 3:0, 0:0; Aalborg BK – SVV Dordrecht 3:0, 1:1; Aalborg BK – 1. FC Saarbrücken 2:1, 2:0; Hammarby IF – SVV Dordrecht 3:2, 1:2; Hammarby IF – 1. FC Saarbrücken 3:0, 1:3; SVV Dordrecht – 1. FC Saarbrücken 1:1, 1:1. – 1. Aalborg BK 11:2, 10; 2. Hammarby IF 8:10, 5; 3. SVV Dordrecht 7:10, 5; 4. 1. FC Saarbrücken 6:10, 4.
Gruppe 9: Slavia Prag – Bayer Leverkusen 0:0, 3:1; Slavia Prag – Hapoel Petach Tikva 3:0, 3:1; Slavia Prag – Maccabi Nathanya 3:1, 4:1, Bayer Leverkusen – Hapoel Petach Tikva 1:1, 2:3; Bayer Leverkusen – Maccabi Nathanya 3:0, 1:0; Hapoel Petach Tikva – Maccabi Nathanya 2:2, 0:0. – 1. Slavia Prag 16:4, 11; 2. Bayer Leverkusen 8:7, 6; 3. Hapoel Petach Tikva 7:11, 5; 4. Maccabi Nathanya 4:13, 2.
Gruppe 10: Lok Gorna Oriahovitza – Lokomotive Sofia 1:0, 0:0; Lok Gorna Oriahovitza – Arges Pitesti 2:0, 0:5; Lok Gorna Oriahovitza – Rapid Bukarest 2:0, 1:1; Lokomotive Sofia – Arges Pitesti 3:1, 2:1; Lokomotive Sofia – Rapid Bukarest 1:1, 2:3; Arges Pitesti – Rapid Bukarest 3:3, 1:0. – 1. Lok Gorna Oriahovitza 6:6, 8; 2. Lokomotive Sofia 8:7, 6; 3. Arges Pitesti 11:10, 5; 4. Rapid Bukarest 8:10, 5.

1993

Gruppe 1: Rapid Wien – Zawisza Bydgoszcz 1:1; Rapid Wien – Halmstads BK 2:0; Rapid Wien – Bröndby IF 5.3; Rapid Wien – Yantra Gabrovo 6:0; Zawisza Bydgoszcz – Halmstads BK 1.2; Zawisza Bydgoszcz – Bröndby IF 6:1; Zawisza Bydgoszcz – Yantra Gabrovo 0:0; Halmstads BK – Bröndby IF 0:1; Halmstads BK – Yantra Gabrovo 1:0; Bröndby IF – Yantra Gabrovo 6:4. – 1. Rapid Wien 14:4, 7; 2. Zawisza Bydgoszcz 8:4, 4; 3. Halmstads BK 3.4, 4; 4. Bröndby IF 11:15, 4; 5. Yantra Gabrovo 4:13, 1.
Gruppe 2: Trelleborg FF – 1. FC Saarbrücken 2:0; Trelleborg FF – Lyngby BK 4:2; Trelleborg FF – Rapid Bukarest 2:0; Trelleborg FF – PAE Korinthos 3:0; 1. FC Saarbrücken – Lyngby BK 4:1; 1. FC Saarbrücken – Rapid Bukarest 3:2; 1. FC Saarbrücken – PAE Korinthos 3:0; Lyngby BK – Rapid Bukarest 4:2; Lyngby BK – PAE Korinthos 2:0; Rapid Bukarest – PAE Korinthos 8:2. – 1. Trelleborg FF 11:2, 8; 2. 1. FC Saarbrücken 10:5, 6; 3. Lyngby BK 9.10, 4, 4. Rapid Bukarest 12:11, 2; 5. PAE Korinthos 2:16, 0.
Gruppe 3: IFK Norrköping – Lausanne Sports 4:2; IFK Norrköping – Austria Wien 0:3; IFK Norrköping – Pogon Stettin 4:1; IFK Norrköping – FC Kopenhagen 3:0; Lausanne Sports – Austria Wien 2:1; Lausanne Sports – Pogon Stettin 4:0; Lausanne Sports – FC Kopenhagen 3:1; Austria Wien – Pogon Stettin 2:0; Austria Wien – FC Kopenhagen 1:0; Pogon Stettin – FC Kopenhagen 4:1. – 1. IFK Norrköping 11:6, 6; 2. Lausanne Sports 11:6, 6; 3. Austria Wien 7:2, 6; 4. Pogon Stettin 5:11, 2; 5. FC Kopenhagen 2:11, 0.
Gruppe 4. Malmö FF – Odense BK 3:1; Malmö FF – Bayer Uerdingen 2:1; Malmö FF – Videoton Szekesfehervar 0:0; Malmö FF – DAC Dunajska Streda 0:0; Odense BK – Bayer Uerdingen 2:3; Odense BK –

Videoton Szekesfehervar 3:1; Odense BK – DAC Dunajska Streda 3:0; Bayer Uerdingen – Videoton Szekesfehervar 2:1; Bayer Uerdingen – DAC Dunajska Streda 0:2; Videoton Szekesfehervar – DAC Dunajska Streda 7:1. – 1. Malmö FF 5:2, 6; 2. Odense BK 9:7, 4; 3. Bayer Uerdingen 6:7, 4; 4. Videoton Szekesfehervar 9:6, 3; 5. DAC Dunajska Streda 3:10, 3.

Gruppe 5: Slavia Prag – VfB Leipzig 2:1; Slavia Prag – Aalborg BK 3:0; Slavia Prag – BK Häcken Göteborg 3:0; Slavia Prag – Maccabi Tel Aviv 3:1; VfB Leipzig – Aalborg BK 2:1; VfB Leipzig – BK Häcken Göteborg 2:0; VfB Leipzig – Maccabi Tel Aviv 0:0; Aalborg BK – BK Häcken Göteborg 3:1; Aalborg BK – Maccabi Tel Aviv 2:1; BK Häcken Göteborg – Maccabi Tel Aviv 4:0. – 1. Slavia Prag 11:2, 8; 2. VfB Leipzig 5:3, 5; 3. Aalborg BK 6:7, 4; 4. BK Häcken Göteborg 5:8, 2; 5. Maccabi Tel Aviv 2:9, 1.

Gruppe 6: FC Zürich – Slovan Bratislava 4:0, FC Zürich – FC Tirol Innsbruck 0:2; FC Zürich – VfL Bochum 1:1; FC Zürich – Silkeborg IF 2:0; Slovan Bratislava – FC Tirol Innsbruck 2:2; Slovan Bratislava – VfL Bochum 2:1; Slovan Bratislava – Silkeborg IF 2:1; FC Tirol Innsbruck – VfL Bochum 0:1; FC Tirol Innsbruck – Silkeborg IF 1:1; VfL Bochum – Silkeborg IF 2.2. – 1. FC Zürich 7:5, 5; 2. Slovan Bratislava 8:8, 5; 3. FC Tirol Innsbruck 5:4, 4; 4. VfL Bochum 5:5, 4; 5. Silkeborg IF 4:7; 2.

Gruppe 7: Young Boys Bern – Sigma Olomouc 1:0; Young Boys Bern – Aarhus GF 3:2; Young Boys Bern – Austria Salzburg 2:0; Young Boys Bern – Otelul Galati 3:3; Sigma Olomouc – Aarhus GF 2:1; Sigma Olomouc – Austria Salzburg 2:0; Sigma Olomouc – Otelul Galati 1:0; Aarhus GF – Austria Salzburg 5:1; Aarhus GF – Otelul Galati 4:0; Austria Salzburg – Otelul Galati 2:1. – 1. Young Boys Bern 9:5, 7; 2. Sigma Olomouc 5:2, 6; 3. Aarhus GF 12:6, 4; 4. Austria Salzburg 3:10, 2; 5. Otelul Galati 4:10, 1.

Gruppe 8: Dynamo Dresden – FC Aarau 0:0, Dynamo Dresden – Wiener SC 1:0; Dynamo Dresden – Iraklis Saloniki 1:1; Dynamo Dresden – Beitar Jerusalem 2:0; FC Aarau – Wiener SC 1:1; FC Aarau – Iraklis Saloniki 1:0; FC Aarau – Beitar Jerusalem 2:2; Wiener SC – Iraklis Saloniki 4:2; Wiener SC – Beitar Jerusalem 0:0; Iraklis Saloniki – Beitar Jerusalem 2:1. – 1. Dynamo Dresden 4:1, 6; 2. FC Aarau 4:3, 5; 3. Wiener SC 5:4, 4; 4. Iraklis Saloniki 5:7, 3; 5. Beitar Jerusalem 3:6, 2.

1994

Gruppe 1: Halmstads BK – Lokomotiv Sofia 0:3; Halmstads BK – Maccabi Nathanya 2:1; Halmstads BK – Sparta Prag 1:1; Halmstads BK – Silkeborg IF 2:0; Lokomotiv Sofia – Maccabi Nathanya 2:2; Lokomotiv Sofia – Sparta Prag 3:2; Lokomotiv Sofia – Silkeborg IF 2:7; Maccabi Nathanya – Sparta Prag 2:1; Maccabi Nathanya – Silkeborg IF 0:0; Sparta Prag – Silkeborg IF 4:1. – 1. Halmstads BK 5:5, 5; 2. Lokomotiv Sofia 10:11, 5; 3. Maccabi Nathanya 5:5, 4; 4. Sparta Prag 8:7, 3; 5. Silkeborg IF 8:8, 3.

Gruppe 2: Young Boys Bern – Hapoel Beer Sheva 0:1; Young Boys Bern – Electroputere Craiova 1:0; Young Boys Bern – Karlsruher SC 1:0; Young Boys Bern – BK Häcken Göteborg 4:1; Hapoel Beer Sheva – Electroputere Craiova 1:3; Hapoel Beer Sheva – Karlsruher SC 1:1; Hapoel Beer Sheva – BK Häcken Göteborg 6:1; Electroputere Craiova – Karlsruher SC 2:0, Electroputere Craiova – BK Häcken Göteborg 1:1; Karlsruher SC – BK Häcken Göteborg 1:0. – 1. Young Boys Bern 6:2, 6; 2. Hapoel Beer Sheva 9:5, 5; 3. Electroputere Craiova 6:3, 5; 4. Karlsruher SC 2:4, 3; 5. BK Häcken Göteborg 3:12, 1.

Gruppe 3: AIK Solna – Bayer Leverkusen 3:2; AIK Solna – Sparta Rotterdam 2:2; AIK Solna – Lausanne Sports 2:1; AIK Solna – FC Tirol Innsbruck 2:0; Bayer Leverkusen – Sparta Rotterdam 3:1; Bayer Leverkusen – Lausanne Sports 0:1; Bayer Leverkusen – FC Tirol Innsbruck 3:1; Sparta Rotterdam – Lausanne Sports 3:1; Sparta Rotterdam – FC Tirol Innsbruck (beim Stande von 0:0 wegen Wolkenbruch abgebrochen); Lausanne Sports – FC Tirol Innsbruck 0:0. – 1. AIK Solna 9:5, 7; 2. Bayer Leverkusen 8:6, 4; 3. Sparta Rotterdam 6:6, 3; 4. Lausanne Sports 3:5, 3; 5. FC Tirol Innsbruck 1:5, 1.

Gruppe 4: Hamburger SV – Izzo Vac 2:1; Hamburger SV – SK Ceske Budejovice 1:2; Hamburger SV – Inter Bratislava 3:1; Hamburger SV – Ikast FS 5:1; Izzo Vac – SK Ceske Budejovice 2:1; Izzo Vac – Inter Bratislava 3:2; Izzo Vac – Ikast FS 4:0; SK Ceske Budejovice – Inter Bratislava 1:0; SK Ceske Budejovice – Ikast FS 1:1; Inter Bratislava – Ikast FS 2:1. – 1. Hamburger SV 11:5, 6; 2. Izzo Vac 10:5, 6; 3. SK Ceske Budejovice 5:4, 5; 4. Inter Bratislava 5:8, 2; 5. Ikast FS 3:12, 1.

Gruppe 5: Bekescsaba EFC – Odense BK 1:3, Bekescsaba EFC – Rapid Wien 3:0; Bekescsaba EFC – Dynamo Dresden 3:2; Bekescsaba EFC – FC Sion 7:2; Odense BK – Rapid Wien 1:3, Odense BK – Dynamo Dresden 0.2; Odense BK – FC Sion 7:0; Rapid Wien – Dynamo Dresden 1:0; Rapid Wien – FC Sion 0:2; Dynamo Dresden – FC Sion 2:2. – 1. Bekescsaba EFC 14:7, 6; 2. Odense BK 11:6, 4; 3. Rapid Wien 4:6, 4; 4. Dynamo Dresden 6:6, 3; 5. FC Sion 6:16, 3.

Gruppe 6: Slovan Bratislava – Slavia Prag 4:2; Slovan Bratislava – Servette Genf 1:2; Slovan Bratislava – Bröndby IF 1:1; Slovan Bratislava – Admira-Wacker Wien 3:0; Slavia Prag – Servette Genf 3:1; Slavia Prag – Bröndby IF 4:1; Slavia Prag – Admira-Wacker Wien 0:0; Servette Genf – Bröndby IF 1:4; Servette Genf – Admira-Wacker Wien 1:0; Bröndby IF – Admira-Wacker Wien 1:3. – 1. Slovan Bratislava 9:5, 5; 2. Slavia Prag 9:6, 5; 3. Servette Genf 5:8, 4; 4. Bröndby IF 7:9, 3; 5. Admira-Wacker Wien 3:5, 3.

Gruppe 7: Grasshoppers Zürich – Trelleborg FF 0:1; Grasshoppers Zürich – Aalborg BK 3:1; Grasshoppers Zürich – MSV Duisburg 3:0; Grasshoppers Zürich – DAC Dunajska Streda 3:0; Trelleborg FF – Aalborg BK 4:0; Trelleborg FF – MSV Duisburg 3:2; Trelleborg FF – DAC Dunajska Streda 0:2; Aalborg

BK – MSV Duisburg 2:1; Aalborg BK – DAC Dunajska Streda 3:1, MSV Duisburg – DAC Dunajska Streda 1.0. – 1. Grasshoppers Zürich 9:2, 6; 2. Trelleborg FF 8:4, 6; 3. Aalborg BK 6:9, 4; 4. MSV Duisburg 4:8, 2; 5. DAC Dunajska Streda 3:7, 2.

Gruppe 8: Austria Wien – IFK Norrköping 1:1; Austria Wien – Willem II Tilburg 4:0; Austria Wien – SM Caen 1:1; Austria Wien – Lyngby BK 1:1; IFK Norrköping – Willem II Tilburg 2:0, IFK Norrköping – SM Caen 2:2; IFK Norrköping – Lyngby BK 2:2; Willem II Tilburg – SM Caen 1:0; Willem II Tilburg – Lyngby BK 3:1; SM Caen – Lyngby BK 2:2. – 1. Austria Wien 7:3, 5; 2. IFK Norrköping 7:5, 5; 3. Willem II Tilburg 4:7, 4; 4. SM Caen 5:6, 3, 5. Lyngby BK 6:8, 3.

1995

Gruppe 1: Karlsruher SC – Sheffield Wednesday 1:1; Karlsruher SC – FC Basel 3:2; Karlsruher SC – Aarhus GF 3:0; Karlsruher SC – Gornik Zabrze 6:1; Sheffield Wednesday – FC Basel 0:1; Sheffield Wednesday – Aarhus GF 3:1; Sheffield Wednesday – Gornik Zabrze 3:2; FC Basel – Aarhus GF 1:2; FC Basel – Gornik Zabrze 2:1; Aarhus GF – Gornik Zabrze 4:1. – 1. Karlsruher SC 13:4, 10; 2. Sheffield Wednesday 7:5, 7; 3. FC Basel 6:6, 6; 4. Aarhus GF 7:8, 6; 5. Gornik Zabrze 5:15, 0.

Gruppe 2: 1. FC Köln – FC Luzern 2:2; 1. FC Köln – Östers IF Växjö 0:0; 1. FC Köln – Tottenham Hotspur 8:0; 1. FC Köln – Rudar Velenje 1:0, FC Luzern – Östers IF Växjö 3:2; FC Luzern – Tottenham Hotspur 2:0;FC Luzern – Rudar Velenje 1:1; Östers IF Växjö – Tottenham Hotspur 2:1; Östers IF Växjö – Rudar Velenje 3:1; Tottenham Hotspur – Rudar Velenje 2:1. – 1. 1. FC Köln 11:2, 8; 2. FC Luzern 8:5, 8; 3. Östers IF Växjö 7:5, 7; 4. Tottenham Hotspur 3:13, 3; 5. Rudar Velenje 3:7, 1.

Gruppe 3: FC Aarau – Germinal Ekeren 3:3, FC Aarau – Tromsö IL 2:2; FC Aarau – HB Torshavn 6:1; FC Aarau – Universitatea Cluj 3:2; Germinal Ekeren – Tromsö IL 2:0; Germinal Ekeren – HB Torshavn 1:1; Germinal Ekeren – Universitatea Cluj 4:1; Tromsö IL – HB Torshavn 10:0; Tromsö IL – Universitatea Cluj 1:0; HB Torshavn – Universitatea Cluj 0:0. – 1. FC Aarau 14:8, 8; 2. Germinal Ekeren 10:5, 8; 3. Tromsö IL 13:4, 7; 4. HB Torshavn 2:17, 2; 5. Universitatea Cluj 3:8, 1.

Gruppe 4: SC Heerenveen – UD Leiria 0:1; SC Heerenveen – Naestved IF 2:1; SC Heerenveen – Bekescsaba EFC 4:0; SC Heerenveen – Ton Pentre 7:0; UD Leiria – Naestved IF 1:1; UD Leiria – Bekescsaba EFC 2:2; UD Leiria – Ton Pentre 3:0; Naestved IF – Bekescsaba EFC 3:3; Naestved IF – Ton Pentre 2:0; Bekescsaba EFC – Ton Pentre 4:0. – 1. SC Heerenveen 13:2, 9; 2. UD Leiria 7:3, 8; 3. Naestved IF 7:6, 5; 4. Bekescsaba EFC 9:9, 5; 5. Ton Pentre 0:16, 0.

Gruppe 5: Girondins Bordeaux – Odense BK 4:0; Girondins Bordeaux – HJK Helsinki 1:1; Girondins Bordeaux – IFK Norrköping 6:2; Girondins Bordeaux – Bohemians Dublin 2:0; Odense BK – HJK Helsinki 2:1; Odense BK – IFK Norrköping 3:2; Odense BK – Bohemians Dublin 2:0; HJK Helsinki – IFK Norrköping 1:1; HJK Helsinki – Bohemians Dublin 3:2, IFK Norrköping – Bohemians Dublin 5:0. – 1. Girondins Bordeaux 13:3, 10; 2. Odense BK 7:7, 9; 3. HJK Helsinki 6:6, 5; 4. IFK Norrköping 10:10, 4; 5. Bohemians Dublin 2:12, 0.

Gruppe 6: FC Metz – Linzer ASK 1:0; FC Metz – NK Zagreb 1:0; FC Metz – Partick Thistle 1:0; FC Metz – IBK Keflavik 2:1; Linzer ASK – NK Zagreb 0:0; Linzer ASK – Partick Thistle 2:2; Linzer ASK – IBK Keflavik 2:1; NK Zagreb – Partick Thistle 2:1; NK Zagreb – IBK Keflavik 0:0; Partick Thistle – IBK Keflavik 3:1. – 1. FC Metz 5:1, 12; 2. Linzer ASK 4:4, 5; 3. NK Zagreb 2:2, 5; 4. Partick Thistle 6:6, 4; 5. IBK Keflavik 3:7, 1.

Gruppe 7: Bayer Leverkusen – OFI Kreta 1:0; Bayer Leverkusen – Nea Salamina Famagusta 2:0; Bayer Leverkusen – Buducnost Podgorica 3:0; Bayer Leverkusen – Tervis Pärnu 6:1; OFI Kreta – Nea Salamina Famagusta 2:1; OFI Kreta – Buducnost Podgorica 4:3; OFI Kreta – Tervis Pärnu 2:0; Nea Salamina Famagusta – Buducnost Podgorica 1:1; Nea Salamina Famagusta – Tervis Pärnu 2:0; Buducnost Podgorica – Tervis Pärnu 3:1. – 1. Bayer Leverkusen 12:1, 12; 2. OFI Kreta 8:5, 9; 3. Nea Salamina Famagusta 4:5, 4; 4. Buducnost Podgorica 7:9, 4; 5. Tervis Pärnu 2:13, 0.

Gruppe 8: Farul Constanta – AS Cannes 0:0; Farul Constanta – Dnjepr Mogilew 2:0; Farul Constanta – FK Becej 2:1; Farul Constanta – Pogon Stettin 2:1; AS Cannes – Dnjepr Mogilew 2:2; AS Cannes – FK Becej 1:0; AS Cannes – Pogon Stettin 2:1; Dnjepr Mogilew – FK Becej 2:1; Dnjepr Mogilew – Pogon Stettin 3:3; FK Becej – Pogon Stettin 2:1. – 1. Farul Constanta 6:2, 10; 2. AS Cannes 5:3, 8; 3. Dnjepr Mogilew 7:8, 5; 4. FK Becej 4:6, 3; 5. Pogon Stettin 6:9, 1.

Gruppe 9: Ceahlaul Piatra Neamt – FC Groningen 0:0; Ceahlaul Piatra Neamt – SK Beveren 2:0; Ceahlaul Piatra Neamt – Boby Brno 2:0; Ceahlaul Piatra Neamt – Etar Veliko Tarnovo 2:0; FC Groningen – SK Beveren 2:2; FC Groningen – Boby Brno 2:1; FC Groningen – Etar Veliko Tarnovo 3:0; SK Beveren – Boby Brno 2:3; SK Beveren – Etar Veliko Tarnovo 2:1; Boby Brno – Etar Veliko Tarnovo 2:3. – 1. Ceahlaul Piatra Neamt 6:0, 10; 2. FC Groningen 7:3, 8; 3. SK Beveren 6:8, 4; 4. Boby Brno 6:9, 3, 5. Etar Veliko Tarnovo 4:9, 3.

Gruppe 10: Bursaspor – 1. FC Kosice 1:1; Bursaspor – SC Charleroi 2:0; Bursaspor – FC Wimbledon 4:0; Bursaspor – Beitar Jerusalem 2:0; 1. FC Kosice – SC Charleroi 3:2; 1. FC Kosice – FC Wimbledon 1:1; 1. FC Kosice – Beitar Jerusalem 5:3; SC Charleroi – FC Wimbledon 3:0; SC Charleroi – Beitar

Jerusalem 1:0; FC Wimbledon - Beitar Jerusalem 0:0. - 1. Bursaspor 9:1, 10; 2. 1. FC Kosice 10:7, 8; 3. SC Charleroi 6:5, 6; 4. FC Wimbledon 1:8, 2; 5. Beitar Jerusalem 3:8, 1.

Gruppe 11: Racing Straßburg - FC Tirol Innsbruck 4:0; Racing Straßburg - Genclerbirligi Ankara 4:1; Racing Straßburg - Hapoel Petach Tikva 0:0; Racing Straßburg - FC Floriana 4:0; FC Tirol Innsbruck - Genclerbirligi Ankara 3:2; FC Tirol Innsbruck - Hapoel Petach Tikva 2:0; FC Tirol Innsbruck - FC Floriana 4:0; Genclerbirligi Ankara - Hapoel Petach Tikva 4:0; Genclerbirligi Ankara - FC Floriana 3:0; Hapoel Petach Tikva - FC Floriana 1:1. - 1. Racing Straßburg 12:1, 10; 2. FC Tirol Innsbruck 9:6, 9; 3. Genclerbirligi Ankara 10:7, 6; 4. Hapoel Petach Tikva 1:7, 2; 5. FC Floriana 1:12, 1.

Gruppe 12: Vorwärts Steyr - Eintracht Frankfurt 2:1; Vorwärts Steyr - Spartak Plovdiv 2:0, Vorwärts Steyr - Iraklis Saloniki 3:0; Vorwärts Steyr - Panerys Vilnius 1:1; Eintracht Frankfurt - Spartak Plovdiv 4:0; Eintracht Frankfurt - Iraklis Saloniki 5:1; Eintracht Frankfurt - Panerys Vilnius 4:0; Spartak Plovdiv - Iraklis Saloniki 0:0; Spartak Plovdiv - Panerys Vilnius 3:0; Iraklis Saloniki - Panerys Vilnius 3:1. - 1. Vorwärts Steyr 8:2, 10; 2. Eintracht Frankfurt 14:3, 9; 3. Spartak Plovdiv 3:6, 4; 4. Iraklis Saloniki 4:9, 4; 5. Panerys Vilnius 2:11, 1.

Die Gruppenersten und die vier besten Gruppenzweiten qualifizierten sich für die nächste Runde.

1. Runde: 1. FC Köln - FC Tirol Innsbruck 1:3; Bayer Leverkusen - Odense BK 5:2; Ceahlaul Piatra Neamt - FC Metz 0:2; Racing Straßburg - Vorwärts Steyr 4:0; Bursaspor - OFI Kreta 2:1; FC Aarau - Karlsruher SC n. V. 1:2; Girondins Bordeaux - Eintracht Frankfurt 3:0; SC Heerenveen - Farul Constanta 4:0.

2. Runde: FC Tirol Innsbruck - Bayer Leverkusen n. V. 2:2 (Innsbruck 5:3-Sieger im Elfmeterschießen); FC Metz - Racing Straßburg 0:2; Bursaspor - Karlsruher SC n. V. 3:3 (Karlsruhe 6:5-Sieger im Elfmeterschießen); Girondins Bordeaux - SC Heerenveen 2:0.

3. Runde: FC Tirol Innsbruck - Racing Straßburg 1:1, 1:6; Karlsruher SC - Girondins Bordeaux 0:2, 2:2. Die Sieger (Racing Straßburg und Girondins Bordeaux) sind für die erste Runde des UEFA-Cups qualifiziert.

1996

Gruppe 1: Standard Lüttich - Aalborg BK 1:0; Standard Lüttich - VfB Stuttgart 2:0; Standard Lüttich - Hapoel Haifa 2:2; Standard Lüttich - FC Cliftonville 3:0; Aalborg BK - VfB Stuttgart 1:0; Aalborg BK - Hapoel Haifa 5:4; Aalborg BK - FC Cliftonville 4:0; VfB Stuttgart - Hapoel Haifa 4:0; VfB Stuttgart - FC Cliftonville 4:1; Hapoel Haifa - FC Cliftonville 1:1. - 1. Standard Lüttich 8:2, 10; 2. Aalborg BK 10:5, 9; 3. VfB Stuttgart 8:4, 6; 4. Hapoel Haifa 7:12, 2; 5. FC Cliftonville 2:12, 1.

Gruppe 2: Linzer ASK - Werder Bremen 3:1; Linzer ASK - Djurgarden Stockholm 2:0; Linzer ASK - Apollon Limassol 2:0; Linzer ASK - B68 Töftir 4:0; Werder Bremen - Djurgarden Stockholm 3:2; Werder Bremen - Apollon Limassol 2:0, Werder Bremen - B68 Töftir 2:0; Djurgarden Stockholm - Apollon Limassol 8:0; Djurgarden Stockholm - B68 Töftir 5:1; Apollon Limassol - B68 Töftir 4:1. - 1. Linzer ASK 11:1, 12; 2. Werder Bremen 8:5, 9; 3. Djurgarden Stockholm 15:6, 6; 4. Apollon Limassol 4:13, 3; 5. B68 Töftir 2:15, 0.

Gruppe 3: Örebro SK - FC Kopenhagen 2:2; Örebro SK - Branik Maribor 4:1; Örebro SK - Austria Wien 3.2; Örebro SK - IBK Keflavik 3:1, FC Kopenhagen - Branik Maribor 1:0, FC Kopenhagen - Austria Wien 2:1; FC Kopenhagen - IBK Keflavik 2:1; Branik Maribor - Austria Wien 3:0; Branik Maribor - IBK Keflavik 0:0; Austria Wien - IBK Keflavik 6:0. - 1. Örebro SK 12:6, 10; 2. FC Kopenhagen 7:4, 10; 3. Branik Maribor 4:5, 4; 4. Austria Wien 9.8, 3; 5. IBK Keflavik 2:11, 1.

Gruppe 4: Silkeborg IF - Zaglebie Lubin 0:0; Silkeborg IF - SC Charleroi 4:2; Silkeborg IF - SV Ried 3:0; Silkeborg IF - Conwy United 4:0; Zaglebie Lubin - SC Charleroi 0:0; Zaglebie Lubin - SV Ried 2:1; Zaglebie Lubin - Conwy United 3:0, SC Charleroi - SV Ried 3:1; SC Charleroi - Conwy United 0:0; SV Ried - Conwy United 2:1. - 1. Silkeborg IF 11:2, 10; 2. Zaglebie Lubin 5:1, 8; 3. SC Charleroi 5:5, 5; 4. SV Ried 4:9, 3; 5. Conwy United 1:9, 1.

Gruppe 5: FC Nantes - Lilleström SK 3:2; FC Nantes - SC Heerenveen 3:1; FC Nantes - FBK Kaunas 3:1; FC Nantes - Sligo Rovers 3:3; Lilleström SK - SC Heerenveen 1:0; Lilleström SK - FBK Kaunas 4:1; Lilleström SK - Sligo Rovers 4:0; SC Heerenveen - FBK Kaunas 3:1; SC Heerenveen - Sligo Rovers 0:0; FBK Kaunas - Sligo Rovers 1:0. - 1. FC Nantes 12:7, 10; 2. Lilleström SK 11:4, 9; 3. SC Heerenveen 4:5, 4; 4. FBK Kaunas 4:10, 3; 5. Sligo Rovers 3:8, 2.

Gruppe 6: Segesta Sisak - Örgryte IS Göteborg 1:1; Segesta Sisak - FC Luzern 1:0; Segesta Sisak - Stade Rennes 2:1; Segesta Sisak - Hapoel Tel Aviv 3:1; Örgryte IS Göteborg - FC Luzern 3:0; Örgryte IS Göteborg - Stade Rennes 1:1; Örgryte IS Göteborg - Hapoel Tel Aviv 3:0, FC Luzern - Stade Rennes 2:1; FC Luzern - Hapoel Tel Aviv 2:0; Stade Rennes - Hapoel Tel Aviv 2:0. - 1. Segesta Sisak 7.3, 10, 2. Örgryte IS Göteborg 8:2, 8; 3. FC Luzern 4.5, 6; 4. Stade Rennes 5:5, 4; 5. Hapoel Tel Aviv 1:10, 0.

Gruppe 7: Rotor Wolgograd - FC Basel 3.2; Rotor Wolgograd - Antalyaspor 1:2; Rotor Wolgograd - Schachtjor Donezk 4:1; Rotor Wolgograd - Ataka-Aura Minsk 4:0; FC Basel - Antalyaspor 5:2; FC Basel

– Schachtjor Donezk 2:2; FC Basel – Ataka-Aura Minsk 5:0; Antalyaspor – Schachtjor Donezk 0:1; Antalyaspor – Ataka-Aura Minsk 3:0; Schachtjor Donezk – Ataka-Aura Minsk 1:2. – 1. Rotor Wolgograd 12:5, 9; 2. FC Basel 14:7, 7; 3. Antalyaspor 7:7, 6; 4. Schachtjor Donezk 5:8, 4; 5. Ataka-Aura Minsk 2:13, 3.
Gruppe 8: Kamas Tschelny – TSV München 1860 1:0; Kamas Tschelny – Kaucuk Opava 2:1; Kamas Tschelny – Spartak Varna 2:2; Kamas Tschelny – LKS Lodz 3:0; TSV München 1860 – Kaucuk Opava 2:0; TSV München 1860 – Spartak Varna 1:2; TSV München 1860 – LKS Lodz 5:0, Kaucuk Opava – Spartak Varna 1:0, Kaucuk Opava – LKS Lodz 3:0; Spartak Varna – LKS Lodz 1:1. – 1. Kamas Tschelny 8:3, 10; 2. TSV München 1860 8:3, 6; 3. Kaucuk Opava 5:4, 6; 4. Spartak Varna 5:5, 5; 5. LKS Lodz 1:12, 1.
Gruppe 9: Karlsruher SC – Universitatea Craiova 1:0; Karlsruher SC – Spartak Trnava 1:1; Karlsruher SC – Daugava Riga 2:1; Karlsruher SC – FK Cukaricki 3:0; Universitatea Craiova – Daugava Riga 2:1; Universitatea Craiova – Spartak Varna 3:0; Universitatea Craiova – FK Cukaricki 2:1; Spartak Trnava – Daugava Riga 6:0; Spartak Trnava – FK Cukaricki 3:0; Daugava Riga – FK Cukaricki 3:1. – 1. Karlsruher SC 7:2, 10; 2. Universitatea Craiova 7:3, 9; 3. Spartak Trnava 11:3, 7; 4. Daugava Riga 4:12, 3; 5. FK Cukaricki 2:11, 0.
Gruppe 10: Lierse SK – Vasas Budapest 0:2; Lierse SK – FC Groningen 2:1; Lierse SK – Gaziantepspor 1:0; Lierse SK – Trans Narva 3:0; Vasas Budapest – Gaziantepspor 1:1; Vasas Budapest – FC Groningen 2:3; Vasas Budapest – Trans Narva 4:1; FC Groningen – Gaziantepspor 1:1; FC Groningen – Trans Narva 4:1; Gaziantepspor – Trans Narva 0:0. – 1. Lierse SK 6:3, 9; 2. Vasas Budapest 9:5, 7; 3. FC Groningen 7:5, 5; 4. Gaziantepspor 4:4, 5; 5. Trans Narva 2:11, 1.
Gruppe 11: Uralmasch Ekaterinburg – ZSKA Sofia 2:1; Uralmasch Ekaterinburg – Racing Straßburg 1:1; Uralmasch Ekaterinburg – Kocaelispor 2:0; Uralmasch Ekaterinburg – Hibernians Paola 2:1; ZSKA Sofia – Kocaelispor 0:0; ZSKA Sofia – Racing Straßburg 3:1; ZSKA Sofia – Hibernians Paola 4:1; Racing Straßburg – Kocaelispor 1:1; Racing Straßburg – Hibernians Paola 2:0; Kocaelispor – Hibernians Paola 5:3. – 1. Uralmasch Ekaterinburg 7:3, 10; 2. ZSKA Sofia 8:4, 7; 3. Racing Straßburg 4:2, 6; 4. Kocaelispor 7:9, 4; 5. Hibernians Paola 5:13, 0.
Gruppe 12: EA Guingamp – FK Zemun 1:0; EA Guingamp – Jaro FF 0:0; EA Guingamp – Dinamo Bukarest 2:1; EA Guingamp – Kolcheti Poti 3:1; FK Zemun – Dinamo Bukarest 3:2; FK Zemun – Jaro FF 2:1; FK Zemun – Kolcheti Poti 3:2; Jaro FF – Dinamo Bukarest 2:0; Jaro FF – Kolcheti Poti 2:0; Dinamo Bukarest – Kolcheti Poti 2:0. – 1. EA Guingamp 6:2, 10; 2. FK Zemun 8:6, 9; 3. Jaro FF 6:3, 7; 4. Dinamo Bukarest 4:6, 3; 5. Kolcheti Poti 3:10, 0.
Die Gruppenersten qualifizierten sich für die nächste Runde.

1. Runde: Segesta Sisak – Örebro SK 4:0, 1:4; Linzer ASK – Rotor Wolgograd 2:2, 0:5; Kamas Tschelny – EA Guingamp 2:0, 0:4; Lierse SK – Karlsruher SC 2:3, 0:2; Standard Lüttich – FC Nantes 2:1, 1:0; Uralmasch Ekaterinburg – Silkeborg IF 1:2, 1:0.
2. Runde: Standard Lüttich – Karlsruher SC 1:0, 1:3; Rotor Wolgograd – EA Guingamp 2:1, 0:1; Segesta Sisak – Silkeborg IF 1:2, 1:0.
Die Sieger (Karlsruher SC, EA Guingamp, Silkeborg IF) sind für die erste Runde des UEFA-Cups qualifiziert.

1997

Gruppe 1: MSV Duisburg – Aalborg BK 2:0; MSV Duisburg – Dinamo '93 Minsk 1:0; MSV Duisburg – SC Heerenveen 2:0; MSV Duisburg – Polonia Warschau 0:0; Aalborg BK – SC Heerenveen 2:1, Aalborg BK – Dinamo '93 Minsk 2:8; Aalborg BK – Polonia Warschau 2:0; Dinamo '93 Minsk – SC Heerenveen 1:0; Dinamo '93 Minsk – Polonia Warschau 4:1; SC Heerenveen – Polonia Warschau 0:0. – 1. MSV Duisburg 5:0, 10; 2. Aalborg BK 6:11, 6; 3. Dinamo '93 Minsk 6:4, 6; 4. SC Heerenveen 8:5, 4; 5. Polonia Warschau 1:6, 2.
Gruppe 2: SC Bastia – Grazer AK 1:2; SC Bastia – Silkeborg IF 1:0; SC Bastia – Hrvatski Dragovoljac Zagreb 1:0; SC Bastia – Ebbw Vale 2:1; Grazer AK – Hrvatski Dragovoljac Zagreb 2:0; Grazer AK – Silkeborg IF 1:3; Grazer AK – Ebbw Vale 0:0; Silkeborg IF – Hrvatski Dragovoljac Zagreb 5:0; Silkeborg IF – Ebbw Vale 6:1; Hrvatski Dragovoljac Zagreb – Ebbw Vale 4:0. – 1. SC Bastia 5:3, 9; 2. Grazer AK 5:4, 7; 3. Silkeborg IF 11:4, 6; 4. Hrvatski Dragovoljac Zagreb 7:7, 6; 5. Ebbw Vale 2:12, 1.
Gruppe 3: AJ Auxerre – Lausanne Sports 1:1; AJ Auxerre – FC Antwerpen 5:0; AJ Auxerre – Nea Salamina Famagusta 10:1; AJ Auxerre – FC Ards 3:0, Lausanne Sports – Nea Salamina Famagusta 2:2; Lausanne Sports – FC Antwerpen 4:1; Lausanne Sports – FC Ards 6:0; FC Antwerpen – Nea Salamina Famagusta 4:0; FC Antwerpen – FC Ards 1:0; Nea Salamina Famagusta – FC Ards 4:1. – 1. AJ Auxerre 19:2, 10; 2. Lausanne Sports 13:4, 8; 3. FC Antwerpen 7:7, 7; 4. Nea Salamina Famagusta 6:19, 3; 5. FC Ards 1:14, 0.

Gruppe 4: 1. FC Köln – Maccabi Petach Tikva 3:1; 1. FC Köln – Standard Lüttich 1:1; 1. FC Köln – Cork City 2:0; 1. FC Köln – FC Aarau 3:0; Maccabi Petach Tikva – Cork City 0:0; Maccabi Petach Tikva – Standard Lüttich 0:0; Maccabi Petach Tikva – FC Aarau 1:0; Standard Lüttich – Cork City 0:0; Standard Lüttich – FC Aarau 0:0; Cork City – FC Aarau 0:0. – 1. 1. FC Köln 9:2, 10; 2. Maccabi Petach Tikva 2:3, 5; 3. Standard Lüttich 1:1, 4; 4. Cork City 0:2; 3; 5. FC Aarau 0:4, 2.
Gruppe 5: Dynamo Moskau – Racing Genk 3:2; Dynamo Moskau – Stabaek IF 1:1; Dynamo Moskau – Panachaiki Patras 2:1; Dynamo Moskau – B36 Torshavn 1:0; Racing Genk – Panachaiki Patras 4:3; Racing Genk – Stabaek IF 4:2; Racing Genk – B36 Torshavn 5:0; Stabaek IF – Panachaiki Patras 1:1; Stabaek IF – B36 Torshavn 5:0; Panachaiki Patras – B36 Torshavn 4:2. – 1. Dynamo Moskau 7:4, 10; 2. Racing Genk 15:8, 9; 3. Stabaek IF 10:6, 5; 4. Panachaiki Patras 8:9, 4; 5. B36 Torshavn 2:15, 0.
Gruppe 6: Hamburger SV – Samsunspor 3:1; Hamburger SV – FBK Kaunas 2:1; Hamburger SV – Leiftur Olafsfjördur 2:1; Hamburger SV – Odense BK 2:1; Samsunspor – Leiftur Olafsfjördur 1:0; Samsunspor – FBK Kaunas 3:0; Samsunspor – Odense BK 2:0; FBK Kaunas – Leiftur Olafsfjördur 3:2; FBK Kaunas – Odense BK 2:2; Leiftur Olafsfjördur – Odense BK 4:3. – 1. Hamburger SV 9:4, 12; 2. Samsunspor 7:3, 9; 3. FBK Kaunas 6:7, 4; 4. Leiftur Olafsfjördur 7:11, 3; 5. Odense BK 6:10, 1.
Gruppe 7: Istanbulspor – Vasas Budapest 2:0; Istanbulspor – Werder Bremen 0:0; Istanbulspor – Östers IF Växjö 3:2; Istanbulspor – Universitate Riga 5:1; Vasas Budapest – Östers IF Växjö 2:0; Vasas Budapest – Werder Bremen 4:1; Vasas Budapest – Universitate Riga 3:0; Werder Bremen – Östers IF Växjö 2:1; Werder Bremen – Universitate Riga 3:0; Östers IF Växjö – Universitate Riga 2:1. – 1. Istanbulspor 10:3, 10; 2. Vasas Budapest 9:3, 9; 3. Werder Bremen 5:3, 7; 4. Östers IF Växjö 6:10, 3; 5. Universitate Riga 2:13, 0.
Gruppe 8: Halmstads BK – SK Lommel 1:1; Halmstads BK – Hajduk Kula 1:0; Halmstads BK – Turku PS 6:1; Halmstads BK – Kongsvinger IL 2:1; SK Lommel – Turku PS 3:2; SK Lommel – Hajduk Kula 1:1; SK Lommel – Kongsvinger IL 1:1; Hajduk Kula – Turku PS 2:1; Hajduk Kula – Kongsvinger IL 2:0; Turku PS – Kongsvinger IL 2:0. – 1. Halmstads BK 10:3, 10; 2. SK Lommel 6:5, 6; 3. Hajduk Kula 6:5, 6; 4. Turku PS 5:9, 4; 5. Kongsvinger IL 2:7, 1.
Gruppe 9: Olympique Lyon – Rapid Bukarest 2:1; Olympique Lyon – Odra Wodzislaw 5:2; Olympique Lyon – MSK Zilina 5:0; Olympique Lyon – Austria Wien 2:0; Rapid Bukarest – MSK Zilina 4:2; Rapid Bukarest – Odra Wodzislaw 2:0; Rapid Bukarest – Austria Wien 1:1; Odra Wodzislaw – MSK Zilina 0:0; Odra Wodzislaw – Austria Wien 5:1; MSK Zilina – Austria Wien 3:1. – 1. Olympique Lyon 14:3, 12; 2. Rapid Bukarest 8:5, 7; 3. Odra Wodzislaw 9:10, 4; 4. MSK Zilina 3:8, 4; 5. Austria Wien 3:11, 1.
Gruppe 10: SC Montpellier – FC Groningen 3:0; SC Montpellier – FK Cukaricki 3:1; SC Montpellier – Gloria Bistrita 2:1; SC Montpellier – Spartak Varna 1:1; FC Groningen – Gloria Bistrita 1:0; FC Groningen – FK Cukaricki 4:1; FC Groningen – Spartak Varna 2:0; FK Cukaricki – Gloria Bistrita 3:2; FK Cukaricki – Spartak Varna 3:0; Gloria Bistrita – Spartak Varna 2:1. – 1. SC Montpellier 9:3, 10; 2. FC Groningen 7:4, 9; 3. FK Cukaricki 7:6, 6; 4. Gloria Bistrita 6:10, 3; 5. Spartak Varna 2:8, 1.
Gruppe 11: Lok Nischny Nowgorod – Publikum Celje 2:1; Lok Nischny Nowgorod – Antalyaspor 1:0; Lok Nischny Nowgorod – Proleter Zrenjanin 1:0; Lok Nischny Nowgorod – Maccabi Haifa 4:0; Publikum Celje – Proleter Zrenjanin 1:1; Publikum Celje – Antalyaspor 0:0; Publikum Celje – Maccabi Haifa 1:0; Antalyaspor – Proleter Zrenjanin 1:0; Antalyaspor – Maccabi Haifa 0:2; Proleter Zrenjanin – Maccabi Haifa 4:0. – 1. Lok Nischny Nowgorod 8:1, 12; 2. Publikum Celje 3:3, 5; 3. Antalyaspor 2:4, 4; 4. Proleter Zrenjanin 4:2, 4; 5. Maccabi Haifa 2:9, 3.
Gruppe 12: Torpedo Moskau – Merani Tiflis 2:0; Torpedo Moskau – SV Ried 2:0; Torpedo Moskau – Iraklis Saloniki 4:1; Torpedo Moskau – FC Floriana 1:0; Merani Tiflis – Iraklis Saloniki 3:1; Merani Tiflis – SV Ried 0:2; Merani Tiflis – FC Floriana 5:0; SV Ried – Iraklis Saloniki 3:1; SV Ried – FC Floriana 2:1; Iraklis Saloniki – FC Floriana 1:0. – 1. Torpedo Moskau 9:1, 12; 2. Merani Tiflis 8:5, 6; 3. SV Ried 6:7, 6; 4. Iraklis Saloniki 5:7, 6; 5. FC Floriana 1:9, 0.
Die Gruppenersten qualifizierten sich für die nächste Runde.

1. Runde: 1. FC Köln – SC Montpellier 2:1, 0:1; AJ Auxerre – Torpedo Moskau 3:0, 1:4; Hamburger SV – SC Bastia 0:1, 1:1; Dynamo Moskau – MSV Duisburg 2:2, 1:3; Lokomotiv Nischny Nowgorod – Halmstads BK 0:0, 0:1; Istanbulspor – Olympique Lyon 2:1, 0:2.
2. Runde: Halmstads BK – SC Bastia 0:1, 1:1; SC Montpellier – Olympique Lyon 0:1, 2:3; MSV Duisburg – AJ Auxerre 0:0, 0:2.
Die Sieger (SEC Bastia, Olympique Lyon, AJ Auxerre) sind für die erste Runde des UEFA-Cups qualifiziert.

1998

1. Runde: Altay Izmir – Shamrock Rovers 3:1, n. V. 2:3; Ethnikos Achnas – Örgryte IS Göteborg 2:1, 0:4; Dnepr-Transmash Mogilew – VSC Debrecen 2:4, 0:6; Leiftur Olafsfjördur – Vorskla Poltava 0:3 (gewertet), 0:3; Ebbw Vale – Kongsvinger IL 1:6, 0:3; National Bukarest – Hapoel Haifa 3:1, 2:1; Austria

Wien – Ruch Chorzow 0:1, 2:2; Baltika Kaliningrad – Spartak Varna 4:0, 1:1; Stabaek IF – Vojvodina Novi Sad 1:2, 2:3; Hrvatski Dragovoljac Zagreb – Lyngby FC 1:4, 1:0; Rimavska Sobota – Omagh Town 1:0, 2:2; CS Hobscheid – SK Hradec Kralove 0:0, 1:2; Diosgyör Miskolc – Sliema Wanderers 2:0, 3:2; Turku PS – FC Sion 0:1, 3:2; VB Vagur – Boby Brno 0:3, 1:3; FC St. Gallen – Tulevik Viljandi 3:2, 6:1; Dinaburg Daugavpils – Ozeta Dukla Trencin 1:1, 1:4; Inkaras Kaunas – Baku Fahlasi 1:0, 0:1 (Kaunas 5:4-Sieger im Elfmeterschießen); Torpedo Kutaissi – Erebuni-Homenmen Erewan 6:0, 1:1; Makedonija Skopje – Olimpija Ljubljana 4:2, 1:1.

2. Runde: Werder Bremen – Inkaras Kaunas 4:1, 1:0; Turku PS – Shinnik Yaroslavi 0:2, 2:3; Boby Brno – Espanyol Barcelona 5:3, 0:2; Akademisk BK Kopenhagen – Vorskla Poltava 2:2, 1:1; Austria Salzburg – FC St. Gallen 3:1, 0:1; Iraklis Saloniki – National Bukarest 3:1, 0:3; SK Lommel – Torpedo Kutaissi 0:1, 2:1; Vojvodina Novi Sad – Örebro SK 2:0, 2:0; Makedonija Skopje – SEC Bastia 1:0, 0:7; FC Twente Enschede – Kongsvinger IL 2:0, 0:0; Sampdoria Genua – Rimavska Sobota 2:0, 0:1; Samsunspor – Lyngby FC 3:0, 1:3; VSC Debrecen – SK Hradec Kralove 0:0, 1:1; Altay Izmir – Diosgyör Miskolc 1:1, 1:0; Örgryte IS Göteborg – Ruch Chorzow 2:1, 0:1; Ozeta Dukla Trencin – Baltika Kaliningrad 0:1, 0:0.

3. Runde: VSC Debrecen – Hansa Rostock 1:1, 2:1; SK Lommel – Werder Bremen 1:3, 1:2; RC Harelbeke – Sampdoria Genua 0:1, 0:3; AJ Auxerre – Espanyol Barcelona 1:1, 0:1; Ruch Chorzow – Estrela Amadora 1:1, 1:1 (Chorzow 4:2-Sieger im Elfmeterschießen); FC Valencia – Shinnik Yaroslavi 4:1, 0:1; Crystal Palace – Samsunspor 0:2, 0:2; Fortuna Sittard – Vorskla Poltava 3:0, 2:2; FC Bologna – National Bukarest 2:0, 1:3; SEC Bastia – Altay Izmir 2:0, n. V. 2:3; FC Twente Enschede – Austria Salzburg 2:2, 1:3; Vojvodina Novi Sad – Baltika Kaliningrad 4:1, 0:1.

4. Runde: SV Werder Bremen – Samsunspor 3:0, 3:0; SEC Bastia – Vojvodina Novi Sad 2:0, 0:4; FC Bologna – Sampdoria Genua 3:1, 0:1; Fortuna Sittard – Austria Salzburg 2:1, 1:3; Ruch Chorzow – VSC Debrecen 1:0, 3:0; Espanyol Barcelona – FC Valencia 0:1, 0:2.

5. Runde: Werder Bremen – Vojvodina Novi Sad 1:0, 1:1; Austria Salzburg – FC Valencia 0:2, 1:2; FC Bologna – Ruch Chorzow 1:0, 2:0.

Die Sieger (Werder Bremen, FC Valencia und FC Bologna) sind für die erste Runde des UEFA-Cups qualifiziert.

1999

1. Runde: Valerengen Oslo – FK Ventspils 1:0, 0:2; Spartak Varna – VV St. Truiden 1:2, 0:6; Polonia Warschau – Tiligul Tiraspol 4:0, 0:0; Pobeda Prilep – Ozeta Dukla Trencin 3:1, 1:3 (Prilep 4:3-Sieger im Elfmeterschießen); Rudar Velenje – Halmstads BK 0:0, 2:2; Herfölge BK – MSK Zilina 0:2, 0:2; FCM Bacau – Ararat Erewan 0:1, 0:1; Lokomotiv-96 Witebsk – Varteks Varazdin 1:2, 2:2; Union Luxemburg – Vasas Budapest 1:3, 0:4; FC Shelbourne – Neuchâtel Xamax 0:0, 0:2; Ceahlaul Piatra Neamt – Ekranas Panevezys 1:0, 1:0; SK Hradec Kralove – FC Gomel 1:0, 0:1 (Gomel 3:1-Sieger im Elfmeterschießen); Hrvatski Dragovoljac Zagreb – Newry Town 1:0, 0:2; Maccabi Haifa – Karabach Agdam 1:2, 1:0; Cementarnica 55 Skopje – Kolkheti Poti 4:2, 4:0; Korotan Prevalje – FC Basel 0:0, 0:6; Jedinstvo Bihac – GI Göta 3:0, 0:1; Aberystwyth Town – FC Floriana 2:2, 1:2; IA Akranes – Teuta Durres 5:1, 1:2; Jokerit Helsinki – Trans Narva 3:0, 4:1

2. Runde: MSV Duisburg – Newry Town 2:0, 0:1; AC Perugia – Pobeda Prilep 1:0, 0:0; FC Basel – FC Boby Brno 0:0, 4:2; Cementarnica 55 Skopje – Rostselmash Rostov 1:1, 1:2; Brann Bergen – Varteks Varazdin 3:0, 0:3 (Varazdin 5:4-Sieger im Elfmeterschießen); Rudar Velenje – Austria Lustenau 1:2, 1:2; SC Lokeren – IA Akranes 3:1, 3:1; MSK Zilina – FC Metz 2:1, 0:3; FC Kopenhagen – Polonia Warschau 0:3, 1:1; Hammarby IF – FC Gomel 4:0, 2:2; FK Ventspils – Kocaelispor 1:1, 0:2; Karabach Agdam – SC Montpellier 0:0, 0:0; Ararat Erewan – VV St. Truiden 0:2, 1:0; Neuchâtel Xamax – Vasas Budapest 0:2, 0:1; Jokerit Helsinki – FC Floriana 2:1, 1:1; Ceahlaul Piatra Neamt – Jedinstvo Bihac 2:1, 3:1.

3. Runde: Hamburger SV – FC Basel 0:1; 3:2; Espanyol Barcelona – SC Montpellier 0:2, 1:2; Ceahlaul Piatra Neamt – Juventus Turin 1:1, 0:0; Trabzonspor – AC Perugia 1:2, 3:0 (gewertet); SC Heerenveen – Hammarby IF 2:0, 2:0; West Ham United – Jokerit Helsinki 1:0, 1:1; Austria Lustenau – Stade Rennes 2:1, 0:1; VV St. Truiden – Austria Wien 0:2, 2:1; Varteks Varazdin – Rostselmash Rostov 1:2, 1:0; Kocaelispor – MSV Duisburg 0:3, 0:0; SC Lokeren – FC Metz 1:2, 1:0; Polonia Warschau – Vasas Budapest 2:0, 2:1

4. Runde: MSV Duisburg – SC Montpellier 1:1, 0:3; Trabzonspor – Hamburger SV 2:2, 1:4; Rostselmash Rostov – Juventus Turin 0:4, 1:5; Stade Rennes – Austria Wien 2:0, 2:2; West Ham United – SC Heerenveen 1:0, 1:0; FC Metz – Polonia Warschau 5:1, 1:1.

5. Runde: SC Montpellier – Hamburger SV 1:1, 1:1 (Montpellier 3:0-Sieger im Elfmeterschießen); Juventus Turin – Stade Rennes 2:0, 2:2; West Ham United – FC Metz 0:1, 3:1.

Die Sieger (SC Montpellier, Juventus Turin und West Ham United) sind für die erste Runde des UEFA-Cups qualifiziert.

2000

1. Runde: Pelister Bitola – CS Hobscheid 3:1, 1:0; Ozeta Dukla Trencin – Dinaburg Daugavpils 0:3 (gewertet), 0:1; Zaglebie Lubin – Vilash Masalli 4:0, 3:1; Cibalia Vinkovci – FK Obilic Belgrad 3:1, 1:1; LASK Linz – Hapoel Petah Tikva 3:0 (gewertet), 1:1; Nea Salamina Famagusta – Vllaznia Shkoder 4:1, 2:1; HB Tórshavn – LFC Tatabánya 0:4, 0:3; Leiftur Olafsfjördur – FC Luzern 2:2, 4:4; FC Glenavon – Slaven Belupo Koprivnica 1:1, 0:3; Dnepr-Transmash Mogilew – Silkeborg IF 2:1, 2:1; FC Floriana – Stabæk IF 1:1, 0:2; Dynamo Tiflis – Standard Lüttich 2:2, 1:1; Primorje Ajdovscina – VC Westerlo 5:0, 6:0; Trans Narva – Ceahlaul Piatra Neamt 2:5, 2:4; Cwmbran Town – Nistru Otaci 0:1, 0:1; Kocaelispor – Atlantas Klaipeda 0:1, 1:0 Klaipeda 5:3-Sieger im Elfmeterschießen); Västra Frölunda – Zrinjski Mostar 1:0, 1:2; MyPa Anjalankoski – Neuchâtel Xamax 1:2, 3:3; Araks Ararat – Sigma Olomouc 1:2, 0:1; UC Dublin – Velbazhd Kjustendil 3:3, 0:0.

2. Runde: Neuchâtel Xamax – VfB Stuttgart 1:6, 1:4; Nistru Otaci – Austria Salzburg 2:6, 1:1; Zenit St. Petersburg – Primorje Ajdovscina 3:0, 3:1; AC Perugia – Standard Lüttich 1:2, 1:1; Nea Salamina Famagusta – Austria Wien 1:0, 0:3; Stabæk IF – AJ Auxerre 0:2, 0:3 (gewertet); Dinaburg Daugavpils – Aalborg BK 0:0, 0:1; LASK Linz – Marila Pribram 1:1, 2:3; Atlantas Klaipeda – Bradford City 1:3, 1:4; RCD Mallorca – Ceahlaul Piatra Neamt 2:1, 1:3; Chmel Blsany – Dnepr-Transmash Mogilew 6:2, 2:0; CS Sedan – Leiftur Olafsfjördur 3:0, 3:2; Zaglebie Lubin – Slaven Belupo Koprivnica 1:1, 0:0; LFC Tatabánya – Cibalia Vinkovci 3:2, 0:0; Pelister Bitola – Västra Frölunda 3:1, 0:0; Velbazhd Kyustendil – Sigma Olomouc 2:0, 0:8.

3. Runde: CS Sedan – VfL Wolfsburg 0:0, 1:2; RC Lens – VfB Stuttgart 2:1, 0:1; Celta Vigo – Pelister Bitola 3:0, 2:1; Aalborg BK – Udinese Calcio 0:2, 2:1; Marila Pribram – Aston Villa 0:0, 1:3; Chmel Blsany – AO Kalamata 5:0, 3:0; Bradford City – RKC Waalwijk 2:0, 1:0; Rostselmash Rostow – AJ Auxerre 0:2, 1:3; Slaven Belupo Koprivnica – Sigma Olomouc 1:1, 0:1; Standard Lüttich – Austria Salzburg 3:1, 1:1; Ceahlaul Piatra Neamt – Austria Wien 2:2, 0:3; Zenit St. Petersburg – LFC Tatabánya 2:1, 2:1.

4. Runde: VfB Stuttgart – Standard Lüttich 1:1, 1:0; AJ Auxerre – VfL Wolfsburg 1:1, n. V. 2:1; Sigma Olomouc – Chmel Blsany 3:1, 0:0; Zenit St. Petersburg – Bradford City 1:0, 3:0; Celta Vigo – Aston Villa 1:0, 2:1; Austria Wien – Udinese Calcio 0:1, 0:2.

5. Runde: Sigma Olomouc – Udinese Calcio 2:2, n. V. 2:4; Celta Vigo – Zenit St. Petersburg 2:1, 2:2; AJ Auxerre – VfB Stuttgart 0:2, 1:1.

Die Sieger (Udinese Calcio, Celta Vigo und VfB Stuttgart) sind für die erste Runde des UEFA-Cups qualifiziert.

2001

1. Runde: NK Zagreb – Podeba Prilep 1:2, 1:1; Universitatea Craiova – Bylis Balish 3:3, 1:0; Groclin Grodzisk – Spartak Varna 1:0, 0:4; Hapoel Haifa – Tallinna VMK 2:0, 3:0; Ekranas Panevezys – Artmedia Petrzalka 1:1, 1:1 (Petrzalka 5:4-Sieger im Elfmeterschießen); LFC Tatabánya – Schirak Gjumri 2:3, 3:1; Zaglebie Lubin – Hibernians Paola 4:0, 0:1; Aarhus GF – Publikum Celje 1:0, 1:7; FC Dundee – Sartid Smederovo 0:0, 2:5; UE Sant Julià – Lausanne Sports 1:3, 0:6; FC Jazz Pori – Gloria Bistrita 1:0, 1:2; Anorthosis Famagusta – Slaven Belupo Koprivnica 0:2; 0:7; Celik Zenica – Denizlispor 1:0, 5:3; WIT Georgia Tiflis – SV Ried 1:0, 1:2 (in Grieskirchen); Carmarthen Town – AIK Solna 0:0 (in Aberystwyth), 0:3; B 68 Töftir – SC Lokeren 2:4, 0:0; Dynamo Minsk – CS Hobscheid 6:0, 1:1; Tiligul Tiraspol – FC Cliftonville 1:0, n. V. 3:1; UMF Grindavik – Vilash Masalli 1:0, 2:1; Cork City – Metalurgs Liepaja 0:1, 1:2.

2. Runde: TSV München 1860 – Sartid Smederovo 3:1, 3:2; Celik Zenica – AA Gent 1:0, 0:2; Odense BK – AIK Solna 2:2, 0:2; Paris St. Germain – FC Jazz Pori 3:0 (in Toulouse), 4:1; FC Basel – UMF Grindavik 3:0, 2:0; ES Troyes – WIT Georgia Tiflis 6:0 (in Auxerre), 1:1; Sturm Graz – Lausanne Sports 0:1, 3:3; Metalurgs Liepajas – SC Heerenveen 3:2, 1:6; Slaven Belupo Koprivnica – SC Bastia 1:0, 1:0; Podeba Prilep – Caykur Rizespor 2:1, 2:0; Synot Stare Mesto – Universitatea Craiova 3:2 (in Augsburg), 2:2; Spartak Varnan – Tavria Simferopol 0:3 (gewertet), 2:2; Tiligul Tiraspol – LFC Tatabánya 1:1, 0:4; Publikum Celje – Artmedia Petrzalka 5:0, 1:1; Dynamo Minsk – Hapoel Haifa 2:0, 1:0; Zaglebie Lubin – SC Lokeren 2:2, 1:2.

3. Runde: RKC Waalwijk – TSV München 1860 1:2, 1:3 (in Augsburg); VfL Wolfsburg – Dynamo Minsk 4:3, 0:0; Werder Bremen – AA Gent 2:3 (in Oldenburg), 1:0; SC Lokeren – Newcastle United 0:4, 0:1; Chmel Blsany – Podeba Prilep 0:0, 1:0; Stade Rennes – Synot Stare Mesto 5:0, 2:4; Slaven Belupo Koprivnica – Aston Villa 2:1, 0:2; Brescia Calcio – LFC Tatabánya 2:1, 1:1; ES Troyes – AIK Solna 2:1 (in Auxerre), 2:1; Tavria Simferopol – Paris St. Germain 0:1, 0:4 (in Toulouse); FC Basel – SC Heerenveen 2:1, 3:2; Publikum Celje – Lausanne Sports 1:1, 0:0..

4. Runde: TSV München 1860 – Newcastle United 2:3, 1:3; ES Troyes – VfL Wolfsburg 1:0, 2:2; Stade Rennes – Aston Villa 2:1, 0:1; AA Gent – Paris St. Germain 0:0, 1:7; Chmel Blsany – Brescia Calcio 1:2, 2:2; FC Basel – Lausanne Sports 3:0, 2:2.

5. Runde: FC Basel – Aston Villa 1:1, 1:4; Paris St. Germain – Brescia Calcio 0:0, 1:1; ES Troyes – Newcastle United 0:0, 4:4.
Die Sieger (Aston Villa, Paris St. Germain und ES Troyes) sind für die erste Runde des UEFA-Cups qualifiziert.

2002

1. Runde: NK Rijeka – St. Patrick's Athletic 3:2, 0:1; Sporting Lokeren – WIT Georgia Tiflis 3:1, 2:3; CD Santa Clara – Schirak Gjumri 2:0, 3:3; BATE Borissow – Akademisk BK Kopenhagen 1:0, 2:0; FK Obilic Belgrad – Haka Valkeakoski 1:2, 1:1; FC Zürich – Brotnjo Citluk 7:0, 1:2; Gloria Bistrita – US Luxemburg 2:0, 0:0; Ozeta Dukla Trencín – Slaven Belupo Koprivnica 3:1, 0:5; Constructorul Chisinau – Synot Stare Mesto 0:0, 0:4; Helsingborgs IF – NK Koper 1:0, 0:0; Kispest-Honvéd Budapest – Zalgiris Vilnius 0:1, 0:0; FC St. Gallen – B 68 Töftir 5:1, 6:0; Zaglebie Lubin – Dinaburg Daugavpils 1:1, 0:1; FC Brünn – MS Ashdod 0:5, 1:1 (in Dunajská Streda); EN Paralimni – Schwarz-Weiß Bregenz 0:2, 1:3; UD Leiria – Levadia Maardu 0:3 (gewertet), 2:1; FC Valletta – Teuta Durres 1:2, 0:0; FC Coleraine – UE Sant Juliá 5:0, 2:2; Marek Dupniza – FC Caersws 2:0, 1:1 (in Aberystwyth), Cementarnica 55 Skopje – FH Hafnarfjördur 1:3, 2:1.
2. Runde: VfB Stuttgart – Sporting Lokeren 2:0, 1:0; TSV München 1860 – BATE Borrisow 0:1, 0:4; Slaven Belupo Koprivnica – Belenenses Lissabon 2:0, 1:0; FC Coleraine – ES Troyes 1:2, 1:2 (in Auxerre); FC Villarreal – FH Hafnarfjördur 2:0, 2:2; FC Fulham – Haka Valkeakoski 0:0, 1:1; FC Sochaux – Zalgiris Vilnius 2:0, 2:1; AA Gent – St. Patrick's Athletic 2:0, 1:3; Turino Calcio – Schwarz-Weiß Bregenz 1:0, 1:1; Krylya Sowjetow Samara – Dinaburg Daugavpils 3:0, 1:0; FK Teplice – CD Santa Clara 5:1 (in Litomerice), 4:1; Willem II Tilburg – FC St. Gallen 1:0, n. V. 1:1; FC Zürich – Levadia Maardu 1:0, 0:0; Synot Stare Mesto – Helsingborgs IF 4:0, 0:2; Gloria Bistrita – Teuta Durres 3:0, 0:1; MS Ashdod – Marek Dupniza 1:1 (in Dunajská Streda), 0:1.
3. Runde: 1. FC Kaiserslautern – FK Teplice 2:1, 0:4; VfB Stuttgart – AC Perugia 3:1, 1:2 (in Bozen); Krylya Sowjetow Samara – Willem II Tilburg 3:1, 0:2; NAC Breda – ES Troyes 1:1, 0:0 (in Auxerre); FC Fulham – Aigaleo Athen 1:0, 1:1; Gloria Bistrita – OSC Lille 0:2, 0:1; FC Bologna – BATE Borrisow 2:0, 0:0; FC Málaga – AA Gent 3:0, 1:1; Marek Dupniza – Slaven Belupo Koprivnica 0:3, 1:3; Synot Stare Mesto – FC Sochaux 0:3, 0:0; Turin Calcio – FC Villarreal 2:0, 0:2; FC Zürich – Aston Villa 2:0, 0:3.
4. Runde: VfB Stuttgart – Slaven Belupo Koprivnica 2:1, 1:0; FC Fulham – FC Sochaux 1:0, 2:0; OSC Lille – Aston Villa 1:1, 2:0; FC Villarreal – ES Troyes 0:0, 3:0 (gewertet); FC Málaga – Willem II Tilburg 2:1, 1:0; FC Bologna – FK Teplice 5:1, 3:1.
5. Runde: OSC Lille – VfB Stuttgart 1:0, 0:2; FC Villarreal – FC Málaga 0:1, 1:1; FC Bologna – FC Fulham 2:2, 1:3.
Die Sieger (VfB Stuttgart, FC Málaga und FC Fulham) sind für die erste Runde des UEFA-Cups qualifiziert.

KAPITEL 14

ANHANG

Hinweis:

In den letzten Jahren haben wir anstelle des Kapitels „Die Olympischen Fußballturniere" sogenannte „Wechselkapitel" eingeschoben, um die Privatarchive unserer Leser mit anderen Wettbewerben zu vervollständigen. Wir bringen heute eine Übersicht, was wann erschienen ist und welche Almanache evtl. noch beim Copress-Verlag in München (PLZ 80636), Nymphenburger Straße 86, bezogen werden können.

1991 Mitropa-Cup

1992 DDR (Abschluß) mit allen Länderspielaufstellungen, den zahlenmäßigen Berufungen aller Nationalspieler und ihrer Tore, alle Gegner der DDR-Auswahl, alle Abschlußtabellen von 1948 bis 1991, Torschützenkönige, Fußballer des Jahres, alle Pokalendspiele.

1993 Olympia

1994 Europa-Supercup

1995 Weltpokal

1996 Inter-Totorunde

1997 Olympia

1998 Von Kontinent zu Kontinent

2002 Olympia

Im 96er-Jahrgang ist auch letztmals erschienen alles über unsere B-Elf, U23- und Amateurmannschaft. In allen Almanachen davor wurden diese drei Unterkapitel regelmäßig aufgeführt. Inzwischen sind diese Wettbewerbe längst eingestellt worden.
Vorrätig sind (leider) nur noch folgende Jahrgänge des KICKER-Almanach: 1998, 1999, 2000, 2001, 2002, 2003.

Europas Meister und Pokalsieger 2002/2003

Land	Meister	Pokalsieger
Albanien	SK Tirana	Dinamo Tirana
Andorra	Santa Coloma	Santa Coloma
Armenien	Piunik Erewan (2002)	MIKA Aschtarak
Aserbeidschan	nicht ausgetragen	nicht ausgetragen
Belgien	FC Brügge	AA La Louvière
Bosnien-Herzegowina	Leotar Trebinje	Zeljeznicar Sarajevo
Bulgarien	ZSKA Sofia	Levski Sofia
Dänemark	FC Kopenhagen	Bröndby IF
Deutschland	Bayern München	Bayern München
England	Manchester United	FC Arsenal
Estland	Flora Tallinn (2002)	TVMK Tallinn
Färöer	HB Torshavn (2002)	NSI Runavik (2002)
Finnland	HJK Helsinki (2002)	Haka Valkeakoski (2002)
Frankreich	Olympique Lyon	AJ Auxerre
Georgien	Dynamo Tiflis	Dynamo Tiflis
Griechenland	Olympiakos Piräus	PAOK Saloniki
Irland	Bohemians Dublin	Derry City
Island	KR Reykjavìk (2002)	Fylkir Reykjavik (2002)
Israel	Maccabi Tel Aviv	Hapoel Ramat Gan
Italien	Juventus Turin	AC Mailand
Kasachstan	İrtysch Pawlodar (2002)	Zhenis Astana (2002)
Kroatien	Dinamo Zagreb	Hajduk Split
Lettland	Skonto Riga (2002)	Skonto Riga (2002)
Liechtenstein	kein Meister	FC Vaduz
Litauen	FBK Kaunas (2002)	Atlantas Klaipeda
Luxemburg	CS Grevenmacher	CS Grevenmacher
Malta	Sliema Wanderers	FC Birkirkara
Mazedonien	Vardar Skopje	Cementarnica Skopje
Moldawien	Serif Tiraspol	Zimbru Chisinau
Niederlande	PSV Eindhoven	FC Utrecht
Nordirland	FC Glentoran	FC Coleraine
Norwegen	Rosenborg Trondheim (2002)	Valerenga Oslo (2002)
Österreich	Austria Wien	Austria Wien
Polen	Wisla Krakau	Wisla Krakau
Portugal	FC Porto	FC Porto
Rumänien	Rapid Bukarest	Dinamo Bukarest
Russland	Lokomotive Moskau (2002)	Spartak Moskau
San Marino	SP Domagnano	SP Domagnano
Schottland	Glasgow Rangers	Glasgow Rangers
Schweden	Djurgardens IF (2002)	Djurgardens IF (2002)
Schweiz	Grasshoppers Zürich	FC Basel
Serbien & Montenegro	Partizan Belgrad	Sartid Smederovo
Slowakei	MSK Zilina	Matador Puchov
Slowenien	Maribor Piv. Lasko	Olimpija Ljubljana
Spanien	Real Madrid	RCD Mallorca
Tschechien	Sparta Prag	FK Teplice
Türkei	Besiktas Istanbul	Trabzonspor
Ukraine	Dynamo Kiew	Dynamo Kiew
Ungarn	MTK Budapest	Ferencvaros Budapest
Wales	AFC Barry Town	AFC Barry Town
Weißrussland	BATE Borissow (2002)	Dynamo Minsk
Zypern	Omonia Nikosia	Anorthosis Famagusta

Europas Fußballer des Jahres

1956 Matthews (England) - 1957 Di Stefano (Spanien) - 1958 Kopa (Frankreich) - 1959 Di Stefano (Spanien) - 1960 Suarez (Spanien) - 1961 Sivori (Italien) - 1962 Masopust (CSSR) - 1963 Jaschin (Sowjetunion) - 1964 Law (Schottland) - 1965 Eusebio (Portugal) - 1966 B. Charlton (England) - 1967 Albert (Ungarn) - 1968 Best (Nordirland) - 1969 Rivera (Italien) - 1970 Gerd Müller (Deutschland) - 1971 Cruyff (Niederlande) - 1972 Beckenbauer (Deutschland) - 1973, 1974 Cruyff (Niederlande) - 1975 Blochin (Sowjetunion) - 1976 Beckenbauer (Deutschland) - 1977 Simonsen (Dänemark) - 1978, 1979 Keegan (England) - 1980, 1981 Rummenigge (Deutschland) - 1982 Rossi (Italien) - 1983, 1984, 1985 Platini (Frankreich) - 1986 Blochin (Sowjetunion) - 1987 Gullit (Niederlande) - 1988, 1989 van Basten (Niederlande) - 1990 Matthäus (Deutschland) - 1991 Papin (Frankreich) - 1992 van Basten (Niederlande) - 1993 Roberto Baggio (Italien) - 1994 Stoitchkov (Bulgarien) - 1995 Weah (Liberia, AC Mailand) - 1996 M. Sammer (Deutschland) - 1997 Ronaldo (Brasilien, FC Barcelona/Inter Mailand) - 1998 Zidane (Frankreich) - 1999 Rivaldo (Brasilien/FC Barcelona) - 2000 Luis Figo (Portugal) - 2001 Owen (England) - 2002 Ronaldo (Brasilien/Inter Mailand/Real Madrdi).

Europa-Super-Cup

(Europapokalsieger der Landesmeister gegen Europapokalsieger der Cupgewinner) 1972: Ajax Amsterdam (– Glasgow Rangers 3:2 und 3:1) – **1973: Ajax Amsterdam** (– AC Mailand 6:0 und 0:1) – **1974:** nicht ausgetragen – **1975: Dynamo Kiew** (– Bayern München 2:0 und 1:0) – **1976: RSC Anderlecht** (– Bayern München 4:1 und 1:2) – **1977: FC Liverpool** (– Hamburger SV 6:0 und 1:1) – **1978: RSC Anderlecht** (– FC Liverpool 3:1 und 1:2) – **1979: Nottingham Forest** (– FC Barcelona 1:0 und 1:1) – **1980: FC Valencia** (– Nottingham Forest 1:0 und 1:2) – **1981:** nicht ausgetragen – **1982: Aston Villa** (– FC Barcelona 0:1 und 3:0 n. V.) – **1983: FC Aberdeen** (– Hamburger SV 2:0 und 0:0) – **1984: Juventus Turin** (– FC Liverpool 2:0) – **1985:** ausgefallen – **1986: Steaua Bukarest** (– Dynamo Kiew 1:0) – **1987: FC Porto** (– Ajax Amsterdam 1:0 und 1:0) – **1988: KV Mechelen** (– PSV Eindhoven 3:0 und 0:1) – **1989: AC Mailand** (– FC Barcelona 1:0 und 1:1) – **1990: AC Mailand** (– Sampdoria Genua 2:0 und 1:1) – **1991: Manchester United** (– Roter Stern Belgrad 1:0) – **1992: FC Barcelona** (– Werder Bremen 2:1 und 1:1) – **1993: AC Parma** (– AC Mailand 2:0 n. V. und 0:1) – **1994: AC Mailand** (– Arsenal London 2:0 und 0:0) – **1995: Ajax Amsterdam** (– Real Saragossa 4:0 und 1:1) – **1996: Juventus Turin** (– Paris St. Germain FC 3:1 und 6:1) – **1997: FC Barcelona** (– Borussia Dortmund 2:0 und 1:1) – **1998: Chelsea London** (– Real Madrid 1:0) – **1999: Lazio Rom** (– Manchester United 1:0) – **2000: Galatasaray Istanbul** (- Real Madrid 2:1 i. V.) – **2001 FC Liverpool** (– Bayern München 3:2) – **2002 Real Madrid** (– Feyenoord Rotterdam 3:1).

Welt-Pokal (Europapokalsieger der Landesmeister gegen Südamerikasieger)

1960: Real Madrid (– Penarol Montevideo 5:1 und 0:0) – **1961: Penarol Montevideo** (– Benfica Lissabon 5:0, 0:1 und 2:1) – **1962: FC Santos** (– Benfica Lissabon 3:2 und 5:2) – **1963: FC Santos** (– AC Mailand 4:2, 2:4 und 1:0) – **1964: Inter Mailand** (– Independiente Avellaneda 2:1, 0:1, 1:0 n.V.) – **1965: Inter Mailand** (–Avellaneda 3:0 und 0:0) – **1966: Penarol** (– Real Madrid 2:0 und 2:0) – **1967: Racing Avellaneda** (– Celtic Glasgow 2:1, 0:1 und 1:0) – **1968: Estudiantes Buenos Aires** (– Manchester United 1:0 und 1:1) – **1969: AC Mailand** (– Estudiantes 3:0 und 1:2) – **1970: Feyenoord Rotterdam** (– Estudiantes 1:0 und 2:2) – **1971: Nacional Montevideo** (– Panathinaikos Athen 2:1 und 1:1). – Ajax Amsterdam verzichtete) – **1972: Ajax Amsterdam** (– Avellaneda 3:0 und 1:1) – **1973: Independiente Avellaneda** (– Juventus Turin 1:0 – nur ein Spiel. – Ajax verzichtete). – **1974: Atletico Madrid** (– Bayern München verzichtete – Avellaneda 2:0 und 0:1) – **1975:** nicht ausgetragen – **1976: Bayern München** (– Cruzeiro Belo Horizonte 2:0 und 0:0) – **1977: Boca Juniors Buenos Aires** (– Borussia Mönchengladbach 2:2 und 3:0 in Karlsruhe – FC Liverpool verzichtete) – **1978:** nicht ausgetragen – **1979: Olimpia Asuncion** (– Malmö FF 2:1 und 1:0 – Nottingham verzichtete) – **1980: Nacional Montevideo** (– Nottingham Forest 1:0) – **1981: Flamengo Rio de Janeiro** (– FC Liverpool 3:0) – **1982: Penarol Montevideo** (– Aston Villa 2:0) – **1983: Gremio Porto Alegre** (– Hamburger SV 2:1 n. V.) – **1984: Independiente Avellaneda** (– FC Liverpool 1:0) – **1985: Juventus Turin** (– Argentinos Juniors Buenos Aires 2:2 n. V., 4:2 im Elfmeterschießen) – **1986: River Plate Buenos Aires** (– Steaua Bukarest 1:0) – **1987: FC Porto** (– Penarol Montevideo 2:1 n.V.) – **1988: Nacional Montevideo** (– PSV Eindhoven 2:2 n.V., 7:6 im Elfmeterschießen) – **1989: AC Mailand** (– Nacional Medellin 1:0 n.V.) – **1990: AC Mailand** (– Olimpia Asuncion 3:0) – **1991: Roter Stern Belgrad** (– Colo Colo Santiago 3:0) – **1992: FC São Paulo** (– FC Barcelona 2:1) – **1993: FC São Paulo** (– AC Mailand 3:2, da E1-Sieger Olympique Marseille wegen des Bestechungsskandals suspendiert wurde) – **1994: Velez Sarsfield** (– AC Mailand 2:0) – **1995: Ajax Amsterdam** (– Gremio Porto Alegre 0:0 n.V., 4:3 im Elfmeterschießen) – **1996: Juventus Turin** (– River Plate Buenos Aires 1:0) – **1997: Borussia Dortmund** (– Cruzeiro Belo Horizonte 2:0) – **1998: Real Madrid** (– Vasco da Gama 2:1) – **1999: Manchester United** (– Palmeiras São Paulo 1:0) – **2000: Boca Juniors Buenos Aires** (– Real Madrid 2:1) – **2001 Bayern München** (- Boca Juniors Buenos Aires 1:0) – **2002 Real Madrid** (– Olimpia Asuncion 2:0).

Intercontinental-Cup (Sieger des Meisterpokals Afrika gegen Sieger Asien)

1986: Pusan Daewoo Royals/KOR (– FAR Rabat/MAR 2:0) – **1987: Zamalek SC Kairo**/EGY (– Furukawa Electric Company/JPN 2:0) – **1988: Al Ahly Kairo**/EGY (– Yomiuri Kawasaki/JPN 3:1 und 1:0) – **1989: EP Sétif**/ALG (– Al Sadd Doha/QAT 2:0 und 3:1) – **1990 und 1991:** nicht ausgetragen – **1992: Club Africain Tunis**/TUN (– Al Hilal Riyadh/KSA 2:1 und 2:2) – **1993: Wydad AC Casablanca**/MAR (– Paas Tehran/IRN 0:0 und 2:0) – **1994: Thai Farmers Bank Bangkok**/THA (– Zamalek SC Kairo/EGY 1:2 und 1:0) – **1995: Espérance Tunis**/TUN (– Thai Farmers Bank Bangkok/THA 1:1 und 3:0) – **1996: Chunan Ilhwa Chunma**/KOR (– Orlando Pirates Johannesburg/RSA 0:0 und 5:0) – **1997: Zamalek SC Kairo**/EGY (– Pohang Steelers/KOR 1:2 und 1:0) – **1998: Raja Casablanca**/MAR (– Pohang Steelers/KOR 2:2 und 1:0) – **1999:** Endspiel abgesagt.

Weltfußballer des Jahres

1988, 1989 van Basten (Niederlande/AC Mailand) – 1990, 1991 Matthäus (Deutschland/Inter Mailand) – 1992 van Basten (Niederlande/AC Mailand) – 1993 Roberto Baggio (Italien/Juventus Turin) – 1994 Romario (Brasilien/FC Barcelona) – 1995 George Weah (Liberia/AC Mailand) – 1996 Ronaldo (Brasilien/FC Barcelona) – 1997 Ronaldo (Brasilien/FC Barcelona, Inter Mailand) – 1998 Zidane (Frankreich/Juventus Turin) – 1999 Rivaldo (Brasilien/FC Barcelona) – 2000 Zidane (Frankreich/Juventus Turin) – 2001 Luis Figo (Portugal) – 2002 Ronaldo (Brasilien/Inter Mailand/Real Madrdi).

Copa America

für Nationalmannschaften: Zunächst Südamerika-Meisterschaft und 1993 erstmals mit einem mittel- und nordamerikanischen Vertreter. Bis dahin nur südamerikanische Länder.
1916, 1917 Uruguay – 1919 Brasilien – 1920 Uruguay – 1921 Argentinien – 1922 Brasilien – 1923, 1924 Uruguay – 1925 Argentinien – 1926 Uruguay – 1927, 1929 Argentinien – 1935 Uruguay – 1937 Argentinien – 1939 Peru – 1941 Argentinien – 1942 Uruguay – 1945, 1946, 1947 Argentinien – 1949 Brasilien – 1953 Paraguay – 1955 Argentinien – 1956 Uruguay – 1957, 1959 Argentinien (1959 zweite Austragung Uruguay) – 1963 Bolivien – 1967 Uruguay – 1975 Peru – 1979 Paraguay – 1983, 1987 Uruguay – 1989 Brasilien – 1991, 1993 Argentinien – 1995 Uruguay – 1997, 1999 Braslien – 2001 Kolumbien

Afrika

1957, 1959 Ägypten – 1962 Äthiopien – 1963, 1965 Ghana – 1968 Kongo (Kinshasa) – 1970 Sudan – 1972 Kongo (Brazzaville) – 1974 Zaire – 1976 Marokko – 1978 Ghana – 1980 Nigeria – 1982 Ghana – 1984 Kamerun – 1986 Ägypten – 1988 Kamerun – 1990 Algerien – 1992 Elfenbeinküste – 1994 Nigeria – 1996 Südafrika – 1998 Ägypten – 2000, 2002 Kamerun.

Asien

1956, 1960 Südkorea – 1964 Israel – 1968, 1972, 1976 Iran – 1980 Kuwait – 1984, 1988 Saudi-Arabien – 1992 Japan – 1996 Saudi-Arabien – 2000 Japan

Ozeanien

1973 Neuseeland – 1980, 1996 Australien – 1998 Neuseeland – 2000 Australien – 2002 Neuseeland

Nordamerika

1947, 1949 Mexiko – 1990 Kanada – 1991 Mexiko

Mittelamerika

1941 Costa Rica – 1943 El Salvador – 1946, 1948 Costa Rica – 1951 Panama – 1953, 1955 Costa Rica – 1957 Haiti – 1960, 1961 Costa Rica

Nord/Mittelamerika (gemeinsam)

Von 1973 bis 1989 wurden die WM-Qualifikationen des Kontinentalverbandes gleichzeitig als Kontinentalmeisterschaft gewertet: 1973 Haiti – 1977 Mexiko – 1981 Honduras – 1985 Kanada – 1989 Costa Rica, der Gold Cup übernahm ab 1991 die Funktion der voraufgegangenen Kontinentalmeisterschaften: 1991 USA – 1993, 1996, 1998 Mexiko – 2000 Kanada – 2002 USA – 2003 Mexiko.

FIFA-Konföderations-Cup

Wird ausgespielt zwischen den kontinentalen Siegern (Europameister, Südamerikameister, Asienmeister, Afrikameister, Ozeanienmeister und Nordamerika-/Karibikmeister).
1992 Argentinien – 1995 Dänemark – 1997 Brasilien (Europameister Deutschland verzichtete, dafür als nahm der unterlegene Finalist Tschechien teil). – 1999 Mexiko (Deutschland in den Gruppenspielen ausgeschieden: Brasilien 0:4, Neuseeland 2:0, USA 0:2) – 2001, 2003 Frankreich.

FIFA-Klubweltmeisterschaft

2000: Corinthians Sao Paulo (– Vasco da Gama Rio de Janeiro n. V. 0:0, Elfmeterschießen 4:3) – seitdem nicht mehr ausgetragen.

Südamerika: Copa Libertadores

1960: Penarol Montevideo (– Olimpia Asuncion 1:0 und 1:1) – **1961: Penarol Montevideo** (– Palmeiras Sao Paulo 1:0 und 1:1) – **1962: FC Santos** (– Penarol 1:0, 2:3 und 3:0) – **1963: FC Santos** (– Boca Juniors Buenos Aires 2:1 und 3:2) – **1964: Independiente Avellaneda** (– Nacional Montevideo 0:0 und 1:0) – **1965: Independiente** (– Penarol 1:0, 2:3 und 4:1) – **1966: Penarol** (– River Plate Buenos Aires 2:0, 2:3 und 4:2 n.V.) – **1967: Racing Buenos Aires** (– Nacional Montevideo 0:0, 0:0 n.V., 2:1) – **1968: Estudiantes de la Plata** (– Palmeiras 1:3, 2:1 und 2:0) – **1969: Estudiantes** (– Nacional 1:0 und 2:0) – **1970: Estudiantes** (– Penarol 1:0 und 0:0) – **1971: Nacional Montevideo** (– Estudiantes 0:1, 1:0 und 2:0) – **1972: Independiente** (– Universitario Lima 0:0 und 2:1) – **1973: Independiente** (– Colo Colo Santiago 1:1, 0:0 und 2:1 n.V.) – **1974: Independiente** (– FC Sao Paulo 1:2, 2:0 und 1:0) – **1975: Independiente** (– Union Espanola Santiago 0:1, 3:1 und 2:0) – **1976: Cruzeiro Belo Horizonte** (– River Plate 4:1, 1:2 und 3:2) – **1977: Boca Juniors Buenos Aires** (– Cruzeiro 1:0, 0:1, 0:0 – Boca 5:4-Sieger im Elfmeterschießen) – **1978: Boca Juniors Buenos Aires** (– Deportivo Cali 4:0 und 0:0) – **1979: Olimpia Asuncion** (– Boca Juniors 2:0 und 0:0) – **1980: Nacional Montevideo** (– Internazionale Porto Alegre 1:0 und 0:0) – **1981: Flamengo Rio de Janeiro** (– Cobreloa Santiago 2:1, 0:1 und 2:0) – **1982: Penarol Montevideo** (– Cobreloa Santiago 1:0 und 0:0) – **1983: Gremio Porto Alegre** (– Penarol Montevideo 2:1 und 1:1) – **1984: Independiente Avellaneda** (– Gremio Porto Alegre 1:0 und 0:0) – **1985: Argentinos Juniors Buenos Aires** (– America Cali 1:0, 0:1, 1:1 n.V., 5:4 im Elfmeterschießen) – **1986: River Plate Buenos Aires** (– America Cali 1:0, 2:1) – **1987: Penarol Montevideo** (– America Cali 2:1, 0:2, 1:0 n.V.) – **1988: Nacional Montevideo** (– Newell's Old Boys Rosario 3:0 und 0:1) – **1989: Nacional Medellin** (– Olimpia Asuncion 2:0 n.V., 5:4 im Elfmeterschießen, 0:2) – **1990: Olimpia Asuncion** (– Barcelona Guayaquil 2:0 und 1:1) – **1991: Colo Colo Santiago** (– Olimpia Asuncion 3:0 und 0:0) – **1992: FC São Paulo** (– Newell's Old Boys Rosario 1:0 n.V./3:2 im Elfmeterschießen, 0:1) – **1993: FC São Paulo** (– Universidad Catolica Santiago 5:1 und 0:2) – **1994: Velez Sarsfield** (– FC São Paulo 1:0, 0:1 n.V./5:3 im Elfmeterschießen) – **1995: Gremio Porto Alegre** (– Nacional Medellin 3:1 und 1:1) – **1996: River Plate Buenos Aires** (– America Cali 2:0 und 0:1) – **1997: Cruzeiro Belo Horizonte** (– Sporting Cristal Linca 1:0 und 0:0) – **1998: Vasco da Gama Rio de Janeiro** (– SC Barcelona Guayaquil 2:0 und 2:1) – **1999: Palmeiras Sao Paulo** (– Deportivo Cali 0:1 und 2:1/E. 4:3) – **2000 Boca Juniors Buenos Aires** (– Palmeiras Sao Paulo 2:2 und 0:0/E. 4:2) – **2001: BocaJuniors Buenos Aires** (– Cruz Azul Mexiko City 1:0 und 0:1/E. 3:1) – **2002 Olympia Asuncion** (– AD Sao Caetano 0:1 und 2:1; 4:2 im Elfmeterschießen) – 2003 **BocaJuniors Buenos Aires** (– FC Santos 2:0 und 3:1).

Südamerika: Copa Conmebol

1992: Atlético Mineiro Belo Horizonte/BRA (– Olimpia Asuncion/PAR 2:0 und 0:1) – **1993: Botafogo Rio de Janeiro** (– Penarol Montevideo/URU 1:1 und 2:2, 3:1 im Elfmeterschießen) – **1994: Sao Paulo FC**/BRA (– Penarol Montevideo/URU 6:1 und 0:3) – **1995: Rosario Central**/ARG (– Atlético Mineiro Belo Horizonte/BRA 0:4 und 4:0, 4:3 im Elfmeterschießen) – **1996: Lanús Buenos Aires**/ARG (– Independiente Santa Fe/COL 2:0 und 0:1) – **1997: Atlético Mineiro Belo Horizonte**/BRA (– Lanús Buenos Aires/ARG 4:1 und 1:1) – **1998: FC Santos**/BRA (– Rosario Central/ARG 1:0 und 0:0) – **1999: Talleres Córdoba**/ARG (– Centro Sportivo Alagoano Maceió/BRA 2:4 und 3:0) – seitdem nicht mehr ausgetragen).

Nord- und Mittelamerika: Pokal der Landesmeister

1962: Club Deportivo Guadalajara/MEX (– Comunicaciones Guatemala-City/GUA 1:0 und 5:0) – **1963: Racing Club Cap Haitienne**/HAI (– Club Deportivo Guadalajara/MEX; Racing kampflos Sieger, da Guadalajara nicht antrat) – **1964 und 1965:** Turnier abgebrochen – **1966:** nicht ausgetragen – **1967: Alianza FC San Salvador**/SLV (– Jong Colombia Sint Michiels/ANT 1:2, 3:0 und 5:3) – **1968: Club**

Deportivo Toluca/MEX wird kampflos Sieger, da alle anderen teilnehmenden Vereine suspendiert wurden – **1969: Cruz Azul Mexico-City**/MEX (– Comunicaciones Guatemala-City/GUA 0:0 und 1:0) – **1970: Cruz Azul Mexico-City**/MEX wird kampflos Sieger, da alle anderen teilnehmenden Vereine suspendiert wurden – **1971: Cruz Azul Mexico-City**/MEX (- LD Alajuelense/CRC 5:1) – **1972: Olimpia Tegucigalpa**/HON (– Robin Hood Paramaribo/SUR 0:0 und 2:0) – **1973: SV Transvaal Paramaribo**/SUR wird kampflos Sieger, da alle anderen teilnehmenden Vereine nicht antraten – **1974: Municipal Guatemala-City**/GUA (– SV Transvaal Paramaribo/SUR 2:1 und 2:1) – **1975: Atlético Espanol Mexico-City**/MEX (– SV Transvaal Paramaribo/SUR 3:0 und 2:1) – **1976: Aguila San Salvador**/SLV (- Robin Hood Paramaribo/SUR; San Salvador kampflos Sieger, da Paramaribo nicht antrat) – **1977: CF América Mexico-City**/MEX (– Robin Hood Paramaribo/SUR 1:0 und 0:0) – **1978: Universidad Guadalajara**/MEX, **Comunicaciones Guatemala-City**/GUA und **Defence Force Chaguaramas**/TRI zum gemeinsamen Sieger erklärt – **1979: Deportivo FAS San Salvador**/SLV (–Jong Colombia Sint Michiels/ANT 1:0 und 8:0) – **1980: UNAM Mexico-City**/MEX (Sieger des Endrunden-Turniers mit drei teilnehmenden Mannschaften) – **1981: SV Transvaal Paramaribo**/SUR (– Atlético Marte San Salvador/SLV 1:0 und 1:1) – **1982: UNAM Mexico-City**/MEX (– Robin Hood Paramaribo/SUR 0:0 und 2:1) – **1983: Atlante Mexico-City**/MEX (– Robin Hood Paramaribo/SUR 1:1 und 5:0) – **1984: Violette AC Port-au-Prince**/HAI wird kampflos Sieger, da alle anderen teilnehmenden Vereine nicht antraten – **1985: Defence Force Chaguaramas**/TRI (– Olimpia Tegucigalpa/HON 2:0 und 0:1) – **1986: LD Alajuelense**/CRC (– SV Transvaal Paramaribo/SUR 4:1 und 1:1) – **1987: CF América Mexico-City**/MEX (– Defence Force Chaguaramas/TRI 1:1 und 2:0) – **1988: Olimpia Tegucigalpa**/HON (– Defence Force Chaguaramas/TRI 2:0 und 2:0) – **1989: UNAM Mexico-City**/MEX (– FC Pinar del Rio/CUB 1:1 und 3:1) – **1990: CF América Mexico-City**/MEX (– FC Pinar del Rio/CUB 2:2 und 6:0) – **1991: Club Puebla de la Franja**/MEX (– Police FC St. James/TRI 3:1 und 1:1) – **1992: CF América Mexico-City**/MEX (– LD Alajuelense/CRC 1:0) – **1993: Deportivo Saprissa San José**/CRC (Sieger des Endrunden-Turniers mit vier teilnehmenden Mannschaften) – **1994: CS Cartaginés Cartago**/CRC (– Atlante Mexico-City/MEX 3:2) – **1995: Deportivo Saprissa San José**/CRC (Sieger des Endrunden-Turniers mit vier teilnehmenden Mannschaften) – **1996: Cruz Azul Mexico-City**/MEX (Sieger des Endrunden-Turniers mit vier teilnehmenden Mannschaften) – **1997: Cruz Azul Mexico-City**/MEX (– Los Angeles Galaxy/USA 5:3) – **1998: Washington DC United**/USA (– Club Deportivo Toluca/MEX 1:0) – **1999: CD Necaxa**/MEX (– LD Alajuelense/CRC 2:1) – **2000 Los Angeles Galaxy**/USA (– Olimpia Tegucigalpa/HON 3:2) – **2001** Endspiel wurde nicht ausgetragen – 2002 **CD Pachuca**/MEX (– Atletico Morelia/MEX 1:0).

Nord- und Mittelamerika: Pokal der Pokalsieger

1991: Atlético Marte San Salvador/SLV (Sieger des Endrunden-Turniers mit vier teilnehmenden Mannschaften) – **1992:** nicht ausgetragen – **1993: Club de Futbol Monterrey**/MEX (Sieger des Endrunden-Turniers mit vier teilnehmenden Mannschaften) – **1994: CD Necaxa**/MEX (– Aurora FC Guatemala-City/GUA 3:0) – **1995: Universidad Autonoma de Guadalajara**/MEX (– Luis Angel Firpo Usulutan/SLV – **1996:** Turnier abgebrochen – **1998:** Turnier abgebrochen.

Afrika: Pokal der Landesmeister

1964: Oryx Douala /CMR (– Stade Malien/MLI 2:1) – **1965:** nicht ausgetragen – **1966: Stade Abidjan**/CIV (– AS Real Bamako/MLI 1:3 und 4:1 n. V.) – **1967: TP Englebert**/COD (– Asante Kotoko Kumasi/GHA 1:1 und 2:2 n. V.) – **1968: TP Englebert**/COD (– Étoile Filante Lomé/TOG 5:0 und 1:4) – **1969: Ismailia SC**/EGY (– TP Englebert/COD 2:2 und 3:1) – **1970: Asante Kotoko Kumasi**/GHA (– TP Englebert/COD 1:1 und 2:1) – **1971: Canon Yaoundé**/CMR (– Asante Kotoko Kumasi/GHA beim Stand von 1:0 abgebrochen, 1:0 gewertet) – **1972: Hafia Conakry**/GUI (– Simba FC Kampala/UGA 4:2 und 3:2) – **1973: AS Vita Club Kinshasa**/COD (– Asante Kotoko Kumasi/GHA 2:4 und 3:0) – **1974: CARA Brazzaville**/CGO (– Mehalla Al Kubra/EGY 4:2 und 2:1) – **1975: Hafia Conakry**/GUI (– Enugu Rangers International/NGA 1:0 und 2:1) – **1976: MC Algier**/ALG (– Hafia Conakry/GUI 0:3 und 3:0, 4:1 im Elfmeterschießen) – **1977: Hafia Conakry**/GUI (– Hearts of Oak Accra/GHA 1:0 und 3:2) – **1978: Canon Yaoundé**/CMR (– Hafia Conakry/GUI 0:0 und 2:0) – **1979: Union Douala**/CMR (– Hearts of Oak Accra/GHA 1:0 und 0:1, 5:3 im Elfmeterschießen) – **1980: Canon Yaoundé**/CMR (– AS Bilima Kinshasa/COD 2:2 und 3:0) – **1981: JE Tizi-Ouzou**/ALG (– AS Vita Club Kinshasa/COD 4:0 und 1:0) – **1982: Al Ahly Kairo**/EGY (– Asante Kotoko Kumasi/GHA 3:0 und 1:1) – **1983: Asante Kotoko Kumasi**/GHA (– Al Ahly Kairo/EGY 0:0 und 1:0) – **1984: Zamalek SC Kairo**/EGY (– Shooting Stars Ibadan/NGA 2:0 und 1:0) – **1985: FAR Rabat**/MAR (– AS Bilima Kinshasa/COD 5:2 und 1:1) – **1986: Zamalek SC Kairo**/EGY (– Africa Sports Abidjan/CIV 2:0 und 0:2, 4:2 im Elfmeterschießen) – **1987: Al Ahly Kairo**/EGY (– Al Hilal Omdurman/SUD 0:0 und 2:0) – **1988: Entente Plasticiens Sétif**/ALG (– Iwuanyanwu Owerri/NGA 0:1 und 4:0) – **1989: Raja Casablanca**/MAR (– MP Oran/ALG 1:0 und 0:1, 4:2 im Elfmeterschießen) – **1990: JS Kabylie Tizi-Ouzou**/ALG (– Nkana Red Devils Kitwe/ZAM 1:0

und 0:1, 5:3 im Elfmeterschießen) - **1991: Club Africain Tunis**/TUN (- Nakivubo Villa SC Kampala/UGA 6:2 und 1:1) - **1992 Wydad AC Casablanca**/MAR (- Al Hilal Omdurman/SUD 2:0 und 0:0) - **1993 Zamalek SC Kairo**/EGY (- Asante Kotoko Kumasio/GHA 0:0 und 0:0, 7:6 im Elfmeterschießen) - **1994: Espérance Tunis**/TUN (- Zamalek SC Kairo/EGY 0:0 und 3:1) - **1995: Orlando Pirates Johannesburg**/RSA (- ASEC Mimosas Abidjan/CIV 2:2 und 1:0) - **1996: Zamalek SC Kairo**/EGY (- Shooting Stars Ibadan/NGA 1:2 und 2:1, 5:4 im Elfmeterschießen) - **1997: Raja Casablanca**/MAR (- Obuasi Goldfields/GHA 0:1 und 1:0, 5:4 im Elfmeterschießen) - **1998: ASEC Mimosas Abidjan**/CIV (- Dynamos Harare/ZIM 0:0 und 4:2) - **1999: Raja Casablanca**/MAR (- Espérance Tunis/TUN 0:0 und 0:0, 4:3 im Elfmeterschießen) - **2000: Hearts of Oak Accra**/GHA (- Espérance Tunis/TUN 2:1 und 3:1) - **2001 Al Ahly Kairo**/EGY (- Mamelodi Sundowns/RSA 3:0 und 1:1) - **2002 Zamalek SC Kairo**/EGY (- Raja Casablanca/MAR 1:0 und 0:0).

Afrika: Pokal der Pokalsieger

1975: Tonnerre Yaoundé/CMR (- Stella Abidjan/CIV 1:0 und 4:1) - **1976: Shooting Stars Ibadan**/NGA (- **Tonnerre Yaoundé**/CMR 4:1 und 0:1) - **1977: Enugu Rangers International**/NGA (- **Canon Yaoundé**/CMR 4:1 und 1:1) - **1978: Horoya AC Conakry**/GUI (- MA Hussein-Dey/ALG 3:1 und 2:1) - **1979: Canon Yaoundé**/CMR (- Gor Mahia Nairobi/KEN 2:0 und 6:0) - **1980: TP Mazembe**/COD (- Africa Sports Abidjan/CIV 3:1 und 1:0) - **1981: Union Douala**/CMR (- Stationery Stores Lagos/NGA 0:0 und 2:1) - **1982: Al Mokaoulun Kairo**/EGY (- Power Dynamos Kitwe/ZAM 2:0 und 2:0) - **1983: Al Mokaoulun Kairo**/EGY (- Agaza Lomé/TOG 1:0 und 0:0) - **1984 Al Ahly Kairo**/EGY (- Canon Yaoundé/CMR 1:0 und 0:1, 4:2 im Elfmeterschießen) - **1985 Al Ahly Kairo**/EGY (- Leventis United Ibadan/NGA 2:0 und 0:1) - **1986: Al Ahly Kairo**/EGY (- AS Sogara Port Gentil/GAB 3:0 und 0:2) - **1987: Gor Mahia Nairobi**/KEN (- Espérance Tunis/TUN 2:2 und 1:1) - **1988: Club Athlétique Bizerte**/TUN (- Ranchers Bees Kaduna/NGA 0:0 und 1:0) - **1989: Al Merreikh Omdurman**/SUD (- Bendel Insurance Benin City/NGA 1:0 und 0:0) - **1990: BCC Lions Gboko**/NGA (- Club Africain Tunis/TUN 3:0 und 1:1) - **1991: Power Dynamos Kitwe**/ZAM (- BCC Lions Gboko/NGA 2:3 und 3:1) - **1992: Africa Sports Abidjan**/CIV (- Vital' O Bujumbura/BDI 1:1 und 4:0) - **1993: Al Ahly Kairo**/EGY (- Africa Sports Abidjan/CIV 1:1 und 1:0) - **1994: DC Motemba Pemba**/COD (- Kenya Breweries Nairobi/KEN 2:2 und 3:0) - **1995: JS Kabylie Tizi-Ouzou**/ALG (- Julius Berger Lagos/NGA 1:1 und 2:1) - **1996: Al Mokaoulun Kairo**/EGY (- AC Sodigraf Kinshasa/COD 0:0 und 4:0) - **1997: Étoile du Sahel Sousse**/TUN (- FAR Rabat/MAR 2:0 und 0:1) - **1998: Espérance Tunis**/TUN (- Primeiro de Agosto Luanda/ANG 3:1 und 1:1) - **1999: Africa Sports Abidjan**/CIV (- Club Africain Tunis/TUN 1:0 und 1:1) - **2000: Zamalek SC Kairo**/EGY (- Canon Yaoundé/CMR 4:1 und 0:2) - **2001 Kaizer Chiefs Johannesburg**/RSA (- Inter Luanda/ANG 1:0 und 1:1) - **2002 Wydad Casablanca**/MAR (- Asante Kotoko Kumasi/GHA 1:0 und 1:2).

Afrika: CAF-Cup

1992 Shooting Stars Ibadan/NGA (- Nakivubo Villa SC Kampala/UGA 0:0 und 3:0) - **1993: Stella Abidjan**/CIV (- Simba SC Dar-es-Salaam/TAN 0:0 und 2:0) - **1994: Bendel Insurance Benin City**/NGA (- Primeiro de Maio Benguela/ANG 0:1 und 3:0) - **1995: Étoile du Sahel Sousse**/TUN (- AS Kaloum Star Conakry/GUI 0:0 2:0) - **1996: Kawkab AC Marrakech**/MAR (- Étoile du Sahel Sousse/TUN 1:3 und 2:0) - **1997: Espérance Tunis**/TUN (- Petro Atlético Luanda/ANG 0:1 und 2:0) - **1998: Club Sportif Sfax**/TUN (- ASC Jeanne d'Arc Dakar/SEN 1:0 und 3:0) - **1999: Étoile du Sahel Sousse**/TUN (- Wydad AC Casablanca/MAR 1:0 und 1:2) - **2000 JS Kabylie Tizi-Ouzou**/ALG (- Ismailia SC/EGY 1:1 und 0:0) - **2001 JS Kabylie**/ALG (- Etoile du Sahel Sousse/TUN 1:0 und 1:2) - **2002 JS Kabylie**/ALG (- Tonnerre Yaoundé/CMR 4:0 und 0:1).

Asien: Pokal der Landesmeister

1967: Hapoel Tel Aviv/ISR (- Selangor FA/MAS 2:1) - **1968: Maccabi Tel Aviv**/ISR (- Yangzee/KOR 1:0) - **1969:** nicht ausgetragen - **1970: Taj Club Teheran**/IRN (- Hapoel Tel Aviv/ISR 2:1) - **1971: Maccabi Tel Aviv**/ISR (- Al Shourta Bagdad /IRQ, Tel Aviv kampflos Sieger, da Al Shourta nicht antrat) - **1972:** aus politischen Gr¸nden abgesagt - **1973 bis 1985:** nicht ausgetragen - **1986: Pusan Daewoo Royals**/KOR (- Al Ahly Riyadh/KSA 3:1) - **1987: Furukawa Electric Company**/JPN (Sieger des Endrunden-Turniers mit vier teilnehmenden Mannschaften) - **1988: Yomiuri Kawasaki**/JPN (- Al Hilal Riyadh/KSA, Yomiuri kampflos Sieger, da Al Hilal nicht antrat) - **1989: Al Saad Doha**/QAT (- Al Rasheed Bagdad 2:3 und 1:0) - **1990: Liaoning Shenyang**/CHN (- Nissan Yokohama/JPN 2:1 und 1:1) - **1991 Esteghlal Teheran**/IRN (- Liaoning Shenyang/CHN 2:1) - **1992: Al Hilal Riyadh**/KSA (- Esteghlal Teheran/IRN n. V. 1:1, 4:3 im Elfmeterschießen) - **1993: Paas Teheran**/IRN (- Al Shabab Riyadh/KSA 1:0) - **1994: Thai Farmers Bank Bangkok**/THA (- Omani Club Maskat/OMA 2:1) - **1995: Thai Farmers Bank Bangkok**/THA (- Al Arabi Doha/QAT 1:0) - **1996: Chunan Ilhwa Chunma**/KOR (- Al Nasr

Riyadh/KSA n. V.1:0) – **1997: Pohang Steelers**/KOR (- Chunan Ilhwa Chunma/KOR 2:1 i. V.) – **1998: Pohang Steelers**/KOR (– Dalian Wanda/CHN n. V. 0:0, 6:5 im Elfmeterschießen) – **1999: Jubilo Iwata**/JPN (– Esteghlal Teheran/IRN 2:1) – **2000: Al Hilal Riyadh**/KSA (-Jubilo Iwata/JPN 3:2 i. V.) – **2001: Suwon Samsung Bluewings/**KOR (– Jubilo Iwata/JPN 1:0) – **2002: Suwon Samsung Bluewings**/KOR (– Anyang LG Cheetahs/KOR n. V. 0:0, 4:2 im Elfmeterschießen).

Asien: Pokal der Pokalsieger

1991: Pirouzi Teheran/IRN (– Al Muharraq/BHR 0:0 und 1:0) – **1992: Nissan FC Yokohama**/JPN (– Al Nasr Riyadh/KSA 1:1 und 5:0) – **1993: Nissan FC Yokohama** (– Pirouzi Teheran/IRN 1:1 und 1:0) – **1994: Al Qadisiyah Dammam**/KSA (– South China Hongkong/HKG 4:2 und 2:0) – **1995: Yokohama Flügels**/JPN (- Al Sha'ab Dubai/UAE 2:1) – **1996: Bellmare Hiratsuka**/JPN (– Al Talaba Bagdad/IRQ 2:1) – **1997: Al Hilal Riyadh**/KSA (– Nagoya Grampus Eight/JPN 3:1) – **1998: Al Nasr Riyadh**/KSA (– Suwon Samsung Bluewings/KOR 1:0) – **1999: Al Ittihad Jiddah**/KSA (– Chunnam Dragons/KOR 3:2 i. V.) – **2000: Shimizu S-Pulse**/JPN (- Al Zawra Bagdad/IRQ 1:0) – **2001: Al Shabab Riyadh**/KSA (– Dalian Shide/CHN 4:2) – **2002: Al Hilal Riyadh**/KSA (– Chonbuk Hyundai Motors/KOR i. V. 2:1).

Ozeanien: Pokal der Landesmeister

1999: South Melbourne/AUS (- Nadi/FIJ 5:1) – **2001: Wollongong Wolves**/AUS (– Tafea FC/VAN 1:0)

Wichtige Termine für die Fußballsaison 2003/2004

Sortiert nach Terminen und nach Wettbewerben:

Die Spielzeit Monat für Monat

August 2003

1. Frauen U19-EM: Halbfinale (in Grimma und Markranstädt)
1.–3. Bundesliga: 1. Spieltag
1.–4. 2. Bundesliga: 1. Spieltag
6. Champions League: 2. Qualifikationsrunde, Rückspiele
6. UI-Cup: Halbfinale, Rückspiele
6. Frauen-Länderspiel: Deutschland – Nigeria (in Trier)
9. Frauen-EM-Qualifikation: Ukraine – Deutschland (in Kiew)
12. UI-Cup: Finale, Hinspiele
12./13. Champions-League-Qualifikation: 3. Runde, Hinspiele
14. UEFA-Pokal: Qualifikation, Hinspiele
17. Frauen-Bundesliga: 1. Spieltag
19. U-21-Länderspiel: Russland – Deutschland (in Moskau)
20. Länderspiel: Deutschland – Italien (in Stuttgart)
21. - 25. Frauen-UEFA-Pokal: Qualifikation
24. DFB-Pokal Frauen: Qualifikation
26. UI-Cup: Finale, Rückspiele
26./27. Champions-League-Qualifikation: 3. Runde, Rückspiele
28. Champions League: Auslosung Vorrunde (in Monaco)
28. UEFA-Pokal: Qualifikation, Rückspiele
28. Frauen-EM-Qualifikation: Deutschland – Tschechien (in Passau)
29. UEFA-Pokal: Auslosung 1. Runde (in Monaco)
29. UEFA-Supercup: AC Mailand – FC Porto (in Monaco)
29. - 1. 9. DFB-Pokal: 1. Runde

September 2003

4. Länderspiel –Team 2006: Deutschland – Russland (in Aalen)
5. U-21-EM-Qualifikation: Island – Deutschland (in Akranes)
6. EM-Qualifikation: Island – Deutschland (in Reykjavik)
7. DFB-Pokal Frauen: 1. Runde
9. U-21-EM-Qualifikation: Deutschland – Schottland (in Ahlen)
10. EM-Qualifikation: Deutschland – Schottland (In Dortmund)
11. Frauen-Länderspiel: Deutschland – England (in Darmstadt)
16./17. Champions League: 1. Spieltag
20.– 11. 10. Frauen-WM (USA)
24. UEFA-Pokal: 1. Runde, Hinspiele
30./1. 10. Champions League: 2. Spieltag

Oktober 2003

1. U-20-Länderspiel: Deutschland – Ägypten
10. U-21-EM-Qualifikation: Deutschland – Island
11. EM-Qualifikation: Deutschland – Island (in Hamburg)
15. UEFA-Pokal: 1. Runde, Rückspiele
17. UEFA-Pokal: Auslosung 2. Runde
21./22. Champions League: 3. Spieltag
28./29. DFB-Pokal: 2. Runde
30.–3. 11. UEFA-Pokal Frauen: Viertelfinale, Hinspiele

November 2003

4./5. Champions League: 4. Spieltag
5. U-20-Länderspiel geplant
6. UEFA-Pokal: 2. Runde, Hinspiele
9. DFB-Pokal Frauen: Achtelfinale
13. Frauen-EM-Qualifikation: Deutschland – Portugal (in Reutlingen)
15./16. EM-Qualifikation: Play-offs der Gruppenzweiten, Hinspiele
18./19. EM-Qualifikation: Play-offs der Gruppenzweiten, Rückspiele
24.–19. 12. U-20-WM in den Vereinigten Arab. Emiraten
24.–30. UEFA-Pokal Frauen: Viertelfinale, Rückspiele
25./26. Champions League: 5. Spieltag
27. UEFA-Pokal: 2. Runde, Rückspiele
29. U-20-WM: Südkorea – Deutschland (in Abu Dhabi)

Dezember 2003

2. Weltpokal: AC Mailand – Boca Juniors (in Tokio) – (oder 14. 12.)
2. U-20-WM: Deutschland – USA (in Abu Dhabi)
2./3. DFB-Pokal: Achtelfinale
5. U-20-WM: Paraguay – Deutschland (in Abu Dhabi)
7. Frauen-Bundesliga: 10. Spieltag (letzter Spieltag 2003)
8./9. U-20-WM: Achtelfinale
9./10. Champions League: 6. Spieltag
12. Champions League: Auslosung Achtelfinale
12. UEFA-Pokal: Auslosung 3. Runde
12. U-20-WM: Viertelfinale
14. DFB-Pokal Frauen: Viertelfinale
15. U-20-WM: Halbfinale
16./17. Bundesliga: Ende Vorrunde
16./17. 2. Bundesliga: Ende Vorrunde
19. U-20-WM: Finalspiele

Januar 2004

9. – 18. Hallenpokal

24. Frauen-Bundesliga: Hallenpokal

30. – 2. 2. 2. Bundesliga: Beginn Rückrunde

31./1. 2. Bundesliga: Beginn Rückrunde

Februar 2004

3./4. DFB-Pokal: Viertelfinale

7. Frauen-EM-Qualifikation: Portugal – Deutschland

17. U-21-Länderspiel: Niederlande – Deutschland

18. Länderspiel: Niederlande – Deutschland

24./25. Champions League: Achtelfinale, Hinspiele

26. UEFA-Pokal: 3. Runde, Hinspiele

27. – 5. 3. Frauen-Nationalmannschaft: evtl. Algarve-Cup

März 2004

3. UEFA-Pokal: 3. Runde, Rückspiele

3. UEFA-Pokal: Auslosung Achtel-, Viertel- und Halbfinale

7. Frauen-Bundesliga: 11. Spieltag (erster Spieltag 2004)

9./10. Champions League: Achtelfinale, Rückspiele

11. UEFA-Pokal: Achtelfinale, Rückspiele

12. Champions League: Auslosung Viertel- und Halbfinale

14. Frauen-Bundesliga: Beginn Rückrunde

16./17. DFB-Pokal: Halbfinale

21. DFB-Pokal Frauen: Halbfinale

23./24. Champions League: Viertelfinale, Hinspiele

25. UEFA-Pokal: Achtelfinale, Rückspiele

26. – 31. UEFA Pokal Frauen: Halbfinale, Hinspiele

31. Länderspiel: Deutschland Belgien

April 2004

6./7. Champions League: Viertelfina le, Rückspiele

8. UEFA-Pokal: Viertelfinale, Hinspiele

8. – 14. UEFA-Pokal Frauen: Halbfinale, Rückspiele

14. UEFA-Pokal: Viertelfinale: Rückspiele

20./21. Champions League: Halbfinale, Hinspiele

22. UEFA-Pokal: Halbfinale, Hinspiele

22. Frauen-EM-Qualifikation: Deutschland – Ukraine

28. Länderspiel geplant

Mai 2004

2. Frauen-EM-Qualifikation: Schottland – Deutschland

3. – 5. UEFA-Pokal Frauen: Endspiel, Hinspiel

4./5. Champions League: Halbfinale, Rückspiele

6. UEFA-Pokal: Halbfinale, Rückspiele

19. UEFA-Pokal: Endspiel in Göteborg

22. Bundesliga: Letzter Spieltag

23. 2. Bundesliga: Letzter Spieltag

23. Aufstiegsrunde zur Frauen-Bun desliga: 1. Spieltag

26. Champions League: Endspiel in Gelsenkirchen

29. DFB-Pokal Frauen: Endspiel in Berlin

29. DFB-Pokal: Endspiel in Berlin

30. Aufstiegsrunde zur Frauen-Bundesliga: 2. Spieltag

Juni 2004

5. – 11. UEFA-Pokla Frauen: Endspiel, Rückspiel

6. Aufstiegsrunde zur Frauen-Bundesliga: 3. Spieltag

12. – 4. 7. EM-Endrunde in Portugal

13. Frauen-Bundesliga: Letzter Spieltag

13. Aufstiegsrunde zur Frauen-Bundesliga: 4. Spieltag

20. Aufstiegsrunde zur Frauen-Bundesliga: 5. Spieltag

Die Spielzeit nach Wettbewerben

A-Nationalmannschaft

20. 8. Italien (Stuttgart)

6. 9. Island (Reykjavik, EM-Qualifikation)

10. 9. Schottland (Dortmund, EM-Qualifikation)

11. 10. Island (Hamburg, EM-Qualifikation)

15./16. 11. evtl. EM-Qualifikation: Play-offs der Gruppenzweiten, Hinspiele

18./19. 11. evtl. EM-Qualifikation: Play-offs der Gruppenzweiten, Rückspiele

18. 2. Niederlande (A)

31. 3. Belgien (H)

28. 4. Länderspiel geplant

12. 6. – 4. 7. EM-Endrunde in Portugal

Team 2006

4. 9. Russland (Aalen)

U 21-Länderspiele

19. 8. Russland (Moskau)

5. 9. Island (Akranes, EM-Qualifikation)

9. 9. Schottland (Ahlen, EM-Qualifikation)

10. 10. Island (H, EM-Qualifikation)

17. 2. Niederlande (A)

U 20-Länderspiele

1. 10. Ägypten (H)

5. 11. Länderspiel geplant

24. 11. – 19. 12. U-20-WM in den Ver. Arab. Emiraten

29. 11. Südkorea (Abu Dhabi)

2. 12. USA (Abu Dhabi)

5. 12. Paraguay (Abu Dhabi)

8./9. 12. Achtelfinale

12. 12. Viertel finale

15. 12. Halbfinale

19. 12. Fi nalspiele

Frauen-Länderspiele

6. 8. Nigeria (Trier)

9. 8. Ukraine (Kiew, EM-Qualifikation)

28. 8. Tschechien (Passau, EM-Qualifikation)

11. 9. England (Darmstadt)

20. 9. - 12. 10. WM in den USA

13. 11. Portugal (Reutlingen, EM-Qualifikation)

7. 2. Portugal (A, EM-Qualifikation)
22. 4. Ukraine (H, EM-Qualifikation)
2. 5. Schottland (A, EM-Qualifikation)

Frauen U 21
Nordic-Cup in Dänemark
21. 7. Finnland
23. 7. Schweden
25. 7. Griechenland
27. 7. Platzierungsspiel

Frauen U 19
EM-Endrunde in Deutschland
25. 7. Italien (Taucha)
27. 7. Schweden (Leipzig)
29. 7. England (Torgau)
1. 8. Halbfinale (Torgau und Markranstädt)
3. 8. Endspiel (Leipzig)

Supercup/Weltpokal
29. 8. AC Mailand – FC Porto (Monaco)
2. 12. AC Mailand – Boca Juniors (Tokio) – oder 14. 12.

Champions League
Qualifikation, 1. Runde: 16. und 23. 7.
2. Runde: 30. 7. und 6. 8.
Auslosung 3. Runde: 25. 7.
Spiele: 12./13. und 26./27. 8.
Auslosung Vorrunde: 28. 8.
Spiele: 16./17. 9. – 30. 9./1. 10. – 21./22. 10. – 4./5. 11. – 25./26. 11. – 9./10. 12.
Auslosung Achtelfinale: 12. 12.
Spiele: 24./25. 2. und 9./10. 3.
Auslosung Viertel- und Halbfinale: 12. 3.
Viertelfinale: 23./24. 3. und 6./7. 4.
Halbfinale: 20./21. 4. und 4./5. 5.
Endspiel: 26. 5. in Gelsenkirchen

UEFA-Pokal
Qualifikation: 14. und 28. 8.
Auslosung 1. Runde: 29. 8.
Spiele: 24. 9. und 15. 10.
Auslosung 2. Runde: 17. 10.
Spiele: 6. und 27. 11.
Auslosung 3. Runde: 12. 12.
Spiele: 26. 2. und 3. 3.
Auslosung Achtel-, Viertel- und Halbfinale: 4. 3.
Achtelfinale: 11. und 25. 3.
Viertelfinale: 8.und 14. 4.
Halbfinale: 22. 4. und 6. 5.
Endspiel: 19. 5. in Gˆteborg

UI-Cup 2003
3. Runde: 19./20. und 26. 7.
Halbfinale: 30. 7. und 6. 8.
Finalspiele: 12. und 26. 8.

Frauen-UEFA-Pokal
Qualifikation: 21. – 25. 8.
Viertelfinale: 30. 10 – 3. 11./ 24. und 30. 11.
Halbfinale: 25. – 31. 3. und 8. – 14. 4.
Endspiele: 3. – 5. 5. und 5. – 11. 6.

DFB-Pokal Herren
1. Runde: 29. 8. – 1. 9.
2. Runde: 28./29. 10.
Achtelfinale: 2./3. 12.
Viertelfinale: 3./4. 2.
Halbfinale: 16./17. 3.
Endspiel: 29. 5. in Berlin

DFB-Pokal Frauen
Qualifikation: 24. 8.
1. Runde: 7. 9.
Achtelfinale: 9. 11.
Viertelfinale: 14. 12.
Halbfinale: 21. 3.
Finale: 29. 5. in Berlin

Frauen-Bundesliga
WM-Überbrückungsturnier: 14. 9. – 21. 9. – 28. 9. – 12. 10
Hallenpokal: 24. 1.

Aufstieg zur Frauen-Bundesliga
23. 5. – 30. 5. – 6. 6. – 13. 6. – 20. 6.